한국행정법의 쟁점

한국행정법의 쟁점

초판 1쇄 인쇄 2018년 12월 20일
초판 1쇄 발행 2018년 12월 26일

지은이 홍준형
펴낸이 성낙인
펴낸곳 서울대학교출판문화원

출판등록 제15-3호

주소 08826 서울 관악구 관악로 1
대표전화 02-880-5252 | **팩스** 02-888-4148
홍보마케팅팀(주문 상담) 02-889-4424, 02-880-7995
이메일 snubook@snu.ac.kr
홈페이지 www.snupress.com

ISBN 978-89-521-2020-5 93360

한 국 행 정 법 학 의 주 요 논 제

한국행정법의 쟁점

MAJOR ISSUES OF KOREAN ADMINISTRATIVE LAW

홍준형 지음

서울대학교출판문화원

Major Issues of Korean Administrative Law

Joon Hyung Hong

Seoul National University Press

머리말

학자로서 삶은 계속되지만 환갑을 넘기면서 이쯤 해서 한 번 돌아볼 기회를 가져야겠다는 생각이 들었다. 육십갑자 회갑이라는 것은 오늘 이 시점에서 보면 인생의 반환점이랄까 아니면 1라운드에 불과할지도 모르지만 결코 짧은 시간은 아니다. 학자의 길을 걸어온 30여 년 또한 쏜살같이 지난 듯하지만 꽤 오랜 나날이었다. 그동안 필자가 논문과 저서를 통해 씨름했던 결과를 주요 쟁점들로 집약해서 진전된 학문적 논의를 위한 장을 열고 싶었다. 결국 필자의 학문적 반생의 발자취가 담긴 논찬이 되었지만 때 이른 마무리가 아니라 새로운 출발을 위한 깊은 심호흡이자 터파기로 보아 주기 바란다.

이 책에서는 방법론 등 60개의 쟁점들을 추려 이론적 배경과 학설, 판례, 그리고 바람직한 해결책 등에 관한 논의를 진행하였다. 대부분 필자가 『공법연구』, 『서울대학교 행정논총』 등 여러 학술지를 통해 발표한 논문들을 다시 읽고 업데이트한 글들이 주종을 이루고 있다. 이 한 권의 책으로 한국행정법의 모든 쟁점을 다 망라할 수 없는 일이어서 더러 중요성이 높은데도 누락되거나 제대로 다뤄지지 못한 쟁점들도 없지 않을 것이다. 다만 필자 나름대로 한국행정법의 발전에서 빼놓을 수 없는 중요성을 지닌 쟁점들을 추리기 위해 노력했다. 다루지 못한 쟁점들을 추가로 다룰 기회가 오기를 기대한다. 이 책은 필자의 다른 저서들 — 『행정법』(법문사, 2017), 『행정쟁송법』(도서출판 오래, 2017), 『행정구제법』(오래, 2012), 『환경법특강』(박영사, 2017), 『지방자치법』(대명출판사, 2017), 『행정과정의 법적 통제』(서울대학교출판문화원, 2010), 『법정책의 이론과 실제』(법문사, 2008), 『판례행정법』(두성사, 1999) 등 — 의 연장선상에 있다. 그런 배경으로 인해 쟁점을 다루는 과정에서 필자의 행정법 교과서에서 다룬 것과 중첩되는 부분이 포함된 점은 독자의 양해를 구한다.

여러 곳에서 누차 한 말이지만 한국행정법은 지난 60여 년 간 눈부신 성장을 거듭했다.

구미와 일본 등 외국의 영향을 받았지만 한국의 법현실과 문화에 걸맞은 한국 특유의 행정법으로 진군해 가고 있다. 그 과정에서 학자들이 고민하고 씨름해야 했던 난제들이 많았다. 그 가운데 필자의 좁은 시각으로 쟁점들을 추려내어 다룸으로써 수많은 선배, 동료 제현들의 역정을 제대로 소개하지 못한 부분이 없지 않을까 모골이 송연하다.

이 책의 출간을 가능케 해 준 서울대학교출판문화원의 관계자들, 출판심사과정에서 조언을 해 준 분들, 이 책을 내는 과정에서 수고를 아끼지 않은 송유경 조교에게, 그리고 학계의 선배, 동료들께 이 자리를 빌려 깊이 감사드린다.

2018년 또 하나의 새로운 출발을 준비하며
홍준형

차례

제1장
한국행정법학의 반성*

Ⅰ. 25년 후 다시 돌아와

"법치주의의 좌절과 법적 허무주의의 극복"이라는 다소 길고 정서적인 뉘앙스를 지닌 제목으로 한국 행정법학의 과거를 반성하고 미래 과제를 제시한 지 거의 4반세기가 지났다. 이 시점에서 다시 동일한 주제와 마주하니 금석지감을 떨칠 수 없으나, 이 또한 한국의 행정법학자로 반생을 바친 입장에서 마땅히 감당해야 할 숙제일 터, 다시금 의지를 추슬러 엄중한 진단과 성찰의 장을 열고자 한다.

한국행정법학의 실상을 비판적으로 진단하고 또 그것이 수행해 나가야 할 과제를 제시한다는 기존의 목적은 25년 전과 변함이 없다. 마찬가지로 행정법학의 진단이 단순한 학술현상에 대한 회고(回顧)나 연혁적 설명이어서는 안 되며, 수술과 치유를 위한 진단이므로 고통스럽더라도 환부를 들추어내는 자기투척적 자세로 임해야 한다는 점, 그리고 한국 행정법학의 근본문제에 대한 비판적 인식의 시도이고자 하는 이 논의가 행정법학을 가르치고 배우는 모든 이에게, 나아가 법형성의 주체인 국민 모두에게 개방되고 또 공유되어야 한다는 점도 하등 달라질 이유가 없다: 근본문제는 배울 것이 아니라, 비판적으로 함께, 그리고 다시 생각해야 한다!(mit- und nachdenken)[1)]

행정법이 현대 행정국가에 대한 법치주의의 처방이라면 한국행정법은 한국의 현실이 낳

---

* 이 글은 홍준형, 「법치주의의 좌절과 법적 허무주의의 극복: 한국행정법학의 반성과 과제」, 『법과 사회』 제7호(1993), 97-132를 토대 수정 · 보완한 것임. 2017년 이 글은 부분적 수정 · 축약을 거쳐 「한국행정법학의 반성」, 『법과 사회』 제56호, 2017.12., 189-214로 출간함.

1) A. Kaufmann und W. Hassemer(심헌섭 역), 『현대법철학과 법이론의 근본문제』(*Grundprobleme der zeitgenös: sischen Rechtsphilosophie und Rechtstheorie*, 1971), 서문.

은 한국적 처방이자 한국의 길이다. 그동안 한국 행정법은 괄목할 만한 발전을 이루었고, 이제 양적 성장을 넘어 질적 성숙의 단계로 접어들고 있다. 민주화과정 그리고 그 이후 행정법의 입법, 사법, 행정 각 부문에서 이루어진 역동적인 변화와 발전이 그 점을 여실히 보여 준다. 무엇보다도 입법 분야에서 괄목할 만한 발전이 있었다. 행정소송법처럼 여전히 시대착오적 낙후성을 탈피하지 못한 분야도 없지 않지만, 행정절차법, 정보공개법, 전자정부법 등 행정법 분야 입법의 발전은 그야말로 눈부신 것이었다. 입법의 행진이 양적 성장이었다면 질적 성장은 행정법 판례 형성을 통해 진행되었다. 입법의 발전 못지않게 대법원과 헌법재판소, 행정법원 등의 활발한 법형성을 통해 행정법판례가 급속히 그리고 방대한 규모로 축적되기 시작했고 그만큼 한국행정법의 내적 충실성이 심화되었다. 이처럼 양적 성장이 질적 성숙으로 이어지는 선순환 상호작용을 통해 한국행정법이 개화하기 시작하였다.

그럼에도 불구하고 현 시점에서 볼 때 한국행정법학은 여전히 한계를 드러내고 있고 적지 않은 문제점들과 과제를 안고 있다. 그동안 행정법학의 위기를 타개하기 위하여 또는 발전을 위해 시도된 다양한 노력에도 불구하고 25년 전의 진단과 비판은 많은 부분에서 여전히 타당하며, 적지 않은 미해결의 과제들이 남아 있다. 이러한 현실 인식을 바탕으로 2017년 말 한국 행정법학의 현실을 진단하고 미래 과제와 발전방향들을 탐색해 보려고 한다. 독자의 이해와 편의를 감안하여 기존의 논의를 유지하면서도 그 이후 제기된 새로운 문제와 해법을 추가로 검토하는 방식으로 진행하기로 한다.

Ⅱ. 법학의 위기인식과 자기반성

1980년대 중반 이후 법학 전반에 걸친 비판과 자기반성의 분위기가 형성되어 왔다. 그 이전에도 물론 비판이니 반성이니 하는 목소리가 전혀 없었던 것은 아니었다. 그러나 이 시기에 나타난 기존법학에 대한 도전은 그 강도(强度)나 논의수준에서 종래 소수의견에 의해 전개되었던 것과는 판이한 급진성을 보이고 있다. 그전 같으면 누구도 감히 상상하지 못했을 만큼 심각하고 또 근본적인 문제제기가 있었다. '법학'과는 본래 잘 어울리지 않는 것으로 치부되었던 급진성이나 변혁이란 관념이 법학계의 일부에서 돌연 양심과 실천의지의 표징이 되기 시작했으며 급기야는 법학 전체의 범주적 부정이 은연중 옹호되기도 하였다. 이러한 비판적 분위기는 결국 따지고 보면 그동안 우리 사회가 겪어 온 격심한 구조적 변화의 산물이라 할 수 있다. 정치적 과거가 제대로 청산되지 않은 상태에서 사회가 다원주의적 구조로 이행함에 따라 통제의 이완 또는 부분적인 실패가 초래되었고 그 결과 과거의 권위주의적 지배질서의 가산(家産)과 금기들이 무차별적으로 끄집어내어져 타기될 수 있었다. 이와 같은 법학에서의 비판적 조류의 형성은 기성법학자들보다는 오히려 법학의 제3세대 또는 신세대라고 부를 수 있는 신진법학도들에 의해 주도되었다. 그것은 무엇보다도 '이 땅의 제1, 제2세대 법학자들이 행한 학문적 작업과 태도에 대한 비판이나 반성'으로부터 배태되었고 또 수행되었다는 특수성을 지닌다. 물론 '우리가 학교에서 학습하고 있는 법이론이 과연 현대적인 문제나 그들을 규율하는 법규범을 올바르게 인식하고 이해하는 데 직접 도움이 되는 것들을 내용으로 하고 있는가'에 대한 의문(서원우)이라든가 "지금까지 한국법학은 법에 관한 학문적 연구와 교수보다는 법률에 관한 암기식 주입의 보조도구역할에 치중해 왔다"(김일수)는 자기반성은 세대를 가리지 아니하고 폭넓은 공감대를 형성하고 있었던 것이 사실이다. 그러나 이들 신진법학도들의 도전은 단순한 문제의식을 넘어서서 보다 근본적이고 전면적인 비판의 차원에서 수행되었다. 이른바 '제3세대'로 불리는 이들 학자들은 '우리의 법과 법학의 허구적 실상', 즉 '법의 정치종속성'과 '억압을 위한 법의 도구성'을 폭로하면서 이러한 허구성을 도외시해 온 종래의 법학을 '식민주의적이고 사대주의적인 법학', '권력안주적인 강단법학', '법현실의 개선과는 무관한 자기목적적 법학'이라고 고발함과 아울러 이러한 문제의 해결을 위해서는 지금까지 우리 법학을 지배해 온 패러다임을 전환시킴으로써 창조적인 자주법학을 창설해야 한다고 주장하였다.[2)]

그중에서도 특히 신진학자와 대학원생들에 의해 제창된 '민주법학'은 '체제옹호적 관료법학' 또는 '계급법학'으로 규정된 주류법학에 대한 대안적 패러다임이고자 했고 이것은 우리나라 역사상 본격적으로 법적 변혁의 실천이론화를 추구한 초유의 예로서 주목할 필요가 있다. 이들에게 있어 법학이란 '해방에의 관심'으로부터 출발하는 민중주권을 실현하기 위한 현실변혁의 법학이며 "약자의 편에 함께 서는"[3)] 정의(正義)의 법학이 될 때 비로소 존재이유를 갖는 것으로 이해되었다.

반면 법에 관한 사회과학적 접근을 통한 기존패러다임의 전환을 표방하면서도 비교적 온건한 오히려 방법론적 비판을 지향한 비판적 법학의 또 하나의 흐름은 시기적으로는 이러한 '민주법학파'보다도 먼저, 그러나 구체적으로 어떤 통일적 대안을 제시함이 없이, 기성법학이 무비판적으로 전제하고 있었던 법적 가치와 공리들의 허구성에 대한 비판을 통하여 한국법학의 모순과 위기를 인식하고 설명하고 또 그 극복방향을 모색하고자 했다. 이러한 노력은 이를테면 '한국법학의 반성과 창조적 자주법학의 구축'이란 명제로 표출되었다.

---

2) 배종대, 「우리법학의 나아갈 길」, 『법과 사회』 창간호, 1989, 220.
3) 강경선, 「법에서 정의란 무엇인가」, 『언론과 비평』, 1990.7., 38-44.

1960년을 전후해서 소위 '우리의 법제'는 완비된다. 그러나 …… 크게 보아서 식민지시대 일본법학의 연장이라고 하여도 결코 지나치지 않을 것이다. 해방 후 우리의 법률교과서들은 일본의 교과서들을 번역하여 서술한 것이 대부분이었고, 법률이 제정된 뒤에는 기존의 번역본을 토대로 일본법령을 우리나라의 현행 법령으로 맞추어 보충하는 것으로부터 시작되었다. 우리 입법이 이루어지기 전까지는 일본법이 현행법으로 의용되었고 입법된 후에도 양자의 내용은 대동소이하였기 때문에 이러한 현상은 얼마든지 가능할 수 있었던 것이다. 법학자도 많지 않고 법학의 역사 또한 일천한 마당에 이것은 분명히 현실의 욕구충족을 위한 매우 손쉬운 방법의 하나였을 것이다. …… 우리 법학계의 '표절'의 수입선은 1960년대 후반을 기점으로 어느 정도 다변화하였다. …… 일본 일변도의 '번역법학'에서 독일 법이론을 첨가할 수 있었던 것은 문제시각을 풍부하게 한다는 점에서 확실히 커다란 변화였다. 일본사람들이 수입·각색한 일본법학이 부분적으로나마 비판의 대상이 될 수 있었던 것도 모두 여기에 힘입은 것이었다. 그러나 독일 법이론에 대한 직접 경험도 구한말과 해방 후에 '우리 법학'을 창건할 수 있었던 놓쳐버린 기회를 회생시키는 것과 같은 근본적인 변화, 즉 패러다임의 전환을 가져다주지는 못하였다. 왜냐하면 그것은 기존하는 일본법학의 틀 가운데서의 부분수정 내지 개선에 불과하였기 때문이다. …… 1960년 이후 …… 법은 여전히 지배하는 법으로 군림하였고 힘은 언제나 법을 압도하였다. 이러한 현상이 반복되면 될수록 법학은 더욱 '내면화'를 가속화함으로써 국가고시를 통한 '기능적 법률지식기사'(Juristischer Technokrat)의 양성이 유일한 법학의 현실과제인 것처럼 생각하였다. …… 사회적 책임을 외면하지 않는 법학이라면 우리의 왜곡된 법현실을 방조, 외면한 검사·판사를 교육한 자기책임을 고백하는 비판성과 그 해결의 실마리를 집요하게 탐구하는 창조성을 보여 주어야 한다. 그러나 우리나라에서는 아직까지 이와 같은 '우리의' 문제에 터잡은 '우리 법학'의 창설에 대한 논의나 또는 서구법이론의 '한국화' 내지 '토착화'의 논의를 찾아볼 수 없다. 우리 현실은 우리 법학에서 가장 철저하게 배척되는 요소의 하나일 것이다. 현실이 빠진 실정법률의 기계적·관념적 해석 그리고 이를 위한 외국법이론의 무비판적인 직수입, 이것이 지금까지의 법학의 주된 내용이었다.[4]

80년대 중반 이래 전개되어 왔던 기성법학에 대한 도전은 요컨대 한국법학의 '정체위기'(正體危機, Identitätskrise)를 인식하고 그 식민지법학·수입법학·수험법학·체제법학으로서의 성격을 극복함으로써 자주법학 또는 '우리 법학'을 건설하는 데 집약된다.[5] 사실 이러한 법학의 정체위기론은 "지금까지 우리의 법이 우리의 토양에 뿌리를 내리지 못하고 있는 현실적 상황이나 현재 통용되는 법이 외국으로부터 계수된 과정 그리고 우리의 법학이 형성되어

---

4) 배종대, 앞의 글, 240-243.

5) 한국 법학의 '정체위기'란, 정종섭 교수의 표현에 따르면, "이를 다른 말로 바꾸어 표현하면 과연 지금까지 이 땅의 법학은 진정한 법학으로서 기능을 다하여 왔으며 또 다하고 있는가? 이 땅의 법학은 우리의 법적인 문제들의 해결에 충분히 기여를 하고 있는가? 이 땅의 법학은 우리의 토양 위에 뿌리를 박고 있는가? 하는 등등의 물음에 대하여 자신 있게 '그렇다'라고 답할 수 없다는 것을 말한다"고 한다(정종섭, 「우리법학의 올바른 자리매김을 위하여: 헌법학의 통합과학적 연구에로」, 『법과 사회』 제2집(1990), 221).

온 역사나 이론적 기반이 취약한 실무, 아직까지 교육의 이념이나 방향이 설정됨이 없이 표류하고 있는 법학교육의 실상"[6]에 근거를 두고 있다는 점에서 결코 흘려보낼 수 없는 공명(共鳴)을 확보하고 있다. 그럼에도 불구하고 이러한 정체위기의 실재여부 역시 기성법학에 의하여 진지하게 접수되고 검토된 것으로는 보이지 않는다. 자구(自救)의 노력이 양적으로는 증가되었을지라도 질적인 변화를 위한 자기혁신의 노력은 아직도 현실은 아니다. 법학의 정체위기에 대한 인식이 법조계는 물론 법학계에서조차도 그리 널리 공유되고 있지는 않기 때문이다. 그리하여 유감스럽게도, "가장 소박하면서도 일반적인 문제제기, 즉 이 논의가 '왜 지금 여기에서' 문제되어야 하는가 하는 의문은 우리 법학에서 가장 외면되고 대답되지 않은 질문의 하나일 것"[7]이라는 지적이 많은 부분 여전히 통용될 수 있다.

이제까지 수행되어 온 이른바 신세대법학의 도전은 유감스럽게도 논쟁과 토론을 통한 발전의 계기를 제공하기보다는 오히려 기성법학의 수구주의적(守舊主義的) 절연과 강화된 문단속만을 초래함으로써 우적(友敵)관념에 입각한 비생산적 적대관계를 낳고 말았다. 그리하여 법학교육의 문제점과 개선방안에 관한 한 의욕적인 보고는 "기성법학의 이념적 기초에 대한 도전이 신진학자와 대학원생들에 의해 제기되었지만 이들의 불만을 '이유 있는 반항'으로 수용하는 자세가 인색했다."라고 지적할 수 있었다.[8] 이와 같은 반주류법학의 도전이 결국 비생산적으로 귀결되고 만 데에는 적어도 몇 가지 원인을 발견할 수 있다. 무엇보다도 먼저 지적해야 할 것은 비판과 인신공격을 동일시하는 한국법학의 고질적인 풍토에서, 비판이란 극히 당연한 학문적 일상이 결코 진지하게 접수될 수 없었다는 점이다. 한국법학에 있어 비판이란 비례(非禮) 또는 이단(異端)으로서 감행되어야 할 무엇이지 관심의 표현으로서 수용되어야 할 무엇으로는 간주되지 않았다. 이러한 풍조는 얼핏 보아서는 백가쟁명(百家爭鳴)의 단계에 들어선 듯한 오늘날에 이르기까지도 엄연히 상존하고 있으나 이에 대한 적절한 대응책이 충분히 강구되지 못했다는 데에 문제가 있다. 둘째, 이들 진보적인 법적 실천의 주장자들이 택했던 문제의 접근방법이 종종 기성법학의 전면적·근본적 부정 또는 계급법학의 폭로에 주력함으로써 일시적으로 세간의 이목을 끄는 데는 성공했을지라도 법학계와 여론의 계속적인 관심과 동의를 동원하는 데는 그리 성공적이지 못했다는 점이 지적되어야 할 것이다. 사실 이러한 근본주의적 접근은, 설령 보수법학의 입장으로부터 결별한 자기입장의 선명성을 강화시킬지라도, 도리어 불필요한 경계와 반작용을 유발함으로써 상대적으로 설득력을 확보할 수 있는 공간과 입지를 축소시키고 마는 결과를 초래하는 한 중요한 요인이 될 수 있

6) 정종섭, 앞의 글, 223.
7) 배종대, 앞의 글, 243.
8) 안경환, 「대학원 법학교육의 문제점과 개선책」, 서울대학교 법학연구소 창립 30주년 심포지엄 "한국의 법학교육: 반성과 개혁" 발표논문, 『서울대학교 법학』 제33권 1호(통권 89호), 1992, 24.

었다. "'창조적 우리 법학'은 타도가 아닌 토론, 증오가 아닌 사랑, 강요가 아닌 합의를 바탕으로 이루어져야 한다."[9]라는 지적이 갖는 공명은 그것이 전술상의 완곡어법이 아니라 하나의 중요한 실천적 목표라는 사실에서 나온다. 반면 대안의 부담은 비판의 강도와 본질성에 비례한다. '약자의 편에 함께 서는 것'이 정의라고 한 것만으로는 무엇 때문에, 어떤 약자의 편에, 어떻게 서는가를 말한 것이 아니다. 법이 강자의 무기이며 강자를 위해 봉사할 뿐이라는 명제는 오로지 구체화될 때에만 검증될 수 있다. 대항논리의 계발이라든지 대항논의의 확산이란 것은 구체적인 법소재를 통해서만 추구될 수 있는 목표이며 더욱이 적절한 시기선택을 요하는 문제이다. 선험적인 직관의 지시에 따라 보수법학이 맹신하고 있는 가치전제를 배격하는 결정을 내림으로써 튼튼한 기초와 설득력을 갖춘 진보법학 또는 비판법학을 할 수 있는 것은 아니다. 이 점은 일견 허술하기 짝이 없이 보이는 기성법학의 가치전제와 공리들이 실은 그렇게 쉽사리 부정되거나 비판될 수 있는 남루(襤褸)만은 아니라는 사실에서도 알 수 있다. 끝으로 이와 같이 전례 없는 반주류의 법학 또는 법적 실천은 현실적인 또는 조직상의 이유에서 논의의 개방성을 확보하고 또 토론의 공간을 개발하는 데 성공적이지 못했다는 점을 심각하게 되씹어 볼 필요가 있다. 물론 이러한 도전과 돌파의 결과가 없지는 않았다. 그것은 기성법학으로 하여금 생존의 어려움을 실감시켰고 어쨌든 자기혁신의 몸짓을 하지 않을 수 없는 상황에 이르게 했기 때문이다. 지난 수년간 무성하게 수행되었던 법제도들의 문제점과 개선방안에 관한 논의와 행사들이 이 점을 증명해 준다. 그동안 경주되었던 법학의 자기반성을 위한 노력은 무엇보다도 법학교육제도의 개선에 관한 논의와 이제는 광범위하게 공유되고 있는 '한국법학'에 대한 관심을 통하여 나타나고 있다. 현실과 동떨어진 법학교육과 맹목적인 외국법이론의 도입은 오히려 지나치리만큼 경계와 혐의의 대상이 되었다.

> 해방 이후 오늘에 이르기까지 외국법의 이론과 관행이 국내에 소개됨에 있어 외국어와 외국법의 지식을 다소나마 보유한 인물들이 한국법학의 자리매김에 기여한 선구자적인 공로는 아무리 강조해도 지나치지 않다. 일본으로부터 상속받은 법제도가 우리의 토착문화와 결합하여 정착하는 과정에서 일본의 경험이 절대적인 조력이 되었음은 물론이다. 또한 일본법이 기초한 독일과 프랑스의 법이론 또한 일본법과 더불어 우리 법학의 정통이론이 되어 왔고 이에 현지 유학의 경력을 가진 기성법학자들의 기여는 절대적이었다.
>
> 그러나 이제 한국법학은 새로운 국면을 맞고 있다. 한국사회 자체가 국법의 기본질서를 서구의 자유민주주의와 시장경제의 원칙에 근거를 두고 있으면서도 한국사회의 고유한 전통과 현상 때문에 이러한 서구적 원리의 세칙이 그 적용에 있어 변용이 불가피하듯이 한국법학도 한국에 특수하고 고유한 법

9) 배종대, 앞의 글, 244.

> 질서의 생성, 유지를 위해 서구적 갈등해결 방법이 규제되어야 한다. 이미 수년 전부터 한국의 기성법학의 이념적 기초에 대한 도전이 신진학자와 대학원생들에 의해 제기되었지만 이들의 불만을 "이유 있는 반항"으로 수용하는 자세가 인색했다. '한국의 법학자'는 외국의 법제도와 경험을 한국의 현실에 적용함에 있어 한국법의 눈저울로 가늠하여 취사선택할 수 있는 능력과 성의를 가져야 한다. 이러한 "한국의 법학자"는 외국의 대학에서 생산된 완제품 법학자의 수입으로 충당될 수 없다. 우리의 대학이 성실한 양부모가 되어 이를 양육해야만 한다.[10)]

이러한 문제의식은 때늦은 감이 없지 않으나 크게 환영할 만한 것이다. 그것이 법학교육의 제도개선 문제이든 법학의 대외의존성·허구성에 대한 비판이든, 이러한 논의가 이제 정면에서 제기되고 적어도 하나의 유력한 목소리로 고려될 수 있다는 것은 그만큼 우리 법학의 지적 수준이 향상되었다는 것을 의미한다. 그러나 이와 관련하여 다음과 같은 두 가지 사실이 음미될 필요가 있다. 첫째, '외국의 대학에서 생산된 완제품 법학자의 수입'이 '학문의 대외종속성의 주된 원인이 될 뿐만 아니라 경우에 따라서는 학문의 심각한 사대주의 분위기를 조장'할 수 있다는 것은 물론 틀린 이야기는 아니다. 이를테면 한국에서 법학의 기초를 다지지 않은 상태에서 외국유학을 경험함으로써 귀국 후 외국법지상주의 또는 '무국적 법학'의 병폐에 빠진 학자들의 행태를 결코 드물지 않게 목도할 수 있기 때문이다. 우리는 이들이 뱉어내는 유창한 설(說)과 이론에 대해 우선 박수치고 곧 되돌아서서는 투덜거린다. 그렇지 않으면 아주 점잖게 '좋은 얘기지만 그것이 과연 한국법에 대해서도 잘 적용될 수 있겠는가', '즉적실성(適實性)이 있겠는가'고 묻기도 한다. 바로 여기 어딘가에 심상치 않은 문제점이 숨어있다. 우리는 그것에 대해서 결코 '끝까지 냉정하게' 토론하지 않는다. 오로지 경제적 계산과 시간과 '감'(感)에 따라 평할 뿐이다. 그러나 학문의 종속과 사대주의의 원인은 '외국의 대학에서 생산된 완제품 법학자의 수입'에서보다는 오히려 이들 외국에서 양성된 '한국법'학자들이 보인 '한국법'에 대한 불성실한 태도와 이들의 한국에서의 학문적 활동의 양식에서 찾아야 할 것이다. 물론 학문에서 국수주의만큼 위험한 것은 없다. '한국법학'을 위한 관심이 학문적 쇼비니즘으로 흘러서는 안 된다. 바로 그와 같은 이유에서 두 번째 문제점이 나온다. 외국법의 연구(수입이 아니라)와 이를 바탕으로 한 비교법이 독자적인 법학분야로서 또는 법학방법론으로서 결코 소홀히 할 수 없는 가치를 지닌다는 것은 의문이 없다. 프랑스혁명 이래 유럽 이외의 지역에 전파·보급된 민주적 헌법이 실은 비교헌법학의 결과라는 사실은 이를 뒷받침하는 가장 뚜렷한 예이다.[11)] 비교란 가장 효과적인 인식의 방법이자 범주이며 비교를 통해

10) 안경환, 같은 곳.
11) J.-H. Kaiser, "Zur Vergleichung im Öffentlichen Recht, Einleitung," *ZaöRV* Bd.24, 1964, 400ff.

서 우리는 사물의 동일성과 특성을 파악할 수 있다. 이러한 의미에서 법제도들을 비교의 방법을 통해 고찰하는 것은 독자적 분과로서 비교법학에 대해서뿐만 아니라 법학 일반에 대해서도 불가결한 가치를 지니는 것이다.12) 물론 이와 같은 비교법의 가치와 유용성은 우리나라의 법학에서도 보편적으로 받아들여지고 있다. 한때 '비교법적 고찰'이 붐을 이룬 적이 있었고 오늘날에도 석 · 박사학위논문을 위시한 학술논문에 있어 그것은 빠져서는 안 될 요소로 간주되고 있다. 비교법은 술이 많은 외투와도 같이 빈약한 법적 논의의 몸을 성장(盛裝)시킨다. 그리하여 우리는 말해야 한다. "한국의 법학자"는 외국의 대학에서 생산된 완제품 법학자의 수입으로만 충당될 수 없으며, 우리의 대학이 성실한 양부모가 되어 이를 양육해야 하지만, 우리의 법학이 먼저 성실한 양부모가 되어야 한다고. 소시민적 계율에 의한 외출시간의 제한은 얌전한 응석받이를 만들 뿐이다. 그러나 문제는 이제까지의 법학이 비교법적 치장에 애를 쓰면서도 과연 비교법이 안고 있는 방법론적 요구에 얼마나 충실하려고 했느냐에 있다. 이 점은 행정법학과 관련하여 다시 문제될 것이다.

아무튼 이렇듯 다양하고 또 상충(相衝)되는 관점에서 법학의 자기반성을 위해 경주된 지적 노력이 우리 법학의 정체인식의 필요성을 일깨워 주는 계기가 되었던 것은 사실이다. 이로써 시작에 불과한 것이라 할지라도 우리사회의 급격한 변화에 따라 전통적인 법학이론이 의미 있는 도전과 비판을 받고 있는 현실인식을 바탕으로 사회변화에 대한 우리 법학의 대응 및 방향모색에 관한 문제영역의 존재이유가 적어도 인지될 수는 있었다.

Ⅲ. 한국행정법학의 반성

해방 이후 그동안 우리나라의 행정법학이 노출시켜 왔던 병리현상을 여기서 전부 또 모든 문제영역에 있어서 고려하는 것은 불가능하다. 다만 우리는 구체적인 경험과 수준을 달리하여 표출된 각양각색의 문제의식들 분석함으로써 그 커다란 줄거리를 잡을 수 있을 것이다. 그것은 대체로 식민지법학의 역사적 청산의 문제, 행정법학의 방법론적 불구성, 행정법학에 있어서 공익개념과 공공성이데올로기, 반법치주의적 현실과 행정법학의 허무주의로 집약될 수 있다.

12) W. Mincke, "Eine vergleichende Rechtswissenschaft," *Zeitschrift für rechtsvergleichende Rechtswissenschaft* 83, 1984, 322ff.

1. 행정법학에 있어 식민지유산의 청산문제

식민지유산의 청산문제가 제기되는 것은 행정법학의 경우에도 예외는 아니다. 그것은 행정법학에 있어서도 식민지법학의 계승·법과 법학의 정치적 순치(馴致)·관료법학적 변용·행정법학의 몰역사성이란 우리나라 법학 일반의 전개도식이 적용되기 때문이다. 행정법학에 있어서 식민지법학의 계승은 무엇보다도 해방 직후 행정에 관하여 적용할 우리 고유의 법이 없었다는 사실에 의해 그 직접적인 동기를 부여받았다. 우리나라 행정법학자들의 회고를 들어 본다.

> …… 행정작용에 관한 법은 …… 등의 명칭과 제정, 개정 연월일 및 그 규정내용 등에서 보는 바와 같이 일제시대의 것을 그대로 옮겨다 국문화(國文化)했거나 아니면 거의 모방하여 제정한 것들에 지나지 아니했고, 그것도 모두가 질서행정작용을 위한 근거와 국민에 대한 규제 또는 처벌이 전부였지 복리작용을 위한 법은 하나도 없었기 때문에 아무리 신생 독립국이었다 할지라도 외국의 입법례에 비하거나 국민의 필요에 비하여 너무 유치한 단계에 머물러 있지 않았나 한다. 따라서 사회복지에 관계되는 법, 토지의 이용·규제에 관계되는 법, 행정계획 등에 관한 법이 있을 리는 만무했다.[13]
>
> 전반적으로 볼 때 이 제1단계는 해방 직후의 정치·경제·사회·문화 각 방면에 걸친 혼란과 그리고 북괴의 불의의 남침으로 인한 전란을 겪는 가운데 임시수도 부산을 오르내리면서 한 가닥 학문의 명맥을 유지하던 고난의 시절이었다. 이 무렵의 초기저서들을 보면 의례 스스로의 사명을 교량적인 것으로 보는 표현들이 눈에 띄었다. …… 중략 …… 초기행정법학이 당면하였던 가장 큰 난관은 그 법원(法源)의 구명이라는 문제였다. 해방 직후 행정법령의 복잡성은 이루 말할 수 없을 정도였으나, 그것은 특히 우리 헌법 제100조(부칙)에 의하여 그것에 저촉되지 아니하는 구한말법령·일정시법령(日政時法令) 및 미군정법령·과정법령(過政法令) 등 잡다한 구법령들이 대한민국정부에 의하여 제정된 법령과 더불어 시행되고 있었기 때문이다."[14]

행정법의 선사시대(先史時代)를 채 지나지도 못한[15] 이러한 고난의 상황에서 '자주적인 우리 법학'으로서 행정법학의 건설을 기대한다는 것은 애당초 무리였을지도 모른다. 그런 뜻

---

13) 한창규, 「한국행정법 I: 법치행정의 출발」, 『공법연구』 제17집, 1989, 145.

14) 김도창, 「행정법학 30년의 회고」, 서울대학교 법학연구소주최 한국법학 30년 심포지엄, 『서울대학교 법학』 제19권 1호, 1978, 95.

15) 김도창 교수는 이러한 단계를 다음과 같이 서술하고 있다. "해방 전에 우리나라는, '유럽'대륙식의 행정법 중에서도, 특히 독일의 외견입헌군주정적 행정법체계를 계수한 일본의 군국주의적 식민통치 하에서 3분의 1세기 이상을 사는 가운데서, 제령(制令)이니 총령(總令)이니 하는 이름의 법이 있었다 해도, 그것은 근대적 의미의 행정법이라 할 수 없는 한민족 탄압의 흉기에 불과했고, 행정권의 남용에 항의할 행정재판의 길도 우리 민족에게는 봉쇄되어 있었으니, 문자 그대로 권익구제제도의 진공상태를 의미하였던 것이다."(『일반행정법론(상)』, 1992, 193)

에서 다음에 인용하는 고 김도창 교수의 회고는 충분한 설득력을 유지한다.

> 행정법과 행정법학의 경우에는 지난 30년이 문자 그대로 그 역사의 전부라고 아니할 수 없다(각주 생략). 일정시대에는 행정재판법(1890년)조차도 우리나라에는 의용되지 않았으니 행정권남용에 대한 구제의 길이 봉쇄된 가운데 오직 전근대적인 식민통치체계가 군림하고 있었을 뿐이었기 때문이다. 해방 후 무(無)에서 출발한 학계에서 행정법전공을 표방하고 나선 학자들이 수에 있어 효성(曉星)처럼 드물었지만 따지고 보면 대학생시절부터 이 방면의 학자가 되겠다는 결심으로 학자로서의 연찬(硏鑽)을 거듭해 온 인사가 거의 없었던 것은 우리의 기구한 민족적 운명과 더불어 어찌할 수 없는 일이었다.16)

그러나 '해방 후 백지상태였던 우리 법학계에 일본의 가장 우수한 성과인 동경대학 중심의 학자의 이론·학설이 어떻게 소개·번역·표절되었으며, 또한 그것이 수입되는 과정에서 어떤 문제점이 제기되었는가'를 밝히려는, 최근에 나온 한 논의는 법학에 있어 식민지시대의 유산을 청산할 때 이해될 수 있는 것과 용납될 수 없는 것을 극명하게 구분하여 문제를 다루어야 한다는 것을 보여 주고 있다.

> 1950년대까지의 교과서들은 대개 일본교과서를 바탕으로 우리 현행법에 맞게 꾸며진 것이었으나 별로 실감이 나지 않고 일관되게 썩 잘 서술된 것은 좀처럼 없었다. 그런데 패전 후에 쓰여진 다나카 지로(田中二郎)의 『행정법총론』 교과서를 보고서는 바로 이것이 행정법이구나 하고 감탄을 할 정도였다. 그 후 얼마 지나서 김도창의 『행정법론』(상)이 나왔다. 대개 알고 있는 사람들에게는 공지의 사실이지만, 이 책이나 그의 각론 교과서는 다나카 지로의 행정법교과서를 그대로 번역한 것이다. 물론 조문이나 기구 등 우리와 다른 것은 그에 맞게 꾸몄지만 거의 그대로가 다나카의 책을 옮긴 것이다. 일본에서 가장 수준 높은 우수한 교과서를 우리말로 옮겨 놓았으니 우리나라에서도 가장 좋은 책이 될 수밖에 없었다. …… 중략 …… 어떻든 그가 끼친 영향이나 기여한 업적을 높이 평가하는 데는 인색할 필요가 없겠다. 문제는 그가 다나카 행정법학에서 받은 유산이 얼마나 우리 학계에 압도적으로 작용했는가를 솔직히 인정하여 그 실상을 통하여 참으로 우리가 다시 검토해서 되돌아보고 고쳐 나갈 일을 생각해 보는 것이다. …… 중략 …… 나는 다나카 행정법이 패전 이전이나 이후나 일관되어 법치행정의 정립, 다시 말해서 그의 표현대로 하면 '훈령에 의한 행정'인 관료지배의 극복을 통해 법의 지배라고 하는 근대시민국가의 이념을 어떻게 하면 일본사회에서 정착시키는가 하는 문제의식이 있었다고 본다. 따라서 그의 일관된 문제의식에 따른 학문적 성과의 축적과 그러한 학문을 전개하는 데 배경이나 토대가 된 독일의 공법이론을 올바르게 인식해야만 다나카 지로의 행정법학을 바르게 이어받고 거기서 얻는 것이 있게 되리라고 본다. …… 중략 …… 사실 우리나라에서 행정법학이 관료의 통치기술학이나 수험법학의 단계를 벗어나 시민법학, 민주주의법학으로서 또 과학적 법학으로서 면모를 갖추어 가기 위해서는 바

16) 김도창, 「행정법학 30년의 회고」, 95.

> 로 다나카 행정법학의 참모습을 올바르게 수용해야 한다고 본다. …… 중략 …… 일본법학의 수용과정에서 배우거나 얻은 면에서 문제가 있다고 하는 점을 지적하지 않을 수 없다.17)

이른바 극일캠페인을 벌이면서도 동시에 일제의 유산에서 벗어나지 못하고 있는, 역사적 청산에 무능한, 우리나라의 전반적인 문화풍토에서 행정법학의 대일의존을 밝히는 것은 극히 작은 부분에 속하며, 그나마 지나간 일로서의 과거를 끄집어내어 다시금 문제 삼는 정서만으로는 불필요한 반목과 오해만을 초래할 가능성도 없지 않다. 그러나 이것은 우리 법학에 남아 있는 식민지시대의 잔재를 청산하고 극복하기 위하여 무엇보다도 먼저 객관적인 비판과 평가가 이루어져야 할 대상이며, 그런 이유에서 뼈아픈 환부를 들추어내는 이러한 작업은 개개인의 감정적 차원에서 평가되어서는 안 된다. 그것은 우리 행정법학의 건강한 기억과 정신을 위하여 시도된 자기반성으로서 역사적 의미를 갖는다는 점이다. 여기서 문제는 귀책보다는 청산에 있었다. 그러나 과연 '다나카 행정법학의 참모습을 올바르게 수용'했다면 그러한 역사적 청산의 방향이 제대로 잡힐 수 있었던 것일까? '행정법학이 관료의 통치기술학이나 수험법학의 단계를 벗어나 시민법학, 민주주의법학으로서 또 과학적 법학으로서 면모를 갖추어 가기 위한' 기반이 '다나카 행정법학의 참모습을 올바르게 수용'함으로써 마련되는 것일까? 다나카 행정법학으로부터 관료지배의 극복을 통해 법의 지배라고 하는 근대시민국가의 이념을 어떻게 일본사회에 정착시킬 것인가 하는 문제의식의 역사적 의의를 배울 수는 있었을 것이다. 그러나 그것을 통해서 과연 일본사회의 역사적 조건에 의해 규정된 그 같은 문제의식이 어떻게 구체적으로 실천되었는가, 또는 그것이 오히려 현실이었던 군국주의적 지배질서를 이데올로기적으로 정당화시키는 데 지나지 않았는가, 다나카 개인의 문제의식과는 무관하게 다나카 행정법학의 저류에 흐르는 과거 독일의 관헌적 행정법이론의 정신이 그 문제의식에 가려 은폐되거나 도외시되지는 않았는가, 나아가 그러한 다나카 행정법학의 연구가 오늘 우리에게 가질 수 있는 함의는 무엇인가라는 더 근본적인 물음에 대한 대답이 주어지는 것은 아니다.

한편 행정법과 행정법학의 불모시대에 어떻게든 행정법학을 해 보려고 한 노력들은 그 동기가 무엇이었든 간에 그 과도기적 의의나 교량적 역할의 면에서 평가되어야 마땅하며 적어도 일괄적으로 비난의 대상이 될 수는 없다. 비판은 오로지 '가능성의 세계'에서 가능하며, 정작 문제되어야 하는 것은 지나간 과거 자체가 아니라 그 과거가 현재에 대해 지니는 의미이며 오로지 현재와 이어진, 현재에 대해서도 효력을 발휘하고 있는 과거의 문제인 것이다. 우리는 대체로 그러한 책임이 시작되는 시기를 60년대로 설정한다. 이렇게 볼 때 문제는 출

17) 한상범, 「한국법학계를 지배한 일본법학의 유산」, 『역사비평』, 1991년 겨울호, 168-169.

발 자체보다는 오히려 출발 이후의 과정에서 더욱 심각하게 나타난 것이라고 할 수 있다. 그런 의미에서 우리는 단순한 센세이셔널리즘이나 무조건적인 반발보다는 다음과 같은 이해와 자기반성의 목소리가 훨씬 더 경청할 만한 가치가 있다고 믿는다.

> 학문이나 학자는 단번에 만들어지는 것이 아니다. 이 당연한 이치를 앞에 두고 우리는 겸허해야 한다. 해방 후 1950년대까지 과도적 시대에 우리 법학계가 당장의 급박한 학문적 수요를 일본 동경대학 법학부 주변의 성과를 받아들이는 것으로 충당하였던 것은 잘못된 일이 아니라고 본다. 법제의 성격이나 내용으로 보아서 그리고 당시 우리의 문화적 여건으로 보아서 그것은 불가피했다. 다만 문제는 그러한 학문적 성과의 흡수·수용과정이 좀 더 심도 있고 짜임새 있게 되지 못했으므로 다소 늦은 감이 있지만 모자라거나 잘못된 것은 바로잡아야 한다는 것이다. 우리는 서구의 법학을 활발히 수용하고 있다. 이 경우에도 서구문화나 그들의 실적을 심도 있게 파악하여 바르게 수용하여야 한다고 하는 점에서 대학졸업 후 외국에 가서 학위를 받아오는 것만으로 그 나라 학계의 업적을 받아들이는 것이라고 생각해서는 안 된다. 여기서 나는 일본이 명치 전후에 해 온 서구학문의 수용태도와 그 성과 축적의 선례와 경험에서 많은 것을 배울 수 있다고 본다. 특히 다른 사람이 평생을 통해 이룩한 업적을 손쉽게 자기 것으로 가로챌 수 있다고 하는 경박하고 불성실한 방법이나 자세는 언제 어디서고 용납되지 아니한다고 하는 것을 거듭 명심하도록 해야 할 것이다.[18]

2. 행정법학의 방법론적 미숙성·불구성

한국 행정법학은 해방 직후의 불모적 상황에 비하면 괄목할 만한 발전을 이루었다고 해도 틀린 말은 아니다. 70년대 이래 행정법학은 특별권력관계이론에 대한 비판을 비롯하여 행정상 권리구제제도 및 행정절차, 그리고 환경 및 복지문제, 개발에 따른 도시문제 및 토지문제, 급속한 지식정보사회의 대두로 인한 법적 문제들과 같은 현대행정법의 과제에 대처하느라 영일(寧日) 없이 줄달음쳐 왔다. 그러나 이러한 발전이 실은 투철한 방법론적 성찰 없이 또는 무분별한 방법론적 잡종화과정을 통해 이루어진 외포적(外包的) 발전이 아니었던가 반문해 볼 시점이다. 오래전부터 헌법구체화법으로서 행정법이라는 관점에서 행정법학의 방법론적 성찰과 재검토를 촉구하는 목소리가 나왔다.[19] 물론 행정법학의 역사는 그 모국이나 선진국에서도 결코 길지 않고, 한국 행정법학은 이제 50여 년의 연륜을 쌓았을 뿐이다. 그러나 예나 지금이나 여전히 방법론적 성찰이 필요하다.

18) 한상범, 앞의 글, 175.
19) 김도창, 『일반행정법론(상)』, 194.

한국 행정법학 역시 법해석론(또는 법도그마틱(Rechtsdogmatik)[20]), 다시 말해 '실정법 해석을 위한 이론적 논의'에 의해 지배되어 왔다. 법해석론은 법률을 전제로 하여 출발하는 '체계내재성', '체계합치성'을 특징으로 한다.[21] 행정법해석론으로서 행정법학 역시 법해석론 일반의 성질을 가짐은 물론이다. 그러나 행정법학이 이러한 행정법해석론만을 의미하지는 않는다는 것은 일반적으로 인정되고 있다. 이제까지 한국의 행정법학이 드러낸 방법론적 취약성은 다음의 몇 가지로 집약된다.

첫째, 한국 행정법학은 실정법 해석에 편중된 행정법 도그마틱(Dogmatik)으로 일관했다고 해도 과언은 아니다. 도그마틱이란 현행법을 해석·적용함에 있어 법리적 근거 도출(Begründung) 및 문제해결 기준(Lösungsmuster)에 대한 해명(Erläuterung)을 만들어 내는 것을 말한다. 도그마틱은 법에 관한 모든 원칙들과 명제(공리, Lehrsätze), 법질서의 기본규율과 원리들을 포괄하며, 법률로 확정되고 법해석을 통해 얻어진 결과뿐만 아니라 사법과 법학에 의해 일반적으로 승인되어 법률적 규율에 추가된 것들까지도 포함한다.[22] 행정법학은 주어진 법조항들의 의미내용을 풀이하는 데 몰두하며 스스로를 가둠으로써 '개념법학'(Begriffsjurisprudenz)의 한계를 넘지 못했다. 여기서 개념법학에 대한 상투적 비난을 되풀이할 필요는 없다.[23] 다만 행정법학과 행정학의 분화 또는 상호관계에 관한 그간의 논의에서 공통적으로 제기되었던 반성, 특히 행정법학의 규범론적 입장을 강조한 나머지 행정학적 접근방법의 유용성이나 성과를 지나치게 등한시해 왔다는 일반적 비판을 반추함으로써 족할 것이다.

> ...... 정책과 법의 상호관련성이 인식되기 시작하면서 이러한 태도들에 대해서도 변화가 일기 시작하였고 행정법학도 행정의 정당성, 현대국가의 정당성에 대해 무관심할 수 없다는 자각이 생겨나고 있다. 다시 말해 행정학은 행정이라는 현실·존재분석영역이고 행정법학은 행정법이라는 규범해석, 당위분석영역이기 때문에 서로 무관한 분야라는 사고방식 — 그 결과 행정학은 행정의 행태분석에 머물렀고 행정법학은 법실증주의에 만족했다 — 의 한계가 현실에서 나타나고 있으며 변화된 행정현실은 전통적인

20) 법도그마틱(Rechtsdogmatik)의 개념과 내용 등에 관해서는 배종대, 앞의 글, 246을 참조.

21) 배종대, 앞의 글.

22) 문병효, 「행정법도그마틱의 변화에 대한 시론」, 『경원법학』 3권 2호, 2010, 139-158.

23) 개념법학에 대한 직접적인 비판은 아니지만, 이러한 맥락에서 1848년 프로이센의 검사였던 키르히만(Julius Herrmann von Kirchmann: 1802-1884)의 말을 상기할 만하다. 그는 1848년 베를린 법조협회에서 한 연설에서 '법학의 학문적 무가치성'(Werthlosigkeit der Jurisprudenz als Wissenschaft)을 제기하면서 "입법권자가 법조문 세 마디만 고쳐도 도서관 전부가 휴지조각이 되어 버리고 만다"고 갈파하였다(Julius H. von Kirchmann, *Die Werthlosigkeit der Jurisprudenz als Wissenschaft: Ein Vortrag, gehalten in der juristischen Gesellschaft zu Berlin, vom (Staats-Anwalt) v. Kirchmann Julius H.*, Berlin: Springer, 1848, S.23.).

> 행정법이론틀에 위기감을 불러일으키고 있다. …… 그리고 행정조직과 작용의 정당성과 합법성에 관한 이들 분석은 한마디로 행정의 공공성분석이라는 주제하에 통합될 수 있다. 그러기에 행정이 공공성이 있다는 말은 행정이 정당성과 합법성을 보유하고 있다는 말과 같은 것으로 이해할 수 있다. 국가권력의 계급적 본질을 생각할 때 매 시기 행정의 공공성분석은 필요한 작업이고 또 지속적으로 수행되어야 한다. …… 성패의 여부를 떠나 그러한 움직임들은 의제된 국가권력의 정당성과 합법성이 도전받고 있음을 암시하고 있다. 법치행정의 재검토는 이처럼 도전받고 있는 국가의 공공성을 재평가하는 데서 시작해야 한다.[24]

이러한 반성은 기본적으로 행정법학과 행정학 사이의 일종의 역할분담론 또는 공조론(共助論)을 전제로 하고 있다. 그러나 역할 분담과 상호 협조의 희망은 종종 우리나라 행정학계의 주조인 미국식 행정학의 면모를 접하는 즉시 곧 배반되기 마련이다. 그리하여 공행정의 법제도적 측면을 도외시하지 않는 프랑스행정학의 접근에 비교우위를 부여하려는 입장도 나타났다.[25] 그러나 행정학 자체가 이미 종합과학적 성격을 띠고 있고 따라서 정치학이나 사회학, 경제학 등과 같은 사회과학적 분석도구와 이론틀에 의존하고 있다는 점이 인식되어야 할 것이다. 행정현실이나 행정현상을 이해하여야 할 필요는 행정법학뿐만 아니라 행정학에서도 마찬가지로 존재한다. 그러한 의미에서 행정법학이나 행정학 모두가 행정법현상 및 행정현상의 법칙성에 대한 사회과학적 설명의 수요자들이다. 이러한 수요가 행정학자들에게는, 행정법학자들에 비하여 더욱 절실할 뿐이다. 그러나 행정법학 역시 행정법사실에 대한 이해 없이는 그 현실적 타당성을 유지할 수 없다는 점을 심각하게 여겨야 한다. 가령 행정법규에 대한 개념법학적 형식적 해석에 그치지 않고 그 성립지반·실효성·입법정책 등을 실질적·총괄적으로 다루는 행정과정론(行政過程論)은 행정법학에 사회학적·정치학적 방법론이 원용된 접근방법이다.[26] 일본 행정법학의 일각에서 활발히 논의된 행정과정론에 대한 국내문헌의 엇갈리는 관심과 평가[27]는 한국행정법학의 방법론적 혼란의 일단을 보여 주는 예로 손색이 없다.

한국 행정법학의 방법론적 무기는 여전히 초보적 수준을 벗어나지 못하고 있다. 학제적 연구란 한국 행정법학에 관한 한 아직은 희망사항에 불과하다.

---

24) 민주주의법학연구회공법분과, 「법치주의의 원리와 그 현실」, 『민주법학』 5, 1992, 111-113.
25) 김동희, 「한국사회의 변화와 행정법학의 과제」, 『서울대학교 법학』 28권 1호, 1987, 79.
26) 김동희, 위의 글, 80.
27) 예컨대 행정과정론의 채용을 적극 주장하는 입장(김도창, 『일반행정법론(상)』, 195; 문상덕, 「일본의 자치체 행정법학에 있어서의 정책법무론 일고」, 『행정법연구학』 3호, 1997, 292-314, 302)과 그 의의를 한정적으로 파악하는 입장(김동희, 앞의 글, 80)이 대조될 수 있다. 그 한계에 관해서는 문상덕, 「행정과정론의 의의와 한계」, 『한림법학』 Forum 제10권, 2001, 79 이하를 참조.

> 미국에서도 행정학과 행정법학은 행정과 규제라는 공통된 연구대상에도 불구하고 오랫동안 서로 유리된 상태에서 전개되어 왔다. 이러한 현상은 일면 미국행정학이 과학적 관리기법과 정책 문제에만 관심을 기울임으로써 행정과정에 있어 법이 수행하는 역할이나 규제의 법적 측면을 상대적으로 소홀히 했던데 비해, 타면 행정법학은 행정에 대한 법적 규율에만 관심을 국한시킴으로써 행정조직이나 행정행태에 관한 문제를 광범위하게 도외시해 온 데서 비롯되었다는 것이 일반적 관측이다. 그러나 오늘날 행정이론, 정책학에서 규제수단 또는 정책수단으로서 법의 중요성뿐만 아니라 정책의 법적 한계, 정책과 법의 상호관련이 재인식되고 행정법학에서도 법과 정책의 상호관계, 행정효율의 문제가 새롭게 대두됨에 따라 이러한 양대 학문영역의 각개약진도 더 이상 방치될 수 없는 단계에 이르렀다.[28]

한국 행정법학의 방법론적 결벽성은 결국 법학 진영에서의 정책연구를 방치함으로써 법학의 영역 축소라는 결과를 초래했다는 점에서 근본적으로 반성해 보아야 한다. 이 점은 무엇보다도 행정법학이 행정법은 개인권익구제 위주의 사법 준거법으로서 취급하고 그에 관한 법해석론에 치중해 온 데서 비롯된 결과라 할 수 있다.[29]

전통적 행정법학이 인식과 해석의 대상으로 삼아 온 행정법규범은 실은 다양한 정책적 의도와 고려를 바탕으로 하여 형성된 것이다. 행정법은 민주적 입법이라는 형태로 결정된 정책프로그램의 구체화 수단(Medium des Umsetzung politischer Programtik)으로 역할하고 있다.[30] 이러한 입법정책 또는 법형성의 배경을 무시하고 법규범 자체(Rechtsnorm an sich)만을 고립시켜 인식 또는 해석하는 것은 잘못된 일이다. 더욱이 고도로 복잡다양화된 사회현실에 대처하기 위하여 뚜렷한 정책목적을 지닌 법령들이 급증하고 있는 상황에서 법규의 입법취지나 목적을 도외시하고 법조항의 진정한 의미내용을 파악한다는 것이 가능할 것인가. 법규범의 해석・적용이 사회에 어떠한 임팩트를 미칠 것인가에 관한 충분한 지식이 없이는 법학이 추구해 온 형평 또는 구체적 타당성의 이념도 실현될 수 없는 것은 아닐까? 물론 행정법학 역시 이러한 측면을 전혀 도외시하고 있는 것은 아니다. 가령 법해석론에서도 역사적

28) 이에 관한 대표적인 문헌으로는 D.H. Rosenbloom and Richard D. Schwartz (eds.), *Handbook of Regulation and Administrative Law*, Marcel Dekker, Inc., 1994; D.H. Rosenbloom, *Public Administration and Law*, 1983, Marcel Dekker, Inc.; D.H. Rosenbloom and J.D. Carroll, *Toward Constitutional Competence*, Prentice Hall, 1990 등을 들 수 있다.

29) 최송화, 「한국 행정법학 50년: 그 성과와 과제」, 1995, 서울대학교 법학연구소 주최 광복50주년기념학술대회발표문, 19. 최송화 교수는 그 결과 법정책적, 입법적 문제의 해결은 그것이 강한 법학적 관련성을 가지고 있음에도 불구하고 행정학, 경제학, 정치학 등의 인접사회과학의 논의과제가 되었고 행정법학은 점차 문제의 제도적, 정책적 해결방안의 모색에서 소외되어 갔다고 지적한다.

30) '행정법의 정책적 성격'(der politische Charakter des Verwaltungsrechts)에 관해서는 C. Möller, "Methoden," in: W. Hoffmann-Riem, E. Schmidt-Aßmann, und A. Voßkuhle, *Grundlagen des Verwaltungsrechts* Bd. Ⅰ, 2006, Verlag C.H. Beck, S.121-175, S.133-134, Rn.14를 참조.

해석방법의 유용성이 인정되고 있고, 오늘날 목적론적 해석방법이 광범위하게 수용되고 있다는 사실이 그 점을 뒷받침한다. 또 행정법학에서 입법론적 논의의 빈도가 늘고 있기도 하다. 그러나 문제는 행정법학이 법해석의 사회적·정책적 의미와 결과를 충분히 고려하지 못할 뿐만 아니라 입법론적 논의에서도 법적 해결을 요하는 문제의 정책적 의미, 정책실현수단으로 법의 현실적 기능과 한계, 법과 정책의 상호관계에 대한 사회과학적 지식을 활용하지 못하고 있다는 데 있다. 그동안 전통적 법학은 법사회학이나 비판법학, 법경제학 등 다양한 각도에서 도전을 받고 시련을 겪어 왔으나 그럼에도 불구하고 여전히 광범위한 영역에서 정책의 주문에 따라 단순생산방식을 통해 산출된 법규범의 의미내용을 개념적으로 인식하는 데 몰두하고 있다. 학문으로서 행정법학이 이러한 해석적 탐닉만을 일삼는 동안 사회는 더욱더 복잡해지고 경쟁도 격화되어 행정법학자는 물론 이들에게서 법해석의 기술을 전수받은 법조인 역시 시대에 뒤쳐진 인식과 방법을 가지고 미로 찾기를 거듭하고 있다.

둘째, 행정법학은 실정법을 해석함에 있어서도 방법론적 혼란과 불철저성을 극복하지 못하고 있다. 법해석에서 나타나는 성급한 목적 관념에의 호소, 단순한 형식논리에 대한 지나친 의존 등 해석론과 입법론의 혼동도 문제였지만, 빈번히 그리고 널리 애용되어 온 비교법적 고찰의 형식성·부실성도 심각한 문제이다. 특히 비교법 문제는 그동안 우리 행정법학계가 일본과 독일법에 관한 비교공법적 접근에 지나칠 정도로 과도한 의존을 보여 왔다는 점에서 더욱 심각성을 띤다. 일면 독일행정법의 무비판적 수용과 타면 이에 대한 편협한 국수주의적 반발, 일본행정법학의 거의 번안에 가까운 학설·논의 등과 같은 경향들이 이러한 비교법의 실패와 형식화의 주변요인들이다. 사실 한국 행정법학에서 비교법은 백화점식 외국법진열과 피상적인 판단으로 일관해 왔다고 해도 과언은 아니다. 가령 어떤 법제도를 도입하거나 그 개선방안을 모색함에 있어서 외국은 어떻게 하고 있는가를 둘러보는 것만으로 외국의 법제도들을 백화점식으로 진열해 놓는 것만으로 비교법이 되는 것은 아니다. 그것은 마치 무분별한 지방의회 의원들의 구미순방계획처럼 무의미할뿐더러 성급하고 근거지어지지 않은 결론과 문제로부터의 도피를 초래한다는 점에서 유해하기도 하다. 행정법학에서 비교법의 방법론적 성찰과 심화가 이루어지지 못했다는 증좌는, 한때 우리에게도 낯설지 않은 독일의 유명한 법철학자 라드부르흐(Gustav Radbruch)를 괴롭힌 방법적 회의의 근원이 되었던 이른바 '비교의 제3자'(tertium comparationis)[31]에 관한 논의가 제대로 이루어지지 않고 있다는 데

31) 라드부르흐는 이를 "두 가지 이상의 개념은 상호간에 직접 비교될 수 있는 것이 아니라 오로지 동일하고 단일한 제3의 개념과의 관계에서만 간접적으로 비교될 수 있다"는 명제로 표현하였다(G. Radbruch, "Über die Methode der Rechtsvergleichung," *MKSR* 2, 1905/1906, 422-425). 이에 대한 비판으로는 L.-J. Constantinesco, *Traité de Droit Comparé*, Bd.2, 34ff.를 참조.

서도 명백히 드러난다.

셋째, 이러한 행정법학의 방법론적 불철저성은 행정법학에게 이른바 교과서법학·수험법학 등의 오명을 강요하는 결과를 낳았다. 나아가 행정법학에서의 교수방법론 부재현상과 더불어 행정법학의 공간이 교과서와 고시준비성·고시잡지 등에 국한되었던 것도 행정법학적 논의의 저발전을 초래하는 원인이 되었다. 혹자는 이러한 문제점들을 행정법의 '일천한 역사'에 돌리려 할지 모른다. 사실 그런 점이 전혀 없지는 않다. 그러나 일리가 있는 이 자그마한 변명은 한국 행정법학이 처한 문제상황의 보다 더 중대한 핵심을 호도한다. 근본적인 이유는 전혀 다른 곳에 있기 때문이다. 일례로 교수방법론(Didaktik)을 생각해 보자. 누구나 어떤 형태로든 행정법강의를 해야 하는 위치에 처했을 때에 다소 생각했음직한 물음은 "행정법을 어떻게 가르쳐야 하는가?"라는 것이었을 것이다. 필자 또한 예외는 아니다. 그러나 이러한 물음과 그 답변을 위한 노력은 이제까지 결코 교과서를 쓸 때에나 잠시 문제가 될 뿐인 논술체제상 고려의 수준을 넘은 적이 없다. 행정법강의를 위한 교수방법론이란 전혀 낯선 용어의 결합일 뿐 이 문제를 놓고 충분한 방법론적 모색을 하거나 일반적인 법학교육방법론과의 기능적 연결을 시도하는 예란 거의 찾아볼 수 없는 것이 현실이다. 그리하여 어느 정도의 연륜과 더불어 쓰이게 되는 교과서의 천편일률적인 버전(Version)들 중 어느 하나를 맹목적으로 채택하고 이를 바탕으로 근본적으로는 다를 바 없는 또 하나의 교과서가 최신서로서 준비된다. 교수방법론에 대한 고민이나 반성이 없다.

3. 행정법학에 있어 공익이데올로기

우리나라 행정법학자 누구나 행정법의 지도원리 또는 행정법의 목적으로 공익 또는 공공복리를 드는 데 서슴지 않는다. 행정법은 행정에 관한 공법이며 행정은 공익실현을 궁극적인 목표로 삼는다. 따라서 행정법이 그 기본원리의 수준에서 공익 또는 공공성을 고려해야 하는 것은 정당하다는 것이다. 그러나 이러한 진술이 참이기 위해서는, 다시 말해 행정의 정당성이 인정되기 위해서는 첫째, 공익 또는 공공성의 내용이 객관적으로 확정될 수 있다는 것, 둘째, 이렇게 확정된 공익·공공성의 관념은 사회의 갈등하는 제 세력이나 가치에 대해 중립적이어야 한다는 것을 전제로 한다. 이러한 전제들은 과연 현실적으로 뒷받침될 수 있는가? 먼저 한국의 행정법학에 대해서는 이러한 공익관념의 내용을 규명하기 위한 노력에 무관심했다는 반성이 필요하다.[32] 공익 또는 공공성의 내용을 규명하는 노력이 소홀했다는 점은 반면 행정권이

32) 우리 사회에서 이런 의미에서 행정의 공공성에 대한 분석이 나타나기 시작한 것은 아마도 토지공개념을

란 관료기구에게 공공성에 관한 규정권력(規定權力: Defintionsmacht)의 독점을 통해 행정만능・국익우선의 지배이데올로기가 형성될 수 있는 공간을 허용해 왔다는 사실을 의미한다. 이것은 민주주의적 질서의 본질적 조건인 법해석 및 법형성의 개방성을 이데올로기적 허구로 만든다.

> 고 서원우 교수는 우리나라 행정법학의 두 가지 큰 흐름을 '현대국가에서의 행정의 생리와 병리를 명확하게 파악함과 아울러 일부 지배집단의 특권적 이익을 이른바, 공익이라는 이름으로 보호하며 집행하는 제도로서의 현대 행정법을 다분히 비판적으로 분석하면서 헌법적 가치의 구체화인 현대 행정법을 여하히 재구성할 것인가를 생각하는 입장'과 '현실의 행정과정을 어떠한 가치에도 봉사할 수 있는 가치중립적, 기술적 과정으로 인식한 위에서 현대행정법의 이론적 정서를 구축하려는 입장'으로 나누고 있다. 이제까지 한국 행정법학의 주조를 이루었던 후자의 입장은 '현대행정을 가치중립적인 단순한 기술적 과정으로서만 파악함으로써 결과적으로는 일부 지배집단의 이익의 실현장치로서 행정이 기능하게 된다'는 매우 우려할 만한 결과를 초래한다고 그는 지적한다. 이러한 양상은 복지국가 또는 사회국가의 이념 아래 전개되고 있는 급부행정의 영역에서 특히 두드러진다. 아울러 현대 행정법학이 민주주의법학이 되기 위해서는 현대행정이 지배집단의 이익을 실현하는 기구라는 현상적 폭로를 넘어서서 그러한 현실을 극복하는 방안에서 구체적 법리를 형성해 가야 한다고 지적하며 한편 이와 반대로 현대 행정이 가지고 있는 계급적 성격을 무시한 채 가치중립적이지 않은 것을 가치중립적인 것으로 묘사하는 이론은 법, 특히 행정법을 구체적인 정책의 표현이며 특정가치의 실현인 현대 행정에 대한 정당성을 부여하거나 공공성의 계기를 주는 종속적 위치로 전락시키고 있다고 지적한다.[33]

문제는 가치중립적이지 않은 현실을 가치중립적인 것으로 기술하는 공공성의 이데올로기가 행정법학의 가치중립성을 통하여 양생되고 있다는 데 있다. 이것은 위장(僞裝)의 논리일 뿐이다. 이리하여 행정을 위한 법과 행정능률을 위한 행정법학은 모순 없이 결합될 수 있었고,[34] 이와 같은 '행정법의 상대적 자율성'을 통하여 헌법적 가치의 실현은 원천적으로 자연스럽게 봉쇄될 수 있었다. 이와 같은 공공성의 지배이데올로기는 자신을 드러내지 않은 채 행정법학의 거의 모든 문제영역에서 법의 지배의 역할을 실질적으로 대치하고 찬탈해 왔다. 다음과 같은 진단은 한국 행정법학의 현실을 적나라하게 묘사해 준다.

> …… 법과 정책의 융합, 법의 정책화현상의 진행이라고 하는 현대국가에서의 불가항력적인 사태에 대응

둘러싼 법학자들 간의 충돌 및 논쟁이 이루어졌을 때라고 한다. 또한 13대국회에서 개정 및 제정이 시도된 수많은 정치・경제・노동관계법률들 역시 결국 현대국가-한국에서의 국가의 공공성을 재구성하려는 시도의 일환으로 이해되고 있다(『민주법학』 5, 112-113).

33) 서원우, 「현대행정법과 공공성문제」, 『월간고시』, 1985.8., 12-23, 19.

34) 서원우, 위의 글, 20.

하여 언제까지나 구태의연하게 주어진 기존법령의 논리적 해석에 시종하는 기계적이며 가치중립적인 법실증주의에서 벗어나지 못하는 한, 우리의 행정법학은 그동안 우리가 몸소 체험해 온 바와 같이 자꾸만 실천적 수요에 적응되지 못하고 소외되며 외면된 채, 오히려 결과적으로는 특정정책 내지는 그 구체화수단인 행정 및 법의 시녀화(侍女化) 내지 수족화(手足化)를 자초하는 것이 되어 버리고 마는 것이다.[35]

4. 반법치적 현실과 패배주의

해방 이후 한국의 법치주의는 시기적으로 양상을 달리했을지라도 이미 일부 지적된 바와 같이 무소부지의 권력의 지배하에서 오히려 반법치적 현실을 호도하는 이데올로기로서 기능해 왔다. 해방이후사를 점철해 온 왜곡된 법치주의와 관료주의적 행정법학의 만남, 이른바 1972년의 유신을 통해 강요된 개발독재와 그것이 요구한 관료법학은 결국 행정법학으로 하여금 패배주의 · 허무주의 · 기회주의 · 상업주의 · 연공서열의 권위주의에 빠지게 하는 결정적인 계기가 되었다. 법학, 특히 공법학의 소외현상은 한국법학의 발전에 깊은 침체를 몰고 왔다.[36] 이 점은 60년대 이후 우리 행정법학의 전개과정에 대한 가장 온건한 회고를 통해서도 시인되고 있다.[37]

반면 70년대 들어 '행정법 이론체계의 일대전환'이 이루어졌다는 것은 우리 행정법학의 역사를 회고하거나 서술하는 경우 빠짐없이 언급되어 왔던 점이다.[38] 이것은 아이러니컬한 사실이다. 왜냐하면 그것은 유신의 질곡 아래 굴종을 강요당했던 공법학 전반의 분위기에서 행정법학의 개화를 부각시키는 결과가 되기 때문이다. 그러나 이러한 '행정법학의 일대전환기'에는 한국행정법학을 정직하게 평가하기 위하여 빼놓아서는 안 되는 중요한 장면이 삭제되어 있다.

최종고 교수는 이때의 상황을 다음과 같이 적고 있다: "유신이라는 이름 아래 강력한 정치적 목적과 부

35) 서원우, 위의 글, 19.
36) 최종고, 『법학사』, 경세원, 1986, 362.
37) "4.19 학생의거와 5.16 군사혁명은 공법학계에 커다란 자극을 주었고, 한국사회도 이젠 전통적인 윤리와 인정만으로는 규율할 수 없는 법과 질서에 대한 인식이 새로워지는 다원사회로 바뀌고 있었다. 그리고 이 시기는 제3차, 제5차개헌을 겪으면서 학계가 한국적 행정법이론 체계의 정비 및 판례탐색을 통하여 점차로 내실을 기해 가는 정비기였다. 70년대의 유신헌법(維新憲法)은 공법학계에 커다란 충격을 주었다. 유신이라는 이름 아래 강력한 정치적 목적과 부딪혔을 때 행정법학은 무력하게 나타났다."(허영민, 「한국행정법학 40년: 법치행정과 현대행정의 과제」, 『법학연구』 제16집, 1989.2., 133-179, 164-165)
38) 예컨대 김도창, 앞의 글, 105; 허영민, 위의 글, 176; 김동희, 「한국사회의 변화와 행정법학의 과제」, 74 등.

뒷칠 때 한국법학은 무력하게 나타났고, 적지 않은 법학자들이 한국에서 공법학은 못하겠다고 한탄하기도 하였다. …… '이성적인 것은 현실적이고, 현실적인 것은 이성적'이라는 헤겔의 말이 한국 법학자들에게는 거꾸로 '법률적인 것은 비현실적이고, 현실적인 것은 비법률적인 것'으로 유추될 수밖에 없었다. 물론 이러한 고민은 법학자들의 고민만은 아니며, 많은 지식인들이 70년대에 이구동성으로 부르짖으면서 괴로워한 문제였다. 다만 법률가들은 그것을 뼈저리게 느끼면서도 누구 못지않게 앞장서야 하기도 했고, 되지 않은 이론을 갖다 붙여 설명해 주어야 했다는 데에 아픔이 있었던 것이다."[39]

유신헌법하에서 한국의 행정법학이 '구체화된 헌법'으로서 행정법[40]을 파악하고 해석하는 것은 공허하고 비현실적인 일일 뿐이었다. 한국의 행정법학은 오히려 '헌법은 변하지만 행정법은 존속한다'는 오토 마이어(Otto Mayer)의 명제에서 위안을 찾으려는 듯했다. 이렇게 배태된 허무주의적 경향이 행정법학에 여전히 어두운 그림자를 드리우고 있다. 그것은 예컨대 관료기구의 반발로 말미암은 1987년의 행정절차법제정 좌절이나 1984년의 행정소송제도 개혁의 불철저한 결과 등을 통해서 나타나는 바와 같이 행정개혁입법에 대한 행정법학의 무력성으로 표현되었다. 행정법학의 패배주의적 경향은 입법뿐만 아니라 현행법해석 차원에서도 나타났다. 대표적인 예가 행정소송법상 의무이행소송의 허용여부에 대한 행정법학계의 태도이다. 의무이행소송의 허용성에 관한 학계의 논의나 대법원 판례는 개인의 공권이라는 문제의 실체법적 측면을 소홀히 하였고 기본권의 헌법적 보장과 그 재판을 통한 관철방법 간의 현실적 괴리를 외면했다. 행정소송법은 실체법과의 관계에 있어 오히려 권리보호를 저해하는 요인으로 작용했으며, 이는 대부분 행정법학이 떠맡아야 할 책임이다. 행정법학은 국민의 법적 지위를 공권 또는 이행청구권(Leistungsansprüche)으로 해석하려고 시도하기보다는 법률실증주의의 근시안경을 쓰고 헌법의 통제와 보호적 정의의 이념에서 눈을 돌리고 있었던 것이다.[41]

5. 행정법학의 사법편중성

이미 모두에서 지적했듯이 대법원과 헌법재판소, 행정법원 등의 활발한 법형성을 통해 행정

39) 최종고, 앞의 책, 362.

40) 베르너(Fritz Werner)의 이 명제의 한계에 관해서는 이 책 '제2장 법치행정의 원리 1. 헌법과 행정법의 관계: 구체화된 헌법으로서 행정법' 부분을 참조.

41) 고 서원우 교수(「한국행정법(학)의 회고와 과제」, 『현재김영훈박사화갑기념논문집』, 1995, 1-13, 5)에 따르면 이러한 왜곡된 법실증주의적 경향은 제5공화국까지는 기본적으로 유지되었으며, 그것이 개발독재와 권위주의적 법질서를 지탱하는 기반이 되었다고 한다.

법판례의 발전은 한국 행정법학의 발전으로 이어졌다. 행정법 판례의 팽창은 한편으로는 그 형성과 결과 양면에서 행정법학의 기여를 보여 주었지만, 다른 한편에서는 행정법학이 주로 사법적 관점에 경도되는 결과를 가져왔다. 이러한 경향은 행정법학이 주로 사법, 재판에 초점을 맞춘 법리를 천착하는 데에만 몰두할 뿐 정작 행정의 통제나 행정과정에 대한 규율이라는 실천적 과제를 외면하고 있다는 비판을 받았다.

> 행정법학은 단순히 사법적 관심사만으로 지탱될 수 있는 학문이 아니다. 행정법현상을 둘러싸고 있는 정치과정에 대한 이해, 행정법현상을 주도하는 관료와 관료체제에 대한 이해 그리고 행정법적 규율이 영향을 미치는 경제적, 사회적 제 요인에 대한 이해 등이 행정법학의 적실성을 담보하는 토대가 된다.[42]

> 그간 한국 행정법학은 국가의 사법권력(司法權力) 즉 법원의 해석에 과도한 기대를 걸었습니다. 최근에는 헌법학도 이 길을 따라가고 있습니다. 헌법재판소의 기능과 능력에 대한 지나친 기대 그리고 헌법재판소 판례를 둘러싼 미시적-도그마틱적 논쟁이 헌법학의 '거대담론'을 유실시키고 있는 것은 아닌지 우려됩니다. 다른 관점에서 공법학을 할 자세도 가져야 합니다. 만약 기존의 공법학이 국가행정에 대한 통제·조정에서 별로 유익한 결과를 가져오지 못했다면 새로운 방법론의 모색을 더욱더 서둘러야 할 것입니다.[43]

판례연구의 필요성이나 중요성은 아무리 강조해도 지나치지 않다. 행정법 분야에서의 입법 발전에도 불구하고 법의 공백이 다양하게 상존하고 있는 이상 학설과 판례를 통한 법리형성이 불가피하다. 따라서 그러한 행정법의 특수성에 비추어 볼 때 판례를 통한 법형성 역시 결코 포기할 수 없는 행정법 발전의 원천이라 할 수 있다. 그러나 행정법학이 판례 중심으로 흐를 경우 자칫 행정 통제나 행정의 조종을 위한 법리발전이 소홀히 될 우려가 있다는 점에서 위와 같은 사법편중성 또는 재판중심 행정법학의 문제는 이를 심각하게 받아들일 필요가 있다. 특히 소송이 제기되지 않으면 판례 형성이 원천적으로 불가능하게 되므로 상대적으로 사인이나 기업에 의한 제소기회가 많지 않은 영역, 가령 예산조종(Budgetsteuerung) 같은 새로운 조종 모델[44] 등 행정관리 영역에서의 법형성이 저해될 우려가 있다. 실례로 정부

42) 김유환, 「미국행정법에서의 규제법규해석과 규제재량통제: 한국적 상황에의 적용의 모색」, 서울대학교 박사학위논문, 1992.5.

43) 이계수, 「규범과 행위: 국가법인설의 극복과 행위중심적 행정법 이론의 구축을 위한 시론」, 『공법연구』 제29집 제1호, 한국공법학회, 2000.11.30., 29-57.

44) 이에 관해서는 Eberhard Schimidt-Aßmann, *Das allgemeine Verwaltungsrecht als Ordnungsidee*, 2006, S.23을 참조.

업무평가 관련법이나 공공기관운영법이나 행정조직법, 재무행정법 같은 행정관리법 영역에서 행정법학자들보다는 행정학자들의 기여가 더 두드러지는 경향을 보이는 것도 그러한 우려를 확인시켜 준다.

Ⅳ. 한국행정법학의 과제, 어떻게 풀 것인가

1978년 고 김도창 교수는 한국적 행정법학이 앞으로 당면하고 또 해결해야 할 근본과제를 "민족생존에 대한 심각한 위협, 국토의 협소, 인구의 과잉, 자원의 결핍 등 우리에게 주어진 제반 특수여건 하래서 불가피하게 요구되는 국가 목적에 비교우위(比較優位)를 인정하면서, 자유와 권리의 실현문제와의 적정한 선에서의 조화를 실현하는 것"[45]이라고 결론지었다. 그동안 많은 변화가 있었다. 국가목적의 비교우위에 의해 지배되었던 한국의 행정법학도 변화된 현실에 따라 그 내적 모순의 극복과 변용을 요구받고 있다. 이제 한국의 행정법학이 그러한 요구를 어떻게, 어떠한 방향에서 충족시켜야 하느냐를 검토할 차례이다. 여기서는 앞에서의 논의를 바탕으로 한국행정법학의 과제와 방향을 일종의 의제(Agenda) 설정의 형식으로 모색해 보기로 한다.

첫째, 한국의 행정법학은 그 학문적 존재이유를 증명하기 위해서도 비판적 행정법학이어야 한다. 그것은 무엇보다도 행정법현실에서 제기된 문제를 해결하는 법학이어야 하며 그런 뜻에서 현실과 실천적 정의를 중시하는 법학이어야 한다. 이러한 당위는 사실 모든 인식론과 방법론에 우선하는 가장 기본적인 과제라고 할 수 있다. 그것은 또한 민주행정을 위한 법학이어야 한다. 참다운 민주주의법학이기 위해 한국의 행정법학은 현대행정이 일부 특권적 이익의 실현을 위한 도구일 수 있다는 형식적인 폭로를 넘어서서 그 배리(背理)와 위장의 구조를 실질적으로 구명하고 이를 극복할 수 있는 구체적 법리를 형성해 나가지 않으면 안 된다.

둘째, 한국의 행정법학은 법해석과 법정책 양면에서 방법론적 자기혁신을 추구해야 한다. 이를 위해 행정법학의 자기통제를 위한 기준과 문제영역을 개발하고 제도화해 나갈 필요가 있다. 행정법학은 정규적 자기반성을 통해 방법론적 철저성을 기할 수 있을 때 비로소 객관적인 사회적 설득력을 갖출 수 있다. 이러한 방법론적 자기혁신이 요구되는 문제영역은 이미 앞에서 지적한 바와 같이 소송법과 실체법의 상보관계, 행정법학에 있어 해석론과 입법론의 영역확보, 행정법의 과학과 정책의 위상 정립 — 행정법학과 사회과학, 역사학, 심리학 등 인

45) 김도창, 「행정법학 30년의 회고」, 113.

접학문분야와의 협동, 비교법의 방법론적 성찰 및 심화 등이다. 현실에 대한 지식과 행정현상에 대한 사회과학적 접근의 효용을 도외시한 율법주의는 더 이상 한국 행정법학의 주조가 될 수 없다.

이러한 관점에서 독일의 '행정법개혁론'(Reform des Verwaltungrechts)은 기존의 도그마틱 중심의 행정법학의 대안으로서 주목할 필요가 있다. 그것은 고전적인 자유주의 법치국가에 기반을 둔 행정법 도그마틱이 드러낸 한계와 문제점들을 극복하기 위하여 슈미트-아스만(Schimidt-Aßmann), 호프만-림(Hoffmann-Riem) 등을 필두로 한 일군의 독일 공법학자들이 내린 처방이었다. 행정법이 직면한 새로운 도전에 대응하려면 행정법학은 행정을 향도하는 조종학(Steuerungswissenschaft)이 되어야 한다는 것이었다.[46] 모든 법은 실제로 효과를 내는 것, 즉 실효(Wirksamkeit)를 추구하므로 법학은 개개의 법규정과 제도를 도그마틱 방법에 따라 형성하는 것으로 만족해서는 안 되며, 그 실효성의 조건들과 만들어 내야 한다. 법이 그 질서형성의 임무(Ordnungsaufgaben)를 완수하려면 개개의 구성요소들이 전체구조의 틀에 연결되어 상호 조율되도록 해야 한다. 그런 뜻에서 행정법학은 조종학으로 이해하여야 한다는 것이다.[47]

이들은 기존의 규율방식을 포기하지는 않지만 도그마틱 및 방법론적 구상의 변경과 체계의 재구성을 요구한다. 이에 따르면 행정의 법률구속(Gesetzesbindung) 및 정당화(Legitimation)는 더 이상 위에서 아래로의 단선적 영향이 아니라 상호작용과 수평적·환류적 영향, 즉 일종의 되먹임(feedback)이 이루어지는 복합적 과정이며, 행정조직 역시 더 이상 외부로부터 닫혀 있고 내부적으로 계서제로 짜여진 단위들이 아니라 상이한 부서와 심급들로 분화된 다양한 조직으로 보아야 한다. 또 행정작용의 법적합성(Rechtlichkeit)은 단지 법관의 통제 관점만이 아니라 우선적으로 행정의 행위 관점에서 파악되어야 하며, 고권적 행정작용과 함께 사법(私法) 작용이, 결정과 더불어 합의가, 정형적 행위형식과 함께 비공식적 활동이 다루어져야 한다. 슈미트-아스만은, 행정법학의 방법론적 문제에 대하여 논의하면서, 조종학으로서 행정법학이 그 임무를 수행하려면 인접 과학(Nachbarwissenschaften)에 의존할 수밖에 없다고 지적한다.[48] 법은 과학기술의 동력원(Antriebskräfte)과 메커니즘을 이해해야만 그 고유한 동학(Eigendynamik)에 대처할 수 있기 때문에 자연과학과 과학기술 분야와 협력해야 하며, 그 적실성이나 효과 등 여러 측면에서 경제학과 사회과학에 대해서도 개방성을 견지해야 한다고 주장한다. 이처럼 인접학문, 사회과학, 자연과학과 과학기술 등과의 협력

46) E. Schimidt-Aßmann, a.a.O., S.18ff.
47) E. Schimidt-Aßmann, a.a.O., S.27.
48) E. Schimidt-Aßmann, a.a.O.

을 통해 일방적-규제적 행정법 모델 대신 협력적 행정법 모델의 정립을 주창하며, 행정법학은 국가의 일방적 의사를 실어 나르고 정당화하는 수단이 아니라 국가와 사회의 관계를 조정하는 매개체가 되어야 한다는 것이다.

> 이들 논의에 따르면 존재(Sein)와 당위(Sollen)의 분리는 법률학적 방법론의 자족적인 격률(selbstgenügsame juristische Methodenkanon)이 아니다. 반면, 사회과학과 경제학의 제 분야들이 그 어떤 통일적인 방법론을 따르는 것이 아니라 각자 독자적인 경험적, 분석적, 규범적인 방법을 사용한다는 사실은 법학이 이들 분야의 연구성과나 논의를 수용할 때 반드시 고려해야 한다고 지적한다.
>
> Schimidt-Aßmann은 이들 인접 사회과학 및 경제학의 연구결과들을 어떻게 다룰 것인지에 관하여 다음과 같이 지적한다. 먼저, 경험적 연구결과들은 주로 법정책적 논의에서 고려되지만, 기초 법이론과 더불어 사실 및 사례 관련 규범영역(sach- und fallbezogener Normbereich)을 중심적 구체화영역(zentrale Konkretisierungsbereich)으로 다루면 더욱더 큰 의미를 가질 것이라고 한다. 사회과학의 분석적 연구결과들은 방법론상 그 고유의 특성에 따른 것임을 명심할 필요가 있다고 한다. 이들은 현상을 규명하지만 있어야 할 당위를 말해 주지는 않는다. 규범적 논의에 익숙한 법률가들이 자칫 확대해석할 우려가 있으며, 자칫 이들 사회과학적 논의에서 결코 의도하지 않았던 무분별한 견강부회로 이어질 수도 있다고 한다. 규범적 연구결과들은 이를 서로 그 고유의 준거들에 따라 비교분석하는 방법론적 조율이 필요하지만, 규범성(Normativität) 도출 근거가 되는 각 분야별로 상이한 출발점들을 존중해야 한다고 한다. 가령 경제성(Wirtschaftlichkeit)은 많은 법률들에서 요건규정의 기준(Tatbestandsmerkmal)으로 채택됨으로써 법률적 규범성을 얻게 되지만, 그렇다고 경제학에서 '경제인'(homo oeconomicus) 모델을 통해 발전시켜 왔던 그와 같은 전제들이 늘 결정적인 것은 아니라고 한다.[49]

독일에서 '행정법개혁'의 일환으로 주장된 '조종학'으로서의 행정법학에 대해서는 결국 '실지(失地)인 행정학 영역을 수복(收復)하자는 것'이라는 논평이 나왔다. 행정법의 초점을 행정통제로 바꾼다는 부분에서 독일의 주류 행정법학도 이제는 권리구제 중심에서 벗어났다는 점을 확인할 수 있으며, 다만, 그 구체적인 방법으로 행정을 '통제'의 대상으로 보면서 그 통제의 수단 내지 수단을 합법률성 이외에 타당성, 투명성, 수용성, 효율성 등으로 확대하고 있는데, 이들도 결국 — 일종의 행정규칙으로서 — 최소한 내부적인 법적 구속력을 갖게 되어 감사, 징계의 기준이 된다는 점에서, 행정의 '법과잉'이라는 비판을 받게 된다고 한다.[50]

이는 가령 행정이 형량(Abwägung), 형성(Gestaltung) 또는 평가(Einschätzung)를 위한

---

49) E. Schimidt-Aßmann, a.a.O., S.28.

50) 박정훈, 앞의 글, 177. 여기서는 I. Appel, "Das Verwaltungsrecht zwischen klassischem dogmatischen Verständnis und steuerungswissenschaftlichem Anspruch," *VVDStRL* 67, 2008, Aussprache, Starck, S.334를 참조하고 있다.

수권(Ermächtigung)의 경우처럼 법률이 개방적 요건으로 되어 있어 그 공백을 메꾸어야 할 때 다양한 특수모델들이 필요하게 되는데, 행정계획이라든가 행정입법, 위험평가(Risiko-abschätzung), 규제행정의 경우가 그 대표적인 분야로서 이들은 모두 다양한 이해관계를 고려해야 하고 불확실한 장기적 효과나 파급효과(Fern- und Folgewirkungen)를 감안해야 한다는 점에서 공통적인 특징을 가진다고 한다. 재량이론의 경우, 법원에 의한 사법통제 중심에서 재량 통제 기준의 복잡다양성(비례원칙 등 헌법 기준과 경제성(Wirtschaftlichkeit), 실행가능성(Praktikabilität), 수용성(Akzeptabilität) 등과 같은 법외적 기준들), 재량이라는 의사결정 상황의 복잡다기 등에 기인한 재량 유형의 다양화·차별화 등에 터잡은 '행정적 재량 이론'(administrative Ermessenslehre)으로의 전환이 제창되고 있으나,[51] 이 역시 '실지인 행정학 영역을 수복한 것'이 아니라 어디까지나 행정법학의 방법론적·인식론적·이론적 확장임을 유의할 필요가 있다. 이들에게 '새로운 행정법학'이란 '신뢰할 수 있고, 실천적 적실성과 문제해결에 적합한 행정법질서의 형성'(verlässliche, praxisgerechte und problemangemessene Ausgestaltung der Verwaltungsrechtsordnung)을 지향하는 것이기 때문이다.[52]

다른 한편, 독일에서 전개된 '조종학으로서 행정법학' 논의는 국내 공법/행정법학계에서 대체로 긍정적인 반향을 얻었으나,[53] 이들의 행정법개혁론은 단지 탈규제논리를 행정법적으로 정당화하는 이론에 그칠 것이라는 비판도 제기되었다. 가령 이들이 제시한 협력적 법집행 모델이 '행정절차'의 간소화·신속화를 통해 경제계의 이해를 만족시켜 줄지는 모르지만, 집회 및 시위의 자유의 규제 같은 전통적인 경찰행정작용까지 '시민사회친화적'으로 개혁하고 있지는 않으며, 만약 행정법개혁론자가 이러한 사실을 제대로 주목하지 않는다면 행정법개혁론은 단지 탈규제논리를 행정법적으로 정당화하는 이론으로 머물고 말 것이라고 한다. 이들의 행정법 개혁론은 이른바 '탈규제국가론'과 맥락을 같이하며, 법의 혁신을 통해 행정에 대한 통제를 강화시킬 수 있다는 행정법학을 지배해 온 규범주의적 전통은 행정법학의 개혁을 논의하는 곳에서도 결코 포기되지 않았다고 지적한다.[54]

그러나 이들 행정법개혁론과 '조종학으로서 행정법학' 논의는 결코 기존 독일 행정법학의 전면적 부정이 아니라 발전적 교정의 필요성을 제기한 것이어서 '탈규제논리의 행정법적 정당

51) E. Schimidt-Aßmann, op. cit., 4/46-53, S.205-210.

52) Voßkuhle 역시 이 점을 분명히 시인하고 있다(A. Voßkuhle, "Neue Verwaltunsrechtswissenschaft," in: W. Hoffmann-Riem, E. Schmidt-Aßmann, und A. Voßkuhle (Hrsg.), *Grundlagen des Verwaltungsrechts*, Bd. I, Verlag C.H. Beck, 2006, S.1-61, S.59, Rn.71).

53) 가령 김남진, 「행정법총론 개혁의 과제」, 『법학논집』 제31집, 1995, 139-159, 139 이하; 문병효, 「행정법 도그마틱의 변화에 관한 시론(試論)」, 『경원법학』 제3권 제2호, 2010, 139-158, 153-154 등.

54) 이계수, 「규범과 행위: 국가법인설의 극복과 행위중심적 행정법 이론의 구축을 위한 시론」, 『공법연구』 제29집 제1호, 2000, 29-58, 44-47.

화'라는 비판은 수긍하기 어렵다. 오히려 이들은 인접학문, 사회과학, 자연과학과 과학기술 등과의 개방적 협력과 그 연구결과의 반영이 필요하다는 점에 주의를 환기시켰다는 점에서 '법률학적 행정법학'의 한계를 극복하기 위한 중요한 거점을 제시한 것으로 보아야 할 것이다.

> 행정법개혁논의와 관련하여 고 서원우 교수의 지적은 다시 한 번 경청·음미해 볼 만한 가치가 있다. 그는 현대사회의 행정시스템을 구조적으로 변혁할 만한 정도의 크기와 넓이를 지닌 행정의 세기적인 구조변혁이 진행되고 있는 현실에서 그 논리필연적인 귀결로서 행정에 관한 법으로서의 행정법과 그에 관한 학문으로서의 행정법학도 구조적이라고 말할 정도의 변혁이 불가피하며, 오늘날 이른바 '행정법학의 정체성위기'(identity crisis) 문제가 새삼 대두되고 있는 것도 바로 그 결과라고 지적하면서, 많은 행정법학자들은, 아직도 이와 같은 문제의식을 공유하고 있지 아니하다는 사실을 개탄한 바 있다.55)

사실 '행정법학의 규범주의적 전통의 온존'이라는 비판은 어느 정도 타당하다고 볼 수 있다. 그러나 위에서 살펴본 바와 같이 '조종법학론'은 '실지인 행정학 영역을 수복하자는 것'도 아니지만, 그렇다고 종래의 규범중심주의를 그대로 계승하자는 것은 아니다. 오히려 종래의 행정법학의 지평을 수직·수평 양면에서 그리고 그 심도 면에서 더욱 진화시키려는 시도이므로 규범주의 비판은 반드시 적절한 것이라고는 보기 어려울 것이다.

셋째, 한국 행정법학의 정체성(正體性)은 폐쇄와 고립이 아니라 개방적 자세와 진취적 모색을 통하여 확보되어야 한다.

이와 관련하여 행정법학, 특히 행정법판례에서 전가의 보도처럼 사용해 온 이익형량의 개방성 문제가 제기된다. 이 문제는 앞서 본 전통적 행정법학의 공익이데올로기 편향과는 또 다른 측면에서 주목해 볼 필요가 있다. 행정법학에서 이익형량의 필요성과 중요성에 관해서는 광범위한 합의가 존재한다고 해도 틀린 말은 아니다. 한편 '행정법 원리이론'(Prinzipientheorie des Verwaltungsrechts)이라는 관점에서 이익형량을 행정법해석의 방법 차원으로 고양시켜 온 대표적인 학자인 박정훈 교수는 행정법상 법적 정의는 '문제되는 공익과 사익 간의 형량 및 공익과 사익을 각각 지지하는 가치들 간의 형량이 정당한 것'을 의미한다고 주장한다.

> 이러한 이익형량 및 가치형량의 정당성을 방법론적으로 근거부여하기 위해서는 '형량 되어야 할 이익들과 가치들을 모두 규명하고 그 형량에서 결정적으로 작용하는 형량요소들을 숨김없이 밝힌 다음 토론과 비판에 응할 준비를 갖추는 것'이 필요하다.56)

---

55) 서원우, 「행정시스템의 변화와 21세기행정법학의 과제」, 『행정법연구』(행정법이론실무학회), 7호, 2001.
56) 박정훈, 「행정법에 있어서의 이론과 실제」, 서울대학교 법학연구소, 행정소송·행정법연구과정교재, 1999.3., 35.

단순포섭에 의한 법률텍스트의 해석이 아니라 일정한 '가치판단'에 의해 매개된 '형량'을 강조하는 이 견해를 기존의 행정법학의 한계를 극복하기 위한 대안 또는 '전통적인 행정법해석방법론을 대체하는 새로운 해석방법론'이라고 볼 것인지는 동의하기 어렵지만, 행정법의 해석·적용을 본령으로 하는 전통적 행정법학이나 그 한계를 극복하겠다는 조종학적 관점 또는 우리가 지향해야 할 대안적 행정법학 등 어떤 관점에서 보더라도 이익형량의 필요성과 중요성을 부인할 수는 없을 것이다. 오히려 그 중요성은 아무리 강조해도 지나치지 않을 정도이다. 행정법학이 행정학이나 정책학에 비해 그나마 '정체성 위기'를 덜 심하게 앓아 왔던 이유는 그 대상으로서 행정법규범의 텍스트가 정해져 있거나 확정가능하다는 사실과 무관하지 않다. 행정법 텍스트의 의미내용을 해석해 내는 것은 행정법학이, 그에 대해 어떤 입장에 서더라도, 마땅히 감당해 내야 할 과업이자 임무일 터인데, 그 요체는 법텍스트를 통해 표출된 입법자의 의사를 규명해 내는 데 있고, 이익형량은 그 목표를 향해 나아가는 필수불가결한 도구이기 때문이다. 물론 법원의 이익형량이 특정한 가치관이나 관점에 편향되어 있다면 이는 비판 받아 마땅하고 나아가 이러한 이익형량이 사법중심, 소송중심적 행정법학의 핵심회로로 작용한다면 이 또한 질타를 면하기 어려울 것이다. 그러나 문제는 이익형량 자체보다는 오히려 그 이익형량의 투명성과 객관성, 개방적 형량과정을 어떻게 확보할 것인가 하는 데 있다. 이렇게 볼 때, 형량을 통해 법원이 내리는 판단이 기본적 혹은 본질적인 '공공재'의 분배에 관한 결정과 관련되어 있다고 하여 이익형량이 행정법의 민주주의적 기능을 훼손할 수 있다고 비판하는 것[57]은 편향이나 과도한 단정에 의거한 주장이라고 판단된다. 이익형량의 가치전제가 공공성이나 공정성의 측면에서 동의할 수 없다면 바로 그것을 다투어야 한다. 법원이 항상 또는 경향적으로 일정한 가치전제에 입각하여 이익형량을 한다고 일반화할 수는 없지 않을까.

다른 한편, 비교법과 수입법학의 분별 있는 취사선택이 필요하다. 사실 이제까지 우리나

57) 이계수, 앞의 글, 42. 그 역시 "형량 되어야 할 이익들과 가치들을 모두 규명하고 그 형량에서 결정적으로 작용하는 형량요소들을 숨김없이 밝힌 다음 토론과 비판에 응할 준비를 갖출 수만 있다면 이익형량 및 가치형량의 정당성을 방법론적으로도 입증할 수 있을 것"이라고 전제한다. 그러나 "입법자는 날치기하고 행정공무원은 무지하고 법원은 눈코 뜰 새 없이 바빠 사건에 파묻혀 지내고 소송수행자 혹은 잠정적 소송제기자들은 오로지 사건의 승리만을 위해 모든 수단과 방법을 다 동원하고 있는 것이 우리 현실입니다. 이런 상황에서 하버마스 류의 진리합의설이 자리 잡기는 힘듭니다. 그래도 이익형량을 해야 한다면 그것은 예외적인 상황에 한정되어야 합니다. 해결할 법조문이 없다고 해서 공백규정이라고 해서 곧바로 이익형량을 해서도 안 될 것이고 불확정한 법개념이 사용되고 있다고 해서 쉽게 이익형량을 해서도 안 될 것입니다."라는 이계수 교수의 지적(같은 글, 43)은 이러한 관점에서 수긍하기 어렵다. 아울러, 그가 대안으로 내세운 '의회주의 행정법'이나 '행위중심 행정법'(같은 글, 47 이하)이 과연 어떻게 구현될 수 있을지 궁금하며, 그런 대안들이 그가 비판한 전통적 행정법학의 결함들이나 편의성, 계급성을 해결해 줄 수 있는지도 의심스럽다는 점을 부기해 둔다.

라 행정법학을 구성해 온 법소재의 주된 부분은 소위 선진국의 법・제도・법이론에 관한 관심으로 메워졌다고 해도 틀리지 않다. 그에 비하면 우리나라에서 생성되고 또 해결되어야 할 행정법적 문제에 대한 관심은 메뉴를 다양화하고 양적으로 확대시키는 데에는 어느 정도 성공했으나 논의를 심화시키거나 질적으로 진보시키는 데에는 아직도 많은 문제점이 남아 있다. 이것은 특별행정법에 관한 이론적 빈곤을 통해서도 단적으로 드러나는 사실이다. 우리는 수입법학론에 대한 대안으로 국적 있는 행정법학론을 내세우는 데 익숙해 있다. 한국의 행정법학을 발전시켜야 한다는 명제는 앞서 살펴보았듯이 기본적으로 타당하다. 그러나 한국적 특수성을 과잉 강조하는 편협한 자의식에 입각한 행정법학에서의 국수주의는 어설픈 또는 사대주의적인 번역법학 못지않게 경계되어야 마땅하다. 유신독재를 뒷받침했던 '한국적 민주주의론'과 유사한 이 정체불명의 한국적 패러다임이 권력자나 권력추수적인 학자들에 의하여 도구적 방편으로 이용될 수 있다는 우려[58]를 현실로 겪었던 나라에 살고 있다. 외국법은 필요한 한 계속 더욱 심도 있게 연구되고, 비교법은 계수된 법의 원활한 이용, 즉 재판과 입법을 위한 자료로서가 아니라 행정법학을 위한 학문방법론으로 자리 매김되어야 한다.[59]

넷째, 한국의 행정법학은 연역적이 아니라 귀납적인 접근방식에 의하여 재구축되어야 한다. 그동안 방치되거나 소홀히 취급되어 왔던 분야별 특별행정법분야, 행정조직법, 인사행정법, 재무행정법 등 행정관리법영역에 대한 연구의 확대, 판례연구의 확대・심화가 필요하다. 이와 관련 특별행정법 분야에서 연구가 더욱더 활성화되어야 함을 다시금 강조하지 않을 수 없다. 이들 분야는 현대사회의 복잡다양한 행정수요에 부응하기 위한 행정기능의 확대 및 중점변동으로 인한 행정작용의 전문화・다양화에 대한 요구와 이러한 다양한 행정작용들을 법치행정의 원리에 따라 법적으로 규율하려는 요구와의 경쟁적 대립으로 점철되어 왔다. 그러나 한국의 경우 '법적 규율화' 또는 '법화'(Verrechtlichung)의 경향[60]이 가장 현저히 진전되어 온 이들 특별행정법의 제 분야에 관한 연구들은 아직 원시적 축적의 단계조차 제대로 밟아 나가지 못하고 있는 실정이다. 엄밀히 따지면 한국행정법학에서 특별행정법에 관한 총론적 접근 외에 본격적인 연구는 거의 이루어지지 못했다고 해도 과언이 아니다. 특별행정법연구의 중요성은 아무리 강조해도 지나치지 않는다. 일반법이 없는 행정법에서 판례와 학설을 통해서 형성된 일반행정법이론이 결정적인 역할을 하고 있다는 것은 주지의 사실이며, 또 특별행정법분야에서도 일반행정법이론이 수행해야 될 역할도 결코 평가절하될 수 없다. 현실적으로 이러한 고도로 전문기술적인 영역에 있어서 법치행정원칙의 규율력이 완화될 수밖에

58) 차용석, 「'우리법학'의 보편성과 특수성」, 『법과 사회』 창간호, 255.

59) 박정훈, 앞의 글, 167.

60) 이에 관해서는 서원우, 「한국법에 있어서의 법화문제」, 『서울대학교 법학』 제37권 제1호, 1996, 1-16을 참조.

없는 경우가 있을지라도 이를 법치행정의 예외영역으로 인정하는 것은 헌법질서를 정면에서 거스르는 결과가 될 수 있기 때문이다. 행정작용의 다양화현상이 가져온 가장 특징적 결과인 중점이동, 즉 소극적 질서행정에서 적극적 복리행정으로의 중심이동현상과 이에 따른 이른바 행위형식의 다양화(비권력적 행위형식의 확대)는 전통적인 권력적 행정작용에 있어 행정작용의 제한이라는 기본관념으로부터 출발한 법치행정의 원리에 일정한 변용을 불가피하게 할 수 있다. 그러나 행정법학을 본궤도에 올리기 위하여 수행해야 할 가장 급선무는 행정법학의 내용을 다양한 특별행정법분야에서 충전시키는 일이다. 이러한 관점에서 행정법이 첨단과학기술의 비약적 발전, 지능정보사회의 대두, 기후변화, 고령화 등 현대사회의 도전들을 어떻게 감당하고 극복해 나갈 것인가를 구명하는 일이 행정법학의 현대적 과제로 대두되고 있다.

아울러 슈미트-아스만이 조종학으로서 행정법학의 요소로서 강조한 바와 같이, 행정작용의 법적합성(Rechtlichkeit)을 단지 재판, 즉 법관에 의한 통제 관점만이 아니라 행정의 행위관점(administrative Handlungsperspektive)에서 파악하는 사고방식의 전환이 필요하다.[61]

끝으로 한국의 행정법학은 '살아 있는 법'을 대상으로 하는 학문적 실천으로서 양식을 갖춘 평균인의 지적 공유자산이 될 수 있도록 현실과 깨어 있는 시민들을 위한 노력을 게을리 해서는 안 된다. 행정법학은 우리 사회가 제기하는 가장 현실적인 문제들을 태클해야 하며 그 구체적 해결방향을 제시해 줄 수 있는 법학이어야 한다. 행정소송을 통한 권리구제는 적기에 그리고 실질적으로 이루어지고 있는가? 공공필요에 의한 재산권 침해는 제대로 구제되고 있는가? 손실보상법이나 국가배상법은 실제 발생한 침해나 침해를 받은 사람들에게 충분한 배상이나 보상을 제공하고 있는가? 이러한 질문에 답할 수 있기 위해서는 냉철한 법사실의 인식과 규명이 선행되어야 한다. 행정구제법의 형식논리에 사로잡힘이 없이 행정소송이나 국가배상소송 등을 통한 권리구제가 과연 실효성 있게 결과를 내고 있는지 실상을 분석하고 행정상 손실보상의 명분이나 논리가 현실에서는 한낱 허구로 끝나는 사태가 벌어지지는 않는지 면밀히 점검하여 법제도나 법리에 문제가 있다면 그 시정방안을, 법집행의 실제에 문제가 있다면 또는 젠트리피케이션(gentrification) 같은 사회경제적 변화에 문제가 있다면 그러한 조건들을 고칠 수 있는 법정책적 방안을 도출하는 데에도 응분의 관심과 노력을 기울여 나가야 할 것이다. 아울러 그와 같은 맥락에서 행정법학의 교수방법론 및 교육자료의 개발 역시 결코 소홀히 할 수 없는 과제로 삼아야 할 것이다.

---

61) E. Schimidt-Aßmann, op. cit., S.18.

Ⅴ. 결론: 변화하는 사회와 행정법학

사상 유례가 없는 속도로 급변하는 사회에 우리는 살고 있다. 그러한 사회변동 속에서 동시대인으로서 우리가 체험하는 문제들은 멀리는 봉건적 지배질서로부터 일제의 식민지지배, 해방 이후 전개된 권위주의적 독재, 오늘날 상업주의에 의해 침윤된 과두적 다원주의 등에 이르기까지 극히 다양하고 이질적인 배경을 지니고 있다. 이제까지 우리는 행정법학이 이처럼 급변하는 사회에서 제기되는 복잡다양한 문제들을 얼마나 잘 감당해 왔느냐 하는 문제를 비판적으로 검토하고 한국 행정법학이 안고 있는 과제와 미래 전망을 탐색하였다. 물론 이에 대한 종국적 판단을 내리는 것은 성급하고 또 가능하지도 않다. 가능한 것은 오히려 한국 행정법학이 자신에게 부과된 임무와 사명에 비추어 계속적으로 자기통제를 해 나갈 수 있는 실천적 논의의 장을 설정하고 이를 검증함으로써 논의의 영역을 더욱더 심화시켜 나가는 일일 것이다. 물론 이러한 과제는 굳이 비판법학 또는 진보법학의 관점에서만 수행될 수 있는 것은 아니다. 그것은 오히려 이제까지 행정법학의 본령으로 간주되어 온, 전통적 법해석론의 영역에서 더욱더 추구되어야 할 과제이다.

그동안 한국 행정법학이 질적으로나 양적으로나 괄목할 만한 발전을 거듭해 온 것은 사실이다. 그러나 발전은 병리적 현상을 수반했고 그 결과 사회변동에 따른 행정법학의 변용과 자기혁신에 걸림돌이 되었던 것도 부정할 수 없는 사실이다. 식민지법학 · 관료법학 · 행정법학의 정치적 종속과 무책임성 · 몰역사성 · 행정법철학 빈곤 · 파행적(跛行的) 행정법이론 · 교과서법학 · 수험법학 등과 같은 어휘들은 모두 한국 행정법학의 비판적 반성에서 늘 등장하던 말들이다. 한때 학계에서조차 비판이 금기시된 적이 있었다. 물론 오늘날 비판은 자유롭고 빈번하다. 행정법학에서도 이제 비판 없는 학문적 진술은 그 순응에 대한 보상보다는 문제의식의 궁핍에 대한 혐의와 결부되는 풍토가 일상화되어 있다. 그러나 백화제방의 시대에 비판은 그에 대한 실질적 고민과 내적 극복이 없이는 무의미한 시늉에 불과하다. 한국 행정법학의 문제점들을 인식하고 비판한다고 할 때 그것은 도전이기보다는 관심이며 애착이다. 현재의 행정법학을 넘어 미래의 행정법학을 지향하는 작업의 가장 근본적인 동기가 된다. 이러한 의미에서 비판은 오로지 실질적일 때에만, 그리고 지속적인 토론과 의견교환을 통해서만 시대정신의 공유자산이 될 수 있다. 한국 행정법학이 철저한 자기반성을 통해 미래를 향해 힘차게 진군할 수 있는 동력원을 얻게 되기를 기대한다.

제2장
법치행정의 원리*

Ⅰ. 쟁점

사람들은 그동안 좀처럼 듣지 못했던 '법치주의'란 말을 그 어느 때보다도 자주 들을 수 있었다. 박근혜 전 대통령 탄핵심판을 전후하여 '비선조직에 따른 인치'로 헌법이 부과한 국민주권주의와 법치국가원칙을 위배한 일련의 행위들이 문제되었기 때문이다. 그러면 법치주의란 무엇일까. 간단히 말하면 사람의 지배, 즉 인치가 아닌 법의 지배라고 한다. 헌법재판소는 그와 같은 맥락에서 탄핵심판 결정문에서 법치주의 훼손이 대통령 탄핵사유임을 분명히 했다.

> …… 피청구인의 이와 같은 일련의 행위들은 기업의 임의적 협력을 기대하는 단순한 의견제시나 권고가 아니라 구속적 성격을 지닌 것으로 평가된다. 만약 피청구인이 체육진흥・중소기업 육성・인재 추천 등을 위해 이러한 행위가 필요하다고 판단했을지라도 법적 근거와 절차를 따랐어야 한다. **아무런 법적 근거 없이 대통령의 권한을 이용하여 기업의 사적 자치 영역에 간섭한 피청구인의 행위는 헌법상 법률유보 원칙을 위반하여 해당 기업의 재산권 및 기업경영의 자유를 침해한 것이다.**[46/89]……
>
> **피청구인이 최○원의 국정 개입을 허용하고 국민으로부터 위임받은 권한을 남용하여 최○원 등의 사익추구를 도와주는 한편 이러한 사실을 철저히 은폐한 것은, 대의민주제의 원리와 법치주의의 정신을 훼손한 행위로서 대통령으로서의 공익실현의무를 중대하게 위반한 것이다.**[56-57/89][1)]

---

* 홍준형, 『행정법』, 법문사, 2017, 16-25; 홍준형, 「헌법재판과 행정법」, 『헌법논총』 제19집(헌법재판소 창립 제20주년 특집호), 2008.12., 129-176을 토대로 수정・보완한 것임.

1) 헌법재판소 2017.3.10. 11:21 선고 2016헌나1 결정(대통령(박근혜) 탄핵)(이하 고딕체: 인용자 강조).

법치행정의 원리란 헌법상의 원칙인 법치주의의 행정법적 표현이다. 일반적으로 헌법에서 도출되는 행정법의 기본원리로 민주행정의 원리, 법치행정의 원리 그리고 복리행정의 원리가 열거되고 있다.[2] 이 원리들은 내용상 서로 연관될 뿐 아니라 보는 각도에 따라 상대적인 비중을 가질 수도 있다.

헌법과 행정법의 관계: 구체화된 헌법으로서 행정법

행정과 행정법은, 프릿츠 베르너(Fritz Werner)의 유명한 공식 「구체화된 헌법으로서 행정법」(Verwaltungsrecht als konkretisiertes Verfassungsrecht)[3]에서 드러나듯, 각 시대의 헌법의 제약을 받는다. 물론 행정이 오로지 헌법의 한 구성요소에 불과하다거나 행정법이 헌법에서 직접 전사(轉寫)될 수 있다는 것은 아니다. 행정과 행정법은 헌법에 영향을 미친다. 헌법의 변동이나 신헌법 제정이 행정에 영향을 미치는 것은 당연한 일이다. 그러나 이 영향은 즉발적으로 나타나기보다는 헌법변동이 소화되고 뒤 이어 행정에 영향을 미치는 일종의 시간적 지체를 거치기 마련이다. 마우러(Maurer)에 따르면, 베르너의 명제는, 적어도 그 본질적인 내용에서는 이전 시대에도 이미 타당한 것이었다.[4] 즉, 헌법에 표현된 국가, 국가의 임무 및 권한에 관한 결정들은 그것이 현실이 되기 위해서는 행정에 반영되어야 했고, 그런 한도에서 행정은 '활동하는 헌법'(tätig werdende Verfassung)이었다.[5]

이와 관련, 독일행정법학의 태두인 오토 마이어(Otto Mayer)가 행정법교과서 제3판 서문에서 제시한 "헌법은 사라지지만 행정법은 존속한다."('Verfassungsrecht vergeht, Verwaltungsrecht besteht')라는 명제를 생각해 볼 필요가 있다.[6] 이것은 종종 행정의 고유한 항상성(Konstanz)을 말해 주는 표어로 통용되고 있으나, 왕권 몰락과 1919년 바이마르헌법에 의한 의회민주주의 도입을 통해 이루어진 헌법 변화가 행정법에 아무 영향을 미치지 못했다는 역사적 사실을 반영한다. 하지만 1895/6년에 출간된 오토 마이어의 저서는 당시의 자유주의적 법치국가에 사상적 신세를 지고 있었고 그런 까닭에 오히려 행정법의 헌법의존성을 보여 준 사례라고도 볼 수 있다. 오쎈뷜(Fritz Ossenbühl)에 따르면, 변화된 헌법에 대한 독일행정법의 저

2) 김남진 교수(『행정법 I』, 법문사, 2000, 32 이하, 46-47)는 민주주의, 법치국가원리 및 사회국가원리를 들고 있다.
3) F. Werner, "Verwaltungsrecht als konkretisiertes Verfassungsrecht," *DVBl*, 1959, 527.
4) H. Maurer, *Allgemeines Verwaltungsrecht*, 1997, § 2 Rn.1.
5) L. von Stein, *Handbuch der Verwaltungslehre*, 3.Aufl., 1888, Bd.1, S.6.
6) 행정법학에 있어 오토 마이어에 대한 학문적 평가에 관해서는 김성수, 「오토 마이어: 행정법의 아이콘인가 극복의 대상인가」, 『공법연구』 제45집 제2호, 2016.12., 231-255를 참조.

항은 기본법 발효 이후에도 한동안 관찰될 수 있었지만, 오늘날에는 오히려 행정법의 헌법의존성이 지나칠 정도로 강조되거나 과장되었다고 한다.[7] 따라서 베르너의 '구체화된 헌법으로서 행정법'이란 명제가 법적용과정에서 헌법의 직접원용에 대한 지향을 강화시킴으로써 이제 헌법은 더 이상 (단순)법률의 정신적인 상부구조(geistiger Überbau)에 불과한 것이 아니라 법적용자의 일상작업에서 직접 효력을 발휘하고 있다는 것이다.[8]

물론 헌법의 구체화란 그렇게 단순하게 관철되는 과정은 아니었다. Schmidt-Aßmann에 따르면, 헌법구체화과정은 복잡하고 불확실하며, 오히려 행정법이 헌법을 더 구체화시키는 등 영향의 방향이 헌법에서 행정법으로가 아니라 행정법에서 헌법으로(vom Verwaltungsrecht auf das Verfassugsrecht) 미치는 경우도 적지 않다고 한다.[9] 헌법 자체가 그리 구체적이지 않기 때문이기도 하고(Lerche), 확실한 법개념들에 따른 직접적 포섭(unmittelbare Subsumtion)을 허용하지 않기 때문에(Schmidt-Aßmann), 법률을 통한 (헌법)구체화란 헌법의 우위와 상관없이 법치국가원칙같이 구조적인 법원리적 보장과 현실적 분쟁에 대한 재판상의 결정 사이를 오가는 가변적이고 상호반응적인 양상을 띠고 있다는 것이다(Breuer).[10]

묄러스(Christoph Möllers)는 한 걸음 더 나아가 베르너의 명제는 행정법학계에서 즉각적 환영을 받아 급속히 날개 돋친 듯 통용되었으나, 행정법 영역에서 기본법 제20조 제3항에 따른 '입법과 행정의 헌법 구속'을 넘어서는 의미로 과장되고 있으며, 이는 법률학 방법론상 헌법해석과 동의어인 '구체화의 개념'(Begriff der Konkretisierung) 탓으로서 행정법을 헌법해석의 결과라고 하는 것은 방법론적으로 올바르지 못하다고 지적한다. 특히 헌법의 영향이 강하게 미친 영역도 있지만 그에 못지않게 거의 영향이 없는 영역[11]도 존재하며, 특히 환경법과 기본법 제20조a의 국가목적조항, 통신법과 기본법 제87조f의 경우처럼 오히려 '헌법이 추상화된 행정법으로 나타나는 경우'(Verfassungsrecht als Verwaltungsrecht)도 드물지 않다고 한다.[12] 아울러 제3자의 법률상 이익(Drittbetroffenheit)의 법리나 비례원칙 등의 경우도 그와 마찬가지의 현상이 나타나고 있다고 한다.[13]

이렇게 볼 때, '헌법에 행정법을 정향시키는 것'(Ausrichtung des Verwaltungsrechts am

---

7) F. Ossenbühl, "Die Quellen des Verwaltungsrechts," in: H.-U. Erichsen und W. Martens (Hrsg.), *Allgemeines Verwaltungsrecht*, S.72(§ 7 I).
8) 같은 곳. 한편 이 점은 헌법이 지니는 행정법의 법원으로서의 결정적 중요성을 상기시킨다.
9) E. Schmidt-Aßmann, *Das allgemeine Verwaltungsrecht als Ordnungsidee*, 2.Aufl., 2006, 1/20, S.12.
10) E. Schmidt-Aßmann, ibid., 2006, 1/17ff., S.10-12.
11) 예컨대 BVerfGE 58, 300이래 조달법(Vergaberecht)과 물법(Wasserrecht).
12) C. Möllers, "Methoden," in: W. Hoffmann-Riem, E. Schmidt-Aßmann, und A. Voßkuhle (Hrsg.), *Grundlagen des Verwaltungsrechts*, Bd.I, 2006, S.131-132, § 3, Rn.13.
13) 같은 곳.

Verfassungsrecht)은 어느 특정 시점을 계기로 전면적으로 실현되는 것이라기보다는 입법, 사법 및 법학이 동등하게 참여하여 진행되는, 또 그와 같은 참여가 필요한, 지속적이고 점진적인 실천과정이라고 보아야 할 것이다.

Ⅱ. 법치행정의 원리

1. 법치행정원칙의 의미

법치행정의 원리란, 문자 그대로 행정이 헌법과 법률을 포함하는 의미에서의 '법'에 의해 이루어져야 한다는 원리이다(Rechtsmäßigkeitsprinzip). 여기에는 그 목적으로서 기본권보장, 그 조직원리로서 권력분립의 원리가 전제되고 있으며,[14] 그 절차적 보장으로 법원에 의한 권리구제제도, 특히 행정재판제도의 확립이 요구된다. 법치행정의 원리, 다시 말해서 법률에 의한 행정의 원리[15]는 일반적으로 법률의 우위(Vorrang des Gesetzes)와 법률의 유보(Vorbehalt des Gesetzes)란 두 가지 요소로 이루어진다.[16]

<법치주의의 역사적 발전>

사람이 아닌 법에 의한 통치란 의미에 있어 법치주의란 본래 행정법이 그러하듯이 본래 구미에서의 근대시민혁명을 통해 이루어진 법적 발전의 소산이다. 그것은 대륙에 있어서는 법치국가의 전개로 나타났고 영미에 있어서는 '법의 지배'(Rule of Law)[17]의 원리로 출현했다. 이 법치주의의 두 가지 현상형

---

14) H. Maurer, § 2 Rn.8(S.17f.).

15) 법치행정의 원리는 종종 그 독일에서의 연혁과 관련하여 "법률에 의한 행정의 원리"라고도 불리고 있다. 여기서 법률이 이른바 형식적 법치주의에서의 그것을 의미하는 것이 아니라 "합헌적 법률"로서 이해되는 한, 이러한 용어법 역시 부당한 것은 아닐뿐더러 법치행정의 원리의 학설사적 배경을 밝히는 데 유용한 측면이 있으므로 양자의 구별을 두지 않기로 한다.

16) Otto Mayer는 일찍이 행정의 법률적합성의 원칙을 ① 법률의 법규창조력(rechtssatzschaffende Kraft des Gesetzes), ② 법률의 우위(Vorrang des Gesetzes), ③ 법률의 유보(Vorbehalt des Gesetzes)라는 세 가지 요소로 정식화했다(O. Mayer, a.a.O., S.64f.). 이 중 '법률의 법규창조력'이란 국민의 대표기관인 의회만이 국민을 구속하는 규범인 법규를 만들 수 있다는 것, 즉, '법률'이란 명칭을 가진 국가의사만이 국민을 구속한다는 것을 의미하는 명제로서, 이러한 법률의 법규창조력은 오늘날에도 원칙적으로 인정된다. 그러나 오늘날 법률만이 법규창조력을 갖는 것은 아니므로(가령 행정관습법, 예외적인 법률동위의 명령이 성립할 여지가 있다), 이를 법치행정의 원리의 요소로 이해해야 할 필연성은 없다.

17) 영국에 있어서 법의 지배원리를 체계화한 A.V. Dicey에 따르면 영국에서 법의 지배원칙은 '영국 헌법하에서 개인의 권리에 부여된 보장'으로서, 1) 자의적 권력의 지배에 대한 정규법(regular law)의 절대적 우

태들은 그 사상적 핵심, 즉 국민주권에 입각한 권력제한의 원리를 제외하고는 여러 가지 면에서, 특히 그 제도적 형성의 측면에서 서로 판이하게 구별된다. 학자들이 대륙에 있어 자유주의적 법치국가원리를 형식적 법치주의로 규정하면서 영미 법의 지배원리를 즐겨 실질적 법치주의라고 부르는 것은 바로 이 두 원리의 내용적·구조적 이질성을 염두에 둔 것이다. 물론 오늘날에 이 두 원리가 특히 전후 대륙법의 실질적 법치주의에로의 전환을 통해 상호접근 하는 경향이 일반적으로 관측된다. 이러한 법치주의의 상이한 현상형태에 대한 상호비교 문제를 여기서 다룰 겨를은 없으므로, 여기서는 주로 독일을 위시한 유럽 대륙에서 이루어진 법치주의의 역사적 발전만을 문제 삼기로 한다. 먼저 대륙에 있어 19세기 자유주의적 법치국가의 발전은 전제왕권에 대항한 시민계급의 투쟁과 승리를 통해 주어졌다. 이들은 국가적 행정활동을 공공의 안녕과 질서유지를 위한 위험의 방지(Abwehr von Gefahren)로 감축시킬 것과 이러한 법영역 역시 법률의 기속하에 둘 것을 요구했다. 사적, 사회적, 경제적 영역은 자기들 자체의 그리고 자율적인 자유경쟁을 지향하는 조정메커니즘에 맡겨져야 한다는 것이 이들의 주장이었다(laissez faire, laissez aller). 이 주장은 이후 역사적 과정을 통해 광범위하게 관철되었고 왕권과 시민계급의 타협을 의미했던 19세기에 제정된 헌법들을 통해 반영되었다. 이로써 종래 무제한적이었던 군주의 권력은 기본권과 입법에 있어 국민대표의 동참권에 의해 제한되었다. 군주는 여전히 행정권을 장악하고 있었으나, 행정에 의한 자유와 재산권의 침해 — 다시 말해 시민사회의 영역에 대한 침해 — 는 국민대표에 의해 승인된 법률이 수권하는 경우에만 허용되었다(기본권, 법률의 유보). 이에 따라 자유주의적 법치국가에 전형적인 법률개념, 즉 일반적 국가-시민의 관계에 있어 자유와 재산권에 대한 침해에 관한 법률개념이 확립되었다. 급부행정(Leistungsverwaltung)에 해당하는 영역이나 행정조직, 그리고 국가내부의 문제로 간주되었던 특별권력관계는 여전히 군주에 의해, 법률의 제약을 받지 않고 규율되고 있었다.[18] '법률에 의한 행정'에 대한 오토 마이어(Otto Mayer)의 공식은 바로 자유주의적 법치국가의 발전을 배경으로 하고 있었다.

오늘날 법률에 의한 행정의 원리 역시 헌법상의 실질적 법치주의가 행정법을 통해 직접 구체화된 결과로서 이해되고 있다. 다시 말해서 법률에 의한 행정의 원리는 형식적 법치주의로 표현되었던 자유주의적 법치국가원리를 넘어서 실질적 정의를 지향하는 실질적 법치행정의 원리를 의미하고 있다. 따라서 법률에 의한 행정의 원리의 내용을 검토하기 위해서는 이러한 법치주의의 현대적 변용을 고려하여야 한다.

현행헌법에는 법치주의에 관한 직접적인 명문규정은 없다. 그러나 헌법전문, 평등원칙을

위, 2) 법 앞의 평등, 3) 인권에 관한 헌법원칙의 판례법적 소산을 내용으로 한다(*Introduction to the Study of the Constitution*, 202-205). 이 원리와 그 이후의 발전에 관해서는 김도창, 『행정법론(상)』, 1989, 121 이하를 참조.

18) H. Maurer, a.a.O., § 2 Rn.5(S.16)에 따르면 이러한 자유주의적 법치국가원리의 절정을 1869년에 제정된 독일의 영업법(Gewerberordnung)에서 엿볼 수 있는데, 여기서는 영업의 자유(Gewerberfreiheit)에 입각하여 위험방지의 목적을 지닌 극히 소수의 제한과 침해만이 허용되고 있었다고 한다.

규정한 제11조, 인신의 자유를 규정한 제12조 제1항, 경제질서의 기본원칙을 규정한 제119조 제1항, 적정한 소득분배를 규정한 제119조 제2항, 인간다운 생활을 할 권리를 규정한 제34조 제1항, 권력분립주의에 관한 제40조, 제66조 제4항, 제101조 제1항, 포괄적 위임입법의 금지를 규정한 제75조, 위헌법률심사제를 규정한 제107조 제1항 그리고 명령·규칙의 사법심사를 규정한 제107조 제2항 등, 여러 헌법조항에서 실질적 법치주의의 본질적 구성요소와 구현방법들이 규정되고 있다. 이 중 특히 제107조 제2항은 법치행정을 법원에 의한 사법심사에 의해 보장하려는 것으로 법치행정의 원리에 관한 가장 직접적인 헌법적 근거로 간주된다.

<관련판례>

법치국가적 절차에 따르지 않는 공권력의 발동개입은 그것이 위정자의 정치적·정책적 결단이나 국가의 금융정책과 관계된다는 이유로 합헌적인 조치가 될 수는 없으며, 이 경우는 관치경제이고 관치금융 밖에 될 수 없는 것이다. 더 나아가 이는 관(官)의 이상비대화 내지 정경유착의 고리형성의 요인이 될 수 있다. …… 공권력이 아무리 명분이 좋아도 국민의 권리를 제한하고 의무를 부과하는 일은 예측 가능한 법률에 근거를 두어야 할 것이고, 이것은 기업의 경영권에 개입하고 제한할 때에도 마찬가지임은 이미 보았거니와, 이 점에서 **법률상 근거 없는 이 사건 공권력의 행사는 법치국가적 절차를 어긴 것이며**, 또 법률상 무권한의 자의적 공권력의 행사였다는 점에서 **헌법 제11조 소정의 평등의 원칙의 파생원칙인 자의금지의 원칙도 위반**한 것이다. 나아가 이 사건 과정에서 공권력에 의한 전격적인 전면해체 조치로 인하여 위에서 본 바 주거래은행이 바로 전에 자율적으로 세워 놓은 자구노력식 지원계획은 제대로 시행해 볼 겨를 없이 백지화되게 됨으로써 은행 측의 경제의 자율권이 저해된 것은 차치하고, 법률적 근거 없이 사영기업의 경영권에 개입하여 그 힘으로 이를 제3자에게 이전시키기 위한 공권력의 행사였다는 점에서 **헌법 제119조 제1항·제126조 소정의 개인기업의 자유와 경영권불간섭의 원칙을 직접적으로 위반**한 것이다. 이에 청구인으로서는 법률상 무권한의 공권력의 행사로 인하여 자의적이고 차별적인 대우를 받지 않을 권리인 평등권 그리고 기업활동의 자유를 침해당하게 된 것이다. 생각건대 부실기업을 그대로 방치할 때 국가 사회적 파급효과가 크다 하더라도 법의 테두리에서 문제를 해결하도록 시도하는 것이 법치행정의 원칙의 준수며, 만일 법이 없으면 공권력개입의 객관적 기준을 세운 법안을 발안한 다음 새 입법을 기다려 그에 의거하여야 할 것이지, 그와 같은 절차가 번거롭다 하여 이를 생략한 채 목적이 좋다는 것만 내세워 초법적 수단에 의거하여 마치 국·공영기업의 경영자를 발령하여 바꾸듯이 사영기업의 사실상의 지배주주를 갈고 경영권자를 바꾸는 식의 공권력행사는 시장경제적 법치질서를 파탄시키는 것밖에 되지 못한다.[19]

19) 헌법재판소 1993.7.29. 선고 89헌마31 결정.

2. 법률의 우위

'법률의 우위'란 행정이 법률에 위반되는 행위를 해서는 아니 된다는 것을 말한다. 법률우위의 원칙은 모든 행정 분야에 대하여 무제한·무조건의 효력을 가진다. 그것은 먼저 합헌적 법률의 우위를 의미한다. 즉 법률 역시 최고법규인 헌법에 위반되어서는 안 된다는 규범논리가 여기에 전제되어 있다. 아울러 헌법이 직접 행정을 구속한다는 것이 또한 법률의 우위의 요구이다. 둘째, 법률의 우위는 모든 파생적 하위법원에 대한 형식적 법률의 우월성을 표현하며, 또한 이로써 행정이 법률을 적용해야 한다는 것(Anwendungsgebot), 법률을 회피하거나 위반해서도 안 된다는 것(Abweichungs- und Verstoßverbot)을 요구한다.[20]

3. 법률의 유보

'법률의 유보'란 행정이 법률에 의한 수권을 받은 때에만 행동할 수 있다는 원칙을 말한다. 이 원칙은 법률우위보다 더 많은 것을 요구한다. 법률의 우위가 기존법률 위반을 금하는 데 비하여(소극적) 이것은 행정활동에 대한 법률의 근거를 요구한다(적극적). 따라서 특정법률의 부존재가 행정의 활동을 배제시키는 것은 법률의 우위가 아니라 법률의 유보에 따른 것이다.

반면 법률의 유보는 행정법 전 분야에 대해 적용되는 법률의 우위와는 달리 그 적용 또는 효력범위(Reichweite)에 있어 무제한적인 것은 아니다. 그 적용범위를 둘러싸고 학설이 대립한다. 국내 문헌에서는 다음과 같은 (주로 독일에서 전개된) 학설들을 거론하고 있다.

(1) 침해유보설

이것은 전통적인 견해로서 국민의 자유와 권리를 침해·제한하는 경우에만 법률의 수권이 요구된다고 보는 입장이다. 따라서 급부행정 분야나 특별권력관계 내부에서의 행위는 법률유보의 범위에서 제외된다. 이 견해는 19세기 입헌주의의 헌법적 도구로 발전된 법률의 유보가 당시 군주와 의회의 대립 관계에서 수행한 정치적 안전장치(politische Stoßrichtung)로서 기능을 수행했다는 역사적 사실을 배경으로 한다. 즉, 자유주의 헌법운동의 정치적 목표에 따라 오직 시민의 개인적 영역, 다시 말해 그 자유와 재산권을 침해하는 명령들만이 법률에 의한 규율에 "유보되어"(vorbehalten) 있었던 것이다.[21] 그러나 오늘날 이 같은 침해유

20) H.-G. Erichsen und W. Martens, *Allgemeines Verwaltungsrecht*, De Gruyter, 1979, S.61, § 5 II.
21) F. Ossenbühl, a.a.O.

보설은 더 이상 현실에 맞지 않는 이론이 되고 말았다. 의회제 민주주의의 발전, 급부행정의 비중확대 그리고 기본법에 의한 국가 전 영역으로의 헌법의 침투로 법률유보의 확대가 요구되었기 때문이다.[22]

(2) 전부유보설

이것은 "모든 행정은 법률의 근거하에서만 수행된다."라고 규정하는 오스트리아 연방헌법 제18조 제1항 및 스위스의 학설과 연관하여 모든 행정활동에 법률의 근거를 요구하는 입장이다. 그러나 실제 이러한 극단적인 형태의 전부유보, 즉 철두철미 전면적인 행정의 법률에의 의존성을 주장하는 경우는 없다.[23] 다만 민주주의의 요청이나(Jesch) 법치국가원칙에 입각하여(Rupp), 직접 시민에게 향해진 행정작용 전부에 대하여 법률의 유보를 요구하는, 사회유보설과 관련되어 주장되었던 견해이다. 전부유보설에서는 군주권력의 몰락으로 일찍이 왕권에 대한 제한적 요소에 불과했던 의회가 국가 최고기관의 지위에 올랐다는 사실이 강조되고 있다. 그러나 그러한 의회의 지위로부터 의회의 의사행위의 행정권에 대한 우월성이 도출될 수는 있을지 몰라도 전면적인 법률의 유보를 위한 근거는 나오지 않는다는 비판(Ossenbühl)이 있다.

(3) 사회(급부행정)유보설

사회적 유보설은 자유개념의 내용적 변질을 출발점으로 삼아 법률유보의 적용영역을 침해행정을 넘어서서 급부행정에 확대시킨다. 즉, 자유주의시대에 있어 자유란 법률에 의해서만 침투할 수 있는 개인의 고유영역을 말하는 것이었으나 오늘날에는 자유의 자율적 영역, 즉 자기에 의해 지배된 또는 지배 가능한 것으로 생각된 생활공간 대신에 개인의 국가에 대한 전면적인 사회적 의존성이 대체되었다는 것이다. 이제 자유 관념은 이전과 다른 목표를 지향하게 되었다. 즉, 자유는 '국가에 의한 침해의 부존재'(Abwesenheit staatlicher Eingriffe)뿐만 아니라 또한 '국가적 급부에의 지분 또는 참여'(Teilhabe an der staatlichen Leistung)를 의미한다. 따라서 법률의 유보는 침해유보를 넘어서 급부행정 전 영역에 확대되어야 한다는 것이다. 시민에게 변화된 생존조건하에서 적극적 사회적 지위(status positivus socialis)를 확보해 주려는 노력은 정당하며 또한 사회국가원칙을 감안할 때 헌법적으로 요구되는 바이기도 한다. 그러나 법률의 유보를 확대한다고 그 목표가 효과적으로 달성될 수 있는 것은 아니라

---

22) H. Maurer, a.a.O., S.86f., § 6 Rn.10.

23) Ossenbühl은 이러한 의미에서의 전부유보설은 현실적 필요성과 가능성의 견지에서 볼 때 순전한 유토피아에 불과하다고 한다(S.63, § 5 II).

는 비판이 있다.

(4) 본질성설

이것은 독일 연방헌법재판소가 이른바 사례별 접근방식(Kasuistik)에 의해 발전시킨 이론으로서, 국내문헌에서는 대체로 본질성설 또는 중요사항유보설(Wesentlichkeitstheorie)이라고 불리고 있다. 이에 따르면 모든 중요한 결정은 의회에 유보되어 있다고 한다(소위 의회유보: Parlamentsvorbehalt). 여기서 본질성의 기준은 간혹 일반적으로 추측되듯이 사물의 본질(Natur der Sache)이 아니라 하나의 규율이 일반공중이나 시민에게 얼마나 중요하고 기본적인가, 결정적인가에 두어지고 있다. 즉 본질성이란 하나의 확정적인 개념이 아니라 오히려 일종의 '유동적 공식'(Gleitformel)이다. 예컨대 사안이 일반공중 및/또는 시민에게 중요할수록 입법자에 대한 요구는 더욱더 높아지며, 규율의 밀도(Regelungsdichte)에 관해서도 개별시민의 기본권들이 결정적으로 침해되거나 위협받을수록, 그 일반공중에 대한 효과가 큰 비중을 가지면 가질수록 또한 하나의 문제복합체가 공중들 간에 논란되면 될수록, 법률의 규율 또한 더욱 정확하고 상세해져야만 한다는 것이다. 이 이론은 특히 기본권관련성이란 중요한 계기를 강조했다는 점에서 일단 그 현실적 타당성을 인정받을 수 있다. 그러나 그 본질성의 구체적 윤곽을 명백히 해야 한다는 문제점을 지닌 것으로 비판되고 있다.

> 국내의 문헌들은 그 밖에도 신침해유보설이나 권력행정유보설을 소개하고 있다. 전자는 기본적으로 침해유보설의 입장에 서면서도 특별권력관계에 있어 법률의 유보를 요구하는 견해(Ossenbühl의 견해)로서 이를 침해유보설과 구별하기 위하여 편의상 신침해유보설이라 명명한 것이며,[24] 후자는 법률유보의 범위와 강도에 관해 입법부의 개별적 판단이 허용되어야 한다는 견지에서 권력행정에 대해서는 엄격한 법률유보 원칙의 적용을 인정하고 비권력행정에 대해서는 법률유보의 적용을 개별화하는 입장이지만,[25] 양자는 결국 부분적인 차이를 제외하면 침해유보설에 근접하는 견해들이라 할 수 있다.

(5) 결론

주로 독일에서 유래된, 그러나 우리 학설로도 거론되는 이론들을 일별해 보았다. 법률유보의 적용범위에 관한 독일에서의 이론전개를 살펴보는 것은 유용한 시사점을 제공받을 수 있다는 점에서 전혀 무의미하지는 않지만, 다양한 이론들이 주장된 배경이나 헌법구조를 고려하지 않고 피상적인 결론만을 가지고 논의하는 것은 올바른 태도는 아니다. 독일의 경우 "입법

---

24) 김남진, 앞의 책, 42.
25) 김도창, 『일반행정법론(상)』, 127.

은 헌법에 합치되는 질서에, 집행권과 사법은 법률과 법에 구속된다."라고 규정한 기본법 제20조 제3항과 관련하여 이 조항이 법률 유보의 범위에 관해 아무런 직접적 기준을 제시해 주지 못하고 있다는 점, 기본법 제80조 제1항 제2문에 따라 법률과 법규명령의 구별에 관한 구체적 위임의 원칙(Bestimmtheitsgrundsatz)이 확립되어 있다는 점을 고려해야 하는데 비해, 우리의 경우 헌법상 법률 유보의 연결점을 어디서 찾아야 하는지 먼저 밝혀야 한다.

우리 헌법 제37조 제2항은 "국민의 모든 권리와 자유는 국가안전보장·질서유지 또는 공공복리를 위하여 필요한 경우에 한하여 법률로써 제한할 수 있으며……"라고 규정하고 또 제1항에서는 "국민의 자유와 권리는 헌법에 열거되지 아니한 이유로 경시되지 않는다."라고 규정하고 있다. 이 조항은 물론 법률유보의 적용범위에 관한 직접적인 규정이라고는 할 수 없다. 그러나 이 조항은 이 문제에 관해 중요한 규범적 기준을 시사해 준다. 즉, '국민의 모든 권리와 자유'에 대한 제한은, 그것이 행정작용에 의해 이루어지든 기본권을 제한하는 법률에 의해 직접 이루어지든, 위 조항에 따라 제정된 법률에 의하지 않으면 안 된다는 것이다. 따라서 이 조항은 기본권제한에 관한 법률유보를 규정한 동시에 법치주의의 내용으로서 법률의 유보에 대한 헌법적 하한선(Verfassungsminimum)을 그은 것이라고 볼 수 있다.[26] 헌법상 사회적 기본권이나 환경권과 같은 권리들에 대한 제한 역시, 그 직접적 권리성이 인정된다면, 이러한 관계에서 법률 유보에 의한 보호를 받다. 특히 이들 권리에 있어 법률유보의 성격이 권리제한적인 것이라기보다는 오히려 권리형성적인 것이라고 볼 때, 사회적 기본권의 국가적 보호 또는 구체화 역시 반드시 법률에 의해야 한다는 결론에 이르게 된다. 나아가 헌법 제75조는 독일기본법 제80조 제1항과 같이 구체적 위임, 즉 특정적 수권의 필요성을 규정하고 있다는 점에서 법률유보의 원칙을 표현하는 것으로, 다시 말해 법률유보의 적용범위에 관한 제 이론과 관련시켜 해석해야 할 조항으로 볼 수 있다.

생각건대 법률유보의 효력범위에 관한 한 먼저 어떠한 특허처방(Patentrezept)도 존재하지 않는다는 슈테른(K. Stern)의 지적은 정당한다.

이러한 견지에서, 첫째, **침해유보설이 아니라 침해유보가 논의의 출발점**이 되어야 한다. 그것은 최소한의 법률 유보영역이라 할 수 있으며, 여기서는 침해유보설이 오늘날 더 이상 타당성을 갖지 못한다는 인식이 전제되어 있다. 둘째, **급부행정에 관하여는 그 기본권관련성이 가장 우선적으로 고려되어야 한다**. 헌법상의 기본권규정을 방침규정으로 해석할 어떠한 헌법적 근거도 발견되지 않는다는 헌법해석학적 입장이 여기에 요구된다. 다만 법적 규율(Verrechtlichung)이 진전되지 않았거나 성질상 어렵다고 판단되는 경우가 있을 수 있다는

26) 한편 고영훈, 「법률유보원칙의 이론과 실제(하)」, 『판례월보』 제273호, 47은 이를 '법치국가의 원리에 근거한 기존의(불문의) 일반원칙으로서의 침해유보의 원칙을 명문화한 것'이라고 보고 있다.

것을 도외시할 수는 없을 것이다. 그런 뜻에서 독일 연방헌법재판소가 취한 사례별 개별화론은 나름대로 타당하다. 문제는 그 본질성의 기준을 어떻게 구체화시켜 나갈 것인가에 있다.

<관련판례>

법률이 공법적 단체 등의 정관에 자치법적 사항을 위임한 경우에는 헌법 제75조가 정하는 포괄적인 위임입법의 금지는 원칙적으로 적용되지 않는다고 봄이 상당하고, 그렇다 하더라도 그 사항이 국민의 권리·의무에 관련되는 것일 경우에는 적어도 국민의 권리·의무에 관한 기본적이고 본질적인 사항은 국회가 정하여야 한다.[27]

법률이 자치적인 사항을 정관에 위임할 경우 원칙적으로 헌법상의 포괄위임입법금지원칙이 적용되지 않는다 하더라도, 그 사항이 국민의 권리·의무에 관련되는 것일 경우에는, 적어도 국민의 권리와 의무의 형성에 관한 사항을 비롯하여 국가의 통치조직과 작용에 관한 기본적이고 본질적인 사항은 반드시 국회가 정하여야 할 것인바, 각 국가유공자 단체의 대의원의 선출에 관한 사항은 각 단체의 구성과 운영에 관한 것으로서, 국민의 권리와 의무의 형성에 관한 사항이나 국가의 통치조직과 작용에 관한 기본적이고 본질적인 사항이라고 볼 수 없으므로, 법률유보 내지 의회유보의 원칙이 지켜져야 할 영역이라고 할 수 없다. 따라서 각 단체의 대의원의 정수 및 선임방법 등은 정관으로 정하도록 규정하고 있는 국가유공자등단체설립에관한법률 제11조가 법률유보 혹은 의회유보의 원칙에 위배되어 청구인의 기본권을 침해한다고 할 수 없다.[28]

농업기반공사및농지관리기금법 부칙 제6조 단서는 농업기반공사의 자치적 입법사항을 정관에 위임한 것으로서 이를 행정부의 법규명령에 위임한 것과 같이 볼 수 없어, 헌법상 포괄위임입법금지 원칙이 적용되지 않으며, 이미 조합장 등의 기존 임기가 종료된 것을 전제로 종전의 기득권 보호차원에서 필요한 예우를 규정한 것이므로 직업선택의 자유의 기본적이거나 본질적인 사항이라고 볼 수 없어 반드시 국회가 스스로 정할 사항은 아니므로 법률유보의 원칙에 위배되지 않고, 달리 청구인들의 직업선택의 자유를 침해한 것이라 볼 만한 사정이 없다.[29]

---

27) 대법원 2007.10.12. 선고 2006두14476 판결(주택재개발사업시행인가처분취소).

28) 헌법재판소 2006.3.30. 선고 2005헌바31 전원재판부결정(국가유공자등단체설립에관한법률 제11조 위헌소원).

29) 헌법재판소 2001.4.26. 선고 2000헌마122 전원재판부결정(농업기반공사및농지기금관리법 부칙 제6조 단서 위헌확인).

제3장
공권론의 쟁점*

Ⅰ. 쟁점

과거 왕조시대에는 신민이 왕을 상대로 권리를 가지거나 행사한다는 것은 꿈에서조차 상상할 수 없었다. 오늘날에는 시민이 국가를 상대로 권리를 가질 수 있고 또 그것을 행사할 수 있다는 것은 별반 새삼스럽지 않은 일이다. 그러나 조금 더 자세히 보면 이런 이야기가 현실이 된 것이 그리 오래된 일이 아니며 또 현재도 그것이 완전히 실현된 것은 아니라는 사실이 드러난다. 왜 그런지 차근차근 따져 볼 필요가 있다.

행정법관계도 법률관계, 즉 권리의무관계이므로 공권과 공의무를 기본요소로 한다. 공권은 주체가 누구냐에 따라 국가적 공권과 개인적 공권으로 나뉘는데, 여기서 주로 문제되는 것은 개인적 공권으로서 공권이다.

Ⅱ. 공권의 개념과 반사적 이익

공권(subjektive öffentliche Rechte)[1]이란 일반법이론의 소산인 권리 개념을 전제로 삼는다.

* 홍준형, 『행정법』, 법문사, 2017, 78-85를 토대로 수정한 것임.

1) 주관적 공권과 개인적 공권의 개념은 문헌에 따라 전자를 주로 개인적 공권의 의미로 사용하는 언어관용이 없지 않고 또 이론적으로도 '개인의 주관적 공권'이 주로 문제되는 것이어서 자칫 혼동되기 쉽지만 엄밀히 구별할 필요가 있다. 독일어의 'subjektives öffentliches Recht'의 번역인 주관적 공권은 객관적 법(objektives Recht) 내지 법질서(Rechtsordnung)에 대응하는 개념인 데 비해, 개인적 공권은 이 주관적

권리가 의사력(Willensmacht)과 이익(Interesse)이란 요소로 구성된 '법적 힘'(Rechtsmacht)이라면, 공권이란 '자기의 이익을 위하여 국가 등 행정주체에게 작위・부작위・수인・급부 등을 요구할 수 있도록 개인에게 주어진 법적 힘'을 말한다. 공권은 개인뿐 아니라 국가나 기타 단체의 공권으로도 나타날 수 있으므로 반드시 개인적 공권만을 의미하지는 않는다. 공권의 개념은 반사적 이익 또는 사실상 이익과의 구별을 통해 더 명확하게 밝힐 수 있다.

<사례 A: 공중목욕탕사건>

을이 영업허가를 받아 운영하는 공중목욕탕으로 인해 영업상 손실을 보던 기존업자 갑은 허가관청 병이 을에게 발급한 신규 목욕장 설치허가가 구 공중목욕장업법 시행세칙 제4조의 '분포의 적정' 조항에 따라 발령된 도지사의 '공중목욕장 상호간의 거리제한에 관한 지시'에 위반하여 자신의 권리를 침해하였으므로 그 취소를 구하는 소송을 제기하였다. 대법원은 "원고에게 대한 공중목욕장업경영허가는 경찰금지의 해제로 인한 영업자유의 회복이라고 볼 것이므로 이 영업의 자유는 법률이 직접 공중목욕장업 피허가자의 이익을 보호함을 목적으로 한 경우에 해당되는 것이 아니고, 법률이 공중위생이라는 공공의 복리를 보호하는 결과로서 영업의 자유가 제한됨으로 인하여 간접적으로 관계자인 영업자유의 제한이 해제된 피허가자에게 이익을 부여하게 되는 경우에 해당되는 것이고, 거리의 제한과 같은 위의 시행세칙이나 도지사의 지시가 모두 무효인 이상 원고가 이 사건 허가처분에 의하여 목욕장업에 의한 이익이 사실상 감소된다 하여도 이 불이익은 본건 허가처분의 단순한 사실상의 반사적 결과에 불과하고 이로 말미암아 원고의 권리를 침해하는 것이라고는 할 수 없으므로 원고는 피고의 피고보조참가인에 대한 이 사건 목욕장업허가처분에 대하여 그 취소를 소구할 수 있는 법률상 이익이 없다 할 것"이라고 판시하였다.[2)]

대법원 판결의 요지는, 첫째, 원고 갑이 자신이 받은 기존 허가로 받는 이익은 법률이 직접 피허가자의 이익을 보호하려 했기 때문이 아니라, 법률이 공중위생이라는 공공복리를 보호하려는 결과로서 영업의 자유가 제한된 상황에서 간접적으로 영업자유의 제한이 해제된 피허가자에게 이익을 부여하게 되는 경우에 해당한다는 것, 둘째, 제3자 을에 대한 허가로 갑의 목욕장업에 의한 이익이 사실상 감소된다 하여도 이 불이익은 본건 허가처분의 단순한 사실상 반사적 결과에 불과하고 따라서 그로 인해 갑의 권리가 침해된 것은 아니라는 것이었다.[3)]

공권을 그 권리주체에 따라 국가와 개인으로 나눌 때 성립되는 개념이다. 따라서 주관적 공권의 개념이 상위개념이라 할 수 있다. '주관적' 공권의 개념은 'Recht'가 주관적으로는 권리, 객관적으로는 법을 뜻하는 독일어 특유의 언어논리에 바탕을 둔 것이므로 우리의 경우 단순히 '공권'의 개념을 대응시키는 것도 가능하다.

2) 대법원 1963.8.13. 선고 63누101 판결.

3) 이 사건 판결에서 대법원은 모법에 규정되지 아니한 '분포의 적정'을 사유로 헌법상 영업의 자유를 제한하

대법원은, 명확하지는 않지만 그 논리전개로 보아, 갑이 허가로 받는 이익, 즉, 영업자유의 공공복리에 의한 제한의 해제로 받는 간접적 이익과 갑이 을에 대한 신규허가에 의해 침해되었다고 주장하는 이익을 구별한 것으로 보인다. 양자는 동일하지 않으며, 기존의 피허가자 갑이, 설사 거리제한규정이 적법하다고 할지라도, 이에 위반한 신규허가가 발급되지 않는 데 대해 가지는 이익은, 자기에 대한 허가로 인해 받는 이익에 포함되지 않는다. 갑이 자기에 대한 허가에 의해 받는 이익은 분명히 일반적 금지의 해제에 관한 이익이지 (거리제한에 의한) 제3자에 대한 배타적 이익이라고는 볼 수 없기 때문이다. 그러나 우선, 기존허가를 통해 영업자유의 제한이 해제됨으로써 갑이 받는 이익을 간접적 이익이라고 하는 것 자체가, 일반적 금지의 해제로 인한 영업의 자유의 회복이라는 허가의 법적 성질에 반한다. 회복된 영업의 자유는 바로 기본권으로서의 그것이기 때문이다. 그러나 여기서 중요한 것은 제3자인 을에 대한 신규허가로 침해되는 것이, 갑의 회복된 영업의 자유가 아니라(갑의 영업의 자유가 을에 대한 신규허가에 의해 침해될 수는 없는 것이다), 어디까지나 신규영업과의 경쟁으로 인한 갑의 영업상 이익이라고 보았다는 점이다. 대법원은 바로 이 갑이 받은 영업상 불이익을 권리침해가 아니라 반사적 또는 사실상 이익의 침해라고 본 것이다.

그러나 대법원은, 또 다른 사건에서는, 제3자에 대한 허가처분의 위법성이 다투어진 사안이라는 점에서 유사한 사례구조를 지녔음에도, 다음에 보는 바와 같이 사실상 이익과 권리 사이의 구분선을 변경시켰다.

<사례 B: 연탄공장사건>

주거지역에서 갑이 설치허가를 받아 운영하고 있는 연탄공장으로부터 날아드는 분진, 소음 등으로 피해를 보고 있는 인근지역주민들은 같은 지역주민인 을을 대표로 선임하여 그 연탄공장 설치허가의 취소청구소송을 제기하였다. 이에 대해 원심인 관할고등법원은 “원고가 주거지역에서 건축법상 건축물에 대한 제한규정이 있음으로 말미암아 현실적으로 어떤 이익을 받고 있다 하더라도, 이는 그 지역거주의 개개인에게 보호되는 개인적 이익이 아니고, 다만 공공복리를 위한 건축법상의 제약의 결과로서 생기는 반사적 이익에 불과한 것”이라고 하여 원고의 소를 각하하였다. 그러나 대법원은 “주거지역 내에서의 일정한 건축을 금지하고 또한 제한하고 있는 것은 …… 공공복리의 증진을 도모하는 데 그 목적이 있는 동시에 주거지역 내에 거주하는 사람의 주거의 안녕과 생활환경을 보호하고자 하는 데도 그 목적이 있다고 해석된다. 따라서 주거지역내에 거주하는 사람이 받는 이익은 단순한 반사적 이익이나 사실상의 이익이 아니라, 법률에 의하여 보호되는 이익”이라고 판시하여 원고의 주장을 인용하였다.[4)]

는 시행세칙은 위헌이므로 “거리의 제한과 같은 위의 시행세칙이나 도지사의 지시가 모두 무효인 이상”이라고 하여 을에 대한 허가처분이 거리제한을 어겼다고 해도 위법은 아니라는 입장을 보였다.

4) 대법원 1975.5.13. 선고 73누96, 97 판결. 또한 주거지역에서의 위법한 자동차 LPG충전소설치허가에 대한 인근주민의 취소소송을 인용한 대법원 1982.7.12. 선고 83누59 판결을 참조.

이 사건을 통해 우리는 첫째, 종래 같았으면 단순한 반사적 이익이나 사실상 이익으로 간주되었을, 제3자인 이웃주민이 관계법에 의한 건축금지에 관해 갖는 이익이 '법률에 의해 보호되는 이익'으로 인정되었고, 둘째, 그것은 관계법규정(건축법)의 목적에 대한 해석을 통해 인정되었다는 점을 간파할 수 있다. 이러한 사실은 후술하는 바와 같이 우리나라에서도 관측되고 있는 행정소송에 있어 원고적격의 확대현상을 이해하는 데 중요한 의미를 지니고 있다.

대법원은 당초 연탄공장의 설치허가에 대한 관계에서는 제3자였던 이웃주민 을의 허가취소소송을 인용하였다. 허가가 취소됨으로써 적어도 갑은 적법하게는 조업을 할 수 없다는 결과가 된다. 이런 결과는 오직 갑이 발급받은 허가 자체가 위법한 것이었을 때에만 달성될 수 있다. 그러나 가령, 그 허가 자체가 위법한 것이 아니라 다만 갑의 기존건축물이 건축법상의 의무를 위반하였기 때문에 관계행정청이 건축법(현행 건축법) 제79조에 의한 기존건축물에 대한 시정명령을 취할 수 있게 된 경우를 가정한다면, 허가처분취소소송은 문제될 여지가 없고 대신 을에게 행정청을 상대로 건축법 제79조에 의한 시정명령을 요구할 권리가 인정되느냐가 문제될 뿐이다. 건축법 제79조 제1항은 다만 "허가권자는 대지나 건축물이 이 법 또는 이 법에 따른 명령이나 처분에 위반되면 이 법에 따른 허가 또는 승인을 취소하거나 그 건축물의 건축주·공사시공자·현장관리인·소유자·관리자 또는 점유자(이하 "건축주등"이라 한다)에게 공사의 중지를 명하거나 상당한 기간을 정하여 그 건축물의 철거·개축·증축·수선·용도변경·사용금지·사용제한, 그 밖에 필요한 조치를 명할 수 있다."라고만 규정한다. 즉, 제79조 제1항은 건축행정청에게 재량을 부여한 규정이다. 을은 이러한 시정명령청구소송을 제기할 수 있는가? 이 물음에 대한 답은 먼저 실체법상 이와 같은 을의 청구권을 인정할 수 있는가 여부에 의해 주어지며 이것이 긍정될 경우 다시 행정소송법상 그런 유형의 소송이 허용되는가에 대한 물음이 제기된다.

Ⅲ. 공권의 성립요건: 보호규범설(Schutznormtheorie)

공권의 성립요건으로는 첫째, 공법상 법규가 국가 또는 그 밖의 행정주체, 즉 구체적으로는 행정청에게 일정한 의무를 부과하는 강행법규일 것, 둘째, 이 강행법규는 공익뿐만 아니라 적어도 사익을 아울러 보호하는 것일 것, 두 가지가 거론된다.

여기서 법적 힘(법력: Rechtsmacht),[5] 즉 소구가능성(gerichtliche Durchsetzbarkeit)이

소송법적 문제로서 제외된 점을 제외하면, 기본적으로 뷜러(O. Bühler)에 의해 최초로 정식화된 주관적 공권의 이론[6]이 여전히 답습되고 있는 셈이다. 이에 따라 공권의 성립여부는 다음의 두 가지 요건을 검토함으로써 결정된다.

① 행정청에게 일정한 법적 의무를 부과하는 법규범이 존재하는가: 강행규범성
② 그 법규범은 적어도 사익도 아울러 보호하려는 목적을 지니는가: 사익보호규범성

후자, 즉, 이익보호의 방향은 일단 관계법규의 해석에 따라 주어진다. 공권의 성립여부를 관계법규의 보호목적(Schutzzweck)에 따라 결정하는 독일행정법의 지배적 입장은 보호규범이론(Schutznormtheorie)이라고 불린다.

물론 공권은 단순법률뿐만 아니라 헌법, 행정행위, 공법상 계약, 심지어는 관습법에 의해서도 성립될 수 있다. 다만 헌법에 의해 공권이 성립하는 경우 기본권의 공권성을 인정하는 것이 헌법학계의 통설임에도 불구하고, 사회적 기본권이나 헌법상 알 권리에 입각한 정보공개청구권의 구체적 권리성에 관한 논쟁에서 보듯 학설상 논란이 있다.[7]

공권의 성립요건과 관련지어 볼 때 종래의 공권은 '법적으로 보호되는 이익'으로 변했다고 해도 틀린 말이 아니다. 왜냐하면 공권의 성립은 각각의 법규가 시민 개개인의 이익보호에 봉사하느냐에 따라 결정되며 따라서 양자를 달리 볼 근거가 없기 때문이다. 그러나 바우어(Bauer)[8]에 따르면, 독일에서의 종래의 통설이 이러한 주관적 공권의 의미변화를 명시적으로 승인하고 있지는 않았고, 심지어 오랫동안 주관적 공권의 법적 보호이익에로의 수렴에 반대되는 입장을 취하기도 했다고 한다. 바우어는, 그럼에도 불구하고 법실제적 관점에서 볼 때 양자의 수렴은 오래전부터 이미 현실이 되어 있다고 지적한다. 법적용의 실제에서 주관적

---

5) 이것은 물론 권리의 개념에 관한 권리법력설에 있어서 "법적 힘"을 말하는 것이 아니다. 이에 관해서는 H. Bauer, *Geschichtliche Grundlage der Lehre vom subjektiven öffentlichen Recht*, Duncker & Humblot, 1986, S.138 Fn. 63을 참조.

6) O. Bühler, *Die subjektiven öffentlichen Rechte und ihr Schutz in der deutschen Verwaltungsrechtsprechung*, Kohlhammer, 1914. 뷜러는 이후 자신의 이론을 재확인하였다. O. Bühler, "Altes und neues über Begriff und Bedeutung der subjektiven öffentlichen Rechte," in: Otto Bachhof u.a. (Hrsg.), *Gedächtnisschrift für Walter Jellinek*, Mohr Siebeck, 1955, S.269ff.(274, 285f.).

7) 가령 헌법재판소의 1989년 9월 4일 결정(88헌마22)과 대법원의 1989년 10월 24일 판결(대법원 88누9312)은 학계에 적지 않은 논란을 일으켰다(가령 김도창, 『고시계』, 1991.8. 대담; 김남진, 「행정절차상의 문서열람권」, 『고시계』, 1991.8., 85 이하; 『월간고시』, 1991.8., 89; 김남진, 「기록등사신청에 대한 헌법소원」, 『판례월보』 255호, 1991.12., 36; 김남진, 『행정법 I』, 477-478 등, 그리고 그 이후에 나온 헌법재판소 1991년 5월 13일 결정(90헌마133), 『판례월보』 252호, 60 이하를 참조).

8) H. Bauer, *Geschichtliche Grundlagen der Lehre von subjektiven öffentlichen Recht*, 1986, S.138.

공권에 관한 논의는 주로 행정법원법이 규정하는 '권리'(Rechte)의 해석과 연결되어 있는데, 이 경우 통설은 행정법원법 제42조 제2항, 제113조 제1항 및 제5항에서의 '권리'란 주관적 공권과 법적으로 보호되는 이익이라고 설명함으로써 양자를 동일시하지 않는 듯한 입장을 견지하고 있지만, 주관적 공권이 법적용 실무상 문제되는 경우 양자의 구별은 더 이상 무의미하게 되었고 오히려 문제의 초점은 이른바 '보호규범이론'(Schutznormtheorie)으로 옮아가게 된 것이 오늘날의 실정이라는 것이다. 독일의 동향은 우리나라에서 양자의 구별에 관한 논의가 무익하다는 점을 보여 주는 예로 참고할 수 있다.

'법률상 이익'의 개념을 통해 종래 공권에 속하지 않는 것으로 인정되어 왔던 보호이익들이 법적 보호이익이란 개념을 매개로 광의의 공권에 포함됨으로써 권리보호의 범위가 확장되고 또 확장되어야 할 수요가 계속 발생할 것이라는 점이 중요하다. 전술한 원고적격에 관한 대법원판례의 변천은, 보호범위의 확대라는 내용적 측면에 관한 한, 긍정적 평가를 받을 만하다. 보호규범이론에 따르면, 공권의 문제는 관계법규정의 해석문제(Auslegungsproblem)로 귀착된다.[9] 이것은 위 공중목욕탕사건에서 연탄공장사건에 이르는 판례변천이 결국 관계법규정의 해석을 통해 이루어졌다는 점에서 우리의 경우에도 그대로 타당하다.

9) H. Bauer, a.a.O., S.140.

제4장

행정에 대한 사인의 법적 지위*

Ⅰ. 쟁점

행정에 대한 의존성이 증대되면 될수록 행정에 대한 사인의 지위 또한 더욱 강화될 수밖에 없다. 과거 군주제 아래서는 사사로운 개인이 군왕이나 국가에 대해 권리, 즉 법적으로 관철할 수 있는 힘을 가진다는 것은 꿈도 꿀 수 없었다. 그러나 시대가 바뀌었다. 행정에 대한 의존성이 전례 없이 커진 오늘날 사인도 행정에 대해 무언가를 요구하고 거절할 수 있는 법적 힘을 가진다는 사실이 공인되어 왔다.

행정에 대한 국민의 참여 확대와 개인의 법주체화 및 법적 지위 강화는 오늘날 거스를 수 없는 대세이다. 현대 행정법의 역사는 행정주체 및 행정청에 대한 사인의 실체법적·절차법적 지위의 확보와 강화, 행정과정에서 국민·주민 참여 확대를 향한 역사라고 해도 과언이 아니다. 행정절차법, 정보공개법, 주민투표법, 주민소송법 등 비교적 최근까지 진행된 입법적 변화가 그러한 발전방향, 향후에도 지속적으로 강화되어 나갈 추세를 뚜렷이 보여준다. 무엇보다도 사인이 행정에 대해 법적 영향력을 행사할 수 있는 가능성을 확보하고 행정절차, 정보공개, 주민투표, 주민소송 등과 같은 법제도적인 수단들을 통해 행정과정에 참가하고 영향력을 행사할 수 있게 되기 때문이다. 한편, 그러한 입법의 행진보다 더 이른 시기에 전통적인 행정법 영역에서 진행된 법리적 발전 또한 사인의 법적 지위 강화 및 참여 확대라는 거대한 흐름에서 빼놓을 수 없다. 특히 주목해야 할 것은 공법관계에서 사인의 법적 주체성을 확립시켜 준 공권 법리의 발전, 특히 공권 개념의 성립과 확대, 개인의 지위를

---

* 홍준형, 『행정법』, 법문사, 2017, 86-94를 토대로 수정한 것임.

행정실체법적 차원에서 강화시키는 데 기여한 무하자재량행사청구권과 행정개입청구권 등 강화된 공권의 등장, 그리고 사인의 공법행위이다. 행정과정에의 주민참가나 행정절차, 정보공개에 관한 것은 각각 관계되는 곳에서 다루고 여기서는 공권의 확대 및 강화현상에 초점을 맞추어 살펴보기로 한다.

Ⅱ. 공권의 확대와 강화

공권 개념이 일반적 승인을 받았다는 사실 자체가 사인의 법적 주체성이 확립되고 강화되기 시작했음을 의미하지만, 공권은 특히 행정소송법에 반영되어 원고적격의 법리를 통해 확대되기 시작하였다. 공권 또는 법률에 의해 보호되는 이익의 범위, 특히 원고적격의 확대경향은 우리나라에서도 마찬가지로 관철되어 왔다. 고 김도창 교수가 적절히 지적했듯이, 경업자에 의한 신규 인허가처분 취소청구, 또는 주거지역에서의 연탄공장이나 자동차 LPG충전소의 건축으로 거주상의 불이익(소음 · 진동 · 공기오염 · 폭발화재 위험 · 주택가격 하락 등)을 받는 인근주민에 의한 동 건축허가의 취소청구를 인용한 판례를 비롯하여, 반사적 이익의 보호이익화의 추세가 뚜렷이 나타났다.[1)]

행정심판법(§ 9)과 행정소송법(§§ 12, 35, 36)은 청구인적격 또는 원고적격이 인정되는 범위를 '법률상 이익이 있는 자'로 규정함으로써, 소송법적 차원에서 이러한 공권의 확대를 제도화하고 있다.[2)]

1) 김도창, 『일반행정법론(상)』, 1988, 240-241.
2) 김도창, 같은 곳.

III. 행정법관계에서 사인의 지위 강화: 무하자재량행사청구권 · 행정개입청구권

1. 무하자재량행사청구권

(1) 의의

법을 적용 · 집행하는 행정청에게 재량이 인정되어 있는 경우에도 행정청은 하자 없는 재량행사에 대한 법적 의무를 진다. 행정청은 재량행사에 있어서 재량권의 한계를 넘거나 법이 재량권을 부여한 목적에 위배되는 행위(남용)를 해서는 아니 된다. 이러한 재량한계론은 오늘날 더 이상 의문시되지 않는 행정법의 원칙으로 확립되어 있고, 행정소송법 제27조가 "행정청의 재량에 속하는 처분이라도 재량권의 한계를 넘거나 그 남용이 있는 때에는 법원은 이를 취소할 수 있다."라고 규정하는 것은 이를 입법적으로 확인한 것이라 할 수 있다. 만일 어떤 법규정이 행정청에게 재량권을 부여하고 있을 경우, 행정청은 재량의 범위 내에서 선택의 자유를 갖지만 동시에 하자 없는 재량행사의 법적 의무를 진다. 그렇다면 이 경우, 그 객관적 법적 의무에 행정청의 하자 없는 재량행사를 요구할 개인의 권리가 대응하지 않는가 하는 의문이 제기된다. 앞서 살펴본 공권의 성립요건과 관련시켜 볼 때, 관건은 재량을 수권하는 그 규정이 개인의 이익도 아울러 보호하려는 것인가에 있다. 이 점이 긍정된다면 개인은 행정청에 하자 없는 재량행사를 요구할 권리를 가진다고 말할 수 있다. 이것이 무하자재량행사청구권(Anspruch auf fehlerfreie Ermessensausübung)의 법리이다.

주관적 공권으로서 무하자재량행사청구권은 독일행정법의 산물로서 이미 뷜러(O. Bühler)에 의해서도 인정되었다.[3] 또한 옐리네크(W. Jellinek)에 있어서도 자의의 금지, 주의 깊은 심사에의 의무, 법적 오류가 있는 고려에 의해 영향을 받아서는 안 된다는 요구 등은 어떤 종류의 자유재량행위에 대해서도 우선하며 이 한도 내에서는 주관적 공권이 효력을 미친다고 지적된다.[4] 즉 이들에 있어 기본적인 생각은 재량의 자유는 자의를 의미하지 않으며 따라서 재량의 하자는 허용되지 않는다는 점이었다. 그러나 전후 독일 행정법 발전을 통해 이 청구권이 각광을 받은 것은 그것이 재량권수축(Ermessensschrumpfung) 이론과 결부되었기 때문이다. 행정청이 재량의 자유를 갖는 것과 대응하여 이해관계를 지닌 개인은 적어도 형식적 권리로서 하자 없는 재량결정을 요구할 권리를 가진다는 것이 인정되었고, 이때 행정청의

---

3) Ottmar Bühler, *Die subjektiven öffentlichen Rechte und ihr Schutz in der deutschen Verwaltungsrechtsprechung*, 1914, S.162.

4) W. Jellinek, *Verwaltungsrecht*, 3.Aufl., 1948, S.211; *AöR* Bd. 32, S.580ff.(593f.)

재량은 그에게 재량권을 부여하는 법규 외에도 다른 다수의 법규에 의해 제한될 수 있으며, 사정에 따라 어떤 신청을 거부하는 것이 개념상 필연적으로 재량의 하자를 구성할 경우에는 결과적으로 구체적 내용을 갖는 실체적 권리가 성립할 수 있다는 점에서 다시 한 번 제한을 받는다는 것이 인정되게 된 것이다.[5)]

(2) 인정여부

무하자재량행사청구권은 극소수의 반론[6)]을 제외하고는 국내의 학설에서도 일반적 승인을 얻고 있다. 대법원도 이를 인정하는 듯한 태도를 드러낸 바 있다.

> 검사의 임용에 있어서 임용권자가 임용여부에 관하여 어떠한 내용의 응답을 할 것인지는 임용권자의 자유재량에 속하므로 일단 임용거부라는 응답을 한 이상 설사 그 응답내용이 부당하다고 하여도 사법심사의 대상으로 삼을 수 없는 것이 원칙이나, **적어도 재량권의 한계일탈이나 남용이 없는 위법하지 않은 응답을 할 의무가 임용권자에게 있고 이에 대응하여 임용신청자로서도 재량권의 한계일탈이나 남용이 없는 적법한 응답을 요구할 권리가 있다**고 할 것이며, 이러한 응답신청권에 기하여 재량권남용의 위법한 거부처분에 대하여는 항고소송으로서 그 취소를 구할 수 있다고 보아야 하므로 임용신청자가 임용거부처분이 재량권을 남용한 위법한 처분이라고 주장하면서 그 취소를 구하는 경우에는 법원은 재량권남용여부를 심리하여 본안에 관한 판단으로서 청구의 인용여부를 가려야 한다.[7)]

(3) 특성과 내용

무하자재량행사청구권에 관해서는 다음 세 가지 점을 분명히 해 둘 필요가 있다:

① 일반적인 무하자재량행사청구권은 존재하지 않으며 또한 일괄적인(schematische) 재량권 수축 역시 인정되지 않는다.[8)] 문제는 오로지 특정한 관계법규정의 해석과 사실판단에 의해 해결될 수 있을 뿐이다.

② 무하자재량행사청구권은 특정내용의 재량행사를 요구하는 것이 아니라 단지 '하자 없는' 재량행사를 요구할 수 있는 권리라는 점에서 '형식적 권리'(formeller Anspruch)라고 할 수 있으나, 이를 절차법적 의미에서 '형식적'이라고 하는 것은 옳지 않다. 그것은 절차가

---

5) O. Bachof, *Die verwaltungsgerichtliche Klage auf Vornahme einer Amtshandlung*, S.93. 한편 독일행정법에서 발전된 무하자재량행사청구권의 법리는 김남진 교수와 서원우 교수 등에 의해 국내에 소개되는 과정에서 집중적 관심의 대상이 되었다.

6) 예컨대 이상규, 『신행정법론(상)』, 180.

7) 대법원 1991.2.12. 선고 90누5825 판결.

8) H. Maurer, *Allgemeines Verwaltungsrecht*, 11.Aufl., C.H. Beck, 1997, S.151, § 8 Rn.15.

아니라 결정의 내용을 대상으로 하는 것이기 때문이다.[9)]

③ 전술한 바와 같이 무하자재량행사청구권은 재량권수축의 경우, 다시 말해서 사안의 성질상 일정한 결정 이외의 여하한 결정도 하자 있는 것으로 판단될 수 있을 경우에는 특정한 내용의 처분을 요구할 청구권으로 나타날 수 있다. 바로 여기에 무하자재량행사청구권의 법리가 행정개입청구권 성립의 기초를 제공하게 되는 연결점이 있다. 이를 확인시켜 준 것이 1960년 독일연방행정법원이 내린 '띠톱판결'(Bandsäge-Urteil, BVerwGE 11, 95)이다.

(4) 쟁송수단

현행법상 무하자재량행사청구권을 관철시키기 위한 행정쟁송수단으로는 취소소송, 의무이행심판, 부작위위법확인소송을 들 수 있다.

① 취소소송

무하자재량행사청구권을 행사했으나 행정청이 이를 거부한 경우 그 상대방이 이 거부처분에 대한 취소소송을 제기할 수 있음은 당연하다. 취소소송을 인용하는 취소판결이 확정되면 피고 행정청은, 원칙적으로 판결의 취지에 따라 위법사유가 된 재량하자를 시정하여 다시 처분을 하여야 한다(행정소송법 § 30 ② ③). 이 경우 행정청은 여전히 재량권을 지니고 있으므로, 그 위법사유가 된 재량하자를 반복하지 않는 한, 재차 동일한 내용의 처분을 할 수도 있다. 반면 재량권이 영으로 수축되는 경우, 다시 말해서 상대방이 신청하였던 특정한 처분 이외의 어떠한 처분도 적법한 재량행사라고 인정될 수 없는 경우에는 당해 처분을 하지 않은 것이 위법사유가 되므로, 행정청은 바로 상대방이 신청한 바와 같은 처분을 하여야 한다.

② 의무이행심판

관계인의 신청이 거부되거나 부작위에 의하여 방치되고 있을 때 제기되는 의무이행심판이 무하자재량행사청구권에 기한 것일 경우, 그 심판청구가 인용되면 재결청은 신청에 따른 처분을 하거나 처분청에게 이를 할 것을 명하여야 한다(행정심판법 § 32 ⑤). 여기서 신청에 따른 처분이란, 행정청이 재량권을 부여받고 있음을 감안할 때, 신청에 대한 하자 없는 재량행사로서의 처분을 의미하는 것이 원칙이며, 재량권이 수축되었다고 인정되는 경우에만 신청한 대로의 특정한 처분을 뜻하게 될 것이다.

---

9) J. Pietzcker, "Der Anspruch auf ermessensfehlerfreie Entscheidung," *JuS*, 1982, S.108.

③ 부작위위법확인소송

무하자재량행사청구권은 행정청의 하자 없는 재량행사의무를 전제로 하는 것이므로, 상대방의 신청을 부작위로 방치하는 것은 위법한 것이 되며, 이 경우 부작위위법확인소송을 제기하여 그 부작위가 위법임을 확인받을 수 있음은 물론이다. 확정판결에 의하여 부작위의 위법성이 확인되면, 행정청은 판결의 취지에 따라 상대방의 신청에 대하여 처분을 하여야 한다(행정소송법 §§ 38 ②, 30). 그러나 부작위위법확인소송은, 판례와 다수설에 따를 때, 단순히 부작위, 즉 무응답상태의 위법성을 확인하는 데 그치는 소송일 뿐 적극적으로 특정한 처분의무를 확인하는 것은 아니므로, 재량권이 영으로 수축된 경우에는 소송을 통하여 단순한 무응답상태의 위법성을 확인하는 것만으로 무하자재량행사청구권의 실현수단으로는 불충분하다고 하게 된다.[10] 그러나 재량권수축의 경우 부작위위법확인소송의 인용판결에 의하여 확인되는 부작위의 위법성은 바로 특정한 처분의무의 불이행이 위법하다는 것이므로(행정소송법 § 2 ① ii) 판결의 취지에 따른 처분이란 결국 신청된 특정처분을 의미하게 될 것이다. 그 밖에 재량권수축이 일어나는 경우 이외에는 확정된 인용판결은 행정청에게 하자 없는 재량행사의무만을 부담시킬 뿐이다.

2. 행정개입청구권

행정개입청구권(Anspruch auf Einschreiten)은 무하자재량행사청구권의 법리를 기초로 하여 독일연방행정법원의 판례를 통해 확립된 권리로서 행정청의 개입, 즉 처분등에 의한 공권력 발동을 요구할 수 있는 권리를 말한다. 법규상 행정청에게 일정한 공권력발동권이 부여되어 있는 경우(수권규정), 행정청은 공권력발동에 관한 재량을 갖지만, 반면 행정청의 개입에 대해 이해관계를 갖는 개인에게는 무하자재량행사청구권이 인정되며, 사안의 상황에 따라 재량권이 수축되었다고 볼 수 있는 경우에는 그 개인에게 공권력의 발동 내지 행정규제를 요구할 권리가 인정된다는 것이다.

행정개입청구권은 전후 독일행정법에서 가장 많이 논의되었던 테마의 하나로 경찰 및 질서행정법 분야에서 이룩된 판례법의 금자탑적 소산이다. 행정개입청구권에 관한 기본판례(leading case)인 연방행정법원의 이른바 "띠톱판결"("Bandsäge-Urteil")에서 문제된 것은, 주거지역에 설치된 참가인의 석탄제조 및 하역업소가 사용하는 띠톱에서 나오는 먼지와 소음으로 인한 피해를 입고 있던, 인근주민인 원고가 관할건축관청에 대하여 건축경찰상의 금지처분

10) 김동희, 『행정법 I』, 박영사, 2008, 96.

을 취해 줄 것을 청구한 사안이었다. 원고가, 피고의 영업은 주거지역에서는 허용될 수 없으며 그로 인한 먼지와 소음은 수인가능한도를 넘는(unzumutbar) 것이라고 주장한 데 대하여, 관할행정청은 이 업소의 조업을 건축법규에 위반되지 않는 것으로 보아 원고의 주장을 배척했고, 이에 불복하여 제기된 의무이행소송을 인용한 제1심판결은 베를린고등행정법원에 의해 원고에게는 행정청의 특정행위를 요구할 청구권이 없다는 이유로 파기되었다. 건축법상 건축경찰은 건축법의 규정에 합당한 상태를 산출할 권한을 지닐 뿐 의무를 지는 것은 아니라는 것이었다: 행정개입은 행정청의 재량에 속한다고 본 것이다. 여기서 문제는 다음과 같은 논리구조를 지니고 있었다. 첫째, 건축감독관청은 피고의 조업을 금지할 권한이 있는가? 조업금지는 금지처분으로서 법률의 근거를 요하는데, 그것은 일차적으로는 주의 건축법에서, 만일 그러한 규정이 없다면 경찰상 일반수권에서 찾을 일이었다. 여기서 고려된 모든 관계법령에 따를 때, 문제는 피고가 자신의 토지를 당시의 건축계획법(연방건축법, 건축이용에 관한 시행령 등)에 위반하여 이용함으로써 공공질서를 침해하고 있느냐 하는 것이었다. 이 문제가 긍정되는 경우에야 비로소 둘째의 문제, 즉 원고가 건축감독청에 대하여 참가인에게 금지처분을 취해 달라고 요구할 권리를 갖는가 하는 것이 제기될 수 있었다. 반대로 첫째 문제가 부정된다면 둘째의 문제는 아예 제기될 수조차 없는 것이었다. 다만 이 사건을 맡은 고등행정법원이 이러한 문제제기의 논리적 순서를 따르지 않고 — 건축법위반을 판단하지 않고 — 건축법위반의 경우에도 원고의 행정개입청구권이 부정된다고 했기 때문에, 아이러니컬하게도 이 사건에 관한 연방행정법원의 판결이 경찰 및 질서행정법상 행정개입청구권에 관한 'leading case'가 될 수 있었다고 굇즈(Götz) 교수는 지적한다.[11] 심리절차가 진행되는 동안 참가인의 조업은 건축법에 위배되지 않는다는 사실이 드러났고 그 결과 원고의 청구는 이 이유 하나만으로도 기각될 수 있었을 것이기 때문이다.

아무튼 연방행정법원은 이 사건에서 경찰법상의 일반수권조항의 해석에 있어 헌법의 규범적 효력을 관철시키기 위한 이론적 기초로서 무하자재량행사청구권(Anspruch auf fehlerfreie Ermessensausübung), '재량수축'(Ermessensreduzierung auf Null)의 법리를 도출해 냄으로써 개인의 주체적 지위를 근본적으로 강화시키는 결정적 전기를 제공하였다. 그 때까지의 판례와 학설은 시민이 경찰에 대하여 갖는 질서교란적 행위와 상태에 대한 규제조치를 취해 달라는 이행청구권을 부정해 왔다. 가령 경찰의 개입에서 생겨나는 개인의 혜택은, 경찰의 개입을 수권하는 규범들이 오로지 공익을 위해 정립된 것이기 때문에, 단순한 사실상의 수익으로서 객관적 법의 반사(Reflexe des objektiven Rechts)에 불과하다는 것이 그 이

---

11) V. Götz, *Allgemeines Polizei- und Ordnungsrecht*, 10.Aufl., Vandenhoeck & Ruprecht, 1991, S.51f., Rn.89.

유였다. 이 사건에서 원고에게 행정청에 대해 제3자에 대한 규제처분을 요구할 권리가 인정되었다는 것은 따라서 무엇보다도 주체적 지위에서 개인이 갖는 행정에 대한 권리가 이른바 3면적 관계에까지 확대되었다는 사실을 뜻한다. 여기서 이 판결이 의의는, 그것이 지니고 있는 이론구성의 문제점들(dogmatische Schwäche)에 관한 논의를 생략한다면, 다음과 같이 요약될 수 있다.

첫째, 그것은 경찰개입청구권이 경찰의 재량자유(Ermessensfreiheit der Polizei)에 의해 좌절되지 않는다는 점을 분명히 하였다. 이를 가능케 한 이론적 근거가 이른바 재량수축의 논리였다.

둘째, 그것은 전통적인 이웃관계(인린관계)에 관한 문제영역의 새로운 양상, 즉 보호청구권(Schutzanspruch)의 측면을 추가시켰다. 이 판결에서 문제된 법적 관계의 구조적 특징은, 청구권자의 입장에서 볼 때 형식적으로는 행정청의 (자기에 대한) 수익적 행위를 적극적으로 청구하는 것이나, 질서교란자(Störer) 또는 요구된 행정조치의 상대방인 제3자의 입장을 고려할 때는 실질적으로 그 제3자에 대한 침해행정적 처분의무의 이행이 요구되고 있다는 데 있었다. 이러한 보호청구권의 관점이 이 띠통 판결을 통하여 행정법적 수준에서 특히 경찰상 일반수권조항의 원용 및 재해석을 통해 관철되었다는 사실은 우리나라 행정법에 대해서도 의미심장한 함의를 지니고 있다.

행정개입청구권은 건축경찰법분야에서 무하자재량행사청구권과 재량권수축의 법리가 적용된 결과 인정된 개인의 공권이다. 따라서 앞서 본 무하자재량행사청구권과 불가분의 관련을 맺고 있다. 행정개입청구권이 공권으로서 성립될 수 있느냐 하는 것은 따라서 개개의 공권력발동을 위한 수권조항을 해석함에 있어서 행정청의 개입에 대한 법적 의무(즉 결정재량 및 선택재량의 수축)가 인정될 수 있느냐 하는 문제와 그 수권규정이 사익을 아울러 보호하려는 것으로 볼 수 있느냐에 달려 있다.

독일행정법에 있어, 재량권의 수축을 인정하기 위해 **당초 요구되었던 침해될 위험이 있는 법익의 중대성이 오늘날 더 이상 요구되지 않게 됨**에 따라 행정개입청구권은 경찰법영역 내에서는 물론, 여타의 법영역, 예컨대 환경오염방지법과 같은 환경보호법이나 원자력법, 공중접객업소법과 같은 영업관계법 등의 분야에서 계속 확충되어 나갈 수 있었다. 가령 경찰법영역에서 판례는 부분적으로는 어떠한 종류의 법익침해로도 충분하다고 하고, 부분적으로는 비둘기사육으로 인한 불편초래, 과도한 교통소음, 참기 곤란한 교회종소리, 교통방해(예컨대 개인의 차고 앞에 불법주차된 차량의 제거: BVerwGE 37, 112) 등에 대하여 재량권의 수축 및 그 결과 행정개입청구권을 인정한 바 있다. 한편 경찰법영역에서는 주로 경찰상의 일반수권조항이 행정개입청구권의 준거규범이 되었던 반면, 그 이외의 법영역에 있어서는 각각의 특별수권조항들이 준거규범으로 원용되고 있음을 볼 수 있다.

행정개입청구권을 둘러싼 법적 관계의 구조는 앞서 제시된 연탄공장사건(사례 B)과 매우 흡사하다. 다만 연탄공장사건에서는 허가처분의 취소가 다투어졌던 데 비해, 여기서는 행정규제권의 발동이 요구되고 있다는 점이 다르다.

행정개입청구권에 관해서는 다음과 같은 점을 유의할 필요가 있다.

① 행정개입청구권은 무하자재량행사청구권의 한 적용례라는 점에서 기본적으로 성질상 공통점이 있다. 즉, 일반적 행정개입청구권은 존재하지 않는다. 행정개입청구권은 오로지 관계법상 개개의 수권규정으로부터 도출되어야 할 권리이며, 절차적 권리가 아니라 실체법적 권리이다. 다만, 이 청구권은 재량권수축을 전제로 성립한다는 점에서 무하자재량행사청구권이 형식적 권리라고 불리는 것과는 다르다.

② 행정개입청구권은 적어도 독일행정법상 성립배경을 고려할 때, 재량권이 부여된 경우에 발생하는 문제이다. 물론 논리적으로는 기속행위의 경우에도 타당한 보다 넓은 의미의 행정개입청구권이 논의될 여지도 있겠지만, 독일의 경우, 그것은 공권 일반론의 문제로서[12] 행정청의 의무이행을 관철시키기 위한 행정상 이행소송에 의해 해결될 전형적인 사례일 뿐, 별다른 문제를 제기하지 아니한다. 이렇게 볼 때, 우리나라의 경우 기속행위에 대한 관계에서 성립하는 행정개입청구권의 문제는 — 일반적으로 — 그 소송법적 관철이 문제되기는 하지만 별반 논의의 실익이 없다. 특히 행정개입청구권을 일부문헌들처럼 광의로 파악하는 경우[13] 제3자에 대한 불이익처분을 구하는 행정개입청구와 사인 간에 허용되어 있는 사법상의 권리보호방법 간 경합(경찰개입의 한계로서 보충성원칙)이라는 행정개입청구권의 본래적 문제상황이 경시될 가능성이 있다는 점이 고려되어야 한다.

③ 행정개입청구권은 실체법적 이행청구권의 문제이다. 물론 이 경우에도 그 행정소송에 의한 관철이 당연히 문제되며, 행정청의 공권력발동에 대한 법률상 이익의 유무가 행정소송상 원고적격을 판단함에 있어 결정적인 의미를 지닌다. 따라서 우리나라의 경우 의무이행소송이나 일반이행소송과 같은 행정상 이행소송의 허용여부에 관한 문제와 관련을 맺지 않을 수 없다. 그러나 행정개입청구권의 문제를 오로지 행정소송법적 관점에서 논하거나 소송의 허용성에 의해 부정하는 것은 옳지 않다. 행정개입청구권은 실체법상 이행청구권의 문제이기 때문이다.

---

12) 김동희, 앞의 책, 97.

13) 박윤흔, 『행정법강의(상)』, 박영사, 2002, 161 이하.

제5장
사인의 공법행위로서 신고*

Ⅰ. 쟁점

원래 신고는 사인의 공법행위의 전형적 유형이기도 했지만, 허가제 아래서 허가보다 약한 가장 완화된 형태의 규제방식을 의미했다. 대법원이 '건축법상 신고사항에 관하여 건축을 하고자 하는 자가 적법한 요건을 갖춘 신고만 하면 건축을 할 수 있고, 행정청의 수리 등 별단의 조처를 기다릴 필요는 없다'는 판례를 견지한 것도 그런 맥락이었다.[1] 학계의 입장도 다르지 않았고 그와 같은 인식을 배경으로 행정절차법 제40조가 태동하게 되었다. 신고제가 부당한 신고 반려 등 허가제처럼 운영되는 폐단을 막으려는 취지에서 아예 행정절차법에 명문의 규정을 둔 것이다.

뿐만 아니라 이러한 흐름은 규제개혁의 기치 아래 허가제를 신고제로 전환하거나 허가대상을 대폭 신고 대상으로 변경하는 규제완화 입법으로 이어졌고, 그 과정에서 종래 (이 역시 규제 단순화·통합이라는 규제완화의 요청에 따라) 허가에 연계되었던 각종 인·허가 의제조항도 특별한 고려 없이 '완화된 신고'에 확장되었다. 그러나 이러한 규제입법의 변화 결과를 바라보는 행정의 시각은 아무래도 좀 달랐던 것 같다. 시간이 지나면서 허가제를 완화시킨 신고만으로는 불안 또는 불편했는지 신고에 인·허가 의제효과를 연계시키거나 각종 부수적인 제재조항들을 만들어 통제의 끈을 놓지 않으려는 관성이 나타났고 그 결과 '수리를 요하는 신고'라는 새로운 규제방식이 만들어진다. 입법권자는 이러한 행정부의 의도를 미필

* 홍준형, 「사인의 공법행위로서 신고에 대한 고찰」, 『공법연구』 제40권 제4호, 2012를 수정·보완한 것임.

1) 대법원 1968.4.30. 선고 68누12 판결; 대법원 1990.6.12. 선고 90누2468 판결; 대법원 1999.4.27. 선고 97누6780 판결; 대법원 2004.9.3. 선고 2004도3908 판결 등을 참조.

적 고의로 반영했고 사법부 역시 이를 판례를 통해 재확인해 주었다. 자칫 수리를 요하는 신고의 비중을 과도하게 확대하거나 허가제에 비해 신고제가 가지는 규제완화방안으로서의 의미와 효과를 크게 손상시키고 결국 신고와 허가를 구분함으로써 사인의 공법행위와 정부규제의 한계를 설정해 온 기성의 규제법체계를 지나치게 교란시키는 결과를 가져올 우려가 있다는 비판이 제기된 것도 바로 그런 맥락에서이다. 이제 신고의 주종은 자기완결적인 사인의 공법행위가 아니라 '사인의 신고 + 관할행정청의 수리'라는 공식에 따른 행정요건적 신고로 허가에 근접하는 새로운 규제방식으로 바뀌었다. 이를 어떻게 보아야 할까?

2010년과 2011년 불과 두 달여에 걸쳐 대법원은 사인의 공법행위로서 신고에 관한 기존의 법리와 결별을 가져온 두 개의 판례를 통해 이론과 실무 양면에 파란을 일으켰다. 그 첫 번째 충격은 종래 건축신고 반려행위 또는 수리거부행위는 항고소송의 대상이 아니며 따라서 그 취소를 구하는 소는 부적법하다고 보았던 종전의 판례를 변경하여 건축신고 반려행위는 항고소송의 대상이 된다고 판시한 2010년 11월 18일의 전원합의체판결을 통해,[2] 또 다른 충격은 인·허가의제 효과를 수반하는 건축신고는 일반적인 건축신고와는 달리, 특별한 사정이 없는 한 행정청이 그 실체적 요건에 관한 심사를 한 후 수리하여야 하는 이른바 '수리를 요하는 신고'라고 판시한 2011년 1월 20일의 전원합의체판결[3]을 통해 각각 전달되었다.

이들 판례가 나오기 전까지 건축법상 건축신고는 자기완결적 신고에 해당하여, 신고가 형식적 요건을 갖춘 이상 실체적 이유로 수리를 거부할 수 없으며, 거부하더라도 신고의 효력이 발생하므로 항고소송의 대상이 될 수 없고 그 취소를 구하는 소는 부적법하다는 것이 지난 40여 년을 지배해 온 판례이자 통설이었다.[4] 이처럼 대법원이 기존의 통설과 판례를 변경한 논거는 무엇인지, 그것이 행정법상 신고의 법리에 가져온 함의와 시사점은 무엇인지를 밝혀 보려는 것이 이 글의 문제의식이다. 이러한 관점에서 건축신고 반려 또는 수리거부행위가 항고소송의 대상으로서 처분에 해당하는지 여부, 인·허가의제 효과를 수반하는 건축신고의 법적 성질을 이른바 '수리를 요하는 신고'로 볼 수 있는지 여부, 대법원판례에 따른 건축법상 건축신고의 법리를 다른 분야의 신고에 대해서도 일반화할 수 있는지 여부 등 관련 쟁점들을 검토함으로써, 대법원판례의 방향전환이 신고에 관한 기존의 법리에 어떠한 영향을 미쳤는지 그 의미와 파장을 진단해 보고, 규제법체계의 관점에서 수리를 요하는 신고의 법리상 문제점을 재검토하여 입법론적 해결방향을 제시하고자 한다. 먼저 사인의 공법행위로서 신고의 개념과 종류, 법적 효과, 신고의 흠과 효력 등을 살펴본 후, 건축신고의 법적 성질에

---

2) 대법원 2010.11.18. 선고 2008두167 전원합의체판결(건축신고불허(또는 반려)처분취소).
3) 대법원 2011.1.20. 선고 2010두14954 전원합의체판결(건축(신축)신고불가취소).
4) 최계영, 「건축신고와 인·허가의제」, 『행정법연구』 제25호(행정법이론실무학회), 2009.12., 165-193, 170.

관한 쟁점 분석에 들어가기로 한다.

Ⅱ. 사인의 공법행위로서 신고의 개념과 종류

1. 사인의 공법행위로서 신고의 개념

사인의 공법행위로서 신고란 '사인의 공법적 효과의 발생을 목적으로 행정청에게 일정한 사실을 알리는 행위로서 법령등에 특별한 사유가 없는 한 통상 행정청에 의한 실질적 심사가 요구되지 아니하는 행위'를 말하는 것으로 정의할 수 있다. 신고의 개념에 있어 가장 중요한 표지는 사인의 공법행위라는 데 있다. 즉 신고는 행정청이 아니라 사인이 행위의 주체로 등장하는 대표적인 경우로서 비교적 오래전부터 강학상 허가에 비해 규제강도가 완화된 규제방식으로 인식되어 왔고 또 그런 배경에서 허가제로부터 신고제로의 전환이 규제완화 또는 규제개혁의 방법으로 주목을 끌 수 있었다.

신고는 두 가지 상이한 기능을 가지는데, 첫째는 행위 개시 여부를 통제할 수 있다는 점이다(Eröffnungskontrolle). 이것은 약한 수단이기는 하지만 허가유보부 예방적 금지(präventives Verbot mit dem Vorbehalt einer administrativen Erlaubnis)와 유사한 기능으로 볼 수 있다. 이러한 신고제, 즉 신고의무의 부과는 절차상 인・허가제보다 간편하고 실제적이어서 특히 규제완화를 위한 대안으로 입법상 빈번히 활용된다(대기환경보전법 §23 ①, 「물환경보전법」 §33 ①, 소음・진동규제법 §8 등에 의한 배출시설의 설치・변경 신고; 소음・진동규제법 §22에 의한 특정공사의 사전신고; 원자력법 제64조에 의한 핵원료물질의 사용신고 등). 신고의 또 다른 기능은 행정에 정보를 제공하여 규제권 등 행정개입 여부를 판단할 수 있게 하는 것인데, 이러한 정보제공기능은 앞서 본 행위개시통제기능의 부수적 효과라고도 볼 수 있다. 실정법상 '신고'라는 명칭을 가진 행위유형 가운데 이러한 정보제공기능만을 가진 경우도 적지 않지만, 여기서 다루는 신고는 위 두 가지 기능을 모두 가진 경우만을 의미한다.[5)]

---

5) 신고의 이 같은 기능에 착안하여 신고의 유형을 (예방적) 금지해제적 신고와 정보제공적 신고(사실파악형 신고와 수리를 요하지 않는 신고를 포함한 개념)로 구분하기도 한다(김중권, 「행정법상 신고와 관련한 판례의 문제점에 관한 소고」, 『인권과 정의』, 통권 307호(2002년 3월호), 307 이하; 박균성, 『행정법강의』, 박영사, 2011, 122 등). 참고로 김중권 교수는 독일의 Walter Schick의 이론을 토대로 금지해제적 신고에 대한 수리를 금지하명으로 파악하고, 정보제공적 신고는 단순한 알림에 불과하며, 그 구분 기준을 법문상 대상행위가 전제되면서 사전통제(심사)가 예정되어 있는지, 개시통제의 수단으로 허가와 병렬적으로

2. 사인의 공법행위로서 신고의 종류

사인의 공법행위를 그 효과에 따라 구분하는 것은 특히 사인의 공법행위로서 신고와 관련하여 중요한 의미를 가진다. 즉, 사인의 공법행위로서 신고는 자기완결적 신고와 행정요건적 신고로 나뉜다.

(1) 자기완결적 신고

신고서가 행정청에 도달되어 행정청에 대하여 일정한 사항을 통지한 때에 법적 효과가 발생하는 신고를 말한다. 자기완결적 신고는 이를테면 '신고유보부 허용'(Erlaubnis mit dem Anzeigevorbehalt)을 전제로 한다. 행정청의 수리를 요하지 아니하므로 '수리를 요하지 아니하는 신고'라고 부르기도 한다. 설사 신고에 대하여 수리가 있었다 하더라도 이는 단지 행정청의 편의를 위한 것일 뿐 사인의 지위에는 아무런 변동이 없다.

(2) 수리를 요하는 신고(행정요건적 신고)

사인이 행정청에 대하여 일정한 사항을 통지하고 행정청이 수리함으로써 법적 효과가 발생하는 신고를 말한다. 여기서 수리란 사인이 알려 온 일정한 사항을 행정청이 유효한 것으로서 받아들이는 행위를 말하며,[6] 행정요건적 공법행위로서 신고는 이를 '수리를 요하는 신고'라고 부르기도 한다.[7] 영업자 지위 승계의 경우처럼 종래 허가제였던 것이 신고제로 변경되면서 여전히 수리를 요하는 경우가 이에 해당한다. 이러한 경우를 '완화된 허가제'라고도 부르며, 이러한 행정요건적 공법행위로서 신고는 실정법상으로는 신고, 등록 등 여러 가지 용어로 표현되고 있다. 수리를 요하는 신고의 경우 형식적 심사만을 거치지만, 허가의 경우에는 실질적 심사를 거친다는 점에서 양자는 차이가 있다.[8]

대법원 판례에서 '수리를 요하는 신고'로 인정된 예로는 주민등록법에 따른 주민등록전입신고,[9] 체육시설의 회원을 모집하고자 하는 자가 관할 시・도지사 등에게 한 회원모집계획서 제출,[10] 수산업법 제44조 소정의 어업신고,[11] 건축법 제14조 제2항에 의한 인・허가의제

규정되어 있는지, 신고불이행의 제재에 대상행위자체(즉, 금지)에 대한 것까지 담고 있는지 등을 고려해야 한다고 서술하고 있다.

6) 김철용, 『행정법 I』, 제13판, 2010, 208.
7) 홍정선, 「사인의 공법행위로서 신고의 법리 재검토」, 『중범김동희교수정년기념논문집』, 박영사, 2005.6., 144-162, 151.
8) 홍정선, 앞의 글, 152.
9) 대법원 2009.6.18. 선고 2008두10997 전원합의체판결(주민등록전입신고수리거부처분취소).
10) 대법원 2009.2.26. 선고 2006두16243 판결(골프장회원권모집계획승인처분취소).

효과를 수반하는 건축신고[12] 등이 있다.

한편, 수리를 요하는 신고에 대해서는 비교적 일찍부터 학계에서 적지 않은 비판과 논란이 제기되었다. 가령 명칭만 신고일 뿐이고 운용은 허가와 다름없으므로 위장된 규제완화라는 비판, 규제완화를 위해 도입한 신고가 수리를 요하는 신고의 형태가 증가할 때 행정권 발동요건이 되는 공법행위의 또 다른 유형의 하나인 '허가신청'과의 구별이 어려워지게 됨으로써 규제완화적 관점에서 도입된 신고제가 허가제와 다름없는 행정규제적 제도로 변질될 수밖에 없다는 비판이 그러한 실례였다.[13]

(3) 자기완결적 신고와 수리를 요하는 신고의 구별

수리를 요하지 않는 신고와 수리를 요하는 신고의 구별은 종종 분명하지 않은 경우가 많다. 따라서 양자를 구별하는 기준에 대해 견해의 대립이 있다. 즉, 이에 관해서는 신고요건에 따라 형식적 요건만으로 되어 있으면 자기완결적 신고로, 실질적 요건이 규정되어 있으면 행정요건적 신고로 보는 견해,[14] 이와 달리 실질적 요건을 신고요건의 한 부분으로 한다고 해도 입법자가 이를 수리를 요하지 않는 신고로 규정할 수도 있기 때문에 입법자의 객관적인 의사를 기준으로 판단하여야 한다는 견해,[15] 법령상 명백하지 않은 경우도 있지만, 원칙적으로 근거 법령의 문언 · 체제 · 형식에 따라 구별되어야 한다는 견해,[16] 관련법률의 취지와 목적에 따라 판단하되 규제완화라는 신고제의 취지를 고려하여 또는 국민의 권익구제를 위하여 가능한 한 자기완결적 신고로 보는 것이 바람직하다는 견해[17]가 있다. 한편 개별법령상 등록과의 차이도 반드시 이론적으로 명료한 것은 아니다. 개별법령이 신고와 등록을 구분하여 규정하고 있는 경우에는 신고를 자기완결적 신고로, 등록을 행정요건적 신고로 보기도 한다.[18]

---

11) 대법원 2000.5.26. 선고 99다37382 판결(손해배상(기)).

12) 대법원 2011.1.20. 선고 2010두14954 전원합의체판결(건축(신축)신고불가취소).

13) 가령 박균성, 「행정법상 신고」, 『고시연구』, 1999.11., 43; 조만형, 「행정법상 신고의 유형과 해석기준에 관한 소고」, 『공법연구』(한국공법학회) 제39집 제2호, 2010, 600 등을 참조.

14) 박균성, 『행정법강의』, 박영사, 2011, 122.

15) 홍정선, 『행정법특강』, 박영사, 2011, 101.

16) 최계영, 앞의 글, 165-193, 173. 한편 형식적 요건 심사 여부를 기준으로 삼는 견해를 토대로 입법자의 의사를 감안하려는 절충적 견해도 있다(이상천, 「요건으로서의 신고 · 신청에 따른 효과로서의 수리 · 등록 · 허가의 개념적 구분 재론」, 『공법학연구』(한국비교공법학회) 제11권 제3호, 2010, 278-281). 양자의 구별에 관해서는 그 밖에 조만형, 「행정법상 신고의 유형과 해석기준에 관한 소고」, 『공법연구』 제39집 제2호, 한국공법학회, 2010, 597-627; 정남철, 「건축신고와 인인보호: 독일 건축법제와의 비교법적 고찰을 겸하여」, 『월간 법조』(2010.6.), 250-296 등을 참조.

17) 정하중, 『행정법개론』(제5판), 2011, 115; 김용섭, 「행정법상 신고와 수리」, 『판례월보』 352호, 2000.1., 40-41 등.

18) 정하중, 같은 곳.

생각건대, 수리를 요하지 않는 신고와 수리를 요하는 신고를 구별할 수 있게 해 주는 통일적이고 단일한 절대적 기준은 존재하지 않는다. 양자가 본질적으로 서로 다른 특성을 지닌다는 전제에서 보편타당한 절대적 구별기준을 밝혀내고자 하는 것은 가능하지 않으며 또 현명한 시도도 아니다. 여기서 관건은 오히려 입법권자가 개개의 법령에서 신고를 규율하면서 어떠한 개념과 범주에 의거하였는지 또는 어떠한 법적 효과를 부여하고자 하였는지를 탐구하는 데 있다. 그런 뜻에서 관계법령의 규율 취지와 내용, 방식 등을 종합적으로 파악하여 판단을 내릴 수밖에 없는데, 특히 다음과 같은 몇 가지 측면을 고려할 필요가 있다.

무엇보다도 개별법령에서 자기완결적 신고와 수리를 요하는 신고를 구분하여 규정하거나 그 구별을 뒷받침해 주는 차별적 징표들을 명시하고 있다면 당연히 그 기준에 따라야 할 것이다. 특히 신고의 자기완결적 효과를 인정할 수 있는지 여부, 그리고 행정요건적 연관성 여하는 결국 관계 법령의 규율에 따라 판단할 수밖에 없을 것이다. 참고로 외국환거래법 제18조(자본거래의 신고 등), 산지관리법 제15조(산지전용신고) 등과 같이 해당 개별법에 신고 수리를 요하는지 여부에 관한 명문의 규정이 있거나 관련 규정의 해석상 신고에 대한 실질적 심사가 허용되는 경우 등에 한하여 수리를 요하는 신고로 보는 것이 종래 판례의 입장이었음을 감안할 필요가 있다.[19]

아울러 대법원이 신고를 자기완결적 신고로 분류한 논거들도 감안해야 할 것이다. 대법원은 대체로 첫째, 행정청의 실질적 심사권이나 수리 여부에 관한 결정권을 인정한 조항이 없고, 둘째, 하나의 법률 안에서 신고제와 허가제를 병렬적으로 규정하고 있으며, 셋째, 신고한 사항이 실체적 요건을 충족하지 못했을 때 행정청이 취할 조치에 대한 별도의 규정을 둔 경우에 신고를 자기완결적 신고에 해당한다고 본 것으로 분석된 바 있다.[20] 마찬가지로 대법원이 신고를 수리를 요하는 신고로 분류한 논거들도 의당 참조해야 하며, 그러한 경우로 가령 신고와 관련 실체적 통제의 필요성이 큰 경우나 법령상 행정청이 효력에 영향을 미칠 수 있도록 되어 있는 경우를 들 수 있다.[21] 특히 인·허가의제 효과를 수반하는 건축신고는 일반적인 건축신고와 달리, 특별한 사정이 없는 한 행정청이 그 실체적 요건에 관한 심사를 한 후 수리하여야 하는 이른바 '수리를 요하는 신고'라고 판시한 2011년 1월 20일의 전원합의체 판결[22]에 따라 인·허가의제조항의 존재여부를 중요한 기준으로 고려하지 않을 수 없게 되

19) 대법원 2011.1.20. 선고 2010두14954 전원합의체판결에서 대법관 박시환, 대법관 이홍훈의 반대의견을 참조.

20) 이에 관해서는 최계영, 앞의 글, 174-175를 참조. 최계영 교수는 이와 관련하여 '신고 이후 조치에 관한 별도의 규정을 둔 경우는 자기완결적 신고임이 가장 명백한 경우'라고 하면서 실체적 요건 통제장치가 마련되어 있기 때문에 신고 접수 단계에서 통제할 필요성은 없는 것이라고 지적하고 있다.

21) 최계영, 앞의 글, 175-176.

었다는 점에 유의할 필요가 있다.

한편 위와 비슷한 맥락에서 신고유형 중 수리가 필요한지 여부를 판단함에 있어 고려해야 할 실정법상 요소가 제시되기도 하는데, 이에 따르면, (1) 법률상에 수리에 관한 명시적 규정이 있는지 여부, (2) 신고와 등록을 동시에 대비시켜 규정해 놓았는지 여부, (3) 법률연혁상 등록제에서 신고제로 개정된 규정인지 여부, (4) 신고행위의 효력시기에 관한 규정 유무, (5) 시설요건에 관한 규정을 두고 시설의 설치신고를 요구하는 경우인지 여부, (6) 지위양수자의 신고규정 유무, (7) 수리의 요건으로서 형식적 요건 외에 실질적 심사규정을 두고 있는지 여부, (8) 행정벌 규정이 무신고 행위에 대한 제재인지 아니면 신고의무불이행을 제재하는 것인지 여부 등이 준거가 된다.[23)]

이렇게 볼 때, 역시 관계법령상 행정청에게 신고의 수리 여부에 관한 결정권을 명시적으로 부여하고 있다고 볼 것인지를 판단하는 것이 급선무이자 가장 중요한 기준이 될 것이다. 반면, 그와 같은 명문의 규정이 없는 경우에는 위에 제시된 여러 가지 요소들이 얼마나, 어떻게 나타나고 있는지를 종합적으로 고려하여 판단을 내려야 할 것이다. 이와 관련하여 위 판단기준들을 종합적으로 검토하여 합리적으로 판단하되, 그 같은 기준에 의해서도 판단하기 어려운 때에는 자기완결적 신고가 원칙이고 행위요건적 신고는 예외적인 것이라는 점과, 규제완화라는 신고제가 허가제로 운용되지 않도록 행정절차법에서 신고제를 도입한 취지를 존중하여 자기완결적 신고로 보는 것이 타당하다는 견해가 표명되고 있다.[24)] 응당 그와 같은 측면도 고려에 넣어야 하겠지만 결국은 해당 법령의 관계규정들을 종합적으로 검토해 볼 때, 신고만으로 해당 행위를 개시하도록 허용한 뒤 일정한 사유가 있는 경우 사후적으로 감독적 통제를 하려는 것인지 아니면 신고가 있더라도 그것만으로 해당 행위를 허용하는 것이 아니라 행정청이 최종적인 허용여부를 통제할 수 있도록 하려는 것인지에 따라, 전자는 자기완결적 신고로, 후자는 수리를 요하는 신고로 판단해야 할 것이다.

---

22) 대법원 2011.1.20. 선고 2010두14954 전원합의체판결(건축(신축)신고불가취소).

23) 조만형, 앞의 글, 597-627, 616-622. 같은 곳, 622에서는 이들 기준요소들의 적용순서로 (1)을 우선 적용하고 (2)내지 (6)은 종합적으로 판단하여 해석하며, (8)은 최후적 · 보충적으로 적용하도록 주문하고 있다. 그 후 이들 요소를 비례의 원칙에 따라 보충적으로 재검토해 보아야 한다고 한다.

24) 김향기, 「집중효를 수반하는 건축신고가 '수리를 요하는 신고'인지의 여부: 대법원 2011.1.20., 선고 2010두14954[건축신고불가취소]에 대한 평석」, 『고시계』 2011.7., 50; 김용섭, 「행정법상 신고와 수리」, 『판례월보』 352호, 1998.4., 40-41 등.

Ⅲ. 신고의 법적 효과

1. 자기완결적 신고

자기완결적 신고에 대해서는 행정절차법이 별도의 규정을 두고 있다. 자기완결적 신고의 경우 행정절차법에 따라 신고를 관장하는 행정청은 신고서의 기재사항에 하자가 없고, 필요한 구비서류가 첨부되어 있으며, 기타 법령 등에 규정된 형식상의 요건에 적합한 신고서가 접수기관에 도달한 때에는 신고의무가 이행된 것으로 본다(행정절차법 § 40 ②). 행정절차법 제정 당시 원래는 "신고서가 접수기관에 도달된 때에 신고의 의무가 이행된 것으로 본다."라고 규정하여 신고제가 허가제로 운용되는 것을 막고자 하였으나, 행정부의 의견에 따라 '법령등에서 행정청에 대하여 일정한 사항을 통지함으로써 의무가 끝나는 신고를 규정하고 있는 경우'로 그 적용대상이 제한되어 오늘에 이르게 되었고,[25] 그 결과 수리를 요하는 신고라는 개념이 성립할 여지를 남기게 되었다.[26]

일반적 건축신고, 즉 자기완결적 건축신고의 경우, 신고를 한 이상 건축주는 행정청의 수리처분이라는 별도의 조치를 기다리거나 허가처분을 받지 않고서도 건축을 할 수 있다고 보는 것이 원칙이다.[27] 대법원 2011.1.20. 선고 2010두14954 전원합의체판결도 다음에 보는 바와 같이 이 점을 분명히 확인하고 있다.

> 건축법은 제11조 제1항에서 건축물을 건축하거나 대수선하려는 자는 특별자치도지사 또는 시장·군수·구청장의 허가를 받아야 한다고 규정하고, 제14조 제1항에서 제11조에 해당하는 허가 대상 건축물이라 하더라도 일정 규모 이내의 건축물에 대하여는 미리 특별자치도지사 또는 시장·군수·구청장에게 신고하면 건축허가를 받은 것으로 본다고 규정하고 있다.
>
> 이와 같이 건축법이 건축물의 건축 또는 대수선에 관하여 원칙적으로 허가제로 규율하면서도 일정 규모 이내의 건축물에 관하여는 신고제를 채택한 것은, 건축행위에 대한 규제를 완화하여 국민의 자유의 영역을 넓히는 한편, 행정목적상 필요한 정보를 파악·관리하기 위하여 국민으로 하여금 행정청에 미리 일정한 사항을 알리도록 하는 최소한의 규제를 가하고자 하는 데 그 취지가 있다. 따라서 건축법 제14조 제1항의 건축신고 대상 건축물에 관하여는 원칙적으로 건축 또는 대수선을 하고자 하는 자가 적법한 요건을 갖춘 신고를 하면 행정청의 수리 등 별도의 조처를 기다릴 필요 없이 건축행위를 할 수

---

25) 행정절차법상 신고조항의 입법적 연혁에 관해서는 대표적으로 오준근, 「신고절차의 정착방향」, 『법제연구』 13호, 1997, 35-43을 참조.

26) 최계영, 앞의 글, 168; 오준근, 앞의 글, 45.

27) 이것이 종래 판례의 태도이기도 했다(대법원 1999.4.27. 선고 97누6780 판결; 대법원 1967.9.19. 선고 67누71 판결 등).

있다고 보아야 한다.

그러나 후술하는 바와 같이 건축법상 건축신고 가운데 이와 같은 자기완결적 건축신고를 운위할 실익은 사실상 크게 감소하고 말았다.

한편 자기완결적 건축신고의 경우 그 신고거부 또는 반려행위가 항고소송의 대상이 되는 처분에 해당하는지 여부가 문제된다. 자기완결적 건축신고의 경우, 신고만으로 건축법상 의무가 이행된 것으로 되어 소정의 법적 효과가 발생하게 되며 따라서 별도의 행정조치가 없어도 쟁송의 여지는 없다. 하지만, 행정청이 건축신고를 반려하거나 수리를 거부한 경우에는 문제가 다르다. 이에 관하여 대법원은 종래 건축신고의 반려행위 또는 수리거부행위가 항고소송의 대상이 아니어서 그 취소를 구하는 소는 부적법하다고 보았으나,[28] 2010년 11월 18일 대법원은 종전의 판례를 변경하여 건축신고 반려행위는 항고소송의 대상이 된다고 판시하였다.[29]

1. 행정청의 어떤 행위가 항고소송의 대상이 될 수 있는지의 문제는 추상적·일반적으로 결정할 수 없고, 구체적인 경우 행정처분은 행정청이 공권력의 주체로서 행하는 구체적 사실에 관한 법집행으로서 국민의 권리의무에 직접적으로 영향을 미치는 행위라는 점을 염두에 두고, 관련 법령의 내용과 취지, 그 행위의 주체·내용·형식·절차, 그 행위와 상대방 등 이해관계인이 입는 불이익과의 실질적 견련성, 그리고 법치행정의 원리와 당해 행위에 관련한 행정청 및 이해관계인의 태도 등을 참작하여 개별적으로 결정하여야 한다.
2. 구 건축법(2008.3.21. 법률 제8974호로 전부 개정되기 전의 것) 관련 규정의 내용 및 취지에 의하면, 행정청은 건축신고로써 건축허가가 의제되는 건축물의 경우에도 그 신고 없이 건축이 개시될 경우 건축주 등에 대하여 공사 중지·철거·사용금지 등의 시정명령을 할 수 있고(제69조 제1항), 그 시정명령을 받고 이행하지 않은 건축물에 대하여는 당해 건축물을 사용하여 행할 다른 법령에 의한 영업 기타 행위의 허가를 하지 않도록 요청할 수 있으며(제69조 제2항), 그 요청을 받은 자는 특별한 이유가 없는 한 이에 응하여야 하고(제69조 제3항), 나아가 행정청은 그 시정명령의 이행을 하지 아니한 건축주 등에 대하여는 이행강제금을 부과할 수 있으며(제69조의2 제1항 제1호), 또한 건축신고를 하지 않은 자는 200만 원 이하의 벌금에 처해질 수 있다(제80조 제1호, 제9조). 이와 같이 **건축주 등은 신고제하에서도 건축신고가 반려될 경우 당해 건축물의 건축을 개시하면 시정명령, 이행강제금, 벌금의 대상이 되거나 당해 건축물을 사용하여 행할 행위의 허가가 거부될 우려가 있어 불안정한**

28) 대법원 1967.9.19. 선고 67누71 판결; 대법원 1995.3.14. 선고 94누9962 판결; 대법원 1997.4.25. 선고 97누3187 판결; 대법원 1998.9.22. 선고 98두10189 판결; 대법원 1999.10.22. 선고 98두18435 판결; 대법원 2000.9.5. 선고 99두8800 판결 등.
29) 대법원 2010.11.18. 선고 2008두167 전원합의체판결(건축신고불허(또는 반려)처분취소).

지위에 놓이게 된다. 따라서 건축신고 반려행위가 이루어진 단계에서 당사자로 하여금 반려행위의 적법성을 다투어 그 법적 불안을 해소한 다음 건축행위에 나아가도록 함으로써 장차 있을지도 모르는 위험에서 미리 벗어날 수 있도록 길을 열어 주고, 위법한 건축물의 양산과 그 철거를 둘러싼 분쟁을 조기에 근본적으로 해결할 수 있게 하는 것이 법치행정의 원리에 부합한다. 그러므로 건축신고 반려행위는 항고소송의 대상이 된다고 보는 것이 옳다.

2. 수리를 요하는 신고

한편 수리를 요하는 신고에 있어 수리는 앞서 살펴본 사인의 공법행위의 수리, 즉 단순한 접수라는 의미에서의 수리와는 다른 법적 의미를 가진다. 수리를 요하는 신고의 경우, 수리는 법적 효과 발생의 요건이 된다. 즉, 신고가 있더라도 행정청이 이를 수리하지 않으면 소정의 법적 효과가 발생하지 아니한다. 가령 수리의무가 성립하여 수리를 반려 또는 거부한 것이 위법으로 판명되는 경우에도 일단 적법한 수리가 없는 이상 그에 따른 법적 효과는 발생하지 아니한다. 이와 관련, 대법원은 수산업법 제44조 소정 어업신고의 법적 성질을 '수리를 요하는 신고'로 보고, 어업신고를 수리하면서 공유수면매립구역을 조업구역에서 제외한 것이 위법하더라도 적법한 수리가 없었기 때문에 적법한 어업신고가 있었다고 볼 수 없다고 판시한 바 있다.

> 어업의 신고에 관하여 유효기간을 설정하면서 그 기산점을 '수리한 날'로 규정하고, 나아가 필요한 경우에는 그 유효기간을 단축할 수 있도록까지 하고 있는 수산업법 제44조 제2항의 규정 취지 및 어업의 신고를 한 자가 공익상 필요에 의하여 한 행정청의 조치에 위반한 경우에 어업의 신고를 수리한 때에 교부한 어업신고필증을 회수하도록 하고 있는 구 수산업법시행령(1996.12.31. 대통령령 제15241호로 개정되기 전의 것) 제33조 제1항의 규정 취지에 비추어 보면, **수산업법 제44조 소정의 어업의 신고는 행정청의 수리에 의하여 비로소 그 효과가 발생하는 이른바 '수리를 요하는 신고'라고 할 것이고, 따라서 설사 관할관청이 어업신고를 수리하면서 공유수면매립구역을 조업구역에서 제외한 것이 위법하다고 하더라도, 그 제외된 구역에 관하여 관할관청의 적법한 수리가 없었던 것이 분명한 이상 그 구역에 관하여는 같은 법 제44조 소정의 적법한 어업신고가 있는 것으로 볼 수 없다.**[30]

수리를 요하는 신고의 반려 또는 불수리행위에 대해서는 취소소송 등 행정소송을 제기할 수 있다. 즉, 수리를 요하는 신고의 반려 또는 불수리행위는 취소소송의 대상으로서 처분에 해당하며 또 그 취소를 구할 법률상 이익이 있는 자에게 원고적격이 인정된다. 이와 관련하여

30) 대법원 2000.5.26. 선고 99다37382 판결.

대법원은 체육시설의 회원을 모집하고자 하는 자의 회원모집계획서 제출 및 이에 대한 시·도지사 등의 검토결과 통보의 법적 성격을 수리를 요하는 신고에 대한 수리행위로서 행정처분에 해당한다고 보고, 이른바 예탁금회원제 골프장의 기존회원에게, 체육시설업자 등이 제출한 회원모집계획서에 대한 시·도지사의 검토결과 통보의 취소를 구할 법률상의 이익을 가진다고 판시하여 원고적격을 인정한 바 있다.

1. 구 체육시설의 설치·이용에 관한 법률(2005.3.31. 법률 제7428호로 개정되기 전의 것) 제19조 제1항, 구 체육시설의 설치·이용에 관한 법률 시행령(2006.9.22. 대통령령 제19686호로 개정되기 전의 것) 제18조 제2항 제1호 (가)목, 제18조의2 제1항 등의 규정에 의하면, 위 법 제19조의 규정에 의하여 체육시설의 회원을 모집하고자 하는 자는 시·도지사 등으로부터 회원모집계획서에 대한 검토결과 통보를 받은 후에 회원을 모집할 수 있다고 보아야 하고, 따라서 체육시설의 회원을 모집하고자 하는 자의 시·도지사 등에 대한 회원모집계획서 제출은 수리를 요하는 신고에서의 신고에 해당하며, 시·도지사 등의 검토결과 통보는 수리행위로서 행정처분에 해당한다.
2. 행정처분으로서의 통보에 대하여는 그 직접 상대방이 아닌 제3자라도 그 취소를 구할 법률상의 이익이 있는 경우에는 원고적격이 인정되는바, 회사가 정하는 자격기준에 준하는 자로서 입회승인을 받은 회원은 일정한 입회금을 납부하고 회사가 지정한 시설을 이용할 때에는 회사가 정한 요금을 지불하여야 하며 회사는 회원의 입회금을 상환하도록 정해져 있는 이른바 예탁금회원제 골프장에 있어서, 체육시설업자 또는 그 사업계획의 승인을 얻은 자가 회원모집계획서를 제출하면서 허위의 사업시설 설치공정확인서를 첨부하거나 사업계획의 승인을 받을 때 정한 예정인원을 초과하여 회원을 모집하는 내용의 회원모집계획서를 제출하여 그에 대한 시·도지사 등의 검토결과 통보를 받는다면 이는 기존회원의 골프장에 대한 법률상의 지위에 영향을 미치게 되므로, 이러한 경우 기존회원은 위와 같은 회원모집계획서에 대한 시·도지사의 검토결과 통보의 취소를 구할 법률상의 이익이 있다고 보아야 한다.[31]

수리를 요하는 신고의 경우, 행정청이 반드시 위와 같은 법적 효과발생의 요건으로서 수리를 해 주어야 할 의무가 성립하는 것은 아니다. 물론 행정청이 이를 수리하지 않으면 소정의 법적 효과가 발생하지 않기 때문에, 행정청의 수리 여부에 대한 심사권이 제한되거나 경우에 따라서는 관할행정청의 수리의무가 성립할 수 있다. 일례로 대법원은 관할행정청이 무허가 건축물을 실제 생활의 근거지로 삼아 10년 이상 거주해 온 사람의 주민등록전입신고를 거부한 사안에서, 투기나 이주대책 요구 등을 방지할 목적으로 주민등록전입신고를 거부하는 것은 주민등록법의 입법 목적과 취지 등에 비추어 허용될 수 없다고 판시한 바 있다.

31) 대법원 2009.2.26. 선고 2006두16243 판결(골프장회원권모집계획승인처분취소).

주민들의 거주지 이동에 따른 주민등록전입신고에 대하여 행정청이 이를 심사하여 그 수리를 거부할 수는 있다고 하더라도, 그러한 행위는 자칫 헌법상 보장된 국민의 거주·이전의 자유를 침해하는 결과를 가져올 수도 있으므로, 시장·군수 또는 구청장의 주민등록전입신고 수리 여부에 대한 심사는 주민등록법의 입법 목적의 범위 내에서 제한적으로 이루어져야 한다. 한편, 주민등록법의 입법 목적에 관한 제1조 및 주민등록 대상자에 관한 제6조의 규정을 고려해 보면, 전입신고를 받은 시장·군수 또는 구청장의 심사 대상은 전입신고자가 30일 이상 생활의 근거로 거주할 목적으로 거주지를 옮기는지 여부만으로 제한된다고 보아야 한다. 따라서 전입신고자가 거주의 목적 이외에 다른 이해관계에 관한 의도를 가지고 있는지 여부, 무허가 건축물의 관리, 전입신고를 수리함으로써 당해 지방자치단체에 미치는 영향 등과 같은 사유는 주민등록법이 아닌 다른 법률에 의하여 규율되어야 하고, 주민등록전입신고의 수리 여부를 심사하는 단계에서는 고려 대상이 될 수 없다.32)

수리를 요하는 신고라 하여 행정청이 항상 이를 수리해야 할 의무, 즉 수리하여 소정의 법적 효과를 발생시켜야 하는 기속을 받는 것은 아니다. 대법원은 건축법 제14조 제2항에 의한 인·허가의제 효과를 수반하는 건축신고를 행정청이 그 실체적 요건에 관한 심사를 한 후 수리하여야 하는 이른바 '수리를 요하는 신고'로 보면서, '국토의 계획 및 이용에 관한 법률' 상의 개발행위허가로 의제되는 건축신고가 개발행위허가의 기준을 갖추지 못한 경우, 행정청이 수리를 거부할 수 있다고 판시한 바 있다.

1. 【다수의견】 건축법에서 인·허가의제 제도를 둔 취지는, 인·허가의제사항과 관련하여 건축허가 또는 건축신고의 관할 행정청으로 그 창구를 단일화하고 절차를 간소화하며 비용과 시간을 절감함으로써 국민의 권익을 보호하려는 것이지, 인·허가의제사항 관련 법률에 따른 각각의 인·허가 요건에 관한 일체의 심사를 배제하려는 것으로 보기는 어렵다. 왜냐하면, 건축법과 인·허가의제사항 관련 법률은 각기 고유한 목적이 있고, 건축신고와 인·허가의제사항도 각각 별개의 제도적 취지가 있으며 그 요건 또한 달리하기 때문이다. 나아가 인·허가의제사항 관련 법률에 규정된 요건 중 상당수는 공익에 관한 것으로서 행정청의 전문적이고 종합적인 심사가 요구되는데, 만약 건축신고만으로 인·허가의제사항에 관한 일체의 요건 심사가 배제된다고 한다면, 중대한 공익상의 침해나 이해관계인의 피해를 야기하고 관련 법률에서 인·허가 제도를 통하여 사인의 행위를 사전에 감독하고자 하는 규율체계 전반을 무너뜨릴 우려가 있다. 또한 무엇보다도 건축신고를 하려는 자는 인·허가의제사항 관련 법령에서 제출하도록 의무화하고 있는 신청서와 구비서류를 제출하여야 하는데, 이는 건축신고를 수리하는 행정청으로 하여금 인·허가의제사항 관련 법률에 규정된 요건에 관하여도 심사를 하도록 하기 위한 것으로 볼 수밖에 없다. 따라서 인·허가의제 효과를 수반하는 건축

32) 대법원 2009.6.18. 선고 2008두10997 전원합의체판결(주민등록전입신고수리거부처분취소). 이 판결에 대한 평석으로는 김중권, 『행정법기본연구 III』, 법문사, 2010, 79-95를 참조.

신고는 일반적인 건축신고와는 달리, 특별한 사정이 없는 한 행정청이 그 실체적 요건에 관한 심사를 한 후 수리하여야 하는 이른바 '수리를 요하는 신고'로 보는 것이 옳다.

【대법관 박시환, 대법관 이홍훈의 반대의견】 다수의견과 같은 해석론을 택할 경우 헌법상 기본권 중 하나인 국민의 자유권 보장에 문제는 없는지, 구체적으로 어떠한 경우에 수리가 있어야만 적법한 신고가 되는지 여부에 관한 예측 가능성 등이 충분히 담보될 수 있는지, 형사처벌의 대상이 불필요하게 확대됨에 따른 죄형법정주의 등의 훼손 가능성은 없는지, 국민의 자유와 권리를 제한하거나 의무를 부과하려고 하는 때에는 법률에 의하여야 한다는 법치행정의 원칙에 비추어 그 원칙이 손상되는 문제는 없는지, 신고제의 본질과 취지에 어긋나는 해석론을 통하여 여러 개별법에 산재한 각종 신고 제도에 관한 행정법 이론 구성에 난맥상을 초래할 우려는 없는지의 측면 등에서 심도 있는 검토가 필요한 문제로 보인다. 그런데 다수의견의 입장을 따르기에는 그와 관련하여 해소하기 어려운 여러 근본적인 의문이 제기된다. 여러 기본적인 법원칙의 근간 및 신고제의 본질과 취지를 훼손하지 아니하는 한도 내에서 건축법 제14조 제2항에 의하여 인·허가가 의제되는 건축신고의 범위 등을 합리적인 내용으로 개정하는 입법적 해결책을 통하여 현행 건축법에 규정된 건축신고 제도의 문제점 및 부작용을 해소하는 것은 별론으로 하더라도, '건축법상 신고사항에 관하여 건축을 하고자 하는 자가 적법한 요건을 갖춘 신고만 하면 건축을 할 수 있고, 행정청의 수리 등 별단의 조처를 기다릴 필요는 없다'는 대법원의 종래 견해(대법원 1968.4.30. 선고 68누12 판결, 대법원 1990.6.12. 선고 90누2468 판결, 대법원 1999.4.27. 선고 97누6780 판결, 대법원 2004.9.3. 선고 2004도3908 판결 등 참조)를 인·허가가 의제되는 건축신고의 경우에도 그대로 유지하는 편이 보다 합리적인 선택이라고 여겨진다.

2. 【다수의견】 일정한 건축물에 관한 건축신고는 건축법 제14조 제2항, 제11조 제5항 제3호에 의하여 국토의 계획 및 이용에 관한 법률 제56조에 따른 개발행위허가를 받은 것으로 의제되는데, 국토의 계획 및 이용에 관한 법률 제58조 제1항 제4호에서는 개발행위허가의 기준으로 주변 지역의 토지이용실태 또는 토지이용계획, 건축물의 높이, 토지의 경사도, 수목의 상태, 물의 배수, 하천·호소·습지의 배수 등 주변 환경이나 경관과 조화를 이룰 것을 규정하고 있으므로, 국토의 계획 및 이용에 관한 법률상의 개발행위허가로 의제되는 건축신고가 위와 같은 기준을 갖추지 못한 경우 행정청으로서는 이를 이유로 그 수리를 거부할 수 있다고 보아야 한다.

【대법관 박시환, 대법관 이홍훈의 반대의견】 수리란 타인의 행위를 유효한 행위로 받아들이는 수동적 의사행위를 말하는 것이고, 이는 허가와 명확히 구별되는 것이다. 그런데 다수의견에 의하면, 행정청이 인·허가의제조항에 따른 국토의 계획 및 이용에 관한 법률상 개발행위허가 요건 등을 갖추었는지 여부에 관하여 심사를 한 다음, 그 허가 요건을 갖추지 못하였음을 이유로 들어 형식상으로만 수리거부를 하는 것이 되고, 사실상으로는 허가와 아무런 차이가 없게 된다는 비판을 피할 수 없다. 이러한 결과에 따르면 인·허가의제조항을 특별히 규정하고 있는 입법 취지가 몰각됨은 물론, 신고와 허가의 본질에 기초하여 건축신고와 건축허가 제도를 따로 규정하고 있는 제도적 의미 및 신고제와 허가제 전반에 관한 이론적 틀이 형해화될 가능성이 있다.[33]

---

33) 대법원 2011.1.20. 선고 2010두14954 전원합의체판결(건축(신축)신고불가취소). 이 판결에 대해서는 논란

Ⅳ. 신고의 흠과 후속행정행위의 효력

사인의 공법행위로서 신고에 흠이 있는 경우 그에 따른 행정행위에 어떠한 영향이 미칠 것인지가 문제된다. 이에 관하여는 자기완결적 신고에 흠이 있는 경우와 행정청의 조치가 필요한 행정요건적 신고, 즉 수리를 요하는 신고에 흠이 있는 경우로 나누어 보아야 할 것이다.

먼저, 자기완결적 신고에 흠이 있는 경우, 형식적 요건에 흠이 있는 경우에는 행정절차법 제40조 제3항 및 제4항에 따라 처리하게 되겠지만, 그 내용에 흠이 있는 경우에 관한 한, 행정절차법에 아무런 규정이 없으므로, 그 흠의 효과에 관해서는 관계법령의 해석에 따라 판단할 수밖에 없다.

다음, 수리를 요하는 신고의 경우, 즉 신고에 행정청의 후속조치로서 수리처분이 요구되는 경우, 그 신고에 흠이 있는 때에는 그 흠이 단순위법인 때에는 후속 행정행위인 수리처분은 유효하고, 무효이거나 적법하게 철회된 때에는 그에 대한 수리처분도 전제조건을 결하게 되어 무효가 된다고 보아야 할 것이다. 다만 무효행위의 전환에 의해 이를 유효한 (새로운) 행위로 볼 수 있는 경우도 있을 수 있다. 이와 관련하여 행정요건적 행위에 흠이 있는 경우 그에 대한 후속조치로 행해진 행정행위는 취소할 수 있는 것이 원칙이고, 개별법률에서 사인의 공법행위를 효력요건으로 규정하고 있는 경우에만 예외로 후속조치가 무효로 된다고 보는 견해가 있다.[34)]

Ⅴ. 건축신고의 법적 성질에 관한 쟁점 분석

1. 쟁점

그렇다면 앞서 본 대법원판례를 어떻게 받아들여야 할까. 2010년 11월 18일의 전원합의체판결과,[35)] 2011년 1월 20일의 전원합의체판결[36)]과 관련하여 특히 다음 네 가지 쟁점들을 검토해 보기로 한다. 첫째, 종래 판례에서 처분성이 부정되어 왔던 건축신고 반려 또는 수리거

이 있다. 비판론으로는 가령 김중권, 「Quo vadis-신고제?」, 『법률신문』 2011.3.7. 제3916호; 김중권, 『행정법기본연구 III』, 법문사, 2010, 329 이하 등을 참조.

34) 김남진 · 김연태, 『행정법 I』, 131.

35) 대법원 2010.11.18. 선고 2008두167 전원합의체판결(건축신고불허(또는 반려)처분취소).

36) 대법원 2011.1.20. 선고 2010두14954 전원합의체판결(건축(신축)신고불가취소).

부 행위는 항고소송의 대상이 될 수 있는가; 둘째, 인·허가의제 효과를 수반하는 건축신고를 이른바 '수리를 요하는 신고'라고 볼 수 있는가; 셋째, 대법원판례를 통해 표명된 건축법상 건축신고에 관한 법리를 다른 분야의 신고에 일반화할 수 있는가. 이러한 쟁점검토를 바탕으로 대법원판례의 방향전환이 신고에 관한 기존의 법리에 어떠한 영향을 미쳤는지 그 의미와 파장을 진단해 보고, 규제법체계의 관점에서 수리를 요하는 신고의 법리가 지닌 문제점을 재검토하여 입법론적 해결책을 제시하고자 한다.

2. 건축신고 반려 또는 수리거부의 처분성 인정여부

주지하는 바와 같이 대법원은 지난 40여 년 간 '건축신고의 반려행위 또는 수리거부행위가 항고소송의 대상이 아니어서 그 취소를 구하는 소는 부적법하다'는 취지의 판례를 면면히 견지해 왔다.[37] 이는 건축신고를 자기완결적 신고로 파악해 온 기존의 판례와 학설 태도[38]와 무관하지 않다. 건축신고는 자기완결적 신고, 즉 '행정청에 대하여 일정한 사항을 통지함으로써 의무가 끝나는 신고'이므로, 설사 행정청이 이를 반려하더라도 적법한 요건을 갖추어 신고를 한 이상 건축주는 건축을 할 수 있고,[39] 신고 반려가 신고를 한 건축주에게 법적 영향을 미칠 여지가 없다고 보았기 때문이다. 그러나 대법원은 2010년 11월 18일의 전원합의체판결에서 다음과 같이 판시함으로써 종전의 판례를 변경하였다.[40]

대법원의 판례변경 자체에 대해서는 이구동성으로 환영하는 목소리가 높았다.[41] 대법원

---

37) 대법원 1967.9.19. 선고 67누71 판결; 대법원 1995.3.14. 선고 94누9962 판결; 대법원 1997.4.25. 선고 97누3187 판결; 대법원 1998.9.22. 선고 98두10189 판결; 대법원 1999.10.22. 선고 98두18435 판결; 대법원 2000.9.5. 선고 99두8800 판결 등을 참조.

38) 최계영, 앞의 글, 172-173. 다만, 학설은 건축신고를 수리를 요하는 신고로 보는 견해(김종보, 『건설법의 이해』, 박영사, 2008, 128, 129), 집중효 있는 건축신고에 한해 수리를 요하는 신고로 보는 견해(김재협, 「공법상 신고에 관한 고찰」, 『특별법연구』 6권, 2001, 90-123, 109-112; 유승남, 「건축법상 건축신고의 법률적 성질」, 『행정소송실무연구』 2권, 2002, 403-431, 420-421 등), 자기완결적 신고로 보는 견해가 있었다.

39) 이것이 종래 판례의 태도이기도 했다(대법원 1999.4.27. 선고 97누6780 판결; 1967.9.19. 선고 67누71 판결 등).

40) 각주 29) 및 대법원 2010.11.18. 선고 2008두167 전원합의체판결(건축신고불허(또는 반려)처분취소) 참고.

41) 가령 김남진 교수는 '만시지탄이 있으나, 올바른 판단'이라 반겼고(김남진, 「건축신고반려조치의 법적 성질」, 『법률신문』 2000.12.28. 등 참조), 김중권 교수는 "코페르니쿠스적 전환"이라 평하기도 했다(김중권, 「申告制와 관련한 코페르니쿠스적 轉換에 관한 小考」, 『법률신문』 2010.12.6. 참조). 이후 김중권 교수는 대법원 2011.1.20. 선고 2010두14954 전원합의체판결을 접한 후 2010.11.18.의 전원합의체판결의 드러나지 않은 본의를 완전히 그리고 심각하게 오해하였다고 개탄한 바 있다(「Quo vadis-신고제?」, 『법률신문』 2011.3.7.

은 위 판결 이유에서 '건축주 등은 신고제하에서도 건축신고가 반려될 경우 당해 건축물의 건축을 개시하면 시정명령, 이행강제금, 벌금의 대상이 되거나 당해 건축물을 사용하여 행할 행위의 허가가 거부될 우려가 있어 불안정한 지위에 놓이게 된다'는 점에 착안하여 건축신고 반려의 처분성을 인정하였다. 그러나 이에 대해서는 이 사건에서 문제된 "건축신고반려행위"가 신고를 통해 초래된 건축금지해제의 효과를 배제하는, 혹은 거부하는 "행정청의 개별 구체적 규율"로서의 행정행위 또는 처분에 해당함이 분명함에도,[42] 대법원이 "건축신고반려행위의 처분성"을 설명하는 데 불필요한 장광설을 늘어놓고 있음은 이해할 수 없는 일이라는 비판이 제기되는 등,[43] 학설상 논란이 없지 않았으나, 항고소송에 있어 처분성 요건의 경직성 문제로 인한 실질적 권리구제의 애로를 타개해 주었다는 점에서 대법원의 판례변경 자체를 문제시할 필요는 없을 것이다. 이는 그동안 학설이 건축신고를 자기완결적 신고로 보면서도 대체로 건축신고 수리 거부의 처분성을 부정해 온 판례에 대해 비판적인 입장을 취한 것[44]과도 무관하지 않은 법리적 반성의 결과였다. 건축신고를 자기완결적 신고로 보는 것과 건축신고 반려행위의 처분성 인정 문제는 후술하는 바와 같이 논리필연적인 모순관계에 놓인 문제는 아니었다.

3. 인 · 허가의제를 수반하는 건축신고의 법적 성질: 수리를 요하는 신고

인 · 허가의제 효과를 수반하는 건축신고는 이른바 '수리를 요하는 신고'라고 판시한 2011년 1월 20일의 전원합의체판결[45]은 앞서 본 2010년 11월 18일의 전원합의체판결과는 전혀 딴판으로 치열한 반대의견이 대두되었을 뿐만 아니라 학계에서도 격렬한 논란을 불러일으켰다. 대법원은 그 다수의견에서 건축법 제14조 제2항에서 같은 조 제1항에 따른 건축신고에 대해 건축허가에 대한 인 · 허가 의제조항인 같은 법 제11조 제5항[46]을 준용하고 있는 것과 관련하여, "인 · 허

제3916호; 김중권, 『행정법기본연구 III』, 329 이하 등).

42) 김남진 · 김연태, 『행정법 I』(제14판), 186 이하를 참조.

43) 김남진, 「대법원의 처분개념에 대한 의문」, 『법률신문』 1999.12.13. 참조.

44) 최계영, 앞의 글, 188, 180 이하, 173 등에 따르면 종래 대법원의 판례에 대한 학계의 비판은 건축신고를 수리를 요하는 신고로 보아 수리거부는 허가거부와 마찬가지이므로 당연히 처분으로 보는 입장(김종보, 앞의 책, 129), 이와는 달리 건축신고를 자기완결적 신고로 보아 쟁송법적 관점에서 권리구제의 필요성을 고려하여 처분성을 인정하는 입장(박균성, 앞의 글, 40; 김재협, 앞의 글, 102, 122; 김용섭, 앞의 글, 48 등), 그리고 건축신고를 자기완결적 신고로 보면서도 그 수리는 금지해제, 거부는 금지하명의 효과를 지닌다는 이유를 들어 처분성을 인정하는 입장(앞의 김남진, 김중권 교수 등) 등 세 가지 방향에서 제기되었다고 한다.

45) 대법원 2011.1.20. 선고 2010두14954 전원합의체판결(건축(신축)신고불가취소).

가의제 효과를 수반하는 건축신고는 일반적인 건축신고와는 달리, 특별한 사정이 없는 한 행정청이 그 실체적 요건에 관한 심사를 한 후 수리하여야 하는 이른바 '수리를 요하는 신고'로 보는 것이 옳다."라면서 "건축신고가 위와 같은 기준을 갖추지 못한 경우 행정청으로서는 이를 이유로 그 수리를 거부할 수 있다고 보아야 한다."라고 판시하였다.47)

이러한 다수의견에 대해 박시환 대법관과 이홍훈 대법관은 다음과 같은 반대의견을 표명한 바 있다.

1. 다수의견과 같은 해석론을 택할 경우 헌법상 기본권 중 하나인 국민의 자유권 보장에 문제는 없는지, 구체적으로 어떠한 경우에 수리가 있어야만 적법한 신고가 되는지 여부에 관한 예측 가능성 등이 충분히 담보될 수 있는지, 형사처벌의 대상이 불필요하게 확대됨에 따른 죄형법정주의 등의 훼손 가능성은 없는지, 국민의 자유와 권리를 제한하거나 의무를 부과하려고 하는 때에는 법률에 의하여야 한다는 법치행정의 원칙에 비추어 그 원칙이 손상되는 문제는 없는지, 신고제의 본질과 취지에 어긋나는 해석론을 통하여 여러 개별법에 산재한 각종 신고 제도에 관한 행정법 이론 구성에 난맥상을 초래할 우려는 없는지의 측면 등에서 심도 있는 검토가 필요한 문제로 보인다. 그런데 다수의견의 입장을 따르기에는 그와 관련하여 해소하기 어려운 여러 근본적인 의문이 제기된다. 여러 기본적인 법원칙의 근간 및 신고제의 본질과 취지를 훼손하지 아니하는 한도 내에서 건축법 제14조 제2항에 의하여 인·허가가 의제되는 건축신고의 범위 등을 합리적인 내용으로 개정하는 입법적 해결책을 통하여 현행 건축법에 규정된 건축신고 제도의 문제점 및 부작용을 해소하는 것은 별론으로 하더라도, '건축법상 신고사항에 관하여 건축을 하고자 하는 자가 적법한 요건을 갖춘 신고만 하면 건축을 할 수 있고, 행정청의 수리 등 별단의 조처를 기다릴 필요는 없다'는 대법원의 종래 견해(대법원 1968.4.30. 선고 68누12 판결; 대법원 1990.6.12. 선고 90누2468 판결; 대법원 1999.4.27. 선고 97누6780 판결; 대법원 2004.9.3. 선고 2004도3908 판결 등 참조)를 인·허가가 의제되는 건축신고의 경우에도 그대로 유지하는 편이 보다 합리적인 선택이라고 여겨진다.
2. 수리란 타인의 행위를 유효한 행위로 받아들이는 수동적 의사행위를 말하는 것이고, 이는 허가와 명확히 구별되는 것이다. 그런데 다수의견에 의하면, 행정청이 인·허가의제조항에 따른 국토의 계획 및 이용에 관한 법률상 개발행위허가 요건 등을 갖추었는지 여부에 관하여 심사를 한 다음, 그 허가요건을 갖추지 못하였음을 이유로 들어 형식상으로만 수리거부를 하는 것이 되고, 사실상으로는 허가와 아무런 차이가 없게 된다는 비판을 피할 수 없다. 이러한 결과에 따르면 인·허가의제조항을 특별히 규정하고 있는 입법 취지가 몰각됨은 물론, 신고와 허가의 본질에 기초하여 건축신고와 건축허가 제도를 따로 규정하고 있는 제도적 의미 및 신고제와 허가제 전반에 관한 이론적 틀이 형해화될 가능성이 있다.48)

---

46) 건축법 제11조 제5항에서는 제1항에 따른 건축허가를 받으면 각 호에서 정한 허가 등을 받거나 신고를 한 것으로 본다. 「국토의 계획 및 이용에 관한 법률」 제56조의 규정에 의한 개발행위허가가 그 대표적인 예이다.
47) 70면 판례 참조.

이러한 대법원의 판결에 대해서는 특히 학계로부터 강한 비판이 제기되었다.[49] 생각건대, 다수의견이 분명히 한 바와 같이 건축신고만으로 인·허가의제사항에 관한 일체의 요건 심사가 배제되어 버리면 중대한 공익상의 침해나 이해관계인의 피해를 야기하고 관련 법률에서 인·허가 제도를 통하여 사인의 행위를 사전에 감독하고자 하는 규율체계 전반을 와해시킬 우려가 있다는 점을 외면하기는 어려울 것이다. 그럼에도 불구하고 반대의견이 적절히 지적한 바 있듯이, 다수의견에 의할 경우, 건축신고의 수리 거부가 사실상 허가와 아무런 차이가 없게 되며, 그 결과 인·허가의제조항을 특별히 규정한 입법 취지가 몰각됨은 물론, 신고와 허가의 본질에 기초하여 건축신고와 건축허가 제도를 따로 규정하고 있는 제도적 의미 및 신고제와 허가제 전반에 관한 이론적 틀이 형해화될 가능성이 있다는 점도 결코 간과할 수 없는 문제이다.

그렇다면 이 같은 쟁점이 대두되게 된 연유는 무엇일까. 건축법상 완화된 건축규제방식으로 건축허가 대상 중 일정한 범위를 정하여 신고만 하면 되도록 하는 신고제를 도입하면서 그 효과를 건축허가의 그것으로 의제한 데도 원인이 있겠지만, 그보다는 규제완화의 취지에서 단행된 인·허가의제 제도가 이러한 규제체계의 교란을 가져온 주된 원인이라고 볼 수 있다. 가령 건축신고에 인·허가의제효과를 연계시키게 된 입법적 의도를 거꾸로 추정해 본다면, 건축허가에 대해서도 인·허가의제효과를 부여했는데, 오히려 그보다 규제강도가 낮은 건축신고에 인·허가의제효과가 수반되지 않아 각종 인·허가의무를 부담하도록 한다면 건축허가의 경우와 형평이 맞지 않고 또 규제완화의 정신에도 부합하지 않는다고 판단했을 가능성이 크다. 따라서 건축신고에 대해서도 당연히 인·허가의제조항을 준용하도록 했을 것으로 추정해 볼 수 있다. 반면, 그와 같은 규제완화의 일관성 유지에 관심을 기울이느라 건축규제수단으로서 자기완결적 건축신고의 구조적 특성, 즉 신고를 한 이상 건축주는 행정청의 수리처분이라는 별도의 조치를 기다리거나 허가처분을 받지 않고서도 건축을 할 수 있다는 법리적 특성을 시야에서 놓쳤을 가능성이 있다.

아무튼 규제총량의 관점에서 보면 건축신고의 자기완결적 신고로서의 특성은 소실되었을지라도 건축허가에 준하는 인·허가의제효과가 수반되도록 한 이상 전체적으로 규제가 감소되었다고 보아 안도했을 수도 있다. 그러나 양적 측면에서는 규제가 완화되었을지 몰라도 위 다수의견에 따라 행정청이 종래와 달리 행정청의 반려 또는 수리거부를 통해 신고대상 건축행위를 원천적으로 저지할 수 있는 통제권을 부여받게 되었다는 점에 유의할 필요가 있

48) 대법원 2011.1.20. 선고 2010두14954 전원합의체판결(건축(신축)신고불가취소).

49) 가령 김중권, 「Quo vadis-신고제?」, 『법률신문』 2011.3.7. 제3916호; 김중권, 『행정법기본연구 III』, 329 이하 등을 참조.

다. 규제총량의 감소도 중요하지만 결정권의 소재 변경, 즉 주도권이 신고인으로부터 수리처분청으로 넘어갔다는 점이 더 중요할 수도 있고 그 점에서 오히려 규제가 강화되었다고 볼 여지도 없지 않기 때문에 규제의 양적 감소를 대가로 질적 강화라는 의도하지 않았던 결과가 초래되었을 개연성도 없지 않다.

반대로 현행법처럼 인·허가의제조항을 준용하지 않고 그 대신 건축신고 대상인 건축행위에 대해 건축법에서 또는 해당 관계법률에서 인·허가의무를 면제하였다면, 건축법상 건축신고는 가장 완화된 건축규제방식이 되었을 터이고 이는 규제완화의 본래 의도를 가장 잘 실현시킬 수 있는 입법적 대안이 되었을 것으로 추정해 볼 수 있다. 그러나 그와 같은 유형의 극도로 완화된 규제수단으로 건축신고를 도입하는 것만이 능사인지는 의문이다. 그러한 극도로 완화된 건축신고제의 도입에 대해서는 그 필요성이나 타당성을 둘러싼 논란이 제기될 소지가 크기 때문이다. 물론 그 경우에도 사후적 감독권의 행사를 위한 법적 근거를 마련할 수 있기 때문에 그러한 조건하에서 건축신고가 아니라 신고대상 건축에 관해 법률에서 직접 인·허가의무를 면제하는 방안도 입법론적으로 충분히 검토해 볼 여지가 있다.

이렇게 본다면 건축허가에 인·허가의제효과를 결부시키는 한 건축신고에 대해서도 달리 규율할 여지가 없고 따라서 그 경우 다수의견의 논리대로 건축신고만으로 각종 인·허가의제사항에 관한 일체의 요건 심사를 배제하는 결과를 용납할 수 없게 되므로 행정청에게 수리처분을 통한 통제가능성을 부여하지 않을 수 없다는 결과가 되고 만다. 반대의견에서 입법론임을 전제하면서 '여러 기본적인 법원칙의 근간 및 신고제의 본질과 취지를 훼손하지 아니하는 한도 내에서 건축법 제14조 제2항에 의하여 인·허가가 의제되는 건축신고의 범위 등을 합리적인 내용으로 개정하는 입법적 해결책'을 강구할 필요가 있다는 점을 시사한 것도 그와 같은 맥락에서 충분히 이해가 되지만, 그렇다고 반대의견처럼 건축신고를 자기완결적 신고로 본다고 하여 문제가 해결되는 것인지도 의문스럽기는 마찬가지이다. 인·허가의제조항을 준용하는 한, 건축신고를 자기완결적 신고로 보기는 곤란하지 않을까. 그러면 입법론으로라도 건축신고에 대하여 인·허가의제조항의 준용을 배제하는 것이 필요한가. 만일 그렇게 할 경우 사실상 건축신고가 건축허가보다 규제강도가 더 센 규제방식이 되어 버리는 모순이 생기는 것을 피하기 어려울 것이다. 아예 건축허가에 대해서도 인·허가의제효과를 결부시키지 않는다면 모르지만, 이는 건축규제완화의 취지를 몰각하는 결과가 될 것이다.

아무튼 대법원 2011.1.20. 선고 2010두14954 전원합의체판결이 인·허가의제 효과를 수반하는 건축신고는, 일반적인 건축신고와는 달리, 특별한 사정이 없는 한 행정청이 그 실체적 요건에 관한 심사를 한 후 수리하여야 하는 이른바 '수리를 요하는 신고'라고 판시하였기 때문에 이와 같은 자기완결적 건축신고를 운위할 실익은 사실상 크게 감소하고 말았다. 가령 위

<건축법상 건축허가와 건축신고 대상 건축물의 비교>

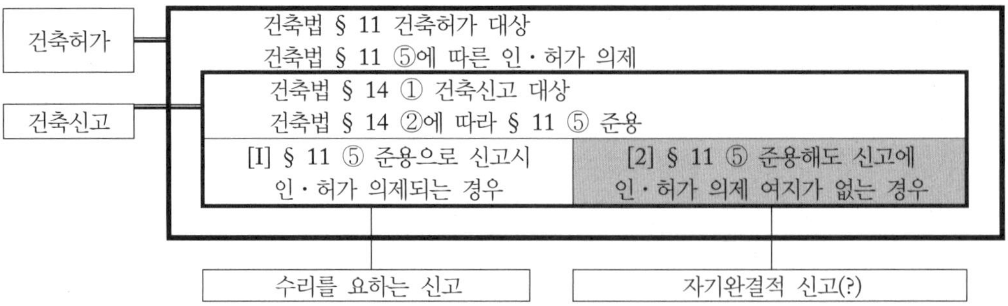

2010두14954 판결에서 지적한 바와 같이, 건축신고가 연면적 합계 $100m^2$ 이하인 건축물의 신축에 관한 것으로서 건축법 제14조 제2항, 제11조 제5항 제3호에 의하여 국토계획법 제56조 제1항 제1호에 따른 개발행위허가를 받은 것으로 의제되므로, 그 건축신고는 수리를 요하는 신고로 보게 된다. 따라서 건축법 제14조에 의한 건축신고는 그와 같은 (건축허가에 관한) 인·허가의 제조항(건축법 §11 ⑤)의 적용범위 이외의 경우(즉 위의 그림에서 [2]의 영역)에만 '일반적인 건축신고'라 할 수 있게 된 셈이다.

또 다른 문제는 위 대법원판례에서 인·허가의제효과가 수반되는 건축신고(위 표에서 [1]의 경우)를 수리를 요하는 신고로 봄에 따라 행정청에게 수리거부 여부에 관한 재량이 인정될 소지가 커졌다는 데 있다. 실제로 위 2010두14954 전원합의체판결의 다수의견은 "일정한 건축물에 관한 건축신고는 건축법 제14조 제2항, 제11조 제5항 제3호에 의하여 국토의 계획 및 이용에 관한 법률 제56조에 따른 개발행위허가를 받은 것으로 의제되는데, 국토의 계획 및 이용에 관한 법률 제58조 제1항 제4호에서는 개발행위허가의 기준으로 주변 지역의 토지이용실태 또는 토지이용계획, 건축물의 높이, 토지의 경사도, 수목의 상태, 물의 배수, 하천·호소·습지의 배수 등 주변 환경이나 경관과 조화를 이룰 것을 규정하고 있으므로, 국토의 계획 및 이용에 관한 법률상의 개발행위허가로 의제되는 건축신고가 위와 같은 기준을 갖추지 못한 경우 행정청으로서는 이를 이유로 그 수리를 거부할 수 있다고 보아야 한다."라고 판시함으로써 건축신고 수리 거부재량을 인정하고 있기 때문이다.[50] 이는 인·허가의제효과가 수반되지는 않지만 수리를 요하는 신고에 해당하는 납골당 설치신고의 경우,[51] 설치기준에 부합하는 한, 수리하여야 하나, 보건위생상 위해를 방지하거나 국토의 효율적 이용 및 공공복리의 증진 등 중대한 공익상 필요가 있는 경우에는 수리를 거부할 수 있다고 본 판례와

50) 대법원 2011.1.20. 선고 2010두14954 전원합의체판결.

51) 대법원 2011.9.8. 선고 2009두6766 판결(납골당설치신고수리처분이행통지취소).

도 같은 맥락이다.[52)]

그 결과 인·허가의제효과가 수반되는 건축신고가 사실상 허가제와 차이가 없게 되거나 경우에 따라서는 신고대상임에도 불구하고 허가제나 마찬가지로 행정청에게 수리거부 재량이 인정되는 불합리한 결과가 생길 우려가 있다. 물론 건축허가나 신고 모두 건축법 제11조 제5항이 적용 또는 준용되는 이상 인·허가의제에 따른 허가시 심사범위 문제에 관해서는 실질적으로 차이가 없다고 볼 수도 있겠지만, 허가제의 경우와는 달리 신고제에 있어서도 행정청의 수리거부에 관한 재량이 인정될 여지를 남긴 것은 앞서 지적한 바와 같은 규제의 양적 완화보다 질적 강화를 우려하게 만드는 요인이 된다.

요컨대 위 판례에서 대두된 법리적 갈등은 궁극적으로는 인·허가의제조항을 도입한 데 기인한 것이어서 해석론적 수준에서 그로 인한 문제점을 완벽하게 해소하기는 어렵지 않았을까 판단된다. 다만, 우려되는 것은 건축신고로부터 자기완결적 신고로서의 특성을 박탈하는 대신 건축허가에 준하는 인·허가의제효과가 수반되도록 한 결과 건축신고제도가 신고인이 아니라 수리처분청이 재량행사를 통해 주도하는 제도로 바뀌고 그 점에서 오히려 규제의 양적 감소를 대가로 질적 강화라는 의도하지 않았던 결과가 초래될 가능성을 배제하기 어렵다는 점이다.

4. 건축법상 건축신고에 관한 대법원판례의 일반화가능성 여하

그렇다면 건축법상 건축신고에 관한 대법원판례를 다른 경우, 즉 건축신고 이외의 신고에 대해서도 일반화할 수 있는가. 먼저 건축신고 수리거부의 처분성을 인정한 대법원의 판례변경에 관한 한, 건축신고 이외의 그 밖의 신고에 관해서는 이미 수리거부의 처분성을 인정하는 것이 판례의 주류적 경향이므로 특별한 변화를 가져오지도 않으며 따라서 변경된 판례의 일반화 문제도 제기될 여지가 없다. 건축신고 수리거부의 처분성을 부정하는 것은 그 밖의 신고에 대해 수리거부의 처분성을 인정하는 판례의 주류적 경향과 다르며, 건축신고 이외의 신

52) 대법원은 "구 '장사 등에 관한 법률'(2007.5.25. 법률 제8489호로 전부 개정되기 전의 것)의 관계 규정들에 비추어 보면, 같은 법 제14조 제1항에 의한 사설납골시설의 설치신고는, 같은 법 제15조 각 호에 정한 사설납골시설설치 금지지역에 해당하지 않고 같은 법 제14조 제3항 및 같은 법 시행령(2008.5.26. 대통령령 제20791호로 전부 개정되기 전의 것) 제13조 제1항의 [별표 3]에 정한 설치기준에 부합하는 한, 수리하여야 하나, 보건위생상의 위해를 방지하거나 국토의 효율적 이용 및 공공복리의 증진 등 중대한 공익상 필요가 있는 경우에는 그 수리를 거부할 수 있다고 보는 것이 타당하다."라고 판시한 바 있다(대법원 2010.9.9. 선고 2008두22631 판결(납골당설치신고불가처분취소)).

고에 관해서는 자기완결적 신고라 할지라도 수리거부의 처분성을 인정하는 전제 위에서 본안판단에 들어가는 판결이 주류라고 한다.[53] 따라서 위 2010년 11월 18일 선고 2008두167 전원합의체판결은 오히려 신고 수리거부의 처분성 인정에 관한 한 건축신고와 그 밖의 신고를 합치시킨 셈이며 그런 연유에서 전폭적인 지지를 받을 수 있지 않았을까 짐작된다. 다만, 신고 수리거부의 처분성 문제는 실은 그 근거법령상 신고 없이 한 행위에 대한 법적 제재가능성 등 각종 법적 불안이 있어 신고인의 법적 지위에 영향을 미친다고 볼 수 있는지 여부에 달린 것이지 일반적으로 신고 수리거부가 항상 처분성을 가진다고 볼 수는 없는 것이 아닌가 생각한다.

둘째, 대법원 2011.1.20. 선고 2010두14954 전원합의체판결에서 인·허가의제효과를 수반하는 건축신고는, 일반적인 건축신고와는 달리, 특별한 사정이 없는 한 행정청이 그 실체적 요건에 관한 심사를 한 후 수리하여야 하는 이른바 '수리를 요하는 신고'라고 판시한 것을 다른 분야의 경우에까지 일반화할 수 있는지는 의문이다. 특히 위 대법원판례에서 인·허가의제효과가 수반되는 건축신고를 수리를 요하는 신고로 본 것을 이미 앞에서 지적한 바 있듯이 인·허가의제조항을 도입한 데 기인한 것이라고 이해한다면, 그와 같은 인·허가의제조항은 그야말로 해당 분야의 법적 규율과 그에 따른 신고의 법적 특성에 따라 달라질 수 있는 조건이라고 볼 수 있기 때문이다. 가령 건축신고 이외의 신고의 경우 그 관계법령에 인·허가의제조항이 있다고 하더라도 그것이 신고의 법적 성질에 어떤 영향을 미칠 것인지는 해당 법령의 규율내용과 신고의 특성에 따라 구체적으로 판단해야 할 문제이지 위 대법원판례의 다수의견을 일반화시킬 것은 아니기 때문이다. 그러한 의미에서 위 대법원판례의 다수의견에서 인·허가의제효과를 수반하는 건축신고를 수리를 요하는 신고로 본 것을 다른 분야에 무분별하게 확대적용하는 것은 경계되어야 할 일이 아닐 수 없다.

5. 대법원판례의 규제법체계적 타당성 검토

앞에서 살펴본 바와 같이 인·허가의제효과를 수반하는 건축신고를 '수리를 요하는 신고'라고 판시한 대법원 2011.1.20. 선고 2010두14954 전원합의체판결은 나름대로 불가피한 법제도적 제약이 있었고 또 다른 분야로까지 일반화할 수는 없다고 할지라도, 그 반대의견에서 설득력 있게 주장한 바 있듯이, 수리를 요하는 신고와 허가의 수렴 가능성, 자기완결적 신고의 위축, 자기완결적 신고에 대한 행정절차법적 규율의 실익 감소 등 규제법체계의 정합성이

53) 최계영, 앞의 글, 171.

란 관점에서 적지 않은 문제점을 남기고 있다. 그러나 무엇보다도 심각한 문제점은 그 결과 건축규제의 개혁을 표방했지만 건축신고 수리여부에 대한 결정을 통해 행정청의 개입여지를 허용하여 오히려 양적 완화의 대가로 질적 강화라는 결과를 가져옴으로써 건축규제 허가제의 완화방안으로 신고제를 채택한 취지를 몰각시키고 건축규제를 왜곡시킬 우려가 없지 않다는 데 있다.

이러한 문제점을 해소하기 위해서는 무분별하게 도입된 인·허가의제제도를 개선하는 데 우선순위를 두어야 하겠지만,[54] '완화된 건축규제방식으로서 건축신고 + 강력한 규제완화수단으로서 인·허가의제 효과 = 건축신고의 수리거부 재량 – 규제의 질적 강화 가능성'이라는 공식이 만들어지게 되었다는 점을 문제 삼아야 할 것이다. 물론 이와 같은 질적으로 강화된 규제수단으로 변질된 수리를 요하는 신고를 아예 허가, 또는 사안에 따라서는 특허로 대치하여 규제수단의 법형식상 통일성과 일관성을 기해야 한다는 주장도 경청할 필요가 있으나 그 효과나 영향을 고려할 때, 반드시 그렇게 하는 것만이 능사인지는 생각해 볼 여지가 있다. 특히 각 분야별로 형성, 발전되어 가는 규제수단의 법형식적 다양성을 범주적으로 무시하거나 배제하기 곤란한 측면이 없지 않기 때문이다. 그럼에도 불구하고 건축법상 건축신고의 경우 강력한 규제완화수단으로 인·허가의제 효과를 결부시키고도 수리거부의 재량을 인정함으로써 오히려 규제가 실질적으로 더 강화되는 결과가 되었는데, 그것이 과연 진정한 입법의사였는지 재고해 볼 필요가 있다. 만일 건축신고의 수리여부에 대한 행정청의 재량이 인정될 뿐만 아니라 그 재량이 실제로 과도하게 행사될 여지를 배제할 수 없다면 그에 따른 문제점을 해소할 수 있는 입법적 해결책을 시급히 강구해 나가야 할 것이다.

VI. 결론

신고에 관한 기존의 법리와 결별을 가져온 두 개의 판례를 통해 대법원이 종전 판례를 변경한 계기는 모두 관계법령의 구체적 규율 내용을 그 현실적 의미에 따라 달리 해석한 데에 있었다. 건축신고의 경우 특히 자기완결적 신고에 관한 전통적 법리와의 단절이 일어난 까닭은 건축법 자체에 있었다. 즉 건축법이 건축허가제에 규제완화의 명분을 내세워 각종 인·허가의제 조항을 연계시키고 이를 건축신고에까지 준용함으로써 종래 자기완결적 신고의 전형으로 간주되었던 건축신고의 법적 성질을 왜곡시켜 버렸기 때문이다.

54) 박균성·김재광, 「인·허가의제제도의 문제점과 개선방안」, 『행정법연구』 제26호, 2010, 33-57, 54.

이처럼 인·허가의제조항을 통해 약한 규제인 신고가 가령 강한 규제인 형질변경허가를 포함하게 만든 것은 입법상 오류라는 비판이 제기되었던 반면, 이러한 문제에 대한 입법적 해결(허가 대상의 확대나 의제대상 인·허가 축소 등)을 기대하기 어렵다는 이유에서 이를 해석론을 통해 해결해 보려는 시도도 일리가 없지 않지만,[55] 입법적 해결이 필요한 것은 입법을 통해 해결하는 것이 정도일 것이다. 법원이 입법적 해결이 필요한 문제점들을 입법의 현실적 실현가능성 문제나 불확실성 또는 시간적 지연가능성 등 어떤 이유에서든 법해석을 통해 시정해 보려고 시도하는 것은, 구체적인 권리구제의 관점은 물론 규제목적 달성을 뒷받침한다는 관점에서 나름대로 정당화될 수 있을지라도 자칫 수리를 요하는 신고의 비중을 과도하게 확대하거나 허가제에 비해 신고제가 가지는 규제완화방안으로서의 의미와 효과를 크게 손상시키고 결국 신고와 허가를 구분함으로써 사인의 공법행위와 정부규제의 한계를 설정해 온 기성의 규제법체계를 지나치게 교란시키는 결과를 가져올 수 있다는 점에서 용납하기 어렵다. 그러나 이러한 문제가 초래된 근본적인 원인은 겉으로는 규제완화를 내세우면서도 현실적으로는 건축신고에 인·허가 의제효과를 연계시키거나 각종 부수적인 제재조항들을 통해 통제의 끈을 놓치지 않으려는 규제행정기관의 의도와 이를 입법에 그대로 반영한 입법권자의 무책임에 있었던 것은 아닌지 반성이 필요하다. 외관상으로는 인·허가의제조항과 신고제 적용 확대를 통해 획기적인 규제간소화조치가 단행된 것 같은 모습을 보였지만, 앞에서 본 바와 같이 사법부의 법해석을 통해 드러난 실상은 그 규제완화의 기치와는 판연히 다른 것으로 나타났다. 대법원은 인·허가의제에 따른 규제의 필요성과 수리를 요하는 신고의 법리를 연계시켜 결국 '규제의 관성'을 법리적으로 뒷받침해 주는 역할을 수행한 것이다. 대법원의 역할은 결과적으로, 입법자의 불찰과 규제완화를 표방하면서도 규제의 끈을 놓지 않으려는 규제관료의 매너리즘 또는 진의에 충실한 법해석을 한 셈이 되었다고도 볼 수 있으나, 실은 이 모든 법리적 결과가 건축신고에 대해 건축허가와 같은 효과를 의제한 결과 그에 상응하여 인·허가의제조항까지 준용하도록 한 입법적 불찰에서 비롯된 것으로, 대법원은 나름대로 건축신고조차 그 같은 인·허가의 제 효과를 가지는 데 따른 폐단을 우려하여 수리거부를 통해 건축신고라는 간소화조치의 효과가 남용되는 것을 막고자 시도한 것이라고 해석해 볼 수도 있을 것이다. 그럼에도 불구하고 대법원판례가 자칫 수리를 요하는 신고를 포함한 사인의 공법행위로서 신고의 법리에 대한 심층적인 이론적 뒷받침 없이 과도하게 일반화되어 신고를 '무늬만 규제간소화'일 뿐 사실상 허가와 다름없는 규제개입 수단으로 전락시킬 위험성을 초래하지는 않는지 되물어 볼 필요가 있다.

---

55) 최계영, 「건축신고와 인·허가 의제」, 『행정법연구』 제25호, 166 이하를 참조.

제6장

공무수탁사인: 사인에 의한 행정임무의 수행*

Ⅰ. 쟁점

민간에 행정임무나 기능을 위탁하여 처리하거나 아예 이들을 민간영역으로 이관시키는 것은 이제는 더 이상 특별한 관심을 끄는 일이 아니다.[1] 민간에 의한 공행정 수행이 확산된 데에는 무엇보다도 공행정의 분권화, 비용 절감, 민간의 창의력 및 기술과 전문지식의 활용 등에 동기를 둔 것이지만,[2] 국가·공공단체의 공적 임무 약화, 공공서비스의 비용 증가, 국민, 특히 약자나 소수자들의 권리 보호의 공백 등 여러 가지 문제를 낳고 있고 그런 이유에서 지속적인 학문적 관심의 대상이 되어 왔다. 특히 국가나 지방자치단체로부터 공권을 부여받아 자신의 이름으로 공권력을 행사하는 공무수탁사인(Beliehene)의 경우, 행정수요의 확대에 따른 양질의 행정서비스 제공에 대한 요청과 예산·국민부담의 절감의 필요가 맞물리면서 특히 생존배려나 사회간접자본시설의 설치·운영 등 적용분야가 늘어 왔고, 최근에는 선박의 선장

---

* 홍준형, 「사인에 의한 행정임무의 수행: 공무수탁사인을 둘러싼 법적 쟁점을 중심으로」, 『공법연구』 제39집 제2호, 한국공법학회, 2010, 629-650을 수정·보완한 것임.

1) H. Schultze-Fielitz, “Grundmodi der Aufgabenwahrnehmung,” in: W. Hoffmann-Riem, E. Schmidt-Aßmann, und A. Voßkuhle (Hrsg.), *Grundlagen des Verwaltungsrechts* (*GVwR*) I, 2006, § Rn.91.

2) H. Schultze-Fielitz, a.a.O., § Rn.93; 정하중, 「민간에 의한 공행정수행」, 『공법연구』 제30집 제1호, 2001.12., 463-488, 463. 그 밖에 공행정의 민영화에 관해서는 김성수, 「공공부분과 민간부분과의 협력을 위한 법적 과제」, 한국공법학회 한·독 국제학술대회, 1996. 5., 192; 박신, 「사회간접자본시설 민영화의 법적 한계에 대한 연구」, 1997, 국민대학교 박사학위논문; 이원우, 「정부기능의 민영화를 위한 법적 수단에 대한 고찰」, 『행정법연구』 제3호, 1998, 108; 이원우, 「민영화에 대한 법적 논의의 기초」, 『한림법학』, 1998, 207 등을 참조.

이나 별정우체국장, 사립학교의 장 등 전통적인 범위를 넘어서 공익사업이라는 이름으로 토지수용권을 부여받는 사기업(「공익사업을 위한 토지 등의 취득 및 보상에 관한 법률」 § 4; 「도시 및 주거환경정비법」 § 38 등)이나 민간교도소 운영자(「민영교도소 등의 설치·운영에 관한 법률」) 등 새로운 분야로 확대되는 과정에서[3] 그와 같은 문제점들이 훨씬 더 심각하게 나타나고 있다.

그러나 공무수탁사인이란 민간에 의한 행정임무 수행의 발현 형태 중 가장 일찍부터 행정법적 고찰의 대상이 되었던 문제영역임에도 불구하고, 비교적 이른 시기부터 진행된 공행정 민영화에 관한 행정학, 정책학 진영에서의 관심이나, 근년간 공법학 분야에서 전개된 민영화 논의와 비교해 볼 때, 그다지 깊이 있게 천착되지는 못했던 것이 사실이다.[4] 그리하여 공무수탁사인에 관한 적지 않은 법적 쟁점들이 미해결 과제로 남아 있다.

이러한 배경에서 민간의 공행정임무 수행의 주된 유형의 하나인 공무수탁사인에 관한 법적 쟁점들을 분석하여 그 해결방안을 모색하고자 한다.

Ⅱ. 공무민간위탁의 개념과 유형

1. 공무민간위탁과 민영화

공무, 즉 행정임무는 이제 더 이상 행정기관의 배타적인 전유물이 아니다. 민간에 행정임무나 기능을 위탁하여 처리하거나 아예 이들을 민간영역으로 이관시키는 것이 허용될 뿐만 아니라 적용 영역에 따라서는 소망스럽기까지 하다는 것은 이제 누구도 거스르기 어려운 공지사실이 되었다. 그리하여 공적 임무의 민영화(Privatisierung)는 '협력적 행정에 의한 행정법의 구조변화 중 가장 근본적인 현상'으로 지목되기에 이르렀고,[5] 이를 위한 다양한 방식들이

---

3) 김철용, 『행정법 II』, 제10판, 박영사, 2010, 62-63.

4) 가령 정하중, 앞의 글, 463; M. Burgi, "Verwaltungsorganisationsrecht," in: H.U. Erichsen und D. Ehlers (Hrsg.), *Allgemeines Verwaltungsrecht*, 12.Aufl., De Gruyter Recht, 2002, 860 등을 참조.

5) 박정훈, 「행정법의 구조변화로서의 '참여'와 '협력': 독일에서의 이론적 논의를 중심으로」, 『공법연구』(한국공법학회) 제30집 제5호, 2002, 1-26, 19. 한편 민영화에 관해서는 Won-Woo Lee, *Privatisierung als Rechtsproblem*, Carl Heymanns Verlag, 1997; L. Osterloch und H. Bauer, "Privatisierung von Verwaltungsaufgaben," *VVDStRL* H.54 (1995), S.204-242, 243-286; M. Burgi, *Funktionale Privatisierung und Verwaltungshilfe. Staatsaufgabendogmatik Phänomenologie - Verfassungsrecht*, Tübingen, 1999; J.A. Kämmerer, *Privatisierung. Typologie - Determinanten - Rechtspraxis - Folgen*, Tübingen,

안출되어 사용되고 있다.

사인에게 공적 임무를 수행하도록 하는 경우, 그 방식은 일반적으로 사인의 고권적 임무 수행의 전통적인 형태인 공무 위탁(Beleihung), 행정보조(Verwaltungshilfe), 공의무 부담(Indienstnahme Privater)과 민영화(Privaisierung), 두 가지로 구분된다.[6] 여기서 민영화는 다시 조직 민영화(Organizationsprivatisierung), 기능 민영화(funktionale Privatisierung), 자산 민영화(Vermögensprivatisierung), 임무 민영화(Aufgabenprivatisierung: materielle Privatisierung)로 나뉜다.

국내 문헌 중에는 사인에 의한 공행정 수행을 기능민영화로 이해하여 이에 대한 법적 수단으로서 공행정수행사인의 전통적인 형태인 공무수탁사인, 공의무부담사인, 행정보조인 외에 민간경영자모델, 특허모델, 참가모델 등을 제시하는 견해가 있다.[7] 이에 따르면, 공무수탁사인의 결정적 징표는 공임무의 수행을 위해 유인된 사인이 고권적 권한(hoheitsrechtliche Befugnisse)을 행사할 수 있다는 것이고, 그 점에서 기능민영화를 위한 다른 법적 수단들과 구별된다고 한다.[8] 그런데 이와 같이 정부기능, 즉 공적 임무를 사인이 수행하도록 하는 것을 넓은 의미의 (기능)민영화로 파악한다면, 공무수탁사인 또는 사인에 대한 공무의 위탁(Beleihung)은 (기능)민영화의 하위개념이 되는 셈이다. 이와 관련하여 사인에 의한 공적 임무 수행의 전통적인 방식인 공무수탁사인과 현대 행정법의 특징적 현상으로 부각되어 온 민영화와의 관계를 어떻게 볼 것인가 하는 문제가 제기된다. 사실 역사적으로 볼 때, 공무수탁사인은 행정보조인이나 사인의 공의무부담과 함께 민영화 전통적인 위탁과 사인에 의한 공적 임무의 수행 양식으로 안출된 것이기는 하지만 오늘날과 같은 민영화와는 맥락을 달리하는 것이었다는 점을 부인할 수 없다.[9] 실례로 선박의 선장이나 별정우체국장, 사립학교의 장 등 공무수탁사인의 전통적인 유형들의 경우 '정부기능의 민간부문으로의 이전'보다는 오

2001; H. Bauer, "Zur notwendigen Entwicklung eines Verwaltungs- rechtskooperationsrechts – Statement," in: G.F. Schuppert (Hrsg.), *Jenseits von Privatisierung und „schlankem" Staat. Verantwortungsteilung als Schlüsselbegriff eines sich verändernden Verhältnisses von öffentlichem und privatem Sektor*, Baden-Baden, 1999, S.251-272 등을 참조.

6) H. Schultze-Fielitz, ibid., Rn.104ff.

7) 가령 이원우, 「정부기능의 민영화를 위한 법적 수단에 대한 고찰」, 『행정법연구』 제3호, 1998, 129 이하 등을 참조.

8) 이원우, 『경제규제법론』, 홍문사, 2010, 377.

9) 행정법학에서 공무수탁사인의 개념화를 최초로 시도한 것은 오토 마이어(O. Mayer)로 알려지고 있는데, 그는 '공무수탁기업'(Beliehner Unternehmer)을 공행정의 일부를 자신의 이름으로 행사할 수 있도록 법상의 힘이 부여된 사인으로 정의하였다. 그러나 오토마이어와 그의 추종자들이 채용했던 공무수탁기업의 개념은 사설철도회사, 사설운송회사, 에너지공급회사 등 특허기업 또는 공물의 특허사용권이 부여된 사인에 해당하는 것이어서 오늘날 우리가 말하는 공무수탁사인의 범주를 벗어난 것이었다. 정하중, 앞의 글, 467-468.

히려 사인을 공공부문에 끌어들여 공적 기능을 수행하도록 하는 데 주안점을 둔 것이기 때문에 민영화와는 그 취지나 맥락이 사뭇 다르다는 점을 알 수 있다.[10] 공무수탁사인을 임무 민영화의 일종으로 파악하는 견해도 없지 않지만, 공무위탁의 경우 임무의 귀속이 변경되는 것이 아니므로 기능민영화의 일환이라면 몰라도 이를 (임무)민영화의 방식이라고 볼 수는 없을 것이다.[11] 이 점은 사기업이 공익사업을 위하여 토지수용권을 부여받는 경우나 개인이나 법인이 민간교도소를 운영하는 경우에도 마찬가지이다. 또 공무수탁사인에 있어 공무의 위탁과 민영화는, 오늘날의 상황에서 보더라도, 후자가 훨씬 복합적·포괄적인 공적 임무의 민간 위탁 또는 이양을 포함하고 있는 데 비해, 전자는, 후술하는 그 개념 정의에 비추어 볼 때, 미시적인 측면에서 고권적 권한, 즉 공권력 행사를 위탁하는 것만을 의미한다는 점에서 그 수준과 폭을 달리하는 법적 범주들이라고 할 수 있다. 그럼에도 불구하고 공무수탁사인이란 법적 존재(Rechtswesen)는 오늘날 민영화 문제영역에서 새로운 존재의의를 얻게 되었다고 볼 여지도 없지 않다.[12] 그것은 첫째, 공무수탁사인에 있어 공적 임무의 위탁이 민영화의 한 형식 또는 일부로 이루어질 수 있다는 점, 둘째, 공무수탁사인에 있어 공무의 위탁은 그와 같은 방식을 포함하지 아니하는 민영화도 가능하다는 점에서 통상적인 민영화와는 별도로 제한적이고 부분적인 공적 임무의 위탁 방식으로 활용될 수도 있기 때문이다. 그런 이유에서 공무수탁사인에 있어 공무의 위탁은, 일면 민영화의 하위 형식으로서, 타면 민영화에 이르지 않는 공적 임무의 위탁 양식으로서 여전히 존재의의를 가지고 있다고 볼 수도 있을 것이다.

10) 한편, 박정훈 교수(앞의 논문, 19) 또한 공적 임무의 민영화를 협력행정에 의한 행정법의 구조변화의 가장 근본적 현상으로 파악하면서, 종래에도 사인이 공적 임무를 담당하는 경우로 공무수탁사인(Beliehene) 또는 특허(Konzession) 등이 있었다고 기술하고 있지만, "이는 행정이 행정목적을 달성하는 하나의 방법으로 관념되었던 것이고 그러한 공무수탁사인 또는 특허기업 또한 행정주체로 파악되었으며 말하자면, 국가와 사회의 이분법을 전제로 사인이 국가 영역 안으로 편입되었다."라고 지적하고 있어, 그런 기존의 방식들이 오늘날 행정법의 구조변화 현상으로 대두된 민영화와 궤를 함께한다고 보지는 않는 것 같다.

11) 이원우, 「정부기능의 민영화를 위한 법적 수단에 대한 고찰」, 『행정법연구』 제3호, 1998년 하반기, 121; 박재윤, 「독일 공법상 국가임무론에 관한 연구: 우리나라 전력산업과 관련하여」, 서울대학교 박사학위논문, 2010, 146-147.

12) 독일의 경우에도 일반적인 민영화 조류 속에서 공무수탁사인의 법리가 새로이 발견되었고 부분적으로 수정되어 종전보다 훨씬 더 넓은 임무분야에서 사용되었다고 한다(Martin Burgi, "Verwaltungsorganisationsrecht," in: *Allgemeines Verwaltungsrecht* 12.Aufl., De Gruyter Recht, 2002, 860).

2. 공무민간위탁의 방식

공적 임무를 민간에게 위탁하는 방식으로는 기존의 전통적인 유형, 즉 공무수탁사인(Beliehene), 행정보조인(Verwaltungshelfer), 공의무부담(Inpflichtnahme)과 비교적 새롭게 등장한 민영화 방식들을 들 수 있다.[13] 이 중 공무수탁사인(Beliehene)에 대한 공무위탁(Beleihung)은 사인의 공적 임무 수행방식 가운데 가장 오래된 전형적 방식에 속한다. 민영화의 방식으로는 경영수행위탁모델(Betriebsführungsmodell), 민간시설운영자모델(Betreiber-modell), 특허모델(Konzessions-modell), 임차모델(Pachtmodell), 이용위탁(Nutzungs-übertragung), 협력모델(Kooperations-modell), 계약제(contracting-out), 외주(outsourcing), 청부(Submission), 민관파트너십(Public Private Partnership: PPP), 리스모델(Leasing-modell), BOT방식, BO방식, 프랜차이즈모델(Franchise-modell), 바우처(Voucher) 방식 등이 거론되고 있다.[14]

이들 방식은 실은 민영화 자체의 법적 형식이라기보다는 민영화를 실행하기 위한 표준적인 계약 유형들이다. 민영화를 통해 행정이 모든 책임을 면하는 것이 아니라 종래의 급부책임(Leistungsverantwortung)이 보장책임(Gewährleistungsverantwortung)과 — 민간에 의한 급부가 이루어지지 않을 경우 — 보충책임(Auffangsverantwortung)으로 변경될 뿐이므로 이러한 보장책임 완수를 위해 민영화를 위한 특허 또는 공적 임무의 위탁에 관한 사인과의 계약이 제대로 체결되어야 하는데,[15] 이들 계약유형들은 그러한 목적 달성을 위한 법적 도구들로서 각각 달성하고자 하는 임무에 따라 차별화되어 형성된 것이다.[16] 이들 계약 유형들은 앞서 본 민영화의 유형이 그러하듯이 실무상으로는 거의 통일적 파악이 곤란할 정도로 다양한 형태와 내용으로 변형, 발전되고 있어, 일면 공무위탁, 행정보조 및 사인의 공의무부담 같은 전통적인 방식으로는 환원시키는 것이 더 이상 불가능하게 되었고, 다른 한편으로는 수행하고자 하는 임무에 따라 그 임무수행방식이 매우 차별화될 수밖에 없기 때문에, 제도・조직에 관한 민관파트너십(PPP)과 도시건설 및 정비계약 등 일부의 예외를 제외하고는, 그리 윤곽이 뚜렷하지 않은 민관파트너십(PPP)이란 상위개념을 통해 기술적으로만(deskriptiv) 포괄되고 있다고 한다.[17]

---

13) L. Osterloh und H. Bauer, ibid., 204, 217ff.; H.H. von Arnim, *Rechtsfragen der Privatisierung. Grenzen staatlicher Wirtschaftstätigkeit und Privatisierungsgebote.*, Karl-Bräuer-Institut des Bundes der Steuerzahler, Wiesbaden, 1995, S.10ff.

14) 이에 관해서는 H. Schultze-Fielitz, § Rn.121을 참조.

15) 이에 관해서는 박정훈, 앞의 글, 19 및 같은 곳 각주 62에 인용된 문헌을 참조.

16) H. Schultze-Fielitz, ibid., Rn.121.

17) H. Schultze-Fielitz, ibid., Rn.113-115.

3. 공무수탁사인의 개념

(1) 공무수탁사인의 개념 정의

일반적으로 공무수탁사인[18]에 대한 실정법적 개념정의는 찾아볼 수 없다. 공무수탁사인의 개념은 그 정의 자체가 논란의 대상이어서 이를 일의적으로 정의하기 어렵지만, 일반적으로 '독자적으로 공권력을 행사하여 특정 행정임무를 자기의 이름으로 수행할 수 있는 권한을 위탁받은 사인(자연인 또는 사법상 법인)'을 말한다고 정의된다.[19] 마우러(Maurer)는 공무수탁사인(Beliehene)을 '특정 행정임무를 자신의 이름으로 고권적으로 수행할 수 있는 권한을 부여 받은 사인(사법상 자연인 또는 법인)'이라고 정의하고 있는데[20] 이와 대동소이한 개념이다. 공무수탁사인은 법령에 따라 일정범위 내에서 자기의 이름으로 독자적으로 공권력을 행사할 수 있는 자이므로, 그 한도 내에서 행정주체(Verwaltungsträger) 또는 행정청(Behörde)의 지위를 가진다.

우리 행정절차법도 "행정청"을 '행정에 관한 의사를 결정하여 표시하는 국가 또는 지방자치단체의 기관 기타 법령 또는 자치법규(이하 "법령등"이라 한다)에 의하여 행정권한을 가지고 있거나 위임 또는 위탁받은 공공단체나 그 기관 또는 사인'을 말한다고 정의하고 있는데(§ 2 i), 이는 행정권한을 위임 또는 위탁받은 사인이 있을 수 있음을 전제로 한 것이라고 이해된다.

사인(私人)도 드물고 제한적이기는 하지만 국가가 스스로 또는 공공단체를 통하여 행정임무를 수행하지 않고 이를 사인(私人)에게 위탁하여 그로 하여금 고권적 권한을 행사하도록 하는 경우에는 행정주체로서의 지위를 가질 수 있다. 즉 행정의 부담을 경감하고, 책임을 분산시키며 사적 부문의 자원(재정수단, 전문지식인력)을 활용하기 위하여 공적 임무의 달성에 사인을 행정주체로서 채용할 수 있는데, 이를 '공무수탁사인'이란 개념으로 포착한 것이다.

한편, 위에서 본 바와 같은 공무수탁사인의 개념을 협의로 보고 광의의 개념을 제시하는 견해도 없지 않다. 즉, 공무수탁은 협의로는 사인이 공행정수행권을 위탁받아 행정주체의 지위에서 자기의 이름으로 처리하는 경우를 말하지만, 광의로는 공행정업무를 사인이 수행하는 모든 경우를 말한다고 한다.[21] 이는 독일의 Steiner가 주장한 기능위임설의 관점과 무관하지 않다. Steiner는 공무수탁사인의 개념구성 징표로서 '고권적 권한의 수행' 대신 위탁된 국가

18) 공무수탁사인의 개념은 독일 행정법에서 나온 'Beliehene'에 상응하는 개념으로 이를 '공무수탁사인'으로 번역하는 것이 일반적이다.
19) H. Maurer, *Allgemeines Verwaltungsrecht*, 17.Aufl., C.H. Beck, 2009, § 23 Rn.56.
20) H. Maurer, a.a.O., § 23, Rn.56.
21) 김기진, 「공무수탁사인에 관한 연구」, 『법학연구』(연세대학교) 15권 4호, 2005.12., 101-114.

기능(Staatsfunktion) 그 자체에 초점을 맞춘다.[22] 그에 따르면 국가나 그 밖의 행정주체가 구체적인 임무를 국가기능으로서 사인에게 위임하는 경우 공무수탁사인이 성립한다고 하게 된다. Steiner는 공무수탁의 개념에 고권적인 권한뿐만 아니라 행정사법상의 임무권한의 위탁, 그리고 공의무부담(Inpflchtnahme)의 형태까지 포함시킨다.[23] Steiner에 따르면 공무수탁사인제도는 민간에 의한 행정수행의 모든 경우를 포함하는 개념으로 확장된다.

생각건대, 이러한 견해차는 단순한 개념론적 뉘앙스에 불과한 것만은 아니라고 생각된다. 후술하는 바와 같이, 전통적인, 통설에 따른, 협의의 공무수탁사인의 개념이 여전히 유효한지는 이를 통해 공적 임무의 민간위탁이라는 현대행정의 흐름을 얼마나 포착할 수 있으며, 나아가 그에 대한 법적 규율을 가함에 있어 얼마나 실효적일 수 있는지 여부에 따라 판단해야 할 것이기 때문이다.

다음에는 공무수탁사인의 개념을 그 인접개념들과 비교해 보기로 한다.

(2) 인접개념과의 비교

① 행정보조인

행정은 사인을 주체로 해서가 아니라 단순히 사인의 조력 · 보조를 받아 수행되기도 한다. 그러한 경우 행정을 돕거나 보조하는 자를 행정보조인(Verwaltungshelfer)이라고 부른다. 공무수탁사인과는 달리 행정보조인은 행정주체의 지위를 갖지 않으며 따라서 제3자와도 아무런 법적 관계를 맺지 않는다. 가령 행정청이 폐기물처리를 위하여 사인을 행정보조인으로 사용하는 경우 그 사인은 행정청의 지휘하에서 도구로서 봉사할 뿐이다. 행정보조인의 사용에는 특별한 법적 근거가 요구되지 않는다.[24]

② 공의무 부담 사인

행정보조인의 경우와는 달리, 사인이 공적 임무의 실현을 통하여 단지 법률상 그에게 부과된 행위의무를 이행하는 데 불과한 경우가 있다. 이러한 사인의 공법상 의무이행을 위한 사용(Indienstnahme von Privaten 또는 Inpflichtnahme Privater)은 고권적 권한의 행사가 아니므로 그 사인이 행정조직에 해당하지 않음은 당연하다. 공의무부담사인의 예로는 소득세 또는 건강보험료를 원천징수하는 사인(私人)이나 사법인(私法人)(소득세법 § 127 이하; 국민건강보험법 § 68), 그 밖에 석유비축의무, 공무원 원조의무 등 공적 의무를 부담하는 사인(「석

---

22) U. Steiner, "Öffentliche Verwaltung durch Private," *DÖV*, 1970, S.526ff.
23) U. Steiner, *Öffentliche Verwaltung durch Private: Allgemeine Lehren*, CF Müller, 1975, S.47.
24) 정하중, 『행정법개론』(제4판), 2010, 69.

유 및 석유대체연료 사업법」 § 17, 경범죄처벌법 § 1 xxxvi)의 경우를 들 수 있다. 후술하는 바와 같이, 이를 넓은 의미에서의 공무 수행을 위탁받은 경우로 볼 수도 있겠지만, 국내문헌에서는 이들은 법률에 근거하여 국가 등에 의하여 일정한 공적 의무를 부담할 뿐이라는 점에서 공무수탁사인이 아니라 공의무부담사인이라고 파악한다. 원천징수자의 경우, 공무수탁사인을 '법령에 따라 일정범위 내에서 자기의 이름으로 독자적으로 공권력을 행사할 수 있는 자로서, 그러한 한도에서 행정주체의 지위를 가지는 사인'으로 정의하는 한, 이를 공무수탁사인이라고 볼 수 없을 것이다. 이와 관련, 대법원은 원천징수 소득세의 경우, 납세의무자의 신고나 과세관청의 부과결정이 없이 법령이 정하는 바에 따라 그 세액이 자동적으로 확정되고, 원천징수의무자는 이와 같이 자동적으로 확정되는 세액을 수급자로부터 징수하여 과세관청에 납부하여야 할 의무를 부담하는 것이므로, "원천징수의무자가 비록 과세관청과 같은 행정청이라 하더라도 그의 원천징수행위는 법령에서 규정된 징수 및 납부의무를 이행하기 위한 것에 불과한 것이지, 공권력의 행사로서의 행정처분을 한 경우에 해당되지 아니한다."라고 판시한 바 있다.[25]

③ 사법에 의해 조직된 행정주체의 문제

행정은 사법의 형식을 빌려 임무를 수행할 수 있다. 즉, 그 고유한 행정활동을 형성하는 형식으로 사법형식을 택하거나 또는 주식회사와 같은 사법인(私法人)을 설립하여 일정한 행정임무의 수행을 맡길 수 있다. 이러한 기업들은 법적으로 독립성을 지니며 또 사법에 의해 조직된 행정주체로 등장하게 된다. 그러나 현실에서는 공법적 행정주체가 그 기업에 대한 지분의 전부 또는 지배적 지분을 갖고 이들에 영향을 미치는 경우가 보통이다. 이와 같이 사법에 의해 조직된 행정주체는 통상 '조직민영화'(Organisationsprivatisierung)의 문제로 민영화의 맥락에서 다루어지고 있다.[26]

이들 사법적 조직에게 행정주체로서의 지위를 부여할 수 있는지 여부는 이를테면 개념구성의 문제(Sache der Begriffsbildung)라 할 수 있다.[27] 여기서 문제는 행정주체의 개념을 공법적으로 조직된 조직과 주체(고권보유자: Hoheitsträger)에 국한시킬 것인가 아니면 모든 법적 독립성을 지닌, 행정임무의 수행을 위탁받은 조직과 주체에 확대할 것인가에 달려 있다. 공법적 행정주체에 대하여는 특수한 법적 규율이 가해지므로 여하간 양자를 구별하는 것이 합당하며 사법에 의해 조직된 행정주체란 각각 그 자체로서 특수한 형태로 파악되어야 할 것

---

25) 대법원 1990.3.23. 선고 89누4789 판결(기타소득세등부과처분무효확인); 대법원 1983.12.13. 선고 82누174 판결; 대법원 1984.2.14. 선고 82누177 판결.

26) H. Maurer, ibid., § 21 Rn.15.

27) H. Maurer, ibid., § 21 Rn.16.

이다.

사법적 행정주체와 공무수탁사인과는 엄격히 구별되어야 한다. 전자는 공법상 행정주체에 의해 창설되며 또 사법적으로만 활동해야 하는 데 비해, 후자는 기존의, 행정과 무관한 사법상의 법적 주체로서 행정임무의 고권적 수행에 동원되는 자이기 때문이다. 다만 사법에 의해 조직된 행정주체가 특정행정임무의 수행을 위탁받고 그 한도 내에서 공무수탁사인의 지위를 갖는 경우도 생각할 수는 있을 것이다.[28]

4. 공무수탁사인의 구체적 유형

공무수탁사인의 구체적인 예는 공무수탁사인의 예로는 경찰사무 및 호적사무를 처리하는 선장(船長)(「사법경찰관리의 직무를 수행할 자와 그 직무범위에 관한 법률」 § 7, 「가족관계의 등록 등에 관한 법률」 §§ 49, 91), 공증사무를 수행하는 공증인, 입학·졸업결정, 학위수여를 하는 사립학교(고등교육법 § 35), 자동차검사대행업자(자동차관리법 § 44) 등 전통적인 유형으로부터 공익사업이라는 이름으로 토지수용권을 부여받는 사기업(「공익사업을 위한 토지 등의 취득 및 보상에 관한 법률」 § 4; 「도시 및 주거환경정비법」 § 38 등)이나 민간교도소 운영자(「민영교도소 등의 설치·운영에 관한 법률」) 등에 이르기까지 다양하다.

III. 공무수탁사인의 법적 지위와 공무민간위탁의 범위·한계

1. 공무수탁사인의 법적 지위

공무수탁사인의 법적 지위는 법률의 규정에 의하여 직접 발생하거나 법률에 근거한 행정처분에 의한 위탁, 또는 공법상 계약에 의한 위탁에 의해 발생한다.[29] 일반적으로 법령에 따라 일정한 범위 내에서 자기의 이름으로 독자적으로 공권력을 행사할 수 있도록 권한을 위탁받은 사인은 그 한도에서 행정주체(Verwaltungsträger) 및 행정청(Behörde)의 지위를 가질 수 있다고 이해되고 있다.[30] 그러나 공무수탁사인의 법적 지위, 특히 행정주체로서의 법적 지위에

28) H. Maurer, ibid., § 21 Rn.16.
29) 김철용, 앞의 책, 63.

관하여는 학설상 논란이 있다. 즉, '사인(私人)도 행정주체의 지위에 설 때가 있으나, 이 경우에도 엄격히 말하면, 사인(私人)이 아니라 그에게 공권을 수여한 국가나 지방자치단체'일 뿐이라는 부정적인 견해가 있다.[31] 반면 공무수탁사인은 행정주체의 지위와 행정청의 지위를 가진다고 보는 것이 일반적이다. 국가·지방자치단체·공공단체 등과 구별되는 독립된 행정주체의 지위를 가지며, 행정절차법 제2조 제1호, 행정심판법 제2조 제4호, 행정소송법 제2조 제2항에서 규정하는 행정청의 지위도 가진다고 한다.[32]

공무수탁사인의 행정주체 또는 행정청으로서 법적 지위를 가지는지 여부는 해당 공무를 위탁한 법령의 취지에 따라 판단해야 할 문제이다. 관계법령이 어떠한 공무를 어떤 조건하에 사인에게 위탁했는가에 따라 그의 법적 지위 또한 달라질 수밖에 없기 때문이다. 그러나 공무수탁사인이 행정청으로서 법적 지위를 가질 수 있다는 점은 원칙적으로 수긍할 수 있을 것이다.[33] 공무수탁사인이 법령에 따라 일정범위 내에서 자기의 이름으로 독자적으로 공권력을 행사할 수 있는 권한을 부여받은 이상, 특별한 사정이 없는 한, 그 한도 내에서는 행정청의 지위를 가진다고 보아야 할 것이기 때문이다. 예컨대, 행정절차법은 제2조 제1호에서 '행정청'을 "행정에 관한 의사를 결정하여 표시하는 국가 또는 지방자치단체의 기관 기타 법령 또는 자치법규에 의하여 행정권한을 가지고 있거나 위임 또는 위탁받은 공공단체나 그 기관 또는 사인"으로 정의하고 있는데, 여기서 '사인'이란 바로 공무수탁사인을 말하는 것으로 이해할 수 있고, 그렇다면 그 사인은 바로 이 조항에 따라 행정절차에서 행정청의 지위를 가진다고 볼 수밖에 없을 것이다. 행정심판법 제2조 제4호, 행정소송법 제2조 제2항, 그리고 국가배상법 제2조 제1항의 '공무원'을 '공무원 또는 공무를 위탁받은 사인'으로 개정한 2009년 10월 21일의 국가배상법개정법률도 그와 동일한 맥락에 서 있다.

공무수탁사인이 공법적 근거에 의해 의사결정·처분권을 부여받은 이상 그 행위의 효과도 행정주체에 귀속되며 그 사인은 수탁 받은 공무의 이행의무를 지고, 국가기관의 경우와 마찬가지로 기본권에 의한 구속을 받으며 또 국가적 감독을 받는다.

문제는 공무수탁사인이 행정주체로서의 법적 지위를 가질 수 있는지, 그리고 어떤 경우에 공무수탁사인이 행정주체로서 또는 행정청으로서 법적 지위를 가지게 되는지가 반드시 명확하지 않다는 데 있다.

먼저, 공무수탁사인이 행정주체로서의 법적 지위를 가질 수 있는지 여부를 검토해 보기

---

30) H. Maurer, ibid., § 23 Rn.56. 국내문헌으로는 대표적으로 김철용, 앞의 책, 63; 정하중, 앞의 책, 68 등을 참조.

31) 김도창, 『일반행정법론(상)』, 1993, 220; 변재옥, 『행정법강의 I』, 박영사, 1990, 119.

32) 김철용, 같은 곳.

33) 김남진, 『행정법 I』, 법문사, 1995, 97-98; H. Maurer, ibid., § 23 Rn.56.

로 한다. 행정법 일반이론상 행정주체란 권리의무의 최종적 귀속주체(Zurechnungs-endsubjekt)를 말하며 직접 행동 가능한 조직단위가 아니어서 구체적인 행정작용을 하기 위해 행정기관, 특히 행정청이란 기관(Organ)을 필요로 한다.[34] 그런데 공무수탁사인이 행정주체가 되고 또 행정청의 지위를 가질 수 있다고 하는 것은, 공무를 수탁 받아 수행하는 사인의 법적 주체성이나 행위능력에 비추어 현실성이 없지는 않지만, 공무수탁사인이 수행한 공무의 법적 효과가, 궁극적으로는 국가 등 본래적 의미의 행정주체에 귀속된다는 점과 잘 부합되지 않는다. 물론, 공무를 수탁 받은 특수공법인 자신에게 권리의무가 직접 귀속되는 경우도 있지만 그런 경우를 제외한다면 공무수탁사인은 오로지 그 사무처리의 법적 효과가 귀속되는 본래적 의미의 행정주체를 대신할 뿐이라고 볼 수 있다.

공무수탁사인이 행정청의 지위를 가진다는 데 대해서는 별다른 문제제기가 없다. 그 결과 공무수탁사인이 제3자에 대하여 행한 행위가 처분에 해당하는 경우 이를 항고쟁송으로 다툴 수 있고, 또 공무수탁사인이 당사자가 된 공법상 계약을 둘러싼 다툼이 생길 경우 이를 공법상 당사자소송으로 다툴 수 있다는 점, 아울러 공무수탁사인이 국가배상법 제2조 제1항에 따른 '공무원'에 해당하여 국가배상책임을 발생시킬 수 있다는 점[35]에 대해서는 폭넓은 합의가 존재한다.

행정청으로서 공무수탁사인은 자신에게 부여된 행정임무를 공법적 형식으로 수행하며, 통상 그 임무를 행정처분의 형식을 통해 수행하지만, 사실행위나 공법상 계약의 방식으로도 수행할 수 있다. 공무수탁사인은 반드시 고권적으로, 즉 하명 등과 같은 권력행정의 방식으로 행동해야 하는 것은 아니며 권력적 사실행위에 의해서도(schlicht-hoheitlich) 행동할 수 있으며, 공무수탁을 받은 사인에게 규범제정권한(Normsetzungsbefugnisse)을 부여하는 것도 공무수탁사인의 법리와 하등 상충되지 아니한다. 수탁받은 공무의 수행을 위해서는 개별구체적인 행위(처분)뿐만 아니라 일반추상적 규범(고시)이라는 규율메커니즘을 사용할 수도 있어야 하기 때문이다.[36]

---

34) H. Maurer, ibid., § 21 Rn.24.

35) 국가배상법 제2조 제1항에서 말하는 '공무원'은 조직법상 공무원이 아니라 기능적 의미의 공무원으로 해석되므로 공무수탁사인도 이에 해당한다는 것이 지배적인 학설과 판례의 입장이었다. 특히 2009년 10월 21일의 국가배상법개정법률은 제2조 제1항의 '공무원'을 '공무원 또는 공무를 위탁받은 사인'으로 개정하여 이 점을 명확히 한 바 있다.

36) F. Becker, "Kooperative und konsensuale Strukturen in der Normsetzung," *Jus Publicum* 129, Mohr Siebeck, 2005, 388.

2. 공무민간위탁의 범위와 한계

(1) 공무민간위탁의 범위

공법적 권한은 원칙적으로 공법상 근무관계의 소속원에게 유보된 것이기 때문에, 사인에 대한 공적 임무의 위탁(Beleihung)은 일종의 제도적 법률유보(institutioneller Gesetzesvorbehalt) 아래 놓여 있다고 볼 수 있다.[37] 공무수탁사인에 대한 공무 위탁은, 그런 까닭에, 앞서 본 바와 같은 협의의 개념에 입각할 경우, 개별적이고 특수한 단순고권적 행위나 권력행위에 관한 권한에 대해서만 허용되는 방식이라고 이해된다.

공무수탁사인은 공행정의 공무원이나 관계직원들만이 고권적 권한을 행사할 수 있다는 원칙, 불변경원칙의 예외이다.[38] 따라서 반드시 법률에 근거가 있어야 하며, 그 밖에 다른 엄격한 요건들이 충족되어야 허용된다. 가령 공무를 위탁하는 공권력담당자(der beleihende Hoheitsträger)는 상시 통제권을 가지는 등 그 수탁자를 지배할 수 있어야 한다. 공무수탁사인은 공권력을 행사하기 때문에 그 직무상 의무를 위반한 경우에는 국가배상책임을 발생시킬 수 있다.[39]

(2) 공무민간위탁의 한계

공무민간위탁에 헌법적·법정책적 한계가 있다는 점은 누구나 수긍할 수 있겠지만, 정작 그 한계가 무엇인지, 어디까지 공무민간위탁이 허용되며 또 바람직한지를 규명하는 것은 결코 용이한 일이 아니며 또 이에 관한 실정법제도나 법이론 역시 매우 불확실한 수준에 머물러 있는 것이 사실이다. 특히 민간교도소의 경우처럼 권력행정의 민간위탁에 관하여 그 법적 한계나 통제 문제에 관한 한, 「민영교도소 등의 설치·운영에 관한 법률」이 제정되어 시행되고 있음에도 불구하고 적지 않은 불확실성이 남아 있다.[40] 이 점은 특히 민영화의 한계나 방식에 대한 사회적 합의가 중요하며 이를 고려한 입법정책에 대한 요구와 직결되고 있다. 참고로 민영화의 한계와 관련하여 독일에서는 공공의 이익 문제로서 국가의 중심적 질서임무(zentrale Ordnungsaufgaben)는 단지 변경 분야에서만 민영화할 수 있을 뿐이라는 데 폭넓

---

37) Martin Burgi, ibid., Rn.27.
38) 김재규, 「행정권한의 위임·위탁·대리·대행 관련 입법모델 검토」, 『입법모델Ⅱ』, 법제처, 2002, 257.
39) Birgit Schmidt am Busch, "Die Beleihung: Ein Rechtsinstitut im Wandel," in: *DÖV*, 2007, 60. Jg., Bd. 2, H. 13, S.533-542; Frank Bansch, Die Beleihung als verfassungsrechtliches Problem - Zur Zulässigkeit einer Übertragung hoheitlicher Befugnisse auf Private nach dem Grundgesetz. Frankfurt am Main 1973 (Dissertation (Univ.)).
40) 김철용, 앞의 책, 64 및 각주 1을 참조.

은 합의가 성립되어 있으며, 이에 따라 국방, 경찰 및 질서행정, 사법행정 및 교도행정, 그리고 재무행정 등의 영역들은 경험적으로나 헌법규범상으로 민영화에 적합하지 않은 것(privatisierungsresistent)으로 간주되고 있는 반면,[41] 미국의 경우처럼 교도소민영화 같은 문제를 공공복리에 대한 위험이라는 관점에서 부정적으로 보지 않는 경향이 있는데, 이러한 차이는 특히 나라와 시대에 따라 국가의 핵심영역에 대한 공무민간위탁에 헌법적 · 정치적 한계가 수반된다는 사실을 시사해 준다. 이러한 맥락에서 우리나라의 상황에 있어 국가 등 공적 주체가 수행해야 할 핵심임무(Kernaufgaben)가 무엇인지, 공무민간위탁의 한계를 헌법 등 공법 질서로부터 도출할 필요가 있다.

이와 관련하여 수자네 베어(Susanne Baer)는 독일에 있어 보장의 대상을 국가의 존속과 사회정의(Soziale Gerechtigkeit) — 생존(Existenz)과 삶의 질(Lebensqualität), 그리고 미래로 구분하고, 한 쪽에는 역사적으로 지배적인, 고권적 수행이 필요한 국가의 존속은 내재적으로 정의된 고유한 공적 임무로서 오로지 공적 주체(hoheitliche Akteure)가 국가적 자원으로 전면적 책임을 지고 수행하여야 할 임무를 위치시키고, 그 반대쪽에는 역사적으로 비교적 최근에 대두된, 외재적으로 정의된 미래 보장의 임무로서 사적 주체들에 의하여, 국가적 행위자들의 관여나 국가책임의 부담을 줄이고 사적 자원들까지 포함한 자원과 절차기준들에 대한 조종의 여지를 확대시킨 가운데 수행할 수 있는 임무를 위치시킨 하나의 스펙트럼을 예시하고 있다. 이에 따르면 국가의 존속 보장에 가까울수록 국가에 의한 조직, 규율, 재정 및 수행이 요구되며 개방된 미래임무의 속성이 강할수록 사적 주체에 의한 조직, 재정, 책임 및 범위설정이 더 필요하게 된다고 한다.[42] 그런 맥락에서 구금시설(Haftanstalt)이나 경찰의 순찰(Polizeistreifen)의 민영화는 공적 공간에 대한 국가적 보장과 필연적으로 연계되는 문제라는 점에서 논란의 대상이 되고 있는 것이다. 생존에 관한 이해관계의 보장과 삶의 질 및 인격적 자기실현의 보장은 구별해야 하며, 구조뿐만 아니라 임무의 내용을 아울러 고려하는 행정임무의 법리(Dogmatik der Verwaltungsaufgaben)를 발전시키는 것이 바람직하다고 역설한다.[43]

베어의 소론은 우리나라의 경우에도 참조해 볼 만한 가치가 있다. 특히 다음의 표에서 보는 바와 같이 국가의 핵심임무로서 국가의 존속보호는 공적 주체가 그 보장책임, 자금조달책임 및 이행책임을 다해야 하며, 사회정의의 요소로서 생존배려(existenzielle Daseinsvorsorge)에 관한 임무는 공적 주체에 의해 수행되어야 하며 반면 사회정의의 요소로서 삶의 질 보장은

41) Martin Burgi, ibid., Rn.28.
42) S. Baer, “Verwaltungsaufgaben,” in: W. Hoffmann-Riem, E. Schmidt-Aßmann, und A. Voßkuhle (Hrsg.), *Grundlagen des Verwaltungsrechts* (*GVwR*) I, Verlag C.H. Beck, 2006, 717-759, 755.
43) S. Baer, a.a.O.

<임무와 책임의 귀속>

임무 \ 책임	보장책임	자금조달책임	이행책임
국가의 존속보호(Existenz des Staates)	공적 주체	공적 주체	공적 주체
사회정의(Soziale Gerechtigkeit)로서 생존배려(Existenz)	공적 주체	공적 주체	사적 주체
사회정의로서 삶의 질(Lebensqualität) 보장	공적 주체	사적 주체	사적 주체
미래 보장(Sicherung der Zukunft)	(공적 주체)	사적 주체	사적 주체

※ S. Baer, *Verwaltungsaufgaben*, 752-755를 토대로 박재윤, 앞의 글, 129 <표 2>를 참조하여 수정.

대폭 사적 영역에 맞기고 단지 기회균등만 확보해 주면 된다고 한다. 즉, 법적인 조종(rechtliche Steuerung)은 생존 문제에 관해서는 산출(Output)과 그 사회적 효과(Outcome)를 대상으로 삼아야 하는 반면, 삶의 질 문제에 관해서는 투입(Input)과 절차형성(Verfahrensgestaltung)에만 한정되어야 한다는 것이다.[44] 또한 미래의 보장(Sicherung der Zukunft), 즉 미래를 예측하고 미래의 삶을 가능케 할 조건을 조성하는 임무는 공적 부문에서 수행해야 하지만, 미래를 위한 혁신 등 그 내용 형성에 관한 임무는 사적 부문에게 맡겨야 하며 따라서 그 경우 결과개방적 접근이 필요하므로 보장책임은 규범화할 수 없다고 한다.[45]

물론 위와 같은 명제들은 도그마틱이라기보다는 다분히 법정책적 성격을 가지는 작업공식에 불과하지만, 향후 공무민간위탁의 가능성과 한계에 관한 헌법적, 입법정책적 기준을 발전시켜 나가는 데 유용한 준거가 될 수 있을 것이다.

Ⅳ. 입법론적 쟁점

1. 공무민간위탁에 관한 법적 규율의 현황과 문제점

(1) 공무민간위탁에 대한 법적 규율의 현황

① 일반법적 규율

현행법상 공무민간위탁 일반에 관한 법적 규율은 매우 낮은 수준에 머물러 있다. 실정법상 '민간위탁'이란 사인에 대한 위임으로서 조사·검사·검정 또는 관리업무 등 국민의 권리·

44) S. Baer, a.a.O., 753.
45) S. Baer, a.a.O., 753.

의무와 직접 관계되지 아니하는 사무에 대하여 민간의 법인·단체 또는 그 기관이나 개인에게 위탁하는 것을 말한다(정부조직법 § 6 ③; 「행정권한의 위임 및 위탁에 관한 규정」 §§ 10-15). 이와 관련하여 행정권한의 위탁의 일반법적 근거로 정부조직법 제6조 제3항과 지방자치법 제104조 제3항을 드는 것이 일반적이다.[46] 정부조직법(§ 6 ③)이 행정기관은 법령으로 정하는 바에 따라 '그 소관사무 중 조사·검사·검정·관리 업무 등 국민의 권리·의무와 직접 관계되지 아니하는 사무'를 지방자치단체가 아닌 법인·단체 또는 그 기관이나 개인에게 위탁할 수 있다고 규정하고 있고, 지방자치법(§ 104 ③)도 조례나 규칙으로 정하는 바에 따라 '그 권한에 속하는 사무 중 조사·검사·검정·관리업무 등 주민의 권리·의무와 직접 관련되지 아니하는 사무'를 법인·단체 또는 그 기관이나 개인에게 위탁할 수 있다고 규정하고 있다.

그러나 정부조직법 제6조 제3항과 지방자치법 제104조 제3항을 일반적인 '행정권한의 민간위탁'에 대한 일반법적 근거로 본다는 것인지 아니면 정부조직법 제6조 제3항과 지방자치법 제104조 제3항을 '공무수탁사인에 대한 행정권한의 위탁'을 위한 일반법적 근거로 본다는 것인지 반드시 분명하지는 않다.

후자일 경우, 과연 그렇게 볼 수 있을지 의문이다. 정부조직법과 지방자치법의 해당 조항들은 어디까지나 '그 소관사무 중 조사·검사·검정·관리 업무 등 국민의 권리·의무와 직접 관계되지 아니하는 사무'를 '개인에게 위탁'하는 경우에 관한 것이므로, 앞서 본 바와 같이 고권적 권한의 위탁을 필수요소로 하는 협의의 공무수탁사인에 대한 공무민간위탁에 대해서는, 예외적으로 '국민의 권리·의무와 직접 관계되지 아니하는 사무'에 대한 고권적 권한의 위탁이 이루어질 여지가 전혀 없지는 않겠지만, 적용될 수 없기 때문이다. 물론 그 경우 위탁받은 사항에 관한 한 수탁자는 행정청의 지위는 가지지 못하지만, 부속기관으로서 행정기관의 사무를 수행한다고 볼 수는 있을 것이다. 그러나 이들 조항은 국민의 권리·의무에 직접 영향을 미치는 사무를 제외한 단순한 사실행위와 민간의 전문지식이나 기술을 활용할 필요가 있는 기술적 사무에 한하여 민간위탁을 허용하고 있기 때문에, 광의의 공무위탁 개념에 따른다면 몰라도 협의의 공무위탁에 관한 일반법적 근거라고 볼 수는 없을 것이다.

마찬가지로 위에서 본 바와 같이 정부조직법과 지방자치법의 해당 조항들이 적용대상과 범위가 매우 제한적으로 설정되어 있기 때문에 전자의 경우, 즉 일반적인 '일반적인 공무민간위탁'의 일반법적 근거로 보기는 더더욱 어려울 것이다.

한편, "정부조직법 제6조 제3항 및 그 밖의 법령에 따라 행정 간여의 범위를 축소하여 민간의 자율적인 행정 참여의 기회를 확대하기 위하여 법률에 규정된 행정기관의 소관 사무

46) 정하중, 앞의 책, 70 등.

중 지방자치단체가 아닌 법인·단체 또는 그 기관이나 개인에게 위탁할 사무를 정함을 목적으로" 하여 제정된 「행정권한의 위임 및 위탁에 관한 규정」은 제10조에서 "민간위탁사무에 관하여는 다른 법령에 특별한 규정이 없으면 이 영에서 정하는 바에 따른다."라고 규정하여 일응 민간위탁에 관한 일반조항 같은 인상을 풍기고 있으나, 제11조에서 민간위탁의 기준을 설정하면서 다시금 모법 조항인 정부조직법 제6조 제3항의 규정내용을 확인하고 있을 뿐이다.

② 개별법의 규율

한편, 공무수탁사인의 각 유형들에 대해서는 해당 개별법에서 규율하고 있다. 가령 선장의 경찰사무 및 호적사무 처리에 대해서는 「사법경찰관리의 직무를 수행할 자와 그 직무범위에 관한 법률」(§ 7)과 「가족관계의 등록 등에 관한 법률」(§§ 49, 91)이나 「공익사업을 위한 토지 등의 취득 및 보상에 관한 법률」(§ 4)과 「도시 및 주거환경정비법」(§ 38 등)이 각각 규정을 두고 있다. 또한 법무부장관에게 교정시설의 설치 및 운영에 관한 업무의 일부를 법인 또는 개인에게 위탁할 수 있도록 허용한 「형의 집행 및 수용자의 처우에 관한 법률」 제7조에 따라 「민영교도소 등의 설치·운영에 관한 법률」이 제정되어 교도소 등의 설치·운영에 관한 업무의 일부의 민간위탁에 대한 규정들을 두고 있다.

(2) 공무민간위탁에 대한 법적 규율의 문제점

공무민간위탁 일반, 특히 공무수탁사인에 대한 행정법적 규율은 여전히 미성숙을 면치 못하고 있다. 이미 앞에서 살펴본 바와 같이 행정권한의 민간위탁에 관한 정부조직법 제6조 제3항과 지방자치법 제104조 제3항은 공적 임무의 민간위탁이라는 현대행정의 조류에 따른 법적 규율의 수요를 충족시키기에는 그 적용대상과 범위가 극히 한정되어 있어 공무민간위탁의 일반법적 근거가 될 수 없을 뿐만 아니라 공무수탁사인에 대한 공무위탁에 대해서는 적용되지 못하고 있어 각 개별법상의 산발적 규율 외에는 일반적·통일적 규율이 이루어지지 못하고 있는 실정이다.

주지하듯이 행정기관은 그 권한을 스스로 행사함을 요하고 다른 기관, 특히 사인으로 하여금 이를 행사하게 할 수 없다는 이른바 "권한불변경의 원칙"에도 불구하고[47] 공적 임무의 민간위탁이 외면할 수 없는 민관파트너십 행정의 조류라면 이제는 그 요건과 한계, 보장책임의 확보와 법적 통제 쪽으로 초점을 이동시켜야 할 시점이다. 그러나 정부조직법 제6조 제3항과 지방자치법 제104조 제3항에 따른 '국민의 권리·의무와 직접 관계되지 아니하는 사무'

47) 김재규, 「행정권한의 위임·위탁·대리·대행 관련 입법모델 검토」, 『입법모델Ⅱ』, 법제처, 2002, 257.

의 민간위탁에 관해서는 비교적 상세한 법적 규율이 이루어지고 있는 반면, 그보다 영향과 파급효과가 훨씬 큰 '국민의 권리 · 의무와 직접 관계되는 사무'에 대한 공권력행사를 포함하는 공무민간위탁, 특히 공무수탁사인에 관해서는 일반법적 규율이 결여되어 있을 뿐만 아니라 각 해당 개별법의 규율도 국민의 권리보장이나 보장책임과 법적 통제의 확보 등의 측면에서 미흡한 수준을 넘지 못하고 있어 입법의 불균형이 초래되고 있다.

한편 공무수탁사인에게 토지수용권 등 강력한 권한을 부여하는 법률이 늘고 있어 이를 둘러싼 피수용자들의 불만이 커지는 등 문제를 낳고 있다.[48] 일례로 「국토의 계획 및 이용에 관한 법률」 제86조 제5항에 따라 도시계획시설사업인 골프장의 조성 · 운영사업 시행자로 지정을 받은 자가 같은 법 제88조에 따라 국토해양부장관 또는 시 · 도지사에게 도시계획시설사업에 관한 실시계획의 인가를 받은 경우 도시계획시설인 골프장의 조성 · 운영사업이 「공익사업을 위한 토지 등의 취득 및 보상에 관한 법률」 제4조 제8호의 "그 밖에 다른 법률에 의하여 토지등을 수용 또는 사용할 수 있는 사업"에 해당되는 결과가 되어 피수용자들과의 관계에서 갈등을 불러일으키고 있다.[49]

2. 공무민간위탁에 대한 입법정책적 대안 모색

그렇다면 공무민간위탁에 대한 입법정책적 대안은 무엇인가. 이미 앞에서 살펴본 바와 같이 공무민간위탁은 민영화와 배타적으로 구별되는 개념이라기보다는 널리 사인에 의한 공무 수행 형태로서 민영화에 포함될 수 있는 일종의 부분집합 개념으로 파악할 수 있다. 이렇게 볼 때 민영화의 다양한 형식들 가운데 공무수탁사인 방식을 포함하는 경우 그 최소한의 법적 요건과 기준, 법원칙, 범위와 한계 등을 규율하는 포괄적인 법적 토대를 구축할 필요가 있다. 특히 앞서 지적했듯이 '국민의 권리 · 의무와 직접 관계되지 아니하는 사무'의 민간위탁에 관해서는 비교적 상세한 법적 규율이 있지만, 오히려 그보다 영향력이 훨씬 큰 '국민의 권리 · 의무와 직접 관계되는 사무'에 대한 공무수탁사인에 대한 최소한의 일반법적 규율이 결여되어 있고 각각의 개별법상의 규율도 국민의 권리보장이나 보장책임과 법적 통제의 확보 등의 측면에서 미흡한 수준임을 고려할 때, 사인에게 공무를 위탁하기 위한 최소한의 요건과 기준,

48) 「공익사업을 위한 토지 등의 취득 및 보상에 관한 법률」(§ 4), 「도시 및 주거환경정비법」(§ 38), 「기업도시개발특별법」(§ 14), 「도시재개발법」(§ 8, § 10 및 § 31), 「유통단지개발촉진법」(§ 10, § 15), 「지역균형개발 및 중소기업 육성에 관한 법률」(§ 16, § 19), 「사회간접자본시설에 대한 민간투자법」(§ 20) 등.

49) 법제처 법령해석사례 안건번호 08-0073, 회신일자 2008.5.9.(경상북도 경주시 — 「국토의 계획 및 이용에 관한 법률」 제91조(실시계획 고시의 효력) 관련).

한계, 감독 및 법적 통제 등을 포함한 일반법적 규율을 더 이상 미룰 수 없는 시점이라고 판단된다. 나아가 공무수탁사인을 포함한 민영화 일반에 대해서도 앞서 본 공무민간위탁의 한계론을 감안하여 최소한의 법적 요건과 기준, 법원칙, 범위와 한계 등을 규율하는 포괄적인 법적 근거를 마련할 필요가 있다.

공무민간위탁의 최소한의 법적 요건과 기준, 법원칙, 범위와 한계는 여기서 상론할 수는 없으나, 요건 · 기준과 관련하여 국민의 권리 · 의무에 대한 영향분석의무의 부과, 그 영향분석 결과 국민의 권리 · 의무에 대한 부정적 또는 침해적 영향을 최소화할 수 있는 방안의 채택과 아울러 그에 대한 감시 및 통제 수단 등 보완대책의 마련, 공무민간위탁의 목적 및 기대효과의 명시 법정 등을, 법원칙에 관해서는 적합성의 원칙, 보충성의 원칙 등을, 그리고 범위와 한계에 관해서는 기본권보장에서 도출되는 최소침해의 원칙, 본질적 부분 불가침의 원칙을 구체화시키는 방안, 이해관계자의 의견 수렴 방안 등을 고려해 볼 필요가 있다.

물론 우선은 해당 근거법에서 그러한 사항들을 명확히 규정하는 조항들을 두어야 하겠지만, 행정절차법이 그러한 과정을 겪었듯이 결국 그와 같은 내용을 통일적으로 규율할 일반법의 입법이 불가피할 것이다.

Ⅴ. 결론

공무민간위탁은 공행정의 분권화, 비용 절감, 민간의 창의력 및 기술과 전문지식의 활용 등 장점도 많지만, 국가 · 공공단체의 공적 임무 약화, 공공서비스의 비용 증가, 통제 이완에 따른 서비스 수준 저하, 국민, 특히 약자나 소수자들의 권리 보호의 공백 등 여러 가지 문제점들을 안고 있다. 특히 공무수탁사인(Beliehene)의 경우, 각종 규제권이나 토지수용권 등 매우 강력한 권한이 수반되기 때문에 그 법적 규율의 필요성이 큰데도 이에 대한 법적 논의가 심화되지 못한 관계로 민간사업자에게 공무와 더불어 토지수용권을 부여하는 공무민간위탁의 형태나 개인이나 법인에게 교정행정권이란 권력행정의 권한을 부여하는 민간교도소 설치 등 자칫 권리구제의 사각지대가 발생할 우려가 점점 더 커지고 있는 실정이다. 이러한 배경에서 공무수탁사인에 관한 법적 쟁점들을 분석, 검토하고 이를 토대로 하여 사인에 대한 공무 위탁, 나아가 공무수탁사인을 포함한 민영화 일반을 규율하는 일반법을 제정하여 공무민간위탁에 대한 최소한의 법적 요건과 기준, 법원칙, 범위와 한계 등을 규율하는 포괄적인 법적 근거를 마련할 것을 요구하였다. 이를 통해 학계에서 공무수탁사인의 법리를 좀 더 심층적으로 규명하기 위한 논의를 촉진하고 입법발전을 위한 작은 초석(building block)을 마련할 수 있기를 희망한다.

제7장
특별권력관계*

Ⅰ. 쟁점

교도소에 복역 중인 재소자에 대한 서신검열과 이를 통해 밝혀진 서신교환사실에 대한 제재조치로서 일체의 서신교환 차단은 허용되는지, 소송 등을 통한 권리보호는 가능한지, 그리고 국공립학교 교사의 학생 처벌은 허용되는 것인지, 체벌을 당한 학생이 교사의 조치를 행정쟁송으로 다툴 수 있는지 등과 같은 물음의 관건은 '특별권력관계'라는 법리를 어떻게 이해할 것인지에 달려 있다. 특별권력관계의 법리에 따라, 가령 두 가지 경우 모두, 특별권력관계에서 벌어진 일이므로 행정쟁송을 통한 권리구제가 주어지지 않는다는 식으로 달리 응답될 수 있기 때문이다. 특별권력관계란 과연 무엇이길래 그런 예외가 인정될 수 있을까. 그리고 앞서 본 법치행정의 원칙에 비추어 이 법리를 어떻게 보아야 하는가.

오늘날 한국행정법에서 '법으로부터 자유로운 특별권력관계', 또는 기본권과 법치행정의 원리, 사법심사를 배제시키는 의미의 특별권력관계의 법리는 학계나 실무계를 막론하고 결코 긍정적인 반향을 기대하기 곤란한 상황이다. 법치주의와 기본권의 효력은 특별권력관계에서도 관철되며, 헌법 제37조 제2항의 일반적 법률유보에 따라야 한다는 것이 지배적인 입장임에 틀림이 없다. 다른 한편 특별권력관계론에 의해 비호를 받았던 대다수의 관계들이 이미 법적 규율(Verrechtlichung)을 받게 되어 그만큼 법치주의의 그물망이 촘촘해진 것도 사실이다. 그렇다면 특별권력관계론은 더 이상 존재이유가 없어진 것일까? 그렇지 않다. 현실은 그렇게 녹록치 않다. 여전히 특별권력관계가 가사상태에서 깨어나거나 새로운 논리를 내세워

* 홍준형, 『행정법』, 법문사, 2017, 109-115 토대로 수정한 것임.

존재를 증명하려는 시도를 하고 있다. 법리와 현실 사이의 딜레마 때문에 학계나 실무계는 확실한 판단을 내리지 못하고 주저하고 있다. 과연 이러한 현상을 어떻게 받아들여야 할까?

Ⅱ. 특별권력관계의 개념과 현상

1. 개념

특별권력관계란 모든 국민이 국가 또는 지방자치단체의 통치권에 복종하는 지위에 서게 되는 일반권력관계와 구별되는 개념이다. 즉, 학교, 교정시설 기타 공공시설에의 이용・수용관계, 공무원관계, 병역관계 등 일정한 행정분야에서 공법상의 특별원인(임의적이든 강제적이든)에 의해 성립하는 국가와 시민 간의 특수한 권력관계를 말한다. 이것은 19세기 말 입헌군주정에서 전개된 독일의 국가학 및 행정학에서 생성된 특별권력관계 이론에 따른 개념이다.

특별권력관계는 종래 행정내부의 영역, 따라서 법으로부터 자유로운 영역에 속하는 것으로 간주되었다. 물론 강제적으로 성립되는 특별권력관계의 경우에는 법률의 근거를 필요로 했지만, 이로써 특별권력관계에 속하는 특수한 관계들은 기본권, 법률의 유보 및 사법심사로부터 제외된다는 결과가 달성되었던 것이다. 행정은 자기 고유의 권리로 특별권력관계의 구체적 내용형성에 필요하다고 생각되는 규율들을 정립할 수 있었을 뿐만 아니라 이 경우 법률의 수권 없이 침해적 처분도 내릴 수 있었다. 이러한 규율들이 바로 당시의 견해에 따라 (외부)법적 성격을 결여한 것으로 파악된, 행정규칙이었다.

2. 특별권력관계론의 해체?

행정에게 법치국가의 자유공간을 확보해 준 특별권력관계의 이론은 독일에서는 늦어도 모든 국가 영역에 법치국가의 침투를 요구한 기본법 제정 이후에는 의문시되기에 이르렀다. 이런 추세는 시차를 달리하여 우리나라 행정법에서도 기본적으로 관철되었다.[1]

그럼에도 불구하고 독일의 경우, 특별권력관계는 전통적인 특별권력관계가 그 전형적인 제한들과 함께 관습법적으로 계속 존재하는 것이라고 하거나, 또는 그것이 헌법적으로 규율

1) 이러한 배경에서 '특별권력관계'라는 용어 대신 '특별행정법관계'라는 용어를 사용하는 경우도 있다.

내지 전제되고 있다고 주장하는 견해, 나아가 특별권력관계성립에 대한 임의적인 동의의 계기를 강조한, 다양한 정당화시도들과 함께 훨씬 오래 존속했다고 지적되고 있다. 독일의 경우 특별권력관계론(Lehre vom besonderen Gewaltverhältnis)은 많은 논란에도 불구하고 적지 않은 수의 학자들로부터 여전히 지지를 받았고, 단지 일종의 가사상태(Scheintod)에 빠진 것에 불과하다고 하거나,[2] 콘라트 헤세(Konrad Hesse)의 유명한 '특별지위관계론'(Lehre vom Sonderstatusverhältnis)의 한 형태로 존속했다. 이러한 특별권력관계론의 연명 못지않게 1980년 초반 국가-시민 관계(Staats-Bürger-Verhältnis)와 구별되는 특별권력관계(Sonderverhältnis)에 대한 옹호론이 제기되기도 했다.[3]

그러나 시간이 갈수록 특별권력관계는 가령 행정내부적 규율 역시 법적 성격을 가진다는 사실이라든지(이로써 그 가장 결정적인 이론적 장애물이 극복되었다), 기본권 역시 그 특별한 목적에 따른 제한이 요구되는 경우가 아닌 한, 특별권력관계에서도 적용된다는 점, 나아가 권리보호를 위한 사법심사가 적어도 특별권력관계의 기본관계에 관한 처분들에 대하여는 허용된다고 보아야 한다는 점(예컨대 Ule의 기본관계-업무수행관계구별론[4])이 받아들여짐에 따라 본래의 궤도를 이탈하는 또는 부분적인 해체의 길을 걷는 운명을 맞게 되었다. 즉, 독일에서 특별권력관계이론의 현상(現狀)은 극히 비관적이다. 마우러(Maurer)가 적절히 지적하듯이 판례와 압도적인 다수의 견해는 기본권, 법률의 유보 그리고 사법심사에 의한 권리보호가 종래 특별권력관계로 불려 왔던 국가-시민 관계에도 마찬가지로 관철된다는 입장을 견지하고 있다.[5]

---

2) I. von Münch, "Verwaltung und Verwaltungsrecht im demokratischen und sozialen Rechtsstaat," in: P. Badura, F. Ossenbühl, H.-U. Erichsen, I. von Münch, und W. Martens (Hrsg.), *Allgemeines Verwaltungsrecht*, de Gruyter, 1986, S.1(45f.); Dürig, *VVDStRL* 37 (1979), S.321 (Diskussionsbeitrag): '사망선고를 내리기엔 시기상조'. Vgl. Ludwig Wenninger, *Geschichte der Lehre vom besonderen Gewaltverhältnis. Schriftenreihe Annales Universitatis Saraviensis, Rechts– und Wirtschaftswissenschaftliche Abteilung* Bd 105, Carl Heymanns Verlag Köln 1982, S.3.

3) S.G. Kielmansegg, "Grundrechte im Näheverhältnis: Eine Untersuchung zur Dogmatik des Sonderstatusverhältnisses," *Jus Publicum, Beiträge zum Öffentlichen Recht* Bd. 217, Mohr Siebeck Tübingen, 2012, S.82. Kielmansegg에 따르면, 로쉘더(Loschelder)는 1980/1981 교수자격논문에서 두 관계의 차이를 면밀히 분석하여 특별권력관계를 '공법상 특별 구속'(öffentlich-rechtliche Sonderbindung) 관계로 발전시키려고 시도하였다(Kielmansegg, a.a.O., S.83).

4) C.H. Ule, "Das besondere Gewaltverhältnis," *VVDStRL* 15, 1957, S.133ff.

5) H. Maurer, *Allgemeines Verwaltungsrecht*, 17.Aufl., 2009, § 8 Rn.29.

Ⅲ. 특별권력관계에 관한 학설

특별권력관계의 인정여부에 관해서는 다음과 같은 학설이 대립한다.

1. 부정설

(1) 전면적 · 형식적 부정설

민주주의 · 법치주의가 지배하고 기본권보장에 입각한 현대적 헌법체제하에 있어서 공권력의 발동은 반드시 법률의 근거를 요하는 것이므로 헌법 · 법률의 근거가 없는 한 특별권력관계라는 개념을 인정할 수 없다고 하는 견해이다.

(2) 개별적 · 실질적 부정설

종래 일괄적으로 특별권력관계로 파악되었던 관계들을 개별적으로 그 실질에 따라 판단하려는 견해로 예컨대 공무원 근무관계, 국공립학교 재학관계, 국공립병원 이용관계와 같은 것들은 권력관계가 아니라 계약관계이며, 따라서 법치주의가 전면적으로 적용된다고 한다.

(3) 기능적 재구성설(특수기능적 법률관계론)

특별권력관계를 부정하는 입장에 서면서도 종래 특별권력관계로 파악되어 왔던 제관계들의 부분사회로서의 특수성을 인정하고 그에 따른 고유한 법이론을 재구성해 내려는 입장이다.[6)]

2. 특별권력관계의 수정이론 또는 제한적 긍정설

특별권력관계이론을 변화된 헌법상황에 맞게 수정하려는 시도로 독일에서 전개된 견해이다. 일반권력관계와 특별권력관계의 본질적 차이를 부정하면서도 특별권력관계의 경우 특수한 행정목적 달성을 위해 법치주의의 완화 여지를 인정하는 입장이다. 이를테면 군복무관계에 있어 개괄조항에 의한 포괄적 규율권을 인정하는 입법적 결정이 가능하다고 보는 것이다. 울레(C.H. Ule)는 이른바, 기본관계(Grundverhältnis)와 업무수행관계(Betriebsverhältnis)를

---

6) 주로 室井力, 園部逸夫, 和田英夫 등 일본학자들의 견해이다. 김도창, 『일반행정법론(상)』, 청운사, 1993, 262를 참조.

구별하여 전자는 특별권력관계의 발생 · 변경 · 종료 등과 같은 개인의 법적 주체로서의 지위에 영향을 미치는 법관계로서 법치주의와 사법심사가 일반권력관계와 다름없이 적용되어야 하는 데 반하여, 후자에 관한 행위는 독립된 법적 주체로서의 개인의 지위에 영향을 미치지 아니하므로 사법심사의 대상에서 제외된다고 한다. 그러나 이에 대해서는 이 기본관계와 업무수행관계의 구별이 반드시 용이하지는 않고, 모든 업무수행관계에서의 행위(Betriebsakt)를 일괄적으로 사법심사에서 제외시킬 수 있느냐 하는 등 비판이 제기되고 있다.

김남진 교수의 '부분사회론'에 따르면 특별권력관계도 법률이 지배하는 관계인 점에서는 이른바 일반권력관계와 다름이 없고 따라서 기본권이나 법치주의가 일반적으로 타당하다고 한다. 그의 견해는 그러나 다른 한편으로 국가와 공무원, 학교와 학생과의 관계 등과 같이 일반권력관계와는 그 목적이나 기능을 달리하는 부분사회가 존재하며, 일반권력관계와는 다른 특수한 법적 규율을 받는 특별권력(신분)관계가 존재함도 부인할 수 없다고 한다. 이 견해는 구성원의 인권보장과 부분사회의 특수한 기능이 실천적 조화(praktische Konkordanz)를 기할 수 있게 함이 그 곳에서의 과제가 된다고 하면서, 일반권력관계와 구별되는 특별권력관계 내지 특별신분관계(Sonderstatusverhältnisse)를 인정한다.[7)]

3. 결론

결론적으로 오늘날 특별권력관계론은 그 전통적 원형이나 수정된 형태 어느 경우에도 더 이상 타당하지 않다. 물론 그렇다고 해서 특별권력관계의 예로 통용되는 관계들 중 일부가 일반적인 행정법관계와 구별되는 특수성을 지니고 있고 또 특수한 법적 규율을 필요로 한다는 점을 부인하는 것은 아니다. 그러나 그러한 규율은 법치행정의 원리에 따라 법률에 의하여 또는 법률의 수권에 기하여 행해져야 하며 또한 헌법의 기본권규정에도 합치되어야 한다. 이른바 "일반권력관계"라는 것도 결코 통일적이고 포괄적인 법률관계가 아니라 사실 다양한 법관계를 대상으로 하는 집합개념에 불과하다는 사실, 따라서 엄밀히 말하면 모두가 특별지위관계(Sonderrechtsverhältnisse)라고 할 수 있다는 점을 여기서 고려해야 할 것이다. 또한 종래 특별권력관계로 이해되어 왔던 많은 법적 관계들이 사실상 법적 규율하에 놓이게 되었다는 현실변화(Verrechtlichung)도 고려해야 함은 물론이다. 다만 문제는 이들 중 사실상 법적 규율이 이루어지고 있지 않은 법적 관계에 대해 어떤 법적 평가를 내리느냐에 있다.

---

7) 김남진, 『행정법 I』, 법문사, 1998, 126.

이와 관련하여, 사립고등학교가 특정 종교의 교리를 전파하는 종교행사에 불참하는 학생들에게 불이익을 줌으로써 신앙을 갖지 아니한 학생에게 참석을 사실상 강제하였고, 학생으로부터 수차례 이의제기가 있었음에도 별다른 조치 없이 계속하여 여러 종교행사를 오랜 기간 동안 반복하여 실시한 데 대하여 학생의 기본권(종교에 관한 인격적 법익) 침해, 종립학교에서 허용되는 종교교육의 한계를 넘은 것이므로 위법한 행위라고 보아 원심을 파기한 대법원 2010.4.22. 선고 2008다38288 전원합의체판결이 주목을 끈다. 이 판결은 비록 특별권력관계를 직접 다룬 경우는 아니지만, 특히 대법원이, 강제배정에 따른 학교 선택권이나 학생 선발권에 대한 제한이 불가피하다는 점을 뒷받침하기 위한 것이었을지라도, 우리 헌법이 교육제도의 근간으로 삼고 있는 공교육제도하에서 관련 법률이 사립학교에 대하여 국·공립학교와 구분 없는 규율을 하며 재정지원을 하는 등으로 사립학교가 공교육체계에 편입되어 있다는 점을 확인한 것은 향후 국공립학교재학관계 역시 사립학교재학관계와 마찬가지로 특별권력관계에 따른 법적 특수성을 인정하든지 아니면 더 이상 특별권력관계가 아니라고 보든지 간에, 법적 판단의 변화가 생길 수 있는 여지를 남겼다는 점에서 의미가 있다고 평가된다.[8)]

Ⅳ. 특별권력관계의 성립, 종류, 내용

1. 특별권력관계의 성립

특별권력관계는 모든 국민 또는 주민과의 관계에서 당연히 성립하는 일반 행정법관계와는 달리, 공법상 특별한 법률원인이 있는 경우에만 성립한다. 이 특별한 법률원인은 직접 법률의 규정에 의하는 경우와 상대방의 동의에 의하는 경우로 나누어 볼 수 있다.

(1) 법률의 규정(강제가입)

직접 법률의 규정에 의하여 특별권력관계를 성립시키는 원인의 예로는 수형자의 교도소 수용(「형의 집행 및 수용자의 처우에 관한 법률」 §§ 1, 11), 제1군전염병환자등의 강제입원(전염병예방법 § 29) 등을 들 수 있다.

8) 대법원 2010.4.22. 선고 2008다38288 전원합의체판결. 이 판결이 사회적 관심을 끈 것은 사립미션스쿨에서도 종교교육의 한계를 넘어서서는 아니 되며 학생의 기본권을 존중해야 한다고 판시하여 학생에 대한 기본권제한의 한계에 관한 지침을 제시했기 때문이지만, 종래 특별권력관계의 하나로 간주되어 온 국공립학교 재학관계에서의 기본권제한의 한계에 관해서도 좋은 시사점을 제시한 것으로 평가할 수 있다.

(2) 상대방의 동의

그 밖에도 특별권력관계는 당사자의 합의, 즉 상대방의 동의에 의해서도 성립될 수 있다. 이때 상대방의 동의는 법률이 동의의무를 부과하는 결과 행해지는 동의(의무적 동의)와 임의적 동의로 나뉜다. 가령 학령아동의 취학과 같은 경우는 의무적 동의의 예이며, 공무원관계, 국공립학교 입학, 도서관 이용 등은 임의적 동의가 행해지는 경우라고 할 수 있다.

2. 특별권력관계의 종류

일반적으로 공법상 근무관계 · 공법상 영조물이용관계 · 공법상 특별감독관계 · 공법상 사단관계로 구분되어 왔으나 오늘날 이들 관계의 법적 성질은 전술한 특별권력관계이론의 동요로 인하여 다양한 각도에서 논란되고 있다. 상세한 설명은 생략한다.

3. 특별권력관계의 내용

종래 특별권력관계에 있어서 특별권력의 내용은 포괄적인 명령권과 징계권을 포함하는 것으로 이해되어 왔다. 그러나 만일 특별권력관계를 부정하는 입장에 선다면, 특별권력관계의 내용으로 명령권과 징계권 역시 법적 근거를 전제로만 인정될 수 있다는 결과가 된다. 아무튼 종래 특별권력관계로 파악되었던 관계들 중, 그 목적에 따라 행정주체에게 일반적인 수권이 인정되는 경우가 불가피하게 존재할 수 있음은 물론이다. 특별권력관계의 내용은 대체로 그 종류에 따라 직무상 권력, 영조물권력, 감독권력, 사단권력 등으로 나누어진다고 설명된다.

독일행정법의 일부이론은, 종래 행정규칙으로 파악되었던, 특별권력관계에서 집행권이 발하는 명령을 일반행정규칙과 구별되는 독자적인 법형식으로 보아 이를 특별명령(Sonderverordnung)이라고 부른다(예: 영조물관리자에 의해 발해진 영조물이용규칙). 법규범에서 정해진 법형식이 아니라는 점에서 특별명령이 법규범으로서의 효력을 갖는가에 관해서는 논란되고 있으나 이 역시 법률의 근거가 필요하다고 보아야 한다. 참고로 독일의 지배적인 견해와 판례는 '행정 고유의 입법권'론에 입각한 개념인 특별명령을 인정하고 있지 않다. 이에 대해 특별명령이란 개념 자체가 불필요하다는 입장에 서 있는 마우러(Maurer)에 따르면, 이를 행정규칙으로 보는 견해 역시 이미 설득력을 상실하였고 시민과의 관계를 규율하는 영조물규정 및 이용규정은 각각의 법적 요건을 고려하여 자치법규, 법규명령 또는 일반처분으로 보

아야 한다고 한다.[9]

V. 특별권력관계와 기본권, 법치주의 및 사법심사

법치주의와 기본권의 효력은 특별권력관계에서도 관철되어야 한다. 따라서 기본권을 제한하기 위해서는 헌법 제37조 제2항의 일반적 법률유보에 따라 법률의 근거가 필요하다. 또 그 경우에도 헌법 제37조 제2항의 기본권제한의 한계(본질적 내용의 침해금지)가 준수되어야 한다. 반면, 종래 특별권력관계의 일종으로 인정된 공무원관계처럼 헌법 스스로 근로삼권을 부정 또는 제한하는 규정(§ 33)을 두고 있고 또 이를 법률에서 구체화시킨 경우(국가공무원법 § 66)도 있다.

특별권력관계에서의 행위에 관한 사법심사의 가능성에 관해서는 종래 전면적 부정설(절대적 구별설의 입장)과 제한적 긍정설(상대적 구별설 또는 수정설의 입장)이 주장된 바 있으나, 특별권력관계에서의 행위도 행정쟁송법상 처분성이 인정되는 경우에는 사법심사의 대상이 된다는 데 의문이 있을 수 없다.

한편, 특별권력관계에서의 행위에 대한 사법심사의 범위나 내용에 관한 한, 판례의 태도는 여전히 전통적인 시각을 크게 벗어나지 않는다. 일례로 대법원은 장교 2명이 그들을 포함한 장교 5명 명의로 명예선언이란 의식행사를 가지고 기자회견을 한 행위가 군인복무규율 제38조가 금지하고 있는 "군무 외의 집단행위"에 해당한다고 보고 다음과 같이 판시하였다:[10]

> 군인의 "군무 외의 집단행위"를 금지한 군인복무규율 제38조는 헌법 제39조, 국군조직법 제6조, 제10조 제2항, 군인사법 제47조, 제47조의2의 각 규정에 근거하여, 그리고 군인의 대외발표사항이 군사기밀에 저촉되는 사항, 적을 이롭게 하는 사항, 군의 위신을 손상시키는 사항 등인지 여부에 관한 지휘관이나 참모총장에 의한 검열, 승인 등을 규정하고 있는 육군보도업무규정 제3조 제10호, 제14조, 제18조, 제20조의 각 규정은 위 헌법, 국군조직법, 군인사법의 각 규정 및 군인복무규율 제182조 제1항에 근거하여 군인의 기본권을 제한하고 있는 규정으로 보아야 할 것이며 이는 **특수한 신분관계에 있는 군인에 대하여 국방목적수행상 필요한 군복무에 관한 군율**로서 그 규제가 합리성을 결여하였다거나 기본권의 본질적인 내용을 침해하고 있다고 볼 수도 없으므로 위 각 규정을 위헌 또는 무효의 규정이라고 볼

9) H. Maurer, a.a.O., §§ 8 Rn.31, 24 Rn.14.
10) 대법원 1991.4.23. 선고 90누4839 판결(파면처분취소).

> 수 없다. 따라서 원심이 위 각 규정이 위헌이라 볼 수 없다고 한 판단은 결국 정당하고 거기에 소론과 같이 기본권제한이나 **특별권력관계에 관한 법리**를 오해한 위법이 있다고 할 수 없다.

이미 앞에서 본 바와 같이 종래 특별권력관계로 통용되었던 관계들은 오늘날 대부분 법적 규율(Verrechtlichung)을 받고 있다. 따라서 그 한도 내에서 법치주의의 불침투성은 더 이상 문제되지 않는다고 볼 수 있다. 그러나 실제상 종래 특별권력의 포괄적 지배권의 당연한 귀결이라고 정당화되었던 일반적 명령이나 징계조치들을 오늘날 재량개념에 의해 뒷받침하려는 경향을 볼 수 있다. 이러한 현상은 물론 특별권력관계의 목적을 달성하기 위해 또는 그 특성을 고려할 때 불가피한 것이라고 볼 여지도 없지 않으나 법이론적으로는 많은 문제가 있다. 특별권력관계에서의 일정한 행위가 재량행위인지 여부는 특별권력관계의 특수성이 아니라, 후술하는 재량과 불확정개념에 관한 일반원칙으로 해결해야 할 문제이다.

제8장

행정행위론*

Ⅰ. 쟁점

1. 행위형식론

행정은 다양한 활동형식을 통해 수행된다. 즉 행정은 단순한 사실작용에서 행정에 의한 법정립에 이르는 다양한 법형식들을 그 목적 달성을 위한 수단으로 사용하고 있다. 이들 다양한 활동형식에 대해 구조와 체계를 부여하는 작업이 '행위형식론'(Handlungsformenlehre)의 과제이다. 행정의 행위형식론은 주로 독일행정법의 영향하에서 '행정행위'(Verwaltungsakt)를 중심개념으로 하여 전개되어 왔다. 종래 행정소송법상 열기주의(Enumerativprinzip)하에서 행정행위가 권리보호의 길을 열어 주는 임무(rechtsschutzeröffnende Aufgaben)를 띠면서 행위형식론의 중심을 차지했고 따라서 재판상 권리보호의 문제도 이를 준거로 논의될 수밖에 없었다. 이 점은 독일행정법의 특징적 성격을 말해 주는 측면으로, 프랑스행정법이 이익의 계기를 전면에 내세워 '공역무'(service public)의 관념을 중심으로 발전했던 것과 의미 있는 대조를 이룬다. 행정행위를 중심개념으로 했다는 것은 권력행정, 즉 행정이 우월적 의사주체로서 국민에 대하여 명령하고 강제하는 권력적 계기를 중심으로 행정작용의 내용을 검토해 왔다는 것을 의미한다. 물론 이러한 사정은 오늘날 이미 극복되었다.[1)] 독일연방행정

* 홍준형, 『행정법』, 법문사, 2017, 120-132를 토대로 수정한 것임. 또한 홍준형, 「정책수단에 대한 법적 접근」, 『행정논총』 제47권 제1호, 서울대학교 한국행정연구소, 2009, 1-20을 참조하여 보완하였음.

1) E. Schmidt-Aßmann, "Rechtsformen des Verwaltungshandelns," *DVBl*, 1989, 533ff.(535); O. Bachof, "Die Dogmatik des Verwaltungsrechts vor den Gegenwartsaufgaben der Verwaltung," in: *VVDStRL* 30, 1972, S.193-244, 특히 발제요지 23-25를 참조.

절차법(VwVfG) 제9조가 행정계약(verwaltungsrechtlicher Vertrag)을 행정행위와 함께 동등한 위치에 놓고 규율하고 있는 것은 이미 학설·판례에 의해 승인된 결과[2)]를 입법적으로 비준한 결과라 할 수 있다. 그럼에도 불구하고 행정행위가 행위형식론에서 차지하는 중심적 지위는 변함이 없고 이 점은 프랑스행정법에서도 마찬가지이다.[3)]

행위형식론의 변천, 즉 행위형식의 다양화 및 중점변화가 현대행정법의 추세임은 부정할 수 없다. 그러나 다른 한편, 이 같은 행위형식의 변화가 우리 행정법 논의에 충분히 반영되지 못하고 있는 것도 사실이다. 가령 행정법관계의 특질을 주로 행정행위의 특질에 대입시켜 고찰하는 문헌 대다수가 답습해 온 서술방식이 일례인데 이런 사고방식은 오늘날 날로 다양화되는 행정의 활동형식을 고려할 때 더 이상 타당할 수 없다.

행위형식론은 형식의 관념(Formenidee)과 체계의 관념(Systemidee)의 결합에 입각한다.[4)] 즉, 그것은 행정활동의 복잡한 현실로부터 각각의 행위요소들을 추출하여 그 의미를 행위와의 관련 하에 분석하고(Formung), 다시 이를 유형화된 행위형식의 체계(Systemfolgen)에 위치 지운다. 행정활동의 법형식들은 따라서 각각 특별한 법적 규율을 받는 유형화된 행위의 단편들(vertypte Handlungsausschnitte)이라 할 수 있다. 행위형식론은 이와 같은 법적 효과의 형식에 의한 통제를 통해 비로소 그 행정법상의 효용을 발휘하게 된다. 행정의 행위형식론은, 무엇보다도 법실무적 측면에서, 첫째, 구체적으로 각각의 행위에 어떠한 법적 요건과 효과, 쟁송수단 등을 결부시킬 것인가 하는 문제를 해결하는 데 기여할 뿐만 아니라, 둘째, 어떤 행위형식이 특정행위유형에 해당하지 않을 경우 일종의 유추(類推)에 의해 가장 근사한 정형적 행위형식에 대한 법적 규율을 발견하여 그것에 적용할 수 있도록 해 준다(기준제공의 기능). 특히 후자의 기능은 행정활동형식의 다양화라는 현대행정의 추세에 따라 이른바 비정식적 행정활동(informales Verwaltungshandeln)이 행정목적달성의 수단으로 점점 더 빈번히 활용되고 있다는 점을 감안할 때, 결코 포기할 수 없는 실제적 가치를 지닌다.

---

2) 이에 관해서는 P.-M. Efstration, *Die Bestandskraft des öffentlich-rechtlichen Vertrages*, 1988, S.82ff.; E. Schmidet-Aßmann und W. Krebs, *Städtebauliche Verträge*, 1988을 참조. 이것은 또한 소송법적으로도 확인되고 있는데, 특히 확인소송에 대한 관심이 현저히 커진 것이 그 예이다(E. Schmidt-Aßmann, a.a.O., 535).

3) J. Rivero, *Droit administratif*, 13e éd., Dalloz, 1990, n°91, 114.

4) E. Schmidt-Aßmann, a.a.O., S.533.

Ⅱ. 행정행위

1. 행정행위의 행정법적 의의와 개념

(1) 행정행위의 행정법적 의의

경찰관의 교통신호, 조세부과처분, 건축허가, 영업허가, 징집영장의 교부, 토지수용처분등과 같은 행정조치들은 우리가 일상생활에서 가장 빈번히 접하는 행정작용의 유형들이다. 그러나 이처럼 광범위한 분야에서 행해지는 다양한 종류의 행위들은 모두가 공통적인 성질을 띠고 있어 공통의 법적 규율 아래에 놓여 있다. 이 다양한 행위들을 묶어 주는 개념이 바로 행정행위(Verwaltungsakt, décision exécutoire)이다. 행위형식론에서 행정행위란 행위형식은 단연 중심적 지위를 차지한다. 물론 그 비중은 행정법의 현대적 변용과정에서 많이 약화되고 변질되었지만, 적어도 기준 설정의 측면에서는 오늘날에도 기본적으로 유지되고 있다.

행정행위의 개념은 독일에 있어서는 19세기 행정법이론의 산물이다. 오토 마이어(Otto Mayer)는 그것을 "신민에 대하여 개별적인 사례에 있어 무엇이 법인가를 정하는 행정의 권한에 속하는 관헌적 의사표시"("ein der Verwaltung zugehöriger Ausspruch, der dem Unterthanen gegenüber im Einzelfall bestimmt, was für ihn Rechtens sein soll"[5])라고 정의함으로써 그 본질에 있어 오늘날까지도 타당성을 갖는 개념형상을 제시했고 이러한 그의 정의는 학계와 실무에 의하여 광범위하게 받아들여졌다. 그러나 행정행위에 대한 실정법적 개념규정은 이차대전 후 모든 "행정행위"에 대한 권리보호의 절차를 열어 놓았던 행정재판소법들, 특히 영국점령지역의 군정명령 165호(MRVO Nr.165) § 25 I에 의하여 최초의 법률적 정의가 이루어졌으며, 이는 그 고유의 효력범위를 넘어 이후의 입법을 위한 모범적 사례로 작용했다. 행정행위의 법률적 정의는 1977년 1월 1일부터 발효된 행정절차법(VwVfG) 제35조 제1문에 의하여 주어지고 있는바, 이에 따르면 행정행위란 "행정청이 공법의 영역에서 개별사례의 규율을 위하여, 그리고 외부에 대해 직접 효력을 미칠 것을 목적으로 행하는 모든 처분, 결정 또는 그밖의 다른 고권적 조치"를 말한다.

행정행위는, 일면 사적 자치(Privatautonomie)의 구현수단으로서 사법상 법률행위와, 타면 기타의 법형식을 취하는 행정작용들과 구별되는 특성을 가진다. 따라서 행정작용의 가장 표준적인 행위형식으로서 행정행위의 개념을 분명히 할 필요가 있다. 특히 행정행위의 개념은 그 효력 및 쟁송방법의 특수성과 관련하여 행정법상 행위형식론의 중심적 고찰대상이다.

5) Otto Mayer, *Deutsches Verwaltungsrecht*, Bd.I, 1.Aufl., 1895, S.95.

(2) 행정행위의 개념

행정행위는 실정법상의 개념이기보다는 강학상 개념이다. 그것은 처분, 결정, 허가, 면제 등과 같은 실정법상 사용되는 개념들을 공통적으로 인식하고 그에 대한 법적 규율을 탐구할 수 있도록 해 주는 이론적 목표에 봉사한다. 행정행위의 개념은 통상 그 포괄하는 범위에 따라 최광의 · 광의 · 협의 · 최협의의 네 가지로 나뉘어 설명된다. 그러나 오늘날 앞의 세 가지 개념들이 문제되는 경우는 거의 드물고,[6] 단지 가장 좁은 의미의 행정행위 개념만 사용된다. 이에 따라 행정행위란 '행정청이 법 아래서 구체적 사실에 대한 법집행으로서 행하는 권력적 단독행위인 공법행위'라고 이해되고 있다.

행정행위의 개념을 규명하기 위해, 다른 행위형식들과의 차이를 분명히 하기 위해서는 행정행위개념의 구성요소들을 분석할 필요가 있다. 행정행위의 개념요소들은 ① 행정청의 행위일 것, ② 공법행위일 것, ③ 법적 규율을 내용으로 하는 법적 행위(외부적 행위 · 직접적 법적 효과 · 의사표시)일 것, ④ 권력적 단독행위일 것 등으로 나뉜다.

① 행정청의 행위

행정행위는 '행정청'이 행하는 행위이다. 행정청의 개념은 일반적으로 행정주체의 의사를 결정하여 외부적으로 표시할 수 있는 권한을 가진 기관을 말한다.[7] 여기에는 국가 · 지방자치단체의 기관 외에도 공무수탁사인(Beliehene)이 포함된다. 입법기관이나 사법기관도 그 소속 공무원을 임명하는 등의 행정적 기능을 수행하는 한도 내에서는 이에 해당됨은 물론이다.

② 공법상 행위

이 점에서 사법행위(가령 국고작용)와 구별된다. 행정행위가 공법행위라는 것은 그 법률적 효과에 관한 것이 아니라 행위의 근거에 관한 것이다.

③ 법적 규율을 내용으로 하는 법적 행위

행정행위는 법적 규율(Regelung)을 내용으로 하는 법적 행위라는 점에서 사실행위(Schlichte Verwaltungshandeln; Realakte)와 구별된다. 사실행위는 첫째, 정신작용을 요소로 하지 않고 외계적 사실(사건)을 요소로 하고 있는 점, 둘째, 행위 자체에 법적 효력이 인정되지 않는

6) 이에 관하여 상세한 것은 김도창, 『일반행정법론(상)』, 1992, 359 이하를 참조.

7) 이 경우 행정상 권리 · 의무의 귀속주체와 행위주체의 구별이 전제되고 있는 셈이다. 국가기관의 경우 이를 행정관청, 지방자치단체의 경우를 행정청, 양자를 합하여 행정청이라고 부르는 것이 일반적이다(김남진, 『행정법 II』, 박영사, 2000, 11).

다는 점에서 행정행위와 구별된다.[8] 사실 행정작용은 가령 도로・하천공사, 장부・서류의 정리, 임검검사, 수거, 무허가건물철거의 대집행, 익사자를 위한 원조강제 등과 같이 오히려 사실행위인 경우가 대부분이라고 해도 과언은 아니며,[9] 이에 대한 권익구제의 필요성이 행정행위에 대한 구제에 못지않게 절실하고 중요하다는 점은 중언을 요하지 않는다. 그러나 이러한 사실행위의 실제적 중요성에도 불구하고 그 법적 역할은 2차적이다. 왜냐하면 이들 사실행위는 실은 그 대부분이 행정결정을 준비하거나 선행하는 행정결정을 집행하고 또는 행정서비스를 수행하는 등 일정한 행정결정을 실행하는 행위이기 때문이다.[10] 물론 사실행위에서는 어떤 법적 효과도 발생하지 않는 경우가 일반적이지만, 일정한 법률효과가 결부되는 경우도 있다. 예를 들면 경찰관의 순찰이 단순한 사실행위일지라도 공무집행방해죄에 의해 보호되고, 압수된 마약의 폐기처분으로 소유권이 소멸되거나, 도로공사 등 공토목공사에 의해 국민의 권리를 침해하면 손해배상의 문제를 발생시키는 것과 같다. 그러나 이와 같은 사실행위의 법적 효과는 어디까지나 간접적으로(de manière indirecte) 발생하는 효과일 뿐이다. 그것은 행정행위에 있어 법이 행정청의 의사결정 및 표시에 법적 효과를 부여하게 되는 계기, 즉 의사결정 및 표시를 통한 법적 규율로서의 계기를 결여하므로 이 점에서 행정행위의 법적 효과와는 동일시할 수 없다. 법적 규율의 내용은 다음과 같다.

(가) 외부적 행위

행정행위는 행정조직 내부에서의 행위가 아니라 외부 관계, 즉, 대국민 관계에서 상대방인 개인에 대해 권리・의무의 변동을 가져오는 행위이다. 따라서 행정조직 내부에서 상급관청이나 상관이 발하는 지시나 명령 등은 행정행위가 아니며 행정규칙 역시 행정행위가 아니다.

대법원은 감사원의 시정요구(구 감사원법 § 33 ①)는 이해관계인의 권리관계에 영향을 미치지 아니하고 행정청 사이의 내부적인 의사결정의 경로에 지나지 않아 행정처분을 하게 된 연유에 불과하다고 판시하였다.[11] 이후 2009년 1월 30일 감사원법 개정법률은 제33조 제2항에서 종래 '소속장관・감독기관의 장 또는 당해 기관의 장은 감사원이 정한 기한 내에 이를 이행하여야 한다'고 규정하였던 것을 고쳐 '감사원이 정한 날까지 이를 이행하여야 한다'고 규정하였다. 그러나 대법원은 감사원법 제32조에 따른 징계요구와 그에 대한 재심의결정은 항고소송의 대상이 될 수 없다고 판시하였다: "징계요구를 받은 기관의 장이 요구받은 내용대로 처분하지 않더라도 불이익을 받는 규정도 없고, 징계요구 내용대

8) 김도창, 앞의 책, 356.
9) 이 점은 김도창 교수(『일반행정법론(상)』, 356 각주 13)가 옳게 지적한 바와 같다.
10) J. Rivero, a.a.O., n°90, p.113. 리베로는 이를 'opérations administratives'라고 하여 행정결정(décision)과 구별한다.
11) 대법원 1977.6.28. 선고 76누294 판결.

로 효과가 발생하는 것도 아니며, 징계요구에 의하여 행정청이 일정한 행정처분을 하였을 때 비로소 이해관계인의 권리관계에 영향을 미칠 뿐, 징계요구 그 자체만으로는 징계요구 대상 공무원의 권리·의무에 직접적인 변동을 초래하지도 아니하므로, 행정청 사이의 내부적인 의사결정의 경로로서(대법원 1978.11.14. 선고 78누320 판결 참조), '징계요구, 징계절차 회부, 징계'로 이어지는 과정에서의 중간처분에 불과하여, 항고소송의 대상이 되는 행정처분이라고 할 수 없고, 징계요구 자체의 취소를 구할 실익도 없다."[12]

(나) 직접적·법적 효과

행정행위는 직접 법적 효과를 발생하는, 다시 말해서 권리·의무의 발생·변경·소멸 등의 권리변동을 가져오는 행위여야 하므로, 법적 효과를 발생시킬 수 있는 단순한 추상적 가능성만을 지닌 행위나 그러한 법적 효과를 지니지 않는 행정지도나 도로청소 등과 같은 행위들은 행정행위에 속하지 않는다. 그러나 최근 대두되고 있는 환경문제나 소비자보호문제 등과 관련하여 이 요건이 완화될 여지가 있다. 사실행위도 그것이 수인의무(Duldungspflicht)를 수반하는 경우(예: 수색·체포, 전염병환자의 강제격리 등)에는 행정행위에 해당한다.[13]

<지가공시제도에 의한 개별토지가격결정의 처분성>

시장, 군수 또는 구청장의 개별토지가격결정은 관계법령에 의한 토지초과이득세, 택지초과소유부담금 또는 개발부담금 산정의 기준이 되어 국민의 권리나 의무 또는 법률상 이익에 직접적으로 관계되는 것으로서 행정소송법 제2조 제1항 제1호 소정의 행정청이 행하는 구체적 사실에 관한 법집행으로서 공권력행사이므로 항고소송의 대상이 되는 행정처분에 해당한다.[14]

(다) 의사의 표시

행정행위는 원칙적으로 의사의 표시를 요소로 하며, 여기에 일정한 법적 효과가 주어지는 법적 행위라는 것이 통설적 설명이다. 물론 행정행위는 행정청의 의사(심리)표시만으로 법적

---

12) 대법원 2016.12.27. 선고 2014두5637 판결(징계요구취소(타) 상고기각: 서울특별시장이 감사원의 징계요구에 대한 재심의결정에 대하여 취소를 구한 사안): 이 사건에서 대법원은 "'감사원의 재심의 판결에 대하여는 감사원을 당사자로 하여 행정소송을 제기할 수 있다'고 규정하는 감사원법 제40조 제2항 규정은, 감사원법 제31조에 따른 변상판정, 제32조, 제33조, 제34조에 따른 처분요구에 대한 재심의 결과에 대하여, 일반적인 소송요건이 갖추어지는 것을 전제로, 재심의의 대상이 되었던 변상판정 등에 대하여는 변상판정 등을 대상으로 하는 것이 아니라 그에 대한 '재심의 판결'에 대하여 '감사원'을 당사자로 하여 행정소송을 제기할 수 있다는 규정이라고 볼 것이지, 위 규정만으로 당사자능력, 소의 이익, 항고소송에서의 대상적격 등 일반적인 소송요건과 무관하게 무조건 행정소송을 제기할 수 있다는 규정으로 해석할 것은 아니다."라고 판시하였다.

13) 홍정선, 『일반행정법(상)』, 박영사, 2009, 276.

14) 대법원 1993.6.11. 선고 92누16706 판결(『판례월보』 278, 221 이하).

효과가 발생하기도 하고, 의사표시와 다른 요소(예컨대 상대방의 참여나 신청, 부관, 감독관청의 인가)가 결합하여 법적 효과를 발생하는 경우가 있다.

행정행위개념에 있어 의사표시의 계기는 종종 정확히 인식되지 못하고 있다. 행정행위가 의사표시를 요소로 하며 법이 이에 대하여 일정한 법적 효과를 결부시킨다고 할 때, 그것은 사법상 법률행위에 있어서 의사가 지니는 사적 자치의 구현으로서의 역할과는 구별되어야 한다. 후자에 있어 의사란 일정한 법률효과의 발생에 지향된 의사로서 법이 특별한 사정(예컨대 민법 제103조에 의한 반사회질서 사유)이 없는 한, 그대로, 즉 사인이 의욕한 대로 법률효과의 발생을 시인하고 이를 보호하는 것이다. 이와 비교해서 행정행위의 경우에는 의사표시에 결부된 법적 효과란, 법적 수권에 의해서 또 오로지 그 범위 내에서만, 공익목적실현을 위하여 인정되는 것일 뿐, 이로써 행위자의 의사의 자치를 인정한 것은 아니다. 따라서 행정행위의 요소로서의 의사표시란 바로 법적 규율의 의사결정과 표시, 즉 상대방에게 법적 효과를 미치는 결정이라는 의미로 이해되어야 한다. 후술하는 법률행위적 행정행위와 준법률행위적 행정행위의 구별 역시 이러한 관점에서 재검토되어야 한다.[15]

(라) 구체적 사실에 대한 법집행

행정행위는 구체적 사실에 대한 법집행이다. 이 요건은 무엇보다도 행정행위가 입법행위(법정립)가 아니라는 점을 밝히는 색출적 의미(heuristische Bedeutung)를 지닌다.

법적 규율은 그 수범자(Adressat)의 특정 여부에 따라 일반성/개별성과 그 규율대상인 사안의 내용(Regelungsgehalt)에 따라 구체성/추상성의 표지에 따라 구분된다.

이 경우 개별적·구체적 규율이 가장 전형적인 행정행위에 해당되는 반면, 일반적·추상적 규율이 법규범에 해당된다는 점에 관해서는 의문의 여지가 없다. 그리고 아래 그림에서

<행정행위에 있어 법적 규율의 유형>

구별기준		사안의 특정 여부	
		구체적	추상적
수범자	개별적	① 행정행위	③ 행정행위
	일반적	② 일반처분	법규범

15) 이에 관해서는 김남진, 「준법률행위적 행정행위의 문제점: 그의 해체를 주장하며」, 『고시연구』, 1992.5., 38 이하; 김동희, 『행정법 I』, 박영사, 2008, 244-245 각주 1; 김도창, 앞의 책, 365 등을 참조. 그러나 그렇다고 하여 행정행위에 있어 의사표시의 요소를 전적으로 부인하는 것이 아니라, 오히려 행정행위의 의사표시가 사법상 법률행위에 비하여 어떠한 특수성을 지니는가를 탐구해야 할 것이다(이에 관하여는 김남진, 「행정법상의 의사표시」, 『월간고시』, 1992.6., 83 이하, 특히 85, 각주 8을 참조).

②에 해당되는 일반처분(Allgemeineverfügung) 역시 행정행위의 개념에 속한다는 데 의문이 없다. 즉, 불특정인에 대한 특정사안의 규율로서, 예컨대 경부고속도로 서울-수원 하행선 구간에 대하여 무기한으로 판교 방면으로 차량진출을 금지하는 고시와 같은 경우, 또는 모년 모일 일정장소에서의 집회를 금지하는 경우이다. 그러나 ③의 경우 극히 드물기는 하지만, 예컨대 도로가 결빙하려고 하면 이를 방지하라고 하는 지시,[16] 또는 댐의 물이 위험수위를 넘으면 수문을 열라는 지시[17] 등을 생각할 수 있고, 이 같은 경우들은 '구체적 사실에 대한 법집행'에 해당된다고 할 수 없다. 그러나 이러한 규율들도 자세히 살펴보면 어느 정도 반복적인 효과를 지니기는 하지만, 결국 일정한 사정의 발생을 조건으로 구체적인 행위의무를 부과한 것이므로, 예컨대, 안면방해를 이유로 22시 이후에는 음악을 연주하지 말라는 금지와 그 본질적인 차이를 갖는 것은 아니라고 할 수 있다.[18] 이렇게 본다면, 개별적·구체적인 규율뿐만 아니라 일반적·구체적 규율(일반처분), 그리고 사안의 성질에 따라 개별적·추상적 규율로 볼 수 있는 경우 또한 '구체적 사실에 대한 법집행'으로서 행정행위에 해당한다. 행정심판법(§ 2 i)과 행정소송법(§ 2 ① i)의 '처분'개념 역시 '구체적 사실에 대한 법집행'을 구성요소로 삼고 있다.

오늘날 일반처분의 예는 도로통행금지, 입산금지, 도로의 공용개시 및 공용폐지, 민방위경보 등에서 보는 바와 같이, 증가일로에 있다. 문제는 개개의 사안에 대한 규율(Einzelfallregelung)로서의 행정행위와 일반적 규율로서의 법규범간의 전통적인 구별에 잘 들어맞지 않는 내용을 지닌 다양한 법적 행위들 — 예컨대 구속적 행정계획, 교통표지판이나 교통신호등, 자동차형식승인(자동차관리법 § 30) 등과 같은 유형의 행위들의 법적 성질을 어떻게 볼 것인지를 판정하기가 쉽지 않다는 것이다. 이 문제는 특히 이들 유형의 행위들의 법적 성질 여하에 따라 법적 규율이나 권리구제방법이 달라질 수 있기 때문에 중요하다. 먼저 구속적 행정계획의 경우 판례와 학설은 이를 행정처분에 해당한다고 보고 있다.[19]

> 대법원은 "「도시계획법」 제12조 소정의 도시계획결정이 고시되면 도시구역 안의 토지나 건물소유자의 토지형질변경, 건축물의 신축·개축 또는 증축 등 권리행사가 제한을 받게 되는바, 이런 점에서 볼 때 고시된 행정계획결정은 특정개인의 권리 내지 법률상의 이익을 개별적·구체적으로 규제하는 효과를 가져오게 하는 행정청의 처분이라 할 것이고, 이는 행정소송의 대상이 된다."라고 하였다.[20]

---

16) OVG Münster OVGE 16, 289.

17) H.J. Wolff, O. Bachof, und R. Stober, *Verwaltungsrecht* I, § 46 VI a 4.

18) 이 같은 규율도 행정행위의 성질을 지닌다고 보는 것이 독일의 통설이며 이것은 어쨌든 결과적으로 행정행위에 속한다고 할 수 있다(H.-U. Erichsen und W. Martens, *Allgemeines Verwaltungsrecht*, De Gruyter, 1979, § 11 II 6.a.).

19) 김동희, 『행정법 I』, 185-188.

한편 교통표식판이나 교통신호등의 경우 판례는 아직 없지만 대체로 독일행정법에서와 마찬가지로,[21] 이를 일반처분으로 보는 데 문제가 없을 것이다.[22] 반면 자동차관리법 제30조에 의한 자동차형식승인은 그것이 특정인, 즉, 제작자에 대한 관계에서 발급되는 것이므로, 설령 이에 따른 제품의 대량생산이 예상된다 할지라도, 개별처분, 즉, 행정행위에 해당한다.

④ 권력적 단독행위

행정행위는 권력적 단독행위, 즉 일방적 규율(einseitige Regelung)로서, 일면 비권력적 작용과, 타면 공법상 계약이나 공법상 합동행위와 구별된다. 일방적인 행위인 한, 상대방의 협력이나 동의, 또는 타행정청의 승인 등이 요구되는 경우에도 행정행위임에는 변함이 없다. 공무원임명같이 상대방의 동의가 요구되는 행위는 통상 쌍방적 행정행위라고 불리기도 하는데, 이 경우 쌍방적이란 말은 계약을 연상시키므로 '협력을 요하는 행정행위'(mitwirkungsbedürftiger Verwaltungsakt)란 개념을 사용하는 것이 나을 것이다.[23]

2. 행정쟁송법 및 행정절차법에 따른 처분의 개념

행정심판법(§ 2 i)과 행정소송법(§ 2 ① i)은 처분을 "행정청이 행하는 구체적 사실에 관한 법집행으로서의 공권력의 행사 또는 그 거부와 그 밖에 이에 준하는 행정작용"으로 정의하고 있다. 이것은 종래의 판례에 의한 처분개념을 국민의 권리구제의 폭을 넓히기 위하여 확대한 것으로 이해되고 있으며 특히 "공권력의 행사 또는 그 거부"뿐만 아니라, "그 밖에 이에 준하는 행정작용"을 포함시키고 있음이 주목되고 있다.[24] 행정절차법도 이와 동일한 처분개념을 사용하고 있다. 즉 행정절차법 제2조 제2호는 "처분"을 "행정청이 행하는 구체적 사실에 관한 법집행으로서의 공권력의 행사 또는 그 거부와 기타 이에 준하는 행정작용"으로 정의한다.

처분 개념에는 행정소송법 제1조가 규정하는 협의의 "처분", 즉 전통적인 행정행위[25]와,

---

20) 대법원 1982.3.9. 선고 80누105 판결.
21) 예컨대 H. Maurer, a.a.O., S.158, § 9 Rn.21.
22) 이상규, 『신행정법론(상)』, 법문사, 1994, 356; 홍정선, 앞의 책, 278 등.
23) 홍정선, 앞의 책, 282; G. Scholz, Bd.II, 30.
24) 김도창, 앞의 책, 688.
25) 이와 관련하여 행정심판법(§ 1)과 행정소송법(§ 1)은 행정쟁송의 대상을, "……처분 그 밖에 공권력의 행사·불행사"라고 규정하고 있는데, 이 중 '처분'이란 실체적 행정행위를 의미한다고 한다(김도창, 앞의 책, 756).

광의의 처분, 즉 공권력의 행사·거부에 해당하는 권력적 사실행위(예: 쓰레기하치장의 설치, 전염병환자의 강제격리, 토지출입조사, 불량식품검사를 위한 수거, 대집행의 실행 등)뿐만 아니라 "그 밖에 이에 준하는 행정작용"이란 규정을 통해 "앞으로의 시대적 수요에 따라 학설·판례를 통하여, …… 이른바 형식적 행정처분의 개념 아래 거론되는 행정작용들이 이 범주에서 논의될 수 있을 것"으로 기대되고 있다.[26] 이렇게 본다면, 위의 법규정에 따른 처분의 개념은 해석론상 당연히 강학상의 행정행위의 개념보다는 넓은 것이 될 수밖에 없으며,[27] 구체적으로 "그 밖에 이에 준하는 행정작용"이 무엇인가는 결국 학설발전과 판례형성을 통하여 밝혀지기를 기대하는 수밖에 없다고 할 것이다. 그러나 이 "처분"개념을 해석하는 문제와 이를 바탕으로 새로이 형식적 행정행위개념을 정립하는 문제는 기본적으로 별개의 문제이다. 문제는 무엇을 기준으로 위의 협의의 처분과의 동가치성을 인정할 것인가에 있으며 이에 따라 다음에 논의하는 바와 같은 행정행위의 효력상 특수성의 인정여부 및 인정범위여하가 결정되기 때문이다. 특히 문제가 되는 것은 사실행위 중 행정쟁송법에 의한 권리구제가 필요하다고 인정되는 경우일진대, 상대방의 수인의무를 발생시키는 권력적 사실행위의 경우에는 전술한 바와 같이 처분의 개념에 해당하는 것으로 볼 것이며, 그 밖의 경우에는 처분성을 인정할 것이 아니라 적합한 소송형태를 해석론상 또는 입법론상 확충시켜 나감으로써 해결을 모색하는 것이 정도일 것이다.

권력적 사실행위를 행정쟁송법상 처분에 포함되는 것으로 볼 것이냐에 관해서는 행정쟁송법상의 처분에 관한 쟁송법적 개념설(이원론)과 실체법적 개념설(일원론)의 대립이 있다.[28] 전자는 긍정하며 후자는 부정한다. 양 설은 나름대로 일리가 있으나, 문제해결의 관건은 현행 행정소송법규정의 해석에 있다. 현행 행정소송법의 해석상 처분의 개념은 ① 행정청이 행하는 구제적 사실에 관한 법집행으로서 공권력의 행사, ② 행정청이 행하는 구제적 사실에 관한 법집행으로서 공권력의 행사의 거부, ③ 그 밖에 이에 준하는 행정작용의 세 가지로 나누어 볼 수 있다. 여기서 첫째와 둘째의 개념과 행정행위(최협의)의 개념이 동일한 것인

---

26) 김도창, 앞의 책, 756.

27) 만일 '행정청이 행하는 구체적 사실에 관한 법집행으로서 공권력의 행사와 그 거부'에 권력적 사실행위가 포함된다고 해석하여 이에 처분성을 인정한다면, 적어도 그 한도에서는 행정소송법상 처분개념이 실체적 행정행위개념보다는 넓은 것이라는 결과가 된다. 그러나 이것은 어디까지나 행정소송법 제2조 제1항 제1호의 해석에 관한 개별적 문제이지, 행정행위의 개념을 사실행위 일반에까지 확대하는 문제와 직접적인 관련은 없다.

28) 김남진 교수는 종래 일원론을 취했으나 사실행위 중 처분에 포함시켜 항고쟁송으로 다툴 수 있게 할 필요가 있는 것(경고, 특정상품의 추천 등)이 있다는 점, 그리고 행정심판법·행정소송법, 행정절차법이 명문화한 처분 개념의 해석상 처분개념이 넓게 이해되지 않을 수 없는 점을 이유로 이원론으로 학설을 변경하였다(『행정법 I』, 1998, 784-785).

가가 문제된다. 먼저 둘째의 개념에 관하여 본다면, 거부처분 역시 소극적 처분인 이상, 첫째의 개념과 구별하여 특별히 취급해야 할 필요는 없다(이는 간주거부에 대해서도 마찬가지로 타당하다). 다음 '행정청이 행하는 구제적 사실에 관한 법집행으로서 공권력의 행사'의 개념이 실체적 행정행위의 그것에 비추어 문제되어야 한다. 실체적 행정행위의 개념은 일반적으로 '행정청이 법 아래서 구체적 사실에 대한 법집행으로서 행하는 권력적 단독행위인 공법행위'라고 파악되고 있다. 양자가 동일한 것인지 여부는 '공권력의 행사'와 '권력적 단독행위인 공법행위'란 행정행위의 개념적 징표의 비교에 귀착되는데, 특히 권력적 사실행위, 즉 특정한 행정목적을 위하여 행정청의 일방적 의사결정에 의하여 국민의 신체·재산 등에 실력으로 행정상 필요한 상태를 실현하는 권력적 행정작용이 행정소송법상 '공권력의 행사'에 포함되는지가 문제된다.[29] 생각건대, 이원론이 주장하는 바와 같이 권력적 사실행위를 '공권력의 행사'에 해당한다고 볼 것인지는 별개의 문제이다. 그러한 결론은, 행정소송법의 문언상 적어도 '법적 행위 또는 규율'(Rechtsakt, Regelung)이라는 요소가 나타나고 있지 않은 이상, 해석론상 결코 불가능한 것은 아니다. 이것은 형식적 행정행위가 어떻든 기본적 요소로 삼고 있는 실체적 행정행위의 개념에 관한 문제로서, 형식적 행정행위론의 당부에 대한 평가 이전의 문제이다. 그렇다면 '구체적 사실에 대한 법집행'이란 단순한 집행행위까지를 포함하는 개념인가 아니면 구체적 사안에 대한 규율이란 법적 행위의 요소를 의미하는가. 생각건대, 행정소송법상의 문언만으로 본다면 그 처분의 개념에는 '행정청이 행하는 구체적 사실에 관한 법집행으로서의' 권력적 사실행위가 포함된다는 결론이 가능하다.[30] 이와 관련하여 헌법재판소의 판례 중에는 "수형자의 서신을 교도소장이 검열하는 행위는 이른바 권력적 사실행위로서 행정심판이나 행정소송의 대상이 되는 행정처분으로 볼 수 있으나, 위 검열행위가 이미 완료되어 행정심판이나 행정소송을 제기하더라도 소의 이익이 부정될 수밖에 없으므로 헌법

---

29) 당초 행정소송법 개정시안은 처분을 '공권력의 행사 또는 그 거부와 그밖에 이에 준하는 행정작용'으로 정의하고 있었으나, 이에 대한 논란을 거치는 과정에서 "행정청이 행하는 구체적 사실에 관한 법집행으로서의"라는 문구가 들어가게 되었다고 한다. 그리하여 김남진 교수(『행정법의 기본문제』, 515)는 이로써 "최소한 행정청의 일반·추상적 규율로서의 명령 및 사실행위(준법률적 행위) 같은 것은 처분에 해당되지 않음이 명백해진 것"이며 따라서 종래 주장되던 쟁송법적 처분개념의 핵심부분이 입법을 통해 부인되었다고 해석하였다. 반면, 김도창 교수(『일반행정법론(상)』, 756)는 행정소송법 제2조 제1호의 규정 중에서 '행정청이 행하는 구체적 사실에 관한 법집행으로서의'라는 구절과는 상관없이, 광의의 처분개념을 실체적 행정행위와 법 제2조 제1호가 규정하는 그 밖의 '공권력의 행사 또는 그 거부와 그밖에 이에 준하는 행정작용'을 포함하는 것으로 새기고 있다. 즉, 행정소송법상 처분개념에는 행정소송법 제1조가 규정하는 '협의의 처분', 즉 전통적인 행정행위 외에 공권력의 행사·거부에 해당하는 권력적 사실행위가 포함되는 것으로 해석하고 있는 것이다(동지 김동희, 앞의 책, 705).

30) 이러한 의미에서 위의 첫째와 둘째 개념을 실체적 행정행위개념과 동일시하는 것(홍정선, 앞의 책, 691)은 옳지 않다.

소원심판을 청구하는 외에 다른 효과적인 구제방법이 있다고 보기 어렵기 때문에 보충성의 원칙에 대한 예외에 해당한다."라고 판시한 것[31]이 있다. 다만, 권력적 사실행위를 행정소송법상 공권력행사에 포함되는 것으로 해석할 경우, 이에 대한 취소소송이 과연 가능한가가 문제되지 않을 수 없다. 일설은 취소소송에 있어 취소의 대상은 법적 행위이라고 하거나,[32] 취소소송은 기존의 법적 효과를 소멸시키는 것을 목적으로 하는 것이라는 점 등을 이유로 이를 부정하는 데 반하여,[33] 권력적 사실행위의 취소는 위에서 본 바와 같은 권력적 사실행위에 결부된 법적 효과인 수인의무의 해제로서 의미를 갖는다고 보는 입장이 유력하게 제기되고 있다.[34] 권력적 사실행위에 대한 권익구제방법에 관한 한, 양 설은 나름대로 일리를 지니고 있다. 또한 취소소송의 형성소송으로서의 본질이나 국민의 권익구제제도로서 행정소송의 확충 및 활용문제를 감안할 때 전자의 견해가 보다 타당하다고 할 수 있다. 그러나 해석론상 후설이 지니는 타당성을 부인할 수는 없다. 따라서 국민의 입장에서는 권력적 사실행위에 대한 취소소송과 이를 원인으로 하는 공법상 당사자소송을 선택적으로 또는 병합하여 제기하는 것이 바람직하며 또한 가능하다.

---

31) 헌법재판소 1998.8.27. 선고 96헌마398 결정(통신의 자유등 위헌확인: 헌공, 29).

32) 홍정선, 앞의 책, 277.

33) 이러한 입장에서는 '사실행위의 취소'보다는 행정상의 일반이행소송의 인정을 전제로 한 '사실행위의 중지 또는 제거청구'가 더 올바른 문제해결임을 인식할 필요가 있다고 한다(김남진, 『행정법 I』, 776; 홍정선, 앞의 책, 277).

34) 김동희, 앞의 책, 705-706.

제9장

재량과 재량행위의 새로운 이해*

Ⅰ. 쟁점

우리는 종종 '~부장관이 또는 ~담당기관이 재량을 가진다'는 말을 듣는다. 별거 아닌 얘기로 흘려들을 수도 있지만 민원을 넣은 사람의 입장에서는 자칫 사업의 착수나 성공 여부에 심각한 영향을 미치는 무시무시한 말이 되기도 하고 경우에 따라서는 그 '재량'을 유리하게 이끌기 위해 뇌물이나 특혜를 동원하는 등 부정부패를 가져오는 원인이 되기도 한다. 만일 입법자가 전지전능해서 행정청의 권한을 모두 샅샅이 분석하여 요건과 효과를 명확히 정해 놓을 수만 있다면 '재량' 즉 '선택의 여지'란 개념은 아예 불필요하게 될 것이다. 하지만 현실은 그렇지 못한다. 아니 오히려 발생가능한 모든 사례상황을 미리 예측하는 것은 신의 영역이어서 그런 일은 꿈도 꿀 수 없을 것이다. 그렇다면 어쩔 수 없이 행정에게 그런 '선택의 여지'를 남겨야 하는 것일까. 아니다. 입법은 입법이고 행정은 행정이다. 오히려 행정이 대처해야 하는 상황이 복잡다양할 뿐만 아니라 변화무쌍하므로 행정에게 적합한 조치를 선택할 수 있는 여지, 즉 권한을 부여하는 것이 합리적이라는 생각, 그런 불확실성의 상황에 적극적·능동적으로 대처할 수 있는 역량이야말로 행정의 본령이라는 철학에서 재량의 개념이 나오는 것이다. 재량은 입법자가 법을 만들고 여러 가지 이유에서 남겨 놓은 영역에서 행정에게 던져 준 불가피한 선택의 여지가 아니라 법을 만들면서 행정이 유념해서 (입법의 영역을 넘어) 입법정신을 살리는 구체적인 선택을 할 수 있도록 부탁한 역할이자 임무이다. 행정재량의 문제는 그러므로 입법과 행정, 그리고 사법이 함께 교착하는 행정법의 중추(中樞) 영역이

* 홍준형, 『행정법』, 법문사, 2017, 134-149를 토대로 수정·보완하고 재량이론 재검토 부분을 추가한 것임.

라 할 수 있다.

재량의 사전적 의미는 '자기 생각대로 헤아려서 처리함'이다. '잰다'(ermessen), '헤아린다'는 개념이 드러난다. 하지만 그 핵심은 재고 헤아림을 통한 '선택의 여지'(Spielraum)에 있다. 행위 여부나 내용을 선택할 수 있는 여지가 재량의 핵심이다.

전통적 분류방식은 행정행위를 법에 의한 기속 여하에 따라 기속행위와 재량행위로 나눈다. 그러나 재량의 문제는 '행정행위의 한 종류', 즉 하위범주인 '재량행위'로서만 다룰 것이 아니라 재량과 불확정법개념이라는 행정법의 기본개념 문제로 법치행정의 원리와 연관지어 논의하는 것이 올바른 접근방법이다. 이 점은 법규 해석과 구체적 사실 확정 및 포섭(Subsumtion)을 통해 법적 효과 산출에 이르는 법적용의 논리구조를 볼 때 분명히 드러난다.

법규의 해석상 어떤 법규정이 행정청에게 행위 여부나 행위 내용에 관한 넓은 의미에서 선택의 여지를 부여하고 있다고 판단되는 경우, 행정청은 재량권 또는 재량의 여지를 가진다고 말할 수 있다(재량의 수권문제).

재량의 유형은 이를 결정재량과 선택재량으로 구분하는 것이 일반적이다. 예컨대 「집회 및 시위에 관한 법률」 제20조 제1항 제2호에 따라 신고되지 않은 집회나 시위는 관할경찰서장에 의해 해산될 수 있다. 관할경찰서장은 이에 따라 해산을 명할 권한을 갖지만 그렇게 해야 할 의무를 지는 것은 아니다. 다시 말해서 그는 해산명령을 할 것인가 또는 하지 않을 것인가라는 두 가지 가능성 사이에서 선택권을 가지고 있는 것이다. 또한 수수료에 관한 법령이 예컨대 3만 원에서 5만 원 사이의 수수료를 징수할 수 있도록 정하고 있는 경우, 행정청은 그 범위 내에서 수수료를 스스로 정할 수 있다. 전자의 경우 행정청이 갖는 재량을 결정재량(Entschließungsermessen), 후자의 경우 선택재량(Auswahlermessen)이라고 부른다.

반면 기속행위란 법이 일정한 요건이 충족되면 그 효과로서 일정한 행정행위를 해야 한다고 규정하고 있을 때 행해지는, 즉, 법이 행정청에게 결정이나 선택의 여지를 주지 않았다는 의미에서, '기속된' 행정행위를 말한다. 따라서 기속행위와 재량행위의 구분은 행정행위 자체의 본질 또는 성질의 차이로부터 나오는 것이 아니라, 법이 행정청에게 재량권을 수권하고 있느냐 아니면 법적 기속을 가하고 있느냐에 따라 판단해야 할 문제이다.

재량행위라는 개념범주는 '행정행위의 하위개념'이 아니다. 일반적으로 법령이 "필요한 조치를 취할 수 있다"고 규정하는 경우 그 필요한 조치는 비단 행정행위에 한정되지 않는다. 즉, 재량은 사실행위에서도 인정될 수 있는 개념이다. 국내 문헌들이 재량행위와 기속행위 문제를 행정행위분류 차원에서 다루는 것은, 행정행위 중 행정청 재량에 속하는 행위와 그렇지 못한 행위가 있는 이상, 의미가 없진 않지만, 자칫 양자의 개념과 구별이 단지 행정행위에 관해서만 성립될 수 있다는 것인 양 오해를 불러일으킬 소지가 있다. 재량행위 문제는 곧 재량권 문제이고, 재량권행사에 의한 행위가 반드시 행정행위일 것을 전제로 하는 것은 아니기 때문이다(이러한 관점에서, 재량과 불확정개념 문제는 행정법의 기본개념으로 논의하는 것이 마땅하지만, 다만 독자의 혼란을 피하기 위해 일반적인 서술방식에 따를 뿐이다). 한편, 우리나라 문헌과 판례는 재량을 자유재량(공익재량)과 기속재량(법규재량)으로 구분하고 "무엇인 법인가를 판단하는 재량이 기속재량이고 무엇이 공익목적 내지 행정목적에 보다 적합한 것인지를 판단하는 재량이 자유재량"이라고 설명한다. 그러나 자유재량과 기속재량의 구별은 불필요하다. 재량이란 선택의 자유를 의미하므로 선택의 자유가 인정되지 않는다면 이를 모두 기속행위라고 불러야 할 것이다. 재량행위 역시 법적 한계를 지닌다는 점을 감안할 때, 김남진 교수가 적절히 지적하는 바와 같이 "결국 자유재량 아닌 재량이 없고, 기속재량 아닌 재량이 없는 것"[1]이고, 또한 '무엇인 법인가를 판단하는 것'은 오히려 사법의 권한이지 행정의 재량에 맡겨질 수 없기 때문이다. 학자에 따라서는 기속재량이란 용어를 판단여지(Beurteilungsspielraum)를 지칭하는 것으로 새기기도 한다.[2] 그러나 양자가 구별될 뿐만 아니라 판단여지 자체의 인정여하가 논란되는 것이므로 그런 뜻으로 기속재량이란 말을 사용하는 것이라면, 그런 용어법은 피하는 것이 옳다. 요컨대 기속재량행위의 개념은 기속행위 개념에 통합시켜야 한다.

한편 행정법규가 사용하고 있는 법개념 중에는 불확정적인 것이 있을 수 있는데("필요한 경우", "상당한 이유", "공익에 대한 위해를 제거하거나 경감하기 위하여 필요한 경우"(도로교통법 § 75 iii · 하천법 § 68 ① iii), "공안 또는 풍속을 해할"(관세법 § 146), "적당한 장소에 일정한 기간"(전염병예방법 § 37) 등과 같은 규범적 개념들),[3] 이러한 법개념의 불확정성은 사실상 불가피한 측면이 있을 뿐만 아니라 법목적에 따라서는 일정한 유용성을 지닐 수 있다는 점 또한 부인할 수 없다. 이러한 경우 행정청이 그 개념의 판단여지를 갖느냐, 그렇다면 그것은 재량권을 가진다는 것을 의미하느냐가 문제되는데, 이를 불확정개념 또는 엄밀히 말해 불확정법개념(unbestimmte Rechtsbegriffe)의 문제라고 한다. 이 문제는 따라서 재량의 문제와 밀접하게 연관되어 있다. 재량행위와 기속행위의 문제는 행정의 행정행위와 그 법적

---

1) 김남진, 『행정법 I』, 법문사, 1997, 227.
2) 김남진, 『행정법의 기본문제』, 법문사, 1990, 162.
3) 종래 불확정개념을 '주간', '야간', '일몰 후'와 같이 지각할 수 있고 따라서 객관적으로 확정할 수 있는 경험적 개념(Empirische Begriffe) 또는 사실적 · 기술적 개념(faktische, deskriptive Begriffe)과 주관적 평가의 여지를 수반하는 규범적 개념(Normative Begriffe) 또는 가치관련적 개념(wertbezogene Begriffe: K. Engisch)으로 나누고 후자를 재량이 부여된 경우로 보거나 사법심사가능성을 부정하는 입장이 있었으나 경험개념과 가치개념의 구별 자체가 불명확하다는 점에서 오늘날 더 이상 주장되지 않는다.

근거규정의 관계, 그리고 행정과 사법의 관계하에서 본 행정의 구속과 자유의 문제인 것이다.[4)]

Ⅱ. 기속행위와 재량행위의 구별

1. 구별의 필요성

일반적으로 기속행위와 재량행위를 구별하는 실익은 다음과 같은 사정에 연유한다.

(1) 행정소송과의 관계

기속행위의 흠은 원칙적으로 위법성의 문제인 반면, 재량을 그르치면 부당의 문제가 된다. 법률이 행정청의 '위법'처분에 대하여 개괄적으로 행정소송을 제기하도록 허용하는 경우, 재량행위는 통상 위법성의 문제가 생기지 않기 때문에, 원칙적으로 행정소송의 대상이 될 수 없다고 여길 수도 있다.[5)] 그러나 현행법에 재량사항이 사법심사에서 제외된다는 명문의 규정은 없다. 오히려 행정소송법은 제27조에서 "행정청의 재량에 속하는 처분이라도 재량권의 한계를 넘거나 그 남용이 있는 때에는 법원은 이를 취소할 수 있다."라고 규정하여 재량사항 역시 법이 인정하는 범위 내에서만 허용됨을 분명히 하고 있다. 게다가 어떤 행위가 재량행위인지 기속행위인지는 본안심리를 통해서만 밝혀질 수 있는 것이지, 소송요건심사과정에서 선취될 수 있는 성질의 문제는 아니라는 것이 통설과 판례이다(청구기각설).[6)] 그렇다면 양자의 구별 실익은 행정소송의 대상성 여부가 아니라, 단지 행정청이 일정한 행정행위를 위해 부여된 재량권의 내적·외적 한계를 넘지 않는 한, 설령 재량행사가 타당하지 못하더라도 위법의 문제가 발생하지 않을 뿐이라는 법적 효과의 차이에 있다.

<판례>

재량권의 남용이나 재량권의 일탈의 경우에는 그 재량권이 기속재량이거나 자유재량이거나를 막론하고 사법심사의 대상이 된다.[7)]

---

4) C.H. Ule, "Zur Anwendung unbestimmter Rechtsbegriffe im Verwaltungsrecht," *Gedächtnisschrift für W. Jellinek*, 1955, S.314.
5) 김도창, 『일반행정법론(상)』, 법문사, 1994, 339.
6) 김도창, 위의 책, 345(각주 17).

<기속행위와 재량행위에 대한 사법심사 방식>

행정행위를 기속행위와 재량행위로 구분하는 경우 양자에 대한 사법심사는, 전자의 경우 그 법규에 대한 원칙적인 기속성으로 인하여 법원이 사실인정과 관련 법규의 해석·적용을 통하여 일정한 결론을 도출한 후 그 결론에 비추어 행정청이 한 판단의 적법 여부를 독자의 입장에서 판정하는 방식에 의하게 되나, 후자의 경우 행정청의 재량에 기한 공익판단의 여지를 감안하여 법원은 독자의 결론을 도출함이 없이 당해 행위에 재량권의 일탈·남용이 있는지 여부만을 심사하게 되고 이러한 재량권의 일탈·남용 여부에 대한 심사는 사실오인, 비례·평등의 원칙 위배 등을 그 판단 대상으로 한다(대법원 2001.2.9. 선고 98두17593 판결, 대법원 2005.7.14. 선고 2004두6181 판결 등 참조).[8]

(2) 부관의 허용여부

기속행위와 재량행위의 구별은 부관의 허용여부에 관하여 중요한 차이를 가져온다. 행정행위의 부관은 재량행위에만 붙일 수 있다고 보는 것이 다수설이자 판례이기 때문이다. 반면 기속행위라고 하여 부관을 붙일 수 없는 것은 아니며, 재량행위도 언제나 부관을 붙일 수 있는 것은 아니라는 비판이 제기된다.[9] 이 견해에 따르면 양자의 구별로 부관의 허용여부가 좌우되는 것은 아니라고 한다. 그러나 이 견해 역시 기속행위에 대하여 일반적으로 부관을 붙일 수 있다고 주장하는 것이 아니라, 법률요건의 충족을 확보할 필요가 있다고 판단되는 때 등 일정한 경우에 한하여 기속행위에 대해서도 부관을 붙일 수 있다고 보기 때문에 그 한도 내에서 양자의 구별이 여전히 의미를 지닌다는 점은 부인할 수 없을 것이다.

<판례>

일반적으로 기속행위나 기속적 재량행위에는 부관을 붙일 수 없고, 가사 부관을 붙였다 하더라도 이는 무효의 것이다. 따라서 감독관청이 사립학교법인의 이사회소집 승인을 하면서 소집일시·장소를 지정한 것은 기속재량행위에 붙인 부관으로 무효이다.[10]

광업권자는 광업법 소정의 채굴제한 등 특별한 사유가 없는 한 인가된 채광계획구역에서 등록된 광물을 채굴하여 자유롭게 처분할 수 있고 또한 동일광상 중에 부존하는 다른 광물이나 골재를 부수적으로 채굴·채취할 수 있다 할 것이고, 한편 주무관청이 광업권자의 채광계획을 불인가하는 경우에는 정당한 사유가 제시되어야 하고 자의적으로 불인가를 하여서는 아니 될 것이므로 채광계획인가는 기속재량행위에 속하는 것으로 보아야 하며, 일반적으로 기속재량행위에는 부관을 붙일 수 없고 가사 부관을 붙

---

7) 대법원 1984.1.31. 선고 83누451 판결.
8) 대법원 2007.5.31. 선고 2005두1329 판결(도로점용허가거부처분취소등). 또한 대법원 2005.7.14. 선고 2004두6181 판결(건축허가신청반려처분취소).
9) 김남진, 『행정법 I』, 282 이하.
10) 대법원 1988.4.27. 선고 87누1107 판결.

였다 하더라도 이는 무효이므로, 주무관청이 채광계획의 인가를 함에 있어 '규사광물 이외의 채취금지 및 규사의 목적 외 사용금지'를 조건으로 붙인 것은 광업법 등에 의하여 보호되는 광업권자의 광업권을 침해하는 내용으로서 무효이다.[11)]

(3) 기타의 견해

그 밖에 재량행위와 기속행위의 구별필요성을, 재량행위에는 확정력(불가변력)이 인정되지 않는다는 점에서 찾는 견해가 있으나, 재량행위도 취소·변경이 자유로운 것은 아니라는 비판을 받다. 그 구별필요성을 공권의 성립가능성과 연관시키는 견해가 있으나, 기속행위의 근거법에서 공권을 도출하는 문제는 기속행위와 재량행위의 구별과는 전혀 별개의 문제이다.

(4) 결론

법이 행정청에게 재량을 부여한 것은 행정목적수행의 탄력성과 융통성을 고려한 것으로서 유용한 것일 뿐만 아니라 복잡다양하고 변화무쌍한 행정수요의 성격상 불가피한 것이라고도 할 수 있다. 그러나 재량이란 어디까지나 법이 의식적으로 행정의 적법성과 합목적성 사이의 조화를 꾀하기 위해 부여한 것이라는 점을 유념할 필요가 있다. 재량의 문제가 행정의 법적용과정에서 법치행정의 원리와 마주치는 문제로서 다루어져야 할 이유가 바로 거기에 있다. 그런 관점에서 위에서 본 바 법적 규율의 차이들을 고려하여야 할 것이다.

2. 학설

(1) 요건재량설

재량은 행정행위의 요건사실의 인정, 즉, 요건사실해당성에 관한 판단에 있다는 견해로, 행정법규가 처분을 할 수 있다는 수권규정만 두고 처분의 요건에 관해서는 아무런 규정을 두지 않은 경우(**공백규정**)와 '공익상 필요'만을 요구하는 경우(**종국목적**)에는 공익재량(**자유재량**)에 속하고, 개개의 행정활동에 특유한 중간적인 직접목적을 처분의 요건으로 규정하고 있을 때(**중간목적**)에는 **기속재량**이 성립한다고 한다. 공익목적은 모든 행정활동에 공통된 종국목적일 뿐, 개개의 행정활동은 그것에 특유한 중간적인 직접목적을 통해서만 이 종국목적을 실현할 수 있는 것이므로, 공백규정의 경우나 법이 종국목적만 규정하는 경우에는 행정청이 스스로 그 직접목적을 정할 수 있음을 의미하는 반면, 법이 중간목적을 직접 규정하는 경우 당해 행

11) 대법원 1997.6.13. 선고 96누12269 판결.

정활동의 기준이 일의적으로 확정되어 행정청이 이에 기속을 받는 것(**기속재량**)이라고 한다.

그러나 이 견해에 대해서는 첫째, 행정행위의 종국목적과 중간목적의 구분 자체가 불분명하고, 둘째, 법규정에 지나치게 편중함으로써 결과적으로 행정의 자유영역을 확대했을 뿐 아니라, 법률문제인 요건인정을 재량문제로 오인하고 있다는 등의 비판이 있다.

(2) 효과재량설

재량은 행정행위의 요건이 아니라 법률효과의 선택(작위·부작위, 복수행위 간의 선택)에 있다는 견해로, 기속재량과 공익재량의 구별은 법률효과의 선택의 여지가 인정되느냐의 여부에 따라 결정되는 것이라고 한다. **법에 특별한 규정이 있는 경우를 제외하고는 행정행위의 성질, 즉, 수익적 행위인가 부담적 행위인가에 따라 기속/재량행위 여부를 결정할 수 있다**고 보는 이 견해는 일본과 우리나라에서 오랜 동안 지배적인 이론으로 통용되었다.[12] 이에 따르면 개인의 자유나 권리를 제한·침해하거나 의무를 부과하는 **침익적 행위는 기속행위**이고 개인에 새로운 권리를 설정하거나 이익을 부여하는 **수익적 행위**는, 법이 특히 개인에게 그 권리·이익을 요구할 수 있는 권리를 인정하는 경우 외에는, 원칙적으로 자유재량행위이며, 또한 **개인의 권리·의무에 영향을 미치지 않는 행위**는 법이 특별한 제한을 두고 있지 않는 이상, **자유재량행위**라고 본다.[13]

이 견해는 재량개념을 축소하여 사법심사의 영역을 확대한 공적을 무시할 수 없지만,[14] 첫째, 급부행정의 영역에서 수익적 행위 역시 그 요건이 일의적으로 규정되어 기속행위로 볼 수 있는 경우가 적지 않으며, 둘째, 정책재량이나 전문기술적 지식을 요하는 기술재량(예컨대 학위수여거부나 학생징계 등)에 속하는 사항은 불이익처분일지라도 사법심사의 대상으로 하기 어렵다는 점에서 비판되고 있다.

<이른바 '판단여지설'>

일부의 학자들은 불확정개념의 사법심사에 관해 주장된 독일의 이론, 특히 바호프(Bachof)나 울레(Ule)의 견해를 판단여지설이란 이름하에 재량행위와 기속행위의 구별을 위한 학설의 하나로 소개하고 있으나 이는 타당하지 않다. 이러한 학설상의 혼동은, 예컨대 "불확정개념에 의하여 행위의 요건이 정하여져 있는 때에도 재량행위가 있음을 인정하는 견해"(이상규, 『신행정법론(상)』, 282)라고 하거나, 또는 판단여지설을 요건재량설과 구별하면서도, 위의 학설들과 동일한 차원에서 고려하는 서술방식(김도창, 『일반행정법론(상)』, 386 이하)에서 나타나고 있다. 재량과 불확정법개념이 서로 구별되는 것임은 우리나라에

---

12) 김남진 교수(『행정법 I』, 230)는 행위의 성질을 기준으로 삼는다는 점에서 성질설이라고 한다.
13) 김동희, 『행정법 I』, 박영사, 2008, 245.
14) 藤田宙靖, 『新版行政法 I(總論)』, 青林書院, 1986, 82.

서도 대체로 인정되고 있으며(김남진, 『행정법 I』, 225-226), 그것이 또한 독일의 확고한 판례와 통설이다. 이 점을 감안한다면, 판단여지설은 후술하는 불확정개념의 적용과 사법심사에 관한 문제에서 다루는 것이 옳다.

(3) 평가

요건재량설과 효과재량설이 각기 문제점을 지니고 있음은 이미 앞에서 본 바와 같다. 대부분의 학자들이 재량행위의 판단기준을 개개의 행정법규의 문언상의 표현뿐만 아니라 그 취지나 목적, 행위의 성질을 합리적으로 고려해서 결정하려는 절충적인 경향을 보이는 것도 바로 그 때문이다. 기본적으로 이러한 입장은 옳다. 그러나 재량행위와 기속행위의 구별이 행위 자체의 성질로부터 처음부터 규정되는 것이 아님을 인식할 필요가 있다. 문제는 일정한 행정행위가 행정청의 재량에 속하는가의 여부를 판단하는 데 있기 때문이다. 그것은 일차적으로 **관계법규정의 해석문제**이다.

여기서는 먼저 **법규정의 문언으로부터 출발**해야 할 것이다. 만일 수권법규가 문언상 "할 수 있다"라는 표현으로 규정하는 경우(가능규정: Kann-Vorschrift)에는 기본적으로 재량권을 부여하는 것으로, 반대로 "하여야 한다", "할 수 없다", "하여서는 아니 된다", 또는 "한다"라고 되어 있으면 기속행위가 성립하는 것으로 이해할 수 있다.

법령이 문언상 기속행위와 재량행위를 구분하고 있는 예는 많다. 예컨대 도로교통법 제93조 제1항은 "지방경찰청장은 운전면허(연습운전면허를 제외한다. 이하 이 조에서 같다)를 받은 사람이 다음 각 호의 어느 하나에 해당하는 때에는 행정안전부령이 정하는 기준에 의하여 운전면허를 취소하거나 1년 이내의 범위에서 운전면허의 효력을 정지시킬 수 있다. 다만, 제2호·제3호, 제6호 내지 제8호(정기적성검사기간이 경과된 때를 제외한다), 제11호, 제13호, 제15호, 제16호 또는 제17호에 해당하는 때에는 운전면허를 취소하여야 한다."라고 규정하고 있는데, 이 규정 본문에 따라 지방경찰청장은 예컨대 운전 중 고의 또는 과실로 사고를 일으킨 자(동 제x호)에 대하여 이러한 처분을 할 것인지(결정재량)와 면허정지나 취소 중 어떤 처분을 할 것인지(선택재량)에 관하여 재량을 갖는다고 볼 수 있다. 반면 동조 단서에 따르면, 가령 허위 또는 부정한 수단으로 운전면허를 받은 자(동 제vii호)에 대해서는 반드시 운전면허를 취소해야 하므로 이 경우는 기속행위가 성립한다.

반면, **요건재량은 한계적 사례에서 예외적으로 인정될 수 있는 판단여지를 제외하고는 부정된다**고 보아야 할 것이다. 재량의 수권으로 표현된 입법자의 의사와 불확정개념을 통해 표출된 입법기술상의 한계를 동일시할 수는 없기 때문이다. 불확정개념은 사실 불확정적이기는 하지만 의연 '법개념'(Rechtsbegriff)이라는 점을 유의할 필요가 있다. 그 최종적인 해석권한은 행정청이 아니라 법원이 가지는 것이다. 따라서 판단여지가 인정되는 경우에도 그 인정범위는 행정청이 아니라 법원이 정해야 하는 것이므로, 이는 재량과는 구별하여야 한다.

김동희 교수는 불확정법개념도 법개념이므로, 증거법규상 이 개념이 사용되었다고 해서 그것이 행정청에게 재량권을 부여한 것은 아니라고 하면서도 "그러나 제한적이기는 하나, 불확정개념의 해석 · 적용에 있어 행정청의 판단의 여지가 인정되는 경우에 있어서는, 그 한도에서 법원의 재판통제가 미치지 아니하는 것이므로, 실질적으로는 재량행위와 같은 의미를 가지는 것"이라 한다. "환언하면, 불확정개념을 사용한 경우에 있어서의 행정청의 판단여지와, 재량행위에 있어서의 재량권은 이를 구별할 실익이 없다."라는 것이다.[15] 그러나 김남진 교수는 판단여지와 재량의 구별필요성을 인정한다.[16] 생각건대, 재량개념과 불확정개념을 통해 표현된 입법자의 의도가 상이하다는 점에 주목할 필요가 있다. 또한 재판통제 또는 사법심사의 가부는 재량개념의 통일성을 말해 주는 징표가 아니다. 사법심사에서 배제되는 통치행위를 재량행위로 보는 견해가 이미 설득력을 상실한 지 오래임은 의문의 여지가 없다. 요컨대, 사법심사의 가부가 재량개념의 충분조건일 수 없는 이상 재량과 불확정법개념은 서로 구별해야 한다.

그러나 **법규정 문언상 표현은 일응의 추정을 가능케 하는 단서일 뿐, 절대적인 기준은 아니다.** 가령 법령의 목적이나 사안의 성질상, 법령이 가능규정의 형식을 취하면서도 실질적으로는 이를 합리적인 정당화사유에 의하여 뒷받침될 때에만 수권한다는 취지로 해석되는 경우에는, 이를 법령의 문언에도 불구하고 행정에 독자적인 판단의 여지를 제한하는 기속규정으로 보아야 할 경우가 충분히 있을 수 있다.

> 가령 구 사무관리규정(1991.6.19. 공포: 대통령령 13390호)은 제33조 제2항에서 공문서를 보존하고 있는 행정기관은 행정기관이 아닌 자가 문서의 열람 또는 복사를 요청하는 때에는 비밀 또는 대외비로 분류된 문서이거나 특별한 사유가 있는 경우를 제외하고는 이를 허가할 수 있다고 규정하고 있었다.[17] 그러나 사무관리규정 제33조 제2항이 "할 수 있다"라는 문언형식을 취했을지라도 이것은 규정 취지상 재량권을 부여한 것이 아니라 오히려 기속규정으로 보아야 한다는 것이 대법원의 판례였다. 대법원은 "사무관리규정 제33조 제2항에 의한 행정기관의 정보공개 허가여부는 기밀에 관한 사항 등 특별한 사유가 없는 한 반드시 정보공개청구에 응하여야 하는 기속행위로서 행정기관에 대하여 정보공개에 대한 재량권을 부여하고 있다고 해석할 수 없는 것"[18]이라고 판시했고, 1992년 6월 23일 청주시정보공개

15) 김동희, 앞의 책, 250.
16) 김남진, 『행정법 I』, 236 및 각주 13.
17) 이것은 1997.10.21. 법개정으로 삭제되었고 1999.12.7. 법개정으로 이 조항 자체가 삭제되었다.
18) 대법원 1989.10.24. 선고 88누9312 판결.

조례의 재의결취소사건에서 이를 재확인함으로써, 구 사무관리규정 제33조 제2항이 문언형식으로 보아 행정기관에게 재량권을 부여하고 있다는 것을 전제로 청주시정보공개조례상의 정보공개의무조항이 같은 규정의 공개여부에 관한 행정기관의 재량적 판단권한을 박탈한 것으로서 위법하다고 주장한 청주시장의 주장을 배척하였다.[19)]

그 밖에 공백규정이나 법문의 표현이 불분명할 경우에는 문제된 행위의 실질을 종합적으로 평가함으로써 법이 의식적으로 행정청의 재량의 자유(Ermessensfreiheit)를 부여한 것으로 볼 수 있는가를 판단해야 할 것이다. 그 경우 **법적 효과**도 고려해야 함은 물론이다. 다만, 수익적 행위 역시 기속행위로 판단될 수 있는 경우도 있을 수 있다.

요약하면, 다음과 같다.

1. **관계법규정의 해석문제**이므로 **법규정 문언**에서 출발한다. **요건재량은** 한계적 예외사례에서 인정되는 **판단여지를 제외하고는 부정**된다.
2. 그러나 **법규정 문언이나 표현은** 일응의 추정을 위한 단서일 뿐, **절대적 기준은 아니다.**
3. **공백규정이나 법문의 표현이 불분명할** 경우 **행위의 실질을 종합적으로 평가**하여 법이 행정에 재량의 자유를 부여한 것인지 판단한다. 그 경우 **법적 효과**도 고려한다.

3. 판례

종래 판례 중에는 불이익처분을 기속재량행위로 보거나 특정인에게 권리를 설정하는 행위는 행정청의 재량에 속한다는 취지로 판시한 것들이 적지 않았다. 그런 판례들은 효과재량설에 가까운 것으로 이해된다.

그러한 예로 '자동차운수사업법에 의한 자동차운수사업의 면허는 특정인에게 권리를 설정하는 행위로서 법령에 특별히 규정된 바가 없으면 행정청의 재량에 속하는 것'이라고 판시한 대법원 1990.7.13. 선고 90누2918 판결, '공유수면매립면허는 설권행위인 특허의 성질을 갖는 것이므로 원칙적으로 행정청

19) 반면 대법원은 1984년 1월 31일의 판결에서 "행정행위가 기속행위인지 재량행위인지 나아가 재량행위라고 할지라도 기속재량인지 또는 자유재량에 속하는 것인지의 여부가 우선 객관적으로 명백하지 않고 또 행정행위의 전제가 되는 사실의 존부 확정과 그 상당성 및 적법성의 인정은 전혀 당해 행정청의 기능에 속하는 것으로 상대적으로 행정청의 재량권도 확대된다고 할 것이므로 어떤 행정처분의 기준을 정한 준칙 등을 그 규정의 형식이나 체제 또는 문언에 따라 이를 일률적으로 기속행위라고 규정지울 수는 없다."라고 판시한 바 있었다(대법원 1984.1.31. 선고 83누451 판결).

의 자유재량에 속하는 것'이라고 판시한 대법원 1989.9.12. 선고 88누9206 판결, '예외적인 개발행위의 허가는 상대방에게 수익적인 것이 틀림이 없으므로 그 법률적 성질은 재량행위 내지 자유재량행위에 속한다'고 판시한 대법원 2004.3.25. 선고 2003두12837 판결(개발제한구역내행위허가(기간연장)신청불허가처분취소), 구 여객자동차 운수사업법에 의한 개인택시운송사업면허는 특정인에게 권리나 이익을 부여하는 이른바 수익적 행정행위로서 법령에 특별한 규정이 없는 한 재량행위라고 판시한 대법원 2007.3.15. 선고 2006두15783 판결(개인택시운송사업면허신청반려처분취소) 등이 있다.

최근에도 대법원은 "특정인에게 권리나 이익을 부여하는 이른바 수익적 행정처분은 법령에 특별한 규정이 없는 한 재량행위"라고 판시한 바 있다.[20]

그러나 대법원은 "어느 행정행위가 기속행위인지 재량행위인지 나아가 재량행위라고 할지라도 기속재량행위인지 또는 자유재량에 속하는 것인지의 여부는 이를 일률적으로 규정지을 수는 없는 것이고, 당해 처분의 근거가 된 규정의 형식이나 체제 또는 문언에 따라 개별적으로 판단하여야 한다."라고 판시하였고,[21] 이후에도 동일한 판지를 재확인해 오고 있다.[22]

어느 행정행위가 기속행위인지 재량행위인지 여부는 이를 일률적으로 규정지을 수는 없는 것이고, 당해 처분의 근거가 된 규정의 형식이나 체재 또는 문언에 따라 개별적으로 판단하여야 한다(대법원 2001.2.9. 선고 98두17593 판결, 대법원 2011.7.14. 선고 2011두5490 판결 등 참조). 또한 침익적 행정행위의 근거가 되는 행정법규는 엄격하게 해석 · 적용하여야 하고 그 행정행위의 상대방에게 불리한 방향으로 지나치게 확장해석하거나 유추해석하여서는 안 되며, 그 입법 취지와 목적 등을 고려한 목적론적 해석이 전적으로 배제되는 것은 아니라 하더라도 그 해석이 문언의 통상적인 의미를 벗어나서는 아니 된다(대법원 2008.2.28. 선고 2007두13791, 13807 판결 등 참조).[23]

이렇게 볼 때, 대법원의 판례는 개별화론을 기본으로 삼고 부분적으로 효과재량의 요소

20) 대법원 2014.5.16. 선고 2014두274 판결(예방접종으로인한장애인정거부처분취소).

21) 대법원 1995.12.12. 선고 94누12302 판결(주택조합설립인가신청거부처분취소).

22) 대법원 1998.4.28. 선고 97누21086 판결(폐기물처리사업부적정통보취소); 대법원 1997.12.9. 선고 97누4999 판결; 대법원 1997.12.26. 선고 97누15418 판결 등.

23) 유가보조금반환명령 재량행위 판단 대법원 2013.12.12. 선고 2011두3388 판결(유가보조금전액환수및지급정지처분취소). 구 여객자동차 운수사업법(2012.2.1. 법률 제11295호로 개정되기 전의 것) 제51조 제3항에 따라 국토해양부장관 또는 시 · 도지사는 여객자동차 운수사업자가 "거짓이나 부정한 방법으로 지급받은 보조금"에 대하여 이를 반환할 것을 명하여야 하고 위 규정을 "정상적으로 지급받은 보조금"까지 반환할 것을 명할 수 있는 것으로 해석하는 것은 그 문언의 범위를 넘어서는 것이며, 위 규정의 형식이나 체재 등에 비추어 이 사건 환수처분은 국토해양부장관 또는 시 · 도지사가 그 지급받은 보조금을 반환할 것을 명하여야 하는 기속행위라고 한 원심의 판단을 유지한 사례.

등을 고려 또는 반영하는 입장을 취하고 있다고 판단된다.

물론 대법원의 판례 가운데 앞서 본 바와 같이 효과재량설의 입장을 취한 것으로 판단되는 것들이 있고, 또한 "토지의 형질변경허가는 그 허가기준 및 금지요건이 불확정개념으로 규정된 부분이 많아 그 요건에 해당하는지 여부를 판단함에 있어서는 행정청에 재량권이 부여되어 있다 할 것"이라고 판시하여,[24] 이른바 불확정법개념에 대한 판단에 있어 일종의 요건재량을 인정하는 듯한 뉘앙스를 보이는 판례들이 있기 때문에 이를 단일한 관점으로 집약하기는 어렵다. 그렇지만 대법원이 위에서 본 바와 같은 개별화론의 입장을 취하는 것은 분명하며 다만 그 개별적 판단과정에서 부분적으로 효과재량의 요소와 불확정법개념에 대한 판단상 재량의 여지를 고려, 수용하는 입장을 취하고 있는 것으로 이해하는 것이 온당할 것이다.

4. 기속재량의 문제

기속재량이란 개념은 원래 재량행위를 공익재량(자유재량)과 기속재량으로 구분하여 후자에 대해서는 기속행위와 마찬가지로 재판통제가 미치도록 하려는 목적에서 안출된 개념이었다.[25] 그러나 오늘날 재량행위 역시 재판통제의 대상이 되고 있기 때문에 그러한 개념적 구별은 실익을 상실하고 말았다. 재량행위의 법적 통제가 일반적으로 인정되는 이상, 양자의 구분에는 이론적 근거도 없고 실익도 없다는 지적이 나오고 있는 것도 바로 그 때문이다:[26] '자유재량 아닌 재량 없고 기속재량 아닌 재량 없다!'[27] 그러나 판례는 학계의 비판에도 아랑곳없이 줄곧 '기속재량'이란 개념을 사용하면서 **기속재량행위를 재량행위에 가까운 것으로 이해하려는 태도**를 유지해 왔다. 그 결과 학설은 재량행위에 대한 통제를 넓히기 위하여 기속행위와 가까운 개념으로 기속재량을 거론하는 데 비해, 판례는 재량권 일탈, 남용 심사를 가능케 하기 위하여 기속재량을 재량행위와 가깝게 보는 경향이 있어 개념적 혼란이 있다.[28]

판례는 관계법규에 비추어 어떤 처분을 기속행위로 보아야 한다는 당사자(행정청 또는 처분의 상대방)의 주장을 배척하고 처분의 성질을 기속재량행위라고 판시해오고 있는데, 그

---

24) 대법원 2012.12.13. 선고 2011두29205 판결(건축불허가처분취소). 그 밖에도 대법원 2005.7.14. 선고 2004두6181 판결 등을 참조.

25) 南博方, 原田尙彦・田村悅一, 『行政法』, 1988, 166 등.

26) 김동희, 앞의 책, 241-243 등.

27) 김남진, 『행정법 I』, 227.

28) 백윤기, 「미국 행정소송상 엄격심사원리에 관한 연구: 한국판례와의 비교분석을 중심으로」, 서울대학교 박사학위논문, 1995.2., 284.

유형은 대체로 다음 세 가지이다.

(1) 수익처분에 있어 기속과 같은 효과

수익적 처분을 하기 위한 일정한 요건을 갖춘 경우 공익상 특별한 제한이 없는 한 수익적 처분을 하여야 하는 것으로 인정된다고 한 경우:

대법원 1974.11.26. 선고 74누110 판결(주유소설치 및 위치변경허가: 공보 75-8171);
대법원 1985.12.10. 선고 85누674 판결(의약품제조업변경허가신청등반려처분: 공보 769-265);
대법원 1987.2.24. 선고 86누376 판결(의약품제조업허가사항변경신청반려처분: 공보 798-551);
대법원 1989.10.27. 선고 89누4604 판결(주택개량권부여거부처분: 공보 862-1822.)

(2) 수익처분에 있어 기속의 회피

수익적 처분을 하기 위한 일정한 요건을 갖춘 경우(거부를 위한 별도의 근거가 없는 경우 포함)에도 반드시 수익적 처분을 하여야 하는 것이 아니라 관계법규의 해석상 공익상 제한이 인정된다고 한 경우:

대법원 1992.4.10. 선고 91누7767 판결(토석채취허가신청반려처분: 공보 92-1607)

(3) 침익처분에 있어 재량과 같은 효과

침해적 처분을 하기 위한 일정한 요건을 갖춘 경우에도 바로 침해적 처분을 할 수 있는 것이 아니라 관계법규의 해석상 공익상 제한이 인정된다고 한 경우:

대법원 1975.3.11. 선고 74누138 판결(주류제조면허취소: 공보 511-8368);
대법원 1984.1.31. 선고 83누451 판결(운전면허취소: 공보 725-455);
대법원 1990.6.26. 선고 89누5713 판결(개인택시운송사업면허취소처분: 공보 878-1594)

한편 대법원은 채광계획인가의 법적 성질을 기속재량행위라고 보았으나, 채광계획인가로 공유수면 점용허가가 의제되는 이상, 공유수면 점용허가의 법적 성질이 자유재량행위이므로 공유수면 점용불허 사유로써 채광계획을 인가하지 아니할 수 있다고 판시함으로써, 기속재량을 일종의 '원칙적 기속-제한된 재량'의 의미로 파악하면서도 공유수면 점용허가 의제규정을 매개로 마치 기속재량행위인 채광계획인가를 거부할 수 있는 재량이 인정된 것과 같은 결과를 도출한 바 있다: "채광계획이 중대한 공익에 배치된다고 할 때에는 인가를 거부할 수 있고, 채광계획을 불인가 하는 경우에는 정당한 사유가 제시되어야 하며 자의적으로 불인가를 하여서는 아니 될 것이므로 **채광계획인가는 기속재량행위**에 속하는 것으로 보아야 할 것이나, 구 광업법(1999.2.8. 법률 제5893호로 개정되기 전의 것) 제47조의2 제5호에 의하여 채광계획인가를 받으면 공유수면 점용허가를 받은 것으로 의제되고, 이 공유수면 점용허가는 공유수면 관리청이 공공 위해의 예방 경감과 공공복리의 증진에 기여함에 적당하다고 인정하는 경우에 그 자유재량에 의하여 허가의 여부를 결정하여야 할 것이므로, **공유수면 점용허가를 필요로 하는 채광계획 인가신청에 대하여도, 공유수면 관리청이 재량적 판단에 의하여 공유수면 점용을 허가 여부를 결정할 수 있고,** 그 결과 공유수면 점용을 허용하지 않기로 결정하였다면, 채광계획 인가관청은 이를 사유로 하여 채광계획을 인가하지 아니할 수 있는 것이다."[29]

판례가 기속재량의 관념을 인정하게 된 가장 주된 이유는 관계법규의 규정형식만 가지고 보면 재량행위와 기속행위의 한계선상에 있어 기속행위인 것처럼 볼 여지도 있지만, 기속행위로 인정하게 되면 공익상 중대한 문제가 생기거나 사익이 부당하게 침해될 것으로 여겨지는 경우 법원이 공익과 사익을 비교형량하여 당해 처분의 적법여부를 판단할 수 있게 하려는 데 있는 것으로 이해되고 있다. 관계법규에 규정된 불확정개념의 해석 · 적용에 관한 판단여지의 문제를 재량권의 남용 · 일탈이라는 시각에서 접근하여 심사권을 행사해 온 판례의 태도 역시 그와 같은 맥락에서 이해될 수 있다.[30]

그러나 위와 같은 대법원의 판례취지와는 달리 "기속행위나 기속적 재량행위에는 부관을 붙일 수 없고 가사 부관을 붙였다 하더라도 무효"라고 판시하면서 **기속재량행위의 개념을 기속행위에 준하는 것으로 본 듯한 판례들**[31]이 있어 논리적 일관성이 의문시되기도 한다.

이렇게 볼 때, 판례에서 인정된 기속재량행위는 재량의 정도가 약하여 기속행위와 가까운 것이라고도 볼 수 있으나, 굳이 구분하자면 재량행위의 일종으로 성질상 자유재량행위와 절대적으로 구분되지는 않지만, 기속행위에 가까운 특정 분야의 행위에 대하여 재량권의 남용 · 일탈 여부를 심사할 수 있게 하기 위한 도구개념이라 할 수 있다.[32] 판례상 인정되어 온 '제한된 재량행위'라는 의미의 기속재량행위와 기속행위의 일종으로 간주되는 학설상 기속재량행위와는 개념상 뉘앙스가 있음을 알 수 있다.

대법원의 판례는 구체적 타당성의 측면에서는 수긍할 부분이 없지 않다. 그러나 기속재량행위를 인정하는 논리적 근거나 범위가 애매하며, 그 개념을 반드시 인정해야만 할 것인지 의문이 있다는 점에서 굳이 기속재량의 관념을 따로 인정할 필요가 없다는 비판이 제기된다.[33] 물론 전체적으로 볼 때 판례상 기속재량행위로 인정된 사례는 재량행위로 인정된 사례

29) 대법원 2002.10.11. 선고 2001두151 판결(채광계획불인가처분취소).
30) 백윤기, 앞의 글.
31) 대법원 1995.6.13. 선고 94다56883 판결(소유권이전등기말소).
32) 서원우, 앞의 글 참조.
33) 백윤기, 앞의 글, 284.

에 비해 극히 적지만, 대법원이 기속재량의 개념을 고수함으로써 기속행위와 재량행위 사이에 지나치게 외연이 넓은 기속재량의 영역을 설정하고 또 그러면서도 설득력 있는 논리적 근거를 제시하지 못하고 있어 개념상 혼란이 초래되고 있기 때문이다.

Ⅲ. 행정재량이론의 재검토

1. 재량개념의 재인식: 연속성 모델

행정행위를 법에 의한 기속 여하에 따라 기속행위와 재량행위로 나누는 것은 가장 전통적인 분류방식이다. 그러나 이미 앞에서 지적한 바와 같이 행정행위의 하위범주로서 양자를 구별하는 문제가 아니라 특히 재량개념과 불확정법개념의 관계와 밀접하게 연관된 행정법의 기본개념 문제로 오히려 법치행정의 원리와 연관지어 논의하는 것이 타당하다. 이 점은 법규의 해석과 구체적 사실의 확정, 그리고 포섭(Subsumtion)을 통해 일정한 법적 효과의 산출에 이르는 법적용의 논리구조를 볼 때 분명히 드러난다. 해석상 일정한 법규정이 행정청에게 행위여부나 행위내용에 관한 넓은 의미에서의 선택의 여지를 부여하고 있다고 판단되면, 행정청은 재량권 내지 재량의 여지를 가진다고 말할 수 있다.

이와 같이 행위 유형의 범주에서 근거법규정과의 관계에 따른 기속의 유무, 정도 등 권한 유형의 범주로 인식의 틀을 전환시킬 필요가 있다. 사실 근거법규정에 따라 기속여부, 기속 또는 재량의 범위 · 정도가 다양하게 주어질 수 있기 때문이다. 실정법규의 규정내용과 양식에 따라 재량과 기속을 척도로 하여 연속적인 행정결정권의 스펙트럼을 구성함으로써, 재량행위와 기속행위를 도식적인 개념적 기준에 의하여 구별해 온 기존의 불연속성모델을 대치할 새로운 재량이론의 틀을 구축할 수도 있다. 이렇게 봄으로써 실정법규의 현실에 부합되는 법이론을 구축할 수 있는 길이 열린다.

재량의 개념은 다양하다. 행위재량이 원칙이지만, 작위 · 부작위 · 급부 · 수인 등에 관한 재량도 성립할 수 있고, 또 인용 또는 허용재량뿐만 아니라 거부재량도 성립할 수 있다. 법률의 유보 원칙과의 관련을 보면 통상 법률 유보의 적용대상인 경우 그 근거법률에서 재량을 수권하는 경우가 일반적이겠지만, 법률의 유보 외부 영역에서도 재량 수권이 가능하다. 즉 법률의 유보의 적용대상이 아니어서 법률의 근거가 필요하지 않은 경우 행정청에게 일정한 처분이나 그 밖의 조치를 통한 행동가능성을 부여하는 의미를 지닌 재량규정이 있을 수 있다. 행정청에게 법규명령 위임조항처럼 일정한 입법적 효과를 지닌 규범설정권을 부여하는 입법재량규정도 있을 수 있음은 물론이다.

2. 기속과 재량의 스펙트럼

판례가 재량과 기속의 관념을 배타적으로 구별하면서도 기속행위이면서 재량의 여지가 있거나 재량행위이지만 법적 기속을 받는 기속재량행위란 일견 형용모순적인 개념을 여전히 버리지 않고 있는 것도 그와 같은 맥락에서 이해할 수 있다. 사실 '기속재량행위'란 일견 자기모순을 안고 있는 개념처럼 보인다. 기속되어 있으면서 동시에 재량이 인정되는 행위란 있을 수 없기 때문이다. 그러나 다시 생각해 보면, 재량과 기속이 각기 다른 부분에 관하여 존속하거나 인정되고 그러한 법규정에 따라 행해지는 행위를 기속재량행위라고 부를 수 있지 않을까. 순수한 이념형적 범주로서 재량행위나 기속행위는 존재하지 않으며, 존재하는 것은 오로지 관계법규범과의 관계, 기속의 여부와 정도일 뿐이다. 즉 존재하는 것은 다소간에 기속된 재량수권규범에 의거한 행위와 다소간에 재량의 여지를 포함하는 기속규범에 의거한 행위뿐이다.

재량이나 기속 관련 규정들을 단위 법조항별로 분류한다면 행정청에게 폭넓은 재량을 부여하면서도 제한된 기속을 수반하는 조항에서 행정청을 폭넓게 기속하면서도 제한된 재량의 여지를 남기는 조항까지 다양하게 나타날 것이다. 이러한 결과를 다음 그림에서 보듯이 하나의 스펙트럼 위에 그와 같이 다양한 내용의 법조항들을 배열시킬 수 있을 것이다.

<법규범의 효과규정>

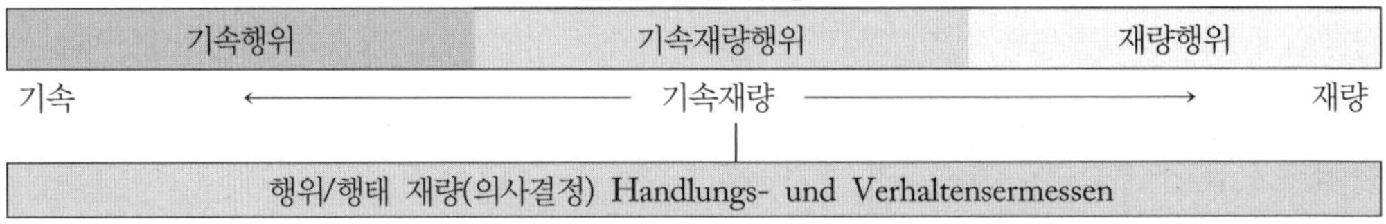

완전한 의미의 기속이나 재량은 존재하지 않는다. 완전하고 순수한 의미에서의 기속행위와 재량행위는 관념적으로만 존재할 뿐 현실적으로는 존재하지 않는다는 것은 오늘날 누구도 의심치 않는 공리이다. '자유재량 아닌 재량이 없고 기속재량 아닌 재량이 없다'는 지적도 바로 그러한 사실을 단적으로 보여 준다. 기속행위 역시 행정청의 선택의 여지가 전혀 없는, 이를테면 '100% 기속'에 해당하는 경우는 법적으로 자동기계적 결정이 요구되는 경우를 제

외하고는 현실적으로 존재하지 않는다. 또한 완전한 기속행위의 경우에도 적어도 처분시점의 선택에 대한 (법적으로 제한된) 재량이 부여되고 있다. 즉, 기속행위라도 시기 선택의 재량까지 박탈되지는 않는다. 시기 선택의 재량은 법령에서 일정한 기한(시기나 종기)을 명시하는 경우도 있지만 그런 경우 외에는 법령상 명시되지 않아도 불가피하게 인정된다. 오전에 하느냐 아니면 오후에, 아니면 일정 시간을 정해 하느냐 하는 것은 행위자인 행정청에 선택권이 있다고 볼 수밖에 없다.

반면 완전한 의미의 재량, 즉 전혀 제한 없는 법으로부터 자유로운 행위라는 의미에서의 재량 역시 성립할 수 없다. 무제한적인 재량이 주어져 있는 것 같아도 법적 한계, 내적·외적 한계가 따른다. 재량이 본래 법적으로 주어진 것이기 때문이다. 결국 자유재량 아닌 재량이 없고, 기속재량 아닌 재량이 없다는 지적[34]이 다시 한 번 음미되는 대목이다.

순전한 이념형으로서 존재할 수 있는 것은 '재량행위'와 '기속행위'의 개념 그것이 아니라 '재량'과 '기속' 그 자체의 개념일 뿐이다. 따라서 기속재량이란 재량의 측면에서 본다면 순전한 기속은 넘어서지만 순전한 의미의 재량에는 이르지 못하는 경우를 지칭하는 것이고 기속의 측면에서 보자면 순전한 재량은 넘지만 순전한 의미의 기속까지는 이르지 못하는 경우를 지칭하는 것이 된다.

3. 기속재량 개념의 재검토

법적 기속의 결과를 회피하려는 취지에서 이를 기속재량이라는 개념으로 완화시키려고 시도한 대법원의 판례는 기속행위를 '반드시 하여야 하는 행위'로 이해하는 데서 비롯된 것이라고 이해된다. 그러나 '반드시 하여야 하는 행위'가 기속행위에 해당되는 것은 물론이지만, 그것은 어디까지나 기속행위의 한 유형일 뿐이다. '해서는 아니 되는 행위', '할 수는 있지만 일정한 요건이 충족되어야 할 수 있는 행위', '일정한 요건이 충족될 경우 하지 않을 수 없는, 또는 거부할 수 없는 행위' 역시 기속행위에 속한다. 다시 한 번 강조하지만, 기속행위란 법령의 규정에 따라 기속된 행위를 말하는 것이지 '모든 경우에 반드시 하여야 하는 행위'만을 뜻하는 것은 아니다.

만일 기속행위의 개념을 이처럼 좁게, 경직적으로 파악하지 않는다면 굳이 기속재량의 개념을 쓰지 않고서도 동일한 결과를 얻을 수 있다. 즉 대법원이 기속재량행위로 본 행위는 기속행위이기는 하지만 부분적으로 재량권이 부여된 행위, 엄밀히 말해 그 근거법령의 규정

34) 김남진, 『행정법 I』, 237.

이 행정청에게 일정한 행위를 하여야 한다는 취지로 법적 기속을 가하고는 있지만 부분적으로 재량의 여지를 부여하고 있는 경우 그에 따라 행해지는 행위인 것이다. 그러한 행위의 성질을 판단함에 있어 반드시 전체적으로 기속행위 또는 재량행위라고 판단할 수 없기 때문에 기속재량행위라는 개념을 사용할 수밖에 없었을 것이다. 그러나 반드시 기속재량이라는 개념을 사용하는 것이 불가피했는지는 의문이다. 어떤 처분의 성질을 판단할 때 그 근거법규정상 어느 부분에서는 기속되지만 다른 부분에서는 재량권이 있다고 해석하면 될 것이기 때문이다. 그렇다면 기속재량의 문제는 단지 용어법 문제에 지나지 않는가? 그렇지만은 않다.

그럼에도 불구하고 기속재량의 개념은 이러한 사실을 모호하게 만들고, 실은 관계법규정의 기속과 수권의 배합에 관한 다양한 유형들에 대한 분석의 필요성을 무시하는 결과를 가져온다. 대법원의 판례에서 나타난 기속재량의 의미가 혼동을 가져오는 것도 바로 그 때문이다. 그러므로 대법원은 종래 기속재량행위라고 보아 온 처분의 성질을 판단함에 있어 이를 무차별적으로 기속재량행위라고 할 것이 아니라 기속행위이지만 어느 부분에 있어서는 행정청의 재량의 여지가 인정된다거나(가령 기속행위이지만 인・허가 거부재량을 인정할 필요가 있다고 판단하는 경우), 재량행위이지만 어느 부분에서는 재량의 여지가 없고 일정한 기속을 받는다(가령 기속재량행위에는 부관을 붙일 수 없다고 판단하는 경우)는 식으로 법적 기속과 재량의 경우를 분명히 구분할 필요가 있다. 관계법규정의 해석상 행정청이 어디까지 기속되고 어떤 범위에서 재량을 가지는지, 그 결과 부관의 허용성 같은 부수적인 법적 문제들이 어떻게 판단될지를 명확히 밝혀 결론을 내려야 할 것이다.

4. 기속과 재량 문제의 위상

기속과 재량의 문제는 이미 앞에서 살펴보았듯이 법률요건규정의 해석이 아니라 결정 및 대안 선정에 관한 법률효과에 관한 문제이다. 요건규정의 해석에 관한 재량이 성립할 여지는 없다. 후술하는 한계적 사례에서 불확정법개념 해석에 관하여 행정청에게 예외적으로 판단여지가 인정되는 경우를 제외하고는 재량은 결국 법률효과의 선택과 관련하여 문제될 뿐이다.

법령은 각각의 행위에 대한 근거규정을 통해 기속 또는 재량이라는 결과를 선택적・배타적으로 정할 수도 있지만, 다양한 조합의 기속-재량 행위의 근거들을 제공하는 경우가 더 많다. 그 경우 어떤 행위가 절대적 범주로서 기속행위나 재량행위 어느 하나에 완전히 귀속되는지 여부가 아니라 각각의 법규정과의 관계에서 어떤 경우 기속, 또 다른 어떤 경우에는 재량이라는 결과를 결부시키고 있는지를 파악하는 것이 기속행위와 재량행위 구별론의 목표가 되어야 할 것이다. 가령 기속 30% + 재량 70%의 규정이라든가 행위 여부는 기속이지만 대안의 선택에는 여지를 허용하는 규정, 결정재량과 선택재량을 수권하면서도 일정한 사유가 있을 때에는 반드시 일정한 행위를 하도록 하는 기속규정을 부가한 규정 등 다양한 형태의 기속-재량 조합규정들이 성립할 수 있다는 것이다. 이들 다양한 조합규정들을 기속과 재량이라는 측면에서 해석하는 것은 궁극적으로는 사법부의 책무일 것이지만 그것은 결국 입법권자의 의도(legislature's intent)가 무엇인지를 밝히는 것이 관건이 된다. 따라서 입법텍스트를 통해 표현된 입법권자의 의사를 색출하는 척도로 문언상의 표현, 목적론적 해석기준, 상대방에 대한 법적 효과 등을 동원하여 어떤 행위가 어떤 부분에서 얼마나 재량성을 가지는지, 반대로 기속되어 있는지를 판단할 수 있을 것이다.

5. 기속재량행위와 부관의 허용성

이와 같이 기속행위와 재량행위의 구별을 지양하고 일종의 연속성 모델에 따라 기속과 재량의 조합에 따라 다양한 기속, 기속+재량, 재량의 스펙트럼으로 파악할 경우 특히 앞서 본 기속행위와 재량행위의 구별 실익과 관련된 문제, 즉 부관의 허용성 문제를 어떻게 해결할 것인지 의문이 있을 수 있다. "기속행위나 기속적 재량행위에는 부관을 붙일 수 없고 가사 부관을 붙였다 하더라도 무효"라고 판시해 온 판례[35]에 따르면 부관의 허용성에 관한 한, 기속재량행위는 기속행위나 다름이 없다. 어떤 법규정이 행정청에게 일정한 행위 근거를 제공하면서 일부 기속과 일부 재량을 규정하고 있다고 가정할 때, 그 근거법규정과의 관계에서 기속되는 부분에 관한 한 부관을 붙이는 것은, 재량행위에만 부관을 붙일 수 있다는 통설과 판례에 따를 때, 허용될 수 없고 그 결과 다른 부분에서 일부 재량이 인정된다 할지라도 그 행위는 전체로서 부관을 붙일 수 없다는 평가를 받게 될 것이다. 그러나 그 기속되는 부분이 아니라 재량수권의 범위 안에서 부관을 붙인다면 어떻게 될까. 이론상으로는 부관의 내용이 그와 같은 재량의 범위를 넘지 않는다면 부관을 붙이지 못한다고 볼 것은 아니다. 가령 반드시 일정한 처분을 해야 하지만 일정한 기간 내에 하면 된다는 취지의 법규정이 있을 때, 행정청이 그 일정한 기간 범위 안에서 특정한 기한(시기)을 부관으로 붙여 처분을 하였다면, 그 부관을 무효라고 볼 수는 없지 않을까. 또 개념상으로는 기속재량이라 하더라도 그 기속된 부분이 재량 부분에 비해 미미한 경우 그 재량권에 의거하여 부관을 붙여 처분을 한 경우 역시 위법하다고 보기는 어려울 것이다. 그렇다면 판례처럼 부관의 허용성에 관해 기속

35) 대법원 1995.6.13. 선고 94다56883 판결(소유권이전등기말소).

재량행위를 범주적으로 기속행위와 동가치적으로 다루기보다는 어떤 부분에서 부관을 붙일 수 없는 사유가 있는지, 다시 말해 문제의 기속재량행위가 왜 어떤 사유로 기속행위에 준하는 것으로 다루어져야 하는지를 밝히는 것이 관건이 될 것이다. 판례가 부관의 허용성과 관련하여 어떤 경우에 기속재량행위가 기속행위에 준하게 되는지를 분명히 하지 않고 있기 때문에 개념적 혼란이 생긴 것이다. 따라서 기속재량행위의 문제는 그 기속재량이라는 개념 자체가 가지는 형용모순보다는 오히려 구체적 사안에서 법적 규율의 차별성을 제대로 근거지우지 못한 데서 비롯된 것으로 이해해야 할 것이다.

Ⅳ. 재량하자와 사법심사

1. 재량의 한계

재량에도 한계가 있다는 것은 오늘날 이론과 실무 양면에서 더 이상 의문시되지 않는 명제이다. 그것은 또한 행정소송법 제27조에 입법적으로 관철되어 있다. 행정소송법은 재량의 한계를 넘어선 경우와 재량권을 남용한 경우를 위법사유, 즉, 재량하자로 명시하고 있으나, 그 외에도 일반적으로 재량권의 일탈 또는 유월(Ermessensüberschreitung), 재량권의 남용(Ermessensmißbrauch), 재량권의 불행사(Ermessensnichtgebrauch), 재량행위에 의한 기본권 및 행정법의 일반원리에 대한 침해(Verstoß gegen Grundrechte und allgemeine Verwaltungsgrundsätze) 등이 재량행위의 위법성을 구성하는 사유로 열거되고 있다.[36] 이러한 재량하자의 존재는 단순히 당・부당의 문제가 아니라 적법・위법의 문제가 되므로 당연히 사법심사의 대상이 되며, 이를 명문화한 것이 행정소송법 제27조이다.

예컨대 식품위생법 제75조 제1항 및 같은 항 제1호는 식품의약품안전청장 또는 특별자치도지사・시장・군수・구청장은 영업자가 제4조부터 제6조까지 등을 위반한 경우에는 영업허가를 취소하거나 6개월 이내의 기간을 정하여 그 영업의 전부 또는 일부를 정지하거나 영업소 폐쇄(제37조 제4항에 따라 신고한 영업만 해당한다. 이하 이 조에서 같다)를 명할 수 있다고 규정하고 있는데, 영업정지처분사유에 해당하는 갑의 유해식품판매행위에 대하여 영업정지처분을 내리면서 정지기간을 1년으로 하였다면, 이는 그러한 영업정지처분이 재량행위라고 하더라도 법이 설정한 한도를 넘는 것이므로 위법한 것이

36) H. Maurer, *Allgemeines Verwaltungsrecht*, 1997, § 7 Rn.11ff.

된다. 이 경우 재량권 유월(逾越)이 성립한다. 반면, 가령 A시의 시장이 평소의 사원으로 또는 동종영업을 경영하는 자기부인의 업체를 유리하게 할 목적으로 갑의 경미한 위반행위를 이유로 영업소폐쇄처분을 내렸다면 이것은 식품위생법규정의 법취지를 위배한 것일 뿐만 아니라(목적위배), 위반사유와 행정제재 간의 적정한 비례를 잃은 처분이므로(비례원칙위반) 위법한 처분이 될 것이며(재량권의 남용), 만일 시장이 자기의 재량에 속하는 갑의 유해식품판매행위에 대한 행정제재의 권한이 없는 것으로 잘못 판단하여 수수방관하거나, 행정제재를 부과할 것인지를 고려조차 하지 않는 경우에는, 재량권의 위법한 불행사가 될 것이다. 또한 시장이 행정제재에 대한 재량을 행사하면서 갑의 종교를 이유로 동종위법행위를 한 다른 업자에 비해 불평등한 내용의 처분을 했다면 이는 헌법상 평등원칙을 위반한, 따라서 위법한 재량행위가 된다.

그러나 과연 구체적으로 어떠한 경우가 위에서 제시된 개개의 재량하자에 해당하는가가 불분명하거나 또 재량권의 남용과 일탈이 중첩되는 경우가 있을 뿐만 아니라, 우리의 판례와 이론이 재량권의 남용이나 일탈을 혼동하는 경우도 적지 않다. 이 점을 고려할 때, 예시적 의미 이외에 재량하자의 유형을 엄밀히 구별하는 것이 실익을 가지는지는 의문이다. 여기서는 다만 재량행위의 위법사유 또는 재량의 한계 위반 정도로 이해하는 것으로 족한다.[37]

<판례>

구 독점규제 및 공정거래에 관한 법률(1999.2.5. 법률 제5813호로 개정되기 전의 것) 제55조의3 제1항은 공정거래위원회가 과징금을 부과함에 있어서는 위반행위의 내용 및 정도, 위반행위의 기간 및 횟수, 위반행위로 인해 취득한 이익의 규모 등을 참작하도록 하고 있는바, 공정거래위원회가 부당한 공동행위에 대하여 위반행위의 기간 및 그동안의 이익 규모 등을 참작하여 과징금을 정함에 있어 위반행위 기간이 아닌 기간을 포함시켜 매출액을 산정하고 그것을 과징금 부과기준 매출액으로 삼은 경우, 이는 과징금 부과 재량행사의 기초가 되는 사실인정에 오류가 있다고 할 것이므로 과징금납부명령이 재량권을 일탈·남용한 것으로서 위법하게 된다.[38]

1. 공무원인 피징계자에게 징계사유가 있어서 징계처분을 하는 경우 어떠한 처분을 할 것인가는 징계권자의 재량에 맡겨진 것이므로, 그 징계처분이 위법하다고 하기 위해서는 징계권자가 재량권의 행사로서 한 징계처분이 사회통념상 현저하게 타당성을 잃어 징계권자에게 맡겨진 재량권을 남용한 것이라고 인정되는 경우에 한한다. 그리고 공무원에 대한 징계처분이 사회통념상 현저하게 타당성을 잃었는지 여부는 구체적인 사례에 따라 직무의 특성, 징계의 원인이 된 비위사실의 내용과 성질, 징계에 의하여 달성하려고 하는 행정목적, 징계 양정의 기준 등 여러 요소를 종합하여 판단하여야

37) 김동희, 『행정법 I』, 250 이하; 홍정선, 『행정법원론(상)』, 298.
38) 대법원 2006.9.22. 선고 2004두7184 판결(시정명령등취소).

하고, 특히 금품수수의 경우는 수수액수, 수수경위, 수수시기, 수수 이후 직무에 영향을 미쳤는지 여부 등이 고려되어야 한다.

2. 경찰공무원이 그 단속의 대상이 되는 신호위반자에게 먼저 적극적으로 돈을 요구하고 다른 사람이 볼 수 없도록 돈을 접어 건네주도록 전달방법을 구체적으로 알려주었으며 동승자에게 신고시 범칙금 처분을 받게 된다는 등 비위신고를 막기 위한 말까지 하고 금품을 수수한 경우, 비록 그 받은 돈이 1만 원에 불과하더라도 위 금품수수행위를 징계사유로 하여 당해 경찰공무원을 해임처분한 것은 징계재량권의 일탈·남용이 아니다.[39]

2. 재량행위에 대한 사법심사

재량행위의 하자가 위법사유를 구성할 수 있다는 한도에서 당연히 사법심사의 가능성이 긍정된다(행정소송법 § 27). 물론 종래 재량행위의 사법심사를 아예 처음부터 부정하는 입장도 없지 않았으나(각하설), 어떤 행위가 재량행위인지 여부는 본안심리를 통해서만 밝혀질 수 있는 문제이므로 본안심리를 통해 일정행위가 행정청의 재량에 속하고, 재량이 그 법적 한계 내에서 행사되었음이 판명될 때 비로소 청구기각을 해야 할 것이라는 입장이 관철되고 있다(기각설). 재량하자의 입증책임은 그러나 그 재량에 의한 행정처분의 효력을 다투는 자가 주장해야 한다는 것이 판례의 태도이다.[40]

재량행위에 대한 사법심사에 있어 법원은 행정청의 재량에 기한 공익판단의 여지를 감안하여 독자의 결론을 도출함이 없이 당해 행위에 재량권의 일탈·남용이 있는지 여부만을 심사하고, 이러한 재량권의 일탈·남용 여부에 대한 심사는 사실오인, 비례·평등의 원칙 위배 등을 그 판단 대상으로 한다는 것이 대법원의 판례이다.[41]

3. 재량통제

행정재량론은 법치행정의 원리를 전제로 하여 행정청의 결정의 자유와 구속의 긴장이 응축된 문제영역이므로, 적절한 재량통제방법이 강구되어야 한다. 첫째, 입법적 통제로서 법치주

---

39) 대법원 2006.12.21. 선고 2006두16274 판결(해임처분취소).

40) 대법원 1987.12.8. 선고 87누861 판결.

41) 대법원 2013.10.31. 선고 2013두9625 판결; 2012.12.13. 선고 2011두29205 판결; 2010.2.25. 선고 2009두19960 판결; 2005.7.14. 선고 2004두6181 판결; 2001.2.9. 선고 98두17593 판결.

의에 입각하여 법률이 일정한 요건이나 목적, 범위를 명시함으로써 재량통제가능성을 열 수 있다. 둘째, 행정적 통제로서 행정상 직무감독에 의한 통제, 행정절차를 통한 통제, 행정심판에 의한 통제 등을 생각할 수 있다. 셋째, 사법적 통제로서 앞서 설명한 재판적 통제가능성이 주어져 있을 뿐 아니라 헌법재판소에 의한 통제 역시 고려될 수 있다. 끝으로 정치적 통제로 국정조사·감사, 대정부질문, 청원 등과 같은 방법이 사용될 수 있다.

제10장
재량과 불확정개념 · 판단여지*

Ⅰ. 쟁점

재량과 불확정개념(엄밀히 말하면 불확정법률개념: unbestimmte Gesetzesbegriffe)의 관계 또는 그 구별에 관한 문제는 아직도 완전히 해결된 문제라고 할 수 없을 정도로 계속적인 논란의 대상이 되고 있다.[1] 법규범 수준에서는 재량과 불확정개념이 병존하지만 그에 대한 해석 · 적용의 수준에서는 법원의 재량권에 대한 존중과 예외적 판단여지 인정이란 법적 결과가 대조된다. 재량권이 부여된 경우에는 법원은 행정청이 그 재량의 내적 · 외적 한계를 넘지 않는 이상 재량의 당부를 따지지 아니하고 행정청의 결정(선택)을 존중한다. 다만 행정심판의 영역에서는 재량의 당부를 심사하여 처분을 취소하거나 의무이행을 명할 수 있다. 반면, 불확정개념을 해석 · 적용하면서 법원은 시험이나 근무평정 등 한계적 사례에 있어 판단여지를 인정하여 행정청의 판단을 존중할 수 있다. 이처럼 양자는 개념과 적용범위 등 간과할 수 없는 차이를 보이지만, 대법원은 여전히 판단여지의 법리를 정면에서 수용하지는 않고 있다. 학계의 일각에서는 양자를 무차별적으로 다루려는 입장을 보이기도 한다. 이 문제를 어떻게 보아야 할까?

---

* 홍준형, 『행정법』, 법문사, 2017, 149-158; 홍준형, 「행정법상 불확정법개념과 판단여지의 한계」, 『행정논총』 제33권 제1호, 1995를 토대로 새롭게 작성한 것임.

1) J.H. Hong, *Die Klage zur Durchsetzung von Vornahmepflichten der Verwaltung*, Schriften zum Prozessrecht Bd.108, Duncker & Humblot, 1992, S.166f.를 참조.

재량과 불확정개념

(1) 양자의 비교

법률에서 사용되고 있는 불확정개념을 법개념으로 이해하는 것은 당연한 논리적 귀결로서, 행정의 행위여지(Handlungsspielräume)에 강한 제한을 가하는 결과가 된다. 즉, 종래의 견해에 따르면 소위 요건재량(Tatbestandsermessen)으로 이해되었을 문제[2)]가 이제는, 일찍이 뷜러(Bühler)나 19세기 말 일부 독일행정법원들의 판례로 확인된 바와 같이, 재량개념에서 벗어나게 된 것이다. 여기서 강조할 점은, 법에 의해 인정된 재량은 법률효과 면에 존재하는 데 반해(행위 또는 효과재량: Handlungsermessen, Rechtsfolgenermessen), 불확정법개념은 주로 법률에 의해 구속적으로 규정된, 법률요건 면에 존재한다는 것이다. 재량과 불확정개념의 비교를 도표로 요약하면 다음과 같다.

<재량과 불확정법개념의 비교>

	규범단계	결정의 여지	전형적 규정형식
불확정법 개념	법률요건 예외적으로 법률효과	오직 하나의 결정만 가능	공익 · 중대한사유 · 공공질서 · 현저한 곤란, 공공의 필요 등
재량	법률효과	복수의 적법한 결정	'할 수 있다', '~을 고려하여 ~가 정한다'

(2) 연결규정의 문제

연결규정(Koppelungsvorschriften) 또는 혼합규정(Mischtatbestände)이란 법률요건 면에서는 불확정법개념을, 법률효과 면에서는 재량수권을 각각 포함하는 법규범들을 말한다. 실제 법규정들은 이러한 연결규정의 형태를 띠는 경우가 많다. 그러나 이들은 각각 해당되는 원리에 따라 판단될 수 있는 것이므로 그 자체로는 아무런 특수성이 없다. 그렇지만 다음과 같은 경우 한쪽이 다른 한쪽에 영향을 미칠 수 있다.

① 불확정법개념의 적용을 통하여 이미 모든 재량행사에 적용되는 관점들이 고려된 경우, 재량의 소멸(Ermessensschwund)이 성립한다. 재량을 행사할 것이 더 이상 남아 있지 않게 되기 때문이다. 그 결과 법률요건이 충족되면 허용되는 결정을 하여야 한다는 의미에서, 가능규정(Kann-Vorschrift)이 사실상 필연규정(Muß-Vorschrift)의 의미를 가지게 된다.

---

2) 실제 오버마이어(Obermayer) 같은 학자는 생전에 「행정법동향에 관한 보고」("Verwaltungsrecht im Wandel," *NJW*, 1987, 2642ff.(2644))에서 여전히, 불확정개념의 제한적 심사가능성에 관한 울레의 개념을 종래의 재량개념에 따라 "요건재량"으로 불렀다.

공문서를 보존하고 있는 행정기관은 행정기관이 아닌 자가 문서의 열람 또는 복사를 요청하는 때에는 비밀 또는 대외비로 분류된 문서이거나 특별한 사유가 있는 경우를 제외하고는 이를 허가할 수 있다고 규정한(가능규정) 구 사무관리규정(1991.6.19. 공포: 대통령령 13390호) 제33조 제2항과 관련하여, 대법원은 "사무관리규정 제33조 제2항에 의한 행정기관의 정보공개 허가여부는 기밀에 관한 사항등 특별한 사유가 없는 한 반드시 정보공개청구에 응하여야 하는 기속행위로서 행정기관에 대하여 정보공개에 대한 재량권을 부여하고 있다고 해석할 수 없는 것"[3]이라고 판시한 바 있다. 이 경우 요건심사과정(포섭과정)에서 특별한 사유의 부존재가 판단된 이상, 정보공개를 허가하여야 한다는 결과가 나온다면, 재량의 소멸이 있는 것으로 볼 수 있을 것이다.

② 한편 일정한 법규범에 있어 법률요건 면에서 나타난 불확정법개념은 재량의 범위와 내용을 확정하는 것이어서 이를 재량에 해당한다고 보아야 할 경우가 있다. 그 경우 불확정법개념은 재량에 흡수되고 만다.

(3) 불확정법개념과 재량수권의 교환가능성

많은 경우에 있어 불확정법개념과 재량권개념은 일정한 입법적 목표의 달성을 위하여 서로 교환적으로 사용될 수 있다. 만일 입법권자가 공무원의 부업을 이로 인한 직무상 이해관계의 지장을 방지하기 위하여 승인을 요하는 행위로 하여 규율하고자 한다면 두 가지 방법을 생각할 수 있다. 즉 입법권자가 '직무상의 이해관계에 지장이 있을 경우에만 승인을 거부할 수 있다'고 규정한다면 이는 '직무상의 이해관계'란 불확정개념을 사용하여 그것이 지장을 받을 경우 외에는 승인을 거부하지 못하도록 하는 결과가 되는 데 비하여, '부업의 승인을 거부할 수 있다'고 한다면 이는 재량을 수권한 것이 되어 하자 없는 재량행사의 경우 오로지 직무상의 이해관계만을 이유로 해서도 승인을 거부할 수 있다는 결과가 될 것이다.

(4) 양자의 상호접근경향

독일의 경우 불확정법개념과 효과재량의 구별은 일면 양자를 포함하는 포괄적·통일적 재량개념에 의하여 부정되거나, 타면 양자를 구별하면서도 그 결과 면에서 상호접근을 인정하는 입장에 의하여 상대화되고 있다. 이러한 방향은 가령 판단여지설의 입장에서 다의적인 법률요건규정의 개념을 법개념으로 인정하면서도 다시 종래의 재량이론으로 되돌아가서 불확정법개념이 존재하면 이로부터 구조적으로 보아 대체로 재량여지(Ermessensspielraum)에 상당하는 결정여지(Entscheidungsspielraum)를 인정하는 입장, 또는 재량이론에 서면서도 재량

3) 대법원 1989.10.24. 선고 88누9312 판결.

을 법적으로 규율하여 원칙적으로 모든 재량결정에 사법심사를 전면적으로 인정하려는 일부의 주장에 의해 추구되고 있다. 여기서 상론할 수는 없으나, 불확정법개념은 그 해석·적용에 있어 원칙적으로 전면적인 사법심사의 대상이 되고, 불확정법개념이 곧 재량의 수권을 의미하는 것은 아니다. 다만 예외적인 한계사례에서만, 판단 여지가 인정될 수 있을 뿐이다.[4)]

(5) 계획재량의 문제

계획재량(Planungsermessen)의 경우 양자의 구별이 사실상 불가능한 측면이 있다. 계획재량이란 판단여지처럼 규범의 요건규정 면에 존재하는 것이 아니고, 통상적인 재량처럼 규범의 효과규정 면에 존재하는 것도 아니다. 조건명제(Konditionalprogramme: Wenn-Dann-Schema)가 아니라 목적명제(Finalprogramme: Ziel-Mittel-Schema), 즉 목적설정과 형량원칙으로 구성된 계획규범에서는 불확정개념법개념과 재량수권의 구별이 본래 의의를 상실한다. 계획재량은 일면 재량과, 타면 불확정법개념의 판단여지와 구별되는 문제이다.

Ⅱ. 판단여지설

1. 학설의 내용

판단여지설이란 일반적으로 전후 독일의 바호프(Bachof)와 울레(Ule) 등에 의하여 주장된 불확정법개념의 적용에 대한 제한된 사법심사가능성을 주장하는 견해들을 총칭하는 표현[5)]이다. 바호프의 견해에 따르면, 행정법규가 불확정법개념을 사용하여 행정청에게 판단여지(Beurteilungsspielraum), 즉 법원에 의하여 심사될 수 없는 독자적인 평가·결정의 영역을 확보해 준 경우 법원은 이러한 영역 내에서 행해진 행정결정을 받아들이지 않으면 안 되며,

---

4) 상세한 것은 H. Maurer, *Allgemeines Verwaltungsrecht*, 14.Aufl., 2002, § 7 Rn.55ff.를 참조.

5) 독일의 경우 '판단여지'(Beurteilungsspielraum)란 그 의미내용에 비추어 볼 때 반드시 적절한 표현이라고는 볼 수 없다고 지적되고 있다. 사실 평가 또는 판정에 있어 문제가 되는 것은 그 "여지"(Spielraum)라기보다는 전문적으로 타당성 있는 평가를 내릴 수 있는 권한이기 때문이다. 따라서 판단여지라는 표현보다는 오히려 "평가 또는 판정수권"(Beurteilungsermächtigung), "평가특권"(Einschätzungsprärogative)이란 표현이 더 적확한 것이라 할 수 있다. 반면 2인의 채점관이 시험답안을 점수제로 평가하되 그 결과가 불일치하면 양자의 평균점수를 채택하도록 하는 시험규정의 경우를 생각한다면 "여지"란 개념도 일리가 없는 것은 아니다. 이로써 시험성적의 평가규정이 진정한 '평가여지'(Bewertungs-Spielraum)에 입각하고 있음을 분명히 알 수 있다(V. Götz, *Allgemeines Verwaltungsrecht*, 3.Aufl., 1985, S.91f.).

다만 그 영역의 한계가 준수되었는지 만을 심사할 수 있을 뿐이라고 한다. 울레 역시 이와 유사한 결과에 도달하여 다음과 같이 주장한 바 있다. "행정법원은 의심스러울 경우, 행정청의 견해가 확인된 사실관계에 비추어 볼 때 상당한 근거를 지닌다(vertretbar)고 판단될 때에는, 이를 따라야 한다. 일정한 사실관계를 평가함에 있어서, 예컨대 여러 가지 — 동가치적인 — 감정평가의견이 나올 경우 특히 부각될 수 있는 바와 같이, 여러 가지 결론에 도달할 수 있다면, 이 모든 평가는 불확정법개념의 범위 내에 머무르는 것이고 또 적법한 것이다. 행정법원은 따라서 이와 같은 한계적 사례들에 있어 행정청의 판단 대신에 자기 자신의 판단을 대치해서는 안 된다."[6] 또 볼프(Wolff) 역시 소극적이기는 하지만 동일한 방향에서 행정청은 일종의 평가특권(Einschätzungsprärogative)을 갖는다고 주장하면서, 어떤 불확정법개념이 특히 미래의 발전과 관련하여 법원에 의해 검증되거나 심사될 수 없는 "평가"(Einschätzung)를 요구하는 경우, 법원은 이러한 행정청의 평가를 기초로 삼지 않으면 안 된다고 하였다.[7] 이들 견해는 ① 입법권자는 불확정법개념을 사용함으로써 행정으로 하여금 자기책임적인, 제한된 사법심사가능성을 지닌 결정권을 수권한 것이라는 점, ② 불확정법개념은 상이한 평가를 허용한다는 점, ③ 행정은 더 많은 전문지식과 경험을 보유하며 구체적인 행정문제에 대하여 근접성(Sachnahe)을 지닌다는 점 등에서 공통점을 지니고 있다.

<불확정개념에 관한 울레(Ule)의 '대체가능성설'(?)>

일부의 문헌들은 불확정개념에 관한 울레(Ule)의 견해(Vertretbarkeitstheorie)를 '대체가능성설'로 번역하고 있다. 그러나 울레의 이론을 '대체가능성'이 있을 때에 한하여 행정청의 판단이 존중되어야 한다는 의미에서 '대체가능성설'이라고 옮기는 것은 타당치 못한다. 울레는 "행정법원은 의심스러울 경우, 행정청의 견해가 확인된 사실관계에 비추어 상당한 근거를 지닌다(vertretbar)고 판단될 때에는, 이를 따라야 한다. …… 행정법원은 따라서 이와 같은 한계적 사례(Grenzfälle)들에 있어서 행정청의 판단 대신에 자기 자신의 판단을 대치시켜서는 안 된다."[8]라고 서술한다. 여기서 울레의 이론에 있어 대체가능성이란 행정청의 판단과 법원의 판단 상호간의 관계에서 존재하는 것임을 알 수 있다.[9] 따라서 울레의 'Vertretbarkeitstheorie'는 이를 '대체가능성설'로 옮길 것이 아니라 "상대적 타당성의 이론 또는 신빙성이론" 정도로 번역해야 한다. 바로 여기에 이 이론과 미국법상의 증거법칙의 하나인 '실질적 증거법칙'(rule of substantial evidence)과의 유사성이 있다.[10]

---

6) C.H. Ule, "Zur Anwendung unbestimmter Rechtsbegriffe im Verwaltungsrecht," *Gedächtnisschrift für W. Jellinek*, 1955, S.326.
7) H.J. Wolff, O. Bachof, R. Stober, *Verwaltungsrecht* I, § 31 Ic, S.188ff.
8) C.H. Ule, a.a.O., S.326.
9) 이 역시 '대치한다'는 뜻의 'an die Stelle zu setzen' 또는 'ersetzen'의 의미이지 'vertreten'(주장한다, 대표한다)의 의미는 아니다.
10) 김도창, 같은 책, 388(주 12).

판단여지설의 이해를 돕기 위하여 독일에서 평가수권이 인정된 가장 전형적인 사례인 시험성적의 평가문제를 간단히 살펴보면 다음과 같다(이해의 편의상 우리의 경우 국공립대학교에서 치러지는 주관식 졸업시험을 연상하기 바란다). 졸업시험위원회는 각 단과대학 또는 전공학과에서 결정한 시험규정에 의하여 시험성적에 관한 결정을 내린다. 이때 그러한 결정의 기초가 되는 시험성적에 대한 적정한 판정과 평가는 그것이 합목적성의 관점에서 행해질 수 있는 것은 아니며 따라서 재량결정이 아니다. 그 결정은 전문적 · 학술적 또는 (고교시험이나 대학입시의 경우) 교육적 평가에 입각하고 있으며, 이러한 시험위원회와 시험관의 결정은 일단 이론상으로는 '우수', '양호' 등과 같은 평가구분에서 사용된 불확정법개념의 적용으로서 전면적인 사법심사의 대상이 된다고 할 것이다. 그러나 이와 같이 법적 통제를 확장하는 것은 사실관계를 확정함에 있어 막대한 곤란을 초래함으로써 법원에 과중한 부담을 지우는 결과가 될 것이다(가령 독일에서 범용되고 있는 구술시험의 성적평가문제를 생각하면 더욱더 그러하다). 판정(채점)과 평가도 곤란한 문제이다. 법관은 다양한 종류의 시험에서 요구되는 전문지식을 갖고 있지 못하며 오히려 이에 관한 전문가의 감정에 의존하고 있기 때문이다. 바로 여기에 행정의 사법적 통제의 현실적인 한계가 있음이 분명히 드러난다. 시험에 관한 결정(Prüfungsentscheidungen)의 사법적 통제는 이같이 시험규정상 주어진 판정 · 평가개념을 불확정법개념으로 이해할 경우, 더 이상 가능하지 않게 될 것이다. 그런 까닭에 이러한 법률개념들은 재량에도 불확정법개념에도 속하지 않는 제3의 카테고리, 즉 법률이 행정에게 판단의 여지를 부여한 경우에 해당한다고 이해되고 있다. 시험성적의 채점과 평가는 이 같은 소위 판단여지의 효력에 의하여 시험관이나 시험감독청의 종국적인 결정에 맡겨져 있다는 것이다. 이들 기관은 이에 관하여 학술적 · 전문적 판단기준(초 · 중등학교시험의 경우 교육적 기준)에 따라 판정을 내린다. 반면 법원에 의한 법적 통제는 연방행정법원의 확립된 판례에 따르면, ① 시험관이 사실오인에 기초하여 결정하지 않았는가, ② 시험절차에 관한 규정들이 준수되었는가, ③ 일반적인 평가원칙이 준수되었는가, ④ 시험관이 사안과 무관한 고려에 따라 판정을 내리지 않았는가라는 네 가지 기준에 국한된다.[11] 시험에 관한 결정은 그 밖에도 평등처우(기회균등)의 원칙과 비례 원칙의 준수여부에 관하여 사법심사의 대상이 된다.[12]

---

11) BVerwGE 38, 105, 110f.; *DVBl*, 1966, 861.
12) 이상 V. Götz, a.a.O., S.90-92를 참조.

2. 판단여지의 인정범위

판단여지설은 사실 전후 독일행정법에서 지배적인 지위를 차지해 왔고 또한 일부 판례에 의해 지지되기도 하였다. 그러나 불확정법개념에 대한 판단여지가 불확정개념의 "본질로부터" 범주적으로 인정된 것이라기보다는 개개의 법규정의 해석을 통해 도출되어 왔기 때문에 당초 기대했던 것과는 달리 그 인정사례가 극히 제한될 수밖에 없었다.[13] 이 점은, 독일연방행정법원이 여전히 불확정법개념의 전면적 심사가능성을 기본 입장으로 하고 있다는 점과 아울러, 독일행정법의 이론을 배경으로 판단여지설을 소개한 국내문헌들이 제대로 이해하지 못했던 측면이다. 이렇게 볼 때 판단여지설의 무분별한 범주적 원용은 온당하지 못한다. 독일에서 '판단여지'(판단수권 · 평가특권: Beurteilungsermächtigung · Einschätzungsprärogative)가 인정된 경우는, 특히 학교교육 분야나 공무원관계에서의 시험성적의 평가 및 시험과 유사한 평가결정, 전문적인 독립행정위원회에 의한 가치평가적 결정, 개별적이며 불확정법개념에 관련된, 특히 행정정책적 성격을 띤 요인들에 관한 결정(공무원인사를 위한 인력수급계획의 결정), 그리고 미래예측결정(Prognosenentscheidung)과 환경법 및 경제법분야에서의 위험평가 등에 머무르고 있다.

3. 판단여지설에 대한 비판

그동안 대다수 문헌이 판단여지설에 동조해 온 것은 사실이지만 점차 불확정법개념의 존재만으로는 불충분하며, 전면적 사법심사가 불가능하다는 의미에서 판단여지란 오히려 당해 법률이 행정청에게 종국적인 결정권을 수권한 경우 또 그 한도 내에서만 인정될 수 있다는 주장(이른바 규범적 수권이론: normative Ermächtigungslehre)이 제기되어 왔다. 그러나 이와 같이 논거를 보다 법이론적 또는 실무지향적인 것에서 규범적인 것으로 바꾸었다고 해서 그 결론이 달라지는 것은 아니다. 법률상의 수권은 반드시 명시적으로 주어져야만 하는 것이 아니라 개개의 법규정의 해석을 통해서도 인정될 수 있기 때문이다. 따라서 다시금 과연 불확정법개념이 사용되고 있는지, 그리고 어떤 관계에서 사용되고 있는지가 특히 문제되게 되며

13) V. Götz, "Diskussionsbeitrag," in: Volkmar Götz, Hans Hugo Klein, und Christian Starck (Hrsg.), *Die öffentliche Verwaltung zwischen Gesetzgebung und richterlicher Kontrolle*, 1985, S.178. 또 판단여지 또는 평가수권이 인정되는 경우를 '한계적 사례'(Grenzfälle)라고 부르는 데서도(Ule) 그 배경을 엿볼 수 있다.

다만 이 경우 그 규범적 맥락이 더욱 강하게 고려되어야 할 뿐이다. 나아가 판단여지설을 지지하는 다수의 문헌들은 다음과 같은 이유에서 보다 근본적인 문제점을 지니고 있다고 비판되었다. 즉 이들 문헌은 판단여지설의 당초 주장이 판단여지를 예외적인 경우에 한하여 인정하는 데 있었다는 점을 충분히 고려하지 못했던 것이다. 또한 이들 중 일부의 학설은 판단여지를 포섭(Subsumtion), 즉 개별적 사례에서의 법적용을 넘어서 (추상적인) 불확정법개념의 해석에까지 확장하려고 시도하였다는 점에서 비판되고 있다.[14] 파피어(J. Papier)는, 이러한 판단여지의 확장은, 일반추상적인 법규범의 해석, 그리고 거기에 포함된 불확정(법률)개념의 해석은 사법권의 본원적 기능이므로, 옳지 않다고 비판한다.

그 밖에도 판단여지설은, 일면 종래의 요건재량이론(Theorie zum Tatbestandsermessen)에 의거하여 불확정법개념의 사용은 행정청에게 재량에 관한 일반적 법리에 의한 재량의 여지를 인정한 것으로 보아야 한다는 견해[15]에 의하여, 다른 측면에서는 원리적인 고찰을 통하여 또는 행정작용의 전면적 사법심사를 요구하는 기본법 제19조 제4항을 근거로 제한적 사법심사 가능성을 지닌 판단여지의 존재를 부정하는 입장에 의하여 각각 비판되고 있다. 가령 굇즈(Götz)[16]는 후자의 입장에서 어떤 일반조항이 불확정법개념의 적정한 적용에 관한 법원의 전면적 심사권을 의문에 처하게 한다면 이는 권리보호를 보장한 헌법원칙(기본법 § 19 ④)에 명백히 위반되는 것이라고 주장한다. 그 같은 규정의 위헌성은 "불확정"개념과 "확정"개념을 명확히 구별할 수 없다는 점뿐만 아니라,[17] 오로지 침해의 요건에 관한 법관의 결정이 가능한 경우에만, 행정이 불확정법개념에 의한 기준을 통해 침해할 수 있는 주관적 권리들이 실효적인 보호를 받을 수 있다는 점에서 불가피하게 주어진다는 것이다.

4. 우리나라에서의 적용문제

국내 일부 문헌은 판단여지설을 기속행위와 재량행위의 구별기준에 관한 학설로 소개한다. 재량과 불확정법개념이 서로 구별되는 이상 그런 관점이 옳지 않음은 이미 지적했다.

---

14) H. Maurer, a.a.O., S.120, § 7 Rn.33.
15) H. Meyer, in: H. Meyer und H. Borgs-Maciejewski, *VwVfG*, 1995, § 40 Rn.13, 17ff.; R. Scholz, *VVDStRL* 34 (1976), 145, 166f.; J. Martens, *JuS*, 1987, 103, 105, 107f. 재량과 판단여지를 상대화하는 견해로는 G.F. Schuppert, "Self-restraint der Rechtsprechung," *DVBl*, 1988, 1191, 1198ff. 등을 참조.
16) V. Götz, a.a.O., S.255.
17) O. Bachof, "Diskussionsbeitrag," in: *Die öffentliche Verwaltung zwischen Gesetzgebung und richterlicher Kontrolle*, 1985, S.228.

그러나 대법원은 재량과 불확정법개념을 구별하지 않고 모두 재량의 문제로 파악한다. 대법원은 "토지형질변경허가의 금지요건이 불확정개념으로 규정되어 있어 그 금지요건 해당 여부의 판단에 행정청에게 재량권이 부여되어 있다."라고 판시한 바 있다.[18]

「국토의 계획 및 이용에 관한 법률」에 의한 **토지의 형질변경허가는 그 허가기준 및 금지요건이 불확정개념으로 규정된 부분이 많아 그 요건에 해당하는지 여부를 판단함에 있어서는 행정청에 재량권이 부여되어 있다** 할 것이다. 그리고 국토계획법에 따라 지정된 도시지역 안에 있는 토지에 대한 형질변경행위를 수반하는 건축허가는 건축법에 의한 건축허가와 국토계획법에 의한 토지 형질변경허가의 성질을 아울러 갖는 것으로 보아야 할 것이므로 그러한 건축허가는 재량행위에 속한다고 할 것이다.[19]

또한 대법원은 불확정법개념이나 판단여지의 문제를 명시적으로 거론하지는 않았지만 다음 사례에서 불확정법개념인 청소년 관람불가 등급분류기준으로서 '영상표현의 선정성' 판단을 사법심사의 대상으로 삼았다. 대법원은 원심이 선정성에 관한 청소년 관람불가의 등급분류기준은 청소년의 성적 욕구를 자극하는 경우에만 충족된다고 전제한 것은 선정성에 관한 청소년 관람불가의 등급분류기준에서 청소년에게 성적 불쾌감·혐오감 등을 유발하는 경우를 누락한 것이어서 그 이유 설시에 적절하지 않은 부분이 있으나, 사회의 일반적인 통념에 따라 객관적이고 규범적으로 이 사건 영화를 평가하여 보더라도 그 영상표현이 청소년에게 성적 욕구를 자극하거나 성적 불쾌감·혐오감 등을 유발할 정도로 지나치게 구체적이고 직접적이며 노골적이라고 볼 수 없으므로, 원심이 이 사건 영화가 선정성에 관한 청소년 관람불가의 등급분류기준에 해당하지 아니한다고 판단한 것은 그 결론에 있어 정당하여 수긍할 수 있다고 판시하여 영상표현의 선정성 또는 등급분류기준에 관한 법리오해 등의 위법이 있다는 상고이유 주장을 배척하였다. 이 사건에서 대법원은 원심과 함께, 특별히 재량이나 판단여지를 문제 삼지 않은 채, 전문가들로 구성된 합의제행정기관인 영상물등급위원회가 내린 청소년관람불가등급분류결정이 위법하다고 판시하였다. 결국 등급분류에 관한 재량도 인정하지 않았지만 결과적으로 판단여지도 부정한 것 같은 뉘앙스를 풍긴다.

영상표현의 선정성 측면에서 청소년 관람불가의 등급분류기준을 충족하는지 여부는 **해당 영화를 전체적으로 관찰하여 신체 노출 및 성적 행위의 표현 정도뿐만 아니라 그 영상의 구성 및 음향의 전달방식, 영화주제와의 관련성, 영화 전체에서 성적 표현이 차지하는 비중 및 그 영화의 예술적·교육적 가치 등을 종**

18) 대법원 2005.7.14. 선고 2004두6181 판결(건축허가신청반려처분취소).

19) 대법원 2012.12.13. 선고 2011두29205 판결(건축불허가처분취소); 동지 대법원 2013.10.31. 선고 2013두9625 판결.

합적으로 고려하되, 제작자의 주관적인 의도가 아니라 사회의 일반적인 통념에 따라 객관적이고 규범적으로 평가하여야 한다.[20]

또한 대법원은 독일에서 판단여지가 인정된 전형적 사례인 시험성적의 판정·평가 문제도 시종일관 재량권의 각도에서 파악해 왔다. 판례가 이들 사례에 있어 재량의 성립을 인정한 것은 물론 그 결과 면에서는 행정의 판단여지 또는 평가수권을 인정한 것과 다르지 않다고도 볼 수 있으나, 이론상으로는 앞서 본 이유에서 타당하다고 할 수 없다. 왜냐하면 경쟁시험의 결정에 대하여 법이 행정청의 독자적 판단권, 즉 재량권을 부여한 것이라고는 볼 수 없기 때문이다. 시험에 관한 결정에 있어 전문적·학술적 판단이 요구되는 경우 그 결정의 종국성은 예외적인 경우에 한하여 판단여지나 평가수권에 의하여 뒷받침될 수 있을 뿐이다.

<시험에 관한 결정에 관한 판례>

대법원은 다음과 같은 사안에 대하여 재량권의 존재를 인정해 왔다.

- 고등고시답안의 채점기준(대법원 1962.1.18. 선고 4294행상92 판결)
- 중학교입학시험문제정답인정(대법원 1962.8.30. 선고 62누42 판결)
- 의사국가시험채점기준(대법원 1964.6.30. 선고 62누194 판결)
- 중학교입학시험동점자선발기준(대법원 1968.7.16. 선고 68누53·54·55 판결)
- 공개경쟁채용시험의 면접시험 또는 실기시험에 의한 전문지식의 유무 내지 적격성의 판단(대법원 1972.11.28. 선고 72누164 판결)
- 학위수여여부에 관한 의결(대법원 1976.6.8. 선고 76누63 판결)[21]

반면 대법원은 입학정원이 미달된 경우 입학사정기준 미달자에 대한 입학거부의 가부에 관하여 "대학은 학생의 입학을 전형함에 있어 법령과 학칙에 정하여진 범위 내에서 대학의 목적과 그 대학의 특수사정을 고려하여 자유로이 수학능력의 기준을 정할 수 있다고 할 것이며 따라서 대학은 입학지원자가 모집정원에 미달한 경우에라도 그가 정한 입학사정기준에 미달되는 자에 대하여는 입학을 거부할 수 있다."(대법원 1982.7.27. 선고 81누398 판결)라고 판시한 바 있다. 그리하여 이 판결을 판단여지설의 각도에서 평가한 경우도 있었으나(김남진, 『법률신문』 1458호, 6면), 대법원은 "피고 대학의 법정계열 입학에 있어 총점의 60퍼센트인 291.42점을 하한선으로 하여 수학능력의 기준으로 삼은 것이 법령

20) 대법원 2013.11.14. 선고 2011두11266 판결(청소년관람불가등급분류결정처분취소).

21) 또한 "대학원위원회라 할지라도 다른 특별한 사정의 존재함을 지적함이 없이 만연 박사학위수여 부결의결을 한다는 것은 자유재량의 한계를 넘은 위법의 것"이라는 판결(대법원 1971.10.12. 선고 71누49 판결), "학위수여규정에 의한 2종의 외국어고시에 합격하고 교육법시행령과 위 규정에 의한 박사학위논문 심사통과자에게 정당한 이유 없이 학위수여를 부결한 행정처분은 재량권의 한계를 벗어난 위법이 있다."라는 판결(대법원 1976.6.8. 선고 76누63 판결)이 있다.

이나 학칙에 위배된다고 볼 자료가 없으니 그 수학능력에 미달하는 점수를 득한 원고들을 불합격으로 한다는 피고의 처분이 재량권의 범위를 일탈한 것으로는 볼 수 없다."라고 함으로써 여전히 재량권법리에 입각하고 있음을 보여 주고 있다.

한편 "자유재량에 있어서도 그 범위의 넓고 좁은 차이는 있더라도 법령의 규정뿐만 아니라 관습법 또는 일반적 조리에 의한 일정한 한계가 있는 것으로서 위 한계를 벗어난 재량권의 행사는 위법하다고 하지 않을 수 없으므로, 대학교 총장인 피고가 해외근무자들의 자녀를 대상으로 한 교육법 시행령 제71조의2 제4항 소정의 특별전형에서 외교관, 공무원의 자녀에 대하여만 획일적으로 과목별 실제 취득점수에 20%의 가산점을 부여하여 합격사정을 함으로써 실제 취득점수에 의하면 충분히 합격할 수 있는 원고들에 대하여 불합격처분을 하였다면 위법하다."(대법원 1990.8.28. 선고 89누8255 판결)라는 대법원의 판결은 불평등한 가산점부여에 의한 합격사정을 재량권의 남용으로 다루고 있으나, 오히려 이를 판단여지설의 관점에서 평등처우, 즉 기회균등의 원칙(Grundsatz der Chancengleichheit)에 반하여 위법이라고 보아야 했을 것이다.

반면, 대법원은 최근에도 전염병예방법상 장애인정, 의료법 등 관계 법령에 따른 신의료기술의 안전성·유효성 평가가 문제된 사례에서, 여전히 재량개념에 입각하면서도, 판단여지설에서의 고려사항을 반영하여 판시함으로써 주목을 끌고 있다.

특정인에게 권리나 이익을 부여하는 이른바 **수익적 행정처분은 법령에 특별한 규정이 없는 한 재량행위**이고, 구 전염병예방법(2009.12.29. 법률 제9847호 감염병의 예방 및 관리에 관한 법률로 전부 개정되기 전의 것, 이하 '구 전염병예방법'이라 한다) 제54조의2 제2항에 의하여 **보건복지가족부장관에게 예방접종으로 인한 질병, 장애 또는 사망(이하 '장애 등'이라 한다)의 인정 권한을 부여한 것은, 예방접종과 장애 등 사이에 인과관계가 있는지를 판단하는 것은 고도의 전문적 의학 지식이나 기술이 필요한 점과 전국적으로 일관되고 통일적인 해석이 필요한 점을 감안한 것으로 역시 보건복지가족부장관의 재량에 속하는 것이므로, 인정에 관한 보건복지가족부장관의 결정은 가능한 한 존중되어야 한다.**

다만 **인정 여부의 결정이 재량권의 행사에 해당하더라도** 재량권을 일탈하거나 남용해서는 안 되고, 특히 구 전염병예방법에 의한 피해보상제도가 수익적 행정처분의 형식을 취하고는 있지만, 구 전염병예방법의 취지와 입법 경위 등을 고려하면 실질은 피해자의 특별한 희생에 대한 보상에 가까우므로, 보건복지가족부장관은 위와 같은 사정 등을 두루 고려하여 **객관적으로 합리적인 재량권의 범위 내에서 타당한 결정을 해야 하고, 그렇지 않을 경우 인정 여부의 결정은 주어진 재량권을 남용한 것으로서 위법하게 된다.**[22]

1. 의료법 제53조 제1항, 제2항, 제59조 제1항의 문언과 체제, 형식, 모든 국민이 수준 높은 의료 혜택

22) 대법원 2014.5.16. 선고 2014두274 판결(예방접종으로인한장애인정거부처분취소).

을 받을 수 있도록 국민의료에 필요한 사항을 규정함으로써 국민의 건강을 보호하고 증진하려는 의료법의 목적 등을 종합하면, 불확정개념으로 규정되어 있는 의료법 제59조 제1항에서 정한 지도와 명령의 요건에 해당하는지, 나아가 요건에 해당하는 경우 행정청이 어떠한 종류와 내용의 지도나 명령을 할 것인지의 판단에 관해서는 행정청에 재량권이 부여되어 있다.

2. 신의료기술의 안전성 · 유효성 평가나 신의료기술의 시술로 국민보건에 중대한 위해가 발생하거나 발생할 우려가 있는지에 관한 판단은 고도의 의료 · 보건상의 전문성을 요하므로, 행정청이 국민의 건강을 보호하고 증진하려는 목적에서 의료법 등 관계 법령이 정하는 바에 따라 이에 대하여 전문적인 판단을 하였다면, 판단의 기초가 된 사실인정에 중대한 오류가 있거나 판단이 객관적으로 불합리하거나 부당하다는 등의 특별한 사정이 없는 한 존중되어야 한다. 또한 행정청이 전문적인 판단에 기초하여 재량권의 행사로서 한 처분은 비례의 원칙을 위반하거나 사회통념상 현저하게 타당성을 잃는 등 재량권을 일탈하거나 남용한 것이 아닌 이상 위법하다고 볼 수 없다.[23)]

23) 대법원 2016.1.28. 선고 2013두21120 판결(의료기술시행중단명령처분취소).

제11장

허가의 법적 성질*

허가는 법령에 따른 일반적 · 상대적 금지를, 특정한 경우에 해제하여, 적법하게 행위를 할 수 있게 허용해 주는 행정행위이다. 자연적 자유를 회복시켜 준다는 점에서 '금지의 해제'인 셈이다. 그 '금지'란 '상대적 금지', 즉 '허가유보부 금지'(Verbot mit Erlaubnisvorbehalt)이다. 허가는 이를테면, 건널목에 내려져 있는 차단기 앞에서 검문을 한 결과, 별다른 이상이 없으면 차단기를 올려 통과시키는 것(Maurer의 비유)과 같다. 여기서 허가의 개념을 분명히 하기 위해서는 그것이 전제하고 있는 일반적 · 상대적 금지의 취지를 반추할 필요가 있다. 즉, 입법자가 일정한 행위(예컨대 건축)를 금하는 것은 그것이 일반적으로 금지되어야 하기 때문이 아니라(건축자체는 반사회적 행위가 아니다), 개개의 구체적인 경우(건축에 관한 예정계획) 사전에 관계법규정(건축법등)의 위반여부를 허가관청이 심사해야 할 필요가 있기 때문이다. 그 심사결과가 긍정적으로 나오면, 그 (건축)허가신청은 적법한 것이 되며 따라서 허가관청은 (건축)허가를 내주어야 한다. 건축허가에서 논의의 출발점은 건축의 자유(Baufreiheit)에 있다. 즉, 건축주는, 타인의 권리를 침해하지 않는 한, 본래 자기의 토지 위에 자유로이 건축을 할 수 있는 권리를 가진다. 건축법 제5조는 이 법의 적용이 곤란하다고 인정되는 대지 또는 건축물에 대하여는 이 법의 기준을 완화하여 적용할 수 있다는 점을 규정하고, 제9조는 제8조의 규정에 해당하는 허가대상 건축물이라 하더라도 일정한 규모 이하의 소규모건축물이나 소규모용도변경 등과 같은 경우에는 해당 건축관청에게 신고함으로써 건축허가를 받은 것으로 본다고 규정하고 있는데, 이는 바로 이러한 건축의 자유를 전제로 한 규정이다. 건축의 자유는 질서유지 또는 공공복리를 이유로 한 일반적 제한을 받고

* 홍준형, 『행정법』, 법문사, 2017, 162-170을 토대로 수정 · 보완한 것임.

있다(헌법 제37조 제2항의 기본권적 법률유보). 그러나 건축의 자유에 대한 제한은 절대적 금지가 아니라 상대적 금지, 즉 허가유보부금지이며 허가관청은 건축주가 법이 정한 허가요건을 충족하면 그 건축의 자유를 회복시켜 주어야 한다. 건축주는 건축허가 요건의 충족을 조건으로 '건축의 자유'를 가질 뿐만 아니라 건축허가발급청구권(Rechtsanspruch auf Baugenehmigung)을 가진다. 다음에 보는 허가의 성질에 관한 논란은 허가의 이러한 자유권적 기초를 철저히 고려하지 못한 데서 연유하는 것이 아닐까.

허가와 관련한 쟁점은 크게 세 가지이다. 허가는 재량행위인가 아니면 기속행위인가, 명령적 행위인가 아니면 형성적 행위인가, 그리고 허가는 이전성이 있는가.

Ⅰ. 허가의 개념

종래에는 전통적 분류방법에 따라, 행정행위의 내용을, 의사표시란 요소를 기준으로 법률행위적 행정행위와 준법률행위적 행정행위로 나누고 전자를 다시 명령적 행위와 형성적 행위로 구분해 왔다. 여기서는 행정행위를 그 내용에 따라 명령적 행위와 형성적 행위, 확인적 행위, 그리고 그 밖의 행위로 구분한다. 주의할 점은 행정행위의 명칭들은 모두 학문상 명칭일 뿐 실제 법령상 용어들과 일치하는 것은 아니라는 점이다. 예컨대 법령에서 '면허'란 명칭을 사용하더라도, 그것이 강학상 허가인지 특허인지는 그 행위의 성질을 실질적으로 검토하여 판단하여야 한다.

학문상 허가에 해당하는 행위를 법령이 허가라는 말 이외에 면허 · 인허 · 특허 · 인가 · 승인 · 등록 · 취소 · 지정 등과 같은 용어로 표현하는 경우가 있다는 점, 반면 허가라는 용어를 쓰면서도 실질은 특허나 인가에 해당하는 행위를 지칭하는 경우가 있다는 점에 유의할 필요가 있다.

Ⅱ. 허가는 명령적 행위인가 형성적 행위인가

종래 허가의 성질을 명령적 행위로 파악해 온 데 대하여 '허가는 단순한 자연적 자유의 회복에 그치지 않고, 제한을 해제하여 적법한 권리행사를 가능케 해 주는 행위이므로 형성적 행위의 성질을 가지며, 그 점에서 허가와 특허의 구분은 상대화되고 있다'는 반론이 제기된다.

예컨대 김도창 교수(『일반행정법(上)』, 401-402)는 "원래 허가는, 국민의 자연적 자유 내지 헌법상 자유를 전제로 하는 자유주의적 개념인 데 대하여, 특허는 역사적으로 군주의 특권으로 간주되는 국가의 독점권을 개인에게 부여함을 의미하였다는 점에서 군권적 개념으로서의 색채가 농후하였기 때문에, 양자의 구별의 역사적 의의가 있었다. 그러나 오늘날의 헌법 아래서는, 양자 모두 직업선택의 자유의 보장과 관련이 있는 것으로, 특허도 국민의 본래의 자유의 회복이라는 면이 있는가 하면, 허가도 단순한 자유회복(Dürfen) 이상으로 적법하게 어떤 이익을 향유할 수 있는 지위의 설정(Können)으로 보려는 경향이 늘고 있다. 따라서 양자의 구별은 상대화되어 가고, 그 법적 성질이 융합되는 경향(허가의 특허화, 특허의 허가화)마저 볼 수 있다."라고 지적한다. 참고로 독일에서의 지배적 경향도 허가를 형성적 행위로 보고 있다.[1]

생각건대 허가는 그 개념의 전제인 일반적·상대적 금지란 측면에서는 명령적 행위로서 성질을 가진다. 그러나 허가에 따른 금지의 해제란 실질적으로 사인에게 적법한 권리행사를 할 수 있는 법적 지위를 설정해 주는 효과, 즉, 형성적 효과라 할 수 있다. 따라서 허가는 형성적 행위의 성질을 아울러 가진다고 보아야 할 것이다.

헌법재판소는 1989년 12월 22일 토지거래허가제와 허가를 받지 아니한 토지거래행위를 처벌할 것을 규정하고 있는 구 국토이용관리법 제21조의3 제1항과 제31조의2의 위헌심판청구에 관한 결정(88헌가13)에서 합헌결정을 내린 바 있다. 이 사건에서 직접 언급되지는 않았으나 국토이용관리법 제21조의3 제1항에 의한 '허가'의 법적 성질이 문제된다. 이 규정에 의한 허가가 과연 '강학상의 허가'에 해당하느냐 아니면 '인가'에 해당하느냐, 또는 양자의 합체행위로서의 '인허'에 해당하느냐가 다투어질 수 있는데, 김남진 교수는 이를 인가로 보는 데 반하여,[2] 양승두 교수는 이를 허가와 인가의 성질을 모두 가지고 있는 '인허'라고 보고 있다.[3] 이와 관련하여 일본의 농지법 제3조의 허가를 통상 허가와 인가의 합체행위 또는 명령적 행위와 형성적 행위의 합체행위로 보는 藤田宙靖의 견해[4])가 소개되고 있다. 이것은 허가의 법적 성질이 특허에 대한 관계에서뿐만 아니라 인가에 대한 관계에서 다양화될 수 있다는 점을 말해 주는 일례라 할 수 있을 것이다.

---

1) H. Maurer, *Allgemeines Verwaltungsrecht*, § 9 Rn.45, S.178; H.J. Wolff, O. Bachof, und R. Stober, *Verwaltungsrecht I*, 10.Aufl., 1994, S.391 u.a.
2) 김남진, 『행정법 II』, 1989, 387 각주 4.
3) 「행정행위의 내용상 분류에 관한 한 고찰」, 『서원우교수 화갑기념논문집』, 1991, 369-379 소수, 376, 379; 동지, 서원우, 『수정판 부동산공법』, 1985, 62.
4) 藤田宙靖, 『新版行政法 I(總論)』, 青林書院, 1986, 145-146, 註10.

Ⅲ. 허가는 기속행위인가 재량행위인가

종래 효과재량설의 관점에서는, 허가는 금지 해제로서 상대방에게 이익을 주는 행위이므로 재량행위라고 보았다. 그러나 허가는 특별히 권리를 설정해 주는 행위가 아니라 공익을 위해 제한되었던 자유를 회복시켜 주는 것이므로 허가관청은 허가요건이 충족되는 한 반드시 허가를 내줄 기속을 받으며 따라서 허가는 기속행위(기속재량행위)라는 것이 통설적 견해이다.

> 구 건축법(1991.5.31. 법률 제4381호로 전문개정되기 전의 것) 제5조 제1항 소정의 건축허가권자는 건축하고자 하는 건축물이 같은 법, 도시계획법 등의 관계법규에서 정하는 어떠한 제한에도 배치되지 않는 이상 당연히 건축허가를 하여야 하고 관계법규에서 정하는 제한사유 이외의 사유를 들어 허가신청을 거부할 수 없다.[5)]

> 식품위생법상 대중음식점영업허가는 성질상 일반적 금지에 대한 해제에 불과하므로 허가권자는 허가신청이 법에서 정한 요건을 구비한 때에는 허가하여야 하고 관계법규에서 정하는 제한사유 이외의 사유를 들어 허가신청을 거부할 수 없다.[6)]

이에 대해 허가에는 기속행위와 재량행위가 모두 있을 수 있다는 반론이 제기된다.[7)]

생각건대, 허가는 형식적으로 볼 때에는 수익적 행위이나 실질적으로 볼 때에는 이미 헌법상 국민에게 인정되어 있는 일반적 행동자유권(allgemeine Handlungsfreiheit)을 회복시키는 데 불과하다는 점에서 국가의 급부를 인정함으로써 시민의 권리영역을 확장시키는 수익적 행위의 본래적 유형과는 구별된다. 마찬가지로 허가의 거부는 형식적으로는 수익적 행정행위의 거부지만 실질적으로는 자연적 자유와 권리의 침해를 의미하게 된다. 따라서 허가는, 적어도 허가의 개념을 위와 같이 이해하는 한, 성질상 기속행위라고 보아야 할 것이다.

한편 대법원은 1999.8.19. 선고 98두1857 전원합의체판결에서 준농림지역 내 숙박시설 설치 등 토지이용행위제한에 관한 조례에 따라 구체적인 건축제한지역 지정·고시가 행하여지지 아니하였다 하더라도, 조례에서 정한 기준에 맞는 지역에 해당하는 경우에는 건축허가를 거부할 수 있다고 판시함으로써 허가의 법적 성질에 관한 기존 견해를 변경한 것이 아닌가 하는 의문을 불러일으켰다. 그러나 관계법령의 해석을 통해 허가거부의 재량을 도출한 것일 뿐 허가의 법적 성질을 정면으로 판단한 것은 아니어서 이를 판례변경으로 보기는 문제가

---

5) 대법원 1992.11.24. 선고 92누12865 판결.
6) 대법원 1993.5.27. 선고 93누2216 판결(『판례월보』 278호, 211 이하).
7) 김남진, 『행정법 I』, 법문사, 1998, 252.

있었다.[8] 이 판결 다수의견의 관심사는 건축허가를 거부할 수 있는 재량, 즉 거부재량을 도출하는 데 있었다. 그런 관심은 이후에도 계속되었고, 결국 다음에서 보듯 '토지의 형질변경행위를 수반하는 건축허가는 결국 재량행위에 속한다'는 판례로 이어지고 있다.

> 「국토의계획및이용에관한법률」에서 정한 도시지역 안에서 토지의 형질변경행위를 수반하는 건축허가는 건축법 제8조 제1항의 규정에 의한 건축허가와 「국토의계획및이용에관한법률」 제56조 제1항 제2호의 규정에 의한 토지의 형질변경허가의 성질을 아울러 갖는 것으로 보아야 할 것이고, 같은 법 제58조 제1항 제4호, 제3항, 같은 법 시행령 제56조 제1항 [별표 1] 제1호 (가)목 (3), (라)목 (1), (마)목 (1)의 각 규정을 종합하면, 같은 법 제56조 제1항 제2호의 규정에 의한 토지의 형질변경허가는 그 금지요건이 불확정개념으로 규정되어 있어 그 금지요건에 해당하는지 여부를 판단함에 있어서 행정청에게 재량권이 부여되어 있다고 할 것이므로, 같은 법에 의하여 지정된 도시지역 안에서 토지의 형질변경행위를 수반하는 건축허가는 결국 재량행위에 속한다.[9]

그렇다고 해서 대법원이 건축허가를 기속행위라고 보는 입장을 포기하거나 변경한 것은 아니다. 토지의 형질변경행위를 수반하는 건축허가는 결국 재량행위에 속한다고 판시하면서도 다음과 같이 판단하고 있기 때문이다.

> 건축허가권자는 건축허가신청이 건축법 등 관계 법규에서 정하는 어떠한 제한에 배치되지 않는 이상 당연히 같은 법조에서 정하는 건축허가를 하여야 하고, 중대한 공익상의 필요가 없는데도 관계 법령에서 정하는 제한사유 이외의 사유를 들어 요건을 갖춘 자에 대한 허가를 거부할 수는 없다(대법원 2003.4.25. 선고 2002두3201 판결, 대법원 2009.9.24. 선고 2009두8946 판결 등 참조).[10]

그러나 위 대법원의 판례에는 유의할 점이 있다. 대법원은 위 사건에서 문제된 건축허가가 기속행위에 해당하고, '피고행정청으로서는 중대한 공익상의 필요를 들지 못하는 이상 건축허가처분을 할 의무가 있다 할 것'이라고 판시하고 있으나, '기속행위를 거부할 만한 중대한

8) 이에 관하여는 김동희, 「건축허가처분과 재량」, 한국행정판례연구회 편, 『행정판례연구』 V, 서울대학교출판부, 2000, 17-32를 참조. 김동희 교수는 여기서 이 판례는 형식적 관점에서는 종래의 판례를 변경한 것은 아니지만, 이 사건의 경우 관계법령의 형식적 또는 문법적 해석에 따르면 당해 건축행위는 허용된다고 볼 수 없는 것임에도 불구하고, 그 목적론적 해석에 따라 당해 건축행위는 허용되지 아니하는 것이라고 하고 있고 보면, 그것은 내용적으로는 종래 판례의 실질적 변경이라고 할 수 있을 것이라고 지적한다(같은 글, 30).

9) 대법원 2005.7.14. 선고 2004두6181 판결(건축허가신청반려처분취소); 동지 대법원 2013.10.31. 선고 2013두9625 판결; 대법원 2010.2.25. 선고 2009두19960 판결.

10) 대법원 2010.2.25. 선고 2009두19960 판결.

공익상 필요'가 있으면 건축허가를 거부할 수 있음을 시사하고 있기 때문이다.11) 여기서 건축허가를 기속행위로 보면서도 '중대한 공익상 필요가 있는 경우에는 건축허가를 거부할 수 있다'고 전제한 데 대하여 어떠한 근거로 그런 예외를 도출했는지 이론상 의문이 남는다.12)

종래 대법원은 '건축허가권자는 건축물이 건축법, 도시계획법 등의 관계법규에서 정하는 어떠한 제한에도 배치되지 않는 이상 당연히 같은 법 소정의 건축허가를 하여야 하고 위 관계법규에서 정하는 제한사유 이외의 사유를 들어 바로 그 허가신청을 거부할 수 없다'고 판시해 왔다.13) 그러나 대법원은 1992.12.11. 선고 92누3038 판결(건축허가신청서반려처분취소)에 이르러 '공익상 필요가 없음에도 불구하고 요건을 갖춘 자에 대한 허가를 관계법령에서 정하는 제한사유 이외의 사유를 들어 거부할 수는 없다'고 판시하여 기존의 판례와는 사뭇 다른 뉘앙스를 보이기 시작했다. 대법원이 92누3038 판결에서 인용한 대법원 1989.6.27. 선고 88누7767 판결과 1992.6.9. 선고 91누11766 판결에는 '공익상 필요가 없음에도 불구하고'란 표현은 나오지 않는다.

Ⅳ. 허가의 이전성 문제

일반적으로 허가는 그 대상에 따라 대인적 허가(운전면허)·대물적 허가(차량검사합격처분)·혼합적 허가(주유소영업허가)로 나뉜다. 이 구분은 이전성 유무를 판단하는 데 의미가 있다. 대인적 허가의 이전이나 양도는 금지되며, 이전성은 원칙적으로 대물적 허가에 관해서만 인정되기 때문이다. 혼합적 허가는 보통 허가대상의 물적 기준과 아울러 허가출원자의 인적 결격사유가 규정되어 있는 경우로서, 이 경우에는 원칙적으로 이전성이 인정되지 않는다. 관계법에 따라 영업의 양도가능성을 인정하되 신고의무를 부과하는 경우가 있다.

예컨대 식품위생법은 제38조 제1항에서 영업허가를 받을 수 없는 사유(결격사유)를 규정하고 있는데, 같은 법 제39조 제1항에서는 영업자가 영업을 양도하거나 사망한 경우 또는 법인이 합병한 경우에는 그 양수인·상속인 또는 합병 후 존속하는 법인이나 합병에 따라 설립

11) 이러한 전제 위에서 대법원은 "피고는 원고 4의 건축허가신청을 거부한 이 사건 처분의 사유로 '국회단지' 일대에서 난개발 및 도시슬럼화를 방지하기 위한 계획적인 개발이 검토되고 있음을 들고 있으나, 위와 같은 사유는 기속행위를 거부할 만한 중대한 공익상 필요에 해당하지 않는다."라고 판시하고 있다(대법원 2010.2.25. 선고 2009두19960 판결).

12) 대법원은 이전에도 위 판례와 동일한 태도를 취했고(대법원 1992.12.11. 선고 92누3038 판결, 대법원 2009.9. 24. 선고 2009두8946 판결 등), 이후 대법원 2012.11.22. 선고 2010두19270 전원합의체판결(건축허가신청불허가처분취소)을 통해서도 동일한 입장을 유지한 바 있다.

13) 대법원 1992.6.9. 선고 91누11766 판결; 1989.3.28. 선고 88누10541 판결 등을 참조.

되는 법인은 그 영업자의 지위를 승계하며, 다만, 영업자의 지위를 승계한 자는 보건복지부령으로 정하는 바에 따라 1개월 이내에 그 사실을 관할관청(식품의약품안전처장 또는 특별자치시장・특별자치도지사・시장・군수・구청장)에게 신고하도록 하고 있다.

반면, 이와는 달리 같은 법 제39조 제2항은 같은 법 제29조 제2항 각 호, 즉 「민사집행법」에 따른 경매, 「채무자 회생 및 파산에 관한 법률」에 따른 환가, 「국세징수법」, 「관세법」 또는 「지방세법」에 따른 압류재산의 매각, 그 밖에 이들에 준하는 절차 중 어느 한 절차에 따라 영업 시설의 전부를 인수한 자는 그 영업자의 지위를 승계하며, 그 경우 종전의 영업자에 대한 영업허가 또는 그가 한 신고는 그 효력을 잃는다고 규정하고 있다.

여기서 후자의 경우, 영업허가의 이전성을 부정하는 데 대해서는 의문이 없으나, 전자의 경우 영업자 지위의 승계가 그 영업허가의 승계까지도 포함하는지 여부가 문제된다. 생각건대, 영업허가와 허가의 객관적 대상이 된 영업 자체는 서로 구별되어야 하지만,[14] 같은 법 제39조 제2항의 반대해석상 특별한 사정이 없는 한 영업허가도 이전된다고 보아야 할 것이다.

한편 대법원은 "석유판매업(주유소)허가는 소위 대물적 허가의 성질을 갖는 것이어서 그 사업의 양도도 가능하고, 이 경우 양수인은 양도인의 지위를 승계하게 됨에 따라 양도인의 위 허가에 따른 권리의무가 양수인에게 이전되는 것이므로 만약 양도인에게 그 허가를 취소할 위법사유가 있다면 허가관청은 이를 이유로 양수인에게 응분의 제재조치를 취할 수 있다 할 것이고, 양수인이 그 양수 후 허가관청으로부터 석유판매업허가를 다시 받았다 하더라도 이는 석유판매업의 양수도를 전제로 한 것이어서 이로써 양도인의 지위승계가 부정되는 것은 아니라 할 것이다."라고 판시한 바 있다.[15] 그러나 이 판결의 타당성은 의심스럽다. 원심이 적절히 지적했듯이 석유사업법 제12조 제3항, 제5조에서 인적 결격사유가 규정되고 있는 점(대인적 허가)과 동법 제12조 제2항, 동법시행령에 따른 물적 시설기준이 요구되고 있는 점(대물적 허가)을 고려할 때 '석유판매업허가는 혼합적 허가의 성질을 갖는 것이고, 이러한 경우 대물적 허가사항의 효과는 물적 사항에 변경이 없는 한 이전성이 인정되나 대인적 허가사항의 효과는 일신전속적인 것으로 포괄승계의 경우를 제외하고는 원칙적으로 그 이전성이 인정되지 아니한다'고 봄이 옳다.[16]

대법원은 양도인에 대한 사유로 양수인에 대하여 영업정지처분을 할 수 있는지 여부에 대하여 "공중위생관리법 제11조 제5항에서 영업소 폐쇄명령을 받은 후 6개월이 지나지 아니한 경우에는 동일한 장소에서는 그 폐쇄명령을 받은 영업과 같은 종류의 영업을 할 수 없다고 규정하고 있는 점 등을 고려하여 볼 때 영업정지나 영업장 폐쇄명령은 모두 대물적 처분으로 보아야 할 것이므로, 양수인이 그 양수

14) 홍정선, 『행정법원론(상)』, 박영사, 2009, 303.
15) 대법원 1986.7.22. 선고 68누273 판결; 동지 대법원 1979.10.30. 선고 79누190 판결.
16) 동지 김남진, 『행정법의 기본문제』, 1990, 856 이하.

후 행정청에 새로운 영업소 개설 통보를 하였다 하더라도, 그로 인하여 영업양도·양수로 영업소에 관한 권리·의무가 양수인에게 이전하는 법률효과까지 부정되는 것은 아니므로, 만일 어떠한 공중위생 영업에 대하여 그 영업을 정지할 위법사유가 있다면, 관할 행정청은 그 영업이 양도·양수되었다 하더라도 그 업소의 양수인에 대하여 영업정지처분을 할 수 있다."라고 판시함으로써 영업장 폐쇄명령의 대물적 처분성을 근거로 그 이전가능성을 시인한 바 있다.[17] 이 판결은 행정제재적 처분을 받은 후 영업장을 양도하는 방법으로 행정처분의 효력을 면탈하여 행정처분을 받은 영업장에 대한 이권을 환수하거나 영업을 계속하는 관행을 근절시키기 위한 배경에서 나온 것으로서, 공중위생영업에 대한 행정처분을 대물적 처분으로 보고 그 이전성을 인정한 것이다. 한편 이 같은 배경에서 공중위생관리법은 2002년 8월 26일의 개정법에서 제11조의3을 신설하여 행정제재처분효과의 승계를 명문화하기에 이른다. 이에 따라, ① 공중위생영업자가 그 영업을 양도하거나 사망한 때 또는 법인의 합병이 있는 때에는 종전의 영업자에 대하여 법 제11조 제1항의 위반을 사유로 행한 행정제재처분의 효과는 그 처분기간이 만료된 날부터 1년간 양수인·상속인 또는 합병후 존속하는 법인에 승계되고, ② 공중위생영업자가 그 영업을 양도하거나 사망한 때 또는 법인의 합병이 있는 때에는 법 제11조 제1항의 위반을 사유로 하여 종전의 영업자에 대하여 진행 중인 행정제재처분 절차를 양수인·상속인 또는 합병 후 존속하는 법인에 대하여 속행할 수 있게 되었다.

17) 대법원 2001.11.9. 선고 2001두5064 판결.

제12장
확약의 법적 쟁점*

Ⅰ. 쟁점

행정법상 확약(Zusicherung)이란 행정청이 국민에 대하여 장차 일정한 행정행위를 하겠다든가 또는 안하겠다는 약속의 의사표시를 말한다. 1987년 입법예고된 행정절차법안은 제25조 제1항에서 확약을 '행정청이 어떠한 행정처분을 하거나 하지 아니할 것을 약속하는 행위'로 규정하고 있었다. 독일의 연방행정절차법 제38조는, 종래 행정판례에 의해 인정되어 왔던, '행정청의 공적 확언은 당해 행정청에 대하여 행정의 자기구속의 효력이 있다'는 법리를 수용하여 확약이란 행정의 활동형식으로 제도화하고 있다. 우리 행정법상 확약이란 독일행정법의 제도를 받아들인 것이다.

행정법상 확약은, 비록 행정절차법에 제도화되지는 못했지만, 학계에서는 비교적 일찍부터 행정의 신뢰보호원칙에 근거를 둔 활동형식으로서 일반적 승인을 얻고 있다. 즉, 우리나라에서도 법규 또는 행정관습에 따라 종래 '내인가'·'내허가'·'일차인가'·'일차면허' 등의 이름으로 확약의 법리가 실제로 관철되어 왔다.[1] 가령 재무부장관이 금융통화위원회를 통하여 노동은행설립건을 의결하고 시중은행으로서 이를 내인가한 경우가 그 예이다.[2]

---

* 홍준형, 『행정법』, 법문사, 2017, 162-170을 토대로 수정·보완한 것임.

1) 김도창, 『일반행정법론(상)』, 청운사, 1993, 429. 한편 김남진 교수(『행정법의 기본문제』, 법문사, 1990, 285-286)는 다수의 학자들이 위의 내인가나 내허가, 1차면허 등으로 불리어 온 행위유형들을 획일적으로 확약으로만 파악하는 데 대하여 반대하고 있다. 즉, 이들 중에는 확약과 구별되는 예비결정 또는 부분인허에 해당하는 경우가 많다는 것이다. 아무튼 이 문제는 결국 문제된 개개행위의 법적 효과를 구체적으로 검토함으로써만 해결될 수 있을 것이다.

2) 『중앙일보』 1992.3.20. 기사를 참조.

Ⅱ. 확약의 법적 성질

1. 확약은 행정행위인가

확약이 행정행위의 성질을 가지는지 논란이 있다. 확약을 행정행위의 일종으로 보는 견해가 다수설[3)]이지만, 확약이 종국적 규율의 성질을 갖지 않는다는 점에서 독자적인 행위형식으로 보는 견해[4)]도 표명되고 있다.

생각건대, 확약에 관해서는 일단 그것이 자기구속적 의지에 의해 처분의 의무를 부담하는 것이라는 점에서 행정행위의 개념적 징표인 법적 규율로서의 성질을 지니고 있다고 볼 수 있다. 그러나 이 법적 규율의 내용은 일반 행정행위의 그것과는 달리 특수성을 띠고 있다. 확약의 행위기초가 되었던 사실적·법적 상황이 변경되면 이른바 사정변경의 원칙의 직접적 적용의 결과로 확약의 구속성은 상실되고 말기 때문이다. 우리 행정절차법안 제25조 제4항이 "행정청은 불가항력 기타 사유로 확약의 내용을 이행할 수 없을 정도로 사실상태 또는 법률상태가 변경된 경우를 제외하고는 그 확약에 기속된다."라고 하고, 또 독일연방행정절차법 제38조 제3항이 "확약의 전제가 되었던 사실 및 법적 상황이 변경되어 행정청이 사후에 발생한 사실을 알았더라면 확약을 하지 않았으리라고 인정될 경우 또는 법적 이유에서 확약을 할 수 없었으리라고 인정될 경우에는 그 행정청은 더 이상 자기가 행한 확약에 구속되지 아니한다."라고 규정하는 것도 바로 확약의 그러한 성질을 염두에 둔 것이라 할 수 있다. 만일 행정행위에 관해 이 같은 행위기초 및 법적 변동이 있을 경우 그 구속력을 박탈하기 위해서는 별도로 사정변경의 원칙에 따른 행정행위의 철회가 요구된다는 점에서 볼 때,[5)] 확약은 행정행위와는 다른 특질을 지니는 것이라고 할 수 있다. 아무튼, 확약이 행정행위 성질을 가지는지에 관한 논의의 실익은 주로 행정행위에 관한 규율의 적용여부 결정에 있다. 따라서 확약의 독자성을 인정하면서도 그에 관하여 그 성질이 허용하는 한 행정행위에 관한 규율을 준용하는 입장을 취하는 것이 타당하다고 본다.

대법원은 "자동차운송사업양도양수계약에 기한 양도양수인가신청에 대하여 피고 시장이 내인가를 한

---

3) 김도창, 앞의 책, 429; 박윤흔, 『행정법강의(상)』, 박영사, 2002, 375; 이상규, 『신행정법론(상)』, 법문사, 1994, 397 등.

4) 김남진, 『행정법 I』, 법문사, 1998, 370; 변재옥, 『행정법강의 I』, 1990, 313. 김남진 교수 역시, 비록 행정행위설을 부정한다는 뜻을 분명히 밝히고 있기는 하지만, 실정법이 확약에 행정행위에 관한 일부조항을 준용시키는 경우, 확약을 행정행위에 준하는 것으로 보는 것은 무방하다고 한다(김남진, 『행정법의 기본문제』, 288).

5) 대법원 1984.11.13. 선고 84누269 판결.

후 위 내인가에 기한 본인가신청이 있었으나 자동차운송사업양도양수인가신청서가 합의에 의한 정당한 신청서라고 할 수 없다는 이유로 위 내인가를 취소한 경우, 위 내인가의 법적 성질이 행정행위의 일종으로 볼 수 있든 아니든 그것이 행정청의 상대방에 대한 의사표시임이 분명하고 피고가 위 내인가를 취소함으로써 다시 본인가에 대하여 따로이 인가 여부의 처분을 한다는 사정이 보이지 않는다면 위 내인가 취소를 인가신청을 거부하는 처분으로 보아야 할 것"[6]이라고 판시하여 내인가의 행정행위 여부에 대한 판단을 회피하였다. 다만 본처분을 하지 않은 상태에서 내인가를 취소하면 이로써 본처분으로서 인가 거부처분이 있은 것이라고 보아 내인가취소의 종국성과 법적 효과를 시인하고 있다. 그러나 이후 대법원은 "어업권면허에 선행하는 우선순위결정은 행정청이 우선권자로 결정된 자의 신청이 있으면 어업권면허처분을 하겠다는 것을 약속하는 행위로서 강학상 확약에 불과하고 행정처분은 아니므로", 우선순위결정에 공정력이나 불가쟁력과 같은 효력은 인정되지 아니한다고 판시함으로써 확약이 행정처분이 아니라는 점을 분명히 하였다.[7]

2. 재량행위인가

일정한 행정행위의 발급에 대해 확약을 할 것인가의 여부는 행정청의 의무에 합당한 재량에 속한다.[8] 물론 그 대상이 재량에 속하는 행위인가 기속행위인가는 별개의 문제이다.

3. 확약과 교시 · 예비결정 · 일부허가와의 비교

확약은 자기구속의 의지를 내용으로 한다는 점에서 비구속적인 법률적 견해 표명인 교시(Auskunft: 고지)와 구별되며, 또 장래의 규율을 약속하는 것이라는 점에서 제한된 사항에 관한 것이지만, 종국적 규율을 내용으로 하는 예비결정(Vorbescheid) · 일부허가(Teilgenehmigung)와도 구별된다.[9] 쌍방행위인 공법상 계약에서 표명된 급부의 약속과 비교할 때 확약은 일방적 행위의 성질을 가진다는 점에서 구별되지만, 급부 약속인 이상 확약이든 공법상 계약이든 실질적으로 동일한 성질을 가진다고도 볼 수 있다.[10]

---

6) 대법원 1991.6.28. 선고 90누4402 판결.
7) 대법원 1995.1.20. 선고 94누6529 판결(행정처분취소).
8) 홍정선, 『행정법원론(상)』, 2009, 376.
9) 신보성, 「다단계 행정과정의 법적 고찰」, 『고시연구』, 1992.5., 63 이하를 참조.
10) 이에 관한 독일의 사례로는 BVerwGE 49, 359, 362를 참조.

Ⅲ. 확약의 가능성과 요건

1. 확약의 가능성

확약의 허용여부에 관한 일반법적 근거는 존재하지 않는다. 다만 예외적으로 개별법규정이 이를 규정하는 경우가 있을 뿐이다(예컨대, 학교설립인가사무처리규칙 § 3). 따라서 현행법상 확약이란 행위형식이 허용되는지에 관해 의문이 있을 수 있다. 확약의 허용성을 부정하는 견해는 현재 주장되고 있지 않으며 다만 확약이 허용되는 근거에 관해서는, 신의칙 또는 신뢰보호의 원칙에서 근거를 찾는 견해(과거 독일의 판례), 확약의 대상인 행정행위의 처분권한은 그에 대한 확약 권한을 포함한다는 견해, 그리고 확약으로 본행정행위에 대한 예견가능성이 부여되는 것을 헌법의 요청으로 보는 견해 등이 있다. 확약은 국민에게 행정행위에 대한 법적 불안정을 제거하여 예견가능성을 보장해 준다는 점에서 유용성을 가질 뿐만 아니라, 법령에 반하지 않는 한, 행정은 원칙적으로 행위형식의 선택의 자유를 가지며 그 결과 확약의 권한은 본 행정행위를 행할 권한에 포함된다고 볼 것이므로, 확약은 가능하며 확약의 구속력은 헌법수준으로 고양된 행정법의 일반원리인 신뢰보호의 원칙에 따라 인정된다고 본다.

2. 확약의 요건

확약은 그 대상이 된 행정행위(예컨대 공무원임용, 조세감면조치, 외국과의 합작증권회사 설립 인가 등)이 당해 행정청의 권한의 범위에 속하는 적법한 것이어야 한다. 또한 확약의 대상이 가능하고 확정적이어야 함은 물론이다. 확약은 재량행위뿐만 아니라 기속행위에 관해서도 가능하다. 기속행위에 관해서는 이설이 없지 않으나, 기속행위에 관하서도 법적 불안정을 제거할 필요성(예지이익, 대처이익)은 있는 것이므로 가능하다고 보아야 할 것이다(다수설).[11] 요건사실(예컨대 과세요건사실)이 완성된 이후에도 개인의 이익보호의 견지에서 확약은 가능하다고 보는 것이 다수의 견해이다.[12]

확약의 절차나 형식에 관한 한 아무런 일반적 규정이 없으므로 원칙적으로 불요식행위라고 볼 것이나 개별법령이 특별한 절차(관계자의 청문이나 관계기관의 협력 등)나 형식(문서 등)을 요구하는 경우가 있을 수 있다.

11) 김남진, 『행정법 I』, 372; 박윤흔, 『행정법강의(상)』, 377; 홍정선, 『행정법원론(상)』, 377.
12) 박윤흔, 『행정법원론(상)』, 377을 참조.

Ⅳ. 확약의 법적 효과

1. 구속력

확약의 효과는 행정청이 상대방에 대하여 확약된 대로의 행정행위를 해야 할 의무를 부담한다는 데 있다. 이러한 구속력(Verbindlichkeit)은 신뢰보호의 원칙에 의해 인정되는 것이며 따라서 상대방은 당해행정청에 대하여 그 확약에 따를 것을 요구할 수 있으며 나아가 그 이행을 청구할 수 있다. 다만 현행법상 의무이행소송은 허용되지 않으므로 의무이행심판, 거부처분취소소송 또는 부작위위법확인소송을 제기할 수 있을 것이다.

<판례>

공유수면매립에 있어서 1차매립준공인가를 할 때의 조건으로 국가에 귀속시키기로 정한 특정토지부분이 아닌 다른 매립지를, 2차매립준공인가를 하면서 임의로 국가에 귀속시킨 조치는 매립면허에 근거가 없어 위법한 것이다.[13)]

2. 사정변경에 의한 구속력의 상실

확약의 행위기초가 되었던 사실적·법적 상황이 변경되면 이른바 사정변경의 원칙에 따라 확약의 구속성은 상실된다. 우리 행정절차법안 제25조 제4항이 "행정청은 불가항력 기타 사유로 확약의 내용을 이행할 수 없을 정도로 사실상태 또는 법률상태가 변경된 경우를 제외하고는 그 확약에 기속된다."라고 했고, 또 독일연방행정절차법 제38조 제3항이 "확약의 전제가 되었던 사실 및 법적 상황이 변경되어 행정청이 사후에 발생한 사실을 알았더라면 확약을 하지 않았으리라고 인정될 경우 또는 법적 이유에서 확약을 할 수 없었으리라고 인정될 경우에는 그 행정청은 더 이상 자기가 행한 확약에 구속되지 아니한다."라고 규정하고 있다. 확약의 기초가 되었던 사실 및 법상태가 사후적으로 변경되면 확약은 별도의 의사표시 없이도 효력을 상실한다. 이 점에서 확약의 구속력은 행정행위의 구속력보다 약하고 불안정적이다.

이와 관련, 주택건설촉진법상 사전결정제도가 신설되기 전에 주택건설사업 승인신청을 하기에 앞서 구 건축법상의 사전결정을 받은 경우, 행정청이 그 건축법상의 사전결정에 기속되어 주택건설촉진법상의

13) 대법원 1987.4.14. 선고 86누233 판결.

주택건설사업계획을 반드시 승인하여야 하는 것은 아니고, 주택건설사업승인 거부처분이 구 건축법상의 사전결정에 배치된다는 이유만으로 위법하게 되는 것은 아니라고 판시한 바 있다:

> 행정청이 상대방에게 장차 어떤 처분을 하겠다고 확약 또는 공적인 의사표명을 하였다고 하더라도 그 자체에서 상대방으로 하여금 언제까지 처분의 발령을 신청을 하도록 유효기간을 두었는데도 그 기간 내에 상대방의 신청이 없었다거나 **확약 또는 공적인 의사표명이 있은 후에 사실적·법률적 상태가 변경되었다면 그와 같은 확약 또는 공적인 의사표명은 행정청의 별다른 의사표시를 기다리지 않고 실효된다**고 할 것인바, 건축법상의 사전결정은 앞서 본 바와 같이 피고가 장차 건축법상의 건축허가처분을 하겠다는 의사표시일 뿐이지 장차 촉진법상의 주택건설사업계획승인처분을 하겠다는 내용의 확약 또는 공적인 의사표명이라고는 할 수 없고, 또한 앞서 본 주택건설사업계획 입지심의와 건축물건축계획 심의가 대전직할시장이 장차 주택건설사업계획승인처분을 하겠다는 내용의 확약 또는 공적인 의사표명이라고 하더라도 그 유효기간 1년 이내에 원고가 그 승인신청을 하지 아니함으로써 실효되었다고 할 것이므로, 피고가 위 건축법상의 사전결정과 주택건설사업계획 입지심의 및 건축물건축계획 심의와는 달리 원고의 승인신청을 거부하는 내용의 이 사건 거부처분을 하였더라도 그것이 위법하다고는 할 수 없다 할 것이다.[14]

> 어업권면허에 선행하는 우선순위결정은 행정청이 우선권자로 결정된 자의 신청이 있으면 어업권면허처분을 하겠다는 것을 약속하는 행위로서 **강학상 확약에 불과하고 행정처분은 아니므로, 우선순위결정에 공정력이나 불가쟁력과 같은 효력은 인정되지 아니하며,** 따라서 우선순위결정이 잘못되었다는 이유로 종전의 어업권면허처분이 취소되면 행정청은 종전의 우선순위결정을 무시하고 다시 우선순위를 결정한 다음 새로운 우선순위결정에 기하여 새로운 어업권면허를 할 수 있다.[15]

물론 확약의 구속력도 확약이 행정행위의 경우와 마찬가지의 사유에 의해 취소·철회됨으로써 상실될 수 있다. 대법원은 행정청이 당초의 증여액을 근거로 비과세통지를 한 후 이에 반하여 새롭게 조사결정된 증여액을 근거로 과세한 경우 행정청의 내부규정에 의한 비과세통지는 이 과세처분에 의해 철회·취소된 것이라고 본 바 있다.[16]

---

14) 대법원 1996.8.20. 선고 95누10877 판결(주택건설사업승인거부처분취소). 원심: 대전고법 1995.6.23. 선고 94구321 판결.
15) 대법원 1995.1.20. 선고 94누6529 판결(행정처분취소).
16) 대법원 1982.10.26. 선고 81누69 판결.

제13장
행정행위의 부관*

Ⅰ. 쟁점

부관은 행정실무상 각종 인·허가나 사업승인 등과 관련하여 중요한 역할을 수행하고 있다. 그것은 인허가를 아무런 제한 없이 발급하는 데 지장을 주는 법적·사실적 장애를 제거하기 위한 목적으로 이용되고 있다. 즉, 행정청이, 완전한 인·허가를 내주기에는 다소 문제가 있더라도 허가신청을 단순히 거부할 것이 아니라, 일정한 의무이행을 조건으로 인·허가를 발급하는 것이 더 법목적에 합당한 결과가 될 수 있기 때문이다.

행정행위에 부관이 필요한 경우는, 마우러의 비유에 따르면, 엄격한 거절("Nein") 대신에 유보부 승락("Ja, aber")이 더 나은 경우를 말한다.[1] 이로써 탄력성 있는 행정을 가능케 하고 또 국민의 이해관계에 부응할 수 있다. 그러나 부관의 무분별한 남용이나 허용은 과도한 규제와 후견의 위험성을 지니고 있음은 물론이다.

부관과 관련한 법적 쟁점들을 검토해 보면 다음과 같다.

---

* 홍준형, 『행정법』, 법문사, 2017, 185-197을 토대로 수정·보완한 것임.

1) H. Maurer, *Allgemeines Verwaltungsrecht*, 1997, Rn.2.

Ⅱ. 부관의 개념과 종류

1. 부관의 개념

행정행위의 부관(附款: Nebenbestimmung zu Verwaltungsakten)이란 행정행위의 효과를 제한 또는 보충하기 위한 부가적 규율을 말한다. 행정행위의 부관은 직접 법규의 규정에 의해 행정행위의 효과를 제한·보충하는 법정부관과는 다르다. 가령 광업법에서 광업허가의 효과를 등록을 조건으로 발생하도록 규정한 경우(§ 28), 그 조건은 주된 행정행위의 효과를 제한하는 것이기는 하지만 행정청의 부가적 규율의 소산이 아니라 법령에 의하여 직접 규정된 결과이므로 행정행위의 부관과는 구별되어야 한다. 행정행위의 부관은 가령 건축허가나 영업허가를 발급하면서 허가관청이 일정한 조건이나 의무를 부가하는 경우에 볼 수 있는 바와 같이, 주된 행정행위의 규율을 수정·변경하는 효과를 지니므로 그 주된 행정행위에 대하여 종된 규율이라고 부를 수 있다. 법령상의 표현으로는 예컨대 '조건'이란 용어가 사용되기도 한다.

한편, 위와 같은 정의는 다수설이 행정행위의 부관을 "행정행위의 효과를 제한하기 위하여 주된 의사표시에 부가된 종된 의사표시"로 정의하고 있는 것과 다르다. 다수설이 이러한 의사표시라는 계기를 부관의 개념규정 차원에서 중시하고 있는 이유는 이미 앞에서 본 바와 같이 법률행위적 행정행위와 준법률행위적 행정행위를 구별하고 후자에는 부관을 붙일 수 없다는 입장을 취하고 있다는 데서 찾을 수 있다. 그러나 이러한 법률행위적 행정행위와 준법률행위적 행정행위의 구별이 반드시 타당할 것인가에 의문이 있다는 점, 그리고 준법률행위적 행정행위에 대해서도 부관을 붙일 수 있는 경우가 있다는 점을 고려할 때, 부관을 종된 '의사표시'라고 정의하는 데에는 문제가 있다고 할 수 있다.[2] 행정행위의 개념에서 결정적인 것은 그 '법적 규율'의 계기이므로, 여기서는 부관 역시 행정행위의 '주된 규율'(Hauptregelung)에 부가된 부대적 규율(zusätzliche Regelung)로서 이해함이 마땅하다. 다시 말해서 행정행위가 포함하고 있는 규율은 부가적 규율, 곧 부관에 의해 보충되거나 제한될 수 있다고 해야 할 것이다.[3] 이렇게 보면 부관의 부종성(Abhängigkeit)은 행정행위와 그에 대한 부관의 관계를 통해 그 개념을 설명해 주는 불가결한 요소라 할 수 있다. 물론, 부관의 종류 중 부담은 그

---

2) 박윤흔 교수(『행정법강의(상)』, 2000, 378)는 준법률행위적 행정행위에 의사표시의 효과를 제한하는 부관은 붙일 수 없을지라도 '특별한 의무의 부과'(부담)와 '요건을 보충'하기 위한 부관은 붙일 수 있는 것이므로 부관을 '주된 행위에 붙여진 종된 규율'로 정의하면서도, 그렇다고 행정행위를 법률행위적 행정행위와 준법률행위적 행정행위로 분류하는 것을 부인하는 것은 아니라고 한다.

3) H. Maurer, a.a.O., § 12 Rn.1.

부관으로서의 성질여하가 그 독립적 쟁송가능성과 함께 논란되고 있으나, 비록 부담이 독립된 행정행위일지라도, 주된 행정행위와 관련을 맺고 있고 또한 주행정행위의 효력에 그 존속여부를 의존하므로 부관으로서 부종성을 인정하는 데에는 아무런 지장이 없다.

2. 부관의 종류

행정행위의 부관의 종류로는 대체로 기한·조건·철회권유보, 부담 및 사후부담의 유보를 드는 것이 일반이다. 이 중 특히 조건과 기한은 법기술적으로 볼 때 행정행위의 법적 효력의 발생과 소멸을 일정시점 또는 일정한 사실발생에 의존시킨다는 점에서, 전형적인 행정법적 제도가 아니라 여타의 법영역, 예컨대 민법에서도 찾아볼 수 있는 일반적 부관이라고 할 수 있다.

(1) 기한(Befristung)

기한이란 행정행위의 침익적 또는 수익적 효과, 행정행위의 규율을 일정한 시점에 의해 발생 또는 종료시키거나 그 규율을 일정한 기간에 국한하는 경우를 말한다. 조건과 마찬가지로 그것은 시기(정지적 기한), 종기(해제적 기한)로 나누어지며, 만일 효력기간이 부가된 경우에는 시기와 종기가 동시에 정해진 것이 된다. 예컨대, 몇 년 몇 일부터 허가한다거나 몇 년 몇 일까지, 또는 몇 년 몇 일부터 몇 년 몇 일까지 허가하는 경우가 각각 그러한 경우에 해당한다. 후술하는 바와 같이 기한은 조건과 흡사하나 기한에 있어서는 확정기한이든 불확정기한이든 그 도래가 확실하다는 점에서 조건과 구별된다.

<참고판례>

...... 종기인 기한에 관하여는 일률적으로 기한이 왔다고 하여 당연히 그 행정행위의 효력이 상실된다고 할 것이 아니고, 그 기한이 허가 또는 특허된 사업의 성질상 부당하게 짧은 기한을 정한 경우에 있어서는 그 기한은 그 허가 또는 특허의 조건의 존속기간을 정한 것이며, 그 기한이 옴으로써 그 조건의 갱신을 고려한다는 뜻으로 해석하여야 한다.[4)]

일반적으로 행정처분에 효력기간이 정하여져 있는 경우에는 그 기간의 경과로 그 행정처분의 효력은 상실되고, 다만 허가에 붙은 기한이 그 허가된 사업의 성질상 부당하게 짧은 경우에는 이를 그 허가

4) 대법원 1962.2.22. 선고 4293행상42 판결.

자체의 존속기간이 아니라 그 허가조건의 존속기간으로 보아 그 기한이 도래함으로써 그 조건의 개정을 고려한다는 뜻으로 해석할 수는 있지만(대법원 1995.11.10. 선고 94누11866 판결, 대법원 2004. 11.25. 선고 2004두7023 판결 등 참조), 그와 같은 경우라 하더라도 그 허가기간이 연장되기 위하여는 특별한 사정이 없는 한, 그 종기(종기)가 도래하기 전에 그 허가기간의 연장에 관한 신청이 있어야 하며, 만일 그러한 연장신청이 없는 상태에서 허가기간이 만료하였다면 그 허가의 효력은 상실된다고 보아야 한다.5)

당초에 붙은 기한을 허가 자체의 존속기간이 아니라 허가조건의 존속기간으로 보더라도 그 후 당초의 기한이 상당 기간 연장되어 연장된 기간을 포함한 존속기간 전체를 기준으로 볼 경우 더 이상 허가된 사업의 성질상 부당하게 짧은 경우에 해당하지 않게 된 때에는 관계 법령의 규정에 따라 허가 여부의 재량권을 가진 행정청으로서는 그때에도 허가조건의 개정만을 고려하여야 하는 것은 아니고 재량권의 행사로서 더 이상의 기간연장을 불허가할 수도 있는 것이며, 이로써 허가의 효력은 상실된다.6)

(2) 조건(Bedingung)

조건이란 행정행위의 효과발생 또는 소멸을 장래의 불확실한 사실(사건)에 의존시키는 것을 말한다. 이 중, 효력의 발생여부에 관한 조건을 정지조건(aufschiebende Bedingung), 효력의 소멸에 관한 조건을 해제조건(auflösende Bedingung)이라고 하는데, 예컨대 전자에는 주차장 설치를 조건으로 한 건축허가가, 후자에는 면허일로부터 "3개월 내에 공사에 착수할 것"을 조건으로 하는 공유수면매립허가가 각각 해당한다. 조건에 있어 장래발생사실의 불확실성은 그 사실의 발생시기뿐만 아니라 발생여부에 관해서도 존재할 수 있다. 이와 같이 조건은 전술한 기한과 매우 흡사한 내용을 지닌 부관이라 할 수 있으나, 조건의 경우 행정행위의 법적 효력이 시간적으로 일의적으로 확정되어 있지 않고 다만 불확실한 사실발생에 의존한다는 점에서(시간적 계기의 결여) 양자는 구별된다.

(3) 철회권유보(Widerrufsvorbehalt)

철회권유보란 해제조건의 한 특별한 경우라 볼 여지도 없지 않지만, 행정행위의 효력소멸을 초래하는 사실발생이 행정청에 의한 철회권의 행사에 의해 이루어진다는 점에 특징을 지닌다. 이것은 수명자에게 사후적인 철회가능성을 예고하며 이로써 보호가치 있는 신뢰의 발생을 차단하는 효과가 있다. 허가 · 특허 등 수익적 행정행위의 경우 일정한 철회사유를 사전에 예정함으로써 철회할 수 있다는 형태로 부과되는 경우가 일반이지만,7) 철회사유의 한정 없

5) 대법원 2007.10.11. 선고 2005두12404 판결(보전임지전용허가취소처분무효확인).
6) 대법원 2004.3.25. 선고 2003두12837 판결(개발제한구역내행위허가(기간연장)신청불허가처분취소).

이 다만 철회할 수 있다는 식으로도 행해질 수 있는데, 후자의 경우에는 철회권 제한의 문제가 발생한다.

<취소권의 유보와 조리상 제한에 관한 판례>

취소권을 유보한 경우에 있어서도 무조건적으로 취소권을 행사할 수 있는 것이 아니고 취소를 필요로 할 만한 공익상의 필요가 있는 경우에 한하여 취소권을 행사할 수 있다.[8]

(4) 부담(Auflage)

부담이란 수익적 행정행위에 작위·부작위·수인 등의 의무를 결부시킨 부관을 말한다. 예컨대 영업허가를 발급하면서 일정 시설의무를 부과하거나 요식업허가시 각종의 행위제한을 가하는 경우이다. 부담은 조건이나 기한과 달리 행정행위의 일부분이 아니라 추가적으로 부과된 의무이므로 독립된 행정행위이다. 그러나 주된 행정행위와 관련을 맺고 있고 또한 주행정행위의 효력에 존속여부를 의존하므로 부관으로 볼 수 있다.

부담의 법적 특성은 조건과의 구별을 통해 분명히 밝혀진다. 가령 공중접객업소 영업허가를 발급하면서 일정한 시설 설치의무를 추가적으로 부과할 경우, 이를 정지조건으로 혹은 부담으로도 볼 수 있을 것이다. 부담부 행정행위에서 주행정행위는 즉시 효력을 발생한다. 부담의 이행여부는 주행정행위의 효력요건이 아니기 때문이다. 반면 정지조건부 행정행위는 정지조건이 충족되었을 때 비로소 효력이 발생한다. 따라서 시설설치의무를 무엇으로 보느냐에 따라 뚜렷한 효과 차이가 생긴다. 부담으로 보면 피허가자는 적법하게 영업을 할 수 있는 데 반해, 정지조건으로 보면 시설 설치시까지 적법하게 영업을 할 수 없는 결과가 된다.

<조건 · 철회권유보 · 부담의 구별>

사실 조건과 철회권유보 그리고 부담의 구별은 대단히 유동적이고 또 상대적이라고 할 수 있다. 즉, 마우러에 따르면, 부담의 불이행은 일반적으로 주행정행위(예컨대 영업허가)의 철회사유(§ 49 II Nr.2 VwVfG)를 구성할 수 있다는 점에서 부담부 행정행위가 동시에 법률의 규정에 의하여 해제조건부 행정행위(ein auflösend bedingter Verwaltungsakt kraft Gesetzes)가 된다고 볼 수도 있다고 한다.[9] 우리의 경우 식품위생법은, 영업허가를 하는 때에는 필요한 조건을 붙일 수 있으며(§ 37 ②), 허가를 받은 자가 제37조 제2항에 의한 조건을 위반한 경우에는 '대통령령으로 정하는 바에 따라 영업허가를 취

---

7) 일례로 행정청이 종교단체에 대하여 기본재산전환 인가를 함에 있어 인가조건을 부가하고 그 불이행시 인가를 취소할 수 있도록 한 경우, 그 인가조건의 의미는 철회권을 유보한 것이라고 본 판례가 있다(대법원 2003.5.30. 선고 2003다6422 판결).

8) 대법원 1962.2.22. 선고 4293행상42 판결.

9) H. Maurer, a.a.O., S.285, § 12 Rn.11.

소하거나 6개월 이내의 기간을 정하여 그 영업의 전부 또는 일부를 정지하거나 영업소 폐쇄를 명할 수 있다'고 규정하고 있다(§ 75 ① 및 같은 항 vii). 여기서 제37조 제2항에 의한 조건부 허가의 경우, 허가를 내주되 일정한 조건을 부과하여 그 조건 위반시 허가를 취소할 수 있다는 형태로 발급될 수 있다. 그 경우 행정행위의 부관인 해제조건을 붙인 허가인지 여부가 문제될 수 있는데, 그 조건 위반의 효과가 별도로 같은 법 제75조 제1항에 따라 '허가를 취소할 수 있다'는 것이어서 해제조건이 그 조건성취로 당연히, 즉, 자동적으로 주된 행정행위의 효력을 소멸시키는 것을 내용으로 하는 것과는 다르다. 그렇다면 그 같은 형태의 조건부 허가는 해제조건부 허가가 아니라 오히려 조건불이행의 경우 허가취소가 유보된 허가로서 철회(취소)권유보의 한 유형으로 볼 수도 있을 것이다.

또한, 같은 법 제37조 제2항에서 말하는 '조건'이란 그 문언에도 불구하고 실은 주된 행정행위 즉, 허가와는 별도의 독립된 규율의 가능성을 열어 놓은 것이라고 보아야 할 것이다. 그것은 바로 여기서 말하는 부담이며 그 부담의 불이행에 법(§ 75 ① 및 같은 항 vii)이 허가취소란 법적 효과를 결부시킬 수 있도록 한 것이다.

한편 같은 법 제37조 제2항에서 말하는 '조건'이란 부관의 한 형태로서의 조건을 의미하는 것이 아니라 부관 일반을 뜻하는 것으로 새겨야 할 것이다. 따라서 위 조항이 영업허가에 조건을 붙일 수 있도록 한 것은 경우에 따라서는 철회권유보나 부담 등 각종 부관을 붙일 수 있도록 한 것이라고 이해된다.[10)]

부담은 추가로 의무를 부과하는 것이므로 독립하여 강제집행의 대상이 된다. 반면 정지조건은 그 자체로 의무를 부과하는 것이 아니어서 강제집행의 대상이 되지 않는다. 정지조건은 단지 주행정행위의 효력발생만을 자동으로 저지할 뿐, 독자적으로 의무를 부과하는 것은 아니다.

조건과 부담의 차이가 독일에서는 일찍이 사비니(von Savigny)의 고전적 공식을 통해 표현되었다고 한다. 즉, "조건은 …… 정지시키지만 강제하지는 않고, 부담(Modus=Auflage)은 강제하나 정지시키지는 않는다"는 것이 그것이다.[11)]

(5) 사후부담의 유보(Auflagenvorbehalt)

사후부담의 유보란 행정행위에 결부된, 행정청이 사후에 부담을 부과할 수 있다는(또는 기존 부담을 보충 또는 변경할 수 있다는) 내용의 의사표시를 말한다. 이것은 주로 독일행정법상

10) 일정한 조건이 충족되었을 때 비로소 영업을 개시할 수 있다는 취지로 조건을 붙일 수 있는지, 그리고 그 경우 정지조건부 영업허가라고 볼 여지가 있는지도 검토해 볼 필요가 있으나, 식품위생법 제37조 제2항이 그와 같은 형태의 영업허가를 예상한 것인지는 의문스럽다. 정지조건으로 볼 경우, 그 조건이 불이행된다면 당초의 영업허가는 효력을 발생하지 못하는데, 새삼 조건 위반을 이유로 허가를 취소할 여지가 없을 것이기 때문이다.

11) F.C. von Savigny, *System des heutigen Römischen Rechts*, Bd.III, 1840, S.231.

논란되어 오다 행정절차법(§ 26 ② Nr.5)에 실정화된 개념을 우리나라 학자들이 받아들여 인정하고 있는 부관이지만 그 법적 특성에 관해서는 아직도 논란이 많다. 특히 이를 철회권 유보의 한 형태로 보아 독자적 가치를 부정하는 견해가 있다.[12] 생각건대, 일부 학자들이 적절히 지적하는 바와 같이, 이러한 유형의 행위는 급변하는 행정환경의 현실에 탄력적으로 적응할 수 있는 수단을 제공한다는 점에서 쉽사리 부인할 수 없는 유용성을 가지고 있으므로 부관 본래의 기능에 부합하는 것이라고 할 수 있다. 이 사후부담의 유보는 일면 행정행위의 존속력을 그 수익자에게 불리하게 약화시키는 것이라는 점에서 법적 규율의 성질을 띠고 있고, 타면, 부담 그 자체와 마찬가지로 행정행위의 일부가 아니므로, 독자적인 행정행위의 성질을 갖는 것으로 보아야 할 것이다(마우러는 이를 부종적 행정행위: Nebenverwaltungsakt 라고 부른다).

(6) 법률효과의 일부배제

이것은 행정행위의 효과의 일부를 배제하는 내용의 부관으로서 예컨대 택시의 영업허가를 부여하면서 동시에 격일제운행을 요구하는 것이 그 예이다. 이와 관련하여 관광객수송용에 국한된 조건부면세수입차는 다른 용도에 사용할 수 없다는 판례[13]가 있었다. 이와 같은 법률효과의 일부배제를 부관의 일종으로 설명하는 것이 일반적이나, 다만 그것은 부관이 아니라 행정행위의 효과의 내용적 제한으로 보아야 한다는 견해도 있다.[14] 법률효과의 일부배제에 관해서는 문자 그대로 법률이 부여한 효과를 배제하는 것이므로 법률의 근거가 필요하다는 것이 지배적인 입장이다.

Ⅲ. 부관의 한계를 둘러싼 쟁점

1. 부관의 허용성(가능성)

어떤 경우에 부관을 붙일 수 있느냐 하는 문제에 관하여, 부관은 ① **법률행위적 행정행위에 한하여**, ② **재량행위에만 붙일 수 있다**는 것이 주류적 견해이자 판례의 태도이다. 대법원은 부

12) 이상규, 『신행정법론(상)』, 322; 김철용, 『고시계』, 1977.12., 81.
13) 대법원 1972.5.31. 선고 72누94 판결.
14) 서원우, 「행정작용법: 행정행위의 부관론에 대한 재검토」, 『고시계』 30(11), 1985.10., 47-62.

관은 재량행위 또는 수익적 행정처분에 붙일 수 있고, "기속행위나 기속재량행위에는 부관을 붙일 수 없고 붙였다 하더라도 이는 무효"라는 입장을 견지해 오고 있다.[15]

대법원은 일찍이 1975.8.29. 선고, 75누23 판결에서 "매립준공인가는 매립면허에 대한 단순한 확인행위에 불과한 것이 아니라 당사자의 법률적 행위를 보충하여 그 법률상 효력을 완성시키는 행정주체의 보충적 의사표시로서의 법률행위적 행정행위인 이상 부관을 붙일 수 있다."라고 판시하였고, "주택재건축사업시행의 인가는 상대방에게 권리나 이익을 부여하는 효과를 가진 이른바 수익적 행정처분으로서 법령에 행정처분의 요건에 관하여 일의적으로 규정되어 있지 아니한 이상 행정청의 재량행위에 속하므로, 처분청으로서는 법령상의 제한에 근거한 것이 아니라 하더라도 공익상 필요 등에 의하여 필요한 범위 내에서 여러 조건(부담)을 부과할 수 있다."라고 판시한 바 있다.[16] 또한 이후에도 대법원은 "수익적 행정처분에 있어서는 법령에 특별한 근거규정이 없다고 하더라도 그 부관으로서 부담을 붙일 수 있고, 그와 같은 부담은 행정청이 행정처분을 하면서 일방적으로 부가할 수도 있지만 부담을 부가하기 이전에 상대방과 협의하여 부담의 내용을 협약의 형식으로 미리 정한 다음 행정처분을 하면서 이를 부가할 수도 있다."라고 판시하여 종래의 입장을 재확인한 바 있다.[17]

한편, 대법원은 채광계획인가를 기속재량행위로 보면서 채광계획인가에 '규사광물 이외의 채취금지 및 규사의 목적외 사용금지'를 내용으로 한 부관을 붙인 것은 무효라고 판시했다: "광업권자는 광업법 소정의 채굴제한 등 특별한 사유가 없는 한 인가된 채광계획구역에서 등록된 광물을 채굴하여 자유롭게 처분할 수 있고 또한 동일광상 중에 부존하는 다른 광물이나 골재를 부수적으로 채굴·채취할 수 있다 할 것이고, 한편 주무관청이 광업권자의 채광계획을 불인가하는 경우에는 정당한 사유가 제시되어야 하고 자의적으로 불인가를 하여서는 아니 될 것이므로 채광계획인가는 기속재량행위에 속하는 것으로 보아야 하며, 일반적으로 기속재량행위에는 부관을 붙일 수 없고 가사 부관을 붙였다 하더라도 이는 무효이므로, 주무관청이 채광계획의 인가를 함에 있어 '규사광물 이외의 채취금지 및 규사의 목적외 사용금지'를 조건으로 붙인 것은 광업법 등에 의하여 보호되는 광업권자의 광업권을 침해하는 내용으로서 무효이다."[18]

이와 같은 견해와 판례에 대해서는 다음과 같은 비판이 있다. 첫째, 법률행위적 행정행위

15) 대법원 1988.4.27. 선고 87누1106 판결.
16) 대법원 2007.7.12. 선고 2007두6663 판결(사업시행인가처분일부취소).
17) 대법원 2009.2.12. 선고 2005다65500 판결.
18) 대법원 1997.6.13. 선고 96누12269 판결; 참조 대법원 1993.5.27. 선고 92누19477 판결; 1993.7.27. 선고 92누13998 판결; 1995.6.13. 선고 94다56883 판결. 그러나 대법원은 "채광계획인가를 받으면 광업법 제47조의2에 의하여 산림법 제90조의 규정에 의한 산림훼손허가를 받은 것으로 볼 것이지만 그렇다고 하여 채광계획인가시 산림훼손에 관하여 조건을 붙일 수 없다고 할 수는 없으므로, 지방자치단체장이 인가신청인에게 채광계획인가를 함에 있어 산림훼손기간을 정하여 이를 조건으로 인가한 이상 그 기간이 만료되면 신청인은 산림훼손기간의 연장 또는 새로운 산림훼손허가를 받아야 한다."라고 판시한 바 있다(대법원 1997.8.29. 선고 96누15213 판결: 산림훼손기간연장허가신청불허처분취소등).

와 준법률행위적 행정행위의 구별이 반드시 타당할 것인가에 의문이 있고, 준법률행위적 행정행위에 대해서도 부관을 붙일 수 있는 경우가 있으며(예: 귀화허가는 부관과 친하지 않다는 점, 공증의 성질을 갖는 여권에 유효기간을 붙일 수 있다는 점[19]), 둘째, 부관의 허용성을 재량행위에만 절대적으로 국한시킬 것은 아니다: 법률규정에 의하여 기속행위에도 부관을 붙일 수 있는 경우가 인정될 수 있다는 것이다.

첫 번째 문제에 관해서는 이미 앞에서 지적한 바 있어 재론하지 않는다. 두 번째 문제에 관해서는 다수설처럼 재량행위에 부관을 붙일 수 있다는 데 대해서는 의문의 여지가 없다. 다수설과 판례가 기속행위에 관해서는 전적으로 부관을 붙일 수 없다고 주장하는 것은 옳지 않지만, 반면 소수설[20]이 아무런 제한 없이 독일 행정절차법 제36조 제1항을 들어 기속행위에 대해서도 부관을 붙일 수 있다고 주장하는 것도 수긍이 가지 않는다. 독일 행정절차법 제36조 제1항은 "행정행위에 대해 청구권이 성립하는 경우, 그 행정행위에는, 법규에 의해 허용되어 있거나 행정행위의 법률상의 요건충족을 확보하기 위한 경우에 한하여 부관을 붙일 수 있다"고 규정하는데, 여기서 청구권의 대상이 되는 행정행위란 곧 기속행위를 말하는 것이므로 이 규정의 본래 취지는 부관은 원칙적으로 재량행위에만 붙일 수 있다는 것으로 해석된다. 다만, 예외적으로 법률에 특별한 규정이 있거나 행정행위의 법률적 요건충족을 확보하기 위한 경우에만 부관이 허용될 뿐이라는 것이다.[21]

이렇게 본다면 기속행위에는 원칙적으로 부관을 붙일 수 없는 반면, 재량행위에 대해서는 원칙적으로 부관을 붙일 수 있다고 할 것이다.

앞에서 식품위생법상 영업허가를 기속행위로 보았다. 이 경우 허용되는 부관(조건)은 기속행위에도 부관을 붙일 수 있다는 사실을 뒷받침하는 예라기보다는 오히려 부관을 붙일 수 없는 기속행위인 허가에 법률이 특별한 규정을 두어(식품위생법 § 37 ②) 부관의 가능성을 열어 놓은 결과라고 보아야 할 것이다.

---

19) 변재옥, 『행정법강의 I』, 1990, 308은 이를 준법률행위에 기한을 붙인 것이 아니라 여행허가처분상 여행기간을 공적으로 증명한 것에 불과하다고 본다. 그러나 여권 없이 사실상 해외여행을 할 수 없는 제약을 받을지라도, 여권발급에 해외여행의 권리에 대한 일반적 금지가 전제되어 있다고는 볼 수 없으므로, 이를 여행허가처분으로 볼 수는 없을 것이다. 동지, 김남진, 『행정법의 기본문제』, 1990, 219.

20) 김남진, 『행정법 I』, 283.

21) H. Maurer, a.a.O., S.292f, § 12 Rn.19.

2. 부관의 내용상의 한계(자유성 · 실체적 적법요건)

부관이 법령에 위배되지 않아야 한다는 것은 당연하다. 또 부관의 내용이 가능한 것이어야 한다는 것이나 재량의 한계에 관한 일반적 규율(비례의 원칙, 평등의 원칙, 이익형량의 원칙 등)이 이에 타당하다는 점 역시 재론을 요하지 않는다. 그 밖에 부관의 내용상의 한계에 있어서 중요한 것은, 부관은 주된 행정행위의 목적에 위배되어서는 안 된다는 점이다.[22] 이는 부당결부 금지(Koppelungsverbot)의 원칙에 의해서도 정당화될 수 있을 것이다.

<참고판례>

수산업법 제15조에 의하여 어업의 면허 또는 허가에 붙이는 부관은 그 성질상 허가된 어업의 본질적 효력을 해하지 않는 한도의 것이어야 하고 허가된 어업의 내용 또는 효력 등에 대하여는 행정청이 임의로 제한 또는 조건을 붙일 수 없다.[23]

수익적 행정행위에 있어서는 법령에 특별한 근거규정이 없다고 하더라도 그 부관으로서 부담을 붙일 수 있으나, 그러한 부담은 비례의 원칙, 부당결부금지의 원칙에 위반되지 않아야만 적법하다고 할 것이다. 기록에 의하면, 원고의 이 사건 토지 중 2,791m^{2}는 자동차전용도로로 도시계획시설결정이 된 광1류6호선에 편입된 토지이므로, 그 위에 도로개설을 하기 위하여는 소유자인 원고에게 보상금을 지급하고 소유권을 취득하여야 할 것임에도 불구하고, 소외 인천시장은 원고에게 주택사업계획승인을 하게 됨을 기화로 그 주택사업과는 아무런 관련이 없는 토지인 위 2,791m^{2}를 기부채납하도록 하는 부관을 위 주택사업계획승인에 붙인 사실이 인정되므로, 위 부관은 부당결부금지의 원칙에 위반되어 위법하다고 할 것이다.[24]

재량행위에 있어서는 관계 법령에 명시적인 금지규정이 없는 한 행정목적을 달성하기 위하여 조건이나 기한, 부담 등의 부관을 붙일 수 있고, 그 부관의 내용이 이행 가능하고 비례의 원칙 및 평등의 원칙에 적합하며 행정처분의 본질적 효력을 저해하지 아니하는 이상 위법하다고 할 수 없다(대법원 1992.4.28. 선고 91누4300 판결, 대법원 2004.3.25. 선고 2003두12837 판결 등 참조).[25]

<관리처분계획 인가에 기부채납 부담을 붙일 수 있는지 여부>

관리처분계획 및 그에 대한 인가처분의 의의와 성질, 그 근거가 되는 도시정비법과 그 시행령상의 위와 같은 규정들에 비추어 보면, 행정청이 관리처분계획에 대한 인가 여부를 결정할 때에는 그 관리처

22) 독일 「행정절차법」 제36조 제3항은 이를 명문으로 규정하고 있다.
23) 대법원 1990.4.27. 선고 89누6808 판결.
24) 대법원 1997.3.11. 선고 96다49650 판결.
25) 대법원 2009.10.29. 선고 2008두9829 판결(주택건설사업계획변경승인처분부관취소).

분계획에 도시정비법 제48조 및 그 시행령 제50조에 규정된 사항이 포함되어 있는지, 그 계획의 내용이 도시정비법 제48조 제2항의 기준에 부합하는지 여부 등을 심사 · 확인하여 그 인가 여부를 결정할 수 있을 뿐 기부채납과 같은 다른 조건을 붙일 수는 없다고 할 것이다.[26]

<처분과 실제적 관련성이 없어 부관으로 붙일 수 없는 부담을 사법상 계약 형식으로 붙인 경우>

1. 공무원이 인 · 허가 등 수익적 행정처분을 하면서 상대방에게 그 처분과 관련하여 이른바 부관으로서 부담을 붙일 수 있다 하더라도, 그러한 부담은 법치주의와 사유재산 존중, 조세법률주의 등 헌법의 기본원리에 비추어 비례의 원칙이나 부당결부의 원칙에 위반되지 않아야만 적법한 것인바, **행정처분과 부관 사이에 실제적 관련성이 있다고 볼 수 없는 경우 공무원이 위와 같은 공법상의 제한을 회피할 목적으로 행정처분의 상대방과 사이에 사법상 계약을 체결하는 형식을 취하였다면 이는 법치행정의 원리에 반하는 것으로서 위법하다.**
2. 지방자치단체가 골프장사업계획승인과 관련하여 사업자로부터 기부금을 지급받기로 한 증여계약은 공무수행과 결부된 금전적 대가로서 그 **조건이나 동기가 사회질서에 반하므로 민법 제103조에 의해 무효**라고 본 사례.[27]

3. 부관의 사후부가의 허용성(시간적 한계)

행정행위를 발한 후 사후에 부관을 붙일 수 있는지에 관해서는 부정하는 견해와 부담에 한해서만 가능하다고 보는 입장, 그리고 법규나 행정행위 자체가 예상했거나 상대방의 동의가 있을 때에는 가능하다고 보는 입장이 대립한다. 생각건대, 이 문제는 부관의 허용성에 관한 것이라기보다는 행정행위의 부분적 변경가능성에 관한 것으로 이해해야 할 것이다. 만일 부관의 사후부가가 행정행위의 부분적 폐지를 의미할 경우에는 당연히 행정행위의 폐지(취소 · 철회)에 관한 법리가 적용되어야 할 것이다.

<부관의 사후 부가>

본체인 행정처분에 이미 부담이 부가되어 있는 상태에서 그 의무의 범위 또는 내용 등을 변경하는 부관의 사후변경은, 법률에 명문의 규정이 있거나 그 변경이 미리 유보되어 있는 경우 또는 상대방의 동의가 있는 경우에 한하여 허용되는 것이 원칙이지만, 사정변경으로 인하여 당초에 부담을 부가한 목적을 달성할 수 없게 된 경우에도 그 목적 달성에 필요한 범위 내에서 예외적으로 허용된다고 볼 것이다.[28]

---

26) 대법원 2012.8.30. 선고 2010두24951 판결(사업시행변경인가처분등일부무효확인).
27) 대법원 2009.12.10. 선고 2007다63966 판결.

여객자동차 운수사업법(이하 '여객자동차법'이라 한다) 제85조 제1항 제38호에 의하면, 운송사업자에 대한 면허에 붙인 조건을 위반한 경우 감차 등이 따르는 사업계획변경명령(이하 '감차명령'이라 한다)을 할 수 있는데, 감차명령의 사유가 되는 '면허에 붙인 조건을 위반한 경우'에서 '조건'에는 운송사업자가 준수할 일정한 의무를 정하고 이를 위반할 경우 감차명령을 할 수 있다는 내용의 '부관'도 포함된다. 그리고 부관은 면허 발급 당시에 붙이는 것뿐만 아니라 면허 발급 이후에 붙이는 것도 법률에 명문의 규정이 있거나 변경이 미리 유보되어 있는 경우 또는 상대방의 동의가 있는 경우 등에는 특별한 사정이 없는 한 허용된다. 따라서 관할 행정청은 면허 발급 이후에도 운송사업자의 동의하에 여객자동차운송사업의 질서 확립을 위하여 운송사업자가 준수할 의무를 정하고 이를 위반할 경우 감차명령을 할 수 있다는 내용의 면허 조건을 붙일 수 있고, 운송사업자가 조건을 위반하였다면 여객자동차법 제85조 제1항 제38호에 따라 감차명령을 할 수 있으며, 감차명령은 행정소송법 제2조 제1항 제1호가 정한 처분으로서 항고소송의 대상이 된다.[29]

Ⅳ. 부관의 흠(하자)과 쟁송가능성

1. 흠 있는 부관과 주행정행위의 효력

이는 하자에 관한 일반이론에 의해 해결할 문제이다. 즉, 부관의 흠이 중대하고 명백한 때에는 무효의 법적 효과가 따르고 그렇지 않은 경우에는 단순위법이란 법적 효과가 인정된다. 부관이 무효인 경우에는 부관만 무효라는 설, 전체가 무효가 된다는 설 등이 있었으나 현재의 통설은 무효인 부관이 본체인 행정행위의 중요요소 또는 본질적 요소를 이루는 때에 한하여 본체인 행정행위를 무효로 만든다고 본다.[30] 문제는 무엇을 기준으로 중요요소 여하를 판단하느냐에 있는데, 우선 행정행위와 부관의 내용과 그 관련성을 객관적으로 고려해야 하겠지만, 결국 행정청이 무효인 그 부관이 없이도 동일한 주행정행위를 하려고 했을 것으로 인정할 수 있느냐 하는 것이 관건이 된다. 이 점이 부정된다면 따라서 부관부행정행위 전체가 무효가 되게 되며, 긍정될 경우에는 그것은 부관이 붙지 않은 행정행위가 될 것이다.

한편 부관이 단순위법인 경우에는 부관은 설령 위법할지라도 취소되지 않는 한 유효하고, 또 부관이 주된 행정행위의 본질적 구성부분을 이루는 경우가 아니면 부관의 위법성은

---

28) 대법원 1997.5.30. 선고 97누2627 판결(토지굴착등허가처분중부담무효확인 (바) 상고기각); 동지 대법원 2006.9.22. 선고 2004두13325 판결; 대법원 2007.12.28. 선고 2005다72300 판결 등을 참조.
29) 대법원 2016.11.24. 선고 2016두45028 판결(감차처분취소).
30) 대법원 1985.7.9. 선고 84누604 판결.

주행정행위 효력에 영향을 미치지 않는다. 그러나 부관이 주행정행위의 본질적 구성부분을 이룰 경우 부관의 위법성은 주행정행위, 나아가 전체 행정행위를 위법하게 만든다.[31)]

부관이 단순위법한 것이고 또 본체인 행정행위의 본질적 구성부분을 이룬다고 볼 수 없는 경우에는 결국 위법성을 다툴 수 없다는 결과가 된다. 가령 독립된 행정행위의 성질을 갖지 않는 조건이나 기한 같은 부관의 경우, 독립적 쟁송가능성에 장애가 있기 때문이다. 물론 무효인 부관의 경우에도 무효등확인소송을 제기할 필요가 있을 경우 마찬가지 문제가 생긴다.

2. 부관에 대한 독립적 쟁송가능성

흠 있는 부관이 붙은 행정행위에 있어 그 부관만을 따로 떼어 독립된 쟁송의 대상으로 할 수 있는지 문제된다. 통설과 판례는 부관은 본래 주된 행정행위와 합하여 하나의 행정행위를 이루는 것이므로 이를 원칙적으로 부정하며, 다만 부담의 경우만 예외적으로 독립적 쟁송의 가능성을 시인한다. 즉, 부담은 주행정행위의 일부를 구성하는 것이 아니라 독립된 규율로 주행정행위의 존재를 전제로 할 뿐이므로 부담은 독립된 행정쟁송 대상이 될 수 있다는 것이다.

> 대법원은 "행정행위의 부관은 행정행위의 일반적인 효력이나 효과를 제한하기 위하여 의사표시의 주된 내용에 부가하는 종된 의사표시이지 그 자체로서 직접 법적효과를 발생하는 독립된 처분이 아니므로 **현행 행정쟁송제도 아래서는 부관 그 자체만을 독립된 소송의 대상으로 삼을 수 없는 것이 원칙이나**(당원 1985.6.25. 선고 84누579 판결 참조), 행정행위의 부관 중에서도 행정행위에 부수하여 그 행정행위의 상대방에게 일정한 의무를 과하는 행정청의 의사표시인 **부담의 경우에는 다른 부관과는 달리 행정행위의 불가분적 요소가 아니고 그 존속이 본체인 행정행위의 존재를 전제로 하는 것일 뿐이므로 그 자체로서 행정쟁송의 대상이 될 수 있다.**"라고 판시한 바 있다.[32)]

31) 이에 관하여 대법원은 "도로점용허가의 점용기간은 행정행위의 본질적인 요소에 해당한다고 볼 것이어서 부관인 점용기간을 정함에 있어서 위법사유가 있다면 이로써 도로점용허가처분 전부가 위법하게 된다"(대법원 1985.7.9. 선고 84누604 판결)는 입장을 보인 바 있다.

32) 대법원 1992.1.21. 선고 91누1264 판결. 그러나 이 사건판결에서는, 그 명백한 설시에도 불구하고, 문제된 수토대부과의 처분성이 부정됨으로써 결국 공유수면매립면허조건상 수토대납부의무를 정한 것을 부관으로 볼 수 없게 하는 결과가 되었다. 그 밖에 다수의 판례 중 "면허의 유효기간은 그 면허처분에 붙인 부관이며, 이러한 부관에 대하여는 독립한 행정소송을 제기할 수 없다."라는 판례(대법원 1986.8.19. 선고 86누202 판결)가 있다.

통설과 판례의 태도에 대해서는 부관에 하자가 있는 경우 주된 행위와 부관을 포함하여 전체로서 부관부행정행위를 다투되 일부취소의 판결('부진정일부취소소송')을 구해야 한다는 견해,[33] '소의 이익이 있는 한 모든 부관에 대해 독립하여 행정소송을 제기하는 것이 가능하다'는 등 반론이 제기되고 있다. 이 중 후설은 '부관의 본체인 행정행위와의 불가분성(Untrennbarkeit)은 쟁송을 이유 있게 하는 것과 관계되는 것이지, 쟁송의 허용성과 관계되는 것은 아니기 때문'이라는 것을 근거로 제시하고 있다.[34] 그러나 독립적 쟁송가능성이란 어디까지나 부관만을 소송대상으로 삼는 경우에 문제되는 것인데 그 독립된 행정행위로서의 성질, 즉, 처분성이 인정되지 않는 경우까지를 독립적 쟁송의 대상으로 포함시키는 데는 무리가 있다.[35] 다만, 문제는 그 독립적 쟁송가능성에 의문이 없는 부담의 경우, 부담 자체가 취소소송의 대상으로 취소될 수 있다고 할지라도, 그 결과 본체인 행정행위가 부담 없는 행정행위로 남을 것인지 아니면 그 본질적 관련여하에 따라 위법한 행정행위가 될 것인지에 있으며, 통설과 판례의 입장은 당연히 전자의 결과를 인정하는 것으로 생각된다. 이 입장이 행정의 상대방에게 보다 유리한 해결책으로서(조건의 경우보다도 유리하다) 타당함은 물론이다.

> 그러나 여전히 의문이 있다. 가령 행정청이 취소된 부담이 없이도 동일한 주행정행위를 하려고 했으리라고 인정할 수 없는 경우에도 '부담 없는 행정행위'라는 의도되지 않은 법적 결과를 행정청에게 강제하는 결과가 되는 것이 아니냐 하는 의문이 제기되기 때문이다.[36]

3. 부관의 무효와 그 이행으로 한 사법상 법률행위의 효력

부관의 무효가 부관의 이행으로 한 매매 등 사법상 법률행위에 대해 어떤 영향을 미치는지에 대하여, 대법원은 '취소사유가 될 수 있음은 별론으로 하고 그 법률행위 자체를 당연히 무효화하는 것은 아니며' 부관이 불가쟁력을 얻더라도 그 이행으로 한 법률행위의 효력은 별도로 다툴 수 있다고 판시하여 행정행위의 부관과 그 이행으로 한 사법상 법률행위의 효력을 별개로 다루고 있다.

---

33) 김도창, 『일반행정법론(상)』, 375; 이상규, 앞의 책, 328; 김동희, 『행정법 I』, 2008, 278 이하.
34) 김남진, 『행정법 I』, 288-289.
35) 김남진 교수는 이 '부관만의 취소'를 누구나 인정하는 처분의 일부취소에 해당한다는 점을 환기시키고 있다(『행정법 I』, 289 각주 53).
36) 이에 관하여 보다 상세한 것은 H. Maurer, a.a.O., § 12 Rn.13을 참조.

행정처분에 부담인 부관을 붙인 경우 그 부관의 무효화에 의하여 본체인 행정처분 자체의 효력에도 영향이 있게 될 수는 있지만, 그 처분을 받은 사람이 그 부담의 이행으로서 사법상 매매 등의 법률행위를 한 경우에는 그 부관은 특별한 사정이 없는 한 그 법률행위를 하게 된 동기 내지 연유로 작용하였을 뿐이므로 이는 그 법률행위의 취소사유가 될 수 있음은 별론으로 하고 그 법률행위 자체를 당연히 무효화하는 것은 아니며(대법원 1995.6.13. 선고 94다56883 판결; 대법원 1998.12.22. 선고 98다51305 판결 참조), 행정처분에 붙은 부담인 부관이 제소기간의 도과로 확정되어 이미 불가쟁력이 생겼다면 그 하자가 중대하고 명백하여 당연 무효로 보아야 할 경우 이외에는 누구나 그 효력을 부인할 수 없을 것이지만, 그 부담의 이행으로서 하게 된 사법상 매매 등의 법률행위는 그 부담을 붙인 행정처분과는 어디까지나 별개의 법률행위이므로 그 부담의 불가쟁력의 문제와는 별도로 그 법률행위가 사회질서 위반이나 강행규정에 위반되는지 여부 등을 따져보아 그 법률행위의 유효 여부를 판단하여야 한다.[37)]

37) 대법원 2009.6.25. 선고 2006다18174 판결(채무부존재확인).

제14장

행정행위의 공정력과 구성요건적 효력*

Ⅰ. 쟁점

적법하게 성립한 행정행위는 효력발생요건을 충족시킴으로써 그 규율에 따른 법률적 효력을 발생하게 된다. 물론 그 법률적 효력의 내용은 물론 행정행위의 종류에 따라 일정하지 않다. 그러나 일반적으로 행정행위는 적어도 구속력 · 공정력 · 존속력 · 강제력 등을 발생한다. 행정행위의 효력과 관련한 주요 쟁점으로 공정력과 구성요건적 효력 문제를 검토해 보면 다음과 같다.

Ⅱ. 공정력

1. 개념

행정행위의 공정력이란, 통설적인 설명에 따르면, 행정행위가 그 적법요건 흠이 있을지라도 그것이 중대 · 명백하여 당연무효로 인정되는 경우를 제외하고는 권한 있는 기관에 의해 취소되기 전까지는 상대방은 물론 행정청과 제3자(모든 국가기관을 포함)를 아울러 구속하는 잠정적인 통용력 내지 유효성(Wirksamkeit)을 말한다. 공정력은 행정행위가 실체법적으로

* 홍준형, 『행정법』, 법문사, 2017, 208-220을 토대로 수정 · 보완한 것임.

적법하다는 것을 추정시키는 것이 아니라, 단지 잠정적으로 행정행위의 구속력을 통용시키는 절차법적 효력이라고도 설명된다.[1)]

대법원은 "행정처분이 아무리 위법하다고 하여도 그 하자가 중대하고 명백하여 당연무효라고 보아야 할 사유가 있는 경우를 제외하고는 아무도 그 하자를 이유로 무단히 그 효과를 부정하지 못하는 것으로, 이러한 행정행위의 공정력은 판결의 기판력과 같은 효력은 아니지만 그 공정력의 객관적 범위에 속하는 행정행위의 하자가 취소사유에 불과한 때에는 그 처분이 취소되지 않는 한 처분의 효력을 부정하여 그로 인한 이득을 법률상 원인 없는 이득이라고 말할 수 없는 것(대법원 1994.11.11. 선고 94다28000 판결 등 참조)"이라고 판시한 바 있다.[2)]

이 전통적인 공정력개념에 대해서는 유력한 반론이 있다. 공정력에 대한 통설의 설명을 비판하는 이 견해는, 첫째, 행정행위의 직접 상대방(또는 이해관계인)에 대한 구속력과 제3의 국가기관(처분청 이외의 행정기관 및 처분취소소송의 수소법원 이외의 법원)에 대한 구속력은 그의 근거와 내용을 달리하므로 양자를 각각 분리하여 고찰함이 타당하며, 둘째, 공정력 또는 예선적 효력의 본체는 다만 행정행위의 상대방 등이 취소소송의 방법을 통해서 흠이 있다고 여기는 행정행위의 효력을 부정하게 만들어 놓은 행정쟁송제도의 반사적 결과에 지나지 않으므로 이것을 진정한 의미의 행정행위의 구속력의 일종으로 볼 수 없다는 점을 근거로 들고 있다.[3)] 이 견해에 따르면, 공정력이란 '행정행위가 무효가 아닌 한, 행정행위(처분)로 인하여 법률상 이익을 침해받은 자는 행정쟁송을 통해서만 그의 효력을 부인할 수 있게 하는 구속력'[4)]으로, 행정행위의 존속효(Bestandskraft: 확정력)를 넘어서 그 구속을 받는 당사자 이외 모든 국가기관에 그 유효성의 통용력을 확장하는 것을 내용으로 하는 구성요건적 효력 또는 요건사실적 효력(Tatbestandswirkung)과는 구별된다고 보게 된다.[5)] 이 견해는 독일행정법상 '하자에 구애받지 않는 법적 유효성'(fehlerunabhängige Rechtswirksamkeit)과 "유효한 행정행위는 모든 국가기관에 의해 존중되어야 하여 '주어진 요건사실로서'(als gegebener Tatbestand) 그들의 결정의 기초가 되어야 한다."라는 구성요건적 효력 내지는 요건사실적

1) 가령 김철용, 『행정법 I』(제13판), 2010, 258-259를 참조. 공정력을 행정행위의 상대방과 이해관계인에 대해서만 미치는 효력으로 보는 견해(김남진 · 김연태, 『행정법 I』, 법문사, 2007, 251 이하; 홍정선, 『행정법원론(상)』, 박영사, 2009, 363; 류지태, 『행정법신론』, 신영사, 2005, 180; 박균성, 『행정법(상)』, 박영사, 2009, 114 등)도 나오고 있다.
2) 대법원 2007.3.16. 선고 2006다83802 판결(부당이득금반환).
3) 김남진, 『행정법 I』, 300-301.
4) 김남진, 『행정법 I』, 301.
5) 홍정선, 앞의 책, 321.

효력을 별개의 것으로 파악하는 경향과 일본에서 종전의 공정력이론에 대한 반성을 토대로 공정력을 취소소송 등 실정법제도의 반사적 결과로 파악하려는 경향[6])들을 배경으로 하고 있다.

> 이에 대해 김도창 교수는 “양자는 흠 있는 행정행위의 구속력 자체가 아니라 구속력의 통용을 의미하는 점에서 본질적으로 차이가 없으며,[7]) 또한 ‘공정력은 (하자 있는) 행정행위의 상대방에 대한 구속력인 데 대하여, 구성요건적 효력은 처분청 이외의 행정기관, 법원 등 국가적 기관에 대한 구속력으로서 이해’하는데,[8]) 대상의 차이에 따라 양자를 구별하는 것은 찬성하기 어렵다”고 반박한 바 있다.

생각건대 우리나라 행정법상 공정력의 개념을 ‘취소소송 등 실정법제도의 반사적 결과’ 또는 ‘하자에 구애받지 않는 법적 유효성’(fehlerunabhängige Rechtswirksamkeit)으로 파악하는 것은 행정우월적 사고의 소산인 공정력개념을 오늘날의 법치행정의 원리를 통해 비판적으로 감축 또는 순화시키는 의미가 있으며 또한 이론상으로도 별반 무리가 없는 것으로 보인다. 이러한 의미에서 행정행위의 유효성이란 예선적 유효성(vorläufige Wirksamkeit)이며 그것은 출소기간의 도과나 쟁송취소의 실패에 의해, 다시 말해서 형식적 존속력의 발생에 의해 비로소 종국적인 존속력으로 전환된다.[9]) 그러나 그렇다고 곧바로 행정행위에 특유한 효력에 구성요건사실적 효력을 추가시켜야 할 논리필연적인 이유는 없다.

구성요건적 효력이 특별히 문제되는 경우는 주로 종래 선결문제라는 이름 아래 다루어져 왔던 문제영역인데, 이것은 공정력의 내용인 유효성의 통용범위 문제로서 다루어져 왔기 때문이다. 구성요건적 효력이란 바로 구속력(Bindungswirkung)의 주관적 범위를 확장하는 문제이다. 독일에서 구성요건적 효력을 ‘유효한 행정행위(rechtswirksamer VA)가 존재하는 한 모든 행정기관과 법원 등 국가기관이 이를 존중하고 또 그들의 결정의 전제요건(Tatbestand)으로 삼아야 한다는 효력’으로 정의하고 있는 것은 이미 유효한 행정행위, 즉 그 ‘예선적 유효성’을 전제로 하고 있음을 보여 준다. 그 예선적 유효성이란 바로 공정력을 의미하는데, 그렇다면 구성요건적 효력이란 결국, 우리의 용어법으로 표현하자면 공정력의 효과 또는 그 확장이지 그것이 공정력 자체라고는 볼 수 없을 것이다.

취소소송의 수소법원 이외의 법원이 선결문제가 된 행정행위의 위법성에 대한 판단권을 가지는지는 논란되고 있다. 이를 공정력의 범위문제로 다루느냐 아니면 그것과 별도로 구성

---

6) 이에 관해서는 김도창, 『일반행정법론(상)』, 438(그리고 각주 5, 6)을 참조.
7) 김도창, 위의 책, 438 각주 4.
8) 김남진, 「행정행위이론의 변천과 과제」, 『한국법학의 회고와 전망』, 1991, 217.
9) H. Maurer, a.a.O., § 9 Rn.39.

요건적 효력의 내용으로 다루느냐에 따라 결론이 달라지지는 않는다. 이렇게 본다면 통설 입장도 공정력의 법치국가적 순화가 전제된다면 부당하다고 보기는 어렵다.[10)]

2. 근거

(1) 이론적 근거

공정력의 이론적 근거에 관하여는 종래 행정행위와 판결의 동질성 또는 유사성을 전제로 행정청이 권한 내에서 행한 행정행위는 그 유효성도 확인된 것이므로, 당해 행정청이 그 스스로의 확인을 유지하는 한 상대방 등을 구속하는 힘을 갖는다는 자기확인설(Otto Mayer), 행정행위는 행정청이 우월적 지위에서 행하는 것이므로 그 효력은 국가적 권위에서 나오는 것이라는 국가권위설(Forsthoff), 공정력의 근거를 프랑스에서 통용되고 있는 예선적 특권(le privilège du préalable de l'administration)의 이론에서 찾는 예선적 특권설 등이 소개되고 있으나 그들 나름대로의 비교법적 의의를 제외하고는 오늘날 더 이상 주장될 여지가 없다.

한편 프랑스행정법에서는 예선적 효력(le privilège du préalable)을 일반적으로 행정행위가 그 권한 있는 기관의 취소 전까지 누리는 적법성의 추정(présomption de conformité au droit)으로 이해하고 입증책임의 전환을 인정한다.[11)] 즉, 개인은 법원에서 통상 월권소송에 의해, 경우에 따라서는 위법성항변에 의해 행정결정의 부적법성을 입증함으로써(en faisant la preuve de la non-conformité de la décision au droit) 적법성의 추정을 제거할 수 있다는 것이다.[12)] 따라서 공정력을 이른바 '예선적 효력'으로 파악하면서 이를 '적법성의 추정을 부정하는 절차법적 관점'과 결부시키는 것도 반드시 타당하다고는 할 수 없다.

공정력의 이론적 근거는 오늘날 의문의 여지없이 법적 안정성의 논리에 있는 것으로 이해되고 있다. 즉, 공정력은 행정행위의 적법성에 대한 의심이 있을 경우 누구나 그 효력을 부인할 수 있다고 한다면 행정목적 달성을 저해함은 물론 행정법관계의 안정성을 유지할 수 없을 것이라는 이유에서 행정의 실효성 및 상대방의 신뢰보호 등을 보장하기 위해 인정된 것이며 취소소송제도는 바로 이러한 취지에서 비롯된 것이라고 보는 것이다.

---

10) 김철용, 앞의 책, 265 각주 4.

11) J. Rivero, *Droit administratif*, 13.éd., n°97, Dalloz, 1990, 130; Philipe George, *Droit public*, 4e éd., 1982, 289.

12) J. Rivero, a.a.O., 131.

(2) 실정법적 근거

행정행위의 공정력을 명시적으로 인정하는 실정법상의 근거는 없다. 다만 행정행위의 직권취소를 규정하고 있는 개별법적 규정들이나 항고쟁송제도(취소심판·취소소송) 및 그 제기기간을 한정하고 있는 행정심판법, 행정소송법 및 기타 단행법규정들은 이러한 공정력의 승인을 전제로 한 실정법적 규정으로 볼 수 있다.

공정력의 근거를 행정상의 자력집행제도(행정대집행법·국세징수법 등)에서 찾는 견해[13]도 있으나 이들 규정은 행정행위의 집행력의 근거로 보아야 할 것이다. 또한 행정쟁송법상 원칙으로 채택되고 있는 집행부정지원칙도 공정력을 간접으로 인정한 것으로 보거나 그것을 전제로 하는 것으로 보는 견해[14]가 있으나 이는 옳지 않다. 행정심판이나 행정소송의 제기에 집행정지효를 부여할 것인가는 입법정책의 문제로서 공정력의 인정 여부와 직접적인 관련은 없기 때문이다. 우리와는 반대로 집행정지원칙을 취하는 독일행정쟁송법에서도 '하자에 구애받지 않는 법적 유효성'(fehlerunabhängige Rechtswirksamkeit)이 인정되고 있음을 유의할 필요가 있다.

공정력은 실정법을 바탕으로 인정되는 행정행위의 효력이다. 이와 같은 실정법을 바탕으로 하지 않는 초법적·선험적인 공정력이 있을 수 없음은 물론이다. 판례는 통설적 입장에서 공정력을 행정행위의 효력으로 인정한다.

<판례>

행정행위는 공정력과 불가쟁력의 효력이 있어 설혹 행정행위에 하자가 있는 경우에도 그 하자가 중대하고 명백하여 당연무효로 보아야 할 사유가 있는 경우 이외에는 그 행정행위가 행정소송이나 다른 행정행위에 의하여 적법히 취소될 때까지는 단순히 취소할 수 있는 사유가 있는 것만으로는 누구나 그 효력을 부인할 수는 없고 법령에 의한 불복기간이 경과한 경우에는 당사자는 그 행정처분의 효력을 다툴 수 없다.[15]

행정처분이 아무리 위법하다고 하여도 그 하자가 중대하고 명백하여 당연무효라고 보아야 할 사유가 있는 경우를 제외하고는 아무도 그 하자를 이유로 무단히 그 효과를 부정하지 못하는 것으로, 이러한 행정행위의 공정력은 판결의 기판력과 같은 효력은 아니지만 그 공정력의 객관적 범위에 속하는 행정행위의 하자가 취소사유에 불과한 때에는 그 처분이 취소되지 않는 한 처분의 효력을 부정하여 그로 인한 이득을 법률상 원인 없는 이득이라고 말할 수 없는 것이고(대법원 1994.11.11. 선고 94다28000 판결 등

---

13) 이상규, 『신행정법론(상)』, 355 각주 18; 변재옥, 『행정법강의 I』, 1990, 325.
14) 김도창, 앞의 책, 440; 김남진, 앞의 책, 302; 김동희, 『행정법 I』, 2008, 288.
15) 대법원 1991.4.23. 선고 90누8756 판결; 부산고법 2002.8.16. 선고 2001누4207 판결(확정 울산도시계획시설사업준공인가신청반려) 등.

참조), 또한 하자 있는 행정처분이 당연무효가 되기 위해서는 그 하자가 법규의 중요한 부분을 위반한 중대한 것으로서 객관적으로 명백한 것이어야 하며, 하자가 중대하고 명백한지 여부를 판별함에 있어서는 그 법규의 목적, 의미, 기능 등을 목적론적으로 고찰함과 동시에 구체적 사안 자체의 특수성에 관하여도 합리적으로 고찰함을 요하는바, 행정청이 어느 법률관계나 사실관계에 대하여 어느 법률의 규정을 적용하여 행정처분을 한 경우에 그 법률관계나 사실관계에 대하여는 그 법률의 규정을 적용할 수 없다는 법리가 명백히 밝혀져 그 해석에 다툼의 여지가 없음에도 불구하고 행정청이 위 규정을 적용하여 처분을 한 때에는 그 하자가 중대하고도 명백하다고 할 것이나, 그 법률관계나 사실관계에 대하여 그 법률의 규정을 적용할 수 없다는 법리가 명백히 밝혀지지 아니하여 그 해석에 다툼의 여지가 있는 때에는 행정관청이 이를 잘못 해석하여 행정처분을 하였더라도 이는 그 처분 요건사실을 오인한 것에 불과하여 그 하자가 명백하다고 할 수 없는 것이고, 행정처분의 대상이 되지 아니하는 어떤 법률관계나 사실관계에 대하여 이를 처분의 대상이 되는 것으로 오인할 만한 객관적인 사정이 있는 경우로서 그것이 처분대상이 되는지의 여부가 그 사실관계를 정확히 조사하여야 비로소 밝혀질 수 있는 때에는 비록 이를 오인한 하자가 중대하다고 할지라도 외관상 명백하다고 할 수 없는 것이다(대법원 2004. 10.15. 선고 2002다68485 판결; 2006.10.26. 선고 2005다31439 판결 등 참조).[16)]

3. 공정력이 미치는 범위와 한계

(1) 무효인 행정행위

공정력은 무효인 행정행위에 대해서는 인정되지 않는다. 행정행위의 흠이 중대·명백한 경우까지 그 유효성의 통용력을 인정하는 것은 법적 안정성이란 공정력이 인정된 본래취지에 어긋나기 때문이다. 다만 이에 관해서는 무효와 취소의 상대화론, 또는 이론상 무효사유와 취소사유를 절대적으로 구별할 수 있는지 의문이 제기되고 있다는 점을 고려할 필요가 있다.

(2) 공정력과 입증책임

공정력이 취소소송에 있어서 입증책임의 영향을 미치는가가 문제된다. 이에 관해서는 공정력을 적법성의 추정이 아니라 유효성의 통용력으로 파악하는 통설이나 취소소송제도의 반사적 효과에 불과한 것으로 보는 소수설의 입장이 있다. 그런데 어느 쪽에 의하든지 간에 공정력은 입증책임의 소재와는 무관하다고 보게 된다. 따라서 취소소송의 경우에도 일반 민사소송상의 입증책임분배원칙(법률요건분류설)에 따라, 권리발생 요건사실(처분의 적법요건충족사실)에 관해서는 행정청이, 권리장애 요건사실(처분의 위법성)에 대해서는 원고측이 입증책임

16) 대법원 2007.3.16. 선고 2006다83802 판결(부당이득금반환).

을 지게 된다.

4. 공정력과 선결문제판단권

(1) 문제의 소재

민사소송, 형사소송 등에서 본안판단의 전제로서 제기되는 행정행위의 위법성 또는 유효여부에 관한 문제를 선결문제(Vorfrage)라고 한다. 우리나라에서는 이러한 선결문제의 심판권의 문제를 공정력과 관련시켜 설명하는 것이 다수설과 판례의 태도이다.

행정소송법은 제11조 제1항에서 "처분등의 효력 유무 또는 존재 여부가 민사소송의 선결문제로 되어 당해 민사소송의 수소법원이 이를 심리·판단하는 경우에는" 행정소송의 소송참가(§ 17), 행정심판기록의 제출명령(§ 25), 직권심리(§ 26) 및 소송비용에 관한 재판의 효력(§ 33)에 관한 규정들을 준용할 것을, 동 제2항에서는 수소법원이 그 처분등을 행한 행정청에게 그 선결문제로 된 사실을 통지할 것을 규정하고 있다. 그런데 이 조항은 종래의 학설과 판례에 의해 의견의 일치를 본 사항에 관해서만 명문의 규정을 둔 것일 뿐, 선결문제에 관하여 이렇다 할 입법적 해결책을 제시한 것은 아니라고 보는 데 별다른 이견이 없다. 따라서 선결문제심판권의 소재에 관한 문제는 여전히 학설과 판례에 맡겨져 있다.

(2) 민사사건의 경우

민사사건의 경우, 예컨대 철거명령으로 집을 철거당한 사람이 그 철거명령을 근거로 국가배상을 청구한 경우(판례는 이 같은 경우 국가배상청구소송을, 논란이 있으나, 일관하여 민사소송으로 다루고 있다), 민사소송 수소법원이 그 철거명령의 위법성을 스스로 심사할 수 있느냐에 관하여 부정설과 긍정설이 대립한다.

부정설[17]은 행정행위(철거명령)가 당연무효가 아닌 한 민사소송의 수소법원은 이를 심리·판단할 수 없다는 견해로 ① 공정력의 효과, ② 취소소송의 배타적 관할권, ③ 취소소송의 민사소송에 대한 특수성, 또는 ④ 현행 행정소송법 제11조가 '처분의 효력 유무 또는 존재 여부'가 민사소송의 선결문제로 된 경우에 관해서만 규정하고 있다는 점을 근거로 드는 데 반하여, 긍정설[18]은 공정력은 절차적 효력에 불과하므로 그 행위를 실질적으로 적법한 것으로

17) 이상규, 앞의 책, 358; 김철용, 「국가배상법 제2조에서 정한 배상책임의 요건」, 『한태연박사 화갑기념논문집』, 543; 이재성, 『사법행정』, 1974.8.

18) 박윤흔, 『행정법강의(상)』, 134; 변재옥, 앞의 책, 329; 김동희, 앞의 책, 289-290; 강구철, 『행정법 I』, 학

만드는 것은 아니며 따라서 행정행위의 효력을 부정(취소)하지 않는 한도에서 그 위법성을 판단하는 것은 무방하다고 한다. 판례는, 행정행위의 효력 유무에 대한 판단과 위법 여부에 대한 판단을 구분하여, 전자에 관해서는 행정행위가 당연무효가 아닌 한 민사법원이 행정행위의 효력유무를 판단할 수 없다고 보며, 후자의 경우에는 선결문제로서 행정행위의 위법성여부를 판단할 수 있다는 입장을 취하고 있다.

① 행정행위의 효력유무에 대한 선결문제판단권을 부인한 판례:

국세 등의 부과 및 징수처분등과 같은 행정처분이 당연무효임을 전제로 하여 민사소송을 제기한 때에는 그 행정처분의 당연무효인지의 여부가 선결문제이므로, 법원은 이를 심사하여 그 행정처분의 하자가 중대하고 명백하여 당연무효라고 인정될 경우에는 이를 전제로 하여 판단할 수 있으나 그 하자가 단순한 취소사유에 그칠 때에는 법원은 그 효력을 부인할 수 없다 할 것이다.[19]

조세의 과오납이 부당이득이 되기 위하여는 납세 또는 조세의 징수가 실체법적으로나 절차법적으로 전혀 법률상의 근거가 없거나 과세처분의 하자가 중대하고 명백하여 당연무효이어야 하고, 과세처분의 하자가 단지 취소할 수 있는 정도에 불과할 때에는 과세관청이 이를 스스로 취소하거나 항고소송절차에 의하여 취소되지 않는 한 그로 인한 조세의 납부가 부당이득이 된다고 할 수 없다(대법원 1987.7.7. 선고 87다카54 판결 참조). 원래 행정처분이 아무리 위법하다고 하여도 그 하자가 중대하고 명백하여 당연무효라고 보아야 할 사유가 있는 경우를 제외하고는 아무도 그 하자를 이유로 무단히 그 효과를 부정하지 못하는 것으로, 이러한 행정행위의 공정력은 판결의 기판력과 같은 효력은 아니지만 그 공정력의 객관적 범위에 속하는 행정행위의 하자가 취소사유에 불과한 때에는 그 처분이 취소되지 않는 한 처분의 효력을 부정하여 그로 인한 이득을 법률상 원인 없는 이득이라고 말할 수 없게 하는 것이다.[20]

② 행정행위의 위법성에 관한 선결문제판단권을 인정한 판례:

계고처분이 위법임을 이유로 배상을 청구하는 취지로 인정될 수 있는 사건에 있어, 미리 그 행정처분의 취소판결이 있어야만 그 위법임을 이유로 피고에게 배상을 청구할 수 있는 것은 아니다.[21]

재개발사업 시행자가 분양신청을 하지 아니한 토지의 소유자에 대하여 대지 및 건축시설을 분양하지도 아니하고 청산금도 지급하지 아니하기로 하는 분양처분고시는 행정처분의 성질을 지닌 것이므로 그것이 적법한 행정소송의 절차에 의하여 취소되지 아니하는 한 법원도 그 처분에 기속되어 그 행정처분의 내용과 달리 청산금을 지급하라고 명할 수는 없지만, 그와 같이 대지 및 건축시설도 분양하지 아니하고

연사, 1993, 425; 김남진, 앞의 책, 307.

19) 대법원, 1973.7.10. 선고 70다1439 판결.

20) 대법원 1994.11.11. 선고 94다28000 판결.

21) 대법원 1972.4.28. 선고 72다337 판결.

청산금도 지급하지 아니한 채 분양처분고시를 하여 재개발구역 내에 다른 사람이 소유하고 있던 토지의 소유권을 상실시켰다면 재개발사업 시행자는 그 한도에서 재개발사업을 위법하게 시행하였으므로 그 토지의 소유자에 대하여 불법행위의 책임을 지고, 이는 도시재개발사업 시행자가 서울특별시 도시재개발사업조례 제2조 제1호 소정의 '기존 무허가건축물'에 해당하는 건축물에 대하여 그 일부 면적만을 인정하여 그에 상응한 분양을 하고 그 차액부분에 대하여 청산금을 지급하지 아니한 채 분양처분고시를 한 경우에도 마찬가지이다.[22)]

선결문제로 된 행정행위의 효력이 당연무효에 해당하거나 행정행위의 부존재가 인정될 경우에는 긍정설이나 부정설 모두 민사소송의 수소법원의 선결문제심판권을 인정하는 데 다툼이 없다. 그렇다면 문제는 오로지 행정행위의 단순위법여하가 선결문제로 될 경우라 할 것인데, 이 경우 행정행위에 인정되는 잠정적 유효성으로서의 공정력이 영향을 미칠 것인가가 문제된다. 전통적인 공정력이론에 입각한 통설이나 판례의 입장에서 볼 때, 물론 이론이 있으나, 선결문제로 된 행정행위의 위법성을 판단하는 것은 그 효력을 부인하는 것이 아니므로 가능하다고 볼 수 있을 것이다.[23)] 선결문제에 관한 판단권소재에 관하여 공정력이 아니라 구성요건적 효력이 상관성을 지닌다고 보는 입장에서도 민사법원이 선결문제 심리를 통해 문제된 행정행위의 효력을 소멸시키는 것은 아니기 때문에 그 한도에서 행정행위의 위법성을 판단할 수 있으며 이는 구성요건적 효력에 모순되는 것은 아니라고 보는 것이 일반적이다.[24)] 요컨대, 선결문제판단권의 소재를 공정력의 문제로 보든 구성요건적 효력의 문제로 보든 ① 민사수소법원이 선결문제로 된 행정행위의 위법성을 판단할 수 있으며, ② 당연무효가 아닌 한 행정행위의 효력을 부정하는 것은 불가능하다는 것을 인정하는 점에서는 차이가 없다.

그러나 적어도 단순위법의 경우 선결문제로 된 행정행위의 위법성을 판단할 수 있는 권한을 인정하는 입장에 서는 한, 그것이 구성요건적 효력에 기인하는 것인지 또는 공정력에 기인하는 것인지를 따질 실익은 이론구성상 흥미 외에는 그다지 크지 않다고 생각된다. 관건은 선결문제판단권의 소재에 관한 문제가 재판관할의 문제라는 점을 분명히 인식하는 데 있다. 즉, 헌법상(§ 107 ②) 행정소송에 관한 이른바 통일관할주의와 행정소송법상 행정법원에 취소소송 제1심 관할이 주어지고 있는 점을 어떻게 조화시켜 해석할 것이냐가 문제된다. 헌법 제107조 제2항이 "명령·규칙 또는 처분이 헌법이나 법률에 위반되는 여부가 재판의 전

22) 대법원 2007.6.29. 선고 2006다60441 판결(손해배상(기)). 동지 대법원 1975.4.22. 선고 74다1548 전원합의체판결; 1975.5.27. 선고 74다347 판결; 1990.6.12. 선고 89다카9552 전원합의체판결; 2002.10.11. 선고 2002다33502 판결(토지대금지급).

23) 박윤흔, 『행정법강의(상)』, 134; 변재옥, 앞의 책, 329; 김동희, 앞의 책, 290.

24) 김남진, 앞의 책, 307; 홍정선, 앞의 책, 326-327.

제가 된 경우에는 대법원은 이를 최종적으로 심사할 권한을 가진다"고 규정하고 있는 이상, 원칙적으로 각급법원이 처분의 위법성을 심사할 권한을 가지며,[25] 여기에는 선결문제로서의 처분의 위법성도 당연히 '재판의 전제가 된 경우'로서 포함된다고 볼 것이다. 다만 출소기간 제한이나 취소소송의 제1심을 피고 소재지관할 행정법원으로 한 행정소송법상의 재판관할상 특칙은 헌법상(§ 102 ③) 각급법원의 종류와 심급제에 관한 법률유보에 의한 것이므로 독자적인 헌법적 정당성을 가진다는 점을 고려할 때, 민사소송의 수소(受訴)법원이 단순위법의 경우에까지 선결문제판단권을 근거로 행정행위의 효력을 부정할 수 있도록 하는 것은 이러한 재판관할상 제약을 무의미하게 하는 것으로서 허용될 수 없다고 보는 것이 옳을 것이다.

(3) 형사사건의 경우

형사사건에서 일정한 범죄구성요건의 충족여부를 판단함에 있어서 행정행위의 위법여부가 선결문제로 제기되는 경우, 수소법원이 당해 행정행위의 위법여부를 스스로 심사할 수 있는가 하는 문제가 제기되는데, 이에 관해서도 부정설[26]과 긍정설[27]의 대립이 있다.

학설 중에는 공정력의 근거가 되는 행정의 실효성 확보와 피고인의 인권보장을 위한 형사법 특유의 원칙이 조화되는 접점에서 해결책을 찾아야 한다는 견해가 있다. 이에 따르면 처벌규정을 두고 있는 법률의 취지, 당해 행정행위의 종류, 당해 행정행위의 실효성이 요구되는 강도, 당해 행정행위의 위법성 자체를 사인이 별도로 다툴 가능성과 한계 등을 고려하여 개별적·구체적으로 판단되어야 한다고 한다.[28] 그러나 피고인의 인권보장이라는 형사법의 요청을 형사재판에 있어 수소법원의 선결문제심판권 인정여부의 기준으로 삼을 수 있는지에 대해서는 의문이 없지 않다. 형사재판에 있어서도 행정행위의 효력(박탈) 유무에 관한 한, 단순위법의 경우에는 선결문제판단권을 부인하되, 당연무효인 경우와 단순위법시 그 위법성 판단권은 인정하는 민사재판에서의 논리를 달리 적용할 이유는 없지 않을까 생각된다.

판례는 분명하지는 않지만, 몇 가지 유형으로 나누어 볼 수 있다.

먼저, 형사재판에서 수소법원의 선결문제판단권을 인정한 판례로, 구 도시계획법상 도시계획위반죄의 전제가 된 원상복구 시정명령의 위법성을 직접 판단한 것이 있다.

> 대법원은 이 사건에서 '구 도시계획법 제92조 제4호(1991.12.14. 법률 제4427호로 개정되기 전의 것)

25) 대법원 1966.12.6. 선고 66누100 판결.
26) 이상규, 앞의 책, 359.
27) 김남진, 앞의 책, 309; 서원우, 「행정처분의 공정력과 형사재판의 관계」, 『월간고시』, 1979.9., 129; 홍정선, 앞의 책, 327.
28) 김철용, 앞의 책, 263.

에 의하면 같은 법 제78조의 규정에 의한 행정청의 처분 또는 조치명령에 위반한 자에 대하여 6월 이하의 징역 또는 300,000원 이하의 벌금에 처하도록 규정되어 있는데, 도시계획구역 안에서 허가 없이 토지의 형질을 변경한 경우 행정청은 그 토지의 형질을 변경한 자에 대하여서만 같은 법 제78조 제1항에 의하여 처분이나 원상회복 등의 조치명령을 할 수 있다고 해석되고, 같은 조항에 정한 처분이나 조치명령을 받은 자가 이에 위반한 경우 이로 인하여 같은 법 제92조에 정한 처벌을 받기 위하여는 그 처분이나 조치명령이 적법한 것이라야 한다'는 이유를 들어, 그 형질을 변경한 자도 아닌 피고인에 대하여 발해진 원상복구의 시정명령은 위법하며, 따라서 위법한 위 시정명령을 따르지 않았다고 하여 피고인을 같은 법 제92조 제4호에 정한 조치명령등 위반죄로 처벌할 수는 없으며, 위 **시정명령을 당연무효로 볼 수 없다 하더라도 그것이 위법한 처분으로 인정되는 한, 이 사건 도시계획위반죄가 성립될 수 없다**고 판시하였다.[29)]

또 그리 선명하지는 않지만, 구 온천법상 시설개선명령의 적법여부가 형사재판의 선결문제가 된 사건에서 시설개선명령의 적법성을 적극적으로 판단한 사례가 있다.

동래구청장의 시설개선명령은 온천수의 효율적인 수급으로 온천의 적절한 보호를 도모하기 위한 조치로서, 위 온천법 제15조가 정하는 온천의 이용증진을 위하여 특히 필요한 명령이라 할 것이니 이를 이행하지 아니하여 이에 위반한 피고인 등의 행위는 온천법 제26조 제1호, 제15조의 구성요건을 충족하였다고 할 것이다.[30)]

반면 대법원 판례 중에는 다음에 보는 바와 같이 일견 형사재판에서 행정행위의 위법여하에 관하여 수소법원의 선결문제판단권을 부정하는 듯한 뉘앙스를 지닌 판례도 있다.

사위의 방법으로 연령을 속여 발급받은 운전면허는 비록 위법하다고 하더라도, 「도로교통법」 제65조 제3호의 허위 기타 부정한 수단으로 운전면허를 받은 경우에 해당함에 불과하여 취소되지 않는 한 그 효력이 있는 것이라 할 것이므로 그러한 운전면허에 의한 운전행위는 무면허운전이라 할 수 없다.[31)]

김남진 교수는 이 판결을 부정설을 지지하는 판례로서 인용하는 일부학자의 견해[32)]에 반대하면서, 이 판례는 행정행위의 위법성여부에 관한 것이 아니라 행정행위의 존재를 부정할 것인가에 관한 것이라고 보고 있다.[33)]

---

29) 대법원 1992.8.18. 선고 90도1709 판결(도시계획법위반).
30) 대법원 1986.1.28. 선고 85도2489 판결.
31) 대법원 1982.6.8. 선고 80도2646 판결.
32) 이상규, 앞의 책, 359; 김동희, 앞의 책, 291-292.
33) 김남진, 앞의 책, 297, 각주 34.

생각건대, 이 경우는 면허의 존재여부가 선결문제로 되어 그와 같은 사위에 의한 면허발급처분의 유효성이 인정된 사례라고 보아야 할 것이다. 따라서 위 판례에서 '취소되지 않는 한 그 효력이 있는 것'이라고 한 것은 '취소되지 않는 한 유효한 것'이라는 취지로 이해되며 그러한 의미에서 공정력을 승인한 것으로 보는 것이 타당하다. 무면허운전이란 구성요건의 충족여부를 판정함에 있어서 선결문제로 된 '취소되지 않은, 사위에 의한 면허의 유효성'을 받아들인 것이기 때문이다.

Ⅲ. 구성요건적 효력 — 또는 요건사실적 효력

구성요건적 효력 또는 요건사실적 효력(Tatbestandswirkung)이란 유효한 행정행위(rechtswirksamer VA)가 존재하는 한 모든 행정기관과 법원 등 국가기관을 구속하는 힘을 말한다. 즉, 다른 행정기관이나 법원은 유효한 행정행위의 존재를 승인하고 이를 자신의 결정의 기초로 삼아야 한다는 것이다(Maurer, § 11 Rn.8). 이 개념은 본래 독일행정소송법상 형성판결의 효력으로 인정된 구성요건적 효력 내지 형성판결의 구속력에서 유래된 것이다.

예컨대 울레(Ule)는 다음과 같이 적고 있다: "동일한 또는 다른 재판권에 속하는 동일법원 또는 타법원이 다른 당사자 간에 다투어진 소송에서 그 판결에 구속되느냐 하는 것은 실질적 확정력의 문제가 아니라 법원 간의 상호구속(gegenseitige Bindung)의 문제이다. 이러한 구속은 오직 구성요건적 효력(Tatbestandswirkung)을 행사할 수 있는 형성판결에만 존재한다. 법원이 확정판결을 통해 취소소송에 의해 다투어진 행정행위를 취소했다면 모든 다른 법원과 행정청은 이 판결의 구성요건적 효력에 의해 그 행정행위의 취소사실을 자기의 결정이나 처분의 기초로 삼아야 할 구속을 받는다. 만일 반대로 법원이 계쟁행정행위가 적법하다는 이유에서 취소소송을 기각했다면 이 동일한 법원이나 다른 법원은 다른 당사자 간에 다투어진 소송에 있어서, 어쨌든 그 행정행위를 무효라고 볼 수 있는 이상, 이러한 견해에 구속되지 아니한다. 구성요건적 효력은 형성판결뿐만 아니라 형성적 행정행위,[34] 가령 공무원임명, 공무원관계의 해지, 귀화허가 또는 국적이탈의 허가, 영업허가의 발급이나 취소 등과 같은 행위에 대해서도 인정된다. 이러한 행위들은 모든 사람에 의해 존중되어야 하며 오직 행정절차법 제44조의 사유에 의해서 무효로 되는 경우에만 구속력을 갖지 않는다."[35]

한편 독일행정법에서 국가적 행위로서 행정행위가 다른 행정기관이나 법원 등 국가기관에 대한 관

34) C.H. Ule und Hans-Werner Laubinger, *Verwaltungsverfahrensrecht*, § 48 II, S.238을 참조.
35) C.H. Ule, *Verwaltungsprozeßrecht*, 1985, S.304.

계에 갖는 구속력은 보다 일반적으로 국가기관 간의 적정한 권한배분을 규정하고 있는 법령이나 헌법상의 권력분립원리 또는 불문의 법원리에 의해 정당화된다고 하는 것이 지적되고 있다.36) 이러한 구속력은 반면 구성요건적 효력, 확인적 효력 및 기타 구속력으로부터 직접 주어지는 것이 아니라고 한다. 이들 효력들은 그와 같은 법령 및 법원리로부터 주어지는 한도에서 구속력이 인정되는 사례들(Bindungsfälle)을 서술하고 분류하는 개념들이라는 것이다. 이 점에 관해 독일의 판례나 문헌은, 극히 다양한 용어법상의 차이에도 불구하고, 광범위한 의견일치를 보고 있다고 한다.37)

구성요건적 효력이란 행정청 또는 법원의 행위가 다른 행정청 또는 법원이 일정한 규율을 행했거나 또는 행하지 않았거나 하는 사실에 의존할 경우 성립하는 개념이다. 다른 기관의 규율은 당해 행정청이나 법원이 결정을 내림에 있어 해석해야 할 법률요건의 구성부분(Bestandteil des Tatbestandes)이 되는 것이다. 이 경우 당해 행정청이나 법원은 타기관이 내린 결정의 유효여부, 즉, 무효인지만을 심사할 수 있을 뿐, 그 적법성여부를 심사하여 그 효력을 부정해서는 아니 된다. 왜냐하면 행정행위의 위법성의 효과는 단지 그 취소가능성일 것인데, 행정행위의 취소권은 오로지 그 처분청 또는 그것이 계속된 관할법원만이 갖고 있기 때문이다. 예컨대 무면허운전에 관하여, 형사법원은 피고가 현재에는 면허를 가지고 있지 않지만 종전에 갖고 있던 자기의 운전면허가 위법하게 박탈되었다고 주장할지라도, 그 면허취소의 적법여부를 심사할 수 없고 따라서 그의 무면허운전사실을 인정하지 않을 수 없다. 반면 법원이, 피고가 사위에 의한 방법으로 면허를 취득했다는 사실에 정당한 의심을 갖고 있을지라도, 그가 일단 면허를 보유하고 있는 이상(면허취소는 관할 행정청의 권한이므로) 무면허운전으로 처벌해서는 아니 된다. 이런 사례에서 도출되는 결과를 구성요건적 효력에 따른 것이라 볼 수 있다. 그러나 이 경우, 특히 후자의 사례에서 볼 때, 구성요건적 효력이란 관계법률이 '무면허운전'이란 구성요건규정을 통해 유효한 면허보유여부를 전제조건으로 삼았기에 인정될 수 있는 것이다. 이 경우 관계법은 면허의 적법성이 아니라 유효성을 전제로 하기 때문에 법원은 적법성에 의심이 있어도 당연무효가 아닌 한 면허의 법적 존재를 시인할 수밖에 없다. 이렇듯 어떤 행정행위가 구성요건적 효력을 가질지 여부는 행위 자체의 효력이 아니라, 관계법규정에 따라 결정되는 것이지 일반적으로 모든 행정행위에 구성요건적 효력을 인정할 수 있는 것은 아니다.

---

36) D. Schmalz, *Allgemeines Verwaltungsrecht und Verwaltungsrechtsschutz*, 1985, Rn.872; H.-U. Erichsen und W. Martens, *Allgemeines Verwaltungsrecht*, De Gruyter, 1979, S.210.

37) D. Schmalz, a.a.O.

제15장

행정행위 무효이론의 재조명*

Ⅰ. 쟁점

행정행위에도 질환이 있을 수 있다. 행정행위의 질환을 흠(하자)이라 부르고, 행정행위의 흠, 즉 그 종류와 내용, 법적 영향과 효과를 다루는 이론적 영역을 하자론이라고 한다. 일종의 행정병리학(Verwaltungs-Pathologie)인 셈이다. 행정병리학으로서 하자론은 나중에 살펴볼 행정쟁송법을 통해 구체화되고 동시에 응답을 얻게 됨으로써 다시 행정행위론이라는 행정생리학(Verwaltungs-Physiologie)에 되먹임(feedback)되는 과정으로 이어진다.

행정행위는, 우선 행정행위로 성립하고 이를 전제로 그 효력발생에 필요한 조건들을 충족해야만 본래의 효력을 완전히 발휘할 수 있다. 다시 말해 행정행위는 일정한 성립 및 효력발생요건을 구비할 때에만 그 존재를 인정받을 수 있게 되고 또 효력을 발생할 수 있다. 그러나 이러한 순차적인 논리적 조건충족단계가 실제 행정행위의 발급과정에서 엄밀히 구별될 수 있는 것은 아니다. 오히려 행정행위는 주체・내용・절차・형식 등에 관한 조건을 구비한 일정한 규율 또는 의사표시가 이루어짐으로써 일거에 성립하고 동시에 효력을 발생하게 되는 것이 보통이다.1)

행정행위가 앞서 본 바와 같이 공정력, 존속력 등 강화된 효력을 발휘하려면 그 성립요건을 갖추어 성립해 있어야 한다는 것은 당연한 이야기일 것이다. 이렇게 내부적・외부적으로 성립한 행정행위는 보통 그 유효요건을 갖추면 일단 효력을 발생한다. 그러나 행정행위가

---

* 홍준형, 「행정행위 무효이론의 재검토」, 『행정논총』, 36(1), 서울대학교 행정대학원, 1998, 187-209를 토대로 수정・보완한 것임.

1) 김도창, 『일반행정법론(상)』, 1993, 432.

적법한 행위로서 효력을 가지려면 적법요건을 충족해야만 한다.[2] 행정행위가 이 요건을 충족하지 못한 경우에는 흠(하자) 있는 행정행위가 된다. 요컨대 행정행위는 적법요건을 갖추어야 완전한 효력을 발휘할 수 있다.

행정행위의 흠에 관한 일반법은 없다. 이에 관한 법적 규율은 특별한 법령의 규정이 없는 한, 주로 판례와 학설의 형성에 맡겨져 있다. 따라서 행정행위의 흠과 그 법적 효과에 관한 논의 역시 주로 학설과 판례에 의거할 수밖에 없다. 행정행위 흠(하자)의 문제는 무효·취소의 구별이 핵심이다. 판례와 학설은 일반적으로 행정행위의 흠이 중대하고 명백한 경우에는 이를 무효로 보고, 그렇지 않은 경우, 즉 흠이 중대하지 않거나 명백하지 않은 경우에는 이를 취소할 수 있는 데 불과한 것으로 보는 입장을 견지해 왔다. 이를 행정행위의 무효에 대한 중대명백설(Evidenztheorie)이라고 부른다. 그러나 중대명백설이 만능의 도구는 아닐 것이다. 특히 중대명백설의 논리와 정당화 근거에 비추어 그 타당성을 재검토해 볼 필요가 있다. 이러한 관점에서 행정행위의 무효에 대한 지배적 이론으로 통용되어 왔던 중대명백설을 그 법원리적 논거 면에서 재검토하여 이론적으로 재정립해 보고자 한다. 이러한 시도를 통해 다음과 같은 사실을 확인할 수 있을 것이다. 첫째, 행정행위의 무효에 대한 지배적 이론인 중대명백설은 행정의 법적합성 원칙과 법적 안정성의 원칙 간의 형량을 통해 흠 있는 행정행위의 효력을 판단하기 위한 작업공식으로서 이론적 정당성을 가지며, 개별구체적 사안에 있어 법관의 법적 판단에 의한 구체화되어야 한다. 둘째, 행정행위의 무효에 관한 대법원의 판례는 중대명백설을 기조로 하면서도 개별사안에 따라서는 뚜렷한 명백성심사를 거치지 않고 곧바로 당연무효를 정언적으로 인정하거나, 일정한 유형의 흠들을 기존의 판례를 원용하여 (절대적) 무효사유로 범주화하는 등 전체적으로 보아 논리적 일관성에 대한 의문을 불러일으키고 있다. 셋째, 행정행위의 무효이론으로서 중대명백설을 일률적으로 적용할 경우 구체적 타당성을 기할 수 없는 사례상황들이 존재한다. 이와 같은 문제의 해결을 위하여 우선 중대명백설의 입장에서 그 법익형량적 측면을 재발견함으로써 이를 실질적 정의와 법적 안정성의 함수로 재구성할 필요가 있고, 경우에 따라 법적 안정성의 요청을 고려할 필요가 없는 경우에는 그 흠의 존재가 명백하지 않더라도 행정행위의 무효를 인정하는 이론적 수정이

2) 성립요건을 결여한 경우에는 행정행위의 불성립을 말할 수 있을 뿐이어서 '행정행위의 흠'이란 오로지 그 적법요건의 결여를 근거로 해서만 성립될 수 있는 개념이다. 하지만 대다수 문헌들이 실은 일단 성립된 행정행위의 적법요건에 해당하는 요소들을 '행정행위의 성립요건'으로 다루고 있기 때문에 그에 따르자면 행정행위의 흠도 「행정행위의 성립요건·적법요건을 완전히 충족하지 못한 것」 정도로 정의할 수밖에 없을 것이다. 이러한 설명이 부당함은 이미 충분히 지적한 바 있다. 반면, 단순한 오기나 계산착오 같은 명백한 잘못들은 당사자의 신청이나 직권으로 정정하면 될 성질의 것으로 행정행위 흠의 문제가 아니라는 데 이견이 없다. 이에 관하여는 홍준형, 『행정법총론』, 한울아카데미, 1997, 209-212, 235-236을 참조.

요구된다. 넷째, 행정행위의 무효여부를 둘러싼 법적 불확실성을 해소하기 위하여 독일 행정절차법 제44조와 같은 행정절차법상의 입법론적 보완이 필요하다. 목표는 행정행위의 무효여부에 대한 법적 불확실성에 따른 인한 예측가능성의 손상을 방지하는 데 있다.

Ⅱ. 행정행위의 흠의 법적 효과

행정행위의 흠(하자)의 법적 효과에 관한 한, 획일적으로『행정행위의 흠 = 행정행위의 부적법 = 법적 효력 상실(무효)』이라는 도식은 성립하지 않는다. 행정행위의 흠이 가져오는 법적 효과는 흠의 종류와 법침해의 정도에 따라 취소가능성 또는 무효로 나뉜다. 흠이 중대하고 명백한 경우에는 행정행위를 무효로 만들지만, 그에 이르지 않는 단순위법의 경우 행정행위는 상대방이나 이해관계자의 쟁송을 통하여 또는 직권으로 취소할 수 있을 뿐이다. 무효와 취소를 행정행위의 흠이 가져오는 법적 효과로서 구별하는 문제는, 양자의 구별이 바로 흠의 종류와 정도에 따라 도출된 것이므로, 결국 무효사유와 취소사유의 구별에 귀착된다.[3)]

행정행위의 흠에 관한 고찰은 첫째, 어디에 무효와 취소를 구별할 필요가 있는가 하는 문제, 둘째, 무효사유와 취소사유를 구별하는 기준은 무엇인가 하는 문제를 대상으로 한다. 여기서는 일반행정법 차원에서 이 두 가지 문제, 그리고 행정행위의 무효사유만을 구체적으로 검토한다. 그 밖에 행정행위의 흠과 관련하여, 행정행위의 흠의 승계문제, 흠 있는 행정행위의 치유와 전환이 문제된다.

Ⅲ. 행정행위의 무효와 취소

1. 개념

흠 있는 행정행위는 일반적으로 흠의 정도나 존재양태에 따라 취소할 수 있는 것과 무효인

3) 김도창 교수는, "이 두 문제는 하나의 문제의 양면에 불과하다"고 지적하고 있다(『일반행정법론(상)』, 455). 그리고 이 두 문제가 특히 논의되는 이유는 "그에 관하여 실정행정법규에서 명문으로 해결하고 있지 아니하기 때문"이라고 한다(같은 곳).

것으로 나뉜다(중대 · 명백설). 그런데 취소할 수 있는 행정행위는 흠이 있음에도 불구하고 권한 있는 기관이 그것을 취소할 때까지는 유효한 행정행위로서 통용된다는 의미에서 잠정적(vorläufige)인 또는 '흠에 구애받지 않는' 법적 유효성(fehlerunabhängige Rechtswirksamkeit)을 가진다. 흠의 유무는 행정행위의 적법성과 부적법성(위법성)을 가름하는 기준이 되지만 반드시 그 유효여부를 결정하는 기준은 아니다.

<적법성과 유효성>

행정행위의 흠과 법적 효과의 관계를 분명히 하기 위하여 우리는 마우러의 예에 따라 먼저 두 가지 개념범주를 구별할 수 있다:[4)]

① 적법(rechtmäßig): 부적법(rechtswidrig: 위법)
② 법적 유효(rechtswirksam): 법적 무효(rechtsunwirksam)

여기서 ①은 행정행위의 실정법 적합성여하에 관한 것인 데 비하여 ②는 행정행위에 인정될 법적 효과에 관한 것이다. 행정행위가 유효하다는 것은 그것이 그 내용에 따라 의도된 법적 효과들을 발생시킬 때, 다시 말해서 그것을 통해 표현된 명령, 금지, 권리형성 또는 확인 등과 같은 규율이 효과를 발생할 때를 말한다. 흠이론의 범위 내에서 ①의 범주는 법률요건을, ②의 범주는 법률효과를 각각 성립시키는 기능을 가진다. 만일 법질서가 어떤 법적 행위에 일정한 법적 요건들을 부과하고 있다면, 이를 충족시키지 않으면 그 법적 행위는 일단, 의문의 여지가 있지만, 유효하게 되어서는 아니 된다는 취지라고 이해된다. 따라서 어떤 법적 행위가 그러한 요건을 충족시키기 때문에 법적으로 유효하다거나 그렇지 않으면 위법한 행위로서 무효가 된다는 것이 정상적인 경우라 할 수 있다. 그렇기에 위법한 법규범(예컨대 법규명령)과 위법한 계약은 원칙적으로 무효인 것이다.[5)] 그러나 입법권자는 이와 다른 법적 결과를 정할 수 있고, 특히 위법한 행정행위도 우선은 법적으로 유효하고 다만 그 위법성이 유권적으로 확정될 때에 비로소 법적으로 무효가 된다고 규정할 수 있다. 이 경우 다시금 어떠한 조건하에서, 어떤 시간적 한계

4) H. Maurer, *Allgemeines Verwaltungsrecht*, 11.Aufl., Beck'sche Verlagsbuchhandlung, 1997, § 10 Rn.20.
5) "법규명령에 흠이 있는 경우에는 무효(nichtig)가 된다. 법규명령의 경우에는 행정행위에 있어서와 같은 유효와 무효의 중간단계, 즉 취소성(Aufhebbarkeit)이라는 것이 없는데, 이는 현행법에 법규명령의 취소소송이 인정되어 있지 않기 때문이다"(김남진, 『행정법의 기본문제』, 1990, 166). 그러나 행정행위에 있어서와 같이 '흠의 정도'에 따라 그 효력을 구분하는 것이 다수설인 것으로 보인다. 즉, 흠이 중대 · 명백한 경우의 명령은 무효이며, 중대 · 명백한 정도에 이르지 않는 경우에는 취소할 수 있는 명령이 된다는 것이다. 참고로 초기 판례 중에는 "원래 대통령령은 법령의 효력을 가진 것으로서 행정소송법상 행정처분이라고 할 수 없다고 해석함이 타당할 것이지만, 법령의 효력을 가진 명령이라도 그 효력이 다른 행정행위를 기다릴 것 없이 직접적이고 현실적으로 그 자체로서 국민의 권리훼손 기타 이익침해의 효과를 발생케 되는 성질의 것이라면 행정소송법상 처분이라고 보아야 할 것이요 따라서 그에 관한 이해관계자는 그 구체적 관계사실과 이유를 주장하여 그 명령의 취소를 법원에 구할 수 있을 것"(대법원 1954.8.19. 선고 4286 행상37 판결)이라고 한 것이 있는데, 예외적으로 처분적 명령의 처분성을 인정한 판례이다.

내에서 그리고 어떠한 기관에 의해 그러한 확인이 이루어질 수 있으고 또 이루어져야 하는지가 문제된다. 이렇게 볼 때 우리는 앞에서 제시한 ① 적법(rechtmäßig) - 부적법(rechtswidrig: 위법)과 ② 유효(rechtswirksam) - 무효(rechtsunwirksam)라는 개념범주들이 반드시 확정적 관계에 놓이는 것이 아니라 각각 다양한 관계로 결합될 수 있다는 사실을 알 수 있다. 이를 잘 보여 주는 것이 바로 행정행위이다.

2. 법적 효과로서 무효와 취소의 구별

행정행위 흠의 법적 효과가 무효와 취소로 나뉜다면, 과연 양자를 왜 구별해야 하는 것일까. 흠 있는 행정행위를 일률적으로 무효로 간주하지 않고, 비록 흠이 있어 위법할지라도 권한 있는 기관이 취소할 때까지는 통용되는 잠정적 유효성(vorläufige Rechtswirksamkeit) 또는 '흠에 구애받지 않는 법적 유효성'을 가지도록 한 근거는 주로 행정법상 법적 안정성을 고려하고 행정행위에 대한 상대방의 신뢰를 보호하려는 데 있다.[6] 무효와 취소의 구별에 관해서는 이론적으로 양자의 구별 필요성을 규명하려고 하는 접근방식이 있으나 학설사적 의의를 제외하고는 특별히 논의할 실익이 없어, 여기서는 실제적 구별 필요성만 다루기로 한다.

(1) 행정쟁송법상 규율의 차이

무효와 취소를 구별해야 하는 까닭은 무엇보다도 행정심판법과 행정소송법이 행정행위의 무효와 취소의 주장방법을 달리 규정하고 있기 때문이다. 즉, 쟁송의 방법(취소쟁송·무효확인쟁송), 행정소송 제기요건상 차이(출소기간 제한 여부 등), 사정재결 및 사정판결의 적용여부(논란 있음), 선결문제로서 주장될 경우 수소법원의 판단권 여하 등에서 양자는 달리 취급되고 있다. 다만 종래 판례[7]상 인정되어 왔던 '무효선언을 구하는 취소소송'이 현행 행정소송법에서도 인정되는 한, 그 한도에서 소송형태상 차이가 완화될 수 있다. 또 이 '무효선언을 구하는 취소소송'에 출소기간 제한 같은 절차적 제한이 적용되는지 여부에 관한, 종래 크게 논란되던 문제에 관하여, 판례가 이를 긍정하는 한, 그 점에서도 차이가 완화된다.[8]

---

6) 이 문제는 이미 공정력에 관한 부분에서 설명된 바 있다.
7) 대법원 1953.6.23. 선고 4285행상2 판결 등.
8) 구행정소송법 제2조 소원전치주의 적용을 인정한 판례: 대법원 1976.2.24. 선고 75누128 판결; 동법 제5조 제소기간 적용을 인정한 판례: 대법원 1982.6.22. 선고 81누424 판결.

(2) 행정행위의 효력: 공정력 · 강제력 · 불가쟁력

무효인 행정행위에 대하여는 공정력이나 불가쟁력 같은 행정행위의 효력이 발생할 여지가 없다. 특히 무효인 행정행위에 대하여는, 취소할 수 있는 행정행위의 경우와는 달리, 상대방인 사인이 그 효력을 부인할 수 있고, 만약 행정청이 무효인 행정행위를 강제적으로 집행할 경우에는 이에 대항할 수 있으며 그것은 공무집행방해죄를 구성하지 않는다는 점에서 양자를 구별할 필요성이 실제적으로 뒷받침된다.

(3) 기타

흠(하자)의 치유는 취소할 수 있는 행정행위에 대해서만, 전환은 오로지 무효인 행정행위에 대해서만 인정될 수 있다는 것이 통설이므로, 이 역시 둘을 구별할 또 하나의 이유가 된다.

Ⅳ. 행정행위의 무효에 대한 학설과 판례의 동향

1. 행정행위 무효사유와 취소사유 구별에 관한 학설

행정행위의 흠이 가져오는 법적 효과로서 무효와 취소를 구별하는 문제가, 전술한 바와 같이 결국 무효사유와 취소사유의 구별에 귀착되는 것이라면 그 구별기준 여하가 문제된다. 이에 관해서는 크게 두 가지 방향의 학설이 전개되어 왔다. 먼저, 흠의 구별기준을 흠 자체의 성질에서 구하는 지배적인 경향으로, 특히 어떠한 기준으로 무효사유인 흠을 판정할 것이냐에 따라 중대설, 중대명백설(Evidenztheorie[9]))로 구분되나 현재에는 주로 후자만이 주장된다.

이에 반해 흠의 효과를 개별화함으로써 나아가서는 무효와 취소의 상대화를 주장하는 견해들(Gaston Jèze의 이론과 v. Hippel, Forsthoff의 이론)이 소개되고는 있으나[10]) 이를 추종하는 학설은 거의 찾아보기 어렵다. 한편, 흠의 구별기준을 흠 자체의 성질에서 구하면서 무효사유인 흠의 판단기준에 관하여 중대설, 중대명백설이 논의되고 있으나, 현재에는 후자가 지배적인 지위를 차지하고 있다. 중대명백설에 대하여는 일본에서 논의된 객관적 명백설

9) 이 이론은 독일의 경우 연방행정절차법 제44조 제1항을 통해 입법적으로 수용되었다. 이 이론이 '명백설'(Evidenztheorie)이란 이름으로 불리는 것은 일종의 생략에 의한 것이나 정확한 용어는 아니라고 한다. 왜냐하면 그것은 예전이나 지금이나 객관적 명백성(Offenkundigkeit)뿐만 아니라 흠의 중대성(Schwere)을 기준으로 삼는 이론이기 때문이다(H. Maurer, a.a.O., § 10 Rn.31, S.219).

10) 이에 관해서는 김도창, 앞의 책, 464 이하를 참조.

(조사의무설) 또는 명백성보충요건설이 소개되었을 뿐,[11] 이렇다 할 반론이 제기되지 않았기 때문이다. 그 밖에 중대명백성설에서 출발하면서도 법적 안정성의 요청을 고려할 필요가 없는 경우 그 흠의 존재가 명백하지 않더라도 행정행위의 무효를 인정하는 명백성보충요건설,[12] 중대 또는 명백설[13]이 있다.

행정행위의 흠이 중대명백한 경우에만 무효를 인정하는 중대명백설은 주로 행정법상 법적 안정성에 대한 고려와 행정행위에 대한 상대방의 신뢰보호에 의해 정당화되는 것으로 이해되고 있다.[14] 행정행위에 흠이 있더라도 (우선 잠정적으로, 그러나 쟁송제기기간이 경과한 후에는 종국적으로) 그 법적 존재를 유지시키는 근거가 되는 것은 법적 안정성의 원칙은, 행정행위가 중대하고 명백한 흠을 띠고 있는 경우에는 더 이상 타당할 수 없으며 이때에는 오히려 실질적 정의의 원칙이 우선되어야 한다는 것이 중대명백설의 논거이다. 이에 따르면 행정행위의 흠이 중대하고 동시에 그것이 명백할 경우 행정행위는 무효가 되며 그중 어느 한 요소를 결여할 때에는 단순위법으로 취소사유를 구성하는 데 불과하다고 한다. 여기서 중대성이란 행정행위의 발령근거가 된 법규가 중대한 것이 아니라 당해 행정행위가 그 적법요건을 충족시키지 못함으로써 지니게 되는 흠이 중대하다는 의미이다. 일부 학설은 능력규정인가 명령규정인가, 강행규정인가 임의규정인가에 따라 판단해야 한다고 하나, 법규의 실제상 그 성질의 구별이 용이하지 않기 때문에 이에 대해 의문을 표시하는 견해도 있다.[15] 요컨대, 흠의 중대성이란 어디까지나 법침해의 심각성이므로 이를 판단하기 위해서는 위반된 행정법규의 종류, 목적, 성질, 기능 등과 함께 그 위반의 정도도 아울러 고려해야 한다.[16] 한편 중대명백설에 있어 흠의 명백성은, 흠의 존재가 당사자의 주관적 판단이나 법률전문가의 인식능력에 의해서가 아니라 통상적인 주의력과 이해력을 갖춘 일반인의 판단에 따를 때 누구의 의심도 허용하지 않을 만큼 객관적으로 확실한가에 의해 결정되는 것으로 이해되고 있다.

그러나 중대명백설이란 행정행위의 무효사유에 대한 실질적·내용적 기준을 종국적·확정적으로 제시해 주는 정적인 이론이 아니라 개별구체적 사안과의 교섭을 통하여 법관의 법적 판단에 의한 구체화를 필요로 하는 동적인 작업공식(working formula)으로서, 법적 안정성의 원리와 실질적 정의의 원리라는 법치국가원칙의 구성요소들 간의 형량을 통해 흠 있는 행정행위의 효력을 판단하기 위한 법적 준거라고 보아야 할 것이다. 그런 관점에서 행정행위

---

11) 김동희, 『행정법 I』, 1997, 284-287; 김남진, 『행정법 I』, 1997, 325.
12) 김동희, 같은 곳, 284-287; 김남진, 같은 곳, 325.
13) 김성수, 『행정법 I』, 법문사, 1998, 270-272; 김성수, 「권한 없는 자의 행정행위」(『법률신문』 1995.9.11.)를 참조.
14) 이 점은 행정행위의 공정력의 인정근거를 통해서도 엿볼 수 있다.
15) 석종현, 『일반행정법(상)』, 삼영사, 1993, 372; 홍정선, 『행정법원론(상)』, 박영사, 1995, 337.
16) 김동희, 앞의 책, 251.

의 흠이 당연무효로 귀결되기 위하여 항상 일률적으로 명백성의 요건이 충족되어야 한다고 볼 것인지에 대한 의문이 제기되는 것이다. 사안에 따라서는 흠 있는 행정행위를 당연무효라 하기 위하여 명백성을 요구하는 법리적 요청, 즉 법적 안정성의 요청을 고려할 필요가 없는 경우도 있을 수 있는데 이러한 경우에도 일률적으로 명백성이 결여되었다는 이유에서 그와 같은 행정행위에 대한 특별한 효력보장을 유지시킨다면 이는 법치국가 원칙에 비추어 정당화되기 어렵기 때문이다.

사실 중대명백설을 일률적으로 적용할 경우 구체적 타당성을 기할 수 없는 경우가 존재한다. 거기서 생기는 문제를 해결하기 위하여는 우선 중대명백설의 입장에서 그 법익형량적 측면을 재발견함으로써 이를 실질적 정의와 법적 안정성의 함수로 재구성할 필요가 있다. 경우에 따라 법적 안정성의 요청을 고려할 필요가 없는 경우에는 그 흠의 존재가 명백하지 않더라도 행정행위의 무효를 인정하는 이론적 수정이 필요하다. 그러나 그렇다고 하여 중대명백설의 법리를 탈피할 필요는 없으며, 반드시 당연무효가 인정되는 범위를 넓혀야 하는 것도 아니다.[17] 이러한 논리는 뒤에 보는 대법원 1995.7.11. 선고 94누4615 판결의 소수의견에 반영되었다.

2. 행정행위의 무효에 대한 판례

(1) 대법원의 판례

행정행위의 무효사유와 취소사유의 구별기준에 관하여 우리나라 대법원은 일찍이 중대명백설의 입장을 취했고 그 후 일관되게 판례를 유지해 왔다.[18]

> 위법한 행정처분 중에는 그 행위에 내재하는 하자가 중대한 법규위반이 있어 그 하자가 중대하고 명백한 경우에는, 비록 그 행정행위가 외형적으로 존재하고 행정청이 그 유효임을 주장할지라도, 그 행정처분은 당초부터 효력을 인정할 수 없는 행정처분이라 할 것이고, 이에 반하여 행정처분의 하자가 중대하고 명백한 것이 아닐 때에는 그 행정처분은 당연무효가 아니고 취소 또는 변경 청구의 대상이 된다.[19]

17) 이에 관해서는 홍준형, 「행정행위 무효이론의 재검토」, 『행정논총』 36(1), 서울대학교 행정대학원, 1998, 187-209를 참조.
18) 김동희, 앞의 책, 284-287; 김남진, 앞의 책, 325.
19) 대법원 1961.12.21. 선고 4294행상6 판결.

그러나 위헌법률에 근거한 처분의 효력을 당연무효로 본 일련의 판례에서 약간의 뉘앙스가 감지되기 시작했다. 즉, 대법원 1991.6.28. 선고 90누9346 판결, 대법원 1993.1.15. 선고 91누5747 판결 등은 헌법재판소가 1989년 12월 28일의 결정에서 위헌으로 결정한 위 국가보위입법회의법 부칙 제4항 후단에 기한 국회공무원들에 대한 면직처분이 당연무효임을 전제하여 판단했고, 대법원 1993.2.26. 선고 92누12247 판결은 헌법재판소가 위와 같은 조항을 위헌으로 결정한 경우, 그 위헌결정의 효력은 위헌결정 이후에 제소된 다른 사건에도 미치므로, 위헌결정된 위 법규정에 따라 한 1980.11.16.자 면직처분은 당연무효의 처분이 된다고 판시하였다.

그러던 중 대법원은 1994년 10월 28일 선고 92누9463 판결에서 어느 법률에 근거하여 행정처분이 발하여진 후에 헌법재판소가 그 법률을 위헌으로 결정하였다면 결과적으로 위 행정처분은 법률의 근거가 없이 행하여진 것과 마찬가지가 되어 하자가 있는 것이 된다고 할 것이나, 하자 있는 행정처분이 당연무효가 되기 위하여는 그 하자가 중대할 뿐만 아니라 명백한 것이어야 하는데, 일반적으로 법률이 헌법에 위반된다는 사정이 헌법재판소의 위헌결정이 있기 전에도 객관적으로 명백한 것이라고 할 수는 없으므로 당사자가 위와 같은 행정처분에 대하여 취소소송을 제기하는 것이 법률상 불가능하였다는 등의 특별한 사정이 없는 한, 이러한 하자는 위 행정처분의 취소사유에 해당할 뿐 당연무효사유는 아니라고 봄이 상당하다고 판시했다.[20] 대법원의 92누9463 판결이 위헌법률에 근거한 처분의 효력을 당연무효로 보아 왔던 종래의 판례를 변경한 것인지 여부에 대하여는 논란의 여지가 있다. 즉, 대법원의 이 사건 판결을 위헌법률에 근거한 처분의 효력을 당연무효로 본 종래의 판례를 변경한 것으로 보는 견해가 있는 반면, 대법원의 종래 판례는 “국가보위입법회의가 제정한 법률과 이에 따라 행하여진 재판 및 예산 기타 처분등은 그 효력을 지속하며, 이 헌법 기타의 이유로 제소하거나 이의를 할 수 없다.”라고 규정한 구 헌법 부칙 제5조 제2항으로 인하여 국가보위입법회의법 부칙 제4항 후단 규정의 효력을 재판상 다툴 수 없었고 구 헌법 부칙이 폐지된 이후에야 비로소 그 효력을 다툴 수 있었다는 특수한 사정이 있었던 경우에 관한 것이었으므로 오히려 예외적인 것이었고, 따라서 92누9463 판결이 반드시 종래 판례와 저촉된다고 보기 어렵다는 견해도 표명되고 있다.[21]

---

20) 같은 날 선고된 대법원 93다41860 판결과 대법원 1995.3.3. 선고, 92다55770 판결도 같은 취지로 판시했다.

21) 윤진수, 「위헌인 법률에 근거한 행정처분의 당연무효 여부」, 『대법원판례해설』 제22호, 1994년 하반기, 447 이하를 참조. 위헌인 법률에 근거한 행정처분이 당연무효가 아니라고 한 판례도 특별한 사정이 있는 경우에 당연무효가 될 수 있음을 배제하는 것은 아니기 때문이라고 한다. 동지 오진환, 「조례의 무효와 그 조례에 근거한 행정처분의 당연무효 여부」, 『특별법연구』 제5권, 1997, 170 및 같은 면 각주 59.

아무튼 대법원이 92누9463 판결에서 일반화된 방식으로 흠의 객관적 명백성 결여를 이유로 위헌법률에 근거한 처분의 효력을 당연무효가 아니라고 판시한 것은 종래 위헌결정의 효력은 위헌결정 이후에 제소된 다른 사건에도 미치므로, 위헌결정된 위 법규정에 의하여 이루어진 처분은 당연무효라고 판시해 왔던 것과는 사뭇 다른 접근방식임에 틀림이 없다. 종래의 판례와는 달리 92누9463 판결에 따를 때, 위헌법률에 근거한 처분에 대한 제소기간이 지난 후, 즉 당해 처분이 불가쟁상태에 돌입한 후에는 다툴 수 없게 되므로 결국 위헌결정의 소급효도 원칙적으로 이미 확정된 처분에는 미치지 않는다는 결과가 되기 때문이다.

대법원은 이후 위법한 조례에 의한 처분의 효력이 문제된 판결[22]에서 다수의견을 통하여 중대명백설의 입장을 재확인했다. 그러나 주목할 것은 '행정행위의 무효사유를 판단하는 기준으로서의 명백성은 행정처분의 법적 안정성 확보를 통하여 행정의 원활한 수행을 도모하는 한편 그 행정처분을 유효한 것으로 믿은 제3자나 공공의 신뢰를 보호하여야 할 필요가 있는 경우에 보충적으로 요구되는 것으로서, 그와 같은 필요가 없거나 하자가 워낙 중대하여 그와 같은 필요에 비하여 처분 상대방의 권익을 구제하고 위법한 결과를 시정할 필요가 훨씬 더 큰 경우라면 그 하자가 명백하지 않더라도 그처럼 중대한 하자를 가진 행정처분은 당연무효라고 보아야 한다'는 반론이 반대의견으로 제기되었다는 사실이다.

> 가. 구 건설업법(1994.1.7. 법률 제4724호로 개정되기 전의 것) 제57조 제1항, 같은 법 시행령 제53조 제1항 제1호에 의하면 건설부장관의 권한에 속하는 같은 법 제50조 제2항 제3호 소정의 영업정지 등 처분권한은 서울특별시장·직할시장 또는 도지사에게 위임되었을 뿐 시·도지사가 이를 구청장·시장·군수에게 재위임할 수 있는 근거규정은 없으나, 정부조직법 제5조 제1항과 이에 기한 행정권한의위임및위탁에관한규정 제4조에 재위임에 관한 일반적인 근거규정이 있으므로 시·도지사는 그 재위임에 관한 일반적인 규정에 따라 위임받은 위 처분권한을 구청장 등에게 재위임할 수 있다.
>
> 나. '가'항의 영업정지 등 처분에 관한 사무는 국가사무로서 지방자치단체의 장에게 위임된 이른바 기관위임사무에 해당하므로 시·도지사가 지방자치단체의 조례에 의하여 이를 구청장 등에게 재위임할 수는 없고 행정권한의위임및위탁에관한규정 제4조에 의하여 위임기관의 장의 승인을 얻은 후 지방자치단체의 장이 제정한 규칙이 정하는 바에 따라 재위임하는 것만이 가능하다.
>
> 다. 【다수의견】 하자 있는 행정처분이 당연무효가 되기 위하여는 그 **하자가 법규의 중요한 부분을 위반한 중대한 것으로서 객관적으로 명백한 것이어야 하며** 하자가 중대하고 명백한 것인지 여부를 판별함에 있어서는 그 법규의 목적, 의미, 기능 등을 목적론적으로 고찰함과 동시에 구체적 사안 자체의 특수성에 관하여도 합리적으로 고찰함을 요한다.
>
> 【반대의견】 **행정행위의 무효사유를 판단하는 기준으로서의 명백성은 행정처분의 법적 안정성 확보를**

22) 대법원 1996.7.11. 선고 94누4615 판결.

통하여 행정의 원활한 수행을 도모하는 한편 그 행정처분을 유효한 것으로 믿은 제3자나 공공의 신뢰를 보호하여야 할 필요가 있는 경우에 보충적으로 요구되는 것으로서, 그와 같은 필요가 없거나 하자가 워낙 중대하여 그와 같은 필요에 비하여 처분 상대방의 권익을 구제하고 위법한 결과를 시정할 필요가 훨씬 더 큰 경우라면 그 하자가 명백하지 않더라도 그와 같이 중대한 하자를 가진 행정처분은 당연무효라고 보아야 한다.

라. 【다수의견】 조례제정권의 범위를 벗어나 국가사무를 대상으로 한 무효인 서울특별시행정권한위임조례의 규정에 근거하여 구청장이 건설업영업정지처분을 한 경우, 그 처분은 결과적으로 적법한 위임 없이 권한 없는 자에 의하여 행하여진 것과 마찬가지가 되어 그 하자가 중대하나, 지방자치단체의 사무에 관한 조례와 규칙은 조례가 보다 상위규범이라고 할 수 있고, 또한 헌법 제107조 제2항의 "규칙"에는 지방자치단체의 조례와 규칙이 모두 포함되는 등 이른바 규칙의 개념이 경우에 따라 상이하게 해석되는 점 등에 비추어 보면 위 처분의 위임과정의 하자가 객관적으로 명백한 것이라고 할 수 없으므로 이로 인한 하자는 결국 당연무효사유는 아니라고 봄이 상당하다.

【반대의견】 구청장의 건설업영업정지처분은 그 상대방으로 하여금 적극적으로 어떠한 행위를 할 수 있도록 금지를 해제하거나 권능을 부여하는 것이 아니라 소극적으로 허가된 행위를 할 수 없도록 금지 내지 정지함에 그치고 있어 그 처분의 존재를 신뢰하는 제3자의 보호나 행정법 질서에 대한 공공의 신뢰를 고려할 필요가 크지 않다는 점, 처분권한의 위임에 관한 조례가 무효이어서 결국 처분청에게 권한이 없다는 것은 극히 중대한 하자에 해당하는 것으로 보아야 할 것이라는 점, 그리고 다수의견에 의하면 위 영업정지처분과 유사하게 규칙으로 정하여야 할 것을 조례로 정하였거나 상위규범에 위반하여 무효인 법령에 기하여 행정처분이 행하여진 경우에 그 처분이 무효로 판단될 가능성은 거의 없게 되는데, 지방자치의 전면적인 실시와 행정권한의 하향분산화 추세에 따라 앞으로 위와 같은 성격의 하자를 가지는 행정처분이 늘어날 것으로 예상되는 상황에서 이에 대한 법원의 태도를 엄정하게 유지함으로써 행정의 법적합성과 국민의 권리구제실현을 도모하여야 할 현실적인 필요성도 적지 않다는 점 등을 종합적으로 고려할 때, 위 영업정지처분은 그 처분의 성질이나 하자의 중대성에 비추어 그 하자가 외관상 명백하지 않더라도 당연무효라고 보아야 한다.[23)]

이 판결에 대하여는 다수의견이 대법원이 하자의 중대성과 명백성 모두를 무효의 요건으로 본 것은 '무효사유에 대한 기준이 확립되지 않는 상태에서 국민으로 하여금 더욱 무효 및 취소사유의 구별에 대한 부담을 지우는 결과'되기 때문에 "하자의 중대성과 명백성은 무효의 요건이 아닌 하자의 무효성을 판단하는 징표로 이해하여야 하며, 따라서 '중대하거나 또는 명백한 하자'는 모두 무효사유로 보아야 한다."라는 비판이 제기되었다.[24)]

---

23) 대법원 1995.7.11. 선고 94누4615 판결(건설업영업정지처분무효확인). 이에 대한 평석으로는 오진환, 「조례의 무효와 그 조례에 근거한 행정처분의 당연무효 여부」, 『인권과 정의』(대한변호사협회), 231호(95.11.), 153 이하; 232호(95.12.), 129 이하; 233호(96.1.), 138 이하; 오진환, 「조례의 무효와 그 조례에 근거한 행정처분의 당연무효 여부」, 『특별법연구』 제5권, 1997, 136-183을 참조.

한편 대법원은 "하자가 중대하고 명백하여 당연무효로 되는 것인가 또는 취소할 수 있음에 불과한 것인가는 그 법률의 목적·의미·기능 등을 목적론적으로 고찰함과 동시에 그 구체적 사안 자체의 특수성에 관하여도 합리적으로 고찰함을 요한다."라고 판시해 오고 있다.[25] 이처럼 대법원이 하자가 중대하고 명백한 것인지 여부를 판별함에 있어 그 법규의 목적·의미·기능 등을 목적론적으로 고찰함과 동시에 구체적 사안 자체의 특수성에 관하여도 합리적으로 고찰하여야 한다고 판시하고 있으나, '하자 있는 행정처분이 당연무효로 되려면 그 하자가 법규의 중요한 부분을 위반한 중대한 것이어야 할 뿐 아니라 객관적으로 명백한 것이어야 한다'는 점을 전제하고 있다는 점에서, 이는 어디까지나 중대명백설을 토대로 하여 그 판단에 있어 고려에 넣어야 할 사항을 제시한 것으로 이해하여야 할 것이다.

(2) 헌법재판소의 판례

반면 대법원의 92누9463 판결이 나오기 전인 1994년 6월 30일 헌법재판소는 92헌바23 결정 다수의견에서, '일반적으로는 행정처분의 근거가 되는 법규범이 상위 법규범에 위반되어 무효인가 하는 점은 그것이 헌법재판소 또는 대법원에 의하여 유권적으로 확정되기 전에는 어느 누구에게도 명백한 것이라고 할 수 없으므로 원칙적으로 행정처분의 당연무효사유에는 해당할 수 없다'고 하면서도, '행정처분 자체의 효력이 쟁송기간 경과 후에도 존속 중인 경우, 특히 그 처분이 위헌법률에 근거하여 내려진 것이고 그 행정처분의 목적달성을 위하여서는 후행 행정처분이 필요한데 후행 행정처분은 아직 이루어지지 않은 경우, 그 행정처분을 무효로 하더라도 법적 안정성을 크게 해치지 않는 반면에 그 하자가 중대하여 그 구제가 필요한 경우에 대하여는 예외를 인정하여 이를 당연무효사유로 보아서 쟁송기간 경과 후에라도 무효확인을 구할 수 있는 것이라고 보아야 한다'고 판시한 바 있다.[26]

(3) 검토

앞에서 본 바와 같이 대법원과 헌법재판소는 시기와 경향은 달리했지만 공통적으로 위헌법률에 근거한 처분의 효력을 판단함에 있어 행정행위의 하자이론, 특히 중대명백설을 원용하

---

24) 김성수, 앞의 책, 270-272; 김성수, 앞의 글을 참조.

25) 대법원 1965.10.19. 선고 65누83 판결; 동지 대법원 1985.9.24. 선고 85다326 판결. 대법원은 최근에도 단속경찰관 명의로 작성되어 교부된 운전면허정지처분의 효력을 당연무효라고 판시한 대법원 1997.5.16. 선고 97누2313 판결(자동차운전면허취소처분취소), 위법·무효인 시행령이나 시행규칙의 규정을 적용한 하자 있는 행정처분은 그 하자가 객관적으로 명백하지 않아 당연무효라고 볼 수 없다고 판시한 1997.5.28. 선고 95다15735 판결 등에서 종래의 판례를 재확인하고 있다.

26) 헌법재판소 1994.6.30. 선고 92헌바23 결정(『헌법재판소판례집』 제6권 1집 592면 이하) 다수의견.

고 있음을 알 수 있다. 대법원은 92누9463 판결에서 처분의 근거법률이 사후에 위헌으로 결정된 경우 당해 처분은 법률의 근거 없이 행해진 것과 마찬가지가 되어 하자 있는 것이 되지만, 하자 있는 행정처분이 당연무효가 되기 위하여는 그 하자가 중대할 뿐만 아니라 명백한 것이어야 하는데, 일반적으로 법률이 헌법에 위반된다는 사정이 헌법재판소의 위헌결정이 있기 전에도 객관적으로 명백한 것이라고 할 수는 없으므로, 당사자가 위와 같은 처분에 대하여 취소소송을 제기하는 것이 법률상 불가능하였다는 등의 특별한 사정이 없는 한, 이러한 하자는 위 행정처분의 취소사유에 해당할 뿐 당연무효사유는 아니라고 보았다. 대법원은 위헌법률에 근거한 처분의 효력은 이른바 중대명백설에 의하여 그 근거법률의 위헌성이 헌법재판소의 위헌결정이 있기 전에 객관적으로 명백한 것이라고 할 수 없으므로 원칙적으로 취소할 수 있는 것에 그친다고 하면서도, "당사자가 위와 같은 행정처분에 대하여 취소소송을 제기하는 것이 법률상 불가능하였다는 등의 특별한 사정이 없는 한"이라는 조건을 붙임으로써, 그와 같은 특별한 사정이 있다면 하자의 명백성의 요건이 충족되지 않더라도 중대성만으로 당연무효의 결과를 인정할 여지가 있다고 보았고, 바로 이 점이 앞서 소개된 소론에서 종래의 판례를 예외적인 것으로 파악하게 하는 근거가 된 것이라 할 수 있다.

반면 헌법재판소의 1994.6.30. 선고 92헌바23 결정은 전통적인 행정행위 하자이론에 입각하여 일반적으로는 행정처분의 근거가 되는 법규범이 상위 법규범에 위반되어 무효인지 여부는 헌법재판소 또는 대법원에 의하여 유권적으로 확정되기 전에는 어느 누구에게도 명백한 것이라고 할 수 없다는 이유에서 원칙적으로 당연무효사유에 해당하지 않는다고 하면서도, 예외적으로 그 흠이 명백하다고 볼 수 없는 경우에도 일정한 요건이 충족되면 당연무효로 볼 수 있다고 판시하였다. 여기서 그 요건이란, 헌법재판소의 결정에 따르면, '처분 자체의 효력이 쟁송기간 경과 후에도 존속 중인 경우, 특히 그 처분이 위헌법률에 근거하여 내려진 것이고 그 행정처분의 목적달성을 위하여서는 후행 행정처분이 필요한데 후행 행정처분은 아직 이루어지지 않은 경우, 그 행정처분을 무효로 하더라도 법적 안정성을 크게 해치지 않고 또 그 하자가 중대하여 그 구제가 필요한 경우'를 말하는 것으로 설시되고 있다.

위헌법률에 근거한 처분의 경우 그 근거법률의 위헌성이 객관적으로 명백하다고 볼 수 없기 때문에 원칙적으로 당연무효가 아니라 취소할 수 있는 데 불과하다고 보는 점에 관한 한, 대법원과 헌법재판소 사이에 견해의 차이는 없다. 그러나 그 예외인정의 요건에 관한 한 양자의 견해가 반드시 일치하고 있다고는 보기 어렵고, 적어도 상당한 뉘앙스를 보이고 있는 것이 사실이다. 물론 이러한 차이는 처분의 하자에 관한 중대명백설이 판례에 의하여 형성된 이론이라는 데서 비롯된 결과라고도 볼 수 있다. 그러나 위헌법률에 근거한 처분이 당연무효로 인정될 수 있는 요건에 대한 판단여하에 따라 제소기간의 경과로 쟁송기회가 차단되는지 여부가 달라지며, 이러한 대법원과 헌법재판소의 각개약진으로 인한 법적 불확실성의 부담이 결국 행정기관과 국민에게 돌아가게 된다는 점이 문제점으로 지적되지 않으면 안 된다.

요컨대, 대법원이나 헌법재판소의 판례는 모두 위헌법률에 근거한 처분의 효력에 관하여 중대명백설에 입각하면서도 예외적으로 하자의 명백성이 인정되지 않는 경우에도 중대성만으로 당연무효로 인정할 수 있다는 여지를 남겼다는 점에서는 공통적이라 할 수 있다. 그러나 헌법재판소는 그 예외인정의 요건을 처분효력의 존속, 특히 후행처분의 미발령에 따른 공백의 방지, 그리고 법적 안정성 및 권리구제의 필요에 대한 고려 등으로 구체화했다는 점에서 '취소소송의 제기가 법률상 불가능하였다는 등의 특별한 사정'을 든 대법원에 비하여 한층 진전된 태도를 취했다고 볼 수 있다.

한편 대법원은 비록 행정청의 행위인 행정행위가 아니라 사인의 공법행위인 취득세 신고행위라는 예외적인 경우에 관한 것이기는 하지만 명백성보충요건설의 논리를 수용하여 눈길을 끌었다.

취득세 신고행위는 납세의무자와 과세관청 사이에 이루어지는 것으로서 취득세 신고행위의 존재를 신뢰하는 제3자의 보호가 특별히 문제되지 않아 그 신고행위를 당연무효로 보더라도 법적 안정성이 크게 저해되지 않는 반면, 과세요건 등에 관한 중대한 하자가 있고 그 법적 구제수단이 국세에 비하여 상대적으로 미비함에도 위법한 결과를 시정하지 않고 납세의무자에게 그 신고행위로 인한 불이익을 감수시키는 것이 과세행정의 안정과 그 원활한 운영의 요청을 참작하더라도 납세의무자의 권익구제 등의 측면에서 현저하게 부당하다고 볼 만한 특별한 사정이 있는 때에는 예외적으로 이와 같은 하자 있는 신고행위가 당연무효라고 함이 타당하다.27)

지극히 타당한 판결이지만 행정행위, 즉 처분의 효력에 관한 판단은 아니다. 향후 대법원의 이러한 판단이 처분의 무효에 관해서까지 확장될 수 있을지는 좀 더 귀추를 주목해 보아야 할 것 같다.

<판례>

위법한 행정처분 중에는 그 행위에 내재하는 하자가 중대한 법규위반이 있어 그 하자가 중대하고 명백한 경우에는, 비록 그 행정행위가 외형적으로 존재하고 행정청이 그 유효임을 주장할지라도, 그 행정처

27) 대법원 2009.2.12. 선고 2008두11716 판결(취득세부과처분무효확인). 또한 대법원 2009.4.23. 선고 2009다5001 판결(취득세반환)을 참조.

분은 당초부터 효력을 인정할 수 없는 행정처분이라 할 것이고, 이에 반하여 행정처분의 하자가 중대하고 명백한 것이 아닐 때에는 그 행정처분은 당연무효가 아니고 취소 또는 변경 청구의 대상이 된다.[28)]

(4) 중대명백설에 따른 무효사유와 취소사유의 구별기준

법적 안정성의 원칙은 행정행위의 (우선 잠정적인, 그러나 쟁송제기기간 경과 후에는 종국적인) 존재를, 있을 수 있는 법적 흠에도 불구하고 유지시키는 근거가 된다. 그러나 법적 안정성의 원칙은, 행정행위가 중대하고 명백한 흠을 띠고 있는 경우에는 더 이상 타당할 수 없고 이때에는 오히려 실질적 정의의 원칙이 우선되어야 한다는 것이 중대명백설의 근거이다. 그리하여, 중대명백설은 흠이 중대하고 동시에 그것이 명백할 경우 행정행위는 무효가 되며 그 중 어느 한 요소라도 결여하면 단순위법으로 취소사유를 구성하는 데 불과하다고 한다. 여기서 중대성이란 행정행위의 발령근거가 된 법규가 중대한 것이 아니라 당해 행정행위가 그 적법요건을 충족시키지 못함으로써 지니게 되는 흠이 중대하다는 의미이다. 일부 학설은 능력규정인가 명령규정인가, 강행규정인가 임의규정인가에 따라 판단해야 한다고 하나, 법규의 실제상 그 성질의 구별이 용이하지 않기 때문에 이에 대해 의문을 표시하는 견해도 표명되고 있다.[29)] 요컨대, 흠의 중대성이란 어디까지나 법침해의 심각성이므로 이를 판단하기 위해서는 위반된 행정법규의 종류, 목적, 성질, 기능 등과 함께 그 위반의 정도도 아울러 고려되어야 한다.[30)] 판례 역시 '하자가 중대하고 명백하여 당연무효로 되는 것인가 또는 취소할 수 있음에 불과한 것인가는 그 법률의 목적·의미·기능 등을 목적론적으로 고찰함과 동시에 그 구체적 사안 자체의 특수성에 관하여도 합리적으로 고찰함을 요한다'고 하여 보다 광범위한 고려의 필요성을 강조하고 있다.[31)] 다음 판례에서 대법원의 태도가 분명히 드러나고 있다.

<하자 중대 명백 판단>

하자 있는 행정처분이 당연무효가 되기 위해서는 그 하자가 법규의 중요한 부분을 위반한 중대한 것으로서 객관적으로 명백한 것이어야 하며, **하자가 중대하고 명백한지 여부를 판별할 때에는 그 법규의 목적, 의미, 기능 등을 목적론적으로 고찰함과 동시에 구체적 사안 자체의 특수성에 관하여도 합리적으로 고찰함을 요한다.** 행정청이 어느 법률관계나 사실관계에 대하여 어느 법률의 규정을 적용하여 행정처분을 한

28) 대법원 1961.12.21. 선고 4294행상6 판결.
29) 석종현, 앞의 책, 372; 홍정선, 앞의 책, 337.
30) 김동희, 앞의 책, 303-304.
31) 대법원 1965.10.19. 선고 65누83 판결; 동지 판례: 대법원 1985.9.24. 선고 85다326 판결; 2005.6.24. 선고 2004두10968 판결(전출명령등취소) 등.

경우에 그 법률관계나 사실관계에 대하여는 그 법률의 규정을 적용할 수 없다는 법리가 명백히 밝혀져 그 해석에 다툼의 여지가 없음에도 행정청이 위 규정을 적용하여 처분을 한 때에는 그 하자가 중대하고도 명백하다고 할 것이나, 그 법률관계나 사실관계에 대하여 그 법률의 규정을 적용할 수 없다는 법리가 명백히 밝혀지지 아니하여 그 해석에 다툼의 여지가 있는 때에는 행정관청이 이를 잘못 해석하여 행정처분을 하였더라도 이는 그 처분 요건사실을 오인한 것에 불과하여 그 하자가 명백하다고 할 수 없다(대법원 2009.9.24. 선고 2009두2825 판결 참조).[32]

대법원은 위헌·위법한 시행령이라 할지라도 그 시행령의 무효를 선언한 대법원판결이 없는 상태에서 그에 근거하여 이루어진 처분은, 그 시행령 규정의 위헌 내지 위법 여부가 해석상 다툼의 여지가 없을 정도로 명백하였다고 인정되지 아니하는 이상 객관적으로 명백한 것이라 할 수 없으므로, 당연무효라 할 수 없다는 기존의 판례를 재확인하면서, 다음과 같이 판시한 바 있다:

1. 하자 있는 행정처분이 당연무효로 되려면 그 하자가 법규의 중요한 부분을 위반한 중대한 것이어야 할 뿐 아니라 객관적으로 명백한 것이어야 하고, 하자가 중대하고 명백한 것인지 여부를 판별함에 있어서는 그 법규의 목적·의미·기능 등을 목적론적으로 고찰함과 동시에 구체적 사안 자체의 특수성에 관하여도 합리적으로 고찰함을 요한다.
2. 위법·무효인 시행령이나 시행규칙의 규정을 적용한 하자 있는 행정처분이 당연무효로 되려면 그 규정이 행정처분의 중요한 부분에 관한 것이어서 결과적으로 그에 따른 행정처분의 중요한 부분에 하자가 있는 것으로 귀착되고 또한 그 규정의 위법성이 객관적으로 명백하여 그에 따른 행정처분의 하자가 객관적으로 명백한 것으로 귀착되어야 한다.
3. 구 개발이익환수에관한법률시행령(1991.9.13. 대통령령 제13465호로 개정되기 전의 것) 제9조 제5항 및 제8조 제1항 제2호의 규정은 구 개발이익환수에관한법률(1993.6.11. 법률 제4563호로 개정되기 전의 것, 이하 '구법'이라 한다) 제10조 제3항 단서 및 제9조 제3항 제2호의 규정에 위반되어 무효이고, 그 구법시행령의 규정들을 적용한 개발부담금 부과처분은 사안의 특수성을 고려하여 볼 때 그 중요한 부분에 하자가 있는 것으로 귀착되어 그 하자가 중대하지만, 개발부담금 부과처분 당시(1991.4.30.)에는 아직 그 구법시행령의 규정들이 위법·무효라고 선언한 대법원의 판결들이 선고되지 아니하였고 또한 그 구법시행령의 규정들이 그 구법의 규정들에 위반되는 것인지 여부가 해석상 다툼의 여지가 없을 정도로 객관적으로 명백하였다고 보여지지는 아니하는 경우, 그 구법시행령의 규정들에 따른 개발부담금 부과처분의 하자가 객관적으로 명백하다고 볼 수는 없으므로 그 개발부담금 부과처분은 그 하자가 중대·명백한 당연무효의 처분이라고 할 수 없다.[33]

---

32) 대법원 2012.11.29. 선고 2012두3743 판결(보조금회수처분취소등).
33) 대법원 1997.5.28. 선고 95다15735 판결.

구 청소년보호법(2001.5.24. 법률 제6479호로 개정되기 전의 것) 제10조 제3항의 위임에 따라 같은 법 시행령(2001.8.25. 대통령령 제17344호로 개정되기 전의 것) 제7조와 [별표 1]의 제2호 (다)목은 '동성애를 조장하는 것'을 청소년유해매체물 개별 심의기준의 하나로 규정하고 있는바, **현재까지 위 시행령 규정에 관하여 이를 위헌이거나 위법하여 무효라고 선언한 대법원의 판결이 선고된 바는 없는 점,** 한편 동성애에 관하여는 이를 이성애와 같은 정상적인 성적 지향의 하나로 보아야 한다는 주장이 있는 반면 이성 간의 성적 결합과 이를 기초로 한 혼인 및 가족생활을 정상적인 것으로 간주하는 전통적인 성에 대한 관념 및 시각에 비추어 이를 사회통념상 허용되지 않는 것으로 보는 견해도 있는 점, 동성애를 유해한 것으로 취급하여 그에 관한 정보의 생산과 유포를 규제하는 경우 성적 소수자인 동성애자들의 인격권·행복추구권에 속하는 성적 자기결정권 및 알 권리, 표현의 자유, 평등권 등 헌법상 기본권을 제한할 우려가 있다는 견해도 있으나, 또한 동성애자가 아닌 다수의 청소년들에 있어서는 동성애에 관한 정보의 제공이 성적 자기정체성에 대한 진지한 성찰의 계기를 제공하는 것이 아니라 성적 상상이나 호기심을 불필요하게 부추기거나 조장하는 부작용을 야기하여 인격형성에 지장을 초래할 우려 역시 부정할 수 없다 할 것인 점 등에 비추어 보면, 이 사건 **청소년유해매체물 결정 및 고시처분 당시 위 시행령의 규정이 헌법이나 모법에 위반되는 것인지 여부가 해석상 다툼의 여지가 없을 정도로 객관적으로 명백하였다고 단정할 수 없고, 따라서 위 시행령의 규정에 따른 위 처분의 하자가 객관적으로 명백하다고 볼 수 없다.**[34]

행정처분이 당연무효라고 하기 위하여는 처분에 위법사유가 있다는 것만으로는 부족하고 그 하자가 법규의 중요한 부분을 위반한 중대한 것으로서 객관적으로 명백한 것이어야 하며 하자가 중대하고 명백한 것인지 여부를 판별함에 있어서는 그 법규의 목적, 의미, 기능 등을 목적론적으로 고찰함과 동시에 구체적 사안 자체의 특수성에 관하여도 합리적으로 고찰함을 요하고, 한편 징계사유로 문제된 동일한 사실로 기소되어 1심법원에서 유죄판결까지 선고받았다면, **비록 그 후 그 사실에 관하여 무죄판결이 확정됨으로써 위 징계처분이 결과적으로 증거 없이 이루어진 셈이 되었다고 하더라도 이는 결국 증거판단을 잘못하여 사실을 오인한 경우에 불과하고 이러한 위법사유는 취소사유에는 해당될지언정 당연무효사유로는 되지 않으며,** 징계권자가 징계처분을 함에 있어서 사실관계를 오인한 하자가 있는 경우에 그 하자가 중대하더라도 외형상 객관적으로 명백하지 않다면 그 징계처분은 취소할 수 있음에 불과하고 당연무효라고 볼 수 없는바, **징계원인 사실관계의 오인이 잘못된 징계자료에 기인한 경우에 그 징계자료가 외형상 상태성을 결여하고 객관적으로 그 성립이나 내용의 진정을 인정할 수없는 것임이 명백한 경우가 아닌 한 그 징계자료에 기인한 사실관계의 오인을 외형상 객관적으로 명백한 하자라고 보기는 어려울 것이다.**[35]

흠의 명백성은, 흠의 존재가 당사자의 주관적 판단이나 법률전문가의 인식능력이 아니라 통상적인 주의력과 이해력을 갖춘 일반인의 판단에 따를 때 누구의 의심도 허용하지 않을 만

34) 대법원 2007.6.14. 선고 2004두619 판결(청소년유해매체물결정및고시처분무효확인).
35) 대법원 2003.6.13. 선고 2003두1042 판결(직위해제처분등무효확인).

큼 객관적으로 확실한가에 따라 결정된다. 그럼에도 불구하고 '명백성'은 반드시 명백하다고 볼 수 없는 경우도 있다. 구체적인 사안에서 어떤 행정행위가 중대하고 명백한 흠(위법)을 지니고 있는지 여부에 관해 의문이 있을 수 있다. 바로 그런 이유에서 독일 행정절차법은 제44조 제2항에서 언제나 행정행위를 무효로 만드는 절대적 무효사유와 제3항에서 결코 행정행위의 무효를 가져오지 않는 몇 가지 법침해를 열거하고 있다. 이는 향후 우리 행정절차법 개정에 참고해 볼 만한 점이다. 다만, 그러한 입법적 해결을 보지 못한 현행법에서는 결국 판례와 학설을 통해 밝혀진 무효사유를 유형화함으로써 법적 불확실성을 제거해 나갈 수밖에 없을 것이다.

대법원은 흠의 명백성과 관련하여, "하자가 명백하다고 하기 위하여는 그 사실관계 오인의 근거가 된 자료가 외형상 상태성을 결여하거나 또는 객관적으로 그 성립이나 내용의 진정을 인정할 수 없는 것임이 명백한 경우라야 할 것이고 사실관계의 자료를 정확히 조사하여야 비로소 그 하자 유무가 밝혀질 수 있는 경우라면 이러한 하자는 외관상 명백하다고 할 수는 없다."라고 판시한 바 있다.[36]

같은 맥락에서 대법원은 행정청이 사전환경성검토협의를 거쳐야 할 대상사업에 관하여 법의 해석을 잘못한 나머지 세부용도지역이 지정되지 않은 개발사업 부지에 대하여 사전환경성검토협의를 할지 여부를 결정하는 절차를 생략한 채 승인 등의 처분을 한 사안에서, 하자가 객관적으로 명백하다고 할 수 없다고 판시하였다.[37]

이들 판례가 흠의 명백성 판단을 위한 일응의 기준이 될 수 있을 것이다.

3. 비교법: 일본과 독일

(1) 일본

일본의 경우 전전에는 행정행위의 요건을 유효요건과 그렇지 않은 요건으로 나누어 전자를 결여한 행정행위를 당연무효라고 보는 유효요건설이 있었으나, 전후에는 중대명백설이 학설과 판례를 지배해 오고 있다. 시바이케 요시카즈(芝池義一)에 따르면 중대명백설에는 대별하여 '외관상일견명백설'과 객관적 명백설(조사의무설)이 있다고 한다.[38] 시오노 히로시(塩野宏) 역시 흠의 명백성이 누구에게 있어 명백한 것이냐 하는 문제에 관하여 '외관상일견명백

36) 대법원 2004.4.16. 선고 2003두7019 판결(채무부존재확인).
37) 대법원 2009.9.24. 선고 2009두2825 판결(개발사업시행승인처분취소).
38) 芝池義一, 『行政法總論講義』(第2版), 有斐閣, 1996, 153-160.

설'과 객관적 명백설(조사의무설)이 대립하고 있다고 기술하고 있다.[39] 외관상 일견명백설이란 흠이 외관상으로 보아 일견 명백하면 명백성의 요건이 충족되는 것으로 보는 전통적인 견해인 데 비하여, 객관적 명백설(조사의무위반설)이란 행정기관이 그의 조사의무를 이행하게 되면 잘못을 발견할 수 있는 경우에도 명백성의 요건을 충족하는 것으로 보려는 견해이며, 명백성보충요건설이란 행정행위의 무효를 논함에 있어 하자의 중대성은 필수적 요건이지만 그 밖에 어떠한 가중요건을 부가할 것인가는 이익상황 여하에 따라 융통성을 부여할 필요가 있다는 견해라고 설명되고 있다.[40]

일본의 경우 1973년 4월 26일의 최고재판소 판결[41]이 명백성요건의 완화가능성을 시사한 기본판례(leading case)가 되었다. 이 판결에서 최고재판소는 "과세처분이 과세청과 피과세자와의 사이에서만 존재하는 것으로 처분의 존재를 신뢰한 제3자의 보호를 고려할 필요가 없는 것 등을 감안한다면 당해 처분에 있어서의 내용상의 과오가 과세요건의 근간에 대한 그것이고, 징세행정의 안정과 그 원활한 운영의 요청을 참작하고서도 불복신청기간의 초과에 의한 불가쟁적 효과의 발생을 이유로 하여 피과세자에게 위 처분에 의한 불이익을 감수시키는 것이 현저하게 부당하다고 인정되는 예외적인 사정이 있는 경우에는, 전기의 과오에 의한 흠은 당해 처분을 무효화시키는 것으로 해석함이 상당하다."라고 판시했다. 그러나 이 판결 역시 명백성요건의 필요성을 부정한 것은 아니며, 또 이해관계를 가지는 제3자가 있는 경우에는 명백성의 요건이 가중된다는 것을 시사한 것으로 이해되고 있다.[42] 시바이케 요시카즈(芝池義一) 역시 이 판결은 중대명백설을 완전히 부정한 것이라고는 말할 수 없으며, 처분의 성질상 제3자의 신뢰를 보호할 필요가 없고, 하자가 처분요건의 근간에 관한 것이라는 점을 전제로 행정운영상의 요청과 상대방의 권리이익 보호 요청을 서로 비교형량하여 예외적으로 명백성요건이 없어도 무효를 인정한 것이라고 평하고 있다.[43]

(2) 독일

독일의 경우에도 행정절차법이 제정되기 전까지는 중대명백설(Evidenztheorie)이 학설과 판

---

39) 塩野 宏, 『行政法 I』, 有斐閣, 1992, 122-124: 서원우 · 오세탁 역, 『일본행정법론』, 법문사, 1996, 125-128.

40) 塩野 宏, 위의 책, 132 이하를 참조. 김남진, 앞의 책, 325는 이를 중대명백설에 있어 명백성요건의 판단기준에 대한 학설의 한 유형으로 소개하고 있으나, 김동희, 『행정법 I』, 286은 이를 '명백성보충설'로 소개하고 있다.

41) 일본최고재판소, 昭和 48(1973) · 4 · 26 『民集』 27권3호 629, 『행정판례백선 I』 78사건, 행정법판례 53사건.

42) 塩野 宏, 앞의 책, 서원우 · 오세탁 역, 『일본행정법론』, 127.

43) 芝池義一, 앞의 책, 159.

례를 지배하고 있었다.[44] 1976년에 제정된 행정절차법(VwVfG)은 제44조 제1항에서 "행정행위에 특별히 중대한 흠이 있고 고려대상이 되는 모든 사정을 합리적으로 판단할 때 그러한 사실이 명백한 경우 그 행정행위는 무효이다."[45]라는 일반조항(Generalklausel)을 명문화함으로써 이러한 지배적 이론을 수용하였다. 중대명백설은 어떤 행정행위가 중대하고 명백한 흠을 지닌 경우에는, 행정행위의 흠에도 불구하고 그 존속을 (잠정적으로 그리고 제소기간이 지난 뒤에는 종국적으로) 정당화해 주는 법적 안정성(Rechtssicherheit)의 요청이 더 이상 타당할 수 없고 실질적 정의(materielle Gerechtigkeit)의 원칙에 굴복해야 한다는 법리라고 이해되고 있다.[46]

행정절차법 제44조 제1항에서 요구되는 중대성과 명백성의 요건은 중첩적으로(kumulativ) 충족되어야 한다.[47] 따라서 침해된 법규정의 적용범위(Tragweite)나 보호목적(Schutzzweck)에 비추어 행정행위에 특별히 중대한 흠이 있는 경우[48]에도 예외적으로 그 흠의 존재가 명백한 때에만 무효가 되는 결과가 된다고 한다.[49] 또한 법령상 근거 없는 행정행위(gesetzlose Verwaltungsakte)는 그 내용에 관한 흠이 있는 경우이므로, 그러한 흠이 있다는 이유만으로는 당연무효가 아니며, 그 행정행위의 근거가 된 법률이나 명령 등이 사후에 헌법재판소 또는 법원에서 무효라고 선고되는 경우에도 다를 바 없다고 한다.[50]

한편 행정절차법은 제44조 제2항에서 같은 조 제1항의 규정에 의한 요건의 존재여부를 불문하고 행정행위의 무효를 가져오는 절대적 무효사유를 다음과 같이 명시하고 있다:

1. 행정행위를 발한 행정청을 알 수 없는 서면에 의한 처분
2. 법령의 규정에 의하여 서면의 교부에 의해서만 발할 수 있는 행위로서 그러한 형식요건을 준수

44) Erichsen in Erichsen, *Allgemeines Verwaltungsrecht*, Walter de Gruyter, 10.Aufl., § 15 Rn.26; H.J. Wolff, O. Bachof, und R. Stober, *Verwaltungsrecht* I, § 51 I c; *BVerwGE* 19, 284, 287f.; 23, 237, 238; 35, 334, 343.

45) 원문: Ein Verwaltungsakt ist nichtig, soweit er an einem besonders schwerwigenden fehler leidet und dies bei verständiger Würdigung aller in Betracht kommenden Umständen offenkundig ist.

46) H. Maurer, *Allgemeines Verwaltungsrecht*, 11.Aufl., 1997, S.247, § 10 Rn.31.

47) E. Erichsen (Hrsg.), *Allgemeines Verwaltungsrecht*, § 15 Rn.26.

48) 그러한 예로 경찰처분에 의한 사법상의 손해배상청구와 같이 전혀 아무런 권한이 없는 경우, 구형법 제285조에 의하여 1974년 4월 2일까지 금지되어 있었던 영업적인 경품도박처럼 형법상 가벌적 행위를 허가하는 경우, 또는 독일국적자에 대한 귀화허가, 공무원이 아닌 자(Nichtbeamten)에 대한 퇴직처분(Versetzung in den Ruhestand)이나 상호 모순적인 행정행위처럼 법적으로 불가능한 결과를 목적으로 하는 행정행위 등이 제시되고 있다(E. Erichsen, a.a.O).

49) E. Erichsen, a.a.O.

50) H. Meyer und H. Borgs-Maciejewski, *Verwaltungsverfahrensgesetz*, 2.Aufl., 1982, § 44 Rn.13; H.J. Knack, *Verwaltungsverfahrensgesetz*, 4.Aufl., 1993, § 44 4.1.4; F. Kopp, *Verwaltungsverfahrensgesetz*, 5.Aufl., 1991, § 44 Rn.25 등.

하지 않은 행정행위

3. 법 제3조 제1항 제1호의 규정에 의한 관할권[51]을 가지지 않은 행정청이 그 권한 밖에서 행한 행정행위
4. 사실상의 이유로 아무도 실행할 수 없는 행정행위
5. 범죄성립요건 또는 과태료부과요건을 실현시키는 위법행위를 요구하는 내용의 행정행위
6. 공서양속에 반하는 행정행위

(3) 검토

일본과 독일의 경우에도 우리나라와 다름없이 중대명백설이 지배적인 지위를 차지하고 있다. 다만 일본의 경우에는 이른바 객관적 명백설이나 명백성보충요건설처럼 중대명백설의 틀을 유지하면서도 사안에 따라 명백성요건을 완화시켜 탄력적으로 적용하려는 견해가 나오고 있는 반면, 독일의 경우에는 행정절차법 제44조 제1항이 중대명백설을 입법적으로 수용한 결과, 해석을 통하여 명백성요건을 완화시킬 여지는 없게 되었지만, 같은 조 제2항에서 절대적 무효사유를 명시적으로 열거함으로써 법적 예측가능성을 확보하는 한편, 중대명백설의 엄격한 적용으로 생길 수 있는 난점을 입법적으로 해결하고 있다는 점이 주목된다.

Ⅴ. 중대명백설의 재검토

1. 중대명백설의 본질

중대명백설은 앞에서 본 바와 같이 어떤 행정행위가 중대하고 명백한 흠을 지닌 경우에는, 행정행위의 흠에도 불구하고 그 존속을 (잠정적으로 그리고 제소기간이 지난 뒤에는 종국적으로) 정당화해 주는 법적 안정성(Rechtssicherheit)의 요청이 더 이상 타당할 수 없고 실질적 정의(materielle Gerechtigkeit)의 원칙에 굴복해야 한다는 법리이다. 흠 있는 행정행위의 당연무효란 법질서가 위법한 행정행위에 대하여 법적 안정성의 견지에서 부여한 특별한 효력보장이 배제되는 예외적인 경우라고 본다면, 그 요건으로 흠의 중대성뿐 아니라 명백성을 요구하는 중대명백설은 기본적으로 타당하다. 독일 행정절차법이 제44조 제1항에서 "행정행위에 특별히 중대한 흠이 있고 고려대상이 되는 모든 사정을 합리적으로 판단할 때 그러한

---

51) 부동산에 관한 권리 등에 관한 토지관할을 말한다(*VwVfG* § 3 Abs.1 Nr.1).

사실이 명백한 경우 그 행정행위는 무효이다."라는 명시적 규정을 두고 있는 것도 바로 그러한 맥락에서 이해될 수 있을 것이다. 반면 중대명백설의 예외적 성격은 법적 안정성의 원칙으로 표현되는 법질서의 안정화지향성이 전제되어 있다. 법질서는 행정행위에 흠이 있더라도 그것이 당연무효라고 볼 수 없는 이상, 그 위법성에도 불구하고 법적 유효성을 시인함으로써 법적 안정성을 기하고자 한다. 당연무효란 그러한 행정행위에 대한 특별한 효력보장이 부인되는 경우이며 그 기준을 제공하는 것이 중대명백설이다. 그러나 만일 행정의 법적합성원칙을 철저히 관철하여야 한다는 입장에 선다면 이러한 특별한 효력보장 자체가 하나의 예외인 것이다. 하물며 중대한 흠이 있는 행정행위조차도 그 흠의 존재가 명백하지 않은 한 법적 효력을 발휘하도록 한다는 것이 아닌가. 물론 적법요건이 결여되기만 하면 언제나 무효라고 보아야만 행정의 적법성원칙이 확립된다는 주장에는 설득력이 없다. 법적 안정성의 요청도 적법성의 요청만큼이나 정당한 법치국가원칙의 구성요소이기 때문이다. 그러나 문제는 중대명백설이 당연무효의 예외성을 강조하여 명백성의 요건을 엄격히 적용할 경우, 법적 안정성의 요청과 법적합성의 요청간의 균형 잡힌 원리형량이 이루어져야 함에도 불구하고 자칫 전자의 우위를 인정하는 결과가 나올 수 있다는 데 있다.

우리나라의 경우 중대명백설은 독일의 경우처럼 행정절차법에 입법적으로 수용되지 않은 이상, 어디까지나 학설과 판례이론에 지나지 않는다. 물론 판례이론임에도 불구하고 중대명백설은 제정법 못지않은 규범력을 발휘하여 온 것이 사실이다. 그러나 판례이론으로서 중대명백설의 규범력은 논증의 설득력에 의존한다. 다시 말해 판례이론으로서 중대명백설이 그 규범력을 유지하기 위해서는 이론적·논리적 설득력이 뒷받침되지 않으면 안 된다. 그 논증은 행정의 법적합성원칙과 법적 안정성의 원칙간의 형량을 통해 이루어진다. 이런 뜻에서 중대명백설은 행정행위의 무효를 가져오는 흠을 판단하기 위한 실질적·내용적 기준을 종국적·확정적으로 제시해 주는 정적인 이론이라기보다는 흠 있는 행정행위의 효력을 판단하기 위한 법익형량의 준거로서 개별구체적 사안과의 교섭을 통하여 법관의 법적 판단에 의한 가변적 구체화를 필요로 하는 동적인 작업공식이라고 보아야 할 것이다. 그러므로 행정행위의 흠이 당연무효로 귀결되기 위하여 언제나 일률적으로 명백성의 요건이 충족되어야 한다고 볼 것인지는 의문이 없지 않다. 사안에 따라서는 흠 있는 행정행위를 당연무효라 하기 위하여 명백성을 요구하는 법리적 요청, 즉 법적 안정성의 요청을 고려할 필요가 없는 경우도 있을 수 있는데, 이러한 경우에도 일률적으로 명백성이 결여되었다는 이유에서 그와 같은 행정행위에 대한 특별한 효력보장을 유지하는 것은 법치국가의 원칙에 비추어 정당화되기 어려울 것이다. 그러나 그렇다고 하여 일본에서 논의되는 명백성보충요건설처럼 명백성요건만을 완화함으로써 이를 중대성요건에 비해 열위에 두거나 객관적 명백설(조사의무설)처럼 명백성요건을 주관화하여 행정기관이 그 조사의무를 이행하면 잘못을 발견할 수 있었을 경우에도 명백성의 요건을 충족하는 것으로 보아 당연무효의 인정범위를 넓혀야 한다는 것은 아니다. 오히려 중대명백설의 입장에서 그 법익형량적 측면을 재발견함으로써 이를 실질적 정의와 법적 안정성의 함수로 재구성할 필요가 있다는 것이다. 물론 구체적 사안에 따라 상대적으로 명백성의 요건이 완화되는 결과를 가져올 가능성이 클 것이다. 그러나 문제는 행정기관이나 법관 등 법의 해석·적용에 참여하는 모든 당사자가 중대명백설의 이러한 성격을 재인식하여야 한다는 데 있다. 이렇게 볼 때 앞에서 살펴본 대법원 1995.7.11. 선고 94누4615 판결에 대한 비판으로서 제기된 "중대하거나 또는 명백한 하자는 모두 무효사유로 보아야 한다." 라는 주장[52)]은 흠 있는 행정행위의 효력을 둘러싼 법원리들 간의 긴장관계를 도외시한 채 흠 있는 행정행위의 무효를 지나치게 널리 인정하는 결과를 가져올 우려가 있다는 이유에서 수긍하기 어렵다.

2. 행정행위의 무효사유에 대한 판례이론의 문제점

전술한 바와 같이 대법원은 기본적으로 중대명백설을 견지해 왔다고 볼 수 있다. 그러나 엄밀히 볼 때 판례의 일관성이 철저하게 유지되었다고 볼 것인지는 의문이다. 그 이유는 첫째, 이미 앞에서 살펴본 바와 같이, 위헌법률에 근거한 처분의 효력에 관하여 대법원이나 헌법재판소의 판례는 모두 중대명백설에 입각하면서도 예외적으로 하자의 명백성이 인정되지 않는 경우에도 중대성만으로 당연무효로 인정할 수 있다는 여지를 남겼기 때문이다. 헌법재판소는 여기서 한걸음 더 나아가 그 예외인정의 요건을 처분효력의 존속, 특히 후행처분의 미발령에 따른 공백의 방지, 그리고 법적 안정성 및 권리구제의 필요에 대한 고려 등으로 구체화한 바 있다. 반면 대법원은 "일반적으로 법률이 헌법에 위반된다는 사정이 헌법재판소의 위헌결정이 있기 전에도 객관적으로 명백한 것이라고 할 수는 없으므로 당사자가 위와 같은 행정처분에 대하여 취소소송을 제기하는 것이 법률상 불가능하였다는 등의 특별한 사정이 없는 한, 이러한 하자는 위 행정처분의 취소사유에 해당할 뿐 당연무효사유는 아니라고 볼 것"이라 판시함으로써 '취소소송의 제기가 법률상 불가능하였다는 등의 특별한 사정'이 있는 경우에는 흠의 명백성이 인정되지 않더라도 당연무효라고 볼 수 있다는 여지를 남겼다.

둘째, 대법원의 판례 중에는 흠의 중대성만을 이유로 당연무효를 인정하거나, 그 흠의 명백성여부에 대한 뚜렷한 판단을 내리지 않은 채 흠이 중대·명백하다 하여 당연무효를 인정

52) 김성수, 『행정법 I』, 법문사, 1998, 270-272.

한 사례가 적지 않았고, 또는 최근까지도 그와 같이 뚜렷한 명백성 판단 없이 처분의 당연무효를 인정한 종래의 판례를 원용하여 동일한 결론을 도출하는 데 그치는 사례들이 나오고 있는데, 이 중 중대성은 인정된다 하더라도 명백성을 인정할 수 있는지가 의문시되는 경우가 적지 않다는 것이다. 그 대표적인 예로는 공무원임용결격자에 대한 임용행위를 당연무효라고 판시한 종래의 판례를 원용하여 퇴직급여청구권을 부인한 대법원 95누9617 판결[53]을 들 수 있다. 대법원은 이 사건 판결에서 공무원임용결격자에 대한 임용행위는 당연무효라고 판시한 1987년 4월 14일 선고 86누459 판결을 원용하여 동일한 결론을 내리고 있다.[54] 이 사건 판결에서 원용된 86누459 판결은 국가공무원법에 규정되어 있는 공무원임용결격사유는 공무원으로 임용되기 위한 절대적인 소극적 요건으로서 공무원관계는 「국가공무원법」 제38조, 「공무원임용령」 제11조의 규정에 의한 채용후보자 명부에 등록한 때가 아니라 국가의 임용이 있는 때에 설정되는 것이므로 공무원임용결격사유가 있는지의 여부는 채용후보자 명부에 등록한 때가 아닌 임용당시에 시행되던 법률을 기준으로 하여 판단할 것이고, 임용당시 공무원임용결격사유가 있었다면 비록 국가의 과실에 의하여 임용결격자임을 밝혀내지 못하였다 하더라도 그 임용행위는 당연무효로 보아야 한다고 판시했었다. 대법원은 이러한 해석이 사회정의에 위반된다거나 형평의 원칙에 현저히 위반된다고 할 수 없으며, 따라서 1987년 4월 14일 선고 86누459 판결을 현재로서는 변경할 필요가 없다고 판단하고 있는 것이다.[55]

> 대법원의 이러한 판례는 그 결론에 있어 일반대중이나 공직사회의 법적 정서와는 상당한 거리가 있는 것일지라도, 국가공무원법 제33조 제1항 각 호의 결격사유를 지닌 자를 공직임용에서 배제함으로써 공직에 대한 국민의 신뢰를 확보하려는 국가공무원법의 취지에 비추어 볼 때, 그 자체로서는 타당하다고 보아야 할 것이다. 헌법재판소 역시 구 국가공무원법(1973.2.5. 법률 제2460호로 개정되기 전의 것) 제33조 제1항 제4호, 제69조 등에 대한 위헌소원에서 그러한 국가공무원법의 취지를 정당한 것으로 수용한 바 있다. 즉 헌법재판소는 이 사건 법률조항들이 범죄행위로 인하여 형사처벌을 받은 공무원을

53) 대법원 1996.2.27. 선고 95누9617 판결.

54) 대법원의 86누459 판결은 가히 임용결격자에 대한 임용처분의 당연무효에 관한 'leading case'라고 할 만하다(다만, 이 판결 이전에도 유죄판결에 따른 집행유예기간 1년이 종료된 날로부터 1년이 경과되지 아니한 결격사유를 지닌 원고를 기능직 공무원으로 임명한 처분은 당연무효라고 판시한 대법원 1980.10.14. 선고 79누12 판결(국가공무원신분확인)이 있었다). 다음과 같은 판결들이 모두 86누459 판결을 원용하여 동일한 결론을 내렸기 때문이다: 대법원 1995.9.15. 선고 95누6496 판결(퇴직연금청구반려처분취소등); 1995.9.29. 선고 95누7833 판결(퇴직연금청구반려처분취소); 1995.10.12. 선고 95누5905 판결(퇴직급여제한지급처분취소); 1996.4.12. 선고 95누18857 1995누18857 판결(퇴직급여부지급처분취소); 1997.7.8. 선고 96누4275 판결(경찰공무원신분확인); 1996.7.12. 선고 96누3333 판결(퇴직급여부지급처분취소); 대법원 1998.1.23. 선고 97누16985 판결(퇴직일시금지급처분취소).

55) 대법원 1996.2.27. 선고 95누9617 판결.

공무원으로 임용될 수 없도록 하고 임용된 후에는 공무원직에서 당연퇴직하도록 규정한 것은 "공무원은 국민전체에 대한 봉사자로서 고도의 윤리·도덕성을 갖추어야 할 뿐 아니라 그가 수행하는 직무 그 자체가 공공의 이익을 위한 것이고 원활한 직무수행을 위하여는 공무원 개개인이나 공직에 대한 국민 신뢰가 기본바탕이 되어야 하는바, 공무원이 범죄행위로 인하여 형사처벌을 받은 경우에는 당해 공무원에 대한 국민의 신뢰가 손상되어 원활한 직무수행에 어려움이 생기고 이는 곧바로 공직전체에 대한 신뢰를 실추시켜 공공의 이익을 해하는 결과를 초래하게 되므로" 국민전체의 이익을 위해 적절한 수단이 될 수 있고 공무원에게 공무를 위임한 국민의 일반의사에도 부합할 것이라고 판시한 바 있다.[56]

그러나 대법원의 이 사건 판결은 다음과 같은 이유에서 이론적인 문제점을 지니고 있다. 행정행위(처분)의 흠의 효과에 대한 '중대명백설'을 취하는 대법원의 확립된 판례에 비추어 볼 때 이 사건에서 결격사유를 간과한 임용행위의 흠을 명백하다고 볼 수 있는지 의문이 없지 않기 때문이다. 대법원 86누459 판결의 요지는 국가공무원법 소정의 결격사유는 공무원임용을 위한 절대적인 소극적 요건이므로 임용당시 공무원임용결격사유가 있었다면 비록 국가의 과실에 의하여 임용결격자임을 밝혀내지 못하였다 하더라도 그러한 결격사유를 지닌 자에 대한 임용처분은 당연무효로 보아야 한다는 것이었다. 여기서 대법원이 국가공무원법 소정의 결격사유를 공무원임용을 위한 '절대적인 소극적 요건'이라고 판시했다는 데 주목할 필요가 있다. 그것은 대법원이 그러한 결격사유에 해당하면 그 명백성을 따질 필요도 없이 곧바로 임용처분은 당연무효라고 보는 것이 아닌가 하는 이유 있는 의문이 생기기 때문이다. 이 사건 판결에서 문제된 결격사유를 간과하고 행해진 임용처분의 흠이 중대하다는 것은 이미 앞에서 본 바와 같은 이유에서 충분히 수긍할 수 있으나, 그것이 명백한지는 의문이다. 즉 당해 공무원이 임용결격사유에 해당한다는 사실이 당사자의 주관적 판단이나 법률전문가의 인식능력에 의해서가 아니라 통상적인 주의력과 이해력을 갖춘 일반인의 판단에 따를 때 누구의 의심도 허용하지 않을 만큼 객관적으로 확실하다고 보기 어렵기 때문이다. 오히려 대법원이 자신이 견지하고 있는 중대명백설에 따른다면 당해 임용처분의 흠은 취소사유에 해당한다고 보았어야 논리적 일관성이 유지될 수 있었을 것이다. 이러한 의문은 행정행위의 흠이 중대·명백한 것인지를 판단함에 있어 당해 법률의 목적·의미·기능 등을 목적론적으로 고찰함과 동시에 그 구체적 사안 자체의 특수성에 관하여도 합리적으로 고찰하여야 한다는 전술한 대법원의 판례에 의해서도 사라지지 않는다. 반면 대법원이 이 사건 판결과 이를 전후

56) 헌법재판소 1997.11.27. 선고 95헌바14, 96헌바63·85(병합) 전원재판부결정(헌공 제25호). 다만, 헌법재판소는 이 사건 결정에서 임용결격자에 대한 임용행위가 당연무효인지 여부, 사실상 공무원으로서 근무하였다면 임용의 하자가 치유되어 적법한 공무원으로서의 신분을 취득하는지 여부 등은 일반법규의 해석과 적용의 문제로서 원칙적으로 헌법재판소의 심판대상이라고 할 수 없다고 판시하고 있다.

한 일련의 판결에서 일관되게 보인 태도는 앞에서 살펴본 중대명백설에 대한 수정이론과도 거리가 멀다.

이렇게 볼 때 대법원 역시 중대명백설을 판단의 준거로 삼으면서도 반드시 그 이론적 요구를 철두철미하게 관철시켜 왔다고는 보기 어렵다. 오히려 명시적으로 표명되지는 않았지만 때로는 정언적 판단으로 때로는 기존의 판례를 원용하여 일정한 부류의 흠을 절대적 무효사유로 범주화하여 구체적 타당성을 기하고자 노력했던 것이라고 보아야 할 것이다.

3. 행정행위의 무효이론으로서 중대명백설에 대한 해석론적 수정과 입법론적 보완

중대명백설에 있어 흠의 명백성은, 흠의 존재가 당사자의 주관적 판단이나 법률전문가의 인식능력에 의해서가 아니라 통상적인 주의력과 이해력을 갖춘 일반인의 판단에 따를 때 누구의 의심도 허용하지 않을 만큼 객관적으로 확실한가에 의해 결정된다. 그러나 이 '명백성'은 반드시 명백하다고 볼 수 없는 경우도 있다. 구체적인 사안에 있어 어떤 행정행위가 중대하고 명백한 흠을 지니고 있는지 여부에 대해 의문이 있을 수 있기 때문이다.

앞에서 논의한 바와 같이 대법원은 기본적으로 중대명백설에 입각하면서도 사안에 따라 일정한 범주의 흠을 명백성심사를 거치지 않고 곧바로 무효사유로 간주하거나 '취소소송의 제기가 법률상 불가능하였다는 등의 특별한 사정'이 있는 경우에는 흠의 명백성이 인정되지 않더라도 당연무효라고 볼 수 있다고 판시하고, 또 흠의 중대 · 명백성을 판단함에 있어 당해 법률의 목적 · 의미 · 기능 등을 목적론적으로 고찰함과 동시에 그 구체적 사안 자체의 특수성에 관하여도 합리적으로 고찰하여야 한다고 설시함으로써, 전체적으로 보아 일관성에 대한 의문을 남겼다. 일본의 경우에도 최고재판소가 중대명백설의 입장에 서면서도 명백성요건의 완화가능성을 시사하는 판결(1973년 4월 26일의 판결)을 내리고 있다. 그 까닭은 무엇일까? 한편 독일 행정절차법이 제44조 제1항에서 중대명백설을 입법적으로 수용하면서도 제44조 제2항과 제3항에서 언제나 행정행위의 무효를 초래하는 절대적 무효사유와 행정행위의 무효가 인정될 수 없는 하자의 유형을 각각 명시적으로 열거한 이유는 무엇일까?

그것은 행정행위의 무효이론으로서 중대명백설을 일률적으로 적용할 경우 구체적 타당성을 기할 수 없는 사례상황들이 존재하기 때문이다. 독일 행정절차법의 경우 제44조 제1항에서 중대명백설을 수용하면서도 같은 조 제2항에 열거된 경우에 해당하는 행정행위는 제1항의 요건에 해당하지 않더라도 절대적으로 무효라고 보아야 합당하다는 판단이 입법의 배경이 되었던 것이다. 법질서 전체에 비추어 도저히 용인할 수 없는 치명적인 흠이 있는 경우에도 법적 안정성의 요청 때문에 그 잠정적 유효성을 인정하거나 쟁송기간이 지났다고 하여 종국적 유효성(불가쟁력)을 인정하여야 한다는 것은 정당화되기 어렵다. 나아가 사실상 법적 안정성의 요청을 고려할 필요가 없거나 제3자의 권익을 침해할 여지가 없는 경우에도 중대명백설을 고수하여 명백성결여를 이유로 행정행위의 효력을 유지시켜야 한다면 이는 중대명백설의 논거 자체(법적 안정성의 요청)에 대한 자기부정의 결과가 될 뿐이다.

이러한 문제에 대한 해결책은 두 가지로 나누어 볼 수 있다. 그 하나는 해석론적 차원에서 중대명백설을 수정하는 방법이다. 이것은 전술한 바와 같이 중대명백설을 행정의 법적합성원칙과 법적 안정성의 원칙 간의 형량을 통해 흠 있는 행정행위의 효력을 판단하기 위한 법적 준거 또는 작업공식으로 재인식함으로써 가령 법적 안정성의 요청을 고려할 필요가 없는 경우에는 그 흠의 존재가 명백하지 않더라도 행정행위의 무효를 인정하는 이론적 수정을 의미한다. 물론 중대명백설의 기조를 포기할 필요는 없으며 또 포기해서도 아니 된다. 또한 반드시 당연무효가 인정되는 범위를 넓혀야 하는 것도 아니며, 그 결과 공무원임용결격자에 대한 임용처분의 효력에 관한 판례에서 본 바와 같이 반드시 행정과 국민 어느 한쪽을 우선해야 하는 것도 아니다. 또 다른 하나는 입법론적 차원에서 절대적 무효사유를 법정하는 방법이다. 가령 행정절차법에 이제까지 판례와 학설을 통해 밝혀진 무효사유를 유형화하여 그 중 흠의 존재가 명백하지 않다 하더라도 무효사유로 보아야 할 필요가 현저한 경우를 법정하는 방법, 또는 각 개별법에 절대적 무효사유를 명시하는 방법을 생각할 수 있을 것이다. 이 경우 행정행위의 흠의 효과에 대한 대법원의 판례와 독일 행정절차법 제44조의 입법태도를 참고할 필요가 있을 것이다. 궁극적으로는 이와 같은 입법적 해결이 바람직하겠지만, 그때까지는 해석론적 차원에서 중대명백설에 대한 판례변경을 통해 좀 더 설득력 있는 무효이론을 형성해 나감으로써 행정행위의 효력이 무효인지 취소할 수 있는 것인지에 관한 법적 불확실성을 제거할 필요가 있다.

Ⅵ. 결론

우리는 이제까지 행정행위의 무효이론으로 우리나라는 물론 독일과 일본에서도 지배적인 이론인 중대명백설의 내용을 재검토해 보았다. 거기서 도출된 결론을 요약하면 다음과 같다.

1. 행정행위의 무효이론으로서 중대명백설은 행정의 법적합성 원칙과 법적 안정성의 원칙 간의 형량을 통해 흠 있는 행정행위의 효력을 판단하기 위한 작업공식으로서 이론적 정당성

을 가진다. 그것은 개별구체적 사안과의 교섭을 통하여 법관의 법적 판단에 의한 구체화를 필요로 하는 법적 준거이자 형량공식이다.

2. 대법원의 판례는 중대명백설을 기조로 하면서도 개별사안에 따라서는 뚜렷한 명백성심사를 거치지 않고 곧바로 당연무효를 정언적으로 인정하거나, 일정한 유형의 흠들을 기존의 판례를 원용하여 (절대적) 무효사유로 범주화하거나 '취소소송의 제기가 법률상 불가능하였다는 등의 특별한 사정'이 있는 경우에는 흠의 명백성이 인정되지 않더라도 당연무효라고 볼 수 있다고 판시하고, 또 흠의 중대·명백성을 판단함에 있어 당해 법률의 목적·의미·기능 등을 목적론적으로 고찰함과 동시에 그 구체적 사안 자체의 특수성에 관하여도 합리적으로 고찰하여야 한다고 설시하는 등, 전체적으로 보아 일관성에 대한 의문을 불러일으키고 있다. 이는 중대명백설 자체가 논거로 삼는 법적 안정성의 요청이나 법치국가원칙이 요구하는 법적 예측가능성에 비추어 판례의 이론적 설득력을 손상시키는 요인으로 작용할 우려가 있다.

3. 행정행위의 무효이론으로서 중대명백설을 일률적으로 적용할 경우 구체적 타당성을 기할 수 없는 사례상황들이 존재한다. 거기서 생기는 문제를 해결하기 위하여는 우선 중대명백설의 입장에서 그 법익형량적 측면을 재발견함으로써 이를 실질적 정의와 법적 안정성의 함수로 재구성할 필요가 있다. 경우에 따라 법적 안정성의 요청을 고려할 필요가 없는 경우에는 그 흠의 존재가 명백하지 않더라도 행정행위의 무효를 인정하는 이론적 수정이 필요하다. 그러나 그렇다고 하여 중대명백설의 법리를 탈피할 필요는 없으며, 반드시 당연무효가 인정되는 범위를 넓혀야 하는 것도 아니다.

4. 행정행위의 무효여부를 둘러싼 법적 불확실성을 해소하기 위하여 독일 행정절차법 제44조와 같은 행정절차법상의 입법론적 보완이 필요하다. 문제는 행정행위의 무효여부에 대한 법적 불확실성으로 인한 예측가능성의 손상을 방지하는 데 있다.

제16장
하자승계의 법적 쟁점*

Ⅰ. 쟁점

행정행위의 하자도 바이러스처럼 다른 행정행위로 전염되는가? 조금 이상한 물음이지만 대답은 '일정한 조건 아래 그렇다'이다. 가령 건물철거명령이 있은 후 그것을 전제로 대집행이 이루어지는 경우처럼 두 개 이상의 행정행위가 연속으로 행해지는 경우 선행행위의 하자가 후행행위에 승계되는가, 다시 말해서 선행행위의 흠을 이유로 후행행위를 다툴 수 있느냐는 것이 행정행위의 흠의 승계 문제이다.

흠이 있는 조세 부과처분(선행행위)을 전제로 하여 행해진 체납처분(후행행위)의 위법성을 다투는 경우, 만일 선행행위인 과세처분에 대해 쟁송을 제기할 수 있는 기간이 지나지 않은 이상, 이를 다툴 수 있을 것이고, 또 만일 과세처분의 흠이 중대·명백하여 당연무효라면 언제나 이를 주장할 수 있으므로 당연히 체납처분의 원인무효를 주장할 수 있을 것이다. 그러나 만일 과세처분의 흠이 단순위법에 불과하고 이에 대한 쟁송제기기간이 지나 당해처분이 불가쟁력을 발생한 경우에는, 적어도 선행행위 자체에 대해서는 더 이상 그 위법성을 다툴 수 없으므로, 후행행위의 효력을 다투기 위하여 선행행위의 흠(위법성)의 승계여부가 문제되는 것이다. 여기서 행정행위의 흠의 승계문제는 선행행위가 무효인 경우와 선행행위가 아직 불가쟁력을 발생하지 않은 경우에는 문제될 여지가 없음을 알 수 있다.

권리 위에서 잠잤던 사람을 보호해 주어야 하는가? 아니면 법적 안정성을 위하여 권리구제를 배제해야 하는가? 혹 권리 위에서 잠을 잤더라도 변명의 여지가 있다면 구제를 해 주어

* 홍준형, 『행정법』, 법문사, 2017, 242-249를 토대로 수정·보완한 것임.

야 하는가? 변명의 여지는 어떤 조건, 어떤 사유가 있는 경우에 인정할 수 있을까? 이것이 하자 승계의 문제이다.

Ⅱ. 문제의 해결방법

1. 전통적 견해: '하자승계론'

종래의 통설은 예외적으로 선행행위와 후행행위가 동일목적을 위하여 일련의 단계적 절차로 연속하여 행해져 서로 결합하여 하나의 법률효과를 발생시키는 경우, 즉 선행행위와 후행행위가 일련의 절차를 구성하면서 하나의 효과를 목적으로 하는 경우에만 하자 승계를 인정한다. 즉, ① 두 개 이상의 행정행위가 연속적으로 행해지기는 하지만 서로 독립하여 각각 별개의 효과를 지니는 경우에는, 선행행위가 당연무효가 아닌 한 그 흠이 후행행위에 승계되지 않으며, ② 다만, 선행행위와 후행행위가 일련의 절차를 구성하면서 하나의 효과를 목적으로 하는 경우(예, 체납처분절차상 압류와 매각, 대집행에서 계고와 대집행영장에 의한 통지·대집행실행·비용징수)에는 예외적으로 선행행정행위의 흠이 후행행위에 승계된다고 한다.[1]
판례 역시 이러한 입장을 따르고 있다.

<판례>

① 하자 승계가 부정된 경우

조세의 부과처분과 압류 등의 체납처분은 별개의 행정처분으로서 독립성을 가지므로 부과처분에 하자가 있더라도 그 부과처분이 취소되지 아니하는 한, 그 부과처분에 의한 체납처분은 위법이라고 할 수는 없지만, 체납처분은 부과처분의 집행을 위한 절차에 불과하므로 그 부과처분에 중대하고도 명백한 하자가 있어 무효인 경우에는 그 부과처분의 집행을 위한 체납처분도 무효라 할 것이다.[2]

ㄱ. 구 경찰공무원법(1982.12.31 법률 제3606호로 개정되기 전) 제50조 제1항 제1호, 제2호 소정의 부적격 사유가 있는 자에 해당한다 하여 직위해제처분을 받은 자가 그 처분에 대하여 같은 법 제52조의 규정에 따라 소청심사위원회에 심사청구를 한 바 없다면 그 처분에 설사 위법사유가 있다 하더라도 그것이 당연무효사유가 아닌 한 다툴 수 없다.

---

1) 김도창, 『일반행정법론(상)』, 481; 이상규, 『신행정법론(상)』, 377-378; 김동희, 『행정법 I』, 307 이하 등.
2) 대법원 1988.6.28. 선고 87누1009 판결.

ㄴ. 같은 법 제50조 제1항에 의한 직위해제처분과 같은 조 제3항에 의한 면직처분은 후자가 전자의 처분을 전제로 한 것이기는 하나, 각각 단계적으로 별개의 법률효과를 발생하는 행정처분이어서 선행 직위해제처분의 위법사유가 면직처분에는 승계되지 아니한다 할 것이므로 선행된 직위해제 처분의 위법사유를 들어 면직처분의 효력을 다툴 수는 없다 할 것이다.[3]

도시계획수립에 있어 도시계획법 제16조의2 소정의 공청회를 열지 아니하고 공공용지의 취득 및 손실보상에 관한 특례법 제8조 소정의 입주대책을 수립하지 아니하였다 하더라도 이는 절차상 위법으로서 취소사유에 불과하고 그 하자가 도시계획결정 또는 도시계획사업시행인가가 무효라고 할 수 있을 정도로 중대하고 명백하다고는 할 수 없으므로 이러한 위법을 선행처분인 도시계획결정이나 사업시행인가 단계에서 다투지 아니하였다면 그 쟁송기간이 이미 도과한 후인 수용재결단계에 있어서는 위 도시계획수립행위의 위와 같은 위법을 들어 재결처분의 취소를 구할 수는 없다고 할 것이다.[4]

액화석유가스판매사업허가처분에 하자가 있다고 하더라도 위 하자는 그 처분 자체를 무효라고 볼 정도로 중대하고 명백한 하자라고 볼 수 없으므로 그와 같은 하자가 취소사유가 되는 위법한 것이라도 그 처분이 취소될 때까지는 누구도 그 효력을 부인할 수 없을 뿐 아니라, 이는 선행처분인 액화석유가스판매사업허가 단계에서 다투었어야 할 것이고 그 쟁송기간이 이미 경과한 후인 사업개시신고 단계에 있어서는 그 효력을 다툴 수 없고, 또 선행처분인 사업허가처분에 위와 같은 하자가 있다고 하여 후행처분인 사업개시신고반려처분도 당연히 위법한 것은 아니다.[5]

② 하자 승계가 인정된 경우

대집행의 계고 · 대집행영장에 의한 통지 · 대집행의 실행 · 대집행에 요한 비용의 납부명령 등은 타인이 대신하여 행할 수 있는 행정의무의 이행을 의무자의 비용부담하에 확보하고자 하는, 동일목적을 위하여 단계적인 일련의 절차로 연속하여 행하여지는 것으로서, 서로 결합하여 하나의 법률효과를 발생시키는 것이므로, 선행처분인 계고처분이 하자가 있는 위법한 처분이라면, 비록 그 하자가 중대하고도 명백한 것이 아니어서 당연무효의 처분이라고 볼 수 없고 대집행의 실행이 이미 사실행위로서 완료되어 그 계고처분의 취소를 구할 법률상의 이익이 없게 되었으며 또 대집행비용납부명령 자체에는 아무런 하자가 없다고 하더라도, 후행처분인 대집행비용납부명령의 취소를 청구하는 소송에서 청구원인으로 선행처분인 계고처분이 위법한 것이기 때문에 그 계고처분을 전제로 행하여진 대집행비용납부명령도 위법하다는 주장을 할 수 있다고 보아야 할 것이다.[6]

---

3) 대법원 1984.9.11. 선고 84누191 판결(직권면직처분취소). 「평석: 김남진, 직권면직처분취소사건」, 『법률신문』 1581호, 121.
4) 대법원 1990.1.23. 선고 87누947 판결.
5) 대법원 1991.4.23. 선고 90누8756 판결.
6) 대법원 1993.11.9. 선고 93누14271 판결; 대법원 1993.2.9. 선고 92누4567 판결.

동일한 행정목적을 달성하기 위하여 단계적인 일련의 절차로 연속하여 행하여지는 선행처분과 후행처분이 서로 결합하여 하나의 법률효과를 발생시키는 경우, 선행처분이 하자가 있는 위법한 처분이라면, 비록 하자가 중대하고도 명백한 것이 아니어서 선행처분을 당연무효의 처분이라고 볼 수 없고 행정쟁송으로 효력이 다투어지지도 아니하여 이미 불가쟁력이 생겼으며 후행처분 자체에는 아무런 하자가 없다고 하더라도, 선행처분을 전제로 하여 행하여진 후행처분도 선행처분과 같은 하자가 있는 위법한 처분으로 보아 항고소송으로 취소를 청구할 수 있다.[7]

2. 또 다른 해법?: 규준력이론

이에 대하여 행정행위의 흠의 승계문제를 선행행위의 후행행위에 대한 구속력 문제로서 파악하여 이론을 구성해야 한다는 견해가 대립한다. 이는 "하자의 승계"의 문제를 행정행위의 효력 또는 구속력(또는 규준력: Maßgeblichkeit, 기결력: präjudizielle Wirkung)의 한계의 문제로 파악하는 견해로, 둘 이상의 행정행위가 동일한 효과를 추구하는 경우 선행행위는 후행행위에 대하여 일정한 범위에서 구속력을 가지며 그 구속력이 미치는 범위 내에서 후행행위에 대하여 선행행위의 효과(내용적 구속력)와 다른 주장을 할 수 없게 된다고 한다.[8]

그리고 규준력이 미치는 한계를 소송법상의 기판력의 그것과 유사하게 다음과 같이 설명한다.[9] 즉, ① 사물적 한계: 양자가 동일한 목적을 추구하며 법적 효과가 궁극적으로 일치되어야 하고, ② 대인적 한계: 후행행위에 대하여 법적 이해관계 있는 자 및 후행행위와 법적 관련을 맺는 모든 국가기관(처분청 · 행정심판기관 · 수소법원)에 구속력이 미치며, ③ 시간적 한계: 선행행위의 사실 및 법상태가 유지되는 한도 안에서 구속력이 미치고, ④ 추가적 요건으로서 예측성과 수인가능성: 상기 한계 내에서 구속력이 인정되어도 그 결과가 개인에게 지나치게 가혹한 결과를 초래하지 않는 범위에서 구속력이 미친다고 한다.

3. 평가와 결론

'어떤 행정행위의 하자가 다른 행정행위에 승계'되는가의 여부에 관한 종래의 문제제기방식 자체에 의문이 제기될 수 있다. 즉, 일정한 행정행위의 흠은 오로지 그 행위의 흠일 뿐이므

7) 대법원 1993.2.9. 선고 92누4567 판결(안경사면허취소처분취소).
8) 김남진, 『행정법의 기본문제』, 1990, 251 이하.
9) 같은 책, 257 이하.

로, 문제는 흠 내지 위법성의 '승계여부로서'가 아니라, 오히려 선행행위의 흠 또는 위법성을 그 불가쟁상태에서 후행행위의 효력을 다투는 근거로서 주장할 수 있느냐 하는 문제로서 제기되어야 한다. 그러나 그렇다고 해서 위 새로운 견해에서 지적하는 바와 같이 "'하자의 승계' 론을 통해서는 선행행정행위의 후행행정행위에 대한 구속력의 문제가 충분히 해명되지 않은 것"으로 볼 것인가는 전혀 별개의 문제이다. 물론 독일에서는 '하자의 승계여부'가 아니라 '불가쟁력을 발생한 행정행위의 실질적 존속력이 어떤 범위에서 동일 당사자사이에서 이루어지는 후속행정절차상 효력을 미치는가'가 문제되었고 존속력을 발한 행정행위의 기결력(präjudizielle Wirkung)이란 용어가 나타났던 것은 사실이다.

이 문제는 독일행정법에서도 여전히 미해결로 남아 있다. 예컨대, 연방행정법원의 판결(BVcrwGE 48, 271)에서 문제된 것은, 도시계획외곽지역에 건축허가 없이 통나무 오두막집을 지은 원고가 사후에 이에 대한 건축허가를 신청했으나 거부되었고 이 거부처분이 불가쟁력을 발생한 후, 당해 건축관청이 철거명령을 발하여 이를 철거하는 처분을 함으로써 원고가 이에 대한 취소소송을 제기한 사례였다. 이 경우 그 철거처분의 적법성은 그 오두막집이 건축법에 내용적으로 위반된다는 것을 전제로 하고 있다. 이 사안에서 불가쟁력을 발생한 거부처분의 실질적 존속력이 어떤 범위에서 동일당사자사이에서 이루어지는 후속행정절차상 효력을 미치는가에 관하여 학설은 다음과 같이 대립되었다. ① 불가쟁력을 발한 건축허가거부처분에 입각하여 그 오두막집이 건축법에 내용적으로 위배됨이 확정된 것이므로 그 선행처분(거부처분)의 재심사는 허용되지 않는다는 견해[10]에 반하여, ② 연방행정법원은 존속력이 이 경우 후속절차에 효력을 미치지 않는다고 판시했다.[11] 즉, 행정의 불필요한 사무반복에 대한 우려를 과소평가할 수는 없지만, 결정적인 것은 오히려, 존속력을 가지게 된 선행처분이 후행처분을 구속하지 않는다고 보아야만 후행처분 역시 포괄적인 재판적 통제의 압력하에 놓이게 된다는 점이며, 이것이 재산권에 대한 가능한 한 효과적인 권리보호의 요청에 부합된다는 것이다. ③ 이에 비하여 절충적 견해는 존속력은 동일한 절차의 대상에 관해서만 효력을 미친다고 한다. 즉, 건축허가절차와 건축물의 철거에 관한 절차는 절차의 목적을 달리한다. 따라서 연방행정법원의 판결에 결과적으로 동조하게 된다는 것이다.[12] 한편 실질적

---

10) F. Kopp, *VwVfG Vorb* § 35, 27; *DVBl*, 1983, 397; Merten, *NJW*, 1983, 1996.

11) *BVerwGE* 48, 274; 동지 *BGHZ* 90, 22/3.

12) Krebs, *VerwArch* 67, 1976, 411; P. Stelkens, J. Bonk, und K. Stern Leonhardt, *VwVfG Kommentar*, 3.Aufl., 1983, 43, 7. 반대로 외국인추방처분이 불가쟁력을 발한 경우 그 외국인이 추방처분의 사후적 기한설정을 신청한 경우, 절차의 목적이 동일하므로 선행추방처분의 적법성을 다시 심사할 필요는 없다고 한다(BVerwG, *DÖV*, 1979, 829, 830; 나아가 H.-U. Erichsen und U. Knoke, "Bestandskraft von Verwaltungsakten," *NVwZ*, 1983, 191; J. Braun, *Die präjudizielle Wirkung bestandskräftiger Verwaltungsakte*, 1982; Rez, *DVBl*, 1983, 476을 참조).

존속력은, 행정행위의 규율이 처분청과 상대방을 구속하지만, 그 구속력은 판결과는 달리 판결의 실질적 확정력에 상당하는 것은 아니라는 것이 독일에서의 일반적인 지적이다.[13] 즉, 그것은 특별한 경우에 한해 인정되는, 구속력(Bindungswirkung)과 '제한된 취소가능성'(beschränkte Aufhebbarkeit), 즉, 불가변력과의 관련하에서 파악되는 개념으로 이해되고 있으며[14] 통상 실질적 존속력이 문제되는 것은 이와 같이 제한된 취소가능성이란 의미에서라고 한다.[15]

그렇다면, 구속력 이론의 주장처럼 '하자의 승계' 문제를 실질적 존속력의 효력범위 및 한계문제로 파악해야 한다는 것은 수긍하기 어렵다. 종래 '하자 승계'로 다루어져 온 문제영역을 규준력(구속력)의 범위와 관련하여 논하는 것도 무의미하지는 않을 것이다. 그러나 실질적 존속력과 규준력은 획일적으로 확정될 수 있는 것이 아니라, 그 내용적 효력범위는 궁극적으로 각각의 실체법규정에 의존하는 것이라는 사실을 인식하는 것이 중요하다.[16]

행정행위의 예선적 유효성(vorläufige Wirksamkeit)이 출소기간의 도과나 쟁송취소의 실패에 의해 발생되는 불가쟁력(형식적 존속력)에 의해 종국적인 존속력으로 바뀜으로써 행정행위의 존재와 유효성이 법적으로 확보되지만,[17] 이로써 위법한 행정행위가 적법하게 되는 것은 아니다. 행정행위는 불가쟁력의 발생을 통해 '강화된 존속력'(gesteigerte Bestandkraft)을 지닐 뿐, 불가쟁력을 발생한 행정행위도 처분청에 대한 관계에서는 사후적인 사유로 취소·철회됨으로써 그 존속력이 제거될 수 있다. 다만 일정한 부류의 행정행위에 한하여 처분청에게 취소·변경을 금지하는 불가변력이 발생할 때에만 그 존속력이 확보될 수 있는 것이다. 이렇게 본다면 예컨대, 흠이 있는 조세의 부과처분(선행행위)을 전제로 하여 행해진 체납처분(후행행위)의 위법성을 다투는 경우, 만일 선행행위인 과세처분을 더 이상 다툴 수 없게 되었다 할지라도 이로써 당연히 선행과세처분이 적법해지는 것은 아니다. 문제는 만일 이 경우 후행체납처분의 원인무효를 주장할 수 있게끔 한다면 이로 인해 행정행위의 불가쟁력을 인정한 법제도적인 취지(행정행위 효력의 조속 확정을 통한 법적 안정성의 확보)가 몰각될

13) P. Stelkens, *Verwaltungsverfahren*, 1991, S.172, Rn.482.

14) 소송법적 개념과 비교하자면, 실질적 존속력을 구속력(Bindungswirkung)으로 파악하면 이 소송법상의 실질적 확정력에 상당하는 개념이 될 것이고, 이를 '제한된 취소가능성'(beschränkte Aufhebbarkeit)으로 파악하면 법원이 자기의 판결에 구속된다는 자박력(Selbstbindungswirkung)에 상응하는 것이 될 것이지만 이러한 비교는 이 개념들이 각기 고유한 규율에 따르게 되었으므로 더 이상 유용하지 않다고 한다(H. Maurer, *Allgemeines Verwaltungsrecht*, 17.Aufl., C.H. Beck, 2009, S.282, § 11, Rn.7).

15) H. Maurer, a.a.O., § 11 Rn.5ff.

16) P. Stelkens, a.a.O., Rn.482, S.172; Badura, in Erichsen, AllgVerwR, 10.A. § 38 Rn.46. 이와 관련하여 앞에서 소개한 BVerwGE 48, 271이 행정행위의 존속력의 효력범위(Tragweite)는 모든 법영역이나 모든 종류의 행정행위에 관해 판단될 수 있는 것은 아니라고 판시한 것을 참고할 필요가 있다.

17) H. Maurer, a.a.O., § 9 Rn.39.

것인가 여부에 있다. 이것은 결국 선행처분과 후행처분의 실질적 관계를 고려함으로써만 대답될 수 있는 문제이다. 물론 그와 같은 경우 후행처분인 체납처분은 단지 선행처분을 집행하기 위한 것에 불과하며, 과세처분이 있음으로써 그러한 집행가능성이 이미 예고되었다고 할 수 있다. 따라서 이 경우 먼저 과세처분의 위법성을, 쟁송제기가 가능했던 기간 내에, 다투었어야 했다고 결론지을 수 있을 것이다. 그러나 이 결론을 선행처분의 흠이 단순위법에 불과하다는 것만을 이유로 일반화시키는 것은 옳지 않다. 만일 이들 후행처분과 선행처분이 동일한 목적을 달성하기 위한 일련의 절차적 연속과정에서 행해진 것이라면, 그 상대방인 국민의 입장에서는 선행처분이 불가쟁상태에 들어갔다 하더라도 후행처분의 위법성을 다투는 과정에서 선행처분의 위법성을 주장할 수 있어야 한다. 따라서 통설의 입장에 근본적 잘못이 있다고는 볼 수 없다.

대법원은 위법한 개별공시지가결정과 이를 기초로 한 과세처분에 관한 사건에서 하자의 승계에 관한 종래의 입장을 고수하면서도 '선행처분의 후행처분에 대한 구속력'의 인정여부를 판단함으로써 주목을 끌었다. 대법원의 판결요지는 다음과 같다:

가. 두 개 이상의 행정처분이 연속적으로 행하여지는 경우 선행처분과 후행처분이 서로 결합하여 1개의 법률효과를 완성하는 때에는 선행처분에 하자가 있으면 그 하자는 후행처분에 승계되므로 선행처분에 불가쟁력이 생겨 그 효력을 다툴 수 없게 된 경우에도 선행처분의 하자를 이유로 후행처분의 효력을 다툴 수 있는 반면 선행처분과 후행처분이 서로 독립하여 별개의 법률효과를 목적으로 하는 때에는 선행처분에 불가쟁력이 생겨 그 효력을 다툴 수 없게 된 경우에는 선행처분의 하자가 중대하고 명백하여 당연무효인 경우를 제외하고는 선행처분의 하자를 이유로 후행처분의 효력을 다툴 수 없는 것이 원칙이나 선행처분과 후행처분이 서로 독립하여 별개의 효과를 목적으로 하는 경우에도 선행처분의 불가쟁력이나 구속력이 그로 인하여 불이익을 입게 되는 자에게 수인한도를 넘는 가혹함을 가져오며, 그 결과가 당사자에게 예측가능한 것이 아닌 경우에는 국민의 재판받을 권리를 보장하고 있는 헌법의 이념에 비추어 선행처분의 후행처분에 대한 구속력은 인정될 수 없다.

나. 개별공시지가결정은 이를 기초로 한 과세처분과는 별개의 독립된 처분으로서 서로 독립하여 별개의 법률효과를 목적으로 하는 것이나, 개별공시지가는 이를 토지소유자나 이해관계인에게 개별적으로 고지하도록 되어 있는 것이 아니어서 토지소유자 등이 개별공시지가결정 내용을 알고 있었다고 전제하기도 곤란할 뿐만 아니라 결정된 개별공시지가가 자신에게 유리하게 작용될 것인지 또는 불이익하게 작용될 것인지 여부를 쉽사리 예견할 수 있는 것도 아니며, 더욱이 장차 어떠한 과세처분등 구체적인 불이익이 현실적으로 나타나게 되었을 경우에 비로소 권리구제의 길을 찾는 것이 우리 국민의 권리의식임을 감안하여 볼 때 토지소유자 등으로 하여금 결정된 개별공시지가를 기초로 하여 장차 과세처분이 이루어질 것에 대비하여 항상 토지의 가격을 주시하고 개별공시지가결정이 잘못된 경우 정해진 시정절차를 통하여 이를 시정하도록 요구하는 것은 부당하게 높은 주의의

무를 지우는 것이라고 아니할 수 없고, 위법한 개별공시지가결정에 대하여 그 정해진 시정절차를 통하여 시정하도록 요구하지 아니하였다는 이유로 위법한 개별공시지가를 기초로 한 과세처분등 후행 행정처분에서 개별공시지가결정의 위법을 주장할 수 없도록 하는 것은 수인한도를 넘는 불이익을 강요하는 것으로서 국민의 재산권과 재판받을 권리를 보장한 헌법의 이념에도 부합하는 것이 아니하고 할 것이므로, 개별공시지가결정에 위법이 있는 경우에는 그 자체를 행정처분으로 보아 그 위법여부를 다툴 수 있음은 물론 이를 기초로 한 과세처분등 행정처분의 취소를 구하는 행정소송에서도 선행처분인 개별공시지가결정의 위법을 독립된 위법사유로 주장할 수 있다고 해석함이 타당하다.18)

대법원은 이후에도 표준지공시지가결정과 이를 토대로 한 수용재결과 관련, 수용보상금 증액 청구소송에서도 선행처분으로서 그 수용대상 토지 가격 산정의 기초가 된 비교표준지공시지가결정의 위법을 독립한 사유로 주장할 수 있다고 판시함으로써 위 판례를 재확인하고 있다: "표준지공시지가결정은 이를 기초로 한 수용재결 등과는 별개의 독립된 처분으로서 서로 독립하여 별개의 법률효과를 목적으로 하지만, 표준지공시지가는 이를 인근 토지의 소유자나 기타 이해관계인에게 개별적으로 고지하도록 되어 있는 것이 아니어서 인근 토지의 소유자 등이 표준지공시지가결정 내용을 알고 있었다고 전제하기가 곤란할 뿐만 아니라, 결정된 표준지공시지가가 공시될 당시 보상금 산정의 기준이 되는 표준지의 인근 토지를 함께 공시하는 것이 아니어서 인근 토지 소유자는 보상금 산정의 기준이 되는 표준지가 어느 토지인지를 알 수 없으므로, 인근 토지 소유자가 표준지의 공시지가가 확정되기 전에 이를 다투는 것은 불가능하다. 더욱이 장차 어떠한 수용재결 등 구체적인 불이익이 현실적으로 나타나게 되었을 경우에 비로소 권리구제의 길을 찾는 것이 우리 국민의 권리의식임을 감안하여 볼 때, 인근 토지소유자 등으로 하여금 결정된 표준지공시지가를 기초로 하여 장차 토지보상 등이 이루어질 것에 대비하여 항상 토지의 가격을 주시하고 표준지공시지가결정이 잘못된 경우 정해진 시정절차를 통하여 이를 시정하도록 요구하는 것은 부당하게 높은 주의의무를 지우는 것이고, **위법한 표준지공시지가결정에 대하여 그 정해진 시정절차를 통하여 시정하도록 요구하지 않았다는 이유로 위법한 표준지공시지가를 기초로 한 수용재결 등 후행 행정처분에서 표준지공시지가결정의 위법을 주장할 수 없도록 하는 것은 수인한도를 넘는 불이익을 강요하는 것**으로서 국민의 재산권과 재판받을 권리를 보장한 헌법의 이념에도 부합하는 것이 아니다. 따라서 **표준지공시지가결정이 위법한 경우**에는 그 자체를 행정소송의 대상이 되는 행정처분으로 보아 그 위법 여부를 다툴 수 있음은 물론, **수용보상금의 증액을 구하는 소송에서도 선행처분으로서 그 수용대상 토지 가격 산정의 기초가 된 비교표준지공시지가결정의 위법을 독립한 사유로 주장할 수 있다.**"19)

대법원의 이 일련의 판례들은 종래의 통설과 판례의 입장을 변경했다기보다는 오히려 그것을 전제로 하되20) 위 새로운 이론의 일부를 수용함으로써 구체적 타당성을 기하고자 한

18) 대법원 1994.1.25. 선고 93누8542 판결(양도소득세등부과처분취소).
19) 대법원 2008.8.21. 선고 2007두13845 판결(토지보상금).

결과라고 볼 수 있다. 이는 하자승계 여부에 관해 종래 대법원이 의거해 왔던 기준의 개괄성, 모호성과 그것이 초래할 수 있는 부당한 결과를 시정하려는 시도로서 이러한 이론적 지향이 바람직한 것임은 두말 할 나위도 없다.

법원은 이후에도 전통적 견해에 따른 종래의 판례를 재확인해 오고 있다.

> 선행행위와 후행행위가 서로 독립하여 각각 별개의 법률효과를 목적으로 하는 때에는 선행행위의 하자가 중대하고 명백하여 당연무효인 경우를 제외하고는 선행행위의 하자를 이유로 후행행위의 효력을 다툴 수 없다.21)
>
> 보충역편입처분등의 병역처분은 구체적인 병역의무부과를 위한 전제로서 징병검사 결과 신체등위와 학력·연령 등 자질을 감안하여 역종을 부과하는 처분임에 반하여, 공익근무요원소집처분은 보충역편입처분을 받은 공익근무요원소집대상자에게 기초적 군사훈련과 구체적인 복무기관 및 복무분야를 정한 공익근무요원으로서의 복무를 명하는 구체적인 행정처분이므로, 위 두 처분은 후자의 처분이 전자의 처분을 전제로 하는 것이기는 하나 각각 단계적으로 별개의 법률효과를 발생하는 독립된 행정처분이라고 할 것이므로, 따라서 보충역편입처분의 기초가 되는 신체등위 판정에 잘못이 있다는 이유로 이를 다투기 위하여는 신체등위 판정을 기초로 한 보충역편입처분에 대하여 쟁송을 제기하여야 할 것이며, 그 처분을 다투지 아니하여 이미 불가쟁력이 생겨 그 효력을 다툴 수 없게 된 경우에는, 병역처분변경신청에 의하는 경우는 별론으로 하고, 보충역편입처분에 하자가 있다고 할지라도 그것이 당연무효라고 볼만한 특단의 사정이 없는 한 그 위법을 이유로 공익근무요원소집처분의 효력을 다툴 수 없다.22)

헌법재판소 역시 대법원 판례의 연장선상에서 다음과 같이 판시한 바 있다.

> 이미 취소소송의 제기기간을 경과하여 확정력이 발생한 행정처분의 경우에는 위헌결정의 소급효가 미치지 않는다고 보아야 할 것이고, 일반적으로 법률이 헌법에 위반된다는 사정이 헌법재판소의 위헌결정이 있기 전에는 객관적으로 명백한 것이라고 할 수는 없으므로 특별한 사정이 없는 한 이러한 하자는 행정처분의 취소사유에 해당할 뿐 당연무효 사유는 아니다. 따라서 설령 이 사건 각 부과처분의 근거법률이 위헌이라고 하더라도 그 위헌성이 명백하다는 등 특별한 사정이 있다고 볼 자료가 없는 한 각 부과처분에는 취소할 수 있는 하자가 있음에 불과하고 각 부과처분에 불가쟁력이 발생하여 더 이상 다툴 수 없는 이상 각 부과처분의 하자가 각 압류처분의 효력에 아무런 영향을 미칠 수 없으므로, 각 부과처분의 근거법률의 위헌 여부에 의하여 당해사건인 압류처분취소의 소의 주문이 달라지거나 재판

---

20) 이 점은 위 판결 '가'의 앞부분에서 명백히 드러난다.
21) 대법원 2000.9.5. 선고 99두9889 판결(도시계획시설변경결정등취소).
22) 대법원 2002.12.10. 선고 2001두5422 판결(공익근무요원소집처분취소).

의 내용과 효력에 관한 법률적 의미가 달라지는 경우로 볼 수 없다.[23)]

23) 헌법재판소 2004.1.29. 선고 2002헌바73 결정(판례집 제16권 1집, 103 구 농지법 제40조 등 위헌소원).

제17장
하자치유의 가능성과 한계*

Ⅰ. 쟁점

행정행위의 흠 또는 하자도 마치 질병이나 상처처럼 치유될 수 있을까? 행정행위의 흠도 치유가 가능할까? 이 물음에 대한 대답도 앞에서 본 하자 승계의 경우처럼 '일정한 조건 아래 그렇다'이다.

흠 있는 행정행위에는 흠의 종류와 정도에 따라 무효 또는 취소가능성이란 법적 효과가 결부되어야 법치행정의 원리에 합당하지만, 경우에 따라서는 행정행위에 흠이 있더라도 이를 유지시키거나 다른 행위로 전환하는 것이 법적 생활의 안정·신뢰보호에 더 적합한 결과를 낳을 수도 있기 때문이다.

이러한 견지에서 민법처럼 명문의 규정(취소할 수 있는 행위의 추인에 관한 민법 제143조 내지 제146조, 무효인 법률행위의 전환에 관한 제138조)이 없는 행정법에서도 흠 있는 행정행위의 치유(Heilung)와 전환(Umdeutung)이 학설과 판례를 통해 인정되고 있다. 그러나 실제 흠의 치유나 전환은 행정청이 그 처분의 효력 유지를 위하여 주장하는 것이 대부분이므로 그 요건을 명확히 하고 해석도 엄격히 할 필요가 있다.[1] 그렇다면 행정행위 하자의 치유는 어떤 경우 어떤 조건에서 허용될 수 있는 것일까?

---

* 홍준형, 「행정행위하자의 치유」, 『행정작용법』(중범김동희교수정년퇴임기념논문집), 2005를 수정·보완한 것임.

1) 김동희, 『행정법 I』, 2002, 311-312.

Ⅱ. 하자치유 개념과 허용 여부 및 한계

1. 개념

행정행위하자(흠)의 치유란, 성립 당시에는 적법요건에 하자가 있었으나 그 하자의 원인이 되었던 법적 요건을 사후에 보완하거나 그 하자가 행정행위의 취소원인이 될 만한 가치를 상실하게 됨으로써 행정행위의 효력을 유지하도록 하는 것을 말한다. 하자의 치유를 인정하는 이유는 신뢰보호·법적 안정성·공공복리, 행정행위의 불필요한 반복 회피에 있다고 이해되고 있다.[2)]

법치행정의 원리에 비추어 볼 때 하자 있는 행정행위가 하자의 치유를 통해 적법하게 되는 결과가 허용되어서는 아니 된다는 것이 원칙이다. 그러나 행정행위의 하자를 보완하거나 사후에 일정한 사정변경이 있어 하자 있는 행정행위의 법적 효과를 인정하더라도 국민의 권리와 이익을 침해할 우려가 없다고 인정되는 경우에는 그 하자가 치유되었다고 보는 것이 불필요한 행정행위를 반복하지 않고 행정의 효율성을 기할 수 있는 방법일 것이다.

> 하자 있는 행정행위에 있어서 하자의 치유는 행정행위의 성질이나 법치주의의 관점에서 원칙적으로 허용될 수 없고, 행정행위의 무용한 반복을 피하고 당사자의 법적 안정성을 보호하기 위하여 국민의 권익을 침해하지 아니하는 범위 내에서 예외적으로만 허용된다.[3)]

따라서 하자의 치유를 인정하는 경우에도 그 인정범위와 요건은 법치행정의 원칙에 비추어 엄격히 제한되어야 할 것이다. 그러나 그동안 하자의 치유를 허용할 것인지, 허용하는 경우 어느 범위에서 어떠한 요건하에 허용할 것인지 하는 문제에 대하여는 아무런 법적 규율이 이루어지지 않았고, 행정절차법 역시 이에 관한 명시적 규정을 두지 않았다. 그 결과 그 효과면에서 결코 경시할 수 없는 중요성을 지닌 이 문제의 해결은 판례와 학설에 맡겨져 있었다. 이러한 상황에서 하자의 치유에 관한 법리의 내용은 무엇이며 또 거기에 문제점은 없는지를 규명하는 것은 향후 이에 대한 행정절차법상의 규율이 이루어질 경우 이에 대한 필수적인 준비작업이 될 것으로 기대된다. 이러한 관점에서 행정행위하자치유의 허용성·한계, 하자치유의 사유와 효과 등에 관한 법적 문제를 검토해 보고자 한다.

---

2) 김도창, 『일반행정법론(상)』, 청운사, 1993, 484.
3) 대법원 2001.6.26. 선고 99두11592 판결(개발부담금부과처분취소).

2. 하자치유의 허용여부

행정행위의 적법여부는 처분시를 기준으로 판단해야 한다는 것이 통설과 판례의 태도이다. 이에 따르면 하자 있는 행정행위는 그 처분시에 위법한 행정행위로 판단되는 것이지 이후에 추완행위나 그 밖의 사정에 의해 보완되어 적법하게 된다는 것은 법치주의의 원리에 비추어 원칙적으로 인정될 수 없다는 결과가 된다. 대법원 역시 이 점을 분명히 시인한 바 있다.

> 행정처분의 적법 여부는 특별한 사정이 없는 한 그 처분 당시를 기준으로 하여 판단하여야 하고, 처분청이 처분 이후에 추가한 새로운 사유를 보태어 처분 당시의 흠을 치유시킬 수는 없다 할 것이다(대법원 1987.8.18. 선고 87누235 판결 참조). 따라서 피고의 1994.5.12.자 원고에 대한 이 사건 징병검사명령은 그 병역의무 부과의 전제가 되는 국외여행허가가 취소되어 원고에게 고지되지 않은 상태에서 발하여진 것이므로 위법하다 할 것이고, **비록 위 징병검사명령 후에 위 국외여행허가 취소처분의 통지가 원고에게 적법하게 고지되었다 하더라도 이미 위법하게 된 이 사건 징병검사명령이 적법하게 되는 것은 아**니라 할 것이어서, 원심이 피고의 원고에 대한 이 사건 징병검사명령을 취소한 조치는 옳다고 여겨지고, 거기에 상고이유의 주장과 같은 위법이 있다고 할 수 없다.[4)]

그러나 대법원은 위와 같은 입장을 취하면서도 하자의 치유는 행정행위의 성질이나 법치주의의 관점에서 볼 때 원칙적으로는 허용될 수 없을지라도, 예외적으로 행정행위의 무용한 반복을 피하고 당사자의 법적 생활안정을 기한다는 취지에서는 허용될 수 있다고 보고 있다. 다만, 그런 경우에도 국민의 권리와 이익을 침해하지 않는 범위에서 구체적으로 사정에 따라 합목적적으로 판단하여 그 허용여부를 결정해야 한다고 한다.

> 행정행위가 이루어진 당초에 그 행정행위의 위법사유가 되는 하자가 사후의 추완행위 또는 어떤 사정에 의하여 보완되었을 경우에는 행정행위의 무용한 반복을 피하고 당사자의 법적 생활안정을 기한다는 입장에서는 이 하자는 치유되고 당초의 위법한 행정행위가 적법·유효한 행정행위로 전환될 수 있다고 할 것이나 행정행위의 성질이나 법치주의의 관점에서 볼 때 하자 있는 행정행위의 치유는 원칙적으로 허용될 수 없는 것일 뿐만 아니라 이를 허용하는 경우에도 국민의 권리와 이익을 침해하지 않는 범위에서 구체적 사정에 따라 합목적적으로 가려야 한다고 할 것이다.[5)]
>
> 행정소송에서 행정처분의 위법 여부는 행정처분이 있을 때의 법령과 사실상태를 기준으로 하여 판

4) 대법원 1996.12.20. 선고 96누9799 판결(징병검사명령처분취소).
5) 대법원 1983.7.26. 선고 82누420 판결(법인세등부과처분취소); 동지 대법원 1991.5.28. 선고 90누1359 판결; 대법원 1998.10.27. 선고 98두4535 판결(법인세등부과처분취소).

단하여야 하고, 처분 후 법령의 개폐나 사실상태의 변동에 의하여 영향을 받지는 않는다고 할 것이고, 하자 있는 행정행위의 치유는 행정행위의 성질이나 법치주의의 관점에서 볼 때 원칙적으로 허용될 수 없는 것이고, 예외적으로 행정행위의 무용한 반복을 피하고 당사자의 법적 안정성을 위해 이를 허용하는 때에도 국민의 권리나 이익을 침해하지 않는 범위에서 구체적 사정에 따라 합목적적으로 인정하여야 한다.6)

선행처분인 개별공시지가결정이 위법하여 그에 기초한 개발부담금 부과처분도 위법하게 된 경우 그 하자의 치유를 인정하면 개발부담금 납부의무자로서는 위법한 처분에 대한 가산금 납부의무를 부담하게 되는 등 불이익이 있을 수 있으므로, 그 후 적법한 절차를 거쳐 공시된 개별공시지가결정이 종전의 위법한 공시지가결정과 그 내용이 동일하다는 사정만으로는 위법한 개별공시지가결정에 기초한 개발부담금 부과처분이 적법하게 된다고 볼 수 없다.7)

또한 제1심판결 이후 이 사건 정비구역 내 토지 등 소유자 272명 중 그 4분의 3을 초과하는 215명으로부터 변경동의서를 받았으니 이 사건 조합설립인가처분의 하자는 치유되었다는 피고 및 참가인 조합의 주장에 대하여, 도시정비법 등에서 정하는 조합설립인가처분은 설권적 처분의 성질을 가지고 있고, 이 사건에서 하자의 치유를 인정할 경우 주택재개발정비사업을 둘러싼 법률관계의 예측가능성과 법적 안정성을 침해할 우려가 크다는 등의 이유로 이를 배척한 원심판결을 정당하다고 수긍한 사례8)가 있다.

한편, 대법원은 납세고지서의 필요적 기재사항을 누락한 하자에 관한 한, 국세징수법, 법인세법, 소득세법, 지방세법 등의 당해 근거규정들은 단순한 세무행정상의 편의를 위한 훈시규정이 아니라 헌법과 국세기본법에 규정된 조세법률주의의 원칙에 따라 과세관청의 자의를 배제하고 신중하고도 합리적인 과세처분을 하게 함으로써 조세행정의 공정을 기함과 아울러 납세의무자에게 부과처분의 내용을 자세히 알려 주어 이에 대한 불복 여부의 결정과 불복신청의 편의를 주려는 데 그 근본취지가 있으므로 강행규정으로 보아야 하며,9) 따라서 납세고

6) 대법원 2002.7.9. 선고 2001두10684 판결(토지수용이의재결처분취소).

7) 대법원 2001.6.26. 선고 99두11592 판결(개발부담금부과처분취소).

8) 대법원 2014.2.27. 선고 2011두11570 판결(조합설립무효확인등).

9) 과거 국세징수법 등에서 납세고지서 기재사항을 규정한 것을 징수행정에 적용할 준칙으로서 훈시적 규정에 불과하다고 보고 납세고지서에 세목과 세액 등만을 간략하게 기재하여 납세의무자에게 통지하던 것이 세무행정의 관행이었던 시절이 있었다. 조세법규를 조세행정의 공익성 확보라는 법익을 납세자의 권리구제라는 사익보호에 우선시킨 과거의 통치권우월적 사고방식에서 유래한(오진환, 「납세고지서의 기재사항과 송달」, 『재판자료』 60집, 1993.10.; 오진환, 「조세사건에 관한 제문제(상)」, 1993, 155-219, 182) 이러한 판례는 이후 지방세에 관련한 대법원 1982.5.11. 선고 81누319 판결을 필두로 하여 법인세에 관한 대법원 1983.3.23. 선고 81누139 판결, 대법원 1994.6.14. 선고 93누11944 판결 등을 통해 시정되었다. 납세고지서의 기재사항에 관한 규정은 강행규정으로서 그 법정의 기재사항이 누락된 경우에는 위법하여 취

지서에 세액산출근거 등의 기재사항이 누락되었거나 과세표준과 세액의 계산명세서가 첨부되지 않았다면 적법한 납세의 고지라고 볼 수 없고 그러한 납세고지의 하자는 납세의무자가 그 나름대로 산출근거를 알고 있다거나 사실상 이를 알고서 쟁송에 이르렀다 하더라도 치유되지 않는다고 판시함으로써 하자치유의 허용성을 엄격히 제한한 바 있다.[10)]

> 납세고지서에 과세연도, 세목, 세액 및 그 산출근거, 납부기한과 납부장소 등의 명시를 요구한 국세징수법 제9조나 과세표준과 세액계산명세서의 첨부를 명한 구 법인세법(1993.12.31. 법률 제4664호로 개정되기 전의 것) 제37조, 제59조의5, 구 법인세법시행령(1993.12.31. 대통령령 제14080호로 개정되기 전의 것) 제99조 등의 규정이 단순한 세무행정상의 편의를 위한 훈시규정이 아니라, 헌법과 국세기본법에 규정된 조세법률주의의 원칙에 따라 과세관청의 자의를 배제하고 신중하고도 합리적인 과세처분을 하게 함으로써 조세행정의 공정을 기함과 아울러 납세의무자에게 부과처분의 내용을 자세히 알려주어 이에 대한 불복 여부의 결정과 불복신청의 편의를 주려는 데 그 근본취지가 있으므로, 이 규정들은 강행규정으로 보아야 하고, 따라서 납세고지서에 세액산출근거 등의 기재사항이 누락되었거나 과세표준과 세액의 계산명세서가 첨부되지 않았다면 적법한 납세의 고지라고 볼 수 없으며, 위와 같은 납세고지의 하자는 납세의무자가 그 나름대로 산출근거를 알고 있다거나 사실상 이를 알고서 쟁송에 이르렀다 하더라도 치유되지 않는다.[11)]

또한 대법원은 위와 유사한 판단을 전제로 누락된 하자를 치유하여 부과할 세액이 당해 하자 있는 과세처분의 세액을 초과하는 경우에도 자산합산대상소득에 대한 기재를 누락한 납세고지서에 의하여 한 과세처분의 하자는 치유되지 아니한다고 판시한 바 있다.

> 구 소득세법시행령(1994.12.31. 대통령령 제14467호로 전문 개정되기 전의 것) 제183조 제4항은 자산합산대상가족의 자산소득을 주된 소득자의 종합소득에 합산하여 결정한 과세표준과 세액을 통지하는 때에는 하나의 납세고지서에 의하되 그 자산합산대상가족별 자산소득의 내용을 부기하여야 한다고 규정하고 있고, 이는 자산소득합산과세의 부과절차를 명시한 강행규정이므로, 자산합산대상가족별 자산

소대상이 된다는 것은 대법원의 확립된 판례가 되었다(소순무, 「납세고지서 기재사항 하자의 치유」, 『대법원판례해설』 제24호, 법원도서관 1995.9.26.).

10) 물론 납세고지서의 기재사항의 누락 또는 미비라고 하여 모두 취소사유가 되는 것은 아니다. 그 하자의 유형이 다양하기 때문에 그 효과도 납세고지의 하자의 유형에 따라 달라진다. 일정한 경우에는 그 하자가 경미하여 부과처분의 효력에 영향을 미치지 아니하는 경우가 있다(오진환, 앞의 글, 175-182).

11) 대법원 2002.11.13. 선고 2001두1543 판결(법인세등부과처분취소). 동지 대법원 1984.2.14. 선고 83누602 판결; 대법원 1985.2.26. 선고 83누629 판결; 대법원 1987.5.12. 선고 85누56 판결; 대법원 1988.2.9. 선고 83누404 판결; 대법원 1989.11.10. 선고 88누7996 판결 등. 이들 판례에 대한 평석으로는 오진환, 앞의 글; 소순무, 앞의 글; 김백영, 「과세처분의 형식상의 하자와 그 치유」, 『사법행정』 347호(1989.11.) 등을 참조.

소득의 내용, 자산합산대상가족이 주된 소득자와 연대하여 납부할 세액 등 자산합산대상소득에 대한 기재가 누락된 납세고지서에 의하여 과세처분이 이루어졌다면 그 과세처분은 자산합산대상가족에 대한 관계에서뿐만 아니라 주된 소득자에 대한 관계에서도 위법한 처분이 되어 취소의 대상이 되며, 한편 처분 당시 자산합산대상소득이 아닌 다른 소득금액을 증액하는 것이 가능하고 또 자산합산대상소득을 제외하고 당초에 증액할 수 있었던 다른 소득금액을 합산하여 산출한 종합소득과세표준에 따른 세액이 당해 과세처분의 세액을 초과한다고 하더라도 이로써 당해 과세처분에 대한 납세고지의 하자가 치유되지 아니한다.[12)]

3. 하자치유의 한계

하자의 치유가 인정되는 경우에도 그 하자를 치유하기 위한 추완행위가 무한정으로 허용된다고는 볼 수는 없을 것이다. 앞서 본 바와 같이 하자의 치유는 법치주의의 원칙에 비추어 예외적으로만 인정되며, 그것이 인정되는 경우에도 어디까지나 국민의 권리와 이익을 침해하지 않는 범위에서만 허용된다고 보아야 하고, 또 그 허용여부를 판단함에 있어서도 국민의 권리와 이익을 침해하지 않는 범위에서 구체적 사정에 따라 합목적적으로 가려야 한다는 것이 판례의 입장이었다. 이러한 판례의 입장이 타당하다면, 하자의 치유에는 내용적으로나 시간적으로 일정한 한계가 있다고 보아야 할 것이다. 마찬가지의 견지에서 대부분의 문헌 또한 일반적으로 행정행위 하자의 치유에 일정한 한계가 있음을 인정하고 있다.

(1) 무효인 행정행위와 하자의 치유

먼저, 행정행위의 하자의 치유(Heilung)를 취소할 수 있는 행정행위 외에 당연무효인 행위의 경우에도 인정할 것인지 여부가 문제된다. 이에 대하여 하자의 치유는 취소사유에 한하여 인정되며 당연무효의 경우에는 허용되지 아니한다는 것이 지배적인 학설이자 확립된 판례의 태도이다.[13)] 주요한 판례들을 열거해 보면 다음과 같다.

① 토지등급결정내용의 개별통지가 있다고 볼 수 없어 토지등급결정이 무효인 이상, 토지소유자가 그 결정 이전이나 이후에 토지등급결정내용을 알았다거나 또는 그 결정 이후 매년 정기 등급수

12) 대법원 2002.7.23. 선고 2000두6237 판결(종합소득세부과처분취소). 동지 대법원 1987.5.26. 선고 86누96 판결; 대법원 1987.5.26. 선고 86누136 판결; 대법원 1998.10.27. 선고 97누7233 판결 등을 참조.

13) 이에 관하여 상세한 것은 이강국, 「행정행위의 하자의 치유」, 『행정판례연구』 III, 한국행정판례연구회, 1996, 91-119, 110-111을 참조.

정의 결과가 토지소유자 등의 열람에 공하여졌다 하더라도 이 사건 개별통지의 하자가 치유되는 것은 아니다(대법원 1988.3.22. 선고 87누986 판결 참조).[14]

② 원고가 국가공무원으로 임용된 뒤 명예퇴직하였으나 임용전에 당시 국가공무원법상의 임용결격사유가 있었으면 국가가 과실에 의하여 이를 밝혀내지 못하였다고 하더라도 그 임용행위는 당연무효이고 그 하자가 치유되는 것은 아니어서 퇴직급여청구신청을 반려하는 처분은 적법하다.[15]

③ 무효인 행정행위는 그 하자가 내용적으로 중대하고, 하자 있음이 객관적으로 명백한 경우로서 처음부터 당연히 어떠한 효력도 갖지 못하는 것인데 그러한 무효행위의 하자의 치유를 인정하는 것은 오히려 관계인의 신뢰 및 법적 생활의 안정을 해치는 결과가 될 우려가 있으므로 그것이 새로운 다른 행정행위로 전환(원고도 행정행위의 전환이라는 표현을 쓰고 있으나 이는 임용행위로서는 무효이나 다른 행위로는 유효하다는 의미에서의 전환을 가리키는 것이 아니라 무효인 임용행위가 유효한 행위로 바뀐나는 뜻으로서 치유와 같은 의미로 쓰고 있다)됨은 별론으로 하고 일정한 사유가 있더라도 본래의 행정행위로서는 효력을 발생할 수 없다(이 점에서 취소사유에 불과한 하자 있는 행정행위가 하자의 치유로써 유효한 행정행위로 될 수 있는 것과 구별된다) 할 것인바, (가) 일반사면령이나 형의실효등에관한법률의 규정에 의한 형의 실효는, 사면 또는 시간의 경과에 의하여 형의 선고의 효력을 장래에 향하여 상실케 하여 전과사실을 말소시키고, 자격을 회복시키는 것으로서 이로 인하여 형의 선고에 의한 기존효과가 변경되는 것은 아니므로 사면 또는 형의 실효로 인하여 당연무효인 임용행위의 하자가 치유되어 유효인 행위로 된다고 할 수 없고, (나) 공무원임용 당시 구 국가공무원법 제33조 제1항 제3호 소정의 형의 집행 종료 또는 집행 면제 후 3년의 기간이 경과되지 아니하였으면 그 임용행위는 당연무효로 되는 것이고, 그 임용 이후에 형집행의 종료 또는 면제의 시점으로부터 3년의 기간이 경과하게 되었다 하여 당연무효인 임용행위의 하자가 치유되어 유효인 행위로 된다고도 할 수 없으며, (다) 국가도 공무원임용결격사유가 있는 자는 공무원으로 임용할 수 없는 것이므로, 비록 원고가 공무원으로 임용되어 근무하던 중 정기신원조사에서 전과사실이 문제되었으나 당시 임용권자가 원고를 임용결격자가 아니라고 보아 그 이래로 퇴직할 때까지 임용행위를 취소하거나 당연퇴직결정을 함이 없이 경찰공무원으로서 공무를 수행하도록 하였다 하더라도 당초부터 무효인 공무원임용행위가 유효한 행위로 될 수도 없는 것이므로 원고의 이 부분 각 주장도 이유 없다.[16]

생각건대, 무효인 행정행위에 있어 치유를 인정할 수 없다는 것은, 취소할 수 있는 행정행위의 경우와 달리, 중대명백한 하자를 이유로 행정행위에 결부되는 당연무효라는 법적 효과의 종국성을 고려할 때 타당한 결론이라고 생각된다. 이에 대해서는 학설상 거의 반론이

---

14) 대법원 1997.5.28. 선고 96누5308 판결(토지등급수정무효확인).

15) 대법원 1996.4.12. 선고 95누18857 판결 퇴직급여부지급처분취소.

16) 서울고법 1995.6.1. 선고 제2특별부 94구32940 판결(퇴직급여청구반려처분취소). 또한 이 사건 상고심판결 대법원 1996.2.27. 선고 95누9617 판결(퇴직급여청구반려처분취소)을 참조.

없다.[17] 대법원 역시 최근 도시 및 주거환경정비법에 따라 설립된 정비사업조합 설립인가처분의 무효확인 판결 등이 확정되어 각 인가처분에 기초하여 이루어진 후속행위인 종전 사업시행계획 등은 모두 소급하여 효력을 상실한 이상, 무효인 하자가 치유된다고 할 수 없다고 한 원심판단을 수긍함으로써 그 점을 확인한 바 있고,[18] 징계위원회의 구성에 하자가 있거나 징계위원회 개최시한이 도과된 이후에 개최된 징계위원회의 결의에 의한 징계처분은 그 자체로서 무효라고 할 것이고, 피고보조참가인들이 이 사건 징계위원회에 참석하여 징계사유에 관하여 진술하였다고 하여 이러한 절차상의 중대한 하자가 치유된다고 할 수 없다고 판단한 원심판결은 정당하고 징계절차 하자의 치유에 관한 법리오해 등의 위법이 없다고 판시한 바 있다.[19]

> 독일행정절차법 제45조 제1항은 절차 및 형식의 하자에 한하여 하자의 추완 및 치유가 허용되는 경우를 명시적으로 규정하고 있는데, 이에 따르면 무효인 행정행위의 경우 아예 치유가 문제되지 않는다.

(2) 행정행위 내용의 하자와 그 치유가능성

하자의 치유가 비단 절차상의 하자뿐만 아니라 행정행위의 하자 일반에 대하여 허용된다고 볼 수 있을지가 문제된다.

독일에서는 행정절차법상 하자의 사후보완(Nachholung)에 의한 치유(Heilung)는 오로지 절차 및 형식의 하자에 관해서만 인정되고 있다(*VwVfG* § 45). 하자의 치유를 행정행위의 하자 일반에 대해 인정하는 인상을 주는 우리나라에서의 논의경향과는 대단히 흥미로운 대조점이다. 독일 행정절차법 제45조 제1항은 "제44조에 의해 행정행위를 무효로 만들지 않는 소정의 절차 및 형식요건의 침해는, 행정행위발급에 필요한 신청이 사후에 제출된 경우, 필요한 이유제시가 사후에 이루어진 경우, 필요한 관계인의 청문이 사후에 실시된 경우, 협력을 요하는 행정행위에 있어서 그 발급에 요구되는 위원회의 의결이 사후에 행해진 경우, 다른 행정청의 필요적 협력이 사후보완된 경우에는 행위의 효력에 영향을 미치지 아니한다

---

17) 다만 무효·취소의 상대화를 전제로 무효에도 치유를 인정하는 견해(김철용, 『고시연구』, 1975.10., 29)도 있다. 그러나 무효·취소의 상대화의 문제는 하자치유의 문제와는 일단 별개의 문제로서 양자 간의 상대화경향에도 불구하고 당연무효라고 볼 수 있는 행정행위의 경우 하자의 치유를 인정할 것인지는 별도로 고찰되어야 할 것이다.

18) 대법원 2016.12.1. 선고 2016두34905 판결(사업시행계획무효확인): 최초 조합설립인가처분에 대한 무효확인 판결 및 제1차 조합설립변경인가처분에 대한 취소 판결이 선고되어 확정되었으므로 위 각 인가처분에 기초하여 이루어진 후속행위인 종전 사업시행계획 등은 모두 소급하여 효력을 상실하였고, 그 후 제3차 사업시행변경계획이 수립·인가되고 종전 사업시행계획 등을 추인하는 조합총회의 결의가 있었다 하더라도 무효인 하자가 치유된다고 할 수 없다고 판단한 원심판결을 유지한 사례.

19) 대법원 2013.2.15. 선고 2010두20362 판결(부당해고및부당정직구제재심판정취소).

(unbeachtlich)."라고 규정하여 하자의 치유는 절차상 하자, 그것도 신청요건의 하자, 처분이유제시의무 불이행, 청문절차 하자, 위원회 기타 행정기관 등 필요적 협력이 결여된 경우에만 인정될 수 있음을 분명히 하고 있다.

우리나라의 경우 행정절차법이나 관계법령에 명시적 규정은 없으나, 판례를 통하여 적어도 처분의 내용에 관한 하자의 치유는 허용하지 않는 방향으로 나가는 것이 바람직하지 않을까 생각된다. 이와 관련하여 하자가 행정처분의 내용에 관한 것이라는 사정을 고려하여 하자의 치유를 인정치 않은 원심의 판단을 정당하다고 본 판례가 있어 주목을 끈다.

> 이 사건이 원심법원에 계속 중이던 1989.11.16.에 피고가 참가인회사에 대하여 기점 대구, 경유지 서대구 인터체인지, 고속도로, 신평, 고속도로, 종점 부산으로 된 노선면허를 함으로써 노선 흠결의 하자가 치유되었다는 주장에 대하여 원심은, 행정처분의 적법여부는 그 처분 당시의 사정을 기준으로 판단하여야 하고 하자 있는 행정처분에 대한 사후적 치유를 인정하는 것은 행정행위의 성질이나 법치주의의 관점에서 허용될 수 없다는 이유로 이를 배척하였다.
>
> **행정행위의 성질이나 법치주의의 관점에서 볼 때 하자 있는 행정행위의 치유는 원칙적으로 허용될 수 없을 뿐만 아니라 이를 허용하는 경우에도 국민의 권리와 이익을 침해하지 않는 범위에서 구체적 사정에 따라 합목적적으로 가려야 할 것인바**(당원 1983.7.26. 선고 82누420 판결 참조), **이 사건 처분에 관한 하자가 행정처분의 내용에 관한 것이고** 새로운 노선면허가 이 사건 소제기 이후에 이루어진 사정 등에 비추어 하자의 치유를 인정치 않은 원심의 판단은 정당하고, 거기에 소론이 지적하는 바와 같은 법리오해의 위법이 있다 할 수 없다.[20]

(3) 하자치유의 시간적 한계

특히 문제가 되는 것은 하자의 치유가 허용되는 경우에도 일정한 시간적 한계에 의해 제한을 받는다고 볼 것인지 여부이다. 이에 대하여 대법원은 일찍이 '하자의 치유를 허용하려면 늦어도 과세처분에 대한 불복여부의 결정 및 불복신청에 편의를 줄 수 있는 상당한 기간 내에 추완행위를 하여야 한다.'라는 입장을 취해 왔다. 따라서 당해 처분에 대한 행정소송이 제기되어 계속 중인 때에는 그사이에 납세고지서의 송달이나 오랜 기간(4년)의 경과 등 하자를 보완하는 사실이 발생하더라도 하자의 치유를 인정할 수 없다는 것이다.

> 법인세법 등이 과세처분에 과세표준과 세액의 계산명세서 등을 첨부하여 고지하도록 규정한 취의는 단순한 세무행정상의 편의에 기한 훈시규정이 아니라 헌법과 국세기본법이 규정하는 조세법률주의의 원칙에 따라 처분청으로 하여금 자의를 배제하고 신중하고도 합리적인 처분을 행하게 함으로써 조세행정의

---

20) 대법원 1991.5.28. 선고 제1부 90누1359 판결(시외버스운송사업계획변경인가처분취소).

공정성을 기함과 동시에 납세의무자에게 부과처분의 내용을 상세히 알려서 불복여부의 결정 및 그 불복신청에 편의를 주려는 취지에서 나온 것이라고 해석되어 이와 같은 여러 규정은 강행규정으로서 납세고지서에 그와 같은 기재가 누락되면 그 과세처분 자체가 위법하게 되고 하자 있는 처분으로서 취소대상이 되는 것이므로(대법원 1982.3.23. 선고 81누139 판결 참조) 과세관서의 이 사건의 경우와 같은 추완행위는 그것이 세액을 확정고지하는 일련의 절차로서 무용한 부과처분의 반복을 피한다는 뜻에서는 일단 이에 의하여 이 하자는 치유될 수 있다고 할 것이나 위 설시와 같이 과세처분에 과세표준과 세액의 계산명세서 등을 첨부하여 고지하도록 한 것은 납세의무자에게 부과처분의 내용을 상세히 알려서 불복여부의 결정 및 불복신청에 편의를 주려는 데에도 그 취지가 있으므로 이 치유를 허용하려면 늦어도 과세처분에 대한 불복여부의 결정 및 불복신청에 편의를 줄 수 있는 상당한 기간 내에 하여야 한다고 할 것인바 원심이 이와 같은 취지에서 피고의 원심 확정사실과 같은 뒤늦은 납세고지서의 송달로서는 이 과세처분의 하자가 치유되었다고 보기 어렵다고 판시한 조치는 정당하여 아무 위법이 없다.[21]

대법원은 하자의 치유로 인하여 처분에 대한 불복 여부의 결정 및 불복신청에 지장을 주어서는 아니 된다는 견지에서 당초 결여된 법적 요건을 사후에 보완하는 행위로 인해 처분에 대한 불복 여부의 결정, 불복신청에 지장이 초래되었는지 여부에 주목하고 있다.

택지초과소유부담금의 납부고지서에 납부금액 및 산출근거, 납부기한과 납부장소 등의 필요적 기재사항의 일부가 누락되었다면 그 부과처분은 위법하다고 할 것이나, 부과관청이 부과처분에 앞서 법시행령 제31조 제1항에 따라 납부의무자에게 교부한 부담금예정통지서에 납부고지서의 필요적 기재사항이 제대로 기재되어 있었다면 **납부의무자로서는 부과처분에 대한 불복 여부의 결정 및 불복신청에 전혀 지장을 받지 않았음이 명백하므로, 이로써 납부고지서의 흠결이 보완되거나 하자가 치유될 수 있는 것이다**(대법원 1994.3.25. 선고 93누19542 판결, 대법원 1995.7.11. 선고 94누9696 판결, 대법원 1995.9.26. 선고 95누665 판결 등 참조). 기록에 의하면, 피고는 이 사건 처분을 함에 있어서 그 납부고지서에 부과대상 토지의 소재지, 면적, 개별지가, 지가변동률, 초과소유기간, 부과율 등 부담금의 산출근거를 기재하지 않았으나, 이 사건 부과처분에 앞선 부담금예정통지서 및 이에 붙은 부담금결정조서(위 예정통지서와 결정조서는 건설교통부 훈령인 택지초과소유부담금부과·징수업무처리규정 제39조 소정의 서식에 따른 것이다)에는 부과기간별로 위와 같은 부담금의 산출근거를 모두 기재하였음을 알 수 있으므로, 피고의 이 사건 부과처분시에 존재한 납부고지서의 산출근거기재의 흠결이라는 하자는 위와 같은 부담금예정통지서의 교부에 의하여 보완된 것으로 봄이 상당하다 할 것이다.[22]

과세관청이 과세처분에 앞서 납세의무자에게 보낸 과세예고통지서 등에 의하여 **납세의무자가 그 처분에 대한 불복 여부의 결정 및 불복신청에 전혀 지장을 받지 않았음이 명백하다면, 이로써 납세고지서의**

21) 대법원 1983.7.26. 선고 82누420 판결.
22) 대법원 1997.12.26. 선고 97누9390 판결(택지초과소유부담금부과처분취소).

흠결이 보완되거나 하자가 치유된다고 보아야 하나, 이와 같이 납세고지서의 하자를 사전에 보완할 수 있는 서면은 법령 등에 의하여 납세고지에 앞서 납세의무자에게 교부하도록 되어 있어 납세고지서와 일체를 이룰 수 있는 것에 한정되는 것은 물론, 납세고지서의 필요적 기재사항이 제대로 기재되어 있어야 한다.[23)]

하자의 치유는 이를 인정하는 경우에도 시간적으로 일정한 한계 내에서만 허용된다고 보는 판례와 통설의 태도는 그 법치주의와의 관계 면에서 볼 때 기본적으로 타당하다. 따라서 하자치유를 위한 추완은 그 처분에 대한 불복여부 결정 및 불복신청에 편의를 줄 수 있는 상당한 기간 내에, 늦어도 당해 처분에 대한 소 제기 이전에 해야 한다는 결론에 이른다.[24)]

하자의 치유를 허용하려면 늦어도 과세처분에 대한 불복여부의 결정 및 불복신청에 편의를 줄 수 있는 상당한 기간 내에 하여야 한다고 할 것이므로 위 과세처분에 대한 전심절차가 모두 끝나고 이 사건 소송이 계류 중인 1982.11.13. 세액산출근거의 통지가 있었다고 하여 이로써 위 과세처분의 하자가 치유되었다고는 볼 수 없다고 할 것이다(대법원 1983.7.26. 선고 82누420 판결 참조).[25)]

피고가 이 사건 소송계속 중인 1982.6.22. 이 사건 납세고지서의 세액산출근거를 밝히는 보정통지를 한 흔적을 찾아볼 수 있으나 이것을 종전에 위법한 부과처분을 스스로 취소하고 새로운 부과처분을 한 것으로 볼 수 없는 이상 이미 항고소송이 계속 중인 단계에서 위와 같은 보정통지를 하였다 하여 그 위법성이 이로써 치유된다 할 수도 없는 것이다(대법원 1983.7.26. 선고, 82누420 판결).[26)]

원심은, 피고는 1979.8.14. 자 같은 해 10.11. 자 이건 각 종합소득세 및 동 방위세의 납세고지서에 소득세법 제128조, 같은 법 시행령 제183조, 국세기본법 제22조, 국세징수법 제9조의 규정된 세액산출근거 등을 기재하지 않은 채, 이를 고지하였다가 이 사건 소송 계속 중인 1982.6.2.에야 비로소 그 세액산출근거를 보정하는 통지를 하였던 사실을 확정하고, 위와 같은 법규정은 조세행정의 공정성을 기함과 동시에 납세의무자에게 불복신청의 편의를 제공하려는 취지에서 나온 강행규정이므로 위와 같이 세액의 산출근거 등을 명시하지 아니한 고지서로서 한 이 사건 부과처분은 위법한 것이고 위 과세처분에 대한 불복여부의 결정 및 불복신청에 편의를 줄 수 있는 상당한 기간이 지난 뒤에 한 위 보정으로는 그 위법이 치유되었다 할 수 없으므로(대법원 1983.7.26. 선고 82누420 판결 참조) 위 과세처분은 위법하여 취소를 면치 못한다고 판단하고 있는바 원심의 위와 같은 판단조치는 본원의 판례에 따른 적법한 것[27)]이다.

---

23) 대법원 1998.6.26. 선고 96누12634 판결(취득세등부과처분취소).

24) 앞에서 본 대법원 1991.5.28. 선고 90누1359 판결에서도 하자의 치유사유가 된 새로운 노선면허가 소제기 이후에 이루어진 사정을 고려하여 하자의 치유를 부정한 원심판결을 유지한 바 있다.

25) 대법원 1984.4.10. 선고 83누393 판결(재산세부과처분취소).

26) 대법원 1988.2.9. 선고 83누404 판결(부가가치세부과처분취소).

27) 대법원 1985.1.22. 선고 84누333 판결(귀속종합소득세등부과처분취소).

그러나 하자의 치유에 있어 시간적 한계를 그와 같이 일률적으로 정할 수는 있을지는 의문이다. 물론 그렇게 봄으로써 그 법치주의의 예외로서의 성격을 고려하고 권리구제에 만전을 기할 수 있다는 주장도 일리가 없는 것은 아니다. 그러나 특히 처분의 성질이나 내용에 따라 하자의 치유를 인정할 것인지에 대한 판단이 달라질 수 있을 뿐만 아니라 행정소송의 제기 이후 하자의 치유를 인정해도 처분의 상대방에게 권리구제의 장애를 초래하지 않는 경우도 있을 수 있기 때문이다. 판례에서 제시된 바와 같이 하자의 치유는 행정행위의 성질이나 법치주의의 관점에서 볼 때 원칙적으로 허용될 수 없다는 점과 예외적으로 하자의 치유를 인정함으로써 행정행위의 무용한 반복을 피하고 당사자의 법적 생활의 안정을 기한다는 점을 비교형량하여 하자치유의 시간적 한계를 판단하는 법익형량적 태도가 바람직하지 않을까 생각된다.

독일의 경우, 종래 연방행정절차법 제45조 제2항은 제2호 내지 제5호의 사유, 즉, 처분이유제시의무의 불이행, 청문절차의 하자, 위원회 기타 행정기관 등의 필요적 협력 결여의 경우에는 전심절차(Vorverfahren)의 종료이전까지, 전심절차를 거치지 않는 경우에는 행정소송의 제기 이선까지 추완(nachholen)될 수 있다고 규정하고 있었다. 그러나 1996년의 법개정에 따라 동 조항(§ 45 II VwVfG i.d.F. von 1996)은 제1항의 규정에 의한 행위들은 이를 행정소송절차의 종료시까지(bis zum Abschluß des verwaltungsgerichtlichen Verfahrens) 추완할 수 있는 것으로 개정되었다. 이로써 종래 행정의 영역에 머물러 있는 동안에만 가능했던 하자의 추완이 취소소송의 계속 중에도 이루어질 수 있게 된 것이다.

아울러 행정절차법 제45조는 제6차 행정법원법 개정법률(6. VwGOÄndG)에 의하여 소송적 관점에서 보완되었다. 이를 통하여 행정소송이 진행 중인 동안에 하자의 추완이 용이하게 되었다. 즉, 개정된 행정법원법 제87조 제1항 제2문 제7호의 규정에 따라 재판장 또는 보고관(Berichtserstatter)은 준비절차가 진행되는 동안 법 쟁송의 종결이 지연되는 결과가 생기지 않는 경우에는 행정청에게 3월 이내의 기간을 정하여 절차 및 형식의 하자를 치유할 수 있는 기회를 부여할 수 있게 되었다. 나아가 같은 법 제94조 제2문의 규정에 따라 행정법원은 신청에 의하여 절차 및 형식의 하자에 대한 변론을 정지시킬 수 있게 되었다.

그리고 1996년의 개정법률에 의해 신설된 행정법원법 제114조 제2문의 규정은 이른바 재량의 보충(Ermessensergänzung)을 허용하였다. 이에 따라 행정청은 재량행위의 경우에도 그 재량의 형량을 행정소송의 절차에서 보완할 수 있게 되었다.

이처럼 행정법원법 제87조 제1항 제7호에 의하여 행정소송의 절차준비과정에서 행정청에게 절차하자를 추완할 수 있는 기회를 부여할 수 있는 가능성, 그리고 제94조 제2문의 규정에 의하여 당사자(Beteiligte)의 신청에 따라 그러한 목적으로 소송절차를 정지할 수 있는

가능성을 인정한 것은 소송절차 촉진에 대한 법원의 의무에 부합하는 것이라고 볼 수 있다. 그러나 그렇다고 거기에 전혀 문제가 없는 것은 아니다. 국민의 입장에서 볼 때 자칫 법원과 행정청이 상호협력관계를 맺는 것과 같은 인상을 가지기 쉽기 때문이다.[28] 한편 절차하자가 소송계속 중 치유되어 승소의 가능성이 상실되는 경우 소송을 제기한 원고는 행정법원법 제161조 제2항의 규정에 따라 소송절차의 종료(Erledigung des Verfahrens)를 선언하고 소송비용을 행정청에게 부담시키는 판결을 신청할 수 있다.

Ⅲ. 행정행위하자치유의 사유와 효과

1. 하자치유의 사유

치유의 사유로는 일반적으로 ① 흠결된 요건의 사후보완(예컨대 무권대리인의 추인, 허가나 등록요건의 사후충족, 요식행위의 형식 추완 등), ② 장기간 방치로 인한 법률관계의 확정(하자 있는 행정행위의 내용실현), ③ 취소를 불허하는 공익상의 요구의 발생(하자 있는 토지수용에 의한 댐건설), ④ 사실상공무원·표현대리 등이 예시되고 있다.[29] 그러나 이에 대해서는 ②와 ③은 행정행위 취소권의 제한으로 보아야 하며 ①만이 치유사유라는 견해[30]가 유력하게 주장되고 있다. 아울러 ①의 요건은 대체로 형식과 절차상의 요건을 의미하는 것으로 보고자 하는 견해[31]도 있다. 생각건대 하자 있는 행정행위가 장기간 방치됨으로써 법률관계의 확정되는 경우는 대부분 그 행정행위가 더 이상 취소될 수 없는 불가쟁상태에 돌입한 경우라고 보아야 할 것이고, 취소를 불허하는 공익상의 요구가 발생하여 취소가 불가능해진 경우라 하더라도 그것은 어디까지나 그 공익상의 요구에 따라 취소를 불허할 것인지의 문제로 파악해야 할 것이다. 이렇게 볼 때 ②와 ③은 하자치유의 사유에 해당하지 않는다고 보는 것이 타당하다고 생각한다. ④의 경우 역시 하자의 치유 문제라기보다는 신뢰보호의 견지에서 인정되는 예외적 법적 효과로서 논의될 성질의 문제라고 보아야 할 것이다.

원심은 피고의 이 사건 과세처분의 하자가 치유되었다는 주장에 대하여 행정행위의 취소원인인 하자의

28) H. Maurer, *Allgemeines Verwaltungsrecht*, 13.Aufl., 2000, § 10 Rn.39.
29) 김도창, 앞의 책, 484.
30) 김남진, 『행정법 I』, 2002, 291; 김동희, 앞의 책, 318; 김철용, 『행정법 I』, 박영사, 1999, 190.
31) 홍정선, 『행정법원론(상)』, 박영사, 2003, 338.

보완, 관계 행정청의 추인, 행정처분을 장기간 방치함으로 인한 행정목적의 달성, 또는 법률관계의 확정 등으로 행정처분의 하자가 치유되는 것이 보통이지만 위 세율, 과세표준, 산출근거 등을 아울러 고지하도록 규정한 취지가 조세행정의 공정성의 확보와 납세의무자에게 그 부과처분에 대한 불복여부의 결정과 그 불복신청에 편의를 주려는 데 있다고 봐야 하므로 그렇다면 피고 주장과 같은 위 뒤늦은 납세고지서의 송달이나 오랜 기간(4년)의 경과로 위 각 과세처분의 하자가 치유되었다고 보기 어렵다고 판시하였는바 이와 같은 원심조치에 소론 이유 불비의 위법이 있다고 할 수 없으므로 상고논지 또한 그 이유 없음이 명백하다.[32]

2. 하자치유의 효과

하자치유의 효과는 행정행위가 소급하여 법적 효력을 유지하는 데 있다. 즉 당해 행정행위는 처음부터 하자가 없었던 것과 마찬가지로 적법한 행정행위로 효력을 발생하게 된다.

결손처분의 취소처분은 결손처분된 당해 국세의 부과제척기간과는 관계없이 국세징수권의 소멸시효기간 내에 이루어지면 되는 것이고, 또 구 국세징수법(1999.12.28. 법률 제6053호로 개정되기 전의 것) 제86조 제2항이 정하는 바에 따라 과세관청이 체납자에게 은닉된 재산이 있음을 발견하고 지체 없이 결손처분을 취소함과 동시에 압류처분을 하고 그 압류통지서와 결손처분취소통지서를 바로 체납자에게 송달하였으나 체납자의 주소 변경 등으로 송달이 지연된 경우에는 비록 압류처분 당시에는 결손처분 취소의 효력이 발생하지 않았다고 하더라도 사후에 취소통지서가 송달되어 결손처분 취소의 효력이 발생함으로써 압류처분의 하자가 치유되는 것으로 보아야 할 것이고, 이와 같이 결손처분이 적법하게 취소되면 취소의 소급효에 의하여 결손처분은 당초부터 없었던 것으로 되어 결손처분된 국세는 소급하여 소멸하지 않는 것으로 보게 된다(대법원 1994.9.30. 선고 94다8457 판결 참조).[33]

Ⅳ. 입법론

행정행위하자치유의 법리를 판례와 학설을 중심으로 분석·검토해 보았다. 법치행정의 원리 하에서도 행정행위하자의 치유를 예외적으로 허용하지 않을 수 없다면 그 허용범위와 한계,

32) 대법원 1983.7.26. 선고 82누420 판결.
33) 대법원 2004.7.22. 선고 2003두11117 판결(압류처분취소).

요건 및 효과를 분명히 해 주는 것이 급선무이다. 그동안 이에 대한 판례형성이 이루어짐으로써 최소한의 규율수요를 충족시킬 수 있었던 것은 사실이지만, 앞으로도 계속 이 문제를 판례와 학설에 맡길 것인지는 재고해 볼 필요가 있다. 행정법분야에서 법적 명확성과 예측가능성을 확보하는 것만큼 중요한 요구는 없다. 법치주의 또는 법치행정의 원리가 제대로 작동하고 이 작동하는 법원리를 행정과 국민이 살아 있는 법으로서 공유할 수 있도록 하기 위하여 그동안 판례와 학설을 통해 축적되어 온 행정행위 하자의 치유에 대한 법리를 행정절차법에 반영할 필요가 있다. 하자의 치유라는 행정법의 주요문제에 대한 이론과 실무의 축적을 입법적으로 가시화할 때가 된 것이다.

제18장

불가변력, 신뢰보호, 그리고 행정상 이중위험의 금지*

Ⅰ. 사건의 개요

제1종 보통면허 및 제1종 대형면허를 보유하고 있던 원고는 1998년 6월 7일 21시 40분경 여수시 소호동에 있는 요트장 앞길에서 술에 취한 상태로 대구 27머6132호 승용차를 운전하던 중 여수경찰서 소속 경찰관에게 적발되었다. 음주측정 결과 혈중알코올농도가 0.15%로 나타나자 위 여수경찰서의 담당경찰관은 같은 날 원고에게 운전면허가 취소됨을 고지하고 의견진술의 기회를 준 후, 같은 달 15일 원고의 법규위반내용을 적시하고 회수한 원고의 운전면허증을 첨부하여 운전면허취소권자인 피고(대구광역시 지방경찰청장)에게 원고에 대한 운전면허취소의 행정처분을 의뢰하였다.

한편 여수경찰서 교통사고 조사계 순경 이석태는 전산입력 착오로 원고를 운전면허정지 대상자로 분류한 나머지, 여수경찰서장이 같은 달 15일 도로교통법 제78조 제1항 제8호, 제41조, 그 시행령 제31조, 그 시행규칙 제53조 제1항 [별표 16]의 "3. 정지처분 개별기준" 제1호에 따라 원고에게 시기와 종기를 따로 정하지 아니하고 정지기간이 100일로 된 자동차운전면허정지통지서를 발송하였다.

여수경찰서장으로부터 원고에 대한 위의 법규위반 사실 통지를 받은 피고는 같은 달 18일 여수경찰서장의 처분과는 별도로 같은 그 법규위반 사실에 대하여 원고의 각 자동차운전면허를 같은 달 7일자로 모두 취소하는 내용의 이 사건 자동차운전면허취소통지서를 발송하였고, 그 통지서는 같은 달 23일 원고에게 도달하였다.

---

* 홍준형, 「불가변력, 신뢰보호, 그리고 행정상 이중위험의 금지」, 한국행정판례연구회 편, 『행정판례연구』 V, 서울대학교출판부, 2000, 33-67.

원고는 이에 불복하여 이 사건 자동차운전면허취소처분의 취소를 구하는 소송을 제기하였고 원고의 청구는 원심 대구고등법원에 의해 인용되었다. 이 사건 피고 대구광역시 지방경찰청장은 이에 불복하여 상고를 제기하였으나 대법원은 상고를 기각하였다.

Ⅱ. 판결의 요지

1. 원심판결

원심인 대구고등법원은 위와 같은 사실인정에 의거하여, 여수경찰서장이 운전면허정지기간의 시기와 종기를 정하지는 아니하였지만 정지기간을 100일간으로 기재한 자동차운전면허정지통지서를 원고에게 발송하여 원고가 이를 수령하였다면, 이는 운전면허정지처분으로서의 효력이 발생되었다고 볼 것이고 피고로서는 그 운전면허정지처분의 불가변력으로 인하여 이를 취소, 철회할 수 없다고 설시한 후, 특별한 사유 없이 동일한 사건에 대하여 단순한 업무상의 착오를 이유로 선행처분에 반하여 한 이 사건 운전면허취소처분은 위법하다고 판단하였다(대구고법 1999.9.10. 선고 99누692 판결).

2. 대법원판결

대법원은 행정청이 일단 행정처분을 한 경우에는 행정처분을 한 행정청이라도 법령에 규정이 있는 때, 행정처분에 하자가 있는 때, 행정처분의 존속이 공익에 위반되는 때, 또는 상대방의 동의가 있는 때 등의 특별한 사유가 있는 경우를 제외하고는 행정처분을 자의로 취소(철회의 의미를 포함한다. 아래에서도 같다)할 수 없다고 한 기존의 판례(대법원 1990.2.23. 선고 89누7061 판결 참조)를 원용하여, 선행처분인 여수경찰서장의 면허정지처분은 비록 그와 같은 처분이 도로교통법시행규칙 제53조 제1항 [별표 16]에서 정한 행정처분기준에 위배하여 이루어진 것이라 하더라도 그와 같은 사실만으로 곧바로 당해 처분이 위법하게 되는 것은 아닐뿐더러, 원고로서는 그 면허정지처분이 효력을 발생함으로써 그 처분의 존속에 대한 신뢰가 이미 형성되었다 할 것이고 또한 그와 같은 처분의 존속이 현저히 공익에 반한다고는 보이지 아니하므로, 동일한 사유에 관하여 보다 무거운 면허취소처분을 하기 위하여 이미 행하여진 가벼운 면허정지처분을 취소하는 것은 선행처분에 대한 당사자의 신뢰 및 법적 안정성을 크게 저해하는 것이 되어 허용될 수 없다고 판시하였다. 아울러 대법원은 원심이 그 이유는 다소 다르나 선행처분인 여수경찰서장의 운전면허정지처분의 취소가 허용되지 않는다고 보아 그 후에 이루어진 이 사건 운전면허취소처분은 동일한 사유에 관한 이중처분으로서 위법하다고 본 결론에 있어서는 정당하다고 판단하였다.[1)]

III. 쟁점

이 사건 판결에서 대법원은 선행처분인 운전면허정지처분의 취소가 허용되지 않기 때문에 그 후에 이루어진 후행처분인 운전면허취소처분은 동일한 사유에 관한 이중처분으로서 선행처분에 대한 당사자의 신뢰 및 법적 안정성을 저해하는 것이므로 위법하다고 판시하였다. 일종의 행정법상 이중위험(Double Jeopardy)의 금지라고 부를 만한 법리를 천명한 것이다. 이러한 대법원의 판단을 행정법상 불가변력, 신뢰보호 및 법적 안정성 그리고 세법상 증액경정처분에 관한 대법원판례와의 균형 등과 관련지어 볼 때 타당하다고 볼 수 있는가. 대법원의 결론을 검토하기 전에 다음 두 가지 문제가 명확히 규명되어야 한다. 첫째, 원심은 선행처분(자동차운전면허정지처분. 이하 같음)의 불가변력을 근거로 하여 후행처분(이 사건 운전면허취소처분. 이하 같음)의 위법성을 도출하였다. 이와 관련하여 과연 원심의 판단대로 선행처분이 불가변력을 가지는 행위인지 또 이 사건의 경우 선행처분이 불가변력을 발생하였다고 볼 수 있는지 그리고 그 효력의 내용은 무엇인지 여부가 문제된다. 둘째, 대법원은 선행처분의 불가변력에 입각한 원심의 판단을 배척하였다. 그 대신 행정청이 일단 행정처분을 한 경우 행정처분을 한 행정청이라도 법령에 규정이 있는 때, 행정처분에 하자가 있는 때, 행정처분의 존속이 공익에 위반되는 때, 또는 상대방의 동의가 있는 때 등의 특별한 사유가 있는 경우를 제외하고는 행정처분을 자의로 취소(철회의 의미를 포함한다)할 수 없다는 판례를 원용하면서 이 사건 운전면허취소처분은 동일한 사유에 관한 이중처분으로서 위법하다는 결론에 도달하였다. 그렇다면 여기서 말하는 취소·변경·철회의 제한이라는 법적 효과의 본질은 무엇인가. 먼저 이 두 가지 쟁점을 검토한 후 이 사건 대법원판결의 당부에 대해 논의하기로 한다.

---

1) 대법원 2000.2.25. 선고 99두10520 판결(자동차운전면허취소처분취소).

Ⅳ. 행정행위의 불가변력

행정행위의 불가변력의 내용과 인정범위에 관하여 학설과 판례는 다소간 의견의 불일치 또는 뉘앙스를 보이고 있다. 먼저 불가변력의 개념을 검토해 보기로 한다.

1. 불가변력에 관한 학설

(1) 불가변력의 개념

① 불가변력과 실질적 존속력

학설상 불가변력의 개념은 다소간 혼란을 보여 주고 있다.[2] 먼저 불가변력의 개념을 용어법상 또는 내용상 독일행정법상 통용되는 실질적 존속력(materielle Bestandskraft: Unabänderlichkeit)과 동일시하는 견해가 있는 반면, 양자를 개념상 구별하는 견해도 나타나고 있다. 이에 관한 대표적인 견해들을 살펴보면 다음과 같다.

(가) 불가변력을 실질적 존속력과 동일한 의미로 파악하는 견해

국내 문헌 중 다수는 불가변력의 개념을 실질적 존속력의 그것과 동일한 의미로 파악하거나 적어도 용어법상 동일하게 사용하고 있다.[3] 일례로 김남진 교수의 견해를 살펴보기로 한다. 행정행위의 하자 또는 새로운 사정의 발생에도 불구하고 직권 취소·철회가 제약받는 경우가 있는데, 김남진 교수는 이러한 효력(구속력)을 불가변력 또는 실질적 존속력이라 부른다.[4]

여기서 존속력(Bestandskraft)이란 불가쟁력과 불가변력의 상위개념으로, 불가쟁력과 불가변력은 각각 형식적 존속력과 실질적 존속력에 상응하는 것으로 이해되고 있다. 김남진 교수에 따르면 행정행위가 일단 행해지면 그에 의거하여 많은 법률관계가 형성되므로 되도록

---

2) 불가변력의 본질에 관한 학설배경에 관하여는 박윤흔, 『행정법강의(상)』(제26판), 2000, 140을 참조.

3) 김남진, 『행정법 I』(제6판), 법문사, 1997, 313; 김동희, 『행정법 I』, 2000, 295-296; 홍정선, 『행정법원론(상)』, 2000, 320-321; 김성수, 『행정법 I』, 법문사, 1998, 263-264 등. 이것은 특별한 이론적 설명 없이 '불가변력'과 '실질적 확정력'을 동일시해 온 김도창 교수 이래 학계의 용어법에 따른 결과라고 할 수 있다. 실례로 김도창 교수(『일반행정법(상)』, 410)는 특정한 행정행위에 있어서의 "행정청 자신도 직권으로 자유로이 이를 취소·변경·철회할 수 없는 힘"을 불가변력 또는 실질적 확정력이라고 기술한 바 있고, 박윤흔 교수(『행정법강의(상)』, 26판, 2000, 139403)도 '불가변력을 실질적 확정력이라고도 한다'고 서술하면서, 전자는 처분청에 관한 효력인 데 비해 후자는 처분청뿐만 아니라 상급감독청, 법원에 대한 구속력이라는 점에서 양자는 서로 다른 것이라고 지적하고 있다.

4) 김남진, 위의 책, 313.

일단 행해진 행정행위를 존속시키는 것이 여러모로 바람직한데 그 요청을 제도화한 것이 불가쟁력, 불가변력 내지는 실질적 존속력이며, 이들을 합쳐 존속력이라고 부르는 것이라고 한다.[5)]

(나) 불가변력을 실질적 존속력과는 별개의 것으로 구별하는 견해

반면 불가변력을 실질적 존속력과는 다른 것으로 구별하는 견해도 표명되고 있다. 가령 김철용교수는 일단 행한 행정행위를 당해 행정행위를 행한 행정청 즉 처분청이 직권으로 취소・변경・철회할 수 없는 효력을 불가변력으로 이해한다. 김철용 교수는 김남진 교수와는 달리 불가변력과 실질적 존속력 또는 실질적 확정력을 개념상 구별하고 있다. 이에 따르면 행정행위가 일단 확정되면 행정행위에서의 판단이 이후 당사자등 간의 법률관계를 규율하는 규준으로서 당사자등은 이에 반하는 주장을 해서 다툴 수 없고 행정청등은 이와 모순・저촉되는 판단을 할 수 없는데, 이를 판결의 기판력과 비슷한 실질적 확정력이라고 한다.[6)]

김철용 교수는 "행정행위 중에는 실질적 확정력이 발생하는 것이 있을 수 있다."라고 하고 있는 것으로 보아 이러한 의미의 실질적 확정력이 모든 행정행위에 인정되는 효력이라고는 보지 않는 것 같다. 다만 행정심판의 재결의 경우, 행정심판법 제33조 제1항 후단의 규정에 의해 사정재결을 하는 경우 재결청에게 그 재결의 주문에서 그 처분 또는 부작위가 위법 또는 부당함을 명시하도록 한 것을 들어 이는 처분이 위법하다는 것에 실질적 확정력을 발생하게 하기 위한 것으로 해석된다고 설명하여 실질적 확정력이 인정된다는 점을 시사하고 있다.[7)]

② 불가변력과 수익적 처분의 취소・철회 제한

불가변력의 개념을 실질적 존속력의 그것과 동일시하면서도 다시 전자를 협의와 광의로 나누어 설명하는 견해도 있다. 이에 따르면 특정 행정행위에 있어 그 행정행위를 한 행정청 자신도 취소 또는 철회할 수 없는 구속을 받는데, 그러한 효력을 협의의 불가변력으로 보는 반면 그러한 협의의 불가변력 외에 다시 행정행위 중에 그 성질상 행정청이 취소 또는 철회를 함에 있어 일정한 제한이 따르는 경우 그러한 제한까지를 포함하여 이를 광의의 불가변력으로 파악한다.[8)] 전자에 해당하는 경우로는 행정심판재결과 같은 분쟁재단작용, 확인행위 같은 재결유사적 행위를, 후자의 예로는 수익적 행정행위의 취소・철회 제한을 각각 예시하고 있

5) 김남진, 위의 책, 310.
6) 김철용, 『행정법 I』(3정판), 박영사, 2000, 187.
7) 김철용, 위의 책, 187-188.
8) 김동희, 앞의 책, 296.

다.[9]

(2) 불가변력이 인정되는 행정행위의 범위

불가변력은 이미 앞에서 살펴본 바와 같이, 모든 행정행위에 공통된 효력이 아니라 준사법적 행위 등 제한된 경우에만 인정된다고 보는 것이 지배적인 견해이다.[10]

(3) 불가변력의 발생시점

불가변력의 발생시점에 관해서도 명시적으로 논의되고 있지는 않지만, 불가쟁력, 즉 형식적 존속력과의 관계에 대하여 불가변력이 있는 행위라 하더라도 쟁송제기기간이 경과하기 전에는 그 상대방이나 이해관계자가 쟁송을 제기하여 이를 다툴 수 있다고 하고 있는 것으로 미루어 보아, 불가변력은 그것이 인정되는 행정행위의 경우 불가쟁력의 발생여부와는 무관하게 발생하며, 또한 행정행위를 발한 때부터 발생한다고 보는 데 거의 이견이 없는 것으로 보인다.[11]

한편 "행정행위 중에는 실질적 확정력이 발생하는 것이 있을 수 있다."라는 김철용 교수의 견해에 따른다면[12] 그 한도 내에서, 그러나 불가변력이 아니라 실질적 확정력이 발생하는 시점을 형식적 확정시라고 보게 될 것이다.

2. 판례

판례상 '불가변력'이란 용어가 사용된 예는 그리 많지 않다. 그중 가장 불가변력의 개념에 대한 가장 대표적인 판례를 들어 보면 다음과 같다.

> 지방관재기관의 귀속재산처리에 대한 소청심의회 결정이 원래 행정처분의 성격을 가진 것이라 할 것이나 실질적인 면에서 본다면 본질상 쟁송의 절차를 통한 준 재판이라 할 것인 만큼 이러한 성질을 가진 소청재결청의 판정은 일반 행정처분과는 달리 재심 기타 특별한 규정이 없는 한 재결청인 소청심의회 자신이 취소변경할 수는 없고 그 재결의 구속을 받는 지방관재기관의 처분 또한 행정소송에 의한 취소변경은 몰

---

9) 김동희, 같은 곳.
10) 반면 "불가변력은 정도의 차이는 있어도 모든 행정행위에 인정되는 효력"이라고 주장하는 견해(김성수, 『행정법 I』, 법문사, 1998, 264)도 있다.
11) 김남진, 앞의 책, 314; 김철용, 앞의 책, 188; 홍정선, 앞의 책, 321 등.
12) 김철용, 앞의 책, 187-188.

라도 위 재결의 적법한 취소변경 없이 그 지방관재기관 자신에 의하여 취소변경될 수는 없다고 해석함이 귀속재산 처리에 관한 소청이 본질적으로 쟁송의 성격을 가진 것이며 그 재결의 구속력을 가지고 있으면서도 독립하여 행정소송의 대상이 될 수 없다는 종전 판례의 취지에 비추어 당연한 귀결이라 할 것이다.13)

원고의 청구를 인용하는 이유로서 재결 행정청인 광주지방국세청장이 한 원판시 취소결정은 당해 행정청 및 처분청인 피고를 기속하는 것이고 그 결정에 따라 피고가 한 원판시 증여세부과처분의 취소는 확정적으로 그 효력이 당사자에게 미치게 되어 원판시 박○○은 원판시와 같은 원인으로는 다시 납세의무를 부담하지 아니하게 되었으며 이후 **재결행정청인 광주지방국세청이나 피고는 그에 어긋나는 어떤 결정이나 처분을 할 수 없고** 피고가 감사원의 지시에 따라 박○○에게 다시 증여세부과처분을 하였다 하더라도 이는 무효라 할 것이다.14)

국민의 권리와 이익을 옹호하고 법적 안정을 도모하기 위하여 특정한 행위에 대하여는 행정청이라 하여도 이것을 자유로이 취소, 변경 및 철회할 수 없다는 행정행위의 불가변력은 당해 행정행위에 대하여서만 인정되는 것이고 동종의 행정행위라 하더라도 그 대상을 달리할 때에는 이를 인정할 수 없다.15)

이들 판결들은 대체로 앞에서 본 바와 같은 불가변력의 개념과 법리를 충실히 반영하고 있는 것으로 판단된다. 특히 대법원 1974.12.10. 선고 73누129 판결은, 비록 상세한 논의는 하지 않았을지라도, 일단 불가변력의 법적 근거를 국민의 권리이익의 보호와 법적 안정에 두면서 그것이 인정되는 범위를 '특정한 행위'로 한정하였고, 그 효력의 내용을 '행정청이라 하여도 이것을 자유로이 취소, 변경 및 철회할 수 없다'는 데 있는 것으로 보았으며, 또한 명시적 언급은 없지만, 그 발생시점을 형식적 확정(불가쟁력의 발생)에 의존시키고 있지 않다는 점에서 앞에서 살펴본 불가변력에 대한 학설상의 이해에 대부분 부합한다고 볼 수 있다. 또한 최근의 판결 중에 '불가변력'이라는 용어를 명시적으로 사용하지는 않았으나, "행정청은 그가 행한 처분에 잘못이 있음을 발견한 경우에는, 그 취소로 인하여 상대방이 취득한 권리·이익 또는 공공복리가 침해된다든지 또는 그 행정처분이 절차상 확인판단적·준사법적 성질을 가

13) 대법원 1965.4.22. 선고 63누200 판결(부동산임대계약취소처분취소). 이 사건에서 대법원은 '일단 소청 1088호의 재심사판정이 있은 이상 그 후에는 다시금 재심사의 되풀이가 허용될 수 없는 법리라 할 것이며 결국 재결청 자신에 의한 2230호 판정을 취소한 2607호등 판정은 위법일 뿐만 아니라 2230호 판정에 의거한 1961.2.8.과 2.9.의 처분이 위법이라 하여도 이의 취소를 행정소송에 의하지 아니하고 재심사의 되풀이가 허용될 수 없는 2607등 위법의 판정에 의거한 1961.12.22.의 지방관재기관 자신에 의한 취소 또한 적법한 취소라고는 볼 수 없는 만큼 피고의 1961.12.22.의 처분은 전부 위법임을 면치 못할 것'이라고 판시하고 있다.

14) 대법원 1972.2.29. 선고 71누110 판결(행정처분취소). 이에 관한 평석으로는 이태로, 심사결정의 기속력, 법학(판례회고) 5호, 271; 법학(판례회고) 5호, 41을 참조.

15) 대법원 1974.12.10. 선고 73누129 판결(직물류세부과처분취소).

지거나 법률의 규정에 의하여 소송법적 확정력을 가지는 등과 같은 예외적인 사유가 없는 한, 일반적으로 당해 처분에 대한 불복신청이 없더라도 그 잘못을 시정하기 위하여 직권으로 이를 취소·변경할 수 있다."라고 판시한 것이 있어,[16] 불가변력의 인정범위에 관해서도 앞서 본 학설의 이해와 일맥상통하는 태도를 엿볼 수 있게 하였다.

한편 과세처분에 대한 쟁송이 진행 중 과세관청이 절차상 하자를 발견하여 그 과세처분을 취소하고 절차 하자를 보완하여 다시 동일한 내용의 과세처분을 하더라도 행정행위의 불가쟁력이나 불가변력에 저촉되는 것은 아니라고 판시한 다음 판결도 같은 맥락에서 이해될 수 있다.

> ① 과세처분에 대한 쟁송이 진행 중에 과세관청이 그 과세처분의 납세고지서에 세액산출근거를 기재하지 아니한 절차상 하자를 발견한 경우에는 위 과세처분을 취소하고 절차상 하자를 보완하여 다시 동일한 내용의 과세처분을 할 수 있고 이와 같은 새로운 처분이 **행정행위의 불가쟁력이나 불가변력**에 저촉되는 것도 아니다.
> ② 선행의 과세처분에 내재된 절차상 하자를 이유로 이를 취소하고 새로운 과세처분을 한 경우에 새로운 과세처분을 한 경우에 새로운 과세처분에 대하여 별도로 전심절차를 거쳐야 한다.[17]

그런데 불가변력이란 용어를 사용한 판례 가운데 다음의 예에서 보는 바와 같이 '불가쟁력 또는 불가변력'이라는 표현하에 불복기간의 경과나 전심절차의 종결에 따른 처분 확정의 효력으로 파악하는 듯한 태도를 보인 것이 적지 않아 문제가 된다.

> 과세처분의 증액갱정이 있는 경우에는 선행과세처분은 갱정처분의 일부로 흡수되어 독립한 존재가치를 상실하여 소멸하므로 **선행과세처분이 불복기간의 경과나 전심절차의 종결로 이미 확정된 뒤에 증액결정을 하였더라도 그 확정에 의하여 발생된 불가쟁력이나 불가변력**을 인정할 여지가 없게 되어, 갱정처분에 대한 소송절차에서 당사자는 이미 확정된 선행처분에 포함된 사항에 대하여도 그 위법여부를 다툴 수 있다고 할 것이다.[18]

> 상속세의 과세표준과 세액을 결정한 후 그 과세표준과 세액에 탈루 또는 오류가 있는 것이 발견되어 이를 증액하는 경정처분이 있는 경우 그 증액경정처분은 당초처분을 그대로 둔 채 당초처분에서의 과세표준과 세액 을 초과하는 부분만을 추가확정하는 처분이 아니고 재조사에 의하여 판명된 결과에 따라서 당초처분에서의 과세표준과 세액을 포함시켜 전체로서의 과세표준과 세액을 결정하는 것이므로

16) 대법원 1997.11.28. 선고 97누11089 판결(광업권설정출원서반려처분취소등).
17) 대법원 1984.10.23. 선고 84누406 판결(양도소득세부과처분취소).
18) 대법원 1990.4.10. 선고 90누219 판결(증여세등부과처분취소: 공873.1083(44)).

증액경정처분이 되면 당초처분은 증액경정처분 속에 흡수되어 당연히 소멸하는 것으로 보아야 한다.

과세처분이 불복기간의 경과나 전심절차의 종결로 확정되어 이른바 불가쟁력 또는 불가변력이 발생하였다고 하여도 이러한 확정의 효력은 그 처분이 유효하게 존속하는 것을 전제로 한 것이므로 그 뒤의 증액경정처분에 의하여 당초의 과세처분이 위 증액경정처분에 흡수됨으로써 독립된 존재가치를 상실하고 소멸한 이상 그 불가쟁력이나 불가변력을 인정할 여지가 없고, 따라서 증액경정처분에 대한 소송절차에서 납세자는 증액경정처분으로 증액된 과세표준과 세액에 관한 부분만이 아니라 당초 처분에 의하여 결정된 과세표준과 세액에 대하여도 그 위법여부를 다툴 수 있다.19)

이와 같이 판례가 불가쟁력과 불가변력을 무차별적으로 모두 불복기간의 경과나 전심절차의 종결로 확정됨으로써 발생하는 것이라고 한 것은 불가쟁력에 관해서는 타당하지만 불가변력에 관한 한 이론적으로 수긍하기 어려운 부분이다. 불가변력을 판결의 형식적 확정을 전제로 하여 발생하는 소송법상 판결의 실질적 확정력에 준 효력이라고 보면 몰라도 적어도 판결의 실질적 확정력과는 다른 행정행위의 효력이라고 본다면 이는 불가쟁력이 발생하기 전에도 발생할 수 있는 것이기 때문이다.

반면 대법원은 일련의 판례를 통하여 행정처분이나 행정심판재결이 불복기간의 경과로 인해 확정되는 경우 발생하는 '확정력'은 그 처분으로 인하여 법률상 이익을 침해받은 자가 당해 처분이나 재결의 효력을 더 이상 다툴 수 없다는 의미일 뿐, 판결의 실질적 확정력, 즉 기판력을 의미하는 것은 아니라고 판시해 오고 있어 주목을 끌고 있다.

일반적으로 행정처분이나 행정심판재결이 불복기간의 경과로 인하여 확정될 경우 그 확정력은, 그 처분으로 인하여 법률상 이익을 침해받은 자가 당해 처분이나 재결의 효력을 더 이상 다툴 수 없다는 의미일 뿐, 더 나아가 판결에 있어서와 같은 기판력이 인정되는 것은 아니어서 그 처분의 기초가 된 사실관계나 법률적 판단이 확정되고 당사자들이나 법원이 이에 기속되어 모순되는 주장이나 판단을 할 수 없게 되는 것은 아니다. 따라서 종전의 산업재해요양보상급여취소처분이 불복기간의 경과로 인하여 확정되었더라도 요양급여청구권이 없다는 내용의 법률관계까지 확정된 것은 아니며 원고로서는 소멸시효에 걸리지 아니한 이상 다시 요양급여를 청구할 수 있고 그것이 거부된 경우 이는 새로운 거부처분으로서 그 위법여부를 소구할 수 있다.20)

---

19) 대법원 1986.12.23. 선고 86누199 판결(상속세등부과처분취소: 공1987, 249); 동지 대법원 1984.12.11. 선고 84누225 판결(이에 대한 평석으로는 성기창, 「증액경정처분과 감액경정처분에 있어서의 쟁송대상 및 범위 등, 1984.12.11. 84누225」, 『대법원 판례해설』 제5호, 177 이하를 참조).

20) 대법원 1993.4.13. 선고 92누17181 판결. 이 사건에서 원심(서울고등법원)은 산업재해보상보험업무및심사에관한법률 제3조의 규정내용에 비추어 볼 때, 지방노동관서의 장으로부터 보험급여에 관한 결정을 받은 자가 이에 대하여 소정의 기간 내에 심사청구 등의 불복절차를 취하지 아니한 경우 또는 심사청구와 재심청구 등의 불복절차를 취하였다 하더라도 소정의 기간 내에 행정소송을 제기하지 아니한 경우에는 보험급

위 판결은 불복기간의 경과로 처분이 확정되었다고 해서 그 처분의 기초가 된 사실관계나 법률적 판단이 확정되고 당사자들이나 법원이 이에 기속되어 모순되는 주장이나 판단을 할 수 없게 되는 확정판결의 기판력이 인정되는 것은 아니라는 점을 분명히 한 것에 불과하고, 처분청 자신도 그 처분을 취소 또는 철회할 수 없는 구속이라는 의미의 '불가변력'에 대한 것은 아니라고 할 수 있다. 위 판결은 오히려 형식적 확정력, 즉 불가쟁력의 내용에 대해 판단을 내린 것이라고 보는 것이 더욱 정확할 것이다. 이 점은 대법원이 "확정력은 그 처분으로 인하여 법률상 이익을 침해받은 자가 당해 처분이나 재결의 효력을 더 이상 다툴 수 없다는 의미일 뿐"이라고 하여 처분의 상대방등에 대한 쟁송차단효를 언급하고 있는 데서도 분명히 드러난다. 그러나 이 경우 '형식적'이나 '실질적'이라는 접두어를 생략한 채 단지 '확정력'이라는 용어를 사용하면서 기판력과 같은 효력은 인정되지 않는다고 판단한 것은 앞에서 살펴본 실질적 존속력의 내용으로 검토되는 규준력 부분을 실질적으로 부정한 것이 아닌가 하는 의문을 완전히 배제해 주지는 못하고 있다. 특히 앞으로 판례를 통해 이들 판례에서 언급된 '불복기간의 경과로 발생하는 확정력'이 '형식적 확정력' 또는 '불가쟁력'만을 의미하는 것인지 아니면 '형식적 확정력'과 '실질적 확정력'의 상위개념을 의미하지만 그중 '실질적 확정력'(규준력과 같은 의미)이 인정되지 않으므로 사실상 '형식적 확정력'만을 의미하는 것인지, 또한 이미 앞에서 검토된 바 있는 일련의 판례를 통해 불가쟁력과 함께 사용된 '불복기간

여에 관한 결정이 확정되고, 당사자로서는 동일한 사유를 원인으로 하는 보험급여관계에 대하여는 더 이상 다툴 수 없다고 판단하였다. 그러나 대법원은 위와 같은 전제하에서 산업재해보상보험법은 보험급여를 받을 권리는 3년간 행사하지 않으면 소멸시효가 완성된다고 규정하는 외 그 권리의 행사를 제한하는 별다른 규정을 두지 않고 있고, 산업재해보상보험업무및심사에관한법률은 산업재해보상보험법에 의한 보험급여에 관한 이의의 심사에 관한 사항을 규정함으로써 보험급여의 공정을 기함을 목적으로 하여 제정된 법률로서 보험급여에 관한 결정에 이의가 있는 자가 거쳐야 할 행정심판에 관하여 그 불복기간과 절차, 심사(재심사)기관등에 대하여 일반 행정처분에 관한 행정심판법과 다른 특별규정을 두고 있을 뿐, 보험급여에 관한 처분이나 그 처분에 대한 심사(재심사)결정의 효력에 대하여 행정심판법과 다른 어떤 특별 규정을 두고 있지 않으므로, 산업재해보상보험금 관련 처분이라 하여 그 처분이나 그에 대한 심사(재심사)결정이 불복기간의 경과로 확정된 경우 그 확정력에 있어서 일반 행정처분이나 행정심판 재결이 확정된 경우와 다른 특별한 효력이 있는 것으로는 보이지 않으므로, 종전의 산업재해요양보상급여취소처분이 불복기간의 경과로 인하여 확정되었더라도, 요양급여청구권이 없다는 내용의 법률관계까지 확정된 것은 아니며 원고로서는 소멸시효에 걸리지 아니한 이상, 다시 요양급여를 청구할 수 있고 그것이 거부된 경우 이는 새로운 거부처분으로서 그 위법여부를 소구할 수 있다고 하여야 할 것인데도 원심이 이를 부인하여 소를 각하한 것은 행정처분이나 행정심판 재결이 확정된 경우의 효력에 관한 법리를 오해한 위법이 있다고 판시하였다. 이에 대한 평석으로는 윤영선, 「행정처분이나 행정심판 재결이 불복기간의 경과로 확정된 경우의 효력」, 대법원 1993.4.13. 선고 92누17181 판결, 『대법원 판례해설』 제19-2호, 142 이하; 홍준형, 『판례행정법』, 1999, 37번 판례, 504-513을 참조). 동지 대법원 1993.8.27. 선고 93누5437 판결(체당보험금부지급결정취소); 대법원 1994.11.8. 선고 93누21927 판결(장애등급결정처분취소); 대법원 1999.1.15. 선고 97누15463 판결(법인세부과처분취소).

의 경과나 전심절차의 종결로 확정됨으로써 발생하는 불가변력'이 무엇을 의미하는지를 밝혀야 할 것이다.

3. 이 사건 원심판결의 검토

이 사건 원심은 선행처분인 운전면허정지처분이 효력을 발생한 이상, 피고로서는 그 불가변력으로 인하여 이를 취소, 철회할 수 없다고 판시하였다. 그러나 이제까지 검토한 불가변력에 관한 법리에 비추어 볼 때, 문제의 운전면허정지처분에 불가변력이 인정되는지는 의문이다. 나아가, 설사 불가변력이 인정된다고 가정하더라도 그 결과 선행처분의 취소나 철회가 제한되는 것은 별론으로 하고, 그것만을 이유로 하여 별개의 처분인 후행 면허취소처분을 선행처분에 반하여 위법이라고 판단한 것은 수긍하기 어렵다. 설사 선행처분인 면허정지처분에 불가변력이 인정된다고 가정하더라도 소송의 대상은 어디까지나 후행 면허취소처분의 위법여부였고, 또 불가변력의 내용이 판결의 실질적 확정력에 상응하는 규준력의 근거가 되지 않는 이상, 특별한 사유 없이 동일한 사건에 대하여 단순한 업무상의 착오를 이유로 선행처분에 반하여 한 이 사건 운전면허취소처분을 위법하다고 판단할 수는 없었을 것이기 때문이다. 또 만일 불가변력을 그와 같은 판결의 실질적 확정력에 상응하는 규준력을 포함하는 것으로 이해한다고 할지라도 그렇게 보기 위해서는 최소한 형식적 확정, 즉 불가쟁력의 발생이 전제되어야 한다고 했어야 하지 않을까 하는 의문이 남는다.

Ⅴ. 행정행위의 취소·철회 제한의 법적 본질과 신뢰보호문제

1. 문제의 소재

대법원은 선행처분인 운전면허정지처분의 취소가 허용되지 않는다고 보아 그 후에 이루어진 이 사건 운전면허취소처분을 동일한 사유에 관한 이중처분으로 위법하다고 본 원심의 결론을 수용하면서도 그 근거가 된 불가변력의 법리는 이를 받아들이지는 않았다. 그 대신 대법원은 다음과 같은 논거를 제시하면서 상고를 기각하였다. 즉, 행정청이 일단 행정처분을 한 경우에는 행정처분을 한 행정청이라도 법령에 규정이 있는 때, 행정처분에 하자가 있는 때,

행정처분의 존속이 공익에 위반되는 때, 또는 상대방의 동의가 있는 때 등의 특별한 사유가 있는 경우를 제외하고는 행정처분을 자의로 취소(철회의 의미를 포함)할 수 없는데(대법원 1990.2.23. 선고 89누7061 판결 참조), 선행처분인 면허정지처분은 비록 그와 같은 처분이 도로교통법시행규칙 제53조 제1항 [별표 16]에서 정한 행정처분기준에 위배하여 이루어진 것이라 하더라도 그와 같은 사실만으로 곧바로 당해 처분이 위법하게 되는 것은 아니며, 원고로서는 그 면허정지처분이 효력을 발생함으로써 그 처분의 존속에 대한 신뢰가 이미 형성되었다 할 것이고 또한 그와 같은 처분의 존속이 현저히 공익에 반한다고는 보이지 아니하므로, 동일한 사유에 관하여 보다 무거운 면허취소처분을 하기 위하여 이미 행하여진 가벼운 면허정지처분을 취소하는 것은 선행처분에 대한 당사자의 신뢰 및 법적 안정성을 크게 저해하는 것이 되어 허용될 수 없다는 것이었다. 여기서 제기되는 문제는 첫째, 대법원이 1990.2.23. 선고 89누7061 판결을 원용하여 재확인하고 있는 법리에 따르면, 행정청이 일단 행정처분을 한 후에는 법령에 규정이 있는 때, 행정처분에 하자가 있는 때, 행정처분의 존속이 공익에 위반되는 때, 또는 상대방의 동의가 있는 때 등의 특별한 사유가 있는 경우를 제외하고는 처분청이라도 자신이 한 행정처분을 자의로 취소 또는 철회할 수 없다는 구속을 받는다는 것인데, 그 구속력의 본질이 무엇인가 하는 것이다. 이것은 불가변력인가 아니면 그것과는 다른 행정행위의 존속력인가. 아니면 행정행위 일반에 관한 취소·철회권 제한에 관한 기존의 판례를 단순히 재확인한 데 불과한 것인가. 둘째, 대법원은 동일한 사유에 관하여 보다 무거운 면허취소처분을 하기 위하여 이미 행하여진 가벼운 면허정지처분을 취소하는 것은 선행처분에 대한 당사자의 신뢰 및 법적 안정성을 크게 저해하는 것이 되어 허용될 수 없다고 판시함으로써 선행 면허정지처분의 취소요건으로서 신뢰 및 법적 안정성에 대한 저해여부를 고려하고 있는데, 이는 대법원이 기존의 판례를 통해 견지해 오고 있는 신뢰보호의 원칙과는 어떤 관계에 있는 것인가. 이를 차례로 검토해 보기로 한다.

2. 행정행위의 취소·철회 제한의 법적 본질

대법원은 이 사건 판결에서 원심의 불가변력 법리를 수용하지 않았다. 그 대신 대법원 1990.2.23. 선고 89누7061 판결을 원용하여 사건의 해결을 시도하였다. 대법원이 원용한 89누7061 판결은 "행정청이 일단 행정처분을 한 경우에는 행정처분을 한 행정청이라도 법령에 규정이 있는 때, 행정처분에 하자가 있는 때, 행정처분의 존속이 공익에 위반되는 때, 또는 상대방의 동의가 있는 때 등의 특별한 사유가 있는 경우를 제외하고는 행정처분을 자의로 취소(철회의 의미를 포함한다)할 수 없다."라는 원심의 판단을 그대로 받아들여 정당한 사유 없이 당초의 행정처분을 변경하고, 기망과 강박에 의하여 그 변경처분에 대한 상대방의 동의를 얻어내 한 처분청의 변경처분이 위법하다고 판시한 것이었다.[21)]

원심이 어떠한 이유에서 그러한 일반화된 명제를 판단의 근거로 삼았는지는 불분명하다. 그러나 다음에 보는 판례들에 비추어 볼 때 취소·철회권 제한에 관한 기존의 판례에 그 연원을 두고 있는 것으로 추정된다.

> 주세법 제11조를 근거로 사업범위를 제한하고 이 범위를 위반하였을 때에는 면허를 취소한다는 내용의 조건부 주류판매업 면허의 경우는 **행정행위의 부관 중 취소권(즉, 철회의 경우)의 유보로서 그 취소사유는 법령에 그 규정이 있는 경우가 아니라고 하더라도 의무위반이 있는 경우, 사정변경이 있는 경우, 좁은 의미의 취소권이 유보된 경우, 또는 중대한 공익상의 필요가 발생한 경우 등에는 당해 행정청은 그 행정처분을 취소할 수 있는 것이므로,** 비록 주세법 제18조가 정하는 면허취소사유에 해당되지 않는다고 하더라도 위 주류판매업 면허의 부관인 사업범위의 위반을 들어 지정조건에 따라 그 면허를 취소할 수 있다.[22)]

> 행정행위를 한 처분청은 비록 **그 처분 당시에 별다른 하자가 없었고, 또 그 처분 후에 이를 취소할 별도의 법적 근거가 없다하더라도 원래의 처분을 존속시킬 필요가 없게 된 사정변경이 생겼거나 또는 중대한 공익상의 필요가 발생한 경우에는 그 효력을 상실케 하는 별개의 행정행위로 이를 취소할 수 있다.**[23)]

이 사건 판결이 원용한 89누7061 판결에 따른 취소·철회의 제한이라는 구속력은 그 상대방이 당해 행정처분을 한 행정청이고, 그 내용은 법령에 규정이 있는 때, 행정처분에 하자가 있는 때, 행정처분의 존속이 공익에 위반되는 때, 또는 상대방의 동의가 있는 때 등의 특별한 사유가 있는 경우를 제외하고는 처분청이라도 자신이 한 행정처분을 자의로 취소 또는

---

21) 대법원 1990.2.23. 선고 89누7061 판결.

22) 대법원 1984.11.13. 선고 84누269 판결(주류판매업면허처분취소). 이에 대한 평석으로는 김철용, 「주류판매업 면허처분철회의 근거와 철회권유보의 한계」, 『행정판례연구』 Ⅰ, 1992.11., 69-75를 참조. 여기서 김철용 교수(같은 곳, 72)는 "처분청은 철회사유가 법정되어 있지 아니하여도 의무위반이 있는 경우, 사정변경이 있는 경우 또는 중대한 공익상의 필요가 발생한 경우 등에는 자유로이 철회할 수 있는 것이다."라는 이른바 철회자유의 원칙을 설시하고 있으나, 이는 수긍하기 어렵다고 비판하고 있다. 반면 철회사유가 법정되어 있는 경우 철회사유 이외의 사유를 들어 철회권을 유보할 수 있는지 여부에 관해서는 소극설(이상규, 『신행정법론(상)』, 1985, 248; 김남진, 『법률신문』 1985.1.28.)이 있지만, 주세법등 관계법령의 취지와 탄력적 주세행정 등의 이유를 들어 대법원이 이를 인정한 데 대해 찬의를 표하고 있다(같은 곳, 73).

23) 대법원 1995.5.26. 선고 94누8266 판결(병역면제취소처분취소).

철회할 수 없다는 것이며, 그 구속력의 발생시점은 행정청이 일단 행정처분을 한 후부터라는 것이 된다. 이를 이 사건 판결의 원심이 취했던 불가변력, 그리고 그와 구별되는 개념으로서 실질적 확정력 또는 규준력과 비교해 보면 다음 표에서 보는 바와 같다.

<효력의 내용과 인정범위에 따른 구별>

인정범위 / 효력의 내용	행정행위 일반	특정 종류의 행정행위에 국한
행정행위를 한 행정청에 대한 판결의 자박력과 유사한 기속력		통상의 불가변력
행정행위를 한 행정청에 대한 취소· 변경 등의 제한	판례상 취소등 제한 (하자, 공익, 상대방 동의시 제외)	
처분청 · 당사자에 대한 기속 · 일사 부재리		실질적 확정력 또는 규준력

<효력의 인적 범위와 발생시점에 따른 구별>

<table>
<tr><th>효력발생시점 / 효력의 인적범위</th><th>행정행위통지시</th><th>불복기간경과 등 형식적 확정시</th></tr>
<tr><td rowspan="2">당해 행정행위를 한 행정청</td><td>판례상 취소등 제한(법정사유, 하자, 공익, 상대방 동의시 제외)</td><td rowspan="2"></td></tr>
<tr><td>통상의 불가변력</td></tr>
<tr><td>처분청 · 당사자등</td><td></td><td>실질적 확정력 또는 규준력</td></tr>
</table>

여기서 제기되는 문제는 89누7061 판결에서 대법원이 전제한 취소 · 철회의 제한의 법리가 일반화될 수 있는 명제인가 하는 것이다. 이는 대단히 의문스럽다. 일반화의 오류는 '당원의 판례'라는 형태의 원용과 반복원용을 통해 오류를 고착화하고 증폭한다는 점에서 크게 우려할 만한 위험이다. 89누7061 판결이 범한 일반화의 오류는 그 논리를 반대해석해 보면 분명히 드러난다. 물론 '법령에 규정이 있는 때'에는 취소 · 철회가 허용된다고 일반화할 수 있을지 모른다. 그러나 행정행위의 성질이나 내용, 효과 여하를 불문하고 행정행위 일반에 대하여 '행정처분에 하자가 있는 때', '행정처분의 존속이 공익에 위반되는 때', 또는 '상대방의 동의가 있는 때' 등의 특별한 사유가 있는 경우면 과연 언제나 행정처분을 임의로 취소 또는 철회할 수 있다고 볼 수 있는가. 반대로 하자가 있어도 취소 · 철회가 제한되는 경우는 없으며, 상대방의 동의가 있더라도 취소 · 철회가 제한되는 경우는 없는가. 하물며 '행정처분의 존

속이 공익에 위반되는 때'에는 언제나 처분을 취소·철회할 수 있는 것인가.

대법원 스스로가 행정청이 그가 행한 처분에 잘못이 있음을 발견한 경우에도 언제나 이를 직권으로 취소·변경할 수 있는 것은 아니며 기득권침해나 공공복리의 침해, 특히 그 행정처분이 절차상 확인판단적·준사법적 성질을 가지거나 법률의 규정에 의하여 소송법적 확정력을 가지는 등과 같은 예외적인 사유가 있는 경우에는 직권취소나 변경이 허용되지 않는다는 점을 확인하고 있다.

> 행정청은 그가 행한 처분에 잘못이 있음을 발견한 경우에는, 그 취소로 인하여 상대방이 취득한 권리·이익 또는 공공복리가 침해된다든지 또는 그 행정처분이 절차상 확인판단적·준사법적 성질을 가지거나 법률의 규정에 의하여 소송법적 확정력을 가지는 등과 같은 예외적인 사유가 없는 한, 일반적으로 당해 처분에 대한 불복신청이 없더라도 그 잘못을 시정하기 위하여 직권으로 이를 취소·변경할 수 있다.[24]

또한 수익적 행정처분을 취소하거나 중지시킬 경우 이미 부여된 기득권을 침해하는 것이 되므로, 비록 취소 등의 사유가 있다고 하더라도 그 취소권 등의 행사는 기득권의 침해를 정당화할 만한 중대한 공익상의 필요 또는 제3자의 이익보호의 필요가 있는 때에 한하여 상대방이 입는 불이익과 비교·교량하여 결정하여야 한다는 법익형량의 원칙 역시 이미 확고한 판례로 정착되어 있다.

> 소위 수익적 행정처분을 취소하거나 중지시키는 경우에는 이미 부여된 그 국민의 기득권을 침해하는 것이 되므로, 비록 취소 등의 사유가 있다고 하더라도 그 취소권 등의 행사는 기득권의 침해를 정당화할 만한 중대한 공익상의 필요 또는 제3자의 이익보호의 필요가 있는 때에 한하여 상대방이 입는 불이익과 비교·교량하여 결정하여야 하고, 그 처분으로 인하여 공익상의 필요보다 상대방이 받게 되는 불이익 등이 막대한 경우에는 재량권의 한계를 일탈한 것으로서 그 자체가 위법임을 면치 못한다.[25]

법익형량의 요구 또는 원칙은 일반화될 수 있으나,[26] 그 형량의 결과는 관계법과 구체적인 사안의 내용에 따라 달라질 수 있는 것이므로 일반화될 수 없다. 이렇게 볼 때 대법원의

---

24) 대법원 1997.11.28. 선고 97누11089 판결(광업권설정출원서반려처분취소등).

25) 대법원 1990.10.10. 선고 86누6433 판결; 대법원 1991.5.14. 선고 90누9780 판결; 대법원 1991.4.12. 선고 90누9520 판결; 대법원 1990.2.27. 선고 89누2189 판결 등.

26) "행정청은 위법한 행정처분을 취소하고자 할 때에는 취소에 의해 달성하고자 하는 공익상 필요와 상대방이 이미 취득한 권익의 보호, 제3자의 신뢰보호 및 법률생활안정 등의 요청을 비교형량하여 결정하여야 한다."라고 규정하였던 1987년의 행정절차법안 제31조 제1항이 바로 그러한 예라 할 수 있다.

이 사건 판결은 89누7061 판결에서 충분한 검토 없이 수용되었던 원심의 취소·철회제한에 관한 공식을 무비판적으로 답습함으로써 일반화의 오류를 확산시켰다는 비판을 면하기 어렵다고 생각된다. 89누7061 판결의 대상이 되었던 것은 하천공사시행허가와 골재채취허가의 복합허가 중 골재채취허가부분을 취소한 변경처분의 위법여하였다.

> 처분청인 피고가 당초의 하천공사시행허가와 골재채취허가의 복합허가 중 골재채취허가부분을 취소한 것이 오로지 피고 자신이 골재의 채취와 반출에 대한 감독을 할 수 없다는 내부적 사정에 따른 것이라면 그와 같은 사정만으로는 골재채취허가를 취소 또는 철회할 만한 정당한 사유가 될 수 없고, 상대방인 원고가 이 사건 변경처분에 대하여 한 동의가 피고측의 기망과 강박에 의한 의사표시라는 이유로 이 사건 소장의 송달에 의하여 적법하게 취소되었다면 위 동의는 처음부터 무효인 것으로 되므로 이 사건 변경처분은 위법한 것이다.[27)]

일종의 기득권을 구성하는 수익적 처분의 취소 또는 철회한 것이 허용되는지 여부가 문제되었기 때문에 그 취소·철회의 제한사유를 다소 강하게 그리고 정언적 명법(定言的 命法)으로 일반화했던 것인지 모른다. 그러나 평석대상인 이 사건 판결의 경우 면허정지처분의 취소가능여부는 그와는 사뭇 다른 맥락에서 다루어져야 할 문제였다. 선행처분인 면허정지처분은 면허취소처분과의 관계에서 상대적으로만 원고에게 유리한 처분이라는 점에서 그에 따른 현상유지(status quo)가 반드시 89누7061 판결의 경우 기득의, 골재채취허가처분으로 인한 이익과 동일한 양상으로 보호된다고 결론짓기에는 또 다른 논증이 필요했다고 판단된다. 그 또 다른 논증이 바로 다음에 보는 신뢰 및 법적 안정성의 요청이었다.

3. 선행처분의 취소와 신뢰보호

이 사건 판결에서 대법원은 선행처분인 면허정지처분은 비록 그와 같은 처분이 도로교통법 시행규칙 제53조 제1항 [별표 16]에서 정한 행정처분기준에 위배하여 이루어진 것이라 하더라도 그와 같은 사실만으로 곧바로 당해 처분이 위법하게 되는 것은 아니라는 점, 원고로서는 그 면허정지처분이 효력을 발생함으로써 그 처분의 존속에 대한 신뢰가 이미 형성되었다 할 것이고 또한 그와 같은 처분의 존속이 현저히 공익에 반한다고는 보이지 아니한다는 점을 들어 동일한 사유에 관하여 보다 무거운 면허취소처분을 하기 위하여 이미 행하여진 가벼운

---

27) 대법원 1990.2.23. 선고 89누7061 판결.

면허정지처분을 취소하는 것은 선행처분에 대한 당사자의 신뢰 및 법적 안정성을 크게 저해하는 것이 되어 허용될 수 없으며, 따라서 이 사건 운전면허취소처분은 동일한 사유에 관한 이중처분으로서 위법하다고 판단했다. 이러한 결론은 '선행처분의 적법 → 선행면허정지처분의 취소가 신뢰보호 등의 이유로 허용되지 아니한다는 점 → 따라서 선행처분이 존속하는 상황에서 행해진 더 무거운 내용의 후행면허취소처분의 이중처분으로서의 위법'이라는 논리적 과정에 의한 것으로 분석된다.

먼저, 선행처분인 면허정지처분은 비록 그와 같은 처분이 도로교통법시행규칙 제53조 제1항 [별표 16]에서 정한 행정처분기준에 위배하여 이루어진 것이라 하더라도 그와 같은 사실만으로 곧바로 당해 처분이 위법하게 되는 것은 아니라는 점에 대해서는, 여기서 상론할 겨를이 없으므로, 그것이 대법원의 판례였지만 최근 주택건설촉진법시행령 제10조의3 제1항[별표 1]의 대외적 구속력을 인정한 대법원의 1997.12.26. 선고 97누15418 판결(주택건설사업영업정지처분취소: 공98.2.1.[51], 429)을 계기로 재연된 논란이 있다는 점[28]만을 지적하고 더 이상 거론하지 않기로 한다. 둘째, 대법원이 선행면허정지처분의 취소가 신뢰보호 등의 이유로 허용되지 않는다고 판단한 것은 신뢰보호원칙에 대한 기존의 판례에 비추어 볼 때 대단히 파격적인 것으로 보인다. 주지하는 바와 같이 신뢰보호의 원칙은 형식적 합법성의 원칙을 희생하여서라도 국민의 신뢰를 보호하는 것이 실질적 법치주의에 부합한다는 이유에서 인정되는 것이므로[29] 다음 판결에서와 같이 그 보호요건의 해석을 엄격히 한정할 필요가 있다.

> 일반적으로 행정상의 법률관계에 있어서 행정청의 행위에 대하여 신뢰보호의 원칙이 적용되기 위하여는, 첫째, 행정청이 개인에 대하여 신뢰의 대상이 되는 공적인 견해표명을 하여야 하고, 둘째, 행정청의 견해표명이 정당하다고 신뢰한 데에 대하여 그 개인에게 귀책사유가 없어야 하며, 셋째, 그 개인이 그 견해표명을 신뢰하고 이에 어떠한 행위를 하였어야 하고, 넷째, 행정청이 위 견해표명에 반하는 처분을 함으로써 그 견해표명을 신뢰한 개인의 이익이 침해되는 결과가 초래되어야 하며, 이러한 요건을 충족할 때에는 행정청의 처분은 신뢰보호의 원칙에 반하는 행위로서 위법하게 된다고 할 것이고, 또한 위

---

28) 이에 관한 문헌 중 대표적인 것만을 소개하면 다음과 같다. 김남진, 「법규명령과 행정규칙의 구분 등」, 『법제』 제485호, 1998.5.; 김원주, 「법규명령과 행정규칙 구별의 실익」, 『고시계』, 1998.11., 5-13; 김유환, 「법규명령과 행정규칙의 구별기준」, 『고시계』, 1998.11., 14-27; 유상현, 「행정부에서 보는 행정규칙론」, 『고시계』, 1998.11., 28-40; 김동건, 「대법원판례에 비추어 본 법규명령과 행정규칙」, 『고시계』, 1998.11., 41-56; 김철용, 「행정규칙론의 과제」, 『고시계』, 1998.11., 57-67; 홍준형, 「법규명령과 행정규칙의 구별」, 『법제』 제488호, 1998.8.; 홍준형, 『판례행정법』, 14번 및 15번 판례(204-232) 등.

29) 대법원 1992.9.8. 선고 91누13670 판결. 동지 대법원 1992.9.28. 선고 91누9848 판결; 1992.3.31. 선고 91누9824 판결; 1987.8.18. 선고 86누537 판결 등.

요건의 하나인 행정청의 공적 견해표명이 있었는지의 여부를 판단하는 데 있어 반드시 행정조직상의 형식적인 권한분장에 구애될 것은 아니고 담당자의 조직상의 지위와 임무, 당해 언동을 하게 된 구체적인 경위 및 그에 대한 상대방의 신뢰가능성에 비추어 실질에 의하여 판단하여야 한다.[30]

그런데 대법원은 이 사건 판결에서 당해 처분이 위법하다고 볼 수 없으며, 원고로서는 그 면허정지처분이 효력을 발생함으로써 그 처분의 존속에 대한 신뢰가 이미 형성되었다 할 것이고 또한 그와 같은 처분의 존속이 현저히 공익에 반한다고는 보이지 아니한다는 점만을 들어 전산입력 착오로 면허취소사유를 면허정지사유로 오인하여 행한 면허정지처분의 존속을 인정함으로써 일견 신뢰보호요건을 완화한 것이 아닌가, 특히 위 판결의 셋째 요건, 즉 '셋째, 그 개인이 그 견해표명을 신뢰하고 이에 어떠한 행위를 하였어야 한다는 요건'을 완화시킨 것이 아닌가 하는 의문을 낳고 있다. 그 한도에서 이 사건 판결은 앞서 본 신뢰보호의 요건에 관한 대법원의 확립된 판례를 변경한 것인가.

사실 이러한 대법원의 논리가 전혀 새로운 것은 아니다. 차로위반으로 벌점 10점을 부과받은 후 음주운전으로 적발되어 벌점 100점을 부과받아 110일간의 자동차운전면허정지처분을 받아 집행이 완료되었으나, 피청구인의 착오로 확인하지 못한 음주운전적발 이전 시점에 발생한 신호위반으로 받은 벌점 15점을 추후에 확인하고 이를 청구인의 운전면허정지처분을 받게 되었던 벌점 110점과 합산하여 벌점합계가 125점이 되자 청구인의 1년간 누산점수가 운전면허취소기준점인 121점 이상이 되었다는 이유로 피청구인이 청구인의 운전면허를 취소하자, 동일한 위반사실로 인하여 이중처벌을 받아 억울하다며 이 건의 취소를 구하는 행정심판을 청구한 사건에서 국무총리행정심판위원회는 이 사건 대법원의 논지와 대동소이한 이유로 청구를 인용한 바 있었다.

청구인이 1998.7.30. 음주운전으로 적발되어 청구인의 1년간 누산점수가 운전면허취소기준점인 121점 이상이 되었음에도 불구하고 ○○경찰서장이 청구인의 벌점 중 1998.7.24. 신호위반으로 인한 벌점 15점을 확인하지 못하고 1998.3.15. 차로위반으로 인한 벌점 10점과 이 건 최종 교통법규위반행위인 1998.7.30. 음주운전으로 인한 벌점 100점만을 확인하여 청구인에 대하여 110일간(1998.7.30.~1998.11.16.)의 자동차운전면허정지처분을 하였고, 동 운전면허정지처분의 집행이 완료된 지 약 7개월이 경과한 1999.6.10. 피청구인은 청구인이 1998.3.15. 차로위반으로 인한 벌점 10점, 1998.7.24. 신호위반으로 인한 벌점 15점, 1998.7.30. 음주운전으로 인한 벌점 100점으로 청구인의 1년간 누산점수가 운전면허취소기준점인 121점 이상이 되었다는 이유로 청구인의 운전면허(제2종 보통)를 1999.6.10.

30) 대법원 1997.9.12. 선고 96누18380 판결(토지형질변경행위불허가처분취소). 이에 관하여는 홍준형, 『판례행정법』, 11번 판례, 167-183을 참조.

자로 취소하였는데, 이로 인하여 청구인의 운전면허결격기간이 결과적으로 동일한 다른 위반행위자들에 비하여 이미 집행완료한 위 운전면허정지기간 110일에 해당하는 만큼 부당하게 늘어나게 되는 점, 청구인이 1998.7.30. 음주운전으로 인한 벌점 100점과 1998.3.15. 차로위반으로 인한 벌점 10점, 합계 벌점 110점에 대하여 운전면허정지처분을 받아 그 집행이 완료되어 더 이상 다른 행정처분이 없을 것이라고 믿은 신뢰의 이익과 그 법적 안정성을 빼앗는 결과가 되는 점 등에 비추어 볼 때 이 건 처분은 행정청의 착오를 시정하여 달성하려는 공익상의 목적보다 이로 인하여 침해되는 개인의 이익이 현저히 크다고 할 것이므로 위법·부당하다 할 것이다.[31)]

물론 위 심판사건의 경우에는 선행처분인 면허정지처분의 집행이 완료되었기 때문에 이미 법적 제재를 받았다고 볼 수 있고 따라서 후행처분인 면허취소처분은 선행처분의 집행이 완료되어 더 이상 다른 행정처분이 없을 것이라고 믿은 신뢰의 이익과 그 법적 안정성을 빼앗는 결과가 되는 이중처분으로서 위법하다고 판단한 것이어서, 아직 선행처분이 존속하고 있는 이 사건의 경우와는 일단 사안을 달리하는 것이라고 볼 수 있다. 그러나 선행처분에 의한 면허정지기간이 이미 종료되었다거나 상당 부분 진행되었다는 사실여하에 따라 후행처분인 면허취소처분의 이중처분으로서의 위법성여부를 달리 판단하는 것이 옳은지 의문이 있을 뿐만 아니라, 선행처분이 이미 집행이 완료되어 소멸된 경우보다 오히려 유효하게 존재하고 있는 이 사건의 경우에 더욱 이중처분을 배제해야 할 필요성이 크다고 볼 여지도 없지 않다.

어떻든 위 심판사건의 경우 이에 대한 국무총리행정심판위원회 심리과정에서 신뢰보호의 요건충족여부가 문제되었다는 점에 주목할 필요가 있다. 심리과정에서 신뢰보호원칙을 적용하기 위하여는 위 셋째 요건, 즉 청구인이 신뢰에 기해 일정한 '처분'(Disposition)을 했어야 한다는 요건이 충족되어야 하는데, 당해 심판사건의 경우 그러한 청구인의 처분이 없으므로 신뢰보호원칙을 적용하기 어렵다는 견해가 일부 표명되었으나, 대다수는 업무처리의 미숙으로 벌점을 늦게 발견한 행정청에 잘못이 있고 운전면허정지처분을 받은 자에 대하여 또다시 운전면허취소처분을 하는 이중처분의 성격을 가지므로 이미 운전면허정지처분을 받아 다른 처분은 없을 것이라고 믿은 청구인의 신뢰를 보호하여야 한다는 의견을 취해 인용결정된 것으로 알려지고 있다.[32)]

1997.9.7. ○○지방경찰청장이 이 건 사업면허의 양도인인 청구 외 ○○○의 운전면허를 음주측정불응을 이유로 1996.12.17.자로 소급하여 취소하였다는 사실에 대하여는 다툼이 없으므로 양도인의 자동차운전면허가 취소되었다는 이유로 양수인인 청구인의 개인택시운송사업면허를 취소할 수 있다고

---

31) 국행심 1999.10.25. 99-4659 사건재결.
32) 황해봉, 「행정심판사건에 있어서의 신뢰보호 원칙의 적용례」, 『법제』, 2000.1.

할 것이다. 그러나 청구인이 이 건 운송사업을 양도인으로부터 양수한 이후 160여 일이 지난 후에야 비로소 양도인에 대한 자동차운전면허취소처분이 있었던 점에 비추어 볼 때 이 건 양도·양수 당시 청구인이 양도인에게 운전면허취소사유 및 이로 인한 이 건 운송사업면허의 취소사유가 발생된 사실을 알았다고 보기 어려운 점, 더욱이 이를 알지 못한 데에 청구인에게 귀책사유도 없었음이 인정되는 데도 불구하고 청구인이 이러한 사실을 알지 못한 데서 비롯되는 법적 책임을 전적으로 청구인에게만 귀속시킨다는 것은 청구인에게 너무 가혹하다는 점, 비록 청구인이 이 건 사업면허를 양수하면서 양도·양수에 따르는 모든 책임을 지겠다는 각서를 피청구인에게 제출하였고 법상 양도·양수에 따르는 권리의무를 양수인인 청구인이 승계하도록 규정되어 있다 하더라도 청구인이 이 건 사업면허를 양수하여 상당한 기간 동안 평온하게 개인택시운송사업을 영위하여 왔기 때문에 더 이상의 불이익이 없을 것이라 신뢰할 만한데도 양수 후 2년 3개월이 지난 시점에서 피청구인이 이 건 처분을 한 것은 청구인이 관할관청에 의하여 적법하게 인가를 받고 더 이상 양도인으로 인하여 법적 책임을 지는 일이 없이 개인택시운송사업을 영위할 수 있을 것이라고 믿은 신뢰이익 및 법적 안정성을 해치는 결과를 초래하게 될 것이라는 점 등을 감안한다면 이 건 처분은 다소 가혹하다고 할 것이다.33)

생각건대, 대법원이 이 사건 판결에서 신뢰보호의 요건에 관한 종래의 판례와의 관계를 염두에 두고 판단을 내린 것으로는 보이지 않는다. 오히려 대법원의 이 사건 판결은 종래의 신뢰보호의 요건과는 사뭇 다른 행정상 이중위험의 금지를 받아들인 것이 아닌가 하는 추론의 여지를 남긴다. 신뢰 및 법적 안정성의 요청에 입각하여 선행 면허정지처분이 존속하는 상황에서 행해진 더 무거운 내용의 후행면허취소처분을 이중처분으로서 위법하다고 판단했기 때문이다.

VI. 행정법상 이중위험의 금지와 신뢰보호원칙

1. 이중처분의 문제: 불이익한 경정처분과의 비교

대법원은 원심이 그 이유는 다소 다르나 선행처분인 여수경찰서장의 운전면허정지처분의 취소가 허용되지 않는다고 보아 그 후에 이루어진 이 사건 운전면허취소처분은 동일한 사유에 관한 이중처분으로서 위법하다고 본 결론에 있어서는 정당하다고 판단하였다. 그러나 대법원이 단순히 후행처분이 동일한 사유에 관한 이중처분이라는 이유만으로 상고를 기각한 것은

33) 국행심 1999.10.18. 99-5859 사건재결.

아니다. 다시 말해 선행처분이 존속하고 있는데도 다시 더 무거운 후행 면허취소처분을 내렸다는 것 자체를 탓한 것은 아니라는 것이다. 대법원은 오히려 선행처분인 면허정지처분이 위법하지도 않고, 그것이 효력을 발생함으로써 그 처분의 존속에 대한 신뢰가 이미 형성되었으며, 그와 같은 처분의 존속이 현저히 공익에 반하지 않음에도 불구하고 동일한 사유에 관하여 보다 무거운 면허취소처분을 하기 위하여 이미 행하여진 가벼운 면허정지처분을 취소하는 것은 선행처분에 대한 당사자의 신뢰 및 법적 안정성을 크게 저해하는 것이 되어 허용될 수 없다고 설시하였다. 다시 말해 가벼운 선행처분을 실질적으로 취소・변경(대체)하는 무거운 후행처분인 면허취소처분이 위법하다고 판단한 것이다.

이러한 대법원의 판단은 불이익한 경정처분의 위법여하에 대한 판례와 대비해 볼 때 상당한 뉘앙스를 가진 것이라고 볼 수 있다. 먼저 세법상 증액경정처분에 관한 대법원의 판례와 비교해 본다. 과세관청이 과세처분을 한 뒤에 과세표준과 세액에 오류 또는 탈루가 있음을 발견하여 이를 경정하는 처분을 한 경우, 그것이 감액경정인 때에는 처음의 과세처분에서 결정된 과세표준과 세액의 일부를 취소하는 데에 지나지 않으므로 처음의 과세처분이 감액된 범위 내에서 존속하게 되고 이 처분만이 쟁송의 대상이 되며 경정처분자체는 쟁송의 대상이 될 수 없는 반면, 증액경정인 때에는 처음의 과세처분에서 결정한 과세표준과 세액을 그대로 두고 증액부분만을 결정하는 것이 아니라 처음의 과세표준과 세액을 포함하여 전체로서 증액된 과세표준과 세액을 다시 결정하는 것이므로 처음의 과세처분은 뒤의 경정처분의 일부로 흡수되어 독립된 존재가치를 상실하여 소멸하고 오직 경정처분만이 쟁송의 대상이 된다는 것이 대법원의 판례이다.[34] 여기서 선행처분이 후행처분인 증액경정결정에 흡수되므로 선행처분의 불가변력은 이를 인정할 여지가 없고 후행처분인 증액경정결정이 당초의 처분보다 더 무거운 것인데도 적법하다고 판단되고 있음을 주목할 필요가 있다.

> 과세처분이 불복기간의 경과나 전심절차의 종결로 확정되어 이른바 불가쟁력 또는 불가변력이 발생하였다고 하여도 이러한 확정의 효력은 그 처분이 유효하게 존속하는 것을 전제로 한 것이므로 그 뒤의 증액경정처분에 의하여 처음의 과세처분이 위 경정처분에 흡수됨으로써 독립된 존재가치를 상실하고 소멸한 이상 그 불가쟁력이나 불가변력을 인정할 여지가 없고, 따라서 경정처분에 대한 소송절차에서 당사자는 이미 확정된 처음의 과세처분에 의하여 결정된 과세표준과 세액에 대하여도 그 위법여부를 다

34) 소순무, 「국세심판결정에 근거하여 처분청이 감액경정결정을 한 경우와 항고소송, 1996.7.30. 95누6328」, 『대법원 판례해설』 제26호, 374-375; 소순무, 『조세소송』, 조세총람사, 2000, 256-260; 정해남, 「당초의 과세처분과 경정처분의 법률관계」, 『재판자료』, 제60집, 107; 유인의, 「조세소송의 소송물」, 『재판자료』, 제17집; 이문재, 「조세부과처분에 있어서의 당초처분과 경정처분의 법률관계 및 구체적 적용」, 『사법논집』, 제15집 등을 참조.

툴 수 있다.35)

그러나 증액경정결정의 경우 조세법규의 전문기술성·복잡성 등으로 인해 그 해석·적용이 쉽지 않고 과세자료가 일시에 드러나지 않는 경우도 있어 그 확정과정에서 오류, 탈루가 있게 될 가능성이 있어 과세처분 확정절차를 일회에 종료한다는 것이 쉽지 않으므로, 공평과세의 이념과 과세징수권의 적정행사를 위하여 세무서장에게 부과권의 제척기간등 장애사유가 없는 한 과세처분에 오류 또는 탈루가 있는 경우 그 회수에 제한 없이 종전의 처분을 시정하기 위한 일반적인 경정처분권이 인정된다는 것이 판례이고,36) 개별세법에서 경정처분의 근거를 두고 있는 점 등,37) 특수성이 인정된다.

한편 대법원은 지가산정에 명백한 잘못이 있어 경정결정된 개별공시지가를 소급적용하여 한 과세처분의 적법성을 인정함으로써 당초의 개별공시지가결정을 변경한 후행 경정결정이 허용된다는 점을 시인한 바가 있다.

> 개별공시지가가 토지특성조사의 착오 등 지가산정에 명백한 잘못이 있어 경정결정되어 공고된 이상 당초에 결정·공고된 개별공시지가는 그 효력을 상실하고 경정결정된 새로운 개별공시지가가 그 공시기준일에 소급하여 효력을 발생하므로, 과세처분을 함에 있어서 기준이 되는 개별공시지가가 경정된 경우에는 경정된 개별공시지가에 의하여야 하고, 위와 같이 경정된 개별공시지가를 소급적용하여 과세처분을 한다고 하여 납세자의 신뢰를 저버리는 것이라거나 불이익변경금지의 원칙에 반한다거나 소급과세로서 조세법률주의에 어긋나는 것이라고 볼 수 없다.38)

반면 이 사건 면허정지처분과 면허취소처분은 각각 도로교통법상의 근거는 있지만 후자가 전자를 흡수한다든지 하는 그와 같은 특수성을 인정할 여지가 없고 따라서 만일 선행처분

---

35) 대법원 1984.12.11. 선고 84누225 판결. 이에 관한 평석으로는 성기창, 「증액경정처분과 감액경정처분에 있어서의 쟁송대상 및 범위 등, 1984.12.11. 84누225」, 『대법원 판례해설』 제5호, 177 이하를 참조.

36) 대법원 1992.7.28. 선고 91누10732 판결(증여세등부과처분취소): "상속세법 제25조 제3항은 정부는 과세표준과 세액을 결정한 후 그 과세표준과 세액에 탈루 또는 오류가 있는 것을 발견한 때에는 즉시 그 과세표준과 세액을 경정하여야 한다고 규정하고 있고, 구 방위세법(1990.12.31. 법률 제4280호로 폐지) 제6조 제1항 제2호는 증여세액에 부과되는 방위세는 증여세의 부과, 징수의 예에 의하여 부과, 징수한다고 규정하고 있는바, 위 각 규정은 공정과세의 이념이나 국가과세권의 본질상 당연한 내용을 규정한 것으로서 위 규정에 따른 과세관청의 경정처분은 기존 세액의 납부 여부나 세액 등의 탈루, 오류의 발생원인 등과는 무관한 것으로서 이를 가리켜 이중과세에 해당한다거나 형평과세 내지 신의성실의 원칙에 위배되는 것이라고 할 수 없다."

37) 소득세법 제80조 제4항; 법인세법 제66조 제4항; 부가가치세법 제21조 제1항; 상속세및증여세법 제76조 등.

38) 대법원 1999.10.26. 선고 98두2669 판결(양도소득세부과처분취소).

을 취소할 수 없다면 후행처분을 유지시킬 법적 근거도 찾을 수 없게 된다는 결과가 된다. 특히 그러한 결과가 행정청의 사무착오로 말미암은 것이라고 해도 경정처분을 인정한 세법의 경우와는 달리 새로운 처분에 의한 선행처분의 수정 또는 대체가능성은 예상되고 있지 못하다. 따라서 이 사건에 있어 면허정지처분과 면허취소처분의 관계는 당초처분과 증액경정처분의 관계와는 경우가 다르다고 볼 수 있다.

한편 대법원은 파스퇴르유업㈜에 대한 과징금납부명령취소사건에서 피고가 원고의 동일한 법령 위반행위에 대하여 새로운 부과기준자료를 발견하였다 하여 이를 기준으로 산정한 과징금액과 당초의 과징금액의 차액을 또다시 부과한 이 사건 처분을 위법하다고 본 원심의 판단은 정당하다고 판시하여, 과징금을 부과받은 자의 선행과징금부과처분에 대한 신뢰를 보호하는 결과를 가져온 바 있다.

> 구 독점규제및공정거래에관한법률(1996.12.30. 법률 제5235호로 개정되기 전의 것) 제23조 제1항의 규정에 위반하여 불공정거래행위를 한 사업자에 대하여 같은 법 제24조의2 제1항의 규정에 의하여 부과되는 과징금은 행정법상의 의무를 위반한 자에 대하여 당해 위반행위로 얻게 된 경제적 이익을 박탈하기 위한 목적으로 부과하는 금전적인 제재로서, 같은 법이 규정한 범위 내에서 그 부과처분 당시까지 부과관청이 확인한 사실을 기초로 일의적으로 확정되어야 할 것이고, 그렇지 아니하고 부과관청이 과징금을 부과하면서 추후에 부과금 산정 기준이 되는 새로운 자료가 나올 경우에는 과징금액이 변경될 수도 있다고 유보한다든지, 실제로 추후에 새로운 자료가 나왔다고 하여 새로운 부과처분을 할 수는 없다 할 것인바, 왜냐하면 과징금의 부과와 같이 재산권의 직접적인 침해를 가져오는 처분을 변경하려면 법령에 그 요건 및 절차가 명백히 규정되어 있어야 할 것인데, 위와 같은 변경처분에 대한 법령상의 근거규정이 없고, 이를 인정하여야 할 합리적인 이유 또한 찾아볼 수 없기 때문이다.[39]

여기서 대법원이 밝힌 이유는 과징금의 부과와 같이 재산권의 직접적인 침해를 가져오는 처분을 변경하려면 법령에 그 요건 및 절차가 명백히 규정되어 있어야 하는데, 그러한 변경처분에 대한 법령상의 근거규정이 없고, 이를 인정하여야 할 합리적인 이유 또한 찾아볼 수 없다는 것이었으므로, 이 사건 판결과는 일단 상이한 경우였다고 볼 수 있다. 그러나 오히려 세법상 증액경정처분의 경우와 유사한 사례상황인 과징금납부명령취소사건에서 법령의 근거 결여를 이유로 과징금추가납부명령을 취소하였다는 것은 세법상 증액경정처분 같은 경우가 오히려 예외라는 점을 시사해 주는 증거라고 볼 여지가 있다.

---

39) 대법원 1999.5.28. 선고 99두1571 판결(과징금납부명령취소). 이 판결에 대한 비판적 견해로는 정준현, 「과징금의 제재성 여부와 경정결정가능성」, 『판례월보』 356호, 2000.5., 34-41을 참조.

2. 행정법상 이중위험의 금지?

결국 문제는 앞서 본 신뢰보호의 문제와 관련하여 행정법상 이중위험의 금지에 대한 요청을 신뢰보호의 요건을 완화시키는 요인으로 고려할 수 있는지 여부로 귀착된다. 대법원의 이 사건 판결은 종래의 신뢰보호의 요건과는 상당한 뉘앙스를 풍기면서 선행 면허정지처분보다 무거운 후행 면허취소처분을 동일한 사유에 관한 이중처분으로서 위법하다고 판시했다는 점에서 행정상 이중위험(Double Jeopardy) 금지의 법리를 천명한 것으로 생각된다. 이 사건에서 선행 면허정지처분은 이 사건 소송의 대상이 아니었기 때문에 신뢰보호원칙에 의한 존속보호 문제는 단지 후행 면허취소처분의 위법여부를 판단하기 위한 전제문제로서 다루어졌다. 그러나 행정청이 선행 면허정지처분만을 취소한 경우와 선행 면허정지처분을 취소하면서 동시에 그보다 더 무거운 후행 면허취소처분을 내린 경우, 그리고 선행 면허정지처분을 그대로 놔두고 그보다 더 무거운 후행 면허취소처분을 내린 경우를 구별해서 생각해 보면 그 차이가 분명히 드러난다. 먼저 행정청이 선행 면허정지처분만을 취소한 경우에는 단순히 침익적 처분인 면허정지처분을 취소한 것이므로 그 자체로서는 신뢰보호의 문제를 발생할 여지가 없다. 그러나 두 번째 경우에는 선행처분의 취소처분과 후행처분이 행해진 경우여서 그로 인해 신뢰를 침해당한 상대방은 후행처분의 취소를 소구하면서 선행취소처분의 취소가 위법임을 주장해야 할 것이고, 세 번째 경우는 이 사건 판결처럼 후행처분의 취소를 소구하면서 선행처분이 존속하고 있고 그 실질적 취소가 허용되지 않는다는 것을 주장해야 하는 상황이 될 것이다. 이 중 두 번째와 세 번째의 경우 선행처분의 존속은 후행처분이 동일한 사유에 관한 이중처분으로서 위법한 것인지 여부를 판단하기 위한 필수적 전제조건이 된다. 이러한 경우에 바로 이중위험금지의 법리가 그 효용을 발휘하게 된다.

이중위험 금지의 법리란 'Double Jeopardy Clause' 즉 미국 헌법 제5차 개정조항에서 유래되는 법리로서, 그에 따르면 "누구도 동일한 범죄로 두 번 생명이나 신체의 자유를 제한받을 위험에 처해서는 아니 된다"고 되어 있는데, 이는 동일한 범죄사실에 대하여 두 번 이상 재판을 받아서는 아니 된다는 취지로 이해되고 있다.[40] 이 사건의 경우 대법원은 선행처

40) *Encyclopedia of Law*, Vol.3, 1998, 306. 우리나라 헌법은 제13조 제1항에서 "모든 국민은 행위시의 법률에 의하여 범죄를 구성하지 아니하는 행위로 소추되지 아니하며, 동일한 범죄에 대하여 거듭 처벌받지 아니한다."라고 규정하여 '이중처벌금지의 원칙'을 천명하고 있다. 헌법 제13조 제1항이 정한 "이중처벌금지의 원칙"은 동일한 범죄행위에 대하여 국가가 형벌권을 거듭 행사할 수 없도록 함으로써 국민의 기본권 특히 신체의 자유를 보장하기 위한 것이므로, 그 "처벌"은 원칙으로 범죄에 대한 국가의 형벌권 실행으로서의 과벌을 의미하는 것이고, 국가가 행하는 일체의 제재나 불이익처분을 모두 그에 포함된다고 할 수는 없다는 것이 헌법재판소의 판례이다(헌법재판소 1994.6.30. 선고 92헌바38 전원재판부결정: 구건축법 제56조의2제1항 위헌소원, 헌공 제6호).

분이 유효하게 존재하는 상황에서 다시 그와 동일한 사유에 의거하여 더 무거운 후행처분을 한 것은 이중처분이므로 위법이라고 판시한 것을 두고 그와 동일한 의미에서 '동일한 사실에 대한 두 번 이상 처분을 받아서는 아니 된다'는 법리를 확인한 것으로 볼 것인지는 논란의 여지가 없지 않다. 그러나 선행처분이 존속하는 상황에서 다시 (더 무거운) 후행처분을 하는 것은 이중처분이라는 논리는 실질적인 이중위험 금지와 일맥상통하는 것이라고 볼 수 있을 것이다. 어떻든 이러한 결과는 국민의 권리보호라는 견지에서는 크게 환영할 만한 것이라 하지 않을 수 없다. 그러나 법이론적 의문은 남는다. 이 경우 대법원이 의식하였는지는 불분명하지만, 일종의 이중위험 금지의 법리를 천명함으로써 신뢰보호원칙의 적용요건에 관한 기존의 판례를 실질적으로 변경한 것이 아닌가 하는 의문이 그것이다. 따라서 이미 앞에서 지적한 바와 같이 후행처분이 이중처분에 해당하는 경우에는 청구인이 신뢰에 기해 일정한 '처분'을 했어야 한다는 신뢰보호의 요건이 충족되지 않더라도 선행처분으로 조성된 신뢰를 보호할 수 있다든지, 아니면 이 사건 판결에서와 같은 선행처분에 대한 신뢰형성이 바로 그러한 요건을 충족시키는 것으로 볼 수 있다든지 하는 좀 더 명시적인 논증이 이루어져야 했다고 생각한다.

제19장
행정입법과 법규명령*

Ⅰ. 쟁점

국회에서 만드는 법률보다 행정부에서 만든 명령들이 수적으로도 훨씬 많을 뿐만 아니라 내용면에서도 국민생활에 더 직접적이고 실질적인 영향을 미치는 경우가 많다. 그렇다면 입법권자는 자신의 입법권을 아무런 제한 없이 행정부에 위임할 수 있는 것일까?

> 우리는 여기서 독일 나치독재를 가져온 '수권법'(授權法: Ermächtigungsgesetz)의 흑역사, 그 위험성을 상기하게 된다. 1933년 독일 연방의회는 '민족과 국가의 위난을 극복하기 위한 법률'(Gesetz zur Behebung der Not von Volk und Reich)이란 미명 아래 나치 독일 정권에 입법권을 무제한으로 위임하는 수권법을 통과시킴으로써 히틀러의 일당독재로 가는 문을 열어 놓았다. 이로써 당시 바이마르 헌법은 사실상 사문화된다. 그리고 이 법률을 기반으로 히틀러는 급기야 대통령의 권한까지 한 손에 장악해서 2차 세계대전을 일으키고 인류역사에서 돌이킬 수 없는 참화를 끼치게 된다.

정부에게 입법에 관여할 수 있는 권한을 부여한다고 반드시 행정부 권력집중과 독재를 허용하는 것은 아니다. 또 행정부가 날로 막중해지는 임무를 효과적으로 달성할 수 있도록 입법 관여권을 부여하는 것은 특히 우리가 겪었던 압축성장을 이끌어 온 발전국가의 관점에서는 불가피한 선택일 수도 있었다. 그러나 조건이 있다. 어떠한 명분으로든 입법 위임을 통

* 홍준형, 『행정법』, 법문사, 2017, 283-301; 홍준형, 「위임입법의 한계에 관한 연구」(김철용 · 송석윤과 공저), 헌법재판소 1996년도 연구용역과제; 홍준형, 「행정입법에 대한 국회의 통제」, 『공법연구』(한국공법학회) 제32집 제5호, 2004 등을 토대로 수정 · 보완한 것임.

해 입법권이 행정부에게 넘어가는 결과가 돼서는 안 되기 때문이다. 바로 그런 이유에서 헌법은 제40조에서 입법권은 국회에 속한다는 의회입법의 원칙을 천명하고 제75조와 제95조 두 개 조항을 두어 위임입법의 한계를 명시하고 있는 것이다.

> 제75조 대통령은 법률에서 구체적으로 범위를 정하여 위임받은 사항과 법률을 집행하기 위하여 필요한 사항에 관하여 대통령령을 발할 수 있다.
>
> 제95조 국무총리 또는 행정각부의 장은 소관사무에 관하여 법률이나 대통령령의 위임 또는 직권으로 총리령 또는 부령을 발할 수 있다.

이미 현실은 위임입법의 전성시대에 접어든 지 오래이다. 그리고 이 전성기가 끝나거나 수그러들지는 않을 전망이다. 그렇다면 이러한 흐름에서 행정법적 관점에서 법규명령을 어떻게 이해하고 또 어떻게 통제해야 할까? 법규명령의 효력은 어떻게 보아야 할까?

Ⅱ. 법규명령

1. 행정의 활동형식으로서 법규명령

법규명령이란 일반적으로 행정권이 정립하는 법규범을 말한다. 법규명령은 일반·추상적인 규정으로서 법규적 효력, 즉 행정권 자신뿐만 아니라 국민을 '법'으로서 구속하는 힘(대외적 구속력)을 가지는 규범으로 정의된다. 헌법상 국회입법의 원칙(헌법 § 40) 아래에서도 행정의 전문·기술성, 행정현실의 탄력적 규율 요청 등으로 말미암아 행정권에 의한 위임입법은 불가피한 측면이 있다. 또한 양적인 면에서도 법규명령이 행정법의 법원으로서 가지는 비중은 법률 못지않은 수준이다. 한편 법규명령은 동시에 행정의 수단, 즉 행위형식이기도 한다. 이 점에서 법규명령은 이중적 성격(ambivalenter Charakter)을 지닌다.[1] 법규명령의 행정수단으로서의 성격은 그 발령기관이 행정조직상 위계질서의 정점에서 멀수록, 따라서 직접적인 집행임무를 처리해야 할 필요성이 강할수록 더욱더 현저하게 나타난다. 법규명령은 행정이

1) 이 점은 자치법규인 조례도 마찬가지이다(물론 그 주된 비중은 지방자치단체의 법규범으로서의 성격에 있다고 할 수 있다).

형식적 법률을 집행하고 적용할 경우 개개의 사안뿐만 아니라 광범위한 불특정다수의 유사한 사안들을 통일적으로 규율하는 효과를 지닌 행정수단이다.

요컨대, 법규명령은 광범위한 효력범위를 갖고 다수의 국민을 상대방으로 하는 그리고 장기간에 걸친 행정의 규율 및 형성을 위한 수단이다.[2] 이 같은 법규명령의 이중적 성격은 법치행정의 원리와 관련하여 두 가지 상이한 수준에서 반영된다. 먼저 법규명령은 법규범으로서 그 상위법인 헌법 · 법률과의 관계에서 수권의 문제, 내용상 한계의 문제를 발생시키며 이는 곧 위임입법의 한계(백지위임 · 포괄적 위임의 금지, 골격입법의 문제), 규범통제(Normenkontrolle)의 문제 등으로 귀결된다. 이는 법치행정의 원리의 내용으로 이미 논의된 바 있다. 반면 법규명령은 그 자체가 일종의 행정수단으로 행정의 합법성 원칙의 구속을 받는 행정작용이기도 하므로 이에 대한 법률의 구속 문제가 생긴다. '행정의 법률에 의한 구속' 역시 법치행정 원리의 결과이다. 법규명령은 법치행정의 원리가 중첩적으로 관철되어야 할 문제영역이다.

법규명령은 헌법 · 법률 · 국제법규 등 행정법의 다른 성문법원들과 제정권자 · 수권의 근거 등에서 구별되며, 기타의 행정활동형식들과도 구별된다. 가령 그것은 일반추상적 법규범이라는 점에서 원칙적으로 개별구체적 규율의 성질을 갖는 행정행위와 다르고, 대외적 구속력을 갖는 규범이라는 점에서 원칙적으로 행정 내부에서만 효력을 갖는 행정규칙과도 다르다.

2. 법규명령의 종류

법규명령은 수권 내용에 따라 비상명령(Ausnahmeverordnung), 법률대위명령(gesetzesvertretende Verordnung: 헌법 § 76 긴급명령, 긴급재정 · 경제명령), 법률종속명령(gesetzesabhängige Verordnung: 위임명령과 집행명령)으로, 발령권의 소재, 즉 발령권자에 따라, 대통령령 · 총리령 · 부령, 중앙선거관리위원회규칙, 감사원규칙 등으로 나뉜다.

현행헌법상 법규명령은 원칙적으로 법률종속 명령인 위임명령과 집행명령(헌법 § 75), 발령권자에 따라서는 대통령령(헌법 § 75) · 총리령 · 부령(헌법 § 95) 등의 형태로 제정된다. 헌법 제107조 제2항의 명령이란 이 같은 법규명령을 말한다. 예외적으로 법규명령은 헌

2) H. Maurer, *Allgemeines Verwaltungsrecht*, 1997, § 13 Rn.2. 이러한 의미에서 슐레스비히-홀슈타인 주 행정법률이 법규명령에 관한 규정들(§§ 53ff.)의 표제를 "명령을 통한 행정작용"(Verwaltungshandeln durch Verordnung)이라고 붙인 것도 지당한 것이라고 한다.

법 제76조에 따라 법률과 동등한 효력을 갖는 긴급명령, 긴급재정·경제명령 형태로 제정될 수 있다.

3. 법규명령의 근거와 한계

법규명령은 헌법과 법률, 또는 상위명령의 근거가 있는 경우에만 제정될 수 있으며 각각 그 수권근거에 따라 일정한 한계가 주어지고 있다.

(1) 위임명령의 근거와 한계

① 헌법상 위임입법의 규율: 법률의 유보와 포괄적 위임의 금지

위임명령의 근거와 한계를 규율하는 법원리는 헌법상 위임입법에 관한 규율, 특히 법률의 유보와 포괄적 위임의 금지를 통하여 표현된다. 즉, 위임명령은 (집행명령과 달리) 법률의 개별적·명시적 수권에 의해서만 발할 수 있다(법률의 유보). 위임명령이 만들어질 수 있으려면 단순히 이를 수권하는 법률이 존재한다는 것만으로는 부족하고 법률이 구체적으로 그 법규명령의 제정에 관하여 내용, 목적 그리고 적용기준·범위 등을 명확히 규정하고 제한하여 수권하여야 한다(**특별수권의 원칙**: Prinzip der Spezialermächtigung): 포괄적 위임은 금지된다(**포괄적 위임 금지 원칙**). 입법권을 위임하는 것이므로 수권법률에서는 당연히 입법의 위임임을 명확히 하고 수임기관을 특정하여야 한다.[3)]

입법권비위임 또는 위임금지의 원칙(delgata potesta non potest delegari: non-delegation principle) 또는 백지위임 금지 등과 같이 종래 주로 입법권에게 부과되어 왔던 위임입법의 한계원리는 고도로 복잡다양하고 급속히 변화하는 행정환경하에서 더 이상 그 엄격성을 유지할 수 없게 되었다. 전문기술적 사항에 관한 규율을 법률하위명령 제정권의 위임을 통하여 행정부에 맡겨야 한다는 것은 오늘날 입법현실에서는 보편적으로 관측되는 현상이다. 이것은 경제정책의 영역, 그 밖의 분야에서 '수권-법률'(Ermächtigungs-Gesetze)의 형태로 관철되고 있다. 법규명령의 제정은 법률에 의거하여, 그러나 행정권 고유의 규범적 재량권(selbständige Vollmacht normativen Ermessens)에 따라 행해지는 법정립작용으로서 신속하고 탄력적인, 분야별 전문가에 의한 행정작용을 가능케 한다. 특히 경제행정이나 개발

3) 박윤흔, 『행정법강의(상)』, 2000, 225. 법령에서 장관이 정하도록 위임하고 어떠한 형식으로 할 것인지 규정하지 않았다 하여 이를 훈령으로 정할 수 있는 것은 아니고 그 위임의 취지는 문교부령으로 정하라는 데 있다고 해석한 사례(대법원 1969.2.25. 선고 68다2196 판결)가 있다.

행정, 사회행정 등 다양한 분야에서 광범위한 위임명령 수권이 이루어지고 있다.

> 현행법상 그러한 예를 들자면, 가령 가장 전형적인 영업허가의 준거법이라 할 수 있는 식품위생법은 식품 또는 식품첨가물의 제조업, 가공업, 운반업, 판매업 및 보존업, 기구 또는 용기·포장의 제조업, 식품접객업의 시설기준을 보건복지부령에 위임하고(§ 36 ①), 이 중 '대통령령으로 정하는 영업을 하려는 자는 대통령령으로 정하는 바에 따라 …… 허가를 받아야 한다"고 규정하여(§ 37 ①), 허가의 대상과 동법 제38조에 의한 영업허가 등의 제한 등을 제외하고 매우 광범위한 요건 및 절차를 하위법령에 위임하고 있다. 이것은 비단 식품위생법에만 특유한 현상은 아니고 공중위생영업의 신고(공중위생관리법 § 3 ①, ③), 사행행위 영업허가(사행행위 등 규제 및 처벌특례법 §§ 3, 4 ①) 등, 정도 차이는 있으나 대부분의 영입허가에 공통된 현상이다.[4] 한편 대법원은 일찍이 양곡관리법 제17조의 대통령령에 대한 포괄적 위임규정의 위헌여부가 문제된 사건 판결에서 다음과 같이 판시한 바 있다: "동조가 대통령령에 위임하는 사항과 범위에 관하여 아무런 규정을 두고 있지 않은 것이라고는 할 수 없을 뿐만 아니라, 그 내용을 검토하여 보아도 위 법 제17조가 헌법 제74조에 정한 위임입법의 한계를 넘은 것으로 단정할 수 없다."[5]

그러나 헌법상 국회입법의 원칙에 따라 입법권자는 특히 법률의 유보가 적용되는 범위 안에서는 배타적인 결정권자로 등장하며, 따라서 입법권 위임에는 일정한 법적 한계가 따르지 않을 수 없다. 이러한 맥락에서 포괄적 위임의 금지, 즉 행정권에 대한 입법사항에 관한 규율의 수권은 법률에서 구체적으로 범위를 정하여 위임하는 경우에 한하여 허용된다는 원칙이 헌법으로부터 도출된다(헌법 § 75). 이것은 입법권자에 대한 헌법적 제약이며, 위임명령 모법의 헌법적합성 요건이다.

이 경우 위임입법의 한계는 단순히 법률이 수권하였을 뿐만 아니라 '구체적으로 범위를 정하여' 위임한 경우에 한하여 또 그 범위 내에서만 입법사항을 정할 수 있다는 것이다.

문제는 단지 법률의 유보의 적용분야에 국한되지 않고 법률 유보의 적용을 전제로 하여 입법권자가 어느 정도까지 입법권을 스스로 행사하여야 하는지, 이에 대한 헌법적 결정의 기준을 찾아내는 것이다. 위임입법의 한계 문제는 법률의 유보의 예외에 관한 문제가 아니라 오히려 법률의 유보를 전제로 하여 제기되는 문제이다.

> 어떠한 사항을 법규로 규율할 것인가의 여부는 특단의 사정이 없는 한 입법자의 정치적, 경제적, 사회적 각종 고려 하에서 정하여지는 입법정책의 문제이므로, 국민이 국회에 대하여 일정한 입법을 해달라

4) 최영규, 「영업규제의 법제와 그 수단에 관한 연구」(서울대학교 박사학위논문), 1993, 46 각주 93.
5) 대법원 1971.1.26. 선고 69누1094 판결.

는 청원을 함은 별론으로 하고, 법률의 제정을 소구하는 헌법소원은 헌법상 기본권보장을 위하여 명시적인 입법위임이 있었음에도 입법자가 이를 방치하고 있거나 헌법해석상 특정인에게 구체적인 기본권이 생겨 이를 보장하기 위한 국가의 행위 내지 보호의무가 발생하였음에도 불구하고 국가가 아무런 입법조치를 취하지 않고 있는 경우가 아니면 원칙적으로 인정될 수 없다 할 것이다.[6)]

② 위임명령의 규율사항에 관한 한계

위임의 일반적 요건으로부터 도출되는 위임명령의 한계는 무엇보다도 위임명령은 법률이 구체적 범위를 정하여 위임한 사항 외에 입법사항에 관하여 새로이 규정하는 것은 허용되지 않는다는 데서 주어진다. 즉 모법상 아무런 규정이 없는 입법사항에 관해 하위명령이 규정을 두는 것은 위임입법의 법적 한계를 위배하는 것이다.

<법률에서 하위 법령에 위임을 한 경우 하위 법령의 위임 한계 준수 여부의 판단 기준>

특정 사안과 관련하여 법률에서 하위 법령에 위임을 한 경우 하위 법령이 위임의 한계를 준수하고 있는지 여부를 판단할 때는 당해 법률 규정의 입법 목적과 규정 내용, 규정의 체계, 다른 규정과의 관계 등을 종합적으로 살펴야 하는바, 위임 규정 자체에서 그 의미 내용을 정확하게 알 수 있는 용어를 사용하여 위임의 한계를 분명히 하고 있는데도 그 문언적 의미의 한계를 벗어났는지 여부나, 수권 규정에서 사용하고 있는 용어의 의미를 넘어 그 범위를 확장하거나 축소하여서 위임 내용을 구체화하는 단계를 벗어나 새로운 입법을 하였는지 여부 등도 고려되어야 한다.[7)]

<당구장출입제한>

헌법재판소는 1993년 5월 13일 체육시설설치이용에 관한 법률 시행규칙 제5조에 대한 헌법소원에서 '당구장출입문에 18살 미만자 출입금지표시를 달도록 한 이 규칙조항은 다른 체육시설 업자와 달리 당구장업자에게만 차별을 두는 것'이라며 위헌결정을 내렸다. 헌법재판소는 '죄형법정주의는 형벌불소급의 원칙과 함께 형사법에 관한 헌법의 2대원칙'이라고 전제한 뒤 다음과 같은 취지의 결정이유를 들었다: "따라서 형사법은 원칙적으로 형식적 의미의 법률의 형태로 제정되어야 하고 다만 부득이 예외적으로 행정부에서 법규명령의 형태로 제정하는 경우라 하더라도 그 법규명령에는 반드시 구체적이고 명확한 법률상의 위임근거규정이 있어야 비로소 가능한 것이라 할 것이다. 즉 형벌법규라고 하더라도 일정사항의 위임이

6) 헌법재판소 1992.12.24. 선고 90헌마174 결정; 동지 헌법재판소 1989.3.17. 선고 88헌마1 결정; 헌법재판소 1989.9.29. 선고 89헌마13 결정.

7) 대법원 2010.4.29. 선고 2009두17797 판결(기반시설부담금부과처분취소): 구 기반시설부담금에 관한 법률 시행령(2008.9.25. 대통령령 제21038호로 개정되기 전의 것) 제5조에서 기반시설부담금의 면제대상으로 철거되는 건축물과 신축되는 건축물이 모두 건축법 제2조 제2항 각 호에 따른 용도가 같을 것을 요구하면서, 건축법 제2조 제2항 제1호의 단독주택과 제2호의 공동주택을 동일용도의 건축물로 보는 입법을 한 것은 위임의 한계 내이고, 동일용도의 범위를 정하면서 건축물별로 기반시설 유발 정도를 고려하지 않았다고 하여 그 같은 사정만으로 위임의 한계를 벗어난 것으로 보기 어렵다고 한 사례.

불가능하지는 않지만 죄형법정주의의 원칙에 비추어 보건대 **최소한도 범죄의 구성요건의 윤곽만큼은 수권 규정 자체에서 예측될 수 있어야 한다.** 「체육시설의 설치·이용에 관한 법률」 제22조 제3항에 의하면 동법 제5조의 시설, 설비 중 안전 또는 위생기준에 미달하여 시정명령을 받고 이를 위반한 자에 대하여 6개월 이하의 징역 또는 200만원 이하의 벌금에 처하도록 규정되어 있는바, 그렇다면 이 사건 심판대상규정(동법 시행규칙 § 5)은 위 각 처벌조항의 구성요건에 해당된다고 할 것이므로 비록 처벌의 전제절차로서 '시정명령'이 구성요건의 일부로 제한 규정되어 있기는 하지만 죄형법정주의의 존재이유에 비추어 그것이 모법의 규정에서 전혀 예측할 수 없는 내용이라면 허용될 수 없는 것이다. 그러한 의미에서도 심판대상규정이 모법의 위임의 범위 내의 규정이라고 인정하기는 어려울 것이다."[8)]

<「공무원보수규정」의 근속가봉 제한조항의 위임한계 위반 여부>

【다수의견】 정년 또는 최고호봉을 초과하여 근무한 군인의 근속가봉에 관한 보수를 정한 구 군인보수법(2008.1.17. 법률 제8843호로 개정되기 전의 것) 제10조는 보수수급권자에 관한 재산권인 보수청구권을 형성하는 법률이고, 군인의 근속가봉을 일정한 횟수 내로 제한하고 있는 공무원보수규정 제30조의2 제3항은 구 군인보수법 제10조에 의하여 형성된 보수청구권의 내용을 불리하게 제한하는 것으로서 법에서 구체적인 범위를 정하여 위임하고 있어야 하지만, 구 군인보수법은 제23조에서 '법 시행에 필요한 사항에 관하여 대통령령으로 정한다'고 규정하였을 뿐 제10조에 관한 위임 규정을 별도로 두고 있지 않다. 그러므로 **구 군인보수법 제10조가 형성한 재산권인 군인의 근속가봉에 관한 보수청구권의 내용을 제한한 공무원보수규정 제30조의2 제3항은 모법의 위임 없이 제정되었고 모법이 허용하고 있는 규율 범위를 벗어난 것으로서 무효**이다.

【대법관 박일환의 반대의견】 구 군인보수법 제10조는 국가비상시에 적용되는 규정이고, 국가비상시가 아닌 평시에 가봉을 인정할지, 가봉을 인정할 경우 그 횟수를 어떻게 할지 등은 봉급을 지급해야 할 지급 주체가 그 재정의 여력 등을 감안하여 그 재량에 따라 정할 수 있는 것이므로, 그러한 재량에 따라 규정된 공무원보수규정 제30조의2 제3항은 모법에 위임이 없다거나 모법의 규율 범위를 벗어났다고 할 수 없다.[9)]

법률의 시행령은 그 법률의 위임이 없으면 개인의 권리·의무에 관한 내용을 변경·보충하거나 법률에 규정되지 아니한 새로운 내용을 정할 수는 없다. 그러나 시행령의 내용이 모법의 입법 취지와 관련 조항 전체를 유기적·체계적으로 살펴보아 모법 해석상 가능한 것을

8) 헌법재판소 1993.5.13. 선고 92헌마80 결정. 또한 헌법재판소는 같은 결정에서 「체육시설의설치·이용에 관한 법률」과 동시행령이 당구장을 포함한 골프장, 탁구장, 볼링장 등 19가지 체육시설에 대해 미성년자의 출입을 제한하는 아무런 규정을 두지 않았음에도 불구하고 "문화체육부장관이 이 법 시행규칙을 제정하면서 당구장에 대해서만 18살 미만자 출입금지표시를 달도록 한 것은 아무런 법률적 근거 없이 당구장업자에게만 불이익을 주는 것으로 헌법상 평등권에 위배된다."라고 판시했다.

9) 대법원 2009.5.21. 선고 2005두1237 전원합의체판결.

명시한 데 불과하거나 모법 조항의 취지에 근거하여 이를 구체화하기 위한 것인 경우에는 모법의 규율 범위를 벗어난 것으로 볼 수 없으므로, 따라서 모법에 직접 위임하는 규정을 두지 않았다고 하더라도 무효로 볼 수 없다는 것이 대법원의 판례이다.[10)]

위임명령의 한계는 그 밖에도 입법권의 일반적 한계로부터 주어진다. 가령 위임명령은 **헌법 · 법률 등 상위법령의 내용을 위배할 수 없다(법률의 우위). 또한 헌법상 국민주권주의, 기본권존중주의, 권력분립의 원리 등의 한계, 국제법상의 한계, 사실상의 한계 등이** 입법의 한계요인으로 작용한다.

가령 헌법 제37조 제2항에서 **입법권의 한계**로서 규정된 **과잉입법금지 또는 비례의 원칙**이 위임명령에 적용되는 것은 당연하다. 헌법재판소는 "국가작용, 특히 입법작용에 있어서의 과잉입법금지의 원칙이라 함은 국가가 국민의 기본권을 제한하는 내용의 입법활동을 함에 있어서 준수하여야 할 기본원칙 내지 입법활동의 한계를 의미하는 것으로서, 국민의 기본권을 제한하려는 입법의 목적이 헌법 및 법률의 체제상 그 정당성이 인정되어야 하고(**목적의 정당성**), 그 목적의 달성을 위하여 그 방법이 효과적이고 적절하여야 하며(**방법의 적절성**), 입법권자가 선택한 기본권제한의 조치가 입법목적 달성을 위하여 설사 적절하다 할지라도 가능한 한 보다 완화된 형태나 방법을 모색함으로써 기본권의 제한은 필요한 최소한도에 그치도록 하여야 하며(**피해의 최소성**), 그 입법에 의하여 보호하려는 공익과 침해되는 사익을 비교교량할 때 보호되는 공익이 더 커야 한다(**법익의 균형성**)는 법치국가의 원리에서 당연히 파생되는 헌법상의 기본원리의 하나인 비례의 원칙을 말하는 것이고, 우리 헌법은 제37조 제2항에서 입법권의 한계로서 과잉입법금지의 원칙을 명문으로 인정하고 있다."라고 판시한 바 있다.[11)]

③ 헌법상 법률사항

헌법에서 명문으로 '법률로써' 정하도록 정한 사항, 즉 **전속적 법률사항**(국적취득요건 § 2 ①; 재산권의 내용 · 한계 § 23 ①; 공용침해의 요건 · 보상 § 23 ③; 조세의 종목 · 세율 § 59; 죄형법정주의 § 12 등)을 **법규명령에 위임할 수 없다**는 것은, 의회유보이론에 의하지 않더라도, 헌법상 당연한 일이다.

한편 이들 사항에 관하여 적어도 그 기본적 내용은 법률로 규정되어야 하지만, 전적으로 법률로 규율되어야 하는 것은 아니고 일정한 범위에서의 행정입법에 대한 위임은 허용된다는 견해[12)]가 피력되고

---

10) 대법원 2016.12.1. 선고 2014두8650 판결(법인세징수처분취소(나) 상고기각): 원천징수의무자인 원고가 원천징수법인세 징수처분의 취소를 구한 사례); 대법원 2009.6.11. 선고 2008두13637 판결 등 참조.
11) 헌법재판소 1992.12.24. 선고 92헌가8 결정.
12) 박윤흔, 앞의 책, 227; 김남진, 『행정법 I』, 173; 김동희, 『행정법 I』, 박영사, 2008, 135; 홍정선, 『행정법원론(상)』, 박영사, 2009, 241.

있다. 그러나 전속적 법률주의사항이라고 하면서 이를 다시 일정한 범위에서 행정입법에 위임할 수 있다고 하는 것은 과연 무엇을 의미하는지 이해하기 어렵다. 문제는 당해 헌법규정이 무엇까지를 법률로써 정하도록 하고 있느냐를 밝히는 데 있다. 만일 헌법상 법률사항의 객관적 범위가 밝혀진다면 이에 관하여는 반드시 법률로 정해야 한다는 것이 헌법의 결정이지 다시 '일정한 범위에서 행정입법에의 위임'을 인정할 여지는 없는 것이다. 이 점을 무시하고 다시 행정입법에 위임이 가능하다고 서술하는 것은, 혹 세법상 위임입법의 한계가 준수되지 않는 경우가 비일비재한 현실을 염두에 둔 것이 아닌가 추측되기도 하지만, 이러한 태도는 적어도 해석론상으로는 받아들일 수 없다.[13] 가령 헌법 제59조의 해석상 '조세의 종목과 세율'이라고 되어 있으나 해석상 납세의무자·과세물건·과세시기·과세방법 등도 법률로 정하여야 하는 것이라고 이해되고 있는데, 이들 사항에 관하여는 반드시 법률로 정해야만 헌법 제59조에 합치되는 것이다. 물론 이 밖의 사항에 관하여 법규명령에 위임하는 것은 무방하다. 반면 조세의 종목·세율에 관하여는 어디까지나 법률로 정해야지 이를 일정한 범위 내에서 행정입법에 위임한다면 이는 바로 헌법이 금하는 바인 것이다.

④ 처벌규정의 위임 문제

처벌규정의 위임이 가능한지가 문제된다. 일반적으로 헌법상 죄형법정주의의 원칙상 처벌규정의 위임은 허용되지 않는다. 논란이 없진 않으나 대체로 처벌대상인 행위의 규정, 즉 구성요건 부분과 처벌규정을 나누어, 전자에 관해서는 ① 구성요건의 구체적 기준을 정하고 다만 그 범위 내에서 세부 사항을 정하도록 한 경우, 후자의 경우에는 ② 형의 최고·최소한도를 정하고 그 범위 내에서 구체적 사항을 위임하는 것은 허용된다는 것이 판례·통설의 입장이다.

⑤ 재위임의 문제

법률에 의하여 위임된 입법권의 전부 또는 일부를 다시 위임하는 것(Subdelegation, Weiterermächtigung)이 허용되는지 문제된다. 이에 관하여 헌법에 명문의 규정은 없으나 전면적 재위임은 입법권을 위임한 법률 자체의 내용을 권한 없이 변경하는 결과를 가져오므로 허용되지 않으며, 세부적 사항의 보충을 위임하는 것은 가능하다는 것이 일반적 견해이다. 헌법 제95조는 바로 그런 뜻에서 총리령·부령 수권근거의 하나로 '대통령령의 위임'을 들고 있는 것이다.[14] 이와 관련하여 수권법률이 명문의 규정을 두어 원수임자(primäre Delegatare)에게 재위임을 허용한 경우에는 재위임이 허용되지만, 그 재위임 또한 법규명령으로

13) 한편 지방세의 부과·징수에 관한 조례에의 위임(지방자치법 § 126, 지방세법 § 2), 관세의 경우, 또는 긴급재정·경제명령의 경우와 같은 조세법률주의의 예외는 별개의 문제이다.

14) 박윤흔, 앞의 책, 229; 김동희, 앞의 책, 136.

써 해야 한다고 규정한 독일 기본법(§ 80 ① 제4문)을 참고할 필요가 있다.

<재위임의 허용여부>

법률에서 위임받은 사항을 전혀 규정하지 않고 모두 재위임하는 것은 '위임받은 권한을 그대로 다시 위임할 수 없다'는 복위임금지의 법리에 반할 뿐 아니라 수권법의 내용변경을 초래하는 것이 되고, 대통령령 이외의 법규명령의 제정·개정절차가 대통령령에 비하여 보다 용이한 점을 고려할 때 하위의 법규명령에 대한 재위임의 경우에도 대통령령에의 위임에 가하여지는 헌법상의 제한이 마땅히 적용되어야 할 것이다. 따라서 법률에서 위임받은 사항을 전혀 규정하지 아니하고 **그대로 하위의 법규명령에 재위임하는 것은 허용되지 않으며 위임받은 사항에 관하여 대강(대강)을 정하고 그중의 특정사항을 범위를 정하여 하위의 법규명령에 다시 위임하는 경우에만 재위임이 허용된다**(헌법재판소 1996.2.29. 선고 94헌마13 결정: 『판례집』, 8-1, 126, 163).[15)]

<'청소년유해매체물의 표시방법'에 관한 정보통신부고시에 대한 재위임>

구「정보통신망 이용촉진 및 정보보호등에 관한 법률」(2001.1.16. 법률 제6360호) 제42조는 '청소년유해매체물의 표시방법'을 시행령에 위임하고 있고, 동 시행령(2001.8.25. 대통령령 제17344호) 제21조 제3항은 전자적 표시방법의 구체적인 내용을 다시 정보통신부장관이 고시하도록 위임하고 있다. 이러한 재위임이 헌법상 허용되는지 여부에 대하여 헌법재판소는 다음과 같이 판시하고 있다:

"일반적으로 법률에서 위임받은 사항을 전혀 규정하지 않고 재위임하는 것은 위임금지의 법리에 반할 뿐 아니라 수권법의 내용변경을 초래하는 것이 되고, 부령의 제정·개정절차가 대통령령에 비하여 보다 용이한 점을 고려할 때 재위임에 의한 부령의 경우에도 위임에 의한 대통령령에 가해지는 헌법상의 제한이 당연히 적용되어야 할 것이므로 **법률에서 위임받은 사항을 전혀 규정하지 아니하고 그대로 재위임하는 것은 허용되지 않으며 위임받은 사항에 관하여 대강을 정하고 그중의 특정사항을 범위를 정하여 하위법령에 다시 위임하는 경우에만 재위임이 허용된다**(헌법재판소 1996.2.29. 선고 94헌마213 결정,『판례집』 8-1, 147, 163; 헌법재판소 2002.7.18. 선고 2001헌마605 결정,『판례집』 14-2, 84, 101). 이러한 판시는 대통령령이 '부령'에 재위임한 것에 관한 것이지만, 시행령 제21조 제3항이 '정보통신부장관의 고시'에 재위임한 경우도 같은 법리가 적용된다고 볼 것이다(위 2001헌마605 결정 참조).

시행령 제21조 제1항은 '음성·문자 또는 영상에 의한 표시'를 규정하고 제2항은 인터넷상의 청소년유해물에 대해서는 이에 추가하여 '전자적 표시'를 할 것을 규정하고 있다. 그렇다면 시행령 제21조 제3항에서 위임한 '전자적 표시'의 내용은 인터넷 매체를 통한 청소년유해 정보가 청소년에게 이용되지 않도록 하기 위한 전자적, 기술적 표시방법을 지칭한다고 볼 것이므로, 그 **대강을 정하고 보다 구체적인 특정 사항을 다시 범위를 정하여 정보통신부장관고시에 다시 위임한 것으로 볼 수 있다. 따라서 시행령 제21조 제3항이 재위임의 헌법적 한계를 벗어났다고 할 수 없다.**"[16)]

---

15) 헌법재판소 2002.10.31. 선고 2001헌라1 결정 전원재판부(강남구청과 대통령간의 권한쟁의).
16) 헌법재판소 전원재판부 2004.1.29. 선고 2001헌마894 결정(정보통신망이용촉진및정보보호등에관한법률

(2) 집행명령의 근거와 한계

위임명령과 달리 집행명령은 새로운 입법사항을 규율하는 것이 아니므로 법률의 명시적 수권이 없이도 발령될 수 있다. 다만 집행명령은 법률 또는 상위명령을 집행하기 위하여 필요한 사항만을 규정할 수 있다. 만일 상위법령을 집행하기 위하여 필요한 구체적인 형식·절차 이외에 새로이 입법사항을 규정하면 집행명령은 위법한 명령이 될 것이다. 그러나 실제 위임명령과 집행명령이 동일한 명령에 혼재하고 있기 때문에 그 한계가 불분명해지는 경우가 종종 있다.

4. 법규명령의 흠과 그 효과

적법요건에 흠이 있으면 그 법규명령은 위법한 법규명령이 된다. 가령 법규명령이 형식적 요건을 충족시키지 못했거나, 충분한 수권근거를 갖추지 못하였거나 또는 내용상 상위법령을 위반한 경우를 생각할 수 있다. 위법한 법규명령은 무효(nichtig)이다. 법규명령의 경우에는 행정행위와 달리 유효와 무효의 중간단계, 즉 취소가능성(Aufhebbarkeit)이란 상태가 존재하지 않는다.[17] 그러나 행정행위에서와 같이 '흠의 정도'에 따라 그 효력을 구분하는 것이 다수의 견해인 것으로 보인다. 즉, 흠이 중대·명백한 경우의 명령은 무효이며, 중대·명백한 정도에 이르지 않는 경우에는 취소할 수 있는 명령이 된다는 것이다.

참고로 초기 판례 중 "원래 대통령령은 법령의 효력을 가진 것으로서 행정소송법상 행정처분이라고 할 수 없다고 해석함이 타당할 것이지만, 법령의 효력을 가진 명령이라도 그 효력이 다른 행정행위를 기다릴 것 없이 직접적이고 현실적으로 그 자체로서 국민의 권리훼손 기타 이익침해의 효과를 발생케 되는 성질의 것이라면 행정소송법상 처분이라고 보아야 할 것이요 따라서 그에 관한 이해관계자는 그 구체적 관계사실과 이유를 주장하여 그 명령의 취소를 법원에 구할 수 있을 것"이라고 판시한 것[18]이 있다. 그러나 이 판례는 예외적으로 **처분적 법규명령의 처분성**을 인정한 판례이므로 일반화할 수는 없다. 오히려 판례는, 이 문제를 특별히 밝혀 판단하고 있지는 않지만, 법규명령의 흠의 효과로서 무효와 취소를 구별하지 않고, 줄곧 하자 있는 법규명령이 무효임을 인정하는 입장에 서 있는 것으로 보인다.[19]

제42조 등 위헌확인).

17) 김남진, 『행정법 I』, 175; 홍정선, 앞의 책, 244; H. Maurer, op. cit., § 13 Rn.15. 김남진 교수는 이를 현행법상 법규명령의 취소소송이 인정되어 있지 않기 때문이라고 한다(김남진, 『행정법의 기본문제』, 1990, 166; 김남진, 『행정법 I』, 195).

18) 대법원 1954.8.19. 선고 4286행상37 판결.

19) 김남진, 『행정법 I』, 175-176. 동지 대법원 1988.5.24. 선고 88누1073 판결; 대법원 1985.3.26. 선고 84누384 판결; 대법원 1979.2.27. 선고 77누86 판결; 대법원 1962.1.25. 선고 4294민상9 판결.

한편, 하위법령 규정의 상위법령 저촉 여부가 명백하지 않은 경우, 하위법령의 의미를 상위법령에 합치되는 것으로 해석하는 것도 가능하다면 하위법령이 상위법령에 위반된다는 이유로 쉽게 무효를 선언할 것은 아니라는 것이 대법원 판례이다. 이는 합헌적 법률해석(verfassungskonforme Auslegung des Gesetzes)의 원칙처럼 '합법적 법령해석'(rechtskonforme Auslegung der Rechtsverordnungen)의 원칙을 천명한 것으로 이해된다.

> 국가의 법체계는 그 자체로 통일체를 이루고 있으므로 상·하규범 사이의 충돌은 최대한 배제되어야 하며 또한 규범이 무효라고 선언될 경우에 생길 수 있는 법적 혼란과 불안정 및 새로운 규범이 제정될 때까지의 법적 공백 등으로 인한 폐해를 회피할 필요성이 있음에 비추어 보면, 하위법령의 규정이 상위법령의 규정에 저촉되는지가 명백하지 아니한 경우에, 관련 법령의 내용과 입법 취지 및 연혁 등을 종합적으로 살펴 하위법령의 의미를 상위법령에 합치되는 것으로 해석하는 것도 가능한 경우라면, 하위법령이 상위법령에 위반된다는 이유로 쉽게 무효를 선언할 것은 아니다.[20]

5. 법규명령의 폐지

법규명령은 그 효력을 장래에 향하여 소멸시키려는 행정권의 명시적·직접적 의사표시, 즉 폐지로써 폐지된다. 법규명령의 폐지는 그 대상인 명령과 동위 또는 상위의 법령에 의해서만 가능하다. 법규명령은 또한 그와 내용상 충돌되는 동위 또는 상위의 법령의 제정(간접적 폐지), 법정부관(예: 한시법의 경우 종기의 도래, 일몰규제(sunset regulation)시 규제기한의 도래)의 성취 또는 근거법령의 소멸 등으로 인하여 실효됨으로써 소멸될 수도 있다.

6. 법규명령의 통제

현대행정국가에 있어 위임입법의 확대는 이미 거역할 수 없는 대세지만 법규명령의 비중이 증대되면 될수록 그에 대한 통제의 필요성도 커지지 않을 수 없다. 법규명령의 통제는 이러한 상황에서 의회제적 민주주의와 법치국가원칙으로부터 파생된 국회입법의 원칙을 관철시키기 위한 제어방법으로서 의미를 가진다. 법규명령의 통제는 그 주체에 따라 국회와 국민에 의한 정치적 통제와 사법적 통제, 행정적 통제로 분류될 수 있다.

---

20) 대법원 2016.12.15. 선고 2014두44502 판결(이행강제금부과처분취소).

(1) 정치적 통제

법규명령은 의회와 민중에 의하여 정치적으로 통제될 수 있다. 가령 의회는 정부불신임, 탄핵, 예산심의 등을 통한 간접적 통제방법에 의하거나 법규명령에 대한 직접적인 동의·승인권을 유보함으로써 직접적으로 법규명령을 통제할 수도 있다. 이 중 후자의 예로는 가령 독일의 동의권유보(Zustimmungs- und Mitwirkungsvorbehalt), 영국의 의회제출절차(laying process), 미국의 입법적 거부권(legislative veto) 등을 들 수 있다. 우리나라의 경우 그와 같은 제도는 도입되어 있지 않다. 다만, 국회법은 제98조의2에서 "중앙행정기관의 장은 법률에서 위임한 사항이나 법률을 집행하기 위하여 필요한 사항을 규정한 대통령령·총리령·부령·훈령·예규·고시등이 제정·개정 또는 폐지된 때에는 10일 이내에 이를 국회 소관상임위원회에 제출하여야 한다. 다만, 대통령령의 경우에는 입법예고를 하는 때(입법예고를 생략하는 경우에는 법제처장에게 심사를 요청하는 때를 말한다)에도 그 입법예고안을 10일 이내에 제출하여야 한다."라고 규정하여 대통령령등 법규명령 등의 국회제출제를 도입하였다. 이는 일종의 의회제출절차를 제도화한 셈이지만, 국회법은 이들 법규명령들의 국회 (소관 상임위) 제출만을 의무화하는 데 그치고 있어 제출의무 불이행시 제재 등 법적 효과나 후속조치에 관하여는 침묵하고 있기 때문에 실효성이 있을지 의문이 제기된다.

국회법은 2005년 7월 28일의 개정법에서 이 제도의 실효성을 확보하기 위한 다소 강화된 수단들을 도입하였다. 즉, 기간 내에 제출하지 못한 경우에는 그 이유를 소관상임위원회에 통지하도록 하고(같은 조 ②), 상임위원회가 위원회 또는 상설소위원회를 정기적으로 개회하여 그 소관중앙행정기관이 제출한 대통령령·총리령 및 부령(이하 이 조에서 "대통령령등"이라 한다)에 대하여 법률에의 위반여부 등을 검토하여 당해대통령령등이 법률의 취지 또는 내용에 합치되지 아니하다고 판단되는 경우에는 소관중앙행정기관의 장에게 그 내용을 통보할 수 있도록 하는 한편, 그 경우 중앙행정기관의 장은 통보받은 내용에 대한 처리 계획과 그 결과를 지체 없이 소관상임위원회에 보고하여야 한다고 규정하였다(같은 조 ③). 또한 전문위원은 제3항의 규정에 의한 대통령령등을 검토하여 그 결과를 당해위원회 위원에게 제공하도록 하였다(같은 조 ④).

2015년 5월 29일, 제19대 국회에서 여·야 국회의원 211명의 찬성으로 가결된 국회법 개정법률안은 국회법 제98조의2 규정의 내용을 한층 더 강화하여 중앙행정기관이 제출한 대통령령 등에 대해 상임위원회가 법률에의 위반여부를 검토하여 수정·변경을 요구할 수 있도록 하고, 중앙행정기관의 장에게 수정·변경을 요구 받은 사항의 처리 및 소관 상임위원회에의 결과 보고 의무를 부과하였다. 정치권과 언론, 법조계, 학계에 치열한 논란을 불러일으켰던 이 개정안은 같은 해 6월 25일 대통령의 거부권 행사로 무산되고 말았다.

법규명령에 대한 정치적 통제는 국회의 국정조사 및 감사를 통하여 이루어질 수 있다. 한편 민중적 통제방법으로는 법규명령제정과정에 대한 참가제도라든지 입법청원, 법령안의 입법예고 등을 생각할 수 있는데, 현행법상 청원과 입법예고제가 실시되고 있다.

(2) 사법적 통제

사법에 의한 통제는 곧 재판적 통제이다. 재판적 통제방법으로는 통상의 행정재판 외에 추상적·구체적 규범통제제도, 헌법소원 등이 채용될 수 있으나, 우리나라의 경우 추상적 규범통제제도는 채택되지 않고 있고, 법규명령의 위헌·위법성을 그것이 재판의 전제가 된 때에 한하여 부수적으로 통제하는 구체적 규범통제방법과 헌법소원이 주된 통제수단이 될 것이다. 물론 법규명령이 직접 국민의 법적 지위에 영향을 미치는 처분적 성격을 띨 때에는 예외적으로 취소소송의 대상이 될 수 있으며, 헌법재판소가 시사한 바 있듯이 일정한 조건하에 법률의 제정을 소구하는 헌법소원이 인정된다면,[21] 마찬가지로 법률의 명시적 위임이 있었음에도 수임자가 이를 방치하고 있을 때에는 법규명령의 제정을 소구하는 헌법소원도 가능하다고 보아야 할 것이다. 실제로 헌법재판소는 구 군법무관임용법 제5조 제3항 및 군법무관임용등에관한법률 제6조가 군법무관의 봉급과 그 밖의 보수를 법관 및 검사의 예에 준하여 지급하도록 하는 대통령령을 제정할 것을 규정하였는데, 대통령이 지금까지 해당 대통령령을 제정하지 않는 것이 청구인들(군법무관들)의 기본권을 침해한 것이라고 판시한 바 있다.[22]

1. 우리 헌법은 국가권력의 남용으로부터 국민의 자유와 권리를 보호하려는 법치국가의 실현을 기본이념으로 하고 있고, 자유민주주의 헌법의 원리에 따라 국가의 기능을 입법·행정·사법으로 분립하여 견제와 균형을 이루게 하는 권력분립제도를 채택하고 있어, 행정과 사법은 법률에 기속되므로, 국회가 특정한 사항에 대하여 행정부에 위임하였음에도 불구하고 행정부가 정당한 이유 없이 이를 이행하지 않는다면 권력분립의 원칙과 법치국가의 원칙에 위배되는 것이다.
2. 가. 구 군법무관임용법 제5조 제3항은 1967.3.3. 제정되어 2000.12.26. 폐지되었고, 군법무관임용등에관한법률 제6조는 2000.12.26. 제정되었다. 그러나 해당 시행령은 지금까지 제정된바 없다. 위 구법조항과 현행법 조항은 자구 내용만 일부 달라졌을 뿐 기본적으로 내용이 동일하다. 그렇다면 위 구법조항 시행시부터 약 37년간 해당 시행령에 관한 입법부작위 상태가 지속되고 있다.
   나. 행정부가 위임 입법에 따른 시행명령을 제정하지 않거나 개정하지 않은 것에 정당한 이유가 있었다면 그런 경우에는 헌법재판소가 위헌확인을 할 수는 없다. 그러한 정당한 이유가 인정되기 위해서는 그 위임입법 자체가 헌법에 위반된다는 것이 명백하거나, 행정입법 의무의 이행이 오

21) 헌법재판소 1992.12.24. 선고 90헌마174 결정.
22) 헌법재판소 2004.2.26. 선고 2001헌마718 결정(입법부작위 위헌확인).

히려 헌법질서를 파괴하는 결과를 가져옴이 명백할 정도는 되어야 할 것이다.

다. 위 조항들은 군법무관의 보수 수준에 관한 것으로서 위헌임이 명백할 만큼 자의적이라고 할 수 없고, 군법무관 직무의 특수성을 고려할 때 위 규정이 입법자의 입법형성의 헌법적 한계를 벗어난 것이라고도 볼 수 없다.

라. 이 사건 입법부작위의 정당한 이유로서 거론된 '타 병과 장교와의 형평성 문제'는 시행령 제정의 근거가 되는 법률의 개정을 추구할 사유는 될 수 있어도, 해당 법률에 따른 시행령 제정을 거부하는 사유는 될 수 없다. 또한 '예산상의 제약'이 있다는 논거도 예산의 심의·확정권을 국회가 지니고 있는 한 이 사건에서 입법부작위에 대한 정당한 사유라고 하기 어렵다.

마. 한편 법률이 군법무관의 보수를 판사, 검사의 예에 의하도록 규정하면서 그 구체적 내용을 시행령에 위임하고 있다면, 이는 군법무관의 보수의 내용을 법률로써 일차적으로 형성한 것이고, 따라서 상당한 수준의 보수청구권이 인정되는 것이라 해석함이 상당하다. 그러므로 이 사건에서 **대통령이 법률의 명시적 위임에도 불구하고 지금까지 해당 시행령을 제정하지 않아 그러한 보수청구권이 보장되지 않고 있다면 그러한 입법부작위는 정당한 이유 없이 청구인들의 재산권을 침해하는 것으로써 헌법에 위반된다.**

이후 대법원도 같은 견지에서 행정입법 부작위로 인한 보수청구권 침해를 불법행위로 판시하였다.

입법부가 법률로써 행정부에게 특정한 사항을 위임했음에도 불구하고 행정부가 정당한 이유 없이 이를 이행하지 않는다면 권력분립의 원칙과 법치국가 내지 법치행정의 원칙에 위배되는 것으로서 위법함과 동시에 위헌적인 것이 되는바, 구 군법무관임용법(1967.3.3. 법률 제1904호로 개정되어 2000.12.26. 법률 제6291호로 전문 개정되기 전의 것) 제5조 제3항과 군법무관임용 등에 관한 법률(2000.12.26. 법률 제6291호로 개정된 것) 제6조가 군법무관의 보수를 법관 및 검사의 예에 준하도록 규정하면서 그 구체적 내용을 시행령에 위임하고 있는 이상, 위 법률의 규정들은 군법무관의 보수의 내용을 법률로써 일차적으로 형성한 것이고, 위 법률들에 의해 상당한 수준의 보수청구권이 인정되는 것이므로, 위 **보수청구권은 단순한 기대이익을 넘어서는 것으로서 법률의 규정에 의해 인정된 재산권의 한 내용이 되는 것으로 봄이 상당하고, 따라서 행정부가 정당한 이유 없이 시행령을 제정하지 않은 것은 위 보수청구권을 침해하는 불법행위에 해당한다.**[23]

(3) 행정적 통제

법규명령은 행정권내부에서 상급행정기관의 감독, 국가의 지방자치단체에 대한 감독 등을 통하여 또는 법규명령의 제정절차를 통하여 통제될 수 있으며, 나아가 행정기관·공무원의 법

23) 대법원 2007.11.29. 선고 2006다3561 판결.

령심사권[24]을 통해서도 통제될 수 있다.

24) 김남진,『월간고시』, 1991.1., 48. 다만 법령의 적용배제권은 인정되지 않는다고 한다.

제20장

행정규칙의 효력*

Ⅰ. 쟁점

행정법에서는 전통적으로 안과 밖이라는 이원적 범주가 지배해 왔다. 행정조직 내부에서 필요한 조직의 운영이나 사무처리의 준칙을 보통 행정규칙이라고 한다. 이것은 내부법(Innenrecht)이고 외부법(Außenrecht), 즉 외부관계에 적용되는 법규는 아니다. 법원이나 국민을 기속하는 효력이 있는 법규가 아니라는 뜻이다. 반면 다른 쪽에서는 이와 상반되는 얘기가 들린다. 행정규칙이 갖는 일반적 효력으로서가 아니라, 행정기관에 법령의 내용을 보충할 권한을 부여한 법령규정의 효력에 의하여 그 내용을 보충하는 기능을 갖게 된다고 한다. 행정규칙은 법령의 위임한계를 벗어나지 아니하는 한 그것들과 결합하여 대외적인 구속력이 있는 법규명령으로서의 효력을 가진다는 것이다. 또 형식과 내용의 불일치, 형식의 과잉이니 부족이니 혼란스런 이야기도 나온다. 이러한 물음들을 어떻게 답해야 할까?

행정규칙은 사실상 법규 못지않은 영향력을 지닐 수 있다. 그러나 공포가 필요하지도 않기 때문에 일반 국민들이 알기 어렵고 따라서 예측가능성이 떨어진다. 이와 같이 국민생활에 영향을 미치는 행정규칙의 투명화, 예측가능성 확보, 법치국가적 통제 강화 등을 위해 데이터베이스를 구축하여 공개하기 위한 노력이 이루어져 온 이유이다. 그런 까닭에 행정규칙의 법적 효력과 통제에 좀 더 진지한 관심을 기울일 필요가 있다.

* 홍준형, 『행정법』, 법문사, 2017, 302-321을 토대로 수정·보완한 것임.

Ⅱ. 행정규칙의 개념과 종류

1. 행정규칙의 개념

행정규칙(Verwaltungsvorschriften: VV)이란, 상급행정청 또는 상급자가 하급행정청 또는 하급직원에 대하여 행정조직 내부에서 행정조직의 운영, 행정사무의 처리(법률집행 · 재량행사 · 행정절차 등)를 규율하기 위하여 발하는 일반추상적 규정을 말한다.[1] 행정조직의 위계상 상급자는 하급자에 대해 소관사무에 관한 직무상 명령권(Weisungskompetenz)을 가지는데, 이 명령권은 개별적 지시나 일반적 지시 또는 일반추상적인 규범의 형태로 행사된다.

> 가령 구청장은 부하직원에게 출장명령을 발하거나 관할구역내의 모든 불법건축물의 철거를 지시하거나 구청소속 각 부서장의 부재시 상호적 권한대리에 관한 규정을 발할 수 있는데, 이 중 일반추상적인 규범의 형태로 발해지는 것이 바로 행정규칙[2]이다.

법적 성질, 효력, 발령근거의 필요여부 등 논란이 있지만, 행정규칙은 일정한 예외를 제외하고는, 행정의 내부법(Innenrecht)으로서 법규가 아니므로 외부적 구속력이 없고 따라서 법률의 근거 없이도 집행권의 고유권한으로서 발할 수 있다는 것이 통설이다. 따라서 행정규칙을 행정상 '입법'의 일종이라고 하거나 또는 '행정입법'의 형태를 띤 행위형식이라고 말하는 것은 문제가 있다. 행정규칙은 다음과 같은 문제영역과 관계를 맺고 있다:

① 법원론: 행정규칙의 성질과 관련하여 그 법원성 여하가 문제된다.
② 법률의 유보: 법률 또는 법규명령에 의하여 규율되어야 할 사항은 행정규칙으로 규율할 수 없다.
③ 재량 · 판단여지의 법리: 법률로 규율된 영역에서 행정규칙은 재량 또는 판단여지가 인정되는 범위 내에서만 발해질 수 있다.
④ 행위형식론: 행정규칙 또한 그 자체로서 특수한 종류의 행위형식이다.
⑤ 행정조직: 행정규칙은 행정의 위계구조를 전제조건으로 하는 제도이다.

행정규칙은 오히려 그 자체로서 특수한 종류의 행정작용의 법형식이다.[3] 이것은 행정조

---

1) 이에 관하여는 김동희, 『행정법 I』, 2008, 143; F. Ossenbühl, "Die Quellen des Verwaltungsrechts," in: H.-U. Erichsen und W. Martens (Hrsg.), *Allgemeines Verwaltungsrecht*, 1979, Rn.31; H. Maurer, *Allgemeines Verwaltungsrecht*, § 24 Rn.1 등을 참조.
2) 행정규칙에 관한 용어례는 일정치 않으며 행정규칙 외에도 례규 · 운영지침 · 통첩 · 규정 · 행정명령 등 다양한 용어가 사용되고 있으나 이를 총칭하는 개념으로 '행정규칙'이 통용되고 있다.

직상 상급기관이 그 지휘 · 감독권에 의거하여 하급기관의 권한행사를 지휘할 수 있도록 함으로써 행정이 전체로서 통일성을 기할 수 있도록 해 준다. 또 행정규칙은 제한적인 범위에서 국민에게 중대한 법적 영향을 미칠 수 있다. 특히 고도과학기술 행정 등 분야에 따라서는 법률의 유보에 입각한 법적 규율(Verrechtlichung)이 극히 미흡한 수준에 머무르는 경우가 많기 때문에 행정규칙이 중요한 역할을 수행한다(가령 자금지원 교부지침: Subventions-richtlinie). 여기에 법적 성질을 둘러싼 아직도 진행 중인 논란에도 불구하고, 행정규칙을 행정상 행위형식의 일종으로 고찰해야 하는 이유가 있다.[4)]

2. 행정규칙의 종류

행정규칙은 넓은 뜻에서 특별권력관계와 행정조직 내부에서 정립되는 일반추상적 규정으로 보아 조직규칙(예: 사무분장규정), 근무규칙(예: 훈령), 영조물규칙(예: 국립대학교 학칙)으로 분류할 수 있다. 여기서는 행정규칙을 그 내용과 형식에 따라 분류해 살펴보기로 한다.

(1) 내용에 따른 분류

① 조직 및 근무규칙

조직 및 근무규칙(Organisations- und Dienstvorschriften)이란 행정기관이 보조기관 또는 소속관서의 설치 · 조직 · 권한배분 · 사무처리절차 등을 정하기 위하여 또는 상급기관이 하급기관의 직무수행을 계속적으로 규율하기 위하여 발하는 행정규칙을 말한다. 관청 내부의 사무분장규정, 사무처리규정 같은 조직규칙[5)]과 훈령 · 지시 · 예규 · 일일명령 같은 근무규칙이 포함된다.

② 해석규칙

해석규칙(norminterpretierende VV, Auslegungsrichtlinie)이란 법규, 특히 불확정 개념의 통일적 적용을 가능케 하기 위하여 해석지침을 정하는 행정규칙을 말한다. 이것은 하급기관

---

3) 독일에서 행정규칙을 행정조직의 위계구조를 전제로 하는 제도라고 보아 행정조직법의 차원에서 다루고 있음은 유의할 만한 점이다(H. Maurer, a.a.O., § 24 Rn.6).

4) 김남진, 「국가의 경제에의 참여와 개입」, 『공법연구』 제16집(1988), 107 및 거기 인용된 Jürgen Becker, "Öffentliche Unternehmen als Gegenstand des Wirtschaftsverwaltungsrechts," *DÖV*, 1984, 317 등을 참조.

5) 조직규칙의 규율범위는 행정조직법정주의로 인하여 제한되어 있다.

에게 법 해석적용의 일관된 준거를 제공함으로써 법의 통일적 적용을 보장하는 기능을 한다.

③ 재량준칙

재량준칙(ermessenslenkende VV, Ermessensrichtlinie)이란 상급기관이 하급기관에게 재량 행사의 일반적 기준을 정해 주기 위하여 발하는 행정규칙을 말한다. 이것은 행정청의 통일적이고 균일한 재량행사를 확보해 주는 기능을 한다.

<간소화지침(Vereinfachungsanweisungen)>

이것은 독일에 있어 대량적 행정처분에 대해 그 통일적 처분기준을 설정하기 위하여 발하는 행정규칙을 말한다. 간소화지침은 특히 세법상 합산과세, 조세감면의 기준설정, 평가지침 등에 의한 조세부과과정을 단순화하는 데 봉사한다.[6]

④ 법률대체적 또는 법률보충적 행정규칙

적용할 법률이 존재하지 아니하거나 개괄적으로만 규정되어 있어 구체화가 필요한 경우 이를 대체 또는 보충하기 위하여 발하는 행정규칙이 법률대체적 또는 법률보충적 행정규칙(gesetzesvertretende oder normkonkretisierende VV)[7]이다.

(2) 실정법상 형식에 따른 분류

행정규칙은 실정법상 형식에 따라 고시와 훈령으로 나뉘며, 훈령은 다시 좁은 의미의 훈령 · 지시 · 예규 · 일일명령으로 세분된다. 상세한 설명은 생략하되 '고시'의 법적 성질만 검토해 보기로 한다. 고시란 원래 행정기관이 법령이 정하는 바에 따라 일정한 사항을 불특정다수의 일반인에게 공표하는 행정규칙을 말한다. 그러나 고시라는 이름으로 발해지는 행정의 행위형식은 행정규칙 말고도 다양한 법적 성질을 띤 경우가 적지 않다.

<고시의 유형>

일반적으로 고시의 법적 성질은 일률적으로 판단될 것이 아니라 고시에 담겨진 내용에 따라 구체적인 경우마다 달리 결정된다. 즉, **고시가 일반 · 추상적 성격을 가질 때에는 법규명령 또는 행정규칙에 해당하지만, 고시가 구체적인 규율의 성격을 가진다면 행정처분에 해당한다**는 것이 헌법재판소의 판례이다.[8]

---

6) H.-U. Erichsen und W. Martens, op. cit., § 7 Rn.37.

7) 독일에서는 그 예로 자금지원 교부지침(Subventionsrichtlinie), 대기환경기준(TA Luft), 상수원보호구역지침(Richtlinien fär Trinkwasserschutzgebiete), 공업규격기준(DIN: Deutsches Institut für Normung e.V.) 등이 거론된다.

8) 헌법재판소 1998.4.30. 선고 97헌마141 결정; 헌법재판소 전원재판부 2004.1.29. 선고 2001헌마894 결

고시는 「국토의 계획 및 이용에 관한 법률」에 의한 도시관리계획결정의 고시, 용도지역·용도지구·용도구역의 지정·고시, 도로법에 의한 도로구역결정의 고시 등처럼 불특정다수인의 권리의무를 권력적으로 규율하는 일반처분에 해당할 수 있고, 준법률행위적 행정행위(통지)의 성질을 띠는 경우도 있다. 가령 토지보상법에 따른 사업인정의 고시는 기업자에게 사업인정이 주어졌다는 객관적 사실의 통지로서 공고에 해당한다. 고시는 정부가 결정된 유류정책의 내용을 공표하는 경우와 같이 단순한 사실행위로 행해질 수도 있다.

3. 법적 성질

행정규칙의 법원성과 법규성은 크게 논란되고 있다. 이에 관해 간단히 살펴보면 다음과 같다. 행정규칙의 법원성에 관한 논의는 우선 그 용어법에서부터 혼선을 빚고 있는 실정이다. 즉 법원(Rechtsquelle)의 개념을 외부법(우리나라에서의 '법규'개념)에 국한시킨다면 '행정규칙은 외부, 즉 대국민적인 구속력을 갖지 않는다'는 전통적 견해에 따르면 행정규칙의 법원성은 의당 부인될 수밖에 없다. 그러나 반면 법원의 개념을 '모든 법적 규정들'(alle Rechtssätze) 또는 '행정사무처리의 기준'으로 파악한다면 행정규칙의 법원성은 인정될 수 있을 것이고, 다만 단지 법원 중 외부법과 내부법을 구별할 필요가 생길 뿐이다. 반면 행정규칙의 외부적 효력을 인정한다면 당연히 그 법원성이 인정될 것임은 물론이다. 한편 '행정규칙의 법규성'이란 이름 아래 그 대외적 효력(Außenwirkung)의 유무, 즉 그 대국민적 구속력 여부가 다투어지고 있으므로, 혼란을 회피하기 위해서라도 법규성이란 개념 대신 대외적 효력이란 말을 사용하여 문제를 다루는 것이 바람직할 것이다. 우리나라에서는 이러한 의미에서 행정규칙의 법규성 문제가 논의되고 있다.

III. 행정규칙의 효력

1. 행정내부적 효력

행정규칙은 행정조직 내부에서 그 권한행사를 지휘·감독하기 위하여 발하는 명령이므로, 그

정(정보통신망이용촉진및정보보호등에관한법률 제42조 등 위헌확인).

대외적 효력 여하와는 별도로 행정내부적 효력을 지닌다. 행정규칙의 수범자로 된 행정청이나 공무원은 그 직무상 복종의무(dienstrechtliche Gehorsamspflicht)에 따라 행정규칙을 준수하고 적용하여야 한다. 반면 행정규칙은 일방적 · 편면적 구속력을 지니므로 행정의 자기구속이 성립되는 경우 외에는 이를 발한 행정청 자신을 구속하지 않는다. 그 효력이 미치는 범위(Reichweite)는 행정조직법상 지휘 · 감독권 또는 소관사무의 범위와 일치한다. 따라서 가령 재무부장관이 발한 행정규칙은 내무부 소속기관이나 공무원에 대하여는 구속력을 갖지 않는다. 또한 행정규칙의 효력은 한 행정주체 내부에 국한되는 것이므로,[9] 가령 어느 한 지방자치단체에서 발해진 행정규칙이 다른 지방자치단체에서 구속력을 발할 수 없음은 물론이다. 다만 지방자치단체가 수행하는 단체위임사무처럼 국가가 법적 통제뿐만 아니라 전문통제(Fachaufsicht)의 권한을 가지는 경우에는 예외적으로 국가가 이에 관해 발령한 행정규칙은 지방자치단체의 기관에 대해서도 구속력을 갖게 된다. 행정규칙의 구속력은 공무원법상 징계책임에 의하여 뒷받침되기도 한다.

2. 대외적 효력

행정규칙은 그 수권의 기초나 규율범위 면에서 볼 때 행정조직내부에서의 명령 내지 규범정립작용에 불과한 것이므로 원칙적으로 대외적 구속력이 없다. 물론 행정규칙도 행정내부적 구속력이 있기 때문에 사실상 대외적 구속력을 발휘하는 경우가 빈번한 것은 사실이다. 그렇지만 이것은 법이 직접 의도하지 않은 사실상 결과일 뿐이고, 사실상 외부효에 기하여 법적 통제 문제가 제기되는 것도 당연하지만, 그렇다고 이를 행정규칙의 외부효와 동일시할 수는 없다.

(1) 원칙: 행정규칙은 대외적 구속력을 갖지 않는다.

행정규칙은 원칙적으로 대외적 구속력이 없다.

<구체적 적용례>

보건사회부장관의 훈령 제236호 식품등의위생관리사무처리규정은 법규의 성질을 가지는 것이 아니라 행정조직내부에서의 명령에 지나지 않으므로 상위법인 식품위생법 제25조 규정에 의하여 보장된 행정청의 재량권을 기속하는 것이 아니며, 법원도 그 훈령의 기속을 받는 것이 아니다.[10]

9) H. Maurer, a.a.O., § 24 Rn.18.

훈령이란 행정조직 내부에 있어서 그 권한의 행사를 지휘 감독하기 위하여 발하는 행정명령으로서 훈령·예규·통첩·지시·고시·각서 등 그 사용명칭여하에 불구하고 공법상의 법률관계 내부에서 준거할 준칙 등을 정하는 데 그치고 대외적으로는 아무런 구속력을 가지는 것이 아니다.[11]

국세청의 기본통칙은 과세관청 내부에 있어서 세법의 해석기준 및 집행기준을 시달한 행정규칙에 불과하고, 법원이나 국민을 기속하는 효력이 있는 법규가 아니므로(대법원 1992.12.22. 선고 92누7580 판결, 대법원 2004.10.15. 선고 2003두7064 판결 등), 기본통칙 그 자체가 과세처분의 적법한 근거가 될 수 없음은 조세법률주의의 원칙상 당연하다.[12]

(2) 예외: 행정규칙이 대외적 구속력을 가지는 경우

행정규칙은 예외적으로 일정한 경우, 즉 법령에서 행정규칙으로 행정관청에 법령의 구체적 내용을 보충할 권한을 부여한 경우 또는 평등의 원칙이나 신뢰보호의 원칙에 따라 행정기관이 규칙에 따라야 할 자기구속을 받는 경우에는 대외적 구속력을 가진다는 견해가 지배적이다.

이 점은 헌법재판소에 의해서도 명시적으로 확인된 바 있다. 즉 헌법재판소는 "이른바 **행정규칙은 일반적으로는 대외적 구속력을 갖는 것이 아니며, 다만 행정규칙이 행정관청에 법령의 구체적 내용을 보충할 권한을 부여한 경우 또는 평등의 원칙이나 신뢰보호의 원칙에 따라 행정기관이 규칙에 따라야 할 자기구속을 당하는 경우에는 대외적 구속력을 갖게 되나**, 교육위원회의 인사관리규칙은 행정조직내부의 사무지침에 불과하고 그 변경으로 말미암아 인사 대상자의 기본적 권리나 법적 이익이 침해받는다고 할 수 없으므로 위 인사관리규칙은 헌법소원 심판청구의 대상이 될 수 없다."라고 판시하였다.[13]

① 평등원칙에 의하여

평등원칙은 또한 행정규칙을 통해 구체화됨으로써 예외적·부분적으로나마 행정규칙에 대외적 효력(법규적 효력)을 부여해 주는 근거가 되기도 한다. 즉 행정규칙은 상당기간 계속 적용됨으로써 하나의 일관성 있는 행정실무상 관행을 성립시키며, 이에 따라 행정청은 특별한 실질적 근거 없이 유사한 사례를 차별적으로 취급할 수 없다는 구속을 받는다(행정의 자기구속: Selbstbindung der Verwaltung). 이 경우 평등원칙은 행정규칙을 대외적 효력을 갖는 법규로 전환시키는 전환규범(Umschaltnorm)으로 기능한다.[14] 만일 행정청이 아무런 정당화

10) 대법원 1979.7.10. 선고 79누99 판결.
11) 대법원 1983.6.14. 선고 83누54 판결(자동차감차처분취소). 원심판결: 대구고법 83.1.11. 선고 82구106 판결.
12) 대법원 2007.2.8. 선고 2005두5611 판결(종합소득세부과처분취소, 미간행).
13) 헌법재판소 1990.9.3. 선고 90헌마13 결정.
14) 이것은 독일 연방행정법원의 판례이기도 한다(*BVerwGE* 58, 45, 49).

사유 없이 개개의 사안에서 종전 행정규칙에 따라 지속된 실무관행을 벗어난 결정을 내린다면, 평등원칙 위반으로 평가되고, 따라서 이로 인해 불평등한 처우를 받은 국민은 (행정규칙의 법규성 여하를 불문하고) 행정소송 등을 통하여 권리구제를 받을 수 있다. 그러한 경우 국민은 정작 '행정규칙의 위반' 자체를 근거로 삼을 수는 없을지라도, 행정청이 이를 통하여 헌법상 평등원칙을 위반했다는 것을 이유로 행정소송을 제기할 수 있다.15)

② 신뢰보호의 원칙을 통하여

행정규칙은 또한 신뢰보호의 원칙에 따라 개인이 행정기관에 대하여 그가 제정·공포한 행정규칙을 준수할 것을 요구할 권리를 가진다고 인정되는 때에도 대외적 구속력을 가질 수 있다.16) 그러나 엄밀히 따져 볼 때 과연 신뢰보호의 원칙을 근거로 곧바로 행정규칙의 대외적 구속력을 인정할 수 있을 것인지에 대해서는 의문의 여지가 있다. 왜냐하면 행정규칙은 행정내부에서 행정청이나 공무원을 수범자로 하여 발급되는 것이고 또 이들에게 의무를 부과하는 것이므로, 행정규칙만으로는 신뢰보호의 요건, 즉 행정의 의사표명이나 기타의 언동으로 말미암아 행정규칙이 행정청뿐만 아니라 자기에 대해서도 법적 효력을 가질 것(rechtserheblich)이라는 개인의 기대가 성립하였다고 볼 수 있어야 한다는 요건을 충족시킬 수 없는 경우가 일반적일 것이다. 행정규칙이 공고되었다 하여도 사정이 달라지는 것은 아니다. 왜냐하면 행정규칙은 어디까지나 행정청이나 그 소속 공무원에 대해 발해지는 것이지 국민을 상대방으로 하여 발령되는 것은 아니기 때문이다. 이렇게 본다면 행정규칙이 신뢰보호의 원칙에 의하여 대외적 구속력을 갖기 위해서는 단순히 행정규칙이 제정·공포되었다는 것만으로는 부족하고 신뢰보호를 위한 그 밖의 요건들을 충족시켜야 한다고 해야 할 것이다. 가령 행정규칙이 구체적인 상황과 관련하여 특정인에 대한 일종의 확약의 의미를 갖는 것으로 인정될 수 있는 경우에는 신뢰보호의 원칙에 따라 그 대외적 효력을 가진다고 볼 수 있을 것이다.17)

③ 이른바 규범구체화적 행정규칙의 경우

행정규칙이 외부적 구속력을 갖는 또 하나의 예외는 앞서 소개한 헌법재판소의 결정이 적시한 바와 같이 법령이 행정규칙으로 행정관청에 법령의 구체적 내용을 보충할 권한을 부여한

---

15) H. Maurer, a.a.O., § 24 Rn.21.

16) 헌법재판소, 1990.9.3. 선고 90헌마13 결정; H. Klein, "Rechtsqualität und Rechts Wirkung von Verwaltungsnormen," in: E. Forsthoff und K. Doehring, *Festgabe für Ernst Forsthoff zum 65. Geburtstag*, Beck, 1967, S.179ff.

17) H. Maurer, a.a.O., § 24, Rn.24, S.557.

경우에 성립한다. 이와 같이 법령이 행정규칙으로 행정관청에 법령의 구체적 내용을 보충할 권한을 부여한 경우 행정규칙이 외부적 구속력을 가진다고 하는 것은 독일 연방행정법원의 '뷜' 판결(Whyl-Urteil)을 계기로 전개되어 국내 일부 문헌에서 수용된, 이른바 '규범구체화적 행정규칙'의 법리와 무관하지 않다.

독일의 '뷜' 판결에서 유래한 규범구체화 행정규칙의 법리는 1985년 12월 19일 연방행정법원(제7부)은 "배출공기 또는 지표수를 통한 방사능유출량에 대한 일반적 산출기준은 규범구체화적 지침(normkonkretisierende Richtlinie)으로서 또한 행정법원들을 구속한다."라고 판시함으로써 대두된 것이다.[18] '뷜' 판결로 명명된 연방행정법원의 판례에 따르면, 그 지침이란 단지 규범해석적 행정규칙(norminterpretierende Verwaltungsvorschrift)과는 달리 규범상 설정된 한계 내에서 행정법원을 구속한다. 법원은 오로지 이 지침이 자의적인 조사에 근거한 것인지 여부와, 허가관청이 이러한 산출기준을 적용함에 있어, 그러한 방식으로 정해진 방사선피폭량(노출기준치)을 토대로, 개개의 변수에 관해 현존하는 불확정성에도 불구하고 충분히 수용가능한 평가를 내릴 수 있다고 볼 수 있는지 여부에 관해서만 심사할 수 있다는 것이다. 이 판결을 계기로 규범구체화적 행정규칙이란 개념이 탄생되었지만 그 법적 실체의 근거나 적용한계가 확립된 것은 아니었다. 이후 연방행정법원은 1986년의 대기오염기준에 관한 행정규칙인 'TA-Luft'를 법률의 근거에 의해 발해진, 연방이미씨온보호법 제1조, 제3조 및 제5조의 요건들을 구체화하기 위한 행정규칙에 해당한다고 보았지만, 그 밖의 다른 주장에 대해서는 확연히 후퇴하는 태도를 보였다.[19] 이 판결을 둘러싸고 과연 규범구체화적 행정규칙과 같은 법적 실체가 독일의 법원체계에서 인정될 수 있는지, 그리고 그것에 어떠한 법적 효과가 결부될 수 있는지에 관해서 법해석론상 완전히 규명된 것은 아니라는 관측이 나왔다.[20] 물론 무엇보다도 연방행정법원의 '뷜' 판결이 법원의 통제를 행정의 증대된 책임과 최종결정권을 위하여 후퇴시켜 왔던 연방최고법원들의 새로운 일반적 경향에 부합되는 것은 사실이지만, 이후 연방헌법재판소는 원자력법상 허가를 행정규칙의 법적 성질 판단과 관련하여 특수 사례(Sonderfall)로 지칭한 바 있다.[21]

연방행정법원은 대기환경기준(TA Luft), 상수원보호구역지침(Richtlinien fär Trink-

18) BVerwGE, 72, 300, 301. 이 판결의 내용에 관하여 상세한 것은 최정일, 「법규범구체화행정규칙의 법적 성질 및 효력」, 『판례월보』 264호, 34 이하; 최정일, 「독일에서의 행정규칙의 법적 성질 및 효력: 특히 규범구체화행정규칙을 중심으로」, 서울대학교 박사학위논문, 1995, 193 이하를 참조.

19) BVerwG, *NVwZ*, 1988, 824, 825.

20) H. Hill, "Normkonkretisierende Verwaltungsvorschriften," *NVwZ*, 1989, 402.

21) BVerfG, *DVBl*, 1989, 94.

wasserschutzgebiete)과 같이 주로 환경법과 기술법 분야에서만 "일반적으로 인정된 기술기준"이나 "과학기술 수준" 등과 같은 불확정법개념을 구체화하는 수단으로 규범구체화행정규칙을 인정해 오다가 2004년에는 사회법 분야에서 '청구권구체화적 행정규칙'(anspruchs-konkretisierende Verwaltungsvorschrift)을 인정하면서 기본법상 법치국가원칙과 효과적인 권리보호 보장(Garantie des effektiven Rechtsschutzes: Art. 19 Abs. 4 GG)으로부터 제3자에 직접적인 외부효를 미치는 행정규칙은 이해관계자들에게 전면적으로 공지되어야 한다는 요구를 도출하면서 이러한 종류의 행정규칙들은 공고되지 아니하면 효력을 가질 수 없다고 판시했다.[22)]

한편 유럽재판소(EuGH)는 일련의 판례를 통해 TA Luft 등 대외적 구속력을 결여한 행정규칙은 유럽연합 지침(Richtlinie)의 전환조치로 적절치 않으며, 독일 국내법원들이 TA Luft 등을 규범구체화행정규칙으로 보아 외부효력을 인정해 왔다는 독일정부의 주장을 일축하여 독일 공법학계에 충격을 주었다.[23)]

한편 대법원의 판례 중에는 법률보충적인 행정규칙이 성립할 수 있음을 시인하여 그러한 행정규칙, 규정이 당해법령의 위임한계를 벗어나지 아니하는 한 이들과 결합하여 대외적인 구속력이 있는 법규명령으로서 효력을 가질 수 있음을 인정한 것이 있다.

> 소득세법시행령 제170조 제4항 제2호에 의하여 투기거래를 규정한 재산제세조사사무처리규정(국세청훈령 제980호)은 그 형식은 행정규칙으로 되어 있으나 위 시행령의 규정을 보완하는 기능을 가지면서 그와 결합하여 법규명령과 같은 효력(대외적인 구속력)을 가지는 것이다.[24)]

이 판결에 대하여 이를 규범구체화적 행정규칙의 개념을 받아들인 것이라고 보려는 견해가 있으나,[25)] 여기서 문제된 국세청훈령이 시행령과 결합하여 대외적 구속력을 가진다고 한

---

22) BVerwG, Urteil des fünften Senats vom 25. November 2004, Az. 5 CN 1.03.

23) 지하수유럽지침 판결(EuGH, Urt. v. 28.2.1991 - Rs C-131/88); 아황산가스유럽지침 판결(EuGH, Urt. v. 30. 5. 1991 - Rs C-361/88) 등. 이에 관해서는 송동수, 「규범구체화 행정규칙과 법규범체계의 재정비: 독일 행정규칙이론과 유럽재판소 판결을 중심으로」, 『토지공법연구』 제39집(2008.2.), 289-304, W. Hoppe und O. Otting, "Verwaltungsvorschriften als ausreichende Umsetzung von rechtlichen und technischen Vorgaben der Europäischen Union?," *NuR*, 1998, 64 등을 참조. 이후 유럽재판소의 판례를 존중하여 독일은 유럽지침의 전환을 법규명령으로 대체하는 등 입법적 변화를 단행했다.

24) 대법원 1989.11.14. 선고 89누5676 판결. 참고로 소득세법은 원칙으로 기준시가에 의해 산정된 양도차익을 기준으로 과세할 수 있게 하면서 실지거래가에 의한 법정과세요건은 대통령령에 위임, 이에 기해 제정된 시행령이 과세요건의 일부만을 규정하고, 지역에 따라 정하는 일정규모이상의 거래 또는 국세청장이 지정하는 실체법상 과세요건을 다시 국세청장에게 위임함으로써 국세청장이 훈령으로 재산제세조사사무처리규정을 정할 수 있도록 하고 있다.

25) 김남진, 『행정법의 기본문제』, 1990, 847 이하.

것은, 대법원의 종전 판례에 비추어 볼 때, 당해 훈령이 실질적으로는 위임명령에 해당한다는 것을 전제로 한 것임을 간과한 것이라는 취지의 반론[26]이 제기되고 있다.

> 이 점은 같은 국세청훈령 제980호에 관한 종전의 판결에서 이미 분명히 나타나고 있다고 한다: "상급행정기관이 하급행정기관에 대하여 업무처리지침이나 법령의 해석적용에 관한 기준을 정하여서 발하는 이른바 행정규칙은 일반적으로 행정조직내부에서만 효력을 가질 뿐 대외적인 구속력을 갖는 것은 아니지만, 법령의 규정이 특정행정기관에게 그 법규명령의 구체적 사항을 정할 수 있는 권한을 부여하면서 그 권한행사의 절차나 방법을 특정하고 있지 아니한 관계로 수임행정기관이 행정규칙의 형식으로 그 법령의 내용이 될 사항을 구체적으로 정하고 있다면 **그와 같은 행정규칙, 규정은 행정규칙이 갖는 일반적 효력으로서가 아니라, 행정기관에 법령의 내용을 보충할 권한을 부여한 법령규정의 효력에 의하여 그 내용을 보충하는 기능을 갖게 된다 할 것이므로 이와 같은 행정규칙, 규정은 당해 법령의 위임한계를 벗어나지 아니하는 한 그것들과 결합하여 대외적인 구속력이 있는 법규명령으로서의 효력을 갖게 된다.**"[27]

> '청소년유해매체물의 표시방법'에 관한 정보통신부고시는 청소년유해매체물을 제공하려는 자가 하여야 할 전자적 표시의 내용을 정하고 있는데, 이는 특정인에 대한 개별적·구체적인 처분의 성격을 지닌 것이라기보다는 청소년유해매체물의 전자적 표시 일반에 관한 일반적·추상적인 규정의 성격을 지닌 것이라 봄이 상당하다. 나아가 이 사건 **고시는 법 제42조 및 시행령 제21조 제2항, 제3항의 위임규정에 의하여 제정된 것으로서 국민의 기본권을 제한하는 내용을 담고 있으므로 상위법령과 결합하여 대외적 구속력을 갖는 법규명령으로 기능하고 있는** 것이라 볼 수 있으므로 헌법소원의 대상이 된다(헌재 1992.6.26. 선고 91헌마25 결정, 『판례집』 4, 444, 449 참조).[28]

> 1. **법령의 규정이 특정 행정기관에 그 법령 내용의 구체적 사항을 정할 수 있는 권한을 부여하면서 그 권한 행사의 절차나 방법을 특정하고 있지 않아 수임행정기관이 행정규칙인 고시의 형식으로 그 법령의 내용이 될 사항을 구체적으로 정하고 있는 경우, 그 고시가 당해 법령의 위임 한계를 벗어나지 않는 한, 그와 결합하여 대외적으로 구속력이 있는 법규명령으로서 효력을 가진다.**
> 2. 산지관리법 제18조 제1항, 제4항, 같은 법 시행령 제20조 제4항에 따라 산림청장이 정한 '산지전용

26) 김동희, 『행정법 I』, 164-165; 박윤흔, 『행정법강의(상)』, 248-249, 260. 한편 이와 관련하여 최정일, 앞의 글, 46 이하는 ① 독일의 경우 규범구체화행정규칙은 기술법·환경법 분야에 국한해 보는 것이 일반적이고, ② 설령 세법에서 규범구체화행정규칙을 인정한다고 하더라도 동규정은 전문적 사실이해, 민주적·정치적 정당성의 절차적 전제조건이 미흡하여 규범구체화의 수권이 있다고 보기 어려우며, ③ 규범구체화행정규칙을 지지하는 오쎈뷜(Ossenbühl)도 세법분야에 경우 "사실조사에 관한 행정규칙" 중 "간소화규칙"(Vereinfachung)과 "세법상 평가준칙"(steuerliche Bewertungsrichtlinie)으로 분류하고 있는 점을 고려할 때 위 대법원판례가 동규정을 규범구체화행정규칙으로 인정한 것은 아니라고 하면서도, 그렇다고 이를 법규명령으로 볼 수는 없으며 법형식 그대로 행정규칙으로 보아야 한다고 한다.

27) 대법원 1987.9.29. 선고 86누484 판결. 동지 대법원 1988.3.22. 선고 86누249 판결.

28) 헌법재판소 전원재판부 2004.1.29. 선고 2001헌마894 결정.

허가기준의 세부검토기준에 관한 규정'(2003.11.20. 산림청 고시 제2003-71호) 제2조 [별표 3] (바)목 가.의 규정은 법령의 내용이 될 사항을 구체적으로 정한 것으로서 당해 법령의 위임 한계를 벗어나지 않으므로, 그와 결합하여 대외적으로 구속력이 있는 법규명령으로서 효력을 가진다.

3. 법령상의 어떤 용어가 별도의 법률상의 의미를 가지지 않으면서 일반적으로 통용되는 의미를 가지고 있다면, 상위규범에 그 용어의 의미에 관한 별도의 정의규정을 두고 있지 않고 권한을 위임받은 하위규범에서 그 용어의 사용기준을 정하고 있다 하더라도 하위규범이 상위규범에서 위임한 한계를 벗어났다고 볼 수 없으며, 행정규칙에서 사용하는 개념이 달리 해석할 여지가 있다 하더라도 행정청이 수권의 범위 내에서 법령이 위임한 취지 및 형평과 비례의 원칙에 기초하여 합목적적으로 기준을 설정하여 그 개념을 해석·적용하고 있다면, 개념이 달리 해석할 여지가 있다는 것만으로 이를 사용한 행정규칙이 법령의 위임 한계를 벗어났다고는 할 수 없다.29)

한편 헌법 제117조 제1항에서 규정하고 있는 '법령'에 법률 이외에 헌법 제75조 및 제95조 등에 의거한 '대통령령', '총리령' 및 '부령'과 같은 법규명령이 포함되는 것은 물론이지만, 헌법재판소의 "법령의 직접적인 위임에 따라 수임행정기관이 그 법령을 시행하는 데 필요한 구체적 사항을 정한 것이면, 그 제정형식은 비록 법규명령이 아닌 고시, 훈령, 예규 등과 같은 행정규칙이더라도, 그것이 상위법령의 위임한계를 벗어나지 아니하는 한, 상위법령과 결합하여 대외적인 구속력을 갖는 법규명령으로서 기능하게 된다고 보아야 한다."라고 판시한 바에 따라(헌법재판소 1992.6.26. 선고 91헌마25 결정, 『판례집』 4, 444, 449), 헌법 제117조 제1항에서 규정하는 '법령'에는 법규명령으로서 기능하는 행정규칙이 포함된다고 해석하게 된다.30)

Ⅳ. 행정규칙의 적법요건·흠과 그 효과

1. 행정규칙의 적법요건

행정규칙이 적법하게 성립하여 효력을 발생하기 위하여는 정당한 권한을 가진 기관(주체)이 상위법령에 저촉되지 않고 명확하며 또 실현가능한 내용으로 소정의 절차와 형식을 갖추어 제정되어야 한다. 그러나 행정규칙은 원칙적으로 대외적 구속력을 갖지 않으므로 공포가 필요하지 않다. 행정규칙은 적당한 방법으로 통보되고 도달하면 효력을 발생한다.

---

29) 대법원 2008.4.10. 선고 2007두4841 판결(건축불허가처분취소).
30) 헌법재판소 2002.10.31. 선고 2001헌라1 결정 전원재판부(강남구청과 대통령 간의 권한쟁의).

구 소득세법시행령(1989.8.1. 대통령령 제12767호로 개정되기 전의 것) 제170조 제4항 제2호에 의하여 국세청장이 지정하는 거래(이하 투기거래라고 한다)를 규정한 재산제세조사사무처리규정(국세청훈령 제980호) 제72조 제3항은 그 형식은 행정규칙으로 되어 있으나, 위 소득세법시행령의 규정을 보충하는 기능을 가지면서 그와 결합하여 법규명령과 같은 효력(대외적 효력)을 가지는 것으로서 법령의 위임한계를 벗어났다는 등 특별한 사정이 없는 한 양도소득세의 실지거래가액에 의한 과세의 법령상의 근거가 되는 것이나, 위와 같은 국세청장의 투기거래의 지정은 법령 그 자체는 아닌 것이므로 이를 국세청장으로 하여금 지정하게 하였다고 하여도 이것만 가지고 위 소득세법시행령의 규정이 헌법에 위배된다고 할 수 없고, 재산제세조사사무처리규정 제72조 제3항 제5호는 "부동산을 취득하여 1년 이내에 양도한 때"라고 되어 있어 그 규정내용이 명확하므로 조세법률주의에 어긋나는 무효의 규정이라고 할 수도 없다.

전항의 국세청훈령은 국세청장이 구 소득세법시행령 제170조 제4항 제2호에 해당할 거래를 행정규칙의 형식으로 지정한 것에 지나지 아니하므로 적당한 방법으로 이를 표시, 또는 통보하면 되는 것이지, 공포하거나 고시하지 아니하였다는 이유만으로 그 효력을 부인할 수 없다.[31]

그러나 행정규칙의 원칙적 내부법(Innenrecht)적 특성을 이유로 공고가 불필요하다고 일반화하는 것은 문제가 있다. 행정규칙이 예외적으로 외부적 구속력를 가진다고 인정된다면 그에 상응하여 공고 등 이해관계인이 알 수 있도록 하는 절차를 거치도록 해야 하지 않을까. 독일의 경우 2004년 11월 25일 연방행정법원판결에서 판시한 바와 같이, 제3자에 직접적인 외부효를 미치는 행정규칙은 이를 이해관계자들 모두가 알 수 있게끔 공고할 필요가 있고, 공고되지 아니하면 효력을 가질 수 없다고 보아야 할 것이다.[32]

한편, 행정 각부의 장이 정하는 고시가 비록 법령에 근거를 둔 것이라고 하더라도 그 규정 내용이 근거 법령의 위임 범위를 벗어난 경우, 법규명령으로서 대외적 구속력을 인정할 여지가 없다고 하여, 농림부고시인 농산물원산지 표시요령 제4조 제2항의 규정 내용이 근거 법령인 구 농수산물품질관리법 시행규칙에 따라 고시로써 정하도록 위임된 사항에 해당한다고 할 수 없어 법규명령으로서 대외적 구속력을 가질 수 없다고 한 판례가 있다.[33]

2. 행정규칙의 흠과 그 효과

적법요건에 흠이 있으면 행정규칙은 위법한 행정규칙이 된다. 행정규칙이 내용상 상위법령을

31) 대법원 1990.5.22. 선고 90누639 판결.
32) BVerwG, Urteil des fünften Senats vom 25. November 2004, Az. 5 CN 1.03.
33) 대법원 2006.4.28. 선고 2003마715 결정(과태료처분결정에대한재항고).

위반한 경우를 생각할 수 있다. 위법한 행정규칙은 무효(nichtig)이다. 이는 행정행위와는 다르고 법규명령과는 같은 점이다: 행정규칙의 흠의 효과로서 유효와 무효의 중간단계, 즉 취소가능성(Aufhebbarkeit)이라는 상태는 존재하지 않는다.

Ⅴ. 행정규칙의 통제

행정규칙을 행정의 내부법이라고 해서 그 현실적 영향력을 도외시한 채, 법치국가적 통제 밖에 방치하는 것은 결코 바람직하지 않다. 행정절차법은 고시 등 행정규칙의 제·개정에 관한 절차규정을 두지 않았다. 의견수렴 등 사전심사, 공포 등 절차를 거치지 않고도 효력을 발생하게 되어 행정규칙에 대한 사전적 통제수단이 전무한 상태이다. 규범구체화적 행정규칙이나 규범보충적 행정규칙의 입안시 입법예고를 의무화할 필요가 있다.[34] 행정규칙의 통제는 국회와 국민에 의한 정치적 통제와 사법적 통제, 행정적 통제로 분류되는데, 행정규칙의 성질을 감안할 때 행정내부적 통제가 주종을 이룬다.

1. 행정내부적 통제

법규명령의 경우와 유사하게 행정규칙도 행정감독권, 행정규칙제정절차 그리고 공무원·행정청의 행정규칙심사권을 통하여 통제될 수 있다.

2. 정치적 통제

법규명령처럼 정부불신임, 탄핵, 예산심의 등을 통한 간접적 통제방법이나 행정규칙에 대한 동의·승인권의 유보를 통한 직접적 통제방법은 없다. 다만, 국회법 제98조의2에 따른 대통령령등의 국회제출제도를 통해 어느 정도 입법적 통제가 가능하다. 그러나 국회 (상임위) 제출만을 의무화하는 데 그쳐 실효성에 의문이 있다. 국회의 국정조사 및 감사를 통한 입법적 통제, 그 밖에 청원, 국민여론, 압력단체의 활동에 의한 통제도 가능하다.

34) 같은 맥락에서 송동수, 앞의 글, 301-302를 참조.

3. 사법적 통제

학설과 판례는 행정규칙의 처분성과 재판기준성을 부정해 왔다. 그 결과 사법적 통제 역시 난관에 부딪친다. 예외적으로 행정규칙의 대외적 구속력이 인정되면, 법원은 이를 재판기준으로 삼게 되고, 따라서 규범통제도 가능하다고 볼 여지가 생긴다. 행정소송 외에 헌법소원 등이 행정규칙에 대한 구제수단이 될 수 있으나, 실제 효과는 의문시되고 있다.

제21장

법규명령과 행정규칙, 형식과 내용의 불일치*

Ⅰ. 쟁점

상급행정청 또는 상급자가 하급행정청 또는 하급직원에 대하여 행정조직 내부에서 행정조직의 운영, 행정사무의 처리를 규율하기 위하여 발하는 일반추상적 규정을 일반적으로 행정규칙(Verwaltungs-vorschrift)이라고 부르고 있다.[1] 반면 법규명령(Rechtsverordnung)이란 일반적으로 행정권이 정립하는 법규범을 말하는 것으로 이해되고 있다. 법규명령은 일반・추상적인 규정으로서 법규적 효력, 즉 행정권 자신뿐만 아니라 국민을 '법'으로서 구속하는 힘(대외적 구속력)을 가지는 법형식이라는 것이다. '행정규칙'과 '법규명령'은 모두 이론상・강학상의 개념으로서, 공식화된 실정법적 범주는 아니지만,[2] 이론・실무 양면에서 모두, 용어법상 뉘앙스는 있을지라도,[3] '행정입법' 또는 '행정상 입법'의 하위유형으로 통용되고 있다.[4]

---

* 이 글은 홍준형, 「법규명령과 행정규칙의 구별: 제재적 행정처분의 기준을 정한 시행규칙・시행령의 법적 성질을 중심으로」, 월간 『법제』 제488호, 1998.8., 41-55를 토대로 하여 최근까지의 판례와 학설 변화를 반영하여 대폭 수정・보완한 것임.

1) 이에 관하여는 김동희, 『행정법 I』, 박영사, 2008, 134; F. Ossenbühl, "Die Quellen des Verwaltungsrechts," in: H.-U. Erichsen und W. Martens (Hrsg.), *Allgemeines Verwaltungsrecht*, S.130, Rn.31; H. Maurer, *Allgemeines Verwaltungsrecht*, 1997, S.545, § 24 Rn.1 등을 참조.

2) 다만 1997년 1월 13일 개정국회법은 제98조의2를 신설하여 "중앙행정기관의 장은 법률에서 위임한 사항이나 법률을 집행하기 위하여 필요한 사항을 규정한 대통령령・총리령・부령 및 훈령・예규・고시 등 행정규칙이 제정 또는 개정된 때에는 7일 이내에 이를 국회에 송부하여야 한다"고 규정함으로써 최초로 '행정규칙'이란 용어를 사용하고 있다. 반면 국가와타방국가국민간의투자분쟁의해결에관한협약 제6조 제1항은 '행정규칙'이란 용어를 사용하고 있지만, 여기서 말하는 '행정규칙'과 같은 의미는 아니다.

3) 대법원은 더러 '행정규칙'이란 용어를 사용한 것도 적지 않으나(예: 국세청의 기본통칙은 과세관청 내부에 있어 세법해석의 기준 및 집행기준을 시달한 행정규칙에 불과하다고 판시한 대법원 1987.3.10. 선고 85

이러한 용어법의 이면에는 양자가 서로 배타적인 규범형식으로서 그 규율사항도 준별된다는 생각이 깔려 있다. 즉, 법규명령은 대통령령 · 총리령 · 부령 등의 형식으로 '법규명령사항'을 정한 것으로서 대외적 구속력을 가지는 데 비하여, 행정규칙이란 훈령 · 예규 · 고시 등의 형식으로 '비법규명령사항' 또는 '행정규칙사항'을 정한 것으로서 대외적 구속력을 가지지 못한다는 관념이 그 용어법의 저변을 이루고 있는 것이다. 여기서 행정규칙사항을 법규명령으로 정한 경우(형식의 과잉)와 법규명령사항을 행정규칙으로 정한 경우(형식의 부족) 각각 그 효력을 어떻게 볼 것인가 하는 문제가 제기된다. 가령 법규명령의 형식인 대통령령이나 부령으로 행정청내부의 사무처리기준을 정한 경우, 반대로 행정규칙의 형식인 훈령이나 고시로 국민의 권리의무에 관한 사항을 규정한 경우가 그러한 예이다. 이 두 가지 문제는 모두 중요하다. 특히 후자의 경우 행정규칙의 대외적 효력과 관련하여 논의되는, 가장 논란이 많은 문제영역이기도 하다.[5] 대법원이 제재적 행정처분의 기준을 정한 시행규칙(주로 별표)의 효력을 행정규칙(행정명령)이라고 보아 온 종래의 판례경향과는 확연히 구별되는 주목할 만한 판례를 내놓았기 때문이다.

누349 판결(공1987, 652); 대법원 1989.9.12. 선고 87누564 판결(공1989, 1409). 국세청장의 훈령형식으로 발한 재산제세사무처리규정에 대하여 "그와 같은 행정규칙, 규정은 위에서 본 행정규칙이 갖는 일반적 효력으로서가 아니라, 행정기관에 법령의 구체적 내용을 보충할 권한을 부여한 법령규정의 효력에 의하여 그 내용을 보충하는 기능을 갖게 된다 할 것이고, 따라서 이와 같은 행정규칙, 규정은 당해 법령의 위임한계를 벗어나지 아니하는 한 그것들과 결합하여 대외적인 구속력이 있는 법규명령으로서의 효력을 갖게 된다고 보아야 할 것"이라고 판시한 대법원 1987.9.29. 선고 86누484 판결(공1987, 1668); 대법원 1988.3.22. 선고 87누654 판결(공1988, 710); 대법원 1989.11.14. 선고 89누5676 판결(공1990, 63). 행정규칙의 비법규성을 전제로 그것을 공포하지 않아도 위법은 아니라고 판시한 대법원 1990.2.9. 선고 89누3731 판결; 대법원 1988.3.22. 선고 87누654 판결; 대법원 1990.5.22. 선고 90누639 판결; 대법원 1990.2.9. 선고 89누3731 판결; 대법원 1990.10.10. 선고 90누3997 판결; 대법원 1991.6.11. 선고 90누9810 판결 등) '행정규칙'이란 용어 대신 '행정명령'이란 용어를 즐겨 사용하는 경향을 보이고 있다. 그러나 판례 중에는 이 '행정명령'이란 용어를 행정행위의 한 유형인 '하명'의 의미로 사용하고 있는 것이 있어(예: 대법원 1980.7.8. 선고 79누18 판결, 『행판집』 39의하-125; 대법원 1983.2. 22. 선고 82누26 판결(집31(1)특083; 공1983, 596); 대법원 1986.3.25. 선고 85누950 판결(공1986, 721); 대법원 1988.10.11. 선고 87누173 판결(공1988, 1411)), 용어법상의 혼란이 생길 수 있으므로, 행정규칙의 의미로 '행정명령'이란 용어를 사용하는 것은 바람직하지 못하다고 생각한다.

4) 이러한 용어법의 부당성에 관하여는 홍준형, 『행정법총론』(제3판), 1997, 307을 참조.

5) 최세영, 「행정규칙의 법규성인정여부」, 『판례월보』 178호, 1985.

Ⅱ. 법규명령 형식 행정규칙과 행정규칙 형식 법규명령

1. 법규명령의 형식을 띤 행정규칙

(1) 학설

행정규칙은 보통 고시·훈령·예규 등의 형식을 취하지만, 종종 법규명령의 형식을 띠는 경우도 있다. 이처럼 행정규칙으로 정해도 될 사항을 법규명령의 형식으로 정한 경우, 즉 '형식의 과잉'에 의한 규정을 행정규칙으로 볼 것인지 아니면 법규명령으로 볼 것인지 여부에 관해 적극설[6]과 소극설[7]이 대립되어 왔다. 학계에서는 행정규칙으로만 정해야 할 행정규칙 고유의 규율사항이 무엇인지가 반드시 분명하지 않을 뿐만 아니라, 행정권으로서는 위임의 근거가 존재하는 한 동일한 사항을 행정규칙으로 규율하지 않고 법규명령으로 규율할 수 있으므로 적극설, 이를 법규명령으로 보는 입장이 지배적이다.

(2) 판례

판례는 종래 소극설 입장에 서 있었으나, 적극설로 선회하는 경향을 띠기도 하고 다시 소극설로 기우는 듯한 태도를 보이는 등 다소 일관성이 없는 모습을 보였다.

① 과거의 판례

종래 부령인 시행규칙 또는 지방자치단체의 규칙으로 정한 행정처분의 기준의 법적 성질에 관하여 대법원은 이를 부령이라는 형식에도 불구하고 행정규칙으로 보았다. 즉, 구 「자동차운수사업법」 제31조 제2항의 규정에 따라 제정된 「자동차운수사업법제31조등에의한사업면허취소처분등의처분에관한규칙」(1989.4.20. 교통부령 제905호)이 형식은 부령으로 되어 있으나 그 규정의 성질과 내용이 자동차운수사업면허의 취소처분등에 관한 사무처리 기준과

---

6) 김도창, 『일반행정법론(상)』(제4전정판), 청운사, 1993, 325; 김남진, 『행정법의 기본문제』(제4판), 1990, 1051 이하; 김남진, 『행정법Ⅰ』(제6판), 1997, 188; 김동희, 『행정법Ⅰ』(신정판), 1997, 142 등. 이것이 다수설이라 할 수 있다.

7) 류지태, 『행정법신론』(제2판), 1996, 209는 "당해 행정립법이 형식을 법규명령으로 하고 있더라도 행정규칙으로서의 성질은 변하지 않는다고 보는 것이 타당할 것이다. 따라서 내용을 중심으로 검토하는 견해에 따른다"고 기술하고 있다. 한편, "행정내부의 사무처리기준을 주된 내용으로 하는 경우에는 이를 형식적으로 명령의 형식으로 규정되었다고 하여 곧바로 모든 경우에 국민과 법원을 구속하는 법규범으로 보기보다는 실질적인 법률에 해당하는 법규명령과는 일응 성질이 다른 유동적인 효력이 인정되는 제3의 유형인 행정명령의 개념을 인정하여도 무방하리라고 본다."라는 견해(김용섭, 「법규명령의 재검토: 행정판례의 분석을 중심으로」, 『법제』 통권 451호, 1995.7.)도 나타나고 있다.

처분절차 등 행정청 내의 사무처리준칙을 규정한 것에 불과한 것이어서 이는 교통부장관이 관계행정기관 및 직원에 대하여 그 직무권한의 지침으로 발한 행정조직 내부에 있어서의 행정명령의 성질을 가지는 것이고 따라서 위 규칙은 행정조직 내부에서 관계 행정기관이나 직원을 구속함에 그치고 대외적으로는 국민이나 법원을 구속할 수 없다고 판시한 이래,[8] 다음에 보는 바와 같은 일련의 판례를 통해 그러한 유형의 시행규칙들의 법적 성질을 모두 행정규칙으로 보는 입장을 견지했다.

A. 자동차운수사업법제31조등에의한사업면허취소처분등의처분에관한규칙(부령)

1. 자동차운수사업법 제31조 제5호에 규정한 중대한 교통사고에 해당하는지의 여부는 교통사고를 야기한 사람의 과실 정도, 피해자의 과실, 사고의 경위, 피해상황, 일반사회에 미친 영향 등 행위의 내용과 결과를 모두 고찰하여 그와 같은 교통사고가 통상 생길 수 있는 교통사고가 아닌 중대한 교통사고로 볼 수 있는지를 판단하여 결정하여야 한다.
2. 자동차운수사업법제31조등의규정에의한사업면허의취소등의처분에관한규칙(1982.7.31. 교통부령 제724호)은 부령의 형식으로 되어 있으나 이는 교통부장관이 관계행정기관 및 직원에 대하여 그 직무권한 행사의 지침을 정하여 주기 위하여 발한 행정조직 내부에 있어서의 행정명령의 성질을 가지는 것이다.[9]

B. 공중위생법상 제재적 행정처분의 기준을 정한 시행규칙

공중위생법 제23조 제1항은 처분권자에게 영업자가 법에 위반되는 종류와 정도의 경중에 따라 제반사정을 참작하여 위 법에 규정된 것 중 적절한 종류를 선택하여 합리적인 범위 내의 행정처분을 할 수 있는 재량권을 부여한 것이고, 이를 시행하기 위하여 동 제4항에 의하여 마련된 공중위생법 시행규칙 제41조 [별표 7]에서 위 행정처분의 기준을 정하고 있더라도 위 시행규칙은 형식은 부령으로 되어 있

---

8) 대법원 1991.11.8. 선고 91누4973 판결. 이 판례에서 문제된 시행규칙은 종래 훈령으로 정해졌던 것을 법원이 그 법규성을 부인했던 것(대법원 1983.9.13. 선고 82누285 판결)에 대응하여 교통부가 같은 내용의 것을 법률개정을 통하여 교통부령으로 제정한 것이었다. 동지 대법원 1984.2.28. 선고 83누551 판결; 대법원 1990.1.25. 선고 89누3564 판결; 대법원 1992.3.31. 선고 91누4928 판결; 대법원 1992.4.14. 선고 91누9954 판결; 대법원 1992.4.28. 선고 91누11940 판결; 대법원 1992.5.12. 선고 91누11247 판결; 대법원 1992.6.23. 선고 92누2851 판결 등.

9) 대법원 1984.2.28. 선고 83누551 판결(집32(1) 특305, 공1984, 627). 평석: 최세영, 「행정규칙의 법규성 인정 여부」, 『행정판례연구』 Ⅰ, 1992.11., 15 및 『판례월보』 178호, 57; 이상규, 「법규명령과 행정명령의 구분」, 『사법행정』 284호, 42. 이 판결에서 문제된 시행규칙은 종래 훈령으로 정해졌던 것을 법원이 그 법규성을 부인했던 것(대법원 1983.9.13. 선고 82누285) 대응하여 교통부가 같은 내용의 것을 법률개정을 통하여 교통부령으로 제정한 것이다. 동지 대법원 1990.1.25. 선고 89누3564 판결; 대법원 1991.11.8. 선고 91누4973 판결; 대법원 1992.3.31. 선고 91누4928 판결; 대법원 1992.4.14. 선고 91누9954 판결; 대법원 1992.4.28. 선고 91누11940 판결; 대법원 1992.5.12. 선고 91누11247 판결; 대법원 1992.6.23. 선고 92누2851 판결 등.

으나 그 성질은 행정기관내부의 사무처리준칙을 규정한 것에 불과한 것으로서 보건사회부장관이 관계행정기관 및 직원에 대하여 그 직무권한행사의 지침을 정하여 주기 위하여 발한 행정명령의 성질을 가지는 것이지, 위 법 제23조 제1항에 의하여 보장된 재량권을 기속하거나 대외적으로 국민을 기속하는 것은 아니다.10)

C. 의료법에 따라 의사면허자격정지처분의 세부적인 기준을 정한 보건복지부령

의료법 제53조의3, 제53조 제1항에 의하면 의사면허자격정지처분의 세부적인 기준은 보건복지부령으로 정하도록 되어 있으나 위 보건복지부령은 그 규정의 성질과 내용이 의사에 대한 면허자격정지처분의 세부적인 기준이라는 행정청 내의 사무처리준칙을 규정하는 것에 불과하여 보건복지부장관이 관계행정기관 및 그 직원에 대하여 그 직무권한 행사의 지침을 정하여 주기 위하여 발하는 행정조직 내부에 있어서의 행정명령의 성질을 가지는 것으로서 대외적으로 국민이나 법원을 기속하는 효력이 있는 것은 아니므로 의사면허자격정지처분의 적법여부는 그 처분이 위 보건복지부령이 정하는 기준에 적합한지 여부에 따라 판단할 것이 아니라 의료법의 규정과 취지에 적합한지 여부에 따라 판단하여야 한다. 따라서 의사면허자격정지처분이 의료법의 규정과 취지에 적합하게 이루어진 이상 그 처분이 처분기준에 관한 위 보건복지부령이 제정되지 아니한 상태에서 이루어졌다고 하여 그 처분이 위법하다고 할 수는 없다.11)

D. 풍속영업의규제에관한법률 시행규칙(제8조 제1항 [별표 3])

풍속영업의규제에관한법률시행규칙 제8조 제1항에서 [별표 3]으로 같은 법률 제7조에 따른 행정처분의 기준을 정하였다고 하더라도, 이는 형식은 부령으로 되어 있으나 그 성질은 행정기관 내부의 사무처리준칙을 정한 것에 불과한 것으로서, 내무부장관이 관계행정기관 및 직원에 대하여 그 직무권한행사의 지침을 정하여 주기 위하여 발한 행정명령의 성질을 가지는 것이지 위 법률 제7조에 의하여 보장된 재량권을 기속하는 것이라고 할 수는 없고, 대외적으로 국민이나 법원을 기속하는 힘이 있는 것은 아니다.12)

이후에도 대법원은 대법원 1995.10.17. 선고 94누14148 전원합의체판결에서 "규정형식상 부령인 시행규칙 또는 지방자치단체의 규칙으로 정한 행정처분의 기준은 행정처분등에 관한 사무처리기준과 처분절차등 행정청 내의 사무처리준칙을 규정한 것에 불과하므로 행정조직 내부에 있어서의 행정명령의 성격을 지닐 뿐 대외적으로 국민이나 법원을 구속하는 힘이 없고, 그 처분이 위 규칙에 위배되는 것이라 하더라도 위법의 문제는 생기지 아니하고, 또 위 규칙에서 정한 기준에 적합하다 하여 바로 그 처분이 적법한 것이라고도 할 수 없으며, 그 처분의 적법 여부는 위 규칙에 적합한지의 여부에 따라 판단할 것

10) 대법원 1991.3.8. 선고 90누6545 판결.
11) 대법원 1996.2.23. 선고 95누16318 판결(공1996상, 1129).
12) 대법원 1994.4.12. 선고 94누651 판결(공1994, 1500).

이 아니고 관계 법령의 규정 및 그 취지에 적합한 것인지 여부에 따라 개별적·구체적으로 판단하여야 한다."라고 판시함으로써 기존의 판례를 유지했고, 그 다수의견에서, 행정처분에 효력기간이 정해져 있고 그 기간이 경과한 후에는 행정명령에 불과한 각종 규칙상 행정처분 기준에 관한 규정에서 위반 횟수에 따라 가중처분하게 되어 있다 하여 법률상의 이익이 있는 것으로 볼 수는 없다고 판시하였다.

② 적극설을 취한 경우

대법원은 주택건설촉진법 제7조 제2항의 위임에 터 잡아 행정처분의 기준을 정한 같은 법 시행령 제10조의3 제1항 별표 1을 대외적으로 국민이나 법원을 구속하는 힘이 있는 법규명령에 해당하는 것으로 판시하였고[13] 구 자동차운수사업법시행령 제3조 제1항 [별표 1]의 제5호에 의한 과징금부과처분취소청구사건에서 다시금 과징금부과처분이 같은 법 시행령에서 정한 한도액을 초과하여 위법하다는 것을 전제로 이를 일부취소해서는 아니 되고 전부 취소하여야 한다고 판시하였다.[14] 이들 판례는 처분기준을 정한 시행령 규정의 법규명령으로서의 구속력을 시인한 것이기는 하지만 대법원이 적극설을 취한 주목할 만한 사례였다.

대법원은 그 후 부령에 대해서도 적극설의 입장을 재확인했다. 일례로 시외버스운송사업의 사업계획변경 기준 등에 관한 구 여객자동차 운수사업법시행규칙 제31조 제2항 제1호, 제2호, 제6호의 법적 성질을 법규명령으로 본 사례가 있다.

> 구 여객자동차 운수사업법 시행규칙(2000.8.23. 건설교통부령 제259호로 개정되기 전의 것) 제31조 제2항 제1호, 제2호, 제6호는 구 여객자동차 운수사업법(2000.1.28. 법률 제6240호로 개정되기 전의 것) 제11조 제4항의 위임에 따라 시외버스운송사업의 사업계획변경에 관한 절차, 인가기준 등을 구체적으로 규정한 것으로서, 대외적인 구속력이 있는 법규명령이라고 할 것이고, 그것을 행정청 내부의 사무처리준칙을 규정한 행정규칙에 불과하다고 할 수는 없다.[15]

또한 대법원은 2006.6.22. 선고 2003두1684 전원합의체판결에서, 제재적 처분이 그 처분에서 정한 제재기간의 경과로 인하여 효과가 소멸되었으나, 부령인 시행규칙 또는 지방자치단체의 규칙의 형식으로 정한 처분기준에서 제재적 행정처분을 받은 것을 가중사유나 전제요건으로 삼아 장래 제재적 행정처분을 하도록 정하고 있는 경우, 부령으로 정한 처분기준의 법적 성질(법규명령인지 여부)에 대한 판단은 유보하였으나 그 규칙의 구속력을 인정하였다.

13) 대법원 1997.12.26. 선고 97누15418 판결(주택건설사업영업정지처분취소).
14) 대법원 1998.4.10. 선고 98두2270 판결.
15) 대법원 2006.6.27. 선고 2003두4355 판결(시외버스운송사업계획변경인가처분취소).

제재적 행정처분의 가중사유나 전제요건에 관한 규정이 법령이 아니라 규칙의 형식으로 되어 있다고 하더라도, 그러한 규칙이 법령에 근거를 두고 있는 이상 그 법적 성질이 대외적·일반적 구속력을 갖는 법규명령인지 여부와는 상관없이, 관할 행정청이나 담당공무원은 이를 준수할 의무가 있으므로 이들이 그 규칙에 정해진 바에 따라 행정작용을 할 것이 당연히 예견되고, 그 결과 행정작용의 상대방인 국민으로서는 그 규칙의 영향을 받을 수밖에 없다.16)

한편, 대법원은 최근 공공기관의 운영에 관한 법률 제39조 제3항의 위임에 따라 제정된 기획재정부령인 '공기업·준정부기관 계약사무규칙' 제15조 제1항의 법적 성격이 문제된 사건에서 "법령에서 행정처분의 요건 중 일부 사항을 부령으로 정할 것을 위임한 데 따라 시행규칙 등 부령에서 이를 정한 경우에 그 부령의 규정은 국민에 대해서도 구속력이 있는 법규명령에 해당한다."라고 전제하면서도, '법령의 위임이 없음에도 법령에 규정된 처분 요건에 해당하는 사항을 부령에서 변경하여 규정한 경우'에는 그 부령의 규정은 "행정청 내부의 사무처리 기준 등을 정한 것으로서 행정조직 내에서 적용되는 행정명령의 성격을 지닐 뿐 국민에 대한 대외적 구속력은 없다."라고 판시하여 미묘한 뉘앙스를 보였다.

1. 법령에서 행정처분의 요건 중 일부 사항을 부령으로 정할 것을 위임한 데 따라 시행규칙 등 부령에서 이를 정한 경우에 그 부령의 규정은 국민에 대해서도 구속력이 있는 법규명령에 해당한다고 할 것이지만, 법령의 위임이 없음에도 법령에 규정된 처분 요건에 해당하는 사항을 부령에서 변경하여 규정한 경우에는 그 부령의 규정은 행정청 내부의 사무처리 기준 등을 정한 것으로서 행정조직 내에서 적용되는 행정명령의 성격을 지닐 뿐 국민에 대한 대외적 구속력은 없다고 보아야 한다. 따라서 어떤 행정처분이 그와 같이 법규성이 없는 시행규칙 등의 규정에 위배된다고 하더라도 그 이유만으로 처분이 위법하게 되는 것은 아니라 할 것이고, 또 그 규칙 등에서 정한 요건에 부합한다고 하여 반드시 그 처분이 적법한 것이라고 할 수도 없다. 이 경우 처분의 적법 여부는 그러한 규칙 등에서 정한 요건에 합치하는지 여부가 아니라 일반 국민에 대하여 구속력을 가지는 법률 등 법규성이 있는 관계 법령의 규정을 기준으로 판단하여야 한다.
2. 공공기관법 제39조 제3항에서 부령에 위임한 것은 '입찰참가자격의 제한기준 등에 관하여 필요한 사항'일 뿐이고, 이는 그 규정의 문언상 입찰참가자격을 제한하면서 그 기간의 정도와 가중·감경 등에 관한 사항을 의미하는 것이지 처분의 요건까지를 위임한 것이라고 볼 수는 없다. 따라서 이 사건 규칙 조항에서 위와 같이 처분의 요건을 완화하여 정한 것은 상위법령의 위임 없이 규정한 것이므로 이는 행정기관 내부의 사무처리준칙을 정한 것에 지나지 않는다.17)

---

16) 대법원 2006.6.22. 선고 2003두1684 전원합의체판결.
17) 대법원 2013.9.12. 선고 2011두10584 판결(부정당업자제재처분취소).

③ 소극설을 취한 경우

대법원은 2007.9.20. 선고 2007두6946 판결에서 다음과 같이 판시함으로써 종래의 판례를 반복하여 과거의 소극설로 회귀한 것이 아닌가 하는 추측을 낳았다.

> 1. 제재적 행정처분의 기준이 부령의 형식으로 규정되어 있더라도 그것은 행정청 내부의 사무처리준칙을 정한 것에 지나지 아니하여 대외적으로 국민이나 법원을 기속하는 효력이 없고, 당해 처분의 적법 여부는 위 처분기준만이 아니라 관계 법령의 규정 내용과 취지에 따라 판단되어야 하므로, 위 처분기준에 적합하다 하여 곧바로 당해 처분이 적법한 것이라고 할 수는 없지만, 위 처분기준이 그 자체로 헌법 또는 법률에 합치되지 아니하거나 위 처분기준에 따른 제재적 행정처분이 그 처분사유가 된 위반행위의 내용 및 관계 법령의 규정 내용과 취지에 비추어 현저히 부당하다고 인정할 만한 합리적인 이유가 없는 한 섣불리 그 처분이 재량권의 범위를 일탈하였거나 재량권을 남용한 것이라고 판단해서는 안 된다.
> 2. 약사의 의약품 개봉판매행위에 대하여 구 약사법(2007.4.11. 법률 제8365호로 전문 개정되기 전의 것) 제69조 제1항 제3호, 제3항, 같은 법 시행규칙(2005.10.7. 보건복지부령 제332호로 개정되기 전의 것) 제89조[별표 6] '행정처분의 기준'에 따라 업무정지 15일의 처분을 사전통지하였다가, 그 후 같은 법 제71조의3 제1항, 제2항, 같은 법 시행령(2007.6.28. 대통령령 제20130호로 개정되기 전의 것) 제29조[별표 1의2] '과징금 산정기준'에 따라 업무정지 15일에 갈음하는 과징금 부과처분을 한 것이 재량권의 범위를 일탈하거나 재량권을 남용한 것으로 보기 어렵다.[18]

이후에도 대법원은 직접 언급은 하지 않았지만, 유사한 입장을 시사한 바 있다.

> 식품위생법 제58조 제1항에 의한 영업정지 등 행정처분의 적법 여부는 같은 법 시행규칙(2008.6.20. 보건복지가족부령 제22호로 개정되기 전의 것) 제53조 [별표 15]의 행정처분기준에 적합한 것인가의 여부에 따라 판단할 것이 아니라 법의 규정 및 그 취지에 적합한 것인가의 여부에 따라 판단하여야 하는 것이고, 행정처분으로 인하여 달성하려는 공익상의 필요와 이로 인하여 상대방이 받는 불이익을 비교·형량하여 그 처분으로 인하여 공익상 필요보다 상대방이 받게 되는 불이익 등이 막대한 경우에는 재량권의 한계를 일탈한 것으로서 위법하다(대법원 1997.11.28. 선고 97누12952 판결).[19]

④ 대통령령의 경우

이미 앞에서도 지적하였지만, 대법원은 제정형식이 대통령령인 경우에는 그 내용이 제재적 처분기준이라도 법규명령으로서 효력을 부인하지 않고 있다.

---

18) 대법원 2007.9.20. 선고 2007두6946 판결(과징금부과처분취소).
19) 대법원 2010.4.8. 선고 2009두22997 판결(영업정지처분취소).

1. 어느 행정행위가 기속행위인지 재량행위인지 나아가 재량행위라고 할지라도 기속재량행위인지 또는 자유재량에 속하는 것인지의 여부는 이를 일률적으로 규정지을 수는 없는 것이고, 당해 처분의 근거가 된 규정의 형식이나 체재 또는 문언에 따라 개별적으로 판단하여야 한다.
2. 당해 처분의 기준이 된 주택건설촉진법시행령 제10조의3 제1항 [별표 1]은 주택건설촉진법 제7조 제2항의 위임규정에 터잡은 규정형식상 대통령령이므로 그 성질이 부령인 시행규칙이나 또는 지방자치단체의 규칙과 같이 통상적으로 행정조직 내부에 있어서의 행정명령에 지나지 않는 것이 아니라 대외적으로 국민이나 법원을 구속하는 힘이 있는 법규명령에 해당한다.[20]

위 판결의 원심은, 문제의 주택건설사업영업정지처분의 근거가 된 주택건설촉진법 제7조 및 같은 법 시행령 제10조의3 제1항 [별표 1]의 제2호 (타)목 (1)의 규정이 행정처분의 기준을 정하였다 하더라도, 이는 형식상으로는 대통령령으로 되어 있으나 그 성질은 행정기관 내부의 사무처리준칙을 정한 것에 불과한 것으로서 관계 행정기관 및 직원에 대하여 그 직무권한 행사의 지침을 정하여 주기 위하여 발한 행정명령의 성질을 가지는 것이지 법 제7조 제1항의 규정에 의하여 보장된 재량권을 기속하거나 대외적으로 국민이나 법원을 기속하는 힘이 있는 것은 아니라고 봄으로써 위 대법원의 판례를 추종했으나, 대법원은 그 1995.10.17. 선고 94누14148 판결을 원용하면서 이 사건 처분의 기준이 된 시행령 제10조의3 제1항 [별표 1]은 법 제7조 제2항의 위임규정에 터 잡은 규정형식상 대통령령이므로 그 성질이 부령인 시행규칙이나 또는 지방자치단체의 규칙과 같이 통상적으로 행정조직 내부에 있어서의 행정명령에 지나지 않는 것이 아니라 대외적으로 국민이나 법원을 구속하는 힘이 있는 법규명령에 해당한다고 판시함으로써 원심판결을 배척하였다.

또한 대법원은 이후에도 구 자동차운수사업법시행령 제3조 제1항 [별표 1]의 제5호에 의한 과징금부과처분취소청구사건에서 다시금 과징금부과처분이 같은 법 시행령에서 정한 한도액을 초과하여 위법하다는 것을 전제로 이를 일부취소해서는 아니 되고 전부취소하여야 한다고 판시함으로써 처분기준을 정한 시행령 규정의 법규명령으로서의 구속력을 시인했다.

이 사건에서 피고는 원고에게 차고지를 확보하여 신고하지 아니하였다는 이유로 자동차운수사업법시행령 제3조 제1항 [별표 1]의 제5호를 적용하여 금 1,000,000원의 과징금을 부과하는 처분을 하였다. 원심은 원고가 차고지 없이 개인택시운송사업을 한 것은 법 제31조의2 제1항, 제31조 제1항 제1호 소정의 과징금부과사유에 해당한다 할 것이나, 원고가 위와 같이 차고지 없이 개인택시운송사업을 한 것은 법시행령 제3조 제1항 [별표 1]의 제5호 (마)목에 해당하므로 이 사건 과징금의 액수는 금 100,000원

20) 대법원 1997.12.26. 선고 97누15418 판결(주택건설사업영업정지처분취소). 이에 대한 평석으로는 김남진, 「법규명령과 행정규칙의 구분 등」, 『법제』 제485호, 1998.5., 81; 『법률신문』, 1998.4.6., 14를 참조.

으로 정함이 상당하다 할 것이고, 따라서 이 사건 처분 중 금 100,000원을 초과하는 부분은 재량권을 일탈·남용한 것으로 위법하다며 이 부분만 취소하였다. 대법원은 "원심이 원고의 위와 같은 행위를 법시행령 제3조 제1항 [별표 1]의 제5호 (마)목에 해당한다고 판단한 조치는 옳다고 여겨지나, 자동차운수사업면허조건 등을 위반한 사업자에 대하여 행정청이 행정제재수단으로 사업정지를 명할 것인지, 과징금을 부과할 것인지, 과징금을 부과키로 한다면 그 금액은 얼마로 할 것인지에 관하여 재량권이 부여되었다 할 것이므로 과징금부과처분이 법이 정한 한도액을 초과하여 위법할 경우 법원으로서는 그 전부를 취소할 수밖에 없고, 그 한도액을 초과한 부분이나 법원이 적정하다고 인정되는 부분을 초과한 부분만을 취소할 수는 없는 것임에도(대법원 1993.7.27. 선고 93누1077 판결 참조), 원심이 위와 같이 그 일부분만을 취소한 조치에는 과징금부과처분취소에 관한 법리를 오해하여 판결에 영향을 미친 위법을 저질렀다 할 것"이라고 판시하여 원심판결을 파기환송하였다.[21]

이처럼 처분기준을 정한 규정이 대통령령인 경우 그 시행령의 법규명령으로서의 구속력을 인정한 판례는 이후에도 계속되고 있다.

당해 처분의 기준이 된 주택건설촉진법시행령 제10조의3 제1항 [별표 1]은 **주택건설촉진법 제7조 제2항의 위임규정에 터 잡은 규정형식상 대통령령이므로 그 성질이 부령인 시행규칙이나 또는 지방자치단체의 규칙과 같이 통상적으로 행정조직 내부에 있어서의 행정명령에 지나지 않는 것이 아니라 대외적으로 국민이나 법원을 구속하는 힘이 있는 법규명령에 해당한다.**"라고 판시하였고,[22] "구 청소년보호법(1999.2.5. 법률 제5817호로 개정되기 전의 것) 제49조 제1항, 제2항에 따른 같은 법 시행령(1999.6.30. 대통령령 제16461호로 개정되기 전의 것) 제40조 [별표 6]의 위반행위의종별에따른과징금처분기준은 **법규명령이기는 하나 모법의 위임규정의 내용과 취지 및 헌법상의 과잉금지의 원칙과 평등의 원칙 등에 비추어 같은 유형의 위반행위라 하더라도 그 규모나 기간·사회적 비난 정도·위반행위로 인하여 다른 법률에 의하여 처벌받은 다른 사정·행위자의 개인적 사정 및 위반행위로 얻은 불법이익의 규모 등 여러 요소를 종합적으로 고려하여 사안에 따라 적정한 과징금의 액수를 정하여야 할 것이므로 그 수액은 정액이 아니라 최고한도액이다.**"[23]

국민건강보험법 제85조 제1항, 제2항에 따른 같은 법 시행령(2001.12.31. 대통령령 제17476호로 개정되기 전의 것) 제61조 제1항 [별표 5]의 **업무정지처분 및 과징금부과의 기준은 법규명령이기는 하나** 모법의 위임규정의 내용과 취지 및 헌법상의 과잉금지의 원칙과 평등의 원칙 등에 비추어 같은 유형의 위반행위라 하더라도 그 규모나 기간·사회적 비난 정도·위반행위로 인하여 다른 법률에 의하여 처벌받은 다른 사정·행위자의 개인적 사정 및 위반행위로 얻은 불법이익의 규모 등 여러 요소를 종합적으

21) 대법원 1998.4.10. 선고 98두2270 판결.
22) 대법원 1997.12.26. 선고 97누15418 판결(주택건설사업영업정지처분취소).
23) 대법원 2001.3.9. 선고 99두5207 판결(과징금부과처분취소).

로 고려하여 사안에 따라 적정한 업무정지의 기간 및 과징금의 금액을 정하여야 할 것이므로 그 기간 내지 금액은 확정적인 것이 아니라 최고한도라고 할 것이다.[24)]

대법원의 이러한 판례들은, 재량권을 전제로 한 모법의 위임에 따른 처분기준이 법규명령의 성질을 가진다고 할 때 생기는 재량행사의 경직성을 회피하려는 취지에서 나온 것이라고 이해된다. 앞서 소개한 구 식품위생법시행규칙 제53조 [별표 15]의 행정처분기준과 관련한 대법원 2010.4.8. 선고 2009두22997 판결의 판시태도 역시 그러한 맥락에서 이해될 수 있다.

(3) 대법원 판례의 논리와 비논리

① 대법원 판례의 논리

앞에서 살펴본 바와 같은 처분기준을 정한 부령의 대외적 구속력을 부정한 대법원의 판례를 어떻게 이해해야 할까? 대법원이 제재적 처분의 기준을 정한 시행규칙의 법적 성질을 그것이 부령으로 되어 있음에도 불구하고 행정규칙으로 본 소이는 다음과 같은 몇 가지 측면에서 검토될 수 있을 것이다.

첫째, 대법원은 그 판례형성의 출발점이 되었던 「자동차운수사업법제31조등의규정에의한사업면허의취소등의처분에관한규칙」(1982.7.31. 교통부령 제724호)이 연혁상 교통부훈령[25)]으로 되어 있었던 사정에 비추어 당초 훈령으로 정해졌던 사항을 형식상 부령으로 정했다고 하여 그 법적 성질이나 효력이 달라지지 않는다고 본 것으로 짐작된다. 즉, 형식의 등급을 올렸다고 해서 실질이 달라지지는 않는다는 것이다. 학설 중에도 이러한 이유에서 대법원의 판례에 찬동하는 견해가 있다.[26)]

둘째, 대법원은 관계법률이 행정청에게 제재적 처분에 관한 재량권을 부여한 경우, 그 처분기준을 정한 부령에 의하여 그에 관한 재량권을 부여한 법률의 의도가 무시되어서는 아니 된다는 판단을 한 것으로 보인다. 대법원은 법률이 행정청에게 제재적 처분에 관한 재량권을 부여한 경우 행정청이 그 재량을 행사하지 아니하고 (엄밀히 말하면 재량을 적정하게 행사하지 아니하고) 그 처분기준을 정한 부령에 따라 기계적으로 처분을 내려서는 안 된다는 것을 전제로 하여 처분기준을 정한 시행규칙의 대외적 구속력을 부인함으로써 재량심사의 가능성을 열어 놓고, 이를 통하여 국민의 권리구제를 강화한다는 취지에서 지나치게 가혹하거나 구

24) 대법원 2006.2.9. 선고 2005두11982 판결.
25) 자동차운수사업법 제31조의 처분기준에 대한 교통부훈령 제680호 중 [별표 1]의 위반사항 제14-24.
26) 류지태, 앞의 책, 209.

체적 타당성을 잃은 제재적 처분을 취소할 수 있도록 한 것이다. 만일 반대로 부령의 법규명령적 구속력을 시인할 경우 그에 의거하여 행해진 처분의 위법성을 통제할 여지가 없어지게 되기 때문이다. 대법원은 법률이 행정청에게 부여한 재량권이 그와 같은 처분기준에 대한 부령제정권으로 무력화되는 것을 회피하고자 했을 것이다. 실제로 대법원이 행정청의 제재적 처분에 대한 재량통제를 가능케 하기 위하여 그 처분기준을 정한 시행규칙의 법적 성질을 재량준칙, 즉 행정규칙으로 본 경우가 적지 않다. 다음과 같은 판례들이 그 점을 여실히 보여준다.

> 자동차운수사업법제31조등의규정에의한사업면허의취소등의처분에관한규칙(1982.7.31. 교통부령 제724호)은 교통부장관이 관계행정기관 및 직원에 대하여 그 직무권한행사의 지침으로 발한 행정조직 내부에 있어서의 행정명령의 성질을 가지는 것이지, 법규명령의 성질을 가진 것으로 볼 수 없으므로 **위 규칙이 자동차운수사업법 제31조에 의하여 보장된 행정청의 재량권을 기속할 수는 없다.** 자동차운송사업면허를 취소할 때는 취소해야 할 공익상의 필요와 취소로 인하여 당사자가 입을 불이익을 비교형량하여 그 여부를 결정해야 할 것인바, 본건에 있어서 운송사업면허에 의한 개인택시 영업은 원고의 유일한 생계수단이었고, 원고가 면허조건에 위반하여 대리운전을 시켰던 것은 유추부간판수핵탈출증으로 1주일 동안 통원치료를 받게 되어 스스로 운전을 할 수 없는 사정이 있었기 때문이었던 것으로 그 대리운전기간도 하루정도에 불과했고 그 기간 중에 아무런 사고가 없었다는 등의 제반사정에 비추어 원고의 위 면허조건위반에 대해 자동차운수사업법 제31조 소정의 처분 중 가장 무거운 사업면허취소의 처분을 택한 조치는 재량권의 범위를 벗어난 것이다.27)

> 자동차운수사업법제31조등의규정에의한사업면허의취소등의처분에관한규칙(1982.7.31. 교통부령 제724호)은 교통부장관이 관계 행정기관 및 직원에 대하여 그 직무권한행사의 지침으로 발한 행정조직 내부에 있어서의 행정명령의 성질을 가지는 것이고, 법규명령의 성질을 가지는 것으로 볼 수 없다. 대리운전을 시키지 않을 것을 조건으로 자동차운송사업면허를 받은 개인택시 운전사가 1회 대리운전을 시켰다 하여 그 사업면허를 취소함은 이미 이에 관하여 대리운전신고의무불이행을 사유로 과징금이 부과되었고, 위 개인택시 영업은 보증금 100만원의 월세집에서 처와 두 자녀를 부양하며 어렵게 살고 있는 위 운전사의 유일한 생계수단임을 감안하면 비록 대리운전의 정당한 사유가 있었던 것처럼 조작하려고 시도한 일이 있었다 하더라도 재량권의 범위를 일탈한 위법한 처분이다.28)

물론 대법원이 재량심사에 있어 반드시 권리구제의 측면만을 고려한 것은 아니며, 오히려 처분기준을 정한 부령의 대외적 구속력을 부인하고 이를 재량사항으로 판시한 후 그 재량

27) 대법원 1984.9.11. 선고 84누252 판결.
28) 대법원 1985.8.20. 선고 85누305 판결.

행사에 있어 공익과 사익 간 형량의 적정여부를 심사하고 있다. 예컨대 윤락행위의 알선 또는 장소제공 등 반사회적행위를 사유로 영업정지처분을 받은 여관경영자에 대하여 영업정지기간 중의 영업행위를 이유로 공중위생법 제23조 제1항, 같은 법 시행규칙 제41조 [별표 7]의 행정처분기준에 의하여 한 숙박업허가취소처분이 재량권을 일탈한 것이 아니라고 본 사례가 있다.[29)]

> 이 사건에서 원심은 원고에 대한 위 숙박업허가취소처분의 적법여부를 판단함에 있어, 원고가 이 사건 건물을 객실 36개의 5층 규모로 신축하여 약 140,000,000원 상당의 여관용 비품을 시설하고 약 10명의 종업원을 두고 위 여관을 경영해 오면서 그 수익으로 원고 가족 및 종업원의 생계를 유지해 왔는데, 원고 자신이 여자이고 주거지가 멀리 떨어져 있는 관계로 여관의 실질적인 운영은 지배인에게 일임해 온 사실, 위 정지기간 중의 영업행위도 허가범위 내였고 대여객실의 수도 비교적 적었으며 이 또한 종업원들의 요청에 의하여 이루어진 사실, 위 건물은 그 구조 등에 비추어 숙박업소 이외의 타 용도로의 전용이 곤란한 사실을 인정하고 나서 원고가 영업정지처분을 받게 된 경위, 영업정지처분을 위반한 경위와 그 정도, 허가취소로 입게 될 원고의 손해정도 등의 여러 사정을 고려하면, 위 1차의 영업정지기간 중에 그 영업을 하였다는 사유만으로 곧바로 그 영업허가취소에 이른 이사건 처분은 원고에게 너무 가혹하여 재량권의 범위를 일탈한 위법한 것이라고 하여, 원고의 청구를 인용하였다. 그러나 대법원은 여관의 경영자인 원고가 윤락행위의 알선 또는 장소제공 등 반사회적 행위를 사유로 1개월간의 영업정지처분을 받고도 영업정지기간 중에 영업행위를 한 데 대하여, 원고가 그 영업정지기간 중에 이를 어기고 다시 영업행위를 하면서 수익을 얻어 온 것은 위 단속행위를 무력화시키는 것이며 원고도 그 위반행위에 대하여 보다 중한 행정제재를 예상하였을 터이어서 숙박업허가를 취소한 처분이 원고의 위법행위의 내용이나 정도에서 볼 때 재량권을 일탈한 것이 아니라고 판시했다.

셋째, 대법원은 제정절차 측면에서, 부령은 관계부처의 협의, 법제처의 심의 및 관보에의 공포 등 절차를 거치기는 하지만 행정 각 부의 장관이 국무회의의 의결과 대통령의 재가절차 없이 제·개정할 수 있다는 점에서 부령의 대외적 효력을 인정하기보다는 그 실질적 내용에 따라 행정규칙으로 보고, 대외적 효력을 부인할 수 있다고 판단했을 가능성이 있다.

그러나 대법원이 이 일련의 판례를 통하여 헌법상 위임입법의 한 형식으로서 부령 자체의 효력을 범주적으로 부정한 것인지는 의문이다. 대법원은 제재적 처분의 서면주의를 규정한 시행규칙 규정의 효력에 관한 일련의 판례를 통해 그 '법규적 효력'을 인정한 바 있기 때문이다.

---

29) 대법원 1991.3.8. 선고 90누6545 판결.

도로교통법 제78조, 같은 법 시행령 제53조 제1항, 같은 법 시행규칙 제53조 제2항(1995.7.1. 내무부령 제651호로 개정되기 전의 것)은, 면허관청이 운전면허를 취소하거나 그 효력을 정지한 때에는 운전면허를 받은 사람에게 그 처분의 내용, 사유, 근거가 기재되어 있는 별지 52호 서식의 자동차운전면허 취소·정지 통지서에 의하여 그 사실을 통지하되, 정지처분의 경우에는 처분집행예정일 7일 전까지 이를 발송하여야 한다고 규정하고 있는바, 이는 상대방에게 불이익한 운전면허정지처분을 미리 서면으로 알림으로써 운전면허정지로 인하여 상대방이 입게 될 불이익을 최소화하고 차량의 입고 등 사전 대비(택시운전자의 경우에는 배차조정, 업무인수인계 등)는 물론 그 처분에 대한 집행정지의 신청이나 행정쟁송 등 불복의 기회를 보장하기 위한 데에 그 규정취지가 있고, **운전면허정지처분의 경우 면허관청으로 하여금 일정한 서식의 통지서에 의하여 처분집행일 7일 전까지 발송하도록 한 같은 법 시행규칙 제53조 제2항의 규정은 효력규정**이다.30)

운전면허정지처분의 경우 면허관청으로 하여금 일정한 서식의 통지서에 의하여 처분집행일 7일 전까지 발송하도록 한 **도로교통법시행규칙 제53조 제2항의 규정은 단순한 훈시규정이 아니라 법규적 효력을 가지는 규정**인바, 적법하게 성립한 운전면허정지처분이 위 규정에 위반되는 방식으로 통지 또는 송달되었다고 하더라도 그 자체로 당연히 무효로 되는 것이 아니라, 면허정지사실을 구두로 알리는 것과 같이 그 하자가 중대하고 객관적으로 명백한 경우에는 그 효력이 없으나, 여타의 경우에는 법규의 목적 의미 기능 등을 구체적 사안 자체의 특수성과 함께 합리적으로 고찰하여 하자의 중대 명백 여부를 판단하고 그에 따라 효력 유무를 결정하여야 한다.31)

대법원의 판례는 처분기준을 정한 시행규칙(또는 관련 별표)에 관하여 그 형식이 부령이라도 실질은 행정규칙('행정명령')의 성질을 가진다고 본 것이지 부령 일반을 모두 대외적 구속력이 없는 행정규칙의 성질을 가지는 것으로 본 것이라고 일반화될 수는 없을 것이다. 오히려 형식이 부령으로 되어 있더라도 그 실질을 따져 법적 성질을 판단해야 한다는 입장에서 있는 것이라고 이해할 여지도 없지 않다. 그러나 대법원은 앞에서 소개한 1997.12.26. 선고 97누15418 판결에서, 당해 처분의 기준이 된 시행령 제10조의3 제1항 [별표 1]은 법 제7조 제2항의 **위임규정에 터잡은 규정형식상 대통령령이므로** 그 성질이 부령인 시행규칙이나 또는 지방자치단체의 규칙과 같이 **통상적으로 행정조직 내부에 있어서의 행정명령에 지나지 않는** 것이 아니라 **대외적으로 국민이나 법원을 구속하는 힘이 있는 법규명령에 해당한다**고 판시하여 사실상 종래의 판례를 일반화하고 있는 것이 아닌가 하는 의문을 불러일으켰다.

반면 대법원 1997.12.26. 선고 97누15418 판결은 주택건설촉진법 제7조 제2항의 위임에 의하여 제재적 처분의 기준을 정한 시행령을 그 규정형식상 대통령령이라는 점을 들어 법규명령으로 보았고, 대법원 1998.4.10. 선고 98두2270 판결은 자동차운수사업법시행령 제3

---

30) 대법원 1996.6.14. 선고 95누17823 판결(운전면허취소처분취소).

31) 대법원 1997.5.16. 선고 97누2313 판결(자동차운전면허취소처분취소).

조 제1항 [별표 1]의 제5호에서 정한 한도액을 초과한 과징금부과처분의 위법성을 인정함으로써 종래의 판례와는 판연히 다른 입장을 보였다. 이러한 판례를 어떻게 이해해야 할까? 대법원의 97누15418 판결은 그 1995.10.17. 선고 94누14148 판결을 원용하여 그러한 결론을 이끌어 내고 있다.[32] 그렇다면, 대법원은 제재적 처분기준을 정한 것이라 해도 규정형식상 대통령령으로 되어 있으면 법규명령이고 대통령령과 함께 위임입법의 형식인 부령 등은 행정규칙이라고 보는 것으로 이해할 수밖에 없다. 이에 대하여는 규정형식이 대통령령인가 부령인가에 따라 법규명령 또는 행정규칙으로 구분하는 것은 기상천외의 이론이라는 비판이 제기되었다.[33]

② 대법원 판례의 비논리

이제까지 살펴본 바와 같은 대법원은 대통령령이나 부령이 매한가지로 제재적 처분의 기준을 정한 것일지라도 부령은 행정규칙이지만 대통령령은 법규명령이라고 보았다는 점에서 부령과 대통령령의 법적 성질과 효력을 차등화한 것처럼 보인다. 그러나 부령이나 대통령령이나 모두 위임명령의 형식인데 제재적 행정처분의 기준이 부령의 형식으로 규정되면 행정규칙에 불과하고, 대통령령으로 규정되면 법규명령이 되는 이론적 근거는 무엇인가? 대법원 판례는 그 어디에서도 그 이유를 충분히 설득력 있게 제시하고 있지 않다. 만일 법률이 부여한 재량권을 행정부가 부령제정권에 의하여 사실상 무의미하게 만들어 '처분기준으로의 도피현상'을 초래하는 것을 막고 권리구제를 강화할 필요가 있었다면, 그러한 논리는 대통령령으로 처분기준을 정하는 경우에도 마찬가지로 적용되어야 할 것이다. 부령의 경우와는 달리 대통령령으로 정한 처분기준에 대해 그 대외적 구속력을 인정하려면 설득력 있는 근거가 제시되어야 한다. 그러하지 아니하고 부령의 경우에는 그 규정의 실질에 따라 행정규칙으로 보고 대통령령의 경우에는 그 규정형식을 근거로 법규명령으로 본다면 이는 논리적 모순이

32) 대법원이 97누15418 판결에서 94누14148 판결을 원용한 것에 대하여는 그것이 '위임명령을 법규명령으로 판시한 선례(판례)'로서의 의의를 가질 수 없음은 명백하므로, 그 선판례로서 '대법원 1995.10.17. 선고 94누14148 판결'을 참조하도록 지시한 것에는 착오가 있다는 비판이 제기되었다(김남진, 앞의 글). 여기서 김남진 교수는 "필자의 이와 같은 추론에 대해서는, 대법원이 '94누14148 판결'을 참조하라고 한 것은 '위임명령을 법규명령으로 판시한 판례'로서 참조하라는 취지가 아니고, '부령인 시행규칙이나 또는 지방자치단체의 규칙은 행정명령에 지나지 않는다고 한 판례'로서 참조하라는 취지이라고 하는 반론이 제기될는지도 모른다. 문리해석으로는 그러한 해석이 전혀 불가능하지는 않다고 생각된다."라고 기술하고 있는데, 대법원이 94누14148 판결을 원용한 것은 바로 그러한 취지라고 보아야 할 것이고, 따라서 김남진 교수가 적절히 의문을 제기한 바와 같이 "그렇다면, 위임명령으로서의 대통령령은 법규명령인 데 대하여 위임명령(시행령)으로서의 부령 등은 행정명령이라는 것이 대법원의 뜻인가?"라는 식으로 반문하지 않을 수 없는 것이다.

33) 김남진, 앞의 글, 79.

라 하지 않을 수 없다. 나아가, 의문이 없지 않지만, "규정형식상 부령인 시행규칙 또는 지방자치단체의 규칙으로 정한 행정처분의 기준은 행정처분등에 관한 사무처리기준과 처분절차 등 행정청 내의 사무처리준칙을 규정한 것에 불과하므로 행정조직 내부에 있어서의 행정명령의 성격을 지닐 뿐 대외적으로 국민이나 법원을 구속하는 힘이 없고, 그 처분이 위 규칙에 위배되는 것이라 하더라도 위법의 문제는 생기지 아니하고, 또 위 규칙에서 정한 기준에 적합하다 하여 바로 그 처분이 적법한 것이라고도 할 수 없으며, 그 처분의 적법 여부는 위 규칙에 적합한지의 여부에 따라 판단할 것이 아니고 관계 법령의 규정 및 그 취지에 적합한 것인지 여부에 따라 개별적 구체적으로 판단하여야 한다."라고 판시한 94누14148 판결을 만연히 원용하면서 "그 성질이 부령인 시행규칙이나 또는 지방자치단체의 규칙과 같이 통상적으로 행정조직 내부에 있어서의 행정명령에 지나지 않는 것"이라고 하여 처분기준을 정한 부령이나 지방자치단체의 규칙을 행정규칙으로 일반화한 것이라면, 그것은 국법상 입법권의 배분체계 또는 위임입법에 관한 헌법적 소여를 도외시한 위험천만한 발상이라고 하지 않을 수 없다.

문제는 대법원이 구체적 타당성의 측면에만 집착하여 입법권의 배분에 관한 국가법체계의 문제를 소홀히 한 데서 비롯된 것이다. 다시 말해 규정형식상 부령으로 정해진 제재적 처분기준에 관한 규정의 법적 성질과 효력을, 대부분의 경우 법률의 명시적 위임규정을 무시한 채 곧바로 행정규칙에 해당한다고 투시한 것이 문제였다.

대법원이 처분기준을 정한 부령을 행정규칙으로 본 사례들은 대부분 법률이 명시적 위임규정을 두고 있는 경우였다.[34] 대법원은 이러한 입법자의 위임의사를 해석을 통하여 무시하거나 제한한 것이다. 법률이 행정청에게 재량권을 부여한 취지 못지않게 그 처분기준을 부령

34) 다만, 상위법령에 위임의 근거조항이 없는 경우에는 그 위임조항의 결여를 대외적 구속력을 부인하는 하나의 근거로 삼고 있는 판례가 있다. 예컨대 "자동차운수사업법시행규칙 중 협의에 관한 규정들(제2조 제3항, 제4조 제1항 내지 제3항, 제5조 제1항, 제8조 등)은 형식은 부령으로 되어 있으나 상위법령인 자동차운수사업법 및 같은 법 시행령에 그 위임의 근거조항이 없을 뿐만 아니라, 이들 규정들은 자동차운수사업법상 교통부장관의 권한이 서울특별시장, 직할시장 또는 도지사에게 위임됨에 따라 서울특별시, 직할시 또는 도 사이에 걸치는 노선업종에 관한 노선의 신설이나 변경, 노선과 관련되는 사업계획변경의 면허나 인가 또는 사업개선명령을 함에 있어서 이들 행정처분은 인접한 기관의 관장사무와 밀접하게 관련되어 있어 그 기관의 의사를 반영할 수 있도록 하여, 관계 행정청 사이에 권한분쟁이 생기거나 지역 간의 원활한 수송이 저해되고 나아가 자동차운수사업에 관한 질서가 문란하여지는 것을 방지하고, 지휘·감독권을 확보, 행사하는 등 행정의 능률화와 합리화를 도모하기 위한 권한위임기관의 내부절차에 관한 규정으로서, 교통부장관으로부터 권한을 위임받은 행정청 내부의 사무처리준칙을 규정한 것에 불과한 것이므로 이는 행정명령의 성격을 지닐 뿐 대외적으로 국민이나 법원을 구속하는 효력은 없다고 할 것이므로, 처분이 이에 위반되는 것이라고 하더라도 위법의 문제는 생기지 않는다."라고 판시한 대법원 1992.3.31. 선고 91누4928 판결을 참조.

으로 정하도록 한 취지 또한 사법부가 준수해야 하는데도 대법원은 이를 재량심사의 목적하에 충분히 고려하지 않았다. 규정형식상 부령으로 정하도록 위임된 처분기준에 대한 시행규칙과 대통령령으로 정하도록 위임된 처분기준에 대한 시행령의 법적 효력의 차이를 정당화하는 논리적 근거는, 적어도 대법원의 판례를 통해서는, 찾아볼 수 없고, 또 이론적으로 발견하기 어렵다.

반면 앞에서 본 대법원 2013.9.12. 선고 2011두10584 판결(부정당업자제재처분취소)에서 대법원은 "법령의 위임이 있고 그 위임의 범위를 넘지 않으면 법규명령에 해당한다."라고 판시하여 그 한도 내에서는 적극설 쪽으로 방향을 선회한 것처럼 보인다. 종래 대법원이 처분기준을 정한 부령을 행정규칙으로 본 사례들은 대부분 법률에 명시적 위임규정이 있는 경우였다는 점에 비추어 볼 때, 이 판결은 기존의 판례를 변경한 것인가. 그러나 판례를 변경한다는 취지는 눈에 띄지 않는다. 다른 한편, 위임 범위를 넘어(위임 근거 없이) 발령된 부령규정은 행정규칙에 불과하다고 판시한 점은 소극설의 연장선상에 선 것이 아닌가 하는 의구심을 불러일으킨다. 부령이면 부령이고 상위법에 그 위임근거가 없다면 이는 이 부령의 위법사유가 될 뿐이고, 그 부령은 의당 헌법 제107조 제2항의 위헌·위법 명령규칙심사의 대상이 되어야 마땅할 것이다. 이처럼 위법한 부령이 행정규칙으로 전환되는 것은 아닐 터인데, 대법원은 그 경우 법령해석권을 행사하여 그 부령의 법적 구속력을 부정하고 이를 행정규칙으로 본 것이다.

앞에서 본 대법원 1998.4.10. 선고 98두2270 판결은 자동차운수사업법시행령 제3조 제1항 [별표 1]의 제5호에서 정한 한도액을 초과한 과징금부과처분의 위법성을 전제로 하여 그 처분을 일부취소한 원심판결은 법률이 부여한 재량권을 침해하는 결과가 되므로 위법이라고 판시하였다. 이 판결에서 대법원은 대통령령으로 정한 시행령의 처분기준의 대외적 구속력을 인정하면서도 "자동차운수사업면허조건 등을 위반한 사업자에 대하여 행정청이 행정제재수단으로 사업정지를 명할 것인지, 과징금을 부과할 것인지, 과징금을 부과키로 한다면 그 금액은 얼마로 할 것인지에 관하여 재량권이 부여되었다 할 것"이라면서 당해 처분이 행정청의 재량에 속하는 사항임을 분명히 하였다.

또한 대법원 1997.12.26. 선고 97누15418 판결은 주택건설촉진법 제7조 제2항의 위임에 의거 처분의 기준을 정한 시행령을 그 규정형식상 대통령령이라는 점을 들어 법규명령으로 본 후, "이 사건 처분이 재량행위인지 여부를 결정함에 있어서는, 먼저 그 근거가 된 시행령 제10조의3의 규정과 같은 조 제1항 [별표 1]의 규정형식이나 체재 또는 문언을 살펴야 하는바, 이들 규정들은 영업의 정지처분에 관한 기준을 개개의 사유별로 그에 따른 영업정지기간을 일률적으로 확정하여 규정하는 형식을 취하고 있고 다만 영업정지 사유가 경합되거나(시행령 § 10의3 ② ii) 사업실적미달로 인하여 영업정지처분사유에 해당하게 된 경우(같은 조 ③)에 한하여 예외적으로 그 정지기간 결정에 재량의 여지를 두고 있을 뿐이므로, 이 사건의 경우와 같이 등록을 마친 주택건설사업자가 "법 제38조 제14항의 규정에 의한 하자보수를 정당한 사유 없이 사용검사권자가 지정한 날까지 이행하지 아니하거나 지체한 때"에는 관할 관청으로서는 위 [별표 1]의 제2호 (타)목 (1)의 규정에 의하여 3개월간의 영업정지처분을 하여야 할 뿐 달리 그 정지기간에 관하여 재량의 여지가 없다고 할 것"이라고 하여 "그러함에도, 원심이 이 사건 처분을 재량행위로 보고 재량권의 일탈 또는 남용의 위법 여부까지 나아가 판단한 것은 이 사건 처분의 법적 성질을 오인한 잘못을 저질렀다고 할 것"이라고 판시하였다. 여기서 대법원은 영업정지 사유가 경합되거나(시행령 § 10의3 ② ii) 사업실적미달로 인하여 영업정지처분사유에 해당하게 된 경우(같은 조 ③)에 한하여 예외적으로 재량의 여지가 있는 경우를 제외하고는, 관계조항들이 영업의 정지처분에 관한 기준을 개개의 사유별로 그에 따른 영업정지기간을 일률적으로 확정하여 규정하는 형식을 취한다는 점을 들어 재량의 여지가 없다고 판단함으로써 주택건설촉진법 제7조 제1항에 의하여 행정청에게 부여된 재량권이 같은 법 제2항 및 같은 법 시행령 제10조의 3(및 별표)에 따라 제한됨을 시인한 것이다.

그렇다면 당해 법률의 대통령령 위임규정 역시 재량권수권규정과 대등한 의미를 지니는 것이고, 오히려 전자가 후자의 재량권수권을 제한한 것이라고 볼 수도 있다. 법률이 재량권을 부여하면서 그것을 다시 일정한 기준에 의하여 제한하는 것은 당연한 입법자의 권한에 속한다. 입법자는 그 경우 재량권을 제한하는 기준을 정하는 권한을 대통령령으로 위임할 수도 있고 총리령 또는 부령으로 위임할 수도 있다. 이 모든 경우에 입법자의 의사는 최대한 존중되어야 한다. 입법자가 실수로(?) 행정규칙으로 정해도 될 사항을 부령으로 위임한 경우, 과연 그 규율내용이 행정규칙사항으로서 대국민적 관계에서 별다른 법적 결과를 가져오지 않는다면, '형식의 과잉' 때문에 생기는 문제는 없을지도 모른다. 그러나 처분기준을 정한 부령이나 대통령령의 법적 성질·효력에 관한 판례에서 문제된 사안들은 그 대부분이 대외적인 관계, 즉 국민에 대한 관계에서도 사실상 중대한 효과를 미칠 수 있는 처분기준에 관한 것이었다. 제재적 행정처분의 기준을 정한 시행규칙이 그 규정형식이 부령이라고 해서 법적 구속력을 박탈당해야 할 이유는 없다. 오히려 입법자의 의사에 걸맞게 법률이 재량권을 부여하는 동시에 부령으로 그 기준을 정하도록 함으로써 행정청이 재량권행사의 통일을 기하면서 그 기준을 탄력적으로 운용하도록 한 것이라고 해석할 여지는 충분하다. 가령 당해 처분기준의 해석을 통하여 그 규정을 처분의 종류 내 강도, 기간 등에 대하여 상한을 정함으로써 재량권을 제한한 것으로 보거나 재량권행사의 기준을 일종의 '당위규정'(Soll-Vorschrift)으로 보아

특별한 정당화사유가 있을 것을 조건으로 그 기준에 따르지 않을 수 있는 가능성을 열어 놓은 것으로 해석하는 방법도 생각할 수 있다.

대법원이 대통령령이 규정형식상 부령의 상위규범이라는 점만을 이유로 시행령의 처분기준 관련규정의 법규적 효력을 인정한 결과 법률이 부여한 재량권을 처분기준을 정한 시행령에 의해 제한한 결과가 되었는데, 이는 바로 그와 같은 재량권제한의 한 유형에 해당하며, 그러한 결과가 부령에 위임된 처분기준의 경우에는 생길 수 없다고 볼 이유는 없는 것이다. 대법원은 97누15418 판결에서 처분이 재량행위인지 여부를 결정함에 있어서는, '먼저 그 근거가 된 시행령 제10조의3의 규정과 같은 조 제1항 [별표 1]의 규정형식이나 체재 또는 문언'을 살펴야 하는데, 이들 규정들이 영업의 정지처분에 관한 기준을 개개의 사유별로 그에 따른 영업정지기간을 일률적으로 확정하여 규정하는 형식을 취하고 있기 때문에 예외적인 경우를 제외하고는 재량의 여지가 없다고 판단하였다. 그러나 이 대법원의 97누15418 판결에서처럼 만일 위임명령인 시행령이 법률의 재량권수권규정을 사실상 무의미하게 만든 경우에는 당해 시행령의 규정이 위임입법의 한계를 넘어선 것으로서 위헌·위법이라고 판단되어야 하지 않는가 하는 문제가 제기된다. 이러한 판단은 법률에 의해 부여된 재량권을 같은 법률의 명시적 위임에 의하여 제정된 부령으로 제한하는 경우에도 마찬가지로 적용될 수 있다. 그렇다면 제재적 처분기준을 규정형식상 부령인 시행규칙으로 정한 경우에도 그 처분기준은 규정내용이나 방식여하에 따라서는 일종의 상한으로 볼 여지가 있는지 검토해야 하고, 만일 그렇게 볼 수 있다면 그러한 한도 내에서 재량권행사의 위법여하를 심사할 수 있게 될 것이다. 반대로 그 시행규칙이 법률의 재량권수권규정을 사실상 무의미하게 만들 정도로 확정적인, 전혀 재량의 여지를 남기지 않는 내용·방식으로 처분기준을 정한 것이라고 본다면 이는 위임입법의 한계를 넘은 것으로서 위법임을 면할 수 없다고 보아야 할 것이다.

(4) 소결

이제까지의 논의결과를 요약하여 결론을 내리면 다음과 같다.

첫째, 법률의 위임에 따라 제재적 행정처분의 기준을 정한 부령을 행정규칙으로 보아 온 대법원의 판례는 입법자의 위임의사를 해석을 통하여 무시하거나 제한한 것이므로 타당하지 않다. 사법부는 법률이 행정청에게 재량권을 부여한 취지 못지않게 그 처분기준을 부령으로 정하도록 하여 재량권을 제한할 수 있는 여지를 둔 취지 또한 존중하여야 한다. 물론 앞에서 본 대법원 2013.9.12. 선고 2011두10584 판결에서 대법원은 "법령의 위임이 있고 그 위임의 범위를 넘지 않으면 법규명령에 해당한다."라고 판시한 것은 적극설 쪽으로 방향을 선회한 것으로 타당성이 있으나, 반대로 법령의 위임이 없는 경우에는 행정규칙으로 보았다는 점에서는 여전히 논리적 약점을 안고 있다.

둘째, 대법원이 최근의 판례를 통하여 규정형식상 대통령령으로 정해진 시행령의 처분기준을 법규명령으로 본 것은 그 결론에 있어서는 타당하지만, 부령으로 정하도록 위임된 처분기준에 대한 시행규칙과 대통령령으로 정하도록 위임된 처분기준에 대한 시행령의 법적 효력의 차이를 정당화하는 논리적 근거가 제시되고 있지 않아 설득력을 가지기 어렵다.

셋째, 법률이 제재적 행정처분에 대한 재량권을 수권하면서 동시에 대통령령이든 총리령, 부령이든 그 처분기준을 정하도록 위임한 경우에는 그 위임의 한도 내에서 재량권을 제한할 수 있는 여지를 허여한 것이라고 보아야 한다. 만일 그러한 한도를 넘어서 모법에 의해 부여된 재량권을 사실상 무의미하게 만들 정도로 과도한 제한이 이루어진다면 이는 위임입법의 한계를 넘은 위헌·위법의 시행령 또는 시행규칙이라고 하지 않을 수 없다.

결론적으로 제재적 행정처분의 기준을 정한 시행규칙·시행령의 법적 성질은 어디까지나 입법권의 배분에 대한 국법체계의 관점에서 접근하여야 한다. 명확한 근거를 제시함이 없이 그때그때 사안이나 개별법령의 특수성에 대한 실질적 고려에 의존하여 때로는 규정내용을 근거로, 때로는 규정형식을 근거로 위임명령의 효력을 논단하는 것은 자칫 헌법상 위임입법의 체계를 혼란에 빠뜨릴 우려가 있다.

2. 행정규칙의 형식을 띤 법규명령

고시·훈령 등 행정규칙의 형식으로 제정되었으나 법률보충적인 규율내용을 포함한 규정, 즉 '형식의 부족'에 의한 규정[35)]을 법규명령으로 볼 것인지 아니면 행정규칙으로 볼 것인지에 관하여 적극설과 소극설이 대립한다. 생각건대, 이러한 규정은 내용상 법률 또는 상위법령의 구체적 위임에 기하여 제정되는 것이므로 실질적으로 법규보충적 의미를 지닌다는 것이 통설이다. 판례의 입장 또한 같다.[36)]

A. 석유판매업허가기준 고시의 대외적 구속성을 인정한 판례

석유사업법 제12조 제1항, 제2항, 같은 법 시행령 제9조 제1항 [별표 1]의 규정에 따라 주유소 상호간의 거리기준을 시·읍 지역은 500m 이상, 면 지역은 1,000m 이상이라고 규정하고 있는 석유판매업(주유소)허가기준고시(경상북도 고시 제1992-362호)는 석유사업법 및 같은 법 시행령의 규정이 도지

35) 가령 「물가안정에 관한 법률」 제2조에 의하여 긴요물품등의 가격 또는 최고가액을 고시하는 경우 또는 대외무역법 제19조에 의한 지식경제부장관의 전략물자고시 등이 그러한 예들이다.

36) 박윤흔, 『행정법강의(상)』, 248-249; 대법원 1987.9.29. 선고 86누484 판결.

사에게 그 법령 내용의 구체적인 사항을 정할 수 있는 권한을 부여하면서 그 권한 행사의 절차나 방법을 정하지 아니하고 있는 관계로 도지사가 규칙의 형식으로 그 법령의 내용이 될 사항을 구체적으로 규정한 것으로서, 이는 당해 석유사업법 및 같은 법시행령의 위임한계를 벗어나지 아니하는 한 그 법령의 규정과 결합하여 대외적인 구속력이 있는 법규명령으로서의 효력을 갖게 된다.[37)]

B. 생수판매 제한 식품제조영업허가기준 고시의 대외적 구속성을 인정하면서도 위헌무효로 본 판례

가. 식품제조영업허가기준이라는 고시는 공익상의 이유로 허가를 할 수 없는 영업의 종류를 지정할 권한을 부여한 구 식품위생법제23조의3 제4호에 따라 보건사회부장관이 발한 것으로서, 실질적으로 법의 규정내용을 보충하는 기능을 지니면서 그것과 결합하여 대외적으로 구속력이 있는 법규명령의 성질을 가진 것이다.

나. 위 "가"항의 고시가 헌법상 보장된 기본권을 침해하는 것으로서 헌법에 위반될 때에는 위 고시는 효력이 없는 것으로 볼 수밖에 없으므로, 원고들이 위 고시에 따라서 지게 되는 의무를 이행하지 아니하였다는 이유로 원고들에 대하여 과징금을 부과하는 제재적 행정처분을 하는 것은 위법하다 할 것이고, 국민의 모든 자유와 권리는 국가안전보장 질서유지 또는 공공복리를 위하여 필요한 경우에 한하여 법률로써 제한할 수 있으며, 제한하는 경우에도 자유와 권리의 본질적인 내용을 침해할 수 없음은 헌법 제37조 제2항(위 고시가 시행될 당시 시행 중이던 구 헌법 제35조 제2항도 같다)이 규정하고 있는 바인데, 위 고시는 공익을 위하여 필요한 경우에는 영업 등의 허가를 제한할 수 있다는 구 식품위생법의 관계규정에 따라 발하여진 것이므로, 보존음료수제조업의 허가를 제한할 수 있는 법률상의 근거는 있다고 할 것이지만, 위 고시가 국민의 기본권을 제한하는 것으로서 국가 안전보장 질서유지 또는 공공복리를 위하여 필요한 것이 아니거나, 또는 필요한 것이라고 하더라도 국민의 자유와 권리를 덜 제한하는 다른 방법으로 그와 같은 목적을 달성할 수 있다든지, 위와 같은 제한으로 인하여 국민이 입게 되는 불이익이 그와 같은 제한에 의하여 달성할 수 있는 공익보다 클 경우에는 이와 같은 제한은 비록 자유와 권리의 본질적인 내용을 침해하는 것이 아니더라도 헌법에 위반되는 것이다.[38)]

---

37) 대법원 1995.3.10. 선고 94누8556 판결(석유판매업(주유소)허가신청반려처분취소). 이 사건에서 대법원은 위 고시를 행정청 내부의 사무처리준칙으로 보고 그 고시에 정하여진 거리기준에 불과 50m 정도 못 미치는 주유소허가신청을 반려한 처분을 재량권 남용, 일탈로 본 원심판결을 파기하였다.

38) 대법원 1994.3.8. 선고 92누1728 판결(과징금부과처분취소). 이 판례에 대하여 김성수, 「생수판매제한 고시의 성격」, 『법률신문』 1994.6.13. 2318호, 15면은 헌법이나 기본권과의 관련성만을 중시, 영업제한을 규정한 고시의 법적 성격이나 위임근거 등 행정법적인 논점을 간과한 것은 잘못이라고 평석한 바 있다. 이에 대해서는 윤진수, 「보존음료수의 판매제한조치의 위헌여부」, 『인권과 정의』(대한변호사협회) 제221호, 1995.1., 94; 윤진수, 「보존음료수의 판매제한과 헌법」, 『편특별법연구』(특별소송실무연구회) 제5권, 1997, 1-33, 6의 각주 1을 참조. 윤진수 교수는 이 판결은 어디까지나 법률이 직접 보건사회부장관의 고시에 위임한 경우 위 고시가 법률과 결합하여 대외적 구속력을 가진다고 본 것이지, 위 고시 자체를 법규명령으로 본 것은 아니라고 지적하고 있다. 그는 전원합의체 아닌 소부에서 위 고시의 무효를 선언했다는 점에 주의를 환기하면서, 이 판결이 위 고시 자체를 법규명령의 일종으로 보는 것이라면 이에 대하여는 비판의 소지가 있을 수 있으나, 대법원 1993.11.23. 선고 93도662 판결이 설시하는 것처럼 위 고시 자체

가 법령은 아니라고 본다면 큰 문제는 없다고 할 것이라고 한다(이는 곧 규범구체화 행정규칙의 이론과 일치하는 것이라고 한다).

제22장

계획변경신청권과 계획변경청구권*

Ⅰ. 쟁점

계획변경청구권, 즉 행정계획의 변경 또는 폐지를 청구할 권리가 인정되는지 여부에 대하여 판례와 학설은 대체로 부정적인 경향을 띠었으나, 비교적 최근에 나온 일련의 대법원 판례들[1]은 몇 가지 특수한 사례상황을 전제로 한 예외적인 경우에 관한 것이었을지라도, 계획변경청구권의 인정여부에 관한 판례의 방향전환을 알리는 것이 아닌가 하는 시각에서 주목을 끌었다. 학계에서는 이러한 판례들을 두고 대법원이 예외적으로 계획변경신청권 또는 계획변경청구권을 인정한 것이라고 보기 시작했다. 그런 배경에서 판례분석을 통해 계획변경신청권과 계획변경청구권의 법리를 재검토해 볼 필요가 있다.

* 홍준형, 「계획변경청구권과 계획변경신청권」, 『행정판례연구』 XVII-1, 2012, 53-91을 수정·보완한 것임.

1) 대법원 2012.1.12. 선고 2010두5806 판결; 대법원 2007.4.12. 선고 2005두1893 판결(도시계획시설결정취소 '원지동 추모공원 사건'). 또한 대법원 2012.1.12. 선고 2010두5806 판결(완충녹지지정의해제신청거부처분의취소); 대법원 2011.2.24. 선고 2010두21464 판결 등.

Ⅱ. 계획변경신청권과 계획변경청구권의 인정 여부

1. 학설

계획변경청구권, 즉 행정계획의 변경 또는 폐지를 청구할 권리가 인정되는지 여부에 대하여 학설은 적극설과 소극설로 나뉘고 있으나 대체로 부정적인 경향으로 기울고 있었다. 적극설은 주로 당사자의 권리구제를 위해 도시계획변경신청권을 인정할 필요가 있다는 점을 강조한다.[2] 특히 판례상 거부처분의 처분성 인정 요건인 도시계획변경에 대한 법규상 또는 조리상 신청권을 도출하는 데 초점을 맞추고 있다. 즉, 도시계획변경에 관한 신청권을 부인하게 되면 도시계획변경거부의 처분성을 인정할 수 없어 취소소송의 제기가 불가능하게 되므로, 도시계획변경 거부결정의 위법성 여부에 대한 재판청구권을 보장할 필요가 있다고 하거나,[3] 「국토의 계획 및 이용에 관한 법률」 제26조 소정의 도시계획입안제안권을 근거로, 도시계획변경에 대한 법규상 또는 조리상 신청권이 인정된다고 하고,[4] 또 도시계획변경신청거부에 의해 제3자의 기본권이 침해받게 되는 경우 예외적으로 도시계획변경거부의 처분성을 인정할 수 있다고 한다.[5] 한편 장기미집행 도시계획시설의 경우에 대해 계획변경신청권을 인정할 수 있다는 견해[6]도 있다.

반면, 소극설은 도시계획 수립 및 변경에 있어 일반적으로 계획행정청에 광범위한 형성의 자유가 보장되어 있으므로, 계획수립청구권 및 계획변경신청권은 허용되지 않는다는 입장이다. 소극설이 다수설이다.[7]

---

2) 정남철, 「계획변경청구권의 법적 문제: 도시계획변경신청권의 예외적 인정에 대한 비판적 고찰」, 『토지공법연구』(한국토지공법학회) 제48집, 2010.2., 49-67, 56.
3) 김정중, 「도시계획변경 거부의 처분성」, 『행정재판실무연구집 재판자료』(법원도서관) 제108집, 2005.12., 59-92, 90-91.
4) 김종보, 『건축법의 이해』, 박영사, 2008, 564; 이선희, 「도시계획입안 신청에 대한 도시계획 입안권자의 거부행위가 항고소송의 대상이 되는 행정처분에 해당하는지 여부」, 『대법원판례해설』 제50호, 156.
5) 김해룡, 「도시계획변경청구권의 성립요건」, 『행정판례연구』 Ⅳ, 1999.8., 105-116.
6) 김종보, 앞의 책, 564-569.
7) 정남철, 앞의 글, 57; 류해웅, 『토지공법론』(제4판), 삼영사, 2004, 300 등을 참조.

2. 계획변경신청권과 계획변경청구권에 대한 판례 분석

(1) 판례 개관

계획변경청구권의 인정여부에 대해 우리나라 대법원의 판례는 비교적 일찍부터 다분히 부정적 경향을 띠며 형성되기 시작했다.

> 과거 대법원은 도시계획변경신청을 불허한 처분에 대한 취소소송에 대하여 행정계획이 일단 확정된 후에는 어떤 사정변동이 있다고 하여 지역주민에게 일일이 그 계획의 변경 또는 폐지를 청구할 권리를 인정해 줄 수 없다고 판시한 바 있다.
>
> "도시계획법 제12조 제1항에 의하면 도시계획 및 그 변경은 건설부장관(……)이 직권 또는 같은 법 제11조의 규정에 의한 도시계획입안자(시장, 군수)의 신청에 의하여 소정절차를 거쳐 결정하도록 규정되어 있을 뿐, **도시계획법상 주민이 도시계획 및 그 변경에 대하여 어떤 신청을 할 수 있음에 관한 규정이 없을 뿐만 아니라 도시계획과 같이 장기성·종합성이 요구되는 행정계획에 있어서는 그 계획이 일단 확정된 후에 어떤 사정의 변동이 있다고 하여 지역주민에게 일일이 그 계획의 변경을 청구할 권리를 인정해 줄 수도 없는 이치**이므로 피고가 원고의 도시계획 변경신청을 불허한 행위는 항고소송의 대상이 되는 행정처분이라고 볼 수 없다."라고 판시한 바 있다.[8)]

판례의 입장은 이후에도 많은 따름판례를 통해서도 재확인되었다.[9)] 그러나 대법원의 판례 가운데 다음에 보는 바와 같이 몇 가지 특수한 사례상황을 전제로 계획변경신청권 또는 계획변경청구권을 인정하는 듯한 뉘앙스를 지닌 판례들이 나오고 있어 주목을 끌었다. 학계에서는 논란이 없지 않았으나 대체로 대법원이 예외적으로 계획변경신청권 또는 계획변경청구권을 인정한 것으로 받아들이는 분위기인 것처럼 보였다. 그러한 예외적인 경우로는 **첫째, 계획변경의 거부가 실질적으로 다른 처분 신청권을 거부하는 결과가 되는 경우, 둘째, 도시계획입안 제안권이 인정되는 경우, 셋째, 장기미집행 도시계획시설의 변경을 구하는 경우, 넷째, 재산권행사의 제한 등의 이유로 용도구역 지정 해제 등 계획변경을 요구한 경우**가 있다.

---

8) 대법원 1984.10.23. 선고 84누227 판결. 또한 대법원 1989.10.24. 선고 89누725 판결(공원조성계획취소거부처분취소) 등을 참조.

9) 가령 대법원 1990.9.28. 선고 89누8101 판결; 대법원 1993.5.25. 선고 92누2394 판결; 대법원 1994.1.28. 선고 93누22029 판결; 대법원 1994.12.9. 선고 94누8433 판결; 대법원 1995.4.28. 선고 95누627 판결(국토이용계획변경승인신청반려처분취소); 2002.11.26. 선고 2001두1192 판결; 대법원 2003.9.23. 선고 2001두10936 판결; 대법원 2003.9.26. 선고 2003두5075 판결(국토이용계획변경신청불허처분취소) 등.

실제로 대법원은 후술하듯 '자신의 토지를 완충녹지에서 해제해 달라는 원고들의 신청을 거부한 처분은 원고들의 재산권 행사를 과도하게 제한한 것으로서, 행정계획을 입안 · 결정함에 있어 이익형량을 전혀 행하지 아니하였거나 이익형량의 정당성 · 객관성이 결여된 경우에 해당한다'고 판단한 원심의 판단을 받아들이면서, 그 밖에 계획변경 신청의 거부를 거부처분으로 볼 수 있는 경우로서 행정주체가 구 국토의 계획 및 이용에 관한 법률 제26조에 의한 주민의 도시관리계획 입안 제안에 대하여 이를 받아들여 도시관리계획결정을 할 것인지 여부를 결정하는 경우와 도시계획시설구역 내 토지 등을 소유하고 있는 주민이 장기간 집행되지 아니한 도시계획시설의 결정권자에 대하여 도시계획시설의 변경을 신청하여 이에 대한 수용 여부를 결정하는 경우를 예시한 바 있다.[10]

그렇다면 이들 사례에서 과연 판례상 계획변경신청권 또는 계획변경청구권이 인정된 것으로 볼 수 있는지를 검토해 보기로 한다.

(2) 개별적 분석

① 계획변경의 거부가 실질적으로 다른 처분신청권을 거부하는 결과가 되는 경우

대법원은 국토이용계획 변경신청을 거부하는 것이 장래 일정한 기간 내에 관계 법령이 규정하는 시설 등을 갖추어 일정한 행정처분을 구하는 신청을 할 수 있는 법률상 지위에 있는 자에게 실질적으로 당해 행정처분 자체를 거부하는 결과가 되는 경우, 예외적으로 그 신청인에게 계획변경을 신청할 권리가 인정된다고 판시하였다.[11]

대법원은 원칙적으로 국토이용계획의 변경을 신청할 권리를 인정할 수 없다고 전제하면서,[12] 다음과 같이 판시하고 있다.

---

10) 대법원 2012.1.12. 선고 2010두5806 판결(완충녹지지정의해제신청거부처분의취소): 원고 소유의 토지를 도시계획시설인 완충녹지로 유지해야 할 공익상의 필요성이 소멸하였다고 볼 수 있으므로 이 토지를 완충녹지에서 해제하여 달라는 원고들의 신청을 거부한 처분은 원고들의 재산권 행사를 과도하게 제한한 것으로서, 행정계획을 입안 · 결정함에 있어 이익형량을 전혀 행하지 아니하였거나 이익형량의 정당성 · 객관성이 결여된 경우에 해당한다고 판단한 원심의 판단이 정당하다고 본 사례.

11) 대법원 2003.9.23. 선고 2001두10936 판결(국토이용계획변경승인거부처분취소). 김남진 교수는 이 판결에 대해, 피고(진안군수)는 원고의 국토이용계획변경신청을 받아들여 1998.4.24. 이 사건 부동산 일대의 토지에 대한 용도지역을 준도시지역(시설용지지구)으로 변경한다는 내용의 공고를 한 후, 주민들이 폐기물처리시설의 설치를 반대하는 집단민원을 계속적으로 제기하자 1999.7.6. 주민들의 집단민원이 해소되기까지는 국토이용계획변경신청을 승인할 수 없다고 '통보'하였는데, 그렇다면 이 '통보'는 이미 행해진 피고에 의한 '용도지역변경공고의 철회'를 뜻하며, 그 '철회'가 이 사건 취소소송의 대상이 되었어야 함에도, 대법원이 이 사건을 거부처분(계획변경신청에 대한 거부처분)에 대한 취소소송으로서 심리하였음은 이해할 수 없는 일이라고 비판한 바 있다(김남진, 「국토이용계획변경승인신청과 법적 문제」, 『법률신문』(법률신문사) 3237호, 2004.1., 15; https://www.law times.co.kr/LawPnnn/Pnnpp/PnnppContent.aspx?serial=665).

12) 대법원은 그 이유를 "국토이용관리법상 주민이 국토이용계획의 변경에 대하여 신청을 할 수 있다는 규정이 없을 뿐만 아니라, 국토건설종합계획의 효율적인 추진과 국토이용질서를 확립하기 위한 국토이용계획

구 폐기물관리법(1999.2.8. 법률 제5865호로 개정되기 전의 것, 이하 '폐기물관리법'이라 한다) 제26조, 같은 법 시행규칙(1999.1.5. 환경부령 제56호로 개정되기 전의 것) 제17조 등에 의하면 폐기물처리사업계획의 적정통보를 받은 자는 장래 일정한 기간 내에 관계 법령이 규정하는 시설 등을 갖추어 폐기물처리업허가신청을 할 수 있는 법률상 지위에 있다고 할 것인바, 피고로부터 폐기물처리사업계획의 적정통보를 받은 원고가 폐기물처리업허가를 받기 위하여는 이 사건 부동산에 대한 용도지역을 '농림지역 또는 준농림지역'에서 '준도시지역(시설용지지구)'으로 변경하는 국토이용계획변경이 선행되어야 하고, 원고의 위 계획변경신청을 피고가 거부한다면 이는 실질적으로 원고에 대한 폐기물처리업허가신청을 불허하는 결과가 되므로, 원고는 위 국토이용계획변경의 입안 및 결정권자인 피고에 대하여 그 계획변경을 신청할 법규상 또는 조리상 권리를 가진다고 할 것이다.[13)]

그럼에도 불구하고, 원심이 국토이용계획변경을 신청할 법규상 또는 조리상 권리가 인정되지 아니하므로 행정청이 한 계획변경신청 거부 행위가 항고소송의 대상이 되는 행정처분에 해당하지 않는다는 이유로 소를 각하한 것은 잘못이라고 본 것이다.[14)]

위 판결에서 대법원은 예외적으로 계획변경신청권을 인정하였으나, 이는 어디까지나 '계획변경의 거부가 실질적으로 다른 처분을 신청할 권리를 거부하는 결과'가 된다는 사안의 특수성을 고려한 결과일 뿐, 계획변경신청권을 일반적으로 인정한 것으로 보기는 어렵다. 오히려 행정계획이 일단 확정된 후 어떤 사정 변동이 있는 경우, 지역주민 등에게 그 계획변경을 신청할 권리를 인정할 수 없다는 것이 대법원의 기본입장임을 주목할 필요가 있다. 실례로 대법원은 위 판결이 선고된 지 직후(3일 후) 나온 또 하나의 판결을 통해 이 점을 재확인함과 아울러 신뢰보호원칙에 기한 조리상 국토이용계획변경신청권을 인정할 수 없다는 점을 분명히 하였다.

국토이용관리법상 주민이 국토이용계획의 변경에 대하여 신청을 할 수 있다는 규정이 없을 뿐만 아니라, 국토건설종합계획의 효율적인 추진과 국토이용질서를 확립하기 위한 국토이용계획은 장기성, 종합성이 요구되는 행정계획이어서 그 계획이 일단 확정된 후에 어떤 사정의 변동이 있다고 하여 지역주민이나

은 장기성, 종합성이 요구되는 행정계획이어서 원칙적으로는 그 계획이 일단 확정된 후에 어떤 사정의 변동이 있다고 하여 그러한 사유만으로는 지역주민이나 일반 이해관계인에게 일일이 그 계획의 변경을 신청할 권리를 인정하여 줄 수는 없을 것"(대법원 1995.4.28. 선고 95누627 판결 참조)이라고 설시하고 있다.

13) 대법원 2003.9.23. 선고 2001두10936 판결(국토이용계획변경승인거부처분취소). 이 판결에 관해서는 김중권, 「국토이용계획변경신청권의 예외적 인정의 문제점에 관한 소고」, 『행정판례연구』 X, 2005.6., 21-60; 이선희, 「국토이용계획변경승인신청거부행위의 처분성 인정여부」, 『대법원판례해설』 47호, 2003 하반기, 법원도서관, 2004.7., 550-582; 정하중, 「한국 행정판례의 성과와 과제」, 『행정판례연구』 XI, 2006.6., 3-49 등을 참조.

14) 그러나 이 사건에서 대법원은 본안인 폐기물처리업허가신청반려처분의 취소청구에 대해서는 이를 배척한 원심의 사실인정과 판단을 받아들여 원고의 상고를 기각했다.

일반 이해관계인에게 일일이 그 계획의 변경을 신청할 권리를 인정하여 줄 수 없고(대법원 1995.4.28. 선고 95누627 판결 참조), 원심이 확정한 사실관계를 기록에 비추어 보면, 이 사건에서 원고의 국토이용계획변경신청과 관련하여 피고 시장 등이 보여 준 일련의 행위가 위 계획변경승인에 대한 공적 견해를 표명한 것이라고 볼 수 없으며, 그럼에도 불구하고 원고가 위 변경승인을 받을 것으로 신뢰하였다면 원고에게 귀책사유가 있으므로 신뢰보호의 원칙은 적용되지 않는다고 할 것이니, 원고에게 신뢰보호원칙에 기한 조리상 국토이용계획변경신청권을 인정할 수도 없다.[15]

② 도시계획입안제안권이 인정되는 경우

대법원은 관계법령상 도시계획 입안을 제안할 수 있도록 되어 있는 경우, 즉 도시계획입안제안권[16]을 근거로 계획변경신청권을 인정하고 있다. 대표적인 사례로 대법원 2004.4.28. 선고 2003두1806 판결을 들 수 있다. 건축금지구역의 토지 일부를 낙찰 받은 원고가 해당 부분이 포함된 도시계획시설 변경 입안을 제안하였으나 피고 행정청이 그 변경입안이 불가하다는 취지로 이를 거부하자 그 취소를 구한 사건에서, 제1심과 항소심은, 이 사건 거부처분은 위 입안제안신청을 도시계획입안에 반영할지 여부를 결정함에 있어 이익형량을 전혀 하지 아니하였거나 이익형량의 고려대상에 포함시켜야 할 사항을 누락한 경우에 해당하여 재량권을 남용하였거나 그 범위를 일탈한 위법한 처분이라고 판단하였다. 그러나 대법원은 "도시계획구역 내 토지 등을 소유하고 있는 주민으로서는 입안권자에게 도시계획입안을 요구할 수 있는 법규상 또는 조리상 신청권이 있다고 할 것이고, 이러한 신청에 대한 거부행위는 항고소송의 대상이 되는 행정처분에 해당한다."라고 판시하였다.

구 도시계획법(2002.2.4. 법률 제6655호 국토의 계획 및 이용에 관한 법률 부칙 제2조로 폐지)은 도시계획의 수립 및 집행에 관하여 필요한 사항을 규정함으로써 공공의 안녕질서를 보장하고 공공복리를 증진하며 주민의 삶의 질을 향상하게 함을 목적으로 하면서도 도시계획시설결정으로 인한 개인의 재산권행사의 제한을 줄이기 위하여, 도시계획시설부지의 매수청구권, 도시계획시설결정의 실효에 관한 규정과 아울러 도시계획 입안권자인 특별시장·광역시장·시장 또는 군수로 하여금 5년마다 관할 도시계획구역 안의 도시계획에 대하여 그 타당성 여부를 전반적으로 재검토하여 정비하여야 할 의무를 지우고, 도시계획입안제안과 관련하여서는 주민이 입안권자에게 '1. 도시계획시설의 설치·정비 또는 개

15) 대법원 2003.9.26. 선고 2003두5075 판결(국토이용계획변경신청불허처분취소).

16) 2000년 도시계획법 전문개정을 통해 최초로 지구단위계획과 도시계획시설계획에 대한 주민의 입안제안권 제도가 도입되었고 이 제도가 그대로 2003년 국토계획법에 이어진 것이라고 한다(김종보, 「도시계획변경거부의 처분성」, 『특별법연구』(특별소송실무연구회 편) 제8권, 박영사, 2006, 3-36, 25). 이 제도 도입의 입법의도는 선명하게 설명되지 않았고 판례이론과 어떠한 관계로 해석되어야 할 것인지도 충분히 논의되지 않았다고 한다. 정태용, 『도시계획법』, 한국법제연구원, 2001, 96; 입법취지를 부분적으로 밝히고 있는 논문으로는 박무익, 「개정 도시계획법 해설」, 『도시문제』, 2000.3., 89 등을 참조.

량에 관한 사항 2. 지구단위계획구역의 지정 및 변경과 지구단위계획의 수립 및 변경에 관한 사항'에 관하여 '도시계획도서와 계획설명서를 첨부'하여 도시계획의 입안을 제안할 수 있고, 위 입안제안을 받은 입안권자는 그 처리결과를 제안자에게 통보하도록 규정하고 있는 점 등과 헌법상 개인의 재산권 보장의 취지에 비추어 보면, 도시계획구역 내 토지 등을 소유하고 있는 주민으로서는 입안권자에게 도시계획 입안을 요구할 수 있는 법규상 또는 조리상의 신청권이 있다고 할 것이고, 이러한 신청에 대한 거부행위는 항고소송의 대상이 되는 행정처분에 해당한다.[17]

이로써 관계법령상 도시계획 입안을 제안할 권리가 부여된 경우 이를 근거로 계획변경신청권이 인정된다는 점이 분명해졌다고 볼 수 있다. 또한 위 판례에서 그 근거가 되었던 구 도시계획법상 입안제안 관련조항들이 「국토의 계획 및 이용에 관한 법률」 제26조에 승계되었으므로 향후에도 동일한 판례태도가 유지될 것이라는 전망도 가능하다. 실제로 대법원은 최근 판례에서 산업단지 지정이 이루어진 상황에서 산업단지 안의 토지 소유자로서 종전 산업단지계발계획을 일부 변경하여 산업단지계발계획에 적합한 시설을 설치하여 입주하려는 자에게 산업단지개발계획의 변경을 요청할 법규상 또는 조리상 신청권이 있다고 판시한 바 있다.

산업입지에 관한 법령은 산업단지에 적합한 시설을 설치하여 입주하려는 자와 토지 소유자에게 산업단지 지정과 관련한 산업단지개발계획 입안과 관련한 권한을 인정하고, 산업단지 지정뿐만 아니라 변경과 관련해서도 이해관계인에 대한 절차적 권리를 보장하는 규정을 두고 있다. 또한 산업단지 안에는 다수의 기반시설 등 도시계획시설 등을 포함하고 있고, 국토의 계획 및 이용에 관한 법률의 해석상 도시계획시설부지 소유자에게는 그에 관한 도시·군관리계획의 변경 등을 요구할 수 있는 법규상 또는 조리상 신청권이 인정된다고 해석되고 있다(대법원 2015.3.26. 선고 2014두42742 판결 참조). 이러한 법리는 이미 산업단지 지정이 이루어진 상황에서 산업단지 안의 토지 소유자로서 종전 산업단지계발계획을 일부 변경하여 산업단지계발계획에 적합한 시설을 설치하여 입주하려는 자가 종전 계획의 변경을 요청하는 경우에도 그대로 적용될 수 있다고 봄이 타당하다. 그러므로 산업단지개발계획상 산업단지 안의 토지 소유자로서 산업단지개발계획에 적합한 시설을 설치하여 입주하려는 자는 산업단지지정권자 또는 그로부터 권한을 위임받은 기관에 대하여 산업단지개발계획의 변경을 요청할 수 있는 법규상 또는 조리상 신청권이 있고, 이러한 신청에 대한 거부행위는 항고소송의 대상이 되는 행정처분에 해당한다고 보아야 한다.[18]

---

17) 대법원 2004.4.28. 선고 2003두1806 판결(도시계획시설 변경입안의 제안 거부처분 취소).

18) 대법원 2017.8.29. 선고 2016두44186 판결(산업단지개발계획변경신청거부처분취소): 산업단지개발계획 변경신청에 대한 행정청의 거부행위에 관하여 처분성을 인정하고, 그 거부처분이 근거와 이유를 제시하지 아니한 절차적 하자가 있어 위법하다고 본 사례.

하지만 위와 같은 법령상 조항들에 의거하여 '법규상 신청권'이 있다는 이유에서 도시계획시설 변경 입안 제안 거부에 대한 처분성을 인정한 것이 해당 법조항에 대한 단순한 해석 또는 동어반복 이상의 법적 의미가 있는지는 의문이다.

아무튼 대법원은 위 2003두1806 판결에서 도시계획구역 내 토지 등을 소유한 주민에게 도시계획입안을 요구할 법규상 또는 조리상 신청권을 인정하여 그 신청에 대한 거부행위가 항고소송의 대상이 되는 행정처분에 해당한다고 판시하였지만, 본안판단에서는 문제의 도시계획시설은 관계법령상 지역 · 지구 안에서의 건축물의 건축금지 및 제한에 관한 규정이 적용되지 아니하는 경우, 즉 일반주거지역 내에서도 건축이 가능한 경우에 해당하므로 해당지역에 자동차 및 중기운전학원을 설치하도록 한 도시계획시설결정은 적법하며, 따라서 이와 달리 당초의 도시계획시설결정이 위법함을 전제로 이 사건 처분에 재량을 일탈 · 남용한 위법이 있다고 한 원심판결을 파기하고 사건을 원심법원에 환송하였다. 대법원은 이와 관련, '이 사건 처분이 이익형량에 있어 정당성 · 객관성의 결여로 재량을 일탈 · 남용한 경우에 해당한다고 볼 여지도 있다는 점'에 주의를 환기하면서, 환송 후 원심이 그 점을 판단하도록 주문하였다.

> 다만, 기록에 의하면 당초의 도시계획시설결정이 적법하다는 점을 감안하더라도 원심이 인정한 나머지 사정과 이 사건 시설부지 13,619.5m^2 중 12,005.9m^{2}에만 위 도시계획시설이 설치된 채 잔여지 1,613.6m^{2}는 방치되어 있었던 점 등에 비추어 보면, 이 사건 처분이 이익형량에 있어서 정당성 · 객관성의 결여로 재량을 일탈 · 남용한 경우에 해당한다고 볼 여지도 있으므로, 환송 후 원심으로서는 당초의 도시계획시설결정 후 일부 시설부지를 배제한 채 도시계획시설이 설치된 경위, 원고가 낙찰 받은 토지 중 당초부터 도시계획시설이 설치되지 아니한 부분과 같은 동 190의3 토지의 이용용도 등에 대하여 좀 더 심리하여 이 사건 신청의 내용을 도시계획입안에 반영하지 아니하기로 한 이 사건 처분에 재량의 일탈 · 남용이 있는지 여부에 대하여 판단하여야 할 것임을 덧붙여 둔다.

이렇게 볼 때, 위 대법원의 판례에 따르면, **관계법령상 주민이 도시계획 입안을 제안할 수 있는 권리를 가지는 경우 이를 근거로 계획변경신청권은 인정되지만, 이는 어디까지나 행정청으로 하여금 계획변경신청 자체를 접수하여 그 반영여부를 판단함에 있어 형량의무를 이행하도록 하는 데 그칠 뿐, 그 이상으로 계획을 신청한 내용대로 변경할 것을 요구할 수 있는 권리를 의미하는 것은 아니다.** 행정청은 계획변경 여부를 결정함에 있어 여전히 형량의 원칙과 형량하자의 법리에 따라 판단해야 할 문제라고 보는 것이다.

한편, 이 같은 대법원의 판례는 2012.1.12. 선고 2010두5806 판결에서도 계속 유지되고 있다. 대법원은 앞서 본 바와 같은 형량원칙과 형량하자의 법리를 재확인하면서 '이러한 법리는 행정주체가 구 「국토의 계획 및 이용에 관한 법률」(2009.2.6. 법률 제9442호로 개정되기 전의 것. 이하 "국토계획법"이라 한다.) 제26조에 의한 주민의 도시관리계획 입안 제안을 받아들여 도시관리계획결정을 할 것인지를 결정할 때에도 마찬가지'라고 판시하였다.[19] 그러나 2010두5806 판결에서 주민의 도시관리계획 입안 제안 거부의 처분성 자체는 다투어지지 않았던 반면, 당해 신청의 내용을 그 계획 입안에 반영하지 아니하기로 한 처분에 재량의 일탈·남용 여부를 판단하고 있으므로 이에 대해서는 넷째 경우, 즉, 재산권행사의 제한 등의 이유로 용도구역 지정 해제 등 계획변경을 요구한 경우의 하나로 보아 후술하기로 한다.

③ 장기미집행 도시계획시설의 변경을 구하는 경우

대법원은 2010두5806 판결에서 앞서 본 바와 같은 형량원칙과 형량하자의 법리를 행정주체가 구 국토계획법 제26조에 의한 주민의 도시관리계획 입안 제안을 받아들여 도시관리계획결정을 할 것인지를 결정할 때뿐만 아니라, '도시계획시설구역 내 토지 등을 소유하고 있는 주민이 장기간 집행되지 아니한 도시계획시설의 결정권자에게 도시계획시설의 변경을 신청하고, 결정권자가 이러한 신청을 받아들여 도시계획시설을 변경할 것인지를 결정하는 경우'에도 동일하게 적용된다고 판시한 바 있다.[20] 이러한 대법원의 판시에 따른다면, 장기미집행 도시계획시설의 변경을 구하는 경우에도 계획변경청구권의 성립여지가 있다고 볼 수 있다. 여기서 장기미집행 도시계획시설이란 도시계획시설결정이 내려지고 그 다음단계의 시설설치행위(구체적으로는 실시계획의 인가절차 이후)가 뒤따르지 않는 것을 가리킨다.[21] 일반적으로 **장기미집행 도시계획시설의 경우 재산권 제한의 장기화로 인해 계획변경을 요구할 법적 지위를 인정해야 할 현실적 필요성이 상대적으로 크다**고 볼 여지가 있다.

이러한 배경에서 헌법재판소는 "토지재산권의 강화된 사회적 의무와 도시계획의 필요성이란 공익에 비추어 일정한 기간까지는 토지소유자가 도시계획시설결정의 집행지연으로 인한 재산권의 제한을 수인해야 하지만, 일정 기간이 지난 뒤에는 입법자가 보상규정의 제정을 통하여 과도한 부담에 대한 보상을 하도록 함으로써 도시계획시설결정에 관한 집행계획은 비로소 헌법상의 재산권 보장과 조화될 수 있다."라고 전제하면서 "입법자는 토지재산권의 제한에 관한 전반적인 법체계, 외국의 입법례 등과 기타 현실적인 요소들을 종합적으로 참작하여 국민의 재산권과 도시계획사업을 통하여 달성하려는 공익 모두를 실현하기에 적정하다고 판단되는 기간을 정해야 한다. 그러나 어떠한 경우라도 토지의 사적 이용권이 배제된 상태에서 토지소유자로 하여금 10년 이상을 아무런 보상 없이 수인하도록 하는 것은 공익실현

19) 대법원 2012.1.12. 선고 2010두5806 판결(완충녹지지정 해제신청 거부처분 취소). 아울러 대법원 2010.2.11. 선고 2009두16978 판결; 대법원 2010.3.25. 선고 2009두21499 판결 등을 참조.
20) 대법원 2012.1.12. 선고 2010두5806 판결(완충녹지 지정의 해제신청 거부처분의 취소).
21) 김종보, 앞의 글, 27.

의 관점에서도 정당화될 수 없는 과도한 제한으로서 헌법상의 재산권보장에 위배된다고 보아야 한다."라고 판시한 바 있다.[22] 헌법재판소는, '최초의 도시계획시설의 결정이 이루어진 때로부터 20, 30년이 넘게 일부 토지소유자에 대한 가혹한 부담이 아무런 보상 없이 그대로 방치되어 온 과거의 상황과 위헌적인 법규정이 잠정적으로 계속 적용된다는 점을 감안한다면, 입법자는 되도록 빠른 시일 내에, 늦어도 2001.12.31.까지 보상입법을 마련함으로써 이 사건 법률조항의 위헌적 상태를 제거하여야 할 것'이고, '이 사건의 경우 입법자가 과거에 발생한 모든 재산적 손실을 소급하여 보상할 필요는 없다고 하더라도, 입법개선 이후의 도시계획시설결정으로 인한 재산권 침해에 대하여 보상규정을 두는 것만으로는 불충분하고, 과거의 도시계획시설결정으로 말미암아 재산권의 침해를 입은 토지소유자도 (장래를 향한) 금전보상, 도시계획시설결정의 해제, 토지매수청구권 또는 수용신청권 등 개정법률의 혜택을 받을 수 있도록 입법적 배려를 하여야 할 것'이라고 설시하였다.

헌법재판소의 이 결정에 따라 전문개정된 도시계획법(2000)은 일정한 기간을 10년으로 설정하였고, 국토계획법 또한 도시계획시설 결정 후 10년이 지난 경우 토지소유자에게 매수청구권을 인정하고(§ 47 ①) 매수청구가 받아들여지지 않는 경우 대통령령이 정하는 건축물 등을 건축할 수 있도록 하는 한편(동조 ⑦), 도시계획시설이 20년 동안 집행되지 않는 경우 그 결정 자체가 실효되도록 하는 조항을 마련하였다(국토계획법 § 48).

그러나 위 대법원 판례에서 시사하는 바, 장기미집행 도시계획시설의 변경을 구하는 경우 계획변경에 관한 형량원칙과 형량하자의 법리가 그대로 적용된다고는 하지만, 정작 그런 경우에 대한 대법원의 판단이 어떻게 나타날지는, 아직까지 특별한 선례가 없어, 그다지 분명하지 않다. 우선, 장기미집행 도시계획시설의 변경을 구하는 경우 계획변경신청권을 인정할 것인지 아니면 더 나아가 계획변경청구권을 인정할 수 있을지가 분명치 않으며, '장기미집행 도시계획시설'이란 범주를 일반화할 수 있는지, 그 기간이나 종별, 내용에 따라 계획변경을 요구할 법적 지위를 차등화해야 할지도 확실하지 않다.

그러나 2010두5806 판결에서 문제된 사실관계에 비추어 볼 때, 위와 같은 형량원칙과 형량하자의 법리를 도시계획시설구역 내 토지 등을 소유하고 있는 주민이 장기간 집행되지 아니한 도시계획시설의 결정권자에게 도시계획시설의 변경을 신청하고, 결정권자가 이러한 신청을 받아들여 도시계획시설을 변경할 것인지를 결정하는 경우에도 동일하게 적용된다고 본 판결취지를[23] 음미한다면, 이 경우가 바로 장기미집행도시계획시설의 경우에 해당하는 사례임을 확인할 수 있다. 이것은 제1심 판결에서 인정한 사실 가운데 ① 이 사건 토지를 포

22) 헌법재판소 1999.10.21. 선고 97헌바26 전원재판부 결정(도시계획법 제6조 위헌소원).
23) 대법원 2012.1.12. 선고 2010두5806 판결(완충녹지 지정의 해제신청 거부처분의 취소).

함한 완충녹지로 지정된 부분은 고물상, 할인마트, 자동차정비소 부지에 편입되어 있고, 도시계획시설결정일로부터 약 20년이 경과한 현재까지 실제 완충녹지 용도로 사용되지 않고 있는 점, ② 피고 스스로 2008.2. 고양시 도시계획위원회에 이 사건 토지 등 도시계획시설이 장기간 집행되지 않은 토지를 완충녹지에서 해제할 것을 심의요구한 점[24]만 보더라도 수긍할 수 있다.

도시계획시설구역 내 토지 등을 소유하고 있는 주민이 장기미집행도시계획시설의 변경을 신청할 조리상 신청권을 인정하는 것이 위 2010두5806 판결에 깔려 있는 최소한의 전제적 판단이 아닐까 추정된다. 반면, '이러한 신청을 받아들여 도시계획시설을 변경할 것인지를 결정하는 경우'에는 형량원칙 및 형량하자의 법리에 따라 결정해야 한다는 것이 대법원의 태도일 것이라고 짐작해 볼 수 있을 것이다.

④ 재산권행사의 제한 등의 이유로 용도구역 지정 해제 등 계획변경을 요구하는 경우

계획변경청구권 문제에 대한 대법원의 입장은 재산권행사의 제한 등의 이유로 용도구역이나 문화재보호구역의 지정해제 등 계획변경을 요구한 몇몇 사례들을 통해서도 표명되었다. 대표적인 경우로 다음 두 가지 판례를 검토해 보기로 한다.

먼저, 대법원 2012.1.12. 선고 2010두5806 판결은 자신들의 토지를 도시계획시설인 완충녹지에서 해제하여 달라는 원고들의 신청에 대하여 피고 시장이 '도시계획위원회 심의결과 해당시설을 주변 주거지역의 소음저감을 위한 완충시설로 계속하여 존치하도록 결정하였으므로 원고들의 신청은 불가하다'는 취지의 민원회신을 통해 거부하자 원고들이 제기한 거부처분 취소소송에 대한 것이었다. 제1심 법원은 원심은 위 토지를 완충녹지로 유지해야 할 공익상 필요성이 소멸되었다고 볼 수 있으므로 피고 시장의 처분은 그 토지소유자의 재산권 행사를 과도하게 제한한 것으로서 행정계획을 입안·결정하면서 이익형량을 전혀 하지 않았거나 이익형량의 정당성·객관성이 결여된 경우에 해당한다고 판시했다.[25] 항소심 역시 그 판결을 받아들였고, 대법원 또한 위와 같은 논거를 들어 원심 판단을 그대로 수용하였다.

이 사건 판결에서 대법원이 구 「국토의 계획 및 이용에 관한 법률」 제26조를 인용하여 그로부터 주민에게 도시관리계획 입안을 제안할 수 있는 권리를 도출하면서도 그 입안 신청 거부의 처분성 문제를 거론하지 않은 것은 주목해 볼 만한 부분이다. 앞서 살펴본 대법원 2004.4.28. 선고 2003두1806 판결에서 대법원은 그동안 일관되게 견지해 온 거부처분의 처분성 인정 요건, 즉 '어떤 신청의 거부가 항고소송의 대상인 처분이 되기 위해서는 법규상 또

24) 의정부지방법원 2009.5.26. 선고 2008구합3406 판결.
25) 의정부지방법원 2009.5.26. 선고 2008구합3406 판결(완충녹지지정해제신청 거부처분의 취소).

는 조리상 신청권이 있어야 한다'는 법리[26]에 따라 '원고는 국토이용계획변경의 입안 및 결정권자인 피고에 대하여 그 계획변경을 신청할 법규상 또는 조리상 권리를 가지므로' 그 신청의 거부는 항고소송의 대상이 되는 처분에 해당한다고 판시하였다.[27] 그러나 이 사건 판결에서는 그와 같은 법적 판단의 흔적은 찾아볼 수 없다. 이 사건의 제1심 판결(의정부지방법원 2009.5.26. 선고 2008구합3406 판결)과 항소심판결(서울고등법원 2010.2.10. 선고 2009누18631 판결)에서도 그 신청 거부의 처분성 문제가 제기되지 않았다.

만일 이 사건에서 원고의 완충녹지지정 해제신청에 대한 피고의 거부행위의 처분성 문제가 제기되었더라면 필경 구 국토계획법 제26조에 따라 주민은 도시관리계획 변경에 대한 입안 신청권을 가지므로 그 신청을 거부한 것은 항고소송의 대상이 되는 처분에 해당한다고 보았을 터이고 또 그러한 판단에 아무런 문제가 없었겠지만, 그와 같은 구 국토계획법 제26조에 대한 단순한 해석 또는 동어반복에 불과한 법적 판단은 불필요했고 또 피고의 입장에서도 본안 전 항변으로 처분성 결여를 주장할 여지가 없다고 판단했을 것이다.

중요한 것은 이 사건에서 제1심과 원심이 문제의 토지를 완충녹지로 유지해야 할 공익상 필요성이 소멸되었으므로 관할 시장의 처분은 토지소유자의 재산권 행사를 과도하게 제한한 것으로서 행정계획을 입안·결정하면서 이익형량을 전혀 하지 않았거나 이익형량의 정당성·객관성이 결여된 경우에 해당한다고 판시했다는 점이다. 이는 **단순한 계획변경신청권을 인정하는 데 그치지 아니하고** 법원이 피고 시장이 보낸 '원고들의 신청은 불가하다'는 취지의 민원회신의 형량하자를 심사하여 **사실상 계획변경, 즉 원고들이 요구한 완충녹지 지정해제의 필요성에 대한 실체적 판단을 내렸다는 점에서 사뭇 계획변경청구권의 법리를 적극적으로 수용한 판례**라고 볼 수 있기 때문이다. 다만, 문제의 토지를 완충녹지로 유지해야 할 '공익상 필요성이 소멸되었으므로 관할 시장의 계획변경 거부처분은 토지소유자의 재산권 행사를 과도하게 제한한 것'으로서 행정계획의 입안·결정과정에서 '이익형량을 전혀 하지 않았거나 이익형량의 정당성·객관성이 결여된 경우'에 해당한다고 보았기는 했지만, 그것만으로 곧바로 형량하자가 있다고 판단할 수 있는지, 따라서 **특히 거부처분 취소판결의 기속력에 따른 재처분의무와 관련하여 어떠한 내용의 계획변경이 필요한지** 그리고 그 경우 과연 어떠한 기준으로 계획을

26) 일반적으로 거부처분의 요건이라 승인되는 신청권의 문제는 도시계획의 영역에서 비로소 시작된 것이라고 한다(김종보, 앞의 글, 22). 대법원 1984.10.23. 선고 84누227 판결 등. 이에 대한 평석으로 이홍훈, 「도시계획과 행정거부처분」, 『행정판례연구』 Ⅰ, 1994, 115 이하를 참조.

27) 여기서 대법원은 대법원 1998.7.10. 선고 96누14036 판결을 인용하면서 "국민의 적극적 신청행위에 대하여 행정청이 그 신청에 따른 행위를 하지 않겠다고 거부한 행위가 항고소송의 대상이 되는 행정처분에 해당하는 것이라고 하려면, 그 신청한 행위가 공권력의 행사 또는 이에 준하는 행정작용이어야 하고, 그 거부행위가 신청인의 법률관계에 어떤 변동을 일으키는 것이어야 하며, 그 국민에게 그 행위발동을 요구할 법규상 또는 조리상 신청권이 있어야만 한다."라고 전제하였다.

변경해야 형량원칙에 부합하는 결과가 되는지에 대해서는 여전히 의문이 남다.

또 다른 판례로 문화재보호 구역 내에 있는 토지소유자 등에게 재산권 행사의 제한 등의 이유에서 보호구역 지정해제를 요구할 법규상 또는 조리상 신청권을 인정한 대법원 2004. 4.27. 선고 2003두8821 판결이 주목된다.

이 판결에서 사안은 문화재보호구역 내에 위치한 토지들을 소유한 원고들이 재산권 행사의 제한 등을 이유로 도지사에게 문화재보호구역 지정을 해제해 달라는 신청을 하였으나, 해당 지역은 안산읍성 내에 포함되는 지역으로 역사적·문화적으로 보존가치가 있을 뿐만 아니라 안산읍성 보호를 위하여 문화재보호구역 지정해제가 불가하다는 이유로 신청을 거부하는 '회신'을 받고 문화재보호구역지정해제 거부처분의 취소를 구하는 행정소송을 제기한 데 대한 것이다. 원심은 "보호구역지정으로 인하여 재산권 행사의 제한을 받게 된 원고들은 보호구역지정처분 당시에 이를 다툴 수 있었을 것이고, 설령 그 처분이 확정된 후에 별도의 보호구역 지정해제 신청권을 인정한다고 하더라도 지정 이후에 특별한 사정변경이 있었다는 등의 경우에 한정하여야 할 것이지, 당초부터 지정의 필요성이 없었다는 등의 사유로도 해제 신청권을 인정한다면 최초의 지정처분에 대하여 제소기간의 제한 없이 이를 다툴 수 있다는 것이 되어 행정법 관계의 안정을 해치게 될 것인바, 원고들은 위 보호구역지정 후 안산읍성이 문화재로서의 가치를 상실하였다는 등 특별한 사정변경이 있다는 것이 아니라 단지 당초부터 그다지 보호가치가 없는 안산읍성을 문화재로 지정하였고 또 지나치게 넓은 면적을 보호구역으로 지정하는 바람에 원고들 소유의 토지가 그 구역 안에 포함되어 위법하다는 것이므로, 어느 모로 보나 원고들이 주장하는 신청권을 인정할 것이 아니다."라고 판시, 원고들의 신청권을 부인하였다.

이에 대해 대법원은 "원고들의 문화재보호구역 지정해제 신청권을 인정할 수 없다는 이유로, 그 신청을 거부하는 이 사건 회신이 항고소송의 대상이 되는 행정처분에 해당하지 아니한다거나, 가정적 판단으로서 원고들이 주장하는 사유가 위 보호구역 지정 후 안산읍성이 문화재로서의 가치를 상실하였다는 등의 특별한 사정변경이 있는 경우에 해당하지 아니한다는 이유로 원고들이 주장하는 신청권을 인정할 것은 아니라고 한 원심판결에는 법과 헌법상 재산권 보장에 관한 규정의 해석을 그르쳐 문화재보호구역 지정처분의 해제를 구할 법규상 또는 조리상 신청권에 관한 법리를 오해한 위법이 있다."라고 판시하였다. 대법원의 논거는 다음과 같다.

> 문화재보호법은 문화재를 보존하여 이를 활용함으로써 국민의 문화적 생활의 향상을 도모함과 아울러 인류문화의 발전에 기여함을 목적으로 하면서도, 문화재보호구역의 지정에 따른 재산권행사의 제한을

줄이기 위하여, 행정청에게 보호구역을 지정한 경우에 일정한 기간마다 적정성 여부를 검토할 의무를 부과하고, 그 검토사항 등에 관한 사항은 문화관광부령으로 정하도록 위임하였으며, 검토 결과 보호구역의 지정이 적정하지 아니하거나 기타 특별한 사유가 있는 때에는 보호구역의 지정을 해제하거나 그 범위를 조정하여야 한다고 규정하고 있는 점, 같은 법 제8조 제3항의 위임에 의한 같은 법 시행규칙 제3조의2 제1항은 그 적정성 여부의 검토에 있어서 당해 문화재의 보존 가치 외에도 보호구역의 지정이 재산권 행사에 미치는 영향 등을 고려하도록 규정하고 있는 점 등과 헌법상 개인의 재산권 보장의 취지에 비추어 보면, **문화재보호구역 내에 있는 토지소유자 등으로서는 위 보호구역의 지정해제를 요구할 수 있는 법규상 또는 조리상의 신청권이 있다**고 할 것이고, 이러한 신청에 대한 거부행위는 항고소송의 대상이 되는 행정처분에 해당한다.[28]

그러나 위 2003두8821 판결을 일반화하여 문화재보호구역 안에 거주하는 주민에게 재산권 제한 등의 이유로 보호구역 지정해제 신청권이 인정되는지, 나아가 이를 한층 더 일반화하여 행정계획상 행위제한을 수반하는 용도지구·용도구역 지정과 관련하여 일정한 용도지구·용도구역 안에 거주하는 주민에게 그 용도지구·용도구역 지정해제 신청권이 인정될 수 있다는 의미로 볼 수 있는지 여부는 의문스럽다.

(3) 소결

앞에서 검토한 대법원의 판례들을 둘러싸고 학설상 논란이 있음은 이미 소개한 바와 같다. 특히 대법원이 당사자의 권리구제를 위해 몇 가지 예외적인 경우에 '사인의 도시계획변경신청권을 허용한 데' 대하여 '이는 행정계획의 본질 및 특성 등 법리적으로 타당하지 않다'는 비판이 제기되었다.[29] 그러나 엄밀히 따져 보면 대법원이 계획변경신청권을 인정한 것은 관계법령의 규정 내용에 비추어 비교적 분명한 경우에 제한되고 있을 뿐 아니라 그것도 주로 당사자의 권리구제를 가능케 하려는 취지에서 처분성을 인정한 것이라고 볼 수 있으므로 그 점을 탓할 바는 아니라고 생각한다. 아울러 후술하듯이 계획변경청구권의 인정여부에 대한 우리나라 법원의 태도는 대체로 매우 소극적이라고 보아야 하며, 위에서 검토한 다소 진일보한 접근을 보인 몇 가지 판례들의 경우에도 장기미집행시설의 경우처럼 과도한 재산권행사의 제한을 해소하려는 고육지책에 따른 결과라고 볼 수 있는 부분이 없지 않다.

---

28) 대법원 2004.4.27. 선고 2003두8821 판결(문화재보호구역지정해제거부처분취소). 이 판결에 대해서는 송동수, 「계획변경청구권과 취소소송의 소송요건: 문화재보호구역 지정해제신청에 따른 거부처분취소소송」, 『헌법판례연구』 6, 2004.11., 359-382 등을 참조

29) 정남철, 앞의 글, 65. 계획변경의 신청이라는 우회적 방법보다, 도시계획결정 그 자체를 다투는 것이 바람직하며, 만약 도시계획결정의 위법성을 다툴 쟁송제기기한을 도과하여 불가쟁력이 발생하면, 손해보전수단에 의해 권리구제를 도모할 수도 있다고 한다.

일반적으로 계획변경결정을 둘러싼 재량통제과정은 형량원칙에 따른 이익형량의무가 성립하며 이로부터 법규상 또는 조리상 신청권으로서 계획변경신청권이 도출되고 이를 거부할 경우 그 거부행위의 처분성이 인정되어 쟁송이 개시됨으로써 시작된다. 다른 한편으로는 형량원칙으로부터 도출되는 이익형량의무를 다하지 아니할 경우 형량의 하자가 성립하는데, 그 경우 법규상 또는 조리상 신청권으로서 계획변경신청권이 인정되는데도 계획변경신청을 반려 또는 거부함으로써 이익형량의무를 전혀 이행하지 아니한 경우는 물론, 그 밖에 계획행정청이 행정계획의 입안・결정, 특히 변경여부를 결정함에 있어 (계획변경신청을 받아들이고도) 이익형량을 전혀 행하지 아니하거나 이익형량의 고려 대상에 마땅히 포함시켜야 할 사항을 누락한 경우 또는 이익형량을 하였으나 정당성과 객관성이 결여된 경우에는 그 계획결정은 형량에 하자가 있어 위법하게 된다. 아울러 형량의 하자, 즉, 재량의 일탈・남용의 법리는 계획변경결정시 하자 없는 재량행사를 요구할 수 있는 권리를 성립시키는 법적 토대가 되며, 경우에 따라 계획변경결정시 재량의 수축, 즉 특정한 계획변경청구를 인용하는 것만이 계획재량에 합당한 유일한 대안으로 남게 되는 경우에는 용도구역 지정해제같이 특정한 내용의 계획변경을 요구할 수 있는 법적 청구권이 성립하게 된다.

계획형량의 법리와 관련하여, 먼저, 계획변경신청권(Antragsrecht auf Planänderungsverfahren)과 계획변경청구권(Planänderungsanspruch)을 개념적으로 구별할 필요가 있다. 계획변경신청권과 계획변경청구권은 동일하지 않다. 전자는 계획변경 신청을 거부한 행정청의 행위에 처분성을 인정하는 법규상 또는 조리상 근거로 작용하는 데 그치는 반면, 후자는 처분성을 넘어서 형량하자의 법리에 의거하여 일정한 내용으로 계획변경을 요구할 실체적 청구권의 문제로 전개된다는 점에서 차이가 있다. 전자는 계획행정청에 대하여 계획의 변경 여하에 대한 심사 및 결정 절차의 개시를 신청할 수 있는 법적 지위에 지나지 아니하고 후자처럼 계획변경을 요구할 수 있는 실체적 청구권은 아니다. 계획변경청구권은 그에 상응하는 해당 계획행정청의 계획변경의무로 연결된다. 물론 그 경우에도 계획행정청은 계획변경의 내용 결정에 관한 한, 예외적으로 계획재량의 수축이 인정되는 경우 외에는, 광범위한 계획형성의 자유, 즉 계획재량을 가진다. 그러나 그렇더라도 계획변경청권이 인정된다면 그것은 계획의 변경 자체와 적법한 계획재량 행사에 따른 합당한 변경에 대한 실체적 청구권이 되는 것이지 단지 계획변경여부에 대한 이익형량의 개시를 구할 절차적・형식적 권리만을 의미하는 것은 아니다.

그 소송상 행사의 결과를 보면 전자의 경우에는 계획변경신청권이 인정되지 아니하면 소각하판결로 이어지는 데 비하여, 후자의 경우 계획변경청구권이 받아들여지지 아니하면 기각판결이 나가게 된다. 그리고 후자의 경우 인용판결은 통상 하자 없는 적법한 재량행사명령으로 귀결되고 계획재량의 축소로 특정한 내용의 계획변경만이 유일한 대안으로 등장하게 되는 특별한 사정이 있는 경우에 한하여 특정한 내용의 계획변경 명령으로 귀결되게 된다(의무이행소송이 허용되지 않는 현행법상황에서는 거부처분 취소판결의 기속력에 따른 재처분의무의 형태, 의무이행소송이 허용될 경우엔 특정한 계획변경을 명하는 판결(Verurteilung zur Vornahme einer bestimmten Planänderung)의 형태로).

앞에서 검토한 대법원 판례들 가운데 (1) 계획변경의 거부가 실질적으로 다른 처분신청권을 거부하는 결과가 되는 경우, (2) 도시계획입안제안권이 인정되는 경우, 그리고 (4) 재산권행사의 제한 등의 이유로 용도구역 지정 해제 등 계획변경을 요구하는 경우 중 두 번째 판례, 즉 대법원 2004.4.27. 선고 2003두8821 판결은 주로 계획변경신청권 문제를 항고소송 처분성에 관한 문제로 보아, 계획변경 신청을 거부한 행정청의 행위가 항고소송의 대상이 되는 처분인지 여부를 판단하기 위하여 법규상 또는 조리상 신청권이 있다고 볼 수 있는지를 판단한 것들인 반면, (3) 장기미집행 도시계획시설의 변경을 구하는 경우와 (4) 재산권행사의 제한 등의 이유로 용도구역 지정 해제 등 계획변경을 요구하는 경우 중 첫 번째 판례, 즉 대법원 2012.1.12. 선고 2010두5806 판결은 계획변경신청권을 넘어서 형량하자를 근거로 계획변경청구권을 인정하는 데까지 나아간 경우에 해당한다는 점에서 대조된다. 그리고 대법원 2012.1.12. 선고 2010두5806 판결은 위 (3) 장기미집행 도시계획시설의 변경을 구하는 경우와 (4) 재산권행사의 제한 등의 이유로 용도구역 지정 해제 등 계획변경을 요구하는 경우가 결합된 케이스이다.

그런 이유에서 계획변경청구권의 인정여부를 논하면서 이를 위에서 확인한 바와 같은 대법원의 판례에 따른 거부처분의 처분성 인정을 위한 요건으로서 계획변경신청권의 인정여부와 동일시하고 또 그 비교법적 준거로 독일의 계획보장청구권 법리를 참조하는 것은 타당하다고 보기 어렵다. 독일 행정법상 계획보장청구권의 일환으로 계획변경청구권을 인정할 것인가 하는 문제는 우리 판례상 거부처분의 처분성 인정을 위한 전제조건으로서 계획변경신청권을 인정할 것인가 하는 문제와는 경우가 다르다. 판례가 앞서 본 바와 같은 예외적인 경우, 계획변경신청권을 인정함으로써 계획변경 신청 거부를 거부처분으로 인정한 것은, 계획변경청구권의 인정여부와 상관없이, 극히 타당하며, 종종 행정소송을 통한 권리구제의 사각지대에 놓이곤 하는 계획과정에 대한 최소한의 접근권 또는 진입구를 열어 놓은 것으로 환영해야 마땅하다.

물론, 이 문제에 대한 대법원의 판례도 전혀 문제가 없는 것은 아니다. 첫째, 대법원 판례가 계획변경청구권의 법리와 거부처분의 처분성 인정을 위한 요건으로서 계획변경신청권의 법리를 혼동시키는 빌미를 준 점은 비판받아 마땅할 것이다.

둘째, 앞서 검토한 대법원 2004.4.28. 선고 2003두1806 판결의 경우, 관계법령에 비추어 도시계획구역 내 토지를 소유한 주민에게 도시계획입안을 요구할 수 있는 법규상 또는 조리상의 신청권을 인정하는 데 어려움이 없었지만, 그와 같이 관계법령에 특별한 규정이 없는 경우, 조리상 계획변경입안제안권이 성립할 수 있는지, 또 어떤 조건하에 그러한 조리상 권리가 성립할 수 있다고 볼 것인지는 여전히 미지수로 남아 있다. 이와 관련하여 이미 앞에서 살펴보았던 대법원 2003.9.26. 선고 2003두5075 판결처럼 신뢰보호원칙에 기한 조리상 국토이용계획변경신청권을 인정할 수 없다고 한 판례가 상존하고 있는 반면, 조리상 신청권을 인정할 수 있는 가능성을 타진하는 시도[30]도 여전히 진행 중이다. 이것은 앞으로 이 분야 학설과 판례의 발전을 통해 해명해 나가야 할 과제이다.

셋째, 계획변경청구권의 인정 여하는 실정법상 계획이 취하는 법형식을 떠나 판단할 수 없다는 점이다. 계획은 경우에 따라 법령의 법형식을 취할 수도 있고 계획처분과 같이 행정처분의 형식을 취할 수도 있는데, 이에 따라 계획변경청구권의 법적 차원과 허용 여부가 달라질 수밖에 없기 때문이다. 그리고 특히 계획이 법령의 형식을 취할 경우에는 계획변경신청권이나 계획변경청구권이 성립할 여지가 상대적으로 협소하게 되거나 그 소송상 행사방법 면에서 법원에 의한 행정소송보다 헌법재판소의 위헌법률심사, 법률하위명령에 대한 헌법소원이 전면에 등장하는 양상으로 이어질 수 있을 것이다.

Ⅲ. 결론

비교적 최근에 나온 일련의 대법원 판례들은 최근 계획변경신청권과 계획변경청구권을 둘러싼 판례와 학설에 다소간의 동요를 가져오는 계기가 되었다. 우리는 계획변경의 거부가 실질적으로 다른 처분 신청권을 거부하는 결과가 되는 경우, 도시계획 입안 제안권이 인정되는 경우, 장기미집행 도시계획시설의 변경을 구하는 경우, 재산권행사의 제한 등의 이유로 용도구역 지정 해제 등을 요구한 경우 등 네 가지 유형의 판례를 분석하여 그 대부분은 계획변경청구권이 아니라 항고소송의 처분성 인정을 위해 요구되는 법규상 · 조리상 신청권으로서 계

30) 참고로 조리상 신청권인정이 가능한 범위로 이미 영업법의 포괄적인 판단에 의해 당해지역의 개발가능성이 결정된 경우(예컨대 위에서 본 국토이용계획변경에 대한 토지소유자의 신청권을 인정한 대법원 2003. 9.23. 선고 2001두10936 판결). 또는 도시계획시설로 결정된 후 상당 기간이 경과한 지역으로서 토지소유권이 아직 수용되지 않고 존속하는 경우 등을 생각해 볼 수 있다는 김종보, 앞의 글, 24 이하를 참조.

획변경신청권이 인정된 사례였고 계획변경청구권이 문제되어 긍정적인 판단을 받은 경우는 장기미집행 도시계획시설의 변경을 요구하는 경우와 재산권행사의 제한 등의 이유로 용도구역 지정 해제 등 계획변경을 요구하는 경우가 결합된 케이스인 대법원 2012.1.12. 선고 2010두5806 판결 정도였음을 확인할 수 있었다. 이렇게 볼 때, 계획변경신청권이라면 몰라도 계획변경청구권의 인정여부에 대한 우리 대법원의 판례 태도는 여전히 부정적인 기조를 유지하고 있다는 판단에 이른다.

행정계획에 관해서는 계획주체에게 광범위한 형성의 자유 또는 계획재량이 인정되므로 계획결정의 실질적·내용적 타당성을 통제하는 것은 현실적으로 매우 곤란하고 또 행정계획의 본질이나 기능에 비추어 보더라도 그렇게 하는 것이 최선이라고 볼 수도 없다. 형량원칙에 따라 이익형량의 내용보다는 이익형량의 과정을 통제하는 절차적 규율이 더 유용하다는 관점에서 행정절차법을 통한 계획과정의 절차적 통제가 그 실체적 통제의 곤란을 보완할 수 있는 방안으로 주목을 받은 것도 바로 그런 맥락이었다. 행정절차법상 행정계획 수립과정에 대한 민주적·법적 통제를 가능케 할 계획확정절차의 도입, 계획 수립과정에 대한 이해관계인·주민의 참여기회의 보장, 전문적 심의기구의 설치, 계획 공표에 관한 절차적 보장 등이 그러한 대안들이다. 그러나 이처럼 절차적 통제가 더 유용하고 효과적이라 할지라도 그 실체법적 통제법리를 개발하는 데 소홀해서는 아니 될 것이다. 그런 이유에서 최근 대법원이 일련의 판례를 통해 도시계획의 입안 제안 등 계획변경을 신청할 권리를 인정하는 데서 한 걸음 더 나아가 형량하자의 법리를 토대로 삼아 계획변경청구권의 성립가능성을 적극적으로 검토한 것은 국민의 권리구제를 실질적으로 보장하려는 고민이 담긴 참신한 시도라고 평가된다. 다만, 앞서 지적한 바와 같이 학계와 더불어 그 법리적 이론구성을 더욱 정교하게 발전시켜 나가야 할 것이다.

제23장

행정계획의 법적 통제*

Ⅰ. 쟁점

현대는 계획의 시대이다. 물론 국가의 계획 수립(staatliche Planung)은 어제 오늘의 일은 아니고 이미 오래전에 출현한 현상이다. 그러나 행정계획이 현대행정의 총아로 등장한 것은 제2차 세계대전 이후부터이다.[1] 계획은 '위기의 딸'(Tochter der Krise)[2]이라 불릴 만큼 전후 세계의 불확실성과 위험 증대에 대한 국가의 보검으로 활용되었다. 행정의 중점이 장기성·종합성을 요하는 사회국가적 복리행정으로 전환되면서 계획의 행정수단으로서의 중요성이 새로이 부각되었고 또 양적으로도 확대되기에 이르렀다(사회국가의 진전). 이러한 배경에서 행정수요에 계획적·능동적으로 대응할 새로운 행정의 활동형식으로서 계획행정이 필요했고(변화된 행정수요의 충족) 아울러 인간의 예측능력, 즉 사회의 발전방향에 관한 조사·분석 및 장래예측의 기술적 조건들이 진전됨에 따라 계획의 수립·책정을 가능케 하는 여건이 조성될 수 있었다(기술조건의 진보).[3]

계획작용의 범위와 강도는 일반적으로 국가작용의 활성화 정도에 따라 결정된다. 위험방지에 주임무를 둔 질서국가였던 19세기의 자유주의적 법치국가에서 계획작용은 소극적이었고, 국가는 이니셔티브를 행사하는 것이 아니라 주로 공공의 안녕과 질서의 교란행위에 대하

---

* 홍준형, 『행정법』, 법문사, 2017, 322-336, 350-356을 토대로 수정·보완한 것임.

1) H.-U. Erichsen und W. Martens, *Allgemeines Verwaltungsrecht*, De Gruyter, 1979, § 21 Rn.1.

2) J.H. Kaiser (Hrsg.), *Planung* III, Baden-Baden, 1968, S.7.

3) 김도창, 『일반행정법론(상)』, 336; H.-U. Erichsen und W. Martens, a.a.O., § 21 Rn.2; H. Weichmann, "Wandel der Staatsaufgaben im modernen Staat," in: J.H. Kaiser (Hrsg.), *Planung* III, 1968, S.39f.; E. Forsthoff, *Lehrbuch des Verwaltungsrechts*, 10.Aufl., 1973, S.303.

여 반응하는 데 불과했다. 반면 위험방지뿐만 아니라 급부행정 및 사회형성에 임무를 지닌 현대 사회적 법치국가에서 계획은 국가작용의 주요수단으로 각광을 받고 있다.

그러나 행정계획의 중요성이 커질수록 계획과정에 대한 법적 통제와 참여기회의 확대에 대한 요구도 그만큼 커질 수밖에 없다. 행정계획이 직접 · 간접으로 국민생활에 중대한 영향을 주는 이상, 이를 적절히 통제하고 이해관계자의 접근 · 참여 기회를 열어 줌으로써 국민의 권익을 보호하는 문제가 중요한 과제로 대두된다. 행정계획의 통제방법으로는 상급행정청의 감독권행사나 협의 · 승인 등을 통한 절차상 통제, 행정심판 등과 같은 행정내부적 통제, 국회의 예산심의, 국정조사 및 감사, 해임건의 등을 통한 입법부에 의한 통제, 법원에 의한 사법심사 및 헌법재판소에 의한 통제(재판적 통제), 그리고 계획과정에 대한 주민의 참여, 청원 등 국민에 의한 통제 등을 생각할 수 있다. 행정계획의 사법적 통제에서 특히 문제되는 계획재량의 문제를 살펴본 후, 행정계획의 절차적 통제, 그리고 행정계획에 관한 행정구제 순으로 논의하기로 한다.

Ⅱ. 계획재량과 사법심사

1. 계획재량

계획재량이란 계획의 수립 · 변경 등에 관하여 행정에게 부여된 계획상 형성의 자유를 말한다. 계획의 근거규범은 조건명제(Konditionalprogramme)가 아니라 목적의 설정과 형량의 원칙(Abwägungsgrundsätze)으로 구성된 목적명제(Finalprogramme)의 성질을 띤다. 이러한 목적명제에는 전자의 경우에 발생하는 포섭의 과정이 예정되고 있지 않다. 이러한 계획-규범에서는 법률요건과 법률효과 간의 구별이 말소되며 나아가 불확정법개념과 재량의 수권 사이의 구별도 본래적 의의를 잃게 된다. 계획재량은 바로 이러한 이유에서 일면 통상의 재량과, 타면 불확정법개념의 판단여지와 구별되는 개념이다. 계획재량이란 판단여지(Beurteilungsspielraum)나 평가특권(Einschätzungsprärogativ)처럼 규범의 요건규정 면에 존재하는 것이 아니며, 또 통상적인 재량처럼 규범의 효과규정 면에 존재하는 것도 아니기 때문이다. 이러한 이유에서 '계획재량'이란 표현보다 '계획상 형성의 자유'(planerische Gestaltungsfreiheit)란 표현이 선호된다. 계획-법률은 통상 계획이 추구해야 할 목적과 그에 의하여 촉진 또는 보호되어야 할 이익만을 규정하는 데 그치며, 계획의 요건 · 효과 등에 관하여는 규정하지 아니하고 공백규정으로 하고 있는 경우가 많다. 행정은 이러한 법률에 의하여 부여된 임무의 범위 내에서는 독자적인 판단에 따라 행동할 형성의 자유를 가진다. 다만 행정은 법령에 따라 관계 제 이익을 형량하여야 한다.

형량의 과정은 단순한 법적용과는 구별되는 과정이며 법원은 계획심사에 있어 이러한 계획기관의 형량을 자기 자신의 형량으로 대체하여서는 아니 된다. 형량은 계획기관에게 부과된 절차로 이를 기초로 계획재량의 행사가 이루어진다. 그러나 행정은 그 법률상 구속과 한계를 준수해야 하며, 그 준수여부는 사법심사의 대상이 된다(계획재량의 남용금지).

계획재량의 이론은 본래 독일에서 연방건설법전(BauGB) 제1조에 의한 건설기본계획(Bauleitplanung)의 결정 또는 기타 공간관련부문계획의 수립에 있어 행정이 가지는 계획고권의 행사와 관련하여 재량통제를 가능하게 하기 위한 이론으로 성립·발전되어 온 것이다. 이에 따르면 계획의 결정에 있어서는 모든 중요사정과 관계 제이익, 가령 공장 유치, 취업 확대와 환경조건 유지 등과 같은 법익들 간의 조정·형량이 요구된다(형량원칙: Abwägungsgebot). 즉, 계획재량이 인정되어 있는 경우에도 관계 제 이익의 정당한 형량여부가 그 계획규범 적용의 적법여부의 기준이 된다. 이러한 형량원칙이 침해되었다고 볼 수 있는 경우로는 가령 계획수립기관이 ① 요구된 조사·형량을 하지 않은 경우(형량의 결여: Abwägungsausfall), ② 형량에 있어 고려하여야 할 이해관계를 고려하지 않은 경우(형량의 결함: Abwägungsdefizit), 또는 ③ 명백한 형량의 과오나 불평등 등을 들 수 있다.[4)]

2. 계획재량의 사법심사

계획재량에 대한 사법심사는 통상 그 계획주체에게 광범위한 계획상 형성의 자유가 인정된다는 점에서, 다음 판례를 통해 확인할 수 있듯이, 현실적으로 매우 제한되는 경향을 보인다.

> 개발제한구역지정처분은 건설부장관이 법령의 범위 내에서 도시의 무질서한 확산 방지 등을 목적으로 도시정책상의 전문적·기술적 판단에 기초하여 행하는 일종의 행정계획으로서 그 입안·결정에 관하여 광범위한 형성의 자유를 가지는 계획재량처분이므로, 그 지정에 관련된 공익과 사익을 전혀 비교교량하지 아니하였거나 비교교량을 하였더라도 그 정당성과 객관성이 결여되어 비례의 원칙에 위반되었다고 볼 만한 사정이 없는 이상, 그 개발제한구역지정처분이 재량권을 일탈·남용한 위법한 것이라고 할 수 없을 것인데, 이 사건 개발제한구역지정의 경위 및 필요성, 개발제한구역의 지정에도 불구하고 토지구획정리

4) V. Götz, *Allgemeines Verwaltungsrecht*, S.30.

사업이 계속 시행되어 완료된 점, 도시화되어 가는 주변 지역의 상황 및 이 사건 토지의 지역적 위치 등 여러 사정에 비추어 보면, 비록 위 토지구획정리사업이 시행되던 토지들 중 일부에 대하여만 이 사건 개발제한구역지정처분을 하였다고 하더라도 그 처분이 재량권을 현저히 일탈・남용한 것으로 볼 수 없다.[5]

대법원은 대학시설 유치를 하기 위한 울산광역시의 도시계획시설결정에 대해 지역의 교육여건 개선 등의 공익과 지역 내의 토지나 건물 소유자들이 입게 되는 권리행사 제한 등의 사익의 이익형량에 정당성과 객관성을 결여한 하자가 있어 위법하다고 판시한 바 있다.[6]

행정계획이라 함은 행정에 관한 전문적・기술적 판단을 기초로 하여 도시의 건설・정비・개량 등과 같은 특정한 행정목표를 달성하기 위하여 서로 관련되는 행정수단을 종합・조정함으로써 장래의 일정한 시점에 있어서 일정한 질서를 실현하기 위한 활동기준으로 설정된 것으로서, 구 도시계획법(2000. 1.28. 법률 제6243호로 전문 개정되기 전의 것) 등 관계 법령에는 추상적인 행정목표와 절차만이 규정되어 있을 뿐 행정계획의 내용에 관하여는 별다른 규정을 두고 있지 아니하므로 행정주체는 구체적인 행정계획을 입안・결정함에 있어서 비교적 광범위한 형성의 자유를 가지는 것이지만, 행정주체가 가지는 이와 같은 형성의 자유는 무제한적인 것이 아니라 그 행정계획에 관련되는 자들의 이익을 공익과 사익 사이에서는 물론이고 공익 상호간과 사익 상호간에도 정당하게 비교교량하여야 한다는 제한이 있으므로, 행정주체가 행정계획을 입안・결정함에 있어서 이익형량을 전혀 행하지 아니하거나 이익형량의 고려 대상에 마땅히 포함시켜야 할 사항을 누락한 경우 또는 이익형량을 하였으나 정당성과 객관성이 결여된 경우에는 위법하다.[7]

기피시설 입지갈등 사례로 오랫동안 주목을 끌었던 '원지동 추모공원 사건'에서도 대법원은 기존의 판례를 재확인하면서, '원고들이 이 사건 추모공원 규모의 적정성과 환경・교통상의 문제에 관하여 제기하는 사유만으로는 피고가 행정계획의 일환으로 이 사건 도시계획시설결정을 함에 있어 이익형량을 전혀 행하지 아니하거나 이익형량의 고려 대상에 마땅히 포함시켜야 할 사항을 누락한 경우 또는 이익형량을 하였으나 정당성과 객관성이 결여되었다고 볼 수 없다'고 한 원심의 판단은 정당하다고 판시하였다.

행정계획이라 함은 행정에 관한 전문적・기술적 판단을 기초로 하여 도시의 건설・정비・개량 등과 같은 특정한 행정목표를 달성하기 위하여 서로 관련되는 행정수단을 종합・조정함으로써 장래의 일정

---

5) 대법원 1997.6.24. 선고 96누1313 판결(토지수용이의재결처분취소등).
6) 대법원 2006.9.8. 선고 2003두5426 판결(울산도시계획시설(학교)결정취소).
7) 대법원 2006.9.8. 선고 2003두5426 판결(울산도시계획시설(학교)결정취소).

한 시점에 있어서 일정한 질서를 실현하기 위한 활동기준으로 설정된 것으로서, 도시계획법 등 관계 법령에는 추상적인 행정목표와 절차만이 규정되어 있을 뿐 행정계획의 내용에 관하여는 별다른 규정을 두고 있지 아니하므로 행정주체는 구체적인 행정계획을 입안·결정함에 있어서 비교적 광범위한 형성의 자유를 가지는 것이지만, 행정주체가 가지는 이와 같은 형성의 자유는 무제한적인 것이 아니라 그 행정계획에 관련되는 자들의 이익을 공익과 사익 사이에서는 물론이고 공익 상호간과 사익 상호간에도 정당하게 비교교량하여야 한다는 제한이 있으므로, 행정주체가 행정계획을 입안·결정함에 있어서 이익형량을 전혀 행하지 아니하거나 이익형량의 고려 대상에 마땅히 포함시켜야 할 사항을 누락한 경우 또는 이익형량을 하였으나 정당성과 객관성이 결여된 경우에는 그 행정계획결정은 형량에 하자가 있어 위법하게 된다.[8)]

종래 매립지 등 관할 결정의 준칙으로 적용되어 온 지형도상 해상경계선 기준이 가지던 관습법적 효력은 위 지방자치법의 개정에 의하여 변경 내지 제한되었다고 보는 것이 타당하고, 안전행정부장관은 매립지가 속할 지방자치단체를 정할 때에 상당한 형성의 자유를 가지게 되었다. 다만 그 관할 결정은 계획재량적 성격을 지니는 점에 비추어 위와 같은 형성의 자유는 무제한의 재량이 허용되는 것이 아니라 여러 가지 공익과 사익 및 관련 지방자치단체의 이익을 종합적으로 고려하여 비교·교량해야 하는 제한이 있다. 따라서 안전행정부장관이 위와 같은 이익형량을 전혀 행하지 않거나 이익형량의 고려 대상에 마땅히 포함시켜야 할 사항을 누락한 경우 또는 이익형량을 하였으나 정당성·객관성이 결여된 경우에는 그 매립지가 속할 지방자치단체 결정은 재량권을 일탈·남용한 것으로서 위법하다고 보아야 한다.[9)]

이와 같이 대법원은 행정주체는 구체적인 행정계획을 입안·결정함에 있어 비교적 광범위한 형성의 자유를 가지지만, 그 형성의 자유는 무제한적인 것이 아니라 '행정계획에 관련되는 자들의 이익을 공익과 사익 사이에서는 물론이고 공익 상호간과 사익 상호간에도 정당하게 비교교량하여야 한다'는 '형량원칙'에 따른 한계가 있다는 점을 확인함과 아울러, 이러한 형량원칙 또는 계획재량의 한계 원리에 비추어 '형량의 하자'(Abwägungsfehler)가 인정되는 경우를 행정계획을 입안·결정함에 있어 이익형량을 전혀 행하지 아니하거나(형량의 결여), 이익형량의 고려 대상에 마땅히 포함시켜야 할 사항을 누락한 경우(형량요소의 누락) 또는 이익형량을 하였으나 정당성과 객관성이 결여된 경우(형량의 부실)로 제시하고 있다.

---

8) 대법원 2007.4.12. 선고 2005두1893 판결. 또한 대법원 2012.1.12. 선고 2010두5806 판결(완충녹지지정의해제신청거부처분의취소); 대법원 2011.2.24. 선고 2010두21464 판결; 대법원 2006.9.8. 선고 2003두5426 판결; 대법원 2005.3.10. 선고 2002두5474 판결; 대법원 1996.11.29. 선고 96누8567 판결 등을 참조.

9) 대법원 2013.11.14. 선고 2010추73 판결(새만금방조제일부구간 귀속지방자치단체결정취소).

Ⅲ. 행정계획의 법적 통제

1. 절차적 통제

계획수립에 관하여 광범위한 형성의 자유 또는 계획재량이 인정되므로, 계획결정의 실질적·내용적 타당성을 통제할 수 있는 경우란 실제상 극히 기대하기 어렵다. 그리하여 형량과정의 통제를 가능케 할 계획수립과정을 절차적으로 규율할 필요가 생기게 된다. 따라서 그 실체적 통제의 곤란을 보완할 수 있는 방법으로 계획과정의 절차적 통제에 주목하지 않을 수 없다. 다만 이에 관한 일반법으로서 행정절차법 규정이나 그 밖의 통칙적 규정이 마련되어 있지 않아, 행정계획의 수립과정에 대한 법적 통제를 가능케 할 계획확정절차의 제도화가 시급히 요구된다. 특히 계획의 수립과정에 대한 이해관계인·주민의 참여기회의 보장, 전문적 심의기구의 설치, 계획의 공표에 관한 절차적 보장 등이 우선적으로 요구된다.

2. 행정계획과 행정구제

행정계획의 결정 또는 변경 등으로 인하여 권익을 침해받은 경우 어떤 방법으로 이를 구제받을 것인가가 문제된다. 가령 계획에 의하여 행위제한 등 직접 법률상의 이익을 침해받은 경우, 또는 공단조성계획이나 중소기업육성계획을 믿고 투자하였다가 그 계획이 변경되거나 취소됨으로 인하여 손해를 받은 경우 등을 상정할 수 있다. 다만 행정계획 중에는 비구속적 성질을 지닌 것도 적지 않으므로 이 경우 그로 인하여 사실상 손해를 입었다고 하더라도 그것은 행정계획의 직접적인 효과가 아니라 반사적 효과에 불과하여 행정구제의 여지가 없는 경우가 많을 것이다. 그러므로 행정계획을 둘러싼 행정구제는 주로 구속적 행정계획, 그중에서도 특히 대국민적 구속력을 지닌 계획과 관련하여 문제되는 것이라 할 수 있다. 이에 관하여는 행정쟁송과 손해전보의 문제로 나누어 특히 중요한 문제들을 살펴보기로 한다.

(1) 행정쟁송

① 행정심판

행정심판법(§ 3 ①)은 '행정청의 처분과 부작위에 대하여 다른 법률에 특별한 규정이 있는 경우를 제외하고는 이 법에 의하여 행정심판을 제기할 수 있다'고 규정하고 있다. 따라서 행정계획에 관한 한 행정심판법에 따른 행정심판은 행정계획의 처분성이 인정될 경우에 한해 또 다른 법률에 특별한 규정이 없을 경우에만 문제될 수 있다. 그러나 행정계획의 처분성은 후술하는 바와 같이 논란이 있고, 비구속적 행정계획이나 행정청만을 구속하는 행정계획(단순 행정구속적 계획)의 경우 부정되고 있고, 나아가 각종의 행정계획 근거법상 행정심판에 갈음하는 특별 절차가 규정될 수 있으므로, 그 한도에서 행정심판법의 적용은 제한된다.

② 계획의 처분성 문제

행정계획의 처분성에 관하여는 가령 구 도시계획법상 도시계획결정의 처분성을 둘러싸고 종래 소극설과 적극설이 대립하였으나, 대국민적 구속력을 지닌 구속적 계획의 경우, 그 구체적 사안에 대한 구속적 규율로서의 효력이 인정되는 이상 처분성을 인정하는 것이 타당할 것이며 판례 역시 그러한 입장을 명백히 밝힌 바 있다.

<도시계획결정의 처분성을 인정한 판례>

도시계획법 제12조 소정의 도시계획결정이 고시되면 도시계획구역 안의 토지나 건물소유자의 토지형질변경, 건축물의 신축·개축 또는 증축 등 권리행사가 일정한 제한을 받게 되는바, 이런 점에서 볼 때 고시된 도시계획결정은 특정개인의 권리 내지 법률상의 이익을 개별적이고 구체적으로 규제하는 효과를 가져 오게 하는 행정청의 처분이라 할 것이고 이는 행정소송의 대상이 되는 것이라 할 것.[10)]

구 도시 및 주거환경정비법(2007.12.21. 법률 제8785호로 개정되기 전의 것)에 따른 주택재건축정비사업조합은 관할 행정청의 감독 아래 위 법상 주택재건축사업을 시행하는 공법인으로서, 그 목적 범위 내에서 법령이 정하는 바에 따라 일정한 행정작용을 행하는 행정주체의 지위를 가진다 할 것인데, 재건축정비사업조합이 이러한 행정주체의 지위에서 위 법에 기초하여 수립한 사업시행계획은 인가·고시를 통해 확정되면 이해관계인에 대한 구속적 행정계획으로서 독립된 행정처분에 해당하고, 이와 같은 사업시행계획안에 대한 조합 총회결의는 그 행정처분에 이르는 절차적 요건 중 하나에 불과한 것으로서, 그 계획이 확정된 후에는 항고소송의 방법으로 계획의 취소 또는 무효확인을 구할 수 있을 뿐, 절차적 요건에 불과한 총회결의 부분만을 대상으로 그 효력 유무를 다투는 확인의 소를 제기하는 것은 허용되지 아니하고, 한편 이러한 항고소송의 대상이 되는 행정처분의 효력이나 집행 혹은 절차속행 등의 정지를 구하는 신청은 행정소송법상 집행정지신청의 방법으로서만 가능할 뿐 민사소송법상 가처분의 방법으로는 허용될 수 없다.[11)]

반면 행정계획은 단순히 성문법규의 저촉 여부라는 관점에서만이 아니라 형량의 하자,

10) 대법원 1982.3.9. 선고 80누105 판결.
11) 대법원 2009.11.2. 선고 2009마596 결정(가처분이의). 또한 대법원 2009.9.17. 선고 2007다2428 전원합의체판결(총회결의무효확인)을 참조.

절차의 공정성 여부 등의 관점에서도 이를 심사하여야 한다는 것이 강조되고 있다.[12)]

<참고판례>

학교재산의 매도 또는 담보제공을 금하는 사립학교법 제28조 제2항의 규정이 있다고 하여 학교재산에 대한 도시계획시설결정이 언제나 당연무효가 되는 것은 아니며, 그 위법 여부는 현재 그 학교재산이 제공되고 있는 용도, 위치 등 구체적 시설의 공익성과 도시계획시설결정의 공익성과의 대소경중을 종합적으로 비교형량하여 가려야 하고, 또 가사 도시계획시설결정이 위법하다고 하더라도 그 위법이 반드시 중대·명백한 것이어서 언제나 당연무효사유가 된다고도 볼 수 없다.[13)]

③ 사실행위인 행정계획과 당사자소송

행정계획 중에는 처분성을 인정할 수 없는 것이 많다. 그렇다고 이에 대한 행정쟁송, 특히 행정소송의 가능성을 아예 범주적으로 부인해서는 아니 된다. 이러한 맥락에서 비처분적 행정계획에 관한 분쟁을 행정소송을 통하여 해결할 수 있는가, 그렇다면 어떤 종류의 행정소송에 의할 것인가가 문제된다. 이것은 행정계획의 법적 성질에 따라 달리 판단해야 할 문제이다. 요컨대 행정계획 중에서 가령 홍보적 계획처럼 사실행위의 성질을 띠거나, 유도적 계획의 경우에도 계획의 공표를 통하여 구속력발생의 의사(Bindungswille)가 표명되었다고 볼 수 없어 사실행위로 볼 수밖에 없는 행정계획에 대하여는 관계법규정의 해석을 통하여 공법상 당사자소송이 권리보호의 형태로 활용될 수 있을 것이다.

(2) 손해전보

행정계획으로 말미암아 손실이 발생해도 재산권에 대한 사회적 제약 또는 지역적 구속성을 이유로 보상이 배제되는 경우가 적지 않으나, 그 손실에 '특별한 희생'으로서의 성질이 인정되는 이상 보상이 주어져야 할 것이다. 또 행정계획이 실체적으로 또는 절차적으로 위법하여 국민에게 손해를 끼쳤을 때 국가배상의 문제가 제기될 수 있음은 물론이다.

<도시 · 군관리계획과 개발제한구역>

국토계획법상 도시·군관리계획은 행정청은 물론 국민에 대해서도 구속력을 갖는 구속적 계획으로서 구 도시계획법 제23조 이하에 따른 도시계획결정의 처분성이 인정되었던 점을 고려할 때, 행정쟁송을 통하여 다툴 수 있고 그 계획수립시 공무원의 직무상 불법행위가 있는 경우에는 국가배상의 문제를 발생시킬 수도 있다. 구 도시계획법 제21조에 따른 개발제한구역의 지정으로 말미암아 현실적인 피해를

12) 김남진, 『행정법 I』, 1997, 388.
13) 대법원 1984.9.25. 선고 83누500 판결.

입고 있었음에도 권리구제의 공백이 방치된 사례가 그 예이다.

(3) 계획의 변경과 신뢰보호: 계획보장의 문제

행정계획에서도 공익적 견지에서 계획의 변경이나 폐지가 요구되는 경우가 생긴다. 그러나 객관적으로 필요한 한계를 넘은 자의적인 계획의 변경·폐지는 계획의 존속을 신뢰한 사인의 이해관계에 중대한 영향을 미치게 된다. 이와 같이 행정계획은 그 본질상 안정성과 신축성 간의 긴장관계(Spannungsverhältnis von Stabilität und Flexibilität)에 서 있다.[14] 행정계획은 한편으로는 그 수범자들, 특히 경제분야에서 활동하는 시민들에 대하여 일정한 행위, 처분 및 투자에의 유인을 제공하는 것을 본래적 취지와 목적으로 한다. 그러나 이것은 시민들이 계획의 존속을 신뢰할 수 있다는 것을 전제로 한다(신뢰보호의 문제). 다른 한편으로 행정계획은 일정한 정치·경제·사회적 분야에서의 사정을 출발점으로 삼는 동시에 그것을 조종·향도하고자 한다. 그 사정들이 변경되거나 또는 처음부터 잘못 판단되었을 경우에는 그 계획들은 그에 따라 본래목적에 맞게 시정되지 않으면 안 된다(계획변경의 문제). 이러한 긴장관계에서 제기되는 것이 바로 계획보장(Plangewährleistung)의 문제이다. 여기서 관건은 계획의 취소·변경 또는 불준수에 있어 계획의 주체와 그 상대방 사이에 위험을 배분하는 데 있다. 이러한 견지에서 행정계획의 변경·폐지 등으로 인한 권익침해에 대해 적절한 구제방법을 강구해야 할 필요가 생긴다. 구제방법으로는 원상회복이나 손실보상, 그리고 신뢰보호의 견지에서 행정계획의 존속을 요구할 수 있는 계획집행청구권 또는 계획보장청구권을 사인에게 인정하는 방법 등을 생각해 볼 수 있다.

독일의 경우, '계획보장청구권'(Plangewährleistungsanspruch)의 문제는 계획의 존속에 대한 신뢰의 문제(Problem der Vertrauensschutzes)와 현실적인 계획변경의 필요성(Problem der Planänderung) 사이의 긴장관계에서 제기되는, 계획수립자(Plangeber)와 계획수범자(Planadressaten) 간에 계획의 폐지, 변경 또는 불준수에 따른 리스크를 어떻게 배분할 것인가 하는 문제로 다루어진다.[15] 여기서 문제는 국민이 손상된 신뢰로 인한 손배배상 또는 손실보상 청구권을 가지느냐 하는 문제만이 아니라 계획의 존속, 집행, 그리고 계획 변경의 경우 계획의 수정·보완 또는 경과조치 등을 요구할 수 있는 청구권을 인정할 수 있느냐 하는 데 있다. 그러나 계획보장청구권은 아직은 확립된 법제도가 아니라 다양한 청구유형(verschiedene Anspruchsvariante)에 따라 차별적으로 다루어지는 문제이며, 특히 그 인정여부 역시 문제된 계획의 유형이나 개개의 청구권 내용에 따라 통일적으로 판단하기 어려운

14) H. Maurer, *Allgemeines Verwaltungsrecht*, 2009, 17.Aufl., § 16 Rn. 26.
15) H. Maurer, a.a.O.

문제라는 점을 인식할 필요가 있다.[16] 실례로 명령적 계획(imperative Pläne)의 경우, 연방건축법전 제39조 이하에서와 같이 건축상세계획의 변경시 손실보상청구권을 인정하는 등 종종 법률 자체에서 리스크 배분에 관한 규정을 두기도 하지만, 홍보, 즉 정보제공적 계획(indikative Pläne)의 경우에는 잘못된 정보로 인한 손해배상청구권이 성립하는 경우와 같은 예외를 제외하고는 원칙적으로 그와 같은 손실보상을 인정할 여지가 없고, 반면 유도적 계획(influzierende Pläne)의 경우 보조금, 조세감면, 사회간접자본 조성 등을 통해 경제와 사회에 영향을 미칠 수 있기 때문에 계획의 존속 또는 변경을 둘러싼 리스크 배분문제가 첨예하게 대두될 수 있어 계획보장청구권의 문제가 심각한 양상을 띨 수 있다. 독일의 경우, 계획보장청구권의 인정 여부에 대해서는 일반적인 형태의 계획보장청구권은 원칙적으로 인정되지 않으며, 개개의 경우에도 관계법령, 계획의 유형 등 개별적 사례상황에 따라 달리 판단해야 할 문제이기는 하지만, 대체로 부정적으로 보는 것이 지배적이라 해도 무방할 것이다.[17]

독일의 학설상황을 살펴보면, 첫째, 계획존속청구권의 경우, 일반적인 계획존속청구권(Planfortbestandsanspruch)은 부인되고 있다. 다만 예외적으로 계획의 법형식에 따라 개별적 계획존속청구권이 성립할 여지가 있다. 즉 계획이 행정행위의 형식으로 정립된 경우에는 행정행위의 철회, 취소에 관한 법리에 따라 그 인정여하가 판단된다. 반면 계획이 법률의 형식으로 정립된 경우에는 진정소급효(echte Rückwirkung)를 지닌 계획변경은 허용되지 않으며(그러나 이런 진정소급효를 지닌 계획변경은 계획이 그 본질상 미래지향적이기 때문에 극히 드물다), 부진정소급효(unechte Rückwirkung)의 경우, 즉 계획변경이 현재의 아직 종료되지 않은 사안 및 법률관계에 대해서도 적용되지만 장래효만을 갖는 경우에는 신뢰보호의 요청이 계획변경에 대한 공익에 비해 월등한 경우에 한해서 계획존속청구권이 인정될 수 있다. 둘째, 계획이행청구권(Anspruch auf Planbefolgung)에 관해서는 물론 구속적 계획의 경우 행정청의 계획준수의무는 인정되지만, 역시 일반적인 계획집행청구권(Planvollzugsanspruch)은, 일반적 법률집행청구권이 인정될 수 없는 것과 마찬가지로 부인된다. 다만 개별사안에 있어 행정청의 계획집행의무가 인정되고 그것이 특정인의 이익도 아울러 보호하려는 것이라고 해석될 경우에는 계획집행청구권이 인정될 수 있다. 셋째, 계획변경시 경과조치 및 적응지원조치를 구하는 청구권 역시 일반적인 형태로는 성립하지 않는다. 다만 입법론적으로는 구체적인 상황에 따라 가령 소구가능한 청구권을 부여하는 등 다양한 방법이 고려될 수 있다. 넷째, 손실보상에 관한 한, 일반적으로 계획보장청구권에 기한 손실보상을 인정하는 법적 근거는 특수한 경우를 제외하고는 존재하지 않는다. 가령 드물기는 하지만, 건축법전 제42조(건축계획

16) H. Maurer, a.a.O., Rn.27.
17) H. Maurer, a.a.O., § 16 Rn.28ff.를 참조.

의 변경), 연방이미씨온방지법(BImSchG) 제21조 제4항(설치허가의 철회) 등이 손실보상의 법적 근거로 고려될 수 있을 뿐이라고 한다.[18] 따라서 이 문제는 행정상 손해전보에 관한 일반법적 규율에 따라 해결될 수밖에 없다. 판례와 압도적인 다수설은 이를 전통적인 손실보상법의 틀 안에서 해결하려는 태도를 보여 왔다. 마우러의 설명에 따르면, 국가배상책임은 과실요건이 충족될 수 없으므로 원칙적으로 적용이 없다고 한다.[19] 반면 공용수용으로 인한 보상은 직접 재산권으로 보호되는 재산적 지위가 침해되었을 것을 전제로 하는데, 계획의 지속 및 실현에 대한 기대를 수용대상이 될 만한 법적 지위로 강화시키는 신뢰보호의 요건사실(Vertrauenstatbestand)이 존재하는 경우에만 예외적으로 인정될 수 있을 뿐이다. 게다가 침해의 직접성(Unmittelbarkeit des Eingriffs)이 성립될 것인지에 관해서도 의문이 남아 있다. 독일의 판례는 오랫동안 구체적 사안에 있어 손실보상을 부정하는 태도를 보여 왔다.[20] 반면 일부 문헌에서 신뢰보호의 원칙, 비례의 원칙, 과잉금지의 원칙, 사회국가원칙, 위험배분의 사고 및 계약유사적 방안 등의 논거를 동원하여 계획손실에 대한 독자적인 청구권기초(Anspruchsgrundlage)를 발전시키고 개별사안에 따라 차별화된 기준을 적용하여 구체적 타당성을 기하려는 시도가 이루어지고 있다.[21]

계획보장청구권(Plangewährleistungsanspruch)이란 무엇보다도 국가적 계획들의 준수 및 지속성 보장에 대한 개인의 실체법상의 권리로서, 일반적인 계획의 존속(Planfortbestand), 계획의 이행(준수 및 집행: Planbefolgung) 또는 계획변경시 경과조치 및 적응을 위한 지원조치(Übergangsregelung und Anpassungshilfe), 손실보상(Entschädigung) 등을 목적으로 한다. 가령 신도시조성계획에 따라 조성된 아파트단지에 당초 도시계획상 아파트지구 앞에 녹지지구나 단독주택지구가 들어설 것을 신뢰하고 입주한 주민들이, 입주 후 도시계획의 변경・폐지 또는 도시계획에 반하는 관계행정청의 결정으로 인해 녹지나 단독주택 대신 고층아파트가 들어서게 된 경우, 당초 계획의 존속 및 이에 따른 고층아파트건설의 중지 또는 기성건축물의 철거 등을 청구할 수 있는가 하는 것이 문제된다. 또한 보충적으로 계획 변경이나 중도폐지로 인해 재산 손실이 발생한 경우 계획보장청구권에 의거 손실보상을 청구할 수 있는지가 문제된다.

과거 대법원은 도시계획변경신청을 불허한 처분에 대한 취소소송에 대하여 "도시계획법 제12조 제1항에 의하면 도시계획 및 그 변경은 건설부장관(……)이 직권 또는 같은 법 제11조의 규정에 의한 도시계

18) H. Maurer, a.a.O., § 28 Rn.35.
19) H. Maurer, a.a.O., § 28 Rn.35.
20) BVerfGE 30, 392 (Berlin-Hilfe); BGHZ 45, 83 (Knäckerbrot-Fall: 보호관세 폐지).
21) H. Maurer, a.a.O., § 28 Rn.37.

획입안자(시장, 군수)의 신청에 의하여 소정절차를 거쳐 결정하도록 규정되어 있을 뿐, 도시계획법상 주민이 도시계획 및 그 변경에 대하여 어떤 신청을 할 수 있음에 관한 규정이 없을 뿐만 아니라 도시계획과 같이 장기성·종합성이 요구되는 행정계획에 있어서는 그 계획이 일단 확정된 후에 어떤 사정의 변동이 있다고 하여 지역주민에게 일일이 그 계획의 변경을 청구할 권리를 인정해 줄 수도 없는 이치이므로 피고가 원고의 도시계획 변경신청을 불허한 행위는 항고소송의 대상이 되는 행정처분이라고 볼 수 없다."라고 판시한 바 있다.[22] 대법원은 또한 행정청이 용도지역을 자연녹지지역으로 지정결정하였다가 그보다 규제가 엄한 보전녹지지역으로 지정결정하는 내용으로 도시계획을 변경한 경우, 신뢰보호의 원칙이 적용되지 않는다고 판시함으로써 신뢰보호의 원칙에 의한 계획존속의 보장이라는 의미에서의 도시계획변경결정취소청구는 받아들일 수 없다는 입장을 분명히 한 바 있다.

"행정청이 용도지역을 자연녹지지역으로 지정결정하였다가 그보다 규제가 엄한 보전녹지지역으로 지정결정하는 내용으로 도시계획을 변경한 경우, 행정청이 용도지역을 자연녹지지역으로 결정한 것만으로는 그 결정 후 그 토지의 소유권을 취득한 자에게 용도지역을 종래와 같이 자연녹지지역으로 유지하거나 보전녹지지역으로 변경하지 않겠다는 취지의 공적인 견해표명을 한 것이라고 볼 수 없고, 토지 소유자가 당해 토지 지상에 물류창고를 건축하기 위한 준비행위를 하였더라도 그와 같은 사정만으로는 용도지역을 자연녹지지역에서 보전녹지지역으로 변경하는 내용의 도시계획변경결정이 행정청의 공적인 견해표명에 반하는 처분을 함으로써 그 견해표명을 신뢰한 개인의 이익이 침해되는 결과가 초래된 것이라고도 볼 수 없다는 등의 이유로, 신뢰보호의 원칙이 적용되지 않는다."[23]

고권적 계획작용에 결부된 위험의 배분을 규율하기 위한 법적 수단으로서 계획보장은 확정적인 윤곽을 가진 법제도라기보다는 다양한 유형의 청구권들과 관련된 문제영역이라 할 수 있다. 그 개개의 청구권의 인정여하는 일괄적으로 판단될 수 없고, 각각의 문제된 계획의 법형식과 내용에 따라 달라질 수밖에 없는 문제이다. 여기서는 개괄적으로 다음과 같은 점을 지적하는 데 그친다: 계획보장은 이미 앞에서 살펴본 바와 같은 각종 행정계획 중 특히 향도적 또는 조성적 계획의 경우에 현실적인 중요성을 가진다. 지시적 또는 홍보적 계획의 경우에는 그 자체로서 국가적 보장이 배제될 수 있는 반면, 명령적 또는 규범적 계획의 경우 계획의 변경에 대해서는 원칙적으로 법률에 의한 손실보상이 인정되도록 하는 입법적 해결책이 요망된다.

22) 대법원 1984.10.23. 선고 84누227 판결.
23) 대법원 2005.3.10. 선고 2002두5474 판결(도시계획변경결정취소청구).

제24장

행정절차법상 계획확정절차 도입의 필요성*

Ⅰ. 쟁점

행정절차법상 계획에 대한 법적 규율의 요청은 행정절차법 제정 당시에는 시기상조라든지 조사-연구가 불충분하다는 등의 이유에서,[1] 특히 행정실무계의 반발을 우려하여 반영되지 못했다. 시행된 지 15년이 지난 지금까지도 행정절차법은 계획절차에 관한 한 공백을 메우지 못하고 있다. 물론 학설 및 판례에서 '처분' 개념에 구속적 행정계획이 포함되는 것으로 해석되고 있고,[2)3)] 제한된 범위에서나마 행정절차법상 행정예고에 관한 규정들(제5장 § 46조 및

* 이 글은 홍준형, 「행정절차법상 계획확정절차 도입의 필요성」, 『토지보상법연구』, 한국토지보상법연구회, 2014.2., 139-181; 홍준형, 「계획의 수립 · 확정 절차」(홍준형 등, 『행정절차제도 운영현황 평가 및 발전방안 모색』, 연구보고서), 서울대학교, 2006, 53 이하를 현행화하고 관련 문헌들과 법령 변화를 고려하여 발전시킨 것임.

1) 이에 관해서는 오준근, 「다중영향시설 설치계획의 확정절차에 관한 법제정비방안」, 한국법제연구원, 1997.12., 발간사 및 153-159; 김철용, 「계획확정절차의 도입문제」, 『행정법연구』 제4호(행정법이론실무연구회, 1999.4., 10) 등을 참조.

2) 일찍이 대법원은 구 도시계획법 제12조 소정의 고시된 도시계획결정은 특정 개인의 권리 내지 법률상의 이익을 개별적이고 구체적으로 규제하는 효과를 가져 오게 하는 행정청의 처분이라 할 것이고, 이는 행정소송의 대상이 된다고 판시한 바 있었고(대법원 1982.3.9. 선고 80누105 판결: 도시계획변경처분취소), 이러한 입장을 오늘날까지도 계속 유지하고 있다(대법원 2000.12.8. 선고 99두9957 판결); 대법원 2012.5.10. 선고 2011두31093 판결(도시관리계획결정고시처분취소 등). 이에 관해서는 홍준형, 「도시계획결정의 처분성」, 『판례행정법』, 두성사, 1999.1., 602-606; 석종현, 「도시계획결정의 법적성질」, 『행정판례연구』 Ⅱ, 서울대학교출판부, 1996.4., 159; 김남진, 「도시계획변경처분취소 청구사건」, 『판례월보』 156호, 판례월보사, 1983.9., 153 등을 참조.

3) 그러나 그러한 해석이 현실적으로 의미가 있는 결과를 가져오는지도 의문스럽다. 이에 관한 상세한 분석으로는 홍준형, 「계획의 수립 · 확정 절차」, 홍준형 등, 『행정절차제도 운영현황 평가 및 발전방안 모색』, 연구보고서, 서울대학교, 2006, 53 이하를 참조.

§ 47조)이 그리고 계획이 법령의 형식을 취하는 경우에는 법령안 입법예고 절차가 적용되어 계획절차와 유사한 효과를 기대할 여지도 없진 않지만, 그렇다고 사정이 달라지는 것은 아니다.[4)]

이와 같이 일반법인 행정절차법에 있어 행정계획에 대한 절차적 규율, 특히 계획확정절차가 결여되어 있는 상황에서 이 글은 다음과 같은 물음을 제기하고 그 해법을 모색해 보려고 한다.

첫째, 행정절차법에 계획확정절차 또는 계획절차를 도입해야 하는가, 특히 독일의 연방행정절차법상 계획확정절차와 같은 유형의 법제를 도입할 필요가 있는가, 그렇다면 그 근거와 이유, 그리고 기대효과는 무엇인가? 둘째, 행정절차법에 계획확정절차 또는 계획절차를 도입한다면 어떻게 도입해야 하는가?

Ⅱ. 행정절차법상 계획확정절차 도입의 필요성

1. 계획확정절차 도입 여부에 관한 논의 경과

행정절차법상 계획확정절차 도입에 대한 요구는 오래전부터 지속적으로 제기되었고 또 학계의 중론이었음에도 불구하고[5)] 1996년 12월 31일 제정된 행정절차법에 반영되지 못했고 그 이후에도 성사되지 못했다. 그 이유는 무엇인가?

무엇보다도 법제정 당시 입법의지가 결여되어 있었다는 점을 지적하지 않을 수 없다. 법제정과정에 참여한 학계 인사들은 행정실무계에서 실무상 난점, 갈등 부담, 효율성 저해 등의 이유로 꺼려 왔던 계획확정절차 도입을 둘러싸고 논란을 벌이다 자칫 모처럼 생긴 법제정 기회가 무산될 것을 우려했던 것 같다. 한국보다 3년 먼저 법 제정을 본 일본이 독일과 달리 계획확정절차에 대한 별도의 규정을 두지 않았던 점도 그러한 소극적인 입법태도와 무관하지 않다. 그 결과 독일식 계획확정절차 대신 행정예고절차를 도입하는 소극적인 입법이 이루어진

4) 행정예고절차가 행정계획에만 한정되는 것이 아니고 절차를 진행하는 기관이 이를 인식하고 절차를 시행하지 않고 있기 때문이다. 이에 대해서는 홍준형, 앞의 글, 같은 곳을 참조. 이와 관련하여 김종보, 「계획확정절차의 도입: 계획확정절차의 형식과 실질」(대한변호사협회 · 한국행정법학회 공동학술대회 발표논문 2013.7.12.)에서는 "1987년 법안과 1998년 시행된 현행 행정절차법의 차이 중 가장 큰 것이 있다면 계획확정절차에 대한 규정의 유무일 것"이라고 지적한다.

5) 김성수, 「"참여와 협력시대"의 한국 행정절차법」, 『천봉석종현박사 화갑기념논문집』, 삼영사, 2003, 551.

것이다.[6)]

둘째, 계획확정절차가 도입되지 못한 것은 정부가 행정절차법 제정을 추진하던 1996년 당시, 그 도입여부나 내용 등을 둘러싸고 논란이 있었기 때문에 행정절차법안심의위원회가 계획확정절차의 도입을 유보한 데 따른 결과라고 보인다. 이와 관련하여 오준근 교수는 행정계획의 확정절차를 어떠한 종류의 계획, 어떤 법형식을 가진 계획을 대상으로 도입할 것인가에 대한 합의가 이루어지지 못했고, 행정계획의 다양성으로 인하여 과연 일반행정절차로서 계획확정절차를 '일반행정절차법' 속에 받아들이는 것이 적절한가에 대하여 의문이 제기되었으며, 각 계획의 특성에 따라 수립절차, 집중효 등 계획확정결정의 구속력 여하 등을 해당 관련법령에서 정하는 것이 바람직하다는 이유에서 계획확정절차를 장차의 연구과제로 유보하고 그 결과에 따라 도입여부를 추후에 논하기로 한 것이라고 서술하고 있다.[7)]

셋째, 위와 같은 입법의지의 결여에 대해서는 독일식 계획확정절차에 대한 인식 부족도 중요한 원인으로 지목되고 있다. 이와 관련하여 법제정 당시 정부의 행정절차법안에 대한 심의위원회에 참여한 김철용 교수는 1999년 다음과 같이 지적한 바 있다.

> 그런데 지금까지의 논의를 보면 대부분의 논자들이 독일의 계획확정절차에 대한 정확한 이해가 부족했던 것이 아닌가 하는 의문이 든다. 1987년의 행정절차법안을 보더라도 제2장에 행정처분절차를 규정하고 제3장에서 행정계획의 확정절차를 규정하면서 양자의 관계에 관하여 아무런 고려를 하지 아니한 것은 행정계획 중에 행정처분을 포함할 수 있다는 것을 생각하지 못한 때문일 것이다. 또한 1996년의 행정절차법 제정을 위한 공청회에서의 지정토론자나 방청석 토론자의 발언을 보면 행정계획의 확정절차를 주장만 했지 행정계획이 처분에 해당하는 경우 처분절차의 적용을 받는다는 것을 이해하는 이는 거의 없었다. 따라서 행정계획의 확정절차를 별도의 장을 만들어 행정절차법에서 규율하자는 주장이 계획확정재결(결정)도 처분이지만 계획확정재결은 일반 처분과 다른 특수성이 있기 때문에 처분절차와 다른 별도의 장에서 절차의 밀도 및 효력 등을 규정하여야 한다는 주장인지, 처분과는 별도로 처분과 구별되는 행정계획이 있으니까 그 행정계획 중에서 국민생활에 밀접한 관련이 있는 공공사업계획을 세계 어느 국가에도 입법례가 없지만 별도의 장을 두어 규정하여야 한다는 주장인지 알 수 없게 된다. 행정절차법 제정을 위한 공청회에서 계획확정의 효력에 관하여 어느 누구 한 사람의 언급이 없었던 것도 이를 뒷받침하고 있다고 추측된다. 우리의 논의가 독일의 계획확정절차에 집중하지 못하였던 것이 결과적으로 덜 생산적이게 된 원인이 아닌가 여겨진다. 이 점에서 대만에서의 행정절차법논의가 우리보다 앞서 있는 것이라고 보여진다.[8)]

---

6) 김철용, 앞의 글.
7) 오준근, 앞의 글, 153 이하.
8) 김철용, 앞의 글, 14-15.

한편, 김종보 교수는 1998년 시행된 행정절차법이 계획확정절차를 받아들이지 않은 것은 '다수설과 입장이 달라서라기보다는 입법과정에서 다수설이 다시 분기되었기 때문이라고 보는 것이 더 정확하다'고 하면서, '행정절차법상 행정계획이라는 개념이 처분과 잘 구분되기 어렵고, 행정계획 중 구속력 있는 행정계획이 처분에 해당한다는 견해에 따르면 행정계획 중의 일부는 처분절차의 적용을 받게 되므로, 행정계획 중 일부는 처분절차에 의하고, 일부는 계획확정절차에 의하며, 일부는 절차적용이 없는 경우가 상정되어야 했는데, 이에 대해 합의가 이루어지는 것이 실제로 불가능했던 것'이라고 설명하고 있다.

이러한 지적들은 각각 나름대로 일리가 없지는 않지만 문제의 정곡을 찌른 것으로 보기는 어렵다. 행정절차법상의 처분개념에 (구 도시계획법상의 도시계획 같은) 구속적 행정계획이 포함된다고 보는 것이 통설이자 판례의 태도임은 학계에서의 행정절차법 논의과정이나 법 제정 전후 시기 어느 때에도 잘 인식되어 있었다. 다만, 위에서 살펴본 바와 같이 처분개념에 구속적 행정계획이 포함된다고 해서 법 해석 및 실무상 어떠한 결과가 있을지 별 다른 기대를 가질 수 없었고, 독일에서도 행정절차법상 계획확정결정(Planfeststellungsbeschluß)의 법적 성질을 행정행위로 본다는 사실[9] 역시 학계나 관계 당사자들 사이에서 전반적으로 공유되고 있었다. 하지만 그 법적 성질이 행정행위라 해서 그 계획으로서의 속성이 변하는 것은 아니기 때문에 이 점을 감안하여 처분절차와는 구별하여 다룬다는 분위기였다. 사실 독일의 경우에도 계획확정결정을 행정행위라고 보면서도 이를 행정행위 절차에 포함시키지 아니한 것은 행정행위 절차와는 별도로 계획과정에 대한 절차적 규율이 필요하다는 인식이 있었기 때문인데,[10] 계획과정의 최종산물로서 계획확정결정이 행정행위라고 해서 행정절차법 중복적용의 문제가 생기는 것은 아니며 더욱이 특별절차의 일부로서 계획확정절차에 대한 규정들을 둔 입법의 의미가 달라지는 것은 아니다. 이 점은 우리나라의 경우에도 달리 볼 이유가 없을 것이다.[11]

오히려 행정절차법이 가지는 '행정과정의 절차화'(Prozeduralisierung des Verwaltungsvorgangs)로서 의미와 기능을 제대로 이해하지 못한 것이 문제가 아니었을까 생각한다. 국민

9) 독일에서도 계획확정결정은 행정행위(Verwaltungsakt)의 성질을 가지는 것으로 이해되고 있으나(H. Maurer, *Allgemeines Verwaltungsrecht*, 17.Aufl., 2009, § 16 Rn.21, § 19 Rn.5), 행정절차법상 계획절차가 행정행위의 그것과는 별도로 규율되고 있음은 주지의 사실이다.

10) 독일 연방행정절차법이 계획확정절차를 행정행위절차에 관한 제3부에서 규율하지 아니하고 공법상 계약이나 권리구제절차, 위원회 등과 같은 수준에서 특별절차의 한 유형으로 규정하게 된 것은 계획확정절차가 행정행위의 일종인 계획확정결정으로 종결될지라도 어디까지나 계획형성의 자유를 전제로 한 계획과정이라는 본질은 변함이 없다는 이유에서 이를 행정행위절차의 특례로만 규정하기 어렵다는 점을 감안한 것이 아닌가 생각된다.

11) 홍준형 등, 「행정절차제도 운영현황 평가 및 발전방안 모색」, 연구보고서, 서울대학교, 2006, 11 이하.

생활에 지대한 영향을 미치는 행정계획이나 공공사업들이 행정절차법의 규율범위에서 배제됨으로써 한국사회가 폭주하는 공공갈등들을 제도권 안에서 해소하지 못하여 갈등공화국의 오명을 쓰세 만드는 부작용을 낳은 것은 아닌지 반성해 볼 필요가 있을 것이다.

행정절차법 시행 이후 특히 노무현정부 이래 추진된 갈등관리법제 구축을 위한 논의과정에서 갈등관리법 제정과 병행한 입법과제로서 또는 공공갈등의 예방과 해결을 위한 주민·이해관계인들의 참가를 가능케 할 또 다른 하나의 대안으로서 행정절차법상 계획확정절차의 도입방안이 검토되었다. 그러나 계획확정절차의 도입이 공공갈등 해결을 위한 효과적인 방법인지 확신이 없었고 따라서 행정절차법 개정으로 이어지지 못했다.[12]

2. 계획확정절차 도입의 필요성 판단

(1) 배경

① 행정계획과정에서의 공공참여와 숙의를 위한 제도의 미비

우선 행정계획과정에서의 공공참여와 숙의를 위한 제도가 여전히 미흡한 수준에 머무르고 있기 때문에 이를 해소하기 위해 행정절차법에 참여와 숙의를 위한 법제도적 통로를 마련할 필요가 있다.

앞에서 지적한 바와 같이 일반법인 행정절차법 수준에서 계획절차에 대한 일반법적 규율이 이루어지지 못한 결과 행정계획에 관한 절차는 각각의 개별법에 의해 그것도 일관성 없는 규율을 받아 왔다. 그 결과, 주민이나 이해관계자의 의견수렴절차 그 밖의 계획과정에 대한 참여기회의 미흡, 계획절차와 과정에 대한 사회적 학습의 미진 등 여러 가지 이유에서 계획에 대한 절차적 규율을 통한 행정의 민주성과 효율성 달성이라는 행정절차법 본연의 목적이 제대로 구현되지 못하고 있다. 이러한 문제를 해결하기 위한 가장 효과적인 대안 중 하나가 바로 계획확정절차의 도입이다.

행정절차법상 계획확정절차 도입이 필요하다고 보는 것이 행정법학계의 지배적 견해인 반면, 행정계획 중엔 처분에 해당하는 것들이 많고, 이들에 대해 처분절차가 적용된다는 점에서 계획확정절차의 도입필요성이 그리 크지 않다고 보는 견해[13]도 표명되고 있다. 이에 대해 행정소송법의 그것과 동일하게 정의되고 있는 행정절차법상 처분 개념에 구속적 행정계획이 포함될 수 있고, 행정절차법에서 정한 의견청취절차 중 공청회가 행정계획의 확정 전에

12) 김종보, 앞의 글, 15.
13) 김철용, 「계획확정절차의 도입문제」, 『행정법연구』 제4호, 행정법이론실무연구회, 1999, 14.

개최되면 독일의 행정절차와 상당히 유사한 외관을 띨 수 있다는 논평도 있으나,[14] 그 경우에도 후술하는 집중효 등의 보장이 없는 등 여러 가지 이유에서 그렇게 볼 수는 없을 것이다: [구속적 계획에 대한 처분절차 적용 + 임의적 공청회 실시 ≒ 계획확정절차]라는 등식이 성립할 수 없음은 굳이 설명을 요하지 않는다.

한편, 행정절차법의 제정과정에서 계획확정절차를 대신할 수 있는 "완화된 형태의 행정계획에 대한 의견수렴제도"로서의 역할을 기대할 수 있을 것으로 기대되었던(?) 행정예고제도는 사실상 활용되지 못하고 있다. 행정절차법 시행 이후, 특히 각 지방자치단체에서 행정예고제도를 운용하는 현황을 조사한 결과 행정예고에 대한 인식도 부족하고 그 실시현황도 저조한 것으로 나타났다. 특히 지방자치단체 및 처분 부서 공무원들의 행정예고제도에 대한 인식 부족이 문제점으로 드러난 바 있다. 행정예고의 대상은 국민생활에 중요한 영향을 미치는 정책, 제도, 계획 등이므로 비정형적이어서 담당 공무원들의 적극적인 인식과 이 제도의 실천의지가 매우 중요하다. 그러나 인식부족과 실천의지의 부족으로 인하여 행정예고제도가 제대로 활용되지 못하고 있다는 점은 행정계획에 대한 의견수렴제도로서의 역할도 전혀 하지 못하고 있다는 것을 말해 준다.[15] 바로 그런 이유에서 부분적인 제도개선이 있었지만 그 역시 뚜렷한 성과를 거두지는 못했다.

② 독일행정절차법상 계획확정절차의 평가

독일연방행정절차법은 제5부 "특별절차"(besondere Verfahrensarten)에서 "정식행정절차"(förmliches Verwaltungsverfahren)와 "계획확정절차"(Planfeststellungsverfahren)에 관한 규정을 두고 있다. 독일연방행정절차법은 일반적 행정절차와 특별절차를 분명히 구분하고 있다. 일반적 행정절차는 특정한 형식에 구속되지 아니하며, 간단하고 목적에 맞게 신속히 실시함을 함을 원칙으로 한다. 일반적 행정절차의 경우, 사실조사, 기록열람, 이유부기, 통지, 의견진술의 기회부여 등 최소한의 절차적 요건만 부과될 뿐, 준사법적 요소는 요구되지 아니

---

14) 김종보, 앞의 글, 15. 그러나 김철용 교수의 소론에 대해서는 다음과 같이 반박하고 있다. 즉, 한국에는 복효적 행정처분에 대해 행정절차를 어떻게 적용할 것인지에 대해 명확한 규정이나 해석이 없고, 개별법에도 대규모 공공시설이 갖는 복효적 성격과 함께 다극적 이해관계를 조절하기 위한 행정절차가 별도로 잘 마련되어 있지 못하기 때문에 대형 국책사업 등에 대한 특별절차를 마련하고 일부의 사업을 그 대상으로 정해서 입법하는 것은 입법기술적으로도 가능하고, 큰 위험이 있는 것도 아니라고 한다. 이미 주민투표법, 도로법 등 개별법에서 이와 유사한 절차들이 마련되어 있기 때문이라는 것이다.

15) 행정예고에서 의견수렴을 위한 공청회의 활용이 거의 없고, 지방자치단체 차원의 행정예고의 요건과 방법을 구체화하는 조례의 제정도 한 건도 없는 실정이라고 한다. 오준근, 「참여행정과 행정절차: 대한민국에 있어서의 행정현실과 공법이론을 중심으로」, 『공법연구』 제30집 제5호, 한국공법학회, 2002, 65-85, 78. 이에 관하여 상세한 내용은 오준근, 『행정절차법의 개정방안연구』, 한국법제연구원, 2001, 35-40을 참조.

한다.

행정절차법은 제2절 계획확정절차에서 계획확정절차에 관한 규정의 적용, 청문절차, 계획확정재결, 계획확정의 법적 효과, 계획실행전의 계획변경, 계획확정재결의 폐기, 계획의 경합 등에 대해 규정하고 있다(§§ 72-78). 계획확정절차 역시 정식행정절차에 준하는 엄격한 절차에 따라 진행된다.

모든 계획 유형들에 대한 통일적 규율은 사실상 불가능하며, 계획절차를 규율하는 각 개별법들을 일반법인 행정절차법상의 계획관련 규범들로 대치하거나 조율하는 것도 현실적으로 어렵기 때문에 독일은 "다른 법령에 계획확정절차를 거치도록 규정되어 있는 경우"(wenn durch Rechtsvorschrift ein Planfeststellungsverfahren angeordnet ist)에 한하여 연방행정절차법의 계획확정절차에 관한 규정들을 적용하는 개별법 원용방식을 취하고 있다. 연방행정절차법은 계획확정절차에 관한 규정의 적용(Anwendung der Vorschfiften über das Planfeststellungsverfahren)이란 표제하에 제72조에서 다음과 같이 규정하고 있다.

> 법령에 계획확정절차를 거치도록 규정된 경우에는, 제73조 내지 제78조의 규정을 적용하며, 이들 규정과 모순되지 아니한 한, 이 법의 기타 규정을 적용한다. 다만, 제51조 및 제71a조 내지 제71e조는 적용되지 아니한다.

독일 연방행정절차법상 계획확정절차의 적용 대상과 그것을 원용하고 있는 개별법들을 살펴보면 다음과 같다.

도로교통(Verkehrswege) 분야:
-도로설치계획(가령 § 17 FStrG 및 각 주의 해당 법률 조항들)
-철도 건설(§ 18 Abs. 1 AEG)
-전철 및 지하철 건설(§ 28 Abs. 1 PBefG)
-수로(Wasserstraßen) 건설(§ 12 Abs. 2 WaStrG)
-공항 건설(§§ 8, 9 LuftVG)
-자기부상철도 시설 건설(§ 1 Abs. 1 Magnetschwebebahnplanungsgesetz)
-궤도운송기술 시험시설 설치(Transrapid) (§ 2 Abs. 1 SpurVerkErprG)
폐기물처리 기반구조(Entsorgungsinfrastruktur) 분야:
-폐기물매립장(Abfalldeponien) 설치(§ 31 Abs. 2 KrW-/AbfG)
-방사성폐기물처리장(atomare Endlage) 설치(§ 9b AtomG)
공급기반구조(Versorgungsinfrastruktur) 분야(2001년 8월 이후):
-고압선 시설(Hochspannungsleitungen) 설치(EnWG)

-송유관(Rohrleitungen) 설치(§ 21 UVPG)
-가스관(Gasleitungen) 설치(§ 21 UVPG)
기타:
-토지구획정리(Flurbereinigungen) 사업 계획(§ 41 FlurbG)
-하천(Gewässer) 건설(§ 31 Abs. 2 WHG)
-특정 채광계획(§ 51 Abs. 1 BBergG)

계획확정절차는 도로건설, 폐기물처리장의 건설 등 다수의 이해관계인에게 구속적 영향력을 미치는 대규모사업계획을 이해관계인의 집중적 참여하에 결정하는 계획확정결정을 산출하기 위한 절차이다. 계획의 담당자는 청문을 주관하는 행정청에 계획안을 제출하여야 한다. 청문행정청은 계획안을 열람하도록 제공하고, 공고, 통지 등을 통하여 이 사실을 널리 알려야 한다. 이해관계인은 계획안에 대하여 이의를 신청할 수 있다. 계획확정의 결정권을 가진 행정청은 계획담당자와 이해관계인 간에 분쟁이 있는 사안에 관하여 결정을 내리며, 그 경우 예방조치, 보상 등을 계획담당자에게 명할 수 있다.

연방행정절차법상 계획확정절차는 계획확정결정에 의하여 종결되며(§ 74), 이 결정은 다른 관계법률에 따라 요구되는 모든 행정결정들을 대치하고 절차참가자들 사이의 모든 관계를 규율하는 행정행위의 일종으로서, 포괄적인 집중효 및 형성효를 발생한다. 그 결과 특정한 사업계획에 있어 여러 행정기관들에 의한 잡다한 절차들을 거칠 필요가 없이 하나의 행정기관에서 하나의 절차를 통해 최종 계획확정결정에 도달할 수 있게 된다(예: § 13 BImSchG). 바로 여기서 절차통합의 효율성이라는 제도 본연의 취지가 두드러지게 나타나는 것이다. 다음 쪽의 표는 계획확정결정의 효력을 보여 준다.

한편 위에서 본 바와 같은 독일 행정절차법상 계획확정절차가 거둔 성과와 문제점에 관해서는 오늘날까지도 지속적인 논의가 진행되고 있다. 전반적인 경향을 살펴보면 다음과 같다.

A. 허가절차나 계획확정절차, 특히 그 과정에서 요구되는 공공참여절차가 행정절차 전체의 지연을 초래하는지, 나아가 경제입지로서 독일의 경쟁력 약화를 가져오는 요인이 되는지에 대해서는, 근거로 삼을 만한 객관성과 신뢰성을 갖춘 실증적 연구는 찾아보기 어렵지만,[16] 그리 분명치 않다고 보는 것이 중론이다. 오히려 공공참여절차가 전체 행정절차에서 지연요인이 된다고 하기 위해서는 그 자체의 소요기간만을 따져서는 아니 되며, 그 과정에서

16) Pascale Cancik, "Beschleunigung oder Re-Arkanisierung? Die geplanten Einschränkungen der Erörterung im Planfeststellungsverfahren"(2006년 5월 31일 프랑크푸르트대학교 법과대학 교수자격논문의 요약논문), 1f., 각주 6.

<독일연방행정절차법상 계획확정결정의 효력>

승인효 Genehmigungs- wirkung	§ 75 I 1 1. Hs. VwVfG 사업계획의 허용성 (건축법전 § 30, § 34 및 § 35의 규정에 의한 허용성과는 다름)을 확정함 ⇒ 시설 설치 공사를 승인함. 후속조치들에 대해서도 효력을 미침.
집중효 Konzentrations- wirkung	§ 75 I 1 2. Hs. VwVfG 다른 행정기관의 결정들(특히 승인·허가)는 불필요 형식적 집중효일 뿐, 실질적 집중효는 아님. 내용적으로 다른 행정기관의 결정들의 경우 준수했어야 할 법규정들의 적용을 받음.
형성효 Gestaltungs- wirkung	§ 75 I 2 VwVfG 공법상 법률관계에 관한 효력 사업계획의 허용성을 모든 공법인에 대하여 구속적으로 확정하는 효력
배제효/수인효 Ausschluß-/ Duldungs-wirkung	§ 75 II 1 VwVfG 공법 및 사법에 의한 부작위청구권을 배제 형성효+배제효·수인효: 사업계획의 주체는 그 사업계획을 실현시킬 수 있고 그 경우 물, 대기 및 토지를 사용할 수 있으며, 계획상 예정되고 예측가능한 범위 안에서 소음과 그 밖의 오염물질을 발생시킬 수 있고, 광역계획의 경우에는 지방자치단체의 계획에 더 이상 구속되지 아니한다(Kühling/Herrmann, Rn.527).
수용법적 예비효 Enteignungs- rechtliche Vorwirkung	특별법적으로 부여됨. 예: § 19 FStrG; § 22 AEG; § 30 PBefG; § 44 II WaStrG; § 28 II LuftVG 수용의 허용여부를 결정 사후의 수용절차에서는 단지 그 태양, 즉 보상액수만이 문제됨.

의견수렴이나 그것을 통한 동의의 확보가 미흡할 경우 나중에 다수의 소송 등 법적 수준에서 다툼으로 재연됨으로써 그로 인하여 문제해결이 미루어지고 전체 소요기간이 더 길어지는 등 비효율이 발생한다는 점을 고려해야 한다는 의견이 폭넓은 설득력을 가지고 있는 것으로 판단된다.

칸칙(Cancik)에 따르면, 법치국가원칙, 절차를 통한 기본권보호,[17] 민주주의 등 헌법상 원칙으로부터 공동토의절차의 보장이나 행정절차상 구술심리를 받을 권리(Anspruch auf mündliche Verhandlung)가 도출되는 것은 아니며,[18] 경우에 따라 절차촉진을 위한 국내법을 우선할 수도 있는[19] 유럽법의 원칙들, 가령 '오르후스' 협정(Arhus-Konvention)[20]에 따

17) "Grundrechtsschutz durch Verfahren," *BVerfGE* 53, 30 (65).

18) P. Cancik, op. cit., 9f.

19) 유럽법의 절차법에 대한 영향에 관해서는 S. Kadelbach, *Allgemeines Verwaltungsrecht unter europäischem Einfluß*, Tübingen, 1999, 131ff.; 415ff.; R. Wahl und D. Hönig, "*Entwicklung des Fachplanungsrechts*," *NVwZ*, 2006, 161ff., 162; Hermann Hill, "Verwaltungskommunikation und Verwaltungsverfahren unter europäischem Einfluß," in: H. Hill und R. Pitschas (Hrsg.), *Europäisches Verwaltungsverfahrensrecht*, Berlin, 2004, 273ff. 등을 참조.

20) UN/ECE-Konvention über den Zugang zu Informationen, die Öffentlichkeitsbeteiligung an

라 환경분야 공공참여에 대한 유럽연합의 지침들[21]이나 유럽연합 기본권헌장 제41조에 의해 채택된 유럽연합시민의 '좋은 행정'에 대한 권리(Recht auf eine gute Verwaltung) 등 유럽연합의 시원적 법원(Primärrecht)으로부터 독일 행정절차법의 공동토의절차가 보호된다고 볼 수도 없다고 한다.[22] 한편, 행정학 또는 법정책적 관점에서 보더라도, 공동토의절차가 일반적으로 그 기능을 수행하지 못하고 있다는 주장은 설득력이 없고, 공동토의절차의 임의절차화로부터 기대되는 시간절약효과는 불분명할 뿐만 아니라 추가적·부수적인 시간소요 등 상쇄요인들이 만만치 않아 의심스럽다고 한다.[23]

허가절차의 소요기간에 대한 경험적 연구 결과, 그동안 단행된 절차단축의 시간절약효과는 의심스럽고, 허가신청인이나 행정청 공무원들 사이에서도 미미하거나 특별한 의미가 없는 것으로 인식하는 것으로 나타났다는 점도 주목된다.[24] 이에 대하여 칸칙은 허가절차의 소요기간에 대한 경험적 조사결과를 대규모 계획 확정절차에 유추적용할 수 있을지는 의문스럽지만, 종종 의문의 여지없는 사실로 통념화된 주장, 즉 공공참여는 전적으로 절차지연요인이라는 주장이 잘못되었음[25]을 밝혔다는 데 의의가 있다고 지적한다.[26]

Entscheidu- ngsverfahren und den Zugang zu Gerichten in Umweltangelegenheiten vom Mai 1998; *NVwZ Beilage* III/2001. 이 협정은 2005년 2월 17일 유럽공동체에 수용되었다(Entscheidung 2005/370/EG vom 17.2.2005 (ABl. L 124 vom 17.5.2005)). 이에 관해서는 J. Ziekow, "Von der Reanimation des Verfahrensrechts," *NVwZ* 2005, 263ff., 265 등을 참조. 오루후스 협정은 제6조 및 제7조에서 공공참여를 언급하고 있지만, 구술심리를 강제하고 있지는 않다(§ 6 ⑦ "경우에 따라서는").

21) 예: "특정 환경관련 계획 및 사업 추진에 있어 공공참여 등에 관한 유럽연합지침"(Richtlinie 2003/35/EG des Europäischen Parlaments und des Rates vom 26.5.2003 über die Beteiligung der Öffentlichkeit bei der Ausarbeitung bestimmter umweltbezogener Pläne und Programme und zur Änderung der Richtlinien 85/337/EWG und 96/61/EG des Rates in Bezug auf die Öffentlichkeitsbeteiligung und den Zugang zu Gerichten, ABl EG Nr. L 156 vom 25.6.2003 등.

22) P. Cancik, op. cit., 10f.

23) P. Cancik, op. cit., 17ff.

24) J. Ziekow, M.-P. Oertel, und A. Windoffer, "Dauer von Zulassungsverfahren," *Eine empirische Untersuchung zu Implementation und Wirkungsgrad von Regelungen zur Verfahrensbeschleunigung*, Köln u.a., 2005, 1ff.; 개별적으로는 52, 121ff., 329f.(이미씨온보호법상 절차의 경우), 211ff., 335(수(水)법상 절차의 경우), 291ff., 341(건축법상 절차의 경우) 등을 참조. 또한 Nicolai Dose, "Ursachen für langandauernde Genehmigungsverfahren," in: ders./B. Holznagel und V. Weber, *Beschleunigung von Genehmigungsverfahren. Vorschläge zur Verbesserung des Industriestandorts Deutschland*, Bonn 1995, 91ff. 101f., 104 등을 참조. 비판적 견해로는 P. Weise, "Genehmigungsverfahren: zwischen Markt und Norm," in: D. Schmidtchen und H.-J. Schmidt-Trenz (Hrsg.), *Vom Hoheitsstaat zum Konsensualstaat. Ökonomische Analyse der Flexibilisierung von Genehmigungsverfahren*, Baden-Baden, 1999, 47ff., 55 및 각주 2; 같은 곳 56을 참조.

25) 칸칙에 따르면, 이러한 주장은 기본적으로 절차가 통상적 소요기간을 초과하여 지연되었는지를 방법론적·경험적으로 어떻게 측정할 것인지 하는 이론적·실천적 질문에 아무런 답을 제시하지 않고 있기 때문에 잘못이라고 한다. 이 문제를 둘러싼 논의에 대해서는 P. Cancik, op. cit., 17ff.를 참조.

단기적인 효율은 종종 중장기적 효율성의 손상을 대가로 요구하는 경우가 많다. 그런 관점에서 본다면, '공공참여절차는 행정절차를 지연시킨다'는, 많은 경우 행정절차의 단축·생략을 내용으로 한 개혁론의 근거로 이용되어 왔던, 전제는 보다 면밀한 객관적 검증 없이는 더 이상 채용되어서는 아니 될 것이다. 다시 말해, 공공참여절차 자체가 행정절차 또는 행정결정과정을 지연시키는 것은 아니며, 오히려 공공참여가 결여되거나 부실한 경우 문제가 사후에 법원에서 계속 제기되므로 오히려 전체적으로 문제해결을 지연시키는 결과를 가져온다는 점에 유의할 필요가 있다.

오히려 계획절차의 촉진을 위해서는 비단 법적인 측면뿐만 아니라 전문적 요인들, 가령 절차진행을 담당하는 지역 및 각 주 수준 조직들의 전문성, 업무부담 및 비용의 산정을 위한 행정내부적 절차단계에 있어 각 분야별 법령상의 요건들과 아울러 전문기술적 요구사항 등에 대해서도 관심을 기울일 필요가 있다는 지적이 설득력을 얻고 있다. 기술적 요구사항과 기준의 축소·완화도 그로부터 절약되는 예산 등을 다른 목적을 위해 적기에 사용할 수 있게 되기 때문에 간접적으로 절차의 촉진에 기여하게 되며, 나아가 계획확정과정에서 제출되는 계획관련 서류들의 품질도, 미흡할 경우 계획주체가 그 계획확정과정에서 다시 보완해야 하고 그 결과 절차의 지연을 초래하므로, 계획확정절차의 소요기간에 영향을 미친다는 것이다.[27]

절차에 대한 과신, 즉 허가절차나 계획확정절차 등 절차를 단축함으로써 경제적 투자효과나 혁신을 가능케 할 행정의 효율성을 실현할 수 있다는 생각은 일견 그럴 듯하게 들리지만, 간과할 수 없는 맹점을 안고 있다. 슈미츠(Schmitz)의 다음과 같은 논의는 오늘날에도 바로 그러한 문제점을 시사해 주는 자료로서 하등 손색이 없다. 즉, 슈미츠에 따르면, 허가절차의 실제 소요기간에 대한 평가는 각기 서 있는 입장에 따라 상이하게 나타나지만, 기업들이 허가행정청보다 더 오래 걸리는 것으로 보고 있는 것도 놀라운 일은 아니라고 한다.[28] 실제로 일부 행정절차의 분야에 따라서는 절차지연의 문제가 지적되고 있기는 하지만, 실제로 이를 뒷받침할 수 있는 대표적인 실증적 연구성과는 찾아보기 어렵다고 한다.[29] 경제계에서

---

26) 이와 관련하여 레헬러(Lecheler) 같은 학자는 위 J. Ziekow, M.-P. Oertel, und A. Windoffer의 경험적 연구(*DVBl*, 2006, 297f.)에 대한 논평에서 연구결과가 "경악스럽다"면서 공공참여의 강화를 위한 다양한 요인들에 관하여 문제를 더 심층적으로 연구할 필요가 있을 것이라고 지적한 바 있다(반면, 공공참여의 축소를 위한 다양한 요인들에 대해서는 언급을 하지 않았다).

27) Deutscher Bundestag에서 나온 인쇄물 15/2311, S.13.

28) H. Schmitz, "Schlanker Staat durch Planungs- und Genehmigungsverfahren," *Vortrag Bad Wiessee*, 20. Januar 1997: Kooperationstagung Hanns-Seidel-Stiftung mit dem Landkreistag RheinlandPfalz (http://www.schmitz-www.de/SiteH1.data/Komponenten/vwvfg1997.pdf).

29) 가령 R. Krumsiek und K.P. Frenzen, "Beschleunigung von Planungs- und Genehmigungsverfahren,"

는 발급된 허가에 대한 높은 신뢰보호를 통한 '계획의 확실성'(Planungssicherheit) 같은 요인들은 그리 강조되지 못했던 반면, 정부는 끊임없는 불평불만과 만족스럽지 못한 경제여건으로 말미암아 허가절차의 획기적인 신속화를 통해 경제입지 독일의 투자처로서의 매력을 키워야 한다는 정책적 요구에 직면하게 되었다. 그러나 슈미츠에 따르면, 그러한 정책적 요구가 아무리 절박하다 하더라도 제3자나 일반공중의 권리를 침해해서는 아니 된다는 원칙도 소홀히 할 수는 없다고 한다.30)

계획 및 허가절차의 지연 문제는 경제적 입지 독일의 미래보장을 위한 연방정부의 보고서에서 살펴볼 수 있는 바와 같이 경제의 투자의욕과 혁신역량을 위하여 다른 요인들에 비해 상대적으로 중요성이 높지 않다고 한다.31) 독일의 경우 자연환경여건의 보호를 위한 비교적 엄격하고 광범위한 규정들이 있지만, 많은 연구들32)을 통해 이들 독일의 규정들이 국제적으로 비교할 때 이렇다 할 정도의 입지상 불리의 원인은 아니라는 것이 밝혀지고 있다. 이들 연구들은 환경보호의 경제적 효과에 관하여 전체적으로 긍정적인 평가를 내리고 있다. 즉 그에 따르면 환경보호의 부담을 논의함에 있어 오히려 중대하거나 계량화할 수 없는 효과들이 결정적인 역할을 수행한다는 것이다. 그런 효과들은 투자입지에서의 기업친화성(Industriefreundlichkeit), 기술개방성(Technikoffenheit), 다른 기업들 및 행정기관과의 협력가능성, 그리고 특히 특정한 기술에 대한 주민들의 수용태도 등이라고 한다. 또한 근본적인 신속화를 위하여 손을 보아야 하는 절차상의 요인들이 이제까지 결코 소진되지는 않았다고 지적한다.

또한 독일에서 계획확정절차 및 그 밖의 허가절차의 소요기간을 좌우하는 요인 중 가장 지배적인 것은 높은 주거밀도(hohe Siedlungsdichte)와 사회기반구조 구축을 위한 대규모건설계획을 위해 사용할 수 있는 가용토지가 훨씬 부족하다는 것이다. 따라서 그와 같은 사업들을 계획하고 허가함에 있어 대대적인 저항이 생기고 그 대가로 현저한 토지이용의 갈등(Nutzungskonflikte)이 초래되기 마련이다. 따라서 행정절차를 복잡한 문제상황의 처리에 적합하고 적정한 기간 내에 문제를 해결할 수 있도록 형성해 나가지 않으면 안 된다는 지적은 경청할 만하다.33)

DÖV, 1995, 1013 (1015f.); H. Schatz, "Wettbewerbsfähigkeit des Standortes Deutschland-Vereinfachung und Beschleunigung von Planungs- und Genehmigungsverfahren," *Vortragsmanuskript, 3. Treffen der Kieler Doctores Iuris*, Mai 1995, Nr. 25f. 등을 참조.

30) H. Schmitz, op. cit., S.4.

31) H. Schatz, op. cit., Nr. 27ff.를 참조.

32) 가령 DIW, RWI und Prognos의 연구; Bericht der UMK-Arbeitsgruppe 'Beschleunigung von Planungs- und Genehmigungsverfahren' vom 11.11.1993; R. Krumsiek und K.P. Frenzen, op. cit., 1013 (1015) 등을 참조.

B. 재판절차, 특히 심급의 단축은 단기적으로는 확실한 절차촉진효과를 가진다고 볼 수 있다. 이 점은 이미 앞서 본 구동독 주의 경험에서 충분히 확인될 수 있다. 그러나 그 같은 단기적 효과만을 위하여 소송을 연방행정법원의 단심제로 하는 것이 옳은 길인지에 대해서는 적지 않은 논란이 있다. 가령 연방 전체에 대한 단심제 확대안에 비판적인 전 연방행정법원장 에카르트 힌(Eckart Hien)은, 절차촉진효과는 경험상 단 5%만이 제2심에 이르고 있기 때문에 의심스럽다고 지적한 바 있다.34) 그는 헌법적 문제점 외에도 대규모계획관련 사건으로 생기는 연방행정법원의 업무 부담이 너무 커서 절차의 지연을 초래한다는 문제점도 강조한다.35) 또한 헤센주가 발의한 '교통건설계획의 허가절차 촉진을 위한 법률안'의 토대가 된 포쉬위원회의 보고서에서도 특정 계획에 대한 소송을 연방행정법원의 단심제 관할로 하는 데 대하여 그런 방안은 적절하지도 절차촉진의 관점에서도 효과적이지도 않기 때문에 고려하지 않았다고 밝힌 바 있다.36)

C. 반면 계획확정절차의 지연효과나 소요기간 단축여부를 둘러싼 논란에도 불구하고, 계획확정절차 자체의 필요성을 의문시하는 견해는 거의 찾아볼 수 없다. 기본적으로 공공참여절차의 존재이유나 효용에 대해서는 광범위한 합의가 성립되어 있는 것도 사실이다. 슈미츠가 일찍이 지적하였듯이 절차를 통한 문제해결에는 분명한 한계가 있을 뿐 아니라 비용이 들 수밖에 없고, 그런 의미에서 절차만능의 사고는 금물이겠지만, 아무튼 대규모 공공시설이나 사업을 추진하는 과정에서 수반되는 절차의 복잡성과 이해갈등, 그리고 그로 인한 쟁송의 부담 등을 고려할 때 절차의 통합과 집중을 가능케 하는 법제도적 도구로서 계획확정절차의 효용을 쉽사리 부인하기는 어려울 것이다.

이와 관련하여 주목되는 것은 연방정부의 발의로 2013년 5월 31일 제정된 '계획확정절차의 공공참여 개선 및 통일에 관한 법률'(Gesetz zur Verbesserung der Öffentlichkeitsbeteiligung und Vereinheitlichung von Planfeststellungsverfahren: PlVereinhG)이다.37)

이 법률은 그 명칭에서 나타나듯 두 가지 목표를 가지고 있다. 첫째 목표는 계획확정절차법의 통일과 관계 전문법률들의 정비에 있다. 즉, 법령에 계획확정절차를 거치도록 규정된 경우에 한하여 제73조 내지 제78조의 규정을 적용하도록 한 연방행정절차법 규정과 각각 그 적

---

33) Zur Vereinfachung und Beschleunigung von Zulassungsverfahren für Verkehrsprojekte Stellungnahme zum Gesetzesantrag (BR-Drs. 94/06), Positionpapier Nr. 64 v. Akademie für Raumforschung und Landesplanung (ARL), 2006.2, S.1(http://www.arl-net.de/news/PosPaper_64.pdf).

34) Pressegespräch 2006, *DVBl*, 2006, 350ff, 351.

35) E. Hien, "Stellungnahme im Verkehrsausschuß am 17.5.2006," *ADrs.* 16 (15) 274, 35ff.

36) http://www.vhu.de/vhu/vhuweb.nsf/gesetzentwposchokt2005.pdf.

37) http://npl.ly.gov.tw/pdf/8258.pdf; 1388 Bundesgesetzblatt Jahrgang 2013 Teil I Nr. 26, ausgegeben zu Bonn am 6. Juni 2013.

용영역 별로 이에 상응하는 규정들을 두고 있는 란트 행정절차법들에 따라 다양한 전문계획 관련 법률들이 그와 같은 원용방식에 따라 행정절차법상 계획확정절차에 관한 규정들을 적용하고 있는데, 그 경우 행정절차법에 규정된 절차를 보충하는 규정 또는 그와 다른 특칙을 두고 있다. 위에서 본 바와 같이 2006년 12월 15일의 '인프라구조계획에 대한 계획절차촉진에 관한 법률'(Gesetz zur Beschleunigung von Planungsverfahren fur Infrastrukturvorhaben), 즉 '인프라구조촉진법'(Infrastrukturplanungsbeschleunigungsgesetz)의 시행에 따라 6개 전문법률(Fachgesetze)에 절차촉진을 내용으로 하는 법적용례 관련 규정들이 신설되었으나, 연방하원과 상원은 일찍이 그 촉진조치들을 계획확정절차법 전체에 확대하고 이를 연방과 란트의 행정절차법에 반영할 것을 요구한 바 있다. 이러한 요구를 토대로 연방과 란트의 계획확정절차 관련법령과 규정들을 통합, 정비하려는 것이다.

이 법률의 둘째 목표, 특히 우리의 관심을 끄는 또 다른 목표는 '조기공공참여절차'(frühe Öffentlichkeitsbeteiligung)를 도입하는 데 있다. 특히 직접적인 주변지역을 넘어 영향을 미치고 종종 그 입지 지역 밖에 대해서도 중요한 의미를 가지는 대규모계획(Großvorhaben)의 경우, 승인 또는 계획확정절차에 있어 기존의 공공참여의 방식들은 더 이상 충분치 않은 것으로 판명되고 있는 반면, 그 경우 최대한 이른 시기에 해당 계획에 대해 참여하고 공동결정할 수 있는 기회(frühzeitiger Beteiligung und Mitsprache)를 가질 수 있기를 바라는 시민들의 관심과 요구가 점점 더 증대되고 있기 때문이다. 따라서 이 법률은 조기공공참여의 도입을 통하여 계획의 입안을 최적화하고 투명성을 확보하며 이를 통해 사업승인 및 계획확정결정에 대한 수용(Akzeptanz von Genehmigungs- und Planfeststellungsentscheidungen)을 촉진시키는 것을 목표로 삼고 있다. 특히 대규모계획은 향후에는 이들 법률개정에 따라 더욱 광범위하고 더욱 강화된 공공참여를 통해 추진되어야 한다고 강조하고 있다.

개정법률은, 행정절차법의 '절차의 기본원칙'에 관한 장 중 제25조에 "조기공공참여"에 관한 일반적 규정들을 추가함으로써 조기공공참여절차를 도입하고 있다. 이에 따르면 관할 행정청은 다수의 제3자의 이해관계에 사소하지 아니한 영향을 미치는 사업계획을 수립함에 있어 사업시행자가 해당 공중들에게 미리 사업계획의 목표와 그 실현을 위한 수단들, 그리고 예상되는 사업계획의 영향에 대하여 알리도록 하여야 한다.[38)] 이에 따라 행정청은 사업시행자가 사업승인 및 계획확정절차의 개시 이전에 공공참여의 기회를 부여하도록 조치할 의무를 지게 된 것이다. 개정법률은 이를 위해 공공참여의 핵심적 구성부분에 관한 기본지침(Orientierungsrahmen)을 제시하고 있다. 조기공공참여는 또한 대규모계획 전체가 신속히 실현되도록 하는 데에도 크게 기여할 것으로 기대되고 있으며, 사업시행자들이 더 잘 준비된

38) 1388 Bundesgesetzblatt Jahrgang 2013 Teil I Nr. 26, Artikel 1 Abs.3.

계획들을 설명하도록 함으로써 그러한 목표를 달성할 수 있을 것이다. 이로써 발생가능한 갈등들이 사전 단계에서 인지되고 완화되며 나아가 후속 행정절차를 통해 해소될 수 있을 것으로 기대되고 있다.

종래 '계획확정절차의 통일 및 기간단축을 위한 법률'('Gesetz zur Vereinheitlichung und Beschleunigung von Planfeststellungsverfahren': PlVereinhG)은 '슈투트가르트 21'이라 명명된 고속철건설사업을 둘러싼 시민들의 항의를 배경으로 수정・보완이 필요하다는 지적을 받았다.[39] 일례로 '독일 행정법원 법관 연합'(BDVR: Bund Deutscher Verwaltungsrichter und Verwaltungsrichterinnen)은 이러한 견지에서 연방건축법전(BauGB) 제3조 제1항에 따른 건축기본계획(Bauleitplanung)에 관하여 시행되고 있는 바와 같은 일반공중의 조기참여를 가능케 하는 조기공공참여절차(vorgezogene Öffentlichkeitsbeteiligung)를 도입할 것을 제안한 바 있다.[40] 그런 맥락에서 BDVR는 2012년 2월 '계획확정절차의 공공참여 개선 및 통일에 관한 법률'(PlVereinhG) 안에 대한 의견서에서 위 법안이 그 법률 명칭뿐만 아니라 내용 면에서도 '계획확정절차의 기간단축'이란 부분을 삭제하고 그 대신 '공공참여의 개선'(„Verbesserung der Öffentlichkeitsbeteiligung")으로 대치하여 이를 개정법률안의 주된 동기로 부각시킨 점을 환영한 바 있다.[41]

③ 소결

계획확정결정의 법적 성질을 행정행위로 보는 데 이론이 없지만, 계획을 확정 결정하는 행정청에게는 고도의 계획형성의 여지 또는 계획상 형성의 자유가 인정되어 일반적인 재량의 경우와는 다르며, 따라서 계획확정 프로세스는 물론 그 최종단계인 계획확정결정조차도 행정의 행위형식의 일반 유형으로서 행정행위와 동질적인 것으로 보고 있지는 않다는 점이다. 이와 관련하여 계획확정절차의 경우, 최소한 기일의 공고, 주민들의 의견표명을 위한 기회의 보장, 공청회 공고와 실시기일 사이의 충분한 기간 부여, 문서, 자료 등의 공개, 집중효 및 배제효 등과 같은 절차요소들이 필수적으로 규율되어야 한다는 학자들의 의견[42]은 충분히 경청할 가치가 있을 것이다.

---

39) 이와 관련 2006년 12월 9일 '인프라구축 사업을 위한 계획절차 촉진에 관한 법률'(Gesetz zur Beschleunigung von Planungsverfahren für Infrastrukturvorhaben: Infrastrukturplanungsbeschleunigungsgesetz BGBl. I, S.2833)이 제정되어 시행되었고 이후 절차촉진 관련 규정들이 6개 분야의 법률에 신설되는 등 계획절차 기간단축을 위한 입법조치들이 단행되었다.

40) S.3 der Stellungnahme des BDVR vom Februar 2011.

41) www.bdvr.de/index.php/id-20122013.html.

42) 이는 G. Hermes, S. Kadelbach, W. Blümel 등 독일 행정법교수들과의 면담을 통해서도 확인되는 바이다.

결론적으로 독일의 경험은 계획확정절차의 도입여부를 판단함에 있어 우리에게 유용한 타산지석이 된다. 이미 앞에서 살펴본 바와 같이 계획확정절차의 도입 무산이 독일식 계획확정절차에 대한 인식 부족과 무관하지 않다면, 이제 독일에서의 경험을 중요한 입법자료로 삼아 취사선택하는 입법적 지혜를 발휘할 수 있으리라는 기대가 성립할 수 있기 때문이다.

(2) 계획확정절차 도입의 필요성

① 공공참여와 숙의를 위한 행정절차법제도로서 계획확정절차의 가치

주지하듯이 계획확정절차는 계획과정에 대한 최소한의 절차적 보장으로서 공공참여(Öffentlichkeitsbeteiligung)와 숙의(deliberation)를 가능케 하는 법제도적 대안으로 주목을 받아 왔다. 독일에서 이를 두고 "공공참여의 핵심요소이자 정화"(Kernstück und Höhepunkt der Öffentlichkeitsbeteiligung)[43]라고 부르는 이유도 바로 거기에 있다.

행정절차법을 가진 유럽과 미국, 남미 등의 법제를 비교분석한 반즈(Barnes)는 행정절차법의 발전과정을 그 주된 대상에 따라 재결(adjudication), 규칙제정(rulemaking)과 공공정책(public policy)의 세 가지 세대로 구분한다.[44] 이에 따르면 대부분의 행정절차법들이 재결절차에 중점을 두고 있으나 규칙제정절차를 규정한 경우는 매우 드물고, 다른 한편 정책결정과 집행 절차에 대해서는 아예 규정을 두지 않거나 소극적으로 규율하는 데 그치고 있다는 것이다. 행정계획과정에서의 공공참여와 숙의를 위한 법적 메커니즘을 행정절차법에 설치하는 과제는 그러한 관점에서 본다면 가장 성숙한 제3세대 행정절차법의 면모를 갖춘다는 중차대한 의미를 가지게 될 것이다.

계획확정절차가 지닌 가장 큰 제도적 장점은 계획과정에 대한 공공참여를 통한 숙의의 기회를 보장한다는 데 있다. 계획확정절차는 행정계획과 관련된 이해관계자들의 이의신청이나 의견, 전문가들의 판단 등을 종합적으로 고려 또는 반영한 구속력 있는 최종적 결정으로

---

43) BR-Drs. 524/76 (Begründung S.8); W. Hoffmann-Riem und S. Rubbert, *Atomrechtlicher Erörterungstermin und Öffentlickeit. Zum Verhältnis von Bürgerbeteiligung und Öffentlichkeit*, Heidelberg 1984, 1.

44) Javier Barnes, "Transforming Administrative Procedure: Towards a third generation of administrative procedures," *Workshop on Comparative Administrative Law*, Yale Law School, May 7-9, 2009 (http://www.law.yale.edu/documents/pdf/CompAdminLaw/Javier_Barnes_CompAdLaw_paper_(rev).pdf). 이 논문에서 반즈는 독일의 E. Schmidt-Aßmann, J.-P. Schneider, H.C. Roehl과 미국의 P. Strauss), 그리고 스페인의 학자들의 협력하여 Germany, Italy, Portugal, Austria, Spain, EU 등 유럽과 모든 남미국가들, 그리고 미국의 법제를 비교분석하였다(또한 Global Law Press: http://www.globallawpress.org/catalog.htm을 참조). 이러한 비교분석을 토대로 그는 종래 주로 법원에서의 재판절차를 참조해 고안된 전통적인 행정절차만으로는 새로운 거버넌스 구조와 과정에 발맞출 수 없기 때문에 행정절차법의 제3세대를 향한 법개혁이 필요하다는 결론을 도출하고 있다.

서 계획확정결정을 도출하는 절차이다. 특히 우리나라의 경우 행정계획이나 대형국책사업 관련 공공사업계획의 수립・실행 과정에서 주민・이해관계인들에게 공공참여를 위한 절차적 통로를 제공하지 않을 수 없는 사회적 분위기가 형성되고 있다. 그 결과 청문이나 공청회 등과 같은 전통적인 의견청취 또는 의견수렴 방식뿐만 아니라 참여적 의사결정 또는 공동결정과 같은 적극적 공공참여방식의 도입에 대한 요구가 점점 더 커지고 있다. 이제 더 이상 개별법 수준에서 단순히 주민 등의 '의견청취'를 규정하는 소극적 방식만으로는 문제를 해결할 수 없는 상황이 되었다. 또 공청회같이 비교적 공공참여절차에 가까운 방식조차도 이제는 임의적 공청회가 아니라 필요적 공청회가 아니고서는 수용되기 어려울 뿐 아니라 공청회에서 표출된 의견과 전문기술적・경제적 판단을 적극적으로 반영할 수 있는 가능성이 뒷받침되어야 비로소 신뢰를 얻을 수 있는 분위기가 점점 더 빠르게 확산되고 있는 것이다. 나아가 환경영향평가절차에서와 같이 행정계획이나 국책사업을 둘러싼 갈등 과정에서 이해관계자・전문가 의견수렴과 기술적, 경제적, 사회적 타당성 분석 결과의 공정성, 신뢰성이 관건으로 대두되고 그 결과 행정계획이나 국책사업의 성패를 좌우하는 일이 점점 더 빈번히 나타나고 있는 현실에서, 계획확정절차의 효용은 그 어느 때보다도 더 커지고 있다.

이와 관련하여 특히 다중영향시설 설치계획에 관해서는 계획확정절차를 법제화할 필요성이 큰 것으로 받아들여지고 있다. 특히 행정절차법 제정 당시 계획확정절차의 도입을 유보한 것은 부득이했다고 하면서도 다중영향시설의 설치절차와 관련하여 독일행정절차법에서와 같은 계획확정절차의 도입이 필요하다는 견해가 주목된다. 다중영향시설의 설치절차와 관련하여 독일행정절차법이 규정하는 계획확정절차의 내용과 그 변혁의 결과는 우리나라에 대한 입법모델로서 중요한 의미를 지닐 수 있으리라 생각된다면서, 행정절차법에 다중영향시설의 설치계획에 대한 계획확정절차의 도입방안을 모색한 한 연구에 따르면, 행정계획은 다양하므로 모든 행정계획에 통일적인 계획행정절차의 도입이 필요한 것은 아니며, 단순정보제공적 계획에 대하여는 계획행정절차의 도입은 전혀 불필요한 반면, 구속적 계획은 행정청과 일반국민 모두에 대하여 법적 구속력을 미치며, 이들 계획의 확정에는 무수히 많은 대립되는 이해관계가 종합적으로 저울질되어야 하고, 행정청과 국민 간의 중요한 법률관계가 종합적으로 규율되고 형성되어야 하므로 엄중한 계획행정절차의 도입이 요청된다는 것이다.[45] 특히 집단민원이 생길 수 있는 경우 핵발전소, 핵폐기물처리장, 폐기물처리장 등의 설치계획 등은 계획확정절차의 도입으로 행정청이 다수의 의지를 확정하여, 행정계획의 집행에 있어 힘을 얻을 수 있으므로 계획행정절차의 도입은 더욱 필수적이라고 한다.[46] 이러한 주장은 충분한

45) 이에 관해서는 오준근, 「다중영향시설 설치계획의 확정절차에 관한 법제정비방안」, 한국법제연구원, 1997.12., 발간사 및 153-159를 참조.

설득력을 가진다. 이미, 양상이 극히 다양하고 또 미흡한 점도 많지만, 국토계획법상의 각종 계획절차나 환경영향평가법상의 전략환경영향평가와 환경영향평가, 국가재정법상의 예비타당성조사 등 분야별 관계법령들에서 그와 같은 아이디어를 반영한 법제도들이 나타나기 시작했고, 최근에는 국토교통부가 댐건설 사전검토협의제라는 매우 실험적인 시도에 착수하기도 하였다. 이러한 배경에서 한국행정절차법상 계획확정절차를 낯선 이물질처럼 백안시하는 태도는 더 이상 정당화되기 어려울 것이다.

② 계획확정결정의 집중효 보장을 통한 행정효율성의 확보

계획확정절차는 계획절차의 최종산물로서 계획확정결정의 집중효 보장을 통해 행정효율성에도 기여할 수 있다. 물론 절차와 시간의 지연이나 비용과 노력의 부담도 따를 수 있지만, 결국 장기적으로는 강력한 효력을 지닌 계획확정결정을 도출함으로써 오히려 행정의 효율성을 높이는 결과를 가져올 수도 있기 때문이다. 독일의 경우, 계획확정결정에 따라 계획의 승인이 이루어지면, 당해 계획과 관련된 인·허가를 모두 다 받은 것으로 의제하는 집중효(Konzentrationswirkung),[47] 계획에 대한 이의신청이나 계획의 중지 등을 더 이상 요구할 수 없도록 하는 배제효[48](Präklusionswirkung) 등 강력한 효력이 발생하게 된다. 우리의 경우에도 계획확정결정에 그와 유사한 법적 효력을 부여할 필요가 있을 것이다. 행정절차법상 계획확정절차 도입의 취지와 제도 본연의 기대효과를 살리기 위해서는 절차 통합의 효용을 극대화시킬 수 있는 방안을 모색하는 것이 필요하고 그런 관점에서 행정계획의 확정이라는 일종의 행정행위적 결정에 대해서는 처분 또는 행정행위 일반이 가지는 내용적 구속력, 존속력, 집행력 등의 효력 외에도 소위 형성효와 집중효라는 독특한 효력을 발생하도록 할 필요가 있을 것이다.[49] 다만, 그 구체적인 효력의 내용과 법적 기준 등은 분야별로 좀 더 세부적이고 심층적인 검토가 필요할 것이다.

주지하는 바와 같이 독일 연방행정절차법상 계획확정절차는 계획확정결정으로 종결되며, 이 결정은 다른 관계법률에 따라 요구되는 모든 행정결정들을 대치하고 절차참가자들 사이

---

46) 유도적 계획의 경우 그 유도적 성격의 강도에 따라 계획행정절차의 도입여부가 달라져야 하며, 유도적 계획 중 계획이 특히 기본계획의 성격을 띠는 경우, 도시기본계획과 같이 그 유도적 영향력이 광범위하며 중요할 경우 구속적 계획과 마찬가지로 계획행정절차가 도입되어야 할 것이라고 한다(같은 글, 157).

47) 집중효에 관해서는 박종국, 「독일법상의 계획확정결정의 집중효」, 『공법연구』 제31집 제1호(2003.11. 한국공법학회); 박종국, 「독일법상의 계획확정결정의 집중효」, 『법제』 통권 제555호(2004.3. 법제처), 6-42를 참조.

48) 배제효에 관해서는 박종국, 「독일법상의 행정절차참가와 배제효」, 『법제』 통권 제559호(2004.7. 법제처); 박종국, 「독일법상의 행정절차참가와 배제효」, 『법조』 제53권 제2호(2004.2. 법조협회) 등을 참조.

49) 오준근, 「다중영향시설 설치계획의 확정절차에 관한 법제정비방안」, 159.

의 모든 관계를 규율하는 행정행위의 일종으로서, 포괄적인 집중효 및 형성효를 발생한다는 점에 특징이 있다. 그 결과 특정한 사업계획에 있어 여러 행정기관들에 의한 잡다한 절차들을 거칠 필요가 없이 하나의 행정기관에서 하나의 절차를 통해 최종 계획확정결정에 도달할 수 있게 되고 이로써 절차통합의 효율성이라는 제도 본연의 취지를 살릴 수 있게 된다.

아울러 사법심사의 대상을 계획확정결정으로 단일화하여 계획이나 사업 등에 대한 쟁송과 분쟁의 대상을 명확히 하여 법적 예측가능성을 높인다는 점도 계획확정절차 도입을 선호하게 만드는 중요한 이유가 된다.

요컨대, 계획확정결정에 이러한 효력들을 부여함으로써, 하나의 계획확정절차를 통해 대규모 공공시설이나 다중영향시설의 설치를 위해 요구되는 행정상의 인·허가 등 각종 조치들을 따로 따로 거치지 않고 통합하여 하나의 계획확정결정으로 최종적인 계획결정이 이루어질 수 있도록 함으로써 절차통합의 효율성과 신속성을 확보하는 데 주안점을 두어야 할 것이다.

③ 공공갈등의 해소를 위한 법제도적 해법으로서 계획확정절차의 필요성

계획확정절차의 도입이 필요한 또 다른 이유는 그것이 오랫동안 날이 갈수록 더욱 심해지는 공공갈등의 해소를 위한 법제도적 해법이 될 수 있기 때문이다. 계획확정절차는 의견수렴 등 이해관계자에게 참여의 통로를 제공함으로써 갈등을 예방하거나 해소해 주는 효과가 있다고 알려지고 있다.

이러한 맥락에서 공공갈등의 증폭과 심화 현상이 행정절차법이 미비한 때문이라고 속단하는 것도 과하지만, 이들이 행정절차와 무관하게 일어난 일이라고 단정하는 것도 역시 부당하다는 김종보 교수의 지적은 많은 공감을 불러일으킨다. 이러한 문제 해결을 위해 행정절차법을 개정하거나 제도를 개선할 방법이 있다면 그것은 바로 '행정계획의 확정절차 또는 계획확정절차'라는 주제에 속하는 문제라는 것이다.[50)]

우리나라는 그동안 정부주도의 급속한 성장정책을 추진하는 과정에서 국민생활 또는 지역사회에 지대한 영향을 미치는 대규모 개발계획 또는 공공시설 설치 계획 그 밖에 사회적 파급효과가 큰 공공정책 등으로 인한 갈등과 분쟁이 양적으로 확산되고, 질적으로도 고질화·장기화됨으로써 사회 전체의 수준에서 사회적 거래비용이 감당하기 어려울 정도로 증가하여 갈등·분쟁 과정에서 유발되는 적대주의(antagonism)로 인한 사회적 분열과 대립이 악화일로를 걷고 있는 실정이다.

물론 이러한 현상은 우리 사회에게만 특유한 현상은 아니며, 유럽과 미국 등 선진국들도

---

50) 김종보, 앞의 글, 2.

각기 상응하는 국가발전 단계에서 그와 같은 '갈등의 폭주' 현상을 경험한 바 있다. 그러나 이들 나라들은 공공계획이나 사업, 정책의 결정과정에 대한 절차적 제도화, 시민참여 확대 및 다양한 방식의 숙의프로세스를 통한 공론의 형성, 그리고 협상과 대화에 의한 문제해결 등 합리적인 갈등해결시스템을 발전시켜 적용함으로써 공공갈등이 악화, 확대되어 사회 전체의 불안정과 비효율을 초래하지 않도록 비교적 성공적으로 대처해 왔다. 그 대표적인 제도적 수단의 하나가 행정절차법을 제정하여 계획을 절차법적으로 규율하는 방법이었다. 이는 절차적 정당화의 이념에 따라 행정절차법을 제정하여 참여와 대화 등을 통한 의사·정책결정이 이루어질 수 있도록 계획과정을 절차적 규율에 따르도록 하고 그 절차를 거쳐 최종 결정이 이루어질 경우 그 확정성과 안정성을 보장해 준다는 제도 학습에서 나온 입법적 지혜의 소산이었다.

반면, 우리나라의 경우에는 유독 대규모 개발계획 또는 공공시설 설치 계획 등을 둘러싼 '갈등의 폭주' 현상이 훨씬 더 급속하게 진행되었기 때문에 그 과정에서 적절한 해결장치를 마련하여 대처할 겨를이 없었다. 아울러 갈등해결을 위한 효과적인 법제도적 수단이 결여되어 있거나 기존의 법제도적 수단들마저 무력하거나 제대로 작동하지 못하여 공공갈등이 계속 증가하는데도 잘 해결되지 않고 고질화·장기화 또는 악화되는 결과를 막을 수 없었고, 갈등의 당사자들로부터도 외면을 받기 일쑤였다. 주요 선진국들에서 대규모 개발계획 또는 공공시설 설치 계획 등을 둘러싼 갈등과 분쟁을 사전에 방지·최소화하려는 취지에서 도입, 시행해 온 방안인 행정절차법은 우리나라에서도 이미 근 10년간의 시행경험을 가지고 있지만, 계획에 대한 절차법적 규율에 관한 한 공백을 지니고 있어, 각각의 개별법에 맡겨 온 것이 그간의 형편이었다.

계획확정절차는 사법심사의 대상을 계획확정결정으로 단일화하여 계획이나 사업 등에 대한 쟁송과 분쟁의 대상을 명확히 하여 법적 예측가능성을 높일 뿐만 아니라 갈등의 종식에도 효과적으로 기여할 수 있게 된다. 새만금사례나 천성산도롱뇽사건 등 좀처럼 해결될 것 같지 않던 해묵은 갈등들이 결국 대법원 등 법원의 결정으로 종식되는 비율이 높다는 사실이 시사하는 바는 공공갈등을 법원에 의한 재판 등 공식적 제도 안으로 끌어들여 해결하는 것이 시간과 비용, 노력은 많이 들지라도 훨씬 효과적이라는 것이다. 계획확정절차 역시 그와 같은 제도권 안에서의 게임을 가능케 해 주는 매우 효과적인 메커니즘으로 작동할 수 있다. 무엇보다도 계획확정절차는 공공참여와 숙의 절차를 통해 행정계획 또는 공공사업 관련 결정에 관한 이해관계나 요구들을 계획확정결정으로 집중시키는 효과가 있기 때문에 갈등 해소의 실효성을 확보해 줄 유용한 수단이 될 수 있다.

미시간 대학교 로버트 액설로드(Robert Axelrod) 교수는 '반복적 죄수 딜레마 게임'

(iterated prisoner's dilemma game)이란 실험을 통해 협력이 최선의 전략임을 실증해 보였다.[51] 행정계획 · 공공사업 관련 갈등에 관해서도 그와 같은 실험이 가능하다. 가령 최근 지역주민의 반발 등 갈등을 유발시켰던 '행복주택' 시범지구 지정 문제를 놓고 갈등주체를 각각 정부 · 사업시행자와 주민 · 이해관계인으로 설정하고 "합의" 또는 "갈등" 중 어느 하나를 택하도록 하여 실험해 본다면 그에 상응하는 결과가 나올 것으로 생각한다. 그러나 이기적 인간들로 구성된 게임에서 무조건적인 협력은 기대하기가 어렵기 때문에 협력할 수 있는 조건이 갖춰져야 하고 협력하는 게 유리한 전략을 구사하도록 해야 한다. 바로 그와 같은 협력의 전략이 먹혀 들어갈 수 있도록 하는 제도적 장치가 계획확정절차인 것이다. 즉, 정부 · 사업시행자와 주민 · 이해관계인이 각각 상대방을 불신하여 갈등을 선택한다면 상대방을 신뢰하여 모두 합의를 택하는 경우보다 불리하게 될 가능성이 크다. 그리하여 이들이 모두 상대방을 신뢰할 수 있도록 해 주는 제도적 틀이 필요하게 되는데, 이를 계획이나 사업의 전문적 · 기술적 · 경제적 타당성에 대한 객관적 분석 · 심사와 주민 · 이해관계인의 참여를 가능하게 해 주는 계획확정절차와 같은 그와 같은 제도적 틀로 작동할 수 있게 된다.

실제로 '행복주택' 시범지구 지정을 둘러싼 갈등 사례를 살펴보면 문제의 핵심이 어디 있는지가 분명히 드러난다. 이 사례에서 정부가 아파트 세대 수를 줄이고 주민들의 뜻을 적극 수렴하겠다며 행복주택사업개선안을 내놓았지만, 주민들은 '강행' 수순이 뻔한데 '말로만 명분 쌓으려는 것'이라며 강력하게 반발했다. 특히 문제가 된 것은 주민설명회를 통한 '의견반영'에 법적 근거가 없다는 점이었다("법도 없는데 의견 수렴한다는 말은 못 믿어요.").[52] 최선의 전략인 협력을 위한 신뢰의 법제도적 토대가 마련되어 있지 않다는 이야기였다.

사실 법적 근거가 전혀 없는 것은 아니다. 어느 정도 숙의와 공공참여의 통로도 마련되어 있다. 행복주택의 법적 근거인 「보금자리주택건설 등에 관한 특별법」은 제10조에서 국토교통부장관이 주택지구를 지정 또는 변경하려면 공고를 하여 주민 및 관계 전문가 등의 의견을 들어야 한다고 규정하고 주민 및 관계 전문가 등의 의견청취에 필요한 사항은 대통령령으로 위임하고 있다.[53] 이에 따라 제정된 시행령 제8조는 관계 서류의 사본 공개 및 열람 제공, 14일간 열람기간 내 의견서 제출 등에 관하여 규정하고 있다. 그러나 이들 주민들의 의

51) R. Axelrod, *The Evolution of Cooperation* (Revised ed.), Perseus Books Group, 2006.

52) 『한국일보』 2013.12.12. 기사 참조.

53) 아울러 법률은 제6조에서 보금자리주택지구를 지정하거나 지정된 주택지구를 변경하려면 「국토의 계획 및 이용에 관한 법률」 제106조에 따른 중앙도시계획위원회의 심의를 거치고, 제8조에서 주택지구를 지정 또는 변경하려면 주민 등의 의견청취 전에 국방부 · 농림축산식품부 등 관계 중앙행정기관의 장 및 관할 시 · 도지사와 사전에 협의하도록 규정하고 있다. 한편 제7조는 주거지역에서의 주택지구 지정, 변경 등에 대해서는 중앙도시계획위원회의 심의를 생략할 수 있도록 하고 있다.

견 청취 및 반영 요구에 비추어 볼 때 절차의 개방성이 크게 떨어지고 더욱이 공공참여절차가 보장되어 있다고는 보기 어렵다. 지구 지정 이후 세밀한 계획을 짜는 지구계획에 대한 승인과정에 대해서도 법은 제17조에서 시행자의 지구계획 수립과 국토교통부장관의 승인, 시장·군수 또는 구청장의 일반인 열람 제공만을 규정하고 있을 뿐 주민의견청취절차를 인정하지 않고 있어 '정작 주민들은 자신들의 생활권에 주택이 1,000가구가 들어서도 보고만 있어야 한다'며 불만의 원인이 되고 있다.

계획확정을 위한 행정절차에 대한 국민의 참여기회를 보장하는 방안에 대해서 특별한 관심이 필요하다. 물론 참여의 과잉에 따른 폐단도 있을 수 있고, 무작정 참여를 확대하는 것만이 능사는 아니지만, 주어진 여건하에서 참여의 기회를 극대화할 수 있는 방안을 모색하는 것이 필요하다. 참고로, 독일 행정절차법은 특별한 형태의 청문절차를 규정하고 있는데, 계획안 도면과 계획문서의 공시 및 공람, 의견진술·이의신청·토론 등의 방법을 매우 상세히 정하고 있다. 그와 같은 또는 유사한 수준에서 국민의 의견수렴 및 참여의 기회를 보장하는 계획확정절차 도입방안을 강구할 필요가 있다.[54]

생각건대, 계획과 관련된 행정기관과 지방자치단체, 주민 등의 이해관계가 효율적으로 표출되고 대변될 수 있도록 규율하는 데 중점을 두어야 할 것이다. 행정기관과 지방자치단체, 주민 등 모든 이해관계인이 계획과 관련된 이해관계를 빠짐없이 제시하도록 하고, 그 이해관계를 집약, 정리한 후, 형량하여 포괄적으로 조정할 수 있는 기회를 부여함으로써 사전에 이해관계의 조정이 충실히 이루어질 수 있도록 하는 것이 필요하다. 다음, 대규모 공공시설이나 다중영향시설의 설치절차가 계획확정절차를 통해 합리적이고, 설득력 있게 진행될 수 있도록 그 계획주체에게 강력한 지위와 권한을 보장하는 것이 필요하다.

④ 개별법에 난립한 계획절차 정비를 위한 초석으로서 계획확정절차

행정절차법에 계획확정절차를 도입함으로써 기대할 수 있는 또 다른 법정책적 효과는 각종 행정계획 또는 공공사업 관계법에서 규율하고 있는 다양한 다단계 절차들과 그 난맥상을 해소하는 준거가 된다는 데 있다. 행정절차법에 개별법 원용방식에 따른 표준절차로서 계획확정절차를 반영하는 방식만으로도 이와 같은 효과를 거둘 수 있다. 특히 각 개별법에서 또는 특별법을 제정하여 행정절차법상 계획확정절차를 표준절차를 원용하는 법적용례 조항을 둠으로써 개별법에 난립한 계획절차를 정비해 나갈 수 있을 것이기 때문이다. 더욱이 공공참여절차의 확충에 대한 시민사회의 요구와 압력이 날로 거세짐에 따라 계획확정에 대한 표준절차의 채택이 불가피하게 될 가능성이 많다는 점에서도 그러한 효과가 더 커질 수 있

54) 오준근, 『행정절차법의 개정방안연구』, 한국법제연구원, 2001, 182.

을 것이다. 뿐만 아니라 계획확정절차는 그 자체만으로도 행정계획 또는 공공사업계획 관련 결정을 계획확정결정으로 집중시킴으로써 행정절차를 통합·단일화하는 효과를 발휘할 수 있다.

Ⅲ. 행정절차법상 계획확정절차의 도입 방안

1. 계획확정의 대상으로서 '계획'의 의미와 범위

계획확정 절차의 대상은 "국민생활과 밀접한 관련이 있는 행정계획 또는 공공사업계획"으로 한정하는 것이 바람직하다. 단순한 종합계획이나 사업의 구상에 그치는 행정계획은 그 대상에서 제외된다. 여기서 행정계획에는 일정한 공간을 점유하는 특정 시설의 설치(예를 들어 고속도로, 항만, 공항, 원자력 발전소, 폐기물처리시설 등)를 위한 소위 전문계획 또는 부문계획(Fachplanung)만이 포함되는 것으로 본다.

독일 행정절차법에서도 계획확정절차의 대상은 주로 전문계획이지만, 부문계획 중에서도 특정 부류의 대규모 공간을 요하거나 중대한 공간영향을 미치는 전문계획들만이 해당 근거 법률에서 규정하는 바에 따라 계획확정절차의 적용대상이 되고 있다.[55] 그러한 종류의 대규모 공간소요 계획 또는 공간영향 계획들은 행정절차법상 소정의 계획확정절차를 거쳐 최종적으로 계획확정결정(Planfeststellungsbeschluß gem. § 74 VwVfG)이라는 행정행위의 형식을 통해 확정된다. 그렇지만, 그렇다고 해서 계획확정의 대상이 되는 계획이 가지는 부문계획으로서의 본질이 손상되는 것은 아니다.[56] 오히려 계획확정절차를 종료시키는 계획확정결정을 통해 당해 부문계획이 구속력을 획득하여 확정되고, 이를 통해 계획확정절차의 대상이 되지 아니하는 여느 계획에서 볼 수 없는 보다 강화된 계획과정이 이루어지는 것이라 할 수 있다. 즉, 전문계획은 계획확정결정이라는 일종의 행정행위의 형식을 통해 구속력을 부여받는 계획이라는 점에 특색을 가지는 것이다.[57]

55) 김철용, 같은 곳.

56) 김철용 교수도 독일연방행정절차법상 계획확정절차의 대상이 되는 계획은 우리가 흔히 말하는 모든 행정계획, 즉, 각각 목적·내용·기간·대상·법적 성격 등을 달리하는 여러 잡다한 계획을 모두 포함하는 행정계획이 아니며, 이러한 행정계획 중에서 철도·공항·고속도로 등 일정한 공공적 시설 등의 설치에 관한 개별계획 또는 전문계획(Fachplanung)에 한정된다고 지적하고 있는데, 이 역시 그 계획으로서의 본질을 전제로 한 것이라고 이해된다(김철용, 같은 곳).

이와 같이 계획확정절차의 대상은 전문계획 중에서도 특정 부류의 대규모 공간을 요하거나 중대한 공간영향을 미치는 전문계획들만을 대상으로 하되, 엄밀히는 다중영향보다는 오히려 공간적으로 중대한 영향을 미치는 사업 계획(raumbedeutsame Vorhaben) 또는 대규모 공간을 요하는 시설(raumbeanspruchende Anlagen)의 설치 계획 등을 대상으로 독일 행정절차법에서와 유사한 계획확정절차[58]의 도입여부를 전향적으로 검토하는 것이 현명할 것이다. 그 경우 국민생활에 직접 밀접한, 큰 영향을 미치는 구속적 계획들을 우선적인 적용대상으로 삼아야 할 것임은 물론이다.

계획 중에는 구속적 계획으로서 지역주민이나 이해관계인 등에 직·간접으로 중대한 영향을 미칠 수 있기 때문에 관계제이익의 형량이 필요하고 계획재량(Planungsermessen) 또는 계획상 형성의 자유를 인정해야 할 여지가 클 뿐만 아니라, 계획의 수립 및 시행을 둘러싼 갈등 발생의 소지가 높기 때문에, 행정절차법적 규율에 대한 요청이 대규모 공공시설이나 다중영향 시설 등의 설치계획 분야 못지않게 큰 경우가 적지 않다. 그런데 이들 계획의 관계법에 이해관계자의 의견 수렴이나 관계기관 간 협의 절차, 최종 단계에서 행해지는 승인 또는 결징 등의 효력 등 절차법적 규율이 미흡하다면, 행정절차법에 계획확정절차를 도입하면서 법제 정비 작업을 단행해도 좋지 않을까 생각한다.[59]

사실 계획은 그 주체나 목적 면에서 다양하게 형성되어 왔기 때문에 일반적으로 '행정계획'이란 개념을 반드시 '행정주체'가 직접 수립, 시행하는 계획만을 의미하는 것으로 파악해야 할 이유는 없다. 오히려 행정목적 달성을 위해 계획이라는 수단을 사용하는 경우에도 그 계획과정의 구체적 형태나 역할배분, 결정구조 등은 다양하게 나타날 수 있다는 것을 솔직히 시인하는 것이 올바른 태도일 것이다.[60] 일정 규모 이상의, 관할 행정청의 승인을 필요로 하는 공공사업계획으로서 사업계획의 승인이 있으면 인·허가 의제가 수반되는 등 행정계획에 준하는 효력이 보장된 사업계획을 '공공사업계획'이란 범주로 설정하여 계획확정절차의 대상에 포함시키는 것이 합당할 것이다. 같은 맥락에서 계획확정절차를 도입하는 방법으로 행정계획이라는 용어를 사용하지 않고 단순히 공공건설사업이라는 용어를 사용하는 것이 법률의 이해를 높이는 길이라는 견해도 있다.[61]

---

57) H.P. Bull und V. Mehde, *Allgemeines Verwaltungsrecht mit Verwaltungslehre*, 7.Aufl., C.F. Müller, 2005, § 7 Rn.279.

58) H. Maurer, a.a.O., § 16 Rn.4; F. Kopp und U. Ramsauer, *VwVfG* § 72 Rn.10, 12 등을 참조.

59) 상세한 것은 홍준형 등, 앞의 보고서, 62 이하를 참조.

60) 홍준형 등, 앞의 보고서, 67.

61) 김종보, 앞의 글, 15를 참조. 김종보 교수에 따르면, 실무적으로 이러한 공공시설설치를 위한 사업계획이나 실시계획을 행정계획이라 인식하지 않고, 학설상으로도 이를 행정계획이라고 정의하는 데 대한 합의가 이루어지지 않았다고 한다.

가령 도시 및 주거환경정비법상 주택재건축정비사업조합이 같은 법 제48조에 따라 수립한 관리처분계획에 대하여 관할 행정청의 인가·고시까지 있게 되면 관리처분계획은 행정처분으로서 효력이 발생하게 된다는 것이 대법원의 판례인데,[62] 관리처분계획절차에 대해서는 이미 해당 법률에서 규정을 두고 있지만, 경우에 따라서는 행정절차법상 계획확정절차의 대상으로 삼을 여지도 없지 않을 것이다.

아울러 주택법 제16조 제1항은 대통령령으로 정하는 호수 이상의 주택건설사업을 시행하려는 자 또는 대통령령으로 정하는 면적 이상의 대지조성사업을 시행하려는 자는 국토교통부장관 등에게 사업계획승인신청을 제출하여 사업계획승인을 받아야 한다고 규정하고 있는데, 주택법에 제16조의2(사업계획의 통합심의 등) 및 제17조(다른 법률에 따른 인가·허가 등의 의제 등) 등의 규정이 있지만, 이 역시 입법을 통해 계획확정절차의 대상으로 삼을 여지가 있을 것이다.

계획절차의 대상이 되는 계획은 '공공계획', 즉 공간영향이나 공간규모 면에서 국민생활에 밀접한 영향을 미치는 공공계획에 한하고, 사인이나 사기업이 추진하는 백화점, 쇼핑몰, 민영체육시설, 영화관 등 다중이용시설 설치계획은 그 대상에서 제외하여야 할 것이다.

2. 계획확정절차의 도입을 위한 개별법 원용방식과 직접규율방식

행정절차법상 계획확정절차를 도입하는 방안으로는, 국민생활에 밀접한 관련을 갖거나 지대한 영향을 미치는 행정계획 일반에 통일적으로 적용될 공통절차를 정하되, 개별법에 특별한 규정이 없는 한 이를 직접 적용하도록 하는 방안(**직접규율방식**), 계획확정절차에 관한 표준적 규정들을 두되, 이를 일정한 대상에 대하여 직접 효력을 발하도록 하지 아니하고, 독일 연방행정절차법처럼 "다른 법령에 계획확정절차를 거치도록 규정되어 있는 경우"에 한하여 행정절차법상 계획확정절차에 관한 규정들을 적용하도록 하는 개별법 원용방안(**간접규율방식**), 또는 가장 극단적인 절차통합방식으로 모든 대상 계획에 대하여 행정절차법에서 단일한 계획확정절차를 두어 통일적·배타적으로 직접 규율하는 방식을 생각해 볼 수 있을 것이다. 그러나 극단적인 절차통합방식은 이론적으로나 현실적으로 실현가능성이 없으므로, 검토 대상은 직접규율방식과 간접규율방식 두 가지로 모아진다. 간접규율방식은 직접규율방식에 비해 기존의 공공시설, 계획 등 관련법령과의 조화 확보가 용이하고, 계획절차 표준화 효과가 상대적으로 우수하며, 규제 강화 시비를 배제할 수 있고, 각 개별법상 계획의 특성에 맞는 특별법적 규율이나 계획확정효과의 차등화가 가능하다는 등 적지 않은 장점들을 가지고 있는 것이

---

62) 대법원 2009.09.17. 선고 2007다2428 전원합의체판결(총회결의무효확인).

사실이다.[63)]

그러나 그동안 행정계획이나 대형국책사업, 공공사업 등을 둘러싼 법제환경이 급격하게 변화함에 따라 행정절차법상 계획확정절차에 대한 기대 또한 달라질 수밖에 없다. 그 가장 핵심적인 당위는 행정계획이나 대형국책사업, 공공사업 등을 성공적으로 수행하려면 계획에 대한 참여와 숙의를 가능케 할 최소한의 절차적 보장이 필요하며 그 핵심은 계획에 대한 타당성 심사 및 의견수렴 기회의 보장에 있다는 것이다. 이러한 환경변화를 감안할 때, 이제는 행정절차법에 계획과정에 대한 최소한의 절차적 보장을 담은 계획확정절차 모델을 토대로 하여 표준절차를 법제화하여 개별법 원용방식에 의해 확산시키는 방안뿐만 아니라 아예 **최소한의 공공참여절차를 담은 일반법적 절차규정을 두어 직접 규율하도록 하는 방안**까지도 심각하게 고려해 보아야 할 시점이 되었다고 본다.

3. 계획확정절차와 조기공공참여

독일의 2013년 5월 31일의 '계획확정절차 공공참여 개선 · 통일법'(PlVereinhG)처럼 우리나라 행정절차법에도 **'조기공공참여'**(frühe Öffentlichkeitsbeteiligung) 절차를 도입하는 방안을 본격적으로 강구해 볼 필요가 있다. 모든 문제의 근원이 주민 · 이해관계인의 의견수렴과 설득이 불충분하거나 졸속으로 이루어지고 시기적으로도 사업의 매몰비용이 이미 발생하여 현실적으로 역진이 어렵게 된 상황에서 너무 뒤늦게 시도된다는 데 있었다면 바로 그러한 문제들에 대한 제도적 해법을 찾는 것이 정도이다. 제로베이스에서 그로 인한 갈등비용과 정치경제적 · 사회적 부담 등을 모두 포함시켜 손익계산을 다시 한다면 결코 불리하거나 비효율적인 대안은 아닐 것이라고 판단된다.

'계획확정절차 공공참여 개선 · 통일법'(PlVereinhG)이 공공참여절차의 개선방안으로 '조기공공참여절차'를 신설한 배경은 광역적 영향을 미치는 대규모계획(Großvorhaben)의 승인 또는 계획과정에 있어 기존의 공공참여의 방식들은 더 이상 충분치 않은 것으로 판명되고 있는 반면, 그 경우 최대한 이른 시기에 해당 계획에 대한 참여와 공동결정(frühzeitiger Beteiligung und Mitsprache)의 기회를 누리고자 하는 시민들의 관심과 요구가 점점 더 증대되고 있다는 데 있었다. 우리나라의 경우에도 다를 바 없는 배경이자 상황인식이다.

조기공공참여절차를 통하여 계획의 입안을 최적화하고 투명성을 확보할 수 있게 되며,

---

63) 그런 이유에서 홍준형 등, 「행정절차제도 운영현황 평가 및 발전방안 모색」, 연구보고서, 서울대학교, 2006에서는 간접규율방식, 즉 개별법 원용방식을 권고한 바 있었다.

이를 통해 사업승인 및 계획확정결정에 대한 수용을 촉진시킬 수 있을 것이다.

특히 주목할 점은 위 개정법률이, 행정절차법의 '절차의 기본원칙'에 관한 장 중 제25조에 "조기공공참여"에 관한 일반적 규정들을 새로운 항으로 신설하여 관할 행정청이 사업시행자로 하여금 소관 사업승인 및 계획확정절차의 개시 이전에 미리 공공참여의 기회를 부여하도록 조치할 의무를 부과하고 있다는 점이다. 이는 계획확정절차에 관한 개별법 원용방식과는 달리 행정절차법에서 직접 규율하는 방식이기 때문이다. 조기공공참여는 또한 대규모계획 전체가 신속히 실현되도록 하는 데에도 크게 기여할 것으로 기대되며, 사업시행자들이 더 잘 준비된 계획들을 설명하도록 함으로써 그러한 목표를 달성할 수 있을 것이라는 전망은 우리의 경우에도 마찬가지로 타당하다.

Ⅳ. 결론

이 글은 행정절차법에 독일의 연방행정절차법상 계획확정절차와 같은 유형의 법제를 도입할 필요가 있다는 결론에 도달하였다. 그 이유, 즉 계획확정절차 도입의 필요성은 첫째, 공공참여와 숙의를 위한 행정절차법제도로서 계획확정절차는 도입할 가치가 있고, 둘째, 계획확정결정의 집중효 보장을 통해 행정효율성을 확보할 수 있으며, 셋째, 공공갈등의 해소를 위한 법제도적 해법으로서 계획확정절차를 도입할 필요성이 인정되고, 넷째, 계획확정절차의 도입을 통해 개별법에 난립한 계획절차를 정비해 나갈 수 있을 것으로 기대된다는 것이다. 행정절차법상 계획확정절차의 도입 방안에 관해서는 첫째, 계획확정절차의 대상은 전문계획 중에서도 특정 부류의 대규모 공간을 요하거나 중대한 공간영향을 미치는 전문계획들만을 대상으로 하되, 엄밀히는 다중영향보다는 오히려 공간적으로 중대한 영향을 미치는 사업 계획 또는 대규모 공간을 요하는 시설의 설치 계획 등을 대상으로 독일 행정절차법에서와 유사한 계획확정절차를 도입할 필요가 있고, 그 경우 국민생활에 직접 밀접한, 큰 영향을 미치는 구속적 계획들을 우선적인 적용대상으로 삼되, 일정 규모 이상의, 관할 행정청의 승인을 필요로 하는 공공사업계획으로서 사업계획의 승인이 있으면 인·허가 의제가 수반되는 등 행정계획에 준하는 효력이 보장된 사업계획을 '공공사업계획'이란 범주로 설정하여 계획확정절차의 대상에 포함시키는 것이 합당하다고 판단하였다.

아울러 그동안 행정계획이나 대형국책사업, 공공사업 등을 둘러싼 법제환경이 급격하게 변화함에 따라 행정절차법상 계획확정절차에 대한 기대 또한 달라질 수밖에 없었고, 특히 행정계획이나 대형국책사업, 공공사업 등을 성공적으로 수행하려면 계획에 대한 공공참여와 숙의를 가능케 할 최소한의 절차적 보장에 대한 요구는 거역할 수 없는 시대사회적 요청이 되었다. 따라서 행정절차법에 계획과정에 대한 최소한의 절차적 보장을 담은 계획확정절차 모델을 토대로 하여 표준절차를 법제화하여 개별법 원용방식에 의해 확산시키는 방안뿐만 아니라 아예 최소한의 공공참여절차를 담은 일반법적 절차규정을 두어 직접 규율하도록 하는 방안까지도 심각하게 고려해 보아야 할 시점이 되었다고 판단한다. 이와 관련하여 독일의 2013년 5월 31일의 '계획확정절차 공공참여 개선 · 통일법'(PlVereinhG)처럼 우리나라 행정절차법에도 '조기공공참여' 절차를 도입하는 방안을 본격적으로 강구해 볼 필요가 있다. 모든 문제의 근원이 주민 · 이해관계인의 소통의 부족과 불신에 있는데도 의견수렴과 설득 노력이 항상 졸속으로 그리고 너무 뒤늦게 이루어졌다는 데 있었다면 바로 그 문제를 바로잡아야 한다. 제로베이스에서 그로 인해 우리 사회 전체가 치러 온 갈등비용과 정치경제적 · 사회적 부담 등을 모두 포함하여 손익계산을 다시 한다면 결코 불리하거나 비효율적인 대안이 아닐 것이다.

제25장
공법상 계약과 행정계약*

Ⅰ. 쟁점

행정은 여전히 행정의 우월적 지위를 전제로 한 일방적 조치인 행정행위를 주된 활동방식으로 삼고 있다. 이러한 맥락에서 볼 때 행정을 계약 형식으로 수행한다는 것은 왠지 어색한 느낌을 준다. 행정을 계약으로도 할 수 있느냐고 묻는 것이 그리 이상한 일이 아닌 까닭이다. 하지만 답은 '그렇다'이다. 행정의 행위형식, 그것도 비권력적 행위형식으로서 계약을 택할 수 있을뿐더러, 시간이 갈수록 계약에 의한 행정이 더욱더 각광을 받고 있는 것도 사실이다.

비권력적 행위형식으로서 공법상 계약이 각광을 받게 된 것은 현대행정이 사회국가 이념에 세례를 받으면서였다. 행정이 현대적 급부행정의 임무를 수행하기 위하여는 행정행위를 중심으로 한 권력적 행위형식만으로는 불충분하며 이보다 더 탄력적으로 그리고 효과적으로 활용될 수 있는 새로운 행정의 활동수단이 필요했다. 이에 따라 행정행위의 중심적 지위는 점차 감퇴한 반면 공법상 계약은 행정행위를 보충하는 행위형식으로서 주목을 받았던 것이다.[1] 오늘날 공법상 계약은 행정행위에 의해 규율되던 영역을 넘어서 새로운 적용분야(가령 행정의 우월적 지위가 인정되지 않아 일방적으로 규율될 수 없는 분야)를 개척해 나가면서 종래처럼 단지 행정행위를 보충하는 행위형식에 머물지 않고 그 자체 독자적인 행위형식으로서 지속적으로 영역을 확대해 나가고 있다.

행정의 새로운 행위형식으로서 부각된 공법상 계약은 특히 경제행정, 특히 급부행정 · 경제촉진 및 조성행정의 수단으로서 활용가치를 지닌다. 그것은 무엇보다도 시민을 단순한 신

* 홍준형, 『행정법』, 법문사, 2017, 357-365를 토대로 수정 · 보완한 것임.
1) W.-R. Schenke, "Probleme der modernen Leistungsverwaltung," *DÖV*, 1989, 370.

민(Untertan)이 아니라 독자적인 법적 주체이면서 행정의 파트너로 인정함으로써 가능한 한 행정현실에 대한 공동책임을 지도록 한다는 현대의 법치행정·민주행정의 이념에 부합되는 행위형식이다.[2] 사실 현대국가의 기능변천에 수반하여 급부행정의 분야에서 사법상 계약과 행정행위의 중간형태인 공법상 계약에 의한 행정이 증가하였고, 공법상 당사자소송과 같은 권리보호방법을 통하여 그 권리구제상의 장애가 제거되면서 공법상 계약의 유용성이 인식되기에 이른 것이다. 공법상 계약은 ① 특히 경제행정에서 특징적으로 요구되는 개별·구체적 사정에 즉응한 탄력적인 행정목적 달성을 가능케 하며, ② 합의에 의한 행정을 실현할 수 있고, ③ 사실·법률관계가 불명확할 때 문제 해결을 용이하게 해 줄 수 있으며, ④ 법률지식이 없는 자에 대해서도 교섭을 통하여 문제를 이해시킴으로써 합의에 이를 수 있고, ⑤ 사회정책의 추진수단으로 활용 가능하다는 점 등 비권력적 행정의 주된 행위형식으로 부정할 수 없는 가치를 가진다.[3]

Ⅱ. 공법상 계약 일반

1. 개념

'공법상 계약'(öffentlich-rechtlicher Vertrag)이란 공법적 효과의 발생을 목적으로 하는 복수 당사자 사이의 반대방향 의사표시의 합치로 성립하는 공법행위를 말한다.[4] 공법상 계약은 행정행위와 마찬가지로 실정법상 개념이 아니라, 일정한 유형의 공법행위의 성질에 착안하여 구성된 학문상 개념이다. 이것은 특히 공법과 사법의 이원적 구분 및 독립된 행정재판제도를 가진 독일에서 성립된 개념으로서, 같은 행정제도국가인 프랑스에서 독일보다 훨씬 일찍부터 생성하여 통용되어 온 '행정계약'(contrat administratif)이나 사법적 바탕 위에서 형성된 영미의 '정부계약'(government contract)과는 구별되는 것으로 파악되고 있다.[5]

한편 문헌상으로는 공법상 계약과 달리 '행정계약'이란 개념이 일반적으로 사용되고 있어 개념적 차이를 분명히 할 필요가 있다. 여기서 '행정계약'이란 '행정주체와 국민 사이 또는 행

---

2) H. Maurer, *Allgemeines Verwaltungsrecht*, 1997, S.335, § 14 Rn.24.
3) 김남진, 『행정법 I』, 법문사, 1998, 392.
4) 참고로 독일연방행정절차법 제54조 제1문은 일반적인 계약개념에 따라 그 대상에 착안하여 공법적 영역에서 법률관계를 발생시키고 변경 또는 소멸시키는 계약을 공법상 계약이라고 정의하고 있다.
5) 이에 관하여는 김도창, 『일반행정법론(상)』, 1993, 513을 참조.

정주체 상호간에 직접 또는 간접으로 행정목적을 수행하기 위하여 이루어지는 합의'를 말한다. 이러한 의미의 행정계약은 행정주체가 일방 당사자인 모든 계약, 즉 공법상 계약과 사법상 계약을 모두 포함하는 개념이다.[6] 행정계약을 이러한 의미로 파악하는 것은 공·사법이원론을 부인 또는 완화하는 입장에서 행정계약을 하나의 독자적 행정형식으로 구성하려는 노력이다(이를 이른바 '행정계약론'이라고 한다[7]). 최근 우리나라 행정법학계에서도 공법상 계약보다는 '행정계약'의 개념을 사용하려는 경향이 나타나고 있다.[8]

그러나 우리 실정법질서가 공·사법 이원적 구별을 제도적으로 유지하고 있고, 공법상 계약과 사법상 계약은 그 적용법규나 법원리에 차이가 있으며, 양자에 각각 적용된다고 할 수 있는 당사자소송과 민사소송도 그 재판관할, 소의 변경 등 여러 면에서 차이가 있기 때문에(행정소송법 §§ 40-44), 행정계약의 관념(행정계약론)을 취하는 데 무리가 따르는 것도 사실이다.[9]

반면 독일의 경우 '행정계약'(verwaltungsrechtlicher Vertrag, Verwaltungsvertrag)이란 개념은 오히려 공법상 계약의 일종(Unterfall) 즉 하위개념으로 사법상 계약에 대립하는 것이라고 이해되고 있다. 즉 행정계약이란 행정법상의 권리·의무를 발생, 변경, 소멸시키는 행정법상 법률관계를 목적으로 하는 계약이라는 것이다.[10] 이러한 견지에서 오쎈뷜(Ossenbühl)은 연방행정절차법상의 행정계약에 관한 규정은 공법상 계약에 관한 완성된 자기완결적 법리나 수정을 의미하는 것이 아니라 단지 행위형식으로서 공법상 계약이 남용되는 것을 방지하기 위하여 일련의 규정들을 산발적으로 모아 놓은 것이라고 한다.[11] 한편 프랑스행정법에서도 '행정계약'(contrat administratif)은 대등하지 않는 당사자 간에 체결되는 계약으로서, 사적 자치가 인정되지 않고 공통법의 적용배제조항(clause exorbitante)을 둔다는 점에서 사법상 계약과 구별되는 공법상 계약으로 파악되고 있다.[12] 결국 국내의 일부문헌에서 통용되어 온 '행정계약'의 개념은 계약당사자 일방이 행정주체임에 착안한 것인 데 반하여, 독일의

6) 김도창, 위의 책, 511; 김동희, 『행정법 I』, 박영사, 2008, 203 등.
7) 今村成和, 『行政法入門』(第3版), 有斐閣, 1986, 119; 室井 力, 「形式的行政處分について」, 『公法の原理(下)』 I, 田中二郎先生古稀記念, 1977, 30.
8) 이에 관해서는 김대인, 「행정계약에 관한 연구」, 서울대학교 박사학위논문, 2006; 김판기, 「행정계약의 공법적 체계에 관한 연구」, 고려대학교 박사학위논문, 2016; 김판기, 「행정계약법의 체계 정립을 위한 기본적 법문제」, 『공법연구』 제44집 제4호(한국공법학회), 2016.6. 등을 참조.
9) 박윤흔, 『행정법강의(상)』, 박영사, 2000, 534 이하.
10) H. Maurer, "*Der Verwaltungsvertrag: Probleme und Möglichkeiten*," *DVBl.*, 1989, 798; ders., *Allgemeines Verwaltungsrecht*, S.320-321, § 14 Rn.7f.; E. Erichsen, in: *Allgemeines Verwaltungsrecht*, S.358, § 24 Rn.1.
11) F. Ossenbühl, "Die Handlungsformen der Verwaltung," *JuS*, 1979, 684.
12) J. Rivero, *Droit administratif*, 13e éd., Dalloz, 1990, 147ff.

행정계약개념은 그 공법적 성질을 전제로 한 것임을 알 수 있는데, 이 점을 구별하지 않은 채, 행정계약을 공법상 계약의 상위개념으로 간주하는 것은 문제가 있다. 이와 관련하여 '공법상 계약'이란 용어는 지나치게 넓은 내포를 지니거나(국제법상의 계약, 소송법상의 계약 등) 부당하게 축소된 의미를 지닐 수 있는 것(행정사법(行政私法) 관계에서 체결되는 계약이 배제됨)이라는 이유에서 '행정법상 계약' 또는 약하여 '행정계약'이란 용어를 사용하는 것이 바람직하다는 주장도 제기되고 있다.[13] 기본적으로 이 견해는 타당하다. 그러나 "공법상 계약은 공법적 효과의 발생만을 목적으로 하므로 사법적 효과를 발생하는 행정사법관계에서의 계약은 제외될 수밖에 없으므로 공법상 계약의 개념을 가지고서는 행정법에서 그 통일적 취급을 하기 곤란하다."라고 지적하는 점은 타당하지 않다. 행정사법 활동의 법형식으로 계약이 체결될 경우는 사법상 계약이 체결된 것이며 그 법적 규율도 원칙적으로 사법의 계약법에 의할 것이지 이를 통일적으로 계약이란 법형식에 의하여 파악해야만 할 필연성은 없기 때문이다(행정행위와 사법상 법률행위 중 단독행위를 통일적으로 파악할 필요가 있을까?). 여기서는 공법상 계약이란 용어가 이미 우리 행정법상 통용된 개념임을 감안하여 이를 그대로 사용하기로 하되 독일법에서의 행정계약에 해당하는 의미로 파악하기로 한다.

2. 다른 행위형식과의 구별

(1) 사법상 계약과의 구별

공법상 계약은 복수당사자 사이의 의사의 합치에 의하여 일정한 법률효과를 발생하는 점에서는 사법상 계약과 같으나, 공법적 효과의 발생을 목적으로 하고 공익실현을 위한 것이라는 점에서 사법상 계약과 다르다.

가령 프랑스행정법에서 '행정계약'(contrat administratif)은 부대등한 당사자 간에 체결된다는 점, 사적 자치가 원칙적으로 적용되지 않는다는 점, 공통법의 적용배제조항(clause exorbitante)이 채용된다는 점 등에서 사법상 계약과 구별되고 있고,[14] 독일행정법에서는 계약당사자의 의사에 구애됨이 없이 객관적으로 계약의 대상면에서 계약에 의하여 부담된 의무 또는 계약에 의하여 이행된 처분이 공법적 성격을 갖는다는 점에서 사법상 계약과 구별되고 있다. 이에 따라 계약이 공법적 법규범의 집행을 목적으로 하거나, 계약이 행정행위의 또는 기타 고권적 직무행위를 할 의무(예: 건축허가의 발급)를 발생시키는 경우, 또는 계약이 가령 건축법상의 주차시설설치나 도로청소의무 등과 같이 공법상 권한·의무에 관한 조항을

---

13) 박균하, 「행정계약이론과 공법상 계약이론」, 『고시연구』, 1993.4., 62.

14) J. Rivero, a.a.O., n°109ff., p.147f.

포함하는 경우에는 공법상 계약이 성립하는 것으로 파악되고 있다.[15)]

한편 행정조달계약의 법적 성질이 문제된다. 이에 관해서는 기본적으로 사법상 계약으로 보는 것이 통설과 판례의 태도지만, 국민의 기본권 보장과 공익실현을 위해 공법상계약으로 보는 것이 좋다는 견해도 있다. 그 이유로는 불확정개념의 해석에 있어 행정청의 판단을 존중할 수 있고, 행정소송의 직권심리주의에 따른 심리 범위가 넓다는 점, 행정소송 담당법관의 전문성과 공익과 사익의 이익형량 판단 등을 들고 있다.[16)] 하지만 그와 같이 결과적 측면만 가지고 그리고 경향적 특성 또는 이점만을 가지고 일반화할 수 있는지는 의문이다.

대법원은 최근 "국가를 당사자로 하는 계약이나 공공기관의 운영에 관한 법률의 적용 대상인 공기업이 일방 당사자가 되는 계약(이하 편의상 '공공계약'이라 한다)은 국가 또는 공기업(이하 '국가 등'이라 한다)이 사경제의 주체로서 상대방과 대등한 지위에서 체결하는 사법(私法)상의 계약으로서 본질적인 내용은 사인 간의 계약과 다를 바가 없으므로, 법령에 특별한 정함이 있는 경우를 제외하고는 서로 대등한 입장에서 당사자의 합의에 따라 계약을 체결하여야 하고 당사자는 계약의 내용을 신의성실의 원칙에 따라 이행하여야 하는 등(국가계약법 § 5 ①) 사적 자치와 계약자유의 원칙을 비롯한 사법의 원리가 원칙적으로 적용된다(대법원 2001.12.11. 선고 2001다33604 판결 참조)."라는 기존의 입장을 거듭 재확인한 바 있다.[17)]

(2) 행정행위와의 구별

공법상 계약은 공법적 효과를 발생한다는 점에서는 행정행위와 같으나 복수당사자 사이의 의사의 합치로써 이루어진다는 점에서 행정주체의 우월한 일방적 의사결정에 의한 단독행위인 행정행위와 구별되며, 특히 협력을 요하는 행정행위(쌍방적 행정행위)와 구별된다.

1. 행정청이 자신과 상대방 사이의 법률관계를 일방적인 의사표시로 종료시켰다고 하더라도 곧바로 의사표시가 행정청으로서 공권력을 행사하여 행하는 행정처분이라고 단정할 수는 없고, 관계 법령이 상대방의 법률관계에 관하여 구체적으로 어떻게 규정하고 있는지에 따라 의사표시가 항고소송의 대상이 되는 행정처분에 해당하는지 아니면 **공법상 계약관계의 일방 당사자로서 대등한 지위에서 행하는 의사표시인지를 개별적으로 판단하여야 한다**(대법원 1996.5.31. 선고 95누10617 판결, 대법원 2014.4.24. 선고 2013두6244 판결 등 참조).
2. 중소기업기술정보진흥원장이 갑 주식회사와 중소기업 정보화지원사업 지원대상인 사업의 지원에 관

---

15) H. Maurer, a.a.O., § 14 Rn.11.

16) 박정훈, 『행정법의 체계와 방법론』, 박영사, 2005, 233-234; 박재현, 「프랑스 행정계약의 분리행위이론」, 『가천법학』 제7권 제3호, 2014, 1-24, 21 등.

17) 대법원 2017.12.21. 선고 2012다74076 판결(부당이득금반환 등).

한 협약을 체결하였는데, 협약이 갑 회사에 책임이 있는 사업실패로 해지되었다는 이유로 협약에서 정한 대로 지급받은 정부지원금을 반환할 것을 통보한 사안에서, **중소기업 정보화지원사업에 따른 지원금 출연을 위하여 중소기업청장이 체결하는 협약은 공법상 대등한 당사자 사이의 의사표시의 합치로 성립하는 공법상 계약에 해당하는** 점, 구 중소기업 기술혁신 촉진법(2010.3.31. 법률 제10220호로 개정되기 전의 것) 제32조 제1항은 제10조가 정한 기술혁신사업과 제11조가 정한 산학협력 지원사업에 관하여 출연한 사업비의 환수에 적용될 수 있을 뿐 이와 근거 규정을 달리하는 중소기업 정보화지원사업에 관하여 출연한 지원금에 대하여는 적용될 수 없고 달리 지원금 환수에 관한 구체적인 법령상 근거가 없는 점 등을 종합하면, **협약의 해지 및 그에 따른 환수통보는 공법상 계약에 따라 행정청이 대등한 당사자의 지위에서 하는 의사표시**로 보아야 하고, 이를 행정청이 우월한 지위에서 행하는 공권력의 행사로서 행정처분에 해당한다고 볼 수는 없다.[18]

이러한 판례 태도에 대해서는 논란의 여지가 있다. 이와 관련 프랑스의 '분리가능행위 이론'(La théorie des actes détachables)을 원용하는 견해[19]가 눈에 띈다. 프랑스의 경우, 완전심리소송의 대상이 되는 행정계약의 체결과 집행을 위한 행정청의 조치들, 즉 계약 체결 전에 존재하는 모든 행위와 계약의 이행, 변경 또는 해지와 관계되는 계약체결 후의 모든 행위를 분리가능행위로 보아 월권소송의 대상으로 삼고 있다. 우리나라 판례 가운데 행정청이 한 서울-춘천 간 고속도로 민간투자시설사업 사업시행자 지정을 처분으로 본 대법원 2009.4.23. 선고 2007두13159 판결을 행정청에 의한 공법상 계약의 체결 여부 또는 계약상대방의 결정을 공법상 계약에서 분리할 수 있는 경우로 보아 항고소송의 대상으로 인정한 사례라고 보는 견해도 있다.[20] 그러나 프랑스의 분리가능행위 이론에 따른 취소가 이루어지더라도 그 효과가 계약의 무효로 이어지지는 않으며 해당 분리행위만 취소되는 제한적 효과를 가진다는 점에 유의할 필요가 있다.[21] 아울러 위 2007두13159 판결은 사업시행자 지정 '처분'의 무효 여부를 다루고 있으나 처분성 자체를 특별히 문제 삼지 않았을 뿐만 아니라 굳이 프랑스식의 이론을 통해 우회하지 않더라도 동일한 결과, 즉 처분성을 인정할 수 있었던 경우라고 보아야 할 것이다.

---

18) 대법원 2015.8.27. 선고 2015두41449 판결(정보화지원사업참여제한처분무효확인).
19) 김대인, 「지방계약과 공법소송」, 『공법연구』 제41집 제1호, 2012, 1-26; 박균성, 『행정법강의』, 박영사, 2014, 341; 박재현, 「프랑스 행정계약의 분리행위이론」, 『가천법학』 제7권 제3호, 2014, 1-24 등. 분리가능행위이론에 관해서는 강지은, 『프랑스 행정법상 분리가능행위』, 서울대학교 법학연구소 법학연구총서 62, 경인문화사, 2017을 참조.
20) 박균성, 『행정법강의』, 2014, 341; 박재현, 앞의 글, 20 등.
21) 박재현, 앞의 글, 15.

(3) 공법상 합동행위와의 구별

공법상 계약과 공법상 합동행위는 양자는 복수당사자의 의사의 합치로 성립한다는 점에서는 서로 같으나 공법상 계약이 서로 반대방향의 의사 합치로 성립하며 원칙적으로 양 당사자에게 상반되는 법률효과(일방이 권리를 가지면 상대방은 의무를 지는 것과 같이)를 발생시키는 데 비하여, 공법상 합동행위는 당사자의 동일방향의 의사의 합치이며, 그 법률효과도 당사자 쌍방에 대하여 동일한 의미를 지닌 점에서 서로 다르다.

Ⅲ. 공법상 계약의 종류

1. 주체에 따른 분류

(1) 행정주체 상호간의 계약

공법상 계약은 행정주체 상호간, 가령 국가와 공공단체 또는 공공단체 상호간에서도 성립할 수 있다. 당사자 중 어느 일방에 대하여 우월적 지위를 인정할 수 없고 따라서 어느 한편의 일방적 규율에 맡기는 것이 적절치 못하기 때문에 공법상 계약이 활용될 여지가 생긴다. 공공단체 상호간 사무위탁, 도로 또는 하천 경비분담 협의, 도로관리에 관한 협의, 법률의 규정에 의한 동일한 과세물건에 대한 과세협정, 기타 공무수행에 관한 협정 등이 그 예이다.

(2) 행정주체와 사인 간 계약

공법상 계약의 또 다른 형태로는 행정주체, 즉 국가 또는 공공단체와 사인 사이에 성립하는 계약을 들 수 있다. 이것이 가장 전형적인 공법상 계약의 형태이다. 특별권력관계 설정합의(예: 지원입대, 전문직공무원 채용계약, 영조물이용관계 설정), 임의적 공용부담(예: 문화재, 학교용대지 · 도로용지 기증, 청원경찰 비용부담), 공법상 보조계약(예: 장학금지급계약), 행정사무 위임(예: 사인 신청 별정우편국 지정, 교육행정사무위임 위한 협의) 등이 그 예이다.

> 실례로 부산시 서면의 지하도건설과 관련하여 부산시와 건설업자 간에 계약이 체결되었는데, 그 내용은 업자의 부담으로 지하도를 건설하되, 건설비와 지하도점용료의 액수가 일치되는 기간까지 지하도 및 부설상가부지의 점용허가를 부여한다는 것이었다. 이러한 계약은 행정주체와 사인 간에 체결된 공법상 계약의 성질을 지닌다.[22] 또한 보조금교부 역시 종래에는 이른바 이단계설(Zweistufentheorie)에

의하여 행정행위인 교부결정(승인: Bewilligung)과 사법상 계약인 대부계약(이행: Abwicklung)이 결합된 것으로 보는 견해가 지배적이었으나 오늘날에는 이를 공법상 계약으로 보는 견해가 우세한다.[23]

(3) 사인 상호간의 계약

공법상 계약은 사인들 간에서도 일정한 공법상 법률관계의 형성을 목적으로 체결될 수 있다. 그러나 공법상 계약은 공법상 법률관계의 형성(발생 · 소멸 · 변동)을 목적으로 하는 합의로써 성립하는 것이므로 사인 상호간의 공법상 계약은 오로지 이들이 그 공법상 권리 · 의무의 귀속을 결정할 수 있는 처분권(Dispositionsbefugnis)을 가지는 경우에만 체결할 수 있다.[24] 「공익사업을 위한 토지 등의 취득 및 보상에 관한 법률」 제26조에 따른 공익사업을 위한 토지의 취득을 위한 사업시행자와 토지소유자 간 협의의 경우가 그 예이다. 사인인 기업자와 토지소유자간 토지수용협의에 관하여 종래 사법상 계약설과 공법상 계약설이 대립하고 있었고, 후설이 통설적 입장이었지만, 판례는 이를 사법상 계약으로 보았다.[25]

2. 성질에 따른 분류

(1) 대등계약

대등계약(koordinationsrechtlicher Vertrag)이란 원칙적으로 대등한 지위의 계약당사자 간에 체결되는 공법상 계약으로 행정주체 상호간(국가와 공공단체 또는 공공단체 상호간)에 성립하는 계약이 그 예이다. 대등계약은 행정행위로는 규율할 수 없는 법률관계에 관한 것이다.

(2) 종속계약

종속계약(subordinationsrechtlicher Vertrag)이란 상하관계에 놓인 당사자, 가령 행정주체와 사인 간에 성립하는 계약이다. 행정행위 발급의무를 정하는 경우(처분-준비행위: Verwaltungsakt-Vorbereitungsgeschäft), 행정행위 대체 계약(처분-대체행위: Verwaltungsakt-Ersatzgeschäft), 행정행위와 아무런 직접적 관계가 없는 경우로 나뉜다.

---

22) 김남진, 「국가의 경제에의 참여와 개입」, 『공법연구』 제16집, 1988, 110.
23) H. Maurer, a.a.O., § 17, Rn.11ff., S.397ff., Rn.25, S.402.
24) H.-U. Erichsen und W. Martens, *Allgemeines Verwaltungsrecht*, De Gruyter, 1979, § 25 Rn.9.
25) 대법원 1992.10.27. 선고 91누3871 판결.

Ⅳ. 공법상 계약의 법적 근거와 한계

1. 공법상 계약의 가능성 · 자유성

국가의사의 우월성을 전제로 공법상 계약의 성립가능성을 부인하는 견해(Otto Mayer)도 없지 않았으나, 법령이 행정주체에게 그 상대방에 대하여 우월한 의사력을 부여하지 않은 경우에는 당사자 간의 의사의 합치를 부정할 아무런 합리적인 이유도 없으며, 더구나 급부행정의 발달에 따라 그 유용성이 널리 인정되고 있는 이상 하등 공법상 계약의 허용성을 부인할 이유가 없다는 것이 오늘날 지배적인 견해이다.[26)]

공법상 계약의 성립가능성을 인정하는 경우에도 법치행정의 원리와의 관계에서 법률의 근거 없이도 공법상 계약이 가능한지의 여부에 관하여는 견해가 대립한다. 먼저 부정설은 공법상 계약을 인정한다고 하더라도, 법령이 특히 허용하고 있는 경우에 한하여 성립할 수 있는 것으로 보는 견해이다. 공법상 계약을 엄격한 법규적 기속을 받는 행정행위의 일종으로 보거나 전부유보적 관점에서 파악하는 결과이다. 반면 긍정설은 공법상 계약은 공권력 발동으로 이루어지는 행정행위와는 다른 행위형식의 유형으로, 비권력관계에서 당사자 간 의사합치에 의하여 성립하는 것이므로, 사법상 계약과 마찬가지로 반드시 명시적인 법적 근거 없이도 성립할 수 있다고 본다. 생각건대, 행정에게 행위형식 선택의 자유가 인정되는 이상, 비권력적 작용으로서 공법상 계약의 법적 효력은 의사의 합치로부터 기인하는 것이므로(*pacta sunt servanda!*) 공법상 계약의 자유성은 인정되어야 할 것이다. 그러나 행정의 행위형식으로서 공법상 계약이 남용되면 법치행정의 원리와의 충돌이나 공행정의 상업화를 가져올 우려가 있다는 점도 간과할 수 없다. 따라서 법률의 우위 원칙에서 오는 공법상 계약의 한계가 따른다.

2. 공법상 계약의 한계

공법상 계약의 자유성이 인정된다 하여도 법치행정의 원리와 관련하여 그 내용이 실정법에 위반해서는 안 된다는 제약을 받는다. 또한 행정의 행위형식으로서 공법상 계약이 남용되는 것도 허용될 수 없다. 가령 기속행위의 경우 그 행위형식에 관하여 공법상 계약이 금지되어 있지 않은 이상 행정주체는 행정행위 대신에 공법상 계약을 체결할 수 있으나, 법률이 이미

26) 주지하는 바와 같이 독일의 경우 그 허용성은 연방행정절차법 제54조에 의하여 입법적으로 해결되었다.

규정한 것을 합의할 수밖에 없는 제약을 받다. 이 규범집행계약(Normenvollzugsverträge)은 별반 현실적인 의미가 없다고도 할 수 있겠으나, 가령 복잡한 사안이나 급부관계 및 공급관계에서 발생하는 쌍무적 권리의무를 규율함에 있어서는 합목적적인 행위형식이 될 수도 있다. 공법상 계약은 원칙적으로 법률의 강행규정에 위반하여서는 아니 된다. 공법상 계약의 본래적인 적용분야는 행정청에게 재량권이 부여된 경우이다. 이러한 재량권을 통해 부여된 차등적 행위에 대한 권한은 바로 시민과의 합의를 통해서도 실현될 수 있는 것이다. 그러나 이 경우에도 재량권의 법적 한계가 준수되어야 한다. 가령 행정청의 재량에 속하는 특정 영업의 허가처분을 하는 대신 행정청이 허가를 발급하되 허가기간 종료 후에는 영업시설 일체를 무상으로 국가에 제공토록 하는 공법상 계약을 체결하는 것은 원칙적으로 허용되지 않는다고 보아야 한다. 이와 관련하여 종종 실무상 활용되고 있는 기부체납의 허용여부가 문제시되어야 할 것이다. 또한 독일의 연방행정절차법 제58조 제1항이 명시적으로 규정하는 바와 같이 제3자의 권리나 법률상 이익을 침해하는 계약은 그 제3자의 동의가 필요하다. 제3자의 동의없이 계약당사자 이외에 제3자의 비용부담을 전제로 하는 공법상 계약 역시 허용되지 않는다고 보아야 한다.

요컨대 ① 강행법규에 저촉되지 아니하는 범위 안에서, ② 규범집행계약이 인정되는 경우를 제외하고는 원칙적으로 비권력행정의 분야에서 인정되는 것으로 보아야 할 것이다.

Ⅴ. 공법상 계약의 특색

공법상 계약은 당사자 간 의사 합치를 요소로 한다는 점에서 사법상 계약과 본질적으로 다름이 없으나, 공법적 효과 발생을 목적으로 한다는 점에서 사법상 계약과 다른 특색을 띤다.

1. 실체법적 특색

(1) 법적합성

공법상 계약은 행정작용의 일환으로 채용되는 방식이므로 법에 적합해야 하는 것은 당연하다. 다만 공법상 계약의 성립에 관하여는 통칙적인 규정이 없기 때문에 특별한 규정이 없으면 계약에 관한 민법의 일반적 법리가 준용된다고 보아야 할 것이다.

(2) 계약의 형식 · 절차

공법상 계약은 달리 규정된 경우를 제외하고는 문서의 형식으로 함이 원칙이다. 공법상 계약의 성립을 위하여 감독청 또는 관계행정청의 인가 또는 확인을 받게 하는 경우가 있다.

(3) 계약의 변경 · 해지

당사자의 합의에 의한 계약의 변경, 해지 · 해제가 가능함은 물론이나, 그 계약성립상 행정청의 인가나 보고를 필요로 하는 것인 경우에는 그 변경, 해지 · 해제를 위해서도 동일한 절차를 거쳐야 한다고 본다. 다만 사정변경 또는 상대방의 의무불이행에 따르는 계약의 변경이나 해지는 공법상의 계약이 지니는 공공성으로 말미암아 많은 제약을 받는 것이 일반적이다. 공공복리를 사유로 계약이 해지 또는 해제되는 경우 자기의 책임 없이 그로 인하여 손실을 입은 상대방은 신뢰보호의 원칙에 기하여 손실보상청구권을 가진다.

2. 절차법적 특색

(1) 강제절차

공법상 계약의 당사자는 대등한 의사력을 가지나, 상대방의 의무불이행에 대하여 행정주체가 예외적으로 자력강제권을 가지는 경우가 있다(예: 「공익사업을 위한 토지 등의 취득 및 보상에 관한 법률」 § 90, 「보조금의 예산 및 관리에 관한 법률」 § 33 등).

(2) 쟁송절차

공법상 계약에 관한 소송은 '공법상의 법률관계에 관한 소송' 즉 공법상 당사자소송에 의한다.[27] 이에 대하여는 행정소송법이 적용되며 민사소송과 다른 특칙이 인정되기 때문에 이 점에서도 민사소송의 적용을 받는 사법상 계약과 구별된다.

<판례>

현행 실정법이 전문직공무원인 공중보건의사의 채용계약 해지의 의사표시는 일반공무원에 대한 징계처분과는 달라서 항고소송의 대상이 되는 처분등의 성격을 가진 것으로 인정되지 아니하고, 일정한 사유가 있을 때에 관할 도지사가 채용계약 관계의 한쪽 당사자로서 대등한 지위에서 행하는 의사표시로 취

27) 대법원 1993.9.14. 선고 92누4611 판결; 대법원 1995.12.22. 선고 95누4636 판결; 대법원 2001.12.11. 선고 2001두7794 판결; 대법원 2002.11.26. 선고 2002두5948 판결 등을 참조.

급하고 있는 것으로 이해되므로, 공중보건의사 채용계약 해지의 의사표시에 대하여는 대등한 당사자간의 소송형식인 공법상의 당사자소송으로 그 의사표시의 무효확인을 청구할 수 있는 것이지, 이를 항고소송의 대상이 되는 행정처분이라는 전제하에서 그 취소를 구하는 항고소송을 제기할 수는 없다.[28]

28) 대법원 1996.5.31. 선고 95누10617 판결(공중보건의사전문직공무원채용계약해지처분취소등).

제26장

행정지도의 법적 쟁점*

Ⅰ. 쟁점

건축법상 허가조건을 갖춰 오피스텔 건축허가를 신청했는데, 관할 행정청에게서 정부의 오피스텔 신축억제정책에 위배된다는 등의 이유로 신청을 반려 당했다. 인근주민의 집단민원이 우려된다는 이유로 자동차정비업 허가 신청을 반려 당한 사례도 있다. 물가상승이 우려된다며 공중목욕탕 요금 인상을 억제하기도 한다. 괘씸죄가 두려워 울며 겨자 먹기로 따를 수밖에 없지만 억울하기 짝이 없다. 이처럼 납득하기 어려운 일들이 종종 일어나는데, 근거가 뭐냐고 물어보면 '행정지도'라는 답이 돌아온다. 관이 민을 지도한다니 요즘 세상에 말이 되느냐 반문하지만 어찌해 볼 도리가 없다. 분명히 관이 개입하여 영향을 미쳤는데, 딱히 공식화된 행위가 불분명하여 과연 무엇을 대상으로 어떻게 다툴지도 막연하기 짝이 없다. 행정소송을 통해 다툴 수 있을지 법률전문가에게 물어보아도 그리 시원한 답변을 얻지 못한다.

행정지도란 일반적으로 "행정기관이 일정한 행정목적의 달성을 위하여 상대방의 임의적 협력을 기대하여 행하는 비권력적 사실행위"라고 정의된다. 원래 '행정지도'란 실정법상의 용어가 아니라 행정실무상 지도, 권고, 요망, 권장, 장려, 조언 등으로 표현되는 행정작용의 범주였다. 그러나 1996년 제정된 행정절차법은 행정지도의 개념을 "행정기관이 그 소관사무의 범위 안에서 일정한 행정목적을 실현하기 위하여 특정인에게 일정한 행위를 하거나 하지 아니하도록 지도·권고·조언 등을 하는 행정작용"으로 정의하면서 이를 실정화하였다(§ 2 iii).

* 홍준형, 『행정법』, 법문사, 2017, 378-387을 토대로 수정·보완한 것임.

이에 따르면 행정지도는 ① 행정기관이 소관사무 범위 안에서, ② 일정한 행정목적 실현을 위하여, ③ 특정인에게 일정한 행위를 하거나 하지 아니하도록 지도·권고·조언 등을 하는 행정작용, 세 가지 요소로 파악된다. ③은 비권력적 사실행위를 가리키고, ①은 행정지도의 권한상 한계를, ②는 행정지도의 목적을 밝힌 것이므로, 강학상 행정지도 개념과 대체로 일치한다.

> 행정지도는 중앙정부와 지방자치단체를 막론하고 빈번히 활용되는 수단이다. 특히 지방자치단체는 행정지도의 기준으로 요강, 지침 등을 제정하고 이에 따라 건축행위, 택지개발, 백화점진출 등이 초래하는 지역적 혼란과 분쟁을 조정하기 위하여 조직적으로 행정지도를 전개하고 있다. 그리하여 '지침행정', 행정지도에 의한 행정이 전국 각지의 지방자치단체에 의하여 선호되는 가장 강력하고 실효성 있는 행정수단의 하나로 등장하고 있는 것이다.

행정지도는 상대방의 임의적 협력을 기대하여 행하는 비권력적 사실행위라는 점에서, 물론 법적 근거에 의하여 행해지는 경우도 있으나, 별도의 실정법적 근거 없이도 행해질 수 있다고 보는 것이 일반적이다. 그러나 비권력적인 것이라 하지만, 행정지도는 사실상 상대방에게 거역하기 곤란한 심각한 영향력을 갖는 경우가 많다. 가령 정부가 권장하는 종자를 심으면 금융지원이나 우선수매 등과 같은 인센티브를 준다고 할 때, 이 '권장사항'에 따르지 않는 것은 그런 혜택에서 배제되는 결과를 가져오는 것이므로 적극적 불이익처분 못지않은 제재적 효과를 발휘한다. 또한 일정한 행정지도사항에 따르지 않을 경우 직접적·법적 제재는 아닐지라도 세무조사와 같은 간접적 제재를 받을 수 있기 때문에 그 상대방의 입장에서 볼 때 행정지도는 권력적 행정작용 못지않은 사실상의 구속력을 발휘하는 경우가 비일비재하다. 그리하여 행정지도는 법령상 근거가 없거나 이를 행할 구체적인 기준이 정해져 있지 않은 경우에도 사용될 수 있다는 점에서 행정기관이 선호하는 행정수단이 되고 있고, 나아가 지침이란 형식을 띤 행정지도가 범용됨에 따라 법에 의한 행정이 아니라 '지침에 의한 행정' 또는 '행정지도에 의한 행정'이 될 수 있다는 우려를 낳고 있다. 행정지도의 사실상 구속력을 고려할 때 행정지도의 법적 통제를 통해 법치국가원칙의 형식화·공동화를 방지하는 것이 관건으로 등장하게 된다.

Ⅱ. 행정지도의 종류

1. 법령의 근거에 따른 분류

(1) 법령의 직접적 근거에 따른 행정지도

행정지도는 반드시 법령의 근거를 필요로 하는 것은 아니지만, 법령이 직접 이에 대한 규정을 두고 있는 경우도 적지 않다. 경제관계법령이 특히 대종을 이룬다.

> 농림수산식품부장관의 기르는 어업과 관련된 기술의 개발·보급(수산업법 § 54), 농림수산식품부장관의 우수실용기술의 발굴·보급(농림수산식품과학기술육성법 § 13), 기술·경영지도(국민기초생활보장법 § 15), 중소기업의 계열화촉진지도(중소기업기본법 § 10), 농어촌관광휴양지사업자나 농어촌민박사업자의 지도(농어촌정비법 § 88) 등이 그 예이다.

(2) 법령의 간접적 근거에 따른 행정지도

법령이 행정지도에 관하여 직접 규정을 두지는 않았으나, 행정행위를 발할 수 있는 권한, 즉 처분권을 배경으로 일차적으로 행정지도가 행해지는 경우도 적지 않다.

<사립학교법에 따른 관할청의 학교법인에 대한 시정요구 변경통보의 법적 성질>

관할청이 학교법인에 대하여 부동산 매각과 관련된 당초의 시정요구사항을 이행하지 아니할 경우 사립학교법 제20조의2의 규정에 따라 임원취임승인을 취소하겠다고 계고한 바에 따라서 임원취임승인을 취소함과 동시에 임시이사를 선임하고 당초의 시정요구사항을 변경하는 통보를 한 경우, 관할청이 한 당초의 사립학교법상의 시정요구는 임원취임승인취소처분이 행하여짐으로써 같은 법 제20조의2 제2항 소정의 목적을 달성하여 실효되었다고 할 것이고, 한편 그 상태에서 발하여진 **관할청의 시정요구 변경통보는 관할청이 가지는 같은 법 제4조 소정의 일반적인 지도·감독권에 기한 것으로서 임시이사들로 임원진이 개편된 학교법인에 대한 행정지도의 성격을 지니는 새로운 조치**라고 할 것인바, 그렇다면 당초의 시정요구는 관할청의 시정요구 변경통보에 의하여 소급하여 취소되었다고 볼 수 없으므로 위 임원취임승인취소처분에 같은 법 제20조의2 제2항 소정의 시정요구를 결여한 하자가 있다고 할 수 없고, 또한 위 시정요구 변경통보를 같은 법 제20조의2 제2항에 근거를 둔 시정요구로 볼 수 없으므로 시정요구 변경통보에 시정기간을 두지 아니하였다고 하여 임원취임승인취소처분에 시정기간을 두지 아니한 하자가 있다고 할 수도 없다.[1]

---

1) 대법원 2002.2.5. 선고 2001두7138 판결(취임승인취소처분등취소).

(3) 전혀 법령에 근거가 없는 행정지도

법령에 직접 또는 간접의 근거 없이 행정주체가 그 소관사무에 관하여 일반적 권한에 의거하여 행정지도를 하는 경우가 이에 해당한다.

2. 기능에 의한 분류

(1) 규제적 행정지도

행정목적 달성이나 공익에 장애가 될 행위를 예방, 억제하기 위한 지도이다. 자연환경보호를 위한 오물투기방지 지도, 물가상승 억제를 위한 행정지도 등이 그 예이다.

(2) 조정적 행정지도

이해대립이나 과당경쟁을 조정하기 위한 행정지도로서, 중소기업계열화의 촉진(중소기업기본법 § 10), 중소기업청상의 사업소성에 관한 권고(대·중소기업 상생협력촉진에 관한 법률 § 33), 노사 간 쟁의지도 등이 그 예이다.

(3) 조성적 행정지도

생활지도, 장학지도, 직업지도 또는 기술지도 등과 같이 일정한 질서 형성을 촉진하기 위하여 관계자에게 기술, 지식을 제공하거나 조언을 하는 행정지도를 말한다.

Ⅲ. 행정지도의 존재이유 및 문제점

1. 존재이유

그렇다면 행정지도의 존재이유는 무엇일까? 그것은 다음 네 가지로 집약된다.

① 행정기능의 확대에 따른 법령의 보완
② 규제의 효율성·편의성
③ 산업·기술·정보 등의 제공

④ 행정의 권력성완화와 동의의 도출

(1) 행정기능의 확대에 따른 법령의 보완

행정지도는 무엇보다도 행정기능의 확대와 이에 따른 행정책임의 증대에 그 존재이유를 두고 생성 · 전개된 행위형식이다. 급부행정의 대두는 이로 인한 행정기능의 확대를 단적으로 보여 주는 예이다. 행정의 대상이나 수요가 계속적으로 확대 · 다양화하고 변화됨에 따라 모든 행정분야에 걸쳐 필요한 법령을 완비하는 것은 입법기술상 현실적으로 불가능하며, 설령 이를 완비하였다 하더라도 나중에 가서 결국 기존법령의 적용이 부적당한 경우가 생기기 마련이다. 입법이 불비되었거나 행정환경이 변화된 경우 행정기관은 그때그때 공익상 필요한 조치를 취해야 하는데, 행정지도는 이를 위하여 매우 유용한 행위형식이 된다.

(2) 규제의 효율성 · 편의성

법령이 공권력의 발동을 허용하고 있는 경우에도 그 절차가 까다롭다는 점 또는 상대방의 저항을 받을 가능성이나 필요이상으로 상대방의 명예나 신용을 해할 우려가 있다는 점을 고려하여, 상대방의 협력을 바탕으로 한 비권력적 · 임의적 수단에 의하는 것이 오히려 불필요한 마찰이나 저항을 회피하고 소기의 행정목적을 효율적으로 달성하는 방법이 될 수 있다. 또한 현대행정의 수요 중에는 획일적인 법적 규제에 적합하지 않은 것이 적지 않다. 그 경우 임기응변적이고 신축적인 행정의 대응을 가능케 하는 수단으로 행정지도가 활용될 수 있다.

(3) 산업 · 기술 · 정보 등의 제공

행정지도는 특히 경제분야에 있어 최신의 과학 · 기술 · 정보를 제공해 주는 수단이 된다. 눈부신 과학기술의 발전에 따른 정보사회의 도래, 급변하는 경제정세에 적절히 대처하기 위해서는 그 책임을 국민 개개인에게 맡기기보다는 행정주체가 필요한 지식, 신기술 및 정보를 국민에게 제공하고 일정한 방향으로 국민을 유도하기 위한 방법으로 행정지도가 필요하다.

(4) 행정의 권력성완화와 동의의 도출

행정지도는 법치국가원칙의 틀 안에서 잘만 활용된다면 권력성을 완화함으로써 상대방의 납득과 합의 아래 원활한 행정목적 달성을 가능케 해 준다. 즉 행정지도는 권력행정에 대한 저항을 비권력행정을 통한 협조로 대체할 수 있다는 데 장점이 있다.

2. 문제점

행정지도의 존재이유나 활용가치는 어디까지나 행정지도 본연의 취지가 십분 발휘될 경우에만 실현될 수 있다. 오히려 행정지도의 실태를 보면 적지 않은 문제점들이 드러난다.

(1) 사실상 강제성

행정지도는 본래 상대방의 임의적 협력 또는 동의를 바탕으로 행해지는 것인데, 실제로는 행정주체가 우월적 지위에서 행정지도를 하면서 그 실효를 기하려고 구속적인 조치를 취함으로써 사실상 강제성을 띠게 되고 그 결과 법치주의를 공동화시킬 우려가 있다.[2)]

(2) 한계 불명확

행정지도는 반드시 법령에 의거하여 행해지는 것은 아니기 때문에 기준이 명확하지 않고 책임소재도 불분명한 경우가 많다. 행정지도가 필요한 한계를 넘어 시행될 우려가 있다.

(3) 행정구제수단의 불완전

행정지도는 상대방의 동의 또는 임의적 협력을 전제로 하는 비권력적 사실행위이기 때문에 행정쟁송사항에서 제외될 뿐만 아니라, 행정상 손해배상과 관련해서도 애로가 있다. 그 직무집행으로서의 성질이 인정된다 하여도, 위법성이나 인과관계 인정에 어려움이 따르기 때문이다. 행정지도로 실제 권익침해를 받아도 충분한 행정구제를 기대하기 어려운 까닭이다.

3. 행정지도의 실태

행정지도의 실태를 보면, 긍정적인 측면보다는 부정적인 측면이 훨씬 많이 나타나고 있다. 행정지도라는 미명 아래 법이 무시되거나 법령의 규정을 위반하는 행정지도가 행해지는 경우가 적지 않다. 행정지도라는 이름으로 적법한 신청을 거부하거나 유보시키는 경우, 등록제가 행정지도에 의하여 사실상 허가제처럼 운영된다든지 하는 경우가 그것이다.

실제로 이러한 현상은 건축법의 허가조건을 충족한 오피스텔건축허가신청을 정부의 오피스텔 신축억제정책에 위배된다는 등의 이유로 반려한 사례,[3)] 인근주민의 집단민원을 이유로 자동차정비업허가신청

2) 서원우, 「행정지도의 공과와 평가」(상), (하), 『고시연구』, 1983.6.-7.

을 반려한 사례,[4] 기존에 유사한 단체가 있음을 이유로 사회단체등록을 거부한 사례[5] 등 여러 가지 사례들을 통해 잘 드러나고 있다.

행정지도가 수행하는 역할과 기능의 중대성에 비추어 행정절차법, 행정소송법의 개정 등을 통하여 법적 규율을 강화함으로써 단점을 최소화할 수 있는 입법적 개선이 필요하다.

Ⅳ. 행정지도의 절차

행정절차법은 행정지도의 방식, 의견제출, 다수인을 대상으로 하는 행정지도에 관한 규정을 두고 있다.

1. 행정지도의 원칙

법은 제48조에서 '행정지도의 원칙'이란 표제 하에 '행정지도는 그 목적달성에 필요한 최소한도에 그쳐야 하며, 상대방의 의사에 반하여 부당하게 강요하여서는 아니 된다'고 규정하고(§ 48 ①), 상대방이 행정지도에 따르지 않았다는 이유로 불이익한 조치를 하여서는 아니 된다고 규정하고 있다(§ 48 ②).

2. 행정지도의 방식

행정지도를 행하는 자는 그 상대방에게 해당 행정지도의 취지·내용 및 신분을 밝혀야 하며, 행정지도가 말로 이루어지는 경우 상대방이 그러한 사항을 기재한 서면의 교부를 요구하면 직무 수행에 특별한 지장이 없으면 이를 교부하여야 한다(§ 49 ②).

3) 서울고판 1990.10.18. 선고 90구4794 판결.
4) 서울고판 1989.9.3. 선고 89구14627 판결.
5) 대법원 1989.12.26. 선고 87누308 판결.

3. 의견제출

행정지도의 상대방은 해당 행정지도의 방식·내용 등에 관하여 행정기관에 의견제출을 할 수 있다(§ 50). 행정지도가 종종 사실상 구속력을 가질 여지가 있어 상대방에게 의견제출 기회를 부여함으로써 행정지도가 그 방식이나 내용 면에서 본연의 한계를 넘지 않도록 하려는 취지에 따른 것으로 이해된다.

4. 다수인을 대상으로 하는 행정지도 절차

다수인을 대상으로 하는 행정지도의 절차에 관하여 법은 행정기관이 같은 행정목적을 실현하기 위하여 많은 상대방에게 행정지도를 하고자 하는 때에는 특별한 사정이 없는 한 행정지도에 공통적인 내용이 되는 사항을 공표하도록 의무화함으로써 투명성과 예측가능성을 확보하도록 하였다(§ 51).

V. 행정지도의 실효성 확보

행정지도는 상대방의 임의적 협력을 기대하여 행하는 비권력적 사실행위이므로 원칙적으로 직접 법적 구속력이 없다. 다만 행정지도가 비권력적인 것이라 하여 전혀 사실상의 구속력을 결여하는 것은 아니며, 행정지도는 사실상 상대방에게 거역하기 곤란한 심각한 영향력을 갖는 경우가 많다는 점은 이미 본 바와 같다. 반면 행정지도 역시 행정목적의 달성을 위한 수단이므로 어떻게 그 실효성을 확보할 것인가 하는 문제를 안고 있다. 일반적으로 행정지도의 실효성은 행정기관의 정책결정이나 의지를 존중하는 경제계나 국민의 의식, 홍보(행정광보), 언론의 태도, 여론 등과 같은 사실적 요인에 의해서도 확보될 수 있지만 행정법적 관점에서는 크게 다음과 같은 억제적 조치와 장려적 조치들이 관심의 대상이 된다.

1. 억제적 조치

일정한 행정지도에 따르지 않을 경우 직접적·법적 제재는 아닐지라도 경고나 공표 등과 같은 간접적 제재를 가함으로써 그 실효성을 확보하는 방법이 빈번히 사용된다. 예를 들면 연말연시 체불임금을 해소하기 위한 행정지도라든지 부동산투기억제를 위한 행정지도를 하고 이에 따르지 않으면 체불임금업체나 부동산투기자의 명단을 공표한다든지, 세무조사를 실시하는 등 상대방에게 사실상 불이익을 주는 경우가 그 예이다. 이러한 방법이 실제상 정식의 법적 규제보다 오히려 더 효과적일 수 있다는 점은 물론이다. 그러나 상대방에 대하여 세무사찰 등 행정지도와 직접 관련이 없는 법적 규제를 강화하는 방법을 사용하는 것은 특별한 법령의 근거가 없는 한, 법치행정의 원리, 비례의 원칙에 비추어 허용되어서는 안 된다.

2. 장려적 조치

가령 정부가 권장하는 종자를 심으면 금융지원이나 우선수매 등과 같은 인센티브를 준다든지, 중소기업계열화촉진을 위한 지도를 하고 그에 따르는 모범업체를 시범기업체로 선정하여 필요한 지원을 하는 등 행정지도에 순응하는 상대방에게 일정한 이익이나 혜택을 제공하는 방법이다. 그 밖에도 행정지도에 따르는 자에게 보조금, 저리융자, 원자재구입의 알선, 기술지도, 관급공사나 구매에 있어 우선발주 등 각종 편의를 제공하는 경우를 상정할 수 있다. 이러한 방법은 주로 조성적 행정지도와 결부되는 것이 보통이다. 그러나 이 같은 장려적 조치는 그 '권장사항'에 불응하면 그 같은 혜택으로부터 배제되는 결과가 되므로 적극적 불이익처분 못지않은 제재적 효과를 지니는 것이라고 할 수 있고, 또 경우에 따라서는 그러한 수익을 받지 못한 경쟁자(경업자)와의 관계에서 경쟁의 자유를 침해하는 결과를 초래할 수 있다.

Ⅵ. 행정지도의 법적 근거와 한계

1. 행정지도의 법적 근거

행정지도에도 법률의 유보가 적용되는지 문제된다. 일반적으로 행정지도는 비권력적 사실행위의 성질을 지니므로, 전부유보설의 입장에 서지 않는 한, 특별한 법률의 근거 없이도 일반적 조직법상 권한에 의거하여 행해질 수 있다. 행정지도는 상대방의 임의적 협력을 전제로 하는 것으로서 그 자체로는 아무런 법적 효과도 발생하지 않는 사실행위이며 따라서 법률의 유보에 관한 어느 학설을 따르든 간에 행정지도를 위하여 법령상 일반적 권한 외에 개별·구체적인 법률의 근거까지 요구된다고 하지 않는 것이 일반적이며 또 타당하다.[6] 다만 행정지도 중에서도 억제적 조치가 결부된 경우 법률의 근거를 요한다고 보아야 한다.[7]

한편 조성적 행정지도에는 법률의 근거가 불필요하지만 규제적 행정지도는 법률의 근거를 요한다는 견해[8]가 있는 반면, 이에 대해 법적 규율의 실질적 의의가 별로 없다는 반론[9]도 있다.

2. 행정지도의 법적 한계

행정지도는 구체적인 작용법적 근거 없이 조직법상 근거에 의하여 허용된다고 하더라도 공행정 일반에 인정되는 법규·조리상 한계가 따른다. 행정지도는 ① 법규에 위반할 수 없고, ② 특히 조직법상 목적·임무·소관사무·권한의 범위를 넘을 수 없다는 제한을 받으며, ③ 그 밖에 비례원칙·평등의 원칙·신뢰보호의 원칙 등 행정법의 일반원칙에 구속을 받다.

1996년 제정된 행정절차법은 행정지도절차에 대한 4개 조항을 두면서 제48조에서 행정지도의 원칙을 명시하고 있다. 이에 따라 행정지도는 그 목적달성에 필요한 최소한도에 그쳐야 하며, 지도받는 자의 의사에 반하여 부당하게 강요하여서는 아니 되며(§ 48 ①) 상대방이 행정지도에 따르지 않는다는 이유로 불이익한 취급을 할 수 없다(§ 48 ②). 따라서 이러한 원칙 역시 행정지도의 일반법적 한계를 구성한다고 볼 수 있다.

---

6) 물론 행정지도에 대하여 법률이 직접 근거규정을 두는 경우가 증가되고 있으나, 이는 법적 권위의 부여 또는 행정청의 책임 등을 분명히 하려는 입법정책적 고려에 따른 것인데 불과하다.
7) 행정지도의 법적 규제의 필요성에 관해서는 박윤흔, 『행정법강의(상)』, 박영사, 2002, 579-580을 참조.
8) 김원주, 「행정지도와 법적 구제」, 『고시연구』, 1977.10., 47; 변재옥, 『행정법강의 I』, 1990, 422.
9) 김동희, 『행정법 I』, 박영사, 2008, 190-191.

Ⅶ. 행정지도와 행정구제

1. 행정쟁송에 의한 구제

행정지도는 자체로는 아무런 법적 효과를 발생하지 않는 비권력적 사실행위이기 때문에 원칙적으로 행정쟁송의 대상이 되지 않는다. 다만, 행정지도 불응을 이유로 불이익처분을 하거나 경고 같은 행정지도를 전제로 후속처분이 행하여진 경우에는 행정지도의 흠을 이유로 후속처분의 효력을 다툴 수 있다. 특히 규제적 행정지도나 조정적 행정지도는 강제성과 계속성을 띤다는 점에서 처분성을 인정하는 견해가 있음은 앞서 지적한 바 있다.

<참고판례>

항고소송의 대상이 되는 행정처분은 행정청의 공법상의 행위로서 상대방 또는 기타 관계자들의 법률상 지위에 직접적인 법률적 변동을 일으키는 행위를 말하는 것이므로 **세무당국이 소외회사에 대하여 특정인과 주류거래를 일정한 기간 중지해 줄 것을 요청한 행위는 권고 내지 협조를 요청하는 권고적 성격의 행위로서** 소외회사나 특정인의 법률상의 지위에 법률상의 변동을 가져오는 행정처분이라고 볼 수 없는 것이므로 항고소송의 대상이 될 수 없다.[10]

교육인적자원부장관의 대학총장들에 대한 이 사건 학칙시정요구는 고등교육법 제6조 제2항, 동법시행령 제4조 제3항에 따른 것으로서 그 법적 성격은 대학총장의 임의적인 협력을 통하여 사실상의 효과를 **발생시키는 행정지도의 일종이지만, 그에 따르지 않을 경우 일정한 불이익조치를 예정하고 있어 사실상 상대방에게 그에 따를 의무를 부과하는 것과 다를 바 없으므로 단순한 행정지도로서의 한계를 넘어 규제적·구속적 성격을 상당히 강하게 갖는 것으로서 헌법소원의 대상이 되는 공권력의 행사라고 볼 수 있다.**[11]

2. 행정상 손해전보에 의한 구제

'공무원의 직무집행'에 행정지도도 포함된다고 할 수 있으므로 그 한도 내에서는 국가배상의 성립을 부정할 수 없다(통설·판례[12]). 그러나 행정지도는 상대방의 임의적 동의 내지 협력을 전제로 하여 행해지는 것이므로 '동의는 불법행위의 성립을 조각한다.'라는 법언에 따라

---

10) 대법원 1980.10.27. 선고 80누395 판결.
11) 헌법재판소 2003.6.26. 선고 2002헌마337 결정(학칙시정요구 등 위헌확인).
12) 대법원 1969.4.22. 선고 68다2225 판결.

손해배상청구권의 성립을 인정하기 곤란한 경우가 많다. 또한 행정지도와 손해의 발생 사이에 인과관계를 인정하기 곤란한 경우도 적지 않다.[13]

<관련 판례>

대법원은 강제성을 띠어 그 한계를 일탈한 행정지도는 위법한 행정지도에 해당하여 불법행위를 구성하며 따라서 행정지도를 한 지방자치단체는 그로 인한 손해배상책임을 지는 반면, 행정지도가 강제성을 띠지 않은 비권력적 작용으로서 행정지도의 한계를 일탈하지 아니하였다면, 그로 인하여 상대방에게 어떤 손해가 발생하였다 하더라도 지방자치단체는 그에 대한 손해배상책임이 없다고 한다. 즉, 대법원은 피고가 1995.1.3. 이전에 원고에 대하여 행한 행정지도는 원고의 임의적 협력을 얻어 행정목적을 달성하려고 하는 비권력적 작용으로서 강제성을 띤 것이 아니지만, **1995.1.3. 행한 행정지도는 그에 따를 의사가 없는 원고에게 이를 부당하게 강요하는 것으로서 행정지도의 한계를 일탈한 위법한 행정지도에 해당하여 불법행위를 구성하므로,** 피고는 1995.1.3.부터 원고가 피고로부터 "원고의 어업권은 유효하고 향후 어장시설공사를 재개할 수 있으나 어업권 및 시설에 대한 보상은 할 수 없다"는 취지의 통보를 받은 1998.4.30.까지 **원고가 실질적으로 어업권을 행사할 수 없게 됨에 따라 입은 손해를 배상할 책임이 있고,** 나아가 피고는 원고의 어업면허를 취소하거나 어업면허를 제한하는 등의 처분을 하지 아니한 채 원고에게 양식장시설공사를 중단하도록 하여 어업을 하지 못하도록 함으로써 실질적으로는 어업권이 정지된 것과 같은 결과를 초래하였으므로, 결국 어업권이 정지된 경우의 보상액 관련 규정을 유추 적용하여 손해배상액을 산정하여야 하며, 1995.1.3. 이전의 피고의 **행정지도가 강제성을 띠지 않은 비권력적 작용으로서 행정지도의 한계를 일탈하지 아니하였다면, 그로 인하여 상대방에게 어떤 손해가 발생하였다 하더라도 행정기관은 그에 대한 손해배상책임이 없다**고 판시하고 있다.[14]

한편 적법한 행정지도로 인하여 발생한 특별한 희생・손실에 대하여는 법령에 특별한 규정이 없는 한 손실보상청구권이 성립하지 않는다. 가령 조업단축권고에 의하여 예상수익을 상실한 업주나 농촌진흥청의 통일벼재배장려에 따랐다가 기후조건의 악화・병충해 등으로 인한 수확량감소로 손해를 입은 농민의 경우, 행정지도는 비권력작용이므로 '적법한 공권력 행사로 인한 손실보상'을 인정하기 어렵다. 그러나 행정지도를 신뢰하였다가 불측의 손실을 입은 피해자에게 신뢰보호의 원칙에 따라 적정한 보상을 인정하지 않는다면 이는 법치국가의 요청에 부합하지 않는 결과가 된다.[15] 물론 해결방안은 입법론적 차원에서 모색해야 할 것이다.

---

13) 하급심판결 중에 "법령의 근거도 없이 '판매금지종용'을 하였다면 이는 불법행위를 구성할 뿐만 아니라 원고들이 위 책자들을 시판불능으로 입은 손해의 인과관계가 있다."라고 판시한 것이 있다. 서울민지판 1989.9.26. 선고 88가합4039 판결.

14) 대법원 2008.9.25. 선고 2006다18228 판결.

15) 서원우, 『현대행정법론(상)』, 박영사, 1987, 542.

제27장
처분절차의 쟁점들*

Ⅰ. 쟁점

한국 행정법은 대륙법의 전통을 이어받아 주로 그 실체법적 측면인 내용과 결과로서의 행정결정만을 중시한 나머지 행정작용이 이루어지는 과정에 대한 관심은 소홀히 해 온 경향이 있었다. 그러나 현대국가에서 행정활동의 양적·질적 확대현상이 진전됨에 따라 행정의 동태적 과정을 총합적으로 고려하여야 한다는 반성이 특히 미국에서 전개된 행정과정론과 함께 제기되었다. 사실 행정절차법의 제정은 대륙법계인 독일행정법에서도 그 이론적 발전을 가능케 한 결정적 계기가 되었다. 이를 통해 국가와 개인 간의 관계가 법적 주체 간의 관계로 재구성되고 실질화되었기 때문이다. 복잡다기한 행정현실에서는 무엇이 최선의 결정인가에 대한 법적 판단보다는 어떠한 논의과정을 거쳐 해결책을 찾을 것인가에 대한 법적 보장이 더 중시되지 않을 수 없다. 이 점은 현대행정의 과제를 수행하기 위해 점점 확대되어 온 행정재량의 경우 절차적 통제의 중요성이 강조되는 것만을 보아도 분명히 드러난다.

오늘날 행정은 정책을 수립하여 집행하는 복합적인 과정이자 행정서비스를 제공하는 과정으로 이해되고 있다. 따라서 행정과정에 대한 법적 규율도 이에 걸맞은 내용을 담아야 한다. 이를 가능케 하는 것이 바로 행정절차이며, 행정과정에 있어 정보의 공개 및 보호라 할 수 있다. 전체로서 행정정책이 수립·집행되는 과정을 거시적 행정과정이라 한다면 행정절차는 미시적 행정과정이고,[1] 정보의 공개 및 보호는 행정과정에 대한 참여를 가능케 하기 위한 전제조건으로서 행정의 투명성을 확보하고 개인의 정보를 보호하기 위한 제도적 수단이 된

* 홍준형, 『행정법』, 법문사, 2017, 424-438을 토대로 수정·보완한 것임.

1) 塩野 宏, 『日本行政法論』(서원우·오세탁 공역), 법문사, 1996, 207.

다. 이들 제도적 수단은 결국 행정과정에 대한 참가와 공동생산을 수로화함으로써 행정의 타당성과 공정성을 증진시키고 법치행정 및 민주행정의 원리를 실현하는 데 봉사한다.

행정의 능률·탄력성 확보를 중시하여 행정의 절차적 규제를 소홀히 취급하는 행정국가관은 오늘날 더 이상 타당할 수 없다. 특히 기본권보장을 이념으로 하는 실질적 법치국가에 이르러서는 행정의 공정성과 적정성의 보장이 요청되고, 행정에 대한 국민의 능동적 참여를 통한 민주적 통제가 불가피하게 되었다. 이에 따라 절차적 규제로서 행정절차의 필요성은 오늘날 더 이상 의문시되지 않고 있다. 행정절차의 존재이유는 행정의 민주화에 있으며, 특히 행정의 투명성·예측가능성(Transparenz und Überschaubarkeit)과 접근가능성(Zugänglichkeit)의 확보, 이를 바탕으로 한 이익대변(Interessenvertretung)의 기회 및 참가(Partizipation)[2]의 보장, '절차를 통한 정당성'(Legitimation durch Verfahren) 및 행정능률(Verwaltungseffizienz)의 고려 등에서 찾을 수 있다.[3]

행정절차법은 통칙에서 처분의 신청에 관한 절차를 규정하는 한편(§ 17), 다수의 행정청이 관여하는 처분의 지연방지를 위한 상호협조의무(§ 18), 신청에 대한 처리기간의 설정·공표(§ 19), 처분기준의 설정·공표(§ 20), 불이익처분의 사전통지의무(§ 21)를 규정하고 있다. 처분이란 '행정청이 행하는 구체적 사실에 관한 법집행으로서의 공권력의 행사 또는 그 거부와 그 밖에 이에 준하는 행정작용'으로 정의되어 있다(§ 2 ii).

---

2) P. Badura, "Das Verwaltungsverfahren," in: H.-U. Erichsen und W. Martens, *Allgemeines Verwaltungsrecht*, 9.Aufl., 1992, S.442, § 39 Rn.8. 정치적 테마 및 프로그램으로서 참여는 행정의 차원을 초월하여 복지국가적 관료적 국가주의(wohlfahrtsstaatlicher bürokratischer Etatismus)에 대해 민주주의의 토대, 가능성 및 한계를 모색하는 문제이다. 이처럼 행정결정에 대한 참여의 문제는 엄밀히 말하면 행정절차법의 범주를 넘어서는 문제이다. 이런 뜻에서 행정절차에 대한 법치국가적 보장의 목적은 법적 청문권의 보장(rechtliches Gehör)에 있지, 이해관계인 등의 범주확대와 이들의 절차형성 및 결정에의 참여를 내용으로 하는 '참여'에 있는 것은 아니다. 그러나 경험적으로 보아 이 상이한 목표들은 결국 실정헌법상 국가적 의사형성에 대한 조직적 이익의 영향을 제도화하는 데에서 합류하게 된다고 한다.

3) 후펜(Hufen, *DVBl*, 1988, 69ff.)은 일면 결과지향 및 전면적 재판통제(gerichtliche Vollkontrolle)와, 타면 절차를 결정과정으로 해석하는 관점 및 "절차를 통한 정당화"(N. Luhmann, *Legitimation durch Verfahren*, 1969; F.W. Scharpf, *Die politischen Kosten des Rechtsstaates*, Mohr Siebeck, 1970)가 이 문제영역을 특징지우고 있다고 한다. 행정절차의 기능·목적에 관하여는 E. Schmidt-Aßmann, "Institute gestufter Verwaltungsverfahren: Vorbescheid und Teilgenehmigung," in: *Verwaltungsrecht zwischen Freiheit, Teilhabe und Bindung, FS aus Anlaß des 25jährlichen Bestehens des BVerwG*, 1978, S.569; F. Kopp, "Beteiligung, Rechts- und Rechtsschutzpositionen im Verwaltungsverfahren," in: *FS BVerwG*, 1978, S.390ff. 등을 참조.

Ⅱ. 불이익처분의 사전통지

1. 원칙

행정절차법은 제21조 제1항에서 불이익처분, 즉 당사자에게 의무를 과하거나 권익을 제한하는 처분에 대하여 사전통지의무를 부과하고 있다. 이것은 행정청이 불이익처분을 하기 앞서 그 당사자등에게 사전에 그 사실을 알 수 있도록 그 내용을 통지하도록 함으로써 의견진술 등 방어준비를 할 수 있도록 배려하는 취지에 따른 것이다. 사전 통지할 사항은 다음과 같다.

1. 처분의 제목
2. 당사자의 성명 또는 명칭과 주소
3. 처분하고자 하는 원인이 되는 사실과 처분의 내용 및 법적 근거
4. 제3호에 대하여 의견을 제출할 수 있다는 뜻과 의견을 제출하지 아니하는 경우의 처리방법
5. 의견제출기관의 명칭과 주소
6. 의견제출기한
7. 그 밖에 필요한 사항

청문을 실시하고자 하는 경우에는 청문이 시작되는 날부터 10일 전까지 위 사항을 당사자등에게 통지하여야 하며, 이 경우 제21조 제1항 제4호 내지 제6호의 사항은 청문주재자의 소속·직위 및 성명, 청문의 일시 및 장소, 청문에 응하지 아니하는 경우의 처리방법 등 청문에 필요한 사항으로 갈음한다(§ 21 ②). 제1항 제6호에 의한 기한은 의견제출에 필요한 상당한 기간을 고려하여야 한다(§ 21 ③).

2. 예외

사전통지의무는 다음과 같은 사유가 있는 경우에는 면제된다(§ 21 ④). 그러나 그런 경우에도 통지를 하는 것은 무방하다.

1. 공공의 안전 또는 복리를 위하여 긴급히 처분을 할 필요가 있는 경우
2. 법령 등에서 요구된 자격이 없거나 없어지게 되면 반드시 일정한 처분을 하여야 하는 경우에 그 자격이 없거나 없어지게 된 사실이 법원의 재판 등에 의하여 객관적으로 증명된 때

3. 해당 처분의 성질상 의견청취가 현저히 곤란하거나 명백히 불필요하다고 인정될 만한 상당한 이유가 있는 경우

처분의 전제가 되는 사실이 법원의 재판 등에 의하여 객관적으로 증명된 경우 등 제4항에 따른 사전 통지를 하지 아니할 수 있는 구체적인 사항은 대통령령으로 정한다(§ 21 ⑤).

위와 같은 예외는 행정의 효율성을 고려한 결과지만, 당사자는 본인에게 왜 처분의 사전통지가 이루어지지 않았는지 그 이유를 알 수 없다는 문제가 있었다. 이에 2014년 12월 30일의 개정법(법률 제12923호)은 해당 처분을 할 때 당사자등에게 통지를 하지 아니하는 사유를 함께 알리도록 하되, 신속한 처분이 필요한 경우에는 처분 후 그 사유를 알릴 수 있도록 하였다(§ 21 ⑥). 이에 따라 당사자등에게 알리는 경우에는 제24조를 준용한다(§ 21 ⑦).

한편, 위 제21조 제4항 제3호의 해석과 관련하여, 행정절차법의 목적과 사전통지 및 의견제출의 기회 부여절차를 둔 취지에 비추어, 사전통지 및 의견제출의 기회 부여절차는 엄격하게 지켜져야 할 것이므로 그 예외사유 역시 엄격하게 해석하여야 한다고 판시한 사례가 있다.

<판례>

1. 행정절차법의 목적과 사전통지 및 의견제출의 기회부여절차를 두게 된 취지에 비추어 보면, **사전통지 및 의견제출의 기회부여절차는 엄격하게 지켜져야 할 것이므로 그 예외사유가 되는 행정절차법 제21조 제4항 제3호의 '당해 처분의 성질상 의견청취가 현저히 곤란하다거나 명백히 불필요하다고 인정될 만한 상당한 이유'도 엄격하게 해석하여야 하고,** 수도권정비계획법령에서 정하고 있는 과밀부담금의 부과대상, 부과절차 등에 비추어 볼 때, 과밀부담금 부과처분은 다수의 사람에게 대량으로 행하여지는 처분이 아닐 뿐만 아니라, 그 처분을 함에 있어 사전통지 및 의견제출의 기회부여를 한다고 하더라도 행정청의 능률을 저해한다고 볼 수 없고, 수도권정비계획법상의 과밀부담금은 그 부과대상이 되는 인구집중유발시설 중 일정한 건축물에 해당하는지 여부 등 그 산정에 다툼의 여지가 많을 것으로 보이므로 부과관청으로서도 부과처분을 하기 이전에 부과대상자의 의견을 들어 자기시정의 기회를 가질 수 있을 뿐만 아니라, 부과대상자 역시 사전에 부과처분의 내용을 알고 의견을 제출하는 절차를 거치거나 이에 승복함으로써 장차 부과처분이 있은 이후 분쟁이 발생할 소지를 없앨 수 있으므로 과밀부담금 부과처분은 '그 처분의 성질상 의견청취가 명백히 불필요하다고 인정될 만한 상당한 이유가 있는 경우'에 해당한다고 볼 수 없다.
2. 행정절차법시행령 제13조는 행정절차법 제21조 제4항 제3호의 내용을 보충하는 것으로서 그 각 호에 규정된 사유가 있으면 행정청이 국민에게 의무를 가하거나 권익을 제한하는 처분을 하는 경우에 사전통지절차와 의견제출의 기회부여절차를 거치지 않을 수 있게 함으로써 행정처분을 받는 국민의

권리를 제한하고 있음에도 불구하고, 같은 법 시행령의 모법인 행정절차법에 같은 법 제21조 제4항 제3호가 규정하고 있는 '당해 처분의 성질상 의견청취가 현저히 곤란하거나 명백히 불필요하다고 인정될 만한 상당한 이유가 있는 경우'에 포함될 수 있는 경우에 관하여 대통령령에 위임한다는 아무런 근거규정을 찾아볼 수 없고, 행정처분의 상대방의 권리를 제한하는 같은 법 시행령 제13조의 규정을 법률을 현실적으로 집행하는 데 필요한 세부적인 사항에 관한 집행명령의 범주에 포함되는 것이라고 볼 수도 없으므로, 같은 법 시행령 제13조의 규정은 법률의 위임이 없는 무효인 규정이다.[4)]

2014년 1월 28일의 개정법(법률 제12347호)은 "처분의 전제가 되는 사실이 법원의 재판 등에 의하여 객관적으로 증명된 경우 등 제4항에 따른 사전 통지를 하지 아니할 수 있는 구체적인 사항은 대통령령으로 정한다."라고 규정하여 처분의 사전통지 생략사유를 대통령령에서 좀 더 구체화할 수 있는 위임근거를 신설하였고(§ 21 ⑤), 이에 따라 위임근거 유무에 대한 시비의 여지가 입법적으로 해소되었다.

<보조금반환명령 당시 사전통지한 경우 후속 평가인증취소처분에 대해 사전통지예외 인정 여부>

영유아보육법상 평가인증취소처분은 이로 인하여 원고에 대한 인건비 등 보조금 지급이 중단되는 등 원고의 권익을 제한하는 처분에 해당하며, 보조금 반환명령과는 전혀 별개의 절차로서 보조금 반환명령이 있으면 피고 보건복지부장관이 평가인증을 취소할 수 있지만 반드시 취소하여야 하는 것은 아닌 점 등에 비추어 보면, 보조금 반환명령 당시 사전통지 및 의견제출의 기회가 부여되었다 하더라도 그 사정만으로 이 사건 평가인증취소처분이 구 행정절차법 제21조 제4항 제3호에서 정하고 있는 사전통지 등을 하지 아니하여도 되는 예외사유에 해당한다고도 볼 수 없으므로, 구 행정절차법 제21조 제1항에 따른 사전통지를 거치지 않은 이 사건 평가인증취소처분은 위법하다.[5)]

<사전통지나 의견제출 기회 제공의 예외 사유의 판단기준>

행정절차법 제21조 제1항, 제3항, 제4항, 제22조에 의하면, 행정청이 당사자에게 의무를 부과하거나 권익을 제한하는 처분을 하는 경우 '해당 처분의 성질상 의견청취가 현저히 곤란하거나 명백히 불필요하다고 인정될 만한 상당한 이유가 있는 경우' 등에 한하여 처분의 사전통지나 의견청취를 하지 아니할 수 있다. **따라서 행정청이 침해적 행정처분을 하면서 당사자에게 사전통지를 하거나 의견제출의 기회를 주지 아니하였다면, 사전통지나 의견제출의 예외적인 경우에 해당하지 아니하는 한, 처분은 위법하여 취소를 면할**

4) 서울행정법원 2005.2.2. 선고 2004구합19484 판결(과밀부담금부과처분취소: 확정). 참고로 행정절차법 시행령 제13조는 '사전통지의 예외사유'란 표제 아래 법 제21조 제4항 제3호 소정의 "당해처분의 성질상 의견청취가 현저히 곤란하거나 명백히 불필요하다고 인정될 만한 상당한 이유가 있는 경우"를 열거하고 있었다.

5) 대법원 2016.11.9. 선고 2014두1260 판결(보조금반환등취소 (아) 파기자판(일부)).

수 없다.

그리고 여기에서 '의견청취가 현저히 곤란하거나 명백히 불필요하다고 인정될 만한 상당한 이유가 있는 경우'에 해당하는지는 해당 행정처분의 성질에 비추어 판단하여야 하며, 처분상대방이 이미 행정청에 위반사실을 시인하였다거나 처분의 사전통지 이전에 의견을 진술할 기회가 있었다는 사정을 고려하여 판단할 것은 아니다.6)

3. 사전통지의 대상

법 제21조 제1항은 사전통지의무를 불이익처분, 즉 당사자에게 의무를 과하거나 권익을 제한하는 처분에 대하여 부과한다. 따라서 수익처분에 대해서는 사전통지를 하지 않아도 무방하다. 여기서 다음과 같은 경우 사전통지를 해야 하는지 여부가 문제된다.

(1) 당사자 이외의 이해관계인에게 불이익 효과를 미치는 처분의 경우

당사자에게는 수익적 효과를 갖지만 그 이외의 자, 즉 당사자 이외의 이해관계인에게는 불이익을 주는 처분의 경우, 이를 법 제21조 제1항에서 말하는 불이익처분으로 볼 것인지가 문제된다. 행정절차법 제21조 제1항에서 불이익처분을 당사자에 대한 것으로 한정하고 있기 때문에 문제가 된다. 학설은 한결같지 않다. 문언상 사전통지의 대상이 '당사자'에 대한 처분으로 한정되어 있다는 이유에서 부정하는 견해도 있으나, 당사자에 대한 처분으로 불이익을 받는 이해관계인에게도 사전통지를 해 주어야 할 필요성이 있다는 점, 사전통지절차란 당사자등의 의견청취를 위한 절차이므로 행정청이 직권 또는 신청에 따라 행정절차에 참여하게 한 이해관계인에게 의견제출의 기회를 부여하고 있다는 점(§ 22 ③), 그리고 법 제21조 제1항에서 "당사자등에게 통지하여야 한다"고 규정한 것은 이해관계인이 비록 자신에 대한 처분이 아니더라도 사전통지를 받을 필요가 있다는 것을 전제로 한 것이라는 점 등을 고려할 때 '행정청이 직권 또는 신청에 따라 행정절차에 참여하게 한 이해관계인'에게 불이익을 주는 처분을 사전통지의 대상에서 배제할 이유는 없으므로 긍정설이 타당하다고 본다.7)

대법원 판례의 입장은 분명치 않다. 다만, 유원시설업자 또는 체육시설업자 지위승계신고를 수리하는 처분의 경우 종전의 유원시설업자 또는 체육시설업자도 불이익을 받을 수 있으므로 그 처분에 대하여 직접 그 상대가 되는 자에 해당하며, 따라서 행정청으로서는 그 신

---

6) 대법원 2016.10.27. 선고 2016두41811 판결(시정명령처분취소등).

7) 동지 김철용, 『행정법 I』(제13판), 2010, 394 등.

고를 수리하는 처분을 하는 경우 행정절차법 소정의 당사자에 해당하는 종전의 유원시설업자 또는 체육시설업자에 대하여 위 규정 소정의 행정절차를 실시하고 처분을 하여야 한다고 판시하여, 지위승계와 같은 경우 당사자의 범위를 처분의 직접 당사자에 국한시키지 않겠다는 입장을 취한 바 있다.

> 행정절차법 제21조 제1항, 제22조 제3항 및 제2조 제4호의 각 규정에 의하면, 행정청이 당사자에게 의무를 과하거나 권익을 제한하는 처분을 함에 있어서는 당사자 등에게 처분의 사전통지를 하고 의견제출의 기회를 주어야 하며, 여기서 **당사자라 함은 행정청의 처분에 대하여 직접 그 상대가 되는 자를 의미**한다. 한편 관광진흥법 제8조 제2항, 제4항, 체육시설법 제27조 제2항, 제20조의 각 규정에 의하면, 공매 등의 절차에 따라 문화체육관광부령으로 정하는 주요한 유원시설업 시설의 전부 또는 체육시설업의 시설 기준에 따른 필수시설을 인수함으로써 그 유원시설업자 또는 체육시설업자의 지위를 승계한 자가 관계 행정청에 이를 신고하여 행정청이 이를 수리하는 경우에는 종전의 유원시설업자에 대한 허가는 그 효력을 잃고, 종전의 체육시설업자는 적법한 신고를 마친 체육시설업자로서의 지위를 부인당할 불안정한 상태에 놓이게 된다. 따라서 **행정청이 관광진흥법 또는 체육시설법의 규정에 의하여 유원시설업자 또는 체육시설업자 지위승계신고를 수리하는 처분은 종전의 유원시설업자 또는 체육시설업자의 권익을 제한하는 처분이라 할** 것이고, 종전의 유원시설업자 또는 체육시설업자는 그 처분에 대하여 직접 그 상대가 되는 자에 해당한다고 봄이 상당하므로, 행정청으로서는 그 신고를 수리하는 처분을 함에 있어서 행정절차법 규정 소정의 당사자에 해당하는 종전의 유원시설업자 또는 체육시설업자에 대하여 위 규정 소정의 행정절차를 실시하고 처분을 하여야 한다(대법원 2003.2.14. 선고 2001두7015 판결 등 참조).[8]

(2) 신청에 대한 거부처분

신청에 대한 거부처분이 '불이익처분'에 해당하는지에 대해서는 학설이 대립한다. 신청을 했어도 아직 당사자에게 권익이 부여되지 않았으므로 신청을 거부하더라도 직접 당사자의 권익을 제한하는 것이 아니며, 상대방의 신청에 의한 것이라는 점에서 이미 의견진술의 기회를 준 것이라는 등의 이유로 부정하는 견해[9]와 신청에 대한 거부처분은 분명히 당사자의 권익을 제한하는 처분이며, 일본과 달리 우리 행정절차법은 신청에 의한 처분과 불이익처분을 전혀 구분하지 않고 포괄적으로 규정하므로 일본에서의 해석론을 그대로 적용해서는 아니 된다는 이유를 들어 긍정하는 견해[10]가 있다. 판례는 소극설의 입장이다.

---

8) 대법원 2012.12.13. 선고 2011두29144 판결(유원시설업허가처분등 취소).

9) 박균성, 『행정법강의』(제2판), 박영사, 2005, 404; 김동희, 『행정법 I』(제12판), 박영사, 2006, 377 등. 박균성 교수는 갱신허가거부처분의 경우 이를 불이익처분이라 보면서 자신의 견해를 '원칙상 소극설'이라 칭하고 있다.

<판례>

행정절차법 제21조 제1항은 행정청은 당사자에게 의무를 과하거나 권익을 제한하는 처분을 하는 경우에는 미리 처분의 제목, 당사자의 성명 또는 명칭과 주소, 처분하고자 하는 원인이 되는 사실과 처분의 내용 및 법적 근거, 그에 대하여 의견을 제출할 수 있다는 뜻과 의견을 제출하지 아니하는 경우의 처리 방법, 의견제출기관의 명칭과 주소, 의견제출기한 등을 당사자 등에게 통지하도록 하고 있는바, **신청에 따른 처분이 이루어지지 아니한 경우에는 아직 당사자에게 권익이 부과되지 아니하였으므로 특별한 사정이 없는 한 신청에 대한 거부처분이라고 하더라도 직접 당사자의 권익을 제한하는 것은 아니어서 신청에 대한 거부처분을 여기에서 말하는 '당사자의 권익을 제한하는 처분'에 해당한다고 할 수 없는 것이어서 처분의 사전통지대상이 된다고 할 수 없다.**[11]

생각건대 법 제21조 제1항에 따른 불이익처분 중 '당사자의 권익을 제한하는 처분'이란 권익제한이 인정되는 한 그 범위를 제한할 여지가 없다. 신청에 대한 거부처분의 경우 결국 무엇을 거부하느냐에 따라 권익제한 여부에 대한 판단이 달라질 수 있을 것인데, 어떤 (수익적) 처분을 구할 아무런 법적 지위 없이 한 신청을 거부한 경우라면 몰라도, 그 거부처분에 권익을 제한하거나 제한한 것으로 평가할 수 있는 내용이 포함되어 있다면 의당 여기서 말하는 불이익처분에 해당한다고 보아야 할 것이다. 신청권을 근거로 처분성이 인정되면, 신청을 했다가 거부당한 자는 별도의 판단 없이 행정소송법 제12조의 법률상 이익이 있는 것으로 보아 원고적격을 인정하는 것이 판례인데, 그런 판례에 비추어 보더라도 신청권에 기한 거부처분의 '권익제한성'을 부인할 수 없을 것이다. 또한 신청에 대한 거부처분은 이미 의견진술의 기회를 준 것이라는 논거도 이를 일반화할 수 없으므로,[12] 긍정설의 입장이 타당하다.

10) 김철용, 『행정법 I』(제13판), 박영사, 2010, 394-395; 오준근, 『행정절차법』, 340-341; 김성수, 「"참여와 협력시대"의 한국 행정절차법」, 『현대공법이론의 제문제』(석종현박사화갑기념논문집), 2003, 552; 윤형한, 「사전통지의 대상과 흠결의 효과」, 『행정판례연구』(한국행정판례연구회) X, 2005, 219; 최계영, 「거부처분의 사전통지: 법치행정과 행정의 효율성의 조화」, 『행정법연구』(행정법이론실무학회), 제18호, 2007.8., 269 이하 등.

11) 대법원 2003.11.28. 선고 2003두674 판결(임용거부처분취소).

12) 김철용, 앞의 책, 395.

제28장
처분기준의 설정 · 공표*

Ⅰ. 쟁점

행정절차법은 제20조에서 처분절차와 관련하여 처분기준의 설정 · 공표제도를 규정하고 있다. 즉 행정청은 필요한 처분기준을 해당 처분의 성질에 비추어 될 수 있는 한 구체적으로 정하여 공표하여야 하며(기존 처분기준을 변경하는 경우에도 또한 같다. § 20 ①), 다만 처분기준을 공표하는 것이 해당 처분의 성질상 현저히 곤란하거나 공공의 안전 또는 복리를 현저히 해하는 것으로 인정될 만한 상당한 이유가 있는 경우에는 공표하지 아니할 수 있다고 규정한다(§ 20 ②). 또 법은 당사자등에게 공표한 처분기준이 불명확한 경우 해당 행정청에 대하여 그 해석 또는 설명을 요청할 수 있는 권리를 부여하는 한편, 당사자등이 이러한 권리를 행사한 경우 행정청은 특별한 사정이 없는 한 거부할 수 없도록 강제하고 있다.

처분기준 설정 · 공표제도는 행정청에게 국민의 구체적인 권리 · 의무에 직접적인 영향을 주는 처분의 기준을 미리 정하여 공표할 의무를 부과하고 또 처분의 상대방이나 이해관계인에 행정청에 대하여 그 처분기준을 제시해 줄 것을 요구할 수 있는 권리를 부여함으로써 행정의 투명성과 예측가능성을 기하는 동시에 처분에 대한 불복을 용이하게 하여, 궁극적으로 행정의 공정타당성과 법적 안정성을 확보하려는 데 취지가 있다.

그러나 행정절차법 시행 20년을 헤아리는 지금까지도 행정절차법 제20조에 따른 처분기준의 설정 · 공표에 관하여는 처분기준의 의미와 범위, 처분기준 설정의무의 내용, 처분기준

* 홍준형, 『행정법』, 법문사, 2017, 427-433; 홍준형, 「행정절차법상 처분기준 설정 공표와 방송법상 최다액출자자 변경승인절차」, 『공법연구』 제37집 제5호, 한국공법학회, 2009, 359-389; 홍준형, 「행정절차법상 처분기준의 설정 · 공표」, 『고시계』, 1997.7., 33-45를 토대로 수정 · 보완한 것임.

의 설정·공표의무의 불이행시의 법적 효과, 처분기준 해명요청권의 내용 및 행사방법 등 아직 많은 문제들이 해명되지 않은 상태로 남아 있다.

Ⅱ. 처분기준

행정절차법은 제20조 제1항이 규정하는 처분기준이 무엇을 의미하는지에 관하여 단지 '필요한 처분기준'이라고만 하고 있을 뿐, 아무런 준거를 제시하고 있지 않다. 이와 관련하여, 첫째, 처분기준의 의미, 특히 처분기준이란 심사기준, 가령 일본 행정수속법 제5조가 말하는 '심사기준'과 개념상 같은 것을 뜻하는가, 둘째, 여기서 말하는 처분기준이란 재량기준만을 의미하는 것인가, 셋째, 처분기준에 해당한다고 볼 수 있는 기준이란 구체적으로 무엇을 말하는가, 넷째, 처분기준이 어느 정도까지 구체적이어야 하는가 등의 물음이 차례로 제기된다.

1. 처분기준의 의미

구 「행정규제 및 민원사무기본법」(「행정규제기본법」으로 개칭되어 폐지)은 '심사기준의 설정·공표'에 관한 제11조에서 '처분등의 민원사무를 처리함에 있어서 적용하게 될 객관적이고 구체적인 심사기준', 즉 "심사기준"이라는 용어를 사용하고 있었다. 그러나 이 조항은 행정규제기본법 제정과 함께 폐지되었으므로, 이를 전제로 행정절차법상의 처분기준을 해석할 여지는 없다. 또한 일본 행정수속법은 신청에 의한 처분의 경우와 불이익처분의 경우를 나누어 각각 '신청에 의해 청구된 허·인가 등을 할 것인가 여부를 그 법령규정에 따라 판단하기 위해 필요한 기준'이라는 의미의 '심사기준'과, '불이익처분을 할 것인지 여부 또는 어떠한 불이익처분을 할 것인지에 관하여 그 법령이 정하는 바에 따라 판단하기 위하여 필요한 기준'이라는 의미의 '처분기준'이란 용어를 사용하면서 그 설정·공표에 관하여도 차별적으로 규율하고 있다. 그러나 우리 행정절차법의 경우 그러한 구별이나 규율의 차이도 찾아볼 수 없다. 이렇게 볼 때 행정절차법 제20조가 규정하는 처분기준은 일본의 경우와는 달리 처분의 성질을 불문하고 행정절차법 제2조 제2호의 규정에서 정의된 처분 일반에 적용될 기준을 말하는 것으로 보아야 한다. 이와 같이 일본 행정수속법과 달리 처분의 내용·성질여하를 불문하고 처분기준의 설정·공표제도를 통일적으로 규율하였다는 점이 우리 행정절차법의 독자성을 보여 주는 일례이다.

2. 재량기준과 해석기준

행정절차법이 행정청에게 설정·공표할 것을 요구하는 처분기준이란 재량기준만을 의미하는가. 문제는 재량준칙뿐만 아니라 해석준칙에 해당하는 기준도 여기서 말하는 처분기준에 포함되느냐 하는 데 있다. 처분기준의 설정·공표를 요구하기 위해서는 우선 처분기준을 설정·공표하는 것이 법적으로 가능해야 한다. 그런데 일반적으로 행정청이 처분기준을 설정할 수 있다면 그것은 특별한 사정이 없는 이상 법령에 따라 재량권이 부여되어 있는 경우라고 볼 수 있다. 처분의 여부나 내용의 선택이 법적으로 기속되어 있는 경우에는 행정청이 그와 별도로 처분기준을 정한다는 것은 생각할 수 없기 때문이다. 그런 까닭에 종래 학설은 이를 재량기준으로 이해해 왔던 것이다. 그러나 이처럼 재량권이 부여된 경우가 아니더라도 행정청은 상급행정기관의 지위에서 하급행정기관의 법령해석을 통일시키고 행정사무를 합리화하기 위하여 행정규칙을 발할 수 있고(규범해석 행정규칙: norminterpretierende Verwaltungsvorschriften), 또한 대량으로 행해지는 행정처분에 있어 개개의 구체적 사정을 감안하기 어려운 사정이 있는 경우 획일적인 처분기준을 정하는 행정규칙을 발할 수 있는데(간소화규칙: Vereinfachungs- anweisungen), 이들 행정규칙은 재량사항에 관한 것이 아닐지라도, 국민, 특히 행정절차의 당사자등에게 중대한 영향을 미칠 수 있다. 따라서 이러한 기준들을 행정절차법에 따라 설정·공표가 의무화되는 처분기준에서 배제시켜야 할 이유는 없을 뿐만 아니라 또 이들을 처분기준에 해당하는 것으로 보는 것이 처분기준의 설정·공표제도의 목적에 부합될 것이다. 일본에서도 행정수속법상 심사기준·처분기준에는 재량기준만이 아니라 해석기준도 포함되는 것으로 해석하는 것이 일반적이다.[1] 이러한 결론은 우리 행정절차법 제20조 제1항의 해석상 '처분기준'이라고만 되어 있을 뿐 '재량기준'에 한한다는 규정이 없다는 점에서도 뒷받침된다.

---

1) 塩野 宏,『日本行政法論』(서원우·오세탁 역, 1996), 231; 塩野 宏,『行政法 I』, 89 각주 3, 224, 245; 芝池義一,『行政法總論講義』(第2版), 1996, 283. 재량기준과 해석기준의 구별에 관하여는 芝池義一,「『行政手續法』の檢討」,『公法研究』 56号 165 각주 1을 참조.

3. 처분기준의 종류

처분기준에 해당한다고 볼 수 있는 기준이란 구체적으로 무엇을 말하는가. 이제까지의 논의에 따를 때 재량기준, 해석기준, 간소화규칙에 따른 처분기준 등을 들 수 있을 것이다. 그러나 그 밖에도 처분기관, 처리기간, 처리절차 등도 이에 포함되느냐 하는 문제가 제기될 수 있다. 이에 관하여는 법 제17조 제3항이 행정청으로 하여금 신청에 필요한 구비서류 · 접수기관 · 처리기간 그 밖에 필요한 사항을 게시하거나 이에 대한 편람(인터넷 등을 통한 게시 포함)을 비치하여 누구나 열람할 수 있도록 하고, 또 제19조 제1항에서 처분의 종류별로 처리기간을 설정 · 공표하도록 한 것을 감안할 때, 이들 기준은 법 제20조에 따라 설정 · 공표의 대상이 되는 처분기준에 해당하지 아니한다고 보아야 할 것이다. 그 밖의 기준들에 관하여는 '필요한 처분기준을 해당 처분의 성질에 비추어 될 수 있는 한 구체적으로 정하여 공표하여야 한다'고 규정한 제20조 제1항의 취지에 따라 각 처분의 종류나 내용에 따라 개별적으로 판단해야 할 것이다.

4. 처분기준의 구체성

처분기준의 구체성에 관해서는 일률적으로 어느 정도까지 구체적이어야 한다고 말하기는 어렵다. 결국 법원에서 그때그때 문제된 처분과 관련하여 어느 정도까지 구체적인 처분기준이 설정 · 공표되었어야 하는지, 그리고 현실적으로 설정 · 공표된 처분기준이 그 구체성의 요구를 충족시켰다고 볼 수 있는지 여부를 판단할 수밖에 없을 것이다. 다만 법 제20조 제1항의 문언상 '필요한 처분기준을' '처분의 성질에 비추어 될 수 있는 한 구체적으로' 정해야 한다는 것은 분명하다. '필요한 처분기준'이란 처분을 하는 데 필요한 기준뿐만 아니라 처분의 상대방, 이해관계인 등이 처분 여부나 내용 등에 관하여 최소한의 예측가능성을 가질 수 있도록 하기 위해 필요한 최소한의 처분기준이란 의미로 해석되며, 처분기준을 '처분의 성질에 비추어 될 수 있는 한 구체적으로' 정해야 한다는 것은 처분의 내용이나 성질에 따라 달라질 수는 있을지라도, 처분의 공정성과 투명성을 확보하기 위하여 가능한 한 최대한 구체적인 기준을 정해야 한다는 의미로 해석된다. 처분기준의 요소 · 항목에 대하여는 최소한의 요건이, 각각의 처분기준의 구체성에 대하여는 처분의 성질에 따른 최대한의 요건이 부과되어 있다고 할 수 있다.

III. 처분기준의 설정·공표의무 위반의 효과

처분기준이 설정·공표됨으로써 재량행위에 대한 사법적 통제의 가능성이 확대된다. 재량통제의 핵심은 재량기준의 통제에 있기 때문이다. 그러나 만일 행정청이 이러한 처분기준의 설정·공표의무를 이행하지 않는다면 어떠한 법적 효과를 인정할 것인가. 행정절차법 제20조 제1항은 처분기준의 설정·공표를, 일본 행정수속법처럼 신청에 의한 처분의 경우와 불이익처분의 경우를 구별하지 아니하고, 일률적으로 의무화하고 있다. 즉 일본 행정수속법 제12조는 행정청에게 불이익처분의 여부 또는 어떠한 불이익처분을 할 것인지에 관한 처분기준을 정하여 이를 공개하기 위하여 노력하여야 할 의무(노력의무)를 부과하고 있으나, 우리 행정절차법은 양자를 구별하지 않고 처분기준의 설정·공표를 법적인 의무로 규정한 것이다. 따라서 우리의 경우 처분기준의 설정·공표의무를 이행하지 않으면 곧바로 위법사유를 구성하게 된다는 결과가 된다.[2] 다만, '필요한 처분기준을 해당 처분의 성질에 비추어 될 수 있는 한 구체적으로 정하여' 공표해야 한다고 규정하여 처분기준의 밀도에 관하여 융통성·탄력성을 부여하고 있어, 과연 어떤 경우에 처분기준 설정·공표의무를 위배하였다고 볼 것인지가 명확하지 않을 뿐이다.

여기서 행정절차법 제20조 제1항의 규정을 '필요한 처분기준을 해당 처분의 성질에 비추어 될 수 있는 한 구체적으로 정하여 공표할 것'을 요구할 수 있는 청구권의 근거로 볼 수 있는지가 문제될 수 있다. 먼저 법 제20조 제1항의 문언상 처분기준의 설정·공표의무는, 그것이 법적 의무로서 행정청을 구속하는 것이기는 하지만, 이를 국민 누구에게나 그러한 처분기준설정·공표청구권을 부여하는 근거가 된다고는 할 수 없을 것이다. 물론 이에 관하여는 논란의 여지가 없지 않으나, 처분절차에 관한 장에서 처분기준의 설정·공표의무가 규정되고 있다는 점을 고려할 때, 행정절차와 무관한 자에게까지 일반적인 처분기준의 설정·공표청구권을 부여하는 취지라고는 해석할 수 없을 것이다. 그러나 인·허가 등의 발급을 신청하려는 자, 불이익처분을 받거나 받게 될 우려가 있는 자, 또는 그 밖에 행정절차에 참가하는 당사자 등에 대한 관계에서는 이들이 문제된 처분과의 관계에서 법률상 보호되는 이익을 가지고 있

2) 일본의 경우 행정수속법 제5조 제1항의 해석상 심사기준을 "정하는 것으로 한다."라는 규정은 같은 조 제3항에서 말하는 "하지 아니하면 아니 된다."라는 규정보다는 의무화의 정도가 약한 것이라고 해석되고 있다. 즉 단순한 노력의무보다는 강하지만 심사기준을 정하지 않았다고 해서 반드시 곧바로 위법이 되는 것이 아니라 단지 그 기준을 정하지 않은 것이 위법이라는 추정을 가능케 한다는 것이다(佐藤英善 編, 『行政手續法』, 三省堂, 1994, 38). 다만 "정하는 것으로 한다."라고 규정한 이유는 법령에 있어 인허가 등의 요건이 구체화되어 해석의 여지가 없을 정도로 명확하게 정해져 있는 경우에는 아예 심사기준을 정할 필요가 없다는 데서도 찾을 수 있다고 한다(宇賀克也, 『行政手續法の解說』, 學陽書房, 1994, 59).

는지 여부에 따라 구체적 · 개별적인 처분기준설정 · 공표청구권이 인정될 여지가 있다.

개별적인 경우 처분기준 설정 · 공표의무의 위반 여하는 결국 구체적 사안과 관련하여 사법부가 판단할 문제이다. 문제는 처분기준의 설정 · 공표의무를 위반하여 행해진 처분을 다툼에 있어 그 설정 · 공표의무위반을 처분 자체의 독립적 취소사유로 삼을 수 있느냐 하는 것이다. 이에 관하여는 향후 판례 형성을 기다려야 하겠지만, 처분기준을 설정 · 공표할 일반적인 의무를 위반했다고 해서 곧바로 처분 자체의 위법을 인정할 수 있을지는 의문이 없지 않다. 물론 처분기준의 설정 · 공표의무의 위반이 현실적으로 행해진 처분의 실체적 위법에 직접 영향을 주었다고 인정되는 경우에는 이를 독립된 취소사유로 삼을 수 있겠지만, 일반적으로 그런 경우는 드물 것이다. 문제는 오히려 처분의 실체적 내용 자체는 적법한데 그 선행 단계에서 처분기준 설정 · 공표의무 위반이 있었던 경우이다. 일본에서는 그런 경우 실체에만 잘못이 없으면 된다는 사고방식으로는 절차상 규제의 담보수단은 존재하지 않게 된다는 관점에서 적어도 절차법의 주요 4원칙(고지 · 청문, 문서열람, 이유부기, 처분(심사)기준의 설정 · 공표) 위반은 취소사유를 구성한다고 해석하는 견해가 있으나,[3] 이를 일반화할 수 있을지는 의문이다. 그런 관점에 선다면, 행정절차법 제20조가 일반적으로, 모든 처분에 대하여 '필요한 처분기준을 해당 처분의 성질에 비추어 될 수 있는 한 구체적으로 정하여 공표'하도록 한 이상, 이 규정을 위배했다는 것만으로 모든 처분의 위법성을 주장할 수 있게 되는 결과가 되기 때문이다. 다만, 행정절차법 제20조에 따른 일반적인 처분기준의 설정 · 공표의무가 개별사안에서 구체적 처분과 관련하여 응축(verdichtet)되는 경우에는 그 의무위반을 독립적 취소사유로 삼을 여지가 있다고 보아야 할 것이다. 가령 처분의 상대방이 된 자나 이해관계인이 처분기준의 설정 · 공표를 요구했으나 행정청이 이에 응하지 않고 처분을 강행했다는 등의 사정이 인정되는 경우처럼, 구체적 사안에서 문제된 처분의 성질과 관련하여 처분기준 설정 · 공표의무를 위반했고 그 위반이 처분 상대방등의 행태나 그 밖의 처분과정에 영향을 주었다는 사실이 객관적으로 확인되는 경우에는, 일본 행정수속법과는 달리 우리 행정절차법 제20조 제1항의 문언상 처분기준의 설정 · 공표의 법적 의무가 분명히 도출될 수 있는 이상, 이를 독립 취소사유로 인정할 수 있는 여지가 있다. 또 적어도 처분기준 설정 · 공표의무를 위반한 처분으로 불측의 손해를 입은 자는 (그 처분의 위법이 아니라) 의무위반을 이유로 국가배상책임을 추궁할 수 있다고 보아야 할 것이다.[4]

---

3) 일본의 경우 塩野 宏, 『日本行政法論』(서원우 · 오세탁 역, 1996), 253.

4) 처분기준의 설정에 관하여 상세한 것은 홍준형, 「행정절차법상 처분기준 설정 공표와 방송법상 최다액출자자 변경승인절차」, 『공법연구』(한국공법학회, 2009), 359~389; 홍준형, 「행정절차법상 처분기준 설정 · 공표와 합의제 행정청의 행정절차」, 『행정법연구』(행정법이론실무학회) 제20호, 2008.4., 147-188; 오준근, 「처분기준을 설정 · 공표하지 아니한 합의제 행정기관의 행정처분의 효력」, 『인권과 정의』(대한변호사협

<판례>

구 독점규제및공정거래에관한법률(1999.2.5. 법률 제5813호로 개정되기 전의 것) 제55조의3 제1항은 공정거래위원회가 법의 규정에 의한 과징금을 부과함에 있어서는 ① 위반행위의 내용 및 정도, ② 위반행위의 기간 및 횟수, ③ 위반행위로 인해 취득한 이익의 규모 등을 참작하도록 하고 있으며, 그 제3항은 과징금의 부과에 관하여 필요한 사항은 대통령령으로 정하도록 하고 있으나, 법 시행령(1999.3.31. 대통령령 제16221호로 개정되기 전의 것)은 그 부과기준에 대하여는 규정하고 있지 아니한 데, 피고는 법에서 정한 과징금의 구체적인 부과액수의 산정을 위하여 내부적으로 '과징금산정방법및부과지침'(이하 '지침'이라 한다)을 제정하여 시행하고 있으므로, 위 지침이 비록 피고 내부의 사무처리 준칙에 불과한 것이라고 하더라도 이는 법에서 정한 금액의 범위 내에서 적정한 과징금 선정기준을 마련하기 위하여 제정된 것임에 비추어 피고로서는 과징금액을 산출함에 있어서 위 지침상의 기준 및 법에서 정한 참작사유를 고려한 적절한 액수로 정하여야 할 것이고, 이러한 과징금 부과의 재량행사에 있어서 사실오인, 비례·평등의 원칙위배, 당해 행위의 목적위반이나 동기의 부정 등의 사유가 있다면 이는 재량권의 일탈·남용으로서 위법하다 할 것이다.[5)]

Ⅳ. 처분기준해명청구권

행정절차법은 제20조 제3항에서 당사자 등에게 "공표된 처분기준이 불명확한 경우 해당 행정청에 대하여 그 해석 또는 설명을 요청할 수 있으며, 이 경우 해당 행정청은 특별한 사정이 없는 한 이에 응하여야 한다."라고 규정하여 '처분기준해석·설명요청권'(여기서는 이를 "처분기준해명청구권"이라고 부르기로 한다)을 인정하고 있다. 1987년의 법안은 제24조 제3항의 규정에서 처분기준 제시 신청권을 인정하고 있었으나, 행정절차법은 그 수위를 낮추어 이를 '공표된 처분기준이 불분명한 경우 그 해석 또는 설명을 요청할 수 있는 권리'로 제도화한 것이다.

처분기준해명청구권은 개별적 사안에 있어 구체적 처분과 관련하여 구체화될 수 있는 처분기준설정·공표요구권과 함께 처분기준제도의 실효성을 담보해 줄 수 있는 거점이 된다.

회) 제378호, 2008.2., 133-148 등을 참조.

5) 대법원 2002.9.24. 선고 2000두1713 판결(시정명령등취소): 건축사회의 법위반행위에 대하여 경쟁제한성이 크다는 이유로 공정거래위원회가 내부적으로 제정한 '과징금산정방법및부과지침'상의 과징금 부과기준의 2배에 상당하는 금액을 과징금으로 일률적으로 부과한 경우, 그 경쟁제한성이 위 지침상의 부과기준액의 2배에 해당하는 과징금을 일률적으로 부과하는 것을 용인할 수 있을 정도로 크다고 할 수 없는 이상, 그 과징금 납부명령은 재량권의 일탈·남용으로 위법하다고 본 사례.

그러나 이 권리는 '공표된 처분기준이 불명확한 경우'에 한하여 행사할 수 있고, 또 그 효력도 상대방인 행정청이 '특별한 사정이 없는 한' 이에 응해야 한다는 데 그친다는 점에서 단축된 청구권이라 할 수 있다. 문제는 행정청이 '특별한 사정'이 없는데도 이에 불응하는 경우 이 권리를 어떻게 관철시킬 것인가 하는 것이다. 앞에서 본 바와 같은 처분기준 설정·공표 의무의 위반처럼 처분기준의 해석·설명의무의 위반이 처분의 독립적 취소사유로 인정될 여지가 있다면, 그 실효성은 적지 않을 것이다. 소송법적 차원에서 이러한 '절차적 청구권'을 관철시키려면 결국 행정심판, 거부처분취소소송과 부작위위법확인소송을 활용하는 수밖에 없을 것이다.

제29장
의견제출과 청문: 의견청취절차의 쟁점*

Ⅰ. 의견청취의 의의와 종류

의견청취는 처분절차에서 사전통지, 처분기준의 공표와 함께 가장 본질적 중요성을 가지는 요소이다.[1] 의견청취절차는 "누구도 변명의 기회를 부여받지 아니하고는 비난당하지 아니한다", "양 당사자로부터 들어라"라는 법언에 의해 표현되는 이른바 자연적 정의(natural justice)를 구현하기 위한 절차로서 주요 입헌주의 민주국가들과 함께 우리 헌법이 구가하고 있는 법치국가원칙에서 도출되는 당연한 요청이다. 개인의 권익을 침해하는 행정결정을 당사자인 본인의 참여가 보장되지 못한 상태에서 이루어지도록 방치한다면 이는 개인을 단순히 국가통치권의 객체로만 취급하는 것으로서 헌법상 보장되고 있는 인간의 존엄과 가치와 부합되지 않게 되는 결과가 되기 때문이다. 이러한 견지에서 행정절차법은 의견청취를 위한 청문과 의견제출, 그리고 공청회절차를 제도화한 것이다.

법은 의견청취절차의 유형을 처분의 내용, 종류 또는 사안의 경중에 따라 의견제출, 청문, 공청회, 세 가지로 나누어 규정하고 있다. 의견청취는 원칙적으로 약식절차인 의견제출의 방식으로 하고(§ 22 ③), 다만 일정한 요건하에서만 청문과 공청회를 실시하도록 되어 있다(§ 22 ① ②). 즉 청문은 다른 법령 등에서 청문을 실시하도록 규정하고 있거나, 행정청이 필요하다고 인정하는 경우, 그리고 인허가 등의 취소, 신분·자격의 박탈, 법인이나 조합 등의 설립허가의 취소를 내용으로 하는 처분 시 제21조 제1항 제6호에 따른 의견제출기한 내에 당사자등의 신청이 있는 경우에 실시하도록 되어 있다(§ 22 ①). 공청회는 다른 법령 등

* 홍준형, 『행정법』, 법문사, 2017, 438-449를 토대로 수정·보완한 것임.

1) 이에 관하여는 석종현, 「의견제출과 청문」, 『고시계』, 1997.7., 60-69를 참조.

에서 공청회를 개최하도록 규정하고 있는 경우나 해당 처분의 영향이 광범위하여 널리 의견을 수렴할 필요가 있다고 행정청이 인정하는 경우에 실시하게 되어 있다(§ 22 ②). 반면, '의견제출' 절차는 당사자에게 의무를 부과하거나 권익을 침해하는 처분을 할 때, 청문, 공청회가 실시되는 경우를 제외하고 필수적으로 거치도록 되어 있다(§ 22 ③).

법은 제22조 제4항에서 당사자가 의견진술의 기회를 포기한다는 뜻을 명백히 표시한 경우와 제21조 제4항 각 호의 하나에 해당하는 경우, 즉 공공의 안전 또는 복리를 위하여 긴급히 처분을 할 필요가 있는 경우, 법령 등에서 요구된 자격이 없거나 없어지게 되면 반드시 일정한 처분을 하여야 하는 경우에 그 자격이 없거나 없어지게 된 사실이 법원의 재판 등에 의하여 객관적으로 증명된 경우, 해당 처분의 성질상 의견청취가 현저히 곤란하거나 명백히 불필요하다고 인정될 만한 상당한 이유가 있는 경우에는 의견청취를 생략할 수 있도록 하고 있다.

위와 같은 사유로 의견청취절차를 거쳐야 하는 경우 그 의무를 이행하지 않았을 때 어떤 법적 결과가 따르는지에 대한 명시적 규정은 없다. 이와 관련하여 대법원은 요양급여의 적정성 평가 결과 전체 하위 20% 이하에 해당하는 요양기관이 건강보험심사평가원으로부터 받은 입원료 가산 및 별도 보상 적용 제외 통보를 받고 제기한 무효확인소송에서 그 통보를 항고소송의 대상이 되는 행정처분으로 보고, 그 처분이 성질상 행정절차법에 따라 원고들에게 의견진술의 기회를 주기가 곤란하거나 불필요하다고 보이지 않으며, 국민건강보험법은 요양기관이 이러한 처분 전에 그에 관한 의견제출을 할 수 있는 특별한 절차를 두고 있지도 않다며 행정절차법에 따른 의견제출의 기회를 부여하지 않아도 된다는 피고 주장을 배척하고, 위 처분이 적법한 사전통지 및 의견청취 절차를 결여한 것으로 위법하다고 판단한 사례가 있다.[2]

<청문절차를 결여한 처분의 위법 여부 등>

1. 여객자동차 운수사업법 제85조 제1항 제37호, 같은 법 시행령 제43조 제1항 [별표 3]의 규정에 의하면 처분관할청은 개인택시운송사업자의 운전면허가 취소된 경우 그 사업면허를 취소할 수 있는데, 같은 법 제86조는 "제85조 제1항에 따라 여객자동차운송사업 등의 면허 또는 등록을 취소하려면 청문을 하여야 한다."라고 규정하고 있다.

   행정절차법 제22조 제1항 제1호는, 행정청이 처분을 할 때에는 다른 법령 등에서 청문을 실시하도록 규정하고 있는 경우 청문을 실시한다고 규정하고 있다. 이러한 청문제도는 행정처분의 사유에 대하여 당사자에게 변명과 유리한 자료를 제출할 기회를 부여함으로써 위법사유의 시정가능성을 고

2) 대법원 2013.11.14. 선고 2013두13631 판결(별도보상적용제외처분무효확인등).

려하고, 처분의 신중과 적정을 기하려는 데 그 취지가 있다. 그러므로 행정청이 특히 침해적 행정처분을 할 때 그 처분의 근거 법령 등에서 청문을 실시하도록 규정하고 있다면, 행정절차법 등 관련 법령상 청문을 실시하지 않아도 되는 예외적인 경우에 해당하지 않는 한, 반드시 청문을 실시하여야 하며, 그러한 절차를 결여한 처분은 위법한 처분으로서 취소사유에 해당한다(대법원 2007.11.16. 선고 2005두15700 판결 참조).

2. 한편 행정절차법 제22조 제4항, 제21조 제4항 제3호에 의하면, "해당 처분의 성질상 의견청취가 현저히 곤란하거나 명백히 불필요하다고 인정될 만한 상당한 이유가 있는 경우"나 "당사자가 의견진술의 기회를 포기한다는 뜻을 명백히 표시한 경우"에는 청문 등 의견청취를 하지 아니할 수 있는데, 여기에서 '의견청취가 현저히 곤란하거나 명백히 불필요하다고 인정될 만한 상당한 이유가 있는 경우'에 해당하는지는 해당 행정처분의 성질에 비추어 판단하여야 하며, 처분상대방이 이미 행정청에게 위반사실을 시인하였다거나 처분의 사전통지 이전에 의견을 진술할 기회가 있었다는 사정을 고려하여 판단할 것은 아니다(대법원 2016.10.27. 선고 2016두41811 판결 참조).[3]

행정청은 청문 · 공청회 또는 의견제출을 거친 때에는 신속히 처분하여 해당 처분이 지연되지 아니하도록 하여야 하며(§ 22 ⑤), 처분 후 1년 이내에 당사자등의 요청이 있는 경우에는 청문 · 공청회 또는 의견제출을 위하여 제출받은 서류 그 밖의 물건을 반환하여야 한다(§ 22 ⑥).

의견청취절차에 관해서는 그 행정절차상 핵심적 중요성에도 불구하고 아직 많은 문제들이 충분히 해명되지 않은 상태로 남아 있다.

Ⅱ. 의견제출

1. 개념

의견제출은 법이 인정하는 의견청취의 원칙적 형태이자 최소한으로서 약식절차이다. 의견제출이란 '행정청이 어떠한 행정작용을 하기에 앞서 당사자등이 의견을 제시하는 절차로서 청문이나 공청회에 해당하지 아니하는 절차'로 정의되고 있다(§ 2 vii).

3) 대법원 2017.4.7. 선고 2016두63224 판결(개인택시운송사업면허취소처분취소).

2. 적용범위

법은 의견제출의 방법을 널리 허용하고 제출된 의견의 진정여부를 확인할 수 있도록 하면 족하다는 견지에서, 행정청이 당사자에게 의무를 과하거나 권익을 제한하는 처분을 함에 있어, 청문이나 공청회가 실시되는 경우를 제외하고, 당사자등에게 반드시 의견제출의 기회를 주도록 하였다. 이것은 당사자에게 의무를 부과하거나 권익을 침해하는 처분에 해당하지 않는 경우, 즉 수익적 처분의 경우에는, 청문과 공청회가 실시되는 경우 외에는, 의견제출의 기회를 주지 않아도 된다는 취지로 해석된다. 그러나 급부행정의 경우 수익적 처분을 하지 않는 것이 침익적 처분을 하지 않는 것 못지않은 침해적 결과를 가져올 수 있다는 점에서 의견제출절차를 침익적 처분에 국한시킨 것이 바람직한지는 매우 의문스럽다.[4)]

3. 의견제출의 방법과 효과 등

당사자 등은 처분 전 그 관할행정청에 서면・구술로 또는 정보통신망을 이용하여 의견제출을 할 수 있고(§ 27 ①), 그 주장을 입증하기 위한 증거자료 등을 첨부할 수 있다(§ 27 ②).

행정청은 당사자 등이 구술로 의견제출을 한 때에는 서면으로 그 진술의 요지와 진술자를 기록하여야 하며(§ 27 ③), 처분을 할 때 당사자 등이 제출한 의견이 상당한 이유가 있다고 인정하는 경우에는 이를 반영하여야 한다(§ 27의2). 법은 정당한 이유 없이 제출기한 내 의견이 제출되지 않을 경우, 절차의 지체를 방치하는 것은 바람직하지 않다는 판단에서, 이를 의견이 없는 것으로 간주하여 행정처분을 할 수 있도록 하고 있다(§ 27 ④).

의견제출의 경우 청문의 경우처럼 문서 열람・복사 요청에 대한 법적 근거 조항이 없다. 당사자등은 정보공개법에 따라 처분과 관련된 정보의 열람・복사를 청구할 수 있다.[5)]

---

4) 또한 신청에 의한 수익적 처분에 해당하는 '민원사무'의 처리절차를 규정하고 있는 「행정규제 및 민원사무기본법」과의 관계, 분리주의적 입법의 문제점과 대안에 관하여는 홍준형, 「'96 행정절차법시안의 내용과 문제점」, 『인권과 정의』 통권 238호, 1996.6., 97; 한국법제연구원, 「공정 행정 구현을 위한 행정절차법 제정 방안: 1994.7. 총무처 행정절차법 시안과 관련하여」, 『현안분석』 95-1, 58 등을 참조.

5) 동지 김철용, 앞의 책, 401.

Ⅲ. 청문

1. 개념과 의의

청문(hearing)이란 '행정청이 어떠한 처분을 하기에 앞서 당사자 등의 의견을 직접 듣고 증거를 조사하는 절차'를 말한다(§ 2 v). 청문은 의견청취의 핵심적 절차이다. 청문절차에서 당사자 등은 사안에 대하여 의견을 진술하고 사실을 주장하거나 증거를 제출할 수 있고 상대방이 제시한 증거나 사실, 그리고 청문주재자에 의한 직권조사결과에 대하여 반증할 수 있는 공격방어권을 가진다. 청문절차는 당사자 등에게 단순한 진술기회만을 부여하는 데 그치지 않고 적극적인 공격과 방어를 통한 실체적 진실의 발견을 목적으로 하고 있다는 점에서 일종의 사실심형 청문절차에 해당한다.

행정절차법은 청문에 관하여 비교적 상세한 규정을 두고 있다. 즉, 청문주재자 및 그 신분보장(§ 28), 청문주재자의 제척·기피·회피(§ 29), 청문의 공개(§ 30), 청문의 진행(§ 31), 청문의 병합·분리(§ 32), 증거조사(§ 33), 청문조서(§ 34), 청문의 종결(§ 35), 청문의 재개(§ 36), 문서 열람(§ 37) 등에 관하여 규정하고 있다. 청문 통지에 관한 규정은 처분의 사전통지에 관한 조항인 제21조 제2항에 포함되어 있다.

2. 청문의 실시

법은 종래 법령 등에서 청문 실시를 규정하고 있거나 행정청이 필요하다고 인정하는 경우에 한해 청문을 하도록 규정하고 있었다(§ 22 ①).[6] 그러나 2014년 1월 28일 개정법은 일정한 불이익처분의 경우 의견제출기한 내에 당사자 등이 신청하면 청문을 실시하도록 의무화하였다.

첫째, 법령 등에서 청문을 실시하도록 규정한 경우(필요적 청문) 청문 실시는 그 법령 등에 따른 당연한 결과이다. 그러한 예로는 건설산업기본법 제86조(국토교통부장관이 제82조 및 제83조에 따라 영업정지·과징금부과 또는 등록말소를 하려는 경우), 국유재산법 제37조(관리청이 제36조에 따라 행정재산의 사용허가를 취소하거나 철회하려는 경우), 「국토의 계

6) 이는 '94시안이 행정청이 필요하다고 인정하거나 당사자등의 청문신청이 있는 경우 의견제출만으로는 공정한 행정처분을 하기 곤란하다고 인정되는 때에 실시하도록 한 것에 비해 청문이 실시되는 경우를 크게 제한한 것이라 할 수 있다.

획 및 이용에 관한 법률」 제136조(개발행위허가 등의 취소시), 방송법 제101조(방송사업자 및 중계유선방송사업자에 대한 재허가 또는 재승인의 거부 등을 할 경우) 등이 있다.

둘째, 그 밖에 청문은 행정청이 필요하다고 인정하는 경우 실시할 수 있다(임의적 청문). 법 제22조 제1항 제1항 및 같은 항 제2호는 행정청에 청문 실시여부에 관한 재량을 부여한 것으로 새기는 것이 일반적이다. 그러나 경우에 따라 재량 수축이 인정되어 청문을 실시해야 할 기속을 받게 되거나 편파적 청문실시로 인해 재량하자(평등원칙 위반)가 성립할 여지가 있다.7)

셋째, 2014년 1월 28일 개정법률에 따라 다음과 같은 불이익처분을 할 경우 제21조 제1항 제6호에 따른 의견제출기한 내에 당사자등이 신청하면 반드시 청문을 실시하여야 한다. 이것은 행정절차법에 따라 당사자 등의 신청으로 실시하는 일종의 필요적 청문이라 할 수 있고, 그 경우 당사자 등은 청문신청권을 가진다.

가. 인허가 등의 취소
나. 신분 · 자격의 박탈
다. 법인이나 조합 등의 설립허가의 취소

이는 2008년 12월 24일 신설된 행정절차법시행령 제13조의2의 내용을 강화하여 법률에 반영한 결과이다. 당시 시행령 제13조의2는 "행정청이 법 제22조 제1항 제2호에 따라 처분에 대한 청문의 필요 여부를 결정할 때 그 처분이 인 · 허가 등의 취소, 신분 · 자격의 박탈, 법인이나 조합 등의 설립허가의 취소, 그 밖에 당사자 등의 권익을 심히 침해하거나 이해관계에 중대한 영향을 미치는 처분인 경우에는 청문을 실시하도록 적극 노력하여야 한다."라고 규정하고 있었다. 이 조항은 법 제22조 제1항 제2호에 따라 처분에 대한 청문의 필요 여부를 결정하는 행정청을 수범자로 하고 있어 직접 처분의 당사자등에게 청문실시를 요구할 청구권을 성립시키지는 못할지라도, 모법상 청문실시여부에 대한 행정청의 재량을 향도하고 제한하는 일종의 법규명령형식의 재량준칙으로서 행정청을 구속한다고 볼 수 있다. 따라서 행정청은 처분이 인 · 허가 등의 취소, 신분 · 자격의 박탈, 법인이나 조합 등의 설립허가의 취소, 그 밖에 당사자 등의 권익을 심히 침해하거나 이해관계에 중대한 영향을 미치는 처분인 경우에는 청문을 실시하도록 적극 노력해야만 그 의무에 합당한 재량을 행사한 것이 되고, 행정청은 그 한도 내에서 법적 기속을 받게 된다. 다시 말해, 행정청이 그와

7) 백윤기, 「금융행정에서의 법치주의의 구현」, 『현대공법학의 과제』(최송화교수화갑기념논문집), 박영사, 2002, 531; 박정훈, 「부정당업자의 입찰참가자격제한의 법적 제문제」, 『법학』(서울대학교 법학연구소) 제46권 제1호, 2005, 306 등.

같은 경우에 해당하고 달리 특별한 정당화사유가 없는데도 청문을 실시하지 않았다면 재량하자를 구성하는 결과가 된다.

3. 청문주재자

법은 청문주재자의 임명 또는 위촉, 청문주재자의 직무상의 독립성 등 신분보장에 관한 사항을 규정하고 있다.

먼저, 청문주재자는 행정청이 소속 직원 또는 대통령령으로 정하는 자격을 가진 사람 중에서 선정하되, 행정청은 청문주재자 선정이 공정하게 이루어지도록 노력하여야 한다(§ 28 ①). 청문주재자는 독립하여 공정하게 직무를 수행하며, 그 직무 수행을 이유로 본인의 의사에 반하여 신분상 어떠한 불이익도 받지 아니한다(§ 28 ③). 반면, 대통령령이 정하는 사람 중에서 선정된 청문주재자는 형법 그 밖에 다른 법률에 따른 벌칙 적용에 있어 공무원으로 본다(§ 28 ④).

둘째, 법은 청문이 정식 행정절차임을 고려하여 제척·기피·회피 제도를 통하여 이익충돌(conflict of interests)의 여지를 제거함으로써 공정성을 확보하고자 하였다. 청문주재자가 다음 각 호의 하나에 해당하는 경우에는 청문을 주재할 수 없다(§ 29 ①).

1. 자신이 당사자 등이거나 당사자등과 민법 제777조 각 호의 어느 하나에 해당하는 친족관계에 있거나 있었던 경우
2. 자신이 해당 처분과 관련하여 증언이나 감정을 한 경우
3. 자신이 해당 처분의 당사자 등의 대리인으로 관여하거나 관여하였던 경우
4. 자신이 해당 처분업무를 직접 처리하거나 하였던 경우

청문주재자에게 공정한 청문진행을 할 수 없는 사정이 있는 경우 당사자등은 행정청에 기피신청을 할 수 있으며, 이 경우 행정청은 청문을 정지하고 신청이 이유 있다고 인정하는 때에는 해당 청문주재자를 지체 없이 교체하여야 한다(§ 29 ②). 또한 청문주재자는 제척 또는 기피사유에 해당하는 경우에는 행정청의 승인을 얻어 스스로 회피할 수 있다(§ 29 ③).

4. 청문의 공개

법은 제30조에서 청문 공개에 관한 규정을 두고 있다. 청문은 당사자의 공개신청이 있거나 청문주재자가 필요하다고 인정하는 경우 공개할 수 있으나, 공익 또는 제3자의 정당한 이익을 현저히 해할 우려가 있는 경우에는 공개하여서는 아니 된다. 청문 공개의 요청은 공평타당성을 보장하기 위한 것이지만 법은 이를 당사자의 신청이나 청문주재자의 판단에 의존시킴으로써 청문의 공개로 인한 폐단을 방지하는 데 초점을 맞추었다. 당사자의 공개신청이 있는 경우 '공개할 수 있다'고만 되어 있으므로 그 경우에도 청문주재자가 청문을 비공개로 할 수 있는 것처럼 보인다. 그러나 공익 또는 제3자의 정당한 이익을 현저히 해할 우려가 있는 경우에는 이미 공개가 금지되어 있으므로, 당사자 모두가 공개를 신청한 경우에는 특별한 이유가 없는 한 공개하여야 하는 것으로 해석해야 할 것이다.

5. 청문의 진행

청문 진행과 관련하여 가장 중요한 것은, 주재자의 불편부당성을 보장하는 문제와 당사자등에게 의견개진 및 증거제출의 기회를 부여하는 문제이다. 이를 위하여 법은 최소한의 절차적 규율을 가하고 있다.

법은 청문절차에서 행해지는 증거조사의 절차와 요건을 규정하고 있다. 즉 청문주재자는 직권으로 또는 신청에 따라 필요한 조사를 할 수 있으며, 당사자 등이 주장하지 아니한 사실에 대하여도 조사할 수 있다(§ 33 ①). 이것은 청문의 사실심 기능을 살리기 위하여 청문주재자의 사실조사 및 판단권을 확대하고 증거조사의 방법을 명시하는 한편 관계행정청 및 당사자 등에게 증거조사에 협력할 의무를 부과한 것이다.

증거조사는 다음 어느 하나에 해당하는 방법으로 한다(§ 33 ②).

1. 문서 · 장부 · 물건 등 증거자료의 수집
2. 참고인 · 감정인 등에 대한 질문
3. 검증 또는 감정 · 평가
4. 그 밖에 필요한 조사

청문주재자는 필요하다고 인정하는 때에는 관계행정청에 필요한 문서의 제출 또는 의견의 진술을 요구할 수 있다. 이 경우 관계행정청은 직무 수행에 특별한 지장이 없는 한 그 요구에 따라야 한다(§ 33 ③).

6. 문서의 열람 및 비밀유지

법은 제37조에서 해당 처분과 관련된 문서의 열람 등에 관한 당사자등의 권리를 보장하는 한편, 청문으로 알게 된 비밀의 유지 의무를 부과하고 있다.

이에 따르면, 당사자등은 청문의 통지가 있는 날부터 청문이 끝날 때까지 행정청에 해당 사안의 조사결과에 관한 문서 그 밖에 해당 처분과 관련되는 문서의 열람 또는 복사를 요청할 수 있다. 이 경우 행정청은 다른 법령에 따라 공개가 제한되는 경우를 제외하고는 이를 거부할 수 없고(§ 37 ①), 다른 법령에 따라 공개가 제한된다는 사유로 열람 또는 복사의 요청을 거부하는 경우에는 그 이유를 소명하여야 한다(§ 37 ③). 열람 또는 복사를 요청할 수 있는 문서의 범위는 대통령령으로 정하도록 위임되어 있다(§ 37 ④).

행정청은 열람 또는 복사의 요청에 응하는 경우 그 일시 및 장소를 지정할 수 있고(§ 37 ②), 복사에 따른 비용은 이를 요청한 자에게 부담시킬 수 있다(§ 37 ⑤).

한편, 법은 누구든지 청문을 통하여 알게 된 사생활 또는 경영상이나 거래상의 비밀을 정당한 이유 없이 누설하거나 다른 목적으로 사용하여서는 아니 된다고 규정함으로써 청문에 따른 정보침해를 방지할 수 있도록 배려하고 있다(§ 37 ⑥).

이처럼 행정절차법이 정보공개법에 대한 일종의 특별법적 규정을 두어 문서열람청구권을 보장한 것은 긍정적으로 평가된다. 그러나 법은 문서열람청구권을 청문에 한해서만 보장하고 있을 뿐 아니라 시간적으로도 청문의 통지 이후 청문의 종결시까지만 인정하여 문서열람청구권을 축소・제한하고 있다. 의견제출절차는 물론 공청회의 경우에도 문서열람청구권을 보장하지 않은 것은 당사자등의 행정절차상 지위를 위축시키는 요인으로 작용할 우려가 있다.

제30장

처분이유의 제시*

Ⅰ. 쟁점

처분이유제시제도는 처분을 발령하게 된 기초가 된 법적·사실적 근거를 처분에 제시(부기)하도록 하는 제도를 말한다. 이것은 종래 '이유부기'라고 불린 행정절차제도의 가장 핵심적 요소이다.[1] 무엇보다도 처분을 받은 국민이 처분의 이유를 손쉽게 또 명확히 알 수 있어야만 그 처분에 따른 권리를 행사하거나 의무를 이행할 수 있게 될 뿐만 아니라 그에 대한 불복방법을 강구할 수 있게 되기 때문이다. 특히 재량처분의 경우 처분이유제시제도는 행정의 공정타당성을 확보해 줄 수 있는 핵심적 수단이 된다. 이 제도는 행정청으로 하여금 그 처분의 법적·사실적 근거를 명시하도록 함으로써 행정청의 자의적 결정이 이루어질 수 있는 여지를 배제하는 동시에 처분청과 감독청으로 하여금 스스로 처분의 적법타당성을 재심사하도록 하고(통제기능: Kontrollfunktion), 처분의 상대방 또는 그 밖의 이해관계인으로 하여금 이를 기초로 하여 차후 행정구제절차에 대처할 수 있도록 하며(권리구제 기능: Rechtsschutzfunktion), 처분에 대한 행정쟁송에서 행정심판기관이나 법원으로 하여금 처분의 근거가 된 법적·사실적 관점을 검토하고 그 적법타당성을 최종적으로 확인할 수 있도록 해준다(해명 기능: Klarstellungsfunktion). 아울러 이유제시제도는 처분을 그 법적·사실적 근거와 절차적으로 결합시킴으로써 그 적법·타당성을 확보하는 기능, 행정행위의 상대방으로 하여금 행정행위의 법적·사실적 근거와 그에 관한 행정청의 견해를 평가할 수 있도록 함으로써 처분의 정당성을 받아들이도록 하는 설득기능(Befriedungsfunktion), 청문을 실질적으

* 홍준형, 『행정법』, 법문사, 2017, 450-457을 토대로 수정·보완한 것임.

1) 이에 관하여는 류지태, 「행정절차로서의 이유부기의무」, 『고시계』, 1997.7., 46-59를 참조.

로 보강하는 기능 등을 가진다.[2)]

Ⅱ. 처분이유제시의무의 내용

1. 이유제시의 대상과 시기

행정절차법은 행정청으로 하여금 처분을 함에 있어 다음과 같은 경우를 제외하고는 당사자에게 그 근거와 이유를 제시하도록 의무화하고 있다(§ 23 ①).

1. 신청내용을 모두 그대로 인정하는 처분인 경우
2. 단순·반복적인 처분 또는 경미한 처분으로서 당사자가 그 이유를 명백히 알 수 있는 경우
3. 긴급을 요하는 경우

여기서 말하는 처분은 제23조 제1항의 문언상 권리를 제한하거나 의무를 부과하는 행위, 즉 부담적 행정행위에 국한되지 않으며, 수익적 행정행위 및 복효적 행정행위 등을 포함하는 것으로 해석된다. 다만, 위와 같은 예외적인 경우에는 이유제시제도의 취지에 비추어 이유를 제시해야만 할 필요가 없다고 보아 이유제시의무를 면제한 것이다. 물론 그 경우 이유제시를 할 의무는 없을지라도 이유를 제시하는 것은 무방하다.

처분의 이유는 처분을 할 때 처분과 함께 제시되어야 한다. 그렇게 해야 이유제시제도의 취지를 살릴 수 있으므로, 사후 이유제시는 인정되지 않는다. 즉 처분시 이유를 제시하지 않았다가 처분 후 이유를 제시해도 제23조에 따른 이유제시의무를 다한 것이 되지는 않는다.

제23조 제1항 제2호 및 제3호에 따라 단순·반복적인 처분 또는 경미한 처분으로서 당사자가 그 이유를 명백히 알 수 있는 경우와 긴급을 요하는 경우에는 이유제시를 할 필요가 없다. 그러나 법은 그 경우에도 처분 후 당사자가 요청하면 그 근거와 이유를 제시하여야 한다고 규정하여 사후적 이유제시를 인정한다(§ 23 ②). 그러나 이것은 어디까지나 예외적으로 사후적 이유제시의무가 부과되는 경우이므로, '사후에 상대방의 요구가 있는 경우 이유를 제시하여야 한다'는 식으로 일반화되어서는 아니 된다.

---

2) 이에 관하여는 홍준형·김성수·김유환, 『행정절차법제정연구』, 법문사, 1996; 류지태, 위의 글, 47 및 거기 인용된 문헌을 참조.

2. 이유제시의 정도

법은 이유제시의무의 내용으로서 “근거와 이유”를 제시하도록 하고 있는데, 여기서 ‘근거’와 ‘이유’의 개념을 둘러싸고 논란의 여지가 없지 않다.[3] 행정절차법이 ‘근거’와 ‘이유’의 개념을 엄밀히 구별하여 규정한 것인지는 분명하지 않다. 1987년의 법안은 ‘행정처분의 법적 근거와 사실상의 이유’를 제시하도록 하였고(§ 23), 총무처의 1994년시안은 ‘법률상 · 사실상의 이유’를 제시하도록 하고 있었다. 이렇게 볼 때 법 제23조의 ‘근거와 이유’는 결국 ‘처분을 하게 된 법적 근거와 사실상의 이유’를 의미하는 것으로 통합적으로 해석하는 것이 바람직하다. 일본 행정수속법의 경우 거부처분과 불이익처분에 관하여 ‘이유’의 제시를 요구하고 있고(§ 8 ①, § 14 ①), 독일 행정절차법 서면에 의한 행정행위 또는 서면에 의하여 확정된 행정행위에 대하여 ‘이유’의 제시를 요구하고 있는 것(§ 39 ①)에 비추어, ‘근거’와 ‘이유’ 양자를 엄밀히 구별할 실익은 없다고 보는 것이 자연스러운 해석이므로, 통틀어 ‘처분이유’라고 부르는 것이 좋을 것이다.

처분을 할 때 제시해야 할 이유가 얼마나 구체적이고 상세해야 하는지에 대하여 행정절차법은 침묵하고 있다. 그러나 이유제시제도의 본래 취지에 비추어 볼 때, 적어도 처분의 상대방 또는 그 밖의 이해관계인이 이를 기초로 하여 차후 행정구제절차에 대처할 수 있고, 또 처분에 대한 행정쟁송에 있어 행정심판기관이나 법원이 처분의 근거가 된 법적 · 사실적 관점을 검토하여 그 적법타당성을 최종적으로 확인할 수 있을 정도로 구체적이어야 한다고 보는 것이 옳다. 처분의 근거법령, 해당 조항 및 문언, 그리고 해당 근거법조를 적용하게 된 원인사실 및 포섭(Subsumtion)의 경위를 명시하고, 재량행위의 경우 재량행사의 전후과정을 제시하여야 할 것이다. 물론 사실적 이유에 관한 한, 처분을 하게 된 사정 전부에 대하여 일일이 근거를 제시할 필요는 없으며, 주로 법률요건해당사실(주요사실)의 골자만 제시하면 된다.

<판례>

면허의 취소처분에는 그 근거가 되는 법률이나 취소권유보의 부관 등을 명시하여야 함은 물론 처분을 받은 자가 어떠한 위반사실에 대하여 당해 처분이 있었는지를 알 수 있을 정도로 사실을 적시할 것을 요하며, 이와 같은 취소처분의 근거와 위반사실의 적시를 빠뜨린 하자는 피처분자가 처분 당시 그 취지를 알고 있었다거나 그 후 알게 되었다 하여도 치유될 수 없다고 할 것인바, 세무서장인 피고가 주류도매업자인 원고에 대하여 한 이 사건 일반주류도매업면허취소통지에 “상기 주류도매장은 무면허 주류판매업자에게

3) 가령 류지태, 위의 글, 50-51.

주류를 판매하여 주세법 제11조 및 국세법사무처리규정 제26조에 의거 지정조건위반으로 주류판매면허를 취소한다."라고만 되어 있어서 원고의 영업기간과 거래상대방 등에 비추어 원고가 어떠한 거래행위로 인하여 이 사건 처분을 받았는지 알 수 없게 되어 있다면 이 사건 면허취소처분은 위법하다.[4)]

한편, 대법원은 당사자가 근거규정 등을 명시하여 신청하는 인·허가 등을 거부하는 처분을 함에 있어 당사자가 그 근거를 알 수 있을 정도로 상당한 이유를 제시한 경우에는 해당 처분의 근거 및 이유를 구체적 조항 및 내용까지 명시하지 않았더라도 그로 말미암아 그 처분이 위법한 것이 될 수 없다고 판시함으로써 거부처분의 경우 그 이유제시 정도를 그 이외의 불이익처분의 경우보다 완화한 바 있었고,[5)] 이후 2007.5.10. 선고 2005두13315 판결에서도 동일한 법리를 재확인하고 있다.

행정절차법 제23조 제1항은 "행정청은 처분을 하는 때에는 당사자에게 그 근거와 이유를 제시하여야 한다."고 규정하고 있는바, 일반적으로 당사자가 근거규정 등을 명시하여 신청하는 인·허가 등을 거부하는 처분을 함에 있어 **당사자가 그 근거를 알 수 있을 정도로 상당한 이유를 제시한 경우에는 당해 처분의 근거 및 이유를 구체적 조항 및 내용까지 명시하지 않았더라도 그로 말미암아 그 처분이 위법한 것이 된다고 할 수 없다**(대법원 2002.5.17. 선고 2000두8912 판결 참조).

이러한 법리에 비추어 기록을 살펴보면, 이 점과 관련된 원심의 다음과 같은 판단, 즉 피고가 이 사건 주택건설사업계획 승인신청의 일괄처리사항에 포함된 토지형질변경허가를 구체적으로 언급하면서 그 신청을 반려한 이 사건 처분에 있어서 그 처분이 있기까지의 경과에 비추어 보면 원고로서는 도시계획위원회 심의 결과 녹지보전 등의 사유로 토지형질변경을 불허한다는 결정을 하고 이에 따라 피고가 구 주택건설촉진법 제33조 제1항에 의하여 이 사건 신청을 반려한 것임을 충분히 알 수 있었다고 할 것이므로 피고가 근거 규정을 구체적으로 표시하지 않았다고 하여 그 처분 자체를 위법하다고 할 수 없다는 원심의 판단 역시 정당한 것으로 충분히 수긍할 수 있고, 따라서 이 부분 원심판결에 행정처분의 근거와 이유 제시의무에 관한 법리오해의 위법이 없다.[6)]

1\. 산업입지에 관한 법령은 산업단지에 적합한 시설을 설치하여 입주하려는 자와 토지 소유자에게 산

4) 대법원 1990.9.11. 선고 90누1786 판결. 「평석: 송동원, 면허등의 취소처분에 명시하여야 할 이유기재의 정도와 그 취지」, 『대법원판례해설』 14, 327; 대법원 1984.7.10. 선고 82누551 판결; 1987.5.26. 선고 86누788 판결.

5) 대법원 2002.5.17. 선고 2000두9812 판결. 이에 대한 평석으로 조해현, 「행정처분의 근거 및 이유제시의 정도」, 『행정판례연구』 Ⅷ, 2003.12., 123-144; 김철용, 「처분이유제시의 정도: 대상판결 대법원 2002. 5.17. 선고 2000두9812 판결」, 『인권과 정의』 2009.8., 96 이하 등을 참조.

6) 대법원 2007.5.10. 선고 2005두13315 판결(주택건설사업계획승인신청서반려처분취소). 김철용 교수는 처분이유제시 유형화의 위험(Gefahr der Schematisierung)이란 관점에서 이 판결을 비판한다(『행정법 I』, 제13판, 2010, 407).

업단지 지정과 관련한 산업단지개발계획 입안과 관련한 권한을 인정하고, 산업단지 지정뿐만 아니라 변경과 관련해서도 이해관계인에 대한 절차적 권리를 보장하는 규정을 두고 있다. 또한 산업단지 안에는 다수의 기반시설 등 도시계획시설 등을 포함하고 있고, 국토의 계획 및 이용에 관한 법률의 해석상 도시계획시설부지 소유자에게는 그에 관한 도시·군관리계획의 변경 등을 요구할 수 있는 법규상 또는 조리상 신청권이 인정된다고 해석되고 있다(대법원 2015.3.26. 선고 2014두42742 판결 참조). 이러한 법리는 이미 산업단지 지정이 이루어진 상황에서 산업단지 안의 토지 소유자로서 종전 산업단지계발계획을 일부 변경하여 산업단지계발계획에 적합한 시설을 설치하여 입주하려는 자가 종전 계획의 변경을 요청하는 경우에도 그대로 적용될 수 있다고 봄이 타당하다. 그러므로 산업단지개발계획상 산업단지 안의 토지 소유자로서 산업단지개발계획에 적합한 시설을 설치하여 입주하려는 자는 산업단지지정권자 또는 그로부터 권한을 위임받은 기관에 대하여 산업단지개발계획의 변경을 요청할 수 있는 법규상 또는 조리상 신청권이 있고, 이러한 신청에 대한 거부행위는 항고소송의 대상이 되는 행정처분에 해당한다고 보아야 한다.

2. 행정청은 처분을 하는 때에는 원칙적으로 당사자에게 그 근거와 이유를 제시하여야 한다(행정절차법 제23조 제1항). 당사자가 신청하는 허가 등을 거부하는 처분을 하면서 당사자가 그 근거를 알 수 있을 정도로 이유를 제시한 경우에는 처분의 근거와 이유를 구체적으로 명시하지 않았더라도 그로 말미암아 그 처분이 위법하다고 볼 수는 없다(대법원 2002.5.17. 선고 2000두8912 판결 참조). 이때 '이유를 제시한 경우'는 처분서에 기재된 내용과 관계 법령 및 당해 처분에 이르기까지의 전체적인 과정 등을 종합적으로 고려하여, 처분 당시 당사자가 어떠한 근거와 이유로 처분이 이루어진 것인지를 충분히 알 수 있어서 그에 불복하여 행정구제절차로 나아가는 데 별다른 지장이 없었다고 인정되는 경우를 뜻한다(대법원 2009.12.10. 선고 2007두20362 판결 참조). 이 사건 처분서는 아무런 실질적인 내용 없이 단순히 신청을 불허한다는 결과만을 통보한 것이다. 기록에 나타나 있는 이 사건 처분에 이르기까지 전체적인 과정 등을 살펴보더라도 원고가 이 사건 신청이 거부된 정확한 이유를 알았거나 또는 알 수 있었다는 정황을 확인할 수 없다. 그리하여 원고가 이 사건 소송에서 처분사유를 잘못 확정하여 주장하였고 법원도 원심에 이르기까지 잘못 확정된 처분사유를 바탕으로 심리를 진행하게 되었다는 점에서 원고가 처분에 불복하여 행정구제절차로 나아가는 데에도 지장이 있었다고 볼 수 있다. 사정이 이러하다면 이 사건 처분은 근거와 이유를 제시하지 않은 것으로서 위법하다고 보아야 한다.[7]

---

7) 대법원 2017.8.29. 선고 2016두44186 판결(산업단지개발계획변경신청거부처분취소): 산업단지개발계획 변경신청에 대한 행정청의 거부행위에 관하여 처분성을 인정하고, 그 거부처분이 근거와 이유를 제시하지 아니한 절차적 하자가 있어 위법하다고 본 사례.

Ⅲ. 이유제시의 하자와 그 법적 효과

이유제시의 하자, 즉 법 제23조에서 요구하는 이유제시의무를 준수하지 않은 경우 그 법적 효과가 문제된다. 이유제시의무를 위반한 경우로는 행정청이 소정의 이유제시를 하지 않은 경우(형식적 하자)와 이유를 제시하기는 하였으나 제시한 이유가 내용 면에서 해당 처분의 적법성을 뒷받침할 수 없는 것으로 판명된 경우(내용적 하자)를 말한다.

1. 이유제시를 하지 않은 경우

행정청이 처분시 법 제23조 소정의 이유제시를 하지 아니한 경우 그것이 해당 처분을 위법한 것으로 만드는지, 또 사후에 이유제시를 추완할 수 있는지 문제된다.

먼저, 행정절차법 제23조에 따른 이유제시를 하지 아니한 경우, 그것은 명백한 법률위반으로서 해당 처분을 위법한 처분으로 만드는 결과를 가져온다고 보아야 할 것이다. 이유제시를 전혀 결여한 처분은 경우에 따라 무효라고 볼 여지도 있다.[8)]

둘째, 이러한 이유제시의무의 흠결을 사후에 치유할 수 있는지는(처분이유의 사후추완: Nachholen der Begründung) 학설상 논란되고 있다. 하자의 치유를 인정하면 해당 절차가 가지는 절차법적 의의가 제대로 평가되지 못하는 결과가 된다는 이유에서 하자의 치유가능성을 부정하는 견해[9)]에 대하여 행정절차의 절차법적 의미와 실체법적 관련성을 함께 고려해야 한다는 견지에서, 일반적으로 하자의 치유를 인정할 수 있는 것은 아니지만, 일정한 조건하에 하자의 치유가 허용되는 것으로 보아야 한다고 주장한다(제한적 긍정설).[10)] 생각건대 행정절차법 제23조 제1항과 제2항을 통해 어디에도 이유제시의무를 이행하지 않은 경우 사후추완을 통한 하자의 치유를 인정하는 근거는 발견되지 않는다. 물론 이유제시를 하지 않은 하자의 치유를 일정한 조건하에 인정하여야 할 필요가 있다고 하더라도, 모처럼 행정절차법 제정을 통해 구체화된 이유제시의무를 이행하지 않은 경우에 사후추완의 여지를 남기는 것이 바람직한지는 의문이다. 또한 그러한 하자치유의 조건을 구체화하기 위해서는 보다 명확

8) 최송화, 『법치행정과 공익』, 박영사, 2002, 310; 김철용, 위의 책, 407. 반면 정하중, 『행정법개론』(제7판), 2013, 377에서는 어느 경우에나 취소사유에 해당하며 판례 역시 같은 입장이라고 한다.

9) 서원우, 「행정상의 절차적 하자의 법적 효과」, 『서울대학교 법학』 1986.9., 50.

10) 가령 류지태, 앞의 글, 54-55. 여기서 류지태 교수는 ⓐ 행정기관 스스로에 의한 추완행위가 있을 것, ⓑ 일정한 시간적 한계하에서만 인정될 것, ⓒ 하자추완행위의 소급효의 제한, ⓓ 하자추완행위로 인하여 당사자에게 불이익이 없을 것을 요건으로 제시하고 있다.

한 입법권자의 의사가 있어야 할 것이라는 이유에서, 제한적으로 하자의 치유가능성을 인정하는 데 문제가 없지는 않다고 생각한다. 이에 대한 판례의 입장은 반드시 명확하지는 않지만, 다음 판례들은 대법원이 부정적인 입장을 취한 듯한 인상을 준다.

<판례>

허가의 취소처분에는 그 근거가 되는 법령이나 취소권유보의 부관 등을 명시하여야 함은 물론 처분을 받은 자가 어떠한 위반사실에 대하여 당해처분이 있었는지를 알 수 있을 정도의 사실의 적시를 요한다고 할 것이므로 이와 같은 취소처분의 근거와 위반사실의 적시를 빠뜨린 하자는 피처분자가 처분당시 그 취지를 알고 있었다거나 그 후 알게 되었다고 하여도 이로써 치유될 수는 없다.[11)]

다만 하자의 치유에 관하여 대법원은 '행정행위가 이루어진 당초에 그 행정행위의 위법사유가 되는 하자가 사후의 추완행위 또는 어떤 사정에 따라 보완되었을 경우에는 행정행위의 무용한 반복을 피하고 당사자의 법적 생활안정을 기한다는 입장에서는 이 하자는 치유되고 당초의 위법한 행정행위가 적법·유효한 행정행위로 전환될 수 있으나', '행정행위의 성질이나 법치주의의 관점에서 볼 때 하자 있는 행정행위의 치유는 원칙적으로 허용될 수 없는 것일 뿐만 아니라 이를 허용하는 경우에도 국민의 권리와 이익을 침해하지 않는 범위에서 구체적 사정에 따라 합목적적으로 가려야 한다'는 입장을 표명해 오고 있으므로[12)] 이러한 판례가 처분이유제시의무의 불이행이라는 절차상 하자에 대해서도 그대로 적용될 것인지 여부가 주목된다.

2. 처분이유의 내용에 하자가 있는 경우

처분이유가 처분을 정당화하는 데 불충분하거나 부적합한 경우 행정절차법상의 이유제시의무는 준수되었다 할지라도 해당 처분이 위법하다는 결과가 된다. 즉 이유의 위법이라는 결과가 되는 것이다. 이 경우 역시 처분이유로 잘못 제시된 사실상의 근거나 법적 근거를 변경함으로써 하자의 치유를 인정할 수 있느냐 하는 문제(처분의 근거변경: Nachschieben von Gründen)가 제기된다. 처분사유의 사후변경(추가·변경)의 허용여부에 대하여는 이를 원칙적으로 긍정하는 것이 일반적이다. 물론 우리 행정소송법에 이에 관하여 지침이 될 만한 규

11) 대법원 1987.5.26. 선고 86누788 판결; 대법원 1984.7.10. 선고 82누551 판결.
12) 대법원 1983.7.26. 선고 82누420 판결(법인세등부과처분취소); 동지 대법원 1991.5.28. 선고 90누1359 판결.

정은 없으나, 학설은 이를 허용되는 것으로 보고 있다.

독일에서도 처분사유의 변경은 허용된다는 것이 판례와 통설의 태도이다.[13] 즉 행정청은 행정행위를 발한 이후 그리고 경우에 따라서는 행정심판의 재결 이후에도 처분시에 존재했던 처분사유를 변경함으로써 결여된 처분사유를 추완할 수 있으며, 당초의 처분이 내용적으로 변경되지 않고 그 상대방이나 이해관계인의 권리방어가 저해되지 않은 한, 주어진 처분사유를 보완할 수 있는 것으로 이해되어 왔다.[14] 그러나 1996년 개정된 행정절차법 제45조 제2항에 따라 처분사유의 추완은 행정소송절차의 종료시까지 허용되게 되었다. 또한 이 규정을 소송적 관점에서 보완한 제6차 행정법원법 개정법률(6. VwGOÄndG)에 의해 행정소송 진행 중 하자의 추완은 더욱 용이하게 되었다. 즉, 개정된 행정법원법 제87조 제1항 제2문 제7호의 규정에 따라 재판장 또는 보고관(Berichtserstatter)은 준비절차가 진행되는 동안 쟁송의 종결이 지연되는 결과가 생기지 않는 경우에는 행정청에게 3월 이내의 기간을 정하여 절차 및 형식의 하자를 치유할 수 있는 기회를 부여할 수 있게 되었고, 나아가 같은 법 제94조 제2문의 규정에 따라 행정법원은 신청에 따라 절차 및 형식의 하자에 대한 변론을 정지시킬 수 있게 되었다. 그리고 1996년의 개정법률에 의해 신설된 행정법원법 제114조 제2문의 규정은 이른바 재량의 보충(Ermessensergänzung)을 허용하였다. 이에 따라 행정청은 재량행위의 경우에도 그 재량의 형량을 행정소송의 절차에서 보완할 수 있게 되었다.

이처럼 행정법원법 제87조 제1항 제7호에 따라 행정소송의 절차준비과정에서 행정청에게 절차하자를 추완할 수 있는 기회를 부여할 수 있는 가능성, 그리고 제94조 제2문에 따라 당사자(Beteiligte)의 신청에 따라 그러한 목적으로 소송절차를 정지할 수 있는 가능성을 인정한 것은 소송절차 촉진에 대한 법원의 의무에 부합하는 것이라고 볼 수 있다. 그러나 그렇다고 거기에 전혀 문제가 없는 것은 아니다. 국민의 입장에서 볼 때 자칫 법원과 행정청이 상호협력관계를 맺는 것과 같은 인상을 가지기 쉽기 때문이다.[15] 한편 절차하자가 소송계속 중 치유되어 승소의 가능성이 상실되는 경우 소송을 제기한 원고는 행정법원법 제161조 제2항의 규정에 따라 소송절차의 종료(Erledigung des Verfahrens)를 선언하고 소송비용을 행정청에게 부담시키는 판결을 신청할 수 있다.

대법원의 판례 역시 **'당초 처분의 근거로 삼은 사유와 기본적 사실관계가 동일하다고 인정되는 한도 내에서'**라는 조건하에서 그 허용성을 인정하고 있다.[16]

---

13) E. Erichsen (Hrsg.), *Allg.VerwR*, § 38 IV, Rn.40, S.488 그리고 같은 곳 각주 81에 인용된 판례와 문헌; F. Hufen, *Verwaltungsprozeßrecht*, 2006, C.H. Beck, § 24, Rn.22. 반대설: W.-R. Schenke, *NVwZ*, 1988, 1; ders., *Verwaltungsprozeßrecht*, 1993, S.195ff.

14) H.-U. Erichsen, a.a.O., § 38 IV, Rn.40, S.488.

15) H. Maurer, *Allgemeines Verwaltungsrecht*, 11.Aufl., 1997, § 10 Rn.39.

16) 대법원 1989.12.8. 선고 88누9299 판결.

1. 행정처분의 취소를 구하는 항고소송에 있어서, 처분청은 당초처분의 근거로 삼은 사유와 기본적 사실관계가 동일성이 있다고 인정되는 한도 내에서만 다른 사유를 추가하거나 변경할 수 있을 뿐, 기본적 사실관계와 동일성이 인정되지 않는 별개의 사실을 들어 처분사유로서 주장함은 허용되지 아니한다.
2. 주류면허 지정조건 중 제6호 무자료 주류판매 및 위장거래 항목을 근거로 한 면허취소처분에 대한 항고소송에서, 지정조건 제2호 무면허판매업자에 대한 주류판매를 새로이 그 취소사유로 주장하는 것은 기본적 사실관계가 다른 사유를 내세우는 것으로서 허용될 수 없다.[17]

이에 관하여는 처분의 근거변경의 허용여부를 일률적으로 판단할 수는 없고, 처분의 근거변경을 허용함으로 인하여 원고인 당사자가 별도의 불이익을 받아서는 아니 된다는 기본적인 한계가 준수되어야 하며, 이러한 관점에서 재량행위를 제외하고는 원칙적으로 허용되는 것으로 보는 견해[18]가 주장되고 있다. 이 견해는 위의 대법원의 판례에 대하여 기본적 사실관계의 의미가 분명하지 않고, 기속행위와 재량행위의 경우를 구별하지 않는 점을 비판한다.[19]

생각건대 당초 처분의 근거가 된 사유가 존재하지 않거나 정당화될 수 없어 취소소송에서 행정청이 새로운 사유를 주장하여 처분의 적법성을 주장하는 것을 허용한다면 원고에게 예기치 못한 법적 불안을 초래하는 결과가 되는 반면 법원이 이를 불허하고 취소판결을 내린 경우, 그 이후 행정청이 그 새로운 사유를 근거로 동일한 취지의 처분을 발할 수 있는 이상, 분쟁은 종결되기보다는 다시 새로운 처분에 대한 취소소송을 제기해야 하는 문제가 생긴다. 원고의 입장에서도 이러한 결과는 특히 구처분과 신처분의 시간적 차이로 인한 법적 불안을 의미하게 될 것이므로 바람직하지 못한다. 이렇게 볼 때 일정한 범위 안에서 처분사유의 사유변경을 인정하는 것이 타당하다고 생각한다. 다만 그 허용요건과 한계 설정이 문제로 될 것이다.[20]

17) 대법원 1996.9.6. 선고 96누7427 판결.
18) 류지태, 앞의 글, 57.
19) 류지태, 앞의 글, 57-58.
20) 이에 관하여 상세한 것은 홍준형, 『행정구제법』, 「처분사유의 추가・변경」 부분을 참조.

제31장
절차하자의 법적 효과*

Ⅰ. 쟁점

행정절차의 흠은 어떤 법적 효과를 가져오는가. 이 문제는 비단 처분절차뿐만 아니라 입법예고절차 등 그 밖의 행정절차 일반에 관해서도 제기될 수 있다. 그러나 통상 행정절차 하자의 문제는 주로 처분절차에 관한 하자가 처분에 어떠한 법적 영향을 미치는지에 초점을 맞추어 전개되어 온 것이 사실이다.

Ⅱ. 처분절차의 흠과 그 법적 효과

1. 쟁점의 소재

처분절차에 있어 절차하자는 앞에서 살펴본 행정절차법상 처분에 관한 절차적 요건 전반에 걸쳐 성립할 수 있다. 처리기간, 처분기준의 설정 · 공표라든가 사전통지절차의 위배, 청문 등 의견청취절차와 관련한 하자, 이유제시의무의 위배 등 그러한 예는 무궁무진하다. 따라서 절차하자의 법적 효과는 절차의 유형에 따라 개별 · 구체적으로 고찰해야 할 문제이기는 하지만, 일반적 · 공통적으로 다음 두 가지 문제들, 즉, 첫째, 처분에 관한 절차하자가 처분을 위

* 홍준형, 『행정법』, 법문사, 2017, 464-472를 토대로 수정 · 보완한 것임.

법하게 만드는지 여부, 둘째, 그럴 경우 그 절차하자는 취소사유인지 아니면 무효사유인지, 절차하자는 치유될 수 있는지 여부에 관한 문제를 검토해 볼 필요가 있다.

2. 절차하자가 처분을 위법하게 만드는지 여부(위법여부)

처분을 함에 있어 법적으로 요구된 행정절차를 준수하지 아니하면 그 처분(행정행위)은 절차상 하자 있는 행정행위로서 위법이란 평가를 면할 수 없음이 원칙이다. 그러나 절차하자가 해당 처분 전체(자체)를 위법하게 만드는지, 따라서 절차상 하자만을 이유로 해당 처분(행정행위)을 취소할 수 있는지에 대하여는 학설이 대립한다.

(1) 소극설

독일의 행정절차법 제46조와 관련하여 행정의 신속·능률과 국민의 권리보호와의 조화라는 견지에서 행정행위의 내용상 하자가 있는 경우가 아니면 절차나 형식상의 하자만을 이유로 하여 취소를 구할 수는 없다고 한다. 절차상 하자를 이유로 취소하더라도 그 내용에 흠이 없는 한 다시 절차상 하자를 시정하여 동일한 내용의 처분을 할 것이기 때문에 절차하자만을 이유로 취소를 허용하는 것은 행정경제의 요청에 반한다는 것이다.

처분을 재량처분과 기속처분으로 나누어 전자의 경우 절차의 흠이 있으면 그 처분이 위법하게 되지만, 후자의 경우에는 처분의 실체에 흠이 없는 한 절차의 흠만으로 처분이 위법하게 되는 것은 아니라고 하는 견해도 소극설에 속한다.[1)]

(2) 적극설

절차상의 위법은 내용상의 하자의 경우와 마찬가지로 그 자체로서 해당 행정행위의 취소사유가 된다고 한다(통설). 그렇게 보지 않을 경우 절차적 규제가 유명무실해질 우려가 있고, 재량처분의 경우 적법한 절차를 거칠 경우 반드시 동일한 처분을 반복한다고 볼 수 없기 때문에 처분의 내용이 달라질 수 있으므로, 절차하자를 위법사유로 보아야 한다고 한다.[2)]

---

1) 김남진, 「행정절차상 하자의 효과」, 『고시연구』, 1997.2., 30 이하; 정하중, 『행정법개론』(제4판), 2010, 402. 박균성, 『행정법강의』(제2판), 2005, 424는 이 견해를 절충설로 분류한다.
2) 김철용, 『행정법 I』(제13판), 2010, 420-421 등.

(3) 판례

판례는 과거 행정절차법이 제정되기 전에, 하천법 · 국가공무원법 등 법률에 정해진 청문을 결여한 채 발해진 행정처분을 위법한 처분으로 취소해 왔고,[3] 심지어는 건축사사무소등록취소처분의 취소사건에서 행정규칙의 성질을 지닌 건설부장관의 훈령[4]이 정한 청문을 결여한 채 발해진 처분도 이를 위법한 처분으로 판시하기도 하였다.[5]

<판례>

관계행정청이 건축사사무소의 등록취소처분을 함에 있어 당해 건축사등을 사전에 청문하도록 한 법제도의 취지는 행정처분으로 인하여 건축사사무소의 기존권리가 부당하게 침해받지 아니하도록 등록취소사유에 대하여 당해 건축사에게 변명과 유리한 자료를 제출할 기회를 부여하여 위법사유의 시정가능성을 감안하고 처분의 신중성과 적정성을 기하려 함에 있다 할 것이므로 관계행정청이 위와 같은 처분을 하려면 반드시 사전에 청문절차를 거쳐야 하고 설사 위 같은 법 제28조 소정의 사유가 분명히 존재하는 경우라 하더라도 당해 건축사가 정당한 이유 없이 청문에 응하지 아니하는 경우가 아닌 한 청문절차를 거치지 아니하고 한 건축사사무소등록취소처분은 청문절차를 거치지 아니한 위법한 처분이다.[6]

그러나 판례는 「자동차운수사업법 제31조등의 규정에 의한 사업면허의 취소등의 처분에 관한 규칙」(1982.7.31. 교통부령 742호) 제5조 제1항 소정의 진술 또는 변명의 기회를 주지 않고 행한 자동차운수사업면허 취소처분에 대한 사건에서 "위 규정에 의하더라도 처분사유에 대한 증거가 확실한 경우에는 처분상대방에게 진술 또는 변명의 기회를 줄 필요가 없는데, 기록에 의하면 이 사건 면허취소처분당시 처분사유에 대한 증거가 확실하다고 보여질 뿐만 아니라 위 규칙의 성질은 자동차운수사업면허 취소처분등에 관한 사무처리기준과 처분절차 등 행정청 내부의 사무처리준칙을 규정한 것에 불과하여 처분이 이에 위반되는 것이라고 하더라도 위법의 문제는 생기지 않는 것"[7]이라고 판시하였고, 또 "국민의권익보호를위한행정절차에

---

3) 대법원 1969.3.31. 선고 68누179 판결; 대법원 1977.6.28. 선고 77누96 판결; 대법원 1977.8.23. 선고 77누26 판결; 대법원 1988.5.24. 선고 87누388 판결; 대법원 1991.7.9. 선고 91누971 판결 등.

4) 「건축사사무소의 등록취소 및 폐쇄처분에 관한 규정」(1979.9.6. 건설부훈령 제447호) 제9조는 "건축사사무소의 등록을 취소하고자 할 때에는 미리 당해 건축사에 대하여 청문을 하거나 필요한 경우에 참고인의 의견을 들어야 한다. 다만 정당한 사유 없이 청문에 응하지 아니하는 경우에는 그러하지 아니하다."라고 규정하고 있다.

5) 그러나 석호철, 「청문절차에 관한 제반판례의 검토」, 『인권과 정의』 통권 215호, 1994.7., 110에서는 이 판례는 하나밖에 없는 것으로 대법원의 명확한 입장을 드러낸 것이라 단정하기는 곤란하고 오히려 해당 사건만을 해결하기 위한 결론의 하나라고 한다.

6) 대법원 1984.9.11. 선고 83누166 판결. 이 판결에 대한 평석으로는 김남진, 『법률신문』 1984.11.5., 12면을 참조.

7) 대법원 1984.2.28. 선고 89누551 판결이 여기서 원용되고 있다.

관한훈령에 따라 1990.3.1.부터 시행된 행정절차운영지침에 의하면 행정청이 공권력을 행사하여 국민의 구체적인 권리 또는 의무에 직접적인 변동을 초래하게 하는 행정처분을 하고자 할 때에는 미리 당사자에게 행정처분을 하고자 하는 원인이 되는 사실을 통지하여 그에 대한 의견을 청취한 다음, 이유를 명시하여 행정처분을 하여야 한다고 규정되어 있으나, 이는 대외적 구속력을 가지는 것이 아니므로, 시장이 건조물 소유자의 신청이 없는 상태에서 소유자의 의견을 듣지 아니하고 건조물을 문화재로 지정하였다고 하여 위법한 것이라고 할 수 없다."라고 판시하는 등[8] 일관성 없는 태도를 보인 적도 있었다.[9]

생각건대, 법령에 따라 처분 전에 거쳐야 할 행정절차를 거치지 않고서 행한 행정처분은 의당 절차법을 포함하는 실정법을 위반한 처분으로 위법한 처분으로 평가되어야 할 것이다.[10]

그런 배경에서 대법원은 최근 과세전적부심사를 청구할 수 있는 기간이 경과하지 아니하여 원고가 과세전적부심사 청구를 하기도 전에 소득금액변동통지처분을 한 경우 이는 납세자의 절차적 권리를 침해한 것으로서 그 하자가 중대·명백하여 무효이고, 이에 기초한 배당소득세 본세 징수처분 및 가산세 부과처분 역시 아무 근거가 없어 무효라고 판단한 바 있다.

<과세전적부심사청구나 그에 대한 결정이 있기 전에 한 과세처분의 무효>

사전구제절차로서 과세전적부심사 제도가 가지는 기능과 이를 통해 권리구제가 가능한 범위, 이러한 제도가 도입된 경위와 취지, 납세자의 절차적 권리 침해를 효율적으로 방지하기 위한 통제방법과 더불어, **헌법 제12조 제1항에서 규정하고 있는 적법절차의 원칙은 형사소송절차에 국한되지 아니하고, 세무공무원이 과세권을 행사하는 경우에도 마찬가지로 준수하여야 하는 점**(대법원 2016.4.15. 선고 2015두52326 판결 등 참조) 등을 고려하여 보면, 국세기본법 및 국세기본법 시행령이 과세전적부심사를 거치지 않고 곧바로 과세처분을 할 수 있거나 과세전적부심사에 대한 결정이 있기 전이라도 과세처분을 할 수 있는 예외사유로 정하고 있다는 등의 특별한 사정이 없는 한, **과세예고 통지 후 과세전적부심사 청구나 그에 대한 결정이 있기도 전에 과세처분을 하는 것은** 원칙적으로 과세전적부심사 이후에 이루어져야 하는 과세처분을 그보다 앞서 함으로써 과세전적부심사 제도 자체를 형해화시킬 뿐만 아니라 과세전적부심사 결정과 과세처분 사이의 관계 및 그 불복절차를 불분명하게 할 우려가 있으므로, 그와 같은 과세처분은 **납세자의 절차적 권리를 침해하는 것으로서 그 절차상 하자가 중대하고도 명백하여 무효**라고 할

8) 대법원 1994.8.9. 선고 94누3414 판결(유형문화재지정고시처분취소).

9) 대법원 1987.2.10. 선고 84누350 판결. 이에 관한 비판으로는 김남진, 『행정법의 기본문제』, 1990, 946 이하를 참조.

10) 그리하여 후펜(F. Hufen, *DVBl*, 1988, 70)은 '절차에 관한 실정법을 위반하여 성립된 행정행위는 위법'이란 단순한 논리를 감안할 때, 절차상 하자의 범주에 따라 위법성을 차별화하거나 위법성과 절차상 하자의 관계를 아직 규명되지 않은 문제로 치부하는 것은 불필요하다고 한다.

것이다.[11)]

다만 절차하자로 인한 위법처분이라 하여도 이를 처분의 폐지(직권 및 쟁송취소)란 결과 또는 그 밖에 일정한 법적 제재와 결부시킬 것인지는 입법정책의 문제라 할 수 있다.[12)]

독일의 경우 종래 행정절차법 제46조(Folgen von Verfahrens- und Formfehlern)에서 "제44조에 따라 무효가 아닌 행정행위에 대하여 그것이 절차, 형식 또는 지역적 관할에 관한 규정을 위반하여 행해졌다는 이유만으로 그 폐지(Aufhebung)를 청구하는 것은 하등 다른 내용의 결정이 행해질 수 없었으리라고 인정되는 경우에는 허용되지 않는다."라고 규정하고 있었기에 이 조항의 해석 · 입법론적 타당성여부, 위헌여부 등을 둘러싸고 치열한 논쟁이 전개되어 왔다.[13)] 이 조항의 취지는 절차법이란 실체법에 봉사하는 것이며 행정의 결정은 원칙적으로 그 내용이 적법한 이상, 그 결정의 실체적 적정성에 관하여 아무런 의미가 없는 절차위반 때문에 재판상 통제되어서는 안 된다는 데 있다고 설명된다.[14)] 이에 대하여는 동조항이 행정능률과 권리구제라는 요청을 조화시킨 것이라는 이유에서 이를 긍정하는 견해[15)]와 이 조항을 '법률의 자살기도'(Selbstmordversuch des Gesetzes)라고 하거나(Erichsen),[16)] '행정청이 위반하더라도 그 결과 행정행위의 무효나 폐지를 초래하지 않는 행정절차법이란 법치국가적 절차원리를 보장하기에 적합하지 못한 것'이란 견지에서 이를 비판하는 견해[17)]가 대립하고 있었다.

이후 제46조는 1996년 9월 12일 승인절차촉진법(GenBeschlG)에 의해 "제44조에 따라 무효가 아닌 행정행위에 대하여, 그것이 절차, 형식 또는 지역적 관할에 관한 규정을 위반하여 행해졌다는 이유만으로는, 그 규정 위반이 해당 행위의 내용을 결정함에 있어 영향을 미치지 않았음이 명백한(offensichtlich) 경우에는, 그 폐지(Aufhebung)를 청구할 수 없다."라

---

11) 대법원 2016.12.27. 선고 2016두49228 판결(배당소득세등부과처분취소(아) 상고기각).

12) F. Hufen, *Verwaltungsprozessrecht*, S.71; P. Badura, "Das Verwaltungsverfahren," in: H.-U. Erichsen und W. Martens, *Allgemeines Verwaltungsrecht*, 9.Aufl., S.480, § 41 Rn.35.

13) P. Stelkens, *Verwaltungsverfahren*, 1991, S.187, Rn.526을 참조.

14) F. Ossenbühl, "Verwaltungsverfahren zwischen Verwaltungseffizienz und Rechtsschutzauftrag," *NVwZ*, 1982, 471; P. Badura, a.a.O., § 41 Rn.35, S.480.

15) F. Ossenbühl, ibid., 465ff.; R. Wahl, "Verwaltungsverfahren zwischen Verwaltungseffizienz und Rechtsschutzauftrag," *VVDStRL* 41, 1983, 151ff.; J. Pietzker, *VVDStRL* 41, 193ff.

16) E. Erichsen, "Das Bundesverwaltungsgericht und die Verwaltungsrechtswissenschaft," *DVBl*, 1978, 569ff.[577]; H.H. Rupp, "Bemerkungen zum verfahrensfehlerhaften Verwaltungsakt," in: *FS für O. Bachof*, 1984, S.151ff.[153].

17) C.H. Ule, "Verwaltungsreform als Verfassungsvollzug," in: *Recht im Wandel*, 1965, S.71; ders., "Rechtsstaat und Verwaltung," *VerwArch' 76*, 1985, 140; H.-W. Laubinger, "Grundrechtsschutz durch Gestaltung des Verwaltungsverfahrens," *VerwArch*. Bd.73, 1982, S.60ff., 77f.

고 개정되어 그 폐지청구 배제사유가 더욱 넓어졌다.[18)]

이처럼 행정행위의 내용에 영향을 주지 않은 절차상의 하자만으로는 행정행위의 존속에 영향을 주지 않는다는 행정절차법 제46조는 그 한도 내에서 결국 절차규범의 준수를 요구할 수 있는 개인의 권리를 부인하는 것이 된다. 이처럼 국법이 행정기관에게는 권리와 권한을 부여하면서 국민에게는 주관적 권리에 의한 행동가능성(Aktionspotentiale)의 결여를 이유로 행정부 및 사법부에 대하여 법률을 관철시킬 수 없도록 하고, 또 국가권위의 일방통행로(Einbahnstraße der Staatsautorität)를 설정하는 것은 법치국가원칙이나 행정의 법률적합성 원칙과 부합하지 않는다는 루프(Rupp)의 비판[19)]이 다시금 음미될 필요가 있다.

어떤 형태로든 독일 행정절차법 제46조 같은 명시적 규정이 없는 우리 법 상황에서 이 문제는 추상적으로 행정절차 일반에 대해서가 아니라 구체적 사례상황에서 행정청이 이행하지 못한 행정절차의 종류와 관계법규정의 취지·성질에 비추어 구체적으로 판단해야 할 문제이다.

원칙적으로는 법률이 명문의 규정을 두어 일정한 행정절차를 거칠 것을 강제하는 경우(강행규정) 또는 법률에 명문의 규정은 없더라도 일정한 행정절차의 실시의무가 헌법상 기본권이나 적법절차의 요청으로부터 도출될 수 있는 경우 이를 거치지 않고서 행해진 행정처분은 적어도 위법한 처분으로서 취소될 수 있다고 보아야 할 것이다.[20)]

특히 행정절차법이 일정한 요건하에 행정절차를 실시하도록 규정하고 있는 경우, 가령 행정절차법 제22조에 따른 의견청취절차의 경우, 다른 법령 등에서 청문을 실시하도록 규정하고 있는데도 그러한 청문을 이행하지 아니하고 처분을 하였다면 이는 해당 법령 및 행정절차법 제22조의 규정에 반하는 위법한 처분이라고 보아야 할 것이다. 판례 역시 다음에 보는 바와 같이 그러한 입장에 서 있는 것으로 보이며, 특히 사전통지, 의견청취, 이유제시에 관한 절차하자에 관한 한 확고한 입장이 아닌가 생각된다.[21)]

> 근본적으로, 비록 실체적 적법성을 갖춘 처분이라도 절차적 적법성이 결여되면 위법한 처분이 되고 만다. **실체적 적법성과 절차적 적법성은 법치주의의 두 기둥이므로, 행정행위를 함에 있어서 법이 규정한 절차를 지켜야만 비로소 법의 지배를 통하여 정의가 실현될 수 있기 때문이다.** 특히 이 사건 처분과 같이 주

18) 개정법에 따른 해석상 변화에 관하여는 F. Kopp und U. Ramsauer, *Verwaltungsverfahrensgesetz*, Kommentar, 9.Aufl., 2005, § 46 Rn.2.

19) H.H. Rupp, a.a.O., S.167.

20) 학설상으로는 이러한 흠을 오히려 무효사유로 보아야 할 경우가 많을 것이라는 견해가 유력하다고 한다(김도창, 『일반행정법론(상)』, 539).

21) 이에 관해서는 오준근, 「행정절차법 시행 이후의 행정절차 관련 행정판례의 동향에 관한 몇 가지 분석」, 『행정판례연구』 VII, 2002, 81 이하를 참조.

식 전부를 강제로 무상소각하는 것을 내용으로 하는 등 처분의 실질적 상대방인 주주나 임원들의 권리 의무에 중대한 영향을 미치는 경우에는 더욱 그러하다. 적법한 사전통지나 의견제출 절차를 거친다면 행정처분의 방향을 수정하는 등 실체적인 측면에도 영향을 미칠 가능성이 존재한다는 측면도 간과되어서는 안 된다. **특히 중요한 점은, 목적과 능률에 치중한 나머지 혹시라도 절차를 경시하는 일이 있어서는 아니 된다는** 것이다. 이 사건과 관련하여 "실질적인 내용상의 흠과는 달리 절차나 형식상의 흠은 실체 성과는 무관하므로 행정행위를 취소해서는 안 된다"거나 "청문 내지 의견제출 절차의 결여 등 절차나 형식상의 흠은 사후에 치유될 수 있고, 이 사건과 같이 사후의 재판절차를 통하여 절차나 형식상의 흠이 사실상 치유되었다면 행정처분이 유효하다고 보아야 한다"는 등의 주장이 존재한다. 그러나 만일 그렇다면, 행정기관으로서는 행정절차를 지킬 필요가 없어져서 행정절차법은 형해화되고 법치주의 원칙이 심각하게 훼손되고 만다. 왜냐하면, 취소 대상이 되지 않으므로 누구나 사전통지나 의견제출의 절차를 무시할 가능성이 있을 것이고, 취소 대상이 된다고 하더라도 이를 무시한 다음, 추후에 이를 지키지 않은 것이 문제가 되면 그 경우에 한하여 사후의 통지, 또는 그에 대한 재판절차에서의 의견 제출로써 얼마든지 빠져나갈 수가 있기 때문이다.[22)]

1. **행정청이 침해적 행정처분을 함에 있어서 당사자에게 사전통지를 하거나 의견제출의 기회를 주지 아니하였다면 사전통지를 하지 않거나 의견제출의 기회를 주지 아니하여도 되는 예외적인 경우에 해당하지 아니하는 한 그 처분은 위법하여 취소를 면할 수 없다.**
2. 행정청이 온천지구임을 간과하여 지하수개발 · 이용신고를 수리하였다가 행정절차법상의 사전통지를 하거나 의견제출의 기회를 주지 아니한 채 그 신고수리처분을 취소하고 원상복구명령의 처분을 한 경우, 행정지도방식에 의한 사전고지나 그에 따른 당사자의 자진 폐공의 약속 등의 사유만으로는 사전통지 등을 하지 않아도 되는 행정절차법 소정의 예외의 경우에 해당한다고 볼 수 없다는 이유로 그 처분은 위법하다.[23)]

구 「폐기물처리시설 설치 촉진 및 주변지역 지원등에 관한 법률」 및 동시행령 등 관련법령을 종합하여 볼 때, 입지선정위원회는 전문연구기관의 입지 타당성 조사 결과 등을 참작하여 폐기물처리시설의 입지를 선정하는 의결기관이라 할 것이고, 입지선정위원회의 구성방법에 관하여 일정 수 이상의 주민대표 등을 참여시키도록 한 것은 폐기물처리시설입지 선정절차에 있어 주민의 참여를 보장함으로써 주민들의 이익과 의사를 대변하도록 하여 주민의 권리에 대한 부당한 침해를 방지하고 행정의 민주화와 신뢰를 확보하는 데 그 취지가 있는 것이므로, 주민대표나 주민대표 추천에 의한 전문가의 참여 없이 이루어지는 등 **입지선정위원회의 구성방법이나 절차가 위법한 경우에는 그 하자 있는 입지선정위원회의 의결에 터 잡아 이루어진 폐기물처리시설입지결정처분도 위법하게 된다** 할 것이다.[24)]

---

22) 서울행정법원 1999.8.31. 선고 99구23709, 99구23938, 99구24160 (병합)판결(부실금융기관결정등처분취소).
23) 대법원 2000.11.14. 선고 99두5870 판결(지하수개발이용수리취소및원상복구명령취소).
24) 대법원 2003.11.14. 선고 2003두7118 판결(생활폐기물처리시설입지의결정 · 고시처분취소). 아울러 대법원

1. 청문절차에 관한 각 규정과 행정처분의 사유에 대하여 당해 영업자에게 변명과 유리한 자료를 제출할 기회를 부여함으로써 위법사유의 시정 가능성을 고려하고 처분의 신중과 적정을 기하려는 청문제도의 취지에 비추어 볼 때, 행정청이 침해적 행정처분을 함에 즈음하여 청문을 실시하지 않아도 되는 예외적인 경우에 해당하지 않는 한 반드시 청문을 실시하여야 하고, 그 절차를 결여한 처분은 위법한 처분으로서 취소 사유에 해당한다.
2. 행정절차법 제21조 제4항 제3호는 침해적 행정처분을 할 경우 청문을 실시하지 않을 수 있는 사유로서 "당해 처분의 성질상 의견청취가 현저히 곤란하거나 명백히 불필요하다고 인정될 만한 상당한 이유가 있는 경우"를 규정하고 있으나, 여기에서 말하는 '의견청취가 현저히 곤란하거나 명백히 불필요하다고 인정될 만한 상당한 이유가 있는지 여부'는 당해 행정처분의 성질에 비추어 판단하여야 하는 것이지, 청문통지서의 반송 여부, 청문통지의 방법 등에 의하여 판단할 것은 아니며, 또한 **행정처분의 상대방이 통지된 청문일시에 불출석하였다는 이유만으로 행정청이 관계 법령상 그 실시가 요구되는 청문을 실시하지 아니한 채 침해적 행정처분을 할 수는 없을 것이므로, 행정처분의 상대방에 대한 청문통지서가 반송되었다거나, 행정처분의 상대방이 청문일시에 불출석하였다는 이유로 청문을 실시하지 아니하고 한 침해적 행정처분은 위법하다.**[25]

3. 취소사유인지 아니면 무효사유인지 여부

절차하자를 처분의 위법사유로 보는 경우에도 이를 취소사유로 볼 것인지 아니면 무효사유로 볼 것인지에 관하여 견해가 갈린다. 통설은, 명문의 규정이 없는 한, 중대명백설에 따라 판단할 문제라고 본다. 즉 문제된 절차의 흠이 중대하고 동시에 명백한 때에는 무효이고 그렇지 않을 경우에는 취소사유에 불과하다는 것이다. 판례는 반드시 명확하지는 않지만, 다음에서 보는 바와 같이, 대체로 중대명백설에 입각하여 판단하는 것으로 보인다.[26]

구「폐기물처리시설 설치촉진 및 주변지역 지원 등에 관한 법률」에 정한 입지선정위원회가 그 구성방법

2002.4.26. 선고 2002두394 판결 등을 참조.

25) 대법원 2001.4.13. 선고 2000두3337 판결(영업허가취소처분취소): 구 공중위생법상 유기장업허가취소처분을 함에 있어서 두 차례에 걸쳐 발송한 청문통지서가 모두 반송되어 온 경우, 행정절차법 제21조 제4항 제3호에 정한 청문을 실시하지 않아도 되는 예외 사유에 해당한다고 단정하여 당사자가 청문일시에 불출석하였다는 이유로 청문을 거치지 않고 이루어진 위 처분이 위법하지 않다고 판단한 원심판결을 파기한 사례.

26) 김철용, 앞의 책, 421은 절차의 흠이 위법한 경우 대체로 취소원인으로 보는 것 같다고 하면서 "행정청이 침해적 행정처분을 함에 즈음하여 청문을 실시하지 않아도 되는 예외적인 경우에 해당하지 않는 한 반드시 청문을 실시하여야 하고, 그 절차를 결여한 처분은 위법한 처분으로서 취소 사유에 해당한다."라고 판시한 대법원 2001.4.13. 선고 2000두3337 판결을 든다.

및 절차에 관한 같은 법 시행령의 규정에 위배하여 군수와 주민대표가 선정·추천한 전문가를 포함시키지 않은 채 임의로 구성되어 의결을 한 경우, 그에 터 잡아 이루어진 폐기물처리시설 입지결정처분의 하자는 중대한 것이고 객관적으로도 명백하므로 무효사유에 해당한다.[27]

과세예고 통지 후 과세전적부심사 청구나 그에 대한 결정이 있기도 전에 과세처분을 하는 것은 원칙적으로 과세전적부심사 이후에 이루어져야 하는 과세처분을 그보다 앞서 함으로써 과세전적부심사 제도 자체를 형해화시킬 뿐만 아니라 과세전적부심사 결정과 과세처분 사이의 관계 및 그 불복절차를 불분명하게 할 우려가 있으므로, 그와 같은 과세처분은 납세자의 절차적 권리를 침해하는 것으로서 그 절차상 하자가 중대하고도 명백하여 무효라고 할 것이다.[28]

Ⅲ. 절차하자의 치유 문제

하자의 치유에 관해서는 이미 앞에서 살펴본 바 있다. 여기서는 절차상 하자의 치유를 인정할 수 있는지를 검토해 보기로 한다. 처분에 절차상 하자가 있는 경우 행정청이 나중에 이를 보완하면 그 흠이 치유되었다고 볼 것인가가 문제된다. 이 문제는 판례상 무효인 처분의 경우 흠의 치유를 인정하지 아니하므로 절차하자가 취소사유인 경우에만 제기된다. 절차하자의 치유를 허용할 것인지에 관해서는 학설이 대립한다.

먼저, 긍정설로는 행정심판은 물론 행정소송 단계에서도 허용된다고 보는 입장과 실체상 흠과 달리 절차상 흠의 치유는 허용된다고 보면서 절차의 중요성 여하에 따라 치유의 허용여부를 차별화하려는 입장이 있다. 반면 절차하자의 치유를 인정하면 행정절차제도의 취지에 반하여, 절차 및 형식의 하자에 한하여 하자의 사후보완(Nachholung)에 의한 치유(Heilung)를 전심절차 종료시까지 인정하는 독일 행정절차법(§ 45) 같은 조항이 없는 이상, 그와 같은 결과를 원용할 수는 없으며, 하자의 사후보완을 무작정 인정할 경우 악용될 소지가 있다는 이유에서 원칙적으로 절차하자의 치유는 허용되지 아니한다는 견해가 있다.[29]

과거 행정절차법 시행 이전에는 절차위반의 흠은 사후보완에 의해 치유된다고 보는 견해가 지배적이었고 판례 역시 그러한 입장을 취한 것이 많았다. 그러나 적어도 행정절차법이

27) 대법원 2007.4.12. 선고 2006두20150 판결(폐기물처리시설설치승인처분무효확인등).
28) 대법원 2016.12.27. 선고 2016두49228 판결(배당소득세등부과처분취소(아) 상고기각).
29) 석호철, 「청문절차에 관한 제반 판례의 검토」, 『특별법연구』(특별소송실무연구회) 제5권, 106; 김철용, 앞의 책, 423-424.

시행되고 있는 상황에서는 법령에 특별한 규정이 없는 한, 절차하자라고 해서 그 사후보완에 의한 치유를 무분별하게 인정하는 것은 곤란하지 않을까 생각한다. 물론 절차하자의 치유가능성을 범주적으로 부정하는 것도 현실적이지 않지만, 그렇다고 모처럼 행정절차법이 그 절차적 규율을 정착시켜 가고 있는 상황에서 독일과 같은 명문의 규정도 없이 하자치유를 허용하는 것도 온당치 못한다. 요컨대 절차하자의 치유 역시 법치주의 관점에서 법익형량을 통해 제한적으로만 허용된다고 보아야 할 것이고, 특히 하자치유가 허용된다고 볼 경우에도 그 추완행위는 해당 처분에 대한 불복여부의 결정 및 불복신청에 편의를 줄 수 있는 상당한 기간 내에, 늦어도 해당 처분에 대한 행정심판 또는 소 제기 이전에 해야 한다고 보아야 할 것이다.

Ⅳ. 처분 이외 절차의 흠과 그 법적 효과

행정상 입법예고나 행정예고 같은 절차에 흠이 있는 경우 그 법적 효과를 어떻게 볼 것인지가 문제된다. 그다지 큰 관심이 경주되진 않았지만, 학설 가운데 이들 절차의 흠이 해당 법령이나 계획의 적법성에 영향을 미친다는 긍정설과 영향이 없다는 부정설이 있었다.[30] 결국 입법예고나 행정예고의 대상이 되는 법령이나 계획에 대한 쟁송이 허용될 경우 제기될 수 있는 문제이다. 물론 국가배상소송 등을 통해 법령, 계획의 예고절차상 하자를 다툴 수도 있다.

생각건대, 이들 절차상의 하자 역시 그 절차가 해당 법령이나 계획의 추진과정에서 가지는 중요성이나 비중, 그리고 외견상 명백성 여하에 따라 판단할 수밖에 없을 것이다. 만일 예고절차에 관한 하자가 해당 법령이나 계획의 실체적 내용에 중대한 영향을 미쳤다고 볼 경우라든가, 주민이나 그 밖의 이해관계인의 절차적 권리를 심각하게 침해하였다고 볼 수 있는 경우 또는 행정절차법 제41조 제1항 각 호에 따른 예외사유에 해당하지 아니함에도 입법예고절차를 아예 거치지 않은 경우에는 그로 인한 법적 결과를 부인하기 어려울 것이고 경우에 따라서는 해당 법령이나 계획의 위법사유로 볼 수 있을 것이다.[31]

30) 이에 관해서는 김철용, 앞의 책, 424-425를 참조.
31) 김유환, 「행정절차하자의 법적 효과: 유형론과 절차적 권리의 관점에서의 검토」, 『한국공법이론의 새로운 전개』(김도창박사팔순기념논문집), 2005, 77 이하.

제32장
정보공개의 법적 쟁점*

Ⅰ. 쟁점

현대사회에서 정보는 권력과 자본의 결정요인이다. '정보화사회' 또는 '정보사회'[1]의 진전은 구조적 불평등을 심화·증폭시킨다. 정보의 독점, 정보의 유통·접근에서의 불평등, 정보의 지배와 개인의 정보통제권 상실 또는 정보유통으로부터의 소외, 이러한 기술들은 바로 이러한 현대정보사회가 목도하고 있는 사회문제의 핵심을 단적으로 표상해 주고 있다. 새삼 강조할 필요도 없이 소수에 의한 정보의 독점은 경제적 독점과 불평등을 확대재생산할 뿐만 아니라 사회의 민주화를 위한 그동안의 모든 노력을 수포로 돌아가게 할 것이다. 이러한 현상은 최근 전례 없는 속도와 양상으로 진행되어 온 '지능정보사회'에서 더욱 두드러지게 나타나고 있다. 이러한 견지에서 '지능정보사회'의 대두와 이에 대한 공법적 대응의 요청이 제기되는 것은 당연한 결과이다.[2] 그 공법적 대응의 주된 문제영역 중 하나가 바로 (행정)정보공개 문제이다.

---

* 홍준형, 『행정법』, 법문사, 2017, 473-513을 토대로 수정·보완한 것임.

1) '정보화사회'는 일반적으로 "기존의 언론매체의 확대에 추가하여 컴퓨터를 중심으로 한 정보처리 및 통신기술의 비약적인 진보에 따라 데이터(Data)의 이용가치가 높아지고, 사회에 유통하는 데이터가 거대한 분량에 이르게 됨에 따라 일련의 사회구조의 변혁을 일으키는 상황"이라고 파악되고 있다(김철수, 「정보화사회와 기본권보호」, 한국공법학회, 『정보화사회의 공법적 대응』, 1989, 5; 김남진, 「정보화사회와 행정법체계의 재구성」, 『월간고시』, 1991.8., 83; 석종현, 『월간고시』, 1991.12., 67.

2) 우리나라에서도 1989년 한국공법학회가 주최한 국제학술대회 "정보화사회의 공법적 대응"과 1992년 2월 20일의 제25회 학술발표회 등을 통하여 이 문제가 다루어졌고, 특히 여론의 각별한 주목을 받았던 청주시의회의 정보공개조례와 이를 둘러싼 소송에 대한 대법원의 판결(대법원 1992.6.23. 선고 92추17 판결)은 이러한 일련의 과정에 있어 하나의 분수령을 이루는 사건이었다.

예상을 초월한 급속한 발전을 이룬 현대정보통신기술이 최근 몇십 년간 — 특히 그 저장용량의 폭발적 증대, 데이터처리속도의 단축 및 정보통신의 발전으로 인하여 — 국가행정의 위험방지, 계획 및 기타의 급부행정의 가능성을 현저하게 개선시킨 것은 부인할 수 없는 사실이다.[3] 그러나 정보 및 정보기술의 중요성 그리고 이와 결부된 새로운 위험의 잠재요인이 커지면 커질수록 그만큼 정보에 관한 개인의 보호청구권(Schutzansprüche)의 보장도 더욱더 불가결하게 된다. 그리하여 정보사회의 위력적인 영향력, 그리고 전자정보시스템에 저장되어 기술적으로 얼마든지 가능하게 된 컴퓨터연결 등을 통한 데이터남용의 우려로부터 배태된 적극적 대결의지가 결국 정보공개에 관한 법형성을 촉진시키지 않을 수 없다.

행정정보의 공개는 연혁상 행정처분의 상대방이나 이해관계인이 행정절차에서 권익보호에 필요한 행정정보를 얻을 수 있도록 접근을 보장하는 사전 행정절차의 일환으로 문제되었다. 그 점에서 행정정보 공개제도는 행정절차의 일부분이기도 하다.[4] 그리하여 정보공개를 넓은 의미에서 행정과정의 구성요소로 보아 행정절차법의 일부로 다루는 입장도 있으나, 이를 완결된 독립적 법제도로 파악하는 경향이 지배적이다.[5] 즉 행정정보공개제도는 행정절차와 밀접한 관련을 맺으면서도 그 자체 독자적인 제도이기 때문에 이를 행정절차법 수준에 국한된 문제로 볼 수는 없다. 요컨대, 행정정보의 공개는 행정절차의 일환으로서 또는 그와 별도로 독자적 의미를 지니는 정보접근의 절차적 보장으로서, 행정과정에 대한 주민참여 · 민주적 통제의 기틀이 되고 국민의 '알 권리'에서 나오는 정보공개청구권을 실현하는 문제이다.

Ⅱ. 알 권리와 정보공개청구권

정보공개청구권은 (또는 '알 권리'는) 법률에 의한 구체화 없이도 헌법에 따라 직접 인정되는 헌법직접적 권리(verfassungsunmittelbares Recht)인가 하는 것이 문제된다. '알 권리'의 헌법직접적 권리성 여하에 관한 이 물음은 대법원과 헌법재판소의 판례를 통해 헌법상 '알 권리'가 직접적 · 구체적 권리로 확인됨으로써 기본적으로 해명되었다.

---

3) U. Sieber, "Informationsrecht und Recht der Informationstechnik," *NJW*, 1989, 2569ff.[2570].

4) 실제로 가장 모범적인 정보공개의 제도화를 실현한 미국의 경우, 연방헌법 수정 제1조에서 출판의 자유를 보장함을 근거로, 1946년에 연방행정절차법(Administrative Proceduere Act)이 공공정보(Public Information)에 관한 제3조를 두고 있었으나 1966년 이를 수정 · 확대한 정보자유법(Freedom of Information Act: FOIA)이 수차의 개정을 겪으면서 발전하였다는 것은 주지의 사실이다.

5) 구병삭, 「정보공개법제정의 방향과 과제」, 『공법연구』 제17집, 1989, 21-23.

헌법재판소는 "알 권리는 헌법 제21조의 언론의 자유에 당연히 포함되는바, 이는 국민의 정부에 대한 일반적 정보공개를 구할 권리(청구권적 기본권)라고 할 것이며, 서류에 대한 열람·복사민원의 처리는 법률의 제정이 없더라도 불가능한 것은 아니라 할 것이고 또 비록 공문서공개의 원칙보다는 공문서의 관리·통제에 중점을 두고 만들어진 규정이기는 하지만, 위 규정 제36조 제2항을 근거로 국민의 '알 권리'를 곧바로 실현시키는 것은 가능하다"고 판시했다.[6)]

대법원은 뒤이어 구 정부공문서규정 제36조 제2항에 따라 일반국민의 공문서열람권을 인정하면서, "일반적으로 국민은 국가기관에 대하여 기밀에 관한 사항 등 특별한 경우 이외에는 보관하고 있는 문서의 열람 및 복사를 청구할 수 있고 정부공문서규정 제36조 제2항의 규정도 행정기관으로 하여금 일반국민의 문서열람 및 복사신청에 대하여 기밀 등의 특별한 사유가 없는 한 이에 응하도록 하고 있으므로 그 신청을 거부한 것은 위법하다"고 판시했다.[7)]

헌법재판소는 이후 정보에의 접근·수집·처리의 자유, 즉 '알 권리'는 헌법 제21조 소정의 표현의 자유와 표리의 관계에 있으며 자유권적 성질과 청구권적 성질을 공유하는 것인바, 이러한 '알 권리'의 실현을 위한 법률이 제정되어 있지 않더라도 그 실현이 불가능한 것은 아니며 …… 검사가 청구인에게 형사확정소송기록을 열람·복사할 수 있는 권리를 인정한 명문 규정이 없다는 것만을 이유로 무조건 청구인의 복사신청을 거부한 것은 청구인의 "알 권리"를 침해한 것[8)]이라고 판시하여 '알 권리'의 구체적 권리성을 승인한 종전의 판례를 재확인했다. 대법원 역시 '알 권리'가 헌법직접적 권리라는 점을 확인하였고, 이로써 정보공개청구권이 헌법직접적 권리라는 것은 실정법적으로 확립되었다.

<알 권리의 헌법직접적 권리성>

국민의 '알 권리', 즉 정보에의 접근·수집·처리의 자유는 자유권적 성질과 청구권적 성질을 공유하는 것으로서 헌법 제21조에 의하여 직접 보장되는 권리이고, 그 구체적 실현을 위하여 제정된 공공기관의 정보공개에 관한 법률도 제3조에서 공공기관이 보유·관리하는 정보를 원칙적으로 공개하도록 하여 정보공개의 원칙을 천명하고 있고, 위 법 제9조가 예외적인 비공개사유를 열거하고 있는 점에 비추어 보면, 국민으로부터 보유·관리하는 정보에 대한 공개를 요구받은 공공기관으로서는 위 법 제9조 제1항 각 호에서 정하고 있는 비공개사유에 해당하지 않는 한 이를 공개하여야 하고, 이를 거부하는 경우라 할지라도 대상이 된 정보의 내용을 구체적으로 확인·검토하여 어느 부분이 어떠한 법익 또는 기본권과 충돌되어 위 각 호의 어디에 해당하는지를 주장·증명하여야만 하며, 여기에 해당하는지 여부는 비공개에 의하여 보호되는 업무수행의 공정성 등의 이익과 공개에 의하여 보호되는 국민의 알권리의 보

6) 헌법재판소 1989.9.4. 선고 88헌마22 결정.
7) 대법원 1989.10.24. 선고 88누9312 판결.
8) 헌법재판소 1991.5.13. 선고 90헌마133 결정(『판례월보』 252호, 60 이하).

장과 국정에 대한 국민의 참여 및 국정운영의 투명성 확보 등의 이익을 비교 · 교량하여 구체적 사안에 따라 개별적으로 판단하여야 한다.[9)]

III. 정보공개조례

우리나라에서 비교적 이른 시기에 정보공개법이 제정된 데에는 청주시를 필두로 한 지방자치 수준에서의 노력이 있었기 때문이다. 그러나 정보공개에 관한 일반법이 없는 상황에서 시도된 청주시의 정보공개조례안에 대해 그 위법 · 무효를 주장하는 소송이 제기되었다. 쟁점은 구 지방자치법 제15조 단서에 위배되는지 여부였다.

여기서 '권리제한 또는 의무부과'란 이른바 '침해적 규율'을 말하는 것이며, 이로써 이러한 침해적 규율에 대해서는 법치주의의 기본적 요구의 하나인 법률의 유보원리에 따라 법률의 근거 또는 법률의 위임을 요한다는 취지가 표현된 것으로 보는 것이 옳다. 조례에 따른 정보공개청구권의 인정은 권리를 부여한다는 점에서 어디까지나 '수익적 규율'에 해당한다. 이것은 구 지방자치법 제15조 단서의 문리적 해석에 부합되는 해석이기도 한다. 권리 부여가 동시에 권리제한일 수 있으려면 기존 권리내용의 실질적 감축이 있어야 하는데, 이러한 의미의 권리감축은 위 어떤 관점을 취하든 인정되지 않는다. 따라서 정보공개조례의 제정은 구 지방자치법 제15조 단서에 위배되지 않는다고 보게 된다.[10)] 대법원은 이와 대동소이한 견지에서 청주시 정보공개조례의 합법성을 인정하였다.

<청주시행정정보공개조례(안)재의결취소>

지방자치법 제15조에 의하면, 지방자치단체는 법령의 범위 안에서 그 사무에 관하여 조례를 제정할 수 있되 주민의 권리제한 또는 의무의 부과에 관한 사항이나 벌칙을 정할 때에는 법률의 위임이 있어야 한다고 규정하고 있으므로 지방자치단체는 그 내용이 주민의 권리의 제한 또는 의무의 부과에 관한 사항이거나 벌칙에 관한 사항이 아닌 한 법률의 위임이 없더라도 조례를 제정할 수 있다 할 것인데(당원 1970.2.10. 선고 69다2121 판결 참조), 이 사건 정보공개조례안은 앞에서 본 바와 같이 행정에 대한

---

9) 대법원 2009.12.10. 선고 2009두12785 판결(정보공개거부처분취소 공2010상, 141).

10) 참고로 일본의 경우에도 조례로 공문서관람청구권을 인정할 수 있느냐는 문제가 논란된 바 있으나 조례법률설이 다수설이며(김철수, 같은 곳), 예컨대 가나가와현(神奈川縣)의 정보공개추진간화회에서의 토론과정에서 표출된 바와 같이 조례에 의해 권리를 인정하는 것이 가능하다는 것이 지배적인 견해인 것으로 보인다(堀部政男, 「일본에 있어서의 정보공개법과 개인정보보호법」, 『정보화사회의 공법적 대응』, 한국공법학회, 1989, 74).

주민의 알 권리의 실현을 그 근본내용으로 하면서도 이로 인한 개인의 권익침해가능성을 배제하고 있으므로 이를 들어 주민의 권리를 제한하거나 의무를 부과하는 조례라고는 단정할 수 없고 따라서 그 제정에 있어서 반드시 법률의 개별적 위임이 따로 필요한 것은 아니라 할 것이다.[11]

정보공개법 제4조 제2항은 지방자치단체에게 그 소관사무에 관하여 법령의 범위에서 정보공개에 관한 조례를 정할 수 있도록 허용함으로써, 이미 정보공개법보다 앞서 진행된 지방자치정보공개법의 형성을 사후적으로 추인하고 있다.

Ⅳ. 행정절차와 행정정보의 공개

1. 행정절차와 행정정보 공개의 관계

행정절차와 행정정보의 공개는 상호보완적인 관계에 있다. 행정정보의 공개는 행정과정에 대한 절차적 통제・참여를 가능케 하는 사전적 행정절차의 일환이며, 행정처분의 공문서화, 처분기준의 공표・처분의 이유부기 등과 같은 행정절차적 장치들은 행정정보 공개를 위한 기여요인들이다. 반면 행정절차상 정보공개는 '일반공개가 아니고 이해관계가 있는 국민에 대한 것이라는 한정성'을 가진다.[12] 물론 이 차이는 독자적인 정보공개제도가 확립됨에 따라 그리고 행정절차도 단지 개개인의 권리보호기능뿐만 아니라 행정과정에 대한 민주적 참가를 보장하는 기능을 지향하고 있기 때문에 점차 상대화되는 경향을 보이고 있다.

2. 현행법상 행정절차에 있어 정보공개

행정절차법은 제37조에서 문서의 열람 등에 관한 당사자등의 권리를 보장한다. 이에 따르면, 당사자등은 청문의 통지가 있는 날부터 청문이 끝날 때까지 행정청에 대하여 해당 사안의 조사결과에 관한 문서 기타 해당 처분과 관련되는 문서의 열람 또는 복사를 요청할 수 있고, 이 경우 행정청은 다른 법령에 의하여 공개가 제한되는 경우를 제외하고는 이를 거부할 수

11) 대법원 1992.6.23. 선고 92추17 판결.
12) 박윤흔, 『행정법강의(상)』, 박영사, 2000, 509.

없게 되어 있다(§ 37 ①). 제1항에 따라 열람 또는 복사를 요청할 수 있는 문서의 범위는 대통령령으로 정한다(§ 37 ④).

행정절차상 문서열람청구권은 정보공개법상의 일반적 정보공개청구권에 대하여 일종의 특별법적 의미를 가진다. 다만, 행정절차법이 문서열람청구권을 청문에 한해서만 보장하고 그 기간도 청문의 통지 이후 청문의 종결시까지로 제한하고 있으며, 또한 의견제출절차와 공청회의 경우 문서열람청구권을 인정하지 않고 있다.

일반법인 행정절차법 이외에 행정절차와 관련하여 문서열람권의 형태로 정보공개를 가능케 하고 있는 개별법령도 적지 않다. 그 예로는 「공익사업을 위한 토지 등의 취득 및 보상에 관한 법률」 제31조 제1항에서 재결신청공고 후 관계서류의 사본을 일반인에게 열람시키도록 한 것 등을 들 수 있다. 이들 법령이 개별적으로 문서를 일반인에게 공람시킬 행정청의 의무를 인정하고 있는 것은 이로부터 일반인의 문서열람권을 도출할 수 있는 근거가 되는 것은 사실이다. 그러나 이들 산재된 법령들에 의해 단편적으로 인정되고 있는 문서 등의 열람권은 실은 공개대상정보가 특정분야의 사항에 국한된, 그것도 일반인이라고는 하지만 주로 가상적 이해관계자에게 사전에 이의신청기회를 부여함으로써 사후에 그 규범적 효력을 확보하기 위한 일환으로 규정된 제도거나, 또는 관계행정청의 재량에 의해 인정되는 권리일 뿐이라는 점 등에 근본적 제약이 있고, 아울러 이러한 개별법령상 문서열람권들은 그 공개범위나 청구 및 구제절차 등에 관한 법적 규율의 불충분성·단편성, 체계적 연관성의 결여 등 여러 가지 면에서 문제가 있다.

Ⅴ. 정보공개법에 따른 정보공개

1. 정보공개의무를 지는 공공기관

이 법의 적용범위와 관련하여 어디까지를 "공공기관"으로 볼 것인지가 문제된다. 법 제2조 제3호에 따르면 "공공기관"이란 다음과 같은 기관을 말한다.

가. 국가기관
　1) 국회, 법원, 헌법재판소, 중앙선거관리위원회
　2) 중앙행정기관(대통령 소속 기관과 국무총리 소속 기관을 포함한다) 및 그 소속 기관

3) 「행정기관 소속 위원회의 설치·운영에 관한 법률」에 따른 위원회

나. 지방자치단체

다. 「공공기관의 운영에 관한 법률」 제2조에 따른 공공기관

라. 그 밖에 대통령령으로 정하는 기관

정보공개법 시행령 제2조에 따르면 법 제2조 제3호 라목에서 "대통령령으로 정하는 기관"이라 함은 다음 각 호의 하나를 말하는 것으로 규정되어 있다.

1. 「유아교육법」, 「초·중등교육법」, 「고등교육법」에 따른 각급 학교 또는 그 밖의 다른 법률에 따라 설치된 학교
2. 「지방공기업법」에 따른 지방공사 및 지방공단
3. 「지방자치단체 출자·출연 기관의 운영에 관한 법률」 제2조제1항에 따른 출자기관 및 출연기관
4. 특별법에 따라 설립된 특수법인
5. 「사회복지사업법」 제42조 제1항에 따라 국가나 지방자치단체로부터 보조금을 받는 사회복지법인과 사회복지사업을 하는 비영리법인
6. 제5호 외에 「보조금 관리에 관한 법률」 제9조 또는 「지방재정법」 제17조 제1항 각 호 외의 부분 단서에 따라 국가나 지방자치단체로부터 연간 5천만원 이상의 보조금을 받는 기관 또는 단체. 다만, 정보공개 대상 정보는 해당 연도에 보조를 받은 사업으로 한정한다.

한편, 대법원은 정보공개법시행령에서 사립대학교를 정보공개의무 있는 공공기관의 하나로 지정한 것은 모법의 위임범위를 벗어나지 않은 것으로 적법하다고 판시한 바 있다.

<사립대학교를 정보공개의무 있는 공공기관의 하나로 지정한 대통령령의 효력 등>

정보공개 의무기관을 정하는 것은 입법자의 입법형성권에 속하고, 이에 따라 입법자는 공공기관의 정보공개에 관한 법률 제2조 제3호에서 정보공개 의무기관을 공공기관으로 정하였는바, **공공기관이라 함은 국가기관에 한정되는 것이 아니라 지방자치단체, 정부투자기관, 그밖에 공동체 전체의 이익에 중요한 역할이나 기능을 수행하는 기관도 포함되는 것으로** 해석되고, 여기에 정보공개의 목적, 교육의 공공성 및 공·사립학교의 동질성, 사립대학교에 대한 국가의 재정지원 및 보조 등 여러 사정을 고려해 보면, 사립대학교에 대한 국비 지원이 한정적·일시적·국부적이라는 점을 고려하더라도 정보공개법 시행령 제2조 제1호가 **정보공개의무를 지는 공공기관의 하나로 사립대학교를 들고 있는 것이 모법의 위임 범위를 벗어났다거나 사립대학교가 국비의 지원을 받는 범위 내에서만 공공기관의 성격을 가진다고 볼 수 없다.**[13]

13) 대법원 2006.8.24. 선고 2004두2783 판결(정보공개거부처분취소).

2. 행정정보의 공개

(1) 정보공개청구권자

정보공개를 청구할 수 있는 자는 '모든 국민'이다(§ 5 ①). 이처럼 모든 국민에게 정보공개청구권을 보장했다는 데 정보공개법의 제정 의의가 있다. '모든 국민'에는 대한민국 국적을 지닌 모든 자가 포함되며, 비단 자연인뿐만 아니라 공·사법인, 그리고 법인격이 없더라도 대한민국 국민으로 구성된 모든 종류의 단체(조합, 협회 등)가 포함되는 것으로 해석된다. 권리나 법률상 이익 기타 이해관계의 유무를 불문한다. 다만 외국인에 대하여는 별도로 대통령령으로 정하도록 위임되어 있다(§ 5 ②).[14)]

(2) 비공개대상정보

① 비공개사유

정보공개법은 제9조 제1항에서 다음과 같은 정보들을 비공개대상정보로 규정하여 정보공개의 대상에서 제외하고 있다.

1. 다른 법률 또는 법률에서 위임한 명령(국회규칙·대법원규칙·헌법재판소규칙·중앙선거관리위원회규칙·대통령령 및 조례로 한정한다)에 따라 비밀이나 비공개 사항으로 규정된 정보
2. 국가안전보장·국방·통일·외교관계 등에 관한 사항으로서 공개될 경우 국가의 중대한 이익을 현저히 해칠 우려가 있다고 인정되는 정보
3. 공개될 경우 국민의 생명·신체 및 재산의 보호에 현저한 지장을 초래할 우려가 있다고 인정되는 정보
4. 진행 중인 재판에 관련된 정보와 범죄의 예방, 수사, 공소의 제기 및 유지, 형의 집행, 교정(교정), 보안처분에 관한 사항으로서 공개될 경우 그 직무수행을 현저히 곤란하게 하거나 형사피고인의 공정한 재판을 받을 권리를 침해한다고 인정할 만한 상당한 이유가 있는 정보
5. 감사·감독·검사·시험·규제·입찰계약·기술개발·인사관리에 관한 사항이나 의사결정 과정 또는 내부검토 과정에 있는 사항 등으로서 공개될 경우 업무의 공정한 수행이나 연구·개발에 현저한 지장을 초래한다고 인정할 만한 상당한 이유가 있는 정보. 다만, 의사결정 과정 또는 내부검토 과정을 이유로 비공개할 경우에는 의사결정 과정 및 내부검토 과정이 종료되면 제10조에 따른 청구인에게 이를 통지하여야 한다.
6. 해당 정보에 포함되어 있는 성명·주민등록번호 등 개인에 관한 사항으로서 공개될 경우 사생활

14) 외국인의 정보공개청구권에 관한 입법례에 대하여는 김석준·강경근·홍준형, 『열린 사회, 열린 정보』, 비봉출판사, 1993, 112-113을 참조.

의 비밀 또는 자유를 침해할 우려가 있다고 인정되는 정보. 다만, 다음 각 목에 열거한 개인에 관한 정보는 제외한다.

가. 법령에서 정하는 바에 따라 열람할 수 있는 정보

나. 공공기관이 공표를 목적으로 작성하거나 취득한 정보로서 사생활의 비밀 또는 자유를 부당하게 침해하지 아니하는 정보

다. 공공기관이 작성하거나 취득한 정보로서 공개하는 것이 공익이나 개인의 권리 구제를 위하여 필요하다고 인정되는 정보

라. 직무를 수행한 공무원의 성명 · 직위

마. 공개하는 것이 공익을 위하여 필요한 경우로서 법령에 따라 국가 또는 지방자치단체가 업무의 일부를 위탁 또는 위촉한 개인의 성명 · 직업

7. 법인 · 단체 또는 개인(이하 "법인 등"이라 한다)의 경영상 · 영업상 비밀에 관한 사항으로서 공개될 경우 법인 등의 정당한 이익을 현저히 해칠 우려가 있다고 인정되는 정보. 다만, 다음 각 목에 열거한 정보는 제외한다.

가. 사업활동에 의하여 발생하는 위해(위해)로부터 사람의 생명 · 신체 또는 건강을 보호하기 위하여 공개할 필요가 있는 정보

나. 위법 · 부당한 사업활동으로부터 국민의 재산 또는 생활을 보호하기 위하여 공개할 필요가 있는 정보

공공기관은 위에 열거된 어느 하나에 해당하는 정보에 대하여는 이를 공개하지 아니할 수 있다(§ 9 ①). 공공기관이 법적으로 허용되는 범위 안에서 이러한 정보를 공개하는 것은 무방하다고 해석된다. 공공기관은 제1항 어느 하나에 해당하는 정보가 기간의 경과 등으로 인하여 비공개의 필요성이 없어진 경우에는 그 정보를 공개대상으로 하여야 한다(§ 9 ②).

여기서 "공공기관은 다음 각 호의 어느 하나에 해당하는 정보에 대하여는 이를 공개하지 아니할 수 있다."라고 규정한 정보공개법 제9조 제1항을 공공기관에게 공개 거부 여부에 대한 재량을 수권한 것으로 해석할 수 있느냐, 다시 말해 그러한 비공개대상정보를 공개하지 아니할 수도 있으나 공개할 수도 있다는 의미로 해석할 수 있느냐 하는 것이 문제가 된다. 이 역시 같은 조항이 "공개하지 아니할 수 있다"는 가능규정을 두었기 때문에 생기는 문제이다.

이에 대하여는 정보공개법의 취지를 최대한 실현하기 위하여 그 문언상 표현을 근거로 정보공개법 제9조 제1항에 열거된 유형에 해당하는 정보도 공공기관의 재량에 의하여 공개할 수 있다는 해석도 가능하다고 할 수 있겠지만,[15] 정보공개법 제9조 제1항 각 호에서 규정한 비공개대상정보들은 그 내용 면에서는 대부분이 공개금지대상으로 해야 마땅한 정보들이다.

---

15) 박균성, 『행정법론(상)』(제5판), 박영사, 2009, 507.

만일 어떤 정보가 정보공개법 제9조 제1항 제2호가 비공개사유로 규정한 "공개될 경우 국가안전보장·국방·통일·외교관계 등 국가의 중대한 이익을 해할 우려가 있다고 인정되는 정보"에 해당한다면, "이를 공개하지 아니할 수 있다"고 규정한 동 제1항 본문 문언에도 불구하고, 그 성질상 공개할 수 없도록 해야 할 것이다. 그런 뜻에서 정보공개법 취지에 비추어, 이들 비공개사유는 공개금지의 의미로 해석하는 것이 옳을 것이다.[16] 그 한도 내에서 정보공개법의 비공개사유 조항은 이들 중요정보를 공개로부터 보호하기 위한 정보보호법의 의미를 가질 수도 있다.

물론 정보공개법상 이들 비공개사유를 공개금지의 의미로 해석한다고 해서 반드시 그 정보들이 공개로부터 보호되는 것은 아니다. 정보공개법은 비공개대상 정보의 공개에 대한 제재장치를 마련해 두고 있지 않기 때문이다. 그러한 정보의 비공개는 오히려 각각의 정보에 관하여 이를 비밀 또는 비공개로 하는 각각의 관련법령에 따라 비로소 확보될 수 있을 뿐이다.

다만, 비공개대상 정보를 무단으로 공개한 경우 관계법령에 처벌 등에 대한 근거규정이 없는 경우에도 공무원법상의 수비의무위반으로 징계를 받거나 형법상 공무상 비밀누설죄로 처벌을 받을 수 있는데, 그러한 경우 "이를 공개하지 아니할 수 있다"고 규정한 정보공개법 제7조 제1항 본문의 규정을 정당화사유 또는 위법성조각사유로 원용할 수 없도록 해석하는 것이 정보공개법의 입법취지에 부합된다고 생각한다. 그런 이유에서 "공개하지 아니할 수 있다"는 가능규정에도 불구하고 비공개사유의 내용에 따라서는 이를 공개금지의 의미로 해석해야 할 경우가 있을 수 있다는 것이다.

이와 관련, 지방자치단체의 도시공원위원회의 회의관련자료 및 회의록을 공개시기 등에 관한 아무런 제한 규정 없이 공개하여야 한다는 취지의 지방자치단체의 조례안이 구 정보공개법 제7조 제1항 제5호에 위반된다고 본 판례가 있다: 지방자치단체의 도시공원에 관한 조례에서 규정된 도시공원위원회의 심의사항에 관하여 위 위원회의 심의를 거친 후 시장이나 구청장이 위 사항들에 대한 결정을 대외적으로 공표하기 전에 위 위원회의 회의관련자료 및 회의록이 공개된다면 업무의 공정한 수행에 현저한 지장을 초래한다고 할 것이므로, 위 위원회의 심의 후 그 심의사항들에 대한 **시장 등의 결정의 대외적 공표행위가 있기 전까지는 위 위원회의 회의관련자료 및 회의록은 공공기관의정보공개에관한법률 제7조 제1항 제5호에서 규정하는 비공개대상정보에 해당한다**고 할 것이고, 다만 시장 등의 결정의 대외적 공표행위가 있은 후에는 이를 의사결정과정이나 내부검토과정에 있는 사항이라고 할 수 없고 위 위원회의 회의관련자료 및 회의록을 공개하더라도 업무의 공정한 수행에 지장을 초래할 염려가 없으므로, **시장 등의 결정의 대외적 공표행위가 있은 후에는** 위 위원회의 회의관련자료 및 회의록은 같은 법 제7조 제2항

16) 경건, 「행정정보의 공개」, 『행정작용법』(김동희교수정년퇴임기념논문집), 2005, 900.

에 의하여 공개대상이 된다고 할 것인바, 지방자치단체의 도시공원에 관한 조례안에서 공개시기 등에 관한 아무런 제한 규정 없이 위 위원회의 회의관련자료 및 회의록은 공개하여야 한다고 규정하였다면 이는 같은 법 제7조 제1항 제5호에 위반된다고 할 것이다.[17)]

같은 조 제2항은 "공공기관은 제1항 각 호의 1에 해당하는 정보가 기간의 경과 등으로 인하여 비공개의 필요성이 없어진 경우에는 해당 정보를 공개대상으로 하여야 한다."라고 규정하고 있는데, 여기서 '비공개의 필요성'이라 한 것은 표현상 강도는 떨어지지만, 제1항 각 호에 열거된 정보는 이를 비공개, 즉 공개금지 대상으로 한다는 것을 전제한 것이라고 볼 수 있다. 같은 항 제7호는 "법인·단체 또는 개인의 경영·영업상 비밀에 관한 사항으로서 공개될 경우 법인 등의 정당한 이익을 현저히 해할 우려가 있다고 인정되는 정보"를 비공개대상으로 하고 있는데, 이 경우 역시 같은 호 단서에서 예외적 공개대상으로 한 "사업활동에 의하여 발생하는 위해로부터 사람의 생명·신체 또는 건강을 보호하기 위하여 공개할 필요가 있는 정보"나 "위법·부당한 사업활동으로부터 국민의 재산 또는 생활을 보호하기 위하여 공개할 필요가 있는 정보"에 해당하는 정보 외에는 공개가 허용되지 않는다고 해석해야 할 것이다. 그럼에도 불구하고 가령 행정절차법에 따른 청문절차에서 당사자등이 그러한 정보의 열람·복사를 요구하고 행정청이 이를 공개하려 하는 경우에는 제3자에 대한 통지 및 의견청취에 관한 정보공개법 제11조 제3항, 제3자의 이의신청에 관한 제21조 제1항의 규정이 적용되며, 만일 행정청이 해당 정보를 공개한 경우에는 제21조 제2항의 규정에 따라 행정심판 및 행정소송을 통해 공개결정의 집행정지, 취소 등을 구하거나 국가배상법에 따른 손해배상을 청구할 수 있을 것이다.

② 비공개사유의 내용

(가) 다른 법령에 따른 비밀·비공개정보

법은 다른 법률 또는 법률에서 위임한 명령(국회규칙·대법원규칙·헌법재판소규칙·중앙선거관리위원회규칙·대통령령 및 조례로 한정한다)에 따라 비밀이나 비공개사항으로 규정된 정보를 제1차적 비공개정보로 명시하고 있다(법 § 9 ① i). 정보공개법이 정보공개에 관한 일반법 지위를 가지는 이상 다른 법률에 따른 비밀사항 또는 비공개사항을 비공개사유로 삼은 것은 어쩌면 극히 당연한 일일 수도 있다. 정보공개법이 비밀유지에 관한 기존 법령에 따라 영향을 받을 수 있으며, 법질서에 있어 정보공개에 관한 법이 정보비공개법과 경계를 이루고 있다는 사실을 단적으로 보여 주는 측면이다. 그러나 다른 법률뿐만 아니라 법률에 따

17) 대법원 2000.5.30. 선고 99추85 판결(공원조례중개정조례안무효).

른 명령까지 그 비공개근거로 한 것과 관련하여 해당 모법에 의해 비밀 또는 비공개사항의 범위가 명확하고 한정적으로 설정되지 않을 경우 행정입법에 의하여 정보공개의 범위가 좌우되는 결과가 될 수 있다는 점을 유의할 필요가 있다.

이 점을 감안해서인지 대법원은 공공기관의 정보공개에 관한 법률 제9조 제1항 제1호의 '법률이 위임한 명령'의 의미를 제한적으로 해석하려는 경향을 보인다. 대법원에 따르면, 여기서 말하는 '법률이 위임한 명령'이란 '정보의 공개에 관하여 법률의 구체적인 위임 아래 제정된 법규명령(위임명령)'만을 의미하므로, 그 밖의 법령에 의거하여 정보공개를 거부할 수는 없다는 결과가 된다.

<공개금지 법령의 의미와 교육공무원승진규정>

1. 공공기관의 정보공개에 관한 법률 제9조 제1항 제1호에서 '법률이 위임한 명령'에 의하여 비밀 또는 비공개 사항으로 규정된 정보는 공개하지 아니할 수 있다고 할 때의 '법률이 위임한 명령'은 정보의 공개에 관하여 법률의 구체적인 위임 아래 제정된 법규명령(위임명령)을 의미한다.
2. 교육공무원법 제13조, 제14조의 위임에 따라 제정된 교육공무원승진규정은 정보공개에 관한 사항에 관하여 구체적인 법률의 위임에 따라 제정된 명령이라고 할 수 없고, 따라서 교육공무원승진규정 제26조에서 근무성적평정의 결과를 공개하지 아니한다고 규정하고 있다고 하더라도 위 교육공무원승진규정은 공공기관의 정보공개에 관한 법률 제9조 제1항 제1호에서 말하는 법률이 위임한 명령에 해당하지 아니하므로 위 규정을 근거로 정보공개청구를 거부하는 것은 잘못이다.[18)]

<검찰보존사무규칙과 형사소송법 제47조의 공개금지법령 해당여부>

1. 검찰보존사무규칙이 검찰청법 제11조에 기하여 제정된 법무부령이기는 하지만, 그 사실만으로 같은 규칙 내의 모든 규정이 법규적 효력을 가지는 것은 아니다. 기록의 열람·등사의 제한을 정하고 있는 같은 규칙 제22조는 법률상의 위임근거가 없어 행정기관 내부의 사무처리준칙으로서 행정규칙에 불과하므로, 위 규칙상의 열람·등사의 제한을 공공기관의 정보공개에 관한 법률 제9조 제1항 제1호의 '다른 법률 또는 법률에 의한 명령에 의하여 비공개사항으로 규정된 경우'에 해당한다고 볼 수 없다.
2. "소송에 관한 서류는 공판의 개정 전에는 공익상 필요 기타 상당한 이유가 없으면 공개하지 못한다." 라고 정하고 있는 형사소송법 제47조의 취지는, 일반에게 공표되는 것을 금지하여 소송관계인의 명예를 훼손하거나 공서양속을 해하거나 재판에 대한 부당한 영향을 야기하는 것을 방지하려는 취지이지, 당해 사건의 고소인에게 그 고소에 따른 공소제기내용을 알려주는 것을 금지하려는 취지는 아니므로, 이와 같은 형사소송법 제47조의 공개금지를 공공기관의 정보공개에 관한 법률 제9조 제1항 제1호의 '다른 법률 또는 법률에 의한 명령에 의하여 비공개사항으로 규정된 경우'에 해당한다고 볼 수 없다.[19)]

---

18) 대법원 2006.10.26. 선고 2006두11910 판결(정보비공개결정취소).

(나) 중대한 국가이익관련정보

법은 공개될 경우 국가안전보장・국방・통일・외교관계 등 국가의 중대한 이익을 해할 우려가 있다고 인정되는 정보를 공개대상에서 제외하고 있다(법 § 9 ① ii). 이와 같이 중대한 국가이익을 보호하기 위하여 공개를 제한하는 것은 외국의 법제에서도 관측할 수 있는 일이다.

<보안관찰 관련 통계자료의 정보공개법 제9조 소정의 비공개대상정보 해당 여부>

【다수의견】 보안관찰처분을 규정한 보안관찰법에 대하여 헌법재판소도 이미 그 합헌성을 인정한 바 있고, 보안관찰법 소정의 보안관찰 관련 통계자료는 우리나라 53개 지방검찰청 및 지청관할지역에서 매월 보고된 보안관찰처분에 관한 각종 자료로서, 보안관찰처분대상자 또는 피보안관찰자들의 매월별 규모, 그 처분시기, 지역별 분포에 대한 전국적 현황과 추이를 한눈에 파악할 수 있는 구체적이고 광범위한 자료에 해당하므로 '통계자료'라고 하여도 그 함의(含意)를 통하여 나타내는 의미가 있음이 분명하여 가치중립적일 수는 없고, 그 통계자료의 분석에 의하여 대남공작활동이 유리한 지역으로 보안관찰처분대상자가 많은 지역을 선택하는 등으로 위 정보가 북한정보기관에 의한 간첩의 파견, 포섭, 선전선동을 위한 교두보의 확보 등 북한의 대남전략에 있어 매우 유용한 자료로 악용될 우려가 없다고 할 수 없으므로, 위 정보는 공공기관의정보공개에관한법률 제7조 제1항 제2호 소정의 공개될 경우 국가안전보장・국방・통일・외교관계 등 국가의 중대한 이익을 해할 우려가 있는 정보, 또는 제3호 소정의 공개될 경우 국민의 생명・신체 및 재산의 보호 기타 공공의 안전과 이익을 현저히 해할 우려가 있다고 인정되는 정보에 해당한다.

【반대의견】 보안관찰법 소정의 보안관찰 관련 통계자료 자체로는 보안관찰처분대상자나 피보안관찰자의 신상명세나 주거지, 처벌범죄, 보안관찰법의 위반내용 등 구체적 사항을 파악하기 어려운 자료이므로, 위 정보를 악용하려 한다고 하더라도 한계가 있을 수밖에 없으며, 국민의 기본권인 알권리를 제한할 정도에 이르지 못하고, 간첩죄・국가보안법위반죄 등 보안관찰 해당범죄에 관한 사법통계자료를 공개하는 뜻은 사법제도의 경우 그것이 공정・투명하게 운영되고 공개될수록 그 제도에 대한 국민의 신뢰가 쌓이고, 국민의 인권 신장에 기여한다는 데 있는 것이고, 보안관찰법은 남・북한이 대치하고 있는 현 상황에서 우리의 자유민주적 기본질서를 유지・보장하기 위하여 필요한 제도로서 합헌성이 확인된 제도이므로, 북한이나 그 동조세력이 위 정보를 토대로 국내의 인권상황을 악의적으로 선전하면서 보안관찰법의 폐지를 주장한다 하더라도 보안관찰법에 의한 보안관찰제도가 헌법상 제 기본권 규정에 위반하지 않는 한, 보안관찰법의 집행 자체를 인권탄압으로 볼 수는 없으며, 오히려 위 정보를 투명하게 공개하지 않음으로써 불필요한 오해와 소모적 논쟁, 이로 인한 사회불안의 야기와 우리나라의 국제적 위상의 저하 등의 문제가 발생할 소지를 배제할 수 없는 이상, 위 정보의 투명한 공개를 통한 보안관찰제도의 민주적 통제야말로 법집행의 투명성과 공정성을 확보함과 동시에 공공의 안전과 이익에 도움이 되고, 인권국가로서의 우리나라의 국제적 위상을 제고하는 측면도 있음을 가벼이 여겨서는 안

19) 대법원 2006.5.25. 선고 2006두3049 판결(사건기록등사불허가처분취소).

될 것이라는 등의 이유로, 위 정보는 공공기관의정보공개에관한법률 제7조 제1항 제2호 또는 제3호 소정의 비공개대상정보에 해당하지 아니한다.[20]

그러나 위 다수의견은 국가이익관련 비공개대상정보의 범위를 너무 넓게 설정하였고 또 그 기준이 지나치게 불명확・모호하다는 점에서 비판의 여지가 있다. 제2호의 국가안전보장・국방・통일・외교관계에 관한 정보만 해도 범위가 매우 광범위한데 거기다가 다시 '~등 국가의 중대한 이익을 해할 우려가 있다고 인정되는 정보'를 추가하고 있으니, 이 조항은 사실상 '정보공개의 지뢰밭'이라고 해도 지나친 말이 아니다. 특히 정보공개법 제4조 제3항에서 국가안전보장 관련 정보에 대해서는 아예 이 법이 적용되지 아니하게 되어 있을 뿐만 아니라, 제18조 제3항에서 국익관련정보에 대한 재판상 비공개조항을 도입함으로써 자칫 국익관련정보 자체가 공개 대상에서 제외될 소지가 있다는 것이 문제점으로 지적된다.[21]

(다) 공개되면 국민의 생명・신체 및 재산 보호에 현저한 지장을 초래할 우려가 있는 정보

공개될 경우 국민의 생명・신체 및 재산의 보호에 현저한 지장을 초래할 우려가 있다고 인정되는 정보는 공개대상에서 제외된다(법 § 9 ① iii). 구 법에서는 이와 함께 '기타 공공의 안전과 이익을 현저히 해할 우려가 있다고 인정되는 정보'를 비공개대상으로 삼았으나, '공공의 안전과 이익'이란 국민의 정보공개청구권을 배제하는 기준으로는 '막연하고 광범위하기 때문에' 남용될 가능성이 커서 삭제해야 한다는 비판을 받아들여 2004년의 개정법률에서 그 구절을 삭제하였다.

정보공개법 제9조 제1항 제3호는 비공개대상정보의 하나로 '공개될 경우 국민의 생명・신체 및 재산의 보호에 현저한 지장을 초래할 우려가 있다고 인정되는 정보'를 규정하고 있는데, 이에 해당한다는 것은 처분청인 피고가 증명하여야 한다.[22]

(라) 형사사법관련정보

"진행 중인 재판에 관련된 정보와 범죄의 예방, 수사, 공소의 제기 및 유지, 형의 집행, 교정, 보안처분에 관한 사항으로서 공개될 경우 그 직무수행을 현저히 곤란하게 하거나 형사피고

---

20) 대법원 2004.3.18. 선고 2001두8254 전원합의체판결(정보비공개결정처분취소). 동지 대법원 2004.4.16. 선고 2001두10288 판결(정보공개거부처분취소 파기환송).

21) 성낙인, 「정보공개법의 정립과 개정 방향」, 행정자치부 주최 "정보공개법 개정을 위한 공청회" 발표논문, 2000.7.26.

22) 대법원 2012.6.18. 선고 2011두2361 전원합의체판결(정보공개청구거부처분취소).

인의 공정한 재판을 받을 권리를 침해한다고 인정할 만한 상당한 이유가 있는 정보" 역시 공개대상에서 제외된다(법 § 9 ① iv).[23)]

이 중 범죄의 예방이나 수사, 공소의 제기 및 유지 등에 관한 사항으로서 공개될 경우 그 직무수행을 현저히 곤란하게 하거나 형사피고인의 공정한 재판을 받을 권리를 침해할 수 있는 정보를 공개대상에서 제외한 것은 이러한 활동에서 요구되는 비밀유지의 필요성을 고려할 때 불가피한 측면이 없지 않다.[24)] 그러나 범죄의 수사, 공소의 제기 및 유지에 관한 사항 외에 범죄의 예방에 관한 사항, 형의 집행, 교정, 보안처분에 관한 정보를 '직무수행의 현저한 곤란'이나 '형사피고인의 공정한 재판을 받을 권리의 침해'라는 기준에 의해 공개대상에서 배제시킨 것은 이 분야에 관한 한 사실상 정보공개제도를 유명무실화시킬 수 있는 독소적 요인이다. 우선 그 범위가 지나치게 광범위하고 또 그 제외기준이 불명확하기 때문에 이 부분은 삭제하거나 극히 엄격한 기준에 의해 한정되어야 할 것이다. 가령 '범죄의 예방 또는 형의 집행, 교정, 보안처분에 관한 사항으로서 그 목적을 달성하기 위하여 비밀을 유지해야 할 부득이한 사유가 있는 경우'나 '범죄의 예방 또는 형의 집행, 교정, 보안처분에 관한 사항으로서 그 목적을 달성하기 위하여 비밀을 유지해야 할 부득이한 사유가 있는 경우에 한하여 필요한 최소한의 범위 내에서'로 한정하는 것이 바람직하며 또한 해당 절차가 종료된 이후에는 이를 공개하도록 하는 명시적인 규정을 두어야 할 것이다. 특히 '형의 집행, 교정, 보안처분에 관한 정보를 공개함으로써 과연 형사피고인의 공정한 재판을 받을 권리를 침해할 우려가 있다고 인정되는 경우가 어떤 경우일지도 구체적으로 검토해 볼 필요가 있다.

<정보공개법 제9조 제1항 제4호의 '수사'에 관한 정보의 의미>

가. 검찰보존사무규칙(1998.4.4. 법무부령 제459호로 개정된 것)은 법무부령으로 되어 있으나, 그중 **재판확정기록 등의 열람 · 등사에 대하여 제한하고 있는 부분은 위임근거가 없어 행정기관 내부의 사무처리준칙으로서 행정규칙에 불과하므로,** 위 규칙에 의한 열람 · 등사의 제한을 공공기관의정보공개에관한법률(이하 '법'이라 한다) 제4조 제1항의 '정보의 공개에 관하여 다른 법률에 특별한 규정이 있는 경우' 또는 제7조 제1항 제1호의 '다른 법률 또는 법률에 의한 명령에 의하여 비공개사항으로 규정된 경우'에 해당한다고 볼 수는 없다.

나. 법 제7조 제1항 제4호는 '수사'에 관한 사항으로서 공개될 경우 그 직무수행을 현저히 곤란하게 한다고 인정할 만한 상당한 이유가 있는 정보를 비공개대상정보의 하나로 규정하고 있는바, 그 취지는 수사의 방법 및 절차 등이 공개되는 것을 막고자 하는 것으로서, **수사기록 중의 의견서, 보고문서, 메모, 법률검토, 내사자료 등이 이에 해당한다**고 할 것이다(헌법재판소 1997.11.27. 선

23) 이것은 「공공기관의개인정보보호에관한법률」 제6조 제2항 제2호와 대동소이한 규정이다.
24) 미국의 정보자유법 역시 (a) (7)에서 유사한 규정을 두고 있다.

고 94헌마60 결정 참조). 한편 이 사건 정보에는 의견서, 수사보고서, 첩보보고서 등의 문서가 포함되어 있음을 알 수 있는바, 위 문서들은 법 제7조 제1항 제4호에서 규정한 '수사'에 관한 사항으로서 비공개대상정보에 해당하는 것으로 보인다.25)

<수용자자비부담물품 판매수익금 등 관련 회계자료 등의 공개여부>

구 공공기관의정보공개에관한법률(2004.1.29. 법률 제7127호로 전문 개정되기 전의 것) 제7조 제1항 제4호에서 비공개대상으로 규정한 '형의 집행, 교정에 관한 사항으로서 공개될 경우 그 직무수행을 현저히 곤란하게 하는 정보'라 함은 당해 정보가 공개될 경우 재소자들의 관리 및 질서유지, 수용시설의 안전, 재소자들에 대한 적정한 처우 및 교정·교화에 관한 직무의 공정하고 효율적인 수행에 직접적이고 구체적으로 장애를 줄 고도의 개연성이 있고, 그 정도가 현저한 경우를 의미한다고 할 것이며, 여기에 해당하는지 여부는 비공개에 의하여 보호되는 업무수행의 공정성 등의 이익과 공개에 의하여 보호되는 국민의 알권리의 보장과 국정에 대한 국민의 참여 및 국정운영의 투명성 확보 등의 이익을 비교·교량하여 구체적인 사안에 따라 개별적으로 판단되어야 한다.

수용자자비부담물품의 판매수익금과 관련하여 교도소장이 재단법인 교정협회로 송금한 수익금 총액과 교도소장에게 배당된 수익금액 및 사용내역, 교도소직원회 수지에 관한 결산결과와 사업계획 및 예산서, 수용자 외부병원 이송진료와 관련한 이송진료자 수, 이송진료자의 진료내역별(치료, 검사, 수술) 현황, 이송진료자의 진료비 지급(예산지급, 자비부담) 현황, 이송진료자의 진료비총액 대비 예산지급액, 이송진료자의 병명별 현황, 수용자신문구독현황과 관련한 각 신문별 구독신청자 수 등에 관한 정보는 구 공공기관의정보공개에관한법률(2004.1.29. 법률 제7127호로 전문 개정되기 전의 것) 제7조 제1항 제4호에서 비공개대상으로 규정한 '형의 집행, 교정에 관한 사항으로서 공개될 경우 그 직무수행을 현저히 곤란하게 하는 정보'에 해당하기 어렵다.26)

(마) 공공업무의 특성상 또는 의사결정과정 중에 있어 비공개로 해야 할 정보

감사·감독·검사·시험·규제·입찰계약·기술개발·인사관리·의사결정과정 또는 내부검토과정에 있는 사항 등으로서 공개될 경우 업무의 공정한 수행이나 연구·개발에 현저한 지장을 초래한다고 인정할 만한 상당한 이유가 있는 정보는 비공개대상으로 되어 있다(법 § 9 ① v). 법은 여기서 공개할 경우 업무의 공정한 수행이나 연구·개발에 현저한 지장을 초래할 우려가 있는 업무로서 감사·감독·검사·시험·규제·입찰계약·기술개발·인사관리와 같이 업무특성상 공개에 적합하지 않는 경우를 열거하는 한편, 이와는 전혀 다른 각도에서 '의사결정과정 또는 내부검토과정에 있는 사항등'과 같이 의사결정과정(decision making process), 내부검토과정과 같이 행정기관에서 종결되지 아니한 사항을 비공개사유로 설정하고 있다. 특히 전

25) 대법원 2003.12.26. 선고 2002두1342 판결(정보비공개처분취소 파기환송).
26) 대법원 2004.12.9. 선고 2003두12707 판결(정보공개거부처분취소).

자의 경우 그 범위가 지나치게 포괄적으로 설정되어 자칫 과도한 제한을 초래할 우려가 있다.

대법원이 다음 사례에서 업무의 공정한 수행에 지장을 초래할 염려가 있는지 여부를 비교적 엄격하게 심사, 판단한 것도 바로 그와 같은 맥락에서 이해된다.

<사법시험 2차시험 답안지열람이 사법시험업무의 수행에 현저한 지장을 초래하는지 여부>

1. 공공기관의정보공개에관한법률 제7조 제1항 제5호 소정의 시험정보로서 공개될 경우 업무의 공정한 수행에 현저한 지장을 초래하는지 여부는 법 및 시험정보를 공개하지 아니할 수 있도록 하고 있는 입법취지, 당해 시험 및 그에 대한 평가행위의 성격과 내용, 공개의 내용과 공개로 인한 업무의 증가, 공개로 인한 파급효과 등을 종합하여 개별적으로 판단되어야 한다.
2. 사법시험 제2차 시험의 답안지 열람은 시험문항에 대한 채점위원별 채점 결과의 열람과 달리 사법시험업무의 수행에 현저한 지장을 초래한다고 볼 수 없다.27)

<도시공원위원회의 회의관련자료 및 회의록 공개와 업무 공정수행에 현저한 지장 초래 여부>

지방자치단체의 도시공원에 관한 조례에서 규정된 도시공원위원회의 심의사항에 관하여 위 위원회의 심의를 거친 후 시장이나 구청장이 위 사항들에 대한 결정을 대외적으로 공표하기 전에 위 위원회의 회의관련자료 및 회의록이 공개된다면 업무의 공정한 수행에 현저한 지장을 초래한다고 할 것이므로, 위 위원회의 심의 후 그 심의사항들에 대한 시장 등의 결정의 대외적 공표행위가 있기 전까지는 위 위원회의 회의관련자료 및 회의록은 공공기관의정보공개에관한법률 제7조 제1항 제5호에서 규정하는 비공개대상정보에 해당한다고 할 것이고, 다만 시장 등의 결정의 대외적 공표행위가 있은 후에는 이를 의사결정과정이나 내부검토과정에 있는 사항이라고 할 수 없고 위 위원회의 회의관련자료 및 회의록을 공개하더라도 업무의 공정한 수행에 지장을 초래할 염려가 없으므로, 시장 등의 결정의 대외적 공표행위가 있은 후에는 위 위원회의 회의관련자료 및 회의록은 같은 법 제7조 제2항에 의하여 공개대상이 된다고 할 것이다.28)

<의사결정과정 또는 내부검토과정에 있는 비공개정보>

1. 구 공공기관의 정보공개에 관한 법률(2004.1.29. 법률 제7127호로 전문 개정되기 전의 것, 이하 '구법'이라 한다) 제7조 제1항 제4호에서 규정하고 있는 '공개될 경우 그 직무수행을 현저히 곤란하게 한다고 인정할 만한 상당한 이유가 있는 정보'라 함은 구법 제1조의 정보공개제도의 목적 및 구법 제7조 제1항 제4호의 규정에 의한 비공개대상정보의 입법 취지에 비추어 볼 때 당해 정보가 공개될 경우 범죄의 예방 및 수사 등에 관한 직무의 공정하고 효율적인 수행에 직접적이고 구체적으로 장애를 줄 고도의 개연성이 있고, 그 정도가 현저한 경우를 의미한다고 할 것이며, 여기에 해당하는지 여부는 비공개에 의하여 보호되는 업무수행의 공정성 등의 이익과 공개에 의하여 보호되는 국민의 알 권리

---

27) 대법원 2003.3.14. 선고 2000두6114 판결(답안지열람거부처분취소).
28) 대법원 2000.5.30. 선고 99추85 판결(공원조례중개정조례안무효).

의 보장과 국정에 대한 국민의 참여 및 국정운영의 투명성 확보 등의 이익을 비교·교량하여 구체적인 사안에 따라 신중하게 판단되어야 한다.

2. 구법 제8조 제2항은 정보공개청구의 대상이 이미 널리 알려진 사항이라 하더라도 그 공개의 방법만을 제한할 수 있도록 규정하고 있을 뿐 공개 자체를 제한하고 있지는 아니하므로, 공개청구의 대상이 되는 정보가 이미 다른 사람에게 공개하여 널리 알려져 있다거나 인터넷이나 관보 등을 통하여 공개하여 인터넷검색이나 도서관에서의 열람 등을 통하여 쉽게 알 수 있다는 사정만으로는 소의 이익이 없다거나 비공개결정이 정당화될 수는 없다.
3. 검찰21세기연구기획단의 1993년도 연구결과종합보고서는 검찰의 의사결정과정 또는 내부검토과정에 있는 사항 등으로서 공개될 경우 업무의 공정한 수행이나 연구·개발에 현저한 지장을 초래한다고 인정할 만한 상당한 이유가 있는 정보에 해당한다고 볼 여지가 있다.[29]

<국가 수준 학업성취도평가 자료의 공개와 공정한 업무 수행에 현저한 지장 초래여부>

1. 공공기관의 정보공개에 관한 법률 제9조 제1항 제5호는 시험에 관한 사항으로서 공개될 경우 업무의 공정한 수행에 현저한 지장을 초래한다고 인정할 만한 상당한 이유가 있는 정보는 공개하지 아니한다고 규정하고 있는바, 여기에서 규정하고 있는 '공개될 경우 업무의 공정한 수행에 현저한 지장을 초래한다고 인정할 만한 상당한 이유가 있는 경우'란 공개될 경우 업무의 공정한 수행이 객관적으로 현저하게 지장을 받을 것이라는 고도의 개연성이 존재하는 경우를 의미한다.
2. 알 권리와 학생의 학습권, 부모의 자녀교육권의 성격 등에 비추어 볼 때, 학교교육에서의 시험에 관한 정보로서 공개될 경우 업무의 공정한 수행에 현저한 지장을 초래하는지 여부는 공공기관의 정보공개에 관한 법률의 목적 및 시험정보를 공개하지 아니할 수 있도록 하고 있는 입법 취지, 당해 시험 및 그에 대한 평가행위의 성격과 내용, 공개의 내용과 공개로 인한 업무의 증가, 공개로 인한 파급효과 등을 종합하여, 비공개에 의하여 보호되는 업무수행의 공정성 등의 이익과 공개에 의하여 보호되는 국민의 알 권리와 학생의 학습권 및 부모의 자녀교육권의 보장, 학교교육에 대한 국민의 참여 및 교육행정의 투명성 확보 등의 이익을 비교·교량하여 구체적인 사안에 따라 신중하게 판단하여야 한다.
3. '2002년도 및 2003년도 국가 수준 학업성취도평가 자료'는 표본조사 방식으로 이루어졌을 뿐만 아니라 학교식별정보 등도 포함되어 있어서 그 원자료 전부가 그대로 공개될 경우 학업성취도평가 업무의 공정한 수행이 객관적으로 현저하게 지장을 받을 것이라는 고도의 개연성이 존재한다고 볼 여지가 있어 공공기관의 정보공개에 관한 법률 제9조 제1항 제5호에서 정한 비공개대상정보에 해당하는 부분이 있으나, '2002학년도부터 2005학년도까지의 대학수학능력시험 원데이터'는 연구 목적으로 그 정보의 공개를 청구하는 경우, 공개로 인하여 초래될 부작용이 공개로 얻을 수 있는 이익보다 더 클 것이라고 단정하기 어려우므로 그 공개로 대학수학능력시험 업무의 공정한 수행이 객관적으로 현저하게 지장을 받을 것이라는 고도의 개연성이 존재한다고 볼 수 없어 위 조항의 비공개대상정보에 해당하지 않

29) 대법원 2008.11.27. 선고 2005두15694 판결(정보공개거부처분취소등).

는다.

4. 기관이 아닌 개인이 타인에 관한 정보의 공개를 청구하는 경우에는 구 공공기관의 개인정보보호에 관한 법률(2007.5.17. 법률 제8448호로 개정되기 전의 것)에 의할 것이 아니라, 공공기관의 정보공개에 관한 법률 제9조 제1항 제6호에 따라 개인에 관한 정보의 공개 여부를 판단하여야 한다.[30]

광역시 교육감 산하 위원회 소속 위원의 인적 사항이 비공개대상 정보라 할 수 없다고 판단한 원심을 파기한 사례도 있다.

피고 산하에는 공무원승진심사위원회 이외에도 여러 종료의 위원회가 존재하고 있고, 그 위원회의 활동 내용에 따라서는 그 소속 위원의 인적 사항이 공개되는 것만으로도 피고 업무의 공정한 수행 등에 현저한 지장을 초래한다고 인정할 만한 사정이 있음을 알 수 있으므로, 원심이 피고가 주장하는 바와 같은 피고 산하 위원회 소속 위원의 인적 사항에 관한 정보 등이 공공기관의정보공개에관한법률 제7조 제1항 제5호에 정한 비공개대상 정보에 해당하는지 여부를 판단하기 위하여는 피고 산하 위원회의 종류 및 그 활동내용, 그 소속 위원의 자격·임기 및 연임 여부, 그 위원의 인적 사항이 공개될 경우에 예상되는 공정한 업무수행에 있어서의 지장 정도 등을 살펴보지 않으면 아니 된다.[31]

(바) 비공개대상 '개인정보'

법은 제9조 제1항 제6호에서 해당 정보에 포함된 이름·주민등록번호 등 개인에 관한 사항으로서 공개될 경우 개인 사생활의 비밀 또는 자유를 침해할 우려가 있다고 인정되는 정보를 공개대상에서 제외시키고 있다. 다만, 다음에 열거된 경우는 예외적으로 공개대상이다.

가. 법령에서 정하는 바에 따라 열람할 수 있는 정보

나. 공공기관이 공표를 목적으로 작성하거나 취득한 정보로서 사생활의 비밀 또는 자유를 부당하게 침해하지 아니하는 정보

다. 공공기관이 작성하거나 취득한 정보로서 공개하는 것이 공익이나 개인의 권리 구제를 위하여 필요하다고 인정되는 정보

라. 직무를 수행한 공무원의 성명·직위

마. 공개하는 것이 공익을 위하여 필요한 경우로서 법령에 따라 국가 또는 지방자치단체가 업무의 일부를 위탁 또는 위촉한 개인의 성명·직업

구 공공기관의 정보공개에 관한 법률(2004.1.29. 법률 제7127호로 전부 개정되기 전의

30) 대법원 2010.2.25. 선고 2007두9877 판결(정보공개거부처분취소등).

31) 대법원 2003.5.16. 선고 2001두4702 판결(정보부분공개결정취소).

것) 제7조 제1항 제6호 본문은 비공개대상정보의 하나로 '해당 정보에 포함되어 있는 이름·주민등록번호 등에 의하여 특정인을 식별할 수 있는 개인에 관한 정보'를 규정하고 있었다. 그러나 2004.1.29. 법률 제7127호로 전부 개정된 공공기관의 정보공개에 관한 법률 제9조 제1항 제6호 본문은 위 비공개대상정보를 '해당 정보에 포함되어 있는 이름·주민등록번호 등 개인에 관한 사항으로서 공개될 경우 개인의 사생활의 비밀 또는 자유를 침해할 우려가 있다고 인정되는 정보'로 개정하였다.

이와 같은 비공개대상 개인정보와 관련하여, 먼저, 구법에서와 달리, 이름이나 주민등록번호 등에 의하여 식별가능한 개인정보라도 무제한 공개대상에서 제외되는 것이 아니라 '공개될 경우 개인의 사생활의 비밀 또는 자유를 침해할 우려가 있다고 인정되는 정보'만이 비공개대상으로 한정된다는 점에 유의할 필요가 있다.

참고로, 정보공개법 시행이전의 사안이었지만, 대법원은 개인의 사생활의 비밀과 자유를 침해할 우려가 있다는 등의 이유로 재개발사업에 관한 정보의 공개를 청구한 사건에서 원고의 청구를 배척한 바 있었다: 원심은, 원고가 공개를 청구한 이 사건 자료 중 일부는 개인의 인적사항, 재산에 관한 내용이 포함되어 있어서 공개될 경우에는 타인의 사생활의 비밀과 자유를 침해할 우려가 있으며, 이 사건 자료의 분량이 합계 9,029매에 달하기 때문에 이를 원고에게 공개하기 위하여는 피고의 행정업무에 상당한 지장을 초래할 가능성이 있고, 이 사건 자료의 공개로 인하여 원고가 주장하는 바와 같은 공익이 실현된다고 볼 수도 없다는 이유를 들어 이 사건 자료의 공개청구를 거부하는 내용의 이 사건 처분의 취소를 구하는 원고의 청구를 배척하였는바, 기록과 관계 법령에 비추어 보면 이와 같은 원심의 사실인정 및 판단은 옳고, 거기에 상고이유로서 주장하는 바와 같은 위법이 있다고 할 수 없다.[32]

그러나 대법원은 다음에 보는 판례에서 비공개대상 개인정보의 범위를 확대하는 취지로 판시한 바 있다. 이에 따르면 정보공개법의 개정 연혁, 내용 및 취지 등에 헌법상 보장되는 사생활의 비밀 및 자유의 내용[33]을 보태어 보면, 정보공개법 제9조 제1항 제6호 본문의 규정에 따라 비공개대상이 되는 정보에는 구 정보공개법상 이름·주민등록번호 등 정보의 형식이나 유형을 기준으로 비공개대상정보에 해당하는지 여부를 판단하는 '개인식별정보'뿐만 아니라 그 외에 정보의 내용을 구체적으로 살펴 '개인에 관한 사항의 공개로 인하여 개인의

32) 대법원 1997.5.23. 선고 96누2439 판결(행정정보비공개결정처분취소).

33) 일반적으로 사생활의 비밀은 국가 또는 제3자가 개인의 사생활영역을 들여다보거나 공개하는 것에 대한 보호를 제공하는 기본권이며, 사생활의 자유는 국가 또는 제3자가 개인의 사생활의 자유로운 형성을 방해하거나 금지하는 것에 대한 보호를 의미한다(헌법재판소 2003.10.30. 선고 2002헌마518 결정 등 참조).

내밀한 내용의 비밀 등이 알려지게 되고, 그 결과 인격적 · 정신적 내면생활에 지장을 초래하거나 자유로운 사생활을 영위할 수 없게 될 위험성이 있는 정보'도 포함된다고 새겨야 한다는 것이다.

<정보공개법 제9조 제1항 제6호 본문 소정의 비공개대상으로서 개인정보의 범위>[34)]

구 공공기관의 정보공개에 관한 법률(2004.1.29. 법률 제7127호로 전부 개정되기 전의 것, 이하 '구 정보공개법'이라 한다) 제7조 제1항 제6호 본문에서 비공개대상정보의 하나로 규정되어 있었던 '당해 정보에 포함되어 있는 이름 · 주민등록번호 등에 의하여 특정인을 식별할 수 있는 개인에 관한 정보'를 2004.1.29. 법률 제7127호로 전부 개정된 공공기관의 정보공개에 관한 법률 제9조 제1항 제6호 본문에서 '당해 정보에 포함되어 있는 이름 · 주민등록번호 등 개인에 관한 사항으로서 공개될 경우 개인의 사생활의 비밀 또는 자유를 침해할 우려가 있다고 인정되는 정보'로 개정한 연혁, 내용 및 취지 등에 헌법상 보장되는 사생활의 비밀 및 자유의 내용을 보태어 보면, 정보공개법 제9조 제1항 제6호 본문의 규정에 따라 비공개대상이 되는 정보에는 구 정보공개법상 이름 · 주민등록번호 등 정보의 형식이나 유형을 기준으로 비공개대상정보에 해당하는지 여부를 판단하는 **'개인식별정보'뿐만 아니라 그 외에 정보의 내용을 구체적으로 살펴 '개인에 관한 사항의 공개로 인하여 개인의 내밀한 내용의 비밀 등이 알려지게 되고, 그 결과 인격적 · 정신적 내면생활에 지장을 초래하거나 자유로운 사생활을 영위할 수 없게 될 위험성이 있는 정보'도 포함된다**고 새겨야 한다. 따라서 불기소처분 기록 중 피의자신문조서 등에 기재된 피의자 등의 인적사항 이외의 진술내용 역시 개인의 사생활의 비밀 또는 자유를 침해할 우려가 인정되는 경우 정보공개법 제9조 제1항 제6호 본문 소정의 비공개대상에 해당한다고 할 것이다.[35)]

다수의견에 대해서는 "정보공개법 제9조 제1항 제6호 본문 소정의 '해당 정보에 포함되어 있는 이름 · 주민등록번호 등 개인에 관한 사항으로서 공개될 경우 개인의 사생활의 비밀

---

34) 대법원 2012.6.18. 선고 2011두2361 전원합의체판결(정보공개청구거부처분취소): 원심이 제1심판결을 인용하여, 피고가 비공개결정한 정보 중 관련자들의 이름을 제외한 주민등록번호, 직업, 주소(주거 또는 직장주소), 본적, 전과 및 검찰 처분, 상훈 · 연금, 병역, 교육, 경력, 가족, 재산 및 월수입, 종교, 정당 · 사회단체 가입, 건강상태, 연락처, 전화 등의 개인에 관한 정보는 개인에 관한 사항으로서 그 공개로 인하여 개인의 내밀한 내용의 비밀 등이 알려지게 되고 그 결과 인격적 · 정신적 내면생활에 지장을 초래하거나 자유로운 사생활을 영위할 수 없게 될 위험성이 있는 정보에 해당한다고 보아 이를 비공개대상정보로, 위 각 정보를 제외한 나머지 개인에 관한 정보는 비공개대상정보에 해당하지 않는다고 판단한 것은 정당하다고 본 사례. 동지 대법원 2016. 12.15. 선고 2012두11409, 11416(병합) 판결(심리생리검사 관련 자료 일체 등에 대한 정보공개청구 사건).

35) 이 별개의견은 피고의 정보비공개결정처분이 위법하다고 본 원심판단을 수긍할 수 있으므로 상고를 기각하여야 한다는 다수의견의 결론에는 찬성하나, 불기소처분 기록 중 피의자신문조서 등에 기재된 피의자 등의 인적사항 이외의 진술내용이 개인의 사생활의 비밀 또는 자유를 침해할 우려가 인정되는 경우 정보공개법 제9조 제1항 제6호 본문 소정의 비공개대상에 해당한다는 등의 다수의견의 인식과 논리에는 견해를 달리하고 있다.

또는 자유를 침해할 우려가 있다고 인정되는 정보'의 의미와 범위는, 구 정보공개법 제7조 제1항 제6호 본문 소정의 '해당 정보에 포함되어 있는 이름 · 주민등록번호 등에 의하여 특정인을 식별할 수 있는 개인에 관한 정보'와 다르지 않다고 새기는 것이 정보공개법의 문언뿐 아니라 그 개정 경위 및 취지, 종래 대법원 판례가 취한 견해, 관련 법령과의 조화로운 해석에 두루 부합하면서 국민의 알권리를 두텁게 보호하는 합리적인 해석"이라는 별개의견이 제시되었다.[36]

생각건대, 별개의견에서 설시한 바와 같이 '정보공개법의 개정 경위와 종래 대법원 판례가 취한 견해 등을 종합하면, 앞서 본 바와 같은 정보공개법의 개정은 종래 대법원 판례의 취지를 그대로 입법에 반영하여 개인의 사생활의 비밀 또는 자유를 침해할 우려가 있는지 여부를 비공개대상정보의 해당 여부에 관한 판단기준으로 명확하게 규정한 것일 뿐, 구 정보공개법 제7조 제1항 제6호 본문의 '이름 · 주민등록번호 등에 의하여 특정인을 식별할 수 있는 개인에 관한 정보'를 정보공개법 제9조 제1항 제6호 본문의 '이름 · 주민등록번호 등 개인에 관한 사항'으로 그 표현을 변경함으로써 비공개대상정보를 더 넓게 확대하고자 한 것이 아니므로' 위 판결의 다수의견은 수긍하기 어렵다.

한편, 개인식별정보 중 예외적 공개대상으로 법 제9조 제1항 제6호 단서 (다)목 소정의 '공개하는 것이 공익 또는 개인의 권리구제를 위하여 필요하다고 인정되는 정보'에 해당하는지 여부는 특히 빈번히 문제가 되고 있다.

생각건대, 그 같은 정보에 해당하는지 여부는 비공개로 보호되는 개인의 사생활 보호 등의 이익과 공개에 의하여 보호되는 개인의 권리구제 등의 이익, 그리고 공개로 보호되는 국정운영의 투명성 확보 그 밖의 공익의 증진 등 관계 제 이익을 비교 · 교량하여 구체적 사안에 따라 신중히 판단하여야 할 것이다. 판례 또한 같은 견지에 서 있다. 즉, 대법원은 정보공개법 제9조 제1항 제6호 단서 (다)목의 '공개하는 것이 개인의 권리구제를 위하여 필요하다고 인정되는 정보'에 해당하는지 여부'에 대해서도 동일한 판단기준을 제시하고 있다.

<개인식별정보 비공개 원칙과 '개인 권리구제에 필요한 정보'인지 여부의 판단>

정보공개법 제9조 제1항 제6호 단서 (다)목은 "공공기관이 작성하거나 취득한 정보로서 공개하는 것이 공익 또는 개인의 권리구제를 위하여 필요하다고 인정되는 정보를 비공개대상정보에서 제외한다"고 규정하고 있는데, 여기에서 '공개하는 것이 개인의 권리구제를 위하여 필요하다고 인정되는 정보'에 해당하는지 여부는 비공개에 의하여 보호되는 개인의 사생활의 비밀 등의 이익과 공개에 의하여 보호되는 개인의 권리구제 등의 이익을 비교 · 교량하여 구체적 사안에 따라 신중히 판단하여야 한다.[37]

36) 위 판결에 대한 전수안, 이인복, 이상훈, 박보영 대법관의 별개의견.

'공개하는 것이 개인의 권리구제를 위하여 필요하다고 인정되는 정보'에 해당하는지 여부는 비공개에 의하여 보호되는 개인의 사생활의 비밀 등의 이익과 공개에 의하여 보호되는 개인의 권리구제 등의 이익을 비교·교량하여 구체적 사안에 따라 개별적으로 판단하여야 할 것인바, 이 사건 정보와 같은 수사기록에 들어 있는 특정인을 식별할 수 있는 개인에 관한 정보로는 통상 관련자들의 이름, 주민등록번호, 주소(주거 또는 근무처 등)·연락처(전화번호 등), 그 외 직업·나이 등이 있을 것인데, 그중 관련자들의 이름은 수사기록의 공개를 구하는 필요성이나 유용성, 즉 개인의 권리구제라는 관점에서 특별한 사정이 없는 한 원칙적으로 공개되어야 할 것이고, 관련자들의 **주민등록번호는 동명이인의 경우와 같이 동일성이 문제되는 등의 특별한 사정이 있는 경우를 제외하고는 개인의 권리구제를 위하여 필요하다고 볼 수는 없으므로 원칙적으로 비공개하여야 할 것**이며, 관련자들의 주소·연락처는 공개될 경우 악용될 가능성이나 사생활이 침해될 가능성이 높은 반면, 증거의 확보 등 개인의 권리구제라는 관점에서는 그 공개가 필요하다고 볼 수 있는 경우도 있을 것이므로 **개인식별정보는 비공개라는 원칙을 염두에 두고서 구체적 사안에 따라 개인의 권리구제의 필요성과 비교·교량하여 개별적으로 공개 여부를 판단하여야 할 것이고, 그 외 직업, 나이 등의 인적사항은 특별한 경우를 제외하고는 개인의 권리구제를 위하여 필요하다고 볼 수는 없다**고 할 것이다.[38]

<'공개하는 것이 공익을 위하여 필요하다고 인정되는 정보' 해당여부의 판단>

1. 「공공기관의 정보공개에 관한 법률」 제7조 제1항 제6호 단서 (다)목 소정의 '공개하는 것이 공익을 위하여 필요하다고 인정되는 정보'에 해당하는지 여부는 비공개에 의하여 보호되는 개인의 사생활 보호 등의 이익과 공개에 의하여 보호되는 국정운영의 투명성 확보 등의 공익을 비교·교량하여 구체적 사안에 따라 신중히 판단하여야 한다.
2. 지방자치단체의 업무추진비 세부항목별 집행내역 및 그에 관한 증빙서류에 포함된 개인에 관한 정보는 '공개하는 것이 공익을 위하여 필요하다고 인정되는 정보'에 해당하지 않는다.[39]

이 사건 정보 중 개인의 성명은 원심이 공개를 허용하지 않은 다른 정보들과 마찬가지로 개인의 신상에 관한 것으로서 그 정보가 공개될 경우 해당인의 사생활이 침해될 염려가 있다고 인정되는 반면, 원심이 공개대상으로 삼은 개인의 성명 외의 나머지 거래내역 등의 공개만으로도 오송유치위가 오송분기역 유치와 관련하여 청원군으로부터 지급받은 보조금의 사용내역 등을 확인할 수 있을 것으로 보이므로, 개인의 성명의 비공개에 의하여 보호되는 해당 개인의 사생활 비밀 등의 이익은 국정운영의 투명성 확보 등의 공익보다 더 중하다고 할 것이다.[40]

---

37) 대법원 2012.6.18. 선고 2011두2361 전원합의체판결(정보공개청구거부처분취소). 또한 대법원 2009.10.29. 선고 2009두14224 판결을 참조.
38) 대법원 2003.12.26. 선고 2002두1342 판결(정보비공개처분취소 파기환송).
39) 대법원 2003.3.11. 선고 2001두6425 판결(행정정보비공개결정처분취소).
40) 대법원 2009.10.29. 선고 2009두14224 판결(행정정보공개거부처분취소). 대법원은, 그럼에도 개인의 성명을 공개하지 아니한 부분도 위법하다고 판단한 원심은, 법 제9조 제1항 제6호에서 정한 비공개대상정보

한편 공공기관이 보유·관리하고 있는 제3자 관련정보의 경우, 제3자의 비공개요청이 있다는 사실만 가지고 비공개사유를 인정할 수는 없다는 것이 대법원의 판례이다.

<제3자 관련정보의 비공개요청과 공개여부>

제3자와 관련이 있는 정보라고 하더라도 당해 공공기관이 이를 보유·관리하고 있는 이상 정보공개법 제9조 제1항 단서 각 호의 비공개사유에 해당하지 아니하면 정보공개의 대상이 되는 정보에 해당한다. 따라서 정보공개법 제11조 제3항, 제21조 제1항의 규정은 공공기관이 보유·관리하고 있는 정보가 제3자와 관련이 있는 경우 그 정보 공개 여부를 결정할 때 공공기관이 제3자와의 관계에서 거쳐야 할 절차를 규정한 것에 불과할 뿐, **제3자의 비공개요청이 있다는 사유만으로 정보공개법상 정보의 비공개사유에 해당한다고 볼 수 없다.**[41]

(사) 영업비밀관련정보

법 제9조 제1항 제7호는 '법인·단체 또는 개인("법인 등")의 경영·영업상 비밀에 관한 사항으로서 공개될 경우 법인등의 정당한 이익을 현저히 해할 우려가 있다고 인정되는 정보'를 공개대상에서 제외시키고 있다. 다만, 그런 범주에 해당하는 경우에도 해당 정보가 '사업활동에 의하여 발생하는 위해로부터 사람의 생명·신체 또는 건강을 보호하기 위하여 공개할 필요가 있는 정보'와 '위법·부당한 사업활동으로부터 국민의 재산 또는 생활을 보호하기 위하여 공개할 필요가 있는 정보'에 해당하는 경우에는 예외이다. 이 정보들은 공개대상이 된다.

(아) 특정인이해관련정보

법은 공개될 경우 부동산투기, 매점매석 등으로 특정인에게 이익 또는 불이익을 줄 우려가 있다고 인정되는 정보를 비공개대상으로 삼고 있다(법 § 9 ① viii). 이처럼 부동산 투기·매점매석 등으로 특정인에게 이익 또는 불이익을 줄 우려가 있는 정보를 비공개사유로 한 것은 이례적인 일이지만 나름대로 정보공개제도의 남용가능성을 경계한 결과라고 이해할 여지도 있다. 그러나 부동산투기나 매점매석, 특정인에 대한 이익과 불이익이란 개념 모두가 불확정적이고 모호한 개념이어서 자칫 확장해석될 우려도 없지 않다. 하지만 적용사례는 거의 없다.

③ 비공개사유의 문제점

정보공개법 제9조 제1항에 따른 비공개사유에 대하여는 그 범위를 지나치게 포괄적으로 설정하였다는 비판이 제기되고 있다. 1995년의 입법예고안에 대해서도 비공개사유의 범위에

에 관한 법리를 오해하여 판결에 영향을 미친 위법이 있다고 하여 파기환송하였다.

41) 대법원 2008.9.12. 선고 2008두8680 판결(정보공개거부처분취소(마) 상고기각).

관하여 적지 않은 문제점들이 지적되었던 것인데,42) 법은 입법예고안이 안고 있었던 문제점을 거의 그대로 유지했을 뿐만 아니라 비공개사유의 범위를 더욱 확대했기 때문이다. 2004년의 법개정으로 부분적으로 개선되기는 했지만, 여전히 다음과 같은 문제점들이 남아 있다.

무엇보다도 제9조 제1항에서 비공개사유를 열거적으로 규정하면서 이를 '~할 우려', '중대한 이익', '상당한 이유', '현저한 지장', '정당한 이익' 등과 같은 불확정법률개념을 지나치게 많이 사용하고 있다는 점이 문제점으로 지적된다. 비공개대상 정보로 규정된 이러한 '특별한' 정보 중 국가의 안전이나 범죄의 예방에 관한 대목 등은 적용범위가 광범위해 행정기관이 자의적으로 정보공개를 거부하는 '빌미'로 작용할 우려가 있고 해당 공공기관의 입장에서는 판단하기 쉽지 않기 때문에, 정보공개청구에 미온적으로 대응하게끔 하는 요인이 될 수 있다.

> 제9조 제1항에 따른 비공개사유가 드러내고 있는 보다 심각한 문제점은 바로 관계부처 협의과정에서 그야말로 광활한 비공개사유들이 추가되었다는 데 있다. 즉 법은 제2호에서 종래 입법예고안에서 규정된 사유에다 통일에 관한 국가의 중대한 이익을 해할 우려가 있다고 인정되는 정보를, 제4호에서 진행 중인 재판에 관련된 정보를, 그리고 공개될 경우 부동산 투기·매점매석 등으로 특정인에게 이익 또는 불이익을 줄 우려가 있다고 인정되는 정보를 비공개정보로 각각 추가했기 때문이다.43) 문제는 추가된 비공개사유들이 결국 정보공개법을 포괄적인 비공개사유로 충만한 '정보비공개법'으로 만들 우려가 있다는 점에 있다.

물론 공개청구된 특정정보가 이러한 비공개대상에 해당되는지 여부는 결국 사법심사를 통해 판단되어야 할 문제이지만 법에서는 이를 최대한 명확히 한정하여 규정할 필요가 있다.

요컨대, 정보공개법 제9조 제1항은 지나치게 광범위한 비공개사유를 규정하고 있어 정보공개의 법적 확실성과 안정성을 확보하지 못하고 있다. 이는 결국 공공기관이 공개여부를 판단함에 있어 비공개사유의 광범성·불명확성으로 인해 직면할 문제들을 법원에게 전가하는 결과가 될 것이다. 그런 바람직하지 못한 결과를 회피하기 위해서라도 비공개사유는 대폭 제한되어야 하고 또 그 규정도 더욱 명확하고 엄격한 개념에 의거해야 할 것이다. 이와 관련하여 법 제9조 제1항에 열거된 사유에 해당하는 경우에도 정보가 공개대상에서 제외되는 것은 필요한 최소한의 범위에 한한다는 일반적 제한규정을 두는 것을 대안으로 검토할 필요가 있다.

---

42) 가령 시안이 ②에서 '외교관계를 해한다'는 것을 비공개사유로 삼은 것, ③ 사람의 생명 또는 신체의 안전에 관한 정보를 일괄적으로 비공개대상으로 삼은 것도 실은 문제가 있는 것으로 지적되었다. 이에 관하여는 강경근·김석준·홍준형, 앞의 책, 229 이하와 정보공개법안 제7조를 참조.

43) 당초 법안에는 통상, 재정, 금융관계에 관한 정보가 추가되었으나, 국회심의과정에서 삭제되었다.

(3) 정보공개청구와 권리남용

정보공개청구가 권리의 남용에 해당하는 것이 명백한 경우에도 정보공개청구권의 행사를 허용해야 하는지 여부가 분명치 않아 논란의 여지가 있다. 이와 관련하여, 교도소에 복역 중인 청구인이 지방검찰청 검사장에게 자신에 대한 불기소사건 수사기록 중 타인의 개인정보를 제외한 부분의 공개를 청구하였으나 검사장이 구 공공기관의 정보공개에 관한 법률 제9조 제1항 등에 규정된 비공개 대상 정보에 해당한다는 이유로 비공개 결정을 한 사안에서, 대법원은 원고의 정보공개청구는 권리를 남용하는 행위로서 허용되지 않는다고 판시하였다.

<정보공개청구와 권리남용>

1. 일반적인 정보공개청구권의 의미와 성질, 구 공공기관의 정보공개에 관한 법률(2013.8.6. 법률 제11991호로 개정되기 전의 것, 이하 '정보공개법'이라 한다) 제3조, 제5조 제1항, 제6조의 규정 내용과 입법 목적, 정보공개법이 정보공개청구권의 행사와 관련하여 정보의 사용 목적이나 정보에 접근하려는 이유에 관한 어떠한 제한을 두고 있지 아니한 점 등을 고려하면, **국민의 정보공개청구는 정보공개법 제9조에 정한 비공개 대상 정보에 해당하지 아니하는 한 원칙적으로 폭넓게 허용되어야 하지만, 실제로는 해당 정보를 취득 또는 활용할 의사가 전혀 없이 정보공개 제도를 이용하여 사회통념상 용인될 수 없는 부당한 이득을 얻으려 하거나, 오로지 공공기관의 담당공무원을 괴롭힐 목적으로 정보공개청구를 하는 경우처럼 권리의 남용에 해당하는 것이 명백한 경우에는 정보공개청구권의 행사를 허용하지 아니하는 것이 옳다.**
2. 교도소에 복역 중인 갑이 지방검찰청 검사장에게 자신에 대한 불기소사건 수사기록 중 타인의 개인정보를 제외한 부분의 공개를 청구하였으나 검사장이 구 공공기관의 정보공개에 관한 법률(2013.8.6. 법률 제11991호로 개정되기 전의 것) 제9조 제1항 등에 규정된 비공개 대상 정보에 해당한다는 이유로 비공개 결정을 한 사안에서, 갑은 위 정보에 접근하는 것을 목적으로 정보공개를 청구한 것이 아니라, 청구가 거부되면 거부처분의 취소를 구하는 소송에서 승소한 뒤 소송비용 확정절차를 통해 자신이 그 소송에서 실제 지출한 소송비용보다 다액을 소송비용으로 지급받아 금전적 이득을 취하거나, 수감 중 변론기일에 출정하여 강제노역을 회피하는 것 등을 목적으로 정보공개를 청구하였다고 볼 여지가 큰 점 등에 비추어 갑의 정보공개청구는 권리를 남용하는 행위로서 허용되지 않는다고 한 사례.[44]

구 공공기관의 정보공개에 관한 법률(2004.1.29. 법률 제7127호로 전문 개정되기 전의 것)의 목적, 규정 내용 및 취지에 비추어 보면 정보공개청구의 목적에 특별한 제한이 없으므로, 오로지 상대방을 괴롭힐 목적으로 정보공개를 구하고 있다는 등의 특별한 사정이 없는 한 정보공개의 청구가 신의칙에 반하거나 권리남용에 해당한다고 볼 수 없다.[45]

44) 대법원 2014.12.24. 선고 2014두9349 판결(정보비공개결정처분취소).

(4) 공개청구 대상 정보의 특정 정도

정보공개를 청구함에 있어 대상 정보를 어느 정도로 특정해야 하느냐에 관하여 대법원은 사회일반인의 관점에서 청구대상정보의 내용과 범위를 확정할 수 있을 정도로 특정함을 요한다고 한다.

<공개청구 대상 정보의 특정 정도>

1. 공공기관의 정보공개에 관한 법률 제10조 제1항 제2호는 정보의 공개를 청구하는 자는 정보공개청구서에 '공개를 청구하는 정보의 내용' 등을 기재할 것을 규정하고 있는바, 청구대상정보를 기재함에 있어서는 **사회일반인의 관점에서 청구대상정보의 내용과 범위를 확정할 수 있을 정도로 특정함을 요한**다.
2. 정보비공개결정의 취소를 구하는 사건에 있어서, 만일 공개를 청구한 정보의 내용 중 너무 포괄적이거나 막연하여서 사회일반인의 관점에서 그 내용과 범위를 확정할 수 있을 정도로 특정되었다고 볼 수 없는 부분이 포함되어 있다면, 이를 심리하는 법원으로서는 마땅히 공공기관의 정보공개에 관한 법률 제20조 제2항의 규정에 따라 공공기관에게 그가 보유·관리하고 있는 공개청구정보를 제출하도록 하여 이를 비공개로 열람·심사하는 등의 방법으로 공개청구정보의 내용과 범위를 특정시켜야 하고, 나아가 위와 같은 방법으로도 특정이 불가능한 경우에는 특정되지 않은 부분과 나머지 부분을 분리할 수 있고 나머지 부분에 대한 비공개결정이 위법한 경우라고 하여도 정보공개의 청구 중 특정되지 않은 부분에 대한 비공개결정의 취소를 구하는 부분은 나머지 부분과 분리하여 이를 기각하여야 한다.
3. 공공기관의 정보공개에 관한 법률에 따라 공개를 청구한 정보의 내용이 '대한주택공사의 특정 공공택지에 관한 수용가, 택지조성원가, 분양가, 건설원가 등 및 관련 자료 일체'인 경우, '관련 자료 일체' 부분은 그 내용과 범위가 정보공개청구 대상정보로서 특정되지 않았다고 한 사례.[46]

(5) 제3자에 대한 통지·의견청취

정보공개청구를 받은 공공기관은 공개 대상 정보의 전부 또는 일부가 제3자와 관련이 있다고 인정할 때에는 그 사실을 제3자에게 지체 없이 통지하여야 하며, 필요한 경우에는 그의 의견을 들을 수 있다(§ 11 ③). 이것은 공개청구된 정보를 공개할 경우 본인의 권익이나 사생활의 비밀을 침해할 우려가 있는 경우처럼 공개청구된 정보와 이해관계를 가지는 제3자의 권익을 보호하려는 데 취지를 둔 것이다. 그러나 제3자의 권익을 실질적으로 보호하려면 이처럼 공공기관의 임의적 판단에 따라 의견청취를 할 수 있도록 하는 데 그칠 것이 아니라 제

45) 대법원 2006.8.24. 선고 2004두2783 판결(정보공개거부처분취소). 동지 대법원 2004.9.23. 선고 2003두1370 판결.

46) 대법원 2007.6.1. 선고 2007두2555 판결(정보비공개결정처분취소).

3자에게 공개여부에 관한 결정을 내리기 전에 의견제출기회를 보장해 주는 것이 필요하다. 정보는 한번 알려지면 돌이킬 수 없게 되는 것이기 때문이다. 그러한 취지에서 법 제19조 제1항은 제9조 제3항에 따라 공개청구된 사실을 통지받은 제3자는 통지받은 날부터 3일 이내에 해당 공공기관에 공개하지 아니할 것을 요청할 수 있도록 하고 있다.

(6) 정보 공개의 방법과 절차

법은 제14조에서 제17조까지의 규정을 두어 부분공개, 전자적 공개, 즉시처리 가능 정보의 공개, 비용부담 등에 관한 규정을 두고 있다.

① 공개방법

법은 정보의 '공개'를 "공공기관이 이 법의 규정에 따라 정보를 열람하게 하거나 그 사본·복제물을 제공하는 것 또는 「전자정부법」 제2조 제10호에 따른 정보통신망을 통하여 정보를 제공하는 것 등을 말한다."라고 정의하고 있다(§ 2 ii).[47] 이러한 '공개'의 개념은 현대 정보통신기술의 발전수준을 감안하여 최대한 확장된 것이라 할 수 있다. 개인용컴퓨터, 휴대용단말기, 그 밖의 다양한 유무선장치 등을 사용하여 정보통신망에 접속하고 이를 통해 공공데이터베이스에 접근하여 정보공개를 청구할 수 있게 된 이상, 이러한 요구에 응하여 정보를 공개하는 경우도 당연히 정보의 '공개'에 포함된다고 볼 수 있다.

정보공개법이 규정한 정보의 개념에 관한 정의에 비추어 볼 때 정보공개의 구체적 방법, 즉 어떠한 방법으로 정보를 공개할 것인지는 해당 공공기관의 재량에 맡겨져 있는 것으로 보인다. 정보공개청구권에 대응하는 공공기관의 정보공개는 기속행위인 데 비하여, 해당 공공기관이 열람, 사본 또는 복제물의 제공 중 어느 하나를 택할 수 있는 선택재량이 인정되고 있다.

한편 정보공개 청구인이 정보공개방법도 아울러 지정하여 정보공개를 청구할 수 있도록 하면서 전자적 형태의 정보를 전자적으로 공개하여 줄 것을 요청한 경우에는 공공기관은 원칙적으로 요청에 응할 의무가 있고, 나아가 비전자적 형태의 정보에 관해서도 전자적 형태로 공개하여 줄 것을 요청하면 재량판단에 따라 전자적 형태로 변환하여 공개할 수 있도록 한 법의 취지는 정보의 효율적 활용을 도모하고 청구인의 편의를 제고함으로써 구 정보공개법

---

47) "정보통신망"이란 「전기통신기본법」 제2조 제2호에 따른 전기통신설비를 활용하거나 전기통신설비와 컴퓨터 및 컴퓨터의 이용기술을 활용하여 정보를 수집·가공·저장·검색·송신 또는 수신하는 정보통신체제를 말한다(전자정부구현을위한행정업무등의전자화촉진에관한법률 제2조 제7호). 한편, 「전기통신기본법」 제2조 제2호에 따른 "전기통신설비"란 전기통신을 하기 위한 기계·기구·선로 기타 전기통신에 필요한 설비를 말한다.

의 목적인 국민의 알 권리를 충실하게 보장하려는 것이므로, 청구인에게는 특정한 공개방법을 지정하여 정보공개를 청구할 수 있는 법령상 신청권이 인정된다고 볼 수 있다. 만일 공공기관이 공개청구의 대상이 된 정보를 공개는 하되, 청구인이 신청한 공개방법 이외의 방법으로 공개하기로 하는 결정을 하였다면, 이는 정보공개청구 중 정보공개방법에 관한 부분에 대하여 일부 거부처분을 한 것이고, 청구인은 항고소송으로 다툴 수 있다는 것이 대법원의 판례이다.[48)]

한편 법은 정보공개의 실시에 관하여 "정보의 공개를 결정한 경우에는 통지서에서 지정한 일시 · 장소에서 공개하여야 한다."라는 규정을 두고 있지는 않지만, 제13조 제1항의 해석상 그와 같은 결과를 인정할 수 있을 것이다.

② 사본 등의 공개

법은 제13조 제2항에서 "공공기관은 청구인이 사본 또는 복제물의 교부를 원하는 경우에는 이를 교부하여야 한다. 다만, 공개 대상 정보의 양이 너무 많아 정상적인 업무수행에 현저한 지장을 초래할 우려가 있는 경우에는 정보의 사본 · 복제물을 일정 기간별로 나누어 제공하거나 열람과 병행하여 제공할 수 있다."라고 규정하는 한편 같은 조 제3항에서는 "정보의 원본이 더럽혀지거나 파손될 우려가 있거나 그 밖에 상당한 이유가 있다고 인정할 때에는 그 정보의 사본 · 복제물을 공개할 수 있다."라고 규정하고 있다.[49)]

법 제13조 제3항의 규정을 반대해석하면 '정보의 원본이 더럽혀지거나 파손될 우려가 있거나 그 밖에 상당한 이유가 있다고 인정할 때'에만 사본의 공개가 허용되고 원칙적으로 원본을 공개하여야 한다는 결론이 나온다. 해당 정보가 오손 또는 파손될 우려가 있는 경우에는 그 사본의 공개가 불가피하겠지만, 정보의 공개는 원본 공개를 원칙으로 하며 또 그것이 정보공개법의 취지에 부합되는 해석이다. 무엇보다도 왜곡되지 않은 정확한 정보를 공개하는 것이 정보공개제도의 본연의 요청이기 때문이다. 그러한 맥락에서 법이 '그 밖에 상당한 이유가 있다고 인정될 때'까지 사본의 공개를 허용한 것은 공공기관에게 지나치게 폭넓은 판단의 여지를 부여한 것이라는 점에서 문제가 있다. 다만, 제2항에서 "청구인이 사본 또는 복제물의 교부를 원하는 경우에는 이를 교부하여야 한다."라고 규정하고 있어 원본공개의 원칙을 전제로 한 것으로 해석할 여지가 있는 것도 사실이다. 이 조항을 반대해석하면 '원본 공개를 원칙으로 하되, 청구인이 원할 경우 사본이나 복제물을 교부한다'거나 '청구인이 원하지 않을

---

48) 대법원 2016.11.10. 선고 2016두44674 판결.
49) 이들 조항은 정보공개의 방법에 관한 것이어서 '정보공개 여부 결정의 통지'라는 표제하에 제13조에서 규정한 것은 적절해 보이지 않는다.

경우 원본을 공개한다'는 취지로 해석할 수 있기 때문이다.

반면, 공공기관이 직무상 작성 또는 취득하여 현재 보유·관리하고 있는 문서인 이상, 그것이 정본인지 부본인지 여부를 가리지 아니하고 그 상태대로 정보공개의 대상이 되며, 이는 원본공개의 원칙과 상치되지 아니한다. 여기서 말하는 원본공개란 정본의 공개를 의미하는 것이 아니라, '정보공개제도는 공공기관이 보유·관리하는 정보를 그 상태대로 공개하는 제도'라고 판시한 다음 대법원 판례에서 확인할 수 있는 바와 같이, '보유·관리하는 정보를 그 상태대로 공개하는 것'을 말한다.

> 정보공개제도는 공공기관이 보유·관리하는 정보를 그 상태대로 공개하는 제도로서 공개를 구하는 정보를 공공기관이 보유·관리하고 있을 상당한 개연성이 있다는 점에 대하여 원칙적으로 공개청구자에게 증명책임이 있다고 할 것이지만, 공개를 구하는 정보를 공공기관이 한 때 보유·관리하였으나 후에 그 정보가 담긴 문서등이 폐기되어 존재하지 않게 된 것이라면 그 정보를 더 이상 보유·관리하고 있지 아니하다는 점에 대한 증명책임은 공공기관에게 있다.
>
> 교도소직원회운영지침과 재소자자변물품공급규칙이 폐지되었다 하여 곧바로 교도소장이 그 정보가 담긴 문서들을 보관·관리하지 않고 있다고 단정할 수는 없다.50)

한편 대법원은 공공기관의 정보공개에 관한 법률상 공개청구의 대상이 되는 정보란 공공기관이 직무상 작성 또는 취득하여 현재 보유·관리하고 있는 문서에 한정되는 것이기는 하나, 그 문서가 반드시 원본일 필요는 없다고 판시한 바 있으나, 이는 원본공개의 원칙을 부정하는 것이라기보다는 '공공기관이 보유·관리하는 정보를 그 상태대로 공개해야 한다는 취지'를 확인시켜 준 것으로서 오히려 원본공개의 원칙을 뒷받침하는 판례라고 볼 수 있다.

> 공공기관의 정보공개에 관한 법률상 공개청구의 대상이 되는 정보란 공공기관이 직무상 작성 또는 취득하여 현재 보유·관리하고 있는 문서에 한정되는 것이기는 하나, 그 문서가 반드시 원본일 필요는 없다. 원심이 인정한 사실관계와 기록에 의하면, 이 사건의 원고는 자신이 고소하였던 강간사건의 수사결과 피고소인이 구속 구공판되었다는 통지만 받았을 뿐 공소장의 내용을 통지받지 못하였다는 이유로 피고에 대하여 공소사실의 내용을 알려 달라고 청구하고 있음을 인정할 수 있는바, 이러한 경우 자신이 보유·관리하는 공판카드에 공소장 부본을 편철하여 두고 있는 피고로서는 공소장 원본이 법원에 제출되었다는 이유를 들어서 스스로가 위 법률이 말하는 보유·관리를 하지 않고 있다고 주장할 수는 없다. 특히, 고소사건이 법원에 공소제기된 후 아직 사건기록이 법원에 제출되기 전까지의 기간 동안에는 고소인이 법원에 등사신청을 하더라도 법원으로서는 사건기록이 없는 탓에 등사신청인이 과연 고소

50) 대법원 2004.12.9. 선고 2003두12707 판결(정보공개거부처분취소).

인인지 여부를 확인할 수 없어서 등사를 해 줄 수 없으므로, 이런 경우에는 고소인이 검찰에 대하여 등사신청을 하여야 할 현실적인 필요성도 있다. 원심이 같은 취지로 피고의 주장을 배척한 것은 정당하고, 거기에 상고이유에서 주장하는 바와 같은 위 법률에 관한 법리를 오해한 위법이 있다고 할 수 없다.[51]

정보공개의 방법과 관련하여 또 하나 생각해야 할 문제는 정보의 존재형태나 분량에 관한 것이다. 내용이 방대하거나 무체계하게 보관되어 있거나 일목요연하게 정리되어 있지 않은 정보라든지 가령 환경이나 과학기술관련정보, 기술적 안전에 관한 정보처럼 고도로 전문기술적인 수치나 평가기준들을 내용으로 하거나 그 밖의 이유로 평균인의 능력으로는 해득곤난한 형태를 지닌 정보의 경우 공공기관은 단순히 그 열람을 허용함으로써 자기의 의무를 다했다고 생각할지 몰라도 정보공개를 청구한 평균적 시민(Normalbürger)의 입장에서는 정보의 내용을 알 수 없어 사실상 알 권리를 충족시킬 수 없게 되는 결과도 얼마든지 있을 수 있다. 실제로 정보공개제도가 시행되면 오히려 그러한 경우가 더 많이 발생할 가능성도 배제할 수 없다. 이러한 사정을 감안하여 청구인의 신청에 의해 해당 공공기관에게 과다한 비용과 노력을 요하지 않는 한 청구된 정보에 대한 교시(Auskunftserteilung), 즉 청구된 정보에 대한 요약·설명이나 안내를 요구할 수 있는 권리를 정보의 원본에 대한 열람권과 함께 부여하는 것이 바람직할 것이다. 물론 법은 제7조와 제8조에서 공공기관의 적극적 정보공개 노력의무와 목록작성·비치의무와 공개장소·시설 확보의무를 규정하고 있으나 이들 규정만으로는 불충분하고 당사자의 선택에 따라 요구할 수 있는 권리를 인정하는 것이 정보공개의 활성화를 위한 올바른 해결책이다.

③ 부분공개

법 제14조는 공개청구된 정보가 비공개사유에 해당하는 부분과 공개가 가능한 부분이 혼합되어 있는 경우로서 공개 청구의 취지에 어긋나지 아니하는 범위에서 두 부분을 분리할 수 있는 때에는 비공개사유에 해당하는 부분을 제외하고 공개하여야 한다고 규정하고 있다. 이는 공개대상정보와 비공개정보가 섞여 있는 경우 일종의 '가분리행위(분리가능행위) 이론'(théorie de l'acte détachable) 또는 합리적으로 분리가능한 부분(reasonably segregable portion of a record)에 대한 공개를 규정한 미국 정보자유법 (b)와 유사한 견지에서 공개대상정보만을 공개하도록 한 것이다. 그러나 미국의 정보자유법(FOIA)의 예처럼[52], 공개배제를 정당화하는

51) 대법원 2006.5.25. 선고 2006두3049 판결(사건기록등사불허가처분취소).
52) 5 USCA § 552 (a) (2).

이유를 청구인에게 서면으로 소명하도록 하는 것이 바람직하다.

대법원은 이를 전제로 부분공개가 가능한데도 공개를 거부한 경우 법원은 거부처분 중 공개가 가능한 정보에 관한 부분만을 취소해야 한다고 판시하고 있다. 실례로, 지방자치단체의 업무추진비 세부항목별 집행내역 및 관련 증빙서류의 공개를 거부한 처분에 대해 제기된 취소소송에서 법원이 행정청의 정보공개거부처분의 위법 여부를 심리한 결과 공개를 거부한 정보에 비공개대상정보에 해당하는 부분과 공개가 가능한 부분이 혼합되어 있고 공개청구의 취지에 어긋나지 아니하는 범위 안에서 두 부분을 분리할 수 있음을 인정할 수 있을 때에는, 위 정보 중 공개가 가능한 부분을 특정하고 판결의 주문에 행정청의 위 거부처분 중 공개가 가능한 정보에 관한 부분만을 취소한다고 표시하여야 한다고 판시하였다:

법원이 행정기관의 정보공개거부처분의 위법 여부를 심리한 결과 공개를 거부한 정보에 비공개대상 정보에 해당하는 부분과 공개가 가능한 부분이 혼합되어 있고 공개청구의 취지에 어긋나지 아니하는 범위 안에서 두 부분을 분리할 수 있음을 인정할 수 있을 때에는 청구취지의 변경이 없더라도 공개가 가능한 정보에 관한 부분만의 일부취소를 명할 수 있다 할 것이고, **공개청구의 취지에 어긋나지 아니하는 범위 안에서 비공개대상 정보에 해당하는 부분과 공개가 가능한 부분을 분리할 수 있다고 함은, 이 두 부분이 물리적으로 분리가능한 경우를 의미하는 것이 아니고 당해 정보의 공개방법 및 절차에 비추어 당해 정보에서 비공개대상 정보에 관련된 기술 등을 제외 내지 삭제하고 그 나머지 정보만을 공개하는 것이 가능하고 나머지 부분의 정보만으로도 공개의 가치가 있는 경우를 의미한다**고 해석하여야 한다.[53)]

대법원은 "행정청이 공개를 거부한 정보 중 법인의 계좌번호, 개인의 주민등록번호, 계좌번호 등에 해당하는 정보를 제외한 나머지 부분의 정보를 공개하는 것이 타당하다고 하면서 판결 주문에서 정보공개거부처분 전부를 취소한 것은 위법하다."라고 판시한 바 있다.[54)]

④ 전자적 공개

개인용 컴퓨터 등으로 정보통신망을 통해 공공데이터베이스에 접근하여 정보를 획득하는 행위나 정보통신망을 통한 정보공개는 널리 허용되어야 하며 이를 법적으로 뒷받침해 줄 필요가 있다. 이러한 견지에서 2004년의 개정법은 전자적 공개에 관한 규정을 신설하였다.

구법에서는 '정보'의 개념정의와 관련하여 컴퓨터등에 의해 처리되는 매체에 기록된 사항의 공개여하에 법이 아무런 규정을 두지 않고 있어 입법적 불비로 비판을 받았다. 미국에서는 1990년 미국변호사협회(ABA: Section of Administrative Law and Regulatory Practice)가 전자형태를 띤 정보공개에 관한

53) 대법원 2003.3.11. 선고 2001두6425 판결(행정정보비공개결정처분취소). 동지 대법원 2004.12.9. 선고 2003두12707 판결(정보공개거부처분취소).

54) 대법원 2009.4.23. 선고 2009두2702 판결(정보공개거부처분취소).

절차 및 정책에 대한 권고안을 제출하였다. 이 권고안은 연방정부기관들에게 정보가 전자적 형태로 유지되어 있다고 해서 정보자유법에 따른 접근이 축소되지 않도록 보장하기 위한 절차와 정책(procedures and policies to ensure that access to information under the Freedom of Information Act not be diminished by virtue of the fact that the information is maintained in electronic form)을 채택해야 한다고 권고하였다. 즉, 연방정부기관들이 그 내용이나 성질을 불문하고 전자적 형태의 정보와 컴퓨터 프로그램을 정보자유법의 "기록"개념에 포함시켜 공개대상으로 하고 청구된 포맷으로 전자정보를 공개하도록 하되, 이를 따르지 않을 경우에는 의회가 입법을 통하여 그 의무를 명시해야 한다는 것이었다.[55] 이러한 과정을 거쳐 미국에서는 1996년 정보자유법을 전면 개정하여 이를 전자정보자유법(EFOIA)으로 부르고 있다.[56]

법은 제15조 제1항에서 공공기관은 전자적 형태로 보유·관리하는 정보에 대하여 청구인이 전자적 형태로 공개하여 줄 것을 요청하는 경우에는 해당 정보의 성질상 현저히 곤란한 경우를 제외하고는 청구인의 요청에 응하여야 한다고 못 박고(§ 15 ①), 전자적 형태로 보유·관리하지 아니하는 정보에 대하여 청구인이 전자적 형태로 공개하여 줄 것을 요청한 경우에는 정상적인 업무수행에 현저한 지장을 초래하거나 해당 정보의 성질이 훼손될 우려가 없는 한 그 정보를 전자적 형태로 변환하여 공개할 수 있도록 허용하고 있다(§ 15 ②).

한편, 청구된 정보가 디지털화되어 유형적 문서의 형태를 띠지 않을 경우, 청구인이 행정전산망에 직접 접근하여 원하는 정보를 열람, 복사할 수 있도록 허용할 것인지가 문제된다. 청구된 정보가 디지털화되어 유형적 문서의 형태를 띠지 않아도, 청구인에게 출력된 자료를 제공하는 데에는 아무 문제가 없다. 그러나 청구인에게 행정전산망이나 정보통신시스템에 접속할 권한을 부여하는 것은 극히 단기간이라도 정보공개법에 따른 정보공개의 범위를 넘는

---

55) American Bar Association, "Section of Administrative Law and Regulatory Practice," Report to the House of Delegates, Recommendation, 1990; American Bar Association, "ABA Resolution adopted by the House of Delegates," August 12-13, 1991 (Report No.109C). 이에 관하여는 Robert Vaughn, *Public Information Law & Policy*, Spring, 1995, Part 1 of 5, 184 이하를 참조. 한편 전자정보공개의 원칙에 관하여는 "Executive Office of the President, Office of Management and Budget, Review Draft Electronic FOIA Principle" (Memorandum for Interested Parties from Bruche McConnell, Government Information Working Group, Information Policy Committee, Information Infrastructure Task Force), November 18, 1994를 참조.

56) 1996년의 전자정보공개법(http://www.fas.org/irp/congress/1996_rpt/s104272.htm)은 1991년 11월 미국 상원의원 Patrick Leahy와 Hank Brown에 의해 처음 제안되어 수차의 청문회를 거쳐 1996년 5월 15일 최종적으로 의결되었고 같은 해 10월 2일 공포되었다(*Public Law* 104-231). 이에 관하여는 성낙인, 「미국의 전사정보자유법(EFOIA)과 운용현황」, 『미국헌법연구』 제9호, 미국헌법학회, 제9호, 1998, 112-139; 명승환, 「미국의 전자정보공개법 제정과정의 교훈」(http://chunma.yeungnam.ac.kr/~j9516053/dc3.html), 『격주간 정보화동향』, 1997 등을 참조.

다고 보아야 할 것이다. 입법론적으로도 직접 접속 및 열람을 허용하는 문제는 그럴 경우 해당 기관이나 제3자의 우월한 이해관계와 충돌할 우려가 있기 때문에 신중을 기해 판단해야 할 것이다.[57)]

⑤ 즉시처리가 가능한 정보의 공개

법은 제16조에서 다음 각 호에 해당하는 정보로서 즉시 또는 구술처리가 가능한 정보에 대하여는 제11조에 따른 절차를 거치지 않고 공개하도록 강제하고 있다. 정보공개제도의 취지에 비추어 공개대상정보의 특성을 감안하여 일종의 신속처리절차(fast track)를 도입한 것이다.

1. 법령 등에 의하여 공개를 목적으로 작성된 정보
2. 일반국민에게 알리기 위하여 작성된 각종 홍보자료
3. 공개하기로 결정된 정보로서 공개에 오랜 시간이 걸리지 아니하는 정보
4. 그 밖에 공공기관의 장이 정하는 정보

⑥ 대량정보공개의 특칙

법은 제13조 제2항에서 "공공기관은 공개대상정보의 양이 과다하여 정상적인 업무수행에 현저한 지장을 초래할 우려가 있는 경우에는 정보의 사본·복제물을 일정 기간별로 나누어 교부하거나 열람과 병행하여 교부할 수 있다."라고 규정하고 있다. 이는 동시다발적이고 대량의 정보공개 청구로 행정이 마비될 우려가 있다는 점을 고려하여 특칙을 둔 것이라고 이해된다.

구법에서는 "정보공개청구의 대상이 이미 널리 알려진 사항이거나 청구량이 과다하여 정상적인 업무수행에 현저한 지장을 초래할 우려가 있는 경우에는 청구된 정보의 사본 또는 복제물의 교부를 제한할 수 있다"고 규정하고 있었다(§ 8 ②). 이 규정은 일견 정보공개 자체에 대한 제한가능성을 수권한 것으로 보이지만, 실은 정보공개 자체를 제한한다기보다는 정보공개의 청구에 관하여 일정한 제한을 가할 수 있도록 하는 데 그 취지를 두고 있었다. 대법원은 이후 "공공기관은 공개대상정보의 양이 과다하여 정상적인 업무수행에 현저한 지장을 초래할 우려가 있는 경우에는 정보의 사본·복제물을 일정 기간별로 나누어 교부하거나 열람과 병행하여 교부할 수 있으나(§ 13 ②), 정보공개청구의 대상이 이미 널리 알려진 사항이거나 청구량이 과다하여 정상적인 업무수행에 현저한 지장을 초래할 우려가 있더라도 청구된 정보의 사본 또는 복제물의 교부를 제한할 수는 없다(2004.1.29. 법률 제7127호로 전문 개정되기

---

57) 그러한 취지에서 독일의 환경정보법은 행정전산망에 대한 직접 접근을 허용하지 않는 것으로 이해되고 있다(A. Turiaux, "Das neue Umweltinformationsgesetz," *NJW*, 1994, 2322).

전의 정보공개법 § 8 ② 참조).”라고 판시하여[58] 그 조항을 실질적으로 무효화했다.

‘공개대상정보의 양이 과다하여 정상적인 업무수행에 현저한 지장을 초래할 우려가 있는 경우’인지 여부에 대해서는 정보공개법이 천명한 정보공개의 원칙에 비추어 엄격히 판단해야 할 것이다. 또 그러한 요건이 충족되었다고 판단되어 정보의 사본·복제물을 일정 기간별로 나누어 교부하거나 열람과 병행하여 교부하는 경우에도, ‘정보의 공개를 청구하는 국민의 권리가 존중될 수 있도록 이 법을 운영하도록’ 한 제6조 제1항의 정신을 고려하여 청구인의 정보공개청구를 사실상 무용하게 만드는 결과가 되지 않게끔 가능한 한 제한을 최소화하면서 최대한으로 정보를 공개하는 방향으로 재량을 합리적으로 행사하여야 할 것이다. 이와 관련 공공기관별로 정보공개지침(guideline)을 작성하여 정보공개 기준을 설정하되, 기준이 기관별로 들쭉날쭉해지지 않도록 총괄기관인 행정안전부에서 일반적 지침을 제시해 줄 필요가 있다.

<다수인에 의한 정보공개청구>

법은 다수인에 의한 정보공개청구에 관한 규정을 전혀 두지 않았다. 향후 정보공개제도의 이용이 활발해지고 또 국정에 관한 정보에 대한 국민의 수요가 급증할 것임을 고려할 때 이에 관한 규정을 두는 것이 필요하다. 가령 독일 환경정보공개법(UIG)은 제6조에서 동일내용의 정보의 공개신청이 있는 경우, 즉 신청인의 수가 50인을 초과하여 이들이 연명으로 서명하거나 또는 동일한 문안을 복사한 형태로 서명하여 제출한 신청에 대하여는 행정절차법 제17조 및 제19조를 준용하여 대리인을 선정할 수 있도록 하고 50인을 넘는 신청인이 공동대리인의 선정을 요구한 경우 공공기관은 이러한 요구를 지역적 관례에 따라 공고할 수 있도록 한 것을 참고할 수 있을 것이다. 독일의 정보자유법(IFG)은 다수인절차(Massenverfahren)에 관하여 아무런 규정을 두지 않았기 때문에 행정절차법 제17조이하가 적용되며, 따라서 청구인이 스스로 대표자들 임명하지 않는 한 해당 행정청에서 행정절차법 제17조 제4항 및 제18조 제1항 제2문에 따라 직권으로 대표자를 위촉할 수 있게 된다(Rossi, IFG, S.128, § 7 Rn.25).

⑦ 청구인의 의무: 비용부담

법은 정보공개에 따른 비용부담에 관하여 일종의 원인자책임인 ‘청구인부담원칙’을 취하고 있다. 그러나 청구인이 부담하는 비용의 수준에 따라서는 정보공개제도의 이용률이 크게 달라질 수 있다는 점을 고려하여 실비의 범위 안에서 청구인에게 비용을 부담시키는 것이 바람직하다. 그런 이유에서 법은 “정보의 공개 및 우송 등에 소요되는 비용은 실비의 범위에서 청구인이 부담한다.”(§ 17 ①)라고 규정한 것이다. 여기서 ‘정보의 공개 및 우송 등’에 소요되

58) 대법원 2009.4.23. 선고 2009두2702 판결(정보공개거부처분취소).

는 비용을 청구인의 부담으로 한 규정은 그 문언상 정보공개를 거부하는 취지의 결정이나 부작위로 인한 의제거부결정이 있는 경우에는 청구인에게 비용을 부담시키지 않는다는 취지로 해석해야 할 것이다. 만일 정보공개가 거부되는 경우에도 비용을 부담시킨다면 이는 정보공개제도의 이용률을 저하시키는 요인이 되고 비용 문제로 정보공개 청구 의욕을 꺾는 결과가 될 수도 있기 때문이다. 그렇다면 그 취지를 명시하는 것이 법적 확실성의 견지에서 소망스럽다.

공개를 청구하는 정보의 사용 목적이 공공복리의 유지·증진을 위하여 필요하다고 인정되는 경우에는 제1항에 따른 비용을 감면할 수 있다(§ 17 ②).

⑧ 정보공개의 절차

공공기관은 제11조에 따라 정보의 공개를 결정한 경우에는 공개의 일시 및 장소 등을 분명히 밝혀 청구인에게 통지하여야 하며(§ 13 ①), 비공개결정, 즉 정보를 공개하지 않기로 결정한 경우에는 그 사실을 청구인에게 지체 없이 문서로 통지하여야 한다. 이 경우 비공개사유와 불복의 방법 및 절차를 구체적으로 밝혀야 한다(§ 13 ④).

제33장
정보공개거부처분과 권리구제*

Ⅰ. 쟁점

정보공개제도가 완비되어 있다 하더라고 정보공개거부에 대한 효과적인 권리구제 방법이 마련되어 있지 않다면 공염불이 될 수밖에 없다. 그런 뜻에서 정보공개거부 등에 대한 불복구제절차가 정보공개법의 성공을 좌우하는 결정적 의미를 지닌다.

정보공개 거부 또는 비공개 결정에 대한 불복구제절차는 공공기관 내 자체심사(자기통제: Selbstkontrolle)와 사법부에 의한 심사(제3자통제: Fremdkontrolle) 두 단계로 나뉜다. 법은 공개여부결정에 대한 구제절차를 크게 이의신청, 행정심판 및 행정소송의 세 가지 단계로 나누고 있는데, 이의신청은 자기통제에, 행정심판과 행정소송은 제3자통제에 각각 해당한다.

한편 자신이 보유·관리하는 정보의 공개를 요구받은 공공기관으로서는 정보공개법 제9조 제1항 각 호에서 정하고 있는 비공개사유에 해당하지 않는 한 이를 공개하여야 하며, 만일 이를 거부할 경우라 대상이 된 정보의 내용을 구체적으로 확인·검토하여 어느 부분이 어떠한 법익 또는 기본권과 충돌되어 같은 법 제7조 제1항 몇 호에서 정하고 있는 비공개사유에 해당하는지를 주장·입증하여야 하고, 그렇게 하지 아니한 채 개괄적인 사유만을 들어 공개를 거부하는 것은 허용되지 아니한다는 것이 판례이다. 이와 같이 공공기관이 정보공개거부처분시 처분이유를 제시할 의무를 지는 것은 행정절차법상 처분이유제시제도에 따른 결과로서 처분 상대방의 권익구제의 편의를 도모하기 위한 것으로 이해되고 있다.

---

* 홍준형,『행정법』, 법문사, 2017, 513-519를 토대로 수정·보완한 것임.

<공개거부처분과 처분이유의 제시>

1. 공공기관의정보공개에관한법률 제1조, 제3조, 제6조는 국민의 알권리를 보장하고 국정에 대한 국민의 참여와 국정운영의 투명성을 확보하기 위하여 공공기관이 보유·관리하는 정보를 모든 국민에게 원칙적으로 공개하도록 하고 있으므로, 국민으로부터 보유·관리하는 정보에 대한 공개를 요구받은 공공기관으로서는 같은 법 제7조 제1항 각 호에서 정하고 있는 비공개사유에 해당하지 않는 한 이를 공개하여야 할 것이고, 만일 이를 거부하는 경우라 할지라도 대상이 된 정보의 내용을 구체적으로 확인·검토하여 어느 부분이 어떠한 법익 또는 기본권과 충돌되어 같은 법 제7조 제1항 몇 호에서 정하고 있는 비공개사유에 해당하는지를 주장·입증하여야만 할 것이며, 그에 이르지 아니한 채 개괄적인 사유만을 들어 공개를 거부하는 것은 허용되지 아니한다.
2. 행정처분의 취소를 구하는 항고소송에 있어서, 처분청은 당초 처분의 근거로 삼은 사유와 기본적 사실관계가 동일성이 있다고 인정되는 한도 내에서만 다른 사유를 추가하거나 변경할 수 있고, 여기서 기본적 사실관계의 동일성 유무는 처분사유를 법률적으로 평가하기 이전의 구체적인 사실에 착안하여 그 기초인 사회적 사실관계가 기본적인 점에서 동일한지 여부에 따라 결정되며 이와 같이 기본적 사실관계와 동일성이 인정되지 않는 별개의 사실을 들어 처분사유로 주장하는 것이 허용되지 않는다고 해석하는 이유는 행정처분의 상대방의 방어권을 보장함으로써 실질적 법치주의를 구현하고 행정처분의 상대방에 대한 신뢰를 보호하고자 함에 그 취지가 있고, 추가 또는 변경된 사유가 당초의 처분시 그 사유를 명기하지 않았을 뿐 처분시에 이미 존재하고 있었고 당사자도 그 사실을 알고 있었다 하여 당초의 처분사유와 동일성이 있는 것이라 할 수 없다.
3. 당초의 정보공개거부처분사유인 공공기관의정보공개에관한법률 제7조 제1항 제4호 및 제6호의 사유는 새로이 추가된 같은 항 제5호의 사유와 기본적 사실관계의 동일성이 없다고 한 사례.[1)]

Ⅱ. 행정소송

정보공개여부 결정에 대한 구제절차 가운데 특히 행정소송은 정보공개에 관한 사법적 불복구제절차이다. 물론 정보공개와 관련된 공공기관의 처분·부작위에 대하여 헌법재판소에 의한 헌법소원 등이 제기될 수도 있다. 그렇지만 행정소송은 통상적인 권리구제절차의 최종단계에 해당한다고 볼 수 있다. 법은 제20조에서 "청구인이 정보공개와 관련한 공공기관의 결정에 대하여 불복이 있거나 정보공개 청구 후 20일이 경과하도록 정보공개 결정이 없는 때에는 행정소송법에서 정하는 바에 따라 행정소송을 제기할 수 있다."라고 규정하고 있다(§ 20 ①).

1) 대법원 2003.12.11. 선고 2001두8827 판결(정보공개청구거부처분취소).

1. 원고적격

대법원은 정보공개법의 목적, 규정 내용 및 취지 등에 비추어, 국민의 정보공개청구권은 법률상 보호되는 구체적인 권리이므로, 공공기관에 정보공개를 청구하였다가 공개거부처분을 받은 청구인은 행정소송을 통하여 그 공개거부처분의 취소를 구할 법률상 이익이 있다고 판시한 바 있다.[2)]

한편 정보공개청구자가 특정한 것과 같은 정보를 공공기관이 보유·관리하고 있지 않은 경우, 정보공개청구자는 원칙적으로 해당 정보에 대한 공개거부처분에 대하여 취소를 구할 법률상 이익이 없으며, 그 정보를 더 이상 보유·관리하고 있지 않다는 점에 대한 증명책임은 공공기관에게 있다는 것이 대법원의 판례이다.

> 공공기관의 정보공개에 관한 법률(이하 '정보공개법'이라고 한다)에서 말하는 공개대상 정보는 정보 그 자체가 아닌 정보공개법 제2조 제1호에서 예시하고 있는 매체 등에 기록된 사항을 의미하고, 공개대상 정보는 원칙적으로 공개를 청구하는 자가 정보공개법 제10조 제1항 제2호에 따라 작성한 정보공개청구서의 기재내용에 의하여 특정되며, 만일 **공개청구자가 특정한 바와 같은 정보를 공공기관이 보유·관리하고 있지 않은 경우라면 특별한 사정이 없는 한 해당 정보에 대한 공개거부처분에 대하여는 취소를 구할 법률상 이익이 없다.** 이와 관련하여 공개청구자는 그가 공개를 구하는 정보를 공공기관이 보유·관리하고 있을 상당한 개연성이 있다는 점에 대하여 입증할 책임이 있으나, 공개를 구하는 정보를 공공기관이 한때 보유·관리하였으나 후에 그 정보가 담긴 문서들이 폐기되어 존재하지 않게 된 것이라면 그 **정보를 더 이상 보유·관리하고 있지 않다는 점에 대한 증명책임은 공공기관에 있다.**[3)]

한편 공공기관이 청구정보를 증거 등으로 법원에 제출하여 법원을 통하여 그 사본을 청구인에게 교부 또는 송달되게 하여 결과적으로 청구인에게 정보를 공개하는 셈이 되었다고 하더라도, 이러한 우회적인 방법은 정보공개법이 예정하고 있지 아니한 방법으로서 정보공개법에 따른 공개라고 볼 수는 없으므로, 해당 정보의 비공개결정의 취소를 구할 소의 이익은 소멸되지 않는다는 것이 대법원의 판례이다.[4)]

---

2) 대법원 2003.3.11. 선고 2001두6425 판결(행정정보비공개결정처분취소).
3) 대법원 2013.1.24. 선고 2010두18918 판결(정보공개거부처분취소).
4) 대법원 2016.12.15. 선고 2012두11409, 11416(병합) 판결(심리생리검사 관련 자료 일체 등에 대한 정보공개청구 사건); 대법원 2004.3.26. 선고 2002두6583 판결.

2. 정보공개소송의 심리

행정소송이 제기된 경우 재판장은 필요하다고 인정되는 때에는 당사자를 참여시키지 아니하고 제출된 공개청구정보를 비공개로 열람·심사할 수 있고(§ 20 ②), 행정소송의 대상이 제9조 제1항 제2호에 따른 정보 중 국가안전보장·국방 또는 외교관계에 관한 정보의 비공개 또는 부분공개 결정처분인 경우에 공공기관이 그 정보에 대한 비밀지정의 절차, 비밀의 등급·종류 및 성질과 이를 비밀로 취급하게 된 실질적인 이유 및 공개를 하지 아니하는 사유 등을 입증하는 때에는 해당 정보를 제출하지 아니하게 할 수 있다(§ 20 ③).

공개 청구하는 정보를 공공기관이 보유·관리하고 있을 상당한 개연성이 있다는 점에 대하여는 원칙적으로 공개청구자에게 증명책임이 있지만, 그 정보를 공공기관이 한때 보유·관리하였으나 후에 그 정보가 담긴 문서 등이 폐기되어 존재하지 않게 되었다면 그 정보를 더 이상 보유·관리하고 있지 않다는 점에 대한 증명책임은 공공기관에 있다는 것이 대법원 판례이다.[5]

3. 정보공개와 제3자의 권익보호

정보공개법은 제21조에서 제3자의 이의신청권과 행정심판제기권, 그리고 일종의 '역(逆)정보공개소송'(Reverse FOIA Suit) 내지 '정보보전소송'에 해당하는 행정소송을 제기할 수 있는 절차적 가능성을 열어 놓았다. 즉, 제11조 제3항에 따라 공개청구된 사실을 통지받은 제3자는 통지받은 날부터 3일 이내에 해당 공공기관에 대하여 자신과 관련된 정보를 공개하지 아니할 것을 요청할 수 있고(§ 21 ①), 비공개요청에도 불구하고 공공기관이 공개결정을 할 때에는 공개결정이유와 공개실시일을 명시하여 지체 없이 문서로 통지하여야 하며, 제3자는 해당 공공기관에 문서로 이의신청을 하거나 행정심판 또는 행정소송을 제기할 수 있다. 이 경우 이의신청은 통지를 받은 날부터 7일 이내에 하여야 한다(§ 21 ②). 공공기관은 제2항에 따른 공개결정일과 공개실시일의 사이에 최소한 30일의 간격을 두어야 한다(§ 21 ③).

정보공개법이 비밀유지법이 되어서는 안 된다는 것은 정보공개입법에서 고려되어야 할 근본적인 요구이지만 그렇다고 정보공개법이 비밀침해법이어서도 아니 된다. 이미 앞에서 본 바와 같이 정보공개의 취지에 비추어 보다 우월적인 법익을 보호하기 위하여 최소한의 불가

5) 대법원 2013.1.24. 선고 2010두18918 판결(정보공개거부처분취소); 2004.12.9. 선고 2003두12707 판결(정보공개거부처분취소).

피한 범위 내에서 비공개사유들이 시인되는 것이라면, 그러한 법익의 우월성이 인정되는 비공개정보에 대한 접근이 허용되어서는 아니 된다. 정보공개법은 부수적으로 개인정보보호법과 함께 보호가치가 있는 정보의 보호를 위한 법, 나아가 정보의 취득·보유·유통 등에 관한 통일적 법질서를 구축하기 위한 제도적 기초로서 기능도 있다. 가령 국가의 안전에 관한 중대한 정보가 정보공개라는 명분하에 우리 경쟁국이나 적대관계에 있는 단체에게 유출되는 것을 방치할 수는 없을 것이고 비공개로 해야 할 기업의 영업비밀이나 개인의 프라이버시에 관한 사실이 경쟁기업이나 상업적 이해관계를 지닌 단체·개인에게 함부로 누출되는 것을 내버려 둘 수도 없는 것이다.

> 이와 관련하여, 정보공개법 시행 이전의 사건에 관한 것이기는 하지만, 개인의 사생활의 비밀과 자유를 침해할 우려가 있다는 등의 이유로 재개발사업에 관한 정보공개청구를 배척한 다음 대법원 판례를 참조해 볼 필요가 있다: 원심은, 원고가 공개를 청구한 이 사건 자료 중 일부는 개인의 인적사항, 재산에 관한 내용이 포함되어 있어서 공개될 경우에는 타인의 사생활의 비밀과 자유를 침해할 우려가 있으며, 이 사건 자료의 분량이 합계 9,029매에 달하기 때문에 이를 원고에게 공개하기 위하여는 피고의 행정업무에 상당한 지장을 초래할 가능성이 있고, 이 사건 자료의 공개로 인하여 원고가 주장하는 바와 같은 공익이 실현된다고 볼 수도 없다는 이유를 들어 이 사건 자료의 공개청구를 거부하는 내용의 이 사건 처분의 취소를 구하는 원고의 청구를 배척하였는바, 기록과 관계 법령에 비추어 보면 이와 같은 원심의 사실인정 및 판단은 옳고, 거기에 상고이유로서 주장하는 바와 같은 위법이 있다고 할 수 없다.[6)]

주요 외국에서 정보공개법의 운영과정에서 역(逆)정보공개소송 내지 정보보전소송의 필요성이 대두된 데에는 바로 그런 배경이 있다. 즉 정보보전소송은 1970년대 중반 이래 미국에서 심각하게 대두된 문제였던 정부기관이 보유하는 기업비밀이나 영업관련정보의 보호를 위한 하나의 대안으로 인정되었던 것이다. 따라서 정보공개법은 보호가치가 있는 비밀이나 정보 보호를 위한 효과적인 방법을 마련하는 데에도 노력을 아끼지 말아야 한다. 그러나 법은 제21조 제2항에서 제3자의 행정소송제기권을 규정하면서도 관련 규율을 구체화하지 않고 행정소송법에 맡겨 버림으로써 행정소송제도의 결함과 문제점도 그대로 승계되는 결과가 되었다.

---

6) 대법원 1997.5.23. 선고 96누2439 판결(행정정보비공개결정처분취소).

4. 정보공개여부 결정과 불복구제의 문제점

현행 행정소송법에 따른 행정소송제도가 국민의 권리보호를 실효적으로 보장하기에 여러 가지 결함을 지닌 제도라는 인식이 팽배해 왔음을 고려할 때 법이 이에 대한 아무런 대안을 마련하지 않은 것도 역시 심각한 문제점이다. 여기서 행정소송제도의 문제점을 일일이 상론할 수는 없으나 그중 가장 중요한 결함 두 가지만을 지적한다면 가구제절차가 불비하다는 점과 행정상 이행소송이 인정되지 않고 있다는 점을 들 수 있다.

전자는 정보공개소송의 특수성에 비추어 특히 절실히 요구되는 제도인데 행정소송법은 이에 관한 효과적인 제도보장을 하지 못하고 있다. 현행법상 취소소송에 관하여 인정되고 있는 집행정지제도는 그 요건이 너무 엄격할 뿐만 아니라 비공개결정의 취소를 구하는 소송에 있어 집행정지결정이 있어도 비공개결정의 효력이나 집행, 절차의 속행을 정지한다는 것이 별반 의미를 가질 수 없고 이를 통해서 정보공개청구에 대한 적극적인 가처분과 같은 효과를 기대할 수 없다. 후자에 관해서는 정보공개소송은 결국 이행소송의 형태로 제기되고 또 허용되어야 그 본래적 목적을 달성할 수 있는 것인데 이러한 형태의 소송이 허용되지 않고 있다는 점을 지적하지 않을 수 없다. 결국 현행법상 허용되는 비공개결정(또는 법 § 9 ④의 규정에 따라 의제된 비공개결정)에 대한 취소소송은 설령 그것이 인용된다 하더라도 그 효과는 행정소송법 제30조 제2항과 제34조에 따른 간접강제에 의해서만 뒷받침될 수 있을 뿐이다. 우선 비공개결정에 대한 취소소송의 인용판결이 확정되는 데 걸리는 시간(상고기간)과 행정소송법 제34조제1항에 따른 수소법원이 정하는 '상당한 기간'이 경과한 뒤에야 그러한 간접강제의 효력이 나타날 터인데 이때에는 정보공개가 이미 무의미해질 경우가 적지 않을 것이다. 또 정보보유기관이 새로운 이유를 들어 정보공개를 거부할 수 있으므로 그러한 경우 정보공개소송을 통한 정보공개에 관한 권리구제는 더욱더 지연될 가능성이 있다. 이러한 요인들은 결국 정보공개에 관한 권리구제에서 요구되는 신속성을 저해함으로써 정보공개소송이 오히려 정보공개에 관한 불복구제수단이기보다는 정보공개를 지연시키거나 시민의 정보공개 요구를 사보타지 하는 방편으로 악용될 우려를 낳게 된다.[7)]

따라서 정보공개에 관한 불복절차 중 정보공개소송은 현행 행정소송법에 맡길 것이 아니라 정보공개법의 차원에서 정보공개의 특수성을 고려한 특별한 규율을 행하고 그 밖의 사항에 관해서만 「행정쟁송법」의 보충적 적용을 인정하는 데 그쳐야 할 것이다.

7) 또한 바로 그런 이유에서 정보공개에 관한 가처분제도의 도입이 검토될 필요가 있는 것이기도 한다.

제34장
공무원의 직무상 불법행위로 인한 국가배상*

사인이 위법한 행위로 타인에게 손해를 가했을 때 이를 가해자가 배상해야 한다는 것은 당연한 법적 정의의 요청이다. 이 원리는 사법(私法)에서는 이미 오래전부터 불법행위책임의 기초가 되어 왔다. 그와 대조적으로 국가가 (사실은 그 기관구성원인 공무원이) 임무수행과정에서 위법하게 타인에게 손해를 가한 경우 누가 배상책임을 질 것인가에 관한 법은 비교적 근래에 정비되었다. 근대 초기까지도 국가의 배상책임은 '주권면책'(Sovereign Immunity)의 이론 또는 '왕은 악을 행할 수 없다.'(The King can do no wrong)라는 판례법리에 따라 부정되었다. 그 결과 공무원의 불법행위로 인해 개인에게 손해가 발생한 경우에도 국가가 배상책임을 지는 것이 아니라 다만 공무원 개인의 책임만 제한적으로 인정될 뿐이었다. 이 '국가무책임' 법리에 입각한 전근대적 법상태는 19세기 후반에야 비로소 프랑스를 필두로 독일에서 그리고 점차 영미 등에서 극복되기 시작했다.

국가배상제도는 오늘날 법치주의하에서는 당연한 제도로 받아들여진다. 행정활동은 국민전체를 위해 수행되는 것이므로 만일 그로부터 야기된 손해가 어느 누구에게 대해 전보되지 않는다면 이는 그 차별에 대한 정당화 없이 가해진 사회전체를 위한 희생으로 간주되어야 한다. 이 경우 그 손해의 배상은 발생한 침해로 파괴된 형평을 회복하는 의미를 가진다(공적부담 앞의 평등). 이러한 관점에서 국민이 공권력의 행위로 인해 입은 손해를 배상 받을 수 있다는 가능성은 법치국가의 필수적인 요소일 뿐만 아니라 문명의 한 징표이기도 한다.[1]

---

* 홍준형, 『행정법』, 법문사, 2017, 649-686을 토대로 수정 · 보완한 것임.

1) J. Rivero, *Droit administratif*, 13e éd., 1990, 336f. 독일의 경우에도 국가배상책임의 법적 기초는 법치국가원칙(Rechtsstaatsprinzip)에 있으며, 기본법 제34조에 의한 국가배상책임은 기본법 제20조 제3항의 행정의 법률적합성원칙(Grundsatz der Gesetzmäßigkeit)과 기본법 제19조 제4항의 권리보호의 보장을 보완하는 제도로서 파악되고 있다(H. Maurer, *Allgemeines Verwaltungsrecht*, 11.Aufl., 1997, § 25 Rn.6).

헌법은 제29조 제1항에서 "공무원의 직무상 불법행위로 손해를 받은 국민은 법률이 정하는 바에 의하여 국가 또는 공공단체에 정당한 배상을 청구할 수 있다. 이 경우 공무원 자신의 책임은 면제되지 아니한다."라고 규정하고 있다. 이처럼 국가배상청구권은 단순히 재산권보장의 결과가 아니라 청구권적 기본권의 하나로 헌법에 보장되어 있다.

국가배상법은 국가배상책임을 제2조에 따른 공무원의 직무상 불법행위로 인한 책임과 제5조에 따른 영조물설치·관리 하자로 인한 책임의 두 가지 유형으로 구분하여 규정하고 있다.

헌법 제29조 제1항에 따라 국가배상법은 제2조에서 공무원의 위법한 직무행위로 인한 국가배상책임을 명문으로 인정하고 있다. 이에 따르면 국가나 지방자치단체는 공무원 또는 공무를 위탁받은 사인이 직무를 집행하면서 고의 또는 과실로 법령을 위반하여 타인에게 손해를 입히거나, 「자동차손해배상 보장법」에 따라 손해배상의 책임이 있을 때에는 이 법에 따라 그 손해를 배상하여야 하며, 그 피해자는 국가 또는 지방자치단체를 상대로 국가배상을 청구할 수 있는 권리가 인정된다(§ 2 ① 본문). 한편 국가배상법은 제2조 제2항에서 "제1항 본문의 경우에 공무원에게 고의 또는 중대한 과실이 있는 때에는 국가나 지방자치단체는 그 공무원에게 구상할 수 있다."라고 규정하여 가해공무원의 구상책임과 국가 또는 지방자치단체의 구상권을 인정하고 있다.

Ⅰ. 국가배상책임의 본질

국가배상책임의 본질을 어떻게 볼 것인지 견해 대립이 있다. 대위책임설과 자기책임설(또는 절충설)의 대립은 사실 국가배상책임에 관한 독일행정법과 프랑스행정법의 상이한 이해 및 규율태도에 그 배경을 두고 있지만, 이들 학설은 우리 국가배상법 제2조에 따른 국가배상책임의 성질에 관한 학설로도 수용·전개되어 왔다. 이들 중 어떤 견해를 취하는지에 따라 배상책임 요건인 과실의 이해, 선택적 청구권의 인정여부 등에 관한 결론이 달라지기 때문에 검토가 필요하다. 먼저, 학설을 소개해 보겠다.

1. 학설

(1) 대위책임설

국가·공공단체의 배상책임은 원래 공무원 개인이 부담하여야 할 것이지만 이를 대신하여 지는 책임이라는 견해이다. 공무원의 위법행위는 본래 국가·공공단체 기관의 행위로서 품격을 갖지 않으므로 국가·공공단체에 귀속시킬 수 없으며, 가해공무원 개인이 이에 대한 책임을 지지 않으면 안 된다. 다만 공무원 개인은 충분한 배상자력을 갖추지 못하고 있는 것이 보통이므로 피해자구제의 견지에서 이를 국가·공공단체가 인수한 것이 국가배상책임이라고 보는 입장이다(다수설).

이것은 독일법상 직무책임(Amtshaftung)의 기본관념이었고 또 국가책임법의 제정이 좌절된 이후 현재까지도 통용되는 법리이다. 즉, 당초 공무원의 고의·과실에 의한 위법행위로 인하여 손해를 입은 시민에게는 오직 공무원 개인의 민사상 책임에 근거한 배상청구권만이 인정되었다(ALR §§ 89-91 II 10). 이러한 규율태도는 1900년에 발효된 민법(BGB) 제839조에 의해서도 답습되었고, 이른바 위임의 한계이론(Mandatstheorie)에 의해 정당화되었다. 이에 따르면 공무원은 오로지 적법한 행위만을 위임(Mandat: Auftrag)받고 있는 것이므로 그의 위법한 행위는 국가에 귀속될 수 없으며 단지 그 공무원의 개인적 책임으로 돌아가야만 한다. 따라서 그 공무원 개인이 자신의 위법행위에 대하여 일반적인 불법행위규정에 따른 책임을 부담해야 한다는 것이다.[2] 반면 그 배상청구권이 가해공무원에 대하여만 행사될 수 있었으므로 배상의 실현가능성은 그 공무원 개인의 지불능력(Zahlungsfähigkeit)을 전제로 할 수밖에 없었다. 공무원의 배상자력이 불충분하다는 사실이 판명됨에 따라 결국 국가나 공공단체가 법률규정에 의해 가해공무원 대신에 책임을 지도록 하는 직무책임제도가 성립되었다. 대표적인 예로 1909년의 프로이센 국가책임법 제1조 제1항은 "공무원이 자기에게 위임된 공권력의 행사에 있어서 고의 또는 과실로 제3자에 대하여 지는 직무의무를 위반한 때에는 민법 제839조에 규정된 공무원책임을 국가가 대위한다."라고 규정했고 이것은 바이마르헌법을 거쳐 오늘날 기본법 제34조로 계승되었다. 이러한 국가에 의한 책임의 인수(Haftungsübernahme)는 당시 두 가지 이유에서 뒷받침되었고 또 도입되었다. 첫째, 피해를 입은 시민에게 국가라는 지불능력을 갖춘 채무자를 확보해 주어야 한다는 피해자보호의 요청, 둘째, 피해자에 대해 가해공무원 개인이 무한책임을 질 위험으로 말미암은 공무원의 이니시어티브와 직무수행의욕의 감퇴를 방지해야 한다는 행정의 원활한 기능수행(Funktionsfähigkeit der Verwaltung)에 대한 고려가 그것이었다.[3] 다만 이러한 책임의 인

2) H. Maurer, a.a.O, § 25 Rn.3.

수는 공법적 활동영역에 한해서만 인정되었고, 사법적 행정활동에 대해서는 예나 지금이나 역시 공무원 개인이 책임을 지도록 되어 있다.

(2) 자기책임설

이 견해는 공무원의 직무수행행위는 국가의 기관으로서의 행위이므로 그 위법·적법을 불문하고 바로 국가나 공공단체의 책임으로 귀속되며 따라서 이 책임은 국가의 자기책임으로서 민법 제35조에 의한 법인의 불법행위책임에 상응하는 것이라고 보는 견해이다. 한편 이러한 전통적인 자기책임설의 새로운 유파로 위험책임설적 관점에서 국가배상책임을 파악하려는 견해가 있는데, 이것은 공무원의 직무집행행위는 국민에게 손해를 야기할 위험성을 내포하며 또한 그것은 행정기관의 지위에서 행해지는 것이므로, 그로 인한 손해에 대한 배상책임은 국가의 자기책임으로 보아야 한다는 것이다.[4)]

자기책임설은 주지하는 바와 같이 프랑스 국가보상법의 기초를 이루고 있다. 물론 프랑스에서도 당초에는 19세기에 국가무책임원칙이 포기된 이후 공무원 개인의 책임만이 민사법원의 관할로서 다루어졌으니, 관할재판소(T.C.)의 펠티에(Pelletier)판결(Gr.Ar., p.9)과 전술한 블랑코 판결을 거치면서, 정상적인 직무수행으로부터 분리될 수 있는 행위자의 개인과실(faute personnelles, détachable de l'exercice normal de la fonction administrative)과 역무과실(faute de service; 기관과실)이 구분되기에 이르렀다.[5)] 이에 따라 프랑스의 국가배상제도는 전자의 경우 공무원 개인의 배상책임이 성립되어 이를 민사법원에서 민법의 기준에 따라 처리하는 반면, 후자의 경우에는 국가(공법인)의 자기책임이 성립되어 이를 행정법원에서 공법적 기준에 따라 처리하는 이원적 체계를 취하고 있으나 이 양자는 서로 배척하는 것이 아니라 중첩가능한 관계에 있다고 한다.[6)] 또한 프랑스행정법에서는 예외적이고 제한된 경우이기는 하지만 무과실책임(reponsabilité sans faute)으로서 위험책임(reponsabilité pour risque)과

---

3) H. Maurer, a.a.O, § 25 Rn.5. 한편 시오노(塩野 宏, 『行政法 II』, 1992, 227)는 독일의 대위책임설적 입법주의를 어떤 필연적인 이론적 결과가 아니라 국가책임부정론의 존재와 피해자보호의 실효성을 높이기 위한 타협의 산물로 파악한다.

4) 김동희, 『행정법 I』, 박영사, 2008, 485. 여기서 김동희 교수는 자기책임설중 '위험책임설적 견해'를 소개한 후 이 견해는 국가배상법의 장래의 발전방향을 제시하고 있다는 점에서 의의가 크지만 적법·무과실의 경우에도 국가책임이 인정될 수 있다는 점에서 위법·과실을 책임요건으로 하는 행정상 손해배상의 이론으로서는 문제가 있다고 지적한다.

5) 다만 역무과실의 경우 과실이란 주관적 과실이라기보다는 오히려 객관적인 하자에 가까운 개념임을 주의할 필요가 있다. 역무과실에 의한 책임도 과실책임이라고 볼 수 있으나 이 과실개념은 독일법상의 과실개념보다 훨씬 객관성을 띤다고 한다(M. Fromont, "Staatshaftungsrecht in Frankreich," *DÖV*, 1982, 928).

6) J. Rivero, a.a.O., 343.

위험개념의 매개 없이도 일정한 경우 성립하는 특수한 유형의 무과실책임이 인정되고 있는데, 이들 역시 국가의 자기책임으로서 인정되고 있다.[7)]

(3) 중간설

이것은 국가의 배상책임을 공무원의 위법행위가 경과실에 기한 것인 때에는 자기책임으로, 고의·중과실에 의한 것인 때에는 대위책임으로 보는 견해이다.

2. 현행법상 국가배상책임의 본질

그렇다면 현행 국가배상법 제2조에 의한 배상책임의 성질을 어떻게 파악해야 하는가. 이 문제에 대한 답은 무엇보다도 먼저 헌법 제29조 제1항과 국가배상법 해석을 통하여 주어진다. 우선 헌법규정은 "…… 국가 또는 공공단체에 정당한 배상을 청구할 수 있다."라고만 규정하고 있고 또 국가배상법 제2조 제1항 본문은 "국가 또는 지방자치단체는 …… 그 손해를 배상하여야 한다."라고 규정하고 있어서 대위책임설과 자기책임설 어느 쪽으로도 해석될 수 있는 여지를 남기고 있다. 반면, "국가가 공무원에 대신하여 책임을 진다"는 명시적 규정은 없다. 그러나 그렇다고 해서 이러한 불명확한 문언만 가지고서 국가가 직접 자기책임을 진다는 취지로 볼 것은 아니다. 오히려 실정법의 구조로 보아 ① 공무원 개인의 주관적 책임요건(고의·과실)을 통해 국가에 대한 배상청구권이 인정되고 있다는 점, ② 사용자의 선임감독책임이 문제되지 않고 있다는 점, ③ 국가의 공무원에 대한 구상권규정 및 ④ 주로 독일법의 영향을 받아 제정된 일본국가배상법[8)]의 내용을 답습한 국가배상법의 입법배경 등을 감안할 때 우리나라의 국가배상법 역시 독일식의 대위책임적 구조를 근간으로 하고 있다는 주장이 설득력을 가진다.[9)]

다만, 여기서 주목해야 할 점은 "공무원 자신의 책임은 면제되지 아니한다"고 규정하고 있는 헌법 제29조 제1항 단서에서 '공무원 자신의 책임'이 무엇을 의미하는가, 그것은 국가배상법 제2조 제2항이 규정하고 있는 구상권과는 어떠한 관계에 있는가 하는 문제이다. 생각건대, 헌법 제29조 제1항 단서 역시, 문언상으로는 대위책임을 전제로 국가가 배상책임을 대위할지라도 공무원 개인의 책임이 면제되는 것은 아니라는 취지로 해석될 수 있는 반면, 거꾸

7) J. Rivero, a.a.O., 356ff.
8) 塩野 宏, 앞의 책, 227.
9) 홍정선, 『행정법원론(상)』, 박영사, 2009, 523.

로 국가가 자기책임을 지는 것이지만 공무원 개인 책임의 중복을 인정하는 취지로도 해석될 수 있다. 또한 국가배상법 제2조 제2항이 규정하는 구상권도 대위책임설적 논리에서는 당연한 것이지만, 그렇다고 반드시 자기책임설적 입장과 논리적으로 상충하는 것이라고는 할 수 없다.[10] 오히려 문제는 헌법이 그 어느 입장에 서 있든 간에 공무원 자신의 책임이 면제되지 않는다고 한 이유, 즉, 그 구절의 고유한 의미가 무엇인지를 밝히는 데 있다.

국가배상책임의 대위책임설적 파악에 입각하고 있는 독일의 경우, 민법 제839조는 국가책임에 관한 특별법(lex specialis)으로서 일반불법행위책임에 관한 규정인 민법 제823조 및 826조의 적용을 배제시킨다고 한다. 즉, 공무원 개인은 책임을 지지 않으며, 민법 제823조에 의해 국가와 더불어 책임을 지는 것도 아니라고 한다.[11] 이를 대위책임설의 당연한 귀결이라고도 볼 수 있겠으나, 반드시 대위책임설을 전제로 할 때에만 그러한 결론이 나오는 것은 아니다. 국가의 자기책임을 인정한 1981년의 국가책임법안(§ 1 ①) 역시 가해공무원이 구상책임을 질 수 있도록 하면서도 대외적으로는 국가만이 책임의 주체가 되는 것으로 하고 있는데,[12] 이는 국가의 단독책임-공무원의 대외적 면책이란 결과가 반드시 대위책임설과 논리필연적으로 연관되어 있는 것은 아니라는 사실을 말해 준다.

그러나 국가배상법 제2조에 따른 배상책임을 대위책임으로 파악한다고 해서 헌법 제29조 제1항의 단서가 규정하는 '공무원 자신의 책임'을 반드시 국가배상법 제2조 제2항의 구상책임에 국한되는 것으로만 이해할 필연성은 없다. 오히려 헌법 제29조 제1항의 단서는 대위책임설과 무관하게 또는 대위책임설적 원칙을 취하는 경우에도, 피해자구제의 만전을 기하기 위하여 특별히, 헌법적 결정을 통해 공무원 자신이 면책되지 않음을 규정한 것이라고 볼 수 있다. 따라서 헌법 제29조 제1항 단서의 '공무원 자신의 책임'이란 국가에 대한 구상책임뿐만 아니라 피해자의 선택적 청구에 대한 배상책임까지도 포함하는 공무원의 개인책임 일반을 말하는 것이라고 해석하는 것이 옳다.[13]

---

10) 물론 자기책임설의 견지에서도 국가책임과 공무원 개인의 책임이 상호 배척하는 것은 아니고 공무원은 국가에 대해 직무상 의무위반에 책임을 지는 지위에 있으므로 구상권이 인정될 수 있다. 자기책임설 입장에 서 있는 프랑스의 경우 선택적 청구권과 함께 공무원의 구상책임이 인정되고 있는데, 이것은 자기책임설과 구상권이 불상용 관계에 있는 것은 아님을 보여 준다. 이는 독일의 1981년의 국가책임법이 자기책임설에 입각하면서도 역시 고의·중과실의 경우 공무원의 국가에 대한 구상책임을 인정한 바 있다는 사실(H. Maurer, § 30 Rn.35, S.692)에 의해서도 뒷받침될 수 있다. 한편, 중간설 역시 고의·중과실의 경우에는 대위책임으로 보고 있으므로 구상권은 당연한 것이 됨은 물론이다.

11) H. Maurer, a.a.O., § 25 Rn.45.

12) H. Maurer, a.a.O., § 30 Rn.34; 김남진, 『행정법의 기본문제』, 1990, 393.

13) 이 조항은 건국헌법에서 최초로 채택되었는데 건국헌법 제27조 제2항은 "공무원의 직무상 불법행위로 인하여 손해를 받은 자는 국가 또는 공공단체에 대하여 배상을 청구할 수 있다. 단 공무원자신의 민사상이나 형사상의 책임이 면제되는 것은 아니다."라고 규정하고 있었다. 이에 대하여 유진오, 『헌법헌법해의』

그러면 이제 배상책임의 요건을 따져 볼 차례이다.

Ⅱ. 국가배상법 제2조에 따른 배상책임의 요건

1. 공무원의 직무행위

국가배상책임의 첫 번째 요건은 배상원인이 되는 행위가 '공무원이 직무를 집행하면서' 행한 것이어야 한다는 것이다. 나누어 설명해 보기로 하겠다.

(1) 공무원

'공무원'이란 가장 넓은 의미의 공무원을 말한다. 즉, 국가공무원법 · 지방공무원법 등에 의한 소위 신분상의 공무원뿐만 아니라, 기능적 의미의 공무원, 즉 '널리 공무를 위탁받아 이에 종사하는 모든 자'를 포함한다(통설 · 판례[14]). 예컨대 조세원천징수의무자, 집달관, 각종 위원회위원, 임시고용원, 동원 중의 예비군, '교통할아버지',[15] 구 수산청장으로부터 뱀장어에 대한 수출추천업무를 위탁받은 수산업협동조합[16] 등이 여기에 해당한다.[17] 2009년 10월 21일의 법개정으로 제2조 제1항 본문에 규정된 직무집행의 주체에 '공무원' 외에도 '공무를 위탁

(명세당판), 단기4282, 65는 다음과 같이 풀이하고 있다: "본조 제2항 단서는 공무원의 불법행위로 인하야 국가 또는 공공단체가 손해배상을 하여야 할 때에도 불법행위를 한 공무원자신의 책임은 면제되지 않는 것을 규정하였는데, 이는 당연한 규정이라 할 수 있으나 의문을 남기지 않기 위하야 특히 규정한 것이다. 그러하므로 피해를 입은 국민은 국가 또는 공공단체에 대한 손해배상청구권과 공무원에 대한 손해배상청구권을 선택적으로 가지고 있는 것이며, 일방의 청구권에 의하야 그의 요구를 만족시키면 타방의 청구권은 소멸하게 되는 것이다."

14) 대법원 1980.11.2. 선고 70다2253 판결.

15) 지방자치단체로부터 '교통할아버지'로 선정되어 어린이 보호, 교통안내, 거리질서 확립 등의 공무를 위탁받아 집행하던 노인이 위탁받은 업무 범위를 넘어 교차로 중앙에서 교통정리를 하다가 교통사고를 발생시킨 경우, 지방자치단체가 국가배상법 제2조 소정의 배상책임을 부담한다고 인정한 원심의 판단을 수긍한 사례(대법원 2001.1.5. 선고 98다39060 판결).

16) 구 수산청장으로부터 뱀장어에 대한 수출추천업무를 위탁받은 수산업협동조합이 수출제한조치를 취할 당시 국내 뱀장어 양식용 종묘의 부족으로 종묘확보에 지장을 초래할 우려가 있다고 판단하여 추천업무를 행하지 않은 것이 공무원으로서 타인에게 손해를 가한 때에 해당한다고 한 사례(대법원 2003.11.14. 선고 2002다55304 판결).

17) 한편 판례상 공무원에서 제외된 의용소방대원(대법원 1963.12.12. 선고 63다467 판결 등)을 공무원에 포함시켜야 한다는 주장이 유력하다(김남진, 『행정법 I』, 656 및 같은 곳 각주 6; 이상규, 『신행정법론(상)』, 532 등).

받은 사인'이 추가되었다. 그러나 이 조항은 다시 '공무원 또는 공무를 위탁받은 사인'을 "공무원"으로 총칭하고 있다는 점에서, 결과적으로는 기존의 통설과 판례에서 말하던 것을 그대로 반영한 것에 불과하고 실질적으로 달라진 것은 없다.

공무원의 특정 여부에 대해서는 특정될 필요는 없다는 것이 일반적이다.[18] 공무원에 국회, 지방의회, 선거관리위원회 그 밖의 합의제행정청 같은 기관도 포함되는지 여부도 논란이 있으나 포함된다고 보는 것이 피해자구제의 견지에서 옳다고 본다.[19]

(2) 직무행위

직무행위의 범위에 관해서는 '직무'를 권력작용만을 의미하는 것으로 보는 협의설, 권력작용 이외에 단순공행정작용(관리작용)을 포함한다고 보는 광의설(통설 · 판례[20]), 그리고 공행정작용인 권력작용과 관리작용뿐만 아니라 사경제적 작용도 포함한다고 보는 최광의설이 대립한다.

생각건대, 우리나라나 외국의 입법례를 보더라도 국가의 사경제적 작용에 관해서는 헌법 이전에 이미 민사책임의 성립을 인정하였고 헌법규정은 특히 공행정작용으로 인한 국가배상책임을 인정하는 데 그 의의가 있었다는 점을 감안할 때 광의설에 입각하는 것이 타당하다. 최광의설은, 국가의 사경제작용을 제외시킬 경우 민법 제756조(사용자책임)가 적용됨으로써 그 선임 · 감독의무이행을 이유로 한 면책조항에 의해 국가가 면책될 가능성이 있으므로 대위책임의 원칙에 어긋난다고 하나, 민법이론상 동조의 면책사유가 적용될 여지가 거의 없으며 또 판례도 사용자의 면책을 좀처럼 인정하지 않고 있으므로 타당성이 적다.[21] 따라서 국가배상법 제2조의 직무행위에는 권력적 행정작용, 즉, 공권력의 행사로서 행정행위, 사실행위 등의 행사 · 불행사(부작위)뿐만 아니라 비권력적 작용인 단순공행정작용(영조물의 설치 · 관리작용은 제외) 등 행정작용이 포함된다. 그 밖에 입법작용과 사법작용에 관해서는 일반적으로 이러한 입법 또는 사법작용 역시 국가의 공권력행사이므로 직무행위에 포함된다고 보

18) 따라서 다수의 경찰공무원에 의한 최루탄발사로 사망한 경우(고 이한열 국가배상사건)에도 국가배상책임 성립에 지장이 없다. 김철용, 『행정법 I』, 2010, 487.

19) 김철용, 위의 책, 487-488.

20) 물론 사경제작용을 포함시킨 판결례도 있으나(대법원 1957.6.15. 선고 4290민상118 판결) 이후 대법원은 줄곧 광의설을 확립된 판례로 받아들이고 있다(대법원 1969.4.22. 선고 68다2225 판결; 대법원 1970.11.24. 선고 70다1148 판결; 대법원 1979.4.22. 선고 78다225 판결; 대법원 1999.11.26. 선고 98다47245 판결; 대법원 2001.1.5. 선고 98다39060 판결; 대법원 2004.4.9. 선고 2002다10691 판결 등). 한편 대법원이 국가배상법을 민법의 특별법인 사법으로 파악하면서 직무행위에 관해서는 공법적 기준에 입각하고 있음은 흥미로운 측면이다.

21) 곽윤직, 『채권각론』, 박영사, 1994, 677; 김동희, 앞의 책, 2008, 470.

고 있다.[22)]

(3) '직무를 집행하면서'

제2조 제1항의 '직무를 집행하면서'란 직무행위 자체는 물론 객관적으로 직무의 범위에 속한다고 볼 수 있는 행위 및 직무와 밀접한 관련이 있는 행위를 포함한다고 해석된다.

어떤 행위가 직무행위에 해당되는지를 판단함에 있어서 당해행위가 현실적으로 정당한 권한 내에 행해진 것인지 또는 행위자인 공무원이 직무집행의 의사를 가지고 행한 것인지의 여부는 문제되지 않으며, '공무원의 행위의 외관을 객관적으로 관찰하여 공무원의 행위로 보여질 때에는' 여기에 해당된다고 하는 것이 통설과 판례[23)]의 태도이다(외형설). 또한 그 행위가 실질적으로 공무집행행위가 아니라는 사실을 피해자가 알았다 하더라도 무방하다.[24)]

<관련판례>

가. 국가 또는 지방자치단체가 소속 공무원의 고의·과실에 의한 불법행위에 기하여 손해배상책임을 부담하기 위하여는 공무원의 불법행위가 직무를 집행함에 당하여 행하여진 것이어야 하고, 공무원의 행위가 본래의 직무와는 관련이 없는 행위로서 외형상으로도 직무범위 내에 속하는 행위라고 볼 수 없을 때에는 공무원의 행위에 의한 손해에 대하여 국가배상법에 의한 국가 또는 지방자치단체의 책임을 인정할 수 없다.

나. 구청공무원 갑이 주택정비계장으로 부임하기 이전에 그의 처 등과 공모하여 을에게 무허가건물철거세입자들에 대한 시영아파트입주권 매매행위를 한 경우 이는 갑이 개인적으로 저지른 행위에 불과하고 당시 근무하던 세무과에서 수행하던 지방세 부과, 징수 등 본래의 직무와는 관련이 없는 행위로서 외형상으로도 직무범위 내에 속하는 행위라고 볼 수 없고, 갑이 그 후 주택정비계장으로 부임하여 을의 문의에 의하여 주택정비계사무실에 허위로 작성하여 비치해 놓은 입주신청 및 명의변경접수대장을 이용하여 세입자들이 정당한 입주권부여 대상자인 양 허위로 확인하여 주었다 하더라도 이는 이미 불법행위가 종료되어 을 등의 손해가 발생된 이후의 범행관여 사이에 상당인과관계를 인정하기 어렵다.[25)]

1. 국가배상법 제2조 제1항의 '직무를 집행함에 당하여'라 함은 직접 공무원의 직무집행행위이거나 그와 밀접한 관련이 있는 행위를 포함하고, 이를 판단함에 있어서는 행위 자체의 외관을 객관적으로 관찰하여

22) 김도창, 『일반행정법론(상)』, 청운사, 1992, 622.
23) 대법원 1966.6.28. 선고 66다781 판결; 1971.8.31. 선고 71다13 판결.
24) 대법원 1966.6.28. 선고 66다781 판결.
25) 대법원 1993.1.15. 선고 92다8514 판결; 대법원 1993.1.15. 선고 92다6952 판결; 대법원 1993.1.15. 선고 92다11732 판결. 그 밖에 대법원 1988.3.22. 선고 87다카1163 판결; 대법원 1990.12.11. 선고 90다카27648 판결을 참조.

공무원의 직무행위로 보여질 때에는 비록 그것이 실질적으로 직무행위가 아니거나 또는 행위자로서는 주관적으로 공무집행의 의사가 없었다고 하더라도 그 행위는 공무원이 '직무를 집행함에 당하여' 한 것으로 보아야 한다.

2. 인사업무담당 공무원이 다른 공무원의 공무원증 등을 위조한 행위에 대하여 실질적으로는 직무행위에 속하지 아니한다 할지라도 외관상으로 국가배상법 제2조 제1항의 직무집행관련성을 인정한 원심의 판단을 수긍한 사례.[26]

통설과 판례처럼 직무행위에 부수된 행위 또는 직무와 밀접한 관련이 있는 행위를 직무행위에 포함시키는 것은 해석상 충분히 가능할 뿐만 아니라, 국가배상법의 본래취지에도 맞다. 외형설이란 이에 해당되는지 여부를 판단하기 위하여 객관적인 행위의 외관을 기준으로 삼는 판단기준에 관한 학설이며, 이러한 입장은 객관적으로 볼 때 직무행위의 외관을 띤 행위는 그에 상응한 국민의 신뢰와 배려를 받는다는 점을 고려할 때 타당하다. 다만 외형설의 실제적용은 반드시 명확한 기준에 의하기보다는 대체로 사례별 개별화 경향을 보이고 있다. 판례를 통해 문제되었던 사례[27]들을 보면 다음과 같다.

① 외형상 직무행위와 관련 있는 행위라고 한 사례:

퇴근 중의 사고, 공무출장 후 귀대중의 사고(예컨대 중앙정보부소속 지프의 운전병이 상관을 귀대시키고 오던 중 친지와 음주 후 그에게 대리운전을 시키다가 발생한 사고), 감방 또는 소년원 내에서의 사형, 군후생사업, 상관의 명에 의한 이사짐운반, 훈계권행사로서의 기합, 훈련도중 군인의 휴식 중 꿩사격, 학군단소속차량의 그 학교교수의 장례식 참석차 운행 등.

② 외형상 직무행위와 관련 있는 행위가 아니라고 한 사례:

부대이탈 후 민간인사살, 불법휴대카빈으로 보리밭의 꿩사격, 군인의 휴식 중 비둘기사냥, 가솔린 불법처분 중 발화(운전병이 휘발유부정처분을 위하여 운전차량에서 휘발유를 세숫대야에 따라 운반하던 중 일어난 사고), 결혼식참석을 위한 군용차운행, 군의관의 포경수술, 고참병의 훈계살인, 기타 개인적 행위, 사감에 의한 불법행위(준위가 수차 외상술값의 독촉을 받은 불쾌감으로 격분하여 총기탈취, 자물쇠파손, 실탄절취 후 민간주점 주인을 사살한 사건, 상급자로부터 구타당한 데 원한을 품고 보초근무 중 근무장소를 이탈하여 절취한 총탄으로 저지른 살인 등), 싸움, 상호장난, 피해자가 불법행위에 가담한 경우 등

---

26) 대법원 2005.1.14. 선고 2004다26805 판결.

27) 이에 관해서 상세한 것은 박균성, 「국가배상법 제2조상의 '직무를 집행함에 당하여': 판례를 중심으로」, 『국가배상제도의 제문제』, 법무부, 1991, 393 이하를 참조.

2. 위법성

(1) 법령위반의 의미

공무원의 가해행위는 '법령에 위반'한 것이어야 한다. 여기서 법령이란 성문법·불문법을 불문하고 모든 법규를 의미하며, '법령위반'은 곧 위법성을 말한다. 공무원의 가해행위가 위법한 것인지는 전체 법질서의 관점에서 판단된다.

<참고판례>

A. 전역지연의 위법성

구 병역법 제18조 제4항 및 같은 법 시행령 제28조 제2항 제1호의 각 규정을 검토하면 확정판결에 의한 형의 집행일수만을 현역 복무기간에 산입하지 아니한다는 것이 규정 자체에 의하여 명백하다는 점에 비추어, '가'항과 같은 내용의 병인사관리규정을 발령·유지시킨 육군참모총장에게 직무상의 과실이 없다고 할 수 없으며, 나아가 피해자가 구속되어 있던 기간을 제외하고도 잔여 복무일수를 복무한 때로부터 실제로 전역명령을 받은 때까지 전역이 지연되도록 한 육군 참모총장의 행위는 전체 법질서의 관점에서 보아 위법한 것임을 면할 수 없다.[28)]

B. 경찰관의 긴급구호조치권 불행사의 위법성

1. 긴급구호권한과 같은 경찰관의 조치권한은 일반적으로 경찰관의 전문적 판단에 기한 합리적인 재량에 위임되어 있는 것이나, 그렇다고 하더라도 구체적 상황하에서 경찰관에게 그러한 조치권한을 부여한 취지와 목적에 비추어 볼 때 그 불행사가 현저하게 불합리하다고 인정되는 경우에는, 그러한 불행사는 법령에 위반하는 행위에 해당하게 되어 국가배상법상의 다른 요건이 충족되는 한, 국가는 그로 인하여 피해를 입은 자에 대하여 국가배상책임을 부담한다.
2. 정신질환자의 평소 행동에 포함된 범죄 내용이 경미하거나 범죄라고 볼 수 없는 비정상적 행동에 그치고 그 거동 기타 주위의 사정을 합리적으로 판단하여 보더라도 정신질환자에 의한 집주인 살인범행에 앞서 그 구체적 위험이 객관적으로 존재하고 있었다고 보기 어려운 경우, 경찰관이 그때그때의 상황에 따라 그 정신질환자를 훈방하거나 일시 정신병원에 입원시키는 등 경찰관직무집행법의 규정에 의한 긴급구호조치를 취하였고, 정신질환자가 퇴원하자 정신병원에서의 장기 입원치료를 받는 데 도움이 되도록 생활보호대상자 지정의뢰를 하는 등 그 나름대로의 조치를 취한 이상, 더 나아가 경찰관들이 정신질환자의 살인범행 가능성을 막을 수 있을 만한 다른 조치를 취하지 아니하였거나 입건·수사하지 아니하였다고 하여 이를 법령에 위반하는 행위에 해당한다고 볼 수 없다는 이유로, 사법경찰관리의 수사미개시 및 긴급구호권 불행사를 이유로 제기한 국가배상청구를 배척한 사례.[29)]

---

28) 대법원 1995.7.14. 선고 93다16819 판결.

C. 정신보건법상 보호의무자가 아닌 자에 의한 정신질환자 강제입원조치와 국가배상책임

정신질환자의 인간으로서의 존엄과 가치를 존중하고 입원치료가 필요한 정신질환자에 대하여는 항상 자발적 입원이 권장되어야 한다는 정신보건법의 기본이념에 비추어 볼 때, 정신보건법상 보호의무자에 의한 입원 규정은 입원과정에서 발생할 수 있는 정신질환자의 인권침해를 방지하기 위하여 입원동의를 할 수 있는 보호의무자를 한정적으로 열거하고 입원요건 및 절차를 엄격하게 규정하고 있다. 따라서 정신보건법에 규정된 보호의무자가 아닌 자가 정신질환자의 보호의무자로서 동의를 하여 정신질환자를 입원시키는 것은, 정신질환자가 자신 또는 타인을 해할 위험이 크고 상황이 매우 급박하다는 등 정신보건법 제26조 제1항에 규정된 응급입원의 요건 및 절차가 충족되는 등의 특별한 사정이 없는 한, 위법하여 불법행위를 구성한다.[30]

국가배상법상 법령위반의 의미, 즉 위법성의 개념에 대해서는 결과의 위법, 즉 가해행위의 결과인 손해의 위법을 의미하는 것으로 보는 견해(결과불법설)와 이를 행위의 위법으로 이해하는 견해(행위위법설)[31]가 대립한다. 그리고 다소 관점을 달리하여 국가배상법상 위법성을 행위 자체의 적법·위법뿐만 아니라 명문의 규정이 없더라도 공권력행사의 근거법규(특히 권한근거규정) 및 각 행정분야에서의 자연법적 객관법질서(조리)를 종합적으로 고려할 때 인정되는 공무원의 '직무상의 일반적 손해방지의무'의 위반을 포함하는 개념으로 새기는 견해(상대적 위법성설)도 주장된다. 우리 대법원은 행위위법설적 경향을 보이고 있다.

<법령에 적합한 직무수행과정에서 개인의 권리를 침해한 경우 국가배상책임>

1. 국가배상책임은 공무원의 직무집행이 법령에 위반한 것임을 요건으로 하는 것으로서, **공무원의 직무집행이 법령이 정한 요건과 절차에 따라 이루어진 것이라면 특별한 사정이 없는 한 이는 법령에 적합한** 것이고 그 과정에서 개인의 권리가 침해되는 일이 생긴다고 하여 그 법령적합성이 곧바로 부정되는 것은 아니다.
2. 경찰관은 수상한 거동 기타 주위의 사정을 합리적으로 판단하여 어떠한 죄를 범하였거나 범하려 하고 있다고 의심할 만한 상당한 이유가 있는 자 또는 이미 행하여진 범죄나 행하여지려고 하는 범죄

29) 대법원 1996.10.25. 선고 95다45927 판결.

30) 대법원 2016.4.28. 선고 2014다205584 판결: 정신보건법상 보호의무자에 해당하지 아니하는 하나원장 등이 백암정신병원에 원고의 입원을 의뢰하고 스스로 보호의무자로서 원고의 입원에 동의함으로써 백암정신병원으로 하여금 원고를 그 의사에 반하여 입원시키도록 한 것은 정신보건법의 절차를 위반한 행위에 해당한다고 판단한 사례.

31) 행위위법설은 다시 국가배상법상의 위법성을 항고소송에서의 위법성과 같이 공권력행사의 요건법규위반으로 이해하는 협의의 행위위법설과 행위 자체의 법에의 위반뿐만 아니라 공권력행사의 근거법규(특히 권한근거규정) 및 각 행정분야에서의 자연법적 객관적 법질서(조리)를 종합적으로 고려할 때 인정되는 공무원의 '직무상의 일반적 손해방지의무'의 위반을 포함하는 개념으로 이해하는 광의의 행위위법설로 나뉜다(박균성, 『행정법론(상)』, 2003, 507).

행위에 관하여 그 사실을 안다고 인정되는 자를 정지시켜 질문할 수 있고, 또 범죄를 실행 중이거나 실행 직후인 자는 현행범인으로, 누구임을 물음에 대하여 도망하려 하는 자는 준현행범인으로 각 체포할 수 있으며, 이와 같은 정지 조치나 질문 또는 체포 직무의 수행을 위하여 필요한 경우에는 대상자를 추적할 수도 있으므로, 경찰관이 교통법규 등을 위반하고 도주하는 차량을 순찰차로 추적하는 직무를 집행하는 중에 그 도주차량의 주행에 의하여 제3자가 손해를 입었다고 하더라도 그 추적이 당해 직무 목적을 수행하는 데에 불필요하다거나 또는 도주차량의 도주의 태양 및 도로교통상황 등으로부터 예측되는 피해발생의 구체적 위험성의 유무 및 내용에 비추어 추적의 개시·계속 혹은 추적의 방법이 상당하지 않다는 등의 특별한 사정이 없는 한 그 추적행위를 위법하다고 할 수는 없다.[32]

대체로 국가배상법상의 위법성은 엄격한 의미의 법령위반뿐만 아니라 인권존중·권력남용금지·신의성실·사회질서 등 원칙의 위반도 포함하며, 행위가 객관적으로 정당성을 결여하고 있음을 의미한다고 설명하는 입장이 통설이자[33] 판례[34]이다. 이에 대해서는 그러한 해석이 지나치게 넓고 막연하다는 비판이 제기된다.[35]

한편 독일의 경우 우리나라의 국가배상법상 '법령위반'에 대응하는 개념은 위법성이 아니라 '직무상 의무위반'(Amtspflichtverletzung)이다. 이 직무상 의무위반이란 요건의 기초는 일반 민법상의 불법행위법과는 달리 절대적 권리나 보호법규(Schutzgesetz)의 위반이 아니라 동시에 제3자에 대한 관계에서 타당한 근무의무(Dienstpflicht)의 침해이다. 다시 말하면 제3자에 대한 직무상 의무는 내부적 근무의무(interne Dienstpflicht)로부터 도출되는 것이며 따라서 일반불법행위상의 책임구성요건을 넘어선다. 직무책임의 배상요건은 비록 불법행위요건으로 되어 있기는 하지만 손해발생의 원인이 된 직무행위의 위법성에 관해서는 아무런 규정이 없다. 일부 학자들[36]이 직무위배(Amtspflichtwidrigkeit)는 당연히(eo ipso) 위법이라고 주장한 바 있으나 국가배상책임에서 문제가 되는 것은 이 근무의무에 위반한 공무원의 행위이지 공무원의 행위나 조치의 위법성(Rechtswidrigkeit)은 아니라고 하는 것이 독일에서의 지배적인 견해이다.[37] 가령 어떤 공무원이 자신의 근무의무에 합당하게 행동했으나 개인이 발급청구

32) 대법원 2000.11.10. 선고 2000다26807, 26814 판결.
33) 김도창, 앞의 책, 629; 김동희, 앞의 책, 474.
34) 가령 대법원 2009.12.24. 선고 2009다70180 판결을 참조.
35) 김남진, 『행정법 I』, 575. 그러나 김남진 교수는 "헌법을 포함한 '법우위의 원칙'을 강조하고 그 내용을 탐구하는 것이 필요할 것으로 생각된다."라고 서술하면서 다소 유보적인 태도를 보인다. 박균성 교수 역시 법령위반의 의미를 완화하여 해석하는 통설의 입장에 반대하면서 광의의 행위위법설에 동조하고 있다(『행정법론(상)』, 509).
36) Prodomos Dagtoglow, in: R. Dolzer, K. Vogel, und K. Graßhof (Hrsg.), *Bonner Kommentar*, 1950, Art.34 Rn.143.
37) F. Ossenbühl, *Staatshaftungsrecht*, 3.Aufl., 1983, S.34f.

권을 갖는 행정행위를 필요한 타행정청의 동의가 없기 때문에 또는 구속적인 근무상의 지시를 따랐기 때문에 발하지 않은 경우에도, 이 직무상 의무를 위반한 것은 아니다. 직무상 의무위반의 비난은 이 경우 위법하게 동의를 거부한 다른 행정청이나 위법한 지시를 내린 상급행정청에게 귀속되어야 한다는 것이다.38)

생각건대, 인권존중・권력남용금지39)・신의성실(권리남용금지를 포함) 등의 원칙들은 다름 아니라 헌법적 근거를 지닌 행정법의 일반원리로서 당연히 법규에 포함되는 것이므로 이들을 위반한 경우도 법령위반에 포함된다고 보는 데 의문이 있을 수 없다. 대법원 역시 어린 성폭력범죄피해자에 대한 배려의무를 위배한 것이 위법하다고 판시하거나 구 행형법상 허용되는 유치장에 수용된 피의자에 대한 알몸신체검사가 신체검사의 허용 범위를 일탈하여 위법하다고 판시하여 동일한 입장을 드러낸 바 있다.

<범죄 피해자의 명예와 사생활의 평온을 보호할 법규상・조리상 의무와 국가배상책임>

가. 국가배상책임에 있어 공무원의 가해행위는 법령을 위반한 것이어야 하고, **법령을 위반하였다 함은 엄격한 의미의 법령 위반뿐 아니라 인권존중, 권력남용금지, 신의성실과 같이 공무원으로서 마땅히 지켜야 할 준칙이나 규범을 지키지 아니하고 위반한 경우를 포함하여 널리 그 행위가 객관적인 정당성을 결여하고 있음을 뜻하는 것**이므로, 경찰관이 범죄수사를 함에 있어 경찰관으로서 의당 지켜야 할 법규상 또는 조리상의 한계를 위반하였다면 이는 법령을 위반한 경우에 해당한다(대법원 2002.5.17. 선고 2000다22607 판결, 대법원 2005.6.9. 선고 2005다8774 판결 등 참조).

나. 경찰관은 그 직무를 수행함에 있어 헌법과 법률에 따라 국민의 자유와 권리를 존중하고 범죄피해자의 명예와 사생활의 평온을 보호할 법규상 또는 조리상의 의무가 있고, 특히 이 사건과 같이 성폭력범죄의 피해자가 나이 어린 학생인 경우에는 수사과정에서 또 다른 심리적・신체적 고통으로 인한 가중된 피해를 입지 않도록 더욱 세심하게 배려할 직무상 의무가 있다.40)

<수용자 알몸신체검사와 국가배상책임>

1. 행형법에서 유치장에 수용되는 피체포자에 대한 신체검사를 허용하는 것은 유치의 목적을 달성하고, 수용자의 자살, 자해 등의 사고를 미연에 방지하며, 유치장 내의 질서를 유지하기 위한 것인 점에

38) W. Rüfner, "Sechster Teil. Das Recht der öffentlich-rechtlichen Schadensersatzund Entschädigungsleistungen," in: H.-U. Erichsen und W. Martens, *Allgemeines Verwaltungsrecht*, 10.Aufl., De Gruyter, 1995, S.590, § 51 Rn.12.

39) 참고로 권력남용은 대체로 우리나라의 취소소송과 비교될 수 있는 프랑스의 월권소송(recours pour excés de pouvoir)에 있어 확고한 취소사유(cas d'ouverture)의 하나로 인정되고 있다는 사실에 주의를 환기한다. 이에 관해서는 홍준형, 「프랑스월권소송에 있어서 취소사유에 관한 연구」, 서울대학교 대학원 법학석사학위논문, 1982를 참조.

40) 대법원 2008.6.12. 선고 2007다64365 판결.

비추어 보면, 이러한 신체검사는 무제한적으로 허용되는 것이 아니라 위와 같은 목적 달성을 위하여 필요한 최소한도의 범위 내에서 또한 수용자의 명예나 수치심을 포함한 기본권이 부당하게 침해되는 일이 없도록 충분히 배려한 상당한 방법으로 행하여져야만 할 것이고, 특히 수용자의 옷을 전부 벗긴 상태에서 앉았다 일어서기를 반복하게 하는 것과 같은 방법의 신체검사는 수용자의 명예나 수치심을 심하게 손상하므로 수용자가 신체의 은밀한 부위에 흉기 등 반입이나 소지가 금지된 물품을 은닉하고 있어서 다른 방법(외부로부터의 관찰, 촉진에 의한 검사, 겉옷을 벗고 가운 등을 걸치게 한 상태에서 속옷을 벗어서 제출하게 하는 등)으로는 은닉한 물품을 찾아내기 어렵다고 볼 만한 합리적인 이유가 있는 경우에 한하여 허용된다고 할 것이다.

2. 수용자들이 공직선거및선거부정방지법상 배포가 금지된 인쇄물을 배포한 혐의로 현행범으로 체포된 여자들로서, 체포될 당시 신체의 은밀한 부위에 흉기 등 반입 또는 소지가 금지되어 있는 물품을 은닉하고 있었을 가능성은 극히 낮았다고 할 것이고, 그 후 변호인 접견시 변호인이나 다른 피의자들로부터 흉기 등을 건네받을 수도 있었다고 의심할 만한 상황이 발생하였기는 하나, 변호인 접견절차 및 접견실의 구조 등에 비추어, 가사 수용자들이 흉기 등을 건네받았다고 하더라도 유치장에 다시 수감되기 전에 이를 신체의 은밀한 부위에 은닉할 수 있었을 가능성은 극히 낮다고 할 것이어서, 신체검사 당시 다른 방법으로는 은닉한 물품을 찾아내기 어렵다고 볼 만한 합리적인 이유가 있었다고 할 수 없으므로, 수용자들의 옷을 전부 벗긴 상태에서 앉았다 일어서기를 반복하게 한 신체검사는 그 한계를 일탈한 위법한 것이다.[41]

또한 대법원은 소위 삼청교육으로 인한 피해를 보상하겠다는 대통령과 국방부장관의 담화 발표에 따른 후속조치를 취하지 아니함으로써 피해자의 신뢰를 깨뜨린 데 대하여 국가가 그 신뢰의 상실에 따르는 손해를 배상할 책임이 있다고 판시한 바 있다.

<신뢰 상실에 따르는 손해에 대한 국가배상책임>

1. 삼청교육으로 인한 피해와 관련하여 대통령이 1988.11.26. 발표한 담화는 그 발표 경위와 취지 및 내용 등에 비추어 볼 때 사법상의 법률효과를 염두에 둔 것이 아니라 대통령으로서의 시정방침을 밝히면서 일반 국민의 이해와 협조를 구한 것에 불과하므로, 이로써 삼청교육 관련 피해자들에 대한 국가배상채무를 승인하거나 시효의 이익을 포기한 것으로 볼 수 없고, 대통령에 이어 국방부장관이 1988.12.3. 대통령의 시정방침을 알리는 한편 그에 따른 보상절차를 진행하기 위하여 피해자 및 유족들에게 일정 기간 내에 신고할 것을 공고하는 담화를 발표하고 실제 신고를 받기까지 하였다고 하여 그 결론이 달라지는 것이 아니며, 또한 국가의 소멸시효 주장이 금반언의 원칙이나 신의성실의 원칙에 반하여 권리남용에 해당하는 것도 아니다.
2. 대통령이 담화를 발표하고 이에 따라 국방부장관이 삼청교육 관련 피해자들에게 그 피해를 보상하

41) 대법원 2001.10.26. 선고 2001다51466 판결.

겠다고 공고하고 피해신고까지 받은 것은, 대통령이 정부의 수반인 지위에서 피해자들인 국민에 대하여 향후 입법조치 등을 통하여 그 피해를 보상해 주겠다고 구체적 사안에 관하여 종국적으로 약속한 것으로서, 거기에 채무의 승인이나 시효이익의 포기와 같은 사법상의 효과는 없더라도, 그 상대방은 약속이 이행될 것에 대한 강한 신뢰를 가지게 되고, 이러한 신뢰는 단순한 사실상의 기대를 넘어 법적으로 보호받아야 할 이익이라고 보아야 하므로, 국가로서는 정당한 이유 없이 이 신뢰를 깨뜨려서는 아니 되는바, 국가가 그 약속을 어기고 후속조치를 취하지 아니함으로써 위 담화 및 피해신고 공고에 따라 피해신고를 마친 피해자의 신뢰를 깨뜨린 경우, 그 신뢰의 상실에 따르는 손해를 배상할 의무가 있고, 이러한 손해에는 정신적 손해도 포함된다.[42]

법령위반이 행위가 객관적으로 또는 사회적으로 부정당하다는 것, 다시 말해서 정당성을 결여하고 있음(법적 반가치)을 의미하는 것은 당연하다. 같은 이유에서 만일 '위법'과 '부당'을 구별하면서 그것이 어느 쪽에 속하는가를 묻는다면, 그것은 '부당'이 아니라 의당 '위법사유'에 해당한다고 대답될 것임은 물론이다. 다만 공서양속 또는 사회질서의 위배를 민법상 불법행위책임에서와 같이 국가배상법상의 위법으로 볼 것이냐는 문제이다. 이 문제는 국가배상법의 위법을 어떻게 보느냐에 따라 달라진다. 앞서 살펴본 통설의 견해에 따르면 공서양속이나 사회질서에 위배된 공무원의 행위는, 명문의 법규를 위반한 경우처럼 곧바로 위법을 구성하지는 않는다고 하더라도, 공서양속·사회질서 역시 법질서의 내용을 이루는 것이고, 위법성은 기본적으로 법질서에 비추어 허용되지 않는다는 것이므로,[43] 결국 위법행위라고 보아야 한다.

(2) 국가가 국민 생명/신체/재산에 절박·중대한 위험 방지를 게을리한 경우

국가가 국민의 생명, 신체, 재산 등에 대한 절박하고 중대한 위험을 방지하지 못해 피해를 입은 경우 국가배상을 받을 수 있을까? 특히 형식적 의미의 법령에 작위의무를 인정할 아무런 근거가 없는 경우에는 어떨까? 이러한 경우, 즉 **부작위로 인한 국가배상책임**의 성립 여부에 대해 대법원은 다음과 같이 판시한 바 있다.

공무원의 부작위로 인한 국가배상책임을 인정하기 위하여는 공무원의 작위로 인한 국가배상책임을 인정하는 경우와 마찬가지로 '공무원이 그 직무를 집행함에 당하여 고의 또는 과실로 법령에 위반하여 타인에게 손해를 가한 때'라고 하는 국가배상법 제2조 제1항의 요건이 충족되어야 할 것인바, 여기서 '법령에 위반하여'라고 하는 것이 엄격하게 형식적 의미의 법령에 명시적으로 공무원의 작위의무가 규정

42) 대법원 2001.7.10. 선고 98다38364 판결.
43) 阿部泰隆, 『國家補償法』, 有斐閣, 1988, 90.

되어 있는데도 이를 위반하는 경우만을 의미하는 것은 아니고, 국민의 생명, 신체, 재산 등에 대하여 절박하고 중대한 위험상태가 발생하였거나 발생할 우려가 있어서 국민의 생명, 신체, 재산 등을 보호하는 것을 본래적 사명으로 하는 국가가 초법규적, 일차적으로 그 위험 배제에 나서지 아니하면 국민의 생명, 신체, 재산 등을 보호할 수 없는 경우에는 형식적 의미의 법령에 근거가 없더라도 국가나 관련 공무원에 대하여 그러한 위험을 배제할 작위의무를 인정할 수 있을 것이나, 그와 같은 절박하고 중대한 위험상태가 발생하였거나 발생할 우려가 있는 경우가 아닌 한, 원칙적으로 공무원이 관련 법령대로만 직무를 수행하였다면 그와 같은 공무원의 부작위를 가지고 '고의 또는 과실로 법령에 위반'하였다고 할 수는 없을 것이므로, 공무원의 부작위로 인한 국가배상책임을 인정할 것인지 여부가 문제되는 경우에 관련 공무원에 대하여 작위의무를 명하는 법령의 규정이 없다면 공무원의 부작위로 인하여 침해된 국민의 법익 또는 국민에게 발생한 손해가 어느 정도 심각하고 절박한 것인지, 관련 공무원이 그와 같은 결과를 예견하여 그 결과를 회피하기 위한 조치를 취할 수 있는 가능성이 있는지 등을 종합적으로 고려하여 판단하여야 한다.[44]

배상책임의 요건으로서 '법령에 위반한 공무원의 행위'에 작위뿐만 아니라 부작위도 해당한다는 데는 이론의 여지가 없다. 부작위에서 '법령 위반' 판단의 관건은 작위의무 위반 여부에 있다. 가령 경찰이 본연의 임무를 제대로 수행하지 않아 국민이 피해를 입은 경우 국가배상을 받을 수 있을까? 실제로 경찰관들이 인질납치범이 운전하는 것으로 의심되는 승용차를 발견하고 검문하려는 과정에서 용의자의 도주 위험에 대해 최소한의 조치를 취하지 않아 범인들을 놓쳤고 그 결과 범인이 수사망이 좁혀 오자 더 이상 자신을 알고 있는 피해자를 살려둘 수 없다고 생각하여 피해자를 살해한 사건이 있었다. 대법원은 이 사건에서 그 같은 직무상 의무 위반은 피해자에게 발생한 피해의 심각성 및 절박한 정도, 그 상황에서 요구되는 경찰관의 초동조치 및 주의의무의 정도, 추가적 범행의 발생에 대한 예견가능성 등에 비추어 현저하게 불합리한 것으로서 위법하므로, 국가는 경찰관들의 위와 같은 직무집행상 과실로 말미암아 피해자 및 그 유족인 원고들이 입은 손해를 배상할 책임이 있다고 판시하였다.

<경찰관의 권한 불행사가 직무상 의무를 위반하여 위법하게 되는 경우>

경찰은 범죄의 예방, 진압 및 수사와 함께 국민의 생명, 신체 및 재산의 보호 기타 공공의 안녕과 질서유지를 직무로 하고 있고, 직무의 원활한 수행을 위하여 경찰관 직무집행법, 형사소송법 등 관계 법령에 의하여 여러 가지 권한이 부여되어 있으므로, 구체적인 직무를 수행하는 경찰관으로서는 제반 상황에 대응하여 자신에게 부여된 여러 가지 권한을 적절하게 행사하여 필요한 조치를 할 수 있고, 그러한 권한은 일반적으로 경찰관의 전문적 판단에 기한 합리적인 재량에 위임되어 있으나, 경찰관에게 권한을 부여한 취지와 목적에 비추어 볼 때 구체적인 사정에 따라 경찰관이 권한을 행사하여 필요한 조치를 하지 아

44) 대법원 2001.4.24. 선고 2000다57856 판결.

니하는 것이 현저하게 불합리하다고 인정되는 경우에는 권한의 불행사는 직무상 의무를 위반한 것이 되어 위법하게 된다.[45)]

한편 대법원은 후천성면역결핍증예방법의 제정, 시행 이전에 미군기지촌에서 특수업태부로 종사하고 있던 수검자가 국립보건원 등 후천성면역결핍증(AIDS) 음성 판정을 한 기관에서 수검자에 대하여 그 검사 결과를 전혀 알려 주지 않았고 그 판정의 모순점에 대한 정확한 재검사 및 재판정 절차 없이 형식적으로 정기적인 검사와 판정을 되풀이함에 따라 자신이 입은 정신적 고통에 대해 위자료 지급을 청구한 국가배상소송에서도 그와 동일한 기준을 적용했다. 다만, 이 사건에서는 수검자가 보건당국의 관리를 벗어나 자의로 법이 취업을 금지한 업종에 종사하며 정기검진을 받다가 종전의 양성 판정과 모순된 음성 판정을 접하는 경우 받게 될 정신적 손해를 방지하기 위하여 국가가 모든 항체검사 대상자에 대하여 종전의 검사 결과를 대조할 작위의무까지 있다고 보기는 어렵다는 점 등의 이유를 들어, 검사기관의 관리 및 검사·판정상의 잘못을 전제로 수검자의 정신적 고통에 대한 국가의 위자료 지급의무를 인정했던 원심판결을 파기하였다.

<AIDS 관리 및 검사 · 판정상의 잘못과 국가배상책임>

공무원의 부작위로 인한 국가배상책임을 인정하기 위하여는 공무원의 작위로 인한 국가배상책임을 인정하는 경우와 마찬가지로 '공무원이 그 직무를 집행함에 당하여 고의 또는 과실로 법령에 위반하여 타인에게 손해를 가한 때'라고 하는 국가배상법 제2조 제1항의 요건이 충족되어야 할 것인바, 여기서 **'법령에 위반하여'라고 하는 것이 엄격하게 형식적 의미의 법령에 명시적으로 공무원의 작위의무가 규정되어 있는데도 이를 위반하는 경우만을 의미하는 것은 아니고,** 국민의 생명, 신체, 재산 등에 대하여 절박하고 중대한 위험상태가 발생하였거나 발생할 우려가 있어서 국민의 생명, 신체, 재산 등을 보호하는 것을 본래적 사명으로 하는 국가가 초법규적, 일차적으로 그 위험 배제에 나서지 아니하면 국민의 생명, 신체, 재산 등을 보호할 수 없는 경우에는 형식적 의미의 법령에 근거가 없더라도 국가나 관련 공무원에 대하여 그러한 위험을 배제할 작위의무를 인정할 수 있을 것이지만, **그와 같은 절박하고 중대한 위험상태가 발생하였거나 발생할 우려가 있는 경우가 아니라면 원칙적으로 공무원이 관련 법령을 준수하여 직무를 수행하였다면 그와 같은 공무원의 부작위를 가지고 '고의 또는 과실로 법령에 위반'하였다고 할 수는 없을 것이므로, 공무원의 부작위로 인한 국가배상책임을 인정할 것인지 여부가 문제되는 경우에 관련 공무원에 대하여 작위의무를 명하는 법령의 규정이 없다면 공무원의 부작위로 인하여 침해된 국민의 법익 또는 국민에게 발생한 손해가 어느 정도 심각하고 절박한 것인지, 관련 공무원이 그와 같은 결과를 예견하여 그 결과를 회피하기 위한 조치를 취할 수 있는 가능성이 있는지 등을 종합적으로 고려하여 판단하여야 할 것이다.**[46)]

45) 대법원 2016.4.15. 선고 2013다20427 판결.
46) 대법원 1998.10.13. 선고 98다18520 판결.

다른 한편, 대법원은 형사재판의 공판검사가 증인으로 소환된 자로부터 신변보호요청을 받고도 아무런 조치를 취하지 않아 그 증인이 공판기일에 법정에서 공판 개정을 기다리던 중 피고인의 칼에 찔려 상해를 입은 사안에서 검사의 부작위에 대해 비교적 엄격한 잣대를 들이댄다. 즉, 검사는 재판부에 원고의 신변보호를 요청하여 적절한 조치를 취하게 하는 등 원고에 대한 신변안전조치를 취하여야 할 작위의무가 있었으며, 따라서 이를 위반한 검사의 부작위는 국가배상법 제2조 제1항이 정하는 '직무를 집행하면서 과실로 법령을 위반하여 타인에게 손해를 입힌 때'에 해당한다고 판시한 것이다.

<검사의 부작위로 인한 국가배상책임>

공무원의 부작위로 인한 국가배상책임을 인정하기 위하여는 작위에 의한 경우와 마찬가지로 "공무원이 직무를 집행하면서 고의 또는 과실로 법령을 위반하여 타인에게 손해를 입힌 때"라고 하는 국가배상법 제2조 제1항의 요건이 충족되어야 할 것인바, 여기서 '법령을 위반하여'라고 하는 것은 공무원의 작위의무를 명시적으로 규정한 형식적 의미의 법령을 위반한 경우만을 의미하는 것이 아니라, 형식적 의미의 법령에 작위의무가 명시되어 있지 않더라도 국민의 생명 · 신체 · 재산 등에 대하여 절박하고 중대한 위험상태가 발생하였거나 발생할 우려가 있어서 국민의 생명 등을 보호하는 것을 본래적 사명으로 하는 국가가 일차적으로 그 위험 배제에 나서지 아니하면 이를 보호할 수 없는 때에 국가나 관련 공무원에 대하여 인정되는 작위의무를 위반한 경우도 포함되어야 할 것이나, 그와 같은 절박하고 중대한 위험상태가 발생하였거나 발생할 우려가 있는 경우가 아닌 한 원칙적으로 관련 법령을 준수하여 직무를 수행한 공무원의 부작위를 가리켜 '고의 또는 과실로 법령을 위반'하였다고 할 수는 없으므로, 공무원의 부작위로 인한 국가배상책임을 인정할 것인지 여부가 문제되는 때에 관련 공무원에 대하여 작위의무를 명하는 법령의 규정이 없다면 공무원의 부작위로 인하여 침해된 국민의 법익 또는 국민에게 발생한 손해가 어느 정도 심각하고 절박한 것인지, 관련 공무원이 그와 같은 결과를 예견하여 그 결과를 회피하기 위한 조치를 취할 수 있는 가능성이 있는지 등을 종합적으로 고려하여 판단하여야 한다(대법원 1998.10.13. 선고 98다18520 판결, 대법원 2008.10.9. 선고 2007다40031 판결 등 참조).47)

반면 대법원은 공무원의 직무상 의무위반(특히 부작위)이 문제된 일련의 판례에서 공무원이 직무를 수행하면서 그 근거되는 법령의 규정에 따라 구체적으로 의무를 부여받았어도 그것이 국민의 이익과는 관계없이 순전히 행정기관 내부의 질서를 유지하기 위한 것이거나, 또는 국민의 이익과 관련된 것이라도 직접 국민 개개인의 이익을 위한 것이 아니라 전체적으로 공공 일반의 이익을 도모하기 위한 것이라면 그 의무에 위반하여 국민에게 손해를 가해도 국가 또는 지방자치단체는 배상책임을 부담하지 아니한다는 입장을 견지하여 논란의 여지를

47) 대법원 2009.9.24. 선고 2006다82649 판결.

남겼다.

<상수원수 수질기준유지의무 위반과 국가배상책임>

1. 일반적으로 국가 또는 지방자치단체가 권한을 행사할 때에는 국민에 대한 손해를 방지하여야 하고, 국민의 안전을 배려하여야 하며, 소속 공무원이 전적으로 또는 부수적으로라도 국민 개개인의 안전과 이익을 보호하기 위하여 법령에서 정한 직무상의 의무에 위반하여 국민에게 손해를 가하면 상당인과관계가 인정되는 범위 안에서 국가 또는 지방자치단체가 배상책임을 부담하는 것이지만, **공무원이 직무를 수행하면서 그 근거되는 법령의 규정에 따라 구체적으로 의무를 부여받았어도 그것이 국민의 이익과는 관계없이 순전히 행정기관 내부의 질서를 유지하기 위한 것이거나, 또는 국민의 이익과 관련된 것이라도 직접 국민 개개인의 이익을 위한 것이 아니라 전체적으로 공공 일반의 이익을 도모하기 위한 것이라면 그 의무에 위반하여 국민에게 손해를 가하여도 국가 또는 지방자치단체는 배상책임을 부담하지 아니한다.**
2. 상수원수의 수질을 환경기준에 따라 유지하도록 규정하고 있는 관련 법령의 취지·목적·내용과 그 법령에 따라 국가 또는 지방자치단체가 부담하는 의무의 성질 등을 고려할 때, 국가 등에게 일정한 기준에 따라 상수원수의 수질을 유지하여야 할 의무를 부과하고 있는 법령의 규정은 국민에게 양질의 수돗물이 공급되게 함으로써 국민 일반의 건강을 보호하여 공공 일반의 전체적인 이익을 도모하기 위한 것이지, 국민 개개인의 안전과 이익을 직접적으로 보호하기 위한 규정이 아니므로, 국민에게 공급된 수돗물의 상수원의 수질이 수질기준에 미달한 경우가 있고, 이로 말미암아 국민이 법령에 정하여진 수질기준에 미달한 상수원수로 생산된 수돗물을 마심으로써 건강상의 위해 발생에 대한 염려 등에 따른 정신적 고통을 받았다고 하더라도, 이러한 사정만으로는 국가 또는 지방자치단체가 국민에게 손해배상책임을 부담하지 아니한다. 또한 상수원수 2급에 미달하는 상수원수는 고도의 정수처리 후 사용하여야 한다는 환경정책기본법령상의 의무 역시 위에서 본 수질기준 유지의무와 같은 성질의 것이므로, 지방자치단체가 상수원수의 수질기준에 미달하는 하천수를 취수하거나 상수원수 3급 이하의 하천수를 취수하여 고도의 정수처리가 아닌 일반적 정수처리 후 수돗물을 생산·공급하였다고 하더라도, 그렇게 공급된 수돗물이 음용수 기준에 적합하고 몸에 해로운 물질이 포함되어 있지 아니한 이상, 지방자치단체의 위와 같은 수돗물 생산·공급행위가 국민에 대한 불법행위가 되지 아니한다.[48)]

반면 대법원은 군행형법과 군행형법시행령에 따른 교도소 등의 경계 감호 관련 직무상 의무는 그 수용자들의 탈주시 그 도주과정에서 일어날 수 있는 2차적 범죄행위로부터 일반 국민의 인명과 재화를 보호하고자 하는 목적도 있으므로, 국가공무원들이 그와 같은 직무상 의무를 위반한 결과 수용자들이 탈주함으로써 일반 국민에게 손해를 입혔다면, 국가는 피해자들이 입은 손해를 배상할 책임이 있다고 판시하기도 하였다.

---

48) 대법원 2001.10.23. 선고 99다36280 판결.

군행형법과 군행형법시행령이 군교도소나 미결수용실(이하 '교도소 등'이라 한다)에 대한 경계 감호를 위하여 관련 공무원에게 각종 직무상의 의무를 부과하고 있는 것은, 일차적으로는 그 수용자들을 격리보호하고 교정교화함으로써 공공 일반의 이익을 도모하고 교도소 등의 내부 질서를 유지하기 위한 것이라 할 것이지만, 부수적으로는 그 수용자들이 탈주한 경우에 그 도주과정에서 일어날 수 있는 2차적 범죄행위로부터 일반 국민의 인명과 재화를 보호하고자 하는 목적도 있다고 할 것이므로, 국가공무원들이 위와 같은 직무상의 의무를 위반한 결과 수용자들이 탈주함으로써 일반 국민에게 손해를 입히는 사건이 발생하였다면, 국가는 그로 인하여 피해자들이 입은 손해를 배상할 책임이 있다.[49)]

(3) 행정규칙위반과 부당한 재량처분

행정규칙의 위반과 부당한 재량처분의 경우 여기서 요구되는 법령위반의 성립여부가 문제된다. 이에 관해서는 행정규칙의 대외적 효력이 인정되지 않는 한 그리고 재량처분이 그 법적 한계를 넘지 않는 한 부정적으로 새겨야 한다. 먼저 행정규칙위반에 관해서 보면 판례는 행정규칙위반은 법령위반에 해당되지 않는다고 보는 데 비하여,[50)] 학설은, 반드시 일치하지는 않지만, 행정규칙위반도 법령위반(광의)에 해당한다고 보는 것이 다수의 견해로 보인다.[51)] 그러나 행정규칙이 대외적 구속력을 갖게 되거나 또는 구속력을 가진 것과 마찬가지의 결과가 되는 경우가 아니라면, 행정규칙을 위반해도 대국민적 관계에서는 아무런 위법의 문제를 발생시키지 않기 때문에 법령위반이 성립된다고 할 수 없다. 다음 부당한 재량처분의 경우를 보면, 재량권의 일탈, 남용 등 재량처분을 위법에 이르게 하는 사유가 있는 때에는 당연히 법령위반이 성립되는 것은 말할 나위도 없다. 그러나 그와 같은 경우가 아닌 이상, 재량을 그르쳤다고 하여 법령위반이 성립된다고 볼 수는 없다. 법령위반을 널리 법질서에 비추어 본 객관적 부정당성으로 파악한다고 할지라도 재량권행사의 '부당'은 법질서에 비추어 인정되는 부당성이 아니라 어디까지나 합목적성의 견지에서 판단되는 부당성이기 때문이다. 따라서 부당한 재량처분도, 그것이 재량권의 일탈, 남용 등으로 위법으로 판명되는 경우를 제외하고는 법령위반에 해당하지 않는다.[52)]

---

49) 대법원 2003.2.14. 선고 2002다62678 판결

50) 대법원 1973.1.30. 선고 72다2062 판결.

51) 이상규, 『신행정법론(상)』, 537; 김도창, 앞의 책, 629; 김동희, 앞의 책, 475. 한편 독일의 경우 일찍이 경찰관의 총기사용에 관한 직무규정(행정규칙)의 준수는 민법 제839조의 위법성을 배제한다고 한 라이히 법원의 판결(RG JW 1906,745)이래 하급직원에 대한 일반적 직무명령 및 개별적 명령과 같은 행정규칙의 위반으로 인한 직무책임이 성립한다는 취지의 연방민사법원(BGHZ)의 판례들이 있다(F. Ossenbühl, "Die Quellen des Verwaltungsrechts," in: H.-U. Erichsen und W. Martens (Hrsg.), *Allgemeines Verwaltungsrecht*, 1979, § 7, Rn.44 m. Fußnote 94).

52) 김도창, 앞의 책, 629; 김남진, 『행정법 I』, 575; 홍정선, 앞의 책, 517-518. 한편 김동희 교수(『행정법 I』, 475)는 원칙적으로 부당성을 이유로 재량처분을 국가배상법상 위법한 처분이라고 볼 수 없으나 구체

<교사의 처벌행위의 위법성>

교사의 학생에 대한 처벌이 징계권의 행사로서 정당행위에 해당하려면, 그 처벌이 교육상의 필요가 있고, 다른 교육적 수단으로는 교정이 불가능하여 부득이한 경우에 한하는 것이어야 할 뿐만 아니라, 그와 같은 경우에도 그 처벌의 방법과 정도에는 사회관념상 비난받지 아니할 객관적 타당성이 있지 않으면 안 된다.[53)]

<인권보호를 위한 경찰관 직무규칙 위반과 국가배상책임>

'인권보호를 위한 경찰관 직무규칙' 등은 대외적으로는 구속력이 없는 행정규칙인 경찰청훈령에 불과하다 하더라도, 위 직무규칙은 모든 사람의 기본적 인권을 보장하기 위하여 경찰관이 경찰활동 전 과정에서 지켜야 할 직무기준을 정한 것이므로, 경찰업무의 특성상 그 상대방인 피해자 등의 인권 보호에 직접적 영향을 미치는 내용이라면 위 직무기준을 위반한 행위는 위법한 것으로 볼 여지가 있다.[54)]

(4) 선결문제로서 위법성판단

행정행위가 권한 있는 기관에 의해 취소되기 전에 그 위법성을 이유로 국가배상을 청구할 수 있는지 여부가 문제된다. 이는 행정행위의 공정력 또는 구성요건적 효력과 관련된 문제이지만, 취소소송과 국가배상은 각각 제도적 취지가 다르다는 점을 근거로 단순위법의 경우에도 그 행정행위의 취소 없이 국가배상을 청구할 수 있다고 보는 것이 통설과 판례의 태도이다.

(5) 취소소송 판결의 기판력과 국가배상에 있어 위법성

취소소송의 위법개념과 국가배상의 위법개념이 동일한 것인지, 전소인 취소소송 판결의 기판력이 후소인 국가배상청구소송에 미치는지 여부가 문제된다. 이것은 이미 전소에서 처분의 위법여하가 확정된 경우에 관한 문제라는 점에서 선결문제심판권 문제, 행정행위가 권한 있는 기관에 의해 취소되기 전에 국가배상청구소송의 수소법원에서 그 위법성을 판단할 수 있는지에 관한 문제와는 다르다. 이에 관해서는 몇 가지 학설이 대립한다.

① 전부긍정설(일원설)

주로 행위불법설에 기초하여 항고소송의 위법성 개념과 국가배상의 위법개념이 동일하다고 보며 따라서 전소인 항고소송 판결의 기판력이 후소인 국가배상청구소송에 미친다고 보는

적 사정과 관련해서는 예외적으로 부당한 처분이 위법한 처분으로 인정될 수도 있다고 한다.

53) 대법원 1991.5.28. 선고 90다17972 판결. 이에 관한 평석으로는 조정래, 「교사의 체벌이 징계권의 행사로서 정당행위가 되기 위한 요건」, 『부산판연 판례연구』 3, 1993.2., 294.

54) 서울고법 2007.8.16. 선고 2006나108918 판결: 앞서 본 대법원 2008.6.12. 선고 2007다64365 판결의 원심판결.

견해이다. 즉 어떤 처분에 대한 취소소송이 확정된 후에 그 처분의 위법을 이유로 하는 국가배상청구소송이 제기된 경우 동일한 행위규범의 위반여부에 대하여 판단을 같이하는 한, 전소인 취소소송 판결의 기판력이 후소인 국가배상청구소송에 미치며 그 판결이 청구를 인용한 것인지 아니면 기각한 것인지에 따라 다르지 않다고 한다.[55)]

② 전부부정설(이원설: 기판력부정설)

항고소송의 위법개념과 국가배상의 위법개념은 상이하며 후자가 전자보다 더 넓기 때문에 전소인 취소소송 판결의 기판력이 후소인 국가배상청구소송에 미치지 아니한다고 보는 견해이다. 주로 결과불법설에 입각하여 주장된다.

③ 제한적 기판력긍정설

이 견해는 실정법 위반이 없더라도 조리상의 손해방지의무 또는 신체, 생명, 재산 등을 보호하기 위한 초법규적 위해방지의무를 인정한 판례를 근거로 국가배상의 위법개념이 항고소송의 위법개념보다 넓다고 보며 따라서 전소인 항고소송 판결의 기판력이 후소인 국가배상청구소송에 영향을 미친다고 보는 견해이다.[56)] 이 견해에 따르면 전소인 취소소송 판결이 청구인용판결이라면 그 기판력이 후소인 국가배상청구소송에 영향을 미치지만 청구기각판결이라면 후소인 국가배상소송에 영향을 미치지 않는다고 본다.

④ 판례

판례의 태도는 반드시 분명하지는 않지만, 다음에 보는 바와 같이 항고소송의 위법개념과 국가배상의 위법개념을 동일시하지 않는 입장에 선 것으로 추정해 볼 수 있다.

> 어떠한 행정처분이 후에 항고소송에서 취소되었다고 할지라도 그 기판력에 의하여 당해 행정처분이 곧바로 공무원의 고의 또는 과실로 인한 것으로서 불법행위를 구성한다고 단정할 수는 없는 것이고, 그 행정처분의 담당공무원이 보통 일반의 공무원을 표준으로 하여 볼 때 객관적 주의의무를 결하여 그 행정처분이 객관적 정당성을 상실하였다고 인정될 정도에 이른 경우에 비로소 국가배상법 제2조 소정의 국가배상책임의 요건을 충족하였다고 봄이 상당할 것이며, 이때에 객관적 정당성을 상실하였는지 여부

---

55) 김철용, 앞의 책, 496; 홍정선, 『행정법특강』, 463; 정하중, 『행정법개론』(제5판), 2011, 539.

56) 박균성, 앞의 책, 524; 김철용 · 최광률, 『주석행정소송법』, 197(박정훈 집필), 박영사, 2004. 박정훈 교수는 양자의 위법성이 다름을 인정하면서도 제한적 기판력긍정설을 취하는데, 그 이유로 국가배상소송(이차적 권리구제)의 위법성이 취소소송(일차적 권리구제)의 위법성을 포함하기 때문에 취소소송 판결의 기판력을 국가배상소송에서 원용할 수 있도록 하는 것이 권리구제의 실효성을 위해 타당하다고 한다.

는 피침해이익의 종류 및 성질, 침해행위가 되는 행정처분의 태양 및 그 원인, 행정처분의 발동에 대한 피해자측의 관여의 유무, 정도 및 손해의 정도 등 제반 사정을 종합하여 손해의 전보책임을 국가 또는 지방자치단체에게 부담시켜야 할 실질적인 이유가 있는지 여부에 의하여 판단하여야 한다.[57]

이 판결은 이후 대법원 2003.12.11. 선고 2001다65236 판결; 대법원 2004.12.9. 선고 2003다50184 판결 등에서 재확인된 바 있다. 그러나 일부 문헌에서처럼[58] 위 판결을 반드시 기판력부정설을 취한 것으로 볼 수 있는지는 의문이다. 이들 판결은 모두 '어떠한 행정처분이 후에 항고소송에서 취소되었다고 할지라도 그 기판력에 의하여 당해 행정처분이 곧바로 공무원의 고의 또는 과실로 인한 것으로서 불법행위를 구성한다고 단정할 수는 없다'고 하여 고의·과실에 의한 불법행위 성립여부를 판단하고 있기 때문에 취소판결의 기판력이 국가배상소송에서 배상원인이 된 그 처분의 위법성판단에 영향을 미치지 아니한다는 보는 취지인지는 불분명하다. 이 점은 "그 행정처분의 담당공무원이 보통 일반의 공무원을 표준으로 하여 볼 때 객관적 주의의무를 결하여 그 행정처분이 객관적 정당성을 상실하였다고 인정될 정도에 이른 경우에 비로소 국가배상법 제2조 소정의 국가배상책임의 요건을 충족하였다고 봄이 상당할 것"이라고 판시하고 있는 점에서도 확인할 수 있다. 일찍이 대법원은 '어떠한 행정처분이 후에 항고소송에서 취소되었다고 할지라도 그 기판력에 의하여 당해 행정처분이 곧바로 공무원의 고의 또는 과실로 인한 것으로서 불법행위를 구성한다고 단정할 수 없다'고 판시한 바 있는데,[59] 위 판결들과 맥락을 같이하는 판단을 내린 이유로 '행정청이 관계 법령의 해석이 확립되기 전에 어느 한 설을 취하여 업무를 처리한 것이 결과적으로 위법하게 되어 그 법령의 부당 집행이라는 결과를 빚었다고 하더라도 처분 당시 그와 같은 처리 방법 이상의 것을 성실한 평균적 공무원에게 기대하기 어려웠던 경우라면 특단의 사정이 없는 한 이를 두고 공무원의 과실로 인한 것이라고는 할 수 없기 때문'이라고 밝혔다. 결국 취소판결의 기판력으로부터 곧바로 고의·과실에 의한 불법행위 성립이란 결론이 나오는 것은 아님을 강조하였을 뿐, 기판력부정설이든 긍정설이든 어느 입장을 표명한 것이라 보기는 어렵지 않을까 생각한다.

⑤ 사견

생각건대, 국가배상소송에서의 위법개념과 취소소송에서의 위법개념을 동일한 것으로 보아

57) 대법원 2003.11.27. 선고 2001다33789, 33796, 33802, 33819 판결.
58) 김철용 교수(『행정법 I』, 496)는 우리 판례가 '기판력 부정설'을 취한다고 하면서 그 예로 위 대법원 2003.11. 27. 선고 2001다33789, 33796, 33802, 33819 판결을 들고 있다.
59) 대법원 1999.9.17. 선고 96다53413 판결.

야 할 이유는 없다. 그렇지만, 어떤 처분에 대한 취소소송이 확정된 후에 그 처분의 위법을 이유로 국가배상청구소송을 제기한 경우에는 양 소송에 있어 위법개념의 상위에도 불구하고 당해 처분의 위법여부 자체는 공통부분이 되는 것이고 따라서 전소에서 당해 처분의 위법여부가 확정되었음에도 불구하고 후소에서 판단이 달라지는 결과를 용인하는 것은 사법적 결정의 통일성이나 피해자구제의 견지에서 결코 바람직하다고 볼 수 없다. 그렇다면 취소판결의 기판력은 원고가 이를 국가배상소송에서 원용할 수 있다고 보는 것이 올바른 해결책이 될 것이다. 물론 경우에 따라 하급심에서 확정된 취소판결의 기판력을 국가배상소송의 상급심에서 원용하는 경우 어려운 문제가 생길 수도 있다. 그러나 하급심에서 취소판결이 확정되면 대상이 된 처분은 대세적으로 소멸하게 되는 것이므로 상급심이라고 하여 이를 무시할 수 없게 된다는 점도 유의할 필요가 있다. 아울러 행정소송법 제28조 제1항에서 사정판결을 허용하면서 "그 판결의 주문에서 그 처분등이 위법함을 명시하여야 한다."라고 규정한 것도 바로 후소에서 처분의 위법을 원용할 가능성을 예상한 것으로 볼 수 있다. 반면 전소(前訴)인 처분취소소송에서 청구기각판결이 확정된 경우에는 후소인 그 처분의 위법을 이유로 한 국가배상청구소송에서 처분청이 속한 국가나 지방자치단체가 기판력을 원용할 경우, 기판력이 후소에 미친다고 하더라도 객관적 범위 안에서만 그러할 뿐 그 결과 반드시 후소의 청구기각으로 귀결되는 것은 아니다. 결론적으로 기판력 전부긍정설이 타당함을 알 수 있다.

(6) 입증책임

일반적으로 직무행위의 위법성에 대한 입증책임은 원고가 진다고 본다. 따라서 직무행위가 법령에 위반한 것이라는 점을 입증하지 못한데 대한 불이익은 원고에게 귀속된다. 한편 피해자는 가해행위를 입증하면 족하고 그 위법성을 입증할 필요가 없다는 견해가 있다.[60)]

3. 고의 · 과실

국가배상법 제2조에 의한 배상책임은 고의・과실을 요건으로 한다는 점에서 과실책임주의에 입각하고 있다. 이 요건은 일반적으로 앞서 살펴본 객관적 요소라 할 수 있는 위법성요건과는 달리 주관적 책임요소로서 파악된다. 과실의 개념에 관해서는 이미 앞에서 살펴본 국가배상책임의 본질에 대한 이해와 관련하여 대단히 다양하게 견해가 대립한다.

60) 박윤흔, 『최신행정법강의(상)』, 688.

(1) 고의 · 과실의 개념

고의란 일반적으로 일정한 결과발생을 인식한 심리상태를 의미하며 과실은 이러한 결과발생을 부주의로 인식하지 못한 것, 다시 말해서 결과를 인식하지 못한 데 대하여 주의의무의 위반이 인정되는 경우를 말하는 것으로 설명된다. 공무원의 직무집행상의 과실이란 공무원이 그 직무를 수행함에 있어서 당해 직무를 담당하는 평균인이 통상 갖추어야 할 주의를 다하지 못한 것을 말한다. 과실은 중과실을 규정하는 국가배상법 제2조 제2항과 비교할 때 경과실을 포함하는 것으로 이해된다. 한편 법령해석의 과실도 국가배상법 제2조의 과실에 해당한다.

<법령해석의 과실>

판례는 종래 법령해석상의 과실을 특별한 사정이 있을 때 한하여 제한적으로 인정하는 경향을 띠었으나 이후 다소 뉘앙스를 보이고 있다. 먼저, 대법원은 비교적 일관되게 "법령에 대한 해석이 복잡미묘하여 워낙 어렵고 이에 대한 학설 · 판례조차 귀일되지 못하여 의의가 없을 수 없는 경우", 공무원이 그 나름대로 신중을 기하여 합리적인 근거를 찾아 그중 어느 한 설을 취하여 내린 해석이 대법원에 의해 받아들여지지 않음으로써 결과적으로 위법하게 되어 그 법령의 부당집행이란 결과를 빚었다면 그 이상의 처리를 성실한 평균적 공무원에게 기대하기 어려운 일이므로 다른 특별한 사정이 없는 한 과실이 성립되지 않는다고 판시해 오고 있다.[61] 실례로 대법원은 위법 · 무효인 시행령의 제정에 관여한 공무원의 불법행위 성립여부와 관련하여 "일반적으로 행정입법에 관여하는 공무원이 시행령이나 시행규칙을 제정함에 있어서 관계 법규를 알지 못하거나 필요한 지식을 갖추지 못하여 법률 등 상위법규의 해석을 그르치는 바람에 상위법규에 위반된 시행령 등을 제정하게 되었다면 그가 법률전문가가 아닌 행정공무원이라고 하여 과실이 없다고 할 수는 없으나, 상위법규에 대한 해석이 그 문언 자체만으로는 명백하지 아니하여 여러 견해가 있을 수 있는데다가 이에 대한 선례나 학설 · 판례 등도 하나로 통일된 바 없어 해석상 다툼의 여지가 있는 경우, 그 공무원이 나름대로 합리적인 근거를 찾아 어느 하나의 견해에 따라 상위법규를 해석한 다음 그에 따라 시행령 등을 제정하게 되었다면, 그와 같은 상위법규의 해석이 나중에 대법원이 내린 해석과 같지 아니하여 결과적으로 당해 시행령 등의 규정이 위법한 것으로 되고 그에 따른 행정처분 역시 결과적으로 위법하게 되어 위법한 법령의 제정 및 법령의 부당집행이라는 결과를 가져오게 되었다고 하더라도, 그와 같은 직무처리 이상의 것을 당해 업무를 담당하는 성실한 평균적 공무원에게 기대하기 어려운 것이므로, 이러한 경우에까지 국가배상법상 공무원의 과실이 있다고 할 수는 없다."라고 판시한 바 있었다.[62]

이후 대법원은 대법원판결이 형사소송법 등 법령에 명시되지 아니한 피의자의 권리를 헌법적 해석을 통하여 혹은 형사소송법의 규정 등을 유추적용하여 최초로 인정한 경우, 그 대법원판결 전에 이와 달리 법령을 해석하여 조치한 수사검사에게 국가배상법 제2조 제1항 소정의 과실이 있는지 여부에 대

61) 대법원 1973.10.10. 선고 72다2583 판결; 대법원 1995.10.13. 선고 95다32747 판결.
62) 대법원 1997.5.28. 선고 95다15735 판결.

하여 종래의 판례를 재확인한 바 있다.[63)]

반면, 대법원은 "법령에 대한 해석이 복잡미묘하여 워낙 어렵고 이에 대한 학설·판례조차 귀일되어 있지 않는 등의 특별한 사정이 없는 한 일반적으로" 공무원이 관계법규를 알지 못하거나 필요한 지식을 갖추지 못하여 법규의 해석을 그르쳐 행정처분을 하였다면 그가 법률전문가 아닌 행정직공무원이라고 하여 과실이 없다고는 할 수 없다고 판시하고 있다.[64)] 형집행시 검사의 주의의무에 관하여 "형법 제39조 제1항에 의하여 하나의 판결로 무기징역형과 징역 5년의 유기징역형이 선고된 경우에는 형법 제39조 제2항, 제38조 제1항 제1호에 의하여 유기징역형은 무기징역형에 흡수되므로 유기징역형은 집행할 수 없고 무기징역형만을 집행하여야 할 것임은 위 규정의 법문 자체로 명백하고, 따라서 검사가 무기징역형에 앞서 유기징역형을 먼저 집행하도록 형집행순서변경지휘를 한 것은 그 주의의무를 위반한 과실에 기인한 것이 아니라고 할 수 없다."라고 판시한 것이 그 예이다.[65)]

앞의 사례에서 대법원은 다분히, 복잡곤란하고 학설·판례상 다투어지고 있는 법령의 해석에 관한 잘못은 평균적 공무원에게 귀책될 수 없다는 소극설을 원칙으로 삼고 있는 데 비해, 뒤의 사례에서는 법규의 무지로 인한 법해석의 잘못에 대해서, 학설·판례상의 불확실성이란 특별한 사정이 없는 한, 원칙적으로 공무원의 과실을 인정하고 있다. 이로써 법령해석상 공무원의 주의의무에 관한 한, 적어도 두 가지 요건이 판례를 통하여 형성되었다고 볼 수 있다. 그것은 첫째, 해석이 어렵고 학설·판례조차 귀일되지 못하여 의의가 없을 수 없는 법령을 해석함에 있어서 공무원은 그 나름대로 신중을 기하여 합리적인 근거를 찾아 해석을 해야 한다는 것, 둘째, 그 밖의 경우에는 일반적으로 당해 공무원이 비록 관계법규를 몰랐거나 필요한 지식을 갖추지 못했다고 해서 법령해석상의 잘못이 면책되지 않는다는 것이 그것이다.

참고로 독일에서는, 법적 인식의 결함은 과실에 해당되는 것으로 파악되고 있다. 즉, 직무수행자는 그의 소관업무에 관해 의거할 기준이 되는 법적 규정과 아울러 이에 대한 판례와 학설을 통한 해석내용을 인식하지 않으면 안 된다. 다만 객관적으로 존재하는 해석상의 의문이 있을 때에는 그 직무담당자가 나름대로 합당한 견해를 좇는 한, 사후에 그것이 판례에 의해 확인되지 못함으로써 옳지 않았다고 판명되는 경우에도, 과실이 성립하지 않는다고 한다.[66)]

---

63) 대법원 2010.6.24. 선고 2006다58738 판결. 이 사건 판결에서 말하는 대법원판결이란 헌법 제12조 제4항 본문의 규정 등과 적법절차주의를 선언한 헌법정신에 비추어 구금된 피의자는 구 형사소송법(2007.6.1. 법률 제8496호로 개정되기 전의 것) 제209조, 제89조 등의 규정을 유추적용하여 피의자신문시 변호인의 참여를 요구할 권리가 있다고 판시하고, 당시 수사검사가 구속 피의자에 대하여 변호인의 피의자신문 참여를 불허한 처분이 위법하다고 판단한 대법원 2003.11.11. 선고 2003모402 결정을 말한다.

64) 대법원 1981.8.25. 선고 80다1598 판결. 여기서 대법원은 법령의 근거 없이 미성년자혼숙행위를 이유로 영업허가를 취소한 이 사건 허가취소처분은 공무원의 법령의 해석, 적용상의 과실에 기인한 것으로서 원심이 이를 근거로 국가배상책임을 인정한 것은 정당하다고 판시했다.

65) 대법원 1994.1.14. 선고 93다28515 판결. 그 밖에 대법원 1973.10.10. 선고 72다2583 판결; 대법원 1981.8.25. 선고 80다1598 판결 등을 참조.

66) H. Maurer, a.a.O., § 25 Rn.25. 그 밖에 합의부법원(Kollegialgericht)이 직무담당자의 행위를, 공무원에게 법원 이상의 법적 인식을 요구할 수 없기 때문에, 적법한 것으로 판단한 경우에는 원칙적으로 과실이 성립하지 않는다는 판례(*BGHZ* 73, 161, 164f.; *BVerwG NVwZ*, 1985, 265)가 있다. 그러나 이러한

<시위를 저지한 경찰공무원의 과실과 국가배상책임>

1. 구 집회및시위에관한법률(1999.5.24. 법률 제5985호로 개정되기 전의 것)하에서는 옥외집회 또는 시위가 그 신고사항에 미비점이 있었다거나 신고의 범위를 일탈하였다고 하더라도 그 신고내용과 동일성이 유지되어 있는 한 신고를 하지 아니한 것이라고 볼 수는 없으므로, 관할 경찰관서장으로서는 단순히 신고사항에 미비점이 있었다거나 신고의 범위를 일탈하였다는 이유만으로 곧바로 당해 옥외집회 또는 시위 자체를 해산하거나 저지하여서는 아니 될 것이고, 옥외집회 또는 시위 당시의 구체적인 상황에 비추어 볼 때 옥외집회 또는 시위의 신고사항 미비점이나 신고범위 일탈로 인하여 타인의 법익 기타 공공의 안녕질서에 대하여 직접적인 위험이 초래된 경우에 비로소 그 위험의 방지·제거에 적합한 제한조치를 취할 수 있되, 그 조치는 법령에 의하여 허용되는 범위 내에서 필요한 최소한도에 그쳐야 할 것이다.
2. 시위자들이 신고되지 아니한 죄수복 형태의 옷을 집단적으로 착용하고 포승으로 신체를 결박한 채 행진하였다는 이유로 경찰이 곧바로 시위를 저지한 것은 시위의 자유를 과도하게 제한하는 조치로서 위법하나, 시위라는 것은 많은 사람이 관련되고 시위장소 주변의 사람이나 시설에 적지 않은 영향을 줄 수 있는 것이므로, 시위의 적법 여부에 관하여 시위관여자와 다툼이 있을 경우 시위를 허용할 것이냐 아니면 이를 저지할 것이냐의 판단은 경찰공무원이 많은 시간을 두고 심사숙고하여 결정할 수 있는 성질의 것이 아니라 현장에서 즉시 허용 여부를 결정하여 이에 따른 조치를 신속하게 취하여야 할 사항인바, 구 집회및시위에관한법률(1999.5.24. 법률 제5985호로 개정되기 전의 것)상 시위의 해산요건으로 신고사항에 미비점이 있는 경우를 명시적으로 들고 있지는 않았으나 그와 같은 경우 미신고의 경우처럼 곧바로 시위를 해산할 수 있느냐, 아니면 이를 이유로 곧바로 당해 시위를 저지해서는 아니 되고 신고사항의 미비점으로 인하여 타인의 법익 기타 공공의 안녕질서에 대하여 직접적인 위험이 초래된 경우에만 그 위험의 방지나 제거에 적합한 제한조치를 할 수 있을 뿐이냐에 관하여 시위 당시까지 이 점에 관한 선례, 학설이나 판례가 없었으며 법률전문가라고 하더라도 이를 선뜻 판단할 수 있는 문제로는 보이지 아니하므로, 시위현장에서 비로소 위와 같은 신고사항의 미비점을 발견한 경찰공무원이 이를 이유로 바로 시위를 저지할 수 있다고 판단한 데에 큰 잘못이 있다고 보이지는 아니하고, 한편 시위자들로서도 죄수복 형태의 옷을 집단적으로 착용하고 포승으로 신체를 결박한 채 행진하려는 것은 신고의 대상이 되는 것임에도 고의로 이를 신고하지 아니한 잘못과 신고내용과는 달리 차도 일부로 진행한 잘못이 있는 등, 시위자들과 경찰공무원의 과실의 내용과 정도, 특히 경찰공무원들의 과실이 극히 작은 것으로 보이는 점, 그 외 시위의 저지에 이르게 된 경위 등 여러 사정을 공평의 원칙에 비추어 볼 때 국가배상책임을 인정하지 않는 것이 상당하다.[67]

견해에 대하여 마우러는, 그것이 본래의 문제를 오도할 뿐만 아니라, 국가배상소송이 지방법원(Landgericht)에 의해 직무위반이 성립되지 않는다는 이유로 기각될 경우 항소 및 상고심이 아예 처음부터 전망을 잃게 되는 이상한 결과를 초래한다고 비판하고 있다.

67) 대법원 2001.10.9. 선고 98다20929 판결.

<사법시험 출제오류와 국가배상책임>

1. 어떠한 행정처분이 후에 항고소송에서 취소되었다고 할지라도 그 기판력에 의하여 당해 행정처분이 곧바로 공무원의 고의 또는 과실로 인한 것으로서 불법행위를 구성한다고 단정할 수는 없는 것이고, 그 행정처분의 담당공무원이 보통 일반의 공무원을 표준으로 하여 볼 때 객관적 주의의무를 결하여 그 행정처분이 객관적 정당성을 상실하였다고 인정될 정도에 이른 경우에 비로소 국가배상법 제2조 소정의 국가배상책임의 요건을 충족하였다고 봄이 상당할 것이며, 이때에 객관적 정당성을 상실하였는지 여부는 피침해이익의 종류 및 성질, 침해행위가 되는 행정처분의 태양 및 그 원인, 행정처분의 발동에 대한 피해자측의 관여의 유무, 정도 및 손해의 정도 등 제반 사정을 종합하여 손해의 전보책임을 국가 또는 지방자치단체에게 부담시켜야 할 실질적인 이유가 있는지 여부에 의하여 판단하여야 한다.
2. 법령에 의하여 국가가 그 시행 및 관리를 담당하는 시험에 있어 시험문항의 출제 및 정답결정에 오류가 있어 이로 인하여 합격자 결정이 위법하게 되었다는 것을 이유로 공무원 내지 시험출제에 관여한 시험위원의 고의·과실로 인한 국가배상책임을 인정하기 위하여는, 해당 시험의 실시목적이 시험에 응시한 개인에게 특정한 자격을 부여하는 개인적 이해관계 이외에 일정한 수준의 적정 자격을 갖춘 자에게만 특정 자격을 부여하는 사회적 제도로서 그 시험의 실시에 일반 국민의 이해관계와도 관련되는 공익적 배려가 있는지 여부, 그와 같은 시험이 시험시행 당시의 법령이 정한 요건과 절차에 따라 국가기관 내지 소속 공무원이 구체적 시험문제의 출제, 정답 결정, 합격 여부의 결정을 위하여 해당 시험과목별로 외부의 전문 시험위원을 적정하게 위촉하였는지 여부, 위촉된 시험위원들이 문제를 출제함에 있어 최대한 주관적 판단의 여지를 배제하고 객관적 입장에서 해당 과목의 시험을 출제하였는지 및 같은 과목의 시험위원들 사이에 출제된 문제와 정답의 결정과정에 다른 의견은 없었는지 여부, 1차시험의 오류를 주장하는 응시자 본인에게 사후에 국가가 1차시험의 합격을 전제로 2차시험의 응시자격을 부여하였는지 여부 등 제반 사정을 종합적으로 고려하여 시험관련 공무원 혹은 시험위원이 객관적 주의의무를 결하여 그 시험의 출제와 정답 및 합격자 결정 등의 행정처분이 객관적 정당성을 상실하고, 이로 인하여 손해의 전보책임을 국가에게 부담시켜야 할 실질적인 이유가 있다고 인정되어야 한다.[68]

고의·과실은 당해 공무원을 기준으로 판단해야 하며 국가가 공무원의 선임·감독을 게을리 하지 않았다는 사실은 국가배상책임의 성립에 영향을 주지 않는다. 이 점에서 민법 제756조에 의한 사용자책임에서 선임·감독상의 고의·과실이 요구되는 것과 구별된다.

이와 같이 고의·과실을 당해 공무원의 주관적 책임요소로 파악하는 것은 바로 대위책임설의 결과라 할 수 있다. 반대로 자기책임설에 의하면 여기서 과실이란 기관과실 또는 역무과실(faute de service)로서 주관적 책임요소로서의 과실이라기보다는 오히려 객관적인 하자

68) 대법원 2003.11.27. 선고 2001다33789, 33796, 33802, 33819 판결.

에 가까운 개념이 될 것[69]임은 물론이다.

(2) 과실의 객관화경향

과실책임주의로 인한 피해자구제상의 난점을 해결하기 위하여 국가배상법상의 과실관념을 객관화하려는 시도가 다양하게 나타나고 있다.[70] 중요한 것만 소개하면 다음과 같다.

① 주의의무의 객관화 · 고도화

오늘날 학설 · 판례의 일반적 경향으로서 과실을 주관적 심리상태로 보지 않고 객관적 주의의무의 위반으로 파악하여 그 주의의무의 내용을 고도화하려는 입장이 있다.[71] 이 경우 과실판단의 기준은 행위를 한 당해 공무원 개인이 아니라 의무에 충실한 평균적 공무원(pflichtgetreue Durchschnittsbeamte)이며 따라서 동일직종에 종사하는 평균적 공무원의 주의력, 즉 각개의 직무수행을 위해 평균적으로 필요한 인식 및 능력이 그 표준이 된다고 한다.[72] 이러한 견해에 따르면 구체적인 경우에 객관적으로 보아 행정청의 위법한 행위가 요구된 주의의무에 부합되지 않았다는 것을 증명하는 것으로 족하며 또한 가해공무원을 특정할 필요도 없다고 한다(실제상 불가능한 경우도 많다). 이는 어느 공무원의 행위인지 판명되지 않은 경우에도, 그것이 공무원의 행위인 한 국가배상책임이 인정되도록 해야 한다는 입장이라 할 수 있다.

<행정처분이 후에 항고소송에서 취소된 경우 국가배상책임의 성립 요건과 그 판단 기준>

1. 어떠한 행정처분이 후에 항고소송에서 위법한 것으로서 취소되었다고 하더라도 그로써 곧 당해 행정처분이 공무원의 고의 또는 과실에 의한 불법행위를 구성한다고 단정할 수는 없지만, **그 행정처분의 담당공무원이 보통 일반의 공무원을 표준으로 하여 볼 때 객관적 주의의무를 결하여 그 행정처분이 객관적 정당성을 상실하였다고 인정될 정도에 이른 경우에는 국가배상법 제2조 소정의 국가배상책임의 요건을 충족하였다고 보아야 한다.** 이때 객관적 정당성을 상실하였는지 여부는 침해행위가 되는 행정처분의 태양과 그 목적, 피해자의 관여 여부 및 관여의 정도, 침해된 이익의 종류와 손해의 정도 등 여러 사정을 종합하여 결정하되 손해의 전보책임을 국가 또는 지방자치단체에게 부담시킬 만한 실질적인 이유가 있는지도 살펴서 판단하여야 하며, 이는 행정청이 재결의 형식으로 처분을 한 경우에도 마찬가지이다.

---

69) 박균성, 『고시계』, 1990.8., 104.
70) 이에 관하여는 대표적으로 김동희, 「국가배상법에 있어서 과실관념에 관한 일고」, 『고시연구』, 1988.4.를 참조.
71) 김남진, 『행정법 I』, 573 이하를 참조.
72) H. Maurer, a.a.O., § 25 Rn.24; 김남진, 『행정법 I』, 574.

2. 보험급여에 관한 근로복지공단의 결정에 대한 산업재해보상보험심사위원회의 재심사절차는 민사재판절차와는 별개의 절차로서 민사사건 등의 판결에서 인정된 사실에 기속되는 것은 아니라 할지라도 이미 확정된 관련 민사사건에서 인정된 사실은 특별한 사정이 없는 한 유력한 판단자료가 되는 것이므로 합리적 근거 없이 이를 배척할 수 없고, 특히 분쟁의 기초가 된 사실 및 그 청구 목적이 근로복지공단의 처분과 밀접하게 관련된 민사소송에서 확정된 사실이라면 더욱 그러하다. 따라서 당해 근로자가 당사자가 되어 진행된 민사사건에서 신체장해의 존부가 다투어지고 신체감정절차를 거쳐 그러한 장해를 인정하지 않는 내용의 판결이 확정되었음에도 산재심사위원회가 특별한 합리적 근거도 없이 객관적으로 확정판결의 내용에 명백히 배치되는 사실인정을 하였다면 이러한 재결은 전문적 판단의 영역에서 행정청에게 허용되는 재량을 넘어 객관적 정당성을 상실한 것으로서 국가배상법 제2조 소정의 국가배상책임의 요건을 충족할 수 있다.[73]

② 조직과실의 이론

위의 경우와는 약간 다른 관점에서 독일행정법에서 발전된 이른바 조직과실(Organisations-verschulden)의 이론을 원용하여 과실을 객관화하려는 시도가 나타나고 있다. 즉, 국가작용의 흠을 행정기관 내부에서 상위공무원(기관장 또는 부서장)에게 귀속시키는 방안이다. 예컨대 담당자가 휴가 중이고 그 직무대행에 관한 규정이 없다는 이유에서 도로교통관청이 필요한 교통표지판을 설치하지 않은 경우 이러한 방치행위로 인해 교통사고가 발생하였다면, 피해자에 대한 관계에 있어서 책임 있는 직무담당자가 존재하지 않았다는 사실은 아무런 영향을 주지 못하며 오히려 그 행정청이 – 그 기관장이 – 적정한 직무대행을 조치하지 않았다는 것을 이유로 비난되어야 한다고 한다.[74] 이와 같은 조직과실의 개념은 부분적으로는 프랑스행정법에서의 '역무과실'(faute de service)에 접근하는 개념으로 이해되고 있다.[75] 우리나라 국가배상법상의 과실에 관해 "이를 엄격히 해석할 것이 아니라, '공무원의 위법행위로 인한 국가작용의 흠' 정도로 완화하는 것이 좋을 것"[76]이라고 설명하는 견해도 이와 같은 이론적 경향을 받아들인 것으로 간주될 수 있다. 다만 이에 대하여는 그와 같이 과실을 확대해석하면 결국 결과책임으로 돌아가고 만다는 비판[77]이 있다.

---

73) 대법원 2011.1.27. 선고 2008다30703 판결.
74) H. Maurer, a.a.O., § 25 Rn.24.
75) 김남진, 『행정법 I』, 574; 김동희, 앞의 책, 477.
76) 김도창, 앞의 책, 628. 여기서는 과실책임주의가 완화되는 중요한 경우로 공해배상을 든다. 공해배상에서는 ① 고의·과실에 관한 과실책임론이 무과실책임론으로, ② 위법성문제에 관한 권리남용론이 수인한도론으로 ③ 인과관계에 관한 상당인과관계설이 개연성설로 발전되는 경향이 있다고 한다.
77) 이상규, 『신행정법론(상)』, 537.

③ 위법성 · 과실 일원론

위법성과 과실을 일원적으로 파악함으로써 둘 중 어느 하나가 입증되면 다른 요건은 당연히 충족된 것으로 보아야 한다는 견해가 특히 민법상 불법행위론, 일본에서의 이론전개 및 비교법적 고찰을 배경으로 주장되고 있다.

김동희 교수에 따르면 민법상의 불법행위법에서는 위법성과 과실을 대치시키는 이원설이 통설이나, 이것은 독일 불법행위법의 전통적 학설에 입각한 것이며, 불법이나 영미법에서는 이러한 이원적 구조가 발견되지 않는다고 한다.[78] 즉, 불법에서의 faute나 영미법의 negligence는 위법성에 대치되는 개념으로서의 과실을 지칭하는 것이 아니라 위법성과 과실을 공히 포함하는 개념이라고 한다.

④ 결론: 과실의 객관적 이해

생각건대 국가배상법상 과실은 형법상의 그것과는 달라서 행위자개인의 책임귀속(규범적 · 사회적 비난)을 위한 것이 아니라 국가의 배상책임의 성립을 위한 것이므로 행위자 공무원의 주의능력 또는 주의력보다는 객관적 주의의무의 관점에서 과실의 객관화를 시도하는 것이 타당하다. 여기서 과실의 객관화를 위한 시도가 여러 각도에서 행해지고 있다는 사실은 역으로 과실책임주의에 기초를 둔 현행국가배상제도가 지니고 있는 권리구제상의 불완전성을 말해 주는 것이라는 점을 다시금 음미할 필요가 있다. 이렇게 볼 때 국가배상법상의 과실을 민법상의 과실과 같은 개념으로 파악해야 할 필연적 이유는 없으며,[79] 국가배상에서의 과실은 이른바 조직체로서 국가가 지는 책임을 매개하는 요소의 하나로서 국가에게 귀책되는 객관적인 국가작용의 흠으로 파악되는 것이 옳다고 본다.

<관련판례>

1. 행정상 공표와 주의의무

대법원 민사3부(주심 윤영철대법관)는 1993월 11월 26일 판결에서 국세청보도자료에 의해 위장증여혐의 부동산투기자 82명에 포함돼 언론에 보도됨으로써 명예훼손을 당했다고 주장한 원고의 국가배상청구소송을 인용하면서 다음과 같이 설시했다: "국가기관이 행정목적달성을 위하여 언론에 보도자료를 제공하는 등 행정상 공표의 방법으로 실명을 공개함으로써 타인의 명예를 훼손한 경우, 그 공표된 사람에 관하여 적시된 사실의 내용이 진실이라는 증명이 없더라도 국가기관이 공표당시 이를 진실이라 믿었고 또 그렇게 믿을 만한 상당한 이유가 있다면 위법성이 없는 것이고, 이 점은 언론을 포함한 사인에 의한 명예훼손의 경우에서와 마찬가지라 할 것인바, 한편 이러한 상당한 이유의 존부의 판단에 있

78) 김동희, 앞의 책, 477 및 각주 2.
79) 김동희, 앞의 책, 478.

어서는, 실명공표 자체가 매우 신중하게 이루어져야 한다는 요청에서 비롯되는 사실조사능력, 공표된 사실이 진실하리라는 점에 대한 국민의 강한 기대와 신뢰, 공무원의 비밀엄수의무와 법령준수의무 등에 비추어, 사인의 행위에 의한 경우보다는 훨씬 더 엄격한 기준이 요구된다 할 것이므로, 그 사실이 의심의 여지없이 확실히 진실이라고 믿을 만한 객관적이고도 타당한 확증과 근거가 있는 경우가 아니라면 그러한 상당한 이유가 있다고 할 수 없을 것이다."[80] 이 판결에서 대법원이 '**국가기관이 실명을 공표할 경우에는 공권력의 광범한 사실조사능력과 공표된 사실이 진실하리라는 점에 대한 국민의 강한 기대와 신뢰, 또 공무원의 비밀엄수와 법령준수의무 등에 비추어 사인의 행위보다 훨씬 더 엄격한 기준이 요구된다**'고 한 것은 피해자구제의 견지에서 주의의무의 내용을 객관적으로 파악하고 이를 고도화하려는 경향을 보여 준 것으로 주목된다.[81]

2. 복무기간연장의 효과를 지닌 병인사관리규정을 발령 유지시킨 육군참모총장의 직무상 과실

구 병역법 제18조 제4항 및 같은 법 시행령 제28조 제2항 제1호의 각 규정을 검토하면 확정판결에 의한 형의 집행일수만을 현역 복무기간에 산입하지 아니한다는 것이 규정 자체에 의하여 명백하다는 점에 비추어, '가'항과 같은 내용의 병인사관리규정을 발령·유지시킨 육군참모총장에게 직무상의 과실이 없다고 할 수 없으며, 나아가 피해자가 구속되어 있던 기간을 제외하고도 잔여 복무일수를 복무한 때로부터 실제로 전역명령을 받은 때까지 전역이 지연되도록 한 육군 참모총장의 행위는 전체 법질서의 관점에서 보아 위법한 것임을 면할 수 없다.[82]

(3) 입증책임

국민의 권리구제의 실효를 위한 과실의 객관화 내지 완화의 이유는 고의·과실의 입증책임에도 그대로 관철되어야 할 것이다. 이러한 견지에서 비록 법문상으로는 공무원의 고의·과실을 국가배상을 청구하는 측에서 입증하도록 되어 있을지라도 이를 무조건 관철하면 피해자에게 지나치게 가혹할 뿐만 아니라 형평에도 맞지 않게 되므로 이를 경감시키기 위해 일응추정(prima facie)이란 민법상의 법리가 원용될 필요가 있다고 본다.[83] 즉, 피해자가 공무원의 위법한 직무행위에 의하여 손해가 발생했다는 사실을 입증하면 공무원에게 과실이 있었던 것으

80) 대법원 1993.11.26., 93다18389 판결. 따라서 국세청이 등기부열람으로 위장증여혐의를 포착했다 하더라도 당사자 또는 가족을 상대로 한 이전등기 경위조사, 인근토지의 매매경위조사 등을 벌였어야 함에도 본인이 외출 중이라는 이유로 이를 포기한 것은 확인노력을 소홀히 한 책임이 있다고 본 것이다(1993.11.27. 『중앙일보』 23면, 5면 기사 참조).

81) 한편 국가배상사건은 아니지만 헌혈혈액 전부에 대한 후천성면역결핍증(에이즈: AIDS) 검사가 의무화되기 이전에 헌혈 받아 공급한 혈액을 수혈받고 에이즈에 감염됨에 따라 제기된 대한적십자사에 대한 민사상 손해배상청구소송에서 대법원이 주의의무를 고도화하여 과실의 인정범위를 확대한 사례를 볼 수 있다(대법원 1995.8.25. 선고 94다47803 판결).

82) 대법원 1995.7.14. 선고 93다16819 판결.

83) 김도창, 앞의 책, 629.

로 일응 추정하고 이를 피고인 국가측에서 반증하여 번복하도록 하는 것이 타당할 것이다.

4. 손해의 발생

국가배상책임이 성립하기 위해서는 손해가 발생했어야 한다.[84] 이 손해발생의 요건은 적어도 첫째, 타인에게 손해가 발생하였고, 둘째, 가해행위와 손해발생 사이에 인과관계가 있다고 인정될 때에만 충족될 수 있다.

(1) 타인에게 손해가 발생했을 것

먼저 손해란 가해행위로 인하여 발생한 일체의 손해(불이익)로서 적극적 손해 · 소극적 손해(정당한 기대이익의 상실) · 재산적 손해 · 생명 및 신체적 손해 · 정신적 손해[85] 등을 모두 포함한다. 또한 발생한 손해는 타인에 대한 것이어야 한다. '타인'이란 본인, 즉 위법행위를 한 자나 그에 가담한 자를 제외한 모든 피해자(자연인 · 법인)를 말한다. 함께 직무를 수행하다가 피해를 입은 공무원도 포함된다. 국가 · 지방자치단체 등 행정주체 상호간에도 가해자-피해자의 관계가 성립될 수 있다. 단, 피해자가 군인이나 군무원인 경우에는 이 특례가 있다.

(2) 인과관계

공무원의 가해행위와 손해의 발생 사이에는 이른바 상당인과관계가 있어야 한다. 상당인과관계란 민법의 경우에서와 같이, 경험칙상 어떤 원인에 의해 어떤 결과가 발생했다고 인정되는, 따라서 발생한 결과를 그 원인으로서 주장된 사실에 귀속시킬 수 있는 경우에 성립한다. 상당인과관계의 유무를 판단함에 있어서는 일반적인 결과 발생의 개연성은 물론 직무상 의무를 부과하는 법령 기타 행동규범의 목적이나 가해행위의 태양 및 피해의 정도 등을 종합적으로 고려하여야 한다는 것이 대법원의 판례이다.[86]

---

84) 대법원 2016.8.30. 선고 2015두60617 판결(폐업처분무효확인등).

85) 국가배상법 제3조 제5항에 생명 · 신체에 대한 침해로 인한 위자료의 지급을 규정한 것은 명시적으로 규정되지 않았을지라도 재산권침해에 대한 위자료지급을 배제하는 것은 아니라는 판례(대법원 1990.12.21. 선고 90다67033 판결)가 있다.

86) 대법원 2003.2.14. 선고 2002다62678 판결; 대법원 1993.2.12. 선고 91다43466 판결; 대법원 1994.12.27. 선고 94다36285 판결; 대법원 1995.4.11. 선고 94다15646 판결; 대법원 1997.9.9. 선고 97다12907 판결; 대법원 1998.2.10. 선고 97다49534 판결 등.

공무원에게 부과된 직무상 의무의 내용이 단순히 공공 일반의 이익을 위한 것이거나 행정기관 내부의 질서를 규율하기 위한 것이 아니고 전적으로 또는 부수적으로 사회구성원 개인의 안전과 이익을 보호하기 위하여 설정된 것이라면, 공무원이 그와 같은 직무상 의무를 위반함으로 인하여 피해자가 입은 손해에 대하여는 상당인과관계가 인정되는 범위 내에서 국가가 배상책임을 지는 것이고, 이때 상당인과관계의 유무를 판단함에 있어서는 일반적인 결과 발생의 개연성은 물론 직무상 의무를 부과하는 법령 기타 행동규범의 목적, 그 수행하는 직무의 목적 내지 기능으로부터 예견가능한 행위 후의 사정, 가해행위의 태양 및 피해의 정도 등을 종합적으로 고려하여야 한다(대법원 1998.9.22. 선고 98다2631 판결, 대법원 2003.4.25. 선고 2001다59842 판결 등 참조).[87]

1. 특별송달우편물의 배달업무에 종사하는 우편집배원으로서는 압류 및 전부명령 결정 정본에 대하여 적법한 송달이 이루어지지 아니할 경우에는 법령에 정해진 일정한 효과가 발생하지 못하고 그로 인하여 국민의 권리 실현에 장애를 초래하여 당사자가 불측의 피해를 입게 될 수 있음을 충분히 예견할 수 있다고 봄이 상당하다.
2. 우편집배원이 압류 및 전부명령 결정 정본을 특별송달하는 과정에서 민사소송법을 위반하여 부적법한 송달을 하고도 적법한 송달을 한 것처럼 우편송달보고서를 작성하여 압류 및 전부의 효력이 발생한 것과 같은 외관을 형성시켰으나, 실제로는 압류 및 전부의 효력이 발생하지 아니하여 집행채권자로 하여금 피압류채권을 전부 받지 못하게 함으로써 손해를 입게 한 경우에는, 우편집배원의 위와 같은 직무상 의무위반과 집행채권자의 손해 사이에는 상당인과관계가 있다고 봄이 상당하고, 국가는 국가배상법에 의하여 그 손해에 대하여 배상할 책임이 있다.[88]

<검사의 공소제기 · 유지 등 직무수행과 국가배상책임>

1. 검사는 수사기관으로서 피의사건을 조사하여 진상을 명백히 하고, 죄를 범하였다고 의심할 만한 상당한 이유가 있는 피의자에게 증거 인멸 및 도주의 염려 등이 있을 때에는 법관으로부터 영장을 발부받아 피의자를 구속할 수 있으며, 나아가 수집 · 조사된 증거를 종합하여 객관적으로 볼 때, 피의자가 유죄판결을 받을 가능성이 있는 정도의 혐의를 가지게 된 데에 합리적인 이유가 있다고 판단될 때에는 피의자에 대하여 공소를 제기할 수 있으므로 그 후 형사재판 과정에서 범죄사실의 존재를 증명함에 충분한 증거가 없다는 이유로 무죄판결이 확정되었다고 하더라도 그러한 사정만으로 바로 검사의 구속 및 공소제기가 위법하다고 할 수 없고, 그 구속 및 공소제기에 관한 검사의 판단이 그 당시의 자료에 비추어 경험칙이나 논리칙상 도저히 합리성을 긍정할 수 없는 정도에 이른 경우에만 그 위법성을 인정할 수 있다.
2. 검찰청법 제4조 제1항은 검사는 공익의 대표자로서 범죄수사 · 공소제기와 그 유지에 관한 사항 및 법원에 대한 법령의 정당한 적용의 청구 등의 직무와 권한을 가진다고 규정하고, 같은 조 제2항은

87) 대법원 2007.12.27. 선고 2005다62747 판결.
88) 대법원 2009.7.23. 선고 2006다87798 판결.

검사는 그 직무를 수행함에 있어 그 부여된 권한을 남용하여서는 아니 된다고 규정하고 있을 뿐 아니라, 형사소송법 제424조는 검사는 피고인을 위하여 재심을 청구할 수 있다고 규정하고 있고, 검사는 피고인의 이익을 위하여 항소할 수 있다고 해석되므로 검사는 공익의 대표자로서 실체적 진실에 입각한 국가 형벌권의 실현을 위하여 공소제기와 유지를 할 의무뿐만 아니라 그 과정에서 피고인의 정당한 이익을 옹호하여야 할 의무를 진다고 할 것이고, 따라서 검사가 수사 및 공판과정에서 피고인에게 유리한 증거를 발견하게 되었다면 피고인의 이익을 위하여 이를 법원에 제출하여야 한다.[89]

(3) 국가배상청구권의 소멸시효

국가배상청구권 역시 민사상 손해배상청구권과 마찬가지로 소멸시효가 완성되면 소멸한다.

<소위 삼청교육 관련 피해자의 국가에 대한 손해배상청구권의 소멸시효>

기록에 의하면 1988.11.26. 당시의 대통령은 전임 대통령에 대한 여론이 악화되고 있는 상황에서 국민들에게 전임 대통령에 대한 관용을 호소하는 일방 전임 대통령의 과오를 청산함과 동시에 민주정치를 발전시키기 위한 여러 가지 시정방침의 하나로서 이른바 삼청교육과 관련한 사상자에 대하여는 명예회복조치와 함께 신고를 받아 피해보상할 것임을 밝히고 국민들의 이해와 협조를 당부하는 내용의 시국관련특별담화를 발표하였고, 이어서 당시의 국방부장관은 같은 해 12.3. 대통령의 위와 같은 시정방침을 알리는 한편 그에 따른 보상대책을 수립하기 위한 기초자료를 수집할 목적으로 위 피해자 및 유족들에게 일정한 기간 내에 신고할 것을 공고하고 나아가 실제로 신고를 받은 사실을 인정할 수 있는바, 위와 같이 그 경위야 어떠하든 국정의 최고책임자인 대통령이 삼청교육 피해자들에 대한 피해보상의 방침을 밝힌 이상 정부로서는 마땅히 위 피해자들에게 위 담화에서 밝힌 대로 입법조치 등을 통하여 적절한 피해보상을 하여 줄 정치·도의적 책임이 있다고 할 것이지만, 대통령이 위와 같이 담화를 발표한 경위와 취지 및 그 내용 등에 비추어 보면 그것은 사법상의 법률효과를 염두에 둔 것이 아니라 단순히 정치적으로 대통령으로서의 시정방침을 밝히면서 일반 국민들의 이해와 협조를 구한 것에 불과하므로 이로써 사법상으로 위 피해자들에 대한 국가배상채무를 승인하였다거나 또는 시효이익을 포기한 것으로 볼 수는 없다 할 것이고, 대통령에 이어 국방부장관이 위와 같은 담화를 발표하여 신고를 받기까지 하였다고 하여 그 결론이 달라지는 것은 아니라 할 것이다. 따라서 피고가 이 사건 소멸시효의 이익을 포기한 것이라는 원고의 재항변을 받아들여 피고의 소멸시효항변을 배척한 원심의 조치는 부당하다.[90]

---

89) 대법원 2002.2.22. 선고 2001다23447 판결. 강도강간의 피해자가 제출한 팬티에 대한 국립과학수사연구소의 유전자검사결과 그 팬티에서 범인으로 지목되어 기소된 원고나 피해자의 남편과 다른 남자의 유전자형이 검출되었다는 감정결과를 검사가 공판과정에서 입수한 경우 그 감정서는 원고의 무죄를 입증할 수 있는 결정적인 증거에 해당하는데도 검사가 그 감정서를 법원에 제출하지 아니하고 은폐하였다면 검사의 그와 같은 행위는 위법하다고 보아 국가배상책임을 인정한 사례.

90) 대법원 1996.12.19. 선고 94다22927 판결. 이 사건판결에는 대법관 1인의 보충의견과 피고 국가의 소멸시효의 항변은 신의성실의 원칙에 어긋난 권리남용에 해당한다는 대법관 4인의 반대의견이 붙어 있다.

<국가의 소멸시효 주장과 권리남용>

공무원의 직무상 불법행위로 손해를 입은 피해자가 국가배상청구를 하였을 때, 비록 그 소멸시효 기간이 경과하였다고 하더라도 국가가 소멸시효의 완성 전에 피해자의 권리행사나 시효중단을 불가능 또는 현저히 곤란하게 하였거나 객관적으로 피해자가 권리를 행사할 수 없는 장애사유가 있었다는 등의 사정이 있어 국가에게 채무이행의 거절을 인정하는 것이 현저히 부당하거나 불공평하게 되는 등 특별한 사정이 있는 경우에는, 국가가 소멸시효 완성을 주장하는 것은 신의성실 원칙에 반하여 권리남용으로서 허용될 수 없다(대법원 2011.10.13. 선고 2011다36091 판결 등 참조).[91]

Ⅲ. 공무원의 구상책임

1. 구상책임의 의의

국가배상법 제2조 제1항 본문에 따라 국가배상책임이 성립하는 경우 당해 공무원이 고의 또는 중대한 과실이 있는 때에는 국가 또는 지방자치단체는 그 공무원에게 구상할 수 있다(§ 2 ②). 이것은 국가등에게 고의 또는 중대한 과실로 국가배상책임을 발생시킨 공무원에 대해 구상(Rückgriff, Innenregreß, action récursoire)을 할 수 있게 하는 것이 손해부담의 공평에 맞다는 견지에서 인정된 결과이다(구상유보: Rückgriffsvorbehalt).[92]

2. 구상책임의 범위

국가배상법 제2조 제2항은 공무원의 구상책임을 공무원이 고의 또는 중과실로 국가배상책임을 발생케 한 경우에 한정하고 있다. 여기서 공무원의 개념에 관해서는 이미 앞에서 설명한 바와 다르지 않다. 반면 고의ㆍ중과실은 국가등의 구상권행사를 위한 요건인 동시에 고의 또는 중과실이 있는 경우에만 구상책임을 지운다는 점에서 구상책임의 성립범위를 제한하는 기능을 한다. 즉 그것은 구상제한(Rückgriffslimit)의 요인이라 할 수 있다.[93] 고의 또는 중

91) 대법원 2016.6.9. 선고 2015다200258 판결.
92) 공무원의 내부적 책임(Innenhaftung)으로는 이러한 구상책임 말고도 공무원법상의 변상책임 등 여러 가지가 있음은 물론이다.
93) F. Ossenbühl, *Staatshaftungsrecht*, S.98, § 10 2.

과실의 개념은 앞에서 본 바와 같이 민법상의 그것에 따르며 중과실이란 사회통념상 요구되는 주의의무의 위반의 정도가 특별히 중대한 경우를 말한다. 그것은 가장 용이하고 누구나 시인할 수 있는 정도의 주의조차 기울이지 않은 경우를 말한다. 가령 조금만 주의를 하였다면 사고를 일으키지 않을 수 있었다고 판단되는 경우이다.

구상권 발생요건으로서의 '중과실'의 의미에 대하여 대법원은 "공무원에게 통상 요구되는 정도의 상당한 주의를 하지 않더라도 약간의 주의를 한다면 손쉽게 위법, 유해한 결과를 예견할 수 있는 경우임에도 만연히 이를 간과함과 같은 거의 고의에 가까운 현저한 주의를 결여한 상태"를 말한다고 설시한 바 있다.

> 국가배상법 제2조 제2항에 의하면, 공무원의 직무상의 위법행위로 인하여 국가 또는 지방자치단체의 손해배상책임이 인정된 경우 그 위법행위가 고의 또는 중대한 과실에 기한 경우에는 국가 또는 지방자치단체는 당해 공무원에 대하여 구상할 수 있다 할 것이나, 이 경우 공무원의 중과실이라 함은 공무원에게 통상 요구되는 정도의 상당한 주의를 하지 않더라도 **약간의 주의를 한다면 손쉽게 위법, 유해한 결과를 예견할 수 있는 경우임에도 만연히 이를 간과함과 같은 거의 고의에 가까운 현저한 주의를 결여한 상태**를 의미한다.[94]

3. 구상책임의 성질 · 범위 및 기능

국가배상법 제2조 제2항은 '공무원이 고의 또는 중대한 과실이 있는 때에는 국가 또는 지방자치단체는 그 공무원에게 구상할 수 있다'고만 규정할 뿐 구상권행사를 의무화하고 있지는 않다. 즉 국가등의 구상의무(Rückgriffspflicht)는 성립하지 않는다.[95] 그러나 이 규정을 목적론적으로 해석할 때 국가등은 그 예산보전의 견지에서 특별한 사정이 없는 한 구상권을 행사해야 한다고 볼 여지가 있는 것은 사실이다. 또 고의나 중과실로 국가등에게 배상책임을 발생시킨 공무원이 그 책임을 부담하도록 하는 것이 공평의 원리에 부합된다. 그러나 판례는 거꾸로 구상권행사를 신의칙상 상당성 기준에 의해 제한하는 입장을 보인다.

---

94) 대법원 2003.2.11. 선고 2002다65929 판결. 현황조사를 함에 있어 집행관에게 비록 정확하고 충실한 현황조사를 하지 못한 직무상 과실이 있다 하더라도, 그것이 집행관이 현황조사를 함에 있어 기울여야 할 통상의 주의의무를 현저하게 결여한 중대한 과실에 해당한다고 보기는 어렵다고 한 사례이다.

95) F. Ossenbühl, *Staatshaftungsrecht*, 4.Aufl., 1991, § 10, S.96; K.A. Bettermann, iin: Karl August Bettermann, Hans Carl Nipperdey, und Ulrich Scheuner (Hrsg.), *Die Grundrechte: Handbuch der Theorie und Praxis der Grundrechte* III/2, Duncker & Humblot, 1958, S.848; P. Dagtoglou, a.a.O., Art.34 Rn.348.

<구상권 행사요건과 소멸시효 남용에 따른 국가배상책임>

1. 국가나 지방자치단체는 해당 공무원의 직무내용, 불법행위의 상황과 손해발생에 대한 해당 공무원의 기여 정도, 평소 근무태도, 불법행위의 예방이나 손실분산에 관한 국가 또는 지방자치단체의 배려의 정도 등 제반 사정을 참작하여 손해의 공평한 분담이라는 견지에서 신의칙상 상당하다고 인정되는 한도 내에서 구상권을 행사할 수 있다(대법원 2008.3.27. 선고 2006다70929 판결 등 참조).
2. 공무원의 불법행위로 손해를 입은 피해자의 국가배상청구권의 소멸시효 기간이 지났으나 국가가 소멸시효 완성을 주장하는 것이 신의성실의 원칙에 반하는 권리남용으로 허용될 수 없어 배상책임을 이행한 경우에는, 그 소멸시효 완성 주장이 권리남용에 해당하게 된 원인행위와 관련하여 해당 공무원이 그 원인이 되는 행위를 적극적으로 주도하였다는 등의 특별한 사정이 없는 한, 국가가 해당 공무원에게 구상권을 행사하는 것은 신의칙상 허용되지 않는다고 봄이 상당하다.[96)]

대법원의 판례는 공무원이 고의나 중과실로 국가등에게 배상책임을 발생시키고도 구상책임에서 면제되는 불합리를 막아야 한다는 당연한 책임주의의 논리보다는 공무원을 예외 없이 국가등에 대한 구상책임에 노출시킴으로써 자칫 공무원의 직무수행이나 사기를 위축시킬 수 있기 때문에 이를 구체적 타당성의 기준으로 완화할 필요가 있다는 정책적 고려를 우선시킨 결과라고 할 수 있다. 물론 이러한 판례의 태도에도 일리가 없지는 않다. 국가배상책임과 관련하여 정부가 공무원의 고의 또는 중과실을 이유로 구상권을 행사하는 것이 공무원에 대해 위법억지의 기능을 가질 수 있는지 여부는 불확실하다. 물론 그러한 결과는 이론적으로는 충분히 가능하고 또 소망스럽기도 한다. 그러나 현실적으로 그러한 구상권의 행사가 이루어지고 있는지는 극히 부정적이다. 사실 우리나라 구상제도의 위법억제기능은 거의 유명무실한 것으로 밝혀지고 있다.[97)] 이렇듯 전반적으로 저조한 구상권 행사의 실태를 고려할 때 그것이 자칫 공무원이 고의나 중과실로 국가등에게 배상책임을 발생시키고도 구상책임을 면하게 되는 불합리를 초래할 수 있다는 우려도 근거 없는 것이라고는 할 수 없다. 이런 이유에서 구상권 행사의 요건이 구비된 경우 구상권 행사를 확대하는 방침도 검토될 수 있겠지만, 거기에는 위와 같은 판례의 태도로 미루어 보아 어쩔 수 없는 한계가 따른다. 현실적으로도 고의·중

96) 대법원 2016.6.9. 선고 2015다200258 판결: 망인이 이 사건 부대에서 상병으로 복무하다가 그 부대 소속 하사와 말다툼 과정에서 그로부터 입술 부위에 총격을 받아 사망하였고, 당시 이 사건 부대의 간부들과 부대원들은 망인의 사인을 자살로 조작하였는데, 그 후 군의문사진상규명결정을 통해 망인의 사인이 밝혀져 망인의 유족들이 국가를 상대로 국가배상청구를 하였고, 국가는 유족들의 승소확정판결에 따라 판결금을 지급한 다음, 당시 망인의 사인의 조작, 은폐에 관여한 피고를 상대로 구상금을 청구한 사안에서 국가의 피고에 대한 구상권 행사를 허용한 원심판결을 파기한 사례이다.

97) 1991년 한 해 국가배상전체건수는 2845건이었고(법무부, 『법무연감』 1992, 283) 이 중 구상권행사요건이 충족된 고의·중과실의 경우가 334건인데 구상권행사는 고작 2건에 불과했다고 한다(김철용, 「공무원 개인의 불법행위책임」, 『판례월보』 290호, 1994, 31 각주 25).

과실로 국가배상책임을 발생시킨 공무원에 대한 구상권의 행사에는 적지 않은 제약이 따르는 것도 사실이다. 실제로 공무원의 상대적으로 낮은 처우를 근거로 가해공무원의 처지에 대한 배려를 당연시하는 것이 공무원사회의 전반적 분위기임을 고려할 때 구상권 행사의 확대를 기대하기는 곤란하다. 그렇다면 구상제도는 현실적으로 공무원의 위법행위를 억지하는 요인으로 작용하지 못하고 있다는 결론에 이른다. 이 같은 결과는 국가예산의 낭비를 초래할 뿐만 아니라 구상권제도의 위법억지기능을 손상시킨다는 점에서 결코 간과할 수 없는 문제를 남긴다. 공무원의 위법행위를 억지하려면 피해자에게 가해공무원의 개인책임을 추궁할 수 있는 길을 열어 주는 수밖에 없는데, 이를 봉쇄하여서는 아니 될 것이다.

4. 구상권의 행사

공무원의 구상책임이 성립되면 국가 또는 지방자치단체는 그 공무원에게 구상할 수 있다. 국가・지방자치단체가 공무원에 대해 구상권을 행사하는 방법으로는 구상금을 봉급, 비용보상청구권 등 당해 공무원이 가지는 금전채권과 상계하는 방법, 행정행위의 성질을 띤 급부명령을 발하고 행정상 강제징수에 의하여 그 이행을 강제하는 방법, 공무원에 대해 구상금지급청구소송을 제기하는 방법 등을 생각할 수 있다.

<구상사례: 박종철 고문치사사건에 가담한 고문경관에 대한 구상금소송>

대법원은 2000년 12월 28일 '87년 박종철 고문치사사건' 가담 경찰관에 대한 구상금소송에서 국가의 책임을 30% 인정하였다. 대법원 민사3부(주심 윤재식 대법관)는 당시 고문에 참여한 조한경 당시 치안본부 대공과장 등 5명을 상대로 한 구상금 청구소송 상고심(2000다56259)에서 조씨 등의 상고를 기각하고, "피고들은 국가에게 1억5천여 만 원을 지급하라"며 원심의 원고 일부승소 판결을 확정했다. 재판부는 "이 사건 불법행위 당시 대통령이 국정연설에서 학원 내 용공세력에 대해 단호히 대처할 것을 강조하는 등 치안업무를 담당하는 공무원에게 용공세력을 색출하고 엄중하게 처벌해 헌정질서를 지켜야 한다는 뜻을 주지시키고 사회전반에 걸쳐 그러한 분위기를 조성했던 점 등 제반 정황을 참작하면 원고에게도 피고들이 박씨를 고문하고 사망에 이르게까지 함에 상당한 책임이 있다"며 "따라서 국가는 70%에 한해 구상권을 행사할 수 있다"고 밝혔다.[98)]

98) 대법원 2000.12.22. 선고 2000다56259 판결. 『법률신문』 2000.12.28.기사(http://www.lawtimes.co.kr/gisa/ main.asp?NEWS_SERIAL=3785&NEWS=N: 정성윤기자 syjung@lawtimes.co.kr).

제35장
선택적 청구권 문제*

Ⅰ. 쟁점

국가나 지방자치단체가 국가배상법에 따라 손해배상책임을 지는 경우 그와 별도로 피해자가 가해공무원을 직접 손해배상을 청구할 수 있을까? 국가배상책임을 단순히 공무원의 직무상 불법행위로 피해자가 입은 손해(액)를 되갚아 주는 문제로 이해한다면 국가가 배상을 했으니 실제 가해행위를 한 공무원에게 책임을 물을 필요는 없다고 여길 수도 있다. 그러나 문제가 그리 간단하지는 않다. 피해자의 입장에서는 가해행위를 한 공무원도 배상책임을 져야 한다고 생각한다. 징계나 형사처벌을 받는 것은 별도의 문제이다. 더욱이 과거처럼 국가배상제도를 단순히 손해를 금전적으로 갚아 주기 위한 제도로만 보지 않고 국가나 지방자치단체, 그리고 불법행위를 한 공무원에 대한 제재장치로 보는 경향이 있다. 종래 '선택적 청구권'이라는 이름 아래 다루어져 온 국가배상책임의 본질을 어떻게 볼 것인가와 관련되어 종래 치열한 논란의 대상이 되었다. 이 문제는 헌법 및 국가배상법의 해석 차원에서 해결되어야 할 문제인 동시에 행정상 권리구제와 공무원의 법적 책임에 관한 정책적 판단을 요하는 문제이다.

국가배상책임은 위법한 행정작용에 대하여 행정이 부담하게 되는 법적 책임의 주요한 범주이다. 그 요건과 효과는 국가배상책임의 일반적인 준거법인 헌법 제29조와 국가배상법에 의해 정해져 있고 또 그에 따라 실현되는 문제이기는 하지만, 이를 단순한 법해석론적 과제라고만 보는 것은 지나치게 피상적인 견해이다. 행정비리와 불량행정의 결과는 국가의 배상

* 홍준형, 『행정법』, 법문사, 2017, 691-695; 홍준형, 「직무상 불법행위에 대한 공무원 개인의 손해배상책임」, 『행정논총』 제34권 제1호, 1996, 85-127(홍준형, 『법정책의 이론과 실제』, 법문사, 2008, 401-467에 수록)을 토대로 수정・보완한 것임.

책임을 발생시킴으로써 예기치 못한 행정비용(Unkosten)의 증가와 이에 따른 국고손실을 초래할 뿐만 아니라 행정에 대한 국민의 신뢰를 손상시키고 행정의 효율을 저해함으로써 '행정의 실패'를 야기하는 요인이 될 수 있다. 이처럼 국가배상책임이 단지 단순한 불법행위로 인한 손해의 전보 차원의 문제가 아니라면 이는 공무원 개인책임에 대해서도 마찬가지로 타당하다. 공무원 개인의 위법한 직무집행행위는 국가배상책임을 발생시킴으로써 국고손실과 국민의 권리이익의 침해를 초래하며 궁극적으로는 행정의 정당성 위기를 가져오는 요인이 될 수도 있다. 따라서 이에 대한 대책을 모색하는 것은 행정업무능률의 향상이나 생산성의 제고 못지않게 중요한 일이 아닐 수 없다. 직무상 위법행위에 대한 공무원의 개인책임을 인정할 것인가 하는 문제는 준거법의 해석을 통한 피해자의 손해전보라는 미시적 · 법학적 측면뿐만 아니라 그로 인한 배상책임을 지는 국가의 부담, 직무상 위법행위의 억제 및 제재에 대한 행정통제적 · 행정윤리적 요청, 직무상 위법행위로 인한 책임분담의 형평에 대한 사회적 요구, 공무원 개인이 배상책임에 노출됨으로써 초래될 수 있는 직무수행의욕의 감퇴와 원활한 직무수행의 저해 등과 같은 거시적 · 행정정책적 측면을 지니는 문제인 것이다. 이러한 문제의 본질을 도외시하고서는 법해석이나 법정책 어느 곳에서도 사회적으로 합당한 결론에 도달할 수 없다. 이러한 견지에서 국가배상법상 공무원의 위법한 직무집행에 대한 개인책임의 인정 여부 및 인정범위에 관한 학설과 판례를 검토하고 비교법적 · 법정책적 논의를 통해 해결책을 찾아볼 필요가 있다.

국가 또는 지방자치단체가 「자동차손해배상 보장법」에 따라 손해배상의 책임이 있을 때에는 그 손해를 배상하여야 하며, 그 피해자는 국가 또는 지방자치단체를 상대로 국가배상을 청구할 수 있는 권리를 가진다고 규정한 국가배상법 제2조 본문과 관련하여 「자동차손해배상 보장법」에 의하여 국가나 지방자치단체가 배상책임을 질 경우 그 행위자(가령 운전자)에게도 개인책임을 물어 손해배상을 청구할 수 있는지가 문제될 수 있다. 이 경우 공무원이 직무집행을 위하여 국가 또는 지방자치단체 소유의 공용차를 운행한 경우와 국가 또는 지방자치단체의 소유에 속하지 않는 비공용차량, 가령 자기 소유의 차량을 운전한 경우를 구별해야 한다. 앞의 경우에는 그 자동차에 대한 운행지배나 운행이익은 그 공무원이 소속한 국가 또는 지방자치단체에 귀속되고 그 공무원 자신이 개인적으로 그 자동차에 대하여 「자동차손해배상 보장법」 제3조의 규정에 따른 운행지배나 운행이익을 가지는 것이라고는 볼 수 없다는 이유에서 그 공무원이 자기를 위하여 공용차를 운행하는 자로서 같은 법조 소정의 손해배상책임의 주체가 될 수는 없다고 보는 것이 대법원의 판례이므로,[1] 공무원 개인책임이 문제될 여지가 없다.

반면 뒤의 경우, 즉 공무원이 직무집행을 위하여 자기 소유의 차량을 운전한 경우에는 국가배상책임과는 별도로 공무원 자신의 책임이 문제될 수 있다. 이에 관하여 대법원은 공무원이 자동차를 운행하여 공

1) 대법원 1994.12.27. 선고 94다31860 판결; 대법원 1992.2.25. 선고 91다12356 판결.

무집행을 하던 중 사고로 타인을 사상케 한 경우, 위에서 제기된 공무원의 위법한 직무집행으로 인한 국가배상에 있어 선택적 청구권의 인정여부가 문제되는 경우와는 달리, 그 공무원 개인이 「자동차손해배상 보장법」에 의하여 개인적으로 책임을 부담한다고 판시하여 공무원 개인의 배상책임을 그 고의·중과실이나 경과실 여하를 묻지 아니하고 일반적으로 인정하고 있다.[2] 「자동차손해배상 보장법」 제3조는 자동차운행자가 그 운행으로 말미암아 타인의 사상을 야기한 경우에는 동조 각 호에 따른 예외적인 경우[3]를 제외하고는 무과실책임을 지도록 규정하고 있어, 가해운전자인 공무원 개인 역시 이에 따라 과실이 없어도 예외 사유를 입증하지 못하는 한, 손해배상책임을 지는 것이 당연한 결과이므로, 대법원의 판결은 타당하다고 볼 수 있다. 반면 공무원이 통상적으로 근무하는 근무지로 출근하기 위하여 자기 소유의 자동차를 운행하다가 자신의 과실로 교통사고를 일으킨 경우에는 특별한 사정이 없는 한 국가배상법 제2조 제1항 소정의 공무원이 '직무를 집행함에 당하여' 타인에게 불법행위를 한 것이라고 할 수 없으므로 그 공무원이 소속된 국가나 지방공공단체가 국가배상법상 손해배상책임을 부담하지 않는다는 것이 대법원의 판례이다.[4]

Ⅱ. 국가배상법상 공무원 개인 책임에 관한 학설과 판례

1. 학설

국가배상법상 국가나 지방자치단체 외에 가해공무원 개인에 대하여 직접 그의 위법한 직무집행으로 인한 손해의 배상을 청구할 수 있는지에 관하여는 크게 이를 일반적으로 부정하는 견해(부정설), 일반적으로 긍정하는 견해(긍정설), 그리고 고의·중과실의 경우에 한하여 긍정하는 견해(제한적 긍정설)가 대립하고 있다.

(1) 부정설

국가·공공단체의 배상책임은 원래 공무원 개인이 부담하여야 하는 것이지만 피해자구제의 견지에서 이를 대신하여 지는 책임이라고 이해하는 입장에서, 국가가 가해공무원을 대신하여

---

2) 대법원 1996.3.8. 선고 94다23876 판결; 대법원 1994.12.27. 선고 94다31860 판결; 대법원 1996.2.15. 선고 95다38677 판결.

3) 그 사유는 다음과 같다: "1. 승객이 아닌 자가 사망하거나 부상할 경우에 자기와 운전자가 자동차의 운행에 주의를 게을리하지 아니하였고, 피해자 또는 자기 및 운전자 외의 제3자에게 고의 또는 과실이 있으며 또한 자동차의 구조상의 결함이나 기능에 장해가 없었다는 것을 증명한 때; 2. 승객이 고의나 자살행위로 사망하거나 부상한 경우".

4) 대법원 1996.5.31. 선고 94다15271 판결.

그 배상책임을 인수한 이상 공무원 개인에 대한 손해배상청구권(선택적 청구권)은 인정되지 않는다고 보는 견해이다. 이것은 행정법학계에서의 다수설로서,[5] 충분한 배상자력을 지니고 있는 국가(지방자치단체)가 배상책임을 지는 이상 피해자구제에는 지장이 없으며, 가해공무원 개인의 무한책임이 인정되면 이로 인해 공무원의 직무집행이 위축될 것이므로 이를 면제함으로써 행정의 원활한 기능수행을 보장할 필요가 있고, 공무원 개인이 피해자에게 직접 책임을 진다면 경과실의 경우에도 책임을 져야 하는데, 이는 고의·중과실의 경우에만 국가의 구상권을 인정한 것과 균형이 맞지 않으며, 따라서 피해자의 구제와 공무수행상의 능률의 조화라는 관점에서 선택적 청구를 부정하는 것이 타당하다[6]는 등의 논거에 바탕을 둔다. 그 결과 "이 경우 공무원 자신의 책임은 면제되지 아니한다."라는 헌법 제29조 제1항 단서에 따른 책임을 국가 등의 구상에 응하는 책임(구상책임)으로 이해한다. 반면 이와는 달리 자기책임설적 입장에 서면서도 대외적으로는 국가책임만 인정하고 공무원의 개인책임은 부정하는 견해도 있으며,[7] 후술하는 중간설의 입장에 서면서도 선택적 청구를 부인하는 견해도 있다.

(2) 전면긍정설

이것은 공무원의 직무상 불법행위로 손해를 입은 자는 그가 속하는 국가나 지방자치단체뿐만 아니라 공무원 개인에 대해서도 선택적으로 손해배상을 청구할 수 있다고 보는 견해이다.[8] 이것은 헌법학계의 통설로서 그중 대표적인 논거를 보면 헌법 제29조 제1항 단서의 규정에 의한 책임은 행정내부관계에서의 구상책임에 관한 것이 아니라 가해공무원의 피해자에 대한 책임이라고 파악하는 헌법해석, 국가배상책임은 국가의 자기책임이며 민법 제35조에 의한 법인의 불법행위책임에 상응하는 것으로서 가해행위는 국가의 행위인 동시에 공무원 자신의 행위이며 국가등의 책임과 공무원 개인의 책임은 양립할 수 있으므로 가해공무원에 대해서도 선택적으로 배상을 청구할 수 있다는 점, 공무원의 직접책임을 부인하게 되면 책임의식이 박약해지는 결과를 초래할 수 있다는 점 등이 주장되고 있다. 대위책임설의 입장에 서면서도 피해구제의 신속·확실성을 기한다는 취지에서 선택적 청구가 허용된다고 하는 견해도 있다.[9]

---

5) 김도창, 『일반행정법론(상)』, 청운사, 1992, 638; 이상규, 『신행정법론(상)』, 법문사, 1991, 611; 박윤흔, 『최신행정법론(상)』, 박영사, 1996, 657; 윤세창, 『행정법(상)』, 박영사, 1981, 288; 변재옥, 『행정법 I』, 박영사, 1990, 508 등.
6) 박윤흔, 앞의 책, 657.
7) 서원우, 『현대행정법론(상)』, 701
8) 문홍주, 『한국헌법』, 해암사, 1987, 275; 그 밖에 유진오, 강병두, 박일경, 구병삭 등의 견해.
9) 김철수, 『헌법학개론』, 박영사, 1995, 618-619 및 618 각주 1. 공무원에 대한 직접청구를 허용하면 절차도 간단하고 배상심의위원회를 거칠 필요도 없으며 국가배상법의 배상기준적용도 받지 않기 때문에 피해

(3) 제한적 긍정설

이것은 고의·중과실의 경우에 한하여 선택적 청구권을 인정하는 견해지만, 그 논거는 한결같지 않다. 국가의 배상책임을 공무원의 위법행위가 경과실에 기한 것인 때에는 자기책임으로, 고의·중과실에 의한 것인 때에는 대위책임으로 보는 중간설의 견지에서 전자의 경우에 한하여 선택적 청구권을 인정하는 견해가 있는 반면, 자기책임설의 입장에 서서 고의·중과실의 경우에 한하여 선택적 청구권을 인정하는 견해도 있다. 후자는 경과실의 경우에도 민법의 규정에 따라 공무원이 개인책임을 지도록 하는 것은 국가배상법 제2조 제2항이 경과실의 경우에는 공무원이 국가에 대해 지는 구상책임을 면제한 것과 균형이 맞지 않으므로 그 입법취지를 고려하여 공무원의 민사상 배상책임도 고의·중과실의 경우에 한정되는 것으로 보아야 한다고 주장한다.[10] 한편 일본에서 주장되고 있는 고의의 경우에 한해서만 공무원 개인책임을 인정하자는 가중제한적 긍정설을 취하는 학자는 거의 없다.[11]

2. 판례

판례는 줄곧 선택적 청구권을 인정하는 입장에 서 있었다. 대법원은 일련의 판례에서 직무상 불법행위를 한 공무원은 국가배상법상의 공무원 자신의 책임에 관한 규정 여하에 관계없이 손해를 입은 자에 대하여 민사상의 손해배상책임을 진다고 판시해 왔고,[12] 문헌 역시 이러한 판례의 입장을 긍정설로 파악해 왔다.

> 헌법 제26조 단서는 국가 또는 공공단체가 불법행위로 인한 손해배상책임을 지는 경우 공무원 자신의 책임은 면제되지 아니한다고 규정하여 공무원의 직무상 불법행위로 손해를 받은 국민이 공무원 자신에 대하여도 직접 그의 불법행위를 이유로 손해배상책임을 청구할 수 있음을 규정하여 국가배상법의 공무원 자신의 책임에 관한 규정여하를 기다릴 것 없이 공무원 자신이 불법행위를 이유로 민사상의 손해배상책임을 져야 할 법리이다.[13]

자에게 유리하다는 점을 감안한 것이라고 한다.

10) 김철용, 「국가배상법 제2조에 관한 연구」, 건국대학교 박사학위논문, 1975, 129.

11) 阿部泰隆, 『國家補償法』, 有斐閣, 1988, 70; 大阪高判 1962.5.17, 『高民集』 15卷6號 403 등.

12) 대법원 1972.10.10 선고 69다701 판결. 그 밖에 공무원과 국가는 손해배상책임에 관하여 부진정연대채무자의 지위에 있다는 판결(대법원 1972.2.22 선고 71다2535 판결)이 있고, 또 집달리의 가해행위에 의한 손해배상청구에 있어서 국가배상을 인정한 판결(대법원 1966.7.26 선고 66다854 판결)뿐만 아니라 집달리 자신에 대한 직접청구를 인정한 판결(대법원 1966.1.25 선고 65다2318 판결)이 있다.

13) 대법원 1972.10.10 선고 69다701 판결.

그러나 대법원은 1994년 4월 12일자 판결에서 다음과 같이 판시함으로써 선택적 청구권을 정면에서 부정했다.

> 공무원의 직무상 불법행위로 인하여 손해를 받은 사람은 국가 또는 공공 단체를 상대로 손해배상을 청구할 수 있고, 이 경우에 공무원에게 고의 또는 중대한 과실이 있는 때에는, 국가 또는 공공단체는 그 공무원에게 구상할 수 있을 뿐, 피해자가 공무원 개인을 상대로 손해배상을 청구할 수 없다. 따라서 교통사고를 낸 공무원이 피해자와 합의한 금원을 보험회사인 피고에게 청구할 수는 없다.[14]

이것은 대법원이 판례변경의 절차를 거치지도 않은 채 종전의 판례를 전격적으로 폐기한 것이어서 그것만으로도 적지 않은 우려와 비판의 소지를 지니고 있었다. 아닌 게 아니라 이 판례에 대해서는 강력한 비판이 제기되었다. 즉, 우리 헌법이 국가의 배상책임 이외에 따로 공무원의 책임을 명시하고 있는 것(§ 29 ① 단서)은 제1차적으로는 국가내부에서의 공무원의 책임(기관내부에서의 변상책임·공무원법상의 책임)을 명시하는 것이지만 제2차적으로는 '공무원의 국민에 대한 책임'(§ 7 ①, 즉 국민에 대한 형사책임 및 정치적 책임을 밝히는 것이라고 보아야 한다는 주장[15])이나 경과실인 경우에는 몰라도 고의나 중과실에 의하여 국가배상책임을 발생케 한 공무원에 대해서는 직접 배상책임을 지도록 해야 한다는 주장[16] 등이 제기되었다. 그러나 대법원은 1996년 2월 15일 전원합의체판결에서 공무원의 개인책임이 배제되는 것은 경과실의 경우에 한하며 고의 또는 중과실의 경우에는 공무원의 개인책임이 인정된다고 판시함으로써[17] 다시금 위의 판례를 번복하였다.

<대법원의 1996년 2월 15일 전원합의체판결>

1. 【다수의견】 헌법 제29조 제1항 단서는 공무원이 한 직무상 불법행위로 인하여 국가등이 배상책임을 진다고 할지라도 그 때문에 공무원 자신의 민·형사책임이나 징계책임이 면제되지 아니한다는

---

14) 대법원 1994.4.12 선고 93다11807 판결. 이것은 경찰서 경비과장인 원고가 경찰차량에 방위병을 태우고 운전하고 가다가 차량을 전복시켜 위 방위병을 치상케 한 후 위 방위병과 합의한 금액을 피고 보험 회사를 상대로 청구한 사건에서 이를 인용한 원심판결을 대법원이 파기환송한 사건이다. 이 판결에 대한 평석으로는 최세모, 「공무원의 직무상 불법행위와 공무원 자신의 손해배상책임」, 『대법원판례해설』 21; 김기동, 「국가배상과 공무원의 개인책임」『민사재판의 제문제』 8; 김기동, 「국가배상과 공무원의 개인책임」, 『법조』 1994.10.; 정하중, 「공무원에 대한 배상청구권」, 『법률신문』 1994.9.5.; 차한성, 「공무원의 직무상 불법행위와 공무원 개인의 손해배상책임」, 『민사판례연구』 17 등을 참조.

15) 허영, 『한국헌법론』, 1995, 552, 763.

16) 김철용, 「공무원개인의 불법행위책임」, 『판례월보』, 290호, 1994, 31 각주 25.

17) 이 판결에 찬동하는 견해로는 김동희, 「공무원이 직무집행중 불법행위로 타인에게 손해를 입힌 경우, 공무원의 개인책임 성립여부」, 『판례월보』 309호, 1996.6., 25-32, 반대하는 견해로는 정하중, 『판례월보』; 류지태, 「공무원의 행정상 손해배상책임」, 『법률신문』 1996.4.29., 14-15 등을 참조.

원칙을 규정한 것이나, 그 조항 자체로 공무원 개인의 구체적인 손해배상책임의 범위까지 규정한 것으로 보기는 어렵다.

【별개의견】 헌법 제29조 제1항 단서의 공무원 개인책임은 그 본문과 연관하여 보면 이는 직무상 불법행위를 한 그 공무원 개인의 불법행위책임임이 분명하며, 여기에서 말하는 불법행위의 개념은 법적인 일반개념으로서, 그것은 고의 또는 과실로 인한 위법행위로 타인에게 손해를 가한 것을 의미하고, 이때의 과실은 중과실과 경과실을 구별하지 않는다는 일반론에 의문을 제기할 여지가 없어 보인다.

【반대의견】 헌법 제29조 제1항 단서의 규정은 직무상 불법행위를 한 공무원 개인의 손해배상책임이 면제되지 아니한다는 것을 규정한 것으로 볼 수는 없고, 이는 다만 직무상 불법행위를 한 공무원의 국가 또는 공공단체에 대한 내부적 책임 등이 면제되지 아니한다는 취지를 규정한 것으로 보아야 한다.

2. 【다수의견】 국가배상법 제2조 제1항 본문 및 제2항의 입법취지는 공무원의 직무상 위법행위로 타인에게 손해를 끼친 경우에는 변제자력이 충분한 국가 등에게 선임감독상 과실 여부에 불구하고 손해배상책임을 부담시켜 국민의 재산권을 보장하되, 공무원이 직무를 수행함에 있어 경과실로 타인에게 손해를 입힌 경우에는 그 직무수행상 통상 예기할 수 있는 흠이 있는 것에 불과하므로, 이러한 공무원의 행위는 여전히 국가 등의 기관의 행위로 보아 그로 인하여 발생한 손해에 대한 배상책임도 전적으로 국가 등에만 귀속시키고 공무원 개인에게는 그로 인한 책임을 부담시키지 아니하여 공무원의 공무집행의 안정성을 확보하고, 반면에 공무원의 위법행위가 고의·중과실에 기한 경우에는 비록 그 행위가 그의 직무와 관련된 것이라고 하더라도 그와 같은 행위는 그 본질에 있어서 기관행위로서의 품격을 상실하여 국가 등에게 그 책임을 귀속시킬 수 없으므로 공무원 개인에게 불법행위로 인한 손해배상책임을 부담시키되, 다만 이러한 경우에도 그 행위의 외관을 객관적으로 관찰하여 공무원의 직무집행으로 보여질 때에는 피해자인 국민을 두텁게 보호하기 위하여 국가 등이 공무원 개인과 중첩적으로 배상책임을 부담하되 국가 등이 배상책임을 지는 경우에는 공무원 개인에게 구상할 수 있도록 함으로써 궁극적으로 그 책임이 공무원 개인에게 귀속되도록 하려는 것이라고 봄이 합당하다.

【별개의견】 국가배상법 제2조 제2항의 입법취지가 공무원의 직무집행의 안정성 내지 효율성의 확보에 있음은 의문이 없는 바이나, 위 법 조항은 어디까지나 국가 등과 공무원 사이의 대내적 구상관계만을 규정함으로써, 즉 경과실의 경우에는 공무원에 대한 구상책임을 면제하는 것만으로써 공무집행의 안정성을 확보하려는 것이고, 대외적 관계 즉 피해자(국민)와 불법행위자(공무원) 본인 사이의 책임관계를 규율하는 취지로 볼 수는 없다. 그것은 국가배상법의 목적이 그 제1조가 밝히고 있는 바와 같이 국가 등의 손해배상책임과 그 배상절차 즉 국가 등과 피해자인 국민 간의 관계를 규정함에 있고 가해자인 공무원과 피해자인 국민 간의 관계를 규정함에 있는 것이 아닌 점에 비추어 보아도 명백하다.

【반대의견】 헌법 제29조 제1항 및 국가배상법 제2조 제1항의 규정이 공무원의 직무상 불법행위에

대하여 자기의 행위에 대한 책임에서와 같이 국가 또는 공공단체의 무조건적인 배상책임을 규정한 것은, 오로지 변제자력이 충분한 국가 또는 공공단체로 하여금 배상하게 함으로써 피해자 구제에 만전을 기한다는 것에 그치는 것이 아니라, 더 나아가 국민 전체에 대한 봉사자인 공무원들로 하여금 보다 적극적이고 능동적으로 공무를 수행하게 하기 위하여 공무원 개인의 배상책임을 면제한다는 것에 초점이 있는 것으로 보아야 한다.

3. 【다수의견】 공무원이 직무수행 중 불법행위로 타인에게 손해를 입힌 경우에 국가 등이 국가배상책임을 부담하는 외에 공무원 개인도 고의 또는 중과실이 있는 경우에는 불법행위로 인한 손해배상책임을 진다고 할 것이지만, 공무원에게 경과실뿐인 경우에는 공무원 개인은 손해배상책임을 부담하지 아니한다고 해석하는 것이 헌법 제29조 제1항 본문과 단서 및 국가배상법 제2조의 입법취지에 조화되는 올바른 해석이다.

   【별개의견】 공무원의 직무상 경과실로 인한 불법행위의 경우에도 공무원 개인의 피해자에 대한 손해배상책임은 면제되지 아니한다고 해석하는 것이, 우리 헌법의 관계 규정의 연혁에 비추어 그 명문에 충실한 것일 뿐만 아니라 헌법의 기본권보장 정신과 법치주의의 이념에도 부응하는 해석이다.

   【반대의견】 공무원이 직무상 불법행위를 한 경우에 국가 또는 공공단체만이 피해자에 대하여 국가배상법에 의한 손해배상책임을 부담할 뿐, 공무원 개인은 고의 또는 중과실이 있는 경우에도 피해자에 대하여 손해배상책임을 부담하지 않는 것으로 보아야 한다.

   【반대보충의견】 주권을 가진 국민 전체에 대한 봉사자로서 공공이익을 위하여 성실히 근무해야 할 공무원이 공무수행 중 국민에게 손해를 가한 경우, 국민의 봉사자인 공무원이 봉사 대상이 되는 피해자인 국민과 직접 소송으로 그 시비와 손해액을 가리도록 그 갈등관계를 방치하는 것보다는 국가가 나서서 공무원을 대위하여 그 손해배상책임을 지고, 국가가 다시 내부적으로 공무원의 직무상 의무의 불이행 내용에 따라 고의·중과실이 있는 경우에만 구상의 형태로 그 책임을 물어 공무원의 국민과 국가에 대한 성실의무와 직무상 의무의 이행을 제도적으로 확보하겠다는 것이, 헌법 제29조 제1항 단서와 국가배상법 제2조 제2항의 취지라고 해석함이 이를 가장 조화롭게 이해하는 길이 될 것이다.

4. 【다수의견】 공무원의 직무상 위법행위가 경과실에 의한 경우에는 국가배상책임만 인정하고 공무원 개인의 손해배상책임을 인정하지 아니하는 것이 피해자인 국민의 입장에서 보면 헌법 제23조가 보장하고 있는 재산권에 대한 제한이 될 것이지만, 이는 공무수행의 안정성이란 공공의 이익을 위한 것이라는 점과 공무원 개인책임이 인정되지 아니하더라도 충분한 자력이 있는 국가에 의한 배상책임이 인정되고 국가배상책임의 인정요건도 민법상 사용자책임에 비하여 완화하고 있는 점 등에 비추어 볼 때, 헌법 제37조 제2항이 허용하는 기본권 제한 범위에 속하는 것이라고 할 것이다.

   【별개의견】 아무리 공무집행의 안정성이 공공의 이익에 속한다고 하더라도 그것은 어디까지나 공무집행이 적법하여야만 공공의 이익으로 되는 것이고 위법한 공무집행의 안정성이 공공의 이익에 부합될 수 없으며, 위법한 공무집행으로 손해를 입은 피해자에게 그 손해를 감수하라고 하는 것은 명분이 서지 않는다. 반대로 위법행위의 억제 기능이 느슨해져서 국가의 재정 부담이 증가하면 그것이

공공의 이익에 반하는 결과가 될 것이다. 뿐만 아니라 공공복리를 위하여 필요한 경우에도 국민의 기본권 제한은 반드시 법률로써 하여야 할 것인데, 그러한 법률이 없는데도 해석으로 이를 제한하는 것은 경계할 일이다.

5. 【다수의견】 3항의 법리는 피해자가 헌법 제29조 제2항, 국가배상법 제2조 제1항 단서 소정의 공무원으로서 위 단서 조항에 의하여 법률에 정해진 보상 외에는 국가배상법에 의한 배상을 청구할 수 없는 경우라고 하여 달리 볼 것은 아니다. 왜냐하면 헌법 제29조 제2항은 군인, 군무원, 경찰공무원, 기타 법률이 정한 공무원의 경우 전투, 훈련 등 직무집행과 관련하여 받은 손해에 대하여 법률이 정하는 보상 외에 국가 등에 대하여 공무원의 직무상 불법행위로 인한 배상을 청구할 수 없도록 규정하고 있고 국가배상법 제2조 제1항 단서도 이를 이어 받아 이를 구체화하고 있지만, 이는 군인 등이 전투, 훈련 등과 관련하여 받는 손해에 한하여는 국가의 손해배상을 인정하지 아니하고 법률이 정한 보상만을 인정함이 타당하다는 헌법적 결단에 의한 것이기 때문이다.

   【반대보충의견】 군인 등은 그 직무의 특수성으로 직무상 사고를 당할 고도의 위험성이 있으므로 그 직무집행 중의 사고에 의한 위험은 국가가 이를 인수하여 그 피해자를 국가유공자로 예우하면서 그 사고에 대하여는 배상이 아닌 보훈 차원에서 종합적으로 배려하여 보상으로 해결하겠다는 것이 헌법 제29조 제2항의 취지라 할 것이다.[18]

Ⅲ. 국가배상책임과 공무원 개인책임에 관한 비교법적 고찰

1. 일본

일본의 경우 국가나 공공단체 이외에 가해공무원 자신이 피해자에 대하여 직접 손해배상책임을 부담하는지 여부에 관하여 우리나라와 유사하게 부정설, 제한적 긍정설, 긍정설이 대립하고 있다. 이에 관하여는 일본 국가배상법 제1조에 의한 책임은 국가의 자기책임이고 본래 공무원의 책임과는 무관한 것으로서 국가가 책임을 부담하는 것과 공무원 개인의 책임과는 별개의 문제이며 따라서 원칙론으로는 국가가 책임을 부담한다고 하여 공무원의 책임이 배제된다고 해야 할 근거는 존재하지 않는다는 이유에서 공무원도 국가와 병행적으로 개인책

18) 대법원 1996.2.15. 선고 95다38677 판결. 이 판결에는 대법관 4인의 별개의견과 대법관 2인의 반대의견이 붙어 있다. 이후 대법원은 1996년 3월 8일자 판결(94다23876)에서 동일한 법리를 재확인했다(다만 대법원은 공무원이 자동차를 운행하여 공무집행을 하던 중 사고로 타인을 사상케 한 경우 그 공무원 개인은 자동차손해배상보장법에 의하여 개인적으로 책임을 부담하며 경과실면책은 인정되지 아니한다고 판시했다).

임을 지는 것이라는 견해[19]가 있고, 국가책임과 별도로 공무원이 고의 또는 중과실이 있는 경우 피해자에 대하여 직접 책임을 인정한 하급심판례[20]도 있으나 이를 부정하는 것이 통설[21]이자 확립된 판례[22]이다. 제한적 긍정설은 고의 또는 중과실이 있는 경우에 한하여 공무원 개인의 책임을 인정하는 견해이며 다시 이를 더 제한하여 고의가 있는 경우에만 공무원 개인책임을 인정하는 가중제한적 긍정설도 주장되고 있다.[23] 일본의 경우 일반적으로 대위책임설의 입장에서는 부정설을 취하고 자기책임설의 입장에서는 제한적 긍정설 내지 긍정설을 취하는 경향이 있으나 이는 반드시 논리필연적 귀결은 아니며 별개의 검토를 요하는 문제라고 한다.[24]

2. 독일

독일의 경우 직무상 불법행위에 대한 공무원 개인의 책임은 국가배상책임의 대위책임설적 이해에 따라 일반적으로 부정되고 있다. 즉 대위책임설에 따르면 국가·공공단체의 배상책임은 원래 공무원 개인이 부담하여야 할 책임이지만 피해자구제의 견지에서 충분한 배상자력을 가진 국가·공공단체가 책임을 인수한 것(Haftungsübernahme)이라고 보기 때문에 국가가 배상책임을 지는 이상 공무원 개인에 대한 손해배상청구를 인정할 필요는 없다는 것이다. 이는 독일법상 직무책임(Amtshaftung)의 기본사상이었고 또 1981년 6월 26일 연방헌법재판소의 위헌판결[25]에 의해 국가책임법(Staathaftungsgesetz)이 좌절된 이후 현재까지도 통용되는 법리에 따른 결과이다. 물론 당초에는 공무원의 고의·과실에 의한 위법행위로 인하여

---

19) 今村成和, 『國家補償法』, 有斐閣, 1957, 122.

20) 東京地判 1971.10.11, 『判例時報』 644號, 22; 札幌地判 1971.12.24, 『判例時報』 653號 22.

21) 塩野 宏, 『행정법 II』, 有斐閣, 1992, 251; 下山瑛二, 『國家補償法』, 1973, 246-247; 稲葉馨, 『公權力の行使にかかわる關賠償責任』, 現代行政法大系 6, 1983, 53; 西埜 章, 『國家賠償責任と違法性』, 一粒社, 1987, 42; 古崎慶長, 『國家賠償法』, 有斐閣, 1971, 197 이하; 小高剛, 『公務員個人の責任』, 現代損害賠償法講座 6, 日本評論社, 1974 등. 한편 명치헌법하에서는 국가의 배상책임은 물론 공무원 개인의 책임도 인정되지 않았다고 한다.

22) 最高裁 1955.4.19.(民集 9·534); 『行政判例百選 II 138사건』; 1978.10.20(『民集』 32·1367) 등.

23) 阿部泰隆, 『國家補償法』, 有斐閣, 1988, 70; 大阪高判 1962.5.17, 『高民集』 15卷 6號 403. 塩野 宏(『行政法 II』, 252) 역시 그와 유사하게 공무원이 그 사리사욕을 위해 불법행위를 한 경우 외형표준설에 의하여 국가배상책임이 성립하는 것으로 보는 경우에는 공무원의 피해자에 대한 면책을 그대로 유지할 수 있을지 의문이라는 태도를 보이고 있다.

24) 下山瑛二, 『國家補償法』, 1973, 246-247; 稲葉馨, 앞의 책, 53; 西埜 章, 앞의 책, 42 및 각주 1에 인용된 문헌들을 참조.

25) *BVerfGE* 61, 149 = *DÖV*, 1982, 982 mit Anmerkung. Ossenbühl.

손해를 입은 국민에게 오로지 공무원 개인의 민사상의 책임에 근거한 배상청구권만이 인정되었다(ALR §§ 89-91 II 10). 이러한 규율태도는 1900년에 발효된 민법(BGB) 제839조에 의해서도 답습되었고, 이른바 위임의 한계이론(Mandatstheorie)에 의해 정당화되었다. 이에 따르면 공무원은 오로지 적법한 행위만을 위임(Mandat: Auftrag)받고 있는 것이므로 그의 위법한 행위는 국가에 귀속될 수 없으며 단지 그 공무원의 개인적 책임으로 돌아가야만 한다. 따라서 그 공무원 개인이 자신의 위법행위에 대하여 일반적인 불법행위규정에 따른 책임을 부담해야 한다는 것이다.[26)] 반면 그 배상청구권이 가해공무원에 대하여만 행사될 수 있었으므로 배상의 실현가능성은 그 공무원 개인의 지불능력(Zahlungsfähigkeit)에 의존할 수밖에 없었는데, 공무원의 배상자력이 불충분하다는 사실이 판명됨에 따라 결국 국가나 공공단체가 법률규정에 의해 가해공무원 대신에 책임을 지도록 하는 직무책임제도가 성립되었다. 대표적인 예로 1909년의 프로이센 국가책임법 제1조 제1항은 "공무원이 자기에게 위임된 공권력의 행사에 있어서 고의 또는 과실로 제3자에 대하여 지는 직무의무를 위반한 때에는 민법 제839조에 규정된 공무원책임을 국가가 대위한다."라고 규정했고 이것은 바이마르헌법을 거쳐 오늘날 기본법 제34조로 계승되었다. 이러한 국가에 의한 책임의 인수는 당시 두 가지 이유에서 뒷받침되었고 또 도입되었다. 첫째, 피해를 입은 시민에게 국가라는 지불능력을 갖춘 채무자를 확보해 주어야 한다는 피해자보호의 요청, 둘째, 피해자에 대해 가해공무원 개인이 무한책임을 질 위험으로 말미암은 공무원의 이니셔티브와 직무수행의욕의 감퇴를 방지해야 한다는 행정의 원활한 기능수행(Funktionsfähigkeit der Verwaltung)에 대한 고려가 그것이었다.[27)] 다만 이러한 책임의 인수는 공법적 활동영역에 한해서만 인정되었고, 사법적 행정활동에 대해서는 예나 지금이나 역시 공무원 개인이 책임을 지도록 되어 있다. 한편 주목할 만한 사실은 위헌으로 무효화되기는 했지만, 1981년의 국가책임법은 자기책임설에 입각하면서도 공무원의 개인책임을 부정하는 입장을 취하고 있었다는 것이다.[28)] 이 점은 독일에서도 국가배상책임의 본질이해와 공무원 개인책임의 인정여부가 논리필연적으로 연관되어 있지 않다는 사실을 말해 준다.

---

26) H. Maurer, *Allgemeines Verwaltungsrecht*, 11.Aufl., C.H. Beck, 1997, § 25 Rn.3.
27) H. Maurer, ibid., § 25 Rn.5.
28) 1981년의 국가책임법(Staatshaftungsgesetz vom 26.Juni.1981, *BGBl.* I. S.553) 제1조 제1항 및 제3항: H. Maurer, ibid., § 30 Rn.15-16, 34; 류지태, 『행정법신론』, 신영사, 1996, 337.

3. 프랑스

국가배상책임을 국가나 공법인의 자기책임으로 파악하는 것은 주지하는 바와 같이 프랑스 국가보상법의 기초가 되고 있다. 물론 프랑스에서도 당초 19세기 전반까지는 주권의 당연한 결과로서 국가무책임원칙이 유지되고 있었고 공무원 개인의 책임만이 민사법원의 관할로서 다루어졌다. 그러나 공무원의 개인책임을 추궁하기 위한 손해배상청구소송을 제기하려면 콩세유데타(Conseil d'État: C.E.: 프랑스 행정법원)의 허가를 받아야 했고 그 허가가 부여된 경우가 드물었기 때문에 현실적으로 공무원의 개인책임은 예외적으로만 인정되고 있었다. 국가무책임의 원칙은 이른바 국가의 주권적 작용이 아닌 관리작용(gestion)에 관하여 국가가 사용하는 자의 행위로 인해 발생한 손해를 전보할 책임을 진다는 원칙을 선언한 관할재판소(Tribunal des Conflits: T.C.)의 블랑코 판결(Blanco; Confl., 1873.2.8., Gr.Ar., n°1)에 의하여 포기되었다. 블랑코 판결 몇 달 후 관할재판소는 펠티에 판결(Pelletier; Confl., 1873. 7.30., Gr.Ar., n°2)을 통해 국가책임과 공무원책임의 상호배제원칙, 즉 '책임비중복'(non-cumul des responsabilités)의 원칙을 확립했다. 펠티에 판결에서 관할재판소는 "행정작용으로 인한 손해의 배상책임이 일률적으로 공무원 개인에게만 귀속되고 민사법원에 의하여 처리됨으로써 행정의 기능수행에 개입하는 결과가 된다면 이는 권력분립의 원칙을 침해하는 것"이므로 공무원 개인책임이 성립하는 경우와 국가의 책임이 성립하는 경우를 구별해야 한다고 판시했다. 이에 따라 프랑스의 국가배상제도는 정상적 직무수행에서 분리가능한 행위자의 개인과실(faute personnelles, détachable de l'exercice normal de la fonction administrative)과 역무과실(faute de service; 기관과실)을 구별하여 전자의 경우는 공무원 개인의 배상책임으로서 이를 민사법원에서 민법(Code civil)의 규정(§ 1382)에 따라 처리하고, 후자의 경우는 국가(공법인)의 자기책임을 인정하여 행정법원에서 공법적 기준에 따라 처리하는 이원적 체계를 취하게 되었다.[29)]

프랑스의 국가배상책임법제를 이해함에 있어 주의해야 할 점은 역무과실의 경우 과실이란 주관적 과실이라기보다는 오히려 객관적인 하자에 가까운 개념이라는 사실이다. 물론 역무과실에 의한 책임도 과실책임이라고 볼 수는 있으나 여기서 말하는 과실이란 독일법상의 과실개념보다 훨씬 객관성을 띠는 개념이기 때문이다.[30)] 또한 프랑스법에 있어 모든 종류의

---

29) 또한 프랑스행정법에서는 제한된 경우에 예외적으로 인정되는 유형이기는 하지만 무과실책임(reponsabilité sans faute)으로서 위험책임(reponsabilité pour risque)과 위험개념의 매개 없이도 일정한 경우 성립하는 특수한 유형의 무과실책임이 인정되고 있는데, 이들 역시 국가의 자기책임으로 인정되고 있다(J. Rivero, *Droit administratif*, 13e éd., Dalloz, 1990, 356ff.).

30) M. Fromont, "Staatshaftungsrecht," in Frankreich, *DÖV*, 1982, S.928.

역무과실이 국가배상책임을 성립시키는 것은 아니라는 점을 인식할 필요가 있다. 역무과실은 판례상 중과실(faute lourde)과 단순과실(faute simple)로 구분되는데, 법관이 판단하기에 특별히 어렵고 근본적인 중요성을 띤 역무에 있어서는 중과실이 있는 경우에만 국가배상책임이 성립하는 것으로 보고 있기 때문이다.[31] 이 점은 이제까지 국내문헌에서 제대로 소개되지 않았던 사실이다. 가령 경찰역무의 경우, 특별한 곤란성이 따르지 않는 내근사무를 수행하는 때에는 단순과실만으로도 국가배상책임을 인정할 수 있고 또 무기사용으로 인한 사고와 같이 국가의 무과실책임이 인정되는 예외적인 경우를 제외하고는, 원칙적으로 중과실이 있는 경우에만 국가배상책임을 인정하고 있다.[32] 그 밖에 중과실이 있는 경우에만 국가배상책임이 인정되는 경우로 소방활동, 자치단체의 감독권행사, 병원에서의 의료상의 책임, 재정행정활동 등이 있다.[33]

프랑스에서 국가배상책임은 역무과실에 의한 자기책임으로 이해되고 있다. 따라서 국가나 공법인의 책임이 성립하는 이상, 그 한도 내에서 공무원 개인의 책임이 성립할 여지는 없다. 국가나 공법인이 그 역무의 흠으로 인하여 책임을 진다는 것과 공무원이 그 직무와 무관한 관계에서 범한 개인과실에 의해 민사상 책임을 진다는 것은 별개의 문제라고 이해하기 때문이다. 그 결과 국가와 공무원 개인에 대한 선택적 청구권의 문제도 원칙적으로 발생하지 않는다. 이것이 당초 프랑스에서 발전된 자기책임의 법리였다. 그러나 이러한 의미의 자기책임설을 바탕으로 하면서도 국가책임과 공무원 개인의 책임이 상호 배척하는 것은 아니며 오히려 중첩가능한 관계에 설 수 있다고 보는 것이 오늘날 프랑스행정법의 학설과 판례의 태도이다.[34] 즉 펠티에(Pelletier) 판결 이래 국가책임과 공무원책임의 상호배제원칙, 즉 '책임비중복'의 원칙에 따라 역무과실은 공무원 개인의 책임으로 돌릴 수 없으며, 국가의 책임만이 성립한다는 원칙이 확립되었으나, 그 결과는 피해자가 종종 손해전보에 불충분한 공무원의 개인재산에 의해서만 배상을 받을 수 있었기 때문에 매우 불합리한 것으로 비판되었다. 그리하여 판례는 일정한 경우 개인과실과 역무과실이 함께 손해의 발생에 경합한 것으로 볼 수 있다는 것을 시인하기 시작했다. 1911년의 앙그 판결(Anguet: C.E., 1911.2.3., Gr.Ar., n°26)이 그 예인데 이 사건에서 정상적인 근무시간 이전에 문이 닫히는 바람에 제대로 관리되지 않은 비상구를 통해 나가려다(역무과실) 우체국직원에게 공격을 받아 부상을 입은(개인과실) 원고에게 민사법원에서 당해 우체국직원의 개인과실을 근거로 민사상 손해배상을 청

31) J. Rivero et J. Waline, *Droit administratif*, Précis Dalloz, 1994, n°287.
32) J. Rivero et J. Waline, ibid., n°287; C.E., 1972.10.20., A.J. Marabout, S.597; 1984.2.10., A.J. Mme Dufour, 1984, p.403.
33) J. Rivero et J. Waline, ibid., n°287.
34) J. Rivero et J. Waline, ibid., n°278, S.231-232.

구하거나 행정법원에서 역무과실을 근거로 공법인에게 손해배상을 청구함으로써 피해 전부의 배상을 받을 수 있는 선택권을 갖는다는 법리가 인정되었다. 그러나 이것은 어디까지나 '과실의 중복'(cumul de la faute)에 해당하는 것이었을 뿐, 동일 · 단일한 과실에 의하여 국가배상책임과 공무원 개인의 책임이 동시에 성립하게 된 사례는 아니었다. 책임의 중복을 부인하는 판례이론이 정면에서 번복된 것은 1918년 르모니에(Lemonnier) 판결(C.E., 1918. 7.26., *Gr.Ar.*, n°36)에 의해서였다. 이 사건에서 행정법원(C.E.)은 공무원이 그가 수행하는 역무에 따라 자신이 사용할 수 있는 수단이나 권한에 의해서만 개인과실을 범할 수 있는 이상, "과실(faute)은 역무(service)에서 분리될 수 있을 것이나, 역무는 과실로부터 분리되지 않는다."라고 설파한 블룸(L. Blum)의 논고를 받아들였다. 이 경우 역무과실이 없더라도 문제가 되는 것은 아니며, 따라서 피해자는 공무원 개인을 상대로 민사상 손해배상을 청구하거나 국가(공법인)을 상대로 하여 국가배상책임을 추궁하는 소송을 제기할 수 있다고 판시한 것이다. 이 법리는 당초 직무수행 중에(en service commandé)에 과실을 범한 유일한 경우에 한하여 적용되었으나, 이후 직무수행과 무관하게, 즉 직무외의 영역에서 역무에 의해 제공된 수단들에 의해 발생한 피해에 대해서까지 계속 확대적용되었다.[35] 물론 이러한 역무와의 연관성은 피해가 개인적 적대감에 따라 의도적으로 야기된 경우에는 인정되지 않았다.[36] 그러나 역무와의 연관성이 전혀 없는 경우가 아닌 한 책임의 중복이 인정됨으로써 르모니에 판결 이후 피해자에게는 '책임중복'(cumul des responsabilités)의 원칙에 따라 국가배상을 청구하거나 아니면 가해공무원 개인에게 민사상 손해배상을 청구할 수 있는 선택권이 인정되게 되었다. 공권력의 주체가 그 공무원들에게 과실을 범할 수 있는 수단이나 계기를 제공함으로써 국민을 그로 인한 위험에 노출시킨 이상 그 위험이 현재화되어 발생한 손해를 배상해야 한다는 일종의 위험책임과 법리가 적용되고 있는 것이다.[37] 그리하여 개인의 과실은 그것이 역무와 전혀 무관한 경우가 아닌 한, 공권력의 배상책임을 발생시키는 새로운 인자가 되었다고 지적되고 있다.[38] 주목해야 할 것은 당초 민사상 책임만을 발생시키는 것으로 이해되었던 개인과실이 국가의 책임을 발생시키는 사유가 되었다는 사실이다. 이는 개인책임을 전제로 국가책임을 인정한 것이므로, 국가책임을 전제로 개인책임의 성립여하를 문제로 삼는

35) C.E., 1949.11.18., Dlle Mimeur, GR.Ar., n°74(군용트럭을 사용하여 길을 우회한 군운전병에 의해 발생한 사고); Sadoudi, A.J.D.A., 1973, S.606(규정상 숙소에 보관하도록 되어 있는 권총에 의해 경관이 저지른 의도하지 않은 살인행위).

36) C.E., 1954.6.23., Vve Litzler, Rec., 376: 세관원이 그 사생활의 범위에서 통상적으로 지급되는 무기에 의해 살인을 한 경우).

37) J. Rivero und J. Waline, a.a.O., n°301, S.250.

38) J. Rivero und J. Waline, a.a.O., S.250-251.

우리나라의 접근방식과 뚜렷이 대조된다.

여기서 중요한 것은 이처럼 책임의 중복을 성립시키는 개인과실이 과연 어떤 것인가 하는 데 있다. 개인과실과 역무과실의 구별은 전자는 후자와 달리 그 직무수행으로부터 분리될 수 있는 것이라는 관념에 의거하고 있다.[39] 그러한 경우로는 가령 직무수행의 범위 밖에서 직무수행과 무관하게 범한 과실(물리적 분리: détachement matériel), 직무수행 중 범한 것일지라도 심리적으로 분리될 수 있는(psychologiqument détachable) 과실, 가령 자기이익의 추구, 피해자에 대한 적대감, 복수심 등과 같은 개인적 동기(mobiles personnels)에 의하거나 과실의 예외적 중대성(gravité exceptionnelle de la faute)이 난폭성 · 잔인성 · 성급함 · 비겁성 등과 같은 개인적 성품의 결과로만 설명될 수 있는 경우, 그리고 형사과실(faute pénale) 등을 들 수 있다.[40] 따라서 공무원이 이러한 개인과실을 역무와 관련하여 범하는 경우에는 피해자에게 선택적 청구권이 인정된다는 결과가 되는데, 이를 우리나라의 법관념으로 보면 대체로 고의나 중과실에 가까운 것이라고도 할 수 있겠지만,[41] 이를 반드시 고의 · 중과실과 개념적으로 동일한 것으로 볼 수 있을지는 의문이다. 프랑스법상의 개인과실이란 실은 판례에 의해 사례별로 인정된 것이어서 이를 개념적으로 일반화할 수 없을 뿐만 아니라 그 과실(faute)과 우리나라 국가배상법에서의 과실이 개념적으로 동일한 것이라고는 보기 어렵기 때문이다.

4. 미국

미국의 경우 1970년대에 이르러 연방대법원이 헌법상 권리를 침해당한 개인에게 가해공무원에 대해 직접 손해배상을 청구하는 것을 허용함으로써 공무원면책에 관한 종전의 보통법적 관행으로부터 결별한 바 있고,[42] 1980년의 Carlson v. Green 판결[43]에서는 공무원 개인에 대한 손해배상청구는 합중국에 대한 손해배상청구보다 위법행위를 억제하는 효과가 크다는

39) J. Rivero und J. Waline, a.a.O., n°296, S.248.

40) J. Rivero und J. Waline, a.a.O., n°296, S.248. 라페리에르(Laferrière)의 표현을 빌리자면 "다소간에 실수를 할 수 있는 공무원이 아니라 나약함, 열정 또는 경솔함을 지닌 인간을 드러내는 경우"를 말한다.

41) 박균성, 앞의 글, 43 각주 12.

42) D.H. Rosenbloom, *Public Administration and Law*, Marcel Dekker, Inc., 1983, p.21; 그 주요판례의 분석에 관하여는 D.H. Rosenbloom. and J.D. Carroll, *Toward Constitutional Competence: A Casebook for Public Administrator*, Prentice Hall, 1990, chapter 2를 참조.

43) 446 U.S. 14(1980).이에 관하여 상세한 것은 植村榮治, 『米國公務員の不法行爲責任』, 有斐閣, 1991, 106-111을 참조.

점이 지적되고 있다.

이 판결은 천식발작을 일으킨 연방교도소의 수형자가 수시간 동안 방치된 후 부적절한 투약, 효과 없는 인공호흡기의 사용으로 말미암아 외부병원으로의 이송이 지연되어 사망한 데 대하여 그 모친이 연방교도소장, 연방부의무감, 인디애나지구연방교도소의 과장, 당해 교도소의료시설의 간호인 등 4명을 상대로 제기한 소송에 대한 것이다. 이 사건판결에서 연방대법원은 연방헌법수정 제4조에 위반한 연방공무원의 행위에 대하여 주법 즉 커먼로(Common Law)상의 손해배상청구가 가능한지 여부와 무관하게 직접 헌법에 기하여 배상청구를 할 수 있다는 원칙을 최초로 인정한 1971년의 '비벤스' 판결(Bivens v. Six Unknown Named Agents of the Federal Bureau of Narcotics: 403 U.S.388)을 원용하면서 이러한 비벤스형소송은 공무원 개인을 피고로 하기 때문에 위법활동을 억지하는 효과가 연방불법행위법(Federal Torts Claim Act)에 의한 경우보다 크며, 전자는 징벌적 배상의 청구를 허용하지만 후자는 이를 명문으로 금하고 있다는 등의 이유를 들어 원고의 청구를 인용하는 취지로 원심판결을 파기환송하였다.

미국의 경우 공무원 개인책임을 긍정하는 법리가 갖는 피해자구제의 기능은, 당초 주권면책이 인정되었던 시기에는 피해자는 공무원 개인을 피고로 하여 손해배상을 청구할 수밖에 없었기 때문에 극히 중요했으나, 오늘날에는 일차적으로 연방(聯邦)이나 각 주(各州)에게 피해자구제기능을 구하는 경향이 일반적이므로 그보다는 오히려 위법행위억제기능이 중시되고 있다고 한다.[44] 바로 그런 이유에서 로젠블룸(Rosenbloom)은 "도대체 관리의 위법행위를 억제하기 위해 그들에 대해 배상책임을 지우는 것보다 더 나은 방법이 있겠는가?"라고 반문하고 있다.[45]

5. 평가

직무상 불법행위에 대한 공무원 개인책임의 인정여부에 관한 비교법적 고찰을 통하여 드러나는 것은 이 문제의 해법이 각국의 법적 전통이나 여건에 따라 한결같지 않다는 사실이다. 즉 아래 표에서 보는 바와 같이 독일과 일본은 공무원 개인의 책임을 부정하는 입장이고 프랑스와 미국은 대체로 이를 인정하는 경향을 보이고 있기 때문이다. 따라서 어느 한 나라의 예를 바탕으로 문제의 해결방향을 논증하려는 시도가 설득력을 확보할 수 없다는 사실도 분

44) 植村榮治, 앞의 책, 144-147.
45) D.H. Rosenbloom, a.a.O., p.21.

명하다.

물론 우리나라의 국가배상법제가 독일과 일본의 그것과 직접·간접적인 유사성을 가지고 있다는 사실을 전혀 도외시할 수는 없을 것이다. 가령 공무원의 구상책임에 관한 법적 규율의 내용이 이들 나라 사이에 상당한 공통점을 띠고 있는 것은 사실이다. 그러나 이들 나라에서의 법적 상황이 우리나라의 그것과 동일한 것은 아니다. 가장 중요한 차이는 독일과 일본에는 우리나라 헌법 제29조 제1항 단서와 같은 규정이 없다는 데 있다. 이러한 헌법적 소여(verfassungsrechtliche Gegebenheit)의 차이는 문제해결의 방향을 좌우하는 결정적인 요인이 된다.

그렇다면 비교법적 고찰을 통해 우리가 얻을 수 있는 교훈은 무엇일까? 그것은 첫째, 국가배상책임의 본질을 어떻게 이해하느냐에 따라 공무원 개인책임의 인정여부나 인정범위가 논리필연적으로 달라지는 것은 아니라는 사실이다. 이 점은 실제로 일본의 경우처럼 양자가 반드시 논리필연적으로 연관되어 있는 것은 아니라고 이해하는 것이 일반적인 경우도 있으며, 또 독일의 경우 1981년의 국가책임법이 대위책임설에서 자기책임설로 선회하면서도 공무원의 개인책임은 배제하는 입장을 취하고 있었다는 사실에서 여실히 드러난다. 둘째, 국가배상책임의 본질에 관한 대위책임설을 과거 입헌군주제 시대의 국가우월적 사상의 유물이라고 지적해 왔던 국내문헌의 태도는 대위책임적 이론구성의 현실적 배경을 충분히 고려하지 못한 것으로서 반드시 타당하다고는 볼 수 없다. 독일의 경우 국가무책임원칙이 포기되고 대위책임으로서 국가배상책임이 인정된 것은 배상책임을 져야 할 공무원이 충분한 배상자력을 갖지 못하는 경우가 빈번하여 그로 인하여 피해구제가 사실상 곤란해지기 때문에 피해자의 구제를 확보하기 위한 것이었다.[46] 이 점은 프랑스의 경우 책임비중복의 원칙에 따라 역무과실에 대해서만 국가의 책임을 인정함으로써 개인과실로 인한 손해를 입은 피해자가 공무원의 개인재산에 의해서만 배상을 받게 됨에 따라 충분한 구제를 받지 못하는 경우가 빈번히 발생하는 문제를 해소하기 위하여 책임중복의 원칙으로 선회할 수밖에 없었던 배경과 비교할 때 그 자체로 비판받아야 할 것은 아니기 때문이다. 물론 대위책임설은 일반적으로 공무원의 개인책임을 배제하는 논거가 되며 이 점은 독일에 있어 거의 의문시되지 않고 있다. 그러나 프랑스에서의 학설발전과정은 자기책임설 역시, 책임의 중복을 인정하기 위한 별도의 논증이 수반되지 않는 한, 공무원 개인의 책임을 인정하는 논거가 된 것은 아니었다는 사실을 말해 준다. 끝으로 비교법적 고찰을 통해 우리가 얻을 수 있는 교훈은 특히 외국의 판례

---

46) F. Ossenbühl, *Staatshaftungsrecht*, 4.Aufl., 1991, S.9. 이와 관련하여 시오노(塩野 宏, II, 227)는 독일의 대위책임설적 입법주의를 어떤 필연적인 이론적 결과가 아니라 국가책임부정론의 존재와 피해자보호의 실효성을 높이기 위한 타협의 산물로 파악한다.

<주요 외국의 국가배상제도>

국별 제도의 내용	영국	미국	독일	프랑스	일본
주권면책포기	1947	1946	20세기 초	20세기 초	1947
국가책임의 법적 근거	CPA	FTCA	BGB(§ 839) · §34GG	주로 판례법	헌법 §17
재판관할	사법(司法)	사법(司法)	민사	행정	사법(司法)
적용대상	공 · 사법 (公私法)	공 · 사법 (公私法)	공무(公務)	공역무(公役務)	공권력 · 공물(公物)
책임의 성질	대위책임	대위책임	대위책임(개정안: 자기책임)	자기책임	대위책임
법적 구성	사법(私法)	사법(私法)	사법(私法)	공법	사법(私法)
주관적 책임	과실 negligence≒위법	과실 negligence≒위법	과실(개정법안: 입증책임 전환, 일부무과실책임)	공역무하자 일부무과실 책임	과실 하자
예외(면책)	많음	많음	없음	없음	없음
공무원의 개인책임	있음	있음	없음	있음	없음
공무원의 구상책임	있음	원칙상 없음	있음 (고의 · 중과실)	있음	있음 (고의 · 중과실)

阿部泰隆, 앞의 책, 31에서 발췌 · 요약한 것.

법이론을 지나치게 단순화 또는 일반화함으로써 문제의 올바른 해결을 오도할 위험이 상존하고 있다는 것이다. 가령 프랑스의 경우 'faute'의 개념이 객관적인 성격을 띠는 개념이라는 것은 부인할 수 없으며 그것은 또한 향후 우리나라 국가배상책임법제의 발전방향을 모색함에 있어 유용한 교훈을 시사해 주는 예라 할 수 있다. 그러나 프랑스에 있어 역무과실이 언제나 국가배상책임을 발생시키는 것은 아니라는 사실은 우리나라의 국가배상법해석에 있어 어떻게 받아들여야 하는가. 또 역무과실뿐만 아니라 개인과실도 역무과실과 전혀 무관한 것이 아닌 한도에서 '국가'의 배상책임을 발생시키는 요인이 되는데, 이 경우 그 개인과실을 우리 식으로 고의 또는 중과실에 해당하는 것으로 볼 수 있는지는, 그것이 인정된 사례나 그 판례법적 성격에 비추어 보거나 매우 의심스럽다. 문제의 이러한 측면을 거두절미하고 프랑스에서는 고의 · 중과실의 경우에만 선택적 청구권이 인정된다고 볼 수 있는지도 생각해 볼 문제이다.

Ⅳ. 국가배상법상 공무원 개인의 책임

1. 국가배상책임의 본질과 공무원 개인의 책임

국가배상책임의 본질에 관한 국내의 학설은 특히 그 학설의 명칭과 정확한 내용의 관계에 있어, 그리고 그것이 선택적 청구권의 인정여부와 맺고 있는 관계에 있어 혼미한 양상을 보이고 있다. 먼저 국내문헌에 나타난 학설과 공무원 개인책임의 인정여부에 관한 견해를 살펴보기로 한다.

(1) 대위책임설과 공무원 개인책임

대위책임설은 국가·공공단체의 배상책임은 원래 공무원 개인이 부담하여야 할 것이지만 이를 대신하여 지는 책임이라는 견해이다. 이에 따르면 공무원의 위법행위는 본래 국가·공공단체의 기관의 행위로서의 품격을 갖지 않으므로 국가·공공단체에 귀속시킬 수 없으며, 가해공무원 개인이 이에 대한 책임을 지지 않으면 안 된다. 다만 공무원 개인은 충분한 배상자력을 갖추지 못하고 있는 것이 보통이므로 피해자구제의 견지에서 이를 국가·공공단체가 인수한 것이 국가배상책임이라고 보는 것이다. 이 견해에 따르면 국가·공공단체의 배상책임은 원래 공무원 개인이 부담하여야 할 것이지만 피해자구제의 견지에서 이를 대신하여 지는 책임이므로, 국가가 가해공무원의 책임을 인수한 이상 선택적 청구권은 인정될 수 없다고 본다. 피해자보호의 견지에서 충분한 배상자력을 지니고 있는 것은 국가(지방자치단체)라는 점과 가해공무원 개인의 무한책임이 인정되면 이로 인해 인해 공무원의 이니셔티브와 직무수행의욕의 감퇴가 우려되므로 행정의 원활한 기능수행을 보장해야 한다는 점이 그 주된 논거이다. 그러나 대위책임설을 취하면서도 피해구제의 신속·확실성을 기한다는 취지에서 선택적 청구가 허용된다고 주장하는 견해도 있다.[47)]

(2) 자기책임설과 공무원 개인책임

자기책임설에 의하면 공무원의 직무수행행위는 국가의 기관으로서의 행위이므로 그 위법·적법을 불문하고 바로 국가나 공공단체의 책임으로 귀속되며 따라서 이 책임은 국가의 자기책임으로서 민법 제35조에 의한 법인의 불법행위책임에 상응하는 것이라고 한다. 이것이 가

---

47) 김철수, 『헌법학신론』(21전정신판), 박영사, 2013, 401. 이 견해는 공무원에 대한 직접청구를 허용하면 특히 배상심의위원회를 거치지 않고 국가배상법의 기준적용도 받지 않으므로 피해자에게 유리하다는 점을 감안한 것이라고 한다.

장 주류적인 자기책임설이라 할 수 있다. 반면 위험책임설적 관점에서 국가배상책임을 파악하려는 또 다른 자기책임설이 주장되고 있다. 이 견해에 따르면 공무원의 직무집행행위는 국민에게 손해를 야기할 위험성을 내포하며 또한 그것은 행정기관의 지위에서 행해지는 것이므로, 그로 인한 손해배상책임은 국가의 자기책임으로 보아야 한다고 한다.[48] 이들 견해는 대체로 공무원의 개인책임을 인정하고 있다.

일본에서도 국가배상책임을 이와 같은 의미의 자기책임으로 파악하는 견해가 있다. 우리나라 국가배상법 제2조에 해당하는 규정인 일본 국가배상법 제1조에 의한 책임은 국가의 자기책임이라고 하면서 국가의 책임과 공무원 개인의 책임과는 별개의 문제이며 따라서 원칙론으로는 국가가 책임을 부담한다고 하여 공무원의 책임이 배제된다고 보아야 할 근거는 없으므로 공무원도 국가와 병행적으로 개인책임을 지는 것이라는 견해[49]가 그것이다. 그러나 이에 대하여는 자기책임설로부터 공무원의 개인책임이 당연히 도출되는 것은 아니며, 오히려 공무원은 그 직무를 집행하는 경우에는 국가라는 장치의 일부인 것이므로 공무원의 책임도 국가의 책임에 흡수되어 개인으로서는 책임을 지지 않는다는 비판이 있다.[50]

반면 자기책임설의 입장을 취하면서도 대외적으로는 국가책임만 인정하고 공무원의 개인책임은 부정하는 견해도 있으며,[51] 또 자기책임설의 입장에 서면서도 고의·중과실의 경우에 한하여 선택적 청구권을 인정하는 견해도 있다. 즉 경과실의 경우에도 민법의 규정에 따라 공무원이 개인책임을 지게 되는 것은 국가배상법 제2조 제2항이 경과실의 경우에는 공무원이 국가에 대해 지는 구상책임을 면제한 것과 균형이 맞지 않으므로 그 입법취지를 고려하여 공무원의 민사상 배상책임도 고의·중과실의 경우에 한정되는 것으로 보아야 한다는 것이다.[52]

(3) 중간설과 공무원 개인책임

중간설이란 국가의 배상책임을 공무원의 위법행위가 경과실에 기한 것인 때에는 자기책임으로, 고의·중과실에 의한 것인 때에는 대위책임으로 보는 견해이다. 그러나 선택적 청구권의

48) 김동희, 『행정법 I』, 박영사, 2008, 417. 여기서 김동희 교수는 이 견해가 국가배상법의 장래의 발전방향을 제시하고 있다는 점에서 의의가 크지만 적법·무과실의 경우에도 국가책임이 인정될 수 있다는 점에서 위법·과실을 책임요건으로 하는 행정상 손해배상의 이론으로서는 문제가 있다고 지적한다.
49) 今村成和, 『國家補償法』, 有斐閣, 1957, 122.
50) 塩野 宏, 『행정법 II』, 有斐閣, 1992, 251-252.
51) 서원우, 『현대행정법론(상)』, 박영사, 1987, 701.
52) 김철용, 「국가배상법 제2조에 관한 연구」, 건국대학교 박사학위논문, 1975, 129.

인정여부에 관한 중간설의 설명은 한결같지 않다. 경과실의 경우 공무원의 행위는 국가기관 행위가 되고 국가가 그에 대한 자기책임으로 배상책임을 지는 것이라는 이유에서, 그리고 고의·중과실의 경우에는 국가가 공무원을 대신하여 책임을 지는 것이라는 이유에서 선택적 청구권을 부정하는 견해가 있는 반면, 고의·중과실의 경우에 한하여 선택적 청구권을 인정하는 견해도 있기 때문이다.[53)]

(4) 평가

위에서 살펴본 국내의 학설상황은 국가배상책임의 본질을 어떻게 볼 것인가 하는 문제와 공무원 개인의 책임을 인정할 것인가 하는 문제가 반드시 논리필연적인 관계에 있지 않다는 것을 보여 준다. 그러나 이러한 결론을 내리기는 아직 이르다. 각 학설을 주장하는 사람에 따라 그 내용이 일치하지 않고 있기 때문이다. 다음의 진술은 바로 그 사실을 가장 극명하게 보여주고 있다.

> 국가배상책임의 본질을 자기책임이라고 이해하는 경우에는 국민에 대한 배상책임자는 마땅히 국가가 되고, 국민은 국가에 대해서만 배상청구를 할 수 있게 된다(대국가적 청구권설). …… 그러나 대위책임설에 따르는 경우에는 국가와 가해공무원이 모두 배상책임자가 되고 국민은 국가에 대한 배상청구와 가행공무원에 대한 배상청구를 선택적으로 할 수 있다는 결론에 도달하게 된다(선택적 청구권설). 따라

---

53) 이와 관련하여 박윤흔 교수(『최신행정법강의』, 박영사, 2002, 703)는 대법원의 1996년 2월 15일자 전원합의체판결(95다38677)을 국가배상책임의 본질에 관한 중간설의 입장을 취한 것이라고 보고 있는데, 이는 아마도 대법원이 "공무원이 직무를 수행함에 있어 경과실로 타인에게 손해를 입힌 경우에는 그 직무수행상 통상 예기할 수 있는 흠이 있는 것에 불과하므로 이러한 공무원의 행위는 여전히 국가 등의 기관의 행위로 보아 그로 인하여 발생한 손해에 대한 배상책임도 전적으로 국가 등에만 귀속시키고 공무원 개인에게는 그로 인한 책임을 부담시키지 아니하여 공무원의 공무집행의 안정성을 확보하고, 반면에 공무원의 위법행위가 고의·중과실에 기한 경우에는 비록 그 행위가 그의 직무와 관련된 것이라고 하더라도 위와 같은 행위는 그 본질에 있어서 기관행위로서의 품격을 상실하여 국가 등에게 그 책임을 귀속시킬 수 없으므로 공무원 개인에게 불법행위로 인한 손해배상책임을 부담시키되, 다만 이러한 경우에도 그 행위의 외관을 객관적으로 관찰하여 공무원의 직무집행으로 보여질 때에는 피해자인 국민을 두텁게 보호하기 위하여 국가 등이 공무원 개인과 중첩적으로 배상책임을 부담하되 국가 등이 배상책임을 지는 경우에는 공무원 개인에게 구상할 수 있도록 함으로써 궁극적으로 그 책임이 공무원 개인에게 귀속되도록 하려는 것"이라고 판시한 것을 염두에 둔 것으로 보인다. 그러나 대법원은 이를 국가배상본질로부터 도출하고 있지는 않으며, 오히려 "공무원 개인의 책임 범위를 정하는 문제는 피해자 구제뿐만 아니라 공무원의 위법행위에 대한 억제, 안정된 공무 수행의 보장, 재정 안정 등 서로 상충되는 다양한 가치들을 조정하기 위하여 국가배상법상 어떠한 법적 장치를 마련할 것인가 하는 입법정책의 문제"라고 보았다. 따라서 이러한 대법원의 판례는 이를 선택적 청구권의 인정여부에 관한 제한적 긍정설로 취급해야지 국가배상책임의 본질에 관한 중간설을 취한 것으로 다룰 수는 없을 것이다. 국가배상책임의 본질과 선택적 청구권의 인정여하의 문제가 서로 논리필연적인 관계에 있지 않다는 것은 박윤흔 교수(같은 책, 725 각주 1)도 인정하는 바이기도 하다.

<국가배상책임의 본질론과 선택적 청구권의 인정여부의 관계>

결론 학설		선택적 청구권 전면인정	고의·중과실에 한해 인정	선택적 청구권 전면부정	논거
대위책임설	I			○	배상자력이 충분한 국가가 배상하는 이상 피해자구제에 지장 없음
	II		○		공무원 직무수행 위축효과 방지 필요
	III	○			피해구제뿐 아니라 공무원 위법억제·제재가 필요
자기책임설	I	○			국가책임과 공무원 개인책임은 각각 별도 성립
	II		○		경과실의 경우 공무원의 행위는 기관행위로서 개인책임의 문제를 남기지 않음. 또 구상책임을 고의·중과실에 한정한 것과 균형상 공무원 개인책임을 면제되는 것으로 보아야 함
	III			○	국가가 배상책임을 지는 이상 공무원 개인의 책임 성립 여지가 없고 위축효과 방지도 필요
중간설	I		○		고의·중과실의 경우 이미 국가행위로서 품격을 상실했으나 이를 국가기관행위로 보아 국가가 배상. 따라서 공무원 개인의 책임 인정
	II			○	고의·중과실의 경우에도 공무원의 직무수행 위축효과를 방지하기 위하여 책임을 면제해야 함

서 자기책임설에 따르면서 선택적 청구권설을 주장하거나 대위책임설을 따르면서 대국가적 청구권설을 주장하는 것은 법리상 문제가 있다고 생각한다.[54]

직무상 불법행위에 대한 공무원 개인책임, 즉 선택적 청구권을 인정할 것인가 하는 문제가 국가배상책임의 본질이해와 관련성을 지니는 것은 사실이다.[55] 가령 대위책임설은 독일에서의 이론구성에 따른다면, 선택적 청구권을 부인하는 견해로 귀결된다. 본래 공무원 개인이 져야 했을 책임을 국가가 인수한 이상 별도로 공무원이 질 책임은 남지 않게 되기 때문이다. 반면 자기책임설은 그 주류적 이해에 따른다면 국가책임은 공무원책임과 별도로 성립하는 것이라고 이해하므로 공무원의 개인책임을 인정하는 쪽으로 결론을 내리게 된다. 이렇게 볼 때 "자기책임설에 따르면서 선택적 청구권설을 주장하거나 대위책임설을 따르면서 대국

54) 허영, 『한국헌법론』, 1995, 552. 허영 교수는 여기서 전자에 해당하는 견해로 문홍주, 앞의 책, 346; 구병삭, 「정보공개법제정의 방향과 과제」, 『공법연구』 제17집, 1989, 636을, 후자의 견해로 김도창, 581; 석종현, 622를 각각 인용하고 있다.

55) 박균성, 「공무원 배상책임의 이론과 판례」, 『판례월보』 1995.6., 41은 공무원의 국민에 대한 배상책임의 인정의 문제와 국가책임의 성질의 문제가 본질적으로 연관된 것으로 보는 것은 타당하지 않지만, 양자를 전혀 무관한 문제로 보는 것도 타당하지 않다고 한다. 이론적으로 일관성 있는 해결을 위하여 양자가 어느 정도 연결되어 있다는 것을 부정해서는 안 된다는 것이다.

가적 청구권설을 주장하는 것은 법리상 문제가 있다."라는 지적은 학설의 의미내용과 전개상을 오해한 결과로서 타당하지 않다.[56] 물론 자기책임설의 또 다른 버전(version)에 따를 경우 직무집행의 범위 안에서 행해진 공무원의 불법행위로 인해 국가가 자기책임으로서 배상책임을 지는 이상 그 공무원이 개인책임을 질 여지는 없게 되며[57] 따라서 선택적 청구권을 부정하는 결론을 내릴 수도 있겠지만 이는 우리나라에서는 극히 이례적인 견해일 뿐이다. 한편 자기책임설을, 개인책임의 인정범위 여하를 떠나, 공무원의 개인책임을 인정하는 것으로 단순화시킬 경우, 국가배상책임을 경과실의 경우 자기책임으로 보고 고의·중과실의 경우 대위책임으로 보는 중간설은 고의·중과실의 경우에는 국가만이 책임을 지는 데 비해 그보다 비난의 정도가 약하다고 할 수 있는 경과실의 경우에는 공무원 자신도 책임을 진다는 매우 이상한 결론에 이를 수도 있다. 이러한 문제점 때문에 경과실의 경우 공무원의 행위가 기관행위로서 그로 인한 책임도 국가에 귀속되는 것으로 보아 선택적 청구권을 전면적으로 부정하는 결론이 나왔을 것이다.

이러한 학설상황을 고려할 때 우리는 결국 양자 사이의 관계가 논리필연적인 것이 아니라는 점을 재확인하게 된다.[58] 이는 앞에서 살펴본 외국의 예를 통해서도 분명히 드러난 바 있다. 또 우리나라의 경우 이 문제에 관한 논의에 있어 단순한 법해석론을 넘어서는 법정책적 고려가 추가되고 있어 국가배상책임의 본질이해만으로는 문제의 해법을 찾을 수 없다는 점도 고려될 필요가 있다. 오히려 대위책임설·자기책임설·중간설에 따른 결론을 내리기보다는 곧바로 선택적 청구권의 인정여부에 관한 긍정설·제한적 긍정설·부정설로 분류하거나 독일·일본식 해결책·프랑스식 해결책 등으로 분류하는 것이 논의의 혼란을 막는 길일 수도 있다. 더욱이 공무원 개인의 책임이 인정된다고 보는 경우에도 국가배상책임의 본질을 어떻게 이해하느냐에 따라 공무원 개인의 책임이 인정되는 범위가 좌우되는 것은 아니다. 선택적 청구권의 인정범위에 관한 한, 국가배상책임의 본질보다는 실정법의 해석과, 만일 실정법의 태도가 불명확하다면 그와 아울러 문제의 법정책적 측면에 관한 논의를 준거로 삼는 것이 옳다.

---

56) 허영, 앞의 책, 552.

57) 이 경우 직무집행의 범위 외에서 행해진 행위로 인한 손해배상책임을 공무원 개인이 부담하게 되지만 이는 전혀 별개의 문제라고 본다.

58) 서원우, 「국가배상과 공무원의 배상책임」, 『고시계』, 1976.2., 29; 박윤흔, 앞의 책, 657; 김남진, 『행정법 I』, 515; 김기동, 「국가배상과 공무원의 개인책임」, 『법조』 1994.10., 138; 홍준형, 『행정구제법』, 78; 下山瑛二, 『國家補償法』, 現代法学全集, 筑摩書房, 1973, 246-247; 稻葉馨, 『公權力の行使にかかわる賠償責任』, 現代行政法大系 6, 1983, 53.

2. 공무원 개인의 책임에 대한 법해석론적 고찰

이미 앞에서 선택적 청구권의 인정여하가 국가배상책임의 본질을 어떻게 이해하느냐에 따라 논리필연적으로 좌우되는 것이 아니라는 사실이 밝혀졌다. 그러므로 문제해결의 관건은 어디까지나 우리나라 실정법상 이 문제가 어떻게 규율되고 있는가를 규명하는 데서 찾아야 한다. 그 출발점은 헌법 제29조 제1항 단서의 해석에서 주어진다. 물론 헌법 제29조 제1항 단서의 문언상 표현만 가지고는 이 문제에 관한 해결책이 직접 주어지는 것은 아니다. 그러나 가장 핵심적인 쟁점은 "공무원 자신의 책임은 면제되지 아니한다."라고 규정하고 있는 헌법 제29조 제1항 단서에서 '공무원 자신의 책임'이 무엇을 의미하는가, 그것은 국가배상법 제2조 제2항이 규정하고 있는 구상권과는 어떠한 관계에 있는가 하는 데 있다.

이에 관하여는 헌법 제29조 제1항 단서의 '책임'이란 행정내부적인 구상책임을 의미하는 것이라고 보는 견해가 있다. 그러나 이는 무엇보다도 헌법 제29조 제1항의 문언이나 그 연혁적 배경을 고려할 때 해석론상 유지되기 어렵고 나아가 헌법 제29조 제1항의 규정을 해석함에 있어 구상책임을 규정한 국가배상법 제2조 제2항의 기준에 따라 그 의미를 한정하려는 시도는 이를테면 '법률적합적 헌법해석'으로서 용인될 수 없다. 적어도 헌법 제29조 제1항 단서에서 '면제되지 아니한다'고 규정된 공무원의 책임은 이를 비단 구상책임 등 행정내부에서의 책임뿐만 아니라 공무원의 민·형사상의 책임 일반을 포함하는 것으로 해석하는 것이 옳다.[59] 이 점은 앞에서 소개된 대법원의 1996년 2월 15일 전원합의체판결의 다수의견과 별개의견에 의해 분명히 확인된 바 있다. 즉 대법원은 "'이 경우 공무원 자신의 책임은 면제되지 아니한다'고 규정하고 있는바, 위 단서 규정은 공무원의 직무상 불법행위로 인하여 타인에게 손해를 입힌 경우에 국가 또는 공공단체(이하 '국가 등'이라 한다)가 부담하는 국가배상책임과 공무원 개인의 불법행위 책임은 별개라는 전제하에 국가 등이 국가배상책임을 지는 경우에도 이를 이유로 불법행위를 한 공무원 개인의 책임이 면제되지 아니함을 명백히 한 것이라고 할 것이다. 그리고 위에서의 면제되지 아니하는 공무원 개인의 책임에는 민사상, 형사상의 책임이나 국가 등의 기관 내부에서의 징계책임 등 모든 법률상의 책임이 포함된다고 할 것이고 여기에서 특별히 민사상의 불법행위 책임이 당연히 제외된다고 보아야 할 아무런 근거가 없다고 할 것"이라고 판시했다. 즉 헌법 제29조 제1항 단서는 국가배상책임의 본질과는 무관하게 피해자구제의 만전을 기하기 위하여 특별히, 헌법적 결정을 통해 공

59) 허영, 앞의 책, 552, 763. 따라서 "일부 학자가 공무원의 직무상 불법행위로 인한 공무원자신의 책임(제29조 제1항 단서)과 공무원의 국민에 대한 책임(제7조 제1항)을 별개의 것으로 이해하는 것은 우리 헌법이 지향하는 직업공무원제도의 정신과 조화되기 어렵다고 생각한다."라는 것이다.

무원 자신이 면책되지 않음을 규정한 것이고 여기서 '공무원 자신의 책임'이란 국가에 대한 구상책임뿐만 아니라 피해자의 선택적 청구에 대한 배상책임까지도 포함하는 공무원 개인의 법적 책임 일반을 말하는 것이라고 해석된다. 이는 한국헌법 특유의 헌법적 결정에 따른 것이므로 설사 국가배상책임을 대위책임으로 이해한다고 해도 결과가 달라지지는 않는다. 대법원이 종래 직무상 불법행위를 한 공무원은 국가배상법상의 공무원 자신의 책임에 관한 규정여하에 관계없이 손해를 입은 자에 대하여 민사상의 손해배상책임을 진다고 판시했던 것도 바로 이러한 헌법규정에 입각한 결과라고 볼 수 있다. 이러한 해석은 국가배상제도가 피해자구제뿐만 아니라 국가 및 공무원의 위법억제 또는 제재에도 그 목적을 두는 것이라는 국가배상제도의 목적·기능에 대한 현대적 이해와도 부합된다. 따라서 바로 이 헌법조항을 근거로 선택적 청구권은 인정된다고 보아야 한다.

문제는 선택적 청구권이 인정되는 범위, 다시 말해 선택적 청구권을 경과실의 경우에도 인정할 수 있는가 하는 데 있다. 이는 앞에서 논의된 선택적 청구권의 인정여부와는 별개의 문제이다. 그러나 이 문제에 관한 준거법은 어디서 찾아야 할 것인가. 이와 관련하여 1996년 2월 15일 전원합의체판결에서 표명된 대법원의 견해는 정확하다.

> 그러나 이 점에 관하여 국가배상법에 직접적으로 규정한 조항은 없고, 다만 국가배상법 제2조 제1항 본문은 "국가 또는 지방자치단체는 공무원이 그 직무를 집행함에 당하여 고의 또는 과실로 법령에 위반하여 타인에게 손해를 가하거나, 자동차손해배상보장법의 규정에 의하여 손해배상의 책임이 있는 때에는 이 법에 의하여 손해를 배상하여야 한다."라고 규정하고 제2항은 "제1항 본문의 경우에 공무원이 고의 또는 중대한 과실이 있는 때에는 국가 또는 공공단체는 그 공무원에게 구상할 수 있다."라고 규정함으로써 민사상 사용자책임에 있어서 사용자의 피용자에 대한 구상권을 규정한 민법 제756조 제3항이 피용자의 귀책사유의 정도(고의·중과실 또는 경과실의 구분)에 관계없이 구상권을 인정하고 있는 것과는 달리 직무상 불법행위를 한 공무원에게 고의·중과실이 있는 경우에 한하여 국가 등의 공무원에 대한 구상권을 인정하고 경과실의 경우에는 구상권을 인정하지 아니하고 있으며, 한편으로 국가배상법은 민법상의 사용자책임을 규정한 민법 제756조 제1항 단서에서 사용자가 피용자의 선임감독에 무과실인 경우에는 면책되도록 규정한 것과는 달리 이러한 면책규정을 두지 아니함으로써 국가배상책임이 용이하게 인정되도록 하고 있다.60)

이 문제를 해결하기 위한 준거도 다시금 헌법 제29조 제1항 단서에서 찾아야 할 것이다. 국가배상법은 공무원 개인책임에 관한 한, 구상책임 외에는 아무런 명시적 규정을 두고 있지 않기 때문이다. 앞의 판결에서 대법원은 헌법 제29조 제1항 단서가 공무원이 한 직무상 불법

60) 대법원 1996.2.15. 선고 95다38677 판결.

행위로 인하여 국가 등이 배상책임을 진다고 할지라도 그 때문에 공무원 자신의 민·형사책임이나 징계책임이 면제되지 아니한다는 원칙을 규정한 것이라고 인정하면서도 "그 조항 자체로 공무원 개인의 구체적인 손해배상책임의 범위까지 규정한 것으로 보기는 어렵다."라는 해석론을 전개했다. 이는 대법원의 다수의견을 끌어내기 위한 결정적인 논거가 되고 있다. 헌법 제29조 제1항 단서의 규정을 선택적 청구권을 인정하는 근거로만 국한시키되 그 인정범위에 관한 상관성을 부정한 다음 공무원 개인책임에 관한 입법정책적 측면과 공무원에 대한 국가의 구상을 규정한 국가배상법 제2조 제2항에 대한 고려를 통하여 경과실면책을 도출한다는 것이 대법원의 전략이었다.

어쨌든 대법원의 판례변경은 고의·중과실의 경우에 공무원 개인책임을 인정했다는 점에서 긍정적인 평가를 받아 마땅하다. 하지만, 경과실면책의 법적 근거에 관하여는 여전히 이론적 취약점을 보인다. 그러나 이 판결의 다수의견이 천명한 바와 같이 헌법 제29조 제1항 단서의 규정 자체가 공무원 개인의 구체적인 손해배상책임의 범위까지 규정한 것으로 보기는 어렵다고 할지라도, 국가배상법 제2조 제2항을 해석함에 있어 그 문언과 적용영역을 무시한 채 주로 입법정책적 취지에 의존하여 경과실면책을 이끌어 내는 데에는 경과실면책이 법정책적으로 타당한지 여부를 떠나서, 법해석론상 무리가 있는 것이 사실이다. 별개의견이 정확히 파악한 바와 같이, 위 법 조항은 어디까지나 국가 등과 공무원 사이의 대내적 구상관계에 관한 규정이기 때문이다. 이 조항은 경과실의 경우 오로지 공무원에 대한 '구상책임'만을 면제하고 있을 뿐이다. 물론 이로써 그 한도에서 공무집행의 안정성을 확보하려는 데 법의 취지가 있음에는 틀림이 없으나, 그렇다고 하여 이 조항이 대외적 관계 즉 피해자(국민)와 불법행위자(공무원) 본인 사이의 책임관계에 관한 규정이라는 해석은 나올 수 없다. 마찬가지 이유에서 "국가배상법에서 경과실의 경우에 공무원의 국가 등에 대한 구상책임이 면제되고 있는 것은 이 경우는 전적으로 국가 등의 배상책임만이 성립하는 데 따르는 논리필연적 귀결이라고 본다"는 견해[61] 역시 타당하다고 볼 수 없다.[62] 요컨대 국가배상법 제2조 제2항은

61) 김동희, 「공무원이 직무집행중 불법행위로 타인에게 손해를 입힌 경우, 공무원의 개인책임 성립여부」, 『판례월보』 309호, 1996.6., 31. 김동희 교수는 여기서 "경과실의 경우 공무원 개인이 배상한 경우에는 불문법원리로서의 법의 일반원리에 따라 당해 공무원은 국가 등에 대하여 당해 배상액의 전보를 구할 수 있는 권리가 인정된다고 한" 예로 '콩세유데타'(프랑스 행정법원)의 1963.4.26. 브장쏭 지방병원판결(C.E. Sect. 1963.4.26., Centre hospitalier régional de Besançon, Rec.243, concl. Chardeau: Gr.Ar., N.479)을 인용하고 있다. 그러나 이 판결은 후술하는 바와 같이 직무수행으로부터 분리될 수 있는 개인과실(faute personnelle détachable de l'exercice de ses fonctions)을 범하지 않았는데도 민사법원에 의해 배상판결을 선고받은 공무원에게 행정에 대한 배상액전보청구권을 인정한 것으로 보아야 할 것이다.

62) 프랑스의 경우 선택적 청구권이 인정되는 동시에 공무원의 구상책임이 인정되고 있지만 후자가 반드시 고의·중과실의 경우 선택적 청구권이 인정된다는 것에 의존하는 것은 아니다. 이 점은 독일의 1981년 국가책임법이 선택적 청구권을 부정하면서도 고의·중과실의 경우 공무원의 구상책임을 인정하고 있었던

가해자인 공무원과 피해자인 국민 간의 관계를 규정한 것이 아니므로, 이를 공무원 개인책임에 있어 경과실면책의 근거로 삼은 다수의견은 이론적으로 지지하기 어렵다.

그럼에도 불구하고 위 판결의 다수의견은 '공무원의 위법행위가 고의·중과실에 기한 경우에는 비록 그 행위가 그의 직무와 관련된 것이라고 하더라도 그와 같은 행위는 그 본질에 있어서 기관행위로서의 품격을 상실하여 국가 등에게 그 책임을 귀속시킬 수 없으므로 공무원 개인에게 불법행위로 인한 손해배상책임을 부담시키되, 다만 이러한 경우에도 그 행위의 외관을 객관적으로 관찰하여 공무원의 직무집행으로 보여질 때에는 피해자인 국민을 두텁게 보호하기 위하여 국가 등이 공무원 개인과 중첩적으로 배상책임을 부담하되 국가 등이 배상책임을 지는 경우에는 공무원 개인에게 구상할 수 있도록 함으로써 궁극적으로 그 책임이 공무원 개인에게 귀속되도록 하려는 것'이라고 설시하여 국가배상법 제2조 제2항의 적용영역을 가해공무원과 피해자 간의 관계에까지 확장시키고자 시도하고 있으나, 이는 같은 조항의 문언과 적용영역을 무시한 입론이다. 대법원은 이 사건 판결에서 법해석의 이름으로 국가배상법 제2조 제2항에서 규정되지 않은 부분을 사실상 규정된 것처럼 취급하는 우를 범하고 있으며, 이는 입법자가 본래 의도하지 않았던 바이다.

이후 공무원이 직무상 불법행위를 하여 국가나 지방자치단체가 배상책임을 지는 경우 그 가해공무원 개인이 배상책임을 부담하는 것은 고의 또는 중과실이 있는 경우에 한하며, 경과실뿐인 경우에는 공무원 개인은 손해배상책임을 부담하지 않는다는 판례가 정착되었다.

<위법대집행으로 인한 국가배상과 경과실면책 배제>

1. 구 국가배상법(2009.10.21. 법률 제9803호로 개정되기 전의 것, 이하 같다) 제2조 제1항 본문 및 제2항에 따르면, 공무원이 공무를 수행하는 과정에서 위법행위로 타인에게 손해를 가한 경우에 국가 등이 손해배상책임을 지는 외에 그 개인은 고의 또는 중과실이 있는 경우에는 손해배상책임을 지지만 경과실만 있는 경우에는 그 책임을 면한다고 해석된다(대법원 2010.1.28. 선고 2007다82950, 82967 판결 참조). 위 규정의 입법 취지는 공무원의 직무상 위법행위로 타인에게 손해를 끼친 경우에는 변제자력이 충분한 국가 등에게 선임감독상 과실 여부에 불구하고 손해배상책임을 부담시켜 국민의 재산권을 보장하되, 공무원이 직무를 수행함에 있어 경과실로 타인에게 손해를 입힌 경우에는 그로 인하여 발생한 손해에 대하여 공무원 개인에게는 배상책임을 부담시키지 아니하여 공무원의 공무집행의 안정성을 확보하려는 데에 있기 때문이다(대법원 1996.2.15. 선고 95다38677 전원합의체판결 참조).
2. 이 사건 비단잉어 등을 이전하는 대집행은 원고가 자신의 사업을 시행하기 위하여 반드시 필요한 것으로서 원고의 적극적인 요청에 따른 대집행영장의 발부에 터 잡아 이루어진 것인 점, 원고는 자

것(H. Maurer, a.a.O., § 30 Rn.35)을 보더라도 분명하다.

신의 독자적인 판단에 따라 그 대집행의 실행 여부와 그 시기, 방법 등을 결정한 점, 원고는 이 사건 비단잉어 등의 이전 과정에서 민・형사상 책임이 발생할 경우 이를 책임진다는 조건 아래 대집행영장을 발부받아 대집행을 실행한 것인 점 등을 고려하면, 이 사건 비단잉어 등을 이전하는 대집행의 실행은 공무원의 경과실에 대한 면책을 통해 공무집행의 안정성을 확보할 필요가 있는 경우에 해당한다고 보기 어려우므로, 원고는 집행책임자로 지정된 원고의 직원들과는 달리 그 대집행의 실행으로 인하여 피고가 입은 손해에 대하여 경과실만이 있다는 이유로 배상책임을 면할 수 없다고 보아야 한다.63)

한국토지공사는 관계법령의 위탁에 의하여 대집행을 수권받은 자로서 공무인 대집행을 실시함에 따르는 권리・의무 및 책임이 귀속되는 행정주체의 지위에 있다고 볼 것이지 지방자치단체 등의 기관으로서 국가배상법 제2조 소정의 공무원에 해당한다고 볼 것은 아니다.64)

여기서 공무원의 중과실이란 공무원에게 통상 요구되는 정도의 상당한 주의를 하지 않더라도 약간의 주의를 한다면 손쉽게 위법, 유해한 결과를 예견할 수 있는데도 만연히 이를 간과한 것, 즉 거의 고의에 가까울 정도로 현저한 주의를 결여한 상태를 의미하는 것으로 이해된다. 또 그 경우 공무원 개인이 지는 책임은 불법행위로 인한 민사상 손해배상책임이다.

<공무원 중과실에 관한 참고판례>

공무원이 직무 수행 중 불법행위로 타인에게 손해를 입힌 경우에 국가나 지방자치단체가 국가배상책임을 부담하는 외에 공무원 개인도 고의 또는 중과실이 있는 경우에는 불법행위로 인한 손해배상책임을 지고, 공무원에게 경과실이 있을 뿐인 경우에는 공무원 개인은 불법행위로 인한 손해배상책임을 부담하지 아니하는데, 여기서 **공무원의 중과실**이라 함은 공무원에게 통상 요구되는 정도의 상당한 주의를 하지 않더라도 **약간의 주의를 한다면 손쉽게 위법・유해한 결과를 예견할 수 있는 경우임에도 만연히 이를 간과함과 같은 거의 고의에 가까운 현저한 주의를 결여한 상태를** 의미한다(대법원 2003.12.26. 선고 2003다13307 판결 등 참조).65)

---

63) 대법원 2014.4.24. 선고 2012다36340, 36357 판결.

64) 대법원 2010.1.28. 선고 2007다82950, 82967 판결. 대법원은 이 점을 바탕으로 '한국토지공사는 이 사건 대집행을 위탁받은 자로서 그 위탁범위 내에서는 공무원으로 볼 수 있으므로 이 사건 대집행을 실시함에 있어서 불법행위로 타인에게 손해를 입힌 경우에도 위 법리에 따라 고의 또는 중과실이 있는 경우에만 손해배상책임을 진다'고 본 원심 판단에 손해배상책임의 요건에 관한 법리를 오해한 잘못이 있다고 판시하였다.

65) 대법원 2011.9.8. 선고 2011다34521 판결: 공무원이 내부전산망을 통해 공직후보자에 대한 범죄경력자료를 조회하여 공직선거 및 선거부정방지법 위반죄로 실형을 선고받는 등 실효된 4건의 금고형 이상의 전과가 있음을 확인하고도 그 공직선거 후보자용 범죄경력조회 회보서에 이를 기재하지 않은 사안에서, 공무원의 중과실을 인정하여 국가배상책임 외에 공무원 개인의 배상책임까지 인정한 원심판단을 수긍한 사례이다. 반면, 유치원생이 귀가 도중 교통사고로 사망한 사안에서, 담임교사가 귀가에 관한 일정한 조치를

1. 공무원이 직무 수행 중 불법행위로 타인에게 손해를 입힌 경우에 국가나 지방자치단체가 국가배상책임을 부담하는 외에 공무원 개인도 고의 또는 중과실이 있는 경우에는 불법행위로 인한 손해배상책임을 지고, 공무원에게 경과실이 있을 뿐인 경우에는 공무원 개인은 불법행위로 인한 손해배상책임을 부담하지 아니하는데, 여기서 공무원의 중과실이란 공무원에게 통상 요구되는 정도의 상당한 주의를 하지 않더라도 약간의 주의를 한다면 손쉽게 위법·유해한 결과를 예견할 수 있는 경우임에도 만연히 이를 간과함과 같은 거의 고의에 가까운 현저한 주의를 결여한 상태를 의미한다.
2. 공무원이 고의 또는 과실로 그에게 부과된 직무상 의무를 위반하였을 경우라고 하더라도 국가는 그러한 직무상의 의무 위반과 피해자가 입은 손해 사이에 상당인과관계가 인정되는 범위 내에서만 배상책임을 지는 것이고, 이 경우 상당인과관계가 인정되기 위하여는 공무원에게 부과된 직무상 의무의 내용이 단순히 공공 일반의 이익을 위한 것이거나 행정기관 내부의 질서를 규율하기 위한 것이 아니고 전적으로 또는 부수적으로 사회구성원 개인의 안전과 이익을 보호하기 위하여 설정된 것이어야 한다.[66]

3. 공무원 개인의 책임에 대한 법정책론적 고찰

(1) 법정책론의 과제로서 공무원 개인책임

대법원의 1996년 2월 15일자 전원합의체판결은 이례적으로 국가배상법상 공무원 개인책임의 인정여부를 둘러싸고 전개된 다양한 학설과 입법례뿐만 아니라 문제의 법정책적 측면을 상세히 검토하고 있다. 대법원이 공무원 개인책임의 법정책적 측면을 논의의 대상으로 삼은 것 자체는 탓할 바가 못 된다. 헌법의 규정과 국가배상법의 규정을 아울러 고찰할 때 공무원 개인책임의 문제를 해결함에 있어 결정적인 단서가 될 수 있는 법적 근거를 찾을 수 있는지 의문이 없지 않고 따라서 논의가 해석론적 수준을 넘어 그와 같은 법정책적 국면으로 이행되는 것은 불가피한 결과라고 할 수 있다.[67] 또한 최고법원으로서 일국의 법질서를 통일하고 향도해야 할 대법원의 법정책적 역할기대에 비추어 볼 때 이러한 논의방식은 오히려 바람직

취하는 등 유치원 교사로서 통상 요구되는 주의를 현저히 게을리 한 것으로 볼 수는 없다고 하여, 교사 개인의 손해배상책임을 부정하고 소속 지방자치단체의 손해배상책임만을 인정한 사례로 대법원 1996. 8.23. 선고 96다19833 판결을 참조.

66) 대법원 2011.9.8. 선고 2011다34521 판결. 김중권, 「공무원의 개인적 배상책임인정의 문제점에 관한 소고」, 『법률신문』 2012.1.26. 4002호(http://www.lawtimes.co.kr/LawPnnn/Pnnpp/Pnnpp Content.aspx?serial=999&m=pnnpp)를 참조.

67) 阿部泰隆(앞의 책, 65)도, 우리나라 헌법 제29조 제1항 단서와 같은 규정이 없는 일본의 법상황을 전제로 피해자로부터 공무원에 대하여 직접 배상을 구할 수 있는지 여부가 국가배상법상 명시되고 있지 않기 때문에 문제가 해석론으로서 논의되고 있으며, 또한 조문상 결정적인 근거를 찾을 수 없기 때문에 어느 정도 입법정책론과 접하게 된다고 서술하고 있다.

한 결과라고도 볼 수 있다. 대법원은 먼저 국가배상법의 입법목적을 "원래 국가 등은 그의 기관의 지위에서는 공무원을 통하여 행위를 하며 공무원이 그 직무상 한 행위의 효과는 국가 등에 귀속되지만, 공무원이 직무수행 중 위법행위를 저질러 타인에게 손해를 입힌 경우에도 그 효과(즉 배상책임)가 당연히 국가 등에게 귀속될 것인지가 문제가 되므로 우리 헌법 제29조 제1항 본문은 그 공무원으로 하여금 그 직무에 종사하도록 하였고 그 직무행위로 빚어진 이익의 귀속주체인 지위에 있으며 충분한 배상자력을 가지고 있는 국가 등이 피해자에 대하여 손해배상책임을 부담하도록 함으로써 국민의 재산권을 보장하려는 취지라고 할 것이고 이를 구체적으로 실현하기 위하여 제정된 것"이라고 설시하고 있다. 이 점에 관한 한 이론의 여지가 없을 것이다. 대법원은 여기서 한 걸음 더 나아가 "그런데 이 경우에 위법행위를 한 공무원 개인의 책임 문제는 국가배상책임과는 또 다른 문제로서 현대에는 사회가 발전함에 따라 공무원이 취급하는 사무가 다양하고 복잡하며 광범위하여 공무원의 직무상의 사소한 잘못으로도 막대한 손해가 발생할 수 있는데, 이러한 경우에도 언제나 공무원 개인에게 손해배상책임을 부담시킨다면 형평의 원칙에도 어긋나는 결과가 초래될 뿐만 아니라, 이로 인하여 공무원의 사기가 저하되고 공무원이 자기방위를 위하여 필요·적절한 공무조차 회피하는 태도를 취할 가능성이 크기 때문에 원활한 공무수행에 지장을 초래할 우려가 있는 반면, 다른 한편으로는 공무원의 직무상 위법행위로 인하여 손해가 발생한 경우에도 국가 등이 국가배상책임을 진다는 이유로 공무원 개인의 손해배상책임을 전적으로 배제하게 되면 공무원 개인책임을 통하여 공무원의 위법행위를 감시·억제하는 효과를 기대할 수 없기 때문에 공무원이 위법행위를 저지를 가능성이 커지는 부작용이 있을 수 있는 것"이며, "국가배상책임과 공무원 개인책임을 책임의 귀속주체의 측면에서 보면 각각 별개의 것이지만 피해자인 국민의 권리구제라는 측면에서 보면 상호보완적"이라고 전제한 후, "공무원 개인의 책임 범위를 정하는 문제는 피해자 구제뿐만 아니라 공무원의 위법행위에 대한 억제, 안정된 공무 수행의 보장, 재정 안정 등 서로 상충되는 다양한 가치들을 조정하기 위하여 국가배상법상 어떠한 법적 장치를 마련할 것인가 하는 입법정책의 문제"라고 보았다. 그러나 이미 앞에서 살펴보았던 국내학설이나 비교법적 고찰의 결과에 비추어 볼 때 극히 타당한 대법원의 법정책론은 다음과 같은 논의에 이르러서는 간과할 수 없는 정책적 편향을 드러내고 있다.

> 국가배상법의 입법취지는 공무원의 직무상 위법행위로 타인에게 손해를 끼친 경우에는 변제자력이 충분한 국가 등에게 선임감독상 과실 여부에 불구하고 손해배상책임을 부담시켜 국민의 재산권을 보장하되, 공무원이 직무를 수행함에 있어 경과실로 타인에게 손해를 입힌 경우에는 그 직무수행상 통상 예기할 수 있는 흠이 있는 것에 불과하므로 이러한 공무원의 행위는 여전히 국가 등의 기관의 행위로 보

아 그로 인하여 발생한 손해에 대한 배상책임도 전적으로 국가 등에만 귀속시키고 공무원 개인에게는 그로 인한 책임을 부담시키지 아니하여 공무원의 공무집행의 안정성을 확보하고, 반면에 공무원의 위법행위가 고의·중과실에 기한 경우에는 비록 그 행위가 그의 직무와 관련된 것이라고 하더라도 위와 같은 행위는 그 본질에 있어서 기관행위로서의 품격을 상실하여 국가 등에게 그 책임을 귀속시킬 수 없으므로 공무원 개인에게 불법행위로 인한 손해배상책임을 부담시키되, 다만 이러한 경우에도 그 행위의 외관을 객관적으로 관찰하여 공무원의 직무집행으로 보여질 때에는 피해자인 국민을 두텁게 보호하기 위하여 국가 등이 공무원 개인과 중첩적으로 배상책임을 부담하되 국가 등이 배상책임을 지는 경우에는 공무원 개인에게 구상할 수 있도록 함으로써 궁극적으로 그 책임이 공무원 개인에게 귀속되도록 하려는 것이라고 봄이 합당할 것이다.[68]

대법원은 이와 같이 국가배상법의 입법취지를 '해석'하고 나서 이를 별개의견과 반대의견의 문제점을 지적함으로써 정당화하려고 시도했다. 즉 대법원은 별개의견에 대하여는 "만일 이렇게 해석하지 아니하고 국가배상법 제2조 제2항은 공무원의 국가 등에 대한 구상책임에 관한 것일 뿐 공무원 개인의 피해자에 대한 책임과는 전혀 무관하다고 하면서 공무원이 직무집행상의 경과실로 타인에게 손해를 입힌 경우에도 공무원 개인이 피해자에 대한 손해배상책임을 부담하여야 한다고 해석한다면, 피해자가 공무원 개인을 상대로 손해배상을 청구하면 공무원 개인이 그 배상책임을 부담하게 되지만 국가 등을 상대로 국가배상을 청구하면 그 책임을 이행한 국가 등으로서는 공무원 개인에게 이를 구상할 수 없어 궁극적으로 공무원 개인은 책임을 부담하지 아니하게 되는바, 이러한 결과는 피해자의 임의적 선택에 따라 그 배상책임의 궁극적 귀속자가 달라지게 된다는 점에서 불합리할 뿐만 아니라 경과실의 경우에는 공무원 개인의 책임을 궁극적으로 면제시켜 공무원으로 하여금 안심하고 적극적으로 공무를 수행하도록 하려는 입법의도도 실현할 수 없게 되므로 이러한 해석은 타당하다고 할 수 없다."라고 지적하는 한편, 반대의견에 대하여는 "국민에게 봉사하여야 할 공무원이 고의나 중대한 과실로 국민에게 손해를 끼친 경우에도 공무원 개인이 아무런 배상책임을 지지 아니한다는 해석을 취한다면 공무원의 직무를 빙자한 불법행위를 감시·억지할 수 없고 아무런 합리적 이유 없이 공무원을 과잉보호하는 부당한 결과를 초래할 우려가 있다."라고 반박한 것이다.

여기서 읽을 수 있는 대법원판결(다수의견)의 논리구조는 국가배상법 제2조 제1항 본문 및 제2항의 입법취지를 어떻게 해석하느냐에 따라 이러저러한 부당한 결과가 발생할 수 있으므로, 고의·중과실의 경우에만 공무원 개인책임을 인정하려는 취지로 해석해야만 그러한 부당한 결과를 회피할 수 있다는 것이다. 그렇다면 별개의견이나 반대의견을 취할 경우 과연

---

68) 대법원 1996.2.15. 선고 95다38677 판결.

그러한 부당한 결과가 나타나며 또 그 결과는 회피할 수 없는 것인지, 나아가 다수의견을 취하면 과연 합당한 결과가 생기는지가 문제되어야 한다. 이것은 실은 법률문제이기에 앞서 사실문제이며 또 아직은 충분히 과학적인 검증을 거치지 못한 문제이기도 하다. 과연 공무원 개인책임을 인정하면 직무수행의 위축효과가 발생하는가? 공무원의 개인책임을 인정하는 결과 나타날지도 모르는 위축효과를 그 책임이 인정되는 범위를 고의·중과실에 국한시킴으로써 의미 있게 완화시킬 수 있는가? 다수의견이 지적하는 바와 같이 경과실의 경우에 피해자에 대한 공무원 개인의 책임을 인정한다고 해석하면 피해자의 임의적 선택에 따라 그 배상책임의 궁극적 귀속자가 달라지게 되어 불합리하게 된다 하더라도 그 결과는 치유되거나 다른 방법에 의해 해소될 수 없는 것인가? 이 모든 의문들은 바로 공무원 개인책임이 가지는 법정책적 효과에 관한 문제들이다.

(2) 공무원 개인책임의 법정책적 효과

국가가 배상책임을 지는 것과 별도로 공무원 개인이 피해자에게 직접 자기의 행위로 인한 배상책임을 지도록 해야 하는가 하는 문제는 헌법해석의 차원에서 해결되어야 할 문제이지만 동시에 고도의 정책적 판단을 요하는 문제이기도 하다. 가령 지방자치단체의 재정규모가 확대되는 가운데 각종개발사업의 인허가를 담당하는 일선공무원들이 그 직무상의 잘못으로 언제나 피해자에 대해 직접 배상책임을 추궁당할 수 있다고 한다면 이는 직무수행의욕을 감퇴시킴은 물론 경우에 따라서는 이른바 '복지부동'을 강요하는 결과가 될 수도 있기 때문이다. 그러나 이러한 효과는 객관적으로 검증되지 않은 하나의 가능성에 지나지 않으며, 공무원 개인책임의 법정책적 효과는 훨씬 다양하고 복잡하다. 다음의 표는 공무원 개인책임을 부정하는 경우, 고의·중과실에 한하여 인정하는 경우 그리고 전면적으로 인정하는 경우 기대되는 효과를 요약해서 보여 주기 위한 것이다. 다만 이 표에 나타난 기대효과들은 객관적·일반적으로 판명된 기대효과가 아니라 공무원 개인책임에 관한 기존의 학설들이 주장하고 있는 이유들로서, 그 자체가 하나의 연구와 검증의 대상 또는 가설일 뿐이다. 가령 시대·사회적 상황이나 민주화의 정도, 공직의 정착도, 공무원의 직종이나 업무의 성질, 공무원의 보수, 업무수행에의 열성(motivation) 등 다양한 요인에 따라 그 기대효과의 내용이나 강도가 달라질 수 있기 때문이다.

표에서 볼 수 있는 바와 같이 공무원 개인책임의 인정여부 및 범위에 관하여 어떠한 입장을 취하느냐에 따라 그 법정책적 효과 면에서 다양한 결과가 기대될 수 있다. 표에서는 각각의 학설별로 기대효과를 '+', '−', '±'로 표시하여 이를 수치화하여 종합적 평가결과를 비교했다. 그러나 이러한 종합적 평가는 실은 유보적인 가능성만을 의미할 뿐 그 자체로서 각

<각 학설의 법정책적 기대효과의 비교>

기대효과 \ 학설	부정설	제한적 긍정설	전면긍정설
피해구제(피해자 입장)	±(0)	+(1)	++(2)
위법의 억지・제재	−(-1)	+(1)	++(2)
위축효과(부작위로의 도피현상)의 방지	++(2)	+(1)	−(-1)
구상권과의 균형유지	−(-1)	±(0)	−(-1)
남소의 폐단억제	++(2)	+(1)	−(-1)
부담의 공평유지	−(-1)	++(2)	+(1)
종합	+(1)	++++++(6)	++(2)

※阿部泰隆,『國家補償法』, 65 이하를 참조하고 필자의 견해를 덧붙여 작성한 것임.

학설의 법정책적 우열을 판가름해 주는 요인이 될 수 없다. 가령 제한적 긍정설은 그 법정책적 기대효과 면에서 가장 우수한 것으로 나타나고 있으나 만일 그 기대효과의 중요한 부분이 제대로 발휘되지 못한다면 그 같은 종합적 평가는 유지될 수 없게 될 것이기 때문이다. 따라서 이러한 도식은 각 학설이 내세우는 법정책적 논거를 역으로 검증해 나가기 위한 하나의 작업가설로서의 의미를 가질 뿐이다.

앞에서 살펴본 바와 같이 우리나라의 경우에는 대법원의 판례가 전면긍정설에서 부정설로, 다시 제한적 긍정설로 변천해 왔다는 사실이 위 표에서 열거된 법정책적 기대효과 중에서 측정가능한 변수들을 각 시기별로 분석해 볼 만한 유리한 여건으로 작용할 수도 있다. 그러나 공무원 개인책임에 관한 판례변천이나 각 시기별 판례의 입장이 과연 어떠한 인과관계를 통하여 각 변수에 영향을 미쳤는지를 밝혀내기에는 많은 난점이 있을 뿐만 아니라 공무원들이 실제로 이러한 판례변천을 얼마나 인식했으며, 그것이 공무원의 직무수행의 양태에 영향을 미치는 의미 있는 요인이 될 수 있었는지, 그리고 현실적으로 그러한 영향을 미쳤는지를 알 수 없다는 데 불가피한 제약이 있는 것도 사실이다. 위 표에서 제시된 각 기대효과의 내용을 검토해 보면 다음과 같다.

① 피해구제(피해자의 입장)

여기서 피해구제란 발생한 손해(정신적 손해를 포함)를 금전적으로 전보하는 것을 말한다. 이러한 의미의 피해구제에 관한 한, 충분한 배상자력을 지닌 국가로부터 배상을 받을 수 있고 또 공무원 개인책임이 인정된다고 해도 이는 어디까지나 선택적 청구가 가능하다는 것일 뿐 피해자에게 이중배상을 허용하자는 것은 아니므로, 부정설과 다른 학설 간에는 실질적인 차이가 없는 것으로 보일 수도 있다. 또 이 점은 부정설이 적극 내세우는 논거이기도 하다.

그러나 자세히 들여다보면 이러한 주장이 피상적이라는 것이 쉽사리 드러난다. 피해자에게 주어진 배상의 가능성이라는 측면에서 볼 때 국가배상책임은 경우에 따라서는 개인책임보다 훨씬 불편하고 또 불리한 방법이 될 수 있기 때문이다. 국가는 그 배상자력 면에서의 안정적이지만, 오히려 그 소송상 방어능력 면에서 월등 우월하다고 볼 수 있고 또 배상소송을 동태적으로 파악할 경우 국가등이 당해사건의 득실의 비용효과를 분석하지 않은 채 다른 일반적인 영향을 고려하거나 단지 당해공무원의 의지에 따라 조직의 총력을 기울여 소송을 수행하게 될 가능성도 충분히 예상할 수 있기 때문이다. 이 점은 특히 국가가 국가배상으로 인한 예산의 절감을 위하여 적극적 방어정책으로 나올 경우 중요한 변수가 될 수 있다. 또한 공무원에 대한 직접청구를 허용하면 절차도 간단하고 배상심의위원회를 거칠 필요도 없으며 국가배상법의 배상기준적용도 받지 않기 때문에 피해자에게 유리하다는 측면이 있는 것도 사실이다.[69] 무엇보다도 공무원이 자기소유의 차량으로 공무를 집행하던 중 사고를 내 타인에게 피해를 입힌 경우 피해자는 보험회사로부터 손쉽게 전액배상을 받을 수 있다는 이점도 있다.

그러한 배경에서 대법원은 공무원이 자동차를 운행하여 공무집행을 하던 중 사고로 타인을 사상케 한 경우 앞에서 소개한 판례와는 달리 그 공무원 개인이 고의·중과실이나 경과실 여하를 불문하고 자동차손해배상보장법에 의한 개인책임을 진다고 판시했다.[70] 물론 이 경우는 자동차손해배상보장법이라는 특별법규정을 이유로 한 것이지만, 실제로 개인책임을 추궁하는 것이 피해자의 입장에서 더 편의롭고 유리할 수 있다는 점을 보여 주는 간접적인 예라 할 수 있다. 참고로 자동차손해배상보장법 제3조는 자동차운행자가 그 운행으로 말미암아 타인의 사상을 야기한 경우에는 동조 각 호의 규정에 의한 예외적인 경우[71]를 제외하고는 무과실책임을 지도록 하고 있어, 가해운전자인 공무원 개인 역시 이 규정에 의하여 과실이 없어도 동조 각 호의 사유를 입증하지 못하는 한, 손해배상책임을 지는 것이 당연한 결과이므로, 대법원의 판결은 타당하다고 본다.

이렇게 볼 때 피해자의 입장에서 볼 때 각 학설은 피해구제 면에서도 차별적인 결과를 가져온다는 점을 알 수 있다. 제한적 긍정설은 전면적 긍정설에 비해 경과실만 있는 경우에는 개인책임을 추궁할 수 없다고 보기 때문에 그 한도 내에서 피해자에게는 국가배상청구의 상대방이 제한되는 결과가 되며 위에서 지적한 점이 그대로 적용되게 된다.

---

69) 김철수, 『헌법학개론』, 박영사, 1995, 618-619 및 618 각주 1.
70) 대법원 1996.3.8 선고 94다23876 판결.
71) 각주 3)과 같음.

② 위법의 억지 · 제재

공무원의 개인책임을 (전면적으로든 제한적으로든) 인정함으로써 위법행위가 억지될 수 있으며, 국가배상제도의 목적은 단순히 피해구제에만 있는 것이 아니라 위법행위에 대한 제재에도 있는 것이므로 공무원의 개인책임은 그 위법행위에 대한 법치주의적 제재로서 당위성을 갖는다는 것이 공무원 개인책임을 긍정하는 학설의 논거가 되고 있다. 공무원 개인책임을 인정함으로써 과연 공무원의 위법행위를 억지할 수 있는지, 어느 정도로 또 어떠한 방식으로 억지하게 되는지는, 그것이 과학적으로 입증되지 않는 한, 일률적으로 단정할 수 없다. 특정 기간 동안 구체적인 상황에서 과연 그러한 기대가 얼마나 실증적으로 뒷받침될 수 있는지는 현재로서는 미지수이기 때문이다. 가령 우리나라의 경우 전면긍정설을 취한 판례가 유지되던 기간 중에 발생한 공무원의 위법행위의 빈도나 정도가 판례가 갑자기 부정설로 선회한 이후 현저히 늘거나 악화되었다는 증거는 없을 뿐만 아니라 그러한 변화의 추이가 측정될 수 있다 하더라도 그것이 공무원 개인책임의 인정여부나 인정범위와 상관성을 갖는지는 미지수이기 때문이다. 그러나 공무원이 자기의 직무집행상의 위법행위에 대한 개인적 책임을 지게 되고 또 그러한 사실을 스스로 또는 공무원교육을 통하여 인식할 수 있다면 일반적으로 위법행위를 억지하는 효과가 나타날 것이라고 기대할 수 있을 것이다. 이러한 가정은 우리의 사회통념과도 부합한다. 다만 공무원 개인의 책임을 고의 · 중과실에 한하여 인정하는 경우 그 위법행위의 억지효과가 과연 유의미하게 차별적으로 나타날지는 불분명하다. 반면 불법행위제도(특히 국가배상법)의 목적이 손해의 전보인가, 위법행위의 억지인가 또는 그 두 가지 모두인가 하는 것은 일응 입법정책적인 선택의 문제처럼 보이지만 실은 헌법과 국가배상법의 관련 규정들의 해석을 통해 판단되어야 할 문제이며, 위법행위에 대한 제재의 문제 역시 사실적 기대효과가 아니라 법치국가원칙의 당위적인 요구라 할 수 있다. 이렇게 본다면 결국 위법의 억지 · 제재란 공무원이 자기의 직무집행상의 위법행위에 대한 개인적 책임을 지게 될 것이라는 예측가능성이 확보될 때 가시화될 수 있는 기대효과로서, 헌법과 국가배상법의 관계규정의 취지 및 법치국가원칙의 당위적 요구에 의해 뒷받침되는 규범적 측면을 지닌 변수임을 확인할 수 있다.

③ 위축효과의 방지

공무원의 개인책임을 인정하게 되면 공무원의 직무수행의 위축을 가져온다는 주장은 부정설이나 제한적 긍정설이 내세우는 가장 중요한 근거의 하나이다. 이러한 위축효과－부작위로 도피할 위험의 대표적인 형태가 이른바 '복지부동'현상이라 할 수 있다.

> 우리는 지금 공무원들에게 배전의 분발과 솔선적 개혁노력을 기대하고 요구한다. 공무원들이 과도기적 난국을 헤쳐 나가는 데 선봉이 되어 주기를 기대한다. 그러나 공무원들은 폭증된 역할기대와 행동요청에 오히려 역행하는 반발전적 행태를 보인다는 비판을 받고 있다. 정부는 그러한 부정적 행태를 집향해서 '복지부동'(伏地不動)이라 부르고 있다. …… 복지부동이란 엎드려 눈치만 살피고 '개혁바람', '사정한파'(司正寒波)가 지나가기를 기다리면서 움직일 생각을 하지 않는다는 말이다. 그것은 일하지 않고 살아남는 무사안일주의적·보신주의적 행태이다. 그것은 업무수행의 외형만 꾸미고 직무수행의 질과 내실은 소홀히 하는 형식주의이며 양적(量的) 복종주의이다. 그것은 피동적 무책임주의이다. 그것은 온갖 불만을 앞세워 정부시책에 소리 없이 저항하는 행태이다. 공직의 행동규범을 어기고 부패를 저지르는 등 적극적으로 '잿밥을 챙기는' 행위도 복지부동의 한 국면으로 보아야 한다.[72]

복지부동은 공무원 개인책임이 전면적 또는 부분적으로 인정됨에 따라 발생할 수 있다고 주장되는 '위축효과'의 가장 단적인 표현이라 할 수 있다. 복지부동의 원인에 관한 한 행정학적 연구는 조직구조의 집권화·공식화, 적당주의풍토, 처벌위주의 감사제도(상황요인), 정의(情誼)주의, 형식주의, 가족주의(개인요인) 및 직종 등의 의미 있는 요인들을 식별했고, 이중 상황요인이 개인요인보다 2~3배 강한 것으로 나타났으며, 복지부동의 개선을 위해서는 관료의 의식개혁보다는 조직구조나 제도개혁이 더욱 효과적이라는 사실을 밝혔다.[73] 이는 복지부동이니 위축효과니 하는 현상을 공무원 개인책임이라는 단일 변수에 의해 설명할 수 없다는 사실을 간접적으로 말해 준다. 물론 공무원 개인책임이라는 요인이 복지부동에 기여할 수는 있을지 모르지만, 과연 얼마나 어떠한 경로를 통해 기여하는 것인지는 현재로서는 미지수라고 할 수밖에 없다.[74] 특히 공무원의 개인책임을 전면적으로 인정하는 경우와 고의·중과실에 한하여 인정하는 경우 그 위축효과가 유의미하게 차별적으로 나타날지는 더 더욱 불분명하다.

④ 구상권과의 균형유지

국가배상법은 제2조 제1항 본문에 의하여 국가가 배상책임을 진 경우 당해 공무원이 고의 또는 중대한 과실이 있는 때에는 국가 또는 지방자치단체가 그 공무원에게 구상할 수 있도록

---

72) 오석홍, 『한국의 행정』, 경세원, 1995, 235-236.

73) 김호정, 「한국관료행태의 결정요인」, 『한국행정학보』 28권 4호, 1994 겨울, 1255-1277. 이 연구는 복지부동에 관련된 행태로 보신적 안일행태, 형식적 행태, 권위적 행태를 들고(1259), 행정공무원들에 대한 설문조사를 통하여 복지부동의 원인이 되는 상황변수들을 비교분석한 것이다.

74) 반면 阿部泰隆(앞의 책, 67)은 위축효과를 과학적으로 입증하기는 어렵지만 인간의 행동원리에 비추어 일응 예상될 수 있는 것이라고 한다. 실례로 일본의 공립학교 교사는 국가배상법상 개인책임은 추궁당하지 않지만 사회적 책임을 추궁받게 되어 부작위로 도피하기 쉬운 것으로 인식되고 있다고 한다.

하고 있다(§ 2 ②). 이것은 공무원이 국가 등에게 고의 또는 중대한 과실로 국가배상책임을 발생시킨 이상 그 공무원에 대해 구상(Rückgriff, Innenregreß, action récursoire)을 할 수 있게 하는 것이 손해부담의 공평을 기하는 길이 된다는 견지에서 인정된 것이다(求償留保: Rückgriffsvorbehalt).[75] 고의 · 중과실은 국가 등의 구상권행사를 위한 요건인 동시에 고의 또는 중과실이 있는 경우에만 구상책임을 지운다는 점에서 구상책임의 성립범위를 제한하는 기능을 한다. 즉 그것은 구상제한(Rückgriffslimit)의 요인이라 할 수 있다.[76] 고의 또는 중과실의 개념은 앞에서 본 바와 같이 민법상의 그것에 따르며 중과실이란 사회통념상 요구되는 주의의무의 위반의 정도가 특별히 중대한 경우를 말한다. 그것은 가장 용이하고 누구나 시인할 수 있는 정도의 주의조차 기울이지 않은 경우를 말한다. 즉, 조금만 주의를 하였다면 사고를 일으키지 않을 수 있었다고 판단되는 경우이다.

구상권과의 균형을 유지해야 한다는 것은 제한적 긍정설의 가장 유력한 논거가 되어 왔다. 앞서 인용한 대법원의 전원합의체판결에서 다수의견은 "국가배상법 제2조 제2항은 공무원의 국가 등에 대한 구상책임에 관한 것일 뿐 공무원 개인의 피해자에 대한 책임과는 전혀 무관하다고 하면서 공무원이 직무집행상의 경과실로 타인에게 손해를 입힌 경우에도 공무원 개인이 피해자에 대한 손해배상책임을 부담하여야 한다고 해석한다면, 피해자가 공무원 개인을 상대로 손해배상을 청구하면 공무원 개인이 그 배상책임을 부담하게 되지만 국가 등을 상대로 국가배상을 청구하면 그 책임을 이행한 국가 등으로서는 공무원 개인에게 이를 구상할 수 없어 궁극적으로 공무원 개인은 책임을 부담하지 아니하게 되는바, 이러한 결과는 피해자의 임의적 선택에 따라 그 배상책임의 궁극적 귀속자가 달라지게 된다는 점에서 불합리할 뿐만 아니라 경과실의 경우에는 공무원 개인의 책임을 궁극적으로 면제시켜 공무원으로 하여금 안심하고 적극적으로 공무를 수행하도록 하려는 입법의도도 실현할 수 없게 되므로 이러한 해석은 타당하다고 할 수 없다."라고 판시했다.

⑤ 남소의 폐단 억제

공무원의 개인책임을 전면적 또는 제한적으로 인정할 경우 피해자로부터 소송이 남발될 우려가 있는 것은 사실이다.[77] 그로 인하여 소송으로 인한 비용이 증가되고 공무의 능률이 떨어지는 결과가 발생할 수도 있다. 이것은 주로 부정설의 입장을 뒷받침하는 논거가 된다. 제한적 긍정설도 이를 논거로 동원할 수 있으나 공무원이 경과실을 범했는지 아니면 중과실 ·

75) 공무원의 내부적 책임(Innenhaftung)으로는 이러한 구상책임 말고도 공무원법상의 변상책임 등 여러 가지가 있음은 물론이다.

76) Fritz Ossenbühl, *Staatshaftungsrecht*, S.98, § 10 2.

77) 阿部泰隆, 앞의 책, 68-69.

고의를 범했는지는 소송을 통해서야 비로소 확인될 수 있는 것이라는 점을 고려할 때 공무원의 개인책임을 고의·중과실에 국한시킬 때 그러한 효과를 기대할 수 있을지 불분명하므로, 제한적 긍정설이 이를 주장하는 데에는 한계가 있다. 과연 공무원 개인책임을 인정할 경우 남소의 폐단이 나타나며, 이를 부정하면 그러한 폐단을 막을 수 있다는 사실을 뒷받침할 객관적인 증거는 없다. 이는 국민의 법의식과 소송에 대한 태도에 따라 달라질 수 있는 문제로서, 현재로서는 미지수이다.

⑥ 부담의 공평 유지

긍정설은 국가 등이 언제나 충분한 배상자력을 가지고 있으므로 피해자구제에 문제가 없다고 주장하는 부정설을 정태적이고 피상적인 견해라고 비판한다. 오히려 국가나 지방자치단체는 충분한 자력을 가지고 있기 때문에 당해사건의 승패에 따른 비용효과를 분석하지 않고 다른 일반적인 영향을 이유로 또 당해공무원의 의지에 따라 조직의 총력을 기울여 소송을 계속함으로써 자신의 입장을 방어하려 들 가능성이 있으며 그 자력이나 소송수행능력 면에서 피해자보다는 월등 우월한 위치에 있기 때문에 원고가 소송에 지쳐 패소할 가능성도 적지 않다고 한다.[78] 이와는 달리 공무원 개인을 피고로 할 수 있다면 그 자력이나 소송수행능력 면에서 대등한 경우가 일반적일 것이므로 원고가 승소 또는 화해 등을 통하여 소기의 목적을 달성할 기회가 늘어나게 된다는 것이다. 반면 부정설의 입장에서는 공무원 개인책임을 인정하면 소송을 통하여 일종의 공무원 '이지메'(いじめ), 즉 공무원 '괴롭히기' 현상이 발생할 수도 있으며 또 그로 인하여 공무원이 소송에 지쳐 화해를 한 경우 국가나 지방자치단체에 역구상해도 그 스스로 화해한 것이기 때문에 배상액을 반환받을 보장이 없게 되는 불합리한 결과가 나타날 것이라고 반박한다. 그러나 이들 대립되는 어떤 주장도 과학적·객관적으로 증명된 것은 아니다. 이들은 모두 가정적 상황을 전제로 한 논거들이기 때문이다.

⑦ 종합

이제까지 살펴본 것처럼 앞의 표에서 제시된 각 학설의 기대효과를 종합하여 평가하는 데에는 많은 가정과 유보가 따른다. 따라서 각 학설의 법정책적 기대효과의 총합은 그 자체로서는 종국적인 의미를 가지지 못하며, 각 학설이 내세우는 논거의 전제조건이 충족되는 경우에만 의미를 발휘할 수 있을 뿐이라는 것을 다시금 음미할 필요가 있다. 이러한 견지에서 볼 때 잠정적으로 제한적 긍정설이 바람직한 법정책적 효과를 기대할 수 있는 방향이며, 부정설은 그 법정책적 기대효과가 가장 작다고 볼 수 있을 것이다. 이러한 판단의 궁극적인 타당성

78) 阿部泰隆, 앞의 책, 69.

은 문제의 법정책적 효과를 실증적으로 조사 · 연구함으로써만 밝혀질 수 있음은 물론이다.

4. 소결

이제까지의 논의를 통해 우리는 다음과 같은 결론에 도달한다. 즉 해석론상으로나 법정책론상으로나 부정설은 설득력이 약하며, 문제는 공무원 개인책임을 전면적으로 인정할 것인가 아니면 고의 · 중과실의 경우에 한하여 인정할 것인가로 모아지고 있다. 제한적 긍정설과 전면긍정설간의 핵심적 쟁점은 무엇보다도 국가배상법 제2조 제2항의 구상권규정을 어떻게 이해할 것인가에 있다. 공무원의 개인책임을 고의 · 중과실에 한정하지 않고 경과실에도 인정하는 전면적 긍정설은 구상권규정과의 균형을 기할 수 없다는 문제점을 지니고 있는 것이 사실이다. 그러나 그렇다고 구상권제도의 본래취지에 비추어 볼 때 그러한 문제가 치유될 수 없는 것이라고는 말할 수 없다. 대법원의 다수의견에서 지적한 피해자의 임의적 선택에 따라 그 배상책임의 궁극적 귀속자가 달라지게 된다는 불합리한 결과는 오히려 경과실에 대하여 공무원 개인책임(선택적 청구권)을 인정하는 경우에도 배상책임을 진 공무원이 다시 국가에 대하여 국가배상법 제2조 제2항을 근거로 국가에 대한 구상관계에서 경과실면책을 주장하여 국가에게 구상할 수 있다고 봄으로써 해소될 수 있기 때문이다. 그렇게 해도 국가가 자기책임으로서 국가배상책임을 지는 것인 이상, 대법원이 우려하는 바와 같은 문제점, 즉 피해자의 임의적 선택에 따라 그 배상책임의 궁극적 귀속자가 달라지게 되며, 경과실의 경우 공무원 개인의 책임을 궁극적으로 면제시켜 공무원으로 하여금 안심하고 적극적으로 공무를 수행하도록 하려는 입법의도도 실현할 수 없게 된다는 결과는 회피될 수 있기 때문이다. 공무원 개인책임의 문제는 그야말로 '선택적' 청구권의 문제이다. 그것은 종국적으로 누가 책임을 지느냐 하는 문제가 아니라 피해자가 가해공무원에 대해서도 직접 손해배상을 청구할 수 있느냐 하는 문제이다. 가해공무원이 피해자에게 배상책임을 진 경우 그에 따라 발생하는 당해 공무원과 국가 간의 문제, 즉 구상문제는 이와는 일단 별개의 문제이다.

구상권은 비단 국가의 공무원에 대한 권리로서뿐만 아니라 공무원의 국가에 대한 권리로서도 구체화될 수 있다. 현행법상 개인책임을 진 공무원에게 국가에 대한 구상권을 인정할 수 있는가에 관하여는 국가배상법 제2조 제2항 같은 명문의 규정은 없으나, 국가배상법 제2조 제2항을 반대해석하면 경과실의 경우 구상권을 행사할 수 없으므로 경과실의 경우 공무원이 개인책임을 진 경우에는 당해 공무원이 이를 국가에 대하여 구상할 수 있다는 해석도 가능하다. 이는 행정과 공무원, 공무원과 행정의 상호관계(rapport réciproque)에 있어 구상소송(actions récursoires)을 인정하고 있는 프랑스에서의 구상권이해와 상통하는 점이다.

'콩세유데타'의 1963.4.26. 브장쏭 지방병원판결[79]은 직무수행으로부터 분리될 수 있는 개인과실(faute personnelle détachable de l'exercice de ses fonctions)을 범하지 않았는데도 민사법원에 의해 배상판결을 선고받은 공무원에게 배상액전보청구권, 즉 행정에 대한 구상권을 시인하였다. 이 판결에서는 이미 민사법원의 판결에 의해 공무원의 피해자에 대한 개인책임이 인정되었다는 사실이 전제되고 있으므로 그 한도 내에서 사실상 선택적 청구권이 인정된 것과 마찬가지의 결과가 되었다. 경과실의 경우 배상책임을 진 공무원이 국가에 대해 구상을 한다는 것은 경과실의 경우 공무원이 개인책임을 지지 아니한다는 것과는 같지 않으며, 오히려 경과실의 경우에도 선택적 청구가 가능하다는 것을 의미하는 것으로 볼 수 있기 때문이다.

문제는 공무원이 국가에 대하여 또는 국가가 공무원에 대하여 구상권을 행사하는 경우 그 구상이 전액구상을 의미하는지 아니면 행위자의 배상책임에 대한 기여, 즉 책임부담부분에 상응하는 범위 내에서의 구상을 의미하는지에 있는데, 이 점에 관한 한 헌법이나 국가배상법은 아무런 명시적 규정을 두고 있지 않다. 그러나 구상권제도는 본래 자기의 귀책사유에 속하지 않는 배상액을 되돌려 받도록 한다는 원인자책임의 논리에 따른 것이므로, 자신의 부담부분을 넘는 부분에 관하여는 이를 국가로부터 또는 공무원 개인으로부터 구상받을 수 있다고 해석하는 것이 타당하다. 이 점은 공무원의 고의·중과실에 의해 국가배상책임이 성립하는 경우에도 마찬가지로 적용되어야 한다. 즉 고의·중과실의 경우 공무원이 개인책임을 진 경우에도 자기의 부담부분을 넘는 부분에 대해서는 국가에 대하여 구상을 요구할 수 있다고 보아야 한다. 또한 국가가 공무원에 대해 구상하는 경우에도 당해 공무원은 자기의 부담부분을 넘는 부분에 대해서는 국가의 구상권이 성립하지 않는다고 항변할 수 있다고 보는 것이 타당하다. 만일 공무원이 고의에 의해 직무상 불법행위를 범한 경우에는 공무원 개인이 전부 책임을 지게 될 개연성이 크다고 볼 수 있을 것이다. 한편 국가배상법 제2조 제2항은 '공무원이 고의 또는 중대한 과실이 있는 때에' 국가 또는 지방자치단체는 그 공무원에게 구상할 수 있다고만 규정할 뿐 구상권행사를 의무화하고 있지는 않다. 즉 국가 등의 구상의무(Rückgriffspflicht)는 성립하지 않으며[80] 구상권은 하나의 가능성에 불과하다. 물론 이 규정을 목적론적으로 해석할 때 국가 등은 그 예산보전의 견지에서 특별한 사정이 없는 한 구상

79) C.E. Sect. 1963.4.26., Centre hospitalier régional de Besançon, Rec.243, concl. Chardeau: Gr.Ar., 479.

80) F. Ossenbühl, *Staatshaftungsrecht*, 4.Aufl., 1991, § 10, S.96; K.A. Bettermann, in: *Die Grundrechte* III/2, S.848; Prodomos Dagtoglou, in: R. Dolzer, K. Vogel, und K. Graßhof (Hrsg.), *Bonner Kommentar*, Art.34 Rn.348.

권을 행사하여야 한다고 볼 여지도 없지 않다. 또 고의나 중과실로 국가 등에게 배상책임을 발생시킨 공무원에 대해 그로 인한 책임을 부담하도록 하는 것이 공평의 원리에 부합된다고 볼 수 있다. 그러나 판례는 거꾸로 국가 등의 구상권행사를 신의칙상 상당성의 기준에 의해 제한하는 입장을 보이고 있다.

> 국가 또는 지방자치단체의 산하 공무원이 그 직무를 집행함에 당하여 중대한 과실로 인하여 법령에 위반하여 타인에게 손해를 가함으로써 국가 또는 지방자치단체가 손해배상책임을 부담하고, 그 결과로 손해를 입게 된 경우에는 국가 등은 당해 공무원의 직무내용, 당해 불법행위의 상황, 손해발생에 대한 당해 공무원의 기여정도, 당해 공무원의 평소 근무태도, 불법행위의 예방이나 손실분산에 관한 국가 또는 지방자치단체의 배려의 정도 등 제반사정을 참작하여 손해의 공평한 부담이라는 견지에서 신의칙상 상당하다고 인정되는 한도 내에서만 당해 공무원에 대하여 구상권을 행사할 수 있다고 봄이 상당하다.81)

이러한 판례는 공무원이 고의나 중과실로 국가등에게 배상책임을 발생시키고도 구상책임에서 면제되는 불합리를 막아야 한다는 당연한 책임주의의 논리보다는 공무원을 예외 없이 국가 등에 대한 구상책임에 노출시킴으로써 자칫 공무원의 직무수행이나 사기를 위축시킬 수 있기 때문에 이를 구체적 타당성의 기준으로 완화할 필요가 있다는 정책적 고려를 우선시킨 결과라고 할 수 있다. 물론 이러한 판례의 태도에도 일리가 없지는 않다. 국가배상책임과 관련하여 정부가 공무원의 고의 또는 중과실을 이유로 구상권을 행사하는 것이 공무원에 대해 위법억지의 기능을 가질 수 있는지 여부는 불확실하다. 그러한 결과는 이론적으로는 충분히 가능하고 또 소망스럽기도 하다. 그러나 현실적으로 그러한 구상권의 행사가 이루어지고 있는지는 극히 부정적이다. 사실 우리나라의 구상권제도는 그것이 행사되는 경우가 드물기 때문에 거의 유명무실한 것으로 밝혀지고 있다.82) 일본이나 프랑스에서도 실제로 구상권이 행사된 예는 근소한 것으로 보고되고 있다.83)

이렇듯 전반적으로 저조한 구상권행사의 실태를 고려할 때 공무원이 고의나 중과실로 국가등에게 배상책임을 발생시키고도 구상책임을 면하게 되는 불합리한 결과가 생길 수 있다는 점을 확인할 수 있다. 물론 구상권행사의 요건이 구비된 경우 구상권행사를 강화하는 법정책적 노력이 이루어질 수도 있겠지만, 거기에는 위와 같은 판례의 태도에 비추어 한계가

---

81) 대법원 1991.5.10. 선고 91다6764 판결.

82) 김철용 교수의 조사에 따르면, 1991년 한 해 국가배상전체건수는 2,845건이었고(법무부, 『법무연감』 1992, 283) 이 중 구상권행사요건이 충족된 고의·중과실의 경우가 334건인데 구상권행사는 고작 2건에 불과했다고 한다(김철용, 「공무원개인의 불법행위책임」, 『판례월보』 290호, 1994, 31 각주 25).

83) 阿部泰隆, 앞의 책, 66; J. Rivero und J. Waline, a.a.O., n° 303.

있을 수밖에 없다. 현실적으로도 고의·중과실로 국가배상책임을 발생시킨 공무원에 대한 구상권의 행사에는 적지 않은 제약이 따르는 것도 사실이다. 실제로 공무원의 상대적으로 낮은 처우를 근거로 가해공무원의 처지에 대한 배려를 당연시하는 것이 공무원사회의 전반적 분위기임을 고려할 때 그러한 구상권행사의 확대를 기대하기는 곤란하다. 이와 같은 결과는 국가예산의 낭비를 초래할 뿐만 아니라 궁극적으로는 원인자책임원리에 의한 책임의 귀속 및 위법억지라는 구상권제도의 본래취지를 손상시킬 우려가 있다는 이유에서 시정을 요하는 문제라 할 수 있다. 그러나 여기서 인식해야 할 것은 그러한 구상권제도의 실태를 고려할 때 실현가능성이 희박한 구상권과의 균형을 유지해야 한다는 논거는 현실성이 박약하다는 사실이다.

사실 구상권제도는 단순히 손해분담의 공평을 기하기 위한 것만은 아니다. 구상제도는 오히려 일종의 징계적 성격을 아울러 지니고 있기 때문이다.

프랑스에서는 이른바 구상소송의 독자성(L'autonomie des actions récursoires)이 인정되고 있으며, 이에 따라 구상관계에 관한 소송은 공법원리의 적용대상이며 또 그 당연한 결과로서 행정재판소의 관할에 속하는 것으로 나누어시고 있다. 이러한 구상소송의 독자성은 공무원의 국가에 대한 책임뿐만 아니라 국가의 공무원에 대한 책임이 전적으로 공역무의 내적 기능과 그 구성원과의 관계를 위태롭게 한다는 데 이유를 둔 것으로 이해되고 있다.[84] 그런 까닭에 공무원의 국가에 대한 소송과 국가의 공무원에 대한 소송은 피해자의 국가배상소송의 연장으로서가 아니라 행정과 공무원을 상호적 관계(rapports réciproques)로 결부시키는 고유한 법에 의하여 수행될 수 있다고 보는 것이다. '콩세유데타'(C.E.)는 이러한 소송들을 사법상 불법행위책임에 준하는 배상책임의 전통적 법리에 의해 판단하기보다는 오히려 특히 공역무의 조직과 선량한 행정의 필요를 고려하고 있으며, 이들 소송에 일종의 징계절차와 같은 성격(coloration disciplinaire)을 부여하고 있다고 한다.[85] 물론 이러한 징계절차적 성격은 직무수행으로부터 분리될 수 있는 개인과실(faute personnelle détachable de l'exercice de ses fonctions)을 범하지 않았는데도 민사법원에서 배상판결을 선고받은 공무원이 행정에게 그 배상액의 전보를 청구한 경우[86]에는 인정되지 않는다.

이와 같이 구상권제도를 일면 원인자책임원리에 의한 책임귀속의 형평과 타면 공무원의 위법행위에 대한 제재의 필요에 취지를 두는 것으로 이해한다면 국가배상법 제2조 제2항의 규정을 근거로 선택적 청구권을 고의·중과실의 경우에 한하여 인정한 제한적 긍정설이나

84) Gr.Ar., n°83, 28 Juill.1951, Laruelle et Delville, p.479.
85) 같은 곳.
86) '콩세유데타'의 1963.4.26. 브장쏭 지방병원판결(C.E. Sect. 1963.4.26., Centre hospitalier régional de Besançon, Rec.243, concl. Chardeau: Gr.Ar., 479).

대법원의 1996년 2월 15일자 판결이 부당하다는 결론에 한걸음 더 가까이 접근할 수 있게 된다.

한편 1996년 2월 15일자 대법원판결의 다수의견은 피해자가 헌법 제29조 제2항, 국가배상법 제2조 제1항 단서 소정의 공무원으로서 위 단서조항에 의하여 법률에 정해진 보상 외에 국가배상법에 의한 배상을 청구할 수 없는 경우에도 마찬가지의 법리를 인정했다. 즉 대법원은 "헌법 제29조 제2항은 군인, 군무원, 경찰공무원, 기타 법률이 정한 공무원(이하 '군인 등'이라 한다)의 경우 전투, 훈련 등 직무집행과 관련하여 받은 손해에 대하여 법률이 정하는 보상 외에 국가 등에 대하여 공무원의 직무상 불법행위로 인한 배상을 청구할 수 없도록 규정하고 있고 국가배상법 제2조 제1항 단서도 이를 이어받아 이를 구체화하고 있지만 이는 군인 등이 전투, 훈련 등과 관련하여 받는 손해에 한하여는 국가의 손해배상을 인정하지 아니하고 법률이 정한 보상만을 인정함이 타당하다는 헌법적 결단에 의한 것이기 때문"이라고 판시하고 있다. 이에 대하여는 헌법 제29조 제2항의 법정신을 손상시키는 결과가 된다는 비판이 제기되었으나, 그러나 일국의 최고법원이 위헌으로 판정한 법률조항87)이 곧 헌법개정을 통해 헌법의 자리를 찬탈하고 들어앉았다는 수치스런 헌법사적 배경을 지닌 헌법 제29조 제2항의 법정신(?)보다는 그 경우 국가배상책임이 배제되었음에도 불구하고 공무원 개인책임이 성립할 수 있다는 법리적 결과가 시사하는 바를 주목할 필요가 있다. 그것은 다름 아니라 공무원 개인책임이 국가배상책임의 성립여부에 절대적으로 의존하는 것은 아니라는 사실이다.

Ⅴ. 결론

이제까지의 논의를 통하여 우리는 법해석론과 법정책론 모든 면에서 공무원 개인책임, 즉 선택적 청구권은 고의·중과실이나 경과실을 불문하고 인정되는 것으로 보는 것이 옳으며, 다만 경과실의 경우 공무원이 개인책임을 진 경우에는 국가배상법 제2조 제2항의 규정을 구상책임의 경과실면제의 보장으로 반대해석하여 공무원 개인이 국가에 대해 자신의 부담부분을 넘는 부분에 대한 구상권을 행사할 수 있도록 함으로써 공무원이 그 직무집행행위로 인한 직접적 손해배상책임에 노출됨으로 인하여 발생할 수 있는 법정책적 문제점과 구상책임과의 불균형을 해소할 수 있다는 사실을 확인할 수 있었다. 물론 공무원이 그의 위법한 직무수행의 결과 자칫 피해자로부터 직접 손해배상청구를 당할 가능성을 인정함으로써 그 직무수행의 의욕과 사기를 저하시킬 수 있다는 우려에도 충분한 현실적 근거가 있다.88) 일면 경과실

87) 대법원 1971.6.22. 선고 70다1010 전원합의체 판결.

의 경우에는 국가배상법 제2조 제2항에 의해 공무원의 구상책임이 면제되는 데 반해 피해자에 대한 개인책임은 인정되게 된다는 불균형한 결과와, 타면 경과실면책을 규정한 국가배상법 제2조 제2항의 입법취지를 고려하여 선택적 청구권을 고의·중과실의 경우에 한정하는 견해도 그런 이유에서 법해석론적 차원에서보다는 법정책론적 차원에서 현실적인 타당성을 갖는다. 그러나 이러한 견해 역시 공무원보호라는 현실적·정책적 이유를 바탕으로 법률의 규정에 의하여 헌법규정의 의미를 부당하게 제한하는 것이라는 비판으로부터 자유롭지는 못하다.[89] "법률이 정하는 바에 의하여 국가 또는 공공단체에 정당한 배상을 청구할 수 있다." 라는 헌법 제29조 제1항 본문의 규정에 의해 주어진 입법권자의 입법적 형성의 자유는 "이 경우 공무원 자신의 책임은 면제되지 아니한다."라고 규정한 같은 조 단서에 의해 제약을 받는 것이다. 앞에서 이미 살펴본 바와 같이 경과실(輕過失)의 경우 공무원 개인의 책임을 면제해 줄 정책적 필요성은 부인할 수 없을지라도 이는 경과실면책을 인정할 명문의 법적 근거가 없는 이상, 헌법 및 법률의 개정 등 입법적 해결책을 통해서만 관철될 수 있으며, 따라서 해석론상으로는 공무원의 개인책임을 전면적으로 인정하지 않을 수 없다. 경과실의 경우 공무원 개인책임을 인정하는 데 따르는 구상책임과 선택적 청구 간의 불균형이나 직무수행의 위축이나 사기저하 등과 같은 문제는 경과실의 경우 배상책임을 진 공무원에게 국가에 대한 구상권을 인정하거나, 국가배상제도를 합리적이고 효율적인 손해전보제도로 개선하여 민사상 손해배상책임제도에 대해 우월한 경쟁력을 갖추도록 하려는 입법적 노력을 통하여 또는 가해공무원의 책임을 민사소송을 통해 추궁하는 데 따르는 책임재산보전의 문제나 과실의 입증 등과 관련된 법적 불편을 통한 국가배상법에 의한 해결책을 이용하도록 유인하는 방법에 의해 해소되어야 하지,[90] 위법행위를 한 공무원의 피해자에 대한 면책을 인정함으로써 회피될 것은 아니라는 점을 인식할 필요가 있다.

> 한편 입법론으로는 오히려 국가책임을 공무원의 주관적 과실, 즉 주의의무 위반여부에 의존시키는 종래의 접근방식이 이미 한계를 드러냈다는 사실을 직시하여, 과실을 프랑스의 객관화된 과실개념, 즉

---

88) 김철용, 「공무원개인의 불법행위책임」, 『판례월보』 290호(1994), 31. 그런 이유에서 미국의 경우 적지 않은 주에서 공무원의 불법행위에 대한 개인책임을 고의, 악의, 오직 등의 사유가 존재하는 경우에 한하여 인정하는 고의주의를 취하고 있으며 과실주의를 취하는 경우에도 대위지불제도에 의하여 고의·악의 등이 없는 공무원은 최종적인 배상책임을 부담하지 않게 되는 경우가 많다고 한다. 즉 공무원에게 고의가 없는 한 명목상으로는 몰라도 실질적으로는 공무원에게 개인책임을 묻지 않는 것이 대세라고 보아도 지장이 없다는 것이다(植村榮治, 앞의 책, 146-147).

89) 동지 각주 48).

90) 이로써 현실적으로 피해자의 입장에서는 배상자력이 충분한 국가로부터 배상을 받는 것이 더 안전하고 편의롭다는 인식이 국민에게 공유될 수 있다.

'faute'와 같은 흠[瑕疵]으로 바꾸고, 국가작용으로서의 흠 외에 직무수행과 관련하여 개인의 귀책사유가 인정되는 경우에는 그에 상응하는 개인적 배상책임을 물을 수 있는 체제로 전환해야 할 것이다. 개인의 귀책사유에 관하여는 이를 국가배상법 제2조 제2항과 균형을 고려하여 고의·중과실로 한정하는 것이 바람직할 것이다.[91)]

이제까지의 논의를 통하여 국가배상책임과 공무원 개인책임의 문제가 비단 법해석론의 문제일 뿐만 아니라 법정책적 접근을 필요로 하는 문제라는 사실을 인식할 수 있었다. 반면, 문제의 법정책적 측면에 대한 행정학이나 정책학으로부터의 기여는 극히 빈곤한 수준에 머물러 있다. 그 이유는 우선 기존의 행정학·정책학이 공법에서 제기되는 문제를 제대로 인식하지 못했다는 데서 찾을 수 있을 것이다. 그러나 법학과 행정학·정책학의 학제적 접근이 이루어지지 않았다면, 그것은 무엇보다도 공법학이 법학적 방법론의 한계를 직시하지 못했고 따라서 그와 같은 법적 문제의 정책적 측면에 관한 문제를 제기할 수 없었다는 데 책임을 돌려야 할 것이다. 행정학이나 정책학 진영에서도 그와 같은 학문적 협동의 요구는 거의 응답되지 않았다. 결국 공무원 개인책임의 문제는 바로 그런 학문적 협동이 필요한 대표적인 문제영역임에도 주로 공법학에서만 다루어졌던 것이다. 앞으로 이 같은 문제들에 대한 법학과 행정학·정책학의 공동노력이 이루어지기를 기대한다.

91) 이렇게 한다면 국가배상법 제5조와 제2조의 차이는 상대적으로 완화되며, 민법상 불법행위책임과의 연혁적 관련이나 사용자책임과의 연관도 그만큼 엷어지는 결과가 될 것이다. 국가배상법 제5조에 의한 영조물책임은 이를 공무원의 직무집행과 결부되지 않는 순수한 객관적 무과실책임으로 살려 나가는 것이 바람직하다고 본다.

제36장
군인 · 경찰의 국가배상배제: 이중배상(?)의 금지*

Ⅰ. 쟁점

군인 · 군무원 · 경찰공무원 등 위험성이 높은 직종에 종사하는 공무원이 시설이나 작전상 안전관리 미비로 사고를 당하는 일이 종종 일어난다. 그런데 가령 군인이 훈련 중 수류탄을 잘못 투척해 동료 군인들이 죽고 다쳤고 우연히 그 부근에 있던 민간인도 중상을 입는 사고가 일어난 경우, 민간인은 국가를 상대로 배상을 청구할 수 있지만 죽고 다친 군인들은 배상을 받을 수 없다는 결과를 받아들일 수 있을까? 그 경우 군인은 훈련 중 피해를 입어도 배상을 받을 수 없는데, 국가배상법 제2조 제1항 단서 때문이다. 군인 · 군무원 · 경찰공무원 또는 향토예비군대원이 전투 · 훈련 등 직무 집행과 관련하여 전사 · 순직하거나 공상을 입은 경우, 본인이나 그 유족이 다른 법령에 따라 재해보상금 · 유족연금 · 상이연금 등의 보상을 지급받을 수 있을 때에는 손해배상을 청구할 수 없다는 규정 때문이다. 이 법률조항은 필경 위헌이리라 의문을 가지지만, 헌법에도 대동소이한 제29조 제2항이 있다. 위헌시비조차 원천봉쇄(?)되어 있다니 어찌된 일일까?

헌법 제29조 제2항은 "군인 · 군무원 · 경찰공무원 기타 법률이 정하는 자가 전투 · 훈련등 직무집행에 관련하여 받은 손해에 대하여는 법률이 정하는 보상 외에 국가 또는 공공단체에 공무원의 직무상 불법행위로 인한 배상은 청구할 수 없다."라고 규정하고 있다.[1] 이는 "과거

* 홍준형, 『행정법』, 법문사, 2017, 699-709; 홍준형, 「國家賠償法 第2條第1項但書에 대한 違憲訴願」, 『人權과 正義』 통권 제226호, 1995.6., 77-90을 토대로 수정 · 보완한 것임.

1) 김도창, 『일반행정법론(상)』, 청운사, 1993, 634 각주 16). 이는 영 · 미의 경우에도 또한 인정되는 제도라고 한다(영국 국왕소추절차법(CPA) § 10; 미국 연방사법법 FJC § 2680 J).

60년대에서 70년대 초에 걸쳐 논란이 많았던 이중배상문제를 헌법적으로 해결한 구헌법(1972년 헌법 § 26 ②; 1980년 헌법 § 28 ②)의 규정을 답습한 것”[2)]이다.

헌법 제29조 제2항의 규정은 속칭 ‘유신헌법’이라 이름 붙여진 1972년 헌법의 잔재이다. 본래 군인 등에 대한 국가배상청구권을 배제한 이 규정은 1967년 3월 3일의 국가배상법개정법률(법률 1899호) 제2조 제1항 단서에서 배태된 것이다.[3)] 1950년대 대두되기 시작한 전쟁피해의 보상문제는 특히 국군의 월남파병이 단행된 1960년대 월남전 전사상자수가 크게 증가함에 따라 국가배상소송이 폭주하게 되었다.[4)] 이에 정부는 국가배상으로 인한 과중한 재정 부담을 해소하기 위하여 국가배상법 개정을 단행하였다. 그러나 학계와 실무계에서 이 조항에 대한 위헌시비가 일고 급기야 이 조항은 대법원에 의해 위헌판결(대법원(전합) 1971.6.22. 선고 70다1010 판결)을 받았다. 이 판결은 적어도 제6공화국 이전까지는 유일무이한 위헌판결이었다. 그러나 이에 굴하지 않고 박정희정권은 헌법에 제26조 제2항이라는 명문의 조항을 신설함으로써 그 위헌시비를 원천 봉쇄하려고 시도했던 것이다.[5)] 즉 1972년의 유신헌법은 위헌판결을 받은 법률조항과 같은 내용의 제26조 제2항을 신설함으로써 대법원의 위헌판결을 계기로 싹트려던 법치주의의 맹아를 뿌리째 뽑아내고 말았다. 이처럼 세계헌법사상 유례없는 헌법의 자가당착은 당시 위헌의견을 냈던 9명의 대법원판사전원의 재임명탈락을 초래했고 나아가 총원의 36퍼센트에 달하는 151명의 판사들이 사법권독립을 외치면서 사표를 제출했던 사법사상 초유의 ‘사법파동’의 간접적인 원인이 되었다.[6)] 이것은 전도(顚倒)된 우리나라 법치주의의 위상을 적나라하게 보여 준 역사적 현실이었다. 일국의 최고법원에서 위헌으로 판정된 법률조항이 얼마 지나지도 않아서 헌법개정을 통해 헌법의 자리를 찬탈하고 들어앉음으로써 오늘날 법치주의의 가장 핵심적인 요소로 간주되는 법률의 헌법적합성의 원칙이 치명적으로 유린된 셈이다. 이러한 사실은 알만 한 사람들은 다 알면서도 그다지 거론되지 않다가, 최근 언론에서 헌법개정을 다루면서 ‘위헌 독소조항 유신 당시 헌법 돼 지금까지 남아 있다는 사실’이 부각된 바 있다.[7)] 이 문제가 헌법개정의 과제로 주목된 것은 만시지탄이지

---

2) 김도창, 위의 책, 633.

3) 대법원은 그 이전에는 군인사망급여의 지급과 국가배상책임의 경합을 인정하였다(대법원 1962.2.28. 선고 4294민상531 판결). 그러나 1967년 7월 11일의 67다1030 판결에서는 국가배상액에서 유족보상금을 공제한 조치는 정당하다는 태도를 보였다가 다시 이를 번복하여(이 사건판결을 폐기하여) 공무원연금법상의 유족급여액은 위자료산정에 있어 하나의 참작사유는 될 수 있으나 손해배상액에서 공제하여서는 안 된다고 판시한 바 있다.

4) 1966년에는 1959년에 비하여 무려 10배가 넘는 소송건수의 증가를 보였고 국가배상을 위하여 지출된 국고금도 10억 원을 초과하게 되었다고 한다.

5) 실제로 대법원은 1977년 6월 7일의 72다1359 판결에서 “국가배상법 제2조 제1항 단서의 규정이 구 헌법 제26조 기타의 헌법규정에 저촉되어 그 효력이 없다고 볼 수 없다.”라고 판시한 바 있다.

6) 이시윤 감사원장은 국가배상법 제2조 제1항 단서의 위헌판결을 둘러싼 당시의 상황을 회고하면서 “……그 파장으로 6공헌법에 의한 헌법재판소가 출범되기까지는 헌법재판은 완전히 막을 내렸으며 헌법재판 부재시대가 되었다. 돌이켜 이 사건이 당시에 용기 있었던 다수의견의 대법원판사들에게는 개인희생이었지만, 헌법 감각을 크게 깨우치게 하고 오늘의 헌법재판활성화의 밑거름이 되었음에 의심할 나위없는 역사적인 것이고 획기적인 것이다.”라고 기술한 바 있다(「국가배상법에 대한 감회」, 『고시계』, 1992.4., 13).

만 다행이라 하지 않을 수 없다.

위 헌법규정에 따라 국가배상법은 "군인·군무원·경찰공무원 또는 향토예비군대원이 전투·훈련 등 직무 집행과 관련하여 전사(전사)·순직(순직)하거나 공상(공상)을 입은 경우에 본인이나 그 유족이 다른 법령에 따라 재해보상금·유족연금·상이연금 등의 보상을 지급받을 수 있을 때에는 이 법 및 「민법」에 따른 손해배상을 청구할 수 없다."(§ 2 ① 단서)라고 규정하여[8] 이른바 '이중배상'(?)을 금지하고 있다.[9]

과연 이와 같은 국가배상책임배제조항을 어떻게 보아야 할까? 그 적용요건과 결과 등 해석·적용은 어떠해야 할까? 헌법개정이 이루지지 않는 한 헌법 제29조 제2항과 국가배상법 제2조 제1항을 둘러싼 학계와 실무계의 참담한 고심과 해석론적 긴장이 가시지 않을 것이라는 점에서 이 문제를 한국행정법의 주요 쟁점으로 주목하지 않을 수 없다.

Ⅱ. 국가배상법 제2조 제1항 단서에 의한 손해배상청구권의 배제

1. 적용요건

헌법 및 국가배상법 규정에 따라 국가배상법 및 민법에 따른 손해배상청구권이 배제되는 것은 ① 군인·군무원·경찰공무원 또는 향토예비군대원이, ② 전투·훈련 등 직무 집행과 관련하여 전사·순직하거나 공상을 입은 경우, ③ 본인 또는 그 유족이 다른 법령의 규정에 의하여 재해보상금·유족연금·상이연금 등의 보상을 지급받을 수 있을 때이다.

---

7) 『중앙일보』 2017년 9월 28일자 칼럼, 「[서소문 포럼] '개죽음' 45년, 유신 대못 45년」; 『중앙일보』 2017.9.22.기사 「[리셋 코리아] 군경은 국가배상 못 받는다, 45년 전 유신 조항 그대로」.

8) 종래에는 "군인·군무원·경찰공무원 또는 향토예비군대원이 전투·훈련 기타 직무집행에 관련하거나 국방 또는 치안유지의 목적상 사용하는 시설 및 자동차·선함·항공기·기타 운반기구 안에서 전사·순직 또는 공상을 입은 경우에 본인 또는 그 유족이 다른 법령의 규정에 의하여 재해보상금·유족연금·상이연금 등의 보상을 지급받을 수 있을 때에는 이 법 및 민법의 규정에 의한 손해배상을 청구할 수 없다."라고 규정하였으나, 2005년 7월 13일(법률 제7584호) 위와 같이 개정되었다.

9) 사실 '이중배상'이란 용어는 공무원의 직무상 불법행위로 인한 손해배상과 군인 등이 순직 또는 공상을 입은 경우에 지급되는 재해보상이나 연금 등은 서로 법적 성질을 달리하는 것이므로 정확한 표현이라 할 수 없다(허영, 『한국헌법론』, 1994, 554-555). 또한 헌법 제29조 제2항의 정당성 여부를 떠나 두 가지 제도를 '배상'으로 파악하는 것이 옳지 않음은 분명한다. 이중'배상'의 금지란 배상과 보상을 개념적으로 구별하는 한 적절한 용어라고 할 수 없으나, 여기서는 종래의 통상적 용어법에 따라 그렇게 부른 것이다.

(1) 인적 요건

손해배상청구권이 배제되는 인적 범위는 군인·군무원·경찰공무원 또는 향토예비군대원으로 제한되어 있다. 이들을 편의상 특수직공무원이라 부른다. 헌법 제29조 제2항은 공무원의 직무상 불법행위로 인한 배상이 배제되는 사람의 범위를 "군인·군무원·경찰공무원 기타 법률이 정하는 자"로 한정하고 있으나 국가배상법이 향토예비군대원을 추가한 것이다. 판례는 현역병으로 입영 후 전임되어 경비교도로 임용된 경비교도대원은 이에 해당하지 않는 것으로 보고 있다.[10)]

> 공익근무요원은 병역법 제2조 제1항 제9호, 제5조 제1항의 규정에 의하면 국가기관 또는 지방자치단체의 공익목적수행에 필요한 경비·감시·보호 또는 행정업무 등의 지원과 국제협력 또는 예술·체육의 육성을 위하여 소집되어 공익분야에 종사하는 사람으로서 보충역에 편입되어 있는 자이기 때문에, 소집되어 군에 복무하지 않는 한 군인이라고 말할 수 없으므로, 비록 병역법 제75조 제2항이 공익근무요원으로 복무 중 순직한 사람의 유족에 대하여 국가유공자등예우및지원에관한법률에 따른 보상을 하도록 규정하고 있다고 하여도, 공익근무요원이 국가배상법 제2조 제1항 단서의 규정에 의하여 국가배상법상 손해배상청구가 제한되는 군인·군무원·경찰공무원 또는 향토예비군대원에 해당한다고 할 수 없다.[11)]

한편 경찰공무원이란 경찰공무원법상의 그것을 말하는 것으로 해석되나, 판례는 비단 경찰공무원법상의 경찰공무원에 한하지 않고 의무경찰, 즉 전투경찰대설치법상의 전투경찰순경도 위 경찰공무원에 해당한다고 보고 있다.[12)]

입법권자가 법률에 의하여 손해배상청구권이 배제되는 인적 범위를 구체화하거나 확대하는 것은 헌법 제29조 제2항에 의하여 허용되지만, 그 경우에도 '기타 법률이 정하는 자'를 정하는 데에는 일정한 헌법적 제약을 받는다고 본다. 즉 입법권자는 "위험성이 높은 직무에 종사하는 자에 대하여는 사회보장적 위험부담으로서의 국가보상제도를 별도로 마련함으로써 그것과 경합되는 국가배상청구를 배제하려는"[13)] 헌법 제29조 제2항의 입법취지를 고려하여 같은 조항에 명시된 군인·군무원·경찰공무원과 마찬가지로 위험성이 높은 직종에 종사하

---

10) 대법원 1993.4.9. 선고 92다43395 판결; 대법원 1991.4.26. 선고 90다15907 판결(이에 대한 평석으로는 『법조』 40권 9호(420호), 1991.9., 108을 참조); 대법원 1990.4.25. 선고 90다카3062 판결; 대법원 1991.2.26. 선고 90다6460 판결; 대법원 1991.3.27. 선고 90다13383 판결; 대법원 1990.3.27. 선고 88다카3670 판결; 대법원 1991.1.11. 선고 90다9100 판결.

11) 대법원 1997.3.28. 선고 97다4036 판결.

12) 대법원 1995.3.24. 선고 94다25414 판결.

13) 대법원 1995.3.24. 선고 94다25414 판결.

는 자로서 손해배상청구권을 배제하는 것이 헌법 제29조 제2항의 입법취지에 적합하며, 또 이들에게 다른 법률이 정하는 보상의 가능성이 있는 경우에 한하여 법률로써 손해배상을 배제할 수 있다. 이러한 조건에 해당하지 않는 자에 대해서까지 손해배상청구권을 배제하는 것은 법률에 의해서도 허용될 수 없으며, 그러한 법률은 위헌임을 면할 수 없을 것이다.

(2) 손해발생의 태양에 관한 요건

헌법 및 국가배상법의 규정에 의한 특수직 공무원이 받은 모든 손해에 대하여 손해배상이 배제되는 것은 아니다. 손해배상이 배제되기 위해서는 이들 특수직공무원에 해당하는 자가 전투·훈련 등 직무 집행과 관련하여 손해를 받은 경우라야 한다. 헌법 제29조 제2항의 규정을 근거로 한 국가배상법 제2조 제1항 단서에 따르면 '전투·훈련 등 직무 집행과 관련하여 전사·순직하거나 공상을 입은 경우'에 한하여 손해배상청구권이 배제된다.

<전투·훈련 등 직무집행뿐만 아니라 일반 직무집행의 경우도 배상책임 제한되는지 여부>

2005년 7월의 개정 이전 국가배상법이 '전투·훈련 기타 직무집행에 관련하거나 국방 또는 치안유지의 목적상 사용하는 시설 및 자동차·선함·항공기·기타 운반기구 안에서 전사·순직 또는 공상을 입은 경우'라고 규정하고 있었기 때문에 이 조항이 손해발생의 태양을 군인, 군무원, 경찰공무원 기타 법률이 정하는 자가 전투, 훈련 등 직무집행과 관련하여 손해를 입은 경우로 규정한 헌법 제29조 제2항보다 범위를 확대한 것이어서 위헌이 아닌지 논란의 여지를 남기고 있었다. 이에 대하여 대법원은 "국가배상법에서 국방 또는 치안유지의 목적상 사용하는 시설 및 자동차, 함선, 항공기 기타 운반기구 안에서 사망하거나 부상한 경우 중 전사, 순직 또는 공상을 입은 경우에 한하여 그 배상청구를 제한하고 있어 결국 헌법 제29조 제2항에서 규정하고 있는 전투, 훈련 등 직무집행과 관련하여 사망하거나 부상을 입은 경우에 해당된다 할 것이므로, 국가배상법 제2조 제1항 단서가 헌법 제29조 제2항의 위임범위를 벗어났다고 할 수 없다."라고 판시함으로써 합헌이라는 입장을 보인 바 있다.[14)]

한편 국가배상법 제2조 제1항 단서의 '전투·훈련 등 직무 집행과 관련하여'라는 규정의 해석과 관련하여 전투·훈련이 아닌 일반 직무집행 중 순직했을 때는 보상금 외에 손해배상을 청구할 수 있지 않는가 하는 논란이 있었다. 그러나 대법원 2부(주심 양창수 대법관)는 국가배상법상 경찰공무원은 전투·훈련 이외에 일반 직무집행 중 순직한 때에도 이 조항에 따라 손해배상을 청구할 수 없다고 판시하였다. 대법원은 '경찰공무원 등에 대한 국가의 배상책임을 제한하는 것은 헌법 제29조 제2항에 따른 것이어서 국가배상법의 문구 개정으로 내용이 바뀌었다고 볼 수 없으며' '보훈급여금 등이 손해배상과 유사한 기능을 하는 면도 있으므로 국가 등의 배상책임을 면제하더라도 기본권을 과도하게 침해한다고 할 수 없으므로' 일반 직무집행에 관한 국가 등의 배상책임은 여전히 제한된다는 결론을 내렸다.[15)]

---

14) 대법원 1994.12.13. 선고 93다29969 판결.

15) 울릉도 파출소에서 근무했던 최모 순경(소외)이 2007년 12월 낙석사고 발생 신고를 받고 그 지점 주변

국가배상법(2005.7.13. 법률 제7584호로 개정된 것) 제2조 제1항 단서(이하 '이 사건 면책조항'이라고 한다)의 해석과 관련하여 ① 구 국가배상법(2005.7.13. 법률 제7584호로 개정되기 전의 것) 제2조 제1항 단서(이하 '종전 면책조항'이라고 한다)에 대하여 종래 대법원과 헌법재판소가 헌법 제29조 제2항과 실질적으로 내용을 같이하는 규정이라고 해석하여 왔고, 이 사건 면책조항은 "전투·훈련 등 직무집행"이라고 규정하여 헌법 제29조 제2항과 동일한 표현으로 개정이 이루어졌으므로 그 개정에도 불구하고 그 실질적 내용은 동일한 것으로 보이는 점, ② 이 사건 면책조항이 종전의 '전투·훈련 기타'에서 '전투·훈련 등'으로 개정되었는데, 통상적으로 '기타'와 '등'은 같은 의미로 이해되고 이 경우에 다르게 볼 특수한 사정이 엿보이지 않는 점, ③ 위 개정 과정에서 국가 등의 면책을 종전보다 제한하려는 내용의 당초 개정안이 헌법의 규정에 반한다는 등의 이유로 이 사건 면책조항으로 수정이 이루어져 국회를 통과한 점, ④ 이 사건 면책조항은 군인연금법이나 '국가유공자 등 예우에 관한 법률' 등의 특별법에 의한 보상을 지급받을 수 있는 경우에 한하여 국가나 지방자치단체의 배상책임을 제한하는데, '국가유공자 등 예우에 관한 법률'에 의한 보훈급여금 등은 사회보장적 성격을 가질 뿐만 아니라 국가를 위한 공헌이나 희생에 대한 응분의 예우를 베푸는 것으로서, 불법행위로 인한 손해를 전보하는 데 목적이 있는 손해배상제도와는 그 취지나 목적을 달리하지만, 실질적으로는 사고를 당한 피해자 또는 유족의 금전적 손실을 메꾼다는 점에서 배상과 유사한 기능을 수행하는 측면이 있음을 부인할 수 없다는 사정 등을 고려하면 이 사건 면책조항이 국민의 기본권을 과도하게 침해한다고도 할 수 없다는 점 등을 종합하여, 이 사건 면책조항은 종전 면책조항과 마찬가지로 전투·훈련 또는 이에 준하는 직무집행뿐만 아니라 일반 직무집행에 관하여도 국가나 지방자치단체의 배상책임을 제한하는 것이라는 원심의 해석 및 판단은 정당하다.[16]

손해배상이 배제되는 것은 '전투·훈련 등 직무 집행과 관련하여 전사·순직하거나 공상을 입은 경우'에 한한다. 이에 관하여 특히 판례상 문제된 것을 살펴보면 다음과 같다.

대법원은 경찰공무원이 숙직실에서 취침 중, 숙직실 방바닥 틈에서 새어 나온 연탄가스에 중독되어 사망한 사건에서 숙직실이 국가배상법 제2조 제1항 단서에서 말하는 전투훈련에 관련된 시설이 아니라는 이유로 원고(피해자의 유족)는 국가배상법상 손해배상을 청구할 수 있는 권리를 가진다고 판시했다.[17] 이에 대하여는 이 판결이 국가배상법 제2조 제1항 단

교통정리를 위하여 순찰차를 운전하여 그 사고현장 부근으로 가다가 산에서 떨어진 소형 차량 크기의 낙석이 순찰차를 덮침으로써 사망하자 최모 순경의 부모가 경상북도를 상대로 손해배상을 청구한 사건이다. 원심은 경찰공무원인 소외인의 사망은 지방자치단체인 피고의 도로에 관한 설치·관리상의 하자로 인하여 발생하였다고 판단하였다. 참고로 국가배상법 제2조 제1항 단서는 같은 법 제5조의 경우에 준용된다(국가배상법 § 5 ① 후단). 이 사건에서 1심 재판부는 "경상북도가 이 지역의 낙석 위험을 알고 있었지만 관리의무를 다하지 않았으므로 1억 6천여 만 원을 배상하라"며 원고 일부승소 판결했으나 2심은 "보훈급여 외에 별도의 손해배상을 청구할 수 없다."라며 원고패소의 판결을 선고했다.

16) 대법원 2011.3.10. 선고 010다85942 판결.

17) 대법원 1979.1.30. 선고 77다2389 판결.

서가 "국방 또는 치안유지의 목적상 사용하는 시설"이라고 명시한 것을 간과하고 있고, 보충의견 역시 군인 등의 국가배상청구를 금지한 취지를 무시하고 있다는 비판이 제기된 바 있다.[18)]

한편 대법원은 사병이 휴일에 내무반에서 상급자로부터 훈계를 받던 중 구타당하여 사망한 것은 구타에 사적인 감정이 다소 개재되어 있고 훈계권행사의 정도가 지나쳐 위법하다고 하여도 국가배상법 제2조 제1항 단서 소정의 직무집행과 관련한 순직에 해당한다고 보았고,[19)] 군 내무반에서 상급자로부터 분실된 보급품을 찾아보라는 지시를 받고도 이를 이행하지 않아 훈계를 받는 과정에서 폭행을 당하고 이로 인하여 사망한 경우도 국가배상법 제2조 제1항 단서 소정의 "순직"에 해당한다고 판시하고 있다.[20)] 대법원은 이러한 일련의 판결에서 군인의 사망이 국가배상법 제2조 제1항 단서 소정의 "순직"에 해당하는지 여부는 그 군인이 자기의 직무수행과 관련하여 피해를 입었는지 여부에 따라 판단하여야 할 것이고, 가해자인 군대 상급자의 구타행위 등이 그 징계권 또는 훈계권의 한계를 넘어 불법행위를 구성하는지 여부는 순직 여부를 판단하는 데 직접적인 관계가 없다고 판시하고 있다.[21)] 반면 대법원은 전투경찰대원이 국민학교 교정에서 다중범죄진압훈련을 일단 마치고 점심을 먹기 위하여 근무하던 파출소를 향하여 걸어가다가 경찰서소속 대형버스에 치어 사망한 경우 피해자가 그와 같은 경위로 도로 위를 걷는 것이 진압훈련과정의 일부라고 할 수 없고 또 그가 경찰관전투복을 착용하고 있었고 전투경찰이 치안업무 보조를 임무로 하고 있더라도 국가배상법 제2조 제1항 단서에서 말하는 전투, 훈련 기타 직무집행과 관련하여 사망한 것이라고 단정하기 어렵다고 판시한 바 있다.[22)]

(3) 다른 법령에 따른 보상 가능성

국가배상법 제2조 제1항 단서에 의하여 손해배상이 배제되는 것은 본인 또는 그 유족이 다른 법령의 규정에 따라 재해보상금 · 유족연금 · 상이연금 등의 보상을 지급받을 수 있을 때에 한한다. 가령 국가유공자예우등에관한법률 및 군인연금법의 각 보상규정은 여기서 말하

---

18) 김도창, 앞의 책, 634 판16.

19) 대법원 1991.11.26. 선고 91다14888 판결(이 판결에 대한 평석으로는『대법원판례해설』16, 605을 참조); 대법원 1980.12.23. 선고 80다1600 판결; 대법원 1991.8.13. 선고 90다16108 판결; 대법원 1992.12.22. 선고 92누6006 판결.

20) 대법원 1994.12.13. 선고 93다29969 판결; 대법원 1993.5.14. 선고 92다33145 판결; 대법원 1991.8.13. 선고 90다16108 판결.

21) 대법원 1994.12.13. 선고 93다29969 판결; 대법원 1993.5.14. 선고 92다33145 판결; 대법원 1991.8.13. 선고 90다16108 판결; 대법원 1988.10.11. 선고 88다카2813 판결.

22) 대법원 1989.4.11. 선고 88다카4222 판결.

는 "다른 법령의 규정"에 해당하며,[23] 본인이나 유족이 다른 법령에 따라 재해보상금·유족연금·상이연금 등의 보상을 지급받을 수 있는 한, 실제로 보상을 받았는지는 불문하는 것으로 해석된다.

<공무원연금법상 장해보상금지급제도와 이중배상의 금지>

구 공무원연금법(1982.12.28. 법률 제3586호로 개정되기 전의 법률) 제33조 내지 제37조 소정의 장해보상금지급제도와 국가배상법 제2조 제1항 단서 소정의 재해보상금 등의 보상을 지급하는 제도와는 취지와 목적을 달리하는 것이어서 두 제도는 서로 아무런 관련이 없다 할 것이므로 구 공무원연금법상의 장해보상금지급규정은 국가배상법 제2조 제1항 단서 소정의 '다른 법령의 규정'에 해당하지 아니하고, 따라서 경찰공무원이 구 공무원연금법의 규정에 의하여 장해보상을 지급받는 것은 국가배상법 제2조 제1항 단서 소정의 '다른 법령의 규정'에 의한 재해보상을 지급받은 것에 해당하지 아니한다.[24]

한편 대법원은 "다른 법령의 규정에 의하여 재해보상금·유족연금·상이연금 등의 보상을 지급받을 수 있을 때에는"이란 규정을 실질적으로 해석하여 파악하여 실제로 군인연금법 또는 국가유공자예우등에관한법률에 의하여 재해보상금, 유족연금, 상이연금 등 별도의 보상을 받을 수 없는 경우에는 국가배상법 제2조 제1항 단서가 적용되지 않는다고 판시하였고,[25] 이 같은 판례의 취지를 1997년 2월 14일의 판결에서 재확인한 바 있다.

1. 군인·군무원 등 국가배상법 제2조 제1항에 열거된 자가 전투, 훈련 기타 직무집행과 관련하는 등으로 공상을 입은 경우라고 하더라도 군인연금법 또는 국가유공자예우등에관한법률에 의하여 재해보상금·유족연금·상이연금 등 별도의 보상을 받을 수 없는 경우에는 국가배상법 제2조 제1항 단서의 적용대상에서 제외하여야 한다.
2. 군인 또는 경찰공무원으로서 교육훈련 또는 직무수행 중 상이(공무상의 질병 포함)를 입고 전역 또는 퇴직한 자라고 하더라도 국가유공자예우등에관한법률에 의하여 국가보훈처장이 실시하는 신체검사에서 대통령령이 정하는 상이등급에 해당하는 신체의 장애를 입지 않은 것으로 판명되고 또한 군인연금법상의 재해보상 등을 받을 수 있는 장애등급에도 해당하지 않는 것으로 판명된 자는 위 각 법에 의한 적용대상에서 제외되고, 따라서 그러한 자는 국가배상법 제2조 제1항 단서의 적용을 받지 않아 국가배상을 청구할 수 있다.[26]

---

23) 대법원 1994.12.13. 선고 93다29969 판결.
24) 대법원 1988.12.27. 선고 84다카796 판결.
25) 대법원 1996.12.21. 선고 96다42178 판결.
26) 대법원 1997.2.14. 선고 96다28066 판결.

판례는 같은 조에서 규정하는 별도의 보상에 관한 다른 법령의 적용대상이 된다 할지라도 가령 공상판정의 기준에 미달하는 등의 사유로 인하여 치료비보상 외에는 현실적으로 아무런 보상을 받을 수 없게 되는 경우에는 결국 피해자가 다른 법령에 의하여 보상을 받을 수 없음에도 국가배상법 제2조 제1항 단서 때문에 피해를 구제받을 수 없게 되는 불평등한 결과가 생기므로 이를 시정하려는 사법적극주의적・현실주의적 판단에 따른 것으로서 긍정적인 평가를 받아 마땅하다.

비슷한 맥락에서 최근 대법원은 전투・훈련 등 직무집행과 관련하여 공상을 입은 군인 등이 먼저 국가배상법에 따라 손해배상금을 지급받은 후 구 국가유공자법이 정한 보상금 등 보훈급여금의 지급을 청구하는 경우 피고로서는 국가배상법에 따라 손해배상을 받았다는 사정을 들어 보상금 등 보훈급여금의 지급을 거부할 수 없다고 판시하여 위와 같은 현실주의적 관점을 이어 가고 있다.

<국가배상법상 손해배상금 지급을 이유로 한 국가유공자법에 따른 보훈급여금 지급 거부처분 취소>

국가배상법 제2조 제1항 단서는 헌법 제29조 제2항에 근거를 둔 규정으로서, 「국가유공자 등 예우 및 지원에 관한 법률」(2013.5.22. 법률 제11817호로 개정되기 전의 것, 이하 '구 국가유공자법'이라 한다) 이 정한 보상에 관한 규정은 국가배상법 제2조 제1항 단서가 정한 '다른 법령'에 해당하므로, 구 국가유공자법에서 정한 국가유공자 요건에 해당하여 보상금 등 보훈급여금을 지급받을 수 있는 경우는 구 국가유공자법에 따라 '보상을 지급받을 수 있을 때'에 해당한다(대법원 1994.12.13. 선고 93다29969 판결, 대법원 2002.5.10. 선고 2000다39735 판결 참조). 따라서 군인・군무원・경찰공무원 또는 향토예비군대원(이하 '군인 등'이라 한다)이 전투・훈련 등 직무집행과 관련하여 공상을 입는 등의 이유로 구 국가유공자법이 정한 국가유공자 요건에 해당하여 보상금 등 보훈급여금을 지급받을 수 있는 경우에는 국가배상법 제2조 제1항 단서에 따라 국가를 상대로 국가배상을 청구할 수 없다고 보아야 한다.

그러나 이와 달리 전투・훈련 등 직무집행과 관련하여 공상을 입은 군인 등이 먼저 국가배상법에 따라 손해배상금을 지급받은 다음 구 국가유공자법이 정한 보상금 등 보훈급여금의 지급을 청구하는 경우 피고로서는 다음과 같은 사정에 비추어 국가배상법에 따라 손해배상을 받았다는 사정을 들어 보상금 등 보훈급여금의 지급을 거부할 수 없다고 보아야 한다.[27]

---

27) 대법원 2017.2.3. 선고 2014두40012 판결(보훈급여지급비대상결정처분취소): 구 국가유공자법상 지원공상군경 요건에 해당하는 원고가 이미 국가배상법에 따른 손해배상금을 지급받았음을 이유로 구 국가유공자법에 따른 보상금 등 보훈급여금의 지급을 거부한 피고의 보훈급여금 비지급결정의 취소를 구한 사건에서, 구 국가유공자법의 규정, 국가배상법 제2조 제1항 단서의 입법취지 및 구 국가유공자법이 정한 보상과 국가배상법이 정한 손해배상의 목적과 산정방식의 차이 등을 고려하면, 피고는 국가배상법에 따라 손해배상을 받았다는 사정을 들어 보상금 등 보훈급여금의 지급을 거부할 수 없다는 이유로 피고의 보훈급여금 비지급결정이 위법하다고 판단한 원심판결을 수긍한 사례.

반면 대법원은 헌법 제29조 제2항 및 국가배상법 제2조 제1항 단서의 입법 취지에 비추어 다른 법령에 의한 보상금청구권이 시효로 소멸된 경우는 국가배상법 제2조 제1항 단서 소정의 '다른 법령에 의하여 보상을 받을 수 있는 경우'에 해당하므로 국가배상청구를 할 수 없다고 판시한 바 있다.

> 국가 또는 공공단체가 위험한 직무를 집행하는 군인·군무원·경찰공무원 또는 향토예비군대원에 대한 피해보상제도를 운영하여, 직무집행과 관련하여 피해를 입은 군인 등이 간편한 보상절차에 의하여 자신의 과실 유무나 그 정도와 관계없이 무자력의 위험부담이 없는 확실하고 통일된 피해보상을 받을 수 있도록 보장하는 대신에, 피해 군인 등이 국가 등에 대하여 공무원의 직무상 불법행위로 인한 손해배상을 청구할 수 없게 함으로써, 군인 등의 동일한 피해에 대하여 국가 등의 보상과 배상이 모두 이루어짐으로 인하여 발생할 수 있는 과다한 재정지출과 피해 군인 등 사이의 불균형을 방지하고, 또한 가해자인 군인 등과 피해자인 군인 등의 직무상 잘못을 따지는 쟁송이 가져올 폐해를 예방하려는 데에 있고, 또 군인, 군무원 등 이 법률 규정에 열거된 자가 전투, 훈련 기타 직무집행과 관련하는 등으로 공상을 입은 데 대하여 재해보상금, 유족연금, 상이연금 등 별도의 보상제도가 마련되어 있는 경우에는 이중배상의 금지를 위하여 이들의 국가에 대한 국가배상법 또는 민법상의 손해배상청구권 자체를 절대적으로 배제하는 규정이므로, 이들은 국가에 대하여 손해배상청구권을 행사할 수 없는 것인바, 따라서 국가배상법 제2조 제1항 단서 규정은 다른 법령에 보상제도가 규정되어 있고, 그 법령에 규정된 상이등급 또는 장애등급 등의 요건에 해당되어 그 권리가 발생한 이상, **실제로 그 권리를 행사하였는지 또는 그 권리를 행사하고 있는지 여부에 관계없이 적용된다**고 보아야 하고…….[28]

2. 적용효과: 손해배상청구권의 배제

위와 같은 요건이 충족되면 피해자는 국가배상법 및 민법의 규정에 의한 손해배상을 청구할 수 없게 된다. 국가배상청구권의 성립 자체가 배제되기 때문에 국가의 손해배상책임을 전제로 법적 결과도 인정될 여지가 없다. 즉 국가가 손해배상책임을 진 것을 전제로 한 고의 또는 중과실이 있는 가해공무원에 대한 국가의 구상권행사나 피해자의 선택적 청구권의 문제가 발생할 여지가 없게 되는 것이다. 따라서 피해자가 군인·군무원·경찰공무원 또는 향토예비군대원의 신분을 갖는지 여부에 따라 가해공무원의 책임여부가 좌우된다는 불합리한 결

28) 대법원 2002.5.10. 선고 2000다39735 판결. 공상을 입은 군인이 국가배상법에 의한 손해배상청구 소송 도중에 국가유공자등예우및지원에관한법률에 의한 국가유공자 등록신청을 하였다가 인과관계가 없어 공상군경 요건에 해당되지 않는다는 이유로 비해당결정 통보를 받고 이에 불복하지 아니한 후 위 법률에 의한 보상금청구권과 군인연금법에 의한 재해보상금청구권이 모두 시효완성된 사례.

과가 나온다. 특히 앞에서 본 대법원의 판례에 따를 때, 군 내무반에서 구타나 얼차려 같은 가혹행위를 당해 사망한 경우에도 이는 국가배상법 제2조 제1항 단서에서 말하는 순직에 해당되기 때문에 국가나 가해자에 대하여 그로 인한 손해배상을 청구할 여지가 없게 되고, 가해자 역시 징계 등의 제재를 받을 수 있을 뿐, 국가배상책임의 성립을 전제로 한 국가에 대한 구상책임을 질 여지가 없다는 결과가 되는 것이다.

3. 국가배상법 제2조 제1항 단서의 적용요건에 관한 대법원의 판례

대법원은 국가배상법 제2조 제1항 단서가 앞에서 서술한 바와 같은 헌법적 추인을 받은 법현실에서 오는 부당한 결과를 회피하기 위하여 나름대로 '직무집행'의 개념을 엄격히 해석하려는 경향을 보여 왔고, 하급심의 판례 중에서도 그와 같은 성향이 엿보인다. 앞서 본 바와 같은 대법원의 판례 중 경찰공무원이 취침 중 숙직실 방바닥 틈에서 새어 나온 연탄가스에 중독되어 사망한 사건에서 숙직실이 국가배상법 제2조 제1항 단서에서 말하는 전투훈련에 관련된 시설이 아니라는 이유로 원고의 손해배상청구권을 인정한 것은 바로 그러한 판례경향을 확인시켜 준다.[29] 이 판결에는 공무원연금법상의 유족급여는 공무원에 대한 사회보장제도에 기하여 지급되는 것이고 손해배상과는 제도적 취지나 목적을 달리하는 것으로서 서로 아무런 관련이 없으므로 원고는 국가배상법에 의한 손해배상청구권을 가진다는 보충의견이 붙어 있다. 이에 대하여 국가배상법 제2조 1항 단서가 "국방 또는 치안유지의 목적상 사용하는 시설"이라고 명시한 것을 간과했고 나아가 보충의견 역시 군인 등의 국가배상청구를 금지한 취지를 무시하고 있다는 비판이 제기되었으나,[30] 이 판결의 다수의견이나 보충의견 공히 그 기본취지는 이중배상금지에 관한 현행법제도가 피해자구제에 장애가 되고 있다는 현실을 인식하고 이를 해석을 통해 완화시키려는 데 있는 것으로 이해된다. 특히 보충의견은 양제도가 그 취지나 목적을 달리하는 것이라는 점에 다시금 주의를 환기시키고 있다는 점에서 의의를 지닌다. 판례의 이 같은 경향은 대법원이 현역병으로 입대하여 교도소경비교도대로 배치되어 복무하다 구타로 숨진 자의 유족이 국가를 상대로 제기한 국가배상청구소송상고심에서 "현역병으로 입대했다 해도 교도대로 된 자는 군인신분이 아니어서 손해배상을 청구하는 것이 이중배상에 해당하지 않는다."라며 '국가유공자예우를 받고 있기 때문에 손해배상청구는 이중배상'이라고 주장한 국가의 상고를 기각한 판결을 통해서도 확인될 수 있다. 대

29) 대법원 1979.1.30. 선고 77다2389 판결.
30) 김도창, 앞의 책, 634 판16.

법원은 "교정시설교도대설치법 제3조 등 규정에 비추어 보면 현역병으로 입영 후 전임되어 경비교도로 임용된 자는 군인으로서의 신분을 상실하고 새로이 경비교도로서의 신분을 취득하게 되었다 할 것"이며 "경비교도가 전사상급여를 받는다든지, 원호와 가료의 대상이 된다든지, 사망자에 대해 국가보훈처가 국가유공자로 보고 사망급여금을 지급한다는 것만으로는 그 신분이 군경으로 되지는 않는다."라고 판시했다.[31)]

한편 하급심법원도 교통지도·단속 중 경찰차량에 의하여 충격 받아 뇌좌상·뇌부종 등의 상해를 입은 의무경찰이 제기한 국가배상청구소송에서 "원고는 전투경찰대설치법상의 전투경찰순경에 해당하는 자로서 위 전투경찰대설치법의 규정상 전투경찰순경은 군인의 직분을 상실하고, 군인과 다른 신분을 취득하여 군인이나 경찰공무원법상의 경찰공무원과는 구별되는 별도의 직분이므로 위 단서에 열거된 자들에 해당하지 아니하고, 그 처우에 있어서도 군인이나 경찰공무원에 준하는 취급을 받는다고 하여도 위 국가배상법 제2조 제1항의 규정은 제한적으로 해석함이 상당하므로 전투경찰순경에 대하여는 위 단서의 규정이 적용되지 아니한다 할 것이니 피고의 위 주장은 이유 없다."라고 판시함으로써 위 대법원의 판결과 유사한 맥락에서 국가배상법 제2조 제1항의 적용을 가급적 제한하려는 듯한 경향을 드러냈다.[32)] 그러나 대법원(민사2부: 주심 이용훈 대법관)은 이후 전투경찰로 복무 중 고참의 구타로 숨진 최모씨(당시 21세)의 유가족등 6명이 국가를 상대로 낸 손해배상 청구소송 상고심에서 "전투경찰은 일반공무원이므로 국가배상법에 따라 배상을 받아야 한다."라고 판결한 원심을 파기하여 사건을 서울고법으로 환송하면서, 다음과 같이 판시했다.

> 공무원의 국가배상청구권을 제한한 헌법 제29조 제2항은 그 입법취지가 위험성이 높은 직무에 종사하는 자에 대하여는 사회보장적 위험부담으로서의 국가보상제도를 별도로 마련함으로써 그것과 경합되는 국가배상청구를 배제하려는 것이고, 국가배상법 제2조 제1항 단서 소정의 "경찰공무원"은 위 헌법 규정을 그대로 이어받은 규정이며, 전투경찰순경이 경찰청 산하의 전투경찰대에 소속되어 대간첩작전의 수행 및 치안업무의 보조를 그 임무로 하고 있어서 그 직무수행상의 위험성이 다른 경찰공무원의 경우보다 낮지 않을 뿐 아니라, 전투경찰대법 제4조에서 경찰공무원의 일부조항을 준용하고 있는 점에 비추어 보면, 국가배상법 제2조 제1항 단서 소정의 "경찰공무원"이 "경찰공무원법상의 경찰공무원"에 한정된다고 단정하기 어렵고, 오히려 경찰업무의 위험성을 고려하여 "경찰조직의 구성원을 이루는 공무

31) 대법원 1993.4.9. 『법률신문』 1993.4.19. 제2면.

32) 서울민지판 1993.1.29. 선고 92가합25910 판결. 이러한 법원의 태도에 대해서는 관계법규정에 비추어 볼 때 '전경은 군인 또는 경찰공무원과 같은 신분이 아니기 때문에 국가배상청구권 행사를 할 수 있다는 논리는 무리'이며 '궁여지책으로 전경을 단서조항이 열거하고 있는 신분이 아니라고 하기보다는 전경을 포함한 군인 등의 국가배상청구권을 보장하기 위한 선결문제로서 국가배상법 제2조 1항 단서조항의 실질적 위헌을 주장했어야 한다'는 비판이 제기되었다(이상철, 『법률신문』 1993.4.5., 14면).

원"을 특별취급하려는 것으로 보아야 할 것이므로 전투경찰순경은 국가배상법 제2조 제1항 단서 소정의 "경찰공무원"에 해당한다고 보아야 할 것이다.[33)]

이 판결에서 대법원은 첫째, 국가배상법 제2조 제1항 단서 소정의 "경찰공무원"은 "경찰공무원법상의 경찰공무원"에 한정되지 않으며, 둘째, 전투경찰은 경찰청 산하의 전투경찰대에 소속되어 대간첩작전 등의 수행과 치안업무를 보조하는 등 위험한 일을 하는 만큼 국가배상법 제2조 제1항 단서가 규정하는 경찰공무원에 해당한다는 점을 분명히 함으로써 국가배상법 제2조 제1항 단서에 관한 전술한 판례경향으로부터 결별한 듯한 입장을 보여 주목되고 있다.

33) 대법원 1995.3.24. 선고 94다25414 판결. 최씨 등은 지난 92년 최군이 군에 입대, 부산지방경찰청과 기동대에서 근무하던 중 이듬해인 93년 2월 훈련을 제대로 받지 못했다는 이유로 김모 상경으로부터 가슴 등을 맞고 숨지자 소송을 냈었다(『동아일보』 1995.3.25.).

제37장

국회 · 법원의 불법행위에 대한 국가배상*

Ⅰ. 쟁점

법을 만드는 국회나 무엇이 법인지를 선고하는 법원 누구도 법 위에 있지는 않다. 그럼에도 불구하고 과거에는 입법과 사법의 잘못으로 피해를 입어도 국가에게 배상책임을 추궁한다는 발상 자체가 드물었고 이례적이었다. 그러나 오늘날 그와 같은 경우 국가가 책임을 면하도록 놔두어서는 안 된다는 생각이 폭넓게 공감을 얻기 시작했다. 그런 배경에서 국회의 입법작용이나 법원의 사법작용으로 피해를 입은 경우 국가에게 손해배상책임을 지울 수 있는지, 또 어떤 범위에서 인정될 것인지가 문제된다. 이에 관한 외국의 입법례를 살펴보면 나라마다 차이는 있으나 대체로 제한된 범위에서나마 사법작용이나 입법작용으로 인한 국가배상책임을 인정하는 경향을 보이고 있다.[1)] 우리나라의 경우, 입법작용이나 사법작용에 대한 국가배상책임이 인정될 수 있느냐 또는 어떤 범위에서 인정될 것이냐에 관해서는 별도의 특별규정이 없는 한, 국가배상법 제2조에 따라 해결할 문제이다.

---

* 홍준형, 『행정법』, 법문사, 2017, 709-714; 홍준형, 「인혁당 재건위원회 사건과 법관의 위법행위에 대한 국가배상 책임」, *JURIST*, 2002를 토대로 수정 · 보완한 것임.

1) H. Maurer, *Allgemeines Verwaltungsrecht*, 11.Aufl., C.H. Beck, 1997, § 25 Rn.49; Rivero, 374ff.; 塩野 宏, 『行政法 II』, 有斐閣, 1992, 233. 이에 관하여 상세한 것은 홍준형, 『행정구제법』, 도서출판 오래, 2012, 117-124를 참조. 그 밖에 『국가배상제도의 제문제』, 법무부, 1991, 553-584에 실린 서원우(「특수공무원의 국가배상책임」), 김남진(「입법 · 사법상의 불법과 국가책임」)을 참조.

Ⅱ. 입법작용과 국가배상책임

입법작용에 관해서는 입법행위 역시 공권력의 행사이므로 직무행위에 포함되며, 각각 법률의 경우에는 기본권 등 헌법상의 구속을 위반하거나 법률제정절차상의 중대한 하자가 있을 때, 법률하위명령의 경우에는 상위법규의 위배시, 그 공권력행사의 위헌·위법성이 인정될 수 있을 것이다. 다만 법률제정에 관해서는 이와 같이 직무행위 및 위법성에 관한 요건이 충족된다 하여도 국가배상법 제2조상의 '고의·과실'요건에 관해서는 난점이 있다. 즉, 법률에 의해 직접 권익침해가 이루어진 경우(이른바 처분법률: Maßnahmegesetz의 경우), 또는 입법부작위의 경우를 막론하고 과실요건을 충족할 수 있는가에 관하여 문제가 있다. 이에 관하여는 국가배상법 제2조상의 과실개념을 객관적으로 파악하여 입법작용의 객관적인 하자로 파악하거나, 합의제기관인 입법기관 전체로 보아서 법률제정에 참가한 국회의원 등의 헌법등 상위법준수의무 또는 헌법상 입법의무를 인식해야 할 주의의무의 대한 해태 등을 근거로 과실의 존재를 인정하는 해석론상의 가능성이 있으나 독일이나 프랑스의 경우에서 본 바와 같이 실제로 적용사례는 많지 않을 것이다. 김남진 교수 역시 우리나라 국가배상법의 해석적용에 있어 과실의 객관화 및 입증책임 완화 경향이 입법상의 불법행위책임을 인정함에 있어 유리하게 작용할 수 있으나 우리의 국가배상법이 명문으로 과실책임주의를 채택하고 있는 이상, 해석론을 통한 극복에는 한계가 있음을 시인하고 있다.[2] 따라서 궁극적으로는 이에 대한 국가배상법개정 또는 국회법개정 등을 통한 입법적 해결이 추구되어야 할 것이다. 주의할 점은 위헌적인 법률에 의거한 행정청의 구체적 처분에 의해 국민의 권익이 침해된 경우, 즉 위헌적 법률의 집행의 경우(sog. Beruhens-Fall)에는 앞서 논의한 공무원의 법령해석상의 주의의무가 인정될 수 있다면 그 한도 내에서, 국가배상책임이 성립할 수 있다고 볼 것이지만,[3] 이는 위헌적 입법 자체로 인한 국가배상책임이 아니라 오히려 위헌적 법률의 집행(행정작용)에 대한 국가배상책임의 문제라는 것이다. 위헌적 입법 자체에 의한 재산권침해에 대한 국가배상의 문제와 위헌적 입법에 의해 행해진 행정작용으로 인한 재산권침해에 대한 국가배상의 문제는 구별되어야 한다. 현행 국가배상법하에서 전자의 경우에는 국회나 국회의원의 고의·과실의 유무가 문제되는 데 비하여, 후자의 경우에는 위헌적 법률을 집행한 공무원의 고의·

2) 김남진, 『행정법의 기본문제』, 1990, 437.
3) 오쎈뷜에 의하면 이 경우 공무원이 위헌적인 법령을 그 위헌·위법성에도 불구하고 적용해야 하는지 아니면 그 적용을 거부할 권한(Verwerfungskompetenz)을 갖는지가 문제된다. 그는 형식적 법률, 법규명령, 행정규칙 및 조례 등 모두에 대하여 일률적으로 판단할 수는 없으나, 아무튼 분명한 것은 재판상 무효선언이 있기까지는 공무원이 그와 같은 합헌성·적법성이 의문시되는 법령을 적용했다고 해서 과실이 있다고는 할 수 없다고 한다(F. Ossenbühl, *Staatshaftungsrecht*, 4.Aufl., 1991, S.89, § 7 5. cc)).

과실이 문제되기 때문이다.

한편 서울민사지법 1992.8.28. 선고 91가합84035 판결에서는 1989년 12월 18일 위헌 결정을 받은 국가보위회의법 부칙 제4항에 근거하여 면직처분을 받은 국회사무처 및 국회도서관 근무자들이 제기한 손해배상청구소송에서 입법상 불법을 이유로 국가의 배상책임을 인정한 바 있다.[4)]

그러나 대법원은 국회의원의 입법행위가 국가배상법 제2조 제1항의 위법행위에 해당되는지 여부에 대하여 소극적인 입장을 취했다: “우리 헌법이 채택하고 있는 의회민주주의하에서 국회는 다원적 의견이나 각가지 이익을 반영시킨 토론과정을 거쳐 다수결의 원리에 따라 통일적인 국가의사를 형성하는 역할을 담당하는 국가기관으로서 그 과정에 참여한 국회의원은 입법에 관하여 원칙적으로 국민 전체에 대한 관계에서 정치적 책임을 질 뿐 국민 개개인의 권리에 대응하여 법적 의무를 지는 것은 아니므로, 국회의원의 입법행위는 그 입법 내용이 헌법의 문언에 명백히 위반됨에도 불구하고 국회가 굳이 당해 입법을 한 것과 같은 특수한 경우가 아닌 한 국가배상법 제2조 제1항 소정의 위법행위에 해당된다고 볼 수 없다.”[5)]

<입법부작위와 국가배상책임>

1. 우리 법은 공무원의 직무상 불법행위로 인하여 손해를 입은 민간인이 헌법 및 국가배상법 등에 근거하여 국가 또는 지방자치단체에 대하여 배상청구를 할 수 있도록 보장하는 제도를 계속 유지하여 왔는데, 비록 거창사건으로 인한 피해가 매우 중대하고 피해자의 범위도 넓어 상당한 특수성이 있기는 하지만, 거창사건 희생자들의 신원을 위한 진상규명이나 피해배상을 위하여 별도의 특별법을 제정하도록 규정한 헌법상 명시적인 입법위임은 존재하지 아니한다. 그렇다면 거창사건 희생자들의 사망에 관하여 현행 국가배상법의 규정보다 국가의 배상책임을 확대한다든가 혹은 이에 관하여 국가로 하여금 희생자 유족들에게 일정한 보상금을 지급하도록 규정하는 취지의 특별법을 제정할 것인지 여부는 원칙적으로 헌법상 국민의 대의기관으로서 국가의 예산안을 심의·확정하고 법률안을 의결하는 권한을 행사하는 국회(헌법 제49조, 제53조, 제54조 등 참조)와 집행기관으로서 국가 예산을 편성·집행하고 법률안을 공포하는 권한을 행사하는 대통령 및 행정부(헌법 제53조, 제54조, 제89조 등 참조)가 국민 전체의 여론과 국가재정 등을 종합적으로 고려하여 그 재량의 범위 내에서 정책적으로 판단할 문제로 보아야 하고, 6·25 사변을 전후하여 경북 문경이나 전남 함평 등 다른 지역에서 발생한 유사사건에 관한 법적 규율 등 제반 사정에 비추어 볼 때 헌법의 해석상 거창사건

---

4) 정하중,「입법상의 불법에 대한 국가책임의 문제: 서울민사지법 42부판결 91가합84035에 관련하여」,『사법행정』387호(1993.3.), 1993, 한국사법행정학회, 4 이하; 김남진,『행정법 I』, 법문사, 1988, 568. 여기서 김남진 교수는 동법이 처분법률에 해당하는데다 헌법재판소에 의하여 위헌결정을 받았으므로 인해 비교적 쉽게 승소판결을 받을 수 있었다고 판단하고 있다.

5) 대법원 1997.6.13. 선고 96다56115 판결.

에 관하여 위와 같은 특별법을 추가로 제정해야 하는 구체적인 입법의무가 국가에게 부과된다고 보기는 어렵다[헌법재판소 1996.6.13. 선고 93헌마276 결정, 헌법재판소 2003.5.15. 선고 2000헌마192, 508(병합) 결정 등 참조].

2. 우리 헌법이 채택하고 있는 의회민주주의하에서 국회는 다원적 의견이나 각가지 이익을 반영시킨 토론과정을 거쳐 다수결의 원리에 따라 통일적인 국가의사를 형성하는 역할을 담당하는 국가기관으로서 그 과정에 참여한 국회의원은 입법에 관하여 원칙적으로 국민 전체에 대한 관계에서 정치적 책임을 질 뿐 국민 개개인의 권리에 대응하여 법적 의무를 지는 것은 아니므로 국회의원의 입법행위는 그 입법 내용이 헌법의 문언에 명백히 위반됨에도 불구하고 국회가 굳이 당해 입법을 한 것과 같은 특수한 경우가 아닌 한 국가배상법 제2조 제1항 소정의 위법행위에 해당된다고 볼 수 없고(대법원 1997.6.13. 선고 96다56115 판결 등 참조), 같은 맥락에서 국가가 일정한 사항에 관하여 헌법에 의하여 부과되는 구체적인 입법의무를 부담하고 있음에도 불구하고 그 입법에 필요한 상당한 기간이 경과하도록 고의 또는 과실로 이러한 입법의무를 이행하지 아니하는 등 극히 예외적인 사정이 인정되는 사안에 한정하여 국가배상법 소정의 배상책임이 인정될 수 있으며, 위와 같은 구체적인 입법의무 자체가 인정되지 않는 경우에는 애당초 부작위로 인한 불법행위가 성립될 여지가 없다.
3. 거창사건 희생자들의 신원 등을 위하여 원고들이 주장하는 바와 같은 내용의 특별법을 제정할 것인지 여부는 입법정책적인 판단문제로서 이에 관하여 피고 국가가 구체적인 입법의무를 부담한다고 보기 어렵기 때문에, 피고 국가가 현재까지 이러한 특별법을 제정하지 아니하였다는 사정만으로는 거창사건 이후 유족들에 대한 관계에서 부작위에 의한 불법행위가 성립한다고 볼 수 없다.[6]

Ⅲ. 사법작용과 국가배상책임

사법작용에 관해서는 프랑스에서와 같이 사법행정작용과 재판작용을 구분할 필요가 있다. 즉, 사법행정적 작용, 가령 재판의 지연 또는 강제집행이나 구류 등과 같이 행정적 성격을 지닌 작용에 관해서는 일반 행정작용과 마찬가지로 국가배상책임을 인정하는 데 문제가 없으나,[7] 재판작용에 관해서는 기판력의 존속(Bestand der Rechtskraft) 또는 기판사항의 권위(autorité de la chose jugée)를 보장해야 한다는 법적 안정성의 요구와 권리구제의 요구를 적정히 조화시킬 필요가 있다는 점에 유의하여야 한다. 그것은, 예컨대 패소한 원고가 판결확정이후에 담당판사가 직무상 의무를 위반하여 판결을 잘못 내렸다는 이유로 손해배상을 청구할 수 있도록 한다면 이미 기판력 있는 확정판결에 의해 종결된 소송사건이 다시금 재개

6) 대법원 2008.5.29. 선고 2004다33469 판결.
7) 동지 阿部泰隆,『國家補償法』, 有斐閣, 1988, 129.

되는 결과가 될 것이기 때문이다. 이러한 의미에서 법관의 직무상 의무위반이 동시에 형사상 가벌적 행위를 이루는 경우, 즉, 고의적인 권한남용이나 고의에 의한 수뢰(§§ 336, 332 II StGB)가 문제되는 경우에만 배상책임을 진다고 하는 독일민법 제839조 제2항의 규정은 법관을 보호하려는 것이 아니라 확정력의 존속을 보장하려는 것이라는 지적[8])도 이해될 수 있다. 그러나 이에 관한 특별한 명문규정이 없는 우리나라의 경우, 재판으로 인한 국가배상책임은, 국가배상법의 일반원칙에 의하여 판단하여야 할 것이다. 다만 그 책임요건 중 과실 및 위법성요건의 충족여부를 판단함에 있어서 판결이 상소·재심에 의해 취소된 경우에는 그 파기이유나 민사소송법 제422조에 의한 재심사유, 그리고 그 재심사유발생에 기여한 판사 및 기타 재판에 관여한 자들의 주의의무위반여부를 기준으로 판단해야 할 것이다.[9]) 반면, 확정판결에 대하여 재심을 거치지 아니하고 국가배상을 청구하는 경우에는 앞에서 소개한 일본의 판례가 적절히 설시한 바와 같이 당해법관이 위법 또는 부당한 목적을 가지고 재판을 행했다든지 하는 법관이 그에게 부여된 권한의 취지에 명백히 위배하여 이를 행사했다고 인정할 만한 특별한 사정이 있을 때, 보다 구체적으로는 "사실인정 및 법령의 해석적용에 있어서 경험법칙·논리법칙을 현저히 일탈하여 재판관에게 요구되는 양식을 의심할 만한 비상식적인 과오를 범한 것이 당해재판의 심리단계에 있어서 명백한 경우"에 한하여 국가배상책임이 성립된다고 보는 것이 일단 타당할 것이다.[10]) 물론 법적 명확성을 기하기 위해 이에 관한 입법적 해결이 필요하다는 것은 각국의 입법례를 보더라도 의문의 여지가 없다. 대법원은 법관의 재판에 대한 국가배상책임의 인정여부와 관련하여 임의경매절차에서 경매담당 법관의 오인에 의해 배당표 원안이 잘못 작성되고 그에 대해 불복절차가 제기되지 않아 실체적 권리관계와 다른 배당표가 확정된 경우, 경매담당 법관이 위법·부당한 목적을 가지고 있었다거나 법이 법관의 직무수행상 준수할 것을 요구하고 있는 기준을 현저히 위반하였다는 등의 자료를 찾아볼 수 없어 국가배상법상의 위법한 행위가 아니라고 판시한 바 있다.

8) H. Maurer, a.a.O., § 25 Rn.50.

9) 일본의 경우 이에 관하여 위법성과 과실을 일원적으로 파악하면서 판결이 상소나 재심에 의하여 취소된 경우에는 이 판결은 객관적으로 정당성을 가지지 아니하므로 국가배상법상으로도 당연히 위법이라는 결과위법설(위법성개념에 관한 결과불법설과는 다름)과 반대로 양자를 이원적으로 파악하여 법관이 내린 판단은 법관으로서의 통상의 주의의무를 가지고 한 것이라면 마땅히 피할 수 있었을 논리칙, 경험칙에 합치되지 아니하는 불합리한 증거평가에 의거한 경우에만 국가배상법상 위법유책이라는 직무행위기준설(다수판례)이 대립되고 있으나 전자가 과실개념을 객관화하지 않는 이상 양설의 실제적용상의 차이가 있느냐는 분명치 않다고 한다(阿部泰隆, 앞의 책, 126ff.).

10) 最判 昭和 57.3.12.,『行政判例百選 II』, 134사건. 이에 관하여 일본에서는 긍정설과 부정설 및 중간설이 대립되고 있는데, 이는 중간설적 견해라 할 수 있다(阿部泰隆, 앞의 책, 128).

<경매담당 법관의 오인에 의한 직무행위와 국가배상책임>

법관이 행하는 재판사무의 특수성과 그 재판과정의 잘못에 대하여는 따로 불복절차에 의하여 시정될 수 있는 제도적 장치가 마련되어 있는 점 등에 비추어 보면, 법관의 재판에 법령의 규정을 따르지 아니한 잘못이 있다 하더라도 이로써 바로 그 재판상 직무행위가 국가배상법 제2조 제1항에서 말하는 위법한 행위로 되어 국가의 손해배상책임이 발생하는 것은 아니고, 그 국가배상책임이 인정되려면 당해 법관이 위법 또는 부당한 목적을 가지고 재판을 하는 등 법관이 그에게 부여된 권한의 취지에 명백히 어긋나게 이를 행사하였다고 인정할 만한 특별한 사정이 있어야 한다고 해석함이 상당하다.[11]

<법관이 압수수색할 물건의 기재가 누락된 압수수색영장을 발부한 경우 국가배상책임>

1. 압수수색 대상물의 기재가 누락된 압수수색영장에 기하여 물건을 압수하고, 일부 압수물에 대하여는 압수조서・압수목록을 작성하지 아니하고 보관한 일련의 조치는 불법행위를 구성한다.
2. 법관의 재판에 법령의 규정을 따르지 아니한 잘못이 있다 하더라도 이로써 바로 그 재판상 직무행위가 국가배상법 제2조 제1항에서 말하는 위법한 행위로 되어 국가의 손해배상책임이 발생하는 것은 아니고, 당해 법관이 위법 또는 부당한 목적을 가지고 재판을 하는 등 법관이 그에게 부여된 권한의 취지에 명백히 어긋나게 이를 행사하였다고 인정할 만한 특별한 사정이 있어야 위법한 행위가 되어 국가배상책임이 인정된다고 할 것인바, 압수수색할 물건의 기재가 누락된 압수수색영장을 발부한 법관이 위법・부당한 목적을 가지고 있었다거나 법이 직무수행상 준수할 것을 요구하고 있는 기준을 현저히 위반하였다는 등의 자료를 찾아볼 수 없다면 그와 같은 압수수색영장의 발부행위는 불법행위를 구성하지 않는다.[12]

11) 대법원 2001.4.24. 선고 2000다16114 판결. 임의경매절차에서 경매담당 법관의 오인에 의해 배당표 원안이 잘못 작성되고 그에 대해 불복절차가 제기되지 않아 실체적 권리관계와 다른 배당표가 확정된 경우, 경매담당 법관이 위법・부당한 목적을 가지고 있었다거나 법이 법관의 직무수행상 준수할 것을 요구하고 있는 기준을 현저히 위반하였다는 등의 자료를 찾아볼 수 없어 국가배상법상의 위법한 행위가 아니라고 한 사례.

12) 대법원 2001.10.12. 선고 2001다47290 판결.

제38장
영조물책임과 설치 · 관리의 하자*

Ⅰ. 쟁점

공공시설 또는 공적 관리(공공단체의 비권력적 행정)하에 있는 사회간접자본 내지 하부구조(Infrastruktur)로부터 야기되는 위험의 정도나 영향범위가 확대일로를 걷고 있는 오늘날 그 중요성이 점점 더 커지고 있는 법제도가 바로 국가배상법 제5조에 따른 공공시설 등의 하자로 인한 책임, 즉 '영조물책임'이다. 우리나라에서는 유명한 망원동수해사건,[1] 여의도광장질주사건[2] 등을 통하여 그 제도적 가치가 부각된 바 있다.

국가배상법은 제5조에서 "도로 · 하천, 그 밖의 공공의 영조물의 설치나 관리에 하자가 있기 때문에 타인에게 손해를 발생하게 하였을 때에는 국가나 지방자치단체는 그 손해를 배상하여야 한다."라고 규정하고(§ 5 ① 본문) 이어서 "제1항을 적용할 때 손해의 원인에 대하여 책임을 질 자가 따로 있으면 국가나 지방자치단체는 그 자에게 구상할 수 있다."(§ 5 ②)라고 규정하고 있다. 이는 공작물책임을 규정한 민법 제758조에 상당하는 규정이라 할 수 있으나 그 대상의 범위를 확대하였고 점유자의 면책규정을 두지 않았다는 점이 다르다.

연혁으로 볼 때, 이 제도는 일본의 국가배상법 제2조에 의한 영조물의 설치관리에 관한 배상책임제도를 받아들인 것이다. 일본의 경우 국가배상법 제2조를 제정한 의의는 직무상 불법행위로 인한 배상책임을 국가법의 새로운 제정을 통해 명확히 규정한 제1조와는 달리 어

* 홍준형, 『행정법』, 법문사, 2017, 715-734를 토대로 수정 · 보완한 것임.

1) 이에 관하여는 대표적으로 김동희, 「하천범람으로 인한 손해에 대한 국가등의 배상책임」, 『고시계』, 1989.3.을 참조.

2) 대법원 1995.2.24. 선고 94다57671 판결.

차피 민법(§§ 707 및 717)에 의해서도 처리될 수 있던 것을, 국가가 배상책임을 진다는 것을 확인적으로 규정한 것이라는 데 있다고 한다. 또한 공물의 관리작용을 공권력의 행사로 본다면 제1조의 적용도 가능하겠지만 이들 법문의 적용관계를 분명히 하려는 의미가 있었다고 한다. 일본 국가배상법 제2조에 관해서는 이와 같은 일본법에 특수한 제정 경위가 있으나 외국법의 경우에도 각국의 사정을 반영하고 있기 때문에 이를 보편적인 제도라고 말할 수는 없다고 한다.[3] 한편 프랑스는 일찍이 프랑스 민법 제1384조와는 별도로 공토목손해(domage de travaux publics)의 개념이 판례에 의하여 전개되어 온 데 비하여,[4] 반면 독일은 직무책임과 민법의 손해배상책임의 양 제도에 대응하여 영조물의 설치·관리책임을 포괄적으로 규정하고 있지 않다.

Ⅱ. 배상책임의 성질

국가배상법 제5조에 의한 배상책임의 성질에 대하여 학설은 국가배상법 제2조와는 달리 과실을 요건으로 하고 있지 않다는 점에서 이를 무과실책임으로 보는 것이 지배적이었다.[5]

---

3) 塩野 宏, 『行政法 II』, 有斐閣, 1992, 253f. 각주 1. 그러나 일본의 국가배상법 제2조는 일본 민법 제717조에 상응하는 것이고, 일본 민법은 독일민법의 공작물책임에 관한 제836조 및 제838조의 영향을 받은 것으로 알려져 있다. 따라서 일본 국가배상법 제2조에 의한 영조물책임 역시 독일민법의 간접적 영향을 받은 것이라고도 할 수 있을 것이다. 이 점은 우리 민법 제758조가 일본민법 제717조의 영향을 받은 것이고 국가배상법 제5조가 일본 국가배상법 제2조를 답습한 것이라는 점에서 우리 국가배상법 제5조에 대해서도 마찬가지로 타당하다.

4) 이것은 부동산만을 대상으로 하는 것이기는 하지만, 공공사업의 이용자에 대한 손해에 관해서는 '정상적 유지의 결여'(défaut d'entretien normal)라는 의미에서의 과실책임과 과실추정(présomption de faute)에 의한 입증책임의 전환이 인정되는 반면, 제3자에 대한 손해에 관해서는 '공적 부담 앞의 평등'의 침해에 기한 무과실책임이 인정되므로 국가배상법상 영조물책임뿐만 아니라 손실보상을 포함한다는 점에서 보다 광범위한 제도이기도 한다. 이에 관하여는 J. Rivero, *Droit administratif*, 13e éd., Dalloz, 1990, n° 313, 386, 김동희, 「한국과 프랑스의 국가보상제도의 비교고찰」, 『서울대학교 법학』 제26권 제1호, 1985를 참조.

5) 국가배상법 제5조는 일본 국가배상법 제2조를 답습한 것으로서, 민법 제758조에 상응하는 규정으로서 점유자의 면책조항을 두지 않고 그 대상이 공작물에 국한되지 않는다는 점에서 차이가 있다. 한편, 우리 민법 제758조는 일본민법 제717조를 계수한 것이고 일본 민법은 독일민법의 공작물책임에 관한 제836조 및 제838조의 영향을 받은 것으로 알려져 있다. 일본 국가배상법 제2조는 일본 민법 제717조에 상응하는 것이므로 국가배상법 제5조에 의한 영조물책임 역시 독일민법의 간접적 영향을 받은 것이라 할 수 있다. 민법 제758조에 의한 소유자의 책임은 이를 무과실책임으로서 위험책임의 성질을 가진다고 이해되고 있는데(곽윤직, 『채권각론』, 1994, 689), 이는 허용된 위험에 대한 책임이 아니라 소유자의 교통안전의무(Verkehrssicherungspflicht) 위반에 대한 위법·무과실책임이라는 반론이 있다(정하중, 「국가배상법 제5조

그러나 설치・관리의 하자를 요한다는 점에서 이를 엄격한 의미의 또는 절대적인 무과실책임으로 볼 수 없다는 반론이 제기되었다.[6] 판례는 종래 "국가배상법 제5조 소정의 영조물의 설치, 관리상의 하자로 인한 책임은 무과실책임이고, 나아가 민법 제758조 소정의 공작물의 점유자의 책임과는 달리 면책사유도 규정되어 있지 않으므로 국가 또는 지방자치단체는 영조물의 설치, 관리상의 하자로 인하여 타인에게 손해를 가한 경우에 그 손해의 방지에 필요한 주의를 해태하지 아니하였다 하여 면책을 주장할 수도 없다."라는 입장을 견지했으나,[7] 후술하는 바와 같이 이후에는 사뭇 다른 경향을 보이고 있다.

국가배상법 제5조에 의한 배상책임의 성질을 어떻게 볼 것인가는 결국 배상책임의 요건으로서 '영조물의 설치・관리의 하자'를 어떻게 이해할 것인가 하는 문제와 밀접한 관련을 맺고 있다. 즉, 후술하는 바와 같이 이를 '물적 안전성의 결여'로 보는 객관설에 의하면 제5조의 책임은 무과실책임이라는 것이 될 것이지만 반대로 '설치・관리상 주의의무 위반'으로 보는 주관설이나 양설을 절충하는 입장에서는 동조의 책임을 과실책임 또는 완화된 과실책임으로 파악하게 될 것이기 때문이다.

<국가배상법 제5조에 의한 책임을 무과실책임으로 본 판례>

가. 국가배상법 제5조 소정의 영조물의 설치・관리상의 하자라 함은 **영조물의 설치 및 관리에 불완전한 점이 있어 이 때문에 영조물 자체가 통상 갖추어야 할 안전성을 갖추지 못한 상태에 있는 것을** 말하는 것이다.

나. 지방자치단체가 관리하는 도로 지하에 매설되어 있는 상수도관에 균열이 생겨 그 틈으로 새어나온 물이 도로 위까지 유출되어 노면이 결빙되었다면 도로로서의 안전성에 결함이 있는 상태로서 설치・관리상의 하자가 있다고 한 사례

다. **국가배상법 제5조 소정의 영조물의 설치・관리상의 하자로 인한 책임은 무과실책임**이고 나아가 민법 제758조 소정의 공작물의 점유자의 책임과는 달리 면책사유도 규정되어 있지 않으므로, 국가 또는 지방자치단체는 영조물의 설치・관리상의 하자로 인하여 타인에게 손해를 가한 경우에 그 손해의 방지에 필요한 주의를 해태하지 아니하였다 하여 면책을 주장할 수 없다.

라. 영조물의 설치 또는 관리상의 하자로 인한 사고라 함은 영조물의 설치 또는 관리상의 하자만이 손해발생의 원인이 되는 경우만을 말하는 것이 아니고, 다른 자연적 사실이나 제3자의 행위 또는 피해자의 행위와 경합하여 손해가 발생하더라도 영조물의 설치 또는 관리상의 하자가 공동

의 영조물의 설치・관리에 있어서 하자의 의미와 배상책임의 성질」, 『판례월보』 제298호, 1995.7., 51-61, 57)

6) 예컨대 김동희, 『행정법 I』, 박영사, 2004, 507; 김철용, 「영조물의 설치・관리의 하자로 인한 손해배상」, 『고시계』, 1974.7.

7) 이를 재확인한 판례로 대법원 1994.11.22. 선고 94다32924 판결을 참조.

원인의 하나가 되는 이상 그 손해는 영조물의 설치 또는 관리상의 하자에 의하여 발생한 것이라고 해석함이 상당하다.8)

<영조물설치 · 관리상의 하자를 안전상 결함의 방치여부에 따라 판단한 판례>

이 사건 교통사고가 발생한 강원도 인제읍 합강 3리 소재 44번 국도상에 아스팔트가 패여서 생긴 길이 1.2미터, 폭 0.7미터의 웅덩이가 있어서 이곳을 통과하던 소외 합자회사 중부관광여행사 소속 관광버스가 이를 피하기 위하여 중앙선을 침범운행한 과실로 마주오던 타이탄 화물트럭과 충돌하여 이 사건 교통사고가 발생하였는바, 피고는 위 도로의 관리책임자로서 위 도로를 주행하는 차량들의 안전운행을 위하여 도로상태의 안전점검을 철저하게 하였어야 함에도 불구하고 이를 게을리하여 위와 같은 웅덩이를 방치함으로써 이 사건 교통사고의 발생에 한 원인을 제공하였으므로, 피고는 위 소외회사와 공동불법행위자로서 손해배상책임이 있다.9)

장마철로서 비가 많이 내리고 태풍마저 불어닥칠 위험이 있었으므로, 많은 사람과 차량이 통행하는 위 도로의 가로수를 관리하는 업무를 담당하고 있던 피고로서는 오랜 비바람으로 가로수의 지반이 약해져 쓰러지면서 그 옆을 통행하는 사람과 차량에 위험을 가하는 일이 없도록 가로수의 뿌리가 비바람에 버틸 힘이 있는지의 여부를 수시로 점검하여 쓰러질 위험이 있으면 뽑아내거나 지지대를 세워주는 등의 안전조치를 취하여 위와 같은 사고를 미연에 방지하여야 함에도 불구하고, 잦은 비바람으로 지반이 약해진데다가 뿌리마저 넓게 뻗지 못한 위 가로수를 그대로 방치한 잘못으로 이 사건 사고를 초래하게 한 사실 등을 인정할 수 있는바, 위 인정사실에 의하면 이 사건 사고는 지방자치단체인 피고가 국가배상법 제5조 소정의 공공의 영조물인 위 가로수의 설치 또는 관리를 잘못함으로써 발생하였다고 할 것이다.10)

Ⅲ. 배상책임의 요건

국가배상법 제5조에 따른 배상책임의 요건은 '도로 · 하천 그 밖의 공공의 영조물'(이하 '영조물'), '영조물의 설치나 관리의 하자', '손해의 발생' 등으로 나누어 볼 수 있다.

8) 대법원 1994.11.22. 선고 94다32924 판결.
9) 대법원 1993.6.26. 선고 93다14424 판결.
10) 대법원 1993.7.27. 선고 93다20702 판결.

1. 공공의 영조물

공공영조물이란 통상 행정조직법이나 급부행정법에서 말하는 영조물이 아니라 그중에서 공적 목적에 제공된 유체물만을 말하는 것, 즉, 대체로 학문상 공물에 해당되는 유체물을 의미하는 것으로 이해되고 있다. 국가배상법 제5조가 규정하는 '도로 · 하천'은 바로 이러한 공물의 종류로서 예시된 것이라 할 수 있다.

<공공영조물의 개념>

공공영조물이란 독일행정법상의 용어인 'öffentliche Anstalt'를 일본에서 '공적 영조물'로 번역한 것을 우리 행정법학자들이 받아들인 것이다. 본래 영조물이란, 오토 마이어(Otto Mayer)가 정의한 바에 따르면, '행정주체가 일정한 공적 목적을 위해 공용한 인적 · 물적 총합체'이며 이러한 정의는 일본이나 우리나라에서 일반적으로 채용되고 있다. 예컨대 우편 · 공공도서관 · 국공립병원 등을 말한다. 한편 일본에서도 국가배상법 제5조에 의한 공공영조물개념에 해당하는 일본 국가배상법 제2조의 「公の營造物」 역시 위의 영조물개념 중에서 시설적 부분을 이루는 유체물만을 의미하는 것, 또는 행정주체에 의해 직접 공공의 이용에 제공된 유체물 또는 물적 설비를 의미하는 것으로 새기는 것이 일반이며 또 이를 공물이라고 표현하는 것이 적절하지 않았는가 하는 점이 지적되고 있다.[11)]

국가배상법 제5조의 공공영조물에는 인공공물(도로 · 수도 · 하수도 · 제방 · 관공청사 · 교사 · 병원 · 철도시설 · 철도건널목보안시설 등)과 자연공물(하천 · 호소 · 해빈 등), 동산(소방차 · 항공기 등), 동물(예: 경찰견) 등이 포함된다. 따라서 그 대상이 공작물에 국한된 민법 제758조에 비하여 그 적용범위가 넓다고 할 수 있다. 또한 공물인 이상 그것이 국가의 공물이거나 지방자치단체의 공물이거나 불문하며 다만 배상책임자를 달리할 뿐이다. 다만 국가 또는 지방자치단체의 재산(국공유재산)이라도 공물이 아닌 잡종재산으로 인한 손해에 대해서는 본조가 아니라 민법 제758조가 적용된다. 대법원은 국가배상법 제5조 제1항 소정의 "공공의 영조물"이란 국가 또는 지방자치단체에 의하여 특정 공공의 목적에 공여된 유체물 내지 물적 설비를 지칭하며, 특정 공공의 목적에 공여된 물이라 함은 일반공중의 자유로운 사용에 직접적으로 제공되는 공공용물에 한하지 아니하고, 행정주체 자신의 사용에 제공되는 공용물도 포함하며 국가 또는 지방자치단체가 소유권, 임차권 그밖의 권한에 기하여 관리하고 있는 경우뿐만 아니라 사실상의 관리를 하고 있는 경우도 포함한다고 판시하고 있다.[12)]

---

11) 塩野 宏, 앞의 책, 254; 阿部泰隆, 『國家補償法』, 有斐閣, 1988, 201.
12) 대법원 1995.1.24. 선고 94다45302 판결.

<공공영조물에 관한 판례>

가. 국가배상법 제5조 제1항 소정의 "공공의 영조물"이라 함은 국가 또는 지방자치단체에 의하여 특정 공공의 목적에 공여된 유체물 내지 물적 설비를 지칭하며, 특정 공공의 목적에 공여된 물이라 함은 일반공중의 자유로운 사용에 직접적으로 제공되는 공공용물에 한하지 아니하고, 행정주체 자신의 사용에 제공되는 공용물도 포함하며 국가 또는 지방자치단체가 소유권, 임차권 그 밖의 권한에 기하여 관리하고 있는 경우뿐만 아니라 사실상의 관리를 하고 있는 경우도 포함한다.

나. 산업기지개발공사가 시 일대에 구획정리사업을 시행하면서 종합운동장 예정부지로 된 토지가 그 후 시 명의로 소유권이전등기가 경료되었으나 그 지상에 아무런 시설도 설치되어 있지 아니한 나대지로서 공용개시가 없는 상태에서 한국모터스포츠연맹의 요구로 그 연맹이 주최하는 자동차경주대회를 위한 사용허가가 되었을 뿐, 시가 그 종합운동장 예정부지를 직접적으로 일반공중의 사용에 제공한 바 없으며, 그 후 그 연맹이 그 토지 위에 시설한 자동차경주에 필요한 방호벽 등 안전시설을 시가 관리한 바도 없다면, 그 종합운동장예정부지나 그 위에 설치된 위 안전시설은 '가'항의 "공공의 영조물"이라 할 수 없다.13)

2. 설치 · 관리의 하자

(1) 영조물설치 · 관리의 의미

영조물의 설치란 일반적으로 일정한 시설물의 설계 · 자재 · 시공을, 그리고 관리란 그 후의 유지 · 수선 · 보관을 말한다. 그러나 국가배상법 제5조 제1항이 자연공물인 '하천'을 예시하고 있다는 점에서 볼 때 여기서 말하는 관리란 시설물의 관리에 한정되지 않고 보다 널리 공물을 목적에 적합하게 유지 · 운용하는 것을 의미한다고 보아야 할 것이다.14)

(2) 영조물설치 · 관리의 하자의 해석

① 문제

국가배상법 제5조 제1항은 '공공의 영조물의 하자가 있기 때문에 타인에게 손해를 발생하게 하였을 때'라고 하지 않고 '공공의 영조물의 설치나 관리에 하자가 있기 때문에 타인에게 손해를 발생하게 하였을 때'라고 규정하고 있다. 따라서 이를 곧바로 '공공영조물에 물적 하자가 있어 손해를 발생하게 하였을 때' 적용되는 것으로 이해하는 데에는 문제가 있다.15) 그러

13) 대법원 1995.1.24. 선고 94다45302 판결; 대법원 1981.7.7. 선고 80다2478 판결 참조.

14) 김동희, 앞의 책, 506 각주 1).

15) 古崎慶長, 『營造物の管理の瑕疵の意義, 行政法の爭點』(新版), ジュリスト 增刊, 168. 일본의 경우 영조물의 물적 하자가 있을 때 일본국배법 2조(영조물책임)의 적용을 인정하려는 입장은, 특히 공항 자체에는

나 하자란 '법률이나 당사자가 예기하는 것과 같은 상태나 성질이 결여되어 있는 것'을 말하는 것이므로,[16] 그것은 곧 영조물의 객관적 성상에 관한 평가라고 할 수 있다. 반면 영조물은 국가 · 지방자치단체가 설치 · 관리하고 있는 것이기 때문에 관리주체의 설치 · 관리행위라는 주관적 요소를 전적으로 무시할 수도 없다. 그리하여 영조물의 설치 · 관리상의 하자를 해석함에 있어서 '설치 · 관리'(작위 · 부작위)의 하자에 중점을 두느냐(주관설) 아니면 영조물의 설치 · 관리의 '하자'에 중점을 두느냐(객관설)에 관하여 견해가 갈리고 있다.

② 학설

(가) 객관설

객관설은 영조물의 설치 · 관리상의 하자가 있다는 것은 객관적으로 영조물의 설치와 그 후의 유지 · 수선에 불완전한 점이 있어 통상적으로 갖추어야 할 '물적 안전성'을 결여한 것을 말한다고 하며 따라서 설치 · 관리자의 주관적 의무위반을 요하지 않는다고 본다(통설).

(나) 주관설(의무위반설)

주관설(의무위반설)은 반대로 영조물의 설치 · 관리라고 하는 설치 · 관리자의 행위 차원에서의 잘못이 있는 경우에만 영조물관리책임을 인정할 수 있다고 보는 견해이다. 영조물설치 · 관리상의 하자를 '설치 · 관리상의 주의의무위반'으로 보아 국가배상법 제5조에 의한 책임을 무과실책임이 아니라 과실책임이라고 파악하려는 견해도 이와 궤를 같이하는 것이라 할 수 있다. 주관설은 하자의 존재여부를 판단함에 있어 주관적 요소를 도입하는 것은 피해자구제의 견지에서 바람직하지 않다는 비판을 받다. 다만 주관설을 취하면서도 과실을 '국가작용의 흠'이라는 객관적 관념으로 파악함으로써 국가배상법 제5조의 하자를 그러한 의미의 과실의 한 형태에 불과한 것으로 보아 동조의 책임을 과실책임으로 파악하거나, 일본에서 주장되고 있는 의무위반설에 따라 영조물책임을 본질적으로 과실책임으로 파악하는 것이 논리적으로 타당하다고 하는 견해[17]가 제기되고 있는데, 관리자의 안전확보의무를 고도화 · 객관화된 의무로 파악하는 일본의 의무위반설과 함께, 일종의 변형된 주관설이다. 그러나 이들 견해 역

물적 하자가 없고 다만 공항에서 발착하는 제트기가 소음 등의 공해를 확산시키는 등 기능적 하자가 있는 때에는 동조의 적용이 불가능하다는 데 난점이 있다.

16) 『岩波國語辭典』(第3版), 181.

17) 김동희, 앞의 책, 507. 즉, 여기서 하자란 과실과 동의어라고 하며, 구체적으로는 국가배상법 제2조의 과실이 특정과실(faute individuelle)에 해당하는 것이라면 제5조의 하자는 불특정과실(faute anonyme)에 상응하는 것이라고 한다(김동희, 「한국과 프랑스의 국가보상제도의 비교고찰」, 『국가배상제도의 제문제』, 법무부, 1991, 378 이하).

시 결국 국가배상법 제5조의 영조물책임을 완화된 과실책임으로 파악하는 한 주관설에 해당한다고 볼 수 있다.

(다) 절충설

이것은 영조물의 하자유무를 판단함에 있어서 영조물 자체의 객관적 하자뿐만 아니라 때로는 관리상의 의무위반이란 관리자의 과오까지도 하자로 인정하려는 견해이다.[18] 영조물의 설치·관리와 관련된 손해는 그것이 물적 하자에 기인한 것이든, 또는 관리행위상 과오에 기인한 것이든 국가배상법 제5조의 배상책임을 성립시킨다고 한다. '관리의무위반설'이라고도 한다. 또 '위법·무과실책임설'도 흠을 관리주체의 안전의무 위반으로 보기 때문에[19] 같은 맥락이다.

③ 판례

판례는 일단 객관설을 취하는 것으로 이해되고 있다. 그러나 그 입장이 반드시 일관된 것은 아니다. 대법원은 일찍이 "영조물설치의 하자라 함은 영조물의 축조에 불완전한 점이 있어 이 때문에 영조물 자체가 통상 다 갖추어야 할 안전성을 갖추지 못한 상태에 있음을 말한다고 할 것이고, 또 영조물 설치의 하자의 유무는 객관적 견지에서 본 안전성의 문제이고, 재정사정(은) …… 안전성을 요구하는 데 대한 정도 문제로서 참작사유에는 해당할지언정 안전성을 결정지울 절대적 요건이 되지 못 한다."[20]라고 하여 명백히 객관설을 취한 바 있다.

<관련판례>

도로결빙사건

대법원은 도로결빙으로 일어난 사고로 인한 국가배상사건에서 "국가배상법 제5조 소정의 영조물의 설치관리상의 하자라 함은 영조물의 설치 및 관리에 불완전한 점이 있어 이 때문에 영조물 자체가 통상 갖추어야 할 안전성을 갖추지 못한 상태에 있는 것을 말하는 것"이고, "지방자치단체가 관리하는 도로 지하에 매설되어 있는 상수도관에 균열이 생겨 그 틈으로 새어 나온 물이 도로 위까지 유출되어 노면이 결빙되었다면 도로로서의 안전성에 결함이 있는 상태로서 설치 관리상의 하자가 있다."라고 설시한 후, "국가배상법 제5조 소정의 영조물의 설치·관리상의 하자로 인한 책임은 무과실책임이고 나아가 민법 제758조 소정의 공작물의 점유자의 책임과는 달리 면책사유도 규정되어 있지 않으므로, 국가 또는 지방자치단체는 영조물의 설치관리상의 하자로 인하여 타인에게 손해를 가한 경우에 그 손해의 방

---

18) 原田尙彦, 『行政法要論』, 1984, 245-246.
19) 정하중, 『행정법개론』(제4판), 2010, 555; 김남진, 『행정법 I』, 592.
20) 대법원 1967.2.21. 선고 66다1723 판결; 동지 대법원 1986.2.11. 선고 85다카2336 판결.

지에 필요한 주의를 해태하지 아니하였다 하여 면책을 주장할 수 없다."라고 판시하여 명백히 객관설의 입장을 취했다.[21]

여의도광장질주사건

세인에게 충격을 주었던 '여의도광장질주사건'에서 대법원은 "차량진입으로 인한 인신사고 당시에는 차도와의 경계선 일부에만 이동식 쇠기둥이 설치되어 있고 나머지 부분에는 별다른 차단 시설물이 없었으며, 경비원도 없었던 것은, 평소 시민의 휴식공간으로 이용되는 여의도광장이 통상 요구되는 안전성을 결여하고 있었다 할 것이고, 만약 사고 후에 설치된 차단시설물이 이미 설치되어 있었고 경비원이 배치되어 있었더라면 가해자가 승용차를 운전하여 광장 내로 진입하는 것을 막을 수 있었거나, 설사 차량진입을 완전히 막지는 못하더라도 최소한 진입시에 차단시설물을 충격하면서 발생하는 소리나 경비원의 경고를 듣고 많은 사람들이 대피할 수 있었다고 보이므로, 차량진입으로 인한 사고와 여의도광장의 관리상의 하자 사이에는 상당인과관계가 있다."라고 판시하였다.[22]

그러나 이 같은 판례경향이 일관된 것은 아니었다. 대법원이 객관설적 입장을 견지하면서도 사안에 따라 그와는 사뭇 다른 주관설 또는 절충설적 입장으로 이해될 수 있는 판례경향을 보여 왔기 때문이다.[23]

일찍이 대법원은 "본건 건널목은 충돌사고의 위험이 많은 지점이어서 철도 밑에 부착한 보안시설 등 영조물을 설치 및 관리하는 피고로서는 본건 건널목에 자동경보기, 차단기 등 완전한 시설을 갖추고 건널목 간수를 배치하는 등 사고발생을 미연에 방지할 보안조치를 다하여야 함에도 불구하고, 본건 사고 당시 건널목 양쪽에 자동경보기를 설치하였을 뿐 차단기의 설치나 간수의 배치를 하지 아니하였으며, 그 자동경보기마저 사고발생 약 20분 전부터 고장으로 인하여 기능을 발휘하지 못하고, 다만 고장이라는 표지(길이 85센티미터 폭 약 10센티미터)를 매달아두는 정도의 조치밖에 취하지 아니하였음은 본건 철도 및 건널목의 설치 또는 보존에 하자가 있고 그 하자로 인하여 본건 사고의 피해자에게 가해를 가한 것"[24]이라고 판시한 바 있었고, 이후에도 같은 맥락의 판례들을 내놓았다. 즉, '도로의 관리책임자로서 위 도로를 주행하는 차량들의 안전운행을 위하여 도로상태의 안전점검을 철저하게 하였어야 함에도 불구하고 이를 게을리하여 위와 같은 웅덩이를 방치함으로써 이 사건 교통사고의 발생에 한 원인을 제공하였으므로' 그로 인한 손해를 배상하여야 한다고 판시한 것,[25] "사고가 일어난 지점의 부근

21) 대법원 1994.11.22. 선고 94다32924 판결; 대법원 1967.2.21. 선고 66다1723 판결; 대법원 1992.10.27. 선고 92다21050 판결.

22) 대법원 1995.2.24. 선고 94다57671 판결; 대법원 1995.2.24. 선고 94다53693 판결.

23) 대법원 1967.2.24. 선고 66다8622 판결; 대법원 1969.12.9. 선고 69다1386 판결; 대법원 1981.9.22. 선고 80다3011 판결; 대법원 1993.6.8. 선고 93다11678 판결; 대법원 1993.6.26. 선고 93다14424 판결; 대법원 1993.7.27. 선고 93다20702 판결.

24) 대법원 1969.12.9. 선고 69다1386 판결.

은 산중턱을 깎아 도로의 부지를 조성하였으므로, 비가 많이 올 때 등에 대비하여 깎아내린 산비탈부분이 무너지지 않도록 배수로를 제대로 설치하고 격자블록 등의 견고한 보호시설을 갖추어야 됨에도 불구하고, 이를 게을리한 잘못으로 위 산비탈부분이 1991.7.25. 내린 약 308.5mm의 집중호우에 견디지 못하고 위 도로 위로 무너져 내려 차량의 통행을 방해함으로써 이 사건 사고가 일어난 사실을 인정할 수 있으므로, 이 사건 사고는 피고의 위 도로의 설치 또는 관리상의 하자로 인하여 일어난 것이라고 보아야 한다."라고 판시한 것,[26] 그리고 "장마철로서 비가 많이 내리고 태풍마저 불어 닥칠 위험이 있었으므로, 많은 사람과 차량이 통행하는 위 도로의 가로수를 관리하는 업무를 담당하고 있던 피고로서는 오랜 비바람으로 가로수의 지반이 약해져 쓰러지면서 그 옆을 통행하는 사람과 차량에 위험을 가하는 일이 없도록 가로수의 뿌리가 비바람에 버틸 힘이 있는지의 여부를 수시로 점검하여 쓰러질 위험이 있으면 뽑아내거나 지지대를 세워 주는 등의 안전조치를 취하여 위와 같은 사고를 미연에 방지하여야 함에도 불구하고, 잦은 비바람으로 지반이 약해진데다가 뿌리마저 넓게 뻗지 못한 위 가로수를 그대로 방치한 잘못으로 이 사건 사고를 초래하게 한 사실 등을 인정할 수 있는바, 위 인정사실에 의하면 이 사건 사고는 지방자치단체인 피고가 국가배상법 제5조 소정의 공공의 영조물인 위 가로수의 설치 또는 관리를 잘못함으로써 발생하였다."라고 판시한 것[27] 등이 그러한 예이다. 또 대법원은 최근 도로 설치 후 제3자의 행위에 의하여 도로의 통행상의 안전에 결함이 생긴 경우, 도로의 관리·보존상의 하자 유무에 관한 판단 기준에 관하여 편도 1차선으로 도로교통법상 주차금지구역인 도로의 75% 정도를 차지한 채 불법주차되어 있던 차량을 5일간이나 방치한 경우 도로 관리상의 하자가 있다고 판시한 바 있다.

<불법주차 차량의 장기간 방치와 도로관리상 하자>

1. 도로의 설치 또는 관리·보존상의 하자는 도로의 위치 등 장소적인 조건, 도로의 구조, 교통량, 사고시에 있어서의 교통 사정 등 도로의 이용 상황과 그 본래의 이용 목적 등 제반 사정과 물적 결함의 위치, 형상 등을 종합적으로 고려하여 사회통념에 따라 구체적으로 판단하여야 하는바, 도로의 설치 후 제3자의 행위에 의하여 그 본래의 목적인 통행상의 안전에 결함이 발생한 경우에는 도로에 그와 같은 결함이 있다는 것만으로 성급하게 도로의 보존상 하자를 인정하여서는 안 되고, 당해 도로의 구조, 장소적 환경과 이용 상황 등 제반 사정을 종합하여 그와 같은 결함을 제거하여 원상으로 복구할 수 있는데도 이를 방치한 것인지 여부를 개별적·구체적으로 심리하여 하자의 유무를 판단하여야 한다.
2. 편도 1차선으로 도로교통법상 주차금지구역인 도로의 75% 정도를 차지한 채 불법주차되어 있던 차량을 5일간이나 방치한 경우 도로 관리상의 하자가 있다.[28]

25) 대법원 1993.6.26. 선고 93다14424 판결.
26) 대법원 1993.6.8. 선고 93다11678 판결.
27) 대법원 1993.7.27. 선고 93다20702 판결.
28) 대법원 2002.9.27. 선고 2002다15917 판결.

그러나 이러한 다소 일관성 없는 판례경향에도 불구하고 그 어느 쪽을 취하느냐에 따라 실제적으로 큰 차이가 생기지는 않았다. 구체적인 사건에서 영조물책임이 긍정될 수 있는 경우에는 그 한도 내에서 주관설이나 객관설 또는 절충설 어느 입장을 취하든 결론에 차이가 나지는 않았기 때문이다. 사실 객관설과 주관설 또는 절충설은 그 이론구성상의 차이에도 불구하고 하자유무의 판정에 있어 실제상 본질적인 차이를 가져오는 것은 아니라는 견해가 표명되고 있는 것[29]도 바로 그러한 배경에서 이해된다. 그러나 이 견해는 어디까지나 결과적으로 영조물책임이 인정되는 경우에 초점을 맞추고 있을 뿐이다. 만일 영조물 설치·관리상의 하자를 어떻게 이해하느냐에 따라 배상책임이 부정되는 결과가 나온다면 그 차이는 더 이상 원칙론적인 차원의 문제가 아닐 것이다.

1997년 4월 22일자 대법원판결은 바로 이 점을 여실히 보여 준 대표적인 사례이다. 이것은 편도 2차선의 국도를 프라이드 승용차를 운전하여 가다가 반대방향 도로 1차선에 떨어져 있던 길이 120cm, 직경 2cm 크기의 U자형 쇠파이프가 번호미상 갤로퍼 승용차 뒷타이어에 튕기어 ○○○의 승용차 앞유리창을 뚫고 들어오는 바람에 쇠파이프에 목 부분이 찔려 개방성 두개골 골절 등으로 사망한 피해자의 상속인들이 국가를 상대로 하여 국가배상법 제5조에 의한 손해배상을 청구하는 소송을 제기한 사건에 관한 판결이다. 원심인 대구고등법원은 "사고당시 해당 도로 위에 그와 같은 쇠파이프가 떨어져 있었다면 일단 도로의 관리에 하자가 있는 것으로 볼 수 있으나, 내세운 증거에 의하면 사고 당일 09:57부터 10:08 사이(사고 발생 33분 내지 22분 전)에 피고 운영의 과적차량 검문소 근무자 교대차량이 사고장소를 통과하였으나 위 쇠파이프를 발견하지 못한 사실이 인정되고 피고가 관리하는 넓은 국도상을 더 짧은 간격으로 일일이 순찰하면서 낙하물을 제거하는 것은 현실적으로 불가능하다고 볼 것이므로 피고에게 국가배상법 제5조 제1항이 정하는 손해배상책임이 있다 할 수 없다."라고 판단하였고,[30] 상고심에서 대법원은 다음과 같이 판시함으로써 원심의 판단을 그대로 유지하였다:

"도로의 설치 또는 관리의 하자는 도로의 위치 등 장소적인 조건, 도로의 구조, 교통량, 사고시에 있어서의 교통사정 등 도로의 이용상황과 그 본래의 이용목적 등 제반 사정과 물적 결함의 위치, 형상 등을 종합적으로 고려하여 사회통념에 따라 구체적으로 판단하여야 할 것인바, 도로의 설치 후 제3자의 행위에 의하여 그 본래 목적인 통행상의 안전에 결함이 발생한 경우에는 도로에 그와 같은 결함이 있다는 것만으로 성급하게 도로의 보존상 하자를 인정하여서는 안 되고, 당해 도로의 구조, 장소적 환경과 이용상황 등 제반 사정을 종합하여 그와 같은 결함을 제거하여 원상으로 복구할 수 있는데도 이를 방치한 것인지 여부를 개별적, 구체적으로 심리하여 하자의 유무를 판단하여야 한다."[31]

---

29) 박윤흔, 『행정법강의(상)』, 박영사, 2000, 707 이하; 김동희, 앞의 책, 494. 따라서 양설의 차이는 원칙론적 차원의 것이라고 한다.
30) 대구고법 1996.12.6. 선고 96나3938 판결.
31) 대법원 1997.4.22. 선고 97다3194 판결.

이 사건 판결이 가지는 의의는 바로 영조물 설치·관리상의 하자에 대한 이해를 바탕으로 영조물책임을 부정한 사례라는 데 있다.[32] 도로의 설치 후 제3자의 행위에 의하여 그 본래 목적인 통행상의 안전에 결함이 발생한 경우인 이 사건 판결에서 대법원은 일본에서의 판례경향[33]과 유사한 맥락에서 예측가능성과 결과회피가능성의 결여를 이유로 국가의 배상책임을 부정한 것이다.

이 판결을, 앞에서 본 바와 같은 학설과 판례의 경향에 비추어 볼 때, 대법원이 영조물 설치·관리의 하자에 관하여 종래의 객관설에서 주관설 또는 절충설로 선회한 것이라고 볼 것인지가 문제될 수 있다.

대법원은 이 사건 판결에서 "도로의 설치 또는 관리의 하자는 도로의 위치 등 장소적인 조건, 도로의 구조, 교통량, 사고시에 있어서의 교통사정 등 도로의 이용상황과 그 본래의 이용목적 등 제반 사정과 물적 결함의 위치, 형상 등을 종합적으로 고려하여 사회통념에 따라 구체적으로 판단하여야 할 것인바, 도로의 설치 후 제3자의 행위에 의하여 그 본래 목적인 통행상의 안전에 결함이 발생한 경우에는 도로에 그와 같은 결함이 있다는 것만으로 성급하게 도로의 보존상 하자를 인정하여서는 안 되고, 당해 도로의 구조, 장소적 환경과 이용상황 등 제반 사정을 종합하여 그와 같은 결함을 제거하여 원상으로 복구할 수 있는데도 이를 방치한 것인지 여부를 개별적, 구체적으로 심리하여 하자의 유무를 판단하여야 한다."라고 판시함으로써 하자의 의미나 개념보다는 하자의 판단기준 또는 하자의 유무를 판단함에 있어 고려해야 할 요소에 초점을 맞췄다. 따라서 대법원의 이 사건 판결을 '설치·관리자의 행위 차원에서의 잘못이 있는 경우에만 영조물관리책임을 인정할 수 있다'는 의미에서의 주관설을 취한 것이라고 볼 수는 없다. 반면 '영조물의 하자유무를 판단함에 있어서 영조물 자체의 객관적 하자뿐만 아니라 관리자의 관리상의 의무위반이란 인적 요소도 고려하여야 한다'는 의미의 절충설적 입장에 가까운 것이라고 볼 수 있을지도 의문이다. 절충설에 따를 경우 사안의 경우처

32) 이보다 앞서 대법원은, 비록 민법 제758조 제1항의 규정에 의한 공작물책임에 관한 것이기는 하지만, 트럭 앞바퀴가 고속도로상에 떨어져 있는 자동차 타이어에 걸려 중앙분리대를 넘어가 사고가 발생한 경우에 있어 한국도로공사에게 도로의 보존상 하자로 인한 손해배상책임을 인정하기 위하여는 도로에 타이어가 떨어져 있어 고속으로 주행하는 차량의 통행에 안전상의 결함이 있다는 것만으로 족하지 않고, 위 공사의 고속도로 안정성에 대한 순찰 등 감시체제, 타이어의 낙하시점, 위 공사가 타이어의 낙하사실을 신고받거나 직접 이를 발견하여 그로 인한 고속도로상의 안전성결함을 알았음에도 사고방지조치를 취하지 아니하고 방치하였는지 여부, 혹은 이를 발견할 수 있었음에도 발견하지 못하였는지 여부 등 제반사정을 심리하여 고속도로의 하자 유무를 판단하여야 함에도 이에 이르지 않은 채 원심이 위 한국도로공사의 손해배상책임을 인정한 것은 잘못이라는 이유에서 원심판결을 파기한 바 있다(대법원 1992.9.14. 선고 92다3243 판결).

33) 이에 관하여는 塩野 宏, 『日本行政法論』(서원우·오세탁 공역), 법문사, 1996, 526-533; 芝池義一, 『行政救濟法講義』, 有斐閣, 1996, 244-254를 참조.

럼 제3자에 의하여 본래 목적인 통행상의 안전에 결함이 발생한 경우에는 도로에 그와 같은 결함이 있다는 것만으로도 하자가 있다고 보게 될 것인데, 대상판결에서는 오히려 사고 발생 33분 내지 22분 전에 피고 운영의 과적차량 검문소 근무자 교대차량이 사고장소를 통과하였으나 문제의 쇠파이프를 발견하지 못했다는 점, 피고가 관리하는 넓은 국도상을 더 짧은 간격으로 일일이 순찰하면서 낙하물을 제거하는 것은 현실적으로 불가능하다는 점을 이유로, 피고의 국가배상법 제5조 제1항에 의한 손해배상책임을 부정했기 때문이다. 결국 이 사건 판결은 객관설의 입장을 포기하지 않으면서,[34] 일본 최고재판소 판례[35]와 유사한 맥락에서 영조물하자의 판단기준이란 차원에서 예측가능성, 결과회피가능성 결여를 예외사유로 인정한 것이라고 이해해야 할 것이다.

일본의 경우 영조물 설치·관리의 하자란 민법 제717조에 규정된 설치·보존상의 하자와 같은 뜻이라고 하지만, 그 내용은 "영조물이 통상 가져야 할 안전성을 결여하고 있어, 타인에게 위해를 끼칠 위험성이 있는 상태를 말하며", "그러한 하자의 존재에 대하여는 당해 영조물의 구조, 용법, 장소적 환경 및 이용상황 등 제반사정을 종합적으로 고려하여 구체적·개별적으로 판단해야 하는 것"이라는 것이 최고재판소의 공식 입장이며, 또한 일본 국가배상법 제2조의 책임은 손해의 발생이라는 결과에만 착안한 이른바 결과책임이 아니라는 데 판례와 학설이 거의 일치하고 있다고 한다.[36] 일본의 경우 국가배상법상 영조물책임이 결과책임이 아니라는 것은 영조물 설치·관리상의 하자의 유무를 판단함에 있어 당해 물건의 객관적 상태 이외의 요소도 고려할 수 있다는 것을 의미하며, 그 요소의 중요한 부분을 차지하는 것이 관리자의 대응인데 이는 한편에서는 관리자의 책임을 확대하고 피해자에게 유리하게 작용하는 경우도 많지만,[37] 관리자의 손해회피가 기대되지 못할 때에는 책임을 부정하는 방향으로도 작용하게 된다.[38] 다만 구체적인 경우에 어느 정도로 손해회피조치가 요구되는지에 관하여는 일의적 해답을 찾

34) 대법원의 1994년 11월 22일자 판결(94다32924)이 그 점을 분명히 보여 준다.

35) 최고재판소는 1975년 6월 26일 도로공사표지판(赤色燈標柱)이 다른 차에 의해 넘어졌기 때문에 교통사고가 발생한 사건에서 이 표지판은 사고 직전에 선행차량에 의하여 넘어진 것이고, 관리자가 이를 원상으로 복구하여 안전성을 회복시키는 것은 시간적으로 불가능한 것이었으므로 도로관리에 하자가 있었다고 볼 수는 없다고 판시한 바 있고(最判 昭和 50(1975).6.26.『民集』 29권 6호, 851), 유명한 1984년 1월 26일의 大東水害訴訟에서는 '통상 예측할 수 있고 회피할 수 있는' 수해에 관하여 배상책임의 성립가능성을 한정하여 당시까지 소극적이었던 수해로 인한 국가배상에 관한 판례의 흐름을 크게 변경시켰다(最判 昭和 59(1984).1.26.『民集』 38권 2호, 53;『行政判例百選 II』 146事件, 行政法判例 109事件). 특히 후자의 대동수해사건에서 최고재판소는 "하천의 관리에 대한 흠의 유무는 과거에 발생한 수해의 규모, 발생의 빈도, 발생원인, 피해의 성질, 강우상황, 유역의 지형, 기타의 자연적 조건, 토지의 이용상황, 기타의 사회적 조건, 개수를 요하는 긴급성의 유무 및 그 정도 등 제반의 사정을 종합적으로 고려하여 전기 여러 제약 아래서의 동종·동규모의 하천관리의 일반수준 및 사회통념에 비추어 시인할 수 있는 안전성을 갖추고 있다고 인정되는지 여부를 기준으로 판단해야 할 것"이라고 판시한 바 있다.

36) 塩野 宏,『日本行政法論』, 526, 530-531.

37) 名古屋高判 昭和 49(1974).11.20.(判例時報 1462호, 46, 73)의 경우가 그 예이다.

을 수 없고, 일반적으로 도로에 대하여는 재판소가 고도의 손해회피조치까지 요구하는 반면, 미개수하천의 경우는 계획의 합리성에 따라 손해회피조치가 이루어진다고 보며, 영조물에 따라, 또 같은 영조물이라 하더라도 그것이 처한 상황에 따라 달라질 수 있다고 한다.[39]

대법원의 이 사건 판결은 국가배상법 제5조에 의한 책임을 무과실책임으로 보고 그 설치·관리상의 하자를 '영조물이 통상 갖추어야 할 물적 안전성을 결여한 것'으로 보는 기존의 입장을 변경하지 않으면서, 해석론적 수준에서 국가배상법 제5조에 의한 책임이 (절대적) 결과책임이 아니라는 것을 확인함으로써, 제3자에 의하여 초래된 안전상의 결함으로 인한 영조물 책임에 대하여 피해자에게 불리한 방향으로 소극적 요건을 추가한 것이라고 할 수 있다.

대법원은 이후 일련의 판례를 통해 그 입장을 더욱 뚜렷하게 표명한다. 이에 따르면 안전성의 구비 여부를 판단함에 있어서는 당해 영조물의 용도, 그 설치장소의 현황 및 이용 상황 등 제반 사정을 종합적으로 고려하여 설치·관리자가 그 영조물의 위험성에 비례하여 사회통념상 일반적으로 요구되는 정도의 방호조치의무를 다하였는지 여부를 그 기준으로 삼아야 하며, 만일 객관적으로 보아 시간적·장소적으로 영조물의 기능상 결함으로 인한 손해발생의 예견가능성과 회피가능성이 없는 경우 즉, 영조물의 결함이 영조물 설치·관리자의 관리행위가 미칠 수 없는 상황이었음이 입증되는 경우라면 영조물의 설치·관리 하자를 인정할 수 없다는 것이다.

<영조물 설치 · 관리 하자와 방호조치의무>

국가배상법 제5조 제1항에 정해진 영조물의 설치 또는 관리의 하자라 함은 영조물이 그 용도에 따라 통상 갖추어야 할 안전성을 갖추지 못한 상태에 있음을 말하는 것이며, 다만 영조물이 완전무결한 상태에 있지 아니하고 그 기능상 어떠한 결함이 있다는 것만으로 영조물의 설치 또는 관리에 하자가 있다고 할 수 없는 것이고, 위와 같은 안전성의 구비 여부를 판단함에 있어서는 당해 영조물의 용도, 그 설치장소의 현황 및 이용 상황 등 제반 사정을 종합적으로 고려하여 설치·관리자가 그 영조물의 위험성에 비례하여 사회통념상 일반적으로 요구되는 정도의 방호조치의무를 다하였는지 여부를 그 기준으로 삼아야 하며, 만일 객관적으로 보아 시간적·장소적으로 영조물의 기능상 결함으로 인한 손해발생의 예견가능성과 회피가능성이 없는 경우 즉 그 영조물의 결함이 영조물의 설치·관리자의 관리행위가 미칠 수 없는 상황 아래에 있는 경우임이 입증되는 경우라면 영조물의 설치·관리상의 하자를 인정할 수 없다.[40]

위 판결에서 대법원은 가변차로에 설치된 신호등의 용도와 오작동시에 발생하는 사고의 위험성과

38) 앞에서 본 다른 차에 의해 도로공사표지판이 넘어져 발생한 교통사고사선에 관한 最判 昭和 50(1975). 6.26. 『民集』 29권 6호, 851이 그러한 예이다.

39) 塩野 宏, 『日本行政法論』, 531.

40) 대법원 2001.7.27. 선고 2000다56822 판결.

심각성을 감안할 때, 만일 가변차로에 설치된 두 개의 신호기에서 서로 모순되는 신호가 들어오는 고장을 예방할 방법이 없음에도 그와 같은 신호기를 설치하여 그와 같은 고장을 발생하게 한 것이라면, 그 고장이 자연재해 등 외부요인에 의한 불가항력에 기인한 것이 아닌 한 그 자체로 설치·관리자의 방호조치의무를 다하지 못한 것으로서 신호등이 그 용도에 따라 통상 갖추어야 할 안전성을 갖추지 못한 상태에 있었다고 할 것이고, 따라서 설령 적정전압보다 낮은 저전압이 원인이 되어 위와 같은 오작동이 발생하였고 그 고장은 현재의 기술수준상 부득이한 것이라고 가정하더라도 그와 같은 사정만으로 손해발생의 예견가능성이나 회피가능성이 없어 영조물의 하자를 인정할 수 없는 경우라고 단정할 수 없다고 판시하였다.

또한 대법원은 보행자 신호기가 고장 난 횡단보도 상에서 교통사고가 발생한 사안에서, 그 영조물 관리자가 그 보행자 신호기의 위험성에 비례하여 사회통념상 일반적으로 요구되는 정도의 방호조치의무를 다하였다고 볼 수 없고, 객관적으로 보아 시간적·장소적으로 영조물의 기능상 결함으로 인한 손해발생의 예견가능성과 회피가능성이 없는 경우에 해당한다고 볼 수도 없으므로, 사고 당시 적색등의 전구가 단선되어 있었던 보행자 신호기에는 그 용도에 따라 통상 갖추어야 할 안전성을 갖추지 못한 관리상의 하자가 있어 지방자치단체의 배상책임이 인정된다고 판시하였다.[41]

<영조물 설치·관리 하자와 상대적 안전성>

국가배상법 제5조 제1항 소정의 '영조물의 설치 또는 관리의 하자'라 함은 영조물이 그 용도에 따라 통상 갖추어야 할 안전성을 갖추지 못한 상태에 있음을 말하는 것으로서, 영조물이 완전무결한 상태에 있지 아니하고 그 기능상 어떠한 결함이 있다는 것만으로 영조물의 설치 또는 관리에 하자가 있다고 할 수 없고, 위와 같은 안전성의 구비 여부는 당해 영조물의 용도, 그 설치장소의 현황 및 이용 상황 등 제반 사정을 종합적으로 고려하여 설치·관리자가 그 영조물의 위험성에 비례하여 사회통념상 일반적으로 요구되는 정도의 방호조치의무를 다하였는지 여부를 그 기준으로 삼아 판단하여야 하고, 다른 생활필수시설과의 관계나 그것을 설치하고 관리하는 주체의 재정적, 인적, 물적 제약 등을 고려하여 그것을 이용하는 자의 상식적이고 질서 있는 이용 방법을 기대한 상대적인 안전성을 갖추는 것으로 족하며, 객관적으로 보아 시간적·장소적으로 영조물의 기능상 결함으로 인한 손해발생의 예견가능성과 회피가능성이 없는 경우 즉 그 영조물의 결함이 영조물의 설치관리자의 관리행위가 미칠 수 없는 상황 아래에 있는 경우에는 영조물의 설치·관리상의 하자를 인정할 수 없다(대법원 2000.2.25. 선고 99다54004 판결, 대법원 2007.10.25. 선고 2005다62235 판결 등 참조).[42]

대법원의 판례경향은 문제를 해결하기보다는 이론과 실제 양면에서 또 다른 문제를 제기

41) 대법원 2007.10.26. 선고 2005다51235 판결; 대법원 2007.9.21. 선고 2005다65678 판결 참조.
42) 대법원 2008.9.25. 선고 2007다88903 판결. 축구장과 도로 사이에 이격거리를 두지 않았거나, 고수부지에서 허용되는 범위 내에서 축구장과 도로 사이에 자연적, 인공적 안전시설을 설치하지 아니하여 피해자가 사망한 경우 설치·관리상 하자가 있었다고 판단한 사례.

한다. 그것은 무엇보다도, 위험사회(Risikogesellschaft)라고 불리는 현대사회에 있어 영조물로 대표되는 공공기반시설의 이용으로부터 발생하는 위험, 특히 우리나라의 경우 부실공사 등으로 인한 사고발생의 위험에 끊임없이 노출되어 있는 이용자의 처지를 고려할 때, 이 사건판결이 사회적 설득력을 가질 수 있을지 의문이 없지 않기 때문이다. 일본의 시오노(塩野宏) 교수는 "국가의 영조물에 대해서는 결과책임을 져야 한다고 하는 입법정책도 고려할 수 있는 바이지만, 그 취지를 입법과정에서 도출한다는 것은 어렵고 그러한 정책은 단지 손해의 공평부담의 이념을 넘어선 세금의 사용방법에 관한 것이기 때문에 그를 위해서는 보다 명확한 입법자의 의도가 필요한 것"이라고 지적하고 있으나,[43] 오히려 아무런 면책조항을 두지 않은 국가배상법 제5조를 단지 하자 유무의 판단기준에 관한 해석을 통하여 예측가능성과 결과회피가능성이 없다는 이유로 배상책임을 부정하는 결론을 도출하려면 보다 명확한 입법자의 의도가 필요한 것이 아닐까 생각한다.[44] 대법원이 영조물책임의 예외사유(설치·관리 하자의 소극적 요건)에 관하여 해석론적 판단권(interpretational free hand)을 행사함으로써 오히려 권력분립의 원리와의 긴장을 초래한 것은 아닌지 반문할 수밖에 없다. 문제의 해결은 입법 수준에서 사회적 합의를 필요로 하며, 엄격한 원인자책임원칙보다는 끊임없이 위험에 노출되어 있는 영조물 이용자의 입장과 위험 배분이라는 관점에서 입법적 해결책을 모색해야 할 것이다.

④ 결론

일견 객관설과 주관설(의무위반설)은 그 외관상의 차이에도 불구하고 하자유무의 판정에 있어서 실제상 본질적인 차이를 가져오는 것은 아니라고 할 수 있다. 주관설 역시 그 의무위반의 범위를 객관화하려고 하는 경향을 보이고 있기 때문이다. 그러나 국가배상법 제2조와 제5조의 규정형식상의 명백한 차이를 제2조의 과실을 객관적 과실로 파악하고 제5조의 하자와 동일시함으로써 무시하는 것은 적어도 해석론적 타당성을 갖기 어렵다.

이와 동일한 맥락에서 박윤흔 교수는 "국가배상법 제5조에는 '설치 또는 관리에 하자'라고만 표현되어 있고, 제2조에서와 같이 '고의 또는 과실'이라는 표현이 없는데도, 제5조의 책임을 과실책임에 가깝게 새기는 것은 타당한 해석이라고 보기 어려우며, 가해자인 국가의 입장만을 중시하고 피해자인 국민의 입장은 가볍게 보는 것이라고 하겠다. 설치·관리의 하자를 관리자가 안전확보의무를 해태한 경우에만 인정하려고 하는 것은 결국 과실책임주의를 취하는 것으로, 명문으로 과실책임주의를 취하고 있는 공

43) 塩野 宏, 『日本行政法論』, 531.
44) 물론 국내문헌과 판례가 인정하는 예외적 면책사유인 천재지변 등 불가항력의 경우와는 구별해야 한다.

무원의 직무책임의 경우에도 오늘날은 과실을 객관화·정형화하여 무과실책임에 가깝게 운영하여야 한다는 것이 일반적인 견해임을 감안할 때, 시대의 흐름에도 맞지 아니하는 입장이라고 하겠다."[45]라고 지적한다.

문제는 오히려 객관설을 취한다고 해서 반드시 제5조가 규정하는 '설치·관리의 하자'를 곧바로 '공공영조물의 물적 하자'로 이해해야 하느냐 하는 데 있다. 예컨대 갑문을 열어야 할 시간을 지키지 못한 댐관리요원의 명백한 의무위반으로 발생한 수해에 있어서 물론 주관설의 입장에서는 그 배상책임을 인정하는 데 아무런 문제가 없을 것이다. 그러나 객관설의 입장을 취한다고 해서 반드시 이를 두고, 댐 자체에는 아무런 객관적 결함이 없었다는 것을 이유로 하자의 존재를 부정할 것인지(따라서 배상책임을 부정할 것인지)는 극히 의문이다. 이 경우에도 사고는 사고발생시점에 존재한, "열려야 할 시간이 지났는데도 아직 열리지 않은 (너무 일찍 열린) 갑문"이라는 댐의 작동상의 결함(operational failure: 기능적 이유에 의한 객관적 안전성결여)에 기인한 것이라고 보아야 한다. 물론 이러한 입론은 결국 절충설에 근접하는 결과가 되겠지만, 객관설의 입장을 유지하면서 설치·관리 하자의 개념을 작동상의 결함에까지 확장하여 피해자를 두텁게 보호할 수 있다는 점에서 정당성이 있다.

물론 그와 같은 경우 국가배상법 제2조에 의한 배상책임을 통해 피해를 구제할 수 있는 가능성이 열릴 수도 있다. 일본의 경우, 시오노(塩野 宏) 교수는 그와 같은 경계영역에 있는 손해에 있어 해석론으로는 국가배상법 제1조(우리 국가배상법 제2조에 해당) 해당성을 주장하든가 제2조(우리 국가배상법 제5조에 해당)에 의해 청구를 하든가는 원고의 선택에 맡겨질 문제지만, 그 경우 이론적으로는 과실의 요건이 필요 없는 후자 쪽이 책임을 인정하기 쉽다고 한다.[46] 한편 시바이케(芝池義一) 교수는 실제문제에 있어 영조물자체에 물적 결함은 있지만 그 설치·관리상의 조치의 잘못은 없는 경우란 거의 없다고 한다. 반대로 영조물에 물적 결함은 없지만 그 설치·관리상의 잘못이 있는 경우는 실제로도 빈번히 나타나는데, 가령 교통신호기 기계 자체는 정상으로 작동하는 데 푸른 신호등의 시간설정이 부적절하게 되어 사고가 난 경우[47]나 댐 수문의 조작에 실수로 인하여 사고가 발생한 경우가 그 예이다. 따라서 시바이케 교수는 설치·관리자의 행위에 하자가 있는 경우에 영조물관리책임이 성립한다는 행위하자설에 입각하는 것이 하자를 넓게 인정하는 것이라고 지적한다.[48]

---

45) 박윤흔, 앞의 책, 707.
46) 塩野 宏, 『日本行政法論』, 533.
47) 大阪地判 1979.9.13, 大阪地判 1988.7.13.(吉野川・大迫ダム訴訟).
48) 芝池義一, 『行政救濟法』, 245.

(3) 영조물 설치 · 관리 하자의 유형

① 자연공물과 설치 · 관리의 하자

대법원은 다음 판례에서 보는 바와 같이 자연공물로서 하천의 관리상의 특수성을 인정하고 이를 영조물 설치 하자 유무의 판단에 반영하고 있다.

<자연영조물로서의 하천의 관리상의 특수성과 설치상 하자 유무>

1. 자연영조물로서의 하천은 원래 이를 설치할 것인지 여부에 대한 선택의 여지가 없고, 위험을 내포한 상태에서 자연적으로 존재하고 있으며, 간단한 방법으로 위험상태를 제거할 수 없는 경우가 많고, 유수라고 하는 자연현상을 대상으로 하면서도 그 유수의 원천인 강우의 규모, 범위, 발생시기 등의 예측이나 홍수의 발생 작용 등의 예측이 곤란하고, 실제로 홍수가 어떤 작용을 하는지는 실험에 의한 파악이 거의 불가능하고 실제 홍수에 의하여 파악할 수밖에 없어 결국 과거의 홍수 경험을 토대로 하천관리를 할 수밖에 없는 특질이 있고, 또 국가나 하천관리청이 목표로 하는 하천의 개수작업을 완성함에 있어서는 막대한 예산을 필요로 하고, 대규모 공사가 되어 이를 완공하는 데 장기간이 소요되며, 치수의 수단은 강우의 특성과 하천 유역의 특성에 의하여 정해지는 것이므로 그 특성에 맞는 방법을 찾아내는 것은 오랜 경험이 필요하고 또 기상의 변화에 따라 최신의 과학기술에 의한 방법이 효용이 없을 수도 있는 등 그 관리상의 특수성도 있으므로, 하천관리의 하자 유무는, 과거에 발생한 수해의 규모 · 발생의 빈도 · 발생원인 · 피해의 성질 · 강우상황 · 유역의 지형 기타 자연적 조건, 토지의 이용상황 기타 사회적 조건, 개수를 요하는 긴급성의 유무 및 그 정도 등 제반 사정을 종합적으로 고려하고, 하천관리에 있어서의 위와 같은 재정적 · 시간적 · 기술적 제약하에서 같은 종류, 같은 규모 하천에 대한 하천관리의 일반수준 및 사회통념에 비추어 시인될 수 있는 안전성을 구비하고 있다고 인정할 수 있는지 여부를 기준으로 하여 판단해야 한다.
2. 관리청이 하천법 등 관련 규정에 의해 책정한 하천정비기본계획 등에 따라 개수를 완료한 하천 또는 아직 개수 중이라 하더라도 개수를 완료한 부분에 있어서는, 위 하천정비기본계획 등에서 정한 계획홍수량 및 계획홍수위를 충족하여 하천이 관리되고 있다면 당초부터 계획홍수량 및 계획홍수위를 잘못 책정하였다거나 그 후 이를 시급히 변경해야 할 사정이 생겼음에도 불구하고 이를 해태하였다는 등의 특별한 사정이 없는 한, 그 하천은 용도에 따라 통상 갖추어야 할 안전성을 갖추고 있다고 봄이 상당하다.[49]

② 영조물의 안전성과 수인한도

대법원은 영조물 설치 · 관리 하자 유무를 판단함에 있어 영조물이 그 용도에 따라 갖추어야 할 안전성을 갖추지 못한 상태에 있는지 여부에 초점을 맞추면서, 그 안전성 결여의 판단기준으로서 환경오염 판단에 적용되어 온 수인한도의 개념을 적용하고 있다. 실례로 다음 판례

49) 대법원 2007.9.21. 선고 2005다65678 판결. 동지 대법원 2007.10.25. 선고 2005다62235 판결.

에서 보듯이 매향리 사격장에서 발생하는 소음 등으로 지역 주민들이 입은 피해는 사회통념상 참을 수 있는 정도를 넘는 것으로서 사격장의 설치 또는 관리에 하자가 있었다고 판시하였고, 또 김포공항에서 발생하는 소음 등으로 인근 주민들이 입은 피해는 사회통념상 수인한도를 넘는 것으로서 김포공항의 설치·관리에 하자가 있다고 판시한 바 있다.

<매향리 사격장 소음과 영조물책임>

1. 국가배상법 제5조 제1항에 정하여진 '영조물의 설치 또는 관리의 하자'라 함은 공공의 목적에 공여된 영조물이 그 용도에 따라 갖추어야 할 안전성을 갖추지 못한 상태에 있음을 말하고, 여기서 안전성을 갖추지 못한 상태, 즉 타인에게 위해를 끼칠 위험성이 있는 상태라 함은 당해 영조물을 구성하는 물적 시설 그 자체에 있는 물리적·외형적 흠결이나 불비로 인하여 그 이용자에게 위해를 끼칠 위험성이 있는 경우뿐만 아니라 그 영조물이 공공의 목적에 이용됨에 있어 그 이용상태 및 정도가 일정한 한도를 초과하여 제3자에게 사회통념상 참을 수 없는 피해를 입히는 경우까지 포함된다고 보아야 할 것이고, 사회통념상 참을 수 있는 피해인지의 여부는 그 영조물의 공공성, 피해의 내용과 정도, 이를 방지하기 위하여 노력한 정도 등을 종합적으로 고려하여 판단하여야 한다.
2. 소음 등을 포함한 공해 등의 위험지역으로 이주하여 들어가서 거주하는 경우와 같이 위험의 존재를 인식하면서 그로 인한 피해를 용인하며 접근한 것으로 볼 수 있는 경우에 그 피해가 직접 생명이나 신체에 관련된 것이 아니라 정신적 고통이나 생활방해의 정도에 그치고, 그 침해행위에 상당한 고도의 공공성이 인정되는 때에는 위험에 접근한 후 실제로 입은 피해 정도가 위험에 접근할 당시에 인식하고 있었던 위험의 정도를 초과하는 것이거나 위험에 접근한 후에 그 위험이 특별히 증대하였다는 등의 특별한 사정이 없는 한 가해자의 면책을 인정하여야 하는 경우도 있을 수 있을 것이나, 일반인이 공해 등의 위험지역으로 이주하여 거주하는 경우라고 하더라도 위험에 접근할 당시에 그러한 위험이 문제가 되고 있지 아니하였고, 그러한 위험이 존재하는 사실을 정확하게 알 수 없었으며, 그 밖에 위험에 접근하게 된 경위와 동기 등의 여러 가지 사정을 종합하여 그와 같은 위험의 존재를 인식하면서 굳이 위험으로 인한 피해를 용인하였다고 볼 수 없는 경우에는 그 책임이 감면되지 아니한다고 봄이 상당하다.[50]

<김포공항 소음에 대한 영조물책임>

1. 국가배상법 제5조 제1항에 정하여진 '영조물의 설치 또는 관리의 하자'라 함은 공공의 목적에 공여된 영조물이 그 용도에 따라 갖추어야 할 안전성을 갖추지 못한 상태에 있음을 말하고, 안전성을 갖추지 못한 상태, 즉 타인에게 위해를 끼칠 위험성이 있는 상태라 함은 당해 영조물을 구성하는 물적 시설 그 자체에 있는 물리적·외형적 흠결이나 불비로 인하여 그 이용자에게 위해를 끼칠 위험성이 있는 경우뿐만 아니라, 그 영조물이 공공의 목적에 이용됨에 있어 그 이용상태 및 정도가 일정한 한도를 초과

50) 대법원 2004.3.12. 선고 2002다14242 판결.

하여 제3자에게 사회통념상 수인할 것이 기대되는 한도를 넘는 피해를 입히는 경우까지 포함된다고 보아야 한다.

2. '영조물 설치 또는 관리의 하자'에 관한 제3자의 수인한도의 기준을 결정함에 있어서는 일반적으로 침해되는 권리나 이익의 성질과 침해의 정도뿐만 아니라 침해행위가 갖는 공공성의 내용과 정도, 그 지역환경의 특수성, 공법적인 규제에 의하여 확보하려는 환경기준, 침해를 방지 또는 경감시키거나 손해를 회피할 방안의 유무 및 그 난이 정도 등 여러 사정을 종합적으로 고려하여 구체적 사건에 따라 개별적으로 결정하여야 한다.

3. 소음 등을 포함한 공해 등의 위험지역으로 이주하여 들어가서 거주하는 경우와 같이 위험의 존재를 인식하면서 그로 인한 피해를 용인하며 접근한 것으로 볼 수 있는 경우에, 그 피해가 직접 생명이나 신체에 관련된 것이 아니라 정신적 고통이나 생활방해의 정도에 그치고 그 침해행위에 고도의 공공성이 인정되는 때에는, 위험에 접근한 후 실제로 입은 피해 정도가 위험에 접근할 당시에 인식하고 있었던 위험의 정도를 초과하는 것이거나 위험에 접근한 후에 그 위험이 특별히 증대하였다는 등의 특별한 사정이 없는 한 가해자의 면책을 인정하여야 하는 경우도 있을 수 있을 것이나, 일반인이 공해 등의 위험지역으로 이주하여 거주하는 경우라고 하더라도 위험에 접근할 당시에 그러한 위험이 존재하는 사실을 정확하게 알 수 없는 경우가 많고, 그 밖에 위험에 접근하게 된 경위와 동기 등의 여러 가지 사정을 종합하여 그와 같은 위험의 존재를 인식하면서 굳이 위험으로 인한 피해를 용인하였다고 볼 수 없는 경우에는 손해배상액의 산정에 있어 형평의 원칙상 과실상계에 준하여 감액사유로 고려하는 것이 상당하다.[51]

③ 입증책임

영조물의 하자 유무는 당해 영조물의 구조・용법・입지환경・이용상황 등을 여러 사정을 종합적으로 참작하여 개별・구체적으로 그리고 객관적으로 판단하여야 한다. 이러한 영조물의 설치・관리상의 하자의 입증책임은 원칙적으로 원고에게 있다. 이에 관해서는 이른바 하자의 일응추정의 이론을 원용함으로써 하자의 입증을 완화해야 한다는 주장이 유력하게 제기되고 있다.[52] 한편 통설과 판례처럼 하자를 객관설적으로 파악하지 않고, 이를 주관설적으로 파악하면 그 입증이 곤란한 경우가 적지 않을 것이며 따라서 입증책임을 완화하는 이론적 보완이 절실히 요구될 것이다.

<입증책임의 완화>

그리하여 피해자구제의 관점에서, 사고가 발생하면 일응 하자의 존재가 추정되고 영조물관리주체인 국가 등이 하자 없었음을 입증하지 아니하는 한 배상책임을 진다고 하는 이른바 '하자의 일응추정'의 이론이

51) 대법원 2005.1.27. 선고 2003다49566 판결.
52) 김도창, 앞의 책, 642.

일본의 학설상 주장되고 있으나 실제 판례상 원용되고 있지는 않다고 한다.[53] 한편 프랑스의 경우 공토목손해(domage de travaux publics)에 대한 배상은 물론 부동산만을 대상으로 하는 것이지만, 공공사업의 이용자에 대한 손해에 관해서 '정상적 유지의 결여'(défaut d'entretien normal)라는 의미에서의 과실책임을 인정하고 있으며, 다만 공공시설로부터 사고가 발생하면 그 과실(정상적 유지의 흠결)이 있는 것으로 추정되고 그 반대사실에 대한 입증책임은 국가가 지도록 하고 있다. 단 이러한 입증책임의 전환원리는 내용적으로 ① 손해발생의 원인인 하자가 충분히 특징적이어야 하며 ② 일응 흠결이 있는 경우에도, 관리자에게 이를 원상복구할 충분한 시간이 주어져 있어야 한다는 제한을 받는다고 한다. 반면, 제3자에 대한 손해에 관해서는 '공적 부담 앞의 평등'(l'égalité des citoyens devant les charges publiques)의 침해에 기한 무과실책임이 인정된다.[54]

영조물 설치·관리의 하자를 대법원의 판례에 따라 이해한다면, '객관적으로 보아 시간적·장소적으로 영조물의 기능상 결함으로 인한 손해발생의 예견가능성과 회피가능성이 없었는지'는 피고가 입증책임을 진다고 보아야 할 것이다.[55]

3. 손해의 발생

영조물의 설치·관리상의 하자와 손해발생 사이에 상당인과관계가 있어야 하며 또 타인에게 발생한 손해여야 함은 이미 제2조에 의한 배상책임에 관하여 설명한 바와 같다. 이와 관련하여 대법원은, 영조물의 설치·관리상의 하자로 인한 사고란 비단 영조물의 설치·관리상의 하자만이 손해발생의 원인이 되는 경우만을 말하는 것이 아니고, 다른 자연적 사실이나 제3자의 행위 또는 피해자의 행위와 경합하여 손해가 발생하더라도 영조물의 설치·관리상의 하자가 공동원인의 하나가 되는 이상 그 손해는 영조물의 설치 또는 관리상 하자에 의하여 발생한 것이라고 해석함이 상당하다고 판시하고 있다.[56]

대법원은 인과관계의 판단기준과 관련하여 주목할 만한 판결을 내렸다. 사고 직전까지 파고 2.5m 정도인 파도가 치고 있었는데, 돌연 파고 약 7m 정도의 너울성 파도가 높이 5m, 설계파고 4m인 이 사건 방파제를 넘어오는 바람에 이에 휩쓸려 방파제 아래 내항 쪽으로 추락하여 사망한 사건에서, 원심은 안전난간이 설치되었더라면 망인이 추락하지 않았을 것으로 보기 어렵고, 파도에 휩쓸릴 위험이

53) 古崎慶長, 『國家賠償法研究』, 1985, 132.
54) J. Rivero, a.a.O., n°313, p.386; 김동희, 앞의 책, 494.
55) 대법원 1998.2.10. 선고 97다32536 판결.
56) 대법원 1994.11.22. 선고 94다32924 판결.

예상되는 경우에는 출입자 스스로 방파제에 출입하지 말아야 하고 안전난간은 기본적으로 실족에 의한 추락을 방지하기 위한 안전시설이라는 점을 감안하면 더욱 상당인과관계를 인정하기 어렵다는 이유로 방파제의 설치·관리상의 하자와 사망사고 사이의 상당인과관계를 부정하였다. 그러나 대법원은, 원심이 설시하는 대로 이 사건 방파제가 항내의 선박 등을 파도로부터 보호한다는 본래의 기능 외에 휴식공간의 기능을 수행함에 적절한 시설을 갖추어야 할 필요가 있고, 또한 문제의 방파제에서 이전에도 관광객 등이 파도에 휩쓸려 각 1인이 사망하거나 실종되는 사고가 일어난 일이 있었다면, 원심이 그 설치가 요구된다고 인정한 안전난간이 단지 실족에 의한 추락의 방지를 위한 시설인 정도로 충분하다고 할 수 없고, 원칙적으로 산책객 등이 파도에 휩쓸리는 것을 막는 시설로서도 기능할 수 있어야 할 것이라고 전제한 뒤, 비록 이 사건 사고를 일으킨 파도가 파고 7m의 너울성 파도라고 하여도, 위와 같은 안전시설이 갖추어진 경우에도 망인이 그에 휩쓸려 바다에 추락하였으리라고는 인정하기 어려우며, 오히려 위와 같은 안전시설을 갖추지 아니한 이 사건 방파제의 설치·관리상의 하자가 이 사건 사망사고의 발생에 상당한 원인을 제공하였다고 보아야 할 것이라고 판시하였다. 그리고 파도에 휩쓸릴 위험이 있는 경우에는 출입자 스스로 이 사건 방파제에 출입하지 아니하여야 한다는 등의 점은 이를 원고들이 청구할 수 있는 손해배상의 액을 산정함에 있어 망인의 과실상계사유로 참작함으로써 족하고, 이를 들어 위의 상당인과관계를 부인할 것은 아니라고 판시하여 원심판결을 파기환송하였다.[57)]

4. 천재지변 등 불가항력의 경우

천재지변(폭풍우·폭설·가뭄·지진·낙뢰 등)과 같이 인력으로 막을 수 없는 재난이 원인이 되어 영조물에 의한 손해가 발생한 경우에는 불가항력(höhere Gewalt)에 의한 경우로 면책사유가 된다고 보는 것이 일반적이다. 물론 이 경우에도 영조물이 통상적으로 요구되는 물적 안전성은 갖추고 있어야 한다는 것이 통설이다.

<자연공물과 영조물하자>

자연공물의 경우 전혀 인공이 가해지지 않은 이상은 설치·관리의 하자가 있을 수 없다는 견해도 있으나, 김도창 교수는 사회통념상 기대가능성이 전혀 없는 경우를 제외하고는 통상적 안전성의 결여는 사회적 수인한도를 넘는 것으로 국가배상책임을 인정하는 것이 옳다고 한다.[58)] 예컨대 하천정비기본계획(하천법 § 15)에 따른 계획유수량내에서의 홍수로 인하여 제방결궤 또는 일수로 범람이 있은 경우에는 설치·관리상의 하자가 있게 된다고 한다. 참고로 대법원은 산비탈부분이 집중호우로 견디지 못하고 도로 위로 무너져 내려 차량의 통행을 방해함으로써 사고가 난 사건에서 "이 사건 사고는 피고

57) 대법원 2010.3.15. 선고 2008다53713 판결(손해배상(기)).
58) 김도창, 앞의 책, 643.

(대한민국)의 위 도로의 설치 또는 관리상의 하자로 인하여 일어난 것이라고 보아야 한다. 매년 비가 많이 오는 장마철을 겪고 있는 우리나라와 같은 기후의 여건 하에서 위와 같은 집중호우가 내렸다고 하여 전혀 예측할 수 없는 천재지변이라고 보기는 어렵다."라고 판시한 바 있다.[59] 한편 대법원 2001. 7.27. 선고 2000다56822 판결에서는 "가변차로에 설치된 신호등의 용도와 오작동시에 발생하는 사고의 위험성과 심각성을 감안할 때, 만일 원심이 본 바와 같이 가변차로에 설치된 두 개의 신호기에서 서로 모순되는 신호가 들어오는 고장을 예방할 방법이 없음에도 그와 같은 신호기를 설치하여 그와 같은 고장을 발생하게 한 것이라면, 그 고장이 자연재해 등 외부요인에 의한 불가항력에 기인한 것이 아닌 한 그 자체로 설치·관리자의 방호조치의무를 다하지 못한 것으로서 신호등이 그 용도에 따라 통상 갖추어야 할 안전성을 갖추지 못한 상태에 있었다고 할 것"이라고 판시한 바 있다.[60]

59) 대법원 1993.6.8. 선고 93다11678 판결(홍정선, 『판례행정법』, 1994, 196-198 [45]-2).

60) 참고로 대법원은 민법 제758조에 의한 공작물책임이 문제된 북악스카이웨이 도로붕괴사건에서 "공작물의 설치 및 보존의 하자라 함은 그 공작물의 축조 및 보존에 불완전한 흠이 있어 이 때문에 그 공작물 자체가 통상 갖추어야 할 안전성을 갖추지 못한 상태에 있음을 말하는 것이므로, 일반적으로 예상되는 천재지변의 상황에서까지도 항상 완전무결한 상태를 유지할 정도의 고도의 안전성을 갖추지 않았다 하여 그러한 경우까지도 그 공작물의 설치·보존에 하자 있다고 할 수 없다."라고 판시한 바 있다(대법원 1978.2.14. 선고 76다1530 판결).

제39장

궁극적 배상책임자: 국가배상법 제6조의 법적 쟁점*

Ⅰ. 쟁점

국가배상법은 제6조 제1항에서 “제2조 · 제3조 및 제5조의 규정에 의하여 국가 또는 지방자치단체가 손해를 배상할 책임이 있는 경우에 공무원의 선임 · 감독 또는 영조물의 설치 · 관리를 맡은 자와 공무원의 봉급 · 급여 기타의 비용 또는 영조물의 설치 · 관리의 비용을 부담하는 자가 동일하지 아니한 경우에는 그 비용을 부담하는 자도 손해를 배상하여야 한다.”라고 규정하는 한편, 제2항에서 “제1항의 경우에 손해를 배상한 자는 내부관계에서 그 손해를 배상할 책임이 있는 자에게 구상할 수 있다.”라고 규정하고 있다. 이처럼 법이 공무원의 선임 · 감독자 또는 영조물의 설치 · 관리를 맡은 자와 비용부담자가 다른 경우 비용부담자도 배상책임을 지도록 한 것은 그러한 경우 배상책임자가 불분명하여 피해자가 과연 누구를 손해배상청구의 상대방으로 할 것인지를 알 수 없는 경우가 적지 않기 때문에 비용부담자도 배상책임을 지는 것으로 함으로써 피해자의 피고선택의 부담을 완화하여 피해구제를 용이하게 하려는 데 그 입법취지를 둔 것이라고 이해된다. 피고를 잘못 선택하여 소송을 제기하는 경우에는 소송비용의 중복부담뿐만 아니라 손해배상청구권의 시효소멸가능성 등 회복하기 어려운 손해를 입을 수 있고 배상책임자가 될 것으로 생각되는 국가나 지방자치단체를 공동피고로 하여 소송을 제기해도 상소과정에서의 불편이 뒤따른다.[1] 그러므로 공무원의 선임 · 감독 또는 영조물의 설치 · 관리를 맡은 자와 비용부담자 중 어느 한쪽에 대해 선택적으로

* 홍준형, 「국가배상법 제6조에 대한 고찰」, 『행정논총』 제35권 제1호, 1997을 수정 · 보완한 것임.

1) 이에 관하여는 홍승면, 「국가와 지방자치단체간의 배상책임의 분장관계」, 『민사판례연구』 18, 박영사, 2003, 355를 참조.

배상을 청구할 수 있도록 하여 위법한 국가작용으로 인하여 피해를 입은 자의 권리구제를 용이하게 하되, 그 결과 생기는 궁극적인 배상책임의 소재 및 분담에 관한 문제는 실제로 손해를 배상한 자와 내부관계에서 그 손해를 배상할 책임이 있는 자간에 구상관계를 통하여 해결하도록 함으로써 실질적인 행정구제의 목적에 우선권을 부여하려는 법정책적 고려가 이 규정의 바탕에 깔려 있는 것이라 할 수 있다.

현행 국가배상법 제6조는 일본의 국가배상법 제3조의 규정으로부터 직접적인 영향을 받아 규정된 것으로 생각된다. 일본의 국가배상법은 제3조에서 "① 전 2조의 규정에 의하여 국가 또는 공공단체가 손해를 배상할 책임을 지는 경우에 있어서 공무원의 선임이나 감독 또는 공영조물의 설치 또는 관리를 맡은 자와 공무원의 봉급, 급여 기타의 비용 또는 공영조물의 설치 또는 관리의 비용을 부담하는 자가 다른 경우에는 비용을 부담하는 자도 그 손해를 배상할 책임을 진다. ② 전항의 경우에 있어서 따로 손해의 원인에 관하여 책임을 져야 할 자가 있는 경우에는 국가 또는 공공단체는 이에 대하여 구상권을 가진다."라고 규정하고 있는데, 이는 우리 국가배상법 제6조와 동일한 내용이라고 할 수 있다. 일본의 경우 역시 이 규정의 취지를 행정사무의 관리자와 비용부담자가 다른 경우 피해자측의 입장에서는 어느 쪽이 배상책임의 주체가 되는지가 반드시 명료하지 않을 수 있기 때문에 이러한 규정을 둠으로써 비용부담자의 배상책임을 인정하고 피해자의 피고선택의 리스크를 경감하여 소송상 편의를 도모하려는 데 있는 것으로 보는 데 이론이 없다고 한다.[2)]

이와 같이 국가배상법 제6조가 일본 국가배상법의 규정태도를 좇아 피해구제의 편의를 도모한 것은 타당하다고 할지라도 이 규정의 해석·적용에 관하여는 적지 않은 의문과 불확실성이 남아 있다. 무엇보다도 제6조 제1항에서 말하는 '비용부담자'란 무엇을 의미하며 또 '비용부담자'에 해당하는 자의 범위는 어디까지인가, 둘째, 손해를 배상한 자가 내부관계에서 구상할 수 있는 '그 손해를 배상할 책임이 있는 자'란 누구를 말하는지, 다시 말해 이 구상규정을 통하여 궁극적으로 배상책임을 지는 자는 누구인지, 그리고 어느 한쪽에게 배상책임을 전부 귀속시킬 수 없는 경우 그 내부적 부담비율이나 분담관계는 어떻게 되는지가 분명치 아니하다. 이러한 문제들은 지방자치가 본격화되면서 과거의 국가중심적인 하향식 통제구조에서와는 달리 지방자치단체가 국가배상법상 배상책임의 부담문제를 둘러싸고 이의를 제기하는 현상이 빈발하고 있어 그 이론적 해명이 더욱 절실히 요구되고 있다. 반면 이에 관한 판례도 근소하고 학설 역시 대단히 불만족스러운 수준에 머물러 있는 실정이다. 이러한 견지에서 국가배상법 제6조에 관한 기본적 쟁점들을 검토하여 그 해석·적용을 위한 지침을 제시

2) 塩野 宏, 『行政法 II』, 1992, 266-271; 阿部泰隆, 『國家補償法』, 1988, 58-60; 高田 敏(編著), 『行政法』(改訂版), 1994, 323. 이 규정의 제정배경에 관하여는 阿部泰隆, 같은 책, 58을 참조.

하고자 한다.

Ⅱ. 국가배상법 제6조 제1항에 의한 비용부담자와 그 범위

국가배상법 제6조 제1항에 의한 비용부담자에 관하여는 두 가지 문제가 제기된다. 그것은 첫째, 이 조항에서 말하는 '비용부담자'란 누구를 말하는가, 둘째, 비용부담자란 어떤 범위의 '비용'을 부담하는 자를 말하는가 하는 것이다. 첫 번째 문제에 관하여는 국가배상법 제6조 제1항 소정의 '공무원의 봉급, 급여 기타의 비용'이란 공무원의 인건비만을 가리키는 것이 아니라 당해 사무에 필요한 일체의 경비를 의미한다는 것이 판례이며,[3] 이에 대하여 학설상 이론이 없다. 그러나 두 번째 문제에 관하여는 다음에 보는 바와 같은 학설의 대립이 있고 판례의 태도에도 의문의 여지가 없지 않아 논란의 여지가 있다.

1. 학설

국가배상법 제6조 제1항에서 말하는 비용부담자의 의미를 논의하고 있는 국내문헌은 유감스럽게도 거의 찾아보기 어렵다. 다만 일본에서 전개된 학설을 고려한 판례와 일부 실무계의 논의가 진행되었을 뿐이다. 이러한 상황에서 이 문제에 대한 견해로서 고려될 수 있는 것은 다음 세 가지이다.

(1) 형식적 비용부담자설

국가배상법 제6조 제1항에서 말하는 비용부담자란 그 실질적 비용부담관계를 고려함이 없이 대외적으로 비용을 지출하는 자를 말한다고 보는 견해를 형식적 비용부담자설이라 부를 수 있을 것이다. 이 견해는 내부관계에서 실질적으로 비용을 부담하는 자와 대외적으로 비용을 부담하는 자가 다를 수 있음을 전제로 하여[4] 그 경우 후자를 비용부담자로 본다. 즉 누가 대외적으로 경비를 지출하는가라는 기준에 의하여 선택적 배상청구의 상대방이 되는 비용부담

3) 대법원 1994.12.9. 선고 94다38137 판결; 대법원 1994.1.11. 선고 92다29528 판결.

4) 물론 양자가 일치하는 경우에도 대외적 경비지출자라는 점이 비용부담자를 결정하는 기준이 된다는 점은 마찬가지지만, 결과적으로 차이가 없으므로 문제가 되지 아니한다.

자를 결정해야 한다는 것이다. 일반적으로 사무의 관리주체와 그 비용을 부담하는 경제주체는 일치하는 것이 원칙이지만, 그러한 경우에도 관리주체가 직접 비용을 부담하는 경제주체로 나타나지 않고 다른 행정주체로 하여금 일단 비용을 부담하도록 하고 후에 이를 정산 또는 상환하는 방식을 취할 수도 있다. 가령 기관위임사무의 경우처럼 위임자인 국가가 관리주체로서 그 사무에 소요된 비용을 실질적으로 부담하지만, 대외적인 관계에서는 수임자인 기관이 속하는 지방자치단체로 하여금 비용을 부담시키는 것이 그 대표적인 예이다. 이 경우 사무의 주체와 형식적 비용부담자, 즉 대외적 경비지출자가 달라지게 된다. 그러나 통상 사무의 주체와 형식상 비용부담자가 일치하기 때문에, 기관위임의 경우 피해자로서는 사무의 주체가 동시에 비용부담자라고 오인하거나 반대로 비용부담자가 사무의 주체라고 오인하기 쉽고, 그 경우 어느 일방만을 배상책임자로 한다면 구제의 원활을 기할 수 없으므로 양자를 배상책임자로 할 필요성이 크다는 이유에서,[5] 피해자에 대한 관계에서는 대외적으로 경비를 지출하는 당해 지방자치단체를 비용부담자로 보아 선택적 청구의 상대방으로 삼아야 한다는 것이다. 일본에 있어 궁극적 배상책임자에 관하여 비용부담자설을 주장한 학설(대표적인 예로 미농부설)에 의하여 채용되었던 이 견해에 따르면, 실질적 비용부담자와 형식적(대외적) 비용부담자가 불일치하는 경우 대외적으로 경비를 지출하는 자를 비용부담자로 보기 때문에 실질적 비용부담자는 국가배상법 제6조 제1항에서 말하는 '비용부담자'에 해당하지 않는다는 결과가 된다.[6]

(2) 실질적 비용부담자설

국가배상법 제6조 제1항의 비용부담자를 실질적 비용부담자로 파악하는 견해도 있을 수 있으며 또 이를 실질적 비용부담자설이라 부를 수 있을 것이다. 그러나 엄밀히 이러한 내용의 학설이나 판례는 찾아볼 수 없고, 오히려 다음에 보는 바와 같이 실질적 비용부담자도 국가배상법 제6조 제1항의 비용부담자에 해당한다고 보는 병합설의 형태로 주장되는 것이 일반적이다.

(3) 병합설

주로 일본에서 전개되어 온 학설로서 피해자보호의 견지에서 일정한 경우에는 국가배상법상의 비용부담자에 실질적 비용부담자를 포함시킬 수 있다는 견해이다. 이것은 일본의 다수설로

---

5) 山內一夫, 「費用負擔者」, 『行政判例百選(II)』, 287.
6) 홍승면, 앞의 글, 372. 같은 글, 374는 "국가배상법 제6조의 입법연혁이나 취지에 비추어 보면 실질적 비용부담자는 여기에 포함되지 않는다고 보아야 할 것"이라고 지적하고 있다.

서 일본 국가배상법 제3조의 비용부담자를 국가 또는 지방공공단체 중 어느 일방의 사무경비를 다른 일방이 부담하여야 하는 경우로 이해하고 있다.[7] 일본에서 leading case로서 인용되는 웅야시국립공원사건판결 역시 국가배상법 제3조 제1항의 비용부담자에는 법률상 부담의무를 지는 자가 당연히 포함된다고 판시한 바 있다. 즉 일본 최고재판소는 국립공원특별지역 내의 주회로의 설치·관리에 하자가 있어 인신사고가 발생한 사안에 관하여 최고재판소는 보조금의 교부액이 본래의 부담자와 동등하다는 것, 실질적으로는 사업의 공동집행에 해당하는 것, 보조금교부자가 위험을 효과적으로 방지할 수 있다는 것의 세 가지 요건을 제시하면서 당해 사건에 있어 비용부담자로서의 국가의 책임을 인정한 것이다.

> 공의 영조물의 설치 또는 관리에 하자가 있기 때문에 국가 또는 공공단체가 국가배상법 제2조 제1항의 규정에 의하여 책임을 지는 경우에 관하여 국가배상법 제3조 제1항이 동법 제2조 제1항과 함께 당해 영조물의 설치 또는 관리를 맡은 자와 설치 또는 관리의 비용을 부담하는 자가 다른 경우 그 쌍방이 손해배상의 책임을 져야 한다고 하고 있는 것은, 만일 그 어느 한쪽만이 손해배상책임을 부담하는 것으로 한다면 피해자인 국민이 그 어느 한쪽에게 손해배상의 책임을 구해야 할 것인지를 반드시 명확히 알 수 없어 배상의 책임을 져야 할 자의 선택에 곤란을 초래할 수 있으므로 대외적으로는 그 쌍방에게 손해배상의 책임을 부담시킴으로써 위와 같은 곤란을 제거하려는 데 있을 뿐만 아니라, 위험책임의 법리에 기하여 동법 제2조의 책임에 관하여 동일한 법리에 입각하여 피해자의 구제에 만전을 기하려는 데에도 있는 것이기 때문에, 동법 제3조 제1항 소정의 설치비용의 부담자에는 당해 영조물의 설치비용에 관하여 법률상 부담의무를 지는 자 외에도 그 자와 동등하게 또는 그에 근사하게 설치비용을 부담하고 실질적으로는 그 자와 당해 영조물에 의한 사업을 공동으로 집행하고 있다고 인정되며 당해 영조물의 하자에 의한 위험을 효과적으로 방지할 수 있는 자를 포함하는 것으로 해석해야 한다.[8]

이러한 판례와 학설에 대하여는 경비를 지출하는 자와 사무의 주체가 다른 경우 그 배상책임의 주체를 오인할 우려가 있기 때문에 경비를 지출하는 자가 이에 해당한다고 이해해야 하지만, 비용부담의 관계는 피해자측의 입장에서 본다면 내부적 계기에 불과하며, 질적 차이가 없기 때문에 이 견해를 취할 경우 배상책임의 범위가 확대되는 결과를 방지하기 어렵게 된다는 반론이 제기되고 있으나,[9] 배상책임자 선택의 곤란을 제거할 필요는 경비의 대외적 지출의 경우에 한하는 것은 아니며, 가령 내부적으로라도 법령상 부담구분이 이루어져 비용부담이 업무에 결부되어 있는 경우에도 마찬가지로 배상책임의 주체를 오인할 우려가 있으

7) 今村成和, 『國家補償法』, 1957, 119; 秋山義昭, 「賠償責任と費用負擔者」, ジュリスト 增刊 『行政法の爭點』(新版, 成田頼明 編), 1990, 186.
8) 最判 1975.11.28., 『民集』 29卷10号 1754, 『行政判例百選 II』, 126.
9) 山內一夫, 앞의 글, 287.

며, 부담의무가 법령에 명정되어 있고 또 국가배상법 제1조, 제2조의 요건이 덧붙여져 있는 이상 배상책임의 범위가 무한정 확대되는 것도 아니라기 때문에, 적어도 법률상 부담의무가 정해져 있는 경우를 비용부담자로부터 제외시켜야 할 이유가 없다는 점에서 지지되고 있다.[10)]

2. 판례

우리나라 대법원은 앞에서 본 병합설의 입장을 취하고 있는 것으로 이해된다. 그러한 판례들을 검토해 보기로 한다.

먼저 대법원은 아래에 보는 바와 같이 기관위임사무에 있어 적어도 대외적으로 그러한 경비를 지출하는 자는 경비의 실질적, 궁극적 부담자가 아니더라도 그러한 경비를 부담하는 자에 포함된다고 판시하고 있는데, 이는 일견 앞에서 본 형식적 부담자설의 입장을 취한 것처럼 보인다. 그러한 맥락에서 이 판결에 의하면 기관위임의 경우 수임자인 기관이 속하는 지방자치단체는 언제나 비용부담자로서 국가배상책임을 지게 된다고 일반화하는 견해가 나타나고 있다.[11)] 이렇게 봄으로써 '피해자로서는 결국 당해 사무를 처리하는 일선 행정청이 속하는 지방자치단체만을 피고로 하여 소송을 제기하면 족할 것이고, 다만 청구원으로서 사무의 주체 또는 비용부담자로서의 책임을 선택적으로 주장하면 될 것이며, 또 그간 문제되어 온, 국가배상책임의 주체를 잘못 파악하여 소송이 도로화되는 손해나 국가와 지방자치단체가 동시에 소송에 참가하여야 하는 불이익을 대부분 해결할 수 있을 것'이라고 한다.[12)]

---

10) 秋山義昭, 앞의 글, 186. 한편 塩野 宏 教授(『行政法 II』, 1992, 269)는 위의 판례에서 제시된 실질적 비용부담자를 비용부담자로 보기 위해 필요한 요건을 오히려 한층 더 완화시켜 이해하려고 시도한다: "본래 지방재정법상 부담금과 장려적 보조금과는 구별된다. 부담금은 지방재정법 제10조 이하에서 규정하는 것으로 예컨대 의무교육학교건설비등이 그것이다. 이 부담금에 있어서 국가는 공공사업의 비용을 말하자면 할감적으로 부담하는 것이다. 따라서 그것은 지방공공단체가 자주적으로 행하는 사무를 장려하기 위하여 국가가 교부하는 지방재정법 제16조의 보조금과는 성질을 달리한다. 이 점으로 본다면 국가배상법 제3조의 비용부담이란 부담금을 포함하는 것이라는 데에는 이론이 없다고 생각된다. 다만 지방재정법의 부담금이면서 보조금으로서 지출되고 있는 것이 있어 부담금과 보조금의 구별은 실무상으로 반드시 명확하지는 않다. 그러한 현재의 상태를 통틀어 본다면 당해 비용부담이 실질적으로 부담금적 성격을 가지는 것인지 여부로 판단하는 것이 타당하며 최고재판소의 입장도 그런 것이라고 생각된다. 그렇게 본다면 반드시 최고재판소가 제시한 세 가지 요건의 전부를 구비할 필요는 없으며, 제2의 실질적 공동집행의 요건으로 충분하다고 풀이된다(제1, 제3의 요건은 제2의 요건을 판단하는 보조요건으로 볼 수 있다)."

11) 홍승면, 앞의 글, 373-374.

12) 홍승면, 앞의 글, 374.

가. 국가배상법 제6조 제1항 소정의 '공무원의 봉급, 급여 기타의 비용'이란 공무원의 인건비만을 가리키는 것이 아니라 당해 사무에 필요한 일체의 경비를 의미한다고 할 것이고, 적어도 대외적으로 그러한 경비를 지출하는 자는 경비의 실질적, 궁극적 부담자가 아니더라도 그러한 경비를 부담하는 자에 포함된다.

나. 구 지방자치법(1988.4.6. 법률 제4004호로 전문개정되기 전의 것) 제131조(현행 제132조), 구 지방재정법(1988.4.6. 법률 제4006호로 전문개정되기 전의 것) 제16조 제2항(현행 제18조 제2항)의 규정상, 지방자치단체의 장이 기관위임된 국가행정사무를 처리하는 경우 그에 소요되는 경비의 실질적, 궁극적 부담자는 국가라고 하더라도 당해 지방자치단체는 국가로부터 내부적으로 교부된 금원으로 그 사무에 필요한 경비를 대외적으로 지출하는 자이므로, 이러한 경우 지방자치단체는 국가배상법 제6조 제1항 소정의 비용부담자로서 공무원의 불법행위로 인한 같은 법에 의한 손해를 배상할 책임이 있다.[13)]

이 판결은 또한 국가배상법 제6조 제1항에 의하여 배상책임을 부담하는 비용부담자에 공무원에게 봉급을 지급하는 자뿐만 아니라, 당해 사무의 경비를 대외적으로 지출하는 자도 포함시킴으로써, 비용부담자로서의 배상책임자를 폭넓게 인정했다는 점에서 큰 의의를 가진 것으로 평가되고 있다.[14)] 사실 기관위임사무에 있어 대외적 경비지출자가 국가배상법 제6조 제1항 소정의 비용부담자에 해당한다는 점, 또 그렇게 봄으로써 현실적으로 타당한 결과를 기대할 수 있다는 점에 대해서는 이론이 있을 수 없을 것이다. 한편, 이 판결의 취지와 관련하여 이를 형식적 비용부담자설, 엄밀히 말해 대외적 경비지출자만을 국가배상법 제6조 제1항 소정의 비용부담자로 보는 견해에 따른 것으로 보는 듯한 견해가 표명되고 있는데,[15)] 과연 그렇게 볼 수 있을지는 의문이다. 판결요지에서 비교적 분명히 나타나는 바와 같이 대법원이 적어도 대외적으로 그러한 경비를 지출하는 자는 '경비의 실질적, 궁극적 부담자가 아니더라도' 그러한 경비를 부담하는 자에 포함된다고 판시한 것은 경비의 실질적, 궁극적 부담자 또한 비용부담자에 해당한다는 것을 암묵적으로 전제한 것으로 볼 여지가 없지 않기 때문이

13) 대법원 1994.12.9. 선고 94다38137 판결. 이 판결에 관하여는 홍승면, 앞의 글, 350 이하; 박해성, 「국가배상법 제6조 소정의 비용부담자로서의 국가배상의무를 부담하는 자」, 『대법원판례해설』 22호, 287-297을 참조.

14) 박해성, 위의 글, 296. 한편 같은 글, 295-296에 의하면 종래 대법원은 기관위임의 경우 주로 그 사무가 국가사무라는 이유에서 선임감독자로서 국가의 배상책임만을 인정하는 판결을 해 오다가, 대법원 1994.1.11. 선고 92다29528 판결에서 도의 사무를 기관위임에 의하여 군이 수입·처리한 경우 해당 군에서 당해 공무원의 봉급을 부담한다는 것을 이유로 군의 배상책임을 인정함으로써 비용부담자의 책임을 인정하기 시작했다고 기술하고 있으나, 비용부담자의 책임은 비록 도로법 제56조를 근거로 한 것일지라도 이미 대법원 1993.1.26. 선고 92다2684 판결에서 인정되었다.

15) 홍승면, 앞의 글, 373-374.

다. 다음에 보는 대법원의 판결은 기관위임된 국도의 유지관리사무에 관하여 도로법 제56조에 의하여 도로관리의 실질적 비용을 부담하는 서귀포시의 배상책임을 인정했는데, 이는 대법원이 국가배상법 제6조 제1항 소정의 비용부담자를 형식적 비용부담자설보다는 넓게 새기고 있다는 입론을 가능케 해 주는 근거로 볼 수 있다.

> 가. 도로법 제22조 제2항에 의하여 지방자치단체의 장인 시장이 국도의 관리청이 되었다 하더라도 이는 시장이 국가로부터 관리업무를 위임받아 국가행정기관의 지위에서 집행하는 것이므로 국가는 도로관리상 하자로 인한 손해배상책임을 면할 수 없다.
>
> 나. 시가 국도의 관리상 비용부담자로서 책임을 지는 것은 국가배상법이 정한 자신의 고유한 배상책임이므로 도로의 하자로 인한 손해에 대하여서는 부진정연대채무자인 공동불법행위자와의 내부관계에서 배상책임을 분담하는 관계에 있으며 국가배상법 제6조 제2항의 규정은 도로의 관리주체인 국가와 그 비용을 부담하는 경제주체인 시 상호간에 내부적으로 구상의 범위를 정하는 데 적용될 뿐 이를 들어 구상권자인 공동불법행위자에게 대항할 수 없다.[16)]

이 판결에 대하여는 도로법 제56조를 근거로 서귀포시의 비용부담자로서의 책임을 인정한 원심판결[17)]을 수용한 것과 관련하여 '도로법 제56조의 비용부담의 규정은 도로의 관리에 대한 실질적인 비용부담을 규정한 것이므로 국가배상법 제6조 제1항의 비용부담자를 형식적 비용부담자로 해석하는 한 위 도로법 규정은 국가배상법상의 비용부담자를 인정하는 근거로 삼을 수는 없는 것'이므로 잘못이라는 비판이 제기되고 있다.[18)] 그러나 이러한 비판은 어디까지나 대법원이 형식적 비용부담자설을 취하고 있다는 전제하에서만 가능한 것일 뿐, 대법원이 이미 앞에서 본 바와 같이 비용부담자를 형식적 비용부담자설보다 넓게, 즉 병합설의 입장에서 파악하고 있다고 본다면 도로법 제56조를 들어 서귀포시를 비용부담자로 본 것을 탓할 수는 없을 것이다. 대법원이 '피고 서귀포시의 이 사건 도로 관리상 비용부담자로서의 책임은 국가배상법이 정한 자신의 고유한 배상책임'이라고 본 이상, 이 사건판결만으로는 대법원이 당해 서귀포시를 형식적 비용부담자로 보고 이를 도로법 제56조에 의하여 뒷받침한 것으로는 보기 어려우며, 또한 도로법 제56조의 규정을 실질적 비용부담에 관한 규정으로 보았는지 여부도 불확실하다. 이 사건의 원심판결 역시 국가배상법 제6조 제1항의 '비용부담자'에 관한 형식적 비용부담자설의 견지에 서 있다고는 보이지 않는다.[19)] 이 문제는 앞에서 본

16) 대법원 1993.1.26. 선고 92다2684 판결; 대법원 1991.12.24. 선고 91다34097 판결; 대법원 1992.11.10. 선고 92다38041 판결을 참조.
17) 서울고등법원 1991.12.18. 선고 91나48470 판결.
18) 홍승면, 앞의 글, 372-373.
19) 서울고등법원 1991.12.18. 선고 91나48470은 국가배상법 제6조 제1항 소정의 '비용부담자'의 의미나 범

병합설에 입장에서 본다면 결과에 차이를 가져오지 아니한다. 반면 대법원이 형식적 비용부담자설을 취하는 것으로 가정한다면, 도로법 제56조가 형식적 비용부담에 관한 규정인지 아니면 실질적 비용부담에 관한 규정인지 여부가 문제될 것이다. 사실 도로법 제22조 등에 의한 사무가 기관위임사무라고 보는 경우, 그 비용부담에 관한 동법 제56조의 규정과 기관위임사무에 있어 비용부담에 관한 지방재정법 제18조 제2항의 규정은 뒤에서 다시 논의되겠지만 상충하는 관계에 있으며, 지방재정법 제18조 제2항의 규정이 실질적 비용부담에 관한 규정이라는 점에는 이론의 여지가 없으나, 도로법 제56조의 규정을 그에 대한 예외규정으로 볼 것인지에 관하여는 논의의 여지가 없지 않다. 대법원이 줄곧 도로법 제56조의 규정에도 불구하고 동법 제22조 제2항에 의한 사무를 기관위임사무로 보면서 그 관리상의 하자로 인한 국가의 배상책임을 인정하고 있는 것을 보더라도, 도로법 제56조의 규정이 지방재정법 제18조 제2항의 적용을 배제하는 것은 아니라는 결론에 이르게 되기 때문이다.

다른 한편 같은 비판론이 지적하는 바, 도로법 제24조 단서의 경우 도지사가 특별시, 광역시, 시의 관할구역 외의 국도를 수선, 유지하는 경우 그 비용을 국고가 부담하도록 되어 있어 위 판례에 따를 경우 도는 비용부담자로서의 책임을 지지 않는다는 결과가 되므로, 피해자보호를 위한 외관보호라는 국가배상법 제6조의 입법취지에 배치된다는 주장도 반드시 타당한 것이라고는 할 수 없다. 왜냐하면 그러한 경우에도 도로법 제24조 단서는 실질적 비용부담에 관한 규정이므로 도가 대외적 경비지출자로서 외관을 지닐 수 있고 또 대외적 경비지출자 역시 국가배상법상의 비용부담자에 해당한다고 보는 이상, 국가와 함께 선택적 배상청구의 상대방이 될 수 있기 때문이다. 위 판결의 취지를 기관위임의 경우에 일반화할 수 없는 것과 마찬가지로 국가배상법상의 비용부담자는 '실질적 비용부담자에 한한다'는 취지로 일반화하는 것도 잘못이다.

이제까지 살펴본 대법원판례의 입장은 다음과 같은 관점에서 가장 일관성 있게 이해될 수 있을 것이다. 첫째, 대법원은 병합설의 입장에서 실질적 비용부담자와 형식적 비용부담자가 모두 국가배상법상의 비용부담자에 해당하는 것으로 보는 입장에 서 있다. 대법원이 일본에서의 학설·판례의 전개방식처럼 비용부담자를 형식적 비용부담자뿐만 아니라 일정한 요건하에서 실질적 비용부담자를 포함하는 개념으로 파악한 것은 아니다. 대법원은 결과적으로 형식적 비용부담자와 실질적 비용부담자를 모두 비용부담자에 해당하는 것으로 보았고, 실질적 비용부담자를 비용부담자로 인정하기 위한 요건들을 부과하지 않았다는 점에서 앞서 본 일본 최고재판소의 판결[20]보다는 비용부담자의 인정범위를 널리 잡고 있는 것이 아닌가 하

위에 대한 판단은 하고 있지 않다.

20) 最判 1975.11.28.,『民集』29卷 10号 1754,『行政判例百選 II』, 126.

는 추정이 가능하다. 둘째, 대법원은 도로법 제56조와 같은 명시적인 실질적 비용부담규정이 있는 경우에는 그에 따라 실질적 비용부담책임을 지는 자를 국가배상법상의 비용부담자로 보았다.[21] 이렇게 볼 때 대법원은 "국가가 스스로 행하여야 할 사무를 지방자치단체 또는 그 기관에 위임하여 수행하는 경우에, 그 소요되는 경비는 국가가 그 전부를 당해 지방자치단체에 교부하여야 한다."라는 지방재정법 제18조 제2항의 규정과 관련하여 앞서 본 94다38137 판결에서 확인된 바와 같이, 기관위임의 경우 수임자인 기관이 속하는 지방자치단체가 비용부담자로서 책임을 지는 것이 원칙이며, 예외적으로 도로법 제56조와 같은 규정이 있는 경우 이를 그에 대한 특칙으로 파악하고 있는 것으로 볼 수 있다. 셋째, 국가배상법상 비용부담자에 실질적 비용부담자를 일반적으로 포함시키는 것이 법정책적 견지에서 타당할 것인지는 별도의 논의를 필요로 하는 사항이다. 대법원은 앞서 본 판결에서 이에 대하여 아무런 조건을 부과하지 않는 듯한 태도를 보였고, 또 기관위임의 경우 도로법 제56조를 근거로 실질적 비용부담자를 비용부담자로서 인정했다. 그러나 지방재정법 제18조 제2항의 해석과 관련하여 도로법 제56조와 같은 실질적 비용부담에 관한 명시적인 특별규정이 없는 경우 일반적으로 실질적 비용부담자도 국가배상법상의 비용부담자에 해당한다고 볼 것인지, 가령 보조금과 같은 경우에도 이를 시인할 것인지, 아니면 어떠한 조건하에 이를 시인할 수 있는지는 앞으로 대법원이 판례를 통하여 구체화해 나가야 할 문제이다.

지방재정법상 부담금·교부금은 보조금과는 구별된다. 부담금은 지방재정법 제18조 제1항에 의하여 국가가 지방자치단체 또는 그 기관이 법령에 의하여 처리하여야 할 사무로서 국가와 지방자치단체 상호간에 이해관계가 있는 경우에, 그 원활한 사무처리를 위하여 국가에서 부담하지 아니하면 아니 될 경비의 전부 또는 일부를 부담하는 것으로서 지방재정법 제19조 및 동시행령 제26조 이하에 의하여 정해진 부담비율에 따라 부담하는 것이고, 교부금은 지방재정법 제18조 제2항에 의하여 지방자치단체가 국가가 스스로 행하여야 할 사무를 지방자치단체 또는 그 기관에 위임하여 수행하는 경우 그 소요되는 비용을 국가가 교부하는 것으로서, 지방자치단체가 자주적으로 행하는 사무를 장려하기 위하여 지방자치단체의 재정사정상 특히 필요하다고 인정될 때 예산의 범위 안에서 국가가 교부하는 지방재정법 제20조애 의한 보조금과는 성질을 달리한다. 여기서 국가배상법 제6조가 규정하는 '비용부담자'를 병합설에 의하여 이해하는 경우 그 '비용'에 부담금·교부금이 포함된다는 점에 대하여는 이론의 여지가 없을 것이다. 다만 지방재정법상의 부담금이면서 보조금으로서 지출되고 있는 것이 있어 부담금과 보조금의 구별은 실무상으로 반드시 명확하지는 않다. 따라서 비용부담이 실질적으로 부담금 또는 교부금으로서의 성질을 가지는 것인지 여부로 판단하는 것이 타당할 것이다.

21) 대법원 1995.2.24. 선고 94다57671 판결 역시 같은 입장에 서 있다.

Ⅲ. 국가배상법 제6조 제2항의 해석상 궁극적 배상책임자

국가배상법 제6조 제1항은 공무원의 선임·감독 또는 영조물의 설치·관리를 맡은 자와 공무원의 봉급·급여 기타의 비용 또는 영조물의 설치·관리의 비용을 부담하는 자가 동일하지 아니한 경우에 그 비용을 부담하는 자도 손해를 배상하여야 한다고 규정하고 있다. 그런데 제2항이 이 경우 손해를 배상한 자는 그 내부관계에서 손해배상의 책임이 있는 자에게 구상할 수 있다고 규정함으로써 궁극적인 배상책임자가 누구인지를 입법적으로 명시하지 아니하고 문제를 판례와 학설에 맡기고 있어, '내부관계에서 손해배상의 책임이 있는 자'가 누구를 의미하는가에 대하여 논란이 있다. 한편 이 규정은 관리주체와 그 비용을 부담하는 경제주체 상호간에 내부적 구상의 범위를 정하는 것이므로[22] 피해자에 대한 관계에 대해서는 영향을 미치지 않는다. 또한 이 규정을 들어 구상권자인 공동불법행위자에게 대항할 수도 없다.[23]

1. 학설

'내부관계에서 손해배상의 책임이 있는 자'가 누구를 의미하는가, 다시 말해 공무원의 선임·감독 또는 영조물의 설치·관리를 맡은 자와 비용부담자가 다른 경우 누구를 궁극적인 배상책임자로 볼 것인가에 대하여는 책임의 원리, 즉 설치관리의 하자를 발생시킨 책임은 관리자에게 있다는 것을 근거로 공무원의 선임·감독자를 말한다고 보는 것이 통설이다.[24] 이에 대하여는 손해배상비용도 비용부담자가 부담해야 할 비용에 포함되는 것이며, 실제로 관리자가 경합되는 경우 관리자 간에 부담비율을 정하는 것이 극히 곤란한 반면, 비용부담의 비율에 따른 배상액의 분배는 용이하다는 것 등을 근거로 일본의 다수설·실무처럼 비용부담자가 궁극적 배상책임을 진다고 보는 반론[25]이 제기되고 있다.

---

22) 대법원 1993.1.26. 선고 92다2684 판결에 따르면 시가 국도의 관리상 비용부담자로서 책임을 지는 것은 국가배상법이 정한 자신의 고유한 배상책임이므로 도로의 하자로 인한 손해에 대하여 시는 부진정연대채무자인 공동불법행위자와의 내부관계에서 배상책임을 분담하는 관계에 있다고 한다.

23) 대법원 1993.1.26. 선고 92다2684 판결; 대법원 1991.12.24. 선고 91다34097 판결; 대법원 1992.11.10. 선고 92다38041 판결.

24) 박윤흔, 『행정법강의(상)』, 박영사, 1996, 653, 672; 김남진, 『행정법 I』, 1995, 526-527; 강구철, 『행정법 I』, 1993, 668-669 등.

25) 서원우, 「국가배상법상의 입법론상의 제문제」, 『국가배상제도의 제문제』, 법무자료 제141집(1991), 5-27, 23.

2. 판례

이 문제를 직접 다룬 판례는 찾아볼 수 없다. 다만 앞에서 본 판례[26]에서 '시가 국도의 관리상 비용부담자로서 책임을 지는 것은 국가배상법이 정한 자신의 고유한 배상책임'이며, '국가배상법 제6조 제2항의 규정은 도로의 관리주체인 국가와 그 비용을 부담하는 경제주체인 시 상호간에 내부적으로 구상의 범위를 정한 것'이라고 판단한 것으로 미루어 볼 때, 국가배상법 제6조에 의하여 비용부담자 역시 고유한 배상책임의 주체이며, 다만 관리주체와 내부적 구상관계에 선다고 보는 입장이 아닌가 생각된다.

3. 비교법적 검토

이미 앞에서 기술한 바와 같이 우리나라 국가배상법 제6조는 일본의 국가배상법 제3조를 거의 그대로 모방한 규정으로서 다른 나라에서는 유례를 찾기 힘든 독특한 제도라 할 수 있다. 따라서 국가배상법 제6조에 있어 궁극적·본래적 배상책임자가 누구인가 하는 문제에 관하여도 일본법이 가장 유용한 비교법적 상관성을 지닌 것이라 할 수 있으나, 독일과 프랑스에 있어 국가배상책임의 귀속주체 또는 궁극적 배상책임자의 문제가 어떻게 다루어지고 있는지를 검토해 보는 것도 문제의 해결책을 모색함에 있어 나름대로 유용할 것이라고 생각한다.

(1) 프랑스

프랑스의 경우 제정법상의 제도는 아니지만, 가령 시장이 국가기관으로서의 지위와 당해 지방자치단체(collectivité locale)의 기관으로서의 지위에서 불법행위를 행한 경우처럼, 권한의 중복(cumul des compétences)에 해당하는 때에는 피해자는 국가나 당해 지방자치단체 중 한 쪽을 상대방으로 손해배상을 청구할 수 있으며, 또 당해 공무원 또는 기관이 속하는 국가와 지방자치단체 또는 지방자치단체 상호간에 책임의 구상관계가 인정되고 있다. 이 경우 누가 궁극적인 배상책임자(personne imputable) 및 복수의 배상책임자간의 구상관계여하를 법원이 결정하도록 되어 있다는 것이 특색이다.[27] 반면 우리나라 국가배상법 제6조의 경우와 같이 별도로 비용부담자의 책임을 인정한 판례는 찾아볼 수 없다.

---

26) 대법원 1993.1.26. 선고 92다2684 판결; 대법원 1991.12.24. 선고 91다34097 판결; 대법원 1992.11.10. 선고 92다38041 판결.

27) J. Rivero et J. Waline, *Droit administratif*, Précis Dalloz, 1994, p.237, n°283.

(2) 독일

독일의 경우 이 문제는 배상책임의 귀속주체(Passivlegitimation)에 관한 문제로 다루어지고 있다. 독일법에서는 우리나라 국가배상법 제6조나 일본 국가배상법 제3조와 같은 규정을 찾아볼 수 없으며, 단지 기본법 제34조가 직무에 위반하여 행위한 직무담당자가 근무하는 공공단체가 배상책임을 진다고 규정하고 있을 뿐이다. 즉 독일 기본법 제34조는 "공무를 수행하는 자가 자기에게 맡겨진 공적 직무를 집행함에 있어 제3자에 대한 직무상 의무를 위반한 경우 원칙적으로 국가 또는 그가 복무하는 공공단체가 그에 대한 책임을 진다. 고의 또는 중대한 과실이 있는 경우 그 행위자에게 구상할 수 있다. 손해배상청구권과 그 구상에 대하여는 통상법원에 의한 권리보호가 배제되어서는 아니 된다."라고 규정하고 있다.[28] 이에 따르면 직무를 수행한 공무원(Amtswalter)이 복무하는 행정주체(der Verwaltungsträger, in dessen "Dienst" der Amtswalter steht)가 배상책임을 진다는 것이 된다.[29] 그러나 이 규정의 의미에 관하여는 해석상 의문의 여지가 없지 않았고, 특히 국가 및 주와 지방자치단체 간의 배상책임의 소재를 둘러싸고 학설상 논란이 있었다. 어떤 공무원이 다른 행정주체의 사무를 수행하는 경우, 가령 지방자치단체의 기관이 국가사무(단체위임사무, 지시사무)를 수행한 경우에 과연 누가 배상책임을 지느냐 하는 것이 논란될 수 있었기 때문이다. 이에 대하여 과거에는 기능설과 임용설(또는 법적 지위설)이 대립되어 왔으나, 오늘날에는 양설의 단점을 보완한 직무위임설(Amtsübertragungstheorie) 또는 직무위탁설(Anvertrauenstheorie)이 다수설[30]이자 판례[31]의 지지를 받고 있다. 학설의 내용을 간략히 검토해 보면 다음과 같다.

① 기능설(Funktionstheorie)

기능설은 수행되는 사무에 착안하여 그 사무의 성질로부터 배상책임을 지는 단체(연방, 주,

---

28) Verletzt jemand in Ausübung eines ihm anvertrauten öffentlichen Amtes die ihm einem Dritten gegenüber obliegende Amtspflicht, so trifft die Verantwortlichkeit grundsätzlich den Staat oder die Körperschaft, in deren Dienst er steht. Bei Vorsatz oder grober Fahrlässigkeit bleibt der Rückgriff vorbehalten. Für den Anspruch auf Schadensersatz und für den Rückgriff darf der ordentliche Rechtsweg nicht ausgeschlossen werden.

29) H. Maurer, *Allgemeines Verwaltungsrecht*, 10.Aufl., C.H. Beck'sche Verlagsbuchhandlung, München, 1995, S.630-631, § 25 Rn.40-43. 한편 기본법 제34조는 "국가"(Staat)와 "단체"(Körperschaft)를 배상책임의 주체로 규정하고 있는데, 여기서 "단체"란 모든 공법상 법인으로서 권리능력을 가지는 공공영조물 및 공법상 재단 등을 포함한다는 데 이론이 없다.

30) W. Rüfner, "Sechster Teil. Das Recht der öffentlich-rechtlichen Schadensersatzund Entschädigungsleistungen," in: Hans-Uwe Erichsen und Wolfgang Martens, *Allgemeines Verwaltungsrecht*, 10.Aufl., De Gruyter, 1995, § 48 Rn.9; Fritz Ossenbühl, *Staatshaftungsrecht*, 4.Aufl., C.H. Beck'sche Verlagsbuchhandlung, München, 1991, S.93-96, § 9; H. Maurer, a.a.O., S.630-631, § 25 Rn.42.

31) BGHZ 53, 217, 218f.; 99, 326, 330.

지방자치단체, 사회보험의 보험자 등)를 결정하려는 견해이다.

② 임용설(Anstellungstheorie)

임용설(또는 법적 지위설)은 반면 어떤 단체가 가해행위를 한 공무원을 임용했는가 하는 공무원의 임용주체가 누구인가에 따라 배상책임의 주체를 결정하는 학설이다. 이 학설이 나오게 된 동기는 임용설의 경우 기능설보다는 공무원에 대한 내부적 구상문제를 더 용이하게 해결할 수 있다는 데 있었다.

③ 직무위탁설(Anvertrauenstheorie)

연방법원은 위의 임용주체설이나 기능설 어느 한쪽이 아니라 양자를 결합시킨 입장을 취하고 있다. 이를 '직무위임설'(Amtsübertragungstheorie)이라고 하거나[32] 직무위탁설(Anvertrauenstheorie)라고 부르고 있다.[33] 마우러(Maurer)에 의하면 직무위임설은 위에서 본 두 가지 학설의 약점을 회피할 수 있고, 기본법 제34조의 해석으로부터 불가피하게 도출되는 결과로서 기본법 제34조의 기능적 취지에 부합한다는 장점을 지니므로 상대적으로 우월한 설득력을 가진다고 한다.[34] 직무위탁설은 연방법원의 판례를 통하여 발전된 견해로서, 연방법원은 그러한 입장을 1970년 2월 12일의 판결에서 다음과 같이 설시한 바 있다:

> 어떤 단체가 공무원의 직무위반행위에 대해 국가배상법적 의미에 있어(기본법 제34조에서 말하는 "jemand") 책임을 지는가 하는 문제는 과실행위를 범한 공무원을 임용한 공공단체(Anstellungskörperschaft)를 배상책임의 주체로 보는 이른바 임용설이나 개별사안에 있어 공무원이 어떤 직무를 수행했는가에 따라 배상책임의 주체를 결정하는 기능설 어느 입장에 의해서도 대답될 수 없다. 제국법원(RG) 역시, 비록 그 입장이 반드시 분명한 것은 아니었을지라도, — 일반적으로 설명되는 바와 같이 — 공무원법상의 공무원과 공공단체와 근무관계(Dienstverhältnis)를 맺고 있지 않은 직원 및 공무담당자의 경우에 있어 기능설을 따르지 않았으며, 이는 Schröer, JZ 1952, 129ff.에서의 상세한 논의를 통해서도 드러나는 바이다. 물론 BGHZ 2, 350/51; BGHZ 5, 215 등과 같은 종전의 판례에서 당원이 앞에서 제시된 학설들을 언급한 것은 사실이다. 그러나 당 재판부는 오래전부터 — 그리고 전체적으로 보아 제국법원의 판례와 합치하여 — 공무원의 직무위반행위에 대한 배상책임의 주체에 관한 문제를 누가 당해 직무를 그것을 수행하는 과정에서 위법을 저지른 직무담당자에게 위임했는가, 다시 말해서 직무위반행위가 발생하게 된 사무를 당해 직무담당자에게 위탁했는가에 따라 결정해 왔다.

---

32) B. Bender, *Staatshaftungsrecht*, 2.Aufl., 1974, Rn.701.
33) W.S. Glaser, in: Soergel/Siebert, BGB, §839 Rn.149 (Stand: 1985).
34) H. Maurer, a.a.O., S.631, Rn.42.

독일 연방대법원은 최근의 판결들을 통하여 여전히 불분명한 부분을 가지고 있었던 종래의 이론적 단서를 보다 상세히 구체화하고 있다.

> 기본법 제34조에 따라 책임은 원칙적으로 직무에 위반하여 행위한 직무담당자가 복무하는 공공단체에 귀속된다. 이 규정은 배상책임을 지는 선임감독자(Dienstherr)의 문제를 어느 공공단체가 당해 직무를 수행한 공무원에게 위법행위가 발생하게 된 직무를 위임했는가, 다시 말해서 직무위반행위가 발생하게 된 사무를 당해 공무원에게 위탁했는가에 따라 결정한다는 취지로 해석하는 것이 당 재판부의 확립된 판례였다. 따라서 원칙적으로는 그러한 직무담당자를 임용했고 그것을 통해 직무행사의 가능성을 열어준 공공단체가 책임을 지게 된다. 이에 반하여 직무위반행위가 저질러진 구체적인 사무가 그 소속 공동단체의 사무범위에 속하는지 여부는 원칙적으로 문제가 되지 않는다. 오로지 그 소속주체인 행정주체가 존재하지 아니하거나 복수의 행정주체가 존재하기 때문에 당해 공무원의 소속상의 연관성이 부정되는 경우에 한하여 누가 그 수행 중 잘못을 저지르게 된 사무를 당해 직무담당자에게 위임했는지에 따라 배상책임의 주체를 결정할 수 있을 뿐이다.[35)]

이로부터 우리는 대다수의 경우 당해 직무담당자에게 수행해야 할 직무를 위임 또는 위탁한 공공단체가 배상책임의 주체가 되기 때문에 원칙적으로 당해 공무원을 임용한 공공단체가 배상책임의 법적 주체로 고려된다는 것을 확인할 수 있다. 이로부터 원칙적으로 선임·감독능력(Dienstherrnfähigkeit)을 갖춘 공공단체만이 배상책임자가 된다는 결론이 도출된다.[36)] 예컨대 대학교수의 위법행위에 대해서는 대학이 아니라 그 임용자인 주(Land)가 배상책임을 진다는 결과가 된다.[37)] 다만 어떤 경우에 당해 공무원의 소속상의 연관성이 부정되는 경우에 한하여 누가 당해 직무담당자에게 구체적인 사무를 위임했는가가 문제되어야 할 뿐이다. 따라서 공무원을 임용한 공공단체를 기준으로 한 배상책임의 주체를 정하는 원칙에 대하여는 다음과 같은 세 가지 예외가 인정되고 있다.[38)]

(가) 복수의 선임감독자가 있는 경우(Amtsträger mit mehreren Dienstherren)

가령 이중적 지위를 가진 공무원의 경우(Oberkreisdirektor gem. §§ 37, 47 KrO NW; Landrat gem. § 40 LKO RhPf), 다른 임용자를 위한 직무에 종사하는 겸직공무원 또는 선출

---

35) BGHZ 99, 326(330)=*NJW*, 1987, 2737.

36) H.-J. Papier, in: *Münch Komm*, *BGB*, 2.Aufl., § 839 Rn.311; J. Jakobs, *Staatshaftungsrecht*, 1982, Rn.220; Bender, Rn.707. 그렇지만 행정주체가 될 수 있는 능력은 배상책임의 주체가 되기 위한 전제조건이 아니라는 판례가 있다(BGH, Urt.v.31.1.1991 - III ZR 184/89).

37) BGHZ 77, 11(15)=NJW 1980, 1513(1514); BayOLG, *NJW*, 1969, 846.

38) F. Ossenbühl, *Staatshaftungsrecht*, S.93-96, § 9를 참조.

직 공무원이 이에 해당한다. 그러나 이 경우와 공무원이 두 가지 상이한 사무분야에서 활동하기는 하지만 하나의 공공단체에 의하여 임용된 경우와는 구별되어야 한다. 그 예로는 지방자치법상 국가사무와 지방사무가 혼재되어 있는 경우를 들 수 있다. 이 경우 당해 지방자치단체에 속하는 직원의 위법행위에 대해서는 그가 국가위임사무(staatliche Auftragsangelegenheit)를 수행한 경우에도 그 지방자치단체가 배상책임을 지게 된다.[39)]

한편 법률에 특별한 규정이 있는 때에는 당해 공무원을 임용한 공공단체가 아니라 당해 공무원이 누구의 이익을 위하여 활동했는가에 따라 배상책임의 주체가 결정되는 경우도 있다.[40)] 가령 Landkreis의 공무원이 국가사무를 수행한 이상 그를 임용한 Landkreis가 아니라 국가가 배상책임을 지는 경우도 적지 않다고 한다.[41)]

(나) 임용권자인 공공단체가 없는 경우(Amtsträger ohne Anstellungskörperschaft)

여기에는 가령 기술감독협회(TÜV), 중재인(Schiedsmänner), 위원회의 위원(예: 바덴-뷔르템베르크(Baden-Würtemberg) 건축가회의소의 등록위원회의 위원) 등과 같은 공무수탁사인(Beliehene)과 행정보조인(Verwaltungshelfer)이 해당한다. 이 경우 국가배상청구권의 상대방이 되는 것은 이들에게 달성해야 할 사무를 위임한 공공단체들이다.

(다) 상급행정청의 지시에 따라 행위한 경우(Weisungen übergeordneter Behörden)

위법한 지시에 따라 행동하여 배상책임을 지는 것은 그 지시에 따른 공무원이 속하는 공공단체가 아니라 그 지시를 발한 공무원이 속하는 공공단체라는 것이 판례이다.

(3) 일본

일본의 경우 국가배상법 제3조가 우리나라 국가배상법 제6조와 대동소이한 내용을 규정하고 있음은 이미 앞에서 본 바와 같다. 이 경우 궁극적 배상책임을 지는 자가 누구인가에 관하여도 우리나라의 경우와 마찬가지의 문제가 제기된다. 시노오(塩野 宏) 교수에 따르면, 국가, 지방

---

39) F. Ossenbühl, *Staatshaftungsrecht*, § 9, S.95; BGH, *DÖV*, 1981, 383(이에 대한 반론으로는 H. Bickel, *DÖV*, 1981, 585); BGHZ 87, 202(204); 99, 326(330)(이에 대한 반론으로는 H. Bickel, *DÖV*, 1984, 890(도로교통허가); BGHZ 91, 243(251); BGH, UPR 1986, 261(262); 그 밖에 M. Grünberg, "Die Haftung für Amtspflichtverletzungen gegenüber Dritten bei Zusammenarbeit von Leistungsträgern gemäß" §§ 88ff. SGB X, *NVwZ*, 1990, S.621ff.를 참조.

40) W. Rüfner, a.a.O., § 48 Rn.10.

41) 가령 바이에른주나 바덴-뷔르템베르크 Landkreisordnung (Art.35 Abs.3, 37 Abs.5 BayLKrO; § 56 Abs.2 LKrO BW)이나 슐레스비히-홀슈타인(Schleswig-Holstein)의 1971년 2월 25일 일반하급행정기관설치법(§ 6) 등이 그 예이다.

공공단체는 각자 독립하여 법인격을 가지는 것이므로 각자의 사무를 각각 고유한 기관에 의하여 각각 자기의 재원으로 수행하는 한도 내에서는 손해배상의 책임자가 명확하지만, 국가와 지방공공단체는 사무의 수행 및 비용부담에 있어 다양한 관계에 서게 되므로 구체적인 경우 국가 또는 지방공공단체 중 누가 손해배상의 책임주체가 되는지가 문제된다고 한다. 예컨대 국가배상법 제1조 적용사안에 있어 국가의 사무를 지방공공단체의 기관(知事, 市町村長)이 행사하는 기관위임사무에 관하여는 사무의 귀속주체에 착목한다면 국가가 책임주체가 되지만, 당해 공무원의 신분상의 귀속주체에 착목한다면 지방공공단체가 책임을 부담하게 된다는 것이다. 그 경우 비용의 부담관계로부터 본다면 지사 등의 급여는 지방공공단체가 부담하는 것이고 당해사무에 요하는 비용에 관해서도 지방공공단체가 부담하는 것이 원칙이다(일본 지방재정법 § 9. 단 국가가 경비의 전부 또는 일부를 부담하도록 되어 있는 사무도 많다. 지방재정법 § 10 이하를 참조). 이 비용부담관계를 국가배상법의 책임주체와의 관계에서 어떻게 볼 것인가가 문제된다.

또한 영조물에 있어서도 복잡한 관계를 띠는 경우가 있는데, 예컨대 일반국도에 관하여 본다면, 신설 또는 개축은 원칙적으로 건설대신이 행하며 그의 유지, 수선 기타 관리는 정령에서 지정하는 구간(지정구간)은 건설대신이 행하지만 그 밖의 부분의 관리는 도도부현지사(都道府縣知事, 이 경우 知事가 국가 기관으로서의 지위를 점한다)가 행하도록 되어 있어(도로법 § 12 · § 13), 그 비용은 국도의 유지수선에 관하여는 지정구간에 관하여는 국가와 도도부현이 2분의 1씩을 부담하고 지정구간 외에는 도도부현이 부담하는 것으로 되어 있다고 한다(§ 50 ②). 그러나 가령 지정구간 내에서 사고가 발생한 때에 피해자로서는 국가와 도도부현 중 어느 쪽을 피고로 해야 할 것인지, 또한 지정구간 외에서는 국가는 비용부담을 하지 않는 것인지가 문제로 된다는 것이다.[42)]

이 문제는 명치헌법하에서 특히 도로 및 소학교등의 영조물의 설치 · 관리주체(국가)와 비용부담단체(지방공공단체)가 나누어져 있는, 이른바 관영공비사업(官營公費事業)을 둘러싸고 다투어져 왔으나, 국가배상법제정시 논의의 대상이 되었다고 한다. 이에 관하여 결국 국가배상법은 제1조 및 제2조에서 국가배상청구권의 성립요건을 정하고 제3조 제1항에서 피해자와의 관계에 있어서 배상의무자의 범위에 관하여 규정하고 아울러 제3조 제2항에서 내부적 구상관계에 언급하는 방식을 취했을 뿐 궁극적 배상책임자가 누구인지는 명시하지 않았다. 물론 제3조의 취지가 복잡한 공공단체 간의 관계에 따르는 피고의 선택에 관하여 피해자에게 부담을 주게 되는 것을 피하기 위한 것이라는 데에는 이론이 없다. 요컨대, 일본에 있어 궁극적 배상책임자 문제에 대한 해결은 다음과 같이 정리될 수 있다.[43)]

---

42) 塩野 宏, 『行政法 II』, 1992, 267-268.

① 사무의 집행이 당해 단체의 고유한 기관에 의하여 자기완결적으로 이루어지는 때에는 국가배상법은 특단의 정함이 없는 한 국가배상법 제1조 및 제2조에 의하여 배상책임주체도 정해진다는 체제를 취하고 있다. 공권력의 위법한 행사에 의한 손해배상에 관하여는 당해 사무의 귀속주체이자 당해 공무원의 신분상 귀속주체이며 또한 비용의 부담자인 공공단체가 책임주체로 된다.44) 또한 영조물 설치·관리에 관한 하자로 인한 손해배상에 관하여는 영조물의 설치·관리의 주체이며 비용부담자인 공공단체가 책임주체가 된다.

② 그러나 많은 경우 국가와 지방공공단체는 보다 복잡한 관계에 서 있다. 이러한 경우에 피고로 되어야 할 책임주체의 범위를 정한 것이 국가배상법 제3조 제1항의 규정이다. 동항에서 말하는 공무원을 선임 또는 감독하는 자와 공무원의 봉급급여를 부단하는 자가 다른 경우에 전형적으로 해당하는 경우로는 공립소학교원(임면은 市町村의 교육위원회의 내신을 기다려 도도부현교육위원회가 행하지만 복무의 감독은 시정촌의 교육위원회가 행한다. 지방교육행정의조직및운영에관한법률 § 37·§ 38·§ 43. 이에 대하여 급여는 도도부현이 부담하고 국가도 그 실지출액의 이분의 일을 부담한다. 市町村立學校直員給與負擔法 §1, 의무교육비국고부담법 § 2), 마약취체원(선임감독은 도도부현지사, 비용은 전액 국고부담이다. 마약및향정신성약취체법 §54 ④, ⑤·§ 59의2)이 있다고 한다.

③ 또한 국가의 영조물인 일반국도의 경우, 국도의 설치관리자는 국가지만, 비용의 일부를 부담시키고 있는 도도부현에 대해서도 피해자는 손해배상을 청구할 수 있다(이 경우 도도부현지사도 국가의 기관으로서 국도의 관리의 일부를 담당하지만 설치·관리의 법적 주체가 국가인 것에는 변함이 없다). 마찬가지의 예를 하천법적용하천에서도 볼 수 있다고 한다(하천법 § 9·§ 10·§ 59~§ 62).

④ 국가배상법 제1조가 적용되게 되는 사건에서 기관위임에 따라 행해진 조치에 대한 책임은 국가배상법의 조문상 반드시 명확하지는 않다. 다만, 공무원의 선임·감독과 봉급 기타 비용이 대비되고 있다는 점, 그 감독에는 기관위임사무에 있어서 주무대신의 지휘감독권(지방자치법 § 150)도 포함된다고 해석된다는 점에서 피해자는 비용부담자로서의 지방공공단체와 감독자로서의 국가 어느 쪽을 피고로 해도 무방하다는 결론에서는 전혀 이론이 없다고 한다.

⑤ 일본의 국가배상법은 사업의 주체와 비용의 부담자가 다른 경우등에 관하여 구제의 편의라

---

43) 이하 塩野 宏, 위의 책, 267 이하를 참조.

44) 都道府縣경찰의 경찰관이 행하는 교통범죄의 수사는 都道府縣의 사무에 해당해는 것으로서 국가의 배상책임을 부정한 최고재판소의 판결이 있다(最判昭和五四·七·一〇民集三三卷五号四八一, 行政法判例一〇六事件參照).

는 관점에서 피해자에 대한 관계에서 배상책임주체의 범위를 넓히고 있지만, 누가 최종적으로 손해배상의 비용을 부담하는가 하는 문제가 있다. 이에 관하여는 이미 명치헌법시대에서도 손해배상의무는 경제적 부담에 불과하다는 것을 이유로 사업의 비용부담자가 손해배상책임자라는 견해가 있었지만,[45] 국가배상법은 이를 입법적으로 해결하지 않고 단지 내부에 있어서 구상관계가 존재하는 것만에 관하여 규정하고 있다(§ 3 ②). 여기서 내부관계에서의 구상권의 범위는 해석론상의 문제로 남게 된 것이다. 이에 관하여는 관리책임의 주체가 최종의 부담자라고 보는 관리자설, 기관위임사무의 경우를 고려하여 손해발생의 기여도에 따라 부담자를 정해야 한다고 보는 기여도설, 당해사무의 비용을 부담하는 자가 손해배상에 관해서도 최종적인 책임자가 된다고 본다는 비용부담자설이 대립하고 있다.[46] 관리자설, 기여도설에서는 구체적인 경우에 복수의 배상책임자들 간의 관계 등을 판정하기 곤란한 점이 있고(특히 기관위임사무의 경우), 이 문제는 종종 관리주체와 비용부담주체가 나누어져 있는 국가 · 지방 공통의 행재정시스템을 취하는 데서 생기는 것이므로 여기에 국가배상법상의 고유한 책임의 소재의 문제를 결부시킬 필연적인 이유가 없다는 것, 손해배상비용도 부담해야 할 비용부담으로 보아야 한다는 점 등에 비추어 볼 때 비용부담자설이 타당하다고 한다.[47] 이 경우 피해자(외부)에 대한 책임관계는 전적으로 국가배상법 제3조가 정하는 바에 따른다고 볼 것인가 제3조에 의하여 책임주체로 되는 것은 비용부담자뿐이라는 점이 이론상 문제로 남게 되는데, 종전의 이론으로는 본래적 책임자와 피해자의 관계에서 피고가 되어야 할 자가 중복되어 있다는 점, 국가배상법 제3조의 원안이 비용부담자만을 책임자로서 보았다는 점을 고려할 때 전설이 타당하다는 것이다.[48] 확실히 완성된 조문으로서 국가배상법 제2조 및 제3조의 규정취지로 본다면 피해자와의 관계에서는 영조물의 설치 · 관리의 주체가 우선 제2조에서 배상책임을 지며, 비용부담자는 제3조 제1항에 의하여 책임을 부담하는 것으로 보는 것이 더욱 솔직한 것이라 하겠지만,[49] 그렇게 볼 경우 제1항에서 손해배상을 하는 비용부담자만이 구상권을 가진다고 보게 되므로 입법

45) 美濃部達吉, 『日本行政法上卷』, 354. 아직 당시에는 국가배상법 제1조 내지 제3조의 기초가 정해지지 않았기 때문에 최종적 비용부담자와 손해배상소송의 피고는 일치하는 것으로 논의되고 있었다(塩野 宏, 같은 곳).

46) 阿部泰隆, 『國家補償法』, 64.

47) 法制意見, 昭和四四 · 九 · 二五 · 前田正道編 · 法制意見百選(1986), 266 이하는 손해배상비용은 손해배상에 필요한 비용이 영조물의 소극적인 설치 · 관리에 요하는 비용으로서의 성격을 가지는 것으로 하여 비용부담설의 입장에 서 있다. 별로 재판례도 없기 때문에 현재의 실무는 이에 따라 운영되고 있다고 한다(塩野宏, 같은 곳, 270).

48) 古崎慶長, 『國家賠償法』, 232 이하.

49) 이러한 사고방식을 취하는 것으로서 最判昭和四五 · 八 · 二〇民集二四卷九号126, 法制意見昭和三三 · 九 · 一五 · 前田正道 編 · 法制意見百選(1986), 二六六 이하, 阿部, 國家補償法 五四이하가 있다

의 경위에 반한다는 것이다.[50)]

일본의 경우 궁극적 배상책임자를 비용부담자로 보는 다수설(비용부담자설)에 있어 비용부담자에 형식적 비용부담자가 포함되는지, 다시 말해 대외적으로 경비를 지출하는 데 불과한 형식적 비용부담자를 궁극적 배상책임자로 보는 것인지는 분명하지 않다. 이 문제는 국가배상법 제3조 제1항의 비용부담자에 당연히 형식적 비용부담자가 포함된다고 보는 다수설과 판례에 따를 경우 그 형식적 비용부담자가 궁극적으로 배상책임을 지는 것이냐 아니면 선택적 청구에 따라 배상책임을 지지만 동조 제2항에 의하여 실질적 배상책임자에게 구상할 수 있으므로, 실질적으로는 배상책임을 지지 않는 결과가 되는 것으로 보느냐 하는 문제와 연관되어 있다. 일본의 경우 비용부담자설은 후자의 해석에 입각하고 있는 것이 아닌가 생각된다. 동조 제2항이 "전항의 경우에 있어서 따로 손해의 원인에 관하여 책임을 져야 할 자가 있는 경우에는"이라고 규정한 것을 궁극적 배상책임자로 이해하는 한, 그리고 동설이 궁극적 배상책임자를 '비용부담자'라고 보는 이상, 형식적 비용부담자로부터 구상을 당하게 된 소이는 바로 실질적 비용부담책임에 있다고 볼 수밖에 없기 때문이다. 또한 종래 비용부담자설을 주장한 학설(미농부학설)에서 국가배상법 제3조 제1항의 비용부담자를 형식적 비용부담자만을 의미하는 것으로 파악했던 것[51)]도 궁극적 배상책임자를 실질적 비용부담자로 본 데 따른 것이라고 할 수 있다. 그렇다면 일본 국가배상법 제3조 제1항에 의하여 관리책임자와 함께 배상책임을 지는 형식적 비용부담자는, 물론 다른 공공단체와 함께 비용을 분담하는 등 특별한 사정이 없는 한, 실은 피해자에 대한 관계에서만 배상책임을 진다는 결과가 된다. 즉 제3조 제1항은 형식적 비용부담자에게 종국적인 배상책임을 귀속시키는 규정은 아니라는 것이 된다.

한편 현실적으로는 국가와 지방공공단체의 쌍방이 비용을 부담하는 경우가 많고, 실제상으로는 손해배상의 부담비율[割合]의 형태로 문제되고 있으며, 그 비율이 법률상 정해져 있는 때에는 물론 그에 따르지만,[52)] 그렇지 않은 경우에는 도로법, 하천법 등이 정하는 비용부담의 비율에 의하는 것으로 이해되고 있다고 한다.[53)]

---

50) 田中二郎, 「國家賠償法について」, 『田中・行政上の損害賠償及び損失補償』, 酒井書店, 1954, 163.

51) 秋山義昭, 앞의 글, 186.

52) 식품위생법 제26조 제6호 참조. 다만 동조는 현재 효력이 정지되어 있는 것으로 해석되고 있다. 厚生省環境衛生局食品衛生課法令研究會 編, 『早わり食品衛生法』, 日本食品衛生協會 刊, 1979, 179를 참조.

53) 동지, 古崎慶長, 『國家賠償法』, 238.

(4) 평가

일본이나 우리나라의 국가배상법은 배상책임의 주체에 관하여 입법적 수준에서 결정을 내리지 않고 이를 학설에 맡기는 태도를 취했다. 그 이유는 궁극적인 배상책임의 주체가 누구인가 하는 문제에 관한 이론적 불확실성에 따른 부담을 피해자에게 부과하는 것이 온당치 않으므로 그 한도 내에서 피해자의 권리구제상의 편의를 배려하려는 데 그 입법취지가 있는 것으로 생각된다. 이러한 입법태도는 물론 위법한 직무행위로 인하여 권리를 침해당한 피해자의 권리구제라는 국가배상법의 궁극적 취지에 비추어 볼 때 매우 온당한 것으로 평가될 수 있다. 그러나 피해자의 권리구제상의 편의를 우선적으로 배려한다는 입법정책적 고려의 결과 선택적으로 배상책임을 지게 되는 공무원의 선임·감독 또는 영조물의 설치·관리를 맡은 자와 공무원의 봉급·급여 기타의 비용 또는 영조물의 설치·관리의 비용을 부담하는 자 중 누가 국가배상법 제6조 제2항에서 말하는 '그 손해를 배상할 책임이 있는 자'인가 하는 것이 미해결의 문제로 남게 되었다. 따라서 공무원의 선임·감독 또는 영조물의 설치·관리를 맡은 자와 공무원의 봉급·급여 기타의 비용 또는 영조물의 설치·관리의 비용을 부담하는 자가 다른 경우 이들 간의 구상관계, 즉 배상책임의 부담관계에 관한 분쟁이 발생할 경우 이를 해석론을 통하여 밝혀야 하는 문제가 생기는 것이다. 반면 프랑스의 경우 법률에 명문의 규정은 없지만 궁극적인 배상책임자 및 복수의 배상책임자 간의 구상관계는 법원의 판단에 맡겨져 있으나, 별도로 비용부담자로서의 책임을 인정하고 있지는 않으며, 비용부담자로서의 배상책임을 별도로 인정하지 않는다는 것은 독일의 경우에도(이 경우 우리나라 국가배상법 § 2 적용대상에 관한 것이지만) 마찬가지이다. 이는 결국 실질적인 배상책임자와 비용부담자가 원칙적으로 일치하며, 또 비용부담이라는 계기가 반드시 배상책임의 귀속과 일치하는 것은 아니기 때문에 이를 별도로 규율할 필요가 없다는 데 그 배경이 있는 것이 아닌가 생각된다. 한편 독일의 경우 직무담당자에게 그 수행할 직무를 위임 또는 위탁한 공공단체, 즉 원칙적으로 당해 공무원을 임용한 공공단체를 배상책임의 주체로 보는 것이 원칙이지만, 법률에 특별한 규정이 있는 경우에는 그에 따라 예외가 인정되고 있다는 점을 눈여겨볼 필요가 있다. 아무튼 독일과 프랑스의 경우 궁극적 배상책임자가 누구인가를 판단함에 있어 비용부담의 계기를 별도로 고려하고 있지 않다는 점은 관리책임과 비용부담책임이 다른 경우 비용부담에는 손해배상책임에 따른 비용이 포함되는 것으로 보아 후자에 착안하여 궁극적 배상책임자를 정하려는 일본의 다수설과는 뚜렷이 구별되는 점으로 주목할 필요가 있다.

Ⅳ. 결론적 고찰

1. 국가배상법 제6조의 해석

국가배상법 제6조 제1항은 배상책임이 발생하게 된 계기가 된 사무의 관리책임을 지는 자와 비용을 부담하는 자가 다를 수 있다는 것을 전제로 하고 있다. 그렇다면 공적 사무의 비용부담자를 결정해 주는 기준은 무엇인가? 일반적으로 공적 사무의 관리책임자는 원칙적으로 그 사무에 소요되는 비용을 부담하는 것이 원칙이다. 이 점은 누구도 부인하지 않는다. 또한 법률에 이에 관하여 명시적인 규정이 있는 경우에는 그에 따라 관리책임자 이외의 자도 비용을 부담할 수 있음은 물론이다. 그러나 법률에 명시적인 규정이 없는 경우 그러한 원칙이 어디까지 타당할 것인가는 불분명하다.

국가배상법 제6조 제1항에 관하여는 배상책임의 주체는 원칙적으로 관리책임자임을 전제로 피해자의 피고선택의 리스크를 완화하기 위하여 비용부담자에게도 배상청구를 할 수 있도록 특칙을 둔 것이라는 해석과 배상책임의 주체에 관하여는 입법적으로 결정하지 아니하고 이와는 무관하게 피해자의 피고선택의 리스크를 완화하기 위하여 비용부담자에게도 배상청구를 할 수 있도록 특칙을 둔 것이라는 해석이 있을 수 있다. 반면 같은 조 제2항의 "그 손해를 배상할 책임이 있는 자"의 의미는 궁극적·본래적 배상책임자, 즉 누구든지 내부관계에서의 책임분배에 있어 구상책임을 지는 자라고 보는 데 이론이 없다. 국가배상법 제6조의 제1항과 제2항은 배상책임의 주체에 관한 논란의 여지를 전제로 피해자에게 피고선택의 리스크를 완화해 주려는 행정구제법정책적 취지에 따라 이를 통합적으로 해석하지 않으면 안 된다. 이러한 관점에서 볼 때 국가배상법 제6조는 다음과 같이 해석하는 것이 타당하다: 제1항은 배상책임자는 관리책임자라는 원칙을 전제로 관리책임자가 아닌 비용부담자에 대해서도 배상책임을 물을 수 있도록 한 것으로서, 여기서 말하는 비용부담자에는 실질적 비용부담자뿐만 아니라 대외적으로 경비를 지출하는 형식적 비용부담자도 포함된다. 제2항은 비용부담자가 배상을 한 경우 그가 실질적으로 배상책임을 지지 않거나 자기의 책임부분을 넘는 부분까지 책임을 부담한 경우 이를 구상할 수 있도록 한 것이라고 볼 수 있다. 물론 이 경우 제1항에서 손해배상을 하는 비용부담자만이 구상권을 가진다고 하게 되는 문제가 있으나 반드시 그렇게 볼 것만은 아니다. 왜냐하면 비용부담자가 순전히 비용만을 부담하는 것이 아니라 일부 관리책임을 부담하는 경우도 있을 수 있고, 또한 그가 형식적 비용부담자인 경우에도 실질적 비용부담자와 비용을 분담하는 관계에 있는 경우도 있을 수 있기 때문이다. 즉, 전자의 경우, 관리책임자가 배상책임을 졌다면, 그는 비용부담자에 대하여 그가 부담하는 관리책임의 부분에 해당하는 배상책임액(이를 어떻게 산정할 것인가는 별론이다)을 구상할 수 있어야 하며, 후자의 경우 형식적 비용부담자가 배상책임을 졌다면 자기의 부담부분을 초과하는 부분에 대하여 이를 실질적 비용부담에게 구상할 수 있어야 하고, 반대로 실질적 비용부담자가 배상책임을 졌다면 그 역시 자기의 부담부분을 넘는 부분에 대하여 형식적 비용부담자에게 구상할 수 있어야 하기 때문이다. 이렇게 본다면 국가배상법 제6조 제2항의 규정은 궁극적 배상책임자가 누구든 또는 복수의 배상책임자의 부담비율이 어떠하든간에 자기의 부담비율을 넘는 부분에 대하여 같은 조 제1항에 의하여 배상책임을 진 자에게 구상권을 인정함으로써 배상책임의 적정한 배분을 기하려는 취지에서 규정된 것이라고 보게 된다.

반대로 우리 국가배상법 제6조의 본보기가 된 일본 국가배상법 제3조의 입법배경에 비추어 제1항을 비용부담자가 본래적 배상책임자임을 전제로 관리책임자와 비용부담자가 불일치하는 경우 후자에 대해서도 책임이 인정된다는 것을 명시한 것으로 보고, 제2항을 비용부담비율에 따른 구상관계를 규정한 것으로 보는 해석도 불가능하지는 않다. 그러나 일본의 경우 문제를 학설·판례의 발전에 맡겼을 뿐 당초 원안이었던 비용부담자설을 입법수준에서 채용한 것은 아니며, 또 일본에서의 학설·판례의 주류가 비용부담자설이었다는 점을 고려할 때, 우리의 경우 반드시 일본의 예를 따라야 하는 것이라고는 볼 수 없다. 오히려 궁극적 배상책임자에 관한 한 국가배상법 자체는 해석론적 개방성을 지닌 것으로 보아야 할 것이며, 따라서 국가배상책임의 귀속주체 일반론의 입장에서 문제를 해결하는 것이 타당하다고 본다. 그러면 궁극적 배상책임자를 누구로 보느냐에 따라 국가배상법 제6조 제1항의 비용부담자의 의미, 구상관계, 실질적 결과 등이 어떻게 달라지는지를 검토해 볼 필요가 있다.

2. 국가배상법상 궁극적 배상책임자에 관한 학설의 비교

앞서의 논의를 바탕으로 국가배상법상 궁극적 배상책임자를 누구로 보느냐에 따라 제6조 제1항의 비용부담자의 의미, 구상관계, 피해자 권리구제의 편의 등이 어떻게 달라지는지를 검토하면 <표 1>과 <표2>에서 보는 바와 같다.

<표 1>과 <표 2>는 각각 궁극적 배상책임자를 누구로 보느냐에 따라 국가배상법 제6조 제1항의 비용부담자의 의미에 관한 학설, 구상관계 등이 달라짐을 보여 준다. 그러나 이를 통하여 제6조 제1항의 비용부담자를 병합설로 이해하는 한 관리책임자설과 비용부담자설 어느 견해를 취한다고 해서 하더라도 근본적인 차이가 생기지는 않는다는 점을 또한 알 수 있

<표 1>

<table>
<tr><th>궁극 배상 책임자</th><th>국가배상법 § 6 ① 비용부담자</th><th>1차 배상 책임자</th><th>구상관계</th><th>국가배상법 § 6 ② 해석 문제</th><th>피해자 권리구제의 편의</th></tr>
<tr><td rowspan="7">관리책임자설</td><td rowspan="2">형식적 비용 부담자설</td><td>형식적 비용 부담자</td><td>형식적 비용부담자 → 관리책임자</td><td>관리책임자와 실질적 비용부담자가 다른 경우 실질적 비용부담자가 면책되는 결과</td><td rowspan="2">제6조 제1항의 취지에 부합되나, 관리책임자와 실질적 비용부담자가 다른 경우에는 실질적 비용부담자가 구상책임을 면하게 될 가능성이 있음</td></tr>
<tr><td>관리 책임자</td><td>구상불필요/자기부담비율초과부분에 대한 구상</td><td>이 경우 제6조 제2항은 부담비율초과배상의 경우에만 적용</td></tr>
<tr><td rowspan="2">실질적 비용 부담자설</td><td>실질적 비용 부담자</td><td>실질적 비용부담자 → 관리책임자</td><td>관리책임자와 비용부담자가 원칙적 일치하는 한, § 6 ②는 실질적 무의미</td><td rowspan="2">실질적 비용부담자가 누구인지 정확히 알기 어려워 피고선택의 Risk 회피 위해 관리책임자에게 제소하게 되어 § 6 ①의 입법취지 몰각되는 결과가 됨</td></tr>
<tr><td>관리 책임자</td><td>원칙적으로 구상문제 불발생</td><td>원칙적으로 § 6 ②는 무의미하게 됨</td></tr>
<tr><td rowspan="3">병합설</td><td>형식적 비용 부담자</td><td>형식적 비용부담자 → 관리책임자 등 부담비율 초과부분 부담자</td><td>관리책임자와 실질적 비용부담자가 다른 경우 실질적 비용부담자도 부담비율에 따라 구상책임을 질 수 있음</td><td rowspan="3">§ 6 ①의 입법취지를 최대한으로 살릴 수 있음 피해자의 선택 또는 제1차적 배상자에 따라 구상관계가 복잡해질 가능성이 있음</td></tr>
<tr><td>실질적 비용 부담자</td><td>실질적 비용부담자 → 관리책임자 등 부담비율초과부분 부담자</td><td>관리책임자와 비용부담자가 원칙적으로 일치하는 이상, § 6 ②은 실질적으로 무의미하게 됨</td></tr>
<tr><td>관리 책임자</td><td>원칙적으로 구상문제 불발생</td><td>이 경우 § 6 ②은 부담비율초과배상에만 적용</td></tr>
</table>

<표 2>

<table>
<tr><th>궁극 배상 책임자</th><th>국가배상법 § 6 ① 비용부담자</th><th>1차 배상 책임자</th><th>구상관계</th><th>국가배상법 § 6 ②의 해석 문제</th><th>피해자 권리구제의 편의</th></tr>
<tr><td rowspan="6">비용부담자설</td><td rowspan="2">형식적 비용 부담자설</td><td>형식적 비용부담자</td><td>형식적 비용부담자→ 실질적 비용부담자</td><td>§ 6 ②은 형식적 비용부담자와 실질적 비용부담자 간 구상관계 규정으로 이해됨</td><td rowspan="2">§ 6 ① 및 ② 구상규정과 조화 여부가 문제</td></tr>
<tr><td>관리 책임자</td><td>관리책임자→ 실질적 비용부담자</td><td>관리책임자와 비용부담자가 원칙적 일치하는 이상, § 6 ②은 사실상 무의미</td></tr>
<tr><td rowspan="2">실질적 비용 부담자설</td><td>실질적 비용부담자</td><td>구상불필요</td><td>§ 6 ②은 별 의미가 없게 됨</td><td rowspan="2">§ 6 ① 입법취지에 반하며, § 6 ② 구상규정을 둔 취지도 살릴 수 없음</td></tr>
<tr><td>관리 책임자</td><td>원칙적으로 구상문제 불발생</td><td>관리책임자와 비용부담자가 원칙적으로 일치하는 한 § 6 ②은 사실상 무의미</td></tr>
<tr><td rowspan="2">병합설</td><td>형식적 비용부담자</td><td>형식적 비용부담자 → 실질적 비용부담자</td><td>§ 6 ②은 형식적 비용부담자와 실질적 비용부담자 간의 구상관계를 규율하는 것으로 이해됨</td><td rowspan="2">§ 6 ①의 입법취지는 살릴 수 있으나, 관리책임자와 비용부담자가 불일치할 경우 문제점 남김</td></tr>
<tr><td>실질적 비용부담자</td><td>구상문제 불발생</td><td>§ 6 ②은 사실상 무의미하게 됨</td></tr>
</table>

다. 국가배상법 제6조의 '비용부담자'에 관하여 형식적 비용부담자설 또는 병합설을 취한다고 해서 손해배상의 궁극적 부담자에 관한 비용부담자설을 취할 수 없는 것은 아님은 물론이다. 그러나 궁극적 배상책임자에 관하여 비용부담자설에 입각하면서 실질적 비용부담자설을 취할 여지는 거의 없는 데 비하여 병합설을 취할 경우 그것이 국가배상법 제6조 제1항의 비용부담자에 실질적 비용부담자를 포함시키는 한도에서 제6조 제2항의 의미가 감소된다는 문제가 있다. 또한 어느 경우든 비용부담자설을 취한다면, 제6조 제2항에 의한 구상책임을 실질적 비용부담자에게 귀속시키는 결과 관리책임자와 실질적 비용부담자가 다를 경우 전자가 국가배상법 제6조 제2항에 의한 구상책임을 면하게 되거나 자신이 제6조 제1항에 의하여 배상책임을 진 경우 오히려 같은 조에 의하여 실질적 비용부담자에게 구상함으로써 배상책임을 면하게 될 가능성이 있다. 반면 관리책임자설에 서면서 병합설을 취할 경우 국가배상법 제6조 제2항의 규정에 의하면 구상의 상대방이 될 수 있는 자가 관리책임자와 실질적 비용부담자로 넓어진다는 장점이 있으며, 형식적 비용부담자설을 취할 경우에는 관리책임자와 실질적 비용부담자가 다를 경우 후자가 구상책임을 면하게 될 가능성이 있다는 문제가 있다. 이렇게 볼 때 관리책임자설과 병합설의 짝이 피해자의 권리구제상의 편의나 구상을 통한 합리적인 배상책임의 조정을 기할 수 있는 방안이며, 또한 앞서 본 바와 같이 국가배상법 제6조 제1항의 비용부담자에 관하여 병합설을 취할 경우 궁극적 배상책임자는 법률에 특별한 규정이 없는 한 관리책임자라고 보는 것이 국가배상법 제6조의 입법취지와 제1항 및 제2항 간의 규정내용상의 균형을 살릴 수 있는 방법이라고 볼 수 있다.

3. 국가배상법 제6조 제2항의 해석상 배상책임의 내부적 부담관계

배상책임의 주체는 원칙적으로 당해 사무의 관리책임자이며, 예외적으로 당해 사무의 관리책임자 이외의 자, 가령 국가배상법 제6조 제1항이 규정하는 바와 같이 비용부담자가 배상책임을 지는 경우도 있을 수 있다. 그렇다면 사무의 관리책임과 비용부담을 결정해 주는 기준은 무엇인가가 문제된다. 이 문제에 대한 해답은 우선 각각의 공공단체에게 관리책임을 귀속시키거나 비용부담관계를 규정하는 실체법에서 찾아야 할 것이다. 가령 기관위임사무의 경우 원칙적으로 국가가 관리책임자로서 책임을 지게 되며 그 경우 국가는 "국가가 스스로 행하여야 할 사무를 지방자치단체 또는 그 기관에 위임하여 수행하는 경우에, 그 소요되는 경비는 국가가 그 전부를 당해 지방자치단체에 교부하여야 한다."라는 지방재정법 제18조 제2항의 규정에 따라 실질적 비용부담자로서 책임을 질 수도 있다. 반면 그 경우 수임자인 기관이 속하는 지방자치단체가 국가배상법 제6조 제1항에 의하여 책임을 지게 된 때에는 국가배상법 제6조 제2항에 의하여 국가에 이를 구상할 수 있고, 또 별도로 지방재정법 제18조 제2항에 따라 그 배상책임에 상응하는 교부금의 지급을 청구할 수도 있을 것이다.

그러나 도로법 제56조의 경우처럼 법률이 명문으로 비용부담에 관한 규정을 두고 있는 경우에는 그에 따라 내부적 비용부담관계를 정해야 할 것이다. 이미 앞에서 본 바와 같이 도로법 제22조 등에 의한 사무를 기관위임사무라고 보는 이상, 그 비용부담에 관한 동법 제56조의 규정과 기관위임사무에 있어 비용부담에 관한 지방재정법 제18조 제2항의 규정은 상충한다. 지방재정법 제18조 제2항의 규정이 실질적 비용부담에 관한 규정이라는 점에는 이론의 여지가 없으나, 도로법 제56조의 규정을 그에 대한 예외규정으로 볼 것인지에 관하여는 논의의 여지가 없지 않다. 대법원이 줄곧 도로법 제56조의 규정에도 불구하고 동법 제22조 제2항에 의한 사무를 기관위임사무로 보면서 그 관리상의 하자로 인한 국가의 배상책임이 병존함을 인정해 온 점을 고려할 때, 도로법 제56조의 규정이 지방재정법 제18조 제2항의 특별규정이라고 보는 경우에도 그 적용을 전적으로 배제하는 것은 아니라고 보아야 할 것이다. 물론 도로법 제22조에 의한 사무를 기관위임사무로 본다고 할지라도 도로법 제56조의 규정은 지방재정법 제18조 제2항의 규정에도 불구하고 존중되어야 할 것이다. 다만, 지방재정법 제18조 제2항에 따라 국가 역시 당해 사무를 기관위임사무로 보는 한도 내에서 그 사무의 내용이나 당해 도로관리청이 속하는 지방자치단체와의 관계 여하에 따라 당해 도로관리청과 함께 실질적 비용을 분담하는 관계에 서는 것으로 보아야 할 것이다. 도로법 제56조의 규정과 지방재정법 제18조 제2항의 규정을 조화적으로 해석하기 위해서는 지방재정법 제18조 제2항이 비용의 전부를 교부하도록 하고 있기는 하지만, 이는 국가와 수임자인 기관이 속하는 지방자치단체 간의 관계에서만 타당한 실질적 비용부담에 관한 규정으로 보는 것이 타당할 것이다. 지방재정법 제18조 제2항을 실질적 비용부담에 관한 규정으로 보는 이상, 형식적 비용부담자는 당해 사무를 기관위임방식으로 수임한 기관이 속하는 지방자치단체라는 결과가 될 것인데, 도로법 제56조의 경우, 지방재정법 제18조 제2항이 전부교부를 규정하고 있다 할지라도, 도로관리청이 속하는 지방자치단체가 전적으로 형식적인 비용부담책임, 즉 대외적 경비지출책임만 진다고 볼 것인지는 의문이다. 즉 도로법 제22조 등에 의한 사무를 기관위임사무로 보는 경우에도 도로법 제56조의 취지를 고려하여 당해 관리청이 속하는 지방자치단체에게 비용부담책임이 국가의 기관위임사무에 대한 비용부담책임과 아울러 중첩적・병합적으로 인정된다고 해석할 여지도 없지 않다는 것이다. 다만, 국가와 지방자치단체 간 부담비율 역시 도로법에 특별한 규정은 없지만, 기관위임사무의 국가관리책임에 상응하는 선에서 설정되어야 하며 이는 결국 판례가 맡아야 할 과제이다.

일반적으로 국가와 지방자치단체 쌍방이 비용을 부담하도록 되어 있는 경우 궁극적 배상책임 역시 그에 따라 판단하면 될 것이다. 다만, 부담비율에 관해서는 법률에 명문의 규정이 있으면 그에 따르면 되지만, 그 밖의 경우에는 도로법, 하천법 등 각 개별법의 해석을 통하여 확정해야 할 것이며, 이 또한 학설과 판례의 몫이다.

제40장

손실보상의 법리[*]

Ⅰ. 쟁점

행정상 손실보상이란 공공필요에 의한 공권력행사로 인해 국민의 재산에 가해진 특별한 손해에 대하여 전체적인 평등부담의 견지에서 행해지는 재산적 보상을 말한다. 행정상 손실보상은 전술한 바와 같이 국가배상과 더불어 행정상 손해전보체계의 양대 축을 이루고 있다.

일반적으로 손실보상의 의의는 다음의 몇 가지 측면에서 파악되어 왔다. 첫째, 적법한 행위로 인한 재산권침해에 대한 보상이라는 점, 둘째, 공권력행사로 인한 손실의 보상이라는 점, 셋째, 특별한 희생에 대한 조절적 보상이라는 점에서 손실보상의 의의를 찾는 것이 바로 그것이다. 그러나 이들 요소 중 앞의 두 가지는 손실보상의 의의와도 전혀 무관한 것은 아니나 오히려 손실보상의 요건에 속하는 것이라고 보는 것이 보다 합당하므로 여기서는 상론하지 않는다. 이렇게 보면 손실보상의 의의는 결국 공공필요에 의해 사인의 재산권에 대해 가해진 특별한 희생을 사회전체의 부담으로 돌려 보상한다는 조절적 보상제도라는 점에서 찾을 수 있을 것이다. 손실보상은 헌법상 재산권에 대한 사회적 제약(공공복리적합의무), 즉 재산권의 내재적 한계를 넘어서는 특별한 희생에 대한 보상이다. 공공필요에 의해 특정인에게 가해진 이러한 특별한 희생은 사회전체가 공평하게 부담하지 않으면 안 된다. 손실보상제도는 이러한 '공적 부담 앞의 평등' 원칙과 재산권보장의 이념에 기초한 행정구제제도이다. 그렇다면 이로부터 손실보상의 법적 근거를 도출할 수 있을까?

---

* 홍준형, 「재산권침해와 손실보상의 근거: 학설과 판례의 재검토」, 『감정평가론집』(한국감정평가협회) 제6권, 1996, 245-274; 홍준형, 「재산권보장과 손실보상의 근거」, 『행정논총』 제33권 제2호, 1995를 수정 · 보완한 것임.

Ⅱ. 행정상 손실보상의 근거

1. 문제

행정상 손실보상의 문제는 현대적 복지국가 헌법에서 인정되고 있는 재산권의 보장 및 사회적 제약(내재적 한계)를 전제로 한다. 헌법 제23조 제3항은 "공공필요에 의한 재산권의 수용·사용·제한 및 그 보상은 법률로써 하되, 정당한 보상을 지급하여야 한다."라고 규정함으로써 손실보상의 헌법적 근거를 제시하고 있다. 이러한 규정과 관련하여 어떠한 이유에서 공공필요에 의한 공용침해에 대해 손실보상이 주어져야만 하는가, 즉 손실보상의 근거를 이론적으로 설명하는 것이 문제된다. 한편 이러한 손실보상의 헌법적 근거를 바탕으로 각종의 개별법들이 공용수용의 법률적 근거, 요건 및 보상에 관한 규정을 두고 있는 경우에는 이에 따라 손실보상이 주어지는 데 비해, 관계법률에 보상에 관한 규정이 없는 경우 재산권의 침해를 받은 개인이 이 헌법규정을 근거로 하여 직접 보상을 청구할 수 있는가가 헌법 제23조 제3항의 법적 성질과 관련하여 문제된다.

2. 손실보상의 이론적 근거

손실보상의 근거를 설명하기 위한 이론으로는 다음 세 가지 학설이 있다.

(1) 기득권설

자연법에 의해 주어진 기득권(ius quaesita)은 불가침이고 예외적으로 국가적 긴급사유(ius eminens)에 의한 침해는 보상을 조건으로 하여 허용되며 그러한 기득권에 재산권이 해당된다는 절대주의시대의 견해이다.[1] 이 학설은 오늘날 근대적 주권관념이 형성됨에 따라 기득권 불가침 자체가 포기되었다는 점에서 더 이상 타당하다고 볼 수 없다.

(2) 은혜설

극단적인 공익우선 및 국가권력절대주의에서 출발하여 공익을 위해 법률에 의한 재산권침해를 당연시하며 따라서 보상은 국가에 의해 주어지는 은혜에 불과한 것이라고 보는 견해이나

1) 이 견해는 1794년 프로이센의 일반란트법(Allgemeines Landrecht für die preußischen Staaten vom 5.2.1794) 총칙 74, 75조의 사상적인 배경으로 나타났다고 한다.

이러한 공익절대주의가 오늘날 더 이상 타당할 수 없음은 당연하다.

(3) 특별희생설

공익을 위하여 개인에게 부과된 특별한 희생은 이를 전체의 부담으로 하여 보상하는 것이 정의와 공평에 합치되며 따라서 손실보상은 특별희생 즉 불평등한 부담을 평등한 부담으로 전화(轉化)하여 보상함으로써 재산권보장 및 법률생활의 안정을 확보하여 주는 데 그 존재이유를 둔다고 한다. 이 견해는 프랑스 국가보상법의 대원칙으로 확립된 공적 부담 앞의 평등 원칙으로 표현되었고 우리 헌법 제11조의 평등원칙이 공적 부담 앞의 평등을 포함하는 것으로 새기는 이상 우리나라에서도 일반적으로 받아들여지고 있다.

(4) 평가: 재산권보장 및 공익과 사익의 조화

손실보상제도는 특별희생설 또는 '공적 부담 앞의 평등'원칙에 그 이론적 근거(존재이유)를 두는 것으로 볼 수 있을 것이다. 그러나 손실, 즉 재산권침해결과의 특별희생으로서의 성질이나 공적 부담 앞의 평등위배라는 측면 못지않게 강조되어야 할 측면이 있다. 그것은 근대 헌법이래로 각국의 헌법이 확인하고 있는 재산권보장의 이념과 재산권을 둘러싼 공익과 사익의 대립·조화라는 측면이다. 첫째, 손실보상제도는 헌법상 재산권보장의 필수적 요소로서 그 존재이유를 가진다. 물론 헌법이 보장하고 있는 재산권은 절대적인 것은 아니다. 그것은 그보다 더 우월한 전체사회의 공익 또는 공공복리를 위하여 제한될 수 있다. 그러나 설령 공익을 위하여 재산권이 침해된 경우에도 전혀 아무런 손실보상이 주어지지 않는다면 이는 재산권의 본질적 부분을 침해하는 결과가 되어, 결국 헌법상 사유재산제도의 보장을 공동화(空洞化)하고 말 것이다. 그러한 결과는 헌법상 재산권보장을 공허한 약속에 불과한 것으로 전락시킬 것이며 동시에 기본권제한의 한계에 관한 헌법 제37조 제2항의 원칙, 헌법 제11조의 평등원칙, 나아가 제10조의 인간의 존엄과 가치 등의 헌법원칙과도 조화될 수 없을 것이다. 그러므로 손실보상제도는 재산권보장의 상대화를 전제로 하면서도 공익을 이유로 한 재산권침해에 대하여 안전판을 제공하는 재산권보장의 담보체계로서 의미를 가지는 것이다. 여기서 두 번째, 손실보상제도의 존재이유가 도출된다. 즉 손실보상제도는 재산권에 내재하는 사회적 제약과 그것을 넘는 공익상 재산권침해 간에 한계를 설정함으로써 재산권을 둘러싼 공익과 사익의 대립·충돌을 조정하기 위한 재산권보장의 조정체계로서의 의미를 가진다. 그것은 공공복리를 이유로 한 재산권에 대한 제약이 더 이상 보상 없이는 허용될 수 없는 한계를 설정하여 그 한계를 넘는 재산권침해에 대하여 재산권을 침해당한 자가 공동체의 구성원으로서 자기가 부담해야 할 몫을 넘어서는 부분에 대한 가치를 전보함으로써 공익과 사익의 조화를 꾀한다. 이러한 조정메커니즘 역시 재산권보장의 실질적 구현에 복무하는 기능을 한다. 따라서 손실보상의 존재이유는 특별희생의 조절적 전보, 공적 부담 앞의 평등을 통해 헌법상 재산권보장을 실질적으로 담보하고 공익과 사익의 조화를 달성하는 데 있다고 생각한다.

3. 손실보상의 법적 근거: 헌법 제23조 제3항의 법적 효력

헌법 제23조 제3항은 "공공필요에 의한 재산권의 수용 · 사용 · 제한 및 그 보상은 법률로써 하되, 정당한 보상을 지급하여야 한다."라고 규정하여 손실보상의 헌법적 근거를 명시한다. 이에 따라 각종 단행법들이 공용수용의 법률적 근거, 요건 및 보상에 관한 규정을 두고 있는 경우에는 이에 따라 손실보상이 주어질 것이므로 문제가 없다.[2] 그러나 관계법률에 보상규정이 없는 경우 재산권 침해를 받은 개인이 이 헌법조항을 근거로 직접 보상을 청구할 수 있는가 하는 문제가 헌법 제23조 제3항의 법적 성질과 관련하여 제기된다.

(1) 학설

헌법 제23조 제3항의 법적 성질에 관하여는 다음과 같은 학설들이 대립한다. 쟁점은 보상규정 없는 법률에 의한 재산권의 수용 · 사용 · 제한이 이루어진 경우 헌법 제23조 제3항을 근거로 직접 손실보상청구권을 행사할 수 있는가에 모아진다.

① 방침규정설

손실보상에 관한 헌법규정은 이른바 입법의 방침을 정한 데 불과한 것이므로 손실보상의 구체적 내용이 법률로써 정해져 있어야 손실보상청구권이 성립한다고 보는 견해이다.

② 직접효력설

손실보상에 관한 헌법규정은 국민이 이를 근거로 손실보상청구권을 행사할 수 있는 직접적 효력을 갖는다고 보는 입장이다.[3] 즉 공공필요에 의한 재산권의 수용 · 사용 · 제한을 수권하

---

2) 반면 수도법 제3조가 상수보호구역내에서의 행위제한을 가하면서 보상에 관하여는 아무런 규정을 두지 않고 오히려 시행령이 보상에 관한 일반적 사항을 정하고 있는데, 이는 '법률에 의한 보상'을 요구하는 헌법 제23조 제3항에 반하는 것이라 할 수 있다.

3) 김동희 교수(『행정법 I』, 박영사, 2004, 527)는 직접효력설의 입장에 의하는 경우에도 다수설은 헌법 제23조 제3항이 "수용 · 사용 · 제한 및 그 보상은 법률로써 하되"라고 규정하고 있어 법률에 보상규정이 없

는 법률이 보상규정을 두지 않은 경우에도 헌법 제23조 제3항을 근거로 직접 손실보상청구권을 행사할 수 있다고 한다.[4)]

③ 위헌무효설

헌법 제23조 제3항에도 불구하고 보상규정이 없는 법률에 의해 수용・사용・제한이 이루어졌을 때에는 그 법률은 위헌무효라는 견해이다.[5)] 이 견해를 취하는 학자들은 대부분 보상규정을 두지 않은 법률에 의한 수용・사용・제한은 법적 근거가 없는 위법한 작용이 되므로 이에 대하여 국가배상을 청구함으로써 문제를 해결하여야 한다고 주장한다.[6)]

④ 간접효력설 또는 유추적용설

공용침해에 관한 보상규정이 없는 경우 헌법 제23조 제1항(재산권보장) 및 제11조(평등원칙)에 근거하고 헌법 제23조 제3항 및 관계규정의 유추해석(類推解釋)을 통하여 보상을 청구할 수 있다고 보는 견해이다.[7)] 이를 주장하는 문헌들 중에는 독일의 수용유사침해이론을 도입하여 문제를 해결하고자 하는 견해가 주류를 이루고 있다.[8)]

(2) 판례

판례의 입장은 종래에는 일관되어 있지 않았다. 대법원은 1967년 11월 2일의 전원합의부판결(67다1334 판결)에서 "이 헌법에서 말하는 정당한 보상이라는 취지는 그 손실보상액의 결정에 있어서 객관적인 가치를 완전하게 보상해야 한다는 취지일 뿐만 아니라, 한걸음 나아가서 그 보상의 시기, 방법 등에 있어서 어떠한 제한을 받아서는 아니 된다는 것을 의미한다고 풀이해야 된다. …… 요컨대, 본건 징발보상금청구권은 징발보상위원회의 사정이 없더라도 곧 발생된다고 보는 것이 정당한 해석이라고 할 것"이라고 판시하여 직접효력설을 취했으나, 이후 1976년 10월 12일 판결(76다1443)에서는 "개정헌법 시행 후에 있어서는 개정 전 헌법

는 경우 헌법 제23조 제3항에 기하여 직접 보상을 청구할 수는 없는 것으로 본다고 서술하고 있다.

4) 김동희, 위의 책, 527.

5) 김도창, 『일반행정법론(상)』, 청운사, 1993, 656: 이상규, 『신행정법론(상)』, 법문사, 1994, 643-644; 박윤흔, 『행정법강의(상)』, 박영사, 2002, 801; 류지태, 『행정법신론』(제2판), 신영사, 1996, 355.

6) 이상규, 같은 곳; 류지태, 같은 곳.

7) 이 견해는 '간접효력규정설'(홍정선, 『행정법원론(상)』, 537) 또는 유추적용설(김동희, 앞의 책, 527-528)로 일컬어지고 있다. 김남진, 『행정법 I』, 법문사, 1998, 605; 서원우, 「토지이용규제와 손실보상」, 『고시계』 35(5), 1990.4., 98-116; 석종현, 『일반행정법(상)』, 법문사, 1996, 643.

8) 김남진 교수(『행정법 I』, 605)는 "헌법이 '보상은 법률로써 하되'라고 규정한 것은, 보상의 구체적 내용이나 방법을 법률에 유보한 것으로 새길 수 있으며, 보상의 여부까지 법률에 유보한 것으로 해석할 필요가 없다"고 하면서 직접효력설에 대해서도 공감을 표시하고 있다.

第20조 제3항의 경우와는 달리, 손실보상을 청구하려면 그 손실보상의 기준과 방법을 정한 법률에 의해서만 가능하다고 풀이하여야 할 것이므로, 원심이 손실보상의 기준과 방법을 정한 법률이 없더라도 손실보상청구가 가능하고 이러한 손실보상은 민사법원이 정하는 바에 의한다는 취지로 판단하였음은 개정헌법 제20조 3항의 규정을 잘못 적용한 것이다."라고 판시함으로써 직접효력설을 명시적으로 포기하였다.[9] 이후 대법원은 1978년 3월 14일 판결(76다1529)에서 사유지가 보상 없이 경찰서부지로 된 사건에서 국가배상의 청구를 인정함으로써 혹 위헌무효설을 취한 것이 아닌가 하는 관측을 불러일으켰고, 또 국유화된 제외지(提外地) 소유자에 대한 손실보상규정이 없더라도 하천법 제74조의 법의를 유추적용하여 손실을 보상해 주어야 한다고 판시하여[10] 간접효력설 또는 유추적용설이 주장될 계기를 제공하기도 하였다.[11]

<관련판례>

대법원은 1987년 국유화된 제외지(提外地)의 소유자에 대한 손실보상규정이 없더라도 하천법 제74조의 법의를 유추적용하여 손실을 보상해 주어야 한다고 판시한 바 있다. 즉 "하천법(1971.1.19. 법률 제2292호로 개정된 것) 제2조 제1항 제2호, 제3조에 의하면, 제외지는 하천구역에 속하는 토지로서 법률의 규정에 의하여 당연히 그 소유권이 국가에 귀속된다고 할 것인바, 한편 동법에서는 위 법의 시행으로 인하여 국유화가 된 제외지의 소유자에 대하여 그 손실을 보상한다는 직접적인 보상규정을 둔 바 없으나, 동법 제74조의 손실보상요건에 관한 규정은 보상사유를 제한적으로 열거한 것이라기보다는 예시적으로 열거하고 있으므로 국유로 된 제외지의 소유자에 대하여는 위 법의를 유추적용하여 관리청은 그 손실을 보상하여야 한다."라고 판시한 것이다. 이것은 이후 간접효력설 또는 유추적용설이 제기될 수 있는 계기를 제공했다.[12] 반면 대법원은 구 토지수용법상 보상을 함이 없이 수용목적물에 대한 공사 등으로 토지소유자 또는 관계인에게 손해를 입힌 경우 이를 불법행위를 구성하는 것으로 보아 손해

9) 이에 관해서는 김철수, 「판례비평」, 『법률신문』 1976.12.6.을 참조.

10) 대법원 1987.7.21. 선고 84누126 판결.

11) 한편 우리나라 대법원이 일관성 없이 판결하고 있다는 비판(홍정선, 『행정법원론(상)』, 1995, 537)에 대하여 대법원의 판례가 1972년 유신헌법 제20조 제3항의 개정 이후 일관되어 왔다는 반론이 있다(김철용, 「계획제한과 손실보상의 실정법적 근거」, 『고시연구』, 1996.1., 132-134). 그러나 여기서 인용된 판례 중 대법원 1987.7.21. 선고 84누126 판결을 유추적용의 예로 볼 것인지 여부와는 무관하게, 대법원 1990.5.8. 선고 89부2 결정과 1992.11.24. 선고 92부14 결정 등은 문제된 재산권의 제한이 공공복리에 적합한 것이라 판단하여 위헌이 아님을 확인한 것일 뿐 헌법 제23조 제3항의 직접적 효력을 부인하거나 동 조항을 위헌무효설이 전제로 삼는 불가분조항으로 본 것인지는 의문이다. 나아가 대법원 1993.10.26. 선고 93다6409 판결은 수용유사침해이론의 채택여부를 판단하지 아니하였으므로, 이를 위헌무효설의 입장을 취한 예로 인용한 것은 옳지 않다.

12) 대법원 1987.7.21. 선고 84누126 판결. 그러나 이 판결은 비록 '유추적용'이란 표현을 사용하고는 있으나 실제로는 유추적용을 인정한 것이 아니고 하천법 제74조를 직접 적용하여 제외지에 대한 보상을 인정한 것이라고 보는 견해도 있다(박윤흔, 「계획제한과 손실보상」, 『고시계』, 1995.8., 138).

배상책임을 인정했고,[13] 또 토지구획정리사업법상 사도 등 사유지에 대하여 환지를 지정하지 않고 또 청산금도 지급하지 않고서 행한 환지처분에 대하여 '사유지에 대하여 환지를 지정하지 아니한 것은 위법규상 어쩔 수 없으나 거기에서 더 나아가 청산금도 지급하지 아니한 채 구획정리사업을 마치고 환지처분의 확정공고를 함으로써 그 토지에 대한 소유권을 상실시킨 것은 토지소유자에 대하여 불법행위를 구성하므로 토지구획정리사업시행자는 청산금 상당액의 손해를 배상할 책임이 있다."라고 판시한 바 있다.[14] 그러나 이들 판례는 어디까지나 구 토지수용법이나 토지구획정리사업법 등 관계법상 보상규정이 있음을 전제로 그러한 규정에 반하여 보상을 하지 않은 경우에 관한 것이므로 이것을 가지고 대법원의 입장을 보상규정을 두지 않은 법률에 의한 공용침해의 경우 손해배상책임을 인정하는 것으로 보기에는 불충분하다.

그러나 헌법재판소는 미군정청의 군정법령 제75호에 따라 수용된 사설철도회사의 주식 및 보상청구권양수인이 제기한 헌법소원심판사건에서 입법자가 법령에 의한 수용에 대하여 그 보상에 관한 법률을 제정하여야 하는 헌법상 명시된 입법의무를 이행하지 않고 있는 것은 입법부작위로서 위헌이라고 판시하여 위헌무효설에 근접하는 입장을 표명한 바 있다.[15] 헌법재판소가 이 결정에서 "대한민국의 법령에 의한 수용은 있었으나 그에 대한 보상을 실시할 수 있는 절차를 규정하는 법률이 없는 상태가 현재까지 계속되고 있어", "그 보상에 관한 법률을 제정하여야 하는 입법자의 헌법상 명시된 입법의무가 발생하였고, 대한민국은 그 의무를 이행하지 아니하고 있다 할 것"이라고 판시한 것은 그 한도 내에서, 사실상 위헌무효설의 실질적 논리를 수용한 것이라고 볼 수 있다.[16]

<조선철도(주) 주식의 보상금청구에 관한 헌법소원심판결정>

가. 군정법령은 제헌헌법부칙 제100조에 따라 폐지 전까지 대한민국의 법령으로서 유효하였으므로 군정법령 제75호에 의하여 이루어진 사설철도회사의 수용은 대한민국에 의한 수용으로 보아야 하고, 동 법령은 수용재산에 대한 소유권귀속주체와 보상의무자를 "조선정부"로 정하였으므로 이 사건 수용은 헌법 제23조 제2항 소정의 "수용"에 해당한다 할 것인데, 동 법령 제4조 및 제5조에 따른 보상절차가 이루어지지 않은 단계에서 폐지법률에 의거 군정법령이 폐지됨으로써 대한민국에 의한 수용은 있었으나 그에 대한 보상을 실시할 수 있는 절차를 규정하는 법률이 없는 상태가 현재까지 계속되고 있다고 할 것이어서, 결국 대한민국의 법률에 근거한 수용에 대하여 그 보상에 관한 법률을 제정하여야 하는 입법자의 헌법상 명시된 입법의무가 발생하였고 대한민국은 그

13) 대법원 1988.11.3. 선고 88마850 결정.
14) 대법원 1991.2.22. 선고 90다16474 판결.
15) 헌법재판소 1994.12.29. 선고 89헌마2 결정.
16) 이러한 태도는 헌법재판소 1994.6.30. 선고 92헌가18 전원재판부결정에서도 엿보인다.

의무를 이행하지 아니하는 경우에 해당한다 할 것이다.

나. 입법자에게 헌법상 입법의무가 있는 경우에도 입법자에게는 입법형성의 자유 또는 입법재량이 인정되므로 입법의 시기 역시 입법자가 자유로이 정할 수 있음이 원칙이라 할 것이나, 가령 입법자가 입법을 하지 않기로 결의하거나 상당기간 내에 입법을 하지 않는 경우에도 입법재량의 한계를 넘는 것이 되어 위헌으로 인정된다 할 것인바, 이 사건의 경우 사설철도회사의 재산수용에 관한 보상절차규정을 두고 있던 군정법령이 폐지됨으로써 재산수용에 대한 보상절차에 관한 법률이 없게 되어 위 회사의 재산관계권리자 가운데 손실보상청구권을 가진 자 및 이를 승계취득한 청구인이 국가로부터 보상을 받을 길이 없게 되었음에도 30여 년이 지나도록 그 보상을 위한 입법조치를 취하지 않고 있음은 입법자의 형성의 자유의 한계를 넘는 것으로 청구인의 헌법상 보장된 재산권을 침해하여 위헌이라 할 것이다.[17]

그러나 헌법재판소는 단지 입법부작위가 위헌임을 판단했을 뿐 과거의 수용처분이 위헌무효라거나 대한민국정부의 보상거부가 위법이라고는 판단한 것은 아니다. 오히려 헌법재판소는 일단 당해 수용처분 자체는 적법했다는 전제에서 출발하고 있는 것으로 보인다. 이는 위헌무효설 중 우리나라 헌법 제23조 제3항을 독일 기본법 제14조 제3항과 같은 불가분조항으로 파악하는 견해가 보상규정을 결여한 법률 자체가 전부 위헌무효라고 주장하는 것과는 사뭇 다른 입장이어서 관심을 끈다. 그 결과 위헌무효설이 주장하는 바와 같이 당해 수용처분 자체에 대하여 그 위헌을 이유로 한 취소소송[18]이나 국가배상을 통한 구제가 인정될 수 있게 된 것인지는 극히 의문스럽다. 이 사건의 경우 이미 30년 전에 행해진 수용처분에 대한 취소소송은 아예 고려의 대상이 될 수 없을 것이고, 국가배상의 경우에도 헌법재판소가 수용처분 자체의 위헌을 확인하고 있지 않은 이상 법령위반의 요건이 충족되기 어려울 뿐 아니라 소멸시효[19] 등으로 인하여 국가배상청구권이 성립할 여지가 없다고 볼 수밖에 없을 것이기

---

17) 헌법재판소 1994.12.29. 선고 89헌마2 결정.

18) 위헌무효설은 재산권의 수용・사용・제한을 수권하면서 보상규정을 결여한 법률이 위헌무효라고 하는데, 그 결과 이 법률에 의한 공용침해행위도 위헌무효라는 것인지 아니면 그 침해행위가 성공적으로 취소되는 경우에 결국 무효로 돌아간다는 것인지를 분명히 할 필요가 있다. 위헌무효설이 취소소송이나 국가배상을 구제방법으로 고려하고 있는 것을 보면 아마도 보상규정을 결여한 공용침해행위 자체는 당연무효가 아니라는 견지에 선 것으로 보인다. 이와 관련하여 대법원이 처분이 위헌으로 결정된 법률에 의하여 행해진 경우 그 처분은 당연무효가 아니라 취소할 수 있는 위법한 처분에 불과하다고 판시한 바 있으나 그 타당성이 논란되고 있고 또 손실보상의 경우 위헌무효설이 주장하듯 헌법 제23조 제3항이 불가분조항이라면 그 요구를 충족시키지 못하는 법률에 의한 수용처분등의 위헌성은 중대하고 명백한 것이라고 보아야 하지 않는가라는 의문이 생기지 않을 수 없다. 위헌무효설이 문제의 이러한 측면을 분명히 밝히지 않는 것은 실제적인 권리구제의 측면을 충분히 해명하지 않는 측면과 함께 그 이론이 지닌 한계를 보여 주는 증거이다.

19) 이와 관련하여 대법원은 "국가배상법 제2조 제1항 본문 전단 규정에 따른 배상책임을 묻는 사건에 대하여는 동법 8조의 규정에 의하여 민법 766조 소정의 단기소멸시효제도가 적용되는 것"이라고 판시한 바 있

때문이다. 반면 헌법재판소의 이 사건 결정이 보상입법의무의 불이행의 위헌을 선언한 것이 결과적으로 청구인에게 대한민국정부에 대하여 손실보상청구권의 행사를 가능케 한 것인지도 분명하지는 않다. 엄밀히 본다면, 헌법재판소의 이 사건 결정은 이미 구체화된 손실보상청구권에 관하여 그 보상절차에 관한 입법이 이루지지 않은 것을 위헌이라고 판시했을 뿐 폐지법률에 의해 보상규정이 없는 것과 같은 상태가 됨으로 말미암아 수용처분 자체가 위헌이라고는 판단하지 않았으므로, 그 한도에서 위헌무효설의 논거를 전폭적으로 수용한 것으로는 해석할 수 없다. 아무튼 이 사건 결정의 논지가 직접효력설과 거리가 멀다는 것만은 분명한다.

그러던 중 헌법재판소는 1998.12.24. 선고 89헌마214 결정을 통해 구도시계획법 제21조에 규정된 개발제한구역제도 그 자체는 원칙적으로 합헌적인 규정이지만, 개발제한구역의 지정으로 말미암아 일부 토지소유자에게 사회적 제약의 범위를 넘는 가혹한 부담이 발생하는 예외적인 경우에 대하여 보상규정을 두지 않은 것은 위헌이라는 헌법불합치결정을 내림으로써 보다 분명히 위헌무효설의 입장을 천명했다.

<구 도시계획법 제21조의 규정에 의한 개발제한구역 지정과 손실보상>

도시계획법 제21조에 의한 재산권의 제한은 개발제한구역으로 지정된 토지를 원칙적으로 지정 당시의 지목과 토지현황에 의한 이용방법에 따라 사용할 수 있는 한, 재산권에 내재하는 사회적 제약을 비례의 원칙에 합치하게 합헌적으로 구체화한 것이라고 할 것이나, 종래의 지목과 토지현황에 의한 이용방법에 따른 토지의 사용도 할 수 없거나 실질적으로 사용·수익을 전혀 할 수 없는 예외적인 경우에도 아무런 보상 없이 이를 감수하도록 하고 있는 한, 비례의 원칙에 위반되어 당해 토지소유자의 재산권을 과도하게 침해하는 것으로서 헌법에 위반된다.

입법자가 도시계획법 제21조를 통하여 국민의 재산권을 비례의 원칙에 부합하게 합헌적으로 제한하기 위해서는, 수인의 한계를 넘어 가혹한 부담이 발생하는 예외적인 경우에는 이를 완화하는 보상규정을 두어야 한다. 이러한 보상규정은 입법자가 헌법 제23조 제1항 및 제2항에 의하여 재산권의 내용을 구체적으로 형성하고 공공의 이익을 위하여 재산권을 제한하는 과정에서 이를 합헌적으로 규율하기 위하여 두어야 하는 규정이다. 재산권의 침해와 공익간의 비례성을 다시 회복하기 위한 방법은 헌법상 반드시 금전보상만을 해야 하는 것은 아니다. 입법자는 지정의 해제 또는 토지매수청구권제도와 같이 금전보상에 갈음하거나 기타 손실을 완화할 수 있는 제도를 보완하는 등 여러 가지 다른 방법을 사용할 수 있다.[20]

다(대법원 1989.11.14. 선고 88다카32500 판결). 물론 소멸시효의 시기(始期)의 확정이 논란될 여지는 있을 것이나 대법원은 같은 판결에서 "여기서 가해자를 안다는 것은 피해자가 가해 공무원이 국가 또는 지방자치단체와의 간에 공법상 근무관계가 있다는 사실을 알고, 또한 일반인이 당해 공무원의 불법행위가 국가 또는 지방자치단체의 직무를 집행함에 있어서 행해진 것이라고 판단하기에 족한 사실까지도 인식하는 것을 의미한다."라고 판시하고 있어 수용처분 자체에 관한 한 국가배상청구요건이 충족된다 하더라도 소멸시효에 의해 이를 행사할 수 없게 될 가능성이 크다.

(3) 비판과 결론

헌법 제23조 제3항의 법적 성질을 판단하기 위해서는 우선 이 조항이 공용침해의 허용성과 손실보상의 필요성 양자에 관련된다는 점을 인식할 필요가 있다. 첫째, 헌법 제23조 제3항의 전단은 "공공필요에 의한 재산권의 수용·사용·제한"은 법률로써 할 것을 규정하고 있으므로 법률의 근거 없는 공용침해는 바로 이 헌법조항에 따라 허용되지 않는다(법률에 의한 공용침해의 허용성). 둘째, 이러한 공용침해로 인한 "보상" 또한 법률로써 해야 하며(§ 23 ③ 전단) "정당한 보상을 지급해야 한다"(같은 항 후단)는 것이 또한 헌법의 요구이다(손실보상의 필요성). 전자의 경우 법률의 근거 없이 이루어진 공용침해는 당연히 헌법에 위배되는 것으로서 위법한 재산권침해라고 보아야 한다.[21] 문제는 보상규정을 두지 않은 법률에 의한 공용침해가 있었을 경우 피해자는 어떠한 방법으로 구제를 받을 수 있는가에 있다. 손실보상의 법적 근거 또는 헌법 제23조 제3항의 법적 성질에 관한 이제까지의 학설대립은 주로 보상규정을 두지 않은 근거법률에 의해 재산권이 침해된 경우를 둘러싸고 진행되어 온 것이 사실이다. 먼저 헌법의 (재판)규범적 성격을 단순한 목적론적 해석논리에 의해 몰각시키는 방침규정설이 더 이상 타당성을 갖지 못한다는 점은 말할 나위가 없다. 또 실제로 이 견해를 주장하는 학자도 거의 없다.

위헌무효설은 일단 그 논리적 일관성면에서는 타당하다고 볼 수 있다. 또 위헌무효설이 주장하는 바와 같이 피해자에게 국가배상이 주어진다면, 설사 이 경우 별도로 손실보상청구권이 부인된다고 할지라도, 그 한도 내에서 피해자구제의 측면이 소홀해질 우려는 없을 것이다. 그러나 이 경우 국가배상법 제2조의 배상책임 성립요건이 충족될 수 있는지가 문제이다.

반면 우리나라 헌법 제23조 제1항과 제3항을 각각 독일 기본법 제14조 제1항과 제3항처럼 존속보장과 가치보장으로 준별하여 제1항은 '재산권의 가치보장의 문제인 손실보상에 관한 규정으로 될 수 없다'고 하는 것은, 적어도 독일 연방헌법재판소의 자갈채취사건결정에서 표명된 독일 기본법 제14조 제1항과 제3항 간의 분리모델(Trennungsmodell)[22]을 우리나라

20) 헌법재판소 전원재판부 1998.12.24. 선고 89헌마214(도시계획법 제21조에 대한 위헌소원), 90헌바16. 선고 97헌바78(병합) 결정.

21) 일찍이 대법원이 "우리나라 헌법이 재산권보장을 명정하였는 만큼, 제헌 후 아직 징발에 관한 법률이 규정되기 전에 6.25사변이 발발되었고, 그로 인한 군사상의 긴급한 필요에 의하여 국민의 재산권이 수용 또는 사용되게 되었던 것이라 할지라도 그 수용 또는 사용이 법률의 근거 없이 이루어진 것인 경우에는 그것을 재산권자에 대한 관계에 있어서는 불법행위라고 하지 않을 수 없다"(대법원 1966.10.18. 선고 66다1715 판결(특1편, 29))고 함으로써 법률의 근거 없이 이루어진 수용 또는 사용을 불법행위로 본 것은 이러한 의미에서 타당하다.

22) 이를 '분리이론'(Trennunstheorie)이라고도 부르고 그 반대입장, 즉, '재산권내용규정으로 구체화된 사회적 기속을 넘어서는 재산권침해는 보상을 요하는 공용수용에 해당한다'는 독일연방민사법원이 견지해 온 판례태도를 '경계이론'(Schwellentheorie)이라고 부른다.

헌법에 직접 대입할 수 없다는 점에서, 타당하다고 보기 어렵다.

손실보상청구권의 헌법적 성립을 인정하는 의미에서 직접효력설을 취하는 경우에도 난점이 없는 것은 아니다. 즉, 직접효력설에 의할 경우, 법률에 보상규정이 없을 경우 이러한 헌법규정들을 근거로 법원에 보상을 청구하였을 때 법원이 이를 어떻게 판단할 것인가 하는 난점(즉 행사의 문제)이 남다. 이것은 법원이 권력분립상 원칙적으로 법형성기능을 갖고 있지 못하다는 점에서 결코 소홀히 지나칠 수 없는 문제점이다. 따라서 앞에서 본 직접효력설의 논리가 만일 이 경우 헌법상의 규정을 근거로 행사된 손실보상청구소송에서 어떠한 형태로든 법원이 보상규정의 흠결을 보충하여, 다시 말해서 실질적인 법형성기능을 행사하여 보상을 인정해야 한다는 것이라면 이는 사실상 무리라고 하지 않을 수 없다. 그러나 그렇다고 이를 이유로 곧바로 당해 근거법률의 위헌판단에로 나아가 문제를 국가배상차원으로 전환시키거나 이른바 수용류사침해의 법리에 의존하여 해결해야 한다는 것은 아니다. 물론 우리나라 헌법의 이 규정을 '수용 = 동일법률에 의한 침해 + 보상'이란 공식으로 표현되는 독일의 불가분조항(Junktimklausel)과 같은 의미로 해석할 여지[23]가 전혀 없지는 않을지라도, 보상에 관한 법규정의 해석을 통한 문제해결 가능성을 일거에 부정하는 것은 성급하다고 생각한다.

<참고사항: 구제적 보상규정의 문제>

한편 가령 철도법 제76조 제1항, 원자력법 제96조 제2항, 문화재보호법 제25조 제1항, 소방법 제8조 등과 같이 법률이 막연히 '정당한 보상을 하여야 한다'는 규정만을 두고 있는 경우, 이것은 헌법 제23조 제3항이 규정한 '정당한 보상'을 단순히 재확인한 데 불과한 것이고 보상의 구체적 기준이나 방법 등에 관해 아무런 규정을 두지 않았다는 점에서 그 위헌여부가 문제되고 있다.[24] 한편 독일의 경우 현실적인 필요나 여러 가지 사정으로 인하여 일부 법률이 이와 같이 구체적인 보상의 방법이나 범위에 관하여 명시적 규정을 두지 않고 다만 '이 법에 의한 조치가 공용침해를 가져오는 경우에는 이에 상당한 보상을 하여야 한다'는 식으로 거의 백지에 가까운 내용의 이른바 '구제적 보상규정'[25]을 둔 경우

23) 예컨대 김남진, 『행정법 I』(제4판), 법문사, 1992, 535; 권영성, 『헌법학원론』, 법문사, 1994, 567; 허영, 『한국헌법론』, 박영사, 1994, 464.

24) 한국법제연구원, 「현행 공용침해법제의 현황과 개선방향」, 『현행법제개선방안연구』(1), 1992, 160-161.

25) 한편 박상희, 「공용침해, 백지형식에 의한 보상규정의 허용여부」, 『법제연구』 창간호, 1991, 249는 이를 '백지형식의 보상규정'으로 옮기고 있다. 본래 'salvatorische Klausel'이란 독일법제사에서 유래된 개념으로서 '어떤 법규가 그보다 우선하는 규정이 없는 경우에 비로소 적용된다'고 규정하는 조항을 말한다. 1495년 라이히궁정재판소(Reichskammergericht)가 설립되어 라이히궁정재판소법에 따라 로마법을 적용하도록 되었지만, 독일의 고유법이 이에 우선 적용되어 독일의 고유법이 없는 경우에 로마법이 적용된다고 하는 조항이 생기게 되었다(山田 晟, 『ドイツ法律用語辭典』, 1982, 337f.). 따라서 이를 '보충적 적용조항' 정도로 번역할 수 있을 것이나, 손실보상과 관련하여 이 개념은 '이 법에 의한 조치가 공용침해를

그 위헌여부가 논란된 바 있다. 이 문제는 특히 재산권에 관한 '보상을 요하는 재산권내용규정'(Ausgleichspflichtige Inhaltsbestimmung)과 관련하여 논의되었으나,[26] 연방행정법원은 헌법합치적 해석에 의하여 이를 '적어도 과도기간 동안에는 헌법의 요구에 합치된다'고 보았다.[27] 우리나라의 경우 이들 법률조항 역시 이러한 구제적 보상규정의 성질을 갖는 것으로 볼 수 있는 이상, 반드시 이를 위헌으로 보아야 할 필요는 없을 것이다. 이를 헌법합치적 해석에 의하여 합헌으로 보되,[28] 이로써 '정당한 보상'의 구체적 내용에 관한 해석의무가 법원에 귀속된 것이라고 보는 것이 타당할 것이다.

이상의 논의를 토대로 공공필요로 재산권을 침해당한 국민의 권리보호에 대한 헌법적 요구를 고려할 때 다음과 같은 결론이 나온다. 첫째, 손실보상청구권은 헌법 제23조 제1항과 제3항의 통합적 해석을 통하여 법률에 의한 구체화가 있기 전에도 헌법적으로 성립하는 것으로 보아야 한다. 둘째, 헌법 제23조 제3항에 의하여 공용침해(공공필요에 의한 재산권의 사용·수용·제한)를 정한 법률이 보상규정을 두지 않은 경우에는 그것이 정당한 보상을 배제하는 것으로 해석되는 한 위헌임을 면치 못한다. 구제적 보상규정이나 관계법규정의 유추해석을 통하여 손실보상이 주어질 수 있는 경우에는 그러하지 아니한다. 셋째, 공공필요에 의한 공용침해를 수권한 법률에 의하여 재산권을 침해당했으나 보상규정이 없다는 이유로 보상청구를 거부당한 자는 그 공용침해의 위헌(§23 ③)을 이유로 당해 침해조치의 취소 또는 불법적 결과의 제거를 소구하거나 국가배상을 청구할 수 있으며, 이와 선택적으로 그 위헌적인 공용침해가 적법한 공용침해와 동등한 가치를 지닌다는 점을 주장하여 법원에 손실보상을 요구할 수 있다. 넷째, 보상규정을 두지 않은 법률의 위헌성, 즉 입법부작위의 위헌성이 헌법재판소에 의하여 확정된 때부터는 보상을 청구받은 행정청은 이를 거부할 수 없으며, 거부하면 이로써 위법·유책이 되어 국가배상책임이 성립한다. 끝으로, 국가배상이나 손실보상을 청구하는 소송이 제기된 경우 법원은 국가배상법이 정하는 기준 또는 헌법 제23조 제3항의 정당보상의 기준에 따라 국가에게 보상금의 지급을 선고해야 한다.

가져오는 경우에는 상당한 보상을 하여야 한다는 식'의 규정을 의미하는 것이므로(Maurer, Rn.40, 1992, S.630f.), 이를 '백지형식의 보상규정'보다는 '구제적 보상규정'이라 부르는 것이 나을 것이다(동지 김남진, 「도시계획법 제21조(개발제한구역지정)의 위헌심판」, 『판례월보』 266호, 39).

26) 이에 관하여는 H. Maurer, *Allgemeines Verwaltungsrecht*, 11.Aufl., C.H. Beck, 1997, S.646f., Rn.67f.를 참조.

27) BVerwGE 84, 361, 367f.

28) 법제연구원, 앞의 책, 161 이하를 참조.

Ⅲ. 손실보상의 요건(공용침해의 개념)

헌법은 제23조 제3항에서 "공공필요에 의한 재산권의 수용·사용·제한 및 그 보상은 법률로써 하되, 정당한 보상을 지급하여야 한다."라고 규정하고 있다. 이 조항은 공공필요에 의한 재산권의 수용·사용·제한과 그 보상은 이를 반드시 법률에 의해서만 할 수 있다는 의미의 법률유보를 규정함으로써 공공필요에 의한 재산권의 수용·사용·제한 및 보상의 허용요건(Zulässigkeitsvoraussetzung)을 규정한 것이지만, 이와 동시에 손실보상의 구성요건(Tatbestand)의 일부를 규정한 것으로도 해석된다. 즉 손실보상이 이루어지기 위해서는 공공필요에 의한 재산권의 수용·사용·제한, 즉 공용침해가 있어야 한다는 요건을 헌법적 수준에서 규정한 것이다. 그렇다면 손실보상의 요건은 바로 이 공용침해[29]의 존재로 귀결되는 것이라고 볼 수 있다. 공용침해의 성립요건을 살펴보는 것이 필요하다. 공용침해가 성립하기 위해서는 다음과 같은 요건이 충족되어야 한다.

1. 공용침해의 대상과 내용: 재산권의 수용·사용·제한

(1) 공용침해의 대상: 재산권

행정상 손실보상은 재산권의 수용·사용·제한에 대한 보상이다. 여기서 재산권이란 모든 재산적 가치 있는 법적 지위를 말하며, 민법상의 재산권보다는 넓은 개념이다. 헌법 제23조 제3항에 의한 재산권은 소유권, 물권, 점유권, 재산적 가치 있는 회원권 및 사원권, 저작권 등 사법상의 권리뿐만 아니라 재산적 가치 있는 모든 공법상의 권리를 포함하는 것으로 새기는 것이 일반적이다. 독일의 경우에도 공권을 수용대상인 재산권에 해당하는 것으로 보는 것이 지배적이나, 다만 공법상의 청구권이나 급부가 그 권리자에게 배타적이고 그 자신의 이익으로 부여된 것이라고 볼 수 있는지가 관건이 된다고 한다.[30]

---

29) 김남진 교수는 일찍부터 재산권의 수용·사용·제한을 총칭하는 개념으로 '공용침해'란 용어를 사용해 오고 있다(『행정법 I』(제4판), 법문사, 1992, 526; 제5판 1995, 532; 제6판 2000, 601). 이는 독일행정법에서 말하는 "Enteignung"의 개념이 19세기후반 소위 희생보상청구권(Aufopferungsanspruch)에서 유래된 고전적 의미의 공용수용(sog. klassische Enteignung)으로부터 바이마르헌법 제153조 이후 확대되어 본래의 공용수용 외에 공용제한, 공용사용 등을 포함하는 넓은 의미의 개념으로 사용되고 있다는 점을 감안하여 착안된 개념이다. 물론 '공용수용'에 '넓은 의미의'란 수식을 붙여 수용·사용·제한을 총칭할 수도 있겠으나 어차피 그럴 것이면 이 공용침해란 개념을 사용하는 것도 그리 나쁘지 않을 뿐 아니라 용어법상 경제적이라는 이점도 있다.

30) H. Maurer, a.a.O., § 26 Rn.44.

「공익사업을 위한 토지등의 취득 및 보상에 관한 법률」(약칭: "토지보상법")[31]은 손실보상의 대상이 되는 재산권, 즉 사업시행자가 취득 또는 사용하는 대상으로, 토지 및 이에 관한 소유권 외의 권리, 토지와 함께 공익사업을 위하여 필요로 하는 입목, 건물 기타 토지에 정착한 물건 및 이에 관한 소유권 외의 권리, 광업권 · 어업권 또는 물의 사용에 관한 권리, 토지에 속한 흙 · 돌 · 모래 또는 자갈에 관한 권리를 열거하고 있다(§ 3).

재산권의 수용 · 사용에 부수하여 영업을 폐지하거나 휴업함에 따른 영업손실, 즉 일실손실에 대해서는 토지보상법 제77조가 이를 일정한 기준에 따라 보상하도록 규정하고 있다. 즉, 영업을 폐지하거나 휴업함에 따른 영업손실에 대하여는 영업이익과 시설의 이전비용 등을 참작하여 보상하여야 하며(§ 77 ①), 농업의 손실에 대하여는 농지의 단위면적당 소득 등을 참작하여 실제 경작자에게 보상하여야 한다. 다만, 농지소유자가 당해 지역에 거주하는 농민인 경우에는 농지소유자와 실제 경작자가 협의하는 바에 따라 보상할 수 있고(§ 77 ②), 휴직 또는 실직하는 근로자의 임금손실에 대하여는 근로기준법에 의한 평균임금 등을 참작하여 보상하여야 한다(§ 77 ③).

한편, 기대이익은 공용침해의 대상이 되는 재산권에 해당하지 않는다고 보는 견해가 있다.[32] 헌법상 재산권보장을 취득보장(Erwerbsschutz)이 아니라 존속보장(Bestandsschutz)으로 이해하는 이상,[33] 농지가 택지로 변경되리라는 기대나 이득획득의 기대와 같이 단순한 전망이나 기대와 같은 것은 여기서 말하는 공용침해의 대상이라 볼 수 없다. 현존하고 실현가능한 가치요인(Wertfaktoren)도 헌법상 재산권보장에 포함되는 것이라고 볼 수 있을 때에는 공용침해의 대상으로 고려될 수 있다. 다만 지하수는 토지의 구성부분이 아니므로 토지소유권의 내용에 포함되지 않으며, 개별점포의 유리한 입지나 번화가에 위치한 주유소의 입지와 같은 것은 사실상 이익이지만 재산권보장에 의해 보호되는 것으로 보기 어려울 것이다.[34]

(2) 공용침해의 내용: 재산권의 수용 · 사용 · 제한

공용침해는 재산권의 수용, 사용 또는 제한을 내용으로 하는 것이어야 한다. 수용이란 재산권의 전면적 또는 부분적인 박탈을 말하며, 사용이란 수용에 이르지 않는 일시적 사용행위를, 제한이란 소유권자 또는 이용권자의 사용, 수익을 제한하는 행위를 포함한, 수용과 사용을 제외한 재산권에 대한 모든 제약을 말한다. 공용환지나 도시재개발사업으로 인한 환권 등으

31) 이 법률은 2002년 2월 4일 구 토지수용법과 구 「공공용지의 취득 및 손실보상에 관한 특례법」을 폐지하여 새로이 제정된 것이다.
32) 김남진, 앞의 책, 608; 류지태, 앞의 책, 359.
33) H. Maurer, a.a.O., § 26 Rn.45.
34) H. Maurer, a.a.O., § 26 Rn.45.

로 재산 가치가 하락하는 경우도 재산권에 대한 제약에 해당한다.[35]

2. 공용침해의 목적: 공공필요

공용침해는 공공필요를 실현시키기 위한 공적 과제의 수행을 위한 것이어야 한다. 공용침해의 성립요건으로 요구되는 것은 공용침해가 이러한 목적을 지향하는 것이어야 한다는 것일 뿐, 구체적인 공용침해조치가 사실상 공적 임무의 수행을 위한 것이었고 또 공공복리를 위한 것이었는지는 공용침해의 허용요건에 관한 것이다. 이 점에서 공용침해는 사익의 실현을 위한 강제경매와 구별된다.

3. 공용침해의 법형식: 의도적인 공권력행사로서 공법적 행위

공용침해는 공익실현을 위한 의도적인 공권력행사이므로 그 법형식은 공법적 행위여야 한다. 공용침해는 공익실현을 위한 사인의 재산권에 대한 침해행위이므로 공법적 성질[36]을 가지며, 법적 효과의 발생을 주목적으로 하는 구속적 행위이므로 사실행위가 아니라 법적 행위이다. 공용침해는 의도적인 공권력행사를 통해 행해져야 한다. 따라서 행정작용의 부수적 결과로서 우연히 재산권침해를 가져오는 행위는 이에 해당하지 않는다.

4. 공용침해의 적법성문제

일반적으로 공용침해는 적법한 재산권침해행위로 이해되고 있다. 이 점에서 손실보상은 불법행위로 인한 손해배상과 구별된다. 헌법 제23조 제3항에 따라 공공필요에 의한 재산권침해(수용, 사용, 제한)는 법률로써 하도록 되어 있고 또한 정당한 보상이 지급되어야 하는데, 이 경우의 보상은 따라서 적법행위에 대한 보상의 성격을 지닌다.

---

35) 김남진, 같은 곳; 류지태, 같은 곳.

36) 그러나 이러한 원인행위와 손실보상의 일체성(Einheitlichkeit)에 근거한 통설(공권설)의 입장과는 반대로 대법원은 손실보상청구권의 법적 성질에 관하여 일관되게 사권설을 고수하고 있다. 대법원 1969.12.30. 선고 69다9 판결; 1990.12.21. 선고 90누5689 판결 등.

이러한 진술은 수용등 재산권침해행위가 그에 대한 손실보상을 규정한 법률의 규정에 의하여 이루어지는 경우, 즉 적법한 재산권침해에 대해서는 타당하다. 이 경우 손실보상은 적법한 수용등(수용·사용·제한)을 전제로 한다. 그러나 문제를 좀 더 깊이 고찰하면 손실보상 또는 공용침해의 개념을 정의하면서 원인행위의 적법성을 전제하는 것은 타당하지 않음을 알 수 있다. 수용등 원인행위의 적법여부는 헌법 제23조 제3항을 어떻게 해석하느냐에 따라 달라질 수 있는 것이기 때문이다. 즉 헌법 제23조 제3항의 규정을 해석함에 있어, 법률에 의거한 수용, 사용, 제한일지라도 당해 법률이 손실보상규정을 두지 않으면 위헌무효라고 이해한다면 그 수용등은 설령 법률의 규정에 의거한 것일지라도 위법한 행위가 되며, 따라서 이 경우에는 공용침해나 손실보상이 문제될 여지가 없게 된다. 후술하는 바와 같이 헌법 제23조 제3항의 규정을 불가분조항(연결조항)으로 해석하는 위헌무효설의 입장에서는 손실보상이 아니라 손해배상만이, 그것도 배상책임요건이 충족될 경우, 문제될 수 있을 뿐이다. 다시 말해 이 경우 수용등이 적법하기 위해서는 그 근거법률이 보상규정을 두어야 하는데, 그 수용등의 개념을 규정하면서 그 적법성을 전제한다면 순환논리에 빠지게 된다는 것이다.37) 공용침해를 '적법한 재산권침해'라고 하거나 손실보상을 '공용침해=적법한 재산권침해'에 대한 보상이라고 이해하는 것은 보상규정을 두지 않은 법률에 의한 공용침해가 적법하다는 전제하에서만 가능한데, 헌법 제23조 제3항은 반드시 당해법률에 보상규정을 두도록 한 것인지는 의문이나 아무튼 보상규정이 없이 행해진 공용침해는 이를 위헌이라고 보거나 보상규정을 두어 정당한 보상이 이루어질 때까지 합헌은 아니라고 볼 수 있기 때문이다. 반면 수용유사침해의 한 유형인 위법·무책의 경우로 파악하면서 그에 대한 손실보상이 인정된다고 주장하는 것은 손실보상의 개념요소 중 '적법한' 재산권침해라는 요건을 위배하는 자가당착적인 결과가 된다. 위헌무효설 이외의 입장에서 보상규정을 두지 않은 법률에 의한 수용등에 대하여 손실보상청구권의 성립을 인정하면서 손실보상을 '적법한' 재산권침해에 대한 보상이라고 정의하는 것은 그 원인행위의 적법성을 인정하는 경우에만 용납될 수 있기 때문이다. 요컨대 위법·무책의 경우인 수용유사침해에 대한 손실보상이 성립할 수 있는 여지를 인정하면서 '적법성'을 보상원인행위인 수용등의 개념요소로 전제하는 것은 논리적으로 타당하지 않다. 그러므로 손실보상의 개념요소로 '적법한' 재산권침해를 드는 것은 단순히 보상규정을 둔 법률에 의한 수용등이 이루어지는 원칙적인 경우에 관한 개방적 설명 정도로 이해하거나, 아니면 그 의미를 대폭 감축하여 법질서가 공용침해의 목적의 정당성을 시인한다는 의미(그러나 법률에 의한 정당한 보상이 없으면 허용될 수 없다는 것을 유보하여) 정도로밖에 이해할 수 없을 것이다.

행정상 손실보상의 개념은 보상원인행위로서 '공공필요에 의한 재산권침해'와 그 법률효과로서 '손실의 보상'이라는 두 가지 요소로 이루어진다. 여기서 '재산권침해'는 합헌적인 법률에 의해 재산권침해가 이루어지고 헌법 제23조 제3항에 따라 정당한 보상규정이 주어진

---

37) 독일기본법 제14조 제3항의 '수용'(Enteignung)의 개념과 관련하여 H. Maurer(*Allgemeines Verwaltungsrecht*, § 26 Rn.54, S.651)는 같은 조 같은 항의 '불가분조항' 또는 '부대조항'(Junktimklausel)을 전제로 '수용의 성질을 갖는 조치가 적법한지 여부에 관한 물음이 그 조치의 적법성을 전제로 할 수 없는 것은 당연하다'고 지적하고 있다.

경우에만 적법하다. 그렇지 않은 경우에는 그 재산권침해가 설령 '법률에 의하여' 행해졌다고 해도 위헌・위법임을 면할 수 없다. 가령 헌법에 합치되지 않는 법률에 의하거나 보상규정을 두지 않아 위헌・위법인 재산권침해에 대해서도 손실보상을 인정하는 입장(수용유사침해보상이론)에 선다면 행정상 손실보상은 비단 적법한 재산권침해에 대한 보상에 국한되지 않는 것으로 이해되어야 한다. 따라서 행정상 손실보상의 개념에 있어 '재산권침해'는 그 자체로서 적법성을 전제하는 것이 아니라 손실보상 등 헌법이 요구하는 요건들을 충족시킨 경우에 비로소 적법하다는 평가를 받는 것으로 이해하는 것이 옳다고 생각한다. 손실보상과 국가배상을 구별하는 까닭은 단순한 적법/부적법의 표지가 아니라 전자의 경우 법이 공공필요에 의하여 의도적으로 공권력에 의한 재산권침해를 가한 데 대한 보상인 데 비하여,[38] 후자의 경우 법이 예상・의도하지 않은 위법한 행위로 인한 손해를 전보하는 것이라는 데서 찾아야 할 것이다.

5. 특별한 손해의 발생

(1) 개설

공용침해가 성립하기 위해서는 재산권에 대한 특별한 희생으로서 손해가 발생하여야 한다. 그러나 특별한 손해의 판정기준에 관해서는 논란이 있을 수 있다. 헌법은 재산권의 내용과 한계를 법률로 정하고(§ 23 ①) 그 행사에 관한 공공복리적합의무를 고려할 것을 요구하고 있기 때문에(§ 23 ②) 공용침해가 되기 위해서는 재산권의 내재적・사회적 제약을 넘는 특별한 손해가 존재하여야 한다. 그러나 종종 재산권에 가해진 손해가 재산권의 사회적 제약의 표현에 불과한 것인지 아니면 이를 넘어서는 특별한 손해에 해당하는 것인지가 불분명한 경우가 있을 수 있다. 만일 재산권의 제약이 그 사회적 제약의 표현일 경우에는 보상이 문제되지 않는 데 반해 그것이 특별한 손해로서 공용침해를 구성할 때에는 보상이 주어져야 한다(헌법 § 23 ③).[39]

---

38) 이와 유사한 견지에서 H. Maurer(§ 26 Rn.54)는 수용의 요건 또는 수용의 개념으로부터 적법성이란 요소를 배제하여 수용이란 '공적 과제의 달성을 위하여 공권력을 행사하여 재산적 가치 있는 법적 지위를 박탈하는 것'(Entziehung einer vermögenswerten Rechtsposition durch gezielten hoheitlichen Rechtsakt zur Erfüllung öffentlicher Aufgaben)이라고 서술하고 있다.

39) 독일에서는 이러한 의미에서 보상 없는 재산권의 구속과 수용 간의 한계가 문제되고 있으나 이에 관해서는 적지 않은 의문과 논란이 있고 또 사회・경제적, 기술적 발전과 함께 변화될 수 있는 것이므로 언제나 새로이 판단되어야 할 것이다.

공용침해와 재산권의 사회적 제약은 바로 재산권에 대한 제약이 특별한 희생에 해당하는지에 따라 구별된다. 그러나 특별희생으로서 기준에 관해서는 적지 않은 논란이 있다. 이에 관하여는 독일에서 주장된, 그러나 대부분의 국내학자들에 의해 소개·원용되고 있는 이론들을 참고할 수 있다. 왜냐하면 우리헌법 제23조 제1항 및 제2항 역시 재산권의 내용과 한계를 법률에 유보시키는 동시에 재산권의 사회적 제약성을 인정하고 있는 독일기본법 제14조 제1항 2문 및 동 제2항에서와 마찬가지의 문제상황을 제기하고 있기 때문이다. 물론 이러한 논의가 이루어진 독일법적 배경도 참고할 가치가 있음은 물론이다.

(2) 학설

① 형식적 기준설: 특별희생설(Sonderopfertheorie)

독일연방법원(BGH)이 제국법원(Reichsgericht)의 개별행위설을 따라 취하고 있으며 학설에 의해 압도적으로 승인된 견해로서 이에 따르면 공용수용이란 “그 형태가 재산권의 박탈(Entziehung)이든 부담(Belastung)이든 불문하고, 특정한 개인 또는 단체를 타인에 비하여 특별하게 그리고 불평등하게 침해하는, 또한 이들에게 타인에게는 요구되지 않은 특별한 희생을 강요하는 재산권의 침해”(BGHZ 2, 270, 280)를 말한다. 독일연방법원은 이로써 공용수용을 평등원칙과 연결시킨다: 공용수용의 대상자는 특별한 침해를 받았고 따라서 불평등하게 처우되었으므로 그 침해는 보상을 통해 전보되어야 한다는 것이다. 평등의 원칙(Gleichheitssatz)은 따라서 보상의 원칙(Ausgleichssatz)이 된다는 것이다.

② 실질적 기준설

보상의 필요성을 결정하는 관건, 즉 특별희생과 재산권의 사회적 제약의 구별기준을 재산권 침해의 실질적 측면에서 찾으려는 견해로서, 다음과 같은 다양한 학설들이 있다.

(가) 보호가치설(Schutzwürdigkeitstheorie, Jellinek)

재산권의 보호가치있는 부분이 저촉되거나 침해되는 경우 보상이 필요하다는 견해이다.

(나) 수인기대가능성설(Zumutbarkeitstheorie, Stödter, Maunz)

재산권에 대한 침해가 보상 없이도 상대방의 수인을 기대할 수 있는 한도를 넘는 경우 보상의 필요성을 인정하는 입장이다.

(다) 사적 효용설(Privatnützigkeitstheorie, Reinhardt)

재산권의 침해가 사적 소유권자의 경제적 형성의 자유를 침해하는 결과를 가져올 경우 보상을 요하는 침해가 된다는 견해이다.

(라) 목적위배설(Zweckentfremdungstheorie, Forsthoff u.a.)

재산권의 침해로 말미암아 침해된 법익이 더 이상 그 기능에 맞게 이용될 수 없게 될 경우 공용침해가 성립된다는 견해이다.

(마) 중대성설(Schweretheorie)

독일연방행정법원(BVerwG)은 실질적 관점에서 "침해의 중대성과 침해가 미치는 범위"(Schwere und Tragweite des Eingriffs)에 착안한 중대성설에 따라 특별희생여부를 판단하고 있다(BVerwGE 5, 143; 15, 1).

③ 사회적 구속성설(Sozialbindungstheorie)

공용침해의 측면에 초점을 맞춰 구별기준을 찾으려 했던 종래의 접근방식과는 정반대로, 재산권의 사회적 구속(Sozialbindung des Eigentums)이란 측면에서 양자의 구별을 시도하는 입장이다. 즉 이에 따르면 재산권의 사회적 제약을 넘는 모든 재산권침해는 공용침해(넓은 의미의 공용수용)이다. 재산권 침해가 기본권 일반이론상 허용되는 재산권 침해에 해당하는지 검토하고 이에 해당되지 않으면 공용침해가 성립한다는 것이다.[40]

④ 결론

이상에서 살펴본 독일의 이론들을 그 자체로 우리나라에 직접 원용하는 데에는 무리가 있을 수 있다. 그러나 그렇다고 하여 그 이론적 논의가 우리에게 전혀 무의미한 것은 아니다. 문제는 손실보상이 요구되는 공용침해와 재산권에 내재하는 사회적 제약의 한계를 발견하는 데 있다. 그것은 특히 어떤 법률이 일정한 재산권침해가능성을 예정하면서도 아무런 보상규정을 두고 있지 않고 그 법률을 근거로 하여 그 침해가능성이 구체화된 경우, 손실보상의 필요성과 아울러 그 법률의 합헌성여부를 판단함에 있어 의미가 있다. 우리나라의 경우 종래 사람의 수를 기준으로 특별희생의 여부를 결정한다는 의미의 형식설과 침해의 정도를 기준으로 이를 판단하려는 실질설, 그리고 이 두 가지를 결합시킨 절충설(통설)이 제시되어 왔다. 그러

40) E. Stein, *Staatsrecht*, 11.Aufl., Tübingen, 1989, § 27 IV 1. 또한 BVerfGE 20, S.351, 358ff.(그러나 이러한 입장은 이후 더 이상 재개되지 않았다고 한다)

나 이러한 학설들은 특별희생의 본질 내지 재산권에 내재하는 사회적 제약성을 규명함에 있어 극히 피상적인 논의수준을 넘지 못했다. 한편 독일의 이론을 소개하고 있는 국내의 문헌들은 대체로 앞에서 본 형식적 기준과 실질적 기준을 절충적으로 고려하는 입장을 취하고 있는 것으로 판단되는데, 이는 독일행정법 판례이론의 동향에 비추어 볼 때 기본적으로 타당하다고 본다.[41]

마우러(Maurer)의 평가에 따르면, 독일연방법원(BGH)의 특별희생설은 물론 원칙적으로 포기된 것은 아니지만, 일관되게 관철되었다기보다는 많은 판결들에서 실질적 관점으로부터 보충, 수정되었을 뿐 아니라 심지어는 대체되기까지 했다고 한다. 이러한 과정에서 중요한 역할을 수행한 이론들로 특기할 만한 것은 연방행정법원(BVerwG)의 중대성설(Schwere-theorie)과 독일연방법원의 녹지판결(Grünflächenurteil, BGHZ 23,30)에 의해 정립되어 또한 BVerwG (BVerwGE 49,365)에 의해 받아들여진 바 있는 상황구속성설[42](Theorie der Situationsgebundenheit)을 들 수 있다. 반면 연방행정법원의 판례는 원칙적으로 구체적 사례에 따라 개별화시키는 중대성설에 입각하면서도 또한 특별희생설(BVerwGE 15,1ff.)이나 상황구속성설과 연결되고 있으며, 이렇게 볼 때 그 이론적 출발점의 차이에도 불구하고 실제적 결과에 있어서는 광범위한 의견의 일치가 이루어지고 있다는 것이다. 요컨대 양법원은 모두 "특별희생"의 관념에 입각하고 있으면서 연방법원은 희생의 "특별"성에, 연방행정법원은 특별한 "희생"에 각각 더 중점을 두고 있는 것이라는 점이 번번이 강조되고 있다는 점에 주의를 요한다.[43]

(3) 구체적 적용

① 공용수용

공용수용, 즉 재산권의 완전한 박탈(Entzug)은, 그 결과 타인에게 양도되거나 제거 또는 소멸되거나를 불문하고, 언제나 공용수용이지 재산권의 사회적 구속성의 결과는 아니라는 점을 분명히 해 둘 필요가 있다. 따라서 현재 일반적으로 손실보상과 관련하여 '보상원인'의 문제

41) 홍정선, 앞의 책, 542-543. 예컨대 김남진, 앞의 책, 614-615는 실질적 기준설 중 목적위배설을 바탕으로 한 상황구속성설과의 결합, 그리고 구체적 사례별로 개별화할 필요성을 주장하는 입장을, 김동희, 앞의 책, 506-507은 실질적 기준과 형식적 기준을 상호보완적으로 적용해야 한다는 입장을 표명하고 있다.

42) 이에 따르면 어떤 토지가 위치하고 있는 특별한 사실적 상황(예컨대 자연보호지구나 주택이 밀집된 공업지구)으로부터 특정용도의, 본래는 가능했던, 토지이용(예컨대 건축)을 할 수 없는 의무(Pflichtigkeit)가 성립될 수 있다는 것이다. 이러한 의무는 그 토지에 부과된 일반적 부담으로서 개별적으로 이에 따른 이용금지(Nutzungsverbot)가 구체화될 경우에는 공용침해가 아니라 재산권의 사회적 제약에 해당될 뿐이라고 하게 된다.

43) H. Maurer, a.a.O., § 27 Rn.35, 그리고 같은 곳 Rn.32ff.

로서 다루어지고 있는 특별희생의 개념에 관한 문제는 오로지 재산권의 완전박탈 이외의 재산권침해를 대상으로 한다는 것을 유념할 필요가 있다.

② 공공복리에 적합한 것으로서 감수되어야 할 재산권제한

헌법 제37조 제2항에 따른 기본권제한으로 이해되고 있는 건축허가제나 영업허가시의 거리제한 등과 같은 경우는 공공의 안전, 질서유지 등을 위하여 정당화되는 한도 내에서는 손실보상을 요하는 공용침해에 해당하지 않는 것으로 이해된다.[44] 한편 경우에 따라 가령 문화재관리 목적상 보존건물의 개축제한이나 사적지・명승지보존을 위한 각종 권리행사의 제한도 감수되어야 할 재산권제한으로 볼 수 있는 경우가 적지 않다. 또한 식품위생법 제17조 제1항은 판매를 목적으로 하거나 영업상 사용하는 식품, 첨가물, 기구, 용기・포장 또는 영업시설 등을 검사하게 하거나 검사에 필요한 최소량의 식품, 첨가물, 기구 또는 용기・포장을 무상으로 수거하게 할 수 있다고 규정하고 있는데, 이 경우 검사를 위한 식품 등의 수거는 그것이 최소량을 넘지 않고 또 그 재산적 가치가 사소한 것인 한, 보상을 요하지 않는다. 또한 위험성 있는 물건의 파기는 그것이 경찰법상 위험방지의 범위에서 행해지는 한 보상을 요하지 않는다고 볼 수 있다.[45] 그 밖에도 공공필요에 의하여 상대방으로 하여금 수인을 요구할 수 있다고 기대할 수 있는 경우로는 도로표지판, 교통표지판의 설치라든가 군사시설이나 공공시설로부터 나오는 통상적인 소음(소방서의 사이렌소리, 국민학교의 확성기소리, 군부대의 교회종소리) 등이 있다.

<해상사격으로 인한 어업손실 보상 배제의 위헌여부>

1. 재산권이 그 사회적 기속성으로 인하여 그에 대한 제한이 허용된다고 하더라도 거기에는 일정한 한계가 있고, 재산권에 대한 제한의 허용 정도는 재산권 객체의 사회적 기능, 즉 재산권의 행사가 기본권의 주체와 사회전반에 대하여 가지는 의미에 달려 있다고 할 것인데, 재산권의 행사가 사회적 연관성과 사회적 기능을 가지면 가질수록 입법자에 의한 보다 광범위한 제한이 허용된다. 따라서 재산권에 대한 제약이 비례원칙에 합치하는 것이라면 그 제약은 재산권자가 수인하여야 하는 사회적 제약의 범위 내에 있는 것이라 할 것이다(헌법재판소 2005.9.29. 선고 2002헌바84 결정 등 참조).
2. 구 수산업법(2007.4.11. 법률 제8377호로 전부 개정되기 전의 것. 이하 '구 수산업법'이라 한다) 관련규정의 문언・체제・취지 등에 더하여 다음과 같은 사정, 즉 ① 어업허가를 받거나 어업신고가 수리된 자가 갖는 어업에 대한 재산적 이익은 공유수면에서 자유로이 생존하는 수산동식물을 포획

---

44) 홍정선, 앞의 책, 543.

45) 홍정선, 앞의 책, 543. 또한 형사법상 처벌 종류의 하나인 몰수는 행정법상 제도가 아니며 손실보상을 요하지 않는다고 한다.

할 수 있는 지위로서 어업허가취득이나 수산동식물의 포획에 어떤 대가를 지불하는 것이 아니어서 일반 재산권처럼 보호가치가 확고하다고 보기 어려운 점, ② 한편 어업권의 특성과 그 행사 방식 등에 비추어 그 재산권의 행사가 사회적 연관성과 사회적 기능이 크다고 보이므로 입법자에 의한 보다 광범위한 제한이 허용된다고 보이는 점, ③ 구 수산업법이 손실보상 없이 어업을 제한할 수 있는 사유를 수산자원의 보존 또는 국방상 필요 등 사회적 연관성과 사회적 기능이 크다고 보이는 경우로 제한적으로 규정하고 있는 점, ④ 허가 또는 신고 어업과는 달리 면허어업은 해조류양식어업 등을 주요대상으로 하여 조업이 제한되는 해역 이외의 장소에서는 조업이 불가능한 사정을 고려하여 보상제외사유로 삼지 않는 등 제한되는 어업의 종류와 특성 및 내용에 따라 보상 여부를 달리 정하고 있는 점 등을 종합하면, **구 수산업법 제81조 제1항 단서 조항에서 허가·신고 어업에 대하여 '국방상 필요하다고 인정하여 국방부장관으로부터 요청이 있을 때'(제3호)에는 '공익사업을위한토지등의취득및보상에관한법률 제4조의 공익사업상 필요한 때'(제5호)와 달리 손실보상 없이 이를 제한할 수 있도록 정한 것이 재산권자가 수인하여야 하는 사회적 제약의 한계를 넘어 가혹한 부담을 발생시킨다고 보기 어려우므로 이 사건 단서조항이 헌법에 위반된다고 볼 수 없다.**

3. 구 수산업법 제34조 제1항이 어업제한사유로 제5호에서 '공익사업을위한토지등의취득및보상에관한법률 제4조의 공익사업상 필요한 때'를 정하여 '국방 및 군사에 관한 사업'에 관한 포괄적인 규정을 마련하였음에도, 이와 별도로 제3호에서 '국방상 필요하다고 인정하여 국방부장관으로부터 요청이 있을 때'를 정하여 손실보상 여부에 관하여 달리 취급하는 취지에 비추어 보면, 구 수산업법 제34조 제1항에 따른 어업제한사유가 제3호의 요건을 충족하는 이상 제5호에서 정한 공익사업의 하나인 '국방·군사에 관한 사업'의 요건을 동시에 충족할 수 있다고 하더라도, 특별한 사정이 없는 한 제3호가 우선 적용되어 손실보상청구권이 발생하지 아니한다고 보아야 한다.[46]

③ 지역·지구제에 의한 계획제한

각종 계획법상 지역·지구제에 따라 그 지역·지구 내에 재산권을 가진 자에게 가해지는 계획제한과 관련하여 그것이 보상을 요하는 공용제한인지가 문제된다. 일반적으로 도시계획법 등에 의한 각종 계획제한은 사인의 토지이용에 제한을 가하는 것이지만 그 규제가 일반적인 것이므로 보상을 요하지 않는다는 견해가 지배적이었던 데 비하여,[47] 도시계획제한을 둘러싸고 그 보상여부가 논란되고 있다.[48]

(가) 개발제한구역의 지정

개발제한구역[49]은 그린벨트(green belt)로 불리는 공간규제로, '도시의 무질서한 확산을 방지

46) 대법원 2016.5.12. 선고 2013다62261 판결(손실보상등 (아) 상고기각).
47) 홍정선, 앞의 책, 543 이하.
48) 석종현, 『월간고시』, 1989.1., 81 이하; 김남진, 『월간고시』, 1992.9., 14 이하; 한국법제연구원, 「현행 공용침해법제의 현황과 개선방향」, 1992, 162 이하 등을 참조.

하고 도시주변의 자연환경을 보전하여 도시민의 건전한 생활환경을 확보하기 위하여 도시의 개발을 제한할 필요가 있거나 국방부장관의 요청이 있어 보안상 도시의 개발을 제한할 필요가 있다고 인정되는 경우' 도시·군관리계획으로서 지정하는 도시개발의 제한구역을 말한다(「개발제한구역의 지정 및 관리에 관한 특별조치법」 § 3 ①).

개발제한구역의 지정은 환경보전을 위하여 개발을 억지하는, 단순한 이익형량의 관점을 넘어서서 환경보전에 우월성을 인정하는 정책적 고려가 반영된 제도라 할 수 있다. 개발제한구역에서는 건축물의 건축 및 용도변경, 공작물의 설치, 토지의 형질변경, 죽목(竹木)의 벌채, 토지의 분할, 물건을 쌓아 놓는 행위 또는 「국토의 계획 및 이용에 관한 법률」 제2조 제11호에 따른 도시·군계획사업의 시행을 할 수 없게 되는 제한을 받게 된다(같은 법 § 12).[50]

구 도시계획법은 개발제한구역의 지정(§ 21 ①)을 받아 재산상 권리행사의 제한을 받은 토지소유자의 손실보상에 관하여 아무런 규정을 두지 않고 있어 문제가 되었다. 이에 대하여 대법원은 구도시계획법 제21조 제1항에 의한 제한은 공공복리에 적합한 합리적인 제한으로서 그 제한으로 인한 토지소유자의 불이익은 공공의 복리를 위하여 감수하지 아니하면 안 될 정도의 것이라고 판시하였다.[51]

대법원의 이러한 태도는 개발제한구역 내 토지소유자등이 개발제한구역지정으로 받는 현실적 피해의 심각성을 도외시한 것일 뿐만 아니라 개발제한구역 내에서의 규제를 모두 일괄적으로 재산권에 내재하는 사회적 제약으로 볼 수 있는지도 극히 의문이라는 점에서 비판을 받았다. 그 밖에도 개발제한구역의 지정에 관하여는 구역지정을 다툴 수 있는 행정쟁송수단의 불충분성, 개발제한구역 내 주민들의 생활상의 불편, 개발이익의 불평등한 배분, 개발제한구역의 취지와 현실간의 괴리 등 많은 문제점이 제기되었다.[52] 이러한 현실을 배경으로, 우선 해석론적 차원에서 그러한 경우 재산권자에게 가해지는 계획제한을 특별희생으로 보아 수용유사침해로 인한 손실보상 내지 국가배상제도에 의하여 피해자구제의 공백을 메워 나가되, 아울러 이 문제에 대한 입법적 해결책을 강구하는 것이 바람직한 길이라고 판단되었던 것이다.

헌법재판소는 1998년 12월 24일의 전원재판부결정을 통해 기존의 판례에 근본적인 방향

---

49) 개발제한구역은 1938년 영국에서 그린벨트법(Green Belt Act)에 의하여 비롯된 것으로서 우리나라의 경우 1971년 구 도시계획법의 개정을 통하여 도입되었다.

50) 판례: "도시계획법 제21조, 동시행령 제20조 제1항 제2호, 동시행규칙 제8조 제4호의 해석상 하천구역 내에서의 토석·사력의 채취는 토지의 형질변경에 해당되고 개발제한구역 내에서 다량의 토석·사력의 채취가 수반되거나 개발제한구역의 지정목적에 지장이 있다고 인정되는 형질변경은 처음부터 허가대상이 되지 아니하는 금지된 행위에 해당한다."(대법원 1990.7.10. 선고 90누2055 판결)

51) 대법원 1990.5.8. 선고 89부2 결정.

52) 유해웅, 「개발제한구역의 규제에 관한 고찰」, 『사법행정』 1992.7., 41-45.

수정을 가했다. 헌법재판소는 개발제한구역 지정으로 인하여 토지를 종래의 목적으로 사용할 수 없거나 또는 더 이상 법적으로 허용된 토지이용의 방법이 없어 실질적으로 토지의 사용·수익의 길이 없는 경우에는 토지소유자가 수인해야 하는 사회적 제약의 한계를 넘는 것으로 보아야 하며, 이처럼 개발제한구역의 지정으로 일부 토지소유자에게 사회적 제약의 범위를 넘는 가혹한 부담이 발생하는 예외적인 경우에 대하여 도시계획법이 보상규정을 두지 않은 것은 위헌이라고 판시하였다.

<개발제한구역 지정과 재산권침해의 위헌여부>

가. 헌법상의 재산권은 토지소유자가 이용가능한 모든 용도로 토지를 자유로이 최대한 사용할 권리나 가장 경제적 또는 효율적으로 사용할 수 있는 권리를 보장하는 것을 의미하지는 않는다. 입법자는 중요한 공익상의 이유로 토지를 일정 용도로 사용하는 권리를 제한할 수 있다. 따라서 토지의 개발이나 건축은 합헌적 법률로 정한 재산권의 내용과 한계 내에서만 가능한 것일 뿐만 아니라 토지재산권의 강한 사회성 내지는 공공성으로 말미암아 이에 대하여는 다른 재산권에 비하여 보다 강한 제한과 의무가 부과될 수 있다.

나. 개발제한구역을 지정하여 그 안에서는 건축물의 건축 등을 할 수 없도록 하고 있는 도시계획법 제21조는 헌법 제23조 제1항, 제2항에 따라 토지재산권에 관한 권리와 의무를 일반·추상적으로 확정하는 규정으로서 재산권을 형성하는 규정인 동시에 공익적 요청에 따른 재산권의 사회적 제약을 구체화하는 규정인바, 토지재산권은 강한 사회성, 공공성을 지니고 있어 이에 대하여는 다른 재산권에 비하여 보다 강한 제한과 의무를 부과할 수 있으나, 그렇다고 하더라도 다른 기본권을 제한하는 입법과 마찬가지로 비례성원칙을 준수하여야 하고, 재산권의 본질적 내용인 사용·수익권과 처분권을 부인하여서는 아니 된다.

다. 개발제한구역 지정으로 인하여 토지를 종래의 목적으로도 사용할 수 없거나 또는 더 이상 법적으로 허용된 토지이용의 방법이 없기 때문에 실질적으로 토지의 사용·수익의 길이 없는 경우에는 토지소유자가 수인해야 하는 사회적 제약의 한계를 넘는 것으로 보아야 한다.

라. 개발제한구역의 지정으로 인한 개발가능성의 소멸과 그에 따른 지가의 하락이나 지가상승률의 상대적 감소는 토지소유자가 감수해야 하는 사회적 제약의 범주에 속하는 것으로 보아야 한다. 자신의 토지를 장래에 건축이나 개발목적으로 사용할 수 있으리라는 기대가능성이나 신뢰 및 이에 따른 지가상승의 기회는 원칙적으로 재산권의 보호범위에 속하지 않는다. 구역지정 당시의 상태대로 토지를 사용·수익·처분할 수 있는 이상, 구역지정에 따른 단순한 토지이용의 제한은 원칙적으로 재산권에 내재하는 사회적 제약의 범주를 넘지 않는다.

마. 도시계획법 제21조에 의한 재산권의 제한은 개발제한구역으로 지정된 토지를 원칙적으로 지정 당시의 지목과 토지현황에 의한 이용방법에 따라 사용할 수 있는 한, 재산권에 내재하는 사회적 제약을 비례의 원칙에 합치하게 합헌적으로 구체화한 것이라고 할 것이나, 종래의 지목과 토지현황에

의한 이용방법에 따른 토지의 사용도 할 수 없거나 실질적으로 사용·수익을 전혀 할 수 없는 예외적인 경우에도 아무런 보상 없이 이를 감수하도록 하고 있는 한, 비례의 원칙에 위반되어 당해 토지소유자의 재산권을 과도하게 침해하는 것으로서 헌법에 위반된다.

바. 도시계획법 제21조에 규정된 개발제한구역제도 그 자체는 원칙적으로 합헌적인 규정인데, 다만 개발제한구역의 지정으로 말미암아 일부 토지소유자에게 사회적 제약의 범위를 넘는 가혹한 부담이 발생하는 예외적인 경우에 대하여 보상규정을 두지 않은 것에 위헌성이 있는 것이고, 보상의 구체적 기준과 방법은 헌법재판소가 결정할 성질의 것이 아니라 광범위한 입법형성권을 가진 입법자가 입법정책적으로 정할 사항이므로, 입법자가 보상입법을 마련함으로써 위헌적인 상태를 제거할 때까지 위 조항을 형식적으로 존속케 하기 위하여 헌법불합치결정을 하는 것인바, 입법자는 되도록 빠른 시일 내에 보상입법을 하여 위헌적 상태를 제거할 의무가 있고, 행정청은 보상입법이 마련되기 전에는 새로 개발제한구역을 지정하여서는 아니 되며, 토지소유자는 보상입법을 기다려 그에 따른 권리행사를 할 수 있을 뿐 개발제한구역의 지정이나 그에 따른 토지재산권의 제한 그 자체의 효력을 다투거나 위 조항에 위반하여 행한 자신들의 행위의 정당성을 주장할 수는 없다.

사. 입법자가 도시계획법 제21조를 통하여 국민의 재산권을 비례의 원칙에 부합하게 합헌적으로 제한하기 위해서는, 수인의 한계를 넘어 가혹한 부담이 발생하는 예외적인 경우에는 이를 완화하는 보상규정을 두어야 한다. 이러한 보상규정은 입법자가 헌법 제23조 제1항 및 제2항에 의하여 재산권의 내용을 구체적으로 형성하고 공공의 이익을 위하여 재산권을 제한하는 과정에서 이를 합헌적으로 규율하기 위하여 두어야 하는 규정이다. 재산권의 침해와 공익간의 비례성을 다시 회복하기 위한 방법은 헌법상 반드시 금전보상만을 해야 하는 것은 아니다. 입법자는 지정의 해제 또는 토지매수청구권제도와 같이 금전보상에 갈음하거나 기타 손실을 완화할 수 있는 제도를 보완하는 등 여러 가지 다른 방법을 사용할 수 있다.[53]

헌법재판소의 헌법불합치결정이 나온 후, 1년여가 지나 개발제한구역의 법적 근거를 별도의 단행법으로 전환시키기 위한 입법조치가 단행되었다. 2000년 1월 28일 제정된 「개발제한구역의 지정 및 관리에 관한 특별조치법」이 그것이었다. 같은 날 법률 제6243호로 전문개정된 구 도시계획법 제34조는 '개발제한구역의 지정 또는 변경에 관하여는 따로 법률로 정한다'고 규정하였고, 이로써 개발제한구역제도는 새 법률의 규율을 받게 된 것이다.

(나) 환경정책기본법상 특별대책지구 지정

환경정책기본법은 제38조 제1항에서 환경부장관으로 하여금 환경오염·환경훼손 또는 자연생태계의 변화가 현저하거나 현저하게 될 우려가 있는 지역과 환경기준을 자주 초과하는 지

53) 헌법재판소 전원재판부 1998.12.24. 선고 89헌마214(도시계획법 제21조에 대한 위헌소원), 헌법재판소 90헌바16, 97헌바78(병합) 결정.

역을 관계 중앙행정기관의 장 및 시·도지사와 협의하여 환경보전을 위한 특별대책지역으로 지정·고시하고, 해당 지역의 환경보전을 위한 특별종합대책을 수립하여 관할 시·도지사에게 이를 시행하게 할 수 있도록 규정하고 있다. 그 경우 특별대책지역의 환경개선을 위하여 특히 필요한 경우 대통령령이 정하는 바에 따라 그 지역에서 토지이용과 시설설치를 제한할 수 있도록 하는 특별규정을 두면서(§ 38 ②), 손실보상에 관하여는 아무런 규정을 두고 있지 않아 문제가 될 수 있다. 동법 시행령 제5조의 내용으로 보아 이러한 이용제한은 이른바 재산권의 내재적 제약에 해당하는 것으로 본다는 법취지인 것처럼 보이나, 그 제한이 일시적인 것이라면 몰라도, 일률적으로 그렇게 볼 수 있는지 의문이 없을 수 없다. 입법적 개선이 요구된다.

6. 공용침해의 허용요건(한계)

헌법 제23조 제3항은 "공공필요에 의한 재산권의 수용·사용·제한 및 그 보상은 법률로써 하되, 정당한 보상을 지급하여야 한다."라고 규정함으로써 공용침해의 허용요건을 규정하고 있다. 그러나 공용침해가 허용되려면 헌법 제23조 제3항외에도 일반적인 법치국가원칙에서 오는 한계와 기타 근거법상 절차적 조건이 준수되어야 한다.

(1) 공용침해의 근거(법률유보)

공용침해는 헌법 제23조 제3항에 따라 법률에 의해서만 행해질 수 있다. 공용침해는 직접 법률의 규정에 의하거나 법률의 규정에 따른 행정처분 기타 법적 행위에 의해서만 행해질 수 있고, 법률에 근거를 두지 않은 공용침해는 허용되지 않는다. 헌법 제23조 제3항의 법률유보에 따라 공용침해의 허용여부, 요건, 재산권침해의 범위 등은 입법권자인 국회에 맡겨져 있다. 여기서 법률이란 형식적 의미의 법률을 말하는 것이나 경우에 따라서는 헌법에 의하여 법률과 동일한 효력이 부여된 긴급명령이나 조약도 이에 해당될 수 있을 것이다.

(2) 공공필요와 비례원칙

공용침해는 공공필요에 의해서만 행해질 수 있다. 공공필요는 그 재산권침해의 적법성을 정당화하는 실질적 근거이자 한계를 이룬다. 여기서 말하는 공공필요란 공용침해의 성립요건(개념)에서 요구되었던 공익목적에의 지향만을 의미하는 것이 아니라, 특정의 공용침해조치가 사실상 공공필요를 실현하는 데 봉사했는지를 심사하여 그 적법여하를 판단하기 위한 요건이다. 침해조치가 공공필요에 봉사했는지 여부는 구체적인 사안과 관련하여 판단되어야 한다. 공공필요란 공익실현과 같은 의미로 해석되는 불확정법개념(unbestimmter Rechtsbegriff)에 속한다. 따라서 공용침해의 근거법률에서 이를 보다 상세히 규정하는 것은 입법권자의 책무이다. 구체적인 사안에서 특정 공용침해조치가 공공필요의 충족에 기여했는지를 판단함에 있어서는 공용침해를 통해 기대되는 공익과 피침해자의 재산권보호 이익을 비교형량하여 엄격히 해석하여야 한다. 이 경우 일반적인 법치국가원칙에서 나오는 비례원칙(Verhältnismäßigkeitsprinzip)이 관계이익의 형량을 위한 척도가 된다. 이에 따라 공용침해는 그 정당한 목적에 비추어 적합하고, 필요하며 또 상당한 것일 때에만 허용되며, 이를 위배하면 위헌의 평가를 면할 수 없다.

(3) 보상규정의 존재

헌법 제23조 제3항에 따라 공용침해에 대한 보상은 이를 법률로 하여야 한다. 이 경우 법률이 공용침해의 당해 근거법이어야 하는지 아니면 다른 법률(가령 손실보상의 일반법을 상정할 수도 있다)이어도 무방한지가 문제될 수 있다. 헌법 제23조 제3항을 불가분조항으로 이해하는 경우에는 전자로 보겠지만 이에 관하여는 논란의 여지가 있고 헌법 또한 이 문제의 해결에 도움을 주는 명시적인 단서를 결여하고 있다고 보는 것이 정확하다. 이 문제에 관하여는 손실보상의 법적 근거에 관한 부분에서 다루었으므로 더 이상 논의하지 아니한다.

(4) 공용침해의 근거법에 따른 법적 절차의 준수

공용침해가 적법하기 위해서는 그 근거법에 의한 법적 절차를 준수해야 한다. 이는 당연한 적법성의 요건이지만, 특히 피해자 등 이해관계인의 의사나 견해를 수렴하기 위한 절차의 이행이 요구되고 있는 경우 그러한 절차를 이행하지 않거나 절차이행을 게을리하는 경우에는 공용침해의 위법사유를 구성한다는 점에 의미가 있다.

(5) 정당한 보상

헌법 제23조 제3항에 따라 공용침해가 적법하기 위해서는 재산권침해에 대한 정당한 보상을 지급하여야 한다. 이것은 입법권자의 책무인 법률에 보상규정을 두는 것만으로는 충족되지 않는 요건이다. 법률에 보상규정이 있으나 정당한 보상이라 볼 수 없는 경우 또는 법률에 정당한 보상이 규정되어 있음에도 불구하고 정당한 보상이 주어지지 않는 경우에는 공용침해는 위헌·위법으로 돌아가게 된다.

제41장

재산권보장과 수용유사침해보상의 법리*

Ⅰ. 수용유사침해와 수용적 침해

1. 학설사적 배경: 독일에서의 이론전개

(1) 개설

일찍이 독일연방법원(BGH)은 적법한 공권력행사에 의한 재산권침해로서 '수용'(Enteignung)의 개념을 확장하여 위법한 재산권침해, 즉 '수용유사침해'(또는 수용동등침해: enteignungsgleiche Eingriffe)와 그 자체로는 적법한 행정작용의 부수적 결과로서 의도되지 않은(ungewollte), 비정형적인(atypische) 재산권침해, 즉 '수용적 침해'(enteignende Eingriffe)에 대해서도 협의의 수용의 경우와 마찬가지로 손실보상을 인정해 왔다. 이와 같이 독일연방법원의 판례를 통하여 발전된 수용유사침해ㆍ수용적 침해에 대한 손실보상의 법리는 1981년 7월 15일 연방헌법재판소의 '자갈채취사건결정'(Naßauskießungsbeschluß, BVerfGE 58, 300)에 의해 중대한 의문에 처하게 되었고 또한 이론적 수정을 강요받았다. 국내의 일부 문헌들은 이와 같은 독일에서의 판례변천의 결과를 성급하게 수용한 나머지 수용유사침해 및 수용적 침해보상이론의 도입가능성이 없다고 단정해 왔다.[1] 그러나 이러한 판단은 당초 이론적 타당성을 인정하기 곤란했을 뿐만 아니라 이들 문헌이 논거로 삼았던 독일에서의 판례발전에도 전혀

* 홍준형, 『행정구제법』, 2012, 226-280; 홍준형, 「수용유사침해이론의 재조명」, 『박윤흔박사화갑기념논문집』, 1996을 수정ㆍ보완한 것임.

1) 그 대표적인 예로는 정하중, 「수용유사적 그리고 수용적 침해제도」, 『고시연구』, 1994.3., 110; 정하중, 「독일 Bonn 기본법 14조상의 부대조항(Junktimklausel)의 의미와 한국헌법 23조 3항의 해석(하)」, 『사법행정』 33(10), 1992.10., 37; 류지태, 『행정법신론』, 1995, 354 등을 들 수 있다.

부합되지 않는다. 이들 문헌에서 표명되었던 수용유사침해 · 수용적 침해 보상이론의 퇴조에 대한 혐의는 근거 없는 것으로 밝혀졌다. 독일에 있어 수용유사침해 · 수용적 침해 보상이론은 사양길에 접어들기는커녕 여전히 규범력을 발휘하고 있다.[2] 이 이론이 연방헌법재판소의 판례에 의해서도 좌절되지 아니하고 계속 생명력을 유지할 수 있었던 것은 그것이 현실적으로 유용한 문제해결을 가능케 했기 때문이다. 그것은 무엇보다도 우리나라 헌법 제23조 제1항에 상응하는 기본법 제14조 제1항에 의한 재산권보장을 보완하고 구체화하는 기능을 수행하고 있다는 데에 있다.

수용유사침해 및 수용적 침해 보상의 이론은 우리나라의 경우에도 경시할 수 없는 이론적 함축과 효용을 가지고 있다. 그것은 특히 보상규정을 두지 않은 법률에 의하여 행해진 재산권의 침해에 대한 손실보상, 재산권의 사회적 제약을 넘어서는 규제에 대한 손실보상의 문제를 해결함에 있어 좋은 타산지석이 된다. 문제는 독일의 법상황에서 형성된 수용유사침해 및 수용적 침해 보상이론을 그 배경을 무시한 채 무조건적으로 도입하거나 이식할 것인지를 판단하는 데 있지 않다. 정작 우리에게 필요한 것은 그러한 판례이론의 내적 논리와 함축을 이해하는 일이며 그것이야말로 비교법적 인식이 약속하는 가장 중요한 효용이다. 독일에서의 수용유사침해 및 수용적 침해 보상이론의 발전과정을 통하여 첫째, 독일에 있어 수용유사침해 및 수용적 침해 보상이론이 변함없는 이론적 설득력을 발휘하고 있으며, 둘째, 이 이론은 독일뿐만 아니라 그 밖의 나라에서 발전된 이론들과 함께 우리나라에서의 문제해결에 참고할 만한 가치를 가진다는 것을 확인할 수 있다.

수용유사적 침해 및 수용적 침해의 법리는 연방경찰법(BPolG) 제51조와 베를린 일반 공공안녕 및 질서보호법(Allgemeines Gesetz zum Schutz der öffentlichen Sicherheit und Ordnung in Berlin: ASOG Bln) 제59조 제1항, 제2항, 브란덴부르크 질서행정법(Ordnungsbehördengesetz Brandenburg: OBGBbg) 제38조 제1항 등 각 주의 경찰 · 질서법(Polizei- und Ordnunsggesetze) 등 특별법을 통해 입법적으로 반영되기도 하였다.

수용유사침해 · 수용적 침해에 대한 손실보상의 법리, 특히 독일 연방헌법재판소의 자갈채취사건결정의 법적 의미를 제대로 이해하기 위하여 먼저 그 학설사적 배경과 전개과정을 살펴보기로 한다.

---

2) 수용유사침해보상 BGHZ 90, 17, 31; 수용적 침해 보상 BGHZ 91, 20, 27. 연방헌법재판소 역시 이러한 판례를 부정하지 않았고 오히려 그 적용영역과 청구요건에 관한 수정을 인정하는 방향으로 작용했다고 한다. F.-J. Peine, *Allgemeines Verwaltungsrecht*, 11.Aufl., 2014, Rn.1222ff; H. Maurer, *Allgemeines Verwaltungsrecht*, 17.Aufl., 2009, § 27 Rn.35에 제시된 전거들을 참조.

(2) 수용유사적 침해 · 수용적 침해 보상이론의 발전과 자갈채취사건결정

① 수용유사적 침해 · 수용적 침해 보상이론의 발전

종래 독일행정법상 손해배상 및 손실보상법에는, 적어도 수용유사적 침해의 보상에 관한 연방민사법원의 판결(BGHZ 6, 270)이 나오기까지는, 중대한 공백이 있었다. 위법 · 과실의 침해에 대해서는 국가배상(Schadenersatz aus Amtshaftung)이, 적법 · 무과실의 침해에 대해서는 공용침해(Enteignung: 광의의 수용) 또는 희생적 침해(Aufopferung)로 인한 손실보상이 각각 주어졌으나, 반대로 위법하지만 가해공무원의 과실 없이 공권력에 의해 국민의 권리가 침해된 경우(위법 · 무과실)와 행위 그 자체로서는 적법한 행정작용의 부수적 결과로서 의도되지 않은, 비정형적인 재산권침해가 발생한 경우에는, 국가배상책임이나 공용침해(또는 희생적 침해)로 인한 손실보상책임의 요건 어느 것에도 해당되지 않아 권리구제의 가능성이 부정되고 있었기 때문이다. 이러한 딜레마에 직면하여 연방법원은 그 전원합의부의 판결 이래 일관된 판결에서 이른바 '당연해석'을 통해 국가가 위법하게 재산적 가치 있는 시민의 권리를 침해한 경우에는 이를 "수용과 동등한 침해"(수용유사적 침해)로 보고, 적법한 행정작용의 부수적 결과로서 발생한 예기치 못한 비정형적 재산권침해는 이를 "수용적 침해"로 보아 각각 상응하는 손실보상을 해 주지 않으면 안 된다는 판례이론을 통해 문제를 해결해 왔는데, 이것이 이른바 '수용유사침해 및 수용적 침해 보상의 이론'이다.

> 수용유사침해보상의 법리는 재산적 가치가 없는 권리들에 대한 침해, 특히 건강의 침해와 같은 위법한 권리침해에 대하여 주어지는 희생보상에 대해서도 마찬가지로 적용되었다. 판례는 이러한 논거를 그 논리에 따라 더욱 확장시켰고 급기야 수용유사침해(그리고 희생적 침해)를 공권력의 불법(hoheitliches Unrecht)에 대한 국가책임을 위한 하나의 포괄적인 기초로서 완성시켰다. 연방법원은 그의 이론구성을 가령 국가배상청구권이 목적을 달성할 수 없을 때 주어지는 단지 보충적인 보조물에 불과한 것으로 보는 데 그치지 않고 한 걸음 더 나아가 국가배상책임의 성립요건이 존재하는 경우에도 수용유사침해를 인정하는 입장을 취한 것이다. 따라서 오늘날 국가배상책임에 의한 청구권과 "수용유사침해"(그리고 희생적 침해)로 인한 청구권이 원칙적으로 병존적 경합관계에 서게 되는 결과가 되었다.

② 독일 연방헌법재판소의 자갈채취사건결정

확장된 수용개념에 입각한 연방법원의 판례이론은 1981년 7월 15일 연방헌법재판소의 자갈채취사건결정(Naßauskießungsbeschluß, BVerfGE 58, 300)[3)]에 의해 심각한 타격을 받았

---

3) 사안은 자기소유의 토지 위에서 영업으로 골재채취업을 하려던 원고가 이를 위한 수법상의 허가(wasserrechtliche Genehmigung)를 거부당한 후 민사법원에 그로 인한 수용보상을 청구한 데 대한 것이다. 원고는 이 소송에서 그와 유사한 사례들에 관하여 수용적 침해로 인한 손실보상(Entschädiung wegen

다. 연방헌법재판소는 이 결정에서 기본법 제14조 제3항 제4문에 관한 민사법원의 결정권에 대하여 다음과 같이 판시했다:

> ...... 시민이 자기에 대해 행해진 처분을 하나의 수용과 같은 효과를 지닌 것으로 본다면, 그는 이에 대한 법률상의 근거가 마련되어 있을 때에만 그로 인한 손실보상을 소송상 청구할 수 있다. 그러나 그는 그 수용처분을 취소함이 없이 법률에 의해 인정되지 않는 보상을 청구할 수는 없다; 법률적 근거의 결여로 인하여 법원 또한 아무런 보상도 인정할 수 없다. 피해자는 이에 따라 법률의 보상규정의 결여로 인해 위법하게 된 '수용'에 대항하든지 또는 직접 그로 인한 보상을 청구하든지 선택권(Wahlrecht)을 가질 수 없다. 그 침해행위가 불가쟁력을 발하게 되면 그의 보상소송은 기각을 면치 못한다.[4)]

자갈채취사건결정은 종래의 손실보상에 관한 법리에 중대한 수정을 강요하였다. 이 결정은 종래 연방민사법원에 의하여 계속적으로 확대되어 왔던 수용의 개념을 대폭 축소시켰고(형식적 수용개념), 재산권내용규정(Inhalts bestimmung)과 수용을 엄격히 준별했으며, 취소소송 등 일차적 권리보호(Primärrechtsschutz)와 보상 간의 선택권을 부정했다.[5)] 이로써 수용유사침해나 수용적 침해에 관한 사법부의 법보충권보다는 재산권의 내용을 구체화하도록 수권을 받은 입법권자의 입법형성권이 보다 우위에 있음이 인정되었고, 동시에 재산권내용규정에 있어 입법의 한계가 규명되는 계기가 마련되었다. 이 결정에서 확인된 수용의 개념은 특정한 공공임무를 실현시키기 위한 의도적이며 고권적인 법적 행위에 의하여 기본법 제14조 제1항 제1문에서 말하는 모든 재산적 가치 있는 법적 지위를 전부 또는 일부 박탈하는 행위로 감축되었다.[6)] 또한 재산권의 내용을 규정함에 있어 입법권자는 일반추상적인 규정을 통하여 개별적 사안에 있어 무엇이 헌법적으로 보호된 재산권에 속하는지를 결정할 수 있으나, 이 경우 입법권자는 일면 기본법 제14조 제1항 제1문의 사유재산권의 기본적 승인과, 타면 기본법 제14조 제2항의 재산권의 사회적 구속성을, 그리고 이 같은 맥락에서 비례원칙, 신뢰보호의 원칙, 평등의 원칙 및 재산권의 본질적 내용(Wesensgehalt: 19 II GG)을 준수하여야 한다는 것이 확인되었다.

---

enteignenden Eingriffs)을 인정해 왔던 연방민사법원의 판례를 원용하였다.

4) BVerwGE 58, 300(324).

5) H. Maurer, a.a.O., § 27, Rn.34.

6) 이러한 의미의 수용은 일정 법률에 의거한 행정행위에 의하여(행정수용: Administrativenteignung), 또는 법률에 의하여 직접(법정수용: Legislativenteignung oder Legalenteignung) 행해질 수 있다.

(3) 자갈채취사건결정 이후의 판례전개

연방헌법재판소의 자갈채취사건결정은 연방법원의 판례를 통하여 발전된 수용유사침해·수용적 침해 보상의 법리를 완전히 포기하도록 하는 계기가 되지는 않았다.[7] 이후 수용유사침해 및 수용적 침해로 인한 손실보상청구권은 부분적으로 제한되고 수정되었을지라도 계속 존속할 수 있고 또 존속하고 있다는 사실이 밝혀졌다. 연방법원이 연방헌법재판소의 분명한 비판에도 불구하고 수용유사침해 및 수용적 침해 보상이론을 계속 견지해 왔기 때문이다. 자갈채취사건결정에 따라 불가불 새로운 방향모색을 시도하면서도 연방법원은 이들 수용유사침해·수용적 침해에 관한 법리가 계속 유지된다는 점을 선언했던 것이다.[8] 다만 연방법원은 "연방헌법재판소의 판결은 이른바 기본법 제14조에 의거한 협의의 수용에 한해서만 적용되는 것"이라 하여 수용유사침해를 기본법 제14조 및 협의의 수용개념[9]으로부터 분리시켜 판례법을 통해 형성된, 프로이센일반란트법총칙(Einl. ALR) 제74조 및 제75조에 따른 희생의 관념(Aufopferungsgedanke in seiner richterrechtlich geprägten Ausformung)에 이식시킴으로써 수용유사침해의 법리를 구출해고자 시도했다.[10] 연방법원은 취소소송에 의해 다툴 수 있는 행정행위에 의해 위법한 침해가 발생한 사례들에서도 자신의 판례를 원칙적으로 관철시켰다.[11] 자갈채취사건결정에 영향을 받아 연방법원은 취소소송과 보상 간의 선택권(Wahlrecht)을 제한했으나 그렇다고 해서 수용유사침해에 의한 손실보상의 청구를 일반적으로 부정한 것은 아니며, 수용유사침해에 의한 손실보상이 배제되는 것은 재산권침해행위에 대한 행정쟁송의 제기가 가능하고 수인가능(zumutbar)하다고 인정되는 경우에 한한다는 입장을 계속 유지해 왔다.[12]

---

7) I. Richter und G.F. Schuppert, *Casebook Verwaltungsrecht*, C.H. Beck, 1991, S.381.

8) BGHZ 90, 17, 29ff.; 91, 20, 26ff.; 99, 249. Peine에 따르면 수용유사침해 법리의 적용범위에 관해서는 많은 논란이 있기는 하지만 변함없이 수용유사침해 및 수용적 침해에 대한 책임을 인정하는 것이 압도적인 중론이라고 한다(F.-J. Peine, *AllgVerwR*, 2014, Rn.1228).

9) 협의의 수용이란 기본법 제14조 제1항 제1문의 보호하에 있는 개인의 구체적인 법적 지위를 전부 또는 부분적으로 박탈하는 것을 목적으로 하는 국가에 의한 재산권침해를 의미한다(W. Rüfner, "Sechster Teil. Das Recht der öffentlich-rechtlichen Schadensersatzund Entschädigungsleistungen," in: H.-U. Erichsen und Wolfgang Martens, *Allgemeines Verwaltungsrecht*, 10.Aufl., De Gruyter, 1995, S.612, § 50 I 2).

10) 사실 이 사건(BGHZ 90, 17)에서 문제된 것은 협의의 수용이 아니라 피해자인 원고가 취소소송에 의해서는 거의 방어할 수 없는 법규명령에 의한 재산권의 제한이었으므로 그에게는 사실상 "수인하라 그러면 보상받으리라"(dulde und liquidiere)라는 방법밖에 남은 것이 없었다(I. Richter und G.F. Schuppert, a.a.O., S.382).

11) I. Richter und G.-F. Schuppert, a.a.O., S.382. 그러나 원래 희생보상청구권은 적법한 침해에 대해서만 인정되는 것이었으나 이미 바이마르헌법시대에 부분적으로 위법한 침해에 대해서도 확장되었다(H. Maurer, a.a.O., § 27).

12) H. Maurer, a.a.O., § 27 Rn.35.

한편 연방헌법재판소도 비록 방론에서였을지라도, "이른바 수용유사침해"를 실정법상 규정된 불법행위의 책임요건(deliktische Haftungstatbeständen)을 보충하기 위하여 민사판례에 의하여 발전된 '일반법의 법제도'(Rechtsinstitut des einfachen Rechts)[13]로서 명시적으로 시인하였다.[14]

(4) 자갈채취사건결정의 결과와 수용유사침해보상이론의 수정

① 자갈채취사건결정의 결과

(가) 재산권침해유형의 다양화

연방헌법재판소의 자갈채취사건결정을 계기로 연방법원의 수용유사침해 및 수용적 침해 보상의 법리가 중대한 수정을 강요받았던 것은 사실이다. 종래 수용유사침해나 수용적 침해로 파악된 재산권침해행위에 대한 보상은 더 이상 기본법 제14조 제3항에 의해서는 인정될 수 없게 되었기 때문이다. 물론 전술한 바와 같이 수용유사침해보상의 법리는 여전히 존속되고 있다.[15] 연방헌법재판소의 판례에 따라 재산권에 대한 제약을 종래처럼 '보상을 요하지 않는 재산권의 내용규정'(내재적 제약)과 '보상을 요하는 특별희생'(수용)의 양분법에 의하여 파악하는 것은 더 이상 통용될 수 없게 되었다. 수용과 재산권내용규정 외에도 헌법에 반하여 재산권의 내용을 규정하는 법률에 의한 재산권침해라는 제3의 범주가 추가되었고 이에 따라 다음의 네 가지의 재산권침해유형이 성립되는 결과가 되었다.

<독일연방헌법재판소의 판례에 따른 재산권침해의 유형>

Ⓐ 재산권의 내용을 규정하는 법률에 의거한 재산권침해: 이것은 적법하며 따라서 보상없이 수인해야만 한다.

Ⓑ 헌법에 반하여 재산권의 내용을 정하는 법률에 의거한 재산권침해: 이것은 위법하다. 피해자는 수용보상은 받을 수 없으나, 그 침해조치에 대하여 취소소송을 제기하는 등의 방법으로 대항할 수는 있다. 나아가 보충적으로 다른 법규정이나 법원칙에 의한 보상이 가능하다.

Ⓒ 기본법 제14조 제3항의 요건에 부합되는 수용법률에 의거한 재산권박탈(수용): 이것은 적법하지만 수용보상청구권을 발생시킨다.

Ⓓ 헌법에 반하여 재산권을 박탈하는 법률에 의한 재산권침해: 이것은 위법하며 동시에 취소소송을 통하여 취소될 수 있다. 수용보상청구권은 성립하지 않는다. 다만 기본법 제14조 제3항의 차단효

---

13) 여기서 '통상적 법'(einfaches Recht)이란 헌법적 내용을 포함하고 있지 않은 일반적인 법령을 가리키는 말이다.

14) BVerfG, *NJW*, 1992, 36, 37.

15) 수용유사침해이론의 존속에 관하여는 BGHZ 90, 17, 29ff.(모래채취사건(Sandabbau)), 수용적 침해이론의 존속에 관하여는 BGHZ 90, 20, 26ff.(정화시설(Kläranlage)로부터의 이미씨온사건)을 각각 참조.

(Sperrwirkung)로 말미암아 제한된 범위에서나마, 다른 법규정이나 법원칙(가령 관습법적 근거를 지닌 희생보상의 법리 등)에 따라 보상청구권이 성립할 수 있다.[16)]

(나) 법적 불확실성의 증대

재산권침해유형이 다양화되었다는 것은 재산권보장과 손실보상이란 문제영역에 종래보다는 훨씬 복잡한 논리구조가 조성되었음을 의미한다. 법대중의 수준을 초과하는 이해능력을 요구하는 법논리가 재산권보장의 일상을 지배하게 된 것이다. 대중들이 어떤 경우 자신에 대한 재산권침해에 대하여 보상을 받을 수 있는지 또 어떤 경우에는 그 침해를 보상 없이 수인해야 하는지를 알 수 있어야 한다는 것은 헌법정책적 당위에 속한다. 반면 연방헌법재판소의 판례는 그 논리적 설득력에도 불구하고 많은 문제를 미해결상태로 남겨 놓았을 뿐, 재산권에 관한 법리적 쟁점들을 명쾌히 해결한 것은 결코 아니었고 오히려 그 반대였다. 재산권에 관한 법해석론은 그와 결부된 손실보상문제와 함께 헌법 및 국법학상의 가장 논란 많고 어려운 현안문제가 됐는데, 이를 해결할 새로운 이론체계는 아직 발전을 보지 못하고 있다는 지적[17)]은 바로 그러한 문제 상황을 잘 말해 주고 있다.

연방헌법재판소의 자갈채취사건결정의 핵심은 입법권자의 책무를 강조한 데 있었다.[18)] 그러나 입법권자 역시 재산권에 대한 제약을 규정하면서 그것이 수용적 효과를 지니는 것인지 명확히 알 수 없는 경우가 드물지 않고 이러한 경우 손실보상규정을 두어야 할지 여부에 관하여 딜레마에 처하게 된다. 입법권자는 가령 관대하게 기본법 제14조 제3항의 요구수준을 넘어서, 설령 당해 조치가 수용적 효과를 갖지 않더라도, 손실보상규정을 둘 수도 있을 것이고, 반대로 국가재정의 애로를 고려하여 설령 당해 조치가 수용적 효과를 가질 경우 자신이 만든 법률이 위헌으로 판정될 위험을 무릅쓰고 손실보상규정을 두지 않거나 불충분하게 규정할 수도 있을 것이다. 이러한 딜레마를 모면하기 위하여 입법권자가 동원하는 다양한 방법 중 하나가 바로 '구제적 손실보상규정'(sog. salvatorische Entschädigungsklausel)[19)]인 것이다. 이것은 수용유사침해나 수용적 침해에 관한 사법부의 법보충적 판례이론에 대하여 재산권의 내용을 구체화하도록 수권을 받은 입법권자의 입법형성권의 우위를 선언하면서 연방

---

16) H. Maurer, a.a.O., § 27 Rn.29.

17) 가령 S. Detterbeck, "Salvatorische Entschädigungsklauseln vor dem Hintergrund der Eigentumsdogmatik des Bundesverfassungsgerichts," *DÖV*, 1994, 273.

18) S. Detterbeck, ibid.

19) S. Detterbeck, ibid., 274. 이것은 가령 독일 일부 주의 유적보호법(Denkmalschutzgesetz)처럼 "이 법률에 의한 처분이 수용의 효과를 가지는 때에는 적정한 금전보상을 하여야 한다."라는 식의 규정을 말한다. 이와 같은 우려조항(Angstklausel)은 실제로는 기본법 제14조 제3항 제2문의 내용을 그대로 법률로 반복하는 것에 불과하므로 그 헌법적 허용여부가 논란되고 있다.

헌법재판소가 가졌을 법한 소박한 기대, 즉 입법권자가 헌법의 수권에 따라 수용의 효과를 가지는 모든 공권력행사에 대해 손실보상규정을 둠으로써 국민의 권리구제에 만전을 기하리라는 기대가 현실에서는 많은 경우 단순한 희망사항에 불과할 수 있다는 사실을 의미하는 것이다.

종래 수용유사침해보상이론하에서 재산권을 침해받은 개인은 재산권침해를 수권한 법률이 보상규정을 두지 않았더라도 굳이 당해 법률에 의한 처분이나 심지어는 법률 자체를 소송을 통하여 공격할 필요는 없었고, 이른바 "수인하라, 그리고 보상을 받으라."(*dulde und liquidiere*)라는 법언에 따라 법원에 직접 손실보상을 청구할 수 있었다. 확실히 이러한 연방법원의 해결책은 피해자에 대한 관계에서는 법적 간명성과 융통성을 기할 수 있는 장점, 법논리만으로 쉽사리 무시할 수 없는 장점을 지니고 있었다.[20] 그러나 연방헌법재판소의 자갈채취사건결정은 연방법원의 수용유사침해 및 수용적 침해 보상에 관한 판례이론을 타기함으로써 사법부의 부담을 덜어 주면서(?) 동시에 피해자에게 먼저 보상규정을 두지 않은 법률에 의한 처분이나 그 법률 자체를 상대로 '권리를 위한 투쟁'을 하도록 요구한 것이다(제1차적 권리보호!). 이로써 법논리에 대한 허기는 채워졌으나 재산권의 존속보장보다는 차라리 보상보장을 선호할지도 모르는 피해자들의 욕구충족은 한 단계, 아니 보상규정을 결여하여 위법한 재산권침해에 대한 손해배상의 법적 불확실성이 상존하는 이상 멀찌감치, 뒤로 미루어지는 결과가 되었다.

(다) 법논리회복의 한계와 대가: 분리이론의 문제점

연방헌법재판소의 판례가 가져온 법적 논리성의 회복은 재산권의 박탈에 대해서만 의미를 지니는 것이었고 그 밖의 재산권침해유형에 대해서는 여전히 연방법원의 판례이론이 적용되었다. 연방헌법재판소의 판례는 이후 연방법원이 그것을 우회하여 기본법 제14조 제3항과는 다른 새로운(?) 법적 근거, 즉 희생보상의 법리에 따라 수용유사침해로 인한 손실보상을 인정하고, 또한 기본법 제14조 제1항을 근거로 이른바 '보상을 요하는 재산권내용 및 한계규정'(ausgleichspflichtige Inhalts- und Schrankenbestimmung)에 의한 손실보상이 대두됨에 따라 더욱더 빛바랜 고집의 결과란 것이 판명되었다.

원래 연방법원과 연방행정법원, 그리고 종래의 통설은 각각 우리 헌법의 제23조 제1항 및 제3항에 상응하는 기본법 제14조 제1항과 제3항의 관계를 일종의 '연속성' 또는 '선형'모델이라 할 수 있는 '경계이론'(Schwellentheorie)에 의해 파악해 왔다. 이에 따르면, 연방법원과 연방행정법원 간에 접근방식의 차이는 있었지만, 재산권침해의 강도가 보상 없이 허용되는 재산

20) S. Detterbeck, ibid., 274; J. Pietzker, "Die Salvatorische Entschädigungsklausel," *JuS*, 1991, 370.

권제약으로서 재산권의 내용 및 한계규정의 문턱(Schwelle)을 넘어서면 그때부터 보상을 요하는 수용이 시작되는 것으로 파악되었다. 그 문턱이 어디부터인가를 말해 주는 척도에 관하여 연방법원은 헌법상 평등원칙과 특별희생(Sonderopfer)의 관점을 원용했던 데 비해(특별희생에 관한 형식적 기준설!) 연방행정법원은 당초 연방법원의 판례를 추종했으나 이후 침해의 중대성(Schwere)에 착안하여 그 지점을 밝히고자 하는(실질적 기준설) 차이를 보였을 뿐이다. 그러나 점차 시간이 지나면서 이 두 가지 척도는 점점 서로 수렴하는 경향을 보여 왔고 실무상으로는 공권력행사에 의한 재산권침해가 기본법 제14조 제1항 제2문 및 같은 조 제2항에 의한 재산권의 사회적 제약(Sozialpflichtigkeit)에 의해 정당화되지 못하면 언제나 보상을 요하는 수용이 성립한다는 공식이 적용되어 왔다. 이것은 우리나라의 경우 헌법 제23조 제3항에 의한 손실보상의 원인이자 요건으로서 재산권침해가 특별희생에 해당해야 한다는 것과 관련하여 형식적 기준설과 실질적 기준설이 대립되어 왔으나 양자의 절충설이 통설적 지위를 차지해 왔던 것과 매우 흡사하다.

그러나 연방헌법재판소의 자갈채취사건결정은 이러한 연속선을 끊어 버렸다. 이를 '불연속성모델' 또는 '분리이론'(Trennungstheorie)이라 부를 수 있을 것이다. 연방헌법재판소는 기본법 제14조 제1항에 의한 재산권의 내용 및 한계에 관한 규정과 같은 조 제3항에 의한 수용은 헌법조문상의 차이에서 이미 별개의 독자적인 법제도로 보아야 하며, 형식적이고 유형화된 기준들에 의해 구별되어야 한다고 판시했다.[21] 종래 양자를 내용적 기준에 의해 점증적으로 구별해 왔던 판례와 통설은 낡은 것이 되어 버리고 말았다. 따라서 재산권의 내용 및 한계에 관한 법률의 규정이 기본법 제14조 제1항이 허용하는 범위를 넘는 과도한 것인 경우에도 곧바로 수용이 되는 것이 아니라, 위헌적인 재산권내용규정이 될 뿐이라는 것이다.[22] 그러므로 이처럼 기본법 제14조 제1항과 제3항의 요건을 서로 엄격히 준별하는 입장은 기본법 제14조 제1항에 의한 재산권내용규정이 재산권에 내재하는 사회적 제약성을 고려하더라도 그 당사자가 이를 더 이상 감수하지 않아도 될 정도의 부담을 초래하는 경우에도 여전히 타당한 것으로 간주되었다. 또한 연방헌법재판소는 구법하에서 인정되었던 재산적 지위가 법개정의 결과 장래에 향하여 재산권내용규정에 따른 제약으로 바뀌어 버린 경우에도 법개정 이전에 존속했던 재산적 지위에 대한 (법정)수용과 재산권내용규정을 중첩적으로 이해할 여지는 없다고 판시했다.[23]

연방헌법재판소의 분리이론은 첫째, 법해석론상 재산권에 관한 침해유형들, 즉 원칙적으

---

21) BVerfGE 58,300 (320, 331); 52, 1 (27f.).
22) BVerfGE 79, 174 (192).
23) BVerfGE 83, 201 (211ff.).

로 보상 없이 가능한 재산권내용규정에 의한 제약과 보상을 요하는 수용을 선명히 구별했다는 점, 둘째, 사법부가 입법부의 의무불이행을 보완할 수 없도록 함으로써 권력분립원칙의 엄격한 준수를 기했다는 점에서 확실히 장점을 지닌 것으로 평가될 수 있다. 기본법 제14조 제1항에 의한 재산권의 내용과 한계를 정하는 법률의 규정은 입법권자가 헌법상 재산권으로 인정되는 법익에 관하여 권리의무를 정한 일반추상적인 규정의 결과인 데 비하여, 수용은 기본법 제14조 제1항 제1문에 의해 보호된 구체적, 주관적 법적 지위의 전면적 또는 부분적 박탈이기 때문이다. 이에 따라 마우러는 일정한 공적 임무를 실현하려는 의도를 지닌 고권적인 법적 행위에 의해 기본법 제14조 제1항에 의한 재산적 지위가 전면적 또는 부분적으로 박탈되었다는 것을 수용개념의 결정적 기준으로 파악하고 있다. 침해의 강도(Intensität)나 질(Qualität)이 아니라 그 형식(Form)과 목적(Zweckrichtung)이 수용의 개념적 기준이 되었다는 것이다.[24] 그렇지만 양자를 구별하는 보다 결정적인 기준은 그 일반추상성과 개별구체성의 짝이라 할 수 있다.[25] 예컨대 입법권자가 일반적인 법률개정을 통하여 기존의 권리를 폐지한 경우에도 이것은 수용의 개별구체성을 결여하므로 기본법 제14조 제3항의 적용대상이 아니며, 일반추상적 법개정을 통해 재산적 지위를 전면적으로 박탈해도 그것은 수용이 아니라 재산권의 내용 및 한계에 관한 규정의 결과라고 보기 때문이다.

그러나 이러한 두 가지 장점은 연방헌법재판소의 불연속성모델 또는 분리이론에 의하지 않고 종래의 경계이론에 의하더라도 충분히 달성될 수 있다는 사실이 판명되고 있다. 연방헌법재판소가 입법권자의 책무를 강조했던 것은 사법부가 법률에 보상규정이 없는데도 (따라서) 위법한 재산권침해에 대해 손실보상을 인정함으로써 입법권자의 권한을 대행하여서는 안 된다는 권력분립적 인식에 배경을 두고 있었다. 그러나 이 같은 권력분립에 대한 배려와 사법부의 실질적 입법에 대한 우려는 현재 연방법원이 채용하고 있는 '제1차적 권리보호의 우위'(Prinzip des Vorranges des Primärrechtsschutzes)만을 통해서도 충분히 해소될 수 있다. 이에 따르면 수용유사적 침해보상은 그 피해자에게 그 수인가능한 범위 내에서 행사할 수 있는 당해 재산권침해조치에 대한 제1차적 권리구제수단(가령 취소소송 등)이 주어져 있고 또 그가 그러한 권리구제수단을 행사하지 않은 경우에는 허용될 수 없다고 하게 되기 때문이다. 따라서 그 한도 내에서 분리단절이론을 취할 필요는 없었다고 할 수 있다.[26] 또한 보상 없이 가능한 재산권내용규정에 의한 제약과 보상을 요하는 수용을 구별하는 것이 현실적으로 불

24) H. Maurer, a.a.O., § 27 Rn.27.
25) S. Detterbeck, a.a.O., 275.
26) S. Detterbeck, a.a.O., 275; F. Ossenbühl, *Staatshaftungsrecht*, 8.Aufl., 1991, 217ff.; G. Hermes, "Entschädigung und Vorrang verwaltungsgerichtlichen Rechtsschutzes: Zum enteignungsgleichen Eingriff und salvatorischen Entschädigungsklauseln im Denkmalrecht," *NVwZ*, 1990, 733f.

가능하거나 의문스러운 경우가 적지 않다는 사실이 지적되고 있다. 가령 재산권의 내용 및 한계에 관한 일반추상적인 규정이 이에 따라 재산권으로 보호되는 특정한 권리들을 개별적 행위를 통해 제한할 수 있도록 수권하고 있는 경우나 일반추상적인 법률규정에 의하여 수용이 이루어지는 경우(법정수용의 경우)가 있을 수 있는데, 이러한 경우에는 연방헌법재판소의 구별기준이 더 이상 도움이 되지 않기 때문이다.[27] 이러한 사실들은 연방헌법재판소의 판례가 갖는 한계를 의미할 뿐만 아니라 그 법논리성의 회복의 결과 법적 확실성보다는 법리적 복잡성이 초래되었다는 사실을 말해 준다. 연방헌법재판소가 기본법 제14조 제1항과 제3항 간의 연속적 관계를 '단절'시킴에 따라 수용에 해당하지는 않지만 보상은 필요로 하는 재산권 내용규정에 의한 재산권침해라는 별도의 손실보상유형이 대두하게 된 것은 불가피한 결과였다. '보상을 요하는 재산권내용규정'이란 법리는 연방헌법재판소의 판례가 고수한 단절이론을 보완해 주고 공익을 위한 재산권에 대한 제약을 달성하면서 그로 인한 특별한 부담을 전보해 줄 수 있는 탈출구를 제공해 주는 기능을 수행했으나, 결국 분리이론, 즉 보상 없는 재산권내용규정에 의한 제약과 보상을 요하는 수용의 준별론을 다시금 완화하고 상대화하는 어쩌면 자가당착적인 결과를 초래했다고 해도 과언이 아니다.[28] 그리하여 보상을 요하는 재산권내용규정과 관련하여 연방헌법재판소의 판례에 의해 연방법원의 광의의 수용개념이 형식적으로는 포기되었지만 기본법 제14조 제1항 제2문에 의하여 실질적으로 부활한 것이나 다름없다는 비판도 제기될 수 있는 것이다. 결국 종래 재산권의 사회적 제약과 수용 간의 경계이론의 기준들이, 물론 이번에는 입법권자의 의무라는 차원에서이기는 하지만, 보상을 요하는 재산권규정의 요건을 탐구함에 있어 다시 동원되고 있기 때문이다.[29]

그 밖에도 연방헌법재판소의 판례는 그것이 수용개념을 엄격히 제한한 결과 오히려 다른 법적 근거에 의한 손실보상청구권들, 특히 수용유사적 침해나 수용적 침해에 대한 손실보상청구권들이 성립할 수 있는 여지를 남기는 역설적인 결과를 초래했다고 지적되고 있는 실정이다. 연방헌법재판소의 판례에 의한 수용의 개념은 의도적인 법적 행위에 국한되므로 일면 그 개념정의상 의도되지 않은 법적 행위에 의한 수용적 침해와 타면 비단 의도적인 법적 행위에 국한되지 않는 행위에 의한 수용유사적 침해와는 서로 충돌할 여지가 없게 되었기 때문이다.[30]

이러한 사실들은 연방헌법재판소의 판례가 종래 수용유사침해보상이론에 수반되었던 법적 불명확성을 해소했다기보다는 오히려 문제를 더욱 복잡하게 만든 것이 아니냐 하는 관측

27) S. Detterbeck, a.a.O., S.276.
28) H. Maurer, a.a.O., § 27 Rn.32.
29) H. Maurer, a.a.O., § 27 Rn.81.
30) H. Maurer, a.a.O., § 26 Rn.35, 96.

을 가능케 해 준다. 여기서 벌써 연방헌법재판소의 자갈채취사건결정의 취지에 대한 수용유사침해보상이론의 퇴락에 대한 혐의, 그리고 이를 배경으로 한 국내문헌의 판단이 졸속했고 부당한 것이었음을 확인할 수 있을 것이다.

② 수용유사침해 · 수용적 침해보상이론의 수정: 제1차적 권리보호의 우위와 수용유사침해 · 수용적 침해보상이론

당초 자갈채취사건결정 직후 일부문헌을 통하여 치명적 타격을 입은 것으로 여겨졌던[31] 수용유사침해 및 수용적 침해 보상의 이론은 연방헌법재판소의 자갈채취사건의 핵심적 명제들, 즉 수용개념의 축소, 재산권내용규정과 수용의 준별, 취소소송 등 일차적 권리보호와 보상 간의 선택권의 부정이라는 법리들의 내용과 한계를 분명히 함으로써 그 이론적 생명력을 일신할 수 있었다. 이것은 자갈채취사건결정에서 표명된 연방헌법재판소의 판결취지를 엄밀히 해석함으로써 수용유사침해 및 수용적 침해보상이론의 수정판(neue Version)이 성립하였음을 의미한다. 수정된 이론에 따른 수용유사침해 및 수용적 침해보상의 내용을 살펴보면 다음과 같다.

첫째, 수정설에 있어 수용유사침해로 인한 손실보상은 재산권보장의 제3단계(dritte Stufe des Eigentumsschutzes)에 해당하는 구제수단으로서의 위상을 지니게 되었다. 마우러에 따르면, 재산권침해를 방지하기 위한 방어권(Abwehranspruch)이 제1단계이고 사실상 박탈된 재산권의 목적물의 반환을 청구하는 결과제거청구권(Folgenbeseitigungsanspruch)이 제2단계라고 한다면 이들 제1, 제2단계의 조치가 취해질 수 없거나 취해져도 소기의 성과를 거두지 못한 경우에는 제3단계로서 수용유사침해로 인한 보상청구권을 행사함으로써 박탈당한 재산권을 보상받을 수 있다는 것이다.[32] 이러한 권리보호수단은 모두 기본법 제14조 제1항에 근거를 두고 있으나 판례에 의하여 구체화되거나 세부적인 내용이 충전될 수도 있다. 이와 같은 단계적 권리보호체계에 있어 취소소송 등을 통한 방어권의 행사(제1차적 권리보호)는 제2차적 권리보호(Sekundärrechtsschutz), 즉 수용유사침해로 인한 손실보상에 우선한다. 이것은 연방법원이 자갈채취사건결정의 논리를 수용한 결과이다. 물론 연방법원이 외견상 수용유사침해로 인한 손실보상의 법적 근거로서 더 이상 기본법 제14조를 원용하는 것을 포기했을지라도, 그 요건적 측면과 법적 효과를 판단함에 있어 여전히 기본법 제14조의 논리구조에서 벗어나지 못하고 있는 것은 사실이다. 그러나 연방헌법재판소의 자갈채취사건결정에 따라 연방법원의 수용유사침해보상이론은 그 적극적 성립요건(positive Tatbestandsmerkmale)에 제1차적 권

31) H. Weber, *JuS*, 1982, S.853, 855; G. Scholz, *NVwZ*, 1982, 347; H.H. Rupp, *NJW*, 1982 등(상세한 문헌목록은 H. Maurer, a.a.O., § 26 Rn.33을 참조).
32) H. Maurer, a.a.O., § 27 Rn.87.

리보호의 우위에 따른 제한이라는 소극적 요건(negatives Tatbestandsmerkmal)이 추가된 내용으로 변용되었다. 종래 수용유사침해가 성립하기 위해서는 위법한 공용침해로 인하여 타인의 재산권에 특별한 희생으로서 손해가 발생했을 것이 요구되었다. 따라서 수용유사침해와 본래적 의미의 공용수용과 오로지 침해의 위법성이란 면에서만 구별되는 것으로 이해되었다. 그러나 이제는 이러한 요건이 모두 충족되는 경우에도 곧바로 손실보상을 청구할 수 없다. 연방헌법재판소가 직접 설시한 바와 같이 위법한 재산권침해행위를 방어할 수 있는 권리보호수단, 가령 행정쟁송의 제기가 가능하고 수인가능(zumutbar)하다고 인정되는 경우 피해자는 그러한 수단에 먼저 호소해야지 손실보상을 구해서는 안 되기 때문이다(BVerfGE 58, 324). 이것은 수용유사침해의 소극적 요건이 되었다. 제1차적 권리보호의 우위는 수용유사침해를 이유로 한 손실보상에 대하여 일종의 차단효과(Sperrwirkung)를 발휘한다. 그러나 그 차단효과는 수인기대가능성의 한계(Zumutbarkteitsgrenze)를 넘어선 경우에는 인정되지 않는다. 따라서 이 경우 피해자는 기본법 제14조 제3항에 의한 손실보상청구권은 갖지 못하지만 수용유사침해보상의 법리에 따라 손실보상을 받을 수 있는 길이 열리게 된다. 이러한 결과는 기본법 제14조 제3항이 적법한 재산권침해, 즉 수용만을 규율하고 있는 이상 이에 위반되는 것도 아니라는 결과가 된다.

마우러는 이러한 결과와 관련하여 한 가지 의미 있는 사실을 지적하고 있다: "기본법 제14조 제3항이 법률유보는 명백히 수용보상에 대해서만 적용되는 것이지만, 그 밖의 법적 근거에 의하여 손실보상청구권이 성립하는 것을 막지는 않는다. 또한 다른 경우나 마찬가지로 여기서도 시민의 보호를 일차적인 목적으로 하는 법률유보가 시민의 손실보상요구로부터 국가를 보호함으로써 시민에게 불리한 방향으로 적용된다면 이는 괴이한(grotesk) 결과일 것이다."[33)]

둘째, 수용유사침해보상의 법리는 사실행위(Realakte)나 의도되지 않은 법적 행위(nicht gezielte Rechtsakte)에 의해 이루어진 재산권침해에 관한 한 종전과 같이 손실보상청구권의 성립근거가 될 가능성이 크다. 연방헌법재판소의 판례는 오직 의도적인 법적 행위로서 수용에 관한 것이었고, 또 기본법 제14조 제3항도 이러한 유형의 행위에 대해서는 아무런 규정을 두고 있지 않기 때문에 사실행위나 의도되지 않은 법적 행위에 의한 재산권침해에 대하여는 제1차적 권리보호의 차단효(Sperrwirkung)가 발생할 수 없다는 결과가 된다.[34)] 설령 이 경우에도 제1차적 권리보호가 제2차적 권리보호에 우선한다고 할지라도, 재산권침해에 대한 방어가 사실상 곤란한 사례들이 훨씬 더 많을 것이다.[35)] 아무튼 행정행위에 의한 수용에 있

33) H. Maurer, a.a.O., § 27 Rn.96.
34) H. Maurer, a.a.O., § 27 Rn.97.

어서는 원칙적으로 제1차적 권리보호가 우선하지만, 즉시 집행된 사실행위의 경우에는 그러한 제1차적 권리보호의 우위가 관철되지 않는다고 볼 수 있다. 여기서 결정적인 관건은 제1차적 권리보호가 법적으로 가능한지 여부뿐만 아니라 사실상 수인기대가능한 방법으로 실현될 수 있는지 여부에 있다.36)

셋째, 수정된 수용유사침해보상이론에 있어 취소소송 등 제1차적 권리보호의 우위(Vorrang)가 수용유사침해보상의 소극적 요건으로 작용하기 위해서는 공동과실(Mitverschulden)에 관한 민법(BGB) 제254조의 법리를 준용하여 피해자의 귀책사유가 있어야 한다고 보는 것이 독일의 지배적인 학설이다.37) 이에 따르면 피해자는 침해행위에 대한 취소소송 또는 그 밖의 쟁송수단을 통하여 손해를 방지하거나 경감시키기 위하여 가능하고 또 수인기대가능한 조치를 취했어야 한다는 것이 된다. 구체적인 경우 기본법 제19조 제4항과 관련하여 적합한 쟁송수단을 사용할 수 있는지, 쟁송의 제기가 객관적으로 수인기대가능한 것인지, 그리고 피해자가 이들 쟁송을 제기하지 않은 것을 주관적으로 피해자에게 대하여 자신의 문제에 대한 과실로 돌릴 수 있는지가 검토되어야 한다. 수인기대가능성유무에 대한 판단은 특히 침해행위의 적법성에 대한 상당한 의심, 제1차적 권리보호를 위한 소송에 수반되는 위험부담, 제1차적 권리보호의 시간적 경과 및 효율성 등을 고려해야 한다고 한다.38) 그러나 연방법원은 피해자 본인에게 이러한 의미에서의 공동과실이 있는 경우 원칙적으로 손실보상청구권을 전부 부정하고 있다.39) 다시 말해 손실보상청구권은 자기의 과실부분에 한하여 손실보상이 부정되는 것이 아니라 전부 부정된다는 것이다. 그러나 이 판례에 대하여 마우러는 민법 제839조 제3항이 아니라 공동과실의 정도에 따른 부담의 배분을 규정한 제254조의 규정을 준용하는 이상 이러한 결론은 설득력이 없다고 비판한다.40) 국가가 자신의 행위의 적법성에 대하여 일차적인 책임을 진다는 사실이 소홀히 취급되어서는 안 되며, 피해자가 재산권침해에 대하여 방어할

35) 그러한 예로 마우러는 지연으로 인한 손해나 직접집행(unmittelbarer Vollzug)을 들고 있다(§ 26 Rn.97).

36) H. Maurer, a.a.O., § 27 Rn.98.

37) 독일 민법 제254조는 제1항에서 "손해의 발생에 피해자의 공동과실이 개재된 경우에는 그 배상의무 및 지급되어야 할 배상액의 범위는 특히 그 손해가 어떠한 범위에서 주로 누구의 과실에 의해 발생했는지에 관한 사정에 따라 달라진다."라고 규정하고 제2항에서는 "피해자의 과실이 채무자에게 그가 알지 못했거나 알 필요가 없었던 특별히 높은 손해발생의 가능성을 알리지 아니하였거나 그 손해를 방지하거나 경감하기 위한 노력을 하지 않았을 경우에도 전항과 같다. 이 경우 제278조의 규정을 준용한다."라고 규정하고 있다. 한편 일부 문헌은 민법 제839조 제3항의 준용을 거론하고 있다(H. Engelhardt, "Rechtsprechungsübersicht: Die neueste Entwicklung der Rechtsprechung zum Staatshaftungsrecht," *NVwZ*, 1985, 628; H.-J. Papier, "Rechtsschutzgarantie gegen die öffentliche Gewalt," *HStR* Bd.VI, 1989, 1383; D. Ehlers, *VVDStRL* 51, 1992, 245).

38) H. Maurer, a.a.O., § 27 Rn.99.

39) BGHZ 90, 17, 31ff.; 91, 20, 24; 92, 34, 50; 110, 12, 14ff.; BGH NVwZ, 1986, 76, 78.

40) H. Maurer, a.a.O., § 27 Rn.99.

수 있었다는 이유만으로 국가의 위법한 행위의 결과를 전부 면제해 주는 것은 있을 수 없는 일이라는 것이다. 따라서 마우러는 민법 제254조를 그대로 적용해야 한다고 주장하고 있다.[41]

한편 마우러는 제1차적 권리보호의 우위원칙이 피해자로 하여금 현실적으로 나중에 가능한 쟁송을 제기하지 않았다는 귀책사유를 면하기 위하여 의심이 있으면 무조건 쟁송을 제기하도록 강요하는 결과를 초래하는 것으로 해석되어서는 아니 된다고 지적한다. 다른 경우와 마찬가지로 행정법에 있어서도 피해자가 제1차적 권리보호수단을 먼저 행사하지 않았다는 사실을 그의 불이익으로 돌리기 위해서는 그가 재산권침해행위의 위법성을 알았거나 알아야 할 의무가 있었어야 한다는 것이다. 제1차적 권리보호의 우위를 요구하는 취지는 가령 재산권을 침해당한 자가 손실보상을 청구하려고 할지라도 그 침해적 조치의 제거를 위한 소송제기의 가능성이 있으면 그러한 권리보호수단을 먼저 행사하도록 하는 데 있는 것이지, 그러한 권리구제수단이 수포로 돌아갔을 경우 그 손실을 국가의 이익으로 감수하도록 하는 데 있는 것이라고는 볼 수 없기 때문이다.

넷째, 수용적 침해의 법리는 자갈채취결정으로부터 거의 영향을 받지 않고 지속되어 왔다. 이 경우 처음부터 '적법한 행정작용의 의도되지 않은 부수적 결과로서'(beabsichtigte Nebenfolgen rechtmäßigen Verwaltungshandelns) 발생한 재산권침해만이 문제되었기 때문이다. 수용적 침해에 있어 협의의 수용은 그 종국성(Finalität) 결여로 인해 성립할 여지가 없다. 실무상으로 주로 수용적 침해가 문제되는 경우는 가령 도로공사로 인한 주변상가의 매출감소같이 사실행위의 부수적 결과가 주종을 이룬다고 한다.[42]

2. 수용유사침해

(1) 개념

수용유사침해(enteignungsgleicher Eingriff)란 본래 그 내용이나 효과에 있어 법률에 의해 허용되었더라면 공용수용에 해당되었을, 그러나 위법하기 때문에 수용에 해당하지 않는 재산권침해의 유형이었다. 즉, 재산권을 침해하는 공권력행사에 있어 수용의 다른 요건은 다 충족되었지만, 다만 그 침해행위가 법률상 근거 없이 또는 헌법에 합치되지 않는 법률상 근거에 의하여, 또는 그 법률적 근거에 어긋나게 이루어진 경우를 말한다. 수용유사침해보상의 법리는 이러한 경우 국가가 재산적 가치 있는 시민의 권리를 침해한 이상 설령 그것이 위법

41) H. Maurer, a.a.O., § 27 Rn.99.
42) F.-J. Peine, *Allgemeines Verwaltungsrecht*, 11.Aufl., 2014, Rn.1229.

한 것이라 할지라도 "수용과 동등한 침해"이므로 이에 대하여 손실보상을 해 주어야 하는 것은 당연하다는 것이다(Erst-Recht-Schluß: 당연해석). 그러나 이러한 수용유사침해의 이론은 앞에서 본 바와 같이 연방헌법재판소의 자갈채취사건과 그 이후의 판례발전을 통해 수정되었다. 수정된 이론에 따를 경우 수용유사침해란 공권력행사에 의하여 위법하게 재산권(엄밀히 말하면 재산권으로서 보호된 법적 지위)을 직접적으로 침해한 경우라고 이해된다.

(2) 성립요건

당초 수용동등침해의 성립요건은 위법한 공용침해로 인하여 타인의 재산권에 특별한 희생으로서 손해가 발생했어야 한다는 것이었다. 즉, 본래 의미의 공용수용과 침해의 위법성만 다른 것으로 이해되어 왔다. 그러나 앞서 본 바와 같은 변천과정을 거치면서 수용유사침해의 성립요건도 변화를 겪었다. 독일 연방법원은 수용유사적 침해보상의 요건을 계속 완화시켜 왔다. 독일의 학설과 문헌에 따라 성립요건을 살펴보면 다음과 같다.

① 재산권의 침해

재산권이란 기본법 제14조 제1항이 규정하는 '재산적 가치를 지니는 모든 법적 지위'를 말한다. 공용침해의 경우와 다름이 없으니 공용침해에 관한 부분을 참조하기 바란다.

② 고권적 조치

침해행위는 공권력행사에 의한 것이어야 한다. 그러한 침해행위로는 법적 행위뿐만 아니라 사실행위 등 모든 가능한 조치들을 생각할 수 있다. 특히 수용유사침해의 법리는 사실행위나 '의도되지 않은 법적 행위'에 의해 이루어진 재산권침해에 관한 한 종전과 같이 손실보상청구권의 성립근거로 활용할 만한 가치를 지니고 있다. 이미 앞에서 서술한 바와 같이 연방헌법재판소의 자갈채취사건결정은 오직 의도적인 법적 행위인 수용에 관한 것이었고, 또 기본법 제14조 제3항도 이러한 유형의 행위에 대해서는 아무런 규정을 두고 있지 않기 때문에, 사실행위나 의도되지 않은 법적 행위에 의한 재산권침해에 대하여는 제1차적 권리보호의 차단효(Sperrwirkung)가 발생할 수 없기 때문이다.[43)]

수용유사침해가 고권적 조치로 인한 것이어야 한다는 점과 관련하여 입법작용의 경우 수용유사침해가 성립할 수 있는지 여부, 성립한다면 어떤 범위에서 성립할 수 있는지, 그리고 고권적 조치란 부작위의 형태로도 인정될 수 있는지 하는 것이 문제되고 있다. 연방법원은 위법한 법률하위규범, 특히 법규명령과 조례(이른바 "규범적 불법": normatives Unrecht)에

43) H. Maurer, a.a.O., § 27, Rn.97.

대한 보상은 인정하고 있으나, 위헌적인 법률(이른바 "입법적 불법": legislatives Unrecht)과 오로지 근거법률의 위헌성에 의거해서만 위법한 집행행위(이른바 Beruhens-Fall)에 대한 보상은 부정하고 있다고 한다. 또한 부작위의 형태로도 수용유사침해가 성립하는지 여부에 관하여 연방법원은 단순부작위의 경우에는 이를 부정하지만 예외적으로 상대방의 권리영역을 침범하는 행위의 성질을 띠는 부작위(특수한 부작위: qualifiziertes Unterlassen)에 대해서는 수용유사침해를 인정하고 있다.44)

③ 침해의 직접성

종래에는 침해의 의욕성, 의도성(Finalität)이 요구되었으나, 오늘날에 와서는 수용과 달리 고권적 조치가 직접 재산권의 침해를 발생시키면 족하다고 보는 것이 일반적이다.45) 이러한 의미에서의 침해의 직접성(Unmittelbarkeit)은 보상책임을 한정하는 기준이 된다.46) 침해의 직접성을 판단함에 있어 반드시 침해와 재산권침해 간에 매개된 사정이 없어야 하는 것은 아니며, 침해가 직접적이었는지를 판정하는 것은 오히려 가치평가적인 귀속(wertende Zurechnung)의 문제이다.47) 최근 독일연방법원은 침해행위가 공권력의 구체적인 행동에 특징적으로 나타나고 고권적 조치의 특성에서 연유하는 유해한 효과를 발생한다면 침해의 직접성이 인정된다고 강조한 바 있다.48) 나아가 침해의 직접성을 판단함에 있어서는 다른 손해배상 또는 손실보상법에서와 같이 침해된 규범의 보호목적(Schutzzweck)이 관건이라고 한다.49)

④ 침해의 위법성

수용유사침해가 성립하기 위해서는 위법한 재산권침해로 인하여 타인의 재산권에 손해가 발생했어야 한다. 즉 수용유사침해는 위법한 재산권침해유형이다. 이것은 수용유사침해를 다른 유형의 재산권침해로부터 구별시켜 주는 결정적인 표지가 된다. 위법성은 침해가 아무런 법률상의 근거 없이 또는 그 헌법에 합치되지 않는 법률상의 근거에 의해 이루어졌거나 그 법률적 근거를 벗어나서 행해졌을 경우에 성립된다. 위법성은 특별희생의 일반적인 경우와 마찬가지로 침해의 결과측면에 관련된 것이지만, 침해행위가 있으면 일단 그 위법성이 추정되는 것이 보통이라고 한다.50)

---

44) 이 문제에 관하여 상세한 것은 H. Maurer, a.a.O., § 27, Rn.91-92를 참조.
45) F.-J. Peine, a.a.O., Rn.1221.
46) *BGHZ* 37, 44, 47; 54, 384, 387ff; BGH, *NJW*, 1980, 770f, 770.
47) H. Maurer, a.a.O., § 27, Rn.93.
48) *BGHZ* 92, 34, 41f.; 102, 350, 358.
49) H. Maurer, a.a.O., § 27, Rn.93.
50) H. Maurer, a.a.O., § 27, Rn.95.

(3) 손실보상과 손실보상청구권의 행사

① 손실보상

수용유사침해의 성립요건이 충족되면 취소소송 등을 통한 제1차적 권리보호의 원칙이 적용될 여지는 없어지고 피해자는 손실보상청구권을 가지게 된다. 손실보상의 종류 및 범위는 수용보상의 일반원리에 따라 정해진다. 수용유사침해에 대한 손실보상은 형평보상(Billigkeitsentschädigung)이나 형평재량에 의한 보상(Entschädigung nach billigem Ermessen)이 아니라 법치국가원칙에 의해 요구되는 보상으로서 원칙적으로 완전한 보상을 내용으로 한다. 문제는 누가 보상의무를 지느냐에 있다. 수용의 경우 보상의무의 주체는 수용으로 이익을 얻는 행정주체가 되는 것과는 달리 수용유사침해의 경우 보상의무의 주체가 무엇인가에 관하여는 논란의 여지가 있다. 독일의 통설과 판례에 따르면 이 경우 보상의무는 수용유사침해를 가져온 행위로부터 이익을 얻는 행정주체가 지는 것이 원칙이며, 수익자가 존재하지 아니하는 경우에는 수용유사침해와 관련한 당해임무를 수행하는 행정주체가 보상의무를 지는 것으로 본다. 이러한 견해에 대하여는 수용유사침해로 인한 수익자가 누구인가를 한정하기가 곤란하다는 점을 들어 보다 분명하고 통일적인 기준에 따라 침해행위를 행한 기관이 소속한 행정주체에게 보상의무를 지우는 것이 타당하며, 만일 다른 행정주체가 그로부터 이익을 얻은 경우에는 이를 내부 관계에서 구상할 수 있다고 보아야 한다는 견해[51]가 대립하고 있다.

② 손실보상청구권의 행사

독일의 경우 수용유사침해로 인한 손실보상청구권은 공법적 성질을 띤 것으로 이해되고 있다. 따라서 수용유사침해로 인한 손실보상은 기본법 제14조 제3항의 규정에 의한 손실보상이 아니기 때문에 당해 조항에 근거한 민사법원의 관할권은 성립하지 않지만, 수용유사침해의 근거를 일반적인 희생보상청구권에서 찾는 연방법원의 견해에 따른다면 행정법원법 제40조 제2항에 의한 민사법원의 관할에 속하는 것으로 볼 수 있을 것이다. 우리나라의 경우 실무상 헌법 제23조 제3항과 관련된 손실보상청구권의 행사는 법률에 특별한 규정이 있는 등 별다른 사정이 없는 한 민사소송에 의하는 것으로 보는 것이 판례의 태도이다. 이러한 태도는 수용유사침해보상의 이론을 원용했던 서울고등법원의 판결에서도 드러나고 있다.[52]

(4) 수용유사침해보상과 수용보상 · 수용적 침해보상, 국가배상과의 구별

수정설에 따른 수용유사침해는 그 침해의 위법성(Rechtswidrigkeit des Eingriffs)을 통하여

---

51) H. Maurer, a.a.O., § 27 Rn.101.

52) 서울고법 1992.12.24. 선고 92나20073 판결.

본래적 의미의 수용 그리고 수용적 침해와 구별된다. 반면 수용유사침해로 인한 손실보상과 국가배상과는 청구권의 성립요건을 달리한다. 즉, 수용유사침해로 인한 손실보상은 어디까지나 그 목적이 의도된 공공필요의 충족에 있었던 침해행위로 인한 것인 데 비해 국가배상은 당사자는 몰라도 적어도 법이 의도하지 않은 불법행위를 원인으로 하는 것이기 때문에 배상을 통한 평균적 정의의 회복이라는 개인주의적 법목적에 봉사할 뿐이다. 따라서 전보의 범위에도 차이가 있다. 배상은 발생한 모든 손해에 대한 완전보상을 원칙으로 하는 데 비해 보상은 완전보상을 원칙으로 하지만 이를 상회 또는 하회할 수 있는 여지가 있다. 특히 현저한 차이는 기대이익의 전보여부에 있는데, 국가배상의 경우에는 인정되지만 손실보상의 경우에는 보상이 부인되고 있는 것이 그 예이다. 그 밖에도 양자는 특별법상의 제한유무(예: 외국인에 대한 국가배상에 있어 당해 외국의 상호보증이 요구되는 것)라든지 청구절차(예: 결정전치주의), 소멸시효기간 등의 차이가 있다.

수용유사침해에 있어서는 과실의 문제가 제기될 여지가 없기 때문에 위법무과실(rechtswidrig schuldlos)뿐만 아니라 위법과실(rechtswidrig schuldhaft)의 경우에도 수용유사침해가 성립할 수 있고 따라서 그 한도 내에서 국가배상의 영역과 중첩되는 부분이 생긴다. 따라서 양자의 관계가 문제되는데, 이에 대하여 연방법원은 양자는 극히 다양한 법영역에 속하는 문제이므로 상호간에 일반법-특별법관계나 보충적 관계 어느 것도 성립하지 않는다고 판시한 바 있다.[53] 또한 국가배상책임의 보충성(Subsidiarität)에 관한 민법 제839조 제1항 제2문[54]의 규정도 그 "다른 종류의 배상청구권"이 공공기관인 경우 일반적으로 적용되지 않기 때문에 이 경우에 적용이 없다.[55] 따라서 피해자는 수용유사침해로 인한 손실보상과 기본법 제34조 및 민법 제839조에 의한 국가배상을 병행적으로 청구할 수 있다.

독일의 경우 일찍이 연방법원의 판례에 의해 직무집행상의 불법행위로 인한 손해배상청구권(기본법 § 34 및 독일민법 § 839)과 수용유사침해로 인한 손실보상청구권 간의 청구권경합이 인정되어 왔다. 예컨대 이에 관한 연방법원의 기본적 판례가 된 사건(BGHZ 13, 88)에서 지붕과 중간덮개가 전쟁으로 파손되었으나 그 밖의 부분은 보존되어 재건가능했던 창고를 사면벽만을 제외하고 전부 철거하여 아직 사용가능한 건축자재를 추려 낸 행정청의 행위가 문제되었는데, 원고는 그 철거명령이 법적 근거 없이 이루어졌으며 관할공무원의 과

---

53) *BGHZ* 13, 88, 93ff.

54) 민법 제839조 제1항은 "공무원이 고의 또는 과실로 그가 제3자에 대한 관계에서 부담하는 직무상 의무를 위반한 경우에는 그 제3자에게 그로 인해 발생하는 손해를 배상하여야 한다. 공무원이 과실이 있는 데 불과한 때에는 피해자가 다른 방법으로 배상을 받을 수 있으면 그 공무원에게 배상을 청구할 수 없다."라고 규정하고 있다.

55) H. Maurer, a.a.O., § 25 Rn.31.

실이 있었음을 이유로 손해배상을 청구하였다. 이 경우 연방법원은 공용침해로 인한 손실보상뿐만 아니라 직무상의 불법행위로 인한 손해배상이 문제될 수 있다고 보았다. 즉 이들 청구권은 각기 전혀 상이한 법영역에 속하는 것이며 서로 일반-특별법관계나 보충성의 관계에 있다고 볼 수 없기 때문이라는 것이다.56) 또한 연방법원은 여기서 한걸음 더 나아가 원고가 오로지 국가배상만을 청구하는 경우에도 법원은 수용유사침해로 인한 손실보상청구권이 인정되는지 스스로 검토해야 한다고 판시하기까지 했다.57)

그러나 독일에서도 국가배상청구권과 수용유사침해로 인한 보상청구권이 체계적으로 서로 조율되고 있지는 않다고 한다.58) 수용유사침해로 인한 청구권이 언제나 모든 종류의 국가배상청구권과 경합하는 것은 아니며, 또 국가의 행위가 위법·무과실인 모든 경우에 대하여 손실보상청구권을 인정하는 것도 아니다. 수용유사침해가 공용수용법의 원리들로부터 도출되기 때문에 오늘날까지도 여전히 손실보상의 제한들이 존재하고 있다는 것이다. 이러한 제한들로 인하여 공권력의 불법에 대한 완비된 손실보상제도의 수립을 보지 못하고 있으며, 이 제한들은 특히 기존의 재산적 가치 있는 권리들이나 신체적 완전성(körperliche Integrität)이 침해된(희생적 침해!) 경우가 아니라 이익획득의 가능성과 전망(장래의 기대이익)이 위법하게 침해된 경우 여실히 드러나고 있다. 그 한도에서 손실보상의 공백문제는 여전히 존속한다는 것이다.59)

요컨대 독일의 경우 수용유사침해로 인한 손실보상은, 그것이 설령 위법한 재산권침해라 할지라도, 이를 국가배상으로 대체하기보다는 서로 경합할 수 있는 제도로 이해하는 사고방식이 일반화되고 있는 것으로 보인다. 이것은 수용유사침해보상과 관련하여 문제를 손실보상이 아니라 국가배상으로 치환시켜 근거법률의 위헌과 그에 따른 국가배상의 가능성을 검토함으로써 해결하고자 시도하는 국내 일부 문헌의 사고방식이 타당하지 않다는 사실을 간접적으로 시사해 준다. 오히려 수용유사침해보상의 문제는 방금 앞에서 살펴본 바와 같이 제1차적 권리보호와의 관계 또는 마우러가 말하는 재산권보장의 제2차적 단계로서 결과제거청구권의 문제가 주된 관심사가 되고 있을 뿐이다.

---

56) *BGHZ* 13, 88, 93ff.

57) BGH *NVwZ*, 1992, 1119, 1121.

58) W. Rüfner, “Sechster Teil. Das Recht der öffentlich-rechtlichen Schadensersatzund Entschädigungsleistungen,” in: H.-U. Erichsen und W. Martens, *Allgemeines Verwaltungsrecht*, 10.Aufl., De Gruyter, 1995, § 50 5, S.578ff.

59) W. Rüfner, a.a.O.

(5) 재산권 이외의 기본권침해에 대한 적용확장

앞에서 설명한 바와 같이 독일 연방법원과 통설의 견해에 따라 수용유사침해로 인한 손실보상의 근거를 재산권보장규정인 기본법 제14조가 아니라 일반적인 희생보상의 법리에서 찾는다면, 그러한 법리를 비단 재산권뿐만 아니라 다른 기본권에 대해서도 적용할 수 있지 않은가 하는 문제가 당연히 제기된다. 실제에 있어서 이미 오래전부터 기본법 제2조 제1항에 의한 생명, 건강, 자유 등과 같은 비물질적 법익들의 침해에 대하여 희생보상의 법리에 따른 손실보상이 주어져야 한다는 것이 학설과 판례를 통하여 다툼 없는 사실로 승인되어 왔다. 그렇다면 기본법 제12조 제1항에 의한 직업 및 영업의 자유나 제2조 제1항에 의한 일반적 인격권(가령 명예, 성명, 정보보호 등)의 침해에 대해서도 손실보상을 해 주어야 한다는 것은 당연한 논리적 귀결이라 할 수 있다. 독일에서는 심지어 설사 수용유사침해보상의 근거를 기본법 제14조에 의한 재산권보장으로부터 격리시키지 않는다 하더라도, 방지하거나 교정할 수 없는 기본권침해에 대하여는 최소한 손실보상법적인 방법에 의해 보상되어야 한다는 법원리적 요구를 근거로 수용유사침해보상의 법리를 재산권 이외의 기본권침해에 확장시켜야 한다는 견해[60]까지 표명되고 있다.

(6) 우리나라에서의 이론적 수용문제

① 수용유사침해 보상이론의 법리적 인식

국내의 일부 문헌은 수용유사침해보상이론은 독일에서 판례를 통하여 인정되어 온 전통적 관습법인 희생보상청구권에 의거하여 인정되는 것이므로 그와 같은 관습법이 존재하지 않는 우리나라에 이를 직접 도입하려는 것은 관습법의 특성에 비추어 그 타당성을 인정하기 어렵다고 주장하고 있다.[61] 그러나 그러한 주장은 우선 독일에서의 학설상황을 정확히 파악한 결과라고 보기 어려울 뿐만 아니라, 독일 기본법과 우리 헌법과의 차이를 충분히 고려하지 못했다는 점에서 타당하다고 볼 수 없다. 이미 앞에서 본 바와 같이 독일의 경우 수용유사침해보상이론은 자갈채취사건결정의 취지를 받아들이면서도 그 제한된 적용범위의 틈새를 적극 활용하여 재산권보장의 제3단계로서 여전히 유효한 이론적 해결책으로서 고려되고 있다. 수용유사침해 및 수용적 침해 보상법리의 도입가능성을 부정하는 견해는 이 문제를 둘러싼 독일에서의 판례·학설상황, 특히 연방헌법재판소의 자갈채취사건결정을 '주어진 것'(Gegebenheit)으로 보고, 그 결과를 피상적·형식적으로만 파악하여 단순논리로 절대화한 결과이다. 주지하는 바와 같

60) H. Maurer, a.a.O., § 27 Rn.106.

61) 정하중, 「수용유사적 그리고 수용적 침해제도」, 110; 정하중, 「독일 Bonn 기본법 14조상의 부대조항(Junktimklausel)의 의미와 한국헌법 23조 3항의 해석(하)」, 37; 류지태, 앞의 책, 354.

이 수용유사침해보상의 법리는 적어도 독일의 연방헌법재판소의 자갈채취사건결정이 나오기 전까지만 해도 기본법 제14조 제3항에 관한 연방법원의 판례이론으로 성립·발전되어 온 것이다. 이것이 연방헌법재판소의 판례에 의하여 타격을 받음에 따라 불가피하게 변용되었음은 이미 위에서 본 바와 같다. 즉 연방법원은 자신의 판례이론을 더 이상 기본법 제14조 제3항에 의해 뒷받침할 수 없었기 때문에 프로이센일반란트법 제74, 제75조에 표현된 희생보상의 관습법적 전통을 대체적 논거로 원용하기에 이른 것이지, 원래부터 그러한 관습법적 전통에 의하여 수용유사침해보상이론을 정립했던 것은 아니었다. 또한 연방법원이 고심참담하게 이끌어 낸 관습법적 전통이란 실은 순수한 의미의 관습법이라기보다는 오히려 판례법이라고 해도 무방할 것이다. 이러한 사실을 고려할 때 그와 같은 관습법적 전통의 부재를 근거로 수용유사침해보상법리의 도입(?)가능성을 부정하는 것은 타당하지 않다.

② 한국헌법 제23조와 자갈채취사건결정의 논리

우리 헌법 제23조 제3항은 독일과 마찬가지로 수용유사침해보상법리의 헌법적 논증을 불가능하게 하는가? 이러한 의문을 푸는 관건은 독일 기본법 제14조 제3항처럼 우리 헌법 제23조 제3항을 불가분조항으로 볼 수 있는가, 그리고 독일 연방헌법재판소의 자갈채취사건결정의 이론적 기둥들, 즉 수용개념의 축소, 재산권내용규정과 수용의 준별, 취소소송 등 일차적 권리보호와 보상 간의 선택권의 부정이라는 명제들이 우리 헌법에서도 인정될 수 있는지를 검토해 볼 필요가 있다. 그러나 다음에 보는 바와 같이 자갈채취사건결정에서 표명된 법리들이 우리나라의 법상태에서도 그대로 통용된다고는 볼 수 없다.

(가) 독일의 수용개념과 우리나라의 공용침해개념

독일 기본법 제14조 제3항에 의한 수용개념(형식적 수용개념)과는 달리 우리 헌법 제23조 제3항은 공용침해, 즉 수용·사용·제한의 개념을 사용하고 있다. 우리 헌법상 공용침해의 개념은 독일에서 자갈채취사건결정이 나오기 전에 연방법원에 의해 견지되었던 확장된 수용개념(Enteignung i.w.S.)에 해당한다. 독일의 경우 연방헌법재판소가 자갈채취사건결정을 통하여 종래 연방법원에 의해 확장되어 왔던 수용개념을 축소시킨 것과는 정반대로 우리의 경우에는 헌법에 공용침해의 개념이 명시적으로 자리 잡고 있다는 것이 양국 법제의 중요한 차이이다. 우리 헌법 제23조 제3항은 독일 기본법 제14조 제3항과 달리 수용만이 아니라 사용·제한을 보상원인행위로 열거하고 있으므로 그 점에 관한 한, 자갈채취사건결정의 논리는 타당하지 않다. 독일 같으면 '보상을 요하는 재산권내용규정'에 의한 재산권침해는 기본법 제14조 제3항에 의한 수용보상의 대상이 아니라 그 침해조치에 대한 취소소송이나 보충적으로 기본법 제14조 제3항과는 별개의 법규정이나 법원칙에 의한 손실보상의 대상이 된다고 하겠지만, 우리나라의 경우 그러한 재산권침해는 헌법 제23조 제3항의 재산권에 대한 공용제한으로 수용과 마찬가지로 동일한 조항에 의한 손실보상의 대상이 된다.

(나) 독일의 분리이론과 한국헌법 제23조의 구조

연방헌법재판소의 자갈채취사건결정에 의하여 표명된 재산권내용규정과 수용의 준별, 즉 분리이론 또는 불연속성의 모델은 우리 헌법 제23조의 구조에는 부합하지 않는다. 헌법 제23조의 구조상 제1항 및 제2항에 의한 재산권의 사회적 제약을 넘는 재산권침해는 곧 제23조 제3항에 의한 손실보상의 문제를 발생시킨다고 보는 것이 올바른 헌법해석이다. 독일에서 연방헌법재판소가 기본법 제14조 제1항을 근거로 이른바 '보상을 요하는 재산권내용 및 한계규정'(ausgleichspflichtige Inhalts- und Schrankenbestimmung)에 의한 손실보상을 인정할 수밖에 없었던 것도 바로 그러한 단절이론이 지닌 한계를 드러낸 결과였다. 그리하여 보상을 요하는 재산권내용규정과 관련하여 연방헌법재판소의 판례에 의해 연방법원의 광의의 수용개념이 형식적으로는 포기되었지만 기본법 제14조 제1항 제2문에 의하여 실질적으로 부활한 것이나 다름없다는 비판도 제기되고 있는 것이다. 결국 종래 재산권의 사회적 제약과 수용 간의 경계이론의 기준들이, 물론 이번에는 입법권자의 의무라는 차원에서이기는 하지만, 보상을 요하는 재산권규정의 요건을 탐구함에 있어 다시금 동원되고 있기 때문이다.[62]

(다) 독일의 불가분조항론과 한국헌법 제23조 제3항의 해석

제1차적 권리보호의 우위는 그것이 기본법 제14조 제3항을 불가분조항으로 해석하는 데 따른 것이다. 그렇다면 우리 헌법 제23조 제3항을 불가분조항으로 해석할 수 있는지가 검토되어야 한다. 독일에서 수용유사침해가 기본법 제14조 제3항으로부터 결별할 수밖에 없었던 것은 바로 그 불가분조항으로서의 요구 때문이었다. 그러나 우리 헌법 제23조 제3항을 불가분조항으로 볼 수 있는지는 극히 의문스러울 뿐만 아니라 독일 기본법 제14조 제3항이 불가분조항으로서 효력을 발하는 것은 오로지 수용에 국한될 뿐이며, 그 밖에 재산권의 사용·제한에 대해 불가분조항이 적용되는 것은 아니라는 점을 분명히 인식할 필요가 있다. 불가분조항의 요구란 실은 수용을 보다 어렵게 하는 요인이 된다. 독일에서 그것이 수용에 한하여 인정되는 것도 바로 그런 이유에서라고 할 수 있다. 우리 헌법 제23조 제3항이 그보다 더 엄격하게 수용뿐만 아니라 사용·제한에 대해서도 불가분조항의 요구를 함축한 것으로 볼 수 있을까? 만일 우리 헌법 제23조 제3항을 불가분조항으로 볼 수 없다면 공용침해의 근거법률이

62) H. Maurer, a.a.O., § 26 Rn.81.

보상규정을 두지 않았다고 해서 곧바로 위헌무효가 되지는 않는다. 따라서 불가분조항을 이유로 수용유사침해보상청구권의 성립을 부정하는 것은 타당하지 않다.

연방헌법재판소가 부정한 "선택권"(Wahlrecht)이란 것도 반드시 사도(Abweg)라고만 볼 수 없는 측면이 있음은 마우러가 적절히 지적하는 바와 같다: "가령 시민이 자신의 권리를 포기할 수 있는 것은 당연하며, 또 재산권에 있어 그에 상응하는 금전적 대가로 권리를 포기할 수도 있는 것이다. 뿐만 아니라 수용에 관한 법은 헌법상 비례원칙을 구체화함에 있어 우선 재산권자의 임의적 동의에 의한 재산권취득을 시도하고 그다음 수용절차가 진행되는 동안 당사자 간의 합의에 의한 재산권취득을 위해 노력할 것을 요구하고 있는 것이다. 그렇다면 "상황이 끝나고"(Sache gelaufen) 비록 위법한 것일지라도, 토지를 이미 상실한 경우, 그 결과를 감수하고 손실보상을 대가로 재산권박탈에 동의하는 것을 금할 이유는 없다. 또한 국가가 위법하게 취득한 재산상의 이득을 오로지 그 피해자가 적시에(단기간 내에) 쟁송을 제기하지 않았다는 이유만으로 계속 보유할 수 있다고 하는 것은 납득하기 어렵다."

요컨대 우리 헌법 제23조 제3항을 불가분조항으로 해석해야 할 이유는 없으며, 또 독일의 경우에도 불가분조항의 효과는 오로지 (협의의) 수용에 국한되고 있다는 점[63]에서 이를 우리나라 헌법해석론으로 수용할 수 없다.

③ 수용유사침해이론에 대한 법원의 태도

수용유사침해보상의 이론은 비단 독일에서뿐만 아니라 우리 학계에서도 중요한 쟁점이 되어 왔고 급기야 1993년에는 판례를 통해서도 거론되기에 이르렀다.

> (주)문화방송의 주식 15만 주를 소유하고 있었던 원고는 1980년 6월 말경 비상계엄하에서 언론통폐합 조치가 단행되는 과정에서 당시 언론관련업무를 담당하던 국군보안사령부정보처장 권○○의 강요를 받아 자신의 주식을 모두 국가에 기부채납의 형식으로 증여하였다. 원고는 이후 주주지위의 확인(주위적 청구)과 손실보상(예비적 청구)을 구하는 소송을 제기하여 서울고등법원으로부터 '헌법은 국가가 개인의 재산권을 수용할 때에는 법률에 의하되 무상이나 헐값으로 수용할 수 없고 반드시 보상을 하여야 할 의무가 있음을 밝히고 있는바, 이것은 설사 법률에 의한 적법한 수용의 경우라 하여도 …… 반드시 보상을 하여야 한다는 뜻이므로 피고 대한민국의 이 사건 주식수용은 개인의 명백히 자유로운 동의는 없이 이루어진 것이고, 나아가 법률의 근거 없이 이루어진 것으로서 개인의 재산권에 대한 위법한 침해이고 이는 결국 법률의 근거 없이 개인의 재산을 수용함으로써 발생한 이른바 수용유사적 침해이므로, 이로 인하여 특별한 희생 즉 손실을 당한 원고는 자연법의 원리나 구 헌법 제22조 제3항의 효력으

---

63) 동지 김광수, 「독일공법상의 재산권보장과 국가책임의 확장이론」, 서울대학교 박사학위논문, 1994, 12-13 각주 31.

로서 국가에게 그 손실의 보상을 청구할 권리가 있다'는 판결을 받았다.[64)]

그러나 상고심에서 원고의 주위적 청구는 물론 원심승소판결을 받았던 예비적 청구 즉 손실보상 부분마저도 파기되고 말았다.

대법원은 '수용이라 함은 공권력의 행사에 의한 행정처분의 일종인데, 비록 증여계약의 체결과정에서 국가공무원의 강박행위가 있었다 하더라도 그것만으로 증여계약의 체결이나 그에 따른 주식의 취득이 국가의 공권력의 행사에 의한 행정처분에 해당한다고 볼 수는 없고, 어떤 법률관계가 불평등한 것이어서 민법의 규정이 배제되는 공법적 법률관계라고 하기 위하여는 그 불평등이 법률에 근거한 것이라야 할 것이고, 당사자 간의 불평등이 공무원의 위법한 강박행위에 기인한 것일 때에는 이러한 불평등은 사실상의 문제에 불과하여 이러한 점만을 이유로 당사자 사이의 관계가 민법의 규정이 배제되는 공법적 법률관계라고 할 수는 없다', '수용유사적 침해의 이론은 국가 기타 공권력의 주체가 위법하게 공권력을 행사하여 국민의 재산권을 침해하였고 그 효과가 실제에 있어서 수용과 다름없을 때에는 적법한 수용이 있는 것과 마찬가지로 국민이 그로 인한 손실의 보상을 청구할 수 있다는 것인데, 1980.6. 말경의 비상계엄 당시 국군보안사령부 정보처장이 언론통폐합조치의 일환으로 사인 소유의 방송사 주식을 강압적으로 국가에 증여하게 한 것이 위 수용유사행위에 해당되지 않는다'는 취지로 판시함으로써 수용유사침해보상의 법리를 수용한 우리나라 최초의 판례를 백지화하였다.[65)]

이 사건 판결은 원고의 처지나 대법원판결의 당부를 떠나서 적어도 두 가지 측면에서 주목되어 마땅하다. 첫째, 이 사건판결을 통하여 수용유사침해보상의 법리가 우리나라에서도 법적 현안의 해결을 위한 하나의 대안으로 고려될 수 있다는 사실이 인식될 수 있었다는 것이다. 이 점은 원심판결의 적극적 태도에서 잘 엿볼 수 있다. 둘째, 대법원은 수용유사적 침해의 이론은 '국가 기타 공권력의 주체가 위법하게 공권력을 행사하여 국민의 재산권을 침해하였고 그 효과가 실제에 있어서 수용과 다름없을 때에는 적법한 수용이 있는 것과 마찬가지로 국민이 그로 인한 손실의 보상을 청구할 수 있다는 내용'으로 이해하면서, 비록 명시적인 입장은 표명하지 않았지만,[66)] 수용유사침해에 대한 손실보상이론 자체의 설득력을 정면에서 부정하지는 않았다는 것이다. 대법원이 '과연 우리 법제 하에서 그와 같은 이론을 채택할 수 있는 것인가는 별론으로' 하고 단지 "이 사건에서 피고 대한민국의 이 사건 주식취득이 그러

64) 서울고법 1992.12.24. 선고 92나20073 판결.

65) 대법원 1993.10.26. 선고 93다6409 판결(93, 3173). 이에 관하여는 윤진수, 「공무원에 의한 강제증여와 수용유사적 침해이론의 적용 여부」, 『대법원판례해설』 20, 136(『법조』 1994.10.); 대법원 1993.3.23. 선고 92다52238 판결; 1993.7.16. 선고 92다41528, 41535 판결을 참조.

66) 동지 김동희, 『행정법 I』, 박영사, 2008, 525 각주 1.

한 공권력의 행사에 의한 수용유사적 침해에 해당한다고 볼 수는 없다."라고 판시한 것이 바로 그것이다.

④ 결론: 수용유사침해보상이론의 가치

우리나라 역시 독일의 기본법 제14조(재산권보장) 및 제34조(직무책임)와 극히 흡사한 규정들을 가지고 있으므로 위법한 공용침해에 대한 보상에 관하여 입법상 흠결이 있다는 점은 이미 대다수의 학자들이 지적하는 바와 같다.[67] 따라서 독일에서 발전된 이 법리를 받아들임으로써 이러한 입법의 흠결을 메우는 것이 타당하다고 할 수 있다.[68] 특히 수용유사침해에 대한 손실보상의 이론은 우리나라의 경우 보상규정을 두지 않은 수용 또는 공용침해의 근거법률에 의해 침해행위가 이루어진 경우 학설상의 대립과 불확실성을 해소해 줄 것이라는 데 그 이론적 가치가 있다. 다만 이러한 이론은 바로 피해자구제의 목적에 의해 향도된 법원의 사법적극주의적 법해석의 결과임을 잊어서는 아니 될 것이다. 독일의 연방법원이 의거하였던 물론해석은 이러한 의미에서 사법의 기본권보호자로서의 자기확신이 없었더라면 채용될 수 없었던 논증방법(Argumentation)이었던 것이다. 이 점은 바로 우리의 헌법 제23조 제3항을 해석함에 있어서 위헌무효설이 짐짓 방치해 온 또는 '고단한 우회'에 의해 다루어 온 문제영역 — 국가배상책임요건충족의 문제 — 에 대해서도 좋은 후지혜를 제공해 준다.

수용유사침해보상이론의 도입가능성을 부정하는 견해는 다음과 같은 이유에서 타당하지 않다. 첫째, 연방법원이 연방헌법재판소의 판례에도 불구하고 희생보상의 관습법적 전통을 원용하면서까지 수용유사침해보상이론을 구출하려고 한 이유는 수용유사침해보상의 법리로써 해소해야 할 권리구제의 공백이 현존하고 있기 때문이다. 그렇기에 연방법원은 기본법 제14조 제3항의 은총 없이도 수용유사침해보상의 법리를 구출하고자 했던 것이다. 우리가 비교법적 연구를 통해 교훈을 얻을 수 있다면 바로 이러한 차원에서이다. 우리에게도 그와 같은 국가보상법상 권리구제의 공백이 있다면 그러한 수용유사침해보상의 법리를 원용하는 것이 적실성을 가질 것인지를 검토하여 그 수용여부를 판단하는 것이 정도이다. 설사 그것이 독일특유의 관습법적 전통에 터 잡은 것이라 하여도 그 관습법 자체가 아니라 그것이 함축하고 있는 희생보상의 법리를 수용할 수 있어야 할 것이다. 이 점을 도외시하고 단순히 독일에서의 문제상황을 주어진 것으로 전제하고 독일에서 판례가 그렇게 변했기 때문에 우리의 경우에도 그와 동일하게 논증해야 한다고 주장하는 것은 결코 바람직한 태도라 할 수 없다. 둘째, 우리 헌법 제23조 제3항은 독일과 마찬가지로 수용유사침해보상법리의 헌법적 논증을

---

67) 김도창, 『일반행정법론(상)』, 청운사, 1993, 669.

68) 김남진, 『행정법 I』, 법문사, 1998, 635-636; 석종현, 「수용유사침해법리」, 『고시연구』, 1988.3.

불가능하게 하는가? 이러한 의문을 푸는 관건은 독일 기본법 제14조 제3항처럼 우리 헌법 제23조 제3항을 불가분조항으로 볼 수 있는가, 그리고 독일의 자갈채취사건결정에 의해 확인된, 재산권에 내재한 사회적 제약을 초과하는 침해행위라고 해서 모두 수용이 되지는 않는다는 명제가 우리 헌법의 해석론으로서도 타당한가에 있다. 후자에 관한 한 이미 앞에서 논의한 바와 같이 우리 헌법 제23조 제3항은 독일 기본법 제14조 제3항과 달리 수용만이 아니라 사용·제한을 보상원인행위로 열거하고 있으므로 자갈채취사건결정과 같은 논리가 타당하다고는 볼 수 없다. 독일 같으면 '보상을 요하는 재산권내용규정'에 의한 재산권침해는 기본법 제14조 제3항에 의한 수용보상의 대상이 아니라 그 침해조치에 대한 취소소송이나 보충적으로 기본법 제14조 제3항과는 별개의 법규정이나 법원칙에 의한 손실보상의 대상이 된다고 하겠지만, 우리나라의 경우 그러한 재산권침해는 헌법 제23조 제3항의 재산권에 대한 공용제한으로서 수용과 마찬가지로 동일한 조항에 의한 손실보상의 대상이 된다. 보다 결정적인 문제는 불가분조항에 관한 것이다. 독일에서 수용유사침해가 기본법 제14조 제3항으로부터 결별할 수밖에 없었던 것은 바로 그 불가분조항으로서의 요구 때문이라 할 수 있다. 그러나 우리 헌법 제23조 제3항을 불가분조항으로 볼 수 없다는 점은 이미 손실보상의 근거에 관한 설명을 통하여 충분히 밝혀졌다고 본다. 또한 독일 기본법 제14조 제3항이 불가분조항으로서 효력을 발하는 것은 오로지 수용에 국한될 뿐이며, 그 밖에 재산권의 사용·제한에 대해 불가분조항이 적용되는 것은 아니다. 불가분조항의 요구란 실은 수용을 보다 어렵게 하는 요인이 된다. 독일에서 그것이 수용에 한하여 인정되는 것도 바로 그런 이유에서라고 할 수 있다. 우리 헌법 제23조 제3항이 그보다 더 엄격하게 수용뿐만 아니라 사용·제한에 대해서도 불가분조항의 요구를 함축한 것으로 볼 수 있을까? 만일 우리 헌법 제23조 제3항을 불가분조항으로 볼 수 없다면 그것은 수용유사침해보상의 이론을 배제하는 근거가 될 수 없다. 보상규정을 두지 않았다고 해서 곧바로 위헌무효가 되지는 않기 때문이다. 끝으로 앞서 지적된 바와 같이 우리나라에도 현존하는 권리구제의 공백을, 가령 무과실책임이나 위험책임을 인정하는 손해배상제도의 개혁을 통해 해결해야 한다고 주장하는 것 자체는 타당하다고 할 수 있다.[69] 그러나 수용유사침해에 해당하는 재산권침해를 입은 자에게 그러한 제도개혁을 통해 문제가 해결될 때까지 기다리라고 요구하는 것은 무리한 일일 뿐만 아니라 해석론을 통한 문제해결을 포기하는 결과가 된다. 그렇기 때문에 독일에서도 수용유사침해보상의

69) 이러한 견지에서 독일에서도 프랑스의 위험책임 또는 무과실책임의 법리가 수용유사적 및 수용적 침해의 법리보다 법해석론상 우수한 해결책이라는 견해가 주장되고 있다(Ch. Walter, "Neuere Entwicklungen im französischen Staatshaftungsrecht: verschuldensunabhängige Haftung öffentlicher Krankenhäuser," *ZaöRV* Bd.54, 1994, S.899-904).

법리가 새로운 국가책임법이 제정될 때까지 존속할 것으로 예상되고 있는 것이다.70) 이것은 설령 국가배상법의 결함을 손실보상제도의 확대적용을 통해 해결하려고 시도한 것이 방법론적으로 잘못된 것이라는 비판71)의 당부를 떠나서 수용유사침해보상의 법리가 연방헌법재판소의 판례에도 불구하고 변함없는 용도와 존재이유를 가지고 있음을 증명하는 것이다. 그렇다면 수용유사침해보상이론의 법리적 배경을 심층적으로 파악하지 않고 단지 독일에서의 판례경향을 피상적으로 절대화함으로써 그 이론적 수용가능성을 부인하는 것은, 적어도 우리나라의 현행 손실보상체계의 결함이 존재하는 이상, 타당하다고 볼 수 없다.72) 수용유사침해보상의 법리는, 적어도 국가배상법상 위험책임이나 무과실책임이 도입되어 보상규정 없는 법률에 의한 재산권의 박탈에 대한 불법행위책임이 인정되기까지는 우리나라 행정법에서도 충분히 수용될 만한 가치를 지닌다고 하지 않을 수 없다. 수용유사침해보상의 법리를, 우리 식으로 표현하자면, '공용침해'유사침해의 법리로 변용하여 이론적으로 수용함으로써 우리는 보상규정을 두지 않은 법률에 의하여 재산권을 상실한 피해자에게 합당한 권리구제를 약속해 줄 수 있을 것이다.

3. 수용적 침해

(1) 개념

수용적 침해(enteignende Eingriffe)란 그 자체로는 적법한 행정작용의 부수적 결과로서 의도되지 않은(ungewollte), 비정형적인(atypische) 침해를 말한다. 이러한 침해 역시 공용수용적 성격을 지닌 침해로서 보상되지 않으면 안 된다는 것이 수용적 침해의 법리이다. 수용적 침해의 주된 예로는 도로공사 또는 지하철건설공사처럼 가령 교통이 제한됨으로 인하여 연도의 부동산과 영업에 영향을 주는 사실행위들을 들 수 있다. 이러한 침해적 영향은 통상의 경우에는 보상 없는 사회적 제약(entschädigungslose Sozialbindung)으로 수인되어야 함이 원칙이다. 그러나 예외적인 경우 그러한 침해가 장기간 지속되는 경우에는 그 종류·

70) 정하중, 「수용유사적 그리고 수용적 침해제도」, 109도 그렇게 예상하고 있다.

71) 정하중, 위의 글, 110.

72) 한편 정하중 교수(위의 글, 110)는 "손실보상제도는 지금까지의 적법한 침해에 제한되어야 한다"고 주장하고 있다. 이러한 주장은 그것이 독일처럼 기본법 제14조 제3항의 '수용'개념이 엄격히 제한되어 있는 경우를 염두에 둔 것이라면 몰라도, '수용'에 해당하지 않는 재산권침해 일반에 대하여 손실보상을 제한해야 한다는 뜻이라면 독일에서의 학설 및 판례상황에도 맞지 않을 뿐만 아니라 결국 국민의 권리구제를 대폭 축소시키는 결과를 초래하기 때문에 타당하지 않다.

영향범위 및 강도 면에서 볼 때 타인에게는 수인이 강요되지 않는, 유독 피해자에게만 특별한 희생(für den Betroffenen ein besonderes, anderen nicht zugemutetes Opfer)으로 간주될 수 있고 따라서 보상이 요구될 수 있다. 그러나 이를 위한 보상규정이 없기 때문에 이 보상은 기본법 제14조(우리나라 헌법의 제23조에 해당되는 규정)에 의하는 수밖에 없다. 이것은 그러한 침해가 어떤 영업의 경제적 파멸을 초래할 경우에 특히 절실한 요청이 된다는 것은 두말할 나위가 없다. 바로 이러한 경우에 인정되는 보상이 수용적 침해로 인한 보상인 것이다.

(2) 성립요건

수용적 침해가 성립하기 위해서는 첫째, 재산권으로 보호되는 법적 지위에 대한 침해일 것, 둘째, 그 자체로는 적법한 행정작용의 부수적 결과로 인한 침해가 있을 것, 셋째, 직접적인 침해가 있을 것, 넷째, 피해자에 대한 관계에서 특별희생을 통해 과도한 부담이 초래될 것이라는 요건이 충족되어야 한다.

① 재산권의 침해

재산권이란 기본법 제14조 제1항이 규정하는 '재산적 가치를 지니는 모든 법적 지위'를 말한다. 이것은 공용침해나 수용유사적 침해의 경우와 다름이 없다.

② 적법한 행정작용의 부수적 결과로 인한 침해

침해는 그 자체로는 적법한 행정작용으로 인한 예상 못한, 비정형적인 부수적 결과로 발생한 것이어야 한다.

③ 침해의 직접성

행정작용의 부수적 결과는 수용유사침해의 경우와 마찬가지로 재산권에 대하여 직접적으로 침해적 영향을 미치는 것이어야 한다. 예컨대 건물의 손상, 자동차의 손괴, 일시적 또는 계속적인 사업장이용의 제한 등을 생각할 수 있다. 그 밖에 침해의 직접성에 관하여는 이미 수용유사침해에 관하여 설명한 내용이 그대로 타당하다.

④ 특별희생

재산적 지위에 대한 침해는 동시에 특별한 손해로서 특별희생에 해당하는 것으로 볼 수 있어야 한다. 그러나 수용적 침해의 개념을 우연적 손해에 국한된 협의의 것으로 파악한다면, 그 특별희생이란 발생한 침해의 위법성을 통하여 이미 성립한 것으로 볼 수 있다.

(3) 손실보상과 손실보상청구권의 행사

① 손실보상

손실보상의 내용과 실현에 관하여는 수용유사침해의 경우와 같다.

② 손실보상청구권의 행사

독일의 경우 수용적 침해로 인한 손실보상청구권을 행사하는 경우 이를 민사소송으로 할 것인가 아니면 행정소송에 의할 것인가에 관하여는 그 손실보상청구권의 법적 성질을 둘러싸고 논란이 있으나, 연방법원의 판례는 이 역시 일반적인 희생보상청구권의 법리가 구체화된 결과이므로 민사법원에서 이를 행사해야 하는 것으로 이해하고 있다. 우리나라의 경우 실무상 헌법 제23조 제3항과 관련된 손실보상청구권의 행사는 원칙적으로 민사소송에 의하는 것으로 보는 것이 판례의 태도이므로 수용적 침해로 인한 손실보상의 문제는 민사소송에 의할 공산이 크다고 할 수 있다.

(4) 공용수용·수용유사침해와의 구별

수용적 침해는 본래의 공용침해와는 그 침해의 태양(Modalität des Eingriffs), 즉, 전자는 예측할 수 없는 특별희생을 수반하는 데 대하여 후자는 예측가능한 특별희생을 초래한다는 점에서 구별되며, 수용유사침해와의 차이는 행위의 적법성 여하에 있다.[73)]

> 그러나 수용적 침해의 위치를 설정하는 문제는 반드시 명료하지만은 않다. 그것은 공용수용도 수용유사침해도 아니며 양자의 중간에 위치한다. 침해행위 자체는 여전히 적법한 것으로 판단되지만 "수용"이 아니므로 독일기본법상의 부대조항(Junktimklausel)도 적용되지 않는다. 그러나 바로 그 적법성 때문에 그것은 또한 수용유사침해도 아니다. 물론 독일의 연방민사법원이 이 개념을 발전시킨 이유는 바로 이 부대조항을 회피하려는 데 있었다는 점을 간과할 수 없다. 그러나 부대조항을 이에 적용할 경우 수용적 침해처분은 보상규정이 결여됨으로 인하여 위법한 것이 되고 따라서 피해자는 이를 수인할 의무를 지지 않으며 따라서 고권적 행위 전체의 중지를 요구할 수 있게 되는 불합리한 결과를 초래하게 될 것이기 때문이다.

---

73) H. Maurer, a.a.O., § 27 Rn.59.

(5) 수용적 침해이론의 변천: '보상을 요하는 재산권내용규정'과의 관계

수용적 침해 보상의 이론도 그동안 적지 않은 변화를 겪었다. 연방헌법재판소의 도서납본결정(Plichtexemplarentscheidung: BVerfGE 58, 137) 이래 기본법 제14조 제1항을 근거로 인정되어 온 '보상을 요하는 재산권내용 및 한계규정'(ausgleichspflichtige Inhalts- und Schrankenbestimmung)에 의한 손실보상 또는 재산권규정에 의한 손실전보라는 새로운 법리가 대두됨에 따라 수용적 침해보상이론의 적용범위는 우연적 손해 또는 사고로 인한 손해(Zufall- oder Unfallschäden)로 대폭 감축될 수밖에 없었다.[74] 종래 수용적 침해에 해당하는 것으로 이해되었던 표준적인 사례들, 가령 도로공사로 인한 인접토지의 과도한 침해, 공공시설로부터 유입되는 이미씨온으로 인한 과도한 침해적 영향, 기념물보호 및 자연보호 분야에 있어 과도한 부담을 초래하는 이용제한의 경우에 대해서는 이제 수용적 침해보상의 이론이 아니라 재산권규정에 의한 손실전보청구권이 적용되는 것으로 이해되고 있다. 가령 장기간의 도로공사로 인한 영업이익의 상실과 같은 결과는 예외적이기는 하지만, 그러한 공사의 전형적인 결과이기 때문에 재산권규정에서 그에 대한 보상규정을 두어 해결해야 한다는 것이다. 그러나 수용적 침해보상의 법리는 비록 적용범위의 감축을 겪었을지라도 여전히 존속하고 있다. 즉 '보상을 요하는 재산권내용 및 한계규정'에 의해 해결될 수 없는 우연적 손해나 사고로 인한 손해에 대하여는 여전히 수용적 침해보상의 이론이 효용을 발휘하고 있는 것이다. 가령 적법하게 시행된 하수도공사과정에서 건물에 손상이 간 경우는 우연적인 손해이므로 수용적 침해보상의 법리에 따른 손실보상이 인정된다. 이 경우 행위 자체는 적법한 것이지만 그 행위의 결과가 재산권을 침해했다는 점에서 위법한 경우라 할 수 있다. 이 점에서 행위 자체와 결과가 모두 위법한 경우인 수용유사침해와 비교될 수 있다. 다만, 재산법에 있어 관건은 행위의 결과에 있는 것이므로(행위 자체는 위법하나 위법한 재산권침해를 초래하지 않는 행위는 재산법적 관점에서는 무의미하다), 수용적 침해를 수용유사적 침해의 한 유형으로 파악하든 독자적인 책임제도로 파악하든지 하는 것은 그리 큰 의미는 없다고 한다.[75]

---

74) 반면 수용적 침해보상이론이 의문시되었던 것은, 당초의 관측과는 달리, 자갈채취사건결정 때문은 아니었다. 수용적 침해보상이론은 자갈채취사건결정이나 그 이후의 판례변천과 충돌되지 않는다는 사실이 판명되었다. 왜냐하면 자갈채취사건결정에서 문제되었던 수용의 경우에는 '의도적 법적 행위'가 문제였던 반면, 수용적 침해의 경우에는 '의도되지 않은 사실행위'가 문제되고 있다는 사실이 밝혀졌기 때문이다. 또한 '일차적 권리보호의 우선'(Vorrang des Primärrechtsschutz)의 원칙 역시 수용적 침해의 경우 문제되는 사실행위의 대다수가 방어소송 또는 부작위소송에 의해 방지될 수 있는 성질의 것이 아니기 때문에 문제될 수가 없었다고 한다(H. Maurer, a.a.O., § 27 Rn.107).

75) H. Maurer, a.a.O., § 26 Rn.111.

(6) 우리나라에서의 이론적 수용문제

이제까지 설명한 독일판례법의 수용적 침해에 대한 손실보상의 이론은 우리나라의 경우 지하철공사의 장기화로 인한 건물의 균열・영업손실, 도로구역으로 20여 년 지정되어 있기 때문에 야기된 재산권침해, 또는 택지개발구역으로 묶였으나 예산부족 등 사유로 인하여 장기간 개발사업이 지연되고 있어 초래되는 재산권행사의 제한, 항만건설(예: 평택항 LNG기지건설)로 인한 어업피해 등과 같이 현행법상의 손해전보제도로써는 충분한 피해자구제를 달성할 수 없는 상황과 관련하여 하나의 좋은 사법적 법형성의 방향을 제시해 주는 것이라고 할 수 있다. 그러나 독일에서 이러한 이론이 형성된 배경에는 현행법상의 손실보상제도가 이러한 보상필요성이 농후한, 그러나 보상이 주어지지 않는 사례상황의 규율에 무력했다는 사실이 존재하고 있었던 것이다. 따라서 장기적으로 볼 때에는 손실보상에 관한 입법의 차원에서 이러한 보상수요를 충족시키는 것이 바람직할 것이다. 그러나 수용적 침해이론이 이미 앞에서 본 바와 같이 관습법적 전통에 의해 뒷받침된 희생보상의 법리에 의하여 존속하게 된 현실적 배경을 이해한다면 독일 연방헌법재판소의 판례에서 표현된 법리에 의존하여 일방적으로 그 이론적 수용가능성을 부정하는 것은 우리나라의 경우 수용적 침해에 해당하는 재산권침해유형이 적지 않게 발생하고 있다는 점에 비추어 볼 때 결코 바람직한 태도라 할 수 없다. 따라서 현행법상 이러한 유형의 침해에 대해 마땅한 권리구제가능성이 주어져 있지 않은 이상, 적어도 입법적 해결책이 마련되기까지는, 수용적 침해이론을 원용하여 권리구제의 수요를 충족시켜 나가는 것이 합당한 해결책이라고 생각한다.[76)]

4. 재산권규정에 의한 손실의 전보

(1) 의의

'재산권규정에 의한 손실의 전보'(eigentumsrechtlicher Ausgleich)란 '보상을 요하는 재산권 내용 및 한계 규정'(ausgleichspflichtige Inhalts- und Schrankenbestimmung)에 의한 손실보상을 가리킨다. 이것은 독일에서 기본법 제14조 제3항에 의한 손실보상을 요하는 수용개념의 엄격한 해석과 보상을 요하지 않는 기본법 제14조 제1항 제2문에 의한 재산권의 내용 및 한계규정 사이의 법적 공백을 메우기 위하여 연방헌법재판소의 판례를 통하여 안출된 법리[77)]이다. 헌법에 따라 재산권의 내용과 한계를 규정한 법률에 의한 재산권에 대한

---

76) 수용적 침해이론의 수용가능성을 부정하는 견해에 대한 비판은 이미 수용유사적 침해이론에 대하여 설명한 것과 같으므로 상론하지 않는다.

제약은 원칙적으로 보상 없이 수인해야 하지만, 만일 그러한 법률이 비정형적인 예외적 사안에 있어 비례원칙에 어긋나 더 이상 수인을 기대할 수 없을 정도로 특별한 부담을 초래하는 경우에는 이를 재정적으로 보상함으로써 비례원칙과 재산권보장의 침해를 방지해야 한다는 것이다. 즉 비례원칙이나 재산권보장의 원리에 반하여 재산권의 내용이나 한계를 정한 법률은 위헌이라는 것이다. 그러한 경우 그로 인하여 피해를 입은 자는 그 위헌성을 근거로 직접 손실보상을 받을 수는 없으나, 그에 따른 침해조치에 대하여 취소소송 등의 방법으로 대항할 수 있으며, 보충적으로 법률에 보상규정이 있으면 그에 따라 손실보상을 받을 수 있다. 이때 성립하는 것이 '재산권규정에 의한 손해전보청구권'(eigentumsrechtlicher Ausgleichsanspruch)이다.

(2) 적용범위

재산권규정에 의한 손실전보청구권은 특히 공공시설에서 유입되는 이미씨온(Immission)이 비례원칙에 반하는 정도로 과도한 침해적 영향을 미치는 경우나 기념물보호 및 자연보호 분야에 있어 과도한 부담을 초래하는 이용제한의 경우에 적용되는 것으로 이해되고 있다.

(3) 성립요건

독일에 있어 '재산권규정에 의한 손실전보'라는 수단은 재산권의 제한이 모든 관점을 고려하여 필요하다고 인정되고 또 전체규율에 예외상황(Härtefälle)에 대한 규율을 포함시키는 것이 실질적으로 요구되는 경우에만 허용되는 것으로 이해되고 있다. 그러므로 예외상황에 대한 규율이 가능하고 타당한지 또는 다른 방법으로 비례원칙에 반하는 재산권에 대한 부담을 방지할 수 있는지를 먼저 심사한 결과 그렇지 않은 경우에만 손실전보가 가능하다는 것이다. 존속보호가 보상보호에 우선한다는 원리에 따른 결과이다.[78)]

재산권규정에 의한 손실전보는 ① 재산적 가치 있는 법적 지위가 ② 재산권의 내용 및 한계를 정한 법률규정에 있어 ③ 특별히 수인을 기대할 수 없을 정도로 침해되고 또 ④ 법률

---

77) 그 효시가 된 것은 1981년 7월 14일에 선고된 연방헌법재판소의 도서납본판결정(Pflichtexemplarentscheidung: BVerfGE 58, 137)으로 알려지고 있다. 당시 연방헌법재판소가 이 결정을 통하여 새로운 법리를 창설하고자 의도했는가에 관해서는 의문이 없지 않으나, 그동안 전문법원의 판례와 학설에 의해 받아들여짐으로써 결국 새로운 법리가 형성되었다고 볼 수 있다. 연방헌법재판소는 이러한 손실보상청구권의 가능성을 그 이후 단 한차례의 결정에서만 재확인하였으나, 상당수의 연방행정법원과 연방법원의 판례가 이를 수용한 바 있다(구체적인 전거는 H. Maurer, a.a.O., § 26 Rn.80을 참조). 보상을 요하는 재산권내용규정에 관하여는 박상희, 「재산권침해유형에 대한 구별이론의 새로운 필요성: 독일에서의 '보상의무 있는 내용규정'에 관한 논의를 중심으로」, 『법제연구』 통권 제7호, 1994를 참조.

78) H. Maurer, a.a.O., § 26 Rn.84.

에 그러한 경우에 관한 보상규정이 있을 때 주어진다.

이와 관련 법률이 막연히 '정당한 보상을 하여야 한다'는 규정만을 두고 그 밖에 보상의 구체적 기준이나 방법 등에 관해 아무런 규정을 두지 않은 경우인 '구제적 보상규정'(salvatorische Entschädigunsklausel)[79]도, 그 잠정적·과도적 합헌성이 유지되는 한도에서,[80] 여기서 요구되는 보상규정으로 볼 수 있을 것이다. '이 법에 의한 조치가 공용침해를 가져오는 경우에는 이에 상당한 보상을 하여야 한다'는 식으로 거의 백지에 가까운 내용이기는 하지만, 이로써 재산권침해를 포기하지 아니하고 그에 대한 보상 필요성을 시인한 입법권자의 의사가 표명된 것이므로 단순한 공백규정(Leerformel)에 불과한 것은 아니기 때문이다.[81]

(4) 손실보상의 한도

재산권규정에 의한 손실전보청구권 역시 형평보상은 아니며, 헌법적으로 요구된 보상이다. 따라서 그 보상한도도 형평에 대한 재량에 의해서가 아니라 재산권에 대한 과도한 부담에 상응하는 수준에서 결정되어야 한다. 원칙적으로 완전한 보상이 주어져야 한다는 결과가 될 것이다. 그 밖의 보상의 내용과 기준은 수용보상과 마찬가지이다.

(5) 우리나라에서의 이론적 수용문제

이 법리에 대하여는 결국 과거의 확장된 수용개념(광의의 수용)은 형식적으로는 포기되었으나 실질적으로는 기본법 제14조 제1항 제2문에 의하여 다시 존속하게 된 것이 아니냐는 비판이 있을 수 있다. 재산권의 내용 및 한계를 규정한 법률에 의한 재산권 제약이 있을 경우 과연 어떠한 경우에 보상이 요구되는지에 관하여 종래 특별희생의 판단기준으로 동원되었던 요인들이 다시금 고려되어야 하기 때문이다. 그러나 이 법리와 종래의 광의의 수용에 대한 보상간의 결정적인 차이는 보상의 여부 및 내용을 규율하고 기준을 정할 입법권자의 입법형성의무가 강조되고 있다는 데 있다. 어떠한 경우 보상을 필요로 하는지는 법률에 의해 직접 정해지지 않으면 안 된다. 필요한 보상규정이 결여된 경우 행정청이나 법원이 스스로 손실보상을 해서는 아니 되며 재산권을 제약하는 법률의 규정이 위헌이라는 평가를 받게 될 뿐이다. 이 점에서 이 법리는 수용유사침해보상의 법리와는 근본적인 차이를 지니며, 또한 법률에 보상규정이 없으면 원칙적으로 보상이 불가능하다는 결론에 있어 수용적 침해보상의 법

---

79) 예: 철도법 제76조 제1항, 원자력법 제96조 제2항, 문화재보호법 제25조 제1항, 소방법 제8조 등. 이에 관하여는 H. Maurer, a.a.O., § 26 Rn.63, 83을 참조.

80) BVerwGE 84, 361, 367f.

81) H. Maurer, a.a.O., § 26 Rn.83.

리와도 구별된다.

이 법리는 독일 연방헌법재판소의 자갈채취사건결정에 의해 도입된 '불연속성모델' 또는 '분리이론'으로 인한 권리구제의 공백을 메우기 위해 안출된 것이지만, 우리 헌법 제23조 제3항을 이미 앞에서 본 바와 같이 연속성모델에 따라 이해하는 경우에는 불필요할 뿐만 아니라 오히려 손실보상의 체계에 혼란을 초래할 우려도 없지 않다. 또한 앞에서 본 바와 같이 재산권내용 및 한계규정에 의한 재산권의 제약이 어떠한 경우 보상을 요하는지에 관하여 여전히 논란의 여지를 남길 뿐만 아니라 권리구제의 문제를 충분히 해결하지도 못한다는 점이 지적되어야 한다. 이 법리가 보상규정의 존재에 의존하는 이상, 법률에 보상규정이 없으면 그 위헌성만을 다툴 수 있을 뿐 그 경우 피해자에게 실질적 권리구제를 의미할 수 있는 보상을 받을 수 있는 가능성은 배제되기 때문이다. 보상을 요하는 재산권 내용 및 한계규정에 의하여 재산권에 대한 과도한 제한을 받은 피해자가 설령 그 위헌성을 확인받는다 하더라도, 이 경우 수용유사침해보상과 같은 법리가 인정되지 않는 이상, 보상을 받을 수 없고 또 이를 국가배상제도를 통해 구제받기 위해서는 입법작용에 대한 국가배상이라는 좁은 문을 통과해야 하기 때문이다. 반면 그러한 경우 우리 헌법 제23조 제3항의 경우를 연속성모델에 의해 이해한다면 피해자가 추구하는 손실보상은 공용침해(수용 · 사용 · 제한)에 대한 손실보상의 법리에 의하거나 수용유사침해보상의 법리에 의해 용이하게 달성될 수 있다.

우리에게 있어 이 법리는 헌법 제23조 제1항에 의한 재산권의 내용 및 한계규정이라고 해도 예외적으로 보상을 필요로 하는 재산권에 대한 과도한 제약이 있을 수 있으며, 그러한 경우 보상을 인정하여 권리구제의 공백을 메우고 구체적 타당성을 기할 필요가 있음을 밝혀준다는 점에서 오히려 역설적인 의미에서 타산지석이 될 수 있다.

5. 희생보상청구권

(1) 의의

수용이나 수용유사침해 또는 수용적 침해로 인한 손실보상은 오로지 재산적 가치 있는 권리나 법적 지위에 대한 침해에 대해서만 인정되고 그 밖에 생명 · 건강 · 명예 · 자유 등과 같은 법익의 침해에 대하여는 인정되지 않는다. 이러한 비재산적 가치가 보장되지 않는다면 그것은 기본권보장 · 법치국가원칙 · 사회국가원칙에 반한다는 이유에서 인정되는 것이 희생보상청구권이다.

(2) 법적 근거

희생보상청구권의 법리는 원래 독일에서 판례를 통해 발전된 것이다. 독일의 경우 이것은 오늘날에도 헌법적 관습법으로서 효력을 발휘하고 있는 프로이센 일반란트법(ALR) 서장 제74, 75조에서 표현된 법원칙, 즉 공익을 위해 특별한 희생을 당한 자는 보상을 받아야 한다는 원칙에 의해 뒷받침되고 있다.[82] 따라서 그 법적 근거는 우선적으로 헌법적 관습법으로서 프로이센 일반란트법(ALR) 서장 제74조 및 제75조에서 찾는 것이 일반적이지만, 그 외에도 사회국가원칙 및 평등원칙이 거론되고 있다.

(3) 성립요건

희생보상청구권이 성립되기 위해서는 역시 수용으로 인한 손실보상청구권과 유사한 요건이 충족되어야 하는데, 그것은 ① 행정주체의 고권적 침해, ② 비재산권에 대한 침해, ③ 특별희생, ④ 침해행위의 적법성, ⑤ 적법성의 요건으로서 공공복리의 목적 등이다.[83]

(4) 효과

희생침해로 인하여 발생하는 보상청구권의 내용은 오직 비재산적 권리에 대한 침해로 발생한 재산적 손해(의료비, 간호비, 소득상실분 등)만을 포함하고 정신적 손해는 포함하지 않는다. 그 밖의 사항에 관해서는 이미 수용등으로 인한 손실보상에서 설명된 것이 여기에도 적용된다.

(5) 희생유사침해

수용보상의 경우와 마찬가지로 희생보상 역시 위법한 침해행위에까지 확대되었다. 이를 희생유사침해 또는 희생동등침해(aufopferungsgleicher Eingriff)로 인한 손실보상이다. 법적 근거 · 요건 · 효과 등은 위법성 문제만 제외하고는 희생보상의 경우와 같다.

(6) 우리나라에서의 적용문제

이러한 희생보상의 법리를 우리나라에서도 인정할 수 있는지, 그 법적 근거는 무엇인지에 관하여는 논란이 없지 않다. 우리나라의 경우 희생보상의 이론은 예컨대 전염병예방을 위한 강제검진으로 인한 신체 · 건강상의 침해와 같은 비재산적 법익에 대한 침해가 이루어진 경우 고려할 만한 가치가 있다. 물론 비재산적 법익에 대한 희생침해에 관련된 실정법의 규정이

---

82) H. Maurer, a.a.O., § 27 Rn.1.

83) 이에 관해서는 홍정선, 『행정법원론(상)』, 박영사, 2009, 572 이하를 참조.

있는 경우 그 보상청구권을 인정하는 데는 문제가 없을 것이다(예컨대 형사보상법에 의한 형사보상청구권은 비록 사법작용을 원인으로 하는 것이기는 하지만 넓은 의미의 손실보상으로 볼 수 있다).

그러나 이러한 명문의 법적 근거가 없는 경우 우리나라의 경우 희생보상청구권의 이론을 받아들일 수 있는가 여하가 문제된다. 이에 관해서는 독일에서 희생보상의 이론이 발전된 것도 사실은 판례법의 형성을 통한 헌법적 관습법의 확립에 의한 것이었다는 점을 고려할 필요가 있다. 따라서 이러한 경우 어떠한 법적 근거로부터 이러한 희생보상청구권을 도출할 수 있을 것인가가 문제된다. 이를 위해서는 헌법상 법치주의의 원칙, 평등원칙, 손실보상의 근거로서 특별희생의 법리로부터 논의를 시작해야 할 것이다. 먼저, 특별희생의 법리는 우리나라에서도 헌법 제23조 제3항의 규정에 의한 손실보상의 법리적 기초를 이루고 있는 것으로 이해되고 있다. 이러한 특별희생의 법리로부터 희생보상청구권을 도출해 내는 것도 이론상 불가능하지는 않을 것이다. 아울러 헌법상 법치주의와 평등의 원칙은 바로 이러한 특별희생의 법리를 뒷받침해 주는 헌법원리라고 이해된다. 한편 공공필요에 의한 생명·신체에 대한 적법한 침해로 특별한 희생을 받은 자는 헌법상 기본권규정(§§ 10, 11)과 평등조항을 직접근거로 하여 보상을 청구할 수 있다는 견해[84]가 있다.

대법원은 시위진압과정에서 생긴 사고에 대한 국가배상청구소송에서 "국가배상책임은 공무원의 직무집행이 법령에 위반한 것임을 요건으로 하는 것으로서, 공무원의 직무집행이 법령이 정한 요건과 절차에 따라 이루어진 것이라면 특별 사정이 없는 한 이는 법령에 적합한 것이고 그 과정에서 개인의 권리가 침해되는 일이 생긴다고 하여 그 법령적합성이 곧바로 부정되는 것은 아니라고 할 것이며, 불법시위를 진압하는 경찰들의 직무집행이 법령에 위반한 것이라고 하기 위하여는 그 시위 진압이 불필요하다거나 또는 불법시위의 태양 및 시위장소의 상황 등에서 예측되는 피해 발생의 구체적 위험성의 내용에 비추어 시위진압의 계속 수행 내지 그 방법이 현저히 합리성을 결하여 이를 위법하다고 평가할 수 있는 경우이어야 할 것"[85]이라고 판시하여 국가배상책임을 부정하였다. 대법원이 '시위진압 과정에서 개인의 권리가 침해되는 일이 생긴다고 하여 그 법령적합성이 곧바로 부정되는 것은 아니라고 할 것'이라고 판단한 것은 타당하다. 그러나 권리침해 자체는 법적 정당화사유가 없는 한, 어디까지나 위법한 것이다. 즉 '위법성 → 권리침해'라는 공식은 성립하지 않지만, '정당화되지 않은 권리침해 → 위법성'이란 공식이 성립하는 이상, 시위진압행위의 적법성이 그 과정에서 발생한 권리침해를 정당화하지는 못하기 때문이다. 이렇게 볼 때 이 사건은 오히려 불법시위를 진압하는 경찰들의 직무집행행위의 위법성보다는 권리침해의 위법성과 책임요소, 즉 고의·과실의 유무라는 측면에서 접근하여 배상책임유무를 판단하

84) 박균성, 「현행행정상 손해전보제도의 흠결과 보충」, 『고시계』 35(8), 1990.7., 117.
85) 대법원 1997.7.25. 선고 94다2480 판결(손해배상(기) (자) 파기환송).

는 것이 더 올바른 해결책이었으리라고 생각한다. 그러나 이 사건과 같이 가해공무원의 고의·과실을 인정하기 곤란하기 때문에 시위진압과정에서 특별한 희생에 해당하는 권리침해를 받았음에도 불구하고 보상을 받지 못한다는 바람직하지 못한 권리구제의 공백이 있다는 점에 주목하여야 한다.

한편 이 사건은 비재산적 법익이 침해된 경우는 아니므로 희생보상의 법리를 원용할 여지는 없다. 그러나 이 사건과는 달리 시위진압과정에서 개인의 비재산적 법익이 침해되었을 경우에는 희생보상의 법리에 따라 손실보상을 해 줄 것인지 여부가 문제된다. 이처럼 시위진압과정에서 개인의 비재산적 법익의 침해라는 결과가 생길 개연성이 있다면 이에 대한 보상을 위한 입법이 이루어져야 하며, 그러한 입법이 없을 경우에도 그러한 권리침해를 예측하지 못한, 비전형적인 침해로 간주하여, 이에 대한 손실보상이 주어져야 한다는 것이다. 그 경우 시위진압행위 자체가 적법하다는 데 착안하여 이를 희생적 침해라고 보든지, 또는 시위진압행위의 결과, 즉 개인의 권리침해의 위법성에 착안하여 희생유사적 침해라고 보든지 하는 것은 이론구성상의 차이일 뿐이다.

6. 결과제거청구권

(1) 결과제거청구권

① 의의와 성질

결과제거청구권(Folgenbeseitigungsanspruch) 또는 원상회복청구권(Wiederherstellungsanspruch)이란 실체법상의 권리로서 위법한 행정작용의 결과로 계속 남아 있는 위법상태로 인해 자기의 법률상의 이익을 침해받고 있는 자가 행정청에 대하여 이를 제거해 달라고 청구할 수 있는 권리를 말한다. 이 법리는 민법상 소유권에 기한 방해배제청구권의 논리구조와 유사성을 띠고 있다. 그러나 이를 근거로 '위법한 행정작용으로 인한 방해배제'로 파악하여 위법한 직무집행으로 인한 손해배상과 같은 차원에서 이해하려는 견해[86]는 양자가 청구의 내용과 요건을 달리하고 있다는 점에서 유지되기 어렵다.[87]

결과제거청구권(Folgenbeseitigungsanspruch)은 주지하는 바와 같이 독일에서의 학설 및 판례발전의 소산이다. 이 문제를 둘러싼 독일에서의 학설사적 배경을 개관해 보면 다음과 같다. 결과제거청구권은 1960년대 이래 학설과 판례에 의해 일반적 승인을 받아 온 개인의 주관적 공권이다. 먼저 이 결과제거청구권이란 법제도를 발전시킨 것은 오토 바호프(Otto Bachof)의 공이었다. 바호프는 결과제거청구권을 도출하기 위한 실정법적 근거로 기본법 제20조 제3항에 정착된 행정의 법률적합성의 원칙(Prinzip der Gesetzmäßigkeit der

86) 이상규, 『신행정법론』, 법문사, 1994, 625.
87) 김남진, 앞의 책, 639.

Verwaltung)을 들고, 이를 민사소송법에서의 지배적인 사고방식과 유사한 사고과정을 통해 구체화된 일반적 법사상(allgemeine Rechtsgedanken)에서 유래하는 것이라고 설명했다. 그는 자신의 교수자격청구논문이었던 "Die verwaltungsgerichtliche Klage auf Vornahme einer Amtshandlung"(Tübingen, 1951)에서 취소소송의 본질론에 이어 "위법한 행정행위로 피해를 받은 자는 기본법 제20조 제3항(법치국가원칙)을 법적 근거로 그 행정행위의 취소를 요구할 권리를 가질 뿐만 아니라, 그것이 이미 집행된 경우에는 또한 집행보상청구권(Vollzugsentschädigung)을 가지며, 이것은 직접적인 손해와 경우에 따라서는 그 처분을 통해 의도된 간접적 손해를 대상으로 한다."라고 주장하고, 행정행위가 예선적 집행력을 가진다는 것(vorläufige Vollziehbarkeit)은 사후에 행정행위가 취소될 경우 그로 인한 결과를 제거해야 할 의무를 묵시적으로 내포하는 것이라고 지적했다. 바호프와 멩거(C.-F. Menger)에 의해 안출된 이와 같은 결과제거청구권의 법리에 대하여 이의를 제기한 것은 베터만(K.A. Bettermann)이었다. 베터만의 이론은, 이 개념을 '침해배제청구권'(Beeinträchtigungsanspruch)의 방향으로 일부 축소시키는 동시에 부분적으로 확대하는 결과를 가져왔다.[88] 베터만에 따르면, 공권력은 개인의 법적 지위를 위법하게 침해한 때에는 이러한 침해를 다시 제거해야 할 의무를 진다는 것이다. 그는 바호프나 멩거와는 달리 결과제거청구권의 보상적 성격을 부정하고 이를 원상회복청구권으로 구성했다. 행정법원의 판례 특히 연방행정법원의 판례는 학설에 의해 발전된 법적 관념의 주요요소들을 — 비록 당초에는 매우 신중한 태도였지만 — 받아들였고, 또 베터만의 견해에 따라 공법상 일반적 결과제거청구권이 존재한다는 사실을 인정하기에 이르렀다.[89] 연방행정법원은 당초 결과제거청구권을 행정법의 일반원리의 구성부분(Bestandteil)으로 간주하는 한편, 행정법원법 제113조 제1항을 근거로 집행된, 그리고 이후 취소소송에 의해 취소된 행정행위로 인해 발생된 결과를 원상회복시켜 달라고 청구할 수 있는 권리로 파악하였으나,[90] 이후 일련의 판례를 통해 결과제거청구권을 집행된 행정행위의 경우뿐만 아니라 위법한 결과를 야기한 모든 행정작용의 경우에 성립하는 것으로 일반화·확대시켰다. 이런 과정을 통해 결과제거청구권은, 바호프의 당초 견해와는 달리, 더 이상 행정행위의 예선적 집행가능성이나 취소소송과의 관련성에 구애되지 않는 제도가 되었고 또한 그 범위도 행정행위를 포함한 모든 행정작용에 대하여 확장되었다. 급기야는 (논란은 있으나) 위법한 부작위의 결과를 제거해 달라고 청구할 권리로까지 확대되기에 이른 것이다.[91]

88) *DÖV*, 1955, 528ff.
89) BVerwG, *DVBl*, 1959, 580.
90) BVerwGE 28, 155.
91) W. Grunsky, in: *Münchener Kommentar zum BGB*, Vorb. vor § 249 Rn.36-46. 물론 그동안 연방행정

결과제거청구권은 원상회복을 내용으로 하는 것이기는 하지만 반드시 물권적 청구권에 국한되는 것은 아니며 또 공법상의 권리로서의 성질을 갖는다. 결과제거청구권은, 과실을 요건으로 하며 금전적 손해전보를 내용으로 하는 국가배상청구권과 구별되며, 적법한 행위로 인한 침해유형인 희생침해나 수용침해와, 또한 원상회복이 아니라 금전적 보상을 목적으로 하는 희생유사침해 및 수용유사침해와도 구별된다.[92)]

② 법적 근거

우리나라에서 결과제거청구권을 인정하는 견해는 법치행정의 원리(헌법 § 107), 기본권규정(헌법 § 10 내지 § 37 ①), 민법의 규정(§§ 213, 214)의 유추적용에서 찾거나,[93)] 헌법 제10조, 제23조 제1항 전단, 제29조, 민법 제213, 214조에서 찾고 있는 데 비하여,[94)] 결과제거청구권을 민법상 소유권에 기한 방해배제청구권으로 보는 견해에서는 민법 제213와 제214조에서 각각 그 법적 근거를 찾고 있다.[95)]

독일의 경우에도 결과제거청구권의 법적 근거에 관해서는 민법 제1005조의 유추, 동 제12조, 제862조, 정의의 요청, 법치국가원칙, 행정의 법률적합성의 원칙, 법률유보의 원칙, 자유권적 기본권, 기본법 제19조 제4항에 의한 권리보호의 보장(Rechtsschutzgarantie) 등 다양한 규정들이 제시되고 있다. 이와 같은 다양한 견해들은 상호배척하는 것은 아니며 오히려 상호보완하며 지원하는 것이지만, 역시 가장 표준적인 근거는 행정의 법률적합성의 원칙과 자유권적 기본권에 관한 헌법규정이라고 한다.[96)] 반면 "행정행위가 이미 집행된 때에는 법원은 신청에 따라 또한 행정청에게 그 집행을 원상회복시켜야 하며 또 어떻게 원상회복시켜야만 하는지를 선고해야 한다."라고 규정하고 있는 행정법원법(VwGO) 제113조 제1항 제2문은 결과제거청구권의 법적 근거가 될 수 없으며 동조항은 오히려 결과제거청구권의 존재를 전제로 하는 것이라고 한다.[97)] 그러나 결과제거청구권을 법적으로 근거지우는 문제는 독일

법원은 기본적 판결(Grundsatzentscheidung)로 지칭된 1984년 7월 19일의 판결에서 이른바 간접적 손해를 결과제거청구권의 내용으로부터 배제시킴으로써 결과제거청구권의 범위를 한정하였다. 그것은 결과제거청구권의 무한한 확대를 저지하고, 특히 민법 제839조 및 기본법 제34조에 의한 국가배상청구권과의 한계가 불분명해지는 것을 막으려는 데 그 취지가 있었다고 할 수 있다. 이에 관하여는 홍준형, 「공법상 결과제거청구권의 법리」, 『아주사회과학논총』, 1993을 참조.

92) 기타 사회보험법상의 원상회복청구권이나 공법상의 반환청구권과의 구별 및 비교에 관해서는 F. Ossenbühl, *StHR*, S.206, § 35 이하를 참조.

93) 김남진, 앞의 책, 639; 박윤흔, 『행정법강의(상)』, 박영사, 2002, 746-747; 맹장섭, 「공법상의 결과제거청구권」, 『법조』 372(9), 1987, 34.

94) 김도창, 『일반행정법론(상)』, 청운사, 1993, 647.

95) 이상규, 『신행정법론(상)』, 법문사, 1997, 627.

96) H. Maurer, a.a.O., § 30 Rn.5.

의 경우에는 그것이 이미 판례와 학설의 확고한 승인을 획득하였고 행정법의 일반원리로서 정착되었기 때문에 더 이상 결정적인 의미를 갖는 것은 아니라고 할 수 있다. 다만 그 요건이나 효과와 관련하여 그 법적 근거문제가 다시금 문제될 수 있을 것이다.

생각건대, 결과제거청구권은 학설과 판례에 의하여 아직 확고히 정착된 개념이 아니라고 지적되고 있으나,[98] 그 성립 자체는 우리나라에서도 충분히 인정될 수 있다. 우리나라 행정법에서도 헌법과 법률에 의하여 행정의 적법성의 원리가 행정법의 기본원리로서 효력을 갖는다는 점은 독일의 경우와 다를 바 없으며, 따라서 바로 이 법치행정의 원리로부터 결과제거청구권이 도출될 수 있는 것이기 때문이다. 국민이 위법한 행정작용으로 인하여 발생·지속되는 위법상태를 수인해야 할 의무를 지지 않으며 따라서 그 위법상태의 제거를 청구할 수 있는 권리를 갖는다는 것은 법치행정의 원리의 당연한 요구인 동시에 헌법의 기본권보장의 원칙의 결과라고 할 수 있기 때문이다. 실정법상 명문으로 결과제거청구권을 인정한 예로는 징발법 제14조를 들 수 있다. 동법은 제14조에서 "징발물은 소모품인 것을 제외하고는 원상을 유지하여야 하며, 징발이 해제되어 징발대상자에게 반환할 때에는 원상으로 반환하여야 한다. 다만, 징발대상자가 원상회복을 원하지 아니하거나 멸실, 그 밖의 사유로 인하여 원상회복을 할 수 없을 때에는 예외로 한다."라고 규정하고 이어서 제15조 제1항에서 "징발물을 사용할 필요가 없게 되었거나 징발물이 멸실된 경우에는 지체 없이 징발을 해제하여야 한다."라는 것과 제16조 제1항에서는 징발해제시 징발물을 징발대상자에게 반환하도록 할 것을 규정하고 있는데, 이들 규정은 이른바 적법한 공용사용으로서 징발이 해제된 후에도 징발목적물이 그대로 사용되고 있을 경우 징발대상자가 가지는 결과제거청구권을 전제로 한 것이라고 이해된다.

③ 결과제거청구권의 성립요건

결과제거청구권이 성립하기 위해서 충족되어야 할 요건으로는, 이제까지 독일에서의 이론전개와 국내의 논의를 종합할 때, 적어도 다음과 같은 측면이 고려되어야 할 것이다.

(가) 행정주체에 의한 고권적 침해

행정주체에 의한 고권적 침해가 있었어야 한다. 이에 관하여는 별반 이론의 여지가 없다. 침

97) H. Maurer, a.a.O.; H.-U. Erichsen, S.663, § 53 V 1, Rn.18.

98) 김도창, 앞의 책, 645. 이 점은 결과제거청구권의 존재를 일반적으로 인정하고 있는 독일의 경우에도 그 요건과 효과에 관하여 일부 시인되고 있다(E. Erichsen, S.663, § 53 V 1, Rn.18). 따라서 결과제거청구권의 법적 근거를 그 요건 및 법적 효과와 분리시켜 논하는 것은 불가능하다고 한다 (Vgl. F. Ossenbühl, *Staatshaftungsrecht*, 3.Aufl., 1983, S.194).

해는 공법적인 것이어야 하며 사법상의 침해(예컨대 사법적으로 운영되는 공공시설의 이미씨온)는 여기에 해당되지 않으며 이 경우에는 단지 민법상(§ 214) 소유권에 기한 방해배제청구권에 의해 구제될 수 있을 뿐이다.

(나) 위법한 침해상태의 발생

위법한 침해상태가 발생하여야 한다. 위법한 침해상태는 위법한 행정작용에 의해 발생되는 것이 일반이다. 이 경우 위법한 행정작용은 적극적 행위(작위)여야 함이 원칙이다. 부작위에 의한 권리침해의 경우에는 원상으로 회복되어야 할 위법상태가 조성되지 않으므로 원상회복청구의 문제도 발생하지 않는 것이 일반이다. 그러나 당초에는 적법했던 행위가 사후에 기간경과, 해제조건의 성취 또는 실질적 침해요건의 소멸 등으로 인하여 위법하게 된 경우에는 부작위의 형태를 띨 수도 있다. 예컨대, 행정청이 당초에는 적법하게 압류된 물건을 압류처분이 해제된 이후에도 계속 유치하여 반환을 하지 않고 있다면 이것은 반환의무에 관해서는 부작위가 될 것이다. 이러한 의미에서 결과제거청구권의 요건으로서 침해행위의 위법성이 지나치게 강조되어서는 안 되며 오히려 침해상태의 위법성에 중점을 두지 않으면 안 된다.

이러한 경우 독일의 연방행정법원은 집행권의 작위 또는 부작위에 의해 발생한 결과에 대해서 결과제거청구권이 성립한다고 판시한 바 있다.[99] 그러나 마우러는 이런 경우에도 위법하게 되기 이전에 행해진 행정청의 작위를 근거로 결과제거청구권이 성립되는 것으로 볼 수 있다고 한다.[100] 그러나 이때 그 '이전의 작위'란, 가령 조건성취나 기간경과 또는 사정변경으로 인한 행정행위의 철회, 압류의 해제 등과 같이 당초 적법했던 행정작용이 사후에 법적 근거를 상실하게 된 경우(Wegfall der VA und sonstiger Verwaltungshandlung)에는, 의연 적법한 작위라고 하지 않으면 안 된다. 그렇다면 결과제거청구권은 위법한 행정작용으로 인한 위법한 결과에 대해서뿐만 아니라 적법한 행정작용이 사후에 위법하게 되거나 법적 근거를 상실하게(rechtsgrundlos) 되는 경우에도 성립할 수 있다는 결론에 이르게 된다. 물론 이에 관해서는 아직도 논란이 없지 않으며, 사실 문헌과 판례의 일부[101]가 결과제거청구권을 '위법한 행정작용'으로 인한 위법한 결과를 제거할 수 있는 권리로 파악함으로써 원인이 된 행정작용의 위법성을 결과제거청구권의 요건으로 보고 있는 것은 사실이다. 그런 이유에서 국내학자들이 원인된 행정작용의 위법성을 결과제거청구권의 성립요건으로 설명하고 있는 것도 전혀 이해할 수 없는 것은 아니다. 그러나 이러한 설명태도들은 독일에 있어 판례와 학

99) BVerwGE 69, 366; 367, 371.

100) H. Maurer, a.a.O., § 29 Rn.5, S.672.

101) H.-U. Erichsen, § 53, Rn.17, S.662; K. Obermayer, *JuS*, 1963, 114; OVG Münster, *NJW*, 1954, 1902.

설을 통한 결과제거청구권의 확대가 위법성의 위상을 원인행위로부터 결과에로 옮겨 놓았다는 사실[102]을 제대로 인식하지 못한 결과일 뿐이다.[103] 이미 베터만이 지적했던 바와 같이, 위법한 행정행위가 이미 집행되었어야 한다는 것은 더 이상 결과제거청구권의 성립에 있어 결정적인 것으로 인정되지 않으며 고권적 행위에 의해 침해가 있음으로 족하다고 할 수 있다. 이것은 또한 '위법한 행위'의 결과가 아니라 행정작용의 '위법한 결과'에 중점을 두어 온 독일 연방법원의 판례태도이기도 하다. 따라서 결정적인 기준은 침해적 행정행위의 위법성이 아니라 위법한 결과의 초래, 다시 말해 결과의 위법성에 있는 것이다.[104] 이것은 결과적으로 행위위법(Handlungsunrecht)으로부터 결과위법(Erfolgsunrecht)으로 관점이 이동했음을 의미한다.[105]

행정행위의 경우, 즉 '집행-결과제거청구권'(Vollzugs-Folgenbeseitigungsanspruch)의 경우에는 집행된 행정행위가 그사이에 취소되거나 당연무효가 되었을 것을 전제로 한다. 그렇지 않을 경우 당해 행정행위가 그 위법상태의 법적 기초를 구성하고 그에 대한 제거청구를 배제하는 결과를 가져오기 때문이다.

(다) 위법한 침해상태의 계속

위법한 침해상태가 계속되어야 한다. 이에 관하여는 별반 문제될 것이 없다. 위법상태가 일시적으로 존재했을 뿐 현존하지 않을 경우에는 결과제거의 문제는 발생하지 않으며 이미 완성된 과거의 권리침해에 대한 손해배상이나 손실보상의 문제만이 제기될 수 있을 뿐이다.

(라) 인과관계

행정작용과 결과 사이에 인과관계가 존재하고 또 아무런 책임제한사유가 적용되지 않아야 한다. 이것은 앞에서 지적한 바와 같이 발생한 결과의 귀속단계(Stufe der Zurechenbarkeit)에 관하여 제기되는 법적 문제로서, 원칙적으로 위법한 행정작용의 결과가 그 행정작용을 행

102) F. Ossenbühl, *StHR*, § 24, 1 b; F. Weyreuther, *Gutachten B*, S.67ff.; H.P. Köckerbauer, "Rechtsgrundlagen und Haftungsumfang des Folgenbeseitigungsanspruchs," *JuS*, 1988, 784.

103) 한편 이에 대한 마우러의 태도는 반드시 분명치만은 않다. 즉, 마우러는 결과제거청구권의 요건으로 (a) 고권적 침해에 의하여, (b) 가령 재산권 같은 주관적 권리에 대해, (c) 위법한 상태가 조성되었고, (d) 이러한 상태가 계속되어야 한다는 점들을 들고 있어서 원인된 행정작용의 위법성을 결과제거청구권의 요건에서 배제시키는 듯한 태도를 보이나(Maurer, § 7a, Rn.9, S.673), 위의 요건들을 개별적으로 설명할 때에는 다시 위법한 상태가 위법한 행정작용(적극적 작위)에 의해 초래되었어야 한다고 함으로써 모호한 태도를 보이고 있다(§ 7a, Rn.9, S.671f.).

104) T. Rösslein, *Der Folgenbeseitigungsanspruch*, Duncker & Humblot, 1968, S.26.

105) H.P. Köckerbauer, a.a.O.

한 행정청에게 귀속될 수 있기 위해서는 행정작용과 결과 사이에 인과관계가 존재하여야 하며 책임제한사유가 없어야 한다는 것이다.[106] 책임제한사유는 책임의 성립과 범위 양면에 관하여 존재할 수 있다. 이에 상응하여, 오늘날 민사법에서 일반적으로 채용되고 있는 책임성립의 인과관계(haftungsbegründende Kausalität)에 관한 요건과 책임충족의 인과관계(haftungsausfüllende Kausalität)에 관한 요건 간의 구분[107]에 의한다면, 행정청의 행정작용과 발생한 위법한 결과 사이에 책임성립을 위한 인과관계가 존재하여야 하며 이러한 인과관계는 행정작용이 그 결과의 발생을 직접 목적으로 한 모든 경우에 있어서 존재한다고 볼 수 있다. 또한 어떤 결과가 그 행정작용에 의해 직접적으로 야기되었고 또 그것과의 관계에서 상당(adäquat)하다고 볼 수 있는 한, 그 밖의 결과에 관해서도 이러한 책임성립의 인과관계가 존재한다. 한편 책임충족적 인과관계의 문제는 귀속되어야 할 결과의 범위에 관한 것이다. 책임의 범위에 관해서는 우선적으로 책임성립의 근거규범의 보호목적(Schutzzweck)이 관건이 된다. 여기서 말하는 보호목적이란 결과제거청구권에 있어서는 법치주의에 관한 헌법규정으로부터 도출될 수 있다. 법에 합치되지 않는 행정작용의 결과는 존속되어서는 안 되며 따라서 제거되어야만 한다는 것이 그것이다. 이것은 행정작용이 직접 목적으로 삼았던 모든 결과에 관하여는 무조건적으로 적용된다. 반면 그 이외의 결과에 관해서는, 가령 결과가 피해자 또는 제3자의 행위에 의하여 비로소 야기되었거나 또는 이를 공동원인으로 하여 야기되었을 경우에는 법치주의에 입각한 헌법의 보호목적으로부터 이 같은 결과를 제거해야 한다는 요청이 나올 수 없다.

> 예컨대 건축허가와 같은 제3자효 행정행위로 인하여 법률상 이익을 침해받은 자가 취소소송을 제기하여 승소한 경우, 결과제거청구권에 의하여 곧바로 건축주에 의해 건축된 건물의 철거를 요구할 수는 없을 것이다.[108]

④ 결과제거청구권의 내용과 범위

(가) 내용: 원상회복

결과제거청구권은 위법상태를 원상으로 회복시켜 달라는 원상회복청구권이며 보상청구권은 아니다.[109] 방해배제청구권(Störungsbeseitigungsanspruch)으로서 그것은 보상(Kompensation)이 아니라 원상회복(Restitution)을 목적으로 한다. 결과제거청구권은 위법한 결과가 금

---

106) BVerwGE 69, 366, 372.
107) W. Grunsky, a.a.O.
108) 김남진, 앞의 책, 643.
109) K.A. Bettermann, *DÖV*, 1955, 528ff.

전적 이익의 상실을 내용으로 하는 경우에는 물론 금전의 지급을 내용으로 할 수도 있으나 그렇다고 하여 그것이 보상청구권이나 손해배상청구권이 되는 것은 아니다.110) 반면 결과제거청구권은 민법상 소유권에 기한 반환청구권이나 방해배제청구권처럼 하나의 가설적인 상태의 완전한 회복을 대상으로 하는 것이 아니라 이전의 또는 그와 동등한 상태의 회복을 대상으로 하는 것이라는 점에서 민법상 방해배제청구권에 비하여 '어느 정도 단축된 원상회복청구권'(gewissermaßen verkürzter Anspruch auf Naturalrestitution)을 의미한다.111)

결과제거청구권은 경우에 따라서는, 물론 법적으로 허용되는 범위 안에서, 제3자에 대하여 일정한 행위를 하도록 요구하는 것을 내용으로 할 수도 있다.

(나) 결과제거청구권의 한계

Ⓐ 결과제거의 가능성 및 기대가능성

결과제거의 가능성 및 기대가능성이 있어야 한다. 원상회복은 사실상 그리고 법적으로 가능해야 하고 청구의 상대방에게 수인을 기대할 수 있는 것이어야 한다. 예컨대 불법적으로 압류된 자동차가 압류처분의 해제 이전 또는 이후에 파손되어 버린 경우는 원상회복이 사실상 불가능해진 경우에 해당하며(사실상 불가능: tatsächliche Unmöglichkeit), 반면 결과의 제거가 법적으로 허용되어 있지 않은 경우(법적 불가능: rechtliche Unmöglichkeit)란, 가령 임대차기간 만료 후에 갈 곳이 없게 된 자(Obdachlose)를 임시로 기간을 정하여 다시 그 집에 들어가 살 수 있도록 조치한 후 그 기간이 경과된 경우(Einweisungsverfügung)처럼 제3자효행정행위(VA mit Drittwirkung)의 경우에 빈번히 발생하는 사례상황이라 할 수 있다.

독일의 경우, 전자에 관한 한 별 문제가 없으나, 후자에 관해서는 행정청이 기간경과로 법적 근거를 결여하게 된 임시수용처분으로 인한 결과를 제거(강제퇴거)함에 있어서 별도의 법률상의 근거를 요하는가 여부에 관하여 논란이 있다. 강제퇴거처분 역시 침해적 처분이므로 법률에 의한 행정의 원리에 따라 법률의 근거(침해수권)가 필요하다는 견해112)와 반대로 강제퇴거처분의 근거는 바로 행정청의 결과제거의무에 내포된 것으로 볼 수 있으므로 별도의 법률상의 근거를 요하지 않는다는 견해113)가 대립되고 있으나 후자의 견해가 타당하다고 본다.114)

---

110) K.A. Bettermann, a.a.O.; BVerwGE 69, 366, 371.

111) F. Ossenbühl, *StHR*, S.198, § 33.

112) F. Weyreuther, "Empfiehlt es sich, die Folgen rechtswidrigen hoheitlichen Verwaltungshandelns gesetzlich zu regeln," *Gutachten B zum 47. DJT*, 1968, S.108; VGH Mannheim, *VBlBW*, S.423f.

113) H.J. Wolff, O. Bachof, und R. Stober, *Verwaltungsrecht* I, 9.Aufl., 1974, § 54 II h.

114) J.-H. Hong, a.a.O., S.145ff.; 동지 F. Ossenbühl, *StHR*, § 34, S.204; V. Götz, *NVwZ*, 1990, S.832; ders., *VBlBW*, 1987, S.425; Knemayer, *JuS*, 1988, S.698f.

한편 모든 객관적으로 가능한 원상회복이 또한 수인기대가능성(Zumutbarkeit)을 지닌 것은 아니다. 가령 행정청이 도로공사시 사유지의 극히 사소한 일부를 불법사용하였으나, 과도한 비용을 들여서만 공용폐지(Entwidmung)될 수 있고 다시 소유자에게 반환될 수 있는 경우, 또는 사후적으로 발생한 사정변경에 의해 결과제거에 더 이상 아무런 이익이 없다고 판단되는 경우에는 결과제거를 요구하는 대신 손해의 배상을 해 주는 것으로 만족해야 할 것이다.[115] 우리나라의 판례는 행정주체가 수용·매수 등 권원취득절차를 취함이 없이, 사유지를 도로로 사용하는 경우 토지인도청구를 부정하는 경향을 보이고 있는데,[116] 이러한 경우 의문이 없는 것은 아니나 구체적 사정에 따라서는 결과제거의 가능성 및 수인기대가능성이 결여된 것으로 볼 수 있는 여지도 있을 수 있을 것이다.

그러나 이 요건들이 충족되지 않는 경우에도 권리구제의 길이 사라지는 것은 아니며, 이때에도 피해자에게는 손해배상이나 손실보상의 방법이 열려 있다.[117]

Ⓑ 위법상태의 합법화

공법상 결과제거청구권은 그 위법상태가 합법화(legalisiert)된 경우에는 인정되지 아니한다. 가령 취소된 행정행위나 당연무효인 행정행위가 새로운, 적법한 행정행위에 의하여 대체되거나 도로확장을 위해 필요한, 그러나 위법하게 점유된 토지가 수용된 경우가 그러하다.

Ⓒ 직접적 침해의 제거

결과제거청구권은 오로지 위법한 직접적인 침해만을 대상으로 한다. 따라서 부적법한 행정작용을 통해 발생된 모든 결과에 대하여 결과제거청구권이 성립되는 것은 아니다.

독일의 판례이론에 따르면, 결과제거청구권은 오로지 집행권의 작위 또는 부작위로 인한 위법한 결과의 제거만을 목적으로 하며 또 이에 대한 원상으로의 회복(Ausgleich in natura)만을 보장하는 것이라고 한다(BVerwGE 69, 366, 371). 민법(BGB) 제249조 제1문에 명문화된 원상회복의 원칙(Grundsatz der Naturalherstellung)[118]은, 집행권에게 그가 위법한 결과를 야기시키지 않았더라면 존재했을 상태를 회복시켜야 할 의무를 부과한다. 이것은 원칙적으로 그 직무행위의 실행 이전에 이미

115) F. Ossenbühl, *StHR*, S.205; 김남진, 앞의 책, 643; 김도창, 앞의 책, 649. 한편 우리나라 학자들 가운데는 행정심판법상 사정재결(§ 33) 및 행정소송법상 사정판결(§ 28)에 관한 규정들이 "손해배상, 제해시설의 설치, 그 밖에 적당한 구제방법"의 청구를 병합 제기할 수 있다고 한 취지도 이러한 법리에 입각한 것이라고 지적하고 있음은 주목할 만한 점이다(김도창, 앞의 책, 649; 김남진, 앞의 책, 643).

116) 예: 대법원 1969.3.25. 선고 68다2081 판결; 1975.4.22. 선고 74다1548 판결.

117) F. Ossenbühl, *Staatshaftungsrecht*, S.204, § 34.

118) 우리나라 민법과는 달리, 독일민법(BGB)은 제249조 제1문에서 원상회복의 원칙을 명문화하고 있다.

존재한 상태만을 회복시켜야 한다는 것을 의미한다. 이와 같은 판례이론에 따르면, 결과제거청구권은 행정작용에 의하여 직접 야기된 침해결과만을 제거하는 것이며 피해자 자신의 결정에 의한 행위가 있은 다음에야 비로소 발생할 수 있었을 직무행위의 위법한 결과에 대해서까지 인정되는 것은 아니라는 것이다(간접적 손해의 배제).

무엇이 직접적인 결과인지를 판정하는 것은 물론 간단하지는 않으나, 예컨대 주거상실자들이 행정청의 '수용처분'(Einweisungsverfügung)에 의해 개인주택에 수용된 경우, 그 수용처분의 해제 이후 주택소유자는 직접적인 '집행결과'(Vollzugsfolge)의 제거로서 오직 그들의 강제퇴거만을 청구할 수 있을 뿐이며, 그들이 거주 중 발생시킨 손해의 배상문제는 결과제거청구권과는 무관하게 해결될 성질의 것이다. 또한 결과제거청구권은 단지 권리자에게 방해가 되고 있는 상태(störender Zustand)의 제거만을 목적으로 하는 것이며 위법상태 전부를 완전히 제거해 달라고 요구할 수 있는 권리는 아니다. 결과제거의 청구를 할 수 있는 자격은 자신의 자유 및 재산권에 방해를 받은 자에 한하여 인정된다. 이러한 의미에서 결과제거는 단지 법적으로 보호되는 피해자의 지위의 범위 내에서만 인정된다고 할 수 있다.[119)]

⑤ 결과제거청구권의 행사

결과제거청구권을 공법상의 권리로 보는 다수설의 입장에 서면 행정소송법 제3조 제2호 및 제4조에 따라 공법상 당사자소송에 의해야 할 것이다.[120)] 그러나 행정소송법 제10조의 '당해 처분등과 관련되는 손해배상 · 부당이득반환 · 원상회복 등 청구소송'을 행정소송과 병합할 수 있다는 규정을 들어 손해배상청구와 같이 실체법적 근거하에 민사소송절차에 의하여 이를 행사할 수 있으며, 다만 결과제거청구의 원인이 된 일정한 행정처분이 당연무효가 아닌 때에는 먼저 그 처분등의 취소를 구하여야 하므로 취소소송에 병합할 수 있다는 견해가 있다.[121)]

독일의 경우에는 결과제거청구권은 공법적 권리로서 행정법원법 제40조에 따라 행정소송의 대상이 된다. 이를 구체적으로 보면, 먼저 결과제거의 청구가 취소소송 등과 병합되어 제기되는 경우와 소송상 독립적으로 결과제거청구권이 행사되는 경우로 나눌 수 있는데, 후자의 경우에는 행정청의 결과제거의무(Folgenbeseitigungspflicht)의 내용에 따라 결과제거가 행정행위의 발령에 의해야 하는 때에는 예외적으로 의무이행소송(Verpflichtungsklage)을 제기하여야 하지만 그러한 경우를 제외하고는 원칙적으로 일반이행소송(allgemeine

119) F. Ossenbühl, *StHR*, S.199-200, § 33; 김남진, 앞의 책, 643.
120) 김도창, 앞의 책, 649; 김남진, 앞의 책, 644; 석종현, 『일반행정법(상)』, 706.
121) 이상규, 앞의 책, 562.

Leistungsklage)이 적합한 소송형태가 된다.[122)]

7. 원상회복청구권(또는 사회법적 원상회복청구권)

(1) 의의

결과제거청구권은 이제까지의 독일에서 형성된 내용에 비추어 본다면, 오로지 침해행정 영역에서만 인정되는 권리로 파악되어 왔다. 반면 급부행정 영역에서의 처분에 하자가 있는 경우 반드시 제거되어야 할 위법한 상태가 성립되는 것은 아니다. 급부를 거부하는 하자 있는 거부처분이 행해진 경우 그로 인한 결과 제거의 필요는 단지 장래에 향해서만 발생한다. 그러한 결과의 제거가 사실상 이유로 인하여 더 이상 가능하지 않거나 또는 손해전보에 충분치 않은 경우에는 일반적인 손해배상의 문제가 발생하게 될 뿐, 결과제거청구권의 법리는 적용될 여지가 없다.[123)] 이와 같이 급부행정분야에서 행해진 위법한 행정작용의 결과에 관한 문제는 결과제거청구권의 경우와는 상이한 형태를 띠게 된다. 종종 급부행정작용은 상대방인 사인의 행위, 특히 기한 내의 기여금납부, 신청서제출 또는 급부종류에 관한 올바른 결정 등에 의존하는 경우가 많다. 이러한 행위들과 관련하여 사인은 특히 사회법분야에 있어 행정의 도움을 필요로 하는 경우가 많다.[124)] 그러한 경우 행정청의 민원원조의무(Betreuungspflicht)의 위반은 직무책임으로 인한 손해배상청구권이라든가 또는 행정법적 채무관계상의 의무위반으로 인한 손해배상청구권을 발생시킬 수 있다. 독일연방사회법원의 판례는 이러한 문제의 범위를 넘어 과실과 무관한 이른바 원상회복청구권(Herstellungsanspruch)의 법리를 발전시켰다. 이에 따라 민원원조의 하자(상담 또는 안내를 잘못 하거나 의무에 위배하여 하지 않은 경우, 기타의 오도 또는 하자)에 의하여 불이익을 받은 시민은 사회적 급부주체가 적법하게 행동했더라면 존재했을 상태를 회복시켜 달라고 요구할 수 있는 청구권을 가진다는 것이다.

(2) 성질 및 근거

원상회복청구권의 성질에 관해서는 종래 논란되어 왔으나 독일 연방사회법원의 판례에 따르면 급부행정의 영역에서 결과제거청구권과 평행을 이루는 권리로 파악된다.[125)] 따라서 그 근

---

122) 이에 관하여 상세한 것은 J.-H. Hong, a.a.O., S.142ff.를 참조.

123) H.-U. Erichsen, a.a.O., S.670, § 53 V 4 Rn.30.

124) 독일의 경우이기는 하지만 이러한 이유에서 설명, 안내 및 상담에 관한 상세한 규정들을 포함하고 있는 사회법전(SGB) 제13조 내지 15조를 예로 들 수 있다.

125) 이는 결과제거청구권이 소극적 제거청구권(negatorischer Beseitigungsanspruch)인 동시에 국가책임법상

거 역시 결과제거청구권의 근거에 상응하는 것이 될 것이다. 원상회복청구권 역시 과실에 구속되지 않는 회복청구권으로서의 성질을 갖게 된다(무과실책임).

(3) 성립요건

원상회복청구권이 성립하기 위해서는 적어도 첫째, 행정청의 위법한 행위, 둘째, 그로 인한 개인의 손해, 셋째, 요구된 직무행위의 법적 허용성이란 요건들이 충족되어야 한다.

(4) 우리나라에서의 적용문제

우리나라의 경우 행정법으로부터 사회행정법분야가 분리되어 있지 않은 이상 이를 별도로 논의할 실익은 크지 않다고 할 수 있다. 그러나 이러한 원상회복청구권의 법리는 결과제거청구권이 성립되기 어려운 급부행정영역에 관한 한 우리의 경우에 있어서도 효용을 발휘할 수 있을 것으로 본다. 그 법적 근거는 사회법적 원상회복청구권 역시 그것이 결과제거청구권과 궤를 같이하는 권리인 이상, 우리나라에서도 마찬가지로 법치행정의 원리 등에서 찾을 수 있을 것이다.

의 손해전보책임의 성질을 지니는 경우에만 가능한 것인데 연방사회법원은 명백히 그와 같은 입장에 서 있는 것으로 보인다(H.-U. Erichsen, S.671, § 53 V 4, Rn.30). 그 밖에도 이를 사회법적 급부관계의 부수적 의무로부터 도출되는 것으로 파악하는 견해, 신의성실의 원칙으로부터 도출되는 것으로 보는 견해, 또는 실정화되지 않은 독자적인 법제도(Rechtsinstitut sui generis)로 파악하는 견해 등이 있다. 마우러는 이를 기존의 청구권제도들과 연결시키기 곤란하다는 이유에서 '판례법에 의해 발전되고 관습법적으로 강화된 독자적 법제도'(richterrechtlich entwickeltes und gewohnheitsrechtlich erstarktes Rechtsinstitut)로 파악하고 있다(H. Maurer, a.a.O., § 29 Rn.23).

제42장

행정심판의 청구인적격과 재결의 효력*

Ⅰ. 쟁점

헌법은 제107조 제3항에서 "재판의 전심절차로서 행정심판을 할 수 있다. 행정심판절차는 법률로 정하되 사법절차가 준용되어야 한다."라고 규정함으로써 행정심판의 헌법적 근거를 분명히 하고 있다. 여기서 행정심판이란 실질적 의미의 행정심판, 행정심판이란 행정기관에 의한 분쟁해결절차 일반을 말한다. 가령 현행법상 행정심판, 이의신청(광업법 § 90, 국세기본법 § 55), 재결신청, 심사청구 · 심판청구(국세기본법 §§ 55 이하) 등 다양한 명칭으로 표현되는 절차이다(광의의 행정심판). 반면 형식적 의미의 행정심판은 행정심판법 제1조에서 규정하는 바와 같이 "행정청의 위법 또는 부당한 처분이나 부작위로 침해된 국민의 권리 또는 이익을 구제"하는 절차를 말한다(제도적 의미의 행정심판). '행정심판'은 일반적으로 후자, 즉 형식적 의미의 행정심판을 말하는 개념으로 사용된다.

<행정심판과 사법절차의 준용>

헌법 제107조 제3항은 "재판의 전심절차로서 행정심판을 할 수 있다. 행정심판의 절차는 법률로 정하되, 사법절차가 준용되어야 한다."라고 규정하고 있다. 이 헌법조항은 행정심판절차의 구체적 형성을 입법자에게 맡기고 있지만, 행정심판은 어디까지나 재판의 전심절차로서만 기능하여야 한다는 점과 행정심판절차에 사법절차가 준용되어야 한다는 점은 헌법이 직접 요구하고 있으므로 여기에 입법적 형성의 한계가 있다. 따라서 입법자가 행정심판을 전심절차가 아니라 종심절차로 규정함으로써 정식재판의 기회를 배제

* 홍준형, 『행정쟁송법』, 도서출판 오래, 2017, 56-64; 홍준형, 「행정심판의 청구인적격」, 『공법학의 제문제』(현재김영훈박사화갑기념논문집), 법문사, 1995, 453-484를 수정 · 보완한 것임.

하거나, 어떤 행정심판을 필요적 전심절차로 규정하면서도 그 절차에 사법절차가 준용되지 않는다면 이는 헌법 제107조 제3항, 나아가 재판청구권을 보장하고 있는 헌법 제27조에도 위반된다고 할 것이다. 반면 어떤 행정심판절차에 사법절차가 준용되지 않는다 하더라도 임의적 전치제도로 규정함에 그치고 있다면 위 헌법조항에 위반된다 할 수 없다. 그러한 행정심판을 거치지 아니하고 곧바로 행정소송을 제기할 수 있는 선택권이 보장되어 있기 때문이다(헌재 2000.6.1. 선고 98헌바8 결정, 『판례집』 12-1, 590, 598).

한편, 헌법 제107조 제3항은 사법절차가 "준용"될 것만을 요구하고 있으나 판단기관의 독립성과 공정성, 대심적 심리구조, 당사자의 절차적 권리보장 등의 면에서 사법절차의 본질적 요소를 현저히 결여하고 있다면 "준용"의 요청에마저 위반된다고 하지 않을 수 없다(헌재 2000.6.1. 선고 98헌바8 결정, 『판례집』 12-1, 590, 601-602).[1)]

행정심판은 행정소송의 사전구제절차로서 기능뿐만 아니라 그 자체가 독자적인 불복·구제절차로서 가치를 지닌다. 과거 행정심판전치주의에서는 행정소송의 전심절차(Vorverfahren) 또는 사실상 행정소송의 제1심 기능을 수행하였으나, 행정심판이 임의절차화함으로써 이 기능은 퇴화되고 독자적 권익구제절차 기능이 전면에 부상하게 되었다.

행정심판의 존재이유는 첫째, 자율적 행정통제, 즉 행정의 자기통제 및 행정감독을 가능케 한다는 점, 둘째, 행정의 전문·기술성이 날로 증대됨에 따라 법원의 판단능력의 불충분성이 의문시되는 문제영역들에 있어 행정의 전문지식을 활용할 수 있도록 함으로써 사법기능의 보충을 기대할 수 있다는 점, 셋째, 분쟁을 행정심판단계에서 해결할 수 있다면 이를 통하여 법원부담의 경감, 행정능률의 고려, 시간과 비용의 절감(소송경제)을 기할 수 있다는 점 등에 있다. 여기서 둘째와 셋째의 존재이유는 행정심판이 효과적인 권익구제절차로서 기능을 수행한다는 전제 아래서만 성립되는데, 만일 그런 전제가 성립되지 않는다면 행정심판은 소송을 통한 권익구제를 지체시키는 장애요인으로 작용할 수도 있다는 점에 유의할 필요가 있다.

행정심판법은 행정심판에 당사자개념을 도입하여 이를 대심구조화하는 한편 당사자에게 보충적이나마 구술심리의 기회를 부여함으로써 행정심판의 준사법절차화를 규정한 헌법 제107조 제3항의 취지에 부응하고 있다. 이에 따라 행정심판은 청구인과 피청구인 간의 대립당사자구조를 띠고 여기에 참가인 및 대리인 등 관계인이 관여하게 된다.

주지하듯 행정심판은 위법한 처분뿐만 아니라 부당한 처분을 대상으로 해서도 제기될 수 있는데, 행정심판의 청구인적격을 '법률상 이익'이 있는 자에 한정하는 행정심판법의 태도가 올바른 것인가 하는 문제가 제기된다. 이 문제는 행정심판을 둘러싼 가장 오래된 쟁점으로

---

1) 헌법재판소 전원재판부 2001.6.28. 선고 2000헌바30 결정(구 지방세법 제74조 제1항 등 위헌소원).

많은 논란을 불러일으켰다.[2)]

다른 한편 행정심판의 산출물인 재결과 관련한 여러 가지 쟁점들이 충분히 논의되지 못한 채 남아 있다.

먼저 행정심판의 청구인과 청구인적격에 관련된 쟁점들을 살펴보고 행정심판 재결의 효력에 관한 쟁점 검토에 들어가기로 한다.

Ⅱ. 행정심판의 청구인적격

1. 청구인

행정심판의 청구인이란 심판의 대상인 처분 또는 부작위에 불복하여 그 취소 또는 변경 등을 위하여 행정심판을 제기하는 자로서 원칙적으로 자연인 또는 법인이어야 하나, 법인이 아닌 사단 또는 재단도 그 이름으로 심판청구를 하여 청구인이 될 수 있다(§ 14).

2. 청구인적격

청구인적격이란 행정심판을 청구할 수 있는 자격, 즉 청구인으로서 행정심판을 청구하여 재결을 받기에 적합한 자격을 말한다. 행정심판법 제13조는 취소심판, 무효등확인심판 그리고 의무이행심판의 청구인적격을 각각 '처분의 취소 또는 변경을 구할 법률상 이익', '처분의 효력 유무 또는 존재 여부에 대한 확인을 구할 법률상 이익', '처분을 신청한 자로서 거부처분 또는 부작위에 대하여 일정한 처분을 구할 법률상 이익'이 있는 자에게 인정한다. 행정심판법의 이러한 규율은 후술하는 행정소송법(§§ 12, 35, 36)의 그것과 함께 쟁송법적 차원에서 종래 주관적 공권으로 국한되었던 청구인적격(또는 원고적격)의 범위를 '법률상 이익이 있는 자'로 확대시켜 왔던 학설과 판례의 태도를 명문화한 것이다. '법률상 이익'의 해석을 통해 본래적 의미의 권리뿐 아니라 '법적으로 보호되는 이익'의 구제가능성이 열리게 되었다.

2) 예컨대 김남진, 「행정쟁송과 법률상 이익」, 『서원우 교수 화갑기념논문집』, 1991, 561 이하를 참조.

(1) 공권의 확대와 법률상 이익

이미 앞에서 공권 또는 법률에 의해 보호되는 이익의 범위, 이른바 청구인적격 또는 원고적격의 확대경향이 우리나라에서도 마찬가지로 진행되어 왔음을 살펴본 바 있다. 즉, "공중목욕장 간의 거리제한규정을 위반한 신규 영업허가에 대한 기존업자의 취소청구를 인정하지 아니하는 등, 아직도 반사적 이익관이 온존되어 온 것이 사실이지만, 타면 경업자에 의한 신규 인·허가처분 취소청구, 또는 주거지역에서의 연탄공장이나 자동차 LPG충전소의 건축으로 거주상의 불이익(소음·진동·공기오염·폭발화재위험·주택가격하락 등)을 받는 인근주민에 의한 동 건축허가의 취소청구를 인용한 판례를 비롯하여, 반사적 이익의 보호이익화 추세를 뚜렷이 볼 수 있다."라는 것이었다.[3] 여기서는 상론하지 않고, 다만 행정심판과 관련하여 특히 문제되는 다음 몇 가지 사항만을 설명한다.

(2) 법률상 이익과 행정심판의 이익(협의의 소익)

취소심판의 경우 당해 처분의 직접 상대방인지 여부와 무관하게 그 취소 또는 변경을 구할 만한 법률상 이익이 있는 자가 청구인이 될 수 있다. "법률상 이익"이란 일반적으로 처분의 근거가 된 실정법규의 해석상 청구인이 주장하는 이익이 당해법규에 의해 보호되고 있는 것으로 인정되는 경우를 말하는 것으로 이해되고 있고(통설·판례), 따라서 행정심판의 보호대상으로서의 이익이다. 법률상 이익에 관하여 권리구제설, 법이 보호하는 이익 구제설, 보호가치 있는 이익 구제설 및 행정의 적법성보장설이 대립하는 것도 같은 맥락이다.

이것은 거부처분 또는 부작위에 대하여 일정한 처분을 구할 법률상 이익이 있는 자가 청구인적격을 갖는 의무이행심판의 경우(§ 9 ③)에도 마찬가지이다. 이 경우에도 '처분을 구할 법률상 이익'의 유무는 주관적 공권의 성립요건, 즉 강행법규성과 사익보호규범성(보호규범설)을 검토함으로써 결정되는 것으로 이해되고 있기 때문이다.

그러나 처분의 효과가 기간경과, 처분의 집행 그 밖의 사유로 인하여 소멸된 뒤에도 그 처분의 취소로 인하여 회복되는 법률상 이익이 있는 자는 취소심판의 청구인적격을 가진다고 하는 행정심판법 제13조 제1항 2문의 규정은 그와 같은 보호대상으로서의 법률상 이익이 아니라 보호의 필요성 내지 분쟁의 현실성(또는 협의의 소익)에 관한 것이라 할 수 있다.[4] 따라서 이들 두 가지 경우 '법률상 이익'의 개념이 상이함에도 불구하고 서로 혼동되고 있다.

한편 무효등확인심판의 경우 법률상 이익은 확인의 이익 또는 즉시확정의 이익, 즉 당사

3) 김도창, 『일반행정법론(상)』, 청운사, 1998, 240-241.
4) 김동희, 『행정법 I』, 박영사, 2008, 564, 634.

자 간에 다툼이 있어서 재결로써 공적 확정을 받는 것이 청구인의 법적 지위의 불안정상태를 제기하기 위하여 필요한 경우에 한하여 인정되는 이익을 의미하는 것으로 파악되어 왔으나,[5] 2008년 3월 20일 2007두6342 전원합의체판결에서 무효확인소송의 원고적격에 관한 종래의 판례를 변경하여 행정처분의 근거 법률에 의하여 보호되는 직접적이고 구체적인 이익이 있는 경우에는 행정소송법 제35조에 규정된 '무효확인을 구할 법률상 이익'이 있다고 보아야 하고, 이와 별도로 무효확인소송의 보충성이 요구되는 것은 아니라고 판시함에 따라[6] 이 역시 그와 같이 해소되었다고 보아도 무방할 것이다.

한편 심판청구의 요건의 하나로 간주되는 청구인적격의 기준으로서 "법률상 이익"이란 '보호의 대상으로서의 법률상 이익'을 의미하지만, 청구인적격의 유무는 청구인이 사실상 법률상 이익을 가지고 있는지를 기준으로 판단할 것이 아니라, 청구인이 주장하는 바와 같이 법률상 이익이 존재할 가능성이 있는지를 기준으로 판단해야 한다(Möglichkeitstheorie). 반면 보호의 필요성을 의미하는 법률상 이익(§ 13 ① 2문; § 13 ③)은 청구인적격이 아니라 권리보호의 이익으로서 심판청구의 요건에 해당한다.

(3) 행정심판의 청구인적격

문제의 해결책은 행정심판은 부당한 처분에 대해서도 제기될 수 있는 것이라는 데서 출발해야 한다. 부당한 처분이란 사회통념상 공익에 적합하지 않지만 위법하지는 않은 처분을 말한다고 할 수 있다. 가령 재량을 그르치면, 그것이 법이 재량권을 부여한 내적·외적 한계를 넘지 않는 한, 위법이 아니라 부당한 처분이라고 평가되는 바와 같다. 행정심판은 이러한 부당한 처분을 대상으로 하여 제기될 수 있다. 그렇다면 가령 부당한 처분에 대하여 이를 취소·변경할 법률상 이익을 갖는 자만이 행정심판의 청구인이 될 수 있다는 것은 무엇을 뜻하는가? 그것은 무엇보다도 사실상 이익 또는 반사적 이익을 지니는 데 불과한 자는 행정심판을 제기할 수 없다는 결과가 된다. 이러한 결과는 부당한 처분에 대해서도 제기될 수 있음을 특징으로 하는 행정심판의 본질에 반하는가? 법률상 이익을 앞서 본 바와 같이 보호대상으로 파악한다면 직접 또는 간접적으로 법률상 이익을 침해하는 처분이란, 적어도 그것이 다른 법적 근거에 의해 정당화되지 않는 한, 위법한 처분이라고 보지 않을 수 없다. 법적 정당화근거 없이 권리나 법률상 이익을 침해하는 것은 당연히 위법이란 평가를 받아야 하기 때문이다. 그렇다면 거꾸로 어떤 처분으로 자신의 법률상 이익을 침해당한 자만이 그 처분을 다툴 수 있다고 한다면, 다른 정당화사유가 없는 한, 그 처분은 위법한 처분일 것이므로 행정심판은

5) 김도창, 앞의 책, 700; 김동희, 위의 책, 701-702.
6) 대법원 2008.3.20. 선고 2007두6342 전원합의체판결(하수도원인자부담금부과처분취소).

위법한 처분에 대해서만 제기될 수 있다는 결과가 된다. 따라서 행정심판의 청구인적격으로 법률상 이익을 요구하는 행정심판법의 태도는 행정심판의 본질에 반하는 것이라 할 것이므로 정당화될 수 없다는 결론에 이른다. 물론 법률상 이익이 '보호의 필요성'을 의미할 경우에는 부당한 처분의 취소·변경을 구할 법률상 이익이 있는 자에게만 청구인적격을 인정한다고 해서 반드시 행정처분의 대상을 축소함으로써 행정심판의 본질에 반하는 결과가 되지는 않을 것이다. 다만 이러한 가능성은 무효등확인심판의 경우나 의무이행심판의 경우에는 이미 처분의 무효라든지 법적 처분의무의 불이행이란 사태가 이미 그 위법성을 내포하고 있기 때문에 애당초 적용될 여지가 없다. 요컨대 행정심판법이 청구인적격을 '법률상 이익'에 의해 한정한 것은 옳다고 볼 수 없다. 행정심판은 반사적 이익(사실상 이익)을 침해받았거나 반사적 이익을 향수하기 위해서도 제기될 수 있는 것이다. 설령 위법에 이르지 않는 부당한 처분에 의해서도 법률상 이익을 침해하는 것이 가능하다고 가정하고 또 그러한 처분이 존재한다고 할지라도, 이에 대하여 행정심판을 인정해 봤자 그것은 실질적으로는 위법한 처분에 대해서만 행정심판을 인정하는 것과 크게 차이가 나는 것은 아니기 때문이다. 준사법절차화에 대한 헌법적 요구에 비추어 개선된 행정심판의 문호를 특별한 이론적 근거 없이 제한하는 것은 어떤 의미에서도 바람직하지 못하다.[7)]

Ⅲ. 행정심판 재결의 효력

1. 재결의 효력: 형성력과 기속력

재결은 위원회가 청구인에게 재결서의 정본을 송달한 때로부터 그 효력을 발생한다. 재결 역시 행정행위로서의 성질을 갖는 이상, 행정행위의 효력 일반에 관한 앞에서의 설명이 그대로 타당하다. 다만 다음과 같은 점에 유의할 필요가 있다.

(1) 형성력

취소·변경의 재결이 형성력을 갖는 것은 당연하다. 구법하에서의 판례는 형성력을 부인하는 태도를 취했으나,[8)] 현행법은 스스로 취소·변경하거나 처분청에 취소·변경을 명할 수 있다

7) 이에 관하여 상세한 것은 홍준형, 앞의 글, 453-484를 참조.
8) 대법원 1975.11.25. 선고 74누214 판결.

고 규정하므로 더 이상 그 형성력을 의문시할 수 없겠다.

<관련판례>

행정심판에 있어서 재결청의 재결내용이 처분청에 취소를 명하는 것이 아니라 처분청의 처분을 스스로 취소하는 것일 때에는 그 재결에 형성력이 발생하여 당해 행정처분은 별도의 행정처분을 기다릴 것 없이 당연히 취소되어 소멸되는 것이어서 그 후 동일한 사안에 대해 처분청이 또 다른 처분을 하였다면 이는 위 소멸된 처분과는 완전히 독립된 별개의 처분이라 할 것이고, 따라서 새로운 처분에 대한 제소기간 준수여부도 그 새로운 처분을 기준으로 판단하여야 한다.[9]

(2) 기속력

① 관계행정청에 대한 기속

심판청구를 인용하는 재결은 피청구인인 행정청과 그 밖의 관계행정청을 기속한다(§ 49 ①). 따라서 피청구인인 행정청과 관계행정청은 당해 재결을 준수해야 하며 이에 불복하여 항고소송을 제기할 수 없다. 인용재결의 기속력은 소극적으로는 반복금지의무, 적극적으로는 재처분의무로 구체화된다. 그러나 재결은 그 밖에 심판청구를 한 상대방이나 제3자에 대하여는 구속력을 갖지 않는다. 이것은 이들이 재결에 대해 행정소송을 제기할 수 있으므로 당연한 결과이다.

<인용재결의 기속력을 인정한 행정심판법 제49조 제1항의 위헌여부>

1. 공권력의 행사자인 국가, 지방자치단체나 그 기관 또는 국가조직의 일부나 공법인은 기본권의 주체가 아니라 단지 국민의 기본권을 보호 내지 실현해야 할 책임과 의무를 지는 지위에 있을 뿐이므로, 지방자치단체의 장인 이 사건 청구인은 기본권의 주체가 될 수 없다.
2. 헌법 제101조 제1항과 제107조 제2항은 입법권 및 행정권으로부터 독립된 사법권의 권한과 심사범위를 규정한 것일 뿐이다. 헌법 제107조 제3항은 행정심판의 심리절차에서도 관계인의 충분한 의견진술 및 자료제출과 당사자의 자유로운 변론 보장 등과 같은 대심구조적 사법절차가 준용되어야 한다는 취지일 뿐, 사법절차의 심급제에 따른 불복할 권리까지 준용되어야 한다는 취지는 아니다. 그러므로 이 사건 법률조항은 헌법 제101조 제1항, 제107조 제2항 및 제3항에 위배되지 아니한다.
3. 이 사건 법률조항은 행정청의 자율적 통제와 국민 권리의 신속한 구제라는 행정심판의 취지에 맞게 행정청으로 하여금 행정심판을 통하여 스스로 내부적 판단을 종결시키고자 하는 것으로서 그 합리성이 인정되고, 반면 국민이 행정청의 행위를 법원에서 다툴 수 없도록 한다면 재판받을 권리를 제한하는 것이 되므로 국민은 행정심판의 재결에도 불구하고 행정소송을 제기할 수 있도록 한 것일

9) 대법원 1994.4.12. 선고 93누1879 판결.

뿐이므로, 평등원칙에 위배되지 아니한다.

4. 행정심판제도가 행정통제 기능을 수행하기 위해서는 중앙정부와 지방정부를 포함하여 행정청 내부에 어느 정도 그 판단기준의 통일성이 갖추어져야 하고, 행정청이 가진 전문성을 활용하고 신속하게 문제를 해결하여 분쟁해결의 효과성과 효율성을 높이기 위해 사안에 따라 국가단위로 행정심판이 이루어지는 것이 더욱 바람직할 수 있다. 이 사건 법률조항은 다층적・다면적으로 설계된 현행 행정심판제도 속에서 각 행정심판기관의 인용재결의 기속력을 인정한 것으로서, 이로 인하여 중앙행정기관이 지방행정기관을 통제하는 상황이 발생한다고 하여 그 자체로 지방자치제도의 본질적 부분을 훼손하는 정도에 이른다고 보기 어렵다. 그러므로 이 사건 법률조항은 지방자치제도의 본질적 부분을 침해하지 아니한다.[10)]

<재결의 기속력>

1. 행정심판법 제37조가 정하고 있는 재결은 당해 처분에 관하여 재결주문 및 그 전제가 된 요건사실의 인정과 판단에 대하여 처분청을 기속하므로, 당해 처분에 관하여 위법한 것으로 재결에서 판단된 사유와 기본적 사실관계에 있어 동일성이 인정되는 사유를 내세워 다시 동일한 내용의 처분을 하는 것은 허용되지 않는다.
2. 건축허가권자는 건축허가신청이 건축법, 도시계획법 등 관계 법규에서 정하는 어떠한 제한에 배치되지 않는 이상 당연히 같은 법조에서 정하는 건축허가를 하여야 하고, 중대한 공익상의 필요가 없음에도 불구하고, 요건을 갖춘 자에 대한 허가를 관계 법령에서 정하는 제한 사유 이외의 사유를 들어 거부할 수는 없다.[11)]

<재결의 기속력이 미치는 범위>

재결의 기속력은 재결의 주문 및 그 전제가 된 요건사실의 인정과 판단, 즉 처분의 구체적 위법사유에 관한 판단에만 미친다. 따라서 종전 처분이 재결에 의하여 취소되었더라도 종전 처분 시와는 다른 사유를 들어 처분을 하는 것은 기속력에 저촉되지 아니한다. 여기서 동일한 사유인지 다른 사유인지는 종전 처분에 관하여 위법한 것으로 재결에서 판단된 사유와 기본적 사실관계에서 동일성이 인정되는 사유인지 여부에 따라 판단하여야 한다(대법원 2005.12.9. 선고 2003두7705 판결 등 참조).[12)]

<재결의 기속력과 처분 결정 지체로 인한 배상책임>

1. 행정심판의 재결은 피청구인인 행정청을 기속하는 효력을 가지므로 재결청이 취소심판의 청구가 이유 있다고 인정하여 처분청에 처분을 취소할 것을 명하면 처분청으로서는 재결의 취지에 따라 처분을 취소하여야 하지만, 나아가 재결에 판결에서와 같은 기판력이 인정되는 것은 아니어서 재결이 확정

---

10) 헌법재판소 2014.6.26. 선고 2013헌바122 결정(행정심판법 제49조 제1항 위헌소원).

11) 대법원 2003.4.25. 선고 2002두3201 판결(건축불허가처분취소).

12) 대법원 2017.2.9. 선고 2014두40029 판결: 압류처분이 재결의 기속력에 반하는 처분이라 하여 그 무효확인을 구하는 사건.

된 경우에도 처분의 기초가 된 사실관계나 법률적 판단이 확정되고 당사자들이나 법원이 이에 기속되어 모순되는 주장이나 판단을 할 수 없게 되는 것은 아니다.

2. 행정청의 처분을 구하는 신청에 대하여 상당한 기간 처분 여부 결정이 지체되었다고 하여 곧바로 공무원의 고의 또는 과실에 의한 불법행위를 구성한다고 단정할 수는 없고, 행정처분의 담당공무원이 보통 일반의 공무원을 표준으로 하여 볼 때 객관적 주의의무를 결하여 처분 여부 결정을 지체함으로써 객관적 정당성을 상실하였다고 인정될 정도에 이른 경우에 비로소 국가배상법 제2조가 정한 국가배상책임의 요건을 충족한다. 이때 객관적 정당성을 상실하였는지는 신청의 대상이 된 처분이 기속행위인지 재량행위인지 등 처분의 성질, 처분의 지연에 따라 신청인이 입은 불이익의 내용과 정도, 행정처분의 담당공무원이 정당한 이유 없이 처리를 지연하였는지 등을 종합적으로 고려하되, 손해의 전보책임을 국가 또는 지방자치단체에게 부담시킬 만한 실질적인 이유가 있는지도 살펴서 판단하여야 한다. 여기서 정당한 이유 없이 처리를 지연하였는지는 법정 처리기간이나 통상적인 처리기간을 기초로 처분이 지연된 구체적인 경위나 사정을 중심으로 살펴 판단하되, 처분을 아니하려는 행정청의 악의적인 동기나 의도가 있었는지, 처분 지연을 쉽게 피할 가능성이 있었는지 등도 아울러 고려할 수 있다.13)

법령의 규정에 따라 공고하거나 고시한 처분이 재결로써 취소되거나 변경되면 처분을 한 행정청은 지체 없이 그 처분이 취소 또는 변경되었다는 것을 공고하거나 고시하여야 하며(§ 49 ④), 법령의 규정에 따라 처분의 상대방 외의 이해관계인에게 통지된 처분이 재결로써 취소되거나 변경되면 처분을 한 행정청은 지체 없이 그 이해관계인에게 그 처분이 취소 또는 변경되었다는 것을 알려야 한다(§ 49 ⑤).

<판례>

가. 행정심판법 제37조 제1항의 규정에 의하면 재결은 행정청을 기속하는 효력을 가지므로 재결청이 취소심판의 청구가 이유 있다고 인정하여 처분청에게 처분의 취소를 명하면 처분청으로서는 그 재결의 취지에 따라 처분을 취소하여야 하지만, 그렇다고 하여 그 재결의 취지에 따른 취소처분이 위법할 경우 그 취소처분의 상대방이 이를 항고소송으로 다툴 수 없는 것은 아니다.

나. 재결 취지에 따른 취소처분의 상대방이 재결 자체의 효력을 다투는 별소를 제기하였고 그 소송에서 판결이 확정되지 아니하였다 하여 재결의 취지에 따른 취소처분의 취소를 구하는 항고소송 사건을 심리하는 법원이 그 청구의 당부를 판단할 수 없는 것이라고 할 수 없다.14)

---

13) 대법원 2015.11.27. 선고 2013다6759 판결.

14) 대법원 1993.9.28. 선고 92누15093 판결.

② 재처분의무

당사자의 신청을 거부하거나 부작위로 방치한 처분의 이행을 명하는 재결이 있으면 행정청은 지체 없이 이전의 신청에 대하여 재결의 취지에 따라 처분을 하여야 한다(§ 49 ②).

<관련판례>

당사자의 신청을 거부하는 처분을 취소하는 재결이 있는 경우에는 행정청은 그 재결의 취지에 따라 다시 이전의 신청에 대한 처분을 하여야 하는 것이므로 **행정청이 그 재결의 취지에 따른 처분을 하지 아니하고 그 처분과는 양립할 수 없는 다른 처분을 하는 것은 위법한 것**이라 할 것이고, 이 경우 그 재결의 신청인은 위법한 다른 처분의 취소를 소구할 이익이 있다 할 것이다.[15]

이행재결은 그 처분의무가 기속행위에 대한 것인 경우에는 신청된 대로의 처분, 즉 특정행위의 이행명령이 되지만, 처분의무가 오로지 선택재량만이 부여된 행위에 대한 것일 경우에는 특정행위의 이행명령이 아니라 어떠한 내용의 처분이든 신청을 방치하지 말고 지체 없이 재량에 따른 처분을 하도록 명하는 재결, 즉 재량행사명령이 되며, 다만 재량권의 수축이 인정될 경우에는 기속행위와 동일한 처분을 해야 한다. 신청에 따른 처분이 절차의 위법 또는 부당을 이유로 재결에 의하여 취소된 경우에도 재결의 취지에 따라 다시 처분을 하여야 한다(§ 49 ③). 만일 그것이 기속행위인 경우에는 사실상 동일한 처분이 이루어지게 될 것이다.

신청에 따른 처분이 절차의 위법 또는 부당을 이유로 재결로써 취소된 경우에는 법 제49조 제2항을 준용한다(§ 49 ③).

③ 결과제거의무

행정청은 재결을 통해 취소·변경된 또는 무효임이 확인된 위법한 처분 또는 부작위에 의해 조성된 위법상태를 공법상 결과제거청구권의 법리에 따라 제거해야 할 의무를 진다.

④ 위원회의 직접 처분

종래 피청구인인 행정청이 재결의 취지에 따른 처분의무를 이행하지 않아도 이를 시정할 방법이 마땅치 않았다는 문제점이 있어 처분청이 재결의 취지에 따른 처분을 하지 않을 경우, 재결청이 당사자의 신청에 따라 기간을 정하여 서면으로 시정을 명하고 그 기간 내에 이행하지 아니하는 경우에는 당해 처분을 할 수 있도록 하고 있었다(구법 § 37 ②). 이 규정의 취

15) 대법원 1988.12.13. 선고 88누7880 판결.

지를 새로운 행정심판체제에 맞게 변용하여 법은 위원회에게 직접 처분권을 부여하였다.

위원회는 피청구인이 제49조 제2항에도 불구하고 처분을 하지 아니하는 경우에는 당사자가 신청하면 기간을 정하여 서면으로 시정을 명하고 그 기간에 이행하지 아니하면 직접 처분을 할 수 있게 되었다(§ 50 ① 본문). 다만, 그 처분의 성질이나 그 밖의 불가피한 사유로 위원회가 직접 처분을 할 수 없는 경우에는 그러하지 아니한다(§ 50 ① 단서).

위원회는 피청구인인 행정청에 대한 관계에서 직근상급행정청의 지위를 가지지 않으므로 위원회가 법률의 규정에 의하여 직접 처분을 하는 경우 해당 행정청과의 협조가 무엇보다도 중요하다. 따라서 법은 위원회가 직접 처분을 하였을 때에는 그 사실을 해당 행정청에 통보하여야 하며, 그 통보를 받은 행정청은 위원회가 한 처분을 자기가 한 처분으로 보아 관계 법령에 따라 관리·감독 등 필요한 조치를 하여야 한다고 규정하고 있다(§ 50 ②).[16]

2. 재결에 대한 불복

(1) 재결에 대한 행정심판

무용한 행정심판의 반복을 막기 위해 법은 행정심판 재청구를 금지하고 있다. 즉, 심판청구에 대한 재결이 있으면 그 재결 및 같은 처분 또는 부작위에 대하여 다시 행정심판을 청구할 수 없다(§ 51). 물론 개별법(예컨대 국세기본법)에 다단계 행정심판을 인정하는 특별한 규정이 있는 경우에는 그에 따른다.

(2) 원처분주의

행정소송은 후술하는 바와 같이 원처분주의를 취하고 있으므로, 재결에 대한 행정소송은 재결자체에 고유한 위법이 있는 경우에 한한다(§ 19 단서). 이 경우에는 행정심판을 다시 제기할 수 없으므로(§ 39), 행정심판을 제기하지 않고 직접 취소소송을 제기할 수 있다.

<관련판례>

가. 행정소송법 제19조는 취소소송은 행정청의 원처분을 대상으로 하되(원처분주의), 다만 "재결 자체에 고유한 위법이 있음을 이유로 하는 경우"에 한하여 행정심판의 재결도 취소소송의 대상으로 삼을 수 있도록 규정하고 있으므로 재결취소소송의 경우 재결 자체에 고유한 위법이 있는지 여부를 심리할 것이고, 재결 자체에 고유한 위법이 없는 경우에는 원처분의 당부와는 상관없이 당해 재결취소소

16) 이 또한 1997년의 개정법 제37조 제4항의 취지를 되살린 것이다.

송은 이를 기각하여야 한다.

나. 행정심판법 제39조가 심판청구에 대한 재결에 대하여 다시 심판청구를 제기할 수 없도록 규정하고 있으므로, 이 재결에 대하여는 바로 취소소송을 제기할 수 있다.[17]

17) 대법원 1994.1.25. 선고 93누16901 판결.

제43장

취소소송의 소송물과 대상*

Ⅰ. 쟁점

취소소송이란 '행정청의 위법한 처분등을 취소 또는 변경하는 소송'을 말한다(§ 4 i). 위법한 처분등으로 인하여 권리나 이익을 침해당한 자가 그 재심사를 청구하는 항고소송절차로서 취소소송은 행정소송의 중심적 지위를 차지하고 있다(취소소송중심주의). 행정소송법상 예상할 수 있는 취소소송의 종류로는 처분취소소송(거부처분취소 포함)·처분변경(일부취소)소송·재결취소소송·재결변경(일부취소)소송을 들 수 있고, 그 밖에 판례상 인정되어 온 무효선언을 구하는 의미의 취소소송이 있다.

취소소송은 경찰 및 질서행정상의 처분, 그 밖에 경제규제나 환경규제행정상의 처분등에서 빈번하게 사용되는 침해행정작용에 대한 구제수단으로 작용하며 주로 개인이 침익적 행정처분에 대한 권익 방어 수단으로 이용된다(방어소송: Abwehrklage).

취소소송은 개인의 권리구제를 직접적 목적으로 하는 주관적 소송이다. 취소소송은 일단 행정청에 의하여 행해진 처분·재결에 대한 불복을 전제로 그 취소를 구하는 소송이라는 점에서 다른 항고소송과 함께 복심적 소송의 성질을 가진다. 한편 일반소송법적인 소송분류론과 관련하여 취소소송이 지니는 유형적 성질에 관해서는, 이를 형성소송으로 보는 형성소송설과 확인소송의 일종으로 보는 확인소송설, 양자의 속성을 모두 갖는 소송이라는 병립설(구

* 홍준형, 『행정쟁송법』, 도서출판 오래, 2017, 171-177; 홍준형, 「취소소송의 소송물, 처분이유 제시와 처분사유 추가·변경에 대한 고찰」, 김철용 편, 『행정절차와 행정소송』, 피앤씨미디어, 2017, 573-603; 홍준형, 「지적등록사항 정정신청반려행위의 처분성」, 『법제』(법제처), 1999.12., 3-17; 홍준형, 「정부투자기관의 부정당업자제재통보의 법적 성질」, 『행정법연구』(행정법이론실무연구회), 1999 하반기, 219-228 등을 수정·보완한 것임.

제소송설)이 대립하지만, 취소소송은 처분등의 취소·변경을 통하여 직접 법률관계를 변경 또는 소멸시킨다는 점에서 형성소송으로 보는 것이 타당하며 또 통설과 판례[1]의 태도이다. 생각건대 취소소송의 성질은 취소소송의 소송물과 불가분의 관련을 가지는 문제이다. 행정소송의 성질이란 무엇보다도 소송을 통하여 추구되는 종국목적(das durch die Klage zu erstrebende Endziel; Klagebegehren)에 의하여 주어지는 것이라고 보아야 하고, 취소소송을 통하여 추구되는 종국목적은 '위법한 처분등의 취소'에 있으므로 형성소송설이 옳다고 본다. 행정소송법 제29조 제1항은 "처분등을 취소하는 확정판결은 제3자에 대하여도 효력이 있다"고 규정하여 종래 논란되어 온 취소판결의 대세효(對世效)를 명문으로 인정하고 있는데, 대세효는 형성소송에 특유한 것이다.

한편 일설에 따르면, 형성소송설에 의한다 하더라도, 취소소송의 경우 원고에게 실체법상 행정행위의 취소권과 같은 형성권이 인정되는 것은 아니므로 이것은 민사소송에서의 형성소송과는 같지 않다고 한다.[2] 그러나 형성소송(Gestaltungsklage)이란 어디까지나 소송법상 범주로서, 반드시 실체법적 형성권(취소권)의 존재를 전제로 하는 것은 아니다. 이것은 가령 전형적인 형성소송의 하나로 파악되는 상법 제376조에 의한 주식회사 주주총회결의취소의 소의 경우만을 보아도 분명히 알 수 있다. 이러한 소송은 가령 주주 등이 갖는 '결의취소권'이라는 이름의 실체법적 형성권이 존재한다는 것을 전제로 한 것이 아니라 상법이 그와 같은 소송법적 규정을 둠으로써 주주 등에게 주주총회결의의 취소가능성을 열어 주었기 때문에 허용된 것이라고 볼 것이다. 여기서 주주등이 갖는 권리란 실체법적 형성권으로서 결의취소권이 아니라 단지 소권(Klagebefugnis), 즉 결의취소소송제기권일 뿐이다.[3]

행정소송에서 소송물은 다양한 차원에서 기능을 수행한다. 첫째, 소는 법원이 소송물을 확정할 수 있도록 하기 위하여 소송상 청구의 목적을 특정하여 제기해야 하며, 이를 통하여 법원에 계속된 구체적인 법률적 쟁송(Rechtsstreit)이 법적으로 특정될 수 있게 된다. 둘째, 소송물개념은 소송계속의 범위(Umfang der Rechtshängigkeit)를 확정해 주며 행정소송의 허용성을 판단하는 기초가 된다. 셋째, 법원의 사물관할 및 토지관할이 소송물개념과 연관됨으로써 소송물은 또한 법원의 관할권유무를 판단하는 기준이 된다. 넷째, 소송물개념에 의하여 본안판단의 문제로서 '정당한 피고'의 여부(Passivlegitimation)가 결정되며 제3자의 소송참가의 필요성여부가 판단될 수 있다. 다섯째, 소송물개념은 소의 변경(소의 종류의 변경·청구원인 및 취지의 변경)에 있어 그 허용여부를 판단하는 기준이 된다. 끝으로 소송물개념

1) 대법원 1987.5.12. 선고 87누98 판결.
2) 박만호, 「항고소송의 소송물과 심판의 범위」, 『사법논집』(법원행정처), 제8집, 1977, 174.
3) 실체법상의 형성권 중 이를 반드시 소송상으로만 행사할 수 있는 취소권이 존재할 뿐이다(예: 채권자취소권).

은 판결의 실질적 확정력의 객관적 범위를 확정하는 기초가 된다.[4)]

다른 한편 취소소송의 소송물뿐만 아니라 그 대상에 관해서도 적지 않은 쟁점들이 존재한다. 취소소송의 소송물과 대상을 둘러싼 법적 쟁점들을 살펴보면 다음과 같다.

Ⅱ. 취소소송의 소송물에 관한 학설

취소소송의 소송물에 관한 국내문헌을 살펴보면, 취소소송의 소송물은 '행정처분으로 인하여 생긴 위법상태의 배제',[5)] '계쟁처분의 위법성주장이라는, 민사소송에서는 볼 수 없는 특수한 소송상의 청구'[6)]라고 하거나, '처분등이 위법하고 또 자기의 권리를 침해한다는 원고의 법적 주장'이라고 보는 견해,[7)] 취소소송에서 원고는 특정한 처분등이 위법함을 주장하는 것이며, 그 처분의 위법성이 심리의 대상이 되어 원고의 위법성 주장의 당부(當否)가 판결에 의해 확정되는 것이란 점을 근거로, 취소소송의 소송물은 '처분등의 위법성'이라고 하는 견해[8)] 등이 나타난다. 대체로 학설은 취소소송의 소송물을 '처분의 위법성'(위법성설) 내지는 '위법처분으로 인하여 발생한 위법상태의 배제'(위법상태배제설) 등으로 집약된다.

그러나 취소소송의 소송물에 대한 이러한 설명이 반드시 이론적으로 타당한 것이라고는 볼 수 없다. 민사소송법의 경우와 마찬가지로 행정소송법에서도 소송물의 개념 자체가 논란의 대상인 것은 사실이다. 행정소송의 소송물 개념은 민사소송법상 소송물이론과 행정소송의 특수성이란 두 가지 요인에 의하여 결정된다고 할 수 있다. 이러한 견지에서 볼 때, 행정소송의 소송물이란 소송상 청구(prozessualer Anspruch), 다시 말해 원고가 일정한 사실관계를 근거로 법원에게 일정한 내용의 판결을 통한 권리보호를 해 달라고 요구하는 소송상 청구를 말한다.[9)] 물론 민사소송법에서도 소송물의 개념규정 및 범위확정은 예나 지금이나 미해결의

---

4) 이에 관하여 상세한 것은 J.-H Hong, *Die Klage zur Durchsetzung von Vornahmepflichten der Verwaltung*, 79쪽 이하; 민사소송에 관해서는 이시윤, 『소송물에 관한 연구』, 육법사, 1977, 320을 참조.

5) 김도창, 『일반행정법론(상)』, 1992, 806; 이시윤, 위의 책, 207 이하; 박만호, 앞의 글, 172를 참조.

6) 김도창, 같은 곳.

7) 홍정선, 『행정법원론(상)』, 박영사, 2009, 762-763.

8) 이상규, 『행정쟁송법』, 박영사, 1997, 286: 여기서 이상규 변호사는 특정한 실체법상의 권리 또는 법률관계가 소송물이 된다고 보는 것이 보통이었으나, 소송물을 실체법적인 구성요건과 관련시켜 생각할 것이 아니라, 실체법적 범위에서 해방되어 소송법적 견지에서 구성하여야 한다는 신소송물론이 유력해지고 있다고 한다.

9) F. Kopp, § 90 Rn.7, S.1089; Stern, a.a.O.; VG München, Urt.v.5.12.1966(Nr.3168/66). 이것은 독일민사소송법의 지배적인 견해(H. Thomas und H. Putzo, *Zivilprozeßordnung mit Gerichtsverfassungs-*

문제로 남아 있다.[10)] 그러나 소송물에 관한 논란여하에도 불구하고 소송물 개념을 '소송의 대상'(Klagegegenstand)이나 민사소송법 제204조 제1항의 "청구의 목적물"과 같은 개념과 혼동해서는 안 된다.[11)] 취소소송에서 소송의 대상은 취소의 대상(Anfechtungsgegenstand)으로서 후술하는 바와 같이 언제나 처분 또는 재결이다(§ 19 본문). 물론 취소소송에서 이 개념이 취소소송의 공격대상(Angriffsziel) 또는 취소대상으로서 그것이 수행하는 역할과 관련하여 볼 때, 소송물확정에 대하여 결정적 중요성을 지니는 것은 사실이다. 그러나 소송물은 무엇보다도 그 소송상 기능 면에서 '소송의 대상'과는 다르다.

취소소송의 소송물을 '처분등의 위법성'으로 보는 견해는, 취소소송이 '행정청의 위법한 처분등을 취소 또는 변경하는 소송'(§ 4 i)인 이상, 단순히 처분등의 위법성을 확인하는 데 그치는 소송유형과 동일시될 수 없다는 점에서, 타당하다고 볼 수 없다: 취소소송은 단순히 처분등의 객관적 위법성을 확인받기 위한 확인소송이 아니다. 또한 취소소송의 소송물을 '위법처분으로 인해 발생한 위법상태의 배제'라고 보는 견해 역시, 취소판결의 효과를 지나치게 제한한다는 점에서 비판을 면하기 어렵다. 물론 취소판결의 효과가 처분의 효력을 소멸시킴으로써 위법상태를 배제하는 데 있는 것은 사실이지만, 이러한 판결의 효과가 취소요건 또는 형성요건으로서 처분등의 위법성에 미치지 않는 것으로 할 경우 이후 동일한 처분등의 위법

---

gesetz, 16.Aufl., 1990(이하 ThP), Einleitung, II Rn.7, S.7ff.; C. Creifelds u.a., *Rechtswörterbuch*, 7.Aufl., C.H. Beck, 1983, S.1120: 특히 소송물을 소송청구와 그 기초가 된 생활상의 사실관계로 보는 이분지설(zweigliedriger Streitgegenstandsbegriff: O. Jauernig, *Zivilprozeßrecht*, 22.Aufl., München, 1988, § 37 II)의 입장)에 따른 것이다. 우리나라에서도 신소송물이론은 다수설의 지위를 차지하고 있다고 하며(이시윤, 앞의 책, 322), 다만 판례는 민사소송에 있어 여전히 구소송물이론(구실체법설)에 입각하고 있으나, 최근 주식회사의 주주총회결의에 대한 무효확인과 부존재확인 간에 소송물의 동일성을 인정하는 등 입장의 변화 또는 기존입장의 완화경향을 보이고 있음이 관측되고 있다(이에 관하여는 이시윤, 앞의 책, 325 이하를 참조). 따라서 이 같은 소송물개념은 판례상의 그것과는 차이가 있지만, 행정소송에 관한 그 민사소송과는 다른 특수성을 고려할 때, 충분한 타당성을 지닌다고 생각한다.

10) 가령 신소송물론 내에서도 일분지설을 취하는 견해(이시윤, 앞의 책, 333)와 이분지설을 취하는 견해(정동윤, 『민사소송법』, 법문사, 1990, 217 이하)가 대립되고 있다.

11) 동지 박만호, 앞의 글, 173; 이시윤, 앞의 책, 321. 참고로 독일의 경우 1990년 12월 17일 개정된 행정법원법(BGBl.2809)은 종래 원고로 하여금 소장에 '소송물'(Streitgegenstand)을 특정하도록 하고 있었던 동법 제82조 제1항 제1문을 개정하여 '소송물'이란 표현을 "소송상 청구의 목적"(Gegenstand des Klagebegehrens)으로 대체하였다. 종래 같은 조항에 의한 '소송물'이란 법률적·기술적 의미에서 이해될 수 없는 개념으로서, 같은 법 제121조상의 소송물, 즉 법원에 의해 최종적으로 확정되어야 하는 본래적 의미의 소송물과는 상이한 것이라고 이해되어 왔다. 그리하여 뤼케(G. Lüke, "Streitgegenstand im Verwaltungsprozeß," *JuS*, 1967, 3)는 입법자가 이 규정(독일 민사소송법 § 253 ② ii에 상응하는 규정)에서 '소송의 대상'과 소송물을 혼동했음이 분명하다고 지적하였다. 그러나 그동안 '소송의 대상'이란 개념은 소송물과 혼동되어 사용되는 경우가 많았고 종종 판례상으로도(BVerwGE 52, 247, 249) 동일한 의미로 사용되어 왔다고 한다. 그러던 터에 1990년의 개정법이 이를 시정한 것은 법개념의 불명확성을 제거한 것으로 긍정적인 평가를 받고 있다(J.-H. Hong, a.a.O., 79 Fn.101).

을 근거로 국가배상을 청구함에 있어 이 취소판결의 기판력을 원용할 수 없게 되는 결과가 생기는 등 문제가 있다. 이러한 결과는 대부분의 문헌이 취소소송의 인용판결의 효력의 하나로 기판력을 들고 있는 것과도 부합되지 아니한다. 따라서 취소소송의 소송물은 처분등의 위법성과 이를 근거로 한 처분등의 취소를 구하는 원고의 법적 권리주장(Rechtsbegehren)으로 보되, 여기서 처분등의 위법성이란 단순히 처분등의 객관적 위법성뿐만이 아니라, 원고의 법률상 이익을 침해하였다는 주관적 관련 하에 파악된 위법성을 말하는 것으로 보아야 할 것이다.[12)]

Ⅲ. 취소소송의 대상

1. 개설

행정소송법은 취소소송의 대상을 '처분등'으로 명시하고 있다(§ 19). 여기서 '처분등'이란 처분과 행정심판에 대한 재결을 말하므로(§ 2 ① i), 결국 취소소송의 대상은 처분과 재결이 된다. 처분이란 행정소송법의 입법적 정의에 따르면 '행정청이 행하는 구체적 사실에 대한 법집행으로서의 공권력의 행사 또는 그 거부와 그 밖에 이에 준하는 행정작용'을 말한다. 따라서

12) 즉 위법성이란 처분등이 객관적으로 위법한 것만 가지고는 부족하고 원고와의 관계에서 주관적으로도 위법해야 한다는 뜻이다. 이러한 의미에서 주관적 위법은 객관적 위법에 포함된다. 반면 주관적 위법을 제외한 객관적 위법이라는 개념은 지나치게 작위적인 개념의 왜곡일 뿐이다. 이와 같은 관점에서 볼 때, 행정의 적법성보장이 항고소송의 주목적이며 계쟁행위의 적법성여부가 항고소송의 소송물이라는 것을 논거로 하여, 항고소송을 객관적 소송으로 보려는 견해(한견우, 「행정소송의 소송권과 우리나라 행정소송의 문제점」, 『고시연구』 통권 제202호, 1991.1., 112 이하)는 취소소송의 소송물을 처분등의 위법성만으로 파악하는 입장으로 결코 타당하다고 볼 수 없다. 한편 이러한 필자의 견해에 대하여 최근 '처분등의 객관적인 위법성이라는 실체법적 관련성을 소송물개념에 포함하고 있는 점에서 우리나라의 다수설이 갖고 있는 문제점을 여전히 내포하는 것'이라는 비판이 제기된 바 있으나(류지태, 『행정법신론』, 신영사, 1995, 454 각주 13) 이는 필자의 견해를 제대로 이해하지 못한 결과로서 타당하지 않다. 만일 이러한 비판은 '객관적 위법'이란 의미를 아마도 '진정으로 위법한 것'으로 이해한 결과인 듯하나 이는 부당하다. '객관적 위법'이란 '법질서 전체에 대한 반가치판단'으로서의 위법을 말하는 것이기 때문이다. 필자는 취소소송의 소송물을 '처분등의 위법성과 이를 근거로 한 처분등의 취소를 구하는 원고의 법적 권리주장' (Rechtsbegehren)으로 보고 있는데, 이는 독일에서의 통설적 견해와 일치하는 것이다. 또한 그는 같은 곳에서 취소소송의 소송물에 관하여 '비교적 그간 활발한 논의를 하고 있던 독일에서의 주장'을 참조한다고 하고 있는데, 과연 그의 주장이 취소소송의 소송물을 "행정행위가 위법하며 자기의 권리영역을 침해하였다는 원고의 주장"으로 이해하는 독일에서의 통설의 상대적 설득력을 감안한 것인지 반성해 보아야 할 것이다.

취소소송의 대상은 ① 행정청이 행하는 구체적 사실에 관한 법집행으로서 공권력의 행사, ② 행정청이 행하는 구체적 사실에 관한 법집행으로서 공권력의 행사의 거부, ③ 그 밖에 이에 준하는 행정작용, 그리고 ④ 재결의 네 가지로 나뉜다.

행정소송법이 취소소송의 대상을 명시하면서 구법 이래 논란되어 왔던 처분개념을 확대하여 규정한 것은 현대행정의 행위형식의 다양화에 부응하여 국민의 권리구제의 길을 넓히려는 데 취지를 둔 것으로 평가된다. 특히 처분 개념에 "공권력의 행사 또는 그 거부"뿐만 아니라, "그 밖에 이에 준하는 행정작용"이 포함되고 있다는 점이 주목되고 있다.13) 그러나 이러한 행정소송법의 태도에 대하여는, 특히 '처분'의 개념을 둘러싸고 많은 논란이 있고 행정소송법 해석상으로도 적지 않은 문제점들이 도사리고 있다. 따라서 취소소송의 대상으로 '처분'과 '재결'을 구체적으로 검토해 볼 필요가 있다.

2. 처분

(1) 처분의 개념

행정소송법은 '처분'의 개념을 다음과 같이 정의한다. 처분이란 '행정청이 행하는 구체적 사실에 대한 법집행으로서의 공권력의 행사 또는 그 거부와 그 밖에 이에 준하는 행정작용'을 말한다.

이 정의규정에도 불구하고 처분을 무엇으로 볼 것인가에 대해서는 여전히 논란이 있다. 논쟁은 특히 행정소송법상의 처분개념을 학문상 행정행위와 같은 것으로 볼 것인가, 나아가 '그 밖에 이에 준하는 행정작용'이란 무엇인지를 둘러싸고 전개되고 있다.14)

① 학설

(가) 쟁송법상 개념설(형식적 행정행위론: 이원론)

이것은 취소소송의 권익구제기능을 중시하여 행정작용에 대한 국민의 권익구제의 폭을 넓히려는 취지에서 쟁송법상 행정처분의 개념을 실체적 행정행위개념과 별도로 정립하려는 입장이다(다수설). 이에 따르면 행정소송법상 처분의 개념은 학문상 행정행위 개념보다 넓은, 별개의 개념으로 파악된다. 즉, ① 강학상의 행정행위에 해당하지 않는 행정작용일지라도, 행정

---

13) 김도창, 앞의 책, 755.

14) 이에 관하여는 김남진, 「취소소송의 대상」, 『사법행정』, 1991.7.; 박윤흔, 「취소소송의 대상」, 『사법행정』, 1990.7.; 신보성, 「행정행위와 처분」, 『고시계』, 1984.6. 등을 참조.

행위에 준하여 국민생활을 일방적으로 규율하는 행위로서 국민이 다른 적당한 불복절차를 쉽사리 발견하지 못하는 경우에는, 이들을 널리 취소소송의 대상으로 삼아서 구제의 길을 열어야 하며, ② 행위 자체는 공권력행사라는 실체를 가지고 있지 않고, 따라서 공정력(예선적 효력)이나 불가쟁력 등이 인정되지 않지만, 국민에게 계속적으로 사실상 지배력을 미치는 행위는, 민사소송 기타 다른 구제수단이 없는 경우, 역시 형식상으로 처분성을 인정하여 이에 대한 취소소송의 길을 열어 주자는 것이다.[15] 이들 행위는 본래의 행정행위는 아니나 취소소송의 대상으로 하기 위하여 형식적으로 행정행위로 다룬다는 의미에서 형식적 행정행위라 부른다. 보충적 구제대상인 조치의 예로 권력적 사실행위, 일반적 기준설정행위 · 행정내부적 결정, 사회보장적 급부결정, 보조금교부결정, 유해공공시설설치행위 또는 행정지도 · 비권력적 행정조사 등이 거론된다.

<일본에 있어 형식적 행정행위론>

형식적 행정처분론은 실체법적 행정행위의 개념과는 별도로 행정쟁송법에 타당한 새로운 행정행위개념을 정립하려는 시도로서, '최근 일본 행정법학계의 다수설이 되어 가고 있고 또 판례상으로도 지지경향이 나타나고 있는' 개념이라고 한다.[16] 즉, 행위 자체는 공권력행사라는 실체를 가지고 있지 않고, 따라서 공정력이나 불가쟁력 등의 효력도 없으며, 항고쟁송의 배타적 관할에 속하지 않는 것일지라도 국민생활을 "일방적으로 규율하는 행위"이거나(原田尙彦), 개인의 법익에 대하여 '계속적으로 사실상의 지배력을 미치는 경우'(兼子仁)에는 항고소송의 대상이 되는 처분성을 인정하여야 한다는 것이다. 따라서 여기에는 실체법상 행정행위에 해당하는 행위 외에 행정상 입법 · 행정규칙 · 사실행위, 그리고 행정지도와 같은 행위들이 포함된다고 한다.[17]

(나) 실체법적 개념설(행정행위설: 일원론)

행정소송법상 처분개념을 학문상 행정행위의 그것과 동일한 것으로 보는 견해로서, 먼저 실체법적으로 행정행위의 개념을 정의해 놓고 그 정의에 해당되는 행정행위에 대해서만 연역적으로 처분성을 인정한다. 대법원의 지금까지의 판례태도는 기본적으로 이러한 정의방식에 가까운 편이었다고 한다.[18] 이 견해는 학문적 행정행위의 개념이 항고쟁송의 대상이 되는 행

---

15) 김도창, 앞의 책, 752.
16) 이에 관하여는 서원우, 『현대행정법론(상)』, 박영사, 1987, 366 이하; 김도창, 앞의 책, 359, 752 이하; 김창조. 「취소소송의 소의 이익」, 『공법연구』 제22집 제3호, 1994, 399 이하의 설명을 참조. 형식적 행정처분론은 雄川一郞, 山田幸男 교수의 문제지적을 단서로 하여 原田尙彦, 兼子 仁 교수에 의해 학설로 전개되었다고 한다(室井 力, 「形式的行政處分について」, 『公法の原理(下) I』(田中二郎先生古稀記念), 1977, 62).
17) 김도창, 앞의 책, 752.
18) 김도창, 앞의 책, 751.

정작용을 타행정작용과 구분할 목적에서 정립된 것인 이상 행정소송법상의 처분개념과 동일한 것은 당연하다고 하며,[19] 오히려 행위형식의 다양성을 그대로 인정하고, 처분과 타행정작용과의 구별의 징표를 철저히 탐구함으로써 그에 상응하는 행정구제방법을 모색하는 것이 국민의 권리구제의 폭을 넓히는 길이라고 한다.[20]

(다) 소결

일면 처분의 개념확대와 타면 비처분적 행정작용에 대한 행정구제수단의 확충 및 기존소송유형의 활용이 경합적으로 추구되는 것도 국민의 권익구제의 목적에 비추어 바람직한 것이다. 다만 문제는 처분개념을 어디까지 확대할 것이며, 어떤 범위에서 취소소송 이외의 소송유형을 활용・개척할 것인가에 관한 한계를 설정하는 데 있다. 처분개념에 관한 행정소송법 규정들은 이에 대한 입법적 선택이고, 따라서 문제의 답은 그 해석을 통해 찾아야 한다.

현행 행정소송법 해석상 처분의 개념은 i. 행정청이 행하는 구제적 사실에 관한 법집행으로서 **공권력의 행사**, ii. 행정청이 행하는 구체적 사실에 관한 법집행으로서 **공권력의 행사의 거부**, iii. **그 밖에 이에 준하는 행정작용**의 세 가지로 나누어 볼 수 있다. 여기서 첫째와 둘째의 개념과 행정행위(최협의)의 개념이 동일한 것인지가 문제된다. 먼저 둘째의 개념에 관하여 본다면, 거부처분 역시 소극적 처분인 이상, 첫째의 개념과 구별하여 특별히 취급해야 할 필요는 없다(이는 간주거부에 대해서도 마찬가지로 타당하다). 다음 '행정청이 행하는 구체적 사실에 관한 법집행으로서 공권력의 행사'의 개념이 실체적 행정행위의 그것에 비추어 문제되어야 한다. 실체적 행정행위의 개념은 일반적으로 '행정청이 법 아래서 구체적 사실에 대한 법집행으로서 행하는 권력적 단독행위인 공법행위'라고 파악된다. 양자가 동일한 것인지 여부는 '공권력의 행사'와 '권력적 단독행위인 공법행위'란 행정행위 개념의 비교에 귀착되는데, 특히 권력적 사실행위가 행정소송법상 '공권력의 행사'에 포함되는지 문제된다.

생각건대, 행정소송법 제2조 제1호 규정에 '행정청이 행하는 구체적 사실에 관한 법집행으로서의'라는 구절이 있으나, 이로써 사실행위가 처분개념으로부터 명문으로 배제된 것이라고 해석하는 것은 행정행위의 개념징표로서 '구체적 사실에 관한 법집행'의 의미에 비추어 볼 때 타당하다고 볼 수 없다. 이것은 행정행위를 입법 내지 법규명령・행정규칙으로부터 구별하기 위한 것이기 때문이다. 반면 이원론이 주장하는 바와 같이 권력적 사실행위를 '공권력의 행사'에 해당한다고 볼지는 별개의 문제이다. 이것은 형식적 행정행위가 어떻든 기본적 요소

19) 신보성, 『현대행정법의 이론』, 교학연구사, 1988, 94.
20) 종래 이 견해를 주장했던 김남진 교수는 이원설로 학설을 변경한 바 있다(김남진, 『행정법 I』, 법문사, 1998, 785-786).

로 삼고 있는 실체적 행정행위의 개념에 관한 문제로서, 형식적 행정행위론의 당부에 대한 평가 이전의 문제이다. 그렇다면 '구체적 사실에 대한 법집행'이란 단순한 집행행위까지를 포함하는 개념인가 아니면 구체적 사안에 대한 규율이란 법적 행위의 요소를 의미하는가. 권력적 사실행위를 '공권력의 행사'에 해당하는 것으로 보는 것은, 행정소송법 문언상 적어도 '법적 행위 또는 규율'(Rechtsakt, Regelung)이라는 요소가 나타나고 있지 않은 이상, 해석론상 결코 불가능한 것은 아니다. 행정소송법상의 문언으로부터 어렵지 않게 그 처분의 개념에 '행정청이 행하는 구체적 사실에 관한 법집행으로서의' 권력적 사실행위가 포함된다는 결론에 이르게 되기 때문이다. 또한 입법배경을 보더라도 그 결론이 타당함을 확인할 수 있다.[21]

다만, 권력적 사실행위를 행정소송법상 공권력행사에 포함되는 것으로 해석할 경우, 이에 대한 취소소송이 과연 가능한지가 문제되지 않을 수 없다. 일설은 취소소송에서 취소의 대상은 법적 행위이라고 하거나 취소소송은 기존의 법적 효과를 소멸시키는 것을 목적으로 하는 것이라는 점을 이유로[22] 이를 부정하는 데 반하여, 권력적 사실행위의 취소는 위에서 본 바와 같은 권력적 사실행위에 결부된 법적 효과인 수인의무의 해제로서 의미를 가진다는 입장이 유력하게 제기되고 있다.[23] 권력적 사실행위에 대한 권익구제방법에 관한 한, 양설은 나름대로 일리가 있다. 또한 취소소송의 형성소송으로서 본질이나 국민의 권익구제제도로서 행정소송의 확충 및 활용문제를 감안할 때 전자의 견해가 타당하다고 볼 수도 있다. 그러나 해석론상 후설이 지니는 타당성을 부인할 수는 없다. 따라서 국민의 입장에서는 권력적 사실

---

21) 그 입법경위와 관련하여 이상규, 『행정쟁송법』, 302, 각주 4를 참조. 또한 "권력적 사실행위는 행정소송법안의 기초과정에서 '행정청의 공권력행사'에 처분적 행위와 함께 포함되는 것으로 이해되었다"는 김원주 교수의 진술(「행정상 사실행위와 행정소송」(시론), 『고시계』, 1994.4., 17)도 이를 지지해 주는 논거의 하나이다(다만 여기서 '처분적 행위'란 아마도 강학상의 행정행위에 해당하는 것이 아닐까 생각한다). 한편 일본의 경우 이에 관하여 행정사건소송법이 '처분 그 밖의 공권력의 행사에 해당하는 행위'를 취소소송의 대상으로 규정할 뿐, 명시적 규정을 두고 있지 않은 것은 우리나라와 사정이 같지만, 권력적 사실행위는 '그 밖의 공권력행사'에 해당하는 것으로서 처분성을 지닌다는 것이 일반적으로 승인되고 있다고 한다(鹽野宏, 『行政法 II』, 有斐閣, 1992, 91).

22) 홍정선, 앞의 책, 277. 이러한 입장에서는 '사실행위의 취소'보다는 행정상의 일반이행소송의 인정을 전제로 한 '사실행위의 중지 또는 제거청구'가 더 올바른 문제해결이라고 한다.

23) 김동희, 『행정법 I』, 644-645. 김도창 교수(『일반행정법론(상)』, 359)는 E. Eyermann und L. Fröhler, *Verwaltungsgerichtsordnung*(§ 42 Rn.60)과 P. Stelkens, J. Bonk, und K.S. Leonhardt, *VwVfG Kommentar*(§ 35 Rn.40)을 인용하면서, "독일 연방행정재판소법의 해석에 있어서도 처분개념 속에 사실행위가 포함되는 것으로 이해되고 있다."라고 지적한 바 있으나 수긍하기 어렵다. 인용된 문헌에서는 "사실행위에 동시에 수인하명(Duldungsbefehl)이 들어 있을 경우에는 행정행위로 볼 것"(Stelkens et al., a.a.O.)이라거나, "순수히 사실적인 행위들 중에도 행정행위라고 볼 수 있는 경우가 있을 수 있다는 것"(예컨대 수색, 체포, 예방접종, 동물시체의 제거), 그리고 "이 경우에도 법적 효과가 발생하며 그 법적 효과는 바로 그러한 사실행위들과 결부된 수인하명에서 찾을 수 있다는 것"이 지적되고 있을 뿐이다(E. Eyermann und L. Fröhler, a.a.O.).

행위에 대한 취소소송과 이를 원인으로 하는 공법상 당사자소송을 선택적으로 또는 병합하여 제기하는 것이 바람직하며 또한 가능하다고 본다.

끝으로 제기되는 문제는 "그 밖에 이에 준하는 행정작용"이란 무엇을 뜻하는가 하는 것이다. 유력한 견해에 따르면 이 규정을 통해 "앞으로의 시대적 수요에 따라 학설 · 판례를 통하여, …… 이른바 형식적 행정처분의 개념 아래 거론되는 행정작용들이 이 범주에서 논의될 수 있을 것"이라고 한다.24) 물론 앞에서 전개된 우리의 입장이 형식적 행정행위론이 주장하듯 행정지도나 비권력적 행정조사 등과 같은 사실행위에까지 처분성을 확대하자는 것과 맥을 같이하는 것은 아니다. 행정소송법상 "처분"개념을 해석하는 문제와 이를 바탕으로 새로이 형식적 행정행위개념을 정립하는 문제는 기본적으로 별개의 문제이다. 이러한 견지에서, 구체적으로 "그 밖에 이에 준하는 행정작용"이 무엇인가는 결국 학설발전과 판례형성을 통하여 밝혀질 수밖에 없으나,25) 어떻든 행정소송법상 처분의 개념이 이로써 강학상의 행정행위의 개념보다 한 걸음 더 넓은 것이 될 수밖에 없다는 것은 분명한다. 문제는 과연 무엇을 기준으로 위의 협의의 처분과의 동가치성을 인정할 것인가에 있으며, 이에 따라 행정소송법상 취소소송의 대상으로 삼을 것인지 여부가 결정된다. 앞에서 본 바와 같이 사실행위 중 행정쟁송법에 의한 권리구제가 필요하다고 인정되는 경우일진데 상대방의 수인의무를 발생시키는 권력적 사실행위의 경우에는 전술한 바와 같이 처분의 개념에 해당하는 것으로 보기 때문에 별 문제가 없으나, 그 밖의 경우에는 무리하게 처분성을 인정할 것이 아니라 그에 적합한 소송형태를 해석론상 또는 입법론상 확충시켜 나가는 방식으로 해결책을 모색하는 것이 정도이다.

② 판례

판례는 처분 개념을 확장한 행정소송법의 입법취지를 도외시하고 오히려 기존의 개념적 틀에 얽매여 행정소송법상 처분 정의규정의 해석 · 적용을 소홀히 하는 태도를 보여 왔다.26)

먼저 대법원은 항고소송의 대상이 되는 행정처분이란 행정청의 공법상의 행위로서 특정사항에 대하여 법규에 의한 권리의 설정 또는 의무의 부담을 명하거나 기타 법률상의 효과를

24) 김도창, 앞의 책, 756.

25) 가령 1976년에 제정된 행정절차법 제35조에 의한 행정행위의 개념정립(Legaldefinition)을 통하여 행정법원법상 행정행위개념을 둘러싼 논쟁을 입법적으로 해결한 독일의 경우에도, 여전히 그때그때 개개의 행정작용유형들이 행정행위에 해당되는지의 여부가 논란되고 있다는 사실은, 앞으로 학설과 판례가 이를 어떻게 구현해 나갈 것인가가 중요한 관건이 될 것임을 시사해 주는 것이라 할 수 있다. 한편 이에 관하여 김남진 교수(『행정법 I』, 214 이하; 778 이하)는 "그 밖에 이에 준하는 행정작용"에 해당하는 행위유형으로 개별적 · 추상적 규율, 일반처분, 물적 행정행위 및 국민에 대한 구속적 계획 등을 검토하고 있다.

26) 김남진, 『행정법의 기본문제』, 1990, 508.

발생하게 하는 등 국민의 권리의무에 직접 관계가 있는 행위를 말하는 것이라고 판시해 오고 있다.[27] 따라서 행정청 내부에서의 행위나 알선, 권유, 사실상의 통지 등과 같이 상대방 또는 기타 관계자들의 법률상 지위에 직접적인 법률적 변동을 일으키지 아니하는 행위 등은 항고소송의 대상이 될 수 없다고 한다.[28]

한편 거부처분의 경우, 대법원은 "행정청이 국민의 신청에 대하여 한 거부행위가 항고소송의 대상이 되는 행정처분이 된다고 하기 위하여는 국민이 그 신청에 따른 행정행위를 해 줄 것을 요구할 수 있는 법규상 또는 조리상의 권리가 있어야 하며, 이러한 권리에 의하지 아니한 국민의 신청을 행정청이 받아들이지 아니하고 거부한 경우에는 이로 인하여 신청인의 권리나 법적 이익에 어떤 영향을 주는 것이 아니므로 그 거부행위를 가리켜 항고소송의 대상이 되는 행정처분이라고 할 수 없다."라는 판례[29]를 유지해 오고 있다.

판례에 따르면 항고소송의 대상으로서 '처분'의 존재가 인정되려면 단순히 '행정청이 국민의 신청에 대하여 한 거부행위'가 있는 것만으로는 부족하고, '국민이 그 신청에 따른 행정행위를 해 줄 것을 요구할 수 있는 법규상 또는 조리상의 권리가 있어야 하며', '이러한 권리에 의하지 아니한 국민의 신청을 행정청이 받아들이지 아니하고 거부한 경우에는 이로 인하여 신청인의 권리나 법적 이익에 어떤 영향을 주는 것이 아니기 때문'이라는 것이다. 이러한 판례의 태도를 해석함에 있어 '신청에 따른 행정행위를 해 줄 것을 요구할 수 있는 법규상 또는 조리상 권리'가 사실심전제요건 심사단계에서 이미 객관적, 확정적으로 존재할 것을 요구하고 있는 것인지, 아니면 원고가 주장하는 바와 같은 '신청에 따른 행정행위를 해 줄 것을 요구할 수 있는 법규상 또는 조리상 권리'가 존재할 가능성이 있으면 족하고 그 객관적, 확정적 존재여부는 본안심리에서 판단되면 된다는 의미인지는 불분명하다. 만일 전자의 의미라면, 법원은 사실심전제요건 심사단계에서 그러한 법규상 또는 조리상 권리가 존재하는지 여부를 확정적으로 판단하여 소 각하여부를 결정하게 될 것이고, 반대로 후자의 의미라면, 원고에게 '그가 주장하는 바와 같은' 법규상 또는 조리상 권리가 전혀 있을 수 없는 경우가 아

27) 법원행정처, 『법원실무제요 행정』, 1997, 89는 처분의 개념에 대하여 다음과 같이 기술하고 있다: "현재의 통설 · 판례는, 강학상의 행정행위를 중심으로 하되, 강학상의 행정행위에 포함되지 않는 행위일지라도 국민의 권리 · 의무에 직접 영향이 있는 공권력적 작용은 행정소송의 대상으로 하고, 단순한 비권력적 사실행위는 항고소송의 대상으로 보지 아니한다. 따라서 일반적으로, '행정청이 공권력의 행사로서 행하는 처분 중 국민의 권리 · 의무에 직접적으로 법률상 영향을 미치는 것'을 항고소송의 대상으로 보고, 다만 이에 해당하는 것들이라도 개별법률 등에 항고소송 이외의 다른 특별불복절차를 마련하고 있는 처분은 항고소송의 대상이 되지 아니한다고 한다."

28) 대법원 1998.7.10. 선고 96누6202 판결(민영주택건설사업계획승인조건변경처분취소). 참조판례: 대법원 1995.9.10. 선고 94두33 판결; 대법원 1995.11.21. 선고 95누9099 판결; 대법원 1997.5.16. 선고 97누3163 판결 등.

29) 대법원 1991.2.26. 선고 90누5597 판결; 동지 대법원 1991.8.9. 선고 90누8428 판결.

닌 한, 그 존재 여부가 확정적으로 밝혀지지 않더라도 소를 각하함이 없이 본안심리에 들어가야 할 것이다. 이제까지 대법원이 거부행위의 처분성결여를 이유로 소를 각하해 온 이유들을 보면 원고에게 '신청에 따른 행정행위를 해 줄 것을 요구할 수 있는 법규상 또는 조리상 권리'가 없다는 것이 거의 대부분이라 할 수 있다. 즉, 사실심전제요건 심사단계에서 그러한 법규상 또는 조리상 권리가 존재하는지 여부를 심리하여 그 존부를 확정하고 그에 따라 소각하여부를 결정하고 있는 것으로 보인다.

그러나 이러한 판례의 태도는 취소소송의 대상과 원고적격의 구분을 모호하게 만들 뿐만 아니라, 행정소송법상 거부처분의 개념을 부당하게 제한함으로써 국민의 권익구제의 길을 축소시키는 결과를 가져온다는 점에서 비판을 면하기 어렵다. 나아가 원고가 사실상 그 신청에 따른 행정행위를 요구할 수 있는 법규상 또는 조리상 권리를 갖고 있느냐의 여부는 소송요건의 문제가 아니라 본안의 문제라는 점을 직시할 필요가 있다.

> 국민주택-특별공급신청권의 유무는 본안에서 판단할 사항이므로, 입주권부여를 거부한 행위가 항고소송의 대상인 거부처분이 되는 것을 방해하지 않는다고 한 대법원의 판결은 지당하다. 대법원은 국가·지방자치단체 등이 건립한 국민주택의 일부를 일정한 자격을 갖춘 무주택세대주(제1호 내지 제11호)에게 특별공급할 수 있도록 하고 있는 주택공급에관한규칙 제15조 제1항의 규정 중 "제5호는 당해주택건설사업의 원활을 기하기 위하여 당해주택건설사업에 협조한 자에게 당해주택을 공급할 때에 한하여 특별공급의 기회를 부여하는 것으로서, 이 조항의 취지는 단순히 사업주체로 하여금 그러한 대상자들에게 특별분양을 할 수 있는 권능을 부여하는 데 그치는 것이 아니라 그와 같은 요건을 갖추기 위하여 공공사업에 협력한 자에게 법적인 이익을 부여하고 있는 것이라고 보아야 할 것이니 그들에게는 특별공급신청권(이는 특별공급을 받을 권리와는 다른 개념이다)이 인정된다고 해석하여야 할 것"이라고 전제하면서 다음과 같이 결론짓고 있다: "이 사건에서 원고가 협의매수에 응한 자가 아니어서 위 조항에 해당되지 아니한다 하여도 이는 본안에서 판단하여야 할 사항일 따름이다. 그렇다면 피고가 주택공급규칙 제15조 제1항 제5호에 해당함을 이유로 특별분양을 요구하는 원고에게 입주권부여를 거부한 행위는 항고소송의 대상이 되는 거부처분이라 할 것이다."[30)]

한편, 대법원은 행정청이 국민의 신청에 대하여 한 거부행위가 항고소송의 대상이 되는 행정처분에 해당하는 것이라고 하려면, 그 거부행위가 신청인의 법률관계에 어떤 변동을 일으키는 것이어야 하지만, '신청인의 법률관계에 어떤 변동을 일으키는 것'이라는 의미는 신청인의 실체상 권리관계에 직접적인 변동을 일으키는 경우뿐만 아니라 신청인이 실체상 권리자로서 권리를 행사함에 중대한 지장을 초래하는 경우도 포함한다고 보고 있는데, 이는 위에

30) 대법원 1992.1.21. 선고 91누259 판결.

서 비판한 바와 같은 처분성요건 판단상의 난항을 어느 정도 완화시키려는 취지로 이해된다.

> 국민의 적극적 행위 신청에 대하여 행정청이 그 신청에 따른 행위를 하지 않겠다고 거부한 행위가 항고소송의 대상이 되는 행정처분에 해당하는 것이라고 하려면, 그 신청한 행위가 공권력의 행사 또는 이에 준하는 행정작용이어야 하고 그 거부행위가 신청인의 법률관계에 어떤 변동을 일으키는 것이어야 하며 그 국민에게 그 행위발동을 요구할 법규상 또는 조리상의 신청권이 있어야 한다고 할 것인바, 여기에서 '신청인의 법률관계에 어떤 변동을 일으키는 것'이라는 의미는 **신청인의 실체상의 권리관계에 직접적인 변동을 일으키는 것은 물론 그렇지 않다 하더라도 신청인이 실체상의 권리자로서 권리를 행사함에 중대한 지장을 초래하는 것도 포함한다**고 해석함이 상당하다.31)

1. 국세기본법 또는 개별 세법에 경정청구권을 인정하는 명문의 규정이 없는 이상 **조리에 의한 경정청구권을 인정할 수 없으므로, 납부의무자의 세법에 근거하지 아니한 경정청구에 대하여 과세관청이 이를 거부하는 회신을 하였다고 하더라도 이를 가리켜 항고소송의 대상이 되는 거부처분으로 볼 수 없다.**
2. 원천징수의무자가 원천납세의무자로부터 원천징수대상이 아닌 소득에 대하여 세액을 징수・납부하였거나 징수하여야 할 세액을 초과하여 징수・납부하였다면, 국가는 원천징수의무자로부터 이를 납부받는 순간 아무런 법률상의 원인 없이 부당이득한 것이 되고, 구 국세기본법(2006.12.30. 법률 제8139호로 개정되기 전의 것) 제51조 제1항, 제52조 등의 규정은 환급청구권이 확정된 국세환급금 및 가산금에 대한 내부적 사무처리절차로서 과세관청의 환급절차를 규정한 것일 뿐 그 규정에 의한 국세환급금(가산금 포함) 결정에 의하여 비로소 환급청구권이 확정되는 것이 아니므로, **국세환급결정이나 이 결정을 구하는 신청에 대한 환급거부결정 등은 납세의무자가 갖는 환급청구권의 존부나 범위에 구체적이고 직접적인 영향을 미치는 처분이 아니어서 항고소송의 대상이 되는 처분으로 볼 수 없다.**32)

판례는 '신청인의 법률관계에 어떤 변동을 일으키는 것'이라는 의미를 '신청인의 실체상의 권리관계에 직접적인 변동을 일으키는 것은 물론 그렇지 않다 하더라도 신청인이 실체상의 권리자로서 권리를 행사함에 중대한 지장을 초래하는 것'도 포함한다고 해석하거나, 소유권에는 아무런 변동을 초래하지 아니한다 하더라도, '국민의 권리행사에 지장을 초래하게 되는 점 등을 고려한다면, 지적 소관청의 이러한 토지분할신청의 거부행위는 국민의 권리관계에 영향을 미치는 것으로서 항고소송의 대상이 되는 처분으로 보아야 할 것'이라고 판시하고 있다. 이러한 판례의 태도는 결과의 타당성에도 불구하고 법적 불확실성 문제를 남긴다. '신청인의 권리행사에 중대한 지장' 또는 '지장'을 초래하는 것을 '신청인의 법률관계에 어떤 변

31) 대법원 2002.11.22. 선고 2000두9229 판결(실용신안권소멸등록처분취소).
32) 대법원 2010.2.25. 선고 2007두18284 판결(경정거부처분취소).

동을 일으키는 것'이라 할 것인지도 문제지만, 거부행위를 어떤 경우에 처분으로 인정될 만큼, '신청인의 권리행사에 (중대한) 지장을 초래하는' 것으로 볼 것인지, 판단기준이 불명확하다는 점이 문제이다.

셋째, 권력적 사실행위의 처분성을 인정할 것인지 여부에 대하여 판례는 대체로 긍정하는 것으로 이해되고 있다.[33] 가령 수용, 유치나 예치, 영업소폐쇄 등과 같은 권력적 사실행위도 공권력행사에 해당하는 것으로 항고소송의 대상이 되며, 다만, 단기간에 실행행위가 종료되어 버리는 사실행위(예: 위법건물의 철거행위 등)는 소의 이익이 없게 된다고 한다.[34]

이와 관련 대법원은 방송통신위원회가 지상파 방송사인 갑 주식회사에 뉴스보도에서 횡령 혐의자의 보석 석방 소식을 전하면서 피고인의 실루엣으로 을 의원의 사진을 사용하여 시청자를 혼동케 하고 을 의원의 명예를 훼손함으로써 지상파 방송으로서의 품위를 유지하지 못하였다는 이유로 방송법 제100조 제1항, 제4항에 따라 제재조치명령과 함께 고지방송명령을 한 사안에서, 고지방송명령은 권고적 효력만을 가지는 비권력적 사실행위에 해당할 뿐 항고소송의 대상이 되는 행정처분에 해당하지 않는다고 판시한 바 있다.[35]

헌법재판소는 권력적 사실행위가 처분에 해당된다는 점을 분명하게 밝히고 있다. 헌법재판소는 "수형자의 서신을 교도소장이 검열하는 행위는 이른바 권력적 사실행위로서 행정심판이나 행정소송의 대상이 되는 행정처분으로 볼 수 있으나, 위 검열행위가 이미 완료되어 행정심판이나 행정소송을 제기하더라도 소의 이익이 부정될 수밖에 없으므로 헌법소원심판을 청구하는 외에 다른 효과적인 구제방법이 있다고 보기 어렵기 때문에 보충성의 원칙에 대한 예외에 해당한다."라고 판시한 바 있고,[36] 이전에도 권력적 사실행위가 헌법소원의 대상이 되는 공권력의 행사에 해당한다는 것을 시인해 왔다.

<참고판례>

재무부장관이 제일은행장에 대하여 한 국제그룹의 해체준비착수지시와 언론발표 지시는 …… 형식적으로는 사법인인 주거래 은행의 행위였다는 점에서 **행정행위는 될 수 없더라도 그 실질이 공권력의 힘으로 재벌기업의 해체라는 사태변동을 일으키는 경우인 점에서 일종의 권력적 사실행위로서 헌법소원의 대상이 되는 공권력의 행사에** 해당한다.

헌법재판소법 제68조 제1항에서 말하는 "다른 법률에 의한 구제절차"는 공권력의 행사 또는 불행사를 직접 대상으로 하여 그 잘못 자체를 다투는 권리구제절차를 의미하는 것이고, 공권력의 행사 · 불

33) 동지 유명건, 『실무행정소송법』, 박영사, 1998, 88.
34) 법원행정처, 앞의 책, 101.
35) 대법원 2015.3.12. 선고 2014두43974 판결(제재조치처분취소).
36) 헌법재판소 1998.8.27. 선고 96헌마398 결정(통신의 자유 등 위헌확인).

행사의 결과 생긴 효과를 원상회복시키거나 손해배상을 위한 사후적·보충적 구제수단은 포함되지 않는 것인바, 이 사건 국제그룹 해체와 그 정리조치가 형식상으로는 사법인인 제일은행이 행한 행위이므로 **당시 시행되던 구 행정소송법상의 행정소송의 대상이 된다고 단정하기 어렵고, 따라서 당사자에게 그에 의한 권리구제절차를 밟을 것을 기대하기는 곤란하므로** 이와 같은 범주의 권력적 사실행위의 경우에는 보충성의 원칙의 예외로서 소원의 제기가 가능하다.37)

한편, 대법원은 처분성 판단시 행위의 성질, 효과 외에 행정소송제도의 목적 또는 사법권에 의한 국민의 권리보호의 기능도 충분히 고려하여, 합목적적으로 판단해야 한다는 목적론적 해석방법38)을 견지해 오고 있다.

행정청의 어떤 행위를 행정처분으로 볼 것이냐의 문제는 추상적·일반적으로 결정할 수 없고, 구체적인 경우 행정처분의 의의를 고려하고 위의 원심 설시와 같은 행정처분의 성립 내지 효력요건을 어느 정도 충족시키느냐에 따라 개별적으로 결정하여야 할 것이며, 행정청의 행위로 인하여 그 상대방이 입는 불이익 내지 불안이라는 것도 그 당시에 있어서의 법치행정의 원리와 국민의 권리의식수준 등은 물론 행위에 관련한 당해 행정청의 태도도 고려하여 판단하여야 할 것이다.39)

행정청의 어떤 행위를 행정처분으로 볼 것이냐의 문제는 추상적 일반적으로 결정할 수 없고, 구체적인 경우 행정처분은 행정청이 공권력의 주체로서 행하는 구체적 사실에 관한 법집행으로서 국민의 권리의무에 직접 영향을 미치는 행위라는 점을 고려하고 행정처분이 그 주체, 내용, 절차, 형식에 있어서 어느 정도 성립 내지 효력요건을 충족하느냐에 따라 개별적으로 결정하여야 하며, 행정청의 어떤 행위가 법적 근거도 없이 객관적으로 국민에게 불이익을 주는 행정처분과 같은 외형을 갖추고 있고, 그 행위의 상대방이 이를 행정처분으로 인식할 정도라면 그로 인하여 파생되는 국민의 불이익 내지 불안감을 제거시켜 주기 위한 구제수단이 필요한 점에 비추어 볼 때 행정청의 행위로 인하여 그 상대방이 입는 불이익 내지 불안이 있는지 여부도 그 당시에 있어서의 법치행정의 정도와 국민의 권리의식수준 등은 물론 행위에 관련한 당해 행정청의 태도 등도 고려하여 판단하여야 한다.40)

③ 결론

이상의 논의로부터 다음과 같은 결론이 나온다:

1. 쟁송법상 개념설(이원론)과 실체법적 개념설(일원론)은 적어도 각기 옹호하는 목적과 수단의 관계에서 차별적 설득력이 없고 일정한 한계에 이르기까지는 상보적일 수도

37) 헌법재판소 1993.7.29. 선고 89헌마31 결정(공권력행사로 인한 재산권침해에 대한 헌법소원).
38) 대법원 1984.2.14. 선고 82누370 판결.
39) 대법원 1992.1.17. 선고 91누1714 판결.
40) 대법원 1993.12.10. 선고 93누12619 판결.

있다.

2. 행정소송법 해석상 처분개념은 권력적 사실행위와 "그 밖에 이에 준하는 행정작용"을 포함한다는 점에서 실체적 행정행위 개념보다 넓다(일원론의 부정). 그러나 이 처분개념은 실체적 행정행위와 전혀 별개의 개념이라기보다는 그것을 기본적 요소로 하여 행정소송법에 의하여 확장된 개념이라고 보아야 한다(형식적 행정행위론 대신 확장된 처분개념설).
3. "그 밖에 이에 준하는 행정작용"의 내용이 무엇인가는 앞으로 판례 및 학설형성을 통해 밝혀져야 할 문제이다.

(2) 처분의 내용

행정소송법상 처분개념의 요소는 첫째, 행정청이 행하는 행위일 것, 둘째, 구체적 사실에 관한 법집행으로서의 공권력의 행사 또는 그 거부일 것, 또는 "그 밖에 이에 준하는 행정작용"에 해당할 것 등이다. 처분개념과 관련하여 특히 문제되는 것만 간략히 살펴보겠다.

① 행정청의 행위

행정행위는 '행정청'이 행하는 행위이다. '행정청'의 개념은 일반적으로 행정주체의 의사를 결정하여 외부적으로 표시할 수 있는 권한을 가진 기관으로 이해되고 있다. 여기에는 국가·지방자치단체의 기관 외에, 공무수탁사인(Beliehene)이 포함된다. 입법기관이나 사법기관도, 그 소속공무원을 임명하는 등의 행정적 기능을 수행하는 한도 내에서는, 이에 해당됨은 물론이다(이른바 기능적 행정청개념).

② 구체적 사실에 관한 법집행으로서 공권력의 행사 또는 그 거부

구체적 사실에 관한 법집행으로서의 공권력의 행사 또는 그 거부에는 무엇보다도 실체적 행정행위[41]와 거부처분, 일반처분등이 포함됨은 물론이며, 그 밖에도 이미 앞에서 살펴본 바와 같이 권력적 사실행위가 여기에 해당된다.

(가) 구체적 사실에 관한 법집행

구체적 사실에 관한 법집행이란 요건은 무엇보다도 처분에서 법정립행위가 배제된다는 점을 밝히는 색출적 의미(heuristische Bedeutung)를 지닌다. 법집행은 그 수범자(Adressat)의 특정여부에 따라 일반성·개별성의 기준에 의해, 그리고 그 대상인 규율내용(Regelungsgehalt)

41) 구체적 행위유형에 따른 처분성여하에 관한 사례로는 이상규, 『행정쟁송법』, 297 이하를 참조.

에 따라서는 구체성 · 추상성의 표지에 따라 구분할 수 있다. 이 경우 개별적 · 구체적 규율이 가장 전형적인 행정행위에 해당되는 반면, 일반적 · 추상적 규율이 법규범에 해당된다는 점에 관해서는 의문의 여지가 없다. 그리고 일반처분(Allgemeinverfügung) 역시 행정행위의 개념에 속한다는 데 의문이 없다. 이것은, 불특정인에 대한 특정사안의 규율로서, 예컨대 경부고속도로 서울-수원 하행선구간에 대하여 무기한으로 판교방면으로 차량진출을 금지하는 고시(告示)와 같은 경우이다. 개별적 · 구체적인 규율뿐만 아니라 일반적 · 구체적 규율(일반처분), 그리고 사안의 성질에 따라 개별적 · 추상적 규율로 볼 수 있는 경우도 '구체적 사실에 대한 법집행'으로서 행정행위에 해당한다고 볼 수 있다. 그러나 앞서 밝혔듯이 '구체적 사실에 대한 법집행'이란 기준이 사실행위를 처분에서 배제하는 것은 아니다.

<'구체적 사실에 관한 법집행'과 일반처분>

일반처분은 구체적 사실에 관한 법집행인가. 일반적으로 행정행위는 구체적 사실에 관한 법적 규율이라고 파악되는데, 과연 어떠한 기준에 의하여 이를 판단할 것인가 하는 문제에 관해서는, 상대적으로 다수의 견해가 그 확정의 용이성을 이유로 수범자의 개별성(Individualität der Adressaten)을 기준으로 삼고 있다. 이에 비해, 독일의 행정절차법 제35조는 규율의 구체성(Konkretheit der Regelung)을 기준으로 삼고 있다고 한다.[42] 우리나라 행정심판법(§ 2 i) 및 행정소송법(§ 2 ① i)은 물론 독일 행정절차법 제35조 제2문과 같이 일반처분에 관한 규정을 별도로 두고 있지 않지만, "처분" 개념의 해석상 수범자의 개별성을 요구하고 있지 않으므로, 일반처분 역시 이 조항들이 요구하고 있는 '구체적 사실에 관한 법집행'인 이상 처분으로 보는 데 문제가 없다.

일반처분의 예는 도로통행금지, 입산금지, 도로의 공용개시 및 공용폐지, 민방위경보 등에서 보는 바와 같이, 증가일로에 있다. 문제는 개별 사안에 대한 규율(Einzelfallregelung)로서의 행정행위와 일반적 규율로서의 법규범 간 전통적인 구별에 잘 들어맞지 않는 다양한 법적 행위들 — 가령 구속적 행정계획, 교통표지판이나 교통신호등, 자동차형식승인(자동차관리법 § 30) 등과 같은 행위들의 법적 성질을 어떻게 볼 것인지를 판정하기가 쉽지 않다는 데 있다. 이 문제는 특히 이들 행위의 법적 성질 여하에 따라 법적 규율이나 권리구제방법이 달라지기 때문에 중요하다. 구속적 행정계획의 경우 판례와 학설은 처분에 해당한다고 본다.

도시계획법 제12조 소정의 도시계획결정이 고시되면 도시계획구역 안의 토지나 건물소유자의 토지형질변경, 건축물의 신축 · 개축 또는 증축 등 권리행사가 일정한 제한을 받게 되는바, 이런 점에서 볼 때 고시된 도시계획결정은 특정개인의 권리 내지 법률상의 이익을 개별적이고 구체적으로 규제하는 효과를 가

42) H. Maurer, *Allgemeines Verwaltungsrecht*, 17.Aufl., 2009, § 9 Rn.18.

져오게 하는 행정청의 처분이라 할 것이고 이는 행정소송의 대상이 되는 것이라 할 것이다.43)

한편 교통표지판이나 교통신호등의 경우 대체로 독일행정법에서 이해하는 바처럼44) 일반처분으로 보는 데 문제가 없을 것이다.45) 자동차관리법 제30조에 따른 자동차형식승인은 그것이 특정인, 즉, 제작자에 대한 관계에서 발급되는 것이므로, 설령 이에 따른 제품의 대량생산이 예상된다 할지라도, 개별처분, 즉 행정행위에 해당하는 것으로 볼 것이다.

<처분성에 관한 판례>

1. 처분성이 인정된 사례

(1) 공시지가결정

구 국토이용관리법 제29조에 따른 건설부장관의 기준지가고시에 관하여 종래 대법원은 기준지가고시는 그것만으로 구체적인 권리침해가 존재하는 것이 아니므로 이를 처분이라 할 수 없다고 하였으나,46) 국토이용관리법상 제도를 대치하여 신설된 '지가공시 및 토지등의 평가에 관한 법률' 제6조에 의한 개별공시지가결정에 대하여 그 처분성을 인정하는 판결을 내린 바 있다.47) 대법원 특별3부(주심 김상원대법관)는 1993년 1월 16일의 판결에서, "시장·군수·구청장이 산정한 개별토지가격 결정은 토지초과이득세·택지초과소유부담금·개발부담금 산정 등의 기준이 되어 국민의 권리와 의무 또는 법률상 이익에 직접 관계된다고 할 것"이고 따라서 개별토지가격 결정은 행정소송법상 행정청이 행하는 구체적 사실에 대한 공권력행사로서 행정소송의 대상이 되는 행정처분으로 보아야 한다고 판시했다.48) 이에 따라 개별토지공시지가 결정에 대해서도 과세처분이 나오기 전에 별도로 소송을 제기, 지가산정의 적정여부를 다툴 수 있게 되었다.

(2) 항정신병 치료제 요양급여 인정기준에 관한 보건복지부 고시의 처분성

[1] 어떠한 고시가 일반적·추상적 성격을 가질 때에는 법규명령 또는 행정규칙에 해당할 것이지만, 다른 집행행위의 매개 없이 그 자체로서 직접 국민의 구체적인 권리의무나 법률관계를 규율하는 성격을 가질 때에는 항고소송의 대상이 되는 행정처분에 해당한다.

[2] 항정신병 치료제의 요양급여 인정기준에 관한 보건복지부 고시가 다른 집행행위의 매개 없이 그 자체로서 제약회사, 요양기관, 환자 및 국민건강보험공단 사이의 법률관계를 직접 규율한다는 이유로 항고소송의 대상이 되는 행정처분에 해당한다.49)

---

43) 대법원 1982.3.9. 선고 80누105 판결.

44) 예컨대 H. Maurer, a.a.O., S.158, § 9 Rn.21.

45) 이상규, 『신행정법론(상)』, 296; 홍정선, 앞의 책, 255 등.

46) 대법원 1979.4.24. 선고 78누242 판결; 조용호, 「개별토지가격결정의 행정처분성과 이에 대한 쟁송」, 『인권과 정의』, 통권 제207호, 1993.11.), 77 이하.

47) 대법원 1993.1.15. 선고 92누12407 판결.

48) 『법률신문』 1993.2.15, 11면; 동지 대법원 1993.6.11. 선고 92누16706 판결.

(3) 처분적 조례와 무효확인소송

경기도의회가 제정한 두밀분교 폐지를 내용으로 한 경기도립학교설치조례의 무효확인소송에서 대법원은 조례가 집행행위의 개입 없이도 그 자체로서 국민의 구체적 권리의무나 법적 이익에 영향을 미치는 등 법률상 효과를 발생하는 경우 그 조례는 항고소송의 대상이 되는 행정처분에 해당한다고 판시한 바 있다:

"조례가 집행행위의 개입 없이도 그 자체로서 직접 국민의 구체적인 권리의무나 법적 이익에 영향을 미치는 등의 법률상 효과를 발생하는 경우 그 조례는 항고소송의 대상이 되는 행정처분에 해당하고, 이러한 조례에 대한 무효확인소송을 제기함에 있어서 행정소송법 제38조 제1항, 제13조에 의하여 피고적격이 있는 처분등을 행한 행정청은, 행정주체인 지방자치단체 또는 지방자치단체의 내부적 의결기관으로서 지방자치단체의 의사를 외부에 표시한 권한이 없는 지방의회가 아니라, 구 지방자치법(1994.3.16. 법률 제4741호로 개정되기 전의 것) 제19조 제2항, 제92조에 의하여 지방자치단체의 집행기관으로서 조례로서의 효력을 발생시키는 공포권이 있는 지방자치단체의 장이다."[50)]

(4) '민주화운동관련자 보상금 등의 지급 대상자 결정'이 행정처분인지 여부

【다수의견】 (가) '민주화운동관련자 명예회복 및 보상 등에 관한 법률' 제2조 제2호 각 목은 민주화운동과 관련한 피해 유형을 추상적으로 규정한 것에 불과하여 제2조 제1호에서 정의하고 있는 민주화운동의 내용을 함께 고려하더라도 그 규정들만으로는 바로 법상의 보상금 등의 지급 대상자가 확정된다고 볼 수 없고, '민주화운동관련자 명예회복 및 보상 심의위원회'에서 심의 · 결정을 받아야만 비로소 보상금 등의 지급 대상자로 확정될 수 있다. 따라서 그와 같은 심의위원회의 결정은 국민의 권리의무에 직접 영향을 미치는 행정처분에 해당하므로, 관련자 등으로서 보상금 등을 지급받고자 하는 신청에 대하여 심의위원회가 관련자 해당 요건의 전부 또는 일부를 인정하지 아니하여 보상금 등의 지급을 기각하는 결정을 한 경우에는 신청인은 심의위원회를 상대로 그 결정의 취소를 구하는 소송을 제기하여 보상금 등의 지급대상자가 될 수 있다.

(나) '민주화운동관련자 명예회복 및 보상 등에 관한 법률' 제17조는 보상금 등의 지급에 관한 소송의 형태를 규정하고 있지 않지만, 위 규정 전단에서 말하는 보상금 등의 지급에 관한 소송은 '민주화운동관련자 명예회복 및 보상 심의위원회'의 보상금 등의 지급신청에 관하여 전부 또는 일부를 기각하는 결정에 대한 불복을 구하는 소송이므로 취소소송을 의미한다고 보아야 하며, 후단에서 보상금 등의 지급신청을 한 날부터 90일을 경과한 때에는 그 결정을 거치지 않고 위 소송을 제기할 수 있도록 한 것은 관련자 등에 대한 신속한 권리구제를 위하여 위 기간 내에 보상금 등의 지급 여부 등에 대한 결정을 받지 못한 때에는 지급 거부 결정이 있는 것으로 보아 곧바로 법원에 심의위원회를 상대로 그에 대한 취소소송을 제기할 수 있다고 규정한 취지라고 해석될 뿐, 위 규정이 보상금 등의 지급에 관한 처분의 취소소송을 제한하거나 또는 심의위원회에 의하여 관련자 등으로 결정되지 아니한 신청인에게 국가를 상대로 보상금 등의 지급을 구하는 이행소송을 직접 제기할 수 있도록 허용하는 취지라고 풀이할 수는 없다.

---

49) 대법원 2003.10.9. 선고 2003무23 결정(집행정지).

50) 대법원 1996.9.20. 선고 95누8003 판결(조례무효확인).

【대법관 김황식, 김지형, 이홍훈의 반대의견】 보상금 등의 지급신청을 한 사람이 심의위원회의 보상금 등의 지급에 관한 결정을 다투고자 하는 경우에는 곧바로 보상금 등의 지급을 구하는 소송을 제기하여야 하고, 관련자 등이 갖게 되는 보상금 등에 관한 권리는 위 법이 특별히 인정하고 있는 공법상 권리이므로 그 보상금 등의 지급에 관한 소송은 행정소송법 제3조 제2호에 정한 국가를 상대로 하는 당사자소송에 의하여야 한다.[51]

(5) 기타

대법원은 그 밖에 "교육감이 학교법인에 대한 감사 실시 후 처리지시를 하고 그와 함께 그 시정조치에 대한 결과를 증빙서를 첨부한 문서로 보고하도록 한 것은, 의무의 부담을 명하거나 기타 법률상 효과를 발생하게 하는 것으로서 항고소송의 대상이 되는 행정처분에 해당한다."라고 판시한 바 있고,[52] 지방의회의장에 대한 불신임의결,[53] 지방의회의 의장선거,[54] 소속장관의 변상명령[55] 등의 처분성을 인정했다.

2. 처분성이 부인된 사례

(1) 공정거래위원회의 고발조치 및 고발의결

이른바 고발은 수사의 단서에 불과할 뿐 그 자체 국민의 권리의무에 어떤 영향을 미치는 것이 아니고, 특히 독점규제및공정거래에관한법률 제71조는 공정거래위원회의 고발을 위 법률위반죄의 소추요건으로 규정하고 있어 공정거래위원회의 고발조치는 사직당국에 대하여 형벌권 행사를 요구하는 행정기관 상호간의 행위에 불과하여 항고소송의 대상이 되는 행정처분이라 할 수 없으며, 더욱이 공정거래위원회의 고발의결은 행정청 내부의 의사결정에 불과할 뿐 최종적인 처분은 아닌 것이므로 이 역시 항고소송의 대상이 되는 행정처분이 되지 못한다.[56]

(2) 행정청의 결정(처분)에 대한 이의신청을 기각하는 결정

일정한 행정청의 결정(처분)에 대하여 이의신청을 허용하는 법령이 적지 않다. 그 경우 이의신청을 불수용 또는 기각하는 결정의 처분성이 문제될 수 있다. 대법원은 이러한 경우 민원사무처리에관한법률에 따른 이의신청을 기각한 결정이나 국가유공자법 제74조의18 제1항이 정한 이의신청을 받아들이지 아니하는 결정 등 일련의 사례에서 "이의신청인의 권리・의무에 새로운 변동을 초래하는 공권력의 행사나 이에 준하는 행정작용이라고 할 수 없어, 독자적인 항고소송의 대상이 된다고 볼 수 없다."라고 판시해 오고 있다.

---

51) 대법원 2008.4.17. 선고 2005두16185 전원합의체판결(민주화운동관련자불인정처분취소).
52) 대법원 2008.9.11. 선고 2006두18362 판결(종합특별감사결과처리지시처분취소).
53) 대법원 1994.10.11. 선고 94두23 결정.
54) 대법원 1995.1.12. 선고 94누2602 판결.
55) 대법원 1994.12.2. 선고 93누623 판결.
56) 대법원 1995.5.12. 선고 94누13794 판결.

민원 이의신청을 받아들이는 경우에는 이의신청 대상인 거부처분을 취소하지 아니하고 바로 최초의 신청을 받아들이는 새로운 처분을 하여야 하는 반면, 이의신청을 받아들이지 아니하는 경우에는 다시 거부처분을 하지 아니하고 그 결과를 통지함에 그칠 뿐이다. 따라서 이의신청을 받아들이지 아니하는 취지의 기각 결정 내지는 그 취지의 통지는, 종전의 거부처분을 유지함을 전제로 한 것에 불과하고 또한 거부처분에 대한 행정심판이나 행정소송의 제기에도 영향을 주지 못하므로, 결국 민원 이의신청인의 권리·의무에 새로운 변동을 초래하는 공권력의 행사나 이에 준하는 행정작용이라고 할 수 없어, 독자적인 항고소송의 대상이 된다고 볼 수 없다고 봄이 상당하다.[57)]

[1] 국가유공자 등 예우 및 지원에 관한 법률(이하 '국가유공자법'이라 한다) 제74조의18 제1항이 정한 이의신청을 받아들이지 아니하는 결정은 이의신청인의 권리·의무에 새로운 변동을 가져오는 공권력의 행사나 이에 준하는 행정작용이라고 할 수 없으므로 원결정과 별개로 항고소송의 대상이 되지는 않는다.

[2] 국가유공자 비해당결정 등 원결정에 대한 이의신청이 받아들여지지 아니한 경우에도 이의신청인으로서는 원결정을 대상으로 항고소송을 제기하여야 하고, 국가유공자 등 예우 및 지원에 관한 법률 제74조의18 제4항이 이의신청을 하여 그 결과를 통보받은 날부터 90일 이내에 행정심판법에 따른 행정심판의 청구를 허용하고 있고, 행정소송법 제18조 제1항 본문이 "취소소송은 법령의 규정에 의하여 당해 처분에 대한 행정심판을 제기할 수 있는 경우에도 이를 거치지 아니하고 제기할 수 있다."라고 규정하고 있는 점 등을 종합하면, 이의신청을 받아들이지 아니하는 결과를 통보받은 자는 통보받은 날부터 90일 이내에 행정심판법에 따른 행정심판 또는 행정소송법에 따른 취소소송을 제기할 수 있다.[58)]

(3) 기타

대법원은 교육부장관의 내신성적산정기준에 관한 시행지침,[59)] 도로교통법 제118조에 의한 경찰서장의 통고처분,[60)] 수도조례 및 하수도사용조례에 기한 과태료부과처분,[61)] 정보통신부장관의 국제전기통신연합에 대하여 한 위성망국제등록신청,[62)] 혁신도시최종입지확정처분,[63)] 감사원의 징계 요구와 재심의결정[64)] 등의 처분성을 부인하고 있다.

57) 대법원 2012.11.15. 선고 2010두8676 판결(주택건설사업불허가처분취소등).
58) 대법원 2016.7.27. 선고 2015두45953 판결(국가유공자(보훈보상대상자)비해당처분취소).
59) 대법원 1994.9.10. 선고 94두33 판결.
60) 대법원 1995.6.29. 선고 95누4674 판결.
61) 대법원 2012.10.11. 선고 2011두19360 판결.
62) 대법원 2007.4.12. 선고 2004두7924 판결(위성궤도망신청처분등취소).
63) 대법원 2007.11.15. 선고 2007두10198 판결(혁신도시최종입지확정처분취소).
64) 대법원 2016.12.27. 선고 2014두5637 판결(징계요구취소).

(나) 공권력행사와 그 거부

공권력행사란 행정주체가 상대방에 대하여 우월한 시위에서 행하는 고권적(hoheitlich) 또는 일방적(einseitig) 행위를 말한다. 실체적 행정행위가 이에 해당하는 가장 전형적인 경우임은 물론이나, 전술한 바와 같이 권력적 사실행위도 여기에 해당하는 것으로 해석된다. 권력적 사실행위란 특정한 행정목적을 위하여 행정청의 일방적 의사결정에 의하여 국민의 신체·재산 등에 실력으로 행정상 필요한 상태를 실현하는 권력적 행정작용을 말한다.[65] 예컨대 임검·검사, 수거, 무허가건물철거의 대집행, 익사자를 위한 원조강제(援助强制) 등이 그것이다. 권력적 사실행위도 그 밖의 사실행위와 마찬가지로 첫째, 정신작용을 요소로 하지 않고 외계적 사실(사건)을 요소로 한다는 점, 둘째, 행위 자체에 법률적 효력이 인정되지 않는다는 점에서 행정행위와 구별되나,[66] 그 공권력행사로서의 계기에 있어서는 공통적이라 할 수 있다.[67]

공권력행사의 거부가 거부처분을 의미한다는 점은 이미 설명한 바와 같다.

<참고판례>

자동차운송사업법양도양수계약에 기한 양도양수인가신청에 대하여 피고 시장이 내인가를 한 후 위 내인가에 기한 본인가신청이 있었으나 자동차운송사업양도양수인가신청서가 합의에 의한 정당한 신청서라고 할 수 없다는 이유로 위 내인가를 취소한 경우, 위 내인가의 법적 성질이 행정행위의 일종으로 볼 수 있든 아니든 그것이 행정청의 상대방에 대한 의사표시임이 분명하고 피고가 위 내인가를 취소함으로써 다시 본인가에 대하여 따로이 인가 여부의 처분을 한다는 사정이 보이지 않는다면 위 내인가취소를 인가신청을 거부하는 처분으로 보아야 할 것이다.[68]

토지의 소유자에게는 환지처분 공고 후 사업시행자에 대하여 위와 같은 환지등기의 촉탁을 하여 줄 것을 신청할 조리상의 권리가 있다고 보아야 할 것이므로, 토지의 소유자 중 1인인 원고가 한 환지등기의 촉탁신청을 사업시행자인 피고가 거부하였다면 이는 항고소송의 대상이 되는 행정처분에 해당한다.[69]

(다) 그 밖에 이에 준하는 행정작용

구체적으로 "그 밖에 이에 준하는 행정작용"이 무엇인가는 일단 앞에서 검토한 행정작용 이

---

65) 杉本,「行政事件訴訟法の解說」,『法曹時報』1963.3., 12.

66) 김도창, 앞의 책, 356.

67) 한편 수인의무(Duldungspflicht)를 수반하는 사실행위(예컨대 수색·체포, 전염병환자의 강제격리 등)를 행정행위로 볼 수 있다는 견해(홍정선, 앞의 책, 252)가 있다.

68) 대법원 1991.6.28. 선고 90누4402 판결.

69) 대법원 2000.12.22. 선고 98두18824 판결.

외에 구체적 사실에 관한 법집행으로서의 공권력행사 또는 그 거부와 동가치적인 행정의 행위형식이라고 할 수 있으나 이는 결국 학설발전과 판례형성을 통하여 밝혀질 수밖에 없는 문제이다. 다만 이러한 유형의 행위형식들을 형식적 행정행위의 개념에 의해 포용할 수 있는가는 별개의 행정법학의 과제에 속한다. 비교적 엄격하게 실체적 행정행위의 개념징표를 고수해 온 이제까지의 판례경향으로 보아 행정행위나 권력적 사실행위 이외의 행위형식이 어느 정도로 "그 밖에 이에 준하는 행정작용"으로서 처분성을 인정받게 될지는 극히 불투명하다. 이것은 당초 행정소송법개정취지가 법원에 의하여 사실상 무시되고 있음을 의미하는 것이다.

한편 실체적 행정행위에 해당하지 않는 단순한 사실행위나,[70] 행정조직 내부에서 행해지는 상급관청의 지시·상관의 명령이나 행정규칙은 행정소송법상 처분성이 인정되지 아니한다는 것이 판례의 태도이다.

<판례>

대법원은 "특별한 사정이 없는 한, 행정권 내부에 있어서의 행위라든가, 알선·권유·사실상의 통지 등과 같이 상대방 또는 기타 관계자들의 법률상 지위에 직접적으로 법률적 변동을 일으키지 않는 행위 등은 항고소송의 대상이 될 수 없다."라고 보고 있다.[71] 또한 감사원의 시정요구(감사원법 § 33 ①)는 이해관계인의 권리관계에 영향을 미치지 아니하고 행정청 사이의 내부적인 의사결정의 경로에 지나지 않아 행정처분을 하게 된 연유에 불과하다는 판례[72]가 있다.

3. 재결

(1) 개설

재결이란 행정심판에 대한 재결을 말한다. 재결도 처분과 함께 취소소송의 대상이 된다. 다만 재결이 취소소송의 대상이 되는 것은 행정소송법 제19조 단서에 따라 재결 자체에 고유한 위법이 있음을 이유로 하는 경우에 한한다. 가령 행정심판을 통하여 다투어진 행정청의 처분이 위법한 것이었음에도 불구하고 재결이 이를 취소하지 않은 데 불복하여 취소소송이 제기되었다면, 이 경우 재결은 처분의 위법성으로 인하여 전체적으로 위법하다는 평가를 받을 수 있다. 한편 재결 자체가 하나의 행정행위인 이상, 다투어진 처분의 위법여하와 무관하게 재결 자체에 고유한 흠(위법사유)이 있는 경우 재결이 위법하게 될 수 있음은 물론이다.

70) 대법원 1989.1.24. 선고 88누3116 판결; 대법원 1979.7.24. 선고 79누173 판결.
71) 대법원 1967.6.27. 선고 67누44 판결.
72) 대법원 1977.6.28. 선고 76누294 판결.

(2) 원처분주의

행정소송법 제19조 단서는 재결취소소송을 재결 자체에 고유한 위법이 있음을 이유로 하는 경우에 한정함으로써 취소소송은 원칙적으로 원처분을 대상으로 한다는 입법주의를 천명한 것이다(원처분주의). 이것은 곧 원처분과 행정심판의 재결이 원처분에 의하여 통일적으로(als Einheit) 취급되어야 한다는 원칙을 의미한다.73)

(3) 재결이 취소소송의 대상이 되는 경우

재결은 행정소송법 제19조 단서에 따라 재결 자체에 고유한 위법이 있음을 이유로 하는 경우에 한하여 취소소송의 대상이 될 수 있다. '재결자체에 고유한 위법이 있는 경우'란 재결의 주체, 절차, 내용, 형식 등에 관하여 흠, 즉 위법사유가 있는 것을 말한다. 판례에 따르면, 행정소송법 제19조에서 말하는 '재결 자체에 고유한 위법'이란 원처분에는 없고 재결에만 있는 재결청의 권한 또는 구성의 위법, 재결의 절차나 형식의 위법, 내용의 위법 등을 뜻하고, 그 중 내용의 위법에는 위법·부당하게 인용재결을 한 경우가 해당한다.74) 행정심판청구가 부적법하지 않음에도 각하한 재결은 심판청구인의 실체심리를 받을 권리를 박탈한 것으로서 원처분에 없는 고유한 하자가 있는 경우에 해당하고, 따라서 위 재결은 취소소송의 대상이 된다고 한다.75) 이 경우 재결을 취소하는 판결이 확정되면 재결을 한 행정심판위원회는 의당 판결의 취지에 따라 다시 심리·재결을 하여야 하지만, 각하재결에 대한 취소소송을 제기함이 없이 원처분에 대한 취소소송을 제기할 수 있고 또 그렇게 하는 것이 더욱 용이한 방법이므로 굳이 각하재결 취소소송을 하고 다시 재결을 받을 필요는 없을 것이다.76)

재결 자체에 고유한 위법이 있음을 이유로 하는 재결취소소송의 피고는 그 재결을 한 행정심판위원회이다.

(4) 복효적 행정행위, 특히 제3자효 행정행위의 경우

복효적 행정행위, 특히 제3자효 행정행위에 대한 행정심판청구를 인용하는 재결로 인하여 비로소 권리이익을 침해받게 되는 자는 그 인용재결에 대하여 다툴 필요가 있고, 그 인용재결은 원처분과 내용을 달리하는 것이므로 당연히 항고소송의 대상이 된다. 대법원은 그 경우 그 인용재결의 취소를 구하는 것은 원처분에는 없는 재결에 고유한 하자를 주장하는 셈이라

---

73) S. Glaeser, *Verwaltungsprozeßrecht*, 11.Aufl.7, S.92, Rn.14.

74) 대법원 1997.9.12. 선고 96누14661 판결(공장설립변경신고수리취소처분취소).

75) 대법원 2001.7.27. 선고 99두2970 판결(용화집단시설지구기본설계변경승인처분취소).

76) 박균성, 『행정법론(상)』(제15판), 박영사, 2016, 1158. 또 그렇게 하는 것이 실무의 통례라고 한다(같은 곳).

고 보아 제19조 단서에 따라 그러한 결론을 내리고 있다.

<제3자효 행정행위에 대한 행정심판을 인용하는 재결과 재결 고유의 하자>

1. 구 체육시설의설치 · 이용에관한법률 제16조, 제34조, 같은 법 시행령 제16조의 규정을 종합하여 볼 때, 등록체육시설업에 대한 사업계획의 승인을 얻은 자는 규정된 기한 내에 사업시설의 착공계획서를 제출하고 그 수리 여부에 상관없이 설치공사에 착수하면 되는 것이지, 착공계획서가 수리되어야만 비로소 공사에 착수할 수 있다거나 그 밖에 착공계획서 제출 및 수리로 인하여 사업계획의 승인을 얻은 자에게 어떠한 권리를 설정하거나 의무를 부담케 하는 법률효과가 발생하는 것이 아니므로 행정청이 사업계획의 승인을 얻은 자의 착공계획서를 수리하고 이를 통보한 행위는 그 착공계획서 제출사실을 확인하는 행정행위에 불과하고 그를 항고소송이나 행정심판의 대상이 되는 행정처분으로 볼 수 없다.
2. 이른바 복효적 행정행위, 특히 제3자효를 수반하는 행정행위에 대한 행정심판청구에 있어서 그 청구를 인용하는 내용의 재결로 인하여 비로소 권리이익을 침해받게 되는 자는 그 인용재결에 대하여 다툴 필요가 있고, 그 인용재결은 원처분과 내용을 달리하는 것이므로 그 인용재결의 취소를 구하는 것은 원처분에는 없는 재결에 고유한 하자를 주장하는 셈이어서 당연히 항고소송의 대상이 된다.[77]

이와 같이 제3자효 행정행위에 대한 행정심판의 인용재결로 비로소 권익침해를 받게 되는 자가 그 인용재결의 취소를 구하는 소송을 제기한 경우 이를 행정소송법 제19조 단서 조항에 따라 허용되는 것으로 보는 것이 판례와 통설의 태도이다. 반면 이를 형식은 재결이지만 그 제3자에 대한 관계에서는 독자적인 처분이 되기 때문에 제19조 본문에 따라('처분'으로서) 허용되는 것으로 보는 견해도 있다.[78]

(5) 기각재결과 인용재결의 경우

청구인의 행정심판청구를 기각하는 기각재결(일부인용 · 일부기각 포함)에 대해 행정심판의 청구인이 원고로서 취소소송을 제기할 경우에는 위에서 말한 원처분주의가 그대로 타당하며 재결 고유의 하자가 없는 한 원처분의 위법여부만을 다투게 될 것이다. 재결이 원처분의 상

---

77) 대법원 2001.5.29. 선고 99두10292 판결(재결취소). 행정청이 골프장 사업계획승인을 얻은 자의 사업시설 착공계획서를 수리한 것에 대하여 인근 주민들이 그 수리처분의 취소를 구하는 행정심판을 청구하자 재결청이 그 청구를 인용하여 수리처분을 취소하는 형성적 재결을 한 경우, 그 수리처분 취소 심판청구는 그 대상인 수리행위가 행정심판의 대상이 되지 아니하여 부적법 각하하여야 함에도 위 재결은 그 청구를 인용하여 수리처분을 취소하였으므로 재결 자체에 고유한 하자가 있다고 본 사례. 이 판결에 대해서는 홍정선, 「항고소송의 대상으로서 재결(재결소송): 코리아트윈스CC사건」, 『(최신)행정법판례특강』 제2판, 박영사, 2012, 268-271을 참조. 또한 대법원 1997.12.23. 선고 96누10911 판결을 참조.

78) 김용섭, 「행정심판재결에 대한 항고소송」, 『행정판례평선』(한국행정판례연구회 편), 박영사, 2011, 729.

대방에게 추가로 독자적인 권익침해를 가져오는 경우에는 재결 고유의 하자가 있는 셈이므로 원처분의 상대방이 재결 자체를 대상으로 취소소송을 제기할 수 있다.

한편 인용재결의 경우에는 조금 사정이 다르다. 처분등 취소 청구를 받아들이는 인용재결의 경우 이에 대해 취소소송을 제기하는 것은 행정심판 청구인이 아니라 그로부터 '비로소' 권익침해를 받은 제3자가 될 터인데,79) 그 경우 해당 제3자의 소 제기는 바로 위에서 본 판례와 같이 '재결 고유의 위법'을 주장하는 것이므로 당연히 허용된다고 보아야 할 것이다. 바로 그러한 견지에서 대법원은 위 판례에서 자기완결적 신고의 수리 취소를 구하는 심판청구가 부적법하여 각하하여야 함에도 인용재결을 한 것은 재결 자체에 고유한 하자가 있는 경우에 해당한다고 판시한 것이다. 반면 아래의 사례에서 보듯이 재결의 당사자가 아닌 제3자가 인용재결로 인하여 새로이 어떠한 권리이익도 침해받지 않는 경우도 있을 수 있고 그 경우 그는 인용재결의 취소를 구할 소의 이익이 없다고 보아야 할 것이다.

> 이른바 복효적(複效的) 행정행위, 특히 제3자효를 수반하는 행정행위에 대한 행정심판청구에 있어서 그 청구를 인용하는 내용의 재결로 인하여 비로소 권리이익을 침해받게 되는 자(예컨대, 제3자가 행정심판청구인인 경우의 행정처분 상대방 또는 행정처분 상대방이 행정심판청구인인 경우의 제3자)는 재결의 당사자가 아니라고 하더라도 그 인용재결의 취소를 구하는 소를 제기할 수 있다고 할 것이나, 그 인용재결로 인하여 새로이 어떠한 권리이익도 침해받지 아니하는 자인 경우에는 그 재결의 취소를 구할 소의 이익이 없다고 할 것이다.80)

생각건대 복효적(複效的) 행정행위나 제3자효 행정행위와 관련한 행정심판에서 인용재결이 나왔다고 일률적으로 그로부터 영향을 받는 제3자의 출소권을 인정하는 논리는 성립할 수 없다. 그 인용재결로 '비로소' 권익침해를 받은 제3자인지 여부가 관건인 것이다. 이는 독일 행정법원법 제79조 제1항 제4호 및 같은 조 제2항(§ 79 I Ziff.2 und II VwGO)이 규정

79) 건축주가 건축허가를 신청하였으나 거부처분을 받아 이에 대한 취소심판을 청구하여 인용재결을 얻은 경우 인근주민(제3자)이 국토계획법의 관계규정에 터 잡아 환경권, 건강권 등의 침해를 주장하며 그 인용재결의 취소를 구하는 소송을 제기하는 경우를 상정해 볼 수 있을 것이다.

80) 대법원 1995.6.13. 선고 94누15592 판결(어업면허취소처분에대한취소재결처분취소): 처분상대방이 아닌 제3자가 당초의 양식어업면허처분에 대하여는 아무런 불복조치를 취하지 않고 있다가 도지사가 그 어업면허를 취소하여 처분상대방인 면허권자가 그 어업면허취소처분의 취소를 구하는 행정심판을 제기하고 이에 재결기관인 수산청장이 그 심판청구를 인용하는 재결을 하자 비로소 그 제3자가 행정소송으로 그 인용재결을 다투고 있는 경우, 수산청장의 그 인용재결은 도지사의 어업면허취소로 인하여 상실된 면허권자의 어업면허권을 회복하여 주는 것에 불과할 뿐 인용재결로 인하여 제3자의 권리이익이 새로이 침해받는 것은 없고, 가사 그 인용재결로 인하여 그 면허권자의 어업면허가 회복됨으로써 그 제3자에 대하여 사실상 당초의 어업면허에 따른 효과와 같은 결과를 초래한다고 하더라도 이는 간접적이거나 사실적·경제적인 이해관계에 불과하므로, 그 제3자는 인용재결의 취소를 구할 소의 이익이 없다고 본 사례.

하는 경우에 해당한다. 여기서 행정심판 재결이 인용재결인지 여부나 취소소송의 원고가 원처분에 대한 관계에서의 제3자인지 여부가 관건이 아니라 재결취소를 구하는 원고가 그 재결로 '비로소' 권익침해를 받았는지 여부(erstmalige Beschwer)이기 때문이다.[81] 그 원고가 반드시 원처분에 대한 관계에서 제3자여야 하는 것도 아니며 원처분의 상대방도 '처음으로 권익침해를 받은 경우', 즉 '추가적인 권익침해를 받은 경우'(zusätzliche *selbständige* Beschwer: § 79 II VwGO)에 해당하면 '재결 고유의 위법'을 이유로 취소소송 제기가 허용된다는 것이다.

(6) 재결취소소송에 있어 재결 자체에 고유한 위법에 대한 판단과 법원이 취할 조치

재결취소소송을 제기하면서 재결 자체에 고유한 위법이 있음을 이유로 하지 않은 경우 법원은 소를 각하할 수밖에 없을 것이다. 반면 재결 자체에 고유한 위법이 있음을 이유로 재결취소을 구하는 취소소송을 제기하였으나 심리결과 재결 자체에 고유한 위법이 없음이 판명된 경우 소를 기각하게 될 것이다. 이와 관련 행정소송법 제19조 단서의 해석을 둘러싸고 이를 소극적 소송요건을 정한 것으로 보는 견해[82]와 위법사유의 주장 제한을 정한 것으로 보는 견해[83]가 대립하고 있다. 생각건대 행정소송법 제19조가 '취소소송의 대상'이란 표제 아래 소송 대상을 '처분등'으로 한정하되 재결에 관해서는 추가적인 조건을 정한다는 취지를 분명히 하고 있고, 또 원고가 아예 처음부터 재결 자체의 고유한 하자를 거론하지 아니하거나 누가 보더라도 재결 자체에 고유한 위법이 있음을 주장한다고 볼 수 없는 경우 또는 재판장의 석명을 통해서도 재결 자체에 고유한 위법이 있음을 이유로 삼지 않는다는 사실이 확인될 경우에는 소송을 더 이상 진행시킬 이유가 없으므로 본안판단전제요건을 정한 것이라 보는 것이 옳을 것이다. 그러나 결국 재결 자체에 고유한 위법이 있는지 여부는 본안심리를 거치지 않으면 판단하기 어려울 것이기 때문에 원고가 재결 자체에 고유한 위법이 있음을 이유로 내세워 재결취소를 구하는 이상 일단 심리를 진행하여 판단을 내릴 수밖에 없을 것이다. 판례 역시 같은 입장이다.

<재결취소소송에 있어 재결 자체에 고유한 위법이 없는 경우 법원이 취할 조치>

행정소송법 제19조는 취소소송은 행정청의 원처분을 대상으로 하되(원처분주의), 다만 "재결 자체에 고유한 위법이 있음을 이유로 하는 경우"에 한하여 행정심판의 재결도 취소소송의 대상으로 삼을 수 있도록 규정하고 있으므로 재결취소소송의 경우 재결 자체에 고유한 위법이 있는지 여부를 심리할 것

81) F. Hufen, *Verwaltungsprozeßrecht*, 6.Aufl., C.H. Beck, 2005, S.242, § 14 Rn.52-53.
82) 김용섭, 앞의 글.
83) 윤영선, 「항고소송의 대상으로서의 행정심판 재결」, 『특별법연구』 제4권, 1994, 407.

이고, 재결 자체에 고유한 위법이 없는 경우에는 원처분의 당부와는 상관없이 당해 재결취소소송은 이를 기각하여야 한다.[84]

요컨대 재결 자체의 고유한 하자를 이유로 하여 재결에 대한 취소소송이 제기된 경우, 재결 자체의 위법여부, 즉 고유한 위법이 있는지 여부에 대한 실체적 판단은 어디까지나 본안의 문제이지, 취소소송의 대상여부(소제기요건)에 관한 문제는 아니다.

84) 대법원 1994.1.25. 선고 93누16901 판결(투전기영업허가거부처분취소).

제44장
취소소송의 원고적격과 법률상 이익*

Ⅰ. 쟁점

행정소송도 소송당사자, 즉 원고와 피고가 대립하여 다투는 대립당사자구조를 취하는 점에서는 민사소송과 다르지 않다. 다만, 행정소송의 경우에는 그 소송종별에 따라 원고와 피고의 지위가 달라질 뿐이다. 일반적으로 소송의 주체, 즉 소송당사자(원고 · 피고)나 참가인이 될 수 있는 능력(당사자능력: Beteiligtenfähigkeit, Parteifähigkeit)을 가지는 것은 권리능력 있는 자연인과 법인임이 원칙이지만, 법인이 아닌 사단 · 재단도 대표자 또는 관리인이 있으면 그 이름으로 당사자가 될 수 있음은 민사소송과 마찬가지이다(민사소송법 § 52). 당사자능력은 일반적 소송요건의 문제로서 비단 취소소송뿐만 아니라 행정소송 일반에 적용된다.

한편 어떤 소송사건에서 당사자가 되기에 적합한 자격, 즉 당사자적격은 일반적으로 소송물인 법률관계의 존부확정에 대하여 법률상 대립하는 이해관계를 가지는 자가 가지는 것이 원칙이다. 그러나 취소소송에 관하여는 누가 취소소송을 제기할 자격이 있는가 하는 원고적격의 문제가 전면에 등장하게 된다. 법원에 형식적 소송요건을 갖춘 소가 제기되었다 할지라도 언제나 실체적 재판이 행해지는 것은 아니다. 소에 대하여 본안판결이 행해지기 위해서는 소의 내용인 당사자의 청구가 국가의 재판제도를 이용하여 해결할 만한 가치 내지 필요성이 있어야

* 홍준형, 『행정쟁송법』, 도서출판 오래, 2017, 240-256; 홍준형, 「'도롱뇽소송'의 적법여부에 대한 고찰」, 『한국공법이론의 새로운 전개』(목촌김도창박사팔순기념논문집), 2005; 홍준형, 「새만금개발사업을 위한 공유수면매립면허 및 사업시행인가처분의 취소신청과 그 거부의 적법 여부: 대법원 2006.3.16. 선고 2006두330 전원합의체판결」, 『행정판례평선』(행정판례연구회 편), 박영사, 2011, 1301-1313; 홍준형, 「허가양수인의 원고적격: 대법원 2003.7.11. 선고 2001두6289 판결」, 행정판례연구회 편, 『행정판례평선』, 박영사, 2011, 740-748을 수정 · 보완한 것임.

하는데, 이를 소의 이익이라고 한다. 소의 이익은 일반적으로 ① 청구의 내용이 재판의 대상이 될 수 있는가(소송대상 또는 처분성의 문제), ② 당사자가 구체적인 소송상 청구를 함에 있어서 정당한 이익을 가지고 있는가(당사자적격, 특히 원고적격의 문제), ③ 구체적 청구에 대하여 법원이 본안판단을 행할 실익이 인정되는가(권리보호의 필요)의 세 가지 측면을 가진다. 물론 좁은 의미로 소익이라 할 경우에는 ③만을 가리키지만, 이들 세 가지 측면은 서로 밀접한 관련이 있어 실제로 분리하기 어려운 경우가 많은 것도 사실이다. 이 중 소송을 제기한 자가 구체적 사안에 관하여 원고가 되기에 적합한 자격을 갖고 있느냐 하는 문제가 원고적격의 문제이다.

한편 당사자적격의 개념은 일반적으로 소송을 수행하고 본안판결을 받기에 적합한 자격이라고 이해되고 있으며,[1] 같은 의미에서 이를 권한의 면에서 파악하여 소송수행권이라고 하고 보통 정당한 당사자라고 부른다고 설명되고 있다. 독일에서는 행정법원법 제42조 제2항의 제소권(Klagebefugnis)의 개념과 관련하여 소권(Klagerecht), 제소권(Klageberechtigung), 취소권(Anfechtungsbefugnis), 소송수행권(Prozeßführungsbefugnis), 권리보호의 주장(Rechtsschutzbehauptung), 또는 심지어 '정당한 원고'(Aktivlegitimation) 등으로 다양하게 불려 왔으나, 기어트(Gierth)의 견해에 따라 이를 민사소송상의 소송요건의 하나인 소송수행권과 동일선상에서 파악하려는 견해가 다수설이다.[2] 로젠베르그(Leo Rosenberg)의 공식을 따르자면 "자기에게 권리가 있다고 주장하는 자는 또한 이 권리에 관한 소송을 수행할 권한이 있다."[3]라고 하게 된다. 그러나 우리의 원고적격에 해당하는 제소권(Klagebefugnis)은 콥(F. Kopp)이 강조하였듯이, 개념상 소송수행권과 구별해야 한다.[4] 소송수행권 역시 소송에 이해관계가 없는 제3자를 배제함으로써 만인소송(Popularklage)을 방지하는 기능을 지니는 한에 있어서는 제소권과 연관되어 있는 것은 사실이지만, 소송수행권은 단지 순수한 소송상 권한으로서 자기의 이름으로, 따라서 타인의 대리인으로서가 아니라, 스스로 소송상 청구를 행사할 수 있는 권한을 말하는 데 지나지 않는다(Prozeßstandschaft).[5] 또한 참고로 '정당한 당사자' (Sachlegitimation)란 독일법상 '정당한 원고'(Aktivlegitimation: richtiger Kläger)와 '정

1) 김도창, 『일반행정법론(상)』, 청운사, 1993, 772.

2) K. Gierth, "Klagebefugnis und Popularklage," *DÖV*, 1980, S.894; K. Stern, *Verwaltungsprozessuale Probleme in der öffentlichrechtlichen Arbeit*, 5.Aufl., 1981, S.124.

3) L. Rosenberg und K. Heinz Schwab, *Zivilprozeßrecht*, 14.Aufl., 1986, § 46 I 3, S.251.

4) F. Kopp, *Kommentar zum VwGO*, 11.Aufl., C.H. Beck, 1998, § 40 Vorb Rn.23; EF § 42 Rn.131; N. Achterberg, *DVBl*, 1981, S.280; W. Grunsky, in: *Münchener Kommentar zum BGB*, Vorb, S.223, 225, 236f.

5) 스코우리스(Skouris)는 자신의 교수자격청구논문에서 이 점을 명백히 하고 있다: "소송수행권이야말로 행정법원법 제42조 제2항이 규정하고 있지 않는 것이다." W. Skouris, *Verletztenklagen und Interessenklagen im Verwaltungsprozeß, Hamburger Habilitation*, 1978, S.81.

당한 피고'(Passivlegitimation: richtiger Beklagter)의 문제로서 행정소송법상 원고적격과는 다른 문제임을 유의해야 할 것이다.[6)]

소송에서 당사자가 누구인가는 당사자능력, 당사자적격 등에 관한 문제와 직결되는 중요한 사항이므로, 법원은 직권으로 소송당사자가 누구인가를 확정하여 심리를 진행하여야 하며, 이때 당사자가 누구인가는 소장에 기재된 표시 및 청구의 내용과 원인 사실 등 소장의 전취지를 합리적으로 해석하여 확정하여야 한다는 것이 대법원의 판례이다.

<당사자 확정과 직권조사>

1. 소송에 있어서 당사자가 누구인가는 당사자능력, 당사자적격 등에 관한 문제와 직결되는 중요한 사항이므로, 사건을 심리・판결하는 법원으로서는 직권으로 소송당사자가 누구인가를 확정하여 심리를 진행하여야 하는 것이며, 이때 당사자가 누구인가는 소장에 기재된 표시 및 청구의 내용과 원인 사실 등 소장의 전취지를 합리적으로 해석하여 확정하여야 할 것이고, 소장에 표시된 원고에게 당사자능력이 인정되지 않는 경우에는 소장의 전취지를 합리적으로 해석한 결과 인정되는 올바른 당사자능력자로 그 표시를 정정하는 것은 허용되며, 소장에 표시된 당사자가 잘못된 경우에 당사자표시를 정정케 하는 조치를 취함이 없이 바로 소를 각하할 수는 없다.
2. 청구취지상으로는 거부처분 취소판결의 집행력 배제를 구하고 있지만 그 청구원인에서는 거부처분 취소판결의 취지에 따른 처분을 하였음을 이유로 거부처분 취소판결의 간접강제결정의 집행력 배제를 구하고 있는 소송에서 원고가 간접강제결정의 피신청인이었던 행정청으로 표시되어 있는 경우, 원고 표시를 행정소송법 제34조 제2항, 제33조에 의하여 간접강제결정의 집행력이 미치는 행정청이 소속하는 권리의무 귀속주체로 정정하게 함이 없이 행정청의 당사자능력을 부인하여 바로 소를 각하한 원심의 조치는 위법하다.[7)]

소장에 표시된 원고에게 당사자능력이 인정되지 않는 경우에는 소장의 전 취지를 합리적으로 해석한 결과 인정되는 올바른 당사자능력자로 그 표시를 정정하는 것은 허용되지만,[8)] 개인이 자신의 명의로 취소소송을 제기하였다가 항소심에서 원고 표시를 개인에서 시민단체로 정정하면서 그 단체의 대표자로 자신의 이름을 기재하여 당사자표시 정정을 신청하는 것은 임의적 당사자변경으로 허용되지 아니한다는 것이 대법원의 판례이다.

<원고표시 정정과 임의적 당사자변경>

1. 소송당사자가 누구인가는 소장에 기재된 표시 및 청구의 내용과 원인 사실 등 소장의 전취지를 합

---

6) S. Glaeser, *Verwaltungsprozeßrecht*, 11.Aufl., S.141, Rn.237: 독일의 통설.
7) 대법원 2001.11.13. 선고 99두2017 판결.
8) 대법원 2001.11.13. 선고 99두2017 판결; 대법원 1999.11.26. 선고 98다19950 판결 등.

리적으로 해석하여 확정하여야 한다.

2. 정보공개거부처분을 받은 개인이 자신의 명의로 취소소송을 제기하였다가 항소심에서 원고의 표시를 개인에서 시민단체로 정정하면서 그 단체의 대표자로 자신의 이름을 기재한 당사자표시정정신청이 임의적 당사자변경신청에 해당하여 허용될 수 없다.9)

그럼 지금부터 취소소송의 원고와 피고에 관한 법적 쟁점들을 검토해 보기로 한다.

Ⅱ. 취소소송의 원고적격

1. 개설

원고적격이란 구체적인 사건에서 취소소송을 제기할 수 있는 자격, 즉 취소소송의 원고가 될 수 있는 자격을 말한다. 행정소송법은 이를 처분등의 취소를 구할 법률상의 이익이 있는 자로 명시하고 있다. 이에 따라 처분등의 직접 상대방이 아니더라도 그 취소를 구할 법률상 이익이 있는 자는 취소소송을 제기할 수 있다. 행정소송법의 이러한 규율태도는 소송법적 차원에서 종래 주관적 공권에 국한되었던 원고적격의 범위를 '법률상 이익이 있는 자'로 확대해 왔던 학설과 판례의 태도를 명문화한 것이라고 받아들여지고 있다. 즉, 이 '법률상 이익'의 해석을 통해 본래적 의미의 권리뿐만 아니라 '법적으로 보호되는 이익'의 침해에 대한 구제가능성이 열리게 되었다는 것이다. '법률상 이익'이란 소송상 권리보호에 대한 이익 또는 이를 받을 현실적 필요(협의의 소익)가 아니라, 취소소송의 보호대상으로서 이익을 말한다.

2. 취소소송의 보호대상으로서 '법률상 이익'

취소소송의 원고적격은 취소소송의 보호대상으로서 법률상 이익에 의하여 한정된다. 다시 말해 취소를 구할 법률상 이익을 가진 자만이 취소소송의 원고가 될 수 있는 것이다. 그러나 법률상 이익이 무엇을 뜻하는가에 관하여는 종래 권리구제설, 법이 보호하는 이익 구제설, 보호할 가치 있는 이익 구제설 및 행정의 적법성보장설이 대립되어 왔다.

9) 대법원 2003.3.11. 선고 2002두8459 판결(사본공개거부처분취소).

(1) 권리회복설

취소소송의 목적을 위법한 처분에 의하여 침해된 개인의 권리회복에 두는 견지에서 권리가 침해된 자만이 취소소송을 제기할 수 있다는 견해이다.

(2) '법률상 보호되는 이익'설

이것은 법률상 이익을 전통적인 의미의 권리뿐만 아니라 관계법에 의하여 보호되고 있는 이익을 아울러 포함하는 것으로 보는 견해로서 위법한 처분에 의해 침해된 이익이 관계법해석상 법적으로 보호되는 것으로 인정될 경우 이 이익의 침해를 받은 자도 당해 처분을 다툴 수 있는 원고적격을 가진다고 본다.

(3) '보호가치 있는 이익'설

이는 특정이익이 관계법에 의하여 보호되는 것이라고 볼 수 없는 경우에도 그 실질적 내용이 재판에 의하여 보호될 만한 가치가 있다고 판단되는 경우에는 그와 같은 이익을 침해받은 자에게도 원고적격이 인정된다고 보는 견해이다. 이것은 이익의 평가에 있어 관계법규정의 해석에 얽매이지 않고 그 실질적 보호가치에 따라 사법적 구제의 허용여부를 결정하려는 견해이다. 그러나 이 견해는 보호가치 있는 이익인지의 여부도 결국은 입법자에 의하여 판단될 사항이므로 입법자에 의해 그것이 긍정되면 실정법에 수용됨으로써 비로소 권리가 된다는 점에서 비판을 받고 있다.[10)]

(4) 적법성보장설

이것은 취소소송의 목적을 행정의 적법성보장에 두는 입장에 서서 원고적격의 문제를 원고가 침해되었다고 주장하는 이익의 성질에 의해서 판단하지 않고 오히려 당해 처분에 대한 소송에 있어 가장 적합한 이해관계를 가지는 자에게 원고적격을 인정하여야 한다는 견해로서, 취소소송을 객관소송으로 파악하는 입장이라 할 수 있다.

---

10) 김남진, 『행정법 I』, 754. 한편 공권과 반사적 이익의 중간영역에 '보호이익'(준권리)이라는 개념을 인정하려는 견해가 있으나, 이것은 권리란 본래 법적으로 보호되는 이익(rechtlich geschütztes Interesse)을 말하는 것이므로 '법률상 보호이익', '법에 의해 보호되는 이익'은 권리의 다른 표현에 불과하며, 보호규범의 존재는 행정의 직접 상대방이나 제3자를 막론하고 공권의 요건을 이루는 것이므로 행정의 직접상대방이 갖는 권리와 제3자가 갖는 권리(보호이익, 준권리)를 구별할 의의가 없고, 또 보호이익이란 개념 없이도 공권의 범위를 확대하는 이론구성을 통해 권리구제의 확대를 달성할 수 있다는 비판을 받는다(김남진, 앞의 책, 755-756).

(5) 소결

적법성보장설은 우리 행정소송법이 취하고 있는 주관적 소송의 원칙에 반할 뿐만 아니라 취소소송을 민중소송화할 우려가 있다는 점에서 비판될 수 있다. 반면 권리회복설에 관하여는, 종래 전통적인 의미의 반사적 이익과의 준별을 전제로 한 주관적 공권의 개념이 오늘날의 변화된 행정환경에서 더 이상 타당할 수 없다는 점에서 비판되며 현재 이러한 학설은 거의 지지를 받지 못하고 있는 실정이다. 따라서 문제는 법적으로 보호되는 이익설과 보호가치이익설의 대립으로 귀착된다 할 것인데, 오늘날 행정의존성이 현저히 증대되는 상황에서 취소소송의 보호범위를 확대해야 하는 것은 불가피한 당위일지라도, 행정소송법 문언상 '법률상' 이익이 요구된다는 점을 도외시할 수는 없을 것이다.

대법원 판례 중 "시외버스 공동정류장에서 불과 70m밖에 떨어져 있지 않은 인접골목에 따로 甲회사에게 이 건 직행버스 정류장의 설치를 인가하여 원고회사를 비롯한 업자들이 영업상 막대한 손실을 입게 된 것은 사실상의 이익을 침해하는 것만이 아니고 마땅히 보호되어야 할 이익도 침해받는 것"이란 판결11)을 두고 보호가치이익설을 취한 것으로 볼 여지도 없지 않지만 과연 그런지 의문이다. '마땅히 보호되어야 할 이익'이란 실은 '법이 보호하는 이익이므로 마땅히 보호되어야 하는 것'으로 새겨야 하기 때문이다.12)

생각건대 행정소송법(§§ 12, 35, 36)은 원고적격의 범위를 '법률상 이익이 있는 자'로 규정함으로써, 반드시 본래적 의미의 권리(공권)에 해당하지 않을지라도 법률상 이익인 이상, 그 침해에 대한 구제가능성을 열어 놓은 것으로 해석된다. 따라서 "법률상 이익"이란 이러한 의미에서 '법적으로 보호되는 이익'으로 보아야 할 것이다. '법률상 이익'의 유무는 처분 근거가 된 관계법규 해석상, 적어도 원고가 침해받았다고 주장하는 이익이 그 법규에 의해 보호되는 것인지 여부에 따라 결정되는 것으로 이해되고 있다(통설 · 판례).

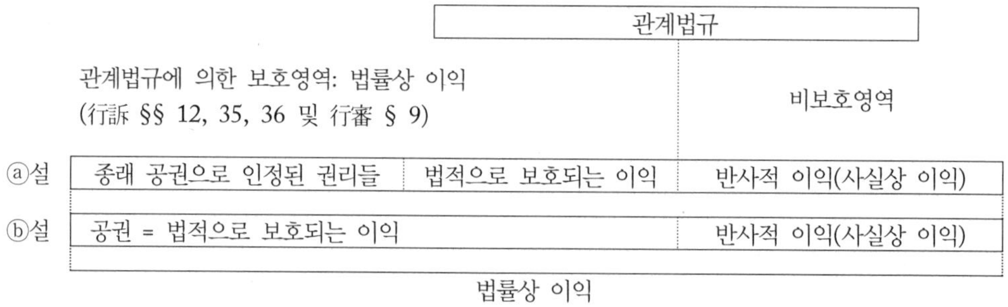

11) 대법원 1975.7.22. 선고 75누12 판결.
12) 김남진, 앞의 책, 755 및 각주 11.

‘법률상 이익’의 개념에 관해서는 특히 그것을 권리(공권)와 동일시할 것인지 여부와 관련하여 논란되고 있다. 이에 대하여는 법률상 이익을 권리보다 넓은 개념으로 파악하는 전통적인 견해(ⓐ)[13]에 대하여 양자를 동일시하는 견해(ⓑ)[14]가 대립되고 있다. 이 두 견해는 ‘법률상 이익 = 권리 + 법률상 보호이익’이란 공식과 ‘법률상 이익 = 권리’의 공식으로 각각 요약될 수 있다.

이러한 견해대립은 독일행정법상 주관적 공권과 법적으로 보호되는 이익의 관계에 관한 학설상의 혼란과 무관하지 않다고 생각된다. 그러나 독일행정법원법과 달리 ‘권리침해’란 규정을 두고 있지 않은 우리의 현행법에 있어서 문제는 법률상 이익의 개념을 어떻게 해석할 것인가에 있다. 이를 위해서는 먼저 원고적격의 소송법적 기능을 정확히 인식할 필요가 있다. 이 규정들은 원고가 될 수 있는 자의 범위를 한정하기 위한 것이다. 우선 ⓐ설에 따라, 법이 권리뿐만 아니라 종래 전통적 의미의 권리에 해당되지 않는 것으로 간주되었던, ‘법적으로 보호되는 이익’이 있는 자에게까지 원고가 될 수 있는 자격을 인정한 것이라고 보고, 이를 ‘법률상 이익’으로 표현한 것이라고 보는 것은 일단 개념구성상 별 무리가 없을 뿐만 아니라 법 취지에도 부합된다고 할 수 있다. 즉, 여기서는 ‘법적으로 보호되는 이익’의 개념이 ‘종래 전통적 의미의 권리에 해당되지 않는 것으로 간주되었으나 새로이 법에 의해 보호가치가 인정된 이익’으로 파악되고 있음을 알 수 있다. 따라서 ‘법률상 이익’은 권리와 법적 보호이익을 포함하는 개념으로 이해될 수 있으며 원고적격에 관한 위 규정들은, ‘권리 또는 법적 보호이익을 가진 자’에게 소송제기권을 인정하는 것으로 해석된다. 여기서 공권과 법적 보호이익을 구별하느냐 아니면 동일한 것으로 보아야 하느냐는 독일 행정법상의 학설상황을 고려해야 할 필연성은 없다. 오히려 우리 행정소송법은 그러한 의문을 ‘법률상 이익’의 개념을 통해 해소시킨 것으로 보아 마땅할 것이다. 그러나 ⓑ설에 따라 물론 주관적 공권을 확장된 개념으로 이해하는 것은, 관계법규의 강행법규성과 사익보호성(보호규범설)이란 주관적 공권의 성립요건의 충족여부를 고려할 때, 충분한 근거를 가질 뿐 아니라 논리적 정확성을 기할 수 있다는 점에서 바람직하다. 주관적 공권 자체가 개념상 이미 법적으로 보호되는 이익의 표현형태이기 때문이다. 따라서 후자를 광의의, 다시 말해서 확장된 공권개념으로 보는 것은 극히 당연한 론리적 귀결이 아닐 수 없다. 이렇게 본다면 행정소송법상 법률상 이익의 개념은 여기서 말하는 광의의 공권개념과 일치하는 것이 된다. 생각건대, ⓑ의 견해, 즉, 확장된 공권개념에 입각한 견해가 ⓐ의 견해보다 논리적이라는 장점을 지닌다는 것은 의문의 여지가 없다. 그러나 양설 중 어느 것을 취할지라도 실제 관계규정의 해석상 차이는 없다.

---

13) 김도창, 앞의 책, 240, 773; 석종현, 『일반행정법(상)』, 삼영사, 1993, 178 이하.
14) 김남진, 앞의 책, 104 이하; 김동희, 『행정법 I』, 박영사, 2008, 86 이하, 629 이하.

3. 원고적격의 확대

'법률상 이익'의 개념을 통해 종래 주관적 공권에 속하지 않는 것으로 인정되어 왔던 보호이익들이 법적 보호이익이란 개념을 매개로 광의의 주관적 공권에 포함됨으로써 권리보호의 범위가 확장되고 있고 또 그에 대한 수요가 상존하고 있는 것이 오늘날의 문제상황이다. 이미 앞에서 보았듯이 주관적 공권 또는 법률에 의해 보호되는 이익의 범위, 즉 원고적격의 확대경향이 우리나라에서도 마찬가지로 나타나고 있다.[15)]

특히 원고적격의 확대경향이 가장 현저하게 나타나고 있는 문제상황은 이웃주민이나 경쟁업자 등의 이해관계가 이른바 제3자효 행정행위(Verwaltungsakt mit Drittwirkung)에 의해 저촉되는 경우로 다음과 같은 판례를 통해 문제의 심각성을 엿볼 수 있다.

<관련판례>

1. 제3자의 원고적격

행정소송법 제12조에서 규정하고 있는 처분등의 취소를 구할 법률상 이익이 있는 자라 함은 처분에 의하여 직접 권리를 침해당한 처분의 상대방에 한하지 않고 제3자라 하더라도 법에 의하여 보호되는 이익을 침해당한 자는 이에 포함된다.[16)]

행정처분의 직접 상대방이 아닌 제3자라 하더라도 당해 행정처분으로 인하여 법률상 보호되는 이익을 침해당한 경우에는 그 처분의 취소를 구하는 행정소송을 제기하여 그 당부의 판단을 받을 자격이 있고, 여기에서 말하는 **법률상 보호되는 이익이라 함은 당해 처분의 근거 법규 및 관련 법규에 의하여 보호되는 개별적 · 직접적 · 구체적 이익이 있는 경우**를 말하고, 공익 보호의 결과로 국민 일반이 공통적으로 가지는 일반적 · 간접적 · 추상적 이익이 생기는 경우에는 법률상 보호되는 이익이 있다고 할 수 없다(대법원 2006.3.16. 선고 2006두330 전원합의체판결, 대법원 2006.12.22. 선고 2006두14001 판결 등 참조).[17)]

[1] 행정소송법 제12조에서 말하는 '법률상 이익'이란 당해 행정처분의 근거 법률에 의하여 보호되는 직접적이고 구체적인 이익을 말하고, 당해 행정처분과 관련하여 간접적이거나 사실적 · 경제적 이해관계를 가지는 데 불과한 경우는 여기에 포함되지 않으나, 행정처분의 직접 상대방이 아닌 제3

15) 이러한 판례변천에 전기가 되었던 것은 연탄공장사건(대법원 1975.5.13. 선고 73누96, 97 판결)이었다는 것은 이미 앞에서 살펴본 바와 같다.

16) 대법원 1988.6.14. 선고 87누873 판결.

17) 대법원 2008.9.11. 선고 2006두7577 판결(광업권설정허가처분취소등). 아울러 대법원 2006.12.21. 선고 2005두16161 판결(보험약가인하처분취소); 대법원 2004.8.16. 선고 2003두2175 판결; 대법원 2006.7.28. 선고 2004두6716 판결 등을 참조.

자라고 하더라도 당해 행정처분으로 인하여 법률상 보호되는 이익을 침해당한 경우에는 취소소송을 제기하여 그 당부의 판단을 받을 자격이 있다.

[2] 임차인대표회의도 당해 주택에 거주하는 임차인과 마찬가지로 임대주택의 분양전환과 관련하여 그 승인의 근거 법률인 구 임대주택법에 의하여 보호되는 구체적이고 직접적인 이익이 있다고 봄이 상당한다. 따라서 임차인대표회의는 행정청의 분양전환승인처분이 승인의 요건을 갖추지 못하였음을 주장하여 그 취소소송을 제기할 원고적격이 있다고 보아야 한다.[18]

2. 복효적 행정행위에 대한 재결을 다투는 취소소송과 원고적격

가. 이른바 복효적 행정행위, 특히 제3자효를 수반하는 행정행위에 대한 행정심판청구에 있어서 그 청구를 인용하는 내용의 재결로 인하여 비로소 권리이익을 침해받게 되는 자(예컨대, 제3자가 행정심판청구인인 경우의 행정처분 상대방 또는 행정처분 상대방이 행정심판청구인인 경우의 제3자)는 재결의 당사자가 아니라고 하더라도 그 인용재결의 취소를 구하는 소를 제기할 수 있으나, 그 인용재결로 인하여 새로이 어떠한 권리이익도 침해받지 아니하는 자인 경우에는 그 재결의 취소를 구할 소의 이익이 없다.

나. 처분상대방이 아닌 제3자가 당초의 양식어업면허처분에 대하여는 아무런 불복조치를 취하지 않고 있다가 도지사가 그 어업면허를 취소하여 처분상대방인 면허권자가 그 어업면허취소처분의 취소를 구하는 행정심판을 제기하고 이에 재결기관인 수산청장이 그 심판청구를 인용하는 재결을 하자 비로소 그 제3자가 행정소송으로 그 인용재결을 다투고 있는 경우, 수산청장의 그 인용재결은 도지사의 어업면허취소로 인하여 상실된 면허권자의 어업면허권을 회복하여 주는 것에 불과할 뿐 인용재결로 인하여 제3자의 권리이익이 새로이 침해받는 것은 없고, 가사 그 인용재결로 인하여 그 면허권자의 어업면허가 회복됨으로써 그 제3자에 대하여 사실상 당초의 어업면허에 따른 효과와 같은 결과를 초래한다고 하더라도 이는 간접적이거나 사실적·경제적 이해관계에 불과하므로, 그 제3자는 인용재결의 취소를 구할 소의 이익이 없다.[19]

법률상 이익의 유무에 대한 판단은 독일식의 보호규범이론에 따라, 일차적으로 관계법규정의 해석문제(Auslegungsproblem)로 귀착된다.[20] 이것은 '공중목욕탕사건'에서 '연탄공장사건'에 이르는 판례변천이 결국 주관적 공권 또는 법률상 이익에 관한 관계법규정의 해석을 통해 이루어진 것이라는 점에서 우리의 경우에도 그대로 타당하다. 이와 같은 원고적격에 관한 대법원판례의 변천은, 그 보호범위의 확대라는 측면에 관한 한, 긍정적인 평가를 받을 만하다.

---

18) 대법원 2010.5.13. 선고 2009두19168 판결(분양전환승인의취소).

19) 대법원 1995.6.13. 선고 94누15592 판결.

20) H. Bauer, *Geschichtliche Grundlage der Lehre vom subjektiven öffentlichen Recht*, Augusburger Dissertation, 1986, S.140.

우리 대법원의 판례경향에 따를 때 법률상 이익이 인정되는 경우는, ① 당해 처분의 근거법규에서 직접 보호하는 이익이라고 해석되는 경우, ② 당해 처분의 근거법규는 아니지만 관련법규, 즉 당해 처분의 목적을 달성하기 위한 일련의 단계적 관계에서 행해진 관련처분들의 근거법규에서 명시적으로 보호하는 이익으로 해석되는 경우, ③ 당해 처분의 근거법규나 관련법규에 그러한 이익을 보호하는 명시적 규정은 없더라도 그 합리적 해석상 그 법규에서 행정청을 제약하는 이유가 순수한 공익 보호만이 아니라 개별적·직접적·구체적 이익을 보호하는 취지가 포함되어 있다고 해석되는 경우이다.[21]

<법률상 이익 판단에 있어 보호규범의 범위>

행정처분의 직접 상대방이 아닌 제3자라고 하더라도 당해 행정처분으로 인하여 법률상 보호되는 이익을 침해당한 경우에는 취소소송을 제기하여 그 당부의 판단을 받을 자격이 있다. 여기에서 말하는 법률상 보호되는 이익은 당해 처분의 근거 법규와 관련 법규에 의하여 보호되는 개별적·직접적·구체적 이익이 있는 경우를 말하고, 공익보호의 결과로 국민 일반이 공통적으로 가지는 일반적·간접적·추상적 이익과 같이 사실적·경제적 이해관계를 갖는 데 불과한 경우는 포함되지 아니한다. 또 당해 처분의 근거 법규와 관련 법규에 의하여 보호되는 법률상 이익은 **당해 처분의 근거 법규의 명문 규정에 의하여 보호받는 법률상 이익, 당해 처분의 근거 법규에 의하여 보호되지는 아니하나 당해 처분의 행정목적을 달성하기 위한 일련의 단계적인 관련 처분들의 근거 법규에 의하여 명시적으로 보호받는 법률상 이익, 당해 처분의 근거 법규 또는 관련 법규에서 명시적으로 당해 이익을 보호하는 명문의 규정이 없더라도 근거 법규와 관련 법규의 합리적 해석상 그 법규에서 행정청을 제약하는 이유가 순수한 공익의 보호만이 아닌 개별적·직접적·구체적 이익을 보호하는 취지가 포함되어 있다고 해석되는 경우까지를 말한다**(대법원 2013.9.12. 선고 2011두33044 판결 등 참조).[22]

구 사립학교법(2007.7.27. 법률 제8545호로 개정되기 전의 것) 제25조의3은 정식이사 선임에 관하여 상당한 재산을 출연한 자 및 학교 발전에 기여한 자(이하 '상당한 재산출연자 등'이라 한다)의 **개별적·구체적인 이익을 보호하려는 취지가 포함되어 있는 것으로 보이고, 상당한 재산출연자 등은 관할청이 정식이사를 선임하는 처분에 관하여 법률상 보호되는 이익을 가진다**고 보는 것이 타당하다.[23]

임시이사제도의 취지, 교직원·학생 등의 학교운영에 참여할 기회를 부여하기 위한 개방이사 제도에 관한 법령의 규정 내용과 입법 취지 등을 종합하여 보면, 구 사립학교법(2011.4.12. 법률 제10580호 개정 전의 것)과 동 시행령 및 을 법인 정관 규정은 **헌법 제31조 제4항에 정한 교육의 자주성과 대학의**

---

21) 대법원 2004.8.16. 선고 2003두2175 판결; 김철용, 『행정법 I』(제13판), 2010, 658-659.
22) 대법원 2014.12.11. 선고 2012두28704 판결(2단계BK21사업처분취소).
23) 대법원 2013.9.12. 선고 2011두33044 판결.

자율성에 근거한 갑 대학교 교수협의회와 총학생회의 학교운영참여권을 구체화하여 이를 보호하고 있다고 해석되므로, 갑 대학교 교수협의회와 총학생회는 이사선임처분을 다툴 법률상 이익을 가지지만, 고등교육법령은 교육받을 권리나 학문의 자유를 실현하는 수단으로서 학생회와 교수회와는 달리 학교의 직원으로 구성된 노동조합의 성립을 예정하고 있지 아니하고, 노동조합은 근로자가 주체가 되어 자주적으로 단결하여 근로조건의 유지·개선 기타 근로자의 경제적·사회적 지위의 향상을 도모하기 위하여 조직된 단체인 점 등을 고려할 때, 학교의 직원으로 구성된 노동조합이 교육받을 권리나 학문의 자유를 실현하는 수단으로서 직접 기능한다고 볼 수는 없으므로, 개방이사에 관한 구 사립학교법과 구 사립학교법 시행령 및 을 법인 정관 규정이 학교직원들로 구성된 전국대학노동조합 을 대학교지부의 법률상 이익까지 보호하고 있는 것으로 해석할 수는 없다고 한 사례.[24]

한편 대법원은 참가인이 피고 국민권익위원회에 국민권익위원회법에 따른 신고와 신분보장조치 요구를 하였고, 이에 피고 위원회가 참가인의 소속기관의 장인 원고에게 '참가인에 대한 중징계요구를 취소하고 향후 신고로 인한 신분상 불이익처분 및 근무조건상의 차별을 하지 말 것을 요구'하는 내용의 조치요구를 한 사안에서, '비록 원고 시·도선거관리위원회 위원장이 국가기관에 불과하더라도 이 사건에서는 당사자능력 및 원고적격을 가진다고 봄이 상당하다'고 판시함으로써 국가기관에게 원고적격(조치의무를 다툴 법률상 이익)을 인정하였다. 대법원이 기존의 판례에서 원고적격 판단에 일관되게 적용해 왔던 법률상 이익의 요건, 특히 사익보호규범성 기준을 문제 삼지 아니하고 '조치요구의 취소를 구하는 항고소송을 제기하는 것이 유효·적절한 수단이라는 점'을 근거로 삼았다는 것은 주목할 만한 점이지만, 이 판례는 특수한 관계법령 및 사례상황을 감안한 결과여서 일반화하기에는 무리가 있을 것이다.

<국가기관의 원고적격>

1. 국가기관 사이에 어느 일방(피고 위원회)이 상대방(원고)에 대하여 일정한 의무를 부과하는 내용의 조치요구를 한 사안에서 그 조치요구의 상대방인 국가기관이 이를 다투고자 할 경우, 이는 국가기관 내부의 권한 행사에 관한 것이어서 기관소송의 대상으로 하는 것이 적절해 보이나, 행정소송법은 제45조에서 "기관소송은 법률이 정한 경우에 법률에 정한 자에 한하여 제기할 수 있다."라고 규정하여 이른바 기관소송 법정주의를 채택하고 있고, 조치요구에 관하여는 국민권익위원회법 등 법률에서 원고에게 기관소송을 허용하는 규정을 두고 있지 아니하므로, 이 사건 조치요구를 이행할 의무를 부담하고 있는 원고로서는 기관소송으로 이 사건 조치요구를 다툴 수는 없다.
2. 이 사건 조치요구는 법률에 근거하여 설립된 행정부 소속의 국무총리 산하 기관인 피고 위원회가

24) 대법원 2015.7.23. 선고 2012두19496,19502 판결(이사선임처분취소).

헌법상의 독립기관인 중앙선거관리위원회 산하기관인 원고에 대하여 한 것으로서 정부 조직 내에서 그 처분의 당부에 대한 심사·조정을 할 수 있는 다른 방도가 없을 뿐만 아니라, 피고 위원회는 헌법 제111조 제1항 제4호 소정의 '헌법에 의하여 설치된 국가기관'이라고 할 수 없으므로(헌법재판소 2010.10.28. 선고 2009헌라6 전원재판부 결정 참조), 원고와 피고 위원회 사이에 헌법 제111조 및 헌법재판소법 제62조 제1항에서 정한 권한쟁의심판이 가능해 보이지도 아니한다.

3. 국민권익위원회법이 원고에게 피고 위원회의 조치요구에 따라야 할 의무를 부담시키는 외에 별도로 그 의무를 이행하지 아니할 경우 과태료나 형사처벌의 제재까지 규정하고 있는데, 원고가 피고 위원회의 조치요구를 다툴 별다른 방법이 없는 점 등에 비추어 보면, 피고 위원회의 이 사건 조치요구의 처분성이 인정되는 이 사건에서 이에 불복하고자 하는 원고로서는 이 사건 조치요구의 취소를 구하는 항고소송을 제기하는 것이 유효·적절한 수단이라고 할 것이므로, 비록 원고가 국가기관에 불과하더라도 이 사건에서는 당사자능력 및 원고적격을 가진다고 봄이 상당하고, 원고가 피고 위원회의 조치요구 후 참가인에 대하여 파면처분을 하였다고 하더라도 그로 인하여 이 사건 조치요구가 곧바로 실효된다고 할 수 없고, 원고로서는 이 사건 조치요구를 따라야 할 의무를 여전히 부담한다고 할 것이므로, 원고에게는 이 사건 조치요구의 취소를 구할 법률상 이익도 있다고 할 것이다.[25)]

4. '법률상 이익' 침해의 주장

취소소송을 제기한 자에게 원고적격을 인정하기 위하여, 그가 사실상 취소소송의 보호의 대상으로서 법률상 이익을 침해당했을 것이 요구되는가. 이미 앞에서 처분에 관하여 처분의 객관적 위법성이 아니라 그 위법주장이 요구될 뿐이라는 점을 본 바와 같이, 사실상 법률상 이익이 침해되었을 것까지 요구되는 것은 아니라고 해야 할 것이다. 원고가 처분등으로 인하여 사실상 법률상 이익을 침해당했는지 여부는 취소소송의 제기요건이 아니라 청구인용의 요건(Aktivlegitimation)이라는 점이 다시금 인식되어야 할 것이다. 취소소송 제기요건의 하나로 간주되는 원고적격의 기준으로서 "법률상 이익"이란 '보호의 대상으로서의 법률상 이익'을 의미하지만, 원고적격의 유무는 원고가 사실상 이러한 법률상 이익을 가지고 있는지를 기준으로 판단할 것이 아니라, 원고가 주장하는 바와 같은 법률상 이익이 존재할 객관적 가능성이 있는지를 기준으로 판단해야 할 것이다(가능성이론: Möglichkeitstheorie).

25) 대법원 2013.7.25. 선고 2011두1214 판결(불이익처분원상회복등요구처분취소).

제45장

권리보호의 필요(협의의 소의 이익)*

Ⅰ. 쟁점

'이익 없으면 소송 없다'(Pas d'intérêt, pas d'action)는 법언은 취소소송에 대해서도 타당하다. 취소소송 역시 일반소송과 마찬가지로 분쟁을 소송을 통해 해결할 현실적 필요 또는 권리보호의 필요(Rechtsschutzbedürfnis)가 있을 때에 한하여 허용된다. 가령 효력기간이 정해진 행정처분은 그 기간의 경과로 효력이 상실되는 것이므로 그 이후에는 그 처분이 외형상 잔존함으로 인하여 어떠한 법률상 이익이 침해되고 있다고 볼 만한 별다른 사정이 없는 한, 처분의 취소를 구할 권리보호의 이익이 없다고 할 수 있다.[1]

권리보호의 이익 또는 필요는 비단 취소소송뿐만 아니라 행정소송 일반에 대하여 요구되는 일반적 소송요건의 하나이다.[2] 그러나 행정소송법은 이와 같은 예외적 규정만을 두고 있을 뿐 이에 관한 일반적 규정을 두고 있지는 않다. 때문에 일반적 권리보호의 이익의 효력근거가 문제되는데, 이에 관하여는 독일의 경우 대체로 신의성실의 원칙에서 연원하는 소송상 권리의 제도적 남용금지(Verbot institutionellen Mißbrauch prozessualer Rechte)에서 그 근거를 찾고 있는 것을 참고할 수 있을 것이다.[3] 권리보호의 필요가 있는지의 여부는 물론

---

* 홍준형, 『행정쟁송법』, 도서출판 오래, 2017, 265-376; 홍준형, 「효력기간이 경과된 제재적 처분에 대한 취소소송과 소의 이익」, 『행정법연구』, 1997.상반기, 276-280을 수정 · 보완한 것임.

1) 대법원 1988.3.22. 선고 87누1230 판결; 대법원 1990.1.12. 선고 89누1032 판결; 대법원 1991.4.26. 선고 91누179 판결.

2) 후펜(F. Hufen, *Verwaltungsprozeßrecht*, 1994, Rn.10-11)에 따르면 이러한 일반적 권리보호의 이익(allgemeines Rechtsschutzbedürfnis) 외에도 가령 확인소송에 있어 요구되는 특수한 형태의 권리보호의 이익이 있을 수 있다고 한다. 이 경우 전자는 일종의 포괄적 범주(Auffangkategorie)로 기능하는 데 비하여 후자는 그것의 특수한 형태(Sonderfall)라고 할 수 있다는 것이다.

구체적 사안별로 현실적으로 권리보호의 실익이 있느냐를 기준으로 판단할 문제지만, 행정소송법 규정 및 행정소송제도의 취지 등을 감안, 다음 몇 가지 경우로 나누어 볼 수 있다.

Ⅱ. 처분의 효력이 소멸된 경우

1. 행정소송법 제12조 제2문의 취지

행정소송법 제12조 제2문은 처분의 효과가 기간경과, 처분의 집행 그 밖의 사유로 인하여 소멸된 뒤에도 그 처분의 취소로 인하여 회복되는 법률상 이익이 있는 자는 취소소송을 제기할 수 있다고 규정하고 있다. 그러나 이것은 실은 앞에서 본 바와 같이 취소소송의 보호대상으로서 법률상 이익이 아니라, 권리보호의 필요성 또는 협의의 소익에 관한 것이라 보아야 한다.

<관련판례>

이에 관한 판례로는 계고와 대집행영장에 의한 통지절차를 거쳐 이미 그 집행이 사실행위로서 완료된 이후에 그 행위의 위법을 이유로 하여 그 처분의 취소 또는 무효확인을 구하는 것은 권리보호의 이익이 없다고 한 것,[4] 석유판매사업정지처분의 집행이 종료되었다면 설사 이로 인하여 장래에 사실상 가중된 처분을 받을 염려가 있다고 하더라도 그 처분의 취소를 구할 법률상의 이익이 있다고 할 수 없다고 한 것,[5] 그리고 주택자재공장의 등록신청이 거부되어 이에 대한 취소소송이 제기된 경우, 등록을 구하는 주택자재공장이 이미 철거되고 없다면 그 거부처분이 위법하다고 해도 그 등록의 대상이 없어졌으므로 그 취소를 구할 법률상 이익(권리보호의 필요)이 없다고 한 판례[6]를 들 수 있다.

관할청으로부터 취임 승인이 취소된 학교법인의 이사의 임기는 취임승인취소처분에 대한 행정심판이나 행정소송의 제기에도 불구하고 의연히 진행되는 것이고, 따라서 <u>취임승인취소처분의 무효확인이나 취소를 구하는 소송의 사실심 변론종결 이전에 그 이사의 임기가 만료되고 나아가 사립학교법 제22조 제2호의 임원결격사유에 정하여진 기간도 경과되었다면</u> 취임승인취소처분이 무효로 확인되거나 취소된다고 하더라도 그 학교법인의 이사가 이사로 복귀하거나 이사 직무를 수행할 지위를 회복할 수는 없

3) W.-S. Glaeser, *Verwaltungsprozeßrecht*, 11.Aufl., Rn.117f.
4) 대법원 1971.4.20. 선고 71누22 판결.
5) 대법원 1982.3.23. 선고 81누243 판결.
6) 대법원 1987.2.24. 선고 86누676 판결.

는 것이므로 취임승인취소처분의 무효확인 또는 그 취소를 구하는 소는 결국 이를 구할 법률상의 이익이 없어 부적법하다고 할 수밖에 없다.[7)]

행정소송법 제12조 제2문의 해석상 '법률상 이익'은 명예・신용 등을 포함하지 않는다고 새기는 견해가 있으며,[8)] 반면 명예・신용 등의 인격적 이익, 보수청구와 같은 재산적 이익 및 불이익제거와 같은 사회적 이익도 인정될 수 있다고 보는 견해[9)] 또는 이를 독일 행정법원법 제42조 제2항 및 제113조 제1항에서 규정하는 처분의 위법확인에 대한 정당한 이익(ein berechtigtes Interesse)으로 보아 법률상 이익보다 넓은 것으로서 원고의 경제적・정치적・사회적・문화적 이익까지 포함하는 것으로 보는 견해[10)]가 주장되고 있다. 생각건대 행정소송법 제12조 제2문의 법문상 '회복되는 법률상 이익'을 취소소송의 보호대상이 아니라, 처분의 위법성에 대한 확인의 이익 또는 권리보호의 이익(협의의 소익)으로 이해하는 한, 이를 주관적 공권・법률상 이익과 사실상 이익의 구분에 관한 문제로 다룰 이유는 없고, 따라서 이를 엄격히 법률상 이익으로 한정하는 것은 법 제12조 제2문의 취지를 비추어 타당하지 않다고 본다.

2. 대법원 판례의 변천

제재적 행정처분에 있어 그 제재기간이 경과된 후에도 처분의 효력을 다툴 수 있는지 여부에 관한 대법원의 판례는 우여곡절을 겪었다.

일찍이 대법원은 건축사업무정지처분에 의한 업무정지기간 도과 후 정지처분취소청구에 대하여 "건축사업무정지처분을 받은 건축사로서는 위 처분에서 정한 기간이 도과되었다 하더라도 위 처분을 그대로 방치하여 둠으로써 장래 건축사사무소 등록취소라는 가중된 제재처분을 받게 될 우려가 있는 것이므로 건축사로서의 업무를 행할 수 있는 법률상 지위에 대한 위험이나 불안을 제거하기 위하여 건축사업무정지처분의 취소를 구할 이익이 있다."라고 판시한 바 있었다.[11)] 이것은 행정소송법 제12조 제2문을 적용한 사례로서 종래 구법하에서

7) 대법원 1995.3.10. 선고 94누8914 판결. 참조판례: 대법원 1990.3.23. 선고 89누7436 판결; 대법원 1991.5.28. 선고 90누5313 판결.
8) 김동희, 『행정법 I』, 박영사, 2004, 635.
9) 김도창, 『일반행정법론(상)』, 청운사, 1993, 785.
10) 김남진, 『행정법 I』, 법문사, 1998, 760.
11) 대법원 1991.8.27. 선고 91누3512 판결; 동지 대법원 1993.9.14. 선고 93누12572 판결; 대법원 1993.12.21. 선고 93누21255 판결; 대법원 1990.10.23. 선고 90누3119 판결; 대법원 1983.2.8. 선고 81누121

의 석유판매사업정지처분의 취소청구에 관한 앞의 판례(대법원 1982.3.23. 선고 81누243 판결)에 비해 진일보한 것으로 평가된다.

그러나 대법원은 1995년 10월 17일자 전원합의체판결[12]에서 종래의 판례를 폐기했다. 이후 이 문제에 대한 판례는 줄곧 부정적인 방향으로 이어졌고 일부 제한적인 범위에서 소익이 인정되었다. 처분의 효력이 소멸한 후에도 그 처분의 취소를 구할 소익이 인정된 사례로는 가령 공무원신분상실 후의 징계처분취소청구,[13] 학교법인이사의 임기만료 후 제기된 취임승인취소청구,[14] 입학시기 경과 후 제기된 불합격처분취소청구[15] 등이 있었다.

이러한 배경에서 대법원의 2006.6.22. 선고 2003두1684 전원합의체판결은 그동안의 소극적 판례에 종지부를 찍고 취소소송의 소익 확대를 향한 결정적 전환점이 되었다. 환경영향평가대행업무 정지처분을 받은 환경영향평가대행업자가 업무정지처분기간 중 환경영향평가대행계약을 신규로 체결하고 그 대행업무를 한 사안에서, 대법원은 제재적 행정처분이 그 처분에서 정한 제재기간의 경과로 인하여 그 효과가 소멸되었을지라도, 부령인 시행규칙 또는 지방자치단체의 규칙의 형식으로 정한 처분기준에서 제재적 행정처분을 받은 것을 가중사유나 전제요건으로 삼아 장래의 제재적 행정처분을 하도록 정하고 있는 경우, 선행처분인 제재적 행정처분을 받은 상대방이 그 처분에서 정한 제재기간이 경과하였다 하더라도 그 처분의 취소를 구할 법률상 이익이 있다고 전제한 후, 「환경・교통・재해 등에 관한 영향평가법 시행규칙」 제10조 [별표 2] 2. 개별기준 (11)에서 환경영향평가대행업자가 업무정지처분기간 중 신규계약에 의하여 환경영향평가대행업무를 한 경우 1차 위반시 업무정지 6월을, 2차 위반시 등록취소를 각 명하는 것으로 규정하고 있으므로, 업무정지기간 경과 후에도 위 시행규칙에 따른 후행처분을 받지 않기 위하여 업무정지처분의 취소를 구할 법률상 이익이 있다고 판시한 것이다.

<제재기간의 경과로 인하여 그 효과가 소멸한 처분의 취소를 구할 법률상 이익>

【다수의견】 제재적 행정처분이 그 처분에서 정한 제재기간의 경과로 인하여 그 효과가 소멸되었으나, 부령인 시행규칙 또는 지방자치단체의 규칙(이하 이들을 '규칙'이라고 한다)의 형식으로 정한 처분기준에서 제재적 행정처분(이하 '선행처분'이라고 한다)을 받은 것을 가중사유나 전제요건으로 삼아 장래의 제재적 행정처분(이하 '후행처분'이라고 한다)을 하도록 정하고 있는 경우, 제재적 행정처분의 가중사유나 전제요건에 관한 규정이 법령이 아니라 규칙의 형식으로 되어 있다고 하더라도, <u>그러한 규칙이 법</u>

판결.

12) 대법원 1995.10.17. 선고 94누14148 판결(자동차운행정지처분취소등 (차) 파기, 소각하*전원합의체판결).

13) 대법원 1977.7.12. 선고 74누147 판결.

14) 대법원 1972.4.11. 선고 72누86 판결.

15) 대법원 1990.8.28. 선고 89누8255 판결.

령에 근거를 두고 있는 이상 그 법적 성질이 대외적·일반적 구속력을 갖는 법규명령인지 여부와는 상관없이, 관할 행정청이나 담당공무원은 이를 준수할 의무가 있으므로 이들이 그 규칙에 정해진 바에 따라 행정작용을 할 것이 당연히 예견되고, 그 결과 행정작용의 상대방인 국민으로서는 그 규칙의 영향을 받을 수밖에 없다. 따라서 그러한 규칙이 정한 바에 따라 선행처분을 받은 상대방이 그 처분의 존재로 인하여 장래에 받을 불이익, 즉 후행처분의 위험은 구체적이고 현실적인 것이므로, 상대방에게는 선행처분의 취소소송을 통하여 그 불이익을 제거할 필요가 있다. 또한, 나중에 후행처분에 대한 취소소송에서 선행처분의 사실관계나 위법 등을 다툴 수 있는 여지가 남아 있다고 하더라도, 이러한 사정은 후행처분이 이루어지기 전에 이를 방지하기 위하여 직접 선행처분의 위법을 다투는 취소소송을 제기할 필요성을 부정할 이유가 되지 못한다. 그러한 쟁송방법을 막는 것은 여러 가지 불합리한 결과를 초래하여 권리구제의 실효성을 저해할 수 있기 때문이다. 오히려 앞서 본 바와 같이 행정청으로서는 선행처분이 적법함을 전제로 후행처분을 할 것이 당연히 예견되므로, 이러한 선행처분으로 인한 불이익을 선행처분 자체에 대한 소송에서 사전에 제거할 수 있도록 해 주는 것이 상대방의 법률상 지위에 대한 불안을 해소하는 데 가장 유효적절한 수단이 된다고 할 것이고, 또한 그 소송을 통하여 선행처분의 사실관계 및 위법 여부가 조속히 확정됨으로써 이와 관련된 장래의 행정작용의 적법성을 보장함과 동시에 국민생활의 안정을 도모할 수 있다. 이상의 여러 사정과 아울러, 국민의 재판청구권을 보장한 헌법 제27조 제1항의 취지와 행정처분으로 인한 권익침해를 효과적으로 구제하려는 행정소송법의 목적 등에 비추어 행정처분의 존재로 인하여 국민의 권익이 실제로 침해되고 있는 경우는 물론이고 권익침해의 구체적·현실적 위험이 있는 경우에도 이를 구제하는 소송이 허용되어야 한다는 요청을 고려하면, 규칙이 정한 바에 따라 선행처분을 가중사유 또는 전제요건으로 하는 후행처분을 받을 우려가 현실적으로 존재하는 경우에는, 선행처분을 받은 상대방은 비록 그 처분에서 정한 제재기간이 경과하였다 하더라도 그 처분의 취소소송을 통하여 그러한 불이익을 제거할 권리보호의 필요성이 충분히 인정된다고 할 것이므로, 선행처분의 취소를 구할 법률상 이익이 있다고 보아야 한다.

【대법관 이강국의 별개의견】 다수의견이 선행처분의 취소를 구할 법률상 이익을 긍정하는 결론에는 찬성하지만, 그 이유에 있어서는 부령인 제재적 처분기준의 법규성을 인정하는 이론적 기초 위에서 그 법률상 이익을 긍정하는 것이 법리적으로는 더욱 합당하다고 생각한다. 상위법령의 위임에 따라 제재적 처분기준을 정한 부령인 시행규칙은 헌법 제95조에서 규정하고 있는 위임명령에 해당하고, 그 내용도 실질적으로 국민의 권리의무에 직접 영향을 미치는 사항에 관한 것이므로, 단순히 행정기관 내부의 사무처리준칙에 지나지 않는 것이 아니라 대외적으로 국민이나 법원을 구속하는 법규명령에 해당한다고 보아야 한다.[16]

<가중된 제재처분을 받게 될 우려와 소의 이익>

1. 행정처분에 그 효력기간이 정하여져 있는 경우 그 기간의 경과로 그 행정처분의 효력은 상실되는 것이므로 그 기간경과 후에는 그 처분이 외형상 잔존함으로 인하여 어떠한 법률상의 이익이 침해되고 있다고 볼 만한 별다른 사정이 없는 한 그 처분의 취소 또는 무효확인을 구할 법률상의 이익이

16) 대법원 2006.6.22. 선고 2003두1684 전원합의체판결(영업정지처분취소).

없다고 하겠으나, 위와 같은 행정처분의 전력이 장래에 불이익하게 취급되는 것으로 법에 규정되어 있어 법정의 가중요건으로 되어 있고, 이후 그 법정가중요건에 따라 새로운 제재적인 행정처분이 가해지고 있다면, 선행행정처분의 효력기간이 경과하였다 하더라도 선행행정처분의 잔존으로 인하여 법률상의 이익이 침해되고 있다고 볼 만한 특별한 사정이 있는 경우에 해당한다.

2. 의료법 제53조 제1항은 보건복지부장관으로 하여금 일정한 요건에 해당하는 경우 의료인의 면허자격을 정지시킬 수 있도록 하는 근거 규정을 두고 있고, 한편 같은 법 제52조 제1항 제3호는 보건복지부장관은 의료인이 3회 이상 자격정지처분을 받은 때에는 그 면허를 취소할 수 있다고 규정하고 있는바, 이와 같이 의료법에서 의료인에 대한 제재적인 행정처분으로서 면허자격정지처분과 면허취소처분이라는 2단계 조치를 규정하면서 전자의 제재처분을 보다 무거운 후자의 제재처분의 기준요건으로 규정하고 있는 이상 자격정지처분을 받은 의사로서는 면허자격정지처분에서 정한 기간이 도과되었다 하더라도 그 처분을 그대로 방치하여 둠으로써 장래 의사면허취소라는 가중된 제재처분을 받게 될 우려가 있는 것이어서 의사로서의 업무를 행할 수 있는 법률상 지위에 대한 위험이나 불안을 제거하기 위하여 면허자격정지처분의 취소를 구할 이익이 있다.[17]

Ⅲ. 취소되어 더 이상 존재하지 않는 처분에 대한 취소소송 등

취소되어 더 이상 존재하지 않는 행정처분을 대상으로 한 취소소송에 소의 이익이 있는지 여부에 관해 대법원은 소극적 입장을 취하고 있다.

1. 행정처분이 취소되면 그 처분은 효력을 상실하여 더 이상 존재하지 않는 것이고, 존재하지 않는 행정처분을 대상으로 한 취소소송은 소의 이익이 없어 부적법하다.
2. 절차상 또는 형식상 하자로 무효인 행정처분에 대하여 행정청이 적법한 절차 또는 형식을 갖추어 다시 동일한 행정처분을 하였다면, 종전의 무효인 행정처분에 대한 무효확인 청구는 과거의 법률관계의 효력을 다투는 것에 불과하므로 무효확인을 구할 법률상 이익이 없다.
3. 지방병무청장이 병역감면요건 구비 여부를 심사하지 않은 채 병역감면신청서 회송처분을 하고 이를 전제로 공익근무요원 소집통지를 하였다가, 병역감면신청을 재검토하기로 하여 신청서를 제출받아 병역감면요건 구비 여부를 심사한 후 다시 병역감면 거부처분을 하고 이를 전제로 다시 공익근무요원 소집통지를 한 경우, 병역감면신청서 회송처분과 종전 공익근무요원 소집처분은 직권으로 취소되었다고 볼 수 있으므로, 그에 대한 무효확인과 취소를 구하는 소는 더 이상 존재하지 않는 행정처분을 대상으로 하거나 과거의 법률관계의 효력을 다투는 것에 불과하므로 소의 이익이 없어 부적법하다

17) 대법원 2005.3.25. 선고 2004두14106 판결(의사면허자격정지처분취소).

고 한 사례.[18]

Ⅳ. 보다 용이한 방법으로 권리보호의 목적을 달성할 수 있는 경우

원고가 보다 용이한 방법으로(auf einfachere Art und Weise) 권리보호의 목적을 달성할 수 있다고 판단되는 경우에도 권리보호의 필요가 부정되는 경우를 상정할 수 있다. 그러한 경우는 특히 관계법령이 권리구제를 위한 특별한 규정을 두고 있는데, 이를 이용하지 아니하고 곧바로 행정소송법상 일반적 권리보호절차에 호소한 경우라든지, 집행력 있는 채무명의를 이미 보유하고 있어 민사소송절차에 의해 이를 직접 그리고 간편하게 목적을 달성할 수 있음에도 불구하고 취소소송을 제기한 경우, 또는 국가배상에 있어 배상심의위원회가 결정한 배상액에 불만이 있지만 국가배상소송을 제기하지 않고 일단 취소소송으로써 배상결정(그 처분성에 관한 논란의 여지를 유보하고서)의 취소만을 구하는 경우 등을 생각할 수 있다. 이러한 경우 권리보호의 이익이 없다는 것은 소송절차의 불필요한 남용을 막아야 한다는 제도적 취지에서 정당화될 수 있겠지만, 재판청구권에 비추어 이것이 지나치게 강조되어서는 안 될 것이다.

과세처분이 무효임을 주장하여 무효확인소송을 구하는 것은, 원고가 이미 부과된 세액을 납부하여 마치 그 처분의 집행이 종료된 것과 같이 되어 버린 때에는, 그 직접적인 위법상태의 제거를 구할 수 있는 민사소송에 의한 부당이득반환청구소송의 방법에 비하여 간접적이고 우회적인 방법이라고 보아 확인을 구할 법률상 이익이 없다고 한 판례[19]의 관점은 이러한 맥락에서 취소소송에 대해서도 적용될 수 있다.

Ⅴ. 소송이 원고에게 아무런 실익이 없다고 인정되는 경우

소송이 원고에게 실제적으로 아무런 효용이 없고 다만 이론적인 관심에 의해 제기된 것이라

---

18) 대법원 2010.4.29. 선고 2009두16879 판결(공익근무요원소집처분취소).
19) 대법원 1991.9.10. 선고 91누3840 판결.

고 판단되면 이러한 취소소송은 권리보호의 필요가 없는 것으로 보아야 할 것이다. 이미 확정판결이 난 처분에 내하여 단순한 이론상의 의도에서 무용하게 새로운 판결을 기대하여 제기한 취소소송 역시 권리보호의 필요를 결여하는 것으로 판단된다. 이것은 행정소송에 있어 권리보호의 이익이란 권리보호형태로서 그것이 제거해야 할 원고의 법적 지위의 현실적 부담(Belastung)을 전제로 한다는 법리로 일반화될 수 있다.[20] 그러나 단순한 정량적 관점(Quantitätsgesichtspunkt)에서 처분으로 인한 손해의 수액이 미소하다는 점만으로 권리보호의 필요를 부인할 수는 없다. 한편 대법원은 상등병에서 병장으로 진급요건을 갖춘 자에 대해 진급처분을 하지 아니한 상태에서 예비역으로 편입하는 처분을 한 경우, 진급처분 부작위 위법을 이유로 예비역편입처분취소를 구할 소의 이익은 인정되지 아니한다고 판시한 바 있다.

<진급처분 없이 한 예비역편입처분의 취소를 구할 이익>

상등병에서 병장으로의 진급요건을 갖춘 자에 대하여 그 진급처분을 행하지 아니한 상태에서 예비역으로 편입하는 처분을 한 경우라도 예비역편입처분은 병역법시행령 제27조 제3항에 따라 헌법상 부담하고 있는 국방의 의무의 정도를 현역에서 예비역으로 변경하는 것으로 병의 진급처분과 그 요건을 달리하는 별개의 처분으로서 그 자에게 유리한 것임이 분명하므로 예비역편입처분에 앞서 진급권자가 진급처분을 행하지 아니한 위법이 있었다 하더라도 예비역편입처분으로 인하여 어떠한 권리나 법률상 보호되는 이익이 침해당하였다고 볼 수 없고, 또한 예비역편입처분취소를 통하여 회복하고자 하는 이익침해는 계급을 상등병에서 병장으로 진급시키는 진급권자에 의한 진급처분이 행하여져야만 보호받을 수 있는 것인데 비록 위 예비역편입처분이 취소된다 하더라도 그로 인하여 신분이 예비역에서 현역으로 복귀함에 그칠 뿐이고, 상등병에서 병장으로의 진급처분 여부는 원칙적으로 진급권자의 합리적 판단에 의하여 결정되는 것이므로 그와 같은 진급처분이 행하여지지 않았다는 이유로 위 예비역편입처분의 취소를 구할 이익이 있다고 할 수 없다.[21]

<분양처분 고시 후에 한 관리처분계획변경인가신청 반려처분의 취소를 구할 이익>

도시재개발법에 의한 도시재개발사업에서 분양처분이 일단 고시되어 효력을 발생하게 된 이후에는 그 전체의 절차를 처음부터 다시 밟지 아니하는 한 그 일부만을 따로 떼어 분양처분을 변경할 길이 없고 분양처분의 일부 변경을 위한 관리처분계획의 변경도 분양처분이 이루어지기 전에만 가능하므로, 분양처분이 효력을 발생한 이후에는 조합원은 관리처분계획의 변경 또는 분양거부처분의 취소를 구할 수 없고 재개발조합으로서도 분양처분의 내용을 일부 변경하는 취지로 관리처분계획을 변경할 수 없다.

20) W.-S. Glaeser, a.a.O., S.83.

21) 대법원 2000.5.16. 선고 99두7111 판결(예비역편입처분취소: 원심판결 서울고법 1999.5.26. 선고 99누594 판결).

그런데 원심이 배척하지 아니한 갑 제7호증의2(기록 제132쪽)에 의하면, 이 사건 주택개량재개발사업에 관한 분양처분의 고시가 1994.11.10.에 있은 것으로 되어 있는바 만일 이와 같이 분양처분이 고시되어 효력을 발생하였다면 원고는 위 소외인들을 금전청산대상자에서 공동주택 분양대상자로 변경하는 내용으로 관리처분계획을 변경할 수도 없고 설령 그 변경인가를 받는다 하더라도 아무런 효력이 없다고 할 것이므로 결국 원고로서는 관리처분계획변경인가신청 반려처분의 취소를 구할 아무런 이익이 없다 할 것이다.[22)]

<도시개발공사 완료로 원상회복이 불가능하게 된 경우 도시계획변경처분 취소를 구할 이익>

도시개발사업의 시행에 따른 도시계획변경결정처분과 도시개발구역지정처분 및 도시개발사업실시계획인가처분은 도시개발사업의 시행자에게 단순히 도시개발에 관련된 공사의 시공권한을 부여하는 데 그치지 않고 당해 도시개발사업을 시행할 수 있는 권한을 설정하여 주는 처분으로서 위 각 처분 자체로 그 처분의 목적이 종료되는 것이 아니고 위 각 처분이 유효하게 존재하는 것을 전제로 하여 당해 도시개발사업에 따른 일련의 절차 및 처분이 행해지기 때문에 위 각 처분이 취소된다면 그것이 유효하게 존재하는 것을 전제로 하여 이루어진 토지수용이나 환지 등에 따른 각종의 처분이나 공공시설의 귀속 등에 관한 법적 효력은 영향을 받게 되므로, 도시개발사업의 공사 등이 완료되고 원상회복이 사회통념상 불가능하게 되었더라도 위 각 처분의 취소를 구할 법률상 이익은 소멸한다고 할 수 없다.[23)]

VI. 소권의 남용 또는 소권이 실효되었다고 인정되는 경우

원고가 단지 피고 행정청에게 여론의 압력을 가하거나 불편을 끼치려는 목적으로 취소소송을 제기하는 경우처럼, 법질서 전체에 비추어 특별히 비난받을 목적을 가지고 취소소송을 남용한다고 볼 수 있는 경우에도, 신의성실의 원칙 및 이로부터 파생된 소권남용금지의 원칙상 권리보호의 이익이 없다고 해야 할 것이다.[24)] 이와 마찬가지 근거로 소권의 실효에 해당되는 경우도 권리보호의 이익이 없는 경우라고 할 수 있을 것이다.[25)]

---

22) 대법원 1999.10.8. 선고 97누12105 판결(주택개량재개발사업관리처분계획변경인가신청반려처분취소).

23) 대법원 2005.9.9. 선고 2003두5402,5419 판결(도시계획변경결정처분등취소 · 건축허가처분취소).

24) 가령 이와 직접 관련된 것은 아니지만, 최근 공무원들이 감사에 걸리지 않도록 오로지 시간을 벌기 위하여 제1심 패소판결에 대하여 무조건적으로 상고하는 관행이 문제되고 있는데, 이러한 남상소도 유사한 관점에서 소권의 남용으로 인정될 수 있을 것이다.

25) W.-S. Glaeser, a.a.O., S.84, Rn.134.

제46장

취소소송과 가구제*

Ⅰ. 쟁점

사법작용은 그 본질상 신중한 절차를 필요로 한다. 민사소송과 마찬가지로 행정소송도 판결을 통하여 종결되기까지 상당한 시일을 소요하는 것이 보통이다. 그리하여 경우에 따라서는 원고가 승소판결을 얻는다 하더라도 그사이에 계쟁처분이 집행되거나 효력이 완성되어 버리면 당초 구제목적의 달성이 사실상 불가능하게 되는 때가 있을 수 있다. 이때 판결이 있기 전이라도 잠정적으로 처분의 집행을 정지하는 등 임시조치를 취함으로써 권리구제에 차질이 없도록 할 필요가 생긴다. 행정소송에 있어 가구제란 이와 같이 정상적인 권리구제절차에 의해서는 구제목적을 달성할 수 없는 경우 원고에게 일정한 요건 아래 잠정적인 권리보호(vorläufiger Rechtsschutz)를 부여하는 절차를 말한다. 즉 계쟁처분이나 공법상의 권리관계에 관하여 임시의 효력관계나 지위를 정함으로써 본안판결이 확정될 때까지 잠정적으로 권리구제를 도모하는 제도이다. 행정소송, 특히 취소소송에 있어 가구제는 공권력행사로서 처분의 집행보장에 대한 행정목적과 권리구제의 실효성에 대한 사익의 요구를 적절히 조화시키기 위한 제도적 방법이다. 행정소송상 가구제의 내용은 각국의 입법정책에 따라 일정하지 않으나, 대체로 집행정지와 가처분이 문제되고 있다. 전자는 행정심판 및 행정소송의 제기 또는 법원에 의한 별도의 집행정지결정에 집행정지효를 결부시키는 제도인 데 비하여, 후자는 일반 민사소송상의 가처분제도를 행정소송에 원용하는 방식이라 할 수 있다. 행정소송법은 취소소송의 경우 집행정지에 관한 규정(§ 23)만 두고 가처분에 대해서는 아무런 규정을

* 홍준형, 『행정쟁송법』, 도서출판 오래, 2017, 301-317을 토대로 수정 · 보완한 것임.

두지 않았다. 그 결과 집행정지에 관한 쟁점뿐만 아니라 가처분의 가능성을 둘러싼 논란이 여선히 남아 있다.

Ⅱ. 집행정지

1. 집행부정지의 원칙

행정소송법은 "취소소송의 제기는 처분등의 효력이나 그 집행 또는 절차의 속행에 영향을 주지 아니한다."라고 규정함으로써 집행부정지원칙을 채택하고 있다(§ 23 ①). 이러한 집행부정지원칙을 행정행위의 공정력(예선적 효력)의 당연한 귀결로 보는 견해도 있으나, 이것은 위법한 처분등에 의해 권익침해를 최소화하려는 권리구제적 관심과 반면 절차남용의 억제 및 처분의 효력·집행의 지속성보장 등 원활한 행정운영에 관한 공익의 요청 중 어느 것에 상대적 비중과 우선순위를 두느냐에 따라 결정되는 입법정책의 문제이다.[1] 따라서 집행부정지 원칙은 행정행위의 공정력(예선적 효력) 또는 자력집행력의 결과라기보다는 오히려 그런 효력을 전제로 채택된 법정책 선택의 산물이라 할 수 있다.

이것은 각국의 입법례를 보아도 분명히 알 수 있다. 가령 우리처럼 집행부정지의 원칙(Caractère non suspensif)에 입각하여 예외적으로만 집행정지(sursis à exécution)를 허용하는 프랑스나 일본의 경우와는 달리, 독일의 경우 집행정지가 원칙이어서 행정심판 및 행정소송의 제기에 집행정지효(aufschiebende Wirkung)가 인정되는데, 이 경우 행정행위의 공정력이나 자력집행력이 부정되는 것은 아니라는 점에 유의할 필요가 있다.

행정에 부여된 일종의 공권력특권을 의미하는 집행부정지 원칙에 대해서는 국민 권리보호의 견지에서 입법론적 의문이 제기되고 있다.

2. 예외: 집행정지

행정소송법은 집행부정지원칙을 일률적으로 관철시킴으로 인해 발생할 수 있는 불합리한 결과를 방지하기 위하여 일정한 경우 예외적으로 집행정지를 할 수 있도록 하였다. 즉, 취소소

1) 김도창, 『일반행정법론(상)』, 청운사, 1993, 712.

송이 제기된 경우에 처분등이나 그 집행 또는 절차의 속행으로 인하여 생길 회복하기 어려운 손해를 예방하기 위하여 긴급한 필요가 있다고 인정할 때에는 본안이 계속되고 있는 법원은 당사자의 신청 또는 직권에 의하여 처분등의 효력이나 그 집행 또는 절차의 속행의 전부 또는 일부의 정지를 결정할 수 있다(§ 23 ②). 집행정지는 본안판결의 확정시까지 존속하는 임시적 구제제도로서, ① 잠정성, ② 긴급성, ③ 본안소송에의 부종성 등과 같은 특성을 지닌다.

(1) 집행정지의 요건

법원이 집행정지결정에는 다음과 같은 적극적 요건과 소극적 요건이 충족되어야 한다.

① 적극적 요건

(가) 집행정지의 대상인 처분등의 존재

집행정지의 대상은 ① 처분등의 효력, ② 처분등의 집행, ③ 절차의 속행이다. 따라서 ① 처분 전, ② 부작위에 대하여, 또는 ③ 처분 소멸 후에는 집행정지의 대상이 없게 되므로 집행정지는 허용되지 않는다. 처분이 존재하고 집행이 이미 완료된 경우처럼 집행정지신청의 이익(필요)이 없는 경우에도 집행정지는 허용되지 아니한다.

<집행정지 신청의 이익>

1. 행정처분에 대한 효력정지신청을 구함에 있어서도 이를 구할 법률상 이익이 있어야 하는바, 이 경우 법률상 이익이라 함은 그 행정처분으로 인하여 발생하거나 확대되는 손해가 당해 처분의 근거 법률에 의하여 보호되는 직접적이고 구체적인 이익과 관련된 것을 말하는 것이고 단지 간접적이거나 사실적·경제적 이해관계를 가지는 데 불과한 경우는 여기에 포함되지 않는다.
2. 경쟁 항공회사에 대한 국제항공노선면허처분으로 인하여 노선의 점유율이 감소됨으로써 경쟁력과 대내외적 신뢰도가 상대적으로 감소되고 연계노선망개발이나 타항공사와의 전략적 제휴의 기회를 얻지 못하게 되는 손해를 입게 되었다고 하더라도 위 노선에 관한 노선면허를 받지 못하고 있는 한 **그러한 손해는 법률상 보호되는 권리나 이익침해로 인한 손해라고는 볼 수 없으므로 처분의 효력정지를 구할 법률상 이익이 될 수 없다**고 한 사례.
3. 경쟁 항공회사에 대한 국제항공노선면허처분이 효력정지되면 행정청으로부터 항공법상 전세운항계획에 관한 인가를 받아 취항할 수 있게 되는 지위를 가지게 된다고 하더라도, 행정청이 위 인가를 하여 줄 법률상 의무가 발생하는 것이 아니고, 다만 경쟁 항공회사와 함께 인가를 신청할 수 있음에 그치는 것이며, 그 인가 여부는 다시 행정청의 별도의 처분에 맡겨져 있으므로 위와 같은 이익은 처분의 효력정지를 구할 수 있는 법률상 이익이라고 할 수 없다고 한 사례.[2)]

무효인 처분도 집행정지의 대상이 될 수 있다. 행정소송법 제23조는 취소소송을 전제로 한 것이기는 하지만, 제38조 제1항에서 이를 무효등확인소송에 준용하고 있고, 또 실질적으로도 그 경우를 배제하는 의미로 해석해야 할 이유가 없을 뿐만 아니라 무효인 경우에도 처분의 외관이 존재하고 또 집행될 우려가 있을 수 있고, 더욱이 절차속행을 정지시킬 필요성은 단순위법보다 무효의 경우가 훨씬 더 클 것이므로 집행정지의 대상이라고 보아야 할 것이다.

한편, 신청에 대한 거부처분은 집행정지의 대상이 될 수 없다는 것이 통설이고 판례도 같은 입장이다. 다만 최근에는 이에 대한 논란이 있다.[3)]

<거부처분에 대한 집행정지 허용 여부>

신청인의 신기술 보호기간 연장신청을 거부한 이 사건 처분의 효력을 정지하더라도 이로 인하여 보호기간이 만료된 신기술 지정의 효력이 회복되거나 행정청에게 보호기간을 연장할 의무가 생기는 것도 아니라고 할 것이다. 그렇다면, 이 사건 **처분의 효력을 정지하더라도 이 사건 처분으로 신청인이 입게 될 손해를 방지하는 데에는 아무런 소용이 없고**, 따라서 이 사건 처분의 효력정지를 구하는 이 사건 신청은 그 이익이 없어 부적법하다고 할 것이다(대법원 1995.6.21. 선고 95두26 결정, 대법원 1993.2.10. 선고 92두72 결정 등 참조).[4)]

현실적으로 거부처분이 집행되는 경우는 생각하기 어렵고 또 거부처분의 효력을 정지하더라도 거부처분이 없었던 것과 같은 상태 즉 거부처분이 있기 전의 신청시의 상태로 되돌아가는 데에 불과하고 행정청에게 신청에 따른 처분을 하여야 할 의무가 생기는 것이 아니지만, 거부처분 자체의 효력이나 거부처분에 따른 절차의 속행으로 중대한 손해가 발생하는 경우가 있을 수 있으므로 그 한도 내에서 집행정지가 가능하다고 본다.

(나) 소송의 계속

민사소송법상의 가처분이 소송제기 전에 보전수단으로서 신청될 수 있는 것과 달리 본안이

---

2) 대법원 2000.10.10. 선고 2000무17 결정(집행정지).

3) 이현수, 「행정소송상 집행정지의 법적 성격에 관한 연구」, 『행정법연구』 제9호, 행정법이론실무학회, 2003.5., 157-176; 김철용, 『행정법 I』, 박영사, 2010, 717 등을 참조.

4) 대법원 2005.1.17. 선고 2004무48 결정(집행정지). 또한 대법원 1995.6.21. 선고 95두26 결정(점검필증교부거부처분효력정지); 1992.2.13. 선고 91두47 결정(투전기업소갱신허가불허처분효력정지: 투전기업소허가갱신신청을 거부한 불허처분의 효력을 정지하더라도 이로 인하여 신청인에게 허가의 효력이 회복되거나 또는 행정청에게 허가를 갱신할 의무가 생기는 것은 아니므로 불허처분의 효력정지로서는 신청인이 입게 될 손해를 피하는 데에 아무런 보탬이 되지 아니하여 그 불허처분의 효력정지를 구할 이익이 없다는 이유로 그 신청을 각하한 사례.

법원에 계속되어 있을 것을 요건으로 한다. 소가 취하되거나 각하 또는 기각 재결을 받은 경우에는 집행정지를 허용할 여지가 없다.[5] 다만 소송제기로써 소송계속이 성립되는 것인 이상, 소제기와 동시에 집행정지신청을 하는 것은 허용된다고 새겨야 할 것이다.

(다) 회복하기 어려운 손해발생의 우려

집행정지는 처분이나 그 집행 또는 절차의 속행으로 인하여 생길 회복하기 어려운 손해를 예방하기 위한 것이어야 한다. 회복하기 어려운 손해란 일반적으로 사회통념상 원상회복이나 금전보상이 전혀 불능인 경우뿐만 아니라, 금전보상만으로는 처분을 받은 당사자가 참고 견딜 수 없거나 현저히 참고 견디기 곤란한 경우를 말한다. 가령 원상회복이 과다한 노력과 비용을 들여서만 가능하여 이를 처분 상대방에게 감수하게 할 만한 수인기대가능성(Zumutbarkeit)이 없다고 판단되는 경우에는 금전보상이 가능할지라도 집행정지를 하여야 할 것이다.

<판례>

행정처분의 집행정지나 효력정지결정을 하기 위하여는 행정소송법 제23조 제2항에 따라 회복하기 어려운 손해를 예방하기 위하여 긴급한 필요가 있어야 하고, 여기서 말하는 "회복하기 어려운 손해"라 함은 특별한 사정이 없는 한 금전으로 보상할 수 없는 손해라 할 것이며 이는 금전보상이 불능한 경우뿐만 아니라 금전보상으로는 사회관념상 행정처분을 받은 당사자가 참고 견딜 수 없거나 또는 참고 견디기가 현저히 곤란한 경우의 유형·무형의 손해를 일컫는다.[6]

당사자가 행정처분등이나 그 집행 또는 절차의 속행으로 인하여 재산상의 손해를 입거나 기업 이미지 및 신용이 훼손당하였다고 주장하는 경우에 그 손해가 금전으로 보상할 수 없어 '회복하기 어려운 손해'에 해당한다고 하기 위해서는, 그 경제적 손실이나 기업 이미지 및 신용의 훼손으로 인하여 사업자의 자금사정이나 경영 전반에 미치는 파급효과가 매우 중대하여 사업 자체를 계속할 수 없거나 중대한 경영상의 위기를 맞게 될 것으로 보이는 등의 사정이 존재하여야 한다.[7]

(라) 긴급한 필요의 존재

집행정지는 회복하기 어려운 손해의 발생이 시간적으로 절박하여 본안소송에 대한 판결을

5) 대법원 2007.6.15. 선고 2006무89 결정(소각하판결에 따른 소송계속의 해소); 대법원 2007.6.28. 선고 2005무75 결정(소취하로 인한 소송계속의 해소)을 참조.

6) 대법원 1992.8.7. 선고 92두30 결정. 대법원은 이 결정에서 상고심에 계속 중인 형사피고인을 안양교도소로부터 진주교도소로 이송함으로써 행정소송법 제23조 제2항의 "회복하기 어려운 손해"가 발생할 염려가 있다고 보았다. 동지 대법원 1992.4.29. 선고 92두7 결정; 대법원 1987.6.23. 선고 86두18 결정.

7) 대법원 2003.4.25. 선고 2003무2 결정(집행정지).

기다릴 여유가 없는 경우에만 허용된다. 가령 과세처분에 의하여 받은 손해는 취소판결을 통하여 사후에 구제될 수 있으므로 이에 해당하지 않는다는 것이 판례이다.[8)]

(다)와 (라)의 요건은 모두 '긴급보전의 필요'라는 요건으로 통합될 수 있으므로 각각 별개로 판단할 것이 아니라 합일적으로 판단하여 앞의 요건이 충족되면 뒤의 요건도 충족되는 것으로 새기는 것이 집행정지를 허용하는 제도 취지에 합당한 해석이다(다수설).[9)]

② 소극적 요건

집행정지가 공공복리에 중대한 영향을 미칠 우려가 없어야 한다. 사익의 보호가 공공복리에 중대한 영향을 주는 경우란 후자의 이익이 압도적으로 사익의 희생을 요구할 때를 말하며 이것은 공사의 이익을 비교형량하여 판단되어야 한다. 가령 집행정지가 공공복리에 중대한 영향을 미칠 우려가 있고, 그것이 신청인이 입을 우려가 있는 손해를 희생시켜서라도 옹호할 만한 것이라고 인정될 때에는 집행정지를 할 수 없다(§ 23 ③). 가령 공설화장장의 이전설치처분 집행정지사건에서 대법원은 화장장이 시체처리, 교육행정 기타 공공복리에 중대한 영향을 미친다고 보아 집행정지신청을 기각한 바 있다.[10)]

한편, 이러한 집행정지의 소극적 요건에 대한 주장・소명책임은 행정청에게 있다.

<관련 판례>

행정소송법 제23조 제3항에서 규정하고 있는 집행정지의 장애사유로서의 '공공복리에 중대한 영향을 미칠 우려'라 함은 일반적・추상적인 공익에 대한 침해의 가능성이 아니라 당해 처분의 집행과 관련된 구체적・개별적인 공익에 중대한 해를 입힐 개연성을 말하는 것으로서 이러한 집행정지의 소극적 요건에 대한 주장・소명책임은 행정청에게 있다.[11)]

③ 본안의 이유 유무와 집행정지

본안의 이유유무를 집행정지의 요건으로 볼 것인가가 문제된다. 이것은 첫째, 본안이 이유 있음이 명백한 경우, 앞에서 살펴본 요건 중 긴급보전의 필요라는 요건이 미흡하더라도, 집행정지결정을 할 수 있느냐, 둘째, 이와 반대로 본안이 이유 없음이 명백한 경우 집행정지요건이 충족된 경우에도 집행정지를 불허하여야 하느냐 하는 문제이다.

8) 대법원 1962.1.20. 선고 4294행상7 판결; 대법원 1971.1.28. 선고 70두7 결정.
9) 가령 김철용, 앞의 책, 719를 참조.
10) 대법원 1971.3.5. 선고 71두2 결정.
11) 대법원 1999.12.20. 선고 99무42 결정 참조.

(가) 본안의 이유 있음이 명백하다고 인정되는 경우

처분등의 위법성이 명백한 이상 긴급보전의 필요가 미흡하더라도 이를 근거로 집행정지를 할 수 있다는 견해가 표명되고 있다(적극설).[12] 행정소송상 집행정지는 물론 임시적 구제절차이기는 하지만, 민사집행법상의 가처분과는 달리, 본안해결의 제1단계라는 절차적 의의도 있는 것인 만큼, 집행정지의 문제를 본안과 완전히 분리하는 것은 적당치 않다는 것이다. 그러나 이를 인정할 경우 자칫 본안심리의 선취(Vorgriff)를 초래할 수 있으므로, 본안의 이유 유무는 적어도 행정소송법 규정상 집행정지 요건으로 고려할 수 없다는 반론이 있다.[13]

<판례의 경향>

판례는 "집행정지신청사건 자체에 의하여도 집행정지의 대상이 될 행정처분이 명백히 위법임을 인정할 수 있는 경우에 있어서는, 위 위법의 개연성도 집행정지사유의 하나로 할 수 있다."라고 하여 적극설의 입장을 취한 것도 있으나,[14] 소극설에 입각한 것도 있다: "행정처분의 효력정지나 집행정지를 구하는 신청사건에 있어서는 그 행정처분의 효력이나 집행을 정지시킬 필요가 있는지의 여부, 즉 행정소송법 제23조 제2항 소정요건의 존부만이 판단대상이 되는 것이므로, 이러한 요건을 결여하였다는 이유로 집행정지신청을 기각한 결정에 대하여는 행정처분 자체의 적법여부를 가지고 불복사유로 삼을 수 없다."[15] 최근에도 이와 동일한 견지에서 법학전문대학원 예비인가처분의 효력정지를 구하는 신청사건에서, 처분 자체의 적법 여부에 관하여 판단하지 않은 채 행정소송법 제23조 제2항에 정한 요건을 충족하지 않는다는 이유로 효력정지신청을 배척한 결정이 위법하지 않다고 한 사례가 있다.[16]

다만, '처분의 성질과 태양 및 내용, 처분상대방이 입는 손해의 성질 · 내용 및 정도, 원상회복 · 금전배상의 방법 및 난이 등'과 함께 본안청구의 승소가능성의 정도 등을 종합적으로 고려하는 정도라면 무방하지 않을까 생각한다.

<참조 판례>

여기서 "처분으로 인하여 생길 회복하기 어려운 손해를 예방하기 위하여 긴급한 필요"가 있는지 여부는 당해 처분의 성질과 태양 및 내용, 처분상대방이 입는 손해의 성질 · 내용 및 정도, 원상회복 · 금전배상의 방법 및 난이, 본안청구의 승소가능성의 정도 등을 종합적으로 고려하여 구체적 · 개별적으로 판단하여야 한다(대법원 2004.5.17. 선고 2004무6 결정 참조).[17]

12) 김도창, 『일반행정법론(상)』, 청운사, 1993, 798.
13) 홍정선, 『행정법원론(상)』, 박영사, 2009, 808. 이에 관한 학설에 대하여는 박윤흔, 『행정법강의(상)』, 박영사, 2002, 974-975을 참조.
14) 대법원 1962.4.12. 선고 63두3 결정.
15) 대법원 1990.7.19. 선고 90두12 결정.
16) 대법원 2008.8.26. 선고 2008무51 결정(효력정지).

(나) 본안의 이유 없음이 명백하다고 인정되는 경우

본안이 이유 없음이 명백한 경우, 다른 집행정지요건이 충족된 경우에도 이를 집행정지신청의 기각사유로 삼을 것이냐, 즉 본안의 이유 없음을 집행정지의 소극적 요건으로 삼을 것이냐에 관해서도 찬반양론이 대립하고 있다. 대법원은 종래 집행정지의 단계에서 본안에 관한 이유의 유무를 판단할 수 없다는 입장에 서면서도 "본안청구가 이유 없음이 기록상 분명하지 않은 이상"이라고 표현하여 본안패소의 확실성이 집행정지의 소극적 요건으로 됨을 시사하는 등 다소 모호한 태도를 보이기도 했으나,[18] 다음에 보는 바와 같이 집행정지사건 자체에 의하여도 신청인의 본안청구가 이유 없음이 명백하지 않아야 한다는 것을 집행정지의 요건으로 포함시켜야 한다는 적극적 입장을 표명했고 그러한 판례를 재확인하고 있다.

<관련 판례>

행정처분의 효력정지나 집행정지제도는 신청인이 본안 소송에서 승소판결을 받을 때까지 그 지위를 보호함과 동시에 후에 받을 승소판결을 무의미하게 하는 것을 방지하려는 것이어서 본안 소송에서 처분의 취소가능성이 없음에도 처분의 효력이나 집행의 정지를 인정한다는 것은 제도의 취지에 반하므로 효력정지나 집행정지사건 자체에 의하여도 **신청인의 본안 청구가 이유 없음이 명백하지 않아야 한다는 것도 효력정지나 집행정지의 요건에 포함시켜야 한다.**[19]

(다) 결론

문제는 본안에 관한 이유유무를 사전에 명백하게 추지할 수 있는 경우, 이를 집행정지의 가부와 어떻게 관련시킬 것인가에 있다. 여기서는 가령 본안이 명백히 이유 있다고 판단되는 경우에는 위법한 처분등의 집행을 감수시키는 것은 바람직하지 않으므로 집행정지를 인정하는 것이 타당하며, 반대로 명백히 이유 없다고 판단되는 경우에는 아예 집행정지를 인정할 여지가 없지 않느냐 하는 실질적 관점이 작용하고 있다. 반면, 행정소송에 있어 집행정지란 어디까지나 가구제제도로서 인정되는 것이고 또 집행정지요건이 명시적으로 규정되고 있다는 점이 아울러 고려되어야만 하는데, 이에 관하여 행정소송법이 아무런 규정을 두고 있지 않기 때문에 문제가 된다.

먼저 **본안의 이유 있음이 명백한 경우**에 관하여 본다면, 문제는 이를 적극적 요건으로 볼

17) 대법원 2008.12.29. 선고 2008무107 결정(집행정지); 대법원 2008.5.6. 선고 2007무147 결정; 대법원 2004.5.12. 선고 2003무41 결정(집행정지); 대법원 2004.5.17. 선고 2004무6 결정 등.

18) 대법원 1986.3.21. 선고 86두5 결정.

19) 대법원 2008.5.6. 선고 2007무147 결정(집행정지); 대법원 2004.5.17. 선고 2004무6 결정; 대법원 2007.7.13. 선고 2005무85 결정; 대법원 1997.4.28. 선고 96두75 결정 등 참조.

것인가의 여부라기보다는 오히려 긴급보전의 필요가 미흡한 경우에도 집행정지의 적극적 사유로 볼 수 있는가에 관하여 제기되어야 한다. 이른바 적극설이라는 것이 집행정지의 적극적 요건으로서 '본안의 이유 있음이 명백할 것'을 요구하는 주장은 아니기 때문이다. 이렇게 본다면 본안의 이유 있음이 명백한 경우에는, 이를 인정할 경우 자칫하면 본안심리의 선취(Vorgriff)를 초래할 우려가 있으며 적어도 행정소송법의 규정상 이를 집행정지의 사유(특히 법원의 직권에 의한)로 고려하기는 곤란하다고 본다.

반면 이와 반대로 **본안이 이유 없음이 명백한 경우**, 다른 집행정지요건이 충족된 경우에도 집행정지를 불허할 것이냐 하는 문제는 곧 이를 소극적 요건의 하나로 볼 것이냐 하는 문제와 같다. 이에 관하여는 본안의 이유 없음이 명백하다면 집행정지의 가구제로서의 실질적 전제가 아예 상실되는 것이므로 이를 소극적 요건으로 보는 것이 타당하리라고 본다. 다만 그 법적 근거에 관하여는 본안의 이유 없음이 명백한 경우를 법 제23조 제3항에서 규정된 소극적 요건을 판단함에 있어 비교형량되어야 할 요소 중 하나인 개인의 권리구제에 대한 요청을 사실상 무의미하게 만드는 것으로 보아 집행정지결정을 불허하는 사유로 보거나, 적극적 요건에 관한 법 제23조 제2항의 묵시적 전제조건 상실로 보는 방법이 고려될 수 있다.

> 참고로 공공복리저해 요건과 함께, "본안에 관하여 이유 없는 것으로 보일 때"를 집행정지의 소극적 요건으로 명시하고 있는 입법례(일본행정사건소송법 § 25 ③)가 있으며, 독일에서도 이와 유사한 결과가 집행정지효의 회복이나 가명령(einstweilige Anordnung)의 요건에 관하여 인정되고 있다.[20]

(2) 집행정지의 성질

집행정지의 성질에 관하여는 행정작용의 성질을 가진다는 설도 있으나, 집행정지결정은 원고의 권리보전을 도모하기 위하여 법원이 계쟁처분의 집행을 잠정적으로 정지하는 것이므로, 형식상 또는 내용상 보전절차의 성질을 띠는 것으로 보아야 하므로 사법작용설이 타당하다.

(3) 집행정지결정의 내용

집행정지결정은 본안소송이 종결될 때까지 처분등의 효력이나 그 집행 또는 절차의 속행의 전부 또는 일부를 정지함을 그 내용으로 한다.

① 효력의 전부 또는 일부의 정지

처분의 효력이란 처분의 내용적 구속력 · 공정력 · 집행력 등을 포함한다. 효력이 정지되면

20) S. Glaeser, a.a.O., S.169, Rn.282, S.188, Rn.320.

잠정적이기는 하지만 이들 행정행위의 효력이 존속되지 않는 결과가 된다. 처분(예컨대 외국인강제퇴거명령 또는 체납처분으로서의 압류)의 효력정지는 처분의 집행(예컨대 강제퇴거조치) 또는 절차의 속행(예컨대 체납처분으로서 매각)을 정지함으로써 그 목적을 달성할 수 있을 때에는 허용되지 않는다(§ 23 ② 단서). 이것은 일종의 비례원칙 고려에 의한 것으로 처분의 효력정지는 민사집행법상 가처분과 흡사하여 그 결정이 있으면 처분등이 부존재하였던 것과 같은 상태를 만드는 것이어서 행정에 미치는 영향이 중대하기 때문이다.[21]

② 처분의 집행의 전부 또는 일부의 정지

처분의 집행이란 처분내용의 강제적 실현을 위한 집행력의 행사를 말한다. 예컨대 과세처분에 따르는 징세나 영업정지처분에 따른 휴업 등이 그것이다. 처분의 집행정지는 이러한 집행작용을 정지시킴으로써 처분의 내용의 실현을 저지하는 것이다.

③ 절차의 속행의 전부 또는 일부의 정지

절차속행의 정지란 행정처분이 단계적인 절차에 의해 행해지는 경우 그 후속행위를 정지하는 것을 말한다. 예컨대 토지보상법에 의한 사업인정을 다투는 행정심판이 제기된 경우 집행정지가 행해진다면 후속 수용절차의 진행을 정지시키는 경우나 대집행영장에 의한 통지를 다투는 경우 대집행을 정지하는 경우를 말한다.

(4) 집행정지의 절차

집행정지는 법원의 결정으로 이루어지는데, 직권이나 당사자의 신청에 의하게 된다(§ 23 ②). 당사자의 신청의 경우에는 그 이유에 대한 소명이 있어야 한다(§ 23 ④).

(5) 집행정지결정의 효력

집행정지결정의 효력은 다음과 같다. 이들 효력은 결정주문에 따로 정한 경우를 제외하고는 본안소송의 판결확정시까지만 존속한다. 대법원에 따르면, 집행정지는 그 요건이 충족될 경우 본안판결이 있을 때까지 당해 행정처분의 집행을 잠정적으로 정지하는 제도로서, 그 집행정지의 효력 또한 당해 결정의 주문에 표시된 시기까지 존속하다가 그 시기의 도래와 동시에 당연히 소멸한다고 한다.[22]

---

21) 김철용, 앞의 책, 719를 참조.
22) 대법원 2003.7.11. 선고 2002다48023 판결.

① 형성력

처분등의 효력정지는 행정처분이 없었던 것과 같은 상태를 실현하는 것이므로 그 범위 안에서 형성력을 가진다.

② 기속력

집행정지결정의 효력은 신청인과 피신청인에게 미치며, 취소판결의 효력에 준하여 당사자인 행정청뿐만 아니라 관계행정청도 기속한다(§ 23 ⑥).

(6) 집행정지결정의 취소

집행정지결정이 확정된 후 집행정지가 공공복리에 중대한 영향을 미치거나 그 정지사유가 없어진 때에는 당사자의 신청 또는 직권에 의하여 결정으로써 집행정지결정을 취소할 수 있다(§ 24 ①). 이 취소신청은 그 사유를 소명하여야 한다(§ 24 ②).

(7) 집행정지결정등에 대한 불복

집행정지결정이나 기각결정 또는 집행정지결정의 취소결정에 대하여는 즉시항고할 수 있다(§ 23 ⑤, § 24 ②). 다만 즉시항고는 결정의 집행을 정지하는 효력은 없다(§ 23 ⑤).

Ⅲ. 가처분

1. 의의

가처분이란 금전 외의 특정한 급부를 목적으로 하는 청구권의 집행 보전을 도모하거나 다툼 있는 법률관계에 관하여 임시의 지위를 정함을 목적으로 하는 보전처분을 말한다.

민사집행법 제300조는 현상이 바뀌면 당사자가 권리를 실행하지 못하거나 이를 실행하는 것이 매우 곤란할 염려가 있을 경우(§ 300 ①)와 다툼이 있는 권리관계에 대하여 임시의 지위를 정하기 위한 경우(§ 300 ② 제1문), 두 유형의 가처분을 규정하고 있다. 후자의 경우 가처분은 특히 계속하는 권리관계에 끼칠 현저한 손해를 피하거나 급박한 위험을 막기 위하여, 또는 그 밖에 필요한 이유가 있을 때 해야 한다(§ 300 ② 제2문).

2. 가처분의 가능성

행정소송법은 가처분에 관하여 아무런 규정을 두고 있지 않아, 가처분에 관한 민사소송법의 규정이 준용될 수 있는지에 대하여 견해가 대립되고 있다.

(1) 소극설

소극설은 권력분립의 원칙에 입각한 견해로서, 법원은 구체적 사건에 대한 법적용을 보장하는 기능을 가질 뿐이므로 행정처분의 위법여부는 판단할 수 있으나 이에 앞서 가처분을 하는 것은 사법권의 한계를 벗어나는 것이라고 한다. 또한 행정소송법 제23조 제2항이 집행정지를 허용하고 있는 것은 민사집행법상의 가처분에 대한 특별규정으로 보아야 하므로 민사집행법의 규정이 준용될 수는 없다고 한다.

(2) 적극설

적극설은 가처분등과 같은 가구제제도는 본안판결의 실효성을 확보하기 위한 것이므로 가구제조치를 통하여 권익구제의 실효를 도모하는 것은 사법권의 본질에 반하지 않는다고 한다. 또한 가처분을 배제하는 명문의 규정이 없는 이상 행정소송법 제8조 제2항에 의하여 의당 가처분에 대한 민사집행법의 규정이 준용될 수 있다고 본다.

(3) 판례

판례는 소극설의 입장이다.

> 구 도시 및 주거환경정비법(2007.12.21. 법률 제8785호로 개정되기 전의 것)에 따른 주택재건축정비사업조합은 관할 행정청의 감독 아래 위 법상 주택재건축사업을 시행하는 공법인으로서, 그 목적 범위 내에서 법령이 정하는 바에 따라 일정한 행정작용을 행하는 행정주체의 지위를 가진다 할 것인데, 재건축정비사업조합이 이러한 행정주체의 지위에서 위 법에 기초하여 수립한 사업시행계획은 인가·고시를 통해 확정되면 이해관계인에 대한 구속적 행정계획으로서 독립된 행정처분에 해당하고, 이와 같은 사업시행계획안에 대한 조합 총회결의는 그 행정처분에 이르는 절차적 요건 중 하나에 불과한 것으로서, 그 계획이 확정된 후에는 항고소송의 방법으로 계획의 취소 또는 무효확인을 구할 수 있을 뿐, 절차적 요건에 불과한 총회결의 부분만을 대상으로 그 효력 유무를 다투는 확인의 소를 제기하는 것은 허용되지 아니하고, 한편 이러한 항고소송의 대상이 되는 행정처분의 효력이나 집행 혹은 절차속행 등의 정지를 구하는 신청은 행정소송법상 집행정지신청의 방법으로서만 가능할 뿐 민사소송법상 가처분의 방법으로는 허용될 수 없다.[23)]

(4) 결론

생각건대, 행정소송법이 보전처분으로서 집행정지제도를 인정하고 있는 이상, 그 한도 내에서는 민사집행법 규정이 적용될 여지가 없다고 보아야 하겠지만, 집행정지로써 목적을 달성할 수 없는 경우(가령 거부처분의 취소청구)에는 가처분에 관한 민사집행법의 규정을 준용할 수 있다고 보는 것이 헌법상 재판청구권 보장 및 권리구제의 정신에 부합하는 해석이다.[24]

---

23) 대법원 2009.11.2. 선고 2009마596 결정(가처분이의).

24) 김남진, 『행정법 I』, 법문사, 1998, 794.

제47장
처분사유의 추가 · 변경과 처분이유의 추완*

Ⅰ. 쟁점

행정절차는 사전적 · 예방적 권리구제절차로서 기능을 가지며 또 분쟁이 법원에 도달하기 전에 쟁점을 정리할 수 있게 해 줌으로써 사법부의 부담을 완화해 주기도 한다. 행정절차는 사후적 권리구제에서는 달성할 수 없는 권리구제의 실효를 기할 수 있는 제도이기도 하다. 이렇게 볼 때 행정절차가 권리구제절차인 행정소송과 연계되는 것은 당연한 일이다. 하지만 행정절차를 거친 행정청의 처분이라도 일단 그 위법여부를 다투는 소송이 제기된 상황에서는 행정절차와는 별도로 사법부에 의한 행정의 적법성 통제라는 관점에서 문제를 다루어야 할 필요가 생긴다. 이 경우 행정절차는 행정소송과의 연계로부터 분리되어 오로지 행정소송이라는 맥락에서 다루어지게 된다. 행정절차법상 처분이유제시(그리고 추완)와 행정소송에 있어 처분사유의 추가 · 변경 문제는 양자의 연계와 분리를 가장 단적으로 보여 주는 두 가지 문제 영역이다.

행정절차법 제23조에 따른 처분이유제시제도는 행정절차의 필수불가결한 구성요소를 이룬다. 즉, 행정청에게 '처분을 할 때 당사자에게 그 근거와 이유를 제시하여야 할 의무'를 부과함으로써 행정절차에 있어 처분의 법적 · 사실적 근거에 대한 소명책임을 행정청에게 지운다는 행정절차법의 핵심적 요구를 구체화한 것이라 할 수 있다.

처분이유제시의무를 이행하지 않고 처분을 한 후 사후에 처분이유를 제시하여 절차상 요건을 구비한 경우 이를 적법하다고 볼 수 있는가 하는 문제가 제기된다.

* 홍준형, 「행정절차와 행정소송의 연계와 분리: 처분이유제시 제도와 처분사유 추가 · 변경 법리」, 『공법연구』 44권 2호(한국공법학회), 2015.12., 217-245를 수정 · 보완한 것임.

반면 재판절차에 있어 법적인 또는 사실적인 처분사유의 추가·변경을 어떻게 고려할 것인가 하는 문제가 있다. 처분사유를 변경하는 경우와 누락된 처분사유를 추완하거나 기존의 처분사유에 새로운 처분사유를 추가하는 경우를 통틀어 이를 처분사유의 사후변경이라 부를 수 있다. 처분사유의 추가·변경 문제는 행정소송에서 피고 행정청이 처분이 적법했음을 뒷받침하기 위하여 처분사유를 추가하거나 변경하고자 하는 경우 이를 허용할 것인지 여하에 대한 학설과 판례에 따라 해결되어야 할 법리적 문제이다. 즉 취소소송이 제기되어 처분의 위법여부가 다툼의 대상이 되어 있는 상황에서 피고 행정청이 제출한 공격·방어방법의 일환으로 당초(통상적으로 처분시에) 제시된 처분사유 외에 다른 처분사유를 추가하거나 기존의 처분사유를 변경하는 경우 이를 인정할 것인가 하는 것이다.

이와 같이 위 두 가지 문제들이 각각 행정절차와 행정소송의 연계와 분리에 관한 법리적 쟁점들로 얽혀 있음에도 그동안 이에 대한 학설상 논의나 판례 형성은 초보적 수준을 넘지 못했다. 특히 처분이유제시의무가 종래 행정소송법 차원에서 논의되어 오던 처분사유의 추가·변경 문제와 어떠한 관계에 놓이는지, 어떻게 연결되는지에 대한 논의는 여전히 진전을 보지 못하고 있다.[1] 이러한 배경에서 처분사유의 추가·변경 및 처분이유제시제도와의 관계 등을 고찰하여 합당한 법리적 해법을 모색해 보기로 한다.

쟁점은 크게 두 가지이다: 첫째는 행정절차법상 처분이유제시 및 추완과 취소소송에 있어 처분사유의 추가·변경은 서로 어떠한 관계에 놓여 있는가 하는 것이고, 둘째는 이 두 가지 문제에 대한 이해가 취소소송의 소송물론, 특히 이를 '처분의 위법성'으로 보는 국내 주류 학설과 판례와 어떻게 조화될 수 있는가 하는 것이다.

전자의 경우, 행정절차법상 처분이유제시와 취소소송에 있어 처분사유의 추가·변경의 제도적 취지와 성질, 그리고 '처분이유'와 '처분사유'의 개념 구분 문제를 포함한 양자의 관계를 검토해야 할 것이다.

후자의 경우, 취소소송의 소송물을 '처분의 위법성'으로 보는 국내 주류 학설과 판례의 입장에서 볼 때, 행정절차법상 처분이유제시제도가 실체법상 확정된 처분의 동일성을 제약하는 요인이 되는지, 처분사유의 추가·변경은 어떤 조건·범위에서 허용할 것인지, 아울러 이를 무제한으로 허용하지 아니하고 '당초 처분의 근거로 삼은 사유와 기본적 사실관계가 동일하다고 인정되는 한도 내에서'라는 조건을 부과해 온 대법원 판례가 타당한지 등을 밝힐 필요가 있다.

---

1) 예컨대, 김철용, 『행정법 I』, 박영사, 2010, 710-714; 홍정선, 『행정법원론(상)』, 박영사, 2009, 946; 박균성, 『행정법론(상)』, 2009, 840; 박정훈, 『행정소송의 구조와 기능』, 2006, 481-482; 박정훈, 「취소판결의 기판력과 기속력: 취소소송의 관통개념으로서의 소송물」, 『행정판례연구』 IX, 2004 등을 참조.

독일에서는 처분사유의 변경(Nachschieben von Gründen)과 처분이유의 추완(Nachholen der Begründung)을 개념적으로 구별하고 있다. 처분사유의 변경은 처분의 이유로 제시된 사실적 또는 법적 근거를 변경하는 것을 말하며, 추완은 법령상 요구되는 행정행위의 이유부기의무(우리 행정절차법에서는 이유제시의무)를 이행하지 않은 경우 사후에 그 이유를 부기함으로써 형식적 흠을 치유하는 것을 말한다.[2)] 양자를 엄격히 구별해야 하는 것은, 후자는 행정절차법 제39조 제1항, 제45조 제1항 제2호에 따른 처분이유를 부기하지 아니한 형식적 흠(formeller Begründungsmängel)의 추완에 관한 행정절차법 문제로서, 주어진 처분사유의 실체적 적정성(materielle Richtigkeit)과는 무관한 것인 반면, 전자는 행정행위의 내용적 적법성에 관한 행정소송법적 문제이기 때문이다.[3)] 한편 우리나라에서는 처분이유제시의무를 부과하는 행정절차법이 제정되기 전까지는 처분사유의 변경과 추완을 구별하지 않고 처분사유의 추가·변경의 문제만을 다루는 것이 일반적이었다.[4)]

처분사유의 추가·변경에 있어 새로운 처분사유는 당초 처분이 기초로 삼았던 법 및 사실상태를 벗어난 것이 아니라, 다만 당초 처분시에는 존재하였으나 당사자에 의하여 제시되거나 주장되지 않았고 따라서 처분의 기초가 되지 않았던 이유를 말한다. 이를 소송에서 주장하는 것이 허용되는가. 가령 당초에는 인접대지거리제한위반을 근거로 건축허가신청을 거부했던 행정청이 허가거부처분에 대한 취소소송에서 당초의 처분사유 대신에 건폐율초과를 이유로 주장하여 허가거부처분의 적법성을 유지하려 할 경우 또는 인근주민들의 동의서 미제출을 이유로 토석채취허가신청을 반려했다가 소송에서 자연환경의 훼손등을 이유로 주장하여 그 거부처분을 정당화하고자 시도하는 경우 법원이 이러한 처분사유의 변경을 허용할 것인지가 문제된다. 이것은 법원이 스스로 또는 당사자의 신청에 따라 처분시 존재했음에도 불구하고 행정청이 주장하지 않았던 법적 또는 사실적 근거를 그 판결에서 고려할 수 있느냐 하는 문제이다.[5)]

---

2) 류지태, 『행정법신론』, 신영사, 2005, 489-490은 양자가 서로 다른 문제인 이상, 용어법상으로도 처분이유(Begründung)와 근거(Gründe)를 구별하여 사용해야 한다고 한다. 두 가지 문제를 서로 구별하여 하는 것은 물론이지만, 우리의 용어법상 '처분사유'란 개념이 일반화되어 있고 또 일반행정절차법적 차원에서 처분이유제시의무의 추완이 문제될 여지가 없다는 점을 고려할 때 일상언어관행상 구별이 어려운 '이유'와 '근거'의 개념을 구별하여 사용하는 것이 바람직하다고는 말할 수 없다. 독일에서도 행정절차법 제45조에 의한 'Nachholen der Gründe', 'Nachschieben der Gründe'라는 표현이 함께 사용되는 예(Maurer, § 10 Rn.40)가 있다는 점에서 굳이 '이유'와 '근거'를 구별할 의미가 있을지는 의문이다.

3) S. Glaeser, *Verwaltungsprozeßrecht*, 11.Aufl., S.299, § 14, Rn.529.

4) 김문수, 「행정소송에 있어서 처분이유의 추가 및 변경」, 특별소송실무연구회 편, 『특별법연구』 제3권; 김태우, 「취소소송에 있어서 처분사유의 추가·변경」, 『인권과 정의』, 1995.6.

5) 이 문제는 비단 소송상 피고행정청이 처분사유를 추가·변경할 수 있는가 하는 문제뿐만 아니라 처분의 동일성, 취소소송의 소송물 그밖에 처분사유의 추가·변경에 따른 재처분시의 효과, 처분이유부기의무 등

종래 이 문제에 관해서는 일부 행정법문헌에서 개괄적으로 다루어진 것을 제외하면 국내 학계에서는 그다지 상세히 논의되지 않았으나, 판례가 축적됨에 따라 이에 관한 실무계의 논의가 진전되고 있다.[6)]

Ⅱ. 행정절차상 처분이유제시와 취소소송 처분사유 추가·변경

1. 개념: '처분이유'와 '처분사유'

행정절차법은 제23조 '처분의 이유 제시' 조항에서 '처분의 이유'란 표현을 사용하고 있다(이를 '처분이유'라고 줄여 사용할 수 있을 것이다). 반면 '처분사유'란 용어는 행정절차법이 제정되기 훨씬 전부터 취소소송에 있어 처분사유의 변경 문제를 다루면서 일반적으로 사용되어 왔다. 행정절차법상 '처분이유'와 취소소송에 있어 '처분사유'를 동일한 것으로 볼 것인지가 문제된다. 이는 단순한 용어 통일 문제만은 아니다.

독일에서는 '처분사유의 변경'(Nachschieben von Gründen)과 '처분이유의 추완'(Nachholen der Begründung)을 개념적으로 구별하는데, 그 이유를 살펴볼 필요가 있다. '처분사유'의 변경은 처분의 이유로 제시된 사실적 또는 법적 근거를 변경하는 것을 말하며, 추완은 법령상 요구되는 행정행위의 이유부기 의무(우리 행정절차법에서는 이유제시의무)를 이행하지 않은 경우 사후에 그 이유를 부기함으로써 형식적 흠을 치유하는 것을 말한다.[7)] 독일에서 양자를 엄격히 구별하는 것은, 후자는 행정절차법 제39조 제1항, 제45조 제1항 제2호에 따른 처분이유를 부기하지 아니한 형식적 흠(formeller Begründungsmängel)의 추완에 관한 행정절차법적 문제로서, 주어진 처분사유의 실체적 적정성(materielle Richtigkeit)과는

다양한 측면에서 고찰될 수 있다. 이에 관하여 상세한 것은 김태우, 위의 글을 참조.

6) 가령 홍정선, 앞의 책, 817 이하; 류지태, 앞의 책, 488 이하를 참조. 반면 이 문제에 대한 실무계의 기여로는 김문수, 앞의 글; 김태우, 위의 글을 주목할 만하다.

7) 류지태, 앞의 책, 489-490은 양자가 서로 다른 문제인 이상, 용어법상으로도 처분이유(Begründung)와 근거(Gründe)를 구별하여 사용해야 한다고 한다. 두 가지 문제를 서로 구별하여 하는 것은 물론이지만, 우리의 용어법상 '처분사유'란 개념이 일반화되어 있고 또 일반행정절차법적 차원에서 이유부기의무의 추완이 문제될 여지가 없다는 점을 고려할 때 일상언어관행상 구별이 어려운 '이유'와 '근거'의 개념을 구별하여 사용하는 것이 바람직하다고는 말할 수 없다. 독일에서도 행정절차법 제45조에 의한 'Nachholen der Gründe', 'Nachschieben der Gründe'라는 표현이 함께 사용되는 예(H. Maurer, *Allgemeines Verwaltungsrecht*, 11.Aufl., 1997, § 10 Rn.40)가 있다는 점에서 굳이 '이유'와 '근거'를 구별할 의미가 있을지는 의문이다.

무관한 것인 반면, 전자는 행정행위의 내용적 적법성에 관한 행정소송법적 문제이기 때문이다.[8)]

한편 우리나라에서는 처분이유제시의무를 부과하는 행정절차법이 제정되기 전까지는 처분사유의 변경과 추완을 구별하지 않고 처분사유의 추가 · 변경 문제만을 다루는 것이 일반적이었다.[9)] 그러나 행정절차법 시행으로 처분이유제시제도가 도입됨에 따라 양자가 다른 것인지 여부를 두고 학설상 이견이 있다. 한편에서는 양자를 동일한 것으로 보고 있다.[10)] 김철용 교수는, 독일에서는 'Nachholen der Begründung' 즉 처분이유의 추완(사후제시) 문제와 'Nachschieben von Gründen' 즉 처분사유의 사후변경 문제를 구별하지만 이는 독일 연방행정절차법 제45조의 적용범위와 관련하여 야기되는 문제일 뿐 그와 같은 규정이 없는 우리 행정절차법 아래에는 이를 구태여 논의할 필요가 있는지 의문이라고 논평하고 있으나,[11)] 이는 용어법상 구별의 실익을 의문시하는 것이지 양자를 구별해야 할 이유에 관한 것으로 보기는 어렵다.

다른 한편에서는 양자를 서로 다른 것으로 보는 견해도 있다.[12)] 이에 따르면, 처분사유는 처분이유의 내용인 사실과 법적 근거를 구성하는 요소인 반면, 처분이유는 여러 개의 처분사유 중에서 행정청이 행정조사와 행정절차를 거쳐 처분의 정당성의 요소로 인식하여 처분과 동시에 외부에 표시한 것이라고 한다.[13)] 이러한 견해 중 홍정선 교수는 '처분사유의 추가 · 변경' 문제에 있어 '처분이유의 사후변경'과 '처분이유의 사후제시'를 구별하여야 한다면서 처분이유의 사후변경은 소송단계에 있어 변론종결시까지 가능하고,[14)] 처분이유의 사후제시는 소송절차의 종결 전까지 가능하다고 한다.[15)] 그러나 '처분사유'의 사후변경과 '처분이유'의 사후제시가 구별되는 이유는 그 시간적 한계가 상이하기 때문이라기보다는 그 사후변경의 목적이 다르다는 데 있다고 보는 것이 옳지 않을까 생각한다. 처분이유의 사후제시는 그것이 허용되는 시간적 한계가 어떠하든 간에 행정절차법상 처분이유제시의무의 준수를 위한 것인 반면, 처분사유의 사후변경은 취소소송 단계에서 승소, 즉 처분의 위법 주장을 배척하기 위한 목적을 가진다는 점에서 그 허용 목적과 의미를 달리하는 것이기 때문이다.

생각건대, 처분이유제시제도는 처분을 받는 국민이 처분의 이유를 손쉽게 또 명확히 알

---

8) S. Glaeser, a.a.O., S.299, § 14, Rn.529.
9) 김문수, 앞의 글; 김태우, 앞의 글.
10) 김동희, 『행정법 I』, 박영사, 2008, 722; 홍정선, 앞의 책, 941 등.
11) 앞의 책, 71 각주 2.
12) 김철용, 앞의 책, 710-711.
13) 김철용, 앞의 책, 711.
14) 홍정선, 앞의 책, 946.
15) 홍정선, 앞의 책, 354.

수 있도록 하고 그에 대한 불복방법을 강구할 수 있도록 하려는 취지에서 행정청이 처분을 할 때 그 처분을 발하게 된 기초가 된 법적・사실적 근거를 제시하도록 의무화한 행정절차법상의 제도이다. 반면 처분사유의 추가・변경에서 쟁점은 당초 처분시 존재하였으나 처분이유로 제시되지 아니하였던 사실적・법적 근거를 추가하거나 변경할 수 있느냐 하는 데 있다.[16] 따라서 양자는 개념적으로 일단 구분할 필요가 있다고 봄이 온당할 것이다. 이러한 의미에서 '처분이유'와 '처분사유'가 사실상 겹치거나 처분의 동일성 범위 내에 수렴 또는 동일하게 나타나는 경우도 현실적으로는 있을 수 있겠지만, 그럼에도 불구하고 '처분이유'가 행정절차법이라는 실정법을 통해서 제도화된 용어(개념)인 반면, '처분사유'는 (행정절차법 제23조에 따른 의무 이행 여부와는 별개로) 취소소송 단계에서 처분청이 주장하는 처분의 법적 근거와 사실적 이유를 의미하는 강학상 또는 판례상의 언어관용에 따른 개념이라는 점에서 양자를 동일시하기에는 난점이 없지 않다.

2. 행정절차상 처분이유제시제도와 취소소송 처분사유 추가・변경의 법리

(1) 행정절차법상 처분이유제시제도

① 제도 취지

행정절차법은 일정한 예외, 즉, 행정청에게 처분시 신청내용을 모두 그대로 인정하는 처분인 경우나 단순・반복적인 처분 또는 경미한 처분으로서 당사자가 그 이유를 명백히 알 수 있는 경우, 또는 긴급을 요하는 경우를 제외하고, 당사자에게 그 근거와 이유를 제시할 의무를 부과하고 있다(행정소송법 § 23 ①).[17]

처분이유제시제도의 핵심은 처분을 할 때 상대방에게 그 처분을 하게 된 법적・사실적 근거를 알려 주어야 한다는 데 있다. 처분을 받는 국민이 그 처분의 이유를 손쉽게 또 명확

16) 김철용, 같은 곳. 여기서 김철용 교수는 '문제는 처분이유제시제도가 실체법상 확정된 처분의 동일성에 제약요인이 되는가에 있다'고 기술하고 있으나, 스스로 처분이유와 처분사유는 다르다고 보면서도 처분사유의 추가・변경과 관련하여 '처분이유' 제시제도가 처분의 동일성에 제약요인이 되는지 여부를 논의하고 있다. 이는 양자를 동일시하는 입장(홍정선 교수)에서는 상관이 없겠지만, 양자를 다른 것으로 본다면 양자가 따로 따로 처분의 동일성에 제약요인이 되는지를 검토해야 할 것이다.

17) 여기서 말하는 처분은 제23조제1항의 문언상 권리를 제한하거나 의무를 부과하는 행위, 즉 부담적 행정행위에 국한되지 않으며, 수익적 행정행위 및 복효적 행정행위 등을 포함하는 것으로 해석된다. 이에 관해서는 홍준형, 『행정과정의 법적 통제』, 서울대학교출판문화원, 2010, 112 및 같은 쪽 각주 70을 참조. 한편 처분이유제시의 대상과 시기, 방식 및 처분이유제시의 정도에 관하여 상세한 것은 같은 책, 111-116을 참조.

히 알 수 있어야만 그 처분에 따른 권리를 행사하거나 의무를 이행할 수 있게 됨은 물론 불만이 있을 경우 행정소송 등 불복방법을 강구할 수 있게 되기 때문이다. 특히 재량처분의 경우 처분이유제시제도는 행정의 공정타당성을 확보하는 핵심적 수단이 된다.

② 처분이유제시의 하자와 그 법적 효과

처분이유제시의 하자, 즉 행정절차법 제23조에서 요구하는 처분이유제시의무를 준수하지 않은 경우 그 법적 효과가 문제된다. 의무 위반의 태양은 크게 행정청이 소정의 이유 제시를 하지 않은 경우(형식적 하자)와 이유를 제시하기는 하였으나 제시한 이유가 내용 면에서 당해 처분의 적법성을 뒷받침할 수 없는 것으로 판명된 경우(내용적 하자)로 나뉜다.

먼저, 행정청이 처분시 행정절차법 제23조 소정의 이유제시를 하지 아니한 경우 그것이 당해 처분을 위법한 것으로 만드는지, 또 사후에 이유제시를 추완할 수 있는지가 문제된다.

행정절차법 제23조에 따른 이유제시를 하지 아니한 경우, 그것은 명백한 법률위반으로서 당해 처분을 위법한 처분으로 만드는 결과를 가져온다고 보아야 할 것이다. 처분이유를 전혀 제시하지 아니한 결여한 처분은 경우에 따라 무효로 볼 여지도 있다.[18]

> 대법원은 "청문절차 없이 어떤 행정처분을 한 경우에도 관계법령에서 청문절차를 시행하도록 규정하지 않고 있는 경우에는 그 행정처분이 위법하게 되는 것이 아니라고 할 것"[19]이라는 견지에서 '훈령에 따라 시행된 행정절차운영지침에 의하면 행정청이 공권력을 행사하여 국민의 구체적인 권리 또는 의무에 직접적인 변동을 초래하게 하는 행정처분을 하고자 할 때에는 미리 당사자에게 행정처분을 하고자 하는 원인이 되는 사실을 통지하여 그에 대한 의견을 청취한 다음, 이유를 명시하여 행정처분을 하여야 한다고 규정되어 있으나, 이는 대외적 구속력을 가지는 것이 아니므로, 시장이 건조물 소유자의 신청이 없는 상태에서 소유자의 의견을 듣지 아니하고 건조물을 문화재로 지정하였다고 하여 위법한 것이라고 할 수 없다"고 판시한 바 있으나,[20] 행정절차법이 제정 · 시행되고 있는 이상 그에 의거하여 요구되는 행정절차를 거치지 않고 행한 처분이 위법이라는 점은 의문의 여지가 없다.

둘째, 이러한 처분이유제시의무의 흠결을 사후에 치유할 수 있는가, 즉 처분이유의 추완(사후제시: Nachholen der Begründung)의 허용 여하에 관해서는 학설상 논란이 있다. 하자

---

18) 최송화, 『법치행정과 공익』, 박영사, 2002, 310; 김철용, 앞의 책, 407. 독일연방행정절차법 제45조 제1항도 절차 또는 형식의 하자(Verfahrens- und Formfehler)가 행정행위를 무효로 만들 수 있다는 점을 전제로 하고 있다. 그러나 정하중, 『행정법개론』(제7판), 법문사, 2013, 377에서는 어느 경우에나 취소사유에 해당하며 판례 역시 같은 입장이라고 한다.

19) 대법원 1994.3.22. 선고 93누18969 판결.

20) 대법원 1994.8.9. 선고 94누3414 판결.

의 치유를 인정하면 당해 절차가 가지는 절차법적 의의가 제대로 평가되지 못하는 결과가 된다는 이유에서 하자의 치유가능성을 부정하는 견해[21]가 있는 반면, 행정절차의 절차법적 의미와 실체법적 관련성을 함께 고려해야 한다는 견지에서, 일반적으로 하자의 치유를 인정할 수 있는 것은 아니지만, 일정한 조건하에 하자의 치유가 허용되는 것으로 보아야 한다는 견해도 주장되고 있다(제한적 긍정설).[22]

생각건대 행정절차법 제23조 제1항과 제2항 어디에도 처분이유제시의무를 불이행한 후 사후에 제시하는 추완에 의한 하자의 치유를 인정하는 근거는 발견할 수 없다. 처분이유 제시를 하지 않은 하자의 치유를 일정한 조건하에 인정할 필요가 있는 것은 사실이다. 하지만 모처럼 행정절차법 제정으로 도입된 처분이유제시의무를 이행하지 않는 경우 사후추완의 여지를 남기는 것이 바람직한지는 의문이다. 또 하자치유의 조건을 구체화하려면 보다 명확한 입법권자의 의사가 있어야 하는데, 제한적으로라도 하자의 치유가능성을 인정하는 데 문제가 없지는 않다고 생각한다. 판례의 입장은 반드시 명확하지는 않지만, 부정적 입장을 시사하는 판례들이 존재한다.

> 허가의 취소처분에는 그 근거가 되는 법령이나 취소권유보의 부관 등을 명시하여야 함은 물론 처분을 받은 자가 어떠한 위반사실에 대하여 당해 처분이 있었는지를 알 수 있을 정도의 사실의 적시를 요한다고 할 것이므로 이와 같은 취소처분의 근거와 위반사실의 적시를 빠뜨린 하자는 피처분자가 처분당시 그 취지를 알고 있었다거나 그 후 알게 되었다고 하여도 이로써 치유될 수는 없다.[23]

다만 하자의 치유에 관하여 대법원은 '행정행위가 이루어진 당초에 그 행정행위의 위법사유가 되는 하자가 사후의 추완행위 또는 어떤 사정에 의하여 보완되었을 경우에는 행정행위의 무용한 반복을 피하고 당사자의 법적 생활안정을 기한다는 입장에서는 이 하자는 치유되고 당초의 위법한 행정행위가 적법·유효한 행정행위로 전환될 수 있으나' '행정행위의 성질이나 법치주의의 관점에서 볼 때 하자 있는 행정행위의 치유는 원칙적으로 허용될 수 없는 것일 뿐만 아니라 이를 허용하는 경우에도 국민의 권리와 이익을 침해하지 않는 범위에서 구체적 사정에 따라 합목적적으로 가려야 한다'는 입장을 견지해 오고 있다.[24] 이 같은 판례가

---

21) 서원우, 「행정상의 절차적 하자의 법적 효과」, 『서울대학교 법학』 1986.9., 50.

22) 가령 류지태, 앞의 글, 54-55. 여기서 류지태 교수는 ⓐ 행정기관 스스로에 의한 추완행위가 있을 것, ⓑ 일정한 시간적 한계하에서만 인정될 것, ⓒ 하자추완행위의 소급효의 제한, ⓓ 하자추완행위로 인하여 당사자에게 불이익이 없을 것을 요건으로 제시하고 있다.

23) 대법원 1987.5.26. 선고 86누788 판결. 또한 대법원 2002.2.5. 선고 2001두7138 판결(취임승인취소처분등취소) 등을 참조.

24) 대법원 1983.7.26. 선고 82누420 판결(법인세등부과처분취소). 대법원은 이러한 판례를 이후에도 확고히

처분이유제시의무 불이행이라는 절차 하자에 대해서도 그대로 관철될 것인지 여부가 주목된다. 이에 관해서는 '당사자가 근거규정 등을 명시하여 신청하는 인·허가 등을 거부하는 처분을 함에 있어 당사자가 그 근거를 알 수 있을 정도로 상당한 이유를 제시한 경우에는 당해 처분의 근거 및 이유를 구체적 조항 및 내용까지 명시하지 않았더라도 그로 말미암아 그 처분이 위법한 것이 된다고 할 수 없다'고 판시한 대법원 2002.5.17. 선고 2000두8912 판결을 비판하면서, "이 사건의 경우, 법원은 '이유보완을 통한 하자의 치유'의 법리로써 문제를 간단히 해결할 수 있음에도 불구하고, 무리하게 다른 논리를 펴고 있다."라고 지적함으로써 처분이유제시의무 불이행 역시 하자의 치유의 일반법리에 따라 사후적으로 치유가 가능하다는 하는 견해가 표명된 바 있다.[25] 판례의 입장은 분명치 않지만, 논리적으로나 현실적 측면에서나 처분이유제시에 관해서 특별히 다른 법리가 도출될 가능성은 크지 않을 것으로 전망된다.

반면, 처분이유의 내용에 하자가 있는 경우, 즉, 처분이유가 처분을 정당화하는 데 불충분하거나 부적합한 경우에도 행정절차법상 처분이유제시의무는 일단 준수된 것으로 볼 수 있다.[26] 그러나 처분이유가 제시되었다고 해서 그 처분이 실체적 적법성을 확정하거나 획득하는 것은 아니다. 행정절차법상 처분이유제시의무는 행정청으로 하여금 처분의 상대방에게 처분의 적법성을 뒷받침하는 근거와 이유를 제시하도록 함으로써 처분의 경위와 적법성을 납득시키는 데 주안점을 둔 행정절차제도이므로 행정절차 단계에서 '행정청의 주장하는 바 처분이유'를 제시하면 법적 요건을 충족시키는 것일 뿐, 향후 제기된 처분 취소소송에서 행정청이 제시했던 처분이유가 실제로 그리고 실체법적으로 처분의 적법성을 뒷받침하는 데 충분한 것인지 여부와는 별개의 문제이기 때문이다.

처분에 대한 취소소송이 제기된 경우, 처분 당시 제시된 처분이유가 그 처분이 적법함을 뒷받침하는 데 충분하지 아니하다고 판단되는 경우 당해 처분은 위법을 면할 수 없다('이유의 위법'). 이 경우 역시 처분이유로 잘못 제시된 사실상의 근거나 법적 근거를 변경함으로써 하자의 치유를 인정할 수 있느냐 하는 문제(처분사유의 추가·변경: Nachschieben von Gründen)가 제기된다. 여기에 '처분이유'와 '처분사유'의 연결점이 만들어지는데 이에 관해서는 항을 바꾸어 논의하기로 한다.

유지해 오고 있다. 가령 대법원 2002.7.9. 선고 2001두10684 판결; 대법원 2010.8.26. 선고 2010두2579 판결; 대법원 2012.12.13. 선고 2011두21218 판결(조합설립무효확인등) 등을 참조.

25) 김남진, 「이유보완을 통한 하자의 치유」; 대법원 2002.5.17. 선고 2000두8912 판결, 『법률신문』 3200호(법률신문사), 2003.9.

26) 동지 정하중, 앞의 책, 377.

(2) 처분사유 추가 · 변경의 법리

① 처분사유 추가 · 변경의 의미

처분사유의 추가 · 변경 문제는 재판절차에서 법적 또는 사실적 처분사유가 추가 또는 변경될 경우 법원이 이를 어떻게 고려할 것인가 하는 것이다. 처분사유를 변경하는 경우와 누락된 처분사유를 추완하거나 기존의 처분사유에 새로운 처분사유를 추가하는 경우 모두를 통틀어 처분사유의 사후변경이라고 부를 수 있다.

처분사유의 추가 · 변경에서 새로운 처분사유란 당초 처분이 기초로 삼았던 법 및 사실상태를 벗어난 것이 아니라, 다만 당초 처분시에는 존재하였지만 당사자가 이를 제시되거나 주장하지 않았고 그 결과 처분의 기초가 되지 않았던 처분사유를 말한다. 이를 소송에서 주장하는 것이 허용되는가. 예컨대 당초에는 인접대지 거리제한 위반을 근거로 건축허가신청을 거부했던 행정청이 허가거부처분에 대한 취소소송에서 당초의 처분사유 대신에 건폐율 초과를 이유로 내세워 허가거부처분의 적법성을 옹호하려 할 경우, 또는 인근주민들의 동의서 미제출을 이유로 토석채취허가신청을 반려했다가 소송에서 자연환경의 훼손을 이유로 주장하여 그 거부처분을 정당화하고자 시도하는 경우 법원은 이러한 처분사유의 변경을 허용할 것인가 하는 문제이다. 요컨대 법원이 스스로 또는 당사자의 신청에 따라 처분시 존재했음에도 불구하고 행정청이 주장하지 않았던 법적 또는 사실적 근거를 그 판결에서 고려할 수 있느냐 하는 것이다.[27)]

② 유사개념과의 구별

(가) 흠의 치유와의 차이

처분사유의 추가 · 변경은 처분의 성립 당시에 적법요건상 흠이 있는 행정행위라고 하더라도 그 흠의 원인이 되었던 요건을 사후에 보완하거나 그 흠이 취소원인이 될 만한 가치를 상실하게 됨으로써 행위의 효력을 유지하도록 하는 제도인 흠(하자)의 치유와는 구별되어야 한다. 후자는 처분 후 발생한 사유를 근거로 한다는 점에서 이 경우 이미 처분시에 객관적으로 존재하였던 사유를 대상으로 하는 것과 다르기 때문이다.[28)]

---

27) 이 문제는 비단 소송상 피고행정청이 처분사유를 추가 · 변경할 수 있는가 하는 문제뿐만 아니라 처분의 동일성, 취소소송의 소송물 그밖에 처분사유의 추가 · 변경에 따른 재처분시의 효과, 처분이유부기의무 등 다양한 측면에서 고찰될 수 있다. 이에 관하여 상세한 것은 김태우, 앞의 글을 참조.

28) 김태우, 앞의 글, 49.

(나) 흠 있는 행정행위의 전환과의 차이

처분사유의 추가・변경은 어디까지나 동일한 처분에 관한 것이므로 일정한 요건하에 흠 있는 행정행위를 다른 행정행위로 유지시키는 경우인 행정행위(통설에 의하면 무효행위)의 전환과도 구별되어야 한다.

(다) 행정행위의 사후변경과의 차이

처분사유의 추가・변경은 처분의 동일성에 영향을 주지 않는다는 점에서, 흠 있는 행정행위를 다른 새로운 행위로 대체하는 행정행위의 사후변경과도 구별된다.

(라) 기타

그 밖에 대법원의 판례에 따르면 당초에 명시한 구체적 사실을 변경하지 아니한 채 단순히 근거법조만을 추가・변경하는 주장이나 당초의 처분사유를 구체화하는 데 불과한 주장은 처분사유의 추가・변경이 아니라고 한다.

> 행정처분의 취소를 구하는 항고소송에 있어 처분청은 당초 처분의 근거로 삼은 사유와 기본적 사실관계가 동일성이 있다고 인정되는 한도 내에서는 다른 사유를 추가하거나 변경할 수도 있으나 기본적 사실관계가 동일하다는 것은 처분사유를 법률적으로 평가하기 이전의 구체적인 사실에 착안하여 그 기초인 사회적 사실관계가 기본적인 점에서 동일한 것을 말하며, 처분청이 처분 당시에 적시한 구체적 사실을 변경하지 아니하는 범위 내에서 단지 그 처분의 근거법령만을 추가・변경하거나 당초의 처분사유를 구체적으로 표시하는 것에 불과한 경우에는 새로운 처분사유를 추가하거나 변경하는 것이라고 볼 수 없다.[29]

③ 처분사유 추가・변경의 허용성

처분사유의 사후변경(추가・변경)의 허용여부에 대하여는 이를 원칙적으로 긍정하는 것이 일반적이다. 물론 우리 행정소송법에 이에 관하여 지침이 될 만한 규정은 없다. 그렇지만 학설은 이를 허용되는 것으로 보고 있고, 대법원의 판례 역시 '당초 처분의 근거로 삼은 사유와 기본적 사실관계가 동일하다고 인정되는 한도 내에서'라는 조건하에서 그 허용성을 인정하고 있다.[30] 대법원은 그 법리적 근거로 '실질적 법치주의와 행정처분의 상대방인 국민에 대한

---

29) 대법원 2007.2.8. 선고 2006두4899 판결(행정정보공개청구거부처분취소). 또한 대법원 1987.12.8. 선고 87누632 판결; 대법원 1988.1.19. 선고 87누603 판결; 대법원 1989.7.25. 선고 88누11926 판결; 대법원 1998.4.24. 선고 96두13286 판결; 대법원 2004.11.26. 선고 2004두4482 판결 등을 참조.

30) 대법원 1989.12.8. 선고 88누9299 판결. 이는 대법원의 확고한 입장이다. 가령 대법원 2013.10.11. 선고

신뢰보호'를 들고 있다.[31] 기본적 사실관계가 동일하다는 것은, 판례에 따르면, '처분사유를 법률적으로 평가하기 이전의 구체적인 사실에 착안하여 그 기초인 사회적 사실관계가 기본적인 점에서 동일한 것'을 말한다.[32] 통설과 판례에 대해서는 처분의 근거변경의 허용여부를 일률적으로 판단할 수는 없고, 처분의 근거변경을 허용함으로 인하여 원고인 당사자가 별도의 불이익을 받아서는 아니 된다는 기본적인 한계가 준수되어야 하며, 이러한 관점에서 재량행위를 제외하고는 원칙적으로 허용되는 것으로 보는 비판[33]이 제기된 바 있다. 이 견해는 위의 대법원의 판례에 대하여 기본적 사실관계의 의미가 분명하지 않고, 기속행위와 재량행위의 경우를 구별하지 않고 있다는 점을 비판한다.[34]

독일에서도 처분사유의 변경은 허용된다는 것이 판례와 통설의 태도이다.[35] 즉 행정청은 행정행위를 발한 이후 그리고 경우에 따라서는 행정심판의 재결 이후에도 처분시에 존재했던 처분사유를 변경함으로써 결여된 처분사유를 추완할 수 있으며, 당초의 처분이 내용적으로 변경되지 않고 그 상대방이나 이해관계인의 권리방어가 저해되지 않은 한, 주어진 처분사유를 보완할 수 있다고 한다.[36] 법원은 계쟁처분의 적법여부를 모든 법적 · 사실적 측면에서 심사하여 행정청이 주장했던 당초의 이유가 설령 부당할지라도, 그 밖의 다른 법적 · 사실적 근거에 의해 처분의 적법성이 인정될 수 있는지를 검토할 권리와 의무를 갖기 때문이라는 것이다. 이러한 긍정설의 타당성은 또한 행정소송을 지배하는 직권탐지주의에 의해서도 뒷받침된다고 한다. 행정청으로서는 그 다른 이유를 근거로 다시금 거부처분을 내릴 수 있으므로, 처분사유의 사후변경을 불허하는 것만으로는 분쟁을 해결하는 것이 아니라 연기시킬 뿐이기 때문이라는 것이다.[37] 그러나 이에 대하여는 원래의, 그리고 당초의 처분사유에 의하여 발급된 행정처분은 그것이 위법한 처분으로 판단되는 이상, 그 밖의 다른 사실이나 고려에 의했더라면 적법했을지 여부와는 상관없이, 취소되어야 한다는 부정설이 반론으로 제기되고 있

2012두24825 판결(용도변경신청불허가처분취소); 대법원 2007.2.8. 선고 2006두4899 판결; 대법원 2008.2.28. 선고 2007두13791, 13807 판결 등을 참조.

31) 대법원 2004.11.26. 선고 2004두4482 판결(산림형질변경불허가처분취소).

32) 대법원 2014.5.16. 선고 2013두26118 판결(기타 시장정비사업추진계획); 대법원 2011.11.24. 선고 2009두19021 판결; 대법원 2009.11.26. 선고 2009두15586 판결(수의사국가시험합격무효취소); 대법원 2007.2.8. 선고 2006두4899 판결.

33) 류지태, 「행정소송에서의 행정행위 근거변경에 관한 대법원판례분석」, 『사법행정』 1993.6., 57-58.

34) 류지태, 위의 글, 57.

35) E. Erichsen, (Hrsg.), *Allgemeines Verwaltungsrecht*, 12.Aufl., Walter de Gruyter Recht, 2002, S.488, § 38 IV, Rn.40. 그리고 같은 곳 각주 81에 인용된 판례와 문헌; F. Hufen, *Verwaltungsprozeßrecht*, 2006, § 24, Rn.22. 반대설: W.-R. Schenke, *NVwZ*, 1988, 1; ders., *Verwaltungsprozeßrecht*, 1993, S.195ff.

36) E. Erichsen, a.a.O., S.488, § 38 IV, Rn.40.

37) W.-S. Glaeser, a.a.O., S.287f. Rn.530.

다.[38] 이에 따르면 이렇게 보는 것만이 공행정영역에 있어 집행의 임무 및 책임을 행정청에게 부여한 기본법상의 현대적 권력분립하에서 행정법원에 맡겨진 기능에 부합된다는 것이다.[39]

독일의 경우, 1996년 개정된 행정절차법 제45조 제2항(§ 45 II VwVfG I.d.F. des GenBeschlG von 1996)은 절차 또는 형식의 하자를 치유하는 효과를 지닌 제45조 제1항에 따른 행위들은 "행정소송절차의 사실심 최종 변론 종결 전까지 할 수 있다."라고 규정하고 있는데. 그 행위들의 하나로 필요한 처분이유제시(die erforderliche Begründung)를 사후적으로 추완하는 경우를 열거하고 있다. 이로써 처분이유의 추완은 행정소송 사실심 변론종결시까지 허용되게 되었다. 또한 이 조항을 소송적 관점에서 보완한 제6차 행정법원법 개정법률(6. VwGOÄndG)에 의해 행정소송 진행 중 하자의 추완은 더욱 용이하게 되었다. 즉, 개정된 행정법원법 제87조 제1항 제2문 제7호에 따라 재판장 또는 보고관(Berichtserstatter)은 준비절차가 진행되는 동안 쟁송의 종결이 지연되는 결과가 생기지 않는 경우에는 행정청에게 3월 이내의 기간을 정하여 절차 및 형식의 하자를 치유할 수 있는 기회를 부여할 수 있게 되었고, 나아가 같은 법 제94조 제2문의 규정에 따라 행정법원은 신청에 의하여 절차 및 형식의 하자에 대한 변론을 정지시킬 수 있게 되었다. 그리고 1996년의 개정법률에 의해 신설된 행정법원법 제114조 제2문의 규정은 이른바 재량의 보충(Ermessensergänzung)을 허용하였다. 이에 따라 행정청은 재량행위의 경우에도 그 재량의 형량을 행정소송절차에서 보완할 수 있게 되었다.

이처럼 행정법원법 제87조 제1항 제7호에 따라 행정소송의 절차준비과정에서 행정청에게 절차하자를 추완할 수 있는 기회를 부여할 수 있는 가능성, 그리고 제94조 제2문에 따라 당사자(Beteiligte)의 신청에 따라 그러한 목적으로 소송절차를 정지할 수 있는 가능성을 인정한 것은 소송절차 촉진에 대한 법원의 의무에 부합하는 것이라고 볼 수 있다. 그러나 그렇다고 거기에 전혀 문제가 없는 것은 아니다. 국민의 입장에서 볼 때 자칫 법원과 행정청이 서로 협력관계를 맺는 것과 같은 인상을 가지기 쉽기 때문이다.[40] 이러한 법개정이 자칫 절차하자를 '위험 없는'(risikolos) 것으로 만들어 결국 행정절차를 무용화하는 결과를 낳을 수 있다는 비판이 제기된 것도 같은 맥락이었다.[41]

한편 절차하자가 소송계속 중 치유되어 승소의 가능성이 상실되는 경우 소송을 제기한 원고는 행정법원법 제161조 제2항의 규정에 따라 소송절차의 종료(Erledigung des

38) F. Kopp, *VwGO*, S.1311, § 113 Rn.28.
39) W.-R. Schenke, *NVwZ*, 1988, 1.
40) H. Maurer, a.a.O., § 10 Rn.39.
41) F. Hufen, *Verwaltungsprozessrecht*, 2006, § 25 Rn.11 및 그곳에 인용된 문헌들을 참조.

Verfahrens)를 선언하고 소송비용을 행정청에게 부담시키는 판결을 신청할 수 있다.

생각건대 일정한 조건 또는 범위 안에서 처분사유의 사후변경을 인정하는 것이 불가피할 것이다. 당초 처분의 근거가 된 사유가 존재하지 않거나 정당화될 수 없어 취소소송에서 행정청이 새로운 사유를 주장하여 처분의 적법성을 주장하는 것을 허용한다면 원고에게 예기치 못한 법적 불안을 초래하는 결과가 되는 반면, 법원이 이를 불허하고 취소판결을 내린 경우, 그 이후 행정청이 그 새로운 사유를 근거로 동일한 취지의 처분을 발할 수 있는 이상, 분쟁은 종결되기보다는 다시 새로운 처분에 대한 취소소송을 제기해야 하는 문제가 생긴다. 원고의 입장에서도 이러한 결과는 특히 구처분과 신처분의 시간적 차이로 인한 법적 불안을 의미하게 될 것이므로 바람직하지 못하다. 이렇게 볼 때 일정한 범위 안에서 처분사유의 사유변경을 인정하는 것이 타당하다고 생각한다. 다만 그 허용요건과 한계를 설정하는 것이 문제로 될 것이다.[42]

④ 처분사유 추가 · 변경의 허용요건과 한계

대법원은 일관되게 기본적 사실관계의 동일성이란 기준에 따라 그 허용여부를 결정해 왔다. 즉, 취소소송에 있어 행정청은 당초 처분의 근거로 삼은 사유와 기본적 사실관계가 동일하다고 인정되는 한도 내에서만 다른 처분사유를 새로 추가하거나 변경할 수 있을 뿐, 기본적 사실관계가 동일하다고 인정되지 않는 별개의 사실을 들어 처분사유로 주장할 수 없다는 것이다.

판례상 당초 처분의 근거로 삼은 사유와 기본적 사실관계에 있어 동일성이 인정되는 한도 내인지 여부를 판단한 구체적인 사례로는 건축허가신청이 건축법, 도시계획법 등 관계법규에서 정하는 건축허가 제한사유에 해당하지 않는 이상 행정청이 자연경관 훼손 및 주변환경의 오염과 농촌지역의 주변정서에 부정적인 영향을 끼치고 농촌지역에 퇴폐분위기를 조성할 우려가 있다는 등의 사유를 들어 숙박시설 건축을 불허할 수는 없다고 본 사례,[43] 당초 처분사유는 시장정비사업계획의 적정성 여부에 관한 것인 반면, 추가 처분사유는 사업지역인 시장의 국·공유지 면적 요건의 구비 여부에 관한 것으로서 양자는 기본적 사실관계가 동일하다고 볼 수 없으므로 피고는 당초 처분사유와 기본적 사실관계가 동일하지 아니한 추가 처분사유를 행정심판에서 추가·변경할 수 없다고 판시한 사례,[44] 그리고 당초의 정보공개거부처분사유인 구 공공기관의정보공개에관한법률 제7조 제1항 제4호 및 제6호의 사유는 새로

---

42) 이에 관하여 상세한 것은 홍준형, 『행정구제법』, 2012의 「처분사유의 추가 · 변경」 부분을 참조.

43) 대법원 1995.12.12. 선고 95누9051 판결; 대법원 1992.2.14. 선고 91누3895 판결; 대법원 1992.8.18. 선고 91누3659 판결; 대법원 1994.9.23. 선고 94누9368 판결.

44) 대법원 2014.5.16. 선고 2013두26118 판결(기타 시장정비사업추진계획).

이 추가된 같은 항 제5호의 사유와 기본적 사실관계의 동일성이 없다고 한 사례[45] 등이 그러한 예이다.

반면, 주택신축을 위한 산림형질변경허가신청에 대하여 행정청이 거부처분을 하면서 당초 거부처분의 근거로 삼은 준농림지역에서의 행위제한이라는 사유와 나중에 거부처분의 근거로 추가한 자연경관 및 생태계의 교란, 국토 및 자연의 유지와 환경보전 등 중대한 공익상의 필요라는 사유는 기본적 사실관계에 있어서 동일성이 인정된다고 한 사례[46]가 있고, 지입제운영행위에 대하여 자동차운송사업면허를 취소한 행정처분에 있어서 당초의 취소근거로 삼은 자동차운수사업법 제26조를 위반하였다는 사유와 직영으로 운영하도록 한 면허조건을 위반하였다는 사유는 기본적 사실관계에 있어서 동일하다고 판시한 사례가 있다.[47][48]

대법원의 판례에 따른다면 취소소송에 있어 처분사유의 사후변경은 행정청이 당초 처분의 근거로 삼은 사유와 기본적 사실관계가 동일하다고 인정되는 한도 내에서만 허용된다. 즉 그러한 경우에는 당초 처분의 근거로 삼은 사유와 다른 처분사유를 새로 추가하거나 변경할 수 있으나, 당초 처분사유와 기본적 사실관계가 동일하다고 인정되지 않는 별개의 사실을 들어 처분사유로 주장할 수 없다는 결과가 된다. 기본적 사실관계가 동일하다는 것은 처분사유를 법률적으로 평가하기 이전의 구체적인 사실에 착안하여 그 기초인 사회적 사실관계가 기본적인 점에서 동일한 것을 말하며, 처분청이 처분 당시에 적시한 구체적 사실을 변경하지 아니하는 범위 내에서 단지 처분의 근거법령만을 추가·변경하거나 당초의 처분사유를 구체적으로 표시하는 데 불과한 경우 새로운 처분사유를 추가하거나 변경하는 것이라고 볼 수 없다.[49]

생각건대, 이러한 대법원의 판례만으로 처분사유 변경의 요건이나 한계가 충분히 규명되었다고 보기는 어렵다. 기본적 사실관계의 동일성이 과연 무엇이며, 구체적인 처분사유들에

---

45) 대법원 2003.12.11. 선고 2001두8827 판결(정보공개청구거부처분취소).
46) 대법원 2004.11.26. 선고 2004두4482 판결(산림형질변경불허가처분취소).
47) 대법원 1992.10.9. 선고 92누213 판결.
48) 대법원 2011.10.27. 선고 2011두14401 판결(건축불허가처분취소). 한편 처분사유의 추가·변경에 관한 것은 아니지만, 공동주택 건립을 위한 주택건설사업계획승인 신청에 대하여 미디어밸리 조성을 위한 시가화예정 지역이라는 이유로 거부하자, 거부처분의 취소를 구하는 소송을 제기하여 승소판결을 받았고 위 판결이 그대로 확정된 후, 피고 시장이 해당 토지 일대가 개발행위허가 제한지역으로 지정되었다는 이유로 다시 거부하는 처분을 한 사안에서, 재거부처분은 종전 거부처분 사유와 내용상 기초가 되는 구체적인 사실관계가 달라 기본적 사실관계가 동일하다고 볼 수 없다는 이유로, 행정소송법 제30조 제2항에서 정한 재처분에 해당하고 종전 거부처분을 취소한 확정판결의 기속력에 반하는 것은 아니라고 본 사례가 있다.
49) 대법원 1989.7.25. 선고 88누11926 판결; 대법원 1998.4.24. 선고 96두13286 판결; 대법원 2004.11.26. 선고 2004두4482 판결; 대법원 2008.2.28. 선고 2007두13791,13807 판결(부정당업자제재처분취소); 대법원 2013.10.11. 선고 2012두24825 판결(용도변경신청불허가처분취소) 등을 참조.

있어 어떠한 기준에 의해 기본적 사실관계가 동일하다고 볼 것인지는 여전히 불분명하기 때문이다.

처분사유 사후변경의 한계 또는 요건을 판단함에 있어서는 적어도 다음과 같은 사정이 고려되어야 할 것이다.[50)]

(가) 처분사유의 사후변경의 한계

Ⓐ 처분사유의 사후변경을 통하여 계쟁처분의 본질적 내용에 근본적인 변화가 초래되어서는 아니 된다. 특히 처분의 취지(결론)는 동일한 것이어야 한다. 법원은 그 법발견을 원고가 특정한 소송물의 범위 내에 한정시켜야 하며, 원고는 특정한 처분의 심사를 청구하는 것이라는 사실에 유의할 필요가 있다.

처분의 본질적 내용에 변화를 초래하는 것인지 여부는 그 내용적 요소들을 기준으로 판단하여야 한다. 이 경우 처분의 본질적 부분을 이루는 것은 처분을 통해 구체화된 개별적 사안에 대한 규율(Regelung eines Einzelfalls)이며, 그 결과 동일 사안에 대하여 다른 규율이 행해진 것과 같은 결과(별개의 규율: eine andere Regelung)가 되거나, 다른 사안에 대한 규율이 행해진 것과 같은 결과(ein anderer Sachverhalt)가 된다면 이는 처분의 본질적 내용이 변경되었다고 볼 수 있다.[51)] 이러한 별개의 규율이나 별개의 사안이라는 기준은 우리나라 대법원이 채용하고 있는 기본적 사실관계의 동일성과 대체로 유사한 기준이라고 할 수 있다.

Ⓑ 처분사유의 사후변경으로 인하여 원고의 권리방어(Rechtsverteidigung)에 지장이 생겨서는 아니 된다. 이는 엄밀히 말해 처분사유 사후변경의 허용요건의 문제가 아니라 의견진술의 권리(Anspruch auf rechtliches Gehör)에 관한 문제라 할 수 있다. 원고의 방어권이 처분사유의 사후변경에 의해 침해되어서는 아니 된다는 것은 헌법상 적법절차의 요구에 따른 결과이다.

Ⓒ 또한 처분사유의 사후변경은 계쟁처분의 정당화에 필요한 다른 근거가 결여됐거나 부정확하고 또 이러한 결함이 치유 불가능한 경우에는 허용되지 않는다고 본다.

(나) 재량처분과 처분사유의 변경

재량행위에 대한 처분사유의 사후변경은 허용되는가. 소송 제기 후 피고 행정청이 그 재량결정의 근거나 사유를 변경하거나 추가하는 것이 허용되는지에 대하여는 논란의 여지가 있다. 이에 대해서는 재량행위의 경우 새로운 근거에 대해 행정심판과정을 통하여 그 합목적성에

50) S. Glaeser, S.299ff. Rn.529ff.; F. Hufen, a.a.O., § 24 Rn.22.
51) S. Glaeser, Rn.534.

대하여 검토할 가능성이 배제되는 결과가 된다는 이유에서 근거변경이 허용될 수 없다는 견해가 있다.[52] 독일의 경우 판례는 처분사유의 추가·변경은 특별한 법률의 규정이 없으면 처분사유의 사후변경으로 인하여 당초의 처분이 내용적으로 변경되지 않고 그 상대방이나 이해관계인의 권리방어를 저해하는 결과가 초래되지 않는 한, 재량결정의 경우에도 원칙적으로 허용된다고 본다.[53] 그러나 다수의 학설은 재량사유의 추가·변경이 이루어지면 원칙적으로 새로운 재량처분이 행해진 것과 마찬가지의 결과가 되므로 허용되지 않는다고 본다.[54]

생각건대 재량행위의 경우 처분사유의 사후변경이 원칙적으로 금지되는 것은 아니라고 보아야 할 것이다.[55] 재량권을 잘못 행사한 결과 행해진 재량처분을 보완하기 위하여 다른 사유를 들어 재량행사의 적법성을 뒷받침한 경우 이로써 처분의 본질적 내용이 변경되었다고는 볼 수 없을 것이다. 이 경우 취소소송 이전의 행정심판단계에서 그 새로운 처분사유나 변경된 처분사유를 다툴 수 있는 기회가 박탈되었다고 볼 여지도 없지는 않으나, 반드시 그렇게만 볼 것은 아니다. 행정심판 단계에서도 심판을 위하여 필요한 경우에는 당사자가 주장하지 아니한 사실에 대해서도 심리할 수 있으므로(행정심판법 § 39) 재량처분의 다른 처분사유가 있는지를 심사할 가능성이 있다고 보아야 할 것이고, 또 취소소송을 통하여 당초의 처분사유의 위법을 이유로 재량처분이 취소된다 하더라도 피고 행정청은 다시금 변경 또는 추가된 재량사유를 근거로 하여 당초의 처분과 동일한 내용의 처분을 할 수 있다는 것도 고려할 필요가 있기 때문이다. 그러나 당초 행정청의 재량처분이 재량권의 외적 한계를 일탈한 경우(가령 관계법률이 규정한 3월 내지 6월의 범위를 넘는 재량처분을 한 경우)에는 재량권을 부여한 법령의 한계를 벗어난 법적 결과를 선택한 것이고, 처분사유를 변경한다고 해서 당초 처분이 적법해지는 것은 아니므로, 처분사유의 사후변경은 허용되지 않는다고 보아야 할 것이다. 이 경우 소송에서 처분사유가 변경된다면, 그 변경된 처분사유는 당초 처분과는 다른 새로운 법적 결과(처분내용)를 가져오게 되기 때문에 별개의 규율(eine andere Regelung)이 된다. 반면 재량처분의 경우 소송에서 새로이 재량처분의 사유를 제시하거나 다른 사유를 추가한 경우에는, 각각 최종적인 행정청의 결정시에 존재했던 사실에 입각하는 한, 그것만으로 사안이 변경되었다고 볼 수는 없을 것이다. 그러나 당초 처분시에는 제시하지 않았던 재량행사의 사유를 사실심 변론을 통하여 추완함으로써 재량처분의 적법성을 유

52) 류지태, 앞의 책, 491.
53) BVerwGE 38, 191, 195; 64, 356.
54) F. Kopp, *VwGO* § 113 Rn.28; W.-R. Schenke, *NVwZ*, 1988, 1; H. Maurer, § 10, Rn.40; U. Ramsauer, *Die Assessorprüfung im Öffentlichen Recht*, 3.Aufl., 1995, § 36 Rn.15a, § 34 Rn.03a 등.
55) F. Schoch, *Übungen im Öffentlichen Recht II: Verwaltungsrecht und Verwaltungsprozeßrecht*, Gruyter, 1992, 125.

지하고자 하는 것은 원칙적으로 허용되지 않는다고 보아야 할 것이다. 재량권의 불행사는 그 자체가 재량하자를 구성하는 것인데, 당초 재량권을 행사하지 않고 있다가 소송에 이르러 처음으로 재량을 행사하여 재량처분사유를 제시하는 것은 소송대상의 동일성을 상실시키는 결과가 되기 때문이다.[56)]

또한 행정청이 재량행위를 기속행위로 오인하여 처분을 행한 경우 원고의 방어권보장과 관련하여 문제가 제기된다. 그러한 경우는 재량권의 불행사에 해당하겠지만, 당초 기속행위인 것으로 오인하여 행한 처분에 대하여 행정심판이 제기되어 오로지 그 위법여부만이 심사되었다면 이 경우에는 처분청이 이러한 재량권불행사의 하자를 제거하기 위하여 사후에 재량처분의 사유를 추가하더라도, 당해 처분이 재량행위로 전환되는 것은 아니라고 보아야 할 것이다.[57)] 왜냐하면 이 경우 재량행위의 성질을 지닌 당초 처분의 상대방은 그 처분에 대한 행정심판의 기회를 박탈당했다고 볼 수 있기 때문이다. 그러나 그 밖의 경우 하자 있는 재량처분에 있어서는, 합목적성통제의 기회가 박탈되었다고 볼 수 없는 이상, 재량처분사유의 사후변경은 원칙적으로 허용된다고 보아야 할 것이다.

(다) 처분사유의 사후변경의 결과

처분의 본질적 내용변경을 초래하는 처분사유의 사후변경은 허용될 수 없는 것이지만, 이는 엄밀히 말하자면 당해 행정청이 처분사유를 변경하려는 것이 아니라 더 이상 당초의 처분을 유지시키지 않고 다른 처분을 발한다는 것, 즉 처분이 변경되었음을 의미한다. 이 경우 원고가 새로운 소송상황에 대비할 수 있도록 하기 위하여 행정소송법 제22조에 따른 처분변경으로 인한 소의 변경이 허용되어야 한다. 반면 원고가 처분사유의 사후변경이 허용되어 그때 비로소 처분의 적법성을 인식하게 된 경우에는, 즉시 소 취하의 기회가 부여되어야 한다. 또한 그런 이유로 소가 취하되거나 원고가 패소하는 경우, 소송비용은 피고에게 부담시켜야 할 것이다.

(3) 소결: 처분이유제시제도와 처분사유 추가 · 변경 법리의 비교

이제까지의 논의를 통해 드러나듯이 행정절차법상 처분이유제시제도와 취소소송에 있어 처분사유의 추가·변경의 법리는 그 관점과 목표, 시간적 범위 등을 달리하고 있다.

이미 앞에서 살펴보았듯이 행정절차법상 처분이유제시제도는 처분을 받는 국민이 처분의 이유를 손쉽게 또 명확히 알 수 있도록 하고 또 불복방법을 강구할 수 있도록 하려는 취지에

56) S. Glaeser, S.304, Rn.536; H.-W. Erichsen, a.a.O., S.489, § 38 IV, Rn.41.
57) BVerwGE 15, 196; 48, 81; H.-W. Erichsen, a.a.O., S.490, § 38 IV Rn.43.

서 행정청이 처분을 할 때 그 처분을 발하게 된 기초가 된 법적·사실적 근거를 제시하도록 의무화한 것이다. 행정절차법 제23조 소정의 처분이유제시의무를 다하지 못할 경우 그 처분은 절차하자를 안게 되고 이를 사후에 추완할 수 있다면, 그것이 허용되는 시간적 한계가 어떠하든 간에 행정절차법상 처분이유제시의무 준수라는 법적 효과를 발생할 뿐이다. 이러한 법적 효과는 그 처분의 실체법적 적법성을 뒷받침하거나 향후 제기될 취소소송에서 처분의 적법성을 인정하는 근거가 되는 것은 아니다.

물론 경우에 따라서는 처분시 또는 사후에 제시된 처분이유가 처분청이 처분의 적법성을 성공적으로 옹호하는 법적 근거로 받아들여질 수도 있다. 이 경우 행정절차법에 따라 처분시 제시된 처분이유는 이후 제시된 취소소송에서 피고 처분청이 주장하는 처분사유로서 또는 처분사유에 수렴·포함되어 본안판단의 대상이 될 것이고, 그 결과 취소소송의 '처분사유'로 변환되거나 수렴되게 된다. 그러나 이는 전적으로 수소법원의 판단사항이며, 처분시 제시된 처분이유가 취소소송 단계에서 변경되거나 추가될 수도 있고, 또한 처분의 적법성을 뒷받침하는 데 주효하지 못하여 패소판결을 초래하는 요인이 될 수도 있다.

다른 한편, 행정절차법 제23조에 따른 처분이유제시의무의 위반 자체가, 절차하자의 법적 효과에 따라 처분의 위법사유가 될 수도 있고, 그 경우 원고가 처분이유 불제시를 이유로 처분의 위법을 주장하고 이에 대해 처분청이 방어를 해야 하는 경우가 생길 수 있음은 물론이다.

반면 처분사유의 추가·변경은 취소소송 단계에서 처분이 위법하다는 원고의 주장을 배척하기 위하여 처분청이 처분의 법적 근거와 사실적 이유를 추가하거나 변경하는 것을 허용할 것인가 하는 소송법적 맥락에서 제기되는 문제이다. 처분사유의 추가·변경에서 쟁점은 당초 처분시 존재하였으나 처분이유로 제시되지 아니하였던 사실적·법적 근거를 추가하거나 변경할 수 있느냐 하는 데 모아진다. 만일 법원이 이를 일정한 조건하에 허용할 경우 그것은 경우에 따라 처분청의 성공적 변론 여하에 따라 처분의 적법성을 옹호하는 결과로 이어질 수 있다.

결국 행정절차법상 처분이유제시제도와 취소소송에 있어 처분사유의 추가·변경 법리는 그 관점과 목표 등을 달리하고 있으므로, 행정절차상 처분이유가 행정소송상 처분사유로 전환 또는 변환될 수 있을지라도, 그 제도/법리의 취지나 적용효과를 동일시하거나 일률적으로 연계시키기는 곤란하다고 생각된다. 오히려 행정절차단계에서 제시된 (또는 사후에 추완된) 처분이유에 구애됨이 없이 법원은 처분청이 신청한 처분사유의 추가·변경에 대한 법리적 판단을 할 수 있다고 보아야 할 것인 반면, 행정절차법상 처분이유제시의무 준수를 넘어서 처분청이 취소소송 단계에서도 자신이 당초 처분시 제시한 처분이유에 묶인다고 볼 것인지는, 행정절차법에 이에 관한 명시적 규정이 없는 이상, 행정절차법과는 별도로 행정소송법 수준에서 처분사유 추가·변경의 허용여부 및 한계 등에 관한 법리를 통해 해결할 문제라고 본다. 물론 그 경우에도 처분시 제시된 처분이유를 이후 취소소송 단계에서 수정하거나 변경할 수 있도록 함으로써 자칫 처분이유제시의 제도 취지를 몰각시킬 우려가 없지 않을까 심사숙고가 필요할 것이다. 그러나 처분이유는 그 처분에 대한 취소소송이 제기된 이상 소송상 처분사유로 다루어지게 될 뿐 이를 함부로 수정하거나 변경, 추가하지 못하도록 제어할 책임은 어디까지나 수소법원이 지는 것이지 행정절차법상 소송법리에 대한 제약이 부과된 것이라고 볼 근거는 발견되지 않는다.

Ⅲ. 취소소송의 소송물과 처분이유제시제도 및 처분사유 추가·변경 법리

1. 행정절차법상 처분이유와 처분의 동일성

이제까지 검토한 행정절차법상 처분이유제시제도와 처분사유 추가·변경 법리는 취소소송의 소송물을 '처분의 위법성'으로 보는 국내 주류 학설과 판례의 입장과 조화될 수 있는지를 고찰해 보기로 한다.

국내 문헌 중 취소소송의 소송물과 행정절차법상 처분이유제시제도, 그리고 처분사유 추가·변경 법리를 직결시켜 다룬 논의는 거의 찾아보기 어렵다.[58] 다만, 일부 문헌은 취소소송의 소송물이 아니라 '처분의 동일성'이란 개념을 사용하여 이 문제를 다루면서 이미 앞서 본 바와 같은 '처분이유'와 '처분사유'를 구별하지 아니한 채 논의를 하고 있어 이를 먼저 검

58) 김광수, 「처분사유의 추가·변경」, 『고시연구』 29권 3호(336호), 2002.3., 78-87; 처분이유제시제도나 처분사유의 추가·변경과 직접 관련된 것은 아니지만, 판례평석으로 김옥곤, 「처분사유의 추가·변경과 판결의 기속력」, 『판례연구』 25집(부산판례연구회), 2014.2., 493-536을 참조. 그 밖에 기존의 연구는 다음에 보는 바와 같이 행정절차법상 이유제의의무와 이유제의 정도 등에 관한 논의가 주종을 이루고 있다. 하명호, 「이유제시의무와 이유제시의 정도: 대법원 판례를 중심으로」, 『안암법학』 25호 상(2007.11.); 하명호, 「처분의 이유제시제도와 이유제시의 정도」, 한국사법행정학회, 『행정소송(II)』, 2008; 김철용, 「처분의 근거·이유제시의 정도」, 『행정판례평선』, 박영사, 2011; 조해현, 「행정처분의 근거 및 이유제시의 정도」, 『행정판례연구』 Ⅷ, 박영사, 2003.12.; 정하중, 「이유제시하자의 치유와 처분사유의 추가·변경: 독일법과의 비교연구」, 『인권과 정의』(대한변호사협회) 364호, 2006.12.; 김남진, 「이유보완을 통한 하자의 치유」, 『법률신문』(법률신문사) 3200호, 2003.9. 등을 참조.

토해 보기로 한다.

김철용 교수는 처분이유제시제도가 실체법상 획정된 처분의 동일성에 어느 정도 제약요인이 되는가는 일률적으로 말하기 어렵고, 징계처분뿐만 아니라 면허취소처분등과 같은 불이익처분, 정보비공개처분, 납세신고결정·경정처분등 개별적·구체적으로 검토되어야 할 문제라고 한다. 다만, 일반적으로 다음과 같은 점을 지적하고 있다. 이에 따르면, 먼저, 행정심판을 거쳐 재결이 행해지고 그 재결에 고유한 하자가 있어 재결 자체가 취소소송의 대상이 된 경우에는 행정심판기관이 취소소송 심리단계에서 당초 재결이유(처분이유)에서 제시되지 않았던 처분사유를 내세워 처분의 적법성을 옹호하는 것은 허용되지 않으며 그 경우 처분이유제시제도가 처분 동일성의 제약요인이 될 수 있을 것이라고 한다.[59]

둘째, 원처분이 취소소송의 대상이 된 경우에도 행정절차법 시행에 따라 불이익처분을 할 때 그 사전통지부터 처분사유를 특정하여야 하게 되었기 때문에 특히 청문절차 같은 의견청취절차를 통해 바로 그 특정된 처분사유를 대상으로 하여 절차가 진행되고 청문결과를 반영하여 최종적으로 처분이유를 제시하여 처분이 행해지는 이상, 원칙적으로 처분이유제시제도가 동일성의 제약요인이 될 수 있다고 보고 있다.[60] 그렇게 해석하지 아니하면 행정절차법이 청문 등 의견청취제도를 둔 취지 및 이유제시 제도를 두면서 신중성 확보·설득기능의 실효성을 담보하기 위하여 처분과 처분이유의 동시성을 행정청의 의무로 규정한 취지가 몰각되기 때문이라고 한다.[61] 특히 재량행위의 경우 새로운 처분사유의 추가·변경을 허용하면 원고의 의견청취의 권리를 박탈할 뿐만 아니라 새로운 재량행위를 대상으로 하는 행정심판을 통한 권리구제의 기회마저 박탈하는 결과가 된다고 한다.[62]

반면, 이러한 견해에 대해서는 독일에서 처분사유의 추가·변경이 사실상 제한 없이 허용되는 가장 결정적인 근거가 분쟁의 일회적 해결의 요청이기 때문에 이를 근거로 반론이 제기될 수 있다.[63] 그러나 판결의 기능은 분쟁의 일회적 해결이라는 측면보다는 오히려 입법부나 행정청을 구속하는 측면이 정면에 나서야 하며, 항고소송에서도 행정청과 법원 간에 몇 번이라도 왕복할 가능성이 있어서, 소송물에 관하여 개념규정을 어떻게 하더라도 일회의 소송으로 분쟁의 종국적 해결을 보도록 설계되어 있는 것은 아니므로 민사소송법상의 원칙을 그대로 항고소송에 유지할 수 없다는 근거를 들어 재반박하기도 한다.[64]

59) 김철용, 앞의 책, 712.
60) 김철용, 앞의 책, 712-713.
61) 김철용, 앞의 책, 713.
62) 김철용, 같은 곳.
63) 김철용, 같은 곳.
64) 김철용, 같은 곳.

생각건대, 이러한 논의는 행정절차와 행정소송을 서로 고립된 별개의 제도가 아니라 국민의 권리구제와 행성의 석법성 확보라는 목표를 지향하여 작동하는 일종의 연속성 모델에 의해 파악하고자 하려는 견지에서 비롯된 것으로서 긍정적인 평가를 받아 마땅하다. 다만, 이러한 논의가 행정절차와 행정소송 법리의 발전에 기여할 수 있도록 다음 몇 가지 논점들을 제기하고자 한다.

먼저, 처분이유제시제도가 실체법상 획정된 처분의 동일성에 어느 정도 제약요인이 되는가는 일률적으로 말하기 어렵고, 처분 유형에 따라 개별적·구체적으로 검토되어야 할 문제라는 점에 대해서는 이론의 여지가 없을 것이다. 문제는 처분이유제시제도를 '처분의 동일성'에 대한 제약요인이 되는가라는 관점에서 파악하는 것이 어떤 의미를 가지는가 하는 데 있다. 여기서 '처분의 동일성'이란 무엇을 의미하는지, '제약요인'이란 무엇인지 의문이 생긴다. 분명하지는 않지만 처분이유가 '처분의 동일성'에 영향을 미치는 요인인지를 논의하고 있는 것으로 보아 처분과 처분시 특정된 처분이유가 하나의 짝을 이루어 '처분의 동일성'을 이룬다고 보는 것이 아닐까 추정된다. 이는 '처분이유'와 '처분사유'의 개념을 혼용하면서 그 추가·변경의 제한을 논하고 있는 것을 보더라도 그러하다. '처분의 동일성에 대한 제약요인'이란 표현은 대법원의 판례에 따라 취소소송에 있어 처분사유의 사후변경이 허용되는 조건인 당초 처분의 근거 사유와 기본적 사실관계의 동일성 또는 독일법상 '소송대상의 동일성'을 의미하는 것으로 판단된다. 재량행위의 경우 새로운 처분사유의 추가·변경을 허용해서는 아니된다고 주장하는 것으로 보더라도 그와 같이 풀이해 볼 수 있을 것이다.

생각건대, 행정절차법 제23조에 따라 처분시 제시된 처분이유는 그 제시의무를 부과한 제도 취지, 특히 권리구제 기능(Rechtsschutzfunktion)과 처분에 대한 행정쟁송에서 행정심판기관이나 법원으로 하여금 처분의 근거가 된 법적·사실적 관점을 검토하고 그 적법타당성을 최종적으로 확인할 수 있도록 해 주는 해명 기능(Klarstellungsfunktion)에 비추어 볼 때, 행정소송(취소소송) 단계에서도 법적 구속력을 가지도록 뒷받침해 줄 필요가 있는 것은 사실이다. 또한 특별한 사정이 없는 이상, 처분시 제시된 처분이유는 (특히 청문을 거쳐 처분을 하는 경우) 처분의 상대방은 물론 처분에 대한 행정쟁송에서 행정심판기관이나 법원이 그 처분의 적법여부를 심사하는 과정에서 우선적으로 고려해야 할 '처분사유'가 될 것이다. 그렇게 보지 아니하면 행정절차법이 청문 등 의견청취제도와 처분이유제시제도를 둔 취지를 몰각시킬 수 있다는 우려에도 충분히 공감이 간다. 그러나 그에 못지않게 중요한 또 다른 고려사항은 판례와 통설과 함께 취소소송 단계에서 처분사유의 추가·변경이 일정한 조건 아래 허용된다는 견지에서 본다면 처분시 제시된 처분이유는 취소소송 단계에서는 결국 처분사유로서 추가·변경의 대상이 될 수 있다는 점이다. 행정절차법에 처분이유제시의무를 소송 단계에까지 확장하는, 특히 기존의 처분사유의 추가·변경에 관해 통용되어 온 법리를 뛰어넘어 구속력을 미치는 취지로 효력을 강화하는 명시적인 조항을 찾아보기 어렵고, 그럼에도 불구하고 행정설차법의 입법취지만을 앞세워 처분시 제시된 처분이유를 추가·변경하는 것을 당초 처분사유와 기본적 사실관계의 동일성을 넘는 것으로 허용할 수 없다고 주장하는 것은 지나치게 경직된 해석이다. 무엇보다도 그렇게 볼 경우 나중에 취소소송 단계에서 추가·변경이 허용되지 않을 것으로 예상되는 상황에서 처분청이 처분시에 처분이유제시에 과다한 노력과 자원을 소모하도록 만들어 행정효율을 저해하는 결과가 될 수도 있다. 또한 처분과 처분시 특정된 처분이유가 하나의 짝을 이루어 '처분의 동일성'을 이룬다고 보아 처분이유의 추가·변경을 불허한다면 이는 취소소송의 소송물을 '처분의 위법성'으로 보는 국내 주류 학설과 판례의 입장과도 잘 부합하기 어려울 것이다. 아울러, 앞서 지적한 바와 같이 '당초 처분의 근거로 삼은 사유와 기본적 사실관계가 동일하다고 인정되는 한도 내에서' 처분사유의 추가·변경을 허용해 온 대법원이 '실질적 법치주의와 행정처분의 상대방인 국민에 대한 신뢰보호'를 법리적 근거로 내세우고 있다는 사실도 고려해 볼 필요가 있으며,[65] 이 점 행정청에게 처분이유제시의무를 부과한 행정절차법의 제정·시행으로 달라질 바가 없는 것이 아닌가 생각한다.

둘째, 재량행위의 경우 새로운 처분사유의 추가·변경을 허용하면 원고의 의견청취의 권리를 박탈할 뿐만 아니라 새로운 재량행위를 대상으로 하는 행정심판을 통한 권리구제의 기회마저 박탈하는 결과가 된다는 주장도 이미 앞에서 논한 바와 같은 이유에서 선뜻 수긍하기 어렵다. 재량행위의 경우에도 당초 처분사유와 기본적 사실관계의 동일성이 인정되는 한도 내에서는 처분사유의 사후변경이 허용될 수 있다고 보기 때문이다. 이 점은 독일의 경우, 1996년의 개정법률에 신설된 행정법원법 제114조 제2문에 따라 인정된 이른바 재량의 보충(Ermessensergänzung), 즉 재량행위의 경우에도 그 재량의 형량을 행정소송절차에서 보완할 수 있게 한 것[66]을 보더라도 그와 같은 입론이 충분히 가능하고 또 타당함을 알 수 있으며, 또 그렇게 함으로써 분쟁의 일회적 해결에 기여할 수 있을 것이다.

65) 대법원 2004.11.26. 선고 2004두4482 판결(산림형질변경불허가처분취소).
66) "행정청은 자신이 한 행정행위에 관하여 행정소송절차에서도 그 재량형량(Ermessenserwägungen)을 보완할 수 있다."

2. 취소소송의 소송물과 처분사유의 추가 · 변경

취소소송의 소송물을 '처분의 위법성'으로 보는 국내 주류 학설과 판례의 입장에 비추어 처분사유 추가 · 변경 법리를 어떻게 이해할 수 있을까. 취소소송에서 소송물인 '처분의 위법성'을 판단함에 있어 피고 처분청의 입장으로서는 처분이 위법하다는 원고의 주장을 성공적으로 방어해야 하는 처지이므로 처분사유의 추가 · 변경을 처분의 적법성을 뒷받침할 수 있는 범위 내에서 비교적 제한 없이 허용되어야 한다고 하는 것이 논리적으로 합당한 것은 아닌지, 그렇다면 이는 처분사유의 추가 · 변경을 허용하면서도 이를 무제한으로 허용하지 아니하고 '당초 처분의 근거로 삼은 사유와 기본적 사실관계가 동일하다고 인정되는 한도 내에서'라는 조건을 부과해 온 대법원 판례와 논리적으로 상충하는 것은 아닌지, 그와 같은 논리적 상충을 어떻게 설명할 수 있는지를 밝힐 필요가 있다.

그러나 처분사유 추가 · 변경의 허용 여부나 허용 범위 문제와 취소소송의 소송물은 서로 논리필연적인 관계에 놓여 있는 것으로는 보이지 않는다. 이 점은 독일의 경우 '행정행위가 위법하며 자기의 권리영역을 침해하였다는 원고의 주장'을 소송물로 보는 견해가 여전히 지배적임에도 불구하고, 분쟁의 일회적 해결의 요청을 앞세워 변경된 처분사유는 당초 처분과는 다른 새로운 법적 결과를 가져오는 별개의 규율(eine andere Regelung)이 되지 않는 이상, 처분사유의 추가 · 변경이 사실상 제한 없이 허용되고 있다는 사실을 통해서도 간접적으로 엿볼 수 있다. 사실 엄밀히 살핀다면, 취소소송의 소송물을 '처분의 위법성'으로 보는 국내 주류 학설과 판례의 입장에 충실히 따른다면, 취소소송에 있어 처분사유의 추가 · 변경은 소송물인 '처분의 위법성'을 판단함에 있어 처분의 적법성을 뒷받침할 수 있는 범위 내에서 비교적 제한 없이 허용되어야 한다고 보아야 하지 않을까. 오히려 '당초 처분의 근거로 삼은 사유와 기본적 사실관계가 동일하다고 인정되는 한도 내에서'라는 조건하에 처분사유의 추가 · 변경을 허용해 온 판례가 취소소송의 소송물을 '처분의 위법성'으로 보아 온 기존의 입장과 어떻게 논리적으로 양립 조화될 수 있는지 대법원이 응답해야 하지 않을까 생각된다. 아울러 대법원 판례에 따르면, 기본적 사실관계가 동일하다는 것은 '처분사유를 법률적으로 평가하기 이전의 구체적인 사실에 착안하여 그 기초인 사회적 사실관계가 기본적인 점에서 동일한 것'을 말하는데,[67] 이는 소송물의 동일성이 유지되는 조건과 어떻게 다른지, 처분사유의 추가 · 변경이 허용되고 그 허용되는 범위가 '처분사유를 법률적으로 평가하기 이전의 구체적인 사실에 착안하여 그 기초인 사회적 사실관계가 기본적인 점에서 동일한 경우'라면 그러한 처분사유의 존부, 적법여부를 토대로 처분의 취소여부를 판단하게 되는데, 그 확정판결의 객관적 범위 역시 그와 같

67) 대법원 2007.2.8. 선고 2006두4899 판결.

은 판단을 전제로 하는 것은 아닌지 그렇다면 그런 결과가 취소소송의 소송물을 '처분의 위법성'으로 보는 입장과 어떻게 조화될 수 있는지도 추가적인 해명이 필요하다.

반면 '당초 처분의 근거로 삼은 사유와 기본적 사실관계가 동일하다고 인정되는 한도 내에서' 처분사유의 추가・변경을 허용해 온 대법원이 제시한 법리적 근거인 '실질적 법치주의와 행정처분의 상대방인 국민에 대한 신뢰보호'[68]는 여전히 유효하고 타당하다고 판단된다.

> 이와 같이 기본적 사실관계와 동일성이 인정되지 않는 별개의 사실을 들어 처분사유로 주장하는 것이 허용되지 않는다고 해석하는 이유는 행정처분의 상대방의 방어권을 보장함으로써 실질적 법치주의를 구현하고 행정처분의 상대방에 대한 신뢰를 보호하고자 함에 그 취지가 있고, 추가 또는 변경된 사유가 당초의 처분시 그 사유를 명기하지 않았을 뿐 처분시에 이미 존재하고 있었고 당사자도 그 사실을 알고 있었다 하여 당초의 처분사유와 동일성이 있는 것이라 할 수 없다.[69]

위 대법원 판례에서 잘 지적하고 있는 바와 같이 처분사유의 사후변경으로 인하여 처분 상대방의 방어권(Rechtsverteidigung)이 침해되어서는 아니 되며, 이 부분 실질적 법치주의와 처분 상대방인 국민에 대한 신뢰보호를 바탕으로 한 치열한 법익형량이 요구되기 때문이다.

Ⅳ. 결론

이제까지 국내 문헌에서 심층적으로 다루지 못했던 문제, 취소소송의 소송물과 행정절차법상 처분이유제시제도, 그리고 취소소송에 있어 처분사유 추가・변경 법리를 상호 관련하에 논의해 보았다. 아직 많은 쟁점들이 충분히 천착되지 못한 채 남아 있기는 하지만, 처분이유제시제도의 취지와 영향범위(Reichweite), 취소소송에 있어 처분사유 추가・변경과의 관계, 그리고 이들 문제와 취소소송 소송물과의 연관성 등을 검토하여 향후 관련 입법 발전과 법리 전개에 참조할 수 있는 기초자료를 제공하고자 시도하였다. 취소소송의 소송물과 처분이유제시제도, 처분사유의 추가・변경에 관한 보다 더 심화된 연구와 논의가 이루어지기를 기대한다.

---

68) 대법원 2004.11.26. 선고 2004두4482 판결(산림형질변경불허가처분취소). 이는 대법원의 확고한 입장이다. 다수의 판례가 있으나 비교적 최근 것으로는 대법원 2013.8.22. 선고 2011두28301 판결(이주대책대상자거부처분취소)을 참조.

69) 대법원 2003.12.11. 선고 2001두8827 판결(정보공개청구거부처분취소).

제48장

취소소송 판결의 효력*

Ⅰ. 쟁점

취소소송의 심리결과 사건이 종국판결을 내릴 수 있을 만큼 성숙되었다고 판단되면 법원은 심리를 종결하고 판결을 내린다. 이처럼 취소소송은, 소 취하, 당사자(원고)의 소멸 등과 같은 사유로 종료될 수도 있으나, 일반적으로는 법원의 종국판결로 종료되는 것이 원칙이다.

취소소송의 (확정)판결은 어떠한 효력을 가지는가? 취소소송의 판결을 통해 소송을 통해 추구한 목적이 제대로 실현될 수 있는가? 취소소송 판결의 효력과 관련된 법적 쟁점들이 적지 않다. 우선 취소소송 판결의 종류와 위법 판단 기준시점 등 취소소송 판결에 대한 일반적 사항을 살펴본 후 판결 효력을 둘러싼 쟁점을 분석해 보기로 한다.

Ⅱ. 취소소송의 판결과 위법 판단 기준시점

취소소송의 판결이란 법원이 소송의 대상인 구체적 쟁송을 해결하기 위하여 무엇이 법인지를 판단하여 선언하는 행위이다. 취소소송의 판결에 관하여는 판결의 종류, 위법판단의 기준시점·처분이유의 사후변경, 판결의 효력 등이 특히 문제된다.

* 홍준형, 『행정쟁송법』, 도서출판 오래, 2017, 343-381을 토대로 수정·보완한 것임.

1. 판결의 종류

(1) 중간판결과 종국판결

중간판결은 종국판결을 할 준비로서 소송진행 중에 제기된 개개의 쟁점을 해결하기 위한 확인적 성질의 판결을 말하며(가령 피고의 방소항변(妨訴抗辯)을 기각하는 경우), 종국판결은 사건의 전부나 일부에 관하여 심급종료의 효력을 갖는 판결을 말한다.

(2) 소송판결과 본안판결

소송판결은 소송의 적부에 대한 판결로서 요건심리의 결과 당해 소송을 부적법한 것이라 하여 각하하는 판결이며, 본안판결은 청구의 당부에 대한 판결로서 본안심리의 결과 청구의 전부 또는 일부를 인용하거나 기각하는 것을 내용으로 하는 것이다.

(3) 인용판결과 기각판결

청구가 이유 있다고 인정될 경우 법원은 종국판결로써 계쟁처분의 전부 또는 일부를 직접 취소하는데, 이를 인용판결이라고 하며(형성판결), 기각판결이란 청구가 이유 없다고 판단되는 경우 내리는 판결을 말한다. 청구기각의 판결은 형성(취소)요건의 부존재를 확인하는 소극적 확인판결의 성질을 가진다. 다만 소송청구가 이유 있다고 인정되는 경우에도 이를 인용하는 것이 현저히 공공복리에 적합하지 아니하다고 인정할 때에는 소송청구를 기각하는, 이른바 사정판결이 예외적으로 행해질 수 있다(§ 28 ①).

2. 위법판단의 기준시점

취소소송의 대상인 처분등의 위법성을 어느 시점의 법 및 사실상태를 기준으로 판단할 것인가 하는 것이 문제된다. 가령 처분등이 행해진 뒤 당해 처분의 근거법령이 개폐되거나 사실상태가 변동된 경우 이러한 위법판단의 기준시점을 어디에 두느냐에 따라 사건의 결론이 좌우되게 된다. 이에 관하여는 처분시설과 판결시설이 대립되어 있다.

(1) 처분시설

이는 행정소송에서 당해 처분등의 위법여부에 대한 판단은 행위시의 법령 및 상태를 기준으로 하여야 한다는 견해로서 오늘날의 통설 · 판례[1]이다. 이 견해는 취소소송의 본질을 처분등에 대한 사법적 사후심사로 보므로, 판결시를 기준으로 하면 법원에게 행정감독적 기능을 인정하는 결과가 되어 부당하다는 것이다.

<위법판단의 기준으로서 처분시>

행정소송에서 행정처분의 위법 여부는 행정처분이 행하여졌을 때의 법령과 사실상태를 기준으로 하여 판단하여야 하고, 처분 후 법령의 개폐나 사실상태의 변동에 의하여 영향을 받지는 않는다.[2]

항고소송에 있어서 행정처분의 위법 여부를 판단하는 기준 시점에 대하여 판결시가 아니라 처분시라고 하는 의미는 행정처분이 있을 때의 법령과 사실상태를 기준으로 하여 위법 여부를 판단할 것이며 처분 후 법령의 개폐나 사실상태의 변동에 영향을 받지 않는다는 뜻이고 처분 당시 존재하였던 자료나 행정청에 제출되었던 자료만으로 위법 여부를 판단한다는 의미는 아니므로, 처분 당시의 사실상태 등에 대한 입증은 사실심 변론종결 당시까지 할 수 있고, 법원은 행정처분 당시 행정청이 알고 있었던 자료뿐만 아니라 사실심 변론종결 당시까지 제출된 모든 자료를 종합하여 처분 당시 존재하였던 객관적 사실을 확정하고 그 사실에 기초하여 처분의 위법 여부를 판단할 수 있다.[3]

(2) 판결시설

계쟁처분의 효력이 현행법규에 비추어 유지될 수 있는지를 결정하는 것이 취소소송의 목적이라고 보아, 처분의 취소여부는 판결시(변론종결시)를 기준으로 판단해야 한다고 한다.

(3) 결론

생각건대 취소소송의 본래취지가 법원으로 하여금 처분의 적법성을 사후심사하도록 함으로써 법치주의를 보장하는 데 있는 것이라면, 원칙적으로 처분시설이 타당하다고 해야 할 것이다.[4]

---

1) 대법원 1987.8.18. 선고 87누235 판결; 1983.6.28. 선고 82누182 판결.
2) 대법원 2007.5.11. 선고 2007두1811 판결(공사중지명령처분취소).
3) 대법원 1993.5.27. 선고 92누19033 판결. 이 판결에 관해서는 그 판결취지상 위법판단의 기준시가 실질적으로 사실심변론종결시로 되는 셈이라는 견해가 있으나(이상규, 「행정판례회고」, 『인권과 정의』, 1994.5.) 이는 오해라는 비판이 있다(김태우, 「취소소송에 있어서 처분사유의 추가 · 변경」, 『인권과 정의』, 1995.6., 49 각주 6). 위법판단의 기준시와 위법판단의 근거로 삼을 수 있는 자료의 제출시기는 이를 구별하여야 하며 위 대법원판결은 이 점을 분명히 밝힌 것에 지나지 않는다. 따라서 위 판결로 처분시설을 취해 온 대법원의 입장이 달라졌다고 볼 수는 없다. 반면 종전의 대법원 판례 중에는 "행정처분의 적법여부는 특별한 사정이 없는 한 그 처분 당시를 기준으로 하여 판단할 것이므로 그 처분 당시에 제출되지 아니한 새로운 사실은 그 처분의 적법여부를 판정하는 자료로 삼을 수 없다."라고 하여 위의 판지와는 달리 사실상태에 관한 입증자료를 처분시까지 제출하여야 한다는 판단을 보인 것이 있으나(대법원 1989.3.28. 선고 88누12257 판결) 이는 바로 위 판결에 의하여 시정된 것이라고 보아야 할 것이다.
4) 이것은 독일에서의 통설과 판례이기도 한다(W.S. Glaeser, *Verwaltungsprozeßrecht*, 14.Aufl., Boorberg, 1997, S.282, Rn.521; BVerwGE 72, 300, 311ff.).

만일 법원이 처분시 이후에 변경된 법 및 사실상태를 기준으로 처분의 적법여하를 결정할 수 있도록 한다면, 이는 권리보호를 구하는 국민에게 법적 불안을 초래하게 될 뿐만 아니라 행정청의 제1차적 판단권을 침해하는 결과가 될 것이다. 다만 계속적 효과를 지닌 처분(VA mit Dauerwirkung)에 관하여는 예외적으로 판결시설이 타당하다고 본다.5)

참고로 독일의 경우 이와 같은 계속효 있는 행정행위의 경우 원고의 입장에서는 처분당시의 위법여하는 중요한 관심사가 아니며 오로지 사실심변론종결시의 법 및 사실상태에 따른 처분의 취소가 문제될 뿐이다. 이를 근거로 위법판단의 기준시점을, 통설·판례와는 달리, 소송청구의 내용(Inhalt des Klageantrags)에 따라 상대화시키려는 반론이 제기되고 있다.6)

Ⅲ. 판결의 효력

취소소송 절차는 소취하등 특별한 사정이 없는 한 앞서 본 바와 같은 종국판결로 일단 종료되고, 이 종국판결은 상소기간의 도과나 상소권의 포기 등에 의하여 확정됨으로써 확정판결이 행정소송법 소정의 효력을 발생하게 된다. 취소소송의 판결의 효력으로는 자박력, 구속력, 형성력, 기판력, 그리고 행정소송법 특유의 집행보장제도인 간접강제를 들 수 있다.

1. 자박력

법원이 판결을 선고하면 선고법원 자신도 판결의 내용을 취소·변경할 수 없는 구속을 받는다. 이를 자박력 또는 불가변력이라 하며, 민사소송법에서 말하는 기속력에 해당한다. 이것은 확정판결의 효력이 아니라 판결 일반의 효력이다. 판결의 위산·오기 기타 이에 유사한 오류를 법원이 직권 또는 당사자의 신청에 따라 경정하는 판결의 경정은 판결내용과 무관한 형식상의 흠을 보정하는 것이므로 자박력과 무관하게 허용된다(민사소송법 § 211; 행정소송법 § 8 ②).

5) 독일 연방행정법원의 판례도 이러한 예외를 인정한다(BVerwGE 49, 148/160).
6) 이에 관하여는 W.S. Glaeser, a.a.O., Rn.521ff.를 참조.

2. 구속력(기속력)

(1) 의의 및 성질

확정판결은 소송당사자와 관계행정청이 판결의 취지에 따라 행동할 실체법적 의무를 발생시키는 효력을 가진다. 즉, 처분등을 취소하는 확정판결은 그 사건에 관하여 당사자인 행정청과 그 밖의 관계행정청을 기속한다(행정소송법 § 30 ①). 이를 판결의 구속력 또는 기속력이라 한다. 구속력의 성질에 대해서는 기판력설[7]과 특수효력설이 대립되고 있으나, 구속력을 취소판결의 실효성 담보를 위하여 행정소송법이 부여한 특수한 효력으로 보는 후설이 통설이다.

(2) 내용

구속력의 내용은 반복금지효와 적극적 처분의무의 부과로 나누어 설명될 수 있다.

① 반복금지효

취소판결 등 청구를 인용하는 판결이 확정되면 행정청은 동일한 사실관계 아래서 동일한 당사자에 대하여 동일한 내용의 처분 등을 반복하여서는 아니 된다(§ 30 ①). 그러나 형식·절차상 위법으로 취소된 경우 그 형식·절차상 위법을 시정하여 동일한 처분을 할 수 있다.

<관련판례>

행정소송법 제30조 제1항, 제2항의 규정에 의하면 행정처분을 취소하는 확정판결은 그 사건에 관하여 당사자인 행정청을 기속하고 판결에 의하여 취소되는 처분이 당사자의 신청을 거부하는 것을 내용으로 하는 경우에는 그 처분을 행한 행정청은 판결의 취지에 따라 다시 이전의 신청에 대한 처분을 하도록 되어 있으므로, **확정판결의 당사자인 처분행정청이 그 행정소송의 사실심 변론종결 이전의 사유를 내세워 다시 확정판결과 저촉되는 행정처분을 하는 것은 허용되지 않는 것으로서 이러한 행정처분은 그 하자가 중대하고도 명백한 것이어서 당연무효**라 할 것이다(당원 1982.5.11. 선고 80누104 판결 및 1989.9.12. 선고 89누985 판결 각 참조).[8]

위 판결은 '확정판결의 기판력'에 저촉되어 허용될 수 없다고 하여 구속력을 기판력의 일종으로 보고 있다. 한편 위 판결에서 '사실심 변론종결 이전의 사유를 내세워 다시 확정판결과 저촉되는 행정처

7) 후술하듯 판례의 입장이다. 대법원 1989.9.12. 선고 89누895 판결; 동지 대법원 1990.12.11. 선고 90누3560 판결.
8) 대법원 1990.12.11. 선고 90누3560 판결(토지형질변경허가신청불허가처분취소).

분을 하는 것은 허용되지 않는 것'이라고 한 것에 대해서는, 이는 위법판단의 기준시에 관하여 처분시설을 취하는 한 잘못이며 '처분시 이전'이라고 해야 맞다는 지적이 있다.[9]

② 적극적 처분의무

거부처분의 취소판결이 확정되면 당해 행정청은 판결의 취지에 따라 원래의 신청에 대한 처분을 하여야 한다(§ 30 ②). 이것은 거부처분취소판결의 실효성을 일종의 간접강제를 통하여 확보하기 위한 전제로 규정된 것이다.

이 조항은 신청에 따른 처분이 절차의 위법을 이유로 취소되는 경우에도 준용된다(동조 ③). 즉 제3자의 제소에 의하여 당초 신청을 인용한 처분이 절차의 위법을 이유로 취소된 경우에도 처분청은 판결의 취지에 따라 적법한 절차에 의하여 이전의 신청에 대한 처분을 다시 하여야 한다. 그러나 절차의 위법을 이유로 하지 않고 실체적 위법을 이유로 원래의 인용처분이 취소된 경우에는 취소판결의 효력에 의하여 행정청이 원신청자에게 재차 인용처분을 하지 못하게 된다.[10] 여기서 절차란 상급감독청의 승인, 타기관의 동의, 의결 등에 관한 좁은 의미의 그뿐만 아니라 처분주체에 관한 요건(합의제기관의 구성, 권한유무), 형식요건, 그리고 재량권행사의 절차도 포함될 수 있다.

거부처분의 취소판결이 확정되었을 때 행정청이 판결의 취지를 존중하여 이전의 신청에 대한 처분을 하여야 한다는 것은 취소판결의 취지를 자신의 판단의 기초로 삼아 처분을 하여야 한다는 것을 말한다. 그 구체적인 내용은, 당초 신청된 처분이 기속처분인 경우와 행정청이 처분신청을 거부할 수 있는 재량권을 가졌으나 그 거부처분이 재량의 한계일탈 또는 남용에 해당되어 취소된 경우(§ 27)로 나누어 볼 수 있다. 전자의 경우에는 피고 행정청은 신청을 인용하는 것이 원칙이겠지만, 당초의 거부처분의 이유와 다른 이유가 있을 경우에는 다시 거부처분을 내릴 수도 있을 것이다. 다만 처분사유의 사후변경이 허용된 경우, 또는 앞서 본 판례[11]와 같이 "취소소송에서 행정청은 당초 처분의 근거로 삼은 사유와 기본적 사실관계가 동일하다고 인정되는 한도 내에서만 다른 처분사유를 새로 추가하거나 변경할 수 있을 뿐"이라고 보아, 피고 행정청에 의해 거부처분의 이유가 추가 또는 변경된 경우에는, 다시 변경된 이유를 들어 거부처분을 내릴 수는 없게 될 것이다. 후자의 경우에 있어 판결의 취지란 결국 '하자 없는 재량행사의 지시'가 될 것이므로, 행정청은, 재량권의 축소(Ermessensreduktion auf Null)가 이루어져 인용처분만이 유일한 대안으로 인정되는 경우에는 인용처분을 해야 하겠지만, 그러한 경우가 아닌 한, 다시금 재량을 행사하여 처분을 해야 할 것이다.

---

9) 석호철, 「기속력의 범위로서의 처분사유의 동일」, 『행정판례연구』 V, 271.
10) 김도창, 『일반행정법론(상)』, 청운사, 1993, 819.
11) 대법원 1989.12.8. 선고 88누9299 판결.

<기속력 관련 판례>

행정소송법 제30조 제1항에 의하여 인정되는 취소소송에서 처분등을 취소하는 확정판결의 기속력은 주로 판결의 실효성 확보를 위하여 인정되는 효력으로서 판결의 주문뿐만 아니라 그 전제가 되는 처분등의 구체적 위법사유에 관한 이유 중의 판단에 대하여도 인정되고, 같은 조 제2항의 규정상 특히 거부처분에 대한 취소판결이 확정된 경우에는 그 처분을 행한 행정청은 판결의 취지에 따라 다시 처분을 하여야 할 의무를 부담하게 되므로, 취소소송에서 소송의 대상이 된 거부처분을 실체법상의 위법사유에 기하여 취소하는 판결이 확정된 경우에는 당해 거부처분을 한 행정청은 원칙적으로 신청을 인용하는 처분을 하여야 하고, 사실심 변론종결 이전의 사유를 내세워 다시 거부처분을 하는 것은 확정판결의 기속력에 저촉되어 허용되지 아니한다.[12)]

<거부처분을 취소한 확정판결의 취지에 따른 재처분>

1. 행정행위의 취소라 함은 일단 유효하게 성립한 행정처분이 위법 또는 부당함을 이유로 소급하여 그 효력을 소멸시키는 별도의 행정처분을 말하고, 행정청은 종전 처분과 양립할 수 없는 처분을 함으로써 묵시적으로 종전 처분을 취소할 수도 있으나, 행정행위 중 당사자의 신청에 의하여 인·허가 또는 면허 등 이익을 주거나 그 신청을 거부하는 처분을 하는 것을 내용으로 하는 이른바 신청에 의한 처분의 경우에는 신청에 대하여 일단 거부처분이 행해지면 그 거부처분이 적법한 절차에 의하여 취소되지 않는 한, 사유를 추가하여 거부처분을 반복하는 것은 존재하지도 않는 신청에 대한 거부처분으로서 당연무효이다.
2. 행정소송법 제30조 제2항에 의하면, 행정청의 거부처분을 취소하는 판결이 확정된 경우에는 그 처분을 행한 행정청은 판결의 취지에 따라 이전의 신청에 대하여 재처분할 의무가 있고, 이 경우 확정판결의 당사자인 처분 행정청은 그 행정소송의 사실심 변론종결 이후 발생한 새로운 사유를 내세워 다시 이전의 신청에 대하여 거부처분을 할 수 있으며, 그러한 처분도 이 조항에 규정된 재처분에 해당한다.[13)]

<절차 · 방법의 위법과 확정판결의 취지에 따른 재처분>

1. 행정소송법 제30조 제2항의 규정에 의하면 행정청의 거부처분을 취소하는 판결이 확정된 경우에는 그 처분을 행한 행정청이 판결의 취지에 따라 이전의 신청에 대하여 재처분할 의무가 있다고 할 것이나, 그 취소사유가 행정처분의 절차, 방법의 위법으로 인한 것이라면 그 처분 행정청은 그 확정판결의 취지에 따라 그 위법사유를 보완하여 다시 종전의 신청에 대한 거부처분을 할 수 있고, 그러한 처분도 위 조항에 규정된 재처분에 해당한다.
2. 방송위원회가 중계유선방송사업자에게 한 종합유선방송사업 승인거부처분이 심사의 기준시점을 경원자와 달리하여 평가한 것이 위법이라는 사유로 취소하는 확정판결의 취지에 따라 재처분 무렵을

12) 대법원 2001.3.23. 선고 99두5238 판결(손실보상재결처분취소).
13) 대법원 1999.12.28. 선고 98두1895 판결(토지형질변경불허가처분취소).

기준으로 재심사한 결과에 따라 이루어진 재승인거부처분도 행정소송법 제30조 제2항에 규정된 재처분에 해당한다고 한 사례.14)

<재처분의무와 '새로운' 사유에 의한 재거부처분>

행정소송법 제30조 제2항에 의하면, 행정청의 거부처분을 취소하는 판결이 확정된 경우에는 처분을 행한 행정청이 판결의 취지에 따라 이전 신청에 대하여 재처분을 할 의무가 있다. 행정처분의 적법 여부는 행정처분이 행하여진 때의 법령과 사실을 기준으로 판단하는 것이므로 확정판결의 당사자인 처분 행정청은 종전 처분 후에 발생한 새로운 사유를 내세워 다시 거부처분을 할 수 있고, 그러한 처분도 위 조항에 규정된 재처분에 해당한다. 여기에서 '새로운 사유'인지는 종전 처분에 관하여 위법한 것으로 판결에서 판단된 사유와 기본적 사실관계의 동일성이 인정되는 사유인지에 따라 판단되어야 하고, 기본적 사실관계의 동일성 유무는 처분사유를 법률적으로 평가하기 이전의 구체적인 사실에 착안하여 그 기초인 사회적 사실관계가 기본적인 점에서 동일한지에 따라 결정되며, 추가 또는 변경된 사유가 처분 당시에 그 사유를 명기하지 않았을 뿐 이미 존재하고 있었고 당사자도 그 사실을 알고 있었다고 하여 당초 처분사유와 동일성이 있는 것이라고 할 수는 없다.15)

그러나 거부처분을 취소하는 확정판결은 거부처분을 행한 행정청으로 하여금 그 판결의 취지에 따라 다시 이전의 신청에 대한 처분을 하도록 하는 기속력을 가지지만, 그 판결을 채무명의로 하여 행정청의 재처분의무를 민사집행법상 강제집행절차에 의하여 실현할 수 있는 집행력을 가지는 것은 아니라는 것이 대법원의 판례이다.

<거부처분 취소판결의 기속력과 집행력>

1. 청구취지 자체가 법률적으로 부당하거나 그 청구원인과 서로 맞지 아니함이 명백한 경우, 법원으로서는 원고가 소로써 달성하려는 진정한 목적이 무엇인가를 석명하여 청구취지를 바로잡아야 하고, 그 경우 원고가 청구원인사실을 그대로 유지하면서 청구취지만을 변경하였다면 동일한 청구원인사실을 기초로 청구취지만을 변경한 것에 불과하므로 이를 가리켜 청구의 기초에 변경이 있다고 할 수는 없다.

---

14) 대법원 2005.1.14. 선고 2003두13045 판결(종합유선방송사업승인거부처분취소등).

15) 대법원 2011.10.27. 선고 2011두14401 판결(건축불허가처분취소): 고양시장이 갑 주식회사의 공동주택 건립을 위한 주택건설사업계획승인 신청에 대하여 미디어밸리 조성을 위한 시가화예정 지역이라는 이유로 거부하자, 갑 회사가 거부처분의 취소를 구하는 소송을 제기하여 승소판결을 받았고 위 판결이 그대로 확정되었는데, 이후 고양시장이 해당 토지 일대가 개발행위허가 제한지역으로 지정되었다는 이유로 다시 거부하는 처분을 한 사안에서, 재거부처분은 종전 거부처분 후 해당 토지 일대가 개발행위허가 제한지역으로 지정되었다는 새로운 사실을 사유로 하는 것으로, 이는 종전 거부처분 사유와 내용상 기초가 되는 구체적인 사실관계가 달라 기본적 사실관계가 동일하다고 볼 수 없다는 이유로, 행정소송법 제30조 제2항에서 정한 재처분에 해당하고 종전 거부처분을 취소한 확정판결의 기속력에 반하는 것은 아니라고 본 원심판단을 수긍한 사례.

2. 거부처분 취소판결은 거부처분을 행한 행정청으로 하여금 그 판결의 취지에 따라 다시 이전의 신청에 대한 처분을 하도록 하는 기속력을 갖기는 하지만(행정소송법 제30조 제2항 참조), 그 판결을 채무명의로 하여 행정청의 재처분의무를 민사소송법상의 강제집행절차에 의하여 실현할 수 있는 집행력을 갖지는 못한다.
3. 청구취지상으로는 거부처분 취소판결의 집행력 배제를 구하고 있지만 그 청구원인에서는 거부처분 취소판결의 취지에 따른 처분을 하였음을 이유로 거부처분 취소판결의 간접강제결정의 집행력 배제를 구하고 있는 소송에서 청구원인은 그대로 둔 채 청구취지만을 예비적으로 간접강제결정의 집행력 배제를 구하는 소로 변경한 경우, 청구의 기초에 변경이 없다.[16]

(3) 범위

구속력은 당사자인 행정청뿐만 아니라 그 밖의 모든 관계행정청에 대하여(주관적 범위), 판결주문 및 그 전제가 된 요건사실의 인정과 효력의 판단에 한하여(객관적 범위) 미친다.

(4) 위반의 효과

구속력에 위반한 행정청의 행위는 위법한 행위로 위법・무효가 된다.

3. 형성력

(1) 의의

판결의 형성력이란 확정판결이 기존의 법률관계 또는 법률상태에 변동(발생・변경・소멸)을 가져오는 효력을 말한다.

<판례>

취소한 행정처분의 취소를 구하는 소는 형성의 소에 속하고, 원고승소의 형성권의 존재를 확인하고 법률상태의 변경, 즉 형성의 효과를 낳게 하는 것이므로, 형성권 존재확인점에 관하여 기판력이 생기고, 형성의 효과를 낳게 하는 점에서 창설력을 낳게 하는 것이다.[17]

(2) 당연형성

취소소송과 같은 형성의 소에 있어 취소판결이 확정되면 행정청의 별도의 행위를 기다릴 것

---

16) 대법원 2001.11.13. 선고 99두2017 판결.
17) 대법원 1960.8.31. 선고 4291행상118 판결.

없이, 계쟁처분의 효력이 소급적으로 소멸하여 처음부터 그러한 처분이 없었던 것과 같은 효과를 가져 온다.

(3) 제3자효

형성력은 소송에 관여하지 않은 제3자에게도 미친다(대세적 효력: § 29 ①). 이와 같이 형성력의 대세효(제3자효)로 인하여 생기는 불합리를 시정하기 위하여 행정소송법은 제3자의 소송참여 및 제3자 재심의 소를 인정한 것이다(§ 31).

<관련판례>

행정처분취소판결이 제3자에 대하여도 효력이 있다는 뜻은 제3자라 하더라도 그 취소판결의 존재와 그 취소판결에 의하여 형성되는 법률관계를 용인하여야 한다는 것이다.[18]

4. 확정력

(1) 형식적 확정력

형식적 확정력은 특히 상소권의 포기, 상소의 취하 또는 상소기간의 도과등으로 인하여 판결이 더 이상 다툴 수 없게 되었을 때(판결의 형식적 확정) 발생한다. 이러한 형식적 확정력은 판결(소송판결을 포함)뿐만 아니라 결정, 그리고 원칙적으로 불복가능한 모든 종류의 재판상 결정들에 대해서 인정된다.

(2) 실질적 확정력(기판력)

① 의의

실질적 확정력 또는 기판력이란 확정된 종국판결의 소송물에 관한 판단내용이 갖는 기준성 또는 규준력(Maßgeblichkeit des Inhalts des Urteils)을 말한다. 이것은 법치국가원칙에서 유출되는 법적 안정성의 표현으로서 법적 평화의 실현에 이바지한다.[19] 실질적 확정력은 종국판결 중 본안판결에만 인정되고 소송판결 및 중간판결 기타 재판상 결정들에 대해서는 인정되지 않는다.

---

18) 대법원 1986.8.19. 선고 83다카2022 판결.

19) BVerfGE 60, 269; BVerwGE 47, 165; *NJW*, 1982, S.2426: K.H. Schwab und P. Gottwald, *Verfassung und Zivilprozeß*, E u. W Gieseking, 1984, S.28f.

② 내용

실질적 확정력(기판력)은 지배적인 소송법적 확정력이론[20]에 따르면 동일한 소송물에 관한 동일당사자(또는 권리승계인) 간의 후소에서 법원과 당사자가 확정판결의 내용에 구속되는 효력을 말한다. 실질적 확정력과 형식적 확정력은, 후자가 전자의 전제조건이 된다는 점, 그리고 전자는 형식적으로 확정된 판결을 내용적으로 확보해 준다는 점에서 상호보완적인 관계를 맺고 있다. 기판력의 내용은 모순금지효와 일사부재리효로 구성된다.

(가) 모순금지(내용적 구속)

실질적 확정력은 형식적으로 확정된 판결이 이미 종료된 소송 외에서 특히 후소에서 법원과 당사자를 구속하는 힘이다. 그것은 어느 소송당사자도 이미 소송물에 대하여 내려진 판결의 적정성에 의문을 제기할 수 없다는 것을 의미한다. 그럼에도 불구하고 어느 한 당사자가 다시 법원에 이러한 문제를 제기한다고 해도, 후소법원은 동일소송물에 대한 전소법원의 판결에 구속되므로 결과적으로 소용이 없게 된다. 후소법원은 이러한 전소법원의 판결을 그 타당성에 대한 심리를 실시함이 없이 자기 판결의 기초로 삼아야 한다. 가령 취소판결 확정 후, 행정청은 당해 처분의 위법을 이유로 한 국가배상청구소송에서 처분이 적법이었음을 주장할 수 없다.[21]

<관련판례>

피고(행정소송의 원고)의 청구를 기각한 행정소송 판결이 확정되면, 동 확정판결의 기판력의 작용으로, 피고는 다시 별도의 민사소송으로 원고에 대하여 동 판결이 확인한 법률관계의 내용에 반하는 주장을 할 수 없고, 법원도 그 판결내용에 저촉되는 판단을 할 수 없다.[22]

(나) 일사부재리

실질적 확정력은 또한 동일 소송물에 관하여 다시 소를 제기하지 못한다는 점에서 일사부재리의 효과를 발생한다고 이해되고 있다. 이미 취소소송의 소송요건에 관하여 보았듯이 동일 소송물에 대한 기판력 있는 판결이 있을 경우에는 소는 부적법한 것으로 각하된다.[23]

---

20) L. Rosenberg und K.H. Schwab, *Zivilprozeßrecht*, 14.Aufl., 1986, § 152 III, S.972; *EF*, § 121 Rn.4. 반면 실체법적 확정력이론(materielle Rechtskrafttheorie)에 따르면 확정력은 판결에의 구속뿐만 아니라 실체법적으로 당사자 간의 법률관계를 형성하는 효력을 갖는다고 하게 된다.

21) 김철용, 「취소소송판결의 기판력과 국가배상소송」, 『고시계』, 1985.7.; 동지 김남진, 『행정법 I』, 815-816. 이에 대한 이견으로는 서원우, 「위법성의 상대화론과 법률에 의한 행정의 원리」, 『고시계』, 1985.3.을 참조.

22) 대법원 1959.7.30. 선고 4291민상914 판결.

그러나 행정소송법에 관한 문헌과 판례에서 주장되고 있는, 실질적 확정력이 다른 판결뿐만 아니라 동일사안에 관한 일체의 판결을 배제한다는 견해(민사소송에 관해서도 주장되고 있는 반복금지효 또는 일사부재리이론: *ne bis in idem*)는 울레(Ule)[24]나 슈미트 글래저(Schmitt Glaeser)[25]에 따르면 행정소송의 본질, 특히 취소소송의 본질에 부합되지 않는다고 한다. 승소한 취소소송의 원고에 대해 그 취소된 행정행위가 기초로 삼았던 법 및 사실상태가 변경되지 않았음에도 불구하고 다시금 동일한 내용의 제2의 행정행위가 행해질 경우, 원고에게는 이에 대한 새로운 취소소송을 제기하여 단지 전소판결의 확정력을 원용하는 것만으로도 다시금 승소판결을 얻을 수 있는 가능성이 주어지지 않으면 안 된다. 만일 이 경우 실질적 확정력에 반복금지효를 결부시키려는 견해에 의한다면 그 제2의 행정행위에 대한 취소소송은 부적법한 것으로서 각하되어야만 한다는 결과가 되기 때문이다. 이러한 결과가 부당한 것임은 제2의 행정행위가 원고를 구속하는 효력을 발생한다는 점만을 생각해도 분명하다는 것이다.

③ 기판력의 범위

(가) 주관적 범위(인적 범위)

취소소송 본안판결의 기판력은 당사자 및 이와 동일시할 수 있는 자에게만 미치며 제3자에게는 미치지 않는다(기판력의 상대성). 형성력이 제3자에 미치는 것과 구별되는 점이다.

(나) 객관적 범위(물적 범위)

기판력은 판결의 주문에 포함된 것에 한하여 발생하는 것이 원칙이다. 따라서 판결이유 중 판단된 사실인정, 선결적 법률관계, 항변 그리고 법률적 성질결정에 대해서는 기판력이 미치지 않는다. 다만 취소소송의 경우 주문은 보통 "…… 처분을 취소한다." 또는 "원고의 청구를 기각한다."라는 식으로 되어 있어 판결이유에 나타난 위법 또는 적법사유와 연관시키지 않으면 무엇이 실질적으로 확정되었는지를 알 수 없다. 따라서 기판력은 판결 이유가 된 처분의 위법사유(인용판결)와 적법사유(기각판결)에 관하여도 발생한다고 보아야 할 것이다.[26]

---

23) W.S. Glaeser, a.a.O., Rn.111.
24) C.H. Ule, *Verwaltungsprozeßrecht: Ein Studienbuch*, 8.Aufl., Beck, 1983, S.297.
25) W.S. Glaeser, a.a.O., Rn.114.
26) 김도창, 『일반행정법론(상)』, 816. 그러나 김남진, 『행정법 I』, 법문사, 1998, 826; 대법원 1987.6.9. 선고 86다카2756 판결 등은 판결의 주문에 포함된 것, 즉 소송물로 주장된 법률관계의 존부에 관한 판단의 결론 그 자체에만 미친다고 한다.

<취소판결 기판력의 범위>

과세처분시 납세고지서에 과세표준, 세율, 세액의 산출근거 등이 누락되어 있어, 이러한 절차 내지 형식의 위법을 이유로 과세처분을 취소하는 판결이 확정된 경우에, 그 확정판결의 기판력은 확정판결에 적시된 절차 내지 형식의 위법사유에 한하여 미친다고 할 것이므로, 과세처분권자가 그 확정판결에 적시된 위법사유를 보완하여 행한 새로운 과세처분은, 확정판결에 의하여 취소된 종전의 과세처분과는 별개의 처분으로서, 확정판결의 기판력에 저촉되는 것은 아니다.[27]

취소소송의 기판력의 객관적 범위와 관련하여 그 확정판결의 기판력이 후에 제기된 국가배상소송에 어떤 영향을 미치는지가 문제될 수 있다. 취소소송 확정판결의 기판력이 후소로 제기된 국가배상소송에 미칠 수 있는 영향은 이를 크게 두 가지 경우로 나누어 볼 수 있다. 첫째, 취소소송의 인용판결이 확정된 경우에는 처분의 위법성이 그 전제로 되어 있는 이상, 후소에서 이와 모순되는 판단을 할 수 없다고 보아야 할 것이다. 기판력이란 바로 이러한 경우 후소에서의 모순금지를 의미하는 것이기 때문이다.[28] 둘째, 취소소송의 기각판결이 확정된 경우에는 그 적법사유에 관하여는 기판력이 발생하지만, 그 밖의 다른 사유에 관하여는 기판력이 미치지 않는다고 보아야 한다. 따라서 후소인 국가배상소송에서는 선결문제인 처분의 위법성이 기각판결에 의하여 부정적으로 판단되었을지라도 그 기판력은 그 적법사유에 한하여 미칠 뿐이고, 당해 처분에 그 밖의 다른 위법사유가 있는 경우에는 그 위법사유를 근거로 국가배상청구를 인용하는 것도 가능하다고 보아야 할 것이다.

<관련판례: 과세처분 취소소송의 기판력의 범위>

1. 과세처분의 취소소송은 과세처분의 실체적, 절차적 위법을 그 취소원인으로 하는 것으로서 그 심리의 대상은 과세관청의 과세처분에 의하여 인정된 조세채무인 과세표준 및 세액의 객관적 존부, 즉 당해 과세처분의 적부가 심리의 대상이 되는 것이며, 과세처분 취소청구를 기각하는 판결이 확정되면 그 처분이 적법하다는 점에 관하여 기판력이 생기고 그 후 원고가 이를 무효라 하여 무효확인을 소구할 수 없는 것이어서 **과세처분의 취소소송에서 청구가 기각된 확정판결의 기판력은 그 과세처분의 무효확인을 구하는 소송에도 미친다.**
2. 과세처분 취소소송의 피고는 처분청이므로 행정청을 피고로 하는 취소소송에 있어서의 기판력은 당해 처분이 귀속하는 국가 또는 공공단체에 미친다.
3. 시장·군수가 토지등급결정을 한 후 구 지방세법시행규칙 제43조에 의하여 열람을 위한 공고나 그에 갈음하는 개별통지를 하지 않거나 거기에 무효원인인 하자가 있어 그 토지등급결정이 효력이 없는 경우, 그 등급을 기초로 종합토지세 등의 부과처분을 하였다고 하더라도 이는 토지등급을 잘못

27) 대법원 1986.11.11. 선고 85누213 판결.
28) 이 점은 이미 기판력의 모순금지효와 관련하여 본 바와 같다.

인정하여 과세표준액과 세액의 결정에 하자가 있는 것으로서, 그와 같은 위법은 그 하자가 중대하다고 볼 수 있을지는 몰라도 그것이 객관적으로 명백하다고 볼 수 없어 당연무효가 아니고 취소 대상이 될 뿐이다.29)

(다) 시간적 범위

기판력은 사실심변론종결시를 기준으로 하여 발생한다. 따라서 처분청은 그 이전의 사유를 내세워 확정판결과 저촉되는 처분을 할 수 없다.30)

5. 간접강제

행정소송법은 의무이행소송을 인정하지 않았지만, 거부처분취소판결이 확정된 경우의 재처분의무와 함께 그 의무를 이행하지 않은 경우에 판결의 실효성을 확보하기 위한 수단으로 민사소송의 경우처럼 이른바 간접강제제도를 채택하였다. 이것은 취소소송이 형성소송이라는 점에서 볼 때 극히 이례적인 것이기는 하지만, 취소판결의 구속력의 내용인 재처분의무의 실효성을 확보해 줌으로써 의무이행소송을 채택하지 않은 데에 대한 하나의 제도적 보완을 기하려는 취지에서 인정된 것이라 할 수 있다.31) 거부처분의 취소판결이 확정된 경우, 행정청이 판결의 취지에 따라 다시 이전의 신청에 대한 처분을 하지 아니하는 때에는 제1심수소법원은 당사자의 신청에 따라 결정으로써 상당한 기간을 정하고 행정청이 그 기간 내에 이행하지 아니하는 때에는 지연기간에 따라 일정한 배상을 할 것을 명하거나 즉시 손해배상을 할 것을 명할 수 있다(§ 34 ①). 판례는 간접강제의 성질을 '확정판결의 취지에 따른 재처분의 지연에 대한 제재나 손해배상이 아니고 재처분의 이행에 관한 심리적 강제수단에 불과한 것'으로 보고 있다.

<간접강제의 성질>

행정소송법 제34조 소정의 간접강제결정에 기한 배상금은 거부처분취소판결이 확정된 경우 그 처분을 행한 행정청으로 하여금 확정판결의 취지에 따른 재처분의무의 이행을 확실히 담보하기 위한 것으로서, 확정판결의 취지에 따른 재처분의무내용의 불확정성과 그에 따른 재처분에의 해당 여부에 관한 쟁송으로 인하여 간접강제결정에서 정한 재처분의무의 기한 경과에 따른 배상금이 증가될 가능성이

29) 대법원 1998.7.24. 선고 98다10854 판결(부당이득금반환).
30) 대법원 1989.9.12. 선고 89누985 판결.
31) 유사 입법례로 독일 행정법원법 제172조에 따라 의무이행소송에 결부된 강제금(Zwangsgeld) 제도가 있다.

자칫 행정청으로 하여금 인용처분을 강제하여 행정청의 재량권을 박탈하는 결과를 초래할 위험성이 있는 점 등을 감안하면, 이는 **확정판결의 취지에 따른 재처분의 지연에 대한 제재나 손해배상이 아니고 재처분의 이행에 관한 심리적 강제수단에 불과한 것**으로 보아야 하므로, 특별한 사정이 없는 한 간접강제결정에서 정한 의무이행기한이 경과한 후에라도 확정판결의 취지에 따른 재처분의 이행이 있으면 배상금을 추심함으로써 심리적 강제를 꾀할 목적이 상실되어 처분상대방이 더 이상 배상금을 추심하는 것은 허용되지 않는다.[32]

위 판결에 대해서는 '행정청이 확정판결에도 불구하고 새로운 처분을 하지 않다가 추심단계에서 새로운 처분을 함으로써 간접강제를 사실상 무력화시킬 수 있다'는 비판이 있다.[33]

<민사상 간접강제결정에 기한 배상금 추심에 관한 판례>

대법원은 민사상 간접강제결정에 기한 배상금 추심에 관해서는 행정소송의 경우와는 달리, 민사상 부작위채무에 대한 간접강제결정이 발령된 상태에서 의무위반행위가 계속되던 중에 채무자가 그 행위를 중지하거나 의무이행기간이 도과한 경우, 기왕의 의무위반행위에 대한 배상금 지급의무를 면하지 못한다고 판시하고 있다. 대법원은 "계속적 부작위의무를 명한 가처분에 기한 간접강제결정이 발령된 상태에서 의무위반행위가 계속되던 중 채무자가 그 행위를 중지하고 장래의 의무위반행위를 방지하기 위한 적당한 조치를 취했다거나 그 가처분에서 정한 금지기간이 경과하였다고 하더라도, 그러한 사정만으로는 처음부터 가처분위반행위를 하지 않은 것과 같이 볼 수 없고 간접강제결정 발령 후에 행해진 가처분위반행위의 효과가 소급적으로 소멸하는 것도 아니므로, 채무자는 간접강제결정 발령 후에 행한 의무위반행위에 대하여 배상금의 지급의무를 면하지 못하고 채권자는 그 위반행위에 상응하는 배상금의 추심을 위한 강제집행을 할 수 있다."라고 판시하였다.[34] 이 판결에서 대법원은 "원고들이 상고이유로 들고 있는 대법원 2004.1.15. 선고 2002두2444 판결 등은 행정청이 거부처분을 취소할 의무가 있음에도 불구하고 이를 이행하지 아니하자 상대방이 행정소송법 제34조에 기하여 간접강제를 신청하였고, 행정청이 의무이행기간 도과 후 실제로 거부처분을 취소하여 작위의무를 이행한 사례로 이 사건과는 사안을 달리하므로 이 사건에 그대로 원용할 수 없다."라고 지적함으로써 민사상 간접강제의 경우를 행정소송의 경우와 차별화하겠다는 입장을 분명히 하였다.[35]

---

32) 대법원 2004.1.15. 선고 2002두2444 판결(청구이의). 같은 취지의 최근 판례로는 대법원 2010.12.23. 선고 2009다37725 판결(부당이득반환)을 참조.

33) 임영호, 「공법상 소송유형과 소송형식」, 『대법원특별소송실무연구회 · 행정법이론실무학회 공동학술대회 발표논문집』, 2009.9.12., 41.

34) 대법원 2012.4.13. 선고 2011다92916 판결(청구이의).

35) 이러한 태도는, 앞서 본 판례에서 적시되어 있듯이, 행정소송법 제34조의 간접강제결정에 기한 배상금의 성질에 대하여 재처분의무의 이행 담보를 위한 것이기는 하지만, 확정판결의 취지에 따른 재처분의 지연에 대한 제재나 손해배상이 아니고 재처분의 이행에 관한 심리적 강제수단에 불과한 것이라는 입장을 취한 데 따른 것이라고 추정된다.

간접강제에 대해서는 소송비용 재판의 효력에 관한 제33조와 민사집행법 제262조의 규정을 준용한다(§ 34 ②).

제49장

행정소송과 재판상 화해*

Ⅰ. 쟁점

행정소송은 법원의 종국판결에 의하여 종료되는 것이 원칙이나 그 밖의 사유로도 종료될 수 있음은 이미 지적한 바와 같다. 행정소송의 종료와 관련하여 특히 문제되는 것으로는 소의 취하, 청구의 포기 · 인락, 재판상의 화해 및 당사자의 소멸 등과 같은 사유들이 있는데, 그중 가장 중요한 현안으로 대두되고 있는 문제가 재판상 화해, 즉 행정소송에서도 재판상 화해가 허용되는가 하는 문제이다.

Ⅱ. 재판상 화해와 그 허용여부

1. 개념

재판상 화해 또는 소송상 화해(gerichtlicher Vergleich)란 소송계속 중 당사자 쌍방이 소송물인 권리관계의 주장을 서로 양보하여 소송을 종료시키기로 하는 기일에 있어서의 합의를 말한다.

---

* 홍준형, 『행정쟁송법』, 도서출판 오래, 2017, 383-384를 토대로 수정 · 보완한 것임.

2. 허용여부

취소소송에서 재판상 화해가 허용되는지 여부는 학설상 논란되고 있다. 즉, '화해의 대상에 대한 처분권이 있는 한 당사자는 법률상 쟁송을 전부 또는 부분적으로 종료시키기 위하여 법원 또는 수명법관이나 수탁판사의 조서에 기재함으로써 화해를 할 수 있다.'라는 명문의 규정이 없는 한, 청구의 인락·포기에 관하여 본 것과 마찬가지 이유로 행정소송에서 소송상 화해는 허용되지 않는 것으로 새길 수밖에 없다는 견해[1]와 당사자가 공법상 권리관계에 관하여도 자유재량행위같이 소송의 대상을 처분할 수 있는 경우 등 일정한 범위에서 화해가 가능하다는 견해[2]가 대립한다. 오래된 판례지만 귀속재산처리사건에서 화해를 인정한 예가 있다.[3]

재판상 화해는 비단 취소소송에만 국한된 문제는 아니다. 이와 관련하여 행정소송에 있어 재판상 화해의 법적 근거를 명문화하고 있는 독일의 행정법원법(Verwaltungsgerichts-ordnung: VwGO) 제106조가 주목된다. 1990년 제4차 개정법 이전의 행정법원법(1960. 1.21.)은 제106조에서 관계인(당사자 및 참가인)이 '소송의 대상'에 관해 처분권이 있는 한 법률상 쟁송의 전부 또는 일부를 해결하기 위하여 법원, 수명법관 또는 수탁판사가 작성하는 조서에 기재함으로써 재판상 화해(gerichtlicher Vergleich)를 할 수 있다고 규정하고 있었다. 그러나 이후 제4차 개정행정법원법(1990.1217.)은 제106조를 "화해의 대상에 대한 처분권을 가지는 한 당사자는 법률상 쟁송을 전부 또는 부분적으로 종료시키기 위하여 법원 또는 수명법관이나 수탁판사의 조서에 기재함으로써 화해를 할 수 있다."라고 규정함으로써 당사자가 '화해의 대상'(Gegenstand des Vergleichs)에 관해 처분권이 있을 것을 조건으로 하여 재판상 화해를 할 수 있도록, 즉 '소송의 대상'이 아닌 사항들에 대해서도 재판상 화해를 할 수 있도록 하였다. 또한 같은 조 제2문을 신설하여 종전의 조서 작성에 의한 재판상 화해 외에 결정의 형식으로 된 법원, 재판장 또는 주심판사의 권고(Vorschlag)를 당사자가 서면으로 수용함으로써 재판상 화해를 할 수 있도록 하였다. 그러나 행정법원법과는 달리 사회법원법이나 재정법원법상 소송에서는 재판상 화해가 허용되지 않는다. 가령 사회소송을 규율하는 사회법원법 제101조 제1항은 위 1990년 개정 이전의 행정법원법과 동일한 규정을 두고 있

---

1) 김남진, 『행정법 I』, 법문사, 1998, 834; 이상규, 『신행정법론(상)』, 법문사, 1991, 800; 정동윤, 『민사소송법』, 법문사, 1990, 554.

2) 김정술, 「행정재판의 운용에 관한 실무적 과제」, 『행정법원의 좌표와 진로』, 1999, 143-144; 박정훈, 「행정소송에 있어 소송상화해」, 『인권과 정의』 통권 279호, 1999.11., 13-19; 백윤기, 「행정소송제도의 개선」, 『행정법원의 좌표와 진로』, 1999, 180-181, 184 이하; 류지태, 『행정법신론』, 신영사, 2005, 506.

3) 대법원 1955.9.2. 선고 4287행상59 판결.

다.[4)]

생각건대, "비대한 소송보다는 마른 화해가 낫다."(ein magerer Vergleich sei besser als ein fetter Prozeß)라는 독일의 속담처럼 복잡하고 장기간이 소요되는 판결을 거치지 않고 재판상 화해를 통해 분쟁(행정쟁송)을 해결하는 것이 합리적이라는 것은 두말할 나위가 없다. 그러나 독일 행정법원법처럼 명문의 규정이 없는 상황에서, 재판상 화해를 항고소송이나 공법상 당사자소송 등 소송유형별로 어떠한 요건 하에 허용하고 또 그것에 어떠한 효과를 결부시킬 수 있는지에 대해서는 좀 더 신중한 판단이 요구된다.

> 서울행정법원은 1998년 출범이래 행정소송법 제8조 제2항에 의하여 소송상 화해에 관한 민사소송법의 규정이 준용되는 것으로 보아 행정소송상 소송상 화해의 가능성을 시인하면서도,[5)] 종래 부정적인 학설의 영향과 입법의 미비 등으로 화해조서의 작성에 따른 소송상 화해의 전면적인 시도를 주저해 왔고, 다만 재판부에 따라 항고소송인 조세소송 또는 당사자소송인 토지수용사건 등에서 간헐적으로 화해조서를 작성하여 왔다고 한다. 물론 위와 같은 화해조서도 법원의 화해권고안에 대하여 당사자가 수용함에 따라 작성한 것이지, 민사소송에서와 같이 당사자가 미리 합의한 내용을 변론에서 진술하여 이를 조서에 기재하는 방식을 취하지는 않았다. 그러다가, 개원 3년차에 접어들어 각 재판부가 항고소송 중 영업정지 · 허가취소 등 청구사건, 조세소송사건, 과징금사건, 부당해고사건, 산재사건 등을 중심으로 적극적으로 사실상 화해 방식(법원의 권고 → 피고의 취소 · 변경처분 → 원고의 소 취하)을 활용하여 분쟁의 종국적 해결을 유도하는 경향이 늘었고, 그것이 서울행정법원의 실무관행으로 정착되었다고 한다.[6)]

재판상 화해는 행정소송의 유형에 따라 또는 관련법 분야에 따라 그 적합성여하가 달리 판단될 수 있고,[7)] 경우에 따라 '협력에서 부패로 바뀔 위험'(Gefahr des Umschlagens von der Kooperation zur Korruption)을 초래할 가능성도 있으므로,[8)] 신중한 입법론적 고려를 통해 그 허용범위와 요건 및 효과를 명확히 할 필요가 있다고 본다.[9)]

---

4) F. Schoch, E. Schmidt-Aßmann, und R. Pietzner (Hrsg.), *Verwaltungsgerichtsordnung*, 2008, § 106 Rn.20.
5) 김정술, 앞의 글, 142-144; 백윤기, 앞의 글, 179-188.
6) 조용호, 「행정소송에서의 소송상화해에 대하여」, 행정법원 실무연구회 발표문, 『법률신문』 2000.12.21.
7) F. Schoch, E. Schmidt-Aßmann, und R. Pietzner (Hrsg.), a.a.O., § 106 Rn.21.
8) 오히려 법원의 개입과 감독을 통해 행정부패를 방지할 가능성도 없지 않다는 점도 고려할 필요가 있다.
9) 조용호, 앞 글. 아울러 김남진, 「행정소송상의 화해 및 조정」, 『법률신문』 2006.2.20. 연구논단; 김세규, 「취소소송에서 사실상 조정 · 화해의 법적 근거와 관련된 재논의」, 『토지공법연구』(한국토지공법학회) 제64집, 2014, 231-256을 참조.

제50장

사정판결*

Ⅰ. 쟁점

취소소송 심리 끝에 처분이 위법하다는 판단이 나왔는데, 처분을 취소한다는 인용판결 대신 기각판결을 받는다면 어떤 심정일까? 취소소송을 이기고도 진 셈이 아닐까? 그렇다면 법치행정의 원칙이 무력화되는 것은 아닌가 하는 의문이 생긴다.

행정소송법 제28조는 원고의 청구가 이유 있다고 인정하는 경우에도 처분을 취소하는 것이 현저히 공공복리에 적합하지 않다고 인정하는 때에는 법원은 원고의 청구를 기각할 수 있다고 규정하고 있다(§ 28 ① 전단). 이를 사정판결이라고 한다. 사정판결은 기각판결의 일종으로 취소소송에서만 인정되는 제도이다(§ 38 ① ②).

사정판결은 사익의 보호가 결과적으로 공익에 중대한 침해를 가져올 경우 사회전체의 공익을 우선시킴으로써 이를 시정하려는 데 그 취지를 둔 것으로 이해되고 있다. 환언하면 사정판결은 공익과 사익을 공익우선적 견지에서 조절하기 위한 예외적인 제도라 할 수 있다. 사정판결의 이론적 근거로는 행정행위의 무효의 전환이라든가 하자의 치유 등에서 찾는 견해도 있었으나 기성사실의 존중이라는 데서 찾는 것이 일반적이다.[1)]

사정판결제도는 위법한 처분으로 원고의 법률상 이익이 침해되었음에도 불구하고 이를 취소하는 것이 공공복리에 현저히 반한다는 이유에서 이유 있는 청구를 기각하는 것이므로 법치주의에 반하는 제도가 아닌가 하는 의문이 있다. 이에 관하여 국내문헌의 태도는 크게 법치주의에 반한다고 보는 입장[2)]과 그렇지 않은 입장[3)]으로 양분되고 있다. 전자가 법논리의

* 홍준형, 『행정쟁송법』, 도서출판 오래, 2017, 345-352를 토대로 수정 · 보완한 것임.

1) 김도창, 『일반행정법론(상)』, 청운사, 1992, 810.

요청에 보다 엄격하게 부응하려는 것이라면, 후자는 원고에 대한 대상(代償)규정(§ 28 ③)에 의한 원고의 손실진보와 공공복리라는 공적 요구를 근거로 한 견해라 할 수 있다. 후자의 입장도 전혀 부당한 것이라고는 할 수 없으나, 아무래도 "참아라, 그러면 보상하리라"(dulde und liquidiere)라는 입헌군주시대의 사고방식이 잠재되어 있는 것은 사실이다. 다만 후자의 입장에서 "사정판결제도의 쟁점은 그것이 반법치주의적인 것인지 여부보다는 그 남용을 어떻게 방지할 것인가에 있는 것"이라고 지적하는 것[4]은 타당하며, 이제까지 이 제도가 비교적 신중하고 제한적으로 적용되고 있다는 사실은 문제의 현실성을 상당부분 감소시키는 요인이라고 할 수 있다. 결론적으로 사정판결제도의 적용은 필요한 최소한으로 그쳐야 하며, 무효의 전환, 하자의 치유 등과 같은 다른 법리로 해결할 수 있는 것은 그에 의해야 할 것이지 행정소송법 제28조를 적용해서는 아니 된다고 본다.[5]

위와 같은 맥락에서 사정판결의 요건을 어떻게 해석할 것인가, 무효인 행정처분에 대해서도 사정판결을 내릴 수 있는가 하는 문제가 제기된다.

Ⅱ. 사정판결의 요건

사정판결은 행정처분이 위법함에도 불구하고 이를 취소·변경할 경우 현저히 공공의 복리에 적합하지 않은 극히 예외적인 상황에서 허용되는 것이므로, 그 요건 해당 여부는 위법한 처분을 취소·변경하여야 할 필요와 그 취소·변경에 따른 공공복리 저해 등을 비교·교량하여 엄격하게 판단하여야 한다. 사정판결은 원고의 청구가 이유 있음에도 불구하고 처분등을 취소하는 것이 현저히 공공복리에 반한다고 인정되는 경우에만 허용되어야 한다.

2) 이상규, 『신행정법론(상)』, 법문사, 1991, 786; 박윤흔, 『행정법강의(상)』, 박영사, 2000, 974; 석종현, 『일반행정법(상)』, 삼영사, 1993, 832 등.
3) 가령 김철용, 「사정판결」, 『월간고시』, 1987.4., 53-54; 김남진, 『행정법 I』, 법문사, 1995, 811 등.
4) 김철용, 위의 글, 54.
5) 동지 김철용, 위의 글, 63.

1. 취소소송에 있어 그 대상이 된 처분등이 위법하여야 한다.

(1) 무효인 처분에 대한 사정판결의 허용 여부

사정판결은 취소소송에서만 인정되는 제도이다(§ 38 ① ②). 통설과 판례의 입장이다. 이에 대해서는 무효인 처분을 기초로 한 기성사실의 원상회복이 현저히 공공복리에 반하는 경우가 있을 수 있으므로 무효인 처분에 대해서도 사정판결의 필요가 생길 수 있다는 견해[6]가 있으나, 처분이 무효인 이상 행정소송법의 명문규정을 무시하면서까지 이 예외적인 성격을 지닌 판결형태를 허용해야 한다는 것은 타당하지 않다.[7] 또한 이 견해가 이유의 하나로 들고 있는 공법상의 결과제거청구권의 법리는 취소된 처분이든 무효인 처분이든 그 결과 조성된 위법한 상태를 제거하는 데 목적을 지닌 것으로서 그 결과제거의무의 실행이 수인기대가능성(Zumutbarkeit)을 결여한다고 인정되면 바로 그 이유에서 결과제거청구권에 의한 원상회복이 불가능해질 뿐이지, 이때 거꾸로 이러한 원상회복의 부정을 위하여 사정판결(행정소송의 경우 사정판결)을 내려야 하거나 내릴 수 있는 것은 아니다. 사정판결은 어디까지나 처분의 취소·변경에 관련된 것이지 그 결과제거에 관한 것은 아니다.

(2) 위법판단의 기준시점과 사정판결

한편 위법판단의 기준시점에 관하여 처분시설을 취하는 한 이것은 사정판결에 대해서도 마찬가지로 적용된다. 따라서 처분시점 이후에 발생한 법 및 사실상태의 변경으로 인하여 처분이 판결시의 현행법상 적법하게 된 경우라도 상관이 없다. 다만 이 경우 처분 이후에 발생한 사정은 사정판결의 요건으로서 공공복리에 대한 현저한 저해를 판단함에 있어 고려되게 될 것이다.[8] 처분이 적법하다고 판명된 경우에는 청구를 기각하게 되므로 아예 사정판결의 여지가 없다.[9]

---

6) 김남진, 앞의 책, 833-834.
7) 김향기 교수는 법치주의의 예외적 조치인 사정판결을 무효등확인소송에 확대적용시키는 것은 반법치주의적이라는 비난을 면치 못할 것이라고 한다(「무효등확인소송」, 『고시계』, 1991.3., 95).
8) 위법판단의 기준시에 관하여 처분시설을 취하면서도, 이 경우에 한하여는 "위법판단의 기준시는, 처분 후의 사정이 고려에 들어가야 한다는 의미에서, 판결시설에 의하여야 할 것"이라는 견해(김도창, 앞의 책, 807, 811)는 '사정판결의 필요성'에 관해서라면 몰라도 처분의 위법성에 관해서는 논리적으로 유지될 수 없다.
9) 대법원 1982.11.9. 선고 81누176 판결.

2. 처분등을 취소하는 것이 현저히 공공복리에 반하는 것이어야 한다.

여기서 공공복리는 다의적인 불확정개념이라 할 것이나 대체로 개인의 이익과 대립되지 않고 개개인의 이익을 보다 고차적인 차원에서 통합하는 전체사회의 공동이익이라 할 수 있다. 이 경우 처분등이 위법한데도 공익적 견지에서 이를 유지한다는 사정판결제도의 예외적 성격을 고려하여 위법한 처분등의 유지에 따른 사익침해의 정도와 인용판결에 의해 초래될 공익침해의 정도를 적정히 비교형량해야 하며 후자가 전자에 비해 압도적으로 우세한 경우에만 사정판결이 허용된다고 보아야 한다. 즉, 비례원칙이 엄격하게 적용되어야 한다.[10]

<사정판결의 요건: 현저히 공공복리에 적합하지 아니한지 여부의 판단>

공인평가기관의 평가와 토지평가협의회의 심의를 거치지 않고 결정한 토지등의 가격평가나 이에 터 잡은 **환지예정지지정처분은 하자가 있는 것으로서 위법하지만,** …… 그 처분의 기초가 된 가격평가의 내용이 일응 적정한 것으로 보일 뿐만 아니라 이 사건 이해관계인들 중 원고를 제외하고는 아무도 위 처분에 관하여 불복하지 않고 있는 사실을 알아볼 수 있으므로 **원고에 대한 환지예정지지정처분을 위법하다 하여 이를 취소하고 새로운 환지예정지를 지정하기 위하여 환지계획을 변경할 경우 위 처분에 불복하지 않고 기왕의 처분에 의하여 이미 사실관계를 형성하여 온 다수의 다른 이해관계인들에 대한 환지예정지지정처분까지도 변경되어 기존의 사실관계가 뒤엎어지고 새로운 사실관계가 형성되어 혼란이 생길 수도 있게 되는 반면 이 사건 처분으로 원고는 이렇다 할 손해를 입었다 할지라도 청산금보상 등으로 전보될 수 있는 점** …… 등에 비추어 보면 이 사건 처분이 앞서 본 바와 같이 **토지평가협의회의 심의를 거치지 아니하고 결정된 토지 등의 가격평가에 터 잡은 것으로 그 절차에 하자가 있다는 사유만으로 이를 취소하는 것은 현저히 공공복리에 적합하지 아니하다고 보여 사정판결을 할 사유가 있다고** 인정한다.[11]

사정판결은 행정처분이 위법함에도 불구하고 이를 취소·변경하게 되면 그것이 도리어 현저히 공공의 복리에 적합하지 않은 경우에 극히 예외적으로 할 수 있는 것이므로, 그 요건에 해당하는지 여부는 **위법·부당한 행정처분을 취소·변경하여야 할 필요와 그 취소·변경으로 발생할 수 있는 공공복리에 반하는 사태 등을 비교·교량하여 엄격하게 판단하되**(대법원 2009.12.10. 선고 2009두8359 판결 참조), ① 해당 처분에 이르기까지의 경과 및 처분 상대방의 관여 정도, ② 위법 사유의 내용과 발생원인 및 전체 처분에서 위법사유가 관련된 부분이 차지하는 비중, ③ 해당 처분을 취소할 경우 예상되는 결과, 특히 해당 처분을 기초로 새로운 법률관계나 사실상태가 형성되어 다수 이해관계인의 신뢰 보호 등 처분의 효력을 존속시킬 공익적 필요성이 있는지 여부 및 그 정도, ④ 해당 처분의 위법으로 인해 처분 상대방이 입게 된 손해 등 권익 침해의 내용, ⑤ 행정청의 보완조치 등으로 위법 상태의 해소 및 처분

10) 이에 관하여는 김철용, 앞의 글, 56을 참조.
11) 대법원 1992.2.14. 선고 90누9032 판결(환지예정지지정처분취소).

상대방의 피해 전보가 가능한지 여부, ⑥ 해당 처분 이후 처분청이 위법 상태의 해소를 위해 취한 조치 및 적극성의 정도와 처분 상대방의 태도 등 제반 사정을 종합적으로 고려하여야 한다.[12)]

법원이 당사자의 주장 없이도 사정판결을 할 수 있는지 여부가 직권심리에 관한 행정소송법 제26조와 관련하여 문제될 수 있으나 구법하에서 직권주의가 인정된다고 하여 변론주의가 전적으로 배제되는 것은 아니므로 당사자의 주장 없이는 청구기각의 사정판결을 할 수 없다는 것이 통설 · 판례였다.[13)] 이것은 현행법에서도 그대로 타당하다고 보아야 할 것이다. 그러나 최근의 판례는 법원이 직권으로 사정판결을 할 수 있다는 것을 정면에서 인정하였다.

<판례>

행정소송법 제26조, 제28조 제1항 전단의 각 규정에 비추어 법원이 사정판결을 할 필요가 있다고 인정하는 때에는 당사자의 명백한 주장이 없는 경우에도 일건 기록에 나타난 사실을 기초로 하여 직권으로 사정판결을 할 수 있다.[14)]

Ⅲ. 사정판결의 효과

1. 청구기각 및 위법의 명시

사정판결은 청구기각판결이므로, 원고의 청구는 배척된다. 그러나 사정판결은 원고의 청구가 이유 있음을 전제로 한 것이라는 점에서 일반적인 청구기각과는 다른 효과를 지닌다. 즉, 법원이 사정판결을 하고자 할 때에는 판결의 주문에 처분등이 위법함을 명시하여야 한다(§ 28 ① 후단). 이것은 어디까지나 처분등의 위법성을 전제로 한 공익보호제도로서 사정판결이 갖는 예외적 성격을 고려하여, 후일 원고가 원처분의 위법을 다시 주장할 필요가 있을 때 이에 대한 유권적 확정사실 또는 일종의 기결력을 원용할 수 있도록 하고, 또 사정판결을 통해 위법한 처분등이 적법타당한 처분등으로 전환되는 것이 아님을 명백히 하여 판결문만으로도 당해 처분등의 위법성을 주장할 수 있도록 하여 그에 따른 구제의 길을 터 주기 위한 배려

---

12) 대법원 2016.7.14. 선고 2015두4167 판결(기반시설부담금 부과처분 취소 (다) 파기환송).
13) 김철용, 앞의 글, 60.
14) 대법원 1992.2.14. 선고 90누9032 판결.

에서 인정된 것이다. 사정판결의 여부 판단은 법원의 의무에 합당한 재량에 속한다고 보아야 할 것이다.[15)]

2. 사정조사

법원이 사정판결이 필요하다고 인정하면, 판결 전에 미리, 원고가 사정판결로 인하여 입게 될 '손해의 정도와 배상방법 그 밖의 사정'을 조사하여야 한다(§ 28 ②).

3. 소송비용 부담

사정판결이 있으면 원고의 청구가 이유 있음에도 불구하고 원고가 패소하게 되는 것이므로 소송비용은 소송비용부담에 관한 일반원칙과는 달리 승소자인 피고가 부담한다.

4. 원고의 권익보호 및 불복방법

사정판결이 허용된다고 해서 사익이 무시되어도 좋다는 것은 아니므로 행정소송법은 원고의 권익을 보호하기 위한 방법으로서, 원고는 피고인 행정청이 속하는 국가 또는 공공단체를 상대로 손해배상, 제해시설의 설치 그밖에 적당한 구제방법의 청구를 당해 취소소송등이 계속된 법원에 병합하여 제기할 수 있도록 하고 있다(§ 28 ③). 사정판결에 대하여 원고가 불복항소할 수 있음은 물론이다.

15) 김도창, 앞의 책, 812.

제51장

당사자소송의 법적 쟁점*

Ⅰ. 쟁점

당사자소송이란 행정청이 처분등을 원인으로 하는 법률관계에 관한 소송 그 밖에 공법상 법률관계에 관한 소송으로서 그 법률관계의 한쪽 당사자를 피고로 하는 소송을 말한다(§ 3 ii). 즉, 서로 대립하는 대등한 당사자 사이에서의 법률관계의 형성·존부에 관한 소송이다.

1951년 행정소송법이 제정된 이래 구행정소송법은 당사자소송에 관하여 명문의 규정을 두지 않았다. 그럼에도 불구하고 학자들은 구법 제1조의 「공법상 권리관계에 관한 소송」을 당사자소송으로 새겼다. 1985년부터 시행된 현행 행정소송법은 일본 행정사건소송법의 예(§ 4)에 따라 항고소송과 구별되는 소송유형으로서 당사자소송을 명문으로 규정하기에 이르렀다.

공법상 당사자소송은 그동안 학설이나 판례에 의하여 이렇다할 관심을 끌지 못하고 냉대를 받았다. 여러 가지 이유가 있지만, 당사자소송의 공법적 성격을 백안시해 온 실무계의 해묵은 관행과 행정소송법의 취소소송중심주의가 배경으로 지목될 수 있겠다.[1] 1985년부터 시

* 홍준형, 『행정쟁송법』, 도서출판 오래, 2017, 442-469를 토대로 수정·보완한 것임.

1) 일본의 경우 당사자소송에 대하여 학설·판례가 냉담한 태도를 취했던 까닭으로는 ① 당사자소송에 관한 법규정의 불비로 인하여 그 고유한 의의를 찾기가 곤란했다는 점, ② 이 같은 법규정의 불비는 행소법제정 당시 관리관계 및 급부행정 분야에서의 학설·판례의 발전과 그 소송적 운용을 기대하였던 결과였으나, 그러한 학설·판례발전이 이루어지지 않았다는 점, ③ 공법·사법 구별의 상대화, ④ 행정소송법에 있어서의 취소소송중심주의, ⑤ 공권력행사의 개념이 극히 애매하게 사용되고 있다는 점 등이 지적된 바 있다(鈴木庸夫, 『當事者訴訟』, 現代行政法大系 5(行政爭訟 II), 1984, 77 이하; 高木 光, 「公法上の當事者訴訟」, ジュリスト 増刊 『行政法の爭點』, 226 등).

행된 현행 행정소송법이 항고소송과 구별되는 소송유형으로서 당사자소송을 명문화하였음에도 불구하고 당사자소송은 일면 민사소송위주의 실무적 고려와 타면 행정소송법의 취소소송중심주의에 의하여 협공을 받아 거의 사문화되다시피 했다. 이론상 당사자소송으로 다루어야 할 국가배상, 손실보상, 공법상 부당이득반환청구, 연금등 지급청구 등은 실무상 민사소송으로 다루어졌고,[2] 반면 대등한 당사자 간의 공법상 권리관계에 관한 분쟁에서도 먼저 행정청의 재결이나 처분을 기다려, 재결이나 결정을 다투는 항고소송으로 해결되었기 때문에[3] 과거 당사자소송의 위축된 위상을 극복할 수 없었다.[4]

물론 그간 학계 일각에서는 당사자소송을 활용하자는 논의, 즉 당사자소송활용론이 제기되기도 했다. 모처럼 당사자소송에 관한 규정들이 사문화됨으로 말미암아 당사자소송이 사산아가 될 우려를 표명하거나[5] 또는 행정소송법상 처분에 해당되지 않는 행정작용의 형식들의 이행을 관철시키기 위한 소송상의 방법으로서 공법상 당사자소송의 활용가능성을 검토한 것이 그 예였다. 또 취소소송중심의 소송체계에 대한 반성의 일환으로 또는 행정의 행위형식의 다양화에 따른 적절한 권리보호수단을 강구해야 한다는 견지에서 당사자소송에 대한 관심이 자못 고조되기도 하였다.[6] 특히 1990년 4월 7일 개정된 구 토지수용법에서 신설된 중앙토지수용위원회의 이의재결에 대한 손실보상금 증감청구소송(제75조의2)에 관하여 이를 필요적 공동소송으로 본 대법원의 판결[7]을 둘러싼 논쟁을 계기로 형식적 당사자소송이 관심을 불러일으켰다. 그러나 공법상 당사자소송에 대한 이러한 학술변론은 그에 걸맞은 실무계의 반향이 뒤따르지 않았다. 공법상 당사자소송의 법리에 관하여는 아직도 많은 문제가 미해결로 남아 있다.

---

2) 이에 관하여는 김도창, 『일반행정법론(상)』, 청운사, 1992, 839, 각주 2의 (2)를 참조.

3) 박윤흔, 『행정법강의(상)』, 박영사, 2000, 1010~1011. 취소소송이 행정소송제도의 중심적 위치를 차지하게 됨에 따라 은연중 행정소송을 취소소송과 동일시하는 사고가 보편화되고, 행정행위 이외의 행위형식에 관한 쟁송도 취소소송에 의하여 해결하려고 하는 처분성의 확대이론이 주장되었다. 취소소송의 부담과중현상(변재옥, 「당사자소송」, 『월간고시』, 1987.4., 37)은 처분성확대만을 주장하게 되고 행위형식에 맞는 소송유형을 발전시키려는 길을 처음부터 막아 버리는 결과를 낳게 되었다(박윤흔, 「공법상의 당사자소송」, 『월간고시』, 1992.3., 27).

4) 변재옥, 위의 글, 37.

5) 변재옥, 위의 글, 48; 한견우, 「행정주체와 행정객체의 법률관계에 나타난 분쟁의 해결방법」, 『공법연구』 제20집(1992), 104 이하.

6) 가령 박윤흔, 앞의 글, 25 이하를 참조.

7) 대법원 1991.5.18. 선고 90누8787 판결; 대법원 1991.7.23. 선고 90누9124 판결.

Ⅱ. 당사자소송의 특성

당사자소송은 행정청의 공권력행사・불행사로 인하여 생긴 법률관계를 포함하여, 그 밖의 공법상 법률관계에 관하여 대등한 당사자 간의 법적 분쟁을 해결하기 위한 소송이다. 그것은 기본적으로 대등한 당사자 간의 소송이라는 점에서 처분등을 통해 표현된 행정청의 공권력 행사자로서의 우월적 지위가 전제되어 있는 항고소송과 구별되고, 반면 공법상 법률관계에 관한 분쟁을 해결하기 위한 것이라는 점에서 사법상 분쟁해결수단인 민사소송과도 구별된다.

1. 당사자소송과 항고소송

(1) 당사자소송과 항고소송의 구별

당사자소송(후술하는 실질적 당사자소송)은 일반적으로 대등한 당사자 간의 소송이라는 점에서 처분등을 통해 표현된 행정청의 우월적 지위를 전제로 한 항고소송과 구별되는 것으로 파악되고 있다. 물론 항고소송 역시 당사자적인 법률관계로 환원될 수 없는 것은 아니지만,[8] 행정소송법은 처분등 또는 부작위에 대하여 항고소송을, 그 밖의 공법상 법률관계에 관하여 당사자소송을 인정함으로써 일종의 소송유형별 분업체계를 취하고 있다. 그 결과 양자는 무엇보다도 그 대상에서 구별된다. 즉 항고소송이 처분등이나 부작위를 대상으로 하지만, 당사자소송은 공법상 법률관계를 대상으로 한다. 그 밖에도 양자는 적용법규에서도 차이를 보이고 있다.

(2) '포괄소송'으로서 당사자소송

당사자소송은 처분등・부작위 이외에 공법상 법률관계 일반을 대상으로 하고 있다는 점에서 포괄소송(Auffangklage)으로서 특성을 가진다. 즉, "당사자소송은 하나의 포괄적 개념이며, 행정소송 중에서 항고소송을 제외한 모든 소송을 가리키는 일종의 잔여개념이라 할 것이다. 그리하여 당사자소송은 새로운 소송유형을 창출할 수 있는 시원적인 소송유형이라 할 것이다."[9] 행정소송법상의 당사자소송은 일반소송법상의 소송분류의 틀에 얽매임이 없이 개괄적으로 규정되어 있어, 경우에 따라 이행소송이나 확인소송 등 다양한 소송유형을 내용으로 할 수 있다는 점에서 오히려 독일의 일반이행소송(allgemeine Leistungsklage)보다 더 광범위한 활용가능성을 지닌다. 당사자소송의 포괄소송 기능(Auffangfunktion)은 행정작용의 비중이

---

8) 박윤흔, 앞의 글, 26.

9) 박윤흔, 앞의 글, 26; 鈴木庸夫, 現代行政法大系 5, 80.

침해행정으로부터 급부, 계획, 조성행정으로 변화하는 상황에서 '행위형식이 다양해질수록 더욱더 당사자소송의 비중도 증대될 것'이라는 점에서 더할 나위 없는 가치를 증명한다.

포괄소송이란 관념은 독일 기본법 제19조 제4항에서 확립된 포괄적인(공백 없는) 권리보호의 요청(Gebot des umfassenden Rechtsschutzes) 및 이에 따른 행정법원법 제40조의 개괄주의에 따라, 특히 의무이행소송(Verpflichtungsklage)과의 관계에서 일반이행소송이 갖는 보충적 기능을 지칭한다. 즉 일반이행소송은, 행정행위가 아닌 행위형식들에 관하여는 특별법(lex specialis)으로서, 의무이행소송에 관한 규정들이 적용되지 않는 이상, 이들 행위형식에 대한 권리보호의 주장(Rechtsschutzbegehren)을 포착하는 일반법적 소송수단으로서 기능한다는 것이다.[10] 포괄소송 기능은 우리나라의 경우 일반이행소송보다 더 포괄적으로 규정된 '공법상의 법률관계에 관한 소송'에서 더 잘 구현될 수 있을 것이다.

(3) 당사자소송의 보충성(?)

일설은 위에서 본 당사자소송의 포괄성으로부터 그 보충성의 원칙을 도출하고 있다. 즉 정형적 법률관계에 대하여서는 정형적 소송유형에 의할 것이므로 당사자소송은 그러한 소송유형에 의하여 처리될 수 없는 경우에 한하여 보충적으로 적용된다고 한다.[11] 가령 과세처분의 위법을 다투는 경우 원칙적으로 취소소송만이 허용되며, 조세채무부존재확인소송이 허용되지 않는 것은 취소소송의 배타성 이외에 당사자소송의 보충성의 원칙에서 보아도 추론될 수 있다는 것이다. 이 견해는 처분성을 결여한 행정작용, 이른바 '비처분-행정작용'(Nicht-Verwaltungsakt)에 대한 권리보호의 형식으로서 당사자소송이 갖는 기능을 정확히 인식하고 있다는 점에서는 타당하다고 할 수 있다. 그러나 처분 또는 행정행위 자체는 법률관계가 아니며, 행정소송법에 의하여 애당초부터 양자의 적용영역이 구별되었다는 점을 고려하면, 이 보충성의 원칙이란 규범적 실체를 갖는 것이라기보다는 단순히 '사실상의 보충성'으로 보아야 할 것이다. 가령 위에서 든 과세처분의 위법을 취소소송에 의하여 다투지 않고 당사자소송의 형태로 조세채무부존재확인을 구하는 것이 허용되지 않는다면 그것은 취소소송의 배타성에서 비롯되는 것이라기보다는 이 경우 당사자소송이 구체화된 형태로서 조세채무부존재확인소송의 권리보호의 이익이 부정되기 때문이라고 보아야 할 것이다. 가령 조세를 납부한 후 그 과세처분의 무효 여부가 문제될 경우 처분의 상대방은 이에 대한 무효 등 확인소

10) S. Glaeser, *Verwaltungsprozeßrecht*, 11.Aufl., 1992, S.212, Rn.373; Joon Hyung Hong, *Die Klage zur Durchsetzung von Vornahmepflichten der Verwaltung*, S.74, 124; Udo Steiner ("Die allgemeine Leistungsklage im Verwaltungsprozeß," *JuS*, 1984, 853)는 이를 '소송상의 다목적무기'(prozessuale Mehrzweckwaffe)라고 부르고 있다.

11) 박윤흔, 앞의 글, 26; 鈴木庸夫, 앞의 책, 80.

송을 제기하는 것과 곧바로 납부한 세액에 대한 부당이득반환청구소송을 당사자소송의 형태로 제기하는 것 중 선택의 자유를 가질 뿐만 아니라, 후자를 택할 경우에는 오히려 부수적으로 과세처분이 무효임을 선결문제로서 판단받을 수 있는 것이다. 이러한 결과가 정형적 법류관계에 관한 정형적 소송유형으로서 무효등확인소송의 배타성이나, 당사자소송의 보충성으로부터 인정되는 것이라고는 볼 수 없다.[12]

2. 당사자소송과 민사소송

당사자소송의 소송물은 대립하는 권리주체 사이의 공법상의 법률관계(권리관계) 또는 그 주장이라고 이해되고 있다.[13] 당사자소송의 내용은 다음에 보는 바와 같이 이행소송이나 확인소송일 수도 있으므로 이를 일률적으로 말하기는 곤란하지만 '공법상 법률관계'라는 공통적 표지를 가지고 있다는 점에서 민사소송과 구별된다고 할 수 있다. 그러나 무엇을 기준으로 공법상 법률관계와 사법상 법률관계를 구별할 것인가에 관하여는 견해의 대립이 있다. 하나는 소송물을 기준으로 하여 그것이 공법상의 권리이면 행정사건이고, 사법상의 권리이면 민사사건이라고 하는 견해이다. 가령 공무원의 지위확인소송이나 봉급지급청구소송은 행정사건이고, 소유권확인소송이나 민법상 부당이득반환청구소송은 민사사건이라는 것이다. 이에 대하여 다른 견해는 소송물의 전제가 되는 법률관계를 기준으로 양자를 구별하고자 하며, 가령 다 같은 소유권확인소송이라도 농지매수처분의 무효를 이유로 할 때에는 행정사건으로, 매매계약의 무효를 이유로 할 때에는 민사사건이라고 한다. 판례는 전설(前說)에 입각하고 있는 것으로 보인다.[14] 생각건대, 이것은 소송을 통하여 행사되는 권리가 공법에 의하여 발생한 것이냐의 여부에 따라 판단되어야 할 문제라고 본다. 소송상 보호의 대상이 된 권리가 공법상의 권리냐 사법상의 권리이냐는 결국 공·사법의 구별이라는 실체법상의 문제에 귀착된다. 가령 농지매수처분의 무효를 이유로 당사자가 갖는 권리란 바로 공법상의 권리라고 할

12) 박윤흔 교수(같은 글, 29)도 무효확인소송과 당사자소송 간의 선택가능성을 인정하고 있다. 또한 위의 선례와 거꾸로 된 경우이지만, 무효확인소송의 보충성이 인정되고 있는 일본의 경우 최고재판소는 과세처분 무효확인소송에 대하여 조세채무부존재확인소송(실질적 당사자소송)에 의하여 목적을 달성할 수 있다는 이유로 부적법하다는 원심판결을 파기하고, 과세처분에 뒤따르는 체납처분을 받을 수 있다고 판시함으로써 양자의 선택가능성을 인정했다고 한다.

13) 김도창, 앞의 책, 839; 김동희, 『행정법 I』, 박영사, 2008, 714.

14) 대법원 1992.12.24. 선고 92누3335 판결. 그러나 판례의 입장이 이론상 반드시 일관된 것은 아니다. 가령 이론상 당사자소송으로 다루어야 할 국가배상, 손실보상, 공법상 부당이득반환청구, 연금 등 지급청구 등을 실무상 민사소송으로 다루어 왔기 때문이다.

수 있는 것이므로, 양설은 모두 실체법상의 구별론으로 근본적인 차이를 갖는 것은 아니다.

일본의 경우 大阪空港訴訟에 대한 최고재판소의 판결[15]을 계기로 이러한 공·사법 이원론에 의한 전통적 구별론을 부정하고 당사자소송활성화론의 입장에서 양 소송유형의 구별을 일종의 기능론적 견지에서 접근하는 견해가 새롭게 제기되고 있음을 주목할 필요가 있다. 즉 이러한 관점에서는 행정소송법이 당사자소송에 대하여 직권소송참가·직권증거조사·판결의 구속력 등의 규정을 준용하도록 한 것은 공법관계에서의 분쟁을 합리적으로 해결함으로써 행정운영의 적정과 국민의 권리보장을 달성하는데 그 이유가 있는 것이므로, 당사자소송과 민사소송의 구별은 행정소송법의 그와 같은 규정을 준용하는 것이 당해 소송을 합리적으로 처리할 수 있는지 여부에 따라 결정해야 한다는 것이다.[16]

당사자소송과 민사소송의 차이로는, 첫째, 당사자소송에는 관련 민사소송을 병합할 수 있으나, 민사소송에는 관련 당사자소송을 병합할 수 없고, 둘째, 심리 중 당사자소송에서 항고소송으로 소변경은 가능하지만 민사소송에서 항고소송으로 소변경은 허용되지 않으며, 셋째, 당사자소송에만 행정청이 참가할 수 있고, 넷째, 당사자소송에는 직권심리주의가 적용된다는 점, 당사자소송 판결의 기속력은 당해 행정주체에 속하는 행정청에게도 미친다는 점 등을 들 수 있다.[17]

그러면 당사자소송은 어떤 경우에 제기할 수 있을까? 당사자소송의 종류로는 실질적 당사자소송과 형식적 당사자소송이 있고 각각 적용법규도 다르다.

Ⅲ. 당사자소송의 종류와 적용법규

1. 실질적 당사자소송

(1) 개념

실질적 당사자소송이란 공법상 법률관계에 관한 소송을 말한다. 당사자소송은 대등한 두 당사자사이의 공법상 법률관계에 대한 다툼을 심판하는 쟁송절차로서 행정청의 처분등을 원인

15) 最判 1981.12.16,『民集』35권 106호 1369. 이 판결의 내용과 그것이 촉발시킨 학계의 반향에 관하여 상세한 것은『ジュリスト』No.761(特輯號)와 이 촉발시킨 학계의 반향에 관하여 상세한 것은 高木 光, 앞의 글, 226 등을 참조.
16) 이에 관한 소개로는 박윤흔, 앞의 글, 33 이하 및 거기 인용된 문헌들과 高木 光, 앞의 글을 참조.
17) 김철용,『행정법 I』(13판), 박영사, 2010, 772.

으로 하는 법률관계에 관한 소송과 그밖에 공법상 법률관계에 관한 소송을 포함한다. 항고소송과 같이 행정청의 처분등과 같은 공권력행사를 소송의 대상으로 하는 것이 아니고, 공법상 권리관계 내지 법률관계 그 자체를 대상으로 하는 소송이라는 점에서, 소송구조 면에서나 실질적으로 민사소송과 많은 공통점을 지닌다. 물론 이 점은 당사자소송이 행정청의 처분등을 원인으로 할 경우에는 완화되지만, 이때에도 처분의 적법 여부는 선결문제에 그치므로 큰 차이는 없다. 실질적 당사자소송은 ① 공법상 신분, 지위 등의 확인소송, ② 공법상 금전지급청구소송, ③ 공법상 계약에 관한 소송 등으로 분류되고 당사자소송의 대부분을 차지한다.

<당사자소송의 적용례>

구법하에서 당사자소송으로 다루어진 사례는 매우 드물었고,[18] 현행법하에서는 서울고법 1987.12.7. 선고 87구633 판결(지방전문직공무원 채용계약의 해지), 대법원 1990.10.23. 선고 90누4440 판결(훈장종류확인), 대법원 1991.1.25. 선고 90누3041 판결(영관생계보조기금권리자확인) 등에서 당사자소송을 인정했으나, 대다수가 당사자소송의 허용성만을 판단한 것이어서 당사자소송에 관한 본격적인 판례로 보는 데에는 무리가 있었다. 반면 광주민주화운동관련자보상법에 관한 대법원의 판결(대법원 1992. 12.24. 선고 92누3335 판결)은 이제까지 거의 서자취급을 받아 왔던 공법상 당사자소송에 대한 7년 만의 친자확인을 가져온 것으로서, 이행소송의 형태(금전지급청구소송)로 제기된 당사자소송에 대하여 이를 인용한, 그리고 그 대상, 공법소송으로서의 성격, 제기요건 등에 관하여 실질적이고 적극적인 판단을 내린 사실상 최초의 판결로서 주목을 끌었다.[19] 대법원은 이후 서울특별시 시립무용단원해촉무효확인소송을 당사자소송으로 보았고,[20] "석탄가격안정지원금은 석탄의 수요 감소와 열악한 사업환경 등으로 점차 경영이 어려워지고 있는 석탄광업의 안정 및 육성을 위하여 국가정책적 차원에서 지급하는 지원비의 성격을 갖는 것이고, 석탄광업자가 석탄산업합리화사업단에 대하여 가지는 이와 같은 지원금지급청구권은 석탄사업법령에 의하여 정책적으로 당연히 부여되는 공법상의 권리이므로, **석탄광업자가 석탄산업합리화사업단을 상대로 석탄산업법령 및 석탄가격안정지원금 지급요령에 의하여 지원금의 지급을 구하는 소송은 공법상의 법률관계에 관한 소송인 공법상의 당사자소송에 해당한다.**"라고 판시한 바 있다.[21]

---

18) 대법원 1970.10.30. 선고 70다833 판결(공무원연금법상의 유족부조금청구), 대법원 1977.2.22. 선고 76다2517 판결(수도료부과처분의 무효로 인한 채무부존재확인); 대법원 1961.9.28. 선고 92행상50 판결; 대법원 1961.12.21. 선고 94행상6 판결; 대법원 1962.5.24. 선고 62누4 판결; 대법원 1966.7.5. 선고 89민상147 판결; 대법원 1969.11.11. 선고 69누122 판결 등. 기타 상세한 것은 김도창, 앞의 책, 839, 각주 2를 참조.

19) 이 판결은 당사자소송과 취소소송과의 관계, 광주보상법에 의한 보상의 법적 성질과 아울러 행정소송법상 관련청구의 병합, 소변경 등과 관련된 문제들을 판단함으로써 그동안 불명확하게 남아 있던 문제들의 일단을 밝혀 주고 있다는 점에서 기본적 판례로서 평가될 수 있다. 이에 대한 평석으로는 홍준형, 「공법상 당사자소송의 대상」, 『사법행정』, 1993.2., 49 이하를 참조.

20) 대법원 1995.12.22. 선고 95누4636 판결(해촉처분취소등). 원심판결: 서울고법 1995.2.21. 선고 94구4457 판결.

21) 대법원 1997.5.30. 선고 95다28960 판결; 참조 대법원 1993.10.12. 선고 93누13209 판결.

<공무원연금관리공단의 퇴직연금 일부금액 지급거부와 공법상 당사자소송>

공무원연금관리공단의 인정에 의하여 퇴직연금을 지급받아 오던 중 공무원연금법령의 개정 등으로 퇴직연금 중 일부 금액의 지급이 정지된 경우에는 당연히 개정된 법령에 따라 퇴직연금이 확정되는 것이지 구 공무원연금법(2000.12.30. 법률 제6328호로 개정되기 전의 것) 제26조 제1항에 정해진 공무원연금관리공단의 퇴직연금 결정과 통지에 의하여 비로소 그 금액이 확정되는 것이 아니므로, 공무원연금관리공단이 퇴직연금 중 일부 금액에 대하여 지급거부의 의사표시를 하였다고 하더라도 그 의사표시는 퇴직연금 청구권을 형성·확정하는 행정처분이 아니라 공법상의 법률관계의 한쪽 당사자로서 그 지급의무의 존부 및 범위에 관하여 나름대로의 사실상·법률상 의견을 밝힌 것에 불과하다고 할 것이어서, 이를 행정처분이라고 볼 수는 없고, 그리고 이러한 미지급 퇴직연금에 대한 지급청구권은 공법상 권리로서 그 지급을 구하는 소송은 공법상의 법률관계에 관한 소송인 공법상 당사자소송에 해당한다.[22)]

<하천법등에 의한 손실보상금 지급청구소송/손실보상청구권 확인소송과 당사자소송>

1. 법률 제3782호 하천법 중 개정법률(이하 '개정 하천법'이라 한다)은 그 부칙 제2조 제1항에서 개정 하천법의 시행일인 1984.12.31. 전에 유수지에 해당되어 하천구역으로 된 토지 및 구 하천법(1971.1.19. 법률 제2292호로 전문 개정된 것)의 시행으로 국유로 된 제외지 안의 토지에 대하여는 관리청이 그 손실을 보상하도록 규정하였고, '법률 제3782호 하천법 중 개정법률 부칙 제2조의 규정에 의한 보상청구권의 소멸시효가 만료된 하천구역 편입토지 보상에 관한 특별조치법' 제2조는 개정 하천법 부칙 제2조 제1항에 해당하는 토지로서 개정 하천법 부칙 제2조 제2항에서 규정하고 있는 소멸시효의 만료로 보상청구권이 소멸되어 보상을 받지 못한 토지에 대하여는 시·도지사가 그 손실을 보상하도록 규정하고 있는바, 위 각 규정들에 의한 손실보상청구권은 모두 종전의 하천법 규정 자체에 의하여 하천구역으로 편입되어 국유로 되었으나 그에 대한 보상규정이 없었거나 보상청구권이 시효로 소멸되어 보상을 받지 못한 토지들에 대하여, 국가가 반성적 고려와 국민의 권리구제 차원에서 그 손실을 보상하기 위하여 규정한 것으로서, 그 법적 성질은 하천법 본칙(본칙)이 원래부터 규정하고 있던 하천구역에의 편입에 의한 손실보상청구권과 하등 다를 바가 없는 것이어서 공법상의 권리임이 분명하므로 그에 관한 쟁송도 행정소송절차에 의하여야 한다.
2. 하천법 부칙(1984.12.31.) 제2조와 '법률 제3782호 하천법 중 개정법률 부칙 제2조의 규정에 의한 보상청구권의 소멸시효가 만료된 하천구역 편입토지 보상에 관한 특별조치법' 제2조, 제6조의 각 규정들을 종합하면, 위 규정들에 의한 손실보상청구권은 1984.12.31. 전에 토지가 하천구역으로 된 경우에는 당연히 발생되는 것이지, 관리청의 보상금지급결정에 의하여 비로소 발생하는 것은 아니므로, 위 규정들에 의한 손실보상금의 지급을 구하거나 손실보상청구권의 확인을 구하는 소송은 행정소송법 제3조 제2호 소정의 당사자소송에 의하여야 한다.[23)]

---

22) 대법원 2004.12.24. 선고 2003두15195 판결(퇴직연금지급청구거부처분취소).
23) 대법원 2006.5.18. 선고 2004다6207 전원합의체판결(보상청구권확인).

<고용 · 산재보험료 납부의무 부존재확인의 소는 공법상 당사자소송>

고용보험 및 산업재해보상보험의 보험료징수 등에 관한 법률 제4조, 제16조의2, 제17조, 제19조, 제23조의 각 규정에 의하면, 사업주가 당연가입자가 되는 고용보험 및 산재보험에서 보험료 납부의무 부존재확인의 소는 공법상의 법률관계 자체를 다투는 소송으로서 공법상 당사자소송이다.[24)]

<지자체의 학교용지 소유권 원시취득 지위 확인소송은 행정소송법상 당사자소송>

1. 구 토지구획정리사업법(2000.1.28. 법률 제6252호로 폐지, 이하 '법'이라고 한다) 제2조 제1항 제1호, 제2호, 제63조에 의하면, 토지구획정리사업의 환지계획에서 초등학교 및 중고등학교 교육에 필요한 학교용지로 지정된 토지는 환지처분의 공고 다음 날에 법 제63조 본문에 따라 토지를 관리할 국가 또는 지방자치단체(이하 '국가 등'이라고 한다)에 귀속되어 국가 등이 소유권을 원시취득하고, 그 대신 국가 등은 법 제63조 단서에 따라 사업시행자에게 학교용지의 취득에 대한 대가를 지급할 의무를 부담하게 된다.
2. 토지구획정리사업의 환지계획에서 공공시설용지로 지정된 토지라도 환지처분의 공고가 있기 전까지는 사업시행자가 구 토지구획정리사업법(2000.1.28. 법률 제6252호로 폐지) 제59조에 의하여 관리하는 공법상의 관리대상 토지일 뿐이므로, 환지계획에서 학교용지로 지정된 토지라고 하여 환지처분의 공고가 있기 전에 국가 또는 지방자치단체가 이에 대하여 물권 유사의 사용수익권이나 관리권을 가진다고 할 수 없다.
3. 甲 토지구획정리조합이 환지계획을 인가받으면서 체비지 겸 학교용지로 인가받은 토지에 대하여 체비지대장에 甲 조합을 토지의 소유자로 등재한 후 소유자명의를 乙 주식회사 앞으로 이전하였는데, 환지처분이 이루어지지 않은 상태에서 丙 지방자치단체가 甲 조합을 상대로 환지처분의 공고 다음날에 토지의 소유권을 원시취득할 지위에 있음의 확인을 구한 사안에서, 위 토지가 환지계획에서 초등학교 및 중고등학교 교육에 필요한 학교용지로 지정되어 있으면 장차 환지처분 및 공고가 있게 되면 丙 지방자치단체가 소유권을 원시취득하므로, **토지에 대한 丙 지방자치단체의 이익은 비록 불확정적이라도 보호할 가치 있는 법적 이익에 해당하고,** 구 토지구획정리사업법(2000.1.28. 법률 제6252호로 폐지) 제63조, 제80조 등의 취지는 학교교육이라는 중대한 공익의 실현에 필수적인 학교용지를 안정적이고 확실하게 확보할 수 있도록 하려는 것인데, **체비지대장상의 소유자명의대로 환지처분이 되어 甲 조합이나 乙 회사 등 제3자 앞으로 토지의 소유권이 귀속된 것 같은 외관이 생기게 되면, 분쟁의 해결이 더욱 복잡해지고 학교용지의 확보에 차질을 빚게 될 수 있으므로, 확인소송을 통해 그러한 위험이나 불안을 제거할 이익과 필요가 있으며,** 甲 조합이 토지를 체비지대장에 등재하는 등으로 丙 지방자치단체의 지위를 다투고 있는 반면, 丙 지방자치단체가 현재의 상태에서 토지에 대하여 물권 유사의 사용수익권이나 관리권 등을 행사할 수 없으므로, **사업시행자인 甲 조합을 상대로 확인판결을 받는 것은 丙 지방자치단체의 법률상 지위에 대한 위험이나 불안을 제거하기 위한 유효적절한 수단이므로, 확인의 이익이 있고, 나아가 토지구획정리사업에 따른 공공시설용지의 원시취득으로 형성되는**

24) 대법원 2016.10.13. 선고 2016다221658 판결(보험료채무부존재확인).

국가 또는 지방자치단체와 사업시행자 사이의 관계는 공법관계이므로, 위와 같은 지위의 확인을 구하는 것은 행정소송법상 당사자소송에 해당한다.[25)]

(2) 적용법규

① 취소소송에 관한 규정이 준용되는 경우

취소소송에 관한 규정 중 관련청구의 이송・병합, 피고경정, 공동소송, 소송참가, 소의 변경, 처분변경으로 인한 소의 변경, 행정심판기록제출명령, 직권심리주의, 판결의 기속력, 소송비용부담 등에 관한 것이 당사자소송에 준용된다(§ 44 ① ②).

② 취소소송에 관한 규정이 준용되지 않는 경우

취소소송의 제소기간에 관한 규정이 당사자소송에 준용되지 않는 것은 당연한 것이지만, 행정소송법(§ 41)은 "당사자소송에 관하여 법령에 제소기간이 정하여져 있는 때에는 그 기간은 불변기간으로 한다."라고 규정함으로써 개별 근거법에 의한 제소기간의 제한가능성을 예상하고 있다. 그 밖에 취소소송에 관한 규정 중 선결문제, 원고적격, 피고적격, 행정심판전치주의, 소송대상, 집행정지, 재량취소, 사정판결, 취소판결의 효력, 처분의무, 제3자에 의한 재심, 간접강제 등 처분등을 전제로 한 것들은 당연히 준용되지 아니한다(§ 44 ① ②).

2. 형식적 당사자소송

(1) 개념

형식적 당사자소송이란 행정청의 처분등을 원인으로 하는 법률관계에 대한 소송으로서 그 법률관계의 한쪽 당사자를 피고로 하는 소송을 말한다. 예컨대, 토지수용위원회의 보상금액 결정에 대한 이의재결에 대하여 불복이 있을 경우 재결취소소송을 제기하지 않고 곧바로 상대방 당사자(기업자)를 피고로 하여 보상금액의 증감을 청구하는 경우가 그 예이다. 이 경우 실질적으로는 행정청의 처분등을 다투는 소송이면서 형식적으로는 당해 처분이나 재결의 행정청을 피고로 하지 아니하고 그 법률관계의 한쪽 당사자를 피고로 하여 그 법률관계의 존부・내용 등을 다투는 소송이라 하여 이를 형식적 당사자소송이라고 한다.

---

25) 대법원 2016.12.15. 선고 2016다221566 판결(소유권확인).

<관련판례>

중앙토지수용위원회의 이의재결에 대한 손실보상금증감청구소송(제75조의2)에 관하여 이를 형식적 당사자소송으로 볼 것인지 문제되었다. 종래 손실보상문제가 당사자 간의 협의나 관할 행정청의 재결·결정절차를 통해 해결이 되지 않으면 종래에는 취소소송을 통해 간접적으로 손실보상액의 증감을 꾀하는 경우가 많았으나(따라서 청구가 인용되면 다시 중앙토지수용위원회의 판단을 받아야 하는 불편이 있었다), 구 토지수용법 제75조의2 제2항에서 이의재결취소소송의 형태를 유지하면서 재결청 외에 기업자나 토지소유자 등이 반드시 공동피고가 되는 필요적 공동소송방식을 채택했던 것이다. 이에 관하여 대법원은 "토지수용법 제75조의2 제2항이 토지소유자 또는 관계인이 보상금의 증감에 관한 같은 조 제1항의 행정소송을 제기하는 경우에는 재결청 외에 기업자를 피고로 한다고 규정하는 것은 위와 같은 소송을 제기하는 경우에는 재결청 외에 기업자를 공동피고로 하여야 한다는 뜻이고, 이 소송은 필요적 공동소송이라고 볼 것"[26]이라고 판시한 바 있다. 이와 같이 구 토지수용법상 보상금증감청구소송을 필요적 공동소송으로 본 대법원의 판결을 둘러싸고 찬반 양론이 전개되었다. 즉, 이를 확인·급부소송의 성질을 띤 형식적 당사자소송과 보상재결취소소송이 병합된 형태로 보는 입장(필요적 병합소송설)[27]과 법률이 정한 특수한 형태의 소송으로 필요적 공동소송으로 파악하는 입장(필요적 공동소송설)[28]이 대립하고 있었다. 아무튼 필요적 병합소송설에 의하더라도 보상금증감청구소송에는 취소소송과 확인·급부소송이 병합되어 있다고 보므로, 이를 순수한 형태의 형식적 당사자소송으로 보는 것은 아니다. 2002년 2월 4일 제정된 토지보상법(「공익사업을 위한 토지등의 취득 및 보상에 관한 법률」)은 제85조 제1항에서 "사업시행자·토지소유자 또는 관계인은 제34조의 규정에 의한 재결에 대하여 불복이 있는 때에는 재결서를 받은 날부터 60일 이내에, 이의신청을 거친 때에는 이의신청에 대한 재결서를 받은 날부터 30일 이내에 각각 행정소송을 제기할 수 있다."라고 규정하는 한편, 제2항에서 제34조의 규정에 의한 재결에 대하여 불복이 있는 때에 제기하는 '행정소송이 보상금의 증감에 관한 소송인 경우 당해 소송을 제기하는 자가 토지소유자 또는 관계인인 때에는 사업시행자를, 사업시행자인 때에는 토지소유자 또는 관계인을 각각 피고로 한다'는 규정을 두었다. 이 조항은 종래 구 토지수용법 제75조의2 제2항(토지보상법 § 85 ②)에 따른 소송을 형식적 당사자소송으로 본 학설경향을 반영한 것으로 이해된다.[29] 한편 특허법(§ 187 단서) 및 다른 단행법(디자인보호법 § 75, 상표법 § 86 등에서 준용; 전기통신기본법 § 40의2 ⑤ ⑥)과 같이 형식적 당사자소송을 인정하는 개별법률들이 생기고 있음을 주목해야 할 것이다.

최근 대법원은 같은 맥락에서 토지보상법 제72조에 따른 토지소유자의 토지수용청구를 거부한 토지수용위원회의 재결에 대하여 토지소유자가 불복하여 제기한 소송의 성질과 그

26) 대법원 1991.5.28. 선고 90누8787 판결; 동지 1991.7.23. 선고 90누9124 판결.
27) 박윤흔, 「손실보상관계소송: 개정토지수용법을 중심으로」, 『고시연구』 통권 240호, 1991.3., 33, 46.
28) 윤형한, 「토지수용법 제75조의2 제2항의 신설에 따른 몇 가지 문제점」, 『인권과 정의』, 1991.8., 128; 김도창, 앞의 책, 842 및 같은 쪽 判 2)를 참조.
29) 정하중, 『행정법개론』(제7판), 법문사, 2013, 875.

상대방에 대하여 다음과 같이 판시한 바 있다.

> 공익사업을 위한 토지 등의 취득 및 보상에 관한 법률(이하 '토지보상법'이라고 한다) 제72조의 문언, 연혁 및 취지 등에 비추어 보면, 위 규정이 정한 수용청구권은 토지보상법 제74조 제1항이 정한 잔여지 수용청구권과 같이 손실보상의 일환으로 토지소유자에게 부여되는 권리로서 그 청구에 의하여 수용효과가 생기는 형성권의 성질을 지니므로, 토지소유자의 토지수용청구를 받아들이지 아니한 토지수용위원회의 재결에 대하여 토지소유자가 불복하여 제기하는 소송은 토지보상법 제85조 제2항에 규정되어 있는 '보상금의 증감에 관한 소송'에 해당하고, 피고는 토지수용위원회가 아니라 사업시행자로 하여야 한다.[30]

(2) 허용성

형식적 당사자소송은 분쟁의 실체를 직시하여 재산상의 분쟁이 쟁점인 경우처럼 처분청의 간여가 별반 의미가 없다고 판단될 경우에는, 이해당사자가 직접 분쟁을 해결하도록 하는 것이 바람직하다는 고려를 바탕으로 한 소송유형이다. 이러한 형식적 당사자소송이 현행법상 별도의 개별법상의 근거 없이도 행정소송법 제3조 제2호의 규정에 의하여 일반적으로 허용될 수 있는가는 논란되고 있다. 일부의 문헌은 행정소송법 제3조 제2호가 규정하는 당사자소송에 형식적 당사자소송이 포함된다고 본다.[31] 이 견해는 이러한 소송유형이 일본에서 유래된 것임을 고려하여, 우리 행정소송법이 일본 행정사건소송법 제4조처럼 '법령의 규정에 의하여'란 구절을 두고 있지 않다는 차이점을 강조한다. 반면 다수의 견해는 개별법의 규정이 없으면 소송요건등 적용법규상의 불명확성이 초래되고, 처분등의 효력을 그대로 두고 그 결과로 발생한 당사자의 권리의무만을 판결로써 변경시킬 수 있느냐 하는 점 등을 근거로 개별법적 근거 없이 형식적 당사자소송이 허용될 수는 없다고 한다.[32]

생각건대, 형식적 당사자소송의 가장 결정적인 특징은 실질적으로 처분등의 위법 여부가 관련됨에도 불구하고 이를 그 결과 수준에서만 다투도록 한다는 실용주의적 고려에 있다. 그러나 가령 처분의 단순위법을 원인으로 한 법률관계 여하가 문제되는 경우에는 자칫 그러한 분쟁을 취소소송등 항고소송에 의해 처리하도록 한 법취지(가령 공정력이나 선결문제심판권의 문제 등)를 우회하는 것을 허용하는 결과가 될 수 있다는 이유에서 이를 개별법적 근거가 있을 경우에만 허용하는 부정설이 타당하다고 본다.

---

30) 대법원 2015.4.9. 선고 2014두46669 판결(토지수용재결신청거부처분취소).
31) 이상규, 『신행정법론(상)』, 법문사, 1991, 720.
32) 변재옥, 앞의 글, 43 이하.

(3) 적용법규

형식적 당사자소송에 대하여는 각각의 개별법률에 특별한 규정이 있는 경우를 제외하고는, 기본적으로 실질적 당사자소송의 적용법규들이 적용되어야 할 것이다(특히 §§ 10, 22, 25, 26, 30 ① 등: § 44). 반면 형식적 당사자소송은 실질적으로는 항고소송적 측면을 가지므로 만일 실질적 당사자소송의 경우 같은 적용법규 준용이 항고소송의 소송요건을 회피하는 결과가 된다면 오히려 항고소송에 관한 규정을 유추적용해야 할 경우도 있을 것이다.

Ⅳ. 당사자소송의 소송요건

1. 재판관할

행정소송법은 당사자소송의 재판관할에 대하여 취소소송에 관한 제9조를 준용하도록 규정하고 있다(§ 40). 따라서 당사자소송의 제1심 관할법원은 피고의 소재지를 관할하는 행정법원이 된다(§ 40, § 9 ①). 또한 토지의 수용 기타 부동산 또는 특정의 장소에 관계되는 처분등을 원인으로 하는 법률관계에 관한 소송으로서 그 법률관계의 한쪽 당사자를 피고로 하는 당사자소송은 그 부동산 또는 장소의 소재지를 관할하는 행정법원에 이를 제기할 수 있다(§ 40, § 9 ②). 다만, 국가 또는 공공단체가 피고인 경우에는 관계행정청의 소재지를 피고의 소재지로 본다(§ 40 단서). 당사자소송은 항고소송과는 달리 국가·공공단체 그 밖의 권리주체를 피고로 하는 것이므로, 국가나 공공단체가 피고인 경우에는 당해 소송과 구체적인 관계가 있는 관계행정청의 소재지를 피고의 소재지로 의제하여, 그 행정청의 소재지를 관할하는 행정법원이 당사자소송의 관할법원이 되도록 한 것이다.

2014년 5월 20일에 개정된 제9조 제2항도 당사자소송에 준용된다고 보아야 할 것이다. 즉 관계행정청이 중앙행정기관, 중앙행정기관의 부속기관과 합의제행정기관 또는 그 장이나 국가의 사무를 위임 또는 위탁받은 공공단체 또는 그 장인 경우에는 대법원소재지를 관할하는 행정법원에 제기할 수 있다.

<관리처분계획안에 대한 조합 총회결의 효력 등을 다투는 소송의 관할>

1. 도시 및 주거환경정비법상 행정주체인 주택재건축정비사업조합을 상대로 관리처분계획안에 대한 조합 총회결의의 효력 등을 다투는 소송은 행정처분에 이르는 절차적 요건의 존부나 효력 유무에 관

한 소송으로서 그 소송결과에 따라 행정처분의 위법 여부에 직접 영향을 미치는 공법상 법률관계에 관한 것이므로, 이는 행정소송법상의 당사자소송에 해당한다.

2. 도시 및 주거환경정비법상의 주택재건축정비사업조합을 상대로 관리처분계획안에 대한 총회결의의 무효확인을 구하는 소를 민사소송으로 제기한 사안에서, 그 소는 행정소송법상 당사자소송에 해당하므로 전속관할이 행정법원에 있다고 한 사례.[33]

<고용 · 산재보험료 납부의무 부존재확인을 구하는 공법상 당사자소송과 관할법원 이송>

甲에게서 주택 등 신축 공사를 수급한 乙이 사업주를 甲으로 기재한 甲 명의의 고용보험·산재보험관계성립신고서를 근로복지공단에 작성·제출하여 甲이 고용·산재보험료 일부를 납부하였고, 국민건강보험공단이 甲에게 나머지 보험료를 납부할 것을 독촉하였는데, 甲이 국민건강보험공단을 상대로 이미 납부한 보험료는 부당이득으로서 반환을 구하고 국민건강보험공단이 납부를 독촉하는 보험료채무는 부존재확인을 구하는 소를 제기한 사안에서, 이는 행정소송인 공법상 당사자소송과 행정소송법 제10조 제2항, 제44조 제2항에 규정된 관련청구소송으로서 부당이득반환을 구하는 민사소송이 병합하여 제기된 경우에 해당하므로, 원심법원인 인천지방법원 합의부는 항소심으로서 민사소송법 제34조 제1항, 법원조직법 제28조 제1호에 따라 사건을 관할법원인 서울고등법원에 이송했어야 옳다고 한 사례.[34]

2. 당사자소송의 당사자

(1) 원고적격

당사자소송은 대등한 당사자 간의 공법상 법률관계에 관한 소송이므로 항고소송에서와 같은 원고적격의 제한은 없으며, 따라서 민사소송법의 원고적격에 관한 규정이 준용된다(§ 8 ②).

(2) 피고적격

당사자소송의 피고는 국가 또는 공공단체 등 권리주체가 된다(§ 39).[35] 국가를 당사자 또는 참가인으로 하는 소송("국가소송")에서는 법무부장관이 국가를 대표한다(국가를 당사자로 하

33) 대법원 2009.9.17. 선고 2007다2428 전원합의체판결(총회결의무효확인).

34) 대법원 2016.10.13. 선고 2016다221658 판결(보험료채무부존재확인).

35) "광주보상법에 의한 보상금등의 지급에 관한 법률관계의 주체는 피고 대한민국이라고 해석되고 지방자치단체인 광주직할시나 또는 국가기관으로서 보상금등의 심의, 결정 및 지급등의 기능을 담당하는 데 불과한 피고위원회 및 그 위원장등을 그 주체로 볼 수는 없다"(대법원 1992.12.24. 선고 92누3335 판결); "공법상 권리관계의 확인을 구하는 당사자소송은 그 권리주체인 국가 또는 공공단체등을 피고로 하여야 하므로 그 권리주체가 아닌 재향군인회장과 국방부장관을 피고로 하여 제기한 소는 부적법하다"(대법원 1991.1.25. 선고 90누3041 판결), 훈장종류확인에 관한 판결(대법원 1990.10.23. 선고 90누4440 판결)을 참조.

는 소송에 관한 법률 § 2). 피고를 잘못 지정하였을 경우, 청구기각판결을 하는 민사소송의 경우와는 달리 당사자소송에서는 원칙적으로 소각하판결을 한다.

<명예퇴직법관의 퇴직수당 지급 청구소송 공법상 당사자소송>

명예퇴직수당은 명예퇴직수당 지급신청자 중에서 일정한 심사를 거쳐 피고가 명예퇴직수당 지급대상자로 결정한 경우에 비로소 지급될 수 있지만, 명예퇴직수당 지급대상자로 결정된 법관에 대하여 지급할 수당액은 명예퇴직수당규칙 제4조 [별표 1]에 산정 기준이 정해져 있으므로, 위 **법관은 위 규정에서 정한 정당한 산정 기준에 따라 산정된 명예퇴직수당액을 수령할 구체적인 권리를 가진다.** 따라서 위 법관이 이미 수령한 수당액이 위 규정에서 정한 정당한 명예퇴직수당액에 미치지 못한다고 주장하며 차액의 지급을 신청함에 대하여 법원행정처장이 거부하는 의사를 표시했더라도, 그 의사표시는 명예퇴직수당액을 형성・확정하는 행정처분이 아니라 공법상의 법률관계의 한쪽 당사자로서 지급의무의 존부 및 범위에 관하여 자신의 의견을 밝힌 것에 불과하므로 행정처분으로 볼 수 없다. 결국 **명예퇴직한 법관이 미지급 명예퇴직수당액에 대하여 가지는 권리는 명예퇴직수당 지급대상자 결정 절차를 거쳐 명예퇴직수당규칙에 의하여 확정된 공법상 법률관계에 관한 권리로서, 그 지급을 구하는 소송은 행정소송법의 당사자소송에 해당하며, 그 법률관계의 당사자인 국가를 상대로 제기하여야 한다.**[36]

<공법상 당사자소송에서 원고가 피고를 잘못 지정한 경우, 법원이 취하여야 할 조치>

고용보험 및 산업재해보상보험의 보험료징수 등에 관한 법률 제4조는 고용보험법 및 산업재해보상보험법에 따른 보험사업에 관하여 이 법에서 정한 사항은 고용노동부장관으로부터 위탁을 받아 근로복지공단이 수행하되, 보험료의 체납관리 등의 징수업무는 국민건강보험공단이 고용노동부장관으로부터 위탁을 받아 수행한다고 규정하고 있다. 따라서 고용・산재보험료의 귀속주체, 즉 사업주가 각 보험료 납부의무를 부담하는 상대방은 근로복지공단이고, 국민건강보험공단은 단지 각 보험료의 징수업무를 수행하는 데에 불과하므로, 고용・산재보험료 납부의무 부존재확인의 소는 근로복지공단을 피고로 하여 제기하여야 한다. 그리고 행정소송법상 당사자소송에서 원고가 피고를 잘못 지정한 때에는 법원은 원고의 신청에 의하여 결정으로써 피고의 경정을 허가할 수 있으므로(행정소송법 제44조 제1항, 제14조), 원고가 피고를 잘못 지정한 것으로 보이는 경우 법원으로서는 마땅히 석명권을 행사하여 원고로 하여금 정당한 피고로 경정하게 하여 소송을 진행하도록 하여야 한다.[37]

당사자소송의 피고를 국가・공공단체 그 밖의 권리주체에 국한시키고 있는 행정소송법 제39조는 당사자소송의 개념규정에 따른다면 지극히 당연한 것이다. 그러나 입법론상으로는 반드시 이와 같이 엄격한 '당사자'소송의 관념에 얽매일 것이 아니라 당사자소송이 국민의 권

---

36) 대법원 2016.5.24. 선고 2013두14863 판결(명예퇴직수당지급거부처분취소).
37) 대법원 2016.10.13. 선고 2016다221658 판결(보험료채무부존재확인).

리구제의 공백을 막기 위한 포괄소송으로서 활용할 수 있도록 그 개념을 확대하는 것도 생각해 볼 수 있다. 사실 행성소송법이나 행정심판법에서도 원래 권리주체인 국가나 공공단체등을 피고로 하는 것이 원칙이나 소송수행상 편의나 사안 근접성(Sachnahe) 등을 감안하여 국가나 공공단체의 기관인 '행정청'을 피고로 한 것이라는 점을 고려할 필요가 있다.[38)]

3. 당사자소송의 대상

행정소송법상 당사자소송은 행정청의 처분등을 원인으로 하는 법률관계에 관한 소송과 그밖에 공법상 법률관계에 관한 소송이라고 규정되고 있다. 따라서 당사자소송의 대상도 이와 같이 단지 포괄적으로 행정청의 처분등을 원인으로 하는 법률관계와 그밖에 공법상 법률관계에 관한 분쟁이라고 예정되어 있는 셈이다. 당사자소송이 확인소송의 형태를 띨 경우, 이러한 공법상의 법률관계가 그 자체로서 당사자소송의 대상이 된다는 데 대해서는 의문이 없으며 다만 무엇이 공법상의 법률관계인가를 획정하는 문제가 제기될 뿐이다.

반면 당사자소송이 이행소송의 형태를 띠는 경우에는 항고소송의 대상과의 경계설정이 필요하다. 이 경우에는 비처분-행정작용(Nicht-Verwaltungsakt), 다시 말해서 금전의 지급이라든지 제해시설의 설치와 같은 비권력적 사실행위, 공법상 결과제거청구권의 내용으로서 원상회복 등이 당사자소송의 대상으로 고려되어야 할 것이다.

공법상 당사자소송의 활용이 기대될 수 있는 소송유형으로는 종래 당사자소송으로 생각되어 왔던 유형 내지 그 주변유형(손실보상, 국적관계, 공무원관계 등)과 그 밖에 종래 무명항고소송으로 검토되었던 예방적 소송의 경우를 비롯하여 행정지도를 다투는 경우, 금전 내지 행정서비스의 급부를 구하는 경우, 정보공개청구소송, 영조물의 이용자 내지 이른바 특별권력관계의 내부자에 대한 조치를 다투는 경우, 공공기관에 의한 명예・신용의 훼손의 회복을 구하는 경우, 공공사업의 중지를 구하는 경우, 공공기관의 실력행사를 다투는 경우, 법령・계획을 다투는 경우, 행정상의 의무이행을 법원의 재판을 통하여 확보하고자 하는 경우 등을 들 수 있는데, 이렇듯 당사자소송의 대상 또한 항고소송의 처분등에 못지않게 다양함을 알 수 있다.[39)]

---

38) 김도창, 앞의 책, 701, 776.
39) 高木 光, 앞의 글, 227.

4. 제소기간

당사자소송에 관하여는 원칙적으로 제소기간의 제한이 없다(§ 44 ①). 다만 장기간 소를 제기하지 않은 경우 소권 실효가 문제될 수 있을 것이다. 이 경우는 민사소송법 일반법리에 따라 판단해야 할 것이다. 개별법이 특별한 규정을 두는 경우 그에 따라야 함은 물론이다.

5. 기타 소송요건

당사자소송에 대하여는 행정심판전치주의도 적용되지 아니한다. 다만 관계법령에서 결정전치주의가 채택되는 경우가 있으나(가령 징발법 § 24의2), 이는 원칙적으로 처분등 또는 부작위에 대한 불복절차인 행정심판전치주의와는 다른 별도의 행정절차라고 볼 것이다.[40)]

Ⅴ. 관련청구의 병합과 소변경

법원은 당사자소송을 당해 처분등에 관계되는 사무가 귀속하는 국가 또는 공공단체에 대한 항고소송으로 변경하는 것이 상당하다고 인정할 때에는 청구의 기초의 변경이 없는 한, 사실심 변론종결시까지 원고의 신청에 따라 결정으로써 소의 변경을 허가할 수 있다(§ 42, § 21 ①). 처분등을 원인으로 하는 당사자소송의 경우 처분변경으로 인한 소의 변경도 인정된다(§ 44 ①, § 22).

> 공법상의 법률관계에 관한 당사자소송에서는 그 법률관계의 한쪽 당사자를 피고로 하여 소송을 제기하여야 한다(행정소송법 § 3 ②, § 39). 다만 원고가 고의 또는 중대한 과실 없이 당사자소송으로 제기하여야 할 것을 항고소송으로 잘못 제기한 경우에, 당사자소송으로서의 소송요건을 결하고 있음이 명백하여 당사자소송으로 제기되었더라도 어차피 부적법하게 되는 경우가 아닌 이상, 법원으로서는 원고가 당사자소송으로 소 변경을 하도록 하여 심리·판단하여야 한다.[41)]

40) 이러한 경우 박윤흔 교수(앞의 글, 『고시연구』, 1991.3., 37 이하)에 따르면, 보상결정은 처분이 아니라 손실보상청구권자에 대한 '보상견적액의 제시'에 불과한 일종의 중재재정적인 것으로 보아야 한다고 한다.
41) 대법원 2016.5.24. 선고 2013두14863 판결(명예퇴직수당지급거부처분취소).

또한 행정소송법 제10조가 당사자소송에 준용되어 당사자소송과 관련청구소송이 각각 다른 법원에 계속되고 있는 경우에는 법원은 당사자의 신청 또는 직권에 의하여 이를 당사자소송이 계속된 법원으로 이송할 수 있고(§ 44 ②, § 10 ①), 사실심변론종결시까지 당사자소송에 관련청구소송을 병합하거나 피고 이외의 자를 상대로 한 관련청구소송을 당사자소송이 계속된 법원에 병합·제기할 수 있다(§ 44 ②, § 10 ②).

VI. 당사자소송에 있어 가구제

행정소송법 제43조는 "국가를 상대로 하는 당사자소송의 경우에는 가집행선고를 할 수 없다"고 규정하고 있다. 그러나 같은 내용의 규정을 둔 소송촉진등에 관한 특례법 제6조 제1항 단서가 위헌으로 결정된 사실을 볼 때,[42] 이 조항 역시 위헌의 소지가 농후하다고 할 수 있다. 따라서 이러한 명문의 규정에도 불구하고 당사자소송이 기본적으로 대등한 당사자 간의 분쟁을 해결하기 위한 소송이라는 점을 고려할 때 가처분 내지 가집행선고가 허용된다고 보아야 할 것이다. 대법원 역시 최근 동일한 방향으로 판시한 바 있다.

> 도시 및 주거환경정비법(이하 '도시정비법'이라 한다)상 행정주체인 주택재건축정비사업조합을 상대로 관리처분계획안에 대한 조합 총회결의의 효력을 다투는 소송은 행정처분에 이르는 절차적 요건의 존부나 효력 유무에 관한 소송으로서 소송결과에 따라 행정처분의 위법 여부에 직접 영향을 미치는 공법상 법률관계에 관한 것이므로, 이는 행정소송법상 당사자소송에 해당한다. 그리고 이러한 **당사자소송에 대하여는 행정소송법 제23조 제2항의 집행정지에 관한 규정이 준용되지 아니하므로(행정소송법 제44조 제1항 참조), 이를 본안으로 하는 가처분에 대하여는 행정소송법 제8조 제2항에 따라 민사집행법상 가처분에 관한 규정이 준용되어야 한다.**[43]

42) 헌법재판소 1989.1.25. 선고 88헌가7 결정. 헌법재판소는 이 규정이 재산권과 신속한 재판을 받을 권리의 보장에 있어서 합리적 이유 없이 소송당사자를 차별하여 국가를 우대하고 있는 것이므로 헌법 제11조 제1항에 위반된다고 판시함으로써, 국가가 민사소송의 당사자인 경우 가집행선고를 할 수 있도록 하였다.
43) 대법원 2015.8.21. 선고 2015무26 결정(관리처분계획안에대한총회결의효력정지가처분).

제52장

공무원법의 쟁점*

Ⅰ. 쟁점

헌법상 공무원제도는 민주적 공무원제도와 직업공무원제도를 근간으로 삼고 있다. 공무원법은 민주적 공무원제도라는 측면에서는 전체 국민에 대한 봉사, 국민에 대한 책임, 공무담임의 기회균등을, 직업공무원제도의 측면에서는 공무원의 신분보장, 정치적 중립성, 성적주의를 각각 기본원칙으로 삼고 있다.[1)]

그러나 직업공무원제도는 그 헌법적 보장에도 불구하고 거센 국가경쟁력 논리와 정부혁신의 파도에 휩쓸려 흔들리고 있다. 이러한 배경에서 정부혁신 차원에서 공무원 인사제도를 개혁할 경우 직업공무원제도의 헌법적 보장이란 틀 안에서 어디까지, 어떤 범위에서 허용되는지, 공무원의 신분보장은 과연 어디까지 제한될 수 있으며, 또 어떤 기준으로 제한할 수 있는지 헌법적 검토가 필요하다.

다른 한편에서는 공무원과 그 직무수행에 대한 불만, 각종 비리와 무능력에 따른 신뢰저하 등 공무원에 대한 비판과 질타가 끊이지 않고 있다. 급기야 최근에는 '비선조직에 따른 인치'로 헌법이 부과한 국민주권주의와 법치국가원칙을 위배한 일련의 행위들이 문제되어 박근혜 전대통령이 탄핵심판을 통해 파면을 당하는 헌정사상 전례 없는 사건이 발생하기에 이르렀다. 그러한 배경에서 공무원의 의무와 책임을 더욱 엄격히 부과해야 한다는 목소리는 그

* 홍준형, 『행정법』, 법문사, 2017, 1121-1219를 토대로 수정·보완한 것임.

1) 김남진·김연태, 『행정법Ⅱ』, 법문사, 2004, 196 이하. 김중양·김명식, 『공무원법』, 박영사, 2000, 23 이하에서는 국가공무원법의 일반원칙으로, 민주적 공무원제도, 직업공무원제도, 실적주의제도를 들고, 특히 민주적 공무원제를 국민전체에 대한 봉사자, 국민에 대한 책임, 공무원 임용의 민주성 및 공무담임의 기회균등 보장 및 공무원에 관한 기본적 사항의 법률주의로 서술하고 있다.

어느 때보다도 광범위한 공감대를 형성하고 있다. 이러한 관점에서 공무원의 의무와 책임에 관한 법적 쟁점들을 면밀히 검토해 볼 필요가 있다.

Ⅱ. 직업공무원제도의 보장과 공무원의 신분보장

헌법은 줄곧 직업공무원제도를 보장해 왔다. 현행헌법도 제7조 제2항에서 "공무원의 신분과 정치적 중립성은 법률이 정하는 바에 의하여 보장된다."라고 규정함으로써 직업공무원제도를 보장하고 있다. 직업공무원제도란 공무수행의 일관성과 독자성을 유지하고, 정권교체에 따른 국가작용의 중단과 혼란, 엽관제(spoils system)의 폐단 등을 방지하기 위하여 공무원의 신분이 보장되는 공직구조에 관한 제도를 말한다. 직업공무원제를 확립하기 위해서는 과학적 직위분류제, 인사의 공정, 성적주의 등이 필요하나 헌법상 규정된 신분보장과 정치적 중립의 확보가 중요하다. 헌법이 직업공무원제도를 보장한 것을 '제도적 보장'으로 보는 것이 학계와 실무계의 지배적 시각이다(institutionelle Garantie des Berufsbeamtentums).

제도적 보장이란 헌법제정권자가 특히 중요하고 가치가 있다고 인정되어 헌법으로 그 존속을 확보해 줄 필요가 있다고 생각하는 국가적·사회적 제도를 헌법에 규정함으로써 그 본질을 보장하는 것을 말한다. 헌법에 의하여 어떤 제도가 보장되면 입법권자는 그 제도를 설정하고 유지시킬 입법의무를 지게 될 뿐만 아니라 헌법에 규정되어 있기 때문에 법률로써 이를 폐지할 수 없고, 비록 내용을 제한하더라도 본질적 내용을 침해할 수 없다는 제약을 받게 된다. 그러나 기본권 보장은 '최대한 보장의 원칙'이 적용되는 반면, 제도적 보장은 그 본질적 내용을 침해하지만 않는다면 입법자에게 제도의 구체적 내용과 형태의 형성권을 폭넓게 인정한다는 뜻에서 '최소한 보장의 원칙'이 적용될 뿐이다.

헌법재판소도 직업공무원제도는 헌법이 보장하는 제도적 보장의 하나임이 분명하다고 밝힌 바 있다.[2] 따라서 입법권자도 직업공무원제도의 본질을 훼손할 수 없다는 결과가 된다. 직업공무원제의 제도적 보장의 내용은 공무원 인사제도개혁에서도 의당 준수되어야 한다. 공무원 인사제도 개혁이 직업공무원제에 중대한 영향을 끼쳐 헌법상 직업공무원제도의 제도적 보장에 저촉된다면 헌법적 제재를 피하기 어려울 것이다. 물론 직업공무원제가 제도적으로 보장된다고 해서 공무원 인사제도 혁신의 길이 봉쇄되어 있는 것은 아니다. 입법권자는 직업공무원제에 관하여 '최소한보장의 원칙'의 한계 안에서 폭넓은 입법형성의 자유를 가지기 때문

2) 헌법재판소 1997.4.24. 선고 95헌바48 전원재판부결정.

이다.

> 공무원으로 임용된 경우에 있어 정년까지 근무할 수 있는 권리는 헌법의 공무원신분보장 규정에 의하여 보호되는 기득권으로서, 공무원법상의 정년규정을 변경함에 있어 공무원으로 임용될 때 발생한 공무원법상의 정년규정까지 근무할 수 있다는 기대 내지 신뢰를 합리적 이유 없이 박탈하는 것은 헌법상의 공무원신분보장 규정에 위배되지만, 공무원이 임용 당시의 공무원법상의 정년규정까지 근무할 수 있다는 기대와 신뢰는 행정조직, 직제의 변경 또는 예산의 감소 등 강한 공익상의 정당한 근거에 의하여 좌우될 수 있는 상대적이고 가변적인 것에 지나지 않으므로 정년규정을 변경하는 입법은 구법질서에 대하여 기대했던 당사자의 신뢰보호 내지 신분관계의 안정이라는 이익을 지나치게 침해하지 않는 한 공익목적 달성을 위하여 필요한 범위 내에서 입법권자의 입법형성의 재량을 인정하여야 할 것[3]

직업공무원제도의 핵심은 공무원의 신분보장에 있다. 헌법재판소는 그런 맥락에서 신분보장을 직업공무원제도의 요소라고 보았다.[4] 계약제 등을 통한 개방형 인사제도는 종래 직업공무원제가 약속해 온 신분보장에 중대한 영향을 미친다. 공무원 신분보장이란 원래 종신제 공무원(Beamte auf Lebenszeit)의 보장이었다.

바로 그런 배경에서 국가공무원법은 제2조 제2항에서 경력직공무원을 "실적과 자격에 따라 임용되고 그 신분이 보장되며 평생 동안(근무기간을 정하여 임용하는 공무원의 경우에는 그 기간 동안을 말한다) 공무원으로 근무할 것이 예정되는 공무원"으로 정의하고 제68조에서는 "공무원은 형의 선고, 징계처분 또는 이 법에서 정하는 사유에 따르지 아니하고는 본인의 의사에 반하여 휴직·강임 또는 면직을 당하지 아니한다."라고 규정하고 있는 것이다. 종신제는 공무원의 처우를 완전히 보장하고(Vollalimentation) 이를 통해 정치적 중립성을 확보하려는 취지에서 비롯된 것이었다.[5] 그러나 사회 모든 부문이 능력위주의 경쟁시대로 접어든 오늘의 현실에서 종신제의 신화가 깃들 곳은 없다. 사실 종신제의 신화는 현실적으로나 법제상으로 이미 오래전에 깨졌다. 시보제도나 국공립대학교원의 재임용제도, 계약직 공무원제, 개방형 전문직위제 등이 활용되고 있고, 정년단축이나 계급정년제가 시행되고 있다.

한편 신분보장은 1급 공무원과 제23조에 따라 배정된 직무등급이 가장 높은 등급의 직위에 임용된 고위공무원단에 속하는 공무원에게는 적용되지 않는다(국가공무원법 § 68 단서).

---

3) 헌법재판소 1994.4.28. 선고 91헌바15, 19 결정.
4) 헌법재판소 1994.4.28. 선고 91헌바15, 19 결정.
5) B. Ziemske, "Öffentlicher Dienst zwischen Bewahrung und Umbruch," *DÖV* (*Die Öffentliche Verwaltung*), 1997, 605-616, 610.

헌법재판소에 따르면, 공무원정년제는 직업공무원제를 규정한 헌법 제7조에 위반되지 않으며, 국가공무원법 제74조 제1항 제1호 등이 연구 및 특수기술직렬 공무원의 정년을 58세 내지 61세로 규정한 것도 구체적인 정년연령에 관하여 광범위한 입법재량을 가진 입법권자가 국민의 평균수명과 사회경제적 여건 및 공무원 조직내부의 인력수급사정 등을 종합적으로 고려하여 입법에 반영한 결과이고 또 국가공무원법 제74조 제2항이 위 직렬에 속하는 공무원들의 구체적 정년연령에 관하여는 하위규범으로 정하도록 위임하여 농촌지도관과 농촌지도사의 정년에 차등을 둘 수 있도록 한 것도 일반적으로 농촌지도관과 농촌지도사의 직무내용과 구성정원에 차이가 있으므로 원활한 인사정책을 유지하기 위해서는 정년연령에 있어 어느 정도의 차등은 불가피하다는 점 등 여러 사정을 감안한 결과로서 그와 같은 차등은 합리적이고 정당한 것으로서 헌법에 합치된다고 한다.[6] 계급정년제 역시 직업공무원제의 요소인 공무원의 신분보장을 무한으로 관철할 때 파생되는 공직사회의 무사안일을 방지하고 인사적체를 해소하며 새로운 인재들의 공직참여기회를 확대, 관료제의 민주화를 추구하여 직업공무원제를 합리적으로 보완·운용하기 위한 것으로서 합헌이라고 한다.[7]

한시적 공무원제도(Zeitbeamtensystem)로서 계약제를 경력직 공무원에게까지 일반적으로 확대하는 것은 공무원 신분보장을 근본적으로 수정하는 결과를 가져온다는 점에서 신중을 요한다. 계약직 공무원의 경우 '국가와 채용계약에 따라 일정 기간 전문지식이 요구되는 업무에 종사하는 공무원'이기에 그 범위를 넘어 경력직 공무원 같은 신분보장을 해 주지 아니한다는 식의 특별한 헌법적 정당화가 필요하다. 성과주의(Leistungsprinzip)는 그러한 헌법적 정당화를 위한 가장 강력하고 설득력 있는 논거이다. 개방형 인사제도는 성과주의를 실현하는 수단이 되기도 하지만, 자칫 엽관제의 폐단, 정당이나 단체의 후견(Partei- oder Verbandspatronage), 지도력상실에 따른 행정의 불안정화(Destabilisierung der Verwaltung durch Führungsverlust) 등 폐단으로 위헌적 결과로 이어질 수도 있다. 그런 이유에서 임용요건과 절차, 인사의 공정성·객관성·투명성 및 신뢰성이 특별히 요구된다.

6) 헌법재판소 1997.3.27. 선고 96헌바86 전원재판부결정.
7) 헌법재판소 1994.4.28. 선고 91헌바15, 19 결정.

Ⅲ. 공무원의 의무와 책임

1. 공무원의 권리

공무원은 신분상 권리로 신분보장권, 직무수행·직명사용·제복착용에 관한 권리, 고충심사 및 행정구제에 관한 권리를 가지며, 재산상 권리로 보수청구권, 연금청구권, 실비 변상청구권, 사회보장을 위한 급여청구권을 누린다.

<행정입법 부작위로 인한 보수청구권의 침해: 군법무관보수청구사건>

대법원은 "입법부가 법률로써 행정부에게 특정한 사항을 위임했음에도 불구하고 행정부가 정당한 이유 없이 이를 이행하지 않는다면 권력분립의 원칙과 법치국가 내지 법치행정의 원칙에 위배되는 것으로서 위법함과 동시에 위헌적인 것이 되며" 관계법률에서 군법무관의 보수를 법관 및 검사의 예에 준하도록 규정하고 그 구체적 내용을 시행령에 위임한 이상, 이 보수청구권은 단순한 기대이익을 넘어서는 것으로 법률의 규정에 의해 인정된 재산권의 한 내용이 되는 것으로 봄이 상당하고, 따라서 "행정부가 정당한 이유 없이 시행령을 제정하지 않은 것은 위 보수청구권을 침해하는 불법행위에 해당한다."라고 판시하였다.[8)]

공무원은 또한 노동법상 권리로 노동조합 설립·가입 및 단체교섭에 관한 권리(「공무원의 노동조합 설립 및 운영 등에 관한 법률」: '공무원노조법'), 사실상 노무에 종사하는 공무원의 단결권, 단체교섭권 및 단체행동권(§ 66 ②)을 가진다.

<사실상 노무종사자의 범위에 관한 조례입법 부작위의 위헌성>

헌법재판소는 헌법 제33조 제2항과 지방공무원법 제58조 제1항 단서 및 제2항에 의하면 조례에 의하여 '사실상 노무에 종사하는 공무원'으로 규정되는 지방공무원만이 단체행동권을 보장받게 되므로 조례가 아예 제정되지 아니하면 지방공무원 중 누구도 단체행동권을 보장받을 수 없게 되며, 따라서 이 사건 부작위는 청구인들이 단체행동권을 향유할 가능성조차 봉쇄하여 버리는 것으로 청구인들의 기본권을 침해한 것으로 위헌으로 결정한 바 있다.[9)]

<노동기본권 향유 주체: 공무원노조법에 따라 설립된 공무원노동조합에 한함>

헌법과 노동조합법, 공무원노조법 등 공무원의 노동기본권 관련 규정 내용을 종합하면, 공무원으로 조

---

8) 대법원 2007.11.29. 선고 2006다3561 판결.

9) 헌법재판소 2009.07.30. 선고 2006헌마358 전원재판부결정(입법부작위 위헌확인). 이 결정에는 재판관 이강국, 재판관 김희옥, 재판관 이동흡의 각하의견이 붙어 있다.

직된 근로자단체는 공무원노조법에 따라 설립된 공무원노동조합인 경우에 한하여 노동기본권의 향유 주체가 될 수 있다.[10)]

2. 공무원의 의무

공무원은 국가 또는 지방자치단체와 공법상 근무관계를 맺고 있다. 그 한도 내에서 사법상 고용계약에 의한 근로관계와는 다른 특수성이 인정된다. 과거에는 공무원의 근무관계를 특별권력관계로 보아 법이 침투할 수 없고 따라서 법치주의나 사법심사가 배제되는 포괄적인 지배복종관계라고 보았지만, 오늘날 이러한 관헌국가적 공무원근무관계가 더 이상 통용될 수 없게 되었다는 점은 이미 지적한 바 있다. 그럼에도 불구하고 공무원은 국민전체에 대한 봉사자로서 사법상 근로관계와는 달리 공공의 이익을 위해 근무하는 특수한 신분과 지위·책무를 지닌다는 점에서 공무원법상 정치적 중립 유지, 집단행위의 제한, 직무상 비밀의 엄수 등 여러 가지 의무와 제약을 부과 받고 있다.

공무원의 의무는 헌법, 국가공무원법, 지방공무원법, 공직자윤리법 등 각종 공무원관계법으로부터 도출된다. 공무원의 의무는 의무의 성질에 따라 복무상 의무, 신분상 의무, 직무상 의무로 또는 의무의 내용에 따라 적극적 의무와 소극적 의무(금지 또는 제한)로 나뉜다.

공무원의 복무상 의무는 일반적으로 국가공무원법에서 규정하고 있으나, 공직자윤리법도 공무원의 복무와 윤리적 의무에 관한 규정을 두고 있다. 즉, 본인과 그 가족의 재산을 국가에 등록해야 하고, 직무와 관련 있는 사기업체에 퇴직 후 일정기간 취업할 수 없으며, 외국인이나 외국정부로부터 받은 일정가액 이상의 선물을 신고해야 한다. 이 법은 공무원뿐만 아니라 정부투자기관 등 공직유관단체의 임직원까지 그 적용대상으로 하고 있는 점에서 국가공무원법과 차이가 있다. 한편 「공직자 등의 병역사항 신고 및 공개에 관한 법률」에 따라 공직자 본인과 18세 이상 직계비속의 병역사항 신고 의무가 부과되고 있다.

그리고 일부 특정직공무원의 경우 직무의 특성을 고려하여 국가공무원법에 정해진 의무 외에 다음과 같이 몇 가지 의무가 추가된다. 즉, 외무공무원은 국제법의 준수 및 특권·면제의 남용금지와 외국정부의 시책에 대한 비판금지와 함께 외국의 영주권 취득금지 등이, 경찰·소방공무원은 허위보고와 지휘권남용금지 및 제복착용 등의 의무가 각각 부과되어 있다.

---

10) 대법원 2016.12.27. 선고 2011두921 판결(통보처분취소).

(1) 성실의무

성실의무는 공무원의 의무 중 가장 기본적 의무로 다른 의무들은 모두 이로부터 파생된 것이다.[11] 하지만 성실의무는 윤리성을 본질로 한다는 점에서 국가에의 신분적 예속을 의미하는 무정량의 충성의무가 아니라, 직무와 관련 국민 전체의 이익을 도모할 의무이다.[12]

<탄핵심판과 대통령의 성실한 직책수행의무 위반>

헌법 제69조는 대통령의 취임 선서를 규정하면서 대통령으로서 직책을 성실히 수행할 의무를 언급하고 있다. 헌법 제69조는 단순히 대통령의 취임 선서의 의무만 규정한 것이 아니라 선서의 내용을 명시적으로 밝힘으로써 헌법 제66조 제2항 및 제3항에 따라 대통령의 직무에 부과되는 헌법적 의무를 다시 한 번 강조하고 그 내용을 구체화하는 규정이다.

대통령의 '직책을 성실히 수행할 의무'는 헌법적 의무에 해당하지만, '헌법을 수호해야 할 의무'와는 달리 규범적으로 그 이행이 관철될 수 있는 성격의 의무가 아니므로 원칙적으로 사법적 판단의 대상이 되기는 어렵다. 대통령이 임기 중 성실하게 직책을 수행하였는지 여부는 다음 선거에서 국민의 심판의 대상이 될 수 있다. 그러나 대통령 단임제를 채택한 현행 헌법하에서 대통령은 법적으로뿐만 아니라 정치적으로도 국민에 대하여 직접적으로는 책임을 질 방법이 없고, 다만 대통령의 성실한 직책수행 여부가 간접적으로 그가 소속된 정당에 대하여 정치적 반사이익 또는 불이익을 가져다 줄 수 있을 뿐이다.

헌법 제65조 제1항은 탄핵사유를 '헌법이나 법률에 위배한 경우'로 제한하고 있고, 헌법재판소의 탄핵심판절차는 법적 관점에서 단지 탄핵사유의 존부만을 판단하는 것이므로, 이 사건에서 청구인이 주장하는 것과 같은 세월호 참사 당일 피청구인이 직책을 성실히 수행하였는지 여부는 그 자체로 소추사유가 될 수 없어, 탄핵심판절차의 판단대상이 되지 아니한다(헌재 2004.5.14. 선고 2004헌나1 결정 참조).[13]

준수해야 할 '법령'은 공무원 재직 중 적용받는 국가공무원법 등 공무원신분관계 법령뿐만 아니라 자기직무에 관련된 소관규정을 비롯한 모든 법령을 포함한다. 공무원 자신이 직접 해야 할 일을 제3자를 임의로 고용하여 처리한 행위도 법령에서 예상하지 않았을 뿐 아니라 공무원이 지켜야 할 직무상 비밀까지도 누설하는 결과가 되기 때문에 이에 위반할 경우는 징계책임은 물론 민·형사상 책임도 질 수 있다.

'성실'의 개념이 매우 추상적이나 직무에 전념하는 도덕적 규범으로 보면 무난하다고 보

11) 김중양·김명식, 앞의 책, 364; 김철용, 『행정법 II』(제10판), 박영사, 2010, 229; P. Kunig, "Das Recht des öffentlichen Dienstes," in: E. Schmidt-Aßmann (Hrsg.), *Besonderes Verwaltungsrecht*, WdeG, 10.Aufl. 1995, 636 등.

12) 대법원 1989.5.23. 선고 88누3161 판결(견책처분취소).

13) 헌법재판소 2017.3.10. 선고 2016헌나1 결정(대통령(박근혜) 탄핵).

며, 판례는 철도의 정상적인 운행을 수행하여야 할 철도기관사로서의 성실의무는 철도의 정상운행에 지장을 초래할 가능성이 높은 집회에 참석하지 아니할 의무에까지도 미친다고 판시하는 등[14] '성실의무'의 범위를 비교적 폭넓게 인정하고 있다.

성실히 수행해야 할 '직무'에는 법령에 규정된 의무, 상관으로부터 지시받은 업무내용, 사무분장 규정상 소관업무 등이 포함된다. 판례는 직무의 내용을 비교적 넓게 파악한다. 감독자가 부하직원에 대한 상시 감독의무를 게을리하여 직원의 잘못을 사전에 방지하지 못한 것과 교육·감독에 태만한 것도 성실의무 위반에 해당하며,[15] 공무원의 성실의무는 경우에 따라 근무시간 외에 근무지 밖에까지 미칠 수도 있다.[16] 공무원이 법령을 위반하지 않더라도 성실의무를 위반하면 품위유지의무나 청렴의무 위반과 함께 징계사유가 되는 경우가 많다.

<미결재소자 탈주와 출정과정의 성실의무 위반에 대한 감독자 징계>

소속직원에게 출정 계호업무의 중요성과 구치감, 법정, 검사실 등에서의 계호근무요령 및 요시찰재소자 동태파악 등의 직무상 필요한 제반사항을 철저하게 교육하고 그 이행상태를 수시로 확인하여 구치감 내외의 시설점검을 통하여 보안상의 취약요소가 발견된 때에는 이를 보완시정하여야 할 직무상 의무가 있는 구치소 출정과장이 이를 태만히 한 결과 구치소에 수감 중이던 미결재소자가 탈주한 경우, 위 출정과장에 대한 징계해임처분은 적정하다.[17]

성실의무는 경찰공무원의 경우 좀 더 구체적으로 정해져 있다. 즉, 직무에 관하여 허위의 보고나 통보나 직무 태만 또는 유기는 금지된다(경찰공무원법 § 18).

(2) 직무상 의무

① 법령준수의무

(가) 적용범위

국가공무원법은 제56조에서 성실의무의 일환으로 모든 공무원에게 법령준수의무를 부과하고 있다. 법령준수의무는 성실의무라는 표제 하에 그 내용처럼 규정되고 있으나, 성실의무의 윤리성에 비해 법치행정의 원칙을 구현한 법적 의무라는 점에 주목할 필요가 있다.

국가공무원법 제56조는 다른 조항에서 의무의 주체를 '공무원'으로 한 것과는 달리 여기서는 '모든 공무원'을 의무의 주체로 규정하고 있다. 이는 국가공무원법 제2조에 따른공무원

---

14) 대법원 1997.2.11. 선고 96누2125 판결(파면처분취소 공1997.3.15.(30), 776).
15) 대법원 1987.4.14. 선고 86누183 판결(견책처분취소); 1985.12.24. 선고 84누760 판결 등.
16) 대법원 1997.2.11. 선고 96누2125 판결(파면처분취소).
17) 대법원 1985.12.24. 선고 84누760 판결(해임처분취소).

은 물론 널리 공무를 위탁받아 수행하고 있는, 다시 말해 공법상 근무관계에 있는 광의의 공무원 모두에게 법령준수의무를 적용하려는 취지로 이해된다.

공무원이 준수해야 할 '법령'은 공무원 재직 중 적용받는 국가공무원법 등 공무원신분관계 법령뿐만 아니라 자기직무에 관련된 소관규정을 비롯한 모든 법령을 포함한다.

(나) 공무원의 법령심사권 유무

공무원의 법령준수의무와 관련하여 제기되는 공무원이 법령을 해석 · 적용함에 있어 법령의 위헌 · 위법여부에 대한 의문이 있을 때 그 법령의 위헌 · 위법여부를 심사하고 적용을 배제할 권한(Prüfungs- und Verwerfungskompetenz)이 있는가 하는 문제가 제기된다.

이에 관하여는 공무원 또는 행정기관은 법령의 형식적 요건에 대한 심사권을 가진다는 견해, 법령의 실질적 심사 내지 적용배제권은 인정되지 아니한다는 견해, 법령에 대한 전반적 심사 및 적용배제권을 가진다는 견해, 법령에 대한 실질적 심사권은 가지지만, 적용배제권은 가지지 아니한다는 견해[18]가 주장되고 있다.

어떤 법령이 상위법령에 저촉되는지 여부(위헌 또는 위법인지 여부)를 판단할 권한, 즉 법령심사권(Prüfungskompetenz)의 문제에 대한 해법은 다음과 같이 요약할 수 있다.

첫째, 심사권의 문제와 적용배제권(Verwerfungskompetenz)의 문제는 구별되어야 한다. 둘째, 공무원은 형식적 요건과 실질적 요건을 불문하고 법령에 대한 심사권을 가지며 이 권한은 공무원의 법령준수의무와 표리의 관계를 이루는 의무이기도 한다. 셋째, 공무원은 미공포된 법령처럼 형식적으로 효력발생요건을 구비하지 못했다고 판단되는 때에는 그 적용을 배제하여야 한다. 다만, 이와 같이 형식적 요건 미비를 이유로 적용을 배제하는 것은 미공포된 법령, 공포절차를 거치지 않은 법령 또는 공포는 되었으나 아직 시행이 되지 않은 법령처럼 명백히 형식적 효력발생요건을 갖추지 못한 경우에 한한다. 넷째, 공무원은 어떤 법령이 상위법령에 저촉되는지 여부를 심사할 수 있고 또한 심사할 의무를 진다. 심사결과 당해 법령이 상위법령에 저촉된다고 인정되면, 그에 관한 의견을 상관에게 제시하는 등 필요한 조치를 취할 수는 있으나 임의로 그 적용을 배제할 수는 없다. 다섯째, 그러나 법령의 위헌 · 위법 여부가 객관적으로 명백한 경우에는 적용배제할 수 있고 또한 특별한 사정이 없는 한 그 적용을 배제하여야 한다.

만일 공무원이 법령심사를 그르쳐 위헌 또는 위법의 법령을 적용하거나 당해 법령이 합헌 또는 합법임에도 불구하고 위헌 또는 위법으로 잘못 판단하여 그 법령의 적용을 배제하여

---

18) 김남진 교수(『행정법 II』, 2001, 226)는 이것이 독일의 통설이라고 한다. 이 문제에 대한 개괄적 설명으로는 H. Maurer, *Allgemeines Verwaltungsrecht*, 17.Aufl., 2009, § 4 Rn.52-58을 참조.

처분을 한 경우 그 효력은 어떨까? 후자의 경우에는 당해 처분의 효력은 위법한 처분 일반의 경우와 다를 바가 없나. 또한 그 위법을 이유로 한 국가배상청구소송을 제기할 수 있음은 물론이다. 다만 그 경우 당해 처분을 한 공무원의 과실문제에 관하여는 후술하기로 한다. 반면 전자의 경우에는 근거법령이 상위법령을 위반하였는지 여부는 객관적으로 반드시 명백하다고 볼 수 없는 경우가 많기 때문에 설사 상위법령을 위반한 하위법령이 무효이고 당해 처분이 무효인 법령에 의거한 처분이라 할지라도 그 상위법령 위반사실이 객관적으로 명백하지 아니한 이상 이를 당연무효라고 볼 것은 아니다. 대법원 역시 그러한 입장에 서 있다.19)

(다) 법령해석상 과실

공무원의 법령준수의무는 소극적으로 소관업무와 관련된 법령을 위배하지 말아야 할 뿐만 아니라 법률의 유보가 적용되는 한도 내에는 적극적으로 관련법령에 의거하여 처분등 행정활동을 수행하여야 한다는 의미를 가진다. 법령을 준수하려면 의당 당해 법령을 해석해야 하는데, 종종 공무원이 법령해석을 그르쳐 법령준수의무를 위배하는 경우가 생길 수 있고 따라서 법령해석상 과실의 판단 문제가 제기된다. 이 문제는 앞서 다룬 공무원의 법령심사 및 적용배제 문제와 관련된다. 가령 공무원이 법령심사를 그르쳐 위헌 또는 위법의 법령을 적용하거나 당해 법령이 합헌 또는 합법임에도 불구하고 위헌 또는 위법으로 잘못 판단하여 그 법령의 적용을 배제하여 처분한 경우, 피해자가 그 공무원이 속한 국가나 지방자치단체를 상대로 손해배상을 청구했을 때 공무원의 법령해석상 과실이 배상책임 인정여부를 가르는 관건이 된다.

법령해석상 과실에 관하여 판례는 종래 특별한 사정이 있을 때 한하여 제한적으로만 인정하는 경향을 보였으나 법령해석상 공무원의 주의의무에 관한 한, 적어도 두 가지 요건이 판례를 통하여 형성되었다. 첫째, 해석이 어렵고 학설·판례조차 귀일되지 못하여 의의(疑義)가 없을 수 없는 법령을 해석함에 있어 공무원은 그 나름대로 신중을 기하여 합리적 근거를 찾아 해석을 해야 한다는 것, 둘째, 그 밖의 경우 일반적으로 당해 공무원이 비록 관계법규를 몰랐거나 필요한 지식을 갖추지 못했다고 해서 법령해석상 잘못이 면책되지 않는다는 것이다.

대법원은 위법·무효인 시행령의 제정에 관여한 공무원의 불법행위 성립여부와 관련해서도 위의 판례를 재확인하고 있다.20)

---

19) 대법원 1995.7.11. 선고 94누4615 판결(건설업영업정지처분무효확인). 이 판결에 대하여는 홍준형, 『판례행정법』, 1999, 514-532(38번 판례 「위법한 조례에 의한 처분의 효력」)를 참조.

20) 대법원 1997.5.28. 선고 95다15735 판결.

(라) 법령준수의무 위반에 대한 법적 제재

법령준수의무 위반에 대한 법적 제재로는 국가공무원법 제78조 제1항 제1호 및 제2호에 따른 징계와 법령준수의무를 위반하여 행한 처분등 행정조치에 대한 행정쟁송을 통한 제재를 생각할 수 있다. 또한 법령준수의무를 위반하여 행한 처분등 행정조치는 위법행위가 되므로 그로 인해 손해를 입은 자는 국가배상법에 따라 손해배상을 청구할 수 있음은 물론이다.

② 복종의무

(가) 의의

국가공무원법은 제57조에서 공무원에게 복종의 의무를 부과하고 있다. 즉, 공무원은 직무를 수행할 때 소속상관의 직무상 명령에 복종하여야 한다. 지방공무원법도 제49조에서 동일한 내용의 복종의무를 규정하고 있다.

복종의무(Gehorsamspflicht)는 결합과 분배, 수직·수평의 집중(Konzentration) 및 분산(Dekonzentration)의 원리에 따라 구성된 행정조직의 위계구조에서 필수적 요소이다.

공무원의 직무수행방법은 법령에서 직접 규정이 있는 경우에는 그대로 따르면 되지만, 대개 법령에서는 일반적 기준이나 원칙만 정하고 구체적인 집행은 해당 기관의 판단과 지침에 맡기는 경우가 많다. 그 경우 법령집행의 통일성을 기하고 행정목적의 효율적 달성을 위하여 공무원에게 상관의 직무상 명령을 충실히 이행해야 할 공법상 의무를 지울 필요가 있다. 검사의 경우 검찰청법 제7조에서 검사동일체의 원칙을 천명하고 있다.

(나) 직무상 명령권자: 소속상관

직무상 명령을 발하는 소속상관이란 일반적으로 그 기관의 장 또는 보조기관인지의 여부를 묻지 아니하고 당해 공무원의 직무에 관하여 실질적인 지휘·감독권을 가진 자, 즉 신분상 상관이 아니라 직무상 상관을 말한다. 사법경찰관리는 범죄수사에 있어 소속기관의 상관이 아니라 소관검사의 명령에 복종해야 하고(검찰청법 § 53), 파견근무 중인 공무원은 파견기관의 상급자의 명령을 받게 된다. 한편, 상급기관이 하급기관에 대해 훈령이나 직무명령을 발할 경우 하급기관은 그에 따라야 하므로 상급기관장이 하급기관에 대한 소속상관이 될 것이다.

복종의무는 직무의 성질상 독립성(Weisungsfreiheit)이 보장된 공무원에게는 인정될 수 없다. 직제상으로는 소속상관의 지휘·감독 아래 있으나 직무상 독립한 경우에는 그 직무에 관하여 기관장의 명령을 따라야 하는 것은 아니다. 지방공무원법상 인사위원회나 국가공무원법상 승진심사위원회 또는 징계위원회의 위원장과 위원의 관계가 그 예이다.

(다) 직무상 명령

직무상 명령, 즉, 직무명령(Dienstbefehl)은 상관이 부하에게 발하는 직무상의 지시를 말한다. 직무명령은 상관(상급자)이 부하(하급자)에 대한 명령이라는 점에서 상급행정청의 하급행정청에 대한 명령인 훈령과는 일단 구별된다. 직무명령은 수명공무원만을 구속하므로 그 공무원의 변동으로 효력을 상실한다. 그러나 훈령은 수명기관의 구성원인 공무원도 구속하므로 직무명령의 성질도 아울러 가진다. 판례도 직무명령에 훈령이 포함된다고 본다. 오래되었지만 다방출입을 금지한 국무총리훈령 위반을 복종 의무 위반으로 본 판례가 있다.[21)]

<철도청장의 직장복귀명령 불이행과 복종의무 위반>

대법원은 공무원이 노동조합 전임자로서 파업 주동, 참가 및 파업참가 선동 등 행위를 한 것은 정당한 노동조합 활동을 벗어난 것이어서 국가공무원법 제56조의 성실의무, 제58조 제1항의 직장이탈 금지의무에 위반되고 철도청장의 직장 복귀명령에도 불구하고 복귀시한까지 노조사무실 등 지정된 장소에 복귀하지 아니한 것은 국가공무원법 제57조의 복종의무 위반이라 판단한 원심판결을 수용한 바 있다.[22)]

위법한 직무명령에 대해서도 복종의무가 있는지 여부에 관하여는 논란이 있다. 먼저 이 문제를 직무명령에 대한 부하공무원의 심사권의 관점에서 접근하는 견해[23)]에 따르면 형식적 요건은 그 구비여부가 외관상 명백한 경우가 보통이므로 이를 심사할 수 있고 또 그 요건이 결여된 경우에는 복종을 거부할 수 있다고 본다. 반면 실질적 요건의 구비여부에 대하여는 직무명령에 처분의 공정력 같은 효력을 인정하여 직무명령에 중대명백한 하자가 없는 한 수명공무원의 심사 및 복종거부권을 부정하는 소극설과 공무원이 복종의무 외에도 법령준수의무를 진다는 점, 직무명령도 법령에 위반되지 않아야 한다는 점 등의 이유를 들어 수명공무원이 직무명령의 적법여부를 실질적으로 심사하여 위법한 명령이라고 판단되는 경우에는 복종을 거부할 수 있다는 적극설이 대립한다. 또 직무명령의 내용상의 하자가 있어 법규위반으로 판단되는 경우에는 복종의무가 없다는 견해도 있다. 이에 관해서는 직무명령이 범죄를 구성하거나 그 위법성이 중대명백한 경우는 물론이고 단순히 위법성이 명백한 경우에도 수명공무원은 복종을 거부할 수 있고 또 복종을 거부할 의무를 진다고 보는 것이 지배적이다.[24)] 한편 훈령에 의한 직무명령과 단순한 직무명령의 경우를 구별하여 전자의 경우에는 그 하자가 중대명백한 경우가 아닌 한 복종을 거부할 수 없고, 후자의 경우에는 특히 기본적 인권을

21) 대법원 1969.9.23. 선고 69누86 판결.
22) 대법원 2008.10.9. 선고 2006두13626 판결(파면처분등취소).
23) 김동희, 『행정법 II』, 2006, 160.
24) 김동희, 위의 책, 160-161.

침해할 우려가 있는 명령에 대해서는 복종의무가 없다는 견해도 주장된다.[25)]

판례는 다수설과 같이 명백히 위법한 직무명령에는 복종할 의무가 없다고 본다.

> 공무원이 그 직무를 수행함에 즈음하여 상관은 하관에 대하여 범죄행위 등 위법한 행위를 하도록 명령할 직권이 없는 것이며, 또한 하관은 소속상관의 **적법한 명령에 복종할 의무는 있으나** 그 명령이 대통령 선거를 앞두고 특정후보에 대하여 반대하는 여론을 조성할 목적으로 확인되지도 않은 허위의 사실을 담은 책자를 발간·배포하거나 기사를 게재하도록 하라는 것과 같이 **명백히 위법 내지 불법한 명령인 때에는 이는 벌써 직무상의 지시명령이라 할 수 없으므로 이에 따라야 할 의무가 없다.**[26)]
>
> 1. 공무원이 그 직무를 수행함에 있어 상관은 하관에 대하여 범죄행위 등 위법한 행위를 하도록 명령할 직권이 없는 것이고 하관은 소속상관의 적법한 명령에 복종할 의무는 있으나 그 명령이 참고인으로 소환된 사람에게 가혹행위를 가하라는 등과 같이 **명백한 위법 내지 불법한 명령인 때에는 이는 벌써 직무상의 지시명령이라 할 수 없으므로 이에 따라야 할 의무는 없다.**
> 2. 설령 대공수사단 직원은 상관의 명령에 절대복종하여야 한다는 것이 불문율로 되어 있다 할지라도 국민의 기본권인 신체의 자유를 침해하는 고문행위 등이 금지되어 있는 우리의 국법질서에 비추어 볼 때 그와 같은 불문율이 있다는 것만으로는 **고문치사와 같이 중대하고도 명백한 위법명령에 따른 행위가 정당한 행위에 해당하거나 강요된 행위로서 적법행위에 대한 기대가능성이 없는 경우에 해당하게 되는 것이라고는 볼 수 없다.**[27)]

판례는 또한 수명공무원이 상관이 발한 직무명령이 위법임을 알면서 한 행위에 대하여 행위자 자신의 책임을 벗어날 수 없다고 판시함으로써 직무명령의 위법성이 객관적으로 명백한 경우는 물론 이를 주관적으로 안 경우에도 복종의무를 부인하고 복종거부의무를 인정한다.[28)]

위법한 직무명령에 대해서는 원칙적으로 항고소송 등 행정쟁송을 제기할 수 있다. 다만, 훈령으로 된 직무명령에 대한 항고소송을 제기할 경우 그 처분성을 인정할 수 있는지, 공무원에게 그 취소를 구할 법률상 이익을 인정할 수 있는지 여부가 관건이다. 일반처분으로 본다면 처분성과 원고적격을 인정할 수 있을 것이고, 처분성이 부정되는 복종의무부존재확인소송을 공법상 당사자소송의 형태로 제기할 수 있을 것으로 생각된다.

한편, 지방공무원법은 부하는 상관의 명령에 대하여 의견을 진술할 수 있다는 규정을 두고 있는데(§ 49 단서), 이를 반대해석하여 상관의 명령이 명백히 위법한 경우가 아닌 한 복

---

25) 김철용, 『행정법 II』, 2009, 232.
26) 대법원 1999.4.23. 선고 99도636 판결.
27) 대법원 1988.2.23. 선고 87도2358 판결.
28) 대법원 1967.2.7. 선고 66누168 판결; 대법원 1997.4.17. 선고 96도3376 전원합의체판결.

종을 거부할 수 없다는 의미로 보기도 한다.29) 마찬가지로 직무명령에 하자가 있더라도 단순히 법령 해석상 견해차이에 불과하다든지 직무명령이 부당하다고 인정되는 정도라면 종국적 판단과 책임소재가 상관에게 있으므로 직무명령에 복종하여야 한다.30)

Ⅳ. 공무원의 책임

공무원은 책임을 진다. 그 책임은 일반적으로 공무원법상 책임, 형사상 책임 및 민사상 책임으로 나뉘고 그중 공무원법상 책임은 다시 징계책임과 변상책임(국가배상법상 변상책임과 회계관계직원의 변상책임)으로 나뉜다.

1. 공무원법상 책임

(1) 징계책임

① 징계와 징계책임

공무원 징계란 공무원의 의무 위반에 대하여 공무원관계의 질서를 유지하기 위하여 국가 또는 지방자치단체가 사용자의 지위에서 과하는 제재를 말한다. 이를 징계벌이라고 하고 이러한 징계벌을 받을 책임을 징계책임이라고 한다.

국가공무원법이나 지방공무원법 등 각종 공무원법과 공무원징계령, 경찰공무원징계령, 교육공무원징계령 등이 규율하고 있다.

② 징계벌과 형벌의 차이

징계벌과 형벌은 그 권력적 기초, 목적, 내용 및 대상, 병과여부 등에서 차이가 있다. 첫째, 징계벌은 공법상 특수성이 인정되는 근무관계에서 국가나 지방자치단체가 일종의 사용자로서 과하는 제재인 반면, 형벌은 국가통치권에 근거하여 부과된다. 둘째, 징계벌은 공무원관계의 내부질서 유지를 목적으로 하는 데 비해 형벌을 법질서 유지를 목적으로 하며, 징계벌은 공무원의 신분상 이익의 전부나 일부를 박탈함으로 내용으로 하는 반면, 형벌을 신분상 이익

29) 김남진, 앞의 책, 227.
30) 김철용, 앞의 책, 232; 김중양 · 김명식, 앞의 책, 367; 김남진, 앞의 책, 227 등.

은 물론 재산상 이익이나 자유·생명까지 박탈하는 내용을 가진다. 징계벌의 대상은 공무원법상 의무 위반이지만, 형벌은 형법상 범죄를 대상으로 한다. 그러한 차이 때문에 징계벌은 형벌의 경우처럼 고의나 과실 같은 책임요소를 요건으로 하지 않으며 상관이 부하공무원의 의무위반에 대해 지는 감독책임의 결과로 부과될 수도 있다. 징계벌과 형벌은 그 성질이 다르기 때문에 병과될 수 있고 병과해도 일사부재리의 원칙에 반하지 않는다. 감사원에서 조사 중인 사건에 대하여는 조사개시 통보를 받은 날부터 징계 의결의 요구나 그 밖의 징계 절차를 진행하지 못한다. 반면, 형사벌과의 관계에서 형사소추선행의 원칙은 인정되지 않지만, 수사기관에서 수사 중인 사건에 대해서는 수사개시의 통보를 받은 날부터 징계의결의 요구 기타 징계절차를 진행하지 않을 수 있다(국가공무원법 § 83 ②).

형벌에 관해서는 죄형법정주의가 기초가 되지만, 종래 징계벌에 관해서는 특별권력관계를 '법으로부터 자유로운 영역'으로 간주하여 법적 근거가 없이도 가능하다고 보았다. 그러나 오늘날 그 같은 의미의 특별권력관계론이 쇠퇴하면서 징계벌 역시 법치주의의 구속을 받는다고 보는 것이 지배적이다. 다만, 국가공무원법 등 각종 공무원관계법에서 징계권자에게 일정한 범위 안에서 재량권을 부여하는 경우가 있다.

징계벌에도 일사부재리의 원칙이 적용된다. 다만, 징계처분과 직위해제처분은 성질이 달라 직위해제 사유와 같은 사유로 징계처분을 해도 무방하다.[31)]

③ 징계의 원인

국가공무원법 제78조 제1항은 징계사유로 다음 세 가지를 열거하고 있다.

1. 이 법 및 이 법에 따른 명령을 위반한 경우
2. 직무상의 의무(다른 법령에서 공무원의 신분으로 인하여 부과된 의무를 포함한다)를 위반하거나 직무를 태만히 한 때
3. 직무의 내외를 불문하고 그 체면 또는 위신을 손상하는 행위를 한 때

징계 의결 요구는 5급 이상 공무원 및 고위공무원단에 속하는 일반직공무원은 소속 장관이, 6급 이하의 공무원은 소속 기관의 장 또는 소속 상급기관의 장이 한다(§ 78 ④ 본문). 다만, 국무총리·인사혁신처장 및 대통령령등으로 정하는 각급 기관의 장은 다른 기관 소속 공무원이 징계 사유가 있다고 인정하면 관계 공무원에 대하여 관할 징계위원회에 직접 징계를 요구할 수 있다(§ 78 ④ 단서).

---

31) 대법원 1984.2.28. 선고 83누489 판결.

④ 징계의 종류

징계의 종류로 파면 · 해임 · 강등 · 정직 · 감봉 · 견책이 있다(국가공무원법 § 79). 공무원징계령 제1조의2에서는 파면, 해임, 강등 또는 정직을 "중징계"로, 감봉 또는 견책을 "경징계"로 구분한다.

한편 위 징계처분의 종류에는 속하지 않지만, 징계 사유가 금전, 물품, 부동산, 향응 또는 그 밖에 대통령령으로 정하는 재산상 이익을 취득하거나 제공한 경우나 「국가재정법」에 따른 예산 및 기금, 「국유재산법」에 따른 국유재산 등 같은 조 제1항 제1호 각목에 열거된 것을 횡령, 배임, 절도, 사기 또는 유용(流用)한 경우 등인 경우 해당 징계 외에 취득하거나 제공한 금전 또는 재산상 이득의 5배 내에서 부과되는 징계부가금제도가 있다(§ 78의2).

⑤ 징계권자

공무원의 징계처분등은 징계위원회가 설치된 소속 기관의 장이 그 의결을 거쳐 하되, 국무총리 소속으로 설치된 징계위원회(국회 · 법원 · 헌법재판소 · 선거관리위원회에 있어서는 해당 중앙인사관장기관에 설치된 상급 징계위원회를 말한다)에서 한 징계의결등에 대하여는 중앙행정기관의 장이 한다(§ 82 ① 본문). 다만, 파면과 해임은 징계위원회의 의결을 거쳐 각 임용권자 또는 임용권을 위임한 상급 감독기관의 장이 한다(§ 82 ① 단서).

(2) 변상책임

① 국가배상법에 따른 변상책임

공무원은 국가배상법에 따른 변상책임 또는 구상책임을 질 수 있다. 즉, 공무원이 직무를 집행하면서 고의 또는 과실로 법령을 위반하여 타인에게 손해를 입혀 국가나 지방자치단체가 그 손해를 배상한 경우, 그 공무원에게 고의 또는 중대한 과실이 있으면 국가나 지방자치단체는 그 공무원에게 구상할 수 있다(국가배상법 § 2 ① ②). 또 도로 · 하천, 그 밖의 공공의 영조물의 설치나 관리에 하자로 타인에게 손해를 발생하게 하여 국가나 지방자치단체가 그 손해를 배상한 경우, 공무원에게 그 원인에 대한 책임이 있을 때에는 국가나 지방자치단체는 그 공무원에게 구상할 수 있다(국가배상법 § 5 ②).

한편, 국가배상법상 국가나 지방자치단체가 손해배상책임을 지는 경우, 가해공무원은 고의나 중과실이 있는 때에는 피해자로부터 직접 손해배상을 청구당할 수 있는데, 이를 이른바 선택적 청구권 문제라고 부른다. 원래 판례는 줄곧 선택적 청구권을 인정하는 입장에 서 있었다. 그리하여 문헌도 판례의 입장을 긍정설로 파악했던 것이 주지의 사실이다. 그러던 중 대법원은 1994년 4월 12일 선택적 청구권을 정면에서 부정했지만,[32] 1996년 2월 15일 전원합의체판결에서는 공무원 개인책임이 배제되는 것은 경과실의 경우에 한하며 고의 또는 중과실의 경우에는 공무원의 개인책임이 인정된다는 입장을 표명함으로써 다시 판례를 번복하였다.[33]

대법원의 판례에 따르면 공무원이 직무상 불법행위를 하여 국가 또는 지방자치단체가 배상책임을 부담하는 경우 그 가해공무원 개인이 배상책임을 부담하는 것은 고의 또는 중과실이 있는 경우에 한하며, 경과실뿐인 경우에는 공무원 개인은 손해배상책임을 부담하지 않는다. 여기서 중과실이란 공무원에게 통상 요구되는 정도의 상당한 주의를 하지 않더라도 약간의 주의를 한다면 손쉽게 위법, 유해한 결과를 예견할 수 있는데도 만연히 이를 간과한 것, 즉 거의 고의에 가까울 정도로 현저한 주의를 결여한 상태를 의미하는 것으로 이해된다.[34] 또 그 경우 공무원 개인이 지는 책임은 불법행위로 인한 민사상 손해배상책임이다.

한편 공무원의 구상책임의 경우 국가배상법 제2조 제2항은 국가배상법 제2조 제1항 본문에 의하여 국가배상책임이 성립하는 경우 당해 공무원이 고의 또는 중대한 과실이 있는 때에는 국가 또는 지방자치단체는 그 공무원에게 구상할 수 있다고 규정하고 있다. 이것은 국가등에게 고의 또는 중대한 과실로 국가배상책임을 발생시킨 공무원에 대해 구상(Rückgriff, Innenregreß, action récursoire)을 할 수 있게 하는 것이 손해부담의 공평에 맞다는 견지에서 인정된 결과라 할 수 있다(구상유보: Rückgriffsvorbehalt).

> 국가 등은 당해 공무원의 직무내용, 당해 불법행위의 상황, 손해발생에 대한 당해 공무원의 기여정도, 당해 공무원의 평소 근무태도, 불법행위의 예방이나 손실분산에 관한 국가 또는 지방자치단체의 배려의 정도 등 제반사정을 참작하여 손해의 공평한 부담이라는 견지에서 신의칙상 상당하다고 인정되는 한도 내에서만 당해 공무원에 대하여 구상권을 행사할 수 있다고 봄이 상당하다.[35]

② 회계관계직원의 변상책임

공무원은 각종 재정, 회계 관계법에 따라 변상책임을 진다. 「회계관계 직원등의 책임에 관한 법률」(약칭: 회계직원책임법)에 따른 회계관계직원의 변상책임이 그 대표적인 예이다. 이에

32) 대법원 1994.4.12. 선고 93다11807 판결.
33) 대법원 96.2.15. 선고 95다38677 판결. 이 판결에는 대법관 4인의 별개의견과 대법관 2인의 반대의견이 붙어 있다. 이후 대법원은 1996년 3월 8일자 판결(94다23876)에서 동일한 법리를 재확인했다(다만 대법원은 공무원이 자동차를 운행하여 공무집행을 하다 사고로 타인을 사상케 한 이 사건에서는 그 공무원 개인은 자동차손해배상보장법에 따라 개인적으로 책임을 부담하며 경과실면책은 인정되지 아니한다고 판시했다).
34) 대법원 1996.8.23. 선고 96다19833 판결.
35) 대법원 1991.5.10. 선고 91다6764 판결.

따른 책임은 두 가지 유형이 있다.

첫째, 회계관계직원은 고의 또는 중대한 과실로 법령이나 그 밖의 관계 규정 및 예산에 정하여진 바를 위반하여 국가, 지방자치단체, 그 밖에 감사원의 감사를 받는 단체 등의 재산에 손해를 끼친 경우에는 변상할 책임이 있다(§ 4 ①).

둘째, 현금 또는 물품을 출납·보관하는 회계관계직원은 선량한 관리자로서 주의를 게을리하여 그가 보관하는 현금 또는 물품이 망실되거나 훼손된 경우에는 변상책임을 지며(§ 4 ②), 스스로 사무를 집행하지 아니한 것을 이유로 그 책임을 면할 수 없다(§ 4 ③).

<판례>

1. 회계관계직원등의책임에관한법률 제4조 제1항은 변상책임의 주체를 회계관계직원에 한정하고 있고, 같은 법 제2조는 회계관계직원의 정의에 대하여 규정하고 있는데 거기에 지방자치단체의 장을 명시적으로 열거하지는 않고 있으나, …… 중략 ……

   지방자치단체의 회계관계업무는 원칙적으로 지방자치단체 장의 권한사항으로 되어 있고 그중 특정한 권한을 소속 공무원에게 위임할 수 있게 되어 있으므로 지방자치단체 장이 이러한 위임을 하지 않았다거나 법령상 지방자치단체 장이 스스로 회계관계업무를 처리하도록 되어 있는 경우에는 지방자치단체의 장도 회계관계직원등의책임에관한법률 제2조에 규정된 회계관계직원의 범위에 포함된다고 보아야 한다.
2. 회계관계직원 등의 책임을 물음에 있어서 그 전제되는 요건의 하나로 회계관계직원등의책임에관한법률 제4조 제1항에서 규정하고 있는 중대한 과실을 범한 경우에 해당되는지 여부는 같은 법 제1조에 규정된 법의 목적 및 같은 법 제3조에서 회계관계직원의 성실의무를 규정하고 있는 점 등에 비추어 보면, 회계관계직원이 그 업무를 수행함에 있어 따라야 할 법령 기타 관계 규정 및 예산에 정하여진 바에 따르지 않음으로써 성실의무에 위배한 정도가 그 업무내용에 비추어 중대한 것으로 평가될 수 있는지에 따라 결정되어야 한다.
3. 지방자치단체의 장이 지방의회의 의결을 얻어 보증채무부담행위를 하면서 충분한 담보를 확보하지 않고 지방의회의 동의를 거치지 않은 채 상환계획을 변경하여 줌으로써 지방자치단체가 그 보증채무를 대위변제하게 된 경우, 지방자치단체의 장이 중대한 과실로 법령에 위반한 행위에 해당한다.[36]

2. 형사상 책임

공무원이 형법 등에 따른 형사상 책임을 지는 경우는 공무원의 의무위반행위가 동시에 형법

---

36) 대법원 2001.2.23. 선고 99두5498 판결(변상판정처분취소).

등 형사법에 위반하는 범죄행위를 구성할 때이다. 주로 형법(§§ 122-135)과 「특정범죄가중처벌 등에 관한 법률」 등 형사특별법, 그 밖에 각종 행정법규에 의한 행정범규정들이 공무원 형사책임의 근거법들이다.

3. 민사상 책임

공무원이 직무행위로서 사경제적 활동에 관여하다가 고의 또는 과실로 타인에게 손해를 발생하게 한 경우, 국가나 지방자치단체는 민법상 사용자책임에 따른 손해배상책임을 지며 그 경우 공무원에게 그 원인에 대한 책임이 있다고 인정되면 그에게 구상할 수 있다(민법 § 756 ③).

또한 앞서 본 국가배상법상 선택적 청구권 법리에 따라 공무원 개인이 고의 또는 중과실이 있는 경우 손해배상책임을 질 수 있음은 물론이다.

Ⅴ. 징계처분등 불이익처분등에 대한 구제

1. 개설

징계처분 기타 공무원의 의사에 반하는 불리한 처분이나 부작위에 대한 주된 구제수단으로는 소청심사와 행정소송이 있다(국가공무원법 §§ 9-16).

교원의 경우 교육부에 설치된 교원소청심사위원회에 소청심사를 청구할 수 있도록 제도가 바뀌었다. 소청심사와 「교원의 지위 향상 및 교육활동 보호를 위한 특별법」에 따른 소청심사는 행정심판의 일종이고 행정소송은 그 결과에 대한 불복절차에 해당한다.

한편 불이익처분에 대한 쟁송을 통한 구제수단은 아니지만, 면직 또는 직위해제 처분이 취소된 경우 공무원의 소급재임용 및 보수 등의 보장 역시 불이익처분에 대한 구제제도의 실효를 거두기 위한 제도이고, 국가공무원법 제76조의2(지방공무원법 § 67의2)에 의한 고충처리제도 역시 불이익처분에 대한 비정형적 구제수단으로 활용될 수 있다.

2. 「교원의 지위 향상 및 교육활동 보호를 위한 특별법」에 따른 교원소청심사

각급학교 교원은 징계처분과 그 밖에 그 의사에 반하는 불리한 처분(「교육공무원법」 제11조의3 제4항 및 「사립학교법」 제53조의2 제6항에 따른 교원에 대한 재임용 거부처분을 포함)에 대하여 불복할 경우 그 처분이 있었던 것을 안 날부터 30일 이내에 심사위원회에 소청심사를 청구할 수 있다(§ 9 ①). 그리고 본인의 의사에 반하여 파면·해임·면직처분을 하였을 때에는 그 처분에 대한 심사위원회의 최종 결정이 있을 때까지 후임자를 보충 발령하지 못하며, 다만, 소청심사 청구기간 내에 소청심사청구를 하지 아니한 경우에는 그 기간이 지난 후 후임자를 보충 발령할 수 있다(§ 9 ②). 심사위원회의 결정은 처분권자를 기속한다(§ 10 ②).

3. 행정소송

(1) 소청결정에 불복하여 제기하는 행정소송

징계처분, 강임·휴직·직위해제 또는 면직처분 기타 본인의 의사에 반한 불리한 처분을 받은 자가 그에 불복하여 행정소송을 제기할 경우 먼저 소청심사위원회의 심사·결정을 거쳐야 한다(§ 16 ①). 국가공무원법 제16조 제2항은 1994년 12월 22일 개정법률에서 신설된 규정인데, 행정소송법상 1998년 3월 1일부터 행정심판전치주의가 원칙적으로 폐지됨에 따라, 행정심판전치주의의 예외적 적용(소청전치주의)에 관한 조항으로 그 의미가 바뀌었다.

물론 국가공무원법 제16조 제1항에 따른 '행정소송'은 예외적으로 행정심판전치주의가 적용되는 취소소송에 한하는 것으로 해석된다. 따라서 무효등확인소송이나 부작위위법확인소송, 공법상 당사자소송에 대해서는 적용할 여지가 없다. 또한 소청전치주의에 있어서도 행정소송법 제18조 제1항 소정의 예외가 인정되는 것으로 해석해야 할 것이다.[37)]

불이익처분에 대한 행정소송의 대상은, 논란이 없지 않지만, 행정심판의 재결에 해당하는 소청심사위원회의 결정이 아니라 원칙적으로 공무원에 대한 불이익처분, 즉 원처분(부작위 포함)이라는 것이 통설이자 판례이다.[38)]

소송의 대상이 원처분인 이상 그 피고도 원처분의 처분청이 된다. 다만, 대통령이 행한 처분의 경우에는 소속장관(대통령령이 정하는 기관의 장을 포함)을, 중앙선거관리위원회위원

37) 동지 김동희, 앞의 책, 128.
38) 대법원 1993.8.24. 선고 93누5673 판결(소청결정취소).

장의 행한 처분의 경우에는 중앙선관위 사무총장을 피고로 하는 특례가 인정된다(§ 16 ①).

처분청이 소청심사위원회의 결정에 불복, 행정소송을 제기하는 것은 허용되지 아니한다.

(2) 교원소청심사위원회의 결정에 불복하여 제기하는 행정소송

교원소청심사위원회의 결정에 대하여 교원, 「사립학교법」 제2조에 따른 학교법인 또는 사립학교 경영자 등 당사자는 그 결정서를 송달받은 날부터 90일 이내에 행정소송법으로 정하는 바에 따라 소송을 제기할 수 있다(§ 10 ③). 이 조항은 헌법재판소의 위헌결정[39]을 반영하여 「교원지위향상을 위한 특별법」 일부개정법률(2007.5.11.)에서 신설된 것이다.[40]

---

39) 헌법재판소 2006.2.23. 선고 2005헌가7, 2005헌마1163(병합) 전원재판부결정.

40) 헌법재판소의 2006.2.23. 선고 2005헌가7, 2005헌마1163(병합) 전원재판부결정(「교원 지위 향상을 위한 특별법」제10조 제3항 위헌제청 등)으로 (현행 소청심사결정에 해당하는) 재심결정에 대하여 교원에게만 행정소송을 제기할 수 있도록 하고 그 당사자인 학교법인에게는 이를 금지한 구「교원 지위 향상을 위한 특별법」(2001.1.29. 법률 제6400호 및 2005.1.27. 법률 제7354호로 개정된 것) 제10조 제3항이 위헌으로 결정되었고, 그 결과 교원소청심사위원회의 결정에 대하여 교원뿐만이 아니라 「사립학교법」에 따른 학교법인 또는 사립학교 경영자 등 관계 당사자도 행정소송을 제기할 수 있도록 개정되었다(법률 제8414호, 2007.5.11.).

제53장

신공공관리론의 공법적 쟁점*

Ⅰ. 쟁점

정부혁신의 이념이 전 세계를 휩쓸고 있다. 그것은 행정의 경영화(Managerialisierung der öffentlichen Verwaltung) 또는 경영행정의 제도화를 통해 '작고 효율적인 정부' 또는 '작고 강력한 정부'를 실현하려는 신공공관리론(New Public Management: NPM)[1)]을 배경으로 자의적이고 불합리한 규제의 철폐와 정책결정 및 집행과정의 개선, 조직운영의 개선을 위한 권한의 하부이양, 계약제와 실적평가제의 도입, 인사・예산제도의 개방화・자율화, 민간위탁 및 민영화의 확대, 지방분권화 등을 포함하는 정부개혁프로그램으로 구체화되고 있다. 이러한 전 세계적인 정부혁신의 물결 속에서 우리나라도 자유롭지는 않다. 정부혁신의 성패는 우리나라의 국제경쟁력은 물론 국제신인도에도 직접적인 영향을 미치는 요인이 되기 때문이다.

이렇듯 정부혁신이 피할 수 없는 시대적 과제라면 그 핵심요소를 이루는 것이 공무원 인사제도의 개혁이다. 정부개혁의 초점을 공무원인사제도의 개혁에 맞추는 것은 단순한 유행이

---

* 홍준형, 「신공공관리론의 공법적 문제: 공무원인사제도개혁을 중심으로」, 『행정논총』, 37(1), 서울대학교 행정대학원, 1999; Joon Hyung Hong, "NPM as 'die hard' Legacy?: NPM Reform and Administrative Law in Korea," *Public Administration & Development*, Vol. 33, Issue 4, 2013, pp.311–319를 현행화, 수정・보완한 것임.

1) 그 밖에 Lean Administration, Lean Government, Neues Steuerungsmodell, Schlanker Staat 등의 용어가 사용되고 있다(Klaus König, "Verwaltungsmodernisierung im internationalen Vergleich," *DÖV*, 1997, 265). 이들 용어들은 각기 개념상 뉘앙스가 없지 않지만 비교적 공통된 개념에 기초를 두고 있어 이를 '신공공관리론'(New Public Management)이라 불러도 무방할 것이다(K. Lüder, "Triumph des Marktes im öffentlichen Sektor?," *DÖV*, 1996, 93; H. Klages, "Verwaltungsmodernisierung: 'Harte' und 'Weiche' Aspekte," *Speyerer Forschungsberichte* 172, 1997, 37).

아니다. 공무원인사제도의 개혁은 정부개혁의 불가피한 필수요건으로 간주되고 있다. 그동안 추진되어 온 공무원 인사제도개혁은 계약제 등 개방형 인사제도와 실적평가제, 성과급제의 도입을 통한 인사제도의 유연화전략과 인력감축에 초점을 맞추었다.

공무원인사제도의 개혁은 필시 직업공무원제에 중대한 영향을 미칠 수밖에 없었다. 그러나 그와 같은 변화가 과연 직업공무원제도를 보장한 헌법에 부합되는지 여하에 대해서는 별반 논의가 이루어지지 않았다. 개혁을 추진하는 자의 서슬 퍼런 눈초리와 갑자기 개혁의 대상이 되어 버린 공직자들의 불안한 눈길 사이에 대화 아닌 대화가 오갔을 뿐 정작 중요한 우리 사회의 최고규범이자 공통규약인 헌법의 차원에서 점검되어야 할 문제는 방치되어 왔다. 아직도 우리나라가 법치국가로 성숙되지 못했다는 것을 시사해 준다는 점에서 이것은 대단히 유감스러운 일이다. 이러한 문제의식 아래 신공공관리론의 공법적 문제점을 공무원인사제도개혁과 직업공무원제도의 관계를 중심으로 검토해 보고자 한다.

Ⅱ. 신공공관리론의 연원과 논리 그리고 한계

1. 신공공관리론의 연원

신공공관리론은 1980년대 앵글로색슨계 나라들에서 추진된 행정개혁, 특히 영국의 웨스트민스터개혁(Westminster reforms)에서 비롯된 것으로 알려지고 있다.[2] 그것은 최근년간 미국에서의 정부혁신(Reinventing Grovernment)과 관념적으로 결부되었고 UN, World Bank, OECD 등과 같은 국제기구들을 통해 강화되어 왔다.[3] 특히 최근에는 영국이나 미국 못지않게 뉴질랜드와 호주에서의 정부개혁의 경험을 계기로 신공공관리론 또는 신공공관리론 운동(Die New Public Management-Bewegung)이 주요 선진국들을 풍미하게 되었다.[4] 아무

---

2) K. Lüder, ibid.; L.E. Lynn Jr., "The New Public Management: How to Transform a Theme into a Legacy," *Public Administration Review*, May-June 1998, v.58 n.3, 231(7). 웨스트민스터 개혁의 배경에 관하여는 A. Doig & J. Wilson, "What Price New Public Management?," *Political Quarterly*, July-Sep. 1998, p.267(10), v.69 n.3을 참조.

3) 이에 관하여는 E. Löffler, "The Modernization of the Public Sector in an International Comparative Perspective: Concepts and Methods of Awarding and Assessing Quality in the Public Sector in OECD Countries," *Speyerer Forschungsberichte* 151, 2.Aufl., 1996, p.151을 참조.

4) K. Lüder, ibid.; C. Hood, "A Public Management for All Season," *Public Administration* 69, 1991, 3ff.는 이를 '메가트렌드'(Mega-Trend)라 부르고 있다.

튼 신공공관리론이 대두된 배경은 현대 산업국가들, 특히 서구의 복지국가들이 직면했던 고질적인 공공재정의 구조적 위기에 있는 것으로 이해되고 있다.[5] 정부와 행정서비스에 대한 국민의 요구가 계속 증대됨에 따라 정부의 재정적자가 눈덩이처럼 불어나 결국 재정위기가 만성화되었고,[6] 그런 상황에서 한정된 자원으로 점점 더 높은 수준의 서비스를 원하는 국민의 요구를 충족시키려면 결국 행정서비스의 효율성을 높이는 길밖에 없었기 때문에 국가와 행정의 경제적 현대화(ökonomische Modernisierung von Staat und Verwaltung)가 불가피하게 요구된 것이다.

2. 신공공관리론의 논리

신공공관리론은 일면 신자유주의에 이론적 기초를 두면서 타면 경영이론에서 발전된 이슈와 기법들을 실천수단으로 원용·활용하려는 행정개혁의 이론이자 실천이라 할 수 있다. 신공공관리론이 규제의 완화 또는 철폐, 민영화 및 민간위탁의 확대를 주장하는 것도 바로 그러한 배경에서 이해될 수 있다. 실제로 영국과 뉴질랜드에서 추진된 행정개혁은 각각 공공선택이론(public choice approach)이나 대리인이론(principal-agent approach)과 같은 신자유주의적 경제이론에 배경을 두고 있었다.[7] 또한 신공공관리론이 공공부문에 있어 내부시장을 도입함으로써 시장기능을 통한 정책결정 및 집행과정의 개선을 추구하고, 조직운영의 개선을 위한 권한의 하부이양, 계약제와 실적평가제의 도입, 인사·예산제도의 개방화·자율화, 지방분권화 등을 주장하는 것은 경영행정이론의 당연한 귀결이라 할 수 있다.

이와 같이 신공공관리론의 특징은 공공부문에 대한 시장중심적 경영방식을 도입하여야 한다는 데 있다고 할 수 있다. 테리에 따르면 시장중심적 경영은 두 가지 기본적인 관념에 의해 영향을 받고 있다고 한다.[8] 그중 하나는 경쟁에 대한 강조로서 신고전주의 경제학의 시장의 효율성에 대한 신뢰에 기초를 두고 있다는 것이다.[9] 시장중심적 접근방식에서 말하는

---

5) K. König, *Abfallwirtschaft. Gütertransportwirtschaft,* Gabler Verlag, 1996, 266; K. Lüder, ibid. 한편 이탈리아의 예에서 볼 수 있듯이 재정위기가 신공공관리론의 대두를 가져온 충분조건은 아니었다고 해도 필요조건이 되었다는 점은 분명하다(K. Lüder, ibid.).

6) 그 상황에 관하여는 OECD, *Public Management Developments - Survey*, Paris, 1993, 9f.; E. Löffler, ibid. 등을 참조.

7) K. König, ibid., 1996, S.266.

8) L.D. Terry, “Administrative Leadership, Neo-managerialism, and the Public Management Movement (Symposium: Leadership, Democracy, and the New Public Management),” in: *Public Administration Review*, May-June 1998, p.194(7), v.58 n.3.

경쟁이란 "공공부문을 내부로부터 개혁하려는 시도로서 내부시장을 창출하는 것"을 의미한다.[10] 경쟁은 그것이 비용을 감소시키고 효율성을 증대시킨다는 점에서 공공관료제의 성과를 개선하기 위한 생존전략으로 간주된다.[11] 시장중심적 접근의 주창자들은 공공부문의 관리자들이 시장의 힘에 노출되면 그들의 성과를 개선할 것이라고 믿고 있다.[12] 두 번째 관념은 민간부문에 있어 경영의 보편적 또는 발생적 성격에 관한 것이다. 이 관념을 뒷받침하는 것은 민간부문의 업무수행방식과 기술이 공공부문에서 사용되는 그것보다 더 우월하다는 믿음이다.[13] 이러한 민간부문의 업무수행방식과 기술의 우위는 시장중심적 접근의 옹호자들로 하여금 공공관리와 민간경영의 구별이 환상에 불과하다는 결론에 이르도록 만들었다. 이러한 주장에 따르면 "경영은 경영"이다.[14] 이 점은 그 대상이 공공조직이거나 민간조직이거나 아니면 비영리조직이거나에 상관없이 타당한 것으로 간주되고 있다는 것이다.

뢰플러는 OECD 국가들이 추진한 행정개혁의 이론적 파라다임인 신공공관리론의 구성요소로서 고객지향성(customer orientation), 자원 및 인사 관리상의 경영적 자유의 증대, 성과평가(performance measurement), 경쟁의 수용 등을 들고 있다.[15] 이러한 요소들을 통해 신공공관리론은 종래 주로 법률주의적(legalistic) 사고에 의해 지배되어 왔던 공행정에 대한 보다 더 경제적인 이해가 필요하다고 주장한다는 것이다.

쾨니히는 신공공관리론에 의거한 주요 선진국들의 행정개혁 경험을 비교하면서 다음과 같은 세 가지 전략이 공통적으로 추구되고 있다고 지적하고 있다.[16] 그것은 첫째, 사회적 행위책임(soziale Handlungsverantwortung)을 공공부문으로부터 민간부문 또는 제3섹터로 이전시키는 것이다. 여기에는 자산의 민영화, 임무의 민영화가 포함된다. 특히 공공기관과 사기업 간의 파트너십을 수반하는 외주화(contracting-out)와 같은 기능상의 민영화가 확대되고 있고, 규제완화, 보조금 삭감, 사회적 이전비용의 축소 등이 추진되고 있다고 한다. 둘째, 많은 국가들에서 나타나고 있는 또 하나의 지배적 전략은 가와 행정을 내부합리화

---

9) B. Guy Peters, *The Future of Governing: Four Emerging Models,* Lawrence, KS: University Press of Kansas, 1996.

10) 이에 관하여는 Elke Löffler, ibid., p.7; B. Guy Peters, ibid., p.28을 참조.

11) C. Hood, "The New Public Management in the 1980s: Variations on a Theme," *Accounting, Organizations and Society*, 20(2), 1995.

12) J. Boston, J. Martin, J. Pallot, & P. Walsh, *Public Management: The New Zealand Model*, Oxford University Press, 1996; D.F. Kettl, "The Global Revolution in Public Management: Driving Themes, Missing Links," *Journal of Policy Analysis and Management* 16, 1997, pp.446-462.

13) B. Guy Peters, ibid., p.21.

14) B. Guy Peters, ibid., p.28.

15) E. Löffler, ibid., p.3.

16) K. König, ibid., 1997, pp.266-267.

(Binnenrationalisierung von Staat und Verwaltung)하는 것이다. 이것은 특히 관리자 수준을 중심으로 한 고위공직의 성과지향적 개편을 필두로 하여 추진되고 있다. 그 밖에 예산연계방식, 비용 및 성과계산, 성과통제 등의 방식을 통해 공공부문에 내부시장을 도입함으로써 민간부문에서 성취한 우월한 합리성을 얻고자 한다는 것이다. 셋째, 또 하나의 표현상 그리 적절치는 않지만, 사실상 중요성을 지닌 전략으로서 계약제, 조직감축, "다운사이징"(downsizing) 등이 추진되고 있다. 이들 전략은 더 이상 목표와 수단, 효용과 비용간의 관계에 관한 엄밀한 의미의 경제성개념에 의거한 것은 아니다. 이것은 공공복지의 측정불가능성 때문에 공공지출을 가능한 한 회피하려는 데 초점을 맞추는 구시대의 절약개념(alte Sparsamkeitsbegriff)을 연상시키는 전략이다. "예산감축방안"(Sparpaket)이 그 대표적인 예로서, 사업과 조직, 특히 인원의 감축을 추진하는 것이다.

뤼더는 신공공관리론의 핵심을 공공부문의 경영화(Managerialisierung des öffentlichen Sektors)로 파악하면서 다음과 같은 명제들을 그 본질적 구성요소로 들고 있다.[17)]

- 정치와 행정 간의 명확한 권한한계의 설정: 즉 정치・행정의 체계는 하나의 정치적 (하위)체계와 하나의 행정적 (하위)체계로 분리된다. 정치체계는 입법부와 행정부의 정치적 지도층으로 구성되는 것으로 이해된다.
- 사업 및 행정단위조직에 대한 인적・물적 자원의 투입에 관한 결정권의 확대(분권적인 자원배분책임)와 조율. 이는 분권화, 특히 행정기관과 사업에 대한 예산-재정상의 자율권부여, 그 법적 지위의 보장 및 규제완화에 의해 달성된다.
- 총액예산제 및 성과달성계약을 통한 사업 및 행정단위조직의 결과지향적 운영. 이에 대해서는 민간부문의 스파르타식 경영모델(Modell der Spartensteurerung)이 대부 역할을 하게 되는데, 그 경우 공공부문에서는 수익을 경영상의 기준으로 삼기 곤란하고 행정서비스의 성과를 금전적 가치로 측정하기 어렵다는 점에서 기업의 경영성과측정과는 결정적 차이가 있다.
- 결과지향적 운영에 적합한 정보체제의 수립. 여기에는 특히 자산계정, 결과계정, 비용계정과 성과계정의 도입을 통한 전통적 재정회계방식의 개혁이 포함된다.
- 특히 독립된 행정단위조직의 행정서비스에 대한 시장을 개방하고, 행정과 시민을 위한 역무의 산출을 민영화 또는 외주화(contracting out)하거나 벤치마킹(benchmarking) 기타 경쟁요소들을 활용함으로써 경쟁 또는 적어도 준경쟁적 조건을 창출하는 것이다.

이러한 신공공관리론은 전통적인 행정이론과는 근본적인 차이를 가지고 있다. 마오르에 따르면, 안정성, 규칙 그리고 법에 대한 반응성을 강조하는 전통적인 행정학의 언어와는 달리

---

17) K. Lüder, ibid., p.94f.

신공공관리론의 어휘는 변화, 분권화, 고객에 대한 반응성, 성과 그리고 '지출'보다는 '수익'의 필요성 등을 강조한다고 한다.[18] 민간부문 경영의 세계로부터 차용된 이들 신공공관리론의 어휘는 이제까지 여러 나라의 정치적 지도층과 여론주도층 사이에서 바람직한 변화의 방향을 보여 주는 것으로서 괄목할 만한 합의를 얻어 왔다. 신공공관리론은 변화가 일차적으로 조직의 차원에서 이루어져야 한다고 주장한다. 그 목표는 정부활동에 있어 경영능력을 강화시키는 데 있기 때문이라는 것이다. 이처럼 신공공관리론은 탈관료화(debureaucratization)와 탈정치화(depoliticization)의 이미지를 그리고 있다는 것이다.[19]

한편 도이그(Doig)와 윌슨(Wilson)은 신공공관리의 구성요소들이 구조적인 측면(분해된 조직들과 경쟁의 증대)과 경영적 측면(보다 가시적인 현장실천경영(hands-on management), 민간부문경영의 실제, 보다 엄격한 비용통제, 분명한 측정 및 산출통제에 대한 보다 강화된 강조)을 동시에 가지고 있다고 한다.[20] 개혁이 공공서비스의 전달을 더욱 관리가능하고 책임성 있게 만들어야 하며, 낭비를 피하고 비용을 절감하며, 경쟁과 고객반응성(customer responsiveness)을 증진시키고, 민간부문에서 증명된 업무수행방식을 적용하고 결과에 초점을 맞춰야 한다는 필요에 의하여 정당화되었으나, 개혁은 통일적이고 포괄적인 공공부문, '질과 내용에 대한 표준 및 규범'으로부터 절차적 제약의 감소, 재량권의 증대, 비용의 중심(cost centres)과 예산이양의 증가 등을 요소로 하는 환경으로의 변화, 그리고 실적제 보수 및 고용조건 안정성의 감소라는 결과를 가져왔다고 지적하고 있다.

3. 신공공관리론의 한계

그러나 신공공관리론은 각국의 역사적·문화적 전통이나 제도의 차이, 행정의 분야별 특수성 등으로 인한 한계에 직면했을 뿐만 아니라 그 이론적 차원에서도 많은 비판을 받았다. 특히 신공공관리론은 앵글로색슨계 이외의 국가에서는 그리 폭넓은 이론적 반향을 불러일으키지 못했다. 가령 독일의 쾨니히(Klaus König)는 주요국가의 행정개혁사례를 비교분석한

---

18) M. Maor, "The Paradox of Managerialism (Review)," *Public Administration Review*, Jan 1999, p.5(1), v59 i 1.

19) D. Savoie, *Thatcher, Reagan, Mulroney: In Search of Bureaucracy*, Pittsburgh, PA: University of Pittsburgh Press, 1994, 187; D. Osborne & T. Gaebler, *Reinventing Government: How the Entrepreneurial Spirit Is Transforming Government, Reading*, MA: Addison-Wesley, 1992, p.267.

20) A. Doig & J. Wilson, "What Price New Public Management?," *Political Quarterly*, July-Sep. 1998, p.267(10), v.69 n.3.

후 유럽대륙에서와 같은 법치국가적 규율에 의한 행정(regelgesteuerte Verwaltung)이 경영행정(managerialistische Verwaltung)보다 그 성과 면에서 우월하다고 결론지으면서, 독일행정의 효과성(Effektivität)과 능률성(Effizienz)은 외국에서도 높이 평가되고 있으며, 앵글로색슨 국가들로부터도 신공공관리론에 의해 거의 영향을 받지 않았던 일본과 독일 같은 나라들의 경쟁력을 주목하고 있는 것도 그 점을 보여 주는 예라고 지적한 바 있다.[21]

린(Lynn) 역시 다음과 같은 이유에서 신공공관리론의 한계를 지적하고 있다. 그에 따르면 신공공관리론은 그 등장배경이 되었던 영국의 웨스트민스터개혁의 결과가 정권교체 등 이후의 상황변화에 따라 변형 또는 소멸됨에 따라 결국 퇴락하고 있고, 각국의 사례와 경험에 대한 비교연구가 진전됨에 따라 그 근본적인 차이들이 피상적인 공통점을 압도하게 될 것이며, 그 "새로운"이란 용어는 새로운 연구의 형태나 목표에 대한 형용사로서는 부적절하며, 정치적 논의과정에서 다음 단계 행정개혁의 이념조류를 위한 관심과 지지를 동원할 수 있는 신선한 주제가 요구될 것이라는 점 등을 이유로 대다수 학자들이 이제 신공공관리론의 사후(post mortem)를 이야기하고 있다는 것이다.[22]

마오르는 신공공관리론에 입각한 개혁으로 말미암아 정치적 집행부가 그들의 정책집행에 대한 통제력을 상실함으로써 생기는 문제점을 분석하면서, 그러한 통제력 상실이 그들을 관료제에 대한 더 많은 통제를 갈망하도록 만든다고 지적하고 있다.[23] 그는 이러한 결과를, 공행정의 경영자본에 대한 투자확대(즉, 공공관리자에게 더 많은 권한을 부여하는 것)의 증대가 정치적 집행권자들로 하여금 공행정의 정치적 자본에 대해 투자의 회수(disinvesting: 즉, 장관들에게 중앙집권적 방향 및 우선순위를 결정할 수 있는 더 큰 권한과 인사문제에 대한 더 많은 개입권을 부여하는 것)를 초래한다는 점에서 패러독스(paradox)라고 부르고 있다. 그는 이러한 가설이 호주, 뉴질랜드, 캐나다, 영국, 오스트리아, 몰타에서 진행된 고위공직자들의 임기보장 및 외부경쟁으로부터의 보호제도의 변천(1980-1996)에 대한 분석을 통해 강력하게 뒷받침된다고 결론지었다.

---

21) K. König, ibid., 1997, pp.267-268.

22) 그러나 린은 이론적 차원에서 신공공관리론을 비판하기보다는 그로부터 국정관리(governance)에 대한 이해를 심화시킬 수 있는 가능성을 기대한다(Lynn, ibid.). 그에 따르면 공공부문의 행정과 민간부문의 경영이 각각 그 지배원리를 달리하고 있기는 하지만, 신공공관리론을 답변(answer)보다는 질문(question)의 패러다임으로 이해한다면 다음과 같은 세 가지 측면에서의 건설적 유산(constructive legacy)을 기대할 수 있다는 것이다: 1. 성과중심적 행정과 성과지향적 제도, 구조형태, 그리고 구체적 상황에 맞는 경영원리, 즉 최선의 공공관리 수준의 추구에 대한 강조, 2. 국제적 대화 및 국가건설 및 행정개혁의 연구에 있어 비교론적 차원의 강화, 3. 그 분야의 학계 발전을 강화시키기 위한 잠재력과 이론에 입각한 실천의 가능성과 더불어 공공기관과 공공관리의 연구에 있어 경제학, 사회학, 사회심리학, 그 밖의 분야에서 발전된 개념모델과 발견들(heuristics)의 통합적 사용.

23) M. Maor, ibid.

그 밖에도 행정부처에 내부시장(internal market)이 형성되면 외부전문가가 적응하는 데 드는 거래비용이 수월치 않고 동시에 기회주의자를 양산한다는 비판 등 많은 사람들이 민간부문의 경영방식을 공공부문에 그대로 또는 부분적 수정을 통해 적용하는 데 대해 경계를 표명하고 있다.[24] 무엇보다도 신공공관리론은 공공조직과 민간조직 간의 가장 근본적인 차이인 법의 지배(rule of law) 문제, 그 밖에 헌법과 행정법 등 공공부문을 제약하는 법제도적 조건들을 고려함에 있어 심각한 이론적 한계를 드러내고 있다.

그러나 현실적으로 신공공관리론은 행정개혁의 무대에서 사라지지 않았을 뿐만 아니라, 오히려 전 세계적으로 확산되고 있다. 한국을 비롯한 40여 개 국 대표들이 참석한 가운데 1999년 1월 14일 미국 국무부에서 개최된 '정부혁신을 위한 세계포럼'(Global Forum on Reinventing Government)은 바로 그러한 전 세계적 차원에서 진행되고 있는 정부혁신운동의 보편성을 보여 주는 계기였다. 이 회의의 취지문(background paper)에서 위스콘신대학 교수이자 브루킹스 연구소의 비상임연구위원인 도널드 케틀(Donald F. Kettl)은 많은 문제에도 불구하고 정부혁신운동(Global Reinvention Movemnet)이 심지어는 발전도상국들에게까지도 피할 수 없는 보편적 현상이 되고 있다고 지적한 바 있다. 그렇다면 그 이유는 무엇일까?

신공공관리론이 그 이론적 한계와 취약성에도 불구하고 현실세계에서 행정개혁의 시대정신인양 승승장구하게 된 것은 크게 세 가지 측면에서 설명될 수 있을 것이다. 첫째, 신공공관리론의 확산은 그것이 가지는 정치적 상징성과 이용가치에 힘입은 것이라 할 수 있다. 선진자본주의 국가들이 처한 정치적 상황에 비추어 볼 때 정부의 경쟁력, '작고 일 잘하는 정부'의 이데올로기만큼 정치적 반향을 불러일으킬 수 있는 요소는 없었고, 정치지도자들은 이러한 정부혁신의 이데올로기가 약속하는 정치적 환호를 외면하기는커녕 적극적으로 이용하고자 했다. 둘째, 민간부문에서 이루어진 비약적인 경영혁신의 성과에 따라 그만큼 정부·행정부문에 대한 벤치마킹에의 압력이 가중되었다. 민간기업들은 시장에서 법의 지배나 헌법의 제약 등과 같은 경제외적 제약에 얽매여 있는 공공부문에 비해 훨씬 더 유리한 이윤극대화를 위한 자기혁신의 기회를 향유할 수 있었다. 특히 정보화와 세계화에 따른 세계경제의 개방구조화가 진전됨에 따라 이러한 시장의 우월성과 이를 토대로 한 기업들이 고정관념을 뒤엎는 눈부신 경영혁신전략을 추진하게 되었고, 그 결과 공공부문은 고비용·비효율의 표본처럼 수술대에 올라야 하는 상황에 처하게 되었다. 신공공관리론은 이러한 수술에 사용될 신기축의 요법으로 고양된 것이다. 끝으로 신공공관리론은 그것이 약속하는 혁신의 결과물들에 대한

24) J.-E. Lane, *The Public Sector: Concepts, Models and Approaches*, Sage, 1995, Ch.8; 김광웅, 「제2차 정부개혁의 모순과 한계」, 『1999년도 한국행정학회 특별세미나 발표논문집』, 1-14, 1999, 8f.

대중들의 지지와 그로 인한 정부에 대한 압력의 가중을 통해 공동선의 실현수단처럼 인식될 수 있었다. 그리하여 신공공관리론은 정부에 대한 기대와 불만을 함께 고조시키고 있던 대중들의 의식 속에 각인됨으로써 앵글로색슨계의 특수주의를 넘어서서 범세계적 보편성을 지닌 이념으로 고양되었다. 특히 각국이 처한 정치경제적 상황에 따라 이러한 대중들의 요구는 더욱 강화된 양상으로 나타났고 정치지도자들 역시 이러한 요구에 부응하지 않을 수 없는 처지에 놓이게 되었다.

우리나라의 경우 신공공관리론이 김영삼정부, 특히 IMF 위기를 맞으며 출범한 김대중정부에 의하여 전폭적으로 수용될 수 있었던 것도 바로 신공공관리론이 약속하는 '정부의 경쟁력', '시장의 우월성' 이데올로기와 그것이 대중들의 의식 속에 확산시킨 보편성 덕분이었다.[25] 문제는 우리나라의 경우 신공공관리론의 이념적 기반인 신자유주의가 대두되는 데 전제가 되었던 복지국가의 재정위기를 겪지 않았음에도 불구하고 그와 같은 정부혁신전략을 무조건적으로 관철시킴으로써 정부·행정의 목표혼란, 정부·행정에 대한 헌법적 요구의 손상, 공직사회의 불안, 공공서비스의 재편성에 따른 공백과 거래비용의 발생 등과 같은 폐단들이 충분한 대비를 거치지 않은 채 발생하고 있다는 데 있다. 신공공관리론에 의한 공무원인사제도개혁과 직업공무원제도에 대한 헌법적 보장 간의 긴장과 상충 문제는 바로 그런 폐단을 보여 주는 단적인 예인 것이다.

III. 신공공관리론에 의한 공무원인사제도개혁의 헌법적 문제

1. 헌법상 직업공무원제도의 보장

주지하는 바와 같이 우리나라 헌법은 건국 이래 직업공무원제도를 보장해 왔다. 현행헌법도 제7조 제2항에서 "공무원의 신분과 정치적 중립성은 법률이 정하는 바에 의하여 보장된다."라고 규정함으로써 직업공무원제도를 보장하고 있다. 직업공무원제도란 공무수행의 일관성과 독자성을 유지하고, 정권교체에 따른 국가작용의 중단과 혼란, 엽관제(spoils system)의 폐단 등을 방지하기 위하여 공무원의 신분이 보장되는 공직구조에 관한 제도를 말한다. 직업공무원제

25) 이에 대한 설명으로는 Joon Hyung Hong, "NPM as 'die hard' Legacy?: NPM Reform and Administrative Law in Korea," *Public Administration & Development* Vol. 33, Issue 4, 2013, 311–319를 참조.

를 확립하기 위해서는 과학적 직위분류제, 인사의 공정, 성적주의 등이 필요하나 헌법상 규정된 신분보장과 정치적 중립의 확보가 중요하다. 이처럼 헌법이 직업공무원제도를 보장한 것은 이를 직업공무원제도의 제도적 보장(institutionelle Garantie des Berufsbeamtentums)이라고 보는 것이 학계와 실무계의 지배적인 시각이다. 여기서 제도적 보장이란 헌법제정권자가 특히 중요하고 가치가 있다고 인정되어 헌법으로 그 존속을 확보해 줄 필요가 있다고 생각하는 국가적 · 사회적 제도를 헌법에 규정함으로써 그 본질을 보장하는 것을 말한다. 이와 같이 헌법에 의하여 일정한 제도가 보장되면 입법권자는 그 제도를 설정하고 유지시킬 입법의무를 지게 될 뿐만 아니라 헌법에 규정되어 있기 때문에 법률로써도 이를 폐지할 수 없고, 비록 내용을 제한하더라도 그 본질적 내용을 침해할 수 없다는 제약을 받게 된다. 그러나 기본권 보장은 "최대한 보장의 원칙"이 적용됨에 반하여, 제도적 보장은 그 본질적 내용을 침해하지 아니하는 범위 안에서 입법자에게 제도의 구체적 내용과 형태의 형성권을 폭넓게 인정한다는 의미에서 "최소한 보장의 원칙"이 적용될 뿐이다.

우리나라 헌법재판소도 직업공무원제도는 헌법이 보장하는 제도적 보장의 하나임이 분명하다고 밝힌 바 있다.[26] 따라서 입법권자도 직업공무원제도의 본질을 훼손할 수 없다는 결과가 된다. 이처럼 직업공무원제에 대한 제도적 보장의 내용은 현재 추진되고 있는 공무원 인사제도개혁에 있어서도 의당 준수되어야 한다. 이것은, 그동안 주된 관심사가 되지는 못했지만, 지극히 당연한 이치이다. 요컨대 직업공무원제도는 정부혁신의 핵심요소인 인사제도개혁 프로그램의 가장 중요한 헌법적 한계요인을 이룬다. 현재 추진되고 있는 공무원 인사제도 개혁안들은 직업공무원제에 중대한 변화를 가져올 터인데, 만일 그것이 헌법상 직업공무원제도에 대한 제도적 보장에 저촉되는 내용으로 법제화된다면 필경 위헌무효라는 헌법적 제재를 받아 좌절되고 말 것이기 때문이다. 물론 직업공무원제가 제도적으로 보장되고 있다고 해서 공무원 인사제도의 혁신의 길이 봉쇄되어 있는 것은 아니다. 입법권자는 직업공무원제에 관하여 "최소한 보장의 원칙"의 한계 안에서 폭넓은 입법형성의 자유를 가지기 때문이다.

헌법재판소는 공무원으로 임용된 경우에 있어 정년까지 근무할 수 있는 권리는 헌법의 공무원신분보장 규정에 의하여 보호되는 기득권으로서, 공무원법상의 정년규정을 변경함에 있어서 공무원으로 임용될 때 발생한 공무원법상의 정년규정까지 근무할 수 있다는 기대 내지 신뢰를 합리적 이유 없이 박탈하는 것은 헌법상의 공무원신분보장 규정에 위배되지만, 공무원이 임용 당시의 공무원법상의 정년규정까지 근무할 수 있다는 기대와 신뢰는 행정조직, 직제의 변경 또는 예산의 감소 등 강한 공익상의 정당한 근거에 의하여 좌우될 수 있는 상대적이고 가변적인 것에 지나지 않으므로 정년규정을 변경하는 입법은

---

26) 헌법재판소 1997.4.24. 선고 95헌바48 전원재판부결정, 『헌재공보』 21, 97, 377.

구법질서에 대하여 기대했던 당사자의 신뢰보호 내지 신분관계의 안정이라는 이익을 지나치게 침해하지 않는 한 공익목적 달성을 위하여 필요한 범위 내에서 입법권자의 입법형성의 재량을 인정하여야 할 것이라고 판시한 바 있다(헌법재판소 1994.4.28. 선고 91헌바15, 19 결정: 관보 제12748호, 70).

이러한 견지에서 현재 추진되고 있는 공무원 인사제도 개혁안들은 이러한 직업공무원제도의 헌법적 보장이란 틀 안에서 어디까지, 어떤 범위 내에서, 어떠한 방법으로 허용되는가, 공무원의 신분보장은 과연 어디까지 제한될 수 있으며, 또 어떤 기준에 의하여 제한할 수 있는지에 대한 헌법적 의문이 제기된다.

2. 공무원인사제도개혁의 헌법적 한계

최근 정부조직법개정을 통해 정부가 추진한 공무원 인사제도 개혁안들은 계약제 등 개방형 인사제도와 실적평가제, 성과급제의 도입을 통한 인사제도의 유연화전략과 인력감축으로 집약된다. 이들 정책대안들이 앞에서 제기된 헌법적 한계 아래서 허용되는 것인지, 그리고 어느 범위에서 허용되는지를 검토해 볼 필요가 있다.

(1) 개방형 인사제도의 확대

직업공무원제도의 핵심은 공무원의 신분보장에 있다. 헌법재판소는 이러한 맥락에서 신분보장을 직업공무원제도의 요소라고 보았다.[27] 계약제 등을 통한 개방형 인사제도는 종래 직업공무원제가 약속해 온 신분보장에 중대한 영향을 미칠 것으로 전망된다. 공무원 신분보장이란 원래는 종신제 공무원(Beamte auf Lebenszeit)의 보장이었다. 국가공무원법은 제2조 제3항에서 경력직공무원을 "실적과 자격에 의하여 임용되고 그 신분이 보장되며 평생토록 공무원으로 근무할 것이 예정되는 공무원"으로 정의하고 있고 제68조에서는 "공무원은 형의 선고·징계처분 또는 이 법에 정하는 사유에 의하지 아니하고는 그 의사에 반하여 휴직·강임 또는 면직을 당하지 아니한다."라고 규정하고 있는데, 이는 바로 그러한 배경에서 나온 것으로 이해된다. 종신제는 공무원의 처우를 완전히 보장하고(Vollalimentation) 이를 통해 정치적 중립성을 확보하려는 취지에서 비롯된 것이었다.[28] 그러나 사회 모든 부문이 능력위주의

27) 헌법재판소 1994.4.28. 선고 91헌바15병합 결정, 『헌재공보』 94, 300.
28) B. Ziemske, "Öffentlicher Dienst zwischen Bewahrung und Umbruch," *DÖV* (*Die Öffentliche Verwaltung*), 1997, 610.

경쟁시대로 접어들고 있는 오늘의 현실에서 종신제의 신화가 깃들 곳은 없다. 사실 종신제의 신화는 현실적으로나 법제상으로 이미 오래전에 깨졌다고 볼 수 있다. 이미 시보제도나 국공립대학교원의 재임용제도, 계약직 공무원제, 개방형 전문직위제 등이 활용되고 있고, 정년단축이나 계급정년제가 시행되고 있다. 또한 정치적 공무원 등 경력직 공무원과 1급공무원에 대해서는 그러한 신분보장이 적용되지 않는다(국가공무원법 §2 ③ 및 § 3).

이 중 공무원정년제는 직업공무원제를 규정한 헌법 제7조에 위반되지 않으며, 국가공무원법 제74조 제1항 제1호 등이 연구 및 특수기술직렬 공무원의 정년을 58세 내지 61세로 규정한 것도 구체적인 정년연령에 관하여 광범위한 입법재량을 가진 입법권자가 국민의 평균수명과 사회경제적 여건 및 공무원조직내부의 인력수급사정 등을 종합적으로 고려하여 입법에 반영한 결과이고 또 국가공무원법 제74조 제2항이 위 직렬에 속하는 공무원들의 구체적 정년연령에 관하여는 하위규범으로 정하도록 위임하여 농촌지도관과 농촌지도사의 정년에 차등을 둘 수 있도록 한 것도 일반적으로 농촌지도관과 농촌지도사의 직무내용과 구성정원에 차이가 있으므로 원활한 인사정책을 유지하기 위해서는 정년연령에 있어 어느 정도의 차등은 불가피하다는 점 등 여러 사정을 감안한 결과로서 그와 같은 차등은 합리적이고 정당한 것으로서 헌법에 합치되고(헌법재판소 1997.3.27. 선고 96헌바86 전원재판부결정: 헌재공보 21, 97, 339), 계급정년제 역시 직업공무원제의 요소인 공무원의 신분보장을 무한으로 관철할 때 파생되는 공직사회의 무사안일을 방지하고 인사적체를 해소하며 새로운 인재들의 공직참여기회를 확대, 관료제의 민주화를 추구하여 직업공무원제를 합리적으로 보완·운용하기 위한 것으로서 합헌으로 판단되고 있다(헌법재판소 1994.4.28. 선고 91헌바15, 19 결정).

그러나 한시적 공무원제도(Zeitbeamtensystem)로서 계약제를 경력직 공무원에게까지 일반적으로 법제화하는 것은 이 공무원 신분보장의 원칙을 근본적으로 수정하는 결과를 가져온다는 점에서, 가령 계약직 공무원의 경우 '국가와 채용계약에 의하여 일정한 기간 전문지식이 요구되는 업무에 종사하는 공무원'이기에 그 범위를 넘어서 경력직 공무원과 같은 신분보장을 해 주지 아니한다는 식의 특별한 헌법적 정당화가 필요하다. 성과주의(Leistungsprinzip)는 그러한 헌법적 정당화를 위한 가장 강력하고 설득력 있는 논거의 하나이다. 그러나 개방형 인사제도는 성과주의를 실현하는 수단이 될 수도 있는 반면, 자칫 엽관제의 폐단, 정당이나 단체의 후견, 지도력상실에 따른 행정의 불안정화 등과 같은 직업공무원제에 반하는 위헌적 사태를 초래할 수도 있다. 그렇기 때문에 개방형 인사제도를 도입함에 있어 그 임용요건과 절차, 인사관리의 공정성·객관성·투명성 및 신뢰성이 특별히 요구되는 것이다. 개방형 인사제도를 법제화할 경우 이러한 요구조건들을 충족시킬 수 있는 보다 정교한 규율이 따르지 않을 경우, 그 제도 전체가 위헌시비에 휘말릴 가능성도 배제할 수 없다. 이 점은 자칫 인사제도개혁이 예기치 못한 헌법적 장애에 걸려 좌초할 수도 있다는 점에서 정책당국의 입장에서, 특히 개방형 인사제도를 관리할 기구의 구성방법이나 권한과 절차, 고충처리 및 권익구제방법 등을 설계할 때, 보다 엄중히 고려해야 할 사항이다.

(2) 실적평가제

실적평가제의 도입은 공무원 인사제도 개혁의 가장 설득력 있는 부분이라 할 수 있다. 이는 직업공무원제가 요구하는 성과주의원칙에 가장 잘 부합하는 방안이기도 하다. 전 세계적 차원에서의 정부혁신운동의 토대를 이루는 것이 바로 실적평가에 입각한 성과주의 경영이었다. 공무원들로 하여금 보다 양질의 행정서비스를 산출하고 전달하기 위한 전략을 고안하는 데 더 많은 융통성을 부여하면서 그들이 산출하는 결과에 대한 책임을 강화한다는 내용을 지닌 실적평가제도는 주요 선진국에서는 이미 몇 년 전부터 시행해 온 정부혁신의 상징물이라 할 수 있다. 가령 뉴질랜드는 1988년 공무원법(State Service Act)과 1989년 재정법(Public Finance Act)을 제정하여 계약직 사무차관제도, 인사권한의 부처로의 위임, 발생주의회계제도, 관리자가 달성해야 할 책임을 지는 산출(output)을 명시한 계약과 그들이 행한 업무가 성공적으로 수행되었는지를 평가할 수 있는 측정지표를 도입하는 등 산출중심의 성과관리체계를 구축하여 시행하고 있다. 이러한 뉴질랜드 정부혁신은 비록 시행과정에서 적지 않은 개인과 집단들의 희생이 요구되었을지라도, 대내외적으로 상당히 긍정적인 평가를 받고 있다. 호주는 프로그램평가와 그 사회적 성과(outcome) 평가에 비중을 둔 제도를 도입, 시행해 오고 있고, 미국은 「정부성과 및 업적 심사법」(Government Performance and Results Act: GPRA)을 제정하여 각 정부기관에게 전략계획(strategic plan)과 그 성과를 평가할 수 있는 지표를 개발하도록 법적으로 의무화하는 가장 과감한 제도를 도입하여 시행하고 있다. 그러나 이들 평가측정계획을 개발하고 실행하는 것은 엄청나게 어려운 일로 판명되었고 산출을 측정하는 것도 극히 어려우며, 성과, 즉 그 성과가 산출하는 보다 넓은 의미의 사회적 결과를 평가하는 다음 단계의 일은 더욱 어렵다는 것이 판명되고 있다. 바로 그와 같은 난점이 있기 때문에 각국은 법률을 제정 또는 개정하여 법적 근거를 확실히 하고 그 시행과정에서도 대단히 신중한 단계적 접근방식을 취하고 있다. 실적평가제 도입을 위해서는 직업공무원제에 대한 헌법적 보장 정신에 비추어 합리성 · 신뢰성 · 공정성 · 투명성의 요청에 부합하는 제도의 내용과 효과를 규정한 법률의 제정이 불가피하다. 그런 배경에서 정부업무평가에 관한 기본적인 사항을 정함으로써 중앙행정기관 · 지방자치단체 · 공공기관 등의 통합적인 성과관리체제의 구축과 자율적인 평가역량의 강화를 통하여 국정운영의 능률성 · 효과성 및 책임성을 향상시키는 것을 목적으로 「정부업무평가 기본법」(약칭: 정부업무평가법)이 제정되었는데,[29)]

이 역시 헌법상 직업공무원제의 제도적 보장에 비추어 그 적정성 여부를 검토해 볼 필요가 있다.

(3) 성과급제 등 보수제도의 개혁

과거에는 공무원임용에 대해서만 성적주의가 적용되었으나, 이제는 공무원의 근무관계 전 과정에 걸쳐 성적주의에 의한 보수의 차등화전략이 추진되고 있다. 성과급, 연봉제의 도입 등 공무원 보수제도의 개혁이 바로 그것이다. 그러나 이러한 보수제도의 개혁 역시 일정한 헌법적 한계에 의하여 제약을 받지 않을 수 없다. 물론 현재와 같은 정기적인 호봉승급제를 반드시 유지해야 하는 것은 아니며, 성과급이나 연봉제, 직무급 등과 같은 다양한 보수제도를 도입하는 것도 헌법적으로 허용된다고 보아야 할 것이다. 문제는 이러한 성과주의 보수제도를 확대할 경우 헌법상 직업공무원제도가 요구하는 공무원의 처우안정의 보장(Alimentationsprinzip)과의 합치여부가 문제될 수 있다. 후자는 공무원의 봉급청구권뿐만 아니라 그 직무수행에 걸맞은 적정한 처우보장을 요구할 수 있는 공무원의 보수법상의 지위를 보호하려는 직업공무원제의 파생원리라 할 수 있다. 물론 이러한 처우보장의 원리는 그 본질적 부분에서만 제도적으로 보장될 뿐이므로 혁신적인 보수제도의 도입 자체를 막는 것은 아니다. 그렇지만, 성과급이나 연봉제 등의 도입이 앞에서 검토한 실적평가제와 연계됨으로써 자칫 대민 행정서비스와 씨름하기보다는 실적평가로 날을 지새우는 현상이 나타날 수도 있고 또 경우에 따라서는 그 공정성여부를 둘러싸고 끝없는 갈등과 분쟁이 발생하거나 그것을 회피하기 위하여 서로 적당히 야합하여 보수의 균형을 맞추는 폐단이 나타날 수도 있다. 이러한 폐단은 결국 헌법이 법치행정과 함께 요구하고 있는 목표인 행정의 원활한 수행(Funktionstüchtigkeit der Verwaltung)을 가로막는 장애요인이 될 수 있다. 나아가 임용권자나 기관장 등 관리자가 성과주의 보수기준을 정할 경우 헌법과 법률상의 한계가 따르는 점도 고려되어야 한다. 가령 세무공무원의 경우 무슨 한이 있더라도 조세를 징수하라고 하거나 법령상의 한계를 넘어 징수액을 늘리라고는 요구할 수 없기 때문이다. 물론 승진 등 인사상 우대조치를 활용하는 데 법적·재정적 제약이 있는 상황하에서 관리자가 헌법과 법률의 범위 내에서 성과주의 보수제도의 시행에 관한 폭넓은 재량을 행사함으로써 이를 그 소속공무원들의 업무수행상의 적극적 유인으로 활용하는 것은 헌법상 허용될 뿐만 아니라 정책적으로도 바람직하다. 다만 이러한 보수제도의 혁신은 어디까지나 공무원의 보수가 최저한의 생계와 직무수행을 가능케 할 수 있는 수준에서 확보되는 전제 위에서만 허용되는 것으로 보아야 하며 또 그렇게 해야만 실제 효과도 기대할 수 있을 것이다. 이를테면 공무원 보수법상 최저임금제와

29) 이는 2006년 3월 24일 종래의 「정부업무등의평가에관한기본법」을 폐지하고 제정된 것이다(법률 제7928호).

같은 요소가 반드시 수반되어야 한다는 것이다. 현재 우리나라 공무원 보수수준은 특히 하위직 공무원의 경우 극히 낮은 상태인데, 이는 사실 헌법상 직업공무원제가 요구하는 최저수준에도 못 미치는 것이 아닌가 하는 의문이 있는 실정이다. 그렇다면 공무원 인사제도 개혁을 통해 인력감축 등 기대효과를 얻게 될 경우 거기서 조성된 재원을 특히 열악한 보수수준에 있는 중·하위직 공무원 처우개선에 돌려야 한다는 논리가 나온다.

Ⅳ. 결론: 신공공관리론과 행정개혁의 방향

정부혁신 또는 행정개혁이란 우리에게도 결코 낯설지만은 않은 말이다. 80년대 이래, 특히 정권교체기면 언제나 행정개혁이 최대 정책현안으로 대두되어 왔기 때문이다. 각 부처의 공무원들 중에는 이것을 5년마다 찾아오는 반갑지 않은 불안의 의식으로 여기는 사람도 적지 않다. 우리나라에서 이처럼 행정개혁이 주기적 현상이 된 데에는 이유가 있다. 어느 집권세력이든 행정부의 인사구조를 자신들의 정치적 요구에 맞게 재편성하고 전임정부와 차별성을 부각시키기 위하여 정부의 틀을 바꾸려 했기 때문이다. 그런 까닭에 서구에서 재정위기로 좌절된 '복지국가' 이념의 대체이데올로기로 대두된 '작은 정부'의 논리가 우리나라에서는 정권교체 후 정부의 새판을 짜려는 정치적 의도를 뒷받침하는 이념으로 동원되곤 했던 것이다. 그러나 현시점에서 다시금 정부혁신이 추진되는 데에는 종전과는 사뭇 다른 배경이 있다. 그 하나는 우리의 외부환경이 급속하게 변화했다는 데 있다. 97년 말 우리가 경제위기의 나락에 빠진 것은 세계경제의 개방구조에 신속히 적응하지 못했기 때문이다. 바로 그러한 외부환경의 변화 속에서 정부혁신은 이제 전 세계적 차원을 얻고 있다. 정부혁신에 성공하지 못한 나라는 이제 미래가 없다고 해도 과언이 아니게 된 것이다. 특히 우리에게 정부혁신이 경제의 구조조정문제와 함께 경제위기의 처방으로 부각되는 것도 바로 그 때문이다. 또 다른 이유는 국민, 즉 납세자의 요구이다. 이들은 공무원들을 '철밥통'이라 조롱하면서도 결코 그들에 대한 기대와 요구수준을 낮출 생각은 없다. 다른 부문과는 달리 정부와 공무원에 대한 우리나라 국민의 요구수준은 그 소비수준 못지않게 세계적이다. 같은 자원으로 더 나은 서비스를 바라는 국민들의 불만이 자연스럽게 정부혁신의 엔진을 가열시키고 있는 것이다. 국민의 정부를 자처한 김대중정부가 이러한 요구를 외면할 수 없는 것은 너무나 당연한 일이다.

행정서비스에 대한 국민의 요구가 줄기는커녕 더 확대되고 있는 상황에서 사업을 축소할 수도 없고, 제한된 자원을 가지고 점점 더 높은 수준의 서비스를 원하는, 아니 원하기만 하는 국민의 요구를 충족시킬 수도 없는 현실에서, 대안은 행정서비스의 효율성을 높이는 방법밖에 없다. 행정서비스의 효율성을 높이려면 지나치게 비대화된 정부규모를 줄여야 하고 결국 공무원 인사제도에 손을 대지 않을 수 없다. 결국 인원을 감축하는 것 이상으로 좋은 방안이 없다는 판단이 득세하게 된다. 그러나 궁극적인 목표는 공무원의 인원감축이 아니라, 공무원이 일을 잘하게 하는 데 맞춰져야 한다. 물론 공무원의 신분보장이 직업공무원제의 요소라 할지라도 그것이 반드시 종신주의 보장을 요구하는 것이라고는 볼 수 없을 것이다. 사회 모든 부문이 능력주의 경쟁시대로 접어들고 있는 오늘의 현실에서 공무원만 무제한의 신분보장을 누려야 한다는 것이 설득력을 지닐 수 없음은 분명하다. 이러한 견지에서 볼 때 공무원 인사제도의 개혁은 불가피하고 또 바람직하다. 그러나 그것은 헌법과 법률에서 오는 결코 소홀히 해서는 아니 될 한계와 제약요인을 준수할 때에만 허용되며 또 성공할 수 있다.

제54장
지방자치와 주민의 법적 지위*

Ⅰ. 쟁점

지방자치가 민주정치의 요체이며 현대의 다원적 복합사회가 요구하는 정치적 다원주의를 실현시키기 위한 제도적 장치로서 지방의 공동관심사를 자율적으로 처리함과 동시에 주민의 자치 역량을 배양하여 국민주권과 자유민주주의 이념 구현에 이바지함을 목적으로 하는 제도라면,[1] 지방자치에서 주민이 차지하는 위상과 역할은 가히 중추적(pivotal)이다. 따라서 풀뿌리민주주의의 주체인 주민의 지위와 역할을 법적으로 보장하는 것이야말로 지방자치의 핵심적 성공조건이 된다: 지방자치는 민주주의 최고의 학교이자 성공을 위한 최선의 보장이다.[2]

주민의 참여는 간접민주주의의 공백을 보완하고, 책임행정을 확보하여 지방자치행정의 독선화를 방지하며, 자발적 참여를 통해 지역사회에서의 사회적 합의를 이룸으로써 결과적으로 사회적 거래비용을 낮추고 행정의 효율성을 제고하는 수단이 된다. 주민참여는 선거와 주민투표, 조례제정·개폐청구, 감사청구, 주민소송, 주민소환 등 다양한 형태로 이루어진다.

* 홍준형, 『행정법』, 법문사, 2017, 1245-1251, 1256-1271을 토대로 수정한 것임.

1) 헌법재판소 1998.4.30. 선고 96헌바62 결정; 헌법재판소 1991.3.11. 선고 91헌마21 결정; 헌법재판소 1995.10.26. 선고 94헌마242 결정 등.

2) J. Bryce, *Modern Democracies*, vol. 1, Macmillan, 1923(reprint), 133.

Ⅱ. 주민의 권리와 의무

지방자치단체의 주민은 주로 지방자치법에 따라 일정한 범위 내에서 권리를 가지고 의무를 지게 된다. 주민의 권리와 의무는 주민투표법 등 그 밖의 법령에 따라 주어지거나 부과된다. 한편, 「제주특별자치도 설치 및 국제자유도시 조성을 위한 특별법」(약칭: 제주특별법)은 주민의 권리에 관하여 주민투표, 조례제정·개폐청구, 주민소환 등에 관한 특례를 규정하고 있다.

1. 주민의 권리

주민의 권리는 크게 수익권과 참정권, 그리고 직접청구권으로 나눌 수 있다. 수익권은 소속 지방자치단체의 재산과 공공시설을 이용하고 그 지방자치단체로부터 균등하게 행정의 혜택을 받을 권리를 말하며(§ 13 ①), 참정권은 지방의회의원과 지방자치단체의 장의 선거, 즉 지방선거에 참여할 권리를 말한다(§ 13 ②). '지방선거에 참여할 권리'는 그 지방자치단체에서 실시하는 지방선거에서의 선거권과 피선거권을 말한다. 주민은 그 밖에도 주민투표권(§ 14), 조례제정·개폐청구권(§ 15), 감사청구권(§ 16), 주민소송제기권(§ 17), 주민소환권(§ 20), 지방의회에 청원할 권리 등 주민직접청구제도에 따른 권리를 가진다(§§ 73-76).

(1) 수익권

주민은 법령으로 정하는 바에 따라 소속 지방자치단체의 재산과 공공시설을 이용할 권리와 그 지방자치단체로부터 균등하게 행정의 혜택을 받을 권리를 가진다(§ 13 ①). 이는 생존배려의 관점에서 주민에게 인정되는 필수적인 권리이다.

주민은 지방자치단체로부터 균등하게 행정의 혜택을 받을 권리를 가진다. 행정의 혜택이란 공공시설이용권을 제외한 그 밖의 모든 행정작용에 따른 혜택을 말한다. 균등한 혜택이란 평등원칙에 따른 혜택을 뜻하는 것으로 해석된다.

(2) 참정권

국민인 주민은 법령으로 정하는 바에 따라 지방선거에 참여할 권리를 가진다(§ 13 ②). 참정권의 내용은 공직선거법에서 정하고 있다. 외국인의 참정권에 관하여 공직선거법은 영주 외국인에게 선거권을 인정한다(공직선거법 § 15 ② iii).

(3) 주민직접청구제도에 따른 권리

① 주민직접청구제

지방자치제 실시 이후 단체장의 권한 확대에 비해 상대적으로 미흡했던 책임 확보 장치를 강화하기 위해 도입된 주민참여수단이다. 단체장에게 집중된 권력을 견제하는 데 주민에게 감사청구, 자치입법에 관한 요구 등 직접청구권을 부여함으로써 주민참여의 계기를 활용하려는 아이디어에서 나온 제도이다. 주민투표, 조례제정・개폐청구, 감사청구, 주민소송, 주민소환 등이 있다. 진정한 지방자치를 이루려면 무엇보다도 주민이 직접 적극적으로 나서야 한다는 것이 주민직접청구제의 모토라 할 수 있다.[3)]

② 주민투표

주민투표는 지방자치단체의 주요 현안에 대한 주민참여를 보장하는 동시에 정책 추진과정에서 주민의견을 수렴할 수 있도록 하기 위한 대의제를 보완하는 의미를 가지는 제도이다. 지방자치법은 지방자치단체의 장에게 주민에게 과도한 부담을 주거나 중대한 영향을 미치는 지방자치단체의 주요 결정사항 등에 대한 주민투표 부의권을 부여하고 있다(§ 14 ①). 주민투표의 대상・발의자・발의요건, 그 밖에 투표절차 등에 관한 사항은 따로 법률로 정하도록 되어 있고(§ 14 ②), 주민투표법이 제정되어 시행되고 있다.

③ 조례의 제정과 개폐 청구

(가) 의의

조례제정・개폐청구제도는 주민감사청구제도와 함께 대표적인 주민직접청구제도이다. 이것은 1999년 8월 31일 지방자치법개정법률(법률 제6003호)에서 일본 지방자치법상 주민직접청구제도를 모델로 삼아 도입된 제도로서 자치입법에 대한 주민참여의 통로를 열어 주고 자치입법이 민의를 구현할 수 있도록 하려는 데 취지를 두고 있다.

> 시행실태를 보면 2000년 시행 후 2015년까지 총219건 청구되었고, 원안의결・수정의결 등 가결 114건(52%), 부결 27건(12.3%), 각하철회・폐기 72건(32.%), 진행 중 6건(2.7%)으로 나타났다. 2003-2005년간 학교급식지원조례 관련 청구가 급증했으나, 2006년부터 청구건수가 급감하고 있다.[4)]

---

3) 이에 관해서는 홍준형, 「지방자치법상 주민직접청구제도의 도입」, 『자치행정』 1998.11.을 참조.
4) http://www.moi.go.kr/cmm/fms/FileDown.do?atchFileId=FILE_000000000049983&fileSn=0.

(나) 청구권자

지방지치법은 19세 이상의 주민으로서 다음 중 하나에 해당하는 사람(공직선거법 제18조에 따른 선거권이 없는 자는 제외한다. 이를 "19세 이상의 주민"이라 한다.)에게 해당 지방자치단체의 장에게 조례를 제정하거나 개정하거나 폐지할 것을 청구할 수 있는 권리를 부여하고 있다(§ 15 ①).

1. 해당 지방자치단체의 관할 구역에 주민등록이 되어 있는 사람
2. 「재외동포의 출입국과 법적 지위에 관한 법률」 제6조 제1항에 따라 해당 지방자치단체의 국내거소신고인명부에 올라 있는 국민
3. 「출입국관리법」 제10조에 따른 영주의 체류자격 취득일 후 3년이 경과한 외국인으로서 같은 법 제34조에 따라 해당 지방자치단체의 외국인등록대장에 올라 있는 사람

그 수적 요건은 조례로 정하게 되어 있으나, 지방자치단체의 종류와 규모에 따라 그 범위가 차등화되어 있다(§ 15 ①). 19세 이상의 주민 총수는 전년도 12월 31일 현재의 주민등록표 및 재외국민국내거소신고표, 외국인등록표에 의하여 산정한다(§ 15 ⑩).

(다) 청구의 범위

조례제정 · 개폐청구의 대상은 조례입법권자가 가지는 입법형성의 자유에 상응하여 매우 광범위하며 원칙적으로 제한이 없다고 할 수 있다. 다만, 지방자치법은 제도 남용의 우려를 감안하여 다음 사항을 청구 대상에서 제외하고 있다(§ 15 ②).

1. 법령을 위반하는 사항
2. 지방세 · 사용료 · 수수료 · 부담금의 부과 · 징수 또는 감면에 관한 사항
3. 행정기구를 설치하거나 변경하는 것에 관한 사항이나 공공시설의 설치를 반대하는 사항

(라) 청구의 절차와 효과

지방자치단체의 19세 이상의 주민이 조례를 제정하거나 개정하거나 폐지할 것을 청구하려면 청구인의 대표자를 선정하여 청구인명부에 적어야 하며, 청구인의 대표자는 조례의 제정안 · 개정안 및 폐지안("주민청구조례안")을 작성하여 제출하여야 한다(§ 15 ③).

지방자치단체의 장은 청구를 받으면 청구를 받은 날부터 5일 이내에 그 내용을 공표하여야 하며, 청구를 공표한 날부터 10일간 청구인명부나 그 사본을 공개된 장소에 갖추어 두어 열람할 수 있도록 하여야 한다(§ 15 ④).

지방자치단체의 장은 법 제15조 제7항에 따라 청구를 수리한 날부터 60일 이내에 주민청구조례안을 지방의회에 부의하고, 그 결과를 청구인의 대표자에게 알려야 한다(§ 15 ⑨). 지방자치단체의 장은 제15조에 따라 청구된 주민청구조례안에 대하여 의견이 있으면 제15조 제9항에 따라 주민청구조례안을 지방의회에 부의할 때 그 의견을 첨부할 수 있고(§ 15의2 ①), 지방의회는 심사 안건으로 부쳐진 주민청구조례안을 의결하기 전에 청구인의 대표자를 회의에 참석시켜 그 청구취지(청구인 대표자와의 질의 · 답변을 포함)를 들을 수 있다(§ 15의2 ②).

④ 주민의 감사청구

주민감사청구제도는 1999년 8월 31일 지방자치법개정법률에서 조례제정 · 개폐청구제도와 함께 도입된 주민감사청구제도를 승계한 것이다.[5)]

지방자치단체의 19세 이상의 주민은 시 · 도는 500명, 제175조에 따른 인구 50만 이상 대도시는 300명, 그 밖의 시 · 군 및 자치구는 200명을 넘지 아니하는 범위에서 그 지방자치단체의 조례로 정하는 19세 이상의 주민 수 이상의 연서(連署)로 감사를 청구할 수 있다.

주민 감사청구의 상대방은 당해 지자체가 아니라 감독청을 상대로 한다. 즉, 시 · 도에서는 주무부장관에게, 시 · 군 및 자치구에서는 시 · 도지사에게 감사를 청구할 수 있다.

법은 그 지방자치단체와 그 장의 권한에 속하는 사무의 처리가 법령에 위반되거나 공익을 현저히 해친다고 인정되면 감사를 청구할 수 있도록 하고 있다(§ 16 ① 본문). 다만, 다음 어느 하나에 해당하는 사항은 감사청구 대상에서 제외한다(§ 16 ① 단서).

1. 수사나 재판에 관여하게 되는 사항
2. 개인의 사생활을 침해할 우려가 있는 사항
3. 다른 기관에서 감사하였거나 감사 중인 사항. 다만, 다른 기관에서 감사한 사항이라도 새로운 사항이 발견되거나 중요 사항이 감사에서 누락된 경우와 제17조제1항에 따라 주민소송의 대상이 되는 경우에는 그러하지 아니하다.
4. 동일한 사항에 대하여 제17조제2항 각 호의 어느 하나에 해당하는 소송이 진행 중이거나 그 판결이 확정된 사항

감사청구의 기한은 사무처리가 있었던 날이나 끝난 날부터 2년이다(§ 16 ②).

주무부장관이나 시 · 도지사는 감사청구를 수리한 날부터 60일 이내에 감사청구된 사항

5) 주민감사청구제도는 일본 지방자치법 제212조의 주민감사청구제도와 명칭은 같지만, 내용과 절차에서는 일본 지방자치법 제75조의 사무감사청구제도에 상응하는 제도이다.

에 대하여 감사를 끝내야 하며, 감사결과를 청구인의 대표자와 해당 지방자치단체의 장에게 서면으로 알리고, 공표하여야 한다(§ 16 ③ 전단 본문). 다만, 그 기간에 감사를 끝내기가 어려운 정당한 사유가 있으면 그 기간을 연장할 수 있다(§ 16 ③ 전단 단서). 이 경우 이를 미리 청구인의 대표자와 해당 지방자치단체의 장에게 알리고, 공표하여야 한다(§ 16 ③ 후단).

주무부장관이나 시·도지사는 주민이 감사를 청구한 사항이 다른 기관에서 이미 감사한 사항이거나 감사 중인 사항이면 그 기관에서 실시한 감사결과 또는 감사 중인 사실과 감사가 끝난 후 그 결과를 알리겠다는 사실을 청구인의 대표자와 해당 기관에 지체 없이 알려야 한다(§ 16 ④).

주무부장관이나 시·도지사는 주민 감사청구를 처리(각하를 포함한다)할 때 청구인의 대표자에게 반드시 증거 제출 및 의견 진술의 기회를 주어야 한다(§ 16 ⑤).

주무부장관이나 시·도지사는 제3항에 따른 감사결과에 따라 기간을 정하여 해당 지방자치단체의 장에게 필요한 조치를 요구할 수 있다(§ 16 ⑥ 전단). 이 경우 그 지방자치단체의 장은 이를 성실히 이행하여야 하고 그 조치결과를 지방의회와 주무부장관 또는 시·도지사에게 보고하여야 한다(§ 16 ⑥ 후단). 주무부장관이나 시·도지사는 제6항에 따른 조치요구내용과 지방자치단체의 장의 조치결과를 청구인의 대표자에게 서면으로 알리고, 공표하여야 한다(§ 16 ⑦).

⑤ 주민소송

주민소송은 주민감사청구의 실효성을 담보하기 소송상 수단이다. 법은 지방자치단체의 재정에 관한 사항에 대하여 감사청구한 주민에게 감사결과와 관련한 위법행위나 해태사실에 대하여 지방자치단체장을 상대로 소송을 제기할 수 있는 권리를 부여하고 있다.

(가) 제소권자·제소사유

법 제16조 제1항에 따라 공금 지출에 관한 사항, 재산의 취득·관리·처분에 관한 사항, 해당 지방자치단체를 당사자로 하는 매매·임차·도급 계약이나 그 밖의 계약 체결·이행에 관한 사항 또는 지방세·사용료·수수료·과태료 등 공금 부과·징수를 게을리한 사항을 감사청구한 주민은 다음 각 호의 어느 하나에 해당하는 경우 그 감사청구한 사항과 관련이 있는 위법한 행위나 업무를 게을리한 사실에 대하여, 해당 지방자치단체의 장(그 사무처리에 관한 권한을 소속 기관 장에 위임한 경우 그 소속 기관의 장)을 상대방으로 소송을 제기할 수 있다(§ 17 ①). 이 소송에 관하여는 이 법에 규정된 것 외에는 행정소송법에 따른다(§ 17 ⑰).

1. 주무부장관이나 시 · 도지사가 감사청구를 수리한 날부터 60일(제16조 제3항 단서에 따라 감사기간이 연장된 경우에는 연장기간이 끝난 날을 말한다)이 지나도 감사를 끝내지 아니한 경우
2. 제16조 제3항 및 제4항에 따른 감사결과 또는 제16조 제6항에 따른 조치요구에 불복하는 경우
3. 제16조 제6항에 따른 주무부장관이나 시 · 도지사의 조치요구를 지방자치단체의 장이 이행하지 아니한 경우
4. 제16조제6항에 따른 지방자치단체의 장의 이행 조치에 불복하는 경우

(나) 주민이 제기할 수 있는 소송

주민이 제기할 수 있는 소송은 다음과 같이 열거되어 있다(§ 17 ②).

1. 해당 행위를 계속하면 회복하기 곤란한 손해를 발생시킬 우려가 있는 경우에는 그 행위의 전부나 일부를 중지할 것을 요구하는 소송
2. 행정처분인 해당 행위의 취소 또는 변경을 요구하거나 그 행위의 효력 유무 또는 존재 여부의 확인을 요구하는 소송
3. 게을리한 사실의 위법 확인을 요구하는 소송
4. 해당 지방자치단체의 장 및 직원, 지방의회의원, 해당 행위와 관련이 있는 상대방에게 손해배상청구 또는 부당이득반환청구를 할 것을 요구하는 소송. 다만, 그 지방자치단체 직원이 「회계관계직원 등의 책임에 관한 법률」 제4조에 따른 변상책임을 져야 하는 경우에는 변상명령을 할 것을 요구하는 소송을 말한다.

제2항 제1호의 중지청구소송은 그 행위를 중지할 경우 생명이나 신체에 중대한 위해가 생길 우려가 있거나 공공복리를 현저히 저해할 우려가 있으면 제기할 수 없다(§ 17 ③).

대법원은 지방자치법 제17조 제1항에서 주민소송 대상으로 규정한 '재산의 취득 · 관리 · 처분에 관한 사항' 해당 여부는 지방자치단체의 재무행정의 적법성과 지방재정의 건전성 및 적정 운영을 확보하려는 주민소송 제도의 목적에 따라 판단해야 하며, 점용허가가 도로 등의 본래 기능 및 목적과 무관하게 그 사용가치를 실현 · 활용하기 위한 것으로 평가될 경우에는 주민소송 대상이 되는 재산의 관리 · 처분에 해당한다고 판시한 바 있다.

<주민소송의 대상>

주민소송 제도는 지방자치단체 주민이 지방자치단체의 위법한 재무회계행위의 방지 또는 시정을 구하거나 그로 인한 손해의 회복 청구를 요구할 수 있도록 함으로써 지방자치단체의 <u>재무행정의 적법성과 지방재정의 건전하고 적정한 운영을 확보</u>하려는 데 목적이 있다. 그러므로 주민소송은 원칙적으로 지방자치단체의 재무회계에 관한 사항의 처리를 직접 목적으로 하는 행위에 대하여 제기할 수 있고, 지

방자치법 제17조 제1항에서 주민소송의 대상으로 규정한 '재산의 취득 · 관리 · 처분에 관한 사항'에 해당하는지도 그 기준에 의하여 판단하여야 한다. 특히 도로 등 공물이나 공공용물을 특정 사인이 배타적으로 사용하도록 하는 점용허가가 도로 등의 본래 기능 및 목적과 무관하게 그 사용가치를 실현 · 활용하기 위한 것으로 평가되는 경우에는 주민소송의 대상이 되는 재산의 관리 · 처분에 해당한다.[6]

한편 대법원은 지방자치법 제17조 제1항에서 정한 주민소송의 대상이 되는 '공금의 부과 · 징수를 게을리한 사항'의 의미와 범위에 관하여 건축법상 이행강제금의 부과 · 징수를 게을리한 행위가 주민소송 대상이 되는 공금의 부과 · 징수를 게을리한 사항에 해당한다고 판시하였다.

<주민소송과 건축법상 이행강제금부과의 해태>

1. 주민소송 제도는 주민으로 하여금 지방자치단체의 위법한 재무회계행위의 방지 또는 시정을 구할 수 있도록 함으로써 지방재무회계에 관한 행정의 적법성을 확보하려는 데 목적이 있다. 그러므로 지방자치법 제17조 제1항, 제2항 제2호, 제3호 등에 따라 주민소송의 대상이 되는 '재산의 관리 · 처분에 관한 사항'이나 '공금의 부과 · 징수를 게을리한 사항'이란 지방자치단체의 소유에 속하는 재산의 가치를 유지 · 보전 또는 실현함을 직접 목적으로 하는 행위 또는 그와 관련된 공금의 부과 · 징수를 게을리한 행위를 말하고, 그 밖에 재무회계와 관련이 없는 행위는 그것이 지방자치단체의 재정에 어떤 영향을 미친다고 하더라도, 주민소송의 대상이 되는 '재산의 관리 · 처분에 관한 사항' 또는 '공금의 부과 · 징수를 게을리한 사항'에 해당하지 않는다.
2. 이행강제금은 지방자치단체의 재정수입을 구성하는 재원 중 하나로서 '지방세외수입금의 징수 등에 관한 법률'에서 이행강제금의 효율적인 징수 등에 필요한 사항을 특별히 규정하는 등 그 부과 · 징수를 재무회계 관점에서도 규율하고 있으므로, 이행강제금의 부과 · 징수를 게을리한 행위는 주민소송의 대상이 되는 공금의 부과 · 징수를 게을리한 사항에 해당한다.
3. 지방자치법 제17조 제1항, 제2항 제3호의 주민소송 요건인 위법하게 공금의 부과 · 징수를 게을리한 사실이 인정되기 위해서는 전제로서, 관련 법령상의 요건이 갖추어져 지방자치단체의 집행기관 등의 공금에 대한 부과 · 징수가 가능하여야 한다.[7]

(다) 관할 · 제소기간 등

주민소송은 해당 지방자치단체의 사무소 소재지를 관할하는 행정법원(행정법원 미설치 지역에서는 행정법원의 권한에 속하는 사건을 관할하는 지방법원본원)의 관할로 한다(§ 17 ⑨). 주민소송은 다음 어느 하나에 해당하는 날부터 90일 이내에 제기하여야 한다(§ 17 ④).

6) 대법원 2016.5.27. 선고 2014두8490 판결(도로점용허가처분무효확인등).
7) 대법원 2015.9.10. 선고 2013두16746 판결(행정부작위위법).

1. 제1항 제1호의 경우: 해당 60일이 끝난 날(제16조 제3항 단서에 따라 감사기간이 연장된 경우에는 연장기간이 끝난 날을 말한다)
2. 제1항 제2호의 경우: 해당 감사결과나 조치요구내용에 대한 통지를 받은 날
3. 제1항 제3호의 경우: 해당 조치를 요구할 때에 지정한 처리기간이 끝난 날
4. 제1항 제4호의 경우: 해당 이행 조치결과에 대한 통지를 받은 날

주민소송 진행 중 다른 주민은 같은 사항에 대해 별도의 소송을 제기할 수 없다(§ 17 ⑤).

⑥ 손해배상금 등의 지불청구 등

지방자치단체의 장(해당 사항의 사무처리에 관한 권한을 소속 기관의 장에게 위임한 경우에는 그 소속 기관의 장)은 제17조 제2항 제4호 본문에 따른 소송에 대하여 손해배상청구나 부당이득반환청구를 명하는 판결이 확정되면 그 판결이 확정된 날부터 60일 이내를 기한으로 하여 당사자에게 그 판결에 따라 결정된 손해배상금이나 부당이득반환금의 지불을 청구하여야 한다(§ 18 ① 본문). 다만, 손해배상금이나 부당이득반환금을 지불하여야 할 당사자가 지방자치단체의 장이면 지방의회 의장이 지불을 청구하여야 한다(§ 18 ① 단서).

이에 따라 지불청구를 받은 자가 같은 항의 기한 내에 손해배상금이나 부당이득반환금을 지불하지 아니하면 지방자치단체는 손해배상 · 부당이득반환의 청구를 목적으로 하는 소송을 제기하여야 한다(§ 18 ② 전단). 이 경우 그 소송의 상대방이 지방자치단체의 장이면 그 지방의회 의장이 그 지방자치단체를 대표한다(§ 18 ② 후단).

⑦ 변상명령 등

지방자치단체의 장은 제17조제2항제4호 단서에 따른 소송, 즉 변상명령 요구 소송에 대하여 변상할 것을 명하는 판결이 확정되면 그 판결이 확정된 날부터 60일 이내를 기한으로 하여 당사자에게 그 판결에 따라 결정된 금액을 변상할 것을 명령하여야 한다(§ 19 ①). 이에 따라 변상할 것을 명령받은 자가 같은 항의 기한 내에 변상금을 지불하지 않으면 지방세 체납처분의 예에 따라 징수할 수 있다(§ 19 ②). 변상명령을 받고 불복할 경우 행정소송은 가능하나(§ 19 ③ 본문), 행정심판법에 따른 행정심판청구는 제기할 수 없다(§ 19 ③ 단서).

⑧ 주민소환

(가) 의의

주민소환제는 민의를 제대로 실현하지 못하는 대표를 주민이 직접 나서서 해직시킬 수 있는

제도라는 점에서 주민이 지방자치단체 장과 지방의원을 직접 견제할 수 있는 가장 강력한 수단이다. 이러한 배경에서 지방자치법은 주민에게 지방자치단체 장과 지방의원을 소환할 권리를 부여하였다. 즉, 주민은 그 지방자치단체의 장 및 지방의회의원(비례대표 지방의회의원은 제외한다)을 소환할 권리를 가진다(§ 20 ①).

주민소환의 투표 청구권자·청구요건·절차 및 효력 등에 관하여는 따로 법률로 정하도록 되어 있고(§ 20 ②), 「주민소환에 관한 법률」이 제정되어 시행되고 있다.

> 주민소환제의 실적은 매우 저조한 수준에 머물고 있다. 행정자치부에 따르면 2007년 제도 도입 이후 2016년 6월 1일까지 81차례 소환이 추진됐지만 투표까지 간 것은 단 8회였다. 실제 소환이 된 경우는 드물고 2007년 37.6%의 투표율로 하남시의원 2명의 소환이 결정되어 해임된 사례가 유일한다. 81회 중 71회는 '미투표종결'되었고 6회는 투표가 실시되었으나 투표율 미달로 소환이 무산되었다.8)

(나) 주민소환의 요건

「주민소환에 관한 법률」 제7조는 "주민소환투표청구권자"를 '전년도 12월 31일 현재 주민등록표 및 외국인등록표에 등록된 제3조 제1항 제1호 및 제2호에 해당하는 자'로 설정하고 주민소환투표의 청구요건을 정하고 있다. 이에 따르면 주민소환투표의 대상은 해당 지방자치단체의 장 및 지방의회의원(비례대표선거구시·도의회의원 및 비례대표선거구자치구·시·군의회의원은 제외하며, 이하 "선출직 지방공직자"라 한다)이고, 주민소환투표청구권자는 이들에 대하여 다음 각 호에 해당하는 주민의 서명으로 그 소환사유를 서면에 구체적으로 명시하여 관할선거관리위원회에 주민소환투표의 실시를 청구할 수 있다(§ 7 ①).

1. 특별시장·광역시장·도지사: 그 지방자치단체의 주민소환투표청구권자 총수의 100분의 10 이상
2. 시장·군수·자치구의 구청장: 당해 지방자치단체의 주민소환투표청구권자 총수의 100분의 15 이상
3. 지역선거구시·도의회의원 및 지역선거구자치구·시·군의회 의원: 당해 지방의회의원의 선거구 안의 주민소환투표 청구권자 총수의 100분의 20 이상

주민소환제가 지역 간 대립의 방편으로 악용되거나 특정 지역의 영향력에 따라 좌우되지 않도록 소환청구에 필요한 주민수를 각 지역별로 안배할 필요가 있다. 그런 뜻에서 주민소환투표의 대상에 따라 지역별로 필요한 청구권자 총수의 하한선을 설정한 것이다.

---

8) http://www.moi.go.kr/frt/bbs/type001/commonSelectBoardArticle.do?bbsId=BBSMSTR_000000000050&nttId=49751.

시·도지사에 대한 주민소환투표는, 해당 지방자치단체 관할구역 안의 시·군·자치구 전체의 수가 3개 이상인 경우에는 3분의 1 이상의 시·군·자치구에서 각각 주민소환투표청구권자 총수의 1만분의 5 이상 1천분의 10 이하의 범위 안에서 대통령령이 정하는 수 이상의 서명이 필요하고, 다만, 당해 지방자치단체 관할구역 안의 시·군·자치구 전체의 수가 2개인 경우에는 각각 주민소환투표청구권자 총수의 100분의 1 이상의 서명을 받아야 한다(§ 7 ②).

시장·군수·자치구의 구청장 및 지역구지방의회의원(지역구시·도의원과 지역구자치구·시·군의원)에 대한 주민소환투표는, 당해 시장·군수·자치구의 구청장 및 당해 지역구지방의회의원 선거구 안의 읍·면·동 전체의 수가 3개 이상인 경우에는 3분의 1 이상의 읍·면·동에서 각각 주민소환투표청구권자 총수의 1만분의 5 이상 1천분의 10 이하의 범위 안에서 대통령령이 정하는 수 이상의 서명이 필요하고, 다만, 당해 시장·군수·자치구의 구청장 및 당해 지역구지방의회의원 선거구 안의 읍·면·동 전체의 수가 2개인 경우에는 각각 주민소환투표청구권자 총수의 100분의 1 이상의 서명을 받아야 한다(§ 7 ③).

주민소환투표청구권자 총수는 전년도 12월 31일 현재의 주민등록표 및 외국인등록표에 의하여 산정하며(§ 7 ④), 지방자치단체의 장은 매년 1월 10일까지 주민소환투표청구권자 총수를 공표하여야 한다(§ 7 ⑤).

법은 주민소환권의 과잉 행사나 남용으로 인한 지방자치의 불안과 혼란을 막으려는 취지에서 주민소환투표에 청구제한기간을 두고 있다. 이에 따르면, 다음 각 호의 어느 하나에 해당하는 때에는 주민소환투표의 실시를 청구할 수 없다(§ 8).

1. 선출직 지방공직자의 임기개시일부터 1년이 경과하지 아니한 때
2. 선출직 지방공직자의 임기만료일부터 1년 미만일 때
3. 해당선출직 지방공직자에 대한 주민소환투표를 실시한 날부터 1년 이내인 때

법은 주민소환권의 남용이나 편파성을 방지하기 위하여 서명요청 활동에 제한을 가하고 있다. 이에 따르면 소환청구인대표자와 서면에 의하여 소환청구인대표자로부터 서명요청권을 위임받은 자(이하 "소환청구인대표자등"이라 한다)는 해당선출직 지방공직자의 선거구의 전부 또는 일부에 대하여 「공직선거법」에 따른 선거가 실시되는 때에는 그 선거의 선거일전 60일부터 선거일까지 그 선거구에서 서명을 요청할 수 없다(§ 10 ①). 법은 마찬가지 이유에서 주민소환투표권이 없는 자, 공무원, 선출직 지방공직자의 해당선거 입후보예정자, 그 가족 및 이들이 설립·운영하는 기관·단체·시설의 임·직원 등 제10조 제2항 각 호에 열거된 자들이 소환청구인대표자등이 될 수 없도록 하는 한편, 서명요청 활동을 하거나 서명요청 활

동을 기획·주도하는 등 서명요청 활동에 관여하는 행위를 금지하고 있다(§ 10 ②).

(다) 주민소환투표안의 공고와 권한정지

주민소환투표대상자는 관할선거관리위원회가 주민소환투표안을 공고한 때부터 제22조 제3항의 규정에 의하여 주민소환투표결과를 공표할 때까지 그 권한행사가 정지된다(§ 21 ①).

(라) 주민소환투표결과의 확정

주민소환은 주민소환투표권자 총수의 3분의 1이상의 투표와 유효투표 총수 과반수의 찬성으로 확정된다(§ 22 ①). 전체 주민소환투표자의 수가 주민소환투표권자 총수의 3분의 1에 미달하는 때에는 개표를 하지 아니한다(§ 22 ②).

주민소환이 확정된 때에는 주민소환투표대상자는 그 결과가 공표된 시점부터 그 직을 상실하며(§ 23 ①), 그 직을 상실한 자는 그로 인하여 실시하는 이 법 또는 공직선거법에 의한 해당보궐선거에 후보자로 등록할 수 없다(§ 23 ②).

(마) 주민소환투표소송 등

주민소환투표의 효력에 관하여 이의가 있는 해당 주민소환투표대상자 또는 주민소환투표권자(주민소환투표권자 총수의 100분의 1이상의 서명을 받아야 한다)는 주민소환투표결과가 공표된 날부터 14일 이내에 관할선거관리위원회 위원장을 피소청인으로 하여 지역구시·도의원, 지역구자치구·시·군의원 또는 시장·군수·자치구의 구청장을 대상으로 한 주민소환투표에 있어서는 특별시·광역시·도선거관리위원회에, 시·도지사를 대상으로 한 주민소환투표에 있어서는 중앙선거관리위원회에 소청할 수 있다(§ 24 ①).

소청 결정에 대하여 불복이 있는 소청인은 관할선거관리위원회 위원장을 피고로 하여 그 결정서를 받은 날(결정서를 받지 못한 때에는 공직선거법 제220조 제1항에 따른 결정기간 종료일)부터 10일 이내에 지역구시·도의원, 지역구자치구·시·군의원 또는 시장·군수·자치구의 구청장을 대상으로 한 주민소환투표의 경우 그 선거구를 관할하는 고등법원에, 시·도지사를 대상으로 한 주민소환투표의 경우 대법원에 각각 소를 제기할 수 있다(§ 24 ②).

(바) 보궐선거의 실시

주민소환투표에 관한 소청, 소송이 제기되거나 제27조 제1항에 따라 준용되는 주민투표법 제26조에 따라 재투표가 실시되면 그 결과 확정 후에 보궐선거를 실시하여야 한다(§ 25 ①).

(사) 문제점

주민소환제는 그 도입 취지가 무색하리만큼 실효성이 떨어지고 '종이 호랑이'로 전락했다는 비판을 받고 있다. 그 원인으로는 주로 청구요건과 주민소환투표의 확정요건이 너무 엄격하다는 점이 지목되고 있다. 반면, 주민소환제는 정파적 남용의 위험이 크고 그 결과 행정의 단절이나 혼란, 불안을 가져올 수 있다는 우려도 만만치 않다.

2. 주민의 의무

주민은 법령으로 정하는 바에 따라 소속 지방자치단체의 비용을 분담하는 의무를 진다(§ 21). 지방자치법은 비용분담의 형태로 지방세, 사용료, 수수료, 분담금 및 경비 부담 등(§§ 135-141) 등을 규정하고 있다. 주민은 그 밖에 개별 법령이나 조례 등에 따라 작위, 부작위, 급부, 수인의 의무를 진다(예: 도로법 § 47).

제55장
자치입법의 범위와 한계*

Ⅰ. 쟁점

다시 지방자치가 시대적 화두로 떠오르고 있다. 지방자치를 구현하는 법제도는 제대로 만들어져 잘 작동하고 있을까 궁금해진다. 튼튼하고 효과적인 법제도가 보장되어 있지 못하면 지방자치를 지속가능하게 발전시킬 수 없다.

분권형 국가 지향이나 지방자치 강화를 이야기할 때 빠짐없이 등장하는 과제 중 하나가 자치입법권의 강화, 확충이다. 최근에는 지방정부에게 법률제정권 부여를 촉구하는 목소리가 커지고 있다.[1] 그렇다면 지방자치단체의 자치입법, 무엇이 문제일까, 어디가 어떻게 잘못된 것일까 검토해 볼 필요가 있다.

Ⅱ. 자치입법권

헌법은 제117조 제1항에서 "지방자치단체는 주민의 복리에 관한 사무를 처리하고 재산을 관리하며, 법령의 범위 안에서 자치에 관한 규정을 제정할 수 있다."라고 규정하여 자치입법권을 보장하고 있다. 자치입법권은 지방자치법 제3장 조례와 규칙에 관한 규정들, 그리고 「지방교육자치에 관한 법률」 제35조를 통해 구체화되고 있는데, 자치입법의 종류로는 조례와

* 홍준형, 『행정법』, 법문사, 2017, 1296-1307을 토대로 수정한 것임.

1) 일례로 이기우, 「지방 족쇄 풀어야 국민소득 3만 달러 뚫는다」, 『중앙일보』 시론, 2017.10.2.

규칙, 그리고 교육규칙(지방교육자치법 § 25) 등을 들 수 있다.

1. 자치입법권의 성질

헌법 제117조 제1항에 의거하여 지방자치법 제22조는 "지방자치단체는 법령의 범위 안에서 그 사무에 관하여 조례를 제정할 수 있다. 다만, 주민의 권리 제한 또는 의무 부과에 관한 사항이나 벌칙을 정할 때에는 법률의 위임이 있어야 한다."라고 규정하고 있다.

헌법이 보장하는 자치입법권의 성질에 관하여 자주입법설과 위임입법설이 대립한다. 위 헌법 조항을 어떻게 이해할 것인가와 관련하여 전자는 '확인규정설', 후자는 '창설규정설'로도 불린다. 자치입법설은 지방자치권의 본질에 관한 고유권설을 근거로 자치입법권은 지방자치단체의 고유한 권한이며 헌법 제117조 제1항은 이를 단지 확인한 것에 불과하다고 보는 반면, 위임입법설은 전래권설에 입각하여 자치입법권은 국가의 통치권으로부터 전래된 권한이며 헌법 제117조 제1항에 따라 비로소 창설적으로 인정된 것이라고 한다. 후자가 우리나라의 통설이다. 통설을 따르더라도 자치입법권은 어디까지나 헌법적 근거를 가지는 것이므로, 개별 법률의 위임에 따라 제정되는 경우가 있을지라도, 개별 법률의 위임이 있을 경우에 그에 따라 제정되는 위임명령과는 그 수권의 성질과 차원이 다르다.

2. 조례

자치입법의 대표형은 조례이다. 조례란 지방자치단체가 법령의 범위 안에서 그 사무에 관하여 지방의회의 의결을 거쳐 제정하는 자치입법의 한 형식이다. 조례는 선거를 통해서 그 지역적인 민주적 정당성을 획득한 주민의 대표기관인 지방의회가 제정하는 자주법이라는 점에서 이른바 '행정상 입법'과는 본질을 달리하며 오히려 그 정당성의 기초 면에서 법률과 더 유사한 속성을 가진다.[2)]

2) 김철용, 『행정법 II』(제10판), 박영사, 2010, 106.

III. 조례제정권의 범위와 한계

1. 조례제정권의 범위

조례제정권의 범위는 헌법으로부터 주어진다. 헌법은 지방자치단체는 법령의 범위 안에서 자치에 관한 규정을 제정할 수 있다고 규정하고 있다(헌법 § 117 ①). 이에 따라 제정된 지방자치법에 따르면, 지방자치단체는 법령의 범위 안에서 그 사무에 관하여 조례를 제정할 수 있다(지방자치법 § 22). 따라서 조례제정권의 범위는 '법령의 범위 안에서 그 사무에 관하여'라는 기준에 의해 설정된다고 볼 수 있다.

여기서 "법령의 범위 안에서"란 "법령에 위반되지 아니하는 범위 내에서"[3]라는 뜻으로 이해된다. 이것은 "법률에 의하여"나 "법률의 위임에 의하여"라는 식의 요건과는 다르다. 즉 법률의 위임이 없더라도 조례를 제정할 수 있다는 뜻이다. 주요 쟁점들을 살펴보겠다.

(1) 자치조례와 위임조례

헌법이나 지방자치법이 예정하고 있는 조례는 이를 '자치조례'라고 부를 수 있다. 반면 조례로 주민의 권리 제한 또는 의무 부과에 관한 사항이나 벌칙을 정할 때에는 법률의 위임이 있어야 하므로 그 경우 제정되는 조례, 또는 그러한 경우 외에 법률의 위임에 따라, 즉 법률에서 어떤 사항을 조례로 정하도록 위임함에 따라 제정되는 조례는 이를 '위임조례'라고 한다. 자치조례의 경우에는, 헌법 제117조 제1항과 지방자치법 제22조에 따라, 주민의 권리 제한 또는 의무 부과에 관한 사항이나 벌칙이 아닌 이상, 그 사무에 관하여 법률의 위임이 없더라도 법령의 범위 안에서 자유롭게 조례를 제정할 수 있다.

반면, 위임조례의 경우에는 법률의 개별적 위임에 따라 그 범위 안에서 제정되므로 위임명령과 마찬가지로 헌법상 위임입법의 범위와 한계에 관한 법리의 제약을 받을 수밖에 없으나, 위임조례의 경우 후술하듯 포괄적 위임도 허용되고 그 범위 안에서 포괄적 규율이 가능하다.

(2) 사무의 종류에 따른 조례제정권의 범위

조례는 지방자치법 제22조 본문에 따라 "그 사무에 관하여" 제정할 수 있다. 이 경우 지방자치법 제22조, 제9조의 규정에 따라 지방자치단체가 조례를 제정할 수 있는 사항은 지방자치

3) 대법원 2004.7.22. 선고 2003추51 판결; 조정환, 「자치입법권 특히 조례제정권과 법률우위와의 관계문제」, 『공법연구』 제29집 제1호, 2000, 375-400, 384 등을 참조.

단체의 고유사무인 자치사무와 개별법령에 의하여 자치단체에 위임된 이른바 단체위임사무에 한한다는 것이 학계의 지배적 견해이자 대법원의 확립된 판례이다.[4] 따라서 지방자치단체는 그 사무의 범위 안에서만 조례를 제정할 수 있고, 기관위임사무에 대한 조례의 제정은 허용되지 않는다. 이 점은 비단 국가와 지방자치단체간의 기관위임뿐만 아니라 상급지방자치단체와 하급지방자치단체 사이의 기관위임에 대해서도 마찬가지로 적용된다.

(3) 조례규정사항

조례는 주민에 법적 구속력을 미치는 법규사항 외에 지방자치단체 내부에서 사무처리 준칙을 정할 수 있고 그 경우 조례는 기관 내부에서만 효력을 가지는 행정규칙 성질을 띠게 된다. 조례규정사항은 법령의 위임에 따라 조례로 정해야 하는 위임조례규정사항과 법령의 위임 없이 정할 수 있는 직권조례규정사항, 법령이 특히 조례로써 정하도록 규정한 경우인 필수조례규정사항과 법령에 규정이 없더라도 지방자치단체의 권한에 속하는 사무에 관하여 정할 수 있는 임의조례규정사항으로 나뉜다.[5]

2. 조례입법권의 한계

조례입법권의 한계로는 그 사물적 관할, 즉 규율사항의 한계, 지역적 관할에서 오는 한계, 대인적 한계, 헌법 등 상위법에 위배되어서는 아니 된다는 법규범 위계구조상의 한계를 포함하는 법적 한계 등을 꼽을 수 있다.[6]

(1) 상위법우월의 원칙에 따른 한계

지방자치법 제22조 본문의 규정에 따르면 지방자치단체는 '법령의 범위 안에서'만 조례를 제정할 수 있다. 여기서 말하는 "법령의 범위 안에서"란 "법령에 위반되지 않는 범위 내에서"를 가리키므로 지방자치단체가 제정한 조례가 법령에 위반되는 경우에는 효력이 없다.[7]

---

4) 대법원 1992.7.28. 선고 92추31 판결(광주서구주택건설사업계획입지심의위원회운영조례안); 대법원 1994.5.10. 선고 93추144 판결(경기도도시계획위원회조례개정안); 대법원 1995.5.12. 선고 94추28 판결(전북공동주택입주자보호를위한조례안); 대법원 1994.5.10. 선고 93추151 판결 등.

5) 김철용, 앞의 책, 107.

6) 이에 관해서는 홍준형, 「자치입법권의 범위와 한계」, 『자치의정』(한국지방의회발전연구원), 1998.9.-10.(통권 제2호).

7) 대법원 2004.7.22. 선고 2003추51 판결(재의결무효확인). 또한 대법원 2000.11.24. 선고 2000추29 판결; 대법원 2002.4.26. 선고 2002추23 판결; 대법원 2003.5.27. 선고 2002두7135 판결; 대법원 2003.9.23.

이는 '법률의 우위' 및 '상위법 우월의 원칙'에 따른 제한으로서 이에 따라 지방자치법은 물론 각종 법률이나 법규명령의 규정에 위반하는 내용의 조례를 제정할 수 없다. 이에 따라 상위법령에 위반하였다는 이유로 무효판정을 받은 조례안들이 속출했다. 의회대표제가 아닌 주민총회제원리에 따라 방청인에게 발언권을 줄 수 있도록 한 지방의회 회의규칙의 위법성을 확인한 사례,[8] 지방의회의 인사권을 침해했다는 이유로 위법판정을 받은 사례,[9] 지방자치단체 간 관할범위를 위반하여 위법으로 판정된 사례[10] 등이 그와 같은 예이다.

<혁신도시 주민지원조례의 적법여부>

1. 국가나 지방자치단체가 국민이나 주민을 수혜 대상자로 하여 재정적 지원을 하는 정책을 실행하는 경우 그 정책은 재정 상태에 따라 영향을 받을 수밖에 없다고 할 것인바, 국가나 지방자치단체가 합리적인 기준에 따라 능력이 허용하는 범위 내에서 법적 가치의 상향적 구현을 위한 제도의 단계적인 개선을 추진할 수 있는 길을 선택할 수 없다면, 모든 사항과 계층을 대상으로 하여 동시에 제도의 개선을 추진하는 예외적인 경우를 제외하고는 어떠한 제도의 개선도 그 시행이 불가능하다는 결과에 이르게 되어 불합리할 뿐만 아니라 평등의 원칙이 실현하고자 하는 가치에도 어긋난다. 따라서 '원주 혁신도시 및 기업도시 편입지역 주민지원 조례안'이 원주시 내에 건설되는 혁신도시, 기업도시의 주민 등에게만 일정한 지원을 하도록 하고 있더라도 그것만으로 위 조례안이 평등원칙을 위반하고 있다고 보기는 어렵다.
2. 지방자치법 제22조 본문은 '지방자치단체는 법령의 범위 안에서 그 사무에 관하여 조례를 제정할 수 있다'고 규정하고 있으므로 지방자치단체가 제정한 조례가 법령에 위배되는 경우에는 효력이 없는 것이고, 조례가 법령에 위배되는지 여부는 법령과 조례의 각각의 규정 취지, 규정의 목적과 내용 및 효과 등을 비교하여 둘 사이에 모순·저촉이 있는지의 여부에 따라서 개별적·구체적으로 결정하여야 할 것이다.
3. '원주 혁신도시 및 기업도시 편입지역 주민지원 조례안' 제6조 제3호 규정이 정하고 있는 혁신·기업도시 주민고용센터 설립사업 등은 지방자치단체의 사무로서, 주민의 권리·의무와 직접 관련되는 사무로는 볼 수 없고, 그 위탁에 있어서도 주민생계회사가 법령에서 정하는 자격요건을 충족할 경우에

선고 2003추13 판결 등을 참조.

8) 대법원 1993.2.26. 선고 92추109 판결(완주군의회회의규칙안).

9) 대법원 1992.7.28. 선고 92추31 판결(광주직할시서구동정자문위조례안); 1992.8.21. 선고 92추24 판결(목포시통반설치조례안 및 동정자문위원회조례안); 1993.2.9. 선고 92추93 판결(대구직할시도시계획위원회조례중개정안); 대법원 1993.3.9. 선고 92추116 판결(전라남도순천·강진의료원설치조례안); 대법원 1993.4.27. 선고 92추123 판결(원주시도시계획위원회조례안); 대법원 1994.4.26. 선고 93추175 판결(전라북도행정불만처리조례안); 대법원 1994.5.10. 선고 93추144 판결(경기도도시계획위원회조례개정안); 대법원 1995.4.11. 선고 95추18 판결(아산시결산검사위원선임및운영에관한조례안) 등이 있다.

10) 대법원 1995.6.30. 선고 95추49 판결(인천연수구공동구설치및점용료징수조례안); 대법원 1994.4.26. 선고 93추175 판결(전라북도행정불만처리조례안).

한하여 재량으로서 할 수 있도록 하고 있으므로, 위 조례안 규정에서 이를 주민생계회사에 위탁할 수 있다고 규정한다 하여 지방자치법 제104조에 의한 위임의 한계를 벗어난 것이라고 할 수 없다.[11]

<인천광역시 공항고속도로 통행료지원 사무의 성질>

1. 인천광역시의회가 의결한 '인천광역시 공항고속도로 통행료지원 조례안'이 규정하고 있는 **인천국제공항고속도로를 이용하는 지역주민에게 통행료를 지원하는 내용의 사무는**, 구 지방자치법(2007.5.11. 법률 제8423호로 전문 개정되기 전의 것) 제9조 제2항 제2호 (가)목에 정한 **주민복지에 관한 사업으로서 지방자치사무이다.**
2. 구 지방자치법(2007.5.11. 법률 제8423호로 전문 개정되기 전의 것) 제15조 본문은 "지방자치단체는 법령의 범위 안에서 그 사무에 관하여 조례를 제정할 수 있다."라고 규정하고 있으므로, 지방자치단체가 제정한 조례가 법령을 위반하는 경우에는 효력이 없고, **조례가 법령을 위반하는지 여부는 법령과 조례 각각의 규정 취지, 규정의 목적과 내용 및 효과 등을 비교하여 둘 사이에 모순·저촉이 있는지의 여부에 따라서 개별적·구체적으로 결정하여야 한다.**
3. '인천광역시 공항고속도로 통행료지원 조례안'은 그 내용이 현저하게 합리성을 결여하여 자의적인 기준을 설정한 것이라고 볼 수 없으므로 헌법의 평등원칙에 위배된다고 할 수 없고, 구 지방자치법(2007.5.11. 법률 제8423호로 전문 개정되기 전의 것) 제13조 제1항 등에도 위배되지 않는다고 한 사례.[12]

상위법 우월의 원칙상 이해관계인의 책임을 법률이 정한 것 이상으로 불리하게 조례로 정하는 것, 또는 법률이 정한 쟁송기간을 조례로 단축하는 것 등은 위법·무효이다. 그러나 법률유보원칙과의 관계에서는 조례는 법률의 개별적 위임이 없는 사항에 관하여도 법령에 저촉되지 않는 한도에서 규율할 수 있다.

시·군 및 자치구의 조례는 상급단체, 즉 시·도 조례를 위반해서는 아니 된다(§ 24).

(2) 위임조례의 한계

지방자치법은 주민의 권리제한 또는 의무부과에 관한 사항은 법률의 위임이 있어야만 조례로 정할 수 있다(§ 22조 단서). 이에 따라 주민에 대한 권리제한·의무부과·벌칙을 내용으로 하는 조례는 관계법률에서 명시적인 위임근거를 마련하지 않는 이상 제정될 수 없다는 결과가 된다. 이에 따라 다수의 조례들이 대법원에 의하여 무효화되는 운명을 맞았다.[13] 그러

11) 대법원 2009.10.15. 선고 2008추32 판결.
12) 대법원 2008.6.12. 선고 2007추42 판결.
13) 대법원 1995.6.30. 선고 93추113 판결(서울특별시의회에서의증언감정등에관한조례안); 대법원 1995.6.30.

나 주민의 권리제한·의무부과에 관한 사항을 개별적인 법률의 위임이 있는 경우에 한하여 조례로써 정할 수 있게 함은 지방의회가 주민대표기관이라는 민주적 정당성을 지니고 있다는 점과 헌법이 지방자치단체에 대하여 포괄적인 자치권을 부여한 취지(전권한성의 원칙 및 자기책임의 원칙)에 반하는 감이 없지 않다. 따라서 조례제정에 침해유보의 원칙이 적용된다 하더라도 그에 관한 법률의 수권은 개괄적인 것으로 족하다고 보아야 할 것이다. 다시 말해 지방자치법이 요구하는 조례에 대한 법률의 위임은, 위임입법의 경우처럼 헌법 제75조에 따라 '법률에서 구체적으로 범위를 정하여' 위임을 받아야 하는 것은 아니므로, 포괄적 위임이어도 무방하다는 것이다. 판례 역시 같은 입장이다.

> **법률이 주민의 권리의무에 관한 사항에 관하여 구체적으로 아무런 범위도 정하지 아니한 채 조례로 정하도록 포괄적으로 위임하였다고 하더라도,** 행정관청의 명령과는 달라, **조례도 주민의 대표기관인 지방의회의 의결로 제정되는 지방자치단체의 자주법인 만큼,** 지방자치단체가 법령에 위반되지 않는 범위 내에서 주민의 권리의무에 관한 사항을 조례로 제정할 수 있는 것이다.14)

> 조례의 제정권자인 지방의회는 선거를 통해서 그 지역적인 민주적 정당성을 지니고 있는 주민의 대표기관이고 헌법이 지방자치단체에 포괄적인 자치권을 보장하고 있는 취지로 볼 때, **조례에 대한 법률의 위임은 법규명령에 대한 법률의 위임과 같이 반드시 구체적으로 범위를 정하여 할 필요가 없으며 포괄적인 것으로 족하다.**15)

> 지방의회 불출석 증인에 대한 동행명령장제도는 이에 의하여 불출석 증인을 그 의사에 반하여 일정한 장소에 인치하는 것을 내용으로 하므로, **헌법 제12조가 보장하고 있는 신체의 자유권에 대한 중대한 제한을 가하는 것이 분명하여 지방자치법 제15조 단서에 의하여 법률상 위임이 있어야** 할 것인바, 지방자치법이 제36조 제7항에서 행정사무의 감사·조사를 위하여 필요한 사항 및 선서·증언·감정 등에 관한 절차를 대통령령으로 정하도록 위임하여, 같은 법 시행령은 제17조의2 내지 제19조에서 이에 관한 중요한 사항에 관하여 규정한 다음 제19조의2에서 법 및 영에 규정한 것 외에 감사 또는 조사에 필요한 사항은 당해 지방자치단체의 조례로 정한다고 규정하여 그 나머지 세부절차를 부분적으로 조례에 재위임하였고, 조례에 위임하고 있는 "감사 또는 조사에 필요한 사항"은 광의의 것으로서 협의의 감사·조사절차와 증언·감정등에 관한 절차를 포괄하는 것으로 보아야 하므로, 동행명령장제도는 지방의회에서의 증언·감정 등에 관한 절차에서 증인·감정인 등의 출석을 확보하기 위한 절차로서 규정된 것으

선고 93추76; 대법원 1995.6.30. 선고 93추83 판결; 대법원 1995.4.25. 선고 93누17850 판결; 대법원 1995.6.13. 선고 94누13626 판결 등을 참조.

14) 대법원 1991.8.27. 선고 90누6613 판결(유지점용료부과처분취소).

15) 헌법재판소 1995.4.20. 선고 92헌마264, 279(병합) 전원재판부결정(부천시담배자동판매기설치금지조례 제4조 등 위헌확인, 강남구담배자동판매기설치금지조례 제4조 등 위헌확인).

로 같은 법 시행령 제19조의2 규정의 "감사 또는 조사에 필요한 사항"에 해당한다고 보아야 할 것이어서, 결국 같은 법 제36조 제7항, 같은 법 시행령 제19조의2의 규정이 비록 포괄적이고 일반적이기는 하지만 동행명령장제도를 규정한 조례안의 법률적 위임 근거가 된다고 보는 것이 타당하다.[16)]

(3) 규율하는 대상사무의 종류에 따른 한계

조례로 정할 수 있는 사항은 자치사무와 단체위임사무에 한정되며, 기관위임사무에 대해서는 조례를 정할 수 없다.

대법원은 "지방자치단체가 조례를 제정할 수 있는 사항은 지방자치단체의 고유사무인 자치사무와 개별 법령에 의하여 지방자치단체에 위임된, 이른바 단체위임사무에 한하고, 국가사무로서 지방자치단체의 장에게 위임되거나 상위 지방자치단체의 사무로서 하위 지방자치단체의 장에게 위임된 이른바 기관위임사무에 관한 사항은 조례제정의 범위 밖"이라고 판단함으로써 도지사로부터 시장 · 군수에게 기관위임된 묘지 등 허가사무를 규율하기 위해 제정된 군조례가 무효라고 판시한 바 있다.[17)] 또한 지방자치법은 지방자치단체로 하여금 제11조에 열거된 국가사무를 처리할 수 없도록 하고 있으므로, 법률에 이와 다른 규정이 있는 경우 외에는, 이에 관한 조례를 제정할 수 없다.

지방자치단체의 장의 고유 권한에 속하는 사항, 가령 인사에 관한 권한 중 지방자치단체장의 고유권한에 해당하는 사항에 대해서도 지방자치법상의 권력분립의 원리에 비추어 조례제정권의 한계를 인정할 수 있을 것이다. 판례 또한 같은 입장이다. 경우에 따라 지방자치단체 장에게 인사권을 부여한 근거법률 규정을 위배하여 위법한 조례로 판단될 수도 있다.[18)]

> 지방의회가 집행기관의 인사권에 사전에 적극적으로 개입하는 것은 의결기관과 집행기관 사이의 권한분리 및 배분의 취지에 배치되고, 또 집행기관의 인사권에 의장이 개인 자격으로 관여할 수 있는 권한은 없고 조례로써 이를 허용할 수도 없다(대법원 1994.4.26. 선고 93추175 판결 등 참조).
>
> 이 사건 조례안 제11조 제3항은 의회 의장이 5인 이내의 시의원을 민간투자위원회 위원으로 추천하여 시장이 임명 또는 위촉하도록 규정하고 있는바, 위 규정은 의장이 개인 자격으로 시장의 인사권에 사전에 적극적으로 개입할 수 있도록 하여 시장의 고유권한을 침해하고 있으므로 조례제정권의 한계를 일탈하여 위법하다(이 조항을 의회의 의결로 피추천인을 결정하여 대표자인 의장 명의로 추천하도록 한 규정이라고 해석하여야 한다는 피고의 주장은 문언의 의미를 벗어난 해석으로서 허용될 수 없으므로 받아들일 수 없다).[19)]

---

16) 대법원 1995.6.30. 선고 93추83 판결(경상북도의회에서의증언 · 감정등에관한조례(안)무효확인청구의소).
17) 대법원 1995.12.22. 선고 95추32 판결(조례안재의결무효확인).
18) 김철용, 앞의 책, 109.
19) 대법원 2009.12.24. 선고 2007추141 판결(개정조례안재의결무효확인).

1. 지방자치법 제15조 본문은 "지방자치단체는 법령의 범위 안에서 그 사무에 관하여 조례를 제정할 수 있다."라고 규정하는바, 여기서 말하는 **'법령의 범위 안에서'**란 **'법령에 위반되지 않는 범위 내에서'를 가리키므로** 지방자치단체가 제정한 조례가 법령에 위반되는 경우에는 효력이 없다.
2. 지방자치법은 지방자치단체의 의사를 내부적으로 결정하는 최고의결기관으로 지방의회를, 외부에 대하여 지방자치단체의 대표로서 지방자치단체의 의사를 표명하고 그 사무를 통할하는 집행기관으로 단체장을 독립한 기관으로 두고, 의회와 단체장에게 독자적인 권한을 부여하여 상호 견제와 균형을 이루도록 하고 있으므로, **법률에 특별한 규정이 없는 한 조례로써 견제의 범위를 넘어서 상대방의 고유권한을 침해하는 규정을 제정할 수 없는 것인바,** 지방의회는 조례의 제정 및 개폐, 예산의 심의·확정, 결산의 승인, 기타 같은 법 제35조에 규정된 사항에 대한 의결권을 가지는 외에 같은 법 제36조 등의 규정에 의하여 지방자치단체사무에 관한 행정사무감사 및 조사권 등을 가지므로, 이처럼 법령에 의하여 주어진 권한의 범위 내에서 집행기관을 견제할 수 있는 것이지 법령에 규정이 없는 새로운 견제장치를 만드는 것은 집행기관의 고유권한을 침해하는 것이 되어 허용할 수 없다.[20]

1. 헌법 제117조 제1항과 지방자치법 제22조에 의하면, 지방자치단체는 법령의 범위 안에서 그 사무에 관하여 자치조례를 제정할 수 있고, 지방자치법은 의결기관으로서의 지방의회와 집행기관으로서의 지방자치단체장에게 독자적 권한을 부여하는 한편, 지방의회는 행정사무감사와 조사권 등에 의하여 지방자치단체장의 사무집행을 감시 통제할 수 있고 지방자치단체장은 지방의회의 의결에 대한 재의요구권 등으로 의회의 의결권행사에 제동을 가할 수 있게 함으로써 상호 견제와 균형을 유지하도록 하고 있으므로, **지방의회는 자치사무에 관하여 법률에 특별한 규정이 없는 한 조례로써 위와 같은 지방자치단체장의 고유권한을 침해하지 않는 범위 내에서 조례를 제정할 수 있다**(대법원 1992.7.28. 선고 92추31 판결, 대법원 2000.6.13. 선고 99추92 판결 등 참조).
2. 민간위탁은 한편으로 제도의 취지에 반하여, 보조금의 교부 등으로 비용이 더 드는 경우가 있고, 공평성의 저해 등에 의한 행정서비스의 질적 저하를 불러올 수 있으며, 위탁기관과 수탁자 간에 책임한계가 불명확하게 될 우려도 있고, 행정의 민주화와 종합성이 손상될 가능성도 있으므로 지방자치단체장이 일정한 사무에 대해 민간위탁을 하는 경우 위와 같은 단점을 최대한 보완하여 민간위탁이 순기능적으로 작용하도록 할 필요가 있다. 여기에 지방자치법 제104조 제3항에서 지방자치단체의 장은 그 권한에 속하는 사무 중 주민의 권리·의무와 직접 관련이 없는 사무에 대해서는 조례나 규칙으로 정하는 바에 따라 민간에게 위탁할 수 있다고 규정함으로써 지방자치단체 사무의 민간위탁과 관련하여 조례 등에 의한 한계 설정을 예정하고 있는 점을 아울러 고려하여 보면, 이 사건 **조례안이 지방자치단체 사무의 민간위탁에 관하여 지방의회의 사전 동의를 받도록 한 것은 지방자치단체장의 민간위탁에 대한 일방적인 독주를 제어하여 민간위탁의 남용을 방지하고 그 효율성과 공정성을 담보하기 위한 장치에 불과하고, 민간위탁 권한을 지방자치단체장으로부터 박탈하려는 것이 아니므로 지방자치단체장의 집행권한을 본질적으로 침해하는 것으로 볼 수 없다.**[21]

---

20) 대법원 2003.9.23. 선고 2003추13 판결(개정조례안재의결무효확인).

3. 조례와 벌칙

지방자치법은 제22조 단서에서 지방자치단체가 조례로 벌칙을 정할 때에는 법률의 위임이 필요하다고 규정하는 한편, 제27조에서는 조례위반에 과태료를 부과할 수 있도록 하고 있다. 제139조에서는 사용료 징수조례 등과 관련 지방자치단체에 과태료 부과권을 부여하고 있다.

지방자치단체는 다음과 같이 조례로 벌칙이나 과태료를 부과할 수 있다.

첫째, 지방자치단체는 각 개별법령의 위임 조항에 따라 벌칙을 정할 수 있다. 그 범위나 한계는 해당 개별법령의 위임조항에 따른다.

둘째, 지방자치단체는 조례를 위반한 행위에 대하여 조례로써 1천만원 이하의 과태료를 정할 수 있고(§ 27 ①), 이에 따른 과태료는 해당 지방자치단체의 장이나 그 관할 구역 안의 지방자치단체의 장이 부과 · 징수한다(§ 27 ②).

셋째, 지방자치단체는 사기나 그 밖의 부정한 방법으로 사용료 · 수수료 또는 분담금의 징수를 면한 자에 대하여는 그 징수를 면한 금액의 5배 이내의 과태료를, 공공시설을 부정사용한 자에 대하여는 50만원 이하의 과태료를 부과하는 규정을 조례로 정할 수 있다(§ 139 ②). 이에 따른 과태료의 부과 · 징수, 재판 및 집행 등의 절차에 관한 사항은 「질서위반행위규제법」에 따른다(§ 139 ②).

<법률의 위임 없이 형벌사항을 규정한 조례의 위헌 · 위법성>

지방자치법 제15조 단서는 지방자치단체가 법령의 범위 안에서 그 사무에 관하여 조례를 제정하는 경우에 벌칙을 정할 때에는 법률의 위임이 있어야 한다고 규정하고 있는데, 형벌을 규정한 이 사건 조례안 제12조 내지 제14조에 관하여 법률에 의한 위임이 없었을 뿐만 아니라 개정 전의 구법(1994.3.16. 법률 제4741호로 개정되기 전의 것) 제20조가 조례에 의하여 3월 이하의 징역 등 형벌을 가할 수 있도록 규정하였으나 개정된 지방자치법 제20조는 형벌권은 삭제하여 지방자치단체는 조례로써 조례위반에 대하여 1,000만 원 이하의 과태료만을 부과할 수 있도록 규정하고 있으므로, 조례위반에 형벌을 가할 수 있도록 규정한 위 조례안 규정들은 현행 지방자치법 제20조에도 위반된다고 할 것이다. 따라서 이 사건 조례안 제12조 내지 제14조의 규정들은 적법한 법률의 위임 없이 제정된 것이 되어 지방자치법 제15조 단서에 위반되고, 나아가 죄형법정주의를 선언한 헌법 제12조 제1항에도 위반한 것이 된다.[22]

---

21) 대법원 2009.12.24. 선고 2009추121 판결(조례안재의결무효확인).

22) 대법원 1995.6.30. 선고 93추113 판결(서울특별시의회에서의증언 · 감정등에관한조례(안)무효확인청구). 이 사건에서 대법원은 헌법 제117조 제1항이 지방자치에 관한 사무에 관하여는 지방자치단체에 입법권을 부여하고 있기 때문에 헌법 제12조 제1항의 죄형법정주의원칙에서 말하는 법률에는 지방자치사무에 관한 실효성 확보를 위한 형벌을 규정하는 조례도 포함되므로 조례안 제12조 내지 제14조는 헌법상 죄형법정주

4. 지방자치법 제22조의 위헌여부

앞서 본 바와 같이 지방자치단체의 자치입법권은 헌법과 지방자치법 등에 의하여 근본적인 제약을 받고 있다. 특히 지방자치법 제22조는 지방자치단체의 자치입법권을 일반적 · 범주적으로 제한한 악명 높은(?) 조항이다. 그동안 자치입법권이 제대로 행사될 수 없었던 것은 바로 이 조항 때문이었다. 1995년 지방자치가 본격화된 이래 지방자치단체에서 제정한 각종 조례들이 대법원에 의하여 대부분 무효화된 것만을 보아도 쉽사리 알 수 있다.[23] 이 조항에 대하여 “지방자치단체는 주민의 복리에 관한 사무를 처리하고 재산을 관리하며, 법령의 범위 안에서 자치에 관한 규정을 제정할 수 있다.”라고 규정한 헌법 제117조 제1항과 관련하여 끊임없이 위헌의 혐의가 제기되어 왔던 것도 바로 그런 맥락에서 이해될 수 있다.[24]

생각건대 이 문제는 헌법과 지방자치법의 관련 조항들을 함께 해석함으로써 판단되어야 한다. 먼저 헌법 제117조 제1항 후단의 규정은 법률에 의해서도 침해될 수 없는 헌법적 보장으로서의 규범적 효력을 가진다는 점을 우선적으로 고려해야 한다.

> 헌법은 제118조 제2항의 법률유보조항에도 불구하고 입법형성권의 행사는 지방자치의 본질적인 내용, 즉, 자치기능보장 · 자치단체보장 · 자치사무보장을 침해하는 일이 없어야 하며, 그러한 침해는 지방자치의 제도적 본질에 대한 침해를 뜻한다는 견지에서 볼 때,[25] <만약 법률이 조례에 의한 지방자치의 본질실현을 방해한다면 지방자치를 인정하고 있는 현행헌법의 취지에 비추어(일본과 같이 헌법에 “법률은 지방자치의 본지에 적합하여야 한다.”는 규정이 없다 하더라도) 위헌무효의 다툼이 가능하게 될 것이다. 따라서 법률의 해석의 여지가 있는 한 조례에 의한 ‘지방자치의 본질’의 실현을 방해하지 아니하도록 합헌적인 법률해석이 행하여져 당해 조례가 그 법률에 반하는지 여부가 확정되어야 할 것>이라는 지적[26] 또한 타당함은 물론이다. 한편 김철수 교수는 이러한 지방자치법 제15조 단서를 매개로 하

의원칙이나 지방자치법 제15조 단서에 위반되지 아니한다는 원고의 주장을 배척하였다. 그 밖에 대법원 1995.6.30. 선고 93추83 판결(경상북도의회에서의증언 · 감정등에관한조례(안)무효확인청구의소); 1995. 6.30. 선고 93추199 판결; 대법원 1995.7. 11. 선고 93추21 판결; 대법원 1995.7.11. 선고 93추38 판결; 대법원 1995.7.11. 선고 93추45 판결; 대법원 1995.6.30. 선고 93추120 판결; 대법원 1995.6.30. 선고 93추90 판결; 대법원 1995.6.30. 선고 93추168 판결 등을 참조.

23) 청주시행정정보공개조례의 합법성을 시인한 대법원 1992.6.23. 선고 92추17 판결은 극히 드문 예외라 할 수 있다.

24) 박윤흔, 「법령과 조례의 관계」, 『경희법학』 27권 1호, 1992, 52-56; 오세탁, 「조례의 제정실태와 입법한계」, 『인권과 정의』 통권 216호, 1996, 28; 서원우, 「헌법과 지방자치」, 『자치연구』, 1993(제1호), 18 이하; 유상현, 「조례의 법적 한계에 관한 연구」, 경희대학교 박사학위논문, 1994 등. 이것이 다수설이다. 이에 반해 합헌을 주장하는 견해로는 홍정선, 「조례와 침해유보」, 『고시계』, 1993.4., 108-113.

25) 허영, 『한국헌법론』, 박영사, 1991, 783.

26) 정준현, 「정보공개조례제정의 가부 및 그 방향」, 한국공법학회 제25회 학술발표회 발표문, 34.

지 않고 헌법 제117조 제1항과 관련하에서 국민의 권리의무에 관한 사항(법규사항)을 조례로써 규정할 수 있느냐는 문제에 관한 찬·반 양론을 소개한 후, 일본에서의 다수설인 조례법률설에 가담하는 한편, 헌법 제117조 제1항 후단의 법령상의 한계를 전제로 삼아 법령에 위반되지 않는다고 생각되는 조례로서 ① 당해사항을 규율할 국가의 법령이 없고 국법상 완전히 공백상태에 있는 사항에 관하여 정하는 조례, ② 국가법령이 규제하고 있는 사항과 동일한 사항에 관하여 당해 국가법령과 다른 목적으로 규제하는 조례, ③ 같은 경우에 국가법령이 규제의 범위 외에 두고 있는 사항을 규제하는 조례 등을 들고 있다.27)

헌법 제117조 제1항 후단은 제118조 제2항의 법률유보에 따라 제정된 법률에 의해서도 침해될 수 없는 자치입법권의 범위를 헌법적으로 보장한 것이다. 만일 지방자치법의 규정이 이러한 헌법적 수권규정의 범위를 감축·제한한다면 헌법위반이 될 수밖에 없다. 그러나 일부에서 주장하는 바와 같이 지방자치법 제15조 단서를, 지방자치권의 보편성(Universalität) 또는 전권성(全權性)28)을 제한한다는 것만 가지고서 곧바로 그 합헌성을 의심할 수 있는지는 의문이다. 헌법 제117조 제1항 후단에서 "법령의 범위 안에서"란 구절은 우선적으로는 자치입법의 내용적 한계를 정한 것이지만, 반드시 '법령의 우위'만을 규정한 데 불과한 것이 아니라 헌법적으로 보장된 자치입법권의 한계를 법률의 유보에 관한 침해유보설적인 견지에서 설정한 것으로 해석할 수 있는 여지가 있기 때문이다. 참고로 독일의 경우 기본법 제28조 제2항 제1문의 "im Rahmen der Gesetze"란 구절을 압도적인 통설이 고유책임성과 보편성, 그리고 기타 모든 보장수준에 관계를 맺고 있는 유보, 다시 말해서 '입법권자에게 보장내용의 구체적 형성, 내재적 한계의 설정, 그러나 또한 헌법직접적 보장영역에 대한 침해를 수권하는 유보' 조항으로 해석하고 있다는 점에 유의할 필요가 있다.29) 그렇다면 지방자치법 제22조 단서는 헌법 제117조 제1항 후단에 위배된다고 볼 수 없다. 대법원 역시 1995년 5월 12일 전북공동주택입주자보호를위한조례안무효확인판결에서 지방자치법 제22조 단서의 합헌성을 확인한 바 있다.

지방자치법 제15조가 원칙적으로 헌법 제117조 제1항의 규정과 같이 지방자치단체의 자치입법권을 보장하면서, 국민의 권리제한 의무부과에 관한 사항을 규정하는 조례의 중대성에 비추어 입법정책적 고

27) 김철수, 『헌법학개론』, 899, 901.

28) 이것은 독일지방자치법의 개념으로, 어떤 사안이 지역적 단체에 관한 사무에 속하는 한, 그것은 원칙적으로 기본법 제28조 제2항 제1문의 보장내용에 따라 자치단체의 임무분야에 속한다는 원칙을 말한다 (Eberhard Schmidt-Aßmann, "Kommunalrecht," in: Ingo von Münch, *Bes. VerwR*, 8.Aufl., 1988, S.116).

29) E. Schmidt-Aßmann, a.a.O.

려에서 법률의 위임을 요구한다고 규정하고 있는바, 이는 기본권 제한에 대하여 법률유보원칙을 선언한 헌법 제37조 제2항의 취지에 부합한다고 할 것이므로 조례제정에 있어서 위와 같은 경우에 법률의 위임근거를 요구하는 것이 위헌성이 있다고 할 수는 없으므로 피고의 위 주장은 이유 없다.[30)]

30) 대법원 1995.5.12. 선고 94추28 판결(전라북도공동주택입주자보호를위한조례안무효확인).

제56장
자치사무에 대한 중앙정부 감사의 한계*

Ⅰ. 쟁점

지방자치법 제171조(구 지방자치법 제158조)는 "행정안전부장관이나 시 · 도지사는 지방자치단체의 자치사무에 관하여 보고를 받거나 서류 · 장부 또는 회계를 감사할 수 있다. 이 경우 감사는 법령위반사항에 대하여만 실시한다."라고 규정하고 있다. 이 조항의 의의는 행정안전부장관이나 시 · 도지사의 자치사무에 대한 감사의 법적 근거를 제공하고 그 감사범위를 한정한 데 있는 것으로 이해되고 있다.[1)] 이와 관련하여 최근 서울특별시와 정부 간의 권한쟁의 심판청구사건(2006헌라6)을 계기로 행정안전부장관이 지방자치단체 자치사무에 대한 포괄적 · 일반적 사전감사권을 가지고 있는지 여부에 관한 논란이 벌어졌다. 그러나 이에 관해서는 헌법이나 지방자치법 그 밖의 관련법령 어디에도 명시적인 규정이 없고, 또한 이 문제를 상세히 논의하고 있는 국내 문헌도 거의 찾아보기 어렵다.

주지하듯이 지방자치단체의 자치사무에 대한 외부감사는 감사원법에 의한 감사와 지방자치법에 의한 감사, 국정감사 및 조사에 관한 법률에 의한 감사, 주민감사청구제에 의한 감사 등으로 이루어지는데, 지방자치법상의 감사, 즉 행정안전부장관과 광역자치단체장에 의한 감사는 그중 가장 큰 비중을 지니는 일상화된 감사 유형에 해당한다. 따라서 그 감사권의 범위와 한계 문제는 자치사무에 있어 국가와 지방자치단체가 맺는 관계의 단면을 보여 준다는 점에서 지방자치법뿐만 아니라 국법학의 관점에서 대단히 중요한 의미를 가진다.

---

* 홍준형, 『행정법』, 법문사, 2017, 1328-1332; 홍준형, 「자치사무에 대한 중앙정부의 감사권의 한계」, 『공법연구』 제38집 제1호, 291-310, 한국공법학회, 2009를 토대로 수정 · 보완한 것임.

1) 최봉석, 『지방자치의 기본법리』, 한국법제연구원, 2007, 168-169.

이러한 배경에서 지방자치법 제171조의 단서 조항을 신설한 취지를 분석하고, 지방자치단체 사무에 대한 국가간여의 범위를 지방자치단체의 사무와 감독체계에 대한 비교법적 고찰을 통해 고찰한 후, 행정안전부장관의 자치사무에 대한 감사권 발동의 요건에 관하여 해석론 및 입법론 양면에서의 해결방안을 모색해 볼 필요가 있다.

먼저, 지방자치법 제171조와 관련하여 이 조항이 행정안전부장관에게 지방자치단체 자치사무에 대한 포괄적이고 일반적인 사전감사권을 부여한 것인지가 문제된다.

이 조항은 구 지방자치법 제158조를 그대로 승계한 것으로서, 그 표제는 '지방자치단체의 자치사무에 대한 감사'로 되어 있으나, 이를 근거로 곧바로 행정안전부장관에게 지방자치단체 자치사무에 대한 포괄적이고 일반적인 사전감사권을 부여하였다고 볼 수 있는지는 의문이다.

지방자치법 제171조는 행정안전부장관과 시 · 도지사에게 지방자치단체의 자치사무에 관하여 보고를 받거나 서류 · 장부 또는 회계를 감사할 수 있는 권한을 부여하는 한편 "이 경우 감사는 법령위반사항에 대하여만 실시한다."라고 규정함으로써 서류 · 장부 또는 회계의 감사의 대상과 범위를 '법령위반사항'으로 한정하고 있다. 행정안전부장관과 시 · 도지사에게 부여된 자치사무 관련 권한은 두 가지이다. 첫 번째는 지방자치단체 자치사무에 관하여 보고를 받을 권한이고, 두 번째는 서류 · 장부 또는 회계를 감사할 수 있는 권한, 즉 감사권이다. 여기서 관건이 되는 것은 후자, 즉 감사권의 성격이다. 즉, 지방자치법 제171조의 규정에 의한 감사권이 포괄적이고 일반적인 사전감사권이냐 아니면 제한적 사후감사권이냐 하는 것이 쟁점이다. 결론부터 말하자면 지방자치법 제171조의 규정에 의한 감사권은 포괄적이고 일반적인 사전감사권이 아니라 그 대상과 범위가 제한된 제한적 사후감사권이라고 판단된다.

Ⅱ. 지방자치법상 행정안전부장관의 자치사무 감사권

1. 감사 대상의 제한

지방자치법 제171조가 부여하고 있는 권한은 서류 · 장부 또는 회계에 대한 감사를 위한 것인데, 보는 각도에 따라서는 특별한 제한 없이 서류 · 장부 또는 회계를 감사할 수 있도록 하였다는 점에서 다분히 포괄적인 의미로 이해할 여지도 없지 않다. 하지만 위 조항은 감사의 대상을 서류 · 장부 또는 회계로 국한시키고 있다는 점에서 오히려 제한적 감사권을 부여한 것으로 해석해야 마땅하다. 즉, 감독의 범위를 자치사무 전반으로 하지 않고 서류나 장부, 회계의 감사에 국한시킴으로써 감독의 범위를 일정부분 축소시키고 있기 때문이다.[2)]「국정감사 및 조사에 관한 법률」(시행 2008.8.25. 법률 제9129호) 제2조 제1항에서 '국정전반에 관하여'라고 규정하고 있는 것이나 감사원법 제20조에서 '국가의 세입 · 세출의 결산검사와 이 법 및 다른 법률이 정하는 회계를 상시 검사 · 감독하여 그 적정을 기하고 행정기관 및 공무원의 직무를 감찰하여'라고 규정하고 있는 것과 비교해 본다면, 확실히 지방자치법 제171조의 규정에 의한 감사는 매우 제한적인 특성을 가진다고 볼 수 있다.

한편 서울특별시의 자치사무에 관한 감사의 경우, 「서울특별시 행정특례에 관한 법률」(일부개정 2008.2.29. 법률 제08852호) 제4조 제2항은 행정안전부장관이 「지방자치법」 제171조의 규정에 의하여 서울특별시의 자치사무에 관한 감사를 하고자 할 때에는 국무총리의 조정을 거쳐야 한다고 규정하고 있다.

2. 적법성 감독으로서 감사

행정안전부장관과 시 · 도지사의 자치사무에 대한 감사는 지방자치법 제171조 단서의 규정에 따라 '법령위반사항'에 대해서만 실시할 수 있도록 제한되어 있다. 이는 지방자치단체의 책임성을 보장하기 위하여 감독기관의 무제한적인 감사권에 한계를 설정한 것[3)]이라고 이해되고 있다. 아울러 법령위반사항에 대한 감사는 그 본질상 주로 사후적 감사권이 될 수밖에 없고 또 감사의 대상 도 서류 · 장부 또는 회계에 국한된다는 점에서 지방자치법 제171조가 행정안전부장관에게 부여한 감사권을 포괄적 · 일반적 사전감사권이라고 볼 수 없게 하는 근거가 된다. 이 점은 후술하는 바와 같이 위 단서조항을 신설한 법개정 경위에 비추어 보아도 여실히 뒷받침된다. 이렇게 볼 때, 지방자치법 제171조(구 지방자치법 제158조)가 행정안전부장관에게 부여한 감사권은 포괄적 · 일반적 사전감사권이 아니며, 적어도 1994년 3월 16일의 법개정(법률 제4741호) 이후에는 더 이상 포괄적인 감사권일 수 없게 되었다고 보아야 할 것이다.

---

2) 한국행정연구원, 「지방자치단체에 대한 감사제도의 개선방안」, 1999, 26; 송동수, 「현행 지방감사제도의 공법적 검토와 개선방안」, 『토지공법연구』, 한국토지공법학회 제42집(한국토지공법학회), 2008.5., 372.
3) 송동수 같은 곳; 임승빈, 「현행 지방감사제도의 문제점과 개선방안」, 경실련 정책토론회, 2005, 17.

3. 지방자치법 제171조의 헌법적 배경

지방자치단체의 자치사무에 대한 감사를 허용한 지방자치법 제171조의 헌법적 배경을 고찰해 볼 필요가 있다. 감사가 감독권 행사의 한 방법이라면 지방자치법 제171조가 인정한 자치사무에 대한 감사 역시 자치사무에 대한 국가감독의 범주의 일환으로서 인정되는 것이고 따라서 국가의 감독권이 인정되는 범위 안에서만 허용되는 것이기 때문이다. 가령 앞서 지적한 바 있듯이 지방자치단체의 자치사무에 대한 국가감독이 적법성 감독에 국한되는 것이라면, 자치사무에 대한 감사 역시 그와 같은 적법성 감독의 범위 안에서만 허용된다고 보아야 하기 때문이다. 마찬가지로 지방자치단체의 자치사무에 대한 감사가 헌법 또는 지방자치법 제171조 같은 법률 규정에 의해 인정된다고 볼 때, 거기에는 지방자치의 헌법적 보장에서 비롯된 헌법적 한계가 수반된다는 점을 지적하지 않을 수 없다.

지방자치법 제171조가 지방자치단체의 자치사무에 대한 감사에 관한 규정을 둔 것은 무엇보다도 자치사무에 대한 감사가 법률의 명시적 근거를 필요로 하는 법률유보사항이라는 점을 고려한 결과라고 이해된다. 이는 국가와 지방자치단체의 관계가 상하관계, 조직법상의 지휘감독관계에 있으면 감사는 극히 자연스러운 것이겠지만, 적어도 자치사무에 관한 한 국가와 지방자치단체의 관계는 병립적 협력관계에 있기 때문에 국가의 관여는 권력적이든 비권력적이든 최소한이어야 하고, 개별적·구체적 수권을 요하는 것이므로 지방자치법에서 일반적인 관여수단으로 근거조항을 둔 것이라는 지적과 맥락을 같이한다.[4]

한편 지방자치법 제171조(구법 제158조)가 자치사무 전반에 대하여 행정자치부장관 내지 시·도지사의 감사권을 인정한 것은 입법론적으로 문제가 있다고 지적된다.[5] 자치사무의 범위가 국가가 제정하는 법령에 의하여 정해지고(전래설의 입장) 따라서 자치사무도 법령을 위반하지 아니하는 범위 내에서 수행되어야 한다는 점에서 본다면 법령위반여부에 대한 국가의 감사권은 인정되어야 한다고 볼 것이나(시·도지사의 감사권은 그 근거가 박약함), 각 법령에는 주무부처가 있기 때문에 해당 주무부처장관이 감사권을 갖게 하는 것이 감사의 전문성 내지 실효성을 높을 수 있고 정부조직법의 취지에도 부합된다는 것이다.

지방자치법은 적어도 자치사무에 관한 한 국가와 지방자치단체의 관계를 상명하복의 계서적 관계가 아니라 병립적 협력관계로 설정하고 있다.[6] 이것은 지방자치단체를 법인으로

---

4) 김철용, 『행정법 II』(제7판), 박영사, 2007, 140. 여기서는 제171조가 규정하는 보고요구에 대하여 기술하고 이를 감사에 대해서도 마찬가지라고 하고 있다.
5) 이주희, 『지방자치법 이론과 운영사례』, 기문당, 2005, 963.
6) 김철용, 앞의 책, 135는 우리 헌법 아래에서의 국가와 지방자치단체의 기본관계는 병립협력관계로 보는 것이 통설이라고 한다.

한다든가(지방자치법 § 3), 중앙행정기관의 장이나 시 · 도지사는 지방자치단체의 사무에 관하여 조언 또는 권고하거나 지도할 수 있으며, 이를 위하여 필요하면 지방자치단체에 자료의 제출을 요구할 수 있다고 규정한 데서도(지방자치법 § 166) 여실히 드러난다. 특히 제167조에서는 국가사무나 시 · 도사무에 관하여 국가(또는 시 · 도)가 지도 · 감독권을 가진다는 점을 명시함으로써 자치사무에 관한 경우와는 뚜렷이 차별화하여 규정하고 있는데, 이를 통해서도 국가와 지방자치단체의 관계는, 특히 자치사무에 관한 한에 있어서는, 상하급기관 간의 계서적 관계가 아니라 서로 기본적으로 대등한 지위에서 협력하는 병립적 협력관계라는 점을 잘 엿볼 수 있다.

지방자치단체의 자치사무에 관한 한, 헌법이나 지방자치법 등 어디에도 국가나 상급 지방자치단체가 지방자치단체를 감독하거나 통제할 수 있다고 한 명문의 규정은 찾아볼 수 없다. 다만, 지방자치법 제171조에서 행정안전부장관이나 시 · 도지사에게 지방자치단체의 자치사무에 있어 법령위반사항에 대한 감사를 허용하는 한편, 후술하는 바와 같이 자치사무에 대한 적법성 감독의 수단으로서 제169조에서 '위법 · 부당한 명령 · 처분의 시정'이란 표제하에 시정명령권과 취소 · 정지권을 인정하고 있을 뿐이다.

이와 같이 자치사무에 관한 한 국가와 지방자치단체의 관계는 상명하복의 계서적 관계가 아니라 병립적 협력관계이기 때문에 국가가 지방자치단체의 자치사무에 대한 감사를 할 수 있기 위해서는 법률에 명시적인 근거가 필요했던 것이고 바로 그런 배경에서 지방자치법 제171조(구법 제158조)가 나오게 된 것이다.[7] 그렇다면 자치사무에 관한 한 국가와 지방자치단체의 관계를 상명하복의 계서관계가 아니라 병립적 협력관계로 설정하고 따라서 자치사무에 대한 감사를 법률유보사항으로 만든 헌법적 배경은 무엇일까.

지방자치의 본질에 관해서는 주권재민의 원칙에 터 잡아 종래의 중앙집권체제에 저항하는 과정에서 비로소 얻어지게 된 국민들의 천부적 권리로서의 고유적 권리라고 보는 주민자치-고유권설과 지방자치단체의 자치권은 국가의 통치권에서 전래되고, 국가로부터 그 통치권의 일부가 위임된 것으로 보는 단체자치-전래권설이 대립하고 있으나, 우리나라의 경우 지방자치에 대한 헌법적 보장에도 불구하고 지방자치권의 본질에 관한 한 전래권설이 통설이고 또 지방자치의 헌법적 보장의 의미도 이를 제도적 보장으로 보는 것이 통설로 되어 있다.[8]

지방자치단체들이 자신의 고유한 권리를 부여받고 있다는 사고는 실은 국내문헌에서 기

7) 지방자치법과는 대조적으로 「국정감사 및 조사에 관한 법률」(일부개정 2008.8.25. 법률 제09129호) 제7조 제2호가 감사 대상기관에 지방자치단체 중 특별시 · 광역시 · 도를 포함시키면서도 그 감사범위는 국가위임사무와 국가가 보조금 등 예산을 지원하는 사업으로 제한하였지만, 이처럼 자치사무를 감사의 범위에서 아예 제외한 배경은 역시 헌법상 지방자치권 보장에 대한 고려에 있었던 것이 아닌가 생각된다.

8) 김철용, 앞의 책, 59.

정사실화 하고 있는 바와는 달리 주민자치-고유권설의 모국으로 알려져 있는 영국의 전유물이 아니라 유럽 공통의 근본적 사고방식(europäisches Grundverständnis)이었다고 한다.[9] 그것은 역사적으로는 도시가 독립의 자율적인 법인격을 가진 존재로 발전하기 시작한 중세의 도시건설 물결에서 유래한다.[10] 이러한 사고방식은 중세 후기의 지방지배체제와 근대초기의 영역국가에 의해 현저히 제한됨으로써 유럽대륙에서 절대주의와 함께 쇠퇴하고 말았지만,[11] 반면, '지방 자치정부'(local self-government)라고 하는 영국의 헌법현실 속에 계승되었다.[12] 프랑스혁명은 자치권론(Lehre vom pouvoir municipal)을 통해 전통적인 사고방식을 복구시켰다.[13] 동시에 독일법권에서는 영국의 자치정부론이 이념 형태로 수용되었다.[14] 지방자치의 헌법적 보장이라는 법리는 — 스칸디나비아 제국들을 제외하면 — 전후의 헌법들에 이르러서야 비로소, 특히 독일의 경우 기본법의 제정 이후 본격적으로 출현하기 시작하였다. 늦어도 1980년대의 분권화 물결 이래로 게마인데들의 자치행정적 법영역의 보장이 헌법이 정규적 구성요소로 자리 잡기 시작했다.[15]

헌법재판소가 지방자치제도의 헌법적 보장의 구체적인 내용을 "한마디로 국민주권의 기본원리에서 출발하여 주권의 지역적 주체로서의 주민에 의한 자기통치의 실현으로 요약할 수 있고, 이러한 지방자치의 본질적 내용인 핵심영역은 어떠한 경우라도 입법 기타 중앙정부의 침해로부터 보호되어야 한다는 것을 의미한다. 다시 말하면 중앙정부의 권력과 지방자치단체간의 권력의 수직적 분배는 서로 조화가 요청되고 그 조화과정에서 지방자치의 핵심영역은 침해되어서는 안 되는 것이므로, 이와 같은 권력분립적·지방분권적인 기능을 통하여 지역주민의 기본권 보장에도 이바지하는 것이다."라고 판시한 것[16]은 극히 타당하다고 생각

---

9) D. Willoweit, *Deutsche Verfassungsgeschichte*, 5.Aufl., 2005, § 14 I 5; E. Isenmann, *Die deutsche Stadt im Mittelalter*, Ulmer, 1988, S.26.

10) ebd.

11) G. Saupin, *Le pouvoir urbain dans l'Europe atlantique du XVIe au XVIIIe siècle*, 2002 참조.

12) A. Briggs, "Local, Regional, National: The Historical Dimensions of Public Authority," in: Adolf M. Birke und Magnus Brechtken (Hrsg.), *Kommunale Selbstverwaltung/Local Self-Government*, Saur, 1996, S.13 (14).

13) Hierzu näher unten Rn.14ff.

14) E.J. Hahn, *Rudolf von Gneist 1816–1895*, 1995, S.85ff.; J. Reulecke, "Selbstverwaltung in Deutschland im 19. Jh. Ein Überblick," in: A.M. Birke und M. Brechtken (Hrsg.), *Kommunale Selbstverwaltung/Local Self-Government*, Saur, 1996, S.25(29).

15) J.M. Soria, "§ 36 Kommunale Selbstverwaltung im europäischen Vergleich," in: T. Mann und G. Püttner (Hrsg.), *Handbuch der kommunalen Wissenschaft und Praxis*, 3.Aufl. Band 1 Grundlagen und Kommunalverfassung, 2007, 1016-1017; H. Mänding, "Veröffentlichungen von Dietrich Fürst," in: P. Pernthaler (Hrsg.), *Föderalistische Raumordnung: Eine europäische Herausforderung*, 1994, S.3.

16) 헌법재판소 1998.4.30. 선고 96헌바62 결정.

된다.

이렇게 볼 때, 지방자치단체의 고유한 자치사무에 대한 감사의 허용여부 및 범위 판단을 위한 헌법적 준거는 지방자치의 헌법적 보장의 내용, 특히 지방자치권의 본질이 무엇인가 하는 것이다. 헌법재판소는 실제로 법령에 의하여 지방자치권의 본질이 침해되었는지 여부가 문제된 사안에서 "헌법상 자치권의 범위는 법령에 의하여 형성되고 제한되며, 다만 법령에 의하여 이를 제한하는 것이 가능하다고 하더라도 그 제한이 불합리하여 자치권의 본질을 훼손하는 정도에 이른다면 이는 헌법에 위반된다."[17] "지방자치단체의 존재 자체를 부인하거나 각종 권한을 말살하는 것과 같이 그 본질적 내용을 침해하지 않는 한 법률에 의한 통제는 가능하다."라고 판시해 왔다.[18]

그렇다면 헌법이 보장하고 있는 지방자치권의 본질은 무엇인가. 이에 관하여 헌법재판소는 2008년 5월 29일에 선고한 2005헌라3 결정에서 "기본권의 본질적 내용과 마찬가지로, 지방자치권 제한의 한계로서 추상적 개념인 지방자치권의 본질적 내용 범위를 정확하게 정하는 것은 어렵다."라고 실토하면서도, 이미 그 판단과정에서는 다음과 같이 판시함으로써 그 보장의 본질적 내용을 제시한 바 있다.

> 헌법은 제117조와 제118조에서 '지방자치단체의 자치'를 제도적으로 보장하고 있는바, 그 보장의 본질적 내용은 자치단체의 보장, 자치기능의 보장 및 자치사무의 보장이다(헌법재판소 1994.12.29. 선고 94헌마201 결정, 『판례집』 6-2, 510, 522). 이와 같이 헌법상 제도적으로 보장된 자치권 가운데에는 소속 공무원에 대한 인사와 처우를 스스로 결정하고 자치사무의 수행에 있어 다른 행정주체(특히 국가)로부터 합목적성에 관하여 명령·지시를 받지 않는 권한도 포함된다고 볼 수 있다.

여기서 특히 주목해야 할 것은 헌법재판소가 '자치사무의 수행에 있어 다른 행정주체(특히 국가)로부터 합목적성에 관하여 명령·지시를 받지 않는 권한'을 헌법상 제도적으로 보장된 '자치권'의 구성부분으로 보았다는 점이다. 이는 지방자치법 제171조가 자치사무에 대한 감사를 법령위반사항에 대해서만 실시하도록, 다시 말해 적법성 감독에 그치도록 제한함으로써 자치사무에 대한 합목적성감사를 배제하게 된 헌법적 배경을 엿볼 수 있게 해 준다.

그리고 구 지방자치법 제158조 단서조항을 신설한 1994년 3월 16일의 법개정 이전의 법상태에서 구 지방자치법 제158조가 자치사무에 대한 합목적성 감사를 허용하였다면 그 점에서 위헌의 소지가 농후했을 것이라는 판단도 가능하다. 국가가 지방자치단체의 합목적성

17) 헌법재판소 2002.10.31. 선고 2002헌라2 결정, 『판례집』 14-2, 378, 386-387 참조.
18) 헌법재판소 2001.11.29. 선고 2000헌바78 결정, 『판례집』 13-2, 646, 657-658.

판단에 간섭하는 것은 지방자치단체의 자기책임성을 본질적으로 침해하는 것이므로 허용되지 아니하며, 국가에 의한 합목적성 통제가 허용된다면 그것은 더 이상 자치행정이 아니라 위임행정을 의미하므로[19] 지방자치의 헌법적 보장에 정면으로 위배되어 위헌이라고 볼 개연성이 컸을 것이라고 판단된다.

요컨대, 지방자치단체의 자치사무에 대한 감사는 법률에 명시적 근거가 있어야 하므로 이를 위해 지방자치법 제171조가 만들어진 것이지만, 행정안전부장관 등에게 자치사무에 대한 합목적성감사까지 허용하는 것은, 앞서 살펴본 바와 같이 '자치사무의 수행에 있어 다른 행정주체(특히 국가)로부터 합목적성에 관하여 명령 · 지시를 받지 않는 권한'을 헌법상 제도적으로 보장된 '자치권'의 구성부분으로 본 헌법재판소 판례에 비추어 보더라도, 헌법이 보장한 지방자치단체의 고유한 권한을 유명무실하게 할 정도로 지나친 제한을 함으로써 지방자치권의 본질적 내용을 침해하는 것으로 위헌이라는 판단을 면키 어렵고, 그러한 배경에서 지방자치법 제171조 단서의 존재이유가 인정된다고 할 수 있다.

Ⅲ. 지방자치법 제171조 단서와 자치사무 감사의 한계

1. 지방자치법 제171조 단서의 입법 취지

앞에서 검토한 바와 같이 지방자치법 제171조의 해석상 행정안전부장관이 지방자치단체 자치사무에 대한 포괄적이고 일반적인 사전감사권을 가진다는 결론은 나오지 않는다. 설사 행정안전부장관이 포괄적 사전감사권을 가진다고 본다 하더라도 그 감사권은, 적어도 1994년 3월 26일의 법개정 이후에는 더 이상 포괄적인 감사권일 수 없게 되었다. 지방자치단체의 자치사무에 대한 행정안전부장관과 시 · 도지사의 감사를 법령위반사항에 한하여 실시하도록 제한한 지방자치법 제171조 단서의 규정에 의해 제한을 받지 않을 수 없기 때문이다. 여기서 지방자치법 제171조 단서 규정 신설의 취지가 무엇인지를 검토해 볼 필요가 있다.

지방자치법 제171조의 단서 조항을 해석함에 있어 지방자치단체의 자치사무에 대한 행정안전부장관과 시 · 도지사의 감사를 법령위반사항에 한해서만 실시할 수 있도록 제한한 것이라는 데 대해서는 국내 문헌상 거의 이견이 없다.[20]

---

19) 이주희, 앞의 책, 962.

20) 김철용, 앞의 책, 140-141; 김남진 · 김연태, 『행정법 2』(제9판), 법문사, 2005, 185; 홍정선, 『행정법 원

(1) 구 지방자치법 제158조의 개정경위

지방자치법 제171조의 단서 조항을 신설한 취지가 지방자치단체의 자치사무에 대한 행정안전부장관과 시 · 도지사의 감사를 법령위반사항에 한해서만 실시할 수 있도록 제한한 것, 다시 말해 지방자치단체의 자치사무에 대한 합목적성감사를 배제하고 오로지 합법성 감사만을 할 수 있도록 한 것이라는 점은 구 지방자치법 제158조의 개정경위를 통해서도 분명히 뒷받침된다.

지방자치법 제171조는 1994년 3월 16일 법률 제4741호로 일부 개정된 구 지방자치법 제158조를 승계한 조항이다. 구 지방자치법 제158조의 개정안은 1993년 2월 19일경 박상천 외 89인의 국회의원에 의해 제안되었는데, 이 개정안에서는 내무부 장관 또는 시 · 도지사의 지방자치단체의 자치사무에 대한 감사권을 폐지하되 자치사무에 관하여 보고를 받거나 서류의 제출만을 요구할 수 있도록 되어 있었다(국회 정치관계법심사특별위원회, 지방자치법개정법률안심사보고서(1994.3.): 갑제3호증의 2). 당초 구 지방자치법 개정안은 헌법상 보장되어 있는 지방자치제도의 명실상부한 보장을 위하여 내무부장관의 지방자치단체에 대한 감사권한을 완전히 폐지하는 취지를 담고 있었다. 그러나 위 개정안은 심의결과 본회의에 부의하지 아니하기로 결정되었고, 그 대신 1994년 3월 4일 열린 제166회 국회(임시회) 제2차 정치관계법심의특별위원회의 대안을 제안하기로 하여 그 대안대로 개정되게 되었다(갑제7호증의 1, 2).

이와 같이 구 지방자치법 개정안이 당초 의도하였던 취지는 구 행정자치부 장관의 지방자치단체에 대한 감사권을 전면 폐지하는 것이었고, 심의과정에서 이 안이 다소 완화되어 '법령위반사항'에 대해서만 감사권을 가지게 된 것이라는 사실을 감안할 때, 구 지방자치법 제158조 단서의 "이 경우 감사는 법령위반사항에 한하여 실시한다."라는 조항에 따라 행정자치부 장관이 지방자치단체의 자치사무에 대해 감사할 수 있는 범위는 그 입법취지에 맞게 제한적으로 해석하는 것이 마땅하다고 본다.

(2) 구 지방자치법 제158조 단서 신설의 취지

지방자치법 제171조의 단서 조항을 신설한 취지가 지방자치단체의 자치사무에 대한 합목적성감사를 배제하고 오로지 합법성 감사만을 할 수 있도록 제한한 것이라는 점은 앞서 본 구 지방자치법 제158조의 개정경위를 통해서도 분명히 뒷받침되는 사실이지만, 그 단서 조항의 신설취지에 대한 일반적인 이해와는 달리, 지방자치법 제171조 단서 조항에서 말하는 '감사'란 감사과정 중 감사결과의 처분(법적이행의무가 발생하는 처분)에 한정되는 것이며, 감사과

론(하)』(제16판), 박영사, 2008, 232 등. 이는 지방자치단체의 책임성을 보장하기 위하여 감독기관의 무제한적인 감사권에 한계를 설정한 것이라고 한다(송동수, 앞의 글, 372; 임승빈, 앞의 글, 17 등).

정 중 자치사무의 위법 여부를 조사·확인에 필요한 자료제출 요구 및 자료 분석 등과 같은 권한까지 배세시키는 것은 아니라는 주장이 제기되고 있다. 그 요지를 인용해 보면 다음과 같다.

> 지방자치법 제166조는 "중앙행정기관의 장이나 시·도지사는 지방자치단체의 사무에 관하여 조언 또는 권고하거나 지도할 수 있으며, 이를 위하여 필요하면 지방자치단체에 자료의 제출을 요구할 수 있다."라고 규정하고 있는데, 이는 중앙행정기관은 지방자치단체에 대해 위임 및 자치사무에 관련한 자료의 제출요구권이 부여되어 있음을 보여 준다.
>
> 특히, 감사와 직접적으로 관련하여서는 동법 제171조에서 규정하고 있다. 즉, "행정자치부장관이나 시·도지사는 지방자치단체의 자치사무에 관하여 보고를 받거나 서류·장부 또는 회계를 감사할 수 있다. 이 경우 감사는 법령위반사항에 대하여만 실시한다."로 정하고 있다.
>
> 지방자치단체의 자치사무에 대한 중앙행정기관의 감사는 동법 제171조에 의거하여 법령을 위반한 것으로 확정된 사항에 한정한다는 논리가 일부에서 제기되기도 하였으나, 이러한 논리는 법령의 종합적 검토와 감사의 특성을 고려하지 못한 이해라 할 수 있다.
>
> 자치사무의 감사범위에 대한 이해는 동법 제166조와 제171조를 통해 종합적으로 고려하여 판단하여야 한다. 즉, 동법 제166조는 중앙행정기관에 지방자치단체의 사무에 관련한 자료제출을 요구할 수 있는 권한을 부여하고 있기 때문에, 동법 제171조, 지방자치단체의 자치사무에 대한 감사는 "법령위반사항에 대하여만 실시한다"의 의미는 자료수집, 감사실시, 감사결과의 처분과 같은 과정을 지니는 감사의 과정 중 실제 감사 결과의 처분에 한정되는 것으로 이해하는 것이 타당하다 할 것이다. 정리하면, 동법 제171조 "이 경우 감사는 법령위반사항에 대하여만 실시한다"에서 감사는 감사과정 중 감사결과의 처분(법적이행의무가 발생하는 처분)에 한정되는 것이며, 감사과정 중 자치사무의 위법 여부를 조사·확인에 필요한 자료제출 요구 및 자료 분석 등과 같은 권한까지 배제시키는 것은 아니라 할 것이다.
>
> 동법 제166조와 제171조는 지방자치권을 존중하나 위법과 부당한 행정행위에서도 자치권을 존중하는 것이 아님을 분명히 하고 있다. 실제로, 지방자치단체들이 위법사항을 스스로 공개하거나 처벌을 요구하지는 않으며, 지방자치단체들의 위법사항은 실제 상급기관의 감사나 외부기관의 견제와 통제에 의해서 밝혀지고 있다. 이러한 의미에서, 감사과정 중 자치사무에 대한 자료제출 요구는 필요하다 할 것이다. 그러나 동법 제171조는 해석의 모호성을 유발함으로써 정부합동감사 시행에 어려움을 가져오는 제약요인으로 작용하고 있으며, 실제로 특정 지방자치단체는 동법의 해석을 들어, 정부합동감사의 핵심과정인 감사자료 제출을 사실상 거부하는 초유의 사태가 발생하기도 하였다. 문제의 원인은 첫째, 일부 지자체는 지방자치법 제166조와 제171조를 종합적으로 고려하여 중앙행정기관의 감사권한의 범위를 설정하지 아니하고, 제171조의 조문에 한정한 해석을 통해 중앙행정기관의 감사권한을 설정함으로써, 위법한 자치사무에 대한 감사권한만을 중앙행정기관이 지니고 있다고 주장하고 있다. 이러한 해석은 동 감사기관과 피감사기관 간의 갈등을 유발하며, 동시에 불필요한 행정·재정적 낭비와 더불어

> 정부 전체의 비효율을 유발하고 있어 시급한 개선의 필요성이 제기된다. 둘째, 지방자치단체의 위임사무와 자치사무의 명확한 구분이 현실적으로 어렵다는 것이다. 특히, 지방재정자립도가 낮은 현실을 고려할 때, 위임사무와 자치사무의 명확한 구분은 이상적 수준에서나 가능한 일이라 할 것이다. 이는 곧 중앙행정기관의 감사활동에 상당한 제약요인으로 작용하고 있다.[21)]

그러나 이러한 주장은 여러 가지 측면에서 설득력이 없다. 먼저, 자치사무 감사 범위에 대한 이해는 동법 제166조와 제171조를 통해 종합적으로 고려하여 판단하여야 한다고 하지만, 지방자치법 제166조 제1항의 규정에 의한 중앙행정기관의 지방자치단체의 사무 관련 자료제출 요구권은 자치사무에 대한 감사와는 아무런 관련이 없는, 단지 중앙행정기관과 지방자치단체간의 일상적인 협력관계, 즉, 조언 또는 권고하거나 지도를 위해 필요한 범위 내에서 인정되는 권한에 불과하고, 같은 법 제171조의 규정에 따른 '자치사무에 관한 보고요구권'은 후술하는 바와 같이 기본적·초보적 수준의 적법성 감독 수단으로서 이른바 정보권(Informationsrecht)을 인정한 것에 불과하여,[22)] 정보권행사 등을 포함한 방법에 의한 정보·자료의 수집, 감사실시, 감사결과의 처분등으로 이루어지는 감사과정과는 직접 관련이 없다. 물론 같은 법 제171조 본문 후단의 규정에 의거하여 (단순히 자치사무에 관하여 보고를 받는 데 그치지 아니하고) 서류·장부 또는 회계에 대한 감사를 실시하는 경우, 그 초기단계에 또는 감사과정 진행 중에도 정보권행사로서 보고를 요구할 수 있음은 너무 당연한 일이다. 그러나 지방자치법 제171조 소정의 '감사'를 '정보권'의 성격을 가진 부분을 제외한 다른 부분, 즉 '결과에 대한 조치'로서 '감사 처분'만을 의미한다고 해석하는 것은 결코 수긍할 수 없는 기이한 주장이다.

감독청의 감사권은 사전적 수단으로서의 정보권의 성격도 함께 지니고 있으므로, 다른 구체적이고 개별적인 감독수단의 행사를 위한 필요성 판단과 그 적절한 행사를 위한 전제조

---

21) 고려대학교 정부학 연구소, 「정부 합동 감사제도 발전방안 연구」, 행정안전부, 2008.1., 10-11, 107-109. 이 보고서는 중앙행정기관의 지방자치단체 자치사무에 대한 감사관련 규정을 다음과 같은 방향으로 개선할 것을 제한하기까지 한다. 이를 위해, 첫째, 중앙행정기관의 자치사무에 대한 감사에 있어, 불필요하고 자의적인 해석을 방지하기 위해, 자치사무에 대해 위법 여부를 밝히는 권한이 중앙행정기관에게 있음을 제171조 조문에서 분명하게 제시하는 방향으로 개정하거나, 제166조와 제171조를 통합 제시하는 방향으로 개정할 필요가 있다. 둘째, 자치사무에 대한 소극적 정의가 필요하다. 즉, 감사 제외 사무로서 구체적으로 자치사무를 명시할 필요가 있다. 지자체의 특성에 따라, 혹은 중앙정부의 각종 지원에 따라 그 성격을 일치시키는 한계가 있을 수 있으나, 가능한 범위 내에서 감사결과의 처분 제외 사무를 법률로 명기 하는 것도 하나의 대안이 될 수 있다는 것이다. 그러나 이러한 입법론적 제안이, 특히 '자치사무에 대해 위법 여부를 밝히는 권한이 중앙행정기관에게 있음을 명시한다'는 것은 위헌의 소지가 농후하고 그 밖의 안들은 타당성이 없다는 점 등 여러 가지 면에서 설득력이 약하다는 것은, 여기서 상론할 겨를은 없으나, 긴 설명을 요하지 않는다.

22) 홍정선, 앞의 책, 232는 '보고징수'를 정보권으로 파악한다.

건으로 작용하게 되고, 감사는 지방자치단체의 행정행위에 대한 합법성 및 타당성을 심사하여 시정조치를 취하는 통제수단으로서 법령위반이나 공익위반 사실이 밝혀지는 경우 이에 대하여 지방자치법상의 각종 시정조치 및 인사상 징계요구 등이 발동될 수 있다는 것은 누구나 쉽게 수긍할 수 있는 바라 할 수 있다. 그러나 감사의 준비단계에서 또는 감사활동의 일환으로 행해지는 정보권 행사, 즉 서류·자료등의 제출요구 등을 통한 정보·자료수집활동은 감사 이전 단계에서 또는 감사와 무관하게 이루어지는 정보권 행사로서 보고요구와는 상이한 것이다. 설사 감사와 연결되지 아니한 상황에서 보고요구가 이루어지고 그 결과로부터 감사 실시를 위한 단서나 계기를 찾아낼 수도 있지만, 그것은 어디까지나 감사 이전 단계에서 이루어지는 일상적인 정보·자료 수집활동의 결과일 뿐이다. 감사를 위한 정보권행사는 감사준비과정에서 또는 감사 개시 이후 감사진행과정에서 이루어지는 정보활동이므로 그 자체가 감사과정의 일부를 구성한다. 반면 제171조 본문 전단의 규정에 의한 보고는 감사로 이어질 수도 있지만, 감사와 무관하게 일상적인 협력수단으로 행해질 수도 있다. 지방자치법 제171조는 그러한 일상적인 정보권행사에 대해서는 아무런 제한을 두지 않는 대신, '서류·장부 또는 회계에 대한 감사'는 이를 법령위반사항에 대해서만 실시하도록 제한한 것이다. 따라서 감사의 전후과정에서 감사와 연관되어 이루어지는 정보권 행사는 감사의 일부로서 법령위반사항에 대해서만 가능하다고 보는 것이 지방자치법 제171조의 정상적인 해석인 것이다.

여기서 지방자치법 제171조가 규정하는 '감사'란 무엇을 의미하는지를 따져 볼 필요가 있다. 일반적으로 감사의 개념은, 그 적용분야에 따라 의미하는 바가 상이하고, 또 시대에 따라 회계감사(Accounting/attest/Financial audit)에서 직무감찰(compliance audit), 성과감사(performance audit)에 이르기까지 확대되어 왔기 때문에 일의적·보편적으로 정의하기 곤란하지만, 지방자치법 제171조에서 말하는 감사란 대체로 기왕에 이루어진 타인의 업무나 행위를 비판적으로 관찰하여 그 적부나 당부를 비판하는 활동으로서 주로 회계검사와 직무감찰을 포함하는 개념으로 이해될 수 있을 것이다.[23)]

지방자치법은 감사의 개념에 대해 특별한 정의규정을 두지 않았다. 다만,「행정감사규정」(일부개정 2008.2.29. 대통령령 제20741호)이 제2조 제1호에서 '행정감사'의 개념에 대한 정의규정을 두고 있다. 지방자치단체의 사무에 대한 감사 절차 등을 정한 지방자치법 시행령 제

23) 이에 관해서는 고려대학교 정부학 연구소, 앞의 글, 35 이하 및 감사원 공공감사용어집(http://www.bai.go.kr/)(1996)의 정의 등을 참조. 한편 이주희, 앞의 책, 961은 감사를 "권력적 통제의 한 수단으로 지방자치단체의 행정행위의 합법성 또는 타당성을 심사하여 시정조치를 취하는 사후통제수단"이라고 하면서도, 예외적으로 사전적·예방적 기능을 발휘할 수도 있다고 한다.

113조에서 '주무부장관, 행정안전부장관 또는 시·도지사가 법 제167조와 제171조에 따라 지방자치단체의 사무에 대하여 감사를 하는 경우에는 행정감사규정에서 정하는 바에 따라야 한다.'고 규정하고 있는 점을 감안한다면(이 조항의 문제점에 대해서는 「IV. 행정안전부장관의 자치사무에 대한 감사권 발동의 요건」에서 따로 논의하기로 한다.), 지방자치법 제171조에서 말하는 '감사'란 바로 '행정감사'를 의미하는 것으로 이해되고 있다고 보아도 무방할 것이다.[24] 위 「행정감사규정」에 따르면, "행정감사"(이하 "감사"라 한다)라 함은 '각급 행정기관이 당해 기관 또는 그 하급기관의 업무 운영실태를 파악하여 정부시책의 모든 단계에서의 적정 운영여부와 공무원의 기강 위배사항을 검토·분석하고 그에 대한 시정 또는 개선방안을 마련하는 작용'을 말한다.[25] 이와 같은 감사의 개념에 비추어 볼 때, 유독 지방자치법 제171조의 해석에 있어서만, 그 일반적인 언어관용상의 의미론을 무시한 채, '감사결과에 따른 처분'이라는 의미로 축소해석하고 그 결과 법령위반사항이 아닌 사항에 대해서까지 법령위반 여부를 가리기 위해 감사를 할 수 있다고 주장하는 것은 그것이 전제로 한 감사 개념과 감사과정의 범위와도 모순되는 입론이라 하지 않을 수 없다.

그 같은 주장은, 구 지방자치법 제158조의 취지를 '자치사무에 대한 감사의 경우 법령위반사항에 한정하여 결과에 대한 조치를 할 수 있는 것으로 제한적으로 해석'하기 위하여 '감사'의 개념을 감사과정 중 감사 결과의 처분(법적이행의무가 발생하는 처분)에 한정되는 것으로 축소해석하고, 감사과정 중 자치사무의 위법 여부를 조사·확인에 필요한 자료제출 요구 및 자료 분석 등과 같은 권한은 법령위반사항에 대한 것이 아니라도 무제한적으로 허용되도록 하려는 시도에 다름이 없다. 그러나 이는 특정 결론을 도출하기 위한 자의적인 법해석의 왜곡에 불과하다. 또한 그 같은 시도는 앞서 본 감사의 개념에 대한 통상적인 이해에도 전혀 부합하지 아니할 뿐만 아니라, 1994년 3월 16일 법개정의 경위나 취지를 사실상 무의미하게 만들고 그 결과 지방자치권의 헌법적 보장을 형해화시킬 우려가 있다는 점에서 공감을 얻기 힘들다.

결론적으로, 지방자치법 제171조의 단서 조항을 신설한 취지는, 헌법이 보장한 지방자치단체의 고유한 권한을 유명무실하게 할 정도로 지나친 제한을 함으로써 지방자치권의 본질적 내용을 침해하는 결과를 피하기 위하여 지방자치단체의 자치사무에 대한 합목적성감사를

24) 한편 김남진·김연태, 앞의 책, 185에서는 지방자치법 제171조의 규정에 의한 감사를 내용적으로 서류·장부에 대한 감사를 '행정감사'로 부르고 회계감사와 구분하고 있으나, 지방자치법 시행령 제113조의 규정에 비춰 볼 때, 「행정감사규정」에서 말하는 '행정감사'는 양자를 포함하는 개념으로 이해해야 할 것이다. 한편 지방자치법은 제41조에서 지방의회에게 행정사무 감사권 및 조사권을 부여하고 있는데, 이 역시 행정사무에 대한 감사라는 점에서 행정감사라고 볼 수 있을 것이다.

25) 이 개념과 관련된 문제에 대해서는 후술한다.

배제(금지)하고 오로지 합법성 감사만을 허용하려는 데 있었다고 보는 것이 합당하며, 무리하게 문리해식의 한계를 넘어 '감사결과에 따른 처분은 법령위반사항에 대해서만 할 수 있다'는 식으로 축소해석하는 것은 온당한 해석이라고 할 수 없다.

2. 지방자치단체의 사무와 감독체계: 비교법적 고찰

독일의 경우 지방자치단체에 대한 감독시스템(Aufsichtssystem)은 사무 중심으로 되어 있다고 한다.[26] 지방자치단체의 사무에 관해서는 학설상 전혀 논란이 없지는 않지만 대체로 자치사무(고유사무)와 국가사무(위임사무)로 구분하는 것이 일반적이다. 지방자치단체의 사무에 관해서는 '사무이원론' 모델(Aufgabendualismus: dual task model)과 '사무일원론' 모델(Aufgabenmonismus: uniform task model)로 나뉜다. 후자에 따르면 모든 사무는 일단 지방자치단체에게 이양된 이상, 모든 의사결정이 원칙적으로 선출된 지방의회에 의해 주도된다는 의미에서 지방자치단체의 전체적이고 또 고유한 책임이 된다고 본다. 일원론 모델은 지방자치단체와 국가의 관계에 있어 후자의 감독권은 오로지 합법성 심사에 관해서만 인정된다는 사고를 전제로 한다. 역사적으로 일원론 모델은 영국과 스웨덴에서 채택되어 왔다. 그와 대조적으로 전자, 즉 '사무이원론' 모델은 지방자치단체의 사무를 고유사무와 위임사무 두 가지 유형으로 구분하고, 고유사무는 지방의회의 결정만으로 수행하고 국가로부터는 오로지 합법성 통제(legality review)만 받는 반면, 위임사무는 국가에 의해 지방자치단체에게 위임된 사무로서 지방의회 지방행정의 장에 의해 수행되고 국가로부터 포괄적인 통제를 받는 사무이다. 이 사무이원론의 모델은 역사적으로 독일과 프랑스의 특징이 되어 왔다.[27]

독일의 경우, 사무의 이원론이 지배적이기는 하지만, 절대적인 것은 아니다. Schmidt-Aßmann에 따르면 각주의 지방자치법들이 그 개념과 기본관념에 있어 서로 상이하기 때문에 법적으로 유의미한 사무 구분이 매우 어렵다고 한다.[28] 독일의 경우 지방자치단체의 사무에 관해서는 이원적 모델과 일원적 모델이 병존하고 있는데, 그 경우 중요한 구별기준은 헌법상 지방자치의 보장의 주요개념들과 부합하기는 하지만 언제나 완벽하게 조화되고 있지는 않다고 한다.[29]

---

26) E. Schmidt-Aßmann, "Kommunalrecht," in: *Besonderes Verwaltungsrecht*, 14.Aufl., 2008, 9-126, 41 1.Kap, Rn.32.

27) H. Wollmann, "Comparing Local Government Reforms in England, Sweden, France and Germany," 2008. in: www.wuestenrot-stiftung.de/download/local-government, 17-18.

28) E. Schmidt-Aßmann, op. cit., 9-126, 41 1.Kap, Rn.33.

사무이원론 모델(Aufgabendualismus)은 공공사무를 그 내용에 따라 자치사무와 국가사무로 구분하는 전통적인 구별방법을 따른다. 이에 따르면 자치사무는 지방자치단체의 고유사무(eigener Wirkungskreis)인 데 비하여 국가사무는 법률상의 위임의 방법으로 원칙적으로 위임사무(Auftragsangelegenheit)로서 지방자치단체에게 주어진 사무라 할 수 있다.[30] 반면 사무일원론 모델은 이른바 '바인하이머 초안'(Weinheimer Entwurf)[31]에서 유래하는 구별방법으로서 국가사무와 자치단체 고유사무의 구별 대신에 공공사무라는 통일적 개념을 출발점으로 삼는다. 이에 따르면 지방자치단체의 영역 내에서의 모든 공공사무는 법률에서 달리 정하지 아니하는 한 지방자치단체만이 그리고 그 고유한 책임으로 수행해야 할 사무라고 하게 된다. 물론 그것만으로 국가의 영향과잉 문제가 해결된 것은 아니다.[32]

지방자치단체에 대한 감독과 관련한 주요외국의 법제를 살펴보면, 무엇보다도 유럽의 분권화흐름이 두드러진다. 전통적으로 영국과 프랑스 모델에 있어 감독권은 적법성심사와 합목적성심사(Rechtmäßigkeits- und Zweckmäßigkeitsprüfung) 두 가지 요소를 포함하는 것으로 받아들여지고 있다. 이는 게마인데가 국가행정의 한 단위라는 기본적인 사고방식에 상응하는 것이었다. 하지만 지방자치단체의 고유사무(eigener Wirkungskreis)에 관한 한, 영국이나 프랑스에서도 감독의 허용여부와 범위는 매우 제한되고 있다. 영국의 지방자치실무에서는 자치사무에 대한 합목적성 심사는 다분히 소극적으로 다루어지고 있고, 프랑스 모델을 취한 나라들에서는 심지어 극히 드문 경우에 한하여 예외적으로만 허용되고 있는 실정이다. 「유럽지방자치헌장」(Europäische Charta der kommunalen Selbstverwaltung: EKC) 제8조 역시 그와 같은 입법주의를 택하고 있다. 이에 따르면 지방자치단체에 대한 행정적 감독은 헌법 또는 법률이 규정하고 있는 방법에 의하여 그리고 그러한 경우에 대해서만 행사될 수 있도록 되어 있다. 행정적 감독은 원칙적으로 법률과 헌법원리들의 준수만을 대상으로 삼아야 하며, 위임사무(übertragene Aufgaben)에 관해서만 그 감독의 범위를 합목적성까지 확장할 수 있다고 이해되고 있다.[33]

유럽 여러 나라들의 법제를 보면, 감독관청의 합목적성통제 권한도 비교적 좁게 인정되고 있고 부분적으로는 폐지되는 경향이 나타난다. 예컨대 포르투갈 헌법은 "지방자치단체에 대한 국가의 감독은 당해 지방자치단체가 법률을 준수했는지 여부에 한정된다."라고 규정하

29) E. Schmidt-Aßmann, op. cit., 41-43 Rn.33-39.
30) E. Schmidt-Aßmann, op. cit., 41 1.Kap, Rn.34.
31) 1948년 Weinheimer에서 연방각주의 내무장관, 지방자치단체장들이 모여 제안한 독일연방공화국의 각주를 위한 지방자치법 초안을 말한다.
32) E. Schmidt-Aßmann, op. cit., 41 1.Kap, Rn.37.
33) José Martínez Soria, op. cit., 1015-1043, 1040.

고 있다. 이로써 합목적성의 통제는 일체 배제되고 있다.[34] 스페인에서는 1981년 헌법재판소가, 감독관청이 행사해 온 합목적성심사에 대한 광범위한 전(前)헌법적 권한들(vorkonstitutionellen Befugnisse der Aufsichtsbehörden zur Prüfung der Zweckmäßigkeit)을 위헌으로 선언한 바 있다.[35] 이탈리아는 지역법률(regionale Gesetze)에 대해서만 합목적성 심사를 할 수 있도록 제한하고 있다.[36]

네덜란드의 경우 헌법 및 지방자치법에 따라 도와 게마인데의 결정들은 그것이 공익에 반하는 경우에는 국왕의 데크레에 의해 폐지될 수 있도록 되어 있으나, 실제로 이러한 합목적성통제가 행해진 적은 없었다고 한다.[37] 벨기에 헌법 제108조 제2항 제6호의 규정에 따르면 감독관청의 개입은 법률을 위반하거나 '공공복리'(Gemeinwohl)를 손상시키는 경우를 방지하기 위해서만 허용된다. 여기서 '공공복리'의 개념은 합목적성통제를 정당화하는 근거가 되고 있다.[38] 영국과 웨일즈에서는 지방자치단체에 대한 광범위한 합목적성통제가 인정되고 있다.[39] 이 권한은 일반적인 감독기구가 결여된 상태에서, 특히 '지방자치단체 감사위원회'(Audit Commission for Local Authorities)를 통해 강력하게 행사되고 있다.[40] 이 위원회는 지역사단들이 최소비용으로 최고의 서비스를 실현하도록 보장하려는 목적으로 설치되었지만, 실제로 각부장관들이 이 권한을 행사하는 경우는 매우 제한적이고,[41] 이로써 영국의 지방자치단체들이 그 한도 내에서 자율성을 누리고 있다고 한다.

전체적으로 보아, 특히 유럽 여러 나라들의 경우, 지방자치의 확대 경향에 따라 지방자치단체의 사무에 대한 국가의 감독이 합목적성통제까지 포함하여 전반적으로 축소·약화되는 경향을 보이는 반면, 자치사무 또는 국가사무와 자치사무의 구별이 없는 경우에는 그중 자치사무에 해당하는 사무에 관한 한 국가의 통제는 뚜렷이 합법성 통제로 제한되는 경향이 날로 두드러지고 있다고 판단된다.

34) Art. 243 Verfassung Portugal.
35) Spanisches Verfassungsgericht, STC 4/1981 vom 2. 2. 1981 Entscheidungsgrund 2.
36) Art. 125, 127, 130 Verfassung Italien.
37) Art. 124, 132 Verfassung Niederlande; *Ruiter* (Fn. 61), S.44; *Sénat français* (Fn. 175), S.4.
38) *Martini* (Fn. 156), S.187.
39) *Davies*, Local Government Law, 1983, S.145ff.
40) *Sénat français* (Fn. 175), S.4.
41) *Sénat français* (Fn. 175), S.4.

3. 자치사무에 대한 감사의 한계

지방자치단체 사무에 대한 국가간여의 범위와 관련하여 우리 지방자치법은 앞서 본 독일의 경우처럼 사무 중심 체계에 따르고 있다. 국가의 지방자치단체에 대한 감독의 범위와 한계, 방법 등은 지방자치단체의 사무가 자치사무인지 아니면 국가사무인지에 따라 차별화되고 있다. 즉, 지방자치법 제166조 제1항, 제167조 제1항 및 제169조 제1항의 규정 등을 종합하면, 지방자치법은 지방자치단체의 사무를 자치사무와 국가사무로 구분하여 국가사무의 경우 주무부장관의 지도·감독을 받되 자치사무의 경우에는 이러한 지도·감독이 아니라 조언 또는 권고, 지도의 방법으로 관여를 하는 데 그치도록 하고 있다. 따라서 이러한 지방자치단체의 사무 중 위임사무는 지방자치단체가 위임받아 처리하는 국가사무임에 반하여 자치사무는 지방자치단체가 주민의 복리를 위하여 처리하는 사무이며 법령의 범위 안에서 그 처리 여부와 방법을 자기 책임 아래 결정할 수 있는 사무로서 지방자치권의 최소한 본질적 사항이므로, 지방자치단체의 자치권을 보장한다고 한다면 최소한 이와 같은 자치사무의 자율성만은 보장하여야 하며,[42] 그런 의미에서 1994년 3월 16일 법개정으로 구 지방자치법 제158조(지방자치법 제171조)에 단서 조항이 신설된 취지는 지방자치단체의 자치사무에 대한 합목적성 감독 배제(금지)와 적법성 감독으로의 제한, 두 가지에 있으며, 또 그렇게 보는 것이 앞서 살펴본 주요 외국의 예에서 나타나는 경향에 부응하는 해석이라고 판단된다. 즉, 지방자치법 제171조가 '지방자치단체의 자치사무에 관한 서류·장부 또는 회계의 감사'는 법령위반사항에 대하여만 실시하도록 한 것은 자치사무의 경우 '법령위반사항' 이외에 대해서는 감사를 배제하는 취지, 특히 합목적성감사를 배제(금지)하려는 취지로 보아야 할 것이다. 다시 말해서 자치사무에 관해서는 법령위반사항에 대해서만 감사할 수 있고, 그 밖의 사항에 대해서는, 설령 자치사무 수행의 합목적성여부에 대한 의심이 있는 경우라 하더라도 감사를 할 수 없다는 의미이다. 이처럼 위 지방자치법 제171조 단서의 규정이 자치사무에 대한 감사를 법령위반사항에 국한시킨 것은 그렇지 않을 경우 헌법이 보장하는 지방자치의 본질적인 내용을 침해하게 된다는 헌법적 고려에 따른 것이라고 이해된다.

42) 헌법재판소 2008.5.29. 선고 2005헌라3 전원합의체결정 중 반대의견.

Ⅳ. 행정안전부장관의 자치사무 감사권 발동의 요건

1. 문제의 소재

앞에서 검토한 바와 같이, 행정안전부장관이 포괄적 일반적 사전감사를 할 수 없다고 본다면 그 감사권 발동에는 어떠한 요건이 필요하다고 볼 것인가. 이에 관해서는 헌법이나 지방자치법, 그 밖의 관련법령 어디에도 명시적인 규정이 없고, 또한 이 문제를 상세히 논의하고 있는 국내 문헌도 눈에 띄지 않는다. 국내문헌 가운데 그나마 이와 관련한 언급으로, "중앙정부는 합목적성 감독보다는 합법성 감독으로 전환되어야 하며 무제한적인 감사권의 행사는 헌법상 보장된 지방자치단체의 자율권을 저해하므로, 감사권의 발동은 반드시 법률에 근거하여야 하고, 비례의 원칙에 합당하도록 지방자치단체의 사무집행에 있어서 현저하고 명백한 위법성이 있어야 하며, 필요한 범위에 한정되어야 한다. 또한 자치사무에 대해서는 감사뿐만 아니라 보고요구도 법령위반사항에 한하여 할 수 있도록 하는 것이 바람직하다."라는 지적[43)]과 함께 "감독수단으로서 감사권의 발동은 비례의 원칙에 따라서 필요한 경우에 최소한으로 행사되어야 하고, 감사권 발동 여부, 감사방법의 결정 등에 관하여 비례의 원칙에 따라야 하며, 특별한 이유 없이 지방자치단체의 업무 전반에 대해 정기적으로 감사하거나 보고를 요구하는 것은 헌법이 보장하고 있는 지방자치권을 부당하게 침해할 우려가 있다."라는 지적[44)]을 주목할 필요가 있다.

한편, 이와 관련한 논의 가운데, 지방자치법 제171조는 지방자치단체의 자치사무에 대하여 행정안전부장관과 시 · 도지사가 감사를 하되, 법령위반사항에 한하여 할 수 있게 하고 있는 점에 의의가 있다고 하면서, "법은 '법령위반사항'에 한하여 감사할 수 있는 것으로 정하고 있으나, 법령위반여부는 감사의 결과로서 나타나는 것이 보통이므로, 규범과 현실 간의 괴리를 느끼게 하는 규정"이라는 지적이 눈에 띈다.[45)] 다소 모호한 이 같은 기술은, '규범과 현실 간의 괴리'는 규범, 즉 지방자치법 제171조가 자치사무에 대한 감사를 법령위반사항에 대하여만 실시하도록 제한했음에도 불구하고 현실은 자치사무에 대한 감사가 법령위반사항인지 여부와 상관없이 포괄적으로 이루어지고 있음을 지적한 것으로 이해된다. 반면, 이와 관련하여 법령위반여부는 감사의 결과로 나타나는 것이 보통이므로 일단 감사를 실시하고 그 과정에서 법령위반사항이 드러나면 그에 대한 감사처분을 하면 된다는 주장이 나올 수 있

43) 김종성 · 육동일 · 신희권, 「지방자치법상 지방자치단체에 대한 국가감독제도의 개선방안」, 『행정논총』 제42권 제3호(2004), 46.

44) 이기우 · 하승수, 『지방자치법』, 대영문화사, 2007, 202.

45) 김남진 · 김연태, 『행정법 2』(제9판), 법문사, 2005, 185.

다. 그러나 이는 적법성 통제의 본질과 취지를 잘못 이해한 데서 비롯된 견해일 뿐이다. 원래 적법성 감독(Rechtsaufsicht)이란 자치권이 인정된 조직체에 대한 외부적·타율적 통제의 한 유형으로서 안출된 것이다. 즉, 법적으로 자치권이 인정된 자치조직체는 국가 등이 외부에서 의사결정에 개입할 수 없도록 절연되어 있기 때문에 법률의 구속이 이완되지 않도록 하려는 취지에서 그 자치조직체의 행위의 적법성을 통제할 수 있도록 하되, 자치권을 침해하지 않도록 하기 위해 법령위반여부만을 제한적·소극적으로 통제할 수 있는 길을 열어 주려는 취지에서 인정된 것이다.

그 밖에 지방자치단체의 자치사무에 대한 적법성 감독으로서 감사권 발동에 어떠한 요건이 필요하다고 볼 것인지에 관해서는 참조해 볼 만한 선행연구나 판례가 거의 없으나, 이제까지의 논의에 의거하여 다음 몇 가지 논점들을 검토해 볼 수 있을 것이다.

2. 적법성 감독으로서 합법성 감사

적법성 감독으로서 자치사무에 대한 감사는 이른바 '합법성 감사'를 말한다. 여기서 "합법성 감사"란 「공공감사기준」(1999.8.28. 감사원규칙 제137호) 제2조 제7호의 규정에 따르면, '법규 등의 준수 여부에 대한 검토와 평가를 위주로 수행하는 감사'를 말한다.

적법성 감독에 있어 감독관청은 특별한 사정이 없는 한 특정 위법행위가 확인되었거나 위법행위가 있었으리라는 합리적 의심이 가능한 경우에만 개입할 수 있을 뿐이다.[46] 재량의 행사 또한 재량권의 일탈이나 남용 등 재량하자의 경우에도 마찬가지이다.[47] 이 점은, 지방자치단체의 자치사무에 관한 감사가 적법성 통제의 범위 안에서 이루어지는 것인 이상, 자치사무에 대한 합법성 감사에 대해서도 타당하다. 즉, 자치사무에 관한 한, 위법행위가 확인되거나 재량행사에 있어 재량하자가 드러난 경우, 적어도 위법행위나 재량하자가 있었다는 사실이 고도의 개연성이 있다고 인정할 만한 근거가 있는 때에만 적법성 감독의 일환으로 감사권을 행사할 수 있게 된다는 것이다. 물론 위법행위나 하자 있는 재량행사가 있었는지 여부를 확인하기 위해서는 최소한 정보에 대한 접근이 가능해야 한다. 그런 의미에서 기본적·초보적 수준의 적법성 감독 수단으로서 이른바 정보권(Informationsrecht)이 인정되고 있다. 정보권은 단순한 협의를 통해서도 행사될 수 있지만, 통상 적법성 감독기관은 그 사무 수행

46) http://www.rechtslexikon-online.de/Rechtsaufsicht.html; Wesen und Inhalt der Rechtsaufsicht (http://www.ld-dresden.de/kommunal21/index3.asp?art_param=4) 등.
47) ebd.

에 필요한 경우 개개의 사무에 관하여 보고를 받는 형식으로 행사된다.[48] 우리나라 지방자치법 제171조에서 행정안전부장관 또는 시 · 도지사가 '지방자치단체의 자치사무에 관한 보고를 받을 수 있다'고 규정한 것이 그러한 예이다.

그 밖에 적법성 감독의 수단으로는, 나라마다 그리고 해당 지방자치법령에 따라 상이하게 규율되고 있기는 하지만, 대체로 이의제기 · 시정명령권(Beanstandungsrecht), 직무이행명령권(Anordnungsrecht), 대집행(Ersatzvornahme) 등을 들 수 있다. 우리나라 지방자치법은 제169조에서 '위법 · 부당한 명령 · 처분의 시정'이란 표제 하에 시정명령권과 취소 · 정지권을 인정하고 있고, 또 제172조에서는 지방의회 의결의 재의요구권과 제소권을, 제170조에서는 법령의 규정에 따라 그 의무에 속하는 국가위임사무나 시 · 도위임사무의 관리와 집행을 명백히 게을리하고 있는 지방자치단체의 장에 대한 직무이행명령권과 대집행권을 각각 규정하고 있다.

자치사무에 관한 한, 특히 주목해야 할 것은 제169조 제1항과 그 단서조항이다. 즉 제169조 제1항은 "지방자치단체의 사무에 관한 그 장의 명령이나 처분이 법령에 위반되거나 현저히 부당하여 공익을 해친다고 인정되면 시 · 도에 대하여는 주무부장관이, 시 · 군 및 자치구에 대하여는 시 · 도지사가 기간을 정하여 서면으로 시정할 것을 명하고, 그 기간에 이행하지 아니하면 이를 취소하거나 정지할 수 있다."라고 규정하면서도, 그 경우 자치사무에 관한 명령이나 처분에 대하여는 법령을 위반하는 것에 한한다고 규정하여 자치사무에 관한 명령이나 처분에 대해서는 적법성 감독의 범위를 넘어설 수 없게 명시하고 있기 때문이다.

여기서 주목해야 할 것은 적법성 감독이 이루어지는 대상인 자치사무에 대한 감독에 있어 감독자와 피감독자 간의 관계이다. 자치사무의 경우 국가와 지방자치단체는 상하급기관 간의 계서관계가 아니라 적어도 법적으로는 대등한 주체 간의 외부법관계(Außenrechtsverhältniss)에 놓이게 되며 법률유보, 절차 및 재판상 권리보호와 같은 전형적인 보호수단을 행사할 수 있게 된다.[49] 다시 말해서 합목적성 감독이 행해지는 국가사무의 경우와는 달리, 적법성 감독만이 허용되는 자치사무의 경우에는 외부법관계에 상응한 법적 취급이 필요하게 된다는 것이다. 지방자치법은 이미 앞에서 지적한 바와 같이 자치사무에 대한 적법성 감독의 수단을 규정하면서 그 적법성 감독관계가 법적 주체 간의 외부법관계로 인식하고 있음을 드러낸 바 있다. 즉, 제169조 제2항에서 자치사무에 대한 적법성 감독의 수단으로서 시정명령권과 취소 · 정지권을 발동하는 경우 "지방자치단체의 장은 제169조 제1항에 따른 자치사무에 관한 명령이나 처분의 취소 또는 정지에 대하여 이의가 있으면

48) E. Schmidt-Aßmann, op. cit., 9-126, 45 Rn.42.
49) E. Schmidt-Aßmann, op. cit., 41 Rn.35.

그 취소처분 또는 정지처분을 통보받은 날부터 15일 이내에 대법원에 소를 제기할 수 있다."라고 규정함으로써 국가 등과 지방자치단체의 관계를 외부법관계로 보고 있음을 명백히 드러내고 있다.[50]

지방자치법의 이와 같은 태도는 적법성 감독의 범위 안에서 이루어지는 감사의 경우에도 마찬가지로 일관되게 적용되어야 할 것이다. 즉, 감사 역시 자치사무에 관해서는 적법성 감독의 범위를 넘지 못하며 따라서 법령위반사항에 대해서만 실시해야 하며 또한 그 경우 감사기관과 피감기관의 관계가 법적으로 대등한 외부법관계라는 점이 충실히 반영되어야 한다는 것이다.

3. 합법성 감사와 법률유보 및 비례원칙

적법성 감독으로서 자치사무에 대한 합법성 감사에 대해서는 헌법과 법의 일반원칙으로부터 감사권의 발동이 반드시 법률에 근거하여 이루어져야 하고, 비례의 원칙에 합당하도록 지방자치단체의 사무집행에 있어 현저하고 명백한 위법성이 있어야 하며, 필요한 범위에 한정되어야 한다는 구속이 따르게 된다.[51] 그리고 이러한 법리에 입각한다면, 특별한 이유 없이 지방자치단체의 업무 전반에 대해 정기적으로 감사하거나 보고를 요구하는 것은 헌법이 보장하고 있는 지방자치권을 부당하게 침해할 우려가 있다는 지적[52]도 당연히 수긍할 수 있을 것이다.

구체적으로 생각해 본다면, 감사기관은 감사대상 지방자치단체의 자치사무에 대하여 관계 기관의 통보나 언론 보도 등을 통하여 또는 자체적인 정보권행사를 통해 법령위반사항이 있거나 적어도 법령위반이 있었다는 혐의를 가지게 된 경우, 그 법령위반의 사실여부, 원인과 경위를 파악하고 그에 따라 관련자를 문책하거나 원상복구 조치를 취하는 등 사후 조치를 하고, 제도 개선 등 재발 방지를 위한 조치를 취하는 등의 목적으로 감사를 실시할 수 있을 뿐이고, 법령위반사실이 드러나지 않았거나 법령위반사실을 의심케 할 만한 단서나 정황이

50) 지방자치법 제172조 제4항에서 주무부장관이나 시·도지사는 재의결된 사항이 법령에 위반된다고 판단됨에도 불구하고 해당 지방자치단체의 장이 소(訴)를 제기하지 아니하면 그 지방자치단체의 장에게 제소를 지시하거나 직접 제소 및 집행정지결정을 신청할 수 있도록 하고, 같은 조 제6항에서 주무부장관이나 시·도지사는 제5항의 기간이 지난 날부터 7일 이내에 직접 제소할 수 있도록 한 것도 그와 같은 맥락에서 이해할 수 있다.

51) 이기우·하승수, 앞의 책, 202.

52) 이기우·하승수, 같은 곳.

포착되지 않은 상황에서 막연히 법령위반사실이 있을지도 모른다는 가정하에, 혹은 단순히 있을 수 있는 법령위반사실을 적발하기 위해 자치사무에 대해 감사를 실시할 수는 없다고 보는 것이 지방자치법 제171조의 올바른 해석 · 적용이라 할 것이다.

반대로 법령위반여부는 감사의 결과로서 나타나는 것이 보통이라는 현실론만으로 일단 합법성 통제든 합목적성 통제든 감사를 실시하고 그 과정에서 위법사항이 드러나면 그에 상응하여 감사처분을 하면 그뿐이라고 한다면, 상급기관도 아닌 행정안전부나 시 · 도지사가 자치사무에 대하여 포괄적 · 일반적으로 감사를 실시하더라도 이를 막을 수 없다는 결과가 되어, 지방자치단체의 자치사무에 관한 감사를 법령위반사항에 한하여 실시하도록 함으로써 그 자율성을 보장해 주고자 한 지방자치법 제171조의 법정신, 그리고 그 기반이 된 지방자치단체의 자율성 · 자기책임성을 보장한 헌법 제117조 및 제118조의 법정신을 사실상 형해화시키고 말 것이다.

그런 맥락에서 독일 연방헌법재판소의 다음과 같은 판례를 참고할 필요가 있다.

> 기본법 제28조 제2항의 규범영역은 감독의 범위를 확대함이 없이 오로지 국가적 감독의 권한만을 일반적으로 설정하고 있는 법령상 규정들만으로는 저촉되지 아니한다. 그러나 감독권(Aufsichts-zuständigkeit)의 변경이 어느 정도 불가피하게 실시된 감독 자체의 성격을 변경시키는 결과를 가져올 경우, 특히 원칙상 합법성 감독(Rechtsaufsicht)만 허용되는데, 그 합법성 감독이 일종의 "혼성감독"(Einmischungsaufsicht)으로 발전되거나 전문감독(Fachaufsicht)으로 강화될 우려가 있을 때에는 기본법 제28조 제2항의 저촉 문제가 생길 수 있다.[53)]

이미 앞에서 살펴본 바와 같이 지방자치법 제171조에 단서조항을 신설한 취지가 자치사무에 대한 감사를 법령위반사항에 한하여 실시하도록 함으로써 자치사무에 대한 합목적성 감독을 배제(금지)하고 감사를 적법성 감독의 범위 내에 제한하고자 한 것이었다고 보는 이상, 만일 법령위반사항이 드러나지도 않은 상황에서 법령위반사항의 발견 또는 색출을 위하여 자치사무에 대해 포괄적 · 사전적으로 감사를 하는 것까지 허용된다고 한다면 이는 구 지방자치법 제158조의 개정 전과 후가 달라진 것이 아무것도 없게 되고, 결국 적법성 통제가 합목적성 통제와 혼합 또는 구별 곤란하게 변질되는 결과가 된다는 점에서 지방자치 헌법적 보장의 본질적 부분에 대한 침해라고 보지 않을 수 없다.

---

53) BVerfG – Beschl. v. 21.6.88 – 2 BvR 602/83 u. 2 BvR 974/83= BVerfGE 78, 331- 344 = DVBl. 1988, 1114 = NVwZ 1989, 45 = *DÖV*, 1989, 73. BVerfG 21.6.1988 2 BvR 602/83 u. 2 BvR 974/83.

4. 헌법재판소의 판단

감사원이 지방자치단체에 대하여 자치사무의 합법성뿐만 아니라 합목적성에 대하여도 감사한 행위가 법률상 권한 없이 이루어진 것이 아니며, 지방자치단체의 자치사무에 대한 합목적성 감사의 근거가 되는 감사원법 제24조 제1항 제2호 등 관련규정 자체가 지방자치권의 본질을 침해한 것으로서 위헌이라고는 볼 수 없다고 판시한 2008년 5월 29일의 헌법재판소 결정[54]이 나온 지 거의 1년 만에 헌법재판소는 행정안전부장관이 2006년 9월 14일부터 2006년 9월 29일까지 서울특별시의 자치사무에 대하여 실시한 정부합동감사는 헌법 및 지방자치법에 의하여 부여된 청구인의 지방자치권을 침해하였다고 판시하여 심판청구를 인용하는 결정을 내렸다.[55]

헌법재판소는 위 결정에서 "지방자치단체가 주민의 복리를 위하여 처리하는 자치사무를 법령의 범위 안에서 그 처리 여부와 방법을 자기책임 아래 결정할 수 있다는 것은 지방자치권의 최소한의 본질적 사항이므로 지방자치단체의 자치권을 보장한다고 한다면 최소한 이 같은 자치사무의 자율성만은 침해해서는 안 되며", "구 지방자치법 제155조, 제156조, 제156조의2 및 제157조의 각 규정은 중앙행정기관의 감독권 발동이 지방자치단체의 구체적 법위반을 전제로 하여 작동되도록 되어 있다는 점과 중앙행정기관과 지방자치단체 간의 분쟁관계를 대등한 권리주체로서의 '외부 법관계'로 보아 규정하고 있으므로, 중앙행정기관의 지방자치단체의 자치사무에 대한 합목적성 감사가 사전 포괄적으로 허용될 수 없음을 '사후적으로' 정해 두고 있는 것"이라고 전제한 후, '헌법 및 지방자치법의 개정취지, 이 사건 관련규정 단서의 신설경위, 자치사무에 관한 한 중앙행정기관과 지방자치단체의 관계가 상하의 감독관계에서 상호보완적 지도·지원의 관계로 변화된 법의 취지, 중앙행정기관의 감독권 발동은 지방자치단체의 구체적 법위반을 전제로 하여 작동되도록 제한되어 있는 점, 그리고 국가감독권 행사로서 지방자치단체의 자치사무에 대한 감사원의 사전적·포괄적 합목적성 감사가 인정되므로 국가의 중복감사의 필요성이 없는 점 등을 종합하여 보면, 지방자치단체가 스스로의 책임 하에 수행하는 자치사무에 대해서까지 국가감독이 중복되어 광범위하게 이루어지는 것은 지방자치의 본질을 훼손할 가능성마저 있으므로 지방자치권의 본질적 내용을 침해할 수 없다는 견지에서 중앙행정기관의 지방자치단체의 자치사무에 대한 이 사건 관련규정

---

54) 헌법재판소 2008.5.29. 선고 2005헌라3 전원재판부결정. 이에 관해서는 음선필, 「지방자치단체에 대한 감사의 헌법적 한계」, 한국공법학회·감사원 공동학술대회 발표논문집 『현대 법치국가에서의 적극행정과 공공감사』, 71-92 등을 참조.

55) 헌법재판소 2009.5.28. 선고 2006헌라6 전원합의체결정.

의 감사권은 사전적 · 일반적인 포괄감사권이 아니라 그 대상과 범위가 한정적인 제한된 감사권이라 해석함이 마땅하다'고 판시하였다.

> 헌법재판소는, 결국 중앙행정기관이 이 사건 관련규정상의 감사에 착수하기 위해서는 자치사무에 관하여 특정한 법령위반행위가 확인되었거나 위법행위가 있었으리라는 합리적 의심이 가능한 경우이어야 하고, 또한 그 감사대상을 특정해야 한다고 판단하였다. 따라서 전반기 또는 후반기 감사와 같은 포괄적 · 사전적 일반감사나 위법사항을 특정하지 않고 개시하는 감사 또는 법령위반사항을 적발하기 위한 감사는 법령위반 여부를 알아보기 위하여 감사하였다가 위법사항을 발견하지 못하였다면 법령위반사항이 아닌데도 감사한 것이 되어 이 사건 관련규정 단서에 반하게 되며, 이것은 결국 지방자치단체의 자치사무에 대한 합목적성 감사는 안 된다고 하면서 실제로는 합목적성 감사를 하는 셈이 되기 때문에 모두 허용될 수 없는 것인데, 이 사건 합동감사의 경우, 피청구인이 감사실시를 통보한 사무는 청구인의 거의 모든 자치사무를 감사대상으로 하고 있어 사실상 피감사대상이 특정되지 아니하였다고 보여질 뿐만 아니라 피청구인은 이 사건 합동감사 실시계획을 통보하면서 구체적으로 어떠한 자치사무가 어떤 법령에 위반되는지 여부를 전혀 밝히지 아니하였는바, 그렇다면 이 사건 합동감사는 위에서 본 이 사건 관련규정상의 감사의 개시요건을 전혀 충족하지 못하였다고 판시한 것이다.

당초 헌법재판소의 2005헌라3 결정은 적지 않은 논란을 불러일으켰으나, 헌법적 근거를 가진 독립된 외부감사기관이 법률에 의거하여 감사를 실시해 왔고 감사원법에서 어느 정도 지방자치단체의 자치권을 존중할 수 있는 장치를 마련해 두고 있는 등[56] 등 관련규정이 지방자치단체의 고유한 권한을 유명무실하게 할 정도로 지나친 제한을 한 것이라고는 보기 어렵고 따라서 이 사건 감사원의 합목적성 감사에 의한 지방자치권의 제한이 지방자치권의 본질을 훼손하는 정도로 불합리한 것이라고 볼 수는 없다는 다분히 현실론적 고려에 따른 결과라고 이해할 여지가 없지 않았다. 2005헌라3 결정으로 감사원의 자치사무에 대한 합목적성 감사의 합헌성이 확인되었다고 해서 행정안전부장관의 자치사무에 대한 포괄적 · 무제한적 감사마저 위헌의 혐의로부터 자유롭게 되었다고 결론을 내리는 것은 성급한 일이었다. 오히려 지방자치법 제171조의 규정에 의한 자치사무에 대한 행정안전부장관 등의 감사는 감사기관의 독립성이나 지방자치단체의 자치권존중 장치 등이 제대로 갖춰지지 않은데다 감사원 감사의 경우와는 반대로 지방재정의 국가재정에 대한 과도한 의존성 때문에 지방자치의 헌법적 보장에 반하는 방향으로 지방의 중앙예속 경향이 고착될 우려가 있다는 점을 고려해야

56) 감사원이 지방자치단체의 자체감사가 적정하게 수행되고 있다고 인정할 때에는 감사를 생략할 수 있도록 하고(§ 28) 자체감사사무의 발전 효율적인 감사업무의 수행을 위하여 필요한 지원을 할 수 있으며(§ 30의2) 일정한 경우 지방자치단체로 하여금 감사사무를 대행하게 할 수 있도록 정하고(§ 50의2) 있는 감사법의 규정들을 말한다.

할 것이다. 행정안전부장관의 감사라고 해서 독립성이나 전문성이 보장되지 않은 지방자치단체 자체감사의 한계 등으로 인한 외부감사의 필요성을 충족시키기보다는 오히려 중앙정부의 자치사무에 대한 간섭의 증대를 가져올 우려가 더 크며, 또 보는 각도에 따라서는 감사원의 자치사무에 대한 합목적성 감사가 허용되었기 때문에 상대적으로 행정안전부장관의 자치사무 감사의 필요성도 그만큼 감소되었다고 볼 여지도 있다.

그런 견지에서 2009년 5월 28일의 2006헌라6 결정은 지방자치법 제171조에 따른 자치사무에 대한 행정안전부장관 등의 감사의 범위와 한계를 분명히 함으로써 자치사무 감사를 둘러싼 중앙행정기관과 자치단체 간의 관계에 관한 법적 불확실성을 제거한 리딩케이스로 뚜렷이 기록될 것이다.

Ⅴ. 결론

서울특별시와 정부 간의 권한쟁의 심판청구사건에 대한 헌법재판소의 2006헌라6 결정을 통해 지방자치법 제171조 단서에 따라 자치사무에 관해서는 법령위반사항에 대해서만 감사할 수 있고, 그 밖의 사항 즉, 합목적성여부에 대한 의심이 있는 경우라 하더라도 감사를 할 수 없다는 점이 분명히 확인되었다. 아울러 지방자치법 제171조 단서의 규정이 자치사무에 대한 감사를 법령위반사항에 국한시킨 것은 헌법이 지방자치의 본질적인 내용을 보장하고 위한 것이며, 따라서 자치사무에 관하여 특정한 법령위반행위가 확인되었거나 위법행위가 있었으리라는 합리적 의심이 가능한 경우, 그리고 감사대상을 특정한 경우에만 감사를 개시할 수 있다는 점도 확인되었다.

헌법재판소의 2006헌라6 결정은 행정안전부장관이 지방자치단체 자치사무에 대한 포괄적·일반적 사전감사권을 가지고 있는지 여부에 관한 논란에 종지부를 찍었을 뿐만 아니라 종종 정치적인 의도로 이뤄졌던 특정 지자체에 대한 '표적 감사'나 지자체 자치사무에 대한 무작위적인 자료 요청 관행 등 무분별한 감사 관행을 종식시키는 계기를 마련한 획기적인 결정으로 평가 받아 마땅하다. 한편, 자치사무에 대한 감사의 개시요건과 관련하여 "중앙행정기관이 이 사건 관련규정상의 감사에 착수하기 위해서는 자치사무에 관하여 특정한 법령위반행위가 확인되었거나 위법행위가 있었으리라는 합리적 의심이 가능한 경우이어야 하고, 또한 그 감사대상을 특정해야 한다고 봄이 상당하다."라고 판시한 헌법재판소의 사법적극주의는 의당 높이 평가할 만하지만, 이 부분은 국회입법을 통한 입법적 형성이 뒤따르기를 기대한다.

제57장
경찰권 발동의 근거와 한계*

Ⅰ. 쟁점

국민의 안전과 재산을 보호하고 질서를 유지하는 질서 및 경찰행정은 가장 오래되고 본질적인 국가임무에 속한다. 그런데 공공 안녕과 질서에 대한 위험의 방지라는 경찰목적의 달성을 위해 불가피하게 일정한 범위에서 국민의 권리·자유를 제한해야 할 경우가 생긴다. 경찰작용의 실제를 보더라도 경찰권은 주로 명령·강제를 내용으로 하는 권력적 수단을 통해 행사되는 경우가 많고, 권력적·침익적 행위가 경찰의 주된 수단이라고 해도 과언이 아니다. 경찰권의 행사가 어느 분야보다 더 법치행정의 원칙과 밀접한 관련을 맺을 수밖에 없는 이유이다.

법치행정의 원칙에 따라 경찰이 국민의 자유·권리를 침해하거나 제한하는 조치를 취하려면 사전에 법률의 근거가 마련되어 있어야 한다. 그리고 경찰이 임무수행을 침익적 수단에 크게 의존하므로, 침익적 경찰조치의 근거, 요건, 한계를 명확히 함으로써 법적 통제가 가능하도록 해야 한다. 질서·경찰행정에 대한 법치주의적 제어가 경찰법의 주된 관심사가 되는 이유이다.

경찰권을 발동하려면 반드시 법률의 근거가 있어야 한다는 것은 법치주의 또는 법률에 의한 행정의 원칙에 따른 당연한 귀결이다. 헌법 제37조 제2항은 “국민의 모든 자유와 권리는 …… 질서유지를 위하여 법률로써 제한할 수 있다.”라고 규정하고 있다. 국민의 권리·자유를 제한하는 경우에도 일정한 한계가 있고, 또 어떤 경우에도 국민의 자유와 권리의 본질

* 홍준형, 『행정법』, 법문사, 2017, 1366-1401을 토대로 수정·보완한 것임.

적인 내용을 침해할 수는 없다(헌법 § 37 ② 후단). 법률이 '구체적으로 범위를 정하여' 위임한 경우에 한하여(헌법 §§ 75, 95) 법규명령이 경찰권의 발동의 근거가 될 수도 있다.

이렇듯 경찰권의 발동은 반드시 법률에 그 근거를 두어야 한다고 할 때, 그 근거법규범의 성격이 문제된다. 오늘날처럼 법치주의가 발달된 상황에서는 임무부과규범(Aufgaben-zuweisungsnorm)과 권한규범(Befugnisnorm)을 엄격히 분리해야 하기 때문이다.[1] 임무규범이란 조직법상 권한분장관계를 규율하기 위한 규범으로서 다른 행정청과의 직무의 한계를 설정하는 것을 목적으로 한다. 경찰법상 임무규범은 법적으로 허용되는 경찰작용의 외적 한계를 설정하는 것으로 개인의 권리침해와 무관한 경찰작용의 한계를 규정하는 규범이다. 이에 반하여 권한규범이란 행정청에 부여된 임무를 전제로 이의 범위 내에서 개인의 권리를 침해하는 조치를 취할 수 있는 권한을 부여하는 규범을 말한다. 임무와 권한은 상이한 개념이지만, 권한은 임무를 전제한 것이므로 권한에 관한 규정은 해당 사항에 관한 임무의 내용을 구체화하는 법적 근거가 될 수 있다. 양자는 '목적과 수단의 관계'에 있고,[2] 권한에 대한 규정들은 임무의 내용을 반영한다.[3] 그러나 거꾸로 **임무규정에서 반드시 권한이 도출되는 것은 아니며, 임무에서 권한을 도출하는 것은 법치국가에서는 허용되지 않는다.**[4] 임무를 구체적으로 어떻게 실현할 것인지는 임무 그 자체로부터 직접 도출될 수 없고, 입법권자가 정치 · 사회 · 경제 · 문화적 상황을 고려하여 구체화해야 할 사항이다. 그러나 경찰권 발동을 위해 권한규범에 의한 수권이 필요하고, 임무규범만을 근거로 해서는 경찰권을 발동할 수 없다는 것은 섣부른 결론이다. 권한규범에 의한 수권이 필요한 것은 침익적 처분, 특히 기본권침해를 가져오는 처분의 경우에 한하며, 임무규범은, 개인의 권리, 특히 기본권을 침

1) 권한규범과 임무규범의 엄격한 구별은 독일 경찰행정법에서 유래한다. 임무규범으로부터 권한을 도출하려는 시도는 가령 1794년 프로이센 일반란트법 제2장 제7절 제10조와 관련하여 이루어졌다. 이 조항은 "공적 정온 · 안전 및 질서를 유지하고 공공단체 또는 그 구성원에 발생하는 위험을 제거하기 위하여 필요한 조치를 취하는 것이 경찰의 직무이다."라고 규정하고 있었는데, 이러한 임무규범을 당시 경찰권 발동의 보충적 수권조항으로 해석하였다. 오늘날 유럽법에서도 권한규범 없이 임무규범만 존재하는 경우에 그로부터 권한의 존재를 인정하려는 경향이 남아 있다. 독일의 경우 남독 지역의 주들이 일찍부터 양자를 구별해 왔던 반면, 프로이센 경찰법에서는 이를 강조하지 않았다고 한다. 이후 통일경찰법 모범초안(MEPolG)이 각각 양자를 구별하여 별도의 장(제1장과 제2장)에서 규율하였고, 이 모범초안을 반영한 모든 주들의 경찰법에서 양자를 구별하고 있다(V. Götz, *Allgemeines Polizei- und Ordnungsrecht*, 14.Aufl., 2008, § 7 Rn.1-2). 이에 대하여 상세한 것은 V. Götz, § 7 Rn.1-7; F. Schoch, "Polizei- und Ordnungsrecht," in: E. Schmidt-Aßmann und F. Schoch (Hrsg.), *Besonderes Verwaltungsrecht*, 14.Aufl., 2De Gruyter, 008, 2 Rn.32-33, S.150-151 등을 참조.

2) R. Stettner, *Grundfragen einer Kompetenzlehre*, Duncker & Humblot, 1983, S.154ff, 159ff., 320ff.(김동희, 『행정법 II』, 195에서 재인용).

3) H.P. Bull, *Die Staatsaufgaben nach dem Grundgesetz*, 2.Aufl., C.F. Müller, 1977, S.152(김동희, 『행정법 II』, 195에서 재인용).

4) F. Schoch, op. cit., 2 Rn.33, S.150-151.

해하는 효과를 가지지 않는 경찰의 위험방지활동을 위해서는, 경우에 따라 법률유보의 원칙이 적용되어 법률의 근거가 필요한 경우가 있을 수 있지만, 충분한 법적 근거가 될 수 있다.[5] 즉, 원칙적으로 침익적 효과를 가지는 경찰권 발동을 위해서만 권한규범에 의한 수권이 필요하다.

경찰의 침해적 조치를 위한 법적 근거는 입법기술상 두 가지 형태로 나타날 수 있다. 하나는 개별적·구체적 사안에 관하여 특정한 종류·내용의 조치(표준조치: Standardmaßnahme)에 대한 법적 근거를 마련하는 방법이고(개별적 수권조항 또는 특별수권조항), 다른 하나는 위험방지 직무와 관련하여 이에 필요한 경찰처분의 권한에 대한 법적 근거를 포괄적으로 부여하는 방법이다(일반수권조항 또는 개괄수권조항). 두 가지 방법은 서로 배척하는 것이 아니라 전자를 전제로 후자가 보충적으로 적용되는 상호보완관계에 놓여 있다.

침익적 효과를 가지는 경찰권의 발동은 원칙적으로 개별적 수권규범에 근거하여야 한다. 반면 개별적 수권규범이 없는 경우 공공의 안녕 혹은 공공의 질서에 대한 위험을 방지 또는 제거하기 위하여 경찰권을 발동할 수 있도록 일반조항 내지 개괄조항을 두는 것이 허용되는지, 또한 그것이 허용된다고 할 때 현행법상 그런 일반조항이 존재하는지 여부가 문제된다.

Ⅱ. 개별적 수권규정에 근거한 경찰권 발동

1. 개설

경찰권 발동은 일반수권조항 외에 개별적인 경우 구체적인 경찰조치를 취할 수 있는 권한을 수여하는 개별적 수권조항에 근거하여 이루어질 수 있다. 특별수권규정이 있는 한도 내에서 일반수권조항은 적용되지 않고(적용의 우위: Anwendungsvorrang), 일반수권조항은 특별수권조항에 대하여 보충적으로만 적용된다.[6] 따라서 경찰권 행사의 허용여부나 적법성 여부가 문제되는 경우에는 일차적으로 개별적 수권조항의 존부를 먼저 검토해 보아야 한다.

개별적 수권조항에 의한 경찰권발동의 수권방법은 일반경찰법상 개별수권조항에 근거한 경찰권 발동, 즉 표준조치와 특별법상 개별수권조항에 의한 경우 두 가지로 나뉜다.

「경찰관 직무집행법」이 경찰처분에 대한 개별적 수권으로 제3조에서 불심검문(정지, 질

5) V. Götz, op. cit., § 7 Rn.7-8.
6) F. Schoch, op. cit., Rn.53.

문), 임의동행요구, 흉기조사, 제4조에서 보호조치, 임시영치, 제5조에서 위험방지조치(경고, 억류, 피난, 접근 또는 통행의 제한 등), 제6조에서 경고, 범죄행위 제지, 제7조에서 위험방지를 위한 출입(타인의 토지 · 건물 · 배 또는 차에의 출입, 수색), 제8조에서 사실 확인, 출석요구 등을 규정하고 있는 것이 전자의 경우이고, 분야별 각 단행법들이 특별수권조항을 두고 있는 것이 후자의 경우이다.

2. 표준조치

(1) 개념

표준조치 또는 표준처분이란 일반 경찰법상 개별수권규정에 의한 경찰권 행사로서, 전형적인 경찰조치들을 유형화한 것이다. 경찰권직무집행법 제3조 내지 제10조의4에서 규정한 조치들이 그 전형적인 예이다. 표준조치의 법적 성질에 관해서는 이를 행정행위라고 보는 견해와 사실행위로 보는 견해가 대립하지만, 표준조치 전부에 대하여 일률적으로 성질을 결정할 수는 없다. 표준조치들 가운데는 행정상 즉시강제에 해당하는 경우가 대부분이지만,[7] 그 법적 성질은 행정행위(예: 출석요구), 또는 행정행위와 사실행위가 결합된 형태(예: 위험발생 방지를 위한 억류나 피난조치), 권력적 사실행위(예: 범죄행위의 제지, 긴급시 사실 확인, 무기의 사용 등), 또는 비권력적 사실행위(경고, 미아 · 병자 · 부상자등으로서 적당한 보호자가 없으며 응급의 구호를 요하는 자의 보호조치) 등 한결같지 않다.

독일에서도 표준조치의 법적 성질에 관해서는 특히 억류, 수색, 압류, 조사 등과 관련하여 논란이 있다.[8] 특히 문제가 되는 것은 강제조치의 실행단계에서 행정행위의 성질을 가지는 선행명령이 있었다고 볼 수 있는지 여부인데, 고전적인 견해는 그러한 조치들의 실행은 일정한 의무를 부과하는 명령이 전제되어야 하며 그 명령은 행정행위의 성질을 가진다고 보는 데 비해, 오늘날에는 경찰실무상 수색이나 압류 조치의 경우, 수명자가 부재하거나 행위능력이 없는 경우가 많기 때문에 또는 그러한 명령의 실재를 증명하기가 어렵기 때문에 그와 같은 명령을 행정행위로 볼 수 없다고 주장하는 반대론이 널리 확산되어 있다. 사람에 대한 억류조치의 경우조차도 '수인의무 발생을 위한 행정행위'란 허구(fiktiv)이며 따라서 불필요하다는 비판이 제기되고 있다.[9] 이 문제는 행정절차법의 적용과 권리구제를 위한 행정소

7) 가령 「경찰관 직무집행법」 제6조 제1항에 의한 범죄행위의 제지는 행정상 즉시강제의 일종이다(대법원 2009.8.20. 선고 2009도3624 판결).

8) V. Götz, op. cit., § 12 Rn.3ff.

9) T. Finger, "Polizeiliche Standardmaßnahmen und ihre zwangsweise Durchsetzung: Rechtsnatur,

송유형과 관련하여 차이를 가져오지만, 행정행위의 존재가 인정되지 않는다 하더라도 일반 확인소송(allgemeine Feststellungsklage)이 가능하므로 실제상 큰 차이는 없다고 한다. 가장 중요한 차이는 강제집행 문제와 관련하여 생기는데, 행정행위가 전제되어야 의무가 성립하고 그 의무이행을 위한 직접강제 등 강제집행의 대상이 될 수 있기 때문이다.[10] 표준조치의 법적 성질을 사실행위로 볼 경우 그 집행을 위하여 행정행위를 함께 발급해야 할 필요가 생긴다는 점에서 굇츠(Götz)는 다수설과 달리 억류, 수색, 압류 및 조사활동은 통일적으로 명령되고 상대방에게 수인의무나 협력의무를 발생시키는 행정행위로 보아야 한다고 한다.[11] 가령 가택을 출입할 경우 그 상대방이 부재하거나 행위능력이 없는 경우에는 행정행위로서 그와 같은 명령이 행해졌다고 볼 수는 없겠지만, 해당 표준조치를 규율하는 권한규범을 근거로 경찰이 직접 그러한 조치를 시행하는 것은 가능하다는 것이다. 그 경우 규율대체적인 사실행위(regelungsersetzender Realakt)의 문제가 될 것이라고 한다. 인적 저항을 실력으로 진압하거나 물건을 손상시키는 직접강제 또한 이 경우에는 출입, 수색, 압류 등에 관한 권한규범 그 자체만으로는 뒷받침될 수 없기 때문에 그 법적 근거를 집행력있는 행정행위나 즉시집행에서 찾아야 한다는 것이다.[12]

표준조치에 영장이 필요한지 여부가 문제된다. 이에 대해서는 영장이 필요하지 않다는 견해[13]가 있다. 「경찰관 직무집행법」상 정신착란자, 주취자, 자살기도자 등 응급의 구호를 요하는 자를 24시간을 초과하지 아니하는 범위 내에서 경찰관서에 보호조치하는 경우 영장 없이 할 수 있다고 보아야 할 경우가 있지만, 즉시강제에 대해서도 법률의 근거가 필요하고, 원칙적으로 영장주의가 타당하며, 그 배제나 제한은 법률에 특별한 규정이 있는 예외적 경우에만 가능하다고 보는 학계의 지배적 견해에 비추어 그렇게 일반화할 수 있을지 의문이다.[14]

(2) 한계

「경찰관 직무집행법」은 이들 직권은 직무수행에 필요한 최소한도에서 행사되어야 하고 남용해서는 아니 된다고 규정한다(§ 1 ②). 또한 제12조에서 경찰관의 의무 위반이나 직권 남용으로 타인에게 해를 끼친 경우에 대한 벌칙을 규정하여 실효성을 뒷받침하고 있다.

Rechtsgrundlage und Rechtsschutz am Beispiel der Ingewahrsamnahme," *JuS*, 2005, 116.

10) 즉시집행(sofortiger Vollzug)은 제외.

11) V. Götz, op. cit., § 12 Rn.5.

12) V. Götz, op. cit.

13) 홍정선, 『행정법특강』(제15판), 2016, 952.

14) 자세한 내용은 행정상 즉시강제에 관한 설명을 참조.

(3) 불심검문

① 개설

「경찰관 직무집행법」은 제3조에서 불심검문, 즉 범죄를 예방하고 범죄인을 발견하기 위한 질문, 동행요구의 근거와 절차에 관한 규정을 두고 있다.

불심검문이란 경찰관이 수상한 거동 기타 주위의 사정을 합리적으로 판단하여 어떠한 죄를 범하였거나 범하려 하고 있다고 의심할 만한 상당한 이유가 있는 사람 또는 이미 행해진 범죄나 행해지려 하는 범죄행위에 관하여 그 사실을 안다고 인정되는 사람을 정지시켜 질문하는 것을 말한다(§ 3 ①). 경찰관은 질문을 할 때 흉기 소지여부를 조사할 수 있다(§ 3 ③).

② 임의동행

불심검문을 할 경우 정지시킨 그 장소에서 질문을 하는 것이 그 사람에게 불리하거나 교통에 방해가 된다고 인정될 때에는 질문을 하기 위하여 가까운 경찰서·지구대·파출소 또는 출장소(지방해양경찰관서를 포함한다. 이하 "경찰관서"라 한다.)에 동행할 것을 요구할 수 있다(§ 3 ②). 이 경우 동행을 요구받은 사람은 그 요구를 거절할 수 있다. 이러한 의미에서 임의에 따른 동행이라는 점에서 '임의동행'이라 부른다. 동행요구를 거절하는 경우에도 경찰관은 물리력을 행사할 수 없고 이에 저항하더라도 공무집행방해죄를 구성하지 않는다.

<판례>

경찰관이 임의동행요구에 응하지 않는다 하여 강제연행하려고 대상자의 양팔을 잡아 끈 행위는 적법한 공무집행이라고 할 수 없으므로 그 대상자가 이러한 불법연행으로부터 벗어나기 위하여 저항한 행위는 정당한 행위라고 할 것이고 이러한 행위에 무슨 과실이 있다고 할 수 없다.[15)]

질문하거나 동행을 요구할 경우 경찰관은 당해인에게 자신의 신분을 표시하는 증표를 제시하면서 소속과 성명을 밝히고 동행의 목적과 이유를 설명하여야 하며, 동행을 요구하는 경우에는 동행 장소를 밝혀야 한다(§ 3 ④). 임의동행을 한 경우 경찰관은 동행한 사람의 가족이나 친지 등에게 동행한 경찰관의 신분, 동행 장소, 동행 목적과 이유를 알리거나 본인에게 즉시 연락할 수 있는 기회를 주어야 하며, 변호인의 도움을 받을 권리가 있음을 알려야 한다(§ 3 ⑤). 경찰관은 임의동행한 사람을 6시간 이상 경찰관서에 머물게 할 수 없다(§ 3 ⑥).

임의동행은 상대방의 동의 또는 승낙을 그 요건으로 하는 것이므로 경찰관으로부터 임의동행 요구를

---

15) 대법원 1992.5.26. 선고 91다38334 판결.

받은 경우 상대방은 이를 거절할 수 있을 뿐만 아니라 임의동행 후 언제든지 경찰관서에서 퇴거할 자유가 있다 할 것이고, 「경찰관 직무집행법」 제3조 제6항이 임의동행한 경우 당해인을 6시간을 초과하여 경찰관서에 머물게 할 수 없다고 규정하고 있다고 하여 그 규정이 임의동행한 자를 6시간 동안 경찰관서에 구금하는 것을 허용하는 것은 아니다.[16]

변호인의 조력을 받을 권리를 실질적으로 보장하기 위하여는 변호인과의 접견교통권의 인정이 당연한 전제가 된다고 할 것이므로, 임의동행의 형식으로 수사기관에 연행된 피의자에게도 변호인 또는 변호인이 되려는 자와의 접견교통권은 당연히 인정된다고 보아야 할 것이고, 임의동행의 형식으로 연행된 피내사자의 경우에도 마찬가지라 할 것이다.[17]

③ 신체구속등의 금지

불심검문으로 질문을 받거나 동행을 요구받은 사람은 형사소송에 관한 법률에 따르지 아니하고는 신체를 구속당하지 아니하며, 의사에 반하여 답변을 강요당하지 아니한다(§ 3 ⑦).

(4) 보호조치 및 긴급구호

경찰관은 수상한 행동 그 밖의 주위의 사정을 합리적으로 판단해 볼 때 다음 어느 하나에 해당함이 명백하고 응급구호가 필요하다고 믿을 만한 상당한 이유가 있는 사람("구호대상자")을 발견하였을 때에는 보건의료기관이나 공공구호기관에 긴급구호를 요청하거나 경찰관서에 보호하는 등 적절한 조치를 할 수 있다(§ 4 ①).

1. 정신착란을 일으키거나 술에 취하여 자신 또는 다른 사람의 생명·신체·재산에 위해를 끼칠 우려가 있는 사람
2. 자살을 시도하는 사람
3. 미아, 병자, 부상자 등으로서 적당한 보호자가 없으며 응급구호가 필요하다고 인정되는 사람. 다만, 본인이 구호를 거절하는 경우는 제외한다.

정신착란을 일으키거나 술에 취해 자신 또는 다른 사람의 생명·신체·재산에 위해를 끼칠 우려가 있는 사람과 자살을 시도하는 사람에 대한 보호조치는 행정상 즉시강제에 해당한다.[18]

---

16) 대법원 1997.8.22. 선고 97도1240 판결(공무집행방해·폭력행위등처벌에관한법률위반).
17) 대법원 1996.6.3. 선고 96모18 결정(사법경찰관의처분취소에대한재항고).
18) 김철용, 『행정법 II』(제10판), 박영사, 2010, 302.

<위법한 구금과 국가배상책임>

구 윤락행위등방지법(1995.1.15. 법률 제4911호로 전문 개정되기 전의 것) 및 같은 법 시행령(1995. 11.30. 대통령령 제14816호로 전문 개정되기 전의 것) 등 관계 규정에 의하더라도 '요보호여자'에 대한 수용보호처분은 오로지 보호지도소측에서 할 수 있도록 되어 있고, 보호지도소에서 '요보호여자'를 수용할 때까지 경찰관서에서 '요보호여자'를 경찰서 보호실에 강제로 유치할 수 있는 아무런 근거 규정이 없을 뿐 아니라, 「경찰관 직무집행법」 제4조 제1항, 제4항의 규정에 의하면 경찰서 보호실에의 유치는 정신착란자, 주취자, 자살기도자 등 응급의 구호를 요하는 자를 24시간을 초과하지 아니하는 범위 내에서 경찰관서에서 보호조치하기 위한 경우에만 제한적으로 허용될 뿐이라고 할 것이어서, 구 윤락행위등방지법 제7조 제1항 소정의 '요보호여자'에 해당한다 하더라도 그들을 경찰서 보호실에 유치하는 것은 영장주의에 위배되는 위법한 구금에 해당한다.[19]

가. 경찰서에 설치되어 있는 보호실은 영장대기자나 즉결대기자등의 도주방지와 경찰업무의 편의 등을 위한 수용시설로서 사실상 설치, 운영되고 있으나 현행법상 그 설치근거나 운영 및 규제에 관한 법령의 규정이 없고, 이러한 보호실은 그 시설 및 구조에 있어 통상 철창으로 된 방으로 되어 있어 그 안에 대기하고 있는 사람들이나 그 가족들의 출입이 제한되는 등 일단 그 장소에 유치되는 사람은 그 의사에 기하지 아니하고 일정장소에 구금되는 결과가 되므로, 「경찰관 직무집행법」상 정신착란자, 주취자, 자살기도자 등 응급의 구호를 요하는 자를 24시간을 초과하지 아니하는 범위내에서 경찰관서에 보호조치할 수 있는 시설로 제한적으로 운영되는 경우를 제외하고는 구속영장을 발부받음이 없이 피의자를 보호실에 유치함은 영장주의에 위배되는 위법한 구금으로서 적법한 공무수행이라고 볼 수 없다.

나. 「경찰관 직무집행법」 제4조 제1항, 제4항에 의하면 경찰관은 수상한 거동 기타 주위의 사정을 합리적으로 판단하여 술 취한 상태로 인하여 자기 또는 타인의 생명, 신체와 재산에 위해를 미칠 우려가 있는 자에 해당함이 명백하며 응급의 구호를 요한다고 믿을만한 상당한 이유가 있는 자를 발견한 때에는 24시간을 초과하지 아니하는 범위 내에서 동인을 경찰관서에 보호하는 등 적절한 조치를 취할 수 있으나, 이 경우에도 경찰관이 이러한 조치를 한 때에는 지체없이 이를 피구호자의 가족, 친지 기타의 연고자에게 그 사실을 통지하여야 없다.[20]

보호조치와 긴급구호를 할 것인지 여부, 그리고 어떠한 내용의 조치를 취할 것인지는 경찰관의 재량에 맡겨져 있다. 판례 또한 '「경찰관 직무집행법」 제4조 제1항에 의한 긴급구호권한과 같은 경찰관의 조치권한은 일반적으로 경찰관의 전문적 판단에 기한 합리적인 재량에

---

19) 대법원 1998.2.13. 선고 96다28578 판결: 경찰관이 구 윤락행위등방지법상 '요보호여자'가 아닌 여자를 지도소의 신병 인수시까지 영장 없이 경찰서보호실에 강제 유치한 경우, 영장주의 적용이 배제되는 행정상 즉시강제라는 국가의 주장을 배척하고, 영장주의에 위배되는 위법한 구금일 뿐만 아니라 '요보호여자'로 보아 수용보호를 의뢰한 데에도 과실이 있다는 이유로 국가배상책임을 인정한 사례.

20) 대법원 1994.3.11. 선고 93도958 판결(폭력행위등처벌에관한법률위반).

위임되어 있는 것'이라고 판시하고 있다.[21] 그러나 이 재량권은 무제한적이지 않으며 경찰관은 하자 없는 재량행사의 의무를 진다. 또한 재량권이 영으로 수축되어 단 하나의 보호조치 또는 긴급구호조치만이 하자 없는 재량행사라고 판단되고 그 경우 반드시 그 조치를 해야 할 기속을 받으며 당사자는 그에 상응하여 그 조치를 해달라고 요구할 권리를 가지게 된다.

<긴급구호권의 불행사와 국가배상책임>

긴급구호권한과 같은 경찰관의 조치권한은 일반적으로 경찰관의 전문적 판단에 기한 합리적인 재량에 위임되어 있는 것이나, 그렇다고 하더라도 구체적 상황하에서 경찰관에게 그러한 조치권한을 부여한 취지와 목적에 비추어 볼 때 그 불행사가 현저하게 불합리하다고 인정되는 경우에는, 그러한 불행사는 법령에 위반하는 행위에 해당하게 되어 국가배상법상의 다른 요건이 충족되는 한, 국가는 그로 인하여 피해를 입은 자에 대하여 국가배상책임을 부담한다.[22]

1. 주취운전이라는 범죄행위로 당해 음주운전자를 구속・체포하지 아니한 경우에도 필요하다면 그 차량열쇠는 범행 중 또는 범행직후의 범죄장소에서의 압수로서 형사소송법 제216조제3항에 의하여 영장 없이 이를 압수할 수 있다.
2. 경찰관의 주취운전자에 대한 권한행사가 관계법률의 규정형식상 경찰관의 재량에 맡겨져 있다고 하더라도, 그러한 권한을 행사하지 아니한 것이 구체적인 상황하에서 현저하게 합리성을 잃어 사회적 타당성이 없는 경우에는 경찰관의 직무상 의무를 위배한 것으로서 위법하게 된다.[23]

긴급구호요청을 받은 보건의료기관이나 공공구호기관은 정당한 이유 없이 긴급구호를 거절할 수 없다(§ 4 ②).

보호조치나 긴급구호 조치를 하는 경우 피구호자가 휴대하고 있는 무기・흉기등 위험을 일으킬 수 있는 것으로 인정되는 물건은 경찰관서에 임시로 영치하여 놓을 수 있다(§ 4 ③).

---

21) 대법원 1996.10.25. 선고 95다45927 판결; 1998.5.8. 선고 97다54482 판결.

22) 대법원 1996.10.25. 선고 95다45927 판결: 정신질환자의 평소 행동에 포함된 범죄 내용이 경미하거나 범죄라고 볼 수 없는 비정상적 행동에 그치고 거동 기타 주위의 사정을 합리적으로 판단하더라도 정신질환자에 의한 집주인 살인범행에 앞서 그 구체적 위험이 객관적으로 존재하고 있었다고 보기 어려운 경우, 경찰관이 그때 그때 상황에 따라 그 정신질환자를 훈방하거나 일시 정신병원에 입원시키는 등 「경찰관 직무집행법」에 따른 긴급구호조치를 취했고, 정신질환자가 퇴원하자 정신병원 장기 입원치료를 받는 데 도움이 되도록 생활보호대상자 지정의뢰를 하는 등 그 나름대로의 조치를 취한 이상, 더 나아가 경찰관들이 정신질환자의 살인범행 가능성을 막을 수 있을 만한 다른 조치를 취하지 아니하였거나 입건・수사하지 아니하였다고 하여 이를 법령에 위반하는 행위에 해당한다고 볼 수 없다는 이유로, 사법경찰관리의 수사 미개시 및 긴급구호권 불행사를 이유로 제기한 국가배상청구를 배척한 사례.

23) 대법원 1998.5.8. 선고 97다54482 판결(구상금): 음주운전으로 적발된 주취운전자가 도로 밖으로 차량을 이동하겠다며 단속경찰관으로부터 보관 중인 차량열쇠를 반환받아 몰래 차량을 운전해 가던 중 사고를 일으킨 경우, 국가배상책임을 인정한 사례.

경찰관서에서의 보호는 24시간을, 임시영치는 10일을 초과할 수 없다(§ 4 ⑦).

(5) 위험발생 방지조치

① 의의 및 요건

위험방지(Gefahrenabwehr) 조치란 사람의 생명 또는 신체에 위해를 미치거나 재산에 중대한 손해를 끼칠 우려가 있는 위험한 사태가 발생할 경우 경찰관이 취해야 할 가장 기본적인 조치를 통칭한다. 「경찰관 직무집행법」 제5조 제1항에 따르면, 경찰관은 사람의 생명 또는 신체에 위해를 끼치거나 재산에 중대한 손해를 끼칠 우려가 있는 천재(天災), 사변(事變), 인공구조물의 파손이나 붕괴, 교통사고, 위험물의 폭발, 위험한 동물 등의 출현, 극도의 혼잡, 그 밖의 위험한 사태가 있을 때에는 다음 조치를 취할 수 있다.

1. 그 장소에 모인 사람, 사물(事物)의 관리자, 그 밖의 관계인에게 필요한 경고를 하는 것
2. 매우 긴급한 경우에는 위해를 입을 우려가 있는 사람을 필요한 한도에서 억류하거나 피난시키는 것
3. 그 장소에 있는 사람, 사물의 관리자, 그 밖의 관계인에게 위해를 방지하기 위하여 필요하다고 인정되는 조치를 하게 하거나 직접 그 조치를 하는 것

법 제5조 제1항은 위험 사태에 해당하는 경우로 천재, 사변, 인공구조물의 파손이나 붕괴, 교통사고, 위험물의 폭발, 위험한 동물 등의 출현, 극도의 혼잡 기타 위험 사태를 예시하고 있으나 위험 사태가 이에 국한되지 않음은 분명한다. 법은 위험 사태에 처하여 위험방지조치로 그 장소에 모인 사람이나 사물의 관리자, 기타 관계인에 대한 경고, 억류 및 피난조치 등을 열거하고, 이들이 필요한 위험방지조치를 하게 하거나 스스로 그 조치를 할 수 있다고 규정한다(§ 5 ①). 이 조항은 그 요건의 해석이나 요건 충족시 취할 수 있는 경찰수단에 관하여 매우 광범위한 선택의 여지를 허용하는 것으로 이해된다.

1. 경찰관 직무집행법 제5조는 경찰관은 인명 또는 신체에 위해를 미치거나 재산에 중대한 손해를 끼칠 우려가 있는 위험한 사태가 있을 때에는 그 각 호의 조치를 취할 수 있다고 규정하여 형식상 경찰관에게 재량에 의한 직무수행권한을 부여한 것처럼 되어 있으나, 경찰관에게 그러한 권한을 부여한 취지와 목적에 비추어 볼 때 구체적인 사정에 따라 경찰관이 그 권한을 행사하여 필요한 조치를 취하지 아니하는 것이 현저하게 불합리하다고 인정되는 경우에는 그러한 권한의 불행사는 직무상의 의무를 위반한 것이 되어 위법하게 된다.
2. 경찰관이 농민들의 시위를 진압하고 시위과정에 도로 상에 방치된 트랙터 1대에 대하여 이를 도로 밖으로 옮기거나 후방에 안전표지판을 설치하는 것과 같은 위험발생방지조치를 취하지 아니한 채

그대로 방치하고 철수하여 버린 결과, 야간에 그 도로를 진행하던 운전자가 위 방치된 트랙터를 피하려다가 다른 트랙터에 부딪혀 상해를 입은 사안에서 국가배상책임을 인정한 사례.[24)]

법 제5조에서 경고조치, 억류 또는 피난조치 기타 위해방지상 필요한 조치명령이나 조치를 할 권한은 규정의 문언형식으로 보나 내용으로 보아 재량권의 성질을 가지는 것으로 판단된다. 경찰관은 위험사태가 발생한 경우 경찰관에게 그러한 권한을 부여한 「경찰관 직무집행법」의 취지와 목적에 비추어 그 위험의 내용이나 정도, 기타 관계제이익 등을 고려하여 위험방지조치를 할 것인지 여부(결정재량)와 필요하다고 인정되는 위험방지조치의 선택(선택재량)에 관하여 재량을 가진다. 대법원이 「경찰관 직무집행법」 제5조를 재량수권규정으로 이해하면서도 경찰관에게 그러한 조치권한을 부여한 취지와 목적에 비추어 볼 때 구체적 상황에 따라 그 불행사가 현저하게 불합리하다고 인정되는 경우에는, 그러한 불행사가 법령에 위반하는 행위에 해당한다고 판시한 것은 매우 주목할 만한 것이다. 이는 단순히 재량권의 한계일탈을 지적한 것이 아니라 부작위로 인한 국가배상책임을 인정하기 위한 전제로서 이른바 재량권수축의 여지를 사실상 시인한 것이라고 이해되기 때문이다.

'재량권의 영으로의 수축'(Ermessensreduzierung auf Null) 또는 '재량권수축'(Ermessensschrumpfung)이란 재량권이 인정되는 때에도 구체적인 상황에 따라서는 그 관계법규의 해석·적용상 특정한 처분 이외의 어떠한 처분도 적법한 재량행사라고 인정될 수 없는 경우가 있을 수 있으며, 그 경우 선택가능성이 단일한 대안으로 귀착되는 것을 말한다. 즉, 오로지 하나의 결정만이 하자 없는 재량(ermessensfehlerfrei)으로 인정되며, 다른 모든 결정들은 하자 있는 재량의 행사(ermessensfehlerhaft)가 되는 경우 재량권이 수축되었다고 말하는 것이다. 따라서 그 경우 행정청은 바로 그 유일하게 남아 있는 결정을 선택하지 않으면 안 된다. 예컨대, 경찰관청은 중대한 법익에 대한 현저한 위해가 발생한 경우와 같은 일정한 경우 그 개입여부나 여러 대안 중에서 어느 것을 선택할지에 대하여 원칙적으로 재량권을 가지는 경우가 많은데, 재량권의 수축이 일어나면 그 유일한 결정을 하지 않으면 안 될 기속을 받게 된다. 이러한 재량권수축은 특히 기본권에 대한 위해나 기타 헌법규정에 대한 침해가능성이 있는 경우에도 일어날 수 있다.[25)] 아울러 위험방지권한의 불행사로 직무상 의무 위반에 따른 국가배상책임이 인정되었다면, 구체적인 사례상황에서 위험방지권한의 불행사로

---

24) 대법원 1998.8.25. 선고 98다16890 판결.

25) H. Maurer, *AllgVerwR.* § 7 Rn.25. 독일의 경우 Maurer는 도로의 특별사용허가(Sondernutzungserlaubnis)를 그러한 예로 들고 있다. 즉, 도로법상 도로관청은 재량에 의하여 특별사용허가를 발급하지만, 기본법 제2조 제1항 및 제38조 제1항과 관련하여 선거운동기간 동안에는 정당의 선거용 플래카드에 대하여는 원칙적으로 특별사용허가를 발급해야 한다고 한다.

손해를 입을 우려가 있는 사인이 경찰의 직무상 의무에 상응하는 위험방지조치를 요구할 수 있는 공법상 청구권, 또 경우에 따라서는 제3자에 대한 관계에서 경찰관청에게 일정한 조치를 요구하는 행정개입청구권(Rechtsanspruch auf polizeiliches Einschreiten)이 인정될 여지가 있다.[26)]

한편 대간첩작전수행 또는 소요사태의 진압을 위하여 필요하다고 인정되는 상당한 이유가 있을 때, 경찰관서의 장은 대간첩작전지역 또는 경찰관서・무기고 등 국가 중요시설에 대한 접근 또는 통행을 제한하거나 금지할 수 있다(§ 5 ②).

② 절차

경찰관이 위험방지조치를 하였을 때에는 지체 없이 이를 소속 경찰관서의 장에게 보고하여야 하며(§ 5 ③), 보고를 받은 경찰관서의 장은 관계기관의 협조를 구하는 등 적절한 조치를 하여야 한다(§ 5 ④).

(6) 범죄의 예방과 제지

법은 제6조에서 범죄행위가 목전에 행해지려 한다고 인정될 때에는 예방을 위하여 관계인에게 필요한 경고를 하고, 그로 인해 사람의 생명・신체에 위해를 끼치거나 재산에 중대한 손해를 끼칠 우려가 있는 긴급한 경우엔 그 행위를 제지할 수 있도록 하고 있다.

> 이와 관련하여 '윤락녀들이 윤락업소에 감금된 채로 윤락을 강요받으면서 생활하고 있음을 쉽게 알 수 있는 상황이었음에도, 경찰관이 범죄의 예방과 제지에 관한 「경찰관 직무집행법」 제6조 및 형사소송법 등 관계 법령의 규정에 따라 이러한 감금 및 윤락강요행위를 제지하거나 윤락업주들을 체포・수사하는 등 필요한 조치를 취하지 아니하고 오히려 업주들로부터 뇌물을 수수하며 그와 같은 행위를 방치한 것은 경찰관의 직무상 의무에 위반하여 위법하므로 국가는 이로 인한 정신적 고통에 대하여 위자료를 지급할 의무가 있다'고 한 판례가 주목된다.[27)]

> 경찰관 직무집행법 제6조 제1항과 구 집회 및 시위에 관한 법률(2007.12.21. 법률 제8733호로 개정되기 전의 것, 이하 '구 집시법'이라고 한다) 등 관련 법률 조항들의 내용과 취지를 종합하면, 비록 장차 특정 지역에서 구 집시법에 의하여 금지되어 그 주최 또는 참가행위가 형사처벌의 대상이 되는

---

26) 이와 유사한 논지로는 김동희, 『행정법사례연구』, 박영사, 1998, 212-213을 참조.

27) 대법원 2004.9.23. 선고 2003다49009 판결: 군산 윤락업소 화재 사건으로 사망한 윤락녀의 유족들이 국가를 상대로 제기한 손해배상청구 사건에서, 경찰관의 직무상 의무위반행위를 이유로 국가에게 위자료의 지급책임을 인정한 사례.

위법한 집회·시위가 개최될 것이 예상된다고 하더라도, 이와 시간적·장소적으로 근접하지 않은 다른 지역에서 그 집회·시위에 참가하기 위하여 출발 또는 이동하는 행위를 함부로 제지하는 것은 경찰관 직무집행법 제6조 제1항에 의한 행정상 즉시강제인 경찰관의 제지의 범위를 명백히 넘어서는 것이어서 허용될 수 없으므로, 이러한 제지행위는 공무집행방해죄의 보호대상이 되는 공무원의 적법한 직무집행에 포함될 수 없다(대법원 2008.11.13. 선고 2007도9794 판결 등 참조).[28]

(7) 위험방지를 위한 출입 및 검색

① 의의

법은 제7조에서 경찰관으로 하여금 제5조 제1항·제2항 및 제6조에 따른 위험한 사태가 발생하여 사람의 생명·신체 또는 재산에 대한 위해가 임박한 때에 그 위해를 방지하거나 피해자를 구조하기 위하여 부득이하다고 인정하면 합리적으로 판단하여 필요한 한도에서 다른 사람의 토지·건물·배 또는 차에 출입할 수 있도록 허용하는 한편(§ 7 ①), 다수인이 출입하는 장소의 관리자 등에게 협조의무를 부과하고 있다(§ 7 ②).

또 대간첩작전수행에 필요한 때에는 작전지역에서 위와 같은 다수인이 출입하는 장소 안을 검색할 수 있도록 하였다(§ 7 ③).

② 다수인출입장소 관리자 등의 협조의무

흥행장(興行場), 여관, 음식점, 역, 그 밖에 많은 사람이 출입하는 장소의 관리자나 그에 준하는 관계인은 경찰관이 범죄나 사람의 생명·신체·재산에 대한 위해를 예방하기 위하여 해당 장소의 영업시간이나 해당 장소가 일반인에게 공개된 시간에 그 장소에 출입하겠다고 요구하면 정당한 이유 없이 그 요구를 거절할 수 없다(§ 7 ②).

③ 절차

경찰관이 위와 같은 목적을 위하여 필요한 장소에 출입할 때에는 그 신분을 표시하는 증표를 제시하여야 하며, 함부로 관계인의 정당한 업무를 방해하여서는 아니 된다(§ 7 ④).

(8) 사실의 확인

경찰관서의 장은 직무 수행에 필요하다고 인정되는 상당한 이유가 있을 때에는 국가기관이나 공사(공사) 단체 등에 직무 수행에 관련된 사실을 조회할 수 있다(§ 8 ① 본문). 다만, 긴

---

28) 대법원 2009.8.20. 선고 2009도3624 판결(폭력행위등처벌에관한법률위반(집단·흉기등상해)·특수공무집행방해치상·특수공무집행방해·공용물건손상·국가보안법위반(찬양·고무등)).

급한 경우에는 소속 경찰관으로 하여금 현장에 나가 해당 기관 또는 단체의 장의 협조를 받아 그 사실을 확인하게 할 수 있다(§ 8 ① 단서).

경찰관은 미아를 인수할 보호자 확인, 유실물을 인수할 권리자 확인, 사고로 인한 사상자 확인 또는 행정처분을 위한 교통사고 조사에 필요한 사실 확인을 위하여 필요하면 관계인에게 출석하여야 하는 사유·일시 및 장소를 명확히 적은 출석 요구서를 보내 경찰관서에 출석할 것을 요구할 수 있다(§ 8 ②).

(9) 경찰장비의 사용

법은 제10조에서 제10조의4, 제11조까지 5개의 조항을 할애하여 경찰장비의 사용을 규율하고 있다. 제10조(경찰장비의 사용등)에서는 경찰관의 직무수행 중 경찰장비 사용의 요건과 한계를, 제10조의2에서는 경찰장구의 사용의 요건을, 제10조의3에서는 분사기등 사용의 허용요건과 한계를, 그리고 제10조의4에서는 무기 사용의 요건과 한계를 엄격히 규정하고 있다. 그리고 제11조에서는 장비, 무기 등의 사용기록 보관을 의무화하고 있다.

여기서 "경찰장비"라 함은 무기, 경찰장구, 최루제와 그 발사장치, 살수차, 감식기구, 해안 감시기구, 통신기기, 차량·선박·항공기 등 경찰이 직무를 수행할 때 필요한 장치와 기구를 말한다(§ 10 ②).

특히 무기의 사용은 국민의 신체와 생명에 대한 직접적인 위해를 야기하기 때문에 엄격한 요건에 따라서만 그 사용의 정당성이 인정된다. 판례는 현행범 및 도주자 체포시 총기사용의 요건으로 보충성원칙과 비례원칙(필요성 및 상당성 원칙)을 요구하고 있다.

<무기사용의 요건과 한계, 판단기준>

1. 경찰관은 범인의 체포, 도주의 방지, 자기 또는 타인의 생명·신체에 대한 방호, 공무집행에 대한 항거의 억제를 위하여 무기를 사용할 수 있으나, 이 경우에도 **무기는 목적 달성에 필요하다고 인정되는 상당한 이유가 있을 때 그 사태를 합리적으로 판단하여 필요한 한도 내에서 사용하여야 하는바**(구 「경찰관 직무집행법」(1999.5.24. 법률 제5988호로 개정되기 전의 것) 제11조), 경찰관의 무기 사용이 이러한 요건을 충족하는지 여부는 범죄의 종류, 죄질, 피해법익의 경중, 위해의 급박성, 저항의 강약, 범인과 경찰관의 수, 무기의 종류, 무기 사용의 태양, 주변의 상황 등을 고려하여 **사회통념상 상당하다고 평가되는지 여부에 따라 판단하여야 하고, 특히 사람에게 위해를 가할 위험성이 큰 권총의 사용에 있어서는 그 요건을 더욱 엄격하게 판단하여야 한다.**
2. 50cc 소형 오토바이 1대를 절취하여 운전 중인 15~16세의 절도 혐의자 3인이 경찰관의 검문에 불응하며 도주하자, 경찰관이 체포 목적으로 오토바이의 바퀴를 조준하여 실탄을 발사하였으나 오토바이에 타고 있던 1인이 총상을 입게 된 경우, 제반 사정에 비추어 경찰관의 총기 사용이 사회통념

상 허용범위를 벗어나 위법하다고 한 사례.[29)]

1. 경찰관은 범인의 체포, 도주의 방지, 자기 또는 타인의 생명, 신체에 대한 방호, 공무집행에 대한 항거의 억제를 위하여 상당한 이유가 있을 때에는 필요한 한도 내에서 무기를 사용할 수 있으나, 형법 소정의 정당방위와 긴급피난에 해당할 때 또는 체포, 도주의 방지나 항거의 억제를 위하여 다른 수단이 없다고 인정되는 상당한 이유가 있는 때에 한하여 필요한 한도 내에서만 무기를 사용하여 사람에게 위해를 가할 수 있음이 「경찰관 직무집행법」 제11조의 규정에 비추어 명백하다.
2. 체포를 면탈하기 위하여 항거하며 도주할 당시 그 항거의 내용, 정도에 비추어 아무런 무기나 흉기를 휴대하고 있지 아니한 피해자를 계속적으로 추격하든지 다시 한 번 공포를 발사하는 등으로 위 망인을 충분히 제압할 여지가 있었다고 보여지므로, 경찰관이 그러한 방법을 택하지 않고 도망가는 위 피해자의 몸쪽을 향하여 만연히 실탄을 발사하여 사망에 이르게 한 행위는 「경찰관 직무집행법」 제11조 소정의 총기사용의 허용범위를 벗어난 위법행위라고 아니할 수 없다.[30)]

그 밖에도 야간에 술이 취한 상태에서 병원에 있던 과도로 대형 유리창문을 쳐 깨뜨리고 자신의 복부에 칼을 대고 할복자살하겠다고 난동을 부린 피해자가 출동한 2명의 경찰관들에게 칼을 들고 항거하였다고 하여도 위 경찰관 등이 공포를 발사하거나 소지한 가스총과 경찰봉을 사용하여 위 망인의 항거를 억제할 시간적 여유와 보충적 수단이 있었다고 보여지고, 또 부득이 총을 발사할 수밖에 없었다고 하더라도 하체부위를 향하여 발사함으로써 그 위해를 최소한도로 줄일 여지가 있었다고 보여지므로, 칼빈소총을 1회 발사하여 피해자의 왼쪽 가슴 아래 부위를 관통하여 사망케 한 경찰관의 총기사용행위는 「경찰관 직무집행법」 제11조 소정의 총기사용 한계를 벗어난 것이라고 한 사례[31)]가 있다.

법은 제11조에서 제10조 제2항에 따른 살수차, 제10조의3에 따른 분사기, 최루탄 또는 제10조의4에 따른 무기를 사용하는 경우 그 책임자는 사용 일시·장소·대상, 현장책임자, 종류, 수량 등을 기록하여 보관하여야 한다고 규정하고 있다(§ 11).

(10) 유치장의 설치

법은 제9조에서 법률에서 정한 절차에 따라 체포·구속된 사람 또는 신체의 자유를 제한하는 판결이나 처분을 받은 사람을 수용하기 위하여 경찰서와 해양경찰서에 유치장을 두도록 규정하고 있다.

29) 대법원 2004.5.13. 선고 2003다57956 판결.
30) 대법원 1994.11.8. 선고 94다25896 판결.
31) 대법원 1991.9.10. 선고 91다19913 판결.

(11) 표준조치의 문제점

「경찰관 직무집행법」은 독일의 통합경찰법 모범초안에 비해 개별적 수권에 있어서도, 경찰의 직무로 규정된 위험방지를 위하여 필요한 처분의 요건과 한계를 충분히 규율하지 못하고 있다는 비판을 받고 있다. 경찰처분에 대한 특별수권의 확대는 일면 특정분야에 대한 경찰권한을 확대하는 효과를 가져오지만, 이를 엄격한 요건하에서 인정하게 되면 오히려 한편으로는 경찰목적상의 필요에 부응하게 되고, 다른 한편으로는 경찰권의 남용으로부터 국민의 자유와 권리를 보호하는 긍정적 효과를 가져온다는 점에서 이에 대한 구체적 보완이 필요하다.

3. 특별경찰법상 개별적 수권규정에 근거한 경찰권 발동

위험의 방지 및 장해의 제거라는 경찰법상의 목적달성을 위한 행정권한의 발동은 일반경찰법 이외에도 수많은 특별법령에 근거하여 행해진다. ① 집회 및 시위에 관한 법률, ② 건축법, ③ 식품위생법, 공중위생관리법, 직업안정법 등 영업경찰법령, ④ 도로교통법, 자동차관리법, 선박법, 선박안전법, 항공법 등 교통안전 및 질서유지를 위한 법령, ⑤ 의료법, 약사법, 전염병예방법 등 보건관계법, ⑥ 폐기물관리법, 자연환경보전법, 물환경보전법, 대기환경보전법, 「해양생태계의 보전 및 관리에 관한 법률」 등 환경상 위험방지를 위한 법령 등이 특별행정법의 모든 영역에서 경찰권발동의 근거를 개별적으로 부여하고 있다.

Ⅲ. 일반조항(개괄조항)에 의한 경찰권 발동

1. 쟁점

일반경찰법상 표준조치의 형식이든 아니면 특별행정법상의 개별적 수권조항의 형식이든 개별적 수권규정이 존재하는 경우에는 당해 법조문의 해석을 통하여 경찰권 발동의 근거에 관한 여러 법률문제를 해결할 수 있다. 그러나 개별적 수권규범이 존재하지 아니하는 예외적인 경우에 공공의 안녕 혹은 공공의 질서에 대한 위험을 방지 또는 제거하기 위하여 경찰권을 발동할 수 있도록 일반조항 내지 개괄조항을 규정하는 것이 허용되는지 여부, 또한 그것이 허용된다고 할 때 현행법상 그러한 일반조항이 존재하는지 등의 문제가 제기된다. 특히 「경찰관 직무집행법」에 일반수권조항에 해당하는 규정이 있는지 여부가 논란되고 있다.

이러한 문제들이 제기되는 것은 현행 경찰행정법이 이에 대한 명백한 규정을 두지 아니하였기 때문이다. 이는 공공의 안전, 질서에 대한 위험방지라는 경찰의 일반적 직무규정에 비추어 중요한 입법적 결함이라고 할 수 있다. 독일의 통일경찰법 모범초안이나 각주의 경찰법처럼 일반수권조항을 명시적으로 규정하고 이를 통하여 경찰직무의 적절하고 효율적인 수행을 가능케 하는 동시에 그 요건과 한계를 명확히 함으로써 경찰권의 남용을 방지하는 것이 바람직하다는 견해가 지배적인 것도 바로 그러한 이유에서이다.[32)]

2. 일반조항의 개념과 필요성

경찰법상 일반조항이란 경찰권 발동의 근거가 되는 개별적인 법률규정이 없는 경우, 경찰권 발동의 일반적 보충적 근거가 될 수 있도록 일반적 위험방지 및 장해제거를 위한 포괄적 내용을 규정한 조항을 말한다. 이것은 경찰 및 질서 행정법상 권한규범의 특징으로서, 경찰이 공공의 안녕과 질서에 대한 구체적 위험의 방지를 위하여 필요한 모든 조치를 취할 수 있도록 해 준다.[33)] 경찰법상 일반조항의 전형적인 예로는 독일연방 및 주의 통일경찰법 모범초안 제8조 제1항이 있다. 이에 따르면, 경찰은 초안 "제8조의a 내지 제24조에서 경찰의 직무권한으로 특별히 규정하지 아니하는 한, 공공의 안녕이나 질서에 대한 개별적 위험을 방지하기 위하여 필요한 조치를 취할 수 있다."[34)] 우리나라 실정법상 이러한 규정의 존재여부는 논란되고 있다.

일반조항은 사회·경제·문화·과학기술의 발전에 따라 사회사정이나 가치관의 변화 그 밖에 입법자가 예측할 수 없는 위험의 발생 등을 고려할 때 그 필요성이 인정되며, 비단 경찰집행조치뿐만 아니라 경찰상 법규명령의 정립에 대해서도 적용된다. 즉 이를 근거로 추상적 위험이 존재할 경우 위험방지를 위한 법규명령을 통해 일반적 금지와 하명을 발할 수 있게 된다.[35)] 일반조항은 위험방지에 있어 경찰권 발동을 위한 개별수권규정이 없는 경우 공백

32) 일반수권조항의 문제와 관련하여, 이보다는 개별수권조항을 보완함으로써 일반수권조항의 문제점을 회피할 수 있다는 주장도 일리가 없지는 않지만, 예상되는 모든 위험과 그에 대처하는 데 필요한 모든 수단을 일일이 유형화하여 개별적으로 규정한다는 것은 입법기술상 불가능하므로 현실적인 대안이라고는 할 수 없다.

33) V. Götz, § 8 Rn.1.

34) 독일 대부분의 주들이 이에 따른 일반조항을 두고 있다.

35) V. Götz, § 8 Rn.2: Schoch, S.170, Rn.52 등.

을 메우는 기능(lückenausfüllende Funktion)을 수행하며, 법률상 작위의무나 금지에 관한 규정이 있더라도 이를 곧바로 권한규범으로 볼 수 없기 때문에 그러한 경우 경찰권 발동의 근거를 보충해 준다는 점에서 불완전 법(*lex imperfecta*)을 보충하는 역할을 수행한다.[36]

3. 일반조항의 내용 및 적용요건

경찰법상 일반조항에 근거하여 경찰권이 발동되기 위해서는 (1) 공공의 안녕이나 (2) 공공의 질서에 대한 (3) 위험이 존재하거나 이미 (4) 장해가 발생하였어야 한다. 일반조항은 다른 개별적 수권조항이 없는 경우에만 보충적으로 적용되며, 위 요건이 충족된 경우에도 경찰권발동의 조리(또는 일반법원칙)에 의한 한계에 따른 제한을 받는다.

(1) 공공의 안녕

'공공의 안녕'이란, 국가의 법질서와 공공시설 및 개인의 생명·신체·재산·자유·명예 등에 어떠한 침해도 없는 상태를 말한다.[37] 그 내용은 법질서, 개인의 권리와 법익, 국가 그 밖의 공권력주체들의 존속과 제도 및 활동의 불가침성(Unverletzlichkeit) 등이다.[38]

(2) 공공의 질서

'공공의 질서'가 무엇을 뜻하는지는 분명치 않다. 참고로 '공공의 안녕'(öffentliche Sicherheit)과 '공공의 질서'(öffentliche Ordnung)라는 관념을 구분하는 독일 경찰행정법의 정의에 따르면, '공공의 질서'란, '통상적인 사회·윤리개념상 그 준수가 사회에서의 공동생활을 위하여 불가결한 것으로 인정되는 불문규범의 총체'를 말하며, 이 규범은 가치개념의 표현일 뿐 법규범은 아니다.[39] 이 개념은 우리 경찰행정법에서도 그대로 통용되고 있다.[40]

경찰법상 일반조항의 보호법익으로서 공공의 안전은 공공의 질서에 우선 적용된다.[41] 한편 공공질서의 관념은 그 남용의 우려가 있고 사실상으로도 그 의미가 쇠퇴했으므로,[42] 공공

---

36) F. Schoch, op. cit., Rn.57, 59, S.175-176.
37) K.H. Friauf, "Polizei-und Ordnungsrecht," in: E. Schmidt-Aßmann (Hrsg.), *Besonderes Verwaltungsrecht*, 10.Aufl., 1995, S.119.
38) F. Schoch, op. cit., Rn.66ff.
39) K.H. Friauf, op. cit., S.119, 122-124.
40) 가령 김동희, 앞의 책, 1998, 205.
41) F. Schoch, op. cit., S.178-179, Rn.65.
42) '공공의 질서'라는 용어를 일반적으로 폐기하거나(브레멘이나 슐레스비히-홀슈타인) (집행)경찰의 위험방지

질서에 대한 전통적인 정의는 폐기하고, 공공질서의 경우처럼 오늘날 그 적용영역에서 문제되는 특정한 법익들로 세분화시키는 것이 바람직하다는 것이 유력한 견해이다.[43)]

(3) 위험상황(Gefahrenlage)

① 구체적 위험과 추상적 위험

경찰법상 일반조항은 앞서 본 보호법익들이 위험에 처해 있을 것을 전제로 한다. 위험의 개념은 자유보장적 기능(freiheitssichernde Funktion)을 수행하고 위험방지임무를 수행하는 행정청의 침해개시요건(Eingriffsschwelle)을 구성한다. 그것은 또한 공권력에 의한 기본권침해를 정당화하는 사유로도 작용한다. 경찰법상 위험(Gefahr)이란 공공의 안녕·질서에 대한 침해가 발생할 가능성, 말하자면 통상적인 사태 진전시 가까운 장래에 위에서 설명한 일반조항의 보호법익들에 대한 침해(Schaden)가 발생할 것으로 예상되는 충분한 개연성이 있는 상황을 말한다.[44)] 경찰법상 위험은 그 침해 내지 손해발생의 가능성의 정도에 따라 다양하게 분류될 수 있으나, 학설은 위험을 크게 구체적 위험과 추상적 위험으로 나누고 있다. 구체적 위험이란 구체적인 개별 사안에서 그와 같은 위험, 즉 가까운 장래에 손해발생의 충분한 가능성이 존재하는 경우를 말하고, 추상적 위험이란 일반적인 생활경험이나 인식에 따라 (구체적) 위험이 발생할 가능성이 있다고 여겨지는 상황을 말한다.[45)] 추상적 위험이란 개념의 존재이유는 그것이 위험방지 법규명령의 근거로 작용한다는 데 있다. 말하자면 입법권자가 예상한 장래의 사실관계로서의 위험을 추상적 구성요건으로 표현한 것이 추상적 위험이다.[46)] 가령 A사의 버스는 안전벨트가 없어 구체적 위험이 있는 경우인 반면, 교통관계법령의 규제대상으로 정해진 '안전벨트 없는 버스'는 추상적 위험의 예라 할 수 있다.

경찰권의 발동을 정당화하기 위해서 어느 정도의 손해발생 가능성이 인정되어야 하는지는, 개별적 수권조항의 경우 개개 규정의 해석 문제지만, 일반조항을 근거로 경찰권을 발동하려면 구체적 위험이 존재하여야 한다.

② 위험에 대한 인식: 오상위험, 외관상위험, 위험혐의

경찰은 종종 불확실한 상황에 직면하게 된다. 그 결과 경찰법상 위험이 있는지 여부를 판단

와 관련하여 일반조항의 보호법익에서 삭제한 경우(노르트라인 베스트팔렌주)가 그러한 예이다. 한편 공공의 질서에 관한 독일의 학설동향에 대해서는 이기춘, 「독일경찰질서법상 공공의 질서개념에 관한 논쟁의 개관과 평가」, 『토지공법연구』 제30집, 2006.3.을 참조.

43) V. Götz, op. cit., § 5 Rn.1-4.

44) F. Schoch, op. cit., Rn.84; V. Götz, op. cit., § 6 Rn.17.

45) V. Götz, op. cit., § 6 Rn.19.

46) V. Götz, op. cit., § 6 Rn.20.

함에 있어 행정청이 인식한 사실과 실제로 존재하는 사실이 불일치하는 경우가 많다. 그 같은 상황에서 경찰권 발동이 정당화될 수 있는지가 문제된다. 이와 관련하여 오상위험, 외관상위험, 위험혐의 등 세 가지 경우를 검토해 볼 필요가 있다.

(가) 오상위험(Scheingefahr/Putativgefahr)

오상위험이란 실제론 위험이나 위험혐의가 존재하지 않는데도 행정청이 객관적 주의의무를 다하지 못해 위험이 존재하는 것으로 잘못 판단한 경우를 말한다. 오상위험에 기초하여 경찰권을 발동하는 것은 정당화될 수 없고, 따라서 경찰의 위험방지조치는 위법하게 된다.

(나) 외견상 위험(Anscheinsgefahr)

외견상 위험이란 실제로 위험이 존재하지 않음에도 불구하고 행정청이 위험이 존재하는 것으로 판단하였고, 행정청이 객관적 관찰자로서의 주의의무를 다 하였더라도 마찬가지로 판단하였을 것으로 볼 수 있지만, 사후에 그러한 판단의 신빙성이 동요되거나 부정된 경우를 말한다.[47] 이 경우 경찰의 위험방지조치는 원칙적으로 적법하며, 비례원칙 등 경찰권행사의 한계만이 문제된다. 외견상 위험이란 개념범주를 포착된 상황을 위험이나 위험혐의 어느 것으로도 볼 수 없다는 이유에서 이를 위험의 일종으로 볼 필요가 없다는 견해도 있다.[48]

(다) 위험혐의(Gefahrenverdacht)

위험혐의란 위험이 있다고 판단할 근거를 가지고 있으나, 그것이 불충분하고 따라서 위험이 존재하지 않을 수도 있다는 것을 경찰기관 스스로 알고 있는 경우를 의미한다. 이 경우 위험의 존재여부가 명백해질 때까지 예비적 조치로 위험 존재여부에 관하여 조사할 권한과 의무를 가진다. 그러나 위험혐의 존재만으로 위험방지조치로 나아가는 것은 허용되지 않는다.

③ 장해

장해 또는 질서교란(Störung)란 공공의 안녕 또는 질서에 대한 위험이 실현되어 손해가 이미 발생한 상태를 말한다. 손해발생의 가능성만으로도 경찰권이 발동될 수 있다고 한다면, 장해의 발생은 의당 경찰권발동의 충분한 근거가 된다. 장해는 장래에도 계속되는 위험을 의미하

47) 외견상위험을 표현위험(이기춘, 「경찰질서법상 위험개념 및 표현위험과 위험의 의심: 독일경찰법학의 위험개념 검토를 중심으로」, 『공법연구』 제31집 제4호, 2003, 365) 또는 유사위험(정하중, 「독일경찰법의 체계와 한국 「경찰관 직무집행법」의 개선방향(상)」, 『사법행정』, 1994.2., 16)으로 부르기도 한다.

48) V. Götz, op. cit., § 7 Rn.39. 이에 동조하면서도 오상위험과의 한계개념으로서 존재이유를 인정하는 F. Schoch, Rn.93-94를 참조.

므로 당연히 위험개념 속에 포함되며 따라서 별도의 법률상 근거 없이도 이를 제거하기 위한 경찰권발동이 가능하다고 볼 수 있다.[49)]

4. 현행법상 일반조항의 인정 여부

(1) 쟁점

현행 「경찰관 직무집행법」 제2조는 경찰의 직무범위를 규정하면서 제7호에서 "그 밖에 공공의 안녕과 질서 유지"를 직무의 하나로 규정하고 있고, 경찰법 제3조 역시 제7호에서 동일한 임무를 국가경찰에게 부여하고 있다. 이들 규정을 앞서 살펴본 일반조항으로 인정할 수 있는지 여부가 논란의 대상이 되고 있다. 쟁점은 첫째, 「경찰관 직무집행법」 제2조 제7호(또한 경찰법 제3조 제7호)를 경찰법상 일반조항으로 볼 수 있는지 여부, 둘째, 첫 번째 쟁점을 부정할 경우 경찰법상 개별적 수권조항 외에 일반조항을 도입할 필요가 있는지 여부, 셋째, 두 번째 쟁점인 법정책 문제와 관련하여 경찰법상 일반조항이 헌법상 용인될 수 있는지 여부, 세 가지이다. 학설도 대체로 세 갈래로 나뉜다.

(2) 부정설

「경찰관 직무집행법」 제2조 제7호는 임무규정에 불과하며, 권한규정이 아니므로 이를 일반조항이라고 볼 수 없다고 한다. 또한 경찰권이 가지는 침해적·권력적 성격상 그 근거는 개별수권규정에 의해야 하고, 일반조항 방식에 의한 수권은 법치국가원리, 특히 명확성 원칙에 반하기 때문에 허용될 수 없다는 입장을 취하기도 한다(일반조항 위헌설). 학자에 따라서는 일반조항 합헌설에 동조하기도 하지만, 「경찰관 직무집행법」 제2조 제7호를 임무규정이라 보고 따라서 우리나라 실정법상 개괄적 수권조항이 존재하지 않는다고 보는 점은 공통적이다.[50)]

---

49) F. Schoch, op. cit., Rn.85.

50) 최영규, 『경찰행정법』, 법영사, 2005, 175; 이상규, 『신행정법(하)』, 법문사, 1994, 303; 박윤흔, 『최신행정법강의(하)』, 박영사, 2004, 324-325 등. 박균성, 『행정법강의』(제2판), 박영사, 2005, 1096, 1093 및 『행정법론(하)』, 401-402는 일반조항이 법률유보 원칙에 반드시 반하는 것은 아니라고 하면서도 그 입법적 도입은 시기상조라고 한다. 반면 김철용, 앞의 책, 275는 '경찰작용의 법률적 근거는 개별적 수권법규여야 하며 포괄적·일반적인 수권법규는 허용되지 아니한다는 주장'이 원칙적으로 옳다고 하면서도 입법적 해결방안을 적극 검토할 필요가 있다고 서술하고 있어 어떤 입장인지 분명치 않다.

(3) 중간설

현행법상 일반조항은 존재하지 않지만, 그 필요성과 허용성은 인정하며 따라서 입법조치에 의해 일반조항의 신설이 필요하다고 보는 견해이다.[51] 이 견해는 사회의 발전과 기술의 진보라는 관점에서 일반조항의 필요성이 인정되고, 일반조항에 의하여 경찰권의 발동을 근거 짓는다고 하더라도, 법치주의원칙에 반하지 아니하므로 일반조항 그 자체는 허용된다고 본다. 즉 일반조항에 의한 경찰권 발동은 개별적 수권조항에 대하여 보충적이고 예외적으로만 인정되고, 그것은 또한 반드시 "구체적 위험"이 발생한 경우에 예외적으로 적용되며, 그 요건으로 되어 있는 불확정개념에 대하여도 학설・판례에 의한 그 엄격한 해석론의 축적으로 남용가능성이 없고, 또한 당해 경찰권행사에 대하여는 비례원칙 등의 행정법의 일반원칙에 의한 통제가 가능하므로, 그것은 법치주의에 반하지 않는다고 한다.

이 견해는 경찰권발동의 근거는 조직법적 근거만으로는 부족하고 작용법적 근거가 필요하다는 것을 전제로, 「경찰관 직무집행법」 제2조와 경찰법 제3조는 모두 조직법상 임무규정에 불과하며, 작용법상 권능규정이라고 볼 수 없기 때문에 현행법상 일반조항은 존재하지 않으며, 따라서 입법조치가 필요하다고 주장한다.

(4) 긍정설

위 중간설과 같은 취지에서 일반조항의 필요성과 허용성을 인정하고, 또 경찰의 직무에 관한 「경찰관 직무집행법」 제2조 중, '공공의 안녕과 질서 유지'에 관한 조항을 권한규정이라고 보아 이를 개괄적 수권조항으로 해석한다. 따라서 현행법상으로도 개별적 근거 규정이 없을 때에는 이 조항에 의거하여 경찰권을 발동할 수 있다고 한다.[52] 그 밖에 「경찰관 직무집행법」 제2조 제7호의 개괄조항성을 인정하고 제5조를 개인적 법익보호를 위한 제2의 개괄수권조항, 제6조를 국가적・사회적 법익보호를 위한 제3의 개괄수권조항으로 보는 견해가 있다.[53]

---

51) 정하중, 『행정법개론』, 법문사, 2010, 1101; 홍정선, 앞의 책, 953-954; 홍정선, 『행정법원론(하)』, 1999, 254-255; 김동희, 『행정법 II』, 209-210 등.

52) 김남진・김연태, 『행정법 II』, 2007, 258; 류지태, 『행정법신론』, 938. 한편 장태주, 『행정법개론』(제8판), 법문사, 2010, 1165에서는 「경찰관 직무집행법」 제2조를 직무규범이라고 보고 기본적으로 입법필요설이 타당하다고 하면서도, 개별적 수권조항이 없는 경우 보충적으로 직무규범인 위 제2조를 근거로 경찰권을 발동할 수 있다고 하여, 일관되거나 분명하지는 않지만, 결과적으로 긍정설에 동조하는 것으로 보인다.

53) 박정훈, 「사권보호를 위한 경찰권 발동에 관한 연구」, 치안연구소 연구보고서, 2001, 22-25, 28-31. 이에 대한 비판으로는 김동희, 같은 곳; 김철용, 앞의 책, 275를 참조.

(5) 판례

이 문제를 직접 판단한 판례는 찾아보기 어렵다. 다만, “경찰관 직무집행법 제2조에 의하면 경찰관은 범죄의 예방, 진압 및 수사, 경비요인, 경호 및 대간첩작전 수행, 치안정보의 수집 작성 및 배포, 교통의 단속과 위해의 방지, 기타 공공의 안녕과 질서유지등을 그 직무로 하고 있는 터이므로 군 도시과 단속계 요원으로 근무하고 있는 청원경찰관들이 피고인이 허가없이 창고를 주택으로 개축하는 것을 단속한 것은 그들의 정당한 공무집행에 속한다.”라고 판시한 것이 있어,[54] 「경찰관 직무집행법」 제2조 제5호의 개괄조항성을 인정한 판례로 소개되지만, 비교적 오래된 판례이고 그 이유를 뚜렷이 밝히지 않아 취지가 명확하지는 않다.[55]

(6) 소결

생각건대 경찰법상 일반조항은 현행 헌법상 허용될 뿐만 아니라 이를 입법적으로 도입할 필요성도 있다고 본다. 그러나 「경찰관 직무집행법」 제2조 제7호는 규정 체계상 위치나 문언으로 볼 때 이를 임무규정으로 보는 것이 자연스럽고, 따라서 경찰법상 일반조항으로 보기는 어렵다고 생각한다.

우선, 우리 헌법은 질서유지를 위한 국민의 자유와 권리의 제한은 법률로써만 하도록 제한하고 있어, 경찰권의 발동에는 반드시 법률의 근거가 있어야 하며, 그 경우 법률은 경찰의 임무규정만으로는 부족하고 경찰작용법상 권한규정이어야 한다. 이미 앞에서 경찰법상 임무규정과 권한규정을 구별하는 입장에 서는 이상, 「경찰관 직무집행법」 제2조 제7호는(또는 경찰법 제3조 제7호는) 임무규정의 성질을 가진다고 보아야 하므로 이로부터 권한규정인 일반조항을 도출하는 것은 불가능하다. 그러나 권한규범에 의한 수권이 필요한 것은 침익적 처분, 특히 기본권침해를 가져오는 처분의 경우에 한하며, 임무규범은 개인의 권리, 특히 기본권을 침해하는 효과를 가지지 않는 경찰의 위험방지활동을 위해서는, 경우에 따라 법률유보의 원칙이 적용되어 법률의 근거가 필요한 경우가 있을 수 있지만, 충분한 법적 근거가 될 수 있다고 생각한다. 법률유보의 범위에 관해서는 학설상 논란이 있지만, 적어도 권력적 · 침익적 경찰작용은 법률의 근거가 필요하다는 점에 대해서는 이견이 없으므로, 그 경우 그리고 경우

---

54) 대법원 1986.1.28. 선고 85도2448, 85감도356 판결(특수공무집행방해, 상해, 특수강도, 특수강도미수, 폭력행위등처벌에관한법률위반, 절도, 보호감호).

55) 동지 정하중, 앞의 책, 1101. 정하중 교수는 판례가 「경찰관 직무집행법」 제2조 제5호를 개괄수권조항으로 인정했다면 오히려 보충성의 원칙에 따라 위법건축물에 대한 시정조치를 규정한 구 건축법 제69조(현행 제79조)를 수권조항으로 보았어야 했을 것이라고 하면서, 판례는 위법건축물의 단속이 청원경찰의 직무범위에 속한다고 판시했을 뿐 단속조치가 구체적으로 어떤 수권규정에 근거했는지를 언급하지는 않았다고 지적한다.

에 따라 법률유보의 원칙이 적용되어 법률의 근거가 필요한 경우에는 반드시 권한규정에 의한 수권이 필요하다고 본다. 그러나 그 밖의 다른 경우에는 임무규정, 즉 위「경찰관 직무집행법」 제2조 제7호나 경찰법 제3조 제7호에 의거하여 경찰권을 발동할 수 있다고 본다.

둘째, 헌법 제37조 제2항에 따른 법률에 의한 수권은 원칙적으로 개별적·구체적인 것이어야 법치국가적 요청에 부합하지만, 경찰법상 일반조항을 위헌으로 보아야 할 이유는 없다고 생각한다. 독일의 경우 경찰법상 일반조항의 헌법적합성 문제는 더 이상 의문시되지 않고 있다.[56] 경찰법상 일반수권은 이미 수십 년 이상 판례와 학설 발전에 따라 그 내용, 목적 및 범위와 정도가 충분히 구체화되었고 그 의미도 확실히 규명되었으며 법률적 언어관용상으로도 확고한 뿌리를 내렸기 때문에 헌법상 규범의 명확성 요청(verfassungsrechtliche Anforderungen an die Bestimmtheit der Norm)에 부합하는 것으로 승인되어 왔다는 것이다.[57] 그것은 기본권보장과도 부합하며 기본법상 법률유보의 요청도 잘 충족시키는 것으로 간주되고 있다.[58] 법치국가적 근거(본질성이론)에 입각하여 비정형적 사태의 영역을 넘어서는 모든 경찰조치에 특별수권조항이 필요하다고 주장하는 견해가 유력하게 주장되어 왔으나,[59] 이러한 견해들은 자칫 새로운 공공안전의 개념과 공공안전을 위한 경찰조치의 발전을 어렵게 할 우려가 있다는 지적을 받고 있다.[60] 그와 같은 주장은 일반수권조항이 그 내용 자체(보호법익이나 위험)뿐만 아니라 널리 수범자들의 책임 요건과 비례원칙 등을 통해 법치국가적으로 보장되는 것이기 때문이다. 따라서 경찰권 발동의 근거를 원칙적으로 개별적 특별수권조항에 의하도록 하되, 보충적으로 일반수권조항에 의거하도록 하는 데 헌법적 문제는 없다.

셋째, 경찰법상 일반조항을 두는 것이 불가피하다는 점을 직시할 필요가 있다. 경찰권 발동이 필요한 모든 사태를 미리 상정하여 법률에 개별적 수권조항을 마련해 두는 것은 현실적으로 불가능하며,[61] 아울러 새로운 위험에 대한 경찰법적 대응을 가능케 하기 위해 현실적으로도 일반조항의 필요성이 충분하고 또 더욱더 절실해지고 있는 실정이다.

요컨대 경찰권 발동의 근거로서 일반조항의 필요성과 헌법적합성은 인정되지만,「경찰관 직무집행법」 제2조 제5호나 경찰법 제3조를 일반조항으로 볼 수 없으므로, 입법조치를 통해

---

56) BVerwGE 15, 189, 196; BVerfGE 54, 143/144; V. Götz, op. cit., § 8 Rn.8; F. Schoch, S.178, Rn.63 등.

57) F. Schoch, op. cit., Rn.63, S.178.

58) V. Götz, op. cit., § 8 Rn.8.

59) 가령 B. Pieroth, B. Schlink, und M.l Kniesel, *Polizei- und Ordnungsrecht mit Versammlungsrecht*, C.H. Beck, 2016, § 7 Rn.20; F. Rachor, in: H. Lisken und E. Denninger, *Handbuch des Polizeirechts*, C.H. Beck, Rn.402, 789 등을 참조.

60) V. Götz, op. cit., § 8 Rn.9.

61) F. Schoch, op. cit., S.170, Rn.52.

경찰법상 일반조항을 도입하는 것이 바람직하고 또 필요하다고 본다.

Ⅳ. 경찰권의 한계

1. 전통적인 경찰권 한계 이론: 경찰권의 조리상 한계

종래의 통설은 관계 법규상 경찰에 재량이 인정되는 경우에도 거기에는 조리상 한계, 즉 일정한 부문법원 이에 의한 제한이 있다고 하면서 경찰권 발동의 한계원리로 소극목적의 원칙, 공공의 원칙, 비예의 원칙, 평등의 원칙 및 책임의 원칙 등을 들었다.

(1) 경찰 소극목적의 원칙

경찰권은 사회공공의 안녕·질서에 대한 위해의 방지·제거라는 소극목적을 위해서만 발동될 수 있고, 복리증진이라는 적극목적을 위하여서는 발동될 수 없다는 원칙이다. 이에 따르면, 경찰권이 소극목적을 넘어 적극적으로 사회의 복리증진 목적으로 발동될 경우 경찰의 한계를 넘어선 것으로 위법하다고 하게 된다. 다만, 개인의 행정의존성 증대를 특징으로 하는 현대 행정의 상황변화에 따라 소극적 경찰작용과 적극적 복리증진이 서로 연계되거나 상호 수렴하고, 경계가 모호한 경우가 많아 원칙의 일관된 적용을 관철하기 쉽지 않은 것도 사실이다.

(2) 경찰 공공의 원칙

경찰권은 오로지 공공의 안녕·질서를 유지하기 위해서만 발동될 수 있고, 그와 직접 관계가 없는 사생활·사주소 및 민사상 법률관계에는 관여할 수 없다는 원칙이다.

① 사생활 불가침의 원칙

공공질서와 무관한 개인의 사생활에 경찰권을 발동하는 것은 허용되지 아니한다는 원칙이다. 사생활불간섭의 원칙이라고도 부르기도 한다. 사생활의 범위는 사회통념에 따라 구체적으로 결정해야 하겠지만, 통상 일반사회생활과 교섭이 없는 개인의 생활이나 활동을 말한다고 할 수 있다. 다만 개인의 사생활도 미성년자의 음주·끽연이나 전염병 발생처럼 그것이 동시에 공공의 안녕·질서에 영향을 미치는 경우에는 경찰권 발동의 대상이 될 수 있다.

② 사주소불가침의 원칙

사주소란 일반사회와 직접적 접촉이 없는 주거를 말한다. 개인의 주거용 가택뿐만 아니라, 회사 · 사무소 · 연구실 등도 포함된다. 그러나 경찰상 공개된 장소, 즉 흥행장 · 여관 · 음식점 등과 같이 일반공중이 자유로이 출입할 수 있는 장소는 사주소에 속하지 않는다.

사주소 안에서의 행동은 공공의 질서에 직접 영향을 미치지 않으므로 경찰권은 원칙적으로 관여할 수 없다. 공공장소에서는 금지된 행위일지라도 사주소 안에서는 개인의 자유에 속하는 것으로서 허용된다. 그러나 사주소 안에서의 행위도 여러 사람의 눈에 뜨이는 곳에서 함부로 알몸을 노출한 경우나 이웃을 시끄럽게 한 경우(「경범죄 처벌법」 § 3 ① xxxiii, xxi)에는 경찰권 발동의 대상이 된다.

③ 민사관계 불간섭의 원칙

개인의 재산권 행사 · 친족권 행사 · 민사상 계약 등은 개인 사이의 사적 관계에 그치고, 그 권리의 침해나 채무의 불이행에 대해서는 경찰권이 관여할 수 없다는 원칙이다. 다만 민사상 법률관계라도 그것이 개인적 이해에 그치지 않고 공공의 질서에 영향을 미치는 경우에는 그 범위 안에서 경찰권 발동이 가능해진다. 암표 매매행위의 단속(「경범죄 처벌법」 § 3 ② iv)이나 미성년자에 대한 술 · 담배의 판매제한(청소년보호법 § 28) 등이 그런 예이다.

2. 경찰책임의 원칙

(1) 개념

경찰권은 '경찰위반상태'(Polizeiwidrigkeit), 즉 공공의 안녕 · 질서에 장해가 발생하거나 발생할 우려가 있는 경우, 그 상태 발생에 책임(Verantwortlichkeit)이 있는 자, 즉 경찰책임자에 대하여만 발동할 수 있다는 원칙이다. 경찰책임이 없는 자에게는 긴급한 필요가 있고 법령에 근거가 있는 경우에만 경찰권을 발동할 수 있다.

경찰책임의 원칙은 위험방지를 위한 하명과 금지 등 경찰권을 발동하려면 그 상대방에 경찰책임, 즉 경찰상 귀책사유가 있어야 한다는 원칙으로 가장 고전적인 법치국가 경찰법의 핵심요소를 이룬다.[62] 여기서 '책임'(Verantwortlichkeit)이란 손해배상책임의 '책임'(Haftung)과는 다르다.[63] 한편 독일에서는 통상 경찰책임자를 "질서교란자"(Störer)라고 부르는 경우가

---

62) V. Götz, op. cit., § 9 Rn.3.

63) 과거 독일 경찰법에서 책임을 경찰의무(Polizeipflicht)라고 부른 것도 바로 그 점과 무관하지 않다(V.

있지만, 질서교란자만이 경찰책임을 지는 것은 아니므로, 이 또한 집회 · 시위의 자유라는 기본권을 행사한 사람들은 질서교란자가 될 수 없다는 주장만큼이나 잘못된 표현이라고 한다.[64]

(2) 경찰책임자

경찰법은 개인의 주관적 · 내면적 심정과는 상관없이 그 생활범위 안에서 발생한 객관적 · 외면적 상태를 기준으로 경찰책임의 유무를 판단한다. 그리하여 그 생활범위 안에서 경찰위반상태가 생긴 이상, 그 상태 발생에 대한 고의 · 과실을 불문하고, 또한 자연인인지 법인인지를 가리지 아니하고 그 생활범위를 지배하는 자가 경찰책임을 지게 된다. '자기의 생활범위'란 자기가 지배하는 사람과 물건의 전체를 말한다. 자신의 행위는 물론이고, 자기의 지배범위에 속하는 타인의 행위 또는 물건의 상태가 경찰위반상태를 구성하는 경우에도 경찰책임을 진다.

(3) 경찰책임의 종류

① 행위책임 · 상태책임

경찰책임은 그 원인에 따라 행위책임(Verhaltensverantwortlichkeit)과 상태책임(Zustandsverantwortlichkeit)으로 나뉜다. 행위책임은 사람의 행위(작위 · 부작위)를 매개로 하여 경찰위반상태가 발생한 경우에 그에 대한 책임을 말한다. 행위자가 자신인지(행위자책임), 그가 지배하는 타인(지배자책임)인지를 불문한다. 행위책임은 과실의 유무를 불문하고, 당해 행위가 공공의 질서에 대한 위해의 원인이 되고 있다는 사실에 따라 성립하는 책임이다. 이 경우 그 행위와 공공질서에 대한 위해 사이의 인과관계, 즉 귀책(Zurechnung)의 기준이 문제된다. 이에 대해서는 다양한 학설이 대립하고 있으나, 결국 공공질서에 대한 위험 또는 장해의 직접적 원인이 되는 행위를 한 자만이 책임을 진다는 '위험 또는 질서교란의 직접적 원인제공 이론'(Theorie der unmittelbaren Verursachung der Gefahr oder Störung)을 기준에 따라 귀책 문제를 해결해야 할 것이다.

'위험 또는 질서교란의 직접적 원인제공 이론'은 독일의 경우 프로이센 고등행정법원(preußisches OVG)에서 유래하는 확립된 판례와 지배적인 학설에 따른 이론이다. 이에 따르면 행위나 물건으로 직접 위험의 원인을 제공한 자만이 경찰책임을 지는 질서교란자라고 하게 된다. 반면 간접적인 원인제공자, 이른바 "동기유발자"(Veranlasser)는 경찰책임을 지지 아니한다. 다만 예외적으로 목적적 동기유발자(Zweck-Veranlasser), 즉 객관적으로 볼 때,

---

Götz, op. cit., § 9 Rn.3).

64) V. Götz, op. cit., § 9 Rn.11.

자신의 행위로 위험(질서교란)에 대한 타인의 직접적 원인 제공행위를 목적적으로 유발시켰다는 관계가 인정되면 그 행위를 한 자가 경찰책임을 진다. 비근한 예로 어느 가게의 주인이 광고목적으로 쇼 윈도우에 움직이는 인형을 전시하여 사람들의 주의를 끌고 그 결과 주위에 행인들이 몰려들어 교통의 장해가 생긴 경우, 이 장해의 직접 원인은 바로 행인들이지만 그 가게의 주인도 아울러 경찰책임을 진다. 왜냐하면, 그 가게 주인이 설사 주관적으로는 그런 상황을 의도하지 않았을지라도, 그의 행위를 통해 객관적으로 그러한 목적을 실현시켰기 때문이다. 여기서 관건은 주관적인, 내면적 태도가 아니라 객관적인 목적지배관계이다. 반면, 화가가 그림을 그리는 것을 보려고 주위에 사람이 모여들어 도로통행에 장해가 생긴 경우라면 그 같은 목적지배관계가 인정되지 않으며, 설사 화가에게 자기 주위에 관중을 모으려는 주관적 의도가 있었다 할지라도, 그와 같은 객관적인 관계가 성립하지 않는 한 그로 인한 책임을 지지는 않는다.[65] 상업적 또는 정치적 목적으로 공중을 끌어모으는 자는, 공중 속에서 그리고 공중을 통해 행해지는 그 "행사"와 직접적인 관계에서 공공의 안녕과 질서의 교란을 초래하였고, 또 그것이 경험칙상 공중을 대상으로 한 행위의 비정형적인 결과가 아니라 필연적이고 전형적인 결과라고 인정될 때에는, 그로 인한 경찰법적 책임을 면할 수 없다.

'직접적 원인제공 이론'에 있어 '직접성'(Unmittelbarkeit)이란 기준은 극히 형식적이지만, 동시에 실질적인 가치평가를 수반한다. 즉, 직접성이란 위험한계를 넘어서는 지점을 특정해주는 기준으로서, 법치국가적 관점에서 볼 때 위험의 최종 원인에 초점을 맞추지만 예외 없이 최종 원인만을 직접성 인정근거로 삼는 것이 아니다. 위험발생의 원인과 관련된 행위나 물적 상태와 발생한 위험 사이에 밀접한 영향 및 책임관계(Unmittelbarkeit im Sinne eines engen Wirkungs- und Verantwortungszusammnenhanges zwischen Verhalten oder Sachzustand einerseits und der Gefahr andererseits)가 성립하는 것만으로도 직접성을 인정하기 때문이다. 이러한 관계의 성립여부는 경찰법 외적인 법적 상황을 포함한 모든 사정을 포괄적으로 고려하여 가치평가적으로 판단해야 할 것이다. 그런 뜻에서 질서교란에 대한 직접적 원인제공자만이 경찰책임을 진다는 것은 법치국가적 관점에서 매우 중요한 의미를 지닌다. 가령 정부에 대해 항의하는 플래카드를 내걸고 사람들을 집결시키는 등의 방식으로 정치적 집회를 주최함으로써 자신의 기본권을 행사하는 사람들을 경찰법상의 조치들에 의해 방해해서는 아니 될 뿐만 아니라 그러한 집회를 실력을 행사하여 방해하려는 자들로부터 보호해야 한다. 그 경우 경찰권은 기본권을 행사하는 자를 불법적으로 방해하려는 사람들을 상대로 행사되어야 하며, 다시 말해서 일반적인 원인제공이론에 따르면 설사 자신의 행위로 간접적으로 질서교란의 동기를 유발했다고 볼 수 있을지라도 교란을 당하는 자가 아니라 어디

65) V. Götz, op. cit., S.70, § 9 Rn.19ff..

까지나 그를 교란시키는 자를 상대로 명령이나 금지 조치를 취해야 한다는 것이다. 독일의 판례는 이 같은 경우와 이른바 목적적 동기유발자(sog. Zweckveranlasser)의 경우를 분명히 구별한다.[66]

상태책임은 물건·동물의 소유자·점유자 기타 관리자가 그 지배범위에 속하는 물건·동물로 인하여 경찰위반상태가 발생한 경우에 지는 책임이다. 도로교통법상 위법공작물과 지상공작물 등 교통장해물 제거의무가 그 대표적인 예이다. 도로교통법은 제71조 제1항에서 도로의 위법공작물을 설치한 사람에게 위법행위 시정명령을 내리거나 위반행위로 인한 교통장해 제거명령을 내릴 수 있도록 하는 한편, 같은 조 제2항에서 그 사람의 성명·주소를 알지 못하여 이러한 조치를 명할 수 없는 때에는 스스로 그 공작물 등을 제거하는 등 조치를 한 후 이를 보관하도록 하고 있다. 또한 제72조 제1항에서는 경찰서장은 도로의 지상공작물이나 그 밖의 시설 또는 물건이 교통에 위험을 일으키게 하거나 교통에 뚜렷이 방해될 우려가 있는 때에는 그 공작물 등의 소유자·점유자 또는 관리자에게 그것을 제거하도록 하거나 그 밖에 교통안전에 필요한 조치를 명할 수 있도록 하고, 제2항에서 다시 공작물 등의 소유자·점유자 또는 관리자의 성명·주소를 알지 못하여 그와 같은 조치를 명할 수 없는 때에는 스스로 그 공작물 등을 제거하는 등 조치를 한 후 이를 보관하여야 한다고 규정하고 있다. 이 두 가지 경우 닳아 없어지거나 파괴될 우려가 있거나 보관하는 것이 현저히 곤란한 공작물 등은 매각하여 그 대금을 보관할 수 있도록 하고 있다.

② 행위자책임·지배자책임

경찰책임을 그 책임자의 지위를 기준으로 행위자책임과 지배자책임으로 분류하기도 한다. 행위자책임은 자기 스스로의 행위로 경찰위반상태를 발생시킨 자가 지는 책임을 말하며, 그 행위자가 자연인인지 법인인지를 가리지 않는다. 반면 지배자책임은 타인을 보호·감독할 지위에 있는 자(친권자·사용주 등)가 그 범위 안에서 지배자로서 피지배자의 행위로 인해 발생한 경찰위반상태에 대해 지는 책임을 말한다. 그 성질은 피지배자의 책임에 대한 대위책임은 아니고, 자기의 지배범위 안에서 경찰위반상태가 발생한 데에 대한 자기책임이다.

실례로 식품위생법은 제100조에 이른바 양벌규정을 두고 있는데, 이에 따르면, 법인의 대표자나 법인 또는 개인의 대리인, 사용인, 그 밖의 종업원이 그 법인 또는 개인의 업무에 관하여 일정한 법위반행위를 하면 그 행위자를 벌하는 외에 그 법인 또는 개인에게도 해당 조문의 벌금형을 과한다고 되어 있다. 다만, 법인 또는 개인이 그 위반행위를 방지하기 위하여 해당 업무에 관하여 상당한 주의와 감독을 게을리하지 아니한 경우에는 양벌규정에 따른

---

66) 이에 관해서는 V. Götz, op. cit., § 9 Rn.18ff.를 참조.

책임을 지지 아니한다. 종업원등이 위반행위를 한 동기를 불문하고 영업주가 책임을 지고 또 그가 그 위반행위를 방지하기 위하여 해당 업무에 관하여 상당한 주의와 감독을 게을리하지 않은 때에는 면책되므로, 양벌규정에 따른 영업주의 책임은 일종의 지배자책임에 해당한다.

③ 복합적 책임

이것은 경찰책임의 특수한 형태로서, 단일 경찰위반사실이 다수인의 행위 또는 다수인이 지배하는 물건의 상태에 기인하거나, 행위책임과 상태책임이 중복되어 발생한 경우의 책임을 말한다. 각개의 행위 또는 상태만으로는 경찰위반이 되지 않음에도 불구하고, 다수의 행위 또는 상태가 결합함으로써 하나의 사회적 장해를 야기하는 경우로서, 소량의 오수 배출행위들이 집적하여 하나의 경찰위반상태를 형성하는 경우가 그런 예이다. 경찰행정청은 재량에 의하여 책임 있는 자들을 선정하여 위험방지의무를 지울 수 있게 되는데, 그 경우 각개의 행위자 또는 지배자가 부담할 책임의 범위와 한도가 문제된다. 이것은 결국 경찰기관이 의무에 합당한 재량행사("Störerauswahl" nach pflichtmäßigem Ermessen)를 통해 해결해야 할 문제이며, 그 재량행사과정에서 위험방지의 효과성(Effektivität der Gefahrenabwehr)과 형평성(Billigkeit) 등을 고려해야 할 것이다.

④ 경찰책임의 승계

경찰책임은 그것이 행위책임이든 상태책임이든 일신전속적 성질을 가진다고 보는 것이 종래의 통설이었다. 이에 따르면 경찰책임자에 대한 처분은 실정법상 특별규정이 없는 한 승계인에 대해서는 효과가 없다고 하게 된다. 그러나 이 견해는 이미 오래전에 판례와 학설에 의해 또는 입법적으로 포기되었거나 수정되었다.[67] 행위책임과 상태책임으로 나누어 살펴보기로 한다.

(가) 행위책임

행위책임의 경우 법률에 명문의 규정이 있거나 대체가능한 경우를 제외하고는 승계가 허용되지 않는다는 것이 통설이라고 한다.[68] 의무의 성격에 따라 승계가능성을 달리 판단해야 한다는 견해가 지배적이라고 서술하기도 한다.[69] 대체로 예방접종의 수인의무, 소음발생의 중지의무, 정보제공의 의무 등은 일신전속적 성격을 가지기 때문에 승계할 수 없지만, 도로청

67) 상세한 것은 정하중, 앞의 책, 1120-1121을 참조.
68) 김철용, 앞의 책, 282.
69) 정하중, 앞의 책, 1121.

소의무, 무단폐기 오염물질의 제거의무 등은 대체적 성격을 가지기 때문에 승계할 수 있다고 한다. 법률에 승계를 허용하거나 일정한 사유가 있을 경우 책임이 승계된다고 하는 명문의 규정이 있는 경우에는 그에 따르면 될 것이어서 문제가 없다. 다만 의무가 개인적 특성을 가진다고 하여 일률적·일반적으로 승계를 부정할 수 있는지는 의문이다.

「토양환경보전법」도 제10의4 제1항 제3호에서 명시적으로 정화책임의 주관적 범위를 특히 합병·상속 그 밖의 사유로 제1호 및 제2호에 해당되는 자의 권리·의무를 포괄적으로 승계한 자에게까지 확장하고 있다. 그 경우 행위책임은 바로 「토양환경보전법」 제10조의4 제1항에 따라 승계된다고 볼 수 있다. 다만, 토양오염이 발생한 토지를 양수할 당시 토양오염 사실에 대하여 선의이며 과실이 없는 경우에는 책임이 확장되지 아니한다(§ 10의4 ② 단서 및 iii).

또한 대법원은 양도인에 대한 사유로 양수인에 대하여 영업정지처분을 할 수 있는지 여부에 대하여 "공중위생관리법 제11조 제5항에서 영업소 폐쇄명령을 받은 후 6개월이 지나지 아니한 경우에는 동일한 장소에서는 그 폐쇄명령을 받은 영업과 같은 종류의 영업을 할 수 없다고 규정하고 있는 점 등을 고려하여 볼 때 영업정지나 영업장 폐쇄명령은 모두 대물적 처분으로 보아야 할 것이므로, 양수인이 그 양수 후 행정청에 새로운 영업소 개설 통보를 하였다 하더라도, 그로 인하여 영업양도·양수로 영업소에 관한 권리·의무가 양수인에게 이전하는 법률효과까지 부정되는 것은 아니므로, 만일 어떠한 공중위생 영업에 대하여 그 영업을 정지할 위법사유가 있다면, 관할 행정청은 그 영업이 양도·양수되었다 하더라도 그 업소의 양수인에 대하여 영업정지처분을 할 수 있다."라고 판시함으로써 영업장 폐쇄명령의 대물적 처분성을 근거로 그 이전가능성을 시인한 바 있다.[70] 이 판결은 행정제재적 처분을 받은 후 영업장을 양도하는 방법으로 행정처분의 효력을 면탈하여 행정처분을 받은 영업장에 대한 이권을 환수하거나 영업을 계속하는 관행을 근절시키기 위한 배경에서 나온 것으로서, 공중위생영업에 대한 행정처분을 대물적 처분으로 보고 그 이전성을 인정한 것이다. 이 문제는 2002년 8월 26일 공중위생관리법개정법률이 제11조의3을 신설하여 행정제재처분효과의 승계를 명문화함으로써 입법적으로 해결되었다. 이에 따라, ① 공중위생영업자가 그 영업을 양도하거나 사망한 때 또는 법인의 합병이 있는 때에는 종전의 영업자에 대하여 법 제11조 제1항의 위반을 사유로 행한 행정제재처분의 효과는 그 처분기간이 만료된 날부터 1년간 양수인·상속인 또는 합병 후 존속하는 법인에 승계되고, ② 공중위생영업자가 그 영업을 양도하거나 사망한 때 또는 법인의 합병이 있는 때에는 법 제11조 제1항의 위반을 사유로 하여 종전의 영업자에 대하여 진행 중인 행정제재처분 절차를 양수인·상속인 또는 합병 후 존속하

70) 대법원 2001.11.9. 선고 2001두5064 판결(영업정지처분취소 (마) 파기환송).

는 법인에 대하여 속행할 수 있게 되었다.

문제는 이러한 법률상 명문의 근거가 없는 경우, 행위책임의 승계를 인정할 수 있는가 하는 것이다. 다수의 학설이 지적하듯이 그 경우 경찰책임의 원칙에 의거하여 행위책임에 따른 경찰의무의 속성과 지위승계의 성질, 면책사유의 인정여부 등을 함께 고려하되, 경찰의무가 일신전속적이 아니고 그 승계가 포괄승계인 경우에는 원칙적으로 책임의 승계를 인정하는 것이 옳다고 본다. 또한 행위책임을 지는 자에게 이미 행정행위가 발급되었다면 그 포괄승계인 역시 이에 그대로 구속된다고 보아야 할 것이다. 한편, 위 대법원의 판례처럼 관계법조의 해석을 통해 영업 양수도에 있어 양도인의 위법행위를 근거로 양수인에 대하여 제재적 처분을 할 수 있다고 볼 여지도 없지 않지만, 법적 명확성과 예측가능성을 확보하기 위해 이를 관계법령에 명문화하는 것이 더 바람직할 것이다.

(나) 상태책임

상태책임의 경우 그것이 물건의 상태와 관련된다는 점에서 승계가 원칙적으로 허용된다고 보는 것이 일반적이다.71) 이에 따르면 무허가건물의 철거명령은 이를 취득한 승계인에 대해서도 그대로 효력이 있고, 따라서 새로운 철거명령 없이 대집행절차를 진행할 수 있다. 상태책임에 관한 한, 문제된 물건의 상태가 대체성, 즉 비일신전속성을 가지는 이상, 그 승계를 배제할 까닭은 없을 것이다. 그러나 경찰법상 상태책임이라고 하여 항상 대체성을 가지고 따라서 승계가능하다고 일반화할 수 있는지는 신중한 검토를 요한다. 이 역시 행위책임의 경우와 다름없이, 경찰책임의 원칙에 의거하여 책임의 속성과 지위승계의 성질, 면책사유의 인정여부 등을 고려하여 개별구체적으로 판단해야 할 문제라고 본다.

⑤ 경찰책임의 예외: 경찰긴급권

경찰권은 경찰위반사실에 대한 직접 책임자에 대해서만 발동되는 것이 원칙이다. 그러나 여기에는 예외가 있다. 즉, 긴급한 필요가 있는 때에는 경찰책임이 없는 자에 대하여도 원조강제나 토지·물건 사용 등과 같은 경찰권 발동이 인정되는 경우가 있다.

제3자에 대한 경찰권 발동은 예외적인 경우이므로, 목전에 급박한 위해를 제거하기 위한 경우에 한하여, 그것도 법령상 근거가 있는 경우에만 인정된다. 그러한 예로 화재현장에 있는 자에 대한 소방서장 등의 소방활동 종사명령(소방기본법 § 24 ① 제1문), 해양경찰서장 등의 수난구호업무종사명령(수난구호법 § 7 ①), 경찰관이 위험한 사태에 접하여 그 장소에 있는 자에게 위해방지상 필요한 조치를 하게 하는 것(경찰관 직무집행법 § 5 ① iii) 등을 들

71) 김철용, 같은 곳; 정하중, 같은 곳.

수 있다. 그러한 경우 제3자에게 발생한 손실은 귀책사유가 없는 한 보상하도록 되어 있다(소방기본법 § 24 ②, 수난구호법 § 24).

3. 경찰비례의 원칙

행정법의 일반원칙으로서 비례원칙은 원래 경찰법 분야에서 유래한 것임은 이미 앞에서 지적한 바 있다. 경찰비례원칙은 일반적으로 위험방지를 위한 경찰작용에 있어 추구하는 공익목적과 그로 인하여 제한·침해되는 개인의 자유·권리 사이에 적정한 비례관계가 유지되어야 한다는 원칙이다. 이 원칙에 따라 경찰권의 발동여부와 발동될 경우 그 정도와 방법과 관련하여 비례원칙을 구성하는 세 가지 요소에 따라 단계적으로 법적 통제가 이루어진다. 즉, 경찰권의 발동여부에 대한 결정 또는 그에 따른 조치는 위험방지라는 경찰목적의 달성에 적합한 것이어야 한다는 적합성(Geeignetheit)의 원칙, 적합한 복수의 조치들 중에서 상대방 개인과 일반공중에 대하여 최소한의 침해를 가져오는 조치를 택해야 한다는 필요성(Erforderlichkeit)의 원칙 또는 최소침해의 원칙(Grundsatz des geringsten Eingriffen), 그리고 선택된 그 조치들도 그것을 통해 달성되는 공익이 그로 인한 상대방의 자유·권리에 대한 침해보다 클 때에만 허용된다(협의의 비례원칙).

「경찰관 직무집행법」은 '경찰관의 직권은 그 직무수행에 필요한 최소한도에서 행사되어야 한다.'라고 규정하여(§ 1 ②), 경찰권 발동에 있어 비례원칙을 명문화하고 있다.

4. 경찰평등의 원칙

경찰권 발동시 상대방의 성별, 종교, 사회적 신분, 인종 등을 이유로 불합리한 차별을 해서는 안 된다는 원칙이다. 평등의 원칙은 헌법 제11조를 통해 헌법 수준으로 고양된 행정법의 일반원리로 주로 권력적·침익적 성격을 띠는 경찰권 행사에 대해서도 당연히 적용된다.

Ⅴ. 전통적 경찰권한계론의 재검토

이제까지 검토한 경찰권의 한계에 관한 전통적 이론은 경찰법상 경찰재량에 대한 한계를 설정하여 경찰권의 행사에 있어 권력남용을 통제하고 국민의 자유·권리를 보호하려는 의도에서 비롯된 이론이라 할 수 있다. 전통적인 경찰권한계론이 그 기본이념에 있어서는 오늘날에도 여전히 타당성이 인정되는 이유이다. 그러나 국내학계에서는 전통적 경찰권한계론의 이론적 재검토를 촉구하는 목소리가 점차 고조되고 있다.

쟁점은 크게 세 가지 방향에서 제기된다.

첫째, 전통적인 경찰권한계론은 결국 경찰재량의 한계론인데 일반행정법에서의 재량한계론과 본질적인 차이가 없고, 경찰재량한계에 관한 개개의 원칙들 역시 대부분 별도로 고찰해야 할 실익이 없으며, 비권력적 경찰작용에 그대로 적용되는지 의문이 있다는 점이 지적된다.

둘째, 전통적인 경찰권한계론은 경찰권 발동의 한계를 헌법과는 무관하게 조리상 원칙에서 구했다는 데 대한 비판이 제기되고 있다. 전통적 이론에서 강조하는 경찰권 한계원리들은 대부분 헌법으로부터 또는 적어도 헌법과 관련하여 도출되는 것이므로 이를 조리에 의해 근거지우는 것은 적절하지 못하다는 것이다.[72] 비례원칙이나 평등원칙은 비단 경찰법뿐만 아니라 헌법적 수준으로 고양된 행정법의 일반원리로 인정되고 있어 이를 독자적인 경찰권 한계원리로 고찰해야 할 이유가 없다.[73] 또한 경찰소극목적의 원칙 역시 경찰을 위험방지라는 소극목적을 위한 작용이라고 파악하는 한 그 목적위반의 금지로서 자명한 결과이고 그 자체 특별한 의미는 없다는 것이다.[74]

한편, 경찰공공의 원칙이나 경찰책임의 원칙도, 전자의 경우 사생활개입금지나 사주소불가침, 민사관계불간섭의 원칙은 결국 실정법상 법률의 근거에 따라 해결되는 문제로 환원되며, 후자의 경우에도 경찰책임자에 대한 개별 실정법의 규율 문제로 환원되는 문제이므로 이 원칙들을 경찰권의 한계에 관한 독자적 법리로 검토해야 할 실익이 있는지 의문이라고 한다.[75]

셋째, 전통적인 경찰권한계론은 위험방지라는 소극적 목적을 위한 경찰재량을 전제로 이를 제한하기 위한 것이었으나, 오늘날 경찰 개입의무라는 '경찰권의 적극적 한계' 문제가 더욱더 중요성을 띠게 된 상황에서는 적실성이 줄어들었다는 비판이 제기된다.[76]

---

72) 한편, 김철용, 앞의 책, 285는 조리상 원칙 가운데 헌법에서 도출될 수 없는 원칙도 있다는 점을 지적한다.
73) 김동희, 앞의 책, 218-219.
74) 김철용, 앞의 책, 284.
75) 김철용, 같은 곳.

생각건대, 전통적인 경찰권한계론이 독일 경찰법의 일반조항을 전제로 경찰재량을 통제하려는 견지에서 전개된 이론임은 주지하는 바이고, 또 그러한 뜻에서 우리나라 경찰행정법에 대해서도 마찬가지로 적실성이 있는지 의문을 제기하는 것은 정당하다. 경찰권 발동의 근거와 관련하여 개별적 특별수권조항을 보완할 수 있는 보충적 근거로서 일반조항 문제를 법해석 및 입법론 수준에서 다루었다면, 경찰권 한계론은 이미 상당한 수준까지 진전된 경찰작용에 대한 법치국가적 규율을 전제로 법리를 재정립하는 단계에 이르렀다고 판단된다. 전통적 경찰한계론에 대한 비판들은 특히 경찰상 일반조항이 없는 상황에서 대부분 공감할 수 있다. 하지만 경찰한계론은 개별법상 특별수권조항이나 임무규정을 근거로 수행될 수 있는 비권력적 작용과 관련하여 경찰에게 부여된 재량을 통제하기 위한 법리로서, 그리고 헌법원칙이 경찰법에 침투하는 통로가 될 수 있다는 점에서 여전히 존재이유가 있다. 더욱이 헌법적합성 측면에서도 문제가 없고 입법론적으로도 바람직한 경찰상 일반조항의 도입이 이루어지면 경찰한계론이 새로운 지평을 얻게 될 것이다.

76) 김철용, 앞의 책, 285-286.

제58장

공용부담법의 쟁점: 특별부담금과 공용환권*

Ⅰ. 특별부담금

1. 공용부담과 특별부담금

공용부담이란 가장 넓은 의미로는 '공법상 부담', 즉 '공법상 의무'와 같은 뜻이지만, 국내문헌들은 '특정 공익목적 또는 공공복리의 증진을 위하여 국민이나 주민에게 강제적으로 과하는 공법상 경제적 부담'으로 정의하고 있다. 공익사업을 위해 필요불가결한 물건이나 노동력을 권리자로부터 임의로 취득할 수 없는 경우에 대비하여 인정된 제도이다. 공용부담은 국민에게 일방적·강제적으로 부담을 과하는 것이므로 법률의 근거를 요한다. 공용부담은 인적 공용부담과 물적 공용부담을 포함한다.

부담금은 전통적인 이해에 따르면 특정 공익사업과 특별한 이해관계에 있는 자에 대하여 그 사업에 필요한 경비의 일부 또는 전부를 부담시키는 공법상 금전납부의무 방식의 인적 공용부담이다. 이 좁은 의미의 부담금은, 조세와 비교하여, 특정 공익사업의 경비 충당을 위한 것인 데 비해 조세는 특정사업과 관계없이 재정상 수입 목적을 위해 부과된다는 점, 부담금은 당해 공익사업과 특별한 관계에 있는 자에게만 부과되지만 조세는 일반 국민에게 과해진다는 점에서 차이가 있다. 다만, 목적세의 경우 부담금과 유사성을 가게 되나 일반 국민이나 주민에게 조세부담능력에 따라 부과되는 것이기 때문에 특정 공익사업과 특별한 이해관계에 있는 자에게 부과되는 부담금과는 다르다. 다만, 목적세 중 공동시설세 같은 것(지방세법 §§

* 홍준형, 『행정법』, 법문사, 2017, 1503-1547, 1565-1596을 토대로 수정·보완한 것임.

239 이하)은, 형식상으로는 조세지만 실질적으로는 부담금의 성질의 가진다. 반면 넓은 의미의 부담금은 특정 공익사업을 위한 것뿐만 아니라 일정한 행정목적을 위한 부담금, 가령 수도권정비계획법 제12조에 따른 과밀부담금 같은 유도적 부담금, 장애인고용부담금이나 환경법상 배출부과금처럼 유도적 기능과 의무이행확보기능을 가지는 부담금 등을 포함한다.

「부담금관리 기본법」은 부담금을 '중앙행정기관의 장, 지방자치단체의 장, 행정권한을 위탁받은 공공단체 또는 법인의 장 등 법률에 따라 금전적 부담의 부과권한을 부여받은 자가 분담금, 부과금, 기여금, 그 밖의 명칭에도 불구하고 재화 또는 용역의 제공과 관계없이 특정 공익사업과 관련하여 법률에서 정하는 바에 따라 부과하는 조세 외의 금전지급의무(특정한 의무이행을 담보하기 위한 예치금 또는 보증금의 성격을 가진 것은 제외한다)'를 말한다고 정의하고 있다. 여기에는 유도적 부담금이나 의무이행확보를 위한 부담금 등이 포함된다.

부담금은 공익사업의 종류에 따라 도로부담금, 하천부담금, 기반시설부담금, 사방부담금, 농지개량부담금 등으로, 원인에 따라 수익자부담금, 원인자부담금, 손상자부담금 등으로 각각 분류된다. 수익자부담금의 예로는 「댐건설 및 주변지역지원 등에 관한 법률」 제23조에 따른 수익자부담금, 「대도시권 광역교통 관리에 관한 특별법」 제11조에 따른 광역교통시설부담금이 있고, 원인자부담금의 예로는 「환경개선비용부담법」 제9조에 따른 환경개선부담금 등이 있다. 손상자부담금은 일종의 원인자부담금으로, 도로법 제91조 제1항에서 '다른 공사나 다른 행위로 인하여 필요하게 된 도로공사의 비용'을 그 공사나 행위의 비용을 부담하여야 할 자에게 부담시키는 경우가 그 예이다.

오늘날 전통적 부담금 유형과 특별부담금의 구별을 전제로 특히 특별부담금의 성격과 그 허용한계가 주요 쟁점으로 부각되고 있다.[1)]

2. 특별부담금

특별부담금은 공적기관에 의한 반대급부가 보장되지 않는 금전급부의무의 설정이라는 점에서 조세와 유사한다. 특별부담금은 특별한 과제를 위한 재정충당을 위하여 부과된다는 점에서 일반적인 국가재정수요의 충당을 위해 부과되는 조세와 구별되고, 특히 특정집단으로부터 징수된다는 점에서 일반국민으로부터 그 담세능력에 따라 징수되는 조세와는 다르다.

특별부담금을 부과하려면 법률에 근거가 있어야 한다. 이와 관련하여 조세나 부담금과 같은 전통적인 공과금체계로는 현대국가의 새로운 행정수요에 원활하게 대처할 수 없기 때

1) 정하중, 『행정법개론』(제4판), 법문사, 2010, 1243.

문에 특별부담금이라는 새로운 유형의 공과금을 도입할 필요성이 인정되고, 우리 헌법 제37조 제2항에 의하면 국민의 모든 자유와 권리는 국가안전보장·질서유지 또는 공공복리를 위하여 필요한 경우에 한하여 법률로써 제한할 수 있도록 하고 있으므로, 국민의 재산권을 제한하는 특별부담금제도를 도입하는 것 자체는 헌법상 문제가 없다는 것이 헌법재판소의 판단이다.[2)]

그러나 특별부담금을 부과함으로써 국민의 재산권을 제한하는 법률규정이 헌법에 위배되지 않으려면 헌법 제37조 제2항에 따른 과잉금지의 원칙과 평등의 원칙을 준수하여야 한다. 특히 조세유사적 성격을 지닌 특별부담금의 부과가 과잉금지의 원칙과 관련하여 방법상 적정한 것으로 인정되기 위해서는, 이러한 부담금의 부과를 통하여 수행하고자 하는 특정한 경제적·사회적 과제에 대하여 특별히 객관적으로 밀접한 관련이 있는 특정집단에 국한하여 부과되어야 하고, 이와 같이 부과·징수된 부담금은 그 특정과제의 수행을 위하여 별도로 지출·관리되어야 하며 국가의 일반적 재정수입에 포함시켜 일반적 국가과제를 수행하는 데 사용하여서는 아니 된다.[3)] 헌법재판소는 부담금의 수입이 반드시 부담금의무자의 집단적 이익을 위하여 사용되어야 한다고는 볼 수 없으나, 부담금의무자의 집단적 이익을 위하여 사용되는 경우에는 부담금부과의 정당성이 제고된다고 한다.[4)]

<텔레비전방송 수신료와 의회유보>

가. 이 법 제36조 제1항은 법률유보, 특히 의회유보의 원칙에 위반된다. 공사는 비록 행정기관이 아니라 할지라도 그 설립목적, 조직, 업무 등에 비추어 독자적 행정주체의 하나에 해당하며, 수신료는 특별부담금으로서 국민에게 금전납부의무를 부과하는 것이므로, 공사가 수신료를 부과·징수하는 것은 국민의 재산권에 대한 제한을 가하는 행정작용임에 분명하고, 그중 수신료의 금액은 수신료 납부의무자의 범위, 수신료의 징수절차와 함께 수신료 부과·징수에 있어서 본질적인 요소이다. 대부분의 가구에서 수상기를 보유하고 있는 현실에서 수신료의 결정행위는 그 금액의 다과를 불문하고 수많은 국민들의 이해관계에 직접 관련된다. 따라서 수신료의 금액은 입법자가 스스로 결정하여야 할 사항이다. 물론 여기서 입법자의 전적인 자의가 허용되는 것은 아니어서, 입법자는 공사의 기능이 제대로 수행될 수 있으며 방송프로그램에 관한 자율성이 보장될 수 있도록 적정한 규모의 수신료를 책정하여야 하고, 공사에게 보장된 방송의 자유를 위축시킬 정도의 금액으로 결정하여서는 아니 된다.

---

2) 헌법재판소 1999.10.21. 선고 97헌바84 전원재판부결정(관광진흥법 제10조의4 제1항 위헌소원 판례집 제11권 2집, 433).

3) 헌법재판소 1998.12.24. 선고 98헌가1 결정; 헌법재판소 1999.10.21. 선고 97헌바84 전원재판부 결정(관광진흥법 제10조의4 제1항 위헌소원); 헌법재판소 1998.12.24. 선고 98헌가1 결정; 헌법재판소 1999.5.27. 선고 98헌바70 전원재판부결정(한국방송공사법 제35조 등 위헌소원).

4) 헌법재판소 1999.10.21. 선고 97헌바84 전원재판부결정.

나. 국회가 수신료금액을 법률로써 직접 규정하는 것에 어려움이 있다면 적어도 그 상한선만이라도 정하고서 공사에 위임할 수도 있고, 공사의 예산을 국회에서 승인토록 하는 절차규정을 둘 수도 있을 것이며, 또 수신료금액의 1차적인 결정권한을 전문성과 중립성을 갖춘 독립된 위원회에 부여하고서 국회가 이를 확정하는 방안도 있을 수 있다.

그런데 **이 법 제36조 제1항은 국회의 결정 내지 관여를 배제한 채 공사로 하여금 수신료의 금액을 결정하도록 맡기고 있다**. 공사가 전적으로 수신료금액을 결정할 수 있게 되면 공영방송사업에 필요한 정도를 넘는 금액으로 정할 수 있고, 또 일방적 수신자의 처지에 놓여 있는 국민의 경제적 이해관계가 무시당할 수도 있다. 이 조항은 공사의 수신료금액 결정에 관하여 공보처장관의 승인을 얻도록 규정하고 있으나, 이는 행정기관에 의한 방송통제 내지 영향력 행사를 초래할 위험을 내포하는 것이어서 위와 같은 문제점에 대한 하등의 보완책이 되지 못한다. 이상과 같은 이유로 **이 법 제36조 제1항은 법률유보원칙(의회유보원칙)에 어긋나는 것이어서, 헌법 제37조 제2항과 법치주의원리 및 민주주의원리에 위반된다** 아니할 수 없다.[5)]

<기존 세대에 대한 시설분담금 부과처분과 이중부담금지 원칙 위배 여부>

1. 주민에게 혜택을 부여하는 내용의 조례 등은 주민의 권리를 제한하거나 새로운 의무를 부과하는 경우보다 광범위한 입법형성의 자유가 인정되는 것이고, 한편 그와 같은 **조례 등의 문언 및 논리적인 해석의 결과 그 혜택을 부여받을 대상에 포함되지 않는 것으로 해석되는 경우에는 비록 혜택을 부여받는 대상과 비교하여 다소 불합리한 결과가 된다 하더라도 추가적인 입법 조치 등이 없는 한 그와 동일한 혜택을 부여할 것을 요구할 수는 없다.**
2. 행정청이 재개발사업시행에 따른 급수시설공사를 승인하면서 사업시행자에게 기존에 거주하던 세대와 새로 입주하는 세대를 구분하지 않고 일률적으로 일정금액의 시설분담금을 부과한 사안에서, 시설분담금 부과처분 당시 수도급수조례 등 관계 법령에 기존 거주 세대에 대한 시설분담금 감액에 관한 근거 규정이 없어 추가적인 입법조치가 없는 한 시설분담금 중 기존 거주 세대 부분에 대한 감액을 주장할 수 없고, 기존의 급수설비가 모두 철거되고 새로운 급수설비가 설치된 이상 새로운 급수설비에 대한 시설분담금과 종전 급수설비에 대한 시설분담금의 부과대상이 동일하다고 할 수 없어, 기존 세대에 대한 시설분담금 부과처분이 부담금관리기본법 제5조 제1항에 정한 이중부담금지의 원칙에 위배되지 않는다.[6)]

5) 헌법재판소 1999.5.27. 선고 98헌바70 전원재판부결정(한국방송공사법 제35조 등 위헌소원).
6) 대법원 2009.10.29. 선고 2008두19239 판결(급수공사비부과처분취소청구).

Ⅱ. 공용변환

1. 공용변환(환지 · 환권)의 의의와 법적 근거

공용부담법 분야에서 행정청은 토지의 이용가치나 효용을 증진시키기 위하여 여러 가지 수단들을 사용한다. 그중 가장 대표적인 것이 '공용변환' 즉 공용환지와 공용환권이다. 공용환지와 공용환권은 모두 토지의 이용가치나 효용을 증진시키기 위한 행정법적 수단으로서 공용부담에 해당한다는 점에서는 공통적이지만, 전자가 평면적인 변환이라면, 후자는 입체적인 변환이라는 점에서 변환방식의 차이가 있다고 설명되고 있다.[7)]

그런데 도시개발법은 제32조에서 도시개발사업의 원활한 시행을 위해 특히 필요한 경우 토지 소유자의 동의를 받아 환지의 목적인 토지를 갈음하여 시행자에게 처분할 권한이 있는 건축물의 일부와 그 건축물이 있는 토지의 공유지분을 부여하는 '입체 환지'를 할 수 있도록 하고, 이와 별도로 「도시재정비 촉진을 위한 특별법」("도시재정비촉진법")도 제21조에서 재정비촉진지구 안에서 시행하는 도시개발사업의 시행자에게 도시개발법 제32조의 관련 규정에 불구하고 주택 등 건축물을 소유하고 있는 자 또는 토지소유자를 대상으로 입체환지 계획을 수립할 수 있도록 허용하고 있다. 이러한 의미의 입체 환지는 그 목적이 토지라는 점에서 환지이기는 하지만, 공용환권처럼 환지대상 토지의 입체적 변환을 가져오는 변환방식이다.

사실 '공용환권'이란 실정법상 용어가 아니라 이론상의 개념이다. 도시정비법에는 '환권'이라는 표현은 찾아볼 수 없다. 도시정비법은 '환권'을 '분양'으로, '환권처분'을 '이전고시'(移轉告示: 분양처분)로, 그리고 환권처분의 내용이 정해지는 '환권계획'을 '관리처분계획'으로 부르고 있다.[8)] 토지의 효용을 증진하기 위하여 일정구역 내 토지의 구획 또는 형질변경함으로써 강제적으로 토지 소유권 기타의 권리를 교환·분합하는 것을 '공용환지'라고 함에 대하여 토지의 평면적, 입체적 효용을 증진하기 위하여 특정한 구역 내의 토지 및 지상 건축물에 관한 권리를 권리자의 의사에 관계없이 강제적으로 교환 · 변경하는 것을 '공용환권'이라 한다.[9)] 도시재개발사업은 '공용환권'의 대표적 사례이다.

이렇게 볼 때, 공용환지와 공용환권의 차이는 변환방식보다는 변환대상, 즉 교환 · 분합의 대상이 토지이냐 토지 · 건축물에 대한 권리이냐에 있다. 차별성보다는 토지 · 건물이나 그에 대한 권리의 이용가치(효용) 증진을 위한 교환 · 분합이라는 공통성이 더 중요하다.

---

7) 김철용, 『행정법 II』(제10판), 박영사, 2010, 605.
8) 홍정선, 『행정법원론(하)』, 박영사, 2005, 563.
9) 최진수, 「주택재개발·재건축에 관한 법적 연구」, 연세대학교 박사학위논문, 2006, 117.

공용변환의 법적 근거는 지역과 환지·환권의 성질에 따라 각기 다르다. 앞에서 본 바와 같이, 환지는 농어촌정비법, 도시개발법, 도시재정비촉진법 등에서 규정하고 있고, 환권은 도시정비법에서 규정하고 있다.

도시개발법은 토지면적의 3분의 2 이상에 해당하는 토지 소유자와 그 지역의 토지 소유자 총수의 2분의 1 이상의 동의를 받아 환지 방식의 도시개발사업을 할 수 있도록 하고 있고, 농어촌정비법은 농업생산기반 정비사업의 공사를 준공한 후 그 사업의 성질상 필요한 경우 해당 지역에 대한 환지계획을 세워 그 구역의 토지등 소유자 3분의 2 이상의 동의와 시·도지사의 인가를 받아 환지를 할 수 있도록 하고 있다. 농어촌정비법은 농업생산기반 정비에 관한 제3장 제3절에서 환지 및 교환·분할·합병 등을 비교적 상세하게 규정하면서도(§§ 25-51), 제62조에서는 생활환경정비사업 시행자가 집단화된 농어촌 주택, 공동이용시설 등을 갖춘 새로운 농어촌마을 건설사업과 기존 마을의 토지와 주택 등을 합리적으로 재배치하기 위한 농어촌마을 재개발사업을 시행하기 위하여 환지를 할 경우에는 도시개발법 제28조부터 제49조까지의 규정에 따른 환지 규정을 준용하도록 하고 있다. 도시정비법은 도시기능 회복을 위하여 정비구역 안에서 주거환경개선사업, 주택재개발사업, 도시환경정비사업 등을 위하여 도시개발법상 환지 방식을 적용하도록 하고 있다.

2. 공용환지

공용환지란 일정한 지역 안에서 경지정리사업을 시행한 후 토지소유권 그 밖의 권리(지상권, 지역권, 임차권 등)를 그 권리주체의 의사 여하에 불구하고 강제적으로 교환·분합하는 것을 공용부담을 말한다. 농어촌정비법은 제2조 제14호에서, "환지(換地)"란 '농어촌정비사업의 시행으로 종전의 토지를 대신하여 새로 정비된 토지를 지정하는 것'으로 정의하고 있다.

공용환지는 도시개발법상 환지와 농어촌정비법상 환지가 대표적인 유형으로, 입체적 변환인 공용환권에 비해, 평면적 변환방식이다.

3. 공용환권

(1) 개념과 의의

토지 효용의 증진을 위하여 일정한 지역 안의 토지의 구획·형질을 변경하고 권리자의 의사

여하에 불구하고 토지 · 건축물에 대한 권리에 대응하여 토지정리 후 토지 · 건축물에 대한 권리를 부여함으로써 강제로 권리를 변환시키는 공용부담을 공용환권이라 한다. 가령 공권력에 의하여 일정한 구역 내의 토지 및 건축물을 정비하는 도시계획사업의 일종인 주택재개발사업에 있어 토지의 평면적 · 입체적 효용을 증진하기 위하여 특정한 구역 내의 토지 및 지상 건축물에 대한 권리를 권리자의 의사에 관계없이 강제적으로 교환 · 변경하는 공용환권의 방법이 사용된다.[10] 공용환권의 법적 근거로 대표적인 것은 도시정비법이다.[11]

(2) 정비사업과 공용환권

① 정비사업

도시정비법은 정비사업의 일환으로 공용환권을 규정하고 있다. 정비사업이란 도시기능을 회복하기 위하여 정비구역 안에서 정비기반시설을 정비하고 주택 등 건축물을 개량하거나 건설하는 주거환경개선사업, 재개발사업, 재건축사업으로 정의되고 있다.

사업시행자는 정비사업을 시행하는 자를 말한다(§ viii). 시행자의 자격은 법 제24조와 제25조에서 따로 정하고 있다.

시장 · 군수등, 토지주택공사등 또는 지정개발자가 아닌 자가 정비사업을 시행하고자 하는 경우에는 토지등소유자로 구성된 조합을 설립하여야 한다(§ 35 ① 본문). 다만, 법 제25조 제1항제2호에 따라 토지등소유자가 재재발사업을 시행하려는 경우에는 그러하지 아니한다(§ 35 ① 단서). 조합설립은 추진위원회를 통해서 하게 되는데, 정비구역지정 · 고시 후 위원장을 포함한 5명 이상의 위원 및 운영규정에 대한 토지등소유자 과반수의 동의를 받아 조합설립을 위한 추진위원회를 구성하여 국토교통부령으로 정하는 방법과 절차에 따라 시장 · 군수등의 승인을 얻어야 한다(§ 31 ①). 추진위원회의 구성에 동의한 토지등소유자(이하 "추진위원회 동의자"라 한다)는 법 제35조 제1항부터 제5항까지의 규정에 따른 조합의 설립에 동의한 것으로 보며, 다만, 조합설립인가 신청 전에 시장 · 군수등 및 추진위원회에 조합설립에 대한 반대의 의사표시를 한 추진위원회 동의자의 경우에는 그러하지 아니한다(§ 31 ② 단서).

조합은 관할행정청의 인가가 있어야 비로소 설립된다. 즉, 주택재개발사업 및 도시환경정비사업의 추진위원회가 조합을 설립하고자 하는 때에는 토지등소유자의 4분의 3 이상 및

---

10) 대법원 2007.12.27. 선고 2004다26256 판결.

11) 이 법률은 서울시가 도시정비사업의 일환으로 추진한 용산4구역 재개발 사업 과정에서 발생한 '용산참사'로 재개발 · 재건축 사업의 문제가 불거지자 제도개선 차원에서 2010년 4월 15일 재개발 · 재건축 사업 진행 시 공공부문의 역할을 강화함으로써 정비사업의 투명성과 효율성을 높이기 위하여 공공관리제도를 도입하고, 조합장 선거 등을 선거관리위원회에 위탁할 수 있도록 하는 등의 내용으로 개정되었다.

토지면적의 2분의 1 이상의 토지소유자의 동의를 얻어 정관, 국토교통부령으로 정하는 서류, 그 밖에 시·도 조례로 정하는 서류를 첨부하여 시장·군수등의 인가를 받아야 한다(§ 35 ②). 인가받은 사항을 변경하고자 하는 때에도 또한 같다(§ 35 ⑤ 본문).

조합설립인가의 법적 성질에 대해서는 보충행위(강학상 인가)로 보는 견해와 설권행위(강학상 특허)로 보는 견해[12]가 대립한다. 보충행위설이 종래 다수설이자 판례였으나, 판례는 다음에 보는 바와 같이 설권행위설로 태도를 선회하였다.

<도시정비법상 조합설립인가처분의 법적 성질>

1. 행정청이 도시 및 주거환경정비법 등 관련 법령에 근거하여 행하는 **조합설립인가처분은 단순히 사인들의 조합설립행위에 대한 보충행위로서의 성질을 갖는 것에 그치는 것이 아니라 법령상 요건을 갖출 경우 도시 및 주거환경정비법상 주택재건축사업을 시행할 수 있는 권한을 갖는 행정주체(공법인)로서의 지위를 부여하는 일종의 설권적 처분의 성격을 갖는다**고 보아야 한다. 그리고 그와 같이 보는 이상 조합설립결의는 조합설립인가처분이라는 행정처분을 하는 데 필요한 요건 중 하나에 불과한 것이어서, 조합설립결의에 하자가 있다면 그 하자를 이유로 직접 항고소송의 방법으로 조합설립인가처분의 취소 또는 무효확인을 구하여야 하고, 이와는 별도로 조합설립결의 부분만을 따로 떼어내어 그 효력 유무를 다투는 확인의 소를 제기하는 것은 원고의 권리 또는 법률상의 지위에 현존하는 불안·위험을 제거하는 데 가장 유효·적절한 수단이라 할 수 없어 특별한 사정이 없는 한 확인의 이익은 인정되지 아니한다.
2. 도시 및 주거환경정비법상 주택재건축정비사업조합에 대한 행정청의 조합설립인가처분이 있은 후에 조합설립결의의 하자를 이유로 민사소송으로 그 결의의 무효 등 확인을 구한 사안에서, 그 소가 확인의 이익이 없는 부적법한 소에 해당하다고 볼 여지가 있으나, 재건축조합에 관한 설립인가처분을 보충행위로 보았던 종래의 실무관행 등에 비추어 그 소의 실질이 조합설립인가처분의 효력을 다투는 취지라고 못 볼 바 아니고, 여기에 소의 상대방이 행정주체로서의 지위를 갖는 재건축조합이라는 점을 고려하면, 그 소가 공법상 법률행위에 관한 것으로서 행정소송의 일종인 당사자소송으로 제기된 것으로 봄이 상당하고, 그 소는 이송 후 관할법원의 허가를 얻어 조합설립인가처분에 대한 항고소송으로 변경될 수 있어 관할법원인 행정법원으로 이송함이 마땅하다고 한 사례.[13]

② 정비사업의 시행방법으로서 공용환권

도시정비법 제23조는 정비사업의 시행방법 중 하나로 환지방식을 명시하고 있다. 이에 따르면, 제24조에 따른 주거환경개선사업의 시행자가 제69조 제2항에 따라 환지로 공급하는 방법(§ 23 ① iii), 주택재개발사업은 정비구역에서 제74조에 따라 인가받은 관리처분계획에 따라

12) 김중권, 『행정법기본연구 I』, 법문사, 2008, 311 이하.
13) 대법원 2009.9.24. 선고 2008다60568 판결(재건축결의부존재확인).

건축물을 건설하여 공급하거나 제69조 제2항에 따라 환지로 공급하는 방법에 의하며(§ 23 ②), 재건축사업은 정비구역에서 제74조에 따라 인가받은 관리처분계획에 따라 주택, 부대시설·복리시설 및 오피스텔(건축법 § 2 ②에 따른 오피스텔)을 건설하여 공급하는 방법으로 하되, 주택단지에 있지 아니하는 건축물의 경우에는 지형여건·주변의 환경으로 보아 사업 시행상 불가피한 경우로서 정비구역으로 보는 사업에 한정하도록 하고 있다(§ 23 ③).

따라서 주거환경개선사업, 재개발사업을 환지방식으로 시행하거나 재건축사업을 관리처분계획에 따라 시행할 경우 공용환권이 이루어지게 된다.

<조합원에 대한 신 주택 · 대지 분양과 공용환권 해당여부>

1. 재건축조합이 구 주택건설촉진법 및 구 도시재개발법에 따른 관리처분계획 인가 및 이에 따른 분양처분의 고시 등의 절차를 거치거나 도시 및 주거환경정비법상의 관리처분계획 인가 및 이에 따른 이전고시 등의 절차를 거쳐 신 주택이나 대지를 조합원에게 분양한 경우에는, 구 주택이나 대지에 관한 권리가 권리자의 의사에 관계없이 신 주택이나 대지에 관한 권리로 강제적으로 교환·변경되어 공용환권된 것으로 볼 수 있다. 그렇지만 이러한 관리처분계획 인가 및 이에 따른 분양처분의 고시 내지 이전고시 등의 절차를 거치지 아니한 채 조합원에게 신 주택이나 대지가 분양된 경우에는, 당해 조합원은 조합규약 내지 분양계약에 의하여 구 주택이나 대지와는 다른 신 주택이나 대지에 관한 소유권을 취득한 것에 불과할 뿐 이를 가리켜 구 주택이나 대지에 관한 소유권이 신 주택이나 대지에 관한 소유권으로 강제적으로 교환·변경되어 공용환권된 것으로 볼 수는 없으므로 양자 간에 그 동일성이 유지된다고 할 수 없다.
2. 명의수탁자가 명의신탁 부동산을 재건축조합에게 신탁하고 재건축조합이 관리처분계획 인가와 이에 따른 분양처분고시 또는 이전고시 등의 절차 없이 재건축사업을 진행하여 신축한 건물 등을 분양계약을 통하여 명의수탁자에게 분양한 경우, 명의신탁자가 당초의 명의신탁약정이 무효라는 이유로 명의수탁자가 재건축조합으로부터 분양받은 신축 건물 등에 관한 소유권의 이전을 청구할 수 없다고 한 사례.[14)]

(3) 공용환권의 절차

도시정비법에 의한 공용환권의 절차는 관리처분계획 등에 관한 제5절에서 규정되어 있는데, 도시·주거환경정비기본계획과 구역에 대한 정비계획을 수립하고 정비구역을 지정하여 이를 토대로 정비사업을 시행하도록 되어 있다. 정비사업과 공용환권의 절차는 분양공고 및 분양신청, 관리처분계획(환권계획)의 작성·인가 등, 관리처분계획에 따라 처분 또는 관리, 정비사업의 준공인가, 준공인가 등에 따른 정비구역의 해제, 이전고시 등, 대지 및 건축물에 대한

14) 대법원 2009.6.23. 선고 2008다1132 판결(소유권이전등기).

권리의 확정, 청산금 등 지급 등으로 이어진다. 그중 중요한 부분만 살펴보기로 한다.

① 관리처분계획의 작성

관리처분계획은 정비사업 완료 후 행할 환권처분의 계획으로서 '환권계획'이라고도 부른다. 환권처분의 내용은 이 환권계획으로 정해지는데, 판례는 이를 처분으로 보고 있다.

<관리처분계획의 처분성>

1. 도시재개발법에 의한 재개발조합은 조합원에 대한 법률관계에서 적어도 특수한 존립목적을 부여받은 특수한 행정주체로서 국가의 감독하에 그 존립목적인 특정한 공공사무를 행하고 있다고 볼 수 있는 범위 내에서는 공법상의 권리의무 관계에 서 있는 것이므로 분양신청 후에 정하여진 관리처분계획의 내용에 관하여 다툼이 있는 경우에는 그 관리처분계획은 토지등의 소유자에게 구체적이고 결정적인 영향을 미치는 것으로서 조합이 행한 처분에 해당하므로 항고소송의 방법으로 그 무효확인이나 취소를 구할 수 있다.
2. 관리처분계획에 하자가 있어 그것이 무효로 되기 위해서는 그 하자가 중대하고도 명백할 것이 요구된다고 할 것인바, 비례율의 부당적용과 같이 관리처분계획에서 정한 청산금의 산정방법에 하자가 있는 경우라도 그러한 하자는 다른 특별한 사정이 없는 한 중대하고도 명백하다고 볼 수 없어 이러한 하자를 사유로 하여 관리처분계획을 무효로 볼 수는 없다.
3. 항고소송의 대상이 되는 행정처분이라 함은 행정청의 공법상의 행위로서 특정사항에 대하여 법규에 의한 권리의 설정 또는 의무의 부담을 명하거나 기타 법률상 효과를 발생하게 하는 등 국민의 구체적인 권리의무에 직접적 변동을 초래하는 행위를 말한다.
4. 재개발조합이 조합원들에게 '조합원 동·호수 추첨결과 통보 및 분양계약체결 안내'라는 제목으로 계약의 지연 등으로 인한 개인적 불이익을 당하지 않도록 유념해 달라는 내용의 통지를 한 경우, 위 통지는 조합원들에 대하여 관리처분계획에서 정한 바에 따라 위 기한까지 분양계약에 응하여 분양대금을 납부해 줄 것을 안내하는 것에 불과하고, 조합원들에게 분양계약의 체결 또는 분양금의 납부를 명하거나 기타 법률상 효과를 새로이 발생하게 하는 등 조합원들의 구체적인 권리의무에 직접적 변동을 초래하는 행정처분에 해당한다고 볼 수 없다고 한 사례.15)

② 관리처분계획의 인가

관리처분계획은 조합이 제72조에 따른 분양신청의 현황을 기초로 위에서 본 바와 같은 내용의 관리처분계획안을 마련하여 그에 대한 조합 총회결의와 토지등소유자의 공람절차를 거친 후 관할행정청의 인가·고시를 통해 비로소 그 효력이 발생하게 된다.

---

15) 대법원 2002.12.10. 선고 2001두6333 판결(청산금부과처분무효확인).

<관리처분계획안에 대한 조합총회결의 효력을 다투는 소송의 성질: 공법상 당사자소송>

1. 도시 및 주거환경정비법상 행정주체인 주택재건축정비사업조합을 상대로 관리처분계획안에 대한 조합 총회결의의 효력 등을 다투는 소송은 행정처분에 이르는 절차적 요건의 존부나 효력 유무에 관한 소송으로서 그 소송결과에 따라 행정처분의 위법 여부에 직접 영향을 미치는 공법상 법률관계에 관한 것이므로, 이는 행정소송법상의 당사자소송에 해당한다.
2. 도시 및 주거환경정비법상 주택재건축정비사업조합이 같은 법 제48조에 따라 수립한 관리처분계획에 대하여 관할 행정청의 인가·고시까지 있게 되면 관리처분계획은 행정처분으로서 효력이 발생하게 되므로, 총회결의의 하자를 이유로 하여 행정처분의 효력을 다투는 항고소송의 방법으로 관리처분계획의 취소 또는 무효확인을 구하여야 하고, 그와 별도로 행정처분에 이르는 절차적 요건 중 하나에 불과한 총회결의 부분만을 따로 떼어내어 효력 유무를 다투는 확인의 소를 제기하는 것은 특별한 사정이 없는 한 허용되지 않는다.
3. 도시 및 주거환경정비법상의 주택재건축정비사업조합을 상대로 관리처분계획안에 대한 총회결의의 무효확인을 구하는 소를 민사소송으로 제기한 사안에서, 그 소는 행정소송법상 당사자소송에 해당하므로 전속관할이 행정법원에 있다고 한 사례.
4. 주택재건축정비사업조합의 관리처분계획에 대하여 그 관리처분계획안에 대한 총회결의의 무효확인을 구하는 소가 관할을 위반하여 민사소송으로 제기된 후에 관할 행정청의 인가·고시가 있었던 경우 따로 총회결의의 무효확인만을 구할 수는 없게 되었으나, 이송 후 행정법원의 허가를 얻어 관리처분계획에 대한 취소소송 등으로 변경될 수 있음을 고려하면, 그와 같은 사정만으로 이송 후 그 소가 부적법하게 되어 각하될 것이 명백한 경우에 해당한다고 보기 어려우므로, 위 소는 관할법원인 행정법원으로 이송함이 상당하다고 한 사례.[16)]

관리처분계획의 인가의 법적 성질에 대해서는 관리처분계획에 대한 법률상 효력을 완성시키는 보충행위라는 것이 통설이다. 따라서 인가의 대상인 관리처분계획은 일종의 기본행위라고 볼 수 있는데, 이 역시 토지등의 소유자에게 구체적이고 결정적인 영향을 미치는 것으로서 조합이 행한 처분에 해당하므로 기본행위와 인가가 각각 별도로 처분성을 가지고 또 흠이 있는 경우에는 각각 행정쟁송의 대상이 된다.

<기본행위인 관리처분계획의 무효를 이유로 한 인가에 대한 행정소송>

도시재개발법 제34조에 의한 피고의 인가는 주택개량재개발조합의 관리처분계획에 대한 법률상의 효력을 완성시키는 보충행위로서 그 기본 되는 관리처분계획에 하자가 있을 때에는 그에 대한 인가가 있었다 하여도 기본행위인 관리처분계획이 유효한 것으로 될 수 없으며, 다만 그 기본행위가 적법·유효하고 보충행위인 인가처분 자체에만 하자가 있다면 그 인가처분의 무효나 취소를 주장할 수 있다고 할

---

16) 대법원 2009.9.17. 선고 2007다2428 전원합의체판결(총회결의무효확인).

것이지만, 인가처분에 하자가 없다면 기본행위에 하자가 있다 하더라도 따로 그 기본행위의 하자를 다투는 것은 별론으로 하고 기본행위의 무효를 내세워 바로 그에 대한 피고의 인가처분의 취소 또는 무효확인을 소구할 법률상의 이익이 있다고 할 수 없다(대법원 1977.8.23. 선고 77누38 판결; 대법원 1993.4.23. 선고 92누15482 판결; 대법원 1994.10.14. 선고 93누22753 판결; 대법원 1995.12.12. 선고 95누7338 판결 등 참조).[17]

<관리처분계획에 대한 인가처분을 하면서 기부채납과 같은 조건을 붙일 수 있는지 여부>

1. 재건축조합이 행정주체의 지위에서 도시정비법 제48조에 따라 수립하는 **관리처분계획은 정비사업의 시행 결과 조성되는 대지 또는 건축물의 권리귀속에 관한 사항과 조합원의 비용 부담에 관한 사항 등을 정함으로써 조합원의 재산상 권리·의무 등에 구체적이고 직접적인 영향을 미치게 되는 구속적 행정계획으로서 조합이 행하는 독립된 행정처분에 해당한다**(대법원 2009.9.17. 선고 2007다2428 전원합의체판결; 대법원 2009.10.15. 선고 2009다10638, 2009다10645 판결 등 참조).
2. 관리처분계획 및 그에 대한 인가처분의 의의와 성질, 그 근거가 되는 도시정비법과 그 시행령상의 위와 같은 규정들에 비추어 보면, **행정청이 관리처분계획에 대한 인가 여부를 결정할 때에는 그 관리처분계획에 도시정비법 제48조 및 그 시행령 제50조에 규정된 사항이 포함되어 있는지, 그 계획의 내용이 도시정비법 제48조 제2항의 기준에 부합하는지 여부 등을 심사·확인하여 그 인가 여부를 결정할 수 있을 뿐 기부채납과 같은 다른 조건을 붙일 수는 없다**고 할 것이다.
3. **관리처분계획인가에는 관리처분계획 작성자에게 조건(부담)을 부과하는 부관을 붙일 수 없으므로, 원고 프라자빌라재건축정비사업조합, 청화아파트주택재건축정비사업조합에 대한 관리처분계획인가시 이 사건 인가조건을 부과한 것은 그 위법성이 중대하고 명백하여 무효**이고, 이 사건 인가조건과 동일한 사실이 관리처분계획의 일부 내용으로 기재되어 있다고 하더라도 무효인 이 사건 인가조건이 유효로 될 수는 없다고 한 원심 판단을 확인한 사례.[18]

(4) 환권처분

① 의의 및 성질

환권처분이란 정비사업 완료 후 이미 관할행정청으로부터 인가받은 '환권계획'에 따라 종전 토지 또는 건축물에 관한 소유권 등의 권리를 강제적으로 변환시키는 처분을 말한다. 즉, 종전의 토지 또는 건축물에 대하여 정비사업에 의하여 조성되거나 축조되는 대지 또는 건축 시설의 위치 및 범위 등을 정하고 그 가격의 차액에 상당하는 금액을 청산하거나, 대지 또는 건축 시설을 정하지 않고 금전으로 청산하는 공법상 처분이다.

이에 대해서는 환권계획에 따라 분양처분 및 청산을 하는 형성적 행정행위라고 보는 것

17) 대법원 2001.12.11. 선고 2001두7541 판결(관리처분계획변경인가처분무효확인).
18) 대법원 2012.8.30. 선고 2010두24951 판결(사업시행변경인가처분등일부무효확인).

이 다수의 견해이다. 판례는, 분양처분의 고시가 있은 다음 날에 종전의 토지 또는 건축물에 관하여 존재하던 권리관계가 분양받는 대지 또는 건축 시설에 그 동일성을 유지하면서 이행되므로, 분양처분은 대인적 처분이 아니라 대물적 처분이라고 한다.

<대물적 처분으로서 분양처분>

도시재개발법에 의한 재개발사업에 있어서의 분양처분은 재개발구역 안의 종전의 토지 또는 건축물에 대하여 재개발사업에 의하여 조성되거나 축조되는 대지 또는 건축 시설의 위치 및 범위 등을 정하고 그 가격의 차액에 상당하는 금액을 청산하거나, 대지 또는 건축 시설을 정하지 않고 금전으로 청산하는 공법상 처분으로서, 그 처분으로 종전의 토지 또는 건축물에 관한 소유권 등의 권리를 강제적으로 변환시키는 이른바 공용환권에 해당하나, 분양처분 그 자체로는 권리의 귀속에 관하여 아무런 득상·변동을 생기게 하는 것이 아니고, 한편 종전의 토지 또는 건축물에 대신하여 대지 또는 건축 시설이 정하여진 경우에는 분양처분의 고시가 있은 다음날에 종전의 토지 또는 건축물에 관하여 존재하던 권리관계는 분양받는 대지 또는 건축 시설에 그 동일성을 유지하면서 이행되는바, 이와 같은 경우의 분양처분은 대인적 처분이 아닌 대물적 처분이라 할 것이므로, 재개발사업 시행자가 소유자를 오인하여 종전의 토지 또는 건축물의 소유자가 아닌 다른 사람에게 분양처분을 한 경우 그러한 분양처분이 있었다고 하여 그 다른 사람이 권리를 취득하게 되는 것은 아니며, 종전의 토지 또는 건축물의 진정한 소유자가 분양된 대지 또는 건축시설의 소유권을 취득하고 이를 행사할 수 있다.[19)]

② 환권처분의 내용: 관리처분계획에 따른 처분 · 관리

정비사업의 시행으로 조성된 대지 및 건축물은 관리처분계획에 의하여 이를 처분 또는 관리하여야 한다(§ 79 ①).

사업시행자는 정비사업의 시행으로 건설된 건축물을 제74조에 따라 인가받은 관리처분계획에 따라 토지등소유자에게 공급하여야 한다(§ 79 ②).

사업시행자는 제72조에 따른 분양신청을 받은 후 잔여분이 있는 경우에는 정관등 또는 사업시행계획으로 정하는 목적을 위하여 그 잔여분을 보류지(건축물을 포함한다)로 정하거나 조합원 또는 토지등소유자 이외의 자에게 분양할 수 있고, 이 경우 분양공고와 분양신청절차 등에 필요한 사항은 대통령령으로 정한다(§ 79 ④).

환권처분에 따라 지분형주택 등의 공급, 건축물 등의 사용·수익의 중지 및 철거 등, 시공보증, 정비사업의 준공인가 등 정비사업의 후속절차가 이어진다.

---

19) 대법원 1995.6.30. 선고 95다10570 판결(소유권이전등기등).

③ 환권처분의 효과

(가) 공사완료에 따른 관련 인·허가등의 의제

법 제83조 제1항부터 제4항까지의 규정에 따라 준공인가를 하거나 공사완료를 고시하는 경우 시장·군수등이 제57조에 따라 의제되는 인·허가등에 따른 준공검사·준공인가·사용검사·사용승인 등에 관하여 제3항에 따라 관계 행정기관의 장과 협의한 사항은 해당 준공검사·인가등을 받은 것으로 본다(§ 85 ①). 시장·군수등이 아닌 사업시행자가 그와 같은 의제를 받으려면 제83조제1항에 따른 준공인가를 신청하는 때에 해당 법률이 정하는 관계 서류를 함께 제출하여야 한다(§ 85 ②).

(나) 이전고시 등

사업시행자는 제83조 제3항 및 제4항에 따른 고시가 있은 때에는 지체 없이 대지확정측량을 하고 토지의 분할절차를 거쳐 관리처분계획에서 정한 사항을 분양받을 자에게 통지하고 대지 또는 건축물의 소유권을 이전하여야 한다(§ 86 ① 본문). 다만, 정비사업의 효율적인 추진을 위하여 필요한 경우에는 당해 정비사업에 관한 공사가 전부 완료되기 전이라도 완공된 부분은 준공인가를 받아 대지 또는 건축물별로 분양받을 자에게 소유권을 이전할 수 있다(§ 86 ① 단서).

사업시행자가 이에 따라 대지 및 건축물의 소유권을 이전하고자 하는 때에는 그 내용을 해당 지방자치단체의 공보에 고시한 후 이를 시장·군수등에게 보고하여야 한다(§ 86 ② 전단). 이 경우 대지 또는 건축물을 분양받을 자는 고시가 있은 날의 다음 날에 그 대지 또는 건축물에 대한 소유권을 취득한다(§ 86 ② 후단).

이전고시란 준공인가고시로 사업시행이 완료된 이후에 관리처분계획이 정한 바에 따라 정비사업으로 조성된 대지 및 건축물 등의 소유권을 분양받을 자에게 이전하는 행정처분으로서, 관리처분계획에서 정한 사항을 구체적으로 집행하는 집행행위이다. 종래 도시재개발법상 '분양처분'이 '이전고시'라는 용어로 변경되었는데, 이는 분양처분의 법적 효과가 통지에 의해서가 아니라 '고시'에 의해 발생하는 점을 명확히 하기 위한 것이었다.

<이전고시의 법적 성질: 공법상 처분>

도시 및 주거환경정비법에 따른 **이전고시는** 준공인가의 고시로 사업시행이 완료된 이후에 관리처분계획에서 정한 바에 따라 종전의 토지 또는 건축물에 대하여 정비사업으로 조성된 대지 또는 건축물의 위치 및 범위 등을 정하여 소유권을 분양받을 자에게 이전하고 가격의 차액에 상당하는 금액을 청산하거나 대지 또는 건축물을 정하지 않고 금전적으로 청산하는 **공법상 처분**이다.[20]

이전고시가 효력을 발생하게 된 이후에는 조합원 등이 관리처분계획의 취소 또는 무효확인을 구할 법률상 이익이 없다는 것이 대법원의 판례이다.

<이전고시가 효력 발생 후 관리처분계획의 취소 또는 무효확인을 구할 법률상 이익 유무>

1. 【다수의견】 이전고시의 효력 발생으로 이미 대다수 조합원 등에 대하여 획일적·일률적으로 처리된 권리귀속 관계를 모두 무효화하고 다시 처음부터 관리처분계획을 수립하여 이전고시 절차를 거치도록 하는 것은 정비사업의 공익적·단체법적 성격에 배치되므로, **이전고시가 효력을 발생하게 된 이후에는 조합원 등이 관리처분계획의 취소 또는 무효확인을 구할 법률상 이익이 없다**고 봄이 타당하다.

   【대법관 김능환, 대법관 이인복, 대법관 김용덕, 대법관 박보영의 별개의견】 관리처분계획의 무효확인이나 취소를 구하는 소송이 적법하게 제기되어 계속 중인 상태에서 이전고시가 효력을 발생하였다고 하더라도, 이전고시에서 정하고 있는 대지 또는 건축물의 소유권 이전에 관한 사항 외에 관리처분계획에서 정하고 있는 다른 사항들에 관하여서는 물론이고, 이전고시에서 정하고 있는 사항에 관하여서도 여전히 관리처분계획의 취소 또는 무효확인을 구할 법률상 이익이 있다고 보는 것이 이전고시의 기본적인 성격 및 효력에 들어맞을 뿐 아니라, 행정처분의 적법성을 확보하고 이해관계인의 권리·이익을 보호하려는 행정소송의 목적 달성 및 소송경제 등의 측면에서도 타당하며, 항고소송에서 소의 이익을 확대하고 있는 종전의 대법원판례에도 들어맞는 합리적인 해석이다.
2. 도시 및 주거환경정비법 관련 규정의 내용, 형식 및 취지 등에 비추어 보면, 당초 관리처분계획의 경미한 사항을 변경하는 경우와 달리 관리처분계획의 주요 부분을 실질적으로 변경하는 내용으로 새로운 관리처분계획을 수립하여 시장·군수의 인가를 받은 경우에는, 당초 관리처분계획은 달리 특별한 사정이 없는 한 효력을 상실한다.[21]

1. 이전고시의 효력 발생으로 이미 대다수 조합원 등에 대하여 획일적·일률적으로 처리된 권리귀속 관계를 모두 무효화하고 다시 처음부터 관리처분계획을 수립하여 이전고시 절차를 거치도록 하는 것은 정비사업의 공익적·단체법적 성격에 배치되므로, **이전고시가 효력을 발생한 후에는 조합원 등이 관리처분계획의 취소 또는 무효확인을 구할 법률상 이익이 없다고 보는 것이 타당하고, 이는 관리처분계획에 대한 인가처분의 취소 또는 무효확인을 구하는 경우에도 마찬가지이다.**
2. 관리처분계획의 수립 또는 변경을 위하여 조합총회의 의결 및 행정청의 인가절차 등을 요구하는 취지는, 관리처분계획의 수립 또는 변경이 조합원, 현금청산대상자 등(이하 '조합원 등'이라 한다)에 대한 소유권 이전 등 권리귀속 및 비용부담에 관한 사항을 확정하는 행정처분에 해당하므로 그로 인하여 자신의 권리의무와 법적 지위에 커다란 영향을 받게 되는 조합원 등의 의사가 충분히 반영되어야 할 필요가 있기 때문이다. 반면에 관리처분계획의 경미한 사항을 변경하는 경우에는 이러한 필

20) 대법원 2016.12.29. 선고 2013다73551 판결(근저당권설정등기말소청구의소).
21) 대법원 2012.3.22. 선고 2011두6400 전원합의체판결(관리처분계획무효확인).

요성이 그다지 크지 않기 때문에 행정청에 신고하는 것으로 충분하도록 규정하고 있는 것이다.[22]

(다) 대지 및 건축물에 대한 권리의 확정

대지 또는 건축물을 분양받을 자에게 법 제86조 제2항에 따라 소유권을 이전한 경우 종전의 토지 또는 건축물에 설정된 지상권・전세권・저당권・임차권・가등기담보권・가압류 등 등기된 권리 및 주택임대차보호법 제3조 제1항의 요건을 갖춘 임차권은 소유권을 이전받은 대지 또는 건축물에 설정된 것으로 본다(§ 87 ①).

(라) 등기절차 및 권리변동의 제한

사업시행자는 법 제86조 제2항에 따른 이전의 고시가 있은 때에는 지체 없이 대지 및 건축물에 관한 등기를 지방법원지원 또는 등기소에 촉탁 또는 신청하여야 한다(§ 88 ①). 정비사업에 관하여 제86조 제2항에 따른 이전의 고시가 있은 날부터 등기가 있을 때까지는 저당권 등의 다른 등기를 하지 못한다(§ 88 ③).

(마) 청산금 등

대지 또는 건축물을 분양받은 자가 종전에 소유하고 있던 토지 또는 건축물의 가격과 분양받은 대지 또는 건축물의 가격사이에 차이가 있는 경우에는 사업시행자는 제86조 제2항에 따른 이전고시가 있은 후에 그 차액에 상당하는 금액(이하 "청산금"이라 한다)을 분양받은 자로부터 징수하거나 분양받은 자에게 지급하여야 한다(§ 89 ① 본문). 다만, 정관등에서 분할징수 및 분할지급에 대하여 정하고 있거나 총회의 의결을 거쳐 따로 정한 경우에는 관리처분계획인가후부터 제86조 제2항에 따른 이전고시일까지 일정 기간별로 분할징수하거나 분할지급할 수 있다(§ 89 ① 단서).

④ 환권처분에 대한 불복

환권처분 역시 처분성을 가지므로 환지처분의 경우와 다름없이 행정심판이나 행정소송을 통해 다툴 수 있다. 그러나 환지처분의 경우와 마찬가지로 환권처분에 대해서는 분양처분이 이루어진 다음에는 다투기가 쉽지 않다. 다음에 보는 바와 같이 분양처분이 일단 공고되어 효력을 발생하게 된 이후에는 그 전체 절차를 처음부터 다시 밟지 않는 한 그 일부만을 따로 떼어 분양처분을 변경할 길이 없다. 즉, 조합원은 관리처분계획의 변경 또는 분양거부처분의 취소를 구할 수 없고, 재개발조합으로서도 분양처분의 내용을 일부 변경하는 취지로 관리처

22) 대법원 2012.5.24. 선고 2009두22140 판결(관리처분계획변경처분등취소).

분계획을 변경할 수 없다.

> 도시재개발법에 의한 도시재개발사업에서 분양처분이 일단 고시되어 효력을 발생하게 된 이후에는 그 전체의 절차를 처음부터 다시 밟지 아니하는 한 그 일부만을 따로 떼어 분양처분을 변경할 길이 없고 **분양처분의 일부 변경을 위한 관리처분계획의 변경도 분양처분이 이루어지기 전에만 가능하므로**(대법원 1991.10.8. 선고 90누10032 판결; 대법원 1995.7.14. 선고 93누9118 판결; 대법원 1999.2.5. 선고 97누14606 판결 등 참조), **분양처분이 효력을 발생한 이후에는** 조합원은 관리처분계획의 변경 또는 분양거부처분의 취소를 구할 수 없고 재개발조합으로서도 분양처분의 내용을 일부 변경하는 취지로 관리처분계획을 변경할 수 없다고 할 것이다.[23)]

설령 분양처분에 위법이 있다 하여 취소 혹은 무효확인을 하더라도 다른 토지에 대한 분양처분까지 무효라고는 할 수 없고 다만 그 위법을 이유로 하여 민사상의 절차에 따라 권리관계의 존부를 확정하거나 손해의 배상을 구하는 길이 있을 뿐이므로 그 분양처분의 일부에 대하여 취소 또는 무효확인을 구할 법률상의 이익이 없다는 것이 판례이다.

> 도시재개발법에 의한 도시재개발사업에 있어서의 분양처분은 사업시행자가 관리처분계획구역의 전부에 대하여 공사를 완료한 후 관리처분계획에 따라 토지교부 등을 하는 처분으로서 일단 공고되어 효력을 발생하게 된 이후에는 그 전체의 절차를 처음부터 다시 밟지 않는 한 그 일부만을 따로 떼어 분양처분을 변경할 길이 없으며 가사 그 분양처분에 위법이 있다 하여 취소 혹은 무효확인을 하더라도 다른 토지에 대한 분양처분까지 무효라고는 할 수 없을 것이고 다만 그 위법을 이유로 하여 민사상의 절차에 따라 권리관계의 존부를 확정하거나 손해의 배상을 구하는 길이 있을 뿐이므로 **그 분양처분의 일부에 대하여 취소 또는 무효확인을 구할 법률상의 이익이 없다**고 하여야 할 것이다(대법원 1979.3.13. 선고 78누246 판결; 대법원 1980.6.24. 선고 79누100 판결; 대법원 1985.4.23. 선고 84누446 판결; 대법원 1990.9.25. 선고 88누2557 판결 참조).[24)]

23) 대법원 1999.10.8. 선고 97누12105 판결(주택개량재개발사업관리처분계획변경인가신청반려처분취소).
24) 대법원 1991.10.8. 선고 90누10032 판결(환지처분무효확인).

제59장

경제행정법의 쟁점: 경제질서와 공정거래위원회*

Ⅰ. 쟁점

"경제법"(Wirtschaftsrecht)은 노동법과 마찬가지로 제1차 세계대전 후에야 비로소 독자적 연구·교육분야로서 성립된[1] 새로운 법영역이다. 이렇게 특수한 연구·교육분야로 독립된 "경제법"이 생성될 수 있었던 것은 법영역의 체계적 분류에 관한 이론적 관심에서라기보다는 19세기 말부터 시작되어 전쟁의 수요를 통해 가속화되었던 국가목적의 방향전환(Umorientierung der Staatszwecke) 덕분이었다고 한다.[2] 특히 독일 바이마르 제국헌법의 "경제생활"(Das Wirtschaftsleben)에 관한 장은 자유주의적 행정관념으로부터 사적 자치에 의한 경제적 자유의 원칙을 사회정의에 대한 국가의 책임과 결합시킨 새로운 국가관으로 이행을 보여주었다. "경제법"이란 법영역의 독립은 이러한 헌법 및 경제사상의 전환의 한 결과였다. 경제법이란 "국가가 경제의 조직과 기능방식을 규율하고 형성하며 지도하는 법규의 총체"로서 정의되었고 또 현재에도 그렇게 정의되고 있다.[3]

---

* 홍준형, 『행정법』, 법문사, 2017, 1603-1621, 1638-1647; 홍준형, 「공정거래법상 동의명령제 도입방안에 관한 연구」, 홍준형·김정희, 『기업법연구』 제21권 제4호, 2008, 355-381을 토대로 수정·보완한 것임.

1) A. Nussbaum, *Das neue deutsche Wirtschaftsrecht*, 2.Aufl., J. Springer, 1920; H. Goldschmidt, *Reichs-Wirtschaftsrecht*, 1923; J.W. Hedemann, *Reichsgericht und Wirtschaftsrecht*, Gustav Fischer, 1929. "경제법"(Wirtschaftsrecht)이라는 말은 리하르트 칸(Richard Kahn)이 *Rechtsbegriff der Kriegswirtschaft. Ein Versuch der Grundlegung des Kriegswirtschaftsrechts*, München, 1918에서 최초로 사용했다고 한다.

2) P. Badura, "Wirtschaftsverwaltungsrecht," in: Ingo v. Münch und E. Schmidt-Aßmann (Hrsg.), *Besonderes Verwaltungsrecht*, 9.Aufl., 1992, S.184.

3) H. Hedemann, in: Fs.f. A. Hueck, 1959, S.377; F. Rittner, *Wirtschaftsrecht*, StaatL 8, 1963, S.817; G. Rinck, *Begriff und Prinzipien des Wirtschaftsrechts*, Metzner, 1971; N. Reich, *Markt und Recht*,

물론 자유주의국가도, 비록 그것이 입각하고 있는 원리는 달랐을지라도, 현대의 복지국가와 다름없이, 경제를 법을 통해 규율하고 있었다. 그것은, 이와 같이 국가적 규율을 받는 영역으로서 새로이 대두되었다는 의미에서 특별한, 경제에 관한 특별법을 보유하고 있었다. 그러나 경제에 관한 자유주의국가의 법은 자유주의적 경제사상에 상응하여 본질적으로 사법(私法)과 경찰법의 상호관련하에서 발전되었으므로, 특별히 "경제법"이라고 불리는 법학의 독자적 연구·교육분야로서 성립되기에 이르지는 못했다.[4] 독일의 경우 독일제국 결성[5] 이래 이루어진 철저한 산업발전이 그와 같이 괄목할 만한 또 모든 법영역을 포괄하는 방대한 분량의 개별 법규들과 법적 문제들을 대두시킴에 따라, 자본주의적 기업의 수요, 이들의 소비자들과의 관계, 경쟁관계, 기업주연합과 노동자의 단결, 근로관계와 노동자보호 등을 법적으로 규율하는 문제가 특수한 법영역, 즉, "산업법"(Industrierecht)의 대상으로서 고찰하게 되는 결과가 초래되었다.[6] 제1차 세계대전 후에야 비로소 "경제법"(Wirtschaftsrecht)이 독자적 연구·교육분야로서 성립되었다. 이러한 독일에서의 발전은 경제체제의 근사성, 전시의 경제정책이념의 공통성 및 일본법학의 독일법학에 대한 의존성 등으로 인하여 일본에도 큰 영향을 미쳤으며[7] 우리나라에도 소개되었다.[8] 그러나 독일에서는 지금까지 다른 법학 분야로부터 명확히 구별되며 독자적인 통일성을 가진 법학분야로서 경제행정법을 정립하려는 노력은 성공적이지 못했다. 이러한 '윤곽의 결여'(Konturenlosigkeit)에는 특별행정법의 일부가 아니라 독자적인 법영역으로서의 위상이라든지 법발전의 역동성 등 여러 가지 이유가 있지만, 그렇기에 법영역을 섣불리 한정하기보다는 그 정의나 영역설정에 있어 '발전개방성'(Entwicklungsoffenheit)이 필요하다고 한다.[9] 이하 헌법상 경제질서 공정거래위원회의 권한행사 등을 둘러싼 논란을 통해 경제행정법의 쟁점을 다루어 보기로 한다.

1977.

4) R. Piepenbrock, *Der Gedanke eines Wirtschaftsrechts in der neuzeitlichen Literatur bis zum Ende des Ersten Weltkrieges*, 1964.

5) E.R. Huber, *Deutsche Verfassungsgeschichte seit 1789*, Bd. IV, 1969, S.971ff.; Badura, *Das Verwaltungsrecht des liberalen Rechtsstaates*, Göttingen, 1967, S.16ff.

6) H. Lehmann, "Grundlinien des deutschen Industrierechts," in: *FS f. E. Zitelmann*, 1913.

7) 金澤良雄, 『經濟法』, 有斐閣, 1980, 3.

8) 우리나라에 경제법을 최초로 소개한 것은 김치선, 『경제법·사회보장법』, 법문사, 1960이라고 한다(황적인·권오승, 『경제법』, 법경출판사, 1989, 24 각주 8).

9) R. Stober, *Allgemeines Wirtschaftsverwaltungsrecht*, 18.Aufl., Kohlhammer, 2014, S.5-6.

Ⅱ. 헌법상 경제질서

경제질서에 관한 헌법의 규정, 즉 "경제헌법"(Wirtschaftsverfassung)은 경제행정의 범위와 한계에 관한 헌법적 결정을 집약하는 개념이다. 경제헌법이란, 가장 단순한 의미로는 헌법에 규정된 경제에 관한 조항을 말한다. 경제에 관한 독립된 장(제9장)을 둔 우리 헌법은 독일 기본법과 달리 이러한 의미의 경제헌법을 가지고 있다고 말할 수 있다.

1. 경제질서에 관한 헌법규정

경제적 기본질서에 관한 현행헌법의 규정들을 개관하면, 헌법은 먼저 헌법 전문에서 모든 영역에 있어서 각인의 기회균등과 국민생활의 균등한 향상을 국가적 목표로 규정하고 재산권 보장을 규정한 제23조, 직업선택의 자유를 규정한 제15조 및 경제에 관한 제9장에서 경제적 기본질서의 내용을 규정하고 있다. 그 밖에도 근로의 권리에 관한 제32조 제1항, 근로자의 권리를 규정한 제33조, 긴급재정·경제처분 및 명령권을 규정한 제76조 제1항 등도 경제질서에 관련한 헌법의 태도를 엿볼 수 있게 하는 근거조항들이다.

한국헌법의 경제적 기본질서에 관한 원칙을 규정한 것은 헌법 제119조이다. 즉, 대한민국의 경제질서는 개인과 기업의 경제상의 자유와 창의를 존중함을 원칙으로 한다(헌법 § 119 ①). 이는 재산권보장과 직업선택의 자유와 같은 고전적 의미의 경제적 기본권의 보장을 통하여 뒷받침되고 있다. 그러나 자유주의 시장경제를 배경으로 한 경제질서의 기본원칙은 제119조 제2항에서 중대한 수정을 받고 있고, 이는 한국헌법상 경제적 기본질서를 사회적 시장경제질서라고 부를 수 있게 하는 한 요소가 되고 있다. 즉, 헌법은 "국가는 국민경제의 성장 및 안정과 적정한 소득의 분배를 유지하고, 시장의 지배와 경제력의 남용을 방지하며, 경제주체 간의 조화를 통한 경제의 민주화를 위하여 경제에 관한 규제와 조정을 할 수 있다." 라는 규정을 둠으로써 경제적 민주주의 또는 경제민주화를 경제질서의 기본으로 선언하고 있는 것이다. 경제적 기본질서의 구조는 첫째, 사유재산권 보장과 자유시장경제, 둘째, 사회정의의 실현과 국민경제의 균형적 발전을 통한 경제민주화로 나누어 고찰할 수 있다.

2. 경제질서의 기초

(1) 사유재산제의 보장과 자유시장경제의 채택

헌법은 제23조에서 재산권을, 제22조 제2항에서는 무체재산권을 보장함으로써 경제질서의 기본이 사유재산제, 즉 사적 소유의 보장에 있음을 분명히 함과 아울러 제15조에서 직업선택의 자유를 보장하고 있다. 나아가 헌법은 제119조 제1항에서 "대한민국의 경제질서는 개인과 기업의 경제상의 자유와 창의를 존중함을 기본으로 한다."라고 선언함으로써 이른바 자유주의적 시장경제의 헌법적 근거를 명시하고, 제126조에서 국방상·국민경제상 긴절한 필요로 인하여 법률이 정하는 경우를 제외하고는 사영기업을 국유·공유로 이전하거나 그 경영을 통제·관리할 수 없다고 규정함으로써 사기업 경영권 불간섭 원칙을 통해 다시 구체화하고 있다.[10)]

사유재산제는 단순히 재산권의 법적 보장을 의미하는 것이 아니라 현행헌법의 전체적 성격을 규정하는 기본적인 가치결단이다. 이러한 의미에서 우리 헌법상 사유재산제는 단순한 역사적·사회적 제도에 대한 보장의 수준을 넘는 경제질서의 기본원리로서 보장되고 있다. 그리하여 혁명을 전제로 하지 않는 한, 헌법개정으로도 생산수단의 사적 전유에 입각한 자본주의 체제의 핵심이 침해될 수 없다는 결론이 나온다. 물론 재산권의 보장과 자유경쟁에 입각한 시장경제의 채택은 우리 헌법상 경제적 기본질서의 내용, 즉 자본주의경제체제의 핵심을 이루는 것이지만, 이러한 경제체제는 헌법상 재산권의 사회적 구속성이 관철되고 있고 시장경제 또한 후술하는 바와 같이 자본주의에 대한 사상적 전환에 따라 경제정의에 입각한 질서형성을 위한 근본적인 제약을 받고 있다는 점에서 상대화되고 완화되어 있다는 점에 주의를 요한다.

(2) 사회적 시장경제질서: 사회정의의 실현과 경제민주화

한국헌법상 경제적 기본질서에 대해서는 보는 각도에 따라 이론의 여지가 있고 또 학설상 논란되고 있기는 하지만, 앞에서 독일기본법의 경제질서와 관련하여 살펴본 바와 마찬가지로, 경제질서에 대한 개방성, 중립성에 입각하고 있다고 보는 것이 타당할 것이다. 즉 "우리 헌법은 어떤 순수한 경제질서에 관한 근본결단을 내리고 있다고 보기보다 오히려 두 상반된 경제적 이데올로기와 경제적 이익 간 조화로서의 헌법적 양해에 근거하고 있다."라고 보아야 할 것이다.[11)] 이러한 전제 위에서 헌법상 경제질서는 대체로 시장경제와 사회정의를 위한 경제

---

10) 헌법재판소 1993.7.29. 선고 89헌마31 결정, 『헌재공보』 제3호(1993.11.1.), 53 이하.

11) 우리나라 헌법상 경제질서를 둘러싼 논쟁에 관하여는 한국공법학회, 「경제에 관한 법적 규제와 조성」, 『공법연구』 제16집(1988), 9-213, 특히 정순흔, 「우리헌법상의 경제질서와 경제규제의 한계」, 동학회 월례학

민주화를 근간으로 하는 경제질서라는 의미에서 '사회적 시장경제', 즉 사회정의와 경제적 민주화를 지향하는 시장경제질서라고 이해될 수 있다.

> 한국헌법이 어떠한 경제질서를 채택하고 있는지에 대한 판례 역시 그러한 방향을 취하고 있다. 당초 헌법재판소는 재해보상 및 보험가입에 관한 법률 제5조에 대한 헌법소원결정(1991.6.3. 선고 89헌마204 결정)에서 소수반대의견이 우리나라의 경제체계가 사회적 시장경제체제라고 밝힌 바 있었고, 이후 판례를 통하여(헌법재판소 1996.4.25. 선고 92헌바47 결정(축산업협동조합법 제99조 제2항 위헌소원)) 이를 분명히 천명한 바 있다: "**우리나라 헌법상의 경제질서는 사유재산제를 바탕으로 하고 자유경쟁을 존중하는 자유시장경제질서를 기본으로 하면서도 이에 수반되는 갖가지 모순을 제거하고 사회복지·사회정의를 실현하기 위하여 국가적 규제와 조정을 용인하는 사회적 시장경제질서로서의 성격을 띠고 있다.** 즉, 절대적 개인주의·자유주의를 근간으로 하는 자본주의사회에 있어서는 계약자유의 미명 아래 "있는 자, 가진 자"의 착취에 의하여 경제적인 지배종속관계가 성립하고 경쟁이 왜곡되게 되어 결국에는 빈부의 격차가 현격해지고, 사회계층간의 분화와 대립갈등이 첨예화하는 사태에 이르게 됨에 따라 이를 대폭 수정하여 실질적인 자유와 공정을 확보함으로써 인간의 존엄과 가치를 보장하도록 하였는바(헌법재판소 1989.12.22. 선고 88헌가13 결정 참조)"[12)]

헌법은 제119조 제2항에서 "국가는 국민경제의 성장 및 안정과 적정한 소득의 분배를 유지하고, 시장의 지배와 경제력의 남용을 방지하며, 경제주체 간의 조화를 통한 경제의 민주화를 위하여 경제에 관한 규제와 조정을 할 수 있다."라고 규정함으로써 경제적 민주주의 내지 경제민주화를 경제적 기본질서의 내용으로 선언하고 있다. 적정한 소득분배, 자본집중과 경제력남용의 방지 등은 사회경제적 차원에서 실현되어야 할 이념인 사회정의에 봉사하는 정책적 목표들이며 이에 따라 이러한 목표들을 실현해 나가야 할 국가적 책무가 뒤따른다.

그러나 헌법상 경제적 기본질서의 또 다른 의미는 또한 경제정의를 실현하기 위한 국가 개입의 한계를 설정했다는 데 있다. 첫째, 경제질서가 어디까지나 사적 자치(Privat-autonomie)에 바탕을 둔 시장경제를 바탕으로 하며, 따라서 중앙집중적 계획경제와 같은 경제의 전면적 사회화는 허용되지 않는다. 둘째, 경제에 관한 규제와 조정, 또 그로 인한 재산권침해 같은 경제에 대한 간섭은 법치국가적 조건하에서 이루어져야 한다.

(3) 법치행정의 원칙과 경제행정

경제에 대한 국가활동은 사적·집단적 수요의 충족을 최적화하고(배분기능: allokative

술발표회 발표문(1992.5.30. 특히 김형성의 논문) 등을 참조.

12) 헌법재판소 1996.4.25. 선고 92헌바47 결정.

Funktion), 성장을 촉진하며(안정화기능: stabilisierende Funktion) 나아가 시장소득(Markteinkommen)을 시정하는 것(분배기능: distributive Funktion)을 임무로 한다.[13] 이러한 국가적 임무수행에 있어 가장 주도적인 역할을 수행하는 것은, 적어도 의회주의 하에서는, 의회라 할 수 있다. 헌법에 의하여 보장된 법치행정의 원칙은 바로 이와 같은 의회의 역할을 뒷받침하는 제도적 원리이다. 그것은 행정이 법, 즉 법의 일반원칙, 헌법 및 법률의 규정, 그 밖의 불문법규범에 구속된다는 것을 의미하지만, 무엇보다도 행정의 법률적합성(Gesetzmäßigkeit der Verwaltung)이 관철될 것을 요구한다. 따라서 법치행정의 원리가 경제행정에 대하여 가지는 규범적 효과는 무엇보다 '법률의 유보'와 '법률의 우위'를 통하여 나타난다.

Ⅲ. 경제행정의 주체와 법적 수단

1. 경제행정조직

'경제행정의 주체'란 경제 영역에서 누가 공행정의 행사(Ausübung öffentlicher Verwaltung im Bereich der Wirtschaft)를 담당하도록 되어 있는가, 또는 경제행정에 관한 권한이 누구에게 어떻게 배분되고 있는가 하는 문제이다. 경제행정을 담당하는 주체, 즉 경제행정조직은 경제체제 및 경제질서에 관한 헌법상의 틀 안에서 결정된다. 그러나 헌법은 이에 관하여 별다른 규정을 두고 있지 않지만, 일반적 행정조직에 관한 헌법적 결정의 내용을 이루는 민주적 정부(헌법 § 67), 지방자치제도(§ 117), 행정조직법정주의(§ 96) 등이 경제행정조직에 대해서 타당함은 물론이다.

2. 국가 경제행정의 주체로서 공정거래위원회

(1) 개설

「독점규제 및 공정거래에 관한 법률」(약칭: "공정거래법")에 따른 사무를 독립적으로 수행하기 위하여 국무총리 소속으로 설치된 공정거래위원회는 정부조직법 제2조(중앙행정기관의

13) R. Schmidt, "Wirtschaftspolitik, Wirtschaftsverwaltungsorganisation, Wirtschaftsförderung," in: von N. Achterberg (Hrsg.), *Besonderes Verwaltungsrecht* Bd.I, Müller, 1990, S.22, Rn.40.

설치와 조직)에 따른 중앙행정기관이다(§ 35). 국무총리 소속이지만 직무상 독립성이 인정되므로 상급기관의 지휘감독을 받지 아니하고 독립하여 의사결정을 할 수 있는 합의제행정관청이다. 공정거래위원회는 공정거래법 시행에 관하여 필요한 기준을 제정하고 이 법에 따른 신고를 받거나 금지행위에 대한 예외를 인정하며, 위반행위에 대한 조사 및 시정조치, 과징금부과 등을 할 수 있는 준입법적·준사법적 권한을 지닌 독립적인 상설 규제행정위원회이다.

공정거래위원회의 소관사무는 다음 각 호와 같다(§ 36).

1. 시장지배적 지위의 남용행위 규제에 관한 사항
2. 기업결합의 제한 및 경제력집중의 억제에 관한 사항
3. 부당한 공동행위 및 사업자단체의 경쟁제한행위 규제에 관한 사항
4. 불공정거래행위 및 재판매가격유지행위 규제에 관한 사항
5. 삭제
6. 경쟁제한적인 법령 및 행정처분의 협의·조정 등 경쟁촉진정책에 관한 사항
7. 그 밖에 법령에 따라 공정거래위원회의 소관으로 규정된 사항

공정거래법은 국외에서 한 행위라도 국내시장에 영향을 미치는 경우에 적용되므로(§ 2의 2) 공정거래위원회는 이 법의 역외적용에 관한 권한을 행사하여야 한다.

한편, 정부는 대한민국의 법률·이익에 반하지 않는 범위 안에서 외국정부와 이 법의 집행을 위한 협정을 체결할 수 있고(§ 36의2 ①), 공정거래위원회는 이에 따라 공정거래위원회는 그 협정에 따라 외국정부의 법집행을 지원할 수 있다(§ 36의2 ②). 그런 협정이 체결되어 있지 않더라도 외국정부의 법집행 요청시 동일 또는 유사한 사항에 관하여 대한민국의 지원요청에 응한다는 요청국의 보증이 있는 경우 지원할 수 있다(§ 36의2 ③).

(2) 공정거래위원회의 독립성

공정거래위원회는 경제행정상 준입법적·준사법적 권한을 지닌 상설 규제행정위원회라는 점에서 그 경제에 미치는 영향력 및 경제행정상 역할의 중요성을 고려하고 직무상 공정성을 확보하기 위하여 독립성이 보장되고 있다.

공정거래위원회의 심리와 의결은 공개하되, 다만, 사업자 또는 사업자단체의 사업상의 비밀을 보호할 필요가 있다고 인정할 때에는 그러하지 아니한다(§ 43 ①). 공정거래위원회의 심리는 구술심리를 원칙으로 하되, 필요한 경우 서면심리로 할 수 있다(§ 43 ②). 공정거래위원회의 사건에 관한 의결의 합의는 공개하지 아니한다(§ 43 ③).

(3) 공정거래위원회의 조사등의 절차

법은 제49조에서 법위반행위의 직권조사, 신고, 당사자 통지, 시정조치 · 과징금의 제척기간, 제50조에서 위반행위의 조사 방법, 절차, 금융거래정보 제출 요구. 제50조의2에서 조사권 남용금지, 제50조의3에서 조사 등의 연기신청에 관한 규정을 두고 있다.

공정거래위원회가 하는 문서의 송달에 관해서는 행정절차법 제14조 내지 제16조의 규정을 준용한다(§ 53의3 ①). 제1항 규정에 불구하고 국외에 주소 · 영업소 또는 사무소를 두고 있는 사업자 또는 사업자단체에 대해서는 국내에 대리인을 지정하도록 하여 동 대리인에게 송달한다(§ 53의3 ②).

(4) 규제명령과 제재

① 규제명령

(가) 시정조치명령

시정조치명령은 공정거래위원회가 가동할 수 있는 가장 전형적인 규제명령이다. 가령 제5조에 따르면 공정거래위원회는 제3조의2(시장지배적지위의 남용금지)에 위반하는 행위가 있을 때에는 당해 시장지배적사업자에 대하여 가격의 인하, 당해 행위의 중지, 시정명령을 받은 사실의 공표 기타 시정을 위한 필요한 조치를 명할 수 있다. 그 밖에도 제16조에서, 제7조(기업결합의 제한) 제1항, 제9조(상호출자의 금지 등), 제9조의2(순환출자의 금지), 제10조의2(계열회사에 대한 채무보증의 금지) 제1항 등 매우 광범위한 법위반에 대해 시정조치를 명할 수 있도록 하고 있고, 제21조에서는 제19조(부당한 공동행위의 금지) 제1항 위반, 제24조에서는 제23조(불공정거래행위의 금지) 제1항 또는 제2항 위반 등에 대하여, 제27조에서는 제26조(사업자단체의 금지행위) 위반에 대하여, 그리고 제31조에서는 제29조(재판매가격유지행위의 제한) 제1항 위반에 대하여 당해 행위의 중지, 시정명령을 받은 사실의 공표 기타 시정을 위한 필요한 조치를 명할 수 있도록 하고 있다.

(나) 시정권고

공정거래위원회는 이 법의 규정에 위반하는 행위가 있는 경우에 당해 사업자 또는 사업자단체에 대하여 시정방안을 정하여 이에 따를 것을 권고할 수 있고(§ 51 ①), 이 권고를 받은 자는 시정권고를 통지받은 날부터 10일 이내에 당해 권고의 수락 여부를 공정거래위원회에 통지하여야 한다(§ 51 ②). 시정권고를 받은 자가 당해 권고를 수락한 때에는 이 법의 규정에 의한 시정조치가 명하여진 것으로 본다(§ 51 ③).

② 제재수단

(가) 과징금

과징금은 의무위반에 따른 불법적 이익을 전면적으로 박탈함으로써 간접적으로 의무이행을 강제하는 효과를 얻고자 하려는 취지에서 도입된 행정제재금이다. 공정거래법에서는 앞서 본 시정조치명령과 함께 다양한 법위반행위에 대한 제재수단으로 과징금을 부과할 수 있도록 하고 있다.

(나) 이행강제금

이행강제금은 시정조치 불이행시 부과하는 제재수단이다. 법 제17조의3 제1항에 따른 이행강제금, 동의의결 불이행에 대한 이행강제금(§ 51의5) 등이 그 예이다.

③ 자진신고자 등에 대한 감면 등

공정거래법은 부당한 공동행위의 사실을 자진신고하거나 증거제공 등의 방법으로 조사에 협조한 사람에게는 제21조(시정조치)에 따른 시정조치 또는 제22조에 따른 과징금을 감경 또는 면제할 수 있고, 제71조에 따른 고발을 면제할 수 있도록 하여 법집행의 실효를 높이고자 하였다(§ 22의2 ①).

공정거래위원회가 조사를 시작하기 전에 자진신고한 자로서 부당한 공동행위임을 입증하는 데 필요한 증거를 단독으로 제공한 최초의 자에 대해서는 과징금 및 시정조치를 면제하고, 공정거래위원회가 조사를 시작하기 전에 자진신고하거나 공정거래위원회가 조사를 시작한 후에 조사에 협조한 자로서 부당한 공동행위임을 입증하는 데 필요한 증거를 단독으로 제공한 두 번째의 자에 대해서는 과징금의 100분의 50을 감경하고, 시정조치를 감경하는 등 감면 혜택을 차별화함으로써 자진신고의 유인과 경쟁심리를 조성하는 방식이다(시행령 § 35 ①).

이 제도는 카르텔, 즉 담합에 참여한 기업 또는 기업인이 해당 사실을 신고한 경우 시정조치나 과징금 등의 제재를 감면시켜 주는 리니언시(leniency) 제도로서, 기업 간 담합이 갈수록 교묘하고 은밀하게 이뤄지고 있어, 수사권이 없는 공정위로서는 조사가 쉽지 않기 때문에, 일종의 자수제도를 통해 담합 적발률과 사건처리의 효율성 제고, 담합 재발 방지를 위한 일종의 유인구조를 조성하기 위하여 1997년부터 도입되었다. 리니언시 도입 뒤 담합사건 적발 늘어 처리기간이 단축되는 등 긍정적 효과가 적지 않았으나, 여전히 "과징금만 깎아 준다"는 솜방망이 처벌에 대한 지적도 끊이지 않고 있다.

④ 동의의결

(가) 의의

동의의결이란 법 위배여부가 의심되는 행위에 대하여 규제행정기관이 일도양단의 위법 판단을 내리기보다는 당사자와 합의를 통해 시정방안을 마련하고 사건을 종결하는 일련의 공적 집행절차인 동의명령제의 일종이다. 규제기관은 기업의 법 위배문제를 추궁하지 않는 대신, 기업은 문제된 행위를 중단하고 그와 관련된 일정한 조건을 이행하기로 합의하여 사건을 조속히 종결짓는 규제자와 피규제자 간 협력적 처리 방식이다.[14)]

> 동의명령제는 본래 미국 독점금지법상 동의명령(Consent order) 및 동의판결(Consent decree)에서 유래된 제도이다.[15)] 주요 외국의 입법례, 가령 EU, 덴마크, 등의 확약결정(Commitment decision)과 독일의 의무이행확약(Verpflichtungszusagen),[16)] 호주의 확약(Undertakings) 및 일본의 동의심결(同意審決) 등도 각국의 정황에 따라 다소 차이가 있기는 하지만 기본적으로 미국식 동의명령제를 모델로 하여 형성, 발전되어 온 제도들이다.[17)]

공정거래법 제51조의2 제1항에 따르면 공정거래위원회의 조사나 심의를 받고 있는 사업자 또는 사업자단체는 당해 조사나 심의의 대상이 되는 행위로 인한 경쟁제한상태 등의 자발적 해소, 소비자 피해구제, 거래질서의 개선 등을 위하여 제3항에 따른 동의의결을 하여 줄 것을 공정거래위원회에 신청할 수 있다. 다만 해당 행위가 다음 어느 하나에 해당하는 경우 공정거래위원회는 동의의결을 하지 아니하고 이 법에 따른 심의 절차를 진행하여야 한다.

---

14) 이에 관해 상세한 것은 홍준형·김정희, 「공정거래법상 동의명령제 도입방안에 관한 연구」, 『기업법연구』 제21권 제4호(2008), 355-381을 참조.

15) 미국의 동의명령 및 동의판결 제도에 관해서는, 신영수, 「미국 독점금지법상의 동의명령 제도에 관한 고찰」, 『기업법연구』 제19권 제4호(통권 제23호), 2005; 김두진, 「미국 경쟁당국의 사건처리 절차·동의명령제」, 『공정거래법 진행의 선진화: 한미 FTA 체결에 즈음하여』, 한국법제연구원(2007.7.5.) 등을 참조; 그 밖의 입법례에 관해서는, 홍준형, 「동의명령제도 도입에 관한 연구」, 한국전문가컨설팅그룹(KECG) 연구보고서(2007.9.28., 미발간)를 참조.

16) 독일의 동의명령 제도에 관해서는, J. Bornkamm, "Die Verpflichtungszusage nach § 32 b GWB - Ein neues Instrument im deutschen Kartellverwaltungsverfahren," in: Herausgegeben von Ingo Brinker, D.H. Scheuing, und K. Stockmann, *Recht und Wettbewerb. Festschrift für Rainer Bechtold zum 65. Geburtstag*, C.H. Beck, 2006, 45-58; T. Körber, "Die erstmalige Anwendung der Verpflichtungszusage gemäßArt. 9 VO 1/2003 und die Zukunft der Zentralvermarktung von Medienrechten an der Fussballbundesliga," in: *Wettbewerb in Recht und Praxis*, 51 Heft 4, 2005, S.463-467; Eva M. Haarmann, "Die Figur der Verpflichtungszusage als geeignetes Instrument des Europäischen Wettbewerbsrechts unter besonderer Berücksichtigung der Fusionskontrolle," Diss. Freiburg 2004/2005 등을 참조.

17) 홍준형, 앞의 글, 2-24 참조.

1. 해당 행위가 제19조(부당한 공동행위의 금지) 제1항에 따른 위반행위인 경우
2. 제71조(고발) 제2항에 따른 고발요건에 해당하는 경우
3. 동의의결이 있기 전 신청인이 신청을 취소하는 경우

공정거래위원회는 사실관계에 대한 조사를 마친 후 제2항 제2호 및 제3호에 따른 시정방안이 다음 각 호의 요건을 모두 충족한다고 판단되는 경우에는 해당 행위 관련 심의 절차를 중단하고 시정방안과 같은 취지의 의결("동의의결")을 할 수 있다(§ 51의2 ③ 제1문). 이 경우 신청인과 협의를 거쳐 시정방안을 수정할 수 있다(§ 51의2 ③ 제2문).

1. 해당 행위가 이 법을 위반한 것으로 판단될 경우에 예상되는 시정조치, 그 밖의 제재와 균형을 이룰 것
2. 공정하고 자유로운 경쟁질서나 거래질서를 회복시키거나 소비자, 다른 사업자 등을 보호하기에 적절하다고 인정될 것

동의의결은 해당 행위가 이 법에 위반된다고 인정했음을 의미하지 않으며, 누구든지 동의의결 받은 사실을 들어 그 행위가 이 법에 위반된다고 주장할 수 없다(§ 51의2 ④).

(나) 동의의결의 절차

공정거래위원회는 신속한 조치의 필요성, 소비자 피해의 직접 보상 필요성 등을 종합적으로 고려하여 동의의결 절차의 개시 여부를 결정하여야 한다(§ 51의3 ①). 공정거래위원회는 동의의결을 하기 전에 30일 이상의 기간을 정하여 다음 사항을 신고인 등 이해관계인에게 통지하거나, 관보 또는 공정거래위원회의 인터넷 홈페이지에 공고하는 등의 방법으로 의견을 제출할 기회를 주어야 한다(§ 51의3 ②).

1. 해당 행위의 개요
2. 관련 법령 조항
3. 시정방안(제51조의2 제3항 후단에 따라 시정방안이 수정된 경우에는 그 수정된 시정방안을 말한다)
4. 해당 행위와 관련하여 신고인 등 이해관계인의 이해를 돕는 그 밖의 정보. 다만, 사업상 또는 사생활의 비밀 보호나 그 밖에 공익상 공개하기에 적절하지 아니한 것은 제외한다.

동의의결제도는 공정거래법의 집행을 유연화하는 효과가 있기 때문에 관계 법집행기관, 특히 검찰과의 협력·공조가 필요하다. 이에 법은 공정거래위원회에게 제2항 각 호의 사항을

관계 행정기관의 장에게 통보하고 그 의견을 듣고, 검찰총장과 협의하여야 한다(§ 51의3 ③).

동의의결을 하거나 이를 취소하는 경우에는 제37조의3(전원회의 및 소회의 관장사항)의 구분에 따른 회의의 심의·의결을 거쳐야 한다(§ 51의3 ④).

동의의결을 받은 신청인은 제4항의 의결에 따라 동의의결의 이행계획과 이행결과를 공정거래위원회에 제출하여야 한다(§ 51의3 ⑤).

(다) 동의의결의 취소

공정거래위원회는 다음 각 호의 어느 하나에 해당하는 경우에는 동의의결을 취소할 수 있다(§ 51의4 ①).

1. 동의의결의 기초가 된 시장상황 등 사실관계의 현저한 변경 등으로 인해 시정방안이 적정하지 아니하게 된 경우
2. 신청인이 제공한 불완전하거나 부정확한 정보로 인하여 동의의결을 하게 되었거나, 신청인이 거짓 또는 그 밖의 부정한 방법으로 동의의결을 받은 경우
3. 신청인이 정당한 이유 없이 동의의결을 이행하지 아니하는 경우

위 제1호에 따라 동의의결을 취소하는 경우 신청인이 제51조의2 제1항에 따라 동의의결을 하여 줄 것을 신청하면 공정거래위원회는 다시 동의의결을 할 수 있으며, 이 경우 제51조의2부터 제51조의5까지의 규정을 적용한다(§ 51의4 ②). 위 제2호 또는 제3호에 따라 동의의결을 취소하는 경우 공정거래위원회는 제51조의2 제3항에 따라 중단된 해당 행위 관련 심의절차를 계속하여 진행할 수 있다(§ 51의4 ③).

(라) 이행강제금 등

공정거래위원회는 정당한 이유 없이 상당한 기한 내에 동의의결을 이행하지 아니한 자에게 동의의결이 이행되거나 취소되기 전까지 1일당 200만원 이하의 이행강제금을 부과할 수 있다(§ 51의5 ①). 이행강제금의 부과·납부·징수 및 환급 등에 대하여는 제17조의3(이행강제금) 제2항 및 제3항을 준용한다(§ 51의5 ②).

⑤ 불복 및 구제방법

(가) 이의신청

공정거래위원회의 처분에 대하여 불복이 있는 자는 그 처분의 통지를 받은 날부터 30일 이내에 그 사유를 갖추어 공정거래위원회에 이의신청을 할 수 있으며(§ 53 ①), 공정거래위원회는 60일 이내에 재결을 하되(§ 53 ② 본문), 부득이한 사정으로 그 기간 내에 재결을 할 수 없을 경우에는 30일의 범위 안에서 결정으로 그 기간을 연장할 수 있다(§ 53 ② 단서).

(나) 시정조치명령의 집행정지

공정거래위원회는 이 법의 규정에 의한 시정조치명령을 받은 자가 제53조(이의신청) 제1항의 이의신청을 제기한 경우로서 그 명령의 이행 또는 절차의 속행으로 인하여 발생할 수 있는 회복하기 어려운 손해를 예방하기 위하여 필요하다고 인정하는 때에는 당사자의 신청이나 직권에 따라 그 명령의 이행 또는 절차의 속행에 대한 정지를 결정할 수 있다(§ 53의2 ①). 공정거래위원회는 집행정지 결정을 한 후에 집행정지 사유가 없어진 경우에는 당사자의 신청 또는 직권에 따라 집행정지결정을 취소할 수 있다(§ 53의2 ②).

(다) 권리구제

공정거래위원회의 처분에 대하여 불복의 소를 제기하고자 할 때에는 처분의 통지를 받은 날 또는 이의신청에 대한 재결서의 정본을 송달받은 날부터 30일 이내에 이를 제기하여야 한다(§ 54 ①). 불복의 소는 공정거래위원회의 소재지를 관할하는 서울고등법원을 전속관할로 하며(§ 55), 이 법 규정에 위반하는 사건의 처리절차등에 관하여 필요한 사항은 공정거래위원회가 정하여 고시한다(§ 55의2)

(5) 고발: '전속고발권' 문제

① 배경

공정거래위원회는 앞에서 본 바와 같은 여러 가지 조치들 말고도 중요한 공정거래법 위반행위에 대해 이를 검찰에 고발할 수 있다. 이와 관련하여 공정거래법은 "제66조 및 제67조의 죄는 공정거래위원회의 고발이 있어야 공소를 제기할 수 있다."라고 규정하여(§ 71 ①) 공소제기의 전제조건으로 삼고 있다. 이에 따라 공정거래 관련 사건은 일반 형사사건과 달리 불공정행위 신고 → 공정위 조사 및 1차 심결(판단) → 과징금 등 행정처분 또는 검찰 고발 등의 절차를 밟아야 한다.

종래 '전속고발권'이라 불려 온 이 제도는 공정거래 사건에 검찰이 나서면 기업 경영이 위축될 수 있어 전문기관인 공정거래위원회가 신중하게 고발권을 행사하도록 하려는 취지에서 도입된 것으로 고발 여부에 따라 형사처벌이 좌우되는데, 실제로는 공정거래위원회가 고발 권한을 소극적으로 행사하여 불공정거래행위에 미온적이라는 비판이 제기되었다. 전속고발권제도는 한편으로는 공정거래 분야에 대한 검찰권 행사를 제한하는 반면, 다른 한편에서는 공정거래위원회의 '경제검찰'로서 위상을 뒷받침하는 거점이 되기 때문에 늘 그 존폐를 둘러싼 논란이 끊이지 않았다. 법개정을 통해 검찰총장에게 고발요청권을 부여했지만 실제 검찰총장의 고발 요청이 기대대로 이루어지지 못해 논란을 불식시키지는 못했다. 결국 2013년 7월 16일 공정거래위원회가 고발 요건에 해당하지 않는다고 결정하더라도 감사원장, 조달청장, 중소기업청장이 사회적 파급효과, 국가재정에 끼친 피해 정도, 중소기업에 미친 영향 등 다른 사정을 이유로 공정거래위원회에 고발을 요청할 수 있도록 하여 고발요청권을 확대하는 한편, 검찰총장을 포함하여 고발요청권을 가진 해당 부처가 공정거래위원회에 고발을 요청하는 경우 공정거래위원회로 하여금 반드시 고발하도록 하는 내용으로 공정거래법이 개정되었다(법률 제11937호). 종래 검찰만 보유했던 고발 요청 권한을 중소기업청, 감사원, 조달청으로 확대했고, 고발 요청이 있으면 공정거래위원회가 반드시 고발하도록 의무화했다는 점('의무고발요청제')에서 공정거래위원회에서는 "전속고발권이 사실상 폐지됐다."라고 공식화했으나, 여전히 제도개선의 실효를 거두지 못하고 있다는 비판이 제기되는 가운데, 공정거래위원회가 스스로 대한상공회의소와 중소기업중앙회 등 민간에도 기업의 불공정거래 혐의에 대한 의무고발 요청권을 주겠다는 입장을 표명하기에 이르렀다.[18]

② 의무고발

제66조 및 제67조의 죄중 그 위반 정도가 객관적으로 명백하고 중대하여 경쟁질서를 현저히 저해한다고 인정하는 경우 검찰총장 고발이 의무화되어 있다(§ 71 ②).

③ 의무고발요청제

법은 검찰총장과 관련 국가기관들이 공정거래위원회에 고발을 요청할 수 있는 권한을 부여하고 있다. 검찰총장은 제2항에 따른 고발요건에 해당하는 사실이 있음을 공정거래위원회에 통보하여 고발을 요청할 수 있다(§ 71 ③).

공정거래위원회가 제2항에 따른 고발요건에 해당하지 아니한다고 결정하더라도 감사원장, 조달청장, 중소기업벤처부장관은 사회적 파급효과, 국가재정에 끼친 영향, 중소기업에 미친 피해 정도 등 다른 사정을 이유로 공정거래위원회에 고발을 요청할 수 있다(§ 71 ④). 위

18) 「공정위 전속고발제 폐지만 능사는 아니다」, 『한국일보』 2017.2.16. [사설].

제3항 또는 제4항에 따른 고발요청이 있는 때에는 공정거래위원회 위원장은 검찰총장에게 고발하여야 한다(§ 71 ⑤). 공정거래위원회는 공소 제기 후에는 고발을 취소하지 못한다(§ 71 ⑥).

제60장

환경영향평가의 법적 쟁점*

Ⅰ. 쟁점

환경보호법제가 아무리 잘 정비되어 있다고 할지라도 환경에 대하여 침해적인 영향을 미치는 요인들을 사전에 파악하여 통제할 수 있는 방법이 마련되어 있지 않으면 실효적인 환경보전을 기대할 수 없고 오히려 불필요한 시간과 노력의 낭비를 낳을 뿐이다. 그런 뜻에서 환경영향평가는 환경에 대한 위해요인을 사전에 예측·평가하여 저지 또는 완화방안을 강구할 수 있는 매우 현명하고 효과적인 수단이다. 특히 환경영향평가에 대한 공중이나 이해관계인들의 신뢰는 환경에 영향을 미치는 각종 정책의 성패를 좌우하는 결정적 요인이 된다. 아울러 환경과 직·간접으로 관련된 주요 국가정책이나 사업 과정에서 빈발하는 환경갈등을 예방하거나 해결함에 있어서도 환경영향평가의 공정성과 전문성에 대한 신뢰를 어떻게 확보할 것인가 하는 것이 관건이 되고 있다. 실제로 그동안 해결하는 데 막대한 시간과 노력을 쏟아야 했던 또는 여전히 해결을 보지 못하고 있는 숱한 환경갈등들이 대부분 환경영향을 도외시하거나 이를 부실하게 예측 또는 평가한 데 기인하여 발생하거나 악화된 것이라고 해도 과언이 아닐 것이다.

그렇다면 환경영향평가제도가 본연의 취지에 맞게 작동하도록 하기 위한 법적 조건은 무엇인가. 이 물음에 대한 대답은 여러 관점에서 그리고 다양한 방법을 통해 주어질 수 있을 것이다. 그러나 법적인 관점에서 무엇보다 핵심적인 대답은 환경영향평가가 본래 기능을 발

* 홍준형, 『환경법특강』, 박영사, 2017, 249-268; 홍준형, 「환경영향평가에 대한 행정소송의 법적 쟁점」, 『행정법연구』 제28호(행정법이론실무학회), 2010 하반기; 홍준형, 「공공정책에 대한 사법적 결정의 법이론적 한계(1): 대법원의 새만금사건 판결을 중심으로」, 『법제』 580호, 2006, 4-5를 토대로 수정·보완한 것임.

휘하려면 이에 대한 법적 뒷받침, 특히 행정소송을 통한 실효성 확보가 필수불가결하다는 데서 주어질 수밖에 없다. 환경영향을 둘러싸고 사업자와 이해관계인, 주민, 시민사회단체들이 상이한 이해관계 또는 유인구조를 가지기 마련이므로 이견이 있는 측이 이를 재판을 통해 주장하고 자기 권익을 보호받을 수 있도록 함으로써 환경영향평가가 단순한 제도적 수사나 장식을 넘어서 현실적인 효과를 발휘하는 살아 있는 제도로 구체화될 수 있기 때문이다. 이러한 맥락에서 환경영향평가를 둘러싼 행정소송의 주요 쟁점을 검토하여 실제로 환경영향평가법에 따른 환경영향평가가 규범과 실천 양면에서 어떻게 작동하고 있는지, 문제점을 도출하고 개선방안을 모색해 볼 필요가 있다.

환경행정법에서 가장 두드러진 쟁점은 단연 환경영향평가와 관련한 행정소송에서 발견된다. 특히 원고적격과 환경영향평가의 하자와 승인등의 위법무효 여부와의 관계 문제 등으로 집약된다. 그동안 빈발해 온 공공갈등의 많은 부분이 환경영향평가의 적정 여부를 둘러싸고 발생하거나 악화되어 온 데 비하여, 환경행정법이 환경영향평가제도를 통해 제공하고 있는 해법에 대해 매우 모호하고 또 취약하다는 비난과 의구심이 끊이지 않고 있는 이유는 무엇일까? 환경영향평가 대상사업에 대한 승인처분을 다툴 수 있는 원고적격이 환경영향평가대상지역이라는 다분히 인위적인 경계 개념에 의해 좌우되고 있는 문제, 환경영향평가의 하자가 행정소송에 있어 승인등 처분의 효력에 어떠한 영향을 미치는지, 환경영향평가를 거치지 않고 승인등 처분을 한 경우, 부실한 환경영향평가에 따라 승인 등 처분을 한 경우, 그리고 환경영향평가에 절차적 하자가 있는 경우 그에 따른 승인등 처분의 효력 등 주요 쟁점들을 살펴보고자 한다.

Ⅱ. 환경영향평가대상사업 승인처분과 원고적격

1. 승인등 처분의 취소를 구할 법률상 이익 판단에 있어 근거법률 문제

어떤 개발사업이 환경영향평가대상사업에 해당하면 그 개발사업에 대한 승인처분등에 관해서는 해당 근거법령뿐만 아니라 환경영향평가법령도 당해 변경승인 및 허가처분에 직접적인 영향을 미치는 근거 법률이 된다. 실례로 조성면적 10만 m^2 이상이어서 환경영향평가대상사업에 해당하는 당해 국립공원 집단시설지구개발사업에 관하여 당해 변경승인 및 허가처분을 함에 있어서는 반드시 자연공원법령 및 환경영향평가법령 소정의 환경영향평가를 거쳐서 그 환경영향평가의 협의내용을 사업계획에 반영시키도록 하여야 하는 것이니 만큼 자연공원법령뿐 아니라 환경영향평가법령도 당해 변경승인 및 허가처분에 직접적인 영향을 미치는 근거 법률이 된다고 판시한 바 있다.[1)]

<환경영향평가법령과 처분의 근거법령>

각 관련 규정에 의하면, 폐기물처리시설 설치기관이 1일 처리능력이 100t 이상인 폐기물처리시설을 설치하는 경우에는 폐촉법에 따른 환경상 영향조사 대상에 해당할 뿐만 아니라 환경영향평가법에 따른 환경영향평가 대상사업에도 해당하므로 폐촉법령뿐만 아니라 환경영향평가법령도 위와 같은 폐기물처리시설을 설치하기 위한 폐기물소각시설 설치계획 입지결정·고시처분의 근거 법령이 된다고 할 것이고, 따라서 위 폐기물처리시설설치계획입지가 결정·고시된 지역 인근에 거주하는 주민들에게 위 처분의 근거 법규인 환경영향평가법 또는 폐촉법에 의하여 보호되는 법률상 이익이 있으면 위 처분의 효력을 다툴 수 있는 원고적격이 있다.[2)]

2. 환경영향평가대상지역과 원고적격

(1) 환경영향평가대상지역 안의 주민의 경우

대법원은 환경영향평가 관련 행정소송에서의 원고적격에 관해, 환경영향평가대상지역 안의 주민의 경우, 대상사업의 승인처분과 관련하여 특단의 사정이 없는 한 환경상의 이익에 대한 침해 또는 침해우려가 있는 것으로 사실상 추정되므로 그 처분의 취소를 구할 원고적격이 있다고 판시해 오고 있다. 그 근거는 다음과 같다.

첫째, 환경영향평가대상사업에 대한 승인처분등의 근거법령뿐만 아니라 환경영향평가법령도 당해 변경승인 및 허가처분에 직접적인 영향을 미치는 근거 법률이 된다. 이 점은 이미 앞에서 살펴본 바와 같다.

둘째, 승인처분에 대한 취소소송 또는 무효등확인소송의 원고적격에 관하여 승인처분의 근거법령 및 환경영향평가법령 등의 취지는 당해 사업과 관련된 환경공익을 보호하려는 데 그치는 것이 아니라 당해 사업으로 인하여 직접적이고 중대한 환경피해를 입으리라고 예상되는 환경영향평가 대상지역 안의 주민들이 전과 비교하여 수인한도를 넘는 환경침해를 받지 아니하고 쾌적한 환경에서 생활할 수 있는 개별적 이익까지도 이를 보호하려는 데에 있으므로 환경영향평가 대상지역 안의 주민은 승인처분의 취소를 구할 원고적격을 가진다는 것

---

1) 대법원 1998.4.24. 선고 97누3286 판결.
2) 대법원 2005.5.12. 선고 2004두14229 판결(폐기물처리시설입지결정및고시처분취소).

이다. 환경영향평가 대상지역 안의 주민들이 그 대상사업인 전원개발사업실시계획승인처분의 취소를 구할 원고적격을 가진다고 판시한 사례나 국립공원용화집단시설지구개발사업으로 인하여 직접적이고 중대한 환경피해를 입으리라고 예상되는 환경영향평가 대상지역안의 주민에게 환경영향평가 대상사업에 관한 변경승인 및 허가처분의 취소를 구할 원고적격이 있다고 판시한 사례 등이 그 예이다.[3] 특히 대법원의 97누19571 판결에서는 환경영향평가대상지역 밖의 주민·일반 국민·산악인·사진가·학자·환경보호단체 등의 환경상 이익이나 전원(電源)개발사업구역 밖의 주민 등의 재산상 이익에 대하여는 그 근거 법률에 그들의 개별적·직접적·구체적 이익으로 보호하려는 내용 및 취지를 가지는 규정을 두고 있지 아니하므로, 이들에게는 그러한 이익 침해를 이유로 전원개발사업실시계획승인처분의 취소를 구할 원고적격이 없다고 판시한 바 있다.

(2) 환경영향평가대상지역 밖의 주민 등

대법원은 유명한 새만금사건판결에서, 환경영향평가 대상지역 밖의 주민이라 할지라도 공유수면매립면허처분등으로 인하여 그 처분 전과 비교하여 수인한도를 넘는 환경피해를 받거나 받을 우려가 있는 경우에는, 공유수면매립면허처분등으로 인하여 환경상 이익에 대한 침해 또는 침해우려가 있다는 것을 입증함으로써 그 처분등의 무효확인을 구할 원고적격을 인정받을 수 있다고 판시함으로써, 일견 환경영향평가 대상지역 밖에 거주여부를 기준으로 원고적격 유무를 판단한 듯한 인상을 주었던 기존의 판례[4]에 비해 한층 진일보한 태도를 보였다.[5]

사실 대법원은 이미 2005년 3월 11일 선고 2003두13489 판결에서 "구 폐촉법 등 관계 규정의 취지는 처리능력이 1일 50t인 소각시설을 설치하는 사업으로 인하여 직접적이고 중대한 환경상의 침해를 받으리라고 예상되는 직접영향권 내에 있는 주민들이나 폐기물소각시설의 부지경계선으로부터 300m 이내의 간접영향권 내에 있는 주민들이 사업 시행 전과 비교하여 수인한도를 넘는 환경피해를 받지 아니하

---

3) 대법원 1998.9.22. 선고 97누19571 판결; 대법원 1998.4.24. 선고 97누3286 판결 등.

4) 대법원 1998.9.22. 선고 97누19571 판결(발전소건설사업승인처분취소); 대법원 1998.4.24. 선고 97누3286 판결(공원사업시행허가처분취소); 대법원 1998.9.4. 선고 97누19588 판결(부지사전승인처분취소); 대법원 2001.7.27. 선고 99두2970 판결(용화집단시설지구기본설계변경승인처분취소; 대법원 2004.12.9. 선고 2003두12073 판결(납골당허가처분무효확인) 등을 참조. 특히 환경영향평가대상지역 밖의 주민·일반국민·산악인·사진가·학자·환경보호단체 등의 환경상 이익이나 전원개발사업구역 밖의 주민 등의 재산상 이익에 대하여는 그 근거 법률에 이를 그들의 개별적·직접적·구체적 이익으로 보호하려는 내용 및 취지를 가지는 규정을 두고 있지 아니하므로, 이들에게는 그 같은 이익 침해를 이유로 이 사건 승인처분의 취소를 구할 원고적격이 없다고 판시한 대법원 1998.9.22. 선고 97누19571 판결을 참조.

5) 대법원 2006.3.16. 선고 2006두330 전원합의체판결(정부조치계획취소등).

고 쾌적한 환경에서 생활할 수 있는 개별적인 이익까지도 이를 보호하려는 데에 있다 할 것이므로, 위 주민들이 소각시설입지지역결정·고시와 관련하여 갖는 위와 같은 환경상의 이익은 주민 개개인에 대하여 개별적으로 보호되는 직접적·구체적 이익으로서 그들에 대하여는 특단의 사정이 없는 한 환경상의 이익에 대한 침해 또는 침해우려가 있는 것으로 사실상 추정되어 폐기물 소각시설의 입지지역을 결정·고시한 처분의 무효확인을 구할 원고적격이 인정된다고 할 것이고, 한편 **폐기물소각시설의 부지경계선으로부터 300m 밖에 거주하는 주민들도 위와 같은 소각시설 설치사업으로 인하여 사업 시행 전과 비교하여 수인한도를 넘는 환경피해를 받거나 받을 우려가 있음에도 폐기물처리시설 설치기관이 주변영향지역으로 지정·고시하지 않는 경우 같은 법 제17조 제3항 제2호 단서 규정에 따라 당해 폐기물처리시설의 설치·운영으로 인하여 환경상 이익에 대한 침해 또는 침해우려가 있다는 것을 입증함으로써 그 처분의 무효확인을 구할 원고적격을 인정받을 수 있다.**"라고 판시하여 그와 같은 판시 방향을 시사한 바 있었다.[6)]

새만금사건판결에서 대법원은 원고적격이 인정된 새만금사업의 환경영향평가 대상지역에 거주하는 원고 143명을 제외한 나머지 환경영향평가 대상지역 밖에 거주하는 원고들에 대하여, "환경영향평가 관련 법령에 따라 일반 국민이 공통적으로 가지는 추상적·간접적인 환경상 공익을 넘어 개별적·직접적·구체적 이익이 있다는 점에 대하여 아무런 입증이 없으므로", 환경상 이익의 침해를 이유로 이 사건 각 처분의 무효확인소송을 제기할 법률상 이익이 없다고 판시한 원심판결을 수용하였다. 즉, 이들 원고들은 이 사건 공유수면매립과 농지개량사업에 관한 환경영향평가 대상지역(군산시, 김제시, 부안군) 내의 주민이 아니어서, 이 사건 사업으로 인하여 직접적·구체적인 환경상의 이익이 침해된다고 할 수 없고, 수인한도를 넘는 환경피해를 받을 수 있다는 점을 입증하지 못하고 있으며, 헌법이나 환경정책기본법에 규정된 환경권에 관한 규정만으로는 이 사건 각 처분에 관한 구체적인 권리가 부여된 것으로 볼 수 없으므로 그 무효확인을 구할 원고적격을 인정할 수 없다는 것이다.[7)] 대법원은 다음에 보듯이 그 입장을 계속 유지하고 있다.

행정처분의 근거법규 또는 관련법규에 그 처분으로써 이루어지는 행위등 사업으로 인하여 환경상 침해를 받으리라고 예상되는 영향권의 범위가 구체적으로 규정되어 있는 경우에는, 그 영향권 내의 주민들에 대하여는 당해 처분으로 인하여 직접적이고 중대한 환경피해를 입으리라고 예상할 수 있고, 이와 같은 환경상의 이익은 주민 개개인에 대하여 개별적으로 보호되는 직접적·구체적 이익으로서 그들에 대하여는 특단의 사정이 없는 한 환경상 이익에 대한 침해 또는 침해 우려가 있는 것으로 사실상 추정

6) 대법원 2005.3.11. 선고 2003두13489 판결(쓰레기소각장입지지역결정고시취소청구).

7) 이 판결에 대해서는 홍준형, 「공공정책에 대한 사법적 결정의 법이론적 한계(Ⅰ): 대법원의 새만금사건 판결을 중심으로」, 『법제』 580호, 2006.4., 46-68; 홍준형, 「공공정책에 대한 사법적 결정의 법이론적 한계(2)」, 『법제』 581호, 2006.5., 30-53을 참조.

되어 법률상 보호되는 이익으로 인정됨으로써 원고적격이 인정되며, 그 영향권 밖의 주민들은 당해 처분으로 인하여 그 처분 전과 비교하여 수인한도를 넘는 환경피해를 받거나 받을 우려가 있다는 자신의 환경상 이익에 대한 침해 또는 침해 우려가 있음을 증명하여야만 법률상 보호되는 이익으로 인정되어 원고적격이 인정된다(대법원 2006.3. 16. 선고 2006두330 전원합의체판결, 대법원 2006.12.22. 선고 2006두14001 판결 등 참조).[8)]

이러한 대법원의 판례에 대해서는 최근 원고적격의 문제를 증명책임 전환의 문제로 해결하는 오류를 범한 것이라는 비판이 제기되었다. 즉, 개별법령 규정에서 도출할 수 없는 개인적 공권을 입증책임의 전환으로 해결하려는 것은, 환경법분야의 입증책임의 곤란 등으로 원고적격의 부인을 가져올 뿐만 아니라, 남소 문제를 야기할 수 있다는 것이다.[9)]

사실 대법원 판례는 환경영향평가 대상지역 거주여부에 따라 원고적격을 판단하는 데 따르는 경직성을 완화하려는 취지에서 나온 것으로 이해된다. 즉, 환경영향평가 대상지역은 환경영향평가서초안이나 평가서를 작성하는 사업자나 그 대행자에 의해 설정되므로 '직접적이고 중대한 환경피해의 우려'가 있는 지역과 환경영향평가대상지역이 상호 일치하지 않을 경우는 얼마든지 있을 수 있다. 환경영향평가 대상지역 안의 주민 중에도 현실적으로 전혀 피해를 입거나 입을 가능성이 없는 사람이 있을 수 있고, 지역 밖의 주민의 경우도 현실적으로 피해가 예상되어 사법심사를 받을 필요가 있다고 인정될 수 있기 때문이다.[10)] 따라서 '직접적이고 중대한 환경피해의 우려'를 주장·입증할 경우 비록 환경영향평가대상지역 밖에 거주하더라도 원고적격을 인정받아야 하며,[11)] 대법원의 판례는 바로 그런 가능성을 열어 놓고자 하는 의도에서 나온 것이라 할 수 있다. 그러나 위 새만금사건 판결을 통해 나타난 대법원의 판례는 대상지역 밖에 거주하는 주민들에게도 원고적격을 인정할 여지가 있다는 점을 시사하면서도 그 경우 비교적 엄격한 증명책임('입증책임')을 부과하고 있다는 점에서 논란의 여지를 남기고 있다. 대법원의 판례 태도를 선해할 경우 원고적격 유무가 직권조사사항이라는 점에 비추어 직권탐지주의를 활용하여 원고적격을 판단할 수 있다는 뜻으로 이해할 여지도 없는 것은 아니다. 그러나 대법원이 위 판결에서 '공유수면매립면허처분등으로 인하여 그 처

8) 대법원 2010.4.15. 선고 2007두016127 판결(공장설립승인처분취소 파기환송).

9) 정남철, 「환경소송과 인인보호: 소위 새만금사건과 관련하여」, 『환경법연구』(한국환경법학회) 제28권 1호, 2006, 239-268, 249; 김연태, 「환경행정소송상 소송요건의 문제점과 한계: 원고적격과 대상적격을 중심으로」, 『환경법의 법리와 법정책』(서울대학교 환경에너지법센터 주최 제3차 학술포럼 발표논문집), 2010. 11.27., 45-86, 51.

10) 조홍식, 「분산이익소송에서의 당사자적격」, 『판례실무연구』 IV(비교법실무연구회 편), 박영사, 2000, 458을 참조.

11) 박재완, 「환경행정소송에서의 원고적격」, 『재판자료』 제94집, 법원도서관, 2002, 217.

분 전과 비교하여 수인한도를 넘는 환경피해를 받거나 받을 우려가 있는 경우'라고 전제하면서도, 다시 '공유수면매립면허처분등으로 인하여 환경상 이익에 대한 침해 또는 침해우려가 있다는 것을 입증함으로써 그 처분등의 무효확인을 구할 원고적격을 인정받을 수 있다'고 전제하고 이를 근거로 '수인한도를 넘는 환경피해를 받을 수 있다는 점을 입증하지 못하고 있다는 것'을 이유로 원고적격을 부인하는 쪽으로 나아간 점은 그러한 선해의 여지를 배제하는 것이 판례의 취지가 아닌가하는 의심을 낳는다. 그런 맥락에서 대법원의 판례에도 불구하고 증명책임에 따른 애로를 직권탐지주의를 활용함으로써 타개해 나가는 것이 바람직하다는 견해도 설득력을 가진다.[12)]

(3) 대상지역 설정 자체에 대한 불복

환경영향평가법에 따르면 '환경영향평가등은 계획의 수립이나 사업의 시행으로 영향을 받게 되는 지역으로서 환경영향을 과학적으로 예측·분석한 자료에 따라 그 범위가 설정된 지역에 대하여 실시하여야 한다(§ 6). 이와 관련 시행령 제2조 제2항은 "법 제7조 제2항에 따른 환경영향평가분야의 평가는 법 제6조에 따른 환경영향평가등의 대상지역에 대한 현지조사 및 문헌조사를 기초로 환경영향을 과학적으로 예측·분석하는 방법으로 하여야 한다."라고 규정한다.

환경영향평가 대상지역은 법 제24조 소정의 "환경영향평가항목등"의 일부로서 실제로 누가 대상지역을 설정할 수 있는 권한을 가지는지는 그 대상사업이 승인등을 받아야 하는지 여부에 따라 달라진다. 즉, 승인등을 받지 아니하여도 되는 사업자는 환경영향평가를 실시하기 전에 평가준비서를 작성하여 환경영향평가서 초안 작성 완료 전까지(시행령 § 32 ①) 환경영향평가협의회의 심의를 거쳐 ("환경영향평가항목등"의 내용으로서) 대상지역을 결정하도록 되어 있다(§ 24 ①). 반면, 승인등을 받아야 하는 사업자는 환경영향평가 실시 전에 평가준비서를 작성하여 승인기관의 장에게 환경영향평가항목등을 정하여 줄 것을 요청하여야 한다(§ 24 ②). 환경부장관도 대상지역을 결정할 수 있다. 즉, 승인등을 받지 아니하여도 되는 사업자가 필요하다고 인정하여 환경영향평가항목등을 정하여 줄 것을 요청한 경우나 승인등을 받아야 하는 사업자가 승인기관의 장과 협의한 후 승인기관을 거쳐 환경영향평가항목등을 정하여 줄 것을 요청한 경우에는 환경부장관도 대상지역을 결정할 수 있다(§ 24 ③). 승인등을 받아야 하는 사업자의 경우 승인기관의 장과 환경부장관이 그러한 요청을 받으면 30일 내에 환경영향평가항목등을 결정할 수 있도록 되어 있어(§ 24 ④; 시행령 § 32 ②), 이들이 "환경영향평가항목등"을 결정할 때 그 대상지역도 결정하게 된다. 한편 전략환경영향평가의

---

12) 김연태, 앞의 글, 54-55.

경우 전략환경영향평가 대상지역은 그 대상계획을 수립하려는 행정기관의 장이 전략환경영향평가 실시 전 평가준비서를 작성하여 환경영향평가협의회의 심의를 거쳐 결정하도록 되어 있다(§ 11 ①).

환경영향평가대상지역의 설정은 단순히 환경영향평가가 실시되는 지역적 한계를 설정한다는 차원에서뿐만 아니라 환경법상 권리구제의 측면에서도 매우 중요한 의미를 가진다. 그 대상지역에 거주하는 주민들에게는 환경영향평가 대상사업에 대한 행정소송에 있어 환경상 이익의 침해 또는 침해 우려가 있는 것으로 사실상 추정되어 그 사업에 대한 승인처분을 다툴 수 있는 원고적격을 인정받을 수 있기 때문이다. 이는 앞서 본 바와 같은 일련의 판례를 통해 분명히 확인된다.[13]

이와 같이 환경영향평가 대상지역의 설정은 지역 주민 등에게 원고적격 유무를 좌우하는 등 중요한 법적 효과를 미치기 때문에 이를 둘러싸고 법적 분쟁이 제기될 여지도 없지 않다. 이와 관련하여 다음과 같은 쟁점들이 대두된다.

먼저, 대상지역을 최종적으로 누가 결정하는 것으로 볼 것인가, 다시 말해 환경행정소송에서 법원이 환경영향평가 대상지역을 판단함에 있어 평가서상의 환경영향평가 대상지역에 구속되는지가 문제될 수 있다.

이와 관련하여 '사업자결정설'과 '법원결정설'이 대립할 수 있다고 한다. 실제로 사업자 또는 환경영향평가 대행자가 작성한 환경영향평가서에서 환경영향을 받게 되는 것으로 예측·분석한 지역이 환경영향평가 대상지역이 된다는 사업자주체설과 법원이 원고적격 유무를 판단함에 있어서 환경영향평가 대상사업의 시행으로 인하여 영향을 받게 되는 지역 안의 주민인지 여부를 판단하여야 한다는 법원주체설이 대립하고 있다.[14] 이에 관해서는 법원주체설이 다수의 지지를 받고 있다고 판단된다. 즉, 환경행정소송에 있어 법원이 원고적격 유무를 판단할 경우 환경영향평가서의 내용에 구속될 것이 아니라, 소송자료와 증거자료 등을 종합하여 원고가 대상사업의 시행으로 인하여 영향을 받게 되는 지역 안의 주민인지 여부를 판단해야 한다는 것이다.[15] 대법원 판례에서 원고적격 유무 판정을 위해 사용하는 도구개념

---

13) 대법원 1998.9.22. 선고 97누19571 판결(발전소건설사업승인처분취소). 이 판결에 관하여는 홍준형, 『판례행정법』, 두성사, 1999, 97번 판례(1320-1336)를 참조. 또한 대법원 1998.4.24. 선고 97누3286 판결을 참조.

14) 이에 관해서는 김향기, 「행정소송의 원고적격에 관한 연구」, 『환경법연구』 제31권 제2호, 2009, 252를 참조.

15) 김연태, 앞의 글, 49; 임영호, 「폐기물처리시설의 주변영향지역 밖에 거주하는 주민들이 소각장 입지지역결정·고시처분의 무효확인을 구할 원고적격이 있는지 여부」, 『대법원 판례해설』 제55호, 2005.12., 196; 김수일, 「1일 처리능력 100톤 이상인 폐기물소각시설을 설치하기 위한 폐기물처리시설설치계획 입지결정·고시처분의 효력을 다투는 소송에 있어서 인근주민들의 원고적격」, 『특별법연구』 제7권, 박영사, 2005,

으로서 환경영향평가 대상지역은, 법 제6조가 명시하고 있는 바와 같이 '환경영향평가대상사업의 시행으로 인하여 환경영향을 받게 되는 지역으로서 환경영향을 과학적으로 예측·분석한 자료에 따라 범위가 설정된 지역'으로서 어디까지나 법원에 의해 최종적으로 판정되어야 할 문제이지 환경영향평가서나 그 초안을 작성하는 사업자나 그 대행자의 설정에 맡길 문제는 아니다. 특히 환경영향평가서를 작성함에 있어 사업자 등은 환경영향평가 대상지역을 가능한 한 좁게 설정할 개연성이 높기 때문에 환경영향평가 대상지역의 결정이 사업자 등의 설정에 따라 좌우되도록 하는 것은 환경영향평가제도의 취지에도 반하는 것이기 때문이다.[16)]

둘째, 대상지역 설정 자체를 다투고자 하는 경우 그 대상을 누구의 무슨 행위, 그리고 어느 시점에서 행해진 행위로 할 것인지도 문제될 수 있다. 특히 대상지역의 설정 시점과 관련하여, 평가계획서의 심의 종료시, 평가서초안 작성시, 평가서 작성시, 협의 절차 종료시점, 또는 승인등을 받아야 하는 사업자의 경우에는 승인처분등이 행해진 시점인지 등 언제 대상지역이 설정되고 그 결과 원고적격을 가지는 대상지역 안의 주민의 범위가 결정되는지가 분명하지 않다.

먼저, 대상지역의 설정은 일단 협의절차의 대상이 되는 평가서가 제출된 시점에 이루어진다고 보아야 할 것이다. 평가서초안에 대한 의견수렴과정에서 그 대상지역이 수정 또는 변경될 여지가 있다는 점을 고려할 때 그때까지는 대상지역은 아직 유동적이라고 볼 수 있기 때문이다. 설령 사업자가 제출한 평가계획서상 대상지역 설정이 환경영향평가협의회의 심의를 거쳤다고 해도 평가서 작성시까지는 수정 또는 변경이 가능하다고 볼 수 있다. 물론 법 제11조에서 "사업자는 제10조 제3항 본문 또는 제5항에 따라 결정된 평가항목·범위등에 따라 환경영향평가를 실시한다."라고 규정하여 결정된 평가항목·범위등의 효력을 명시하고 있으나, 여기서 말하는 '평가항목·범위등'에 대상지역 설정이 포함되는지는 의문스럽다. 반면 평가서가 제출된 후 협의과정에서 대상지역 설정이 잘못되었다는 사실이 판명되어 대상지역 설정이 수정·변경되는 경우도 상정할 있으므로 그런 경우에는 협의절차 종료시점을 기준으로 최종적인 대상지역 설정이 이루어진다고 보아야 할 것이다. 다음, 사업자에 의한 대상지역의 설정이나 평가계획이나 협의 과정에서의 수정·변경은 무한정 허용되는 것인지 여하가 문제된다. 우선, 법 제9조에서 환경영향평가 대상지역은 '환경영향평가대상사업의 시행으로 영향을 받게 되는 지역으로서 환경영향을 과학적으로 예측·분석한 자료에 따라 그 범위가 설정된 지역'으로 한정되어 있으므로, 사업자가 그러한 범위를 넘어서거나 그에 미달하는 범위를 대상지역으로 설정하는 것은 허용되지 아니한다고 볼 수 있다.

---

235 등을 참조.

16) 김연태, 같은 곳.

셋째, 사업자 등이 작성, 제출한 환경영향평가서 초안이나 평가서에서 설정된 대상지역이 법 제9조 소정의 대상지역에 해당하는지 여부, 즉 같은 조항에서 말하는 대상지역 요건을 충족하는지 여부에 대한 최종적인 판단, 그리고 이를 준거로 한 원고적격 인정여부에 대한 판단은 법원의 권한이라고 보아야 할 것이다. 만일 사업자가 법 제6조 소정의 대상지역 정의에 위반하여 대상지역을 설정하였다면 이는 평가계획서심의과정이나 협의 절차를 통해 시정해야 할 문제이고, 그렇게 되지 않을 경우에는 결국 환경영향평가 자체의 적정성이 문제될 수 있다. 소송과정에서 대상지역 설정의 적법여부가 다투어지거나 그에 관한 오류가 있었다는 사실이 판명된다면 법원은 이 문제를 판단해야 한다. 법원이 소송자료나 변론 등을 통해 대상지역을 정정할 수 있을 경우에는 그에 따라 대상지역을 판단하고 이를 토대로 삼아 원고적격 인정여부를 판단하게 될 것이다. 반면 대상지역의 설정에 오류가 있었다는 사실이 판명되었지만 법 제9조에 따른 올바른 대상지역의 확인이 어렵거나 불가능한 경우에는 대상지역 설정의 위법을 이유로 잘못된 대상지역에 대한 환경영향평가의 적정성 자체를 부정할 수도 있을 것이고 경우에 따라서는 환경영향평가의 하자를 이유로 승인등을 취소하거나 무효확인을 구할 수도 있을 것이다. 다만, 그 경우 대법원의 판례에 따라 대상지역 안에 거주하는지 여부를 기준으로 환경영향평가 대상사업으로 인한 환경상 이익의 침해 또는 침해 우려를 사실상 추정하여 원고적격을 판단하기가 어렵게 된다는 문제가 있다. 그러한 경우에는 실질적으로 소를 제기한 원고가 그 거주지역의 위치나 대상사업과의 관계, 그 밖의 이해관계나 사정에 비추어 해당 대상사업의 시행으로 환경상 이익을 침해당하거나 침해당할 우려가 있는지 여부를 실질적으로 판단하여 원고적격 유무를 판단해야 할 것이고, 이는 대법원 판례처럼 환경영향평가 대상지역 거주여부에 따라 원고적격을 판단할 수 없는 또 하나의 예외가 된다.

넷째, 대상지역은 어디까지나 환경영향평가의 대상지역이므로 사업계획상 사업 대상지역과는 개념적으로 구별되어야 한다. 사업계획상 대상지역과 환경영향평가의 대상지역의 관계에 관해서는 환경영향평가법령에 특별한 규정이 없고 또 이론상으로도 특별히 논의되고 있지는 않다. 다만, 환경영향평가제도의 목적이나 취지에 비추어 볼 때, 환경영향평가 대상지역을 설정함에 있어 통상 사업계획상의 사업 대상지역을 토대로 삼아야 하고, 그와 무관한 지역을 대상지역으로 설정하거나 사업 대상지역의 범위를 크게 하회하는 것은 허용되지 아니하며 다만, 양자가 전적으로 일치해야 하는 것은 아니고 통상 사업 대상지역에 비해 환경영향 평가지역이 더 넓을 수도 있다는 점 등은 특별한 명문의 규정이나 이론적 설명이 없더라도 누구나 수긍할 수 있을 것이다. 마찬가지로 환경영향평가 대상지역의 수정이나 변경도 그러한 기준에 따라 허용여부를 판단할 수밖에 없을 것이다. 평가계획서 심의과정이나 협의절차를 통해 환경영향평가 대상지역의 수정이나 변경이 그러한 범위 또는 기준에 맞게 이루어진다면 특별한 문제가 생기지는 않을 것이다. 그러나 그러한 범위나 기준을 위반하여, 가령 환경영향평가 대상지역이 '환경영향평가대상사업의 시행으로 영향을 받게 되는 지역으로서 환경영향을 과학적으로 예측·분석한 자료에 따라 그 범위가 설정된 지역'보다 좁게 설정하거나 수정·변경하는 경우도 있을 수 있다. 그 경우 환경영향평가 대상지역이 사업계획 또는 사업계획상 대상지역을 충실히 반영하지 못하게 되므로 그에 대한 법적 평가가 문제된다. 예컨대 사업계획 변경 없이 단지 환경영향평가 대상지역을 지나치게 협소하게 설정했다면 이는 후속 절차가 진행되어 환경영향평가가 종료되더라도 이를 적법한 환경영향평가로 볼 수 없게 만들 것이다. 반면, 환경영향평가 대상지역이 위에서 본 바와 같은 통상의 범위와 기준을 벗어나 변경되어 실질적으로 사업계획의 변경과 같은 결과에 이를 경우에는 환경영향평가대상사업에 대한 사업계획 변경시 평가서초안을 재작성하고 의견수렴을 다시 하도록 규정한 법 제15조의 정신을 참고하여, 사업계획의 변경에 준하여 평가서초안 작성이나 의견수렴을 다시 하도록 할 필요가 있을 수도 있으나, 이를 위한 법적 근거가 필요할 것이다.

아무튼 대상지역 설정행위 자체는, 환경영향평가협의회의 심의나 평가서에 반영되어 협의를 거쳤다는 점에 비추어 그 법적 성질여하가 논란될 수는 있으나, 평가계획서든 평가서초안이든 아니면 평가서든 결국 사업자에게 귀속될 수밖에 없고 따라서 이를 독립적인 행정소송의 대상으로 삼기는 어렵지 않을까 생각된다. 승인등을 받아야 하는 사업자의 경우에는 그 사업에 대한 승인등의 처분을 대상으로 행정소송을 제기하여 원고적격 유무 또는 본안에 있어 환경영향평가의 적법여하와 연결하여 다툴 수밖에 없을 것이다. 환경영향평가 대상사업 해당여부를 둘러싼 다툼 또한 마찬가지이다.[17] 반면 법 제10조 제3항에 따른 승인등을 받지 아니하여도 되는 사업자의 경우에는 환경영향평가의 근거법령과의 관계에서 대상지역 설정의 잘못이 환경영향평가에 어떤 효과를 미쳤는지, 나아가 그것이 환경영향평가의 적법성 판단에 어떤 영향을 미치는지를 구체적 사안에 따라 판단해야 할 것이다. 가령 승인등은 없더라도, 대상지역을 잘못 설정하여 환경영향평가를 실시하였다면, 그 해당 근거법에서 정한 요건을 충족시키지 못한 것이 되어 사업시행 자체가 위법한 것으로 돌아가는 경우도 생길 수도 있을 것이다. '승인등을 받지 아니하여도 되는 사업자'는 '사업자 자신이 그 사업계획등에 대한 승인기관에 해당되는 경우의 사업자'인 경우가 많은데, 그렇다면 경우에 따라서는 사실행위로서 사업계획등에 대한 공법상 당사자소송을 제기할 수 있게 되거나, 사업계획등의 위법성을 주장하여 국가배상법상 손해배상책임을 추궁할 수 있게 될 여지가 있다.

끝으로, 승인등을 받지 아니하여도 되는 사업자(전략환경영향평가의 경우 대상계획을 수립하려는 행정기관의 장)에게 대상지역을 설정하도록 한 것(물론 환경영향평가협의회의 심의

17) 이에 관해서는 김홍균, 『환경법』, 홍문사, 2010, 160-161을 참조.

를 거칠지라도)이 입법정책상 타당한 것이었는지 여부가 논란될 수 있다. 이에 대해서는 환경영향평가서를 사업자가 작성하여 제출하도록 한 것에 대한 것과 마찬가지 비판이 제기될 것이다.

Ⅲ. 환경영향평가의 하자와 승인등에 대한 행정소송

1. 개설

환경영향평가의 하자가 행정소송에 있어 승인등 처분의 효력에 어떠한 영향을 미치는지, 이를 환경영향평가를 거치지 않고 승인등 처분을 한 경우, 부실한 환경영향평가에 따라 승인등 처분을 한 경우, 그리고 환경영향평가에 절차적 하자가 있는 경우 그에 따른 승인등 처분의 효력, 세 가지로 나누어 볼 수 있을 것이다.

2. 환경영향평가를 거치지 않고 한 승인등 처분의 효력

환경영향평가법에서 정한 환경영향평가 대상사업에 대하여 환경영향평가를 거치지 아니하고 나아가 환경부장관과의 협의도 하지 않은 채 승인 등 처분을 한 경우, 대법원은 비교적 일관되게 그와 같은 처분이 위법하며 그러한 처분의 하자는 법규의 중요한 부분을 위반한 중대한 것이고 객관적으로도 명백한 것이어서 당연무효라고 판시해 왔다.

> 구 환경영향평가법(1999.12.31. 법률 제6095호 환경·교통·재해 등에 관한 영향평가법 부칙 제2조로 폐지) 제1조, 제3조, 제9조, 제16조, 제17조, 제27조 등의 규정 취지는 환경영향평가를 실시하여야 할 사업(이하 '대상사업'이라 한다)이 환경을 해치지 아니하는 방법으로 시행되도록 함으로써 당해 사업과 관련된 환경공익을 보호하려는 데 그치는 것이 아니라, 당해 사업으로 인하여 직접적이고 중대한 환경피해를 입으리라고 예상되는 환경영향평가대상지역 안의 주민들이 전과 비교하여 수인한도를 넘는 환경침해를 받지 아니하고 쾌적한 환경에서 생활할 수 있는 개별적 이익까지도 보호하려는 데에 있는 것이다. 그런데 환경영향평가를 거쳐야 할 대상사업에 대하여 환경영향평가를 거치지 아니하였음에도 불구하고 승인 등 처분이 이루어진다면, 사전에 환경영향평가를 함에 있어 평가대상지역 주민들의 의견을 수렴하고 그 결과를 토대로 하여 환경부장관과의 협의내용을 사업계획에 미리 반영시키는 것 자체

가 원천적으로 봉쇄되는바, 이렇게 되면 환경파괴를 미연에 방지하고 쾌적한 환경을 유지·조성하기 위하여 환경영향평가제도를 둔 입법 취지를 달성할 수 없게 되는 결과를 초래할 뿐만 아니라 환경영향평가대상지역 안의 주민들의 직접적이고 개별적인 이익을 근본적으로 침해하게 되므로, 이러한 행정처분의 하자는 법규의 중요한 부분을 위반한 중대한 것이고 객관적으로도 명백한 것이라고 하지 않을 수 없어, 이와 같은 행정처분은 당연무효이다.[18]

3. 부실한 환경영향평가와 그에 따른 승인 등 처분의 효력

반면, 대법원은 환경영향평가를 거친 이상 그 내용이 다소 부실하다 하더라도, 그 부실의 정도가 환경영향평가제도를 둔 입법 취지를 달성할 수 없을 정도이어서 환경영향평가를 하지 아니한 것과 다를 바 없는 정도의 것이 아닌 이상, 그 부실은 당해 승인 등 처분에 재량권 일탈·남용의 위법이 있는지 여부를 판단하는 하나의 요소로 됨에 그칠 뿐, 그 부실로 인하여 당연히 당해 승인 등 처분이 위법하게 되는 것이 아니라고 판시하여 부실한 환경영향평가에 관해서는 다소 법적 통제를 완화하는 태도를 보였다. 실례로 한국고속철도건설공단의 경부고속철도 서울차량기지 정비창 건설사업에 관한 환경영향평가 내용의 부실의 정도가 환경영향평가제도를 둔 입법 취지를 달성할 수 없을 정도이어서 환경영향평가를 하지 아니한 것과 다를 바 없는 정도는 아니라는 이유로 사업 실시계획의 승인처분이 위법하지 아니하다고 한 사례가 있다.

구 환경영향평가법(1997.3.7. 법률 제5302호로 개정되기 전의 것) 제4조에서 환경영향평가를 실시하여야 할 사업을 정하고, 그 제16조 내지 제19조에서 대상사업에 대하여 반드시 환경영향평가를 거치도록 한 취지 등에 비추어 보면, 같은 법에서 정한 환경영향평가를 거쳐야 할 대상사업에 대하여 그러한 환경영향평가를 거치지 아니하였음에도 승인 등 처분을 하였다면 그 처분은 위법하다 할 것이나, 그러한 절차를 거쳤다면, 비록 그 환경영향평가의 내용이 다소 부실하다 하더라도, 그 부실의 정도가 환경영향평가제도를 둔 입법 취지를 달성할 수 없을 정도이어서 환경영향평가를 하지 아니한 것과 다를 바 없는 정도의 것이 아닌 이상 그 부실은 당해 승인 등 처분에 재량권 일탈·남용의 위법이 있는지 여부를 판단하는 하나의 요소로 됨에 그칠 뿐, 그 부실로 인하여 당연히 당해 승인 등 처분이 위법하게 되는 것이 아니다.[19]

18) 대법원 2006.6.30. 선고 2005두14363 판결(국방군사시설사업실시계획승인처분무효확인).
19) 대법원 2001.6.29. 선고 99두9902 판결(경부고속철도서울차량기지정비창건설사업실시계획승인처분취소). 동지 대법원 2006.3.16. 선고 2006두330 전원합의체판결(정부조치계획취소등).

한편 대법원은 다음에 보는 바와 같이, 환경영향평가를 거쳐야 할 대상사업에 대하여 처분이 이루어진 경우, 법원으로서는 먼저 구 환경영향평가법에 따라 환경영향평가절차가 제대로 진행되었는지 여부와 환경영향평가절차가 제대로 진행되었다면 환경영향평가서를 기초로 환경영향평가의 내용이 부실한지 여부를 따져야 하고, 만약 환경영향평가의 내용이 부실하다면 그 부실의 정도가 환경영향평가제도를 둔 입법 취지를 달성할 수 없을 정도이어서 환경영향평가를 하지 아니한 것과 다를 바 없는 정도인지 여부, 그 부실의 정도가 환경영향평가제도를 둔 입법 취지를 달성할 수 없을 정도에 이르지 아니한 경우에는 그 부실로 인하여 당해 처분에 재량권 일탈·남용의 위법이 있는지 여부 등을 심리하여 그 결과에 따라 당해 처분의 적법 여부를 판단하여야 한다고 판시하고 있다.

> 구 환경영향평가법 제4조에서 환경영향평가를 실시하여야 할 사업을 정하고, 그 제16조 내지 제19조에서 대상사업에 대하여 반드시 환경영향평가를 거치도록 한 취지 등에 비추어 보면, 같은 법에서 정한 환경영향평가를 거쳐야 할 대상사업에 대하여 그러한 환경영향평가를 거치지 아니하였음에도 승인 등 처분을 하였다면 그 처분은 위법하다 할 것이나, 그러한 절차를 거쳤다면, 비록 그 환경영향평가의 내용이 다소 부실하다 하더라도, 그 부실의 정도가 환경영향평가제도를 둔 입법 취지를 달성할 수 없을 정도이어서 환경영향평가를 하지 아니한 것과 다를 바 없는 정도의 것이 아닌 이상 그 부실은 당해 승인 등 처분에 재량권 일탈·남용의 위법이 있는지 여부를 판단하는 하나의 요소로 됨에 그칠 뿐, 그 부실로 인하여 당연히 당해 승인 등 처분이 위법하게 되는 것이 아니다(대법원 2001.6.29. 선고 99두9902 판결 참조).
>
> 그러므로 구 환경영향평가법에 따라 환경영향평가를 거쳐야 할 대상사업에 대하여 처분이 이루어진 경우 법원으로서는 먼저 구 환경영향평가법에 따라 환경영향평가절차가 제대로 진행되었는지 여부와 환경영향평가절차가 제대로 진행되었다면 환경영향평가서를 기초로 환경영향평가의 내용이 부실한지 여부를 따져야 할 것이고, 만약 환경영향평가의 내용이 부실하다면 그 부실의 정도가 환경영향평가제도를 둔 입법 취지를 달성할 수 없을 정도이어서 환경영향평가를 하지 아니한 것과 다를 바 없는 정도인지 여부, 그 부실의 정도가 환경영향평가제도를 둔 입법 취지를 달성할 수 없을 정도에 이르지 아니한 경우에는 그 부실로 인하여 당해 처분에 재량권 일탈·남용의 위법이 있는지 여부 등을 심리하여 그 결과에 따라 당해 처분의 적법 여부를 판단하여야 할 것이다.20)

또한 대법원은 국립공원 관리청이 국립공원 집단시설지구개발사업과 관련하여 그 시설물 기본설계 변경승인처분을 하면서 환경부장관과의 협의를 거친 이상, 환경영향평가서의 내용이 환경영향평가제도를 둔 입법 취지를 달성할 수 없을 정도로 심히 부실하다는 등의 특별한

20) 대법원 2004.12.9. 선고 2003두12073 판결(납골당허가처분무효확인). 또한 대법원 2001.7.27. 선고 99두2970 판결(용화집단시설지구기본설계변경승인처분취소)를 참조.

사정이 없는 한, 공원관리청이 환경부장관의 환경영향평가에 대한 의견에 반하는 처분을 하였다고 하여 그 처분이 위법하다고 할 수는 없다고 판시한 바 있다.[21)]

또 하급심판결 중에는 환경영향평가서에 일부 오기나 누락이 있는 정도의 내용상 부실이 있는 경우, 그로 인하여 환경영향평가제도를 둔 입법 취지를 달성할 수 없을 정도여서 환경영향평가를 하지 않은 것과 같다고 보기 어려울 뿐만 아니라 그러한 환경영향평가를 기초로 한 국토이용개발계획변경결정과 골프장 사업계획변경승인에 재량권을 일탈하거나 남용한 위법이 있다고 볼 수 없다고 한 사례가 있다.[22)]

4. 절차하자

환경영향평가가 앞에서 살펴본 절차에 따라 이루어지지 못한 흠이 있는 경우, 가령 의견수렴 절차에 흠이 있는 경우, 그것이 환경영향평가의 적법성, 사업계획등의 효력에 미치는 영향, 나아가서는 (승인등을 받아야 하는 사업자의 경우) 그에 따른 승인등 처분의 효력에 어떤 영향을 주는지 여부가 문제된다. 이에 대해서는 국내문헌상 이렇다 할 논의가 없으나, 일반 행정절차법상 절차적 하자와 처분의 효력에 관한 문제와 근본적으로 다른 점은 없다고 볼 수 있다. 다만, 승인등을 받지 아니하여도 되는 사업계획등에 있어 환경영향평가의 절차적 하자가 그 사업계획등의 효력에 어떤 영향을 미치는지는 그 처분성을 인정할 수 없다면, 행정절차법상 처분절차의 범위를 넘어서는 문제가 될 것이고, 승인등을 받아야 하는 경우에는 환경영향평가의 절차적 하자가 최종단계에서 행해지는 승인등 처분의 효력에 어떤 영향을 미치는가 하는 문제가 될 것이다.

한편, 환경영향평가에 있어 의견수렴 절차를 거치지 않은 경우 그 법적 효과에 관해서는 서울행정법원의 판결이 주목된다. 서울행정법원은 군산화력발전소 부지에 건립하는 복합화력발전소 공사계획 인가처분에 환경영향평가 대상지역에 포함되는 서천군 주민들의 의견수렴 절차를 거치지 않고 온배수의 영향에 관한 예측의 충실성이 떨어지는 등 환경영향평가의 시행에서 다소 부실하게 이루어진 하자가 있음을 인정하면서도, 그 하자가 중대・명백하다고 볼 수 없어 취소사유에 불과하고, 위 처분을 취소하는 것이 오히려 현저히 공공복리에 적합

21) 대법원 2001.7.27. 선고 99두5092 판결(공원사업시행허가처분취소재결취소). 대법원은 피고 환경부장관이 이 사건 자연공원사업에 관하여 부정적인 의견을 회신하였음에도 내무부장관과 공단이사장이 위 변경처분 및 이 사건 처분을 한 것은 환경영향평가 협의내용을 제대로 반영하지 않은 것으로서 자연공원법령 및 환경영향평가법령에 위배한 하자가 있다는 취지의 원심 판단 부분은 잘못이라고 판시하였다.

22) 광주고법 2007.4.26. 선고 2003누1270 판결(국토이용개발계획변경결정취소등 확정 각공2008상, 565).

하지 않다고 보아 사정판결을 하였다.

1. 검은머리물떼새는 자연물이고, 비록 자연물에 대한 보호의 필요성이 크다고는 하나 자연 내지 자연물 자체에 대하여 당사자능력을 인정하고 있는 현행 법률이 없으며, 이를 인정하는 관습법도 존재하지 않으므로, 복합화력발전소 공사계획 인가처분에 대한 검은머리물떼새의 취소 또는 무효확인을 구하는 소는 당사자적격을 인정할 수 없어 부적법하다고 한 사례.
2. 군산화력발전소 부지에 건립하는 복합화력발전소 공사계획 인가처분에 군산시 주민들을 상대로 한 의견수렴 절차만 이루어지고 환경영향평가 대상지역에 포함되는 서천군 주민들의 의견수렴 절차를 거치지 않고 온배수의 영향에 관한 예측의 충실성이 떨어지는 등 환경영향평가의 시행에서 다소 부실하게 이루어진 하자가 있으나, 군산시 주민들에 대한 의견수렴 절차를 거친 점, 환경영향의 평가항목 대부분의 대상지역이 발전소 주변지역이나 해역으로 설정되어 있어 서천군이 그 범위에 포함되어 있는지 여부가 명백한 것은 아닌 점, 그 부실의 정도가 환경영향평가제도를 둔 입법 취지를 달성할 수 없을 정도이어서 환경영향평가를 하지 않은 것과 다를 바 없을 정도라고 보기 어려운 점 등에 비추어, 그 하자가 중대·명백하다고 볼 수 없어 취소사유에 불과하고, 위 처분을 취소할 경우 전력수급기본계획에 따른 안정적인 전력공급에 차질이 생길 수 있는 점, 상당한 기간 동안 막대한 자금이 투입된 복합화력발전소가 무용지물이 됨으로써 적지 않은 사회적 손실이 예상되는 점 등에 비추어, 위 처분을 취소하는 것이 오히려 현저히 공공복리에 적합하지 않다고 보아 사정판결을 한 사례.[23)]

5. 요약

앞에서 살펴본 판례들을 종합해 보면 다음과 같은 결과가 나온다. 첫째, 환경영향평가를 거쳐야 할 대상사업에 대하여 환경영향평가를 거치지 아니하고 나아가 환경부장관과의 협의도 하지 않은 채 한 승인등 처분은 당연무효이다. 둘째, 환경영향평가서의 내용이 환경영향평가제도를 둔 입법 취지를 달성할 수 없을 정도로 심히 부실하다는 등의 특별한 사정이 있는 경우, 그에 따른 승인등의 처분은 위법하다. 셋째, 첫째와 둘째 경우 이외에는 환경부장관과의 협의를 거친 이상, 환경영향평가서의 내용이 부실하거나 승인기관의 장이 환경부장관의 환경영향평가에 대한 의견에 반하는 처분을 하였다고 해도 그 처분이 위법하다고 할 수는 없다. 넷째, 환경영향평가의 내용이 다소 부실하다 하더라도, 그 부실의 정도가 환경영향평가제도

23) 서울행법 2010.4.23. 선고 2008구합29038 판결(공사계획인가처분취소등 확정 각공2010상, 905). 김현준, 「환경권, 환경행정소송 그리고 사법접근성」, 『사법』 17호(사법발전재단), 2011을 참조.

를 둔 입법 취지를 달성할 수 없을 정도이어서 환경영향평가를 하지 아니한 것과 다를 바 없는 정도의 것이 아닌 이상 그로 인해 승인 등 처분이 위법하게 되는 것이 아니지만, 그 부실은 당해 승인 등 처분에 재량권 일탈・남용의 위법이 있는지 여부를 판단하는 하나의 요소가 된다. 다섯째, 환경영향평가의 절차상 하자는 승인등을 받아야 하는 사업계획등의 경우에는 하자의 경중에 따라 다르겠지만 승인등 처분을 위법하게 만드는 사유가 될 수 있고, 승인등을 받지 아니하여도 되는 사업계획등의 경우에는 하자에 관한 일반법리에 따라 그 위법여부를 판단할 수밖에 없을 것이다.

Ⅳ. 결론

환경영향평가제도는 행정소송을 통한 뒷받침이 없이는 그 실효를 기하기 어렵다. 특히 법원이 환경영향평가제도에 어떤 태도를 취하느냐에 따라 그 제도적 효용과 실효성이 좌우된다. 이와 같은 관점에서 환경영향평가에 관한 행정소송에서 제기된 주요 법적 쟁점 가운데 특히 원고적격, 처분성, 그리고 환경영향평가의 하자와 승인등의 위법무효 여부와의 관계 문제 등을 중심으로 대법원 판례와 학설을 통해 분석, 검토해 보았다. 그 결과 원고적격에 관한 한 환경영향평가지역 거주여부에 지나치게 얽매이지 아니하고 환경상 이익의 침해 가능성을 실질적으로 판단해야 할 필요가 있으며, 대상지역 결정과 처분성의 인정범위 및 여부 등에 관한 불확실성이 있음을 확인할 수 있었다. 그리고 환경영향평가의 구속력과 관련하여 대법원이 대상사업에 대한 환경영향평가를 거치지 아니하거나 환경부장관과의 협의도 하지 않은 채 한 승인 등 처분은 당연무효라고 보면서도 평가서 내용이 환경영향평가제도를 둔 입법 취지를 달성할 수 없을 정도로 심히 부실하다는 등 특별한 사정이 없는 한, 환경부장관과의 협의를 거쳤다면, 평가서의 내용이 부실하거나 승인기관의 장이 환경부장관의 환경영향평가에 대한 의견에 반하는 처분을 하였다고 해도 그 처분이 위법하다고 할 수는 없다는 입장을 취하고 있음에 주목했다. 법원만의 책임은 아니고 입법설계의 미비와 그에 따른 법해석의 한계에 기인한 결과지만, 환경영향평가제도의 실효성을 크게 저하시킬 우려가 있다. 무엇보다도 사업계획과 관련한 핵심적인 환경영향에 대해서는 법원이 '엄격심사'(hard look)의 잣대를 적용하여 심사함으로써 평가의 내용이 환경영향평가제도를 둔 입법 취지를 달성할 수 없을 정도로 심히 부실하다는 등의 특별한 사정을 적극적으로 구체화해 나가려는 자세가 필요하다. 환경영향평가에 대한 엄격심사 원칙이 확립되지 않으면 다대한 비용과 시간, 노력, 그리고 결코 쉽지 않은 갈등을 겪고서도 환경영향평가가 자칫 요식절차나 사업자의 면죄부로 전락하고 그 자체가 또 다른 갈등의 원인을 발생시키는 악순환이 반복될 수 있기 때문이다.

참고문헌*

국내 단행본

강구철, 『행정법 I』, 학연사, 1993.

강지은, 『프랑스 행정법상 분리가능행위』, 서울대학교 법학연구소 법학연구총서 62, 경인문화사, 2017.

곽윤직, 『채권각론』, 박영사, 1994.

권영성, 『헌법학원론』, 법문사, 1994.

김남진, 『행정법 I』, 법문사, 1992, 1995, 1997, 1998, 2000.

_____, 『행정법 II』, 1989.

_____, 『행정법의 기본문제』, 1990.

김남진 · 김연태, 『행정법 I, II』, 법문사, 2007.

김도창, 『일반행정법론(상)』, 청운사, 1992, 1993.

김동희, 『행정법 I』, 박영사, 2008.

_____, 『행정법사례연구』, 박영사, 1998.

김석준 · 강경근 · 홍준형, 『열린 사회, 열린 정보』, 비봉출판사, 1993.

김성수, 『행정법 I』, 법문사, 1998.

김유환, 『현대 행정법강의』, 박영사, 2016.

김종보, 『건축법의 이해』, 박영사, 2008.

김중권, 『행정법기본연구 I』, 법문사, 2008.

_____, 『행정법기본연구 II』, 법문사, 2009.

_____, 『행정법기본연구 III』, 법문사, 2010.

* 독일어 참고문헌에서 논문 없이 논문 게재 학술지만 있는 것은 발표 당시의 시점이 오래되어 현재 인터넷 검색을 할 수 없거나 통상적으로 독일논문에서 게재논문만 표시하는 경향이 있어 더 이상의 검색이 불가능 했기 때문이다. 독자 제현의 양해를 바란다.

김중양 · 김명식, 『공무원법』, 박영사, 2000.
김철수, 『헌법학개론』, 박영사, 1995.
_____, 『헌법학신론』(21전정신판), 박영사, 2013.
김철용, 『행정법 I』(제13판), 박영사, 2010.
_____, 『행정법 II』(제10판), 박영사, 2010.
김철용 · 최광률, 『주석행정소송법』, 197(박정훈 집필), 박영사, 2004.
김치선, 『경제법 · 사회보장법』, 법문사, 1960.
김홍균, 『환경법』, 홍문사, 2010.
김홍엽, 『민사소송법』(제3판), 박영사, 2012.
류지태, 『행정법신론』, 신영사, 1995/1996/2005.
류해웅, 『토지공법론』(제4판), 삼영사, 2004.
문홍주, 『한국헌법』, 해암사, 1987.
박균성, 『행정법강의』, 박영사, 2005/2011.
_____, 『행정법론(상)』, 박영사, 2003.
박윤흔, 『최신행정법강의(상)』, 박영사, 2002.
_____, 『최신행정법강의(하)』, 박영사, 2004.
_____, 『행정법강의(상)』, 박영사, 2000.
_____, 『행정법강의(하)』, 박영사, 2004.
박정훈, 『행정소송의 구조와 기능』, 박영사, 2006.
_____, 『행정법의 체계와 방법론』, 박영사, 2005.
법무부, 『국가배상제도의 제문제』, 1991.
_____, 『법무연감』 1992.
법원행정처, 『법원실무제요 행정』, 1997.
변재옥, 『행정법강의 I』, 박영사, 1990.
서원우, 『수정판 부동산공법』, 1985.
_____, 『현대행정법론(상)』, 박영사, 1987.
서원우 · 오세탁 역, 『일본행정법론』, 법문사, 1996.
석종현, 『일반행정법(상/하)』, 삼영사, 1993.
_____, 『일반행정법(상)』, 법문사, 1996.
소순무, 『조세소송』, 조세총람사, 2000.
신보성, 『현대행정법의 이론』, 교학연구사, 1988.
오석홍, 『한국의 행정』, 경세원, 1995.
오준근, 『행정절차법』, 삼지원, 1998.
_____, 『행정절차법의 개정방안연구』, 한국법제연구원, 2001.
유명건, 『실무행정소송법』, 박영사, 1998.

유진오, 『헌법헌법해의』(명세당판), 단기4282.
윤세창, 『행정법(상)』, 박영사, 1981.
이기우 · 하승수, 『지방자치법』, 대영문화사, 2007.
이상규, 『신행정법론(상/하)』, 법문사, 1991/1994.
_____, 『행정쟁송법』, 법문사, 1997.
이시윤, 『민사소송법』, 박영사, 1990.
_____, 『소송물에 관한 연구』, 육법사, 1977.
이원우, 『경제규제법론』, 홍문사, 2010.
이재성, 『사법행정』, 1974.8.
이주희, 『지방자치법 이론과 운영사례』, 기문당, 2005.
장태주, 『행정법개론』(제8판), 법문사, 2010.
정태용, 『도시계획법』, 한국법제연구원, 2001.
정동윤, 『민사소송법』, 법문사, 1990.
정하중, 『행정법개론』(제4판)/(제5판)/(제7판), 법문사, 2010/2011/2013.
조현권, 『환경법: 이론과 실무』, 법률문화원, 1999.
천병태 · 김명길, 『환경법』, 삼영사, 1997.
최봉석, 『지방자치의 기본 법리』, 한국법제연구원, 2007.
최송화, 『법치행정과 공익』, 박영사, 2002.
최영규, 『경찰행정법』, 법영사, 2005.
최종고, 『법학사』, 경세원, 1986.
한국행정연구원, 『지방자치단체에 대한 감사제도의 개선방안』, 1999.
허　영, 『한국헌법론』, 박영사, 1991/1994/1995.
호문혁, 『민사소송법』(제8판), 법문사, 2010.
홍정선, 『판례행정법』, 길안사, 1994.
_____, 『행정법원론(상)』, 박영사, 2009.
_____, 『행정법 원론(하)』(제16판), 박영사, 2008.
_____, 『행정법특강』(제15판), 2016.
홍준형, 『깨어있는 시민을 위한 행정법입문』, 박영사, 2017.
_____, 『법정책의 이론과 실제』, 법문사, 2008.
_____, 『지방자치법』, 대명출판사, 2017.
_____, 『판례행정법』, 두성사, 1999.
_____, 『행정과정의 법적 통제』, 서울대학교출판문화원, 2010.
_____, 『행정구제법』, 도서출판 오래, 2012.
_____, 『행정법』, 법문사, 2017.
_____, 『행정쟁송법』, 도서출판 오래, 2017.

_____, 『행정법총론』, 한울아카데미, 1997.
_____, 『환경법특강』, 박영사, 2017.
_____, 『환경법』, 박영사, 2005.
홍준형 · 김성수 · 김유환, 『행정절차법제정연구』, 법문사, 1996.
황적인 · 권오승, 『경제법』, 법경출판사, 1989.

국내 논문

강경선, 「법에서 정의란 무엇인가」, 『언론과 비평』, 1990.7.
강영호, 「도로법 제22조 제2항의 국도상에서 발생한 사고의 최종책임의 귀속문제」, 『판례실무연구 [II]』, 비교법실무연구회 편, 1998.
강지은, 「프랑스 행정법상 '분리가능행위'에 관한 소고」, 『행정법연구』 제30호, 2011.
경 건, 「행정정보의 공개」, 『행정작용법』(김동희교수정년퇴임기념논문집), 2005.
고려대학교 정부학 연구소, 「정부 합동 감사제도 발전방안 연구」, 행정안전부, 2008.1.
고문현, 「통치행위에 관한 소고」, 『헌법학연구』(사단법인 한국헌법학회) 제10권 제3호, 2004.9.
고영훈, 「법률유보원칙의 이론과 실제(하)」, 『판례월보』 제273호, 1993.
구병삭, 「정보공개법제정의 방향과 과제」, 『공법연구』 제17집, 1989.
堀部政男, 「일본에 있어서의 정보공개법과 개인정보보호법」, 『정보화사회의 공법적 대응』, 한국공법학회, 1989.
금선화, 「통치행위의 인정여부와 판단기준 소고」, 『공법연구』(한국공법학회) 제33집 1호, 2004.11.
김광수, 「독일공법상의 재산권보장과 국가책임의 확장이론」, 서울대학교 박사학위논문, 1994.
_____, 「처분사유의 추가 · 변경」, 『고시연구』 29권 3호(336호), 2002.3.
김광웅, 「제2차 정부개혁의 모순과 한계」, 『1999년도 한국행정학회 특별세미나 발표논문집』, 1-14, 1999.
김근세, 「권위에서 시장으로-뉴질랜드 정부조직개편의 본질과 한계」, 『한국정책학회보』 제6권 제2호, 1998.
김기동, 「국가배상과 공무원의 개인책임」, 『법조』, 1994.10.; 『민사재판의 제문제』 8.
김기진, 「공무수탁사인에 관한 연구」, 『법학연구』(연세대학교) 15권 4호, 2005.12.
김남진, 「건축신고반려조치의 법적 성질」, 『법률신문』 2000.12.28.
_____, 「국가의 경제에의 참여와 개입」, 『공법연구』 제16집, 1988.
_____, 「국토이용계획변경승인신청과 법적 문제」, 『법률신문』 3237호, 2004.1. (https://www.lawtimes.co.kr/LawPnnn/Pnnpp/PnnppContent.aspx?serial=665).
_____, 「기록등사신청에 대한 헌법소원」, 『판례월보』 255호, 1991.12.
_____, 「대법원의 처분개념에 대한 의문」, 『법률신문』 1999.12.13.
_____, 「도시계획법 제21조(개발제한구역지정)의 위헌심판」, 『판례월보』 266호.
_____, 「도시계획변경처분취소청구사건」, 『판례월보』 156호(9월호), 153-1, 1983.
_____, 「법규명령과 행정규칙의 구분 등」, 『법제』 제485호, 1998.5.

_____, 「이유보완을 통한 하자의 치유」, 『법률신문』 3200호, 2003.9.
_____, 「입법・사법상의 불법과 국가책임」, 『국가배상제도의 제문제』, 법무부, 1991.
_____, 「정보화사회와 행정법체계의 재구성」, 『월간고시』, 1991.8.
_____, 「준법률행위적 행정행위의 문제점: 그의 해체를 주장하며」, 『고시연구』, 1992.5.
_____, 「취소소송의 대상」, 『사법행정』, 1991.7.
_____, 「행정법상의 의사표시」, 『월간고시』, 1992.6.
_____, 「행정법총론 개혁의 과제」, 『법학논집』 제31집, 1995.
_____, 「행정소송상의 화해 및 조정」, 『법률신문』 2006.2.20. 연구논단.
_____, 「행정쟁송과 법률상 이익」, 『서원우 교수 화갑기념논문집』, 1991.
_____, 「「행정쟁송과 법률상 이익」 재론: 쟁점을 중심으로」, 고려대학교 법학연구원, 『법학논집』 29권, 1993.
_____, 「행정절차상의 문서열람권」, 『고시계』, 1991.8.
_____, 「행정절차상 하자의 효과」, 『고시연구』, 1997.2.
_____, 「행정행위이론의 변천과 과제」, 『한국법학의 회고와 전망』, 1991.
김남철, 「지방자치단체 감사체계 개선을 위한 법적 과제」. 한국공법학회・감사원 공동학술대회 『현대 법치국가에서의 적극행정과 공공감사』 발표논문집, 2009.9.
김대인, 「지방계약과 공법소송」, 『공법연구』 제41집 제1호, 2012.
_____, 「행정계약에 관한 연구」, 서울대학교 박사학위논문, 2006.
김도창, 「행정법학 30년의 회고」, 서울대학교 법학연구소주최 한국법학 30년 심포지엄, 『서울대학교 법학』 제19권 1호, 1978.
김동건, 「대법원판례에 비추어 본 법규명령과 행정규칙」, 『고시계』, 1998.11.
_____, 「환경행정소송과 지역주민의 원고적격」, 행정판례연구회 편, 『행정판례연구』 Ⅴ, 서울대학교출판부, 2000.
김동희, 「건축허가처분과 재량」, 한국행정판례연구회 편, 『행정판례연구』 V, 서울대학교출판부, 2000.
_____, 「공무원이 직무집행중 불법행위로 타인에게 손해를 입힌 경우, 공무원의 개인책임 성립여부」, 『판례월보』 309호, 1996.6.
_____, 「국가배상법에 있어서 과실관념에 관한 일고」, 『고시연구』, 1988.4.
_____, 「하천범람으로 인한 손해에 대한 국가등의 배상책임」, 『고시계』, 1989.3.
_____, 「한국과 프랑스의 국가보상제도의 비교고찰」, 『서울대학교 법학』 제26권 제1호, 1985; 『국가배상제도의 제문제』, 법무부, 1991.
_____, 「한국사회의 변화와 행정법학의 과제」, 『서울대학교 법학』 제28권 제1호, 1987.
김두진, 「미국 경쟁당국의 사건처리 절차・동의명령제」, 『공정거래법 진행의 선진화: 한미 FTA 체결에 즈음하여』, 한국법제연구원, 2007.7.5.
김문수, 「행정소송에 있어서 처분이유의 추가 및 변경」, 『특별법연구』 제3권(특별소송실무연구회 편), 1989.
김민호, 「행정주체로서의 공무수탁사인」, 『현대공법이론의 제문제』(천봉석종현박사 화갑기념논문집), 삼영사, 2003.
김백영, 「과세처분의 형식상의 하자와 그 치유」, 『사법행정』 347호, 1989.11.
김상태. 「국가와 지방자치단체간 분쟁해결제도에 관한 공법적 연구: 일본과의 비교법적 연구를 중심으로」, 한양대학교 대학원 박사학위 논문, 2007.2.
김성수, 「공공부분과 민간부분과의 협력을 위한 법적 과제」, 한국공법학회 한·독 국제학술대회, 1996. 5.
_____, 「권한 없는 자의 행정행위」, 『법률신문』 1995.9.11.
_____, 「생수판매제한 고시의 성격」, 『법률신문』 1994.6.13.
_____, 「오토 마이어: 행정법의 아이콘인가 극복의 대상인가」, 『공법연구』 제45집 제2호, 2016.12.
_____, 「"참여와 협력시대"의 한국 행정절차법」, 『현대공법이론의 제문제』(석종현박사화갑기념논문집), 2003.
김세규, 「취소소송에서 사실상 조정·화해의 법적 근거와 관련된 재논의」, 『토지공법연구』(한국토지공법학회) 제64집, 2014.
김수일, 「1일 처리능력 100톤 이상인 폐기물소각시설을 설치하기 위한 폐기물처리시설설치계획 입지결정·고시처분의 효력을 다투는 소송에 있어서 인근주민들의 원고적격」, 『특별법연구』 제7권, 박영사, 2005.
김연태, 「환경행정소송상 소송요건의 문제점과 한계: 원고적격과 대상적격을 중심으로」, 『환경법의 법리와 법정책』(서울대학교 환경에너지법센터 제3차 학술포럼 발표논문집), 2010.11.27.
김옥곤, 「처분사유의 추가·변경과 판결의 기속력」, 『판례연구』 25집(부산판례연구회), 2014.2.
김용섭, 「법규명령의 재검토: 행정판례의 분석을 중심으로」, 『법제』 통권 451호, 1995.7.
_____, 「행정법상 신고와 수리」, 『판례월보』 352호, 1998.4.24.
_____, 「행정심판재결에 대한 항고소송」, 『행정판례평선』(한국행정판례연구회 편), 박영사, 2011.
김원주, 「법규명령과 행정규칙 구별의 실익」, 『고시계』, 1998.11.
_____, 「행정상 사실행위와 행정소송」(시론), 『고시계』, 1994.4.
_____, 「행정지도와 법적 구제」, 『고시연구』, 1977.10.
김유환, 「미국행정법에서의 규제법규해석과 규제재량통제: 한국적 상황에의 적용의 모색」, 서울대학교 박사학위논문, 1992.5.
_____, 「법규명령과 행정규칙의 구별기준」, 『고시계』, 1998.11.
_____, 「한국 행정법학의 태동과 발전: 목촌의 행정법총론과 한국 행정법학」, 『공법연구』 제44집 제1호, 2015.10.
_____, 「행정절차하자의 법적 효과: 유형론과 절차적 권리의 관점에서의 검토」, 『한국공법이론의 새로운 전개』(김도창박사팔순기념논문집), 2005.
김재규, 「행정권한의 위임·위탁·대리·대행 관련 입법모델 검토」, 『입법모델Ⅱ』, 법제처, 2002.
김재협, 「공법상 신고에 관한 고찰」, 『특별법연구』 6권, 2001.
김정술, 「행정재판의 운용에 관한 실무적 과제」, 『행정법원의 좌표와 진로』, 1999.
김정중, 「도시계획변경 거부의 처분성」, 『행정재판실무연구집 재판자료』(법원도서관) 제108집, 2005.12.

김종보, 「계획확정절차의 도입: 계획확정절차의 형식과 실질」(대한변호사협회 · 한국행정법학회 공동학술대회 발표논문), 2013.7.12.

_____, 「도시계획변경거부의 처분성」, 『특별법연구』(특별소송실무연구회 편) 제8권, 박영사, 2006, 3-36.

김종성 · 육동일 · 신희권, 「지방 자치법상 지방 자치단체에 대한 국가 감독 제도의 개선방안」, 『행정논총』 제42권 제3호, 2004.

김주영, 「법학의 과학성에 관한 試論」, 『서울대학교 법학』 제50권 제1호, 2009.3.

김중권, 「공무원의 개인적 배상책임인정의 문제점에 관한 소고」, 『법률신문』 4002호, 2012.1.26. (http://www.lawtimes.co.kr/LawPnnn/Pnnpp/Pnnpp Content.aspx?serial= 999&m=pnnpp)

_____, 「국토이용계획변경신청권의 예외적 인정의 문제점에 관한 소고」, 『행정판례연구』 X, 2005.6.

_____, 「申告制와 관련한 코페르니쿠스적 轉換에 관한 小考」, 『법률신문』 2010.12.6.

_____, 「Quo vadis-신고제?」, 『법률신문』 제3916호, 2011.3.7.

_____, 「행정법상 신고와 관련한 판례의 문제점에 관한 소고」, 『인권과 정의』, 통권 307호, 2002.3.

김철수, 「정보화사회와 기본권보호」, 『정보화사회의 공법적 대응』, 한국공법학회, 1989.

_____, 「판례비평」, 『법률신문』 1976.12.6.

김철용, 「계획제한과 손실보상의 실정법적 근거」, 『고시연구』, 1996.1.

_____, 「계획확정절차의 도입문제」, 『행정법연구』 제4호, 행정법이론실무연구회, 1999.4.

_____, 「공무원개인의 불법행위책임」. 『판례월보』 290호, 1994.

_____, 「국가배상법 제2조에 관한 연구」, 건국대학교 박사학위논문, 1975.

_____, 「사정판결」, 『월간고시』, 1987.4.

_____, 「영조물의 설치 · 관리의 하자로 인한 손해배상」, 『고시계』, 1974.7.

_____, 「주류판매업 면허처분철회의 근거와 철회권유보의 한계」, 『행정판례연구』 I, 1992.11.

_____, 「처분의 근거 · 이유제시의 정도」, 『행정판례평선』, 박영사, 2011.

_____, 「처분이유제시의 정도: 대상판결 대법원 2002.5.17. 선고 2000두9812 판결」, 『인권과 정의』 396호, 2009.8.

_____, 「취소소송판결의 기판력과 국가배상소송」, 『고시계』, 1985.7.

_____, 「행정규칙론의 과제」, 『고시계』, 1998.11.

김창규, 「행정법학의 개혁론」, 『법제연구』 제12호, 1997.

김태우, 「취소소송에 있어서 처분사유의 추가 · 변경」, 『인권과 정의』, 1995.6.

김판기, 「행정계약법의 체계 정립을 위한 기본적 법문제」, 『공법연구』(한국공법학회) 제44집 제4호, 2016.6.

김해룡, 「도시계획변경청구권의 성립요건」, 『행정판례연구』 IV, 1999.8.

김향기, 「무효등확인소송」, 『고시계』, 1991.3.

_____, 「집중효를 수반하는 건축신고가 「수리를 요하는 신고」인지의 여부: 대법원 2011.1.20. 선고 2010두14954[건축신고불가취소]에 대한 평석」, 『고시계』, 2011.7.

_____, 「행정소송의 원고적격에 관한 연구」, 『환경법연구』(환경법학회) 제31권 제2호, 2009.

김현준, 「환경권, 환경행정소송 그리고 사법접근성」, 『사법』 17호(사법발전재단), 2011.
김호정, 「한국관료행태의 결정요인」. 『한국행정학보』 28권 4호, 1994 겨울.
류지태, 「공무원의 행정상 손해배상책임」, 『법률신문』 1996.4.29.
_____, 「행정소송에서의 행정행위 근거변경에 관한 대법원판례분석」, 『사법행정』, 1993.6.
_____, 「행정절차로서의 이유부기의무」, 『고시계』, 1997.7.
류해웅, 「개발제한구역의 규제에 관한 고찰」, 『사법행정』, 1992.7.
맹장섭, 「공법상의 결과제거청구권」, 『법조』 372(9), 1987.
명승환, 「미국의 전자정보공개법 제정과정의 교훈」(http://chunma.yeungnam.ac.kr/~j9516053/dc3.html), 『격주간 정보화동향』, 1997.
문병효, 「행정법 도그마틱의 변화에 관한 시론(試論)」, 『경원법학』 제3권 제2호, 2010.
문상덕, 「일본의 자치체 행정법학에 있어서의 정책법무론 일고」, 『행정법연구학』 3호, 1997
_____, 「행정과정론의 의의와 한계」, 『한림법학』 Forum 제10권, 2001.
_____, 「행정법학에 있어서의 법과 정책: 그 상관관계와 연구방법론을 중심으로」, 『현대 공법학의 과제』 (청담 최송화 교수 화갑기념논문집), 2002.
문성호, 「일본의 개정 행정사건소송법 운영 현황과 시사점: 행정소송법 전면 개정 논의에 즈음하여」, 사법제도비교연구회(편), 『사법개혁과 세계의 사법제도[VIII]』(사법발전재단), 2014.
민주주의법학연구회공법분과, 「법치주의의 원리와 그 현실」, 『민주법학』 5, 1992.
민 진, 「영국의 정부개혁 평가」, 1999년도 한국행정학회 특별세미나 발표논문집, 1999.
박규하, 「행정계약이론과 공법상 계약이론」, 『고시연구』, 1993.4.
박균성, 「공무원 배상책임의 이론과 판례, 『판례월보』, 1995.6.
_____, 「국가배상법상 사무관리주체와 비용부담주체의 배상책임」, 『판례실무연구[II]』, 비교법실무연구회 편, 1998.
_____, 「국가배상법 제2조상의 '직무를 집행함에 당하여': 판례를 중심으로」, 『국가배상제도의 제문제』, 법무부, 1991.
_____, 「행정법상 신고」, 『고시연구』, 1999.11.
_____, 「현행행정상 손해전보제도의 흠결과 보충」, 『고시계』 35(8), 1990.7.
박균성 · 김재광, 「인 · 허가의제제도의 문제점과 개선방안」, 『행정법연구』 제26호, 2010.
박만호, 「항고소송의 소송물과 심판의 범위」, 『사법논집』 제8집, 1977.
박무익, 「개정 도시계획법 해설」, 『도시문제』, 2000.3.
박상희, 「공용침해, 백지형식에 의한 보상규정의 허용여부」, 『법제연구』 창간호, 1991.
_____, 「재산권침해유형에 대한 구별이론의 새로운 필요성: 독일에서의 '보상의무있는 내용규정'에 관한 논의를 중심으로」, 『법제연구』 통권 제7호, 1994.
박 신, 「사회간접자본시설 민영화의 법적 한계에 대한 연구」, 국민대학교 박사학위논문, 1997.
박윤흔, 「계획제한과 손실보상」, 『고시계』, 1995.8.
_____, 「공법상의 당사자소송」, 『월간고시』, 1992.3.

_____, 「국가배상법의 문제점과 개선방향」, 『고시계』 37(4), 1992.3.
_____, 「목촌 김도창의 생애와 법사상」, 『정심법학포럼 2012-5차 세미나자료집』, 정심법학 포럼, 2012.
_____, 「법령과 조례의 관계」, 『경희법학』 27권 1호, 1992.
_____, 「손실보상관계소송: 개정토지수용법을 중심으로」, 『고시연구』 통권 240호, 1991.3.
_____, 「취소소송의 대상」, 『사법행정』, 1990.7.
박재완, 「환경행정소송에서의 원고적격」, 『재판자료』 제94집, 법원도서관, 2002.
박재윤, 「독일 공법상 국가임무론에 관한 연구: 우리나라 전력산업과 관련하여」, 서울대학교 박사학위논문, 2010.
박재현, 「프랑스 행정계약의 분리행위이론」, 『가천법학』 제7권 제3호, 2014.
박정훈, 「부정당업자의 입찰참가자격제한의 법적 제문제」, 『서울대학교 법학』(서울대학교 법학연구소) 제46권 제1호, 2005.
_____, 「사권보호를 위한 경찰권 발동에 관한 연구」, 치안연구소 연구보고서, 2001.
_____, 「취소판결의 기판력과 기속력: 취소소송의 관통개념으로서의 소송물」, 『행정판례연구』 IX, 2004.
_____, 「행정법에 있어서의 이론과 실제」, 서울대학교 법학연구소, 행정소송·행정법 연구과정 교재, 1999.3.
_____, 「행정법의 構造變化로서의 '參與'와 '協力': 독일에서의 理論的 論議를 중심으로」, 『공법연구』(한국공법학회) 제30집 제5호, 2002.
_____, 「행정소송에 있어 소송상화해」, 『인권과 정의』 통권 279호, 1999.11.
_____, 「한국 행정법학 방법론의 형성·전개·발전」, 『공법연구』 제44집 제2호, 2015.12.
박종국, 「독일법상의 계획확정결정의 집중효」, 『공법연구』(한국공법학회) 제31집 제1호, 2003.11.
_____, 「독일법상의 계획확정결정의 집중효」, 『법제』(법조협회) 통권 제555호, 2004.3.
_____, 「독일법상의 행정절차참가와 배제효」, 『법제』, 2004.7.
_____, 「독일법상의 행정절차참가와 배제효」, 『법조』 제53권 제2호, 2004.2.
박해성, 「국가배상법 제6조 소정의 비용부담자로서의 국가배상의무를 부담하는 자」, 『대법원판례해설』 22호.
배종대, 「우리법학의 나아갈 길」, 『법과 사회』 창간호, 1989.
백윤기, 「금융행정에서의 법치주의의 구현」, 『현대공법학의 과제』(최송화교수화갑기념논문집), 박영사, 2002.
_____, 「미국 행정소송상 엄격심사원리에 관한 연구: 한국판례와의 비교분석을 중심으로」, 서울대학교 박사학위논문, 1995.2.
_____, 「행정소송제도의 개선」, 『행정법원의 좌표와 진로』, 1999.
변재옥, 「당사자소송」, 『월간고시』, 1987.4.
서원우, 「국가배상과 공무원의 배상책임」, 『고시계』, 1976.2.
_____, 「국가배상법상의 입법론상의 제문제」, 『국가배상제도의 제문제』, 법무자료 제141집, 1991.
_____, 「위법성의 상대화론과 법률에 의한 행정의 원리」, 『고시계』, 1985.3.

______, 「토지이용규제와 손실보상」, 『고시계』 35(5), 1990.4.
______, 「특수공무원의 국가배상책임」, 『국가배상제도의 제문제』, 법무부, 1991.
______, 「한국법에 있어서의 법화문제」, 『서울대학교 법학』 제37권 제1호, 1996.
______, 「한국행정법(학)의 회고와 과제」, 『賢齋金英勳博士화갑기념논문집』, 1995.
______, 「행정상의 절차적 하자의 법적 효과」, 『서울대학교 법학』, 1986.9.
______, 「행정시스템의 변화와 21세기행정법학의 과제」, 『행정법연구』(행정법이론실무연구회), 7호, 2001.
______, 「행정지도의 공과와 평가」(상), (하), 『고시연구』, 1983.6.-7.
______, 「행정처분의 공정력과 형사재판의 관계」, 『월간고시』, 1979.9.
______, 「행정행위의 내용상 분류에 관한 한 고찰」, 『서원우교수 화갑기념논문집』, 1991.
______, 「행정학과 행정법학의 관계」, 『한국행정학보』, 1976.11.
______, 「헌법과 지방자치」, 『자치연구』, 1993(제1호).
______, 「현대행정법과 공공성문제」, 『월간고시』, 1985.8.
석종현, 「도시계획결정의 법적 성질」, 『행정판례연구』 Ⅱ, 서울대학교출판부, 1996.4.
______, 「수용유사침해법리」, 『고시연구』, 1988.3.
______, 「의견제출과 청문」, 『고시계』, 1997.7.
______, 『월간고시』, 1989.1.
______, 『월간고시』, 1991.12.
석호철, 「기속력의 범위로서의 처분사유의 동일」, 『행정판례연구』 V, 서울대학교출판부, 2000.
______, 「청문절차에 관한 제반판례의 검토」, 『인권과 정의』 215호, 1994.7.
______, 「청문절차에 관한 제반 판례의 검토」, 『특별법연구』(특별소송실무연구회) 제5권, 1997.
성기창, 「증액경정처분과 감액경정처분에 있어서의 쟁송대상 및 범위 등, 1984.12.11. 84누225」, 『대법원 판례해설』 제5호, 1986.
성낙인, 「미국의 전자정보자유법(EFOIA)과 운용현황」, 『미국헌법연구』 제9호, 미국헌법학회, 제9호, 1998.
______, 「정보공개법의 정립과 개정 방향」, 행정자치부 주최 "정보공개법 개정을 위한 공청회" 발표논문, 2000.7.26.
______, 「한국공법학과 목촌 김도창」, 『공법학의 형성과 개척자』, 박영사, 2006.
소순무, 「국세심판결정에 근거하여 처분청이 감액경정결정을 한 경우와 항고소송, 1996.7.30. 95누6328」, 『대법원 판례해설』 제26호, 1996.
______, 「납세고지서 기재사항 하자의 치유」, 『대법원판례해설』 제24호, 법원도서관 1995.9.26.
송동수, 「계획변경청구권과 취소소송의 소송요건: 문화재보호구역 지정해제신청에 따른 거부처분취소소송」, 『헌법판례연구』 6, 2004.11.
______, 「규범구체화 행정규칙과 법규범체계의 재정비: 독일 행정규칙이론과 유럽재판소 판결을 중심으로」, 『토지공법연구』 제39집(한국토지공법학회), 2008.2.
______, 「현행 지방감사제도의 공법적 검토와 개선방안」, 『토지공법연구』 제42집(한국토지공법학회),

2008.5.
송동원, 「면허등의 취소처분에 명시하여야 할 이유기재의 정도와 그 취지」, 『대법원판례해설』 14.
신보성, 「다단계 행정과정의 법적 고찰」, 『고시연구』, 1992.5.
_____, 「행정행위와 처분」, 『고시계』, 1984.6.
신영수, 「미국 독점금지법상의 동의명령 제도에 관한 고찰」, 『기업법연구』 제19권 제4호(통권 제23호), 2005.
안경환, 「대학원 법학교육의 문제점과 개선책」, 서울대학교 법학연구소 창립 30주년 심포지엄 "한국의 법학교육: 반성과 개혁" 발표논문, 『서울대학교 법학』 제33권 1호(통권 89호), 1992.
오세탁, 「조례의 제정실태와 입법한계」, 『인권과 정의』 통권 216호, 1996.
오용식, 「사인(私人)에 의한 행정참여와 국가배상의 문제: 선박검사의 대행을 중심으로」, 『월간법제』, 2006.1.
오준근, 「다중영향시설 설치계획의 확정절차에 관한 법제정비방안」, 한국법제연구원, 1997.12.
_____, 「신고절차의 정착방향」, 『법제연구』 13호, 1997.
_____, 「참여행정과 행정절차: 대한민국에 있어서의 행정현실과 공법이론을 중심으로」, 『공법연구』(한국공법학회) 제30집 제5호, 2002.
_____, 「처분기준을 설정 · 공표하지 아니한 합의제 행정기관의 행정처분의 효력」, 『인권과 정의』 제378호, 대한변호사협회, 2008.2.
_____, 「행정절차법 시행 이후의 행정절차 관련 행정판례의 동향에 관한 몇가지 분석」, 『행정판례연구』 VII, 2002.
오진환, 「납세고지서의 기재사항과 송달」, 『재판자료』 60집, 1993.10.
_____, 「조례의 무효와 그 조례에 근거한 행정처분의 당연무효 여부」, 『인권과 정의』(대한변호사협회), 231호(1995.11.); 232호(1995.12.); 233호(1996.1.).
_____, 「조례의 무효와 그 조례에 근거한 행정처분의 당연무효 여부」, 『특별법연구』 제5권, 1997.
유상현, 「조례의 법적 한계에 관한 연구」, 경희대학교 박사학위논문, 1994.
_____, 「행정부에서 보는 행정규칙론」, 『고시계』, 1998.11.
유승남, 「건축법상 건축신고의 법률적 성질」, 『행정소송실무연구』 2권, 2002.
유인의, 「조세소송의 소송물」, 『재판자료』, 제17집, 1983.
윤영선, 「항고소송의 대상으로서의 행정심판 재결」, 『특별법연구』 제4권, 1994.
_____, 「행정처분이나 행정심판 재결이 불복기간의 경과로 확정된 경우의 효력」, 대법원 1993.4.13. 선고 92누17181 판결, 『대법원 판례해설』 제19-2호, 1994.
윤진수, 「공무원에 의한 강제증여와 수용유사적 침해이론의 적용 여부」, 『대법원판례해설』 20, 136(『법조』 1994.10.).
_____, 「보존음료수의 판매제한과 헌법」, 『특별법연구』(특별소송실무연구회) 제5권, 1997.
_____, 「보존음료수의 판매제한조치의 위헌여부」, 『인권과 정의』(대한변호사협회) 제221호, 1995.1.
_____, 「위헌인 법률에 근거한 행정처분의 당연무효 여부」, 『대법원판례해설』 제22호, 1994년 하반기.

윤형한, 「사전통지의 대상과 흠결의 효과」, 『행정판례연구』(한국행정판례연구회) X, 2005.

_____, 「토지수용법 제75조의2 제2항의 신설에 따른 몇 가지 문제점」, 『인권과 정의』, 1991.8.

음선필, 「지방자치단체에 대한 감사의 헌법적 한계」, 한국공법학회 · 감사원 공동학술대회 발표논문집 『현대 법치국가에서의 적극행정과 공공감사』, 2009.9.

이강국, 「행정행위의 하자의 치유」, 『행정판례연구』(한국행정판례연구회) III, 1996.

이계수. 「규범과 행위: 국가법인설의 극복과 행위중심적 행정법 이론의 구축을 위한 시론」, 『공법연구』 제29집 제1호, 2000.

이기우, 「지방 족쇄 풀어야 국민소득 3만 달러 뚫는다」, 『중앙일보』 시론, 2017.10.2.

이기춘, 「경찰질서법상 위험개념 및 표현위험과 위험의 의심: 독일경찰법학의 위험개념 검토를 중심으로」, 『공법연구』 제31집 제4호, 2003.

_____, 「독일경찰질서법상 공공의 질서개념에 관한 논쟁의 개관과 평가」, 『토지공법연구』 제30집, 2006.3.

이문재, 「조세부과처분에 있어서의 당초처분과 경정처분의 법률관계 및 구체적 적용」, 『사법논집』, 제15집, 1984.

이상규, 「법규명령과 행정명령의 구분」, 『사법행정』 284호, 1984.8.

_____, 「행정판례회고」, 『인권과 정의』, 1994.5.

이상덕, 「영조물에 관한 연구: 공공성 구현 단위로서 '영조물' 개념의 재정립」, 서울대학교 법학박사학위청구논문, 2010.

이상천, 「요건으로서의 신고 · 신청에 따른 효과로서의 수리 · 등록 · 허가의 개념적 구분 재론」, 『공법학연구』(한국비교공법학회) 제11권 제3호, 2010.

이선희, 「국토이용계획변경승인신청거부행위의 처분성 인정여부」, 『대법원판례해설』 47호(2003 하반기), 법원도서관, 2004.7.

_____, 「도시계획 등 변경거부행위의 처분성」, 『특별법연구』(특별소송실무연구회 편) 제8권, 박영사, 2006.

_____, 「도시계획입안 신청에 대한 도시계획 입안권자의 거부행위가 항고소송의 대상이 되는 행정처분에 해당하는지 여부」, 『대법원판례해설』 제50호, 2004 상반기.

이시윤, 「국가배상법에 대한 감회」, 『고시계』, 1992.4.

이원우, 「공기업 민영화와 공공성 확보를 위한 제도개혁 과제」, 『공법연구』(한국공법학회) 제31집 제1호, 2002.

_____, 「민영화에 대한 법적 논의의 기초」, 『한림법학』, 1998.

_____, 「정부기능의 민영화를 위한 법적 수단에 대한 고찰」, 『행정법연구』 제3호, 1998년 하반기.

이현수, 「행정소송상 집행정지의 법적 성격에 관한 연구」, 『행정법연구』 제9호(2003.상반기), 행정법이론실무학회, 2003.5.

이홍훈, 「도시계획과 행정거부처분」, 『행정판례연구』 I, 1994.

임승빈, 「현행 지방감사제도의 문제점과 개선방안」, 경실련 정책토론회, 2005.

임영호, 「공법상 소송유형과 소송형식」, 『대법원특별소송실무연구회 · 행정법이론실무학회 공동학술대회 발표논문집』, 2009.9.12.

_____, 「폐기물처리시설의 주변영향지역 밖에 거주하는 주민들이 소각장 입지지역결정・고시처분의 무효확인을 구할 원고적격이 있는지 여부」, 『대법원판례해설』 제55호, 2005.

임 현, 「정책과 법의 관계에 대한 모색」, 『공법학연구』 제15권 제2호, 2014.

정남철, 「건축신고와 인인보호: 독일 건축법제와의 비교법적 고찰을 겸하여」, 월간 『법조』, 2010.6.

_____, 「계획변경청구권의 법적 문제: 도시계획변경신청권의 예외적 인정에 대한 비판적 고찰」, 『토지공법연구』(한국토지공법학회) 제48집, 2010.2.

_____, 「환경소송과 隣人保護: 소위 새만금사건과 관련하여」, 『환경법연구』(한국환경법학회) 제28권 제1호, 2006.

정순흔, 「우리헌법상의 경제질서와 경제규제의 한계」), 동학회 월례학술발표회 발표문(1992.5.30.).

정연주, 「통치행위에 대한 사법심사: 관련 헌법재판소 판례를 중심으로」, 『저스티스』(한국법학원) 95호, 2006.12.

정종섭, 「우리법학의 올바른 자리매김을 위하여: 헌법학의 통합과학적 연구에로」, 『법과 사회』 제2집, 1990.

정준현, 「과징금의 제재성 여부와 경정결정가능성」, 『판례월보』 356호, 2000.5.

_____, 「정보공개조례제정의 가부 및 그 방향」, 한국공법학회 제25회 학술발표회 발표문.

정하중, 「공무원에 대한 배상청구권」, 『법률신문』, 1994.9.5.

_____, 「국가배상법 제5조의 영조물의 설치・관리에 있어서 하자의 의미와 배상책임의 성질」, 『판례월보』 제298호, 1995.7.

_____, 「독일경찰법의 체계와 한국 「경찰관 직무집행법」의 개선방향(상)」, 『사법행정』, 1994.2.

_____, 「독일 Bonn 기본법 14조상의 부대조항(Junktimklausel)의 의미와 한국헌법 23조 3항의 해석(하)」, 『사법행정』 33(10), 1992.10.

_____, 「민간에 의한 공행정수행」, 『공법연구』(한국공법학회) 제30집 제1호, 2001.12.

_____, 「수용유사적 그리고 수용적 침해제도」, 『고시연구』, 1994.3.

_____, 「이유제시하자의 치유와 처분사유의 추가・변경: 독일법과의 비교연구」, 『인권과 정의』(대한변호사협회) 364호, 2006.12.

_____, 「입법상의 불법에 대한 국가책임의 문제: 서울민사지법 42부판결 91가합84035에 관련하여」, 『사법행정』(한국사법행정학회) 387호, 1993.

_____, 「한국 행정판례의 성과와 과제」, 『행정판례연구』 XI, 2006.6.

정해남, 「당초의 과세처분과 경정처분의 법률관계」, 『재판자료』, 제60집, 1993.

조만형, 「행정법상 신고의 유형과 해석기준에 관한 소고」, 『공법연구』(한국공법학회) 제39집 제2호, 2010.

조용호, 「개별토지가격결정의 행정처분성과 이에 대한 쟁송」, 『인권과 정의』, 통권 제207호, 1993.11.

_____, 「행정소송에서의 소송상화해에 대하여」, 행정법원 실무연구회 발표문, 『법률신문』 2000.12.21.

조정래, 「교사의 체벌이 징계권의 행사로서 정당행위가 되기 위한 요건」, 『부산판연 판례연구』 3, 1993.2.

조정환, 「자치입법권 특히 조례제정권과 법률우위와의 관계문제」, 『공법연구』 제29집 제1호, 2000.

조해현, 「행정처분의 근거 및 이유제시의 정도」, 『행정판례연구』 Ⅷ, 2003.12.

조홍식, 「분산이익소송에서의 당사자적격」, 『판례실무연구』 Ⅳ(비교법실무연구회 편), 박영사, 2000.
차용석, 「'우리법학'의 보편성과 특수성」, 『법과 사회』 창간호, 1989.
차한성, 「공무원의 직무상 불법행위와 공무원 개인의 손해배상책임」, 『민사판례연구』 17.
최계영, 「거부처분의 사전통지: 법치행정과 행정의 효율성의 조화」, 『행정법연구』(행정법이론실무학회), 제18호, 2007.8.
_____, 「건축신고와 인·허가의제」, 『행정법연구』(행정법이론실무학회) 제25호, 2009.12.
최세모. 「공무원의 직무상 불법행위와 공무원 자신의 손해배상책임」, 『대법원판례해설』 21.
최세영, 「행정규칙의 법규성인정여부」, 『판례월보』 178호, 1985.
_____, 「행정규칙의 법규성인정여부」, 『행정판례연구』 Ⅰ, 1992.11.
최송화, 「김도창: 생애와 학문세계」, 한국공법학회 편, 『한국의 공법학자들』, 2003.
_____, 「법과 정책에 관한 연구: 시론적 고찰」, 『서울대학교 법학』 제26권 제4호, 1985.
_____, 「한국 행정법학 50년: 그 성과와 과제」, 서울대학교 법학연구소주최 광복50주년기념학술대회발표문, 1995.
최영규, 「영업규제의 법제와 그 수단에 관한 연구」, 서울대학교 박사학위논문, 1993.
최정일, 「독일에서의 행정규칙의 법적 성질 및 효력: 특히 규범구체화행정규칙을 중심으로」, 서울대학교 박사학위논문, 1995.
_____, 「법규범구체화행정규칙의 법적 성질 및 효력」, 『판례월보』 264호, 1993.
최진수, 「주택재개발·재건축에 관한 법적 연구」, 연세대학교 박사학위논문, 2006.
하명호, 「이유제시의무와 이유제시의 정도: 대법원 판례를 중심으로」, 『안암법학』 25호 상, 2007.11.
_____, 「처분의 이유제시제도와 이유제시의 정도」, 『행정소송(II)』, 한국사법행정학회, 2008.
한견우, 「행정소송의 소송권과 우리나라 행정소송의 문제점」, 『고시연구』 통권 제202호, 1991.1.
_____, 「행정주체와 행정객체의 법률관계에 나타난 분쟁의 해결방법」, 『공법연구』 제20집, 1992.
한국공법학회, 「경제에 관한 법적 규제와 조성」, 『공법연구』 제16집, 1988.
한국법제연구원, 「공정 행정 구현을 위한 행정절차법 제정 방안: 1994.7. 총무처 행정절차법 시안과 관련하여」, 『현안분석』 95-1, 1995.
_____, 「현행 공용침해법제의 현황과 개선방향」, 『현행법제개선방안연구』(1), 1992.
한국행정연구원, 「지방자치단체에 대한 감사제도의 개선방안」, 1999.
한상범, 「한국법학계를 지배한 일본법학의 유산」, 『역사비평』, 1991 겨울.
한창규, 「한국행정법 I: 법치행정의 출발」, 『공법연구』 제17집, 1989.
허영민, 「한국행정법 II: 현대행정에의 대응과 과제(1961-1988)」, 『공법연구』 제17집, 1989.
_____, 「한국행정법학 40년: 법치행정과 현대행정의 과제」, 『법학연구』 제16집, 1989.2.
홍승면, 「국가와 지방자치단체간의 배상책임의 분장관계」, 『민사판례 연구』 18, 박영사, 2003.
홍정선, 「사인의 공법행위로서 신고의 법리 재검토」, 『중범김동희교수정년기념논문집』, 박영사, 2005.6.
_____, 「조례와 침해유보」, 『고시계』, 1993.4.
_____, 「항고소송의 대상으로서 재결(재결소송): 코리아트윈스CC사건」, 『(최신)행정법판례특강』 제2판,

박영사, 2012.

홍준형, 「계획변경청구권과 계획변경신청권」, 『행정판례연구』 XVII-1, 2012.

_____, 「계획의 수립·확정 절차」, 홍준형 등, 『행정절차제도 운영현황 평가 및 발전방안 모색』, 연구보고서, 서울대학교, 2006.

_____, 「공공정책에 대한 사법적 결정의 법이론적 한계(1): 대법원의 새만금사건 판결을 중심으로」, 『법제』 580호, 2006.

_____, 「공공정책에 대한 사법적 결정의 법이론적 한계(2)」, 『법제』 581호, 2006.

_____, 「공법상 결과제거청구권의 법리」, 『아주사회과학논총』, 1993.

_____, 「공정거래법상 동의명령제 도입방안에 관한 연구」, 홍준형·김정희, 『기업법연구』 제21권 제4호, 2008.

_____, 「'96 행정절차법시안의 내용과 문제점」, 『인권과 정의』 통권 238호, 1996.6.

_____, 「국가배상법 제6조에 대한 고찰」, 『행정논총』 제35권 제1호, 1997.

_____, 「국가배상법 제6조에 의한 비용부담자의 배상책임과 배상책임자에 대한 구상」, 『판례실무연구(II)』, 비교법실무연구회 편, 1998.

_____, 「國家賠償法 第2條第1項但書에 대한 違憲訴願」, 『人權과 正義』 통권 제226호, 1995.6.

_____, 「'도롱뇽소송'의 적법여부에 대한 고찰」, 『한국공법이론의 새로운 전개』(목촌김도창박사팔순기념논문집), 2005.

_____, 「도시계획결정의 처분성」, 『판례행정법』, 두성사, 1999.1.

_____, 「동의명령제도 도입에 관한 연구」, 한국전문가컨설팅그룹(KECG) 연구보고서, 2007.9.28., 미발간.

_____, 「법규명령과 행정규칙의 구별제재적 행정처분의 기준을 정한 시행규칙·시행령의 법적 성질을 중심으로」, 『법제』 제488호, 1998.8.

_____, 「법치주의의 좌절과 법적 허무주의의 극복: 한국행정법학의 반성과 과제」, 『법과 사회』 제7호, 1993.

_____, 「불가변력, 신뢰보호, 그리고 행정상 이중위험의 금지」, 한국행정판례연구회 편, 『행정판례연구』 V, 서울대학교출판부, 2000.

_____, 「사인에 의한 행정임무의 수행: 공무수탁사인을 둘러싼 법적 쟁점을 중심으로」, 『공법연구』 제39집 제2호, 한국공법학회, 2010.

_____, 「사인의 공법행위로서 신고에 대한 고찰: 자기완결적 신고와 수리를 요하는 신고에 관한 대법원판례를 중심으로」, 『공법연구』 제40집 제4호, 2012.6.

_____, 「새만금개발사업을 위한 공유수면매립면허 및 사업시행인가처분의 취소신청과 그 거부의 적법 여부: 대법원 2006.3.16. 선고 2006두330 전원합의체판결」, 『행정판례평선』(행정판례연구회 편), 박영사, 2011.

_____, 「수용유사침해이론의 재조명」, 『朴鈗炘博士華甲記念論文集』, 1996.

_____, 「신공공관리론의 공법적 문제: 공무원인사제도개혁을 중심으로」, 『행정논총』, 37(1), 서울대학교 행정대학원, 1999.

______, 「위임입법의 한계에 관한 연구」(김철용 · 송석윤과 공저), 헌법재판소 1996년도 연구용역과제.
______, 「인혁당 재건위원회 사건과 법관의 위법행위에 대한 국가배상 책임」, *JURIST,* 2002.
______, 「자치사무에 대한 중앙정부의 감사권의 한계」, 『공법연구』 제38집 제1호, 291-310, 한국공법학회, 2009.
______, 「자치입법권의 범위와 한계」, 『자치의정』(한국지방의회발전연구원) 통권 제2호, 1998.9.-10.
______, 「재산권보장과 손실보상의 근거」, 『행정논총』 제33권 제2호, 1995.
______, 「재산권침해와 손실보상의 근거: 학설과 판례의 재검토」, 『감정평가론집』(한국감정평가협회) 제6권, 1996.
______, 「정부투자기관의 부정당업자제재통보의 법적 성질」, 『행정법연구』(행정법이론실무연구회), 1999 하반기.
______, 「정책수단에 대한 법적 접근」, 『행정논총』 제47권 제1호, 1-20, 서울대학교 한국행정연구소, 2009.
______, 「지적등록사항 정정신청반려행위의 처분성」, 『법제』(법제처), 1999.12.
______, 「직무상 불법행위에 대한 공무원 개인의 손해배상책임」, 『행정논총』 제34권 제1호, 1996.
______, 「취소소송의 소송물, 처분이유 제시와 처분사유 추가 · 변경에 대한 고찰」, 김철용 편, 『행정절차와 행정소송』, 피앤씨미디어. 2017.
______, 「프랑스월권소송에 있어서 취소사유에 관한 연구」, 서울대학교 대학원 법학석사학위논문, 1982.
______, 「한국행정법학의 반성」, 『법과 사회』 제56호, 2017.12.
______, 「행정법상 불확정법개념과 판단여지의 한계」, 『행정논총』 제33권 제1호, 1995.
______, 「행정법 50년과 행정구제법」, 『헌정 50년과 2000년의 과제』(아세아 · 태평양 공법학회 1998년 학술대회자료집), 1998.7.14.
______, 「행정심판의 청구인적격」, 『공법학의 제문제』(현재김영훈박사화갑기념논문집), 법문사, 1995.
______, 「행정입법에 대한 국회의 통제」, 『공법연구』 제32집 제5호(한국공법학회), 2004.
______, 「행정절차법상 계획확정절차 도입의 필요성」, 『토지보상법연구』, 한국토지보상법연구회, 2014.2.
______, 「행정절차법상 처분기준 설정 공표와 방송법상 최다액출자자 변경승인절차」, 『공법연구』 제37집 제5호, 한국공법학회, 2009.
______, 「행정절차법상 처분기준의 설정 · 공표」, 『고시계』, 1997.7.
______, 「행정절차법상 처분기준 설정 · 공표와 합의제 행정청의 행정절차」, 『행정법연구』 제20호, 행정법이론실무학회 2008.4.
______, 「행정절차와 행정소송의 연계와 분리: 처분이유제시 제도와 처분사유 추가 · 변경 법리」, 『공법연구』 44권 2호(한국공법학회), 2015.12.
______, 「행정행위 무효이론의 재검토」, 『행정논총』(서울대학교 행정대학원) 36(1), 1998.
______, 「행정행위하자의 치유」, 『행정작용법』(중범김동희교수정년퇴임기념논문집), 2005.
______, 「허가양수인의 원고적격: 대법원 2003.7.11. 선고 2001두6289 판결」, 『행정판례평선』(행정판례연구회 편), 박영사, 2011.
______, 「헌법재판과 행정법」, 『헌법논총』 제19집(헌법재판소 창립 제20주년 특집호), 2008.12.

______, 「환경영향평가에 대한 행정소송의 법적 쟁점」, 『행정법연구』 제28호(행정법이론실무학회), 2010 하반기.
______, 「효력기간이 경과된 제재적 처분에 대한 취소소송과 소의 이익」, 『행정법연구』, 1997 상반기.
홍준형・김정희, 「공정거래법상 동의명령제 도입방안에 관한 연구」, 『기업법연구』 제21권 제4호, 2008.
홍준형 등, 「행정절차제도 운영현황 평가 및 발전방안 모색」, 연구보고서, 서울대학교, 2006.
황해봉, 「행정심판사건에 있어서의 신뢰보호 원칙의 적용례」, 『법제』, 2000.1.

국외 문헌

阿部泰隆, 『國家補償法』, 有斐閣, 1988.
今村成和, 『國家補償法』, 有斐閣, 1957.
______, 『行政法入門』(第3版), 有斐閣, 1986.
古崎慶長, 『國家賠償法, 有斐閣, 1971.
______, 「營造物の管理の瑕疵の意義」, 『行政法の爭點』(新版), ジュリスト 增刊, 168, 有斐閣, 1990.
室井 力, 「形式的行政處分について」, 『公法の原理(下)』 I, 田中二郎先生古稀記念, 1977.
塩野 宏, 『行政法 I』, 有斐閣, 1992.
______, 『行政法 II』, 有斐閣, 1992.
______, 서원우・오세탁 공역, 『日本行政法論』, 법문사, 1996.
芝池義一, 「『行政手續法』の檢討」, 『公法研究』 56号.
______, 『行政法總論講義』(第2版), 有斐閣, 1996.
下山瑛二, 『國家補償法』, 現代法学全集, 筑摩書房, 1973.
杉本, 「行政事件訴訟法の解說」, 『法曹時報』 1963.3.
高田 敏(編著), 『行政法』(改訂版), 有斐閣, 1994.
成田賴明 編, 『ジュリスト 增刊 行政法の爭點』(新版), 有斐閣, 1990.
原田尙彦, 『行政法要論』, 学陽書房, 1984.
藤田宙靖, 『新版行政法 I(總論)』, 青林書院, 1986.
植村榮治, 『米國公務員の不法行爲責任』, 有斐閣, 1991.
山內一夫, 「費用負擔者」, 『行政判例百選(II)』, 別冊 ジュリスト 第62號.
稻葉馨, 『公權力の行使にかかわる賠償責任』, 現代行政法大系 6, 1983.
秋山義昭, 「賠償責任と費用負擔者」, 『行政法の爭點』, 1990.
東京地判 1971.10.11, 『判例時報』 644號.
札幌地判 1971.12.24, 『判例時報』 653號.
最高裁 1955.4.19(『民集』 9・534); 『行政判例百選 II』, 138; 1978.10.20.(『民集』 32・1367).
鈴木庸夫, 『當事者訴訟』, 現代行政法大系 5(行政爭訟 II), 1984.
高木 光, 「公法上の當事者訴訟」, ジュリスト 增刊 『行政法の爭點』, 有斐閣, 1990.
金澤良雄, 『經濟法』, 有斐閣, 1980.

宇賀克也,『行政手續法の解說』, 學陽書房, 1994.

佐藤英善 編,『行政手續法』, 三省堂, 1994.

西埜 章,『國家賠償責任と違法性』, 一粒社, 1987.

小高剛,『公務員個人の責任』, 現代損害賠償法講座 6, 日本評論社, 1974.

美濃部達吉,『日本行政法上卷』, 有斐閣, 1936.

田中二郎,「國家賠償法について」,『田中・行政上の損害賠償及び損失補償』, 酒井書店, 1954.

厚生省環境衛生局食品衛生課法令研究會 編,『早わり食品衛生法』, 日本食品衛生協會 刊, 1979.

山田 晟,『ドイツ法律用語辭典』, 1982.

南博方, 原田尙彦・田村悅一,『行政法』, 1988.

Achterberg, N., *DVBl*, 1981.

Appel, Ivo, "Das Verwaltungsrecht zwischen klassischem dogmatischen Verständnis und steuerungswissenschaftlichem Anspruch," *VVDStRL* 67, 2008.

Arnim, Hans Herbert von, *Rechtsfragen der Privatisierung. Grenzen staatlicher Wirtschaftstätigkeit und Privatisierungsgebote*, Karl-Bräuer-Institut des Bundes der Steuerzahler, Wiesbaden, 1995.

American Bar Association, "ABA Resolution adopted by the House of Delegates," August 12-13, 1991 (Report No.109C).

______, "Section of Administrative Law and Regulatory Practice," Report to the House of Delegates, Recommendation, 1990.

Axelrod, Robert, *The Evolution of Cooperation* (Revised ed.), Perseus Books Group, 2006.

Bachof, O., "Die Dogmatik des Verwaltungsrechts vor den Gegenwartsaufgaben der Verwaltung," in: *VVDStRL* 30, 1972.

______, "Diskussionsbeitrag," in: *Die öffentliche Verwaltung zwischen Gesetzgebung und richterlicher Kontrolle*, 1985.

Bachof u.a., *JZ*, 1953.

Badura, P., "Das Verwaltungsverfahren," in: Hans-Uwe Erichsen und Wolfgang Martens, *Allgemeines Verwaltungsrecht*, 9.Aufl., 1992.

______, *Das Verwaltungsrecht des liberalen Rechtsstaates*, Göttingen, 1967.

______, "Wirtschaftsverwaltungsrecht," in: Ingo v. Münch und E. Schmidt-Aßmann (Hrsg.), *Besonderes Verwaltungsrecht*, 9.Aufl., 1992.

Baer, Susanne, "Verwaltungsaufgaben," in: Wolfgang Hoffmann-Riem, Eberhard Schmidt-Aßmann und Andreas Voßkuhle (Hrsg.), *Grundlagen des Verwaltungsrechts* (*GVwR*) I, Verlag C.H. Beck, 2006.

Bansch, Frank, "Die Beleihung als verfassungsrechtliches Problem: Zur Zulässigkeit einer Übertragung hoheitlicher Befugnisse auf Private nach dem Grundgesetz," Frankfurt am Main 1973

(Dissertation).

Barnes, Javier, "Transforming Administrative Procedure: Towards a third generation of administrative procedures," Workshop on Comparative Administrative Law, Yale Law School, May 7-9, 2009 (http://www.law.yale.edu/documents/pdf/CompAdminLaw/Javier_Barnes_CompAdLaw_paper_(rev).pdf).

Barbey, Günther, "Bemerkung zum Streitgegenstand im Verwaltungsprozeß," in: *FS für C.F. Menger*, 1985.

Barnes, Javier, "Transforming Administrative Procedure: Towards a third generation of administrative procedures," *Workshop on Comparative Administrative Law*, Yale Law School, May 7-9, 2009(http://www.law.yale.edu/documents/pdf/CompAdminLaw/Javier_Barnes_CompAdLaw_paper_(rev).pdf).

Bauer, H., *Geschichtliche Grundlage der Lehre vom subjektiven öffentlichen Recht*, Augusburger Dissertation, 1986.

______, *Geschichtliche Grundlage der Lehre vom subjektiven öffentlichen Recht*, Duncker & Humblot, 1986.

______, "Zur notwendigen Entwicklung eines Verwaltungsrechtskooperationsrechts – Statement," in: G.F. Schuppert (Hrsg.), *Jenseits von Privatisierung und „schlankem" Staat. Verantwortungsteilung als Schlüsselbegriff eines sich verändernden Verhältnisses von öffentlichem und privatem Sektor*, Baden-Baden, 1999.

Baumgärtel, G., "Zur Lehre vom Streitgegenstand," *JuS*, 1974.

Becker, Florian, "Kooperative und konsensuale Strukturen in der Normsetzung," *Jus Publicum* 129, Mohr Siebeck, 2005.

Becker, Jürgen, "Öffentliche Unternehmen als Gegenstand des Wirtschaftsverwaltungsrechts," *DÖV*, 1984.

Bender, B., *Staatshaftungsrecht*, 2.Aufl., 1974.

Bettermann, K.A., *DVBl*, 1953.

______, *DÖV*, 1955.

Bettermann, in: Karl August Bettermann, Hans Carl Nipperdey, und Ulrich Scheuner (Hrsg.), *Die Grundrechte: Handbuch der Theorie und Praxis der Grundrechte* III/2, Duncker & Humblot, 1958.

Bickel, H., *DÖV*, 1981, 585; 1984.

Birgit Schmidt am Busch, "Die Beleihung: Ein Rechtsinstitut im Wandel," in: *DÖV* 2007, 60. Jg., Bd.2, H.13.

Bornkamm, Joachim, "Die Verpflichtungszusage nach § 32 b GWB: Ein neues Instrument im deutschen Kartellverwaltungsverfahren," in: Herausgegeben von Ingo Brinker, Dieter H.

Scheuing, und Kurt Stockmann, *Recht und Wettbewerb. Festschrift für Rainer Bechtold zum 65. Geburtstag*, C.H. Beck, 2006.

Boston, J., Martin, J., Pallot, J., & Walsh, P., *Public Management: The New Zealand Model*, Oxford University Press, 1996.

Braun, J., *Die präjudizielle Wirkung bestandskräftiger Verwaltungsakte*, 1982.

Briggs, Asa, "Local, Regional, National: The Historical Dimensions of Public Authority," in: Adolf M. Birke und Magnus Brechtken (Hrsg.), *Kommunale Selbstverwaltung/Local Self-Government*, Saur, 1996.

Bryce, James, *Modern Democracies*, vol. 1, Macmillan, 1923.

Bühler, Ottmar, *Die subjektiven öffentlichen Rechte und ihr Schutz in der deutschen Verwaltungsrechtsprechung*, Kohlhammer, 1914.

_____, "Altes und neues über Begriff und Bedeutung der subjektiven öffentlichen Rechte," in: Otto Bachhof u.a. (Hrsg.), *Gedächtnisschrift für Walter Jellinek*, Mohr Siebeck, 1955.

Bull, Hans P., *Die Staatsaufgaben nach dem Grundgesetz*, 2.Aufl., C.F. Müller, 1977.

Bull, Hans P. und Mehde, Veith, *Allgemeines Verwaltungsrecht mit Verwaltungslehre*, 7.Aufl., C.F. Müller, 2005.

Bundesgesetzblatt Jahrgang 2013 Teil I Nr. 26, ausgegeben zu Bonn am 6. Juni 2013 (http://npl.ly.gov.tw/pdf/8258.pdf; 1388).

Burgi, Martin, *Funktionale Privatisierung und Verwaltungshilfe. Staatsaufgabendogmatik Phänomenologie-Verfassungsrecht*, Tübingen, 1999.

_____, "Verwaltungsorganisationsrecht," in: Hans Uwe Erichsen und Dirk Ehlers (Hrsg.), *Allgemeines Verwaltungsrecht*, 12.Aufl., De Gruyter Recht, 2002.

Cancik, Pascale, "Beschleunigung oder Re-Arkanisierung? Die geplanten Einschränkungen der Erörterung im Planfeststellungsverfahren"(2006년 5월 31일 프랑크푸르트대학교 법과대학 교수자격논문의 요약논문).

C.E. Sect. 1963.4.26., Centre hospitalier régional de Besançon, Rec.243, concl. Chardeau: Gr.Ar. Gr.Ar. n°83, 28 Juill.1951, Laruelle et Delville.

Constantinesco, L.-J., *Traité de droit comparé*, t. II, *La méthode comparative*. Revue internationale de droit comparé Volume 27 Numéro 1, 1975 (*Rechtsvergleichung*, Bd. 2: *Die rechtsvergleichende Methode*, Köln, Heymann, 1972).

Creifelds, Carl u.a., *Rechtswürterbuch*, 7.Aufl., C.H. Beck, 1983.

Dagtoglou, Prodomos, in: Rudolf Dolzer, Klaus Vogel, und Karin Graßhof (Hrsg.), *Bonner Kommentar*, 1950, Art.34 Rn.348.

Detterbeck, S., "Salvatorische Entschädigungsklauseln vor dem Hintergrund der Eigentums- dogmatik des Bundesverfassungsgerichts," *DÖV*, 1994.

Doig, Alan & Wilson, John, "What Price New Public Management?," *Political Quarterly*, July-Sep. 1998, v.69 n.3.

Dose, Nicolai, "Ursachen für langandauernde Genehmigungsverfahren," in: ders./Bernd Holznagel und Volker Weber, *Beschleunigung von Genehmigungsverfahren. Vorschläge zur Verbesserung des Industriestandorts Deutschland*, Bonn 1995.

Dreier, in: ders. (Hrsg.), *Grundgesetz-Kommentar*, Bd.2, 1998, Art.28.

Dürig, VVDStRL 37, 1979.

Efstration, Pavlos-Michael, *Die Bestandskraft des öffentlich-rechtlichen Vertrages*, 1988.

Ehlers, D., *Die Verwaltung* (*DV*) 20, 1987.

_____, *VVDStRL* 51, 1992.

Engelhardt, H., "Rechtsprechungsübersicht: Die neueste Entwicklung der Rechtsprechung zum Staatshaftungsrecht," *NVwZ*, 1985.

Erichsen, Ehlers, "Das Bundesverwaltungsgericht und die Verwaltungsrechtswissenschaft," *DVBl*, 1978.

_____ (Hrsg.), *Allgemeines Verwaltungsrecht*, 12.Aufl., Walter de Gruyter Recht, 2002.

Erichsen, Hans-Uwe und Martens, Wolfgang, *Allgemeines Verwaltungsrecht*, De Gruyter, 1979. (9.Aufl., 1992)

Erichsen, H.-U. und Knoke, U., "Bestandskraft von Verwaltungsakten," *NVwZ*, 1983.

"Executive Office of the President, Office of Management and Budget, Review Draft Electronic FOIA Principle" (Memorandum for Interested Parties from Bruche McConnell, Government Information Working Group, Information Policy Committee, Information Infrastructure Task Force), November 18, 1994.

Eyermann, Erich und Fröhler, Ludwig (EF), *Verwaltungsgerichtsordnung*, 10.Aufl., 1998.

Fehling, Michael, "Reform der Bürgerbeteiligung für die Planfeststellung von Infrastrukturvorhaben," *Bucerius Law Journal*, Heft 3/2012.

Finger, Thorsten, "Polizeiliche Standardmaßnahmen und ihre zwangsweise Durchsetzung: Rechtsnatur, Rechtsgrundlage und Rechtsschutz am Beispiel der Ingewahrsamnahme," *JuS*, 2005.

Forsthoff, E., *Lehrbuch des Verwaltungsrechts*, 10.Aufl., 1973.

Friauf, K.H., "Polizei-und Ordnungsrecht," in: Eberhard E. Schmidt-Aßmann (Hrsg.), *Besonderes Verwaltungsrecht*, 10.Aufl., 1995.

Fromont, M., "Staatshaftungsrecht in Frankreich," *DÖV*, 1982.

Fujita, Tokiyasu, "Streitvermeidung und Streiterledigung durch informelles Verwaltungshandeln in Japan," *NVwZ*, 1994.

George, Philipe, *Droit public*, 4e éd., 1982.

Gierth, Karl, "Klagebefugnis und Popularklage," *DÖV*, 1980.

Glaeser, W.S., in: Soergel/Siebert, BGB, §839 Rn.149 (Stand: 1985).

______, *Verwaltungsprozeßrecht*, 11.Aufl., 1992/ 14.Aufl., Boorberg, 1997.

Götz, Volkmar, *Allgemeines Polizei- und Ordnungsrecht*, 14.Aufl., Vandenhoeck & Ruprecht, 2008.

______, *Allgemeines Verwaltungsrecht*, 3.Aufl., 1985/ 4.Aufl., 1997, C.H. Beck.

______, "Diskussionsbeitrag," in: Volkmar Götz, Hans Hugo Klein, Christian Starck (Hrsg.), *Die öffentliche Verwaltung zwischen Gesetzgebung und richterlicher Kontrolle*, 1985.

Goldschmidt, H., *Reichs-Wirtschaftsrecht*, 1923.

Grünberg, M., "Die Haftung für Amtspflichtverletzungen gegenüber Dritten bei Zusammenarbeit von Leistungsträgern gemäß" §§ 88ff. SGB X, *NVwZ*, 1990.

Grünbuch zur Innovation der Europäischen Kommission (Bulletin der EU, Beil. 5/95) Zur Vereinfachung und Beschleunigung von Zulassungsverfahren für Verkehrsprojekte Stellungnahme zum Gesetzesantrag (BR-Drs. 94/06), Positionpapier Nr. 64 v. Akademie für Raumforschung und Landesplanung (ARL), 2006.2.(http://www.arl-net.de/news/ PosPaper_64.pdf).

Grunsky, W., in: *Münchener Kommentar zum BGB*, Vorb.

Haarmann, Eva Maria, "Die Figur der Verpflichtungszusage als geeignetes Instrument des Europäischen Wettbewerbsrechts unter besonderer Berücksichtigung der Fusionskontrolle," Diss. Freiburg 2004/2005.

Hedemann, J.W., *Reichsgericht und Wirtschaftsrecht*, Gustav Fischer, 1929.

Hermes, G., "Entschädigung und Vorrang verwaltungsgerichtlichen Rechtsschutzes: Zum enteignungsglieichen Eingriff und salvatorischen Entschädigungsklauseln im Denkmalrecht," *NVwZ*, 1990.

Hien, Eckart, "Stellungnahme im Verkehrsausschuß am 17.5.2006," *ADrs.* 16 (15).

Hahn, E.J., *Rudolf von Gneist 1816–1895*, Verlag Vittorio Klosterman, 1995.

Hill, Hermann, "Normkonkretisierende Verwaltungsvorschriften," *NVwZ*, 1989.

______, "Verwaltungskommunikation und Verwaltungsverfahren unter europäischem Einfluß," in: ders./Rainer Pitschas (Hrsg.), *Europäisches Verwaltungsverfahrensrecht*, Berlin 2004.

Hill, Hermann und Pitschas, Rainer (Hrsg.), *Europäisches Verwaltungsverfahrensrecht*, Berlin, 2004.

Hoffmann-Riem, W., Schmidt-Aßmann, E., und Voßkuhle, A. (Hrsg.), *Grundlagen des Verwaltungsrechts Bd. I: Methoden-Maßsäbe-Aufgaben-Organization* (*GVwR I*), C.H. Beck, 2006.

______, *Grundlagen des Verwaltungsrechts Band II: Informationsordnung, Verwaltungsverfahren, Handlungsformen*, C.H. Beck, 2008.

______, *Grundlagen des Verwaltungsrechts Band III: Personal, Finanzen, Kontrolle, Sanktionen, Staatliche Einstandspflichten*, C.H. Beck, 2009.

Hoffmann-Riem, Wolfgang, Schmidt-Aßmann, Eberhard, und Schuppert, Gunnar Folke (Hrsg.), *Reform des Allgemeinen Verwaltungsrechts*, 1993.

Hoffmann-Riem, Wolfgang und Rubbert, Susanne, *Atomrechtlicher Erörterungstermin und Öffentlickeit. Zum Verhältnis von Bürgerbeteiligung und Öffentlichkeit*, Heidelberg, 1984.

Hong, Joon Hyung, *Die Klage zur Durchsetzung von Vornahmepflichten der Verwaltung*, Schriften zum Prozeßrecht Bd.108, Duncker & Humblot Verlag, Berlin, 1992.

_____, "NPM as 'die hard' Legacy?: NPM Reform and Administrative Law in Korea," *Public Administration & Development*, Vol 33, Issue 4, 2013.

Hood, Christopher, "A Public Management for All Season," *Public Administration* 69, 1991.

_____, "The New Public Management in the 1980s: Variations on a theme," *Accounting, Organizations and Society*, 20(2), 1995.

Hoppe, W., "Planung," in: J. Isensee und P. Kirchhof, *Handbuch des Staatsrechts der Bundesrepublik Deutschland*, Bd.III, 1988.

Hoppe, W. und Otting, O., "Verwaltungsvorschriften als ausreichende Umsetzung von rechtlichen und technischen Vorgaben der Europäischen Union?," *NuR*, 1998.

Huber, E.R., *Deutsche Verfassungsgeschichte seit 1789*, Bd. IV, 1969.

Hufen, Friedlich, *DVBl*, 1988.

_____, *Verwaltungsprozessrecht*, 6.Aufl., 2005/ 7.Aufl., 2006, C.H. Beck.

Isenmann, Eberhard, *Die deutsche Stadt im Mittelalter*, 1988.

Jakobs, Rainer, *Staatshaftungsrecht*, C.H. Beck, 1982, Rn.220.

Jauernig, Othmar, *Zivilprozeßrecht*, 22.Aufl., München, 1988.

Jellinek, W., *Verwaltungsrecht*, 3.Aufl., 1948.

Kadelbach, Stefan, *Allgemeines Verwaltungsrecht unter europäischem Einfluß*, Tübingen, 1999.

Kahn, Richard, *Rechtsbegriff der Kriegswirtschaft. Ein Versuch der Grundlegung des Kriegswirtschaftsrechts*, München, 1918.

Kaiser, J.H., "Zur Vergleichung im Öffentlichen Recht, Einleitung," *ZaöRV* Bd.24, 1964.

_____ (Hrsg.), *Planung* III, Baden-Baden, 1968.

Kämmerer, Jörn A., *Privatisierung. Typologie - Determinanten - Rechtspraxis - Folgen*, Tübingen, 2001

Kaufmann, A. und Hassemer, W.(심헌섭 譯), 『현대법철학과 법이론의 근본문제』(*Grundprobleme der zeitgenössischen Rechtsphilosophie und Rechtstheorie*), 1971.

Kettl, Donald F., "The Global Revolution in Public Management: Driving Themes, Missing Links," *Journal of Policy Analysis and Management* 16, 1997.

Kielmansegg, Sebastian Graf, "Grundrechte im Näheverhältnis: Eine Untersuchung zur Dogmatik des Sonderstatusverhältnisses," *Jus Publicum, Beiträge zum Öffentlichen Recht* Bd. 217, Mohr Siebeck Tübingen, 2012.

Kirchmann, Julius H. von, *Die Werthlosigkeit der Jurisprudenz als Wissenschaft: Ein Vortrag, gehalten in der juristischen Gesellschaft zu Berlin, vom (Staats-Anwalt) v. Kirchmann Julius H.*, Berlin: Springer, 1848.

Klages, Helmut, "Verwaltungsmodernisierung: 'Harte' und 'Weiche' Aspekte," S*peyerer Forschungsbe-*

richte, 172, 1997.

Klein, Hans, "Rechtsqualität und Rechts Wirkung von Verwaltungsnormen," in: Ernst Forsthoff und Karl Doehring, *Festgabe für Ernst Forsthoff zum 65. Geburtstag*, Beck, 1967.

Knack, Hans J., *Verwaltungsverfahrensgesetz*, 4.Aufl., 1993.

Köckerbauer, H.P., "Rechtsgrundlagen und Haftungsumfang des Folgenbeseitigungsanspruchs," *JuS*, 1988.

König, Klaus, *Abfallwirtschaft. Gütertransportwirtschaft*, Gabler Verlag, 1996.

_____, "Verwaltungsmodernisierung im internationalen Vergleich," *DÖV*, 1997.

Kopp, F., *Verwaltungsverfahrensgesetz*, 5.Aufl., 1991.

_____, "Beteiligung, Rechts- und Rechtsschutzpositionen im Verwaltungsverfahren," in: *FS aus Anlaß des 25jährlichen Bestehens desBVerwG*, 1978.

_____, "Der für die Beurteilung der Sach- und Rechtslage maßgebliche Zeitpunkt bei verwaltungsgerichtlichen Anfechtungs- und Verpflichtungsklage," in: *FS für Menger*, 1985.

_____, *Kommentar zum VwGO*, 11.Aufl., C.H. Beck, 1998.

Kopp, F. und Ramsauer, U., *Verwaltungsverfahrensgesetz*, Kommentar, 9.Aufl., C.H. Beck, 2005.

Körber, Thomas, "Die erstmalige Anwendung der Verpflichtungszusage gemäßArt. 9 VO 1/2003 und die Zukunft der Zentralvermarktung von Medienrechten an der Fussballbundesliga," in: *Wettbewerb in Recht und Praxis*, 51 Heft 4, 2005.

Krumsiek, Rolf und Frenzen, Klaus Peter, "Beschleunigung von Planungs- und Genehmigungsverfahren," *DÖV*, 1995.

Kunig, Philip, "Das Recht des öffentlichen Dienstes," Eberhard Schmidt-Aßmann (Hrsg.), *Besonderes Verwaltungsrecht*, WdeG, 10.Aufl., 1995.

Lane, Jan-Erik, *The Public Sector: Concepts, Models and Approaches*, Sage, 1995.

Laubinger, H.-W., "Grundrechtsschutz durch Gestaltung des Verwaltungsverfahrens," *VerwArch*. Bd.73, 1982.

Lee, Won-Woo, *Privatisierung als Rechtsproblem*, Carl Heymanns Verlag, 1997.

Lehmann, H., "Grundlinien des deutschen Industrierechts," in: *FS f. E. Zitelmann*, 1913.

Löffler, Elke, "The Modernization of the Public Sector in an International Comparative Perspective: Concepts and Methods of Awarding and Assessing Quality in the Public Sector in OECD Countries," *Speyerer Forschungsberichte* 151, 2.Aufl., 1996.

Lüder, Klaus, "Triumph des Marktes im öffentlichen Sektor?," *DÖV*, 1996.

Lüke, G., "Streitgegenstand im Verwaltungsprozeß," *JuS*, 1967.

Luhmann, N., *Legitimation durch Verfahren*, 1969.

Lynn, Laurence E. Jr., "The New Public Management: How to Transform a Theme into a Legacy," *Public Administration Review*, May-June 1998, v.58 n.3.

Mänding, Heinrich, "Veröffentlichungen von Dietrich Fürst," in: Peter Pernthaler (Hrsg.), *Föderalistische Raumordnung: Eine europäische Herausforderung*, 1994.

Maor, Moshe, "The Paradox of Managerialism (Review)," *Public Administration Review*, Jan 1999, v.59 i.1.

Martens, J., "Streitgegenstand und Urteilsgegenstand der Anfechtungsklage," *DÖV*, 1964.

_____, Die Praxis des Verwaltungsprozesses, 1975.

_____, *JuS*, 1987.

Maurer, Hartmut, *Allgemeines Verwaltungsrecht*, 11.Aufl., C.H. Beck, 1997 (17.Aufl., 2009).

_____, "*Der Verwaltungsvertrag: Probleme und Möglichkeiten*," *DVBl*, 1989.

Mayer, Otto, *Deutsches Verwaltungsrecht*, Bd.I, 1.Aufl. 1895/3.Aufl., 1924 (unveränderter Nachdruck 1969).

Menger, C.F., "System des verwaltungsgerichtlichen Rechtsschutzes," *Eine verwaltungsrechtliche und prozeßvergleichende Studie*, 1954.

Meyer, Hans und Borgs-Maciejewski, Hermann, *Verwaltungsverfahrensgesetz* (*VwVfG*), 2.Aufl., 1982.

Meyer-Teschendorf, Klaus und Hofmann, Hans, "Zwischenergebnisse des Sachverständigenrats Schlanker Staat," *DÖV*, 1997.

Mincke, W., "Eine vergleichende Rechtswissenschaft," *Zeitschrift für rechtsvergleichende Rechtswissenschaft* 83, 1984.

Möllers, Christoph, "Methoden," in: Wolfgang Hoffmann-Riem, Eberhard Schmidt-Aßmann, und Andreas Voßkuhle (Hrsg.), *Grundlagen des Verwaltungsrechts* (*GVwR*), Bd. I, 2006, Verlag C.H. Beck.

Münch, Ingo von, "Verwaltung und Verwaltungsrecht im demokratischen und sozialen Rechtsstaat," in: Peter Badura, Fritz Ossenbühl, Hans-Uwe Erichsen, Ingo von Münch, und Wolfgang Martens (Hrsg.), *Allgemeines Verwaltungsrecht*, de Gruyter, 1986.

Niese, W., "Über den Streitgegenstand der Anfechtungs- und Vornahmeklagen im Verwaltungsprozeß," *JZ* (*JuristenZeitung*), 1952.

Nussbaum, A., *Das neue deutsche Wirtschaftsrecht*, 1920, 2.Aufl., J. Springer, 1922.

OECD, *Public Management Developments - Survey*, Paris, 1993.

Obermayer, Klaus, "Verwaltungsrecht im Wandel," *NJW*, 1987.

_____, *JuS*, 1963.

Osborne, D. & Gaebler, T., *Reinventing Government: How the Entrepreneurial Spirit Is Transforming Government, Reading*, MA: Addison-Wesley, 1992.

Ossenbühl, Fritz, "Verwaltungsverfahren zwischen Verwaltungseffizienz und Rechtsschutzauftrag," *NVwZ*, 1982.

_____, "Die Handlungsformen der Verwaltung," *JuS*, 1979.

_____, "Die Quellen des Verwaltungsrechts," in: H.-U. Erichsen und W. Martens (Hrsg.), *Allgemeines Verwaltungsrecht*, 1979.

_____, *Staatshaftungsrecht*, 4.Aufl., C.H. Beck'sche Verlagsbuchhandlung, München, 1991.

Osterloch, Lerke und Bauer, Hartmut, "Privatisierung von Verwaltungsaufgaben," *VVDStRL* H.54 1995.

OVG Münster, *NJW*, 1954.

Papier, H.-J., in: *Münch Komm*, *BGB*, 2.Aufl., § 839.

_____, "Rechtsschutzgarantie gegen die öffentliche Gewalt," *HStR* Bd.VI, 1989.

Peine, Franz-Joseph, *Allgemeines Verwaltungsrecht*, 11.Aufl., 2014.

Peters, B. Guy, *The Future of Governing: Four Emerging Models,* Lawrence, KS: University Press of Kansas, 1996.

Piepenbrock, R., *Der Gedanke eines Wirtschaftsrechts in der neuzeitlichen Literatur bis zum Ende des Ersten Weltkrieges*, 1964.

Pieroth, Bodo, Schlink, Bernhard, und Kniesel, Michael, *Polizei- und Ordnungsrecht mit Versammlungsrecht*, C.H. Beck, 2016.

Pietzcker, J., "Der Anspruch auf ermessensfehlerfreie Entscheidung," *JuS*, 1982.

_____, "Die Salvatorische Entschädigungsklausel," *JuS*, 1991.

Pietzner/Ronellenfitsch, *Das Assessorexamen im Öffentlichen Recht*, 7.Aufl., 1991.

Pünder, Hermann, "Zur Verbindlichkeit der Kontrakte zwischen Politik und Verwaltung im Rahmen des Neuen Steuerungsmodells," *DÖV*, 1998.

Radbruch, Gustav, "Über die Methode der Rechtsvergleichung," *MKSR* 2, 1905/1906.

Ramsauer, U., *Die Assessorprüfung im Öffentlichen Recht*, 3.Aufl., C.H. Beck, 1995.

Reich, N., *Markt und Recht*, 1977.

Ress, G., *Die Entscheidungsbefugnis in der Verwaltungsgerichtsbarkeit: Eine rechtsvergleichende Studie zum österreichischen und deutschen Recht*, Springer, 1968.

Reulecke, Jürgen, "Selbstverwaltung in Deutschland im 19. Jh. Ein Überblick," in: Adolf M. Birke und Magnus Brechtken (Hrsg.), *Kommunale Selbstverwaltung/Local Self-Government*, Saur, 1996.

Richter, Ingo und Schuppert, Gunnar Folke, *Casebook Verwaltungsrecht*, C.H. Beck, 1991.

Rinck, G., *Begriff und Prinzipien des Wirtschaftsrechts*, Metzner, 1971.

Rittner, F., *Wirtschaftsrecht*, StaatL 8, 1963.

Rivero, J., *Droit administratif*, 13e éd., Dalloz, 1990.

Rivero, Jean et Waline, Jean, *Droit administratif*, Précis Dalloz, 1994.

Ronellenfitsch, *VerwArch*. Bd.73, 1982.

Rosenberg, Leo und Schwab, Karl Heinz, *Zivilprozeßrecht*, 14.Aufl., 1986.

Rosenbloom, David. H., *Public Administration and Law*, Marcel Dekker, Inc., 1983.

Rosenbloom. David. H. and Carroll, James D., *Toward Constitutional Competence: A Casebook for Public Administrator*, Prentice Hall, 1990.

Rosenbloom, David H. and Schwartz, Richard D. (eds.), *Handbook of Regulation and Administrative Law*, Marcel Dekker, Inc., 1994.

Rösslein, Thomas, *Der Folgenbeseitigungsanspruch*, Duncker & Humblot, 1968.

Rüfner, Wolfgang, "Sechster Teil. Das Recht der öffentlich-rechtlichen Schadensersatzund Entschädigungsleistungen," in: Hans-Uwe Erichsen und Wolfgang Martens, *Allgemeines Verwaltungsrecht*, 10.Aufl., De Gruyter, 1995.

Rupp, H.H., "Bemerkungen zum verfahrensfehlerhaften Verwaltungsakt," in: *F.S. für O. Bachof*, 1984, S.151ff.

_____, *NJW*, 1982.

Saupin, G., *Le pouvoir urbain dans l'Europe atlantique du XVIe au XVIIIe siècle*, 2002.

Savigny, Friedrich Carl von, *System des heutigen Römischen Rechts*, Bd.III, 1840.

Savoie, Donald, *Thatcher, Reagan, Mulroney: In Search of Bureaucracy*, Pittsburgh, PA: University of Pittsburgh Press, 1994.

Scharpf, Fritz W., *Die politischen Kosten des Rechtsstaates*, Mohr Siebeck, 1970.

Schatz, H., "Wettbewerbsfähigkeit des Standortes Deutschland- Vereinfachung und Beschleunigung von Planungs- und Genehmigungsverfahren," *Vortragsmanuskript, 3. Treffen der Kieler Doctores Iuris*, Mai 1995.

Schenke, W.-R., "Probleme der modernen Leistungsverwaltung," *DÖV*, 1989.

_____, *NVwZ*, 1988.

_____, *Verwaltungsprozessrecht*, 12.Aufl., 2009.

Schmalz, D., *Allgemeines Verwaltungsrecht und Verwaltungsrechtsschutz*, 1985.

Schmidt am Busch, Birgit, "Die Beleihung: Ein Rechtsinstitut im Wandel," in: *DÖV*. 60. Jg., Bd. 2, H. 13.

Schmidt-Aßmann, Eberhard, *Das allgemeine Verwaltungsrecht als Ordnungsidee*, 2.Aufl., 2006.

_____, "Institute gestufter Verwaltungsverfahren: Vorbescheid und Teilgenehmigung," in: *Verwaltungsrecht zwischen Freiheit, Teilhabe und Bindung, FS aus Anlaß des 25jährlichen Bestehens des BVerwG*, 1978.

_____, "Kommunalrecht," in: *Besonderes Verwaltungsrecht*, 14.Aufl., 2008.

_____, "Rechtsformen des Verwaltungshandelns," *DVBl*, 1989.

_____, "Zur Reform des Allgemeinen Verwaltungsrechts: Reformbedarf und Reformansätze," in: Wolfgang Hoffmann-Riem (Hrsg.), *Reform des allgemeinen Verwaltungsrechts: Grundfragen*, Baden-Bdaen, 1993.

Schmidt-Aßmann, Eberhard und Hoffmann-Riem, Wolfgang (Hrsg.), *Verwaltungskontrolle*, 2001.

_____(Hrsg.), *Methoden der Verwaltungsrechtswissenschaft,* 2004.

Schmidt-Aßmann, Eberhard und Schoch, Friedrich (Hrsg.), *Besonderes Verwaltungsrecht*, 14.Aufl., De Gruyter Recht, Berlin, 2008.

Schmidt-Aßmann, Eberhard und Krebs, Walter, *Städtebauliche Verträge*, 1988.

Schmidt, Reiner, "Wirtschaftspolitik, Wirtschaftsverwaltungsorganisation, Wirtschaftsförderung," in: von Norbert Achterberg (Hrsg.), *Besonderes Verwaltungsrecht* Bd.I., Müller, 1990.

Schmitz, Heribert, "Schlanker Staat durch Planungs- und Genehmigungsverfahren," *Vortrag Bad Wiessee*, 20 Januar 1997: Kooperationstagung Hanns-Seidel-Stiftung mit dem Landkreistag Rheinland-Pfalz (http://www.schmitz-www.de/ SiteH1.data/Komponenten/ vwvfg 1997.pdf).

Schoch, F., "Polizei- und Ordnungsrecht," in: E. Schmidt-Aßmann und F. Schoch (Hrsg.), *Besonderes Verwaltungsrecht*, 14.Aufl., De Gruyter, 2008.

_____, *Übungen im Öffentlichen Recht II: Verwaltungsrecht und Verwaltungsprozeßrecht*, Gruyter, 1992.

Schoch, F., Schmidt-Aßmann, E., und Pietzner, R. (Hrsg.), *Verwaltungsgerichtsordnung*, 2008.

Scholz, R., *NVwZ*, 1982.

_____, *VVDStRL* 34, 1976.

Schultze-Fielitz, Helmuth, "Grundmodi der Aufgabenwahrnehmung," in: Wolfgang Hoffmann-Riem, Eberhard Schmidt-Aßmann, und Andreas Voßkuhle (Hrsg.), *Grundlagen des Verwaltungsrechts* (*GVwR*) I, 2006.

Schuppert, G.F., "Self-restraint der Rechtsprechung," *DVBl*, 1988.

Schwab, Karl H. und Gottwald, Peter, *Verfassung und Zivilprozeß*, E u. W Gieseking, 1984.

Sieber, Ulrich, "Informationsrecht und Recht der Informationstechnik," *NJW*, 1989.

Skouris, Wassilios, *Verletztenklagen und Interessenklagen im Verwaltungsprozeß*, Hamburger Habilitation, 1978.

Soria, José Martínez, "§ 36 Kommunale Selbstverwaltung im europäischen Vergleich," in: Thomas Mann und Günter Püttner (Hrsg.), *Handbuch der kommunalen Wissenschaft und Praxis*, 3.Aufl., Band 1 Grundlagen und Kommunalverfassung, 2007.

Stein, Lorenz von, *Handbuch der Verwaltungslehre*, 3.Aufl., 1888, Bd.1.

Stein, E., *Staatsrecht*, 11.Aufl., Tübingen, 1989.

Steiner, Udo, "Die allgemeine Leistungsklage im Verwaltungsprozeß," *JuS*, 1984.

_____, "Öffentliche Verwaltung durch Private," *DÖV*, 1970.

_____, *Öffentliche Verwaltung durch Private: Allgemeine Lehren*, CF Müller, 1975.

Stelkens, P., *Verwaltungsverfahren*, 1991.

Stelkens, Paul, Bonk, Joachim, und Leonhardt, Klaus Stern, *VwVfG Kommentar*, 3.Aufl., 1983.

Stern, Klaus, *Verwaltungsprozessuale Probleme in der öffentlichrechtlichen Arbeit*, 5.Aufl., 1981.

Stettner, Rupert, *Grundfragen einer Kompetenzlehre*, Duncker & Humblot, 1983.

Stober, Rolf, *Allgemeines Wirtschaftsverwaltungsrecht*, 18.Aufl., Kohlhammer, 2014.

Stüer, Bernhard, Die Zukunftsfähigkeit des straßenrechtlichen Planfeststellungsverfahrens – Forschungsseminar des Arbeitsausschusses Straßenrecht und der Universität Bonn –, http://www.jura.uni-bonn.de/fileadmin/Fachbereich_Rechtswissenschaft/Einrichtungen/Lehrstuehle/Oerecht1/AK_Strassenrecht/dvbl2209_-_Bericht_von_Prof._Dr._Stueer__Forschungsseminar_2009.pdf.

Terry, Larry D., "Administrative Leadership, Neo-managerialism, and the Public Management Movement (Symposium: Leadership,, Democracy, and the New Public Management)," in: *Public Administration Review*, May-June 1998, v.58 n.3.

Thomas, H. und Putzo, H., *Zivilprozeßordnung mit Gerichtsverfassungsgesetz*, 16.Aufl., 1990.

Turiaux, André, "Das neue Umweltinformationsgesetz," *NJW*, 1994.

Ule, C.H., "Das besondere Gewaltverhältnis," *VVDStRL* 15, 1957.

_____, "Rechtsstaat und Verwaltung," *VerwArch' 76*, 1985.

_____, *Verwaltungsprozeßrecht: Ein Studienbuch*, 8.Aufl., Beck, 1983.

_____, "Verwaltungsreform als Verfassungsvollzug," in: *Recht im Wandel*, 1965.

_____, "Zur Anwendung unbestimmter Rechtsbegriffe im Verwaltungsrecht," *Gedächtnisschrift für W. Jellinek*, 1955.

Ule, Herrmann und Laubinger, Hans-Werner, *Verwaltungsverfahrensrecht*, § 48 II.

Unabhängiges Institut für Umweltfragen e.V., Stellungnahme vom 24. Oktober 2013 (Michael Zschiesche, recht@ufu.de) in Abstimmung mit dem Naturschutzbund Deutschland (NABU), dem Bund für Umwelt und Naturschutz Deutschland (BUND) sowie dem Deutschen Naturschutzring (DNR) zum nationalen Fortschrittsbericht Umsetzung Aarhus-Konvention 2013.

UN/ECE-Konvention über den Zugang zu Informationen, die Öffentlichkeitsbeteiligung an Entscheidungsverfahren und den Zugang zu Gerichten in Umweltangelegenheiten vom Mai 1998.

Vaughn, Robert, *Public Information Law & Policy*, Spring, 1995.

Voßkuhle, Andreas, "Neue Verwaltunsrechtswissenschaft," in: Wolfgang Hoffmann-Riem, Eberhard Schmidt-Aßmann, und Andreas Voßkuhle (Hrsg.), *Grundlagen des Verwaltungsrechts* Bd. Ⅰ, Verlag C.H. Beck, 2006.

Wahl, Rainer, "Verwaltungsverfahren zwischen Verwaltungseffizienz und Rechtsschutzauftrag," *VVDStRL* 41, 1983.

Wahl, Rainer und Hönig, Diemar, "Entwicklung des Fachplanungsrechts," *NVwZ*, 2006.

Walter, Ch., "Neuere Entwicklungen im franzöischen Staatshaftungsrecht: verschuldensunabhängige Haftung öffentlicher Krankenhäuser," *ZaöRV* Bd.54, 1994.

Weber, H., *JuS*, 1982.

Weichmann, H., "Wandel der Staatsaufgaben im modernen Staat," in: J.H. Kaiser (Hrsg.), *Planung* III, 1968.

Weise, Peter, "Genehmigungsverfahren: zwischen Markt und Norm," in: D. Schmidtchen und H.-J. Schmidt-Trenz (Hrsg.), *Vom Hoheitsstaat zum Konsensualstaat. Ökonomische Analyse der Flexibilisierung von Genehmigungsverfahren*, Baden-Baden, 1999.

Wenninger, Ludwig, *Geschichte der Lehre vom besonderen Gewaltverhältnis. Schriftenreihe Annales Universitatis Saraviensis, Rechts– und Wirtschaftswissenschaftliche Abteilung* Bd 105, Carl Heymanns Verlag Köln, 1982.

Werner, F., "Verwaltungsrecht als konkretisiertes Verfassungsrecht," *DVBl*, 527, 1959.

Weyreuther, F., "Die Rechtswidrigkeit eines Verwaltungsakts und die »dadurch« bewirkte Verletzung »in ... Rechten«," in: *FS Menger*, 1985.

_____, "Empfiehlt es sich, die Folgen rechtswidrigen hoheitlichen Handels gesetzlich zu regeln," *Gutachten zum* 47. *DJT*, 1968.

Willoweit, Dietmar, *Deutsche Verfassungsgeschichte*, 5.Aufl., 2005.

Winkler, G., Raschauer, B., Grabenwarter, C., und Schulev-Steindl, E. (Hrsg.), *Forschungen aus Staat und Recht*, Bd.4, Springer Verlag, 1968.

Wolff, H.J., Bachof, O., Stober, R., und Kluth, W., *Verwaltungsrecht*, Bd. 1, 12.Aufl., 2007.

Wolff, H.J., Bachof, O., und Stober, R., *Verwaltungsrecht* I, 10.Aufl., 1994.

Wollmann, Hellmut, "Reformen in Kommunalpolitik und -verwaltung. England, Schweden, Frankreich und Deutschland im Vergleich," in: Wüstenrot Stiftung (Hg.), *Eine gemeinsame Veröffentlichung von VS-Verlag und Wüstenrot Stiftung*, Wiesbaden, 2008.

_____, "Comparing Local Government Reforms in England, Sweden, France and Germany," 2008. in: www.wuestenrot-stiftung.de/download/local-government.

Yoon, Dae-Kyu, *Law and Political Authority in South Korea*, Westview Press & Kyungnam Univ. Press, 1990.

Ziekow, Jan, "Von der Reanimation des Verfahrensrechts," *NVwZ*, 2005.

Ziekow, Jan, Oertel, Martin-Peter, und Windoffer, Alexander, "Dauer von Zulassungsverfahren," *Eine empirische Untersuchung zu Implementation und Wirkungsgrad von Regelungen zur Verfahrensbeschleunigung*, Köln u.a., 2005.

Ziemske, Burkhardt, "Öffentlicher Dienst zwischen Bewahrung und Umbruch," *DÖV* (*Die Öffentliche Verwaltung*), 1997.

찾아보기

ㅅ

ㅈ

ㅎ

Abstract

Major Issues of Korean Administrative Law

Joon Hyung Hong*

Having critically reviewed the methodological aspects of Korean Administrative Law Studies in general, the book proceeds to select and analyze most disputed 60 issues of Korean Administrative Law. Issues tackled in this book comprise Rule of Law in administrative law, Subjective Right (subjektives öffentliches Recht) Doctrine, legal status of private person against public administration, theory of Administrative Act (Verwaltungsakt), Discretionary acts, Administrative Rulemaking, legal control of administrative planning, legal issues concering Public Law Contract, Administrative Guidance, Administrative Procedure Act, Public Information Disclosure Act, State Liability Act, Administrative Litigation Act, Public Officials Act, Local Autonomy Act, Police Act, Economic Regulation Laws, Environmental Protection Laws etc. It also deals with those law and policy issues like Legislative Reform of Administrative Procedure Act, Administrative Remedy as well as New Public Managment (Reform) Issues. The book tries to make a contribution in theoretical development of Korean Administrative Law Studies.

□ Key words: Administrative Law, Methodology, Major Issues of Korean Administrative Law, Reform of Administrative Law

---

* Professor, Dr.iur. Seoul National University.

홍준형(洪準亨)

현재 서울대학교 행정대학원 교수
서울대학교 법과대학 및 대학원 법학과 졸
독일 Göttingen대학교 법학박사(Dr.iur.)
행정안전부 주민등록번호변경위원회위원장(2017~현재)
문화재위원회 위원(2017~현재)
정보보호산업분쟁조정위원회 위원장(2016.6.29~현재)
서울특별시행정심판위원회 위원(2016~현재)
서울특별시교육청 행정심판위원회 위원(2013~2017)
법제처 자체평가위원회 위원장(2013~2017)
국토교통부 댐 사전검토협의회 위원장(2013~2017)
국무총리행정심판위원회 위원(1999~2005)
베를린자유대학교 한국학과 초빙교수 · 한국학연구소장(2001.10.~2003.2.)
한국학술단체총연합회이사장/한국공법학회/한국환경법학회/한국행정법이론실무학회 회장 역임
개인정보분쟁조정위원회 위원장/중앙환경분쟁조정위원회 위원/환경정의 정책기획위원장 역임

주요저서

Die Klage zur Durchsetzung von Vornahmepflichten der Verwaltung, 1992, Schriften zum Prozeßrecht Bd.108, Duncker & Humblot Verlag, Berlin.
『시민을 위한 행정법입문』, 박영사, 2018.
『지방자치법』, 대명출판사, 2017.
『행정법』, 법문사』, 2017.
『행정쟁송법』, 도서출판 오래, 2017.
『환경법특강』, 박영사, 2017.
『행정구제법』, 도서출판 오래, 2012.
『행정과정의 법적 통제』, 서울대학교출판문화원, 2010.
『법정책의 이론과 실제』, 법문사, 2008.
『공공갈등의 관리, 과제와 해법』(공저), 법문사, 2008.
『환경법』, 박영사, 2005.
『행정구제법』, 제4판, 한울아카데미, 2001.
『판례행정법』, 두성사, 1999.